吉林省圖書館
古籍普查登記目録
（下）
索引

全國古籍普查登記目録

國家圖書館出版社
National Library of China Publishing House

書名筆畫字頭索引

八畫

10

十一畫

11

十四畫

十五畫

十六畫

十七畫

十八畫

十九畫

書名筆畫索引

一畫

二畫

三畫

39

40

41

四畫

52

61

五畫

77

81

92

七畫

125

八畫

133

135

137

143

145

九畫

159

165

169

171

175

183

193

203

209

十一畫

216

219

223

227

229

232

233

244

246

249

252

258

十三畫

262

263

十四畫

292

十五畫

311

十六畫

317

326

327

十七畫

329

334

十八畫

337

345

347

二十畫

二十二畫

二十三畫

二十四畫

吉林省圖書館

古籍普查登記目錄（中）

全國古籍普查登記目錄

國家圖書館出版社
National Library of China Publishing House

220000－0801－0011766　史267/51

寶華山志十五卷　（清）劉明芳纂修　清咸豐十年(1860)刻本　四冊

220000－0801－0011767　史267/51－1

寶華山志十五卷　（清）劉明芳纂修　清咸豐十年(1860)刻本　四冊

220000－0801－0011768　史267/53

浮山志五卷　（清）酥醪洞主錄　清光緒七年(1881)刻本　五冊

220000－0801－0011769　史267/58

大別山志十卷首一卷　（清）胡鳳丹編纂　清同治十三年(1874)得補齋刻本　四冊

220000－0801－0011770　史267/58－1

大別山志十卷首一卷　（清）胡鳳丹編纂　清同治十三年(1874)得補齋刻本　四冊

220000－0801－0011771　史267/58－2

大別山志十卷首一卷　（清）胡鳳丹編纂　清同治十三年(1874)得補齋刻本　四冊

220000－0801－0011772　史267/59

赤松山志一卷　（宋）倪守約撰　清光緒十八年(1892)知服齋刻本　一冊

220000－0801－0011773　史267/63

盦山志八卷　（清）顧雲編　清光緒九年(1883)金陵盦山精舍刻本　三冊

220000－0801－0011774　史267/63－1

盦山志八卷　（清）顧雲編　清光緒九年(1883)金陵盦山精舍刻本　一冊

220000－0801－0011775　史267/69

鼓山志十四卷圖一卷　（清）黃任輯　清光緒二年(1876)刻本　六冊

220000－0801－0011776　史267/71

萬山綱目二十一卷　（清）李誠纂　清光緒二十六年(1900)刻本　六冊

220000－0801－0011777　史267/75

茅山志十四卷附道秩考各宮住持姓氏一卷　（清）笪蟾光審編　清光緒元年(1875)徐文德齋刻本　八冊

220000－0801－0011778　史267/76

茅山志十四卷附道秩考各宮住持姓氏一卷　（清）笪蟾光審編　清光緒三年(1877)元符宮刻本　六冊

220000－0801－0011779　史267/77

華嶽圖經十卷　（清）蔣湘南撰　清咸豐元年(1851)刻本　一冊

220000－0801－0011780　史267/78

華嶽志八卷首一卷　（清）李榕纂輯　清光緒九年(1883)刻本　四冊

220000－0801－0011781　史267/78－1

華嶽志八卷首一卷　（清）李榕纂輯　清光緒九年(1883)刻本　四冊

220000－0801－0011782　史267/78－2

華嶽志八卷首一卷　（清）李榕纂輯　清光緒九年(1883)刻本　四冊

220000－0801－0011783　史267/78－3

華嶽志八卷首一卷　（清）李榕纂輯　清光緒九年(1883)刻本　四冊

220000－0801－0011784　史267/78－4

華嶽志八卷首一卷　（清）李榕纂輯　清光緒九年(1883)刻本　四冊

220000－0801－0011785　史267/83

九疑山志四卷　（清）吳繩祖重編　清嘉慶元年(1796)刻本　二冊

220000－0801－0011786　史267/84

九宮山志十四卷　（清）傅燮鼎重輯　清光緒八年(1882)活字印本　四冊

220000－0801－0011787　史267/86

九華山志十卷首一卷　（清）謝維喈重修　清光緒二十六年(1900)刻本　八冊

220000－0801－0011788　史267/87

黃鵠山志十二卷首一卷　（清）胡鳳丹編纂　清同治十三年(1874)刻本　六冊

220000－0801－0011789　史267/87－1

黃鵠山志十二卷首一卷　（清）胡鳳丹編纂　清同治十三年(1874)刻本　六冊

220000－0801－0011790　史267/89

續刊青城山記二卷　（清）彭洵編輯　清光緒
十三年(1887)刻本　一冊

220000－0801－0011791　史267/92

東山志十卷　（清）謝起龍撰　清宣統二年
(1910)刻本　二冊

220000－0801－0011792　史267/94

泰山道里記不分卷　（清）聶欽撰　清光緒四
年(1878)刻本　一冊

220000－0801－0011793　史267/94－1

泰山道里記不分卷　（清）聶欽撰　清光緒四
年(1878)刻本　二冊

220000－0801－0011794　史267/98

慧山記四卷　（清）釋圓顯輯　清同治七年
(1868)二泉書院刻本　二冊

220000－0801－0011795　史267/99

慧山記續編三卷首一卷　（清）邵涵初輯　清
同治七年(1868)刻本　四冊

220000－0801－0011796　史267/99－1

慧山記續編三卷首一卷　（清）邵涵初輯　清
同治七年(1868)刻本　三冊

220000－0801－0011797　史267/100

招隱山志十二卷首一卷　（清）繆潛纂輯　清
宣統三年(1911)刻本　四冊

220000－0801－0011798　史267/112

銅山志十卷　（清）陳振藻撰　清末抄本
四冊

220000－0801－0011799　史267/115

金山志十卷續金山志二卷　（清）盧見曾撰
清光緒二十七年(1901)雅雨堂刻本　六冊

220000－0801－0011800　史267/116

金山志二十卷首二卷　（清）周伯義　（清）陳
任暘撰　清光緒三十年(1904)刻本　十冊

220000－0801－0011801　史267/117

泰山志二十卷　（清）金棨撰　清嘉慶十五年
(1810)刻本　十冊

220000－0801－0011802　史267/118

恒山志五卷續志十卷附圖一卷　（清）桂敬順
纂修　清光緒元年(1875)刻本　六冊

220000－0801－0011803　史267/119

爛柯山志四卷　（清）鄭永禧補輯　清光緒三
十三年(1907)刻本　四冊

220000－0801－0011804　史267/119－1

爛柯山志四卷　（清）鄭永禧補輯　清光緒三
十三年(1907)刻本　四冊

220000－0801－0011805　史268/3

三江水利紀略四卷附圖一卷　（清）李永書編
清末吳門穆大展局刻本　四冊

220000－0801－0011806　史268/4

五省溝洫圖說一卷補錄一卷　（清）沈夢蘭撰
清嘉慶十年(1805)刻本　一冊

220000－0801－0011807　史268/5

武陽兩邑西運河工程徵信錄一卷　（清）□□
撰　清光緒二十九年(1903)刻本　一冊

220000－0801－0011808　史268/6

北湖小志六卷　（清）焦循著　清嘉慶十三年
(1808)刻本　四冊

220000－0801－0011809　史268/8

水利紀實一卷　（清）金鼎撰　清光緒三十四
年(1908)刻本　一冊

220000－0801－0011810　史268/9

水利營田圖說　（清）吳邦慶繪撰　清道光四
年(1824)刻本　二冊

220000－0801－0011811　史268/10

續刻水利案二卷　（清）連薊編　清光緒十年
(1884)刻本　一冊

220000－0801－0011812　史268/12

水道提綱二十八卷　（清）齊召南撰　清光緒
四年(1878)刻本　八冊

220000－0801－0011813　史268/12－1

水道提綱二十八卷　（清）齊召南撰　清光緒
四年(1878)刻本　八冊

220000－0801－0011814　史268/12－2
水道提綱二十八卷　（清）齊召南撰　清光緒
四年(1878)刻本　八冊

220000－0801－0011815　史268/12－3
水道提綱二十八卷　（清）齊召南撰　清光緒
四年(1878)刻本　八冊

220000－0801－0011816　史268/12－4
水道提綱二十八卷　（清）齊召南撰　清光緒
四年(1878)刻本　八冊

220000－0801－0011817　史268/12－5
水道提綱二十八卷　（清）齊召南撰　清光緒
四年(1878)刻本　八冊

220000－0801－0011818　史268/12－6
水道提綱二十八卷　（清）齊召南撰　清光緒
四年(1878)刻本　八冊

220000－0801－0011819　史268/14
西域水道記五卷　（清）徐松撰　清末石印本
　三冊

220000－0801－0011820　史268/15
西域水道記五卷　（清）徐松撰　清道光三年
(1823)刻本　五冊

220000－0801－0011821　史268/16
西域水道記五卷　（清）徐松撰　清道光元年
(1821)刻本　五冊

220000－0801－0011822　史268/20
郡城濬河徵信錄三卷　（清）徐渭川編　清光
緒十四年(1888)刻本　一冊

220000－0801－0011823　史268/26
水經註四十卷　（北魏）酈道元撰　清光緒十
八年(1892)長沙王氏刻本　十六冊

220000－0801－0011824　史268/27
水經註四十卷　（北魏）酈道元撰　清光緒二
十三年(1897)刻本　二十冊

220000－0801－0011825　史268/27－1
水經註四十卷　（北魏）酈道元撰　清光緒二
十三年(1897)刻本　二十冊

220000－0801－0011826　史268/30
全校水經註四十卷　（北魏）酈道元註　清光
緒十四年(1888)刻本　十六冊

220000－0801－0011827　史268/31
合校水經註四十卷首一卷　（北魏）酈道元撰
　清光緒十八年(1892)刻本　十六冊

220000－0801－0011828　史268/32
讀水經註小識四卷　（清）龐鴻書訂　清光緒
三十年(1904)石印本　二冊

220000－0801－0011829　史268/33
水經註西南諸水考三卷　（清）陳澧撰　清道
光二十七年(1847)刻本　一冊

220000－0801－0011830　史268/36
水經註釋四十卷首一卷附錄二卷水經註箋刊
誤十二卷　（清）趙一清錄　清光緒六年
(1880)刻本　二十八冊

220000－0801－0011831　史268/37
水經註疏要刪三十二卷　楊守敬撰　清光緒
三十一年(1905)刻本　六冊

220000－0801－0011832　史268/37－1
水經註疏要刪三十二卷　楊守敬撰　清光緒
三十一年(1905)刻本　六冊

220000－0801－0011833　史268/38
水經註圖不分卷　楊守敬編繪　清光緒三十
一年(1905)觀海堂刻本　八冊

220000－0801－0011834　史268/40
水經註圖附錄一卷　（清）汪士鐸撰　清咸豐
十一年(1861)刻本　一冊

220000－0801－0011835　史268/40－1
水經註圖附錄一卷　（清）汪士鐸撰　清咸豐
十一年(1861)刻本　一冊

220000－0801－0011836　史268/40－2
水經註圖附錄一卷　（清）汪士鐸撰　清咸豐
十一年(1861)刻本　一冊

220000－0801－0011837　史268/40－3
水經註圖附錄一卷　（清）汪士鐸撰　清咸豐
十一年(1861)刻本　一冊

220000 – 0801 – 0011838　史268/40 – 4

水經註圖附錄一卷　（清）汪士鐸撰　清咸豐
十一年(1861)刻本　一冊

220000 – 0801 – 0011839　史268/41

水經註圖一卷附錄一卷　（清）汪士鐸撰　清
同治元年(1862)刻本　一冊

220000 – 0801 – 0011840　史268/42

水經註匯校四十卷　（北魏）酈道元撰　清光
緒七年(1881)福州刻本　十二冊

220000 – 0801 – 0011841　史268/42 – 1

水經註匯校四十卷　（北魏）酈道元撰　清光
緒七年(1881)福州刻本　十六冊

220000 – 0801 – 0011842　史268/43

水經合刻五種六十七卷　（清）趙一清等撰
清光緒六年(1880)會稽章氏刻本　二十四冊

220000 – 0801 – 0011843　史268/44

水經註箋刊誤十二卷　（清）趙一清撰　清光
緒六年(1880)刻本　六冊

220000 – 0801 – 0011844　史268/46

續行水金鑑一百五十六卷附圖一卷首一卷
（清）黎世序等纂修　清道光十二年(1832)刻
本　八十冊

220000 – 0801 – 0011845　史268/46 – 1

續行水金鑑一百五十六卷附圖一卷首一卷
（清）黎世序等纂修　清道光十二年(1832)刻
本　七十冊　缺二十一卷(一百十八至一百
三十八)

220000 – 0801 – 0011846　史268/49

上虞塘工紀要二卷　（清）連蕃著　清光緒三
十三年(1907)刻本　一冊

220000 – 0801 – 0011847　史268/49 – 1

上虞塘工紀要二卷　（清）連蕃著　清光緒三
十三年(1907)刻本　一冊

220000 – 0801 – 0011848　史268/50

上虞縣五鄉水利本末二卷　（□）□□撰　清
末刻本　二冊

220000 – 0801 – 0011849　史268/52

牟山湖志不分卷　（清）劉福升著　清光緒二
十五年(1899)石印本　一冊

220000 – 0801 – 0011850　史268/53

後湖誌不分卷　（清）王作棫撰　清宣統二年
(1910)南洋印刷官廠鉛印本　一冊

220000 – 0801 – 0011851　史268/54

畿輔水利議不分卷　（清）林則徐撰　清光緒
二年(1876)刻本　一冊

220000 – 0801 – 0011852　史268/54 – 1

畿輔水利議不分卷　（清）林則徐撰　清光緒
二年(1876)刻本　一冊

220000 – 0801 – 0011853　史268/54 – 2

畿輔水利議不分卷　（清）林則徐撰　清光緒
二年(1876)刻本　一冊

220000 – 0801 – 0011854　史268/54 – 3

畿輔水利議不分卷　（清）林則徐撰　清光緒
二年(1876)刻本　二冊

220000 – 0801 – 0011855　史268/54 – 4

畿輔水利議不分卷　（清）林則徐撰　清光緒
二年(1876)刻本　二冊

220000 – 0801 – 0011856　史268/55

畿輔水利四案不分卷　（清）潘錫恩輯　清光
緒刻本　六冊

220000 – 0801 – 0011857　史268/55 – 1

畿輔水利四案不分卷　（清）潘錫恩輯　清光
緒刻本　四冊

220000 – 0801 – 0011858　史268/56

畿輔安瀾志五十六卷　（清）王履泰纂　清光
緒二十年(1894)刻本　二十四冊

220000 – 0801 – 0011859　史268/57

畿輔河道水利叢書九種十五卷　（清）吳邦慶
撰　清道光四年(1824)刻本　十冊

220000 – 0801 – 0011860　史268/57 – 1

畿輔河道水利叢書九種十五卷　（清）吳邦慶
撰　清道光四年(1824)刻本　十冊

220000 – 0801 – 0011861　史268/57 – 2

畿輔河道水利叢書九種十五卷　（清）吳邦慶撰　清道光四年(1824)刻本　十冊

220000－0801－0011862　史268/57－3

畿輔河道水利叢書九種十五卷　（清）吳邦慶撰　清道光四年(1824)刻本　七冊　存七卷（直隸河渠志一卷、潞水客談一卷、水利營田圖說二卷、畿輔水利輯覽一卷、畿輔水道管見一卷、畿輔水利私議一卷）

220000－0801－0011863　史268/58

皇朝輿地水道源流五卷　（清）胡宣慶纂編　清光緒四年(1878)刻本　一冊

220000－0801－0011864　史268/59

皇朝輿地水道源流五卷　（清）胡宣慶纂編　清光緒十七年(1891)刻本　二冊

220000－0801－0011865　史268/59－1

皇朝輿地水道源流五卷　（清）胡宣慶纂編　清光緒十七年(1891)刻本　二冊

220000－0801－0011866　史268/64

峽江救生船志一卷　（清）涂宗瀛輯　清光緒二十八年(1902)刻本　三冊

220000－0801－0011867　史268/65

峽江救生船志二卷附行川必要一卷　（清）□□撰　清光緒九年(1883)水師新副中營刻本　四冊

220000－0801－0011868　史268/66

峽江圖攷　（清）江國璋編　清光緒十五年(1889)石印本　二冊

220000－0801－0011869　史268/66－1

峽江圖攷　（清）江國璋編　清光緒十五年(1889)石印本　二冊

220000－0801－0011870　史268/66－2

峽江圖攷　（清）江國璋編　清光緒十五年(1889)石印本　二冊

220000－0801－0011871　史268/67

永定河志三十二卷　（清）李逢亨撰　清中葉刻本　十六冊

220000－0801－0011872　史268/68

永定河續志十六卷首一卷　（清）朱其詔輯　清光緒八年(1882)刻本　十二冊

220000－0801－0011873　史268/70

淮揚水利圖說不分卷　（清）馮道立撰　清道光十九年(1839)刻本　一冊

220000－0801－0011874　史268/70－1

淮揚水利圖說不分卷　（清）馮道立撰　清道光十九年(1839)刻本　一冊

220000－0801－0011875　史268/70－2

淮揚水利圖說不分卷　（清）馮道立撰　清道光十九年(1839)刻本　一冊

220000－0801－0011876　史268/71

安瀾紀要二卷　（清）徐端撰　清道光二十三年(1843)刻本　一冊

220000－0801－0011877　史268/72

安瀾紀要二卷　（清）徐端撰　清末刻本　一冊

220000－0801－0011878　史268/73

安瀾紀要二卷　（清）徐端撰　清光緒十一年(1885)刻本　二冊

220000－0801－0011879　史268/74

安瀾紀要二卷迴瀾紀要二卷　（清）徐端撰　清嘉慶十八年(1813)長山樹德堂刻本　四冊

220000－0801－0011880　史268/75

安瀾紀要二卷迴瀾紀要二卷　（清）徐端撰　清道光九年(1829)德清詒安堂刻本　四冊

220000－0801－0011881　史268/76

續纂江蘇水利全案正編四十卷附編十二卷首一卷　（清）李慶雲總纂　（清）蔣師轍編輯　清光緒十五年(1889)水利工程局鉛印本　二十三冊

220000－0801－0011882　史268/77

江蘇水利圖說　（清）陸鍾琦編　清宣統二年(1910)刻本　一冊

220000－0801－0011883　史268/78

河防紀略四卷　（清）孫鼎臣撰　清咸豐九年(1859)刻本　二冊

220000－0801－0011884　史268/84

浙西横橋堰水利記一卷　（清）徐用福編　清
光緒二十五年(1899)刻本　一册

220000－0801－0011885　史268/85

浙江水利備考不分卷　（清）梅啓照編　（清）
王鳳生纂修　清光緒四年(1878)浙江書局刻
本　四册

220000－0801－0011886　史268/85－1

浙江水利備考不分卷　（清）梅啓照編　（清）
王鳳生纂修　清光緒四年(1878)浙江書局刻
本　四册

220000－0801－0011887　史268/85－2

浙江水利備考不分卷　（清）梅啓照編　（清）
王鳳生纂修　清光緒四年(1878)浙江書局刻
本　四册

220000－0801－0011888　史268/86

治河方略十卷　（清）靳輔著　清嘉慶四年
(1799)刻本　十一册

220000－0801－0011889　史268/87

治河方略十卷首一卷　（清）靳輔撰　清嘉慶
四年(1799)刻本　十一册

220000－0801－0011890　史268/87－1

治河方略十卷首一卷　（清）靳輔撰　清嘉慶
四年(1799)刻本　十册　缺一卷(首一卷)

220000－0801－0011891　史268/89

漢志水道疏證四卷　（清）洪頤煊撰　清光緒
十三年(1887)鉛印本　二册

220000－0801－0011892　史268/90

漢志水道疏證四卷　（清）洪頤煊撰　清光緒
十八年(1892)廣雅書局刻本　一册

220000－0801－0011893　史268/90－1

漢志水道疏證四卷　（清）洪頤煊撰　清光緒
十八年(1892)廣雅書局刻本　一册

220000－0801－0011894　史268/91

漢書地理志水道圖說七卷　（清）陳澧撰　清
同治二年(1863)刻本　二册

220000－0801－0011895　史268/91－1

漢書地理志水道圖說七卷　（清）陳澧撰　清
同治二年(1863)刻本　二册

220000－0801－0011896　史268/91－2

漢書地理志水道圖說七卷　（清）陳澧撰　清
同治二年(1863)刻本　一册

220000－0801－0011897　史268/93

湖墅小志四卷　（清）高鵬年撰　清光緒二十
二年(1896)影印本　一册

220000－0801－0011898　史268/95

洞庭湖志十四卷　（清）沈筠堂總纂　（清）夏
大觀補輯　清道光五年(1825)刻本　八册

220000－0801－0011899　史268/96

海道圖說十五卷附長江圖說一卷　（英國）金
約翰輯　（清）王德均筆述　清末刻本　十册

220000－0801－0011900　史268/96－1

海道圖說十五卷附長江圖說一卷　（英國）金
約翰輯　（清）王德均筆述　清末刻本　十册

220000－0801－0011901　史268/97

江蘇海塘新志八卷續海塘新志四卷　（清）李
慶雲等撰　清光緒十六年(1890)刻本　八册

220000－0801－0011902　史268/97－1

江蘇海塘新志八卷續海塘新志四卷　（清）李
慶雲等撰　清光緒十六年(1890)刻本　八册

220000－0801－0011903　史268/101

太湖備考十六卷首一卷　（清）金友理纂述
太湖備考續編四卷　（清）鄭言紹輯　清光緒
二十九年(1903)憩園續刻本　十二册

220000－0801－0011904　史268/102

直隸河渠志一卷　（清）陳儀撰　清道光四年
(1824)刻本　一册

220000－0801－0011905　史268/104

荆州萬城隄續志九卷首一卷末一卷　（清）舒
惠撰　清光緒二十年(1894)刻本　四册

220000－0801－0011906　史268/105

荆州萬城隄志十卷首一卷末一卷　（清）倪文
蔚撰　清光緒二年(1876)刻本　六册

220000－0801－0011907　史268/105－1

荆州萬城隄志十卷首一卷末一卷　（清）倪文
蔚撰　清光緒二年(1876)刻本　六冊

220000－0801－0011908　史268/106

荆楚修疏指要五卷首一卷　（清）胡祖翮撰
清同治十一年(1872)刻本　二冊

220000－0801－0011909　史268/108

黃天蕩修堤全錄四卷　（清）黃讓庭等輯　清
光緒八年(1882)刻本　三冊

220000－0801－0011910　史268/109

黃河全圖運河全圖不分卷　（□）□□撰　清
末繪本　二冊

220000－0801－0011911　史268/110

莫愁湖志六卷首一卷　（清）馬士圖輯著　清
光緒八年(1882)刻本　二冊

220000－0801－0011912　史268/110－1

莫愁湖志六卷首一卷　（清）馬士圖輯著　清
光緒八年(1882)刻本　二冊

220000－0801－0011913　史268/110－2

莫愁湖志六卷首一卷　（清）馬士圖輯著　清
光緒八年(1882)刻本　二冊

220000－0801－0011914　史268/110－3

莫愁湖志六卷首一卷　（清）馬士圖輯著　清
光緒八年(1882)刻本　二冊

220000－0801－0011915　史268/112

菱湖紀事詩三卷　（清）孫宗承著　清光緒十
三年(1887)刻本　二冊

220000－0801－0011916　史268/115

水道提綱二十八卷　（清）齊召南撰　清光緒
二十四年(1898)新化三味書室刻本　六冊

220000－0801－0011917　史268/116

東湖志二卷　（清）特通阿輯　清嘉慶九年
(1804)刻本　一冊

220000－0801－0011918　史268/118

惠濟河輯說四卷首一卷　（清）王儒行纂　清
同治九年(1870)刻本　二冊

220000－0801－0011919　史268/119

揚子江流域現勢論　（日本）林繁著　（清）汪
國屏譯　清光緒二十八年(1902)上海廣智書
局鉛印本　一冊

220000－0801－0011920　史268/119－1

揚子江流域現勢論　（日本）林繁著　（清）汪
國屏譯　清光緒二十八年(1902)上海廣智書
局鉛印本　一冊

220000－0801－0011921　史268/120

揚州水道記四卷　（清）劉文淇撰　清同治十
一年(1872)刻本　二冊

220000－0801－0011922　史268/120－1

揚州水道記四卷　（清）劉文淇撰　清同治十
一年(1872)刻本　四冊

220000－0801－0011923　史268/120－2

揚州水道記四卷　（清）劉文淇撰　清同治十
一年(1872)刻本　二冊

220000－0801－0011924　史268/121

最近揚子江之大勢六章　（日本）國府犀東著
　趙必振譯　清光緒二十八年(1902)上海廣
智書局鉛印本　一冊

220000－0801－0011925　史268/122

蜀水攷四卷　（清）陳登龍述　（清）朱錫穀補
註　清道光五年(1825)刻本　二冊

220000－0801－0011926　史268/123

蜀水攷四卷　（清）陳登龍述　（清）朱錫穀補
註　清光緒五年(1879)清泉精舍刻本　二冊

220000－0801－0011927　史268/123－1

蜀水攷四卷　（清）陳登龍述　（清）朱錫穀補
註　清光緒五年(1879)清泉精舍刻本　二冊

220000－0801－0011928　史268/124

蜀水攷四卷　（清）陳登龍撰　清光緒十六年
(1890)刻本　四冊

220000－0801－0011929　史268/125

吳江水考增輯五卷吳江水考附編二卷　（明）
沈啓撰　（清）黃象曦輯　清光緒二十年
(1894)刻本　四冊

220000－0801－0011930　史268/125－1
吳江水考增輯五卷吳江水考附編二卷　（明）
沈㷀撰　（清）黃象曦輯　清光緒二十年
(1894)刻本　四冊

220000－0801－0011931　史268/126
歷代河防統纂二十八卷　（清）陳璜輯　清光
緒十四年(1888)影印本　四冊

220000－0801－0011932　史268/128
歷代黃河變遷圖玫十卷　（清）劉鶚撰　清宣
統二年(1910)山東河工研究所刻本　四冊

220000－0801－0011933　史268/129
歷代黃河變遷圖玫十卷　（清）劉鶚撰　清光
緒十九年(1893)袖海山房石印本　四冊

220000－0801－0011934　史268/129－1
歷代黃河變遷圖玫十卷　（清）劉鶚撰　清光
緒十九年(1893)袖海山房石印本　四冊

220000－0801－0011935　史268/131
長江圖說　（清）馬徵麟繪　清同治十年
(1871)湖北崇文書局刻本　五冊

220000－0801－0011936　史268/131－1
長江圖說　（清）馬徵麟繪　清同治十年
(1871)湖北崇文書局刻本　五冊

220000－0801－0011937　史268/131－2
長江圖說　（清）馬徵麟繪　清同治十年
(1871)湖北崇文書局刻本　五冊

220000－0801－0011938　史268/132
閘務全書續刻四卷　（清）姜希轍撰　清咸豐
四年(1854)刻本　二冊

220000－0801－0011939　史268/135
全河約覽一卷　（明）潘季馴著　（清）葉獻章
刪　清初刻本　一冊

220000－0801－0011940　史268/136
今水經不分卷　（清）黃宗羲撰　清光緒三年
(1877)湖北崇文書局刻本　一冊

220000－0801－0011941　史268/136－1
今水經不分卷　（清）黃宗羲撰　清光緒三年
(1877)湖北崇文書局刻本　一冊

220000－0801－0011942　史268/138
北湖小志六卷首一卷附李翁醫記二卷　（清）
焦循撰　清嘉慶十三年(1808)刻本　二冊

220000－0801－0011943　史268/139
浯溪考二卷　（清）王士禛撰　清康熙四十年
(1701)刻本　一冊

220000－0801－0011944　史268/140
楚北水利堤防紀要二卷　（清）俞昌烈撰　清
同治四年(1865)湖北藩署刻本　一冊

220000－0801－0011945　史268/140－1
楚北水利堤防紀要二卷　（清）俞昌烈撰　清
同治四年(1865)湖北藩署刻本　一冊

220000－0801－0011946　史268/140－2
楚北水利堤防紀要二卷　（清）俞昌烈撰　清
同治四年(1865)湖北藩署刻本　二冊

220000－0801－0011947　史268/148
海塘輯要十卷首一卷　（英國）韋更斯撰
（英國）傅蘭雅口譯　清同治六年(1867)刻本
　二冊

220000－0801－0011948　史268/148－1
海塘輯要十卷首一卷　（英國）韋更斯撰
（英國）傅蘭雅口譯　清同治六年(1867)刻本
　二冊

220000－0801－0011949　史268/149
石印八省沿海水道全圖　（清）□□繪　清末
石印本　三冊

220000－0801－0011950　史268/150
石印沿海圖　（清）□□繪　清末石印本　十
一軸

220000－0801－0011951　史268/153
畿輔水利議　（清）林則徐撰　清末刻本
一冊

220000－0801－0011952　史271/1
廣陵名勝圖一卷　（□）□□繪　清光緒二十
一年(1895)刻本　一冊

220000－0801－0011953　史271/6
歷代帝王國都不分卷　（清）初鶚齡重輯　清

抄本　一册

220000－0801－0011954　史271/9

地學指略三卷　（英國）文教治口譯　（清）李
慶軒筆述　清光緒七年(1881)益智書會刻本
一册

220000－0801－0011955　史272/1

三輔黃圖一卷　（清）孫星衍等校　清嘉慶刻
平津館叢書本　一册

220000－0801－0011956　史272/2

三輔黃圖六卷補遺一卷　（清）畢沅校　清末
刻本　一册

220000－0801－0011957　史272/3

逍遙山萬壽宮志二十二卷　（清）金桂馨
（清）漆逢源撰　清光緒四年(1878)刻本
十册

220000－0801－0011958　史272/5

澤宮序次舉要二卷附錄一卷　（清）洪恩波編
清光緒二十三年(1897)刻本　二册

220000－0801－0011959　史272/6

御製熱河三十六景詩并序　（清）聖祖玄燁撰
（清）沈錫齡摹繪　清光緒二十年(1894)上
海積山書局石印本　二册

220000－0801－0011960　史273/1

五畝園小志　（清）謝家福輯　清光緒十六年
(1890)刻本　一册

220000－0801－0011961　史273/1－1

五畝園小志　（清）謝家福輯　清光緒十六年
(1890)刻本　一册

220000－0801－0011962　史273/2

御製圓明園圖詠一卷　（清）高宗弘曆撰　清
光緒十三年(1887)天津石印書屋石印本
二册

220000－0801－0011963　史273/2－1

御製圓明園圖詠一卷　（清）高宗弘曆撰　清
光緒十三年(1887)天津石印書屋石印本
二册

220000－0801－0011964　史273/2－2

御製圓明園圖詠一卷　（清）高宗弘曆撰　清
光緒十三年(1887)天津石印書屋石印本
二册

220000－0801－0011965　史273/2－3

御製圓明園圖詠一卷　（清）高宗弘曆撰　清
光緒十三年(1887)天津石印書屋石印本
二册

220000－0801－0011966　史273/7

大觀亭志二卷　（清）李丙榮編輯　清宣統三
年(1911)皖城衙齋鉛印本　一册

220000－0801－0011967　史273/8

大觀亭志六卷首一卷末一卷　（清）李國崖纂
輯　（清）李丙榮編訂　清宣統三年(1911)慎
餘堂活字印本　四册

220000－0801－0011968　史273/8－1

大觀亭志六卷首一卷末一卷　（清）李國崖纂
輯　（清）李丙榮編訂　清宣統三年(1911)慎
餘堂活字印本　四册

220000－0801－0011969　史274/1

辯利院志三卷　（清）翟灝編輯　（清）吳樹虛
增訂　清道光十年(1830)刻本　一册

220000－0801－0011970　史274/1－1

辯利院志三卷　（清）翟灝編輯　（清）吳樹虛
增訂　清道光十年(1830)刻本　一册

220000－0801－0011971　史274/2

龍興祥符戒壇寺志十二卷　（清）張大昌輯
清光緒二十年(1894)刻本　四册

220000－0801－0011972　史274/2－1

龍興祥符戒壇寺志十二卷　（清）張大昌輯
清光緒二十年(1894)刻本　四册

220000－0801－0011973　史274/4

靈谷禪林志十五卷首一卷　（清）釋德鎧撰
（清）謝元福補編　清光緒十二年(1886)刻本
二册

220000－0801－0011974　史274/5

靈隱寺志八卷　（清）孫治初輯　（清）徐增重
編　清光緒十四年(1888)嘉惠堂刻本　三册

220000－0801－0011975　史274/7

雲林寺志八卷續志三卷　（清）厲鶚　（清）張熷輯　（清）釋義果參訂　清光緒十四年(1888)刻本　三冊

220000－0801－0011976　史274/9

天童寺志十卷　（清）釋德介撰　清咸豐元年(1851)刻本　四冊

220000－0801－0011977　史274/9－1

天童寺志十卷　（清）釋德介撰　清咸豐元年(1851)刻本　四冊

220000－0801－0011978　史274/9－2

天童寺志十卷　（清）釋德介撰　清咸豐元年(1851)刻本　四冊

220000－0801－0011979　史274/9－3

天童寺志十卷　（清）釋德介撰　清咸豐元年(1851)刻本　四冊

220000－0801－0011980　史274/12

忍草庵志四卷　（清）劉繼增輯　清光緒十七年(1891)錫山遂初堂活字印本　一冊

220000－0801－0011981　史274/16

鶴林寺志不分卷　（明）釋明賢纂　清宣統元年(1909)刻本　一冊

220000－0801－0011982　史274/16－1

鶴林寺志不分卷　（明）釋明賢纂　清宣統元年(1909)刻本　一冊

220000－0801－0011983　史274/16－2

鶴林寺志不分卷　（明）釋明賢纂　清宣統元年(1909)刻本　一冊

220000－0801－0011984　史274/16－3

鶴林寺志不分卷　（明）釋明賢纂　清宣統元年(1909)刻本　一冊

220000－0801－0011985　史274/20

潭柘山岫雲寺志二卷　（清）神穆德　（清）釋義庵撰　清宣統三年(1911)刻本　二冊

220000－0801－0011986　史274/22

伽藍記五卷　（北魏）楊衒之著　清刻本　一冊

220000－0801－0011987　史274/22－1

伽藍記五卷　（北魏）楊衒之著　清刻本　一冊

220000－0801－0011988　史274/22－2

伽藍記五卷　（北魏）楊衒之著　清刻本　一冊

220000－0801－0011989　史274/30

圓津禪院小志六卷　（清）釋覺銘撰　清光緒二十二年(1896)刻本　二冊

220000－0801－0011990　史274/30－1

圓津禪院小志六卷　（清）釋覺銘撰　清光緒二十二年(1896)刻本　二冊

220000－0801－0011991　史274/37

竹堂寺志不分卷　（清）釋真鑒纂述　清宣統元年(1909)鉛印本　一冊

220000－0801－0011992　史274/37－1

竹堂寺志不分卷　（清）釋真鑒纂述　清宣統元年(1909)鉛印本　一冊

220000－0801－0011993　史274/37－2

竹堂寺志不分卷　（清）釋真鑒纂述　清宣統元年(1909)鉛印本　一冊

220000－0801－0011994　史274/44

伽藍記五卷　（北魏）楊衒之撰　清末刻本　一冊

220000－0801－0011995　史275/2

白馬神廟小志不分卷　（清）邱達受輯　清道光二十一年(1841)抄本　一冊

220000－0801－0011996　史275/4

汪王廟志略不分卷　（清）汪文炳輯　清光緒三十一年(1905)刻本　一冊

220000－0801－0011997　史275/6

延陵九里廟誌二卷　（清）華甫氏撰　清宣統二年(1910)刻本　二冊

220000－0801－0011998　史275/7

曹江孝女廟志八卷首一卷末一卷　（清）金廷棟編輯　清光緒八年(1882)刻本　二冊

220000－0801－0011999　史275/7－1

曹江孝女廟志八卷首一卷末一卷　（清）金廷棟編輯　清光緒八年(1882)刻本　二冊

220000－0801－0012000　史275/7－2

曹江孝女廟志八卷首一卷末一卷　（清）金廷棟編輯　清光緒八年(1882)刻本　二冊

220000－0801－0012001　史275/7－3

曹江孝女廟志八卷首一卷末一卷　（清）金廷棟編輯　清光緒八年(1882)刻本　二冊

220000－0801－0012002　史276/1

京江節孝祠彙編六種十二卷　（清）陳宗聯原輯　（清）陳世芳增輯　清光緒七年(1881)刻本　八冊

220000－0801－0012003　史276/2

于公祠墓錄十卷首一卷末一卷　（清）丁丙輯　清光緒二十六年(1900)刻本　六冊

220000－0801－0012004　史276/4

西湖三祠名賢考略三卷首一卷　（清）戴啓文纂輯　（清）孫峻參訂　清光緒三十年(1904)刻本　二冊

220000－0801－0012005　史276/4－1

西湖三祠名賢考略三卷首一卷　（清）戴啓文纂輯　（清）孫峻參訂　清光緒三十年(1904)刻本　二冊

220000－0801－0012006　史276/5

西湖三祠名賢考略三卷首一卷　（清）戴啓文纂輯　（清）孫峻參訂　清光緒三年(1877)刻本　二冊

220000－0801－0012007　史276/6

西湖林公祠墓志不分卷　（清）程鍾瑞輯　清同治八年(1869)刻本　一冊

220000－0801－0012008　史276/6－1

西湖林公祠墓志不分卷　（清）程鍾瑞輯　清同治八年(1869)刻本　一冊

220000－0801－0012009　史276/9

岳廟志略十卷首一卷　（清）馮培編　清光緒五年(1879)刻本　四冊

220000－0801－0012010　史276/9－1

岳廟志略十卷首一卷　（清）馮培編　清光緒五年(1879)刻本　四冊

220000－0801－0012011　史276/9－2

岳廟志略十卷首一卷　（清）馮培編　清光緒五年(1879)刻本　四冊

220000－0801－0012012　史276/9－3

岳廟志略十卷首一卷　（清）馮培編　清光緒五年(1879)刻本　四冊

220000－0801－0012013　史276/10

崇德祠志略四卷首一卷雜著一卷　（清）李心正輯　清咸豐八年(1858)刻本　二冊

220000－0801－0012014　史276/11

吳山伍公廟志六卷首一卷　（清）章知鄞原稿　（清）沈永清補輯　清光緒二年(1876)刻本　一冊

220000－0801－0012015　史276/13

梁祠輯略不分卷　（清）林方伯輯　清道光八年(1828)刻本　一冊

220000－0801－0012016　史276/13－1

梁祠輯略不分卷　（清）林方伯輯　清道光八年(1828)刻本　一冊

220000－0801－0012017　史276/16

華氏祠墓圖考略不分卷　（清）存裕堂編　清光緒七年(1881)活字印本　一冊

220000－0801－0012018　史276/18

忠武祠墓志七卷首一卷末一卷　（清）虛白道人輯　清同治五年(1866)刻本　四冊

220000－0801－0012019　史276/18－1

忠武祠墓志七卷首一卷末一卷　（清）虛白道人輯　清同治五年(1866)刻本　四冊

220000－0801－0012020　史276/19

嚴陵紀略不分卷　（清）戴槃著　清同治七年(1868)刻本　一冊

220000－0801－0012021　史276/19－1

嚴陵紀略不分卷　（清）戴槃著　清同治七年(1868)刻本　一冊

220000－0801－0012022　史276/19－2

嚴陵紀略不分卷　（清）戴槃著　清同治七年(1868)刻本　一冊

220000－0801－0012023　史276/21

歷代陵寢備攷五十卷歷代宗廟附攷八卷　（清）朱孔陽撰　清光緒申報館鉛印本　十四冊

220000－0801－0012024　史276/21－1

歷代陵寢備攷五十卷歷代宗廟附攷八卷　（清）朱孔陽撰　清光緒申報館鉛印本　十四冊

220000－0801－0012025　史276/21－2

歷代陵寢備攷五十卷歷代宗廟附攷八卷　（清）朱孔陽撰　清光緒申報館鉛印本　十四冊

220000－0801－0012026　史276/21－3

歷代陵寢備攷五十卷歷代宗廟附攷八卷　（清）朱孔陽撰　清光緒申報館鉛印本　十二冊

220000－0801－0012027　史276/22

歷代詩人祠堂記不分卷　（清）王尚辰撰　清宣統元年(1909)刻本　一冊

220000－0801－0012028　史276/26

金龍四大王祠墓錄四卷首一卷末一卷　（清）仲學輅編　清光緒二十二年(1896)刻本　二冊

220000－0801－0012029　史276/29

平湖陸清獻祠產徵信錄一卷　（清）姚光宇輯　清光緒刻本　一冊

220000－0801－0012030　史276/31

兩浙防護錄不分卷　（清）阮元輯　清光緒十五年(1889)浙江書局刻本　二冊

220000－0801－0012031　史276/31－1

兩浙防護錄不分卷　（清）阮元輯　清光緒十五年(1889)浙江書局刻本　二冊

220000－0801－0012032　史276/42

唐張中丞專祠錄五卷首一卷末一卷　（清）侯

慶勳輯　清光緒四年(1878)浮梁侯氏寶岳齋刻本　三冊

220000－0801－0012033　史276/43

亭林先生神道表　（清）全祖望撰　亭林先生同志贈言　（清）沈岱瞻等纂　亭林軼詩　（清）朱記榮校　清光緒十一年(1885)上海掃葉山房刻本　一冊

220000－0801－0012034　史277/3

寶晉書院志十一卷　（清）貴中孚輯　（清）趙佑宸續修　清光緒六年(1880)刻本　二冊

220000－0801－0012035　史277/5

重修南溪書院志四卷首一卷　（清）楊毓健纂修　清同治九年(1870)刻本　四冊

220000－0801－0012036　史277/5－1

重修南溪書院志四卷首一卷　（清）楊毓健纂修　清同治九年(1870)刻本　四冊

220000－0801－0012037　史277/6

東林書院志二十二卷　（清）高廷珍撰　清光緒七年(1881)刻本　八冊

220000－0801－0012038　史277/6－1

東林書院志二十二卷　（清）高廷珍撰　清光緒七年(1881)刻本　八冊

220000－0801－0012039　史277/6－2

東林書院志二十二卷　（清）高廷珍撰　清光緒七年(1881)刻本　八冊

220000－0801－0012040　史277/10

武陽官書錄二卷　（清）吳康壽輯　清光緒七年(1881)刻本　一冊

220000－0801－0012041　史277/12

高子水居志補編四卷　（清）高鍊泉　（清）高長康纂輯　清宣統三年(1911)鉛印本　一冊

220000－0801－0012042　史278/3

廬陽名勝便覽六卷　（清）吳步林輯　清末刻本　二冊

220000－0801－0012043　史278/4

度隴記四卷　（清）董醇著　清道光二十九年(1849)刻本　一冊

220000 - 0801 - 0012044　史 278/5

康輶紀行十六卷　（清）姚瑩撰　清同治六年
（1867）刻本　六冊

220000 - 0801 - 0012045　史 278/6

辛卯侍行記六卷　（清）陶保廉撰　清光緒二
十三年（1897）養樹山房刻本　六冊

220000 - 0801 - 0012046　史 278/6 - 1

辛卯侍行記六卷　（清）陶保廉撰　清光緒二
十三年（1897）養樹山房刻本　六冊

220000 - 0801 - 0012047　史 278/6 - 2

辛卯侍行記六卷　（清）陶保廉撰　清光緒二
十三年（1897）養樹山房刻本　六冊

220000 - 0801 - 0012048　史 278/10

三省入藏程站記　（清）范壽金輯　清光緒三
十三年（1907）石印本　一冊

220000 - 0801 - 0012049　史 278/13

平山堂圖志十卷　（清）趙之壁編　清光緒九
年（1883）刻本　一冊

220000 - 0801 - 0012050　史 278/14

平山堂圖志十卷　（清）趙之壁編　清光緒十
四年（1888）上海同文書局影印本　四冊

220000 - 0801 - 0012051　史 278/15

平山堂圖志十卷　（清）趙之壁編　清光緒九
年（1883）刻本　四冊

220000 - 0801 - 0012052　史 278/15 - 1

平山堂圖志十卷　（清）趙之壁編　清光緒九
年（1883）刻本　四冊

220000 - 0801 - 0012053　史 278/18

西泠懷古集十卷　（清）陳文述著　（清）朱綬
（清）王嘉祿編　清道光十二年（1832）刻本
四冊

220000 - 0801 - 0012054　史 278/20

西游錄註不分卷　（清）李文田撰　清光緒二
十三年（1897）刻本　一冊

220000 - 0801 - 0012055　史 278/20 - 1

西游錄註不分卷　（清）李文田撰　清光緒二
十三年（1897）刻本　一冊

220000 - 0801 - 0012056　史 278/21

西遊日記不分卷　（清）蔣煦撰　清光緒三十
一年（1905）鉛印本　一冊

220000 - 0801 - 0012057　史 278/22

西樵遊覽記十四卷　（清）劉南畣撰　（清）黃
嘉圖等刊補　清道光十三年（1833）刻本
四冊

220000 - 0801 - 0012058　史 278/25

環遊地球新錄四卷　（清）李圭撰　清光緒十
年（1884）刻本　四冊

220000 - 0801 - 0012059　史 278/25 - 1

環遊地球新錄四卷　（清）李圭撰　清光緒十
年（1884）刻本　四冊

220000 - 0801 - 0012060　史 278/26

西山遊記一卷南遊日記一卷　袁勵準撰　清
咸豐十一年（1861）刻本　一冊

220000 - 0801 - 0012061　史 278/31

使滇紀程不分卷　（清）晏端書撰　清光緒十
三年（1887）刻本　一冊

220000 - 0801 - 0012062　史 278/32

白水紀勝二卷　（清）李厚培輯　清同治七年
（1868）刻本　一冊

220000 - 0801 - 0012063　史 278/37

粵遊小志七卷　（清）張心泰撰　清光緒二十
五年（1899）刻本　四冊

220000 - 0801 - 0012064　史 278/40

徐霞客游記十卷外編一卷　（明）徐宏祖著
（清）徐寄輯　清嘉慶十三年（1808）活字印本
十冊

220000 - 0801 - 0012065　史 278/40 - 1

徐霞客游記十卷外編一卷　（明）徐宏祖著
（清）徐寄輯　清嘉慶十三年（1808）活字印本
九冊

220000 - 0801 - 0012066　史 278/41

適可齋記行六卷　（清）馬建忠撰　清末影印
本　一冊

220000 - 0801 - 0012067　史 278/47

瀋陽紀程一卷 （清）潘祖蔭撰 清同治刻本
一冊

220000－0801－0012068 史278/48

瀋陽紀程一卷 （清）何汝霖撰 清光緒元年
(1875)武林刻本 一冊

220000－0801－0012069 史278/51

湟中行紀不分卷 （清）闊普通武著 清光緒
三十年(1904)刻本 二冊

220000－0801－0012070 史278/52

滿洲旅行記（白山黑水錄）二卷 （日本）小越
平隆著 （清）克齋譯 清光緒二十八年
(1902)上海廣智書局鉛印本 二冊

220000－0801－0012071 史278/52－1

滿洲旅行記（白山黑水錄）二卷 （日本）小越
平隆著 （清）克齋譯 清光緒二十八年
(1902)上海廣智書局鉛印本 二冊

220000－0801－0012072 史278/52－2

滿洲旅行記（白山黑水錄）二卷 （日本）小越
平隆著 （清）克齋譯 清光緒二十八年
(1902)上海廣智書局鉛印本 二冊

220000－0801－0012073 史278/56

游志續編不分卷 （明）陶宗儀撰 清光緒十
二年(1886)新陽趙氏刻本 一冊

220000－0801－0012074 史278/61

滇軺紀程一卷荷戈紀程一卷 （清）林則徐撰
清光緒三年(1877)北京刻本 一冊

220000－0801－0012075 史278/61－1

滇軺紀程一卷荷戈紀程一卷 （清）林則徐撰
清光緒三年(1877)北京刻本 一冊

220000－0801－0012076 史278/63

湖山便覽十二卷 （清）翟灝 （清）翟瀚緝
清光緒元年(1875)刻本 六冊

220000－0801－0012077 史278/63－1

湖山便覽十二卷 （清）翟灝 （清）翟瀚緝
清光緒元年(1875)刻本 六冊

220000－0801－0012078 史278/63－2

湖山便覽十二卷 （清）翟灝 （清）翟瀚緝

清光緒元年(1875)刻本 六冊

220000－0801－0012079 史278/65

南遊記不分卷 （清）孫嘉淦撰 清道光二十
四年(1844)刻本 一冊

220000－0801－0012080 史278/66

南遊記不分卷 （清）孫嘉淦撰 清嘉慶十年
(1805)刻本 二冊

220000－0801－0012081 史278/67

南遊記不分卷 （清）孫嘉淦撰 清光緒九年
(1883)刻本 一冊

220000－0801－0012082 史278/68

太華太白紀游略不分卷 （清）趙嘉肇撰 清
光緒十年(1884)刻本 一冊

220000－0801－0012083 史278/70

藕盦東游日記不分卷 （清）樓黎然述 清光
緒三十三年(1907)刻本 一冊

220000－0801－0012084 史278/76

林則徐雲南新疆紀程合鈔不分卷 （清）林則
徐撰 清末抄本 一冊

220000－0801－0012085 史278/80

乙巳東遊日記不分卷 （清）陳榮昌撰 清光
緒三十一年(1905)刻本 一冊

220000－0801－0012086 史278/82

秦蜀驛程後記二卷 （清）王士禎撰 清刻本
一冊

220000－0801－0012087 史278/87

蜀輶日記四卷 （清）陶澍撰 清光緒七年
(1881)刻本 二冊

220000－0801－0012088 史278/87－1

蜀輶日記四卷 （清）陶澍撰 清光緒七年
(1881)刻本 二冊

220000－0801－0012089 史278/90

蜀景彙考十八卷 （清）鍾登甲輯 清光緒十
一年(1885)刻本 八冊

220000－0801－0012090 史278/92

長春真人西遊記二卷 （清）李志常述 清道

014

光二十七年(1847)刻本　二冊

220000－0801－0012091　史278/93
新輯雁山便覽不分卷　(清)釋道融撰　清同治七年(1868)刻本　一冊

220000－0801－0012092　史278/103
西湖志四十八卷　(清)李衛等纂修　清光緒四年(1878)浙江書局刻本　二十冊

220000－0801－0012093　史278/103－1
西湖志四十八卷　(清)李衛等纂修　清光緒四年(1878)浙江書局刻本　二十冊

220000－0801－0012094　史278/103－2
西湖志四十八卷　(清)李衛等纂修　清光緒四年(1878)浙江書局刻本　二十冊

220000－0801－0012095　史278/103－3
西湖志四十八卷　(清)李衛等纂修　清光緒四年(1878)浙江書局刻本　二十冊

220000－0801－0012096　史278/103－4
西湖志四十八卷　(清)李衛等纂修　清光緒四年(1878)浙江書局刻本　二十冊

220000－0801－0012097　史278/103－5
西湖志四十八卷　(清)李衛等纂修　清光緒四年(1878)浙江書局刻本　二十冊

220000－0801－0012098　史278/103－6
西湖志四十八卷　(清)李衛等纂修　清光緒四年(1878)浙江書局刻本　二十冊

220000－0801－0012099　史278/103－7
西湖志四十八卷　(清)李衛等纂修　清光緒四年(1878)浙江書局刻本　十四冊　存三十五卷(十四至四十八)

220000－0801－0012100　史278/106
西湖遊覽志餘　(明)田汝成撰　清光緒二十二年(1896)刻本　十六冊

220000－0801－0012101　史278/106－1
西湖遊覽志餘　(明)田汝成撰　清光緒二十二年(1896)刻本　八冊

220000－0801－0012102　史278/111

西征日記不分卷西征集四卷首一卷　(清)黃家鼎著　清光緒八年(1882)刻本　一冊

220000－0801－0012103　史278/113
適可齋記言四卷記行六卷　(清)馬建忠撰　清光緒二十二年(1896)刻本　四冊

220000－0801－0012104　史278/113－1
適可齋記言四卷記行六卷　(清)馬建忠撰　清光緒二十二年(1896)刻本　四冊

220000－0801－0012105　史278/113－2
適可齋記言四卷記行六卷　(清)馬建忠撰　清光緒二十二年(1896)刻本　二冊　存四卷(記言四卷)

220000－0801－0012106　史278/114
初使泰西紀要四卷　(清)辟熱主人編　清光緒十四年(1888)刻本　一冊

220000－0801－0012107　史278/115
道西齋日記一卷　(清)王詠霓撰　清光緒十三年(1887)刻本　一冊

220000－0801－0012108　史278/116
出使英法義比四國日記六卷　(清)薛福成撰　清光緒十八年(1892)上海鴻寶齋石印本　三冊

220000－0801－0012109　史278/116－1
出使英法義比四國日記六卷　(清)薛福成撰　清光緒十八年(1892)上海鴻寶齋石印本　三冊

220000－0801－0012110　史278/117
出使英法義比四國日記六卷　(清)薛福成撰　清光緒二十年(1894)孫豁校經堂刻本　六冊

220000－0801－0012111　史278/117－1
出使英法義比四國日記六卷　(清)薛福成撰　清光緒二十年(1894)孫豁校經堂刻本　六冊

220000－0801－0012112　史278/118
出使美日秘崔日記二卷　(清)崔國因撰　清光緒二十年(1894)鉛印本　十二冊

220000－0801－0012113　史278/119

出使日記續刻十卷　（清）薛福成撰　清光緒
二十四年（1898）刻本　十冊

220000－0801－0012114　史278/120

南征日記　（清）謝綸撰　清光緒八年（1882）
刻本　一冊

220000－0801－0012115　史278/124

使蜀日記不分卷　（清）郭尚先著　清同治七
年（1868）刻本　一冊

220000－0801－0012116　史278/125

出使英法義比四國日記六卷　（清）薛福成纂
著　清光緒十七年（1891）鉛印本　四冊

220000－0801－0012117　史278/126

西征紀程四卷　（清）鄒代鈞撰　清光緒十七
年（1891）鉛印本　二冊

220000－0801－0012118　史278/129

竹汀日記　（清）錢大昕撰　清光緒二十七年
（1901）刻本　一冊

220000－0801－0012119　史278/132

出使英法義比四國日記六卷　（清）薛福成著
清光緒十八年（1892）刻本　六冊

220000－0801－0012120　史278/133

出使英法義比四國日記六卷　（清）薛福成撰
清光緒十八年（1892）影印本　二冊

220000－0801－0012121　史278/134

蜀輶日記四卷　（清）陶澍撰　清道光刻本
一冊

220000－0801－0012122　史279/3

新嘉坡風土記一卷　（清）李鍾珏撰　**光論**
（清）張福僖譯　**人參致**　（清）唐秉鈞纂　清
光緒二十一年（1895）刻本　一冊

220000－0801－0012123　史279/4

新地理不分卷　（清）任公著　清光緒二十九
年（1903）一元學舍鉛印本　一冊

220000－0801－0012124　史279/6

五洲地理志略三十六卷首一卷　王先謙撰
清宣統二年（1910）刻本　十二冊

220000－0801－0012125　史279/6－1

五洲地理志略三十六卷首一卷　王先謙撰
清宣統二年（1910）刻本　十六冊

220000－0801－0012126　史279/7

五洲列國志彙不分卷　（清）席威編輯　清光
緒二十八年（1902）麗澤學會石印本　三十冊

220000－0801－0012127　史279/8

五洲圖攷五卷　（清）龔柴撰　清光緒二十四
年（1898）上海徐家匯印書館鉛印本　四冊

220000－0801－0012128　史279/8－1

五洲圖攷五卷　（清）龔柴撰　清光緒二十四
年（1898）上海徐家匯印書館鉛印本　三冊
缺七十六頁（亞細亞洲七十八至一百五十三）

220000－0801－0012129　史279/9

五大洲圖說一卷各國路程日記一卷　（清）李
圭撰　**萬國公法一卷**　（清）朱克敬撰　清末
石印本　一冊

220000－0801－0012130　史279/11

**五洲括地歌一卷附五洲地名中法合表中西合
表**　（清）蔣升撰　清光緒二十九年（1903）上
海慈母堂印書局鉛印本　二冊

220000－0801－0012131　史279/12

亞細亞洲志一卷附新志　（清）學部編譯圖書
局編　清光緒三十四年（1908）鉛印本　一冊

220000－0801－0012132　史279/13

小亞西亞志一卷附新志一卷　（清）學部編譯
圖書局編　清光緒三十三年（1907）學部圖書
局鉛印本　一冊

220000－0801－0012133　史279/13－1

小亞西亞志一卷附新志一卷　（清）學部編譯
圖書局編　清光緒三十三年（1907）學部圖書
局鉛印本　一冊

220000－0801－0012134　史279/14

亞拉伯志一卷附新志一卷　（清）學部編譯圖
書局編　清光緒三十三年（1907）鉛印本
一冊

220000－0801－0012135　史279/15

亞斐利加洲志不分卷附新志　（清）學部編譯
圖書局編　清宣統元年(1909)刻本　一冊

220000－0801－0012136　　史279/16

琉球國志略十六卷首一卷　（清）周煌撰　清
道光福建刻本　四冊

220000－0801－0012137　　史279/18

續琉球志略二卷首一卷　（清）趙新撰　清光
緒八年(1882)刻本　一冊

220000－0801－0012138　　史279/18－1

續琉球志略二卷首一卷　（清）趙新撰　清光
緒八年(1882)刻本　一冊

220000－0801－0012139　　史279/19

西比里亞志一卷附新志　（清）學部編譯圖書
局編　清光緒三十四年(1908)鉛印本　一冊

220000－0801－0012140　　史279/19－1

西比里亞志一卷附新志　（清）學部編譯圖書
局編　清光緒三十四年(1908)鉛印本　一冊

220000－0801－0012141　　史279/20

西域記八卷　（清）椿園撰　清嘉慶十九年
(1814)刻本　四冊

220000－0801－0012142　　史279/21

環瀛誌險不分卷　（奧地利）愛孫孟著　清光
緒三十一年(1905)商務印書館鉛印本　一冊

220000－0801－0012143　　史279/22

改正世界地理學六卷　（日本）矢津昌永著
（清）吳啓孫編譯　清光緒二十九年(1903)文
明書局鉛印本　二冊

220000－0801－0012144　　史279/23

乘查筆記一卷海國勝遊草一卷天外歸帆草一
卷　（清）斌椿撰　清同治八年(1869)刻本
二冊

220000－0801－0012145　　史279/24

采風記五卷　宋育仁編　清光緒二十二年
(1896)石印本　三冊

220000－0801－0012146　　史279/26

緬甸國志一卷英領緬甸志一卷緬甸新志一卷
暹羅國志一卷布哈爾志一卷　（清）學部編譯

圖書局編　清光緒三十三年(1907)學部編譯
圖書局鉛印本　一冊

220000－0801－0012147　　史279/27

外國地理問答　（清）盧籍剛編譯　清光緒二
十九年(1903)上海廣智書局鉛印本　一冊

220000－0801－0012148　　史279/28

俄國通志八卷　（英國）陔勒低撰　（英國）傅
蘭雅　（清）潘松同譯　清光緒二十七年
(1901)上海書局石印本　四冊

220000－0801－0012149　　史279/29

俄游彙編十二卷　（清）繆祐孫纂　清光緒十
五年(1889)海上秀文書局石印本　四冊

220000－0801－0012150　　史279/30

俄國西伯利東偏紀要　（清）曹廷傑撰　清末
刻本　一冊

220000－0801－0012151　　史279/30－1

俄國西伯利東偏紀要　（清）曹廷傑撰　清末
刻本　一冊

220000－0801－0012152　　史279/31

俄羅斯國紀要一卷　（清）林則徐輯　清光緒
十年(1884)五湖草廬刻本　一冊

220000－0801－0012153　　史279/32

俄羅斯三卷　（法國）波留原著　（日本）中島
端重譯　清光緒三十年(1904)上海商務印書
館鉛印本　三冊

220000－0801－0012154　　史279/32－1

俄羅斯三卷　（法國）波留原著　（日本）中島
端重譯　清光緒三十年(1904)上海商務印書
館鉛印本　一冊

220000－0801－0012155　　史279/33

俾路芝志馬留土股志紐吉尼亞島志西里伯島
志附新志　（清）學部編譯圖書局編　清光緒
三十三年(1907)鉛印本　一冊

220000－0801－0012156　　史279/34

奧籍朝鮮三種　（清）周家祿著　清光緒二十
五年(1899)刻本　一冊

220000－0801－0012157　　史279/36

瀛寰譯音異名記十二卷　（清）杜宗預編　清光緒三十年（1904）刻本　六冊

220000 – 0801 – 0012158　史 279/37

瀛寰瑣紀二十八卷　（清）申報館輯　清同治十三年（1874）鉛印本　九冊

220000 – 0801 – 0012159　史 279/39

瀛環新志十卷　（清）李慎儒撰　清光緒二十八年（1902）退思軒石印本　六冊

220000 – 0801 – 0012160　史 279/40

續瀛環志略初編不分卷　（清）薛福成編　清光緒二十八年（1902）無錫傳經樓石印本　四冊

220000 – 0801 – 0012161　史 279/41

瀛環志略十卷　（清）徐繼畬撰　清光緒二十四年（1898）掃葉山房石印本　四冊

220000 – 0801 – 0012162　史 279/41 – 1

瀛環志略十卷　（清）徐繼畬撰　清光緒二十四年（1898）掃葉山房石印本　四冊

220000 – 0801 – 0012163　史 279/41 – 2

瀛環志略十卷　（清）徐繼畬撰　清光緒二十四年（1898）掃葉山房石印本　四冊

220000 – 0801 – 0012164　史 279/41 – 3

瀛環志略十卷　（清）徐繼畬撰　清光緒二十四年（1898）掃葉山房石印本　四冊

220000 – 0801 – 0012165　史 279/44

瀛環志略十卷　（清）徐繼畬著　清道光三十年（1850）刻本　十冊

220000 – 0801 – 0012166　史 279/45

瀛環志略十卷　（清）徐繼畬撰　清道光二十八年（1848）刻本　六冊

220000 – 0801 – 0012167　史 279/45 – 1

瀛環志略十卷　（清）徐繼畬撰　清道光二十八年（1848）刻本　六冊

220000 – 0801 – 0012168　史 279/46

滬游雜記四卷　（清）葛元煦撰　清光緒二年（1876）刻本　四冊

220000 – 0801 – 0012169　史 279/47

宦海浮沈錄一卷　（清）張心泰著　清光緒三十二年（1906）刻本　一冊

220000 – 0801 – 0012170　史 279/48

宸垣識略十六卷　（清）吳長元輯　清光緒二年（1876）刻本　八冊

220000 – 0801 – 0012171　史 279/48 – 1

宸垣識略十六卷　（清）吳長元輯　清光緒二年（1876）刻本　八冊

220000 – 0801 – 0012172　史 279/48 – 2

宸垣識略十六卷　（清）吳長元輯　清光緒二年（1876）刻本　八冊

220000 – 0801 – 0012173　史 279/48 – 3

宸垣識略十六卷　（清）吳長元輯　清光緒二年（1876）刻本　八冊

220000 – 0801 – 0012174　史 279/48 – 4

宸垣識略十六卷　（清）吳長元輯　清光緒二年（1876）刻本　八冊

220000 – 0801 – 0012175　史 279/50

安南史四卷　（日本）引田利章著　（清）毛乃庸譯　清光緒二十九年（1903）教育世界社影印本　四冊

220000 – 0801 – 0012176　史 279/51

河海昆侖錄四卷　裴景福撰　清宣統元年（1909）鉛印本　四冊

220000 – 0801 – 0012177　史 279/51 – 1

河海昆侖錄四卷　裴景福撰　清宣統元年（1909）鉛印本　四冊

220000 – 0801 – 0012178　史 279/51 – 2

河海昆侖錄四卷　裴景福撰　清宣統元年（1909）鉛印本　四冊

220000 – 0801 – 0012179　史 279/51 – 3

河海昆侖錄四卷　裴景福撰　清宣統元年（1909）鉛印本　二冊　存二卷（一至二）

220000 – 0801 – 0012180　史 279/52

波斯志不分卷　（清）學部編譯圖書局編　清光緒三十三年（1907）學部編譯圖書局鉛印本

一冊

220000－0801－0012181　史279/53
重訂法國志略二十四卷　（清）王韜撰　清光緒十五年(1889)弢園老民鉛印本　十冊

220000－0801－0012182　史279/53－1
重訂法國志略二十四卷　（清）王韜撰　清光緒十五年(1889)弢園老民鉛印本　十冊

220000－0801－0012183　史279/53－2
重訂法國志略二十四卷　（清）王韜撰　清光緒十五年(1889)弢園老民鉛印本　十冊

220000－0801－0012184　史279/53－3
重訂法國志略二十四卷　（清）王韜撰　清光緒十五年(1889)弢園老民鉛印本　十冊

220000－0801－0012185　史279/54
法國新志四卷　（英國）陕勒低輯　清光緒二十四年(1898)刻本　二冊

220000－0801－0012186　史279/54－1
法國新志四卷　（英國）陕勒低輯　清光緒二十四年(1898)刻本　二冊

220000－0801－0012187　史279/55
漢西域圖攷七卷　（清）李光廷撰　清光緒十九年(1893)寶善書局石印本　七冊

220000－0801－0012188　史279/55－1
漢西域圖攷七卷　（清）李光廷撰　清光緒十九年(1893)寶善書局石印本　七冊

220000－0801－0012189　史279/56
漢西域圖攷七卷首一卷　（清）李光廷撰　清同治九年(1870)刻本　四冊

220000－0801－0012190　史279/57
漢西域圖攷七卷首一卷　（清）李光廷撰　清光緒八年(1882)陽湖趙氏壽愷草堂活字印本　四冊

220000－0801－0012191　史279/57－1
漢西域圖攷七卷首一卷　（清）李光廷撰　清光緒八年(1882)陽湖趙氏壽愷草堂活字印本　四冊

220000－0801－0012192　史279/58
海國圖志五十卷　（清）魏源撰　清道光二十四年(1844)古微堂活字印本　十七冊

220000－0801－0012193　史279/59
瀛環志略十卷　（清）徐繼畬撰　清光緒二十一年(1895)上海寶文局石印本　四冊

220000－0801－0012194　史279/60
李傅相歷聘歐美記二卷　（美國）林樂知彙譯　蔡爾康纂輯　清光緒二十一年(1895)上海寶文局石印本　二冊

220000－0801－0012195　史279/60－1
李傅相歷聘歐美記二卷　（美國）林樂知彙譯　蔡爾康纂輯　清光緒二十五年(1899)上海圖書集成局鉛印本　一冊　存一卷(上)

220000－0801－0012196　史279/61
鴻雪因緣圖記六卷　（清）麟慶撰　清光緒二十二年(1896)上海點石齋石印本　六冊

220000－0801－0012197　史279/62
鴻雪因緣圖記六卷　（清）麟慶撰　清道光二十七年(1847)揚州刻本　六冊

220000－0801－0012198　史279/62－1
鴻雪因緣圖記六卷　（清）麟慶撰　清道光二十七年(1847)揚州刻本　六冊

220000－0801－0012199　史279/62－2
鴻雪因緣圖記六卷　（清）麟慶撰　清道光二十七年(1847)揚州刻本　六冊

220000－0801－0012200　史279/62－3
鴻雪因緣圖記六卷　（清）麟慶撰　清道光二十七年(1847)揚州刻本　六冊

220000－0801－0012201　史279/62－4
鴻雪因緣圖記六卷　（清）麟慶撰　清道光二十七年(1847)揚州刻本　六冊

220000－0801－0012202　史279/63
游記彙刊八種十四卷　（清）曾紀澤等著　清光緒二十三年(1897)湖南新學書局刻本　十二冊

220000－0801－0012203　史279/63－1

游記彙刊八種十四卷 （清）曾紀澤等著 清光緒二十三年(1897)湖南新學書局刻本 八冊 存四卷(金軺籌筆四卷)

220000 - 0801 - 0012204 史 279/64
游歷秘魯圖經四卷 （清）傅雲龍述 清光緒二十七年(1901)刻本 二冊

220000 - 0801 - 0012205 史 279/64 - 1
游歷秘魯圖經四卷 （清）傅雲龍述 清光緒二十七年(1901)刻本 二冊

220000 - 0801 - 0012206 史 279/64 - 2
游歷秘魯圖經四卷 （清）傅雲龍述 清光緒二十七年(1901)刻本 二冊

220000 - 0801 - 0012207 史 279/64 - 3
游歷秘魯圖經四卷 （清）傅雲龍述 清光緒二十七年(1901)刻本 二冊

220000 - 0801 - 0012208 史 279/64 - 4
游歷秘魯圖經四卷 （清）傅雲龍述 清光緒二十七年(1901)刻本 二冊

220000 - 0801 - 0012209 史 279/65
游歷加納大圖經八卷 （清）傅雲龍述 清光緒二十八年(1902)刻本 二冊

220000 - 0801 - 0012210 史 279/65 - 1
游歷加納大圖經八卷 （清）傅雲龍述 清光緒二十八年(1902)刻本 二冊

220000 - 0801 - 0012211 史 279/65 - 2
游歷加納大圖經八卷 （清）傅雲龍述 清光緒二十八年(1902)刻本 二冊

220000 - 0801 - 0012212 史 279/65 - 3
游歷加納大圖經八卷 （清）傅雲龍述 清光緒二十八年(1902)刻本 二冊

220000 - 0801 - 0012213 史 279/65 - 4
游歷加納大圖經八卷 （清）傅雲龍述 清光緒二十八年(1902)刻本 二冊

220000 - 0801 - 0012214 史 279/66
游歷圖記不分卷 （清）李丹麟著 清光緒三十一年(1905)石印本 二冊

220000 - 0801 - 0012215 史 279/67
游歷巴西圖經十卷 （清）傅雲龍述 清光緒二十七年(1901)刻本 二冊

220000 - 0801 - 0012216 史 279/67 - 1
游歷巴西圖經十卷 （清）傅雲龍述 清光緒二十七年(1901)刻本 二冊

220000 - 0801 - 0012217 史 279/67 - 2
游歷巴西圖經十卷 （清）傅雲龍述 清光緒二十七年(1901)刻本 二冊

220000 - 0801 - 0012218 史 279/67 - 3
游歷巴西圖經十卷 （清）傅雲龍述 清光緒二十七年(1901)刻本 二冊

220000 - 0801 - 0012219 史 279/67 - 4
游歷巴西圖經十卷 （清）傅雲龍述 清光緒二十七年(1901)刻本 二冊

220000 - 0801 - 0012220 史 279/67 - 5
游歷巴西圖經十卷 （清）傅雲龍述 清光緒二十七年(1901)刻本 二冊

220000 - 0801 - 0012221 史 279/68
游歷圖經餘紀十五卷 （清）傅雲龍述 清光緒十五年(1889)鉛印本 四冊

220000 - 0801 - 0012222 史 279/68 - 1
游歷圖經餘紀十五卷 （清）傅雲龍述 清光緒十五年(1889)鉛印本 四冊

220000 - 0801 - 0012223 史 279/68 - 2
游歷圖經餘紀十五卷 （清）傅雲龍述 清光緒十五年(1889)鉛印本 四冊

220000 - 0801 - 0012224 史 279/69
海錄一卷 （清）楊炳南撰 清嘉慶二十五年(1820)刻本 一冊

220000 - 0801 - 0012225 史 279/71
海國圖志一百卷 （清）魏源撰 海國圖志續集二十五卷首一卷 （英國）麥高爾等輯著 （美國）林樂知 （清）瞿昂來同譯 清光緒二十八年(1902)文賢閣影印本 十六冊

220000 - 0801 - 0012226 史 279/72
海國圖志墨利加洲部八卷 （英國）歐羅巴人

原撰　（清）林則徐譯　（清）魏源重輯　（日本）中山傳右衛門校正　清末刻本　四冊

220000－0801－0012227　史279/73

海國圖志一百卷　（清）魏源撰　清同治七年（1868）刻本　二十四冊

220000－0801－0012228　史279/73－1

海國圖志一百卷　（清）魏源撰　清同治七年（1868）刻本　二十四冊

220000－0801－0012229　史279/73－2

海國圖志一百卷　（清）魏源撰　清同治七年（1868）刻本　二十四冊

220000－0801－0012230　史279/73－3

海國圖志一百卷　（清）魏源撰　清同治七年（1868）刻本　二十四冊

220000－0801－0012231　史279/74

海國圖志一百卷首一卷　（清）魏源撰　清光緒二年（1876）平慶刻本　二十四冊

220000－0801－0012232　史279/75

檀香山採風記八卷　（清）元章譯　（清）梁聯芬編輯　清光緒二十九年（1903）鉛印本　二冊

220000－0801－0012233　史279/75－1

檀香山採風記八卷　（清）元章譯　（清）梁聯芬編輯　清光緒二十九年（1903）鉛印本　二冊

220000－0801－0012234　史279/77

土耳其國志一卷　（清）薛福成鑒定　吳宗濂（清）郭家驥同譯　清光緒二十八年（1902）影印本　一冊

220000－0801－0012235　史279/78

土耳基國志不分卷　（清）學部編譯圖書局編　清光緒三十三年（1907）學部編譯圖書局鉛印本　一冊

220000－0801－0012236　史279/79

大興徐氏三種八卷　（清）徐松撰　清光緒十九年（1893）寶善書局石印本　八冊

220000－0801－0012237　史279/80

大唐西域記十二卷　（唐）釋玄奘譯　（唐）釋辯機撰　清宣統元年（1909）常州天寧寺刻本　四冊

220000－0801－0012238　史279/82

越南游歷記不分卷　（清）嚴璩撰　清光緒三十一年（1905）鉛印本　一冊

220000－0801－0012239　史279/82－1

越南游歷記不分卷　（清）嚴璩撰　清光緒三十一年（1905）鉛印本　一冊

220000－0801－0012240　史279/83

越南輯略二卷　（清）徐延旭撰　清光緒三年（1877）刻本　二冊

220000－0801－0012241　史279/85

萬國地誌三卷　（日本）矢津昌永著　清光緒二十八年（1902）上海商務印書館鉛印本　三冊

220000－0801－0012242　史279/86

大英國志八卷　（英國）慕維廉譯　清光緒七年（1881）上海益智書會刻本　二冊

220000－0801－0012243　史279/86－1

大英國志八卷　（英國）慕維廉譯　清光緒七年（1881）上海益智書會刻本　二冊

220000－0801－0012244　史279/87

英國通典二十卷　（英國）高爾敦著　（清）許士熊譯　清光緒二十九年（1903）上海文明書局鉛印本　二冊

220000－0801－0012245　史279/88

英領開浦殖民地志一卷　（清）學部編譯圖書局編　清光緒三十四年（1908）學部圖書局鉛印本　一冊

220000－0801－0012246　史279/88－1

英領開浦殖民地志一卷　（清）學部編譯圖書局編　清光緒三十四年（1908）學部圖書局鉛印本　一冊

220000－0801－0012247　史279/89

地學講義一卷　（日本）志賀重昂述　薩端譯　清光緒二十七年（1901）金粟齋鉛印本

一冊

220000－0801－0012248　史279/90

地球說略一卷　（美國）禕理哲撰　清咸豐六年（1856）寧波華花聖經書房鉛印本　一冊

220000－0801－0012249　史279/91

地球韻言四卷　（清）張士瀛撰　清光緒二十五年（1899）刻本　二冊

220000－0801－0012250　史279/91－1

地球韻言四卷　（清）張士瀛撰　清光緒二十五年（1899）刻本　一冊　存二卷（三至四）

220000－0801－0012251　史279/91－2

地球韻言四卷　（清）張士瀛撰　清光緒二十五年（1899）刻本　一冊　存二卷（三至四）

220000－0801－0012252　史279/92

地球韻言四卷　（清）張士瀛撰　清光緒二十四年（1898）鄂垣務急書館刻本　二冊

220000－0801－0012253　史279/92－1

地球韻言四卷　（清）張士瀛撰　清光緒二十四年（1898）鄂垣務急書館刻本　二冊

220000－0801－0012254　史279/92－2

地球韻言四卷　（清）張士瀛撰　清光緒二十四年（1898）鄂垣務急書館刻本　二冊

220000－0801－0012255　史279/92－3

地球韻言四卷　（清）張士瀛撰　清光緒二十四年（1898）鄂垣務急書館刻本　二冊

220000－0801－0012256　史279/94

帕米爾圖說一卷澳大利亞洲志一卷帕米爾輯略一卷　（清）許景澄著　清光緒二十三年（1897）影印本　一冊

220000－0801－0012257　史279/95

柏垣瑣志　（清）李佳繼昌撰　清光緒二十九年（1903）刻本　一冊

220000－0801－0012258　史279/95－1

柏垣瑣志　（清）李佳繼昌撰　清光緒二十九年（1903）刻本　一冊

220000－0801－0012259　史279/97

奉使車臣汗記程詩三卷　（清）延清撰　清宣統元年（1909）鉛印本　三冊

220000－0801－0012260　史279/98

未來戰國志十九回　（日本）東洋奇人著（清）老驥輯譯　清光緒二十九年（1903）上海廣智書局鉛印本　一冊

220000－0801－0012261　史279/99

東遊日記不分卷　（清）沈翊清撰　清光緒二十六年（1900）刻本　一冊

220000－0801－0012262　史279/100

東陲紀行不分卷　（清）劉文鳳撰　清光緒刻本　一冊

220000－0801－0012263　史279/100－1

東陲紀行不分卷　（清）劉文鳳撰　清光緒刻本　一冊

220000－0801－0012264　史279/100－2

東陲紀行不分卷　（清）劉文鳳撰　清光緒刻本　一冊

220000－0801－0012265　史279/102

東亞各港口岸志八篇　（日本）參謀本部編輯　清光緒二十八年（1902）上海廣智書局鉛印本　一冊

220000－0801－0012266　史279/102－1

東亞各港口岸志八篇　（日本）參謀本部編輯　清光緒二十八年（1902）上海廣智書局鉛印本　一冊

220000－0801－0012267　史279/103

東亞三國地誌三卷　（日本）辻武雄著　清光緒二十九年（1903）刻本　三冊

220000－0801－0012268　史279/106

世界地理志不分卷　（日本）中村五六　（日本）頓野廣太郎著述　（日本）樋田保熙譯　清光緒二十八年（1902）上海商務印書館鉛印本　三冊

220000－0801－0012269　史279/107

中亞洲俄屬游記二卷　（英國）蘭士德著　莫鎮藩譯　清光緒上海時務報館影印本　一冊

220000－0801－0012270　史 279/108
中外地輿圖說集成一百三十卷首三卷　（清）
同康廬主人編輯　清光緒二十年（1894）上海
順成書局石印本　三十二冊

220000－0801－0012271　史 279/108－1
中外地輿圖說集成一百三十卷首三卷　（清）
同康廬主人編輯　清光緒二十年（1894）上海
順成書局石印本　二十四冊

220000－0801－0012272　史 279/108－2
中外地輿圖說集成一百三十卷首三卷　（清）
同康廬主人編輯　清光緒二十年（1894）上海
順成書局石印本　二十四冊

220000－0801－0012273　史 279/108－3
中外地輿圖說集成一百三十卷首三卷　（清）
同康廬主人編輯　清光緒二十年（1894）上海
順成書局石印本　二十四冊

220000－0801－0012274　史 279/108－4
中外地輿圖說集成一百三十卷首三卷　（清）
同康廬主人編輯　清光緒二十年（1894）上海
順成書局石印本　二十四冊

220000－0801－0012275　史 279/109
大日本中興先覺志二卷　（日本）岡本監輔撰
　清光緒二十七年（1901）刻本　一冊

220000－0801－0012276　史 279/109－1
大日本中興先覺志二卷　（日本）岡本監輔撰
　清光緒二十七年（1901）刻本　二冊

220000－0801－0012277　史 279/109－2
大日本中興先覺志二卷　（日本）岡本監輔撰
　清光緒二十七年（1901）刻本　二冊

220000－0801－0012278　史 279/109－3
大日本中興先覺志二卷　（日本）岡本監輔撰
　清光緒二十七年（1901）刻本　二冊

220000－0801－0012279　史 279/109－4
大日本中興先覺志二卷　（日本）岡本監輔撰
　清光緒二十七年（1901）刻本　二冊

220000－0801－0012280　史 279/109－5
大日本中興先覺志二卷　（日本）岡本監輔撰

清光緒二十七年（1901）刻本　二冊

220000－0801－0012281　史 279/110
日本國志四十卷首一卷　（清）黃遵憲編纂
清光緒二十四年（1898）上海圖書集成印書局
鉛印本　十冊

220000－0801－0012282　史 279/110－1
日本國志四十卷首一卷　（清）黃遵憲編纂
清光緒二十四年（1898）上海圖書集成印書局
鉛印本　八冊

220000－0801－0012283　史 279/111
日本國志序不分卷　（清）黃遵憲編纂　清光
緒二十三年（1897）刻本　一冊

220000－0801－0012284　史 279/111－1
日本國志序不分卷　（清）黃遵憲編纂　清光
緒二十三年（1897）刻本　一冊

220000－0801－0012285　史 279/112
日本國志四十卷首一卷　（清）黃遵憲編纂
清光緒二十四年（1898）浙江書局刻本　十冊

220000－0801－0012286　史 279/112－1
日本國志四十卷首一卷　（清）黃遵憲編纂
清光緒二十四年（1898）浙江書局刻本　十冊

220000－0801－0012287　史 279/112－2
日本國志四十卷首一卷　（清）黃遵憲編纂
清光緒二十四年（1898）浙江書局刻本　十冊

220000－0801－0012288　史 279/112－3
日本國志四十卷首一卷　（清）黃遵憲編纂
清光緒二十四年（1898）浙江書局刻本　十冊

220000－0801－0012289　史 279/112－4
日本國志四十卷首一卷　（清）黃遵憲編纂
清光緒二十四年（1898）浙江書局刻本　十冊

220000－0801－0012290　史 279/114
日本地理志十一卷　（日本）中村五六編纂
王國維譯　清光緒二十八年（1902）鉛印本
一冊

220000－0801－0012291　史 279/115
日遊瑣識不分卷　李寶泩撰　清光緒三十二
年（1906）鉛印本　一冊

220000－0801－0012292　史 279/115－1

日遊瑣識不分卷　李寶泩撰　清光緒三十二年(1906)鉛印本　一冊

220000－0801－0012293　史 279/116

日游筆記不分卷　（清)王景禧撰　清光緒三十年(1904)學務處鉛印本　一冊

220000－0801－0012294　史 279/117

大英國志八卷　（英國)慕維廉譯　清咸豐六年(1856)上海墨海書院刻本　二冊

220000－0801－0012295　史 279/117－1

大英國志八卷　（英國)慕維廉譯　清咸豐六年(1856)上海墨海書院刻本　四冊

220000－0801－0012296　史 279/118

四述奇十六卷　張德彝撰　清光緒九年(1883)同文館鉛印本　八冊

220000－0801－0012297　史 279/119

黑蠻風土記不分卷　（英國)立溫斯敦著(清)史錦鏞譯　清光緒五年(1879)鉛印本　一冊

220000－0801－0012298　史 279/120

阿達曼群島志一卷新志一卷婆羅島志一卷　（清)學部編譯圖書局編　清光緒三十四年(1908)學部編譯圖書局鉛印本　一冊

220000－0801－0012299　史 279/121

阿富汗土耳基斯坦志一卷阿富汗斯坦志一卷阿富汗新志一卷土耳基斯坦志一卷東土耳基斯坦志　（清)學部編譯圖書局編纂　清光緒三十三年(1907)鉛印本　一冊

220000－0801－0012300　史 279/122

爪哇志爪哇新志蘇門答拉志不分卷　（清)學部編譯圖書局編　清光緒三十三年(1907)學部編譯圖書局鉛印本　一冊

220000－0801－0012301　史 279/122－1

爪哇志爪哇新志蘇門答拉志不分卷　（清)學部編譯圖書局編　清光緒三十三年(1907)學部編譯圖書局鉛印本　一冊

220000－0801－0012302　史 279/123

歐游隨筆二卷　（清)錢德培撰　清光緒八年(1882)刻本　二冊

220000－0801－0012303　史 279/124

歐游雜錄二卷　（清)徐建寅著　清光緒七年(1881)刻本　二冊

220000－0801－0012304　史 279/124－1

歐游雜錄二卷　（清)徐建寅著　清光緒七年(1881)刻本　二冊

220000－0801－0012305　史 279/124－2

歐游雜錄二卷　（清)徐建寅著　清光緒七年(1881)刻本　二冊

220000－0801－0012306　史 279/126

印度國志不分卷　（清)學部編譯圖書局編纂　清光緒三十三年(1907)學部圖書局鉛印本　一冊

220000－0801－0012307　史 279/127

印度新志不分卷　（清)學部編譯圖書局編纂　清光緒三十三年(1907)學部圖書局鉛印本　一冊

220000－0801－0012308　史 279/130

策鰲雜摭八卷　（清)葉慶頤輯　清光緒十五年(1889)上海刻本　四冊

220000－0801－0012309　史 279/131

地輿圖考四卷首一卷　（清)龔柴撰　清光緒九年(1883)益聞館鉛印本　一冊

220000－0801－0012310　史 279/131－1

地輿圖考四卷首一卷　（清)龔柴撰　清光緒九年(1883)益聞館鉛印本　一冊

220000－0801－0012311　史 279/132

北徼彙編六卷　（清)何秋濤編錄　清同治四年(1865)刻本　六冊

220000－0801－0012312　史 279/132－1

北徼彙編六卷　（清)何秋濤編錄　清同治四年(1865)刻本　六冊

220000－0801－0012313　史 279/133

閩小紀二卷　（清)周亮工撰　清初刻本　二冊

220000－0801－0012314　史279/135

簷曝雜記六卷　（清）趙翼撰　清刻本　二冊

220000－0801－0012315　史279/138

全地五大洲女俗通考十集二十卷　（美國）林
樂知撰　清光緒二十九年（1903）上海華美書
局鉛印本　二十一冊

220000－0801－0012316　史279/139

地球韻言四卷　（清）張士瀛撰　清光緒二十
八年（1902）長沙刻本　一冊

220000－0801－0012317　史279/139－1

地球韻言四卷　（清）張士瀛撰　清光緒二十
八年（1902）長沙刻本　一冊

220000－0801－0012318　史279/140

西輶日記四卷印度劄記二卷游歷芻言一卷西
微水道一卷　（清）黃楙材撰　清光緒六年
（1880）得一齋刻本　四冊

220000－0801－0012319　史279/140－1

西輶日記四卷印度劄記二卷游歷芻言一卷西
微水道一卷　（清）黃楙材撰　清光緒六年
（1880）得一齋刻本　四冊

220000－0801－0012320　史279/141

東游日記不分卷　（清）黃慶澄撰　清光緒二
十年（1894）刻本　一冊

220000－0801－0012321　史279/144

曾惠敏公使西日記二卷奏疏六卷文集五卷詩
集二卷　（清）曾紀澤撰　清光緒十九年
（1893）江南製造局鉛印本　八冊

220000－0801－0012322　史279/148

重修滬游雜記四卷　（清）葛元煦編　（清）袁
祖志重修　清光緒十三年（1887）鉛印本
二冊

220000－0801－0012323　史279/149

東游日記不分卷　（清）蔣黼撰　清末刻本
一冊

220000－0801－0012324　史279/152

東槎聞見錄四卷　（清）陳家麟撰　清光緒十
三年（1887）鉛印本　四冊

220000－0801－0012325　史279/154

英軺日記十二卷　載振撰　清光緒二十九年
（1903）上海文明書局鉛印本　四冊

220000－0801－0012326　史279/154－1

英軺日記十二卷　載振撰　清光緒二十九年
（1903）上海文明書局鉛印本　四冊

220000－0801－0012327　史279/154－2

英軺日記十二卷　載振撰　清光緒二十九年
（1903）上海文明書局鉛印本　四冊

220000－0801－0012328　史279/154－3

英軺日記十二卷　載振撰　清光緒二十九年
（1903）上海文明書局鉛印本　四冊

220000－0801－0012329　史279/157

四述奇十六卷　張德彝撰　清光緒九年
（1883）著易堂石印本　八冊

220000－0801－0012330　史279/157－1

四述奇十六卷　張德彝撰　清光緒九年
（1883）著易堂石印本　八冊

220000－0801－0012331　史279/157－2

四述奇十六卷　張德彝撰　清光緒九年
（1883）著易堂石印本　八冊

220000－0801－0012332　史279/160

海國圖志六十卷　（清）魏源撰　清道光二十
七年（1847）揚州刻本　二十冊

220000－0801－0012333　史279/161

南詔備考四卷　（明）楊慎編輯　清嘉慶七年
（1802）亦寄軒刻本　四冊

220000－0801－0012334　史279/162

節相壯游日錄二卷　（清）桃溪漁隱　（清）惺
新庵主輯　清光緒二十三年（1897）上海石印
本　四冊

220000－0801－0012335　史279/164

甲辰考察日本商務日記　（清）許炳榛撰　清
光緒三十年（1904）鉛印本　一冊

220000－0801－0012336　史279/165

西國近事彙編四卷　（美國）金楷理口譯
（清）蔡錫齡筆述　清光緒江南製造局鉛印本

四冊

220000－0801－0012337　史 279/166
西國近事彙編一百四卷　（美國）金楷理口譯
（清）蔡錫齡　（清）姚棻筆述　清光緒刻本
一百四冊

220000－0801－0012338　史 279/166－1
西國近事彙編一百四卷　（美國）金楷理口譯
（清）蔡錫齡　（清）姚棻筆述　清光緒刻本
四冊　存四卷（同治十二年三至四、同治十
三年一至二）

220000－0801－0012339　史 279/166－2
西國近事彙編一百四卷　（美國）金楷理口譯
（清）蔡錫齡　（清）姚棻筆述　清光緒刻本
四冊　存四卷（同治十二年一至四）

220000－0801－0012340　史 28/1
外史蒙求二十卷　（清）劉法曾編　（清）潘淮
漢輯　清光緒二十八年（1902）上洋藻文局影
印本　四冊

220000－0801－0012341　史 28/2
現今世界大勢論　梁啓超譯著　清光緒二十
八年（1902）刻本　一冊

220000－0801－0012342　史 28/3
日耳曼史　（英國）沙安撰　清光緒二十九年
（1903）上海商務印書館鉛印本　一冊

220000－0801－0012343　史 28/3－1
日耳曼史　（英國）沙安撰　清光緒二十九年
（1903）上海商務印書館鉛印本　一冊

220000－0801－0012344　史 28/4
希臘史二卷　（日本）桑原啓一纂著　清光緒
二十九年（1903）上海商務印書館鉛印本
一冊

220000－0801－0012345　史 28/7
普奧戰史六卷　（日本）羽化生原著　趙天驥
譯　清光緒二十八年（1902）上海商務印書館
鉛印本　一冊

220000－0801－0012346　史 28/8
西洋通史前編十一卷　（法國）駝懊屢氏原撰

（日本）村上義茂重譯　清光緒二十八年
（1902）會文譯書社影印本　七冊

220000－0801－0012347　史 28/9
意大利獨立史不分卷　（日本）松井廣吉著
張仁普譯　清光緒二十九年（1903）廣智書局
鉛印本　一冊

220000－0801－0012348　史 28/10
歐羅巴通史　（日本）箕作元八　（日本）峰岸
米造纂　徐有成　胡景伊　唐人傑譯　清光
緒二十六年（1900）東亞譯書會鉛印本　四冊

220000－0801－0012349　史 28/10－1
歐羅巴通史　（日本）箕作元八　（日本）峰岸
米造纂　徐有成　胡景伊　唐人傑譯　清光
緒二十六年（1900）東亞譯書會鉛印本　四冊

220000－0801－0012350　史 28/12
十九世紀末世界之政治　（美國）靈綏撰
（清）羅普譯　清光緒二十八年（1902）上海廣
智書局鉛印本　一冊

220000－0801－0012351　史 28/14
萬國通鑑四卷　（美國）謝衛樓撰　清光緒八
年（1882）刻本　八冊

220000－0801－0012352　史 28/15
萬國通史前編十卷　（英國）李思倫　（英國）
白約翰輯譯　蔡爾康筆述　清光緒二十九年
（1903）上海商務印書館鉛印本　十冊

220000－0801－0012353　史 28/15－1
萬國通史前編十卷　（英國）李思倫　（英國）
白約翰輯譯　蔡爾康筆述　清光緒二十九年
（1903）上海商務印書館鉛印本　十冊

220000－0801－0012354　史 28/15－2
萬國通史前編十卷　（英國）李思倫　（英國）
白約翰輯譯　蔡爾康筆述　清光緒二十九年
（1903）上海商務印書館鉛印本　十冊

220000－0801－0012355　史 28/16
西洋史要圖二十九圖版　（□）□□撰　清末
金粟齋影印本　一冊

220000－0801－0012356　史 28/17

埃及近事考 （清）劉鑑譯 清光緒三十三年
（1907）金陵江楚編譯局影印本 一冊

220000－0801－0012357 史28/18

埃及近世史 （日本）柴四郎撰 （清）章起渭
譯 清光緒二十九年（1903）上海商務印書館
鉛印本 一冊

220000－0801－0012358 史28/18－1

埃及近世史 （日本）柴四郎撰 （清）章起渭
譯 清光緒二十九年（1903）上海商務印書館
鉛印本 一冊

220000－0801－0012359 史28/19

泰西民族文明史 （法國）賽奴巴著 （日本）
野澤武之助原譯 清光緒二十九年（1903）上
海商務印書館鉛印本 一冊

220000－0801－0012360 史28/19－1

泰西民族文明史 （法國）賽奴巴著 （日本）
野澤武之助原譯 清光緒二十九年（1903）上
海商務印書館鉛印本 一冊

220000－0801－0012361 史28/20

歐洲史略十三卷 （□）□□撰 清光緒十二
年（1886）刻本 一冊

220000－0801－0012362 史28/21

歐洲十九世紀史 （美國）軒利普格質頓撰
（清）麥鼎華譯 清光緒二十八年（1902）上海
廣智書局鉛印本 一冊

220000－0801－0012363 史28/22

西洋史要不分卷 （日本）小川銀次郎著 樊
炳清 薩端翻譯 清光緒二十七年（1901）商
務印書館鉛印本 二冊

220000－0801－0012364 史28/25

新譯列國歲計政要 （清）傅運森 （清）白作
霖等譯 清光緒二十七年（1901）海上譯社鉛
印本 十一冊

220000－0801－0012365 史28/26

列國變通興盛記四卷 （英國）李提摩太撰
清光緒二十四年（1898）上海廣學會鉛印本
一冊

220000－0801－0012366 史28/26－1

列國變通興盛記四卷 （英國）李提摩太撰
清光緒二十四年（1898）上海廣學會鉛印本
一冊

220000－0801－0012367 史28/27

世界近世史五編 （日本）松平康國編著 清
光緒二十八年（1902）商務印書館鉛印本
一冊

220000－0801－0012368 史28/28

世界文明史不分卷 （日本）高山林次郎著
清光緒二十九年（1903）商務印書館鉛印本
一冊

220000－0801－0012369 史28/29

朝鮮近世史二卷 （日本）林泰輔編修 劉世
珩校譯 清光緒二十九年（1903）鴻寶書局影
印本 二冊

220000－0801－0012370 史28/29－1

朝鮮近世史二卷 （日本）林泰輔編修 劉世
珩校譯 清光緒二十九年（1903）鴻寶書局影
印本 二冊

220000－0801－0012371 史28/31

政治泛論二卷 （美國）威爾遜撰 （日本）高
田早苗原譯 清光緒二十九年（1903）上海商
務印書館鉛印本 二冊

220000－0801－0012372 史28/35

中等教育日本歷史二卷 （日本）萩野由之著
劉大猷譯 清光緒二十七年（1901）教育世
界社影印本 五冊

220000－0801－0012373 史28/37

日秘史二卷 （日本）新井君美撰 清末通學
齋鉛印本 一冊

220000－0801－0012374 史28/39

日本新史攬要七卷 （日本）石村貞一編輯
趙天驥 （清）游瀛主人譯 清光緒二十五年
（1899）影印本 七冊

220000－0801－0012375 史28/40

日本外史二十二卷 （日本）賴襄撰 清光緒

三年(1877)上海讀史堂刻本　十二冊

220000－0801－0012376　史28/42

俄國蠶食亞洲史略二篇　（清）養浩齋主人輯譯　清光緒二十八年(1902)廣智書局鉛印本　一冊

220000－0801－0012377　史28/43

俄史輯譯四紀　（英國）闞斐迪譯　清光緒十四年(1888)刻本　四冊

220000－0801－0012378　史28/44

節本泰西新史攬要八卷　（英國）李提摩太譯　周慶雲節錄　清光緒二十七年(1901)夢坡室刻本　二冊

220000－0801－0012379　史28/44－1

節本泰西新史攬要八卷　（英國）李提摩太譯　周慶雲節錄　清光緒二十七年(1901)夢坡室刻本　二冊

220000－0801－0012380　史28/44－2

節本泰西新史攬要八卷　（英國）李提摩太譯　周慶雲節錄　清光緒二十七年(1901)夢坡室刻本　二冊

220000－0801－0012381　史28/45

列國政要一百三十二卷首一卷　（清）戴鴻慈（清）端方輯　清光緒三十三年(1907)上海商務印書館影印本　三十二冊

220000－0801－0012382　史28/45－1

列國政要一百三十二卷首一卷　（清）戴鴻慈（清）端方輯　清光緒三十三年(1907)上海商務印書館影印本　三十二冊

220000－0801－0012383　史28/46

日本變法次第類考初集二十五類二集二十五類三集二十五類　（清）程恩培編　清光緒二十八年(1902)政學譯社鉛印本　十二冊

220000－0801－0012384　史28/47

萬國政治藝學全書三百八十卷　（清）朱大文（清）凌賡颺編輯　清光緒二十八年(1902)鴻文書局影印本　五十四冊

220000－0801－0012385　史28/47－1

萬國政治藝學全書三百八十卷　（清）朱大文（清）凌賡颺編輯　清光緒二十八年(1902)鴻文書局影印本　五十四冊

220000－0801－0012386　史28/49

萬國近政考略十六卷　（清）鄒弢編輯　清光緒二十八年(1902)上海書局影印本　四冊

220000－0801－0012387　史28/51

東洋史要二卷　（日本）桑原隲藏著　樊炳清譯　清光緒二十五年(1899)鉛印本　一冊

220000－0801－0012388　史28/52

俄史輯譯四卷　（英國）闞斐迪譯　清光緒十四年(1888)益智書會刻本　四冊

220000－0801－0012389　史28/52－1

俄史輯譯四卷　（英國）闞斐迪譯　清光緒十四年(1888)益智書會刻本　四冊

220000－0801－0012390　史28/52－2

俄史輯譯四卷　（英國）闞斐迪譯　清光緒十四年(1888)益智書會刻本　四冊

220000－0801－0012391　史28/52－3

俄史輯譯四卷　（英國）闞斐迪譯　清光緒十四年(1888)益智書會刻本　四冊

220000－0801－0012392　史28/53

政治泛論二卷政治泛論後編二卷　（美國）威爾遜著　（清）麥鼎華譯　清光緒二十九年(1903)上海廣智書局鉛印本　四冊

220000－0801－0012393　史28/56

英吉利史三卷　（日本）須永金三郎撰　（清）廣智書局譯　清光緒二十九年(1903)上海廣智書局鉛印本　二冊

220000－0801－0012394　史28/57

明治政黨小史　（日本）日日新聞社編纂（清）陳超譯　清光緒二十八年(1902)上海廣智書局鉛印本　一冊

220000－0801－0012395　史28/60

波斯史不分卷　（日本）北村三郎著　趙必振譯　清光緒二十九年(1903)廣智書局鉛印本　一冊

220000 - 0801 - 0012396　史 28/61

泰西新史攬要二十三卷附記一卷 （英國）馬懇西撰　（英國）李提摩太譯　清光緒二十三年（1897）鉛印本　八冊

220000 - 0801 - 0012397　史 28/63

日本維新三十年史 （日本）博文館編輯（清）廣智書局譯　清光緒二十八年（1902）上海廣智書局鉛印本　六冊

220000 - 0801 - 0012398　史 28/63 - 1

日本維新三十年史 （日本）博文館編輯（清）廣智書局譯　清光緒二十八年（1902）上海廣智書局鉛印本　六冊

220000 - 0801 - 0012399　史 28/64

法國政教考略四卷 （清）劉式訓撰譯　清末鉛印本　一冊

220000 - 0801 - 0012400　史 28/66

俄羅斯史十六章 （俄國）伊羅瓦伊基著（日本）八代六郎譯　清光緒二十九年（1903）商務印書館鉛印本　一冊

220000 - 0801 - 0012401　史 28/66 - 1

俄羅斯史十六章 （俄國）伊羅瓦伊基著（日本）八代六郎譯　清光緒二十九年（1903）商務印書館鉛印本　一冊

220000 - 0801 - 0012402　史 28/68

萬國通史前編十卷續編十卷三編十卷 （英國）李思倫　（英國）白約翰輯譯　蔡爾康筆述　清光緒二十九年（1903）上海廣學會鉛印本　三十冊

220000 - 0801 - 0012403　史 28/68 - 1

萬國通史前編十卷續編十卷三編十卷 （英國）李思倫　（英國）白約翰輯譯　蔡爾康筆述　清光緒二十九年（1903）上海廣學會鉛印本　二十冊　存二十卷（續編十卷、三編十卷）

220000 - 0801 - 0012404　史 28/68 - 2

萬國通史前編十卷續編十卷三編十卷 （英國）李思倫　（英國）白約翰輯譯　蔡爾康筆述　清光緒二十九年（1903）上海廣學會鉛印本　十冊　存十卷（三編十卷）

220000 - 0801 - 0012405　史 28/69

列國政要類考三卷 （清）吳敖編譯　清光緒二十八年（1902）文明學社影印本　三冊

220000 - 0801 - 0012406　史 28/69 - 1

列國政要類考三卷 （清）吳敖編譯　清光緒二十八年（1902）文明學社影印本　三冊

220000 - 0801 - 0012407　史 28/70

西史彙函續編 （清）□□撰　清末刻本　六冊　存六卷（三至八）

220000 - 0801 - 0012408　史 28/71

英法義比志譯略 吳宗濂等譯　清光緒二十五年（1899）影印本　二冊

220000 - 0801 - 0012409　史 28/71 - 1

英法義比志譯略 吳宗濂等譯　清光緒二十五年（1899）影印本　一冊

220000 - 0801 - 0012410　史 28/72

英國樞政志十四卷 （英國）圖雷爾原著　清光緒二十八年（1902）鉛印本　一冊

220000 - 0801 - 0012411　史 28/73

日本近世豪傑小史四卷 （清）商務印書館編譯所編輯　清光緒二十九年（1903）鉛印本　一冊

220000 - 0801 - 0012412　史 28/74

蒙古史二卷 （日本）河野元三述　歐陽瑞驊譯　清宣統三年（1911）江南圖書館鉛印本　二冊

220000 - 0801 - 0012413　史 28/80

萬國史記二十卷 （日本）岡本監輔撰　清光緒二十八年（1902）掃葉山房影印本　六冊

220000 - 0801 - 0012414　史 28/80 - 1

萬國史記二十卷 （日本）岡本監輔撰　清光緒二十八年（1902）掃葉山房影印本　六冊

220000 - 0801 - 0012415　史 28/86

俄史輯譯四卷 （英國）闞斐迪譯　清光緒二十三年（1897）刻本　七冊

220000－0801－0012416　史28/87

萬國史記二十卷　（日本）岡本監輔撰　清光緒二十七年(1901)上海石印本　六冊

220000－0801－0012417　史28/88

萬國史記二十卷　（日本）岡本監輔撰　清光緒二十一年(1895)讀有用書齋石印本　十冊

220000－0801－0012418　史28/89

列國歲計政要十二卷首一卷　（英國）麥丁富得力編纂　（美國）林樂知口譯　（清）鄭昌棪筆述　清光緒刻本　六冊

220000－0801－0012419　史28/92

西史彙函二十二卷續編三十九卷　（清）新學書局編輯　清光緒新學書局刻本　十八冊存三十五卷（大英國志八卷、俄史輯譯四卷、法蘭西志六卷、米利堅志四卷、歐洲史略十三卷）

220000－0801－0012420　史28/93

泰西十八周史攬要十八卷　（英國）雅各偉德撰　（英國）季理斐譯　（清）李鼎星筆述　清光緒二十七年(1901)上海廣學會鉛印本　六冊

220000－0801－0012421　史28/95

五洲各國政治考八卷　錢恂輯　清光緒石印本　五冊　缺一卷(一)

220000－0801－0012422　史28/96

萬國近政考略十六卷　（清）鄒弢編輯　清光緒二十七年(1901)鉛印本　三冊　缺四卷(一至四)

220000－0801－0012423　史291/2

秘書省續編到四庫闕書目二卷　葉德輝撰　清光緒二十九年(1903)葉氏觀古堂刻本　二冊

220000－0801－0012424　史291/5

校讎通義三卷　（清）章學誠撰　清道光十三年(1833)浙江書局補刻本　一冊

220000－0801－0012425　史291/8

藏書十約一卷　葉德輝撰　清宣統三年(1911)長沙葉氏觀古堂刻本　一冊

220000－0801－0012426　史291/10

古今僞書考一卷　（清）姚際恒撰　清光緒三年(1877)鉛印本　二冊

220000－0801－0012427　史291/15

曝書雜記三卷　（清）錢泰吉撰　清道光刻本　一冊

220000－0801－0012428　史291/20

藏書紀事詩六卷　葉昌熾撰　清光緒二十三年(1897)長沙刻朱印本　六冊

220000－0801－0012429　史291/24

書林揚觶十六篇　（清）方東樹等撰　清道光十一年(1831)儀衛軒刻本　一冊

220000－0801－0012430　史291/25

書林揚觶十六篇　（清）方東樹等撰　清同治刻本　四冊

220000－0801－0012431　史291/31

竹汀先生日記鈔二卷　（清）何元錫編　清嘉慶十年(1805)刻本　一冊

220000－0801－0012432　史291/32

宋元舊本書經眼錄三卷附錄二卷　（清）莫友芝撰　清同治十二年(1873)刻本　一冊

220000－0801－0012433　史291/34

泰西著述考一卷　（清）王韜撰　清末鉛印本　一冊

220000－0801－0012434　史291/35

藏書紀事詩六卷　葉昌熾撰　清光緒二十三年(1897)元和江標長沙學使署刻本　六冊

220000－0801－0012435　史291/35－1

藏書紀事詩六卷　葉昌熾撰　清光緒二十三年(1897)元和江標長沙學使署刻本　六冊

220000－0801－0012436　史291/35－2

藏書紀事詩六卷　葉昌熾撰　清光緒二十三年(1897)元和江標長沙學使署刻本　十二冊

220000－0801－0012437　史291/36

彙刻書目二十卷　（清）顧修輯　清光緒十五

年(1889)上海福瀛書局刻本　二十冊

220000－0801－0012438　史291/36－1
彙刻書目二十卷　(清)顧修輯　清光緒十五年(1889)上海福瀛書局刻本　九冊　存九卷(十、十三至二十)

220000－0801－0012439　史292/2
文淵閣書目二十卷　(明)楊士奇等撰　清嘉慶五年(1800)刻本　七冊

220000－0801－0012440　史292/4
元史藝文志四卷　(清)錢大昕撰　清末江蘇書局刻本　一冊

220000－0801－0012441　史292/4－1
元史藝文志四卷　(清)錢大昕撰　清末江蘇書局刻本　一冊

220000－0801－0012442　史292/4－2
元史藝文志四卷　(清)錢大昕撰　清末江蘇書局刻本　一冊

220000－0801－0012443　史292/4－3
元史藝文志四卷　(清)錢大昕撰　清末江蘇書局刻本　一冊

220000－0801－0012444　史292/8
西學書目三卷附一卷　梁啓超撰　清光緒二十二年(1896)刻本　一冊

220000－0801－0012445　史292/13
行素堂目睹書錄　(清)朱記榮輯　清光緒十年(1884)刻本　十冊

220000－0801－0012446　史292/13－1
行素堂目睹書錄　(清)朱記榮輯　清光緒十年(1884)刻本　十冊

220000－0801－0012447　史292/15
經籍舉要一卷附錄一卷　(清)龍啓瑞撰(清)袁昶增訂　清光緒十九年(1893)中江講院刻本　一冊

220000－0801－0012448　史292/18
繡谷亭薰習錄經部一卷集部二卷　(清)吳焯撰　清同治八年(1869)仁和吳氏刻本　二冊

220000－0801－0012449　史292/32
補晉書經籍志四卷　吳士鑑纂　清光緒二十一年(1895)含嘉室刻本　二冊

220000－0801－0012450　史292/32－1
補晉書經籍志四卷　吳士鑑纂　清光緒二十一年(1895)含嘉室刻本　二冊

220000－0801－0012451　史292/33
補續漢書藝文志一卷　(清)錢大昭撰　清光緒十四年(1888)廣雅書局刻本　一冊

220000－0801－0012452　史292/33－1
補續漢書藝文志一卷　(清)錢大昭撰　清光緒十四年(1888)廣雅書局刻本　一冊

220000－0801－0012453　史292/34
補續漢書藝文志一卷　(清)錢大昭撰　清光緒十四年(1888)廣雅書局刻本　一冊

220000－0801－0012454　史292/35
補元史藝文志四卷　(清)錢大昕撰　清末廣雅書局刻本　一冊

220000－0801－0012455　史292/36
補遼金元藝文志一卷　(清)倪燦撰　清光緒十七年(1891)廣雅書局刻本　一冊

220000－0801－0012456　史292/37
補遼金元藝文志不分卷　(清)倪燦撰　清廣雅書局刻本　四冊

220000－0801－0012457　史292/39
補三史藝文志　(清)金門詔撰　清光緒十七年(1891)廣雅書局刻本　一冊

220000－0801－0012458　史292/40
海虞藝文志六卷　(清)姚福均輯　清光緒二十三年(1897)常熟姚氏慕程齋刻本　二冊

220000－0801－0012459　史292/40－1
海虞藝文志六卷　(清)姚福均輯　清光緒二十三年(1897)常熟姚氏慕程齋刻本　二冊

220000－0801－0012460　史292/40－2
海虞藝文志六卷　(清)姚福均輯　清光緒二十三年(1897)常熟姚氏慕程齋刻本　二冊

220000－0801－0012461　史292/41

海源閣藏書目　（清）楊紹和撰　清光緒十四年(1888)元和江氏刻本　一冊

220000－0801－0012462　史292/41－1

海源閣藏書目　（清）楊紹和撰　清光緒十四年(1888)元和江氏刻本　一冊

220000－0801－0012463　史292/42

補五代史藝文志一卷　（清）顧櫰三撰　清光緒十七年(1891)廣雅書局刻本　一冊

220000－0801－0012464　史292/51

萬卷堂書目四卷　（明）朱睦㮮撰　清光緒二十九年(1903)長沙葉氏刻本　一冊

220000－0801－0012465　史292/52

禁書總目一卷　（清）覺羅琅撰　清末活字印本　一冊

220000－0801－0012466　史292/56

書目答問不分卷附國朝著述諸家姓名略　（清）張之洞撰　清光緒十四年(1888)上海鴻文書局鉛印本　二冊

220000－0801－0012467　史292/57

書目答問不分卷附國朝著述諸家姓名略　（清）張之洞撰　清光緒四年(1878)上海淞隱閣鉛印本　四冊

220000－0801－0012468　史292/59

書目答問不分卷附國朝著述諸家姓名略　（清）張之洞撰　清宣統三年(1911)上海掃葉山房影印本　二冊

220000－0801－0012469　史292/62

書目答問不分卷附四川尊經書院記　（清）張之洞撰　清末貴陽刻本　二冊

220000－0801－0012470　史292/67

東西學書錄二卷附錄一卷　（清）徐維則輯　清光緒二十五年(1899)影印本　三冊

220000－0801－0012471　史292/71

持靜齋書目五卷　（清）丁日昌輯　清同治九年(1870)刻本　五冊

220000－0801－0012472　史292/73

四庫書目略二十卷首一卷附錄一卷　（清）費莫文良編　清同治九年(1870)費氏家刻本　十二冊

220000－0801－0012473　史292/74

欽定四庫全書附存目錄　（清）胡虔編　清光緒十年(1884)廣州學海堂刻本　六冊

220000－0801－0012474　史292/76

鳳梧書院藏書目一卷　（清）張炤撰　清光緒二十五年(1899)刻本　一冊

220000－0801－0012475　史292/78

四庫簡明目錄標註二十卷附錄一卷　（清）邵懿辰撰　清宣統三年(1911)半巖廬刻本　六冊

220000－0801－0012476　史292/85

國史經籍志五卷附一卷　（明）焦竑輯　清咸豐元年(1851)梅隱書屋活字印本　五冊

220000－0801－0012477　史292/89

邵亭知見傳本書目十六卷　（清）莫友芝輯　清宣統元年(1909)鉛印本　八冊

220000－0801－0012478　史292/94

八史經籍志二十八卷　（清）張壽榮編　清光緒九年(1883)蘇州振興書社刻本　十六冊

220000－0801－0012479　史292/94－1

八史經籍志二十八卷　（清）張壽榮編　清光緒九年(1883)蘇州振興書社刻本　十六冊

220000－0801－0012480　史292/95

鐵琴銅劍樓藏書目錄二十四卷　（清）瞿鏞撰　清光緒二十四年(1898)常熟瞿氏刻本　十冊

220000－0801－0012481　史292/95－1

鐵琴銅劍樓藏書目錄二十四卷　（清）瞿鏞撰　清光緒二十四年(1898)常熟瞿氏刻本　十冊

220000－0801－0012482　史292/95－2

鐵琴銅劍樓藏書目錄二十四卷　（清）瞿鏞撰　清光緒二十四年(1898)常熟瞿氏刻本　十冊

220000 – 0801 – 0012483　史292/95 – 3

鐵琴銅劍樓藏書目錄二十四卷　（清）瞿鏞撰
清光緒二十四年(1898)常熟瞿氏刻本
十冊

220000 – 0801 – 0012484　史292/95 – 4

鐵琴銅劍樓藏書目錄二十四卷　（清）瞿鏞撰
清光緒二十四年(1898)常熟瞿氏刻本
十冊

220000 – 0801 – 0012485　史292/95 – 5

鐵琴銅劍樓藏書目錄二十四卷　（清）瞿鏞撰
清光緒二十四年(1898)常熟瞿氏刻本
十冊

220000 – 0801 – 0012486　史292/95 – 6

鐵琴銅劍樓藏書目錄二十四卷　（清）瞿鏞撰
清光緒二十四年(1898)常熟瞿氏刻本
十冊

220000 – 0801 – 0012487　史292/95 – 7

鐵琴銅劍樓藏書目錄二十四卷　（清）瞿鏞撰
清光緒二十四年(1898)常熟瞿氏刻本
十冊

220000 – 0801 – 0012488　史292/104

常郡八邑藝文志十二卷　（清）盧文弨纂　清
光緒十六年(1890)刻本　十六冊

220000 – 0801 – 0012489　史292/104 – 1

常郡八邑藝文志十二卷　（清）盧文弨纂　清
光緒十六年(1890)刻本　十六冊

220000 – 0801 – 0012490　史292/109

**全上古三代秦漢三國晉南北朝文編目一百三
卷**　（清）蔣壑輯　清光緒五年(1879)刻本
十六冊

220000 – 0801 – 0012491　史292/116

正三通目錄十四卷　席裕福編　清光緒二十
九年(1903)圖書集成局影印本　十二冊

220000 – 0801 – 0012492　史292/116 – 1

正三通目錄十四卷　席裕福編　清光緒二十
九年(1903)圖書集成局影印本　十二冊

220000 – 0801 – 0012493　史292/116 – 2

正三通目錄十四卷　席裕福編　清光緒二十
九年(1903)圖書集成局影印本　十二冊

220000 – 0801 – 0012494　史292/116 – 3

正三通目錄十四卷　席裕福編　清光緒二十
九年(1903)圖書集成局影印本　十二冊

220000 – 0801 – 0012495　史292/117

隋書經籍志補二卷　張鵬一撰　清光緒三十
年(1904)活字印本　一冊

220000 – 0801 – 0012496　史292/118

葉氏存古叢書不分卷　葉銘編訂　清宣統二
年(1910)鉛印本　二冊

220000 – 0801 – 0012497　史292/118 – 1

葉氏存古叢書不分卷　葉銘編訂　清宣統二
年(1910)鉛印本　二冊

220000 – 0801 – 0012498　史292/125

宋史藝文志補一卷　（清）倪燦撰　清光緒十
七年(1891)刻本　一冊

220000 – 0801 – 0012499　史292/128

五桂樓黃氏書目　（清）黃石泉撰　清同治十
一年(1872)抄本　一冊

220000 – 0801 – 0012500　史292/131

鐵琴銅劍樓藏書目錄二十四卷　（清）瞿鏞撰
清光緒二十三年(1897)武進董氏誦芬室刻
本　十冊

220000 – 0801 – 0012501　史292/132

彙刻書目二十卷　（清）顧修編　清光緒十五
年(1889)上海福瀛書局刻本　二十冊

220000 – 0801 – 0012502　史292/132 – 1

彙刻書目二十卷　（清）顧修編　清光緒十五
年(1889)上海福瀛書局刻本　二十冊

220000 – 0801 – 0012503　史292/132 – 2

彙刻書目二十卷　（清）顧修編　清光緒十五
年(1889)上海福瀛書局刻本　二十冊

220000 – 0801 – 0012504　史292/132 – 3

彙刻書目二十卷　（清）顧修編　清光緒十五
年(1889)上海福瀛書局刻本　十八冊　缺二
卷(十一至十二)

220000－0801－0012505　　史292/132－4

彙刻書目二十卷　（清）顧修編　清光緒十五年(1889)上海福瀛書局刻本　十七冊　缺三卷(七、十至十一)

220000－0801－0012506　　史292/133

全蜀藝文志六十四卷　（明）楊慎撰　清嘉慶二十二年(1817)刻本　十六冊

220000－0801－0012507　　史292/133－1

全蜀藝文志六十四卷　（明）楊慎撰　清嘉慶二十二年(1817)刻本　十二冊

220000－0801－0012508　　史292/134

彙刻書目初編十卷補編一卷續編一卷　（清）顧修撰　清光緒元年(1875)刻本　十二冊

220000－0801－0012509　　史292/137

欽定四庫全書簡明目錄　（清）紀昀等編　清光緒二十年(1894)上海點石齋石印本　四冊

220000－0801－0012510　　史292/138

欽定四庫全書簡明目錄二十卷　（清）紀昀等編　清末刻本　十二冊

220000－0801－0012511　　史292/138－1

欽定四庫全書簡明目錄二十卷　（清）紀昀等編　清末刻本　十二冊

220000－0801－0012512　　史292/138－2

欽定四庫全書簡明目錄二十卷　（清）紀昀等編　清末刻本　十冊

220000－0801－0012513　　史292/140

讀西學書法　梁啓超撰　清光緒時務報館石印本　一冊

220000－0801－0012514　　史292/147

隋經籍志考證十三卷　（清）章宗源撰　清光緒湖北崇文書局刻本　三冊　存九卷(五至十三)

220000－0801－0012515　　史292/159

欽定四庫全書簡明目錄二十卷　（清）紀昀等編　清同治七年(1868)廣東書局刻本　二十冊

220000－0801－0012516　　史294/1

壬子文瀾閣所存書目五卷　（清）文瀾閣編　清咸豐二年(1852)刻本　四冊

220000－0801－0012517　　史294/3

史略　（宋）高似孫撰　清末影印本　一冊

220000－0801－0012518　　史294/10

讀有用書齋古籍目錄　（清）韓應陛編　清末影印本　一冊

220000－0801－0012519　　史294/12

欽定天祿琳琅書目十卷續二十卷　（清）于敏中等編　（清）彭元瑞續編　清光緒十年(1884)長沙王氏刻本　十冊

220000－0801－0012520　　史294/12－1

欽定天祿琳琅書目十卷續二十卷　（清）于敏中等編　（清）彭元瑞續編　清光緒十年(1884)長沙王氏刻本　十二冊

220000－0801－0012521　　史294/12－2

欽定天祿琳琅書目十卷續二十卷　（清）于敏中等編　（清）彭元瑞續編　清光緒十年(1884)長沙王氏刻本　十冊

220000－0801－0012522　　史294/12－3

欽定天祿琳琅書目十卷續二十卷　（清）于敏中等編　（清）彭元瑞續編　清光緒十年(1884)長沙王氏刻本　十冊

220000－0801－0012523　　史294/12－4

欽定天祿琳琅書目十卷續二十卷　（清）于敏中等編　（清）彭元瑞續編　清光緒十年(1884)長沙王氏刻本　十冊

220000－0801－0012524　　史294/14

天一閣書目不分卷　（清）范邦甸編　清嘉慶十三年(1808)刻本　十一冊

220000－0801－0012525　　史294/20

善本書室藏書志二卷　（清）丁丙輯　清光緒二十七年(1901)錢塘丁氏刻本　一冊

220000－0801－0012526　　史294/24

拜經樓藏書題跋記五卷附錄一卷　（清）吳壽暘撰　清道光二十七年(1847)刻本　二冊

220000－0801－0012527　　史294/25

欽定天祿琳琅書目十卷　（清）于敏中等編
清末抄本　五冊

220000－0801－0012528　史294/28
山東圖書館辛亥年藏書目錄　（清）保蓥東編
　清宣統三年(1911)影印本　一冊

220000－0801－0012529　史294/34
上海格致書院藏書樓目六卷補遺一卷　（清）
徐楚亭編纂　清光緒三十三年(1907)上海商
務印書館鉛印本　一冊

220000－0801－0012530　史294/37
皇清經解敬修堂編目十六卷　陶冶元編輯
清光緒十二年(1886)影印本　四冊

220000－0801－0012531　史294/37－1
皇清經解敬修堂編目十六卷　陶冶元編輯
清光緒十二年(1886)影印本　四冊

220000－0801－0012532　史294/39
皇清經解縮本編目十六卷　（清）淩忠照等輯
　清光緒十八年(1892)上海古香閣石印本
四冊

220000－0801－0012533　史294/39－1
皇清經解縮本編目十六卷　（清）淩忠照等輯
　清光緒十八年(1892)上海古香閣石印本
四冊

220000－0801－0012534　史294/41
儀顧堂題跋十六卷　（清）陸心源撰　清刻本
　四冊

220000－0801－0012535　史294/42
師米齋書總目不分卷　（清）李□編　清李氏
稿本　一冊

220000－0801－0012536　史294/43
儀顧堂題跋十六卷　（清）陸心源撰　清光緒
十六年(1890)刻本　六冊

220000－0801－0012537　史294/45
清儀閣題跋不分卷　（清）張廷濟撰　清光緒
十九年(1893)刻本　三冊

220000－0801－0012538　史294/45－1
清儀閣題跋不分卷　（清）張廷濟撰　清光緒

十九年(1893)刻本　四冊

220000－0801－0012539　史294/45－2
清儀閣題跋不分卷　（清）張廷濟撰　清光緒
十九年(1893)刻本　四冊

220000－0801－0012540　史294/48
士禮居藏書題跋六卷　（清）黃丕烈撰　清光
緒八年(1882)刻本　四冊

220000－0801－0012541　史294/48－1
士禮居藏書題跋六卷　（清）黃丕烈撰　清光
緒八年(1882)刻本　四冊

220000－0801－0012542　史294/48－2
士禮居藏書題跋六卷　（清）黃丕烈撰　清光
緒八年(1882)刻本　四冊

220000－0801－0012543　史294/48－3
士禮居藏書題跋六卷　（清）黃丕烈撰　清光
緒八年(1882)刻本　二冊

220000－0801－0012544　史294/48－4
士禮居藏書題跋六卷　（清）黃丕烈撰　清光
緒八年(1882)刻本　五冊

220000－0801－0012545　史294/48－5
士禮居藏書題跋六卷　（清）黃丕烈撰　清光
緒八年(1882)刻本　四冊

220000－0801－0012546　史294/50
直齋書錄解題二十二卷　（宋）陳振孫撰　清
光緒九年(1883)江蘇書局刻本　六冊

220000－0801－0012547　史294/50－1
直齋書錄解題二十二卷　（宋）陳振孫撰　清
光緒九年(1883)江蘇書局刻本　六冊

220000－0801－0012548　史294/51
校經廎題跋二卷　（清）李富孫撰　清末西泠
印社吳氏活字印本　一冊

220000－0801－0012549　史294/52
藝風藏書記八卷　繆荃孫撰　清光緒二十七
年(1901)刻本　四冊

220000－0801－0012550　史294/62
楹書隅錄五卷續編四卷　（清）楊紹和撰　清

光緒二十一年（1895）海源閣刻本　八冊

220000－0801－0012551　史294/64

皕宋樓藏書志一百二十卷　（清）陸心源編
清光緒八年（1882）十萬卷樓刻本　四十冊

220000－0801－0012552　史294/64－1

皕宋樓藏書志一百二十卷　（清）陸心源編
清光緒八年（1882）十萬卷樓刻本　二十二冊

220000－0801－0012553　史294/64－2

皕宋樓藏書志一百二十卷　（清）陸心源編
清光緒八年（1882）十萬卷樓刻本　三十二冊

220000－0801－0012554　史294/64－3

皕宋樓藏書志一百二十卷　（清）陸心源編
清光緒八年（1882）十萬卷樓刻本　十六冊

220000－0801－0012555　史294/64－4

皕宋樓藏書志一百二十卷　（清）陸心源編
清光緒八年（1882）十萬卷樓刻本　四十二冊

220000－0801－0012556　史294/66

宋元舊本書經眼錄三卷附錄二卷　（清）莫友
芝撰　清同治十二年（1873）刻本　二冊

220000－0801－0012557　史294/66－1

宋元舊本書經眼錄三卷附錄二卷　（清）莫友
芝撰　清同治十二年（1873）刻本　一冊

220000－0801－0012558　史294/66－2

宋元舊本書經眼錄三卷附錄二卷　（清）莫友
芝撰　清同治十二年（1873）刻本　一冊

220000－0801－0012559　史294/69

皇清經解縮本編目十六卷　（清）凌忠照等輯
　清光緒十三年（1887）上海書局影印本
四冊

220000－0801－0012560　史294/76

東西學書錄二卷附錄一卷　（清）徐維則輯
清光緒二十五年（1899）影印本　三冊

220000－0801－0012561　史294/76－1

東西學書錄二卷附錄一卷　（清）徐維則輯
清光緒二十五年（1899）影印本　二冊　缺一
卷（附錄一卷）

220000－0801－0012562　史294/93

國朝未刊遺書志略不分卷　（清）朱記榮輯
清光緒十八年（1892）觀自得齋刻本　一冊

220000－0801－0012563　史294/93－1

國朝未刊遺書志略不分卷　（清）朱記榮輯
清光緒十八年（1892）觀自得齋刻本　一冊

220000－0801－0012564　史294/99

開有益齋讀書志六卷　（清）朱緒曾撰　清光
緒六年（1880）刻本　三冊

220000－0801－0012565　史294/100

**開有益齋讀書志六卷續志一卷金石文字記一
卷**　（清）朱緒曾撰　清光緒六年（1880）金陵
翁氏茹古閣刻本　六冊

220000－0801－0012566　史294/100－1

**開有益齋讀書志六卷續志一卷金石文字記一
卷**　（清）朱緒曾撰　清光緒六年（1880）金陵
翁氏茹古閣刻本　五冊　缺一卷（金石文字
記一卷）

220000－0801－0012567　史294/100－2

**開有益齋讀書志六卷續志一卷金石文字記一
卷**　（清）朱緒曾撰　清光緒六年（1880）金陵
翁氏茹古閣刻本　五冊　缺一卷（金石文字
記一卷）

220000－0801－0012568　史294/103

**欽定四庫全書總目二百卷首四卷簡明目錄二
十卷**　（清）紀昀等撰　清光緒十四年（1888）
上海漱六山莊石印本　二十四冊

220000－0801－0012569　史294/103－1

**欽定四庫全書總目二百卷首四卷簡明目錄二
十卷**　（清）紀昀等撰　清光緒十四年（1888）
上海漱六山莊石印本　二十冊　缺二十卷
（簡明目錄二十卷）

220000－0801－0012570　史294/105

欽定四庫全書總目二百卷首一卷　（清）紀昀
等編　清末刻本　一百十二冊

220000－0801－0012571　史294/105－1

欽定四庫全書總目二百卷首一卷　（清）紀昀

等編　清末刻本　十七冊　存二十三卷(一百七十八至二百)

220000－0801－0012572　史294/109
善本書室藏書志四十卷　(清)丁丙撰　清光緒二十七年(1901)錢塘丁氏刻本　十六冊

220000－0801－0012573　史294/109－1
善本書室藏書志四十卷　(清)丁丙撰　清光緒二十七年(1901)錢塘丁氏刻本　十六冊

220000－0801－0012574　史294/109－2
善本書室藏書志四十卷　(清)丁丙撰　清光緒二十七年(1901)錢塘丁氏刻本　十六冊

220000－0801－0012575　史294/109－3
善本書室藏書志四十卷　(清)丁丙撰　清光緒二十七年(1901)錢塘丁氏刻本　十五冊

220000－0801－0012576　史294/111
欽定四庫全書總目二百卷首四卷　(清)紀昀等撰　清同治七年(1868)廣東書局刻本　一百二十冊

220000－0801－0012577　史294/111－1
欽定四庫全書總目二百卷首四卷　(清)紀昀等撰　清同治七年(1868)廣東書局刻本　一百二十冊

220000－0801－0012578　史294/111－2
欽定四庫全書總目二百卷首四卷　(清)紀昀等撰　清同治七年(1868)廣東書局刻本　九十五冊

220000－0801－0012579　史294/116
宋本書影　(清)黃丕烈輯　清末影印本　一冊

220000－0801－0012580　史294/121
日本訪書志十六卷　楊守敬撰　清光緒二十七年(1901)鄰蘇園刻本　八冊

220000－0801－0012581　史294/121－1
日本訪書志十六卷　楊守敬撰　清光緒二十七年(1901)鄰蘇園刻本　八冊

220000－0801－0012582　史294/122
華延年室題跋三卷　(清)傅以禮撰　清宣統

元年(1909)鉛印本　三冊

220000－0801－0012583　史294/122－1
華延年室題跋三卷　(清)傅以禮撰　清宣統元年(1909)鉛印本　三冊

220000－0801－0012584　史294/123
郡齋讀書志二十卷後志二卷考異四卷附志一卷　(宋)晁公武撰　(宋)姚應績編　清光緒六年(1880)刻本　十冊

220000－0801－0012585　史294/133
讀書劄記八卷　(明)徐問撰　清道光十一年(1831)刻本　一冊

220000－0801－0012586　史296/1
京畿金石考二卷　(清)孫星衍撰　清道光二十六年(1846)宏道書院刻本　二冊

220000－0801－0012587　史296/3
話雨樓碑帖目錄四卷　(清)王鯤編　清道光十五年(1835)刻本　二冊

220000－0801－0012588　史296/3－1
話雨樓碑帖目錄四卷　(清)王鯤編　清道光十五年(1835)刻本　二冊

220000－0801－0012589　史296/4
諸家藏書簿十卷　(清)李調元輯　清刻本　二冊

220000－0801－0012590　史296/24
子略騷合鈔七卷　(宋)高似孫撰　清末抄本　一冊

220000－0801－0012591　史296/27
集古錄跋尾十卷集古目錄五卷　(宋)歐陽修撰　清光緒十三年(1887)行素草堂刻本　四冊

220000－0801－0012592　史296/29
皇清經解續編目錄十七卷　王先謙編　清光緒二十三年(1897)上海蜚英書局石印本　四冊

220000－0801－0012593　史296/37
山左訪碑錄十三卷　(清)法偉堂撰　清宣統元年(1909)濟南國文報館影印本　二冊

220000－0801－0012594　史 296/37－1

山左訪碑錄十三卷　（清）法偉堂撰　清宣統
元年(1909)濟南國文報館影印本　二冊

220000－0801－0012595　史 296/38

吳郡金石目不分卷　（清）程祖慶撰　清光緒
元年(1875)刻本　二冊

220000－0801－0012596　史 296/39

吳郡金石目不分卷　（清）程祖慶撰　清光緒
三年(1877)八喜齋刻本　一冊

220000－0801－0012597　史 296/41

寶刻類編八卷　（宋）□□撰　清道光十八年
(1838)劉氏梅華山館刻本　四冊

220000－0801－0012598　史 296/46

寰宇訪碑錄十二卷　（清）孫星衍　（清）邢澍
撰　清光緒九年(1883)江蘇書局刻本　四冊

220000－0801－0012599　史 296/46－1

寰宇訪碑錄十二卷　（清）孫星衍　（清）邢澍
撰　清光緒九年(1883)江蘇書局刻本　四冊

220000－0801－0012600　史 296/46－2

寰宇訪碑錄十二卷　（清）孫星衍　（清）邢澍
撰　清光緒九年(1883)江蘇書局刻本　四冊

220000－0801－0012601　史 296/46－3

寰宇訪碑錄十二卷　（清）孫星衍　（清）邢澍
撰　清光緒九年(1883)江蘇書局刻本　四冊

220000－0801－0012602　史 296/46－4

寰宇訪碑錄十二卷　（清）孫星衍　（清）邢澍
撰　清光緒九年(1883)江蘇書局刻本　二冊

220000－0801－0012603　史 296/54

補寰宇訪碑錄五卷失編一卷　（清）趙之謙纂
集　清同治三年(1864)刻本　二冊

220000－0801－0012604　史 296/55

補後漢書藝文志并考十一卷　（清）曾樸等輯
　清光緒二十一年(1895)常熟曾氏刻本　六
冊　缺二卷(九至十)

220000－0801－0012605　史 296/62

越中金石目二卷　（清）杜春生編錄　清道光
十年(1830)詹波館刻本　一冊

220000－0801－0012606　史 296/63

越中先賢祠目不分卷　（清）李慈銘撰　清光
緒十一年(1885)刻本　一冊

220000－0801－0012607　史 296/76

中州金石目錄四卷補遺一卷　（清）姚晏撰
清光緒九年(1883)歸安姚氏刻本　二冊

220000－0801－0012608　史 296/85

攟古錄二十卷　（清）吳式芬撰　清光緒刻本
　二十冊

220000－0801－0012609　史 296/85－1

攟古錄二十卷　（清）吳式芬撰　清光緒刻本
　二十

220000－0801－0012610　史 296/98

金石彙目分編二十卷　（清）吳式芬撰　清末
海豐吳氏文祿堂刻本　二十四冊

220000－0801－0012611　史 296/106

竹崦盦金石目錄五卷　（清）趙魏輯　清宣統
元年(1909)長沙刻本　四冊

220000－0801－0012612　史 296/106－1

竹崦盦金石目錄五卷　（清）趙魏輯　清宣統
元年(1909)長沙刻本　四冊

220000－0801－0012613　史 296/126

九通目錄四十卷　雷君彥輯　清光緒二十九
年(1903)上海圖書集成局石印本　四冊　存
十四卷(皇朝三通目錄十四卷)

220000－0801－0012614　史 296/126－1

九通目錄四十卷　雷君彥輯　清光緒二十九
年(1903)上海圖書集成局石印本　四冊　存
十四卷(皇朝三通目錄十四卷)

220000－0801－0012615　史 296/128

道藏輯要總目　（□）□□撰　清光緒三十二
年(1906)刻本　九冊

220000－0801－0012616　史 297/8

宋元本行格表二卷附錄一卷　（清）江標輯
清光緒二十三年(1897)湘中刻本　二冊

220000－0801－0012617　史 297/23

留真譜初編十二卷二編八卷　楊守敬編　清

光緒二十七年(1901)宜都楊氏刻本　二十冊

220000 – 0801 – 0012618　史299/33

式古堂目錄十七卷　(清)尤瑩編　清光緒十九年(1893)石印本　二冊

220000 – 0801 – 0012619　子11/6

諸子通攷三卷　孫德謙撰　清宣統二年(1910)江蘇存古學堂鉛印本　三冊

220000 – 0801 – 0012620　子11/9

詩品三卷　(南朝梁)鍾嶸撰　**書品一卷**　(南朝梁)庾肩吾撰　**顏氏家訓二卷**　(北齊)顏之推撰　清刻本　一冊

220000 – 0801 – 0012621　子11/10

桐城吳先生點勘諸子七種一百一卷　(清)吳汝綸評點　清宣統二年(1910)衍星社鉛印本　九冊　缺二十一卷(老子一卷、荀子二十卷)

220000 – 0801 – 0012622　子11/12

二十二子全書二十九卷　(清)王繼堂輯　清道光十三年(1833)王氏棠蔭館刻本　四冊

220000 – 0801 – 0012623　子11/13

二十二子合刻三百三十八卷　(清)積山書局輯　清光緒二十二年(1896)上海積山書局石印本　十六冊

220000 – 0801 – 0012624　子11/13 – 1

二十二子合刻三百三十八卷　(清)積山書局輯　清光緒二十二年(1896)上海積山書局石印本　四冊　存八十三卷(黃帝内經素問二十四卷遺篇一卷靈樞十二卷、竹書紀年統箋十二卷前編一卷雜述一卷、商君書五卷、呂氏春秋二十六卷附考一卷)

220000 – 0801 – 0012625　子11/14

二十二子三百三十八卷　(清)上海鴻文書局輯　清光緒十九年(1893)上海鴻文書局影印本　十六冊

220000 – 0801 – 0012626　子11/15

二十二子三百三十七卷　(清)浙江書局輯　清光緒浙江書局刻本　八十三冊

220000 – 0801 – 0012627　子11/15 – 1

二十二子三百三十七卷　(清)浙江書局輯　清光緒浙江書局刻本　八十三冊

220000 – 0801 – 0012628　子11/15 – 2

二十二子三百三十七卷　(清)浙江書局輯　清光緒浙江書局刻本　八十五冊

220000 – 0801 – 0012629　子11/15 – 3

二十二子三百三十七卷　(清)浙江書局輯　清光緒浙江書局刻本　六十七冊

220000 – 0801 – 0012630　子11/16

二十五子彙函三百四十二卷　(清)上海鴻文書局輯　清光緒十九年(1893)上海鴻文書局影印本　二十冊

220000 – 0801 – 0012631　子11/22

子書二十二種附一種三百四十一卷　(清)浙江書局輯　清光緒二十三年(1897)上海圖書集成局鉛印本　四十冊

220000 – 0801 – 0012632　子11/22 – 1

子書二十二種附一種三百四十一卷　(清)浙江書局輯　清光緒二十三年(1897)上海圖書集成局鉛印本　一冊　存十卷(文中子中說一至十)

220000 – 0801 – 0012633　子11/23

子書二十五種三百四十二卷　(清)上海育文書局輯　清光緒三十年(1904)上海育文書局石印本　十六冊

220000 – 0801 – 0012634　子11/25

子書百家一百種四百九十二卷　(清)崇文書局輯　清光緒元年(1875)湖北崇文書局刻本　一百十冊

220000 – 0801 – 0012635　子11/25 – 1

子書百家一百種四百九十二卷　(清)崇文書局輯　清光緒元年(1875)湖北崇文書局刻本　一百十冊

220000 – 0801 – 0012636　子11/25 – 2

子書百家一百種四百九十二卷　(清)崇文書局輯　清光緒元年(1875)湖北崇文書局刻本

一百六册　缺十六卷(墨子十六卷)

220000－0801－0012637　子11/26

十子全書一百二十六卷　（清）王子興輯　清嘉慶九年(1804)寶慶經綸堂刻本　三十二册

220000－0801－0012638　子11/35

擬彙刊周秦諸子校註輯補善本敘錄一卷　王仁俊撰　清光緒三十四年(1908)存古學堂鉛印本　一册

220000－0801－0012639　子11/38

毋欺錄一卷　（清）朱用純撰　**潘瀾筆記二卷**（清）彭兆蓀撰　清道光二十二年(1842)刻本　一册

220000－0801－0012640　子11/41

子書百家一百一種　（清）崇文書局輯　清光緒元年(1875)湖北崇文書局刻本　一百十册

220000－0801－0012641　子11/43

諸子平議三十五卷　（清）俞樾撰　清末刻本　十二册　缺一卷(十)

220000－0801－0012642　子11/43－1

諸子平議三十五卷　（清）俞樾撰　清末刻本　四册　存十八卷(十八至三十五)

220000－0801－0012643　子12/7

五種遺規二十二卷　（清）陳宏謀撰　清光緒二十一年(1895)浙江書局刻本　十册

220000－0801－0012644　子12/7－1

五種遺規二十二卷　（清）陳宏謀撰　清光緒二十一年(1895)浙江書局刻本　十册

220000－0801－0012645　子12/9

孔子家語七卷　（三國魏）王肅註　清光緒十八年(1892)上海掃葉山房刻本　五册

220000－0801－0012646　子12/10

孔子集語十七卷　（清）孫星衍輯　清光緒三年(1877)浙江書局刻本　四册

220000－0801－0012647　子12/10－1

孔子集語十七卷　（清）孫星衍輯　清光緒三年(1877)浙江書局刻本　四册

220000－0801－0012648　子12/11

孔子集語十七卷　（清）孫星衍輯　清光緒二十三年(1897)新化三昧書局刻本　四册

220000－0801－0012649　子12/21

孔氏家語十卷　（三國魏）王肅註　**魏鶴山先生渠陽詩一卷**　（宋）王德文註　清光緒玉海堂刻本　四册

220000－0801－0012650　子12/21－1

孔氏家語十卷　（三國魏）王肅註　**魏鶴山先生渠陽詩一卷**　（宋）王德文註　清光緒玉海堂刻本　四册　缺一卷(魏鶴山先生渠陽詩一卷)

220000－0801－0012651　子12/21－2

孔氏家語十卷　（三國魏）王肅註　**魏鶴山先生渠陽詩一卷**　（宋）王德文註　清光緒玉海堂刻本　四册　缺一卷(魏鶴山先生渠陽詩一卷)

220000－0801－0012652　子12/24

李二曲先生全集二十六卷　（清）李顒撰　清道光八年(1828)雲蔭堂刻本　八册

220000－0801－0012653　子12/25

潛夫論十卷　（漢）王符著　清嘉慶刻本　二册

220000－0801－0012654　子12/25－1

潛夫論十卷　（漢）王符著　清嘉慶刻本　二册

220000－0801－0012655　子12/26

理學宗傳辨正十六卷　（清）劉廷詔撰　清同治十一年(1872)六安求我齋刻本　六册

220000－0801－0012656　子12/28

家語證偽十一卷　（清）范家相著　清光緒十五年(1889)會稽徐氏鑄學齋刻本　一册

220000－0801－0012657　子12/29

家語疏證六卷　（清）孫志祖撰　清光緒刻本　二册

220000－0801－0012658　子12/29－1

家語疏證六卷　（清）孫志祖撰　清光緒刻本

一冊

220000－0801－0012659　子12/30

定武學記二卷　（清）賈恩紱撰　（清）米逢吉錄　清光緒三十二年（1906）鉛印本　一冊

220000－0801－0012660　子12/31

潛夫論十卷　（漢）王符著　（清）汪繼培箋　清光緒十七年（1891）思賢講舍刻本　四冊

220000－0801－0012661　子12/31－1

潛夫論十卷　（漢）王符著　（清）汪繼培箋　清光緒十七年（1891）思賢講舍刻本　四冊

220000－0801－0012662　子12/33

荀子三十二卷校勘補遺一卷　（唐）楊倞註　清光緒二年（1876）浙江書局刻本　六冊

220000－0801－0012663　子12/40

荀子集解二十卷首一卷　王先謙撰　清光緒十七年（1891）思賢講舍刻本　六冊

220000－0801－0012664　子12/40－1

荀子集解二十卷首一卷　王先謙撰　清光緒十七年（1891）思賢講舍刻本　六冊

220000－0801－0012665　子12/40－2

荀子集解二十卷首一卷　王先謙撰　清光緒十七年（1891）思賢講舍刻本　六冊

220000－0801－0012666　子12/42

荀子補註二卷　（清）郝懿行撰　清末刻本　一冊

220000－0801－0012667　子12/43

荀子考異一卷　（宋）錢佃撰　清末抄本　一冊

220000－0801－0012668　子12/44

荀子考異一卷　（宋）錢佃撰　清光緒三十一年（1905）刻本　一冊

220000－0801－0012669　子12/48

松陽鈔存二卷松陽講義十二卷　（清）陸隴其撰　清同治十三年（1874）刻本　六冊

220000－0801－0012670　子12/49

拾餘四種四卷　（清）劉沅撰　清光緒二十七

年（1901）守經堂刻本　二冊

220000－0801－0012671　子12/50

晏子春秋七卷附音義二卷　（清）孫星衍撰　校勘二卷　（清）黃以周校　清光緒元年（1875）浙江書局刻本　四冊

220000－0801－0012672　子12/50－1

晏子春秋七卷附音義二卷　（清）孫星衍撰　校勘二卷　（清）黃以周校　清光緒元年（1875）浙江書局刻本　四冊

220000－0801－0012673　子12/51

晏子春秋七卷附音義二卷　（清）孫星衍校　校勘二卷　（清）黃以周撰　清光緒二年（1876）浙江書局刻本　四冊

220000－0801－0012674　子12/51－1

晏子春秋七卷附音義二卷　（清）孫星衍校　校勘二卷　（清）黃以周撰　清光緒二年（1876）浙江書局刻本　四冊

220000－0801－0012675　子12/52

晏子春秋八卷　清嘉慶二十一年（1816）全椒吳氏刻本　一冊

220000－0801－0012676　子12/52－1

晏子春秋八卷　清嘉慶二十一年（1816）全椒吳氏刻本　六冊

220000－0801－0012677　子12/52－2

晏子春秋八卷　清嘉慶二十一年（1816）全椒吳氏刻本　四冊

220000－0801－0012678　子12/52－3

晏子春秋八卷　清嘉慶二十一年（1816）全椒吳氏刻本　四冊

220000－0801－0012679　子12/53

關中道脈四種書十七卷　（清）李元春輯　清道光十年（1830）刻本　六冊

220000－0801－0012680　子12/55

曹月川先生遺書十一卷　（明）曹端等輯　清末刻本　八冊

220000－0801－0012681　子12/56

曾子家語六卷　（清）王定安編　清光緒十六

年(1890)刻本　二冊

220000－0801－0012682　子12/57

曾子問講錄四卷　（清）毛奇齡撰　清嘉慶渭
南嚴氏家塾刻本　一冊

220000－0801－0012683　子12/58

曾子註釋四卷　（清）阮元撰　清渭南嚴氏家
塾刻本　一冊

220000－0801－0012684　子12/60

讀書說四卷附錄一卷　（清）胡承諾撰　清道
光二十五年（1845）刻本　六冊

220000－0801－0012685　子12/61

讀讀書錄二卷　（清）汪紱撰　清光緒二十一
年（1895）刻本　二冊

220000－0801－0012686　子12/62

程氏家塾讀書分年日程三卷綱領一卷　（元）
程端禮撰　清同治七年（1868）湖北崇文書局
刻本　二冊

220000－0801－0012687　子12/62－1

程氏家塾讀書分年日程三卷綱領一卷　（元）
程端禮撰　清同治七年（1868）湖北崇文書局
刻本　二冊

220000－0801－0012688　子12/63

程氏家塾讀書分年日程三卷綱領一卷　（元）
程端禮撰　清光緒八年（1882）津河廣仁堂刻
本　二冊

220000－0801－0012689　子12/64

程氏家塾讀書分年日程三卷綱領一卷　（元）
程端禮撰　清同治七年（1868）江蘇書局刻本
一冊

220000－0801－0012690　子12/64－1

程氏家塾讀書分年日程三卷綱領一卷　（元）
程端禮撰　清同治七年（1868）江蘇書局刻本
一冊

220000－0801－0012691　子12/66

程氏家塾讀書分年日程三卷綱領一卷　（元）
程端禮撰　清光緒二十六年（1900）桂垣書局
刻本　二冊

220000－0801－0012692　子12/69

五種遺規二十二卷　（清）陳宏謀編　清同治
七年（1868）崇文書局刻本　八冊

220000－0801－0012693　子12/71

五種遺規二十二卷　（清）陳宏謀編　清光緒
二十一年（1895）鉛印本　五冊

220000－0801－0012694　子12/72

五種遺規二十二卷　（清）陳宏謀編　清同治
五年（1866）刻本　四冊

220000－0801－0012695　子12/73

養正遺規二卷補編一卷　（清）陳宏謀撰　清
刻本　二冊

220000－0801－0012696　子12/73－1

養正遺規二卷補編一卷　（清）陳宏謀撰　清
刻本　二冊

220000－0801－0012697　子12/74

教女遺規三卷　（清）陳宏謀編　清刻本
一冊

220000－0801－0012698　子12/76

欽定承華事略補圖六卷　（元）王惲撰　（清）
李文田等補　清光緒二十四年（1898）上海掃
葉山房石印本　二冊

220000－0801－0012699　子121/1

文子纘義十二卷　（元）杜道堅撰　清光緒三
年（1877）浙江書局刻本　二冊

220000－0801－0012700　子121/2

文中子中說十卷　（隋）王通撰　（宋）阮逸註
清光緒二年（1876）浙江書局刻本　二冊

220000－0801－0012701　子121/2－1

文中子中說十卷　（隋）王通撰　（宋）阮逸註
清光緒二年（1876）浙江書局刻本　二冊

220000－0801－0012702　子121/3

新序十卷　（漢）劉向撰　清嘉慶刻本　四冊

220000－0801－0012703　子121/6

新書十卷　（漢）賈誼撰　清光緒三年（1877）
長沙刻本　二冊

220000－0801－0012704　子121/6－1

新書十卷　（漢）賈誼撰　清光緒三年(1877)長沙刻本　二冊

220000－0801－0012705　子121/7

新書十卷　（漢）賈誼撰　清末上海涵芬樓刻本　二冊

220000－0801－0012706　子121/7－1

新書十卷　（漢）賈誼撰　清末上海涵芬樓刻本　一冊

220000－0801－0012707　子121/8

新書十卷　（漢）賈誼撰　清光緒元年(1875)浙江書局刻本　二冊

220000－0801－0012708　子121/12

平書訂十四卷　（清）李塨撰　清光緒五年(1879)定州王氏謙德堂刻本　一冊

220000－0801－0012709　子121/13

傅子二卷附錄一卷　（晉）傅玄撰　（清）錢保塘輯　**物理論一卷**　（晉）楊泉撰　（清）錢保塘輯　清光緒八年(1882)清風室刻本　一冊

220000－0801－0012710　子121/14

文中子中說十卷　（隋）王通撰　（宋）阮逸註　清光緒十六年(1890)刻本　一冊

220000－0801－0012711　子121/18

大學衍義補一百六十卷首一卷　（明）丘濬撰　清道光十七年(1837)芸香堂刻本　四十八冊　缺一百四十卷(八十一至二百二十)

220000－0801－0012712　子121/18－1

大學衍義補一百六十卷首一卷　（明）丘濬撰　清道光十七年(1837)芸香堂刻本　四十冊　缺一百四十卷(八十一至二百二十)

220000－0801－0012713　子121/19

大學衍義四十三卷　（宋）真德秀彙輯　清同治十一年(1872)浙江書局刻本　十冊

220000－0801－0012714　子121/19－1

大學衍義四十三卷　（宋）真德秀彙輯　清同治十一年(1872)浙江書局刻本　十冊

220000－0801－0012715　子121/20

大學衍義四十三卷　（宋）真德秀輯　清道光十七年(1837)芸香堂刻本　十冊

220000－0801－0012716　子121/21

中論二卷　（漢）徐幹撰　**說苑二十卷**　（漢）劉向撰　清末上海涵芬樓影印本　七冊

220000－0801－0012717　子121/22

中論二卷　（漢）徐幹撰　清末刻本　一冊

220000－0801－0012718　子121/23

中說十卷　（隋）王通撰　（宋）阮逸註　清光緒刻本　四冊

220000－0801－0012719　子121/24

中說二卷　（隋）王通撰　（明）張易閱　清刻本　一冊

220000－0801－0012720　子121/25

中說十卷　（隋）王通撰　（宋）阮逸註　清光緒十六年(1890)刻本　二冊

220000－0801－0012721　子121/25－1

中說十卷　（隋）王通撰　（宋）阮逸註　清光緒十六年(1890)刻本　二冊

220000－0801－0012722　子121/25－2

中說十卷　（隋）王通撰　（宋）阮逸註　清光緒十六年(1890)刻本　二冊

220000－0801－0012723　子121/25－3

中說十卷　（隋）王通撰　（宋）阮逸註　清光緒十六年(1890)刻本　一冊

220000－0801－0012724　子121/27

揚子法言十三卷附音義一卷　（漢）揚雄撰　（唐）李軌註　清光緒二年(1876)浙江書局刻本　一冊

220000－0801－0012725　子121/27－1

揚子法言十三卷附音義一卷　（漢）揚雄撰　（唐）李軌註　清光緒二年(1876)浙江書局刻本　一冊

220000－0801－0012726　子121/27－2

揚子法言十三卷附音義一卷　（漢）揚雄撰　（唐）李軌註　清光緒二年(1876)浙江書局刻本　一冊

220000－0801－0012727　子121/28

新纂門目五臣音註揚子法言十卷　（唐）李軌
（唐）柳宗元　（宋）宋咸　（宋）吳秘
（宋）司馬光註　清嘉慶九年（1804）寶慶經綸
堂刻本　二冊

220000－0801－0012728　子121/29

新纂門目五臣音註揚子法言十卷　（唐）李軌
（唐）柳宗元　（宋）宋咸　（宋）吳秘
（宋）司馬光註　清嘉慶九年（1804）姑蘇聚文
堂刻本　二冊

220000－0801－0012729　子121/29－1

新纂門目五臣音註揚子法言十卷　（唐）李軌
（唐）柳宗元　（宋）宋咸　（宋）吳秘
（宋）司馬光註　清嘉慶九年（1804）姑蘇聚文
堂刻本　一冊

220000－0801－0012730　子121/30

揚子法言十三卷附音義一卷　（唐）李軌註
清嘉慶二十三年（1818）石研齋刻本　二冊

220000－0801－0012731　子121/30－1

揚子法言十三卷附音義一卷　（唐）李軌註
清嘉慶二十三年（1818）石研齋刻本　二冊

220000－0801－0012732　子121/30－2

揚子法言十三卷附音義一卷　（唐）李軌註
清嘉慶二十三年（1818）石研齋刻本　二冊

220000－0801－0012733　子121/31

明夷待訪錄一卷　（清）黃宗羲撰　清光緒三
十一年（1905）杭州群學社石印本　一冊

220000－0801－0012734　子121/32

明夷待訪錄一卷　（清）黃宗羲撰　清光緒二
十三年（1897）上海鴻文書局石印本　一冊

220000－0801－0012735　子121/37

繹志十九卷　（清）胡承諾撰　清同治十一年
（1872）浙江書局刻本　八冊

220000－0801－0012736　子121/37－1

繹志十九卷　（清）胡承諾撰　清同治十一年
（1872）浙江書局刻本　八冊

220000－0801－0012737　子121/37－2

繹志十九卷　（清）胡承諾撰　清同治十一年
（1872）浙江書局刻本　八冊

220000－0801－0012738　子121/38

漢儒通義七卷　（清）陳澧撰　清咸豐六年
（1856）如見齋刻本　二冊

220000－0801－0012739　子121/39

揚子法言十三卷附音義一卷　（漢）揚雄撰
（唐）李軌註　清嘉慶二十三年（1818）石研齋
刻本　二冊

220000－0801－0012740　子121/40

校邠廬抗議二卷　（清）馮桂芬撰　清光緒九
年（1883）津河廣仁堂刻本　一冊

220000－0801－0012741　子121/41

圖民錄四卷　（清）袁守定撰　清同治八年
（1869）刻本　二冊

220000－0801－0012742　子121/44

明夷待訪錄一卷　（清）黃宗羲撰　清光緒五
年（1879）五桂樓刻本　一冊

220000－0801－0012743　子121/45

籌洋芻議十四篇　（清）薛福成撰　清光緒十
一年（1885）刻本　一冊

220000－0801－0012744　子121/45－1

籌洋芻議十四篇　（清）薛福成撰　清光緒十
一年（1885）刻本　一冊

220000－0801－0012745　子121/45－2

籌洋芻議十四篇　（清）薛福成撰　清光緒十
一年（1885）刻本　一冊

220000－0801－0012746　子121/47

柔遠新書四卷　（清）朱克敬撰　清光緒七年
（1881）刻本　四冊

220000－0801－0012747　子121/48

黃書七卷　（清）王夫之撰　清光緒二十四年
（1898）崇新書社刻本　一冊

220000－0801－0012748　子121/49

起黃二卷質顧一卷廣王二卷　（清）吳光耀撰
清宣統元年（1909）刻本　一冊

220000－0801－0012749　子121/49－1

起黃二卷質顧一卷廣王二卷　（清）吳光耀撰
清宣統元年(1909)刻本　三冊　缺二卷
（廣王二卷）

220000－0801－0012750　子121/50

禮樂政教二卷　（清）贊皋山人著　清光緒二
十一年(1895)龍津書舍刻本　二冊

220000－0801－0012751　子121/52

策略六卷　（清）汪紱撰　清光緒二十三年
(1897)刻本　四冊

220000－0801－0012752　子121/53

黃書七卷　（清）王夫之撰　清光緒二十四年
(1898)石印本　一冊

220000－0801－0012753　子121/54

讜言一卷　（清）呰窳道人撰　清光緒九年
(1883)刻本　一冊

220000－0801－0012754　子121/56

校邠廬抗議二卷　（清）馮桂芬撰　清光緒十
年(1884)豫章刻本　二冊

220000－0801－0012755　子121/56－1

校邠廬抗議二卷　（清）馮桂芬撰　清光緒十
年(1884)豫章刻本　二冊

220000－0801－0012756　子121/56－2

校邠廬抗議二卷　（清）馮桂芬撰　清光緒十
年(1884)豫章刻本　一冊

220000－0801－0012757　子121/56－3

校邠廬抗議二卷　（清）馮桂芬撰　清光緒十
年(1884)豫章刻本　二冊

220000－0801－0012758　子121/56－4

校邠廬抗議二卷　（清）馮桂芬撰　清光緒十
年(1884)豫章刻本　二冊

220000－0801－0012759　子121/57

自強學齋治平十議　（清）自強學齋主人輯
清光緒二十三年(1897)文瑞樓石印本　十
二冊

220000－0801－0012760　子121/58

校邠廬抗議二卷　（清）馮桂芬撰　清光緒二

十三年(1897)聚豐坊刻本　二冊

220000－0801－0012761　子121/58－1

校邠廬抗議二卷　（清）馮桂芬撰　清光緒二
十三年(1897)聚豐坊刻本　一冊　存一卷
（上）

220000－0801－0012762　子121/58－2

校邠廬抗議二卷　（清）馮桂芬撰　清光緒二
十三年(1897)聚豐坊刻本　二冊

220000－0801－0012763　子121/58－3

校邠廬抗議二卷　（清）馮桂芬撰　清光緒二
十三年(1897)聚豐坊刻本　二冊

220000－0801－0012764　子121/59

校邠廬抗議二卷　（清）馮桂芬撰　清咸豐十
一年(1861)廣仁堂刻本　二冊

220000－0801－0012765　子121/60

圖民錄四卷　（清）袁守定撰　清同治十一年
(1872)江西書局刻本　二冊

220000－0801－0012766　子121/61

圖民錄四卷　（清）袁守定撰　清道光十九年
(1839)新種竹軒刻本　一冊

220000－0801－0012767　子121/63

校邠廬抗議二卷　（清）馮桂芬撰　清光緒十
一年(1885)木活字印本　二冊

220000－0801－0012768　子121/64

校邠廬抗議二卷　（清）馮桂芬撰　清光緒二
十三年(1897)鉛印本　二冊

220000－0801－0012769　子121/66

大學衍義四十三卷　（宋）真德秀撰　（明）楊
鶚重刊　（明）丁辛重校　清末刻本　十冊

220000－0801－0012770　子121/67

校邠廬抗議二卷　（清）馮桂芬撰　清光緒二
十四年(1898)刻本　二冊

220000－0801－0012771　子121/68

校邠廬抗議二卷　（清）馮桂芬撰　清光緒二
十六年(1900)麻城吳氏屟守齋刻本　二冊

220000－0801－0012772　子121/68－1

校邠廬抗議二卷 （清）馮桂芬撰 清光緒二十六年（1900）麻城吳氏屧守齋刻本 二冊

220000－0801－0012773 子121/69

校邠廬抗議二卷 （清）馮桂芬撰 清光緒十八年（1892）潘氏敏德堂刻本 二冊

220000－0801－0012774 子123/1

庭聞憶畧一卷 （清）寶廷撰 清光緒刻本 一冊

220000－0801－0012775 子123/1－1

庭聞憶畧一卷 （清）寶廷撰 清光緒刻本 一冊

220000－0801－0012776 子123/3

顏氏學記十卷 （清）戴望撰 清光緒二十年（1894）龍山白岩書院刻本 四冊

220000－0801－0012777 子123/4

顏氏學記十卷 （清）戴望撰 清末鉛印本 四冊

220000－0801－0012778 子123/5

顏學辯八卷 （清）程仲威撰 清光緒十年（1884）安徽官紙印刷局鉛印本 四冊

220000－0801－0012779 子123/6

證性編八卷 （明）顧憲成撰 清光緒刻本 一冊 缺二卷（徵信一卷、或問一卷）

220000－0801－0012780 子123/8

讀書錄十一卷續錄十二卷 （明）薛瑄撰 清光緒二十年（1894）柏經正堂刻本 八冊

220000－0801－0012781 子123/8－1

讀書錄十一卷續錄十二卷 （明）薛瑄撰 清光緒二十年（1894）柏經正堂刻本 六冊

220000－0801－0012782 子123/9

二程語錄摘抄不分卷 （宋）程顥 （宋）程頤撰 清末抄本 一冊

220000－0801－0012783 子123/10

二程全書七種六十七卷 （宋）程顥 （宋）程頤撰 清同治五年（1866）刻本 二十冊

220000－0801－0012784 子123/13

二程全書六種六十六卷 （宋）程顥 （宋）程頤撰 （宋）朱熹輯 清同治十年（1871）六安求我齋刻本 十六冊

220000－0801－0012785 子123/13－1

二程全書六種六十六卷 （宋）程顥 （宋）程頤撰 （宋）朱熹輯 清同治十年（1871）六安求我齋刻本 十六冊

220000－0801－0012786 子123/13－2

二程全書六種六十六卷 （宋）程顥 （宋）程頤撰 （宋）朱熹輯 清同治十年（1871）六安求我齋刻本 十六冊

220000－0801－0012787 子123/14

二程粹言二卷 （宋）程顥 （宋）程頤撰 （宋）楊時訂 清末刻本 二冊

220000－0801－0012788 子123/16

正誼八卷 （清）劉沅撰 清咸豐四年（1854）豫誠堂刻本 八冊

220000－0801－0012789 子123/16－1

正誼八卷 （清）劉沅撰 清咸豐四年（1854）豫誠堂刻本 四冊

220000－0801－0012790 子123/17

正學文要八卷道學文附三卷 （清）李元春評選 清道光二十九年（1849）守樸堂刻本 六冊

220000－0801－0012791 子123/18

正學編八卷 （清）潘世恩輯 清同治六年（1867）刻本 二冊

220000－0801－0012792 子123/18－1

正學編八卷 （清）潘世恩輯 清同治六年（1867）刻本 二冊

220000－0801－0012793 子123/19

平平錄十卷附錄一卷 （清）楊芳撰 清道光十三年（1833）刻本 四冊

220000－0801－0012794 子123/19－1

平平錄十卷附錄一卷 （清）楊芳撰 清道光十三年（1833）刻本 四冊

220000－0801－0012795 子123/20

吾師錄一卷自監錄四卷　（明）黃淳耀撰　清光緒二十五年(1899)番禺沈氏刻本　一冊

220000－0801－0012796　子123/21

不遠復齋遺書六種十九卷　（清）潘世璜輯　清光緒六年(1880)刻本　六冊

220000－0801－0012797　子123/23

研幾錄一卷　（清）李顒撰　（清）薛陽桂參繹　研幾續錄一卷　（清）倪元坦撰　清道光二十三年(1843)刻本　一冊

220000－0801－0012798　子123/25

延平李先生師弟子答問一卷補錄一卷　（宋）朱熹輯　清光緒五年(1879)刻本　二冊

220000－0801－0012799　子123/26

延平李先生師弟子答問一卷後錄一卷補錄一卷　（宋）朱熹輯　清光緒五年(1879)刻本　二冊

220000－0801－0012800　子123/26－1

延平李先生師弟子答問一卷後錄一卷補錄一卷　（宋）朱熹輯　清光緒五年(1879)刻本　一冊　缺一卷(補錄一卷)

220000－0801－0012801　子123/27

張子正蒙註九卷　（清）王夫之撰　清同治四年(1865)曾氏金陵刻本　四冊

220000－0801－0012802　子123/29

張子全書十五卷　（宋）張載撰　（宋）朱熹註釋　清光緒二十三年(1897)刻本　六冊

220000－0801－0012803　子123/29－1

張子全書十五卷　（宋）張載撰　（宋）朱熹註釋　清光緒二十三年(1897)刻本　六冊

220000－0801－0012804　子123/30

強學錄四卷　（清）夏錫疇撰　清道光十四年(1834)仕學齋刻本　四冊

220000－0801－0012805　子123/32

聖學階梯二卷　（清）林侶梅　（清）蕭焱翹訂　清光緒十八年(1892)刻本　二冊

220000－0801－0012806　子123/36

理學逢源十二卷　（清）汪紱撰　清道光十八年(1838)俞氏敬業堂刻本　十二冊

220000－0801－0012807　子123/37

理學逢源十二卷　（清）汪紱撰　清光緒二十三年(1897)刻本　十二冊

220000－0801－0012808　子123/38

子問二卷又問一卷　（清）劉沅撰　清咸豐二年(1852)豫誠堂刻本　三冊

220000－0801－0012809　子123/40

國朝儒林正論四卷　（清）汪正編校　清道光二十四年(1844)刻本　一冊

220000－0801－0012810　子123/40－1

國朝儒林正論四卷　（清）汪正編校　清道光二十四年(1844)刻本　一冊

220000－0801－0012811　子123/40－2

國朝儒林正論四卷　（清）汪正編校　清道光二十四年(1844)刻本　一冊

220000－0801－0012812　子123/41

儒門語要六卷首一卷　（清）倪元坦撰　清光緒七年(1881)忠恕堂刻本　二冊

220000－0801－0012813　子123/42

儒門法語一卷　（清）彭定求編　清同治四年(1865)衣言堂刻本　一冊

220000－0801－0012814　子123/43

儒門法語一卷　（清）彭定求編　清光緒元年(1875)江蘇學政署刻本　一冊

220000－0801－0012815　子123/44

儒門法語輯要一卷　（清）彭定求編　清光緒十六年(1890)浙江書局刻本　一冊

220000－0801－0012816　子123/44－1

儒門法語輯要一卷　（清）彭定求編　清光緒十六年(1890)浙江書局刻本　一冊

220000－0801－0012817　子123/45

儒門法語輯要一卷　（清）彭定求編　清光緒七年(1881)刻本　一冊

220000－0801－0012818　子123/46

俞蔭甫先生經濟備考一卷　（清）俞樾撰　清

光緒思古書堂刻本　一冊

220000－0801－0012819　子123/47

仙源礦士參語一卷附大衍筮法直解一卷夏小
正箋疏四卷　（清）馬徵慶撰　清光緒十五年
(1889)刻本　一冊

220000－0801－0012820　子123/52

健餘劄記四卷健餘先生讀書筆記六卷　（清）
尹會一撰　**呂語集粹四卷**　（明）呂坤撰　清
光緒刻本　三冊

220000－0801－0012821　子123/55

復齋錄六卷　（清）王建常撰　清刻本　二冊

220000－0801－0012822　子123/56

朱子語類一百四十卷首一卷　（宋）朱熹撰
（宋）黎靖德輯　清同治十一年(1872)應元書
院刻本　五十二冊

220000－0801－0012823　子123/56－1

朱子語類一百四十卷首一卷　（宋）朱熹撰
（宋）黎靖德輯　清同治十一年(1872)應元書
院刻本　四十冊

220000－0801－0012824　子123/59

朱子晚年全論八卷　（清）李紱編　清末三省
堂鉛印本　四冊

220000－0801－0012825　子123/63

近思錄十四卷附錄一卷　（宋）朱熹　（宋）呂
祖謙撰　（清）江永集註　清同治八年(1869)
江蘇書局刻本　四冊

220000－0801－0012826　子123/63－1

近思錄十四卷附錄一卷　（宋）朱熹　（宋）呂
祖謙撰　（清）江永集註　清同治八年(1869)
江蘇書局刻本　四冊

220000－0801－0012827　子123/65

近思錄十四卷　（宋）朱熹　（宋）呂祖謙撰
清嘉慶二十二年(1817)刻本　一冊

220000－0801－0012828　子123/68

朱子原訂近思錄十四卷附錄一卷　（宋）朱熹
　（宋）呂祖謙撰　（清）江永集註　（清）王
鼎校次　清光緒十一年(1885)江西書局刻本

四冊

220000－0801－0012829　子123/69

真德秀心經政經二卷　（宋）真德秀撰　清影
印本　一冊

220000－0801－0012830　子123/71

北溪先生字義二卷補遺一卷　（宋）陳淳撰
清光緒二十三年(1897)活字印本　一冊

220000－0801－0012831　子123/71－1

北溪先生字義二卷補遺一卷　（宋）陳淳撰
清光緒二十三年(1897)活字印本　一冊

220000－0801－0012832　子123/72

北溪先生字義二卷補遺一卷　（宋）陳淳撰
清光緒九年(1883)學海堂刻本　二冊

220000－0801－0012833　子123/73

密證錄一卷姚江釋毀錄一卷不護錄一卷
（清）彭定求撰　清光緒七年(1881)刻本
一冊

220000－0801－0012834　子123/74

明東陽孫石臺先生定志編二卷附錄一卷
（明）孫揚輯　清光緒五年(1879)刻本　一冊

220000－0801－0012835　子123/74－1

明東陽孫石臺先生定志編二卷附錄一卷
（明）孫揚輯　清光緒五年(1879)刻本　一冊

220000－0801－0012836　子123/75

宗朱子要法一卷　（清）朱澤澐撰　清光緒二
十五年(1899)華亭封文權刻本　一冊

220000－0801－0012837　子123/76

潛室劄記二卷　（清）刁包撰　清道光二十三
年(1843)順積樓刁氏刻本　二冊

220000－0801－0012838　子123/77

讀書錄十一卷續錄十二卷　（明）薛瑄撰　清
末刻本　六冊

220000－0801－0012839　子123/78

冰言十卷補錄十卷　（清）李惺撰　清光緒三
十三年(1907)江蘇提學署刻本　二冊

220000－0801－0012840　子123/79

冰言補十卷 （清）李惺撰 清末長沙劉蓉養晦堂刻本 一冊

220000－0801－0012841 子123/83

深省堂自箴錄三卷 （清）景安撰 清嘉慶十三年(1808)刻本 一冊

220000－0801－0012842 子123/85

大意尊聞三卷 （清）方東樹撰 清同治五年(1866)刻本 二冊

220000－0801－0012843 子123/85－1

大意尊聞三卷 （清）方東樹撰 清同治五年(1866)刻本 一冊

220000－0801－0012844 子123/87

潛室陳先生木鐘集十一卷 （宋）陳埴撰 清同治六年(1867)溫州郡齋刻本 四冊

220000－0801－0012845 子123/87－1

潛室陳先生木鐘集十一卷 （宋）陳埴撰 清同治六年(1867)溫州郡齋刻本 八冊

220000－0801－0012846 子123/88

荆園小語一卷荆園進語一卷 （清）申涵光撰 清同治五年(1866)刻本 一冊

220000－0801－0012847 子123/89

荆園小語集證四卷 （清）申涵光撰 清咸豐七年(1857)刻本 二冊

220000－0801－0012848 子123/90

榕村語錄續集二十卷河洛奏對一卷 （清）李光地撰 清末影印本 十一冊

220000－0801－0012849 子123/94

薛子條貫篇十三卷續篇十三卷 （清）戴楫輯 清道光二十八年(1848)刻本 六冊

220000－0801－0012850 子123/95

薛子條貫篇十三卷續篇十三卷 （清）戴楫輯 清光緒十九年(1893)廣州府署刻本 三冊

220000－0801－0012851 子123/95－1

薛子條貫篇十三卷續篇十三卷 （清）戴楫輯 清光緒十九年(1893)廣州府署刻本 六冊

220000－0801－0012852 子123/97

藥言一卷藥言賸稿一卷冰言一卷補錄一卷 （清）李惺撰 清同治五年(1866)養晦堂木活字印本 四冊

220000－0801－0012853 子123/99

困學記三卷 （清）馮廷桂撰 清光緒十六年(1890)種竹山房刻本 一冊

220000－0801－0012854 子123/101

呂語集粹四卷 （明）呂坤著 清末上海文瑞樓石印本 二冊

220000－0801－0012855 子123/102

呂語集粹四卷首一卷 （明）呂坤著 清光緒五年(1879)龍城官廳刻本 二冊

220000－0801－0012856 子123/104

呂子節錄四卷補遺二卷 （明）呂坤著 （清）陳宏謀輯 清光緒十三年(1887)江西書局刻本 四冊

220000－0801－0012857 子123/105

呂子節錄四卷 （明）呂坤著 （清）陳宏謀輯 清道光十年(1830)舊有江村刻本 二冊

220000－0801－0012858 子123/106

呂子節錄四卷附圖說一卷 （明）呂坤著 （清）陳宏謀輯 清光緒九年(1883)津河廣仁堂刻本 二冊

220000－0801－0012859 子123/106－1

呂子節錄四卷附圖說一卷 （明）呂坤著 （清）陳宏謀輯 清光緒九年(1883)津河廣仁堂刻本 二冊

220000－0801－0012860 子123/107

國朝洛學文徵二卷 （清）李翰華輯 清光緒五年(1879)有不爲齋刻本 一冊

220000－0801－0012861 子123/108

思辨錄疑義一卷 （清）劉蓉撰 清光緒三年(1877)思賢講舍刻本 一冊

220000－0801－0012862 子123/108－1

思辨錄疑義一卷 （清）劉蓉撰 清光緒三年(1877)思賢講舍刻本 一冊

220000－0801－0012863 子123/109

思辨錄輯要二十二卷後集十三卷　（清）陸世儀著　清光緒三年（1877）江蘇書局刻本　八冊

220000－0801－0012864　子123/109－1

思辨錄輯要二十二卷後集十三卷　（清）陸世儀著　清光緒三年（1877）江蘇書局刻本　八冊

220000－0801－0012865　子123/109－2

思辨錄輯要二十二卷後集十三卷　（清）陸世儀著　清光緒三年（1877）江蘇書局刻本　六冊

220000－0801－0012866　子123/114

周子全書二十二卷首一卷　（宋）周敦頤撰（清）董榕輯　清光緒二十九年（1903）刻本　十冊

220000－0801－0012867　子123/115

周子全書九卷首二卷末一卷　（宋）周敦頤撰　（清）鄧顯鶴編　清道光二十七年（1847）新化鄧氏刻本　四冊

220000－0801－0012868　子123/120

無欺錄二卷　（清）朱用純撰　清光緒二十六年（1900）玉山書院刻本　二冊

220000－0801－0012869　子123/120－1

無欺錄二卷　（清）朱用純撰　清光緒二十六年（1900）玉山書院刻本　二冊

220000－0801－0012870　子123/121

尚志居讀書記四卷　（清）楊德亨撰　清光緒九年（1883）刻本　一冊

220000－0801－0012871　子123/122

省心襟言一卷　（宋）李邦獻撰　十三經註疏錦字四卷　（清）李調元輯　清光緒刻本　一冊

220000－0801－0012872　子123/125

忱行錄一卷　（清）邵懿辰撰　清同治四年（1865）刻本　一冊

220000－0801－0012873　子123/127

性理真詮提綱四卷　（清）孫璋輯　清光緒十

二年（1886）上海慈母堂鉛印本　一冊

220000－0801－0012874　子123/128

性理吟二卷　（宋）朱熹撰　清末刻本　一冊

220000－0801－0012875　子123/131

悔言六卷悔言辨正六卷首一卷　夏震武撰　清光緒十六年（1890）刻本　一冊

220000－0801－0012876　子123/132

悔言六卷悔言辨正六卷首一卷衰說考誤一卷寤言質疑一卷　夏震武撰　附記一卷　夏鼎武撰　清光緒刻本　三冊

220000－0801－0012877　子123/138

增補地理直指原真三卷　（清）釋如玉撰　清末刻本　四冊

220000－0801－0012878　子123/142

朱子講學輯要編十卷讀書做人譜一卷　（清）龍炳垣輯　清同治六年（1867）刻本　七冊

220000－0801－0012879　子123/145

儒門公案贅詞一卷　（清）納蘭性德撰　清刻本　一冊

220000－0801－0012880　子123/150

習是編二卷　（清）屈成霖輯　清同治九年（1870）刻本　四冊

220000－0801－0012881　子123/150－1

習是編二卷　（清）屈成霖輯　清同治九年（1870）刻本　四冊

220000－0801－0012882　子123/150－2

習是編二卷　（清）屈成霖輯　清同治九年（1870）刻本　四冊

220000－0801－0012883　子123/150－3

習是編二卷　（清）屈成霖輯　清同治九年（1870）刻本　四冊

220000－0801－0012884　子123/151

潛室劄記二卷附鄉賢錄一卷　（清）刁包撰　刁氏歷科闈墨一卷　（清）刁承祖等撰　清道光二十三年（1843）刻本　四冊

220000－0801－0012885　子123/151－1

潛室劄記二卷附鄉賢錄一卷 （清）刁包撰
刁氏歷科闈墨一卷 （清）刁承祖等撰 清道
光二十三年(1843)刻本 四冊

220000－0801－0012886 子123/152
衛道編二卷 （清）劉紹攽輯註 清光緒九年
(1883)津河廣仁堂刻本 一冊

220000－0801－0012887 子123/153
讀朱隨筆四卷 （清）陸隴其輯 清同治五年
(1866)福州正誼堂刻本 二冊

220000－0801－0012888 子123/155
朱子晚年定論一卷附立志說 （明）王守仁輯
 （清）費熙評述 清光緒十九年(1893)刻本
 一冊

220000－0801－0012889 子123/157
俟後編六卷末一卷 （明）王敬臣撰 （清）彭
定求輯 清光緒元年(1875)刻本 一冊

220000－0801－0012890 子123/159
漢學商兌三卷 （清）方東樹撰 清光緒八年
(1882)花雨樓刻本 一冊

220000－0801－0012891 子123/160
漢學商兌三卷 （清）方東樹撰 清光緒二十
六年(1900)浙江書局刻本 四冊

220000－0801－0012892 子123/163
東林會約一卷東林商語二卷 （明）顧憲成著
 清光緒三年(1877)刻本 一冊

220000－0801－0012893 子123/165
習是編二卷 （清）屈成霖輯 清咸豐六年
(1856)衍祥堂刻本 四冊

220000－0801－0012894 子123/166
顏氏學記十卷 （清）戴望撰 清光緒三十四
年(1908)鉛印本 一冊

220000－0801－0012895 子123/168
畚塘芻論二卷 （清）孫鼎臣撰 清咸豐九年
(1859)刻本 二冊

220000－0801－0012896 子123/172
涇野子內篇二十七卷 （明）呂柟撰 清光緒
七年(1881)刻本 六冊

220000－0801－0012897 子123/174
準齋雜說二卷 （宋）吳如愚撰 清光緒二十
一年(1895)嘉惠堂刻本 一冊

220000－0801－0012898 子123/175
薛文清公讀書全錄類編二十卷 （明）薛瑄撰
 （清）侯鶴齡編 清光緒十九年(1893)解梁
刻本 八冊

220000－0801－0012899 子123/176
漢學商兌三卷 （清）方東樹撰 清光緒二十
年(1894)傳經堂刻本 四冊

220000－0801－0012900 子123/177
漢學商兌贅言四卷 （清）方東樹撰 清光緒
十四年(1888)會輔堂刻本 四冊

220000－0801－0012901 子123/179
王文成公集要七卷附錄一卷 （明）王守仁撰
 清嘉慶三年(1798)刻本 六冊

220000－0801－0012902 子123/183
公是弟子記四卷 （宋）劉敞撰 清武英殿木
活字印本 一冊 缺二卷(一至二)

220000－0801－0012903 子123/185
國朝諸老先生孟子精義十四卷 （宋）朱熹撰
 清光緒二年(1876)刻本 二冊

220000－0801－0012904 子123/187
習是編二卷 （清）屈成霖輯 清光緒二年
(1876)刻本 四冊

220000－0801－0012905 子123/190
呂語集粹四卷首一卷 （明）呂坤著 （清）陳
宏謀評 清光緒五年(1879)刻本 四冊

220000－0801－0012906 子123/192
儒門語要六卷 （清）倪元坦撰 清嘉慶二十
三年(1818)讀易樓刻本 一冊

220000－0801－0012907 子123/193
周易程氏傳四卷 （宋）程頤撰 清同治十年
(1871)六安求我齋刻本 四冊

220000－0801－0012908 子123/194
河南二程全書六十七卷 （宋）程顥 （宋）程
頤撰 清光緒三十四年(1908)澹雅局刻本

二十冊

220000－0801－0012909　子123/194－1

河南二程全書六十七卷　（宋）程顥　（宋）程
頤撰　清光緒三十四年(1908)澹雅局刻本
十六冊

220000－0801－0012910　子123/196

周子通書講義一卷　（清）方宗誠撰　清末刻
本　一冊

220000－0801－0012911　子125/1

孔門德育不分卷　（清）王維祺撰　清光緒二
十九年(1903)開明書店鉛印本　一冊

220000－0801－0012912　子125/5

倫理學講義七卷　（清）陪都書銘味三纂　清
末石印本　六冊

220000－0801－0012913　子125/9

士鑑錄四卷女鑑錄四卷　（清）尹會一撰　清
光緒五年(1879)定州王氏謙德堂刻本　一冊

220000－0801－0012914　子125/10

四鑑錄十六卷　（清）尹會一撰　清光緒五年
(1879)定州王氏謙德堂刻本　三冊

220000－0801－0012915　子125/13

弟子規一卷　（清）李毓秀撰　清光緒二年
(1876)刻本　一冊

220000－0801－0012916　子125/14

弟子規一卷　（清）李毓秀撰　清光緒九年
(1883)武昌書局刻本　一冊

220000－0801－0012917　子125/17

詒謀隨筆二卷　（清）但明倫撰　清光緒四年
(1878)刻本　二冊

220000－0801－0012918　子1251/1

新刊官板明心寶鑑正文二卷　（□）□□撰
清康熙三十八年(1699)正業堂刻本　一冊

220000－0801－0012919　子1251/2

聖祖仁皇帝庭訓格言不分卷　（清）世宗胤禛
撰　清同治十年(1871)潘霨刻本　一冊

220000－0801－0012920　子1251/3

聖祖仁皇帝庭訓格言不分卷　（清）世宗胤禛
撰　清末刻本　一冊

220000－0801－0012921　子1251/6

君鑑錄四卷　（清）尹會一撰　清光緒五年
(1879)定州王氏謙德堂刻本　一冊

220000－0801－0012922　子1251/7

臣鑑錄四卷　（清）尹會一撰　清光緒五年
(1879)定州王氏謙德堂刻本　一冊

220000－0801－0012923　子1251/10

勸誡錄九編五十四卷　（清）梁恭辰撰　清光
緒十四年(1888)刻本　二十冊

220000－0801－0012924　子1251/11

臣鑑錄二十卷　（清）蔣伊編輯　清咸豐九年
(1859)退思軒刻本　二十冊

220000－0801－0012925　子1251/13

人鑑三卷　（清）湯自銘撰　清同治七年
(1868)刻本　一冊

220000－0801－0012926　子1253/4

唐問苑先生暨張太夫人遺訓一卷　唐錫晉述
清光緒刻本　一冊

220000－0801－0012927　子1253/9

朱子家訓衍義一卷　（清）朱鳳鳴註　清光緒
二十五年(1899)勉善堂刻本　一冊

220000－0801－0012928　子1253/10

得頤堂範言二卷　（清）鄒湘倜撰　清同治五
年(1866)新化鄒氏刻本　一冊

220000－0801－0012929　子1253/10－1

得頤堂範言二卷　（清）鄒湘倜撰　清同治五
年(1866)新化鄒氏刻本　一冊

220000－0801－0012930　子1253/11

雙節堂庸訓六卷　（清）汪輝祖撰　清咸豐元
年(1851)刻本　一冊

220000－0801－0012931　子1253/12

雙節堂庸訓六卷　（清）汪輝祖撰　清同治七
年(1868)崇文書局刻本　二冊

220000－0801－0012932　子1253/13

傳家至寶十卷　（清）胡照等編輯　清嘉慶知
止山房刻本　二冊

220000－0801－0012933　子1253/14

治家略八卷　（清）胡煒輯　清嘉慶二十三年
(1818)彝敘堂刻本　二冊

220000－0801－0012934　子1253/14－1

治家略八卷　（清）胡煒輯　清嘉慶二十三年
(1818)彝敘堂刻本　二冊

220000－0801－0012935　子1253/18

朱柏廬先生家訓衍義一卷　（清）朱鳳鳴註
清光緒二十年(1894)松陵張氏刻本　一冊

220000－0801－0012936　子1253/18－1

朱柏廬先生家訓衍義一卷　（清）朱鳳鳴註
清光緒二十年(1894)松陵張氏刻本　一冊

220000－0801－0012937　子1253/19

晚邨先生家訓真蹟五卷　（清）呂留良輯并書
　清光緒三十三年(1907)上海國粹保存會石
印本　二冊

220000－0801－0012938　子1253/20

楊椒山公家訓十九條一卷　（明）楊繼盛述
清道光三十年(1850)陳從堂刻本　一冊

220000－0801－0012939　子1253/21

家誡四卷　（清）顏光敏著　清刻本　一冊

220000－0801－0012940　子1253/22

家範十卷　（宋）司馬光撰　清光緒四年
(1878)刻本　一冊

220000－0801－0012941　子1253/25

澄懷園語四卷　（清）張廷玉撰　清光緒六年
(1880)刻本　一冊

220000－0801－0012942　子1253/25－1

澄懷園語四卷　（清）張廷玉撰　清光緒六年
(1880)刻本　一冊

220000－0801－0012943　子1253/26

澄懷園語四卷　（清）張廷玉撰　清光緒二年
(1876)嘯園刻本　二冊

220000－0801－0012944　子1253/32

袁了凡先生四訓一卷　（明）袁黃撰　清道光
二十八年(1848)刻本　一冊

220000－0801－0012945　子1253/35

曾文正公家訓二卷　（清）曾國藩撰　清末刻
本　二冊

220000－0801－0012946　子1253/36

篤素堂文集二卷　（清）張英撰　清光緒八年
(1882)津河廣仁堂刻本　一冊

220000－0801－0012947　子1253/36－1

篤素堂文集二卷　（清）張英撰　清光緒八年
(1882)津河廣仁堂刻本　一冊

220000－0801－0012948　子1253/37

了凡四訓一卷　（明）袁黃撰　清光緒十五年
(1889)湖北官書局刻本　一冊

220000－0801－0012949　子1253/39

梅叟閑評四卷　（清）郝培元著　清光緒十年
(1884)東路廳署刻本　二冊

220000－0801－0012950　子1253/39－1

梅叟閑評四卷　（清）郝培元著　清光緒十年
(1884)東路廳署刻本　二冊

220000－0801－0012951　子1253/40

顏氏家誡四卷　（清）顏光敏撰　清嘉慶三年
(1798)刻本　一冊

220000－0801－0012952　子1253/42

家範典　（清）陳夢雷等編輯　清光緒鉛印本
　二十冊

220000－0801－0012953　子1254/2

曹大家女誡白話註釋一卷　（漢）班昭撰
(清)裴毓芳註釋　清光緒三十二年(1906)六
藝書局石印本　一冊

220000－0801－0012954　子1254/4

閨門衍訓一卷首一卷　（唐）宋若照等撰　清
道光四年(1824)雙東素位堂刻本　一冊

220000－0801－0012955　子1254/8

呂新吾先生閨範圖說四卷　（明）呂坤註　清
呂應菊刻本　六冊

053

220000－0801－0012956　子 1255/3

龍文鞭影四卷 （明）蕭良有纂輯 （清）楊臣
靜增訂 清光緒十一年（1885）合肥李光明莊
刻本　四冊

220000－0801－0012957　子 1255/4

龍文鞭影二集二卷 （清）李暉吉 （清）徐讚
輯 清光緒三年（1877）掃葉山房刻本　二冊

220000－0801－0012958　子 1255/5

龍文鞭影四卷 （明）蕭良有纂輯 （清）楊臣
靜增訂 清末舊學山房刻本　二冊

220000－0801－0012959　子 1255/6

龍文鞭影四卷 （明）蕭良有纂輯 （清）楊臣
靜增訂 清光緒十六年（1890）三餘堂刻本
二冊

220000－0801－0012960　子 1255/7

語珍切要錄二卷慈幼篇一卷達生篇一卷
（清）許立陞輯 清道光二十八年（1848）刻本
一冊

220000－0801－0012961　子 1255/8

識字書不分卷 （清）左鎮撰 清末映雪山房
刻本　一冊

220000－0801－0012962　子 1255/9

朱子童蒙須知一卷 （宋）朱熹撰 （清）陳相
國輯 清同治十二年（1873）刻本　一冊

220000－0801－0012963　子 1255/10

童歌養正不分卷 （清）歸繼先輯 清光緒九
年（1883）武昌書局刻本　一冊

220000－0801－0012964　子 1255/10－1

童歌養正不分卷 （清）歸繼先輯 清光緒九
年（1883）武昌書局刻本　一冊

220000－0801－0012965　子 1255/11

繪圖正音註解六千字文不分卷 （□）□□編
清光緒三十二年（1906）影印本　一冊

220000－0801－0012966　子 1255/12

六藝綱目二卷 （元）舒天民述 （元）舒恭註
（明）趙宜中附註 清光緒七年（1881）刻本
二冊

220000－0801－0012967　子 1255/12－1

六藝綱目二卷 （元）舒天民述 （元）舒恭註
（明）趙宜中附註 清光緒七年（1881）刻本
二冊

220000－0801－0012968　子 1255/12－2

六藝綱目二卷 （元）舒天民述 （元）舒恭註
（明）趙宜中附註 清光緒七年（1881）刻本
二冊

220000－0801－0012969　子 1255/12－3

六藝綱目二卷 （元）舒天民述 （元）舒恭註
（明）趙宜中附註 清光緒七年（1881）刻本
四冊

220000－0801－0012970　子 1255/13

癡說六卷 （清）紀蔭田撰 清道光二年
（1822）刻本　六冊

220000－0801－0012971　子 1255/16

三字經註解備要一卷 （宋）王應麟撰 （清）
賀興思註解 清光緒二十五年（1899）掃葉山
房鉛印本　一冊

220000－0801－0012972　子 1255/17

狀元閣三字經註圖一卷 （清）尚兆魚註 清
光緒十一年（1885）李光明刻本　一冊

220000－0801－0012973　子 1255/18

三字經訓詁一卷 （清）王相訓詁 （清）徐士
業增補 清光緒六年（1880）掃葉山房刻本
一冊

220000－0801－0012974　子 1255/18－1

三字經訓詁一卷 （清）王相訓詁 （清）徐士
業增補 清光緒六年（1880）掃葉山房刻本
一冊

220000－0801－0012975　子 1255/19

三字經訓詁一卷 （清）王相註 清末嘉郡一
經堂刻本　一冊

220000－0801－0012976　子 1255/20

三字經訓詁一卷 （清）王相註 清光緒九年
（1883）李光明莊狀元閣刻本　一冊

220000－0801－0012977　子 1255/21

三字經註解備要二卷　（宋）王應麟撰　（清）賀興思註　清光緒十年(1884)刻本　二冊

220000－0801－0012978　子1255/22

三字經註解備要二卷　（宋）王應麟撰　（清）賀興思註　清光緒十一年(1885)江左書林刻本　二冊

220000－0801－0012979　子1255/23

三字經訓詁一卷百家姓考略二卷　（清）王相訓詁　清光緒十七年(1891)掃葉山房刻本　二冊

220000－0801－0012980　子1255/25

師範一卷　（清）石成金撰　清光緒六年(1880)得見齋刻本　一冊

220000－0801－0012981　子1255/27

幼學句解四卷　（明）程登吉撰　（清）鄒聖脈增補　清同治十年(1871)義如堂刻本　二冊

220000－0801－0012982　子1255/29

育正堂重訂幼學須知句解四卷首一卷　（明）程登吉撰　（清）鄒聖脈增補　清道光二十七年(1847)蘇州桐石山房刻本　四冊

220000－0801－0012983　子1255/30

新增繪圖幼學故事瓊林四卷首一卷　（明）程登吉撰　（清）鄒聖脈增補　清末上海啓新書局石印本　五冊

220000－0801－0012984　子1255/32

增補故事瓊林幼學四卷　（明）程登吉撰　（清）鄒聖脈增補　清光緒十三年(1887)儒興堂刻本　二冊

220000－0801－0012985　子1255/33

寄傲山房塾課新增幼學故事瓊林四卷首一卷　（明）程登吉撰　（清）鄒聖脈增補　清醉六堂刻本　四冊

220000－0801－0012986　子1255/37

重刻徐氏三種三卷附孝經音訓一卷　（清）錢枡潤輯　清同治九年(1870)南蘭陵亦園刻本　四冊

220000－0801－0012987　子1255/38

啓蒙便覽一卷　（清）張廷驤編輯　清光緒十七年(1891)華萼樓刻本　一冊

220000－0801－0012988　子1255/39

啓蒙圖說不分卷　（□）□□撰　清末蘇州蒙學堂刻本　一冊

220000－0801－0012989　子1255/40

家塾蒙求五卷　（清）康基淵纂輯　清嘉慶七年(1802)霞蔭堂刻本　二冊

220000－0801－0012990　子1255/45

養蒙針度五卷　（清）潘子聲纂　清光緒六年(1880)刻本　二冊

220000－0801－0012991　子1255/47

養蒙針度五卷　（清）潘子聲著　清嘉慶十四年(1809)敦和堂刻本　二冊

220000－0801－0012992　子1255/48

小學六卷　（明）吳訥撰　清同治八年(1869)江蘇書局刻本　二冊

220000－0801－0012993　子1255/48－1

小學六卷　（明）吳訥撰　清同治八年(1869)江蘇書局刻本　二冊

220000－0801－0012994　子1255/48－2

小學六卷　（明）吳訥撰　清同治八年(1869)江蘇書局刻本　二冊

220000－0801－0012995　子1255/49

小學六卷　（清）池生春集註　清道光十四年(1834)刻本　二冊

220000－0801－0012996　子1255/50

小學韻語一卷　（清）羅澤南撰　清咸豐六年(1856)刻本　一冊

220000－0801－0012997　子1255/50－1

小學韻語一卷　（清）羅澤南撰　清咸豐六年(1856)刻本　一冊

220000－0801－0012998　子1255/52

小學句讀記六卷首一卷　（明）陳選集註　清同治七年(1868)三原劉氏傳經堂刻本　五冊

220000－0801－0012999　子1255/53

小學集註六卷忠經一卷孝經一卷附御註忠經一卷 （明）陳選集註 清光緒三十二年(1906)鴻寶齋石印本 四冊

220000 – 0801 – 0013000 子1255/53 – 1
小學集註六卷忠經一卷孝經一卷附御註忠經一卷 （明）陳選集註 清光緒三十二年(1906)鴻寶齋石印本 三冊 缺二卷(忠經一卷、孝經一卷)

220000 – 0801 – 0013001 子1255/54
小學集註二卷首一卷 （明）陳選集註 清道光五年(1825)刻本 二冊

220000 – 0801 – 0013002 子1255/55
小學集註六卷 （明）陳選集註 清同治六年(1867)金陵書局刻本 二冊

220000 – 0801 – 0013003 子1255/55 – 1
小學集註六卷 （明）陳選集註 清同治六年(1867)金陵書局刻本 二冊

220000 – 0801 – 0013004 子1255/56
小學集註六卷附錄一卷校勘記一卷校語一卷 （明）陳選註 清同治元年(1862)刻本 四冊

220000 – 0801 – 0013005 子1255/56 – 1
小學集註六卷附錄一卷校勘記一卷校語一卷 （明）陳選註 清同治元年(1862)刻本 三冊 缺三卷(附錄一卷、校勘記一卷、校語一卷)

220000 – 0801 – 0013006 子1255/58
小學纂註六卷 （清）高愈纂註 清光緒十四年(1888)蘇州掃葉山房刻本 四冊

220000 – 0801 – 0013007 子1255/59
小學纂註六卷 （宋）朱熹撰 （清）高愈纂註 忠經一卷 （漢）馬融撰 （漢）鄭玄註 孝經一卷 （明）陳選集註 清同治五年(1866)書業堂刻本 五冊

220000 – 0801 – 0013008 子1255/63
小學纂註六卷 （清）高愈纂註 清末刻本 二冊

220000 – 0801 – 0013009 子1255/65
三續千字文註不分卷 （宋）葛剛正撰 清末海源閣影宋刻本 一冊

220000 – 0801 – 0013010 子1255/68
小學纂註六卷 （清）高愈纂註 清同治八年(1869)江蘇書局刻本 二冊

220000 – 0801 – 0013011 子1255/69
小兒語述義不分卷 林紓編纂 清宣統三年(1911)商務印書館鉛印本 一冊

220000 – 0801 – 0013012 子1255/72
重刻徐氏三種 （清）錢㮶潤等校訂 清同治九年(1870)南蘭陵亦園刻本 二冊

220000 – 0801 – 0013013 子1255/73
學堂日記故事圖說 （清）余治輯 清末刻本 一冊

220000 – 0801 – 0013014 子1255/74
狀元閣三才略 蔣德鈞輯 清末刻本 一冊

220000 – 0801 – 0013015 子1255/75
正蒙必讀初編六卷二編二卷三編四卷 （清）陳蔚文編 清光緒二十八年(1902)杞廬刻本 二冊 存四卷(初編史鑑節要一至四)

220000 – 0801 – 0013016 子1255/76
鄉塾正誤二卷 （清）李江撰 清光緒津河廣仁堂刻本 一冊

220000 – 0801 – 0013017 子1255/79
幼童啟悟集 （清）汪承忠評選 清咸豐元年(1851)松江文粹堂刻本 二冊

220000 – 0801 – 0013018 子1256/1
證學編不分卷 （清）彭希洛編 清光緒八年(1882)刻本 一冊

220000 – 0801 – 0013019 子1256/2
三元秘授六卷首一卷附法竅一卷 （明）張溥編撰 清刻本 四冊

220000 – 0801 – 0013020 子1256/3
下學指南一卷 （清）周思誠纂 清同治二年(1863)湖州趙敬義堂刻本 一冊

220000 – 0801 – 0013021　子 1256/5

聖學入門書三卷　（清）陳瑚撰　清道光十四年(1834)木活字印本　一冊

220000 – 0801 – 0013022　子 1256/6

修學篇不分卷　（日本）飯泉規矩三撰　蔣震方譯　清光緒二十八年(1902)鉛印本　一冊

220000 – 0801 – 0013023　子 1256/8

勸學篇二卷　（清）張之洞撰　清光緒二十四年(1898)刻本　一冊

220000 – 0801 – 0013024　子 1256/9

志學編二卷　（清）余寅止編　清光緒元年(1875)務本堂刻本　一冊

220000 – 0801 – 0013025　子 1256/11

教諭語四卷　（清）謝金鑾撰　清光緒八年(1882)刻本　一冊

220000 – 0801 – 0013026　子 1256/12

教育遺規一卷　（清）王贊元輯　清同治十年(1871)刻本　一冊

220000 – 0801 – 0013027　子 1256/14

輶軒語六卷　（清）張之洞撰　清光緒四年(1878)葛氏嘯園刻本　一冊

220000 – 0801 – 0013028　子 1256/15

輶軒語一卷　（清）張之洞撰　清光緒四年(1878)敏德堂刻本　一冊

220000 – 0801 – 0013029　子 1256/16

持志塾言二卷　（清）劉熙載撰　清同治六年(1867)刻本　一冊

220000 – 0801 – 0013030　子 1256/19

學規類編二十七卷　（清）張伯行纂　清同治五年(1866)福州正誼書局刻本　六冊

220000 – 0801 – 0013031　子 1256/22

先正讀書訣一卷　（清）周永年輯　清光緒二十一年(1895)刻本　一冊

220000 – 0801 – 0013032　子 1256/23

朱子讀書法四卷　（宋）張洪　（宋）齊熙編　清光緒二十三年(1897)八旗書館刻本　四冊

220000 – 0801 – 0013033　子 1256/24

輶軒語一卷附書目答問不分卷　（清）張之洞撰　清末刻本　二冊

220000 – 0801 – 0013034　子 1256/28

勸學篇二卷　（清）張之洞撰　清光緒二十四年(1898)兩湖書院刻本　二冊

220000 – 0801 – 0013035　子 1256/29

學生讀書法八章　駿臺隱士撰　廣智書局譯　清光緒二十八年(1902)鉛印本　一冊

220000 – 0801 – 0013036　子 1256/30

教諭語五卷　（清）謝金鑾撰　清光緒七年(1881)廣仁堂刻本　一冊

220000 – 0801 – 0013037　子 1256/30 – 1

教諭語五卷　（清）謝金鑾撰　清光緒七年(1881)廣仁堂刻本　一冊

220000 – 0801 – 0013038　子 1258/2

訓家良言一卷　（清）張湘如輯　清光緒二十九年(1903)刻本　一冊

220000 – 0801 – 0013039　子 1258/3

六事箴言一卷　（清）葉玉屏輯　清光緒十年(1884)陽湖馮氏刻本　一冊

220000 – 0801 – 0013040　子 1258/4

辨惑編四卷末一卷　（元）謝應芳編　清光緒四年(1878)刻本　二冊

220000 – 0801 – 0013041　子 1258/5

讀書做人譜一卷　（清）龍炳垣輯　清同治十一年(1872)刻本　一冊

220000 – 0801 – 0013042　子 1258/6

可約錄三卷　（清）張敦讓編輯　清同治七年(1868)長無極室刻本　一冊

220000 – 0801 – 0013043　子 1258/7

聖學全書四卷首一卷　（清）唐道宗等述　清光緒二十八年(1902)四川刻本　五冊

220000 – 0801 – 0013044　子 1258/8

聖諭廣訓不分卷附編一卷　（清）世宗胤禛撰　清嘉慶、道光知足齋刻本　二冊

220000－0801－0013045　子1258/9

聖諭廣訓直解不分卷　（清）聖祖玄燁撰
（清）世宗胤禛訓　清光緒十四年（1888）抄本
　四冊

220000－0801－0013046　子1258/10

最新醒世歌謠一卷　（清）痛國遺民編　清光
緒三十三年（1907）鉛印本　一冊

220000－0801－0013047　子1258/12

聖室錄感一卷　（清）李顥撰　清同治八年
（1869）蘇垣毋自欺齋刻本　一冊

220000－0801－0013048　子1258/13

迪吉錄八卷首一卷　（明）顏茂猷編輯　清光
緒十二年（1886）福州西江別墅刻本　八冊

220000－0801－0013049　子1258/13－1

迪吉錄八卷首一卷　（明）顏茂猷編輯　清
緒十二年（1886）福州西江別墅刻本　八冊

220000－0801－0013050　子1258/14

迪吉錄八卷首一卷　（明）顏茂猷編輯　清光
緒八年（1882）長沙遐齡精舍刻本　八冊

220000－0801－0013051　子1258/17

身世準繩二卷　（清）李迪光撰　清光緒二十
六年（1900）刻本　二冊

220000－0801－0013052　子1258/19

身範十三卷　（清）孫希朱編　清咸豐元年
（1851）無錫禮社薛氏刻本　四冊

220000－0801－0013053　子1258/20

自鏡編四卷　（清）楊其烈編輯　清道光二十
八年（1848）刻本　二冊

220000－0801－0013054　子1258/21

信源六箴一卷　（清）馬德新輯　清同治八年
（1869）刻本　一冊

220000－0801－0013055　子1258/25

傳家必讀一卷朱子家訓一卷應驗藥方一卷
（清）王正朋輯　清同治八年（1869）上海文楨
堂書坊刻本　一冊

220000－0801－0013056　子1258/26

傳家必讀一卷朱子家訓一卷應驗藥方一卷

（清）王正朋輯　清光緒十一年（1885）姑蘇瑪
瑙經房刻本　一冊

220000－0801－0013057　子1258/27

得一錄十六卷　（清）余治輯　清同治八年
（1869）得見齋刻本　八冊

220000－0801－0013058　子1258/28

宣講拾遺六卷首一卷　（清）蔣岸登選　清光
緒三十一年（1905）上海文海雨記書局石印本
　三冊

220000－0801－0013059　子1258/33

宣講博聞錄一卷　（清）調元善社編輯　清光
緒十四年（1888）翼化堂刻本　一冊

220000－0801－0013060　子1258/34

治嘉格言一卷　（清）陸隴其撰　清末刻本
一冊

220000－0801－0013061　子1258/35

陸清獻公治嘉格言一卷　（清）陸隴其撰　清
同治七年（1868）上海刻本　一冊

220000－0801－0013062　子1258/35－1

陸清獻公治嘉格言一卷　（清）陸隴其撰　清
同治七年（1868）上海刻本　一冊

220000－0801－0013063　子1258/36

演孔匑說一卷　（清）吳壽璜撰　清光緒二十
七年（1901）刻本　一冊

220000－0801－0013064　子1258/37

陸清獻公宰嘉訓俗一卷　（清）陸隴其撰　清
光緒六年（1880）刻本　一冊

220000－0801－0013065　子1258/40

遏淫敦孝篇二卷　（清）石璿輯　清光緒七年
（1881）仁心堂木活字印本　一冊

220000－0801－0013066　子1258/41

心鏡一卷　（明）范銘撰　清同治十三年
（1874）保易官舍刻本　一冊

220000－0801－0013067　子1258/43

存立編一卷　（□）□□撰　清光緒十八年
（1892）朱絲玉壺齋刻本　一冊

220000－0801－0013068　　子1258/45

執中蘊義四卷　（唐）呂嵓撰　清同治十三年
(1874)常州玄真壇刻本　二冊

220000－0801－0013069　　子1258/47

孝弟忠義圖說四卷　（清）江楚編譯官書局繪
編　清光緒三十二年(1906)石印本　二冊

220000－0801－0013070　　子1258/48

孝友圖說一卷　（□）□□撰　清同治十年
(1871)程汝鏡刻本　一冊

220000－0801－0013071　　子1258/49

惠迪書六卷　（□）□□撰　清光緒十年
(1884)刻本　二冊

220000－0801－0013072　　子1258/51

圍爐夜話一卷　（清）王永彬撰　清咸豐四年
(1854)刻本　一冊

220000－0801－0013073　　子1258/53

晨鐘錄一卷　（清）魏彭年註　清光緒三年
(1877)刻本　一冊

220000－0801－0013074　　子1258/55

日省編一卷　（清）阿克當阿輯　清嘉慶十年
(1805)刻本　一冊

220000－0801－0013075　　子1258/56

新增願體集二卷　（清）李仲麟編輯　清道光
二十五年(1845)刻本　二冊

220000－0801－0013076　　子1258/59

熙朝人鑒上集四卷下集四卷　（清）丁承祐輯
　清光緒二十四年(1898)蘇城瑪瑙經房善書
局刻本　四冊

220000－0801－0013077　　子1258/60

師法編十卷　（清）趙兆熙輯　清道光二十四
年(1844)刻本　一冊

220000－0801－0013078　　子1258/64

人範須知六卷　（清）盛隆編輯　清同治二年
(1863)石竹山房刻本　六冊

220000－0801－0013079　　子1258/64－1

人範須知六卷　（清）盛隆編輯　清同治二年
(1863)石竹山房刻本　六冊

220000－0801－0013080　　子1258/64－2

人範須知六卷　（清）盛隆編輯　清同治二年
(1863)石竹山房刻本　六冊

220000－0801－0013081　　子1258/64－3

人範須知六卷　（清）盛隆編輯　清同治二年
(1863)石竹山房刻本　六冊

220000－0801－0013082　　子1258/66

人生必讀書十二卷　（清）唐彪撰　清道光二
十二年(1842)刻本　六冊

220000－0801－0013083　　子1258/70

金笶囑言一卷首三卷　（清）楊浚輯　清同治
三年(1864)刻本　三冊

220000－0801－0013084　　子1258/71

醒夢齋管見偶錄一卷　（清）一了山人輯　清
光緒二十二年(1896)刻本　一冊

220000－0801－0013085　　子1258/76

百孝圖四卷　（清）俞葆真輯　清同治十年
(1871)刻本　二冊

220000－0801－0013086　　子1258/77

二百冊孝圖四卷　（清）胡文炳輯　清光緒五
年(1879)刻本　四冊

220000－0801－0013087　　子1258/78

增訂繪像日記故事一卷　（□）□□撰　清末
簡香齋刻本　一冊

220000－0801－0013088　　子1258/79

新刻詳註分類合像日記故事四卷　（□）□□
撰　清末刻本　一冊

220000－0801－0013089　　子1258/80

故事俗說百課　（清）姚仲實撰　清光緒二十
八年(1902)刻本　二冊

220000－0801－0013090　　子1258/82

新出警世鳴鐘　林信賢輯　清光緒三十四年
(1908)刻本　一冊

220000－0801－0013091　　子1258/87

人譜正篇一卷續人譜類記增訂六卷　（明）劉
宗周撰　清同治七年(1868)濟南刻本　二冊

220000－0801－0013092　子1258/87－1

人譜正篇一卷續人譜類記增訂六卷　（明）劉宗周撰　清同治七年（1868）濟南刻本　一冊

220000－0801－0013093　子1258/89

人譜一卷人譜類記二卷　（明）劉宗周撰　清同治七年（1868）刻本　二冊

220000－0801－0013094　子1258/90

聖諭廣訓衍說　（清）王又樸撰　清光緒二年（1876）廣東刻本　一冊

220000－0801－0013095　子1258/91

二十四孝圖讚　（□）□□撰　清同治十二年（1873）上海翼化堂善書局刻本　一冊

220000－0801－0013096　子1258/92

人譜一卷人譜類記二卷　（明）劉宗周撰　清光緒元年（1875）刻本　二冊

220000－0801－0013097　子1258/93

訓俗遺規摘鈔二卷　（清）陳宏謀編　清同治五年（1866）刻本　二冊

220000－0801－0013098　子1258/94

訓俗遺規四卷補編二卷　（清）陳宏謀編輯　清末培遠堂刻本　五冊

220000－0801－0013099　子1258/95

聖諭廣訓一卷　（清）聖祖玄燁撰　（清）世宗胤禛廣訓　清末刻本　二冊

220000－0801－0013100　子13/3

列子八卷　（晉）張湛註　（唐）殷敬順釋文　清光緒二年（1876）浙江書局刻本　二冊

220000－0801－0013101　子13/3－1

列子八卷　（晉）張湛註　（唐）殷敬順釋文　清光緒二年（1876）浙江書局刻本　二冊

220000－0801－0013102　子13/6

沖虛至德真經八卷　（戰國）列禦寇撰　（晉）張湛註　清嘉慶九年（1804）姑蘇聚文堂刻本　四冊

220000－0801－0013103　子13/7

沖虛至德真經八卷　（戰國）列禦寇撰　（晉）張湛註　清嘉慶九年（1804）寶慶經綸堂刻本

二冊

220000－0801－0013104　子13/8

沖虛至德真經八卷　（戰國）列禦寇撰　（晉）張湛註　清光緒十年（1884）刻本　一冊　存四卷（一至四）

220000－0801－0013105　子13/11

南華經解三十三卷　（清）宣穎著　清同治五年（1866）皖城藩署刻本　四冊

220000－0801－0013106　子13/15

南華真經解三卷　（清）宣穎著　清刻本　三冊

220000－0801－0013107　子13/16

南華真經正義不分卷南華真經識餘三卷　（清）陳壽昌撰　清光緒十九年（1893）怡顏齋刻本　六冊

220000－0801－0013108　子13/16－1

南華真經正義不分卷南華真經識餘三卷　（清）陳壽昌撰　清光緒十九年（1893）怡顏齋刻本　四冊　缺三卷（南華真經識餘三卷）

220000－0801－0013109　子13/16－2

南華真經正義不分卷南華真經識餘三卷　（清）陳壽昌撰　清光緒十九年（1893）怡顏齋刻本　二冊

220000－0801－0013110　子13/17

莊子十卷　（晉）郭象註　（唐）陸德明音義　清光緒二年（1876）浙江書局刻本　四冊

220000－0801－0013111　子13/17－1

莊子十卷　（晉）郭象註　（唐）陸德明音義　清光緒二年（1876）浙江書局刻本　四冊

220000－0801－0013112　子13/19

莊子五卷附錄一卷　（清）姚鼐章義　清嘉慶十六年（1811）題襟館刻本　五冊

220000－0801－0013113　子13/23

莊子雪三卷　（清）陸樹芝輯註　清嘉慶四年（1799）文選樓刻本　三冊　缺一卷（下）

220000－0801－0013114　子13/23－1

莊子雪三卷　（清）陸樹芝輯註　清嘉慶四年

(1799)文選樓刻本　四冊

220000－0801－0013115　子13/23－2

莊子雪三卷　(清)陸樹芝輯註　清嘉慶四年
(1799)文選樓刻本　六冊

220000－0801－0013116　子13/24

莊子集釋十卷　(清)郭慶藩輯　清光緒思賢
講舍刻本　八冊

220000－0801－0013117　子13/24－1

莊子集釋十卷　(清)郭慶藩輯　清光緒思賢
講舍刻本　八冊

220000－0801－0013118　子13/24－2

莊子集釋十卷　(清)郭慶藩輯　清光緒思賢
講舍刻本　八冊

220000－0801－0013119　子13/27

莊子集解八卷　王先謙撰　清末上海涵芬樓
影印本　三冊

220000－0801－0013120　子13/28

莊子集解八卷　王先謙撰　清宣統元年
(1909)思賢書局刻本　四冊

220000－0801－0013121　子13/32

莊子審音三十三卷　(清)席樹馨審定　清刻
本　二冊

220000－0801－0013122　子13/37

莊子故八卷　馬其昶撰　清光緒三十二年
(1906)集虛草堂刻本　四冊

220000－0801－0013123　子13/40

莊子南華真經三卷　(戰國)莊周撰　莊子闕
誤一卷　(明)楊慎撰　清光緒元年(1875)湖
北崇文書局刻本　二冊

220000－0801－0013124　子13/44

莊子因六卷　(清)林雲銘評述　清光緒六年
(1880)常州培本堂刻本　四冊

220000－0801－0013125　子13/44－1

莊子因六卷　(清)林雲銘評述　清光緒六年
(1880)常州培本堂刻本　四冊

220000－0801－0013126　子13/44－2

莊子因六卷　(清)林雲銘評述　清光緒六年
(1880)常州培本堂刻本　四冊

220000－0801－0013127　子13/53

道德經評註二卷　(漢)河上公章句　(明)歸
有光批閱　(明)文震孟訂正　清嘉慶十二年
(1807)寶慶經綸堂刻本　一冊

220000－0801－0013128　子13/54

道德經評註二卷附志畧總論　(漢)河上公章
句　(明)歸有光批閱　(明)文震孟訂正　清
嘉慶十二年(1807)姑蘇聚文堂刻本　一冊

220000－0801－0013129　子13/57

太上老子道德經集解二卷　(宋)董思靖撰
清光緒三年(1877)刻本　一冊

220000－0801－0013130　子13/57－1

太上老子道德經集解二卷　(宋)董思靖撰
清光緒三年(1877)刻本　一冊

220000－0801－0013131　子13/61

太上道德經解不分卷　(漢)河上公章句
(唐)孚佑帝君闡義　(唐)八洞仙主合註　清
初刻本　一冊

220000－0801－0013132　子13/62

老子章義二卷　(清)姚鼐撰　清同治九年
(1870)桐城吳氏刻本　一冊

220000－0801－0013133　子13/62－1

老子章義二卷　(清)姚鼐撰　清同治九年
(1870)桐城吳氏刻本　一冊

220000－0801－0013134　子13/62－2

老子章義二卷　(清)姚鼐撰　清同治九年
(1870)桐城吳氏刻本　一冊

220000－0801－0013135　子13/65

老子證義二卷　(清)高延第撰　清光緒十二
年(1886)涌翠山房刻本　一冊

220000－0801－0013136　子13/65－1

老子證義二卷　(清)高延第撰　清光緒十二
年(1886)涌翠山房刻本　一冊

220000－0801－0013137　子13/66

老子說略二卷　(清)張爾岐撰　清末姜氏宗

祠刻本　一冊

220000－0801－0013138　子13/67

老子說略二卷　（清）張爾岐撰　清嘉慶十三年(1808)刻本　一冊

220000－0801－0013139　子13/71

老子翼八卷首一卷　（明）焦竑輯　清光緒二十一年(1895)金陵刻經處刻本　四冊

220000－0801－0013140　子13/71－1

老子翼八卷首一卷　（明）焦竑輯　清光緒二十一年(1895)金陵刻經處刻本　四冊

220000－0801－0013141　子13/74

老子集解二卷考異一卷　（明）薛蕙著　清光緒二十二年(1896)長沙刻本　一冊

220000－0801－0013142　子13/80

老子道德經二卷　（三國魏）王弼註　清刻本　一冊

220000－0801－0013143　子13/80－1

老子道德經二卷　（三國魏）王弼註　清刻本　一冊

220000－0801－0013144　子13/81

老子道德經二卷　（三國魏）王弼註　老子道德經音義經典釋文一卷　（唐）陸德明撰　清宣統三年(1911)上海掃葉山房石印本　一冊

220000－0801－0013145　子13/81－1

老子道德經二卷　（三國魏）王弼註　老子道德經音義經典釋文一卷　（唐）陸德明撰　清宣統三年(1911)上海掃葉山房石印本　一冊

220000－0801－0013146　子13/83

音註河上公老子道德經二卷　（漢）河上公章句　清末刻本　一冊

220000－0801－0013147　子13/89

老子本義二卷老子附錄二卷　（清）魏源著　清光緒二十八年(1902)刻本　二冊　存一卷（老子附錄下）

220000－0801－0013148　子13/99

鶡冠子三卷　（宋）陸佃解　清末中華書局鉛印本　一冊

220000－0801－0013149　子13/100

鶡冠子三卷　（宋）陸佃解　清光緒二十年(1894)刻本　一冊

220000－0801－0013150　子13/101

鶡冠子注一卷　王闓運註　清宣統三年(1911)安仁刻本　一冊

220000－0801－0013151　子13/102

鶡冠子三卷　（宋）陸佃解　（明）王宇評　清嘉慶九年(1804)寶慶經綸堂刻本　一冊

220000－0801－0013152　子13/102－1

鶡冠子三卷　（宋）陸佃解　（明）王宇評　清嘉慶九年(1804)寶慶經綸堂刻本　一冊

220000－0801－0013153　子13/104

七註陰符經一卷　（周）姜尚註　（漢）張良解　（三國蜀）諸葛亮釋　清咸豐五年(1855)刻本　一冊

220000－0801－0013154　子13/105

陰符經一卷　（□）黃帝軒轅氏著　陰符經釋義一卷陰符經總義一卷　（清）劉光才註　清光緒二十五年(1899)刻本　一冊

220000－0801－0013155　子13/108

答問錄存一卷　（清）李朴撰　清光緒十六年(1890)徐匯印書館木活字印本　一冊

220000－0801－0013156　子13/113

抱朴子內篇二十卷　（晉）葛洪撰　清嘉慶十八年(1813)金陵道署刻本　五冊

220000－0801－0013157　子13/114

抱朴子外篇五十卷　（晉）葛洪撰　清光緒五年(1879)刻本　七冊

220000－0801－0013158　子13/115

廣黃帝本行記六卷　（唐）王瓘撰　清末上海涵芬樓影印本　一冊

220000－0801－0013159　子14/3

商君書五卷附考一卷　（戰國）商鞅撰　清光緒二年(1876)浙江書局刻本　一冊

220000－0801－0013160　子14/3－1

商君書五卷附考一卷　（戰國）商鞅撰　清光

緒二年(1876)浙江書局刻本　一冊　缺一卷
(附考一卷)

220000－0801－0013161　子14/3－2
商君書五卷附考一卷　(戰國)商鞅撰　清光
緒二年(1876)浙江書局刻本　一冊　缺一卷
(附考一卷)

220000－0801－0013162　子14/7
韓非子二十卷　(戰國)韓非撰　**韓非子識誤
三卷**　(清)顧廣圻撰　清光緒元年(1875)浙
江書局刻本　六冊

220000－0801－0013163　子14/9
韓非子二十卷　(戰國)韓非撰　**韓非子識誤
三卷**　(清)顧廣圻撰　清嘉慶二十三年
(1818)刻本　六冊

220000－0801－0013164　子14/9－1
韓非子二十卷　(戰國)韓非撰　**韓非子識誤
三卷**　(清)顧廣圻撰　清嘉慶二十三年
(1818)刻本　三冊　缺三卷(韓非子識誤三
卷)

220000－0801－0013165　子14/10
韓非子二十卷　(戰國)韓非撰　**韓非子識誤
三卷**　(清)顧廣圻撰　清道光二十五年
(1845)刻本　八冊

220000－0801－0013166　子14/10－1
韓非子二十卷　(戰國)韓非撰　**韓非子識誤
三卷**　(清)顧廣圻撰　清道光二十五年
(1845)刻本　二冊

220000－0801－0013167　子14/15
韓非子集解二十卷首一卷　(清)王先慎撰
清光緒二十二年(1896)刻本　六冊

220000－0801－0013168　子14/15－1
韓非子集解二十卷首一卷　(清)王先慎撰
清光緒二十二年(1896)刻本　六冊

220000－0801－0013169　子14/15－2
韓非子集解二十卷首一卷　(清)王先慎撰
清光緒二十二年(1896)刻本　六冊

220000－0801－0013170　子14/17

弟子職箋釋一卷　(清)洪亮吉撰　清光緒三
年(1877)鄂垣刻本　一冊

220000－0801－0013171　子14/20
管子二十四卷　(唐)房玄齡註　(明)劉績補
清同治黃以園刻本　六冊

220000－0801－0013172　子14/21
管子二十四卷　(唐)房玄齡註　清嘉慶九年
(1804)經綸堂刻本　八冊

220000－0801－0013173　子14/22
管子二十四卷　(唐)房玄齡註　清嘉慶九年
(1804)聚文堂刻本　八冊

220000－0801－0013174　子14/23
管子二十四卷　(唐)房玄齡註　清光緒二年
(1876)浙江書局刻本　六冊

220000－0801－0013175　子14/24
管子二十四卷　(唐)房玄齡註　清同治刻本
四冊

220000－0801－0013176　子14/26
管子校正二十四卷　(清)戴望纂　清同治十
二年(1873)刻本　四冊

220000－0801－0013177　子14/26－1
管子校正二十四卷　(清)戴望纂　清同治十
二年(1873)刻本　四冊

220000－0801－0013178　子14/26－2
管子校正二十四卷　(清)戴望纂　清同治十
二年(1873)刻本　四冊

220000－0801－0013179　子14/26－3
管子校正二十四卷　(清)戴望纂　清同治十
二年(1873)刻本　四冊

220000－0801－0013180　子14/28
管子地員篇註四卷　(清)王紹蘭著　清光緒
十七年(1891)浙江胡氏寄虹山館刻本　四冊

220000－0801－0013181　子14/30
管子義證八卷　(清)洪頤煊撰　清光緒十二
年(1886)刻本　二冊

220000－0801－0013182　子14/30－1

管子義證八卷　（清）洪頤煊撰　清光緒十二年(1886)刻本　二冊

220000－0801－0013183　子14/34

弟子職集解一卷弟子職句讀一卷　（清）莊述祖撰　考證一卷　（清）黃彭年輯　清光緒十四年(1888)江蘇書局刻本　一冊

220000－0801－0013184　子151/3

讀史兵略綴言四卷　蔣廷黻撰　清宣統三年(1911)北京刻本　一冊

220000－0801－0013185　子151/4

讀史兵略四十六卷　（清）胡林翼纂　清咸豐十一年(1861)武昌刻本　十六冊

220000－0801－0013186　子151/4－1

讀史兵略四十六卷　（清）胡林翼纂　清咸豐十一年(1861)武昌刻本　十六冊

220000－0801－0013187　子151/4－2

讀史兵略四十六卷　（清）胡林翼纂　清咸豐十一年(1861)武昌刻本　十六冊

220000－0801－0013188　子151/4－3

讀史兵略四十六卷　（清）胡林翼纂　清咸豐十一年(1861)武昌刻本　十六冊

220000－0801－0013189　子151/4－4

讀史兵略四十六卷　（清）胡林翼纂　清咸豐十一年(1861)武昌刻本　十六冊

220000－0801－0013190　子151/4－5

讀史兵略四十六卷　（清）胡林翼纂　清咸豐十一年(1861)武昌刻本　十二冊

220000－0801－0013191　子151/5

讀史兵略四十六卷　（清）胡林翼纂　清光緒元年(1875)湖北崇文書局刻本　十六冊

220000－0801－0013192　子151/6

讀史兵略續編十卷　（清）胡林翼纂　清光緒二十六年(1900)上海圖書集成印書局鉛印本　十冊

220000－0801－0013193　子151/8

水陸戰守攻略方術秘書七種三十二卷　（清）澥緼道人輯　清刻本　十六冊

220000－0801－0013194　子151/9

趙註孫子四卷　（明）趙本學註　清光緒三十一年(1905)北洋陸軍學堂印書局鉛印本　四冊

220000－0801－0013195　子151/12

魏武帝註孫子三卷　（春秋）孫武撰　（三國魏）武帝曹操註　清咸豐四年(1854)刻本　一冊

220000－0801－0013196　子151/13

魏武帝註孫子三卷　（春秋）孫武撰　（三國魏）武帝曹操註　清末石印本　一冊

220000－0801－0013197　子151/18

孫武子十三篇註釋十三卷　（明）趙建鬱較解　清同治十年(1871)養真堂活字印本　二冊

220000－0801－0013198　子151/20

孫子十家註十三卷　（宋）吉天保輯　（清）孫星衍等校　孫子遺說一卷　（宋）鄭友賢撰　孫子敘錄一卷　（清）畢以珣撰　清光緒三年(1877)浙江書局刻本　六冊

220000－0801－0013199　子151/20－1

孫子十家註十三卷　（宋）吉天保輯　（清）孫星衍等校　孫子遺說一卷　（宋）鄭友賢撰　孫子敘錄一卷　（清）畢以珣撰　清光緒三年(1877)浙江書局刻本　六冊

220000－0801－0013200　子151/20－2

孫子十家註十三卷　（宋）吉天保輯　（清）孫星衍等校　孫子遺說一卷　（宋）鄭友賢撰　孫子敘錄一卷　（清）畢以珣撰　清光緒三年(1877)浙江書局刻本　六冊

220000－0801－0013201　子151/21

孫子十家註十三卷　（宋）吉天保輯　（清）孫星衍等校　孫子遺說一卷　（宋）鄭友賢撰　孫子敘錄一卷　（清）畢以珣撰　清嘉慶二年(1797)兗州觀察署刻本　八冊

220000－0801－0013202　子151/24

武侯八陣兵法輯略一卷用陣雜錄一卷　（清）汪宗沂撰　清光緒五年(1879)漸西村舍刻本　一冊

220000－0801－0013203　子151/25

武經七書擇要二卷附議環山善後籌備　（清）
朱煌漫輯　清道光二十五年(1845)環山公署
刻本　一冊

220000－0801－0013204　子151/26

重刊武經七書彙解七卷首一卷末一卷　（清）
朱墉纂輯　清光緒二年(1876)廣東古經閣書
坊刻本　十六冊

220000－0801－0013205　子151/26－1

重刊武經七書彙解七卷首一卷末一卷　（清）
朱墉纂輯　清光緒二年(1876)廣東古經閣書
坊刻本　十冊

220000－0801－0013206　子151/28

武備(武備秘書)二種五卷　（清）施永圖輯
清末臥雲居刻本　八冊

220000－0801－0013207　子151/30

武備志二百四十卷　（明）茅元儀輯　清刻本
六十四冊

220000－0801－0013208　子151/32

武備輯要六卷　（清）許學範撰　清同治八年
(1869)刻本　二冊

220000－0801－0013209　子151/33

司馬法古注三卷附音義一卷　曹元忠輯并音
義　清光緒二十年(1894)曹氏箋經堂刻本
一冊

220000－0801－0013210　子151/33－1

司馬法古注三卷附音義一卷　曹元忠輯并音
義　清光緒二十年(1894)曹氏箋經堂刻本
一冊

220000－0801－0013211　子151/33－2

司馬法古注三卷附音義一卷　曹元忠輯并音
義　清光緒二十年(1894)曹氏箋經堂刻本
一冊

220000－0801－0013212　子151/35

練兵實紀九卷雜集六卷　（明）戚繼光撰　清
嘉慶二十四年(1819)刻本　六冊

220000－0801－0013213　子151/35－1

練兵實紀九卷雜集六卷　（明）戚繼光撰　清
嘉慶二十四年(1819)刻本　六冊

220000－0801－0013214　子151/35－2

練兵實紀九卷雜集六卷　（明）戚繼光撰　清
嘉慶二十四年(1819)刻本　四冊

220000－0801－0013215　子151/35－3

練兵實紀九卷雜集六卷　（明）戚繼光撰　清
嘉慶二十四年(1819)刻本　六冊

220000－0801－0013216　子151/36

虎鈐經二十卷　（宋）許洞撰　清刻本　四冊

220000－0801－0013217　子151/36－1

虎鈐經二十卷　（宋）許洞撰　清刻本　四冊

220000－0801－0013218　子151/36－2

虎鈐經二十卷　（宋）許洞撰　清刻本　四冊

220000－0801－0013219　子151/37

虎鈐經二十卷　（宋）許洞撰　清末刻本
二冊

220000－0801－0013220　子151/39

虎鈐經二十卷　（宋）許洞撰　**平海心籌二卷**
（清）林福祥撰　清末刻本　六冊

220000－0801－0013221　子151/40

衛公兵法輯本三卷舊唐書李靖傳考證一卷
(清)汪宗沂輯　清光緒二十年(1894)漸西村
舍刻本　一冊

220000－0801－0013222　子151/40－1

衛公兵法輯本三卷舊唐書李靖傳考證一卷
(清)汪宗沂輯　清光緒二十年(1894)漸西村
舍刻本　一冊

220000－0801－0013223　子151/43

紀效新書十八卷首一卷　（明）戚繼光撰　清
末刻本　四冊

220000－0801－0013224　子151/43－1

紀效新書十八卷首一卷　（明）戚繼光撰　清
末刻本　四冊

220000－0801－0013225　子151/44

紀效新書十八卷首一卷　（明）戚繼光撰　清

嘉慶二十四年(1819)刻本　九冊

220000－0801－0013226　子151/44－1
紀效新書十八卷首一卷　(明)戚繼光撰　清
嘉慶二十四年(1819)刻本　三冊　存十五卷
(一至十五)

220000－0801－0013227　子151/45
紀效新書十八卷首一卷　(明)戚繼光撰　清
道光二十一年(1841)刻本　六冊

220000－0801－0013228　子151/46
紀效新書十八卷首一卷　(明)戚繼光撰　清
末京都琉璃廠文貴堂刻本　四冊

220000－0801－0013229　子151/51
湖北武學十九卷　(德國)何福滿　楊其昌譯
　清光緒二十六年(1900)湖北官書處刻武備
學堂本　十一冊　缺一卷(溝壘圖說一)

220000－0801－0013230　子151/52
軍禮司馬法攷徵二卷　(清)黃以周撰　司馬
法古註三卷附音義一卷　曹元忠撰　清光緒
二十年(1894)刻本　一冊

220000－0801－0013231　子151/54
洴澼百金方(備豫錄)十四卷　(清)袁宮桂編
次　(清)楳谿居士重訂　清末刻本　十冊

220000－0801－0013232　子151/55
洴澼百金方十四卷　(清)惠麓酒民編　清道
光二十年(1840)陳階平刻本　六冊

220000－0801－0013233　子151/55－1
洴澼百金方十四卷　(清)惠麓酒民編　清道
光二十年(1840)陳階平刻本　五冊

220000－0801－0013234　子151/56
洴澼百金方(備豫錄)十四卷　(清)袁宮桂編
　清道光二十年(1840)活字印本　十冊

220000－0801－0013235　子151/57
草廬經略十二卷　(明)□□撰　清光緒申報
館鉛印本　六冊

220000－0801－0013236　子151/58
權制八卷　陳澹然撰　清光緒二十八年
(1902)長沙刻本　六冊

220000－0801－0013237　子151/58－1
權制八卷　陳澹然撰　清光緒二十八年
(1902)長沙刻本　六冊

220000－0801－0013238　子151/58－2
權制八卷　陳澹然撰　清光緒二十八年
(1902)長沙刻本　六冊

220000－0801－0013239　子151/58－3
權制八卷　陳澹然撰　清光緒二十八年
(1902)長沙刻本　四冊

220000－0801－0013240　子151/59
太公兵法逸文一卷　(清)汪宗沂輯　清光緒
二十一年(1895)漸西村舍刻本　一冊

220000－0801－0013241　子151/59－1
太公兵法逸文一卷　(清)汪宗沂輯　清光緒
二十一年(1895)漸西村舍刻本　一冊

220000－0801－0013242　子151/60
九賢秘典一卷附校譌一卷補譌一卷　(宋)□□
撰　(清)胡珽校譌　(清)董金鑑續校　角力
記一卷附校譌一卷續校一卷　(宋)調露子撰
　(清)胡珽校譌　(清)董金鑑續校　密齋筆
記五卷續筆記一卷附校譌一卷續校一卷
(宋)謝采伯撰　(清)胡珽校　(清)董金鑑
續校　清咸豐三年(1853)活字印本　一冊

220000－0801－0013243　子151/64
素書三卷　(漢)黃石公撰　清道光二十六年
(1846)刻本　一冊

220000－0801－0013244　子151/66
素書註一卷　(宋)張商英註　體仁要術一卷
　(清)彭紹升撰　清刻本　一冊

220000－0801－0013245　子151/67
奏定陸軍標旗及閱兵大臣旗式一卷　奕劻等
撰　清末抄本　一冊

220000－0801－0013246　子151/68
東溟校伍錄二卷　(清)陳錦輯　清光緒二年
(1876)橘蔭軒刻本　一冊

220000－0801－0013247　子151/69
車營叩答合編四卷　(明)孫承宗等撰　清同

治八年(1869)濟美堂刻本　四冊

220000 – 0801 – 0013248　子151/69 – 1
車營叩答合編四卷　（明）孫承宗等撰　清同治八年(1869)濟美堂刻本　四冊

220000 – 0801 – 0013249　子151/70
戊笈談兵十卷首一卷　（清）汪紱撰　戊笈談兵補校錄一卷　（清）戴彭撰　清光緒二十一年(1895)刻本　十冊

220000 – 0801 – 0013250　子151/70 – 1
戊笈談兵十卷首一卷　（清）汪紱撰　戊笈談兵補校錄一卷　（清）戴彭撰　清光緒二十一年(1895)刻本　十冊

220000 – 0801 – 0013251　子151/71
握機經二卷　（明）程道生輯　清末抄本二冊

220000 – 0801 – 0013252　子151/72
操勝要覽不分卷　（清）王韜撰　清光緒十一年(1885)刻本　一冊

220000 – 0801 – 0013253　子151/73
四翼附編四卷　（清）戴彭撰　清光緒二十一年(1895)刻本　一冊

220000 – 0801 – 0013254　子151/76
兵法初讀一卷　（清）張彪纂訂　清光緒二十六年(1900)刻本　一冊

220000 – 0801 – 0013255　子151/77
兵法史略學二卷　陳慶年纂　清末安慶正誼書局木活字印本　二冊

220000 – 0801 – 0013256　子151/79
兵鏡備考十三卷兵鏡或問二卷　（清）鄧廷羅撰　清刻本　十冊

220000 – 0801 – 0013257　子151/79 – 1
兵鏡備考十三卷兵鏡或問二卷　（清）鄧廷羅撰　清刻本　九冊

220000 – 0801 – 0013258　子151/80
金湯借箸十二籌十二卷　（明）李盤撰　清咸豐五年(1855)琉璃廠淮南李氏刻本　八冊

220000 – 0801 – 0013259　子151/80 – 1
金湯借箸十二籌十二卷　（明）李盤撰　清咸豐五年(1855)琉璃廠淮南李氏刻本　十六冊

220000 – 0801 – 0013260　子151/80 – 2
金湯借箸十二籌十二卷　（明）李盤撰　清咸豐五年(1855)琉璃廠淮南李氏刻本　四冊

220000 – 0801 – 0013261　子151/81
金湯借箸十二籌十二卷　（明）李盤撰　清抄本　六冊

220000 – 0801 – 0013262　子151/82
前敵須知四卷附圖一卷　（英國）克利賴撰舒高第　（清）鄭昌棪譯　營城揭要二卷附圖一卷　（英國）儲意比撰　清末石印本　一冊

220000 – 0801 – 0013263　子151/83
火攻挈要三卷圖一卷　（德國）湯若望授（明）焦勖述　清道光二十一年(1841)揚州刻本　二冊

220000 – 0801 – 0013264　子151/85
年羹堯將軍兵法（年大將軍兵法）一卷　（清）年羹堯撰　清光緒十四年(1888)上海射樽樓刻本　二冊

220000 – 0801 – 0013265　子151/88
練兵實紀九卷雜集六卷　（明）戚繼光撰　清末刻本　四冊

220000 – 0801 – 0013266　子151/88 – 1
練兵實紀九卷雜集六卷　（明）戚繼光撰　清末刻本　四冊

220000 – 0801 – 0013267　子151/88 – 2
練兵實紀九卷雜集六卷　（明）戚繼光撰　清末刻本　六冊

220000 – 0801 – 0013268　子151/89
兵鏡備攷十三卷兵鏡或問二卷　（清）鄧廷羅撰　清來鹿堂刻本　十一冊

220000 – 0801 – 0013269　子151/90
兵鏡備考十三卷孫子集註一卷兵鏡或問二卷　（清）鄧廷羅撰　清桐石山房刻本　八冊

220000 – 0801 – 0013270　子154/2

清光緒木活字印本　一冊

220000－0801－0013295　子161/1
齊民要術十卷　（北魏）賈思勰撰　清光緒二
十二年(1896)刻本　四冊

220000－0801－0013296　子161/1－1
齊民要術十卷　（北魏）賈思勰撰　清光緒二
十二年(1896)刻本　四冊

220000－0801－0013297　子161/1－2
齊民要術十卷　（北魏）賈思勰撰　清光緒二
十二年(1896)刻本　四冊

220000－0801－0013298　子161/2
齊民要術十卷　（北魏）賈思勰撰　清嘉慶九
年(1804)照曠閣刻本　二冊

220000－0801－0013299　子161/4
三農紀二十四卷　（清）張宗法撰　清末刻本
十冊

220000－0801－0013300　子161/5
三農紀二十四卷　（清）張宗法撰　清末刻本
六冊

220000－0801－0013301　子161/6
三農紀十卷　（清）張宗法撰　清刻本　十冊

220000－0801－0013302　子161/6－1
三農紀十卷　（清）張宗法撰　清刻本　十冊

220000－0801－0013303　子161/7
三農紀二十四卷　（清）張宗法撰　清末青藜
閣刻本　九冊

220000－0801－0013304　子161/9
北洋農業全書二十六種　（美國）固來納等原
著　清光緒北洋官報局影印本　六冊

220000－0801－0013305　子161/10
重訂增補陶朱公致富全書四卷　（清）石巖逸
叟增定　清末刻本　二冊

220000－0801－0013306　子161/11
**豐豫莊本書一卷潘豐豫莊課農區種法一卷便
農藥方一卷**　（清）潘曾沂撰　清光緒八年
(1882)津河廣仁堂刻本　一冊

220000－0801－0013307　子161/11－1
**豐豫莊本書一卷潘豐豫莊課農區種法一卷便
農藥方一卷**　（清）潘曾沂撰　清光緒八年
(1882)津河廣仁堂刻本　一冊

220000－0801－0013308　子161/11－2
**豐豫莊本書一卷潘豐豫莊課農區種法一卷便
農藥方一卷**　（清）潘曾沂撰　清光緒八年
(1882)津河廣仁堂刻本　一冊

220000－0801－0013309　子161/12
幽風廣義三卷　（清）楊屾撰　清光緒八年
(1882)濟南刻本　二冊

220000－0801－0013310　子161/13
幽風廣義三卷　（清）楊屾撰　清刻本　三冊
缺一卷(下)

220000－0801－0013311　子161/14
種樹書一卷　（元）俞宗本著　**蠶桑說一卷**
（清）趙敬如著　清光緒二十二年(1896)漸西
村舍刻本　一冊

220000－0801－0013312　子161/14－1
種樹書一卷　（元）俞宗本著　**蠶桑說一卷**
（清）趙敬如著　清光緒二十二年(1896)漸西
村舍刻本　一冊

220000－0801－0013313　子161/14－2
種樹書一卷　（元）俞宗本著　**蠶桑說一卷**
（清）趙敬如著　清光緒二十二年(1896)漸西
村舍刻本　一冊

220000－0801－0013314　子161/15
湖北農學十二種十九卷　（日本）佐藤倍景等
著　清光緒農務局影印本　四冊

220000－0801－0013315　子161/16
補農書二卷　（明）沈□撰　（清）張履祥補
清木活字印本　一冊

220000－0801－0013316　子161/17
欽定授時通考七十八卷　（清）鄂爾泰等修
清江西書局刻本　二十四冊

220000－0801－0013317　子161/18
欽定授時通攷七十八卷　（清）鄂爾泰等修

清道光六年(1826)四川藩署刻本　二十冊

220000－0801－0013318　子161/18－1
欽定授時通攷七十八卷　(清)鄂爾泰等修
清道光六年(1826)四川藩署刻本　二十四冊

220000－0801－0013319　子161/18－2
欽定授時通攷七十八卷　(清)鄂爾泰等修
清道光六年(1826)四川藩署刻本　二十四冊

220000－0801－0013320　子161/19
欽定授時通考七十八卷　(清)鄂爾泰等修
清光緒二十八年(1902)富文局影印本　六冊

220000－0801－0013321　子161/20
農桑衣食撮要二卷　(元)魯明善撰　清光緒
十五年(1889)清風室刻本　一冊

220000－0801－0013322　子161/21
農桑輯要七卷　(元)司農司撰　清咸豐十一
年(1861)刻本　三冊

220000－0801－0013323　子161/22
農桑輯要七卷　(元)司農司撰　**蠶事要略一
卷**　(清)張行孚撰　清光緒二十一年(1895)
中江榷署刻本　四冊

220000－0801－0013324　子161/22－1
農桑輯要七卷　(元)司農司撰　**蠶事要略一
卷**　(清)張行孚撰　清光緒二十一年(1895)
中江榷署刻本　四冊

220000－0801－0013325　子161/22－2
農桑輯要七卷　(元)司農司撰　**蠶事要略一
卷**　(清)張行孚撰　清光緒二十一年(1895)
中江榷署刻本　二冊

220000－0801－0013326　子161/22－3
農桑輯要七卷　(元)司農司撰　**蠶事要略一
卷**　(清)張行孚撰　清光緒二十一年(1895)
中江榷署刻本　二冊

220000－0801－0013327　子161/23
農桑輯要七卷　(元)司農司撰　清末刻本
三冊

220000－0801－0013328　子161/24
農政全書六十卷　(明)徐光啓撰　清宣統元

年(1909)上海求學齋局影印本　八冊

220000－0801－0013329　子161/25
農政全書六十卷　(明)徐光啓撰　清道光二
十三年(1843)曙海樓刻本　十六冊

220000－0801－0013330　子161/25－1
農政全書六十卷　(明)徐光啓撰　清道光二
十三年(1843)曙海樓刻本　二十四冊

220000－0801－0013331　子161/26
**農林蠶說一卷附畜牧圃事居家食物常菜不分
卷**　(清)葉向榮撰　清宣統三年(1911)衢城
正新書局影印本　一冊

220000－0801－0013332　子161/27
農書二十二卷　(元)王禎撰　清末影印本
二冊

220000－0801－0013333　子161/27－1
農書二十二卷　(元)王禎撰　清末影印本
四冊

220000－0801－0013334　子161/29
農學纂要四卷　(清)陳恢吾撰　清光緒二十
八年(1902)刻本　二冊

220000－0801－0013335　子161/31
御製耕織圖詩四十六幅　(清)焦秉貞繪　清
光緒十七年(1891)上海點石齋影印本　二冊

220000－0801－0013336　子161/31－1
御製耕織圖詩四十六幅　(清)焦秉貞繪　清
光緒十七年(1891)上海點石齋影印本　一冊
　　存耕圖二十三幅

220000－0801－0013337　子161/33
區種五種五卷附錄一卷　(清)趙夢齡輯　清
光緒二十四年(1898)致知書局影印本　一冊

220000－0801－0013338　子161/34
區種五種五卷附錄一卷　(清)趙夢齡輯　清
光緒四年(1878)蓮花池刻本　一冊

220000－0801－0013339　子161/35
撫郡農產考略二卷　(清)何剛德撰　清光緒
三十三年(1907)蘇省刷印局鉛印本　二冊

220000－0801－0013340　子161/35－1

撫郡農產考略二卷 （清）何剛德撰　清光緒
三十三年(1907)蘇省刷印局鉛印本　二冊

220000－0801－0013341　子161/35－2

撫郡農產考略二卷 （清）何剛德撰　清光緒
三十三年(1907)蘇省刷印局鉛印本　二冊

220000－0801－0013342　子163/1

海虞農家占驗一卷 （清）鄧琳輯　**海虞物產
志一卷** （清）龐鴻文輯　清光緒三十一年
(1905)鉛印本　一冊

220000－0801－0013343　子163/2

卜歲恒言一卷 （清）吳鵠撰　清道光元年
(1821)抱青閣刻本　二冊

220000－0801－0013344　子163/3

相雨書一卷 （清）黃子發撰　清光緒漸西村
舍刻本　一冊

220000－0801－0013345　子165/1

蠶桑說一卷 （清）沈練撰　清光緒十四年
(1888)刻本　一冊

220000－0801－0013346　子165/2

蠶桑備要一卷 盛宣懷輯　清光緒二年
(1876)思補樓刻本　一冊

220000－0801－0013347　子165/3

蠶桑備要四卷補編一卷圖說一卷 （清）曾鈺
編　清光緒二十一年(1895)蠶桑書局刻本
二冊

220000－0801－0013348　子165/4

蠶桑實濟六卷 （清）易肪琴輯　清末刻本
二冊

220000－0801－0013349　子165/5

蠶桑實濟六卷 （清）易肪琴輯　清光緒十二
年(1886)刻本　二冊

220000－0801－0013350　子165/6

蠶桑實濟六卷 （清）易肪琴輯　清光緒八年
(1882)廣仁堂刻本　二冊

220000－0801－0013351　子165/7

蠶桑萃編十五卷首一卷 （清）衛傑編　清光

緒二十五年(1899)刻本　八冊

220000－0801－0013352　子165/8

蠶桑萃編十五卷首一卷 （清）衛傑編　清光
緒二十六年(1900)浙江書局刻本　八冊

220000－0801－0013353　子165/9

蠶桑輯要合編一卷 （清）尹蓮溪輯　清同治
五年(1866)刻本　一冊

220000－0801－0013354　子165/10

蠶桑輯要合編一卷 （清）尹蓮溪輯　清光緒
二年(1876)荷池書局刻本　一冊

220000－0801－0013355　子165/11

桑蠶摘錄一卷 （清）曾試三撰　**山蠶易簡一
卷** （清）茹朝政撰　清光緒十年(1884)刻本
一冊

220000－0801－0013356　子165/12

桑蠶答問二卷續編一卷 （清）朱祖榮撰　清
末北洋官報局鉛印本　一冊

220000－0801－0013357　子165/13

蠶桑簡法二卷 （清）陳雪堂等編　清宣統二
年(1910)同文印書館鉛印本　一冊

220000－0801－0013358　子165/14

蠶桑簡明輯說一卷 （清）黃世本輯　清光緒
十四年(1888)刻本　一冊

220000－0801－0013359　子165/16

廣蠶桑說輯補二卷 （清）沈練撰　（清）仲昂
庭輯補　清光緒三年(1877)刻本　一冊

220000－0801－0013360　子165/17

柞蠶簡法一卷 （清）徐瀾編　清宣統元年
(1909)同文印書館鉛印本　一冊

220000－0801－0013361　子165/18

藝麻輯要一卷 （清）汪增保等撰　清宣統二
年(1910)浙江勤業公所鉛印本　一冊

220000－0801－0013362　子165/20

棉花圖附詩一卷 （清）方觀承繪　清拓本
一冊

220000－0801－0013363　子165/20－1

棉花圖附詩一卷　（清）方觀承繪　清拓本
三冊

220000－0801－0013364　子165/20－2

棉花圖附詩一卷　（清）方觀承繪　清拓本
一冊

220000－0801－0013365　子165/23

煙草譜八卷首一卷末一卷　（清）陳琮輯　清
刻本　一冊　存二卷（一至二）

220000－0801－0013366　子165/26

澤農要錄六卷　（清）吳邦慶撰　清道光四年
（1824）刻本　二冊

220000－0801－0013367　子165/27

士那補釋一卷　（清）張義澍撰　清光緒十四
年（1888）香海閣刻本　一冊

220000－0801－0013368　子167/6

新刊纂圖元亨療馬集六卷　（明）喻本元
（明）喻本亨撰　清光緒十五年（1889）三義堂
刻本　五冊

220000－0801－0013369　子1711/1

三因極一病證方論十八卷　（宋）陳言撰　清
道光二十三年（1843）石門青蓮華館刻本
八冊

220000－0801－0013370　子1711/2

辨證奇聞十五卷　（清）陳士鐸原本　清同治
六年（1867）刻本　八冊

220000－0801－0013371　子1711/4

辨證錄十四卷附胎產秘書二卷　（清）陳士鐸
撰　清光緒十年（1884）重慶善成堂刻本　十
二冊

220000－0801－0013372　子1711/4－1

辨證錄十四卷附胎產秘書二卷　（清）陳士鐸
撰　清光緒十年（1884）重慶善成堂刻本　十
六冊　缺二卷（胎產秘書二卷）

220000－0801－0013373　子1711/5

辨證水鑑十二卷　（清）陳士鐸撰　清宣統元
年（1909）北京龍文閣影印本　六冊

220000－0801－0013374　子1711/6

辨證水鑑十二卷　（清）陳士鐸撰　清光緒二
十二年（1896）京都擷華書局刻本　十二冊

220000－0801－0013375　子1711/7

六種新編六種二十二卷　（清）文晟輯　清同
治四年（1865）文氏刻本　四冊

220000－0801－0013376　子1711/8

六醴齋醫書十種五十五卷　（清）程永培輯
清光緒十七年（1891）廣州藏修堂刻本　二十
四冊

220000－0801－0013377　子1711/8－1

六醴齋醫書十種五十五卷　（清）程永培輯
清光緒十七年（1891）廣州藏修堂刻本　二十
四冊

220000－0801－0013378　子1711/12

弄丸心法八卷　（清）楊鳳庭撰　清宣統三年
（1911）成都張興龍刻本　八冊

220000－0801－0013379　子1711/13

石室秘錄六卷　（清）陳士鐸撰　清嘉慶三年
（1798）崇文堂刻本　六冊

220000－0801－0013380　子1711/14

石室秘錄六卷　（清）陳士鐸撰　清末大文堂
刻本　六冊

220000－0801－0013381　子1711/15

引經證醫四卷　（清）程梁撰　清光緒八年
（1882）吳門刻本　四冊

220000－0801－0013382　子1711/15－1

引經證醫四卷　（清）程梁撰　清光緒八年
（1882）吳門刻本　四冊

220000－0801－0013383　子1711/16

豫醫雙璧二種三十五卷　（清）吳重憙輯　清
宣統元年（1909）海豐吳氏梁園節署鉛印本
八冊

220000－0801－0013384　子1711/16－1

豫醫雙璧二種三十五卷　（清）吳重憙輯　清
宣統元年（1909）海豐吳氏梁園節署鉛印本
八冊

220000－0801－0013385　子1711/18

儒門醫學三卷　(英國)海得蘭撰　(英國)傅
蘭雅口譯　(清)趙元益筆述　清末著易堂鉛
印本　三冊

220000－0801－0013386　子1711/19

儒門醫學三卷附一卷　(英國)海得蘭撰
(英國)傅蘭雅口譯　(清)趙元益筆述　清同
治刻本　四冊

220000－0801－0013387　子1711/21

衛生寶鑑二十四卷補遺一卷　(元)羅天益撰
　清道光二十六年(1846)三原李錫齡刻本
八冊

220000－0801－0013388　子1711/22

利溥集三種十四卷　(清)王鴻驥撰　清宣統
元年(1909)刻本　十二冊

220000－0801－0013389　子1711/23

仲景全書五種十八卷　(漢)張機撰　清光緒
刻本　十二冊

220000－0801－0013390　子1711/23－1

仲景全書五種十八卷　(漢)張機撰　清光緒
刻本　十二冊

220000－0801－0013391　子1711/25

劉河間傷寒三書傷寒六書附二種三十一卷
(金)劉完素等撰　清宣統元年(1909)上海千
頃堂影印本　六冊

220000－0801－0013392　子1711/27

徐靈胎十二種二十三卷　(清)徐大椿撰　清
同治三年(1864)彭樹萱善成堂刻本　八冊

220000－0801－0013393　子1711/29

家傳醫學入門二卷　(清)江秉乾輯　清宣統
三年(1911)師古堂刻本　二冊

220000－0801－0013394　子1711/31

扁鵲心書三卷神方一卷　(戰國)秦越人撰
清光緒七年(1881)上海王氏刻本　二冊

220000－0801－0013395　子1711/32

扁鵲心書三卷神方一卷　(戰國)秦越人撰
清末浙衢三餘堂刻本　二冊

220000－0801－0013396　子1711/32－1

扁鵲心書三卷神方一卷　(戰國)秦越人撰
清末浙衢三餘堂刻本　二冊

220000－0801－0013397　子1711/33

丹溪先生治法心要八卷　(元)朱震亨述　清
宣統元年(1909)鉛印本　二冊

220000－0801－0013398　子1711/34

活人心法四卷　(清)劉以仁撰　清咸豐九年
(1859)刻本　四冊

220000－0801－0013399　子1711/38

丹溪心法附餘二十四卷首一卷　(明)方廣輯
　清大文堂刻本　十六冊

220000－0801－0013400　子1711/39

士材三書四種八卷　(明)李中梓撰　清善成
堂刻本　六冊

220000－0801－0013401　子1711/40

士材三書四種八卷　(明)李中梓撰　清光緒
十三年(1887)上海江左書林刻本　八冊

220000－0801－0013402　子1711/41

王叔和難經脈訣規正二種六卷　(清)沈鏡刪
註　清光緒二十三年(1897)湖南經綸元記刻
本　六冊

220000－0801－0013403　子1711/44

古今名醫彙粹八卷　(清)羅美撰　清道光三
年(1823)刻本　八冊

220000－0801－0013404　子1711/45

古今名醫彙粹八卷　(清)羅美撰　清嘉慶六
年(1801)五柳居刻本　六冊

220000－0801－0013405　子1711/46

新刊增補萬病回春原本八卷　(明)龔廷賢編
　清掃葉山房刻本　八冊

220000－0801－0013406　子1711/47

新刊增補萬病回春原本八卷　(明)龔廷賢編
　清嘉慶二十一年(1816)經餘堂刻本　八冊

220000－0801－0013407　子1711/48

壽身小補八卷　(清)黃兌楣輯　清光緒十四
年(1888)廣東佛山鎮字林書局鉛印本　七冊

220000－0801－0013408　子1711/49

增補壽世保元十集十卷　（明）龔廷賢撰　清光緒三十三年(1907)上海同文書局影印本八冊

220000－0801－0013409　子1711/50

新刊醫林狀元壽世保元十集一卷　（明）龔廷賢撰　清嘉慶二年(1797)大經堂刻本　十冊

220000－0801－0013410　子1711/51

中西滙通醫書五種二十八卷　唐宗海編　清光緒三十四年(1908)千頃堂書局影印本　十二冊

220000－0801－0013411　子1711/51－1

中西滙通醫書五種二十八卷　唐宗海編　清光緒三十四年(1908)千頃堂書局影印本　十二冊

220000－0801－0013412　子1711/51－2

中西滙通醫書五種二十八卷　唐宗海編　清光緒三十四年(1908)千頃堂書局影印本　十二冊

220000－0801－0013413　子1711/52

中西醫粹四種三卷末一卷　（清）羅定昌撰　清光緒二十三年(1897)刻本　四冊

220000－0801－0013414　子1711/53

中西六種三十一卷　唐宗海編　清宣統二年(1910)成都文倫書局鉛印本　十八冊　存十五卷(傷寒論淺註補正一至七、金匱要略淺註補正一至八)

220000－0801－0013415　子1711/54

中外醫書八種合刻十一卷　（清）太極子輯　清光緒三十年(1904)成都文彙堂刻本　八冊

220000－0801－0013416　子1711/56

中藏經八卷　（漢）華佗撰　清光緒六年(1880)上海書局刻本　二冊

220000－0801－0013417　子1711/57

新刻指迷醫碎二十卷　（清）蔡玉美纂輯　清咸豐六年(1856)友杜山房刻本　十冊

220000－0801－0013418　子1711/58

素仙簡要四卷　（清）奎瑛撰　清道光二十五年(1845)刻本　四冊

220000－0801－0013419　子1711/64

東醫寶鑑二十三卷　（朝鮮）許浚撰　清道光十一年(1831)富春堂刻本　二十四冊

220000－0801－0013420　子1711/66

圖註難經脈訣六種十二卷　（明）張世賢輯　清光緒十五年(1889)京都泰山堂刻本　六冊

220000－0801－0013421　子1711/67

四聖心源十卷　（清）黃元御撰　清咸豐十一年(1861)徐樹銘刻本　二冊

220000－0801－0013422　子1711/68

景岳全書發揮四卷　（清）葉桂撰　清光緒五年(1879)吳氏醉六堂刻本　四冊

220000－0801－0013423　子1711/68－1

景岳全書發揮四卷　（清）葉桂撰　清光緒五年(1879)吳氏醉六堂刻本　四冊

220000－0801－0013424　子1711/69

訂補明醫指掌十卷附診家樞要　（明）皇甫中輯　清文林堂刻本　六冊

220000－0801－0013425　子1711/70

丹溪朱氏脈因證治二卷　（元）朱震亨撰　清光緒十年至十四年(1884－1888)廣州翠琅玕館刻本　四冊

220000－0801－0013426　子1711/71

陳修園二十三種九十四卷　（清）陳念祖撰　清光緒三十四年(1908)寶慶經元書局刻本　三十六冊

220000－0801－0013427　子1711/71－1

陳修園二十三種九十四卷　（清）陳念祖撰　清光緒三十四年(1908)寶慶經元書局刻本　四十冊

220000－0801－0013428　子1711/72

陳修園七十種一百二十七卷　（清）陳念祖撰　清光緒三十四年(1908)上海章福記書局影印本　二十二冊

220000－0801－0013429　子1711/74

陳修園醫書二十一種九十七卷 （清）陳念祖撰 清光緒十八年(1892)上海圖書集成印書局鉛印本 二十冊

220000－0801－0013430 子1711/75

陳修園醫書三十種 （清）陳念祖撰 清末商務印書局鉛印本 十冊

220000－0801－0013431 子1711/76

陳修園醫書二十三種九十六卷 （清）陳念祖撰 清光緒二十九年(1903)湖南益元書局刻本 六冊 存三種十卷(金匱要略淺註一至二、五至六,金匱方歌括一至六,急救經驗良方)

220000－0801－0013432 子1711/77

南雅堂醫書全集十六種九十一卷 （清）陳念祖撰 清末善成堂刻本 十八冊

220000－0801－0013433 子1711/78

時方妙用四卷 （清）陳念祖撰 清末影印本 一冊

220000－0801－0013434 子1711/79

時方妙用四卷 （清）陳念祖撰 清光緒二十九年(1903)益元書局刻本 一冊

220000－0801－0013435 子1711/80

時方歌括二卷 （清）陳念祖撰 清光緒三十三年(1907)巴蜀善成堂刻本 一冊

220000－0801－0013436 子1711/81

公餘六書五種十八卷 （清）陳念祖撰 清嘉慶十五年(1810)綏定達縣明德善堂刻本 五冊

220000－0801－0013437 子1711/82

醫醫偶錄二卷 （清）陳念祖撰 清同治十三年(1874)四川蓬萊友善堂刻本 一冊

220000－0801－0013438 子1711/83

醫學三字經四卷 （清）陳念祖撰 清末學庫山房刻本 二冊

220000－0801－0013439 子1711/84

醫學三字經四卷 （清）陳念祖撰 清光緒三十四年(1908)寶慶經元書局刻本 二冊

220000－0801－0013440 子1711/86

醫學從眾錄八卷 （清）陳念祖撰 上海錦章書局影印本 二冊

220000－0801－0013441 子1711/87

醫學從眾錄八卷 （清）陳念祖撰 清道光二十五年(1845)南雅堂刻本 六冊

220000－0801－0013442 子1711/88

醫學從眾錄八卷 （清）陳念祖撰 清光緒三十四年(1908)寶慶富記書局刻本 三冊

220000－0801－0013443 子1711/89

醫學實在易八卷 （清）陳念祖撰 清光緒十五年(1889)務本堂刻本 四冊

220000－0801－0013444 子1711/90

醫學金針八卷 （清）陳念祖撰 清光緒四年(1878)敏德堂刻本 四冊

220000－0801－0013445 子1711/90－1

醫學金針八卷 （清）陳念祖撰 清光緒四年(1878)敏德堂刻本 二冊

220000－0801－0013446 子1711/90－2

醫學金針八卷 （清）陳念祖撰 清光緒四年(1878)敏德堂刻本 四冊

220000－0801－0013447 子1711/91

醫方易簡四種九卷 （清）葉照林等輯 清同治三年(1864)香山積善堂刻本 四冊

220000－0801－0013448 子1711/92

醫醇賸義四卷 （清）費伯雄撰 清光緒十四年(1888)掃葉山房刻本 四冊

220000－0801－0013449 子1711/93

醫醇賸義四卷 （清）費伯雄撰 清光緒三年(1877)刻本 四冊

220000－0801－0013450 子1711/94

醫醇賸義四卷 （清）費伯雄撰 清同治二年(1863)刻本 四冊

220000－0801－0013451 子1711/95

醫碥七卷 （清）何夢瑤輯 清末同文堂刻本 八冊

220000－0801－0013452　子 1711/98

醫緒十卷解毒集成一卷　（清）黃皖撰　清光緒三十年(1904)經鏗家塾存幾堂刻本　十冊

220000－0801－0013453　子 1711/98－1

醫緒十卷解毒集成一卷　（清）黃皖撰　清光緒三十年(1904)經鏗家塾存幾堂刻本　十冊

220000－0801－0013454　子 1711/98－2

醫緒十卷解毒集成一卷　（清）黃皖撰　清光緒三十年(1904)經鏗家塾存幾堂刻本　八冊　缺二卷(八、解毒集成一卷)

220000－0801－0013455　子 1711/99

醫徹四卷　（清）懷遠撰　清嘉慶十五年(1810)雲間鄭文萃堂刻本　二冊

220000－0801－0013456　子 1711/101

醫家四要四卷　（清）程曦等撰　清光緒十二年(1886)養鶴山房刻本　四冊

220000－0801－0013457　子 1711/102

醫家四要四卷　（清）程曦等纂　清光緒十年(1884)無錫日升山房刻本　四冊

220000－0801－0013458　子 1711/103

醫宗說約六卷　（清）蔣示吉撰　清道光八年(1828)松盛堂刻本　四冊

220000－0801－0013459　子 1711/104

醫宗說約六卷　（清）蔣示吉撰　清光緒十四年(1888)刻本　四冊

220000－0801－0013460　子 1711/105

醫宗備要三卷　（清）曾鼎撰　清同治八年(1869)崇文書局刻本　一冊

220000－0801－0013461　子 1711/106

醫宗備要三卷　（清）曾鼎撰　清嘉慶十九年(1814)忠恕堂刻本　一冊

220000－0801－0013462　子 1711/111

醫宗必讀十卷　（明）李中梓撰　清光緒十四年(1888)掃葉山房刻本　六冊

220000－0801－0013463　子 1711/113

御纂醫宗金鑑九十卷首一卷　（清）吳謙等纂　清光緒九年(1883)掃葉山房刻本　四十八冊

220000－0801－0013464　子 1711/114

御纂醫宗金鑑九十卷首一卷　（清）吳謙等纂　清末刻本　二十四冊

220000－0801－0013465　子 1711/116

醫宗精選十二卷　（□）□□抄　清抄本　十二冊

220000－0801－0013466　子 1711/118

醫法圓通四卷　（清）鄭壽全輯　清同治十三年(1874)成都刻本　四冊

220000－0801－0013467　子 1711/119

韓氏醫通二卷　（明）韓懋撰　清末修敬堂刻本　一冊

220000－0801－0013468　子 1711/120

張氏醫通十六卷　（清）張璐撰　清光緒二十五年(1899)浙江官書局刻本　十六冊

220000－0801－0013469　子 1711/122

張氏醫通十六卷　（清）張璐撰　清三元堂刻本　十六冊

220000－0801－0013470　子 1711/125

醫林繩墨大全九卷　（明）方穀撰　清嘉慶二十一年(1816)松江陳熙刻本　二冊

220000－0801－0013471　子 1711/126

醫林纂要探源十卷附錄一卷　（清）汪紱輯　清光緒二十三年(1897)江蘇書局刻本　十冊

220000－0801－0013472　子 1711/126－1

醫林纂要探源十卷附錄一卷　（清）汪紱輯　清光緒二十三年(1897)江蘇書局刻本　十冊

220000－0801－0013473　子 1711/126－2

醫林纂要探源十卷附錄一卷　（清）汪紱輯　清光緒二十三年(1897)江蘇書局刻本　九冊　缺一卷(八)

220000－0801－0013474　子 1711/127

雷氏慎修堂醫書三種十三卷　（清）雷豐等撰　清光緒十年至十三年(1884－1887)豫章鄧燦堂刻本　十冊

220000－0801－0013475　子1711/127－1

雷氏慎修堂醫書三種十三卷　（清）雷豐等撰
清光緒十年至十三年（1884－1887）豫章鄧
燦堂刻本　九冊

220000－0801－0013476　子1711/128

述古齋醫書三種六卷　（清）張振鋆纂輯　清
光緒十八年（1892）上海思求闓齋刻本　六冊

220000－0801－0013477　子1711/131

喻氏醫書三種十五卷　（清）喻昌撰　清經綸
堂刻本　十二冊

220000－0801－0013478　子1711/135

潛齋醫書五種二十卷　（清）王士雄撰　清光
緒十八年（1892）上海醉六堂刻本　十冊

220000－0801－0013479　子1711/136

潛齋醫書五種二十八卷　（清）王士雄輯　清
光緒十八年（1892）刻本　十二冊

220000－0801－0013480　子1711/138

醫書八種十八卷　（清）徐大椿撰　清光緒十
五年（1889）上海江左書林吳縣朱記榮刻本
十二冊

220000－0801－0013481　子1711/139

醫書八種十八卷　（清）徐大椿撰　清光緒四
年（1878）掃葉山房刻本　十二冊

220000－0801－0013482　子1711/140

黃先生醫書八種八十卷　（清）黃元御撰　清
咸豐十年（1860）長沙燮龢精舍刻本　二十
四冊

220000－0801－0013483　子1711/140－1

黃先生醫書八種八十卷　（清）黃元御撰　清
咸豐十年（1860）長沙燮龢精舍刻本　十六冊

220000－0801－0013484　子1711/143

醫書滙參輯成二十四卷　（清）蔡宗玉手輯
清嘉慶十二年（1807）刻本　十二冊

220000－0801－0013485　子1711/145

世補齋醫書前集六種三十三卷　（清）陸懋修
撰　清光緒十二年（1886）山左書局刻本
八冊

220000－0801－0013486　子1711/146

醫壘元戎不分卷　（元）王好古撰　清末刻本
一冊

220000－0801－0013487　子1711/147

徐靈胎醫略六書三十二卷　（清）徐大椿撰
清光緒二十九年（1903）上海趙翰香居鉛印本
十八冊

220000－0801－0013488　子1711/147－1

徐靈胎醫略六書三十二卷　（清）徐大椿撰
清光緒二十九年（1903）上海趙翰香居鉛印本
十八冊

220000－0801－0013489　子1711/148

醫門總訣二卷　（戰國）秦越人撰　清光緒九
年（1883）茂州源茂堂刻本　一冊

220000－0801－0013490　子1711/151

醫門初學萬金一統要訣分類十卷　（明）羅必
煒參訂　清光緒三十年（1904）寶慶詳隆書舍
刻本　二冊

220000－0801－0013491　子1711/152

增訂醫門初學萬金一統要訣分類十卷　（明）
羅必煒參訂　清光緒二十年（1894）三讓堂刻
本　四冊

220000－0801－0013492　子1711/153

醫門初學萬金一統要訣分類十卷　（明）羅必
煒參訂　清光緒二十七年（1901）新化三味書
室刻本　四冊

220000－0801－0013493　子1711/154

醫門棒喝初集四卷二集九卷　（清）章楠撰
清同治六年（1867）聚文堂刻本　十四冊

220000－0801－0013494　子1711/154－1

醫門棒喝初集四卷二集九卷　（清）章楠撰
清同治六年（1867）聚文堂刻本　十四冊

220000－0801－0013495　子1711/154－2

醫門棒喝初集四卷二集九卷　（清）章楠撰
清同治六年（1867）聚文堂刻本　十冊

220000－0801－0013496　子1711/155

醫門棒喝初集四卷二集九卷　（清）章楠撰

清宣統元年（1909）蠹城三友益齋影印本
十冊

220000 - 0801 - 0013497　子 1711/160
醫學五則五卷　（清）廖雲溪輯　清光緒十三
年（1887）刻本　五冊

220000 - 0801 - 0013498　子 1711/160 - 1
醫學五則五卷　（清）廖雲溪輯　清光緒十三
年（1887）刻本　五冊

220000 - 0801 - 0013499　子 1711/161
韡園醫學六種二十四卷　（清）潘霨輯　清光
緒十年（1884）江西書局刻本　十二冊

220000 - 0801 - 0013500　子 1711/162
劉河間醫學六書附二種二十七卷　（金）劉完
素等撰　清同德堂刻本　十冊

220000 - 0801 - 0013501　子 1711/163
韡園醫學六種二十一卷　（清）潘霨輯　清光
緒五年（1879）刻本　十六冊

220000 - 0801 - 0013502　子 1711/164
醫學傳心錄不分卷　（明）劉全德編輯　清抄
本　一冊

220000 - 0801 - 0013503　子 1711/169
聿脩堂醫學叢書十三種六十九卷　（日本）丹
波元簡等著　清光緒十年（1884）飛青閣重印
本　四十四冊

220000 - 0801 - 0013504　子 1711/172
當歸草堂醫學叢書初編十種四十卷　（清）丁
丙輯　清光緒四年（1878）錢塘丁氏當歸草堂
刻本　十冊

220000 - 0801 - 0013505　子 1711/172 - 1
當歸草堂醫學叢書初編十種四十卷　（清）丁
丙輯　清光緒四年（1878）錢塘丁氏當歸草堂
刻本　十冊

220000 - 0801 - 0013506　子 1711/173
周氏醫學叢書三集三十二種一百九十五卷
（清）周學海編　清光緒十七年至宣統三年
（1891 - 1911）池陽周氏福慧雙修館刻本　七
十二冊

220000 - 0801 - 0013507　子 1711/175
醫學心悟六卷　（清）程國彭撰　清乾隆五十
六年（1791）松盛堂刻本　三冊

220000 - 0801 - 0013508　子 1711/176
醫學心悟六卷　（清）程國彭撰　清嘉慶二十
四年（1819）上海掃葉山房刻本　六冊

220000 - 0801 - 0013509　子 1711/176 - 1
醫學心悟六卷　（清）程國彭撰　清嘉慶二十
四年（1819）上海掃葉山房刻本　四冊

220000 - 0801 - 0013510　子 1711/176 - 2
醫學心悟六卷　（清）程國彭撰　清嘉慶二十
四年（1819）上海掃葉山房刻本　四冊

220000 - 0801 - 0013511　子 1711/177
醫門補要三卷附採集先哲察生死秘法一卷青
囊立效秘方二卷霍亂論一卷　（清）趙濂撰
清光緒二十三年（1897）刻本　四冊

220000 - 0801 - 0013512　子 1711/177 - 1
醫門補要三卷附採集先哲察生死秘法一卷青
囊立效秘方二卷霍亂論一卷　（清）趙濂撰
清光緒二十三年（1897）刻本　二冊

220000 - 0801 - 0013513　子 1711/181
醫學求是初集一卷二集二卷　（清）吳達著
清光緒六年至十一年（1880 - 1885）刻本
三冊

220000 - 0801 - 0013514　子 1711/182
醫學考辨十二卷　（清）羅紹芳編纂　清道光
二十四年（1844）粹白齋刻本　四冊

220000 - 0801 - 0013515　子 1711/184
醫學摘粹七種十卷　（清）慶恕等撰　清光緒
二十九年（1903）刻本　六冊

220000 - 0801 - 0013516　子 1711/186
醫學指要六卷　（清）蔡貽績輯　清嘉慶十七
年（1812）翰墨園刻本　五冊

220000 - 0801 - 0013517　子 1711/187
醫學指歸二卷　（清）趙術堂編輯　清同治元
年（1862）高郵趙氏旌孝堂刻本　二冊

220000 - 0801 - 0013518　子 1711/193

醫學篇二卷 （清）曾懿撰 清光緒三十三年(1907)刻本 二冊

220000－0801－0013519 子1711/193－1
醫學篇二卷 （清）曾懿撰 清光緒三十三年(1907)刻本 二冊

220000－0801－0013520 子1711/194
筆花醫鏡四卷 （清）江涵暾撰 清同治十二年(1873)刻本 一冊

220000－0801－0013521 子1711/194－1
筆花醫鏡四卷 （清）江涵暾撰 清同治十二年(1873)刻本 一冊

220000－0801－0013522 子1711/195
筆花醫鏡四卷 （清）江涵暾撰 藥要便蒙新編二卷 （清）譚鴻鋆撰 清光緒二十四年(1898)金陵聚珍書局刻本 四冊

220000－0801－0013523 子1711/196
筆花醫鏡四卷 （清）江涵暾撰 清同治五年(1866)江西崇仁謝氏鑑軒刻本 二冊

220000－0801－0013524 子1711/197
筆花醫鏡四卷 （清）江涵暾撰 清道光十四年(1834)刻本 一冊

220000－0801－0013525 子1711/199
醫鈔類編二十四卷 （清）翁藻編 清光緒二十一年(1895)奉新許氏刻本 二十六冊

220000－0801－0013526 子1711/200
沈氏尊生書五種七十二卷 （清）沈金鰲撰 清同治十三年(1874)湖北崇文書局刻本 二十六冊

220000－0801－0013527 子1711/200－1
沈氏尊生書五種七十二卷 （清）沈金鰲撰 清同治十三年(1874)湖北崇文書局刻本 二十六冊

220000－0801－0013528 子1711/200－2
沈氏尊生書五種七十二卷 （清）沈金鰲撰 清同治十三年(1874)湖北崇文書局刻本 二十六冊

220000－0801－0013529 子1711/200－3

沈氏尊生書五種七十二卷 （清）沈金鰲撰 清同治十三年(1874)湖北崇文書局刻本 二十冊 缺十三卷(傷寒論綱目一、十一至十六,幼科釋謎六卷)

220000－0801－0013530 子1711/200－4
沈氏尊生書五種七十二卷 （清）沈金鰲撰 清同治十三年(1874)湖北崇文書局刻本 四冊 缺十二卷(婦科玉尺六卷,傷寒論綱目一至三、十四至十六)

220000－0801－0013531 子1711/200－5
沈氏尊生書五種七十二卷 （清）沈金鰲撰 清同治十三年(1874)湖北崇文書局刻本 七冊 存一種(傷寒論)

220000－0801－0013532 子1711/201
沈氏尊生書五種七十二卷 （清）沈金鰲撰 清光緒二十一年(1895)圖書集成書局鉛印本 二十二冊

220000－0801－0013533 子1711/202
嵩崖尊生書十九卷 （清）景日昣撰 清末刻本 八冊

220000－0801－0013534 子1711/203
嵩崖尊生簡學大全十五卷 （清）景日昣撰 清末刻本 八冊

220000－0801－0013535 子1711/204
袖珍嵩崖尊生書十五卷 （清）景日昣撰 清末連元閣刻本 十冊

220000－0801－0013536 子1711/205
嵩厓尊生書十五卷 （清）景日昣撰 清致和堂刻本 四冊

220000－0801－0013537 子1711/208
馮氏錦囊秘錄八種五十卷 （清）馮兆張撰 清末千頃堂影印本 二十冊

220000－0801－0013538 子1711/209
馮氏錦囊秘錄八種五十卷 （清）馮兆張撰 清嘉慶十八年(1813)會成堂刻本 二十六冊

220000－0801－0013539 子1711/209－1
馮氏錦囊秘錄八種五十卷 （清）馮兆張撰

清嘉慶十八年(1813)會成堂刻本　三十二冊

220000－0801－0013540　子1711/210

馮氏錦囊秘錄雜症大小合參十四卷　(清)馮兆張撰　清抄本　一冊　存二卷(一至二)

220000－0801－0013541　子1711/211

簡易醫訣四卷　(清)周雲章撰　清光緒十八年(1892)刻本　一冊

220000－0801－0013542　子1711/212

簡易醫訣四卷　(清)周雲章撰　清宣統元年(1909)刻本　四冊

220000－0801－0013543　子1711/212－1

簡易醫訣四卷　(清)周雲章撰　清宣統元年(1909)刻本　四冊

220000－0801－0013544　子1711/212－2

簡易醫訣四卷　(清)周雲章撰　清宣統元年(1909)刻本　四冊

220000－0801－0013545　子1711/212－3

簡易醫訣四卷　(清)周雲章撰　清宣統元年(1909)刻本　四冊

220000－0801－0013546　子1711/213

類證治裁八卷首一卷　(清)林珮琴撰　清同治七年(1868)謝敦本堂刻本　十六冊

220000－0801－0013547　子1711/214

類證治裁八卷首一卷　(清)林珮琴撰　清光緒十年(1884)刻本　十冊

220000－0801－0013548　子1711/214－1

類證治裁八卷首一卷　(清)林珮琴撰　清光緒十年(1884)刻本　十冊

220000－0801－0013549　子1711/215

類經三十二卷　(明)張介賓撰　清末翰文堂刻本　二十冊

220000－0801－0013550　子1711/221

溫病條辨六卷首一卷　(清)吳瑭撰　清宣統元年(1909)渭南嚴氏孝義家塾刻本　四冊

220000－0801－0013551　子1711/223

醫悟十二卷　(清)馬冠群撰　清光緒十九年

(1893)鉛印本　四冊

220000－0801－0013552　子1711/227

中西匯通醫書五種　唐宗海編　清宣統文倫書局鉛印本　十冊　缺八卷(金匱補正一至八)

220000－0801－0013553　子1711/233

述古齋幼科新書三種六卷　(清)張振鋆纂　清光緒十九年(1893)四川資州刻本　六冊

220000－0801－0013554　子1711/234

御纂醫宗金鑑九十卷　(清)吳謙等輯　清刻本　四十八冊

220000－0801－0013555　子1711/235

醫宗必讀十卷　(明)李中梓撰　清刻本　五冊

220000－0801－0013556　子1711/235－1

醫宗必讀十卷　(明)李中梓撰　清刻本　五冊

220000－0801－0013557　子1711/236

景岳全書六十四卷　(明)張介賓撰　清刻本　二十五冊　缺四卷(十六至十七、四十七、六十一)

220000－0801－0013558　子1711/237

編注醫學入門七卷首一卷　(明)李梃編注　清末補刻本　八冊

220000－0801－0013559　子1711/238

醫學從眾錄八卷　(清)陳念祖輯　清刻本　四冊　存六卷(一至六)

220000－0801－0013560　子1711/239

醫宗必讀十卷　(明)李中梓撰　清光緒六年(1880)掃葉山房刻本　一冊　存二卷(一至二)

220000－0801－0013561　子1712/4

靈素提要淺註十二卷　(清)陳念祖集註　清同治四年(1865)江右兩儀堂刻本　五冊

220000－0801－0013562　子1712/5

靈素提要淺注十二卷　(清)陳念祖集注　清光緒元年(1875)刻本　七冊

220000－0801－0013563　子1712/12

重訂駱龍吉內經拾遺方論四卷　（宋）駱龍吉著述　清光緒六年(1880)周大璋抄本　一冊

220000－0801－0013564　子1712/17

難經經釋二卷　（戰國）秦越人著　（清）徐大椿釋　清同治三年(1864)刻本　一冊

220000－0801－0013565　子1712/19

難經本義二卷　（戰國）秦越人著　（明）滑壽注　清末刻本　二冊

220000－0801－0013566　子1712/23

黃帝內經太素三十卷遺文一卷內經明堂一卷附錄一卷　（隋）楊上善撰註　清光緒二十三年(1897)通隱堂刻本　六冊

220000－0801－0013567　子1712/24

黃帝內經素問校義一卷　（清）胡澍學　清光緒五年(1879)世澤樓刻本　一冊

220000－0801－0013568　子1712/25

補註黃帝內經素問二十四卷附遺篇一卷靈樞十二卷　（唐）王冰註　清光緒二十二年(1896)圖書集成印書局鉛印本　六冊

220000－0801－0013569　子1712/26

黃帝內經素問二十四卷　（明）吳崑註　清光緒二十四年(1898)刻本　八冊

220000－0801－0013570　子1712/28

補註黃帝內經素問二十四卷附遺篇一卷靈樞十二卷　（唐）王冰註　清光緒三年(1877)浙江書局刻本　十冊

220000－0801－0013571　子1712/28－1

補註黃帝內經素問二十四卷附遺篇一卷靈樞十二卷　（唐）王冰註　清光緒三年(1877)浙江書局刻本　十冊

220000－0801－0013572　子1712/28－2

補註黃帝內經素問二十四卷附遺篇一卷靈樞十二卷　（唐）王冰註　清光緒三年(1877)浙江書局刻本　十六冊

220000－0801－0013573　子1712/28－3

補註黃帝內經素問二十四卷附遺篇一卷靈樞

十二卷　（唐）王冰註　清光緒三年(1877)浙江書局刻本　七冊

220000－0801－0013574　子1712/28－4

補註黃帝內經素問二十四卷附遺篇一卷靈樞十二卷　（唐）王冰註　清光緒三年(1877)浙江書局刻本　五冊　存十九卷(一至十九)

220000－0801－0013575　子1712/31

黃帝內經素問直解九卷　（清）高世栻註解　清光緒十三年(1887)浙江書局刻本　八冊

220000－0801－0013576　子1712/30

黃帝內經素問注證發微九卷靈樞注證發微九卷補遺一卷　（明）馬蒔注　清嘉慶十年(1805)古歙鮑氏慎餘堂刻本　十二冊

220000－0801－0013577　子1712/33

黃帝素問宣明論方十五卷　（金）劉完素撰　清江陰朱文震刻醫統正脈刻本　三冊

220000－0801－0013578　子1712/34

素靈微蘊四卷　（清）黃元御著　清咸豐十年(1860)長沙徐樹銘刻本　二冊

220000－0801－0013579　子1712/34－1

素靈微蘊四卷　（清）黃元御著　清咸豐十年(1860)長沙徐樹銘刻本　二冊

220000－0801－0013580　子1712/36

素問靈樞類纂約註三卷　（清）汪昂纂輯　清同治十年(1871)無錫日升山房書莊刻本　三冊

220000－0801－0013581　子1712/37

素問靈樞類纂約註三卷　（清）汪昂纂輯　清同治十年(1871)掃葉山房刻本　三冊

220000－0801－0013582　子1712/38

素問靈樞類纂約註三卷　（清）汪昂纂輯　清光緒十三年(1887)掃葉山房刻本　三冊

220000－0801－0013583　子1712/39

黃帝內經素問九卷　（清）張志聰集註　清光緒十六年(1890)浙江書局刻本　六冊

220000－0801－0013584　子1712/40

素問釋義十卷　（清）張琦撰　清道光十年

（1830）宛鄰書屋刻本　四冊

220000－0801－0013585　子 1712/41
中西匯通醫經精義二卷　唐宗海撰　清宣統
二年(1910)文倫書局鉛印本　二冊

220000－0801－0013586　子 1712/42
中西匯通醫經精義二卷　唐宗海撰　清光緒
三十四年(1908)成都文倫書局鉛印本　二冊

220000－0801－0013587　子 1712/43
中西醫判二卷　唐宗海著　清末千頃堂影印
本　二冊

220000－0801－0013588　子 1712/45
中西醫解二卷　唐宗海撰　清光緒十八年
(1892)刻本　一冊

220000－0801－0013589　子 1712/47
醫經原旨六卷　（清）薛雪集註　清末掃葉山
房刻本　六冊

220000－0801－0013590　子 1712/48
醫經原旨六卷　（清）薛雪集註　清寧郡簡香
齋刻本　六冊

220000－0801－0013591　子 1712/48－1
醫經原旨六卷　（清）薛雪集註　清寧郡簡香
齋刻本　六冊

220000－0801－0013592　子 1712/48－2
醫經原旨六卷　（清）薛雪集註　清寧郡簡香
齋刻本　六冊

220000－0801－0013593　子 1712/48－3
醫經原旨六卷　（清）薛雪集註　清寧郡簡香
齋刻本　六冊

220000－0801－0013594　子 1712/50
圖註八十一難經辨真四卷　（戰國）秦越人著
（明）張世賢注　清末刻本　二冊

220000－0801－0013595　子 1712/50－1
圖註八十一難經辨真四卷　（戰國）秦越人著
（明）張世賢注　清末刻本　二冊

220000－0801－0013596　子 1712/51
圖註八十一難經辨真四卷　（戰國）秦越人著

清末刻本　四冊

220000－0801－0013597　子 1712/51－1
圖註八十一難經辨真四卷　（戰國）秦越人著
清末刻本　二冊

220000－0801－0013598　子 1712/52
圖註八十一難經辨真四卷　（戰國）秦越人著
清末刻本　一冊

220000－0801－0013599　子 1712/53
圖註八十一難經四卷　（戰國）秦越人著　清
末刻本　二冊

220000－0801－0013600　子 1712/54
類經纂要三卷　（清）虞庠輯　（清）王廷俊增
註　清同治六年(1867)刻本　一冊　存一卷
（上）

220000－0801－0013601　子 1712/57
黃帝內經靈樞十二卷　（清）黃以周總校　清
刻本　三冊

220000－0801－0013602　子 1712/57－1
黃帝內經靈樞十二卷　（清）黃以周總校　清
刻本　三冊

220000－0801－0013603　子 1712/59
內經詮釋洄溪脈學　（清）徐大椿撰　清末石
印本　一冊

220000－0801－0013604　子 1713/1
六臟六腑納甲詩不分卷　（□）□□撰　清末
抄本　一冊

220000－0801－0013605　子 1713/2
西藥略釋四卷　（清）孔繼良撰　清光緒十二
年(1886)羊城博濟醫局刻本　四冊

220000－0801－0013606　子 1713/6
中西骨格辨正七卷　（清）劉廷楨撰　清光緒
二十九年(1903)上海廣學會鉛印本　二冊

220000－0801－0013607　子 1713/7
中醫臟腑圖像合纂三卷首一卷　（清）朱沛文
編著　清光緒二十三年(1897)宏文閣石印本
六冊

220000－0801－0013608　子1713/10

體用十章四卷　（英國）哈士烈撰　清光緒十年(1884)羊城博濟醫局刻本　四冊

220000－0801－0013609　子1713/12

醫林改錯二卷　（清）王清任撰　清光緒三十年(1904)北京文成堂刻本　一冊

220000－0801－0013610　子1713/13

醫林改錯二卷　（清）王清任撰　清咸豐六年(1856)順天九思堂刻本　一冊

220000－0801－0013611　子1713/14

全體新論不分卷　（英國）合信撰　清咸豐元年(1851)上海墨海書館刻本　一冊

220000－0801－0013612　子1713/14－1

全體新論不分卷　（英國）合信撰　清咸豐元年(1851)上海墨海書館刻本　一冊

220000－0801－0013613　子1713/16

全體通考十八卷首一卷圖二卷　（英國）德貞撰并譯　清光緒十二年(1886)同文館鉛印本　十六冊

220000－0801－0013614　子1713/17

全體闡微三卷　（美國）柯爲良撰　清光緒三十一年(1905)惜陰書屋刻本　四冊

220000－0801－0013615　子1713/18

全體闡微三卷　（美國）柯爲良撰　清光緒二十四年(1898)刻本　三冊

220000－0801－0013616　子1714/1

病理撮要一卷　尹端模譯　清光緒十八年(1892)羊城博濟醫局刻本　二冊

220000－0801－0013617　子1714/5

巢氏諸病源候總論五十卷　（隋）巢元方等撰　清嘉慶十三年(1808)吳門經義齋刻本　八冊

220000－0801－0013618　子1714/7

診斷不分卷　（□）□□□撰　清咸豐抄本　一冊

220000－0801－0013619　子1714/8

石頑老人診宗三昧一卷　（清）張璐撰　清末刻張氏醫書七種刻本　一冊

220000－0801－0013620　子1714/9

石頑老人診宗三昧一卷　（清）張璐撰　清末石印本　一冊

220000－0801－0013621　子1714/12

二十八脈不分卷　（□）□□撰　清末抄本　一冊

220000－0801－0013622　子1714/13

三指禪脈訣三卷　（清）周學霆撰　清同治十二年(1873)經綸堂刻本　三冊

220000－0801－0013623　子1714/15

經脈圖考四卷　（清）陳惠疇著　清光緒刻本　四冊

220000－0801－0013624　子1714/16

傷寒舌鑑不分卷　（清）張登纂　清光緒十一年(1885)校經山房刻本　一冊

220000－0801－0013625　子1714/17

傷寒舌鑑不分卷　（清）張登纂　清光緒四年(1878)吳綠慎堂刻本　二冊

220000－0801－0013626　子1714/18

傷寒舌鑑不分卷　（清）張登纂　清光緒十三年(1887)吳綠慎堂刻本　二冊

220000－0801－0013627　子1714/19

造化機新論不分卷　（日本）細野順著　（清）出洋學生編譯所編輯　清光緒二十九年(1903)上海商務印書館鉛印本　一冊

220000－0801－0013628　子1714/20

遵經二卷　（清）汪宏著　清光緒元年(1875)求志堂刻本　二冊

220000－0801－0013629　子1714/20－1

遵經二卷　（清）汪宏著　清光緒元年(1875)求志堂刻本　二冊

220000－0801－0013630　子1714/21

太素脈秘訣不分卷　（清）張太素述　清抄本　二冊

220000－0801－0013631　子1714/22

奇經八脈攷一卷　（明）李時珍撰　清末抄本
　一冊

220000－0801－0013632　子1714/23

奇經八脈考不分卷　（明）李時珍撰　清刻本
　一冊

220000－0801－0013633　子1714/25

藏府經絡先後病脈證不分卷　（□）□□撰
清末抄本　三冊

220000－0801－0013634　子1714/27

中西匯參醫學圖說三卷　（清）王有忠撰　清
光緒三十三年(1907)上海廣益書局石印本
四冊

220000－0801－0013635　子1714/30

脈症別名不分卷　（□）□□撰　清光緒十一
年(1885)何載彬抄本　一冊

220000－0801－0013636　子1714/31

四言脈訣不分卷　（□）□□撰　清末抄本
一冊

220000－0801－0013637　子1714/32

太素張神仙脈訣玄微綱領宗統三卷　（唐）張
太素撰　清末京都琉璃廠刻本　二冊

220000－0801－0013638　子1714/33

圖註脈訣辨真四卷　（晉）王叔和撰　（明）張
世賢註　脈訣附方一卷　（明）張世賢編　清
末掃葉山房刻本　一冊

220000－0801－0013639　子1714/33－1

圖註脈訣辨真四卷　（晉）王叔和撰　（明）張
世賢註　脈訣附方一卷　（明）張世賢編　清
末掃葉山房刻本　一冊

220000－0801－0013640　子1714/34

圖註脈訣辨真四卷　（晉）王叔和撰　清刻本
　一冊

220000－0801－0013641　子1714/38

脈訣采真三卷　（清）王鴻驥編輯　清宣統二
年(1910)成都閑存齋刻本　二冊

220000－0801－0013642　子1714/39

脈訣刊誤集解二卷附錄一卷　（元）戴起宗撰

（元）朱升節抄　清光緒二十年(1894)上海
圖書集成印書局鉛印本　二冊

220000－0801－0013643　子1714/40

脈訣刊誤集解二卷附錄一卷　（元）戴起宗撰
（元）朱升節抄　清光緒二十年(1894)勵志
齋據金山錢氏本刻本　二冊

220000－0801－0013644　子1714/41

脈訣刊誤集解二卷附錄一卷　（元）戴起宗撰
（元）朱升節抄　清光緒十七年(1891)池陽
周氏刻本　四冊

220000－0801－0013645　子1714/41－1

脈訣刊誤集解二卷附錄一卷　（元）戴起宗撰
（元）朱升節抄　清光緒十七年(1891)池陽
周氏刻本　二冊

220000－0801－0013646　子1714/44

刪註脈訣規正二卷　（清）沈鏡刪註　清末刻
本　一冊

220000－0801－0013647　子1714/45

刪註脈訣規正二卷　（清）沈鏡刪註　清宣統
元年(1909)成都同文公會刻本　二冊

220000－0801－0013648　子1714/46

刪註脈訣規正二卷　（清）沈鏡刪註　清末貴
文堂刻本　二冊

220000－0801－0013649　子1714/47

刪註脈訣規正二卷　（清）沈鏡刪註　清嘉
慶、道光刻本　一冊

220000－0801－0013650　子1714/50

王叔和脈經十卷　（晉）王叔和撰　清光緒二
十年(1894)上海圖書集成局鉛印本　二冊

220000－0801－0013651　子1714/51

脈經十卷　（晉）王叔和撰　清嘉慶十七年
(1812)刻本　六冊

220000－0801－0013652　子1714/52

脈經十卷　（晉）王叔和撰　清光緒十九年
(1893)景蘇園刻本　四冊

220000－0801－0013653　子1714/53

脈經十卷　（晉）王叔和撰　清光緒十七年

(1891)池陽周氏刻本　四冊

220000－0801－0013654　子1714/54

脈經十卷　（晉）王叔和撰　清光緒十七年
(1891)汀州張氏易志齋刻本　四冊

220000－0801－0013655　子1714/55

脈經十卷　（晉）王叔和撰　脈訣刊誤集解二
卷　（元）戴起宗撰　清宣統元年(1909)借月
山房刻本　六冊

220000－0801－0013656　子1714/55－1

脈經十卷　（晉）王叔和撰　清宣統元年
(1909)借月山房刻本　六冊

220000－0801－0013657　子1714/56

叔和脈經真本十卷　（晉）王叔和撰　清光緒
十六年(1890)刻本　四冊

220000－0801－0013658　子1714/57

脈法統宗不分卷　（清）孫德潤著　清道光六
年(1826)刻本　一冊

220000－0801－0013659　子1714/57－1

脈法統宗不分卷　（清）孫德潤著　清道光六
年(1826)刻本　二冊

220000－0801－0013660　子1714/61

瀕湖脈學不分卷　（明）李時珍撰　清刻本
一冊

220000－0801－0013661　子1714/67

周澂之脈學四種十四卷　（清）周學海輯　清
光緒二十一年(1895)刻本　八冊

220000－0801－0013662　子1714/68

醫理大概約說不分卷　（清）劉沅著　清光緒
三十二年(1906)孫氏樂善堂刻本　一冊

220000－0801－0013663　子1714/71

學古診則四卷　（明）盧之頤撰　清刻本
一冊

220000－0801－0013664　子1714/73

傷寒舌鑑一卷　（清）張登纂　傷寒兼證析義
一卷　（清）張倬撰　清初刻本　一冊

220000－0801－0013665　子1714/74

傷寒舌鑑一卷　（清）張登纂　清初刻本
一冊

220000－0801－0013666　子1715/1

玉楸藥解八卷　（清）黃元御著　清宣統元年
(1909)上海江左書林石印本　一冊

220000－0801－0013667　子1715/3

西藥實驗談不分卷　丁福保譯述　清光緒二
年(1876)上海鉛印丁氏醫學刻本　一冊

220000－0801－0013668　子1715/4

西藥大成十卷首一卷補編十卷首一卷　（英
國）來拉等撰　清光緒江南機器製造局刻本
十六冊

220000－0801－0013669　子1715/7

雷公炮製藥性解六卷　（明）李中梓編輯　清
群玉山房刻本　二冊

220000－0801－0013670　子1715/8

珍珠囊指掌補遺藥性賦四卷　（金）李杲編輯
清光緒三十三年(1907)錦文堂影印本
二冊

220000－0801－0013671　子1715/8－1

珍珠囊指掌補遺藥性賦四卷　（金）李杲編輯
清光緒三十三年(1907)錦文堂影印本
二冊

220000－0801－0013672　子1715/8－2

珍珠囊指掌補遺藥性賦四卷　（金）李杲編輯
清光緒三十三年(1907)錦文堂影印本
二冊

220000－0801－0013673　子1715/9

珍珠囊指掌補遺藥性賦四卷　（金）李杲編輯
雷公炮製藥性解六卷　（明）李中梓編輯
清末刻本　四冊

220000－0801－0013674　子1715/10

新刻校證大字李東垣先生珍珠囊二卷　（金）
李杲撰　清本立堂刻本　二冊

220000－0801－0013675　子1715/13

滇南本草三卷　（明）蘭茂撰　清光緒十三年
(1887)昆明務本堂刻本　四冊

220000－0801－0013676　子1715/15

神農本草經百種錄一卷　（清）徐大椿撰　清末石印本　一冊

220000－0801－0013677　子1715/16

神農本草經讀四卷　（清）陳念祖著　清光緒三十四年（1908）寶慶漢文書室刻本　一冊

220000－0801－0013678　子1715/19

湯液本草三卷　（元）王好古撰　清江陰朱氏刻本　二冊

220000－0801－0013679　子1715/20

湯液本草三卷　（元）王好古撰　清末刻本　三冊

220000－0801－0013680　子1715/23

藥要便蒙二卷　（清）談鴻鋆輯　清末刻本　二冊

220000－0801－0013681　子1715/27

藥品化義十三卷　（明）賈所學著　清光緒三十年（1904）北京鬱文書店鉛印本　一冊

220000－0801－0013682　子1715/31

藥性選要四卷　（清）王鴻驥編輯　清宣統二年（1910）成都閑存齋刻本　三冊

220000－0801－0013683　子1715/36

本經疏證十二卷續疏六卷本經序疏要八卷　（清）鄒澍學撰　清光緒常州長年醫局刻本　十六冊

220000－0801－0013684　子1715/36－1

本經疏證十二卷續疏六卷本經序疏要八卷　（清）鄒澍學撰　清光緒常州長年醫局刻本　十二冊

220000－0801－0013685　子1715/42

本草三家合註六卷　（清）郭汝聰集　清末刻本　七冊

220000－0801－0013686　子1715/43

本草三家合註六卷附徐靈胎百種錄一卷　（清）郭汝聰集　清末兩儀堂刻本　六冊

220000－0801－0013687　子1715/44

本草三家合註六卷附徐靈胎百種錄一卷

（清）郭汝聰集　清末聚經閣刻本　六冊

220000－0801－0013688　子1715/46

本草經疏三十卷　（明）繆希雍著　清光緒十七年（1891）池陽周氏刻周氏醫學叢書本　十二冊

220000－0801－0013689　子1715/47

本草經疏輯要十卷　（清）吳世鎧纂　清嘉慶十四年（1809）刻本　六冊

220000－0801－0013690　子1715/48

本草衍義二十卷　（清）寇宗奭撰　清光緒三年（1877）歸安陸氏刻本　四冊

220000－0801－0013691　子1715/48－1

本草衍義二十卷　（清）寇宗奭撰　清光緒三年（1877）歸安陸氏刻本　二冊

220000－0801－0013692　子1715/48－2

本草衍義二十卷　（清）寇宗奭撰　清光緒三年（1877）歸安陸氏刻本　四冊

220000－0801－0013693　子1715/49

本草衍義二十卷　（清）寇宗奭撰　清宣統二年（1910）武昌醫館刻本　四冊

220000－0801－0013694　子1715/51

本草便讀二卷　（清）張秉成集選　清光緒二十二年（1896）毗陵張氏刻本　四冊

220000－0801－0013695　子1715/52

本草從新十八卷　（清）吳儀洛編　清光緒六年（1880）掃葉山房刻本　六冊

220000－0801－0013696　子1715/53

本草從新十八卷　（清）吳儀洛撰　清末浙江回回堂刻本　六冊

220000－0801－0013697　子1715/54

本草從新十八卷　（清）吳儀洛編　清光緒二十二年（1896）上海圖書集成書局鉛印本　四冊

220000－0801－0013698　子1715/57

本草崇原集說三卷附錄一卷　（清）張士驄註釋　清宣統二年（1910）仲氏刻本　四冊

220000－0801－0013699　子1715/57－1

本草崇原集說三卷附錄一卷　（清）張士驄註釋　清宣統二年(1910)仲氏刻本　四冊

220000－0801－0013700　子1715/59

增補本草備要八卷　（清）汪昂撰輯　清光緒三十一年(1905)上海飛鴻閣石印本　一冊

220000－0801－0013701　子1715/60

本草備要八卷　（清）汪昂撰　清光緒三十三年(1907)上海同文書局石印本　四冊

220000－0801－0013702　子1715/62

增訂本草備要四卷　（清）汪昂著　清刻本　二冊

220000－0801－0013703　子1715/63

本草綱目五十二卷圖三卷　（明）李時珍撰　清道光二十五年(1845)文光堂刻本　五十二冊

220000－0801－0013704　子1715/64

本草綱目五十二卷首一卷圖三卷　（明）李時珍撰　**本草綱目拾遺十卷首一卷**　（清）趙學敏輯　清光緒十一年(1885)合肥張氏味古齋刻本　四十冊

220000－0801－0013705　子1715/64－1

本草綱目五十二卷首一卷圖三卷　（明）李時珍撰　**本草綱目拾遺十卷首一卷**　（清）趙學敏輯　清光緒十一年(1885)合肥張氏味古齋刻本　四十八冊

220000－0801－0013706　子1715/64－2

本草綱目五十二卷首一卷圖三卷　（明）李時珍撰　**本草綱目拾遺十卷首一卷**　（清）趙學敏輯　清光緒十一年(1885)合肥張氏味古齋刻本　四十八冊

220000－0801－0013707　子1715/64－3

本草綱目五十二卷首一卷圖三卷　（明）李時珍撰　**本草綱目拾遺十卷首一卷**　（清）趙學敏輯　清光緒十一年(1885)合肥張氏味古齋刻本　四十冊

220000－0801－0013708　子1715/64－4

220000－0801－0013709　子1715/65

增廣本草綱目五十二卷首一卷圖三卷　（明）李時珍撰　**本草綱目拾遺十卷**　（清）趙學敏輯　清光緒十九年(1893)上海鴻寶齋石印本　二十四冊

220000－0801－0013710　子1715/66

本草綱目五十二卷圖三卷　（明）李時珍撰　**本草綱目拾遺十卷**　（清）趙學敏輯　清宣統三年(1911)上海鴻寶齋石印本　二十四冊

220000－0801－0013711　子1715/66－1

本草綱目五十二卷圖三卷　（明）李時珍撰　**本草綱目拾遺十卷**　（清）趙學敏輯　清宣統三年(1911)上海鴻寶齋石印本　二十四冊

220000－0801－0013712　子1715/68

本草綱目拾遺十卷首一卷　（清）趙學敏輯　清同治十年(1871)錢塘張氏吉心堂刻本　十冊

220000－0801－0013713　子1715/69

本草綱目拾遺十卷首一卷　（清）趙學敏輯　清光緒十一年(1885)合肥張氏味古齋刻本　八冊

220000－0801－0013714　子1715/71

本草述鉤元三十二卷　（清）劉若金撰　清道光二十二年(1842)毘陵涵雅堂刻本　十冊

220000－0801－0013715　子1715/71－1

本草述鉤元三十二卷　（清）劉若金撰　清道光二十二年(1842)毘陵涵雅堂刻本　八冊

220000－0801－0013716　子1715/72

本草藥性不分卷　（□）□□撰　清抄本　一冊

220000－0801－0013717　子1715/74

本草求真九卷附主治二卷脈理求真三卷　（清）黃宮繡纂　清光緒四年(1878)荊郡務本

堂刻本　十二册

220000－0801－0013718　子1715/75
本草抄別名不分卷　（□）□□撰　清抄本
一册

220000－0801－0013719　子1715/76
本草思辨録四卷首一卷　（清）周巖著　清光
緒三十年(1904)山陰周氏微尚室刻本　四册

220000－0801－0013720　子1715/76－1
本草思辨録四卷首一卷　（清）周巖著　清光
緒三十年(1904)山陰周氏微尚室刻本　四册

220000－0801－0013721　子1715/76－2
本草思辨録四卷首一卷　（清）周巖著　清
緒三十年(1904)山陰周氏微尚室刻本　四册

220000－0801－0013722　子1715/78
本草原始十二卷　（明）李中立撰　清光緒善
成堂刻本　八册

220000－0801－0013723　子1715/78－1
本草原始十二卷　（明）李中立撰　清光緒善
成堂刻本　八册

220000－0801－0013724　子1715/78－2
本草原始十二卷　（明）李中立撰　清光緒善
成堂刻本　六册

220000－0801－0013725　子1715/79
本草醫方合編十八卷首一卷　（清）汪昂撰
清宣統元年(1909)刻本　六册

220000－0801－0013726　子1715/80
本草簡明圖說不分卷　（清）高承炳撰　清光
緒十八年(1892)上海古香閣石印本　四册

220000－0801－0013727　子1715/82
東皋握靈本草十卷序例一卷補遺一卷　（清）
王翃編輯　清刻本　四册

220000－0801－0013728　子1715/84
長沙藥解四卷　（清）黄元御著　清末刻本
一册

220000－0801－0013729　子1715/85
用藥須知不分卷　（清）李膺任著　清抄本

一册

220000－0801－0013730　子1715/88
食物本草會纂八卷　（清）沈李龍纂　清道光
八年(1828)金陵老致和堂刻本　六册

220000－0801－0013731　子1715/90
隨息居飲食譜不分卷　（清）王士雄著　清光
緒十八年(1892)上海醉六堂刻潛齋五種刻本
一册

220000－0801－0013732　子1715/94
隨息居飲食譜一卷　（清）王士雄著　清光緒
二十六年(1900)刻本　一册

220000－0801－0013733　子1715/95
珍珠囊指掌補遺藥性賦四卷　（金）李杲撰
雷公炮製藥性解六卷　（明）李中梓編輯　清
刻本　三册

220000－0801－0013734　子1715/100
本草從新十八卷　（清）吴儀洛編　清光緒七
年(1881)恒德堂刻本　三册

220000－0801－0013735　子1715/100－1
本草從新十八卷　（清）吴儀洛編　清光緒七
年(1881)恒德堂刻本　六册

220000－0801－0013736　子1715/101
本經疏證十二卷續疏六卷　（清）鄒澍學撰
清道光二十九年(1849)常州長年醫局刻本
八册

220000－0801－0013737　子1715/103
珍珠囊指掌補遺藥性賦四卷　（清）王晉三重
訂　清末刻本　二册

220000－0801－0013738　子1715/104
藥要便蒙新編二卷　（清）談鴻鋆輯　清光緒
十八年(1892)刻本　一册

220000－0801－0013739　子1716/1
京師藥行商會配方不分卷　（清）京師藥行商
會輯　清宣統二年(1910)鉛印本　六册

220000－0801－0013740　子1716/2
雜症方不分卷　（□）□□撰　清末周芝山抄
本　一册

220000－0801－0013741　子1716/3

雜症奇方不分卷　（□）□□撰　清抄本
一冊

220000－0801－0013742　子1716/4

雜病證治類方（類方准繩）八卷　（明）王肯堂
輯　清末刻本　一冊　存二卷（七至八）

220000－0801－0013743　子1716/5

方便錄二卷　（清）傅嘉猷輯　清道光九年
（1829）江西省城藜照堂刻本　二冊

220000－0801－0013744　子1716/6

古愚山房方書三種不分卷　（清）汪汲輯　清
嘉慶六年（1801）刻本　一冊

220000－0801－0013745　子1716/6－1

古愚山房方書三種不分卷　（清）汪汲輯　清
嘉慶六年（1801）刻本　一冊　缺一種（解毒
編）

220000－0801－0013746　子1716/8

龍宮遺秘不分卷　（□）□□撰　清刻本
一冊

220000－0801－0013747　子1716/9

景岳新方砭四卷　（清）陳念祖撰　清光緒三
十四年（1908）上海章福記書局石印本　一冊

220000－0801－0013748　子1716/10

景岳新方砭四卷　（清）陳念祖撰　清同治九
年（1870）刻本　一冊

220000－0801－0013749　子1716/11

證治要訣類方四卷　（明）戴元禮輯　清江陰
朱氏刻本　一冊

220000－0801－0013750　子1716/13

三朝名醫方論三種二十三卷　（清）千頃堂輯
　清光緒二十六年（1900）影印本　六冊

220000－0801－0013751　子1716/14

三百單方一卷　（清）彭友文編　清宣統元年
（1909）刻本　一冊

220000－0801－0013752　子1716/16

平易方四卷　（清）葉香侶輯　清道光十二年
（1832）刻本　四冊

220000－0801－0013753　子1716/17

不藥良方初集二卷首一卷後集十卷　（清）王
站柱輯　清道光二十八年（1848）刻本　十
二冊

220000－0801－0013754　子1716/18

不藥良方不分卷　（清）余廷勳輯　清同治八
年（1869）明德堂刻本　一冊

220000－0801－0013755　子1716/19

不知醫必要四卷附方一卷　（清）梁廉夫撰
清光緒二十六年（1900）武陵章氏刻本　五冊

220000－0801－0013756　子1716/20

不知醫必要四卷　（清）梁廉夫撰　清光緒七
年（1881）刻本　四冊

220000－0801－0013757　子1716/22

歌方集論四卷附人身譜一卷　（清）祝源纂
清光緒十七年（1891）棱香館刻本　五冊

220000－0801－0013758　子1716/22－1

歌方集論四卷附人身譜一卷　（清）祝源纂
清光緒十七年（1891）棱香館刻本　五冊

220000－0801－0013759　子1716/23

千金寶要四卷　（唐）孫思邈撰　清末拓本
四冊

220000－0801－0013760　子1716/24

千金寶要六卷　（唐）孫思邈撰　清嘉慶十二
年（1807）平津館孫氏刻本　四冊

220000－0801－0013761　子1716/25

信驗方不分卷續錄不分卷　（清）盧蔭長輯
清道光三年（1823）刻本　二冊

220000－0801－0013762　子1716/26

雞峯普濟方三十卷　（宋）張銳撰　清道光八
年（1828）汪士鐘藝芸書舍影宋刻本　十二冊

220000－0801－0013763　子1716/27

集驗良方六卷　（清）梁文科輯　清道光四年
（1824）刻本　六冊

220000－0801－0013764　子1716/28

集驗良方八卷　（清）梁文科輯　清道光二年
（1822）刻本　六冊

220000－0801－0013765　子1716/33
集選奇效簡便良方四卷　（清）丁堯臣撰　清光緒七年(1881)瀋陽刻本　四冊

220000－0801－0013766　子1716/34
衛生鴻寶六卷　（清）祝補齋輯　清咸豐七年(1857)上海寶賢堂刻本　六冊

220000－0801－0013767　子1716/34－1
衛生鴻寶六卷　（清）祝補齋輯　清咸豐七年(1857)上海寶賢堂刻本　四冊

220000－0801－0013768　子1716/35
彙集經驗方不分卷　（□）□□撰　清嘉慶、道光刻本　一冊

220000－0801－0013769　子1716/36
經驗方輯八種不分卷　（□）□□撰　清光緒二十二年(1896)抄本　八冊

220000－0801－0013770　子1716/37
醉經樓經驗良方不分卷　（清）錢樹棠輯　清光緒元年(1875)刻本　一冊

220000－0801－0013771　子1716/38
符樂善堂經驗良方六卷　（清）符霱光編　清光緒刻本　五冊　缺一卷(一)

220000－0801－0013772　子1716/39
經驗良方二種二卷　（唐）孫思邈撰　清末刻本　一冊

220000－0801－0013773　子1716/40
經驗良方二卷　（清）劉起堂纂集　清刻本　二冊

220000－0801－0013774　子1716/41
經驗良方大全十卷首一卷　（清）黃伯垂著　清光緒二十年(1894)上海進步書局影印本　十冊

220000－0801－0013775　子1716/43
幾希錄良方合璧二卷首一卷　（清）張惟善輯　清同治八年(1869)姑蘇得見齋刻本　二冊

220000－0801－0013776　子1716/44
幾希錄三卷　（清）張惟善輯　清道光二十八年(1848)常熟刻本　二冊

220000－0801－0013777　子1716/45
本草萬方鍼線八卷　（清）蔡烈先輯　清宣統元年(1909)上海經香閣影印本　一冊

220000－0801－0013778　子1716/46
唐王燾先生外臺秘要方四十卷目錄一卷　（唐）王燾撰　清刻本　二十冊

220000－0801－0013779　子1716/47
唐王燾先生外臺秘要方四十卷目錄一卷　（唐）王燾撰　清同治十三年(1874)廣東翰墨園刻本　二十二冊

220000－0801－0013780　子1716/47－1
唐王燾先生外臺秘要方四十卷目錄一卷　（唐）王燾撰　清同治十三年(1874)廣東翰墨園刻本　三十六冊

220000－0801－0013781　子1716/48
外臺秘要四十卷　（唐）王燾撰　清同治十三年(1874)廣東翰墨園刻本　三十二冊　缺一卷(二十七)

220000－0801－0013782　子1716/48－1
外臺秘要四十卷　（唐）王燾撰　清同治十三年(1874)廣東翰墨園刻本　四十冊

220000－0801－0013783　子1716/51
偏方補遺七卷　（清）文晟輯　清同治四年(1865)萍鄉文延慶堂刻本　一冊

220000－0801－0013784　子1716/52
惟一堂秘藏方不分卷抄錄方一卷　（□）□□撰　清末抄本　三冊

220000－0801－0013785　子1716/53
備急千金要方三十卷千金翼方三十卷　（唐）孫思邈撰　清光緒四年(1878)上海長洲麟瑞堂刻本　二十冊

220000－0801－0013786　子1716/53－1
備急千金要方三十卷千金翼方三十卷　（唐）孫思邈撰　清光緒四年(1878)上海長洲麟瑞堂刻本　八冊

220000－0801－0013787　子1716/54
孫真人千金方衍義三十卷　（唐）孫思邈撰

清嘉慶五年(1800)掃葉山房刻本　　三十二冊

220000 – 0801 – 0013788　子 1716/54 – 1
孫真人千金方衍義三十卷　（唐）孫思邈撰
清嘉慶五年(1800)掃葉山房刻本　　三十冊

220000 – 0801 – 0013789　子 1716/54 – 2
孫真人千金方衍義三十卷　（唐）孫思邈撰
清嘉慶五年(1800)掃葉山房刻本　　二十二冊

220000 – 0801 – 0013790　子 1716/56
急救仙方不分卷　（□）□□撰　清末抄本
一冊

220000 – 0801 – 0013791　子 1716/58
急救應驗良方一卷　（清）費山壽輯　清末刻
本　　一冊

220000 – 0801 – 0013792　子 1716/59
急救應驗良方一卷　（清）費山壽輯　清光緒
十三年(1887)陳錫需刻本　　一冊

220000 – 0801 – 0013793　子 1716/61
急救應驗良方一卷　（清）費山壽輯　清末刻
本　　一冊

220000 – 0801 – 0013794　子 1716/62
急救良方二種二卷　（□）□□撰　清道光五
年(1825)北京龍元齋刻本　　一冊

220000 – 0801 – 0013795　子 1716/66
絳雪園古方選註三卷　（清）王子接註　清末
綠蔭堂刻本　　四冊

220000 – 0801 – 0013796　子 1716/67
絳囊撮要不分卷　（清）雲川道人輯　清嘉慶
九年(1804)萍翠山房刻本　　一冊

220000 – 0801 – 0013797　子 1716/68
絳囊撮要不分卷　（清）雲川道人輯　清嘉慶
九年(1804)萍翠山房刻本　　二冊

220000 – 0801 – 0013798　子 1716/69
良方集要類編一卷　（清）許春泉重訂　清光
緒十一年(1885)抄本　　一冊

220000 – 0801 – 0013799　子 1716/70
良方集腋合璧一卷　（清）謝元慶編集　清咸

豐五年(1855)刻本　　一冊

220000 – 0801 – 0013800　子 1716/70 – 1
良方集腋合璧一卷　（清）謝元慶編　清咸豐
五年(1855)刻本　　一冊

220000 – 0801 – 0013801　子 1716/71
良方集腋二卷　（清）謝元慶編集　清道光二
十五年(1845)刻本　　二冊

220000 – 0801 – 0013802　子 1716/72
新刊良朋彙集五卷　（清）孫偉輯　清光緒九
年(1883)上海掃葉山房刻本　　六冊

220000 – 0801 – 0013803　子 1716/74
賽金丹二卷　（清）徐半峰輯　清光緒二十八
年(1902)曾氏刻本　　二冊

220000 – 0801 – 0013804　子 1716/75
賽金丹二卷　（清）徐半峰輯　清光緒刻本
一冊

220000 – 0801 – 0013805　子 1716/77
新製實驗秘方不分卷　（□）□□撰　清初抄
本　　一冊

220000 – 0801 – 0013806　子 1716/79
心身藥四卷首一卷　（清）丹英述　清道光二
十四年(1844)刻本　　一冊

220000 – 0801 – 0013807　子 1716/80
濟世良方六卷附錄四卷　（清）周其芬輯　清
咸豐四年(1854)思勤堂刻本　　四冊

220000 – 0801 – 0013808　子 1716/80 – 1
濟世良方六卷附錄四卷　（清）周其芬輯　清
咸豐四年(1854)思勤堂刻本　　四冊

220000 – 0801 – 0013809　子 1716/81
活人息事方一卷補遺一卷　（清）懿齋居士輯
清道光二十年(1840)北京刻本　　一冊

220000 – 0801 – 0013810　子 1716/84
神仙濟世良方二卷　（清）柏永瑞輯　清嘉慶
二年(1797)晉陽忠恕堂刻本　　二冊

220000 – 0801 – 0013811　子 1716/89
胡慶餘堂丸散膏丹全集不分卷　（清）胡光墉

編　清光緒三年(1877)杭州胡慶餘堂刻本
一冊

220000－0801－0013812　子 1716/89－1
胡慶餘堂丸散膏丹全集不分卷　(清)胡光墉
編　清光緒三年(1877)杭州胡慶餘堂刻本
一冊

220000－0801－0013813　子 1716/89－2
胡慶餘堂丸散膏丹全集不分卷　(清)胡光墉
編　清光緒三年(1877)杭州胡慶餘堂刻本
一冊

220000－0801－0013814　子 1716/89－3
胡慶餘堂丸散膏丹全集不分卷　(清)胡光墉
編　清光緒三年(1877)杭州胡慶餘堂刻本
一冊

220000－0801－0013815　子 1716/93
奇方類編二卷附奇慶方一卷　(清)吳世昌抄
輯　(清)鄂奇普核　清末刻本　四冊

220000－0801－0013816　子 1716/95
太白丹方不分卷　(清)榮啓述　(清)王昂霄
補　清光緒十五年(1889)刻本　一冊

220000－0801－0013817　子 1716/96
壽世彙編五種十二卷　(清)祝韻梅輯　清光
緒十一年(1885)刻本　一冊

220000－0801－0013818　子 1716/97
壽世錦囊一卷　(清)任中彪撰　清光緒十年
(1884)成都成文齋刻本　一冊

220000－0801－0013819　子 1716/98
新編救急奇方六卷　(清)徐文弼輯　清道光
刻本　二冊

220000－0801－0013820　子 1716/98－1
新編救急奇方六卷　(清)徐文弼輯　普濟應
驗良方一卷　(清)容山德軒氏纂輯　清道光
刻本　三冊　存三卷(四至六)

220000－0801－0013821　子 1716/99
救急良方二卷　(清)黃翼升輯　清同治十一
年(1872)金陵刻本　二冊

220000－0801－0013822　子 1716/101

博濟方五卷　(宋)王袞編　清道光二十八年
(1848)瓶花書屋刻本　五冊

220000－0801－0013823　子 1716/102
草木神品一卷　(□)□□撰　清末抄本
一冊

220000－0801－0013824　子 1716/103
敬修堂藥說一卷敬修堂二集一卷　(清)錢澍
田著　清嘉慶九年(1804)刻本　一冊

220000－0801－0013825　子 1716/109
開封平橋鄭氏萬金方不分卷　(宋)薛將仕編
清末抄本　一冊

220000－0801－0013826　子 1716/110
萬國藥方八卷　(美國)洪士提譯　清光緒三
十一年(1905)美華書館鉛印本　八冊

220000－0801－0013827　子 1716/112
石渠閣精訂攝生秘剖四卷　(明)洪基參訂
清末刻本　二冊

220000－0801－0013828　子 1716/113
抄白藥書不分卷　(□)□□撰　清末抄本
一冊

220000－0801－0013829　子 1716/114
史載之方二卷　(宋)史堪撰　清光緒二年
(1876)吳興陸氏十萬卷樓刻本　二冊

220000－0801－0013830　子 1716/114－1
史載之方二卷　(宋)史堪撰　清光緒二年
(1876)吳興陸氏十萬卷樓刻本　二冊

220000－0801－0013831　子 1716/115
春腳集四卷　(清)孟文瑞輯　清道光二十六
年(1846)潞河謝金聲刻本　四冊

220000－0801－0013832　子 1716/117
串雅內編四卷　(清)趙學敏編　清光緒十七
年(1891)知不足齋刻本　二冊

220000－0801－0013833　子 1716/118
串雅內編四卷　(清)趙學敏編　清光緒十四
年(1888)榆園刻本　二冊

220000－0801－0013834　子 1716/118－1

串雅内編四卷　（清）趙學敏編　清光緒十四年(1888)榆園刻本　一冊

220000－0801－0013835　子1716/121

本草萬方鍼線八卷　（清）蔡烈先輯　清末刻本　四冊

220000－0801－0013836　子1716/122

四科簡效方四卷　（清）王士雄輯　清末刻本　一冊

220000－0801－0013837　子1716/123

四科簡效方四卷　（清）王士雄輯　清光緒十一年(1885)越州徐氏刻本　二冊

220000－0801－0013838　子1716/124

四科簡效方四卷　（清）王士雄輯　清光緒十一年(1885)越州徐氏刻本　一冊

220000－0801－0013839　子1716/125

回生集正續編四卷　（清）陳杰輯　清道光七年(1827)刻本　四冊

220000－0801－0013840　子1716/127

易簡方論六卷　（清）程履新撰　清道光二十四年(1844)求我齋刻本　六冊

220000－0801－0013841　子1716/127－1

易簡方論六卷　（清）程履新撰　清道光二十四年(1844)求我齋刻本　十冊

220000－0801－0013842　子1716/132

局方發揮一卷　（元）朱震亨撰　清末江陰朱氏刻本　一冊

220000－0801－0013843　子1716/133

風眩方一卷　（南朝齊）徐嗣伯撰　清刻本　一冊

220000－0801－0013844　子1716/136

醫方論四卷　（清）費伯雄撰　清光緒三年(1877)刻本　二冊

220000－0801－0013845　子1716/136－1

醫方論四卷　（清）費伯雄撰　清光緒三年(1877)刻本　二冊

220000－0801－0013846　子1716/137

增補醫方一盤珠全集十卷　（清）洪金鼎纂　清同治三年(1864)恒盛堂刻本　四冊

220000－0801－0013847　子1716/141

醫方集解二十一卷救急良方一卷勿藥元詮一卷　（清）汪昂撰　清光緒五年(1879)掃葉山房刻本　六冊

220000－0801－0013848　子1716/142

醫方集解二十一卷救急良方一卷勿藥元詮一卷　（清）汪昂撰　清道光二十五年(1845)瓶花書屋刻本　四冊

220000－0801－0013849　子1716/143

醫方集解三卷　（清）汪昂撰　清末芥子園刻本　六冊

220000－0801－0013850　子1716/148

醫方叢話八卷附一卷　（清）徐士鑾輯　清光緒十五年(1889)津門徐氏蜓園刻本　一冊　存二卷(一至二)

220000－0801－0013851　子1716/149

醫方叢話八卷附一卷　（清）徐士鑾輯　清末抄本　四冊

220000－0801－0013852　子1716/150

摘錄醫方湯頭歌括一卷　（清）汪昂撰　清末抄本　一冊

220000－0801－0013853　子1716/151

醫方湯頭歌訣一卷附經絡歌訣一卷　（清）汪昂撰　清光緒二十二年(1896)圖書集成局鉛印本　一冊

220000－0801－0013854　子1716/152

醫方湯頭歌括一卷經絡歌訣一卷　（清）汪昂撰　清末刻本　一冊

220000－0801－0013855　子1716/153

文氏醫方十種彙編十六卷編方補遺七卷　（清）文晟輯　清光緒十年(1884)京口文成堂刻本　一冊

220000－0801－0013856　子1716/156

醫方擇要二卷續集二卷　（清）文祥編　清道光十六年(1836)六藝齋刻本　四冊

220000－0801－0013857　子1716/157

太醫院增補醫方捷經二卷　（明）羅必煒參訂
清末禎秀堂刻本　二冊

220000－0801－0013858　子1716/159

醫方易簡新編六卷　（清）龔自璋　（清）黃統
輯　清同治五年（1866）京都篆雲齋刻本　四
冊

220000－0801－0013859　子1716/160

醫科秘方二卷　（□）□□撰　清抄本　二冊

220000－0801－0013860　子1716/165

驗方新編十六卷續編二卷　（清）鮑相璈輯
清光緒十四年（1888）掃葉山房義記書坊刻本
九冊　缺一卷（續集下）

220000－0801－0013861　子1716/167

驗方新編二十四卷　（清）鮑相璈編　清光緒
四年（1878）杭州東壁齋新增刻本　十六冊

220000－0801－0013862　子1716/167－1

驗方新編二十四卷　（清）鮑相璈編　清光緒
四年（1878）杭州東壁齋刻本　十四冊　缺六
卷（九、二十至二十四）

220000－0801－0013863　子1716/169

驗方彙集四卷驗方彙輯四卷　（清）戴緒安選
註　清光緒十年（1884）刻本　十二冊

220000－0801－0013864　子1716/172

臨症經驗各種雜病方一卷摘錄經驗良方一卷
（清）胡大中筆述　清光緒刻本　一冊

220000－0801－0013865　子1716/174

簡易經驗百方一卷續刻一卷　（清）程壁輯
清末金陵李光明書莊刻本　一冊

220000－0801－0013866　子1716/176

簡便良方八卷　（清）游光斗輯　清末抄本
二冊　存三卷（一至三）

220000－0801－0013867　子1716/177

簡便良方一卷　（□）□□撰　清咸豐六年
（1856）湟中三宮廟刻本　一冊

220000－0801－0013868　子1716/178

三補簡便驗方冬集不分卷　（□）□□撰　清

初刻本　一冊

220000－0801－0013869　子1716/179

簡捷良方一卷　（清）三魚堂七十叟輯　清光
緒十四年（1888）北京永盛齋刻本　一冊

220000－0801－0013870　子1716/180

普濟應驗良方十一卷　（清）德軒氏輯　清咸
豐七年（1857）浙寧主人刻本　一冊

220000－0801－0013871　子1716/181

種福堂公選良方四卷　（清）葉桂撰　清末文
盛堂刻本　一冊

220000－0801－0013872　子1716/183

半半集三卷　（清）老德記藥房編　清光緒八
年（1882）刻套印本　一冊

220000－0801－0013873　子1716/184

類方準繩八卷　（明）王肯堂撰　清末刻本
十二冊

220000－0801－0013874　子1716/186

類證普濟本事方十卷目錄一卷　（宋）許叔微
撰　清嘉慶十九年（1814）姑蘇掃葉山房刻本
六冊

220000－0801－0013875　子1716/186－1

類證普濟本事方十卷目錄一卷　（宋）許叔微
撰　清嘉慶十九年（1814）姑蘇掃葉山房刻本
六冊

220000－0801－0013876　子1716/186－2

類證普濟本事方十卷目錄一卷　（宋）許叔微
撰　清嘉慶十九年（1814）姑蘇掃葉山房刻本
六冊

220000－0801－0013877　子1716/188

先醒齋筆記二卷　（明）丁元薦輯　清抄本
二冊

220000－0801－0013878　子1716/189

符樂善堂經驗良方一卷　關澄弼著　清光緒
三十一年（1905）南海蔡忠善堂刻本　一冊

220000－0801－0013879　子1716/191

蘇沈內翰良方十卷　（宋）蘇軾　（宋）沈括編
清光緒二十三年（1897）武強賀氏仿知不足

齋本刻本　四冊

220000－0801－0013880　子1716/192

蘇沈内翰良方十卷　（宋）蘇軾　（宋）沈括撰
　清同治、光緒於然室刻本　三冊

220000－0801－0013881　子1716/194

精校驗方新編十卷　（□）□□撰　清光緒三
十年(1904)揚州益智社鉛印本　十冊

220000－0801－0013882　子1716/195

經驗百方一卷　（清）汪世儁撰　清刻本
一冊

220000－0801－0013883　子1721/1

應驗雜症集證不分卷　（□）□□撰　清抄本
一冊

220000－0801－0013884　子1721/3

讀醫摘要不分卷　（清）喬國英輯　清光緒三
十三年(1907)抄本　一冊

220000－0801－0013885　子1721/4

西醫四種　（英國）合信　（清）管茂材撰　清
咸豐八年(1858)上海仁濟醫館刻本　四冊

220000－0801－0013886　子1721/4－1

西醫四種　（英國）合信　（清）管茂材撰　清
咸豐八年(1858)上海仁濟醫館刻本　四冊

220000－0801－0013887　子1721/7

紅爐點雪四卷　（明）龔居中輯　清嘉慶刻本
六冊　缺一卷(四)

220000－0801－0013888　子1721/10

實用經驗良方詳解不分卷兒科經驗良方詳解
不分卷家庭新醫學講本不分卷　丁福保　李
祥麟編　清宣統二年(1910)上海文明書店鉛
印本　一冊

220000－0801－0013889　子1721/11

重刻補遺祕傳不分卷　陸南暘補遺　清末抄
本　一冊

220000－0801－0013890　子1721/12

初學指南　（□）□□撰　清末抄本　一冊

220000－0801－0013891　子1721/14

蘭室秘藏三卷　（金）李杲撰　清江陰朱氏刻
本　二冊

220000－0801－0013892　子1721/15

春窻秘錄不分卷　（清）紫陽氏撰　清初抄本
一冊

220000－0801－0013893　子1721/16

指南廣義四卷　（清）張北堂編　清末抄本
八冊

220000－0801－0013894　子1721/17

男科二卷小兒科婦科一卷　（清）傅山撰　清
光緒五年(1879)刻本　二冊

220000－0801－0013895　子1721/18

男科二卷　（清）傅山撰　清光緒十三年
(1887)湖北官書處刻本　二冊

220000－0801－0013896　子1721/19

男科二卷經驗良方一卷　（清）傅山撰　十藥
神書一卷　（元）葛乾孫編　白喉症治養陰忌
表歌括一卷　（清）耐修子撰　清光緒三十年
(1904)龍光齋刻本　三冊

220000－0801－0013897　子1721/20

男科二卷女科一卷　（清）傅山撰　清光緒五
年(1879)北京梓文齋刻本　一冊

220000－0801－0013898　子1721/21

男科二卷女科補遺一卷　（清）傅山撰　清光
緒十年(1884)文成堂刻本　二冊

220000－0801－0013899　子1721/22

男科二卷女科補遺一卷　（清）傅山撰　清光
緒九年(1883)上海掃葉山房刻本　二冊

220000－0801－0013900　子1721/23

傅青主男女科四卷產後編二卷　（清）傅山撰
清光緒二十一年(1895)鉛印本　四冊

220000－0801－0013901　子1721/24

傅青主男女科四卷產後編二卷　（清）傅山撰
清宣統元年(1909)上海章福記石印本
一冊

220000－0801－0013902　子1721/27

傅青主男女科四卷產後編二卷　（清）傅山撰

清光緒七年（1881）羊城五福堂刻本　四冊

220000－0801－0013903　子1721/28
醫書手抄不分卷　（清）王炳瀛等撰　清末郭松軒抄本　一冊

220000－0801－0013904　子1721/32
修正醫學研究錄　（清）杜炳孚編　清抄本　二冊　存二卷（三、五）

220000－0801－0013905　子1722/3
證治彙補八卷　（清）李用粹撰　清光緒十八年（1892）簡玉山房刻本　八冊

220000－0801－0013906　子1722/6
溫症絜要一卷　（清）江秉乾輯　清宣統三年（1911）成都師古堂刻本　一冊

220000－0801－0013907　子1722/7
溫症癍疹辨證一卷　（清）許汝楫撰　清光緒十四年（1888）刻本　一冊

220000－0801－0013908　子1722/7－1
溫症癍疹辨證一卷　（清）許汝楫撰　清光緒十四年（1888）刻本　一冊

220000－0801－0013909　子1722/8
溫病條辨六卷首一卷　（清）吳瑭撰　清寧波群玉山房刻本　六冊

220000－0801－0013910　子1722/9
溫病條辨六卷首一卷　（清）吳瑭撰　清嘉慶十八年（1813）刻本　六冊

220000－0801－0013911　子1722/9－1
溫病條辨六卷首一卷　（清）吳瑭撰　清嘉慶十八年（1813）刻本　六冊

220000－0801－0013912　子1722/11
溫病條辨六卷首一卷　（清）吳瑭撰　清道光十五年（1835）粵東惠濟倉刻本　四冊

220000－0801－0013913　子1722/13
溫病集金瘡鐵扇散方一卷　（清）樊淦貴撰　清光緒二十三年（1897）刻本　一冊

220000－0801－0013914　子1722/16
增補瘟疫論五卷　（明）吳有性撰　清光緒十

七年（1891）善成堂刻本　二冊

220000－0801－0013915　子1722/17
補註瘟疫論四卷　（明）吳有性撰　（清）洪天錫補註　清道光二年（1822）綠杉野屋刻本　四冊

220000－0801－0013916　子1722/18
溫疫論二卷　（明）吳有性撰　（清）張以增評點　清抄本　一冊　存一卷（一）

220000－0801－0013917　子1722/20
溫疫論二卷　（明）吳有性撰　清光緒元年（1875）善成堂刻本　二冊

220000－0801－0013918　子1722/22
溫疫論補註二卷　（明）吳有性撰　（清）鄭重光補註　清光緒六年（1880）掃葉山房刻本　二冊

220000－0801－0013919　子1722/23
意解山房溫疫析疑四卷　（清）唐毓厚著　清光緒九年（1883）刻本　四冊

220000－0801－0013920　子1722/24
瘟疫論類編五卷　（明）吳有性撰　（清）劉奎評釋　清道光二十年（1840）三讓堂刻本　二冊

220000－0801－0013921　子1722/25
瘟疫論類編五卷　（明）吳有性撰　（清）劉奎評釋　清嘉慶四年（1799）刻本　二冊

220000－0801－0013922　子1722/26
瘟疫明辨四卷末一卷　（清）戴天章辨正　清光緒十五年（1889）掃葉山房刻本　一冊

220000－0801－0013923　子1722/27
寒疫合編歌括四卷　（清）王光甸編輯　清同治二年（1863）什邡徐家坊樂善公所刻本　四冊

220000－0801－0013924　子1722/28
瘟疫明辨四卷末一卷　（清）戴天章辨正　清咸豐元年（1851）藜照樓刻本　二冊

220000－0801－0013925　子1722/29
瘟疫明辨四卷末一卷　（清）戴天章辨正　清

末南京李光明莊刻本　一冊

220000－0801－0013926　子1722/29－1

瘟疫明辨四卷末一卷 （清）戴天章辨正　清末南京李光明莊刻本　一冊

220000－0801－0013927　子1722/30

瘟疫條辨摘要不分卷 （清）楊璿 （清）陳良佐著　呂田集錄　清光緒十一年（1885）刻本　一冊

220000－0801－0013928　子1722/31

抄補瘟疫合璧二卷 （明）吳有性撰 （清）王嘉謨補輯　清光緒十三年（1887）刻本　二冊

220000－0801－0013929　子1722/32

溫熱贅言一卷 （清）寄瓢子撰　清道光十一年（1831）吳氏靈鶴山房刻本　一冊

220000－0801－0013930　子1722/32－1

溫熱贅言一卷 （清）寄瓢子撰　清道光十一年（1831）吳氏靈鶴山房刻本　一冊

220000－0801－0013931　子1722/33

溫熱贅言一卷 （清）寄瓢子撰　清末吳氏靈鶴山房刻本　一冊

220000－0801－0013932　子1722/35

溫熱經緯五卷 （清）王士雄撰　清同治二年（1863）蘇州綠蔭堂刻本　三冊　缺一卷（三）

220000－0801－0013933　子1722/36

溫熱經緯五卷 （清）王士雄撰　清光緒十一年（1885）松韻閣刻本　四冊

220000－0801－0013934　子1722/37

溫熱經緯五卷 （清）王士雄撰　清同治十三年（1874）湖北崇文書局刻本　四冊

220000－0801－0013935　子1722/37－1

溫熱經緯五卷 （清）王士雄撰　清同治十三年（1874）湖北崇文書局刻本　四冊

220000－0801－0013936　子1722/39

痧症指微一卷 （清）釋普淨撰　清咸豐二年（1852）刻本　一冊

220000－0801－0013937　子1722/40

痧證彙要四卷 （清）孫玘輯　清道光元年（1821）刻本　二冊

220000－0801－0013938　子1722/41

痧證全生一卷 （清）黃鶴齡撰　清同治二年（1863）刻本　一冊

220000－0801－0013939　子1722/42

急救痧症全集三卷 （清）費山壽撰　清光緒九年（1883）笠澤三省書屋刻本　二冊

220000－0801－0013940　子1722/43

痧症全書三卷 （清）林森撰 （清）王凱編　清道光五年（1825）刻本　一冊

220000－0801－0013941　子1722/44

痧喉痢瘲經驗奇方一卷 （清）倪涵初撰　清光緒十六年（1890）刻本　一冊

220000－0801－0013942　子1722/46

說疫全書十五卷 （清）劉奎等撰　清道光二十六年（1846）刻本　十冊

220000－0801－0013943　子1722/50

痦滿不分卷 （清）沈□輯　清光緒九年（1883）抄本　一冊

220000－0801－0013944　子1722/51

新刻痰火點雪四卷延年卻病妙訣一卷 （明）龔居中輯　清嘉慶九年（1804）刻本　四冊

220000－0801－0013945　子1722/53

隨息居重訂霍亂論四卷 （清）王士雄撰　**霍亂括要一卷** （清）岳晉昌撰　清末鉛印本　二冊

220000－0801－0013946　子1722/55

霍亂論二卷 （清）王士雄撰　清光緒十八年（1892）敦厚堂刻本　一冊

220000－0801－0013947　子1722/56

隨息居重訂霍亂論四卷 （清）王士雄撰　清同治二年（1863）上海陳氏刻本　二冊

220000－0801－0013948　子1722/56－1

隨息居重訂霍亂論四卷 （清）王士雄撰　清同治二年（1863）上海陳氏刻本　二冊

220000 - 0801 - 0013949　子1722/57

霍亂論二卷　（清）王士雄撰　清道光十九年（1839）掃葉山房仁記刻本　一冊

220000 - 0801 - 0013950　子1722/58

霍亂論二卷　（清）王士雄撰　清道光十九年（1839）刻本　一冊

220000 - 0801 - 0013951　子1722/59

隨息居重訂霍亂論四卷　（清）王士雄撰　霍亂括要一卷　（清）岳晉昌撰　清光緒十四年（1888）含經室刻本　二冊

220000 - 0801 - 0013952　子1722/59 - 1

隨息居重訂霍亂論四卷　（清）王士雄撰　霍亂括要一卷　（清）岳晉昌撰　清光緒十四年（1888）含經室刻本　二冊

220000 - 0801 - 0013953　子1722/60

隨息居重訂霍亂論四卷　（清）王士雄撰　霍亂括要一卷　（清）岳晉昌撰　清光緒二十八年（1902）湖北官書局刻朱印本　二冊

220000 - 0801 - 0013954　子1722/61

西醫內科全書六種六卷　（清）孔慶高譯　（美國）嘉約翰校正　清光緒九年（1883）羊城博濟醫局刻本　六冊

220000 - 0801 - 0013955　子1722/62

西醫略論三卷　（英國）合信著　（清）管茂材撰　清咸豐七年（1857）上海仁濟醫館刻本　一冊

220000 - 0801 - 0013956　子1722/63

理虛元鑑二卷　（明）汪綺石撰　清光緒二十二年（1896）蕭山陳氏刻本　一冊

220000 - 0801 - 0013957　子1722/63 - 1

理虛元鑑二卷　（明）汪綺石撰　清光緒二十二年（1896）蕭山陳氏刻本　一冊

220000 - 0801 - 0013958　子1722/63 - 2

理虛元鑑二卷　（明）汪綺石撰　清光緒二十二年（1896）蕭山陳氏刻本　一冊

220000 - 0801 - 0013959　子1722/63 - 3

理虛元鑑二卷　（明）汪綺石撰　清光緒二十二年（1896）蕭山陳氏刻本　一冊

220000 - 0801 - 0013960　子1722/63 - 4

理虛元鑑二卷　（明）汪綺石撰　清光緒二十二年（1896）蕭山陳氏刻本　一冊

220000 - 0801 - 0013961　子1722/63 - 5

理虛元鑑二卷　（明）汪綺石撰　清光緒二十二年（1896）蕭山陳氏刻本　一冊

220000 - 0801 - 0013962　子1722/63 - 6

理虛元鑑二卷　（明）汪綺石撰　清光緒二十二年（1896）蕭山陳氏刻本　一冊

220000 - 0801 - 0013963　子1722/63 - 7

理虛元鑑二卷　（明）汪綺石撰　清光緒二十二年（1896）蕭山陳氏刻本　一冊

220000 - 0801 - 0013964　子1722/63 - 8

理虛元鑑二卷　（明）汪綺石撰　清光緒二十二年（1896）蕭山陳氏刻本　一冊

220000 - 0801 - 0013965　子1722/64

仲景存真集二卷　（清）吳蓬萊編輯　清宣統三年（1911）刻本　二冊

220000 - 0801 - 0013966　子1722/65

急救異痧奇方不分卷　（□）□□撰　清光緒十四年（1888）掃葉山房江左書林刻本　一冊

220000 - 0801 - 0013967　子1722/66

失血大法不分卷　（清）楊鳳庭著　清末刻本　一冊

220000 - 0801 - 0013968　子1722/71

新刻陶節庵家藏秘授傷寒六書六卷　（明）陶華撰　清道光十三年（1833）文發堂刻本　四冊

220000 - 0801 - 0013969　子1722/72

傷寒溫疫抉要五卷　（清）蔡貽績輯　清嘉慶二十二年（1817）翰墨園刻本　三冊

220000 - 0801 - 0013970　子1722/73

傷寒瘟疫條辨六卷　（清）楊璿撰　清同治六年（1867）刻本　四冊

220000 - 0801 - 0013971　子1722/74

傷寒證治準繩八卷　（明）王肯堂撰　清光緒
修敬堂刻本　八冊

220000－0801－0013972　子1722/82

傷寒說意十卷首一卷　（清）黃元御撰　清道
光十四年(1834)變穌精舍刻本　四冊

220000－0801－0013973　子1722/83

傷寒說意十卷首一卷　（清）黃元御撰　清道
光十四年(1834)刻本　二冊

220000－0801－0013974　子1722/84

註解傷寒論四卷傷寒明理論三卷　（漢）張仲
景著　（晉）王叔和撰　（金）成無已註解　清
道光三年(1823)貴文堂刻本　四冊

220000－0801－0013975　子1722/85

註解傷寒論十卷　（漢）張仲景著　（金）成無
已註解　清同治九年(1870)常郡雙白燕堂陸
氏刻本　四冊

220000－0801－0013976　子1722/86

註解傷寒論十卷　（漢）張仲景著　（金）成無
已註解　清光緒六年(1880)掃葉山房刻本
四冊

220000－0801－0013977　子1722/87

註解傷寒論十卷　（漢）張仲景著　（金）成無
已註解　清抄本　一冊

220000－0801－0013978　子1722/96

余註傷寒論翼四卷　（清）柯琴撰　清光緒十
九年(1893)蘇州謝文翰齋刻本　四冊

220000－0801－0013979　子1722/97

傷寒論翼二卷　（清）柯琴撰　清初刻本
一冊

220000－0801－0013980　子1722/98

傷寒論翼　（清）柯琴撰　（清）李元南增補
清抄本　一冊　存一卷(六)

220000－0801－0013981　子1722/99

重刻傷寒論三註十八卷傷寒醫方歌訣不分卷
　（明）方有執　（清）喻昌　（清）周揚俊註
清光緒十六年(1890)刻本　六冊

220000－0801－0013982　子1722/104

傷寒論集註六卷　（清）張志聰註釋　清光緒
刻本　六冊

220000－0801－0013983　子1722/110

傷寒論直解六卷　（清）張錫駒註　清光緒十
一年(1885)福州醉經閣刻本　六冊

220000－0801－0013984　子1722/113

傷寒論貫珠集八卷　（清）尤怡註　清末上海
千頃堂書局石印本　四冊

220000－0801－0013985　子1722/117

傷寒論類方四卷　（清）徐大椿編釋　（清）潘
霨增輯　清同治五年(1866)古吳潘氏刻本
四冊

220000－0801－0013986　子1722/117－1

傷寒論類方四卷　（清）徐大椿編釋　（清）潘
霨增輯　清同治五年(1866)古吳潘氏刻本
四冊

220000－0801－0013987　子1722/121

傷寒微旨論二卷　（宋）韓祗和撰　清收桑榆
山館抄本　一冊

220000－0801－0013988　子1722/123

傷寒緒論二卷　（清）張璐纂述　清刻本
二冊

220000－0801－0013989　子1722/124

傷寒緒論二卷　（清）張璐纂述　清初刻本
四冊

220000－0801－0013990　子1722/130

傷寒補天石二卷　（明）戈維城著　清嘉慶十
六年(1811)白鹿山房刻本　二冊

220000－0801－0013991　子1722/131

傷寒補天石二卷續二卷　（明）戈維城著　清
嘉慶十六年(1811)汲綆齋刻本　四冊

220000－0801－0013992　子1722/133

傷寒審癥表一卷　（清）包誠纂輯　清同治十
年(1871)湖北崇文書局刻本　一冊

220000－0801－0013993　子1722/133－1

傷寒審癥表一卷　（清）包誠纂輯　清同治十
年(1871)湖北崇文書局刻本　一冊

220000 – 0801 – 0013994　子1722/135

傷寒大成五種七卷　（清）張璐等纂　清嘉慶六年（1801）金閶書業堂刻本　六冊

220000 – 0801 – 0013995　子1722/136

傷寒大白四卷　（清）秦之楨纂　清光緒十年（1884）還讀樓刻本　二冊

220000 – 0801 – 0013996　子1722/138

傷寒來蘇集八卷傷寒附翼二卷　（清）柯琴編　清末上海文瑞樓石印本　五冊　缺二卷（傷寒附翼二卷）

220000 – 0801 – 0013997　子1722/139

傷寒來蘇全集八卷　（清）柯琴編　清宣統元年（1909）刻本　一冊

220000 – 0801 – 0013998　子1722/141

傷寒直格論方三卷　（金）劉完素著　清末江陰朱氏刻本　二冊

220000 – 0801 – 0013999　子1722/142

萬氏家傳傷寒摘錦二卷　（明）萬全編著　清忠信堂刻本　一冊

220000 – 0801 – 0014000　子1722/144

傷寒指掌四卷　（清）吳坤安著　（清）吳貞參訂　清嘉慶十二年（1807）刻本　四冊

220000 – 0801 – 0014001　子1722/146

傷寒撮要四卷　（清）王夢祖編輯　清咸豐元年（1851）瑞鶴堂刻本　八冊

220000 – 0801 – 0014002　子1722/147

傷寒懸解歌訣十一卷　（清）鍾文煥述　清光緒十三年（1887）刻本　四冊

220000 – 0801 – 0014003　子1722/148

傷寒懸解十四卷首一卷末一卷　（清）黃元御撰　清咸豐十一年（1861）刻本　二冊

220000 – 0801 – 0014004　子1722/149

張仲景傷寒貫珠集八卷　（清）尤怡註　清嘉慶十五年（1810）蘇州綠蔭堂刻本　四冊

220000 – 0801 – 0014005　子1722/150

傷寒明理論四卷　（金）成無已撰　清光緒刻本　一冊

220000 – 0801 – 0014006　子1722/151

傷寒明理論四卷　（金）成無已撰　清末刻本　二冊

220000 – 0801 – 0014007　子1722/152

傷寒明理論四卷　（金）成無已撰　清末刻本　一冊

220000 – 0801 – 0014008　子1722/153

註解傷寒論四卷　（漢）張仲景述　（金）成無已撰　**傷寒明理論**　（金）成無已撰　清光緒六年（1880）刻本　六冊

220000 – 0801 – 0014009　子1722/154

傷寒醫訣串解六卷　（清）陳念祖撰　清咸豐六年（1856）味根齋刻本　一冊

220000 – 0801 – 0014010　子1722/155

傷寒醫訣串解六卷　（清）陳念祖撰　清光緒三十四年（1908）寶慶富記書局刻本　二冊

220000 – 0801 – 0014011　子1722/156

傷寒尋源三卷　（清）呂震名撰　清光緒七年（1881）刻本　三冊

220000 – 0801 – 0014012　子1722/156 – 1

傷寒尋源三卷　（清）呂震名撰　清光緒七年（1881）刻本　三冊

220000 – 0801 – 0014013　子1722/157

傷寒附翼二卷　（清）柯琴編　清刻本　一冊

220000 – 0801 – 0014014　子1722/158

傷寒附翼六卷　（清）柯琴編　清刻本　一冊　存二卷（五至六）

220000 – 0801 – 0014015　子1722/159

傷寒附翼二卷　（清）柯琴編　清刻本　二冊

220000 – 0801 – 0014016　子1722/162

傷寒兼證析義一卷　（清）張倬著　清初刻本　一冊

220000 – 0801 – 0014017　子1722/163

傷寒兼證析義一卷　（清）張倬撰　清刻本　一冊

220000 – 0801 – 0014018　子1722/164

陶節庵傷寒全生集四卷 （明）陶華撰 清嘉
慶眉壽堂刻本 四冊

220000－0801－0014019 子1722/164－1
陶節庵傷寒全生集四卷 （明）陶華撰 清嘉
慶眉壽堂刻本 四冊

220000－0801－0014020 子1722/164－2
陶節庵傷寒全生集四卷 （明）陶華撰 清嘉
慶眉壽堂刻本 三冊

220000－0801－0014021 子1722/165
陶節庵傷寒全生集四卷 （明）陶華撰 清初
吳郡大來堂刻本 八冊

220000－0801－0014022 子1722/167
濟眾錄不分卷 （清）勞守慎纂 清光緒三十
二年(1906)刻本 一冊

220000－0801－0014023 子1722/168
活人方彙編七卷 （清）林開燧撰 清同治八
年(1869)刻本 七冊

220000－0801－0014024 子1722/169
增註類證活人書二十二卷 （宋）朱肱撰
（明）吳勉學校 清光緒二十三年(1897)廣州
拾芥園刻本 四冊

220000－0801－0014025 子1722/170
南陽活人書(傷寒發明)二十卷 （宋）朱肱撰
（明）徐鎔校 清光緒二十三年(1897)儒林
堂刻本 四冊

220000－0801－0014026 子1722/171
增註類證活人書二十二卷釋音一卷藥性一卷
（宋）朱肱撰 清光緒十二年(1886)刻本
四冊

220000－0801－0014027 子1722/171－1
增註類證活人書二十二卷釋音一卷藥性一卷
（宋）朱肱撰 清光緒十二年(1886)刻本
一冊

220000－0801－0014028 子1722/172
增註類證活人書二十二卷釋音一卷藥性一卷
（宋）朱肱撰 清光緒十年(1884)江南機器
製造局刻本 四冊

220000－0801－0014029 子1722/174
十藥神書註解一卷 （元）葛可久編 **霍亂論
二卷** （清）王士雄撰 清光緒十八年(1892)
敦厚堂刻本 一冊

220000－0801－0014030 子1722/175
十藥神書一卷 （元）葛可久編 清道光二十
一年(1841)刻本 一冊

220000－0801－0014031 子1722/176
內科新說二卷 （英國）合信著 （清）管茂材
撰 清咸豐八年(1858)上海仁濟醫館刻本
一冊

220000－0801－0014032 子1722/177
內科理法前編六卷後編六卷 （英國）虎伯撰
舒高第口譯 （清）趙元益筆述 清末刻本
六冊

220000－0801－0014033 子1722/178
內科理法後編十六卷附一卷 （英國）虎伯撰
舒高第口譯 （清）趙元益筆述 清末刻本
八冊

220000－0801－0014034 子1722/179
內傷集要六卷 （清）蔡貽績輯 清道光三年
(1823)翰墨園刻本 三冊

220000－0801－0014035 子1722/181
內科闡微不分卷 （美國）嘉約翰譯 清光緒
十五年(1889)羊城博濟醫局刻本 一冊

220000－0801－0014036 子1722/182
內科闡微不分卷 （美國）嘉約翰口譯 （清）
林湘東筆述 清同治十二年(1873)羊城博濟
醫局刻本 二冊

220000－0801－0014037 子1722/183
松峰說疫六卷 （清）劉奎撰 清末刻本
四冊

220000－0801－0014038 子1722/184
松峰說疫六卷 （清）劉奎撰 清末刻本
四冊

220000－0801－0014039 子1722/185
松峰說疫六卷 （清）劉奎撰 清嘉慶四年

(1799)刻本　四冊

220000－0801－0014040　子1722/187
專治血症經驗良方論一卷　（清）潘爲縉撰
清光緒二十八年(1902)長沙葉氏刻本　一冊

220000－0801－0014041　子1722/189
專治血症經驗良方論不分卷　（□）□□撰
清末抄本　一冊

220000－0801－0014042　子1722/190
吊腳痧方論一卷　（清）徐子默手定　清同治
六年(1867)刻本　一冊

220000－0801－0014043　子1722/191
吊腳痧方論一卷　（清）徐子默手定　清江南
製造局刻本　一冊

220000－0801－0014044　子1722/193
喘症不分卷　（□）□□撰　清末抄本　一冊

220000－0801－0014045　子1722/194
四時病機十四卷女科歌訣一卷　（清）邵登瀛
輯　清光緒六年(1880)刻本　五冊

220000－0801－0014046　子1722/194－1
四時病機十四卷女科歌訣一卷　（清）邵登瀛
輯　清光緒六年(1880)刻本　四冊　缺一卷
（女科歌訣一卷）

220000－0801－0014047　子1722/195
時病論八卷　（清）雷豐撰　清光緒三十年
(1904)石印本　一冊

220000－0801－0014048　子1722/198
時病論八卷　（清）雷豐著　清光緒十年
(1884)雷慎修堂刻本　四冊

220000－0801－0014049　子1722/202
醫效秘傳三卷　（清）葉桂撰　清道光十一年
(1831)貯春僊館吳氏刻本　二冊

220000－0801－0014050　子1722/203
醫效秘傳三卷　（清）葉桂撰　清道光十一年
(1831)貯春僊館吳氏刻本　四冊

220000－0801－0014051　子1722/203－1
醫效秘傳三卷　（清）葉桂撰　清道光十一年

(1831)貯春僊館吳氏刻本　三冊

220000－0801－0014052　子1722/203－2
醫效秘傳三卷　（清）葉桂撰　清道光十一年
(1831)貯春僊館吳氏刻本　三冊

220000－0801－0014053　子1722/204
醫寄伏陰論二卷　（清）田宗漢撰　清光緒十
四年(1888)漢川田氏刻本　二冊

220000－0801－0014054　子1722/207
醫門普度二種十卷　（明）吳有性　（清）孔毓
禮撰　清同治七年(1868)經綸堂刻本　四冊

220000－0801－0014055　子1722/207－1
醫門普度二種十卷　（明）吳有性　（清）孔毓
禮撰　清同治七年(1868)經綸堂刻本　二冊
存五卷（瘟疫論五卷）

220000－0801－0014056　子1722/208
醫門普度二種十卷　（明）吳有性　（清）孔毓
禮撰　清同治八年(1869)謙益堂刻本　三冊
缺二卷（瘟疫論末一卷、痢疾論末一卷）

220000－0801－0014057　子1722/209
醫門普度二種十卷　（明）吳有性　（清）孔毓
禮撰　清同治七年(1868)謙益堂刻本　五冊

220000－0801－0014058　子1722/209－1
醫門普度二種十卷　（明）吳有性　（清）孔毓
禮撰　清同治七年(1868)謙益堂刻本　六冊
缺一卷（痢疾論末一卷）

220000－0801－0014059　子1722/210
醫書捷鈔七卷　（清）王鴻驥編輯　清宣統三
年(1911)刻本　五冊

220000－0801－0014060　子1722/211
醫略十三篇十三卷　（清）蔣寶素撰　清道光
二十八年(1848)快志堂刻本　四冊

220000－0801－0014061　子1722/212
鼠疫約編不分卷　（清）吳宣崇撰　（清）羅汝
蘭增輯　清光緒二十八年(1902)雙江袖海廬
刻本　一冊

220000－0801－0014062　子1722/213
海藏老人陰證略例不分卷　（元）王好古撰

清光緒五年(1879)吳興陸氏十萬卷樓刻本
三冊

220000－0801－0014063　子 1722/214
金匱方歌括六卷　(清)陳念祖撰　清光緒十
五年(1889)吳郡掃葉山房刻本　三冊

220000－0801－0014064　子 1722/216
金匱玉函經二註二十二卷　(明)趙以德衍義
　(清)周揚俊補註　清同治二年(1863)養怡
齋刻本　六冊

220000－0801－0014065　子 1722/218
金匱要略方論三卷　(漢)張仲景述　(晉)王
叔和整理　清初刻本　二冊

220000－0801－0014066　子 1722/219
金匱要略方論三卷　(漢)張仲景述　(晉)王
叔和整理　清刻本　二冊

220000－0801－0014067　子 1722/222
張仲景金匱要略論註二十四卷　(清)徐彬著
　清光緒五年(1879)校經山房刻本　六冊

220000－0801－0014068　子 1722/224
金匱要略九卷　(漢)張仲景撰　清抄本
一冊

220000－0801－0014069　子 1722/227
金匱要略淺註方論合編十卷　(清)陳念祖著
　清宣統元年(1909)渭南嚴氏刻本　六冊

220000－0801－0014070　子 1722/227－1
金匱要略淺註方論合編十卷　(清)陳念祖著
　(清)嚴嶽蓮輯　清宣統元年(1909)渭南嚴
氏刻本　二冊　存四卷(七至十)

220000－0801－0014071　子 1722/229
金匱翼八卷　(清)尤怡集　(清)徐錦讀　清
嘉慶十八年(1813)吳門心太平軒刻本　四冊

220000－0801－0014072　子 1722/232
金匱懸解二十二卷　(清)黃元御解　清嘉慶
刻本　四冊

220000－0801－0014073　子 1722/234
金匱心典三卷　(漢)張仲景著　(清)尤怡集
註　清光緒七年(1881)崇德書院刻本　三冊

220000－0801－0014074　子 1722/234－1
金匱心典三卷　(漢)張仲景著　(清)尤怡集
註　清光緒七年(1881)崇德書院刻本　三冊

220000－0801－0014075　子 1722/235
尚論篇四卷首一卷後篇四卷　(清)喻昌撰
清光緒簡青齋石印本　二冊

220000－0801－0014076　子 1722/237
慎柔五書五卷　(明)胡慎柔撰　清嘉慶刻本
一冊

220000－0801－0014077　子 1722/241
痘疹心法十二卷首一卷　(清)段希孟撰　清
光緒二十五年(1899)活字印本　二冊

220000－0801－0014078　子 1722/242
仲景傷寒補亡論二十卷　(宋)郭雍撰　清道
光元年(1821)刻本　四冊

220000－0801－0014079　子 1722/243
理虛元鑑二卷　(明)汪綺石著　(清)柯懷祖
　(清)華曦訂正　清光緒三十二年(1906)遂
邑雙江鎮刻本　一冊

220000－0801－0014080　子 1723/4
**瘍科臨證心得集三卷方彙三卷方匯補一卷景
岳新方歌一卷**　(清)高秉鈞等纂　清光緒二
十七年(1901)日升山房刻本　四冊

220000－0801－0014081　子 1723/5
瘡瘍經驗全書六卷　(宋)竇漢卿撰　清末桐
石山房刻本　六冊

220000－0801－0014082　子 1723/5－1
瘡瘍經驗全書六卷　(宋)竇漢卿撰　清末桐
石山房刻本　五冊　缺一卷(六)

220000－0801－0014083　子 1723/8
瘡瘍經驗全書六卷　(宋)竇漢卿撰　清崇順
堂刻本　六冊

220000－0801－0014084　子 1723/9
瘍醫準繩六卷　(明)王肯堂輯　清初修敬堂
刻本　九冊

220000－0801－0014085　子 1723/11
瘍醫大全四十卷　(清)顧世澄纂輯　清同治

九年(1870)敦仁堂刻本　四十冊

220000－0801－0014086　子1723/11－1
瘍醫大全四十卷　(清)顧世澄纂輯　清同治
九年(1870)敦仁堂刻本　四十四冊　缺二卷
(二十六、四十)

220000－0801－0014087　子1723/12
外症秘原一卷　(清)金秉烈抄錄　清道光二
十一年(1841)積善堂金秉烈抄本　一冊

220000－0801－0014088　子1723/14
外科證治全生集四卷　(清)王維德輯　清光
緒十三年(1887)刻本　二冊

220000－0801－0014089　子1723/15
外科證治全書五卷末一卷　(清)許克昌
(清)畢法輯　清光緒八年(1882)刻本　五冊

220000－0801－0014090　子1723/16
外科證治全生集四卷　(清)王維德輯　清光
緒十六年(1890)善成堂刻本　二冊

220000－0801－0014091　子1723/17
外科證治全生不分卷　(清)王維德輯　清道
光二十五年(1845)瓶花書屋刻本　一冊

220000－0801－0014092　子1723/18
外科證治全生不分卷　(清)王維德編　清光
緒五年(1879)棣園氏刻本　二冊

220000－0801－0014093　子1723/19
外科證治全書五卷末一卷　(清)許克昌
(清)畢法輯　清同治六年(1867)刻本　五冊

220000－0801－0014094　子1723/21
外科正宗十二卷　(明)陳實功撰　清咸豐十
年(1860)海寧許椿刻本　八冊

220000－0801－0014095　子1723/21－1
外科正宗十二卷　(明)陳實功撰　(清)張鷟
翼重訂　清咸豐十年(1860)海寧許椿刻本
十二冊

220000－0801－0014096　子1723/21－2
外科正宗十二卷　(明)陳實功撰　清咸豐十
年(1860)海寧許椿刻本　六冊

220000－0801－0014097　子1723/22
新刊外科正宗十二卷　(明)陳實功撰　(清)
徐大椿批　清末刻本　三冊　存六卷(一至
六)

220000－0801－0014098　子1723/24
外科正宗十二卷　(明)陳實功撰　(清)張鷟
翼重訂　清刻本　四冊

220000－0801－0014099　子1723/25
外科正宗十二卷　(明)陳實功撰　(清)張鷟
翼重訂　清光緒刻本　六冊

220000－0801－0014100　子1723/27
祖傳外科利集四卷　(明)陳實功著　清抄本
一冊　存一卷(三)

220000－0801－0014101　子1723/28
外科心法要訣十六卷　(清)吳謙等纂　清宣
統元年(1909)上海章福記石印本　四冊

220000－0801－0014102　子1723/30
御纂醫宗外科金鑑十六卷　(清)吳謙等纂
清光緒九年(1883)上海掃葉山房刻本　十
二冊

220000－0801－0014103　子1723/31
外科心法真驗指掌四卷首一卷　(清)劉濟川
撰　清光緒十四年(1888)天津全順堂劉氏刻
本　四冊

220000－0801－0014104　子1723/32
外科丸散方一卷　(□)□□撰　清末抄本
一冊

220000－0801－0014105　子1723/40
外科圖說六卷　(清)高文晉撰　清道光十四
年(1834)刻本　六冊

220000－0801－0014106　子1723/41
外科明隱集四卷醫案錄彙二卷　(清)何景才
撰　清光緒二十八年(1902)京都文光樓福善
堂刻本　四冊

220000－0801－0014107　子1723/45
傷科補要四卷　(清)錢秀昌撰　清嘉慶二十
三年(1818)刻本　四冊

220000－0801－0014108　子 1723/46

增訂治療彙要三卷 （清）過鑄著　清光緒二十八年(1902)刻本　二冊

220000－0801－0014109　子 1723/47

活人方不分卷 （清）宮本昂　（清）宮昱輯　清末刻本　一冊

220000－0801－0014110　子 1723/48

活人全書不分卷 （清）許瑞徵撰　清末抄本　一冊

220000－0801－0014111　子 1723/49

割症全書七卷 （美國）嘉約翰撰　清光緒十六年(1890)羊城博濟醫局刻本　七冊

220000－0801－0014112　子 1723/50

皮膚新編八卷 （美國）嘉約翰口譯　（清）林湘東筆述　清光緒十四年(1888)羊城博濟醫局刻本　一冊

220000－0801－0014113　子 1723/51

救傷秘旨不分卷 （清）趙廷海輯　**跌損妙方**（明）異遠真人著　清光緒二年(1876)述右堂刻本　一冊

220000－0801－0014114　子 1723/52

挑療歌訣一卷 （□）□□撰　清末抄本　一冊

220000－0801－0014115　子 1723/53

刺疔捷法一卷 （清）張鏡撰　清光緒五年(1879)蘇城刻本　一冊

220000－0801－0014116　子 1723/54

刺疔捷法一卷 （清）張鏡撰　清光緒五年(1879)北京琉璃廠刻本　一冊

220000－0801－0014117　子 1723/57

摘錄跌打損傷驗方一卷 （清）□□撰　清末抄本　一冊

220000－0801－0014118　子 1723/58

腎囊醫訣四卷 （英國）高令譯　清光緒二十九年(1903)道安堂刻本　三冊

220000－0801－0014119　子 1723/58－1

腎囊醫訣四卷 （英國）高令譯　清光緒二十

九年(1903)道安堂刻本　三冊

220000－0801－0014120　子 1723/60

臨陣傷科捷要四卷 （英國）帕脫編　舒高第（清）鄭昌棪譯　清末上海製造總局鉛印本　四冊

220000－0801－0014121　子 1723/61

全形保生方一卷 （清）楊芳識　清末刻本　一冊

220000－0801－0014122　子 1724/1

疫痧草三卷 （清）陳耕道撰　清光緒十四年(1888)北京京都梓文齋刻本　一冊

220000－0801－0014123　子 1724/1－1

疫痧草三卷 （清）陳耕道撰　清光緒十四年(1888)北京京都梓文齋刻本　一冊

220000－0801－0014124　子 1724/1－2

疫痧草三卷 （清）陳耕道撰　清光緒十四年(1888)北京京都梓文齋刻本　二冊

220000－0801－0014125　子 1724/2

疫痧草三卷 （清）陳耕道撰　清光緒七年(1881)北京和濟印刷局鉛印本　一冊

220000－0801－0014126　子 1724/3

重樓玉鑰二卷 （清）鄭梅澗撰　清道光十九年(1839)喜墨齋刻本　二冊

220000－0801－0014127　子 1724/5

洞主仙師白喉治法忌表抉微一卷 （清）耐修子輯　清末石印本　一冊

220000－0801－0014128　子 1724/7

喉症全科紫珍集二卷 （清）朱翔宇輯　清嘉慶九年(1804)尊仁堂文會堂刻本　二冊

220000－0801－0014129　子 1724/9

喉科指掌六卷 （清）張宗良　（清）留仙氏著　**咽喉脈證通論一卷**　（□）□□撰　**京城白喉外治三法一卷**（清）連自華撰　清刻本　一冊

220000－0801－0014130　子 1724/12

咽喉脈證通論 （宋）釋□□撰　清光緒十一年(1885)刻本　一冊

220000 - 0801 - 0014131　子 1724/13
喉風諸方一卷　（□）□□撰　清末刻本
一冊

220000 - 0801 - 0014132　子 1724/14
喉風症一卷　（□）□□撰　清抄本　一冊

220000 - 0801 - 0014133　子 1724/15
西醫眼科撮要一卷　（□）□□撰　清光緒六
年(1880)羊城博濟醫局刻本　一冊

220000 - 0801 - 0014134　子 1724/16
眼科證治不分卷　（美國）聶會東譯　（清）尚
寶臣筆述　清光緒二十九年(1903)上海美華
書館鉛印本　一冊

220000 - 0801 - 0014135　子 1724/18
眼科秘旨二卷　（□）□□撰　清末紅杏山房
刻本　一冊

220000 - 0801 - 0014136　子 1724/19
傅氏眼科審視瑤函六卷首一卷　（明）傅仁宇
撰　清嘉慶、道光姑蘇會文堂刻本　六冊

220000 - 0801 - 0014137　子 1724/20
傅氏眼科審視瑤函六卷首一卷　（明）傅仁宇
撰　清嘉慶刻本　六冊

220000 - 0801 - 0014138　子 1724/21
傅氏眼科審視瑤函六卷首一卷　（明）傅仁宇
撰　（明）林長生校補　清嘉慶善成堂刻本
三冊

220000 - 0801 - 0014139　子 1724/23
銀海精微四卷　（唐）孫思邈撰　清末文盛堂
刻本　四冊

220000 - 0801 - 0014140　子 1724/25
銀海精微四卷　（唐）孫思邈撰　清末大文堂
刻本　二冊

220000 - 0801 - 0014141　子 1724/26
銀海指南四卷　（清）顧錫撰　清同治三年
(1864)大文昶刻本　四冊

220000 - 0801 - 0014142　子 1724/27
銀海指南四卷　（清）顧錫撰　清同治六年
(1867)五雲樓刻本　四冊

220000 - 0801 - 0014143　子 1725/1
產寶一卷　（清）倪枝維撰　清光緒十四年
(1888)北京翰寶齋刻本　一冊

220000 - 0801 - 0014144　子 1725/2
小蓬萊山館方鈔二卷　（清）竹林寺僧撰　清
同治十二年(1873)致忠堂刻本　一冊

220000 - 0801 - 0014145　子 1725/3
小蓬萊山館方鈔二卷　（清）竹林寺僧撰　胎
產護生編一卷　（清）李長科輯　清光緒二十
四年(1898)上海著易堂書局鉛印本　一冊

220000 - 0801 - 0014146　子 1725/4
小蓬萊山館方鈔二卷增補諸方一卷　（清）竹
林寺僧撰　清光緒十年(1884)刻本　一冊

220000 - 0801 - 0014147　子 1725/5
廣孝小集一卷　（清）廣孝堂主人輯　清抄本
一冊

220000 - 0801 - 0014148　子 1725/6
廣生編一卷十劑表一卷　（清）包誠編　清同
治七年(1868)蘊璞齋刻本　一冊

220000 - 0801 - 0014149　子 1725/9
產科心法二卷　（清）汪喆纂　清咸豐五年
(1855)崇陽刻本　一冊

220000 - 0801 - 0014150　子 1725/9 - 1
產科心法二卷　（清）汪喆纂　清咸豐五年
(1855)崇陽刻本　一冊

220000 - 0801 - 0014151　子 1725/10
產科心法二卷　（清）汪喆撰　清嘉慶九年
(1804)刻本　一冊

220000 - 0801 - 0014152　子 1725/12
產寶百問一卷　（明）鄭文康撰　清抄本
一冊

220000 - 0801 - 0014153　子 1725/13
產孕集二卷　（清）張曜孫著　清同治十年
(1871)福州吳玉田刻本　一冊

220000 - 0801 - 0014154　子 1725/14
產孕集二卷　（清）張曜孫著　產孕集補遺一
卷　（清）包誠纂輯　清同治七年(1868)蘊璞

齋刻本 一冊

220000－0801－0014155 子 1725/15
西醫產科心法二卷 （英國）梅滕更著 （清）劉庭楨譯撰 清光緒二十三年(1897)廣濟醫局鉛印本 一冊

220000－0801－0014156 子 1725/16
保生編三種三卷 （□）□□撰 清末刻本 一冊

220000－0801－0014157 子 1725/18
保產經驗神方一卷 （清）蔡松町撰 清光緒二十七年(1901)刻本 一冊

220000－0801－0014158 子 1725/19
種子金丹一卷 （清）周子椿輯 **產後編二卷** （清）傅山撰 清末刻本 一冊

220000－0801－0014159 子 1725/21
生生福幼全書二卷 （清）莊一夔等撰 清光緒五年(1879)刻本 一冊

220000－0801－0014160 子 1725/23
經效產寶三卷續一卷 （唐）咎殷撰 清光緒七年(1881)影印本 一冊

220000－0801－0014161 子 1725/24
濟陰綱目十四卷保生碎事一卷 （明）武之望撰 清末金閶書業堂刻本 四冊

220000－0801－0014162 子 1725/25
重訂濟陰綱目十四卷保生碎事一卷 （明）武之望撰 清末小酉山房刻本 八冊

220000－0801－0014163 子 1725/30
重訂濟陰綱目十四卷保生碎事一卷 （明）武之望撰 清末刻本 八冊

220000－0801－0014164 子 1725/35
達生編二卷 （清）亟齋居士撰 清道光二十年(1840)孔繁灝刻本 一冊

220000－0801－0014165 子 1725/36
增廣大生要旨五卷 （清）唐千頃纂 （清）葉灝增訂 清光緒十年(1884)上海掃葉山房刻本 二冊

220000－0801－0014166 子 1725/37
大生要旨五卷 （清）唐千頃纂 清末刻本 一冊

220000－0801－0014167 子 1725/38
大生要旨五卷 （清）唐千頃纂 清光緒十七年(1891)江西刻本 一冊

220000－0801－0014168 子 1725/39
增補大生要旨五卷 （清）唐千頃纂 清光緒十四年(1888)錢思永堂刻本 二冊

220000－0801－0014169 子 1725/40
大生要旨六卷 （清）唐千頃纂 清同治十年(1871)杏園刻本 四冊

220000－0801－0014170 子 1725/41
大生要旨五卷 （清）唐千頃纂 清道光二十三年(1843)刻本 一冊

220000－0801－0014171 子 1725/42
大生要旨五卷 （清）唐千頃纂 清光緒三十三年(1907)江夏劉氏刻本 一冊

220000－0801－0014172 子 1725/43
大生要旨五卷首一卷藥方一卷 （清）唐千頃纂 清光緒五年(1879)編竹書屋刻本 一冊

220000－0801－0014173 子 1725/44
增訂大生要旨六卷 （清）唐千頃纂 清光緒八年(1882)俞文奎堂刻本 一冊

220000－0801－0014174 子 1725/45
葉氏女科證治(葉天士女科診治秘方)四卷 （清）葉桂撰 清光緒三十四年(1908)上海文宣書局石印本 四冊

220000－0801－0014175 子 1725/47
竹林女科證治四卷 （清）竹林寺僧撰 清光緒十七年(1891)皖江節署刻本 二冊

220000－0801－0014176 子 1725/48
竹林女科證治四卷 （清）竹林寺僧撰 清光緒九年(1883)當塗黃氏刻本 六冊

220000－0801－0014177 子 1725/49
傅青主女科二卷產後編二卷 （清）傅山撰 清同治八年(1869)湖北崇文書局刻本 二冊

220000－0801－0014178　子1725/51

女科仙方四卷　（清）傅山撰　清光緒八年
(1882)成都兩儀堂刻本　三冊

220000－0801－0014179　子1725/52

女科仙方四卷　（清）傅山撰　清光緒十五年
(1889)刻本　二冊　存二卷(一至二)

220000－0801－0014180　子1725/53

女科仙方四卷　（清）傅山撰　清刻本　一冊
　　存二卷(三至四)

220000－0801－0014181　子1725/54

重刊女科仙方四卷　（清）傅山撰　清光緒二
十三年(1897)刻本　四冊

220000－0801－0014182　子1725/55

女科良方三卷　（清）傅山撰　清光緒三十二
年(1906)掃葉山房刻本　三冊

220000－0801－0014183　子1725/58

女科要旨四卷　（清）陳念祖撰　清末善成堂
刻本　二冊

220000－0801－0014184　子1725/59

女科要旨四卷　（清）陳念祖撰　清末大道堂
刻本　一冊

220000－0801－0014185　子1725/60

女科要旨四卷　（清）陳念祖撰　清末石印陳
修園七十種本　一冊

220000－0801－0014186　子1725/61

女科要旨四卷　（清）陳念祖撰　清光緒十三
年(1887)務本堂刻本　一冊

220000－0801－0014187　子1725/62

女科經綸八卷　（清）蕭壎撰　清末抄本
二冊

220000－0801－0014188　子1725/63

女科經綸八卷　（清）蕭壎撰　清光緒十六年
(1890)掃葉山房刻本　四冊

220000－0801－0014189　子1725/63－1

女科經綸八卷　（清）蕭壎撰　清光緒十六年
(1890)掃葉山房刻本　四冊

220000－0801－0014190　子1725/63－2

女科經綸八卷　（清）蕭壎撰　清光緒十六年
(1890)掃葉山房刻本　六冊

220000－0801－0014191　子1725/64

新編女科指掌五卷　（清）葉其蓁輯　清光緒
元年(1875)海左書局石印本　二冊

220000－0801－0014192　子1725/66

女科指明二卷　（□）□□撰　清末抄本
一冊

220000－0801－0014193　子1725/67

女科撮要二卷　（明）薛己著　清嘉慶刻本
二冊

220000－0801－0014194　子1725/68

沈氏女科輯要二卷　（清）沈堯封輯　清同治
元年(1862)刻本　二冊

220000－0801－0014195　子1725/72

女科全集四卷　（清）傅山著　清友文堂刻本
四冊

220000－0801－0014196　子1725/73

竹林寺婦科秘傳不分卷　（清）竹林寺僧撰
清末抄本　一冊

220000－0801－0014197　子1725/76

婦科不分卷　（美國）湯麥斯撰　舒高第
（清）鄭昌棪譯　清光緒二十六年(1900)製造
局鉛印本　五冊

220000－0801－0014198　子1725/79

婦科秘方一卷　（清）竹林寺僧撰　**胎產護生
編一卷**　（清）李長科輯　清光緒十四年
(1888)厚德堂刻本　二冊

220000－0801－0014199　子1725/80

婦嬰至寶七種十二卷　（清）徐忕忦輯　清同
治十三年(1874)藻春堂刻本　四冊

220000－0801－0014200　子1725/81

婦嬰至寶三種六卷　（清）徐忕忦輯　清嘉慶
元年(1796)刻本　一冊

220000－0801－0014201　子1725/82

婦嬰新說一卷　（英國）合信氏　（清）管茂材

撰　清咸豐八年(1858)上海仁濟醫館刻本
一冊

220000－0801－0014202　子1725/83
婦嬰至寶三種六卷　(清)徐忟忓輯　清嘉慶
十五年(1810)友善堂刻本　一冊

220000－0801－0014203　子1725/84
重訂婦嬰至寶三種六卷　(清)徐忟忓輯　清
光緒二十一年(1895)刻本　一冊

220000－0801－0014204　子1725/85
萬氏婦人科三卷　(明)萬全撰　清咸豐十年
(1860)西昌務本堂刻本　一冊　殘一卷(三)

220000－0801－0014205　子1725/87
三刻太醫院補註婦人良方大全二十四卷
(宋)陳自明撰　(明)薛己註　清竹林堂刻本
八冊

220000－0801－0014206　子1725/88
胎產新書三種二十卷　(清)吳煜校訂　清光
緒十二年(1886)成美堂刻本　四冊

220000－0801－0014207　子1725/89
新增胎產秘書三卷保嬰要訣一卷　(清)陳笏
庵著　清嘉慶善成堂刻本　二冊

220000－0801－0014208　子1725/90
胎產心法三卷　(清)閻誠齋原編　清同治四
年(1865)敬敷堂刻本　八冊

220000－0801－0014209　子1725/91
胎產秘書三卷保嬰要訣一卷經驗各方一卷
(清)陳笏庵撰　清同治元年(1862)六桂堂刻
本　一冊

220000－0801－0014210　子1725/91－1
胎產秘書三卷保嬰要訣一卷經驗各方一卷
(清)陳笏庵撰　清同治元年(1862)六桂堂刻
本　二冊

220000－0801－0014211　子1725/92
胎產秘書四卷　(清)陳笏庵撰　清同治十年
(1871)刻本　一冊

220000－0801－0014212　子1725/93
胎產集要三卷幼科摘要一卷　(清)黃愓齋輯

清刻本　一冊　首尾殘

220000－0801－0014213　子1725/94
胎產集要三卷幼科摘要一卷　(清)黃愓齋輯
清道光十九年(1839)刻本　一冊

220000－0801－0014214　子1725/97
女科要旨四卷　(清)陳念祖撰　清末兩儀堂
刻本　三冊

220000－0801－0014215　子1726/1
痘症精言四卷　(清)袁句撰　清末文錦堂刻
本　二冊

220000－0801－0014216　子1726/2
痘症秘書二卷　(清)王榮清撰　清同治八年
(1869)刻本　二冊

220000－0801－0014217　子1726/3
痘症本義二卷　(清)方補德纂述　清道光十
年(1830)刻本　二冊

220000－0801－0014218　子1726/5
痘疹指南四卷　(清)宋麟祥著　清道光元年
(1821)刻本　二冊

220000－0801－0014219　子1726/7
增補秘傳痘疹玉髓金鏡錄真本四卷　(明)翁
仲仁撰　清嘉慶二十一年(1816)姑蘇講德齋
刻本　二冊

220000－0801－0014220　子1726/7－1
增補秘傳痘疹玉髓金鏡錄真本四卷　(明)翁
仲仁撰　清嘉慶二十一年(1816)姑蘇講德齋
刻本　二冊

220000－0801－0014221　子1726/8
增補秘傳痘疹玉髓金鏡錄真本四卷　(明)翁
仲仁撰　清道光二十年(1840)掃葉山房刻本
二冊

220000－0801－0014222　子1726/8－1
增補秘傳痘疹玉髓金鏡錄真本四卷　(明)翁
仲仁撰　清道光二十年(1840)掃葉山房刻本
二冊

220000－0801－0014223　子1726/9
增補秘傳痘疹玉髓金鏡錄真本四卷　(明)翁

仲仁撰　清末寶文堂書莊刻本　二冊

220000－0801－0014224　子1726/10
痘疹正宗二卷　（清）宋麟祥撰　清末刻本
二冊

220000－0801－0014225　子1726/11
痘疹正宗二卷　（清）宋麟祥撰　清道光五年
（1825）寶翰樓刻本　四冊

220000－0801－0014226　子1726/12
痘疹正宗二卷　（清）宋麟祥撰　清道光二十
一年（1841）抄本　一冊

220000－0801－0014227　子1726/13
痘疹正宗二卷　（清）宋麟祥撰　清同治八年
（1869）刻本　二冊

220000－0801－0014228　子1726/14
痘疹慈航二卷　（明）聶尚恒著　清道光刻本
　一冊

220000－0801－0014229　子1726/15
**痘疹世醫心法十二卷痘疹碎金賦二卷毓麟芝
室玉髓摘要二卷**　（明）萬全等輯　清咸豐七
年（1857）資州署刻本　六冊

220000－0801－0014230　子1726/16
痘疹經驗集四卷　（清）韓文博輯　清光緒二
十四年（1898）京都文成堂刻本　二冊

220000－0801－0014231　子1726/17
痘疹經驗集四卷　（清）韓文博輯　清光緒二
十四年（1898）京都文成堂刻本　一冊

220000－0801－0014232　子1726/19
痘疹窮源不分卷　（清）宋翊臣撰　（清）孫如
珊選　清道光十八年（1838）文錦堂刻本
一冊

220000－0801－0014233　子1726/20
痘疹定論四卷　（清）朱純嘏編輯　清咸豐四
年（1854）角山樓刻本　四冊

220000－0801－0014234　子1726/20－1
痘疹定論四卷　（清）朱純嘏編輯　清咸豐四
年（1854）角山樓刻本　一冊

220000－0801－0014235　子1726/21
痘疹定論四卷　（清）朱純嘏編輯　清末三元
堂刻本　二冊

220000－0801－0014236　子1726/22
痘疹大成四卷　（清）侯功震著　清光緒二年
（1876）忠恕堂刻本　四冊

220000－0801－0014237　子1726/23
痘疹救偏瑣言　（清）費啓泰撰　清夏復庵抄
本　一冊　存一卷（六）

220000－0801－0014238　子1726/24
增訂痘疹輯要四卷　（清）白振斯撰　清光緒
八年（1882）刻本　二冊

220000－0801－0014239　子1726/25
增訂痘疹輯要四卷　（清）白振斯撰　清末抄
本　二冊　缺一卷（四）

220000－0801－0014240　子1726/26
增訂痘疹輯要四卷　（清）白振斯撰　清光緒
三十四年（1908）南海梁承志堂刻本　一冊

220000－0801－0014241　子1726/27
袁氏世傳痘疹全書　（明）袁顥撰　（明）袁祥
增修　清末抄本　一冊

220000－0801－0014242　子1726/29
痘疹專門二卷　（清）董維岳纂　清道光二十
五年（1845）書業德記刻本　二冊

220000－0801－0014243　子1726/30
痘疹精詳十卷　（清）周冠編輯　清嘉慶十年
（1805）刻本　六冊

220000－0801－0014244　子1726/31
痘訣二卷　（清）許豫和撰　清乾隆四十八年
（1783）顧行堂刻本　二冊

220000－0801－0014245　子1726/32
痘麻定論四卷　（清）朱純嘏撰　（清）徐安瀾
增補　清光緒九年（1883）靜遠山房刻本
二冊

220000－0801－0014246　子1726/33
痘證寶筏六卷　（清）強健撰　清同治元年
（1862）上洋寶賢堂刻本　二冊

220000－0801－0014247　子1726/34

痘科彙編四卷 （清）翟玉華纂著　（清）唐上正音釋　清初刻本　五冊

220000－0801－0014248　子1726/35

痘科正傳六卷 （清）沈巨源輯　清末抄本　六冊

220000－0801－0014249　子1726/36

痘科正傳六卷 （清）沈巨源輯　清武林三餘堂刻本　四冊

220000－0801－0014250　子1726/37

毓麟芝室痘科秘傳玉髓經金鏡錄全書四卷 （清）朱之黯參定　清康熙二年(1663)刻本　二冊

220000－0801－0014251　子1726/38

痘科大全三卷 （清）史錫節撰　清乾隆刻本　一冊

220000－0801－0014252　子1726/39

痘科摘要四卷 （清）陳啓運輯　清道光十五年(1835)宛平陳氏蕭竹軒刻本　一冊

220000－0801－0014253　子1726/40

痘科鍵二卷 （明）朱巽撰　清刻本　二冊

220000－0801－0014254　子1726/40－1

痘科鍵二卷 （明）朱巽撰　清刻本　四冊

220000－0801－0014255　子1726/43

痘學真傳八卷 （清）葉大椿撰　清嘉慶二十五年(1820)書業堂刻本　四冊

220000－0801－0014256　子1726/44

翁仲仁先生痘科金鏡賦六卷目錄一卷 （清）俞茂鯤集解　清光緒十一年(1885)刻本　十二冊

220000－0801－0014257　子1726/44－1

翁仲仁先生痘科金鏡賦六卷目錄一卷 （清）俞茂鯤集解　清光緒十一年(1885)刻本　六冊

220000－0801－0014258　子1726/45

沙疹輯要四卷 （清）葉霖述　清光緒十六年(1890)李振霆刻本　一冊

220000－0801－0014259　子1726/45－1

沙疹輯要四卷 （清）葉霖述　清光緒十六年(1890)李振霆刻本　四冊

220000－0801－0014260　子1726/52

郁謝麻科合璧不分卷 （明）郁氏　（明）謝心陽撰　（清）楊開泰匯輯　清宣統三年(1911)文倫書局鉛印本　一冊

220000－0801－0014261　子1726/54

萬氏家傳育嬰四卷 （明）萬全編著　清初敷文堂刻本　四冊

220000－0801－0014262　子1726/55

雜症仁端錄□卷 （明）徐謙集　清初抄本　二冊　存二卷(三、五)

220000－0801－0014263　子1726/56

斑疹要訣四卷 （清）陳復正　（清）剛潤撰　清嘉慶七年(1802)同文堂刻本　四冊

220000－0801－0014264　子1726/58

引痘略一卷 （清）邱熺輯　**引痘續編一卷** （清）張崇樹輯　清光緒七年(1881)太醫院刻本　一冊

220000－0801－0014265　子1726/59

引痘略一卷 （清）邱熺輯　清同治十三年(1874)滋德堂刻本　一冊

220000－0801－0014266　子1726/60

引痘略一卷 （清）邱熺編　清光緒二十四年(1898)刻本　一冊

220000－0801－0014267　子1726/61

引痘略一卷 （清）邱熺輯　清光緒十五年(1889)世德堂刻本　一冊

220000－0801－0014268　子1726/62

鬻嬰提要說一卷痧喉正義一卷 （清）張振鋆纂輯　清光緒十五年(1889)刻本　一冊

220000－0801－0014269　子1726/65

種痘新書十二卷 （清）張琰編輯　清同治十年(1871)重慶善成堂刻本　六冊

220000－0801－0014270　子1726/65－1

種痘新書十二卷 （清）張琰編輯　清同治十

年(1871)重慶善成堂刻本　六冊

220000－0801－0014271　子1726/65－2

種痘新書十二卷　（清）張琰編輯　清同治十年(1871)重慶善成堂刻本　六冊

220000－0801－0014272　子1726/66

幼幼撮要一卷　（□）□□撰　清抄本　一冊

220000－0801－0014273　子1726/68

鼎鍥幼幼集成六卷　（清）陳復正輯　清末宏道堂刻本　六冊

220000－0801－0014274　子1726/73

幼科發揮諸湯不分卷　（□）□□撰　清抄本一冊

220000－0801－0014275　子1726/78

幼科鐵鏡六卷　（清）夏鼎撰　清光緒二十三年(1897)經綸元記刻本　二冊

220000－0801－0014276　子1726/79

幼科指歸二卷　（清）曾鼎撰　清嘉慶十九年(1814)忠恕堂刻本　三冊

220000－0801－0014277　子1726/80

幼科鐵鏡六卷　（清）夏鼎撰　清光緒二十一年(1895)新寧劉氏刻本　一冊

220000－0801－0014278　子1726/81

幼科鐵鏡六卷　（清）夏鼎撰　清抄本　二冊

220000－0801－0014279　子1726/82

兒科不分卷　（□）□□撰　清初抄本　一冊

220000－0801－0014280　子1726/86

兒科撮要二卷　尹端模筆譯　清光緒十八年(1892)羊城博濟醫局刻本　二冊

220000－0801－0014281　子1726/86－1

兒科撮要二卷　尹端模筆譯　清光緒十八年(1892)羊城博濟醫局刻本　二冊

220000－0801－0014282　子1726/87

保生彙編二十卷　（清）味琴氏輯　清光緒二年(1876)北京梓文齋刻本　四冊

220000－0801－0014283　子1726/89

保赤新編二卷　（清）任贊撰　清光緒十年

(1884)新會伍氏刻本　二冊

220000－0801－0014284　子1726/91

保赤要言五卷首一卷　（清）夏鼎著　王德森編輯　清宣統二年(1910)蘇州笪錦和刻本一冊

220000－0801－0014285　子1726/92

保赤良方四卷首一卷　（清）寄湘漁父輯　清光緒九年(1883)萼溪山館刻本　一冊

220000－0801－0014286　子1726/95

保嬰篇一卷　（清）毓蘭居士等輯　引痘署一卷　（清）邱熺輯　清同治、光緒刻本　一冊

220000－0801－0014287　子1726/96

牛痘新書濟世（引種牛痘保嬰最穩新書）一卷　（清）邱熺編　（清）王惇甫增補　清同治四年(1865)徽城乙照齋刻本　一冊

220000－0801－0014288　子1726/97

牛痘新書一卷　（清）武榮綸編　清光緒十一年(1885)刻本　一冊

220000－0801－0014289　子1726/98

治痘十全四卷　（清）翟良撰　（清）懷幼學人增纂　清道光八年(1828)刻本　四冊

220000－0801－0014290　子1726/99

摘錄治疹要訣二卷　（□）□□撰　清同治八年(1869)周品蓮抄本　一冊

220000－0801－0014291　子1726/102

治瘄全書三卷　（□）□□撰　清寶善堂抄本三冊

220000－0801－0014292　子1726/103

治痘十全四卷　（清）翟良撰　伍光遠手定清抄本　一冊　存一卷(三)

220000－0801－0014293　子1726/104

活幼心書三卷附校記　（元）曾世榮編　清宣統二年(1910)武昌醫藥館刻本　二冊

220000－0801－0014294　子1726/104－1

活幼心書三卷附校記　（元）曾世榮編　清宣統二年(1910)武昌醫藥館刻本　四冊

220000－0801－0014295　子1726/105

遂生福幼合編二卷附廣生編一卷　（清）莊一夔撰　清抄本　一冊

220000－0801－0014296　子1726/106

遂生福幼合編便覽二卷　（清）莊一夔撰　清光緒十八年(1892)刻本　一冊

220000－0801－0014297　子1726/107

遂生福幼合編二卷　（清）莊一夔撰　清同治十一年(1872)刻本　一冊

220000－0801－0014298　子1726/108

遂生福幼合編二卷　（清）莊一夔撰　清嘉慶十四年(1809)刻本　一冊

220000－0801－0014299　子1726/109

遂生福幼合編二卷　（清）莊一夔撰　**保嬰篇一卷**　（清）毓蘭居士等輯　清末刻本　一冊

220000－0801－0014300　子1726/110

救偏瑣言十卷　（清）費啓泰著　清嘉慶元年(1796)金閶惟善堂刻本　四冊

220000－0801－0014301　子1726/112

臍風牛痘要言數則一卷　（清）寄廬主人著　清光緒十九年(1893)浙東朱恕刻本　一冊

220000－0801－0014302　子1726/113

詳註足本金鏡錄三卷增補保赤心法二卷續增金鏡錄西法治小兒考暑一卷　（明）翁仲仁撰　（明）喬來初注釋　清光緒十七年(1891)常熟抱芳閣刻本　四冊

220000－0801－0014303　子1726/115

新訂小兒科臍風驚風合編　（清）鮑雲韶輯　**喉症辨治良方**　**時疫白喉捷要**　（清）張紹修著　**專治跌打損傷方**　**痘症總論**　清光緒十二年(1886)刻本　一冊

220000－0801－0014304　子1726/123

鼎鍥幼幼集成六卷　（清）陳復正輯　清金裕堂刻本　六冊

220000－0801－0014305　子1727/3

證治鍼經四卷　（清）郭誠勳輯　清光緒二十年(1894)得且堂刻本　四冊

220000－0801－0014306　子1727/3－1

證治鍼經四卷　（清）郭誠勳輯　清光緒二十年(1894)得且堂刻本　四冊

220000－0801－0014307　子1727/3－2

證治鍼經四卷　（清）郭誠勳輯　清光緒二十年(1894)得且堂刻本　二冊

220000－0801－0014308　子1727/5

備急灸法一卷　（宋）聞人耆年撰　**鍼灸擇日編集一卷**　（明）金循義等編　清光緒十七年(1891)江甯藩署刻本　二冊

220000－0801－0014309　子1727/11

醫會元要不分卷　（清）蔡貽績輯　清道光三年(1823)翰墨園刻本　一冊

220000－0801－0014310　子1727/13

鍼灸要訣不分卷　（□）□□撰　清末抄本　一冊

220000－0801－0014311　子1727/14

鍼灸要旨三卷　（明）高武著　（日本）岡本一抱子重訂　清刻本　二冊

220000－0801－0014312　子1727/18

勉學堂鍼灸集成四卷　（清）廖潤鴻撰　清同治十三年(1874)北京琉璃廠文寶堂刻本　四冊

220000－0801－0014313　子1727/19

勉學堂鍼灸集成四卷　（清）廖潤鴻撰　清光緒五年(1879)北京琉璃廠寶名齋刻本　四冊

220000－0801－0014314　子1727/22

鍼灸大成十卷　（明）楊繼洲撰　（清）李月桂重訂　清光緒元年(1875)經國堂刻本　十冊

220000－0801－0014315　子1727/25

徐氏鍼灸大全六卷　（明）徐鳳編　清嘉慶應文堂刻本　二冊

220000－0801－0014316　子1727/26

徐氏鍼灸大全六卷　（明）徐鳳編　**銅人腧穴鍼灸圖經三卷**　（宋）王惟一編　清嘉慶應文堂刻本　四冊

220000－0801－0014317　子1727/28

鍼灸大成十卷　（明）楊繼洲撰　（清）章廷珪
重修　清大文堂刻本　十冊

220000 - 0801 - 0014318　子 1727/28 - 1
鍼灸大成十卷　（明）楊繼洲撰　（清）章廷珪
重修　清大文堂刻本　八冊

220000 - 0801 - 0014319　子 1727/30
鍼灸甲乙經十二卷　（晉）皇甫謐撰　清光緒
十三年(1887)行素草堂刻本　四冊

220000 - 0801 - 0014320　子 1727/32
針灸易學二卷　（清）李守先撰　清嘉慶三年
(1798)刻本　二冊

220000 - 0801 - 0014321　子 1728/2
玉液還丹集一卷嬰兒現形出苦海一卷　（元）
丘處機等著　清光緒五年(1879)蕭露香抄本
一冊

220000 - 0801 - 0014322　子 1728/4
理瀹駢文不分卷　（清）吳尚先學　清光緒十
二年(1886)刻本　三冊

220000 - 0801 - 0014323　子 1728/4 - 1
理瀹駢文不分卷　（清）吳尚先學　清光緒十
二年(1886)刻本　四冊

220000 - 0801 - 0014324　子 1728/5
理瀹駢文摘要二卷　（清）吳尚先撰　清光緒
刻本　一冊　殘

220000 - 0801 - 0014325　子 1728/7
外治壽世方初編四卷　（清）鄒存淦編輯　清
光緒三年(1877)杭州勤執堂刻本　二冊

220000 - 0801 - 0014326　子 1728/7 - 1
外治壽世方初編四卷　（清）鄒存淦編輯　清
光緒三年(1877)杭州勤執堂刻本　一冊

220000 - 0801 - 0014327　子 1728/8
化學衛生論四卷　（英國）真司騰撰　（英國）
傅蘭雅口譯　清光緒十六年(1890)上海格致
書室刻本　四冊

220000 - 0801 - 0014328　子 1728/8 - 1
化學衛生論四卷　（英國）真司騰撰　（英國）
傅蘭雅口譯　清光緒十六年(1890)上海格致

書室刻本　四冊

220000 - 0801 - 0014329　子 1728/9
祖傳拳經傷科一卷　（清）胡淳圃錄　（清）胡
仲榮書　清末抄本　一冊

220000 - 0801 - 0014330　子 1728/11
石渠閣精訂攝生總要四種　（明）洪基參訂
清咸豐十一年(1861)仁德記刻本　七冊　存
九卷(攝生秘剖一至二、四，種子方剖二卷，種
子秘剖二卷，房術奇書二卷)

220000 - 0801 - 0014331　子 1728/15
詳註推拿指南七卷　（清）唐繫祥著　清光緒
三十一年(1905)南陽經元堂刻本　六冊

220000 - 0801 - 0014332　子 1728/21
推拿廣意三卷　（清）熊應雄輯　清末蘇州綠
蔭堂刻本　二冊

220000 - 0801 - 0014333　子 1728/22
推拿廣意三卷　（清）熊應雄輯　清末江陰源
德堂刻本　二冊

220000 - 0801 - 0014334　子 1728/23
推拿廣意三卷　（清）熊應雄輯　清末江陰學
古山房刻本　一冊

220000 - 0801 - 0014335　子 1728/24
推拿廣意三卷　（清）熊應雄輯　清末金閭同
文堂刻本　二冊

220000 - 0801 - 0014336　子 1728/25
推拿廣意三卷　（清）熊應雄輯　清光緒十四
年(1888)刻本　二冊

220000 - 0801 - 0014337　子 1728/27
養病庸言一卷　（清）沈嘉澍撰　清光緒二十
六年(1900)刻本　一冊

220000 - 0801 - 0014338　子 1728/29
新刻小兒推拿方脈活嬰秘旨全書三卷　（明）
龔雲林撰　（明）姚國楨補輯　清末書林經國
堂刻本　一冊

220000 - 0801 - 0014339　子 1728/32
十二段錦不分卷　（清）潘霨編輯　清光緒二
年(1876)影印本　一冊

220000 - 0801 - 0014340　子 1728/34

幼學操身圖說　(英國)慶丕撰　(清)翟汝舟編著　清光緒二十二年(1896)北洋官書局刻本　一冊

220000 - 0801 - 0014341　子 1728/37

退思說略六卷　(清)吳協撰　清同治刻本　六冊

220000 - 0801 - 0014342　子 1728/38

養病庸言一卷　(清)沈嘉澍撰　清光緒三年(1877)求放心齋刻本　一冊

220000 - 0801 - 0014343　子 1728/40

釐正按摩要術四卷痧喉正義一卷嬰嬰提要說一卷　(清)張振鋆纂輯　清光緒三十三年(1907)瀘州文匯堂校刻本　三冊

220000 - 0801 - 0014344　子 1728/41

十二段錦不分卷　(清)潘霨編輯　清咸豐八年(1858)刻本　一冊

220000 - 0801 - 0014345　子 1731/5

三家醫案合刻三卷　(清)吳金壽纂　**醫效秘傳三卷**　(清)葉桂撰　(清)吳金壽校　**溫熱贅言一卷**　(清)寄瓢子述　清末上海海左書局石印本　二冊

220000 - 0801 - 0014346　子 1731/5 - 1

三家醫案合刻三卷　(清)吳金壽纂　**醫效秘傳三卷**　(清)葉桂撰　(清)吳金壽校　**溫熱贅言一卷**　(清)寄瓢子述　清末上海海左書局石印本　二冊

220000 - 0801 - 0014347　子 1731/5 - 2

三家醫案合刻三卷　(清)吳金壽纂　**醫效秘傳三卷**　(清)葉桂撰　(清)吳金壽校　**溫熱贅言一卷**　(清)寄瓢子述　清末上海海左書局石印本　一冊　缺四卷(醫效秘傳三卷、溫熱贅言一卷)

220000 - 0801 - 0014348　子 1731/6

三家醫案合刻三卷　(清)吳金壽纂　清道光十一年(1831)姑蘇綠慎堂刻本　三冊

220000 - 0801 - 0014349　子 1731/6 - 1

220000 - 0801 - 0014349　子 1731/6 - 1

三家醫案合刻三卷　(清)吳金壽纂　清道光十一年(1831)姑蘇綠慎堂刻本　二冊

220000 - 0801 - 0014350　子 1731/7

三家醫案合刻三卷　(清)吳金壽撰　**醫效秘傳三卷**　(清)葉桂撰　(清)吳金壽校　**溫熱贅言一卷**　(清)寄瓢子述　清道光十一年(1831)文聚堂刻本　六冊

220000 - 0801 - 0014351　子 1731/8

三家醫案合刻三卷　(清)吳金壽纂　**醫效秘傳三卷**　(清)葉桂述　清道光十一年(1831)刻本　六冊

220000 - 0801 - 0014352　子 1731/10

衛生要旨一卷　(美國)嘉約翰口譯　(清)海琴校　清光緒九年(1883)益智書會刻本　一冊

220000 - 0801 - 0014353　子 1731/12

新訂第四版衛生問答二篇不分卷　丁福保纂　清光緒二十九年(1903)成都疇隱廬刻本　二冊

220000 - 0801 - 0014354　子 1731/17

吳門治驗錄四卷　(清)顧金壽撰　清道光五年(1825)澄懷堂刻本　四冊

220000 - 0801 - 0014355　子 1731/18

吳醫彙講十一卷　(清)唐大烈纂輯　(清)沈文燮校訂　清嘉慶十九年(1814)刻本　四冊

220000 - 0801 - 0014356　子 1731/19

吳醫彙講十一卷　(清)唐大烈纂輯　(清)沈文燮校訂　清嘉慶元年(1796)刻本　二冊

220000 - 0801 - 0014357　子 1731/20

吳醫彙講十一卷　(清)唐大烈纂　(清)沈文燮校訂　清嘉慶十九年(1814)校經山房刻本　四冊

220000 - 0801 - 0014358　子 1731/20 - 1

吳醫彙講十一卷　(清)唐大烈纂　(清)沈文燮校訂　清嘉慶十九年(1814)校經山房刻本　四冊

220000 - 0801 - 0014359　子 1731/23

115

太醫局諸科程文九卷 （宋）太醫局編 清末抄本 一冊

220000－0801－0014360 子1731/24

古今醫案按十卷 （清）俞震輯 清宣統元年（1909）上海會文堂書局石印本 十冊

220000－0801－0014361 子1731/25

近診醫案不分卷 （清）過鑄撰 清光緒二十七年（1901）過氏家刻本 一冊

220000－0801－0014362 子1731/26

古今醫案按十卷 （清）俞震輯 清光緒二十四年（1898）刻本 十冊

220000－0801－0014363 子1731/28

明強要覽一卷 （清）周頌撰 清宣統元年（1909）刻本 一冊

220000－0801－0014364 子1731/29

冷廬醫話五卷 （清）陸以湉撰 清光緒二十三年（1897）千頃堂影印本 一冊

220000－0801－0014365 子1731/30

存存齋醫話藁二卷 （清）趙彥暉撰 清光緒七年（1881）刻本 一冊

220000－0801－0014366 子1731/30－1

存存齋醫話藁二卷 （清）趙彥暉撰 清光緒七年（1881）刻本 一冊

220000－0801－0014367 子1731/30－2

存存齋醫話藁二卷 （清）趙彥暉撰 清光緒七年（1881）刻本 二冊

220000－0801－0014368 子1731/36

醫論雜鈔不分卷 （明）張介賓等著 清嘉慶抄本 一冊

220000－0801－0014369 子1731/37

齊氏醫案崇正辨訛六卷 （清）齊秉慧纂著 清道光十三年（1833）尚友堂刻本 六冊

220000－0801－0014370 子1731/38

齊氏醫案崇正辨訛六卷 （清）齊秉慧纂著 清道光十三年（1833）刻本 六冊

220000－0801－0014371 子1731/39

醫案五卷附醫學彙抄一卷 （明）孫一奎輯 清末抄本 四冊

220000－0801－0014372 子1731/40

評選愛廬醫案一卷 （清）張大曦撰 清光緒二十五年（1899）刻本 一冊

220000－0801－0014373 子1731/42

王氏醫案八卷續編二卷 （清）王士雄撰 （清）周鑅輯錄 清道光三十年（1850）刻本 四冊

220000－0801－0014374 子1731/49

續選古吳葉桂天士先生醫案不分卷 （清）葉桂撰 清末抄本 一冊

220000－0801－0014375 子1731/50

葉氏醫案存真二卷 （清）葉桂撰 清光緒十二年（1886）常熟抱芳閣刻本 三冊

220000－0801－0014376 子1731/52

葉氏醫案存真三卷 （清）葉桂撰 清道光十六年（1836）葉氏家刻本 三冊

220000－0801－0014377 子1731/53

葉氏醫案存真三卷附馬氏醫案并附祁案王案 （清）葉桂撰 清光緒九年（1883）刻本 四冊

220000－0801－0014378 子1731/58

薛氏醫案二十四種 （明）薛己等撰 （明）吳琯輯 清嘉慶十四年（1809）書業堂刻本 四十六冊

220000－0801－0014379 子1731/59

薛氏醫案二十四種 （明）薛己等撰 （明）吳琯輯 清嘉慶刻本 四十四冊

220000－0801－0014380 子1731/60

薛氏醫案四科二十四種一百七卷 （明）薛己等撰 （明）吳琯輯 清初刻本 四十八冊

220000－0801－0014381 子1731/62

問齋醫案五卷 （清）蔣寶素著 清光緒快志堂刻本 六冊

220000－0801－0014382 子1731/62－1

問齋醫案五卷 （清）蔣寶素著 清光緒快志

堂刻本　六冊

220000－0801－0014383　子1731/65
臨證指南醫案十卷附種福堂公選良方四卷
（清）葉桂撰　清嘉慶八年(1803)衛生堂刻本
十二冊

220000－0801－0014384　子1731/66
臨證指南醫案十卷附種福堂公選良方四卷
（清）葉桂撰　清道光二十四年(1844)經鉏堂
刻本　十二冊

220000－0801－0014385　子1731/66－1
臨證指南醫案十卷附種福堂公選良方四卷
（清）葉桂撰　清道光二十四年(1844)經鉏堂
刻本　十冊　缺四卷(種福堂公選良方四卷)

220000－0801－0014386　子1731/68
臨證指南醫案十卷　（清）葉桂撰　清光緒十
年(1884)文富堂刻本　十冊

220000－0801－0014387　子1731/72
王氏醫存十七卷　（清）王燕昌撰　清同治十
三年(1874)皖城黃竹友齋刻本　二冊

220000－0801－0014388　子1731/72－1
王氏醫存十七卷　（清）王燕昌撰　清同治十
三年(1874)皖城黃竹友齋刻本　四冊

220000－0801－0014389　子1731/76
醫貫六卷　（清）趙獻可撰　清刻本　三冊

220000－0801－0014390　子1731/77
醫無閭子醫貫六卷　（清）趙獻可撰　清三多
齋刻本　四冊

220000－0801－0014391　子1731/78
醫原二卷　（清）石壽棠撰　清咸豐十一年
(1861)刻本　四冊

220000－0801－0014392　子1731/79
醫學辨正四卷　（清）張學醇著　清光緒二十
二年(1896)刻本　四冊

220000－0801－0014393　子1731/79－1
醫學辨正四卷　（清）張學醇著　清光緒二十
二年(1896)刻本　四冊

220000－0801－0014394　子1731/82
醫學讀書記三卷續記一卷　（清）尤怡著　清
嘉慶十九年(1814)松風閣刻本　一冊

220000－0801－0014395　子1731/85
醫驗辨似二卷　（清）蔣希曾著　清光緒二十
二年(1896)杭州西湖瑞元堂刻本　二冊

220000－0801－0014396　子1731/88
醫粹精言四卷附錄一卷　（清）徐延祚撰　清
光緒二十二年(1896)鐵如意軒刻本　四冊

220000－0801－0014397　子1731/89
炎症論畧一卷　（美國）嘉約翰譯　清光緒七
年(1881)羊城博濟醫院刻本　一冊

220000－0801－0014398　子1731/90
證治鍼經四卷　（清）郭誠勳輯　清道光八年
(1828)刻本　四冊

220000－0801－0014399　子1731/94
醫學讀書記三卷續記一卷　（清）尤怡撰　清
光緒十四年(1888)刻本　一冊

220000－0801－0014400　子1732/4
拯嬰彙編一卷　（□）□□撰　清咸豐五年
(1855)刻本　一冊

220000－0801－0014401　子1732/7
醫故二卷　鄭文焯撰　清光緒十七年(1891)
刻本　二冊

220000－0801－0014402　子1732/7－1
醫故二卷　鄭文焯撰　清光緒十七年(1891)
刻本　二冊

220000－0801－0014403　子1732/12
祝由科天醫十三科二卷　（□）軒轅黃帝撰
清光緒三十二年(1906)刻本　二冊

220000－0801－0014404　子1732/13
醫學發明九卷　（金）李杲撰　清初抄本
一冊

220000－0801－0014405　子1733/2
重刊補註洗冤錄集證六卷　（宋）宋慈撰
（清）王又槐增輯　（清）李觀瀾補輯　（清）
阮其新補註　（清）文晟等校補　清道光二十

四年(1844)廣州劉開域刻本　五冊

220000－0801－0014406　子1733/3

重刊補註洗冤錄集證六卷　（宋）宋慈撰
（清）王又槐增輯　（清）李觀瀾補輯　（清）
阮其新補註　（清）文晟等校補　清光緒八年
(1882)刻本　六冊

220000－0801－0014407　子1733/4

洗冤錄解一卷　（清）姚德豫撰　清同治九年
(1870)吳縣孫氏杭州刻本　一冊

220000－0801－0014408　子1733/5

洗冤錄解一卷　（清）姚德豫撰　清道光十一
年(1831)刻本　一冊

220000－0801－0014409　子1733/6

洗冤錄詳解四卷首一卷　（清）許槤編　**洗冤
錄撼遺二卷**　（清）葛元煦編　清光緒三年
(1877)葛氏嘯園刻本　四冊

220000－0801－0014410　子1733/7

洗冤錄詳解四卷首一卷　（清）許槤編　清光
緒十二年(1886)山東書局刻本　四冊

220000－0801－0014411　子1733/8

洗冤錄補註全纂六卷　（清）李觀瀾補輯
（清）阮其新補註　**洗冤錄集證二卷**　（清）郎
錦騏纂輯　清道光十五年(1835)刻本　六冊

220000－0801－0014412　子1733/9

補註洗冤錄集證四卷附檢骨圖格一卷　（宋）
宋慈撰　（清）王又槐集註　（清）阮其新補註
清道光二十三年(1843)文元堂王氏刻本
二冊

220000－0801－0014413　子1733/10

重刊補註洗冤錄集證六卷　（宋）宋慈撰
（清）王又槐增輯　（清）李觀瀾補輯　（清）
阮其新補註　清光緒八年(1882)京都文寶堂
刻本　六冊

220000－0801－0014414　子1733/11

重刊補註洗冤錄集證六卷附檢骨圖格　（宋）
宋慈撰　（清）王又槐增輯　（清）李觀瀾補輯
清道光二十四年(1844)翰墨園刻本　四冊

220000－0801－0014415　子1733/12

重刊補註洗冤錄集證六卷　（宋）宋慈撰
（清）王又槐增輯　（清）李觀瀾補輯　清光緒
三年(1877)浙江書局刻本　五冊

220000－0801－0014416　子1733/13

重刊補註洗冤錄集證六卷　（宋）宋慈撰
（清）王又槐增輯　（清）李觀瀾補輯　清同治
十一年(1872)刻本　六冊

220000－0801－0014417　子18/1

御製律曆淵源五種一百三十四卷　（清）允祿
等纂修　清雍正元年(1723)刻本　九十冊

220000－0801－0014418　子18/2

梅氏叢書輯要六十二卷　（清）梅文鼎著　清
末影印本　六冊

220000－0801－0014419　子18/3

遊藝錄五種十五卷　（清）李泂撰　清光緒二
十年(1894)醉月山房刻本　九冊

220000－0801－0014420　子18/4

步天歌一卷　（清）李光地等撰　清末抄本
一冊

220000－0801－0014421　子18/5

**兼濟堂纂刻梅勿庵先生曆算全書二十八種七
十四卷**　（清）梅文鼎著　清咸豐九年(1859)
梅體萱刻本　三十二冊

220000－0801－0014422　子18/6

**兼濟堂纂刻梅勿庵先生曆算全書二十八種七
十四卷**　（清）梅文鼎著　清光緒十一年
(1885)上海敦懷書屋刻本　二十四冊

220000－0801－0014423　子18/6－1

**兼濟堂纂刻梅勿庵先生曆算全書二十八種七
十四卷**　（清）梅文鼎著　清光緒十一年
(1885)上海敦懷書屋刻本　三十二冊

220000－0801－0014424　子18/7

三角法舉要　（清）吳氏抄　清光緒八年
(1882)抄本　一冊　存一冊(下)

220000－0801－0014425　子181/1

天文地球圖說三卷續編二卷　（清）華蘅芳筆

述 （清）葉瀾校 清光緒二十四年(1898)上海石印本 四冊

220000－0801－0014426 子181/2
天文須知一卷 （英國）傅蘭雅撰 清光緒十三年(1887)刻本 一冊

220000－0801－0014427 子181/3
天文歌略一卷地學歌略一卷 （清）葉瀾撰 清末刻本 二冊

220000－0801－0014428 子181/5
天文圖說四卷 （英國）柯雅各撰 （美國）摩嘉立 （清）薛承恩譯 清光緒九年(1883)益智書會刻本 一冊

220000－0801－0014429 子181/6
天文圖考一卷 （清）錢維樾等校勘 清道光二十年(1840)刻本 一冊

220000－0801－0014430 子181/7
測候叢談四卷 （美國）金楷理口譯 （清）華蘅芳筆述 清光緒二十三年(1897)璣衡堂影印本 一冊

220000－0801－0014431 子181/7－1
測候叢談四卷 （美國）金楷理口譯 （清）華蘅芳筆述 清光緒二十三年(1897)璣衡堂影印本 一冊

220000－0801－0014432 子181/9
日月星真解一卷 （清）楊格非著 清光緒三十二年(1906)鉛印本 一冊

220000－0801－0014433 子181/11
測候叢談四卷 （美國）金楷理口譯 （清）華蘅芳筆述 清光緒刻本 二冊

220000－0801－0014434 子181/11－1
測候叢談四卷 （美國）金楷理口譯 （清）華蘅芳筆述 清光緒刻本 二冊

220000－0801－0014435 子181/12
古經天象考十二卷圖說一卷 （清）雷學淇撰 清道光五年(1825)刻本 六冊

220000－0801－0014436 子181/13
談天十八卷附表一卷 （英國）侯失勒原本

（英國）偉烈亞力口譯 （清）李善蘭刪述 清咸豐九年(1859)活字印本 三冊

220000－0801－0014437 子181/14
談天十八卷附表一卷 （英國）侯失勒原本 （清）徐建寅續述 （英國）偉烈亞力口譯 （清）李善蘭刪述 清咸豐九年(1859)刻本 四冊

220000－0801－0014438 子181/16
談天十八卷附表一卷 （英國）侯失勒原本 （清）徐建寅續述 （英國）偉烈亞力口譯 （清）李善蘭刪述 清咸豐九年(1859)刻本 四冊

220000－0801－0014439 子181/17
三統術衍二卷 （清）錢大昕撰 清嘉慶六年(1801)阮元刻本 二冊

220000－0801－0014440 子181/19
天文大象賦二卷 （隋）李播撰 清咸豐六年(1856)刻本 二冊

220000－0801－0014441 子181/21
圜天圖說三卷續編二卷首一卷 （清）李明徹述 清嘉慶二十四年(1819)刻本 五冊

220000－0801－0014442 子181/24
史記天官書補目一卷 （清）孫星衍撰 清光緒十三年(1887)廣雅書局刻本 一冊

220000－0801－0014443 子181/24－1
史記天官書補目一卷 （清）孫星衍撰 清光緒十三年(1887)廣雅書局刻本 一冊

220000－0801－0014444 子181/24－2
史記天官書補目一卷 （清）孫星衍撰 清光緒十三年(1887)廣雅書局刻本 一冊

220000－0801－0014445 子181/24－3
史記天官書補目一卷 （清）孫星衍撰 清光緒十三年(1887)廣雅書局刻本 一冊

220000－0801－0014446 子181/24－4
史記天官書補目一卷 （清）孫星衍撰 清光緒十三年(1887)廣雅書局刻本 一冊

220000－0801－0014447 子181/26

西學輯存六種 （英國）偉烈亞力口譯 （清）王韜輯撰 清光緒十六年(1890)鉛印本 二冊

220000－0801－0014448 子181/27

西國天學源流一卷 （英國）偉烈亞力口譯 （清）王韜撰 清光緒十五年(1889)淞北寄廬鉛印本 一冊

220000－0801－0014449 子184/5

[大清宣統元年]七政經緯躔度時憲書一卷 （清）欽天監編 清宣統元年(1909)欽天監刻本 一冊

220000－0801－0014450 子184/6

[大清宣統二年]七政經緯躔度時憲書一卷 （清）欽天監編 清宣統二年(1910)欽天監刻本 一冊

220000－0801－0014451 子184/7

[大清宣統三年]七政經緯躔度時憲書一卷 （清）欽天監編 清宣統三年(1911)欽天監刻本 一冊

220000－0801－0014452 子184/9

[大清光緒二十年]七政經緯躔度時憲書一卷 （清）欽天監編 清光緒二十年(1894)欽天監刻本 一冊

220000－0801－0014453 子184/10

[大清光緒二十一年]七政經緯躔度時憲書一卷 （清）欽天監編 清光緒二十一年(1895)欽天監刻本 一冊

220000－0801－0014454 子184/11

[大清光緒二十三年]七政經緯躔度時憲書一卷 （清）欽天監編 清光緒二十三年(1897)欽天監刻本 一冊

220000－0801－0014455 子184/12

[大清光緒二十四年]七政經緯躔度時憲書一卷 （清）欽天監編 清光緒二十四年(1898)欽天監刻本 一冊

220000－0801－0014456 子184/13

[大清光緒二十五年]七政經緯躔度時憲書一卷 （清）欽天監編 清光緒二十五年(1899)欽天監刻本 一冊

220000－0801－0014457 子184/14

[大清光緒二十六年]七政經緯躔度時憲書一卷 （清）欽天監編 清光緒二十六年(1900)欽天監刻本 一冊

220000－0801－0014458 子184/15

[大清光緒二十七年]七政經緯躔度時憲書一卷 （清）欽天監編 清光緒二十七年(1901)欽天監刻本 一冊

220000－0801－0014459 子184/16

[大清光緒二十八年]七政經緯躔度時憲書一卷 （清）欽天監編 清光緒二十八年(1902)欽天監刻本 一冊

220000－0801－0014460 子184/17

[大清光緒二十九年]七政經緯躔度時憲書一卷 （清）欽天監編 清光緒二十九年(1903)欽天監刻本 一冊

220000－0801－0014461 子184/18

[大清光緒三十年]七政經緯躔度時憲書一卷 （清）欽天監編 清光緒三十年(1904)欽天監刻本 一冊

220000－0801－0014462 子184/19

[大清光緒三十一年]七政經緯躔度時憲書一卷 （清）欽天監編 清光緒三十一年(1905)欽天監刻本 一冊

220000－0801－0014463 子184/20

[大清光緒三十二年]七政經緯躔度時憲書一卷 （清）欽天監編 清光緒三十二年(1906)欽天監刻本 一冊

220000－0801－0014464 子184/21

[大清光緒三十三年]七政經緯躔度時憲書一卷 （清）欽天監編 清光緒三十三年(1907)欽天監刻本 一冊

220000－0801－0014465 子184/22

[大清光緒三十四年]七政經緯躔度時憲書一卷 （清）欽天監編 清光緒三十四年(1908)

欽天監刻本　一冊

220000 – 0801 – 0014466　子 184/23
大清光緒三十五年七政經緯躔度時憲書一卷
（清）欽天監編　清宣統元年（1909）欽天監
刻本　一冊

220000 – 0801 – 0014467　子 184/71
[**大清光緒二年**]**七政經緯躔度時憲書**　（清）
欽天監編　清光緒二年（1876）欽天監刻本
一冊

220000 – 0801 – 0014468　子 184/72
[**大清光緒三年**]**七政經緯躔度時憲書**　（清）
欽天監編　清光緒三年（1877）欽天監刻本
一冊

220000 – 0801 – 0014469　子 184/73
[**大清光緒四年**]**七政經緯躔度時憲書**　（清）
欽天監編　清光緒四年（1878）欽天監刻本
一冊

220000 – 0801 – 0014470　子 184/74
[**大清光緒五年**]**七政經緯躔度時憲書**　（清）
欽天監編　清光緒五年（1879）欽天監刻本
一冊

220000 – 0801 – 0014471　子 184/75
[**大清光緒六年**]**七政經緯躔度時憲書**　（清）
欽天監編　清光緒六年（1880）欽天監刻本
一冊

220000 – 0801 – 0014472　子 184/76
[**大清光緒七年**]**七政經緯躔度時憲書**　（清）
欽天監編　清光緒七年（1881）欽天監刻本
一冊

220000 – 0801 – 0014473　子 184/77
[**大清光緒八年**]**七政經緯躔度時憲書**　（清）
欽天監編　清光緒八年（1882）欽天監刻本
一冊

220000 – 0801 – 0014474　子 184/78
[**大清光緒九年**]**七政經緯躔度時憲書**　（清）
欽天監編　清光緒九年（1883）欽天監刻本
一冊

220000 – 0801 – 0014475　子 184/79
[**大清光緒十年**]**七政經緯躔度時憲書**　（清）
欽天監編　清光緒十年（1884）欽天監刻本
一冊

220000 – 0801 – 0014476　子 184/80
[**大清光緒十一年**]**七政經緯躔度時憲書**
（清）欽天監編　清光緒十一年（1885）欽天監
刻本　一冊

220000 – 0801 – 0014477　子 184/81
[**大清光緒十二年**]**七政經緯躔度時憲書**
（清）欽天監編　清光緒十二年（1886）欽天監
刻本　一冊

220000 – 0801 – 0014478　子 184/82
[**大清光緒十三年**]**七政經緯躔度時憲書**
（清）欽天監編　清光緒十三年（1887）欽天監
刻本　一冊

220000 – 0801 – 0014479　子 184/83
[**大清光緒十四年**]**七政經緯躔度時憲書**
（清）欽天監編　清光緒十四年（1888）欽天監
刻本　一冊

220000 – 0801 – 0014480　子 184/84
[**大清光緒十五年**]**七政經緯躔度時憲書**
（清）欽天監編　清光緒十五年（1889）欽天監
刻本　一冊

220000 – 0801 – 0014481　子 184/85
[**大清光緒十六年**]**七政經緯躔度時憲書**
（清）欽天監編　清光緒十六年（1890）欽天監
刻本　一冊

220000 – 0801 – 0014482　子 184/86
[**大清光緒十七年**]**七政經緯躔度時憲書**
（清）欽天監編　清光緒十七年（1891）欽天監
刻本　一冊

220000 – 0801 – 0014483　子 184/87
[**大清光緒十八年**]**七政經緯躔度時憲書**
（清）欽天監編　清光緒十八年（1892）欽天監
刻本　一冊

220000 – 0801 – 0014484　子 184/88

[大清光緒十九年]七政經緯躔度時憲書
（清）欽天監編　清光緒十九年（1893）欽天監
刻本　一冊

220000－0801－0014485　子184/89
[大清同治元年]時憲書一卷　（清）欽天監編
　清同治元年（1862）欽天監刻本　一冊

220000－0801－0014486　子184/90
[大清同治二年]七政經緯躔度時憲書一卷
（清）欽天監編　清同治二年（1863）欽天監刻
本　一冊

220000－0801－0014487　子184/91
[大清同治三年]七政經緯躔度時憲書一卷
（清）欽天監編　清同治三年（1864）欽天監刻
本　一冊

220000－0801－0014488　子184/92
[大清同治四年]七政經緯躔度時憲書一卷
（清）欽天監編　清同治四年（1865）欽天監刻
本　一冊

220000－0801－0014489　子184/93
[大清同治五年]七政經緯躔度時憲書一卷
（清）欽天監編　清同治五年（1866）欽天監刻
本　一冊

220000－0801－0014490　子184/94
[大清同治六年]七政經緯躔度時憲書一卷
（清）欽天監編　清同治六年（1867）欽天監刻
本　一冊

220000－0801－0014491　子184/95
[大清同治七年]七政經緯躔度時憲書一卷
（清）欽天監編　清同治七年（1868）欽天監刻
本　一冊

220000－0801－0014492　子184/96
[大清同治八年]七政經緯躔度時憲書一卷
（清）欽天監編　清同治八年（1869）欽天監刻
本　一冊

220000－0801－0014493　子184/97
[大清同治九年]七政經緯躔度時憲書一卷
（清）欽天監編　清同治九年（1870）欽天監刻

本　一冊

220000－0801－0014494　子184/98
[大清同治十年]七政經緯躔度時憲書一卷
（清）欽天監編　清同治十年（1871）欽天監刻
本　一冊

220000－0801－0014495　子184/99
[大清同治十一年]七政經緯躔度時憲書一卷
　（清）欽天監編　清同治十一年（1872）欽天
監刻本　一冊

220000－0801－0014496　子184/100
[大清同治十二年]時憲書　（清）欽天監編
清同治十二年（1873）欽天監刻本　一冊

220000－0801－0014497　子184/101
[大清同治十三年]七政經緯躔度時憲書一卷
　（清）欽天監編　清同治十三年（1874）欽天
監刻本　一冊

220000－0801－0014498　子184/102
[大清同治十四年]七政經緯躔度時憲書一卷
　（清）欽天監編　清光緒元年（1875）欽天監
刻本　一冊

220000－0801－0014499　子184/103
[大清咸豐元年至九年]七政經緯躔度時憲書
　（清）欽天監編　清咸豐九年（1859）欽天監
刻本　一冊

220000－0801－0014500　子184/104
[大清咸豐元年歲次辛亥]時憲書一卷　（清）
欽天監編　清咸豐元年（1851）欽天監刻本
一冊

220000－0801－0014501　子184/106
[大清咸豐元年歲次辛亥]時憲書　（清）欽天
監編　清咸豐元年（1851）欽天監刻本　一冊

220000－0801－0014502　子184/107
[大清咸豐二年]時憲書　（清）欽天監編　清
咸豐二年（1852）欽天監刻本　一冊

220000－0801－0014503　子184/108
[大清咸豐三年]時憲書　（清）欽天監編　清
咸豐三年（1853）欽天監刻本　一冊

220000－0801－0014504　子184/109

[**大清咸豐四年**]時憲書　（清）欽天監編　清咸豐四年(1854)欽天監刻本　一冊

220000－0801－0014505　子184/110

[**大清咸豐五年**]時憲書　（清）欽天監編　清咸豐五年(1855)欽天監刻本　一冊

220000－0801－0014506　子184/111

[**大清道光十四年**]七政經緯躔度時憲書　（清）欽天監編　清道光十四年(1834)欽天監刻本　一冊

220000－0801－0014507　子184/112

[**大清道光十五年**]七政經緯躔度時憲書　（清）欽天監編　清道光十五年(1835)欽天監刻本　一冊

220000－0801－0014508　子184/113

[**大清道光二十一年**]時憲書一卷　（清）敬徵等撰　清道光二十一年(1841)刻本　一冊

220000－0801－0014509　子184/114

[**大清道光二十七年**]時憲書一卷　（清）多羅定等撰　清道光二十七年(1847)刻本　一冊

220000－0801－0014510　子184/115

[**大清道光二十七年**]七政經緯躔度時憲書　（清）欽天監編　清道光二十七年(1847)欽天監刻本　一冊

220000－0801－0014511　子184/116

[**大清道光二十八年**]七政經緯躔度時憲書　（清）欽天監編　清道光二十八年(1848)欽天監刻本　一冊

220000－0801－0014512　子184/117

[**大清道光二十七年**]七政經緯躔度時憲書
[**大清道光二十九年**]七政經緯躔度時憲書　（清）欽天監編　清道光二十七年(1847)、二十九年(1849)欽天監刻本　一冊

220000－0801－0014513　子184/122

三統術衍三卷三統術鈐一卷　（清）錢大昕撰　清嘉慶六年(1801)阮元刻本　二冊

220000－0801－0014514　子184/123

三統曆衍式三卷　（清）方楷撰　清光緒十四年(1888)刻本　二冊

220000－0801－0014515　子184/124

國朝萬年書二卷　（清）陳松編　清光緒十三年(1887)樹德堂刻本　二冊

220000－0801－0014516　子184/125

御纂歷代三元甲子編年一卷御定萬年書一卷　（清）欽天監撰　清刻本　二冊

220000－0801－0014517　子184/126

御製曆象考成後編十卷　（清）允祿修　（清）顧琮纂　清光緒二十二年(1896)雙梧書屋刻本　十冊

220000－0801－0014518　子184/127

御定七政四餘萬年書不分卷　（清）欽天監編　清末刻本　四冊

220000－0801－0014519　子184/128

欽定七政四餘萬年書不分卷　（清）欽天監編　清末刻本　四冊

220000－0801－0014520　子184/129

欽定七政四餘萬年書不分卷　（清）欽天監編　清末綠蔭堂刻本　四冊

220000－0801－0014521　子184/130

[**大清宣統三年**]七政經緯躔度時憲書一卷　（清）欽天監編　清宣統三年(1911)欽天監刻本　一冊

220000－0801－0014522　子184/130－1

[**大清宣統三年**]七政經緯躔度時憲書一卷　（清）欽天監編　清宣統三年(1911)欽天監刻本　一冊

220000－0801－0014523　子184/131

[**大清宣統二年**]七政經緯躔度時憲書一卷　（清）欽天監編　清宣統二年(1910)欽天監刻本　一冊

220000－0801－0014524　子184/132

量法須知一卷　（英國）傅蘭雅著　清光緒十三年(1887)刻本　一冊

220000－0801－0014525　子184/133

新纂簡捷易明算法四卷首一卷 （清）沈士桂
纂輯 清刻本 四冊

220000－0801－0014526 子184/135

御製曆象考成上編十六卷下編十卷 （清）允
祿修 （清）何國宗等纂 清光緒二十一年
（1895）湖北官書處刻本 十五冊

220000－0801－0014527 子184/135－1

御製曆象考成上編十六卷下編十卷 （清）允
祿修 （清）何國宗等纂 清光緒二十一年
（1895）湖北官書處刻本 十四冊 存七卷
（下編一至七）

220000－0801－0014528 子184/136

邃雅堂學古錄七卷 （清）姚文田述 清道光
七年（1827）刻本 四冊

220000－0801－0014529 子184/136－1

邃雅堂學古錄七卷 （清）姚文田述 清道光
七年（1827）刻本 五冊

220000－0801－0014530 子184/139

[大清道光十三年]七政經緯躔度時憲書
（清）欽天監編 清道光十三年（1833）欽天監
刻本 一冊

220000－0801－0014531 子184/140

[大清咸豐九年]時憲書 （清）欽天監編 清
咸豐九年（1859）欽天監刻本 一冊

220000－0801－0014532 子184/141

[大清咸豐十年]時憲書 （清）欽天監編 清
咸豐十年（1860）欽天監刻本 一冊

220000－0801－0014533 子184/142

[大清道光九年]七政經緯躔度時憲書[大清
道光十年]七政經緯躔度時憲書 （清）欽天
監編 清道光十年至十一年（1830－1831）欽
天監刻本 一冊

220000－0801－0014534 子184/144

宋遼金元朔閏攷二卷 （清）錢大昕撰 （清）
錢侗增補 清光緒十七年（1891）廣雅書局刻
本 一冊

220000－0801－0014535 子184/147

宋遼金元朔閏攷二卷通鑑註辯正二卷 （清）
錢大昕纂 清光緒十七年（1891）欽天監刻本
一冊

220000－0801－0014536 子184/148

[大清咸豐六年]時憲書 （清）欽天監編 清
咸豐六年（1856）欽天監刻本 一冊

220000－0801－0014537 子184/149

[大清咸豐七年]時憲書 （清）欽天監編 清
咸豐七年（1857）欽天監刻本 一冊

220000－0801－0014538 子184/150

[大清咸豐十一年]時憲書 （清）欽天監編
清咸豐十一年（1861）欽天監刻本 一冊

220000－0801－0014539 子184/152

欽定萬年書一卷 （清）欽天監撰 清末刻本
一冊

220000－0801－0014540 子187/1

六九軒算書八卷 （清）劉衡撰 清光緒二十
九年（1903）石印本 四冊

220000－0801－0014541 子187/1－1

六九軒算書八卷 （清）劉衡撰 清光緒二十
九年（1903）石印本 四冊

220000－0801－0014542 子187/3

盈朒演代一卷 韓保徵撰 清末刻本 一冊

220000－0801－0014543 子187/4

攷數根叢草一卷 （清）方士鑨著 清光緒二
十三年（1897）刻本 一冊

220000－0801－0014544 子187/5

務民義齋算學七種 （清）徐有壬學 清光緒
九年（1883）歸安姚氏刻本 一冊

220000－0801－0014545 子187/6

形學十卷 （美國）狄考文選譯 清光緒二十
四年（1898）石印本 一冊

220000－0801－0014546 子187/7

形學十卷 （美國）狄考文輯譯 清光緒二十
三年（1897）鉛印本 一冊

220000－0801－0014547 子187/7－1

形學十卷 （美國）狄考文輯譯 清光緒二十三年（1897）鉛印本 二冊

220000－0801－0014548 子187/8

五經算術疏義二卷 （清）劉嶽雲撰 清光緒二十五年（1899）鉛印本 二冊

220000－0801－0014549 子187/10

元代開方通義一卷 （清）鄒尊顯著 清光緒三十一年（1905）刻本 一冊

220000－0801－0014550 子187/11

誦芬書屋算稿三卷 （清）蔣士榮撰 清光緒十七年（1891）刻本 一冊

220000－0801－0014551 子187/13

比例匯通四卷 （清）羅士琳演 清嘉慶二十三年（1818）刻本 四冊

220000－0801－0014552 子187/14

行素軒算稿五種 （清）華蘅芳撰 清光緒八年（1882）梁谿華氏刻本 八冊

220000－0801－0014553 子187/15

幾何原本十五卷 （希臘）歐幾里得撰 （意大利）利瑪竇等口譯 （明）徐光啓等筆錄 清同治四年（1865）刻本 八冊

220000－0801－0014554 子187/15－1

幾何原本十五卷 （希臘）歐幾里得撰 （意大利）利瑪竇等口譯 （明）徐光啓等筆錄 清同治四年（1865）刻本 八冊

220000－0801－0014555 子187/15－2

幾何原本十五卷 （希臘）歐幾里得撰 （意大利）利瑪竇等口譯 （明）徐光啓等筆錄 清同治四年（1865）刻本 八冊

220000－0801－0014556 子187/16

借根方勾股細草一卷 （清）李錫蕃撰 清同治二年（1863）活字印本 一冊

220000－0801－0014557 子187/17

勾股割圓記三卷 （清）戴震撰 清同治五年（1866）刻本 一冊

220000－0801－0014558 子187/18

象數一原七卷 （清）項名達著 清光緒十四年（1888）上海刻本 二冊

220000－0801－0014559 子187/19

微積溯源八卷 （英國）華里司輯 （英國）傅蘭雅口譯 （清）華蘅芳筆述 清同治十三年（1874）刻本 六冊

220000－0801－0014560 子187/20

鄒徵君遺書六種九卷附夏氏算學四種五卷徐氏算學三種三卷 （清）鄒伯奇撰 清同治十三年（1874）鄒達泉拾芥園刻本 五冊

220000－0801－0014561 子187/20－1

鄒徵君遺書六種九卷附夏氏算學四種五卷徐氏算學三種三卷 （清）鄒伯奇撰 清同治十三年（1874）鄒達泉拾芥園刻本 四冊

220000－0801－0014562 子187/20－2

鄒徵君遺書六種九卷附夏氏算學四種五卷徐氏算學三種三卷 （清）鄒伯奇撰 清同治十三年（1874）鄒達泉拾芥園刻本 五冊

220000－0801－0014563 子187/21

測量全璧初集十一卷 （清）曾仰東編譯 清光緒二十九年（1903）湖北洋務譯書局刻本 五冊

220000－0801－0014564 子187/22

測地志要四卷 （清）黃炳垕撰 清同治六年（1867）刻本 一冊

220000－0801－0014565 子187/23

沿沂亭算稿四種四卷 （清）徐異學 清光緒二十七年（1901）刻本 二冊

220000－0801－0014566 子187/23－1

沿沂亭算稿四種四卷 （清）徐異學 清光緒二十七年（1901）刻本 一冊

220000－0801－0014567 子187/24

測圓海鏡細草十二卷 （元）李冶撰 清光緒二年（1876）同文館鉛印本 四冊

220000－0801－0014568 子187/25

九數通考十一卷首一卷末一卷 （清）屈曾發撰 清光緒十四年（1888）上海點石齋影印本 五冊

220000－0801－0014569　　子187/26

九章算術細草圖說九卷　（清）李潢撰　清嘉慶二十五年（1820）刻本　八冊

220000－0801－0014570　　子187/27

九數通考十一卷首一卷末一卷　（清）屈曾發撰　清同治十一年（1872）刻本　六冊

220000－0801－0014571　　子187/28

九數通考十一卷首一卷末一卷　（清）屈曾發撰　清光緒二十三年（1897）味經刊書處刻本　六冊

220000－0801－0014572　　子187/29

原本直指算法統宗十二卷首一卷　（明）程大位編　清刻本　四冊

220000－0801－0014573　　子187/31

若水齋古今算學書録七卷附録一卷　（清）劉鐸輯　清光緒二十四年（1898）算學書局影印本　四冊

220000－0801－0014574　　子187/32

古籌算考釋六卷　勞乃宣撰　清光緒二十三年（1897）澄雅堂刻本　五冊

220000－0801－0014575　　子187/33

古籌算考釋六卷　勞乃宣撰　清光緒十二年（1886）完縣官舍刻本　五冊

220000－0801－0014576　　子187/33－1

古籌算考釋六卷　勞乃宣撰　清光緒十二年（1886）完縣官舍刻本　六冊

220000－0801－0014577　　子187/34

董方立遺書九種十六卷　（清）董祐誠撰　清同治八年（1869）刻本　四冊

220000－0801－0014578　　子187/34－1

董方立遺書九種十六卷　（清）董祐誠撰　清同治八年（1869）刻本　四冊

220000－0801－0014579　　子187/35

董方立遺書九種十六卷　（清）董祐誠撰　清道光十年（1830）京都文德齋刻本　六冊

220000－0801－0014580　　子187/36

萬象一原九卷首一卷　（清）夏鸞翔撰　清光緒二十四年（1898）江蘇書局刻本　二冊

220000－0801－0014581　　子187/37

藝遊録二卷　（清）駱騰鳳撰　清道光二十三年（1843）刻本　二冊

220000－0801－0014582　　子187/38

中西算學大成一百卷　（清）陳維祺纂　清光緒二十三年（1897）上海博文書局石印本　二十冊

220000－0801－0014583　　子187/39

整勾股弦引伸表一卷　（清）賈步緯演　清末則梅山房鉛印本　一冊

220000－0801－0014584　　子187/40

曲線須知一卷　（英國）傅蘭雅著　清光緒十四年（1888）刻本　一冊

220000－0801－0014585　　子187/40－1

曲線須知一卷　（英國）傅蘭雅著　清光緒十四年（1888）刻本　一冊

220000－0801－0014586　　子187/42

中西算學集要十卷　（清）周毓英述　（清）李炳章校　清光緒七年（1881）刻本　六冊

220000－0801－0014587　　子187/43

推步惟是四卷　（清）安清翹撰　清嘉慶刻本　四冊

220000－0801－0014588　　子187/44

數度衍二十三卷首三卷　（清）方中通撰　清光緒四年（1878）桐城方氏刻本　八冊

220000－0801－0014589　　子187/45

數度衍二十三卷首三卷　（清）方中通撰　清光緒十六年（1890）太原王氏刻本　八冊

220000－0801－0014590　　子187/46

御製數理精蘊上編五卷下編四十卷表八卷　（清）何國宗　（清）梅瑴成彙編　清宣統三年（1911）上海文瑞樓石印本　二十四冊

220000－0801－0014591　　子187/47

御製數理精蘊上編五卷下編四十卷表八卷　（清）何國宗　（清）梅瑴成彙編　清光緒十四年（1888）上海慎記書局石印本　二十四冊

220000－0801－0014592　子187/49

數學精詳十一卷首一卷末一卷　（清）屈曾發撰　清同治十一年（1872）廣東富文齋刻本六冊

220000－0801－0014593　子187/49－1

數學精詳十一卷首一卷末一卷　（清）屈曾發撰　清同治十一年（1872）廣東富文齋刻本五冊

220000－0801－0014594　子187/49－2

數學精詳十一卷首一卷末一卷　（清）屈曾發撰　清同治十一年（1872）廣東富文齋刻本六冊

220000－0801－0014595　子187/50

數學上編十三卷答數一卷附二卷　（清）曹汝英著　清光緒二十九年（1903）刻本　六冊

220000－0801－0014596　子187/51

翠薇山房數學十五種三十八卷　（清）張作楠撰　清光緒五年（1879）息園刻本　十六冊

220000－0801－0014597　子187/52

四元玉鑑細草三卷附增補釋例一卷　（元）朱世傑原撰　（清）羅士琳補草　**四元釋例一卷**　（清）易之瀚撰　清光緒二十二年（1896）鴻寶齋書局石印本　三冊

220000－0801－0014598　子187/53

四元玉鑑細草三卷附增補釋例一卷　（元）朱世傑撰　（清）羅士琳補草　清道光十六年（1836）石印本　六冊

220000－0801－0014599　子187/54

四元玉鑑細草三卷附增補釋例一卷　（元）朱世傑原撰　（清）羅士琳補草　**四元釋例一卷**　（清）易之瀚撰　清道光十八年（1838）刻本八冊

220000－0801－0014600　子187/54－1

四元玉鑑細草三卷附增補釋例一卷　（元）朱世傑原撰　（清）羅士琳補草　**四元釋例一卷**　（清）易之瀚撰　清道光十八年（1838）刻本十冊

220000－0801－0014601　子187/55

圓錐曲線一卷　（美國）路密司著　（美國）求德生選譯　清光緒二十九年（1903）上海美華書館鉛印本　一冊

220000－0801－0014602　子187/56

圓率考真圖解一卷　（清）曾紀鴻等撰　**算法圓理括囊一卷**　（日本）加悅傳一郎著　清同治十三年（1874）刻本　一冊

220000－0801－0014603　子187/57

貽笑大方算草　（清）都倫撰　清光緒三十二年（1906）刻本　一冊

220000－0801－0014604　子187/58

學算筆談十二卷　（清）華蘅芳撰　清光緒二十二年（1896）石印本　六冊

220000－0801－0014605　子187/59

學計韻言一卷　（清）江衡撰　清光緒十四年（1888）元和江氏一漑齋刻本　一冊

220000－0801－0014606　子187/60

八線備旨四卷附問題解答一卷　（美國）羅密士撰　（美國）潘慎文譯　清光緒二十四年（1898）上海美華書館刻本　一冊

220000－0801－0014607　子187/61

矩象測繪一卷　（清）黃炳垕撰　清光緒十七年（1891）杏雨山房刻本　一冊

220000－0801－0014608　子187/62

矩齋籌算六種二十二卷　勞乃宣撰　清光緒十二年（1886）刻本　二十二冊

220000－0801－0014609　子187/63

古琴古研齋算率五種八卷　（清）黃宗憲等撰　清光緒二十二年（1896）刻藍朱套印本五冊

220000－0801－0014610　子187/64

百硯齋算稿三種四卷　（清）凌步芳著　清光緒三十二年（1906）刻本　四冊

220000－0801－0014611　子187/65

算經十書十一種三十七卷　（清）孔繼涵輯清光緒二十二年（1896）上海鴻寶齋石印本

七冊

220000－0801－0014612　子187/66

算牖四卷　（清）許桂林撰　清光緒十三年（1887）永瑞堂刻本　二冊

220000－0801－0014613　子187/67

算牖四卷　（清）許桂林撰　清光緒十三年（1887）刻本　一冊

220000－0801－0014614　子187/68

算經十書十一種三十七卷　（清）孔繼涵輯　清光緒十六年（1890）刻本　十二冊

220000－0801－0014615　子187/70

學古堂算書叢刻第一函二種十一卷　（清）汪香祖等學　清光緒二十三年（1897）江蘇書局刻本　六冊

220000－0801－0014616　子187/71

則古昔齋算學十三種二十四卷　（清）李善蘭撰　清同治六年（1867）獨山莫友芝刻本　六冊

220000－0801－0014617　子187/71－1

則古昔齋算學十三種二十四卷　（清）李善蘭撰　清同治六年（1867）獨山莫友芝刻本　六冊

220000－0801－0014618　子187/72

則古昔齋算學十六種六十二卷　（清）李善蘭輯　清同治四年（1865）刻本　二十冊

220000－0801－0014619　子187/73

白芙堂算學叢書二十一種　（清）丁取忠輯　清同治十三年（1874）長沙古荷花池精舍刻本　三十二冊

220000－0801－0014620　子187/73－1

白芙堂算學叢書二十一種　（清）丁取忠輯　清同治十三年（1874）長沙古荷花池精舍刻本　四十冊

220000－0801－0014621　子187/73－2

白芙堂算學叢書二十一種　（清）丁取忠輯　清同治十三年（1874）長沙古荷花池精舍刻本　三十二冊

220000－0801－0014622　子187/73－3

白芙堂算學叢書二十一種　（清）丁取忠輯　清同治十三年（1874）長沙古荷花池精舍刻本　三十二冊

220000－0801－0014623　子187/74

白芙堂算學叢書二十一種　（清）丁取忠輯　清光緒十四年（1888）上海龍文書局石印本　八冊

220000－0801－0014624　子187/75

算學書目提要三卷　丁福保撰　清光緒二十五年（1899）刻本　一冊

220000－0801－0014625　子187/75－1

算學書目提要三卷　丁福保撰　清光緒二十五年（1899）刻本　一冊

220000－0801－0014626　子187/76

新刊算學啓蒙通釋三卷　（元）朱世傑撰　（清）徐鳳誥通釋　清光緒十二年（1886）求是齋刻本　三冊

220000－0801－0014627　子187/77

籌算三卷　（清）梅文鼎撰　清光緒十三年（1887）陝西求友齋刻本　二冊

220000－0801－0014628　子187/78

代數難題解法十六卷　（英國）倫德輯　（英國）傅蘭雅口譯　（清）華蘅芳筆述　清刻本　六冊

220000－0801－0014629　子187/78－1

代數難題解法十六卷　（英國）倫德輯　（英國）傅蘭雅口譯　（清）華蘅芳筆述　清刻本　六冊

220000－0801－0014630　子187/79

翼梅八卷　（清）江永著　清光緒七年（1881）群玉山房刻本　四冊

220000－0801－0014631　子187/80

御製數理精蘊上編五卷下編四十卷表八卷　（清）何國宗　（清）梅瑴成彙編　清初刻本　三十冊

220000－0801－0014632　子187/80－1

御製數理精蘊上編五卷下編四十卷表八卷
（清）何國宗　（清）梅毅成彙編　清初刻本
四十二冊

220000－0801－0014633　子187/81

原本直指演算法統宗十二卷　（明）程大位編
　清光緒九年(1883)掃葉山房刻本　六冊

220000－0801－0014634　子187/82

中西度量權衡表　（清）□□撰　清末鉛印本
　一冊

220000－0801－0014635　子187/84

御製數理精蘊上編五卷下編四十卷表八卷
（清）何國宗　（清）梅毅成彙編　清光緒八年
(1882)江蘇江寧刻本　三十六冊

220000－0801－0014636　子187/85

御製數理精蘊上編五卷下編四十卷表八卷
（清）何國宗　（清）梅毅成彙編　清光緒八年
(1882)廣東刻本　二十八冊

220000－0801－0014637　子187/86

微積闡詳五卷　（清）陳志堅撰　清光緒三十
二年(1906)上海文明書局刻本　二冊

220000－0801－0014638　子187/87

籌學啓蒙述義三卷總括一卷後記一卷望海島
術一卷　（元）朱世傑撰　清光緒十年(1884)
儀徵王鑑刻本　三冊

220000－0801－0014639　子187/88

算式集要四卷　（英國）哈司韋輯　（英國）傅
蘭雅口譯　（清）江衡筆述　清末江南機器製
造總局刻本　二冊

220000－0801－0014640　子187/89

勾股六術一卷圖解一卷　（清）項名達撰　清
末江南機器製造總局刻本　一冊

220000－0801－0014641　子187/90

平三角和較術圖解二卷　（清）張毓瑗撰　清
光緒二十八年(1902)刻本　一冊

220000－0801－0014642　子187/91

新編算學啓蒙三卷　（元）朱世傑撰　（清）羅
士琳附釋　清道光十九年(1839)刻本　二冊

220000－0801－0014643　子187/92

三角數理十二卷　（英國）海麻士輯　（英國）
傅蘭雅口譯　（清）華蘅芳筆述　（清）曹擷亭
繪圖　清光緒刻本　六冊

220000－0801－0014644　子187/94

代數術二十五卷首一卷　（英國）華里司輯
（英國）傅蘭雅口譯　（清）華蘅芳筆述　清光
緒刻本　六冊

220000－0801－0014645　子187/95

代數術二十五卷首一卷　（英國）華里司輯
（英國）傅蘭雅口譯　（清）華蘅芳筆述　清末
刻本　六冊

220000－0801－0014646　子187/96

代數鑰七卷　（清）黃慶澄撰　清光緒二十四
年(1898)刻本　二冊

220000－0801－0014647　子187/99

經心書院算學課程五卷　（清）曹汝川撰　清
末刻本　二冊　存二卷(一至二)

220000－0801－0014648　子187/100

西算新法直解八卷　（清）馮桂芬　（清）陳瑒
撰　清光緒二年(1876)馮氏校邠廬刻本
二冊

220000－0801－0014649　子187/101

謝毅堂算學三種三卷　（清）謝家禾撰　清末
刻本　一冊

220000－0801－0014650　子187/103

代數精華録十六卷　（英國）傅蘭雅口譯
（清）華蘅芳筆述　清光緒二十三年(1897)上
海書局影印本　二冊

220000－0801－0014651　子187/104

算式集要四卷　（英國）哈司韋輯　（英國）傅
蘭雅口譯　（清）江衡筆述　清末石印本
一冊

220000－0801－0014652　子187/105

畫器須知六章　（英國）傅蘭雅撰　清光緒十
四年(1888)刻本　一冊

220000－0801－0014653　子187/105－1

畫器須知六章 （英國）傅蘭雅撰 清光緒十四年(1888)刻本 一冊

220000－0801－0014654 子187/106

中西算學大成一百卷 （清）陳維祺撰 清光緒十五年(1889)同文書局石印本 二十冊

220000－0801－0014655 子187/107

開方釋例四卷 （清）駱騰鳳撰 清道光二十三年(1843)刻本 二冊

220000－0801－0014656 子187/108

周髀算經二卷 （漢）趙君卿註 清光緒十二年(1886)吳縣朱氏家塾刻本 二冊

220000－0801－0014657 子187/109

代數通藝錄十六卷 （清）方愷撰 清光緒二十二年(1896)上海時務報館石印本 四冊

220000－0801－0014658 子187/110

翠薇山房數學十五種三十八卷 （清）張作楠撰 清光緒二十三年(1897)上海石印本 六冊 存十二種三十三卷(量倉通法五卷、方田通法補例六卷、倉田通法續編三卷、八線類編三卷、八線對數類編二卷、弧角設如三卷、高弧細草一卷、交食細草三卷、新測恒星圖表一卷、新測中星圖表一卷、新測更漏中星表三卷、金華晷漏中星表二卷)

220000－0801－0014659 子187/111

算賸初編一卷 （清）顧觀光撰 清同治十三年(1874)刻本 一冊

220000－0801－0014660 子19/1

清秘藏二卷 （明）張應文撰 清末藏修書屋刻本 一冊

220000－0801－0014661 子19/4

前塵夢影錄二卷 （清）徐康撰 清光緒二十三年(1897)刻本 二冊

220000－0801－0014662 子19/4－1

前塵夢影錄二卷 （清）徐康撰 清光緒二十三年(1897)刻本 一冊

220000－0801－0014663 子19/4－2

前塵夢影錄二卷 （清）徐康撰 清光緒二十

三年(1897)刻本 一冊

220000－0801－0014664 子191/1

印香圖譜一卷 （清）丁灃撰 清光緒六年(1880)影印本 一冊

220000－0801－0014665 子191/1－1

印香圖譜一卷 （清）丁灃撰 清光緒六年(1880)影印本 二冊

220000－0801－0014666 子191/2

胡氏書畫考三種八卷 （清）胡敬撰 清嘉慶二十一年(1816)刻本 四冊

220000－0801－0014667 子191/2－1

胡氏書畫考三種八卷 （清）胡敬撰 清嘉慶二十一年(1816)刻本 四冊

220000－0801－0014668 子191/2－2

胡氏書畫考三種八卷 （清）胡敬撰 清嘉慶二十一年(1816)刻本 四冊

220000－0801－0014669 子1913/3

辛丑消夏錄五卷 （清）吳榮光撰 清光緒三十一年(1905)刻本 五冊

220000－0801－0014670 子1913/4

平津館鑒藏書畫記一卷 （清）孫星衍撰 清道光二十一年(1841)刻本 一冊

220000－0801－0014671 子1913/4－1

平津館鑒藏書畫記一卷 （清）孫星衍撰 清道光二十一年(1841)刻本 一冊

220000－0801－0014672 子1913/4－2

平津館鑒藏書畫記一卷 （清）孫星衍撰 清道光二十一年(1841)刻本 一冊

220000－0801－0014673 子1913/4－3

平津館鑒藏書畫記一卷 （清）孫星衍撰 清道光二十一年(1841)刻本 一冊

220000－0801－0014674 子1913/4－4

平津館鑒藏書畫記一卷 （清）孫星衍撰 清道光二十一年(1841)刻本 一冊

220000－0801－0014675 子1913/6

雲煙過眼錄二卷 （宋）周密撰 雲煙過眼錄

續集一卷 （元）湯允謨撰 清光緒十三年(1887)陸氏十萬卷樓刻本 二冊

220000－0801－0014676 子1913/6－1
雲煙過眼錄二卷 （宋）周密撰 雲煙過眼錄續集一卷 （元）湯允謨撰 清光緒十三年(1887)陸氏十萬卷樓刻本 二冊

220000－0801－0014677 子1913/10
紅豆樹館書畫記八卷 （清）陶樑編輯 清光緒八年(1882)吳縣潘氏韡園刻本 六冊

220000－0801－0014678 子1913/10－1
紅豆樹館書畫記八卷 （清）陶樑編輯 清光緒八年(1882)吳縣潘氏韡園刻本 六冊

220000－0801－0014679 子1913/10－2
紅豆樹館書畫記八卷 （清）陶樑編輯 清光緒八年(1882)吳縣潘氏韡園刻本 六冊

220000－0801－0014680 子1913/11
嶽雪樓書畫錄五卷 （清）孔廣陶編 清光緒十五年(1889)三十有三萬卷堂刻本 五冊

220000－0801－0014681 子1913/11－1
嶽雪樓書畫錄五卷 （清）孔廣陶編 清光緒十五年(1889)三十有三萬卷堂刻本 五冊

220000－0801－0014682 子1913/11－2
嶽雪樓書畫錄五卷 （清）孔廣陶編 清光緒十五年(1889)三十有三萬卷堂刻本 五冊

220000－0801－0014683 子1913/16
佩文齋書畫譜一百卷 （清）孫岳頒等撰 清光緒九年(1883)上海同文書局石印本 十六冊

220000－0801－0014684 子1913/21
虛齋名畫錄十六卷 龐元濟編 清宣統元年(1909)龐氏刻本 十六冊

220000－0801－0014685 子1913/21－1
虛齋名畫錄十六卷 龐元濟編 清宣統元年(1909)龐氏刻本 十六冊

220000－0801－0014686 子1913/21－2
虛齋名畫錄十六卷 龐元濟編 清宣統元年(1909)龐氏刻本 十六冊

220000－0801－0014687 子1913/24
寓意錄四卷 （清）繆曰藻撰 清道光二十年(1840)上海徐氏刻本 二冊

220000－0801－0014688 子1913/27
江邨銷夏錄三卷 （清）高士奇撰 清宣統二年(1910)順德鄧氏鉛印本 三冊

220000－0801－0014689 子1913/31
清河書畫舫十二卷 （明）張丑撰 清池北草堂刻本 十二冊

220000－0801－0014690 子1913/36
神州國光集二十一集 鄧實編 清光緒三十四年至宣統三年(1908－1911)上海神州國光社影印本 二十一冊

220000－0801－0014691 子1913/36－1
神州國光集二十一集 鄧實編 清光緒三十四年至宣統三年(1908－1911)上海神州國光社影印本 十二冊 存十二集(一至十二)

220000－0801－0014692 子1913/36－2
神州國光集二十一集 鄧實編 清光緒三十四年至宣統三年(1908－1911)上海神州國光社影印本 四冊 存四集(一、三、六至七)

220000－0801－0014693 子1913/37
穰梨館過眼錄四十卷續錄十六卷 （清）陸心源撰 清光緒十八年(1892)吳興陸氏家塾刻本 十六冊

220000－0801－0014694 子1913/37－1
穰梨館過眼錄四十卷續錄十六卷 （清）陸心源撰 清光緒十八年(1892)吳興陸氏家塾刻本 十六冊

220000－0801－0014695 子1913/39
大瓢偶筆八卷碑目一卷鐵函齋書函四卷 （清）楊賓著 （清）楊霈編 清道光二十七年(1847)粵東糧道署刻本 六冊

220000－0801－0014696 子1913/41
澄蘭室古緣萃錄十八卷 邵松年輯 清光緒三十年(1904)石印本 六冊

220000－0801－0014697 子1913/41－1

澄蘭室古緣萃錄十八卷　邵松年輯　清光緒三十年(1904)石印本　六冊

220000－0801－0014698　子1913/46

過雲樓書畫記十卷　(清)顧文彬撰　清光緒八年(1882)刻本　四冊

220000－0801－0014699　子1913/47

書畫傳習錄六卷　(清)王紱　(清)嵇承咸輯　清嘉慶十九年(1814)層雲閣刻本　十冊

220000－0801－0014700　子1913/50

甌缽羅室書畫過目攷四卷首一卷附卷一卷　(清)李玉棻輯　清光緒二十三年(1897)京都琉璃廠興盛齋刻本　四冊

220000－0801－0014701　子1913/50－1

甌缽羅室書畫過目攷四卷首一卷附卷一卷　(清)李玉棻輯　清光緒二十三年(1897)京都琉璃廠興盛齋刻本　四冊

220000－0801－0014702　子1913/50－2

甌缽羅室書畫過目攷四卷首一卷附卷一卷　(清)李玉棻輯　清光緒二十三年(1897)京都琉璃廠興盛齋刻本　四冊

220000－0801－0014703　子1913/50－3

甌缽羅室書畫過目攷四卷首一卷附卷一卷　(清)李玉棻輯　清光緒二十三年(1897)京都琉璃廠興盛齋刻本　四冊

220000－0801－0014704　子1913/50－4

甌缽羅室書畫過目攷四卷首一卷附卷一卷　(清)李玉棻輯　清光緒二十三年(1897)京都琉璃廠興盛齋刻本　四冊

220000－0801－0014705　子1913/50－5

甌缽羅室書畫過目攷四卷首一卷附卷一卷　(清)李玉棻輯　清光緒二十三年(1897)京都琉璃廠興盛齋刻本　四冊

220000－0801－0014706　子1913/50－6

甌缽羅室書畫過目攷四卷首一卷附卷一卷　(清)李玉棻輯　清光緒二十三年(1897)京都琉璃廠興盛齋刻本　四冊

220000－0801－0014707　子1913/52

書畫所見錄一卷　(清)謝堃撰　清宣統二年(1910)掃葉山房刻本　二冊

220000－0801－0014708　子1913/57

書畫鑑影二十四卷　(清)李佐賢撰　清同治十年(1871)利津李氏刻本　八冊

220000－0801－0014709　子1913/57－1

書畫鑑影二十四卷　(清)李佐賢撰　清同治十年(1871)利津李氏刻本　十二冊

220000－0801－0014710　子1913/57－2

書畫鑑影二十四卷　(清)李佐賢撰　清同治十年(1871)利津李氏刻本　八冊

220000－0801－0014711　子1913/61

墨緣彙觀四卷　(清)安岐撰　清宣統元年(1909)刻本　四冊

220000－0801－0014712　子1913/62

墨緣彙觀四卷　(清)安岐撰　清光緒二十六年(1900)鉛印本　六冊

220000－0801－0014713　子1913/71

賞奇軒合編五種六卷　(□)□□輯　清光緒十二年(1886)上海同文書局石印本　五冊

220000－0801－0014714　子1913/72

賞奇軒合編四種五卷　(□)□□輯　清末刻本　四冊

220000－0801－0014715　子1913/72－1

賞奇軒合編四種五卷　(□)□□輯　清末刻本　四冊

220000－0801－0014716　子1913/86

韻石齋筆談二卷　(清)姜紹書撰　清末抄本　一冊

220000－0801－0014717　子1914/2

讀畫齋題畫詩不分卷　(清)顧修等撰　清讀畫齋刻本　四冊

220000－0801－0014718　子1914/3

習苦齋畫絮十卷　(清)戴熙撰　清光緒十九年(1893)上海文瑞樓石印本　四冊

220000－0801－0014719　子1914/4

竹懶畫媵一卷　（明）李日華撰　清光緒八年(1882)刻本　一冊

220000－0801－0014720　子 1914/5
習苦齋畫絮十卷　（清）戴熙撰　清光緒十九年(1893)杭州景文齋刻本　四冊

220000－0801－0014721　子 1914/5－1
習苦齋畫絮十卷　（清）戴熙撰　清光緒十九年(1893)杭州景文齋刻本　四冊

220000－0801－0014722　子 1914/5－2
習苦齋畫絮十卷　（清）戴熙撰　清光緒十九年(1893)杭州景文齋刻本　四冊

220000－0801－0014723　子 1914/5－3
習苦齋畫絮十卷　（清）戴熙撰　清光緒十九年(1893)杭州景文齋刻本　四冊

220000－0801－0014724　子 1914/5－4
習苦齋畫絮十卷　（清）戴熙撰　清光緒十九年(1893)杭州景文齋刻本　四冊

220000－0801－0014725　子 1914/13
清湘老人題記一卷苦瓜和尚畫語錄一卷附錄一卷　（清）釋道洛撰　（清）汪鋆輯　清光緒九年(1883)汪氏刻本　一冊

220000－0801－0014726　子 1914/29
竹雲題跋四卷虛舟題跋十卷補原三卷　（清）王澍撰　清聞川易鶴軒苕上畫雲閣刻本　六冊

220000－0801－0014727　子 1915/1
衍極五卷　（元）鄭构述　清光緒刻本　五冊

220000－0801－0014728　子 1915/2
臨池管見一卷　（清）周星蓮撰　清同治十二年(1873)刻本　一冊

220000－0801－0014729　子 1915/3
歐陽書考十二卷首一卷末一卷　（清）袁繼翰纂　清光緒二十年(1894)刻本　四冊

220000－0801－0014730　子 1915/5
漢溪書法通解八卷　（清）戈守智撰　清道光十九年(1839)刻本　四冊

220000－0801－0014731　子 1915/12
分隸偶存二卷　（清）萬經編輯　清光緒二十五年(1899)吉林探源書舫刻本　一冊

220000－0801－0014732　子 1915/16
藝舟雙楫六卷　（清）包世臣撰　清光緒九年(1883)刻本　一冊　存二卷(包慎伯論文二卷)

220000－0801－0014733　子 1915/17
淳化閣釋文十卷　（清）徐朝弼集釋　清嘉慶十七年(1812)刻本　一冊

220000－0801－0014734　子 1916/67
芥子園書畫林　（□）□□撰　清刻本　一冊

220000－0801－0014735　子 1916/81
松禪老人遺墨　（清）翁同龢書　清光緒三十一年(1905)石印本　二冊

220000－0801－0014736　子 1916/88
東坡遺意　（明）顧杲等書　清光緒二十六年(1900)賞奇軒刻本　一冊

220000－0801－0014737　子 1916/114
節臨漢魏諸碑備覽不分卷　（清）薛文麟臨摹　清道光二十三年(1843)抄本　一冊

220000－0801－0014738　子 1916/193
宋蘇文忠公祭黃幾道文真跡　（宋）蘇軾撰并書　清光緒十二年(1886)影印本　一軸

220000－0801－0014739　子 1916/220
董玄宰真跡　（明）董其昌書　清光緒二十七年(1901)影印本　一冊

220000－0801－0014740　子 1916/238
漢汲黯傳　（元）趙孟頫書　清末影印本　一冊

220000－0801－0014741　子 1916/252
浙江巡撫聶公墓志銘　陳三立撰　清宣統三年(1911)刻本　一冊

220000－0801－0014742　子 1916/253
石印劉殿撰聖教序　（清）劉春霖書　清光緒三十一年(1905)影印本　一冊

220000－0801－0014743　子1916/275

明代名臣墨寶　（明）史可法等書　狄葆賢輯
　清光緒上海有正書局影印本　一冊　存三
集（五、七至八）

220000－0801－0014744　子1916/276

板橋先生真墨　（清）鄭燮書　清光緒三十四
年（1908）上海吳縣鄭熙影印本　一冊

220000－0801－0014745　子1916/276－1

板橋先生真墨　（清）鄭燮書　清光緒三十四
年（1908）上海吳縣鄭熙影印本　一冊

220000－0801－0014746　子1917/1

詩中畫二卷　（清）馬濤繪　清光緒十一年
（1885）影印本　二冊

220000－0801－0014747　子1917/2

詩中畫二卷　（清）馬濤繪　清光緒十一年
（1885）影印本　二冊

220000－0801－0014748　子1917/5

青霞館論畫絕句一百首　（清）吳修撰　清光
緒二年（1876）葛氏嘯園刻本　一冊

220000－0801－0014749　子1917/5－1

青霞館論畫絕句一百首　（清）吳修撰　清光
緒二年（1876）葛氏嘯園刻本　一冊

220000－0801－0014750　子1917/8

六如畫譜二卷　（明）唐寅輯　清活字印本
二冊

220000－0801－0014751　子1917/13

醉蘇齋畫訣不分卷　（清）戴以恒撰　清光緒
十七年（1891）刻本　一冊

220000－0801－0014752　子1917/24

桐陰論畫十卷　（清）秦祖永撰　清宣統二年
（1910）上海中國書畫會石印本　六冊

220000－0801－0014753　子1917/25

**桐陰論畫二卷首一卷附錄一卷續桐陰論畫一
卷桐陰畫訣一卷**　（清）秦祖永撰　清同治五
年（1866）刻朱墨套印本　四冊

220000－0801－0014754　子1917/25－1

桐陰論畫二卷首一卷附錄一卷續桐陰論畫一

卷桐陰畫訣一卷　（清）秦祖永撰　清同治五
年（1866）刻朱墨套印本　二冊

220000－0801－0014755　子1917/26

桐陰論畫十卷　（清）秦祖永撰　清光緒八年
（1882）刻朱墨套印本　四冊

220000－0801－0014756　子1917/26－1

桐陰論畫十卷　（清）秦祖永撰　清光緒八年
（1882）刻朱墨套印本　二冊　存四卷（桐陰
論畫初編四卷）

220000－0801－0014757　子1917/31

松壺先生集四卷　（清）錢杜撰　清光緒六年
（1880）八喜齋刻本　一冊

220000－0801－0014758　子1917/31－1

松壺先生集四卷　（清）錢杜撰　清光緒六年
（1880）八喜齋刻本　一冊

220000－0801－0014759　子1917/31－2

松壺先生集四卷　（清）錢杜撰　清光緒六年
（1880）八喜齋刻本　二冊

220000－0801－0014760　子1917/41

畫學心印八卷　（清）秦祖永譯輯　清光緒四
年（1878）刻套印本　八冊

220000－0801－0014761　子1917/46

揚州畫苑錄四卷　（清）汪鋆撰　清光緒十二
年（1886）刻本　二冊

220000－0801－0014762　子1917/49

瓶花書屋竹譜　（清）楊士安繪　清道光二十
六年（1846）刻本　一冊

220000－0801－0014763　子1917/52

南薰殿圖像攷二卷　（清）胡敬輯　清嘉慶二
十一年（1816）刻本　一冊

220000－0801－0014764　子1917/53

**桐陰論畫二卷首一卷附錄一卷二編二卷三編
二卷續桐陰論畫一卷桐陰畫訣一卷**　（清）秦
祖永撰　清光緒刻本　四冊

220000－0801－0014765　子1917/55

補瘞鶴銘考二卷　（清）汪鋆撰　清光緒刻本
一冊

220000－0801－0014766　子1918/1

文美齋畫譜一卷　（清）錢慧安　（清）楊佩夫繪　清末文美齋刻朱印本　一冊

220000－0801－0014767　子1918/5

詩畫舫六卷　（清）上海點石齋集　清光緒七年(1881)上海點石齋石印本　六冊

220000－0801－0014768　子1918/20

飛影閣叢書二集八卷　（清）吳友如編　清光緒十九年(1893)石印本　八冊

220000－0801－0014769　子1918/41

冶梅㮋譜不分卷　（清）王寅撰　清光緒十八年(1892)上海振華圖書社影印本　四冊

220000－0801－0014770　子1918/42

冶梅石譜不分卷　（清）王寅撰　清光緒六年(1880)刻本　二冊

220000－0801－0014771　子1918/42－1

冶梅石譜不分卷　（清）王寅撰　清光緒六年(1880)刻本　二冊

220000－0801－0014772　子1918/43

冶梅石譜不分卷　（清）王寅撰　清光緒八年(1882)刻本　二冊

220000－0801－0014773　子1918/44

泛槎圖文集六卷　（清）張寶撰　清道光二十四年(1844)刻本　六冊

220000－0801－0014774　子1918/44－1

泛槎圖文集六卷　（清）張寶撰　清道光二十四年(1844)刻本　六冊

220000－0801－0014775　子1918/57

海上名人畫稿不分卷　（□）□□撰　清光緒十一年(1885)上海同文書局影印本　一冊

220000－0801－0014776　子1918/61

十竹齋書畫譜八卷　（明）胡正言輯　清光緒石印本　八冊

220000－0801－0014777　子1918/70

李躍門百蝶圖二卷附題詞詩鈔二卷　（清）李國龍撰　清道光二十九年(1849)刻本　二冊

220000－0801－0014778　子1918/70－1

李躍門百蝶圖二卷附題詞詩鈔二卷　（清）李國龍撰　清道光二十九年(1849)刻本　一冊

220000－0801－0014779　子1918/72

古今名人畫稿三集　（清）錦章書局編　清光緒十四年(1888)錦章書局影印本　六冊

220000－0801－0014780　子1918/76

芥子園畫傳六卷二集九卷三集六卷　（清）王概等摹輯　清光緒三十四年(1908)福記書局影印本　十二冊

220000－0801－0014781　子1918/77

芥子園畫傳六卷　（清）王概摹輯　清光緒十六年(1890)上海鴻寶齋石印本　四冊

220000－0801－0014782　子1918/78

芥子園傳六卷二集九卷　（清）王概等摹輯　清光緒二十三年(1897)影印本　八冊

220000－0801－0014783　子1918/79

芥子園畫傳初集六卷二集九卷三集六卷　（清）王概等摹輯　清光緒十四年(1888)石印本　一冊　存六卷(三集六卷)

220000－0801－0014784　子1918/79－1

芥子園畫傳初集六卷二集九卷三集六卷　（清）王概等摹輯　清光緒十四年(1888)石印本　四冊　存六卷(三集六卷)

220000－0801－0014785　子1918/79－2

芥子園畫傳初集六卷二集九卷三集六卷　（清）王概等摹輯　清光緒十四年(1888)石印本　四冊　存七卷(二集三至九)

220000－0801－0014786　子1918/80

芥子園圖傳初集六卷　（清）王概摹輯　清光緒十三年(1887)上海鴻文書局影印本　四冊

220000－0801－0014787　子1918/82

芥子園圖傳六卷　（清）王概摹輯　清末影印本　四冊

220000－0801－0014788　子1918/88

蘭竹名冊　（清）吳鴻勛繪　清光緒九年(1883)刻本　二冊

220000－0801－0014789　子 1918/100

椒石畫冊二卷　（清）潘嵐繪　清光緒十七年
(1891)刻本　二冊

220000－0801－0014790　子 1918/116

墨竹蘭石譜　（清）汪之元等繪　清光緒四年
(1878)明樵石山房刻本　二冊

220000－0801－0014791　子 1918/117

新增墨蘭竹譜不分卷　（清）陳逵繪　清光緒
十年(1884)雲盛山房刻本　一冊

220000－0801－0014792　子 1918/118

點石齋畫報　（清）吳友如等編　清光緒影印
本　六十九冊

220000－0801－0014793　子 1918/119

點石齋畫報二十二集　（清）吳友如編　清光
緒十年(1884)影印本　四十三冊　缺一集
(十二下)

220000－0801－0014794　子 1918/120

點石齋畫報二十二集　（清）吳友如編　清光
緒影印本　二十二冊

220000－0801－0014795　子 1918/127

馬鏡江人物仕女畫譜二種　（清）馬濤繪　清
光緒十一年(1885)上海錦文堂石印本　二冊

220000－0801－0014796　子 1918/131

毓秀堂畫傳四卷　（清）王墀繪　清光緒九年
(1883)影印本　二冊

220000－0801－0014797　子 1918/138

竹坡軒梅譜　（清）鄭小樵繪　清道光十八年
(1838)刻本　一冊

220000－0801－0014798　子 1918/296

蘭石畫譜　（清）吳煥采繪　清光緒二十年
(1894)硯北草堂刻本　四冊

220000－0801－0014799　子 1918/390

木刻風俗畫　（□）□□撰　清末刻本　一冊

220000－0801－0014800　子 1918/409

王照圓仿古山水十幅　（清）王奉常繪　清宣
統元年(1909)文明書局影印本　一冊

220000－0801－0014801　子 1918/411

墨蘭譜　（清）陳東橋繪　清嘉慶三年(1798)
讀畫齋刻本　四冊

220000－0801－0014802　子 1918/422

新增百美圖說二卷　李世捷輯　清光緒十三
年(1887)上海積山書局影印本　二冊

220000－0801－0014803　子 1918/424

國朝名人政績圖　（□）□□撰　清宣統元年
(1909)影印本　四冊　缺一冊(一)

220000－0801－0014804　子 1918/425

晚笑堂畫傳　（清）上官周繪　清末刻本
一冊

220000－0801－0014805　子 1918/426

點石齋畫報　（清）□□撰　清光緒影印本
一冊　存金、石、土、亨、利、貞殘頁

220000－0801－0014806　子 1918/427

冶梅夥譜　（清）王寅撰　清光緒十八年
(1892)石印本　一冊

220000－0801－0014807　子 193/4

篆刻鍼度八卷　（清）陳克恕述　清光緒三年
(1877)刻本　二冊

220000－0801－0014808　子 193/8

篆學叢書三十種　（清）顧湘輯　清光緒十四
年(1888)虞山飛鴻延年室刻本　八冊

220000－0801－0014809　子 193/9

篆學瑣著三十種　（清）顧湘輯　清道光二十
年(1840)海虞顧氏刻本　十二冊

220000－0801－0014810　子 195/1

詩經古譜二卷　（□）□□撰　清光緒三十四
年(1908)學部圖書館石印本　一冊

220000－0801－0014811　子 195/1－1

詩經古譜二卷　（□）□□撰　清光緒三十四
年(1908)學部圖書館石印本　一冊

220000－0801－0014812　子 195/2

庚癸原音二種六卷　（清）繆闓撰　清同治五
年(1866)刻本　四冊

220000－0801－0014813　子195/7

自遠堂琴譜十二卷　（清）吳烐輯　清嘉慶六年(1801)自遠堂刻本　八冊

220000－0801－0014814　子195/8

與古齋琴譜四卷　（清）祝鳳喈輯　清咸豐五年(1855)刻本　四冊

220000－0801－0014815　子195/9

枯木禪琴譜八卷　（清）釋空塵著　清光緒二十年(1894)刻本　四冊

220000－0801－0014816　子195/9－1

枯木禪琴譜八卷　（清）釋空塵著　清光緒二十年(1894)刻本　四冊

220000－0801－0014817　子195/9－2

枯木禪琴譜八卷　（清）釋空塵著　清光緒二十年(1894)刻本　四冊

220000－0801－0014818　子195/10

天聞閣琴譜十六卷首三卷　（清）唐彝銘纂清光緒二年(1876)成都葉氏刻本　二十冊

220000－0801－0014819　子195/10－1

天聞閣琴譜十六卷首三卷　（清）唐彝銘纂清光緒二年(1876)成都葉氏刻本　十八冊

220000－0801－0014820　子195/10－2

天聞閣琴譜十六卷首三卷　（清）唐彝銘纂清光緒二年(1876)成都葉氏刻本　十六冊

220000－0801－0014821　子195/10－3

天聞閣琴譜十六卷首三卷　（清）唐彝銘纂清光緒二年(1876)成都葉氏刻本　十六冊

220000－0801－0014822　子195/11

蕉庵琴譜四卷　（清）秦維瀚撰　清光緒三年(1877)刻本　二冊

220000－0801－0014823　子195/11－1

蕉庵琴譜四卷　（清）秦維瀚撰　清光緒三年(1877)刻本　四冊

220000－0801－0014824　子195/12

立雪齋琴譜二卷首一卷　（清）汪紱輯　清光緒二十二年(1896)刻本　二冊

220000－0801－0014825　子195/12－1

立雪齋琴譜二卷首一卷　（清）汪紱輯　清光緒二十二年(1896)刻本　二冊

220000－0801－0014826　子195/12－2

立雪齋琴譜二卷首一卷　（清）汪紱輯　清光緒二十二年(1896)刻本　二冊

220000－0801－0014827　子195/15

琴譜新聲（春草堂琴譜）六卷首一卷　（清）曹尚絅等訂　清刻本　六冊

220000－0801－0014828　子195/16

琴譜諧聲六卷　（清）周顯祖撰　清道光元年(1821)刻本　六冊

220000－0801－0014829　子195/16－1

琴譜諧聲六卷　（清）周顯祖撰　清道光元年(1821)刻本　六冊

220000－0801－0014830　子195/17

琴旨申邱一卷　（清）劉人熙撰　清光緒十五年(1889)刻本　一冊

220000－0801－0014831　子195/19

琴律一得二卷　（清）劉沃森著　（清）劉天榮編　清光緒二十三年(1897)刻本　二冊

220000－0801－0014832　子195/22

琵琶譜三卷　（清）陳牧夫　（清）王君錫傳譜　（清）華文彬等訂　清光緒四年(1878)上海千頃堂刻本　三冊

220000－0801－0014833　子195/25

琴瑟合譜二卷　（清）慶瑞著　清同治九年(1870)刻本　二冊

220000－0801－0014834　子195/30

琴學入門二卷　（清）張鶴輯　清光緒七年(1881)刻本　二冊

220000－0801－0014835　子195/30－1

琴學入門二卷　（清）張鶴輯　清光緒七年(1881)刻本　二冊

220000－0801－0014836　子195/30－2

琴學入門二卷　（清）張鶴輯　清光緒七年(1881)刻本　三冊

220000 – 0801 – 0014837　子195/30 – 3

琴學入門二卷　（清）張鶴輯　清光緒七年（1881）刻本　三冊

220000 – 0801 – 0014838　子195/31

琴學尊聞一卷　（清）郭柏心輯　清同治三年（1864）刻本　一冊

220000 – 0801 – 0014839　子195/32

琴義問答一卷　（清）韓緎等撰　清光緒三十年（1904）怡梧軒刻本　一冊

220000 – 0801 – 0014840　子195/33

晉泰始笛律匡謬一卷　（清）凌廷堪撰　清道光二十九年（1849）刻本　一冊

220000 – 0801 – 0014841　子195/35

山門新語四卷首一卷　（清）周贇撰　清光緒三十二年（1906）刻本　十冊

220000 – 0801 – 0014842　子195/38

樂經律呂通解五卷　（清）汪烜輯　清光緒九年（1883）紫陽書院刻本　五冊

220000 – 0801 – 0014843　子195/39

樂經或問三卷　（清）汪紱撰　清光緒二十二年（1896）刻本　三冊

220000 – 0801 – 0014844　子195/41

樂律考二卷　（清）徐灝撰　清光緒十三年（1887）刻本　一冊

220000 – 0801 – 0014845　子195/42

律音匯考八卷　（清）邱之稑撰　清道光二十一年（1841）刻本　四冊

220000 – 0801 – 0014846　子195/43

律音匯考八卷　（清）邱之稑著　清宣統三年（1911）刻本　四冊

220000 – 0801 – 0014847　子195/44

律話三卷　（清）戴長庚撰　清道光十三年（1833）吾愛書屋刻本　四冊

220000 – 0801 – 0014848　子195/45

律呂辯訛一卷　（□）□□撰　清抄本　二冊

220000 – 0801 – 0014849　子195/47

欽定各郊壇廟樂章一卷　（清）張樂盛撰　清光緒三十年（1904）神樂署刻本　一冊

220000 – 0801 – 0014850　子195/48

欽定各郊壇廟樂章一卷　（清）張樂盛撰　清光緒四年（1878）神樂署刻本　二冊

220000 – 0801 – 0014851　子195/49

缾笙館修簫譜一卷　（清）舒位撰　清道光十三年（1833）錢塘汪氏振綺堂刻本　一冊

220000 – 0801 – 0014852　子195/49 – 1

缾笙館修簫譜一卷　（清）舒位撰　清道光十三年（1833）錢塘汪氏振綺堂刻本　二冊

220000 – 0801 – 0014853　子195/49 – 2

缾笙館修簫譜一卷　（清）舒位撰　清道光十三年（1833）錢塘汪氏振綺堂刻本　二冊

220000 – 0801 – 0014854　子195/50

宋樂類編二卷南北詞名宮調匯錄二卷　（清）汪汲撰　清刻本　一冊

220000 – 0801 – 0014855　子195/50 – 1

宋樂類編二卷南北詞名宮調匯錄二卷　（清）汪汲撰　清刻本　一冊

220000 – 0801 – 0014856　子195/53

古律經傳附考五卷　（清）紀大奎撰　清嘉慶二十年（1815）刻本　二冊

220000 – 0801 – 0014857　子195/53 – 1

古律經傳附考五卷　（清）紀大奎撰　清嘉慶二十年（1815）刻本　二冊

220000 – 0801 – 0014858　子195/53 – 2

古律經傳附考五卷　（清）紀大奎撰　清嘉慶二十年（1815）刻本　二冊

220000 – 0801 – 0014859　子195/54

古樂經傳五卷　（清）李光地撰　清教忠堂刻本　二冊

220000 – 0801 – 0014860　子195/58

重刻恭簡公志樂二十卷　（明）韓邦奇撰　清道光六年（1826）刻本　十二冊

220000 – 0801 – 0014861　子195/58 – 1

重刻恭簡公志樂二十卷 （明）韓邦奇撰 清道光六年(1826)刻本 十二冊

220000－0801－0014862 子195/62

重訂擬瑟譜一卷 （清）段仔文 （清）張懋賞編 清光緒七年(1881)刻本 二冊

220000－0801－0014863 子195/64

泰律十二卷泰律外篇三卷 （明）葛中選著 清光緒二十八年(1902)刻本 八冊

220000－0801－0014864 子195/67

棠湖塤譜一卷 （清）吳潯源纂述 清光緒十四年(1888)刻本 一冊

220000－0801－0014865 子197/1

證謎新編二卷 （清）俞樾撰 清光緒十二年(1886)刻本 二冊

220000－0801－0014866 子197/2

精選文虎大觀六卷 （清）李虁鸝輯 清光緒十六年(1890)平湖味三書屋刻本 六冊

220000－0801－0014867 子197/3

商餘春虎一卷 富春山民編輯 清宣統元年(1909)大成書局鉛印本 一冊

220000－0801－0014868 子197/4

龍山燈虎二卷 （清）企杜氏選 清咸豐六年(1856)刻本 二冊

220000－0801－0014869 子197/9

十五家妙契同岑集謎選不分卷 俞培元等編 清末刻本 一冊

220000－0801－0014870 子197/13

六家弈譜六卷 （清）王彥侗選輯 清咸豐七年(1857)刻本 二冊

220000－0801－0014871 子197/14

受子譜選二卷首一卷 （清）李汝珍輯 清嘉慶二十二年(1817)刻本 二冊

220000－0801－0014872 子197/16

桃花泉弈譜二卷 （清）范世勳著 清刻本 二冊

220000－0801－0014873 子197/17

桃花泉弈譜二卷 （清）范世勳著 清刻本 二冊

220000－0801－0014874 子197/17－1

桃花泉弈譜二卷 （清）范世勳著 清刻本 一冊

220000－0801－0014875 子197/18

桃花泉弈譜二卷 （清）范世勳著 清同治十二年(1873)刻本 二冊

220000－0801－0014876 子197/19

桃花泉弈譜二卷 （清）范世勳著 清兩儀堂刻本 二冊

220000－0801－0014877 子197/20

受子弈譜一卷 （清）毛孝光輯 清嘉慶十五年(1810)刻本 一冊

220000－0801－0014878 子197/21

中山弈譜一卷 （日本）孫思忠輯 清同治八年(1869)刻本 一冊

220000－0801－0014879 子197/22

潘景齋弈譜約選一卷 （清）楚桐隱 （清）章芝楣評 清刻本 一冊

220000－0801－0014880 子197/23

奕程一卷施紹闇批奕譜一卷 （清）張雅博輯 清嘉慶四年(1799)退一步山房刻本 二冊

220000－0801－0014881 子197/24

弈潛齋集譜初編十六卷三編六卷 （清）鄧元鏸輯 清光緒二十四年(1898)刻本 八冊 缺二卷(臧念宣先生弈理析疑一卷、卞立言先生弈萃一卷)

220000－0801－0014882 子197/26

弈理指歸圖三卷 （清）施紹闇著 （清）錢長澤繪圖 清光緒七年(1881)刻本 六冊

220000－0801－0014883 子197/26－1

弈理指歸圖三卷 （清）施紹闇著 （清）錢長澤繪圖 清光緒七年(1881)刻本 二冊 缺一卷(中)

220000－0801－0014884 子197/27

弈理指歸圖三卷 （清）施紹闇著 （清）錢長

澤繪圖　清上海文瑞樓影印本　六冊

220000 - 0801 - 0014885　子197/28

國朝弈匯三卷稼書樓一卷　（清）徐德煥等選
清咸豐六年(1856)蘭岩別墅刻本　四冊

220000 - 0801 - 0014886　子197/29

弈萃一卷　（清）卞文恆著　清味書齋刻本
一冊

220000 - 0801 - 0014887　子197/30

皖游弈萃一卷　（清）方濬頤輯　清光緒二年
(1876)刻本　一冊

220000 - 0801 - 0014888　子197/32

弈妙一卷　（清）吳峻輯　清刻本　一冊

220000 - 0801 - 0014889　子197/33

待月諼棋譜（待月諼弈存）一卷　（清）方濬頤
著　清同治十二年(1873)刻本　一冊

220000 - 0801 - 0014890　子197/34

蝸篨弈錄八種八卷　（清）黃龍士等撰　清光
緒十五年(1889)蝸篨刻本　九冊

220000 - 0801 - 0014891　子197/35

西湖楹聯四卷　（清）周慶祺輯　清光緒二十
二年(1896)知止軒刻本　四冊

220000 - 0801 - 0014892　子197/35 - 1

西湖楹聯四卷　（清）周慶祺輯　清光緒二十
二年(1896)知止軒刻本　四冊

220000 - 0801 - 0014893　子197/35 - 2

西湖楹聯四卷　（清）周慶祺輯　清光緒二十
二年(1896)知止軒刻本　四冊

220000 - 0801 - 0014894　子197/36

巧對錄八卷　（清）梁章鉅輯　清道光二十二
年(1842)刻本　二冊

220000 - 0801 - 0014895　子197/40

佐觴集令二卷附酒令狀元籌譜一卷　（□）
□□撰　清同治十二年(1873)聽槐雨山房抄
本　三冊

220000 - 0801 - 0014896　子197/43

鞠傲軒集聯新語一卷　劉傳福集　清宣統元

年(1909)鉛印本　一冊

220000 - 0801 - 0014897　子197/45

綺霞江館聯語偶存一卷續一卷　吳熙撰　清
宣統二年(1910)刻本　二冊

220000 - 0801 - 0014898　子197/47

酒令叢鈔四卷　（清）俞敦培輯　清光緒四年
(1878)刻本　二冊

220000 - 0801 - 0014899　子197/47 - 1

酒令叢鈔四卷　（清）俞敦培輯　清光緒四年
(1878)刻本　二冊

220000 - 0801 - 0014900　子197/47 - 2

酒令叢鈔四卷　（清）俞敦培輯　清光緒四年
(1878)刻本　一冊

220000 - 0801 - 0014901　子197/47 - 3

酒令叢鈔四卷　（清）俞敦培輯　清光緒四年
(1878)刻本　二冊

220000 - 0801 - 0014902　子197/48

酒牌　（□）□□撰　清刻本　一冊

220000 - 0801 - 0014903　子197/51

重訂宣和譜牙牌彙集二卷　（清）金杏園輯
（清）雲庵氏重訂　清光緒十四年(1888)宏文
齋刻本　二冊

220000 - 0801 - 0014904　子197/53

對聯滙海十四卷　（清）邱日缸輯　清同治六
年(1867)裕德堂刻本　四冊

220000 - 0801 - 0014905　子197/57

梁程范施四大家弈譜　（清）鄧元鏸輯　清光
緒二十八年(1902)弈潛齋刻本　九冊

220000 - 0801 - 0014906　子197/58

寄青霞館弈選八卷續編八卷　（清）王存善輯
清光緒二十三年(1897)刻本　十六冊

220000 - 0801 - 0014907　子197/59

韜略元機八卷　（清）三樂居士撰　清光緒三
十四年(1908)上海廣益書局影印本　四冊

220000 - 0801 - 0014908　子197/60

七巧圖解一卷　（□）□□撰　清咸豐四年

(1854)華經堂刻本　　一冊

220000－0801－0014909　子197/61

七嬉二卷　（清）棲雲野客編　清道光十九年(1839)文煥閣刻本　　二冊

220000－0801－0014910　子197/63

廿四家隱語二卷　（清）沈錫三輯　清宣統三年(1911)鉛印本　　二冊

220000－0801－0014911　子197/63－1

廿四家隱語二卷　（清）沈錫三輯　清宣統三年(1911)鉛印本　　一冊　缺一卷(下)

220000－0801－0014912　子197/65

七國象棋局一卷投壺新格一卷　（宋）司馬光撰　譜雙五卷　（宋）洪遵撰　清光緒三十二年(1906)長沙葉氏刻本　　一冊

220000－0801－0014913　子197/66

七巧書法一卷　（清）嚴恆著　清光緒十八年(1892)聽月山房刻本　　一冊

220000－0801－0014914　子197/67

古今楹聯彙刻小傳一卷　（清）吳隱輯　清光緒三十二年(1906)西泠印社影印本　　一冊

220000－0801－0014915　子197/68

新刻黃鶴樓銘楹聯一卷　（□）□□撰　清光緒四年(1878)刻本　　一冊

220000－0801－0014916　子197/69

新刻黃鶴樓銘楹聯一卷　（□）□□撰　清光緒二年(1876)星沙未了居士刻本　　一冊

220000－0801－0014917　子197/70

莫愁湖楹聯便覽一卷　（清）釋壽安輯　清光緒五年(1879)刻本　　一冊

220000－0801－0014918　子197/70－1

莫愁湖楹聯便覽一卷　（清）釋壽安輯　清光緒五年(1879)刻本　　一冊

220000－0801－0014919　子197/72

增補古今集聯不分卷　（清）莫友芝撰　清光緒二十九年(1903)宏道堂刻本　　四冊

220000－0801－0014920　子197/74

餐菊齋棋評一卷　（清）周鼎著　清同治十一年(1872)刻本　　一冊

220000－0801－0014921　子197/75

楹聯彙編八卷　王榮商輯　清光緒三十年(1904)上海書局石印本　　七冊

220000－0801－0014922　子197/76

彙刻謫仙樓楹聯　（清）方臥雲輯　清光緒七年(1881)退藏道院刻本　　一冊

220000－0801－0014923　子197/77

楹聯錄存五卷附錄一卷　（清）俞樾撰　清光緒二十一年(1895)刻春在堂全書本　　四冊　缺二卷(四至五)

220000－0801－0014924　子197/78

楹聯集帖一卷　（清）顧翰集　清光緒二十六年(1900)刻本　　一冊

220000－0801－0014925　子197/79

楹聯續話四卷　（清）梁章鉅編輯　清道光二十三年(1843)南浦廎齋刻本　　二冊

220000－0801－0014926　子197/80

楹聯叢話十二卷楹聯續話四卷　（清）梁章鉅編　清道光二十年(1840)環碧軒刻本　　六冊

220000－0801－0014927　子197/80－1

楹聯叢話十二卷楹聯續話四卷　（清）梁章鉅編　清道光二十年(1840)環碧軒刻本　　八冊　缺四卷(楹聯續話四卷)

220000－0801－0014928　子197/81

楹聯叢話十二卷楹聯續話四卷　（清）梁章鉅編　清道光二十年(1840)桂林署齋刻本　　六冊

220000－0801－0014929　子197/82

楹聯叢話十二卷楹聯續話四卷　（清）梁章鉅編　清道光二十二年(1842)長沙刻本　　四冊　缺五卷(楹聯叢話十至十二、續話三至四)

220000－0801－0014930　子197/83

楹聯叢話十二卷楹聯續話四卷　（清）梁章鉅編　清道光二十六年(1846)刻本　　四冊

220000－0801－0014931　子197/85

打馬圖經一卷 （宋）李清照撰 除紅譜一卷
（宋）朱河撰 清光緒三十二年(1906)長沙
葉氏刻本 一冊

220000－0801－0014932 子197/85－1

打馬圖經一卷 （宋）李清照撰 除紅譜一卷
（宋）朱河撰 清光緒三十二年(1906)長沙
葉氏刻本 一冊

220000－0801－0014933 子197/86

擷綠山房隱語二卷 （清）葉金璜撰 清光緒
三十二年(1906)葉氏刻本 一冊

220000－0801－0014934 子197/86－1

擷綠山房隱語二卷 （清）葉金璜撰 清光緒
三十二年(1906)葉氏刻本 一冊

220000－0801－0014935 子197/86－2

擷綠山房隱語二卷 （清）葉金璜撰 清光緒
三十二年(1906)葉氏刻本 一冊

220000－0801－0014936 子197/89

曲園三耍一卷 （清）俞樾撰 清光緒春在堂
全書本 一冊

220000－0801－0014937 子197/90

挽男錦聯不分卷 （清）華海屏抄 清抄本
一冊

220000－0801－0014938 子197/91

投壺儀節不分卷 （清）汪褆輯 清光緒十四
年(1888)觀自得齋刻本 二冊

220000－0801－0014939 子197/92

摘星譜一卷 （清）胡鴻澤輯 清光緒十四年
(1888)樹屋山莊刻本 一冊

220000－0801－0014940 子197/96

四書聯璧不分卷 （清）徐壽基輯 清光緒十
六年(1890)濟南刻本 一冊

220000－0801－0014941 子197/104

睫巢鏡影十二卷 （清）童葉庚撰 清光緒十
六年(1890)刻本 四冊

220000－0801－0014942 子197/105

四子譜二卷 （清）過文年輯 清同治十二年
(1873)金閶同文堂刻本 二冊

220000－0801－0014943 子197/107

閒情小錄初集八種 （清）葛元煦輯 清光緒
三年(1877)刻本 六冊

220000－0801－0014944 子197/109

雅語巧對錄 （清）胡啓俊撰 清光緒十年
(1884)刻本 一冊

220000－0801－0014945 子197/110

馬吊譜一卷 （□）□□撰 清抄本 一冊

220000－0801－0014946 子197/111

隱林四卷 （清）鄭灝著 （清）鄭永禧述 清
光緒十七年(1891)三衢鄭氏刻本 八冊

220000－0801－0014947 子197/112

作嫁衣裳齋隱語一卷 （清）楊小湄編 清光
緒十八年(1892)聽雪書屋刻本 一冊

220000－0801－0014948 子197/113

隱語萃菁一卷 吳鈺輯 清光緒四年(1878)
刻本 一冊

220000－0801－0014949 子197/114

除紅譜一卷 （宋）朱河撰 清光緒三十二年
(1906)長沙葉氏刻本 一冊

220000－0801－0014950 子197/117

竹香齋象戲譜三集 （清）張喬棟著 清嘉慶
刻本 十二冊

220000－0801－0014951 子197/119

益智續圖二卷 （清）童昂等著 清光緒六年
(1880)刻本 一冊 缺一卷(二)

220000－0801－0014952 子197/120

益智圖二卷 （清）童葉庚著 清光緒四年
(1878)刻本 二冊

220000－0801－0014953 子197/120－1

益智圖二卷 （清）童葉庚著 清光緒四年
(1878)刻本 一冊

220000－0801－0014954 子197/120－2

益智圖二卷 （清）童葉庚著 清光緒四年
(1878)刻本 二冊 缺一卷(下)

220000－0801－0014955 子197/120－3

益智圖二卷　（清）童葉庚著　清光緒四年
(1878)刻本　二冊

220000－0801－0014956　子197/120－4
益智圖二卷　（清）童葉庚著　清光緒四年
(1878)刻本　二冊

220000－0801－0014957　子197/124
潛西隨筆二卷　（清）雪堂含澈纂述　清光緒
十九年(1893)刻本　一冊

220000－0801－0014958　子197/126
莫愁湖楹聯便覽　（清）釋壽安輯　清光緒五
年(1879)刻本　一冊

220000－0801－0014959　子197/127
藤香館小品二卷續二卷　（清）薛時雨遺著
清光緒二十三年(1897)刻本　一冊

220000－0801－0014960　子197/131
愚園楹聯一卷　（清）胡光國編輯　清刻本
一冊

220000－0801－0014961　子197/132
鯨華社鍾選二卷　（清）劉樹屏等撰　清光緒
三十一年(1905)上海通元書局石印本　一冊

220000－0801－0014962　子197/133
詩畸八卷外編二卷謎拾二卷謎學一卷　（清）
劉荃等撰　清光緒十九年(1893)刻本　五冊

220000－0801－0014963　子197/133－1
詩畸八卷外編二卷謎拾二卷謎學一卷　（清）
劉荃等撰　清光緒十九年(1893)刻本　四冊
　　缺二卷(謎拾二卷)

220000－0801－0014964　子197/133－2
詩畸八卷外編二卷謎拾二卷謎學一卷　（清）
劉荃等撰　清光緒十九年(1893)刻本　四冊
　　缺二卷(謎拾二卷)

220000－0801－0014965　子197/137
漢官儀三卷　（宋）劉攽撰　清刻本　一冊

220000－0801－0014966　子197/141
詩夢鐘聲錄一卷　（清）李嘉樂等輯　清光緒
十九年(1893)刻本　一冊

220000－0801－0014967　子197/142
詩夢鐘聲錄一卷　（清）李嘉樂等輯　清中期
刻本　一冊

220000－0801－0014968　子197/143
絜園詩鐘不分卷　蔡乃煌輯　清宣統二年
(1910)鉛印本　一冊

220000－0801－0014969　子197/144
梡鞠錄二卷　朱祖謀編　清宣統元年(1909)
金陵刻本　二冊

220000－0801－0014970　子197/148
漢官儀三卷　（宋）劉攽撰　清道光四年
(1824)刻本　二冊

220000－0801－0014971　子197/148－1
漢官儀三卷　（宋）劉攽撰　清道光四年
(1824)刻本　一冊

220000－0801－0014972　子197/148－2
漢官儀三卷　（宋）劉攽撰　清道光四年
(1824)刻本　一冊

220000－0801－0014973　子197/152
益智字圖　（清）童葉庚撰　清光緒十一年
(1885)刻本　一冊

220000－0801－0014974　子197/154
楹聯叢話十二卷楹聯續話四卷　（清）梁章鉅
編　清光緒十六年(1890)醉六堂刻本　六冊

220000－0801－0014975　子197/155
燕蘭小譜五卷　（清）吳長元撰　附海漚小譜
一卷　（清）趙執信撰　清宣統三年(1911)長
沙葉氏刻本　一冊

220000－0801－0014976　子21/2
增廣古今秘苑四卷　（□）十二桐樓主人編
清十二桐樓刻本　四冊

220000－0801－0014977　子21/3
衛濟餘編十八卷　（清）王纕堂編　清道光二
年(1822)刻本　五冊

220000－0801－0014978　子211/1
粥譜一卷廣粥譜不分卷　（清）黃雲鵠纂輯
清光緒七年(1881)刻本　一冊

143

220000－0801－0014979　子211/2

粥譜一卷廣粥譜一卷　（清）黃雲鵠纂輯　清光緒刻本　一冊

220000－0801－0014980　子211/3

隨園食單　（清）袁枚撰　清末刻本　一冊

220000－0801－0014981　子213/1

文房四譜五卷　（清）蘇易簡述　清光緒七年(1881)十萬卷樓刻本　二冊

220000－0801－0014982　子213/3

端溪硯史三卷　（清）吳蘭修編　清道光三十年(1850)南海伍氏粵雅堂刻本　二冊

220000－0801－0014983　子213/4

端溪硯史三卷　（清）吳蘭修撰　清道光味菜廬活字印本　四冊

220000－0801－0014984　子213/13

匋雅二卷　（清）陳瀏撰　清宣統二年(1910)上海朝記書莊影印本　二冊

220000－0801－0014985　子213/13－1

匋雅二卷　（清）陳瀏撰　清宣統二年(1910)上海朝記書莊影印本　二冊

220000－0801－0014986　子213/19

南學製墨劄記一卷　（清）謝崧岱撰　清光緒十年(1884)孳經榭刻本　一冊

220000－0801－0014987　子213/28

墨藪不分卷　（唐）韋續纂　清光緒十四年(1888)十萬卷樓刻本　二冊

220000－0801－0014988　子213/30

墨表四卷　（清）萬壽祺撰　清末刻朱印本　一冊

220000－0801－0014989　子213/30－1

墨表四卷　（清）萬壽祺撰　清末刻朱印本　一冊

220000－0801－0014990　子213/30－2

墨表四卷　（清）萬壽祺撰　清末刻朱印本　一冊

220000－0801－0014991　子213/33

錢神志七卷　（清）李世熊撰　清同治十年(1871)活字印本　五冊　缺一卷(二)

220000－0801－0014992　子213/38

端溪硯史三卷　（清）吳蘭修編　清道光十四年(1834)嘉善周氏刻本　一冊

220000－0801－0014993　子213/38－1

端溪硯史三卷　（清）吳蘭修編　清道光十四年(1834)嘉善周氏刻本　一冊

220000－0801－0014994　子213/38－2

端溪硯史三卷　（清）吳蘭修編　清道光十四年(1834)嘉善周氏刻本　一冊

220000－0801－0014995　子213/39

端溪硯史三卷　（清）吳蘭修撰　清道光三十年(1850)南海伍氏刻本　一冊

220000－0801－0014996　子213/48

汽機發軔九卷表一卷　（英國）美以納　（英國）白勞那撰　（英國）偉烈亞力口譯　（清）徐壽筆述　清光緒刻本　四冊

220000－0801－0014997　子215/1

天地奇異志一卷　（英國）華立熙著　清光緒二十七年(1901)上海廣學會鉛印本　一冊

220000－0801－0014998　子215/2

重學須知一卷　（英國）傅蘭雅著　清光緒十五年(1889)刻本　一冊

220000－0801－0014999　子215/3

物詮八卷附一卷　（清）汪紱撰　清光緒九年(1883)刻本　四冊

220000－0801－0015000　子215/5

博物新編三集　（英國）合信撰　清咸豐五年(1855)上海墨海書館刻本　一冊

220000－0801－0015001　子215/5－1

博物新編三集　（英國）合信撰　清咸豐五年(1855)上海墨海書館刻本　一冊

220000－0801－0015002　子215/5－2

博物新編三集　（英國）合信撰　清咸豐五年(1855)上海墨海書館刻本　一冊

220000 - 0801 - 0015003　子215/5 - 3

博物新編三集　（英國）合信撰　清咸豐五年（1855）上海墨海書館刻本　一冊

220000 - 0801 - 0015004　子215/8

格致彙編不分卷　（英國）傅蘭雅輯　清光緒三年至七年（1877 - 1881）上海格致書室鉛印本　二十冊

220000 - 0801 - 0015005　子215/9

格致新機七卷　（英國）慕維廉著　清光緒二十三年（1897）廣學會刻本　一冊

220000 - 0801 - 0015006　子215/10

格物中法十二卷　（清）劉嶽雲撰　清光緒二十三年（1897）刻本　十四冊　缺六卷（七至十二）

220000 - 0801 - 0015007　子215/11

格致精華錄四卷　王仁俊撰　清光緒二十二年（1896）石印本　三冊

220000 - 0801 - 0015008　子215/11 - 1

格致精華錄四卷　王仁俊撰　清光緒二十二年（1896）石印本　三冊

220000 - 0801 - 0015009　子215/12

格致總學啓蒙三卷　（英國）艾約瑟譯撰　清光緒二十二年（1896）鉛印本　一冊

220000 - 0801 - 0015010　子215/13

格致啓蒙四卷　（英國）羅斯古撰　（美國）林樂知　（清）鄭昌棪譯　清末刻本　四冊

220000 - 0801 - 0015011　子215/14

格致古微六卷　王仁俊述　清光緒二十二年（1896）吳縣王氏刻本　四冊

220000 - 0801 - 0015012　子215/15

格致質學啓蒙十一章　（英國）艾約瑟譯撰　清光緒十二年（1886）刻本　一冊

220000 - 0801 - 0015013　子215/16

聲學八卷　（英國）田大里著　（英國）傅蘭雅口譯　（清）徐建寅筆述　清末刻本　二冊

220000 - 0801 - 0015014　子215/17

聲學須知一卷　（英國）傅蘭雅著　清光緒十

三年（1887）刻本　一冊

220000 - 0801 - 0015015　子215/18

聲學揭要六章　（美國）赫士口譯　（清）朱葆琛筆述　清光緒二十年（1894）上海美華書館鉛印本　一冊

220000 - 0801 - 0015016　子215/20

金石識別十二卷　（美國）代那撰　（美國）瑪高溫口譯　（清）華蘅芳筆述　清同治十一年（1872）江南機器製造局刻本　六冊

220000 - 0801 - 0015017　子215/20 - 1

金石識別十二卷　（美國）代那撰　（美國）瑪高溫口譯　（清）華蘅芳筆述　清同治十一年（1872）江南機器製造局刻本　六冊

220000 - 0801 - 0015018　子215/20 - 2

金石識別十二卷　（美國）代那撰　（美國）瑪高溫口譯　（清）華蘅芳筆述　清同治十一年（1872）江南機器製造局刻本　六冊

220000 - 0801 - 0015019　子215/21

煉石編三卷附圖一卷　（英國）亨利黎特撰　舒高第　（清）鄭昌棪譯　清光緒三年（1877）鉛印本　二冊

220000 - 0801 - 0015020　子215/22

四裔製作權輿三卷　（清）歸曾祁編　清光緒二十八年（1902）影印本　一冊

220000 - 0801 - 0015021　子215/24

鑄錢工藝三卷附圖一卷　（英國）傅蘭雅撰　（清）鍾天緯譯　清光緒十三年（1887）鉛印本　二冊

220000 - 0801 - 0015022　子215/27

光學二卷附視學諸器圖說　（英國）田大里輯　（美國）金楷理譯　（清）趙元益筆述　清同治九年（1870）江南製造總局刻本　二冊

220000 - 0801 - 0015023　子215/28

化學分原八卷　（英國）蒲陸山撰　（英國）傅蘭雅口譯　（清）徐建寅筆述　清末江南製造總局刻本　二冊

220000 - 0801 - 0015024　子215/29

炮乘新法三卷　（英國）英國製造局編　舒高
第口譯　（清）鄭昌棪筆述　清光緒活字印本
五冊

220000－0801－0015025　子215/30

器象顯真四卷附器象顯真圖　（英國）白力蓋
撰　（英國）傅蘭雅口譯　（清）徐建寅筆述
（清）曹鍾秀摹圖　清光緒江南製造局刻本
一冊

220000－0801－0015026　子215/32

電學十卷首一卷　（英國）瑙挨德撰　（英國）
傅蘭雅譯　（清）徐建寅筆述　清光緒六年
（1880）江南機器製造總局刻本　六冊

220000－0801－0015027　子215/33

重學二十卷圓錐曲線說三卷　（英國）胡威立
撰　（英國）艾約瑟口譯　（清）李善蘭筆述
清同治五年（1866）刻本　六冊

220000－0801－0015028　子215/33－1

重學二十卷圓錐曲線說三卷　（英國）胡威立
撰　（英國）艾約瑟口譯　（清）李善蘭筆述
清同治五年（1866）刻本　六冊

220000－0801－0015029　子215/34

地學淺釋三十八卷　（英國）雷俠兒撰　（美
國）瑪高溫口譯　（清）華蘅芳筆述　清末影
印本　三冊

220000－0801－0015030　子215/34－1

地學淺釋三十八卷　（英國）雷俠兒撰　（美
國）瑪高溫口譯　（清）華蘅芳筆述　清末影
印本　一冊　存十二卷（十五至二十六）

220000－0801－0015031　子215/35

重學淺說　（英國）偉烈亞力譯　（清）王韜筆
述　清光緒十六年（1890）鉛印本　一冊

220000－0801－0015032　子215/35－1

重學淺說　（英國）偉烈亞力譯　（清）王韜筆
述　清光緒十六年（1890）鉛印本　一冊

220000－0801－0015033　子215/36

西學圖說一卷　（清）王韜輯撰　清光緒淞隱
廬鉛印本　一冊

220000－0801－0015034　子215/39

格致須知十二種　（英國）傅蘭雅著　清光緒
刻本　十二冊

220000－0801－0015035　子215/39－1

格致須知十二種　（英國）傅蘭雅著　清光緒
刻本　二冊　存二種（三角須知、微積須知）

220000－0801－0015036　子215/39－2

格致須知十二種　（英國）傅蘭雅著　清光緒
刻本　一冊　存一種（微積須知）

220000－0801－0015037　子215/40

地學淺釋三十八卷　（英國）雷俠兒撰　（美
國）瑪高溫口譯　（清）華蘅芳筆述　清同治
十二年（1873）江南機器製造總局刻本　八冊

220000－0801－0015038　子215/40－1

地學淺釋三十八卷　（英國）雷俠兒撰　（美
國）瑪高溫口譯　（清）華蘅芳筆述　清同治
十二年（1873）江南機器製造總局刻本　八冊

220000－0801－0015039　子215/42

汽機中西名目表　江南機器製造總局編　清
光緒十五年（1889）江南機器製造總局鉛印本
一冊

220000－0801－0015040　子217/1

四生譜四種四卷　（清）金文錦撰　清末刻本
四冊

220000－0801－0015041　子217/2

百獸圖說一卷　（清）韋門道著　清光緒八年
（1882）益智書會刻本　一冊

220000－0801－0015042　子217/3

動物學啓蒙八卷　（英國）艾約瑟譯　清光緒
十二年（1886）刻本　一冊

220000－0801－0015043　子217/4

治蝗書一卷　（清）陳崇砥撰　清同治十三年
（1874）蓮池刻本　一冊

220000－0801－0015044　子217/5

清異編珠四卷　（清）福申撰　（清）楊文楷註
清道光六年（1826）刻本　四冊

220000－0801－0015045　子217/6

146

海錯百一錄五卷　（清）郭柏蒼輯　清光緒十二年(1886)刻本　三冊

220000－0801－0015046　子217/6－1
海錯百一錄五卷　（清）郭柏蒼輯　清光緒十二年(1886)刻本　三冊

220000－0801－0015047　子217/7
蟲薈五卷　（清）方旭撰　清光緒十六年(1890)刻本　四冊

220000－0801－0015048　子217/8
蠕範八卷　（清）李元撰　清同治十三年(1874)傳經堂補刻本　一冊

220000－0801－0015049　子217/9
蟋蟀譜一卷　（□）□□撰　清光緒十四年(1888)聚珍堂刻本　一冊

220000－0801－0015050　子218/2
佩文齋廣群芳譜一百卷目錄一卷　（清）汪灝等撰　清同治七年(1868)江左書林刻本　三十六冊

220000－0801－0015051　子218/2－1
佩文齋廣群芳譜一百卷目錄一卷　（清）汪灝等撰　清同治七年(1868)江左書林刻本　三十二冊

220000－0801－0015052　子218/3
亳州牡丹史四卷　（明）薛鳳翔撰　清末抄本　二冊

220000－0801－0015053　子218/3－1
亳州牡丹史四卷　（明）薛鳳翔撰　清末抄本　二冊

220000－0801－0015054　子218/3－2
亳州牡丹史四卷　（明）薛鳳翔撰　清末抄本　二冊

220000－0801－0015055　子218/6
秘傳花鏡六卷圖一卷　（清）陳淏子輯　清末刻本　六冊

220000－0801－0015056　子218/7
秘傳花鏡六卷圖一卷　（清）陳淏子輯　清末刻本　四冊

220000－0801－0015057　子218/7－1
秘傳花鏡六卷圖一卷　（清）陳淏子輯　清末刻本　六冊

220000－0801－0015058　子218/8
秘傳花鏡六卷圖一卷　（清）陳淏子輯　清末刻本　六冊

220000－0801－0015059　子218/12
植物名實圖考三十八卷　（清）吳其濬著　清同治五年(1866)刻本　三十八冊

220000－0801－0015060　子218/13
植物名實圖考三十八卷　（清）吳其濬著　清光緒六年(1880)山西濬文書局刻本　三十冊

220000－0801－0015061　子218/14
植物名實圖考長編二十二卷　（清）吳其濬著　清刻本　二十八冊

220000－0801－0015062　子218/15
植物學啓蒙三十章　（清）總稅務司編　清光緒十二年(1886)刻本　一冊

220000－0801－0015063　子218/16
品芳錄一卷　（清）徐壽基撰　清光緒十二年(1886)樂意吟館刻本　一冊

220000－0801－0015064　子218/21
二如亭群芳譜二十八卷首一卷　（明）王象晉纂輯　清刻本　二十三冊

220000－0801－0015065　子218/21－1
二如亭群芳譜二十八卷首一卷　（明）王象晉纂輯　清刻本　三冊　存五卷(藥譜一至三、木譜一至二)

220000－0801－0015066　子218/21－2
二如亭群芳譜二十八卷首一卷　（明）王象晉纂輯　清刻本　五冊　存三卷(茶竹譜一卷、桑麻葛棉譜一卷、花譜一卷)

220000－0801－0015067　子218/22
植物名實圖考三十八卷長編二十二卷　（清）吳其濬撰　清末刻本　八冊　存八卷(植物名實圖考三十七至三十八、長編一至六)

220000－0801－0015068　子221/3

鄧析子二卷　（□）□□撰　清同治十一年
(1872)江山劉氏刻本　一冊

220000－0801－0015069　子221/10

公孫龍子三卷　（戰國）公孫龍撰　（宋）謝希
深註　（清）嚴可均校　清光緒二十二年
(1896)蘇州佌漢齋刻本　一冊

220000－0801－0015070　子221/12

公孫龍子注一卷　（清）辛從益註　清抄本
一冊

220000－0801－0015071　子221/13

曾子家語六卷　（清）王定安編輯　清光緒十
六年(1890)刻本　五冊　缺一卷（一）

220000－0801－0015072　子222/3

墨子斠註補正二卷　王樹枬撰　清光緒十三
年(1887)刻本　一冊

220000－0801－0015073　子222/5

墨子閒詁十五卷目錄一卷附錄一卷後語二卷
　（清）孫詒讓撰　清光緒二十一年(1895)刻
本　八冊

220000－0801－0015074　子222/12

墨子十六卷篇目考一卷　（清）畢沅撰　清光
緒二年(1876)浙江書局刻本　四冊

220000－0801－0015075　子222/14

張皋文手寫墨子經解說二卷　（清）張惠言述
　清宣統元年(1909)國學保存會影印本
一冊

220000－0801－0015076　子222/14－1

張皋文手寫墨子經解說二卷　（清）張惠言述
　清宣統元年(1909)國學保存會影印本
一冊

220000－0801－0015077　子222/16

墨子閒詁十五卷目錄一卷附錄一卷後語二卷
　（清）孫詒讓撰　清光緒二十一年(1895)蘇
州毛上珍活字印本　八冊

220000－0801－0015078　子223/3

鬼谷子三卷　（南朝梁）陶弘景註　清嘉慶十
年(1805)江都石研齋刻本　一冊

220000－0801－0015079　子223/3－1

鬼谷子三卷　（南朝梁）陶弘景註　清嘉慶十
年(1805)江都石研齋刻本　一冊

220000－0801－0015080　子223/3－2

鬼谷子三卷　（南朝梁）陶弘景註　清嘉慶十
年(1805)江都石研齋刻本　一冊

220000－0801－0015081　子224/1

白虎通義四卷　（漢）班固撰　清光緒二十年
(1894)刻本　二冊　存二卷（一至二）

220000－0801－0015082　子224/2

白虎通義考一卷白虎通闕文一卷　（清）莊述
祖撰輯　清末刻本　一冊

220000－0801－0015083　子224/3

白虎通二卷　（漢）班固纂　（清）汪士漢校
清末刻本　一冊

220000－0801－0015084　子224/5

白虎通疏證十二卷　（清）陳立撰　清光緒元
年(1875)淮南書局刻本　四冊

220000－0801－0015085　子224/5－1

白虎通疏證十二卷　（清）陳立撰　清光緒元
年(1875)淮南書局刻本　四冊

220000－0801－0015086　子224/5－2

白虎通疏證十二卷　（清）陳立撰　清光緒元
年(1875)淮南書局刻本　四冊

220000－0801－0015087　子224/12

社會學二卷　（日本）岸本能武太撰　章炳麟
譯　清光緒二十八年(1902)上海廣益書局鉛
印本　二冊

220000－0801－0015088　子224/13

精神之教育　（日本）隅谷已三郎撰　趙必振
譯述　清光緒二十八年(1902)上海廣智書局
鉛印本　二冊

220000－0801－0015089　子224/14

呂子校補二卷呂子校續補一卷　（清）梁玉繩
著　清光緒三十四年(1908)刻本　一冊

220000－0801－0015090　子224/20

尸子二卷存疑一卷　（清）汪繼培輯　清光緒

三年(1877)浙江書局刻本　一冊

220000－0801－0015091　子224/20－1

尸子二卷存疑一卷　（清）汪繼培輯　清光緒
三年(1877)浙江書局刻本　一冊

220000－0801－0015092　子224/24

西學大成十二編　（清）王西清輯　清光緒二
十一年(1895)上海醉六堂書坊石印本　十
二冊

220000－0801－0015093　子224/25

談異八卷　（清）伊園撰　清光緒十九年
(1893)刻本　四冊

220000－0801－0015094　子224/26

述學別錄一卷　（清）汪中撰　清末刻本
一冊

220000－0801－0015095　子224/27

尸子尹文子合刻二種　（清）汪繼培輯　清嘉
慶十七年(1812)蕭山陳氏湖海樓刻本　一冊

220000－0801－0015096　子226/6

二十世紀之怪物帝國主義五章　（日本）幸德
秋水述　趙必振譯　清光緒二十八年(1902)
上海廣智書局鉛印本　一冊

220000－0801－0015097　子226/10

天演論　（英國）赫胥黎撰　嚴復譯　清光緒
二十八年(1902)石印本　一冊

220000－0801－0015098　子226/11

一斑錄五卷附編一卷雜述八卷　（清）鄭光祖
撰　清道光十八年(1838)刻本　四冊　缺六
卷(雜述三至八)

220000－0801－0015099　子226/13

天祿閣外史八卷　（漢）黃憲撰　清刻本
二冊

220000－0801－0015100　子226/13－1

天祿閣外史八卷　（漢）黃憲撰　清刻本
四冊

220000－0801－0015101　子226/13－2

天祿閣外史八卷　（漢）黃憲撰　清刻本
四冊

220000－0801－0015102　子226/16

躬恥齋經世十八篇　（清）宗稷辰撰　清光緒
三十年(1904)鉛印本　一冊　存七篇

220000－0801－0015103　子226/17

約書十二卷　（清）謝階樹撰　清光緒二十八
年(1902)知聖教齋刻本　四冊

220000－0801－0015104　子226/18

叔苴子內篇六卷外篇二卷　（明）莊元臣撰
清光緒元年(1875)湖北崇文書局刻本　二冊

220000－0801－0015105　子226/19

佐治芻言一卷　（英國）傅蘭雅口譯　應祖錫
筆述　清末鉛印本　三冊

220000－0801－0015106　子226/20

自西徂東五卷　（德國）花之安撰　清光緒十
年(1884)廣東真寶堂刻本　五冊

220000－0801－0015107　子226/22

淮南子二十一卷　（漢）劉安撰　（漢）高誘註
　（清）莊逵吉校刊　清光緒二年(1876)浙江
書局刻本　六冊

220000－0801－0015108　子226/23

淮南子二十一卷　（漢）劉安撰　（漢）高誘註
　清嘉慶九年(1804)姑蘇聚文堂刻本　四冊

220000－0801－0015109　子226/27

淮南許註異同詁四卷補遺一卷續補遺一卷
（清）陶方琦述　清光緒七年至八年(1881－
1882)刻本　三冊

220000－0801－0015110　子226/28

淮南雜識四卷　（清）聞益編　清同治七年
(1868)刻本　四冊

220000－0801－0015111　子226/28－1

淮南雜識四卷　（清）聞益編　清同治七年
(1868)刻本　四冊

220000－0801－0015112　子226/30

淮南萬畢術二卷　（漢）劉安撰　清光緒二十
年(1894)長沙葉氏刻本　一冊

220000－0801－0015113　子226/31

淮南天文訓補註二卷　（清）錢塘撰　清道光

八年(1828)刻本　二册

220000－0801－0015114　子226/32
淮南鴻烈閒詁二卷　（漢）許慎撰　葉德輝輯
　清光緒二十一年(1895)長沙葉氏刻本
　一册

220000－0801－0015115　子226/33
淮南鴻烈閒詁二卷　（漢）許慎撰　葉德輝輯
　淮南萬畢術二卷　（漢）劉安撰　清光緒二
十一年(1895)長沙葉氏刻本　一册

220000－0801－0015116　子226/34
淮南鴻烈解二十一卷　（漢）劉安撰　（漢）高
誘註　（清）黃錫禧校　清刻本　四册

220000－0801－0015117　子226/34－1
淮南鴻烈解二十一卷　（漢）劉安撰　（漢）高
誘註　（清）黃錫禧校　清刻本　三册

220000－0801－0015118　子226/34－2
淮南鴻烈解二十一卷　（漢）劉安撰　（漢）高
誘註　（清）黃錫禧校　清刻本　三册　存十
一卷(五至十五)

220000－0801－0015119　子226/37
潛書二卷　（清）唐甄著　（清）王聞遠編　清
光緒九年(1883)中江李氏刻本　四册

220000－0801－0015120　子226/37－1
潛書二卷　（清）唐甄著　（清）王聞遠編　清
光緒九年(1883)中江李氏刻本　四册

220000－0801－0015121　子226/37－2
潛書二卷　（清）唐甄著　（清）王聞遠編　清
光緒九年(1883)中江李氏刻本　四册

220000－0801－0015122　子226/37－3
潛書二卷　（清）唐甄著　（清）王聞遠編　清
光緒九年(1883)中江李氏刻本　四册

220000－0801－0015123　子226/38
浮邱子十二卷　（清）湯鵬著　清同治四年
(1865)刻本　六册

220000－0801－0015124　子226/38－1
浮邱子十二卷　（清）湯鵬著　清同治四年
(1865)刻本　六册

220000－0801－0015125　子226/38－2
浮邱子十二卷　（清）湯鵬著　清同治四年
(1865)刻本　四册

220000－0801－0015126　子226/38－3
浮邱子十二卷　（清）湯鵬著　清同治四年
(1865)刻本　四册

220000－0801－0015127　子226/38－4
浮邱子十二卷　（清）湯鵬著　清同治四年
(1865)刻本　四册

220000－0801－0015128　子226/38－5
浮邱子十二卷　（清）湯鵬著　清同治四年
(1865)刻本　一册　存二卷(一至二)

220000－0801－0015129　子226/39
浣香園筆記不分卷　李天根撰　清道光二十
五年(1845)刻本　一册

220000－0801－0015130　子226/40
心理學問答　（清）汪炳台撰　清宣統元年
(1909)江蘇翰墨林書局鉛印本　一册

220000－0801－0015131　子226/41
心靈學　（美國）海文撰　（清）顏永京譯　清
光緒十五年(1889)益智書會刻本　一册

220000－0801－0015132　子226/44
初學行文語類四卷　（清）孫埏編輯　清末刻
本　二册

220000－0801－0015133　子226/44－1
初學行文語類四卷　（清）孫埏編輯　清末刻
本　二册

220000－0801－0015134　子226/46
鴻苞節錄十卷　（明）屠隆著　（清）屠繼烈編
　清咸豐七年(1857)刻本　十册

220000－0801－0015135　子226/46－1
鴻苞節錄十卷　（明）屠隆著　（清）屠繼烈編
　清咸豐七年(1857)刻本　五册　存五卷
(一至五)

220000－0801－0015136　子226/46－2
鴻苞節錄十卷　（明）屠隆著　（清）屠繼烈編
　清咸豐七年(1857)刻本　十册

220000－0801－0015137　子226/46－3

鴻苞節錄十卷　（明）屠隆著　（清）屠繼烈編
清咸豐七年(1857)刻本　十冊

220000－0801－0015138　子226/48

遊藝錄二卷別錄二卷　（清）蔣湘南撰　清刻
本　四冊

220000－0801－0015139　子226/49

娑羅館清言二卷續一卷　（明）屠隆撰　清光
緒二十六年(1900)刻本　一冊

220000－0801－0015140　子226/51

存我軒偶錄不分卷　（清）陸鍾渭輯　清光緒
二十七年(1901)文匯書局鉛印本　二冊

220000－0801－0015141　子226/57

草木子四卷　（明）葉子奇撰　清光緒四年
(1878)刻本　二冊

220000－0801－0015142　子226/58

草木子四卷　（明）葉子奇撰　清光緒二十年
(1894)刻本　二冊

220000－0801－0015143　子226/59

草木子四卷　（明）葉子奇撰　清光緒元年
(1875)刻本　二冊

220000－0801－0015144　子226/59－1

草木子四卷　（明）葉子奇撰　清光緒元年
(1875)刻本　二冊

220000－0801－0015145　子226/59－2

草木子四卷　（明）葉子奇撰　清光緒元年
(1875)刻本　二冊

220000－0801－0015146　子226/59－3

草木子四卷　（明）葉子奇撰　清光緒元年
(1875)刻本　二冊

220000－0801－0015147　子226/62

蒙泉子三卷　（清）謝應芝撰　清光緒十四年
(1888)會稽山齋刻本　一冊

220000－0801－0015148　子226/62－1

蒙泉子三卷　（清）謝應芝撰　清光緒十四年
(1888)會稽山齋刻本　一冊

220000－0801－0015149　子226/63

存我軒偶錄不分卷　（清）陸鍾渭輯　清光緒
二十九年(1903)石印本　一冊

220000－0801－0015150　子226/64

禁吸鴉片煙芻議　蔣履曾撰　清光緒三十二
年(1906)鉛印本　一冊

220000－0801－0015151　子226/67

淮南鴻烈閒詁二卷　（漢）許慎撰　葉德輝輯
清光緒二十年(1894)長沙葉氏刻本　一冊

220000－0801－0015152　子226/76

暨陽答問四卷　（清）蔣彤撰　清光緒三年
(1877)刻本　一冊

220000－0801－0015153　子226/76－1

暨陽答問四卷　（清）蔣彤撰　清光緒三年
(1877)刻本　一冊

220000－0801－0015154　子226/80

無聞子不分卷　（清）越人漫書　清光緒三年
(1877)刻本　一冊

220000－0801－0015155　子226/80－1

無間子不分卷　（清）越人漫書　清光緒三年
(1877)刻本　一冊

220000－0801－0015156　子226/82

養痾三編八卷　（清）夏炘輯　清同治元年
(1862)刻本　二冊

220000－0801－0015157　子226/84

穆勒名學　（英國）穆勒約翰撰　嚴復譯　清
光緒三十一年(1905)金粟齋刻本　八冊

220000－0801－0015158　子226/85

穆勒名學　（英國）穆勒約翰撰　嚴復譯　清
光緒二十八年(1902)金粟齋鉛印本　二冊

220000－0801－0015159　子226/86

歷史哲學二卷　（美國）威爾遜原著　羅伯雅
譯　蔡俊鏞參訂　清光緒二十九年(1903)上
海廣智書局鉛印本　二冊

220000－0801－0015160　子226/86－1

歷史哲學二卷　（美國）威爾遜原著　羅伯雅
譯　蔡俊鏞參訂　清光緒二十九年(1903)上

海廣智書局鉛印本　一冊　缺一卷(前編)

220000－0801－0015161　子226/88

希臘三大哲學家學說　陳鵬輯譯　清光緒二十九年(1903)上海廣智書局鉛印本　一冊

220000－0801－0015162　子226/89

文變三卷　蔡元培選　清光緒二十八年(1902)上海商務印書館鉛印本　二冊

220000－0801－0015163　子226/92

公法會通十卷　(德國)步倫著　(美國)丁韙良譯　清光緒二十四年(1898)北洋書局鉛印本　五冊

220000－0801－0015164　子226/96

淮南雜識四卷　(清)聞益編　清同治十年(1871)刻本　二冊

220000－0801－0015165　子226/107

四益因緣不分卷　僵蠶子撰　清刻本　一冊

220000－0801－0015166　子226/109

論海牙和平會無干涉中國財政之理　(清)潘敬撰　清宣統三年(1911)鉛印本　一冊

220000－0801－0015167　子226/110

蒙泉子一卷　(清)謝應芝撰　清光緒十四年(1888)會稽山齋刻本　一冊

220000－0801－0015168　子226/111

二曲粹言四卷　(清)吳鳳藻輯　清同治五年(1866)刻本　一冊

220000－0801－0015169　子226/116

天演論二卷　(英國)赫胥黎撰　嚴復譯　清光緒二十九年(1903)石印本　二冊

220000－0801－0015170　子226/117

中西互論　尼山聖裔六廉隨筆　清光緒二十一年(1895)上海廣學會鉛印本　一冊

220000－0801－0015171　子226/119

洋務自強新論四卷　(清)管斯駿輯　清光緒二十二年(1896)上海書局石印本　四冊

220000－0801－0015172　子226/120

增補族制進化論　(日本)有賀長雄撰　(清)

廣智書局譯　清光緒二十八年(1902)廣智書局鉛印本　一冊

220000－0801－0015173　子226/121

味腴山館論鈔　(□)□□撰　清末刻本　一冊　存二卷(九至十)

220000－0801－0015174　子226/122

論衡三十卷　(漢)王充撰　清刻本　六冊　存十八卷(十三至三十)

220000－0801－0015175　子227/2

畜德錄二十卷　(清)席啓圖撰　清嘉慶十一年(1806)培心堂刻本　十冊

220000－0801－0015176　子227/4

廣陽雜記五卷　(清)劉獻廷撰　清末刻本　四冊

220000－0801－0015177　子227/5

雜記不分卷　(□)□□撰　清末抄本　一冊

220000－0801－0015178　子227/6

交翠軒筆記四卷　(清)沈濤撰　清道光十八年(1838)刻本　二冊

220000－0801－0015179　子227/7

庶齋老學叢談三卷　(元)盛如梓撰　清嘉慶刻本　一冊

220000－0801－0015180　子227/11

交翠軒筆記四卷　(清)沈濤撰　清道光十八年(1838)刻本　二冊

220000－0801－0015181　子227/15

讀十三經管見草一卷　(清)王尚概撰　清宣統二年(1910)鉛印本　一冊

220000－0801－0015182　子227/16

讀有用書齋雜著二卷　(清)韓應陛撰　清同治九年(1870)古婁韓氏刻本　一冊

220000－0801－0015183　子227/17

讀書作文譜十二卷　(清)唐彪撰　清刻本　三冊

220000－0801－0015184　子227/21

談古偶錄二卷　(清)陳星瑞撰　清光緒二年

152

（1876）上海申報館鉛印本　二冊

220000－0801－0015185　子227/23
二十二史感應錄二卷　（清）彭希涑撰　清光緒四年(1878)刻本　一冊

220000－0801－0015186　子227/23－1
二十二史感應錄二卷　（清）彭希涑撰　清光緒四年(1878)刻本　一冊

220000－0801－0015187　子227/24
三岡識略十卷　（清）董含撰　清末申報館鉛印本　六冊

220000－0801－0015188　子227/26
玉歷鈔傳警世　（宋）淡癡道人輯　清同治五年(1866)刻本　一冊

220000－0801－0015189　子227/30
孟廬劄記八卷　（清）沈銘彝撰　清道光八年(1828)刻本　二冊

220000－0801－0015190　子227/30－1
孟廬劄記八卷　（清）沈銘彝撰　清道光八年(1828)刻本　二冊

220000－0801－0015191　子227/34
震澤長語二卷　（明）王鏊撰　清末抄本一冊

220000－0801－0015192　子227/35
研求日記不分卷　（清）耕潛手編　清末刻本一冊

220000－0801－0015193　子227/36
麗澀薈錄十四卷爽鳩要錄六卷　（清）蔣超伯撰　清同治五年(1866)刻本　八冊

220000－0801－0015194　子227/36－1
麗澀薈錄十四卷爽鳩要錄六卷　（清）蔣超伯撰　清同治五年(1866)刻本　六冊

220000－0801－0015195　子227/37
延州筆記四卷　（明）唐覲撰　清光緒十七年(1891)粟香室刻本　一冊

220000－0801－0015196　子227/40
天則百話不分卷　（日本）加藤弘之述　（清）

吳建常譯　清光緒二十八年(1902)廣智書局鉛印本　一冊

220000－0801－0015197　子227/41
粟香隨筆八卷二筆八卷三筆八卷四筆八卷五筆八卷　金武祥撰　清光緒二十四年(1898)掃葉山房石印本　十六冊

220000－0801－0015198　子227/42
粟香隨筆八卷　金武祥撰　清光緒七年(1881)廣州刻本　四冊

220000－0801－0015199　子227/42－1
粟香隨筆八卷　金武祥撰　清光緒七年(1881)廣州刻本　四冊

220000－0801－0015200　子227/42－2
粟香隨筆八卷　金武祥撰　清光緒七年(1881)廣州刻本　四冊

220000－0801－0015201　子227/42－3
粟香隨筆八卷　金武祥撰　清光緒七年(1881)廣州刻本　四冊

220000－0801－0015202　子227/45
習苦齋筆記一卷　（清）戴熙撰　清同治十年(1871)刻本　一冊

220000－0801－0015203　子227/45－1
習苦齋筆記一卷　（清）戴熙撰　清同治十年(1871)刻本　一冊

220000－0801－0015204　子227/46
忍經不分卷　（元）吳亮編　清光緒二十一年(1895)錢塘丁氏嘉惠堂刻本　一冊

220000－0801－0015205　子227/50
雞窗叢話一卷　（清）蔡澄撰　蕙榜雜記一卷（清）嚴元照撰　清光緒十二年(1886)新陽趙氏刻本　一冊

220000－0801－0015206　子227/50－1
雞窗叢話一卷　（清）蔡澄撰　蕙榜雜記一卷（清）嚴元照撰　清光緒十二年(1886)新陽趙氏刻本　一冊　存一卷(雞窗叢話一卷)

220000－0801－0015207　子227/51
看破世界　（清）周祖道輯　清光緒二十八年

(1902)上海石印本　一冊

220000－0801－0015208　子227/52

香東漫筆二卷　況周頤撰　清光緒刻本
一冊

220000－0801－0015209　子227/53

采菽堂筆記二卷　杜俞撰　清光緒二十六年
(1900)鉛印本　一冊

220000－0801－0015210　子227/54

采菽堂筆記二卷　杜俞撰　清光緒三十三年
(1907)鉛印本　一冊

220000－0801－0015211　子227/55

采菽堂筆記二卷　杜俞撰　清光緒二十五年
(1899)申江鉛印本　一冊

220000－0801－0015212　子227/58

此木軒雜著八卷　（清）焦袁熹撰　清嘉慶九
年(1804)刻本　四冊

220000－0801－0015213　子227/59

巖下放言三卷　（宋）葉夢得撰　清道光二十
六年(1846)刻本　一冊

220000－0801－0015214　子227/61

山志初集六卷二集六卷　（清）王弘撰　清敬
義堂刻本　十一冊　缺一卷(二集四)

220000－0801－0015215　子227/64

自知錄二卷　（清）陸毅撰　清光緒二十二年
(1896)刻本　一冊

220000－0801－0015216　子227/72

寡過編　（清）宋梅怡輯　清道光二十三年
(1843)刻本　一冊

220000－0801－0015217　子227/73

定香亭筆談四卷　（清）阮元撰　（清）吳文溥
錄　清光緒十年(1884)刻本　四冊

220000－0801－0015218　子227/74

定香亭筆談四卷　（清）阮元撰　（清）吳文溥
錄　清嘉慶五年(1800)刻本　四冊

220000－0801－0015219　子227/74－1

定香亭筆談四卷　（清）阮元撰　（清）吳文溥

錄　清嘉慶五年(1800)刻本　四冊

220000－0801－0015220　子227/75

定香亭筆談四卷　（清）阮元撰　（清）吳文溥
錄　清光緒二十五年(1899)刻本　四冊

220000－0801－0015221　子227/75－1

定香亭筆談四卷　（清）阮元撰　（清）吳文溥
錄　清光緒二十五年(1899)刻本　四冊

220000－0801－0015222　子227/75－2

定香亭筆談四卷　（清）阮元撰　（清）吳文溥
錄　清光緒二十五年(1899)刻本　四冊

220000－0801－0015223　子227/77

宏教柳真君訓孝戒淫歌　（清）柳榮撰　清咸
豐七年(1857)刻本　一冊

220000－0801－0015224　子227/79

瀛舟筆談十二卷　（清）阮亨撰　清嘉慶二十
五年(1820)刻本　四冊

220000－0801－0015225　子227/79－1

瀛舟筆談十二卷　（清）阮亨撰　清嘉慶二十
五年(1820)刻本　六冊

220000－0801－0015226　子227/81

**容齋隨筆十六卷續筆十六卷三筆十六卷四筆
十六卷五筆十卷**　（宋）洪邁撰　清光緒九年
(1883)刻本　十二冊

220000－0801－0015227　子227/82

**容齋隨筆十六卷續筆十六卷三筆十六卷四筆
十六卷五筆十卷**　（宋）洪邁撰　清光緒九年
(1883)刻本　十四冊

220000－0801－0015228　子227/83

**容齋隨筆十六卷續筆十六卷三筆十六卷四筆
十六卷五筆十卷**　（宋）洪邁撰　清光緒二十
年(1894)刻本　十六冊

220000－0801－0015229　子227/84

古夫于亭雜錄六卷　（清）王士禎撰　清光緒
三年(1877)刻本　一冊

220000－0801－0015230　子227/86

賓退錄十卷　（宋）趙與時撰　清光緒刻本
四冊

220000 – 0801 – 0015231　子 227/89

浪跡續談八卷　（清）梁章鉅撰　清道光二十八年(1848)刻本　四冊

220000 – 0801 – 0015232　子 227/92

餘冬錄六十一卷　（明）何孟春撰　清同治三年(1864)恭壽堂刻本　十二冊

220000 – 0801 – 0015233　子 227/95

遯齋偶筆二卷　（清）徐崑著　清光緒十一年(1885)刻本　二冊

220000 – 0801 – 0015234　子 227/98

漁舟續談不分卷　（清）彭崧毓撰　清同治三年(1864)刻本　一冊

220000 – 0801 – 0015235　子 227/101

退庵隨筆二十二卷　（清）梁章鉅編　清道光十九年(1839)刻本　八冊

220000 – 0801 – 0015236　子 227/101 – 1

退庵隨筆二十二卷　（清）梁章鉅編　清道光十九年(1839)刻本　八冊

220000 – 0801 – 0015237　子 227/103

泖東草堂筆記四卷　（清）沈宗祉撰　清宣統二年(1910)上海集成圖書公司鉛印本　四冊

220000 – 0801 – 0015238　子 227/103 – 1

泖東草堂筆記四卷　（清）沈宗祉撰　清宣統二年(1910)上海集成圖書公司鉛印本　四冊

220000 – 0801 – 0015239　子 227/108

冷廬雜識八卷　（清）陸以湉撰　清咸豐六年(1856)刻本　八冊

220000 – 0801 – 0015240　子 227/108 – 1

冷廬雜識八卷　（清）陸以湉撰　清咸豐六年(1856)刻本　八冊

220000 – 0801 – 0015241　子 227/111

在園雜志四卷　（清）劉廷璣撰　清光緒申報館鉛印本　二冊

220000 – 0801 – 0015242　子 227/112

嗇庵隨筆六卷末一卷　（清）陸文衡著　清光緒二十三年(1897)木活字印本　二冊

220000 – 0801 – 0015243　子 227/114

志雅堂雜鈔二卷　（宋）周密纂　清嘉慶十四年(1809)大梁書院刻本　一冊

220000 – 0801 – 0015244　子 227/115

寸陰叢錄四卷　（清）姚瑩撰　清末刻本　二冊

220000 – 0801 – 0015245　子 227/116

有不爲齋隨筆十卷　（清）光聰諧撰　清光緒十四年(1888)蘇州藩署刻本　二冊

220000 – 0801 – 0015246　子 227/116 – 1

有不爲齋隨筆十卷　（清）光聰諧撰　清光緒十四年(1888)蘇州藩署刻本　二冊

220000 – 0801 – 0015247　子 227/117

左庵瑣語不分卷　（清）李佳繼昌撰　清光緒二十七年(1901)刻朱印本　一冊

220000 – 0801 – 0015248　子 227/117 – 1

左庵瑣語不分卷　（清）李佳繼昌撰　清光緒二十七年(1901)刻朱印本　一冊

220000 – 0801 – 0015249　子 227/117 – 2

左庵瑣語不分卷　（清）李佳繼昌撰　清光緒二十七年(1901)刻朱印本　一冊

220000 – 0801 – 0015250　子 227/123

橋西雜記不分卷　（清）葉名澧撰　清同治十年(1871)滂喜齋刻本　一冊

220000 – 0801 – 0015251　子 227/126

媿林漫錄二卷　（明）瞿式耜撰　清光緒十六年(1890)江蘇書局刻本　二冊

220000 – 0801 – 0015252　子 227/126 – 1

媿林漫錄二卷　（明）瞿式耜撰　清光緒十六年(1890)江蘇書局刻本　一冊　存一卷(一)

220000 – 0801 – 0015253　子 227/126 – 2

媿林漫錄二卷　（明）瞿式耜撰　清光緒十六年(1890)江蘇書局刻本　一冊　存一卷(一)

220000 – 0801 – 0015254　子 227/129

薑露庵雜記六卷　（清）施山撰　清宣統三年(1911)滬上報館鉛印本　二冊

220000－0801－0015255　子227/129－1

薑露庵雜記六卷　（清）施山撰　清宣統三年
(1911)滬上報館鉛印本　一冊　存二卷（一
至二）

220000－0801－0015256　子227/134

芝庵雜記四卷　（清）陸雲錦撰　清嘉慶八年
(1803)刻本　二冊

220000－0801－0015257　子227/136

夢園叢説內篇八卷外篇八卷　（清）方濬頤撰
　清同治十三年至光緒元年(1874－1875)刻
本　四冊

220000－0801－0015258　子227/136－1

夢園叢説內篇八卷外篇八卷　（清）方濬頤撰
　清同治十三年至光緒元年(1874－1875)刻
本　四冊　存八卷（內篇八卷）

220000－0801－0015259　子227/141

燕下鄉脞錄四卷　（清）陳康祺著　清光緒二
十九年(1903)掃葉山房石印本　一冊

220000－0801－0015260　子227/142

燕下鄉脞錄十卷　（清）陳康祺著　清光緒十
一年(1885)刻本　五冊

220000－0801－0015261　子227/143

燕窗閒話二卷　（清）鄭經撰　清光緒十七年
(1891)刻本　二冊

220000－0801－0015262　子227/143－1

燕窗閒話二卷　（清）鄭經撰　清光緒十七年
(1891)刻本　二冊

220000－0801－0015263　子227/151

桐陰清話八卷　（清）倪鴻撰　清同治十三年
(1874)申江刻本　二冊

220000－0801－0015264　子227/153

桐閣雜著四種　（清）李元春撰　清道光、咸
豐刻本　一冊

220000－0801－0015265　子227/154

椒生隨筆八卷　（清）王之春撰　清光緒七年
(1881)上洋文藝齋刻本　二冊

220000－0801－0015266　子227/154－1

椒生隨筆八卷　（清）王之春撰　清光緒七年
(1881)上洋文藝齋刻本　四冊

220000－0801－0015267　子227/160

東原錄一卷　（宋）龔鼎臣撰　清光緒三十一
年(1905)中隱山房刻本　一冊

220000－0801－0015268　子227/162

曲室璅譚一卷　（清）金掌絲著　清刻本
二冊

220000－0801－0015269　子227/164

戒庵老人漫筆八卷　（明）李詡撰　清光緒二
十三年(1897)刻本　二冊

220000－0801－0015270　子227/165

輟耕錄三十卷　（明）陶宗儀撰　清光緒十一
年(1885)上海福瀛書局刻本　八冊

220000－0801－0015271　子227/166

繪圖暗室燈七卷　（□）□□撰　清宣統元年
(1909)廣益書局石印本　二冊　存二卷（一
至二）

220000－0801－0015272　子227/167

四夢彙譚四卷　（清）吳紹箕撰　清光緒五年
(1879)申報館鉛印本　四冊

220000－0801－0015273　子227/168

日知堂筆記三卷　（清）郭沛霖著　清光緒十
四年(1888)刻本　一冊

220000－0801－0015274　子227/169

思益堂日劄五卷　（清）周壽昌撰　清末申報
館鉛印本　二冊

220000－0801－0015275　子227/169－1

思益堂日劄五卷　（清）周壽昌撰　清末申報
館鉛印本　二冊

220000－0801－0015276　子227/171

思補齋筆記八卷　（清）潘世恩撰　清咸豐刻
本　一冊

220000－0801－0015277　子227/171－1

思補齋筆記八卷　（清）潘世恩撰　清咸豐刻
本　一冊

220000－0801－0015278　子227/171－2
思補齋筆記八卷　（清）潘世恩撰　清咸豐刻本　一冊

220000－0801－0015279　子227/173
鸝林子五卷　（明）趙釴撰　清咸豐三年（1853）木活字印本　一冊

220000－0801－0015280　子227/174
思益堂日劄十卷　（清）周壽昌撰　清光緒九年（1883）刻本　三冊

220000－0801－0015281　子227/175
貽令堂雜俎一卷首一卷　（清）黃保康撰　清光緒三十二年（1906）刻本　一冊

220000－0801－0015282　子227/176
曉窗春語二卷附一卷　（清）歐陽兆熊　（清）金安清撰　清末鉛印本　一冊

220000－0801－0015283　子227/177
嘐嘐言六卷　（清）郭柏蔭撰　清道光三十年（1850）刻本　一冊

220000－0801－0015284　子227/177－1
嘐嘐言六卷　（清）郭柏蔭撰　清道光三十年（1850）刻本　一冊

220000－0801－0015285　子227/178
恩福堂筆記二卷　（清）英和撰　清道光十七年（1837）刻本　一冊

220000－0801－0015286　子227/178－1
恩福堂筆記二卷　（清）英和撰　清道光十七年（1837）刻本　一冊

220000－0801－0015287　子227/178－2
恩福堂筆記二卷　（清）英和撰　清道光十七年（1837）刻本　一冊

220000－0801－0015288　子227/178－3
恩福堂筆記二卷　（清）英和撰　清道光十七年（1837）刻本　一冊

220000－0801－0015289　子227/180
吹網錄六卷　（清）葉廷琯撰　清同治八年（1869）嘉興刻本　三冊

220000－0801－0015290　子227/180－1
吹網錄六卷　（清）葉廷琯撰　清同治八年（1869）嘉興刻本　四冊

220000－0801－0015291　子227/186
鷗陂漁話六卷　（清）葉廷琯撰　清同治八年（1869）嘉興刻本　二冊

220000－0801－0015292　子227/186－1
鷗陂漁話六卷　（清）葉廷琯撰　清同治八年（1869）嘉興刻本　三冊

220000－0801－0015293　子227/187
鷗陂漁話六卷吹網錄六卷　（清）葉廷琯撰　清同治八年至九年（1869－1870）刻本　六冊

220000－0801－0015294　子227/189
隱居通議三十一卷　（元）劉壎撰　清嘉慶六年（1801）刻本　四冊

220000－0801－0015295　子227/190
履園叢話二十四卷　（清）錢泳撰　清道光五年（1825）述德堂刻本　八冊

220000－0801－0015296　子227/190－1
履園叢話二十四卷　（清）錢泳撰　清道光五年（1825）述德堂刻本　十冊

220000－0801－0015297　子227/191
履園叢話二十四卷　（清）錢泳撰　清道光十八年（1838）述德堂刻本　八冊

220000－0801－0015298　子227/194
閑邪衛生遠監編六卷　（清）郭鴻熙彙輯　清同治九年（1870）刻本　一冊

220000－0801－0015299　子227/195
閒談消夏錄十二卷　（清）外史氏著　清末翠筠山房刻本　十二冊

220000－0801－0015300　子227/195－1
閒談消夏錄十二卷　（清）外史氏著　清末翠筠山房刻本　十二冊

220000－0801－0015301　子227/196
隨園隨筆二十八卷　（清）袁枚撰　清刻本　四冊

220000－0801－0015302　子227/198

風俗通姓氏篇二卷　（漢）應劭撰　（清）張澍
輯註　清光緒順德龍氏知服齋刻本　一冊

220000－0801－0015303　子227/199

大德新刊校正風俗通義十卷　（漢）應劭撰
清道光六年(1826)友多聞齋刻本　二冊

220000－0801－0015304　子227/201

險異錄二卷　（清）豫師撰　清光緒十四年
(1888)石印本　二冊

220000－0801－0015305　子227/202

人海記二卷　（清）查慎行撰　清宣統二年
(1910)石印本　二冊

220000－0801－0015306　子227/205

公餘隨錄四卷　（清）恒保撰　清同治九年
(1870)刻本　四冊

220000－0801－0015307　子227/206

公門果報錄不分卷　（清）宋楚望輯　清光緒
十九年(1893)江西書局刻本　一冊

220000－0801－0015308　子227/206－1

公門果報錄不分卷　（清）宋楚望輯　清光緒
十九年(1893)江西書局刻本　一冊

220000－0801－0015309　子227/207

無益之言不分卷　（清）虛竹子抄　清道光十
九年(1839)抄本　一冊

220000－0801－0015310　子227/208

念石子一卷心言三卷　（清）潘德輿撰　清光
緒十七年(1891)蜀南汗青簃刻本　一冊

220000－0801－0015311　子227/209

養穌軒隨筆不分卷　陳作霖撰　清光緒二十
四年(1898)晦齋刻本　一冊

220000－0801－0015312　子227/209－1

養穌軒隨筆不分卷　陳作霖撰　清光緒二十
四年(1898)晦齋刻本　一冊

220000－0801－0015313　子227/209－2

養穌軒隨筆不分卷　陳作霖撰　清光緒二十
四年(1898)晦齋刻本　一冊

220000－0801－0015314　子227/210

養生保命錄　（清）耕貽堂選編　清光緒十六
年(1890)善化書局刻本　一冊

220000－0801－0015315　子227/212

養一齋剳記九卷　（清）潘德輿撰　清同治十
三年(1874)刻本　三冊

220000－0801－0015316　子227/212－1

養一齋剳記九卷　（清）潘德輿撰　清同治十
三年(1874)刻本　三冊

220000－0801－0015317　子227/212－2

養一齋剳記九卷　（清）潘德輿撰　清同治十
三年(1874)刻本　二冊　存六卷(一至六)

220000－0801－0015318　子227/214

鑄鼎餘聞四卷　（清）姚福均撰　清光緒二十
五年(1899)常熟達經堂刻本　四冊

220000－0801－0015319　子227/215

鈍硯卮言不分卷　（清）錢綺撰　清道光三十
年(1850)刻本　一冊

220000－0801－0015320　子227/218

筆諫八卷末一卷　（清）馬萬選編　清光緒九
年(1883)刻本　九冊

220000－0801－0015321　子227/220

竹葉亭雜記八卷　（清）姚元之撰　清光緒十
九年(1893)陽湖刻本　二冊

220000－0801－0015322　子227/221

正心立命錄　（清）許寶善輯　清光緒十七年
(1891)潘氏松鱗義莊刻本　一冊

220000－0801－0015323　子227/222

掌故叢編四種　（清）陳康祺等撰　清光緒二
十九年(1903)掃葉山房石印本　六冊

220000－0801－0015324　子227/222－1

掌故叢編四種　（清）陳康祺等撰　清光緒二
十九年(1903)掃葉山房石印本　六冊

220000－0801－0015325　子227/223

惜陰瑣記八卷　沈光瀛撰　清光緒二十年
(1894)抄本　四冊

220000－0801－0015326　子227/225

郎潛紀聞初筆七卷二筆八卷三筆六卷　（清）
陳康祺著　清宣統二年(1910)上海掃葉山房
石印本　十冊

220000－0801－0015327　子227/227

餘冬敘錄六十卷附閏五卷　（明）何孟春著
清光緒六年(1880)守約齋補刻本　十三冊

220000－0801－0015328　子227/233

重訂暗室燈二卷　（清）紀立身重訂　清光緒
二年(1876)杭城大文堂書莊刻本　一冊

220000－0801－0015329　子227/234

暗室燈二卷　（清）深山居士輯　清道光十一
年(1831)刻本　一冊

220000－0801－0015330　子227/236

天醫四寶四卷　（清）沖和子纂輯　清光緒十
七年(1891)漢州文明堂刻本　四冊

220000－0801－0015331　子227/237

全人矩矱四卷首一卷　（清）孫念劬編　清同
治七年(1868)槐蔭書屋刻本　二冊

220000－0801－0015332　子227/238

全人矩矱四卷首一卷末一卷　（清）孫念劬編
清道光九年(1829)太倉同善局刻本　二冊

220000－0801－0015333　子227/240

慾海慈航不分卷　（清）黃正元纂輯　清刻本
一冊

220000－0801－0015334　子227/242

增訂敬信錄　（清）周鼎臣輯　清同治元年
(1862)刻本　一冊

220000－0801－0015335　子227/243

感應敬信錄　（清）許君寶輯　清咸豐七年
(1857)澄清書屋刻本　一冊

220000－0801－0015336　子227/244

增訂敬信錄　（清）錢兆預等輯　清刻本
一冊

220000－0801－0015337　子227/246

戒士子文圖說不分卷　（清）□□撰　清光緒
九年(1883)刻本　一冊

220000－0801－0015338　子227/247

養正心鑑五卷　（清）白惠風輯　清光緒二十
六年(1900)白氏刻本　二冊

220000－0801－0015339　子227/248

慾海慈航不分卷　（清）黃正元纂輯　清刻本
一冊

220000－0801－0015340　子227/249

求闕齋日記類鈔二卷　（清）曾國藩撰　（清）
王啓原校編　清光緒二年(1876)傳忠書局刻
本　二冊

220000－0801－0015341　子227/250

重刊繪圖三教源流搜神大全七卷　（宋）□□
撰　清宣統元年(1909)郎園刻本　四冊

220000－0801－0015342　子227/251

二十二史感應錄二卷　（清）彭希涑撰　清光
緒四年(1878)刻本　一冊

220000－0801－0015343　子227/252

小滄浪筆談四卷　（清）阮元等撰　清嘉慶七
年(1802)浙江刻本　三冊

220000－0801－0015344　子227/253

古桐書屋續刻三種　（清）劉融齋撰　清光緒
十三年(1887)刻本　一冊

220000－0801－0015345　子227/262

西學略述十卷　（英國）艾約瑟譯　清光緒十
二年(1886)刻本　一冊

220000－0801－0015346　子227/264

經餘必讀八卷續編八卷三編四卷　（清）雷琳
等輯　清光緒二年(1876)刻本　十冊

220000－0801－0015347　子227/264－1

經餘必讀八卷續編八卷三編四卷　（清）雷琳
等輯　清光緒二年(1876)刻本　十冊

220000－0801－0015348　子227/264－2

經餘必讀八卷續編八卷三編四卷　（清）雷琳
等輯　清光緒二年(1876)刻本　十冊

220000－0801－0015349　子227/265

寒夜叢談三卷　（清）沈赤然撰　清光緒十一
年(1885)新陽趙氏刻本　一冊

220000 - 0801 - 0015350　子227/265 - 1

寒夜叢談三卷　（清）沈赤然撰　清光緒十一年（1885）新陽趙氏刻本　一冊

220000 - 0801 - 0015351　子227/267

世界叢編　（清）王昭三等輯　清宣統元年（1909）鉛印本　一冊

220000 - 0801 - 0015352　子227/275

續樸麗子二卷　（清）馬時芳撰　清光緒二十一年（1895）刻本　二冊

220000 - 0801 - 0015353　子227/276

詒晉齋隨筆一卷　（清）永瑆撰　清道光刻本　一冊

220000 - 0801 - 0015354　子227/278

武聖帝君愛國家俗歌　（□）□□撰　清光緒三十三年（1907）刻本　一冊

220000 - 0801 - 0015355　子227/285

惜字勸誡註證二卷　（清）覺初子輯　清刻本　一冊　存一卷（二）

220000 - 0801 - 0015356　子227/286

二十二史感應錄二卷　（清）彭希涑撰　清嘉慶二十五年（1820）刻本　一冊

220000 - 0801 - 0015357　子227/288

思益堂日劄五卷　（清）周壽昌撰　清同治三年（1864）石印本　一冊

220000 - 0801 - 0015358　子227/289

履園叢話二十四卷　（清）錢泳撰　清同治九年（1870）刻本　八冊

220000 - 0801 - 0015359　子227/290

容齋隨筆十六卷續筆十六卷三筆十六卷四筆十六卷五筆十卷　（宋）洪邁撰　清光緒元年（1875）刻本　十四冊

220000 - 0801 - 0015360　子227/291

政教進化論　（日本）加藤弘之撰　楊廷棟譯　清光緒二十八年（1902）出洋學生編輯所鉛印本　一冊

220000 - 0801 - 0015361　子227/294

人海記二卷　（清）查慎行撰　清末刻本

二冊

220000 - 0801 - 0015362　子227/296

粟香五筆八卷　金武祥撰　清刻本　三冊　存五卷（一至五）

220000 - 0801 - 0015363　子227/299

巖下放言三卷　（宋）葉夢得撰　清光緒三十年（1904）刻本　一冊

220000 - 0801 - 0015364　子228/1

讀書雜志八十二卷餘編二卷　（清）王念孫撰　清同治九年（1870）金陵書局刻本　二十四冊

220000 - 0801 - 0015365　子228/1 - 1

讀書雜志八十二卷餘編二卷　（清）王念孫撰　清同治九年（1870）金陵書局刻本　二十四冊

220000 - 0801 - 0015366　子228/1 - 2

讀書雜志八十二卷餘編二卷　（清）王念孫撰　清同治九年（1870）金陵書局刻本　二十四冊

220000 - 0801 - 0015367　子228/1 - 3

讀書雜志八十二卷餘編二卷　（清）王念孫撰　清同治九年（1870）金陵書局刻本　二十四冊

220000 - 0801 - 0015368　子228/1 - 4

讀書雜志八十二卷餘編二卷　（清）王念孫撰　清同治九年（1870）金陵書局刻本　二十四冊

220000 - 0801 - 0015369　子228/1 - 5

讀書雜志八十二卷餘編二卷　（清）王念孫撰　清同治九年（1870）金陵書局刻本　二十四冊

220000 - 0801 - 0015370　子228/3

訂訛類編六卷　（清）杭世駿撰　清刻本　三冊

220000 - 0801 - 0015371　子228/4

讀書雜釋十四卷　（清）徐鼒撰　清咸豐十一年（1861）刻本　四冊

220000 - 0801 - 0015372　　子 228/5

讀書證疑六卷　（清）陳詩庭撰　清末刻本
二冊

220000 - 0801 - 0015373　　子 228/7

讀書脞錄七卷　（清）孫志祖撰　清嘉慶四年
(1799)刻本　二冊

220000 - 0801 - 0015374　　子 228/8

讀書叢錄二十四卷　（清）洪頤煊撰　**讀書脞
錄七卷**　（清）孫志祖撰　清光緒十三年
(1887)醉六堂刻本　八冊

220000 - 0801 - 0015375　　子 228/9

讀書脞錄七卷　（清）孫志祖撰　清光緒十三
年(1887)醉六堂刻本　四冊

220000 - 0801 - 0015376　　子 228/9 - 1

讀書脞錄七卷　（清）孫志祖撰　清光緒十三
年(1887)醉六堂刻本　二冊

220000 - 0801 - 0015377　　子 228/10

讀書雜識十二卷　（清）勞格撰　清光緒四年
(1878)丁氏刻本　六冊

220000 - 0801 - 0015378　　子 228/10 - 1

讀書雜識十二卷　（清）勞格撰　清光緒四年
(1878)丁氏刻本　五冊

220000 - 0801 - 0015379　　子 228/11

潛研堂答問十二卷　（清）錢大昕撰　清光緒
九年(1883)刻本　四冊

220000 - 0801 - 0015380　　子 228/13

譚誤四卷　（明）馬樸撰　清道光十三年
(1833)刻本　一冊

220000 - 0801 - 0015381　　子 228/14

日知錄三十二卷　（清）顧炎武撰　清中期刻
本　十四冊

220000 - 0801 - 0015382　　子 228/15

訂訛雜錄十卷　（清）胡鳴玉撰　清嘉慶十八
年(1813)湖海樓刻本　六冊

220000 - 0801 - 0015383　　子 228/15 - 1

訂訛雜錄十卷　（清）胡鳴玉撰　清嘉慶十八
年(1813)湖海樓刻本　一冊

220000 - 0801 - 0015384　　子 228/16

過庭錄十六卷　（清）宋翔鳳撰　清光緒七年
(1881)會稽章氏刻本　四冊

220000 - 0801 - 0015385　　子 228/18

濼源問答十二卷　（清）沈可培撰　清道光七
年(1827)刻本　四冊

220000 - 0801 - 0015386　　子 228/18 - 1

濼源問答十二卷　（清）沈可培撰　清道光七
年(1827)刻本　四冊

220000 - 0801 - 0015387　　子 228/19

癸巳類稿十五卷　（清）俞正燮撰　清道光十
三年(1833)刻本　六冊

220000 - 0801 - 0015388　　子 228/19 - 1

癸巳類稿十五卷　（清）俞正燮撰　清道光十
三年(1833)刻本　五冊

220000 - 0801 - 0015389　　子 228/19 - 2

癸巳類稿十五卷　（清）俞正燮撰　清道光十
三年(1833)刻本　八冊

220000 - 0801 - 0015390　　子 228/19 - 3

癸巳類稿十五卷　（清）俞正燮撰　清道光十
三年(1833)刻本　六冊

220000 - 0801 - 0015391　　子 228/19 - 4

癸巳類稿十五卷　（清）俞正燮撰　清道光十
三年(1833)刻本　八冊

220000 - 0801 - 0015392　　子 228/19 - 5

癸巳類稿十五卷　（清）俞正燮撰　清道光十
三年(1833)刻本　七冊

220000 - 0801 - 0015393　　子 228/20

石魚偶記一卷　（宋）楊簡撰　清刻本　一冊

220000 - 0801 - 0015394　　子 228/21

三冬識餘二卷　（清）劉希向撰　清咸豐八年
(1858)刻本　一冊

220000 - 0801 - 0015395　　子 228/22

習學記言五十卷　（宋）葉適撰　清光緒九年
(1883)江陰刻本　十冊

220000 - 0801 - 0015396　　子 228/22 - 1

習學記言五十卷 （宋）葉適撰 清光緒九年（1883）江陰刻本 十冊

220000－0801－0015397 子228/25

彊識編四卷續一卷 （清）朱士端撰 清同治元年（1862）刻本 一冊

220000－0801－0015398 子228/25－1

彊識編四卷續一卷 （清）朱士端撰 清同治元年（1862）刻本 一冊

220000－0801－0015399 子228/27

西溪叢語二卷 （宋）姚寬輯 清嘉慶九年（1804）照曠閣刻本 二冊

220000－0801－0015400 子228/28

硯桂緒錄十六卷 （清）林昌彝撰 清同治五年（1866）刻本 四冊

220000－0801－0015401 子228/30

攷辨隨筆二卷 （清）黃定宜撰 清道光二十七年（1847）刻本 一冊

220000－0801－0015402 子228/30－1

攷辨隨筆二卷 （清）黃定宜撰 清道光二十七年（1847）刻本 二冊

220000－0801－0015403 子228/33

餐芍華館隨筆二卷 （清）周騰虎撰 清光緒三十一年（1905）刻本 一冊

220000－0801－0015404 子228/34

蠡測偶記二卷 （清）胡贊采撰 清宣統元年（1909）刻本 一冊

220000－0801－0015405 子228/37

經史商榷一卷附小學商榷一卷 （清）南卿自記 清光緒二十四年（1898）綠格抄本 一冊

220000－0801－0015406 子228/38

蠡勺編四十卷 （清）凌揚藻撰 清同治二年（1863）粵雅堂刻本 十冊

220000－0801－0015407 子228/40

潘瀾筆記二卷 （清）彭兆蓀撰 清末刻本 一冊

220000－0801－0015408 子228/40－1

潘瀾筆記二卷 （清）彭兆蓀撰 清末刻本 二冊

220000－0801－0015409 子228/44

消暑錄一卷 （清）趙紹祖撰 清光緒十三年（1887）小古墨齋刻本 一冊

220000－0801－0015410 子228/45

菰中隨筆不分卷 （清）顧炎武撰 清宣統三年（1911）上海文瑞樓石印本 二冊

220000－0801－0015411 子228/46

黃學廬雜述三卷 （清）陳士芑撰 清宣統元年（1909）鉛印本 一冊

220000－0801－0015412 子228/46－1

黃學廬雜述三卷 （清）陳士芑撰 清宣統元年（1909）鉛印本 一冊

220000－0801－0015413 子228/47

松崖筆記三卷 （清）惠棟撰 清末刻本 一冊

220000－0801－0015414 子228/48

敬齋先生古今黈十二卷逸文二卷附錄一卷 （元）李冶撰 清光緒二十九年（1903）刻本 三冊

220000－0801－0015415 子228/50

蘿藦亭劄記八卷 （清）喬松年撰 清同治十二年（1873）刻本 四冊

220000－0801－0015416 子228/50－1

蘿藦亭劄記八卷 （清）喬松年撰 清同治十二年（1873）刻本 四冊

220000－0801－0015417 子228/53

菉友蛾術編二卷 （清）王筠撰 清咸豐十年（1860）刻本 一冊

220000－0801－0015418 子228/53－1

菉友蛾術編二卷 （清）王筠撰 清咸豐十年（1860）刻本 一冊

220000－0801－0015419 子228/57

菽園贅談七卷附菽園三種三卷 （清）邱煒萲輯 清光緒二十七年（1901）鉛印本 二冊

220000 – 0801 – 0015420　子 228/58

三韓陳白峰先生鑒定博古鈔略二卷　（清）陳宗禹輯　清末刻本　一册

220000 – 0801 – 0015421　子 228/59

如水齋讀書志聞四卷　（清）洪述祖撰　清宣統元年(1909)陽湖洪氏鉛印本　一册

220000 – 0801 – 0015422　子 228/60

娛親雅言六卷　（清）嚴元照撰　清光緒十一年(1885)羧園王氏刻本　四册

220000 – 0801 – 0015423　子 228/60 – 1

娛親雅言六卷　（清）嚴元照撰　清光緒十一年(1885)羧園王氏刻本　四册

220000 – 0801 – 0015424　子 228/60 – 2

娛親雅言六卷　（清）嚴元照撰　清光緒十一年(1885)羧園王氏刻本　四册

220000 – 0801 – 0015425　子 228/60 – 3

娛親雅言六卷　（清）嚴元照撰　清光緒十一年(1885)羧園王氏刻本　四册

220000 – 0801 – 0015426　子 228/61

娛親雅言六卷　（清）嚴元照撰　清嘉慶十四年(1809)刻本　二册

220000 – 0801 – 0015427　子 228/61 – 1

娛親雅言六卷　（清）嚴元照撰　清嘉慶十四年(1809)刻本　二册

220000 – 0801 – 0015428　子 228/62

都城紀勝一卷　（宋）耐得翁撰　錢塘西湖百詠一卷　（宋）郭祥正撰　錢塘先賢傳贊一卷　（宋）袁韶撰　古杭雜記一卷　（元）李有撰　新刻古杭雜記詩集四卷　（□）□□撰　清光緒四年(1878)刻本　一册

220000 – 0801 – 0015429　子 228/66

李氏刊誤二卷　（唐）李涪撰　清嘉慶照曠閣刻本　一册

220000 – 0801 – 0015430　子 228/68

九九銷夏錄十四卷　（清）俞樾撰　清光緒十八年(1892)刻本　四册

220000 – 0801 – 0015431　子 228/71

人鏡類纂四十六卷　（清）程之楨輯　清同治十二年(1873)刻本　十六册

220000 – 0801 – 0015432　子 228/72

十駕齋養新錄二十卷餘錄三卷　（清）錢大昕撰　清嘉慶九年(1804)刻本　八册

220000 – 0801 – 0015433　子 228/72 – 1

十駕齋養新錄二十卷餘錄三卷　（清）錢大昕撰　清嘉慶九年(1804)刻本　八册

220000 – 0801 – 0015434　子 228/72 – 2

十駕齋養新錄二十卷餘錄三卷　（清）錢大昕撰　清嘉慶九年(1804)刻本　八册

220000 – 0801 – 0015435　子 228/72 – 3

十駕齋養新錄二十卷餘錄三卷　（清）錢大昕撰　清嘉慶九年(1804)刻本　十册

220000 – 0801 – 0015436　子 228/72 – 4

十駕齋養新錄二十卷餘錄三卷　（清）錢大昕撰　清嘉慶九年(1804)刻本　四册

220000 – 0801 – 0015437　子 228/72 – 5

十駕齋養新錄二十卷餘錄三卷　（清）錢大昕撰　清嘉慶九年(1804)刻本　四册

220000 – 0801 – 0015438　子 228/76

過庭錄十六卷　（清）宋翔鳳撰　清咸豐三年(1853)刻本　六册

220000 – 0801 – 0015439　子 228/77

癸巳存稿十五卷　（清）俞正燮撰　清光緒十年(1884)刻本　六册

220000 – 0801 – 0015440　子 228/77 – 1

癸巳存稿十五卷　（清）俞正燮撰　清光緒十年(1884)刻本　八册

220000 – 0801 – 0015441　子 228/77 – 2

癸巳存稿十五卷　（清）俞正燮撰　清光緒十年(1884)刻本　八册

220000 – 0801 – 0015442　子 228/77 – 3

癸巳存稿十五卷　（清）俞正燮撰　清光緒十年(1884)刻本　八册

220000 – 0801 – 0015443　子 228/77 – 4

癸巳存稿十五卷　（清）俞正燮撰　清光緒十年(1884)刻本　七冊　缺二卷(十至十一)

220000－0801－0015444　子228/79
求闕齋讀書錄十卷　（清）曾國藩撰　（清）王啓原編　清光緒二年(1876)傳忠書局刻本　四冊

220000－0801－0015445　子228/79－1
求闕齋讀書錄十卷　（清）曾國藩撰　（清）王啓原編　清光緒二年(1876)傳忠書局刻本　四冊

220000－0801－0015446　子228/82
札迻十二卷　（清）孫詒讓撰　清光緒二十年(1894)刻本　四冊

220000－0801－0015447　子228/82－1
札迻十二卷　（清）孫詒讓撰　清光緒二十年(1894)刻本　四冊

220000－0801－0015448　子228/82－2
札迻十二卷　（清）孫詒讓撰　清光緒二十年(1894)刻本　六冊

220000－0801－0015449　子228/82－3
札迻十二卷　（清）孫詒讓撰　清光緒二十年(1894)刻本　四冊

220000－0801－0015450　子228/85
札樸十卷　（清）桂馥撰　清刻本　六冊

220000－0801－0015451　子228/85－1
札樸十卷　（清）桂馥撰　清刻本　六冊

220000－0801－0015452　子228/85－2
札樸十卷　（清）桂馥撰　清刻本　八冊

220000－0801－0015453　子228/85－3
札樸十卷　（清）桂馥撰　清刻本　八冊

220000－0801－0015454　子228/86
援鶉堂筆記五十卷附刊誤一卷　（清）姚範撰　清道光十五年(1835)刻本　十六冊

220000－0801－0015455　子228/88
蛾術編八十二卷　（清）王鳴盛撰　清道光二十一年(1841)世楷堂刻本　十六冊

220000－0801－0015456　子228/88－1
蛾術編八十二卷　（清）王鳴盛撰　清道光二十一年(1841)世楷堂刻本　十六冊

220000－0801－0015457　子228/88－2
蛾術編八十二卷　（清）王鳴盛撰　清道光二十一年(1841)世楷堂刻本　二十四冊

220000－0801－0015458　子228/89
東湖叢記六卷　（清）蔣光煦撰　清光緒九年(1883)刻本　三冊

220000－0801－0015459　子228/93
東塾讀書記二十五卷　（清）陳澧撰　清光緒二十七年(1901)刻本　四冊

220000－0801－0015460　子228/94
東塾讀書記二十五卷　（清）陳澧撰　清末刻本　五冊

220000－0801－0015461　子228/96
群書劄記十六卷　（清）朱亦棟撰　清道光三年(1823)雲鶴堂刻本　四冊

220000－0801－0015462　子228/98
群書答問二卷補遺一卷　（清）凌曙撰　開方通釋一卷　（清）焦循撰　清光緒十四年(1888)木犀軒刻本　一冊

220000－0801－0015463　子228/99
群書劄記十六卷十三經劄記二十二卷　（清）朱亦棟撰　清光緒四年(1878)武林刻本　八冊

220000－0801－0015464　子228/100
群書疑辨十二卷　（清）萬斯同撰　清嘉慶二十一年(1816)供石亭刻本　十冊

220000－0801－0015465　子228/100－1
群書疑辨十二卷　（清）萬斯同撰　清嘉慶二十一年(1816)供石亭刻本　四冊

220000－0801－0015466　子228/101
日知錄集釋三十二卷附刊誤二卷續刊誤二卷　（清）顧炎武撰　（清）黃汝成集釋　清道光十五年(1835)袖海樓刻本　十六冊

220000－0801－0015467　子228/101－1

日知錄集釋三十二卷附刊誤二卷續刊誤二卷
（清）顧炎武撰　（清）黃汝成集釋　清道光
十五年(1835)袖海樓刻本　十六冊

220000－0801－0015468　子228/102
日知錄集釋三十二卷附刊誤二卷續刊誤二卷
（清）顧炎武撰　（清）黃汝成集釋　清光緒
十二年(1886)上海石印本　四冊

220000－0801－0015469　子228/106
日知錄之餘四卷　（清）顧炎武撰　清宣統二
年(1910)刻本　二冊

220000－0801－0015470　子228/108
日知錄集釋三十二卷附刊誤二卷續刊誤二卷
（清）顧炎武撰　（清）黃汝成集釋　清同治
八年(1869)廣州述古堂刻本　十六冊

220000－0801－0015471　子228/110
困學紀聞集證二十卷首一卷末一卷　（宋）王
應麟撰　（清）萬希槐輯　清嘉慶六年(1801)
刻本　八冊

220000－0801－0015472　子228/113
困學紀聞二十卷　（宋）王應麟撰　清咸豐二
年(1852)小酉山房刻本　十二冊

220000－0801－0015473　子228/114
校訂困學紀聞集證二十卷　（宋）王應麟撰
（清）萬希槐輯　清嘉慶十八年(1813)掃葉山
房刻本　十二冊

220000－0801－0015474　子228/115
困學紀聞集證二十卷補遺一卷　（宋）王應麟
撰　（清）萬希槐輯　清嘉慶六年(1801)黃岡
萬氏刻本　十二冊

220000－0801－0015475　子228/116
困學紀聞三箋二十卷　（宋）王應麟撰　清嘉
慶十二年(1807)友益齋刻本　六冊

220000－0801－0015476　子228/117
困學紀聞二十卷　（宋）王應麟撰　清桐華書
塾刻本　四冊

220000－0801－0015477　子228/117－1
困學紀聞二十卷　（宋）王應麟撰　清桐華書

塾刻本　八冊

220000－0801－0015478　子228/119
困學紀聞註二十卷　（宋）王應麟撰　（清）翁
元圻輯　清道光五年(1825)守福堂刻本　十
四冊

220000－0801－0015479　子228/123
巵林十卷補遺一卷　（明）周嬰撰　（清）陳春
輯　清嘉慶二十年(1815)湖海樓刻本　三冊
　存六卷(一至六)

220000－0801－0015480　子228/124
質疑刪存三卷　（清）張宗泰撰　清光緒十八
年(1892)聚學軒刻本　一冊

220000－0801－0015481　子228/132
野客叢書三十卷野老紀聞一卷王先生壙銘一
卷　（宋）王楙撰　螢雪叢談二卷　（宋）俞成
撰　清刻本　四冊

220000－0801－0015482　子228/133
舒藝室隨筆六卷　（清）張文虎撰　清同治十
三年(1874)金陵冶城賓館刻本　二冊

220000－0801－0015483　子228/134
學古堂日記四種四十八卷　（清）雷浚　（清）
汪之昌輯　清光緒二十二年(1896)錢塘刻本
　二十六冊

220000－0801－0015484　子228/134－1
學古堂日記四種四十八卷　（清）雷浚　（清）
汪之昌輯　清光緒二十二年(1896)錢塘刻本
　二十六冊

220000－0801－0015485　子228/134－2
學古堂日記四種四十八卷　（清）雷浚　（清）
汪之昌輯　清光緒二十二年(1896)錢塘刻本
　二十六冊

220000－0801－0015486　子228/135
曉讀書齋初錄二卷二錄二卷三錄二卷四錄二
卷　（清）洪亮吉撰　清光緒三年(1877)授經
堂刻本　二冊

220000－0801－0015487　子228/136
懷小編二十卷　（清）沈濂撰　清咸豐四年

(1854)始言堂刻本 十二冊

220000－0801－0015488 子228/136－1
懷小編二十卷 （清）沈濂撰 清咸豐四年
(1854)始言堂刻本 六冊

220000－0801－0015489 子228/137
炳燭編四卷 （清）李廣芸撰 清同治十一年
(1872)滂喜齋刻本 二冊

220000－0801－0015490 子228/137－1
炳燭編四卷 （清）李廣芸撰 清同治十一年
(1872)滂喜齋刻本 一冊

220000－0801－0015491 子228/139
炳燭編四卷 （清）李廣芸撰 清光緒四年
(1878)宏達堂刻本 二冊

220000－0801－0015492 子228/143
愈愚錄六卷 （清）劉寶楠撰 清光緒十五年
(1889)廣雅書局刻本 二冊

220000－0801－0015493 子228/143－1
愈愚錄六卷 （清）劉寶楠撰 清光緒十五年
(1889)廣雅書局刻本 二冊

220000－0801－0015494 子228/144
吳門銷夏記三卷 江瀚撰 清光緒二十年
(1894)刻本 一冊

220000－0801－0015495 子228/145
四寸學六卷 （清）張雲璈撰 清嘉慶五年
(1800)刻本 二冊

220000－0801－0015496 子228/148
食舊德齋雜著不分卷 （清）劉嶽雲撰 清光
緒八年(1882)刻本 四冊

220000－0801－0015497 子228/148－1
食舊德齋雜著不分卷 （清）劉嶽雲撰 清光
緒八年(1882)刻本 三冊

220000－0801－0015498 子228/150
義府二卷 （清）黃生撰 清道光二十二年
(1842)刻本 二冊

220000－0801－0015499 子228/152
兼明書二卷 （唐）丘光庭撰 清順治三年

(1646)刻本 一冊

220000－0801－0015500 子228/156
無邪堂答問五卷 （清）朱一新撰 清光緒二
十一年(1895)廣雅書局刻本 五冊

220000－0801－0015501 子228/157
合肥學舍劄記十二卷 （清）陸繼輅撰 清光
緒四年(1878)興國州署刻本 四冊

220000－0801－0015502 子228/157－1
合肥學舍劄記十二卷 （清）陸繼輅撰 清光
緒四年(1878)興國州署刻本 四冊

220000－0801－0015503 子228/157－2
合肥學舍劄記十二卷 （清）陸繼輅撰 清光
緒四年(1878)興國州署刻本 四冊

220000－0801－0015504 子228/159
菉友肊說一卷附錄一卷 （清）王筠撰 清光
緒二十一年(1895)師鄭室刻本 二冊

220000－0801－0015505 子228/159－1
菉友肊說一卷附錄一卷 （清）王筠撰 清光
緒二十一年(1895)師鄭室刻本 一冊

220000－0801－0015506 子228/161
無邪堂答問五卷 （清）朱一新撰 清光緒二
十一年(1895)葆真堂刻本 五冊

220000－0801－0015507 子228/162
錦字箋四卷 （清）黃澧撰 清末三德堂刻本
四冊

220000－0801－0015508 子228/162－1
錦字箋四卷 （清）黃澧撰 清末三德堂刻本
四冊

220000－0801－0015509 子228/169
讀書叢錄七卷 （清）洪頤煊撰 清光緒十五
年(1889)廣雅書局刻本 一冊

220000－0801－0015510 子228/172
泰西事物起源 （日本）澁江保編 清光緒二
十八年(1902)上海廣智書局鉛印本 一冊

220000－0801－0015511 子228/173
日知錄集釋三十二卷附刊誤二卷續刊誤二卷

（清）顧炎武撰　（清）黃汝成集釋　清光緒
三年(1877)刻本　十六冊

220000－0801－0015512　子228/174
泰西事物叢考八卷　（清）上海徐匯報館教士
譯　清光緒二十九年(1903)鴻寶齋石印本
八冊

220000－0801－0015513　子228/175
理窟九卷　（清）李杕撰　清光緒十二年
(1886)上海慈母堂鉛印本　四冊

220000－0801－0015514　子228/177
九九銷夏錄十四卷　（清）俞樾撰　清光緒十
八年(1892)刻本　二冊

220000－0801－0015515　子228/179
讀書叢錄七卷　（清）洪頤煊撰　清光緒十五
年(1889)廣雅書局刻本　一冊

220000－0801－0015516　子228/185
譚誤四卷　（明）馬樸撰　清道光十年(1830)
刻本　一冊

220000－0801－0015517　子228/186
西學原始考一卷　（清）王韜輯撰　清光緒十
六年(1890)鉛印本　一冊

220000－0801－0015518　子228/199
札樸十卷　（清）桂馥撰　清光緒九年(1883)
長洲蔣氏心矩齋刻本　八冊

220000－0801－0015519　子228/200
十駕齋養新錄二十卷餘錄三卷　（清）錢大昕
撰　清光緒二年(1876)浙江書局刻本　九冊

220000－0801－0015520　子228/201
札樸十卷　（清）桂馥撰　清光緒七年(1881)
小李山房刻本　五冊

220000－0801－0015521　子228/202
茶香室叢鈔二十三卷　（清）俞樾撰　清光緒
刻本　八冊

220000－0801－0015522　子228/203
南漘楛語八卷　（清）蔣超伯撰　清同治十年
(1871)兩罍山房刻本　二冊

220000－0801－0015523　子228/204
茶香室叢鈔二十三卷目錄一卷續鈔二十五卷
（清）俞樾撰　清光緒九年(1883)春在堂刻
本　十六冊

220000－0801－0015524　子228/204－1
茶香室叢鈔二十三卷目錄一卷續鈔二十五卷
（清）俞樾撰　清光緒九年(1883)春在堂刻
本　八冊

220000－0801－0015525　子228/205
群書斠識　（清）平步青撰　清光緒二年
(1876)刻本　一冊

220000－0801－0015526　子228/209
陔餘叢考四十三卷　（清）趙翼撰　清末刻本
十二冊

220000－0801－0015527　子229/2
說鈴前集三十七種四十三卷後集十六種二十
四卷　（清）吳震方撰　清嘉慶四年(1799)刻
本　三十冊

220000－0801－0015528　子229/2－1
說鈴前集三十七種四十三卷後集十六種二十
四卷　（清）吳震方撰　清嘉慶四年(1799)刻
本　十六冊

220000－0801－0015529　子229/4
讀書樂趣八卷　（清）伍涵芬輯　清嘉慶十六
年(1811)華日堂刻本　八冊

220000－0801－0015530　子229/4－1
讀書樂趣八卷　（清）伍涵芬輯　清嘉慶十六
年(1811)華日堂刻本　六冊

220000－0801－0015531　子229/6
課餘閒筆一卷　（清）□□撰　清末活字印本
一冊

220000－0801－0015532　子229/8
心齋雜俎二卷　（清）張潮撰　清活字印本
二冊

220000－0801－0015533　子229/9
微庵掌錄一卷靜壽軒詩一卷　（清）陶紹曾撰
清光緒三十年(1904)刻本　一冊

220000－0801－0015534　子229/10
康熙幾暇格物編二卷　（清）聖祖玄燁撰
（清）盛昱錄　清光緒石印本　二冊

220000－0801－0015535　子229/10－1
康熙幾暇格物編二卷　（清）聖祖玄燁撰
（清）盛昱錄　清光緒石印本　二冊

220000－0801－0015536　子229/10－2
康熙幾暇格物編二卷　（清）聖祖玄燁撰
（清）盛昱錄　清光緒石印本　二冊

220000－0801－0015537　子229/10－3
康熙幾暇格物編二卷　（清）聖祖玄燁撰
（清）盛昱錄　清光緒石印本　二冊

220000－0801－0015538　子229/13
廣孝編（吾亦廬外集）三卷　（清）崔應榴撰
清嘉慶刻本　二冊

220000－0801－0015539　子229/17
說鈴抄八卷　（清）吳震方輯　（清）曉樓主人
刪訂　清刻本　八冊

220000－0801－0015540　子229/18
三餘偶筆十六卷　（清）左暄撰　清嘉慶十六
年(1811)桂林書屋刻本　四冊

220000－0801－0015541　子229/20
身世金丹不分卷　（清）讀我書居士增補　清
同治九年(1870)刻本　一冊

220000－0801－0015542　子229/25
片玉山房花箋錄二十卷　（清）孫兆溎撰　清
咸豐二年(1852)刻本　八冊　存十卷(十一
至二十)

220000－0801－0015543　子229/27
雨堂偶筆四卷　（清）蔣慶籛著　清光緒二十
三年(1897)刻本　二冊

220000－0801－0015544　子229/28
片玉山房花箋錄二十卷　（清）孫兆溎撰　清
同治四年(1865)刻本　十冊

220000－0801－0015545　子229/29
說纂十集二十三卷　（漢）班固等撰　（明）張
芹編　清刻本　六冊

220000－0801－0015546　子229/30
巾經纂二十卷　（清）宋宗元撰　清光緒十六
年(1890)刻本　十二冊

220000－0801－0015547　子229/30－1
巾經纂二十卷　（清）宋宗元撰　清光緒十六
年(1890)刻本　五冊

220000－0801－0015548　子229/31
巾經纂二十卷　（清）宋宗元撰　清光緒十七
年(1891)刻本　五冊

220000－0801－0015549　子229/32
巾經纂二十卷　（清）宋宗元撰　清同治十年
(1871)刻本　五冊

220000－0801－0015550　子229/33
山居閒談五卷　（清）蕭智漢纂輯　（清）蕭秉
信註　清嘉慶七年(1802)刻本　五冊

220000－0801－0015551　子229/35
俞樓雜纂五十卷　（清）俞樾撰　清同治、光
緒刻本　三冊　存三十六卷(一至三十六)

220000－0801－0015552　子229/44
格言聯璧一卷　（清）金纓撰　經驗良方一卷
　（清）姚文田撰　清光緒十九年(1893)雲間
惜陰書屋刻本　一冊

220000－0801－0015553　子229/46
嘉言錄一卷　（清）劉崇元輯　清光緒刻本
一冊

220000－0801－0015554　子229/49
格言聯璧一卷附錄一卷　（清）金纓撰　清光
緒十六年(1890)刻本　二冊

220000－0801－0015555　子229/51
古格言十二卷　（清）梁章鉅編　清道光刻本
　二冊

220000－0801－0015556　子229/55
子史粹言二卷　（清）丁晏述　清光緒三十年
(1904)刻本　一冊

220000－0801－0015557　子229/56
古今藥石一卷　（明）宋纁撰　清初刻本
一冊

220000－0801－0015558　子229/58

西廂文韻　（明）唐寅撰　幽夢影二卷　（清）張潮撰　坳芥室小草　（清）馮家喻撰　清末藍格抄本　六冊

220000－0801－0015559　子229/59

硯雲甲編八卷乙編八卷　（清）金忠淳輯　清末上海申報館鉛印本　十二冊

220000－0801－0015560　子229/60

覺非庵筆記八卷　（清）顧塰撰　清光緒八年(1882)刻本　二冊

220000－0801－0015561　子229/67

四淫齊不分卷　（□）嘯天編　清光緒三十三年(1907)刻本　一冊

220000－0801－0015562　子229/70

普通百科新大詞典十二卷目錄二卷附補一卷　黃人編　清宣統三年(1911)上海國學扶輪社鉛印本　十五冊

220000－0801－0015563　子229/70－1

普通百科新大詞典十二卷目錄二卷附補一卷　黃人編　清宣統三年(1911)上海國學扶輪社鉛印本　十冊　存十卷(子至巳、戌至亥，目錄二卷)

220000－0801－0015564　子229/72

顧氏明朝四十家小說不分卷　（明）顧元慶輯　清宣統三年(1911)上海國學扶輪社鉛印本　四冊

220000－0801－0015565　子229/74

純常子枝語四十卷　（清）文廷式撰　清光緒石印本　二十四冊

220000－0801－0015566　子229/75

酬世錦囊二十卷　（清）謝梅林　（清）鄒可庭輯　清末刻本　十二冊

220000－0801－0015567　子229/75－1

酬世錦囊二十卷　（清）謝梅林　（清）鄒可庭輯　清末刻本　八冊　存十三卷(家禮一至二、帖式一至三、對聯三至五、天下路程一至二、書啓二至四)

220000－0801－0015568　子229/76

清寧合撰二卷　（清）高宗弘曆撰　清嘉慶、道光內府刻本　二冊

220000－0801－0015569　子229/79

宦鄉應酬備覽不分卷　（清）亦安樂窩主人編　清光緒元年(1875)刻本　四冊

220000－0801－0015570　子229/82

新增日用雜字（新增日用便覽）一卷　（□）□□撰　清光緒十三年(1887)無錫日升山房刻本　一冊

220000－0801－0015571　子229/83

歷代嘉言二十卷　（明）黃登俊輯　（明）黃學華　（明）黃學錦　（明）黃學元編次　清刻本　六冊

220000－0801－0015572　子229/85

心影集四卷　（清）李士麟編輯　清光緒八年(1882)利泰紙行刻本　一冊

220000－0801－0015573　子229/90

益智編四十一卷　（明）孫能傳纂輯　清光緒十七年(1891)刻本　十二冊

220000－0801－0015574　子229/93

筆諫八卷末一卷附百孝圖八卷　（清）馬萬選輯　清光緒九年(1883)一得軒刻本　五冊

220000－0801－0015575　子229/97

甲申日記　（明）王永章撰　擊築餘音　（明）熊開元撰　清末活字印本　一冊

220000－0801－0015576　子229/99

文科大辭典十二卷　國學扶輪社編輯　清宣統三年(1911)上海國學扶輪社鉛印本　十二冊

220000－0801－0015577　子229/102

海南日抄三十卷　（清）張眉大撰　清嘉慶元年(1796)刻本　五冊

220000－0801－0015578　子229/103

漱六編九種十卷　（清）□□輯　清中期刻本　三冊　缺四種五卷(金石審一卷、論印絕句一卷、吉金盦遺墨一卷、之談一至二)

220000 – 0801 – 0015579　子229/104

普通百科全書一百編　范廸吉譯述　黄朝鑒編輯　清光緒二十九年(1903)東華譯書社影印本　一百冊

220000 – 0801 – 0015580　子229/105

物理小識十二卷首一卷　（清）方以智撰　清光緒十年(1884)寧靜堂刻本　六冊

220000 – 0801 – 0015581　子229/106

物理小識十二卷　（清）方以智撰　清末刻本　十二冊

220000 – 0801 – 0015582　子229/107

昨非錄十二卷　（明）鄭諠明撰　清光緒十一年(1885)石印本　二冊

220000 – 0801 – 0015583　子229/107 – 1

昨非錄十二卷　（明）鄭諠明撰　清光緒十一年(1885)石印本　二冊

220000 – 0801 – 0015584　子229/109

群書治要五十卷　（唐）魏徵等撰　清中期鉛印本　二十五冊　缺三卷(四、十三、二十)

220000 – 0801 – 0015585　子229/109 – 1

群書治要五十卷　（唐）魏徵等撰　清中期鉛印本　二十五冊　缺三卷(四、十三、二十)

220000 – 0801 – 0015586　子229/111

玉芝堂談薈三十六卷　（明）徐應秋撰　清光緒元年(1875)舊園刻本　三十六冊

220000 – 0801 – 0015587　子229/111 – 1

玉芝堂談薈三十六卷　（明）徐應秋撰　清光緒元年(1875)舊園刻本　三十四冊

220000 – 0801 – 0015588　子229/113

小學庵遺書四卷　（清）錢馥撰　清光緒二十一年(1895)刻本　一冊

220000 – 0801 – 0015589　子229/114

警睡編初集　（清）華榮萱編輯　清光緒六年(1880)鉛印本　六冊

220000 – 0801 – 0015590　子229/116

嫖賭吹新集一卷附警世時事新劇本　（清）張宜華著　清宣統二年(1910)刻本　一冊

220000 – 0801 – 0015591　子229/121

西齋語錄四卷　（清）郭元鎬撰　清乾隆二十四年(1759)刻本　四冊

220000 – 0801 – 0015592　子229/122

經餘必讀八卷續編八卷三編四卷　（清）錢樹棠等輯　清嘉慶十一年至十五年(1806 – 1810)刻本　五冊

220000 – 0801 – 0015593　子229/125

皇朝駢文類苑十四卷　（清）姚變選　（清）張壽榮校　清光緒九年(1883)刻本　二十冊

220000 – 0801 – 0015594　子229/125 – 1

皇朝駢文類苑十四卷　（清）姚變選　（清）張壽榮校　清光緒九年(1883)刻本　一冊

220000 – 0801 – 0015595　子229/126

樂集鏡古不分卷　（清）吳錫麒等撰　清末抄本　一冊

220000 – 0801 – 0015596　子229/134

著作林　（清）陳栩編　清末刻本　十冊

220000 – 0801 – 0015597　子229/135

著作林　（清）陳栩編　清末上海著作林編輯部鉛印本　四冊

220000 – 0801 – 0015598　子229/138

意林五卷　（唐）馬總撰　清光緒三年(1877)湖北崇文書局刻本　二冊

220000 – 0801 – 0015599　子229/139

婚姻進化新論三篇　（日本）藤根堂吉撰　丁福保譯　清光緒二十九年(1903)鉛印本　一冊

220000 – 0801 – 0015600　子229/141

富養新策　（英國）哲分斯撰　清光緒二十四年(1898)石印本　一冊

220000 – 0801 – 0015601　子229/143

事友錄五卷　（清）潘相撰　清嘉慶刻本　三冊

220000 – 0801 – 0015602　子229/150

盛世危言續編　鄭觀應輯　清末石印本　二冊　存二卷(三至四)

220000－0801－0015603　子229/154

時務策論大觀　（清）□□撰　清光緒二十四年(1898)石印本　四冊

220000－0801－0015604　子229/156

靜軒筆記十九卷　（清）劉秉璋撰　清末刻本　三冊　存十三卷(一至七、十四至十九)

220000－0801－0015605　子241/2

皇極經世緒言九卷首一卷　（明）黃粵洲註釋　（清）劉斯組輯　清道光十年(1830)刻本　十二冊

220000－0801－0015606　子241/2－1

皇極經世緒言九卷首一卷　（明）黃粵洲註釋　（清）劉斯組輯　清道光十年(1830)刻本　八冊

220000－0801－0015607　子241/3

皇極經世易知八卷首一卷　（清）何夢瑤輯　清光緒十三年(1887)校經山房刻本　八冊

220000－0801－0015608　子241/4

皇極經世六十卷觀物外編二卷讀皇極經世書後一卷皇極經世圖一卷　（宋）邵雍撰　清咸豐元年(1851)洛陽安樂窩刻本　十二冊

220000－0801－0015609　子241/5

河洛理數六卷　（宋）陳摶撰　（宋）邵雍述　清末刻本　六冊

220000－0801－0015610　子241/7

河圖心法合纂直講十三卷洛書心法合纂直講十四卷　（清）蘭陵不二子撰　清光緒三年(1877)刻本　十二冊

220000－0801－0015611　子241/7－1

河圖心法合纂直講十三卷洛書心法合纂直講十四卷　（清）蘭陵不二子撰　清同治十三年(1874)刻本　六冊

220000－0801－0015612　子241/9

蔡子洪範皇極名數九卷首二卷　（清）張兆鹿註釋　清光緒二十三年(1897)白沙井張氏滄州詒經堂刻本　十冊

220000－0801－0015613　子241/11

太玄集註四卷　（漢）揚雄撰　（宋）司馬光集註　（清）孫澍增補　清道光十一年(1831)鵝溪孫氏刻本　四冊

220000－0801－0015614　子241/13

金光斗臨經　（明）周繼撰　清末刻本　一冊

220000－0801－0015615　子241/15

斷易大全四卷　（清）余興國編輯　清末石印本　三冊　存三卷(二至四)

220000－0801－0015616　子242/1

六壬神課金口訣三卷　（明）適適子撰　（清）熊大本校正　（清）周儆弦重訂　清末石印本　三冊

220000－0801－0015617　子242/2

六壬經緯六卷　（清）毛志道撰　清末刻本　二冊

220000－0801－0015618　子242/3

六壬神課金口訣三卷　（明）適適子撰　（清）熊大本校正　（清）周儆弦重訂　清光緒六年(1880)掃葉山房刻本　三冊

220000－0801－0015619　子242/4

六壬神定經二卷　（宋）楊惟德撰　清末刻本　一冊

220000－0801－0015620　子242/10

諸葛武侯五星神課二卷　（唐）李益纂　（清）葉金貴編輯　清光緒十四年(1888)清靜居抄本　一冊

220000－0801－0015621　子242/12

焦氏易林校略十六卷　（清）翟云升撰　清道光二十八年(1848)刻本　八冊

220000－0801－0015622　子242/13

焦氏易林註十六卷　（清）尚秉和註　清光緒六年(1880)刻本　八冊

220000－0801－0015623　子242/14

增刪卜易十二卷　（清）野鶴老人著　（清）李文輝增刪　清末金相堂刻本　六冊

220000－0801－0015624　子242/16

卜筮正宗十四卷　（清）王維德著　清光緒三

十一年(1905)上海江東書局石印本　四冊

220000－0801－0015625　子242/16－1

卜筮正宗十四卷　（清）王維德著　清光緒三
十一年(1905)上海江東書局石印本　三冊

220000－0801－0015626　子242/17

卜筮正宗十四卷　（清）王維德撰　清光緒三
十一年(1905)上海錦章書局石印本　四冊

220000－0801－0015627　子242/19

卜筮正宗十四卷　（清）王維德著　清光緒二
十三年(1897)掃葉山房刻本　六冊

220000－0801－0015628　子242/20

卜筮正宗十四卷　（清）王維德著　清光緒三
年(1877)紫文閣刻本　六冊

220000－0801－0015629　子242/22

諸葛武侯行兵遁甲金函玉鏡六卷　（三國蜀）
諸葛亮撰　奇門遁甲秘笈大全三十卷　（明）
劉基輯　清光緒二十二年(1896)上海大成書
局石印本　四冊

220000－0801－0015630　子242/23

諸葛忠武侯行兵遁甲金函玉鏡海底眼六卷
(三國蜀)諸葛亮撰　清末刻本　三冊

220000－0801－0015631　子242/24

新訂崇正辟謬通書十四卷　（清）李奉來輯
清宣統三年(1911)石印本　一冊

220000－0801－0015632　子242/26

太古演禽一卷　（清）嘯道人訂　清光緒二年
(1876)刻本　一冊

220000－0801－0015633　子242/27

大唐開元占經一百二十卷　（唐）釋瞿曇悉達
撰　清恒德堂刻本　二十冊

220000－0801－0015634　子242/27－1

大唐開元占經一百二十卷　（唐）釋瞿曇悉達
撰　清恒德堂刻本　二十四冊

220000－0801－0015635　子242/28

大六壬不分卷大六壬課體訂訛不分卷　（□）
□□撰　清初抄本　二冊

172

220000－0801－0015636　子242/29

大六壬心鏡八卷　（唐）徐道符撰　清嘉慶二
十二年(1817)刻本　一冊

220000－0801－0015637　子242/30

大六壬指南五卷　（清）陳良謨撰　清嘉慶十
六年(1811)菁華樓刻本　四冊

220000－0801－0015638　子242/32

秘藏大六壬大全十三卷　（清）郭載騋校訂
清刻本　八冊

220000－0801－0015639　子242/33

秘藏大六壬大全善本十三卷　（清）郭載騋校
訂　清末上海掃葉山房石印本　六冊

220000－0801－0015640　子242/34

秘藏大六壬大全十三卷　（清）郭載騋校訂
清光緒十九年(1893)無錫經綸堂刻本　十
三冊

220000－0801－0015641　子242/35

秘藏大六壬大全十三卷　（清）郭載騋校訂
清同治十三年(1874)無錫世經堂刻本　六冊

220000－0801－0015642　子242/38

奇門遁甲統宗大全十二卷　（三國蜀）諸葛亮
撰　清刻本　五冊　缺二卷(五至六)

220000－0801－0015643　子242/39

新刻增定邵康節先生梅花觀梅拆字數全集五
卷　（宋）邵雍撰　清光緒十二年(1886)掃葉
山房刻本　五冊

220000－0801－0015644　子242/42

易占經緯四卷　（明）韓邦奇輯　清刻本
四冊

220000－0801－0015645　子242/42－1

易占經緯四卷　（明）韓邦奇輯　清刻本
四冊

220000－0801－0015646　子242/43

易林補遺四卷　（清）張世寶撰　清刻本
四冊

220000－0801－0015647　子242/45

易隱八卷首一卷　（清）曹九錫輯　清末上海

鴻章書局石印本　四冊

220000－0801－0015648　子242/46
易隱八卷首一卷　（清）曹九錫輯　清光緒十一年(1885)祥麟書屋刻本　四冊

220000－0801－0015649　子242/48
牙牌靈數廣釋不分卷　（清）何汝檉撰　清光緒十三年(1887)掃葉山房鉛印本　一冊

220000－0801－0015650　子242/49
牙牌神數圖註詳解不分卷　（清）何汝檉撰　清光緒十二年(1886)江陰寶文堂刻本　二冊

220000－0801－0015651　子242/50
新鐫曆法總覽合節鰲頭通書大全十卷　（明）熊宗立纂　清刻本　十二冊

220000－0801－0015652　子242/51
覺世格言二卷　（□）□□撰　清同治五年(1866)刻本　二冊

220000－0801－0015653　子242/52
求雨文　（清）紀大奎撰　清光緒九年(1883)刻本　一冊

220000－0801－0015654　子242/53
求雨文　（清）紀大奎撰　清光緒六年(1880)刻本　一冊

220000－0801－0015655　子244/1
辯論三十篇一卷　（清）孟浩撰　清末刻本　一冊

220000－0801－0015656　子244/4
五種秘竅全書十五卷　（明）甘霖撰　明末郁郁堂刻本　八冊　存天星秘竅圖說、地理秘竅、通書秘竅

220000－0801－0015657　子244/7
天元五歌闡義五卷附保墓良規一卷元空秘旨一卷　（清）蔣大鴻等撰　清道光三年(1823)刻本　一冊

220000－0801－0015658　子244/7－1
天元五歌闡義五卷附保墓良規一卷元空秘旨一卷　（清）蔣大鴻等撰　清道光三年(1823)刻本　一冊

220000－0801－0015659　子244/7－2
天元五歌闡義五卷附保墓良規一卷元空秘旨一卷　（清）蔣大鴻等撰　清道光三年(1823)刻本　一冊

220000－0801－0015660　子244/11
珠神真經二卷　（□）李德鴻撰　清光緒刻本　一冊

220000－0801－0015661　子244/12
理氣入門簡要五卷　（清）周佐清輯　清嘉慶八年(1803)易居書屋刻本　一冊

220000－0801－0015662　子244/13
理氣三訣四卷　（清）葉泰撰　清刻本　一冊

220000－0801－0015663　子244/14
山洋指迷原本四卷　（明）周景一撰　（清）俞歸璞　（清）吳卿瞻註　清光緒九年(1883)刻本　二冊

220000－0801－0015664　子244/14－1
山洋指迷原本四卷　（明）周景一撰　（清）俞歸璞　（清）吳卿瞻註　清光緒九年(1883)刻本　四冊

220000－0801－0015665　子244/15
山法全書十九卷首二卷　（清）葉泰撰　清末刻本　十三冊

220000－0801－0015666　子244/15－1
山法全書十九卷首二卷　（清）葉泰撰　清末刻本　八冊　存十五卷(一至十三、首二卷)

220000－0801－0015667　子244/17
催官篇四卷　（宋）賴文俊撰　（清）尹有本註　清嘉慶二年(1797)刻本　二冊

220000－0801－0015668　子244/18
宅經二卷　（□）□□註　青烏先生葬經一卷　（漢）青烏子撰　（金）兀欽仄註　古本葬書一卷　（晉）郭璞撰　清嘉慶照曠閣刻本　一冊

220000－0801－0015669　子244/20
心眼指要四卷　（清）章仲山輯　清善成堂刻本　二冊

173

220000－0801－0015670　　子244/21

心眼指要四卷　（清）章仲山輯　清同治十二年(1873)可久堂刻本　一册

220000－0801－0015671　　子244/21－1

心眼指要四卷　（清）章仲山輯　清同治十二年(1873)可久堂刻本　一册

220000－0801－0015672　　子244/23

地理辨正疏五卷首一卷末一卷　（清）張心言述　清道光九年(1829)培杏書屋刻本　四册

220000－0801－0015673　　子244/24

地理辨正疏五卷首一卷末一卷　（清）張心言述　清光緒三十三年(1907)上海校經山房石印本　四册

220000－0801－0015674　　子244/25

地理辨正再辨六卷　（清）蔣平階補傳　（清）姚銘三續傳　清嘉慶十七年(1812)刻本　四册

220000－0801－0015675　　子244/26

地理辨正疏五卷首一卷末一卷　（清）張心言述　清同治十年(1871)培杏書屋刻本　二册

220000－0801－0015676　　子244/27

地理六經註六卷　（清）葉泰撰　清刻本　二册

220000－0801－0015677　　子244/29

地理辨正參解六卷附錄一卷　（清）蔣平階補傳　（清）朱鶴天校評　（清）甘受益參解　清道光十年(1830)上海十萬卷樓刻本　三册

220000－0801－0015678　　子244/30

地理辨正補六卷　（清）朱蓴補傳　清道光十年(1830)紫芝書屋刻本　四册

220000－0801－0015679　　子244/31

地理辨正溫氏續解四卷　（清）蔣平階補傳（清）姜堯辨正　（清）無心道人增補　（清）溫榮鑣續解　清光緒二十三年(1897)文苑閣活字印本　四册

220000－0801－0015680　　子244/32

地理辨正直解五卷　（清）蔣平階補傳　（清）

章仲山直解　清道光元年(1821)可久堂刻本　二册

220000－0801－0015681　　子244/32－1

地理辨正直解五卷　（清）蔣平階補傳　（清）章仲山直解　清道光元年(1821)可久堂刻本　三册

220000－0801－0015682　　子244/32－2

地理辨正直解五卷　（清）蔣平階補傳　（清）章仲山直解　清道光元年(1821)可久堂刻本　一册

220000－0801－0015683　　子244/35

地理五訣八卷　（清）趙廷棟撰　清末亦西齋刻本　四册

220000－0801－0015684　　子244/36

地理五訣八卷　（清）趙廷棟著　清末掃葉山房刻本　四册

220000－0801－0015685　　子244/37

地理元合會通八卷首一卷　（清）姚諄教撰　清同治十年(1871)刻本　二册

220000－0801－0015686　　子244/39

新鐫碎玉剖秘地理不求人五卷　（明）吳以炌撰　清末抄本　一册

220000－0801－0015687　　子244/41

地理秘竅　（明）甘霖撰　清至善堂刻本　一册

220000－0801－0015688　　子244/43

嚴陵張九儀地理穿山透地真傳一卷　（清）張鳳藻撰　清刻本　一册

220000－0801－0015689　　子244/44

增補地理直指原真大全三卷首一卷　（清）釋如玉撰　清光緒十四年(1888)上海掃葉山房石印本　四册

220000－0801－0015690　　子244/46

地理支隴乘氣論四卷　（清）羅金鑑撰　清道光十九年(1839)廣勤堂刻本　四册

220000－0801－0015691　　子244/48

地理大全入門要訣四集二十四卷　（清）鄒可

庭等編輯　清刻本　十冊

220000－0801－0015692　子244/49

地理或問二卷　（清）陸應穀撰　清道光二十八年(1848)刻本　一冊

220000－0801－0015693　子244/50

地理孝思集青囊玉尺合刻貫解（地理孝思集）十三卷　（清）舒鳳儀著　清善成堂刻本八冊

220000－0801－0015694　子244/51

地理括要一卷　（清）王邦獻撰　清道光二十年(1840)寶硯山房刻本　一冊

220000－0801－0015695　子244/53

地理錄要四卷附陽宅得一錄　（清）蔣平階撰　清嘉慶七年(1802)刻本　四冊

220000－0801－0015696　子244/54

地理精語四卷　（清）尹一勺撰　清嘉慶元年(1796)箬峰石室刻本　一冊

220000－0801－0015697　子244/54－1

地理精語四卷　（清）尹一勺撰　清嘉慶元年(1796)箬峰石室刻本　一冊

220000－0801－0015698　子244/55

沈氏地學二卷　（清）沈鎬撰　清宣統二年(1910)上海掃葉山房石印本　六冊

220000－0801－0015699　子244/55－1

沈氏地學二卷　（清）沈鎬撰　清宣統二年(1910)上海掃葉山房石印本　六冊

220000－0801－0015700　子244/58

石南平砂玉尺經六卷　（元）劉秉忠述　（明）劉基解　**郭璞葬經二卷**　（晉）郭璞撰　清末刻本　三冊　缺四卷(玉尺經一至三、郭璞葬經二)

220000－0801－0015701　子244/59

葬經翼一卷　（明）繆希雍撰　清末刻本一冊

220000－0801－0015702　子244/60

堪輿經二卷　（明）蕭克撰　清刻本　四冊

220000－0801－0015703　子244/61

楊曾地理元文四卷地理辨正圖說一卷周易葬說一卷　（清）端木國瑚註　清道光五年(1825)刻本　二冊

220000－0801－0015704　子244/64

撼龍經批注校補十二篇疑龍經批注校補三卷　（唐）楊益撰　清光緒十八年(1892)巴蜀善成堂刻本　五冊

220000－0801－0015705　子244/65

青囊玉尺度金鍼集六卷　（清）舒鳳儀纂圖（清）段喆撰說　清光緒十六年(1890)徐州道署刻本　六冊

220000－0801－0015706　子244/66

四秘全書十二種二十四卷　（清）尹一勺輯　清嘉慶刻本　十一冊

220000－0801－0015707　子244/67

四秘全書十二種二十四卷　（清）尹一勺輯　清嘉慶善成堂刻本　十二冊

220000－0801－0015708　子244/68

新刻秘傳四先生鬼靈經通天竅十卷　（唐）楊筠松等撰　清末刻本　二冊

220000－0801－0015709　子244/69

羅經解定七卷附羅經問答一卷　（明）胡國楨撰　清刻本　四冊

220000－0801－0015710　子244/72

新訂王氏羅經透解二卷　（清）王道亨輯　清末四合堂刻本　二冊

220000－0801－0015711　子244/73

羅經指南撥霧集三卷　（清）葉泰著　清刻本二冊

220000－0801－0015712　子244/74

陽宅元珠不分卷　（□）□□撰　清抄本一冊

220000－0801－0015713　子244/75

校正陽宅大全圖說五種十卷　（明）一壑居士集　清宣統三年(1911)上海進步書店石印本一冊

220000－0801－0015714　子244/78

陽宅愛眾篇四卷　（清）張覺正撰　清光緒六年(1880)掃葉山房刻本　四冊

220000－0801－0015715　子244/80

劉氏家藏闡微通書八卷　（清）劉春沂撰　清末刻本　八冊

220000－0801－0015716　子244/82

入地眼全書十卷　（宋）釋靜道等撰　（清）萬樹華編　清道光元年(1821)四本堂刻本　六冊

220000－0801－0015717　子244/83

入地眼全書十卷　（宋）釋靜道等撰　（清）萬樹華編　清善成堂刻本　六冊

220000－0801－0015718　子244/86

命度盤說二卷　（清）陶淑宇撰　清道光三年(1823)心遠草堂刻本　二冊

220000－0801－0015719　子244/87

心得要旨一卷　（明）金星橋撰　清光緒德化李氏木犀軒刻本　一冊

220000－0801－0015720　子245/1

新刊校正增釋合併麻衣先生人相編六卷　陸位崇校編　清同治十二年(1873)善成堂刻本　一冊　存二卷(一至二)

220000－0801－0015721　子245/3

三命通會十二卷　（明）萬民英撰　清聚學堂刻本　十二冊

220000－0801－0015722　子245/4

三命通會十二卷　（明）萬民英撰　清宣統元年(1909)上海江左書林石印本　十二冊

220000－0801－0015723　子245/4－1

三命通會十二卷　（明）萬民英撰　清宣統元年(1909)上海江左書林石印本　十二冊

220000－0801－0015724　子245/7

水鏡集四卷　（清）范駯撰　清末刻本　四冊

220000－0801－0015725　子245/8

子平四言集腋六卷　（清）廖冀亨撰　清道光三十年(1850)求可堂刻本　六冊

220000－0801－0015726　子245/10

百二漢鏡齋秘書四種五卷　（□）麻衣道者著　（清）程芝雲校　清道光四年(1824)湖邊程氏百二鏡齋刻本　四冊

220000－0801－0015727　子245/12

演禽三世相法一卷　（唐）袁天罡撰　清末上海大成書局石印本　一冊

220000－0801－0015728　子245/15

神相全編十二卷　（宋）陳摶撰　（明）袁忠徹訂　清末掃葉山房石印本　六冊

220000－0801－0015729　子245/19

新刊合併官板音義評註淵海子平五卷　（宋）徐昇編　（明）楊淙增校　清末刻本　二冊

220000－0801－0015730　子245/24

相理衡真十卷首一卷　（清）陳釗撰　清道光十三年(1833)寶慶經編堂刻本　八冊　缺二卷(四、六)

220000－0801－0015731　子245/25

新鐫鬼谷子先生四字經前定數二卷　（戰國）鬼谷子著　清六奎堂刻本　一冊

220000－0801－0015732　子245/27

星評要訣不分卷百年經不分卷　（□）□□撰　清末蘭谿慎言堂刻本　一冊

220000－0801－0015733　子245/28

星評要訣不分卷百年經不分卷　（□）□□撰　清同治七年(1868)蘭谿文華堂刻本　一冊

220000－0801－0015734　子245/30

增補星平會海命學全書十卷首一卷　（清）水中龍編輯　清末還讀齋刻本　六冊

220000－0801－0015735　子245/31

星命說證并附六壬指要擇日要訣四卷　（清）霍達註說　清光緒二年(1876)刻本　四冊

220000－0801－0015736　子245/32

曆學會通一卷　林魁編輯　清末抄本　一冊

220000－0801－0015737　子245/37

百二漢鏡齋秘書四種五卷　（清）程芝雲輯　清嘉慶九年(1804)刻本　十二冊

220000 – 0801 – 0015738　子 248/1

增補諸家選釋萬全玉匣記（萬全玉匣記）二卷
（晉）許遜撰　清咸豐元年(1851)中利齋刻本　四冊

220000 – 0801 – 0015739　子 248/2

諏吉便覽一卷　（清）俞榮寬撰　清道光二十一年(1841)慈壽堂刻本　一冊

220000 – 0801 – 0015740　子 248/3

董氏諏吉便覽新書一卷　（明）董潛撰　清光緒十七年(1891)清江金聲堂刻本　二冊

220000 – 0801 – 0015741　子 248/4

新鐫許真君玉匣記增補諸家選擇日用通書二卷　（晉）許遜撰　（清）朱說霖重校　清末上海錦章書局石印本　二冊

220000 – 0801 – 0015742　子 248/5

新鐫許真君玉匣記增補諸家選擇日用通書五卷　（晉）許遜撰　清蔚文書局刻本　二冊

220000 – 0801 – 0015743　子 248/7

增補參星秘要諏吉便覽一卷諏吉便覽寶鏡圖一卷都天滾盤珠要法一卷　（清）俞榮寬等撰　清光緒二十四年(1898)善成堂刻朱墨套印本　四冊

220000 – 0801 – 0015744　子 248/8

參星秘要諏吉便覽一卷諏吉便覽寶鏡圖一卷附都天滾盤珠要法一卷　（清）俞榮寬等撰　清末上海校經山房石印本　六冊

220000 – 0801 – 0015745　子 248/9

參星秘要諏吉便覽一卷諏吉便覽寶鏡圖一卷附都天滾盤珠要法一卷　（清）俞榮寬等撰　清末上海廣益書局石印本　六冊

220000 – 0801 – 0015746　子 248/10

參星秘要諏吉便覽一卷諏吉便覽寶鏡圖一卷附都天滾盤珠要法一卷　（清）俞榮寬等撰　清宣統元年(1909)上海掃葉山房石印本　六冊

220000 – 0801 – 0015747　子 248/10 – 1

參星秘要諏吉便覽一卷諏吉便覽寶鏡圖一卷

附都天滾盤珠要法一卷　（清）俞榮寬等撰　清宣統元年(1909)上海掃葉山房石印本　六冊

220000 – 0801 – 0015748　子 248/11

新鐫曆法便覽象吉備要通書二十九卷　（清）魏鑑彙述　清末石印本　六冊　缺十一卷（一至十一）

220000 – 0801 – 0015749　子 248/13

通德類情十三卷　（清）沈重華輯　清文華堂刻本　八冊

220000 – 0801 – 0015750　子 248/14

太乙數統宗大全四十卷　（清）李自明撰（清）羅集福重訂　清凌雲山房刻朱墨套印本　十二冊

220000 – 0801 – 0015751　子 248/15

欽定協紀辨方書三十六卷　（清）允祿等修　清末刻本　二十四冊

220000 – 0801 – 0015752　子 248/15 – 1

欽定協紀辨方書三十六卷　（清）允祿等修　清末刻本　二十四冊

220000 – 0801 – 0015753　子 248/16

欽定協紀辨方書三十六卷　（清）允祿等修　清光緒二十五年(1899)江左書林石印本　八冊

220000 – 0801 – 0015754　子 248/20

推背圖說一卷　（唐）袁天罡　（唐）李淳風撰　清末石印本　一冊

220000 – 0801 – 0015755　子 2511/9

閱藏知津四十四卷　（明）釋智旭輯　清光緒十八年(1892)金陵刻經處刻本　十冊

220000 – 0801 – 0015756　子 2511/12

釋氏十三經合刻十種二十一卷　（唐）釋玄奘等譯　清末金陵刻本　七冊

220000 – 0801 – 0015757　子 2511/18

法苑珠林一百卷　（唐）釋道世撰　清道光二十八年(1848)刻本　四十八冊

220000 – 0801 – 0015758　子 2511/18 – 1

法苑珠林一百卷 （唐）釋道世撰 清道光二十八年(1848)刻本 四十八冊

220000－0801－0015759 子2511/18－2

法苑珠林一百卷 （唐）釋道世撰 清道光二十八年(1848)刻本 四十冊

220000－0801－0015760 子2511/19

法苑珠林一百卷 （唐）釋道世撰 清宣統二年(1910)刻本 三十冊

220000－0801－0015761 子2511/21

一切經音義二十五卷 （唐）釋玄應撰 清同治八年(1869)刻本 四冊

220000－0801－0015762 子2511/21－1

一切經音義二十五卷 （唐）釋玄應撰 清同治八年(1869)刻本 四冊

220000－0801－0015763 子2511/24

翻譯名義集二十卷 （宋）釋法雲編 清光緒四年(1878)刻本 六冊

220000－0801－0015764 子2511/24－1

翻譯名義集二十卷 （宋）釋法雲編 清光緒四年(1878)刻本 六冊

220000－0801－0015765 子2511/25

翻譯名義集選一卷 （宋）釋法雲原編 清同治十二年(1873)江北刻經處刻本 一冊

220000－0801－0015766 子2511/25－1

翻譯名義集選一卷 （宋）釋法雲原編 清同治十二年(1873)江北刻經處刻本 一冊

220000－0801－0015767 子2511/25－2

翻譯名義集選一卷 （宋）釋法雲原編 清同治十二年(1873)江北刻經處刻本 一冊

220000－0801－0015768 子2511/29

翻譯名義集選一卷 （□）□□撰 清刻本 一冊

220000－0801－0015769 子2511/30

重訂教乘法數十二卷 （明）釋圓瀞集 （清）釋超海等訂 清光緒四年(1878)刻本 六冊

220000－0801－0015770 子2511/31

重訂教乘法數十二卷 （明）釋圓瀞集 （清）釋超海等訂 清光緒三十四年(1908)刻本 六冊

220000－0801－0015771 子2511/37

佛爾雅八卷 （清）周春編 清光緒刻本 一冊

220000－0801－0015772 子2511/37－1

佛爾雅八卷 （清）周春編 清光緒刻本 一冊

220000－0801－0015773 子2512/1

大方廣佛華嚴經八十卷序一卷普賢行願品一卷 （唐）釋實叉難陀譯 清光緒刻本 八十二冊

220000－0801－0015774 子2512/9

漸備一切智德經五卷 （晉）釋竺法護譯 清宣統二年(1910)刻本 二冊

220000－0801－0015775 子2512/12

大方廣圓覺修多羅了義經二卷 （唐）釋佛陀多羅譯 清同治八年(1869)金陵刻經處刻本 一冊

220000－0801－0015776 子2512/13

大方廣圓覺修多羅了義經二卷 （唐）釋佛陀多羅譯 清光緒元年(1875)刻本 一冊

220000－0801－0015777 子2512/13－1

大方廣圓覺修多羅了義經二卷 （唐）釋佛陀多羅譯 清光緒元年(1875)刻本 一冊

220000－0801－0015778 子2512/13－2

大方廣圓覺修多羅了義經二卷 （唐）釋佛陀多羅譯 清光緒元年(1875)刻本 一冊

220000－0801－0015779 子2512/14

大方廣圓覺修多羅了義經二卷 （唐）釋佛陀多羅譯 清同治十二年(1873)刻本 一冊

220000－0801－0015780 子2512/14－1

大方廣圓覺修多羅了義經二卷 （唐）釋佛陀多羅譯 清同治十二年(1873)刻本 一冊

220000－0801－0015781 子2512/17

大方廣佛華嚴經著述集要 （唐）釋澄觀等撰

清同治刻本　十二冊

220000－0801－0015782　子 2512/20
大方廣佛華嚴經入不思議解脫境界普賢行願品疏 （唐）釋般若譯　（唐）釋澄觀述疏 （清）靖修居士　（清）楊文會纂　清末金陵刻本　一冊　存四卷（三十至三十三）

220000－0801－0015783　子 2512/21
大方廣佛華嚴經綸貫懺儀序品說科處會安立圖目 （唐）釋慧苑等撰述　清末刻本　一冊

220000－0801－0015784　子 2512/22
大方廣圓覺修多羅了義經直解二卷 （唐）釋佛陀多羅譯　清光緒十年（1884）刻本　二冊

220000－0801－0015785　子 2512/26
佛說無量清淨平等覺經三卷 （漢）釋支婁迦讖譯　清同治十年（1871）刻本　一冊

220000－0801－0015786　子 2512/28
佛說無量壽經二卷 （三國魏）釋康僧鎧譯
佛說觀無量壽經一卷 （南朝宋）釋畺良耶舍譯　**佛說阿彌陀經一卷** （後秦）釋鳩摩羅什譯　清同治七年（1868）刻本　一冊

220000－0801－0015787　子 2512/28－1
佛說無量壽經二卷 （三國魏）釋康僧鎧譯
佛說觀無量壽經一卷 （南朝宋）釋畺良耶舍譯　**佛說阿彌陀經一卷** （後秦）釋鳩摩羅什譯　清同治七年（1868）刻本　一冊

220000－0801－0015788　子 2512/28－10
佛說無量壽經二卷 （三國魏）釋康僧鎧譯
佛說觀無量壽經一卷 （南朝宋）釋畺良耶舍譯　**佛說阿彌陀經一卷** （後秦）釋鳩摩羅什譯　清同治七年（1868）刻本　一冊

220000－0801－0015789　子 2512/28－2
佛說無量壽經二卷 （三國魏）釋康僧鎧譯
佛說觀無量壽經一卷 （南朝宋）釋畺良耶舍譯　**佛說阿彌陀經一卷** （後秦）釋鳩摩羅什譯　清同治七年（1868）刻本　一冊

220000－0801－0015790　子 2512/28－3
佛說無量壽經二卷 （三國魏）釋康僧鎧譯

220000－0801－0015791　子 2512/28－4
佛說觀無量壽經一卷 （南朝宋）釋畺良耶舍譯　**佛說阿彌陀經一卷** （後秦）釋鳩摩羅什譯　清同治七年（1868）刻本　一冊

220000－0801－0015791　子 2512/28－4
佛說無量壽經二卷 （三國魏）釋康僧鎧譯
佛說觀無量壽經一卷 （南朝宋）釋畺良耶舍譯　**佛說阿彌陀經一卷** （後秦）釋鳩摩羅什譯　清同治七年（1868）刻本　一冊

220000－0801－0015792　子 2512/28－5
佛說無量壽經二卷 （三國魏）釋康僧鎧譯
佛說觀無量壽經一卷 （南朝宋）釋畺良耶舍譯　**佛說阿彌陀經一卷** （後秦）釋鳩摩羅什譯　清同治七年（1868）刻本　一冊

220000－0801－0015793　子 2512/28－6
佛說無量壽經二卷 （三國魏）釋康僧鎧譯
佛說觀無量壽經一卷 （南朝宋）釋畺良耶舍譯　**佛說阿彌陀經一卷** （後秦）釋鳩摩羅什譯　清同治七年（1868）刻本　一冊

220000－0801－0015794　子 2512/28－7
佛說無量壽經二卷 （三國魏）釋康僧鎧譯
佛說觀無量壽經一卷 （南朝宋）釋畺良耶舍譯　**佛說阿彌陀經一卷** （後秦）釋鳩摩羅什譯　清同治七年（1868）刻本　一冊

220000－0801－0015795　子 2512/28－8
佛說無量壽經二卷 （三國魏）釋康僧鎧譯
佛說觀無量壽經一卷 （南朝宋）釋畺良耶舍譯　**佛說阿彌陀經一卷** （後秦）釋鳩摩羅什譯　清同治七年（1868）刻本　一冊

220000－0801－0015796　子 2512/28－9
佛說無量壽經二卷 （三國魏）釋康僧鎧譯
佛說觀無量壽經一卷 （南朝宋）釋畺良耶舍譯　**佛說阿彌陀經一卷** （後秦）釋鳩摩羅什譯　清同治七年（1868）刻本　一冊

220000－0801－0015797　子 2512/30
淨土四經四卷 （唐）釋淨土述輯　（清）魏源輯　清同治五年（1866）刻本　一冊

220000－0801－0015798　子 2512/31
大方等大集賢護經五卷 （隋）釋闍那崛多等

179

譯　清同治十二年(1873)江北刻經處刻本　一冊

220000－0801－0015799　子2512/32

楞伽阿跋多羅寶經四卷　(南朝宋)釋求那跋陀羅譯　清同治九年(1870)金陵刻經處刻本　二冊

220000－0801－0015800　子2512/33

楞伽阿跋多羅寶經會譯四卷　(南朝宋)釋求那跋陀羅　(北魏)釋菩提留支　(唐)釋實叉難陀　(明)釋員珂譯　清光緒三十四年(1908)金陵刻經處刻本　四冊

220000－0801－0015801　子2512/34

大乘入楞伽經七卷　(唐)釋實叉難陀譯　清光緒三十四年(1908)金陵刻經處刻本　二冊

220000－0801－0015802　子2512/34－1

大乘入楞伽經七卷　(唐)釋實叉難陀譯　清光緒三十四年(1908)金陵刻經處刻本　二冊

220000－0801－0015803　子2512/36

金光明最勝王經十卷　(唐)釋義淨譯　清同治十年(1871)常熟刻經處刻本　二冊

220000－0801－0015804　子2512/38

大乘本生心地觀經八卷　(唐)釋般若等譯　清末刻本　二冊

220000－0801－0015805　子2512/39

方廣大莊嚴經　(唐)釋地婆訶羅譯　清末刻本　一冊　存三卷(七至九)

220000－0801－0015806　子2512/39－1

方廣大莊嚴經　(唐)釋地婆訶羅譯　清末刻本　一冊　存三卷(七至九)

220000－0801－0015807　子2512/40

大方便佛報恩經七卷　(□)□□撰　清末刻本　二冊　存四卷(一至四)

220000－0801－0015808　子2512/49

佛說阿彌陀經要解便蒙鈔三卷　(清)釋達默造鈔　(清)釋達林參訂　清光緒二十三年(1897)刻本　三冊

220000－0801－0015809　子2512/50

佛說阿彌陀經畧解　(明)釋大佑解　清同治九年(1870)刻本　一冊

220000－0801－0015810　子2512/51

佛說阿彌陀經　(後秦)釋鳩摩羅什譯　**佛說阿彌陀經直解正行**　(清)釋了根纂註　清同治八年(1869)杭州刻本　一冊

220000－0801－0015811　子2512/51－1

佛說阿彌陀經　(後秦)釋鳩摩羅什譯　**佛說阿彌陀經直解正行**　(清)釋了根纂註　清同治八年(1869)杭州刻本　一冊

220000－0801－0015812　子2512/51－2

佛說阿彌陀經　(後秦)釋鳩摩羅什譯　**佛說阿彌陀經直解正行**　(清)釋了根纂註　清同治八年(1869)杭州刻本　一冊

220000－0801－0015813　子2512/64

小品般若波羅蜜經十卷　(後秦)釋鳩摩羅什譯　清末刻本　二冊

220000－0801－0015814　子2512/65

摩訶般若波羅蜜經三十卷　(後秦)釋鳩摩羅什　(後秦)釋僧叡譯　清光緒十三年(1887)刻本　八冊

220000－0801－0015815　子2512/67

金剛般若經六譯本　(後秦)釋鳩摩羅什等譯　清同治十一年(1872)刻本　一冊

220000－0801－0015816　子2512/81

金剛經五十三家註解四卷　(明)釋洪蓮纂輯　清同治十三年(1874)刻本　四冊

220000－0801－0015817　子2512/82

金剛經五十三家註解四卷　(明)釋洪蓮纂輯　清同治九年(1870)刻本　四冊

220000－0801－0015818　子2512/83

金剛般若經疏一卷　(隋)釋智顗撰疏　**般若波羅蜜多心經疏一卷**　(唐)釋靖邁撰疏　清光緒二十三年(1897)金陵刻經處刻本　一冊

220000－0801－0015819　子2512/84

佛說金剛般若波羅蜜經略疏二卷　(唐)釋智儼述　**般若波羅蜜多心經略疏一卷**　(唐)釋

法藏述　清光緒二十六年(1900)金陵刻經處刻本　一冊

220000－0801－0015820　子2512/86

般若波羅蜜多心經註解一卷　(唐)釋玄奘譯　(明)釋宗泐　(明)釋如玘註　**金剛般若波羅蜜經註解不分卷**　(後秦)釋鳩摩羅什譯　(明)釋宗泐　(明)釋如玘註　清光緒二年(1876)長沙刻經處刻本　一冊

220000－0801－0015821　子2512/87

金剛般若波羅蜜經句解易知二卷　(後秦)釋鳩摩羅什譯　(清)王澤沚註解　清光緒二年(1876)刻本　一冊

220000－0801－0015822　子2512/87－1

金剛般若波羅蜜經句解易知二卷　(後秦)釋鳩摩羅什譯　(清)王澤沚註解　清光緒二年(1876)刻本　一冊

220000－0801－0015823　子2512/91

金剛經解義二卷附心經解義一卷　(清)徐槐廷解義　清咸豐八年(1858)刻本　一冊

220000－0801－0015824　子2512/103

妙法蓮華經七卷　(後秦)釋鳩摩羅什譯　清同治十年(1871)金陵刻經處刻本　三冊

220000－0801－0015825　子2512/103－1

妙法蓮華經七卷　(後秦)釋鳩摩羅什譯　清同治十年(1871)金陵刻經處刻本　三冊

220000－0801－0015826　子2512/107

正法華經十卷　(晉)釋竺法護譯　清宣統元年(1909)常州天寧寺刻本　四冊

220000－0801－0015827　子2512/115

妙法蓮華經通義二十卷　(明)釋德清述　清光緒三十四年(1908)金陵刻經處刻本　五冊

220000－0801－0015828　子2512/116

妙法蓮華經玄義節要二卷　(隋)釋智顗說　(隋)釋灌頂記　(明)釋智旭節　清光緒六年(1880)刻本　一冊

220000－0801－0015829　子2512/118

大般涅槃經四十卷　(北涼)釋曇無讖譯　**大**

般涅槃經後分品目二卷　(唐)釋若那跋陀羅等譯　清光緒五年(1879)刻本　十一冊

220000－0801－0015830　子2512/119

大般涅槃經玄義二卷　(隋)釋灌頂撰　清光緒八年(1882)金陵刻經處刻本　一冊

220000－0801－0015831　子2512/121

雜阿含經五十卷　(南朝宋)釋求那跋陀羅譯　清光緒十四年(1888)常熟刻經處刻本　十二冊

220000－0801－0015832　子2512/122

過去現在因果經四卷　(南朝宋)釋求那跋陀羅譯　清光緒十年(1884)江北刻經處刻本　一冊

220000－0801－0015833　子2512/131

高王觀世音經不分卷　(□)□□撰　清光緒二十五年(1899)刻本　一冊

220000－0801－0015834　子2512/131－1

高王觀世音經不分卷　(□)□□撰　清光緒二十五年(1899)刻本　一冊

220000－0801－0015835　子2512/136

地藏菩薩本願經三卷　(唐)釋實叉難陀譯　清末刻本　三冊

220000－0801－0015836　子2512/138

地藏菩薩本願經三卷　(唐)釋實叉難陀譯　清光緒三十年(1904)金陵刻經處刻本　一冊

220000－0801－0015837　子2512/144

大乘密嚴經三卷　(唐)釋不空譯　清同治十一年(1872)常熟刻經處刻本　一冊

220000－0801－0015838　子2512/145

大佛頂如來密因修證了義諸菩薩萬行首楞嚴經十卷　(唐)釋般刺密帝譯　清光緒二十六年(1900)揚州刻經處刻本　三冊

220000－0801－0015839　子2512/146

大佛頂如來密因修證了義諸菩薩萬行首楞嚴經十卷　(唐)釋般刺密帝譯　清光緒二十四年(1898)刻本　三冊

220000－0801－0015840　子2512/147

大佛頂首楞嚴經十卷 （唐）釋般剌密帝譯
清宣統元年(1909)石印本 二冊

220000－0801－0015841 子2512/150
御製大雲輪請雨經 （隋）釋那連提耶舍譯
清光緒六年(1880)刻本 一冊

220000－0801－0015842 子2512/151
千手千眼觀世音菩薩廣大圓滿無礙大悲心陀
羅尼經 （唐）釋伽梵達摩譯 清咸豐元年
(1851)刻本 一冊

220000－0801－0015843 子2512/152
千手千眼觀世音菩薩廣大圓滿無礙大悲心陀
羅尼經 （唐）釋伽梵達摩譯 清光緒十年
(1884)石印本 一冊

220000－0801－0015844 子2512/153
千手千眼觀世音菩薩廣大圓滿無礙大悲心陀
羅尼經 （唐）釋伽梵達摩譯 清光緒二十九
年(1903)刻本 一冊

220000－0801－0015845 子2512/159
瑜伽施食科儀二卷 （清）釋恒修抄訂 清道
光二十一年(1841)抄本 一冊

220000－0801－0015846 子2512/160
千手千眼大悲心咒行法 （清）釋知禮集
（清）汪元治集註 清道光二十九年(1849)刻
本 一冊

220000－0801－0015847 子2512/161
大悲懺儀合節 （□）□□撰 清光緒十八年
(1892)刻本 一冊

220000－0801－0015848 子2512/168
大佛頂如來密因修證了義諸菩薩萬行首楞嚴
經文句十卷 （唐）釋般剌密帝譯 清光緒元
年(1875)刻本 九冊

220000－0801－0015849 子2512/169
大佛頂如來密因修證了義諸菩薩萬行首楞嚴
經玄義二卷文句十卷 （明）釋智旭撰述 清
光緒三十一年(1905)刻本 六冊

220000－0801－0015850 子2512/170
大佛頂如來密因修證了義諸菩薩萬行首楞嚴

經玄義二卷 （明）釋智旭撰述 清光緒元年
(1875)刻本 一冊

220000－0801－0015851 子2512/171
大佛頂首楞嚴經疏解蒙鈔六十卷首一卷
（清）錢謙益述 清光緒六年(1880)刻本 二
十冊

220000－0801－0015852 子2512/208
佛說樓炭經六卷 （晉）釋法立 （晉）釋法炬
譯 清光緒刻本 一冊 存三卷(四至六)

220000－0801－0015853 子2514/3
攝大乘論三卷 （南朝陳）釋真諦譯 清末刻
本 一冊

220000－0801－0015854 子2514/4
唯識二十論四卷 （唐）釋玄奘譯 清宣統江
西刻經處刻本 二冊

220000－0801－0015855 子2514/6
大乘起信論不分卷 （唐）釋實叉難陀譯 清
光緒刻本 一冊

220000－0801－0015856 子2514/6－1
大乘起信論不分卷 （唐）釋實叉難陀譯 清
光緒刻本 一冊

220000－0801－0015857 子2514/6－2
大乘起信論不分卷 （唐）釋實叉難陀譯 清
光緒刻本 一冊

220000－0801－0015858 子2514/6－3
大乘起信論不分卷 （唐）釋實叉難陀譯 清
光緒刻本 一冊

220000－0801－0015859 子2514/6－4
大乘起信論不分卷 （唐）釋實叉難陀譯 清
光緒刻本 一冊

220000－0801－0015860 子2514/8
十二門論 （後秦）釋鳩摩羅什譯 清光緒刻
本 一冊

220000－0801－0015861 子2514/11
中論六卷 （後秦）釋鳩摩羅什譯 清光緒三
十三年(1907)刻本 二冊

220000－0801－0015862　子2514/11－1

中論六卷　（後秦）釋鳩摩羅什譯　清光緒三
十三年(1907)刻本　二冊

220000－0801－0015863　子2514/17

文殊師利菩薩問菩提經論二卷　（北魏）釋菩
提留支譯　金剛般若波羅密經破取著不壞假
名論二卷　（唐）釋地婆訶羅譯　清宣統三年
(1911)刻本　一冊

220000－0801－0015864　子2514/18

大智度論一百卷　（後秦）釋鳩摩羅什譯　清
光緒九年(1883)刻本　二十五冊

220000－0801－0015865　子2514/28

大乘起信論纂註二卷　（南朝陳）釋真諦纂註
　清光緒十一年(1885)金陵刻經處刻本
一冊

220000－0801－0015866　子2514/29

大乘起信論直解二卷　（明）釋德清述　清光
緒十六年(1890)金陵刻經處刻本　一冊

220000－0801－0015867　子2514/29－1

大乘起信論直解二卷　（明）釋德清述　清光
緒十六年(1890)金陵刻經處刻本　一冊

220000－0801－0015868　子2514/29－2

大乘起信論直解二卷　（明）釋德清述　清光
緒十六年(1890)金陵刻經處刻本　一冊

220000－0801－0015869　子2514/30

大乘起信論義記七卷別集一卷　（唐）釋法藏
撰　清光緒二十三年(1897)刻本　二冊

220000－0801－0015870　子2514/33

釋摩訶衍論記四卷　（宋）釋普觀述　清末刻
本　二冊

220000－0801－0015871　子2514/37

中論潤文彗解四卷　（清）管禮昌撰　清光緒
鉛印本　二冊

220000－0801－0015872　子2514/38

成唯識論述記六十卷　（唐）釋窺基撰　清光
緒二十七年(1901)金陵刻經處刻本　二十冊

220000－0801－0015873　子2514/49

姚秦三藏西天取清淨解論　（唐）釋玄奘譯
清道光十八年(1838)抄本　一冊

220000－0801－0015874　子2514/55

釋摩訶衍論十卷　（後秦）釋波羅末陀　（後
秦)釋筏提摩多譯　清末刻本　一冊　存二
卷(三至四)

220000－0801－0015875　子2515/9

朝時課誦　（□）□□撰　清光緒二十六年
(1900)刻本　一冊

220000－0801－0015876　子2515/15

禮釋迦牟尼佛真身舍利塔寶號　（清）釋元賢
譔　阿育王舍利瑞應集　（清）釋妙然敬錄
清光緒元年(1875)刻本　一冊

220000－0801－0015877　子2515/16

雜華文表三卷附增諸品佛事對聯　（清）釋淨
符撰　清光緒三年(1877)刻本　一冊

220000－0801－0015878　子2515/16－1

雜華文表三卷　（清）釋淨符撰　清光緒三年
(1877)刻本　一冊

220000－0801－0015879　子2515/16－2

雜華文表三卷　（清）釋淨符撰　清光緒三年
(1877)刻本　一冊

220000－0801－0015880　子2515/23

修習瑜伽集要施食壇儀二卷　（唐）釋不空譯
　（明）釋袾宏補註　清光緒二年(1876)刻本
一冊

220000－0801－0015881　子2515/31

慈悲道塲水懺三卷　（唐）釋吾達撰　清光緒
十八年(1892)刻本　一冊

220000－0801－0015882　子2515/32

高峰語錄佛事要略二卷　（□）□□撰　清末
刻本　一冊　存一卷(上)

220000－0801－0015883　子2516/1

三論玄義三卷　（隋）釋吉藏撰　清光緒二十
五年(1899)金陵刻本　一冊

220000－0801－0015884　子2516/4

相宗八要解八卷　（明）釋明昱撰　清光緒二

183

十八年(1902)刻本　三冊

220000－0801－0015885　子2516/4－1

相宗八要解八卷　(明)釋明昱撰　清光緒二十八年(1902)刻本　三冊

220000－0801－0015886　子2516/4－2

相宗八要解八卷　(明)釋明昱撰　清光緒二十八年(1902)刻本　三冊

220000－0801－0015887　子2516/7

華嚴一乘十玄門一卷　(隋)釋杜順說　華嚴五十要問答二卷　(唐)釋智儼撰　清光緒二十二年(1896)金陵刻經處刻本　一冊

220000－0801－0015888　子2516/10

一乘決疑論　(清)彭際清述　清同治八年(1869)如皋刻本　一冊

220000－0801－0015889　子2516/10－1

一乘決疑論　(清)彭際清述　清同治八年(1869)如皋刻本　一冊

220000－0801－0015890　子2516/10－2

一乘決疑論　(清)彭際清述　清同治八年(1869)如皋刻本　一冊

220000－0801－0015891　子2516/11

妙法蓮華經臺宗會義七卷妙法蓮華經綸貫一卷教觀綱宗一卷教觀綱宗釋義一卷　(明)釋智旭述　清同治十一年(1872)京都琉璃廠張氏書局刻本　十七冊

220000－0801－0015892　子2516/12

法華經安樂行義一卷　(南朝陳)釋慧思說　**法華龍女成佛權實義一卷**　(南朝宋)釋源清述　清光緒二十三年(1897)刻本　一冊

220000－0801－0015893　子2516/13

摩訶止觀輔行傳弘決四十卷　(唐)釋湛然撰　清末刻本　二十冊

220000－0801－0015894　子2516/14

小止觀二卷六妙法門一卷　(隋)釋智顗撰　清光緒十八年(1892)刻本　一冊

220000－0801－0015895　子2516/15

天台四教儀一卷　(高麗)釋諦觀錄　天台八教大意一卷　(隋)釋灌頂撰　**始終心要一卷**　(唐)釋湛然述　清宣統元年(1909)刻本　一冊

220000－0801－0015896　子2516/17

教觀綱宗不分卷　(明)釋智旭述　清末刻本　一冊

220000－0801－0015897　子2516/23

念佛鏡二卷　(宋)釋道鏡　(宋)釋善道集　清同治九年(1870)刻本　一冊

220000－0801－0015898　子2516/25

龍舒增廣淨土文十二卷　(宋)王日休撰　清同治三年(1864)刻本　二冊

220000－0801－0015899　子2516/27

靈峰蕅益大師選定淨土十要十卷　(清)釋成時評點　清光緒二十年(1894)刻本　四冊

220000－0801－0015900　子2516/30

淨土指歸集二卷　(明)釋大佑集　清末刻本　二冊

220000－0801－0015901　子2516/31

徑中徑又徑四卷　(清)張師誠輯　清末刻本　二冊

220000－0801－0015902　子2516/32

徑中徑又徑四卷　(清)張師誠輯　清同治六年(1867)刻本　二冊

220000－0801－0015903　子2516/33

徑中徑又徑四卷　(清)張師誠輯　清末慧空經房刻本　二冊

220000－0801－0015904　子2516/33－1

徑中徑又徑四卷　(清)張師誠輯　清末慧空經房刻本　二冊

220000－0801－0015905　子2516/35

西方公據二卷　(清)彭際清集　清光緒四年(1878)刻本　一冊

220000－0801－0015906　子2516/38

西歸直指四卷　(清)周夢顏輯　清光緒十二年(1886)刻本　一冊

220000－0801－0015907　子2516/39

西方確指註解　（清）釋常攝集　清光緒十三年(1887)浙江瑪瑙經房刻本　一冊

220000－0801－0015908　子2516/43

廬山蓮宗寶鑑十卷　（元）釋普度編　清末刻本　一冊　存四卷(一至四)

220000－0801－0015909　子2516/44

蓮宗九祖傳畧　（清）釋悟開編　清光緒四年(1878)刻本　一冊

220000－0801－0015910　子2516/47

徹悟禪師遺稿二卷　（清）釋了亮　（清）釋了梅等集　清同治七年(1868)刻本　一冊

220000－0801－0015911　子2516/47－1

徹悟禪師遺稿二卷　（清）釋了亮　（清）釋了梅等集　清同治七年(1868)刻本　一冊

220000－0801－0015912　子2516/54

宗鏡錄一百卷　（宋）釋延壽集　清光緒二十五年(1899)刻本　二十冊

220000－0801－0015913　子2516/54－1

宗鏡錄一百卷　（宋）釋延壽集　清光緒二十五年(1899)刻本　二十冊

220000－0801－0015914　子2516/64

佛祖心燈　（清）世宗胤禛撰　宗教律諸家演派附西藏剌麻來源　（清）釋守一編輯　清光緒十四年(1888)刻本　一冊

220000－0801－0015915　子2516/69

筠州黃檗山斷際禪師傳心法要二卷　（唐）裴休集　清光緒十年(1884)金陵刻本　一冊

220000－0801－0015916　子2516/71

御選語錄十九卷　（清）世宗胤禛撰　清光緒四年(1878)刻本　十四冊

220000－0801－0015917　子2516/72

永覺和尚洞上古轍二卷　（明）釋元賢輯　清末刻本　一冊

220000－0801－0015918　子2516/73

梵室偶談一卷　（明）釋智旭述　徹悟禪師語錄二卷　（清）釋了亮等集　清光緒十六年

(1890)揚州藏經院刻本　一冊

220000－0801－0015919　子2516/74

福源石屋珙禪師語錄二卷　（明）釋至柔等編　清光緒十三年(1887)刻本　一冊

220000－0801－0015920　子2516/75

白雲守端禪師語錄二卷　（宋）釋守端撰　清光緒八年(1882)刻本　一冊

220000－0801－0015921　子2516/78

禪林重刻寶訓筆說三卷　（明）釋智祥著　清光緒十年(1884)刻本　三冊

220000－0801－0015922　子2516/80

緇門警訓十卷　（明）釋如巹輯　清末刻本　一冊　存五卷(一至五)

220000－0801－0015923　子2516/83

指月錄三十二卷　（明）瞿汝稷撰　清同治十一年(1872)刻本　十冊

220000－0801－0015924　子2516/84

禪淨選要四卷　（漢）釋迦葉摩騰等譯　清光緒三十二年(1906)刻本　四冊

220000－0801－0015925　子2516/86

牧牛圖一卷　（□）釋普明等撰　清光緒二十四年(1898)刻本　一冊

220000－0801－0015926　子2517/1

雲棲法匯　（明）釋袾宏撰輯　清光緒二十五年(1899)刻本　三十四冊

220000－0801－0015927　子2517/2

憨山老人夢遊集五十五卷　（明）釋福善錄　清光緒五年(1879)刻本　二十冊

220000－0801－0015928　子2517/3

紫柏老人集二十卷首一卷　（明）釋真可撰　（明）釋德清閱　清光緒四年(1878)刻本　十冊

220000－0801－0015929　子2517/3－1

紫柏老人集二十卷首一卷　（明）釋真可撰　（明）釋德清閱　清光緒四年(1878)刻本　十冊

220000 - 0801 - 0015930　子2517/3 - 2

紫柏老人集二十卷首一卷　（明）釋真可撰　（明）釋德清閱　清光緒四年（1878）刻本　十冊

220000 - 0801 - 0015931　子2517/10

念佛警策二卷　（清）彭際清纂　清同治十三年（1874）刻本　一冊

220000 - 0801 - 0015932　子2517/15

弘明集十四卷　（南朝梁）釋僧祐集　清光緒二十二年（1896）刻本　四冊

220000 - 0801 - 0015933　子2517/16

護法論一卷　（宋）張商英述　清光緒二年（1876）刻本　一冊

220000 - 0801 - 0015934　子2517/18

折疑論集註二卷　（元）釋子成撰　（明）釋師子註　清光緒三十四年（1908）刻本　一冊

220000 - 0801 - 0015935　子2517/29

貪瞋癡註　（清）釋法化撰　清光緒元年（1875）刻本　一冊

220000 - 0801 - 0015936　子2517/37

海南一勺合編十卷首二卷　（清）徐白舫纂輯　清光緒九年（1883）浙東止水樓刻本　十冊

220000 - 0801 - 0015937　子2517/42

選佛譜六卷　（明）釋智旭述　清刻本　二冊

220000 - 0801 - 0015938　子2517/43

法界安立圖二卷　（明）釋仁潮集錄　清末刻本　二冊

220000 - 0801 - 0015939　子2517/51

蓮池大師戒殺七條　（明）釋袾宏撰　清光緒五年（1879）刻本　一冊

220000 - 0801 - 0015940　子2517/59

欲海回狂集三卷　（清）周安士撰　清光緒二十六年（1900）刻本　一冊

220000 - 0801 - 0015941　子2517/66

入佛問答二卷　（清）江沆撰　清光緒十年（1884）刻本　一冊

220000 - 0801 - 0015942　子2517/68

佛教初學課本　（清）楊文會述　清光緒三十二年（1906）刻本　一冊

220000 - 0801 - 0015943　子2517/72

寒山詩附栢堂詩　（唐）釋寒山撰　清光緒十年（1884）刻本　一冊

220000 - 0801 - 0015944　子2517/73

寒山拾得明本詩　（唐）釋寒山　（唐）釋拾得　（元）釋明本撰　清光緒二年（1876）刻本　一冊

220000 - 0801 - 0015945　子2517/74

唯心集　（清）釋定慧撰　**影響集**　（清）釋量海撰　**瓊樓吟稿節鈔**　（清）陶善撰　清末刻本　一冊

220000 - 0801 - 0015946　子2517/79

指迷覺悟　（清）柳友賢　（清）汪金巖校　清同治十三年（1874）刻本　一冊

220000 - 0801 - 0015947　子2517/107

太初無量光明如來十地經　（□）□□撰　清末刻本　一冊

220000 - 0801 - 0015948　子2517/109

一行居集八卷附一卷　（清）彭紹升著　清同治十二年（1873）刻本　二冊

220000 - 0801 - 0015949　子2521/1

重刊道藏輯要二百八十八種　（清）彭定求輯　（清）閻永和增　清光緒三十二年（1906）刻本　二百四十五冊

220000 - 0801 - 0015950　子2521/1 - 1

重刊道藏輯要二百八十八種　（清）彭定求輯　（清）閻永和增　清光緒三十二年（1906）刻本　二百四十五冊　缺卷首目錄

220000 - 0801 - 0015951　子2521/1 - 2

重刊道藏輯要二百八十八種　（清）彭定求輯　（清）閻永和增　清光緒三十二年（1906）刻本　二百四十五冊

220000 - 0801 - 0015952　子2521/3

道書十二種　（清）劉一明述註　清嘉慶二十

186

四年(1819)刻本　二十二冊

220000－0801－0015953　子2521/5
道統大成　(清)汪啓護輯　清光緒二十六年
(1900)上海千頃堂刻本　十冊

220000－0801－0015954　子2521/6
呂祖全書三十三卷　(清)劉體恕匯輯　清同
治七年(1868)湘潭崇善堂刻本　十四冊

220000－0801－0015955　子2521/6－1
呂祖全書三十三卷　(清)劉體恕匯輯　清同
治七年(1868)湘潭崇善堂刻本　十二冊　缺
一卷(三十二)

220000－0801－0015956　子2521/8
道祖真傳輯要四卷　(清)陸輿輯　清光緒三
年(1877)刻本　四冊

220000－0801－0015957　子2521/11
**中黃道經內外集四卷大學闡要一卷中庸闡要
一卷孝經闡要一卷論語論畧一卷**　(清)張恩
霨輯撰　清末刻本　十冊

220000－0801－0015958　子2521/12
聖經集要二十四卷　(□)□□撰　清光緒三
十二年(1906)湘潭宣化文社刻本　二十二冊
　缺二卷(十八至十九)

220000－0801－0015959　子2521/13
文昌孝經一卷附覺世真經　(清)鄒祖堂輯
清末刻本　一冊

220000－0801－0015960　子2522/1
文昌大洞經一卷　(□)□□撰　清同治十二
年(1873)渝城堅白書屋刻本　一冊

220000－0801－0015961　子2522/8
太上靈寶補謝竈王妙經　(□)□□撰　清光
緒十五年(1889)抄本　一冊

220000－0801－0015962　子2522/9
**陰符經發隱一卷道德經發隱一卷沖虛經發隱
一卷**　(清)楊文會註　清光緒金陵刻經處刻
本　一冊

220000－0801－0015963　子2522/9－1
陰符經發隱一卷道德經發隱一卷沖虛經發隱

一卷　(清)楊文會註　清光緒金陵刻經處刻
本　一冊

220000－0801－0015964　子2522/10
太上混元道德真經不分卷　(□)□□撰　清
末刻本　一冊

220000－0801－0015965　子2522/20
**太上三元賜福赦罪解厄消災延生保命妙經一
卷**　(□)□□撰　清咸豐十一年(1861)刻本
　一冊

220000－0801－0015966　子2522/21
九皇聖母戒殺延生真經十二卷首一卷　(□)
□□撰　清光緒四年(1878)刻本　一冊

220000－0801－0015967　子2522/22
九皇新經註解三卷　(唐)呂嵓撰　清光緒二
十九年(1903)刻本　二冊

220000－0801－0015968　子2522/22－1
九皇新經註解三卷　(唐)呂嵓撰　清光緒二
十九年(1903)刻本　二冊

220000－0801－0015969　子2522/30
古佛應驗明聖經三卷　(□)□□撰　清光緒
刻本　一冊

220000－0801－0015970　子2522/31
古佛應驗桃園明聖經註解二卷　(清)李其生
撰　清光緒二年(1876)同福堂刻本　一冊

220000－0801－0015971　子2522/32
古佛應驗明聖經註靈驗記經驗百方　(清)胡
印田註　清同治八年(1869)刻本　一冊

220000－0801－0015972　子2522/33
古佛應驗明聖經註解三卷　(清)胡萬安註
清光緒十七年(1891)刻本　一冊

220000－0801－0015973　子2522/38
中皇靈寶洞微十品至妙真經二卷　(□)□□
撰　清宣統抄本　二冊

220000－0801－0015974　子2522/44
中皇道經一卷　(□)□□撰　清光緒九年
(1883)刻本　一冊

220000－0801－0015975　子2522/45
老子道德經解二卷首一卷　（明）釋德清著
清光緒十二年（1886）刻本　二冊

220000－0801－0015976　子2522/45－1
老子道德經解二卷首一卷　（明）釋德清著
清光緒十二年（1886）刻本　二冊

220000－0801－0015977　子2523/1
天仙大戒　（□）□□撰　清末刻本　一冊

220000－0801－0015978　子2523/2
匯纂功過格十二卷末一卷　（清）陳錫叚輯
清光緒三年（1877）刻本　八冊

220000－0801－0015979　子2523/4
孚佑帝君功過格　（□）□□撰　清光緒三十
二年（1906）刻本　一冊

220000－0801－0015980　子2523/6
太上感應篇註訓證四卷首一卷　（清）趙熊詔
纂輯　清同治七年（1868）刻本　四冊

220000－0801－0015981　子2523/7
太上感應篇章句註　（清）吳珂鳴撰　清光緒
十四年（1888）刻本　一冊

220000－0801－0015982　子2523/9
感應篇贅言　（清）于覺世撰　清光緒十七年
（1891）刻本　一冊

220000－0801－0015983　子2523/11
感應篇詩四卷　（清）單學傅撰註　清道光十
年（1830）刻本　二冊

220000－0801－0015984　子2523/13
太上寶筏圖說不分卷　（清）黃正元重輯　清
光緒十八年（1892）石印本　八冊

220000－0801－0015985　子2523/18
三聖律解　（清）慎餘子註釋　清光緒三十二
年（1906）刻本　一冊

220000－0801－0015986　子2523/21
陰騭文註證　（清）潘成雲輯　清同治十二年
（1873）刻本　一冊

220000－0801－0015987　子2523/22

陰騭文註證二卷　（清）黃泰一撰　清光緒三
十二年（1906）刻本　二冊

220000－0801－0015988　子2523/24
文昌帝君陰騭文丹桂籍四卷　（□）□□撰
清末刻本　四冊

220000－0801－0015989　子2523/27
玉定金科例賞輯要十卷首一卷特宥輯要十卷
首一卷末一卷例誅輯要十卷首一卷末一卷
（□）□□撰　清同治五年（1866）刻本　二十
四冊

220000－0801－0015990　子2523/28
寶訓圖書六卷　（清）守真子等輯　清光緒七
年（1881）吉林萃一堂刻本　六冊

220000－0801－0015991　子2523/29
覺世真經說證匯纂八卷　（□）□□撰　清同
治元年（1862）刻本　八冊

220000－0801－0015992　子2523/30
關聖帝君覺世寶訓像註　（□）□□撰　清末
石印本　一冊　存一卷（一）

220000－0801－0015993　子2523/31
濟世寶筏編　（清）徐溥泉輯　清光緒二十年
（1894）石印本　一冊

220000－0801－0015994　子2524/2
關帝寶訓像註四卷　（□）□□撰　清道光刻
本　三冊　存三卷（二至四）

220000－0801－0015995　子2525/2
救劫靈應孝感達天寶懺　（□）□□撰　清同
治五年（1866）刻本　一冊

220000－0801－0015996　子2525/3
關聖帝君昭明顯化感應寶懺　（□）□□撰
清光緒刻本　一冊

220000－0801－0015997　子2525/8
壼天錄三卷　（清）百一居士撰　清光緒十一
年（1885）鉛印本　三冊

220000－0801－0015998　子2526/2
惕慮集句不分卷　（清）劉懷基錄　清嘉慶十
二年（1807）刻本　一冊

220000－0801－0015999　　子 2526/3

悟真篇三註三卷　（宋）薛道光　（宋）陸墅
（元）陳致虛註　**周易參同契分章註解三卷**
（元）陳致虛註　**金丹真傳六卷**　（明）孫汝忠
撰　清光緒二年(1876)刻本　　二冊

220000－0801－0016000　　子 2526/4

悟真篇外集一卷　（宋）張伯端撰　**悟真篇三
註三卷**　（宋）薛道光　（宋）陸墅　（元）陳
致虛註　清光緒二年(1876)刻本　　二冊

220000－0801－0016001　　子 2526/5

悟真直指四卷　（清）劉一明解註　清光緒六
年(1880)刻本　　三冊

220000－0801－0016002　　子 2526/8

玄機直指一卷　（清）回陽子撰　清同治十年
(1871)刻本　　一冊

220000－0801－0016003　　子 2526/14

天仙正理直論增註二卷附錄一卷　（明）伍守
陽撰并註　清嘉慶九年(1804)刻本　　二冊

220000－0801－0016004　　子 2526/15

悟道錄二卷　（清）劉一明撰　清光緒三年
(1877)刻本　　一冊

220000－0801－0016005　　子 2526/16

修真辨難二卷　（清）劉一明撰　清光緒三年
(1877)刻本　　一冊　　存一卷(上)

220000－0801－0016006　　子 2526/18

道書試金石一卷附三卷　（清）傅金銓撰　清
末刻本　　一冊

220000－0801－0016007　　子 2526/20

性命微言不分卷　（清）伯陽子撰　清元居士
註　清光緒五年(1879)刻本　　一冊

220000－0801－0016008　　子 2526/21

性命雙修萬神圭旨四卷　（清）尹真人弟子撰
清末一山房刻本　　四冊

220000－0801－0016009　　子 2527/1

周易參同契分章註解三卷　（漢）魏伯陽撰
（元）陳致虛註　清道光三十年(1850)刻本
一冊

220000－0801－0016010　　子 2527/2

周易參同契集註二卷附錄一卷圖說一卷
（漢）魏伯陽著　（清）知機子集註　清同治十
二年(1873)刻本　　二冊

220000－0801－0016011　　子 2527/6

頂批參同悟真三註　（清）俞慕純輯　清道光
二十一年(1841)刻本　　七冊

220000－0801－0016012　　子 2527/8

周易參同契發揮三卷釋疑一卷　（元）俞琰撰
清同治十年(1871)刻本　　三冊

220000－0801－0016013　　子 2527/9

周易參同契集韻二卷　（清）紀大奎輯　清末
刻本　　三冊

220000－0801－0016014　　子 2527/10

象言破疑二卷　（清）劉一明撰　清光緒六年
(1880)刻本　　一冊

220000－0801－0016015　　子 2527/13

陀陽真人入火鏡註解　（□）陀陽真人原編
清光緒十二年(1886)刻本　　一冊

220000－0801－0016016　　子 2528/1

雲笈七籤不分卷　（宋）張君房輯　清光緒三
十二年(1906)刻本　　二十四冊

220000－0801－0016017　　子 2528/2

抱朴子內篇二十卷外篇五十卷附篇十卷
（晉）葛洪撰　（清）李佳繼昌等輯　清光緒十
一年(1885)刻本　　六冊

220000－0801－0016018　　子 2528/3

抱朴子內篇四卷　（晉）葛洪撰　清末刻本
四冊

220000－0801－0016019　　子 2528/4

救生船四卷　（清）握瑜子等輯　清光緒四年
(1878)刻本　　四冊

220000－0801－0016020　　子 2528/10

證道秘書十種　（清）傅金銓撰　清末刻本
十二冊

220000－0801－0016021　　子 2528/13

呂帝十六篇勸戒　（唐）呂嵒撰　清同治十三

年(1874)蘇城得見齋刻本　一冊

220000－0801－0016022　子2528/14

呂祖訓世文　（唐）呂嵒撰　清道光二十五年
(1845)刻本　一冊

220000－0801－0016023　子2528/16

孚佑帝君世箴不分卷　（明）袁黃撰　清同治
四年(1865)刻本　一冊

220000－0801－0016024　子2528/22

唱道真言五卷　（清）通宵子匯輯　清同治十
三年(1874)刻本　一冊

220000－0801－0016025　子2528/25

文昌化書不分卷　（□）□□撰　清光緒二年
(1876)刻本　一冊

220000－0801－0016026　子2528/27

七真祖師列仙傳　（□）□□撰　清光緒十九
年(1893)刻本　一冊

220000－0801－0016027　子2528/28

七真天仙寶傳四卷　（□）□□撰　清宣統三
年(1911)刻本　四冊

220000－0801－0016028　子2528/29

金蓋心燈八卷　（清）閔苕旉撰　（清）鮑廷博
註　清末刻本　六冊

220000－0801－0016029　子2528/32

慶祝表文不分卷　（□）□□撰　清光緒十二
年(1886)歸一堂活字印本　一冊

220000－0801－0016030　子2528/33

敬竈全書　（□）□□撰　清光緒元年(1875)
刻本　一冊

220000－0801－0016031　子2528/34

仙佛合宗語錄不分卷　（明）伍守陽撰　（明）
伍守虛校註　（清）汪東亭輯　清宣統三年
(1911)中國圖書公司石印本　四冊

220000－0801－0016032　子253/1

古史參箋四卷　沈則寬撰　清光緒二十八年
(1902)鉛印本　三冊

220000－0801－0016033　子253/3

基督實錄三卷　（英國）韋廉臣撰　（清）董樹
堂筆　清光緒六年(1880)刻本　三冊

220000－0801－0016034　子253/4

天主降生言行紀略八卷　（意大利）艾儒略述
清咸豐三年(1853)刻本　二冊

220000－0801－0016035　子253/6

聖母顯跡聖牌紀略　（□）□□撰　清光緒二
十一年(1895)鉛印本　一冊

220000－0801－0016036　子253/7

聖母淨配若瑟傳　（□）□□撰　清同治刻本
一冊

220000－0801－0016037　子253/8

提正編六卷　（意大利）賈宜睦撰　清同治九
年(1870)刻本　三冊

220000－0801－0016038　子253/9

辯惑卮言不分卷　（清）李杕撰　（清）李問漁
摘譯　清光緒二十八年(1902)鉛印本　一冊

220000－0801－0016039　子253/11

升沉寶鑑　（清）秀華陽撰　清光緒十六年
(1890)刻本　一冊

220000－0801－0016040　子253/12

雅歌註釋　（清）杜步西註　清宣統元年
(1909)鉛印本　一冊

220000－0801－0016041　子253/17

聖教四規　（意大利）潘國光述　清道光二十
九年(1849)刻本　一冊

220000－0801－0016042　子253/17－1

聖教四規　（意大利）潘國光述　清道光二十
九年(1849)刻本　一冊

220000－0801－0016043　子253/17－2

聖教四規　（意大利）潘國光述　清道光二十
九年(1849)刻本　一冊

220000－0801－0016044　子253/20

教務紀略四卷首一卷　（清）李剛己等編輯
清光緒三十一年(1905)南洋官報局刻本
五冊

220000 - 0801 - 0016045　子253/20 - 1

教務紀略四卷首一卷　（清）李剛己等編輯
清光緒三十一年（1905）南洋官報局刻本
四冊

220000 - 0801 - 0016046　子253/21

燕京開教略三篇　（法國）樊國梁輯　清光緒
三十一年（1905）活字印本　三冊

220000 - 0801 - 0016047　子253/23

民教相安　高步瀛　陳寶泉編　清光緒三十
一年（1905）石印本　一冊

220000 - 0801 - 0016048　子253/26

七克七卷　（西班牙）龐迪我撰　清嘉慶三年
（1798）刻本　四冊

220000 - 0801 - 0016049　子253/30

析疑參正一卷　（清）秀華陽撰　清光緒十七
年（1891）刻本　一冊

220000 - 0801 - 0016050　子253/32

聖方濟各沙勿略傳　（□）□□撰　清光緒二
十二年（1896）鉛印本　一冊

220000 - 0801 - 0016051　子253/33

聖心報　聖心報館編　清光緒三十一年
（1905）上海徐家匯天主堂鉛印本　一冊　存
第十九冊（第二百十七至二百二十八號）

220000 - 0801 - 0016052　子253/34

聖母院函稿　綠斐士編　清光緒三十四年
（1908）上海土山灣慈母堂鉛印本　一冊　存
七十二頁（一至七十二）

220000 - 0801 - 0016053　子254/2

天方至聖實錄二十卷首一卷　（清）劉智譯著
　清光緒元年（1875）刻本　十冊

220000 - 0801 - 0016054　子254/3

天方典禮擇要解二十卷附後編一卷　（清）劉
智纂述　清同治元年（1862）刻本　六冊

220000 - 0801 - 0016055　子254/6

清真大學　（清）王岱輿撰　清咸豐二年
（1852）刻本　二冊

220000 - 0801 - 0016056　子254/7

清真釋疑補輯二卷　（清）金天柱撰　清光緒
十一年（1885）成都清真寺刻本　二冊

220000 - 0801 - 0016057　子254/8

清真教考　（清）沈懋中編　清道光十八年
（1838）懷安堂沈氏刻本　一冊

220000 - 0801 - 0016058　子254/10

天方蒙引歌一卷　（清）馬德新輯　清同治五
年（1866）刻本　一冊

220000 - 0801 - 0016059　子254/11

續天方三字經一卷　（清）馬德新輯　清咸豐
八年（1858）刻本　一冊

220000 - 0801 - 0016060　子254/12

天方性理五卷首一卷　（清）劉智撰　清道光
二年（1822）刻本　六冊

220000 - 0801 - 0016061　子258/40

鼎新錄二卷　（清）譚之璿重輯　清咸豐二年
（1852）刻本　一冊

220000 - 0801 - 0016062　子258/65

科儀二卷　（□）□□撰　清末刻本　二冊

220000 - 0801 - 0016063　子258/74

古教匯參四卷　（英國）韋廉臣撰　（清）董樹
堂筆　清光緒二十五年（1899）刻本　三冊
缺一卷（四）

220000 - 0801 - 0016064　子258/77

俗言警教一卷　（清）安準撰　清光緒十五年
（1889）刻本　一冊

220000 - 0801 - 0016065　子261/1

欽定古今圖書集成一萬卷目錄三十二卷
（清）聖祖玄燁纂　（清）陳夢雷　（清）蔣廷
錫等編　清光緒三十年（1904）鉛印本　一千
六百二十八冊

220000 - 0801 - 0016066　子261/1 - 1

欽定古今圖書集成一萬卷目錄三十二卷
（清）聖祖玄燁纂　（清）陳夢雷　（清）蔣廷
錫等編　清光緒三十年（1904）鉛印本　一千
六百二十八冊

220000 - 0801 - 0016067　子261/1 - 2

欽定古今圖書集成一萬卷目錄三十二卷
(清)聖祖玄燁纂 (清)陳夢雷 (清)蔣廷
錫等編 清光緒三十年(1904)鉛印本 一千
六百二十八冊

220000－0801－0016068 子261/1－3
欽定古今圖書集成一萬卷目錄三十二卷
(清)聖祖玄燁纂 (清)陳夢雷 (清)蔣廷
錫等編 清光緒三十年(1904)鉛印本 一千
五百十九冊 缺四百九十二卷(歷法典五十
五至五十八、六十三至六十七,庶徵典一百七
十二至一百七十七,職方典五百二十八至五
百三十四、一千三百二十八至一千三百三十
四,山川典一百六十五至一百七十六、二百七
十至二百八十三,邊裔典二十四至二十九,禮
儀典一至十一,宮闈典一至五,閨媛典一至二
百四十二,藝術典三百六十六至四百七十一,
神異典三十九至四十三,學行典七至十二,戎
政典一至六、十二至二十二、一百五十八至一
百六十九,字學典二十七至四十一,詮衡典六
至十七)

220000－0801－0016069 子261/4
龍筋鳳髓判四卷 (唐)張鷟撰 (明)劉允鵬
註 清光緒十年(1884)刻本 二冊

220000－0801－0016070 子261/5
廣博物志五十卷 (明)董斯張撰 清光緒五
年(1879)刻本 三十二冊

220000－0801－0016071 子261/6
廣學類編十二卷 (英國)唐蘭孟編輯 (清)
任保羅譯 清光緒二十九年(1903)鉛印本
一冊

220000－0801－0016072 子261/7
讀書紀數略五十四卷 (清)宮夢仁撰 清光
緒六年(1880)刻本 十二冊

220000－0801－0016073 子261/7－1
讀書紀數略五十四卷 (清)宮夢仁撰 清光
緒六年(1880)刻本 十二冊

220000－0801－0016074 子261/11
增刪韻府群玉定本十八卷 (元)陰時夫編輯

(元)陰中夫註 (元)陰竹埜定例 清末刻
本 十冊

220000－0801－0016075 子261/12
古香齋鑒賞袖珍初學記三十卷 (唐)徐堅等
撰 清光緒十四年(1888)刻本 十冊

220000－0801－0016076 子261/12－1
古香齋鑒賞袖珍初學記三十卷 (唐)徐堅等
撰 清光緒十四年(1888)刻本 十六冊

220000－0801－0016077 子261/13
初學記三十卷 (唐)徐堅等撰 清末刻本
十六冊

220000－0801－0016078 子261/13－1
初學記三十卷 (唐)徐堅等撰 清末刻本
十二冊

220000－0801－0016079 子261/13－2
初學記三十卷 (唐)徐堅等撰 清末刻本
二十冊

220000－0801－0016080 子261/14
金沙劍光閣新刻增補便用雜字世事通考二卷
(清)徐三省撰 清同治十二年(1873)刻本
二冊

220000－0801－0016081 子261/15
群書備考六卷續二三場群書備考三卷 (明)
袁黃撰 (清)袁儼撰并註 清初刻本 四冊

220000－0801－0016082 子261/18
玉海二百四卷附刻十三種六十一卷 (宋)王
應麟撰 清嘉慶十一年(1806)江寧合河康基
田刻本 八十冊

220000－0801－0016083 子261/18－1
玉海二百四卷附刻十三種六十一卷 (宋)王
應麟撰 清嘉慶十一年(1806)江寧合河康基
田刻本 一百二十冊

220000－0801－0016084 子261/18－2
玉海二百四卷附刻十三種六十一卷 (宋)王
應麟撰 清嘉慶十一年(1806)江寧合河康基
田刻本 一百三冊

220000－0801－0016085 子261/18－3

玉海二百四卷附刻十三種六十一卷　（宋）王應麟撰　清嘉慶十一年（1806）江寧合河康基田刻本　八冊　存二十四卷（小學紺珠十卷、急就篇四卷、漢藝文志考證十卷）

220000－0801－0016086　子261/18－4
玉海二百四卷附刻十三種六十一卷　（宋）王應麟撰　清嘉慶十一年（1806）江寧合河康基田刻本　三十二冊　存六十一卷（附刻十三種六十一卷）

220000－0801－0016087　子261/18－5
玉海二百四卷附刻十三種六十一卷　（宋）王應麟撰　清嘉慶十一年（1806）江寧合河康基田刻本　十二冊　存十六卷（急就篇四卷、漢制攷四卷、六經天文篇二卷、周易鄭康成注一卷、通鑑答問五卷）

220000－0801－0016088　子261/19
玉海二百四卷附刻十三種六十一卷　（宋）王應麟撰　清光緒九年（1883）刻本　一百二十冊

220000－0801－0016089　子261/20
玉堂芽四卷　（清）孫顏撰　清道光二十一年（1841）刻本　四冊

220000－0801－0016090　子261/21
靈檀碎金六十九卷　（清）郎玉銘撰　清光緒八年（1882）鉛印本　十冊

220000－0801－0016091　子261/22
北堂書鈔一百六十卷　（唐）虞世南撰　清光緒十四年（1888）刻本　二十冊

220000－0801－0016092　子261/22－1
北堂書鈔一百六十卷　（唐）虞世南撰　清光緒十四年（1888）刻本　二十冊

220000－0801－0016093　子261/22－2
北堂書鈔一百六十卷　（唐）虞世南撰　清光緒十四年（1888）刻本　二十冊

220000－0801－0016094　子261/25
千金裘二十七卷　（清）蔣義彬撰　清道光五年（1825）刻本　十冊

220000－0801－0016095　子261/26
千金裘二十七卷　（清）蔣義彬撰　清嘉慶二十一年（1816）刻本　八冊

220000－0801－0016096　子261/27
千金裘二十七卷　（清）蔣義彬撰　清道光十七年（1837）刻本　六冊

220000－0801－0016097　子261/28
稱謂錄三十二卷　（清）梁章鉅撰　清光緒十年（1884）刻本　八冊

220000－0801－0016098　子261/29
維揚大成堂新刻增訂釋義經書便用通考雜字二卷　（清）徐三省撰　清咸豐九年（1859）刻本　二冊

220000－0801－0016099　子261/32
御定淵鑑類函四百五十卷　（清）張英等撰　清光緒十三年（1887）石印本　四十八冊

220000－0801－0016100　子261/33
淵鑑類函四百五十卷　（清）張英等撰　清光緒六年（1880）古香齋刻本　一百六十冊

220000－0801－0016101　子261/36
淵鑑類函四百五十卷　（清）張英等撰　清光緒二十一年（1895）石印本　十冊

220000－0801－0016102　子261/37
古事比五十二卷　（清）方中德輯　清光緒三十年（1904）石印本　六冊

220000－0801－0016103　子261/38
古事比五十二卷　（清）方中德輯　清光緒十三年（1887）上海點石齋石印本　六冊

220000－0801－0016104　子261/38－1
古事比五十二卷　（清）方中德輯　清光緒十三年（1887）上海點石齋石印本　六冊

220000－0801－0016105　子261/40
古事苑二十卷　（明）鄧志謨編輯　清末抄本　四冊

220000－0801－0016106　子261/42
古學記問錄十五卷　（清）吳蔚文撰　清同治四年（1865）刻本　八冊

220000－0801－0016107　子261/42－1

古學記問錄十五卷　（清）吳蔚文撰　清同治
四年(1865)刻本　八冊

220000－0801－0016108　子261/42－2

古學記問錄十五卷　（清）吳蔚文撰　清同治
四年(1865)刻本　十六冊

220000－0801－0016109　子261/43

李氏蒙求補註六卷　（清）金三俊輯　清末刻
本　二冊

220000－0801－0016110　子261/44

李氏蒙求八卷　（唐）李瀚撰　清道光十四年
(1834)刻本　四冊

220000－0801－0016111　子261/46

子史精華一百六十卷　（清）允祿等監修
（清）張廷玉等編　清光緒十二年(1886)石印
本　八冊

220000－0801－0016112　子261/48

太平御覽一千卷　（宋）李昉等撰　清嘉慶二
十三年(1818)刻本　六十四冊

220000－0801－0016113　子261/48－1

太平御覽一千卷　（宋）李昉等撰　清嘉慶二
十三年(1818)刻本　一百二十冊

220000－0801－0016114　子261/49

太平御覽一千卷　（宋）李昉等撰　清嘉慶二
十三年(1818)刻本　一百二十八冊

220000－0801－0016115　子261/49－1

太平御覽一千卷　（宋）李昉等撰　清嘉慶二
十三年(1818)刻本　九十六冊

220000－0801－0016116　子261/49－2

太平御覽一千卷　（宋）李昉等撰　清嘉慶二
十三年(1818)刻本　一百二十冊

220000－0801－0016117　子261/49－3

太平御覽一千卷　（宋）李昉等撰　清嘉慶二
十三年(1818)刻本　一百冊

220000－0801－0016118　子261/50

太平御覽一千卷　（宋）李昉等撰　清末刻本
九十四冊　缺四十三卷(一至十二、一百二

十六至一百五十六)

220000－0801－0016119　子261/51

太平御覽一千卷　（宋）李昉等撰　清光緒十
八年(1892)刻本　一百二十冊

220000－0801－0016120　子261/54

萬斛珠類編八卷　（明）王世貞撰　（清）秦錫
淳校　清同治五年(1866)刻本　四冊

220000－0801－0016121　子261/55

蒙求箋注十卷　（唐）李瀚撰　（清）譚言藹註
清嘉慶二十五年(1820)刻本　四冊

220000－0801－0016122　子261/58

藝文類聚一百卷　（唐）歐陽詢撰　清光緒五
年(1879)刻本　三十二冊

220000－0801－0016123　子261/58－1

藝文類聚一百卷　（唐）歐陽詢撰　清光緒五
年(1879)刻本　三十八冊

220000－0801－0016124　子261/59

藝苑零珠六卷　（清）李象梓輯　清光緒十五
年(1889)刻本　四冊

220000－0801－0016125　子261/62

格致鏡原九十四卷　（清）陳元龍撰　清光緒
十四年(1888)石印本　十六冊

220000－0801－0016126　子261/63

格致鏡原九十四卷　（清）陳元龍撰　清光緒
二十三年(1897)石印本　十六冊

220000－0801－0016127　子261/64

清異錄二卷　（宋）陶穀撰　清光緒刻本
二冊

220000－0801－0016128　子261/65

清異錄二卷　（宋）陶穀撰　清末刻本　三冊

220000－0801－0016129　子261/67

表異錄二十卷　（明）王志堅輯　清光緒二年
(1876)刻本　二冊

220000－0801－0016130　子261/67－1

表異錄二十卷　（明）王志堅輯　清光緒二年
(1876)刻本　四冊

194

220000 – 0801 – 0016131　子 261/71

事物紀原十卷　（宋）高承撰　（明）李果訂
清光緒刻本　十冊

220000 – 0801 – 0016132　子 261/73

增補事類統編九十三卷　（清）黃葆真輯　清
同治六年(1867)刻本　三十六冊

220000 – 0801 – 0016133　子 261/73 – 1

增補事類統編九十三卷　（清）黃葆真輯　清
同治六年(1867)刻本　四十八冊

220000 – 0801 – 0016134　子 261/77

事類賦三十卷　（宋）吳淑撰并註　清刻本
四冊

220000 – 0801 – 0016135　子 261/80

蛾述集十六卷　（清）陳庭學撰　清嘉慶二十
年(1815)刻本　四冊

220000 – 0801 – 0016136　子 261/83

鑄史駢言十二卷　（清）孫玉田編　清光緒二
年(1876)刻本　四冊

220000 – 0801 – 0016137　子 261/83 – 1

鑄史駢言十二卷　（清）孫玉田編　清光緒二
年(1876)刻本　四冊

220000 – 0801 – 0016138　子 261/84

小知錄十二卷　（清）陸鳳藻撰　清同治十二
年(1873)刻本　四冊

220000 – 0801 – 0016139　子 261/84 – 1

小知錄十二卷　（清）陸鳳藻撰　清同治十二
年(1873)刻本　四冊

220000 – 0801 – 0016140　子 261/84 – 2

小知錄十二卷　（清）陸鳳藻撰　清同治十二
年(1873)刻本　四冊

220000 – 0801 – 0016141　子 261/85

小娜嬛山館匯刊類書十二種二十三卷　（清）
阮元輯　清同治九年(1870)刻本　十二冊

220000 – 0801 – 0016142　子 261/86

小娜嬛山館匯刊類書十二種二十三卷　（清）
阮元輯　清咸豐元年(1851)刻本　八冊

220000 – 0801 – 0016143　子 261/86 – 1

小娜嬛山館匯刊類書十二種二十三卷　（清）
阮元輯　清咸豐元年(1851)刻本　八冊

220000 – 0801 – 0016144　子 261/86 – 2

小娜嬛山館匯刊類書十二種二十三卷　（清）
阮元輯　清咸豐元年(1851)刻本　十二冊

220000 – 0801 – 0016145　子 261/93

十七史蒙求十六卷　（宋）王令撰　清道光二
十八年(1848)刻本　三冊

220000 – 0801 – 0016146　子 261/95

李氏蒙求補註六卷　（清）金三俊輯　王先生
十七史蒙求十六卷　（宋）王令輯　清道光九
年(1829)刻本　四冊

220000 – 0801 – 0016147　子 261/100

王先生十七史蒙求六卷附補註考證一卷
(宋)王令輯　清道光二十八年(1848)刻本
二冊

220000 – 0801 – 0016148　子 261/101

王先生十七史蒙求六卷附補註考證一卷
(宋)王令輯　清道光二十八年(1848)刻本
四冊

220000 – 0801 – 0016149　子 261/103

通俗編三十八卷　（清）翟灝撰　清末刻本
十冊

220000 – 0801 – 0016150　子 261/103 – 1

通俗編三十八卷　（清）翟灝撰　清末刻本
八冊

220000 – 0801 – 0016151　子 261/109

古今紀始通考四卷　（清）魏崧撰　清光緒二
十八年(1902)佑廉樞記石印本　二冊

220000 – 0801 – 0016152　子 261/114

四字類賦　（清）張師載撰　清光緒十五年
(1889)善成堂刻本　四冊

220000 – 0801 – 0016153　子 261/115

事類賦補遺十四卷　（清）張均編　清末刻本
四冊

220000 – 0801 – 0016154　子 261/115 – 1

事類賦補遺十四卷　（清）張均編　清末刻本
四冊

220000－0801－0016155　子261/116

事類賦三十卷　（宋）吳淑撰　清末刻本
六冊

220000－0801－0016156　子261/116－1

事類賦三十卷　（宋）吳淑撰　清末刻本
六冊

220000－0801－0016157　子261/116－2

事類賦三十卷　（宋）吳淑撰　清末刻本
八冊

220000－0801－0016158　子261/117

續廣事類賦三十卷　（清）王鳳喈撰　清嘉慶
六年(1801)刻本　十六冊

220000－0801－0016159　子261/118

事類統編九十三卷　（清）林意誠輯　清同治
元年(1862)佛山連元閣刻本　四十八冊

220000－0801－0016160　子261/119

漢書蒙拾類摘五卷　（□）□□撰　清光緒十
年(1884)刻本　二冊

220000－0801－0016161　子261/120

六藝通考一百卷　（清）孫璧文輯　清光緒二
十六年(1900)兩湖書局刻本　四十八冊

220000－0801－0016162　子261/121

廣事類賦四十卷　（清）華希閔撰　清末刻本
十冊

220000－0801－0016163　子261/121－1

廣事類賦四十卷　（清）華希閔撰　清末刻本
十冊

220000－0801－0016164　子261/122

重訂廣事類賦四十卷　（清）華希閔撰　清道
光元年(1821)刻本　十冊

220000－0801－0016165　子261/123

廣廣事類賦三十二卷　（清）吳世旃編　清末
刻本　六冊

220000－0801－0016166　子261/125

小瑯嬛山館匯刊類書十二種　（清）阮元輯
清同治六年(1867)刻本　八冊

220000－0801－0016167　子261/126

小瑯嬛山館匯刊類書十二種　（清）阮元輯
清末刻本　十二冊

220000－0801－0016168　子261/127

增補事類統編九十三卷目錄一卷　（清）黃葆
真輯　清咸豐十年(1860)刻本　四十六冊
缺三卷(二十八、七十八至七十九)

220000－0801－0016169　子261/129

冊府元龜一千卷　（宋）王欽若等編　清刻本
二百五十四冊　缺九卷(三百八十三至三
百九十一)

220000－0801－0016170　子261/131

冊府元龜一千卷　（宋）王欽若等輯　清嘉慶
十九年(1814)刻本　二百二十六冊　缺六十
五卷(一百五十八至一百六十五、三百六十六
至三百七十七、三百八十三至四百三、四百三
十七至四百四十一、四百八十一至四百八十
三、五百三至五百十七、八百二十三)

220000－0801－0016171　子261/133

分韻子史題解二十卷　（清）費卿庭輯　清嘉
慶十九年(1814)刻本　四冊

220000－0801－0016172　子261/134

玉海二百卷辭學指南四卷附刻十三種六十一
卷另附二種三卷　（宋）王應麟撰　清光緒浙
江書局刻本　二十二冊　存六十二卷(附刻
十三種六十一卷、另附二種一卷)

220000－0801－0016173　子261/134－1

玉海二百卷辭學指南四卷附刻十三種六十一
卷另附二種三卷　（宋）王應麟撰　清光緒浙
江書局刻本　二十冊　存六十三卷(附刻十
三種六十一卷、校補玉海瑣記二卷)

220000－0801－0016174　子261/134－2

玉海二百卷辭學指南四卷附刻十三種六十一
卷另附二種三卷　（宋）王應麟撰　清光緒浙
江書局刻本　十六冊　存五十二卷(詩考一
卷、詩地理考六卷、漢藝文志考證十卷、通鑑

地理通釋十四卷、急就篇四卷、周書王會補注一卷、漢制考四卷、小學紺珠十卷、姓氏急就篇二卷）

220000－0801－0016175　子261/134－3
玉海二百卷辭學指南四卷附刻十三種六十一卷另附二種三卷　（宋）王應麟撰　清光緒浙江書局刻本　五冊　存二十卷（詩考一卷、漢制考四卷、踐阼篇集解一卷、通鑑地理通釋十四卷）

220000－0801－0016176　子261/134－4
玉海二百卷辭學指南四卷附刻十三種六十一卷另附二種三卷　（宋）王應麟撰　清光緒浙江書局刻本　二冊　存六卷（詩考一卷、通鑑地理通釋五至九）

220000－0801－0016177　子261/135
重訂時務新策十二卷　（清）□□撰　清光緒十九年(1893)上海江左書林石印本　二冊

220000－0801－0016178　子261/136
中外時務海防新策十四卷　（清）□□撰　清光緒二十三年(1897)石印本　四冊

220000－0801－0016179　子261/138
萬國分類時務大成四十卷首一卷　（清）錢澧選輯　清光緒二十五年(1899)上海袖海山房刻本　一冊　存一卷（十八）

220000－0801－0016180　子261/139
續分類尺牘備覽八卷　（清）□□撰　清宣統元年(1909)上海書局石印本　七冊　缺一卷（六）

220000－0801－0016181　子264/1
文料珠璣十二卷　（清）知味齋主人輯　清光緒十七年(1891)刻本　二冊

220000－0801－0016182　子264/3
詩句題解韻編六卷　（清）陳維屏纂輯　清道光二十年(1840)刻本　六冊

220000－0801－0016183　子264/5
詞林海錯類選四卷　（明）夏樹芳輯　（清）福申類次　清道光十年(1830)刻本　四冊

220000－0801－0016184　子264/6
玉海摘要二十一卷　（清）方維翰撰　清道光十五年(1835)刻本　八冊

220000－0801－0016185　子264/7
百子金丹十卷　（明）郭偉選註　清光緒二十年(1894)石印本　六冊

220000－0801－0016186　子264/8
新鐫分類評注文武合編百子金丹四卷　（明）郭偉撰　清末經國堂刻本　十二冊

220000－0801－0016187　子264/10
經腴十類　（□）□□撰　清末抄本　一冊

220000－0801－0016188　子264/11
佩文韻府一百六卷拾遺一百六卷　（清）張玉書等編　清道光刻本　一百八十冊

220000－0801－0016189　子264/11－1
佩文韻府一百六卷拾遺一百六卷　（清）張玉書等編　清道光刻本　一百六十冊

220000－0801－0016190　子264/15
壹是紀始二十二卷補遺一卷　（清）魏崧撰　清道光二十二年(1842)刻本　八冊

220000－0801－0016191　子264/15－1
壹是紀始二十二卷補遺一卷　（清）魏崧撰　清道光二十二年(1842)刻本　六冊

220000－0801－0016192　子264/15－2
壹是紀始二十二卷補遺一卷　（清）魏崧撰　清道光二十二年(1842)刻本　六冊　存二十卷（一至二十）

220000－0801－0016193　子264/16
壹是紀始二十二卷附目錄一卷補遺一卷　(清)魏崧撰　清光緒十四年(1888)刻本　八冊

220000－0801－0016194　子264/17
事物原會四十卷　（清）汪汲輯　清嘉慶二年(1797)刻本　八冊

220000－0801－0016195　子264/18
增補白眉故事十卷　（清）許貫日註釋　清光緒二年(1876)刻本　五冊

220000－0801－0016196　子264/18－1

增補白眉故事十卷　（清）許貫日註釋　清光
緒二年(1876)刻本　六冊

220000－0801－0016197　子264/19

精選黃眉故事十卷　（明）鄧志謨匯編　清光
緒二年(1876)刻本　五冊

220000－0801－0016198　子264/19－1

精選黃眉故事十卷　（明）鄧志謨匯編　清光
緒二年(1876)刻本　五冊

220000－0801－0016199　子264/20

欽定佩文韻府一百六卷韻府拾遺一百六卷
（清）張玉書等編　清光緒十七年(1891)上海
同文書局石印本　六十冊

220000－0801－0016200　子264/21

欽定佩文韻府一百六卷韻府拾遺一百六卷
（清）張玉書等編　清光緒十二年(1886)石印
本　六十冊

220000－0801－0016201　子264/21－1

欽定佩文韻府一百六卷韻府拾遺一百六卷
（清）張玉書等編　清光緒十二年(1886)石印
本　十九冊　存一百三十七卷（韻府三十七
至六十七、拾遺一百六卷）

220000－0801－0016202　子264/21－2

欽定佩文韻府一百六卷韻府拾遺一百六卷
（清）張玉書等編　清光緒十二年(1886)石印
本　十冊　存一百六卷（拾遺一百六卷）

220000－0801－0016203　子264/22

欽定佩文韻府一百六卷韻府拾遺一百六卷
（清）張玉書等編　清光緒十三年(1887)石印
本　六十冊

220000－0801－0016204　子264/23

欽定佩文韻府一百六卷韻府拾遺一百六卷
（清）張玉書等編　清光緒二十一年(1895)石
印本　二十四冊

220000－0801－0016205　子264/24

重編留青新集二十四卷　（清）馮善長編
（清）沈英泉校　清光緒十四年(1888)鉛印本

十二冊

220000－0801－0016206　子264/24－1

重編留青新集二十四卷　（清）馮善長編
（清）沈英泉校　清光緒十四年(1888)鉛印本
十二冊

220000－0801－0016207　子264/24－2

重編留青新集二十四卷　（清）馮善長編
（清）沈英泉校　清光緒十四年(1888)鉛印本
十冊　缺六卷（三至四、二十一至二十四）

220000－0801－0016208　子264/27

御定駢字類編二百四十卷　（清）世宗胤禛敕
撰　清光緒十三年(1887)石印本　四十八冊

220000－0801－0016209　子264/27－1

御定駢字類編二百四十卷　（清）世宗胤禛敕
撰　清光緒十三年(1887)石印本　四十八冊

220000－0801－0016210　子264/28

角山樓增補類腋　（清）姚培謙撰　（清）趙克
宜增輯　清光緒十二年(1886)石印本　六冊

220000－0801－0016211　子264/28－1

角山樓增補類腋　（清）姚培謙撰　（清）趙克
宜增輯　清光緒十二年(1886)石印本　六冊

220000－0801－0016212　子264/28－2

角山樓增補類腋　（清）姚培謙撰　（清）趙克
宜增輯　清光緒十二年(1886)石印本　六冊

220000－0801－0016213　子264/31

增廣詩句題解匯編四卷附姓氏考一卷　（清）
檢古齋編　清光緒十六年(1890)上海檢古齋
石印本　四冊

220000－0801－0016214　子264/32

儷白妃黃冊八卷　（清）董恂輯　清同治十三
年(1874)刻本　一冊

220000－0801－0016215　子264/33

湘學報類編　（清）湘督學使署編　清光緒二
十四年(1898)刻本　十冊

220000－0801－0016216　子264/34

佩文韻府一百六卷拾遺一百六卷　（清）張玉
書等編　清光緒十三年(1887)上海點石齋石

印本　五十冊　缺一百六卷(拾遺一百六卷)

220000－0801－0016217　子264/35

小學紺珠　(宋)王應麟編撰　清末刻本
六冊

220000－0801－0016218　子264/36

小學紺珠十卷　(宋)王應麟撰　清末刻本
四冊

220000－0801－0016219　子264/37

四書章次串聯三卷　(清)瞿門撰　清同治二
年(1863)懷德堂刻本　一冊

220000－0801－0016220　子264/38

小學紺珠十卷　(宋)王應麟撰　清末刻本
四冊

220000－0801－0016221　子264/41

角山樓增補類腋六十七卷　(清)姚培謙撰
(清)趙克宜增輯　清咸豐刻本　十二冊

220000－0801－0016222　集1/2

離騷三種七卷　(宋)錢杲之等撰　清光緒三
十年(1904)上海文瑞樓石印本　三冊

220000－0801－0016223　集1/3

離騷經解不分卷　(清)梅沖撰　清嘉慶二十
一年(1816)承學堂刻本　一冊

220000－0801－0016224　集1/4

離騷集傳不分卷　(宋)錢杲之撰　清光緒三
年(1877)崇文書局刻本　一冊

220000－0801－0016225　集1/5

離騷彙訂六卷　(清)王邦采撰　清光緒二十
六年(1900)廣雅書局刻本　三冊

220000－0801－0016226　集1/9

離騷草木史十卷附拾細一卷　(清)周拱辰撰
清嘉慶八年(1803)聖雨齋刻本　四冊

220000－0801－0016227　集1/10

離騷九歌釋不分卷　(清)畢大琛撰　清光緒
十八年(1892)補學齋刻本　一冊

220000－0801－0016228　集1/13

離騷箋二卷　(清)龔景瀚撰　清末澹靜齋刻

本　一冊

220000－0801－0016229　集1/16

**九歌箋略天問箋略九章箋略遠遊箋略卜居箋
略漁父箋略**　(□)□□撰　清末廣雅書局刻
本　一冊

220000－0801－0016230　集1/17

楚辭十七卷　(漢)王逸章句　(宋)洪興祖補
註　清同治十一年(1872)金陵書局刻本
四冊

220000－0801－0016231　集1/17－1

楚辭十七卷　(漢)王逸章句　(宋)洪興祖補
註　清同治十一年(1872)金陵書局刻本
四冊

220000－0801－0016232　集1/21

楚辭章句十七卷　(漢)王逸撰　清光緒九年
(1883)長沙書堂山館刻本　六冊

220000－0801－0016233　集1/21－1

楚辭章句十七卷　(漢)王逸撰　清光緒九年
(1883)長沙書堂山館刻本　六冊

220000－0801－0016234　集1/26

楚辭集註八卷辯證二卷後語六卷　(宋)朱熹
撰　清光緒八年(1882)江蘇書局刻本　二冊

220000－0801－0016235　集1/32

楚辭通釋十四卷末一卷　(清)王夫之撰　清
同治四年(1865)金陵節署刻本　三冊

220000－0801－0016236　集1/32－1

楚辭通釋十四卷末一卷　(清)王夫之撰　清
同治四年(1865)金陵節署刻本　三冊

220000－0801－0016237　集1/40

屈原賦不分卷　(戰國)屈原撰　清光緒十六
年(1890)上海同文書局石印本　二冊

220000－0801－0016238　集1/41

屈原賦戴氏註七卷通釋二卷音義三卷　(清)
戴震撰　清嘉慶二十五年(1820)刻本　四冊

220000－0801－0016239　集1/42

屈原賦註七卷通釋二卷附音義三卷　(清)戴
震撰　清光緒十七年(1891)廣雅書局刻本

199

一册

220000－0801－0016240　集1/47
屈大夫文八卷　（戰國）屈原撰　（宋）朱熹集
註　清光緒三年(1877)長沙刻本　二册　存
四卷(一至四)

220000－0801－0016241　集1/49
楚騷綺語六卷　（明）張之象輯　清光緒六年
(1880)八杉齋刻本　一册　存一卷(二)

220000－0801－0016242　集21/2
文選六十卷考異十卷　（南朝梁）蕭統編
（唐）李善註　清嘉慶十四年(1809)鄱陽胡氏
刻本　三十六册

220000－0801－0016243　集21/2－1
文選六十卷考異十卷　（南朝梁）蕭統編
（唐）李善註　清嘉慶十四年(1809)鄱陽胡氏
刻本　三十六册

220000－0801－0016244　集21/3
文選六十卷附考異十卷　（南朝梁）蕭統輯
（唐）李善註　清同治八年(1869)湖北崇文書
局胡氏刻本　二十四册

220000－0801－0016245　集21/3－1
文選六十卷附考異十卷　（南朝梁）蕭統輯
（唐）李善註　清同治八年(1869)湖北崇文書
局胡氏刻本　二十四册

220000－0801－0016246　集21/3－2
文選六十卷附考異十卷　（南朝梁）蕭統輯
（唐）李善註　清同治八年(1869)湖北崇文書
局胡氏刻本　二十四册

220000－0801－0016247　集21/3－3
文選六十卷附考異十卷　（南朝梁）蕭統輯
（唐）李善註　清同治八年(1869)湖北崇文書
局胡氏刻本　二十四册

220000－0801－0016248　集21/3－4
文選六十卷附考異十卷　（南朝梁）蕭統輯
（唐）李善註　清同治八年(1869)湖北崇文書
局胡氏刻本　二十册

220000－0801－0016249　集21/3－5

文選六十卷附考異十卷　（南朝梁）蕭統輯
（唐）李善註　清同治八年(1869)湖北崇文書
局胡氏刻本　二十四册

220000－0801－0016250　集21/5
文選六十卷附考異十卷　（南朝梁）蕭統輯
（唐）李善註　清光緒六年(1880)四明林植海
刻本　二十四册

220000－0801－0016251　集21/6
文選六十卷附考異十卷　（南朝梁）蕭統輯
（唐）李善註　清宣統三年(1911)上海會文堂
書局石印本　十六册

220000－0801－0016252　集21/6－1
文選六十卷附考異十卷　（南朝梁）蕭統輯
（唐）李善註　清宣統三年(1911)上海會文堂
書局石印本　十六册

220000－0801－0016253　集21/14
文選旁證四十六卷　（清）梁章鉅撰　清光緒
八年(1882)吳下刻本　八册

220000－0801－0016254　集21/14－1
文選旁證四十六卷　（清）梁章鉅撰　清光緒
八年(1882)吳下刻本　十二册

220000－0801－0016255　集21/15
文選箋證三十二卷　（清）胡紹煐撰　清咸豐
八年(1858)刻本　十六册

220000－0801－0016256　集21/16
文選旁證四十六卷　（清）梁章鉅撰　清道光
十八年(1838)刻本　十六册

220000－0801－0016257　集21/16－1
文選旁證四十六卷　（清）梁章鉅撰　清道光
十八年(1838)刻本　十二册

220000－0801－0016258　集21/19
文選課虛四卷附續方言二卷　（清）杭世駿集
　清刻本　一册

220000－0801－0016259　集21/19－1
文選課虛四卷附續方言二卷　（清）杭世駿集
　清刻本　一册　缺二卷(續方言二卷)

220000－0801－0016260　集21/20

文選理學權輿八卷　（清）汪師韓撰　文選考異四卷文選李註補正四卷　（清）孫志祖輯清嘉慶二年(1797)張氏刻本　八冊

220000－0801－0016261　集21/21

文選理學權輿八卷　（清）汪師韓撰　文選考異四卷文選李註補正四卷　（清）孫志祖輯清光緒十五年(1889)讀畫齋刻本　八冊

220000－0801－0016262　集21/21－1

文選理學權輿八卷　（清）汪師韓撰　文選考異四卷文選李註補正四卷　（清）孫志祖輯清光緒十五年(1889)讀畫齋刻本　八冊

220000－0801－0016263　集21/21－2

文選理學權輿八卷　（清）汪師韓撰　文選考異四卷文選李註補正四卷　（清）孫志祖輯清光緒十五年(1889)讀畫齋刻本　八冊

220000－0801－0016264　集21/21－3

文選理學權輿八卷　（清）汪師韓撰　文選考異四卷文選李註補正四卷　（清）孫志祖輯清光緒十五年(1889)讀畫齋刻本　八冊

220000－0801－0016265　集21/21－4

文選理學權輿八卷　（清）汪師韓撰　文選考異四卷文選李註補正四卷　（清）孫志祖輯清光緒十五年(1889)讀畫齋刻本　八冊

220000－0801－0016266　集21/21－5

文選理學權輿八卷　（清）汪師韓撰　文選考異四卷文選李註補正四卷　（清）孫志祖輯清光緒十五年(1889)讀畫齋刻本　八冊

220000－0801－0016267　集21/24

重訂文選集評十五卷首一卷末一卷　（南朝梁）蕭統輯　（清）于光華集評　清同治十一年(1872)江蘇書局刻本　十六冊

220000－0801－0016268　集21/24－1

重訂文選集評十五卷首一卷末一卷　（南朝梁）蕭統輯　（清）于光華集評　清同治十一年(1872)江蘇書局刻本　十六冊

220000－0801－0016269　集21/26

文選各家詩集四卷　（清）陳光明輯　清光緒

五年(1879)四川醉經堂刻本　四冊

220000－0801－0016270　集21/26－1

文選各家詩集四卷　（清）陳光明輯　清光緒五年(1879)四川醉經堂刻本　一冊

220000－0801－0016271　集21/27

文選補遺四十卷　（宋）陳仁子輯　（宋）譚紹烈纂類　清道光二十五年(1845)刻本　十二冊

220000－0801－0016272　集21/28

文選古字通疏證六卷　（清）薛傳均撰　（唐）李善註　清光緒十五年(1889)刻本　一冊

220000－0801－0016273　集21/30

文選古字通疏證六卷　（清）薛傳均撰　清道光二十一年(1841)刻本　一冊

220000－0801－0016274　集21/30－1

文選古字通疏證六卷　（清）薛傳均撰　清道光二十一年(1841)刻本　一冊

220000－0801－0016275　集21/30－2

文選古字通疏證六卷　（清）薛傳均撰　清道光二十一年(1841)刻本　一冊

220000－0801－0016276　集21/32

選學拾瀋二卷　李詳撰集　清光緒二十年(1894)金陵刻本　一冊

220000－0801－0016277　集21/32－1

選學拾瀋二卷　李詳撰集　清光緒二十年(1894)金陵刻本　一冊

220000－0801－0016278　集21/35

文選類腋十六卷　（清）吳承烜輯　清光緒二十年(1894)槲葉山房石印本　四冊

220000－0801－0016279　集21/37

文選類雋十四卷　（清）何松編　清光緒二十年(1894)上海文盛書局石印本　一冊

220000－0801－0016280　集21/37－1

文選類雋十四卷　（清）何松編　清光緒二十年(1894)上海文盛書局石印本　一冊

220000－0801－0016281　集21/43

文選六十卷　（南朝梁）蕭統輯　（唐）李善註
（清）葉樹藩校　清嘉慶十四年（1809）刻本
十二冊

220000－0801－0016282　集21/44

文選六十卷　（南朝梁）蕭統輯　（唐）李善註
（清）葉樹藩校　清同治十一年（1872）翰墨
園刻本　十二冊

220000－0801－0016283　集21/45

文選六十卷　（南朝梁）蕭統輯　（唐）李善註
（清）葉樹藩校　清同治八年（1869）金陵書
局刻本　十冊

220000－0801－0016284　集21/45－1

文選六十卷　（南朝梁）蕭統輯　（唐）李善註
（清）葉樹藩校　清同治八年（1869）金陵書
局刻本　十冊

220000－0801－0016285　集21/46

重訂昭明文選集評十五卷首一卷末一卷
（清）于光華撰　清同治七年（1868）刻本
八冊

220000－0801－0016286　集21/47

文選考異十卷　（清）胡克家撰　清末刻本
四冊

220000－0801－0016287　集21/49

重訂昭明文選集評十五卷首一卷末一卷
（清）于光華撰　清嘉慶十二年（1807）懷德堂
刻本　十六冊

220000－0801－0016288　集21/49－1

重訂昭明文選集評十五卷首一卷末一卷
（清）于光華撰　清嘉慶十二年（1807）懷德堂
刻本　十六冊

220000－0801－0016289　集21/50

文選六十卷　（南朝梁）蕭統輯　（唐）李善註
清末葉德輝翰墨園刻本　十二冊

220000－0801－0016290　集21/51

文選六十卷　（南朝梁）蕭統輯　（唐）李善註
（清）何焯評點　清末葉德輝文彬堂刻本
十二冊

220000－0801－0016291　集21/54

重訂文選集評十五卷　（南朝梁）蕭統輯
（清）于光華集評　清光緒五年（1879）以約齋
刻本　八冊　存八卷（一至七、十五）

220000－0801－0016292　集21/56

欽定四書文四十一卷　（清）方苞輯　清刻本
五冊　存欽定隆萬四書文、欽定啓禎四
書文

220000－0801－0016293　集22/2

全上古三代秦漢三國六朝文七百四十六卷
（清）嚴可均校輯　清光緒十九年（1893）廣州
廣雅書局刻本　一百冊

220000－0801－0016294　集22/3

全上古三代秦漢三國六朝文七百四十六卷
（清）嚴可均校輯　清光緒二十年（1894）黃岡
王氏刻本　一百冊

220000－0801－0016295　集22/4

秦漢文鈔十二卷　（明）馮有翼輯　清光緒十
三年（1887）婁東味菜廬活字印本　六冊

220000－0801－0016296　集22/4－1

秦漢文鈔十二卷　（明）馮有翼輯　清光緒十
三年（1887）婁東味菜廬活字印本　六冊

220000－0801－0016297　集22/4－2

秦漢文鈔十二卷　（明）馮有翼輯　清光緒十
三年（1887）婁東味菜廬活字印本　六冊

220000－0801－0016298　集22/5

乾坤正氣集五百七十四卷首一卷　（清）潘錫
恩輯　清道光二十八年（1848）袁江節署求是
齋刻本　二百冊

220000－0801－0016299　集22/7

乾坤正氣集選鈔九十七種九十七卷　（清）吳
煥采輯　清光緒十三年（1887）古蓮花池刻本
三十二冊

220000－0801－0016300　集22/9

御製古文淵鑑六十四卷　（清）徐乾學等編註
清同治十二年（1873）浙江書局刻本　三十
二冊

220000 - 0801 - 0016301　集 22/9 - 1
御製古文淵鑑六十四卷　（清）徐乾學等編註
　　清同治十二年（1873）浙江書局刻本　三十
　　二冊

220000 - 0801 - 0016302　集 22/9 - 2
御製古文淵鑑六十四卷　（清）徐乾學等編註
　　清同治十二年（1873）浙江書局刻本　六冊
　　存十四卷（三十六至四十九）

220000 - 0801 - 0016303　集 22/9 - 3
御製古文淵鑑六十四卷　（清）徐乾學等編註
　　清同治十二年（1873）浙江書局刻本　八冊
　　存十八卷（一至十八）

220000 - 0801 - 0016304　集 22/13
七十家賦鈔六卷　（清）張惠言輯　清道光元
　　年（1821）合河康氏刻本　六冊

220000 - 0801 - 0016305　集 22/13 - 1
七十家賦鈔六卷　（清）張惠言輯　清道光元
　　年（1821）合河康氏刻本　六冊

220000 - 0801 - 0016306　集 22/16
桐城吳先生群書點勘集部三種七卷　（清）吳
　　汝綸點勘　吳闓生纂錄　清末刻本　四冊

220000 - 0801 - 0016307　集 22/18
古文析義初編六卷二編八卷　（清）林雲銘評
　　註　清末兩儀堂刻本　十四冊

220000 - 0801 - 0016308　集 22/19
古文析義六卷　（清）林雲銘評註　清末經元
　　堂刻本　六冊

220000 - 0801 - 0016309　集 22/20
古文觀止約選十二卷　（清）吳乘權　（清）吳
　　大職輯　蓉湖寄雲齋同人重輯　清道光三十
　　年（1850）蘇城得見齋刻本　六冊

220000 - 0801 - 0016310　集 22/21
古文觀止十二卷　（清）吳乘權選　（清）吳大
　　職選　清道光李光明莊刻本　六冊

220000 - 0801 - 0016311　集 22/21 - 1
古文觀止十二卷　（清）吳乘權選　（清）吳大
　　職選　清道光李光明莊刻本　六冊

220000 - 0801 - 0016312　集 22/21 - 2
古文觀止十二卷　（清）吳乘權選　（清）吳大
　　職選　清道光李光明莊刻本　二冊

220000 - 0801 - 0016313　集 22/22
古文觀止十二卷　（清）吳乘權　（清）吳大職
　　輯　清光緒十九年（1893）京口善化書局刻本
　　六冊

220000 - 0801 - 0016314　集 22/23
古文觀止十二卷　（清）吳乘權　（清）吳大職
　　輯　清宣統二年（1910）鑄記石印本　六冊

220000 - 0801 - 0016315　集 22/28
童蒙必讀千家詩不分卷　（□）友竹山房蘇氏
　　輯　清宣統元年（1909）刻本　一冊

220000 - 0801 - 0016316　集 22/30
評選古詩源四卷　（清）沈德潛選　清光緒二
　　十年（1894）上海圖書集成印書局鉛印本
　　一冊

220000 - 0801 - 0016317　集 22/35
古詩源十四卷　（清）沈德潛選　清光緒十七
　　年（1891）湖南思賢書局刻本　四冊

220000 - 0801 - 0016318　集 22/35 - 1
古詩源十四卷　（清）沈德潛選　清光緒十七
　　年（1891）湖南思賢書局刻本　四冊

220000 - 0801 - 0016319　集 22/36
古文眉詮七十九卷　（清）浦起龍輯　清光緒
　　二十四年（1898）嶺南良產書屋刻本　二十
　　六冊

220000 - 0801 - 0016320　集 22/42
多文堂重訂古文釋義新編八卷　（清）余誠評
　　註　清嘉慶十八年（1813）多文堂刻本　二冊

220000 - 0801 - 0016321　集 22/43
重訂古文釋義新編八卷　（清）余誠評註　清
　　光緒二十三年（1897）善成堂刻本　八冊

220000 - 0801 - 0016322　集 22/44
澄齋家塾古文讀本不分卷　（清）惲寶惠撰
　　清光緒二十七年至二十八年（1901 - 1902）惲
　　氏稿本　一冊

220000－0801－0016323　集 22/46

古文一隅二卷　（清）朱宗洛評選　清道光三十年(1850)承裕堂刻本　一冊

220000－0801－0016324　集 22/46－1

古文一隅二卷　（清）朱宗洛評選　清道光三十年(1850)承裕堂刻本　一冊

220000－0801－0016325　集 22/49

古文苑九卷　（□）□□撰　清光緒五年(1879)飛青閣刻本　三冊

220000－0801－0016326　集 22/50

古文苑九卷　（□）□□撰　清嘉慶十四年(1809)孫氏刻本　四冊

220000－0801－0016327　集 22/50－1

古文苑九卷　（□）□□撰　清嘉慶十四年(1809)孫氏刻本　六冊

220000－0801－0016328　集 22/50－2

古文苑九卷　（□）□□撰　清嘉慶十四年(1809)孫氏刻本　二冊

220000－0801－0016329　集 22/50－3

古文苑九卷　（□）□□撰　清嘉慶十四年(1809)孫氏刻本　二冊

220000－0801－0016330　集 22/50－4

古文苑九卷　（□）□□撰　清嘉慶十四年(1809)孫氏刻本　二冊

220000－0801－0016331　集 22/51

古文苑二十一卷　（宋）章樵註　清光緒十四年(1888)蘊石齋刻本　四冊

220000－0801－0016332　集 22/52

古文苑二十一卷　（宋）章樵註　清光緒十二年(1886)江蘇書局刻本　四冊

220000－0801－0016333　集 22/52－1

古文苑二十一卷　（宋）章樵註　清光緒十二年(1886)江蘇書局刻本　四冊

220000－0801－0016334　集 22/53

文章釋一卷　（清）王兆芳著　清光緒二十九年(1903)刻本　一冊

220000－0801－0016335　集 22/56

續古文苑二十卷　（清）孫星衍撰　清嘉慶十七年(1812)冶城山館刻本　十二冊

220000－0801－0016336　集 22/56－1

續古文苑二十卷　（清）孫星衍撰　清嘉慶十七年(1812)冶城山館刻本　四冊

220000－0801－0016337　集 22/56－2

續古文苑二十卷　（清）孫星衍撰　清嘉慶十七年(1812)冶城山館刻本　六冊

220000－0801－0016338　集 22/57

古文翼八卷　（清）唐德宜編　清道光二十七年(1847)刻本　八冊

220000－0801－0016339　集 22/58

古文翼八卷　（清）唐德宜編　清光緒十九年(1893)湖南經國書局刻本　八冊

220000－0801－0016340　集 22/58－1

古文翼八卷　（清）唐德宜編　清光緒十九年(1893)湖南經國書局刻本　十六冊

220000－0801－0016341　集 22/59

古文翼八卷　（清）唐德宜編　清光緒二十八年(1902)姑蘇崇德公所刻本　十六冊

220000－0801－0016342　集 22/60

古文詞略二十四卷　（清）梅曾亮編　清同治六年(1867)合肥李氏刻本　五冊

220000－0801－0016343　集 22/60－1

古文詞略二十四卷　（清）梅曾亮編　清同治六年(1867)合肥李氏刻本　八冊

220000－0801－0016344　集 22/61

古文詞略二十卷　（清）梅曾亮編　清光緒二十五年(1899)成都志古堂刻本　四冊

220000－0801－0016345　集 22/62

參訂古文詳解八卷　（清）陳宏謀輯　（清）陳蘭森編校　清光緒五年(1879)翰文堂刻本　四冊

220000－0801－0016346　集 22/64

湖海詩傳四十六卷　（清）王昶輯　清同治四年(1865)綠蔭堂刻本　二十冊

220000 – 0801 – 0016347　集 22/64 – 1

湖海詩傳四十六卷　（清）王昶輯　清同治四年(1865)綠蔭堂刻本　八冊

220000 – 0801 – 0016348　集 22/65

湖海詩傳四十六卷　（清）王昶輯　清嘉慶八年(1803)三泖漁莊刻本　十二冊

220000 – 0801 – 0016349　集 22/65 – 1

湖海詩傳四十六卷　（清）王昶輯　清嘉慶八年(1803)三泖漁莊刻本　八冊

220000 – 0801 – 0016350　集 22/65 – 2

湖海詩傳四十六卷　（清）王昶輯　清嘉慶八年(1803)三泖漁莊刻本　十六冊

220000 – 0801 – 0016351　集 22/66

湖海文傳七十五卷　（清）王昶輯　清道光十九年(1839)經訓堂刻本　十六冊

220000 – 0801 – 0016352　集 22/66 – 1

湖海文傳七十五卷　（清）王昶輯　清道光十九年(1839)經訓堂刻本　十六冊

220000 – 0801 – 0016353　集 22/66 – 2

湖海文傳七十五卷　（清）王昶輯　清道光十九年(1839)經訓堂刻本　十六冊

220000 – 0801 – 0016354　集 22/66 – 3

湖海文傳七十五卷　（清）王昶輯　清道光十九年(1839)經訓堂刻本　十六冊

220000 – 0801 – 0016355　集 22/67

湖海文傳七十五卷　（清）王昶輯　清同治五年(1866)經訓堂刻本　十六冊

220000 – 0801 – 0016356　集 22/68

駢文類纂四十六卷　王先謙纂集　清光緒二十八年(1902)思賢書局刻本　二十四冊

220000 – 0801 – 0016357　集 22/68 – 1

駢文類纂四十六卷　王先謙纂集　清光緒二十八年(1902)思賢書局刻本　二十四冊

220000 – 0801 – 0016358　集 22/68 – 2

駢文類纂四十六卷　王先謙纂集　清光緒二十八年(1902)思賢書局刻本　二十四冊

220000 – 0801 – 0016359　集 22/74

屈大夫文八卷賈子新書十卷賈太傅文一卷（戰國）屈原　（漢）賈誼撰　（宋）朱熹集註　清光緒三年(1877)長沙刻本　六冊

220000 – 0801 – 0016360　集 22/74 – 1

屈大夫文八卷賈子新書十卷賈太傅文一卷（戰國）屈原　（漢）賈誼撰　（宋）朱熹集註　清光緒三年(1877)長沙刻本　四冊　存八卷(屈大夫文八卷)

220000 – 0801 – 0016361　集 22/78

賦海大觀三十二卷　（清）沈祖燕編　清光緒九年(1883)鴻寶齋影印本　二十八冊

220000 – 0801 – 0016362　集 22/83

古文辭類纂七十五卷　（清）姚鼐輯　清道光五年(1825)抄本　十二冊

220000 – 0801 – 0016363　集 22/84

古文辭類纂七十四卷　（清）姚鼐輯　清同治八年(1869)合河康氏家塾刻本　十二冊

220000 – 0801 – 0016364　集 22/84 – 1

古文辭類纂七十四卷　（清）姚鼐輯　清同治八年(1869)合河康氏家塾刻本　十二冊

220000 – 0801 – 0016365　集 22/84 – 2

古文辭類纂七十四卷　（清）姚鼐輯　清同治八年(1869)合河康氏家塾刻本　十二冊

220000 – 0801 – 0016366　集 22/84 – 3

古文辭類纂七十四卷　（清）姚鼐輯　清同治八年(1869)合河康氏家塾刻本　十二冊

220000 – 0801 – 0016367　集 22/85

古文辭類纂三編二十八卷　（清）黎庶昌纂　清光緒二十六年(1900)石印本　八冊

220000 – 0801 – 0016368　集 22/86

續古文辭類纂三十四卷　王先謙纂集　清光緒十八年(1892)席氏掃葉山房刻本　八冊

220000 – 0801 – 0016369　集 22/87

古文辭類纂七十五卷　（清）姚鼐輯　**姚選古文真本五色標記表十五卷首一卷**　（清）張剛編纂　清光緒刻本　二十四冊

220000 – 0801 – 0016370　集 22/88

古文辭類纂七十四卷　（清）姚鼐纂集　續古文辭類纂三十四卷　王先謙纂集　清光緒三十三年（1907）上海商務印書館鉛印本　十二冊

220000 – 0801 – 0016371　集 22/89

古文辭類纂七十五卷　（清）姚鼐輯　附校勘記一卷　（清）李承淵撰　清光緒二十七年（1901）滁州李氏求要堂刻本　十二冊

220000 – 0801 – 0016372　集 22/89 – 1

古文辭類纂七十五卷　（清）姚鼐輯　附校勘記一卷　（清）李承淵撰　清光緒二十七年（1901）滁州李氏求要堂刻本　六冊　存三十一卷（一至三十一）

220000 – 0801 – 0016373　集 22/94

續古文辭類纂三十四卷　王先謙纂集　清光緒八年（1882）長沙王氏虛受堂刻本　八冊

220000 – 0801 – 0016374　集 22/94 – 1

續古文辭類纂三十四卷　王先謙纂集　清光緒八年（1882）長沙王氏虛受堂刻本　八冊

220000 – 0801 – 0016375　集 22/95

續古文辭類纂三十四卷　王先謙纂集　清光緒十年（1884）行素草堂刻本　八冊

220000 – 0801 – 0016376　集 22/96

續古文辭類纂二十八卷　（清）黎庶昌輯　清光緒十六年（1890）金陵書局遵義黎氏刻本　十二冊

220000 – 0801 – 0016377　集 22/97

續古文辭類纂二十八卷　王先謙輯　清光緒二十二年（1896）金陵狀元閣刻本　十二冊

220000 – 0801 – 0016378　集 22/97 – 1

續古文辭類纂二十八卷　王先謙輯　清光緒二十二年（1896）金陵狀元閣刻本　十二冊

220000 – 0801 – 0016379　集 22/101

漢魏六朝百三家集不分卷　（明）張溥編　清光緒五年（1879）信述堂刻本　一百冊

220000 – 0801 – 0016380　集 22/101 – 1

漢魏六朝百三家集不分卷　（明）張溥編　清光緒五年（1879）信述堂刻本　九十八冊　缺二種（謝宣城集、沈隱侯集二）

220000 – 0801 – 0016381　集 22/103

漢魏六朝名家集初刻四十種　丁福保輯　清宣統三年（1911）無錫丁氏鉛印本　三十冊

220000 – 0801 – 0016382　集 22/108

選註六朝唐賦一卷　（清）馬傳庚選註　清同治十三年（1874）刻本　一冊

220000 – 0801 – 0016383　集 22/109

六朝四家全集四種十八卷附詩話一卷辨訛攷異一卷　（清）胡鳳丹輯　清同治九年（1870）刻本　六冊

220000 – 0801 – 0016384　集 22/112

六朝文絜四卷　（清）許槤評選　清光緒三年（1877）讀有用書齋影印本　二冊

220000 – 0801 – 0016385　集 22/114

六朝文絜四卷　（清）許槤評選　清光緒三年（1877）刻朱墨套印本　四冊

220000 – 0801 – 0016386　集 22/115

六朝文絜四卷　（清）許槤評選　清光緒三年（1877）上海刻本　一冊

220000 – 0801 – 0016387　集 22/117

選註六朝唐賦讀本不分卷　（清）馬傳庚選註　清光緒二年（1876）京都松林齋刻本　二冊

220000 – 0801 – 0016388　集 22/118

涵芬樓古今文鈔一百卷　吳曾祺編纂　清宣統三年（1911）上海商務印書館鉛印本　一百冊

220000 – 0801 – 0016389　集 22/118 – 1

涵芬樓古今文鈔一百卷　吳曾祺編纂　清宣統三年（1911）上海商務印書館鉛印本　一百冊

220000 – 0801 – 0016390　集 22/118 – 2

涵芬樓古今文鈔一百卷　吳曾祺編纂　清宣統三年（1911）上海商務印書館鉛印本　一百冊

220000－0801－0016391　集 22/121

八代文萃二百二十卷目録十八卷　（清）簡燚
（清）陳崇哲編　清光緒十一年(1885)富順
攷雋堂刻本　八十冊

220000－0801－0016392　集 22/121－1

八代文萃二百二十卷目録十八卷　（清）簡燚
（清）陳崇哲編　清光緒十一年(1885)富順
攷雋堂刻本　八十冊

220000－0801－0016393　集 22/122

八代詩選二十卷　王闓運輯　清光緒七年
(1881)四川尊經書局刻本　六冊

220000－0801－0016394　集 22/122－1

八代詩選二十卷　王闓運輯　清光緒七年
(1881)四川尊經書局刻本　六冊

220000－0801－0016395　集 22/122－2

八代詩選二十卷　王闓運輯　清光緒七年
(1881)四川尊經書局刻本　八冊

220000－0801－0016396　集 22/126

八代詩選二十卷　王闓運輯　清光緒二十年
(1894)刻本　十二冊

220000－0801－0016397　集 22/127

八代詩選二十卷　王闓運撰　清光緒十六年
(1890)江蘇書局刻本　八冊

220000－0801－0016398　集 22/127－1

八代詩選二十卷　王闓運撰　清光緒十六年
(1890)江蘇書局刻本　八冊

220000－0801－0016399　集 22/127－2

八代詩選二十卷　王闓運撰　清光緒十六年
(1890)江蘇書局刻本　八冊

220000－0801－0016400　集 22/129

樂府詩集一百卷目録二卷　（宋）郭茂倩編
清同治十三年(1874)湖北崇文書局刻本　十
六冊

220000－0801－0016401　集 22/129－1

樂府詩集一百卷目録二卷　（宋）郭茂倩編
清同治十三年(1874)湖北崇文書局刻本　十
六冊

220000－0801－0016402　集 22/133

鄒嶧山精選歷代古文折衷補遺四集四卷
（清）鄒嶧山選　清初刻本　四冊

220000－0801－0016403　集 22/138

文苑珠林四卷　（清）蔣超伯輯　清光緒刻本
四冊

220000－0801－0016404　集 22/142

文章軌範七卷　（元）謝枋得輯　清光緒八年
(1882)青簡齋朱批刻本　四冊

220000－0801－0016405　集 22/144

詩比興箋四卷附簡齋詩存一卷　（清）陳沆撰
清咸豐五年(1855)刻本　三冊

220000－0801－0016406　集 22/145

詩比興箋四卷　（清）陳沆撰　清光緒九年
(1883)刻本　一冊

220000－0801－0016407　集 22/146

詩比興箋四卷　（清）陳沆撰　清光緒九年
(1883)武昌官舍刻本　二冊

220000－0801－0016408　集 22/146－1

詩比興箋四卷　（清）陳沆撰　清光緒九年
(1883)武昌官舍刻本　二冊

220000－0801－0016409　集 22/146－2

詩比興箋四卷　（清）陳沆撰　清光緒九年
(1883)武昌官舍刻本　二冊

220000－0801－0016410　集 22/146－3

詩比興箋四卷　（清）陳沆撰　清光緒九年
(1883)武昌官舍刻本　二冊

220000－0801－0016411　集 22/149

玉臺新詠箋註十卷　（南朝陳）徐陵編　（清）
吳兆宜註　清光緒五年(1879)宏達堂刻本
四冊

220000－0801－0016412　集 22/149－1

玉臺新詠箋註十卷　（南朝陳）徐陵編　（清）
吳兆宜註　清光緒五年(1879)宏達堂刻本
三冊

220000－0801－0016413　集 22/153

五大家文粹五卷　（清）徐德立選輯　清光緒

三十二年(1906)長沙徐氏石耕山房刻本
五冊

220000－0801－0016414　集 22/153－1
五大家文粹五卷　（清）徐德立選輯　清光緒
三十二年(1906)長沙徐氏石耕山房刻本
四冊

220000－0801－0016415　集 22/154
佳句錄二十卷附錄一卷　（清）吳修集　清道
光七年(1827)青霞館刻本　四冊

220000－0801－0016416　集 22/154－1
佳句錄二十卷附錄一卷　（清）吳修集　清道
光七年(1827)青霞館刻本　二冊

220000－0801－0016417　集 22/155
侯鯖集十卷　（清）李友棠撰　清乾隆、嘉慶
刻本　二冊

220000－0801－0016418　集 22/156
宛鄰書屋古詩錄十二卷　（清）張琦輯　清嘉
慶二十年(1815)文德齋刻本　四冊

220000－0801－0016419　集 22/156－1
宛鄰書屋古詩錄十二卷　（清）張琦輯　清嘉
慶二十年(1815)文德齋刻本　三冊

220000－0801－0016420　集 22/157
宛鄰書屋古詩錄十二卷　（清）張琦輯　清同
治八年(1869)刻本　四冊

220000－0801－0016421　集 22/158
漁洋山人古詩選五十卷　（清）王士禎選　清
同治五年(1866)金陵書局刻本　十冊

220000－0801－0016422　集 22/167
**古文分編集評初集二卷二集二卷三集八卷首
一卷四集三卷首一卷**　（清）于光華選編　清
嘉慶六年(1801)敦怡堂刻本　二十一冊

220000－0801－0016423　集 22/168
古文分編集評初集二卷二集二卷　（清）于光
華編輯　清末務本堂刻本　九冊　缺一卷
（二集下第二分卷）

220000－0801－0016424　集 22/169
重訂古文雅正十四卷　（清）蔡世遠選　（清）

李立侯　（清）張季長參訂　清道光八年
(1828)懷清書屋刻本　四冊

220000－0801－0016425　集 22/169－1
重訂古文雅正十四卷　（清）蔡世遠選　（清）
李立侯　（清）張季長參訂　清道光八年
(1828)懷清書屋刻本　八冊

220000－0801－0016426　集 22/170
古文雅正十四卷　（清）蔡世遠選評　清同治
七年(1868)湘鄉曾氏刻本　八冊

220000－0801－0016427　集 22/171
續選古文雅正十四卷目錄一卷　（清）蔡世遠
選　（清）李立侯　（清）張季長參訂　清道光
二十二年(1842)鈐陽林氏刻本　十二冊

220000－0801－0016428　集 22/174
古今文致十卷　（明）劉士鏻選　（清）王宇增
訂　清光緒十年(1884)文玉房朱墨刻本
六冊

220000－0801－0016429　集 22/177
斯文正統十二卷　（清）刁包選輯　清光緒二
十八年(1902)刻本　十二冊

220000－0801－0016430　集 22/178
斯文精萃不分卷　（清）尹繼善選編　清同治
七年(1868)長沙刻本　十二冊

220000－0801－0016431　集 22/179
駢體文略二十九卷　（清）楊鍾廣輯　清光緒
十四年(1888)刻本　二冊

220000－0801－0016432　集 22/179－1
駢體文略二十九卷　（清）楊鍾廣輯　清光緒
十四年(1888)刻本　二冊

220000－0801－0016433　集 22/180
劉公幹集　（漢）劉楨撰　**應德璉集**　（漢）應
瑒撰　**阮元瑜集**　（漢）阮瑀撰　**孔文舉集**
（漢）孔融撰　清宣統三年(1911)上海文明書
局鉛印本　一冊

220000－0801－0016434　集 22/182
六朝唐賦讀本二卷　（清）馬傳庚選註　清同
治十三年(1874)京都馬氏玉燕書巢刻本

四册

220000－0801－0016435　集22/182－1

六朝唐賦讀本二卷　（清）馬傳庚選註　清同
治十三年（1874）京都馬氏玉燕書巢刻本
二冊

220000－0801－0016436　集22/182－2

六朝唐賦讀本二卷　（清）馬傳庚選註　清同
治十三年（1874）京都馬氏玉燕書巢刻本
一冊

220000－0801－0016437　集22/183

文館詞林　（唐）許敬宗等撰　清光緒十九年
（1893）景蘇園刻本　二冊　存六卷（一百五
十二、一百五十八、三百四十六、四百十四、六
百六十五、六百六十九）

220000－0801－0016438　集22/188

三十家詩鈔六卷首一卷末三卷　（清）曾國藩
編　（清）王定安增輯　清同治十三年（1874）
傳忠書局刻本　六冊

220000－0801－0016439　集22/188－1

三十家詩鈔六卷首一卷末三卷　（清）曾國藩
編　（清）王定安增輯　清同治十三年（1874）
傳忠書局刻本　六冊

220000－0801－0016440　集22/188－2

三十家詩鈔六卷首一卷末三卷　（清）曾國藩
編　（清）王定安增輯　清同治十三年（1874）
傳忠書局刻本　六冊

220000－0801－0016441　集22/189

千家詩箋註四卷　（元）謝枋得選　（清）王相
選註　清嘉慶五年（1800）浙江省文遠樓刻本
一冊

220000－0801－0016442　集22/190

增補千家詩箋註三卷　（清）王相選註　清同
治六年（1867）天祿閣刻本　二冊

220000－0801－0016443　集22/191

新鐫五言千家詩箋註四卷　（清）王相選註
清末李光明莊刻本　二冊

220000－0801－0016444　集22/192

增補重訂千家詩註解四卷　（元）謝枋得選
（清）王相選註　清光緒五年（1879）上洋大魁
槓記刻本　二冊

220000－0801－0016445　集22/193

千家詩箋註七卷　（元）謝枋得選　（清）王相
選註　清光緒十二年（1886）上洋江左書林刻
本　二冊

220000－0801－0016446　集22/194

古賦識小錄八卷　（清）王芑孫輯錄　清嘉慶
二十二年（1817）愛蓮室刻本　六冊

220000－0801－0016447　集22/194－1

古賦識小錄八卷　（清）王芑孫輯錄　清嘉慶
二十二年（1817）愛蓮室刻本　六冊

220000－0801－0016448　集22/196

陶謝合集九卷　（晉）陶潛　（南朝齊）謝朓撰
清嘉慶二年（1797）拜經樓刻本　一冊

220000－0801－0016449　集22/197

駢體文鈔三十一卷　（清）李兆洛輯　清同治
六年（1867）合河康氏刻本　十二冊

220000－0801－0016450　集22/197－1

駢體文鈔三十一卷　（清）李兆洛輯　清同治
六年（1867）合河康氏刻本　八冊

220000－0801－0016451　集22/197－2

駢體文鈔三十一卷　（清）李兆洛輯　清同治
六年（1867）合河康氏刻本　八冊

220000－0801－0016452　集22/197－3

駢體文鈔三十一卷　（清）李兆洛輯　清同治
六年（1867）合河康氏刻本　十冊

220000－0801－0016453　集22/197－4

駢體文鈔三十一卷　（清）李兆洛輯　清同治
六年（1867）合河康氏刻本　十二冊

220000－0801－0016454　集22/200

賦學正鵠集釋十一卷　（清）李元度輯　清光
緒十三年（1887）大同書局石印本　二冊

220000－0801－0016455　集22/201

賦學正鵠集釋十一卷　（清）李元度輯　清光
緒十八年（1892）上海煥文局石印本　二冊

220000－0801－0016456　集 22/202

賦學正鵠集釋十一卷　(清)李元度輯　清光緒十七年(1891)經綸書局刻本　八冊

220000－0801－0016457　集 22/203

六朝文絜四卷　(清)許槤評選　清道光五年(1825)寶石齋刻朱墨套印本　二冊

220000－0801－0016458　集 22/203－1

六朝文絜四卷　(清)許槤評選　清道光五年(1825)寶石齋刻朱墨套印本　二冊

220000－0801－0016459　集 22/203－2

六朝文絜四卷　(清)許槤評選　清道光五年(1825)寶石齋刻朱墨套印本　二冊

220000－0801－0016460　集 22/207

五朝詩鐸三十一卷　(清)李壽萱輯　清光緒十四年(1888)明倫堂刻本　六冊

220000－0801－0016461　集 22/208

方外詩選八卷　(清)釋含澈編　清光緒三年(1877)龍藏寺刻本　三冊

220000－0801－0016462　集 22/208－1

方外詩選八卷　(清)釋含澈編　清光緒三年(1877)龍藏寺刻本　六冊

220000－0801－0016463　集 22/213

近光集二十八卷　(清)汪士鋐編纂　(清)徐修仁參註　清嘉慶、道光刻本　八冊

220000－0801－0016464　集 22/214

古文筆法八卷　(清)李扶九輯　清光緒二十九年(1903)石印本　四冊

220000－0801－0016465　集 22/215

御定歷代賦彙一百四十卷外集二十卷逸句二卷補遺二十二卷　(清)陳元龍撰　清光緒十二年(1886)石印本　十六冊

220000－0801－0016466　集 22/215－1

御定歷代賦彙一百四十卷外集二十卷逸句二卷補遺二十二卷　(清)陳元龍撰　清光緒十二年(1886)石印本　十六冊

220000－0801－0016467　集 22/217

詠物詩選註釋八卷　(清)俞琰輯　(清)易開

繘　(清)孫泲鳴註　清道光四年(1824)觀山堂刻本　八冊

220000－0801－0016468　集 22/219

御選唐宋文醇五十八卷　(清)高宗弘曆編　清光緒二十一年(1895)上海鴻文書局石印本　八冊

220000－0801－0016469　集 22/220

御選唐宋文醇五十八卷　(清)允祿等選　清光緒三年(1877)浙江書局刻本　二十冊

220000－0801－0016470　集 22/220－1

御選唐宋文醇五十八卷　(清)允祿等選　清光緒三年(1877)浙江書局刻本　二十冊

220000－0801－0016471　集 22/221

御選唐宋詩醇四十七卷目錄二卷　(清)允祿等選　清光緒二十一年(1895)上海鴻文書局石印本　八冊

220000－0801－0016472　集 22/222

御選唐宋詩醇目錄二卷四十七卷　(清)允祿等選　清末浙江書局刻本　二十四冊

220000－0801－0016473　集 22/222－1

御選唐宋詩醇目錄二卷四十七卷　(清)允祿等選　清末浙江書局刻本　二十冊

220000－0801－0016474　集 22/223

御選唐宋文醇四十七卷　(清)允祿等選　清內府刻本　二十四冊

220000－0801－0016475　集 22/224

歷朝詩約選九十二卷　(清)劉大櫆纂　清光緒二十三年(1897)文徵閣刻本　二十二冊

220000－0801－0016476　集 22/224－1

歷朝詩約選九十二卷　(清)劉大櫆纂　清光緒二十三年(1897)文徵閣刻本　二十四冊

220000－0801－0016477　集 22/228

唐宋四家詩鈔十八卷　(清)張懷溥輯　清道光十一年(1831)刻本　十冊

220000－0801－0016478　集 22/229

唐宋八大家文鈔八種一百四十四卷附五代史二十卷　(明)茅坤輯　清雲林大盛堂刻本

四十冊

220000－0801－0016479　集 22/230
唐宋八大家文鈔八種一百四十四卷　（明）茅
坤輯　清皖省聚文堂刻本　五十六冊

220000－0801－0016480　集 22/231
陳太僕批選八家文抄九卷　（清）陳兆崙輯
清光緒二十六年(1900)天津文美齋石印本
二冊

220000－0801－0016481　集 22/232
唐宋八家文讀本三十卷　（清）沈德潛編　清
宣統元年(1909)掃葉山房石印本　八冊

220000－0801－0016482　集 22/239
忠雅堂評選四六法海八卷　（明）王志堅撰
（清）蔣士銓評選　清同治十年(1871)廣東朱
墨刻本　八冊

220000－0801－0016483　集 22/239－1
忠雅堂評選四六法海八卷　（明）王志堅撰
（清）蔣士銓評選　清同治十年(1871)廣東朱
墨刻本　八冊

220000－0801－0016484　集 22/239－2
忠雅堂評選四六法海八卷　（明）王志堅撰
（清）蔣士銓評選　清同治十年(1871)廣東朱
墨刻本　十六冊

220000－0801－0016485　集 22/239－3
忠雅堂評選四六法海八卷　（明）王志堅撰
（清）蔣士銓評選　清同治十年(1871)廣東朱
墨刻本　八冊

220000－0801－0016486　集 22/239－4
忠雅堂評選四六法海八卷　（明）王志堅撰
（清）蔣士銓評選　清同治十年(1871)廣東朱
墨刻本　八冊

220000－0801－0016487　集 22/239－5
忠雅堂評選四六法海八卷　（明）王志堅撰
（清）蔣士銓評選　清同治十年(1871)廣東朱
墨刻本　八冊

220000－0801－0016488　集 22/242
沁心居古詩讀本　（清）孫國鈞編　清光緒二

十年(1894)抄本　一冊

220000－0801－0016489　集 22/246
金元明八大家文選五十三卷首一卷　（清）李
祖陶評點　清道光二十五年(1845)刻本　二
十五冊

220000－0801－0016490　集 22/246－1
金元明八大家文選五十三卷首一卷　（清）李
祖陶評點　清道光二十五年(1845)刻本　二
十八冊

220000－0801－0016491　集 22/247
孫孝子詩一卷首一卷　（清）劉繹著　**石公德
政記一卷**　（清）石家紹著　**愚軒詩鈔一卷**
(金)趙元著　清道光二十三年(1843)刻本
一冊

220000－0801－0016492　集 22/248
金元明八大家文選五十三卷　（清）李祖陶評
點　清道光二十五年(1845)刻本　十六冊

220000－0801－0016493　集 22/249
宋元明詩三百首不分卷　（清）朱梓　（清）冷
昌言編輯　清咸豐三年(1853)虞山顧氏家塾
刻本　二冊

220000－0801－0016494　集 22/249－1
宋元明詩三百首不分卷　（清）朱梓　（清）冷
昌言編輯　清咸豐三年(1853)虞山顧氏家塾
刻本　二冊

220000－0801－0016495　集 22/249－2
宋元明詩三百首不分卷　（清）朱梓　（清）冷
昌言編輯　清咸豐三年(1853)虞山顧氏家塾
刻本　二冊

220000－0801－0016496　集 22/252
宋元明詩約鈔二卷首一卷　（清）朱梓　（清）
冷昌言編輯　（清）華黼臣註　清咸豐八年
(1858)保墨閣刻本　二冊

220000－0801－0016497　集 22/252－1
宋元明詩約鈔二卷首一卷　（清）朱梓　（清）
冷昌言編輯　（清）華黼臣註　清咸豐八年
(1858)保墨閣刻本　二冊　缺一卷(首一卷)

220000 - 0801 - 0016498　集 22/258

瀛奎律髓刊誤四十九卷　（元）方回選　（清）紀昀批點　清嘉慶五年(1800)李光垣刻本　十二冊

220000 - 0801 - 0016499　集 22/258 - 1

瀛奎律髓刊誤四十九卷　（元）方回選　（清）紀昀批點　清嘉慶五年(1800)李光垣刻本　八冊

220000 - 0801 - 0016500　集 22/259

瀛奎律髓刊誤四十九卷　（元）方回選　（清）紀昀批點　清光緒六年(1880)懺花庵刻本　十六冊

220000 - 0801 - 0016501　集 22/267

明文才調集不分卷　（清）許振禕評　清光緒十七年(1891)刻本　二十冊

220000 - 0801 - 0016502　集 22/268

試策便覽十六卷　（清）王統　（清）王誥纂　清咸豐九年(1859)刻本　八冊

220000 - 0801 - 0016503　集 22/272

歷朝名媛詩詞十二卷　（清）陸昶評選　清宣統三年(1911)掃葉山房石印本　四冊

220000 - 0801 - 0016504　集 22/272 - 1

歷朝名媛詩詞十二卷　（清）陸昶評選　清宣統三年(1911)掃葉山房石印本　四冊

220000 - 0801 - 0016505　集 22/272 - 2

歷朝名媛詩詞十二卷　（清）陸昶評選　清宣統三年(1911)掃葉山房石印本　四冊

220000 - 0801 - 0016506　集 22/272 - 3

歷朝名媛詩詞十二卷　（清）陸昶評選　清宣統三年(1911)掃葉山房石印本　四冊

220000 - 0801 - 0016507　集 22/273

建溪集前編四卷後編二卷　（清）戴聰等撰　清道光十三年(1833)九靈山房刻本　四冊

220000 - 0801 - 0016508　集 22/275

東萊集註類編觀瀾文甲集二十五卷乙集二十五卷丙集二十卷　（宋）林之奇編　（宋）呂祖謙集註　清刻本　十二冊

220000 - 0801 - 0016509　集 22/275 - 1

東萊集註類編觀瀾文甲集二十五卷乙集二十五卷丙集二十卷　（宋）林之奇編　（宋）呂祖謙集註　清刻本　十二冊

220000 - 0801 - 0016510　集 22/277

文章正宗三十卷續十二卷　（宋）真德秀重輯　清同治三年(1864)刻本　三十冊

220000 - 0801 - 0016511　集 22/277 - 1

文章正宗三十卷續十二卷　（宋）真德秀重輯　清同治三年(1864)刻本　三十冊

220000 - 0801 - 0016512　集 22/277 - 2

文章正宗三十卷續十二卷　（宋）真德秀重輯　清同治三年(1864)刻本　二十冊　缺十二卷(續十二卷)

220000 - 0801 - 0016513　集 22/278

七十家賦鈔六卷　（清）張惠言輯　清道光元年(1821)康氏刻本　四冊

220000 - 0801 - 0016514　集 22/279

東萊集註類編觀瀾文甲集二十五卷乙集二十五卷丙集二十卷　（宋）林之奇編　（宋）呂祖謙集註　清光緒十年(1884)刻本　二十四冊

220000 - 0801 - 0016515　集 22/281

慕庵治心詩鈔一卷　（清）劉名譽輯　清光緒二十二年(1896)鉛印本　一冊

220000 - 0801 - 0016516　集 22/281 - 1

慕庵治心詩鈔一卷　（清）劉名譽輯　清光緒二十二年(1896)鉛印本　一冊

220000 - 0801 - 0016517　集 22/285

國朝閨秀正始續集十卷附錄一卷　（清）惲珠撰　國朝閨秀正始續集補遺一卷　（清）程孟梅輯　清道光十六年(1836)紅香館刻本　四冊

220000 - 0801 - 0016518　集 22/286

小學弦歌八卷　（清）李元度輯　清光緒五年(1879)刻本　四冊

220000 - 0801 - 0016519　集 22/286 - 1

小學弦歌八卷　（清）李元度輯　清光緒五年

(1879)刻本　四冊

220000－0801－0016520　集22/286－2

小學弦歌八卷　（清）李元度輯　清光緒五年
(1879)刻本　四冊

220000－0801－0016521　集22/287

五言詩十七卷　（清）王士禎選　清同治五年
(1866)金陵書局刻本　四冊

220000－0801－0016522　集22/288

宮詞一卷　（明）毛晉輯　清同治十二年
(1873)淮南書屋刻本　一冊

220000－0801－0016523　集22/289

註釋四六賦料大成四卷　（清）吟舫編　清光
緒十九年(1893)影印本　一冊

220000－0801－0016524　集22/291

經義模範一卷　（明）楊慎輯　清光緒二十七
年(1901)吳門刻本　一冊

220000－0801－0016525　集22/292

漢魏六朝女子文選二卷　（清）張維撰　清宣
統三年(1911)海鹽朱氏刻本　一冊

220000－0801－0016526　集22/292－1

漢魏六朝女子文選二卷　（清）張維撰　清宣
統三年(1911)海鹽朱氏刻本　一冊

220000－0801－0016527　集22/293

宮閨文選二十六卷　（清）周壽昌輯　（清）蔣
恭鎔編　清道光二十六年(1846)刻本　七冊

220000－0801－0016528　集22/294

謝氏清芬詩錄十六卷首一卷　（清）謝蘭生編
輯　清光緒十三年(1887)活字印本　二冊

220000－0801－0016529　集22/297

評選直省闈藝大全八卷　（清）久敬齋選　清
光緒三十年(1904)上海久敬齋石印本　八冊

220000－0801－0016530　集22/299

國朝閨閣詩鈔　（清）蔡殿齊編次　（清）甘晉
　（清）潘曾瑩輯　清道光二十四年(1844)嫏
嬛別館刻本　十冊

220000－0801－0016531　集22/300

**詞選二卷續詞選二卷附錄一卷唐五代詞選三
卷詞源二卷詞旨一卷樂府指迷一卷**　（清）成
肇麐撰　清光緒十年(1884)刻本　三冊

220000－0801－0016532　集22/307

七十家賦鈔六卷　（清）張惠言輯　清光緒四
年(1878)宏達堂刻本　四冊

220000－0801－0016533　集22/309

駢體文鈔三十一卷　（清）李兆洛輯　清光緒
三十四年(1908)蘇州振新書社刻本　八冊

220000－0801－0016534　集22/310

唐駢體文鈔十七卷　（清）陳均輯　清光緒二
十一年(1895)刻本　六冊

220000－0801－0016535　集22/311

賦學正鵠十卷　（清）李元度輯　清同治十年
(1871)文餘堂刻本　四冊

220000－0801－0016536　集22/312

古文翼八卷　（清）唐德宜編　清同治十二年
(1873)常熟黃氏萩文堂刻本　八冊

220000－0801－0016537　集22/312－1

古文翼八卷　（清）唐德宜編　清同治十二年
(1873)常熟黃氏萩文堂刻本　八冊

220000－0801－0016538　集22/313

斯文精萃不分卷　（清）尹繼善輯　清刻本
六冊

220000－0801－0016539　集22/314

**唐宋八大家文分體讀本一集八卷二集八卷三
集八卷**　（清）汪份撰　清末刻本　三十七冊
　缺一卷(三集八)

220000－0801－0016540　集22/318

排律初津四卷　（清）金鳳沼輯　清光緒十年
(1884)遵古堂刻本　四冊

220000－0801－0016541　集22/321

**詞選二卷續詞選二卷附錄一卷詞源二卷詞旨
一卷樂府指迷一卷**　（清）張惠言撰　（清）董
毅輯　清道光十年(1830)刻本　二冊

220000－0801－0016542　集22/323

古文觀止十二卷　（清）吳乘權　（清）吳大職

輯 清光緒九年(1883)掃葉山房刻本 五冊
缺二卷(三至四)

220000－0801－0016543 集 22/325
古今小品八卷 (清)陳天定評選 清道光九
年(1829)芸香堂刻本 一冊 存二卷(一至
二)

220000－0801－0016544 集 22/326
增補千家詩註釋二卷 (明)湯顯祖校釋 清
末會文堂刻本 一冊

220000－0801－0016545 集 22/327
選註六朝唐賦一卷 (清)馬傳庚選註 清光
緒二年(1876)清華齋刻本 二冊

220000－0801－0016546 集 22/327－1
選註六朝唐賦一卷 (清)馬傳庚選註 清光
緒二年(1876)清華齋刻本 二冊

220000－0801－0016547 集 22/331
蘭言詩鈔四卷 (清)李瑞輯 清末刻本 二
冊 存二卷(三至四)

220000－0801－0016548 集 23.34/1
西漢文選四卷 (清)儲欣評 清光緒九年
(1883)刻本 四冊

220000－0801－0016549 集 23.42/1
全唐詩九百卷目錄一卷 (清)彭定求等輯
清道光十年(1830)刻本 一百二十冊

220000－0801－0016550 集 23.42/3
全唐詩九百卷 (清)彭定求等輯 清光緒七
年(1881)上海同文書局石印本 三十二冊

220000－0801－0016551 集 23.42/3－1
全唐詩九百卷 (清)彭定求等輯 清光緒七
年(1881)上海同文書局石印本 三十二冊

220000－0801－0016552 集 23.42/3－2
全唐詩九百卷 (清)彭定求等輯 清光緒七
年(1881)上海同文書局石印本 三十二冊

220000－0801－0016553 集 23.42/5
唐詩別裁集引典備註二十卷 (清)沈德潛選
俞汝昌增註 清光緒二十四年(1898)上海
觀瀾閣石印本 八冊

220000－0801－0016554 集 23.42/5－1
唐詩別裁集引典備註二十卷 (清)沈德潛選
俞汝昌增註 清光緒二十四年(1898)上海
觀瀾閣石印本 八冊

220000－0801－0016555 集 23.42/8
燕詒堂唐詩選三十二卷 (清)張絢霄 (清)
畢智珠選 清末燕詒堂刻本 十六冊

220000－0801－0016556 集 23.42/9
讀雪山房唐詩三十四卷 (清)管世銘輯 清
光緒十二年(1886)湖北官書處刻本 十二冊

220000－0801－0016557 集 23.42/9－1
讀雪山房唐詩三十四卷 (清)管世銘輯 清
光緒十二年(1886)湖北官書處刻本 十二冊

220000－0801－0016558 集 23.42/10
唐詩選六卷 王闓運輯 清光緒二年(1876)
成都尊經書局刻本 六冊

220000－0801－0016559 集 23.42/10－1
唐詩選六卷 王闓運輯 清光緒二年(1876)
成都尊經書局刻本 六冊

220000－0801－0016560 集 23.42/11
唐詩三百首註疏六卷 (清)孫洙編 (清)章
燮註 清道光十五年(1835)愛日堂刻本
六冊

220000－0801－0016561 集 23.42/12
唐詩三百首註疏六卷 (清)孫洙編 (清)章
燮註 清道光十五年(1835)古香閣刻本
六冊

220000－0801－0016562 集 23.42/15
唐詩三百首補註八卷 (清)陳婉俊輯 (清)
張之萬彙註 清咸豐六年(1856)刻本 四冊

220000－0801－0016563 集 23.42/16
唐詩三百首補註八卷 (清)陳婉俊輯 清光
緒十一年(1885)四籐吟社刻本 四冊

220000－0801－0016564 集 23.42/17
唐詩三百首續選一卷 (清)于慶元編 清同
治六年(1867)常熟留真堂刻本 一冊

220000－0801－0016565 集 23.42/18

註釋唐詩三百首 (清)孫洙編 清末金陵李光明莊刻本 二冊

220000－0801－0016566 集23.42/18－1
註釋唐詩三百首 (清)孫洙編 清末金陵李光明莊刻本 二冊

220000－0801－0016567 集23.42/18－2
註釋唐詩三百首 (清)孫洙編 清末金陵李光明莊刻本 一冊

220000－0801－0016568 集23.42/19
唐詩三百首箋不分卷 (清)孫洙纂評 (清)李松壽箋 清光緒十一年(1885)湖南蘭雪堂刻本 四冊

220000－0801－0016569 集23.42/23
唐四家詩集四種二十卷 (清)胡鳳丹輯 清刻本 五冊

220000－0801－0016570 集23.42/24
唐四家詩集四種二十卷 (清)胡鳳丹輯 清宣統三年(1911)上海掃葉山房石印本 五冊

220000－0801－0016571 集23.42/25
唐四家詩集四種二十卷附歷朝詩話一卷辨譌考異一卷 (清)胡鳳丹輯 清同治九年(1870)退補齋刻本 六冊

220000－0801－0016572 集23.42/25－1
唐四家詩集四種二十卷附歷朝詩話一卷辨譌考異一卷 (清)胡鳳丹輯 清同治九年(1870)退補齋刻本 六冊

220000－0801－0016573 集23.42/30
唐詩諧律二卷 (清)沈寶青選 清光緒十六年(1890)歸安官舍刻本 二冊

220000－0801－0016574 集23.42/32
唐七律詩鈔四卷附錄一卷 (清)曹毓德(清)阮懷甫編次 清道光二十四年(1844)醉經書屋刻本 二冊

220000－0801－0016575 集23.42/34
唐賢三體詩六卷 (宋)周弼選 (元)釋圓至註 清光緒十二年(1886)瀘州鹽局硃批刻本 二冊

220000－0801－0016576 集23.42/34－1
唐賢三體詩六卷 (宋)周弼選 (元)釋圓至註 清光緒十二年(1886)瀘州鹽局硃批刻本 二冊

220000－0801－0016577 集23.42/40
唐詩鼓吹十卷 (元)元好問編 (元)郝天挺註 (明)廖文炳解 清三樂齋刻本 二冊

220000－0801－0016578 集23.42/41
唐詩鼓吹十卷 (元)元好問編 (元)郝天挺註 (明)廖文炳解 清文林堂刻本 四冊

220000－0801－0016579 集23.42/44
唐詩不分卷 (清)□□輯 清抄本 五冊

220000－0801－0016580 集23.42/45
唐詩快八卷 (清)黃周星選評 清刻本 四冊

220000－0801－0016581 集23.42/48
唐詩近體四卷 (清)胡本淵評選 清光緒十七年(1891)金陵李光明莊刻本 二冊

220000－0801－0016582 集23.42/49
唐詩近體四卷 (清)胡本淵評選 清光緒二年(1876)嘉蔭堂刻本 二冊

220000－0801－0016583 集23.42/50
唐詩近體四卷 (清)張錫麟評選 清同治七年(1868)刻本 二冊

220000－0801－0016584 集23.42/53
重刻中晚唐詩主客圖二卷 (清)李懷民集 清嘉慶十八年(1813)退思軒刻本 二冊

220000－0801－0016585 集23.42/54
重訂中晚唐詩主客圖說二卷 (清)李懷民集 清嘉慶十七年(1812)刻本 四冊

220000－0801－0016586 集23.42/56
唐詩金粉十卷 (清)沈炳震纂輯 清光緒七年(1881)八杉齋刻本 六冊

220000－0801－0016587 集23.42/62
唐音審體二十卷 (清)錢良擇編 清光緒九年(1883)後知不足齋刻本 四冊

220000－0801－0016588　　集23.42/63

古唐詩合解箋註十二卷附古詩四卷　（清）王堯衢註　清宣統元年(1909)石印本　八冊

220000－0801－0016589　　集23.42/65

古唐詩合解十二卷附古詩四卷　（清）王堯衢註　清光緒十七年(1891)掃葉山房刻本　八冊

220000－0801－0016590　　集23.42/66

古唐詩合解十二卷附古詩四卷　（清）王堯衢註　清光緒二十六年(1900)舊學山房刻本　六冊

220000－0801－0016591　　集23.42/67

古唐詩合解十二卷附古詩四卷　（清）王堯衢註　清光緒七年(1881)成文信刻本　六冊

220000－0801－0016592　　集23.42/69

五言今體詩鈔九卷　（清）姚鼐輯　清同治五年(1866)金陵書局刻本　一冊

220000－0801－0016593　　集23.42/69－1

五言今體詩鈔九卷　（清）姚鼐輯　清同治五年(1866)金陵書局刻本　二冊

220000－0801－0016594　　集23.42/69－2

五言今體詩鈔九卷　（清）姚鼐輯　清同治五年(1866)金陵書局刻本　二冊

220000－0801－0016595　　集23.42/69－3

五言今體詩鈔九卷　（清）姚鼐輯　清同治五年(1866)金陵書局刻本　二冊

220000－0801－0016596　　集23.42/69－4

五言今體詩鈔九卷　（清）姚鼐輯　清同治五年(1866)金陵書局刻本　一冊

220000－0801－0016597　　集23.42/70

唐六家詩集六種二十五卷　（唐）劉長卿等撰　清光緒十年(1884)遂寧書局刻本　六冊

220000－0801－0016598　　集23.42/73

六家詩選不分卷　（清）李憲喬評選　清嘉慶二十二年(1817)廬江章氏愛陶精舍刻本　一冊

220000－0801－0016599　　集23.42/75

220000－0801－0016600　　集23.42/75－1

才調集補註十卷　（五代）韋縠編　（清）宋邦綏補註　清光緒二十年(1894)江蘇書局刻本　二冊

220000－0801－0016601　　集23.42/75－2

才調集補註十卷　（五代）韋縠編　（清）宋邦綏補註　清光緒二十年(1894)江蘇書局刻本　四冊

220000－0801－0016602　　集23.42/76

才調集十卷　（五代）韋縠集　清垂雲堂刻本　六冊

220000－0801－0016603　　集23.42/76－1

才調集十卷　（五代）韋縠集　清垂雲堂刻本　六冊

220000－0801－0016604　　集23.42/76－2

才調集十卷　（五代）韋縠集　清垂雲堂刻本　四冊

220000－0801－0016605　　集23.42/78

九僧詩不分卷　（唐）釋希晝撰　清道光十五年(1835)刻本　一冊

220000－0801－0016606　　集23.42/78－1

九僧詩不分卷　（唐）釋希晝撰　清道光十五年(1835)刻本　一冊

220000－0801－0016607　　集23.42/81

王摩詰詩集七卷　（唐）王維撰　（宋）劉長翁評　**孟浩然詩集二卷**　（唐）孟浩然撰　（宋）劉長翁評　清光緒五年(1879)碧琳琅館刻朱墨套印本　四冊

220000－0801－0016608　　集23.42/84

唐文粹一百卷補遺二十六卷　（宋）姚鉉編　（清）郭麐編補　清光緒十六年(1890)杭州許氏榆園刻本　二十冊

220000－0801－0016609　　集23.42/84－1

唐文粹一百卷補遺二十六卷　（宋）姚鉉編

才調集補註十卷　（五代）韋縠編　（清）宋邦綏補註　清光緒二十年(1894)江蘇書局刻本　四冊

（清）郭麐編補　清光緒十六年(1890)杭州許
氏榆園刻本　二十册

220000－0801－0016610　集23.42/84－2
唐文粹一百卷補遺二十六卷　（宋）姚鉉編
（清）郭麐編補　清光緒十六年(1890)杭州許
氏榆園刻本　二十册

220000－0801－0016611　集23.42/85
唐文粹一百卷　（宋）姚鉉述　清光緒九年
(1883)江蘇書局刻本　十六册

220000－0801－0016612　集23.42/85－1
唐文粹一百卷　（宋）姚鉉述　清光緒九年
(1883)江蘇書局刻本　十六册

220000－0801－0016613　集23.42/85－2
唐文粹一百卷　（宋）姚鉉述　清光緒九年
(1883)江蘇書局刻本　十六册

220000－0801－0016614　集23.42/85－3
唐文粹一百卷　（宋）姚鉉述　清光緒九年
(1883)江蘇書局刻本　二十册

220000－0801－0016615　集23.42/85－4
唐文粹一百卷　（宋）姚鉉述　清光緒九年
(1883)江蘇書局刻本　十册　存五十五卷
（一至五十五）

220000－0801－0016616　集23.42/85－5
唐文粹一百卷　（宋）姚鉉述　清光緒九年
(1883)江蘇書局刻本　二十册

220000－0801－0016617　集23.42/86
唐文拾遺七十二卷　（清）陸心源輯　清光緒
十四年(1888)刻本　二十册

220000－0801－0016618　集23.42/88
唐人五十家小集五十種七十二卷　（清）江標
輯　清光緒二十一年(1895)元和江氏靈鶼閣
刻本　十六册

220000－0801－0016619　集23.42/88－1
唐人五十家小集五十種七十二卷　（清）江標
輯　清光緒二十一年(1895)元和江氏靈鶼閣
刻本　十六册

220000－0801－0016620　集23.42/88－2

唐人五十家小集五十種七十二卷　（清）江標
輯　清光緒二十一年(1895)元和江氏靈鶼閣
刻本　十六册

220000－0801－0016621　集23.42/88－3
唐人五十家小集五十種七十二卷　（清）江標
輯　清光緒二十一年(1895)元和江氏靈鶼閣
刻本　十六册

220000－0801－0016622　集23.42/88－4
唐人五十家小集五十種七十二卷　（清）江標
輯　清光緒二十一年(1895)元和江氏靈鶼閣
刻本　二十四册

220000－0801－0016623　集23.42/88－5
唐人五十家小集五十種七十二卷　（清）江標
輯　清光緒二十一年(1895)元和江氏靈鶼閣
刻本　二十四册

220000－0801－0016624　集23.42/88－6
唐人五十家小集五十種七十二卷　（清）江標
輯　清光緒二十一年(1895)元和江氏靈鶼閣
刻本　十六册

220000－0801－0016625　集23.42/88－7
唐人五十家小集五十種七十二卷　（清）江標
輯　清光緒二十一年(1895)元和江氏靈鶼閣
刻本　十六册

220000－0801－0016626　集23.42/91
唐文粹補遺二十六卷　（清）郭麐纂　清光緒
十一年(1885)江蘇書局刻本　四册

220000－0801－0016627　集23.42/91－1
唐文粹補遺二十六卷　（清）郭麐纂　清光緒
十一年(1885)江蘇書局刻本　四册

220000－0801－0016628　集23.42/91－2
唐文粹補遺二十六卷　（清）郭麐纂　清光緒
十一年(1885)江蘇書局刻本　四册

220000－0801－0016629　集23.42/92
唐文續拾十六卷　（清）陸心源輯　清末刻本
　四册

220000－0801－0016630　集23.42/92－1
唐文續拾十六卷　（清）陸心源輯　清末刻本

217

四冊

220000-0801-0016631　集23.42/93
唐文續拾十六卷　（清）陸心源輯　清刻本
六冊

220000-0801-0016632　集23.42/94
唐人三家集三種二十六卷　（清）秦恩復輯
清宣統三年(1911)藏古圖書館影印本　八冊

220000-0801-0016633　集23.42/94-1
唐人三家集三種二十六卷　（清）秦恩復輯
清宣統三年(1911)藏古圖書館影印本　八冊

220000-0801-0016634　集23.42/96
千家詩箋註四卷　（清）王相撰　清道光十年
(1830)刻本　二冊

220000-0801-0016635　集23.42/98
唐人三家集三種二十六卷　（清）秦恩復輯
清道光十年(1830)江都石研齋刻本　四冊

220000-0801-0016636　集23.42/98-1
唐人三家集三種二十六卷　（清）秦恩復輯
清道光十年(1830)江都石研齋刻本　九冊
缺四卷(駱賓王集一至四)

220000-0801-0016637　集23.42/98-2
唐人三家集三種二十六卷　（清）秦恩復輯
清道光十年(1830)江都石研齋刻本　六冊

220000-0801-0016638　集23.42/98-3
唐人三家集三種二十六卷　（清）秦恩復輯
清道光十年(1830)江都石研齋刻本　八冊

220000-0801-0016639　集23.42/98-4
唐人三家集三種二十六卷　（清）秦恩復輯
清道光十年(1830)江都石研齋刻本　八冊

220000-0801-0016640　集23.42/99
三唐人集三種三十七卷　（清）馮煥光輯　清
光緒二年(1876)馮氏讀有用書齋刻本　六冊

220000-0801-0016641　集23.42/100
初唐四傑文集二十一卷　（唐）王勃等撰　清
光緒五年(1879)淮南書局刻本　三冊

220000-0801-0016642　集23.42/101

初唐四傑集四種三十七卷　（唐）王勃等撰
（清）項家達輯　清同治十二年(1873)鄒氏叢
雅居刻本　十二冊

220000-0801-0016643　集23.42/103
唐駢體文鈔十七卷　（清）陳均輯　清嘉慶二
十五年(1820)兩粵節署刻本　五冊

220000-0801-0016644　集23.42/103-1
唐駢體文鈔十七卷　（清）陳均輯　清嘉慶二
十五年(1820)兩粵節署刻本　六冊

220000-0801-0016645　集23.42/104
唐中興閒氣集二卷　（唐）高仲武述　白氏諷
諫一卷　（唐）白居易撰　清光緒十九年
(1893)刻本　三冊

220000-0801-0016646　集23.42/106
唐賢三昧集三卷　（清）王士禎選本　（清）吳
煊輯　（清）胡棠輯註　（清）黃培芳評　清光
緒九年(1883)廣東翰墨園刻朱墨套印本
三冊

220000-0801-0016647　集23.42/106-1
唐賢三昧集三卷　（清）王士禎選本　（清）吳
煊輯　（清）胡棠輯註　（清）黃培芳評　清光
緒九年(1883)廣東翰墨園刻朱墨套印本
三冊

220000-0801-0016648　集23.42/106-2
唐賢三昧集三卷　（清）王士禎選本　（清）吳
煊輯　（清）胡棠輯註　（清）黃培芳評　清光
緒九年(1883)廣東翰墨園刻朱墨套印本
三冊

220000-0801-0016649　集23.42/106-3
唐賢三昧集三卷　（清）王士禎選本　（清）吳
煊輯　（清）胡棠輯註　（清）黃培芳評　清光
緒九年(1883)廣東翰墨園刻朱墨套印本
二冊

220000-0801-0016650　集23.42/108
唐律賦鈔一卷　（清）楊泗孫撰　律賦衡裁餘
論十則一卷　（清）湯稼堂著　清光緒二年
(1876)樨香堂刻本　一冊

220000－0801－0016651　集23.42/108－1

唐律賦鈔一卷　（清）楊泗孫撰　**律賦衡裁餘論十則一卷**　（清）湯稼堂著　清光緒二年（1876）檞香堂刻本　一冊

220000－0801－0016652　集23.42/109

唐律賦鈔一卷　（清）楊泗孫撰　**律賦衡裁餘論十則一卷**　（清）湯稼堂著　清道光二十八年（1848）三松堂刻本　一冊

220000－0801－0016653　集23.42/112

唐詩選十三卷　王闓運輯　清宣統三年（1911）東洲刻本　十二冊

220000－0801－0016654　集23.42/114

唐人萬首絕句選七卷　（宋）洪邁輯　（清）王士禎選　清末刻本　二冊

220000－0801－0016655　集23.42/116

唐人萬首絕句選七卷　（宋）洪邁輯　（清）王士禎選　清江右同文堂刻本　二冊

220000－0801－0016656　集23.42/117

唐人萬首絕句選七卷　（宋）洪邁輯　（清）王士禎選　清同治九年（1870）金陵書局刻本　二冊

220000－0801－0016657　集23.42/117－1

唐人萬首絕句選七卷　（宋）洪邁輯　（清）王士禎選　清同治九年（1870）金陵書局刻本　二冊

220000－0801－0016658　集23.42/118

唐人萬首絕句選七卷　（宋）洪邁輯　（清）王士禎選　清退補齋刻本　二冊

220000－0801－0016659　集23.42/122

唐人萬首絕句選七卷　（宋）洪邁輯　（清）王士禎選　清光緒六年（1880）山西濬文書局刻本　二冊

220000－0801－0016660　集23.42/133

翰林學士集一卷　（唐）太宗李世民等撰　**孟子弟子考補正一卷**　陳矩撰　清光緒二十三年（1897）影印本　一冊

220000－0801－0016661　集23.42/134

姚姬傳先生唐人五言絕句詩鈔　（清）姚鼐輯　清光緒十七年（1891）石印本　一冊

220000－0801－0016662　集23.42/134－1

姚姬傳先生唐人五言絕句詩鈔　（清）姚鼐輯　清光緒十七年（1891）石印本　一冊

220000－0801－0016663　集23.42/135

欽定全唐文一千卷　（清）董誥等編　清嘉慶十九年（1814）刻本　二百八十八冊

220000－0801－0016664　集23.42/135－1

欽定全唐文一千卷　（清）董誥等編　清嘉慶十九年（1814）刻本　十二冊　存十六卷（一至十六）

220000－0801－0016665　集23.42/136

五言今體詩鈔九卷　（清）姚鼐撰　清同治七年（1868）刻本　四冊

220000－0801－0016666　集23.42/140

唐詩三百首註疏六卷　（清）孫洙編　（清）章燮註　清光緒十八年（1892）江陰寶文堂刻本　六冊

220000－0801－0016667　集23.42/141

註釋唐詩三百首六卷　（清）孫洙編　（清）李盤根輯註　清咸豐十一年（1861）聚文堂刻本　二冊

220000－0801－0016668　集23.42/142

五言七言今體詩鈔十八卷　（清）姚鼐撰　清嘉慶三年（1798）刻本　六冊

220000－0801－0016669　集23.42/144

古唐詩合解十二卷附古詩四卷　（清）王堯衢註　清末刻本　二冊　存四卷（古詩四卷）

220000－0801－0016670　集23.42/145

唐人萬首絕句選　（清）王士禎編選　清光緒二十三年（1897）金陵書局刻本　二冊

220000－0801－0016671　集23.42/146

柳柳州集四卷　（唐）柳宗元撰　清末退補齋刻本　一冊

220000－0801－0016672　集23.42/147

唐詩三百首續選一卷　（清）于慶元編　清道

光十七年(1837)刻本 一册

220000－0801－0016673 集23.42/148

唐詩三百首註釋六卷 （清）孫洙輯 （清）章
燮註 清光緒刻本 一册

220000－0801－0016674 集23.42/149

唐詩三百首 （清）孫洙編 清同治六年
(1867)梁溪擷秀堂刻本 二册

220000－0801－0016675 集23.42/150

古唐詩合解十二卷附古詩四卷 （清）王堯衢
註 清道光二十一年(1841)蘇州桐石山房刻
本 七册 缺二卷(古詩三至四)

220000－0801－0016676 集23.42/151

唐詩三百首 （清）孫洙編 清嘉慶八年
(1803)掃葉山房刻本 一册

220000－0801－0016677 集23.42/152

唐詩三百首註疏 （清）孫洙編 清光緒十六
年(1890)鎮江文成堂刻本 二册

220000－0801－0016678 集23.42/153

唐詩三百首註釋 （清）孫洙輯 清光緒十五
年(1889)江陰寶文堂刻本 二册

220000－0801－0016679 集23.44/6

宋四名家詩選六卷 （清）周之鱗 （清）柴升
選 清同治五年(1866)星沙經濟堂刻本
六册

220000－0801－0016680 集23.44/6－1

宋四名家詩選六卷 （清）周之鱗 （清）柴升
選 清同治五年(1866)星沙經濟堂刻本
六册

220000－0801－0016681 集23.44/6－2

宋四名家詩選六卷 （清）周之鱗 （清）柴升
選 清同治五年(1866)星沙經濟堂刻本 一
册 存一卷(山谷先生詩鈔一卷)

220000－0801－0016682 集23.44/8

宋四六選二十四卷 （清）曹振鏞編 清同治
四年(1865)連元閣小字刻本 六册

220000－0801－0016683 集23.44/9

宋四六選二十四卷 （清）曹振鏞編 清末刻

本 八册

220000－0801－0016684 集23.44/10

宋四六選二十四卷 （清）曹振鏞編 清刻本
八册

220000－0801－0016685 集23.44/10－1

宋四六選二十四卷 （清）曹振鏞編 清刻本
十二册

220000－0801－0016686 集23.44/10－2

宋四六選二十四卷 （清）曹振鏞編 清刻本
十二册

220000－0801－0016687 集23.44/13

今體詩鈔註畧三卷首一卷 （清）姚鼐選
（清）趙彥傳補註 清同治八年(1869)補讀齋
刻本 二册

220000－0801－0016688 集23.44/18

南宋文範七十卷南宋文範作者攷二卷南宋文
範外編四卷 （清）莊仲方編 清光緒十四年
(1888)江蘇書局刻本 十六册

220000－0801－0016689 集23.44/18－1

南宋文範七十卷南宋文範作者攷二卷南宋文
範外編四卷 （清）莊仲方編 清光緒十四年
(1888)江蘇書局刻本 十六册

220000－0801－0016690 集23.44/18－2

南宋文範七十卷南宋文範作者攷二卷南宋文
範外編四卷 （清）莊仲方編 清光緒十四年
(1888)江蘇書局刻本 十六册

220000－0801－0016691 集23.44/19

南宋文錄二十四卷 （清）董兆熊輯 清光緒
十七年(1891)蘇州書局刻本 六册

220000－0801－0016692 集23.44/19－1

南宋文錄二十四卷 （清）董兆熊輯 清光緒
十七年(1891)蘇州書局刻本 六册

220000－0801－0016693 集23.44/19－2

南宋文錄二十四卷 （清）董兆熊輯 清光緒
十七年(1891)蘇州書局刻本 六册

220000－0801－0016694 集23.44/20

宋文鑑一百五十卷目錄三卷 （宋）呂祖謙編

清光緒十二年(1886)江蘇書局刻本　二十
四冊

220000－0801－0016695　集23.44/20－1

宋文鑑一百五十卷目錄三卷　（宋）呂祖謙編

　　清光緒十二年(1886)江蘇書局刻本　二十
四冊

220000－0801－0016696　集23.44/24

聖宋文選全集三十二卷　（□）□□撰　清光
緒八年(1882)刻本　六冊

220000－0801－0016697　集23.44/24－1

聖宋文選全集三十二卷　（□）□□撰　清光
緒八年(1882)刻本　六冊

220000－0801－0016698　集23.44/25

宋四名家詩選　（清）周之鱗撰　清末刻本
六冊

220000－0801－0016699　集23.44/30

貴耳集三卷　（宋）張端義撰　**孫公談圃三卷**
　（宋）劉延世撰　清嘉慶九年(1804)照曠閣
刻本　四冊

220000－0801－0016700　集23.44/31

濂洛風雅九卷　（清）張伯行輯　清同治五年
(1866)福州正誼堂刻本　三冊

220000－0801－0016701　集23.44/32

**蘇東坡尺牘八卷黃山谷尺牘十卷黃山谷先生
題跋四卷**　（宋）蘇軾　（宋）黃庭堅撰　清道
光二十八年(1848)群玉山房刻本　十冊

220000－0801－0016702　集23.46/2－2

**遼文萃七卷藝文志補證一卷西夏文綴二卷藝
文志一卷**　王仁俊輯　清光緒三十年(1904)
無冰閣鉛印本　一冊

220000－0801－0016703　集23.46/2－3

**遼文萃七卷藝文志補證一卷西夏文綴二卷藝
文志一卷**　王仁俊輯　清光緒三十年(1904)
無冰閣鉛印本　一冊

220000－0801－0016704　集23.46/3

遼文存六卷附錄二卷　繆荃孫輯　清光緒二
十二年(1896)刻本　二冊

220000－0801－0016705　集23.46/3－1

遼文存六卷附錄二卷　繆荃孫輯　清光緒二
十二年(1896)刻本　二冊

220000－0801－0016706　集23.46/3－2

遼文存六卷附錄二卷　繆荃孫輯　清光緒二
十二年(1896)刻本　二冊

220000－0801－0016707　集23.46/5

金文最一百二十卷首一卷　（清）張金吾編
清光緒八年(1882)粵雅堂刻本　二十六冊

220000－0801－0016708　集23.46/5－1

金文最一百二十卷首一卷　（清）張金吾編
清光緒八年(1882)粵雅堂刻本　三十六冊

220000－0801－0016709　集23.46/6

金文雅十六卷　（清）莊仲方述　清光緒十七
年(1891)江蘇書局刻本　四冊

220000－0801－0016710　集23.46/6－1

金文雅十六卷　（清）莊仲方述　清光緒十七
年(1891)江蘇書局刻本　四冊

220000－0801－0016711　集23.46/6－2

金文雅十六卷　（清）莊仲方述　清光緒十七
年(1891)江蘇書局刻本　四冊

220000－0801－0016712　集23.46/6－3

金文雅十六卷　（清）莊仲方述　清光緒十七
年(1891)江蘇書局刻本　四冊

220000－0801－0016713　集23.47/5

元詩選癸集不分卷　（清）席世臣撰　清光緒
十四年(1888)掃葉山房刻本　十六冊

220000－0801－0016714　集23.47/10

元文類七十卷目錄三卷　（元）蘇天爵編　清
末刻本　十冊

220000－0801－0016715　集23.47/10－1

元文類七十卷目錄三卷　（元）蘇天爵編　清
末刻本　二十四冊

220000－0801－0016716　集23.47/16

續軒渠集十卷附錄一卷　（元）洪希文撰
(明)蔡宗兗校　**杏庭摘稿一卷**　（元）洪焱祖
撰　清光緒六年(1880)刻本　二冊

221

220000－0801－0016717　集23.48/2
列朝詩集八十一卷　（清）錢謙益選　清宣統
二年(1910)鉛印本　五十六冊

220000－0801－0016718　集23.48/2－1
列朝詩集八十一卷　（清）錢謙益選　清宣統
二年(1910)鉛印本　五十六冊

220000－0801－0016719　集23.48/5
明三十家詩選初集八卷二集八卷　（清）汪端
輯　清道光二年(1822)刻本　八冊

220000－0801－0016720　集23.48/6
明三十家詩選初集八卷二集八卷　（清）汪端
輯　清同治十二年(1873)蘊蘭吟館刻本
八冊

220000－0801－0016721　集23.48/7
明三十家詩選初集八卷二集八卷　（清）汪端
輯　清光緒十年(1884)郊郡于氏刻本　八冊

220000－0801－0016722　集23.48/8
明三十家詩選初集八卷二集八卷　（清）汪端
輯　清道光二年(1822)自然好學齋刻本
八冊

220000－0801－0016723　集23.48/11
弘正四傑詩集四種七十卷　（清）張雨珊輯
清光緒二十一年(1895)長沙張氏湘雨樓刻本
二十冊

220000－0801－0016724　集23.48/11－1
弘正四傑詩集四種七十卷　（清）張雨珊輯
清光緒二十一年(1895)長沙張氏湘雨樓刻本
十六冊

220000－0801－0016725　集23.48/16
明文在一百卷　（清）薛熙纂　何潔輯　清光
緒十五年(1889)江蘇書局刻本　十冊

220000－0801－0016726　集23.48/16－1
明文在一百卷　（清）薛熙纂　何潔輯　清光
緒十五年(1889)江蘇書局刻本　十冊

220000－0801－0016727　集23.48/16－2
明文在一百卷　（清）薛熙纂　何潔輯　清光
緒十五年(1889)江蘇書局刻本　十冊

220000－0801－0016728　集23.49/3
國朝詩十卷外編一卷補六卷　（清）吳翌鳳選
輯　清嘉慶元年(1796)新陽趙氏刻本　六冊

220000－0801－0016729　集23.49/3－1
國朝詩十卷外編一卷補六卷　（清）吳翌鳳選
輯　清嘉慶元年(1796)新陽趙氏刻本　六冊

220000－0801－0016730　集23.49/3－2
國朝詩十卷外編一卷補六卷　（清）吳翌鳳選
輯　清嘉慶元年(1796)新陽趙氏刻本　六冊

220000－0801－0016731　集23.49/4
國朝詩鐸二十六卷　（清）張應昌輯　清同治
八年(1869)永康應氏秀芝堂刻本　十二冊

220000－0801－0016732　集23.49/4－1
國朝詩鐸二十六卷　（清）張應昌輯　清同治
八年(1869)永康應氏秀芝堂刻本　十四冊

220000－0801－0016733　集23.49/11
七家詩選七卷　（清）王廷紹著　（清）張熙宇
輯評　清道光十二年(1832)刻朱墨套印本
四冊

220000－0801－0016734　集23.49/11－1
七家詩選七卷　（清）王廷紹著　（清）張熙宇
輯評　清道光十二年(1832)刻朱墨套印本
四冊

220000－0801－0016735　集23.49/11－2
七家詩選七卷　（清）王廷紹著　（清）張熙宇
輯評　清道光十二年(1832)刻朱墨套印本
三冊　存六卷(一至四、六至七)

220000－0801－0016736　集23.49/12
詳註七家詩七卷　（清）王廷紹著　清光緒十
八年(1892)廣百宋齋鉛印本　四冊

220000－0801－0016737　集23.49/13
七家詩選一卷　（清）王廷紹等著　清末紅格
抄本　一冊

220000－0801－0016738　集23.49/18
七家詩選九卷　（清）王廷紹著　清道光三十
年(1850)刻本　八冊

220000－0801－0016739　集23.49/19

七家詩選七卷 （清）張熙宇輯評 清道光三十年（1850）曲江書屋刻本 四冊

220000－0801－0016740 集23.49/20
七家詩選七卷 （清）王廷紹著 清同治七年（1868）刻本 四冊

220000－0801－0016741 集23.49/26
詩慰初集二集續集不分卷 （清）陳允衡評選 清末毗陵董氏刻本 八冊

220000－0801－0016742 集23.49/28
蓮漪文鈔八卷 （清）汪曰楨輯 清咸豐九年（1859）刻本 二冊

220000－0801－0016743 集23.49/29
國朝四十七科同館詩賦解題十二卷 （清）魏茂林輯 清同治三年（1864）文光書屋刻本 八冊

220000－0801－0016744 集23.49/32
伏羌紀事詩一卷 （清）楊芳燦撰 清光緒十八年（1892）毘陵謝潤刻本 一冊

220000－0801－0016745 集23.49/33
紅黎社詩鈔不分卷 （清）陳希恕輯 清道光十一年（1831）刻本 二冊

220000－0801－0016746 集23.49/35
鶴梅詩存二卷 （清）周煜輯 清道光二十二年（1842）刻本 二冊

220000－0801－0016747 集23.49/36
苔岑詩曓二十二卷 （清）朱滋年輯錄 清嘉慶十五年（1810）江寧顧晴崖刻本 二冊

220000－0801－0016748 集23.49/38
國朝古文彙鈔初集一百七十六卷首一卷二集一百卷首一卷 （清）朱琦編 清咸豐二年（1852）刻本 一百二十冊

220000－0801－0016749 集23.49/38－1
國朝古文彙鈔初集一百七十六卷首一卷二集一百卷首一卷 （清）朱琦編 清咸豐二年（1852）刻本 一百六冊 缺二十九卷（初集十一至十二、十五至二十六、七十四至七十五、一百四至一百五、一百九、一百五十至一百五十九）

220000－0801－0016750 集23.49/38－2
國朝古文彙鈔初集一百七十六卷首一卷二集一百卷首一卷 （清）朱琦編 清咸豐二年（1852）刻本 三十冊 存一百一卷（二集一百卷、首一卷）

220000－0801－0016751 集23.49/39
國朝文匯甲前集二十卷甲集六十卷乙集七十卷丙集三十卷丁集二十卷目錄一卷 上海國學扶輪社編 清宣統二年（1910）石印本 一百冊

220000－0801－0016752 集23.49/39－1
國朝文匯甲前集二十卷甲集六十卷乙集七十卷丙集三十卷丁集二十卷目錄一卷 上海國學扶輪社編 清宣統二年（1910）石印本 一百冊

220000－0801－0016753 集23.49/39－2
國朝文匯甲前集二十卷甲集六十卷乙集七十卷丙集三十卷丁集二十卷目錄一卷 上海國學扶輪社編 清宣統二年（1910）石印本 一百冊

220000－0801－0016754 集23.49/39－3
國朝文匯甲前集二十卷甲集六十卷乙集七十卷丙集三十卷丁集二十卷目錄一卷 上海國學扶輪社編 清宣統二年（1910）石印本 一百冊

220000－0801－0016755 集23.49/39－4
國朝文匯甲前集二十卷甲集六十卷乙集七十卷丙集三十卷丁集二十卷目錄一卷 上海國學扶輪社編 清宣統二年（1910）石印本 一百冊

220000－0801－0016756 集23.49/39－5
國朝文匯甲前集二十卷甲集六十卷乙集七十卷丙集三十卷丁集二十卷目錄一卷 上海國學扶輪社編 清宣統二年（1910）石印本 四十一冊 存八十卷（國朝文匯甲前集二十卷、甲集六十卷）

220000－0801－0016757 集23.49/41

國朝文錄八十二卷目錄一卷 （清）姚椿輯
清咸豐元年(1851)終南山館刻本 三十二冊

220000 - 0801 - 0016758 集 23.49/41 - 1
國朝文錄八十二卷目錄一卷 （清）姚椿輯
清咸豐元年(1851)終南山館刻本 三十二冊

220000 - 0801 - 0016759 集 23.49/41 - 2
國朝文錄八十二卷目錄一卷 （清）姚椿輯
清咸豐元年(1851)終南山館刻本 二十四冊

220000 - 0801 - 0016760 集 23.49/41 - 3
國朝文錄八十二卷目錄一卷 （清）姚椿輯
清咸豐元年(1851)終南山館刻本 三十二冊

220000 - 0801 - 0016761 集 23.49/41 - 4
國朝文錄八十二卷目錄一卷 （清）姚椿輯
清咸豐元年(1851)終南山館刻本 二十四冊

220000 - 0801 - 0016762 集 23.49/42
國朝文錄四十種八十二卷續編五十種六十七
卷金元明八大家文選八種五十三卷目錄一卷
史論五種十一卷邁堂文略一卷 （清）李祖陶
編 清道光十九年至同治七年(1839 - 1868)
刻本 八十冊

220000 - 0801 - 0016763 集 23.49/42 - 1
國朝文錄四十種八十二卷續編五十種六十七
卷金元明八大家文選八種五十三卷目錄一卷
史論五種十一卷邁堂文略一卷 （清）李祖陶
編 清道光十九年至同治七年(1839 - 1868)
刻本 四十八冊 存八十二卷(文錄八十二
卷)

220000 - 0801 - 0016764 集 23.49/42 - 2
國朝文錄四十種八十二卷續編五十種六十七
卷金元明八大家文選八種五十三卷目錄一卷
史論五種十一卷邁堂文略一卷 （清）李祖陶
編 清道光十九年至同治七年(1839 - 1868)
刻本 四十冊 存八十二卷(國朝文錄八十
二卷)

220000 - 0801 - 0016765 集 23.49/42 - 3
國朝文錄四十種八十二卷續編五十種六十七
卷金元明八大家文選八種五十三卷目錄一卷
史論五種十一卷邁堂文略一卷 （清）李祖陶

編 清道光十九年至同治七年(1839 - 1868)
刻本 三十冊 存六十七卷(續編六十七卷)

220000 - 0801 - 0016766 集 23.49/42 - 4
國朝文錄四十種八十二卷續編五十種六十七
卷金元明八大家文選八種五十三卷目錄一卷
史論五種十一卷邁堂文略一卷 （清）李祖陶
編 清道光十九年至同治七年(1839 - 1868)
刻本 二十二冊 存五十五卷(國朝文錄陶
士升先生莫江文錄一卷、劉寄庵文錄二卷、知
恥齋文錄一卷、惕園初藁文二卷、白鶴堂文錄
一卷、南莊類稿文錄二卷、厚岡文集三卷、清
獻堂文錄二卷、石莊先生文錄三卷、二林居文
錄二卷、榕村全集文選二卷、西陂類藁文錄一
卷、居業齋文錄一卷、朱文端公文集二卷、水
田居文錄二卷、潛庵先生遺藁文錄二卷、忠雅
堂文錄二卷、四照堂二卷、湘帆堂文錄一卷、
鹿洲文錄三卷、帶經堂集文錄二卷、鄭靜菴先
生文錄一卷、紀文達公文錄二卷、鮚埼亭集文
錄一至二,史論前漢書細讀四卷、後漢書贅語
三卷、讀三國志書後一卷、讀明史雜著一卷、
補尚史論贊二卷)

220000 - 0801 - 0016767 集 23.49/42 - 5
國朝文錄四十種八十二卷續編五十種六十七
卷金元明八大家文選八種五十三卷目錄一卷
史論五種十卷邁堂文略一卷 （清）李祖陶編
清道光十九年至同治七年(1839 - 1868)刻
本 三十二冊 存六十七卷(續編六十七卷)

220000 - 0801 - 0016768 集 23.49/42 - 6
國朝文錄四十種八十二卷續編五十種六十七卷
金元明八大家文選八種五十三卷目錄一卷史論
五種十一卷邁堂文略一卷 （清）李祖陶編
清道光十九年至同治七年(1839 - 1868)刻本
五冊 存十一卷(國朝文錄紫竹山房文錄三
卷、鮚埼亭集文錄三至四、張文貞公文錄二卷、
孫文定公文錄二卷、二希堂文錄二卷)

220000 - 0801 - 0016769 集 23.49/43
國朝文錄八十二卷 （清）姚椿輯 清光緒二
十六年(1900)掃葉山房石印本 十六冊

220000 - 0801 - 0016770 集 23.49/43 - 1

國朝文錄八十二卷 （清）姚椿輯 清光緒二十六年(1900)掃葉山房石印本 十六冊

220000－0801－0016771 集 23.49/44

皇朝蓄艾文編八十卷目錄一卷 （清）于寶軒輯 清光緒二十九年(1903)上海官書局鉛印本 四十冊

220000－0801－0016772 集 23.49/44－1

皇朝蓄艾文編八十卷目錄一卷 （清）于寶軒輯 清光緒二十九年(1903)上海官書局鉛印本 四十冊

220000－0801－0016773 集 23.49/44－2

皇朝蓄艾文編八十卷目錄一卷 （清）于寶軒輯 清光緒二十九年(1903)上海官書局鉛印本 四十冊

220000－0801－0016774 集 23.49/45

國朝正雅集九十九卷首一卷目錄一卷 （清）符葆森編輯 清咸豐七年(1857)京師半畝園刻本 三十二冊

220000－0801－0016775 集 23.49/45－1

國朝正雅集九十九卷首一卷目錄一卷 （清）符葆森編輯 清咸豐七年(1857)京師半畝園刻本 三十二冊

220000－0801－0016776 集 23.49/45－2

國朝正雅集九十九卷首一卷目錄一卷 （清）符葆森編輯 清咸豐七年(1857)京師半畝園刻本 三十二冊

220000－0801－0016777 集 23.49/46

國朝文徵四十卷 （清）吳翌鳳選輯 清咸豐元年(1851)世美堂刻本 四十冊

220000－0801－0016778 集 23.49/47

國朝古文所見集十三卷 （清）陳兆麒編選 清道光二年(1822)一枝山房刻本 四冊

220000－0801－0016779 集 23.49/48

國朝古文正的五卷附逐學齋文鈔一卷移芝室古文一卷 （清）楊彝珍輯 清光緒六年(1880)鉛印本 六冊

220000－0801－0016780 集 23.49/48－1

國朝古文正的五卷附逐學齋文鈔一卷移芝室古文一卷 （清）楊彝珍輯 清光緒六年(1880)鉛印本 六冊

220000－0801－0016781 集 23.49/50

今文偶見四十八卷 （清）徐斐然輯 清嘉慶四年(1799)恒勤堂刻本 八冊

220000－0801－0016782 集 23.49/51

國朝二十四家文鈔二十四卷 （清）徐斐然輯 清嘉慶元年(1796)刻本 八冊

220000－0801－0016783 集 23.49/51－1

國朝二十四家文鈔二十四卷 （清）徐斐然輯 清嘉慶元年(1796)刻本 六冊

220000－0801－0016784 集 23.49/53

八家四六文註八卷 （清）孫星衍等著 清光緒十七年(1891)刻本 十六冊

220000－0801－0016785 集 23.49/53－1

八家四六文註八卷 （清）孫星衍等著 清光緒十七年(1891)刻本 八冊

220000－0801－0016786 集 23.49/55

七家文鈔七卷 （清）薛玉堂 （清）陸繼輅選 清道光元年(1821)刻本 四冊

220000－0801－0016787 集 23.49/56

清賦雜鈔不分卷 （清）尤侗等撰 清抄本 二冊

220000－0801－0016788 集 23.49/59

香痕奩影集四卷 （清）吳仲輯 清宣統二年(1910)鉛印本 四冊

220000－0801－0016789 集 23.49/61

天韻堂賦鈔一卷 （清）徐維城編輯 清光緒四年(1878)刻本 一冊

220000－0801－0016790 集 23.49/63

書種園題詠四卷 （清）潘耀文輯 清道光六年(1826)刻本 二冊

220000－0801－0016791 集 23.49/64

題詞一卷 （清）陳詩輯 清嘉慶十六年(1811)刻本 一冊

220000－0801－0016792　集23.49/65

國朝三元題詠二卷　（清）孔傳綸編輯　清咸豐六年(1856)漢陽葉氏福元書室刻本　一冊

220000－0801－0016793　集23.49/67

同館經進賦鈔　（清）□□輯　清光緒十三年(1887)上海蜚英館石印本　一冊

220000－0801－0016794　集23.49/68

蘭言集十二卷　（清）趙紹祖輯　清嘉慶古墨齋刻本　四冊

220000－0801－0016795　集23.49/69

粧樓摘豔十卷首一卷　（清）錢三錫輯　清道光三年(1823)香雨軒刻本　二冊

220000－0801－0016796　集23.49/70

蓉湖草堂贈言錄不分卷　（清）麟慶輯　清道光十六年(1836)刻本　二冊

220000－0801－0016797　集23.49/71

花隝聯吟二卷　（清）唐仲冕輯　清嘉慶六年(1801)刻本　二冊

220000－0801－0016798　集23.49/72

清尊集十六卷　（清）汪遠孫輯　清道光十九年(1839)振綺堂刻本　八冊

220000－0801－0016799　集23.49/72－1

清尊集十六卷　（清）汪遠孫輯　清道光十九年(1839)振綺堂刻本　四冊

220000－0801－0016800　集23.49/72－2

清尊集十六卷　（清）汪遠孫輯　清道光十九年(1839)振綺堂刻本　四冊

220000－0801－0016801　集23.49/72－3

清尊集十六卷　（清）汪遠孫輯　清道光十九年(1839)振綺堂刻本　四冊

220000－0801－0016802　集23.49/72－4

清尊集十六卷　（清）汪遠孫輯　清道光十九年(1839)振綺堂刻本　三冊

220000－0801－0016803　集23.49/72－5

清尊集十六卷　（清）汪遠孫輯　清道光十九年(1839)振綺堂刻本　六冊

220000－0801－0016804　集23.49/72－6

清尊集十六卷　（清）汪遠孫輯　清道光十九年(1839)振綺堂刻本　六冊

220000－0801－0016805　集23.49/72－7

清尊集十六卷　（清）汪遠孫輯　清道光十九年(1839)振綺堂刻本　四冊

220000－0801－0016806　集23.49/73

懷舊集十二卷續集六卷又續集二卷女士詩錄一卷　（清）吳翌鳳輯　清嘉慶十八年(1813)刻本　二十四冊

220000－0801－0016807　集23.49/74

鸞簫集一卷補一卷　（清）沈同芳撰　清光緒二十二年(1896)刻本　一冊

220000－0801－0016808　集23.49/81

卬須集八卷續集六卷又續集五卷女士詩錄　（清）吳翌鳳輯　清嘉慶十九年(1814)刻本　六冊

220000－0801－0016809　集23.49/82

皇朝駢文類苑十四卷　（清）姚燮選　清光緒九年(1883)林鍾刻本　十六冊

220000－0801－0016810　集23.49/82－1

皇朝駢文類苑十四卷　（清）姚燮選　清光緒九年(1883)林鍾刻本　十冊

220000－0801－0016811　集23.49/83

國朝駢體正宗評本十卷　（清）曾燠選　清光緒十年(1884)花雨樓刻本　四冊

220000－0801－0016812　集23.49/83－1

國朝駢體正宗評本十卷　（清）曾燠選　清光緒十年(1884)花雨樓刻本　六冊

220000－0801－0016813　集23.49/84

訒庵駢體文二卷　（清）李恩綬著　清光緒二十五年(1899)冬心書屋刻本　四冊

220000－0801－0016814　集23.49/85

國朝駢體正宗續編八卷　（清）張鳴珂輯　清光緒十四年(1888)寒松閣刻本　四冊

220000－0801－0016815　集23.49/86

國朝駢體正宗續編八卷　（清）張鳴珂輯　清

光緒二十一年（1895）湖南崇德書局刻本
五冊

220000 - 0801 - 0016816　集 23.49/88
國朝駢體正宗十二卷　（清）曾燠輯　清嘉慶
十一年(1806)賞雨茆屋刻本　四冊

220000 - 0801 - 0016817　集 23.49/88 - 1
國朝駢體正宗十二卷　（清）曾燠輯　清嘉慶
十一年(1806)賞雨茆屋刻本　六冊

220000 - 0801 - 0016818　集 23.49/88 - 2
國朝駢體正宗十二卷　（清）曾燠輯　清嘉慶
十一年(1806)賞雨茆屋刻本　六冊

220000 - 0801 - 0016819　集 23.49/89
文章遊戲初編八卷二編八卷三編八卷四編八
卷　（清）繆艮輯　清嘉慶二十一年至道光元
年(1816 - 1821)刻本　十六冊

220000 - 0801 - 0016820　集 23.49/90
鄂韓聯吟集四卷　（清）馬用俊　（清）馬國偉
撰　清嘉慶八年(1803)刻本　一冊

220000 - 0801 - 0016821　集 23.49/91
清暉贈言十卷附錄一卷　（清）徐永宣編　清
道光十六年(1836)來青閣刻本　四冊

220000 - 0801 - 0016822　集 23.49/91 - 1
清暉贈言十卷附錄一卷　（清）徐永宣編　清
道光十六年(1836)來青閣刻本　四冊

220000 - 0801 - 0016823　集 23.49/92
國朝十家四六文鈔不分卷　王先謙輯　清光
緒二十一年(1895)上海書局石印本　四冊

220000 - 0801 - 0016824　集 23.49/94
八家四六文鈔不分卷　（清）吳鼒輯　清光緒
九年(1883)刻本　六冊

220000 - 0801 - 0016825　集 23.49/95
八家四六文鈔不分卷　（清）吳鼒輯　清嘉慶
三年(1798)較經堂刻本　八冊

220000 - 0801 - 0016826　集 23.49/95 - 1
八家四六文鈔不分卷　（清）吳鼒輯　清嘉慶
三年(1798)較經堂刻本　四冊　存思補堂文
集、玉芝堂文集、儀鄭堂遺藁、卷施閣文乙集

220000 - 0801 - 0016827　集 23.49/96
玉峰寄隱圖詩文錄三卷　（清）張文淬撰輯
清光緒四年(1878)刻本　一冊

220000 - 0801 - 0016828　集 23.49/96 - 1
玉峰寄隱圖詩文錄三卷　（清）張文淬撰輯
清光緒四年(1878)刻本　一冊

220000 - 0801 - 0016829　集 23.49/98
國朝試賦匯海前集十卷後集二卷補遺一卷
(清)黃爵滋編輯　清道光十年(1830)刻本
四冊

220000 - 0801 - 0016830　集 23.49/100
賦學指南八卷二集六卷　（清）余丙照編輯
清咸豐八年(1858)刻本　七冊

220000 - 0801 - 0016831　集 23.49/101
瀛海探驪集八卷　（清）朱埏之輯　（清）馮泉
　（清）毛寅初　（清）田柟註　清嘉慶十九年
(1814)浙江三益堂刻本　八冊

220000 - 0801 - 0016832　集 23.49/102
詩緣正編十卷詩緣前編四卷　（清）王曾祺輯
　清光緒十七年(1891)刻本　十冊

220000 - 0801 - 0016833　集 23.49/104
淞溪遺稿二卷　（清）鍾奭撰　城北草堂詩餘
一卷詞餘一卷　（清）顧夔撰　清咸豐七年
(1857)刻本　一冊

220000 - 0801 - 0016834　集 23.49/106
清名家序文鈔不分卷　（清）沈榮仁等撰　清
末抄本　一冊

220000 - 0801 - 0016835　集 23.49/107
師竹軒時文不分卷　（清）吳會甲著　清光緒
十一年(1885)刻本　二冊

220000 - 0801 - 0016836　集 23.49/108
味無味齋駢文二卷　（清）董兆熊撰　清同治
十三年(1874)刻本　一冊

220000 - 0801 - 0016837　集 23.49/108 - 1
味無味齋駢文二卷　（清）董兆熊撰　清同治
十三年(1874)刻本　一冊

220000 - 0801 - 0016838　集 23.49/109

同人集十二卷 （清）冒襄輯 清光緒八年
(1882)刻本 十二冊

220000－0801－0016839 集23.49/109－1
同人集十二卷 （清）冒襄輯 清光緒八年
(1882)刻本 三冊

220000－0801－0016840 集23.49/112
同人集十二卷 （清）冒襄輯 清道光六年
(1826)水繪園刻本 五冊

220000－0801－0016841 集23.49/114
汪羅彭薛四家合鈔四種十五卷 （清）羅有高
等著 （清）國學扶輪社輯 清宣統二年
(1910)鉛印本 六冊

220000－0801－0016842 集23.49/115
易堂九子文鈔九種二十一卷 （清）彭士望等
著 （清）彭玉雯輯 清道光十七年(1837)刻
本 十一冊

220000－0801－0016843 集23.49/116
欽定熙朝雅頌集一百六卷餘集二卷首二十六
卷目錄一卷 （清）鐵保纂輯 （清）吳鼎等編
清嘉慶九年(1804)刻本 二十四冊

220000－0801－0016844 集23.49/116－1
欽定熙朝雅頌集一百六卷餘集二卷首二十六
卷目錄一卷 （清）鐵保纂輯 （清）吳鼎等編
清嘉慶九年(1804)刻本 三十二冊

220000－0801－0016845 集23.49/116－2
欽定熙朝雅頌集一百六卷餘集二卷首二十六
卷目錄一卷 （清）鐵保纂輯 （清）吳鼎等編
清嘉慶九年(1804)刻本 二十四冊

220000－0801－0016846 集23.49/118
七家詩選七卷 （清）張熙宇輯 清光緒五年
(1879)刻本 四冊

220000－0801－0016847 集23.49/119
國朝十家四六文鈔十卷 王先謙輯 清光緒
十五年(1889)長沙王氏刻本 五冊

220000－0801－0016848 集23.49/121
隨園女弟子詩選五卷 （清）袁枚選輯 清嘉
慶元年(1796)刻本 二冊

220000－0801－0016849 集23.49/125
八甎吟館刻燭二卷 （清）阮元輯 清嘉慶、
道光阮氏刻本 一冊

220000－0801－0016850 集23.49/128
借舫居詩鈔僅存一卷 （清）任安上著 借舫
居同社僅存一卷 （清）任元濬輯 清光緒十
五年(1889)澹和堂刻本 二冊

220000－0801－0016851 集23.49/129
隨園女弟子詩選六卷 （清）袁枚輯 清嘉慶
元年(1796)刻本 一冊

220000－0801－0016852 集23.49/130
列聖御製詩文集十四種一千一百四十四卷
（清）奕訢集 清光緒五年(1879)鉛印本 五
百四十二冊

220000－0801－0016853 集23.49/132
校經堂初集四卷 （清）曹鴻勳輯 清光緒十
一年(1885)刻本 二冊

220000－0801－0016854 集23.49/133
芸香堂詩集二卷 （清）和琳著 清嘉慶十六
年(1811)刻本 三冊

220000－0801－0016855 集23.49/135
務滋堂集七種四十四卷 （清）金文城等著
清嘉慶二十二年(1817)刻本 四冊

220000－0801－0016856 集23.49/136
秋水池堂詩集五卷洮瓊館詞一卷 （清）袁棠
撰 媚學齋詩存一卷 （清）袁陶姓撰 獨笑
軒詩稿二卷餅桃花館詞一卷 （清）袁戍撰
清嘉慶二十年(1815)刻本 二冊

220000－0801－0016857 集23.49/137
詁經精舍文續集八卷 （清）羅文俊編訂 清
道光二十二年(1842)刻本 四冊

220000－0801－0016858 集23.49/137－1
詁經精舍文續集八卷 （清）羅文俊編訂 清
道光二十二年(1842)刻本 一冊 存四卷
(一至四)

220000－0801－0016859 集23.49/138
群雅集四卷 （清）王豫選 清嘉慶十二年

(1807)刻本　一冊

220000－0801－0016860　集23.49/140
春草軒詩存一卷　（清）楊掄撰　**寄漚外集詩一卷**　（清）劉繼增撰　清光緒十年(1884)萱蔭堂刻本　一冊

220000－0801－0016861　集23.49/141
詁經精舍文續集八卷　（清）羅文俊編　清同治十二年(1873)刻本　四冊

220000－0801－0016862　集23.49/143
二柳村莊酬唱詩選一卷　（清）華文模等撰　清道光十二年(1832)刻本　一冊

220000－0801－0016863　集23.49/144
二柳村莊吟社詩選不分卷　（清）張立本編輯　清道光元年(1821)刻本　一冊

220000－0801－0016864　集23.49/145
丙子元旦試筆不分卷　（清）潘曾瑋等撰　清末刻本　一冊

220000－0801－0016865　集23.49/147
雲樣集八卷　（清）高陳謨編　清嘉慶元年(1796)刻本　四冊

220000－0801－0016866　集23.49/148
六芳草堂詩存一卷柳枝唱和詞一卷　（清）袁堅撰　**淞逸詩存一卷**　（清）袁翟撰　清光緒十四年(1888)刻本　一冊

220000－0801－0016867　集23.49/149
聽蕉雨樓外集不分卷　（清）黃成齋編輯　清咸豐元年(1851)刻本　一冊

220000－0801－0016868　集23.49/150
靈峰貝葉經題詠不分卷附錄雲林寺貝葉經題詠一卷　（清）龐鴻書等撰　清末刻本　一冊

220000－0801－0016869　集23.49/151
詁經精舍文集十四卷　（清）阮元編訂　清嘉慶六年(1801)刻本　六冊

220000－0801－0016870　集23.49/154
寶綸堂集古錄十二卷　（清）齊召南撰　清光緒十四年(1888)摩古齋活字印本　二冊

220000－0801－0016871　集23.49/154－1
寶綸堂集古錄十二卷　（清）齊召南撰　清光緒十四年(1888)摩古齋活字印本　二冊

220000－0801－0016872　集23.49/156
一粟廬始存稿一卷　（清）于源撰　**怡香閣吟卷一卷**　（清）秦廷樞撰　**宜琴館偶存稿一卷**　（清）劉建標撰　清道光十四年(1834)刻本　一冊

220000－0801－0016873　集23.49/158
國朝閨秀香咳集十卷附錄一卷　（清）許夔臣纂輯　清末申報館鉛印本　四冊

220000－0801－0016874　集23.49/158－1
國朝閨秀香咳集十卷附錄一卷　（清）許夔臣纂輯　清末申報館鉛印本　四冊

220000－0801－0016875　集23.49/160
桴亭先生文鈔六卷確庵先生文鈔六卷　（清）陸世儀　（清）陳瑚撰　清同治九年(1870)安道書院刻本　二冊

220000－0801－0016876　集23.49/160－1
桴亭先生文鈔六卷確庵先生文鈔六卷　（清）陸世儀　（清）陳瑚撰　清同治九年(1870)安道書院刻本　二冊　存六卷(桴亭先生文鈔六卷)

220000－0801－0016877　集23.49/163
徐元歎先生殘稿不分卷　（清）徐元歎撰　清光緒九年(1883)吳縣潘氏滂喜齋刻本　三冊

220000－0801－0016878　集23.49/164
題詠旌表張母鄒太夫人烈節詩文詞錄一卷　(清)張良垿輯　清光緒二年(1876)刻本　一冊

220000－0801－0016879　集23.49/165
皇朝經世文編一百二十卷姓名總目二卷　(清)賀長齡輯　清道光七年(1827)刻本　八十冊

220000－0801－0016880　集23.49/165－1
皇朝經世文編一百二十卷姓名總目二卷　(清)賀長齡輯　清道光七年(1827)刻本　八

十冊

220000－0801－0016881　集23.49/165－2

皇朝經世文編一百二十卷姓名總目二卷
(清)賀長齡輯　清道光七年(1827)刻本　四
十冊

220000－0801－0016882　集23.49/165－3

皇朝經世文編一百二十卷姓名總目二卷
(清)賀長齡輯　清道光七年(1827)刻本　六
十七冊

220000－0801－0016883　集23.49/166

德輿子不分卷　(清)安璿珠等註　德輿集不
分卷　(清)凌塈撰　清道光二年(1822)吳興
凌氏傳經堂刻本　二冊

220000－0801－0016884　集23.49/167

學海堂全集初集十六卷二集二十二卷三集二
十四卷四集二十八卷　(清)阮元等編　清道
光五年至光緒十二年(1825－1886)啟秀山房
刻本　四十冊

220000－0801－0016885　集23.49/167－1

學海堂全集初集十六卷二集二十二卷三集二
十四卷四集二十八卷　(清)阮元等編　清道
光五年至光緒十二年(1825－1886)啟秀山房
刻本　六冊　存十六卷(初集十六卷)

220000－0801－0016886　集23.49/167－2

學海堂全集初集十六卷二集二十二卷三集二
十四卷四集二十八卷　(清)阮元等編　清道
光五年至光緒十二年(1825－1886)啟秀山房
刻本　四十四冊

220000－0801－0016887　集23.49/167－3

學海堂全集初集十六卷二集二十二卷三集二
十四卷四集二十八卷　(清)阮元等編　清道
光五年至光緒十二年(1825－1886)啟秀山房
刻本　二十冊　存三十八卷(初集十六卷、二
集二十二卷)

220000－0801－0016888　集23.49/167－4

學海堂全集初集十六卷二集二十二卷三集二
十四卷四集二十八卷　(清)阮元等編　清道
光五年至光緒十二年(1825－1886)啟秀山房

刻本　八冊　存十六卷(初集十六卷)

220000－0801－0016889　集23.49/169

邗上題襟集一卷續集一卷　(清)曾燠編　清
嘉慶刻本　二冊

220000－0801－0016890　集23.49/176

劉註七家詩七種　(清)劉培棠註　清光緒十
五年(1889)天津李文煥刻本　十二冊

220000－0801－0016891　集23.49/177

七家試帖輯註彙鈔七種　(清)張熙宇輯註
清光緒十二年(1886)崇德書院刻本　八冊

220000－0801－0016892　集23.49/178

七家試帖輯註彙鈔七種　(清)張熙宇輯評
清光緒六年(1880)掃葉山房刻本　八冊

220000－0801－0016893　集23.49/179

七家試帖輯註彙鈔七種　(清)張熙宇輯評
清同治九年(1870)京師琉璃廠刻本　八冊

220000－0801－0016894　集23.49/183

國朝七排雲襄初集　(清)朱燾編輯　清道光
十四年(1834)經義齋刻本　二冊

220000－0801－0016895　集23.49/185

唐市徵獻錄　(清)倪賜輯　清光緒二十五年
(1899)刻本　二冊

220000－0801－0016896　集23.49/189

焦山六上人詩三種十七卷　(清)釋清恒
(清)陳任暘　(清)釋重教撰　(清)陳任暘
輯　清道光九年至光緒三十二年(1829－
1906)刻本　六冊

220000－0801－0016897　集23.52/3

二家詠古詩一卷二家試帖二卷　(清)張之洞
樊增祥撰　二家詞鈔二卷　(清)李慈銘
樊增祥撰　清光緒二十八年(1902)刻本
一冊

220000－0801－0016898　集23.52/4

同人詩錄初編十卷　(清)劉繹等撰　清同治
十一年(1872)刻本　六冊

220000－0801－0016899　集23.52/5

同岑詩鈔十四卷　(清)曾燠輯　清道光九年

(1829)刻本　六冊

220000－0801－0016900　集23.52/5－1
同岑詩鈔十四卷　（清）曾燠輯　清道光九年
(1829)刻本　五冊

220000－0801－0016901　集23.52/5－2
同岑詩鈔十四卷　（清）曾燠輯　清道光九年
(1829)刻本　五冊

220000－0801－0016902　集23.52/7
可自怡齋試帖詩註釋二卷　（清）顧文彬著
清同治十三年(1874)刻本　二冊

220000－0801－0016903　集23.52/9
萃林詩賦一卷　（清）張端卿撰輯　清光緒十
二年(1886)石印本　一冊

220000－0801－0016904　集23.52/11
題圖詩文選錄不分卷　（清）蔣樹本輯　清光
緒三十二年(1906)桐華書屋刻本　一冊

220000－0801－0016905　集23.52/12
夔門送行詩二卷續一卷　（清）潘樹嘉等撰
清光緒二十八年(1902)鉛印本　一冊

220000－0801－0016906　集23.52/13
故友詩錄初編六種六卷二編八種八卷　（清）
蔡壽祺編輯　清同治八年至九年(1869－
1870)京師嬝嬛別館刻本　十冊

220000－0801－0016907　集23.52/15
無雙詩合刻二卷　（清）陶然　（清）凌泗撰
清同治十一年(1872)亦吾廬刻本　一冊

220000－0801－0016908　集23.52/16
陶氏五宴詩集二卷　（清）陶燾等撰　清光緒
二十一年(1895)活字印本　一冊

220000－0801－0016909　集23.52/19
敬脩堂詞賦課鈔十六卷　（清）胡敬評定　清
同治十一年(1872)刻本　四冊

220000－0801－0016910　集23.52/19－1
敬脩堂詞賦課鈔十六卷　（清）胡敬評定　清
同治十一年(1872)刻本　六冊

220000－0801－0016911　集23.52/20

友聲集二十六種四十二卷　（清）王相輯　清
咸豐八年(1858)信芳閣刻本　八冊

220000－0801－0016912　集23.52/22
四家賦鈔四卷　（清）景其濬輯　清咸豐三年
(1853)刻本　四冊

220000－0801－0016913　集23.52/24
仕隱圖題詞不分卷附都門唱和詩一卷　（清）
范志熙撰并輯　清咸豐九年(1859)刻本
一冊

220000－0801－0016914　集23.52/25
銅官感舊圖題詠冊四卷　（清）章壽麟輯　清
宣統二年(1910)長沙章氏盍山舊館影印本
二冊

220000－0801－0016915　集23.52/25－1
銅官感舊圖題詠冊四卷　（清）章壽麟輯　清
宣統二年(1910)長沙章氏盍山舊館影印本
二冊

220000－0801－0016916　集23.52/26
分類賦學雞跖集三十卷　（清）張維城編　清
道光三十年(1850)粲花吟館刻本　六冊

220000－0801－0016917　集23.52/27
雞跖賦續刻三十卷　（清）馮鏡清編輯　清同
治十三年(1874)刻本　八冊

220000－0801－0016918　集23.52/28
浮湘訪學集六種不分卷　王闓運著　清光緒
三年(1877)長沙刻本　一冊

220000－0801－0016919　集23.52/29
漢上消閒集十六卷漢上消閒社主詩餘一卷漢
上消閒社主文鈔二卷漢上消閒社主外編四卷
漢上消閒社主詩鈔二卷　（清）宦應清輯撰
清宣統三年(1911)漢上鉛印本　八冊

220000－0801－0016920　集23.52/31
曼陀羅館消寒集九集　（清）言南金輯　清同
治十三年(1874)刻本　一冊

220000－0801－0016921　集23.52/32
共賞集初編二編　（清）錢辰錄　清光緒三十
三年(1907)刻本　二冊

220000－0801－0016922　集 23.52/35

文溪頌言十一卷文溪廣頌二卷　（清）葉元堦輯　清道光二十五年(1845)刻本　二冊

220000－0801－0016923　集 23.52/36

明湖載酒二集一卷　（清）陳琪輯　清宣統二年(1910)片支樓鉛印本　一冊

220000－0801－0016924　集 23.52/37

曇陽遺韻六卷首一卷　（清）梁煥奎撰　清光緒十七年(1891)刻本　二冊

220000－0801－0016925　集 23.52/38

蘭因集二卷　（清）陳文述輯　清光緒七年(1881)錢塘丁氏刻本　一冊

220000－0801－0016926　集 23.52/40

西泠酬倡集一集五卷二集五卷三集五卷　（清）秦緗業等撰　清光緒九年(1883)刻本　五冊

220000－0801－0016927　集 23.52/41

曲江淚痕集　（清）張喬唐輯　清光緒三十二年(1906)上海著易堂鉛印本　一冊

220000－0801－0016928　集 23.52/41－1

曲江淚痕集　（清）張喬唐輯　清光緒三十二年(1906)上海著易堂鉛印本　一冊

220000－0801－0016929　集 23.52/43

詒煒集五卷　（清）許振褘撰輯　清光緒十八年(1892)刻本　一冊

220000－0801－0016930　集 23.52/44

詒煒集五卷侍香集一卷　（清）許振褘撰輯　清光緒二十三年(1897)廣州刻本　二冊

220000－0801－0016931　集 23.52/49

青芝山館駢體文集二卷　（清）樂鈞撰　清光緒十六年(1890)海南瓊臺書院刻本　一冊

220000－0801－0016932　集 23.52/50

駐帆閣駢體文二卷　（清）馬沅撰　清光緒七年(1881)合肥張氏刻本　一冊

220000－0801－0016933　集 23.52/51

問湘樓駢文初稿四卷　（清）胡念修著　清光緒二十四年(1898)杭州刻鵠齋刻本　二冊

220000－0801－0016934　集 23.52/52

桐村駢文二卷　（清）陳困叟撰　清咸豐八年(1858)刻本　二冊

220000－0801－0016935　集 23.52/53

夢筆生花四編三十二卷　（清）繆艮輯　清光緒二十年(1894)上海積山書局石印本　八冊

220000－0801－0016936　集 23.52/54

塵海妙品十四卷　（清）陳琰編輯　清宣統三年(1911)上海六藝書局石印本　四冊

220000－0801－0016937　集 23.52/55

天花亂墜八卷　（清）寅半生選輯　清光緒二十九年(1903)崇寔齋刻本　四冊

220000－0801－0016938　集 23.52/55－1

天花亂墜八卷　（清）寅半生選輯　清光緒二十九年(1903)崇寔齋刻本　四冊

220000－0801－0016939　集 23.52/55－2

天花亂墜八卷　（清）寅半生選輯　清光緒二十九年(1903)崇寔齋刻本　四冊

220000－0801－0016940　集 23.52/56

五湖漁莊圖題詞四卷太湖竹枝詞二卷　（清）葉成桂撰　清咸豐三年(1853)刻本　三冊

220000－0801－0016941　集 23.52/56－1

五湖漁莊圖題詞四卷太湖竹枝詞二卷　（清）葉成桂撰　清咸豐三年(1853)刻本　三冊

220000－0801－0016942　集 23.52/57

橘中人語一卷　（清）盧鏷等撰　清咸豐十年(1860)刻本　一冊

220000－0801－0016943　集 23.52/58

六逝集存不分卷　（清）郭寶善等撰　清光緒二十九年(1903)刻本　一冊

220000－0801－0016944　集 23.52/59

滌非齋制藝僅存一卷　（清）曾國藩評點　清光緒五年(1879)刻朱墨套印本　一冊

220000－0801－0016945　集 23.52/60

行素軒時文不分卷　（清）華蘅芳著　清光緒十年(1884)刻本　一冊

220000－0801－0016946　　集23.52/60－1
行素軒時文不分卷　（清）華蘅芳著　清光緒
十年(1884)刻本　一冊

220000－0801－0016947　　集23.52/60－2
行素軒時文不分卷　（清）華蘅芳著　清光緒
十年(1884)刻本　一冊

220000－0801－0016948　　集23.52/60－3
行素軒時文不分卷　（清）華蘅芳著　清光緒
十年(1884)刻本　一冊

220000－0801－0016949　　集23.52/60－4
行素軒時文不分卷　（清）華蘅芳著　清光緒
十年(1884)刻本　一冊

220000－0801－0016950　　集23.52/60－5
行素軒時文不分卷　（清）華蘅芳著　清光緒
十年(1884)刻本　一冊

220000－0801－0016951　　集23.52/60－6
行素軒時文不分卷　（清）華蘅芳著　清光緒
十年(1884)刻本　一冊

220000－0801－0016952　　集23.52/60－7
行素軒時文不分卷　（清）華蘅芳著　清光緒
十年(1884)刻本　一冊

220000－0801－0016953　　集23.52/60－8
行素軒時文不分卷　（清）華蘅芳著　清光緒
十年(1884)刻本　一冊

220000－0801－0016954　　集23.52/60－9
行素軒時文不分卷　（清）華蘅芳著　清光緒
十年(1884)刻本　一冊

220000－0801－0016955　　集23.52/61
陔餘叢錄十六卷　（清）胡斯鐔輯　清咸豐二
年(1852)刻本　四冊

220000－0801－0016956　　集23.52/62
抱璞守貞錄四卷　（清）胡鳳舟輯　清光緒十
年(1884)古麗州退補齋刻本　一冊

220000－0801－0016957　　集23.52/64
花南吟榭遺草一卷　（清）葉令儀撰　繪聲閣
初稿一卷繪聲閣續稿一卷　（清）陳長生撰
清宣統三年(1911)刻本　一冊

220000－0801－0016958　　集23.52/67
翠雲館律賦一卷翠雲館試體詩一卷　（清）黃
士珣撰　貽經堂試體詩二卷　（清）鄭城撰
清光緒刻本　一冊

220000－0801－0016959　　集23.52/68
清河節孝徵詩錄不分卷　（清）張鑫輯　清光
緒十四年(1888)刻本　一冊

220000－0801－0016960　　集23.52/68－1
清河節孝徵詩錄不分卷　（清）張鑫輯　清光
緒十四年(1888)刻本　一冊

220000－0801－0016961　　集23.52/68－2
清河節孝徵詩錄不分卷　（清）張鑫輯　清光
緒十四年(1888)刻本　一冊

220000－0801－0016962　　集23.52/70
海天一鏡樓諸家吟集三卷　（清）張璘錄　清
光緒三年(1877)抄本　十四冊

220000－0801－0016963　　集23.52/75
小樓吟飲圖題詠彙錄一卷　（清）王恩溥輯
清光緒十三年(1887)刻本　一冊

220000－0801－0016964　　集23.52/78
墨花吟館試帖　（清）嚴辰輯　清光緒十三年
(1887)刻本　一冊

220000－0801－0016965　　集23.52/81
張澤詩徵三卷續編二卷　（清）婁章末編　清
光緒九年(1883)刻本　二冊

220000－0801－0016966　　集23.52/82
得月樓賦四編　（清）張元灝選評　清同治十
年(1871)漱芳書屋刻本　四冊

220000－0801－0016967　　集23.52/83
廬餘集不分卷　易順鼎等撰　清光緒三十四
年(1908)刻本　一冊

220000－0801－0016968　　集23.52/84
靈芝詩和章三卷　（清）韓鳳翔等撰　清同治
七年(1868)刻本　一冊

220000－0801－0016969　　集23.52/86
鐵梅花館北風集一卷　（清）鐵梅撰　清光緒
三十年(1904)刻本　一冊

220000 – 0801 – 0016970　集 23.52/86 – 1

鐵梅花館北風集一卷　（清）鐵梅撰　清光緒
三十年(1904)刻本　一冊

220000 – 0801 – 0016971　集 23.52/87

顧先生祠會祭題名一卷　（清）何紹基等撰
清宣統元年(1909)影印本　一冊

220000 – 0801 – 0016972　集 23.52/92

賓僚投贈集一卷公牘偶存一卷　（清）聶光鑾
輯　清光緒十一年(1885)刻本　一冊

220000 – 0801 – 0016973　集 23.52/95

芸香館遺詩二卷　（清）那遜蘭保撰　鬱華閣
遺集四卷　（清）盛昱撰　清光緒二十八年
(1902)刻本　一冊

220000 – 0801 – 0016974　集 23.52/97

柳邨圖題詠不分卷　繆荃孫等撰　清光緒三
年(1877)鉛印本　一冊

220000 – 0801 – 0016975　集 23.52/98

運甓齋贈言錄四卷　（清）徐時棟等撰　清光
緒二十年(1894)刻本　一冊

220000 – 0801 – 0016976　集 23.52/99

遊戲世界第七期第十二期　（清）寅半生編輯
清光緒三十二年(1906)上海遊戲社鉛印本
四冊

220000 – 0801 – 0016977　集 23.52/100

龍泉園集八種十二卷　（清）李江撰　問青園
集十二種十三卷　（清）王晉之撰　清光緒二
十二年(1896)刻本　六冊

220000 – 0801 – 0016978　集 23.52/101

河間詩集四種　（清）張藻撰　清刻本　一冊

220000 – 0801 – 0016979　集 23.52/101 – 1

河間詩集四種　（清）張藻撰　清刻本　一冊

220000 – 0801 – 0016980　集 23.52/102

敬脩堂詞賦課鈔十六卷　（清）胡敬評定　清
道光二十二年(1842)刻本　四冊

220000 – 0801 – 0016981　集 23.52/103

道咸同光四朝詩史一斑錄三編　孫雄輯　清
光緒三十四年(1908)油印本　二冊

220000 – 0801 – 0016982　集 23.6/3

近人詩錄不分卷　（清）李慈銘等撰　清光緒
十九年(1893)鉛印本　一冊

220000 – 0801 – 0016983　集 24/2

國朝畿輔詩傳六十卷　（清）陶樑輯　清道光
十九年(1839)刻本　十六冊

220000 – 0801 – 0016984　集 24/2 – 1

國朝畿輔詩傳六十卷　（清）陶樑輯　清道光
十九年(1839)刻本　十六冊

220000 – 0801 – 0016985　集 24/2 – 2

國朝畿輔詩傳六十卷　（清）陶樑輯　清道光
十九年(1839)刻本　十六冊

220000 – 0801 – 0016986　集 24/2 – 3

國朝畿輔詩傳六十卷　（清）陶樑輯　清道光
十九年(1839)刻本　十六冊

220000 – 0801 – 0016987　集 24/4

遵化詩存十卷補遺一卷　（清）孫贊之輯　清
光緒十四年(1888)刻本　四冊

220000 – 0801 – 0016988　集 24/6

國朝滄州詩鈔十二卷　（清）王國均輯　清道
光二十六年(1846)刻本　四冊

220000 – 0801 – 0016989　集 24/7

曲阜詩鈔八卷　（清）孔憲彝輯　清道光二十
三年(1843)刻本　二冊

220000 – 0801 – 0016990　集 24/10

國朝山左詩續鈔三十二卷　（清）張鵬展輯
清嘉慶十八年(1813)刻本　十六冊

220000 – 0801 – 0016991　集 24/11

武定詩續鈔二十四卷　（清）李佐賢輯　清同
治六年(1867)刻本　八冊

220000 – 0801 – 0016992　集 24/12

樂城詩錄四卷　（清）鄭一龍輯　清光緒二十
年(1894)刻本　四冊

220000 – 0801 – 0016993　集 24/13

中州名賢文表三十卷續中州名賢文表六十八
卷　（明）劉昌編纂　清光緒三十年(1904)邵
氏鴻文書局石印本　二十二冊　缺十九卷

（續中州名賢文表一至十九）

220000－0801－0016994　集24/13－1

中州名賢文表三十卷續中州名賢文表六十八卷　（明）劉昌編纂　清光緒三十年（1904）邵氏鴻文書局石印本　六冊　存三十卷（中州名賢文表三十卷）

220000－0801－0016995　集24/14

國朝中州名賢集十卷首一卷末一卷　（清）黃舒昺編　清光緒十九年（1893）刻本　十二冊

220000－0801－0016996　集24/15

國朝中州名賢集十卷　（清）黃舒昺編　清光緒十七年（1891）睢陽洛學書院刻本　十冊

220000－0801－0016997　集24/16

國朝中州詩鈔三十二卷　（清）楊淮輯　清道光二十三年（1843）刻本　十六冊

220000－0801－0016998　集24/17

國朝山右詩存二十四卷附集八卷　（清）李錫麟輯　清嘉慶六年（1801）刻本　十六冊

220000－0801－0016999　集24/18

潞安詩鈔前編四卷　（清）程之珚輯　清道光十九年（1839）刻本　四冊

220000－0801－0017000　集24/19

潞安詩鈔後編十二卷　（清）常煜輯　清道光十九年（1839）刻本　六冊

220000－0801－0017001　集24/23

關中兩朝詩鈔十二卷補四卷又補一卷賦鈔二卷文鈔二十二卷補六卷目錄一卷　（清）李元春輯　清道光十二年（1832）刻本　四十三冊

220000－0801－0017002　集24/30

京江耆舊集十三卷　（清）張學仁　（清）王豫輯　清宣統元年（1909）刻本　六冊

220000－0801－0017003　集24/32

雲間陸氏五烈女詠不分卷　（清）陸慶恩輯　清光緒二十五年（1899）刻本　一冊

220000－0801－0017004　集24/35

山陽詩徵續編四十四卷　王錫祺輯　清光緒二十四年（1898）鉛印本　十冊

220000－0801－0017005　集24/36

師山詩存五卷　（清）茅炳文輯　清咸豐十年（1860）刻本　一冊

220000－0801－0017006　集24/37

貞豐詩萃五卷　（清）陶煦輯　清同治三年（1864）儀一堂刻本　二冊

220000－0801－0017007　集24/37－1

貞豐詩萃五卷　（清）陶煦輯　清同治三年（1864）儀一堂刻本　二冊

220000－0801－0017008　集24/40

吳會英才集二十卷　（清）畢沅輯　清道光刻本　四冊

220000－0801－0017009　集24/40－1

吳會英才集二十卷　（清）畢沅輯　清道光刻本　十二冊

220000－0801－0017010　集24/40－2

吳會英才集二十卷　（清）畢沅輯　清道光刻本　八冊

220000－0801－0017011　集24/42

徐州二遺民集十卷　（清）馮煦輯　清光緒十九年（1893）刻本　五冊

220000－0801－0017012　集24/42－1

徐州二遺民集十卷　（清）馮煦輯　清光緒十九年（1893）刻本　五冊

220000－0801－0017013　集24/43

江蘇詩徵一百八十三卷　（清）王豫輯　清道光元年（1821）刻本　四十冊

220000－0801－0017014　集24/43－1

江蘇詩徵一百八十三卷　（清）王豫輯　清道光元年（1821）刻本　四十冊

220000－0801－0017015　集24/44

崇川各家詩鈔彙存六十一卷　（清）王藻輯　清咸豐七年（1857）有嘉樹軒刻本　二十冊

220000－0801－0017016　集24/44－1

崇川各家詩鈔彙存六十一卷　（清）王藻輯　清咸豐七年（1857）有嘉樹軒刻本　二十冊

220000 - 0801 - 0017017　集 24/45

白田風雅二十四卷　（清）朱彬輯　清光緒十二年(1886)金陵刻本　四冊

220000 - 0801 - 0017018　集 24/45 - 1

白田風雅二十四卷　（清）朱彬輯　清光緒十二年(1886)金陵刻本　四冊

220000 - 0801 - 0017019　集 24/45 - 2

白田風雅二十四卷　（清）朱彬輯　清光緒十二年(1886)金陵刻本　四冊

220000 - 0801 - 0017020　集 24/45 - 3

白田風雅二十四卷　（清）朱彬輯　清光緒十二年(1886)金陵刻本　四冊

220000 - 0801 - 0017021　集 24/45 - 4

白田風雅二十四卷　（清）朱彬輯　清光緒十二年(1886)金陵刻本　四冊

220000 - 0801 - 0017022　集 24/45 - 5

白田風雅二十四卷　（清）朱彬輯　清光緒十二年(1886)金陵刻本　四冊

220000 - 0801 - 0017023　集 24/46

江左校士錄六卷　（清）許焯等撰　清光緒十二年(1886)年石印本　四冊

220000 - 0801 - 0017024　集 24/50

潤州事蹟詩鈔三十七卷　（清）解爲榦輯　清同治七年(1868)蘭垞山莊刻本　十冊

220000 - 0801 - 0017025　集 24/51

梁溪詩鈔五十八卷　（清）顧光旭輯　清宣統三年(1911)文遠閣鉛印本　二十四冊

220000 - 0801 - 0017026　集 24/53

泖溪詩存二卷　（清）馮景元編　清光緒二十五年(1899)刻本　二冊

220000 - 0801 - 0017027　集 24/53 - 1

泖溪詩存二卷　（清）馮景元編　清光緒二十五年(1899)刻本　二冊

220000 - 0801 - 0017028　集 24/55

海虞文徵三十卷目錄二卷　邵松年輯　清光緒三十一年(1905)鴻文書局石印本　十六冊

220000 - 0801 - 0017029　集 24/55 - 1

海虞文徵三十卷目錄二卷　邵松年輯　清光緒三十一年(1905)鴻文書局石印本　十六冊

220000 - 0801 - 0017030　集 24/55 - 2

海虞文徵三十卷目錄二卷　邵松年輯　清光緒三十一年(1905)鴻文書局石印本　八冊　存十六卷(十五至三十)

220000 - 0801 - 0017031　集 24/56

海陵文徵二十卷　（清）夏荃輯　清道光二十三年(1843)刻本　十冊

220000 - 0801 - 0017032　集 24/56 - 1

海陵文徵二十卷　（清）夏荃輯　清道光二十三年(1843)刻本　十冊

220000 - 0801 - 0017033　集 24/56 - 2

海陵文徵二十卷　（清）夏荃輯　清道光二十三年(1843)刻本　十冊

220000 - 0801 - 0017034　集 24/57

淮海英靈集二十二卷　（清）阮元輯　清嘉慶三年(1798)刻本　十冊

220000 - 0801 - 0017035　集 24/58

支溪詩錄四卷　（清）趙允懷輯　清道光二十年(1840)刻本　一冊

220000 - 0801 - 0017036　集 24/68

松陵文錄二十四卷　（清）黎庶昌輯　清同治十三年(1874)刻本　二冊

220000 - 0801 - 0017037　集 24/68 - 1

松陵文錄二十四卷　（清）黎庶昌輯　清同治十三年(1874)刻本　十二冊

220000 - 0801 - 0017038　集 24/69

松陵詩徵前編十二卷　（清）殷增編　清道光二年(1822)刻本　四冊

220000 - 0801 - 0017039　集 24/70

松陵詩徵續編十四卷　（清）陸日愛編　清咸豐七年(1857)刻本　四冊

220000 - 0801 - 0017040　集 24/72

國朝淞江詩鈔六十四卷　（清）姜兆翀錄　清嘉慶十四年(1809)刻本　十六冊

220000 - 0801 - 0017041　集 24/73

青浦續詩傳八卷 （清）何其超輯　清光緒三
十一年(1905)鉛印本　八冊

220000 - 0801 - 0017042　集 24/73 - 1

青浦續詩傳八卷 （清）何其超輯　清光緒三
十一年(1905)鉛印本　八冊

220000 - 0801 - 0017043　集 24/74

青南輿頌六卷首一卷附圖一卷 （清）南匯芸
香草堂諸子編輯　清咸豐八年(1858)刻本
八冊

220000 - 0801 - 0017044　集 24/74 - 1

青南輿頌六卷首一卷附圖一卷 （清）南匯芸
香草堂諸子編輯　清咸豐八年(1858)刻本
七冊

220000 - 0801 - 0017045　集 24/75

婁水琴人集十集 （清）徐元潤等編　清道光
十一年(1831)刻本　十冊

220000 - 0801 - 0017046　集 24/80

盛湖詩萃續編四卷 （清）仲湘　（清）張寶鍾
同輯　清咸豐七年(1857)刻本　一冊

220000 - 0801 - 0017047　集 24/81

胸海詩存十六卷二集十卷 （清）許喬林編
清道光二十八年(1848)刻本　六冊

220000 - 0801 - 0017048　集 24/83

莆風清籟集六十卷首一卷 （清）鄭王臣輯選
清光緒二十六年(1900)刻本　二十冊

220000 - 0801 - 0017049　集 24/84

金陵詩徵四十四卷續六卷 （清）朱緒曾編
清光緒十八年(1892)刻本　十八冊

220000 - 0801 - 0017050　集 24/84 - 1

金陵詩徵四十四卷續六卷 （清）朱緒曾編
清光緒十八年(1892)刻本　六冊

220000 - 0801 - 0017051　集 24/85

白田風雅二十四卷 （清）朱彬輯　清光緒三
十二年(1906)刻本　四冊

220000 - 0801 - 0017052　集 24/91

秋蒲雙忠錄四十卷 劉世珩輯　清光緒二十

八年(1902)刻本　六冊

220000 - 0801 - 0017053　集 24/93

古侗鄉詩選十二卷 （清）文聚奎　（清）戴鈞
衡同輯　清道光二十年(1840)刻本　十二冊

220000 - 0801 - 0017054　集 24/94

薈香詩鈔十二卷 （清）葉兆蘭　（清）鄒熊選
清嘉慶十四年(1809)刻本　四冊

220000 - 0801 - 0017055　集 24/95

國朝杭郡詩續輯四十六卷 （清）吳振棫編
清光緒二年(1876)刻本　二十冊

220000 - 0801 - 0017056　集 24/96

桐舊集四十二卷 （清）徐璈輯　清咸豐元年
(1851)刻本　四十冊

220000 - 0801 - 0017057　集 24/97

西湖雜詠一卷 （清）陳若蓮著　**西湖秋柳詞
一卷** （清）楊鳳苞撰　**西湖遊記一卷** （清）
查人英撰　清光緒十八年(1892)刻本　一冊

220000 - 0801 - 0017058　集 24/101

天台三高士遺集 （清）金文田輯　清宣統三
年(1911)鉛印本　一冊

220000 - 0801 - 0017059　集 24/103

國朝天台詩存十四卷補遺一卷 （清）金文田
輯　清光緒三十四年(1908)鉛印本　四冊

220000 - 0801 - 0017060　集 24/105

硤川詩鈔二十卷詞鈔一卷 （清）曹宗載輯
清光緒十八年(1892)刻本　四冊

220000 - 0801 - 0017061　集 24/106

西泠五布衣遺著十四種三十一卷 （清）丁丙
輯　清同治十二年(1873)刻本　十二冊

220000 - 0801 - 0017062　集 24/106 - 1

西泠五布衣遺著十四種三十一卷 （清）丁丙
輯　清同治十二年(1873)刻本　八冊

220000 - 0801 - 0017063　集 24/106 - 2

西泠五布衣遺著十四種三十一卷 （清）丁丙
輯　清同治十二年(1873)刻本　八冊

220000 - 0801 - 0017064　集 24/106 - 3

237

西泠五布衣遺著十四種三十一卷 （清）丁丙
輯　清同治十二年（1873）刻本　六冊

220000－0801－0017065　集 24/107
兩浙輶軒錄四十卷補遺十卷 （清）阮元輯
清光緒十七年（1891）刻本　三十冊

220000－0801－0017066　集 24/107－1
兩浙輶軒錄四十卷補遺十卷 （清）阮元輯
清光緒十七年（1891）刻本　三十二冊

220000－0801－0017067　集 24/107－2
兩浙輶軒錄四十卷補遺十卷 （清）阮元輯
清光緒十七年（1891）刻本　四十冊

220000－0801－0017068　集 24/107－3
兩浙輶軒錄四十卷補遺十卷 （清）阮元輯
清光緒十七年（1891）刻本　四十冊

220000－0801－0017069　集 24/108
兩浙輶軒錄補遺十卷 （清）阮元輯　清光緒
刻本　六冊

220000－0801－0017070　集 24/108－1
兩浙輶軒錄補遺十卷 （清）阮元輯　清光緒
刻本　八冊

220000－0801－0017071　集 24/109
兩浙輶軒錄四十卷 （清）阮元輯　清嘉慶六
年（1801）刻本　二十冊

220000－0801－0017072　集 24/109－1
兩浙輶軒錄四十卷 （清）阮元輯　清嘉慶六
年（1801）刻本　二十冊

220000－0801－0017073　集 24/110
**谿上詩輯十四卷續編二卷補編一卷谿上遺聞
集錄十卷谿上遺聞別錄二卷** （清）尹元煒
（清）馮本懷輯　清道光二十九年（1849）刻本
六冊

220000－0801－0017074　集 24/111
國朝上虞詩集十二卷 （清）謝聘輯　清道光
二十二年（1842）刻本　四冊

220000－0801－0017075　集 24/112
練浦攀轅圖詩 （清）王國佐編錄　清道光十
九年（1839）刻本　一冊

220000－0801－0017076　集 24/114
上虞詩選四卷 （清）徐幹輯　清光緒八年
（1882）刻本　四冊

220000－0801－0017077　集 24/114－1
上虞詩選四卷 （清）徐幹輯　清光緒八年
（1882）刻本　四冊

220000－0801－0017078　集 24/114－2
上虞詩選四卷 （清）徐幹輯　清光緒八年
（1882）刻本　一冊　存二卷（三至四）

220000－0801－0017079　集 24/118
國朝湖州詩錄三十四卷 （清）陳焯編　清道
光十年（1830）刻本　二十冊

220000－0801－0017080　集 24/121
越郡詩賦題解十四卷 （清）胡肖巖撰　清道
光二十三年（1843）刻本　二冊

220000－0801－0017081　集 24/122
越輶采風錄四卷 （清）瞿鴻機輯　清光緒十
四年（1888）刻本　四冊

220000－0801－0017082　集 24/123
黃巖集三十二卷 （清）王子莊輯　清光緒三
年（1877）刻本　十四冊

220000－0801－0017083　集 24/124
慈谿文徵二種 （清）鄭梁等輯　清光緒十八
年（1892）刻本　一冊

220000－0801－0017084　集 24/125
桐溪耆隱集一卷補集一卷補錄一卷 （清）袁
炯輯　**榆園雜興詩一卷** （清）袁振業撰　清
光緒十六年（1890）刻本　一冊

220000－0801－0017085　集 24/125－1
**桐溪耆隱集一卷補集一卷補錄一卷榆園雜興
詩一卷** （清）袁炯羲輯　清光緒十六年
（1890）刻本　一冊

220000－0801－0017086　集 24/127
續檇李詩繫四十卷 （清）胡昌基輯　清宣統
三年（1911）刻本　二十冊

220000－0801－0017087　集 24/127－1
續檇李詩繫四十卷 （清）胡昌基輯　清宣統

三年(1911)刻本　二十冊

220000－0801－0017088　集 24/127－2

續檇李詩繫四十卷　（清）胡昌基輯　清宣統
三年(1911)刻本　二十冊

220000－0801－0017089　集 24/128

梅里詩輯二十八卷續梅里詩輯十二卷附補遺
一卷　（清）許燦編　清道光三十年(1850)刻
本　十二冊

220000－0801－0017090　集 24/128－1

梅里詩輯二十八卷續梅里詩輯十二卷附補遺
一卷　（清）許燦編　清道光三十年(1850)刻
本　八冊　缺十二卷(續梅里詩輯十二卷)

220000－0801－0017091　集 24/131

蛟川先正文存二十卷附補遺　（清）陳繼聰輯
清光緒八年(1882)刻本　十冊

220000－0801－0017092　集 24/131－1

蛟川先正文存二十卷附補遺　（清）陳繼聰輯
清光緒八年(1882)刻本　十冊

220000－0801－0017093　集 24/133

國朝嚴州詩錄八卷　（清）宗源瀚輯　清光緒
二年(1876)刻本　二冊

220000－0801－0017094　集 24/137

聞湖詩鈔十卷　（清）孟彬輯　清嘉慶五年
(1800)刻本　三冊

220000－0801－0017095　集 24/139

金華文略二十卷　（清）王崇炳撰錄　清乾隆
七年(1742)刻後印本　十三冊

220000－0801－0017096　集 24/140

乍浦集詠十六卷　（清）沈筠編錄　清道光二
十六年(1846)刻本　二冊

220000－0801－0017097　集 24/141

金華詩錄六十卷外集六卷別集四卷書後一卷
　（清）朱琰編輯　清乾隆三十八年(1773)刻
本　二十冊　缺三卷(三十四至三十六)

220000－0801－0017098　集 24/143

當湖文繫初編二十八卷　（清）朱壬林輯　清
光緒十五年(1889)刻本　十二冊

220000－0801－0017099　集 24/143－1

當湖文繫初編二十八卷　（清）朱壬林輯　清
光緒十五年(1889)刻本　十二冊

220000－0801－0017100　集 24/143－2

當湖文繫初編二十八卷　（清）朱壬林輯　清
光緒十五年(1889)刻本　十二冊

220000－0801－0017101　集 24/143－3

當湖文繫初編二十八卷　（清）朱壬林輯　清
光緒十五年(1889)刻本　十四冊

220000－0801－0017102　集 24/145

江西詩徵九十四卷總目一卷附刻一卷補遺一
卷　（清）曾燠輯　清嘉慶九年(1804)刻本
四十八冊

220000－0801－0017103　集 24/146

三賢集十二卷目錄一卷　（清）富鴻基等編
清道光十六年(1836)刻本　十二冊

220000－0801－0017104　集 24/146－1

三賢集十二卷目錄一卷　（清）富鴻基等編
清道光十六年(1836)刻本　十二冊

220000－0801－0017105　集 24/146－2

三賢集十二卷目錄一卷　（清）富鴻基等編
清道光十六年(1836)刻本　十二冊

220000－0801－0017106　集 24/146－3

三賢集十二卷目錄一卷　（清）富鴻基等編
清道光十六年(1836)刻本　十二冊

220000－0801－0017107　集 24/148

容城三賢文集十二卷　（清）俞廷獻重修　清
光緒二十四年(1898)刻本　十二冊

220000－0801－0017108　集 24/148－1

容城三賢文集十二卷　（清）俞廷獻重修　清
光緒二十四年(1898)刻本　十二冊

220000－0801－0017109　集 24/152

郔鄉徵實詩　（清）張芷楣撰　清咸豐元年
(1851)刻本　一冊

220000－0801－0017110　集 24/154

湘上詩緣錄四卷附新安詩萃一卷　（清）張修
府輯　清光緒十四年(1888)刻本　四冊

220000 – 0801 – 0017111　集24/155

湖南文徵一百九十卷　（清）羅汝懷編　清同治八年至十三年(1869－1874)刻本　一百冊

220000 – 0801 – 0017112　集24/155－1

湖南文徵一百九十卷　（清）羅汝懷編　清同治八年至十三年(1869－1874)刻本　九十三冊　缺四卷(九十四至九十五、一百十一至一百十二)

220000 – 0801 – 0017113　集24/157

黔詩紀略三十三卷　（清）唐樹義　（清）黎兆勳同輯　清同治十二年(1873)刻本　十冊

220000 – 0801 – 0017114　集24/159

滇秀集初編五卷　（清）許印芳編　清光緒二十三年(1897)刻本　二冊

220000 – 0801 – 0017115　集24/160

滇詩重光集十八卷　（清）許印芳輯　清光緒十八年(1892)刻本　六冊

220000 – 0801 – 0017116　集24/163

滇南文略四十七卷　（清）袁文揆　（清）張登瀛同輯　清光緒二十六年(1900)刻本　二十四冊

220000 – 0801 – 0017117　集24/165

四郡驪唱集　（清）陳燦等撰　清光緒二十年(1894)刻本　四冊

220000 – 0801 – 0017118　集24/166

樵川三家詩六卷　（清）徐榦輯　清光緒七年(1881)刻本　二冊

220000 – 0801 – 0017119　集24/166－1

樵川三家詩六卷　（清）徐榦輯　清光緒七年(1881)刻本　二冊

220000 – 0801 – 0017120　集24/167

閩五代賦六卷附考異　（清）楊浚輯　清光緒二年(1876)刻本　二冊

220000 – 0801 – 0017121　集24/169

國朝莆陽詩輯四卷　（清）涂慶瀾選編　清光緒二十七年(1901)刻本　二冊

220000 – 0801 – 0017122　集24/169－1

國朝莆陽詩輯四卷　（清）涂慶瀾選編　清光緒二十七年(1901)刻本　二冊

220000 – 0801 – 0017123　集24/170

莆陽文輯五卷　（清）涂慶瀾選編　清光緒二十五年(1899)刻本　五冊

220000 – 0801 – 0017124　集24/171

國朝全閩詩錄初集二十一卷續十一卷　（清）鄭杰輯　清光緒八年(1882)刻本　十二冊

220000 – 0801 – 0017125　集24/173

粵十三家集　（清）伍元薇輯　清道光二十年(1840)刻本　五十六冊

220000 – 0801 – 0017126　集24/173－1

粵十三家集　（清）伍元薇輯　清道光二十年(1840)刻本　三十二冊

220000 – 0801 – 0017127　集24/175

嶺南三大家詩選二十四卷　（清）王隼輯　清同治七年(1868)刻本　五冊

220000 – 0801 – 0017128　集24/175－1

嶺南三大家詩選二十四卷　（清）王隼輯　清同治七年(1868)刻本　六冊

220000 – 0801 – 0017129　集24/175－2

嶺南三大家詩選二十四卷　（清）王隼輯　清同治七年(1868)刻本　三冊　存十六卷(九至二十四)

220000 – 0801 – 0017130　集24/180

嶺南群雅一集三卷二集三卷初補二卷　（清）劉彬華輯　清嘉慶十八年(1813)刻本　七冊

220000 – 0801 – 0017131　集24/184

潮州耆舊集三十七卷　（清）馮奉初輯　清光緒三十四年(1908)刻本　十六冊

220000 – 0801 – 0017132　集24/186

南園前後五先生詩前五卷後二十五卷附南園花信詩一卷　（明）趙介等撰　清同治九年(1870)刻本　六冊

220000 – 0801 – 0017133　集24/186－1

南園前後五先生詩前五卷後二十五卷附南園花信詩一卷　（明）趙介等撰　清同治九年

(1870)刻本　八冊

220000－0801－0017134　集24/189
三臺名媛詩輯五卷續一卷　（清）黃瑞編　清光緒元年(1875)刻本　二冊

220000－0801－0017135　集24/191
白門悲秋集一卷補錄一卷　（清）周實輯　清末鉛印本　一冊

220000－0801－0017136　集24/195
婁東五先生詩選五卷附錄三卷　（清）毛濟美編　清嘉慶五年(1800)刻本　一冊

220000－0801－0017137　集24/197
沙溪詩存十卷　（清）陸杰莊等輯　清嘉慶十九年(1814)刻本　三冊

220000－0801－0017138　集24/199
滄州明詩鈔一卷　（清）王國均輯　清道光二十六年(1846)刻本　一冊

220000－0801－0017139　集24/200
四明古蹟四卷　（清）陳之綱輯　清道光二年(1822)刻本　二冊

220000－0801－0017140　集24/202
蜀秀集九卷　（清）譚宗浚輯　清光緒二十三年(1897)刻本　八冊

220000－0801－0017141　集24/203
西河詩錄八卷制藝錄二卷　（清）李元春輯　清道光十年(1830)刻本　六冊

220000－0801－0017142　集24/204
嚴陵集九卷　（宋）董棻編　清光緒二十三年(1897)刻本　二冊

220000－0801－0017143　集24/207
國朝常州駢體文錄三十一卷附結一宦駢體文一卷　屠寄編　清光緒十六年(1890)刻本　八冊

220000－0801－0017144　集24/207－1
國朝常州駢體文錄三十一卷附結一宦駢體文一卷　屠寄編　清光緒十六年(1890)刻本　八冊

220000－0801－0017145　集24/211
閩詩錄甲集六卷乙集四卷丙集二十三卷丁集一卷戊集七卷　（清）鄭杰輯　清宣統三年(1911)刻本　七冊　缺七卷(戊集七卷)

220000－0801－0017146　集24/213
滇詩嗣音集二十卷　（清）黃琮輯　清咸豐元年(1851)刻本　六冊　存十三卷

220000－0801－0017147　集25/7
奉使車臣汗記程詩三卷　（清）延清撰　清宣統元年(1909)鉛印本　一冊

220000－0801－0017148　集25/11
東瀛詩選四十卷補遺四卷　（清）俞樾編　清光緒九年(1883)刻本　十六冊

220000－0801－0017149　集25/12
群學肄言十六卷　（英國）斯賓塞爾撰　清光緒刻本　五冊

220000－0801－0017150　集25/35
群學肄言十六卷　（英國）斯賓塞爾撰　清光緒二十九年(1903)鉛印本　四冊

220000－0801－0017151　集26/2
高密三李集四種　（清）單鍔選訂　清刻本　四冊

220000－0801－0017152　集26/5
京江張氏家集十卷　（清）張學華編　清光緒刻本　四冊

220000－0801－0017153　集26/7
講筵四世詩鈔十卷　（清）張鑑秋輯　清嘉慶二年(1797)刻本　二冊

220000－0801－0017154　集26/9
二許先生集日山文集四卷慎餘堂文稿四卷（清）許新堂　（清）許爾田撰　清光緒十四年(1888)鉛印本　三冊

220000－0801－0017155　集26/13
石門吳氏家集十四卷　（清）吳建勳輯　清光緒十八年(1892)刻本　四冊

220000－0801－0017156　集26/15
硯林集拾遺一卷硯林印款一卷三丁詩文撿遺

一卷 （清）丁敬著 清光緒六年(1880)刻本
一冊

220000－0801－0017157 集26/17
甬上屠氏家集十四卷 （清）屠繼序等輯 清
嘉慶十五年(1810)活字印本 八冊

220000－0801－0017158 集26/18
豫章三洪集三種五卷附香譜二卷 （宋）洪朋
（宋）洪芻 （宋）洪炎著 清光緒二年
(1876)刻本 二冊

220000－0801－0017159 集26/23
二熊君詩賸三卷 （清）熊其光 （清）熊其英
撰 清光緒十七年(1891)刻本 一冊

220000－0801－0017160 集26/24
紫陽家塾詩鈔二十四卷 （清）朱琦輯 清道
光十二年(1832)刻本 六冊

220000－0801－0017161 集26/26
一家詩詞鈔五種 （清）滕樁膚輯 清光緒二
十六年(1900)刻本 一冊

220000－0801－0017162 集26/27
傳芳錄六卷 （清）曹希璨編訂 清宣統元年
(1909)刻本 二冊

220000－0801－0017163 集26/28
陸氏傳家集四卷 （清）陸迺普輯 清同治十
一年(1872)刻本 四冊

220000－0801－0017164 集26/36
黎氏家集 （清）黎庶昌輯 清光緒十五年
(1889)刻本 十冊

220000－0801－0017165 集26/36－1
黎氏家集 （清）黎庶昌輯 清光緒十五年
(1889)刻本 十一冊

220000－0801－0017166 集26/37
永康太平呂氏世德源流集六卷 （清）呂觀光
編輯 清嘉慶二十五年(1820)活字印本
二冊

220000－0801－0017167 集26/39
安吉施氏遺著 （清）戴翊清 （清）朱廷燮輯
清光緒十七年(1891)刻本 二冊

220000－0801－0017168 集26/39－1
安吉施氏遺著 （清）戴翊清 （清）朱廷燮輯
清光緒十七年(1891)刻本 一冊

220000－0801－0017169 集26/44
浚儀世集六卷附外集一卷 （清）趙希文輯
清光緒二十四年(1898)刻本 四冊

220000－0801－0017170 集26/45
清河六先生詩選十卷 （清）朱爲弼選錄 清
光緒二十八年(1902)刻本 二冊

220000－0801－0017171 集26/46
湘潭郭氏閨秀集六卷 （清）郭潤玉編 清道
光十七年(1837)刻本 二冊

220000－0801－0017172 集26/48
來氏家藏冠山逸韻五言三卷七言五卷補遺一
卷續卷十卷 （清）來起峻 （清）來紹高
（清）來鴻瑨同輯 清光緒三十三年(1907)活
字印本 五冊

220000－0801－0017173 集26/48－1
來氏家藏冠山逸韻五言三卷七言五卷補遺一
卷續卷十卷 （清）來起峻 （清）來紹高
（清）來鴻瑨同輯 清光緒三十三年(1907)活
字印本 三冊 缺十卷(續卷十卷)

220000－0801－0017174 集26/49
邵氏三先生合稿三卷 （清）蔣彤編 清光緒
二十一年(1895)活字印本 四冊

220000－0801－0017175 集26/52
南塘張氏詩略二卷 （清）張家榴輯 清同治
十三年(1874)刻本 二冊

220000－0801－0017176 集26/53
壎篪集十卷 （清）劉沅撰 清咸豐二年
(1852)刻本 四冊

220000－0801－0017177 集26/54
杼華館駢體文四卷 （清）董基誠 （清）董祐
誠撰 清道光六年(1826)刻本 二冊

220000－0801－0017178 集26/57
藤溪朱氏文略八卷 （清）朱承業輯 清宣統
三年(1911)刻本 四冊

220000－0801－0017179　集 26/60

舊德集十四卷　繆荃孫輯　清光緒二十二年
(1896)刻本　四冊

220000－0801－0017180　集 26/62

黃氏家集初編　(清)黃家鼎輯　清光緒十七
年(1891)刻本　八冊

220000－0801－0017181　集 26/65

柊華館駢體文四卷　(清)董基誠　(清)董祐
誠撰　清光緒十四年(1888)活字印本　二冊

220000－0801－0017182　集 26/65－1

柊華館駢體文四卷　(清)董基誠　(清)董祐
誠撰　清光緒十四年(1888)活字印本　二冊

220000－0801－0017183　集 26/65－2

柊華館駢體文四卷　(清)董基誠　(清)董祐
誠撰　清光緒十四年(1888)活字印本　二冊

220000－0801－0017184　集 26/67

趙氏淵源集十卷　(清)趙紹祖輯　清嘉慶刻
本　四冊

220000－0801－0017185　集 26/68

趙氏淵源集十卷　(清)趙紹祖輯　清光緒十
三年(1887)影印本　五冊

220000－0801－0017186　集 26/72

東嵐謝氏明詩略四卷　(清)謝世南編纂　清
光緒十九年(1893)刻本　二冊

220000－0801－0017187　集 26/82

馬佳氏詩存三種四卷　(清)昇寅　(清)寶珣
(清)寶琳撰　清光緒二十七年(1901)刻本
五冊

220000－0801－0017188　集 26/82－1

馬佳氏詩存三種四卷　(清)昇寅　(清)寶珣
(清)寶琳撰　清光緒二十七年(1901)刻本
五冊

220000－0801－0017189　集 26/83

陽湖錢氏家集　錢振鍠輯　清光緒三十三年
(1907)活字印本　四冊

220000－0801－0017190　集 26/84

邱氏家集一卷文獻私記一卷　(清)邱憲輯

清光緒二十二年(1896)刻本　一冊

220000－0801－0017191　集 26/86

闕里孔氏詩鈔十四卷　(清)孔憲彝纂輯　清
道光二十二年(1842)刻本　四冊

220000－0801－0017192　集 26/87

金山姚氏二先生集二種四卷　(清)張文虎輯
清光緒二年(1876)刻本　一冊

220000－0801－0017193　集 26/88

金陵朱氏家集四十卷　(清)朱緒曾編　清道
光二十年(1840)刻本　八冊

220000－0801－0017194　集 26/91

錫山秦氏詩鈔前集八卷今集十卷首一卷
(清)秦彬輯　清道光十九年(1839)刻本
六冊

220000－0801－0017195　集 26/91－1

錫山秦氏詩鈔前集八卷今集十卷首一卷
(清)秦彬輯　清道光十九年(1839)刻本
六冊

220000－0801－0017196　集 26/95

新安先集二十卷附錄一卷　(清)朱之榛編
清同治十三年(1874)刻本　七冊

220000－0801－0017197　集 26/97

紹先集二卷　(宋)張栻撰　清光緒二十九年
(1903)刻本　二冊

220000－0801－0017198　集 26/98

東洲草堂文鈔二十卷　(清)何紹基撰　眠琴
閣遺文一卷詩二卷　(清)何慶涵著　浣月樓
遺詩二卷　(清)李楣著　清光緒九年(1883)
刻本　六冊

220000－0801－0017199　集 26/99

三蘇策論十二卷　(宋)蘇洵　(宋)蘇軾
(宋)蘇轍撰　清宣統三年(1911)石印本
六冊

220000－0801－0017200　集 26/101

范文正公集四十八卷　(宋)范仲淹撰　范忠
宣公集二十五卷　(宋)范純仁撰　清宣統二
年(1910)刻本　十六冊

243

220000－0801－0017201　集26/101－1

范文正公集四十八卷　（宋）范仲淹撰　范忠宣公集二十五卷　（宋）范純仁撰　清宣統二年(1910)刻本　十六冊　存二十五卷(范忠宣公集二十五卷)

220000－0801－0017202　集26/101－2

范文正公集四十八卷　（宋）范仲淹撰　范忠宣公集二十五卷　（宋）范純仁撰　清宣統二年(1910)刻本　十六冊

220000－0801－0017203　集26/103

濾月軒詩集二卷文集一卷續文集一卷詩餘一卷　（清）趙棻撰　荔牆詞一卷　（清）汪曰楨撰　清同治二年(1863)刻本　二冊

220000－0801－0017204　集26/104

守拙齋遺稿五卷　（清）吳家騏撰　杏園遺詩一卷　（清）吳繩祖撰　清咸豐七年(1857)刻本　二冊

220000－0801－0017205　集26/105

慶芝堂詩集十八卷　（清）戴亨通撰　耕煙草堂詩鈔四卷　（清）戴梓撰　清道光二十四年(1844)刻本　六冊

220000－0801－0017206　集26/106

琴川黃氏三集　（清）黃廷鑑輯　清道光二十年(1840)刻本　二冊

220000－0801－0017207　集26/112

守經堂詩彙鈔四卷　（清）劉名譽輯　清光緒二十一年(1895)刻本　一冊

220000－0801－0017208　集26/117

優盋羅室詩稿一卷　（清）李尚暲撰　月來軒詩稿一卷　（清）錢韞素撰　清宣統元年(1909)鉛印本　一冊

220000－0801－0017209　集26/119

詩義堂集二卷後集六卷　（清）彭格　（清）彭泰來撰　清咸豐十一年(1861)刻本　四冊

220000－0801－0017210　集26/120

亦青山館詩鈔二卷續詩鈔一卷　（清）龔煒撰　妙香居詩鈔一卷　（清）龔厚堃撰　清道光二十年(1840)刻本　一冊

220000－0801－0017211　集26/121

雲在軒詩集三卷筆談一卷附錄一卷　（清）錢希撰　求拙齋遺詩一卷　錢振鍠撰　清同治活字印本　一冊

220000－0801－0017212　集26/122

萱壽堂同懷集十二卷　（清）張秉鈞　（清）張秉銳撰　清嘉慶二十五年(1820)刻本　二冊

220000－0801－0017213　集26/123

豫章三洪集十卷　（宋）洪芻　（宋）洪炎（宋）洪朋撰　清光緒二年(1876)刻本　三冊

220000－0801－0017214　集26/125

石桐詩鈔十六卷　（清）李懷民撰　少鶴詩鈔十卷附錄三卷　（清）李憲喬撰　叔白詩鈔二卷　（清）李憲暠撰　清光緒十二年(1886)刻本　四冊

220000－0801－0017215　集26/126

東齋就正草五卷倚雲亭詩存一卷詞鈔一卷紅雪樓試帖三卷容膝軒試帖一卷　（清）馬毓華等撰　清光緒三年(1877)刻本　四冊

220000－0801－0017216　集26/127

吳氏千文樓彙存詩鈔不分卷　（清）吳殿鍾（清）吳祥霖輯　清同治十二年(1873)木活字印本　一冊

220000－0801－0017217　集26/128

延釐堂集六種九卷　（清）孫玉庭撰　一松齋集七卷　（清）孫擴圖撰　清同治十二年(1873)刻本　十三冊

220000－0801－0017218　集26/129

眠琴閣遺文一卷詩二卷　（清）何慶涵著　浣月樓遺詩二卷　（清）李楣著　清光緒九年(1883)刻本　一冊

220000－0801－0017219　集26/131

瑞芝山房文鈔八卷詩鈔八卷　（清）戴燮元輯　清光緒元年至三年(1875－1877)刻本　十冊

220000－0801－0017220　集26/131－1

244

瑞芝山房文鈔八卷詩鈔八卷　（清）戴燮元輯
清光緒元年至三年（1875－1877）刻本
十冊

220000－0801－0017221　集26/132

蘋花水閣詩草一卷　（清）張家焱著　**得真趣**
齋詩鈔一卷　（清）張聲駿著　清同治十三年
（1874）刻本　一冊

220000－0801－0017222　集26/135

三蘇全集一百九十八卷附斜川集六卷東坡年
譜一卷　（宋）蘇洵　（宋）蘇軾　（宋）蘇轍
撰　清道光十三年（1833）刻本　八十冊

220000－0801－0017223　集26/135－1

三蘇全集一百九十八卷附斜川集六卷東坡年
譜一卷　（宋）蘇洵　（宋）蘇軾　（宋）蘇轍
撰　清道光十三年（1833）刻本　四冊　存二
十卷（嘉祐集二十卷）

220000－0801－0017224　集26/136

課選樓合稿四種　（清）戴燮元輯　清光緒八
年（1882）刻本　二冊

220000－0801－0017225　集26/137

京江鮑氏三女史詩鈔合刻三種十二卷　（清）
戴燮元輯　清光緒八年（1882）刻本　五冊

220000－0801－0017226　集26/137－1

京江鮑氏三女史詩鈔合刻三種十二卷　（清）
戴燮元輯　清光緒八年（1882）刻本　二冊
存四卷（起雲閣詩鈔四卷）

220000－0801－0017227　集26/138

禮安堂遺稿合刻二種二卷　（清）劉台斗
（清）劉源岷撰　清嘉慶二十四年（1819）刻本
一冊

220000－0801－0017228　集27/7

師友尺牘偶存二卷　（清）吳大受等撰　清嘉
慶元年（1796）刻本　二冊

220000－0801－0017229　集27/9

名人尺牘小品四卷　（清）王元勳　（清）程化
駿輯　清光緒七年（1881）刻本　四冊

220000－0801－0017230　集27/11

名賢手札二卷　（清）曾國藩等著　清光緒二
十五年（1899）石印本　二冊

220000－0801－0017231　集27/12

名賢手札不分卷　（清）郭慶藩輯　清光緒十
一年（1885）影印本　四冊

220000－0801－0017232　集27/13

名賢手札不分卷　（清）郭慶藩輯　清光緒十
年（1884）石印本　四冊

220000－0801－0017233　集27/13－1

名賢手札不分卷　（清）郭慶藩輯　清光緒十
年（1884）石印本　四冊

220000－0801－0017234　集27/15

欣賞齋尺牘六卷　（清）曹仁鏡輯　清光緒十
五年（1889）刻本　六冊

220000－0801－0017235　集27/17

歸震川先生尺牘二卷　（明）歸有光撰　清康
熙三十八年（1699）刻本　一冊

220000－0801－0017236　集27/18

潛園友朋書問十二卷　（清）陸心源撰　清末
影印本　二冊

220000－0801－0017237　集27/18－1

潛園友朋書問十二卷　（清）陸心源撰　清末
影印本　二冊

220000－0801－0017238　集27/23

有明名賢遺翰二卷　（明）于謙等著　清光緒
十三年（1887）刻朱墨套印本　二冊

220000－0801－0017239　集27/30

增補如面談新集十卷　（清）李光祚輯　清刻
本　四冊

220000－0801－0017240　集27/31

瀚海十二卷　（明）陳繼儒編　清光緒二年
（1876）申報館鉛印本　八冊

220000－0801－0017241　集27/37

賴古堂尺牘新鈔二選藏弆集十六卷　（清）周
在浚等輯　清道光十九年（1839）刻本　五冊

220000－0801－0017242　集27/37－1

賴古堂尺牘新鈔二選藏弆集十六卷　（清）周在浚等輯　清道光十九年(1839)刻本　十六冊

220000－0801－0017243　集 27/37－2
賴古堂尺牘新鈔二選藏弆集十六卷　（清）周在浚等輯　清道光十九年(1839)刻本　八冊

220000－0801－0017244　集 27/38
國朝名人書札二卷　文明書局輯　清宣統三年(1911)上海文明書局鉛印本　二冊

220000－0801－0017245　集 27/39
國朝名人書札二卷　吳曾祺編纂　清宣統元年(1909)鉛印本　四冊

220000－0801－0017246　集 27/39－1
國朝名人書札二卷　吳曾祺編纂　清宣統元年(1909)鉛印本　四冊

220000－0801－0017247　集 27/39－2
國朝名人書札二卷　吳曾祺編纂　清宣統元年(1909)鉛印本　四冊

220000－0801－0017248　集 27/40
國朝名人小簡二卷　吳曾祺編輯　清宣統元年(1909)鉛印本　二冊

220000－0801－0017249　集 27/40－1
國朝名人小簡二卷　吳曾祺編輯　清宣統元年(1909)鉛印本　二冊

220000－0801－0017250　集 27/45
周文忠公尺牘二卷附錄一卷　（清）周天爵著　清同治七年(1868)刻本　二冊

220000－0801－0017251　集 27/45－1
周文忠公尺牘二卷附錄一卷　（清）周天爵著　清同治七年(1868)刻本　一冊

220000－0801－0017252　集 27/45－2
周文忠公尺牘二卷附錄一卷　（清）周天爵著　清同治七年(1868)刻本　一冊

220000－0801－0017253　集 27/47
昭代名人尺牘二十四卷小傳二十卷　（清）吳修編撰　清光緒三十四年(1908)上海集古齋石印本　十四冊

220000－0801－0017254　集 27/48
明賢遺翰二卷　（清）陳良齊輯　清刻本　二冊

220000－0801－0017255　集 27/49
明賢尺牘四卷　（清）王元勳　（清）程化駱輯　清光緒二十六年(1900)刻本　二冊

220000－0801－0017256　集 27/52
歷代名人小簡二卷　吳曾祺編纂　清宣統元年(1909)鉛印本　二冊

220000－0801－0017257　集 27/52－1
歷代名人小簡二卷　吳曾祺編纂　清宣統元年(1909)鉛印本　二冊

220000－0801－0017258　集 27/52－2
歷代名人小簡二卷　吳曾祺編纂　清宣統元年(1909)鉛印本　二冊

220000－0801－0017259　集 27/52－3
歷代名人小簡二卷　吳曾祺編纂　清宣統元年(1909)鉛印本　二冊

220000－0801－0017260　集 27/54
歷代名人書札二卷　吳曾祺編輯　清光緒三十四年(1908)上海商務印書館鉛印本　二冊

220000－0801－0017261　集 27/55
歷代名人尺牘精華錄十二卷　（明）陳繼儒鑒定　清宣統元年(1909)上海國學昌明社石印本　四冊

220000－0801－0017262　集 27/56
尺牘採新二卷　（清）隱巖居士編錄　清光緒十二年(1886)刻本　二冊

220000－0801－0017263　集 27/57
歷朝名媛尺牘二卷　（清）宗嘉銘　（清）范治惠校　清宣統二年(1910)鉛印本　一冊

220000－0801－0017264　集 27/58
尺牘句解初集三卷二集三卷　（清）桃花館主編　清宣統元年(1909)上海廣益書局石印本　六冊

220000－0801－0017265　集 27/60
新刻通用尺素見心集四卷　（清）汪文芳輯

清刻本　一冊

220000－0801－0017266　集27/62
尺牘初徵十二卷　（清）李漁輯　清刻本
六冊

220000－0801－0017267　集27/73
曾文正公家書十卷家訓二卷大事記四卷榮哀
錄一卷　（清）曾國藩著　清光緒十六年
（1890）鉛印本　八冊

220000－0801－0017268　集27/79
賴古堂名賢尺牘新鈔十卷姓名錄一卷　（清）
周亮工輯　清宣統元年（1909）鉛印本　六冊

220000－0801－0017269　集27/89
曾文正公家書十卷家訓二卷大事記四卷榮哀
錄一卷　（清）曾國藩著　清末上海著易堂石
印本　八冊

220000－0801－0017270　集27/90
曾文正公書札三十三卷　（清）曾國藩著　清
光緒十四年（1888）鉛印本　十冊

220000－0801－0017271　集27/91
玉餘尺牘續編四卷　（清）莊士敏撰　清光緒
六年（1880）刻本　三冊

220000－0801－0017272　集27/92
餐花室尺牘叢殘二卷　（清）桐江漁隱著　清
同治元年（1862）刻本　二冊

220000－0801－0017273　集27/94
桐城吳先生尺牘五卷補遺一卷諭兒書一卷
（清）吳汝綸撰　清光緒二十八年（1902）刻本
六冊

220000－0801－0017274　集27/95
弢園尺牘十二卷　（清）王韜著　清光緒六年
（1880）天南遯窟鉛印本　四冊

220000－0801－0017275　集27/97
適軒尺牘八卷　（清）徐菊生著　清光緒元年
（1875）刻本　四冊

220000－0801－0017276　集27/99
吳聖徵祭酒尺牘二卷　（清）吳錫麒著　清光
緒二十一年（1895）石印本　一冊

220000－0801－0017277　集27/103
竹居小牘十二卷　（清）張士珩著　清光緒二
十九年（1903）刻本　二冊

220000－0801－0017278　集27/103－1
竹居小牘十二卷　（清）張士珩著　清光緒二
十九年（1903）刻本　二冊

220000－0801－0017279　集27/103－2
竹居小牘十二卷　（清）張士珩著　清光緒二
十九年（1903）刻本　一冊　存六卷（一至六）

220000－0801－0017280　集27/103－3
竹居小牘十二卷　（清）張士珩著　清光緒二
十九年（1903）刻朱印本　一冊　存六卷（七
至十二）

220000－0801－0017281　集27/113
增補時用帖式不分卷　（清）□□撰　清道光
十六年（1836）刻本　一冊

220000－0801－0017282　集27/114
榆社詩鍾錄一卷　（清）成昌輯　清光緒十六
年（1890）刻本　一冊

220000－0801－0017283　集27/115
巢睫庵駢散尺牘撮存六卷　（清）吳鷹著　清
光緒二十二年（1896）刻本　四冊

220000－0801－0017284　集27/119
賴古堂尺牘新鈔三選結隣集十六卷　（清）周
在浚等輯　清道光十四年（1834）刻本　六冊

220000－0801－0017285　集27/119－1
賴古堂尺牘新鈔三選結隣集十六卷　（清）周
在浚等輯　清道光十四年（1834）刻本　八冊

220000－0801－0017286　集27/128
春在堂尺牘　（清）俞樾撰　清同治十年
（1871）刻本　一冊

220000－0801－0017287　集27/129
留茹盦尺牘叢殘四卷　（清）嚴籀撰　清咸豐
七年（1857）刻本　一冊　存二卷（一至二）

220000－0801－0017288　集27/130
留茹盦尺牘叢殘四卷　（清）嚴籀撰　清咸豐
八年（1858）刻本　一冊　存二卷（一至二）

220000－0801－0017289　集28/7
古謠諺一百卷目録一卷　（清）杜文瀾輯　清
咸豐十一年(1861)刻本　二十冊

220000－0801－0017290　集28/7－1
古謠諺一百卷目録一卷　（清）杜文瀾輯　清
咸豐十一年(1861)刻本　十六冊

220000－0801－0017291　集28/7－2
古謠諺一百卷目録一卷　（清）杜文瀾輯　清
咸豐十一年(1861)刻本　十六冊

220000－0801－0017292　集28/7－3
古謠諺一百卷目録一卷　（清）杜文瀾輯　清
咸豐十一年(1861)刻本　二十冊

220000－0801－0017293　集28/8
古謠諺選一卷　（清）杜文瀾輯　清光緒二十
六年(1900)刻本　一冊

220000－0801－0017294　集28/10
新增越諺一卷續一卷　（清）范寅輯　清光緒
三十二年(1906)石印本　一冊

220000－0801－0017295　集28/11
越諺三卷謄語三卷　（清）范寅輯　清光緒八
年(1882)谷應山房刻本　三冊

220000－0801－0017296　集28/11－1
越諺三卷謄語三卷　（清）范寅輯　清光緒八
年(1882)谷應山房刻本　三冊

220000－0801－0017297　集28/13
風雅逸篇十卷　（明）楊慎輯　清光緒七年
(1881)刻本　一冊

220000－0801－0017298　集28/14
金山歌集　（清）梁壽民輯　清宣統三年
(1911)鉛印本　一冊

220000－0801－0017299　集28/15
小蓬萊謠一卷　（清）俞樾撰　清光緒十二年
(1886)刻本　一冊

220000－0801－0017300　集28/18
十九世紀大勢變遷通論不分卷　（日本）大隈
重信等撰　清光緒二十八年(1902)鉛印本
一冊

220000－0801－0017301　集28/19
喻言叢談　（英國）季理斐師母譯　清光緒三
十二年(1906)上海廣學會鉛印本　一冊

220000－0801－0017302　集292/1
策學備纂三十二卷首一卷目録二卷　（清）吳
穎炎輯　清光緒二十年(1894)石印本　四十
八冊

220000－0801－0017303　集292/2
策學備纂三十二卷首一卷目録二卷　（清）吳
穎炎輯　清光緒十四年(1888)上海點石齋石
印本　四十八冊

220000－0801－0017304　集292/2－1
策學備纂三十二卷首一卷目録二卷　（清）吳
穎炎輯　清光緒十四年(1888)上海點石齋石
印本　四十八冊

220000－0801－0017305　集292/2－2
策學備纂三十二卷首一卷目録二卷　（清）吳
穎炎輯　清光緒十四年(1888)上海點石齋石
印本　十冊　存十一卷(一至二、四至七、二
十八至三十二)

220000－0801－0017306　集292/4
經文五萬選不分卷　（清）孫廷翰輯　清光緒
十九年(1893)石印本　六十四冊

220000－0801－0017307　集292/5
經藝宏括不分卷　（清）□□撰　清光緒十一
年(1885)上海同文書局石印本　十六冊

220000－0801－0017308　集292/6
五經文府不分卷　（清）伊立勳輯　清光緒二
十年(1894)石印本　二十冊

220000－0801－0017309　集292/7
精選性理典制文鯖前集後集摘選不分卷
（清）許景澄輯　清光緒十四年(1888)石印本
十冊

220000－0801－0017310　集292/8
夢華廬賦海三十卷　（清）夢華廬主人選　清
光緒十二年(1886)石印本　八冊

220000－0801－0017311　集292/9

國朝元魁墨萃不分卷 （清）朱炳麟輯 清光緒十三年(1887)石印本 十二冊

220000－0801－0017312 集 292/10

增廣大題文府初二集合編 （清）味潛齋主人輯 清光緒十九年(1893)上海鴻寶齋石印本 四十冊

220000－0801－0017313 集 292/11

經心書院集四卷 （清）左紹佐編 清光緒十五年(1889)刻本 四冊

220000－0801－0017314 集 292/11－1

經心書院集四卷 （清）左紹佐編 清光緒十五年(1889)刻本 四冊

220000－0801－0017315 集 292/12

壬寅直省闈墨選瑜三卷 湯壽潛輯 清光緒二十九年(1903)鉛印本 一冊

220000－0801－0017316 集 292/13

狀元策不分卷 （清）□□輯 清刻本 十二冊

220000－0801－0017317 集 292/14

策府統宗六十五卷 （清）劉昌齡編 清光緒十五年(1889)鴻文書局石印本 二十冊

220000－0801－0017318 集 292/15

成均課士錄不分卷 （清）張百熙輯 清光緒五年(1879)刻本 四冊

220000－0801－0017319 集 292/20

國朝試律霏玉集八卷 （清）徐璈輯 清道光十五年(1835)刻本 四冊

220000－0801－0017320 集 292/21

歷科狀元策 陸潤庠等撰 清末刻本 二冊

220000－0801－0017321 集 292/21－1

歷科狀元策 陸潤庠等撰 清末刻本 二冊

220000－0801－0017322 集 292/21－2

歷科狀元策 陸潤庠等撰 清末刻本 二冊

220000－0801－0017323 集 292/21－3

歷科狀元策 陸潤庠等撰 清末刻本 二冊

220000－0801－0017324 集 292/22

陳星齋文稿一卷紫竹山房文稿二刻一卷紫竹山房塾課文稿一卷 （清）陳兆崙撰 （清）蔡玉堂評注 清嘉慶二十四年(1819)刻本 五冊

220000－0801－0017325 集 292/24

養雲山館試帖註釋四卷 （清）許球著 清光緒二年(1876)刻本 四冊

220000－0801－0017326 集 292/26

縮本小題文藪初集不分卷 （清）沈荷汀編 清光緒九年(1883)上海點石齋石印本 十冊

220000－0801－0017327 集 292/30

策府統宗六十五卷 （清）劉昌齡編 清光緒十四年(1888)同文書局石印本 二十冊

220000－0801－0017328 集 292/30－1

策府統宗六十五卷 （清）劉昌齡編 清光緒十四年(1888)同文書局石印本 二十冊

220000－0801－0017329 集 292/31

沅湘通藝錄八卷 （清）江標編校 清光緒二十三年(1897)刻本 八冊

220000－0801－0017330 集 292/32

南菁文鈔二集六卷三集十六卷 （清）黃以周 （清）丁立鈞編 清光緒二十年至二十七年(1894－1901)刻本 十二冊

220000－0801－0017331 集 292/32－1

南菁文鈔二集六卷三集十六卷 （清）黃以周 （清）丁立鈞編 清光緒二十年至二十七年(1894－1901)刻本 十一冊

220000－0801－0017332 集 292/32－2

南菁文鈔二集六卷三集十六卷 （清）黃以周 （清）丁立鈞編 清光緒二十年至二十七年(1894－1901)刻本 十二冊

220000－0801－0017333 集 292/32－3

南菁文鈔二集六卷三集十六卷 （清）黃以周 （清）丁立鈞編 清光緒二十年至二十七年(1894－1901)刻本 四冊

220000－0801－0017334 集 292/32－4

南菁文鈔二集六卷三集十六卷 （清）黃以周

249

（清）丁立鈞編　清光緒二十年至二十七年（1894－1901）刻本　四冊

220000－0801－0017335　集292/33

江蘇選拔貢卷一卷　（清）楊壽楣撰　清光緒刻本　一冊

220000－0801－0017336　集292/38

普通學堂歌訣註八卷　（□）□□撰　清刻本　二冊

220000－0801－0017337　集292/40

南菁講舍文集六卷　（清）黃以周編　清光緒十五年(1889)刻本　三冊

220000－0801－0017338　集292/40－1

南菁講舍文集六卷　（清）黃以周編　清光緒十五年(1889)刻本　四冊

220000－0801－0017339　集292/40－2

南菁講舍文集六卷　（清）黃以周編　清光緒十五年(1889)刻本　四冊

220000－0801－0017340　集292/40－3

南菁講舍文集六卷　（清）黃以周編　清光緒十五年(1889)刻本　四冊

220000－0801－0017341　集292/42

成均課士錄十六卷　（清）張百熙輯　清光緒二十三年(1897)刻本　八冊

220000－0801－0017342　集292/43

柳非韓難二卷　（清）趙保靜輯　清光緒二十九年(1903)刻本　二冊

220000－0801－0017343　集292/44

龍城書院課藝不分卷　（清）有泰編　清光緒二十七年(1901)活字印本　十六冊

220000－0801－0017344　集292/45

東三省試牘二卷首一卷　（清）王家壁編輯　清末刻本　一冊

220000－0801－0017345　集292/48

浙江鄉試卷一卷附履歷　（清）金梁撰　清光緒二十七年(1901)刻本　一冊

220000－0801－0017346　集292/49

光緒乙酉科江蘇選拔貢卷一卷　（清）華世芳撰　清光緒刻本　一冊

220000－0801－0017347　集292/50

四書論不分卷　（清）王伊編　清光緒二十四年(1898)刻本　四冊

220000－0801－0017348　集292/52

求志書院春季課藝　（清）上海求志書院輯　清光緒刻本　六冊

220000－0801－0017349　集292/55

經學講義二編　（清）京師大學堂編　清光緒三十年(1904)北京學務處官書局鉛印本　一冊

220000－0801－0017350　集292/56

高等學堂國文講義四卷　唐文治編　清宣統元年(1909)上海文明書局鉛印本　四冊

220000－0801－0017351　集292/57

京師大學堂中國地理講義地理志講義　（清）鄒代鈞撰　清末鉛印本　一冊

220000－0801－0017352　集292/60

節讀分課經書四編　崔適撰　清光緒三十三年(1907)上海樂群書局鉛印本　二冊

220000－0801－0017353　集292/64

京師大學堂心理學講義三章　（日本）服部宇之吉講述　清光緒末鉛印本　一冊

220000－0801－0017354　集292/69

中等地理教科書　（清）侯鴻鑑撰　清光緒二十一年(1895)上海文明書局鉛印本　一冊

220000－0801－0017355　集292/81

小學教科初等歷史教授案　（清）嚴琦撰　清光緒三十二年(1906)上海集成圖書公司鉛印本　一冊

220000－0801－0017356　集292/81－1

小學教科初等歷史教授案　（清）嚴琦撰　清光緒三十二年(1906)上海集成圖書公司鉛印本　一冊

220000－0801－0017357　集292/96

初等小學嘉應地理教科書　（□）□□撰　清

末刻本 一冊

220000－0801－0017358　集292/99

費爾巴爾圖派之教育三卷 （美國）查勒士法
曷爾毛撰　清光緒教育世界社鉛印本 一冊

220000－0801－0017359　集292/105

最新東洋歷史教科書四卷 （清）姚祖義編
清光緒三十二年(1906)商務印書館鉛印本
四冊

220000－0801－0017360　集292/108

歷朝文學史 （清）竇警凡撰　清光緒三十二
年(1906)鉛印本 一冊

220000－0801－0017361　集292/115

吉林法政學堂講義 （□）□□撰　清末油印
本 一冊

220000－0801－0017362　集292/141

新編東洋史教科書七章 （日本）開成館編
清光緒二十八年(1902)上海明德譯書局鉛印
本 一冊

220000－0801－0017363　集294/2

六十壽言四卷首一卷 （清）李鳳岡編次　清
光緒三十二年(1906)筆諫堂刻本 二冊

220000－0801－0017364　集294/7

稀齡祝雅一卷 （清）高桐等撰　清光緒十年
(1884)刻本 一冊

220000－0801－0017365　集294/16

浦左老人八十壽言 （清）蔡樹萱等撰　清光
緒三十二年(1906)石印本 一冊

220000－0801－0017366　集294/25

合肥相國壽言一卷香嚴老人壽言張大司馬壺
公六秩壽言 （清）袁昶編輯　清光緒二十二
年(1896)刻本 一冊

220000－0801－0017367　集294/26

合肥相國七十賜壽圖附壽言 （清）裕祿等撰
　清光緒十八年(1892)石印本 六冊

220000－0801－0017368　集294/26－1

合肥相國七十賜壽圖附壽言 （清）裕祿等撰
　清光緒十八年(1892)石印本 六冊

220000－0801－0017369　集294/26－2

合肥相國七十賜壽圖附壽言 （清）裕祿等撰
清光緒十八年(1892)石印本 六冊

220000－0801－0017370　集294/28

吳柳堂先生誄文正續合編不分卷 （清）劉
□□輯　清光緒九年(1883)刻本 四冊

220000－0801－0017371　集294/29

曾相六十壽文二卷 （清）李鴻章等撰　清光
緒二年(1876)刻本 二冊

220000－0801－0017372　集294/29－1

曾相六十壽文二卷 （清）李鴻章等撰　清光
緒二年(1876)刻本 二冊

220000－0801－0017373　集296/2

廬山詩錄四卷　易順鼎輯　清光緒十九年
(1893)刻本 二冊

220000－0801－0017374　集296/10

西崑酬唱集二卷 （宋）楊億編　清嘉慶十六
年(1811)刻本 一冊

220000－0801－0017375　集296/12

西湖八社詩帖一卷 （明）童漢臣輯　清光緒
七年(1881)刻本 一冊

220000－0801－0017376　集296/27

狀元會唱和詩集不分卷 （清）黃丕烈輯　清
末石印本 一冊

220000－0801－0017377　集296/31

淮海倡和詩鈔三卷續刻一卷 （清）萬鏞編
清道光六年(1826)刻本 二冊

220000－0801－0017378　集296/33

涇南同舟倡和集不分卷 （清）延祜撰輯　清
光緒三年(1877)刻本 一冊

220000－0801－0017379　集296/34

冰泉唱和集一卷附錄一卷　金武祥等撰　清
光緒十五年(1889)刻本 一冊

220000－0801－0017380　集296/36

祖帳集二卷 （清）江藩編　清道光四年
(1824)刻本 二冊

220000 - 0801 - 0017381　集 296/42

梧笙唱和初集二卷　（清）李星沅撰　清道光
十七年（1837）刻本　二冊

220000 - 0801 - 0017382　集 296/50

蘇海均芬集不分卷　唐祖澍編　清光緒十九
年（1893）刻本　二冊

220000 - 0801 - 0017383　集 296/58

觀水唱和詩四卷　（清）郁載瑛輯　清宣統元
年（1909）刻本　一冊

220000 - 0801 - 0017384　集 296/59

絮庭酬唱集不分卷　（清）朱家駒等撰　清光
緒十三年（1887）刻本　一冊

220000 - 0801 - 0017385　集 296/60

九秋新詠一卷　（清）陳官俊輯　清道光二十
七年（1847）刻本　一冊

220000 - 0801 - 0017386　集 296/61

坡門酬唱二十三卷　（宋）邵浩編　清宣統二
年至三年（1910 - 1911）刻本　八冊

220000 - 0801 - 0017387　集 296/61 - 1

坡門酬唱二十三卷　（宋）邵浩編　清宣統二
年至三年（1910 - 1911）刻本　八冊

220000 - 0801 - 0017388　集 296/66

東坡和陶合箋四卷陶詩彙評四卷附錄一卷
（清）溫汝能纂訂　清宣統元年（1909）石印本
四冊

220000 - 0801 - 0017389　集 296/66 - 1

東坡和陶合箋四卷陶詩彙評四卷附錄一卷
（清）溫汝能纂訂　清宣統元年（1909）石印本
一冊　存二卷（三至四）

220000 - 0801 - 0017390　集 296/67

春燕唱和詩不分卷　（清）秦滌塵輯　清光緒
二十八年（1902）刻本　一冊

220000 - 0801 - 0017391　集 296/68

四明酬倡集二卷　（清）黃駿孫輯　清光緒二
十九年（1903）鉛印本　二冊

220000 - 0801 - 0017392　集 296/73

題襟館倡和集四卷　（清）許奉恩編　清同治

十一年（1872）兩淮運署刻本　一冊

220000 - 0801 - 0017393　集 296/75

鄂渚同聲集正編二十卷　（清）胡鳳丹輯　清
同治九年（1870）刻本　二冊

220000 - 0801 - 0017394　集 296/76

晚香唱和集十二卷　（清）陶樑輯　清道光二
十三年（1843）刻本　五冊

220000 - 0801 - 0017395　集 296/79

陽羨唱和集一卷　（清）萬立鈞　清光緒十七
年（1891）刻本　一冊

220000 - 0801 - 0017396　集 296/89

萍因蕉夢二卷附松陰詩逸一卷　（清）金望喬
輯　清光緒五年（1879）刻本　一冊

220000 - 0801 - 0017397　集 296/90

煙波漁唱四卷　（清）張應昌撰　聞妙香室詞
一卷　（清）陸珊撰　青藜精舍詩鈔一卷
（清）張應鼎撰　話雨齋詩鈔一卷　（清）張興
仁撰　清光緒二十四年（1898）刻本　二冊

220000 - 0801 - 0017398　集 296/92

門存倡和詩鈔十卷續刻一卷續刻二一卷續刻
三一卷　（清）陳伯弢等撰　清末刻本　二冊

220000 - 0801 - 0017399　集 296/93

忘憂草堂圖題詞彙錄一卷　（清）吳清鵬等撰
清末刻本　一冊

220000 - 0801 - 0017400　集 296/94

花甲閒談十六卷　（清）張維屏撰　清光緒十
年（1884）上海同文書局石印本　四冊

220000 - 0801 - 0017401　集 296/95

坡門酬唱二十三卷　（宋）邵浩編　清宣統三
年（1911）刻本　八冊

220000 - 0801 - 0017402　集 296/99

薇垣歸娶圖詩四卷　（清）李彥章編　清咸豐
九年（1859）刻本　四冊

220000 - 0801 - 0017403　集 296/101

鄧林唱和集不分卷　（清）鄧廷楨　（清）林則
徐同撰　清宣統元年（1909）刻本　一冊

220000－0801－0017404　　集296/103

西泠酬倡集五卷二集五卷　（清）秦緗業等撰
清光緒五年(1879)刻本　　四冊

220000－0801－0017405　　集296/104

重游唱和集一卷　（清）金鶴籌編輯　清末鉛
印本　　一冊

220000－0801－0017406　　集296/105

二李唱和集不分卷　（宋）李昉　（宋）李至撰
清宣統二年(1910)影印本　　一冊

220000－0801－0017407　　集296/108

花甲閒談十六卷　（清）張維屏撰　清道光十
九年(1839)刻本　　四冊

220000－0801－0017408　　集296/109

庚寅讌集三編　（清）孫點輯　清光緒十六年
(1890)鉛印本　　二冊

220000－0801－0017409　　集3.34/1

蔡中郎集十卷外紀一卷外集四卷末一卷
(漢)蔡邕撰　清光緒十六年(1890)刻本
五冊

220000－0801－0017410　　集3.34/1－1

蔡中郎集十卷外紀一卷外集四卷末一卷
(漢)蔡邕撰　清光緒十六年(1890)刻本
四冊

220000－0801－0017411　　集3.34/2

蔡中郎集十卷外紀一卷外集四卷末一卷
(漢)蔡邕撰　清咸豐二年(1852)海源閣刻本
三冊

220000－0801－0017412　　集3.34/2－1

蔡中郎集十卷外紀一卷外集四卷末一卷
(漢)蔡邕撰　清咸豐二年(1852)海源閣刻本
六冊

220000－0801－0017413　　集3.36/4

曹集銓評十卷逸文一卷　（三國魏）曹植撰
(清)丁晏纂　清同治十一年(1872)金陵書局
刻本　　二冊

220000－0801－0017414　　集3.36/4－1

曹集銓評十卷逸文一卷　（三國魏）曹植撰
(清)丁晏纂　清同治十一年(1872)金陵書局
刻本　　二冊

220000－0801－0017415　　集3.36/9

諸葛武侯文集六卷首一卷　（三國蜀）諸葛亮
撰　清同治十二年(1873)述荆堂刻本　　四冊

220000－0801－0017416　　集3.36/10

忠武侯諸葛孔明先生全集十九卷　（三國蜀）
諸葛亮撰　（清）張澍輯　清同治元年(1862)
聚珍齋活字印本　　十二冊

220000－0801－0017417　　集3.36/11

武侯全書二十一卷首一卷　（三國蜀）諸葛亮
撰　（清）趙承恩輯　清同治十年(1871)麗澤
書屋活字印本　　八冊

220000－0801－0017418　　集3.36/12

諸葛武侯集四卷　（三國蜀）諸葛亮撰　清光
緒二十三年(1897)湘南書局刻本　　四冊

220000－0801－0017419　　集3.36/13

諸葛忠武侯文集四卷故事五卷補遺一卷
(三國蜀)諸葛亮撰　（清）張澍輯　清道光元
年(1821)刻本　　四冊

220000－0801－0017420　　集3.36/17

諸葛忠武侯故事五卷　（清）張澍輯　清嘉慶
十七年(1812)刻本　　二冊

220000－0801－0017421　　集3.37/8

陶潛集十卷　（晉）陶潛撰　**附傅鶉觚集一卷**
（晉）傅玄撰　清光緒九年(1883)抄本
三冊

220000－0801－0017422　　集3.37/11

陶潛詩影　（晉）陶潛撰　清光緒元年(1875)
刻本　　一冊

220000－0801－0017423　　集3.37/11－1

陶潛詩影　（晉）陶潛撰　清光緒元年(1875)
刻本　　一冊

220000－0801－0017424　　集3.37/13

陶彭澤集不分卷　（晉）陶潛撰　清光緒三年
(1877)滇南唐氏壽考堂刻本　　一冊

220000－0801－0017425　　集3.37/14

陶靖節詩集四卷附刻一卷 （晉）陶潛撰 清
康熙三十九年（1700）刻本 二冊

220000－0801－0017426 集 3.37/15
陶潛集八卷首一卷末一卷 （晉）陶潛撰 清
光緒五年（1879）廣州翰墨園刻朱墨套印本
四冊

220000－0801－0017427 集 3.37/15－1
陶潛集八卷首一卷末一卷 （晉）陶潛撰 清
光緒五年（1879）廣州翰墨園刻朱墨套印本
二冊

220000－0801－0017428 集 3.37/16
箋註陶潛集十卷 （晉）陶潛撰 清宣統三年
（1911）玉海堂刻本 四冊

220000－0801－0017429 集 3.37/17
陶潛文集十卷 （晉）陶潛撰 清光緒五年
（1879）刻本 三冊

220000－0801－0017430 集 3.37/17－1
陶潛文集十卷 （晉）陶潛撰 清光緒五年
（1879）刻本 四冊

220000－0801－0017431 集 3.37/17－2
陶潛文集十卷 （晉）陶潛撰 清光緒五年
（1879）刻本 三冊

220000－0801－0017432 集 3.37/17－3
陶潛文集十卷 （晉）陶潛撰 清光緒五年
（1879）刻本 三冊

220000－0801－0017433 集 3.37/17－4
陶潛文集十卷 （晉）陶潛撰 清光緒五年
（1879）刻本 三冊

220000－0801－0017434 集 3.37/17－5
陶潛文集十卷 （晉）陶潛撰 清光緒五年
（1879）刻本 二冊

220000－0801－0017435 集 3.37/18
陶彭澤集六卷 （晉）陶潛撰 清末退補齋刻
本 一冊

220000－0801－0017436 集 3.37/19
陶潛文集十卷 （晉）陶潛撰 清光緒五年
（1879）刻本 二冊

220000－0801－0017437 集 3.39/7
徐孝穆全集六卷 （南朝陳）徐陵撰 （清）吳
兆宜箋註 清末揚州藝古堂刻本 三冊

220000－0801－0017438 集 3.39/8
徐孝穆全集六卷 （南朝陳）徐陵撰 （清）吳
兆宜箋註 清嘉慶十九年（1814）刻本 二冊

220000－0801－0017439 集 3.39/9
徐孝穆全集六卷 （南朝陳）徐陵撰 （清）吳
兆宜箋註 清道光十九年（1839）困學書屋刻
本 六冊

220000－0801－0017440 集 3.39/11
徐孝穆全集六卷 （南朝陳）徐陵撰 （清）吳
兆宜箋註 清光緒二年（1876）廣東翰墨園刻
本 四冊

220000－0801－0017441 集 3.39/11－1
徐孝穆全集六卷 （南朝陳）徐陵撰 （清）吳
兆宜箋註 清光緒二年（1876）廣東翰墨園刻
本 四冊

220000－0801－0017442 集 3.39/11－2
徐孝穆全集六卷 （南朝陳）徐陵撰 （清）吳
兆宜箋註 清光緒二年（1876）廣東翰墨園刻
本 六冊

220000－0801－0017443 集 3.39/13
梁元帝集五卷 （南朝梁）元帝蕭繹撰 清宣
統三年（1911）上海文明書局鉛印本 一冊

220000－0801－0017444 集 3.39/16
謝宣城詩集五卷 （南朝齊）謝朓撰 清嘉慶
元年（1796）刻本 一冊

220000－0801－0017445 集 3.39/17
庾子山集十六卷總釋一卷 （北周）庾信撰
（清）倪璠註 清同治八年（1869）刻本 十冊

220000－0801－0017446 集 3.39/18
庾子山集十六卷總釋一卷 （北周）庾信撰
（清）倪璠註 清道光十九年（1839）刻本 十
二冊

220000－0801－0017447 集 3.39/18－1
庾子山集十六卷總釋一卷 （北周）庾信撰

（清）倪璠註　清道光十九年(1839)刻本　十二冊

220000－0801－0017448　集 3.39/18－2

庾子山集十六卷總釋一卷　（北周）庾信撰（清）倪璠註　清道光十九年(1839)刻本　七冊

220000－0801－0017449　集 3.42/1

唐皮日休文藪十卷　（唐）皮日休撰　清光緒八年(1882)刻本　二冊

220000－0801－0017450　集 3.42/2

唐皮日休文藪十卷　（唐）皮日休撰　清光緒二十一年(1895)李氏蘭雪堂刻本　二冊

220000－0801－0017451　集 3.42/2－1

唐皮日休文藪十卷　（唐）皮日休撰　清光緒二十一年(1895)李氏蘭雪堂刻本　二冊

220000－0801－0017452　集 3.42/4

高常侍集十卷　（唐）高適撰　清光緒十年(1884)上海同文書局石印本　一冊

220000－0801－0017453　集 3.42/5

高常侍集十卷　（唐）高適撰　清光緒十年(1884)上海同文書局石印本　二冊

220000－0801－0017454　集 3.42/6

唐女郎魚玄機詩一卷附一卷　（唐）魚玄機撰　清光緒二十五年(1899)刻本　一冊

220000－0801－0017455　集 3.42/8

顏魯公文集三十卷首一卷年譜一卷　（唐）顏真卿撰　清道光二十五年(1845)刻本　十二冊

220000－0801－0017456　集 3.42/11

王摩詰集六卷　（唐）王維撰　清光緒十年(1884)上海同文書局影印本　二冊

220000－0801－0017457　集 3.42/12

王子安集註二十卷首一卷末一卷　（唐）王勃撰　（清）蔣清翊註　清光緒九年(1883)吳縣蔣氏雙唐碑館刻本　六冊

220000－0801－0017458　集 3.42/12－1

王子安集註二十卷首一卷末一卷　（唐）王勃撰　（清）蔣清翊註　清光緒九年(1883)吳縣蔣氏雙唐碑館刻本　六冊

220000－0801－0017459　集 3.42/12－2

王子安集註二十卷首一卷末一卷　（唐）王勃撰　（清）蔣清翊註　清光緒九年(1883)吳縣蔣氏雙唐碑館刻本　六冊

220000－0801－0017460　集 3.42/12－3

王子安集註二十卷首一卷末一卷　（唐）王勃撰　（清）蔣清翊註　清光緒九年(1883)吳縣蔣氏雙唐碑館刻本　六冊

220000－0801－0017461　集 3.42/16

王摩詰詩集七卷　（唐）王維撰　**孟浩然詩集二卷**　（唐）孟浩然撰　清光緒五年(1879)碧琳琅館刻朱墨套印本　四冊

220000－0801－0017462　集 3.42/17

王右丞集二十八卷首一卷末一卷　（唐）王維撰　（清）趙殿成箋註　清末影印本　十二冊

220000－0801－0017463　集 3.42/20

王無功集三卷補遺二卷校勘記一卷　（唐）王績撰　清光緒三十二年(1906)羅氏唐風樓刻本　一冊

220000－0801－0017464　集 3.42/22

新刊權載之文集五十卷　（唐）權德輿撰　清嘉慶十一年(1806)刻本　十六冊

220000－0801－0017465　集 3.42/22－1

新刊權載之文集五十卷　（唐）權德輿撰　清嘉慶十一年(1806)刻本　八冊

220000－0801－0017466　集 3.42/28

可之先生全集錄二卷　（唐）孫樵撰　（清）儲欣錄　清光緒八年(1882)江蘇書局刻本　一冊

220000－0801－0017467　集 3.42/30

孟襄陽集二卷　（唐）孟浩然撰　清末退補齋刻本　一冊

220000－0801－0017468　集 3.42/31

孟東野詩集十卷附詩集三卷　（唐）孟郊撰　清宣統二年(1910)上海著易堂石印本　四冊

255

220000－0801－0017469　集 3.42/32

孟浩然集四卷　（唐）孟浩然撰　清光緒十年
(1884)上海同文書局石印本　二冊

220000－0801－0017470　集 3.42/35

張文獻公文集十二卷首一卷附金鑑錄五卷
（唐）張九齡撰　清光緒十八年(1892)刻本
六冊

220000－0801－0017471　集 3.42/36

張說之文集二十五卷補遺五卷　（唐）張說之
撰　清光緒三十一年(1905)結一廬刻本
六冊

220000－0801－0017472　集 3.42/36－1

張說之文集二十五卷補遺五卷　（唐）張說之
撰　清光緒三十一年(1905)結一廬刻本
四冊

220000－0801－0017473　集 3.42/39

司空表聖文集十卷校記一卷　（唐）司空圖撰
清光緒三十一年(1905)結一廬刻本　一冊

220000－0801－0017474　集 3.42/39－1

司空表聖文集十卷校記一卷　（唐）司空圖撰
清光緒三十一年(1905)結一廬刻本　一冊

220000－0801－0017475　集 3.42/40

習之先生全集錄二卷　（唐）李翱撰　清光緒
八年(1882)江蘇書局刻本　二冊

220000－0801－0017476　集 3.42/40－1

習之先生全集錄二卷　（唐）李翱撰　清光緒
八年(1882)江蘇書局刻本　二冊

220000－0801－0017477　集 3.42/46

新雕校證大字白氏諷諫不分卷　（唐）白居易
撰　清光緒十九年(1893)吳門徐元圃刻本
一冊

220000－0801－0017478　集 3.42/46－1

新雕校證大字白氏諷諫不分卷　（唐）白居易
撰　清光緒十九年(1893)吳門徐元圃刻本
一冊

220000－0801－0017479　集 3.42/49

香山詩鈔二十卷　（唐）白居易撰　（清）楊大

鶴選　清末刻本　五冊

220000－0801－0017480　集 3.42/50

香山詩選六卷　（唐）白居易撰　（清）曹文埴
選　清光緒十七年(1891)金陵書局刻本
二冊

220000－0801－0017481　集 3.42/51

皇甫持正文集六卷補遺一卷　（唐）皇甫湜撰
清光緒二年(1876)刻本　一冊

220000－0801－0017482　集 3.42/51－1

皇甫持正文集六卷補遺一卷　（唐）皇甫湜撰
清光緒二年(1876)刻本　一冊

220000－0801－0017483　集 3.42/54

岑嘉州集八卷　（唐）岑參撰　清光緒二十二
年(1896)上海古香閣石印本　一冊

220000－0801－0017484　集 3.42/55

岑嘉州集八卷　（唐）岑參撰　清光緒十年
(1884)上海同文書局石印本　二冊

220000－0801－0017485　集 3.42/57

歲寒堂讀杜二十卷　（唐）杜甫撰　（清）范輦
雲輯　清道光二十四年(1844)刻本　八冊

220000－0801－0017486　集 3.42/58

魯公文集十五卷　（唐）顏真卿撰　清宣統二
年(1910)守政書局活字印本　四冊

220000－0801－0017487　集 3.42/60

寒山子詩集一卷　（唐）釋寒山撰　清宣統二
年(1910)刻本　一冊

220000－0801－0017488　集 3.42/61

沈下賢文集十二卷　（唐）沈亞之撰　清光緒
二十一年(1895)刻本　一冊

220000－0801－0017489　集 3.42/62

漫叟文集十卷　（唐）元結撰　清抄本　四冊

220000－0801－0017490　集 3.42/63

溫飛卿詩二卷　（唐）溫庭筠撰　清末刻本
一冊

220000－0801－0017491　集 3.42/64

溫飛卿詩集九卷　（唐）溫庭筠撰　清宣統二

年(1910)掃葉山房石印本　四冊

220000－0801－0017492　集 3.42/64－1
溫飛卿詩集九卷　(唐)溫庭筠撰　清宣統二年(1910)掃葉山房石印本　三冊

220000－0801－0017493　集 3.42/64－2
溫飛卿詩集九卷　(唐)溫庭筠撰　清宣統二年(1910)掃葉山房石印本　四冊

220000－0801－0017494　集 3.42/65
溫飛卿詩集九卷　(唐)溫庭筠撰　(明)曾益原註　(清)顧予咸補註　清光緒八年(1882)刻本　二冊

220000－0801－0017495　集 3.42/66
溫飛卿詩集九卷　(唐)溫庭筠撰　(明)曾益原註　(清)顧予咸補註　清光緒八年(1882)萬軸山房刻本　四冊

220000－0801－0017496　集 3.42/66－1
溫飛卿詩集九卷　(唐)溫庭筠撰　(明)曾益原註　(清)顧予咸補註　清光緒八年(1882)萬軸山房刻本　二冊

220000－0801－0017497　集 3.42/66－2
溫飛卿詩集九卷　(唐)溫庭筠撰　(明)曾益原註　(清)顧予咸補註　清光緒八年(1882)萬軸山房刻本　二冊

220000－0801－0017498　集 3.42/67
溫飛卿詩集七卷詩別集一卷集外詩一卷(唐)溫庭筠撰　(明)曾益註　(清)顧予咸補註　清光緒八年(1882)刻本　二冊

220000－0801－0017499　集 3.42/67－1
溫飛卿詩集七卷詩別集一卷集外詩一卷(唐)溫庭筠撰　(明)曾益註　(清)顧予咸補註　清光緒八年(1882)刻本　二冊

220000－0801－0017500　集 3.42/67－2
溫飛卿詩集七卷詩別集一卷集外詩一卷(唐)溫庭筠撰　(明)曾益註　(清)顧予咸補註　清光緒八年(1882)刻本　四冊

220000－0801－0017501　集 3.42/72
李太白文集三十卷　(唐)李白撰　清末鑄記

書局石印本　八冊

220000－0801－0017502　集 3.42/72－1
李太白文集三十卷　(唐)李白撰　清末鑄記書局石印本　八冊

220000－0801－0017503　集 3.42/72－2
李太白文集三十卷　(唐)李白撰　清末鑄記書局石印本　八冊

220000－0801－0017504　集 3.42/77
李太白文集三十卷　(唐)李白撰　清光緒十四年(1888)湖北官書處刻本　一冊

220000－0801－0017505　集 3.42/77－1
李太白文集三十卷　(唐)李白撰　清光緒十四年(1888)湖北官書處刻本　四冊

220000－0801－0017506　集 3.42/78
李義山集三卷目錄一卷　(唐)李商隱撰　清末木石居影印本　四冊

220000－0801－0017507　集 3.42/79
李義山詩集三卷　(唐)李商隱撰　清末石印本　二冊

220000－0801－0017508　集 3.42/79－1
李義山詩集三卷　(唐)李商隱撰　清末石印本　二冊

220000－0801－0017509　集 3.42/79－2
李義山詩集三卷　(唐)李商隱撰　清末石印本　二冊

220000－0801－0017510　集 3.42/79－3
李義山詩集三卷　(唐)李商隱撰　清末石印本　二冊

220000－0801－0017511　集 3.42/80
李義山詩集十六卷　(唐)李商隱撰　(清)姚培謙箋　清道光四年(1824)松桂讀書堂刻本　四冊

220000－0801－0017512　集 3.42/80－1
李義山詩集十六卷　(唐)李商隱撰　(清)姚培謙箋　清道光四年(1824)松桂讀書堂刻本　四冊

220000－0801－0017513　集 3.42/80－2

李義山詩集十六卷 （唐）李商隱撰 （清）姚培謙箋 清道光四年(1824)松桂讀書堂刻本 二冊

220000－0801－0017514　集 3.42/83

李義山詩集三卷附詩譜詩評一卷 （唐）李商隱撰 清同治九年(1870)廣州萃文堂刻三色套印本 四冊

220000－0801－0017515　集 3.42/83－1

李義山詩集三卷附詩譜詩評一卷 （唐）李商隱撰 清同治九年(1870)廣州萃文堂刻三色套印本 四冊

220000－0801－0017516　集 3.42/83－2

李義山詩集三卷附詩譜詩評一卷 （唐）李商隱撰 清同治九年(1870)廣州萃文堂刻三色套印本 四冊

220000－0801－0017517　集 3.42/83－3

李義山詩集三卷附詩譜詩評一卷 （唐）李商隱撰 清同治九年(1870)廣州萃文堂刻三色套印本 四冊

220000－0801－0017518　集 3.42/84

李翰林集三十卷 （唐）李白撰 清光緒三十二年(1906)刻本 六冊

220000－0801－0017519　集 3.42/84－1

李翰林集三十卷 （唐）李白撰 清光緒三十二年(1906)刻本 六冊

220000－0801－0017520　集 3.42/85

樊南文集詳註八卷 （唐）李商隱 （清）馮浩撰 清同治刻本 八冊

220000－0801－0017521　集 3.42/85－1

樊南文集詳註八卷 （唐）李商隱 （清）馮浩撰 清同治刻本 三冊

220000－0801－0017522　集 3.42/86

唐李長吉詩集四卷首一卷詩外集一卷 （明）徐渭 （明）董懋策批註 清光緒三十二年(1906)刻本 一冊

220000－0801－0017523　集 3.42/87

李長吉集四卷外集一卷 （唐）李賀撰 清光緒石印本 一冊

220000－0801－0017524　集 3.42/88

李長吉集四卷外集一卷 （唐）李賀撰 （清）黃陶庵評點 清光緒十八年(1892)刻朱墨套印本 二冊

220000－0801－0017525　集 3.42/88－1

李長吉集四卷外集一卷 （唐）李賀撰 （清）黃陶庵評點 清光緒十八年(1892)刻朱墨套印本 二冊

220000－0801－0017526　集 3.42/88－2

李長吉集四卷外集一卷 （唐）李賀撰 （清）黃陶庵評點 清光緒十八年(1892)刻朱墨套印本 一冊

220000－0801－0017527　集 3.42/90

李長吉歌詩四卷首一卷附外集一卷 （唐）李賀撰 （清）王琦彙解 清光緒四年(1878)宏達堂刻本 四冊

220000－0801－0017528　集 3.42/90－1

李長吉歌詩四卷首一卷附外集一卷 （唐）李賀撰 （清）王琦彙解 清光緒四年(1878)宏達堂刻本 四冊

220000－0801－0017529　集 3.42/93

杜工部集二十卷 （唐）杜甫撰 清同治十一年(1872)玉句草堂刻本 二十冊

220000－0801－0017530　集 3.42/93－1

杜工部集二十卷 （唐）杜甫撰 清同治十一年(1872)玉句草堂刻本 十冊

220000－0801－0017531　集 3.42/96

杜工部集二十卷 （唐）杜甫撰 （清）錢謙益箋註 清末刻本 六冊

220000－0801－0017532　集 3.42/97

杜工部集二十卷首一卷 （唐）杜甫撰 （清）錢謙益箋註 清宣統二年(1910)鉛印本 八冊

220000－0801－0017533　集 3.42/98

杜工部詩集二十卷集外詩一卷文集一卷杜詩

補註一卷　（唐）杜甫撰　（清）朱鶴齡輯註
清刻本　十六冊

220000－0801－0017534　集 3.42/99
杜工部草堂詩箋二十卷詩話二卷　（宋）魯訔
編　清光緒二年(1876)巴陵碧琳琅館刻本
四冊

220000－0801－0017535　集 3.42/100
杜詩集說二十卷末一卷　（唐）杜甫撰　（清）
江浩然纂輯　清末刻本　二十冊

220000－0801－0017536　集 3.42/104
杜工部草堂詩箋四十卷外集一卷　（唐）杜甫
撰　（宋）魯訔編　黃氏集千家注杜工部詩史
補遺十卷　（宋）黃鶴集注　清光緒十一年
(1885)遵義黎氏刻本　八冊

220000－0801－0017537　集 3.42/104－1
杜工部草堂詩箋四十卷外集一卷　（唐）杜甫
撰　（宋）魯訔編　黃氏集千家注杜工部詩史
補遺　（宋）黃鶴集注　清光緒十一年(1885)
遵義黎氏刻本　八冊

220000－0801－0017538　集 3.42/105
杜工部集二十卷　（唐）杜甫撰　清光緒二年
(1876)翰墨園刻五色套印本　十冊

220000－0801－0017539　集 3.42/105－1
杜工部集二十卷　（唐）杜甫撰　清光緒二年
(1876)翰墨園刻五色套印本　十冊

220000－0801－0017540　集 3.42/105－2
杜工部集二十卷　（唐）杜甫撰　清光緒二年
(1876)翰墨園刻五色套印本　十冊

220000－0801－0017541　集 3.42/105－3
杜工部集二十卷　（唐）杜甫撰　清光緒二年
(1876)翰墨園刻五色套印本　十冊

220000－0801－0017542　集 3.42/106
杜詩百篇二卷　（唐）杜甫撰　（清）張夑承集
解　清咸豐九年(1859)刻本　一冊

220000－0801－0017543　集 3.42/106－1
杜詩百篇二卷　（唐）杜甫撰　（清）張夑承集
解　清咸豐九年(1859)刻本　二冊

220000－0801－0017544　集 3.42/114
杜律通解四卷　（清）李文煒箋釋　清嘉慶刻
本　二冊

220000－0801－0017545　集 3.42/119
杜詩鏡銓二十卷　（唐）杜甫撰　（清）楊倫輯
　讀書堂杜工部文集註解二卷　（清）張溍評
註　清同治十一年(1872)望三益齋刻本　十
二冊

220000－0801－0017546　集 3.42/119－1
杜詩鏡銓二十卷　（唐）杜甫撰　（清）楊倫輯
　讀書堂杜工部文集註解二卷　（清）張溍評
註　清同治十一年(1872)望三益齋刻本
八冊

220000－0801－0017547　集 3.42/119－2
杜詩鏡銓二十卷　（唐）杜甫撰　（清）楊倫輯
　讀書堂杜工部文集註解二卷　（清）張溍評
註　清同治十一年(1872)望三益齋刻本
六冊

220000－0801－0017548　集 3.42/119－3
杜詩鏡銓二十卷　（唐）杜甫撰　（清）楊倫輯
　讀書堂杜工部文集註解二卷　（清）張溍評
註　清同治十一年(1872)望三益齋刻本
九冊

220000－0801－0017549　集 3.42/119－4
杜詩鏡銓二十卷　（唐）杜甫撰　（清）楊倫輯
　讀書堂杜工部文集註解二卷　（清）張溍評
註　清同治十一年(1872)望三益齋刻本　十
二冊

220000－0801－0017550　集 3.42/119－6
杜詩鏡銓二十卷　（唐）杜甫撰　（清）楊倫輯
　讀書堂杜工部文集註解二卷　（清）張溍評
註　清同治十一年(1872)望三益齋刻本
十冊

220000－0801－0017551　集 3.42/124
杜詩註釋二十四卷首一卷　（唐）杜甫撰　清
光緒三年(1877)吳縣朱氏補刻本　十二冊

220000－0801－0017552　集 3.42/126
昌黎先生集四十卷外集十卷遺文一卷傳一卷

（唐）李漢編　（宋）廖瑩中輯註　**韓集點勘**
四卷　（清）陳景雲撰　清同治八年(1869)江
蘇書局刻本　十一冊

220000－0801－0017553　集 3.42/126－1
昌黎先生集四十卷外集十卷遺文一卷傳一卷
（唐）李漢編　（宋）廖瑩中輯註　**韓集點勘**
四卷　（清）陳景雲撰　清同治八年(1869)江
蘇書局刻本　十一冊

220000－0801－0017554　集 3.42/126－2
昌黎先生集四十卷外集十卷遺文一卷傳一卷
（唐）李漢編　（宋）廖瑩中輯註　**韓集點勘**
四卷　（清）陳景雲撰　清同治八年(1869)江
蘇書局刻本　十一冊

220000－0801－0017555　集 3.42/126－3
昌黎先生集四十卷外集十卷遺文一卷傳一卷
（唐）李漢編　（宋）廖瑩中輯註　**韓集點勘**
四卷　（清）陳景雲撰　清同治八年(1869)江
蘇書局刻本　十一冊

220000－0801－0017556　集 3.42/129
昌黎先生詩增註證訛十一卷　（清）顧嗣立刪
補　（清）黃鉞增註　清道光二十八年(1848)
刻本　四冊

220000－0801－0017557　集 3.42/129－1
昌黎先生詩增註證訛十一卷　（清）顧嗣立刪
補　（清）黃鉞增註　清道光二十八年(1848)
刻本　四冊

220000－0801－0017558　集 3.42/133
昌黎先生全集四十卷外集十卷遺文一卷本傳
一卷點勘四卷　（唐）韓愈撰　清宣統元年
(1909)上海鴻文書局影印本　十冊

220000－0801－0017559　集 3.42/135
韓昌黎集四十卷外集十卷　（唐）韓愈撰
（唐）李漢編　清光緒二年(1876)刻本　六冊

220000－0801－0017560　集 3.42/143
昌黎先生集四十卷外集十卷遺文一卷點勘四
卷　（唐）韓愈撰　（清）陳景雲點勘　清宣統
二年(1910)掃葉山房石印本　十二冊

220000－0801－0017561　集 3.42/143－1
昌黎先生集四十卷外集十卷遺文一卷點勘四
卷　（唐）韓愈撰　（清）陳景雲點勘　清宣統
二年(1910)掃葉山房石印本　十二冊

220000－0801－0017562　集 3.42/146
昌黎先生詩集註十一卷　（清）顧嗣立刪補
清道光十六年(1836)膺德堂刻本　六冊

220000－0801－0017563　集 3.42/146－1
昌黎先生詩集註十一卷　（清）顧嗣立刪補
清道光十六年(1836)膺德堂刻本　四冊

220000－0801－0017564　集 3.42/147
韓集補註四十卷外集十卷遺文一卷　（清）沈
欽韓撰　清光緒十七年(1891)廣雅書局刻本
一冊

220000－0801－0017565　集 3.42/147－1
韓集補註四十卷外集十卷遺文一卷　（清）沈
欽韓撰　清光緒十七年(1891)廣雅書局刻本
一冊

220000－0801－0017566　集 3.42/149
韋蘇州集十卷　（唐）韋應物撰　清宣統三年
(1911)石印本　六冊

220000－0801－0017567　集 3.42/149－1
韋蘇州集十卷　（唐）韋應物撰　清宣統三年
(1911)石印本　六冊

220000－0801－0017568　集 3.42/149－2
韋蘇州集十卷　（唐）韋應物撰　清宣統三年
(1911)石印本　一冊

220000－0801－0017569　集 3.42/154
九家集註杜詩三十六卷　（唐）杜甫撰　（宋）
郭知達編註　清末刻本　十六冊

220000－0801－0017570　集 3.42/158
柳河東文集六卷外集一卷　（唐）柳宗元著
清宣統二年(1910)上海會文堂石印本　六冊

220000－0801－0017571　集 3.42/159
柳河東詩集二卷　（唐）柳宗元著　清宣統元
年(1909)石印本　四冊

220000－0801－0017572　集 3.42/162

河東先生集十五卷附錄一卷 （唐）柳宗元撰 （宋）張景編 清光緒七年(1881)碧琳瑯館刻本 二冊

220000－0801－0017573 集 3.42/164

河東先生全集錄六卷外集一卷 （唐）柳宗元著 （清）儲欣選 清光緒八年(1882)江蘇書局刻本 六冊

220000－0801－0017574 集 3.42/165

柳柳州外集一卷附錄一卷 （唐）柳宗元著 清光緒五年(1879)刻本 一冊

220000－0801－0017575 集 3.42/166

柳柳州外集一卷附錄一卷 （唐）柳宗元著 清光緒十三年(1887)寶章閣刻本 一冊

220000－0801－0017576 集 3.42/174

柳文惠公全集四十三卷別集二卷外集二卷附錄一卷 （唐）柳宗元撰 （唐）劉禹錫編 清同治七年(1868)補刻本 六冊

220000－0801－0017577 集 3.42/174－1

柳文惠公全集四十三卷別集二卷外集二卷附錄一卷 （唐）柳宗元撰 （唐）劉禹錫編 清同治七年(1868)補刻本 六冊

220000－0801－0017578 集 3.42/175

唐陸宣公集二十二卷增輯二卷 （唐）陸贄撰 （清）耆英增輯 清道光二十七年(1847)刻本 八冊

220000－0801－0017579 集 3.42/175－1

唐陸宣公集二十二卷增輯二卷 （唐）陸贄撰 （清）耆英增輯 清道光二十七年(1847)刻本 八冊

220000－0801－0017580 集 3.42/175－2

唐陸宣公集二十二卷增輯二卷 （唐）陸贄撰 （清）耆英增輯 清道光二十七年(1847)刻本 八冊

220000－0801－0017581 集 3.42/175－3

唐陸宣公集二十二卷增輯二卷 （唐）陸贄撰 （清）耆英增輯 清道光二十七年(1847)刻本 八冊

220000－0801－0017582 集 3.42/175－4

唐陸宣公集二十二卷增輯二卷 （唐）陸贄撰 （清）耆英增輯 清道光二十七年(1847)刻本 八冊

220000－0801－0017583 集 3.42/177

唐陸宣公集二十二卷 （唐）陸贄撰 清同治五年(1866)刻本 六冊

220000－0801－0017584 集 3.42/177－1

唐陸宣公集二十二卷 （唐）陸贄撰 清同治五年(1866)刻本 八冊

220000－0801－0017585 集 3.42/178

陸宣公集二十三卷 （唐）陸贄撰 清嘉慶二十三年(1818)春暉堂刻本 六冊

220000－0801－0017586 集 3.42/180

唐陸宣公翰苑集二十四卷首一卷末一卷 （唐）陸贄撰 （清）張佩芳註釋 清光緒七年(1881)刻本 八冊

220000－0801－0017587 集 3.42/183

樊川詩集註四卷附外集一卷別集一卷 （唐）杜牧撰 （清）馮集梧註 清光緒十六年(1890)湘南書局刻本 四冊

220000－0801－0017588 集 3.42/183－1

樊川詩集註四卷附外集一卷別集一卷 （唐）杜牧撰 （清）馮集梧註 清光緒十六年(1890)湘南書局刻本 五冊

220000－0801－0017589 集 3.42/183－2

樊川詩集註四卷附外集一卷別集一卷 （唐）杜牧撰 （清）馮集梧註 清光緒十六年(1890)湘南書局刻本 四冊

220000－0801－0017590 集 3.42/183－3

樊川詩集註四卷附外集一卷別集一卷 （唐）杜牧撰 （清）馮集梧註 清光緒十六年(1890)湘南書局刻本 四冊

220000－0801－0017591 集 3.42/183－4

樊川詩集註四卷附外集一卷別集一卷 （唐）杜牧撰 （清）馮集梧註 清光緒十六年(1890)湘南書局刻本 四冊

220000－0801－0017592　集 3.42/184
樊川文集二十卷外集一卷別集一卷　（唐）杜
牧撰　清光緒二十二年(1896)刻本　六冊

220000－0801－0017593　集 3.42/184－1
樊川文集二十卷外集一卷別集一卷　（唐）杜
牧撰　清光緒二十二年(1896)刻本　六冊

220000－0801－0017594　集 3.42/187
樊南文集補編十二卷年譜訂誤一卷　（唐）李
商隱撰　（清）錢振倫　（清）錢振常註　清同
治五年(1866)望三益齋刻本　六冊

220000－0801－0017595　集 3.42/187－1
樊南文集補編十二卷年譜訂誤一卷　（唐）李
商隱撰　（清）錢振倫　（清）錢振常註　清同
治五年(1866)望三益齋刻本　四冊

220000－0801－0017596　集 3.42/187－2
樊南文集補編十二卷年譜訂誤一卷　（唐）李
商隱撰　（清）錢振倫　（清）錢振常註　清同
治五年(1866)望三益齋刻本　四冊

220000－0801－0017597　集 3.42/188
樊川文集二十卷外集一卷別集一卷　（唐）杜
牧撰　清光緒二十二年(1896)刻本　四冊

220000－0801－0017598　集 3.42/189
樊川詩集註四卷附別集一卷外集一卷補遺一
卷　（唐）杜牧撰　（清）馮集梧註　清嘉慶六
年(1801)刻本　四冊

220000－0801－0017599　集 3.42/193
顧華陽集三卷附顧非熊詩一卷補遺一卷
（唐）顧況撰　清咸豐五年(1855)刻本　四冊

220000－0801－0017600　集 3.42/193－1
顧華陽集三卷附顧非熊詩一卷補遺一卷
（唐）顧況撰　清咸豐五年(1855)刻本　二冊

220000－0801－0017601　集 3.42/195
駱賓王文集十卷　（唐）駱賓王撰　駱賓王文
集考異一卷　（清）顧廣圻撰　清宣統三年
(1911)上海文瑞樓石印本　二冊

220000－0801－0017602　集 3.42/195－1
駱賓王文集十卷　（唐）駱賓王撰　駱賓王文

集考異一卷　（清）顧廣圻撰　清宣統三年
(1911)上海文瑞樓石印本　二冊

220000－0801－0017603　集 3.42/199
劉賓客文集三十卷外集十卷　（唐）劉禹錫撰
清光緒三十一年(1905)結一廬刻朱印本
五冊

220000－0801－0017604　集 3.42/199－1
劉賓客文集三十卷外集十卷　（唐）劉禹錫撰
清光緒三十一年(1905)結一廬刻朱印本
五冊

220000－0801－0017605　集 3.42/200
羅昭諫集八卷　（唐）羅隱撰　清道光四年
(1824)刻本　二冊

220000－0801－0017606　集 3.42/203
重刊校正笠澤叢書四卷補遺一卷續補遺一卷
（唐）陸龜蒙撰　清道光大豐山房刻本
二冊

220000－0801－0017607　集 3.42/203－1
重刊校正笠澤叢書四卷補遺一卷續補遺一卷
（唐）陸龜蒙撰　清道光大豐山房刻本
二冊

220000－0801－0017608　集 3.42/204
重刊校正笠澤叢書四卷補遺一卷續補遺一卷
（唐）陸龜蒙撰　清嘉慶二十五年(1820)碧
雪草堂刻本　四冊

220000－0801－0017609　集 3.42/204－1
重刊校正笠澤叢書四卷補遺一卷續補遺一卷
（唐）陸龜蒙撰　清嘉慶二十五年(1820)碧
雪草堂刻本　二冊

220000－0801－0017610　集 3.42/205
重刻校正笠澤叢書四卷補遺一卷續補遺一卷
（唐）陸龜蒙撰　清嘉慶二十五年(1820)水
雲漁屋刻本　二冊

220000－0801－0017611　集 3.42/205－1
重刻校正笠澤叢書四卷補遺一卷續補遺一卷
（唐）陸龜蒙撰　清嘉慶二十五年(1820)水
雲漁屋刻本　二冊

220000 – 0801 – 0017612　集 3.42/208

陳伯玉文集三卷詩集二卷首一卷附錄一卷小
傳一卷　（唐）陳子昂撰　（清）楊國楨重輯
清咸豐四年（1854）刻本　四冊

220000 – 0801 – 0017613　集 3.42/211

昌黎先生全集錄八卷　（唐）韓愈撰　（清）儲
欣輯　清光緒八年（1882）江蘇書局刻本
七冊

220000 – 0801 – 0017614　集 3.42/216

唐女郎魚玄機詩一卷附一卷　（唐）魚玄機撰
清光緒二十五年（1899）刻本　一冊

220000 – 0801 – 0017615　集 3.42/226

溫飛卿詩集九卷　（唐）溫庭筠撰　（明）曾益
註　清光緒十三年（1887）鴻文書局刻本
二冊

220000 – 0801 – 0017616　集 3.42/227

白香山詩長慶集二十卷後集十七卷別集一卷
補遺二卷　（唐）白居易撰　（清）汪立名編
清文聚堂刻本　十二冊

220000 – 0801 – 0017617　集 3.42/228

昌黎先生詩集註十一卷　（清）顧嗣立刪補
清道光二十五年（1845）膚德堂刻本　四冊

220000 – 0801 – 0017618　集 3.42/228 – 1

昌黎先生詩集註十一卷　（清）顧嗣立刪補
清道光二十五年（1845）膚德堂刻本　四冊

220000 – 0801 – 0017619　集 3.42/228 – 2

昌黎先生詩集註十一卷　（清）顧嗣立刪補
清道光二十五年（1845）膚德堂刻本　四冊

220000 – 0801 – 0017620　集 3.42/229

重刊校正笠澤叢書四卷補遺一卷　（唐）陸龜
蒙撰　清末刻本　二冊

220000 – 0801 – 0017621　集 3.42/232

東萊詩集二十卷　（宋）呂本中撰　清咸豐九
年（1859）刻本　四冊

220000 – 0801 – 0017622　集 3.42/233

昌黎先生全集錄八卷　（唐）韓愈撰　（清）儲
欣輯　清刻本　三冊

220000 – 0801 – 0017623　集 3.42/234

五百家註音辯昌黎先生文集四十卷　（唐）韓
愈撰　清刻本　八冊　存十六卷（一至二、四
至十七）

220000 – 0801 – 0017624　集 3.42/234 – 1

五百家註音辯昌黎先生文集四十卷　（唐）韓
愈撰　清刻本　二冊　存四卷（二至三、十四
至十五）

220000 – 0801 – 0017625　集 3.42/234 – 2

五百家註音辯昌黎先生文集四十卷　（唐）韓
愈撰　清刻本　四冊　存十七卷（二十至三
十一、三十三至三十七）

220000 – 0801 – 0017626　集 3.42/234 – 3

五百家註音辯昌黎先生文集四十卷　（唐）韓
愈撰　清刻本　三冊　存十三卷（十七至二
十、二十六至三十、三十七至四十）

220000 – 0801 – 0017627　集 3.42/235

李太白文集三十卷附錄二卷　（唐）李白撰
（清）王琦輯註　清刻本　十二冊

220000 – 0801 – 0017628　集 3.42/236

李太白文集三十六卷　（清）王琦輯註　清光
緒三十四年（1908）上海掃葉山房石印本
十冊

220000 – 0801 – 0017629　集 3.42/239

李翰林姑孰遺蹟題詠類鈔六卷首二卷　（清）
曹笙南輯　清光緒八年（1882）集文堂木活字
印本　一冊

220000 – 0801 – 0017630　集 3.42/240

昌黎先生集攷異十卷　（宋）朱熹撰　清光緒
十一年（1885）刻本　二冊

220000 – 0801 – 0017631　集 3.44/2

南海百咏一卷　（宋）方信孺撰　清光緒八年
（1882）學海堂刻本　一冊

220000 – 0801 – 0017632　集 3.44/3

文山別集十四卷　（宋）文天祥著　清宣統二
年（1910）鉛印本　四冊

220000 – 0801 – 0017633　集 3.44/7

謝皋羽晞髮全集二十三卷 （宋）謝皋羽撰
（清）國學保存會輯 清光緒三十二年(1906)
石印本 四冊

220000－0801－0017634 集 3.44/8
謝疊山先生文集九卷首一卷詩傳註疏三卷
（元）謝枋得撰 （清）陳喬樅編 清光緒十八
年(1892)刻本 四冊

220000－0801－0017635 集 3.44/9
謝疊山先生詩傳註疏三卷文章軌範七卷批點
檀弓一卷註解章泉潤泉二先生選唐詩五卷
（元）謝枋得撰 清光緒八年(1882)刻本
四冊

220000－0801－0017636 集 3.44/11
臨川先生全集錄四卷 （宋）王安石撰 （清）
儲欣錄 清光緒八年(1882)江蘇書局刻本
二冊

220000－0801－0017637 集 3.44/11－1
臨川先生全集錄四卷 （宋）王安石撰 （清）
儲欣錄 清光緒八年(1882)江蘇書局刻本
二冊

220000－0801－0017638 集 3.44/12
王臨川全集一百卷目錄二卷 （宋）王安石撰
清光緒九年(1883)刻本 十六冊

220000－0801－0017639 集 3.44/12－1
王臨川全集一百卷目錄二卷 （宋）王安石撰
清光緒九年(1883)刻本 十六冊

220000－0801－0017640 集 3.44/12－2
王臨川全集一百卷目錄二卷 （宋）王安石撰
清光緒九年(1883)刻本 十六冊

220000－0801－0017641 集 3.44/12－3
王臨川全集一百卷目錄二卷 （宋）王安石撰
清光緒九年(1883)刻本 十六冊

220000－0801－0017642 集 3.44/18
王荊公文集註八卷 （宋）王安石撰 （清）沈
欽韓註 清末刻本 八冊

220000－0801－0017643 集 3.44/19
雪山集十六卷 （宋）王質撰 清同治江西活

字印本 四冊

220000－0801－0017644 集 3.44/24
王臨川全集一百卷 （宋）王安石撰 清光緒
九年(1883)刻本 十六冊

220000－0801－0017645 集 3.44/24－1
王臨川全集一百卷 （宋）王安石撰 清光緒
九年(1883)刻本 十六冊

220000－0801－0017646 集 3.44/25
乖崖先生文集十二卷末一卷 （宋）張詠撰
清光緒八年(1882)刻本 二冊

220000－0801－0017647 集 3.44/27
南軒文集四十四卷目錄一卷論語解十卷孟子
說七卷 （宋）張栻撰 清咸豐四年(1854)綿
邑南軒祠刻本 十六冊

220000－0801－0017648 集 3.44/27－1
南軒文集四十四卷目錄一卷論語解十卷孟子
說七卷 （宋）張栻撰 清咸豐四年(1854)綿
邑南軒祠刻本 十二冊

220000－0801－0017649 集 3.44/30
燭湖集二十卷附編二卷 （宋）孫應時撰 清
嘉慶八年(1803)靜遠軒刻本 六冊

220000－0801－0017650 集 3.44/30－1
燭湖集二十卷附編二卷 （宋）孫應時撰 清
嘉慶八年(1803)靜遠軒刻本 四冊

220000－0801－0017651 集 3.44/31
鴻慶居士集四十二卷 （宋）孫覿撰 清光緒
二十二年(1896)武進盛氏刻朱印本 八冊

220000－0801－0017652 集 3.44/31－1
鴻慶居士集四十二卷 （宋）孫覿撰 清光緒
二十二年(1896)武進盛氏刻朱印本 四冊

220000－0801－0017653 集 3.44/34
河南先生文集二十七卷附錄一卷 （宋）尹洙
撰 （清）陳真白輯 清光緒六年(1880)刻本
三冊

220000－0801－0017654 集 3.44/35
河南先生文集二十七卷附錄一卷 （宋）尹洙
撰 清嘉慶十三年(1808)晉臺陳氏刻本

八冊

220000－0801－0017655　集 3.44/37
司馬溫公文集十四卷首一卷　（宋）司馬光撰
（清）張伯行重訂　清光緒七年(1881)紅杏
山房刻本　六冊

220000－0801－0017656　集 3.44/38
新雕徂徠石先生集二十卷末一卷　（宋）石介
撰　清光緒十一年(1885)刻本　四冊

220000－0801－0017657　集 3.44/38－1
新雕徂徠石先生集二十卷末一卷　（宋）石介
撰　清光緒十一年(1885)刻本　四冊

220000－0801－0017658　集 3.44/42
**朱子大全文集一百卷目錄二卷續集十一卷別
集十卷**　（宋）朱熹撰　清光緒八年(1882)刻
本　四十冊

220000－0801－0017659　集 3.44/43
朱子集一百四卷目錄二卷補遺一卷　（宋）朱
熹著　清同治元年(1862)刻本　四十冊

220000－0801－0017660　集 3.44/44
朱子集一百四卷目錄二卷補遺一卷　（宋）朱
熹著　清咸豐十年(1860)刻同治元年(1862)
印本　四十冊

220000－0801－0017661　集 3.44/44－1
朱子集一百四卷目錄二卷補遺一卷　（宋）朱
熹著　清咸豐十年(1860)刻同治元年(1862)
印本　四十冊

220000－0801－0017662　集 3.44/46
**晦庵先生朱文公文集一百卷續十一卷別集十
卷目錄二卷**　（宋）朱熹撰　清同治十二年
(1873)刻本　六十四冊

220000－0801－0017663　集 3.44/46－1
**晦庵先生朱文公文集一百卷續十一卷別集十
卷目錄二卷**　（宋）朱熹撰　清同治十二年
(1873)刻本　十六冊

220000－0801－0017664　集 3.44/46－2
**晦庵先生朱文公文集一百卷續十一卷別集十
卷目錄二卷**　（宋）朱熹撰　清同治十二年

(1873)刻本　二十四冊

220000－0801－0017665　集 3.44/50
朱子分類文選九卷　（宋）朱熹著　（清）朱澤
澐編　清光緒元年(1875)刻本　三冊

220000－0801－0017666　集 3.44/53
魏鶴山先生渠陽詩一卷　（宋）魏了翁著
(宋)王德文註　清末寶遺堂石印本　一冊

220000－0801－0017667　集 3.44/54
**鶴山文鈔三十二卷周禮折衷四卷師友雅言一
卷**　（宋）魏了翁撰　清同治十三年(1874)望
三益齋刻本　十二冊

220000－0801－0017668　集 3.44/55
鶴山文鈔三十二卷　（宋）魏了翁撰　清宣統
二年(1910)刻本　十冊

220000－0801－0017669　集 3.44/57
影宋本註魏鶴山先生渠陽詩一卷　（宋）魏了
翁著　（宋）王德文註　清光緒二十八年
(1902)寶遺堂刻本　一冊

220000－0801－0017670　集 3.44/58
**鶴山文鈔三十二卷周禮折衷四卷師友雅言一
卷**　（宋）魏了翁著　清同治十三年(1874)望
三益齋刻本　十六冊

220000－0801－0017671　集 3.44/59
鐔津文集十九卷首一卷　（宋）釋契嵩撰　清
刻本　四冊

220000－0801－0017672　集 3.44/61
道鄉先生文集四十卷補遺一卷附錄一卷
(宋)鄒浩著　清同治九年(1870)南海鄒氏永
誏堂刻本　十二冊

220000－0801－0017673　集 3.44/62
道鄉公文集四十卷附錄一卷補遺一卷　（宋）
鄒浩著　清光緒六年(1880)蘇州寶華山房刻
本　十二冊

220000－0801－0017674　集 3.44/63
**節孝先生文集三十卷事實一卷語錄一卷附載
一卷**　（宋）徐積著　清刻本　八冊

220000－0801－0017675　集 3.44/65

徐騎省集三十卷附錄一卷校記一卷　（宋）徐
鉉撰　清光緒十九年（1893）刻本　八冊

220000－0801－0017676　集3.44/65－1

徐騎省集三十卷附錄一卷校記一卷　（宋）徐
鉉撰　清光緒十九年（1893）刻本　八冊

220000－0801－0017677　集3.44/65－2

徐騎省集三十卷附錄一卷校記一卷　（宋）徐
鉉撰　清光緒十九年（1893）刻本　八冊

220000－0801－0017678　集3.44/65－3

徐騎省集三十卷附錄一卷校記一卷　（宋）徐
鉉撰　清光緒十九年（1893）刻本　八冊

220000－0801－0017679　集3.44/68

元憲集三十六卷　（宋）宋庠撰　清光緒二十
年（1894）武英殿木活字印本　六冊

220000－0801－0017680　集3.44/70

宗忠簡公全集六卷　（宋）宗澤撰　清末木活
字印本　二冊

220000－0801－0017681　集3.44/71

宗忠簡公集八卷首二卷　（宋）宗澤撰　清光
緒二十四年（1898）刻本　四冊

220000－0801－0017682　集3.44/72

宗忠簡公全集四卷首一卷附錄三卷　（宋）宗
澤撰　清同治十二年（1873）述荊堂刻本
四冊

220000－0801－0017683　集3.44/73

蘇詩查註補正四卷　（清）沈欽韓撰　清光緒
八年（1882）長洲心矩齋刻本　二冊

220000－0801－0017684　集3.44/75

平齋文集三十二卷拾遺一卷附錄一卷空同詞
一卷　（宋）洪咨夔撰　清同治十一年（1872）
晦木齋刻本　四冊

220000－0801－0017685　集3.44/76

鄱陽集四卷拾遺一卷　（宋）洪皓撰　清同治
九年（1870）金陵三瑞堂刻本　二冊

220000－0801－0017686　集3.44/76－1

鄱陽集四卷拾遺一卷　（宋）洪皓撰　清同治
九年（1870）金陵三瑞堂刻本　一冊

220000－0801－0017687　集3.44/76－2

鄱陽集四卷拾遺一卷　（宋）洪皓撰　清同治
九年（1870）金陵三瑞堂刻本　一冊

220000－0801－0017688　集3.44/76－3

鄱陽集四卷拾遺一卷　（宋）洪皓撰　清同治
九年（1870）金陵三瑞堂刻本　一冊

220000－0801－0017689　集3.44/77

槃洲文集八十卷首一卷末一卷校勘記一卷
（宋）洪适撰　清光緒十年（1884）洪氏晦木齋
刻本　十二冊

220000－0801－0017690　集3.44/78

志道集一卷附錄一卷　（宋）顧禧撰　清光緒
三十三年（1907）刻本　一冊

220000－0801－0017691　集3.44/79

湖山類稾五卷附錄一卷　（宋）汪元量著　清
光緒二十三年（1897）刻朱印本　一冊

220000－0801－0017692　集3.44/80

游鷹山先生集十卷　（宋）游酢撰　清道光二
十一年（1841）刻本　六冊

220000－0801－0017693　集3.44/81

姑溪居士前集五十卷後集二十卷附錄一卷
（宋）李之儀撰　清宣統三年（1911）金陵刻本
八冊

220000－0801－0017694　集3.44/82

梁谿先生文集一百八十卷附錄四卷　（宋）李
綱撰　清道光十四年（1834）刻本　四十冊

220000－0801－0017695　集3.44/86

箋釋梅亭先生四六標準四十卷　（宋）李劉撰
清嘉慶二十三年（1818）黃宬刻本　十冊

220000－0801－0017696　集3.44/88

蒙齋集二十卷　（宋）袁甫撰　清同治十三年
（1874）江西書局刻本　六冊

220000－0801－0017697　集3.44/89

絜齋集二十四卷附從祀錄六卷　（宋）袁燮撰
清同治十一年（1872）四明袁氏進修堂刻本
六冊

220000－0801－0017698　集3.44/92

衲蘇集二卷 （清）何栻纂　清同治十年
(1871)刻本　二冊

220000－0801－0017699　集3.44/92－1
衲蘇集二卷 （清）何栻纂　清同治十年
(1871)刻本　二冊

220000－0801－0017700　集3.44/93
游定夫先生集六卷首一卷末一卷 （宋）游酢
撰　清同治六年(1867)和州官舍刻本　二冊

220000－0801－0017701　集3.44/93－1
游定夫先生集六卷首一卷末一卷 （宋）游酢
撰　清同治六年(1867)和州官舍刻本　二冊

220000－0801－0017702　集3.44/95
龍川文集三十卷補遺一卷附二卷 （宋）陳亮
撰　清光緒元年(1875)刻本　十冊

220000－0801－0017703　集3.44/95－1
龍川文集三十卷補遺一卷附二卷 （宋）陳亮
撰　清光緒元年(1875)刻本　十冊

220000－0801－0017704　集3.44/95－2
龍川文集三十卷補遺一卷附二卷 （宋）陳亮
撰　清光緒元年(1875)刻本　九冊

220000－0801－0017705　集3.44/95－3
龍川文集三十卷補遺一卷附二卷 （宋）陳亮
撰　清光緒元年(1875)刻本　十冊

220000－0801－0017706　集3.44/96
范石湖詩集註三卷 （宋）范成大撰　（清）沈
欽韓註　清光緒十九年(1893)廣雅書局刻本
　一冊

220000－0801－0017707　集3.44/96－1
范石湖詩集註三卷 （宋）范成大撰　（清）沈
欽韓註　清光緒十九年(1893)廣雅書局刻本
　一冊

220000－0801－0017708　集3.44/97
石湖先生詩鈔不分卷 （宋）范成大撰　清刻
本　一冊

220000－0801－0017709　集3.44/98
老泉先生全集錄五卷 （宋）蘇洵撰　（清）儲
欣錄　清光緒八年(1882)江蘇書局刻本

二冊

220000－0801－0017710　集3.44/98－1
老泉先生全集錄五卷 （宋）蘇洵撰　（清）儲
欣錄　清光緒八年(1882)江蘇書局刻本
二冊

220000－0801－0017711　集3.44/99
東坡集一百十卷 （宋）蘇軾撰　清宣統二年
(1910)寶華庵刻本　四十八冊

220000－0801－0017712　集3.44/99－1
東坡集一百十卷 （宋）蘇軾撰　清宣統二年
(1910)寶華庵刻本　四十冊

220000－0801－0017713　集3.44/99－2
東坡集一百十卷 （宋）蘇軾撰　清宣統二年
(1910)寶華庵刻本　四十八冊

220000－0801－0017714　集3.44/99－3
東坡集一百十卷 （宋）蘇軾撰　清宣統二年
(1910)寶華庵刻本　三十二冊

220000－0801－0017715　集3.44/100
東坡集一百十卷 （宋）蘇軾撰　清宣統二年
(1910)影印本　四十八冊

220000－0801－0017716　集3.44/100－1
東坡集一百十卷 （宋）蘇軾撰　清宣統二年
(1910)影印本　四十八冊

220000－0801－0017717　集3.44/100－2
東坡集一百十卷 （宋）蘇軾撰　清宣統二年
(1910)影印本　二十四冊　存六十七卷(正
集四十卷、後集二十卷、内制集七卷)

220000－0801－0017718　集3.44/103
東坡先生全集錄九卷 （宋）蘇軾著　（清）儲
欣錄　清光緒八年(1882)江蘇書局刻本
四冊

220000－0801－0017719　集3.44/103－1
東坡先生全集錄九卷 （宋）蘇軾著　（清）儲
欣錄　清光緒八年(1882)江蘇書局刻本
五冊

220000－0801－0017720　集3.44/103－2
東坡先生全集錄九卷 （宋）蘇軾著　（清）儲

欣錄　清光緒八年（1882）江蘇書局刻本
四冊

220000－0801－0017721　集 3.44/105
蘇文忠公詩編註集成總案四十六卷蘇海識餘
四卷目錄一卷　（宋）蘇軾著　（清）王文誥編
　　清光緒十四年（1888）浙江書局刻本　二十
四冊

220000－0801－0017722　集 3.44/109
蘇文忠公詩集五十卷目錄二卷　（宋）蘇軾撰
　　（清）紀昀評點　清道光十四年（1834）兩廣
節署刻朱墨套印本　八冊

220000－0801－0017723　集 3.44/110
蘇文忠公詩編註集成總案四十六卷蘇海識餘
四卷首一卷目錄一卷　（宋）蘇軾撰　清道光
三年（1823）刻本　十四冊

220000－0801－0017724　集 3.44/111
蘇文忠公詩集五十卷目錄二卷　（宋）蘇軾撰
　　（清）紀昀評點　清同治八年（1869）韞玉山
房刻套印本　十二冊

220000－0801－0017725　集 3.44/111－1
蘇文忠公詩集五十卷目錄二卷　（宋）蘇軾撰
　　（清）紀昀評點　清同治八年（1869）韞玉山
房刻套印本　十二冊

220000－0801－0017726　集 3.44/111－2
蘇文忠公詩集五十卷目錄二卷　（宋）蘇軾撰
　　（清）紀昀評點　清同治八年（1869）韞玉山
房刻套印本　十冊

220000－0801－0017727　集 3.44/116
居儋錄六卷首一卷　（宋）蘇軾撰　清光緒二
十一年（1895）刻本　四冊

220000－0801－0017728　集 3.44/117
東坡和陶合箋四卷　（宋）蘇軾著　清光緒十
八年（1892）上海五彩公司石印本　二冊

220000－0801－0017729　集 3.44/118
蘇詩續補遺二卷　（宋）蘇軾撰　清嘉慶、道
光刻本　二冊

220000－0801－0017730　集 3.44/121

欒城先生全集錄六卷　（宋）蘇轍錄　清光緒
八年（1882）江蘇書局刻本　二冊

220000－0801－0017731　集 3.44/121－1
欒城先生全集錄六卷　（宋）蘇轍錄　清光緒
八年（1882）江蘇書局刻本　二冊

220000－0801－0017732　集 3.44/122
翠微南征錄十卷首一卷　（宋）華岳撰　（清）
郎遂編次　清光緒十五年（1889）文萃堂刻本
　二冊

220000－0801－0017733　集 3.44/127
黃詩全集內集二十卷外集十七卷外集補四卷
別集二卷別集補一卷年譜十四卷目錄一卷
（宋）黃庭堅撰　清光緒二年（1876）敍郡山谷
祠刻本　二十四冊

220000－0801－0017734　集 3.44/128
黃山谷全集內集二十卷外集十七卷別集二卷
　（宋）黃庭堅撰　清光緒二十一年（1895）上
海著易堂書局影印本　二十冊

220000－0801－0017735　集 3.44/129
宋黃文節公詩全集正集十一卷外集十一卷別
集一卷　（宋）黃庭堅撰　清末刻本　八冊

220000－0801－0017736　集 3.44/130
山谷詩集註二十卷目錄一卷外集十七卷別集
二卷　（宋）黃庭堅撰　（宋）任淵　（宋）史
容註　清光緒二十六年（1900）影印本　二
十冊

220000－0801－0017737　集 3.44/130－1
山谷詩集註二十卷目錄一卷外集十七卷別集
二卷　（宋）黃庭堅撰　（宋）任淵　（宋）史
容註　清光緒二十六年（1900）影印本　二
十冊

220000－0801－0017738　集 3.44/130－2
山谷詩集註二十卷目錄一卷外集十七卷別集
二卷　（宋）黃庭堅撰　（宋）任淵　（宋）史
容註　清光緒二十六年（1900）影印本　二
十冊

220000－0801－0017739　集 3.44/130－3

山谷詩集註二十卷目錄一卷外集十七卷別集二卷　（宋）黃庭堅撰　（宋）任淵　（宋）史容註　清光緒二十六年(1900)影印本　二十冊

220000－0801－0017740　集 3.44/130－4

山谷詩集註二十卷目錄一卷外集十七卷別集二卷　（宋）黃庭堅撰　（宋）任淵　（宋）史容註　清光緒二十六年(1900)影印本　二十冊

220000－0801－0017741　集 3.44/130－5

山谷詩集註二十卷目錄一卷外集十七卷別集二卷　（宋）黃庭堅撰　（宋）任淵　（宋）史容註　清光緒二十六年(1900)影印本　二十冊

220000－0801－0017742　集 3.44/130－6

山谷詩集註二十卷目錄一卷外集十七卷別集二卷　（宋）黃庭堅撰　（宋）任淵　（宋）史容註　清光緒二十六年(1900)影印本　二十四冊

220000－0801－0017743　集 3.44/130－7

山谷詩集註二十卷目錄一卷外集十七卷別集二卷　（宋）黃庭堅撰　（宋）任淵　（宋）史容註　清光緒二十六年(1900)影印本　十一冊　缺十九集(外集十七卷、別集二卷)

220000－0801－0017744　集 3.44/131

山谷內集詩註二十卷外集詩註十七卷別集詩註二卷外集補四卷別集補一卷　（宋）黃庭堅撰　（宋）任淵等註　清武英殿木活字印本　十四冊

220000－0801－0017745　集 3.44/132

山谷詩註內集二十卷外集十七卷別集二卷　（宋）黃庭堅撰　清道光十年至二十七年(1830－1847)活字印本　十四冊

220000－0801－0017746　集 3.44/133

山谷詩外集補四卷別集詩註二卷別集補一卷　（宋）黃庭堅撰　（宋）史季溫註　清末刻本　三冊

220000－0801－0017747　集 3.44/136

莆陽知稼翁集二卷　（宋）黃公度撰　清道光九年(1829)刻本　二冊

220000－0801－0017748　集 3.44/137

南澗甲乙稿二十二卷拾遺一卷　（宋）韓元吉撰　清道光八年(1828)武英殿木活字印本光緒二十年(1894)補刻本　十冊

220000－0801－0017749　集 3.44/137－1

南澗甲乙稿二十二卷拾遺一卷　（宋）韓元吉撰　清道光八年(1828)武英殿木活字印本光緒二十年(1894)補刻本　六冊

220000－0801－0017750　集 3.44/138

宋忠獻韓魏王安陽集五十卷家傳十卷別錄二卷事遺一卷　（宋）韓琦撰　清咸豐二年(1852)刻本　十冊

220000－0801－0017751　集 3.44/143

水心先生別集十六卷　（宋）葉適撰　清同治九年(1870)瑞安孫氏刻本　二冊

220000－0801－0017752　集 3.44/143－1

水心先生別集十六卷　（宋）葉適撰　清同治九年(1870)瑞安孫氏刻本　四冊

220000－0801－0017753　集 3.44/143－2

水心先生別集十六卷　（宋）葉適撰　清同治九年(1870)瑞安孫氏刻本　四冊

220000－0801－0017754　集 3.44/145

石林居士建康集八卷附錄二卷　（宋）葉夢得撰　清道光二十四年(1844)吳青霞齋局刻本　二冊

220000－0801－0017755　集 3.44/146

定齋集二十卷　（宋）蔡戡撰　清光緒二十二年(1896)武進盛氏刻本　二冊

220000－0801－0017756　集 3.44/147

杜清獻公集十九卷首一卷末二卷附二卷　（宋）杜範撰　清同治九年(1870)吳縣孫氏刻本　八冊

220000－0801－0017757　集 3.44/148

杜清獻公集十九卷首一卷末二卷附二卷　（宋）杜範撰　清光緒六年(1880)刻本　六冊

220000－0801－0017758　集 3.44/149

林和靖詩集四卷附拾遺一卷附錄一卷 （宋）
林逋撰　清宣統二年(1910)鴻章書局石印本
　二冊

220000－0801－0017759　集 3.44/150

林和靖詩集四卷附錄一卷 （宋）林逋撰　清
同治十二年(1873)抱經堂刻本　一冊

220000－0801－0017760　集 3.44/150－1

林和靖詩集四卷附錄一卷 （宋）林逋撰　清
同治十二年(1873)抱經堂刻本　一冊

220000－0801－0017761　集 3.44/150－2

林和靖詩集四卷附錄一卷 （宋）林逋撰　清
同治十二年(1873)抱經堂刻本　四冊

220000－0801－0017762　集 3.44/152

林和靖先生詩集四卷附省心錄一卷 （宋）林
逋撰　清光緒二十一年(1895)婺源俞氏清蔭
堂刻本　四冊

220000－0801－0017763　集 3.44/152－1

林和靖先生詩集四卷附省心錄一卷 （宋）林
逋撰　清光緒二十一年(1895)婺源俞氏清蔭
堂刻本　二冊

220000－0801－0017764　集 3.44/155

誠齋詩集十六卷首一卷 （宋）楊萬里撰　清
嘉慶五年(1800)刻本　六冊

220000－0801－0017765　集 3.44/156

楊龜山先生集四十二卷首一卷末一卷 （宋）
楊時撰　清光緒五年(1879)刻本　十冊

220000－0801－0017766　集 3.44/156－1

楊龜山先生集四十二卷首一卷末一卷 （宋）
楊時撰　清光緒五年(1879)刻本　十四冊

220000－0801－0017767　集 3.44/160

胡澹庵先生文集三十二卷 （宋）胡銓著　清
道光十三年(1833)曆原讀書堂刻本　八冊

220000－0801－0017768　集 3.44/160－1

胡澹庵先生文集三十二卷 （宋）胡銓著　清
道光十三年(1833)曆原讀書堂刻本　八冊

220000－0801－0017769　集 3.44/161

宛陵集六十卷 （宋）梅堯臣撰　清宣統二年
(1910)影印本　十冊

220000－0801－0017770　集 3.44/161－1

宛陵集六十卷 （宋）梅堯臣撰　清宣統二年
(1910)影印本　九冊

220000－0801－0017771　集 3.44/168

淮海集十七卷後集二卷詞一卷補遺一卷
（宋）秦觀撰　清道光十七年(1837)刻本
八冊

220000－0801－0017772　集 3.44/168－1

淮海集十七卷後集二卷詞一卷補遺一卷
（宋）秦觀撰　清道光十七年(1837)刻本
八冊

220000－0801－0017773　集 3.44/169

西山先生真文忠公文集五十五卷目錄二卷
（宋）真德秀撰　清同治四年(1865)刻本　二
十七冊

220000－0801－0017774　集 3.44/169－1

西山先生真文忠公文集五十五卷目錄二卷
（宋）真德秀撰　清同治四年(1865)刻本　八
冊　存十四卷(一至十二、目錄二卷)

220000－0801－0017775　集 3.44/171

羅豫章先生集十二卷首一卷末一卷 （宋）羅
從彥撰　清光緒九年(1883)刻本　四冊

220000－0801－0017776　集 3.44/171－1

羅豫章先生集十二卷首一卷末一卷 （宋）羅
從彥撰　清光緒九年(1883)刻本　四冊

220000－0801－0017777　集 3.44/172

羅鄂州小集六卷附錄一卷 （宋）羅願撰　清
光緒十九年(1893)刻本　二冊

220000－0801－0017778　集 3.44/172－1

羅鄂州小集六卷附錄一卷 （宋）羅願撰　清
光緒十九年(1893)刻本　二冊

220000－0801－0017779　集 3.44/172－2

羅鄂州小集六卷附錄一卷 （宋）羅願撰　清
光緒十九年(1893)刻本　二冊

220000－0801－0017780　集 3.44/172－3

羅鄂州小集六卷附錄一卷 （宋）羅願撰 清
光緒十九年(1893)刻本 二冊

220000－0801－0017781 集 3.44/172－4
羅鄂州小集六卷附錄一卷 （宋）羅願撰 清
光緒十九年(1893)刻本 一冊

220000－0801－0017782 集 3.44/172－5
羅鄂州小集六卷附錄一卷 （宋）羅願撰 清
光緒十九年(1893)刻本 一冊

220000－0801－0017783 集 3.44/174
劉屏山先生集二十卷首一卷 （宋）劉子翬撰
清刻本 六冊

220000－0801－0017784 集 3.44/175
屏山先生文集二十卷 （宋）劉子翬撰 清刻
本 四冊

220000－0801－0017785 集 3.44/176
屏山先生文集二十卷 （宋）劉子翬撰 清光
緒十二年(1886)毘陵佩三堂刻本 四冊

220000－0801－0017786 集 3.44/177
彭城集四十卷 （宋）劉攽撰 清光緒三年
(1877)刻本 八冊

220000－0801－0017787 集 3.44/179
岳忠武王集八卷首一卷末一卷 （宋）岳飛撰
（清）黃邦寧編輯 清同治三年(1864)刻本
四冊

220000－0801－0017788 集 3.44/183
岳忠武王文集八卷首一卷末一卷 （宋）岳飛
撰 清同治十二年(1873)述荊堂刻本 四冊

220000－0801－0017789 集 3.44/183－1
岳忠武王文集八卷首一卷末一卷 （宋）岳飛
撰 清同治十二年(1873)述荊堂刻本 四冊

220000－0801－0017790 集 3.44/185
岳忠武王文集八卷首一卷末二卷 （宋）岳飛
撰 清光緒八年(1882)宜興全倫堂活字印本
六冊

220000－0801－0017791 集 3.44/187
薛浪語集三十五卷 （宋）薛季宣撰 清同治
十年(1871)金陵書局刻本 六冊

220000－0801－0017792 集 3.44/187－1
薛浪語集三十五卷 （宋）薛季宣撰 清同治
十年(1871)金陵書局刻本 六冊

220000－0801－0017793 集 3.44/187－2
薛浪語集三十五卷 （宋）薛季宣撰 清同治
十年(1871)金陵書局刻本 八冊

220000－0801－0017794 集 3.44/189
放翁先生詩鈔不分卷 （宋）陸遊撰 （清）周
之鱗選 清末刻本 二冊

220000－0801－0017795 集 3.44/195
陸象山先生文集三十六卷 （宋）陸九淵撰
附錄少湖徐先生學則辯一卷 （明）徐階撰
清道光三年(1823)刻本 十二冊

220000－0801－0017796 集 3.44/197
劍南詩藁八十五卷渭南文集五十卷 （宋）陸
遊撰 清末養雲書屋木活字印本 四十二冊

220000－0801－0017797 集 3.44/200
劍南詩鈔六卷 （宋）陸遊撰 （清）楊大鶴選
清光緒八年(1882)文苑山房刻本 八冊

220000－0801－0017798 集 3.44/204
龍川文集三十卷補遺一卷附二卷 （宋）陳亮
撰 清同治八年(1869)永康應氏刻本 十冊

220000－0801－0017799 集 3.44/207
後山集鈔三卷附一卷 （宋）陳師道撰 清鏡
煙堂刻本 二冊

220000－0801－0017800 集 3.44/208
後山先生集二十四卷 （宋）陳師道撰 （清）
紀昀編 清光緒十一年(1885)廣州陶氏刻本
六冊

220000－0801－0017801 集 3.44/208－1
後山先生集二十四卷 （宋）陳師道撰 （清）
紀昀編 清光緒十一年(1885)廣州陶氏刻本
六冊

220000－0801－0017802 集 3.44/208－2
後山先生集二十四卷 （宋）陳師道撰 （清）
紀昀編 清光緒十一年(1885)廣州陶氏刻本
四冊

271

220000 – 0801 – 0017803　集 3.44/208 – 3

後山先生集二十四卷　（宋）陳師道撰　（清）
紀昀編　清光緒十一年(1885)廣州陶氏刻本
　　四冊

220000 – 0801 – 0017804　集 3.44/208 – 4

後山先生集二十四卷　（宋）陳師道撰　（清）
紀昀編　清光緒十一年(1885)廣州陶氏刻本
　　四冊

220000 – 0801 – 0017805　集 3.44/213

後山詩十二卷　（宋）陳師道撰　（宋）任淵註
清刻本　六冊

220000 – 0801 – 0017806　集 3.44/213 – 1

後山詩十二卷　（宋）陳師道撰　（宋）任淵註
清刻本　四冊

220000 – 0801 – 0017807　集 3.44/214

永嘉文選五卷　（宋）陳傅良撰　清光緒九年
(1883)刻本　四冊

220000 – 0801 – 0017808　集 3.44/215

**本堂先生文集九十六卷附佚文二卷附錄二卷
校錄二卷**　（宋）陳著撰　清光緒十九年
(1893)刻本　十二冊

220000 – 0801 – 0017809　集 3.44/215 – 1

**本堂先生文集九十六卷附佚文二卷附錄二卷
校錄二卷**　（宋）陳著撰　清光緒十九年
(1893)刻本　十二冊

220000 – 0801 – 0017810　集 3.44/218

少陽集十卷　（宋）陳東撰　清光緒十八年
(1892)知服齋刻本　二冊

220000 – 0801 – 0017811　集 3.44/219

方泉先生詩集三卷　（宋）周文璞撰　清宣統
元年(1909)影印本　一冊

220000 – 0801 – 0017812　集 3.44/219 – 1

方泉先生詩集三卷　（宋）周文璞撰　清宣統
元年(1909)影印本　一冊

220000 – 0801 – 0017813　集 3.44/219 – 2

方泉先生詩集三卷　（宋）周文璞撰　清宣統
元年(1909)影印本　一冊

220000 – 0801 – 0017814　集 3.44/221

周益國文忠公集一百六十二卷首一卷　（宋）
周必大撰　清道光二十八年(1848)刻本　四
十冊

220000 – 0801 – 0017815　集 3.44/221 – 1

周益國文忠公集一百六十二卷首一卷　（宋）
周必大撰　清道光二十八年(1848)刻本　四
十冊

220000 – 0801 – 0017816　集 3.44/223

歐陽文忠公全集一百五十三卷附五卷　（宋）
歐陽修撰　清道光二十八年(1848)刻本　六
十四冊

220000 – 0801 – 0017817　集 3.44/224

歐陽文忠公全集一百五十三卷附五卷　（宋）
歐陽修撰　清嘉慶二十四年(1819)刻本　二
十四冊

220000 – 0801 – 0017818　集 3.44/224 – 1

歐陽文忠公全集一百五十三卷附五卷　（宋）
歐陽修撰　清嘉慶二十四年(1819)刻本　三
十二冊

220000 – 0801 – 0017819　集 3.44/224 – 2

歐陽文忠公全集一百五十三卷附五卷　（宋）
歐陽修撰　清嘉慶二十四年(1819)刻本　二
十四冊

220000 – 0801 – 0017820　集 3.44/224 – 3

歐陽文忠公全集一百五十三卷附五卷　（宋）
歐陽修撰　清嘉慶二十四年(1819)刻本　二
十四冊

220000 – 0801 – 0017821　集 3.44/224 – 4

歐陽文忠公全集一百五十三卷附五卷　（宋）
歐陽修撰　清嘉慶二十四年(1819)刻本　二
十四冊

220000 – 0801 – 0017822　集 3.44/228

六一居士全集五卷外集二卷　（宋）歐陽修撰
清光緒八年(1882)江蘇書局刻本　五冊

220000 – 0801 – 0017823　集 3.44/229

元豐類藁五十卷　（宋）曾鞏撰　清田春庵刻

本　二十四冊

220000－0801－0017824　集 3.44/233
南豐先生全集錄二卷　（宋）曾鞏撰　（清）儲
欣選　清刻本　二冊

220000－0801－0017825　集 3.44/235
南豐先生全集錄二卷　（宋）曾鞏撰　（清）儲
欣選　清光緒八年（1882）江蘇書局刻本
一冊

220000－0801－0017826　集 3.44/239
白石道人詩集二卷附錄一卷　（宋）姜夔撰
清光緒十年（1884）刻本　二冊

220000－0801－0017827　集 3.44/239－1
白石道人詩集二卷附錄一卷　（宋）姜夔撰
清光緒十年（1884）刻本　二冊

220000－0801－0017828　集 3.44/241
武溪集二十卷首一卷　（宋）余靖撰　清末刻
本　六冊

220000－0801－0017829　集 3.44/246
**舒文靖集二卷校勘記三卷事實擬冊一卷附錄
三卷**　（宋）舒璘撰　清光緒二十二年（1896）
七千卷樓刻本　四冊

220000－0801－0017830　集 3.44/246－1
**舒文靖集二卷校勘記三卷事實擬冊一卷附錄
三卷**　（宋）舒璘撰　清光緒二十二年（1896）
七千卷樓刻本　四冊

220000－0801－0017831　集 3.44/246－2
**舒文靖集二卷校勘記三卷事實擬冊一卷附錄
三卷**　（宋）舒璘撰　清光緒二十二年（1896）
七千卷樓刻本　二冊

220000－0801－0017832　集 3.44/247
倚松老人詩集二卷　（宋）饒節著　清宣統二
年（1910）姚埭沈氏刻本　一冊

220000－0801－0017833　集 3.44/247－1
倚松老人詩集二卷　（宋）饒節著　清宣統二
年（1910）姚埭沈氏刻本　一冊

220000－0801－0017834　集 3.44/249
宛陵先生文集六十卷　（宋）梅堯臣撰　清宣

統二年（1910）上海影印本　十冊

220000－0801－0017835　集 3.44/252
姜白石詩詞合集　（宋）姜夔撰　清乾隆三十
六年（1771）刻本　二冊

220000－0801－0017836　集 3.44/253
白石道人四種　（宋）姜夔撰　清同治十年
（1871）刻本　二冊

220000－0801－0017837　集 3.44/254
黃勉齋先生文集六卷　（宋）黃幹撰　清同治
九年（1870）刻本　二冊

220000－0801－0017838　集 3.44/258
鄮峰真隱漫錄五十卷　（宋）史浩著　（宋）周
鑄編　**史子樸語十卷**　（宋）史樸夫著　清光
緒二十六年（1900）活字印本　十冊

220000－0801－0017839　集 3.44/265
**白石道人詩集二卷集外詩一卷附詩說一卷歌
曲四卷別集一卷**　（宋）姜夔撰　清知不足齋
刻本　二冊

220000－0801－0017840　集 3.44/265－1
**白石道人詩集二卷集外詩一卷附詩說一卷歌
曲四卷別集一卷**　（宋）姜夔撰　清知不足齋
刻本　三冊

220000－0801－0017841　集 3.44/266
**白石道人詩集二卷集外詩一卷附詩說一卷歌
曲四卷別集一卷**　（宋）姜夔撰　清光緒十年
（1884）娛園刻本　四冊

220000－0801－0017842　集 3.44/266－1
**白石道人詩集二卷集外詩一卷附詩說一卷歌
曲四卷別集一卷**　（宋）姜夔撰　清光緒十年
（1884）娛園刻本　二冊

220000－0801－0017843　集 3.44/272
後樂集二十卷　（宋）衛涇著　清光緒八年
（1882）友順堂活字印本　十冊

220000－0801－0017844　集 3.44/276
宋孫仲益內簡尺牘五卷　（宋）孫覿撰　（宋）
李祖堯編註　清刻本　四冊

220000－0801－0017845　集 3.44/278

273

安陸集不分卷附錄一卷　（宋）張先撰　（清）
汪潮生錄　清刻本　一冊

220000－0801－0017846　集 3.44/279
黃山谷尺牘十卷　（宋）黃庭堅撰　清光緒三
十四年(1908)上海掃葉山房石印本　四冊

220000－0801－0017847　集 3.44/280
西山文鈔八卷　（宋）真德秀撰　（清）張伯行
編　清嘉慶十六年(1811)留香室刻本　一冊

220000－0801－0017848　集 3.44/287
蘇長公小品　（宋）蘇軾撰　（明）王聖俞等評
　清光緒三十年(1904)抄本　一冊

220000－0801－0017849　集 3.44/292
蘇文忠公詩合註五十卷首一卷目錄一卷
（宋）蘇軾撰　（清）馮應榴輯註　清乾隆刻同
治九年(1870)重修本　二十四冊

220000－0801－0017850　集 3.44/292－1
蘇文忠公詩合註五十卷首一卷目錄一卷
（宋）蘇軾撰　（清）馮應榴輯註　清乾隆刻同
治九年(1870)重修本　二十四冊

220000－0801－0017851　集 3.44/293
山谷詩集註二十卷外集十七卷別集二卷
（宋）黃庭堅撰　（宋）任淵　（宋）史容註
清光緒二十六年(1900)江西陳三立刻宣統二
年(1910)印本　二十冊

220000－0801－0017852　集 3.44/293－1
山谷詩集註二十卷外集十七卷別集二卷
（宋）黃庭堅撰　（宋）任淵　（宋）史容註
清光緒二十六年(1900)江西陳三立刻宣統二
年(1910)印本　二十冊

220000－0801－0017853　集 3.44/295
淮海集十七卷後集二卷詞一卷補遺一卷附考
證　（宋）秦觀撰　清道光二十一年(1841)刻
本　四冊

220000－0801－0017854　集 3.44/295－1
淮海集十七卷後集二卷詞一卷補遺一卷附考
證　（宋）秦觀撰　清道光二十一年(1841)刻
本　六冊

220000－0801－0017855　集 3.44/296
范忠宣公集二十卷奏議二卷遺文一卷補編一
卷　（宋）范純仁撰　清宣統二年(1910)刻本
　六冊

220000－0801－0017856　集 3.44/297
水心先生文集二十卷別集十六卷　（宋）葉適
撰　清光緒八年(1882)刻本　十冊

220000－0801－0017857　集 3.44/298
東坡和陶合箋四卷　（宋）蘇軾撰　（清）溫汝
能纂評　清嘉慶十二年(1807)聽松閣刻本
二冊

220000－0801－0017858　集 3.44/298－1
東坡和陶合箋四卷　（宋）蘇軾撰　（清）溫汝
能纂評　清嘉慶十二年(1807)聽松閣刻本
三冊

220000－0801－0017859　集 3.44/299
止齋先生文集五十二卷附錄一卷　（宋）陳傅
良撰　清光緒瑞安孫氏詒善祠塾刻本　五冊

220000－0801－0017860　集 3.44/300
水心先生文集二十九卷　（宋）葉適撰　清刻
本　二十四冊　存二十四卷(六至二十九)

220000－0801－0017861　集 3.44/301
攻媿集一百十二卷　（宋）樓鑰撰　清武英殿
木活字印本　二十冊　存四十八卷(六十五
至一百十二)

220000－0801－0017862　集 3.44/302
欒城集五十卷後集二十四卷三集十卷應詔集
十二卷　（宋）蘇轍撰　清道光十二年(1832)
眉州三蘇祠刻本　二十七冊

220000－0801－0017863　集 3.44/303
斜川集六卷　（宋）蘇過撰　清道光七年
(1827)刻本　三冊

220000－0801－0017864　集 3.44/304
東坡集八十四卷目錄二卷　（宋）蘇軾撰　清
道光十二年(1832)刻本　四十七冊

220000－0801－0017865　集 3.44/304－1
東坡集八十四卷目錄二卷　（宋）蘇軾撰　清

道光十二年(1832)刻本　二十册　存四十四卷(四十一至八十四)

220000－0801－0017866　集 3.44/306
方泉先生詩集三卷　（宋）周文璞撰　清末抄本　一册

220000－0801－0017867　集 3.44/307
小畜集三十卷小畜外集十三卷　（宋）王禹偁撰　清光緒二十年(1894)刻本　九册

220000－0801－0017868　集 3.44/308
誠齋文集四十二卷　（宋）楊萬里撰　清末刻本　二十二册

220000－0801－0017869　集 3.44/309
梅磵詩話三卷　（宋）韋居安撰　清末刻本　一册

220000－0801－0017870　集 3.44/310
宋王忠文公文集五十卷目錄四卷　（宋）王十朋撰　（清）唐傳鉎編　清末刻本　八册

220000－0801－0017871　集 3.44/311
三山鄭菊山先生清雋集一卷　（宋）鄭起撰附所南翁一百二十圖詩集一卷錦錢餘笑一卷　（宋）鄭思肖撰　清末上海國學保存會鉛印本　一册

220000－0801－0017872　集 3.44/312
韓文考異十卷　（宋）朱熹撰　清光緒二十二年(1896)刻本　八册

220000－0801－0017873　集 3.44/313
張南軒先生文集七卷　（宋）張栻撰　清同治刻本　二册

220000－0801－0017874　集 3.46/1
元遺山先生全集四十卷首一卷末二卷附十四卷　（元）元好問撰　清光緒七年(1881)讀書山房刻本　十七册

220000－0801－0017875　集 3.46/1－1
元遺山先生全集四十卷首一卷末二卷附十四卷　（元）元好問撰　清光緒七年(1881)讀書山房刻本　十七册

220000－0801－0017876　集 3.46/2

元遺山先生全集四十卷附錄一卷補載一卷　（元）元好問撰　清道光陽泉山莊刻光緒八年(1882)印本　十六册

220000－0801－0017877　集 3.46/3
遺山集四十卷　（元）元好問撰　清道光二十七年(1847)刻本　八册

220000－0801－0017878　集 3.46/4
遺山先生詩集四十卷附考異一卷　（元）元好問撰　清光緒六年(1880)刻本　十二册

220000－0801－0017879　集 3.46/4－1
遺山先生詩集四十卷附考異一卷　（元）元好問撰　清光緒六年(1880)刻本　五册　存二十一卷(一至二十一)

220000－0801－0017880　集 3.46/5
遺山先生詩集四十卷目錄一卷　（元）元好問撰　清宣統二年(1910)成都茹古書局刻本　十册

220000－0801－0017881　集 3.46/6
元遺山先生詩集箋註十四卷附錄一卷補載一卷　（元）元好問撰　（清）施國祁箋註　清宣統三年(1911)上海掃葉山房石印本　八册

220000－0801－0017882　集 3.46/11
元遺山先生詩集箋註十四卷附錄一卷補載一卷　（元）元好問撰　（清）施國祁箋註　清道光二年(1822)瑞松堂刻本　六册

220000－0801－0017883　集 3.46/11－1
元遺山先生詩集箋註十四卷附錄一卷補載一卷　（元）元好問撰　（清）施國祁箋註　清道光二年(1822)瑞松堂刻本　八册

220000－0801－0017884　集 3.46/11－2
元遺山先生詩集箋註十四卷附錄一卷補載一卷　（元）元好問撰　（清）施國祁箋註　清道光二年(1822)瑞松堂刻本　六册

220000－0801－0017885　集 3.46/12
元遺山先生詩集箋註十四卷附錄一卷補載一卷　（元）元好問撰　（清）施國祁箋註　清道光七年(1827)刻本　六册

220000－0801－0017886　集 3.47/1

木訥齋文集五卷末一卷 （元）王毅撰　清光緒二年(1876)刻本　一冊

220000－0801－0017887　集 3.47/3

梧溪集七卷附困學齋雜錄一卷 （元）王逢撰　清同治十三年(1874)思補樓鉛印本　十六冊

220000－0801－0017888　集 3.47/3－1

梧溪集七卷附困學齋雜錄一卷 （元）王逢撰　清同治十三年(1874)思補樓鉛印本　八冊

220000－0801－0017889　集 3.47/4

蘇隄漁唱一卷附錄一卷 （元）張可久撰　清光緒二十七年(1901)錢塘丁氏嘉惠堂刻本　一冊

220000－0801－0017890　集 3.47/5

湛然居士文集十四卷 （元）耶律楚材撰　清光緒二十一年(1895)漸西村舍刻本　三冊

220000－0801－0017891　集 3.47/5－1

湛然居士文集十四卷 （元）耶律楚材撰　清光緒二十一年(1895)漸西村舍刻本　四冊

220000－0801－0017892　集 3.47/5－2

湛然居士文集十四卷 （元）耶律楚材撰　清光緒二十一年(1895)漸西村舍刻本　四冊

220000－0801－0017893　集 3.47/7

湛然居士文集十四卷 （元）耶律楚材撰　清光緒二十年(1894)漸西村舍抄本　六冊

220000－0801－0017894　集 3.47/10

虞文靖公道園全集文四十四卷詩八卷遺稿詩八卷 （元）虞集撰　清道光十七年(1837)刻本　十五冊

220000－0801－0017895　集 3.47/15

吳淵穎先生集十二卷 （元）吳萊撰　清同治九年(1870)永康應氏刻本　五冊

220000－0801－0017896　集 3.47/15－1

吳淵穎先生集十二卷 （元）吳萊撰　清同治九年(1870)永康應氏刻本　五冊

220000－0801－0017897　集 3.47/15－2

吳淵穎先生集十二卷 （元）吳萊撰　清同治九年(1870)永康應氏刻本　四冊

220000－0801－0017898　集 3.47/16

影刊洪武本程雪樓集三十卷附二卷 （元）程鉅夫撰　清宣統二年(1910)刻本　十冊

220000－0801－0017899　集 3.47/16－1

影刊洪武本程雪樓集三十卷附二卷 （元）程鉅夫撰　清宣統二年(1910)刻本　十冊

220000－0801－0017900　集 3.47/16－2

影刊洪武本程雪樓集三十卷附二卷 （元）程鉅夫撰　清宣統二年(1910)刻本　十冊

220000－0801－0017901　集 3.47/16－3

影刊洪武本程雪樓集三十卷附二卷 （元）程鉅夫撰　清宣統二年(1910)刻本　十冊

220000－0801－0017902　集 3.47/16－4

影刊洪武本程雪樓集三十卷附二卷 （元）程鉅夫撰　清宣統二年(1910)刻本　十冊

220000－0801－0017903　集 3.47/19

倪雲林先生清閟閣詩集五卷 （元）倪瓚撰（明）蹇曦編集　清同治十年(1871)活字印本　二冊

220000－0801－0017904　集 3.47/21

清容居士集五十卷目錄二卷附謚議墓誌銘一卷 （元）袁桷撰　**清容集劄記一卷**（清）郁松年撰　清道光二十年(1840)宜稼堂刻本　十三冊

220000－0801－0017905　集 3.47/21－1

清容居士集五十卷目錄二卷附謚議墓誌銘一卷 （元）袁桷撰　**清容集劄記一卷**（清）郁松年撰　清道光二十年(1840)宜稼堂刻本　十三冊

220000－0801－0017906　集 3.47/22

鐵崖三種 （明）楊維楨撰　清宣統二年(1910)石印本　六冊

220000－0801－0017907　集 3.47/23

剡源集三十卷 （元）戴表元撰　**附劄記一卷**（清）郁松年撰　清道光二十年(1840)刻本

十冊

220000－0801－0017908　集 3.47/24

雁門集六卷　（元）薩都剌撰　清刻本　六冊

220000－0801－0017909　集 3.47/25

雁門集十四卷附一卷唱和錄一卷別錄一卷
（元）薩都剌撰　（清）薩龍光編輯　清嘉慶十
二年(1807)刻本　十冊

220000－0801－0017910　集 3.47/26

**雁門集六卷附一卷補遺一卷唱和錄一卷別錄
一卷**　（元）薩都剌撰　（清）薩龍光編輯　清
宣統二年(1910)刻本　四冊

220000－0801－0017911　集 3.47/28

金華黃先生文集四十三卷　（元）黃溍撰　清
末抄本　七冊

220000－0801－0017912　集 3.47/31

麗則遺音四卷　（明）楊維楨撰　（元）陳存禮
編　清初汲古閣刻本　一冊

220000－0801－0017913　集 3.47/37

趙文敏公松雪齋全集十卷續集一卷外集一卷
　（元）趙孟頫撰　清康熙五十二年(1713)刻
光緒八年(1882)印本　六冊

220000－0801－0017914　集 3.47/39

余忠宣公青陽集五卷　（元）余闕撰　清道光
元年(1821)刻本　一冊

220000－0801－0017915　集 3.47/40

余忠宣公文集六卷　（元）余闕撰　（明）郭奎
纂集　清同治六年(1867)刻本　二冊

220000－0801－0017916　集 3.47/41

所安遺集一卷附錄一卷　（元）陳泰著　清光
緒六年(1880)刻本　一冊

220000－0801－0017917　集 3.47/41－1

所安遺集一卷附錄一卷　（元）陳泰著　清光
緒六年(1880)刻本　一冊

220000－0801－0017918　集 3.47/42

歐陽文公圭齋集十六卷首一卷末一卷　（元）
歐陽元撰　清道光二十六年(1846)新化鄧氏
南邨草堂刻本　六冊

220000－0801－0017919　集 3.47/44

鐵崖詩集三種　（明）楊維楨撰　（清）樓卜瀍
註　清光緒十四年(1888)樓氏崇德堂補刻本
六冊

220000－0801－0017920　集 3.47/45

思賢錄八卷　（元）謝應芳撰　清光緒十一年
(1885)活字印本　二冊

220000－0801－0017921　集 3.47/45－1

思賢錄八卷　（元）謝應芳撰　清光緒十一年
(1885)活字印本　四冊

220000－0801－0017922　集 3.47/45－2

思賢錄八卷　（元）謝應芳撰　清光緒十一年
(1885)活字印本　一冊　存一卷(二)

220000－0801－0017923　集 3.47/46

剡源集三十卷　（元）戴表元撰　清道光二十
年(1840)刻本　八冊

220000－0801－0017924　集 3.47/47

道園遺稿六卷　（元）虞集撰　清嘉慶九年
(1804)刻藍印本　一冊　存三卷(四至六)

220000－0801－0017925　集 3.47/49

雙溪醉隱集六卷　（元）耶律鑄撰　（清）李文
田箋　清光緒十八年(1892)知服齋刻本　一
冊　存三卷(四至六)

220000－0801－0017926　集 3.47/50

剡源集逸文一卷　（元）戴表元撰　繆荃孫輯
清光緒二十九年(1903)刻朱印本　一冊

220000－0801－0017927　集 3.47/53

仁山先生金文安公文集五卷年譜一卷　（元）
金履祥撰　（明）徐袍編　清嘉慶十四年
(1809)刻朱印本　三冊

220000－0801－0017928　集 3.48/1

內方先生集八卷附鈔一卷　（明）童承敘撰
清道光二十四年(1844)沔陽陸氏刻本　四冊

220000－0801－0017929　集 3.48/2

三歸草二卷　（明）鹿善繼撰　清刻本　二冊

220000－0801－0017930　集 3.48/3

方正學先生遜志齋集十四卷首一卷　（明）方

孝孺撰　清同治四年(1865)刻本　七册

220000－0801－0017931　集3.48/4
方正學先生遜志齋集二十四卷　(明)方孝孺
撰　清同治八年(1869)雲間方氏刻本　十
二册

220000－0801－0017932　集3.48/5
方正學先生遜志齋集二十四卷拾補一卷外記
一卷　(明)方孝孺撰　清同治十二年(1873)
刻本　十六册

220000－0801－0017933　集3.48/5－1
方正學先生遜志齋集二十四卷拾補一卷外記
一卷　(明)方孝孺撰　清同治十二年(1873)
刻本　十六册

220000－0801－0017934　集3.48/8
方孩未先生集十六卷　(明)方震孺撰　清同
治七年(1868)刻本　十二册

220000－0801－0017935　集3.48/11
高季迪先生大全集十八卷　(明)高啟撰　清
光緒十四年(1888)活字印本　六册

220000－0801－0017936　集3.48/14
高子遺書十二卷附錄一卷年譜一卷　(明)高
攀龍撰　清光緒二年(1876)無錫東林書院刻
本　八册

220000－0801－0017937　集3.48/14－1
高子遺書十二卷附錄一卷年譜一卷　(明)高
攀龍撰　清光緒二年(1876)無錫東林書院刻
本　十三册

220000－0801－0017938　集3.48/14－2
高子遺書十二卷附錄一卷年譜一卷　(明)高
攀龍撰　清光緒二年(1876)無錫東林書院刻
本　十册

220000－0801－0017939　集3.48/14－3
高子遺書十二卷附錄一卷年譜一卷　(明)高
攀龍撰　清光緒二年(1876)無錫東林書院刻
本　十三册

220000－0801－0017940　集3.48/16
高忠憲公詩集八卷　(明)高攀龍撰　清同治

十二年(1873)刻本　二册

220000－0801－0017941　集3.48/19
重刊校正唐荊川先生文集十二卷補遺五卷外
集三卷　(明)唐順之撰　清光緒三十年
(1904)刻本　十册

220000－0801－0017942　集3.48/19－1
重刊校正唐荊川先生文集十二卷補遺五卷外
集三卷　(明)唐順之撰　清光緒三十年
(1904)刻本　十册

220000－0801－0017943　集3.48/23
六如居士全集七卷補遺一卷制義一卷畫譜三
卷外集六卷　(明)唐寅撰　(清)唐仲冕編
清嘉慶六年(1801)果遠山房刻本　八册

220000－0801－0017944　集3.48/23－1
六如居士全集七卷補遺一卷制義一卷畫譜三
卷外集六卷　(明)唐寅撰　(清)唐仲冕編
清嘉慶六年(1801)果遠山房刻本　一册　存
八卷(六如居士全集七卷、補遺一卷)

220000－0801－0017945　集3.48/25
甫田集三十六卷　(明)文徵明撰　清宣統三
年(1911)鉛印本　十二册

220000－0801－0017946　集3.48/25－1
甫田集三十六卷　(明)文徵明撰　清宣統三
年(1911)鉛印本　十二册

220000－0801－0017947　集3.48/25－2
甫田集三十六卷　(明)文徵明撰　清宣統三
年(1911)鉛印本　十一册　缺二卷(二十八
至二十九)

220000－0801－0017948　集3.48/28
赤雅三卷　(明)鄺露撰　清道光五年(1825)
恬淡山堂刻本　一册

220000－0801－0017949　集3.48/29
鄺海雪集箋十二卷　(明)鄺露撰　清咸豐元
年(1851)刻本　四册

220000－0801－0017950　集3.48/30
疑雨集四卷　(明)王彥泓撰　清光緒聚秀堂
刻本　四册

220000－0801－0017951　集 3.48/31

疑雨集四卷　（明）王彥泓撰　清宣統元年
(1909)石印本　四冊

220000－0801－0017952　集 3.48/31－1

疑雨集四卷　（明）王彥泓撰　清宣統元年
(1909)石印本　二冊

220000－0801－0017953　集 3.48/31－2

疑雨集四卷　（明）王彥泓撰　清宣統元年
(1909)石印本　二冊

220000－0801－0017954　集 3.48/32

凝翠集疏草一卷尺牘一卷墓誌一卷外二卷
（明）王元翰撰　清嘉慶五年(1800)王氏樹德
堂刻本　六冊

220000－0801－0017955　集 3.48/37

王文成公全書三十八卷目錄一卷　（明）王守
仁撰　清光緒二十一年(1895)刻本　二十
四冊

220000－0801－0017956　集 3.48/37－1

王文成公全書三十八卷目錄一卷　（明）王守
仁撰　清光緒二十一年(1895)刻本　二十
四冊

220000－0801－0017957　集 3.48/37－2

王文成公全書三十八卷目錄一卷　（明）王守
仁撰　清光緒二十一年(1895)刻本　二十三
冊　缺一卷(二)

220000－0801－0017958　集 3.48/38

王文成公全書三十八卷　（明）王守仁撰　清
末刻本　二十四冊

220000－0801－0017959　集 3.48/38－1

王文成公全書三十八卷　（明）王守仁撰　清
末刻本　二十四冊

220000－0801－0017960　集 3.48/38－2

王文成公全書三十八卷　（明）王守仁撰　清
末刻本　二十四冊

220000－0801－0017961　集 3.48/41

陽明先生集要三編理學編四卷經濟編七卷文
章編四卷　（明）王守仁撰　清光緒五年

(1879)黔南刻本　十六冊

220000－0801－0017962　集 3.48/42

陽明先生集要三編年譜一卷理學編四卷經濟
編七卷文章編四卷　（明）王守仁撰　清光緒
三十二年(1906)江南製造局鉛印本　十二冊

220000－0801－0017963　集 3.48/43

熊襄愍公集十卷　（明）熊廷弼撰　清同治十
一年(1872)刻本　十冊

220000－0801－0017964　集 3.48/44

龍谿王先生全集二十卷大象義述一卷　（明）
王畿撰　清光緒八年(1882)上海明善書局鉛
印本　五冊

220000－0801－0017965　集 3.48/44－1

龍谿王先生全集二十卷大象義述一卷　（明）
王畿撰　清光緒八年(1882)上海明善書局鉛
印本　五冊

220000－0801－0017966　集 3.48/47

太史集不分卷　（明）王嘉言撰　清道光二十
二年(1842)刻本　二冊

220000－0801－0017967　集 3.48/49

讀書後八卷　（明）王世貞撰　清刻本　二冊

220000－0801－0017968　集 3.48/50

讀書後八卷　（明）王世貞撰　清味菜廬刻本
二冊

220000－0801－0017969　集 3.48/50－1

讀書後八卷　（明）王世貞撰　清味菜廬刻本
四冊

220000－0801－0017970　集 3.48/50－2

讀書後八卷　（明）王世貞撰　清味菜廬刻本
四冊

220000－0801－0017971　集 3.48/52

西軒效唐集錄十二卷補一卷　（明）丁養浩撰
清光緒二十一年(1895)錢唐丁氏刻本
四冊

220000－0801－0017972　集 3.48/53

夏節愍全集十卷首一卷末一卷補二卷　（明）
夏完淳撰　清嘉慶十二年(1807)刻本　二冊

220000－0801－0017973　集3.48/54

松雨軒集八卷補遺一卷附三卷　（明）平顯撰
　清光緒二十年（1894）錢唐嘉惠堂刻本
一冊

220000－0801－0017974　集3.48/55

于肅愍公集八卷拾遺一卷附一卷　（明）于謙
撰　清光緒二十六年（1900）錢塘丁氏刻本
二冊

220000－0801－0017975　集3.48/57

張忠敏公遺集十卷首一卷附六卷　（明）張國
維撰　清光緒五年（1879）江蘇書局刻本
六冊

220000－0801－0017976　集3.48/57－1

張忠敏公遺集十卷首一卷附六卷　（明）張國
維撰　清光緒五年（1879）江蘇書局刻本
六冊

220000－0801－0017977　集3.48/57－2

張忠敏公遺集十卷首一卷附六卷　（明）張國
維撰　清光緒五年（1879）江蘇書局刻本
四冊

220000－0801－0017978　集3.48/59

新刻張太岳先生文集四十七卷目錄一卷
（明）張居正撰　清道光三十年（1850）刻本
十六冊

220000－0801－0017979　集3.48/59－1

新刻張太岳先生文集四十七卷目錄一卷
（明）張居正撰　清道光三十年（1850）刻本
十六冊

220000－0801－0017980　集3.48/59－2

新刻張太岳先生文集四十七卷目錄一卷
（明）張居正撰　清道光三十年（1850）刻本
十六冊

220000－0801－0017981　集3.48/59－3

新刻張太岳先生文集四十七卷目錄一卷
（明）張居正撰　清道光三十年（1850）刻本
十六冊

220000－0801－0017982　集3.48/60

張蒼水全集十二卷附錄四卷補遺一卷題詠二
卷人物攷略一卷傳略補一卷　（明）張煌言撰
　清宣統元年（1909）國學保存會鉛印本
一冊

220000－0801－0017983　集3.48/62

孫宗伯集十卷　（明）孫繼皋撰　清光緒十八
年（1892）鼎之堂活字印本　十二冊

220000－0801－0017984　集3.48/63

符卿集二卷　（明）孫墀撰　清光緒二十五年
（1899）木活字印本　一冊

220000－0801－0017985　集3.48/64

石臼集前集九卷後集七卷附一卷　（明）邢昉
撰　清光緒十八年（1892）刻本　六冊

220000－0801－0017986　集3.48/65

石臼集前集九卷後集七卷　（明）邢昉撰　清
光緒十八年（1892）刻本　六冊

220000－0801－0017987　集3.48/65－1

石臼集前集九卷後集七卷　（明）邢昉撰　清
光緒十八年（1892）刻本　六冊

220000－0801－0017988　集3.48/66

陳忠裕全集三十卷首一卷末一卷　（明）陳子
龍撰　清嘉慶八年（1803）韡山草堂刻本　八
冊　存二十四卷（一至二十四）

220000－0801－0017989　集3.48/67

欽定洞麓堂集十卷附一卷　（明）尹臺撰　清
刻本　六冊

220000－0801－0017990　集3.48/70

蟻蠓集五卷　（明）盧柟著　清光緒二十年
（1894）刻本　五冊

220000－0801－0017991　集3.48/70－1

蟻蠓集五卷　（明）盧柟著　清光緒二十年
（1894）刻本　六冊

220000－0801－0017992　集3.48/71

信陽詩集二十六卷　（明）何景明撰　清光緒
三十三年（1907）刻本　四冊

220000－0801－0017993　集3.48/71－1

信陽詩集二十六卷　（明）何景明撰　清光緒

三十三年(1907)刻本　　四册

220000 - 0801 - 0017994　集 3.48/72

汲古堂集二十八卷　(明)何白撰　清道光十
六年(1836)刻本　十二册

220000 - 0801 - 0017995　集 3.48/72 - 1

汲古堂集二十八卷　(明)何白撰　清道光十
六年(1836)刻本　十册

220000 - 0801 - 0017996　集 3.48/72 - 2

汲古堂集二十八卷　(明)何白撰　清道光十
六年(1836)刻本　六册

220000 - 0801 - 0017997　集 3.48/73

張文忠公全集奏疏十三卷書牘十五卷文集十
一卷詩六卷女誡直解一卷　(明)張居正撰
清光緒二十七年(1901)刻本　十六册

220000 - 0801 - 0017998　集 3.48/73 - 1

張文忠公全集奏疏十三卷書牘十五卷文集十
一卷詩六卷女誡直解一卷　(明)張居正撰
清光緒二十七年(1901)刻本　十六册

220000 - 0801 - 0017999　集 3.48/74

熊魚山文集二卷　(明)熊開元撰　清光緒十
年(1884)鉛印本　二册

220000 - 0801 - 0018000　集 3.48/74 - 1

熊魚山文集二卷　(明)熊開元撰　清光緒十
年(1884)鉛印本　二册

220000 - 0801 - 0018001　集 3.48/74 - 2

熊魚山文集二卷　(明)熊開元撰　清光緒十
年(1884)鉛印本　二册

220000 - 0801 - 0018002　集 3.48/74 - 3

熊魚山文集二卷　(明)熊開元撰　清光緒十
年(1884)鉛印本　二册

220000 - 0801 - 0018003　集 3.48/76

熊襄愍公集十卷首一卷末一卷　(明)熊廷弼
撰　清同治三年(1864)刻本　十册

220000 - 0801 - 0018004　集 3.48/76 - 1

熊襄愍公集十卷首一卷末一卷　(明)熊廷弼
撰　清同治三年(1864)刻本　三册

220000 - 0801 - 0018005　集 3.48/76 - 2

熊襄愍公集十卷首一卷末一卷　(明)熊廷弼
撰　清同治三年(1864)刻本　十册

220000 - 0801 - 0018006　集 3.48/78

蒿子先生遺稿　(清)芮長恤撰　(清)芮佑良
輯　清光緒二十三年(1897)活字印本　一册

220000 - 0801 - 0018007　集 3.48/80

荊川先生文集十二卷補遺五卷外集三卷附錄
一卷　(明)唐順之撰　清光緒三十年(1904)
刻本　十册

220000 - 0801 - 0018008　集 3.48/80 - 1

荊川先生文集十二卷補遺五卷外集三卷附錄
一卷　(明)唐順之撰　清光緒三十年(1904)
刻本　十册

220000 - 0801 - 0018009　集 3.48/81

練中丞金川集二卷　(明)練子寧撰　清道光
二十八年(1848)刻本　二册

220000 - 0801 - 0018010　集 3.48/81 - 1

練中丞金川集二卷　(明)練子寧撰　清道光
二十八年(1848)刻本　一册

220000 - 0801 - 0018011　集 3.48/84

墨井集五卷　(明)吳歷撰　清宣統元年
(1909)徐家匯印書館鉛印本　一册

220000 - 0801 - 0018012　集 3.48/85

松圓浪淘集十八卷目錄二卷偈庵集二卷
(明)程嘉燧撰　清末上海國光印刷所鉛印本
六册

220000 - 0801 - 0018013　集 3.48/85 - 1

松圓浪淘集十八卷目錄二卷偈庵集二卷
(明)程嘉燧撰　清末上海國光印刷所鉛印本
六册

220000 - 0801 - 0018014　集 3.48/86

震川先生集三十卷別集十卷　(明)歸有光撰
清光緒六年(1880)刻本　十六册

220000 - 0801 - 0018015　集 3.48/86 - 1

震川先生集三十卷別集十卷　(明)歸有光撰
清光緒六年(1880)刻本　十六册

220000－0801－0018016　集 3.48/86 － 2

震川先生集三十卷別集十卷　（明）歸有光撰
清光緒六年(1880)刻本　十二冊

220000－0801－0018017　集 3.48/86 － 3

震川先生集三十卷別集十卷　（明）歸有光撰
清光緒六年(1880)刻本　十六冊

220000－0801－0018018　集 3.48/87

震川大全集三十卷別集十卷補集八卷餘集八卷　（明）歸有光撰　清宣統二年(1910)國學扶輪社石印本　十二冊

220000－0801－0018019　集 3.48/88

震川先生集三十卷別集十卷　（明）歸有光撰
清宣統二年(1910)上海集成圖書公司鉛印本　十冊

220000－0801－0018020　集 3.48/92

重刻秫坡先生詩文集八卷首一卷末一卷
（明）黎貞撰　清敬賢堂刻本　三冊　缺四卷（六至八、末一卷）

220000－0801－0018021　集 3.48/93

二谷山人近稿十卷　（明）侯一元撰　清光緒二十年(1894)甌城梅師古齋刻本　六冊

220000－0801－0018022　集 3.48/96

倪文僖公集三十二卷　（明）倪謙撰　清光緒二十六年(1900)錢塘丁氏刻本　六冊

220000－0801－0018023　集 3.48/98

二谷山人集十卷　（明）侯一元撰　清光緒十八年(1892)刻本　六冊

220000－0801－0018024　集 3.48/105

從野堂存稿八卷首一卷末一卷外集一卷附錄一卷　（明）繆昌期撰　清光緒二年(1876)刻本　四冊

220000－0801－0018025　集 3.48/107

徐文定公墨蹟不分卷　（明）徐光啓書　清光緒二十九年(1903)鴻寶齋石印本　一冊

220000－0801－0018026　集 3.48/108

增訂徐文定公集六卷首二卷　（明）徐光啓撰
清宣統元年(1909)上海慈母堂鉛印本

四冊

220000－0801－0018027　集 3.48/108 － 1

增訂徐文定公集六卷首二卷　（明）徐光啓撰
清宣統元年(1909)上海慈母堂鉛印本
四冊

220000－0801－0018028　集 3.48/108 － 2

增訂徐文定公集六卷首二卷　（明）徐光啓撰
清宣統元年(1909)上海慈母堂鉛印本
四冊

220000－0801－0018029　集 3.48/111

宗子相詩集不分卷　（明）宗臣撰　清光緒十三年(1887)抄本　二冊

220000－0801－0018030　集 3.48/113

潛溪錄六卷首一卷　（明）宋濂撰　清宣統三年(1911)四明七千卷樓刻本　六冊

220000－0801－0018031　集 3.48/113 － 1

潛溪錄六卷首一卷　（明）宋濂撰　清宣統三年(1911)四明七千卷樓刻本　六冊

220000－0801－0018032　集 3.48/116

重刊馮恭定全書二十二卷續四卷目錄一卷
（明）馮從吾撰　清光緒二十二年(1896)少墟書院刻本　十八冊

220000－0801－0018033　集 3.48/116 － 1

重刊馮恭定全書二十二卷續四卷目錄一卷
（明）馮從吾撰　清光緒二十二年(1896)少墟書院刻本　十八冊

220000－0801－0018034　集 3.48/122

海剛峯先生文集二卷　（明）海瑞著　清光緒十三年(1887)福州正誼書院刻本　二冊

220000－0801－0018035　集 3.48/123

唐荊川先生文集十八卷補遺一卷附錄一卷
（明）唐順之撰　清光緒二十一年(1895)武進盛氏思惠齋刻本　四冊

220000－0801－0018036　集 3.48/126

新喻梁石門先生集十卷末十卷　（明）梁寅撰
清光緒十五年(1889)刻本　六冊

220000－0801－0018037　集 3.48/126 － 1

新喻梁石門先生集十卷末十卷　（明）梁寅撰
清光緒十五年（1889）刻本　六冊

220000－0801－0018038　集 3.48/127
凌忠介公詩集二卷　（明）凌義渠著　清光緒
四年（1878）刻本　二冊

220000－0801－0018039　集 3.48/127－1
凌忠介公詩集二卷　（明）凌義渠著　清光緒
四年（1878）刻本　二冊

220000－0801－0018040　集 3.48/129
枝山文集四卷　（明）祝允明撰　清光緒元年
（1875）刻本　二冊

220000－0801－0018041　集 3.48/129－1
枝山文集四卷　（明）祝允明撰　清光緒元年
（1875）刻本　四冊

220000－0801－0018042　集 3.48/129－2
枝山文集四卷　（明）祝允明撰　清光緒元年
（1875）刻本　二冊

220000－0801－0018043　集 3.48/133
太師王端毅公遺事一卷外集一卷　（明）李孟
熙等輯　清道光二十四年（1844）刻本　一冊

220000－0801－0018044　集 3.48/134
落落齋遺集十卷　（明）李應昇撰　清光緒二
十二年（1896）刻朱印本　六冊

220000－0801－0018045　集 3.48/135
李空同詩集三十三卷附一卷目錄一卷　（明）
李夢陽著　清宣統二年（1910）掃葉山房石印
本　十冊

220000－0801－0018046　集 3.48/136
李空同詩集三十三卷　（明）李夢陽著　清光
緒二十一年（1895）長沙張氏湘雨樓刻本
六冊

220000－0801－0018047　集 3.48/137
空同詩集三十四卷　（明）李夢陽著　清光緒
二十六年（1900）刻本　六冊

220000－0801－0018048　集 3.48/138
李空同先生詩選五卷　（明）李夢陽著　清光
緒漢陽葉氏抄本　一冊

220000－0801－0018049　集 3.48/139
少保王康僖公文集二卷　（明）李錫齡　（明）
王稷輯　清末刻本　一冊

220000－0801－0018050　集 3.48/140
滄溟先生全集三十卷附錄一卷　（明）李攀龍
著　清道光二十七年（1847）景福堂刻本
八冊

220000－0801－0018051　集 3.48/141
滄溟先生集十四卷附錄一卷　（明）李攀龍著
清光緒二十一年（1895）長沙張氏湘雨樓刻
本　四冊

220000－0801－0018052　集 3.48/141－1
滄溟先生集十四卷附錄一卷　（明）李攀龍著
清光緒二十一年（1895）長沙張氏湘雨樓刻
本　四冊

220000－0801－0018053　集 3.48/143
海叟詩集四卷附錄一卷　（明）袁凱撰　清宣
統三年（1911）江西印刷局石印本　二冊

220000－0801－0018054　集 3.48/143－1
海叟詩集四卷附錄一卷　（明）袁凱撰　清宣
統三年（1911）江西印刷局石印本　二冊

220000－0801－0018055　集 3.48/146
姚文敏公遺稿十卷補一卷　（明）姚夔撰　清
光緒二十四年（1898）水明廔刻本　二冊

220000－0801－0018056　集 3.48/146－1
姚文敏公遺稿十卷補一卷　（明）姚夔撰　清
光緒二十四年（1898）水明廔刻本　二冊

220000－0801－0018057　集 3.48/147
贅言錄八卷附錄一卷　（明）戴豪撰　清宣統
三年（1911）志澄閣活字印本　二冊

220000－0801－0018058　集 3.48/149
藍山集六卷　（明）藍仁撰　清光緒四年
（1878）枕石草堂刻本　二冊

220000－0801－0018059　集 3.48/150
藍山詩集六卷　（明）藍仁撰　清末刻本
三冊

220000－0801－0018060　集 3.48/150－1

藍山詩集六卷 （明）藍仁撰 清末刻本
二冊

220000－0801－0018061 集 3.48/150－2
藍山詩集六卷 （明）藍仁撰 清末刻本
二冊

220000－0801－0018062 集 3.48/151
藍澗詩集六卷 （明）藍智撰 清光緒十四年
（1888）刻本 三冊

220000－0801－0018063 集 3.48/151－1
藍澗詩集六卷 （明）藍智撰 清光緒十四年
（1888）刻本 三冊

220000－0801－0018064 集 3.48/152
藍澗詩集六卷 （明）藍智撰 （清）程嗣祖編
清光緒十六年（1890）刻本 二冊

220000－0801－0018065 集 3.48/152－1
藍澗詩集六卷 （明）藍智撰 （清）程嗣祖編
清光緒十六年（1890）刻本 二冊

220000－0801－0018066 集 3.48/153
北泉文集四卷北泉詩集二卷 （明）藍田撰
南泉遺詩一卷 （明）藍困撰 東泉遺詩一卷
（明）藍因撰 清末鉛印本 二冊

220000－0801－0018067 集 3.48/155
堵文忠公集十卷附錄一卷年譜一卷 （明）堵
允錫著 清光緒十三年（1887）刻本 六冊

220000－0801－0018068 集 3.48/155－1
堵文忠公集十卷附錄一卷年譜一卷 （明）堵
允錫著 清光緒十三年（1887）刻本 六冊

220000－0801－0018069 集 3.48/155－2
堵文忠公集十卷附錄一卷年譜一卷 （明）堵
允錫著 清光緒十三年（1887）刻本 六冊

220000－0801－0018070 集 3.48/155－3
堵文忠公集十卷附錄一卷年譜一卷 （明）堵
允錫著 清光緒十三年（1887）刻本 七冊

220000－0801－0018071 集 3.48/155－4
堵文忠公集十卷附錄一卷年譜一卷 （明）堵
允錫著 清光緒十三年（1887）刻本 六冊

220000－0801－0018072 集 3.48/157
重刻天傭子全集十卷首一卷末一卷 （明）艾
南英撰 （清）蔡元鳳等評點 清光緒五年
（1879）刻本 十冊

220000－0801－0018073 集 3.48/158
皇華集類編十卷首一卷末一卷 （明）華察撰
（清）楊殿奎編 清光緒三年（1877）刻本
四冊

220000－0801－0018074 集 3.48/159
慮得集四卷附錄二卷 （明）華悰韡撰 清嘉
慶十八年（1813）刻本 一冊

220000－0801－0018075 集 3.48/160
韓五泉詩集四卷附二卷 （明）韓邦靖撰 清
嘉慶七年（1802）刻本 二冊

220000－0801－0018076 集 3.48/161
葛中翰遺集十二卷首一卷目錄一卷附錄一卷
（明）葛麟撰 （清）葛培義重輯 清光緒十
六年（1890）刻本 六冊

220000－0801－0018077 集 3.48/162
留耕堂集三卷 （明）葛錫璠撰 清宣統元年
（1909）鉛印本 三冊

220000－0801－0018078 集 3.48/169
未軒公文集十二卷附一卷補遺二卷目錄一卷
（明）黃仲昭撰 清刻本 六冊

220000－0801－0018079 集 3.48/169－1
未軒公文集十二卷附一卷補遺二卷目錄一卷
（明）黃仲昭撰 清刻本 六冊

220000－0801－0018080 集 3.48/170
黃漳浦集五十卷首一卷目錄二卷 （明）黃道
周著 清光緒刻本 二十四冊

220000－0801－0018081 集 3.48/170－1
黃漳浦集五十卷首一卷目錄二卷 （明）黃道
周著 清光緒刻本 十四冊

220000－0801－0018082 集 3.48/171
黃漳浦集五十卷目錄二卷年譜二卷 （明）黃
道周著 清末鉛印本 十六冊

220000－0801－0018083 集 3.48/173

餘姚黃忠端公集六卷　（明）黃尊素著　清光緒十三年(1887)刻本　一冊

220000－0801－0018084　集 3.48/174

蔡忠烈公遺集六卷　（明）蔡道憲撰　清道光二十八年(1848)刻本　六冊

220000－0801－0018085　集 3.48/175

賀文忠公遺集四卷末一卷　（明）賀逢聖著　清同治八年(1869)錦樹山房刻本　二冊

220000－0801－0018086　集 3.48/176

清江楊忠節公遺集八卷　（明）楊廷麟撰　清光緒五年(1879)刻本　六冊

220000－0801－0018087　集 3.48/176－1

清江楊忠節公遺集八卷　（明）楊廷麟撰　清光緒五年(1879)刻本　六冊

220000－0801－0018088　集 3.48/177

楊忠愍公全集三卷　（明）楊繼盛撰　（清）章鈺輯　清光緒二十年(1894)活字印本　一冊

220000－0801－0018089　集 3.48/178

楊忠愍公全集四卷　（明）楊繼盛撰　（清）章鈺輯　清道光八年(1828)刻本　四冊

220000－0801－0018090　集 3.48/179

楊椒山先生集四卷　（明）楊繼盛撰　清道光二十一年(1841)刻本　二冊

220000－0801－0018091　集 3.48/180

楊忠愍公全集六卷首一卷　（明）楊繼盛撰　(清)章鈺輯　清道光三十年(1850)刻本　四冊

220000－0801－0018092　集 3.48/181

楊忠愍公全集不分卷　（明）楊繼盛撰　（清）章鈺輯　清刻本　三冊

220000－0801－0018093　集 3.48/182

楊忠愍公全集不分卷　（明）楊繼盛撰　（清）章鈺輯　清末活字印本　一冊

220000－0801－0018094　集 3.48/183

楊忠愍公遺書不分卷　（明）楊繼盛撰　清同治元年(1862)刻本　一冊

220000－0801－0018095　集 3.48/184

楊椒山先生集四卷年譜一卷　（明）楊繼盛撰　清同治五年(1866)符齋張氏刻本　四冊

220000－0801－0018096　集 3.48/185

楊忠愍公集四卷　（明）楊繼盛撰　（清）魏光燾　（清）周漢校　清光緒九年(1883)甘肅藩署刻本　四冊

220000－0801－0018097　集 3.48/188

楊忠烈公文集十卷末一卷　（明）楊漣撰　清道光十三年(1833)世美堂刻本　十冊

220000－0801－0018098　集 3.48/189

楊忠烈公文集十卷末一卷表忠錄一卷　（明）楊漣撰　清同治四年(1865)世美堂刻本　十二冊

220000－0801－0018099　集 3.48/192

楊升庵外集一百卷　（明）楊慎著　清道光二十四年(1844)刻本　二十四冊

220000－0801－0018100　集 3.48/196

少室山房筆叢四十八卷　（明）胡應麟撰　清光緒二十二年(1896)廣雅書局刻本　十二冊

220000－0801－0018101　集 3.48/196－1

少室山房筆叢四十八卷　（明）胡應麟撰　清光緒二十二年(1896)廣雅書局刻本　十六冊

220000－0801－0018102　集 3.48/196－2

少室山房筆叢四十八卷　（明）胡應麟撰　清光緒二十二年(1896)廣雅書局刻本　十冊

220000－0801－0018103　集 3.48/197

文敬胡先生集三卷居業錄十二卷　（明）胡居仁著　（明）余祐編輯　清光緒六年(1880)六安求我齋刻本　四冊

220000－0801－0018104　集 3.48/199

松石齋詩集六卷　（明）趙用賢著　清光緒二十二年(1896)常熟趙氏承啓堂刻本　一冊

220000－0801－0018105　集 3.48/199－1

松石齋詩集六卷　（明）趙用賢著　清光緒二十二年(1896)常熟趙氏承啓堂刻本　一冊

220000－0801－0018106　集 3.48/199－2

松石齋詩集六卷 （明）趙用賢著 清光緒二
十二年(1896)常熟趙氏承啓堂刻本 一冊

220000－0801－0018107 集3.48/200

松石齋文集二十五卷 （明）趙用賢著 清光
緒二十八年（1902）常熟趙氏承啓堂刻本
八冊

220000－0801－0018108 集3.48/202

史忠正公集四卷首一卷末一卷 （明）史可法
撰 清咸豐六年(1856)追遠堂刻本 二冊

220000－0801－0018109 集3.48/202－1

史忠正公集四卷首一卷末一卷 （明）史可法
撰 清咸豐六年(1856)追遠堂刻本 二冊

220000－0801－0018110 集3.48/203

史忠正公集四卷首一卷末一卷 （明）史可法
撰 清道光二十九年（1849）尊經閣刻本
二冊

220000－0801－0018111 集3.48/204

史忠正公集四卷首一卷末一卷 （明）史可法
撰 清道光三十年（1850）刻本 二冊

220000－0801－0018112 集3.48/205

史忠正公集四卷首一卷末一卷 （明）史可法
撰 清同治七年(1868)楚醴景萊書室刻本
二冊

220000－0801－0018113 集3.48/206

史忠正公集四卷首一卷末一卷 （明）史可法
撰 清同治十年（1871）刻本 二冊

220000－0801－0018114 集3.48/207

史忠正公文集四卷首一卷 （明）史可法撰
清同治十二年(1873)述荊堂刻本 二冊

220000－0801－0018115 集3.48/207－1

史忠正公文集四卷首一卷 （明）史可法撰
清同治十二年(1873)述荊堂刻本 二冊

220000－0801－0018116 集3.48/207－2

史忠正公文集四卷首一卷 （明）史可法撰
清同治十二年(1873)述荊堂刻本 四冊

220000－0801－0018117 集3.48/208

止止堂集五卷 （明）戚繼光撰 清光緒十四

年(1888)山東書局刻本 四冊

220000－0801－0018118 集3.48/208－1

止止堂集五卷 （明）戚繼光撰 清光緒十四
年(1888)山東書局刻本 四冊

220000－0801－0018119 集3.48/211

重刻一峯先生集十卷首一卷附錄二卷 （明）
羅倫撰 清道光二十九年（1849）刻本 六冊

220000－0801－0018120 集3.48/213

鈐山堂集四十卷 （明）嚴嵩撰 清嘉慶十一
年(1806)刻本 十冊

220000－0801－0018121 集3.48/217

太師誠意伯劉文成公集二十卷 （明）劉基撰
清刻本 十冊

220000－0801－0018122 集3.48/220

陳臥子先生安雅堂稿十五卷兵垣奏議二卷
（明）陳子龍撰 清宣統二年(1910)時中書局
鉛印本 八冊

220000－0801－0018123 集3.48/220－1

陳臥子先生安雅堂稿十五卷兵垣奏議二卷
（明）陳子龍撰 清宣統二年(1910)時中書局
鉛印本 六冊

220000－0801－0018124 集3.48/223

南村詩集四卷首一卷 （明）陶宗儀撰 清刻
本 一冊

220000－0801－0018125 集3.48/224

雙崖文集四卷附錄一卷 （明）周忱撰 （清）
周繼奎重校 清光緒四年（1878）山前崇恩堂
刻本 五冊

220000－0801－0018126 集3.48/225

周忠介公燼餘集三卷年譜一卷遺事一卷
（明）周順昌撰 （明）殷獻臣作 清光緒二十
九年（1903）刻本 二冊

220000－0801－0018127 集3.48/225－1

周忠介公燼餘集三卷年譜一卷遺事一卷
（明）周順昌撰 （明）殷獻臣作 清光緒二十
九年（1903）刻本 二冊

220000－0801－0018128 集3.48/225－2

周忠介公燼餘集三卷年譜一卷遺事一卷
（明）周順昌撰　（明）殷獻臣作　清光緒二十
九年(1903)刻本　二冊

220000－0801－0018129　集 3.48/225－3
周忠介公燼餘集三卷年譜一卷遺事一卷
（明）周順昌撰　（明）殷獻臣作　清光緒二十
九年(1903)刻本　三冊

220000－0801－0018130　集 3.48/226
震川先生別集十卷　（明）歸有光撰　清末刻
本　十二冊

220000－0801－0018131　集 3.48/226－1
震川先生別集十卷　（明）歸有光撰　清末刻
本　一冊　存二卷(一至二)

220000－0801－0018132　集 3.48/226－2
震川先生別集十卷　（明）歸有光撰　清末刻
本　四冊

220000－0801－0018133　集 3.48/227
萬一樓集五十六卷續六卷外集十卷目錄一卷
　（明）駱問禮撰　清嘉慶十年(1805)活字印
本　十二冊

220000－0801－0018134　集 3.48/227－1
萬一樓集五十六卷續六卷外集十卷目錄一卷
　（明）駱問禮撰　清嘉慶十年(1805)活字印
本　十二冊

220000－0801－0018135　集 3.48/237
賜誠堂文集十六卷　（明）管紹甯撰　清光緒
三年(1877)刻本　二冊

220000－0801－0018136　集 3.48/237－1
賜誠堂文集十六卷　（明）管紹甯撰　清光緒
三年(1877)刻本　四冊

220000－0801－0018137　集 3.48/237－2
賜誠堂文集十六卷　（明）管紹甯撰　清光緒
三年(1877)刻本　二冊

220000－0801－0018138　集 3.48/237－3
賜誠堂文集十六卷　（明）管紹甯撰　清光緒
三年(1877)刻本　二冊

220000－0801－0018139

賜誠堂文集十六卷　（明）管紹甯撰　清光緒
三年(1877)刻本　二冊

220000－0801－0018140　集 3.48/239
鹿忠節公集二十一卷　（明）鹿善繼撰　清道
光二十三年(1843)刻本　六冊

220000－0801－0018141　集 3.48/240
誠意伯集二十卷　（明）劉基撰　清光緒二十
六年(1900)浙江書局刻本　十冊

220000－0801－0018142　集 3.48/241
龔安節公野古集三卷附錄一卷　（明）龔詡撰
　清光緒二十八年(1902)刻本　一冊

220000－0801－0018143　集 3.48/241－1
龔安節公野古集三卷附錄一卷　（明）龔詡撰
　清光緒二十八年(1902)刻本　一冊

220000－0801－0018144　集 3.48/242
兩谿文集二十四卷　（明）劉球撰　清宣統二
年(1910)守政書局活字印本　四冊

220000－0801－0018145　集 3.48/242－1
兩谿文集二十四卷　（明）劉球撰　清宣統二
年(1910)守政書局活字印本　四冊

220000－0801－0018146　集 3.48/243
太師誠意伯劉文成公集二十卷　（明）劉基撰
　清刻本　十六冊

220000－0801－0018147　集 3.48/243－1
太師誠意伯劉文成公集二十卷　（明）劉基撰
　清刻本　八冊

220000－0801－0018148　集 3.48/244
慮得集四卷附錄二卷　（明）華悰韡撰　清同
治十一年(1872)刻本　一冊

220000－0801－0018149　集 3.48/246
返生香一卷附集一卷竊聞一卷竊續一卷
（明）葉小鸞撰　清光緒二十二年(1896)影印
本　四冊

220000－0801－0018150　集 3.48/246－1
返生香一卷附集一卷竊聞一卷竊續一卷
（明）葉小鸞撰　清光緒二十二年(1896)影印
本　二冊

220000－0801－0018151　集 3.48/246－2

返生香一卷附集一卷窃聞一卷窃續一卷
（明）葉小鸞撰　清光緒二十二年(1896)影印本　二冊

220000－0801－0018152　集 3.48/246－3

返生香一卷附集一卷窃聞一卷窃續一卷
（明）葉小鸞撰　清光緒二十二年(1896)影印本　一冊

220000－0801－0018153　集 3.48/246－4

返生香一卷附集一卷窃聞一卷窃續一卷
（明）葉小鸞撰　清光緒二十二年(1896)影印本　一冊

220000－0801－0018154　集 3.48/248

邊華泉詩集七卷附錄一卷　（明）邊貢撰　清光緒二十一年(1895)刻本　四冊

220000－0801－0018155　集 3.48/254

布衣陳先生遺集四卷　（明）陳真晟撰　清道光六年(1826)東山書院刻本　四冊

220000－0801－0018156　集 3.48/255

來禽館集二十九卷目錄一卷　（明）邢侗撰　清光緒十七年(1891)刻本　十二冊

220000－0801－0018157　集 3.48/256

桴亭先生志學錄不分卷　（明）陸桴亭撰　清道光十年(1830)抄本　一冊

220000－0801－0018158　集 3.48/257

藏山閣詩存十三卷文存六卷尺牘四卷　（明）錢秉鐙著　清光緒三十四年(1908)鉛印本　四冊

220000－0801－0018159　集 3.48/258

蕩南集四卷蕩南李詩註摭遺一卷雲松巢詩集五卷　（明）朱諫輯　清同治十三年(1874)甌城梅師古齋刻本　三冊

220000－0801－0018160　集 3.48/259

苑洛集二十二卷　（明）韓邦奇撰　清道光八年(1828)刻本　十冊

220000－0801－0018161　集 3.48/259－1

苑洛集二十二卷　（明）韓邦奇撰　清道光八

年(1828)刻本　十一冊

220000－0801－0018162　集 3.48/259－2

苑洛集二十二卷　（明）韓邦奇撰　清道光八年(1828)刻本　十冊

220000－0801－0018163　集 3.48/259－3

苑洛集二十二卷　（明）韓邦奇撰　清道光八年(1828)刻本　十冊

220000－0801－0018164　集 3.48/262

蘿石山房集四卷奏疏一卷梅花屋詩草一卷左忠貞外紀一卷　（明）左懋第撰　清同治十三年(1874)刻本　八冊

220000－0801－0018165　集 3.48/266

掩關集二卷　（明）劉繼善撰　清道光十九年(1839)世德堂刻本　一冊

220000－0801－0018166　集 3.48/269

晚聞堂集十六卷　（明）余紹祉撰　清道光十七年(1837)刻本　五冊

220000－0801－0018167　集 3.48/269－1

晚聞堂集十六卷　（明）余紹祉撰　清道光十七年(1837)刻本　五冊

220000－0801－0018168　集 3.48/269－2

晚聞堂集十六卷　（明）余紹祉撰　清道光十七年(1837)刻本　五冊

220000－0801－0018169　集 3.48/270

瞿忠宣公集十卷　（明）瞿式耜撰　清光緒十三年(1887)刻本　一冊

220000－0801－0018170　集 3.48/270－1

瞿忠宣公集十卷　（明）瞿式耜撰　清光緒十三年(1887)刻本　四冊

220000－0801－0018171　集 3.48/270－2

瞿忠宣公集十卷　（明）瞿式耜撰　清光緒十三年(1887)刻本　四冊

220000－0801－0018172　集 3.48/270－3

瞿忠宣公集十卷　（明）瞿式耜撰　清光緒十三年(1887)刻本　四冊

220000－0801－0018173　集 3.48/271

288

呂半隱詩集三卷　（明）呂潛撰　清光緒十五年(1889)刻本　一冊

220000－0801－0018174　集 3.48/272

鷺股詩集不分卷　（明）段所原撰　清刻本　一冊

220000－0801－0018175　集 3.48/274

明三十家詩選初集八卷二集八卷　（清）汪端輯　清同治十二年(1873)蘊蘭吟館刻本　八冊

220000－0801－0018176　集 3.48/275

邱文莊公集十卷　（明）邱濬撰　海忠介公集六卷目錄一卷　（明）海瑞撰　清同治十年(1871)可繼堂刻本　八冊

220000－0801－0018177　集 3.48/275－1

邱文莊公集十卷　（明）邱濬撰　海忠介公集六卷目錄一卷　（明）海瑞撰　清同治十年(1871)可繼堂刻本　十冊

220000－0801－0018178　集 3.48/277

邱海二公合集十六卷　（明）海瑞　（明）邱濬撰　清同治十年(1871)刻本　十冊

220000－0801－0018179　集 3.48/278

劉子全書遺編二十四卷首一卷　（明）劉宗周撰　清光緒十八年(1892)刻本　十二冊

220000－0801－0018180　集 3.48/278－1

劉子全書遺編二十四卷首一卷　（明）劉宗周撰　清光緒十八年(1892)刻本　十二冊

220000－0801－0018181　集 3.48/279

劉蕺山文粹二卷　（明）劉宗周撰　清光緒二十二年(1896)刻本　二冊

220000－0801－0018182　集 3.48/279－1

劉蕺山文粹二卷　（明）劉宗周撰　清光緒二十二年(1896)刻本　二冊

220000－0801－0018183　集 3.48/280

陶元暉中丞遺集二卷首一卷　（明）陶朗先撰　清光緒二十四年(1898)蘭州書局鉛印本　一冊

220000－0801－0018184　集 3.48/282

陶庵集二十二卷首一卷末一卷　（明）黃淳耀撰　清光緒十八年(1892)知服齋刻本　四冊

220000－0801－0018185　集 3.48/283

陶庵集二十二卷首一卷末一卷　（明）黃淳耀撰　清光緒五年(1879)刻本　八冊

220000－0801－0018186　集 3.48/284

陳忠裕全集三十卷首一卷末一卷年譜三卷　（明）陳子龍撰　清同治八年(1869)刻本　十冊

220000－0801－0018187　集 3.48/284－1

陳忠裕全集三十卷首一卷末一卷年譜三卷　（明）陳子龍撰　清同治八年(1869)刻本　十冊

220000－0801－0018188　集 3.48/286

陳岩野先生全集四卷　（清）陳邦彥撰　清嘉慶十年(1805)聽松閣刻本　四冊

220000－0801－0018189　集 3.48/289

月鹿堂文集八卷　（明）張夢澤撰　清道光六年(1826)刻本　四冊

220000－0801－0018190　集 3.48/289－1

月鹿堂文集八卷　（明）張夢澤撰　清道光六年(1826)刻本　四冊

220000－0801－0018191　集 3.48/289－2

月鹿堂文集八卷　（明）張夢澤撰　清道光六年(1826)刻本　四冊

220000－0801－0018192　集 3.48/290

學古齋集三卷　（明）瞿俊撰　清宣統二年(1910)鐵琴銅劍樓瞿氏刻本　一冊

220000－0801－0018193　集 3.48/290－1

學古齋集三卷　（明）瞿俊撰　清宣統二年(1910)鐵琴銅劍樓瞿氏刻本　一冊

220000－0801－0018194　集 3.48/296

金忠節公文集八卷　（明）金聲撰　清光緒十四年(1888)刻本　六冊

220000－0801－0018195　集 3.48/296－1

金忠節公文集八卷　（明）金聲撰　清光緒十四年(1888)刻本　四冊

220000－0801－0018196　集 3.48/296－2
金忠節公文集八卷 （明）金聲撰　清光緒十
四年(1888)刻本　四冊

220000－0801－0018197　集 3.48/296－3
金忠節公文集八卷 （明）金聲撰　清光緒十
四年(1888)刻本　四冊

220000－0801－0018198　集 3.48/296－4
金忠節公文集八卷 （明）金聲撰　清光緒十
四年(1888)刻本　四冊

220000－0801－0018199　集 3.48/297
金忠節公文集八卷 （明）金聲撰　清道光七
年(1827)嘉魚忠肅堂刻本　四冊

220000－0801－0018200　集 3.48/297－1
金忠節公文集八卷 （明）金聲撰　清道光七
年(1827)嘉魚忠肅堂刻本　四冊

220000－0801－0018201　集 3.48/298
翁山詩外十九卷 （清）屈大均撰　清宣統二
年(1910)國學扶輪社鉛印本　十二冊

220000－0801－0018202　集 3.48/298－1
翁山詩外十九卷 （清）屈大均撰　清宣統二
年(1910)國學扶輪社鉛印本　十二冊

220000－0801－0018203　集 3.48/298－2
翁山詩外十九卷 （清）屈大均撰　清宣統二
年(1910)國學扶輪社鉛印本　十二冊

220000－0801－0018204　集 3.48/299
翁山文外十六卷 （清）屈大均撰　清宣統二
年(1910)上海國學扶輪社鉛印本　五冊

220000－0801－0018205　集 3.48/299－1
翁山文外十六卷 （清）屈大均撰　清宣統二
年(1910)上海國學扶輪社鉛印本　五冊

220000－0801－0018206　集 3.48/300
瓶花齋集十卷 （明）袁宏道撰　清宣統三年
(1911)抱殘守缺齋石印本　四冊

220000－0801－0018207　集 3.48/302
炳燭齋文集初刻一卷續刻一卷 （明）顧大韶
撰　清宣統元年(1909)國學扶輪社鉛印本
二冊

220000－0801－0018208　集 3.48/303
少谷詩集八卷 （明）鄭善夫撰　清咸豐三年
(1853)刻本　五冊

220000－0801－0018209　集 3.48/304
少谷全集二十四卷 （明）鄭善夫撰　清道光
四年(1824)刻本　十冊

220000－0801－0018210　集 3.48/310
宋文憲公全集五十三卷 （明）宋濂撰　清嘉
慶十五年(1810)刻本　十四冊

220000－0801－0018211　集 3.48/310－1
宋文憲公全集五十三卷 （明）宋濂撰　清嘉
慶十五年(1810)刻本　二十冊

220000－0801－0018212　集 3.48/313
練溪集四卷 （明）凌震撰　清嘉慶十九年
(1814)壽世堂刻本　四冊

220000－0801－0018213　集 3.48/319
太史升庵遺集二十六卷 （明）楊慎撰　清道
光二十四年(1844)景清堂刻本　六冊

220000－0801－0018214　集 3.48/321
濂溪遺芳集一卷 （明）尹襄等撰　清光緒四
年(1878)刻本　一冊

220000－0801－0018215　集 3.48/327
芙蓉亭詩鈔八卷 （明）蔡榮名撰　（明）王維
翰參訂　清光緒十五年(1889)刻本　一冊

220000－0801－0018216　集 3.48/332
楊椒山家訓十九條 （明）楊繼盛撰　清刻本
　一冊

220000－0801－0018217　集 3.48/333
柏樓吟二卷傳一卷 （明）孟蘊撰　清嘉慶十
六年(1811)仁壽堂刻本　一冊

220000－0801－0018218　集 3.48/335
快雪堂尺牘十三卷 （明）馮夢禎著　清粤東
書局刻本　六冊

220000－0801－0018219　集 3.48/336
兩谿劉忠愍公文集二十四卷 （明）劉球撰
清宣統二年(1910)守政書局刻本　四冊

220000 – 0801 – 0018220　集 3.48/337

春浮園詩集一卷　（明）蕭士瑋撰　清光緒刻本　一冊

220000 – 0801 – 0018221　集 3.48/339

龔安節公野古集三卷　（明）龔詡撰　清光緒元年(1875)對樹書屋刻本　一冊

220000 – 0801 – 0018222　集 3.48/342

保閒堂集二十六卷　（明）趙士春撰　清光緒九年(1883)常熟趙氏木活字印本　四冊

220000 – 0801 – 0018223　集 3.48/344

青邱高季迪先生詩集十八卷首一卷補遺一卷扣舷集一卷鳧藻集五卷附錄一卷　（明）高啟撰　（清）金檀輯註　清平湖寶芸堂刻本　十二冊

220000 – 0801 – 0018224　集 3.48/345

魏莊渠先生集二卷　（明）魏校撰　（清）張伯行輯　清同治福州正誼書局刻本　四冊

220000 – 0801 – 0018225　集 3.49/1

水田居激書二卷詩觸一卷文集一卷　（清）賀貽孫著　清咸豐三年(1853)刻本　四冊

220000 – 0801 – 0018226　集 3.49/3

亭林文集六卷亭林餘集一卷　（清）顧炎武撰　清光緒三十二年(1906)刻本　一冊

220000 – 0801 – 0018227　集 3.49/4

亭林詩文集六卷詩集五卷餘集一卷　（清）顧炎武撰　清光緒四年(1878)上海文瑞樓影印本　四冊

220000 – 0801 – 0018228　集 3.49/4 – 1

亭林詩文集六卷詩集五卷餘集一卷　（清）顧炎武撰　清光緒四年(1878)上海文瑞樓影印本　四冊

220000 – 0801 – 0018229　集 3.49/6

胡文忠公遺集十卷首一卷　（清）胡林翼撰　清同治五年(1866)刻本　八冊

220000 – 0801 – 0018230　集 3.49/7

敦艮齋遺書十七卷　（清）徐潤第撰　清道光十一年(1831)刻本　六冊

220000 – 0801 – 0018231　集 3.49/7 – 1

敦艮齋遺書十七卷　（清）徐潤第撰　清道光十一年(1831)刻本　四冊

220000 – 0801 – 0018232　集 3.49/9

齊召南移居倡詶集四卷首一卷末一卷　（清）齊毓川輯　精刊聊齋詞不分卷　（清）蒲松齡撰　清宣統二年(1910)上海國學扶輪社影印本　二冊

220000 – 0801 – 0018233　集 3.49/9 – 1

齊召南移居倡詶集四卷首一卷末一卷　（清）齊毓川輯　精刊聊齋詞不分卷　（清）蒲松齡撰　清宣統二年(1910)上海國學扶輪社影印本　一冊

220000 – 0801 – 0018234　集 3.49/9 – 2

齊召南移居倡詶集四卷首一卷末一卷　（清）齊毓川輯　精刊聊齋詞不分卷　（清）蒲松齡撰　清宣統二年(1910)上海國學扶輪社影印本　一冊

220000 – 0801 – 0018235　集 3.49/10

齊雲山人文集一卷　（清）洪符孫著　清光緒九年(1883)刻本　一冊

220000 – 0801 – 0018236　集 3.49/12

船山詩註二十卷目錄一卷　（清）張問陶撰　清同治九年(1870)刻本　十七冊

220000 – 0801 – 0018237　集 3.49/15

唐確慎公集十卷首一卷末一卷　（清）唐鑑撰　清光緒元年(1875)刻本　三冊

220000 – 0801 – 0018238　集 3.49/15 – 1

唐確慎公集十卷首一卷末一卷　（清）唐鑑撰　清光緒元年(1875)刻本　六冊

220000 – 0801 – 0018239　集 3.49/15 – 2

唐確慎公集十卷首一卷末一卷　（清）唐鑑撰　清光緒元年(1875)刻本　六冊

220000 – 0801 – 0018240　集 3.49/16

唐宋舊經樓詩稿六卷　（清）孔璐華撰　清嘉慶二十一年(1816)刻本　四冊

220000 – 0801 – 0018241　集 3.49/18

哀忠集一卷 （清）袁翼撰 清咸豐七年（1857）活字印本 一冊

220000－0801－0018242 集 3.49/18－1

哀忠集一卷 （清）袁翼撰 清咸豐七年（1857）活字印本 一冊

220000－0801－0018243 集 3.49/19

鹿洲全集八種 （清）藍鼎元撰 清光緒五年（1879）藍謙補刻本 二十四冊

220000－0801－0018244 集 3.49/19－1

鹿洲全集八種 （清）藍鼎元撰 清光緒五年（1879）藍謙補刻本 二十冊 缺二卷（鹿洲奏疏一卷、鹿洲藏稿一卷）

220000－0801－0018245 集 3.49/19－2

鹿洲全集八種 （清）藍鼎元撰 清光緒五年（1879）藍謙補刻本 二十四冊

220000－0801－0018246 集 3.49/19－3

鹿洲全集八種 （清）藍鼎元撰 清光緒五年（1879）藍謙補刻本 八冊 存二十卷（鹿洲初集二十卷）

220000－0801－0018247 集 3.49/19－4

鹿洲全集八種 （清）藍鼎元撰 清光緒五年（1879）藍謙補刻本 二十四冊 缺一卷（鹿洲藏稿一卷）

220000－0801－0018248 集 3.49/19－5

鹿洲全集八種 （清）藍鼎元撰 清光緒五年（1879）藍謙補刻本 二十一冊 缺六卷（綿陽學準五卷、鹿洲藏稿一卷）

220000－0801－0018249 集 3.49/20

亦園詩稿刪存二卷 （清）秦昂若撰 清道光十一年（1831）雲香閣刻本 一冊

220000－0801－0018250 集 3.49/21

亦有生齋詩集三十二卷目錄一卷詞集五卷 （清）趙懷玉撰 清嘉慶二十年（1815）刻本 十二冊

220000－0801－0018251 集 3.49/23

授堂文鈔八卷 （清）武億撰 清光緒元年（1875）刻本 三冊

220000－0801－0018252 集 3.49/24

瘦石詩鈔三十三卷文鈔十三卷 （清）孫錤撰 清道光二十九年（1849）刻本 十冊

220000－0801－0018253 集 3.49/27

文靖先生詩鈔十三卷 （清）孫世儀著 清道光六年（1826）刻本 六冊

220000－0801－0018254 集 3.49/28

文乙集二卷 （清）董祐誠撰 清末刻本 一冊

220000－0801－0018255 集 3.49/29

文詠樓詩鈔五卷虛白堂詞鈔一卷環翠閣詩鈔一卷詞鈔一卷 （清）沈璧璵 （清）張介撰 清刻本 一冊

220000－0801－0018256 集 3.49/34

六半樓詩鈔四卷 （清）蔡鵬飛撰 清光緒十年（1884）刻本 一冊

220000－0801－0018257 集 3.49/34－1

六半樓詩鈔四卷 （清）蔡鵬飛撰 清光緒十年（1884）刻本 一冊

220000－0801－0018258 集 3.49/35

六硯草堂詩集四卷 （清）延君壽撰 清道光六年（1826）刻本 四冊

220000－0801－0018259 集 3.49/36

林澤堂詩鈔一卷補遺一卷 （清）孫思曾撰 清光緒十四年（1888）刻本 一冊

220000－0801－0018260 集 3.49/37

龔定盦別集一卷詩集定本二卷詞定本一卷集外未刻詩一卷集外未刻詞一卷 （清）龔自珍撰 清宣統二年（1910）鉛印本 二冊

220000－0801－0018261 集 3.49/40

評月樓遺詩二卷末一卷 （清）陳三陛撰 清嘉慶十九年（1814）刻本 一冊

220000－0801－0018262 集 3.49/40－1

評月樓遺詩二卷末一卷 （清）陳三陛撰 清嘉慶十九年（1814）刻本 二冊

220000－0801－0018263 集 3.49/41

龍池詩選三卷 （清）余彪撰 清乾隆三十九

年(1774)刻本　一冊

220000－0801－0018264　集 3.49/42

龍壁山房全集文集五卷詩草十七卷茂陵秋雨
詞四卷歸方評點史記合筆六卷　（清）王拯撰
　清光緒九年(1883)刻本　十冊

220000－0801－0018265　集 3.49/44

刻楮集四卷　（清）錢儀吉撰　清道光十二年
(1832)刻本　一冊

220000－0801－0018266　集 3.49/45

詒清堂稿不分卷　（清）譚祖同撰　清同治十
三年(1874)刻本　一冊

220000－0801－0018267　集 3.49/46

詒安堂詩初稿八卷二集八卷　（清）王慶勳撰
　清咸豐三年(1853)刻本　三冊

220000－0801－0018268　集 3.49/48

詠物七言律詩偶記一卷　（清）翁方綱撰　清
刻本　一冊

220000－0801－0018269　集 3.49/50

謝梅莊先生遺集八卷附西北域記一卷　（清）
謝濟世撰　清光緒三十四年(1908)鉛印本
二冊

220000－0801－0018270　集 3.49/50－1

謝梅莊先生遺集八卷附西北域記一卷　（清）
謝濟世撰　清光緒三十四年(1908)鉛印本
二冊

220000－0801－0018271　集 3.49/51

詩存四卷觀劇絕句一卷　（清）金德瑛撰　清
嘉慶刻本　一冊

220000－0801－0018272　集 3.49/52

詩饞不分卷　（清）陳廷慶撰　清嘉慶七年
(1802)刻本　一冊

220000－0801－0018273　集 3.49/53

尺牘味新四卷　（清）紉裳居士編　清道光二
十三年(1843)文德堂刻本　二冊

220000－0801－0018274　集 3.49/54

謫麐堂遺集四卷　（清）戴望撰　清光緒元年
(1875)刻本　二冊

220000－0801－0018275　集 3.49/55

讀杜小箋三卷　（清）錢謙益撰　清宣統三年
(1911)影印本　一冊

220000－0801－0018276　集 3.49/58

讀騷樓詩初集四卷　（清）陳逢衡撰　清刻本
　二冊

220000－0801－0018277　集 3.49/59

讀白華草堂詩集初集九卷二集十二卷首蒨集
八卷　（清）黃釗撰　清道光二十八年(1848)
刻本　八冊

220000－0801－0018278　集 3.49/60

古均閣遺著二卷　（清）許槤撰　清光緒二十
二年(1896)刻本　一冊

220000－0801－0018279　集 3.49/61

讀畫齋偶輯四卷　（清）顧修輯　清嘉慶十四
年(1809)刻本　四冊

220000－0801－0018280　集 3.49/62

望溪文集補遺一卷　（清）方苞撰　清光緒二
十九年(1903)刻本　一冊

220000－0801－0018281　集 3.49/63

論文偶記一卷　（清）劉大櫆撰　惜抱軒語一
卷　（清）姚鼐撰　清光緒十八年(1892)刻本
　一冊

220000－0801－0018282　集 3.49/65

隨園駢體文註十六卷　（清）袁枚撰　（清）黎
光地註　清光緒十二年(1886)刻本　八冊

220000－0801－0018283　集 3.49/67

韻山堂詩集七卷補遺一卷　（清）王文誥撰
清光緒十四年(1888)刻本　一冊

220000－0801－0018284　集 3.49/69

說詩晬語二卷　（清）沈德潛撰　清刻本
一冊

220000－0801－0018285　集 3.49/70

說詩晬語二卷　（清）沈德潛撰　清嘉慶三年
(1798)刻本　一冊

220000－0801－0018286　集 3.49/70－1

說詩晬語二卷　（清）沈德潛撰　清嘉慶三年

293

(1798)刻本　一册

220000－0801－0018287　集 3.49/73
放猨集一卷桐江集一卷江山風月集一卷
（清）潘曾沂撰　清咸豐二年（1852）刻本
一册

220000－0801－0018288　集 3.49/75
一粟軒集六卷　（清）鮑臺撰　清道光二十六
年（1846）刻本　六册

220000－0801－0018289　集 3.49/79
一勺集不分卷　（清）施朝幹撰　清道光二十
六年（1846）刻本　一册

220000－0801－0018290　集 3.49/79－1
一勺集不分卷　（清）施朝幹撰　清道光二十
六年（1846）刻本　一册

220000－0801－0018291　集 3.49/80
一簾花影樓試律詩一卷律賦一卷　（清）朱鳳
毛撰　清光緒十五年（1889）刻本　一册

220000－0801－0018292　集 3.49/80－1
一簾花影樓試律詩一卷律賦一卷　（清）朱鳳
毛撰　清光緒十五年（1889）刻本　一册

220000－0801－0018293　集 3.49/82
二林居集二十四卷　（清）彭紹升撰　清嘉慶
四年（1799）刻本　四册

220000－0801－0018294　集 3.49/82－1
二林居集二十四卷　（清）彭紹升撰　清嘉慶
四年（1799）刻本　四册

220000－0801－0018295　集 3.49/83
二希堂文集十一卷首一卷　（清）蔡世遠撰
清道光十七年（1837）刻本　八册

220000－0801－0018296　集 3.49/83－1
二希堂文集十一卷首一卷　（清）蔡世遠撰
清道光十七年（1837）刻本　六册

220000－0801－0018297　集 3.49/85
三秀齋詩鈔二卷　（清）鮑之芬撰　清光緒十
年（1884）刻本　一册

220000－0801－0018298　集 3.49/86

三松堂詩集二十卷續集六卷文集四卷年譜一
卷目錄一卷附水雲笛譜一卷　（清）潘奕雋撰
　　清同治十一年（1872）刻本　十册

220000－0801－0018299　集 3.49/86－1
三松堂詩集二十卷續集六卷文集四卷年譜一
卷目錄一卷附水雲笛譜一卷　（清）潘奕雋撰
　　清同治十一年（1872）刻本　八册

220000－0801－0018300　集 3.49/88
三魚堂文集十二卷外集六卷魏總憲奏疏一卷
三魚堂全集附錄一卷　（清）陸隴其撰　清道
光刻本　五册

220000－0801－0018301　集 3.49/88－1
三魚堂文集十二卷外集六卷魏總憲奏疏一卷
三魚堂全集附錄一卷　（清）陸隴其撰　清道
光刻本　八册

220000－0801－0018302　集 3.49/89
三魚堂文集十二卷外集六卷　（清）陸隴其撰
　　清同治九年（1870）武林刻本　十二册

220000－0801－0018303　集 3.49/89－1
三魚堂文集十二卷外集六卷　（清）陸隴其撰
　　清同治九年（1870）武林刻本　七册

220000－0801－0018304　集 3.49/93
正聲集四卷詞一卷　（清）施朝幹撰　清嘉慶
五年（1800）刻本　一册

220000－0801－0018305　集 3.49/93－1
正聲集四卷詞一卷　（清）施朝幹撰　清嘉慶
五年（1800）刻本　一册

220000－0801－0018306　集 3.49/95
玉山草堂詩集三十卷　（清）錢林撰　清道光
十五年（1835）刻本　六册

220000－0801－0018307　集 3.49/96
海峰文集十九卷　（清）劉大櫆撰　清同治十
三年（1874）刻本　八册

220000－0801－0018308　集 3.49/96－1
海峰文集十九卷　（清）劉大櫆撰　清同治十
三年（1874）刻本　八册

220000－0801－0018309　集 3.49/97

玉通詩選二卷拾遺一卷 （清）劉心瑤撰 清光緒二十七年（1901）刻本 一冊

220000 – 0801 – 0018310 集 3.49/98
玉蘭山館吟草六卷 （清）祝悅霖撰 清嘉慶二十五年（1820）刻本 二冊

220000 – 0801 – 0018311 集 3.49/100
玉芝堂文集六卷 （清）邵齊燾撰 清光緒八年（1882）刻本 二冊

220000 – 0801 – 0018312 集 3.49/101
玉樹山房遺集四卷 （清）汪寶崧撰 清末鉛印本 二冊

220000 – 0801 – 0018313 集 3.49/102
玉笙樓詩錄十二卷 （清）沈壽榕撰 清光緒九年（1883）刻本 六冊

220000 – 0801 – 0018314 集 3.49/102 – 1
玉笙樓詩錄十二卷 （清）沈壽榕撰 清光緒九年（1883）刻本 六冊

220000 – 0801 – 0018315 集 3.49/102 – 2
玉笙樓詩錄十二卷 （清）沈壽榕撰 清光緒九年（1883）刻本 七冊

220000 – 0801 – 0018316 集 3.49/103
有正味齋駢體文十六卷 （清）吳錫麒著（清）葉聯芬箋註 清同治七年（1868）刻本 八冊

220000 – 0801 – 0018317 集 3.49/104
五硯齋文鈔十卷 （清）沈赤然撰 清刻本 一冊

220000 – 0801 – 0018318 集 3.49/105
五百四峰堂詩鈔二十五卷 （清）黎簡撰 清嘉慶刻本 十冊

220000 – 0801 – 0018319 集 3.49/105 – 1
五百四峰堂詩鈔二十五卷 （清）黎簡撰 清嘉慶刻本 七冊

220000 – 0801 – 0018320 集 3.49/106
五是堂詩集八卷附五是堂行狀一卷 （清）顧王霖撰 清光緒二十四年（1898）刻本 二冊

220000 – 0801 – 0018321 集 3.49/108
靈芬館雜著二卷 （清）郭麐撰 清光緒九年（1883）蛟川張氏刻本 二冊

220000 – 0801 – 0018322 集 3.49/108 – 1
靈芬館雜著二卷 （清）郭麐撰 清光緒九年（1883）蛟川張氏刻本 一冊

220000 – 0801 – 0018323 集 3.49/109
靈巖山人詩集四十卷附年譜二卷 （清）畢沅撰 清嘉慶十二年（1807）刻本 二十四冊

220000 – 0801 – 0018324 集 3.49/109 – 1
靈巖山人詩集四十卷附年譜二卷 （清）畢沅撰 清嘉慶十二年（1807）刻本 十六冊

220000 – 0801 – 0018325 集 3.49/109 – 2
靈巖山人詩集四十卷附年譜二卷 （清）畢沅撰 清嘉慶十二年（1807）刻本 二十冊

220000 – 0801 – 0018326 集 3.49/110
靈芬館集初集詩四卷二集詩十卷三集詩四卷詞六卷雜著二卷雜著續編四卷四集詩十二卷金石例補二卷江行日記一卷樗園消夏錄三卷爨餘集一卷爨餘叢話四卷靈芬館詩話十二卷靈芬館詩話續六卷 （清）郭麐撰 清嘉慶十二年（1807）刻本 二十四冊

220000 – 0801 – 0018327 集 3.49/110 – 1
靈芬館集初集詩四卷二集詩十卷三集詩四卷詞六卷雜著二卷雜著續編四卷四集詩十二卷金石例補二卷江行日記一卷樗園消夏錄三卷爨餘集一卷爨餘叢話四卷靈芬館詩話十二卷靈芬館詩話續六卷 （清）郭麐撰 清嘉慶十二年（1807）刻本 十冊 存四十八卷（靈芬館初集詩四卷、二集詩十卷、三集詩四卷、詞六卷、雜著二卷、雜著續編四卷、四集詩十二卷、金石例補二卷、江行日記一卷、樗園消夏錄三卷）

220000 – 0801 – 0018328 集 3.49/110 – 2
靈芬館集初集詩四卷二集詩十卷三集詩四卷詞六卷雜著二卷雜著續編四卷四集詩十二卷金石例補二卷江行日記一卷樗園消夏錄三卷爨餘集一卷爨餘叢話四卷靈芬館詩話十二卷

靈芬館詩話續六卷　（清）郭麐撰　清嘉慶十二年(1807)刻本　八冊　存三十八卷（靈芬館初集詩四卷、二集詩十卷、三集詩四卷、雜著二卷、四集詩十二卷、金石例補二卷、江行日記一卷、樗園消夏錄三卷）

220000－0801－0018329　集3.49/110－3

靈芬館集初集詩四卷二集詩十卷三集詩四卷詞六卷雜著二卷雜著續編四卷四集詩十二卷金石例補二卷江行日記一卷樗園消夏錄三卷爨餘集一卷爨餘叢話四卷靈芬館詩話十二卷靈芬館詩話續六卷　（清）郭麐撰　清嘉慶十二年(1807)刻本　八冊　存二十四卷（靈分館初集詩四卷、二集詩十卷、三集詩四卷、蘧夢詞二卷、浮眉樓詞二卷、雜著二卷）

220000－0801－0018330　集3.49/111

雪鴻偶鈔詩四卷　（清）倪世珍撰　清光緒四年(1878)刻本　二冊

220000－0801－0018331　集3.49/114

霽春堂集十四卷　（清）吳樹萱撰　清嘉慶六年(1801)刻本　四冊

220000－0801－0018332　集3.49/115

雨蕉齋詩選不分卷　（清）吳淇著　清道光十九年(1839)刻本　一冊

220000－0801－0018333　集3.49/116

兩當軒詩鈔十四卷詞鈔二卷　（清）黃景仁著　清嘉慶二十二年(1817)刻本　四冊

220000－0801－0018334　集3.49/116－1

兩當軒詩鈔十四卷詞鈔二卷　（清）黃景仁著　清嘉慶二十二年(1817)刻本　三冊　存五卷(一至五)

220000－0801－0018335　集3.49/116－2

兩當軒詩鈔十四卷詞鈔二卷　（清）黃景仁著　清嘉慶二十二年(1817)刻本　二冊

220000－0801－0018336　集3.49/117

兩當軒詩鈔十四卷詞鈔二卷　（清）黃景仁撰　清道光十三年(1833)刻本　四冊

220000－0801－0018337　集3.49/117－1

兩當軒詩鈔十四卷詞鈔二卷　（清）黃景仁撰　清道光十三年(1833)刻本　四冊

220000－0801－0018338　集3.49/118

兩當軒集二十卷考異二卷附錄六卷　（清）黃景仁著　清同治十二年(1873)活字印本　六冊

220000－0801－0018339　集3.49/119

兩當軒集二十二卷考異二卷附錄四卷　（清）黃景仁著　清光緒二年(1876)刻本　四冊

220000－0801－0018340　集3.49/119－1

兩當軒集二十二卷考異二卷附錄四卷　（清）黃景仁著　清光緒二年(1876)刻本　六冊

220000－0801－0018341　集3.49/119－2

兩當軒集二十二卷考異二卷附錄四卷　（清）黃景仁著　清光緒二年(1876)刻本　六冊

220000－0801－0018342　集3.49/119－3

兩當軒集二十二卷考異二卷附錄四卷　（清）黃景仁著　清光緒二年(1876)刻本　六冊

220000－0801－0018343　集3.49/119－4

兩當軒集二十二卷考異二卷附錄四卷　（清）黃景仁著　清光緒二年(1876)刻本　六冊

220000－0801－0018344　集3.49/124

夏峰先生集十六卷首一卷　（清）孫奇逢著　清道光二十五年(1845)刻本　十二冊　缺四卷(四至七)

220000－0801－0018345　集3.49/125

釀蜜集四卷　（清）浦起龍著　清光緒二十七年(1901)刻本　四冊

220000－0801－0018346　集3.49/130

天愚山人詩集十二卷　（清）謝泰宗著　清光緒六年(1880)刻本　三冊

220000－0801－0018347　集3.49/131

天馬山房詩別錄不分卷　（清）汪巽東撰　清咸豐二年(1852)刻本　一冊

220000－0801－0018348　集3.49/132

天問閣集三卷　（清）李長祥著　清光緒刻本　二冊

220000－0801－0018349　集 3.49/134

天鑒堂一集二卷首一卷　（清）沈近思撰　清光緒二十五年（1899）刻本　一冊

220000－0801－0018350　集 3.49/135

石筍山房全集文集六卷文集補遺一卷詩集十二卷詩集補遺二卷詩集續補遺二卷　（清）胡天游撰　清宣統二年（1910）石印本　十冊

220000－0801－0018351　集 3.49/135－1

石筍山房全集文集六卷文集補遺一卷詩集十二卷詩集補遺二卷詩集續補遺二卷　（清）胡天游撰　清宣統二年（1910）石印本　十冊

220000－0801－0018352　集 3.49/136

石筍山房文集五卷補遺一卷　（清）胡天游撰　清宣統元年（1909）鉛印本　二冊

220000－0801－0018353　集 3.49/137

石雲山人分體詩選六卷詞選一卷　（清）吳榮光撰　清道光十五年（1835）刻本　四冊

220000－0801－0018354　集 3.49/139

石船居雜著賸稿不分卷　（清）李超瓊撰　清光緒十三年（1887）木活字印本　四冊

220000－0801－0018355　集 3.49/140

石谿文集初刻三卷　（清）官獻瑤著　清道光二十年（1840）刻本　三冊

220000－0801－0018356　集 3.49/141

石鼓硯齋詩鈔三十二卷文鈔二十卷　（清）曹文埴撰　清嘉慶四年（1799）刻本　十二冊

220000－0801－0018357　集 3.49/143

揅經室詩錄五卷　（清）阮元撰　清光緒十九年（1893）刻本　二冊

220000－0801－0018358　集 3.49/144

石筍山房文集六卷詩集四卷　（清）胡天游撰　清嘉慶四年（1799）刻本　三冊

220000－0801－0018359　集 3.49/145

石筍山房全集文集六卷詩集十二卷　（清）胡天游撰　清道光二十六年（1846）刻本　八冊

220000－0801－0018360　集 3.49/146

石筍山房集文集六卷文集補遺一卷詩集十一卷詩餘一卷詩集補遺二卷詩集續補遺二卷　（清）胡天游撰　清咸豐二年（1852）刻本　八冊

220000－0801－0018361　集 3.49/146－1

石筍山房集文集六卷文集補遺一卷詩集十一卷詩餘一卷詩集補遺二卷詩集續補遺二卷　（清）胡天游撰　清咸豐二年（1852）刻本　十冊

220000－0801－0018362　集 3.49/146－2

石筍山房集文集六卷文集補遺一卷詩集十一卷詩餘一卷詩集補遺二卷詩集續補遺二卷　（清）胡天游撰　清咸豐二年（1852）刻本　八冊

220000－0801－0018363　集 3.49/146－3

石筍山房集文集六卷文集補遺一卷詩集十一卷詩餘一卷詩集補遺二卷詩集續補遺二卷　（清）胡天游撰　清咸豐二年（1852）刻本　四冊　存七卷（文集六卷、文集補遺一卷）

220000－0801－0018364　集 3.49/146－4

石筍山房集文集六卷文集補遺一卷詩集十一卷詩餘一卷詩集補遺二卷詩集續補遺二卷　（清）胡天游撰　清咸豐二年（1852）刻本　八冊

220000－0801－0018365　集 3.49/146－5

石筍山房集文集六卷文集補遺一卷詩集十一卷詩餘一卷詩集補遺二卷詩集續補遺二卷　（清）胡天游撰　清咸豐二年（1852）刻本　四冊　存十卷（詩集一至八、詩集補遺二卷）

220000－0801－0018366　集 3.49/148

西磧山房詩文錄四卷　（清）蔡復午撰　清道光十二年（1832）刻本　二冊

220000－0801－0018367　集 3.49/149

西磧山房詩文錄四卷　（清）蔡復午撰　清光緒二十八年（1902）刻本　一冊

220000－0801－0018368　集 3.49/149－1

西磧山房詩文錄四卷　（清）蔡復午撰　清光緒二十八年（1902）刻本　一冊

220000－0801－0018369　集 3.49/150
西河草堂詩賸六卷續六卷　（清）葉兆蘭撰
清道光七年(1827)刻本　二冊

220000－0801－0018370　集 3.49/153
西泠閨詠十六卷　（清）陳文述述撰　清光緒十
八年(1892)刻本　四冊

220000－0801－0018371　集 3.49/154
西堂全集十七種六十一卷　（清）尤侗撰　清
刻本　二十冊

220000－0801－0018372　集 3.49/154－1
西堂全集十七種六十一卷　（清）尤侗撰　清
刻本　十五冊

220000－0801－0018373　集 3.49/154－2
西堂全集十七種六十一卷　（清）尤侗撰　清
刻本　三冊　存十卷(述祖詩一卷、于京集五
卷、湘中草三至六)

220000－0801－0018374　集 3.49/154－3
西堂全集十七種六十一卷　（清）尤侗撰　清
刻本　一冊　存三卷(述祖詩一卷、于京集一
至二)

220000－0801－0018375　集 3.49/157
百繪詩箋不分卷　（清）吳臺撰　清嘉慶二年
(1797)刻本　二冊

220000－0801－0018376　集 3.49/158
百柱堂詩稿八卷　（清）王柏心撰　清末刻本
二冊

220000－0801－0018377　集 3.49/158－1
百柱堂詩稿八卷　（清）王柏心撰　清末刻本
二冊

220000－0801－0018378　集 3.49/159
百柱堂全集內集三十四卷外集十九卷附彤雲
閣遺稿二卷　（清）王柏心撰　清光緒二十四
年(1898)刻本　十六冊

220000－0801－0018379　集 3.49/159－1
百柱堂全集內集三十四卷外集十九卷附彤雲
閣遺稿二卷　（清）王柏心撰　清光緒二十四
年(1898)刻本　十六冊

220000－0801－0018380　集 3.49/159－2
百柱堂全集內集三十四卷外集十九卷附彤雲
閣遺稿二卷　（清）王柏心撰　清光緒二十四
年(1898)刻本　十六冊

220000－0801－0018381　集 3.49/159－3
百柱堂全集內集三十四卷外集十九卷附彤雲
閣遺稿二卷　（清）王柏心撰　清光緒二十四
年(1898)刻本　十六冊

220000－0801－0018382　集 3.49/159－4
百柱堂全集內集三十四卷外集十九卷附彤雲
閣遺稿二卷　（清）王柏心撰　清光緒二十四
年(1898)刻本　十六冊

220000－0801－0018383　集 3.49/161
晉齋詩存二卷　（清）昇寅撰　清咸豐四年
(1854)刻本　二冊

220000－0801－0018384　集 3.49/161－1
晉齋詩存二卷　（清）昇寅撰　清咸豐四年
(1854)刻本　二冊

220000－0801－0018385　集 3.49/161－2
晉齋詩存二卷　（清）昇寅撰　清咸豐四年
(1854)刻本　二冊

220000－0801－0018386　集 3.49/162
晉甎室詩存四卷巎餘集一卷　（清）趙瑜撰
清同治五年至十一年(1866－1872)刻本
二冊

220000－0801－0018387　集 3.49/163
雲石詩存四卷　（清）陳岱霖撰　清道光二十
八年(1848)刻本　四冊

220000－0801－0018388　集 3.49/165
雲逗樓集二卷　（清）楊度汪撰　清光緒六年
(1880)刻本　二冊

220000－0801－0018389　集 3.49/166
雲左山房詩鈔八卷附詩鈔一卷詩餘一卷試帖
一卷　（清）林則徐撰　清光緒十二年(1886)
刻本　二冊

220000－0801－0018390　集 3.49/166－1
雲左山房詩鈔八卷附詩鈔一卷詩餘一卷試帖

一卷　(清)林則徐撰　清光緒十二年(1886)刻本　二冊

220000－0801－0018391　集 3.49/168

雲中集不分卷　(清)劉淪撰　清光緒七年(1881)刻本　五冊

220000－0801－0018392　集 3.49/169

雲悅山房偶存稿六卷　(清)楊維屏撰　清末刻本　二冊

220000－0801－0018393　集 3.49/169－1

雲悅山房偶存稿六卷　(清)楊維屏撰　清末刻本　三冊

220000－0801－0018394　集 3.49/172

霜紅龕集四十卷附錄三卷年譜一卷　(清)傅山撰　清宣統三年(1911)刻本　十二冊

220000－0801－0018395　集 3.49/172－1

霜紅龕集四十卷附錄三卷年譜一卷　(清)傅山撰　清宣統三年(1911)刻本　十二冊

220000－0801－0018396　集 3.49/172－2

霜紅龕集四十卷附錄三卷年譜一卷　(清)傅山撰　清宣統三年(1911)刻本　十二冊

220000－0801－0018397　集 3.49/172－3

霜紅龕集四十卷附錄三卷年譜一卷　(清)傅山撰　清宣統三年(1911)刻本　十二冊

220000－0801－0018398　集 3.49/172－4

霜紅龕集四十卷附錄三卷年譜一卷　(清)傅山撰　清宣統三年(1911)刻本　十二冊

220000－0801－0018399　集 3.49/172－5

霜紅龕集四十卷附錄三卷年譜一卷　(清)傅山撰　清宣統三年(1911)刻本　十冊

220000－0801－0018400　集 3.49/174

琴海集二卷附正字一卷　(清)陳玉鄰撰　清光緒二十一年(1895)刻本　一冊

220000－0801－0018401　集 3.49/175

琴東詩選四卷　(清)蔣寶齡撰　清道光二十二年(1842)刻本　二冊

220000－0801－0018402　集 3.49/176

琴軒鼠璞四卷　(清)張可宇撰　清道光七年(1827)刻本　一冊

220000－0801－0018403　集 3.49/177

琴隱園詩集三十六卷詞集四卷　(清)湯貽汾撰　清光緒元年(1875)刻本　八冊

220000－0801－0018404　集 3.49/177－1

琴隱園詩集三十六卷詞集四卷　(清)湯貽汾撰　清光緒元年(1875)刻本　八冊

220000－0801－0018405　集 3.49/177－2

琴隱園詩集三十六卷詞集四卷　(清)湯貽汾撰　清光緒元年(1875)刻本　八冊

220000－0801－0018406　集 3.49/178

拜石山房詩鈔不分卷詞鈔不分卷　(清)顧翰撰　清末刻本　一冊

220000－0801－0018407　集 3.49/179

強恕堂文稿不分卷　(清)李道融撰　清道光二十二年(1842)刻本　一冊

220000－0801－0018408　集 3.49/180

研六室文抄十卷補遺一卷　(清)胡培翬撰　清光緒六年(1880)刻本　五冊

220000－0801－0018409　集 3.49/182

疏野堂集十卷　(清)歸令瑜撰　清同治八年(1869)刻本　一冊

220000－0801－0018410　集 3.49/184

張文端公全集六卷首一卷末一卷　(清)張鵬翮撰　清光緒七年(1881)刻本　八冊

220000－0801－0018411　集 3.49/185

張亨甫全集三十三卷　(清)張際亮撰　清同治六年(1867)刻本　十冊

220000－0801－0018412　集 3.49/186

張文貞公集十二卷年譜一卷　(清)張玉書撰　清光緒二十七年(1901)活字印　十二冊

220000－0801－0018413　集 3.49/189

張祥河集十四種　(清)張祥河撰　清光緒元年(1875)刻本　四冊

220000－0801－0018414　集 3.49/190

張楊園先生集四卷 （清）張履祥撰 清咸豐十一年（1861）刻本 四冊

220000－0801－0018415 集 3.49/191

夏仲子集六卷 （清）夏炘撰 清咸豐四年（1854）刻本 六冊

220000－0801－0018416 集 3.49/191－1

夏仲子集六卷 （清）夏炘撰 清咸豐四年（1854）刻本 三冊

220000－0801－0018417 集 3.49/192

揅經室集十四卷二集八卷三集五卷四集二卷四集詩十一卷外集五卷續集十一卷再續集六卷 （清）阮元撰 清刻本 二十二冊 缺五卷（揅經室再續集一、三至六）

220000－0801－0018418 集 3.49/193

水明樓詩六卷 （清）韓崶撰 清道光九年（1829）刻本 二冊

220000－0801－0018419 集 3.49/194

孫淵如先生全集 （清）孫星衍撰 清光緒十年至十二年（1884－1886）吳縣朱氏槐廬家塾刻本 八冊

220000－0801－0018420 集 3.49/194－1

孫淵如先生全集 （清）孫星衍撰 清光緒十年至十二年（1884－1886）吳縣朱氏槐廬家塾刻本 十二冊

220000－0801－0018421 集 3.49/194－2

孫淵如先生全集 （清）孫星衍撰 清光緒十年至十二年（1884－1886）吳縣朱氏槐廬家塾刻本 八冊

220000－0801－0018422 集 3.49/195

孫淵如先生全集二十二卷 （清）孫星衍撰 清光緒二十年（1894）湖南思賢書局刻本 十冊

220000－0801－0018423 集 3.49/196

揅經室集十四卷二集八卷三集五卷四集二卷四集詩十一卷外集五卷續集九卷再續集六卷 （清）阮元撰 清刻本 二十二冊

220000－0801－0018424 集 3.49/196－1

揅經室集十四卷二集八卷三集五卷四集二卷四集詩十一卷外集五卷續集九卷再續集六卷 （清）阮元撰 清刻本 十二冊 存三十七卷（揅經室集十四卷、二集一至二、三集五卷、四集詩十一卷、外集五卷）

220000－0801－0018425 集 3.49/196－2

揅經室集十四卷二集八卷三集五卷四集二卷四集詩十一卷外集五卷續集九卷再續集六卷 （清）阮元撰 清刻本 十四冊 存四十卷（揅經室集十四卷、二集八卷、三集五卷、四集二卷、四集詩十一卷）

220000－0801－0018426 集 3.49/196－3

揅經室集十四卷二集八卷三集五卷四集二卷四集詩十一卷外集五卷續集九卷再續集六卷 （清）阮元撰 清刻本 八冊 存十八卷（揅經室集十四卷、二集一至四）

220000－0801－0018427 集 3.49/198

瑞芍軒詩鈔四卷詞稿一卷 （清）許乃穀撰 清同治七年（1868）刻本 二冊

220000－0801－0018428 集 3.49/198－1

瑞芍軒詩鈔四卷詞稿一卷 （清）許乃穀撰 清同治七年（1868）刻本 二冊

220000－0801－0018429 集 3.49/198－2

瑞芍軒詩鈔四卷詞稿一卷 （清）許乃穀撰 清同治七年（1868）刻本 二冊

220000－0801－0018430 集 3.49/198－3

瑞芍軒詩鈔四卷詞稿一卷 （清）許乃穀撰 清同治七年（1868）刻本 二冊

220000－0801－0018431 集 3.49/198－4

瑞芍軒詩鈔四卷詞稿一卷 （清）許乃穀撰 清同治七年（1868）刻本 二冊

220000－0801－0018432 集 3.49/199

延暉堂詩草一卷 （清）許樹楣撰 清道光十年（1830）延暉堂刻本 二冊

220000－0801－0018433 集 3.49/200

延綠草堂詩存四卷 （清）祝德興撰 清道光十九年（1839）刻本 二冊

220000－0801－0018434　集 3.49/201

延綠閣集十二卷　（清）華希閔撰　清光緒二
十二年(1896)刻本　　六冊

220000－0801－0018435　集 3.49/201－1

延綠閣集十二卷　（清）華希閔撰　清光緒二
十二年(1896)刻本　　六冊

220000－0801－0018436　集 3.49/202

瑤草珠華閣詩鈔三卷　（清）席慧文撰　清道
光六年(1826)刻本　　一冊

220000－0801－0018437　集 3.49/203

瑤華詩鈔不分卷　（清）弘昕撰　清咸豐二年
(1852)刻本　　一冊

220000－0801－0018438　集 3.49/203－1

瑤華詩鈔不分卷　（清）弘昕撰　清咸豐二年
(1852)刻本　　一冊

220000－0801－0018439　集 3.49/204

琅嬛仙館詩略八卷　（清）阮元撰　清末刻本
　二冊

220000－0801－0018440　集 3.49/205

恥躬堂詩鈔十六卷　（清）彭士望撰　清咸豐
元年(1851)刻本　　四冊

220000－0801－0018441　集 3.49/205－1

恥躬堂詩鈔十六卷　（清）彭士望撰　清咸豐
元年(1851)刻本　　三冊

220000－0801－0018442　集 3.49/206

聽雪軒詩鈔一卷　（清）屈鍾英撰　清道光十
六年(1836)刻本　　一冊

220000－0801－0018443　集 3.49/207

聽雨齋詩集二十卷補編一卷別集一卷　（清）
吳照撰　清嘉慶刻本　　二冊

220000－0801－0018444　集 3.49/208

聽雲僊館詩鈔一卷賦鈔一卷　（清）曹樹原撰
　清道光四年(1824)刻本　　二冊

220000－0801－0018445　集 3.49/209

聽秋軒詩集六卷　（清）駱綺蘭撰　清嘉慶刻
本　　二冊

220000－0801－0018446　集 3.49/209－1

聽秋軒詩集六卷　（清）駱綺蘭撰　清嘉慶刻
本　　一冊　　缺二卷(五至六)

220000－0801－0018447　集 3.49/210

聽桐廬殘草一卷　（清）王繼穀撰　清光緒六
年(1880)刻本　　一冊

220000－0801－0018448　集 3.49/211

聽松廬詩鈔十六卷　（清）張維屏撰　清嘉慶
十八年(1813)刻本　　四冊

220000－0801－0018449　集 3.49/212

聽松樓遺稿四卷附錄一卷　（清）陳爾士撰
清末刻本　　一冊

220000－0801－0018450　集 3.49/213

聽月樓遺稿二卷　（清）嚴恒撰　清光緒二十
八年(1902)石印本　　一冊

220000－0801－0018451　集 3.49/215

確庵先生文鈔六卷　（清）陳瑚撰　清同治九
年(1870)刻本　　三冊

220000－0801－0018452　集 3.49/216

確庵先生文鈔六卷詩鈔八卷　（清）陳瑚撰
清光緒二年(1876)刻本　　四冊

220000－0801－0018453　集 3.49/216－1

確庵先生文鈔六卷詩鈔八卷　（清）陳瑚撰
清光緒二年(1876)刻本　　四冊

220000－0801－0018454　集 3.49/216－2

確庵先生文鈔六卷詩鈔八卷　（清）陳瑚撰
清光緒二年(1876)刻本　　三冊

220000－0801－0018455　集 3.49/217

聖嘆秘書七種　（清）金人瑞撰　清光緒三十
一年(1905)鉛印本　　一冊

220000－0801－0018456　集 3.49/217－1

聖嘆秘書七種　（清）金人瑞撰　清光緒三十
一年(1905)鉛印本　　一冊

220000－0801－0018457　集 3.49/217－2

聖嘆秘書七種　（清）金人瑞撰　清光緒三十
一年(1905)鉛印本　　一冊

220000－0801－0018458　集 3.49/218
理堂文集十卷外集一卷附錄一卷詩集四卷日
記八卷　（清）韓夢周撰　清道光三年至四年
（1823－1824）刻本　九冊

220000－0801－0018459　集 3.49/218－1
理堂文集十卷外集一卷附錄一卷詩集四卷日
記八卷　（清）韓夢周撰　清道光三年至四年
（1823－1824）刻本　八冊

220000－0801－0018460　集 3.49/218－2
理堂文集十卷外集一卷附錄一卷詩集四卷日
記八卷　（清）韓夢周撰　清道光三年至四年
（1823－1824）刻本　九冊

220000－0801－0018461　集 3.49/219
碧雪山房詩集約存不分卷碧雪山房小草一卷
　（清）孫清黼撰　清光緒三十四年（1908）鉛
印本　一冊

220000－0801－0018462　集 3.49/220
碧城僊館詩鈔十卷文鈔一卷　（清）陳文述撰
　清嘉慶十七年（1812）刻本　四冊

220000－0801－0018463　集 3.49/222
孟晉齋詩存一卷　（清）言朝標撰　清光緒二
十六年（1900）刻本　一冊

220000－0801－0018464　集 3.49/223
聊齋文集二卷　（清）蒲松齡撰　清宣統二年
（1910）鉛印本　二冊

220000－0801－0018465　集 3.49/223－1
聊齋文集二卷　（清）蒲松齡撰　清宣統二年
（1910）鉛印本　二冊

220000－0801－0018466　集 3.49/223－2
聊齋文集二卷　（清）蒲松齡撰　清宣統二年
（1910）鉛印本　二冊

220000－0801－0018467　集 3.49/223－3
聊齋文集二卷　（清）蒲松齡撰　清宣統二年
（1910）鉛印本　二冊

220000－0801－0018468　集 3.49/223－4
聊齋文集二卷　（清）蒲松齡撰　清宣統二年
（1910）鉛印本　二冊

220000－0801－0018469　集 3.49/225
聊齋先生文集四卷　（清）蒲松齡撰　清宣統
二年（1910）上海國學扶輪社鉛印本　二冊

220000－0801－0018470　集 3.49/227
承恩堂詩集十卷　（清）恩錫撰　清同治十三
年（1874）刻本　五冊

220000－0801－0018471　集 3.49/228
頤道堂詩選三十卷　（清）陳文述撰　清道光
十二年（1832）刻本　九冊

220000－0801－0018472　集 3.49/230
尹文端公詩集十卷　（清）尹繼善撰　清嘉慶
五年（1800）刻本　八冊

220000－0801－0018473　集 3.49/231
尹文端公詩集十卷　（清）尹繼善撰　清嘉慶
二十一年（1816）刻本　六冊

220000－0801－0018474　集 3.49/232
硯壽堂詩鈔八卷詩餘一卷　（清）吳存楷撰
清道光三年（1823）刻本　二冊

220000－0801－0018475　集 3.49/233
硯林詩集四卷　（清）丁敬撰　清嘉慶十一年
（1806）刻本　二冊

220000－0801－0018476　集 3.49/233－1
硯林詩集四卷　（清）丁敬撰　清嘉慶十一年
（1806）刻本　一冊

220000－0801－0018477　集 3.49/236
習是堂文集二卷附年譜一卷　（清）曾倬撰
清光緒二十年（1894）活字印本　一冊

220000－0801－0018478　集 3.49/237
確山駢體文四卷　（清）宋世犖撰　清嘉慶二
十五年（1820）刻本　一冊

220000－0801－0018479　集 3.49/241
函樓詩鈔八卷函樓因遇詩一卷函樓詞鈔一卷
　（清）易佩紳撰　清光緒八年（1882）刻本
二冊

220000－0801－0018480　集 3.49/242
垂老讀書廬詩草二卷附文草一卷　（清）黃定
齊撰　清光緒五年（1879）刻本　二冊

220000－0801－0018481　集 3.49/242－1

垂老讀書廬詩草二卷附文草一卷　（清）黃定
齊撰　清光緒五年(1879)刻本　二冊

220000－0801－0018482　集 3.49/243

豸華堂文鈔十二卷　（清）金應麟撰　清咸豐
元年(1851)刻本　二冊

220000－0801－0018483　集 3.49/245

秀野草堂詩集六十六卷附合編一卷　（清）顧
嗣立撰　清道光二十八年(1848)刻本　十
二冊

220000－0801－0018484　集 3.49/246

秀鍾堂詩鈔一卷　（清）寅保撰　清嘉慶五年
(1800)刻本　一冊

220000－0801－0018485　集 3.49/249

續刻受祺堂文集四卷　（清）李因篤撰　清道
光十年(1830)刻本　四冊

220000－0801－0018486　集 3.49/249－1

續刻受祺堂文集四卷　（清）李因篤撰　清道
光十年(1830)刻本　四冊

220000－0801－0018487　集 3.49/250

續刻受祺堂文集四卷　（清）李因篤撰　清道
光十年(1830)刻本　四冊

220000－0801－0018488　集 3.49/251

雙瓣香編四卷　（清）沈家珍撰　清咸豐五年
(1855)刻本　一冊

220000－0801－0018489　集 3.49/252

**雙佩齋詩集八卷補梅書屋詩草一卷文集四卷
駢體文集一卷**　（清）王友亮撰　清嘉慶十年
(1805)刻本　三冊

220000－0801－0018490　集 3.49/254

雙藤書屋詩集十二卷試帖二卷　（清）何道生
撰　清道光元年(1821)刻本　四冊

220000－0801－0018491　集 3.49/255

雙桂堂稿十卷　（清）紀大奎撰　清嘉慶十三
年(1808)刻本　二冊　存二卷(一至二)

220000－0801－0018492　集 3.49/255－1

雙桂堂稿十卷　（清）紀大奎撰　清嘉慶十三

年(1808)刻本　二冊　存二卷(一至二)

220000－0801－0018493　集 3.49/256

雙桂堂稿十卷續編九卷時文稿一卷附錄一卷
（清）紀大奎撰　清嘉慶十三年(1808)刻本
十二冊

220000－0801－0018494　集 3.49/257

**雙桂堂稿續編十二卷家譜一卷時文稿一卷遺
編一卷**　（清）紀大奎撰　清咸豐二年(1852)
刻本　八冊

220000－0801－0018495　集 3.49/258

雙白燕堂文集二卷外集八卷　（清）陸耀遹撰
清光緒四年(1878)刻本　四冊

220000－0801－0018496　集 3.49/258－1

雙白燕堂文集二卷外集八卷　（清）陸耀遹撰
清光緒四年(1878)刻本　四冊

220000－0801－0018497　集 3.49/260

乳初軒詩選四卷外集一卷　（清）趙基撰　**鶴
汀遺草不分卷**　（清）趙齊嶧撰　**莘田遺草一
卷**　（清）趙雲球撰　清道光四年(1824)刻本
三冊

220000－0801－0018498　集 3.49/261

香南居士集六卷　（清）崇恩撰　清道光二十
二年(1842)刻本　四冊

220000－0801－0018499　集 3.49/261－1

香南居士集六卷　（清）崇恩撰　清道光二十
二年(1842)刻本　六冊

220000－0801－0018500　集 3.49/262

香南居士集不分卷　（清）崇恩撰　清咸豐刻
本　八冊

220000－0801－0018501　集 3.49/263

**香杜草二卷二集四卷三集一卷靜讀齋詩話一
卷**　（清）任昌運撰　清光緒二十一年(1895)
刻本　四冊

220000－0801－0018502　集 3.49/264

香草齋詩註六卷　（清）黃任撰　清嘉慶十九
年(1814)刻本　五冊

220000－0801－0018503　集 3.49/265

香葉草堂詩存不分卷　（清）羅聘撰　清嘉慶
六年（1801）刻道光十四年（1834）印本　一冊

220000－0801－0018504　集 3.49/269

香樹齋文集二十八卷　（清）錢陳群撰　清道
光、咸豐刻本　八冊

220000－0801－0018505　集 3.49/270

香樹齋文集二十八卷續鈔五卷　（清）錢陳群
撰　清光緒十一年（1885）刻本　十二冊

220000－0801－0018506　集 3.49/272

香雪詩存六卷　（清）劉侃撰　清光緒四年
（1878）刻本　一冊

220000－0801－0018507　集 3.49/273

香亭詩集二編八卷　（清）劉夢蓮撰　清道光
九年（1829）刻本　四冊

220000－0801－0018508　集 3.49/274

香禪精舍集二十卷詩四卷詞四卷貞烈編一卷
吟碧山館詞一卷　（清）潘鍾瑞撰　香隱盦詞
一卷　（清）潘遵璈撰　清光緒十年（1884）刻
本　十四冊

220000－0801－0018509　集 3.49/275

香聞遺集四卷　（清）薛起鳳撰　清光緒十一
年（1885）刻本　一冊

220000－0801－0018510　集 3.49/284

絃詩塾詩六卷　（清）姚清華撰　清光緒七年
（1881）刻本　二冊

220000－0801－0018511　集 3.49/285

止齋遺書十六卷　（清）黃俊苑撰　清光緒六
年（1880）刻本　八冊

220000－0801－0018512　集 3.49/286

止吉祥居詩稿三卷　（清）金國瑩撰　清同治
十年（1871）刻本　一冊

220000－0801－0018513　集 3.49/287

止園尺牘六卷　（清）鍾昌言撰　清刻本
三冊

220000－0801－0018514　集 3.49/289

此木軒詩鈔八卷　（清）焦袁熹撰　清嘉慶十
年（1805）刻本　二冊

220000－0801－0018515　集 3.49/290

此君書樓詩鈔九卷　（清）夏際唐撰　清道光
十五年（1835）刻本　四冊

220000－0801－0018516　集 3.49/291

行吟和言五卷　（清）尹惟日撰　清嘉慶五年
（1800）刻本　一冊

220000－0801－0018517　集 3.49/292

何文貞公遺集二卷首一卷附錄一卷　（清）何
桂珍撰　清光緒十年（1884）刻本　一冊

220000－0801－0018518　集 3.49/292－1

何文貞公遺集二卷首一卷附錄一卷　（清）何
桂珍撰　清光緒十年（1884）刻本　一冊

220000－0801－0018519　集 3.49/293

何端簡公集十二卷首一卷年譜一卷　（清）何
世璂撰　清道光二十四年（1844）刻本　六冊

220000－0801－0018520　集 3.49/293－1

何端簡公集十二卷首一卷年譜一卷　（清）何
世璂撰　清道光二十四年（1844）刻本　六冊

220000－0801－0018521　集 3.49/294

行有恒堂初集二卷　（清）載銓撰　清道光二
十八年（1848）刻本　二冊

220000－0801－0018522　集 3.49/295

衍石齋記事稿十卷續稿十卷刻楮集四卷旅逸
小稿二卷　（清）錢儀吉撰　清光緒六年
（1880）刻本　十六冊

220000－0801－0018523　集 3.49/295－1

衍石齋記事稿十卷續稿十卷刻楮集四卷旅逸
小稿二卷　（清）錢儀吉撰　清光緒六年
（1880）刻本　十二冊

220000－0801－0018524　集 3.49/295－2

衍石齋記事稿十卷續稿十卷刻楮集四卷旅逸
小稿二卷　（清）錢儀吉撰　清光緒六年
（1880）刻本　十一冊

220000－0801－0018525　集 3.49/295－3

衍石齋記事稿十卷續稿十卷刻楮集四卷旅逸
小稿二卷　（清）錢儀吉撰　清光緒六年
（1880）刻本　十冊

220000－0801－0018526　集 3.49/297

拜石山巢詩鈔八卷　（清）陳光緒撰　清道光二十六年(1846)刻本　四冊

220000－0801－0018527　集 3.49/298

拜石山房詩鈔十卷補遺一卷詞鈔四卷　（清）顧翰撰　清道光元年(1821)刻本　三冊

220000－0801－0018528　集 3.49/299

篤慎堂爐餘詩稿二卷文稿一卷　金諤撰　清光緒十一年(1885)刻本　一冊

220000－0801－0018529　集 3.49/299－1

篤慎堂爐餘詩稿二卷文稿一卷　金諤撰　清光緒十一年(1885)刻本　一冊

220000－0801－0018530　集 3.49/301

紫石泉山房文集十二卷詩鈔三卷　（清）吳定撰　清光緒十三年(1887)刻本　一冊

220000－0801－0018531　集 3.49/301－1

紫石泉山房文集十二卷詩鈔三卷　（清）吳定撰　清光緒十三年(1887)刻本　五冊

220000－0801－0018532　集 3.49/301－2

紫石泉山房文集十二卷詩鈔三卷　（清）吳定撰　清光緒十三年(1887)刻本　五冊

220000－0801－0018533　集 3.49/301－3

紫石泉山房文集十二卷詩鈔三卷　（清）吳定撰　清光緒十三年(1887)刻本　五冊

220000－0801－0018534　集 3.49/301－4

紫石泉山房文集十二卷詩鈔三卷　（清）吳定撰　清光緒十三年(1887)刻本　五冊

220000－0801－0018535　集 3.49/301－5

紫石泉山房文集十二卷詩鈔三卷　（清）吳定撰　清光緒十三年(1887)刻本　四冊

220000－0801－0018536　集 3.49/304

紅蝠山房詩鈔九卷二編詩鈔二卷二編詩補鈔一卷二編詩續鈔一卷二編詩鈔補遺一卷　（清）王乃斌撰　清光緒八年(1882)刻本　六冊

220000－0801－0018537　集 3.49/306

紅杏軒詩鈔十六卷續鈔一卷　（清）宋世犖撰　清道光十四年(1834)刻本　四冊

220000－0801－0018538　集 3.49/308

紅蕉吟館詩存十二卷　（清）嚴廷中撰　清道光二十年(1840)刻本　二冊

220000－0801－0018539　集 3.49/310

紅椒山館詩鈔四卷遠春詞二卷遠春賦鈔一卷　（清）張興鏞撰　清嘉慶四年(1799)刻本　二冊

220000－0801－0018540　集 3.49/311

經韻樓集十二卷附儀禮漢讀考一卷　（清）段玉裁撰　清道光元年(1821)刻本　六冊

220000－0801－0018541　集 3.49/311－1

經韻樓集十二卷附儀禮漢讀考一卷　（清）段玉裁撰　清道光元年(1821)刻本　六冊

220000－0801－0018542　集 3.49/312

經韻樓集十二卷　（清）段玉裁撰　清光緒十年(1884)刻本　五冊

220000－0801－0018543　集 3.49/313

任午橋存稿三卷　（清）任朝楨撰　清光緒九年(1883)刻本　一冊

220000－0801－0018544　集 3.49/314

經德堂文集六卷文別集二卷浣月山房詩集五卷漢南春柳詞鈔一卷爾雅經註三卷音釋一卷爾雅集證一卷　（清）龍啓瑞撰　清光緒四年至七年(1878－1881)刻本　十冊

220000－0801－0018545　集 3.49/315

西泠閨詠十六卷　（清）陳文述撰　清光緒十三年(1887)刻本　四冊

220000－0801－0018546　集 3.49/316

經笥堂文鈔不分卷　（清）雷鋐撰　清光緒二十八年(1902)刻本　一冊

220000－0801－0018547　集 3.49/317

頻羅庵遺集十六卷　（清）梁同書撰　清光緒十三年(1887)刻本　六冊

220000－0801－0018548　集 3.49/318

頻羅庵遺集十六卷　（清）梁同書撰　清嘉慶二十二年(1817)刻本　五冊

305

220000－0801－0018549　集3.49/318－1

頻羅庵遺集十六卷　（清）梁同書撰　清嘉慶
二十二年(1817)刻本　四冊

220000－0801－0018550　集3.49/318－2

頻羅庵遺集十六卷　（清）梁同書撰　清嘉慶
二十二年(1817)刻本　六冊

220000－0801－0018551　集3.49/318－3

頻羅庵遺集十六卷　（清）梁同書撰　清嘉慶
二十二年(1817)刻本　六冊

220000－0801－0018552　集3.49/319

山居稿二卷　（清）郭毓撰　清嘉慶六年
(1801)刻本　一冊

220000－0801－0018553　集3.49/320

變雅堂文集四卷詩集十卷遺集附錄一卷
（清）杜濬撰　清同治九年(1870)刻本　八冊

220000－0801－0018554　集3.49/320－1

變雅堂文集四卷詩集十卷遺集附錄一卷
（清）杜濬撰　清同治九年(1870)刻本　八冊

220000－0801－0018555　集3.49/321

樂府詩鈔四卷　（清）龔鉽撰　清嘉慶二十年
(1815)刻本　二冊

220000－0801－0018556　集3.49/323

樂潛堂詩二集六卷　（清）趙函撰　清道光十
四年(1834)刻本　二冊

220000－0801－0018557　集3.49/324

樂潛堂詩初集二卷二集六卷飛鴻閣琴意二卷
菊潛庵賸稿三卷　（清）趙函撰　清咸豐七年
(1857)刻本　五冊

220000－0801－0018558　集3.49/329

崇百藥齋文集二十卷續集四卷三集十二卷附
錄一卷合肥學舍札記十二卷　（清）陸繼輅撰
　清光緒四年(1878)刻本　十六冊

220000－0801－0018559　集3.49/329－1

崇百藥齋文集二十卷續集四卷三集十二卷附
錄一卷合肥學舍札記十二卷　（清）陸繼輅撰
　清光緒四年(1878)刻本　十六冊

220000－0801－0018560　集3.49/329－2

崇百藥齋文集二十卷續集四卷三集十二卷附
錄一卷合肥學舍札記十二卷　（清）陸繼輅撰
　清光緒四年(1878)刻本　六冊　缺二十卷
（文集二十卷）

220000－0801－0018561　集3.49/332

惜抱軒文集十四種　（清）姚鼐撰　清光緒三
十三年(1907)上海校經山房刻本　二十冊

220000－0801－0018562　集3.49/334

種玉堂詩稿四卷詞稿一卷雜文一卷　（清）張
爾旦撰　清道光二十二年(1842)刻本　二冊

220000－0801－0018563　集3.49/335

稻香吟館詩稿七卷　（清）李賡芸撰　清道光
七年(1827)刻本　四冊

220000－0801－0018564　集3.49/336

輶山堂時文三集　（清）管世銘撰　清光緒十
五年(1889)刻本　八冊

220000－0801－0018565　集3.49/337

嶽雪樓詩存四卷　（清）孔繼勳撰　清咸豐十
年(1860)刻本　一冊

220000－0801－0018566　集3.49/339

嶺南集七卷　（清）羅含章撰　清道光元年
(1821)刻本　五冊

220000－0801－0018567　集3.49/340

岑華居士蘭鯨錄八卷　（清）吳慈鶴撰　清嘉
慶十五年(1810)刻本　一冊

220000－0801－0018568　集3.49/341

山礬書屋詩初集八卷二集九卷　（清）郭鳳撰
　清道光三年(1823)刻本　三冊

220000－0801－0018569　集3.49/342

徧行堂集十六卷　（清）釋澹歸撰　清宣統三
年(1911)鉛印本　八冊

220000－0801－0018570　集3.49/344

俟寧居偶詠二卷　（清）朱休度撰　清嘉慶十
六年(1811)刻本　一冊

220000－0801－0018571　集3.49/345

世忠堂文集六卷附錄二卷　（清）鄒鳴鶴撰
清光緒四年(1878)刻本　八冊

220000 – 0801 – 0018572　集 3.49/345 – 1

世忠堂文集六卷附錄二卷　（清）鄒鳴鶴撰
清光緒四年(1878)刻本　六冊

220000 – 0801 – 0018573　集 3.49/346

伏敔堂詩錄十五卷首一卷附錄一卷續錄四卷
（清）江湜撰　清同治元年(1862)刻本
四冊

220000 – 0801 – 0018574　集 3.49/346 – 1

伏敔堂詩錄十五卷首一卷附錄一卷續錄四卷
（清）江湜撰　清同治元年(1862)刻本
四冊

220000 – 0801 – 0018575　集 3.49/346 – 2

伏敔堂詩錄十五卷首一卷附錄一卷續錄四卷
（清）江湜撰　清同治元年(1862)刻本
四冊

220000 – 0801 – 0018576　集 3.49/346 – 3

伏敔堂詩錄十五卷首一卷附錄一卷續錄四卷
（清）江湜撰　清同治元年(1862)刻本
四冊

220000 – 0801 – 0018577　集 3.49/346 – 4

伏敔堂詩錄十五卷首一卷附錄一卷續錄四卷
（清）江湜撰　清同治元年(1862)刻本
八冊

220000 – 0801 – 0018578　集 3.49/347

艷雪堂詩集四卷續尤西堂擬明史樂府一卷附
仿元遺山論詩絕句一卷　（清）張晉撰　清嘉
慶十八年(1813)刻本　四冊

220000 – 0801 – 0018579　集 3.49/348

佳想軒詩鈔二卷　（清）廖文錦撰　清光緒十
四年(1888)刻本　一冊

220000 – 0801 – 0018580　集 3.49/350

勉行堂詩集二十四卷首一卷文集六卷　（清）
程晉芳撰　清嘉慶二十三年(1818)刻本
六冊

220000 – 0801 – 0018581　集 3.49/351

勉益齋續存稿十四卷　（清）裕謙撰　清道
光、咸豐刻本　五冊

220000 – 0801 – 0018582　集 3.49/352

壯悔堂文集十卷　（清）侯方域撰　清嘉慶十
七年(1812)刻本　四冊

220000 – 0801 – 0018583　集 3.49/354

壯悔堂文集十卷遺稿一卷首一卷四憶堂詩集
六卷　（清）侯方域撰　清宣統元年(1909)鉛
印本　四冊

220000 – 0801 – 0018584　集 3.49/355

壯悔堂文集十卷四憶堂詩集六卷　（清）侯方
域撰　清刻本　八冊

220000 – 0801 – 0018585　集 3.49/359

倚晴樓詩集十二卷續集四卷詩餘四卷　（清）
黃燮清撰　清咸豐七年(1857)刻同治八年
(1869)印本　八冊

220000 – 0801 – 0018586　集 3.49/359 – 1

倚晴樓詩集十二卷續集四卷詩餘四卷　（清）
黃燮清撰　清咸豐七年(1857)刻同治八年
(1869)印本　二冊　存十二卷(詩集十二卷)

220000 – 0801 – 0018587　集 3.49/360

倚晴樓詩餘四卷　（清）黃燮清撰　清同治六
年(1867)刻本　一冊

220000 – 0801 – 0018588　集 3.49/360 – 1

倚晴樓詩餘四卷　（清）黃燮清撰　清同治六
年(1867)刻本　一冊

220000 – 0801 – 0018589　集 3.49/361

倚晴樓詩集十二卷續集四卷　（清）黃燮清撰
清同治十一年(1872)刻本　四冊

220000 – 0801 – 0018590　集 3.49/363

德蔭堂集十六卷　（清）阿克敦撰　清嘉慶二
十一年(1816)刻本　四冊

220000 – 0801 – 0018591　集 3.49/364

德蔭堂集十六卷　（清）阿克敦撰　清嘉慶二
十一年(1816)刻本　四冊

220000 – 0801 – 0018592　集 3.49/365

德興集不分卷　（清）凌塈撰　清道光刻本
二冊

220000 – 0801 – 0018593　集 3.49/366

侍雪堂詩鈔六卷葑煙亭詞四卷 （清）黎兆勳
撰 清光緒十五年(1889)刻本 二冊

220000－0801－0018594 集 3.49/369
借閒生詩集三卷詞一卷 （清）汪遠孫撰 清
道光二十年(1840)刻本 四冊

220000－0801－0018595 集 3.49/369－1
借閒生詩集三卷詞一卷 （清）汪遠孫撰 清
道光二十年(1840)刻本 一冊

220000－0801－0018596 集 3.49/371
休復居詩集六卷文集六卷附一卷 （清）毛嶽
生撰 清道光二十四年(1844)刻本 四冊

220000－0801－0018597 集 3.49/372
休那遺稿十二卷附詩集一卷外集三卷貨殖傳
評一卷 （清）姚康撰 清光緒十五年(1889)
刻本 十二冊

220000－0801－0018598 集 3.49/373
鮚埼亭詩集十卷 （清）全祖望撰 清光緒十
六年(1890)刻本 四冊

220000－0801－0018599 集 3.49/373－1
鮚埼亭詩集十卷 （清）全祖望撰 清光緒十
六年(1890)刻本 四冊

220000－0801－0018600 集 3.49/375
續騷堂集不分卷 （明）萬泰撰 清光緒十年
(1884)刻本 一冊

220000－0801－0018601 集 3.49/375－1
續騷堂集不分卷 （明）萬泰撰 清光緒十年
(1884)刻本 一冊

220000－0801－0018602 集 3.49/376
犢山詩稿四卷類稿三卷 （清）周鎬撰 清嘉
慶二十二年(1817)刻本 八冊

220000－0801－0018603 集 3.49/377
犢山類稿九卷詩稿四卷 （清）周鎬撰 清光
緒十年(1884)刻本 八冊

220000－0801－0018604 集 3.49/378
繞竹山房詩稿十卷附詩餘一卷續詩稿十四卷
（清）朱文治撰 清咸豐五年(1855)刻本
八冊

220000－0801－0018605 集 3.49/378－1
繞竹山房詩稿十卷附詩餘一卷續詩稿十四卷
（清）朱文治撰 清咸豐五年(1855)刻本
三冊 存六卷(續詩稿一至二、七至十)

220000－0801－0018606 集 3.49/379
鮚埼亭詩集十卷 （清）全祖望撰 清道光十
四年(1834)刻本 四冊

220000－0801－0018607 集 3.49/380
鮚埼亭集三十八卷首一卷經史問答十卷
(清)全祖望撰 清光緒十八年(1892)刻本
五冊

220000－0801－0018608 集 3.49/380－1
鮚埼亭集三十八卷首一卷經史問答十卷
(清)全祖望撰 清光緒十八年(1892)刻本
四冊 缺十卷(經史問答十卷)

220000－0801－0018609 集 3.49/381
鮚埼亭集三十八卷首一卷經史問答十卷外編
五十卷 （清）全祖望撰 清同治十一年
(1872)刻本 二十四冊

220000－0801－0018610 集 3.49/381－1
鮚埼亭集三十八卷首一卷經史問答十卷外編
五十卷 （清）全祖望撰 清同治十一年
(1872)刻本 二十四冊

220000－0801－0018611 集 3.49/381－2
鮚埼亭集三十八卷首一卷經史問答十卷外編
五十卷 （清）全祖望撰 清同治十一年
(1872)刻本 三十二冊

220000－0801－0018612 集 3.49/381－3
鮚埼亭集三十八卷首一卷經史問答十卷外編
五十卷 （清）全祖望撰 清同治十一年
(1872)刻本 二十四冊

220000－0801－0018613 集 3.49/381－4
鮚埼亭集三十八卷首一卷經史問答十卷外編
五十卷 （清）全祖望撰 清同治十一年
(1872)刻本 十冊 缺五十卷(外編五十卷)

220000－0801－0018614 集 3.49/381－5
鮚埼亭集三十八卷首一卷經史問答十卷外編

五十卷　（清）全祖望撰　清同治十一年(1872)刻本　二十二冊　缺十卷(經史問答十卷）

220000－0801－0018615　集 3.49/382

生齋詩稿九卷　（清）方坰撰　清光緒元年(1875)刻本　二冊

220000－0801－0018616　集 3.49/383

倩影樓遺稿詩一卷詞一卷　（清）陸蒨撰　清同治三年(1864)刻本　一冊

220000－0801－0018617　集 3.49/384

仲漁詩草二卷　（清）任錫純撰　清光緒二十四年(1898)刻本　一冊

220000－0801－0018618　集 3.49/386

健修堂詩集二十二卷　（清）邊浴禮撰　清咸豐十一年(1861)刻本　十一冊

220000－0801－0018619　集 3.49/393

積石文稿十八卷詩存四卷南池唱和詩存一卷繪餘編一卷　（清）張履撰　清光緒二十年(1894)刻本　八冊

220000－0801－0018620　集 3.49/393－1

積石文稿十八卷詩存四卷南池唱和詩存一卷繪餘編一卷　（清）張履撰　清光緒二十年(1894)刻本　八冊

220000－0801－0018621　集 3.49/393－2

積石文稿十八卷詩存四卷南池唱和詩存一卷繪餘編一卷　（清）張履撰　清光緒二十年(1894)刻本　七冊

220000－0801－0018622　集 3.49/395

秣陵集六卷圖考一卷附金陵歷代紀年事表一卷　（清）陳文述撰　清光緒十年(1884)淮南書局刻本　三冊

220000－0801－0018623　集 3.49/395－1

秣陵集六卷圖考一卷附金陵歷代紀年事表一卷　（清）陳文述撰　清光緒十年(1884)淮南書局刻本　三冊

220000－0801－0018624　集 3.49/396

望溪先生文集十八卷集外文十卷補遺二卷年譜二卷　（清）方苞撰　清咸豐元年(1851)刻本　十四冊

220000－0801－0018625　集 3.49/396－1

望溪先生文集十八卷集外文十卷補遺二卷年譜二卷　（清）方苞撰　清咸豐元年(1851)刻本　十冊

220000－0801－0018626　集 3.49/396－2

望溪先生文集十八卷集外文十卷補遺二卷年譜二卷　（清）方苞撰　清咸豐元年(1851)刻本　十六冊

220000－0801－0018627　集 3.49/396－3

望溪先生文集十八卷集外文十卷補遺二卷年譜二卷　（清）方苞撰　清咸豐元年(1851)刻本　十三冊　缺二卷(年譜二卷)

220000－0801－0018628　集 3.49/397

白雲草堂詩鈔三卷首一卷　（清）呂星垣撰　清嘉慶八年(1803)刻本　二冊

220000－0801－0018629　集 3.49/399

自然好學齋詩鈔十卷　（清）汪端撰　清同治十三年(1874)刻本　三冊

220000－0801－0018630　集 3.49/399－1

自然好學齋詩鈔十卷　（清）汪端撰　清同治十三年(1874)刻本　三冊

220000－0801－0018631　集 3.49/400

白鵠山房駢體文鈔二卷　（清）徐熊飛撰　清嘉慶七年(1802)刻本　一冊

220000－0801－0018632　集 3.49/402

白圭堂詩續鈔四卷　（清）江之紀撰　清道光刻本　二冊

220000－0801－0018633　集 3.49/404

白華樓詩鈔四卷白華樓焚餘稿一卷　（清）薩玉衡撰　清光緒二十九年(1903)刻本　三冊

220000－0801－0018634　集 3.49/405

白華山人詩集十六卷詩說二卷　（清）厲志撰　清光緒九年(1883)刻本　四冊

220000－0801－0018635　集 3.49/407

白鶴山房詩鈔二十四卷外集二卷詞鈔二卷

（清）葉紹本撰　清道光十年（1830）刻本
八冊

220000－0801－0018636　集3.49/409

穆堂初稿五十卷　（清）李紱撰　清道光十一
年（1831）刻本　三十六冊

220000－0801－0018637　集3.49/410

嶧桐文集十卷詩集十卷　（清）劉城撰　清光
緒十九年（1893）刻本　八冊

220000－0801－0018638　集3.49/410－1

嶧桐文集十卷詩集十卷　（清）劉城撰　清光
緒十九年（1893）刻本　八冊

220000－0801－0018639　集3.49/411

保素堂稿十卷　（清）錢金甫撰　清嘉慶六年
（1801）刻本　四冊

220000－0801－0018640　集3.49/411－1

保素堂稿十卷　（清）錢金甫撰　清嘉慶六年
（1801）刻本　四冊

220000－0801－0018641　集3.49/414

息耕草堂詩集十六卷　（清）黃安濤撰　清道
光二十四年（1844）刻本　四冊

220000－0801－0018642　集3.49/415

息影山房詩鈔二卷　（清）黎兆祺撰　清光緒
九年（1883）刻本　一冊

220000－0801－0018643　集3.49/416

息影山房詩鈔四卷　（清）黎兆祺撰　清同治
二年（1863）刻本　一冊

220000－0801－0018644　集3.49/423

吳學士文集四卷詩集五卷　（清）吳鼒撰　清
光緒八年（1882）刻本　六冊

220000－0801－0018645　集3.49/423－1

吳學士文集四卷詩集五卷　（清）吳鼒撰　清
光緒八年（1882）刻本　六冊

220000－0801－0018646　集3.49/423－2

吳學士文集四卷詩集五卷　（清）吳鼒撰　清
光緒八年（1882）刻本　六冊

220000－0801－0018647　集3.49/423－3

吳學士文集四卷詩集五卷　（清）吳鼒撰　清
光緒八年（1882）刻本　六冊

220000－0801－0018648　集3.49/423－4

吳學士文集四卷詩集五卷　（清）吳鼒撰　清
光緒八年（1882）刻本　四冊　存四卷（文集
四卷）

220000－0801－0018649　集3.49/426

凝翠樓集四卷　（清）王慧撰　清光緒二十三
年（1897）刻本　一冊

220000－0801－0018650　集3.49/427

歸樸龕叢稿十二卷　（清）彭蘊章撰　清道光
二十八年（1848）刻本　六冊

220000－0801－0018651　集3.49/428

歸宮詹集四卷　（清）歸允肅撰　清光緒十三
年（1887）刻本　四冊

220000－0801－0018652　集3.49/428－1

歸宮詹集四卷　（清）歸允肅撰　清光緒十三
年（1887）刻本　四冊

220000－0801－0018653　集3.49/430

多歲堂詩集四卷載賡集二卷附一卷　（清）成
書撰　清道光、咸豐刻本　四冊

220000－0801－0018654　集3.49/430－1

多歲堂詩集四卷載賡集二卷附一卷　（清）成
書撰　清道光、咸豐刻本　四冊

220000－0801－0018655　集3.49/433

烏目山房詩存六卷　（清）蔣因培撰　清光緒
十年（1884）刻本　二冊

220000－0801－0018656　集3.49/434

冬心閣遺詩不分卷　（清）張翊興撰　清道光
二十七年（1847）刻本　一冊

220000－0801－0018657　集3.49/435

冬心先生集四卷續集一卷三體詩一卷　（清）
金農撰　清同治十年（1871）刻本　二冊

220000－0801－0018658　集3.49/436

冬心先生集四卷　（清）金農撰　清宣統二年
（1910）影印本　四冊

310

220000－0801－0018659　集 3.49/439

豸華堂文鈔八卷　（清）金應麟撰　清道光三十年(1850)刻本　二冊

220000－0801－0018660　集 3.49/440

船山詩草二十卷　（清）張問陶撰　清嘉慶二十年(1815)刻本　八冊

220000－0801－0018661　集 3.49/440－1

船山詩草二十卷　（清）張問陶撰　清嘉慶二十年(1815)刻本　四冊

220000－0801－0018662　集 3.49/445

御製詩初集四十四卷目錄四卷二集九十卷目錄十卷三集一百卷目錄十二卷　（清）高宗弘曆撰　清刻本　六十九冊

220000－0801－0018663　集 3.49/446

御製詩五集一百卷目錄十二卷　（清）高宗弘曆撰　清光緒五年(1879)鉛印本　五十五冊

220000－0801－0018664　集 3.49/449

御製圓明園圖詠不分卷　（清）張若靄等輯　清光緒十三年(1887)石印本　二冊

220000－0801－0018665　集 3.49/452

響泉集十七卷文一卷詞一卷　（清）顧光旭撰　清宣統二年(1910)活字印本　四冊

220000－0801－0018666　集 3.49/452－1

響泉集十七卷文一卷詞一卷　（清）顧光旭撰　清宣統二年(1910)活字印本　四冊

220000－0801－0018667　集 3.49/455

鄒叔子遺書七種二十八卷附詩餘一卷外集一卷　（清）鄒漢勛撰　清光緒九年(1883)刻本　十四冊

220000－0801－0018668　集 3.49/457

句餘土音三卷附全謝山先生遺詩一卷　（清）全祖望撰　清宣統三年(1911)鉛印本　一冊

220000－0801－0018669　集 3.49/457－1

句餘土音三卷附全謝山先生遺詩一卷　（清）全祖望撰　清宣統三年(1911)鉛印本　一冊

220000－0801－0018670　集 3.49/459

邵子湘全集籛稿詩文十六卷旅稿詩文六卷賸稿詩文八卷　（清）邵長蘅撰　清光緒二十二年(1896)刻本　十二冊

220000－0801－0018671　集 3.49/459－1

邵子湘全集籛稿詩文十六卷旅稿詩文六卷賸稿詩文八卷　（清）邵長蘅撰　清光緒二十二年(1896)刻本　十二冊

220000－0801－0018672　集 3.49/459－2

邵子湘全集籛稿詩文十六卷旅稿詩文六卷賸稿詩文八卷　（清）邵長蘅撰　清光緒二十二年(1896)刻本　十二冊

220000－0801－0018673　集 3.49/459－3

邵子湘全集籛稿詩文十六卷旅稿詩文六卷賸稿詩文八卷　（清）邵長蘅撰　清光緒二十二年(1896)刻本　十二冊

220000－0801－0018674　集 3.49/460

紀文達公遺集三十二卷目錄二卷　（清）紀昀撰　清嘉慶十七年(1812)刻本　十八冊

220000－0801－0018675　集 3.49/460－1

紀文達公遺集三十二卷目錄二卷　（清）紀昀撰　清嘉慶十七年(1812)刻本　十六冊

220000－0801－0018676　集 3.49/460－2

紀文達公遺集三十二卷目錄二卷　（清）紀昀撰　清嘉慶十七年(1812)刻本　十二冊

220000－0801－0018677　集 3.49/460－3

紀文達公遺集三十二卷目錄二卷　（清）紀昀撰　清嘉慶十七年(1812)刻本　十八冊

220000－0801－0018678　集 3.49/460－4

紀文達公遺集三十二卷目錄二卷　（清）紀昀撰　清嘉慶十七年(1812)刻本　十二冊　缺一卷(詩集九)

220000－0801－0018679　集 3.49/461

紀文達公遺集文十六卷詩十六卷　（清）紀昀撰　清刻本　十冊

220000－0801－0018680　集 3.49/461－1

紀文達公遺集文十六卷詩十六卷　（清）紀昀撰　清刻本　八冊

220000－0801－0018681　集 3.49/462

紀慎齋先生全集五種十七卷 （清）紀大奎撰
清咸豐二年（1852）刻本 九冊

220000－0801－0018682 集3.49/463

紀慎齋先生全集十三種六十三卷 （清）紀大
奎撰 清嘉慶十三年（1808）刻本 三十冊

220000－0801－0018683 集3.49/464

紀文達公遺集十六卷續集十六卷目錄二卷
（清）紀昀撰 清嘉慶十七年（1812）刻本 十
二冊

220000－0801－0018684 集3.49/465

紀文達公遺集文十六卷詩十六卷目錄二卷
（清）紀昀撰 清嘉慶十七年（1812）刻本 十
八冊

220000－0801－0018685 集3.49/465－1

紀文達公遺集文十六卷詩十六卷目錄二卷
（清）紀昀撰 清嘉慶十七年（1812）刻本 十
八冊

220000－0801－0018686 集3.49/466

粲花軒詩稿二卷 （清）陸建撰 清末刻本
一冊

220000－0801－0018687 集3.49/469

絳跗草堂詩集六卷 （清）陳壽祺撰 清嘉慶
刻本 二冊

220000－0801－0018688 集3.49/471

絳跗閣詩稿不分卷 （清）諸錦撰 清乾隆刻
本 二冊

220000－0801－0018689 集3.49/472

紹德堂詩鈔八卷試帖四卷 （清）施騰輝撰
清嘉慶十八年（1813）刻本 六冊

220000－0801－0018690 集3.49/474

綠野齋前後合集六卷附太湖詩草一卷 （清）
劉鴻翱撰 清道光二十四年（1844）刻本
七冊

220000－0801－0018691 集3.49/474－1

綠野齋前後合集六卷附太湖詩草一卷 （清）
劉鴻翱撰 清道光二十四年（1844）刻本
六冊

220000－0801－0018692 集3.49/475

綠野齋文集四卷 （清）劉鴻翱撰 清道光七
年（1827）刻本 四冊

220000－0801－0018693 集3.49/475－1

綠野齋文集四卷 （清）劉鴻翱撰 清道光七
年（1827）刻本 四冊

220000－0801－0018694 集3.49/475－2

綠野齋文集四卷 （清）劉鴻翱撰 清道光七
年（1827）刻本 四冊

220000－0801－0018695 集3.49/476

綠蔭山房詩鈔二卷 （清）姚珊元撰 清光緒
八年（1882）刻本 一冊

220000－0801－0018696 集3.49/477

綠雲僊館詩稿十二卷 （清）溫啓封撰 清同
治九年（1870）刻本 二冊

220000－0801－0018697 集3.49/478

綠語樓倚聲續集二卷 （清）唐壽尊撰 清刻
本 一冊

220000－0801－0018698 集3.49/480

綠雪堂遺集二十卷 （清）王衍梅撰 清道光
二十九年（1849）刻本 六冊

220000－0801－0018699 集3.49/480－1

綠雪堂遺集二十卷 （清）王衍梅撰 清道光
二十九年（1849）刻本 六冊

220000－0801－0018700 集3.49/480－2

綠雪堂遺集二十卷 （清）王衍梅撰 清道光
二十九年（1849）刻本 六冊

220000－0801－0018701 集3.49/483

綠天書舍存草六卷 （清）錢楷撰 清嘉慶二
十三年（1818）刻本 二冊

220000－0801－0018702 集3.49/484

牧齋初學集詩註二十卷有學集詩註十四卷
（清）錢謙益撰 （清）錢曾箋註 清刻本 十
六冊

220000－0801－0018703 集3.49/486

瑯嬛文集六卷 （明）張岱撰 清光緒三年
（1877）刻本 六冊

220000－0801－0018704　集 3.49/486－1

瑯嬛文集六卷　（明）張岱撰　清光緒三年
(1877)刻本　六冊

220000－0801－0018705　集 3.49/491

儀衛軒文集十二卷外集一卷附錄一卷遺書一
卷　（清）方東樹撰　清同治七年(1868)刻本
五冊

220000－0801－0018706　集 3.49/492

儀鄭堂殘稿二卷　（清）曹埔撰　清同治八年
(1869)刻本　一冊

220000－0801－0018707　集 3.49/496

復初齋文集三十五卷　（清）翁方綱撰　清光
緒三年(1877)刻本　十冊

220000－0801－0018708　集 3.49/496－1

復初齋文集三十五卷　（清）翁方綱撰　清光
緒三年(1877)刻本　八冊

220000－0801－0018709　集 3.49/496－2

復初齋文集三十五卷　（清）翁方綱撰　清光
緒三年(1877)刻本　十冊

220000－0801－0018710　集 3.49/497

秋水邨莊詩鈔四卷　（清）張大經撰　清嘉慶
十五年(1810)刻本　一冊

220000－0801－0018711　集 3.49/498

秋水軒集不分卷　（清）莊盤珠撰　清光緒二
年(1876)刻本　一冊

220000－0801－0018712　集 3.49/498－1

秋水軒集不分卷　（清）莊盤珠撰　清光緒二
年(1876)刻本　一冊

220000－0801－0018713　集 3.49/498－2

秋水軒集不分卷　（清）莊盤珠撰　清光緒二
年(1876)刻本　一冊

220000－0801－0018714　集 3.49/498－3

秋水軒集不分卷　（清）莊盤珠撰　清光緒二
年(1876)刻本　一冊

220000－0801－0018715　集 3.49/498－4

秋水軒集不分卷　（清）莊盤珠撰　清光緒二
年(1876)刻本　一冊

220000－0801－0018716　集 3.49/498－5

秋水軒集不分卷　（清）莊盤珠撰　清光緒二
年(1876)刻本　一冊

220000－0801－0018717　集 3.49/498－6

秋水軒集不分卷　（清）莊盤珠撰　清光緒二
年(1876)刻本　一冊

220000－0801－0018718　集 3.49/499

寶綸堂集不分卷　（清）陳洪綬撰　清光緒十
四年(1888)刻本　八冊

220000－0801－0018719　集 3.49/500

秋水亭詩續集三卷補編一卷　（清）王祖昌撰
清嘉慶十四年(1809)刻本　一冊

220000－0801－0018720　集 3.49/504

秋樹讀書樓遺集十六卷　（清）史善長撰　清
道光十五年(1835)刻本　四冊

220000－0801－0018721　集 3.49/504－1

秋樹讀書樓遺集十六卷　（清）史善長撰　清
道光十五年(1835)刻本　四冊

220000－0801－0018722　集 3.49/504－2

秋樹讀書樓遺集十六卷　（清）史善長撰　清
道光十五年(1835)刻本　四冊

220000－0801－0018723　集 3.49/504－3

秋樹讀書樓遺集十六卷　（清）史善長撰　清
道光十五年(1835)刻本　四冊

220000－0801－0018724　集 3.49/504－4

秋樹讀書樓遺集十六卷　（清）史善長撰　清
道光十五年(1835)刻本　四冊

220000－0801－0018725　集 3.49/505

秋影樓詩集九卷　（清）汪繹撰　清光緒二十
三年(1897)刻本　一冊

220000－0801－0018726　集 3.49/505－1

秋影樓詩集九卷　（清）汪繹撰　清光緒二十
三年(1897)刻本　一冊

220000－0801－0018727　集 3.49/509

繡塘集一卷　（清）顧貞觀撰　清光緒七年
(1881)刻本　一冊

220000－0801－0018728　集 3.49/510

皇華草箋註三卷　（清）陶澍撰　清道光九年
(1829)刻本　一冊

220000－0801－0018729　集 3.49/511

粤游吟一卷潮州百詠一卷　（清）陳本直撰
清同治十二年(1873)刻本　一冊

220000－0801－0018730　集 3.49/512

秋士先生遺集六卷　（清）彭績撰　清光緒七
年(1881)刻本　二冊

220000－0801－0018731　集 3.49/512－1

秋士先生遺集六卷　（清）彭績撰　清光緒七
年(1881)刻本　二冊

220000－0801－0018732　集 3.49/512－2

秋士先生遺集六卷　（清）彭績撰　清光緒七
年(1881)刻本　二冊

220000－0801－0018733　集 3.49/513

經史百家雜鈔二十六卷　（清）曾國藩輯　清
光緒三十二年(1906)鉛印本　十二冊

220000－0801－0018734　集 3.49/513－1

經史百家雜鈔二十六卷　（清）曾國藩輯　清
光緒三十二年(1906)鉛印本　十二冊

220000－0801－0018735　集 3.49/517

儀禮私箋八卷說文逸字二卷附錄一卷鄭學錄
四卷巢經巢詩鈔九卷巢經巢集一卷　（清）鄭
珍撰　清咸豐八年至同治七年(1858－1868)
刻本　八冊

220000－0801－0018736　集 3.49/518

適齋居士集四卷　（清）舒敏撰　清道光二十
二年(1842)刻本　二冊

220000－0801－0018737　集 3.49/518－1

適齋居士集四卷　（清）舒敏撰　清道光二十
二年(1842)刻本　二冊

220000－0801－0018738　集 3.49/518－2

適齋居士集四卷　（清）舒敏撰　清道光二十
二年(1842)刻本　二冊

220000－0801－0018739　集 3.49/519

空山堂文集十二卷詩集六卷　（清）牛運震撰

清嘉慶八年(1803)刻本　八冊

220000－0801－0018740　集 3.49/520

空山堂全集八種　（清）牛運震撰　清嘉慶二
十三年(1818)刻本　四十二冊

220000－0801－0018741　集 3.49/522

塞遊雜詠不分卷　（清）張會楷撰　清嘉慶、
道光抄本　一冊

220000－0801－0018742　集 3.49/523

寒支初集十卷二集四卷歲紀一卷　（清）李世
熊撰　清同治十三年(1874)木活字印本　十
四冊

220000－0801－0018743　集 3.49/523－1

寒支初集十卷二集四卷歲紀一卷　（清）李世
熊撰　清同治十三年(1874)木活字印本　十
四冊

220000－0801－0018744　集 3.49/526

寒松晚翠堂詩三卷題辭不分卷寒松晚翠堂初
集不分卷制藝一卷　（清）張兆麟撰　清光緒
十七年(1891)刻本　三冊

220000－0801－0018745　集 3.49/526－1

寒松晚翠堂詩三卷題辭不分卷寒松晚翠堂初
集不分卷制藝一卷　（清）張兆麟撰　清光緒
十七年(1891)刻本　二冊

220000－0801－0018746　集 3.49/527

寒松堂全集十二卷首一卷　（清）魏象樞撰
清嘉慶十六年(1811)刻本　十二冊

220000－0801－0018747　集 3.49/528

定山堂古文小品二卷續集一卷　（清）龔鼎孳
撰　清光緒二十四年(1898)刻本　三冊

220000－0801－0018748　集 3.49/530

定山堂詩集四十三卷首一卷目錄一卷詩餘四
卷芳草詞一卷古文小品二卷補遺三卷續集一
卷龔端毅公奏議八卷附一卷浠川政譜二卷
（清）龔鼎孳撰　清光緒十一年(1885)刻本
十六冊　存五十卷(詩集四十三卷、首一卷、
目錄一卷、詩餘四卷、芳草詞一卷)

220000－0801－0018749　集 3.49/530－1

定山堂詩集四十三卷首一卷目錄一卷詩餘四卷芳草詞一卷古文小品二卷補遺三卷續集一卷龔端毅公奏議八卷附一卷溮川政譜二卷　（清）龔鼎孳撰　清光緒十一年（1885）刻本　二十七冊

220000－0801－0018750　集 3.49/534
校訂定庵全集十卷　（清）龔自珍撰　定庵年譜稿本一卷　（清）黃守恒撰　清宣統元年（1909）上海時中書局鉛印本　八冊

220000－0801－0018751　集 3.49/534－1
校訂定庵全集十卷　（清）龔自珍撰　定庵年譜稿本一卷　（清）黃守恒撰　清宣統元年（1909）上海時中書局鉛印本　八冊

220000－0801－0018752　集 3.49/534－2
校訂定庵全集十卷　（清）龔自珍撰　定庵年譜稿本一卷　（清）黃守恒撰　清宣統元年（1909）上海時中書局鉛印本　六冊

220000－0801－0018753　集 3.49/534－3
校訂定庵全集十卷　（清）龔自珍撰　定庵年譜稿本一卷　（清）黃守恒撰　清宣統元年（1909）上海時中書局鉛印本　八冊

220000－0801－0018754　集 3.49/535
定庵文集三卷續集四卷補編四卷　（清）龔自珍撰　清光緒十二年（1886）刻本　四冊

220000－0801－0018755　集 3.49/536
定庵文集三卷續集四卷補五卷　（清）龔自珍撰　清同治七年（1868）刻本　四冊

220000－0801－0018756　集 3.49/536－1
定庵文集三卷續集四卷補五卷　（清）龔自珍撰　清同治七年（1868）刻本　三冊

220000－0801－0018757　集 3.49/536－2
定庵文集三卷續集四卷補五卷　（清）龔自珍撰　清同治七年（1868）刻本　三冊　缺五卷（定庵文集三、續集四卷）

220000－0801－0018758　集 3.49/537
定庵文集三卷續集四卷補編四卷補五卷　（清）龔自珍撰　清宣統二年（1910）石印本

六冊

220000－0801－0018759　集 3.49/538
定庵文集三卷續集四卷補五卷拾遺一卷時文一卷　（清）龔自珍撰　清宣統二年（1910）鉛印本　五冊

220000－0801－0018760　集 3.49/543
容甫先生遺詩五卷補遺一卷詩跋一卷附錄一卷　（清）汪中撰　清宣統二年（1910）鉛印本　一冊

220000－0801－0018761　集 3.49/544
容甫先生遺詩五卷補遺一卷詩跋一卷附錄一卷　（清）汪中撰　清宣統元年（1909）鉛印本　一冊

220000－0801－0018762　集 3.49/549
宮室考一卷　（清）任啓運撰　清嘉慶九年（1804）刻本　一冊

220000－0801－0018763　集 3.49/551
寄龕詩質四卷　（清）孫德祖撰　清光緒二十五年（1899）刻本　一冊

220000－0801－0018764　集 3.49/552
寄龕文存四卷　（清）孫德祖撰　清光緒十年（1884）刻本　四冊

220000－0801－0018765　集 3.49/553
寄春吟二卷　（清）劉汝薈撰　清光緒三年（1877）刻本　一冊

220000－0801－0018766　集 3.49/554
守經堂詩文集四卷附守經堂書目一卷　（清）沈筠撰　清光緒十二年（1886）刻本　一冊

220000－0801－0018767　集 3.49/555
守經堂詩集十卷附自著書目一卷　（清）沈筠撰　清光緒十四年（1888）刻本　四冊

220000－0801－0018768　集 3.49/556
寶研堂集四卷　（清）舒化民撰　清同治三年（1864）刻本　四冊

220000－0801－0018769　集 3.49/557
寶德堂詩鈔十卷附存二卷　（清）周衢撰　清光緒二年（1876）刻本　三冊

315

220000－0801－0018770　集 3.49/558

寶綸堂外集十二卷　（清）齊召南撰　清宣統三年(1911)影印本　二冊

220000－0801－0018771　集 3.49/559

寶綸堂文鈔八卷詩鈔六卷　（清）齊召南撰　清光緒十三年(1887)刻本　四冊

220000－0801－0018772　集 3.49/559－1

寶綸堂文鈔八卷詩鈔六卷　（清）齊召南撰　清光緒十三年(1887)刻本　二冊

220000－0801－0018773　集 3.49/560

寶奎堂集十二卷　（清）陸錫熊撰　清嘉慶十五年(1810)刻本　四冊

220000－0801－0018774　集 3.49/561

寶奎堂集十二卷篁村集十二卷　（清）陸錫熊撰　清道光二十九年(1849)刻本　八冊

220000－0801－0018775　集 3.49/561－1

寶奎堂集十二卷篁村集十二卷　（清）陸錫熊撰　清道光二十九年(1849)刻本　四冊　存十二卷(寶奎堂集十二卷)

220000－0801－0018776　集 3.49/562

寶嚴堂詩集四卷　（清）孫永清撰　清嘉慶刻本　二冊

220000－0801－0018777　集 3.49/566

汪龍莊先生遺書五種十一卷　（清）汪輝祖撰　清末刻本　五冊

220000－0801－0018778　集 3.49/567

汪龍莊先生遺書八種十五卷　（清）汪輝祖撰　清光緒十二年(1886)刻本　六冊

220000－0801－0018779　集 3.49/568

汪龍莊先生遺書八種十五卷　（清）汪輝祖撰　清同治十一年(1872)刻本　六冊

220000－0801－0018780　集 3.49/573

汪子遺書二錄二卷錄後一卷三錄三卷文錄十卷　（清）汪縉撰　清光緒八年(1882)刻本　三冊

220000－0801－0018781　集 3.49/574

汪子文錄十卷　（清）汪縉撰　清光緒七年(1881)刻本　四冊

220000－0801－0018782　集 3.49/574－1

汪子文錄十卷　（清）汪縉撰　清光緒七年(1881)刻本　四冊

220000－0801－0018783　集 3.49/574－2

汪子文錄十卷　（清）汪縉撰　清光緒七年(1881)刻本　四冊

220000－0801－0018784　集 3.49/575

汪梅村先生集十二卷外集一卷　（清）汪士鐸撰　清光緒七年(1881)鉛印本　四冊

220000－0801－0018785　集 3.49/575－1

汪梅村先生集十二卷外集一卷　（清）汪士鐸撰　清光緒七年(1881)鉛印本　四冊

220000－0801－0018786　集 3.49/575－2

汪梅村先生集十二卷外集一卷　（清）汪士鐸撰　清光緒七年(1881)鉛印本　四冊

220000－0801－0018787　集 3.49/578

河間試律矩註釋二卷　（清）紀昀撰　清光緒六年(1880)刻本　二冊

220000－0801－0018788　集 3.49/580

冠悔堂詩鈔八卷　（清）楊浚撰　清光緒十九年(1893)刻本　八冊

220000－0801－0018789　集 3.49/581

冰雪堂詩一卷　（清）歸真道人撰　清道光二十年(1840)刻本　二冊

220000－0801－0018790　集 3.49/582

馮仲廉文鈔二卷附錄一卷　（清）馮偉撰　清道光十一年(1831)刻本　二冊

220000－0801－0018791　集 3.49/583

因寄軒文初集十卷二集六卷補遺一卷　（清）管同撰　清光緒五年(1879)刻本　四冊

220000－0801－0018792　集 3.49/585

江泠閣全集文集四卷詩集十四卷　（清）冷士嵋撰　清咸豐十年(1860)刻本　二冊

220000－0801－0018793　集 3.49/586

儲遯庵文集十二卷　（清）儲方慶撰　清光緒

二年(1876)刻本　六冊

220000－0801－0018794　集 3.49/586－1

儲遯庵文集十二卷　（清）儲方慶撰　清光緒
二年(1876)刻本　四冊

220000－0801－0018795　集 3.49/586－2

儲遯庵文集十二卷　（清）儲方慶撰　清光緒
二年(1876)刻本　四冊

220000－0801－0018796　集 3.49/587

顧亭林先生詩箋註十七卷　（清）顧炎武撰
（清）徐嘉輯　清光緒二十七年(1901)徐氏味
靜齋刻本　六冊

220000－0801－0018797　集 3.49/589

顧亭林先生詩箋註十七卷　（清）顧炎武撰
（清）徐嘉輯　清光緒二十七年(1901)徐氏味
靜齋刻本　四冊

220000－0801－0018798　集 3.49/590

顧亭林先生詩箋註十七卷補一卷　（清）顧炎
武撰　（清）徐嘉輯　清光緒二十七年(1901)
徐氏味靜齋刻本　六冊

220000－0801－0018799　集 3.49/591

顧雙溪集九卷　（清）顧奎光撰　清光緒二十
一年(1895)鉛印本　二冊

220000－0801－0018800　集 3.49/591－1

顧雙溪集九卷　（清）顧奎光撰　清光緒二十
一年(1895)鉛印本　二冊

220000－0801－0018801　集 3.49/591－2

顧雙溪集九卷　（清）顧奎光撰　清光緒二十
一年(1895)鉛印本　二冊

220000－0801－0018802　集 3.49/591－3

顧雙溪集九卷　（清）顧奎光撰　清光緒二十
一年(1895)鉛印本　二冊

220000－0801－0018803　集 3.49/592

顧鳳翔遺集不分卷　（清）顧駪撰　清光緒三
十二年(1906)刻本　一冊

220000－0801－0018804　集 3.49/594

潛吉堂詩錄二卷詞錄一卷雜著一卷　（清）楊
秉桂撰　清道光二十五年(1845)刻本　二冊

220000－0801－0018805　集 3.49/594－1

潛吉堂詩錄二卷詞錄一卷雜著一卷　（清）楊
秉桂撰　清道光二十五年(1845)刻本　一冊
缺二卷(詩錄二卷)

220000－0801－0018806　集 3.49/596

**潛庵先生全集五卷疏稿一卷年譜一卷志學會
約一卷困學錄一卷**　（清）湯斌撰　清同治十
二年(1873)刻本　六冊

220000－0801－0018807　集 3.49/597

潛研堂全書二十二種　（清）錢大昕撰　清光
緒十年(1884)刻本　六十四冊

220000－0801－0018808　集 3.49/597－1

潛研堂全書二十二種　（清）錢大昕撰　清光
緒十年(1884)刻本　六十四冊

220000－0801－0018809　集 3.49/599

潛研堂全書　（清）錢大昕撰　清嘉慶六年
(1801)刻本　六冊　存三十五卷(潛研堂文
集一至二十七、十駕齋養新錄二十、餘錄三
卷、三統術衍三卷、鈐一卷)

220000－0801－0018810　集 3.49/600

潛研堂文集五十卷　（清）錢大昕撰　清嘉慶
十一年(1806)刻本　十冊

220000－0801－0018811　集 3.49/600－1

潛研堂文集五十卷　（清）錢大昕撰　清嘉慶
十一年(1806)刻本　二十冊

220000－0801－0018812　集 3.49/600－2

潛研堂文集五十卷　（清）錢大昕撰　清嘉慶
十一年(1806)刻本　十二冊　缺二十卷(詩
集十卷、詩續集十卷)

220000－0801－0018813　集 3.49/600－3

潛研堂文集五十卷　（清）錢大昕撰　清嘉慶
十一年(1806)刻本　十冊

220000－0801－0018814　集 3.49/601

逃禪閣集八卷　（清）張崟撰　清道光十二年
(1832)刻本　三冊

220000－0801－0018815　集 3.49/604

測海集六卷　（清）彭紹升撰　清嘉慶二十四

年（1819）刻本　四册

220000－0801－0018816　集 3.49/605
測海集六卷　（清）彭紹升撰　清同治四年（1865）刻本　二册

220000－0801－0018817　集 3.49/605－1
測海集六卷　（清）彭紹升撰　清同治四年（1865）刻本　二册

220000－0801－0018818　集 3.49/605－2
測海集六卷　（清）彭紹升撰　清同治四年（1865）刻本　二册

220000－0801－0018819　集 3.49/605－3
測海集六卷　（清）彭紹升撰　清同治四年（1865）刻本　二册

220000－0801－0018820　集 3.49/605－4
測海集六卷　（清）彭紹升撰　清同治四年（1865）刻本　二册

220000－0801－0018821　集 3.49/606
浙東紀遊草不分卷　（清）沈錫爵撰　清道光二年（1822）刻本　一册

220000－0801－0018822　集 3.49/607
歸樸龕叢稿十二卷續編四卷　（清）彭藴章撰　清光緒三十四年（1908）刻本　四册

220000－0801－0018823　集 3.49/609
浮槎山房詩稿不分卷賦稿不分卷　（清）郭道清撰　清光緒十七年（1891）刻本　一册

220000－0801－0018824　集 3.49/610
浮槎存稿六卷末一卷　（清）鄒貽詩撰　清道光十九年（1839）刻本　一册

220000－0801－0018825　集 3.49/614
邃雅堂集十卷續編一卷　（清）姚文田撰　清道光八年（1828）刻本　八册

220000－0801－0018826　集 3.49/615
邃懷堂文集四卷駢文箋注十六卷補箋一卷詩集六卷詩集後編六卷小清容山館詞鈔二卷蛾術山房詩鈔四卷先府君事略一卷淞逸詩存一卷哀忠集三卷　（清）袁翼等撰　清光緒十三年至十四年（1887－1888）刻本　二十二册

220000－0801－0018827　集 3.49/615－1
邃懷堂文集四卷駢文箋注十六卷補箋一卷詩集六卷詩集後編六卷小清容山館詞鈔二卷蛾術山房詩鈔四卷先府君事略一卷淞逸詩存一卷哀忠集三卷　（清）袁翼等撰　清光緒十三年至十四年（1887－1888）刻本　十八册　缺八卷（蛾術山房詩鈔四卷、淞逸詩存一卷、哀忠集三卷）

220000－0801－0018828　集 3.49/615－2
邃懷堂文集四卷駢文箋注十六卷補箋一卷詩集六卷詩集後編六卷小清容山館詞鈔二卷蛾術山房詩鈔四卷先府君事略一卷淞逸詩存一卷哀忠集三卷　（清）袁翼等撰　清光緒十三年至十四年（1887－1888）刻本　四册　存四卷（邃懷堂文集四卷）

220000－0801－0018829　集 3.49/616
述學三卷　（清）汪中撰　清末刻本　三册

220000－0801－0018830　集 3.49/618
述古堂文集十二卷　（清）錢兆鵬撰　清光緒七年（1881）刻本　四册

220000－0801－0018831　集 3.49/622
述學內篇三卷外篇一卷補遺一卷別錄一卷附錄一卷　（清）汪中撰　清同治八年（1869）刻本　四册

220000－0801－0018832　集 3.49/622－1
述學內篇三卷外篇一卷補遺一卷別錄一卷附錄一卷　（清）汪中撰　清同治八年（1869）刻本　二册

220000－0801－0018833　集 3.49/622－2
述學內篇三卷外篇一卷補遺一卷別錄一卷附錄一卷　（清）汪中撰　清同治八年（1869）刻本　二册

220000－0801－0018834　集 3.49/622－3
述學內篇三卷外篇一卷補遺一卷別錄一卷附錄一卷　（清）汪中撰　清同治八年（1869）刻本　二册

220000－0801－0018835　集 3.49/622－4
述學內篇三卷外篇一卷補遺一卷別錄一卷附

錄一卷　（清）汪中撰　清同治八年(1869)刻本　二冊

220000－0801－0018836　集 3.49/623

補蘿山房詩稿三卷　（清）董沄撰　清咸豐元年(1851)刻本　一冊

220000－0801－0018837　集 3.49/624

補拙山房詩鈔十卷　（清）張定鋆撰　清同治十一年(1872)刻本　一冊

220000－0801－0018838　集 3.49/625

對策六卷　（清）陳鱣撰　清光緒五年(1879)刻本　一冊

220000－0801－0018839　集 3.49/626

邁堂文略不分卷　（清）李祖陶撰　清道光十七年(1837)刻本　一冊

220000－0801－0018840　集 3.49/626－1

邁堂文略不分卷　（清）李祖陶撰　清道光十七年(1837)刻本　一冊

220000－0801－0018841　集 3.49/627

邁堂文略四卷　（清）李祖陶撰　清同治七年(1868)刻本　二冊

220000－0801－0018842　集 3.49/629

漆室吟八卷壬癸編二卷甲乙編二卷百柱堂詩稿二卷　（清）王柏心撰　清同治三年(1864)刻本　四冊

220000－0801－0018843　集 3.49/629－1

漆室吟八卷壬癸編二卷甲乙編二卷百柱堂詩稿二卷　（清）王柏心撰　清同治三年(1864)刻本　二冊　存八卷(漆室吟八卷)

220000－0801－0018844　集 3.49/631

沈端恪公遺書二卷　（清）沈近思撰　年譜二卷　（清）沈曰富撰　清同治十二年(1873)刻本　二冊

220000－0801－0018845　集 3.49/631－1

沈端恪公遺書二卷　（清）沈近思撰　年譜二卷　（清）沈曰富撰　清同治十二年(1873)刻本　二冊

220000－0801－0018846　集 3.49/631－2

沈端恪公遺書二卷　（清）沈近思撰　年譜二卷　（清）沈曰富撰　清同治十二年(1873)刻本　二冊

220000－0801－0018847　集 3.49/634

沈余遺書勵志錄二卷　（清）沈近思撰　年譜二卷　（清）沈曰富撰　庸言四卷庸言補遺一卷　（清）余元遴著　清光緒二十二年(1896)刻本　四冊

220000－0801－0018848　集 3.49/637

沈四山人詩錄六卷附錄一卷　（清）沈謹學撰　清道光三十年(1850)刻本　一冊

220000－0801－0018849　集 3.49/640

洗心居吟草不分卷題詞一卷　（清）朱英撰　清道光十八年(1838)刻本　一冊

220000－0801－0018850　集 3.49/644

洪北江全集二十三種二百二十三卷　（清）洪亮吉撰　清光緒刻本　八十四冊

220000－0801－0018851　集 3.49/644－1

洪北江全集二十三種二百二十三卷　（清）洪亮吉撰　清光緒刻本　八十四冊

220000－0801－0018852　集 3.49/644－2

洪北江全集二十三種二百二十三卷　（清）洪亮吉撰　清光緒刻本　八十四冊

220000－0801－0018853　集 3.49/644－3

洪北江全集二十三種二百二十三卷　（清）洪亮吉撰　清光緒刻本　六十四冊

220000－0801－0018854　集 3.49/644－4

洪北江全集二十三種二百二十三卷　（清）洪亮吉撰　清光緒刻本　二十八冊　存一百六卷(洪北江先生年譜一卷,卷施閣文甲集十卷、續一卷補遺一卷、乙集八卷、續編一卷、詩二十卷,更生齋文甲集四卷、乙集四卷、續集二卷、詩八卷、續集十卷,附鮚軒詩八卷,更生齋詩餘二卷,擬兩晉南北史樂府二卷,北江詩話六卷,曉讀書齋初錄二卷、二錄二卷、三錄二卷、四錄二卷,弟子職箋釋一卷,史目表二卷,漢魏音四卷,遣戍伊犂日記一卷,天山客話一卷,外家紀聞一卷)

220000－0801－0018855　集 3.49/644－5

洪北江全集二十三種二百二十三卷 （清）洪亮吉撰　清光緒刻本　二十二冊　存七十九卷(卷施閣文甲集四至十、續一卷、補遺一卷、乙集八卷、續編一卷、詩二十卷、更生齋文甲集四卷、乙集四卷、續集二卷、詩八卷、續集十卷、附鮚軒詩八卷、更生齋詩餘二卷、擬兩晉南北史樂府二卷、附鮚軒外集唐宋小樂府一卷)

220000－0801－0018856　集 3.49/644－6

洪北江全集二十三種二百二十三卷 （清）洪亮吉撰　清光緒刻本　七冊　存二十卷(卷施閣詩二十卷)

220000－0801－0018857　集 3.49/644－7

洪北江全集二十三種二百二十三卷 （清）洪亮吉撰　清光緒刻本　二十七冊　存一百三卷(洪北江先生年譜一卷,卷施閣文甲集十卷、續一卷補遺一卷、乙集八卷、續編一卷、詩二十卷、更生齋文甲集四卷、乙集四卷、續集二卷、詩八卷、續集十卷,附鮚軒詩八卷,更生齋詩餘二卷,擬兩晉南北史樂府二卷,北江詩話六卷,曉讀書齋初錄二卷、二錄二卷、三錄二卷、四錄二卷,弟子職箋釋一卷,史目表二卷,漢魏音四卷)

220000－0801－0018858　集 3.49/644－8

洪北江全集二十三種二百二十三卷 （清）洪亮吉撰　清光緒刻本　十七冊　存四十一卷(乾隆府萬州縣圖志一卷,更生齋文甲集一至四,卷施閣文甲集一至四,卷施閣文補遺一卷,卷施閣文二集一至四,卷施閣文詩集十至二十,通經表三至四,傳經表一至二,春秋左傳十五至二十,曉讀書初錄上、下,曉讀書三錄上、下,十六國疆疆域志一至二)

220000－0801－0018859　集 3.49/646

補廬詩鈔三卷 （清）楊瑗撰　清嘉慶十七年(1812)刻本　一冊

220000－0801－0018860　集 3.49/648

浩然堂詩集六卷詞稿一卷 （清）江開撰　清道光二十九年(1849)刻本　一冊

220000－0801－0018861　集 3.49/652

遺山詩四卷 （清）高詠撰　清信芳閣鉛印本　一冊

220000－0801－0018862　集 3.49/653

椒園詩鈔七卷雪鴻詞二卷 （清）黎庶蕃撰　清光緒十五年(1889)刻本　二冊

220000－0801－0018863　集 3.49/654

清娛閣詩鈔六卷 （清）鮑之蕙撰　清嘉慶十六年(1811)刻本　二冊

220000－0801－0018864　集 3.49/655

清芬樓遺稿四卷 （清）任啓運撰　清嘉慶二十二年(1817)刻本　六冊

220000－0801－0018865　集 3.49/655－1

清芬樓遺稿四卷 （清）任啓運撰　清嘉慶二十二年(1817)刻本　四冊

220000－0801－0018866　集 3.49/655－2

清芬樓遺稿四卷 （清）任啓運撰　清嘉慶二十二年(1817)刻本　二冊

220000－0801－0018867　集 3.49/656

清芬樓遺稿四卷 （清）任啓運撰　清光緒十四年(1888)刻本　二冊

220000－0801－0018868　集 3.49/656－1

清芬樓遺稿四卷 （清）任啓運撰　清光緒十四年(1888)刻本　二冊

220000－0801－0018869　集 3.49/656－2

清芬樓遺稿四卷 （清）任啓運撰　清光緒十四年(1888)刻本　二冊

220000－0801－0018870　集 3.49/657

禮堂詩鈔八卷 （清）沈大本撰　清嘉慶二十一年(1816)刻本　二冊

220000－0801－0018871　集 3.49/658

神清室詩稿三卷 （清）永憲撰　清嘉慶十三年(1808)刻本　一冊

220000－0801－0018872　集 3.49/660

清嘯閣詩草十六卷嶽游草一卷湘湄驪唱一卷 （清）夏獻雲撰　清光緒十八年(1892)刻本　四冊

220000 – 0801 – 0018873　集 3.49/662

多歲堂詩集四卷載賡集二卷附集一卷　（清）
成書撰　清末刻本　四冊

220000 – 0801 – 0018874　集 3.49/662 – 1

多歲堂詩集四卷載賡集二卷附集一卷　（清）
成書撰　清末刻本　四冊

220000 – 0801 – 0018875　集 3.49/663

澤雅堂詩集六卷二集十八卷　（清）施補華著
清光緒十六年(1890)刻本　六冊

220000 – 0801 – 0018876　集 3.49/664

澤雅堂文集八卷　（清）施補華著　清光緒二
十四年(1898)刻本　二冊

220000 – 0801 – 0018877　集 3.49/664 – 1

澤雅堂文集八卷　（清）施補華著　清光緒二
十四年(1898)刻本　二冊

220000 – 0801 – 0018878　集 3.49/664 – 2

澤雅堂文集八卷　（清）施補華著　清光緒二
十四年(1898)刻本　二冊

220000 – 0801 – 0018879　集 3.49/664 – 3

澤雅堂文集八卷　（清）施補華著　清光緒二
十四年(1898)刻本　六冊

220000 – 0801 – 0018880　集 3.49/665

澤雅堂詩集六卷　（清）施補華撰　清同治十
一年(1872)刻本　二冊

220000 – 0801 – 0018881　集 3.49/665 – 1

澤雅堂詩集六卷　（清）施補華撰　清同治十
一年(1872)刻本　二冊

220000 – 0801 – 0018882　集 3.49/666

湯文正公全集三十九卷　（清）湯斌撰　清同
治九年(1870)刻本　三十二冊

220000 – 0801 – 0018883　集 3.49/666 – 1

湯文正公全集三十九卷　（清）湯斌撰　清同
治九年(1870)刻本　十四冊

220000 – 0801 – 0018884　集 3.49/666 – 2

湯文正公全集三十九卷　（清）湯斌撰　清同
治九年(1870)刻本　二十四冊

220000 – 0801 – 0018885　集 3.49/669

還讀齋詩稿四卷　（清）韓尌撰　清道光十年
(1830)刻本　二冊

220000 – 0801 – 0018886　集 3.49/673

初月樓文鈔十卷附詩鈔四卷續詩鈔三卷
（清）吳德旋撰　清光緒十年(1884)刻本
四冊

220000 – 0801 – 0018887　集 3.49/673 – 1

初月樓文鈔十卷附詩鈔四卷續詩鈔三卷
（清）吳德旋撰　清光緒十年(1884)刻本
四冊

220000 – 0801 – 0018888　集 3.49/674

初月樓續詩鈔三卷　（清）吳德旋撰　清末刻
本　一冊

220000 – 0801 – 0018889　集 3.49/675

初月樓文鈔十卷續鈔八卷詩鈔四卷　（清）吳
德旋撰　清光緒八年(1882)刻本　七冊

220000 – 0801 – 0018890　集 3.49/679

洞庭集詩八卷文二十卷　（清）王慶麟撰　清
嘉慶二十一年(1816)刻本　二冊　缺二卷
(詩一至二)

220000 – 0801 – 0018891　集 3.49/680

滑疑集八卷　（清）韓錫胙撰　清同治十三年
(1874)刻本　四冊

220000 – 0801 – 0018892　集 3.49/680 – 1

滑疑集八卷　（清）韓錫胙撰　清同治十三年
(1874)刻本　四冊

220000 – 0801 – 0018893　集 3.49/681

漱六山房全集十一卷　（清）吳昆田撰　清光
緒十年(1884)刻本　六冊

220000 – 0801 – 0018894　集 3.49/684

退密刪存稿二卷　（清）趙秉淵撰　清嘉慶十
八年(1813)刻本　一冊

220000 – 0801 – 0018895　集 3.49/685

**退思詩存四卷文存一卷附仕隱圖題詞一卷都
門唱和詩一卷木犀香館詩草一卷**　（清）范志
熙撰　清光緒十四年(1888)刻本　四冊

220000 - 0801 - 0018896　集 3.49/686

澄懷園詩選十二卷　（清）張廷玉撰　清光緒
十七年（1891）刻本　四冊

220000 - 0801 - 0018897　集 3.49/686 - 1

澄懷園詩選十二卷　（清）張廷玉撰　清光緒
十八年（1892）刻本　四冊

220000 - 0801 - 0018898　集 3.49/688

澹靜齋文鈔八卷詩鈔六卷　（清）龔景瀚撰
清同治八年（1869）刻本　八冊

220000 - 0801 - 0018899　集 3.49/689

鶴泉集杜二卷續刻七卷　（清）戚學標撰　清
嘉慶元年（1796）刻本　四冊

220000 - 0801 - 0018900　集 3.49/690

通藝閣詩遺編一卷遺稿一卷末一卷　（清）姚
椿撰　清末活字印本　一冊

220000 - 0801 - 0018901　集 3.49/691

通藝閣和陶集三卷　（清）姚椿撰　白石鈍樵
集褉帖詩一卷　（清）姚楗輯　清道光二十九
年（1849）刻本　一冊

220000 - 0801 - 0018902　集 3.49/691 - 1

通藝閣和陶集三卷　（清）姚椿撰　白石鈍樵
集褉帖詩一卷　（清）姚楗輯　清道光二十九
年（1849）刻本　一冊

220000 - 0801 - 0018903　集 3.49/691 - 2

通藝閣和陶集三卷　（清）姚椿撰　白石鈍樵
集褉帖詩一卷　（清）姚楗輯　清道光二十九
年（1849）刻本　一冊

220000 - 0801 - 0018904　集 3.49/692

通藝閣詩錄八卷續錄八卷三錄八卷　（清）姚
椿撰　清道光十三年（1833）刻本　七冊

220000 - 0801 - 0018905　集 3.49/692 - 1

通藝閣詩錄八卷續錄八卷三錄八卷　（清）姚
椿撰　清道光十三年（1833）刻本　一冊　存
八卷（通藝閣詩錄八卷）

220000 - 0801 - 0018906　集 3.49/692 - 2

通藝閣詩錄八卷續錄八卷三錄八卷　（清）姚
椿撰　清道光十三年（1833）刻本　七冊

220000 - 0801 - 0018907　集 3.49/693

通隱堂詩存四卷　（清）張京度撰　清同治六
年（1867）刻本　一冊

220000 - 0801 - 0018908　集 3.49/693 - 1

通隱堂詩存四卷　（清）張京度撰　清同治六
年（1867）刻本　一冊

220000 - 0801 - 0018909　集 3.49/693 - 2

通隱堂詩存四卷　（清）張京度撰　清同治六
年（1867）刻本　一冊

220000 - 0801 - 0018910　集 3.49/693 - 3

通隱堂詩存四卷　（清）張京度撰　清同治六
年（1867）刻本　一冊

220000 - 0801 - 0018911　集 3.49/693 - 4

通隱堂詩存四卷　（清）張京度撰　清同治六
年（1867）刻本　二冊

220000 - 0801 - 0018912　集 3.49/694

通義堂集二卷　（清）劉毓崧撰　清光緒十六
年（1890）刻本　一冊

220000 - 0801 - 0018913　集 3.49/694 - 1

通義堂集二卷　（清）劉毓崧撰　清光緒十六
年（1890）刻本　一冊

220000 - 0801 - 0018914　集 3.49/702

漁洋山人精華錄十卷　（清）王士禎撰　清宣
統二年（1910）上海嘉尚廬石印本　六冊

220000 - 0801 - 0018915　集 3.49/705

漁洋山人精華錄訓纂十卷總目二卷年譜二卷
　（清）王士禎撰　清光緒十七年（1891）南皮
張氏刻本　十二冊

220000 - 0801 - 0018916　集 3.49/706

胡文忠公遺集八十六卷目錄一卷　（清）胡林
翼撰　清光緒元年（1875）湖北崇文書局刻本
　三十二冊

220000 - 0801 - 0018917　集 3.49/706 - 1

胡文忠公遺集八十六卷目錄一卷　（清）胡林
翼撰　清光緒元年（1875）湖北崇文書局刻本
　三十二冊

220000 - 0801 - 0018918　集 3.49/708

碧蘿吟館詩集八卷唱和詩詞二卷 （清）馬錦撰 清道光六年(1826)刻本 六冊

220000－0801－0018919 集 3.49/709

海樵文鈔二卷詩鈔一卷 （清）周海樵撰 清嘉慶二十一年(1816)惜陰堂刻本 二冊

220000－0801－0018920 集 3.49/711

海日堂集七卷補遺一卷 （清）程可則撰 清道光三十年(1850)刻本 四冊

220000－0801－0018921 集 3.49/714

海門詩鈔八卷外集四卷末一卷 （清）鮑皋撰 清宣統三年(1911)刻本 四冊

220000－0801－0018922 集 3.49/714－1

海門詩鈔八卷外集四卷末一卷 （清）鮑皋撰 清宣統三年(1911)刻本 四冊

220000－0801－0018923 集 3.49/718

遊道堂集四卷 （清）朱彬撰 清光緒二年(1876)刻本 二冊

220000－0801－0018924 集 3.49/718－1

遊道堂集四卷 （清）朱彬撰 清光緒二年(1876)刻本 一冊

220000－0801－0018925 集 3.49/718－2

遊道堂集四卷 （清）朱彬撰 清光緒二年(1876)刻本 二冊

220000－0801－0018926 集 3.49/719

遊道堂集四卷 （清）朱彬撰 清同治七年(1868)刻本 二冊

220000－0801－0018927 集 3.49/719－1

遊道堂集四卷 （清）朱彬撰 清同治七年(1868)刻本 二冊

220000－0801－0018928 集 3.49/720

海峰全集 （清）劉大櫆撰 清光緒二年(1876)刻本 十四冊

220000－0801－0018929 集 3.49/721

海峰詩集十卷附札記 （清）劉大櫆撰 （清）姚鼐校定 清光緒二十五年(1899)刻本 二冊

220000－0801－0018930 集 3.49/722

海峰先生文十卷詩六卷 （清）劉大櫆撰 清同治十三年(1874)刻本 六冊

220000－0801－0018931 集 3.49/724

海峰先生文集十卷補遺一卷詩集八卷制藝四卷 （清）劉大櫆撰 清光緒十四年(1888)桐城吳大有堂活字印本 十二冊

220000－0801－0018932 集 3.49/726

湖海樓全集五十卷補遺一卷 （清）陳維崧撰 清光緒十七年(1891)刻本 十二冊

220000－0801－0018933 集 3.49/726－1

湖海樓全集五十卷補遺一卷 （清）陳維崧撰 清光緒十七年(1891)刻本 十六冊

220000－0801－0018934 集 3.49/726－2

湖海樓全集五十卷補遺一卷 （清）陳維崧撰 清光緒十七年(1891)刻本 八冊 存二十八卷(湖海樓儷體文集十二卷、湖海樓詞集十六卷)

220000－0801－0018935 集 3.49/728

十誦齋詩集四卷詞一卷雜文一卷 （清）周天度撰 清光緒十年(1884)刻本 三冊

220000－0801－0018936 集 3.49/730

滄趣樓詩集十卷聽水齋詞一卷 陳寶琛撰 清光緒四年(1878)刻本 四冊

220000－0801－0018937 集 3.49/730－1

滄趣樓詩集十卷聽水齋詞一卷 陳寶琛撰 清光緒四年(1878)刻本 四冊

220000－0801－0018938 集 3.49/730－2

滄趣樓詩集十卷聽水齋詞一卷 陳寶琛撰 清光緒四年(1878)刻本 四冊

220000－0801－0018939 集 3.49/733

道古堂文集四十八卷詩集二十六卷集外文一卷詩一卷軼事一卷 （清）杭世駿撰 清光緒十四年(1888)刻本 十六冊

220000－0801－0018940 集 3.49/733－1

道古堂文集四十八卷詩集二十六卷集外文一卷詩一卷軼事一卷 （清）杭世駿撰 清光緒

十四年(1888)刻本　十六冊

220000－0801－0018941　集3.49/733－2

道古堂文集四十八卷詩集二十六卷集外文一卷詩一卷軼事一卷　(清)杭世駿撰　清光緒十四年(1888)刻本　十六冊

220000－0801－0018942　集3.49/733－3

道古堂文集四十八卷詩集二十六卷集外文一卷詩一卷軼事一卷　(清)杭世駿撰　清光緒十四年(1888)刻本　十冊　缺二十九卷(詩集二十六卷、集外文一卷、詩一卷、軼事一卷)

220000－0801－0018943　集3.49/734

左海文集乙編駢體文二卷　(清)陳壽祺撰　清道光刻本　一冊

220000－0801－0018944　集3.49/735

左海文集十卷傳五卷經辨二卷五經異義疏證三卷　(清)陳壽祺撰　清道光刻本　十八冊

220000－0801－0018945　集3.49/736

三山陳氏家刻左海全集十種三十四卷　(清)陳壽祺撰　清道光刻本　三十六冊

220000－0801－0018946　集3.49/736－1

三山陳氏家刻左海全集十種三十四卷　(清)陳壽祺撰　清道光刻本　二十八冊

220000－0801－0018947　集3.49/737

狎鷗軒集四卷甋塵紀略一卷　(清)姚齊宋撰　清道光十七年(1837)刻本　一冊

220000－0801－0018948　集3.49/738

大雲山房文稿初集四卷二集四卷言事二卷　(清)惲敬撰　清同治八年(1869)四川刻本　十冊

220000－0801－0018949　集3.49/739

大雲山房文稿初集四卷二集四卷　(清)惲敬撰　茗柯文編五卷　(清)張惠言撰　清光緒十四年(1888)官書處刻本　十冊

220000－0801－0018950　集3.49/739－1

大雲山房文稿初集四卷二集四卷　(清)惲敬撰　茗柯文編五卷　(清)張惠言撰　清光緒十四年(1888)官書處刻本　八冊　缺五卷

(茗柯文編五卷)

220000－0801－0018951　集3.49/739－2

大雲山房文稿初集四卷二集四卷　(清)惲敬撰　茗柯文編五卷　(清)張惠言撰　清光緒十四年(1888)官書處刻本　八冊　缺五卷(茗柯文編五卷)

220000－0801－0018952　集3.49/740

大雲山房文稿初集四卷　(清)惲敬撰　清末刻本　四冊

220000－0801－0018953　集3.49/741

大滌山房詩錄八卷試帖一卷　(清)張吉安撰　清道光十四年(1834)刻本　四冊

220000－0801－0018954　集3.49/742

大山詩集七卷　(清)劉巖撰　清光緒三十一年(1905)鉛印本　二冊

220000－0801－0018955　集3.49/743

大吉羊室遺稿不分卷　(清)張振凡撰　清光緒五年(1879)刻本　一冊

220000－0801－0018956　集3.49/745

思誠堂文集六卷詩集二卷　(清)張鏞撰　清光緒十三年(1887)刻本　四冊

220000－0801－0018957　集3.49/746

太乙舟文集八卷　(清)陳用光撰　清道光二十三年(1843)孝友堂刻本　六冊

220000－0801－0018958　集3.49/747

太鶴山人集十三卷　(清)端木國瑚撰　清道光二十年(1840)瑞安洪氏刻本　六冊

220000－0801－0018959　集3.49/747－1

太鶴山人集十三卷　(清)端木國瑚撰　清道光二十年(1840)瑞安洪氏刻本　六冊

220000－0801－0018960　集3.49/747－2

太鶴山人集十三卷　(清)端木國瑚撰　清道光二十年(1840)瑞安洪氏刻本　六冊

220000－0801－0018961　集3.49/748

友蓮詩詞合稿三卷　(清)黃景濂撰　清道光七年(1827)刻本　一冊

220000－0801－0018962　集 3.49/749
友漁齋詩集十卷　（清）黃凱鈞撰　清嘉慶十年（1805）刻本　二冊

220000－0801－0018963　集 3.49/751
直木堂詩集七卷　（清）釋本晝撰　清刻本　二冊

220000－0801－0018964　集 3.49/752
壺園詩鈔選十卷五代新樂府一卷外集六卷賦鈔二卷　（清）徐寶善撰　清道光十八年（1838）北京精華齋刻本　五冊

220000－0801－0018965　集 3.49/755
培遠堂手札節存三卷　（清）陳宏謀撰　清同治三年（1864）射雕山館刻本　一冊

220000－0801－0018966　集 3.49/755－1
培遠堂手札節存三卷　（清）陳宏謀撰　清同治三年（1864）射雕山館刻本　二冊

220000－0801－0018967　集 3.49/756
培遠堂手札節存不分卷　（清）陳宏謀撰　清光緒五年（1879）刻本　一冊

220000－0801－0018968　集 3.49/757
培遠堂偶存稿三卷　（清）陳宏謀著　清道光八年（1828）刻本　一冊

220000－0801－0018969　集 3.49/758
培遠堂手札節存三卷　（清）陳宏謀撰　清光緒二十五年（1899）刻本　三冊

220000－0801－0018970　集 3.49/759
培遠堂偶存稿文檄四十八卷培遠堂偶存稿十卷手札節要三卷　（清）陳宏謀撰　清道光十七年（1837）刻本　三十二冊

220000－0801－0018971　集 3.49/760
在陸草堂文集六卷　（清）儲欣撰　清光緒十七年（1891）刻本　六冊

220000－0801－0018972　集 3.49/760－1
在陸草堂文集六卷　（清）儲欣撰　清光緒十七年（1891）刻本　六冊

220000－0801－0018973　集 3.49/760－2
在陸草堂文集六卷　（清）儲欣撰　清光緒七年（1891）刻本　三冊

220000－0801－0018974　集 3.49/762
有正味齋試帖詩註八卷　（清）吳錫麒撰　清道光二十五年（1845）刻本　四冊

220000－0801－0018975　集 3.49/763
有正味齋駢文十六卷　（清）吳錫麒撰　清道光二十年（1840）慈北葉氏刻本　八冊

220000－0801－0018976　集 3.49/763－1
有正味齋駢文十六卷　（清）吳錫麒撰　清道光二十年（1840）慈北葉氏刻本　八冊

220000－0801－0018977　集 3.49/763－2
有正味齋駢文十六卷　（清）吳錫麒撰　清道光二十年（1840）慈北葉氏刻本　六冊

220000－0801－0018978　集 3.49/764
有正味齋駢體文二十四卷續八卷　（清）吳錫麒撰　清咸豐刻本　十冊

220000－0801－0018979　集 3.49/765
有正味齋詩十二卷駢體文二十四卷詞七卷曲一卷律賦一卷試帖四卷　（清）吳錫麒撰　清咸豐五年（1855）刻本　八冊

220000－0801－0018980　集 3.49/766
有正味齋駢體文箋二十四卷　（清）吳錫麒撰　清咸豐九年（1859）青箱塾精刻本　六冊

220000－0801－0018981　集 3.49/766－1
有正味齋駢體文箋二十四卷　（清）吳錫麒撰　清咸豐九年（1859）青箱塾精刻本　六冊

220000－0801－0018982　集 3.49/767
有正味齋詩集十六卷外集五卷詞集八卷駢體文二十四卷　（清）吳錫麒撰　清嘉慶十三年（1808）刻本　十冊

220000－0801－0018983　集 3.49/767－1
有正味齋詩集十六卷外集五卷詞集八卷駢體文二十四卷　（清）吳錫麒撰　清嘉慶十三年（1808）刻本　十冊

220000－0801－0018984　集 3.49/768
有正味齋詩續集八卷駢體文續集八卷　（清）吳錫麒撰　清嘉慶刻本　四冊

220000－0801－0018985　集 3.49/768－1

有正味齋詩續集八卷駢體文續集八卷 （清）
吳錫麒撰　清嘉慶刻本　二冊　存八卷（詩
續集五至八、駢體文續集五至八）

220000－0801－0018986　集 3.49/769

有正味齋詩集十六卷詞集八卷 （清）吳錫麒
撰　清嘉慶十三年（1808）刻本　四冊

220000－0801－0018987　集 3.49/769－1

有正味齋詩集十六卷詞集八卷 （清）吳錫麒
撰　清嘉慶十三年（1808）刻本　三冊　存十
六卷（詩集十六卷）

220000－0801－0018988　集 3.49/770

有恒心齋集前集一卷文集十一卷詩集七卷駢
體文六卷夏小正集說四卷外集二卷詩餘二卷
詞餘一卷雞澤脞錄一卷迎鑾筆記二卷 （清）
程鴻詔撰　清同治刻本　十二冊

220000－0801－0018989　集 3.49/770－1

有恒心齋集前集一卷文集十一卷詩集七卷駢
體文六卷夏小正集說四卷外集二卷詩餘二卷
詞餘一卷雞澤脞錄一卷迎鑾筆記二卷 （清）
程鴻詔撰　清同治刻本　十二冊

220000－0801－0018990　集 3.49/771

有餘地遺詩六卷 （清）邱孫錦撰　清咸豐三
年（1853）五峰園刻本　二冊

220000－0801－0018991　集 3.49/771－1

有餘地遺詩六卷 （清）邱孫錦撰　清咸豐三
年（1853）五峰園刻本　一冊　存三卷（一至
三）

220000－0801－0018992　集 3.49/772

華潭居士詩稿二卷 （清）白英撰　清光緒十
年（1884）活字印本　一冊

220000－0801－0018993　集 3.49/773

南雲書屋文鈔不分卷 （清）廖鴻章撰　清末
刻本　一冊

220000－0801－0018994　集 3.49/774

南雷文定前集十一卷後集四卷三集三卷四集
四卷 （清）黃宗羲撰　清末刻本　五冊

220000－0801－0018995　集 3.49/774－1

南雷文定前集十一卷後集四卷三集三卷四集
四卷 （清）黃宗羲撰　清末刻本　七冊

220000－0801－0018996　集 3.49/775

南山集十四卷補遺三卷 （清）戴名世撰　清
光緒二十八年（1902）刻本　八冊

220000－0801－0018997　集 3.49/776

南山全集十六卷 （清）戴名世撰　清光緒十
九年（1893）刻本　八冊

220000－0801－0018998　集 3.49/778

南湖詩文集十卷 （清）陳美訓撰　清嘉慶二
十一年（1816）餘慶堂刻本　二冊

220000－0801－0018999　集 3.49/780

南海百詠續編四卷 （清）樊封撰　清光緒十
九年（1893）學海堂刻本　二冊

220000－0801－0019000　集 3.49/785

南村草堂文鈔二十卷 （清）鄧顯鶴撰　清咸
豐元年（1851）刻本　八冊

220000－0801－0019001　集 3.49/786

南村草堂詩鈔二十四卷 （清）鄧顯鶴撰　清
道光九年（1829）刻本　六冊

220000－0801－0019002　集 3.49/786－1

南村草堂詩鈔二十四卷 （清）鄧顯鶴撰　清
道光九年（1829）刻本　六冊

220000－0801－0019003　集 3.49/787

南樓吟草二卷南樓詩餘一卷 （清）宋璘撰
清道光二十八年（1848）刻本　一冊

220000－0801－0019004　集 3.49/788

南車草一卷薇堂和章一卷 （清）朱彝尊撰
清嘉慶二十三年（1818）刻本　一冊

220000－0801－0019005　集 3.49/788－1

南車草一卷薇堂和章一卷 （清）朱彝尊撰
清嘉慶二十三年（1818）刻本　一冊

220000－0801－0019006　集 3.49/789

南畇詩稿十卷文稿十二卷 （清）彭定求撰
清光緒七年（1881）遼陽劉氏刻本　十三冊

220000－0801－0019007　集 3.49/789－1
南畇詩稿十卷文稿十二卷　（清）彭定求撰
清光緒七年(1881)遼陽劉氏刻本　十二冊

220000－0801－0019008　集 3.49/789－2
南畇詩稿十卷文稿十二卷　（清）彭定求撰
清光緒七年(1881)遼陽劉氏刻本　十二冊

220000－0801－0019009　集 3.49/789－3
南畇詩稿十卷文稿十二卷　（清）彭定求撰
清光緒七年(1881)遼陽劉氏刻本　十三冊

220000－0801－0019010　集 3.49/789－4
南畇詩稿十卷文稿十二卷　（清）彭定求撰
清光緒七年(1881)遼陽劉氏刻本　六冊　缺
十卷(詩稿十卷)

220000－0801－0019011　集 3.49/790
內自訟齋文鈔四卷　（清）周凱撰　清道光十
五年(1835)刻本　二冊

220000－0801－0019012　集 3.49/791
內自訟齋詩鈔八卷　（清）周凱撰　清道光八
年(1828)刻本　二冊

220000－0801－0019013　集 3.49/796
六大家箋註袁文大成六卷　（清）袁枚撰　清
光緒八年(1882)碧梧山莊影印本　六冊

220000－0801－0019014　集 3.49/798
袁文箋正十六卷　（清）袁枚撰　清光緒十四
年(1888)上海蜚英館影印本　二冊

220000－0801－0019015　集 3.49/799
袁文箋正十六卷　（清）袁枚撰　清光緒八年
(1882)汗青簃刻本　六冊

220000－0801－0019016　集 3.49/800
袁文箋正十六卷補註一卷　（清）袁枚撰　清
同治四年(1865)刻本　八冊

220000－0801－0019017　集 3.49/800－1
袁文箋正十六卷補註一卷　（清）袁枚撰　清
同治四年(1865)刻本　八冊

220000－0801－0019018　集 3.49/801
袁文箋正十六卷補註一卷　（清）袁枚撰　清
光緒十三年(1887)刻本　六冊

220000－0801－0019019　集 3.49/802
袁文箋正十六卷補註一卷　（清）袁枚撰　清
嘉慶十七年(1812)鶴壽山堂刻本　八冊

220000－0801－0019020　集 3.49/802－1
袁文箋正十六卷補註一卷　（清）袁枚撰　清
嘉慶十七年(1812)鶴壽山堂刻本　六冊

220000－0801－0019021　集 3.49/802－2
袁文箋正十六卷補註一卷　（清）袁枚撰　清
嘉慶十七年(1812)鶴壽山堂刻本　四冊

220000－0801－0019022　集 3.49/803
存誠堂詩集二十五卷應制詩五卷易經衷論二
卷書經衷論四卷　（清）張英撰　清光緒二十
三年(1897)桐城張氏刻本　十一冊

220000－0801－0019023　集 3.49/803－1
存誠堂詩集二十五卷應制詩五卷易經衷論二
卷書經衷論四卷　（清）張英撰　清光緒二十
三年(1897)桐城張氏刻本　八冊

220000－0801－0019024　集 3.49/803－2
存誠堂詩集二十五卷應制詩五卷易經衷論二
卷書經衷論四卷　（清）張英撰　清光緒二十
三年(1897)桐城張氏刻本　八冊

220000－0801－0019025　集 3.49/805
存硯樓文集十六卷　（清）儲大文撰　清光緒
元年(1875)刻本　八冊

220000－0801－0019026　集 3.49/805－1
存硯樓文集十六卷　（清）儲大文撰　清光緒
元年(1875)刻本　十四冊

220000－0801－0019027　集 3.49/806
存素堂詩初集二十四卷詩稿一卷二集八卷續
一卷　（清）法式善撰　清嘉慶十二年(1807)
刻本　八冊

220000－0801－0019028　集 3.49/807
存素堂詩稿十四卷文稿四卷補遺一卷續編四
卷壬癸志稿二十八卷國史館本傳一卷年譜二
卷　（清）錢寶琛撰　清同治七年至光緒六年
(1868－1880)刻本　十三冊

220000－0801－0019029　集 3.49/807－1

存素堂詩稿十四卷文稿四卷補遺一卷續編四卷壬癸志稿二十八卷國史館本傳一卷年譜二卷 （清）錢寶琛撰 清同治七年至光緒六年（1868－1880）刻本 十三冊

存素堂詩稿十四卷文稿四卷補遺一卷續編四卷壬癸志稿二十八卷國史館本傳一卷年譜二卷 （清）錢寶琛撰 清同治七年至光緒六年（1868－1880）刻本 九冊

存養齋詩集九卷 （清）顧錫升撰 清道光二十七年(1847)刻本 三冊

存養齋詩集九卷 （清）顧錫升撰 清道光二十七年(1847)刻本 三冊

存悔齋集二十八卷外集四卷 （清）劉鳳誥撰 清道光十七年(1837)刻本 八冊

存悔齋集二十八卷外集四卷 （清）劉鳳誥撰 清道光十七年(1837)刻本 八冊

存悔齋集二十八卷外集四卷 （清）劉鳳誥撰 清道光十七年(1837)刻本 六冊

嘉蔭堂詩存四卷 （清）沈琨撰 清嘉慶十八年(1813)刻本 二冊

嘉樹山房集二十卷外集二卷續集二卷 （清）張士元撰 清光緒四年(1878)補刻本 六冊

嘉樹山房集二十卷外集二卷續集二卷 （清）張士元撰 清光緒四年(1878)補刻本 六冊

嘉樹山房集二十卷外集二卷續集二卷 （清）張士元撰 清光緒四年(1878)補刻本 四冊

古微堂內集二卷外集八卷 （清）魏源撰 清宣統元年(1909)國學扶輪社鉛印本 六冊

古香樓遺稿十卷 （清）沈長春撰 清嘉慶二十五年(1820)刻本 四冊

古均閣遺著不分卷 （清）許槤撰 清光緒十四年(1888)刻本 一冊

吉堂文稿十二卷 （清）欽善撰 清嘉慶二十五年(1820)刻本 一冊

吉堂詩稿八卷 （清）欽善撰 清嘉慶二十五年(1820)刻本 二冊

吉金樂石山房文集一卷續編一卷詩集二卷說文校定本十五卷金石記六卷補編一卷讀書解義一卷 （清）朱士端撰 清同治九年(1870)刻本 四冊

杏花樓詩稿四卷補遺一卷 （清）朱浩撰 清道光十八年(1838)刻本 二冊

壽潛堂詩集八卷 （清）錢湄撰 清道光二十六年(1846)刻本 二冊

壽藤齋詩集三十五卷 （清）鮑倚雲撰 清嘉慶十三年(1808)刻本 八冊

古春軒詩鈔二卷 （清）梁德繩撰 清咸豐二年(1852)鳳城刻本 二冊

古春軒詩鈔二卷 （清）梁德繩撰 清咸豐二年(1852)鳳城刻本 二冊

吉雨山房遺集十卷 （清）郭籛齡撰 清光緒十六年(1890)刻本 八冊

220000－0801－0019052　集 3.49/828

古微堂詩集十卷　（清）魏源撰　清同治九年（1870）刻本　四冊

220000－0801－0019053　集 3.49/829

古微堂內集三卷外集七卷　（清）魏源撰　清光緒四年（1878）淮南書局刻本　四冊

220000－0801－0019054　集 3.49/829－1

古微堂內集三卷外集七卷　（清）魏源撰　清光緒四年（1878）淮南書局刻本　四冊

220000－0801－0019055　集 3.49/831

蓺江古文存四卷詩存三卷　（清）陶必銓撰　清嘉慶二十一年（1816）刻本　四冊

220000－0801－0019056　集 3.49/832

壽閒齋吟草八卷　（清）朱葵之撰　清光緒十年（1884）刻本　二冊

220000－0801－0019057　集 3.49/832－1

壽閒齋吟草八卷　（清）朱葵之撰　清光緒十年（1884）刻本　二冊

220000－0801－0019058　集 3.49/833

陳秋坪先生遺墨十卷　（清）陳登龍撰　清同治十年（1871）刻本　二冊

220000－0801－0019059　集 3.49/837

李文恭公文集十六卷詩集八卷行述一卷　（清）李星沅撰　清同治四年（1865）刻本　九冊

220000－0801－0019060　集 3.49/838

希古堂文集甲集二卷乙集六卷　（清）譚宗浚撰　清光緒十六年（1890）廣州刻本　四冊

220000－0801－0019061　集 3.49/839

真息齋詩鈔四卷續鈔一卷　（清）陸費瑔撰　清光緒二十七年（1901）補刻本　二冊

220000－0801－0019062　集 3.49/839－1

真息齋詩鈔四卷續鈔一卷　（清）陸費瑔撰　清光緒二十七年（1901）補刻本　二冊

220000－0801－0019063　集 3.49/840

來鶴堂詩鈔六卷詩餘鈔一卷賦鈔二卷文鈔二卷試帖鈔二卷　（清）于宗瑛撰　清嘉慶五年（1800）刻本　六冊

220000－0801－0019064　集 3.49/841

來鶴山房吟稿一卷思存集一卷雙桐吟館初稿一卷續刻一卷後刻一卷詩餘一卷雜著一卷尺牘一卷　（清）樊鎮撰　清末刻本　一冊

220000－0801－0019065　集 3.49/842

來雲閣詩稿六卷　（清）金和撰　清光緒十八年（1892）刻本　二冊

220000－0801－0019066　集 3.49/843

校經廎文稿十八卷　（清）李富孫撰　清道光元年（1821）刻本　六冊

220000－0801－0019067　集 3.49/847

楊愧庵先生集要五卷　（清）楊甲仁撰　清刻本　一冊

220000－0801－0019068　集 3.49/848

柏廬外集四卷　（清）朱用純撰　清光緒八年（1882）津河廣仁堂刻本　二冊

220000－0801－0019069　集 3.49/848－1

柏廬外集四卷　（清）朱用純撰　清光緒八年（1882）津河廣仁堂刻本　二冊

220000－0801－0019070　集 3.49/849

柏梘山房全集文集十六卷文續集一卷詩集十卷駢體文二卷　（清）梅曾亮撰　清咸豐六年（1856）蔣氏慎修屋刻本　八冊

220000－0801－0019071　集 3.49/849－1

柏梘山房全集文集十六卷文續集一卷詩集十卷駢體文二卷　（清）梅曾亮撰　清咸豐六年（1856）蔣氏慎修屋刻本　六冊

220000－0801－0019072　集 3.49/849－2

柏梘山房全集文集十六卷文續集一卷詩集十卷駢體文二卷　（清）梅曾亮撰　清咸豐六年（1856）蔣氏慎修屋刻本　六冊

220000－0801－0019073　集 3.49/850

韞山堂詩集十六卷文集八卷　（清）管世銘撰　清嘉慶六年（1801）刻本　二冊

220000－0801－0019074　集 3.49/851

韞山堂時文三集　（清）管世銘撰　清光緒六

年(1880)湖南書局刻本　四冊

220000－0801－0019075　集 3.49/852

韞山詩稿六卷　（清）朱鳳森撰　清咸豐七年
(1857)刻本　二冊

220000－0801－0019076　集 3.49/853

韞山堂文集八卷　（清）管世銘撰　清光緒十
七年(1891)刻本　四冊

220000－0801－0019077　集 3.49/853－1

韞山堂文集八卷　（清）管世銘撰　清光緒十
七年(1891)刻本　四冊

220000－0801－0019078　集 3.49/854

韞山堂詩集十六卷文集八卷　（清）管世銘撰
清光緒二十年(1894)讀書山房刻本　五冊

220000－0801－0019079　集 3.49/854－1

韞山堂詩集十六卷文集八卷　（清）管世銘撰
清光緒二十年(1894)讀書山房刻本　五冊

220000－0801－0019080　集 3.49/854－2

韞山堂詩集十六卷文集八卷　（清）管世銘撰
清光緒二十年(1894)讀書山房刻本　五冊

220000－0801－0019081　集 3.49/854－3

韞山堂詩集十六卷文集八卷　（清）管世銘撰
清光緒二十年(1894)讀書山房刻本　六冊

220000－0801－0019082　集 3.49/854－4

韞山堂詩集十六卷文集八卷　（清）管世銘撰
清光緒二十年(1894)讀書山房刻本　四冊
存十六卷(詩集十六卷)

220000－0801－0019083　集 3.49/856

獨學廬初稿十三卷二稿十一卷　（清）石韞玉
撰　清乾隆、嘉慶刻本　十九冊

220000－0801－0019084　集 3.49/858

楊園先生全集十六卷小傳一卷　（清）張履祥
撰　清嘉慶二十三年(1818)刻本　六冊

220000－0801－0019085　集 3.49/858－1

楊園先生全集十六卷小傳一卷　（清）張履祥
撰　清嘉慶二十三年(1818)刻本　六冊

220000－0801－0019086　集 3.49/860

楊園先生全集十六卷小傳一卷　（清）張履祥
撰　清同治九年(1870)尚志堂刻本　八冊

220000－0801－0019087　集 3.49/860－1

楊園先生全集十六卷小傳一卷　（清）張履祥
撰　清同治九年(1870)尚志堂刻本　六冊

220000－0801－0019088　集 3.49/861

楊園先生全集五十四卷年譜一卷　（清）張履
祥撰　清同治十年(1871)江蘇書局刻本　十
六冊

220000－0801－0019089　集 3.49/861－1

楊園先生全集五十四卷年譜一卷　（清）張履
祥撰　清同治十年(1871)江蘇書局刻本　十
六冊

220000－0801－0019090　集 3.49/861－2

楊園先生全集五十四卷年譜一卷　（清）張履
祥撰　清同治十年(1871)江蘇書局刻本　十
六冊

220000－0801－0019091　集 3.49/861－3

楊園先生全集五十四卷年譜一卷　（清）張履
祥撰　清同治十年(1871)江蘇書局刻本　十
六冊

220000－0801－0019092　集 3.49/861－4

楊園先生全集五十四卷年譜一卷　（清）張履
祥撰　清同治十年(1871)江蘇書局刻本　十
六冊

220000－0801－0019093　集 3.49/862

蓼原山房詩鈔八卷　（清）莊楷撰　清光緒十
年(1884)刻本　二冊

220000－0801－0019094　集 3.49/863

夢綠草堂詩鈔十二卷附錄一卷末一卷　（清）
蔡壽祺撰　清咸豐八年(1858)刻本　六冊

220000－0801－0019095　集 3.49/865

夢厂詩一卷詩餘一卷　（清）俞蛟撰　清嘉慶
十六年(1811)刻本　一冊

220000－0801－0019096　集 3.49/867

花磚日影集十卷　徐琪撰　清光緒三十四年
(1908)刻本　五冊

220000 – 0801 – 0019097　　集 3.49/868

花仙小志　　（清）舒夢蘭撰　　清嘉慶十二年
（1807）刻本　　一冊

220000 – 0801 – 0019098　　集 3.49/869

芳茂山人文集問字堂集六卷岱南閣集二卷平
津館文稿二卷五松園文稿一卷嘉穀堂集一卷
　　（清）孫星衍撰　　清光緒十一年（1885）長沙
王氏刻本　　八冊

220000 – 0801 – 0019099　　集 3.49/869 – 1

芳茂山人文集問字堂集六卷岱南閣集二卷平
津館文稿二卷五松園文稿一卷嘉穀堂集一卷
　　（清）孫星衍撰　　清光緒十一年（1885）長沙
王氏刻本　　八冊

220000 – 0801 – 0019100　　集 3.49/872

萬善花室文稿六卷附一卷　　（清）方履籛撰
清光緒十二年（1886）小懷山館刻本　　三冊

220000 – 0801 – 0019101　　集 3.49/872 – 1

萬善花室文稿六卷附一卷　　（清）方履籛撰
清光緒十二年（1886）小懷山館刻本　　五冊

220000 – 0801 – 0019102　　集 3.49/872 – 2

萬善花室文稿六卷附一卷　　（清）方履籛撰
清光緒十二年（1886）小懷山館刻本　　三冊

220000 – 0801 – 0019103　　集 3.49/873

萬善花室文稿六卷續一卷　　（清）方履籛撰
清光緒十七年（1891）刻本　　三冊

220000 – 0801 – 0019104　　集 3.49/875

茗柯文初編一卷二編二卷三編一卷四編一卷
茗柯詞一卷　　（清）張惠言撰　　清光緒八年
（1882）刻本　　六冊

220000 – 0801 – 0019105　　集 3.49/876

茗柯文初編一卷二編二卷三編一卷四編一卷
　　（清）張惠言撰　　清光緒七年（1881）刻本
二冊

220000 – 0801 – 0019106　　集 3.49/876 – 1

茗柯文初編一卷二編二卷三編一卷四編一卷
　　（清）張惠言撰　　清光緒七年（1881）刻本
二冊

220000 – 0801 – 0019107　　集 3.49/877

茗柯文初編一卷二編二卷三編一卷四編一卷
　　（清）張惠言撰　　清嘉慶十四年（1809）刻本
一冊

220000 – 0801 – 0019108　　集 3.49/879

蒿子先生遺稿一卷　　（清）芮長恤撰　　清末活
字印本　　一冊

220000 – 0801 – 0019109　　集 3.49/880

蒿庵文集三卷附錄一卷　　（清）張爾岐撰　　清
光緒十五年（1889）山東書局刻本　　二冊

220000 – 0801 – 0019110　　集 3.49/882

萬綠草堂詩集二十卷首一卷　　（清）管繩萊撰
清光緒十二年（1886）逕北書局刻本　　四冊

220000 – 0801 – 0019111　　集 3.49/884

萬山草堂詩集六卷　　（清）李登雲撰　　清光緒
三十三年（1907）武林刻本　　二冊

220000 – 0801 – 0019112　　集 3.49/884 – 1

萬山草堂詩集六卷　　（清）李登雲撰　　清光緒
三十三年（1907）武林刻本　　二冊

220000 – 0801 – 0019113　　集 3.49/885

萬壑松風樓詩十四卷　　（清）王吉人撰　　清同
治九年（1870）寧海主一堂刻本　　四冊

220000 – 0801 – 0019114　　集 3.49/887

蘭綺堂詩鈔八卷　　（清）王鼎撰　　清嘉慶八年
（1803）刻本　　一冊

220000 – 0801 – 0019115　　集 3.49/889

芳茂山人文集問字堂集六卷岱南閣集二卷平
津館文稿二卷五松園文稿一卷嘉穀堂集一卷
　　（清）孫星衍撰　　清光緒十二年（1886）槐廬
家塾刻本　　七冊

220000 – 0801 – 0019116　　集 3.49/889 – 1

芳茂山人文集問字堂集六卷岱南閣集二卷平
津館文稿二卷五松園文稿一卷嘉穀堂集一卷
　　（清）孫星衍撰　　清光緒十二年（1886）槐廬
家塾刻本　　四冊　　缺六卷（問字堂集六卷）

220000 – 0801 – 0019117　　集 3.49/889 – 2

芳茂山人文集問字堂集六卷岱南閣集二卷平

331

津館文稿二卷五松園文稿一卷嘉穀堂集一卷
（清）孫星衍撰　清光緒十二年（1886）槐廬
家塾刻本　一冊　存一卷（平津館文稿二）

220000－0801－0019118　集 3.49/893
蘐庵文鈔不分卷　（清）費蘭墀撰　清道光七
年（1827）恭壽堂刻本　一冊

220000－0801－0019119　集 3.49/894
蘊真居士詩集六卷詩餘一卷　（清）陸學欽撰
清光緒十三年（1887）刻本　一冊

220000－0801－0019120　集 3.49/894－1
蘊真居士詩集六卷詩餘一卷　（清）陸學欽撰
清光緒十三年（1887）刻本　一冊

220000－0801－0019121　集 3.49/895
慕耕草堂詩鈔四卷琴洲詞二卷　（清）黎庶燾
撰　清光緒十四年（1888）刻本　一冊

220000－0801－0019122　集 3.49/896
慕虞軒駢體尺牘不分卷　（清）宋體淳撰　清
道光刻本　二冊

220000－0801－0019123　集 3.49/898
蕉雪山房詩鈔三卷詩餘一卷　（清）張寶璵撰
清嘉慶二十四年（1819）書三味樓刻本
一冊

220000－0801－0019124　集 3.49/899
蕉影齋詩集四卷補遺一卷　（清）謝照撰　清
光緒三年（1877）刻本　四冊

220000－0801－0019125　集 3.49/899－1
蕉影齋詩集四卷補遺一卷　（清）謝照撰　清
光緒三年（1877）刻本　四冊

220000－0801－0019126　集 3.49/900
燕石詩鈔四卷續刻一卷附錄一卷　（清）虞書
撰　清光緒十九年（1893）刻本　二冊

220000－0801－0019127　集 3.49/901
燕川集十四卷　（清）范泰恒撰　清嘉慶十四
年（1809）願起廬刻本　六冊

220000－0801－0019128　集 3.49/905
草草草堂詩選二卷詞稿一卷　（清）黃純碬撰
清道光二十年（1840）刻本　一冊

220000－0801－0019129　集 3.49/906
邃懷堂哀忠集三卷　（清）袁翼撰　清光緒十
三年（1887）刻本　二冊

220000－0801－0019130　集 3.49/908
韓川文集十卷外集二卷詩集七卷　（清）陳從
潮撰　清嘉慶五年（1800）刻本　七冊

220000－0801－0019131　集 3.49/910
樊榭山房全集詩十卷續集十卷文集八卷集外
詩四卷集外詞五卷集外曲一卷集外文一卷
（清）厲鶚撰　清光緒十年（1884）錢唐汪氏振
綺堂刻本　十冊

220000－0801－0019132　集 3.49/910－1
樊榭山房全集詩十卷續集十卷文集八卷集外
詩四卷集外詞五卷集外曲一卷集外文一卷
（清）厲鶚撰　清光緒十年（1884）錢唐汪氏振
綺堂刻本　十冊

220000－0801－0019133　集 3.49/910－2
樊榭山房全集詩十卷續集十卷文集八卷集外
詩四卷集外詞五卷集外曲一卷集外文一卷
（清）厲鶚撰　清光緒十年（1884）錢唐汪氏振
綺堂刻本　十二冊

220000－0801－0019134　集 3.49/913
秋園吟草八卷　（清）黃鼎撰　清宣統三年
（1911）鉛印本　四冊

220000－0801－0019135　集 3.49/914
葦間詩集五卷　（清）姜宸英撰　清道光四年
（1824）睿吾樓刻本　四冊

220000－0801－0019136　集 3.49/914－1
葦間詩集五卷　（清）姜宸英撰　清道光四年
（1824）睿吾樓刻本　四冊

220000－0801－0019137　集 3.49/916
擇石齋詩集五十卷　（清）錢載撰　清光緒四
年（1878）蘇州府署刻本　六冊

220000－0801－0019138　集 3.49/917
蔣古齋輯著七卷　（清）楊城書撰　清道光十
三年（1833）上海楊氏刻本　二冊

220000－0801－0019139　集 3.49/920

黃葉村莊詩集八卷續集一卷後集一卷　（清）
吳之振撰　清光緒四年(1878)刻本　四冊

220000－0801－0019140　集 3.49/920－1
黃葉村莊詩集八卷續集一卷後集一卷　（清）
吳之振撰　清光緒四年(1878)刻本　四冊

220000－0801－0019141　集 3.49/920－2
黃葉村莊詩集八卷續集一卷後集一卷　（清）
吳之振撰　清光緒四年(1878)刻本　四冊

220000－0801－0019142　集 3.49/920－3
黃葉村莊詩集八卷續集一卷後集一卷　（清）
吳之振撰　清光緒四年(1878)刻本　四冊

220000－0801－0019143　集 3.49/925
金臺殘淚記三卷　（清）張際亮撰　清光緒十
四年(1888)刻本　一冊

220000－0801－0019144　集 3.49/926
槲葉集五卷南遊草一卷補遺一卷　（清）李柏
撰　清宣統三年(1911)刻本　六冊

220000－0801－0019145　集 3.49/926－1
槲葉集五卷南遊草一卷補遺一卷　（清）李柏
撰　清宣統三年(1911)刻本　六冊

220000－0801－0019146　集 3.49/927
枕善堂詩鈔二卷雜著二卷　（清）陳大溶撰
清道光八年(1828)刻本　四冊

220000－0801－0019147　集 3.49/928
桂留山房詩集十二卷詞集一卷　（清）沈學淵
撰　清道光二十四年(1844)刻本　四冊

220000－0801－0019148　集 3.49/928－1
桂留山房詩集十二卷詞集一卷　（清）沈學淵
撰　清道光二十四年(1844)刻本　四冊

220000－0801－0019149　集 3.49/929
桂馨堂集六種十三卷　（清）張廷濟撰　清道
光三十年(1850)刻本　四冊　存八卷(順安
詩草八卷)

220000－0801－0019150　集 3.49/930
桂馨堂集六種十三卷　（清）張廷濟撰　清道
光十九年(1839)刻本　四冊

220000－0801－0019151　集 3.49/930－1
桂馨堂集六種十三卷　（清）張廷濟撰　清道
光十九年(1839)刻本　四冊

220000－0801－0019152　集 3.49/930－2
桂馨堂集六種十三卷　（清）張廷濟撰　清道
光十九年(1839)刻本　四冊

220000－0801－0019153　集 3.49/930－3
桂馨堂集六種十三卷　（清）張廷濟撰　清道
光十九年(1839)刻本　五冊

220000－0801－0019154　集 3.49/931
菊潭詩鈔八卷　（清）沙增齡撰　清咸豐十年
(1860)筆韻草堂活字印本　二冊

220000－0801－0019155　集 3.49/932
菽原堂初集十卷　（清）查初揆撰　清嘉慶十
年(1805)刻本　二冊

220000－0801－0019156　集 3.49/933
樹經堂詩初集十五卷文集四卷詩續集八卷
（清）謝啓昆撰　清嘉慶五年(1800)刻本
六冊

220000－0801－0019157　集 3.49/934
樹經堂詩初集十五卷詩續集八卷　（清）謝啓
昆撰　清嘉慶五年(1800)刻本　六冊

220000－0801－0019158　集 3.49/938
雲左山房詩鈔八卷附一卷　（清）林則徐撰
清光緒十二年(1886)福州刻本　二冊

220000－0801－0019159　集 3.49/940
城北草堂詩鈔四卷詩餘二卷詞餘一卷附詩餘
殘稿一卷　（清）顧蒪撰　清光緒十四年
(1888)刻本　二冊

220000－0801－0019160　集 3.49/940－1
城北草堂詩鈔四卷詩餘二卷詞餘一卷附詩餘
殘稿一卷　（清）顧蒪撰　清光緒十四年
(1888)刻本　二冊

220000－0801－0019161　集 3.49/940－2
城北草堂詩鈔四卷詩餘二卷詞餘一卷附詩餘
殘稿一卷　（清）顧蒪撰　清光緒十四年
(1888)刻本　二冊

333

220000 – 0801 – 0019162　集 3.49/941
裘文達公文集六卷詩集十二卷　（清）裘曰修
撰　清嘉慶七年(1802)刻本　八冊

220000 – 0801 – 0019163　集 3.49/941 – 1
裘文達公文集六卷詩集十二卷　（清）裘曰修
撰　清嘉慶七年(1802)刻本　六冊

220000 – 0801 – 0019164　集 3.49/941 – 2
裘文達公文集六卷詩集十二卷　（清）裘曰修
撰　清嘉慶七年(1802)刻本　六冊

220000 – 0801 – 0019165　集 3.49/942
求志堂存稿彙編七種十五卷　（清）周濟撰
清光緒十八年(1892)刻本　五冊

220000 – 0801 – 0019166　集 3.49/944
求是山房遺集四卷　（清）鄂恒撰　清光緒十
年(1884)刻本　二冊

220000 – 0801 – 0019167　集 3.49/944 – 1
求是山房遺集四卷　（清）鄂恒撰　清光緒十
年(1884)刻本　二冊

220000 – 0801 – 0019168　集 3.49/945
求可堂自記不分卷家訓一卷　（清）廖冀亨撰
　清光緒九年(1883)刻本　一冊

220000 – 0801 – 0019169　集 3.49/947
始有廬詩稿七卷　（清）孫瀜撰　清道光二十
三年(1843)刻本　三冊

220000 – 0801 – 0019170　集 3.49/948
桴亭先生詩鈔八卷　（清）陸世儀撰　清光緒
二年(1876)安道書院刻本　二冊

220000 – 0801 – 0019171　集 3.49/949
桴亭先生詩鈔八卷　（清）陸世儀撰　清末刻
本　四冊

220000 – 0801 – 0019172　集 3.49/950
板橋詩鈔六編　（清）鄭燮撰　清宣統元年
(1909)石印本　一冊

220000 – 0801 – 0019173　集 3.49/951
板橋全集六編　（清）鄭燮撰　清光緒二十九
年(1903)鑄記書局石印本　四冊

220000 – 0801 – 0019174　集 3.49/952
板橋集六編　（清）鄭燮撰　清末清暉書屋刻
本　四冊

220000 – 0801 – 0019175　集 3.49/952 – 1
板橋集六編　（清）鄭燮撰　清末清暉書屋刻
本　二冊

220000 – 0801 – 0019176　集 3.49/954
戴南山文鈔六卷　（清）戴名世撰　清宣統二
年(1910)上海國學扶輪社鉛印本　三冊

220000 – 0801 – 0019177　集 3.49/955
戴簡恪公遺集八卷　（清）戴敦元撰　清同治
十一年(1872)刻本　四冊

220000 – 0801 – 0019178　集 3.49/955 – 1
戴簡恪公遺集八卷　（清）戴敦元撰　清同治
十一年(1872)刻本　四冊

220000 – 0801 – 0019179　集 3.49/956
裁物象齋詩鈔一卷首一卷湘雨齋詞草一卷
（清）管貽葃撰　清光緒二十一年(1895)補刻
本　二冊

220000 – 0801 – 0019180　集 3.49/957
戴東原集十二卷　（清）戴震撰　清光緒十年
(1884)蛟川秋樹根齋刻本　三冊

220000 – 0801 – 0019181　集 3.49/960
覺生賦鈔一卷續鈔一卷　（清）鮑桂星撰　清
同治八年(1869)刻本　一冊

220000 – 0801 – 0019182　集 3.49/961
蔬園詩集十二卷　（清）許所望撰　清嘉慶二
十二年(1817)刻本　六冊

220000 – 0801 – 0019183　集 3.49/965
切問齋文鈔三十卷　（清）陸燿撰　清同治八
年(1869)金陵錢氏刻本　十二冊

220000 – 0801 – 0019184　集 3.49/965 – 1
切問齋文鈔三十卷　（清）陸燿撰　清同治八
年(1869)金陵錢氏刻本　八冊

220000 – 0801 – 0019185　集 3.49/965 – 2
切問齋文鈔三十卷　（清）陸燿撰　清同治八
年(1869)金陵錢氏刻本　十冊

220000 - 0801 - 0019186　集 3.49/966

切問齋文鈔三十卷　（清）陸燿撰　清道光五年(1825)刻本　四冊

220000 - 0801 - 0019187　集 3.49/967

榴南山房詩存不分卷　（清）王蕙滋撰　清同治十三年(1874)刻本　一冊

220000 - 0801 - 0019188　集 3.49/968

杼華館駢體文四卷首一卷　（清）董基誠（清）董祐誠撰　清同治十一年(1872)刻本　二冊

220000 - 0801 - 0019189　集 3.49/969

勤襄公詩稿遺存三卷孝思留翰一卷　（清）方維甸撰　清光緒二十二年(1896)上海書局石印本　一冊

220000 - 0801 - 0019190　集 3.49/970

切問齋集十六卷　（清）陸燿撰　清嘉慶元年(1796)暉吉堂刻本　八冊

220000 - 0801 - 0019191　集 3.49/970 - 1

切問齋集十六卷　（清）陸燿撰　清嘉慶元年(1796)暉吉堂刻本　八冊

220000 - 0801 - 0019192　集 3.49/970 - 2

切問齋集十六卷　（清）陸燿撰　清嘉慶元年(1796)暉吉堂刻本　八冊

220000 - 0801 - 0019193　集 3.49/971

桐華館詩鈔三卷金屑詞一卷　（清）胡金題撰　清嘉慶八年(1803)石瀨山房刻本　一冊

220000 - 0801 - 0019194　集 3.49/972

切問齋集十二卷首一卷　（清）陸燿撰　清光緒十八年(1892)江蘇書局刻本　四冊

220000 - 0801 - 0019195　集 3.49/972 - 1

切問齋集十二卷首一卷　（清）陸燿撰　清光緒十八年(1892)江蘇書局刻本　四冊

220000 - 0801 - 0019196　集 3.49/973

胡文忠公遺集八十六卷首一卷　（清）胡林翼撰　清光緒二十七年(1901)上海圖書集成印書局鉛印本　八冊

220000 - 0801 - 0019197　集 3.49/974

韋廬詩内集四卷首一卷末一卷外集四卷首一卷末一卷　（清）李秉禮撰　清光緒十三年(1887)江陽官舍刻本　四冊

220000 - 0801 - 0019198　集 3.49/974 - 1

韋廬詩内集四卷首一卷末一卷外集四卷首一卷末一卷　（清）李秉禮撰　清光緒十三年(1887)江陽官舍刻本　四冊

220000 - 0801 - 0019199　集 3.49/975

胡繩集詩鈔三卷　（明）范壼貞撰　清光緒五年(1879)天遊閣刻本　一冊

220000 - 0801 - 0019200　集 3.49/979

柳南文鈔六卷詩鈔十卷　（清）王應奎撰　清刻本　四冊

220000 - 0801 - 0019201　集 3.49/980

桐蔭山房詩存四卷　（清）高可方撰　清光緒十六年(1890)抄本　四冊

220000 - 0801 - 0019202　集 3.49/981

桐響閣詩集六卷　（清）沈燮撰　清光緒十二年(1886)刻本　一冊

220000 - 0801 - 0019203　集 3.49/983

嫏雅堂詩集八卷　（清）趙文喆撰　清宣統三年(1911)江浦陳氏山房刻本　一冊

220000 - 0801 - 0019204　集 3.49/983 - 1

嫏雅堂詩集八卷　（清）趙文喆撰　清宣統三年(1911)江浦陳氏山房刻本　二冊

220000 - 0801 - 0019205　集 3.49/984

松聲池館詩存四卷　（清）汪璐撰　清光緒十五年(1889)振綺堂刻本　一冊

220000 - 0801 - 0019206　集 3.49/985

松石齋詩集六卷　（明）趙用賢撰　清光緒二十二年(1896)常熟趙氏刻本　一冊

220000 - 0801 - 0019207　集 3.49/986

松溪詩稿不分卷　（清）李毅撰　清末刻本　二冊

220000 - 0801 - 0019208　集 3.49/988

松花庵全集十二卷　（清）吳鎮撰　清宣統二年(1910)刻本　十二冊

220000－0801－0019209　集 3.49/988－1

松花庵全集十二卷 （清）吳鎮撰　清宣統二年(1910)刻本　十二冊

220000－0801－0019210　集 3.49/992

松風閣詩鈔二十六卷 （清）彭蘊章撰　清同治七年(1868)刻本　八冊

220000－0801－0019211　集 3.49/992－1

松風閣詩鈔二十六卷 （清）彭蘊章撰　清同治七年(1868)刻本　八冊

220000－0801－0019212　集 3.49/992－2

松風閣詩鈔二十六卷 （清）彭蘊章撰　清同治七年(1868)刻本　七冊

220000－0801－0019213　集 3.49/993

松風閣詩鈔二十六卷 （清）彭蘊章撰　清同治七年(1868)刻本　四冊

220000－0801－0019214　集 3.49/994

松風閣詩鈔八卷 （清）彭蘊章撰　清道光二十六年(1846)刻本　二冊

220000－0801－0019215　集 3.49/995

梅庵詩鈔五卷 （清）鐵保撰　清嘉慶十年(1805)刻本　二冊

220000－0801－0019216　集 3.49/996

梅花三百首五卷附和韻三百首 （清）程思樂撰　清嘉慶元年(1796)對山堂刻本　五冊

220000－0801－0019217　集 3.49/997

梅軒詩錄二卷 （清）顧延吉撰　清光緒二十二年(1896)顧文善齋刻本　一冊

220000－0801－0019218　集 3.49/998

梅影山房詩鈔六卷遺文一卷賦鈔一卷 （清）朱敬瑞撰　清同治十三年(1874)居易堂刻本　一冊

220000－0801－0019219　集 3.49/999

梅墅吟草四卷 （清）徐兆蘭撰　清光緒二十六年(1900)鉛印本　二冊

220000－0801－0019220　集 3.49/1000

梅屋詩鈔四卷賦鈔一卷 （清）張若采撰　清嘉慶七年(1802)刻本　四冊

220000－0801－0019221　集 3.49/1003

梅村集四十卷 （清）吳偉業撰　（清）許旭（清）顧湄訂　清刻本　六冊

220000－0801－0019222　集 3.49/1004

梅村詩集箋註十八卷 （清）吳偉業撰　（清）吳翌鳳箋註　清嘉慶十九年(1814)刻本　六冊

220000－0801－0019223　集 3.49/1004－1

梅村詩集箋註十八卷 （清）吳偉業撰　（清）吳翌鳳箋註　清嘉慶十九年(1814)刻本　十二冊

220000－0801－0019224　集 3.49/1004－2

梅村詩集箋註十八卷 （清）吳偉業撰　（清）吳翌鳳箋註　清嘉慶十九年(1814)刻本　十二冊

220000－0801－0019225　集 3.49/1004－3

梅村詩集箋註十八卷 （清）吳偉業撰　（清）吳翌鳳箋註　清嘉慶十九年(1814)刻本　十二冊

220000－0801－0019226　集 3.49/1004－4

梅村詩集箋註十八卷 （清）吳偉業撰　（清）吳翌鳳箋註　清嘉慶十九年(1814)刻本　六冊

220000－0801－0019227　集 3.49/1004－5

梅村詩集箋註十八卷 （清）吳偉業撰　（清）吳翌鳳箋註　清嘉慶十九年(1814)刻本　十冊　存十七卷(一至十七)

220000－0801－0019228　集 3.49/1004－6

梅村詩集箋註十八卷 （清）吳偉業撰　（清）吳翌鳳箋註　清嘉慶十九年(1814)刻本　八冊

220000－0801－0019229　集 3.49/1006

梅村家藏稿五十八卷補一卷年譜四卷 （清）吳偉業撰　清宣統三年(1911)武進董氏誦芬堂刻本　十二冊

220000－0801－0019230　集 3.49/1006－1

梅村家藏稿五十八卷補一卷年譜四卷 （清）

吳偉業撰　清宣統三年(1911)武進董氏誦芬堂刻本　七冊

220000－0801－0019231　集 3.49/1006－2
梅村家藏稿五十八卷補一卷年譜四卷　(清)吳偉業撰　清宣統三年(1911)武進董氏誦芬堂刻本　八冊

220000－0801－0019232　集 3.49/1007
忠雅堂文集十二卷詩集二十七卷詩集補遺二卷詞集二卷　(清)蔣士銓撰　清末刻本　十四冊

220000－0801－0019233　集 3.49/1008
胡文忠公遺集十卷首一卷　(清)胡林翼撰　清同治七年(1868)醉六堂刻本　八冊

220000－0801－0019234　集 3.49/1009
趙恭毅公賸稿八卷　(清)趙申喬撰　清光緒十八年(1892)浙江書局刻本　四冊

220000－0801－0019235　集 3.49/1009－1
趙恭毅公賸稿八卷　(清)趙申喬撰　清光緒十八年(1892)浙江書局刻本　四冊

220000－0801－0019236　集 3.49/1010
趙文恪公遺集不分卷　(清)趙光撰　清末刻本　二冊

220000－0801－0019237　集 3.49/1011
胡文忠公遺集八十六卷目錄一卷　(清)胡林翼撰　清同治六年(1867)刻本　三十二冊

220000－0801－0019238　集 3.49/1011－1
胡文忠公遺集八十六卷目錄一卷　(清)胡林翼撰　清同治六年(1867)刻本　三十二冊

220000－0801－0019239　集 3.49/1011－2
胡文忠公遺集八十六卷目錄一卷　(清)胡林翼撰　清同治六年(1867)刻本　二十四冊

220000－0801－0019240　集 3.49/1013
據梧齋雜著十三卷　(清)錢謙益著　清道光刻本　二冊

220000－0801－0019241　集 3.49/1014
拙修集十卷續編四卷年譜一卷　(清)吳廷棟撰　清同治、光緒元安求我齋刻本　七冊

220000－0801－0019242　集 3.49/1014－1
拙修集十卷續編四卷年譜一卷　(清)吳廷棟撰　清同治、光緒元安求我齋刻本　四冊

220000－0801－0019243　集 3.49/1014－2
拙修集十卷續編四卷年譜一卷　(清)吳廷棟撰　清同治、光緒元安求我齋刻本　四冊

220000－0801－0019244　集 3.49/1014－3
拙修集十卷續編四卷年譜一卷　(清)吳廷棟撰　清同治、光緒元安求我齋刻本　四冊

220000－0801－0019245　集 3.49/1015
拙存居詩稿不分卷　(清)金聞鶴撰　清同治十年(1871)刻本　一冊

220000－0801－0019246　集 3.49/1018
盛太僕遺文不分卷　(清)盛應撰　清同治三年(1864)刻本　二冊

220000－0801－0019247　集 3.49/1019
蛾術山房詩鈔四卷　(清)袁文炤撰　清咸豐十年(1860)刻本　一冊

220000－0801－0019248　集 3.49/1020
蛾術山房詩鈔四卷　(清)袁文炤撰　清光緒十四年(1888)邃懷堂刻本　二冊

220000－0801－0019249　集 3.49/1021
感舊集小傳拾遺四卷　陳衍撰　清光緒三十一年(1905)刻本　一冊

220000－0801－0019250　集 3.49/1025
蝸吟集一卷　(清)吉爾湛泰撰　清道光九年(1829)碧琳琅山館刻本　一冊

220000－0801－0019251　集 3.49/1026
掃葉詩存二卷　(清)釋悟尋撰　清光緒元年(1875)刻本　一冊

220000－0801－0019252　集 3.49/1027
捫心齋詩稿四卷　(清)楊學林撰　清末刻本　二冊

220000－0801－0019253　集 3.49/1028
捫腹齋詩鈔四卷詩餘二卷　(清)張宗松撰　清宣統三年(1911)上海商務印書館鉛印本　二冊

220000－0801－0019254　集 3.49/1029

抱碧齋詩五卷　（清）儲國鈞撰　清活字印本
　一冊

220000－0801－0019255　集 3.49/1029－1

抱碧齋詩五卷　（清）儲國鈞撰　清活字印本
　一冊

220000－0801－0019256　集 3.49/1030

抱真書屋詩鈔八卷　（清）陸應穀撰　清道光
二十五年(1845)刻本　二冊

220000－0801－0019257　集 3.49/1031

抱犢山房集六卷續離騷一卷　（清）嵇永仁撰
　清同治元年(1862)長沙刻本　二冊

220000－0801－0019258　集 3.49/1031－1

抱犢山房集六卷續離騷一卷　（清）嵇永仁撰
　清同治元年(1862)長沙刻本　二冊

220000－0801－0019259　集 3.49/1032

貫華堂才子書彙稿　（清）金人瑞撰　清宣統
二年(1910)刻本　四冊

220000－0801－0019260　集 3.49/1033

抱沖齋詩集三十六卷眠琴仙館詞一卷年譜一
卷　（清）斌良撰　清光緒五年(1879)刻本
十二冊

220000－0801－0019261　集 3.49/1034

蛻學翁遺集五種六卷　（清）徐元潤撰　清光
緒二十四年(1898)刻本　四冊

220000－0801－0019262　集 3.49/1035

蟫廬詩鈔十卷　（清）王蔭槐撰　清光緒七年
(1881)盱眙王氏紫藤花館刻本　二冊

220000－0801－0019263　集 3.49/1035－1

蟫廬詩鈔十卷　（清）王蔭槐撰　清光緒七年
(1881)盱眙王氏紫藤花館刻本　一冊

220000－0801－0019264　集 3.49/1035－2

蟫廬詩鈔十卷　（清）王蔭槐撰　清光緒七年
(1881)盱眙王氏紫藤花館刻本　二冊

220000－0801－0019265　集 3.49/1035－3

蟫廬詩鈔十卷　（清）王蔭槐撰　清光緒七年
(1881)盱眙王氏紫藤花館刻本　二冊

220000－0801－0019266　集 3.49/1036

豔雪堂詩集四卷　（清）張晉撰　清道光十七
年(1837)刻本　四冊

220000－0801－0019267　集 3.49/1036－1

豔雪堂詩集四卷　（清）張晉撰　清道光十七
年(1837)刻本　四冊

220000－0801－0019268　集 3.49/1037

井墟集二卷　（清）郁如金撰　清道光二十九
年(1849)刻本　一冊

220000－0801－0019269　集 3.49/1038

弗如室詩鈔四卷　（清）蔣知廉撰　清嘉慶十
年(1805)刻本　一冊

220000－0801－0019270　集 3.49/1039

耕煙草堂詩鈔四卷　（清）戴梓撰　清嘉慶二
十三年(1818)刻本　二冊

220000－0801－0019271　集 3.49/1041

貫華堂才子書彙稿　（清）金人瑞撰　清末刻
本　八冊

220000－0801－0019272　集 3.49/1042

獨漉堂全集詩集十六卷文集十五卷續一卷
（清）陳恭尹撰　清宣統刻本　九冊

220000－0801－0019273　集 3.49/1044

中復堂全集三種九十八卷附錄一卷　（清）姚
瑩撰　清同治六年(1867)吉安刻本　十八冊

220000－0801－0019274　集 3.49/1047

靜宜吟館詩集一卷　（清）于脩儒撰　清嘉慶
十七年(1812)刻本　一冊

220000－0801－0019275　集 3.49/1047－1

靜宜吟館詩集一卷　（清）于脩儒撰　清嘉慶
十七年(1812)刻本　一冊

220000－0801－0019276　集 3.49/1049

青門集三十卷　（清）邵長蘅撰　清光緒二十
三年(1897)刻本　四冊

220000－0801－0019277　集 3.49/1049－1

青門集三十卷　（清）邵長蘅撰　清光緒二十
三年(1897)刻本　四冊

220000－0801－0019278　集 3.49/1051

青箱館詩鈔十二卷　（清）沈丹培撰　清道光十九年(1839)刻本　二冊

220000－0801－0019279　集 3.49/1051－1

青箱館詩鈔十二卷　（清）沈丹培撰　清道光十九年(1839)刻本　二冊

220000－0801－0019280　集 3.49/1052

青箱閣詩集不分卷　（清）王廷楷撰　清道光二十八年(1848)活字印本　一冊

220000－0801－0019281　集 3.49/1053

忠雅堂集三十卷　（清）蔣士銓撰　清末學餘堂刻本　十冊

220000－0801－0019282　集 3.49/1053－1

忠雅堂集三十卷　（清）蔣士銓撰　清末學餘堂刻本　六冊

220000－0801－0019283　集 3.49/1054

忠雅堂詩集二十七卷補遺二卷詞集二卷（清）蔣士銓撰　清嘉慶三年(1798)揚州刻本　十冊

220000－0801－0019284　集 3.49/1055

忠雅堂文集十二卷詩集二十七卷詩集補遺二卷詞集二卷　（清）蔣士銓撰　清刻本　十六冊

220000－0801－0019285　集 3.49/1056

忠雅堂詩集二十七卷補遺二卷詞集二卷（清）蔣士銓撰　清道光二十三年(1843)藏園刻本　六冊

220000－0801－0019286　集 3.49/1056－1

忠雅堂詩集二十七卷補遺二卷詞集二卷（清）蔣士銓撰　清道光二十三年(1843)藏園刻本　六冊

220000－0801－0019287　集 3.49/1056－2

忠雅堂詩集二十七卷補遺二卷詞集二卷（清）蔣士銓撰　清道光二十三年(1843)藏園刻本　六冊

220000－0801－0019288　集 3.49/1056－3

忠雅堂詩集二十七卷補遺二卷詞集二卷

（清）蔣士銓撰　清道光二十三年(1843)藏園刻本　八冊

220000－0801－0019289　集 3.49/1057

泰雲堂文集二卷駢體文集二卷詩集十八卷詞集三卷　（清）孫爾準撰　清同治九年(1870)刻本　八冊

220000－0801－0019290　集 3.49/1059

泰雲堂文集二卷駢體文集二卷詩集十八卷詞集三卷　（清）孫爾準撰　清道光十三年(1833)刻本　六冊

220000－0801－0019291　集 3.49/1059－1

泰雲堂文集二卷駢體文集二卷詩集十八卷詞集三卷　（清）孫爾準撰　清道光十三年(1833)刻本　四冊

220000－0801－0019292　集 3.49/1059－2

泰雲堂文集二卷駢體文集二卷詩集十八卷詞集三卷　（清）孫爾準撰　清道光十三年(1833)刻本　五冊

220000－0801－0019293　集 3.49/1061

春雨草堂臟藁四卷附刻一卷　（清）高垲著清道光元年(1821)刻本　一冊

220000－0801－0019294　集 3.49/1063

東觀存稿不分卷　（清）陳壽祺撰　清末刻本　一冊

220000－0801－0019295　集 3.49/1064

東里生爐餘集三卷　（清）汪家禧撰　清嘉慶二十五年(1820)武林刻本　一冊

220000－0801－0019296　集 3.49/1064－1

東里生爐餘集三卷　（清）汪家禧撰　清嘉慶二十五年(1820)武林刻本　一冊

220000－0801－0019297　集 3.49/1065

東里生爐餘集三卷五木齋文一卷　（清）汪家禧撰　清道光元年(1821)刻本　一冊

220000－0801－0019298　集 3.49/1066

東園詩鈔十二卷　（清）凌泰封撰　清光緒十六年(1890)刻本　二冊

220000－0801－0019299　集 3.49/1067

東洲草堂詩鈔二十七卷詩餘一卷 （清）何紹基撰 清同治六年（1867）長沙無園刻本 六冊

220000－0801－0019300 集 3.49/1067－1
東洲草堂詩鈔二十七卷詩餘一卷 （清）何紹基撰 清同治六年（1867）長沙無園刻本 八冊

220000－0801－0019301 集 3.49/1067－2
東洲草堂詩鈔二十七卷詩餘一卷 （清）何紹基撰 清同治六年（1867）長沙無園刻本 六冊

220000－0801－0019302 集 3.49/1067－3
東洲草堂詩鈔二十七卷詩餘一卷 （清）何紹基撰 清同治六年（1867）長沙無園刻本 六冊

220000－0801－0019303 集 3.49/1067－4
東洲草堂詩鈔二十七卷詩餘一卷 （清）何紹基撰 清同治六年（1867）長沙無園刻本 十二冊

220000－0801－0019304 集 3.49/1068
秦川焚餘草六卷補遺一卷 （清）董平章撰 清光緒二十七年（1901）容齋刻本 六冊

220000－0801－0019305 集 3.49/1069
春草堂集三十六卷 （清）謝堃撰 清道光二十五年（1845）刻本 三十二冊

220000－0801－0019306 集 3.49/1070
春星閣詩鈔十五卷唱和詩一卷 （清）楊季鸞撰 清道光九年（1829）刻本 二冊

220000－0801－0019307 集 3.49/1071
春暉草堂詩存四卷 （清）費履堅撰 清同治三年（1864）刻本 二冊

220000－0801－0019308 集 3.49/1072
春酒堂文集不分卷 （清）周容撰 清宣統二年（1910）上海國學扶輪社鉛印本 一冊

220000－0801－0019309 集 3.49/1072－1
春酒堂文集不分卷 （清）周容撰 清宣統二年（1910）上海國學扶輪社鉛印本 一冊

220000－0801－0019310 集 3.49/1072－2
春酒堂文集不分卷 （清）周容撰 清宣統二年（1910）上海國學扶輪社鉛印本 二冊

220000－0801－0019311 集 3.49/1073
胡文忠公遺集十卷首一卷 （清）胡林翼撰 清同治三年（1864）刻本 八冊

220000－0801－0019312 集 3.49/1073－1
胡文忠公遺集十卷首一卷 （清）胡林翼撰 清同治三年（1864）刻本 十冊

220000－0801－0019313 集 3.49/1073－2
胡文忠公遺集十卷首一卷 （清）胡林翼撰 清同治三年（1864）刻本 八冊

220000－0801－0019314 集 3.49/1076
四照堂詩集十五卷 （清）譚溥撰 清同治三年（1864）刻本 四冊

220000－0801－0019315 集 3.49/1079
四焉詩鈔六卷 （清）吳時行撰 清嘉慶十七年（1812）永錫堂刻本 一冊

220000－0801－0019316 集 3.49/1081
四焉齋文集八卷詩集六卷附一卷 （清）曹一士撰 清宣統二年（1910）活字印本 六冊

220000－0801－0019317 集 3.49/1081－1
四焉齋文集八卷詩集六卷附一卷 （清）曹一士撰 清宣統二年（1910）活字印本 六冊

220000－0801－0019318 集 3.49/1082
日吟小草四卷 （清）王吉人撰 清光緒十四年（1888）寧海主一堂刻本 二冊

220000－0801－0019319 集 3.49/1084
因寄軒文初集十卷二集六卷補遺一卷 （清）管同著 清紅格抄本 二冊 存五卷（初集九至十，二集一至二、四）

220000－0801－0019320 集 3.49/1085
因寄軒文初集十卷二集六卷補遺一卷 （清）管同著 清道光十三年（1833）刻本 二冊

220000－0801－0019321 集 3.49/1086
因寄軒文初集十卷二集六卷補遺一卷 （清）管同撰 清光緒五年（1879）刻本 四冊

220000－0801－0019322　集 3.49/1086－1
因寄軒文初集十卷二集六卷補遺一卷 （清）
管同撰　清光緒五年（1879）刻本　四冊

220000－0801－0019323　集 3.49/1086－2
因寄軒文初集十卷二集六卷補遺一卷 （清）
管同撰　清光緒五年（1879）刻本　四冊

220000－0801－0019324　集 3.49/1087
固哉草堂文集四卷目錄一卷 （清）高斌撰
清嘉慶十二年（1807）刻本　四冊

220000－0801－0019325　集 3.49/1089
易安齋詩集六卷 （清）邱孫梧撰　清嘉慶十
四年（1809）刻本　二冊

220000－0801－0019326　集 3.49/1089－1
易安齋詩集六卷 （清）邱孫梧撰　清嘉慶十
四年（1809）刻本　二冊

220000－0801－0019327　集 3.49/1090
見山樓詩鈔二卷 （清）李本仁撰　清道光二
十八年（1848）刻本　二冊

220000－0801－0019328　集 3.49/1091
易園集七卷 （清）李林松撰　清光緒二十九
年（1903）刻本　六冊

220000－0801－0019329　集 3.49/1091－1
易園集七卷 （清）李林松撰　清光緒二十九
年（1903）刻本　六冊

220000－0801－0019330　集 3.49/1095
羅浮偫鶴山人詩草二卷外集一卷　鄭官應著
　清宣統元年（1909）鉛印本　二冊

220000－0801－0019331　集 3.49/1096
羅忠節公遺集八卷年譜二卷 （清）羅澤南撰
　清同治二年（1863）刻本　四冊

220000－0801－0019332　集 3.49/1097
**羅山遺書遺集八卷西銘講義一卷人極衍義一
卷姚江學辨二卷周易附說一卷讀孟子劄記二
卷年譜二卷小學韻語一卷** （清）羅澤南撰
清咸豐、同治刻本　八冊

220000－0801－0019333　集 3.49/1097－1
羅山遺書遺集八卷西銘講義一

**卷姚江學辨二卷周易附說一卷讀孟子劄記二
卷年譜二卷小學韻語一卷** （清）羅澤南撰
清咸豐、同治刻本　八冊

220000－0801－0019334　集 3.49/1098
思補齋詩集六卷 （清）潘世恩撰　清道光三
十年（1850）刻本　二冊

220000－0801－0019335　集 3.49/1099
思補齋文集四卷 （清）劉星煒撰　清光緒二
十年（1894）刻本　四冊

220000－0801－0019336　集 3.49/1099－1
思補齋文集四卷 （清）劉星煒撰　清光緒二
十年（1894）刻本　四冊

220000－0801－0019337　集 3.49/1099－2
思補齋文集四卷 （清）劉星煒撰　清光緒二
十年（1894）刻本　四冊

220000－0801－0019338　集 3.49/1101
思適齋集十八卷 （清）顧廣圻撰　清道光二
十九年（1849）刻本　五冊

220000－0801－0019339　集 3.49/1101－1
思適齋集十八卷 （清）顧廣圻撰　清道光二
十九年（1849）刻本　四冊

220000－0801－0019340　集 3.49/1102
思適齋集十八卷 （清）顧廣圻撰　清同治八
年（1869）補刻本　三冊

220000－0801－0019341　集 3.49/1105
恩福堂詩鈔十卷 （清）英和撰　清道光十一
年（1831）刻本　二冊

220000－0801－0019342　集 3.49/1107
**恩誦堂詩集十卷詩續集十卷文集二卷文續集
二卷** （朝鮮）李尚迪撰　清道光二十七年
（1847）刻本　四冊

220000－0801－0019343　集 3.49/1108
集虛齋學古文十二卷 （清）方棻如撰　清光
緒十年（1884）刻本　四冊

220000－0801－0019344　集 3.49/1108－1
集虛齋學古文十二卷 （清）方棻如撰　清光
緒十年（1884）刻本　四冊

220000－0801－0019345　集 3.49/1115

曇香精舍詩草四卷遺稿一卷　（清）釋宏度撰
　清道光十七年(1837)刻咸豐十一年(1861)
補刻本　一冊

220000－0801－0019346　集 3.49/1116

曇雲閣詩集八卷外集一卷詩附錄二卷詞續刻
一卷補遺一卷詞鈔一卷音鉋隨筆一卷　（清）
曹楙堅撰　清同治十二年(1873)刻本　六冊

220000－0801－0019347　集 3.49/1116－1

曇雲閣詩集八卷外集一卷詩附錄二卷詞續刻
一卷補遺一卷詞鈔一卷音鉋隨筆一卷　（清）
曹楙堅撰　清同治十二年(1873)刻本　六冊

220000－0801－0019348　集 3.49/1117

果齋詩鈔二卷　（清）胡方朔撰　清光緒十六
年(1890)刻本　一冊

220000－0801－0019349　集 3.49/1118

景詹闇遺文不分卷　（清）姚諶撰　清同治十
二年(1873)刻本　一冊

220000－0801－0019350　集 3.49/1119

題江南曾文正公祠百詠不分卷　朱孔彰編輯
　清光緒十三年(1887)金陵刻本　二冊

220000－0801－0019351　集 3.49/1122

曉瀛遺稿二卷　（清）蔣繼伯撰　清刻本
一冊

220000－0801－0019352　集 3.49/1127

味鐙聽葉廬詩草二卷　（清）李振鈞撰　清光
緒十五年(1889)刻本　二冊

220000－0801－0019353　集 3.49/1127－1

味鐙聽葉廬詩草二卷　（清）李振鈞撰　清光
緒十五年(1889)刻本　二冊

220000－0801－0019354　集 3.49/1129

味經齋遺書七種十卷　（清）莊存與撰　清末
刻本　六冊

220000－0801－0019355　集 3.49/1130

味根山房詩鈔九卷文集一卷　（清）史善長撰
　清末刻本　四冊

220000－0801－0019356　集 3.49/1131

味和堂詩集六卷　（清）高其倬撰　清光緒十
二年(1886)刻本　二冊

220000－0801－0019357　集 3.49/1131－1

味和堂詩集六卷　（清）高其倬撰　清光緒十
二年(1886)刻本　二冊

220000－0801－0019358　集 3.49/1132

曝書亭集八十卷附錄一卷笛漁小稿十卷
（清）朱彝尊撰　清光緒十五年(1889)寒梅館
刻本　十六冊

220000－0801－0019359　集 3.49/1132－1

曝書亭集八十卷附錄一卷笛漁小稿十卷
（清）朱彝尊撰　清光緒十五年(1889)寒梅館
刻本　二十冊

220000－0801－0019360　集 3.49/1132－2

曝書亭集八十卷附錄一卷笛漁小稿十卷
（清）朱彝尊撰　清光緒十五年(1889)寒梅館
刻本　十六冊

220000－0801－0019361　集 3.49/1132－3

曝書亭集八十卷附錄一卷笛漁小稿十卷
（清）朱彝尊撰　清光緒十五年(1889)寒梅館
刻本　八冊

220000－0801－0019362　集 3.49/1139

曝書亭集外詩五卷詞一卷文二卷　（清）朱彝
尊撰　（清）孫福清校　清嘉慶二十二年
(1817)刻本　二冊

220000－0801－0019363　集 3.49/1140

曝書亭集外稿八卷　（清）朱彝尊撰　（清）馮
登府編　清道光二年(1822)刻本　四冊

220000－0801－0019364　集 3.49/1141

曝書亭集詩註二十二卷首一卷　（清）楊謙撰
　清光緒刻本　八冊

220000－0801－0019365　集 3.49/1141－1

曝書亭集詩註二十二卷首一卷　（清）楊謙撰
　清光緒刻本　十冊

220000－0801－0019366　集 3.49/1141－2

曝書亭集詩註二十二卷首一卷　（清）楊謙撰
　清光緒刻本　六冊

220000－0801－0019367　集 3.49/1142
曝書亭集詩註二十二卷首一卷　（清）楊謙撰
（清）李集參　清末木石居石印本　十二冊

220000－0801－0019368　集 3.49/1143
鳴鶴堂文集十卷詩集十二卷　（清）任源祥撰
清光緒十五年(1889)刻本　六冊

220000－0801－0019369　集 3.49/1143－1
鳴鶴堂文集十卷詩集十二卷　（清）任源祥撰
清光緒十五年(1889)刻本　六冊

220000－0801－0019370　集 3.49/1143－2
鳴鶴堂文集十卷詩集十二卷　（清）任源祥撰
清光緒十五年(1889)刻本　七冊

220000－0801－0019371　集 3.49/1143－3
鳴鶴堂文集十卷詩集十二卷　（清）任源祥撰
清光緒十五年(1889)刻本　五冊

220000－0801－0019372　集 3.49/1143－4
鳴鶴堂文集十卷詩集十二卷　（清）任源祥撰
清光緒十五年(1889)刻本　五冊

220000－0801－0019373　集 3.49/1145
鳴原堂論文二卷　（清）曾國藩選　（清）曾國
荃審訂　清同治十二年(1873)勘志齋刻本
二冊

220000－0801－0019374　集 3.49/1145－1
鳴原堂論文二卷　（清）曾國藩選　（清）曾國
荃審訂　清同治十二年(1873)勘志齋刻本
二冊

220000－0801－0019375　集 3.49/1146
吟香居詩鈔述古編二卷　（清）董寅森著　清
道光七年(1827)刻本　一冊

220000－0801－0019376　集 3.49/1147
**噉蔗全集文八卷詩八卷喪禮解考一卷周官隨
筆一卷**　（清）張義年撰　清光緒十九年
(1893)上海著易堂鉛印本　六冊

220000－0801－0019377　集 3.49/1147－1
**噉蔗全集文八卷詩八卷喪禮解考一卷周官隨
筆一卷**　（清）張義年撰　清光緒十九年
(1893)上海著易堂鉛印本　六冊

220000－0801－0019378　集 3.49/1148
咀華錄四卷　（清）永鎔輯　清道光二十年
(1840)凝瑞堂刻本　四冊

220000－0801－0019379　集 3.49/1149
賜書堂詩稿不分卷　（清）翁照撰　清光緒二
十六年(1900)龍砂王氏重思齋刻本　一冊

220000－0801－0019380　集 3.49/1150
賜墨齋詩二卷詞一卷　（清）姚念曾撰　清光
緒十六年(1890)刻本　一冊

220000－0801－0019381　集 3.49/1151
嚴太僕先生集十二卷墓表一卷　（清）嚴虞惇
撰　清光緒十年(1884)常熟西涇草堂刻本
四冊

220000－0801－0019382　集 3.49/1151－1
嚴太僕先生集十二卷墓表一卷　（清）嚴虞惇
撰　清光緒十年(1884)常熟西涇草堂刻本
二冊

220000－0801－0019383　集 3.49/1153
瞻袞堂文集十卷　（清）袁鈞撰　清光緒三十
四年(1908)刻本　四冊

220000－0801－0019384　集 3.49/1154
晚聞居士遺集九卷　（清）王宗炎撰　清道光
十一年(1831)刻本　四冊

220000－0801－0019385　集 3.49/1156
晚學齋文集十二卷　（清）姚椿撰　清咸豐二
年(1852)刻本　二冊

220000－0801－0019386　集 3.49/1156－1
晚學齋文集十二卷　（清）姚椿撰　清咸豐二
年(1852)刻本　三冊

220000－0801－0019387　集 3.49/1159
晚香堂詩鈔二卷續鈔二卷　（清）俞蘭臺撰
清嘉慶十六年(1811)刻本　二冊

220000－0801－0019388　集 3.49/1160
**雅雨堂詩集二卷文集四卷雅雨山人出塞集一
卷**　（清）盧見曾撰　清道光二十年(1840)刻
本　四冊

220000－0801－0019389　集 3.49/1163

雕菰集二十四卷 （清）焦循撰　蜜梅花館文錄一卷詩錄一卷 （清）焦廷琥撰　清道光四年(1824)蘇州文學山房活字印本　十六冊

220000－0801－0019390　集 3.49/1163－1

雕菰集二十四卷 （清）焦循撰　蜜梅花館文錄一卷詩錄一卷 （清）焦廷琥撰　清道光四年(1824)蘇州文學山房活字印本　八冊

220000－0801－0019391　集 3.49/1166

陋軒詩十二卷詩續二卷 （清）吳嘉紀著　清道光二十年(1840)刻本　五冊

220000－0801－0019392　集 3.49/1167

陋軒詩續二卷 （清）吳嘉紀撰　清末刻本　一冊

220000－0801－0019393　集 3.49/1170

匪莪堂文集五卷 （清）劉巖撰　清光緒二年(1876)刻本　二冊

220000－0801－0019394　集 3.49/1171

王西廬家書不分卷 （清）王時敏著　清光緒三十二年(1906)影印本　一冊

220000－0801－0019395　集 3.49/1172

願息齋詩集不分卷 （清）徐喈鳳撰　清末活字印本　一冊

220000－0801－0019396　集 3.49/1172－1

願息齋詩集不分卷 （清）徐喈鳳撰　清末活字印本　一冊

220000－0801－0019397　集 3.49/1174

頤道堂文鈔四卷 （清）陳文述撰　清嘉慶二十二年(1817)刻本　二冊

220000－0801－0019398　集 3.49/1179

甌香書屋詩鈔四卷 （清）錢宗穎撰　清光緒五年(1879)刻本　一冊

220000－0801－0019399　集 3.49/1180

甌北集五十三卷 （清）趙翼撰　清嘉慶十七年(1812)刻本　十二冊

220000－0801－0019400　集 3.49/1181

甌北詩鈔十七卷 （清）趙翼撰　清宣統三年(1911)掃葉山房石印本　八冊

220000－0801－0019401　集 3.49/1183

甌北全集七種一百七十二卷 （清）趙翼撰　清光緒三年(1877)滇南唐氏刻本　五十六冊

220000－0801－0019402　集 3.49/1183－1

甌北全集七種一百七十二卷 （清）趙翼撰　清光緒三年(1877)滇南唐氏刻本　四十七冊

220000－0801－0019403　集 3.49/1183－2

甌北全集七種一百七十二卷 （清）趙翼撰　清光緒三年(1877)滇南唐氏刻本　二十五冊
　缺八十六卷(甌北集五十三卷、廿四史劄記一至三十二、補遺一卷)

220000－0801－0019404　集 3.49/1184

盾鼻餘瀋一卷 （清）左宗棠撰　清光緒七年(1881)刻本　一冊

220000－0801－0019405　集 3.49/1184－1

盾鼻餘瀋一卷 （清）左宗棠撰　清光緒七年(1881)刻本　一冊

220000－0801－0019406　集 3.49/1184－2

盾鼻餘瀋一卷 （清）左宗棠撰　清光緒七年(1881)刻本　一冊

220000－0801－0019407　集 3.49/1184－3

盾鼻餘瀋一卷 （清）左宗棠撰　清光緒七年(1881)刻本　一冊

220000－0801－0019408　集 3.49/1184－4

盾鼻餘瀋一卷 （清）左宗棠撰　清光緒七年(1881)刻本　一冊

220000－0801－0019409　集 3.49/1184－5

盾鼻餘瀋一卷 （清）左宗棠撰　清光緒七年(1881)刻本　一冊

220000－0801－0019410　集 3.49/1185

劉葆真太史遺藁二卷 （清）劉可毅撰　清宣統二年(1910)刻本　一冊

220000－0801－0019411　集 3.49/1186

劉海峰稿四卷 （清）劉大櫆撰　清光緒元年(1875)邢邱刻本　二冊

220000－0801－0019412　集 3.49/1187

劉文清公遺集十七卷應制詩集三卷 （清）劉

埤撰　清道光六年(1826)東武劉氏味經書屋
刻本　四冊

220000－0801－0019413　集 3.49/1188
劉禮部集十二卷　（清）劉逢祿撰　清道光十
年(1830)思誤齋刻本　六冊

220000－0801－0019414　集 3.49/1188－1
劉禮部集十二卷　（清）劉逢祿撰　清道光十
年(1830)思誤齋刻本　六冊

220000－0801－0019415　集 3.49/1189
劉禮部集十二卷　（清）劉逢祿撰　清光緒十
八年(1892)延暉承慶堂刻本　六冊

220000－0801－0019416　集 3.49/1190
劉孟塗文集十卷駢體文二卷　（清）劉開撰
清光緒十二年(1886)慈谿大鄖山館童氏刻本
四冊

220000－0801－0019417　集 3.49/1190－1
劉孟塗文集十卷駢體文二卷　（清）劉開撰
清光緒十二年(1886)慈谿大鄖山館童氏刻本
四冊

220000－0801－0019418　集 3.49/1191
**劉孟塗前集十卷後集二十二卷文集十卷駢文
四卷**　（清）劉開撰　清道光六年(1826)姚氏
檗山草堂刻本　八冊

220000－0801－0019419　集 3.49/1191－1
**劉孟塗前集十卷後集二十二卷文集十卷駢文
四卷**　（清）劉開撰　清道光六年(1826)姚氏
檗山草堂刻本　八冊

220000－0801－0019420　集 3.49/1192
臥象山房賦集一卷文集一卷　（清）李澄中撰
清刻本　一冊

220000－0801－0019421　集 3.49/1193
陸陳兩先生詩文鈔二十八卷　（清）陸世儀
(清)陳瑚撰　清光緒六年(1880)凝修堂刻本
八冊

220000－0801－0019422　集 3.49/1196
陳一齋先生詩集不分卷　（清）陳梓撰　清宣
統三年(1911)上海國學扶輪社鉛印本　一冊

220000－0801－0019423　集 3.49/1197
陳文恭公手劄節要三卷　（清）陳宏謀撰　清
同治七年(1868)崇文書局刻本　一冊

220000－0801－0019424　集 3.49/1197－1
陳文恭公手劄節要三卷　（清）陳宏謀撰　清
同治七年(1868)崇文書局刻本　一冊

220000－0801－0019425　集 3.49/1202
陳清端公文集十卷　（清）陳璸撰　清同治七
年(1868)羊城富文齋刻本　四冊

220000－0801－0019426　集 3.49/1203
陳薑畬集十卷　（清）陳鼎撰　清光緒三十二
年(1906)刻本　一冊

220000－0801－0019427　集 3.49/1204
陳檢討集二十卷　（清）陳維崧撰　清末刻本
八冊

220000－0801－0019428　集 3.49/1204－1
陳檢討集二十卷　（清）陳維崧撰　清末刻本
八冊

220000－0801－0019429　集 3.49/1204－2
陳檢討集二十卷　（清）陳維崧撰　清末刻本
十二冊

220000－0801－0019430　集 3.49/1205
**陳文肅公遺集一卷年譜一卷陳氏清芬錄二卷
後敘一卷**　（清）陳大受撰　（清）陳文騄輯
清光緒十六年(1890)浯湘求志書屋鉛印本
四冊

220000－0801－0019431　集 3.49/1205－1
**陳文肅公遺集一卷年譜一卷陳氏清芬錄二卷
後敘一卷**　（清）陳大受撰　（清）陳文騄輯
清光緒十六年(1890)浯湘求志書屋鉛印本
四冊

220000－0801－0019432　集 3.49/1206
陳迦陵儷體文集十卷　（清）陳維崧撰　清末
刻本　四冊

220000－0801－0019433　集 3.49/1206－1
陳迦陵儷體文集十卷　（清）陳維崧撰　清末
刻本　四冊

345

220000 - 0801 - 0019434　集 3.49/1207
陳迦陵文集六卷　（清）陳維崧撰　清末刻本
　　二冊

220000 - 0801 - 0019435　集 3.49/1207 - 1
陳迦陵文集六卷　（清）陳維崧撰　清末刻本
　　二冊

220000 - 0801 - 0019436　集 3.49/1207 - 2
陳迦陵文集六卷　（清）陳維崧撰　清末刻本
　　二冊

220000 - 0801 - 0019437　集 3.49/1212
問字堂集六卷　（清）孫星衍撰　清光緒十年
（1884）四明是亦軒刻本　一冊

220000 - 0801 - 0019438　集 3.49/1213
問字堂集六卷岱南閣集二卷五松園文稿一卷
平津館文稿二卷嘉穀堂集一卷　（清）孫星衍
撰　清光緒十一年（1885）刻本　四冊

220000 - 0801 - 0019439　集 3.49/1214
增訂周犢山全稿不分卷　（清）周鎬撰　清光
緒十九年（1893）刻本　四冊

220000 - 0801 - 0019440　集 3.49/1215
風希堂文集四卷家傳一卷風希堂詩集六卷
（清）戴殿泗撰　清道光八年（1828）刻本
四冊

220000 - 0801 - 0019441　集 3.49/1215 - 1
風希堂文集四卷家傳一卷風希堂詩集六卷
（清）戴殿泗撰　清道光八年（1828）刻本
二冊

220000 - 0801 - 0019442　集 3.49/1216
問楳堂詩文存合刻文不分卷詩二卷　（清）錢
灃撰　清光緒七年（1881）刻本　四冊

220000 - 0801 - 0019443　集 3.49/1217
道援堂詩集十三卷目錄一卷　（清）屈大均著
　　清初刻本　八冊

220000 - 0801 - 0019444　集 3.49/1218
印雪軒詩鈔十六卷　（清）俞鴻漸撰　清光緒
三年（1877）刻本　四冊

220000 - 0801 - 0019445　集 3.49/1219

印雪軒文鈔三卷附刻一卷　（清）俞鴻漸撰
清光緒八年（1882）吳下西園刻本　二冊

220000 - 0801 - 0019446　集 3.49/1219 - 1
印雪軒文鈔三卷附刻一卷　（清）俞鴻漸撰
清光緒八年（1882）吳下西園刻本　二冊

220000 - 0801 - 0019447　集 3.49/1220
印心石屋詩鈔二集三卷　（清）陶澍著　清道
光九年（1829）古吳清德堂活字印本　一冊

220000 - 0801 - 0019448　集 3.49/1222
留春草堂詩鈔七卷　（清）伊秉綬撰　清光緒
六年（1880）刻本　二冊

220000 - 0801 - 0019449　集 3.49/1223
留春草堂詩鈔七卷　（清）伊秉綬撰　清嘉慶
十九年（1814）刻本　四冊

220000 - 0801 - 0019450　集 3.49/1223 - 1
留春草堂詩鈔七卷　（清）伊秉綬撰　清嘉慶
十九年（1814）刻本　二冊

220000 - 0801 - 0019451　集 3.49/1224
留村文集四卷　（清）黃瑞撰　清光緒十一年
（1885）刻本　四冊

220000 - 0801 - 0019452　集 3.49/1224 - 1
留村文集四卷　（清）黃瑞撰　清光緒十一年
（1885）刻本　四冊

220000 - 0801 - 0019453　集 3.49/1226
九水山房文存二卷　（清）畢亨撰　清咸豐二
年（1852）海源閣刻本　二冊

220000 - 0801 - 0019454　集 3.49/1226 - 1
九水山房文存二卷　（清）畢亨撰　清咸豐二
年（1852）海源閣刻本　二冊

220000 - 0801 - 0019455　集 3.49/1228
陶山詩錄二十卷前錄二卷露蟬吟詞鈔一卷續
鈔一卷　（清）唐仲冕撰　清嘉慶十六年
（1811）崇川刻本　四冊

220000 - 0801 - 0019456　集 3.49/1228 - 1
陶山詩錄二十卷前錄二卷露蟬吟詞鈔一卷續
鈔一卷　（清）唐仲冕撰　清嘉慶十六年
（1811）崇川刻本　四冊

220000－0801－0019457　集 3.49/1229

陶園全集文集八卷詩集二十二卷詩餘二卷
（清）張九鉞撰　清道光七年（1827）刻本　十
一冊

220000－0801－0019458　集 3.49/1229－1

陶園全集文集八卷詩集二十二卷詩餘二卷
（清）張九鉞撰　清道光七年（1827）刻本
八冊

220000－0801－0019459　集 3.49/1230

陶子師先生南崖集四卷首一卷　（清）陶元淳
撰　清末刻本　一冊

220000－0801－0019460　集 3.49/1231

陶晚聞先生集十卷補錄二卷　（清）陶正靖撰
清光緒七年（1881）刻本　四冊

220000－0801－0019461　集 3.49/1232

**覺生詩鈔十卷詠物詩鈔四卷詠史詩鈔三卷感
舊詩鈔二卷詩文鈔一卷試律鈔一卷賦鈔一卷
進奉文鈔一卷**　（清）鮑桂星撰　清嘉慶二十
五年（1820）刻本　六冊

220000－0801－0019462　集 3.49/1234

學文堂文集十六卷詩五卷詩餘三卷　（清）陳
玉璂撰　清光緒二十三年（1897）武進盛氏刻
本　六冊

220000－0801－0019463　集 3.49/1236

且巢詩存四卷　（清）周葆濂撰　清光緒十六
年（1890）刻本　二冊

220000－0801－0019464　集 3.49/1236－1

且巢詩存四卷　（清）周葆濂撰　清光緒十六
年（1890）刻本　二冊

220000－0801－0019465　集 3.49/1237

且飲樓詩選四卷續集一卷　（清）顧晛元撰
清光緒六年（1880）刻本　一冊

220000－0801－0019466　集 3.49/1242

居業堂文集二十卷　（清）王源撰　清光緒十
一年（1885）謙德堂刻本　六冊

220000－0801－0019467　集 3.49/1245

袁文箋正十六卷補註一卷　（清）袁枚著

（清）石韞玉箋　清光緒八年（1882）刻本
八冊

220000－0801－0019468　集 3.49/1246

鶴泉文鈔二卷　（清）戚學標撰　清嘉慶五年
（1800）刻本　一冊

220000－0801－0019469　集 3.49/1247

尺雲軒詩集四卷　（清）朱實發撰　清道光十
四年（1834）刻本　二冊

220000－0801－0019470　集 3.49/1249

知足齋文集六卷進呈文稿二卷　（清）朱珪撰
清光緒五年（1879）刻本　四冊

220000－0801－0019471　集 3.49/1250

**銅梁山人詩集二十五卷芸籠偶存二卷詞四卷
樓山詩集六卷**　（清）王汝璧撰　清光緒二十
年（1894）刻本　八冊

220000－0801－0019472　集 3.49/1250－1

**銅梁山人詩集二十五卷芸籠偶存二卷詞四卷
樓山詩集六卷**　（清）王汝璧撰　清光緒二十
年（1894）刻本　一冊　存四卷（詞四卷）

220000－0801－0019473　集 3.49/1255

鏡漪軒詩草一卷　（清）陳淇撰　清光緒十七
年（1891）鏡漪軒刻本　一冊

220000－0801－0019474　集 3.49/1256

分類緘腋四卷　（清）涂謙撰　清嘉慶二十五
年（1820）尚友堂刻本　四冊

220000－0801－0019475　集 3.49/1258

介存齋文稿二卷淮薤問盒一卷　（清）周濟撰
清光緒三年（1877）刻本　一冊

220000－0801－0019476　集 3.49/1259

介圃詩鈔八卷　（清）甯元韺撰　清道光五年
（1825）性存堂刻本　四冊

220000－0801－0019477　集 3.49/1260

**介亭文集六卷筆記六卷筆記存二卷居暇邇言
二卷北上偶錄三卷序言一卷于役迤南記二卷
詩鈔一卷**　（清）江濬源撰　清同治十二年
（1873）刻本　四冊

220000－0801－0019478　集 3.49/1262

347

兼濟堂文集選二十卷　（清）魏裔介撰　清刻
本　二十冊

220000－0801－0019479　集 3.49/1263
無近名齋文鈔四卷二編二卷外編一卷雜著二
卷雜著二編一卷　（清）彭翊撰　清道光二十
七年(1847)刻本　四冊

220000－0801－0019480　集 3.49/1264
尊樸齋詩草僅存一卷　（清）陸獻撰　清光緒
二十二年(1896)刻本　一冊

220000－0801－0019481　集 3.49/1265
尊古齋詩鈔四卷　（清）馮珍撰　清嘉慶十八
年(1813)刻本　一冊

220000－0801－0019482　集 3.49/1266
尊道堂詩鈔二卷　（清）吳東發撰　清嘉慶十
八年(1813)刻本　一冊

220000－0801－0019483　集 3.49/1267
尊聞居士集八卷附一卷　（清）羅有高著　清
光緒八年(1882)刻本　二冊

220000－0801－0019484　集 3.49/1267－1
尊聞居士集八卷附一卷　（清）羅有高著　清
光緒八年(1882)刻本　四冊

220000－0801－0019485　集 3.49/1267－2
尊聞居士集八卷附一卷　（清）羅有高著　清
光緒八年(1882)刻本　四冊

220000－0801－0019486　集 3.49/1268
劉端臨先生遺書八卷首一卷　（清）劉台拱撰
清道光十四年(1834)世德堂刻本　四冊

220000－0801－0019487　集 3.49/1268－1
劉端臨先生遺書八卷首一卷　（清）劉台拱撰
清道光十四年(1834)世德堂刻本　四冊

220000－0801－0019488　集 3.49/1268－2
劉端臨先生遺書八卷首一卷　（清）劉台拱撰
清道光十四年(1834)世德堂刻本　四冊

220000－0801－0019489　集 3.49/1269
善卷堂四六十卷　（清）陸繁弨撰　清道光二
年(1822)刻本　四冊

220000－0801－0019490　集 3.49/1270
四憶堂詩集六卷　（清）侯方域撰　（清）賈開
宗等選註　清同治十三年(1874)刻本　二冊

220000－0801－0019491　集 3.49/1271
舍是集十卷　（清）王翼鳳撰　清道光二十四
年(1844)補刻本　四冊

220000－0801－0019492　集 3.49/1272
義門先生集十二卷附錄一卷　（清）何焯撰
清宣統元年(1909)平江吳氏刻本　四冊

220000－0801－0019493　集 3.49/1273
義門先生集十二卷附錄一卷　（清）何焯撰
清宣統三年(1911)中華圖書館石印本　四冊

220000－0801－0019494　集 3.49/1274
義門先生集十二卷附錄一卷　（清）何焯撰
清道光三十年(1850)刻本　四冊

220000－0801－0019495　集 3.49/1277
姜先生全集三十二卷首一卷詩詞拾遺一卷
（清）姜宸英撰　清光緒十五年(1889)毋自欺
齋刻本　十八冊

220000－0801－0019496　集 3.49/1279
養素堂文集三十五卷首一卷　（清）張澍撰
清道光十七年(1837)刻本　十六冊

220000－0801－0019497　集 3.49/1279－1
養素堂文集三十五卷首一卷　（清）張澍撰
清道光十七年(1837)刻本　十六冊

220000－0801－0019498　集 3.49/1280
養一齋文集二十卷詩集四卷賦一卷詩餘一卷
（清）李兆洛撰　清光緒四年(1878)刻本
八冊

220000－0801－0019499　集 3.49/1280－1
養一齋文集二十卷詩集四卷賦一卷詩餘一卷
（清）李兆洛撰　清光緒四年(1878)刻本
十二冊

220000－0801－0019500　集 3.49/1280－2
養一齋文集二十卷詩集四卷賦一卷詩餘一卷
（清）李兆洛撰　清光緒四年(1878)刻本
十冊

220000－0801－0019501　集 3.49/1280－3

養一齋文集二十卷詩集四卷賦一卷詩餘一卷
（清）李兆洛撰　清光緒四年(1878)刻本
八冊　存二十卷(文集二十卷)

220000－0801－0019502　集 3.49/1281

養一齋集二十六卷首一卷試帖一卷　（清）潘
德輿撰　清同治八年(1869)刻本　九冊

220000－0801－0019503　集 3.49/1283

養一齋四書文不分卷　（清）潘德輿撰　清道
光十七年(1837)刻本　三冊

220000－0801－0019504　集 3.49/1284

養一齋文集二十卷補遺一卷　（清）李兆洛撰
清道光二十三年(1843)維風堂活字印本
五冊

220000－0801－0019505　集 3.49/1285

**養一齋文集二十卷補遺一卷詩集八卷文集續
編六卷校字一卷**　（清）李兆洛撰　清道光二
十四年(1844)刻本　十二冊

220000－0801－0019506　集 3.49/1286

養一齋集二十五卷　（清）潘德輿撰　清道光
二十九年(1849)刻本　二冊　存十卷(一至
十)

220000－0801－0019507　集 3.49/1286－1

養一齋集二十五卷　（清）潘德輿撰　清道光
二十九年(1849)刻本　八冊

220000－0801－0019508　集 3.49/1288

養餘齋初集四卷二集四卷三集六卷　（清）柳
樹芳撰　清道光二十七年(1847)勝谿草堂刻
本　四冊

220000－0801－0019509　集 3.49/1288－1

養餘齋初集四卷二集四卷三集六卷　（清）柳
樹芳撰　清道光二十七年(1847)勝谿草堂刻
本　六冊

220000－0801－0019510　集 3.49/1288－2

養餘齋初集四卷二集四卷三集六卷　（清）柳
樹芳撰　清道光二十七年(1847)勝谿草堂刻
本　四冊

220000－0801－0019511　集 3.49/1288－3

養餘齋初集四卷二集四卷三集六卷　（清）柳
樹芳撰　清道光二十七年(1847)勝谿草堂刻
本　四冊

220000－0801－0019512　集 3.49/1289

養正書屋全集定本四十卷目錄四卷　（清)宣
宗旻寧撰　清道光二年(1822)武英殿刻本
二十四冊

220000－0801－0019513　集 3.49/1290

養靈根堂遺集不分卷　（清）蔡鴻燮撰　清咸
豐十年(1860)刻本　一冊

220000－0801－0019514　集 3.49/1291

養默山房詩稿十八卷　（清）謝元淮撰　清道
光六年(1826)刻本　四冊

220000－0801－0019515　集 3.49/1292

**養餘齋詩初刻得閒集四卷孤唱集二卷勝溪竹
枝詞一卷荊頭集一卷**　（清）柳樹芳撰　清道
光十二年(1832)勝谿草堂刻本　二冊

220000－0801－0019516　集 3.49/1292－1

**養餘齋詩初刻得閒集四卷孤唱集二卷勝溪竹
枝詞一卷荊頭集一卷**　（清）柳樹芳撰　清道
光十二年(1832)勝谿草堂刻本　一冊　存一
卷(勝溪竹枝詞一卷)

220000－0801－0019517　集 3.49/1296

樓山詩集六卷　（清）王恕撰　清光緒二十年
(1894)刻本　二冊

220000－0801－0019518　集 3.49/1298

曾文正公全集一百七十一卷　（清）曾國藩撰
清光緒二年(1876)傳忠書局刻本　一百二
十八冊

220000－0801－0019519　集 3.49/1298－1

曾文正公全集一百七十一卷　（清）曾國藩撰
清光緒二年(1876)傳忠書局刻本　一百
二冊

220000－0801－0019520　集 3.49/1298－2

曾文正公全集一百七十一卷　（清）曾國藩撰
清光緒二年(1876)傳忠書局刻本　一百

二冊

220000－0801－0019521　集 3.49/1298－3
曾文正公全集一百七十一卷　（清）曾國藩撰
　清光緒二年（1876）傳忠書局刻本　一百冊

220000－0801－0019522　集 3.49/1298－4
曾文正公全集一百七十一卷　（清）曾國藩撰
　清光緒二年（1876）傳忠書局刻本　一百冊

220000－0801－0019523　集 3.49/1298－5
曾文正公全集一百七十一卷　（清）曾國藩撰
　清光緒二年（1876）傳忠書局刻本　一百五十三冊

220000－0801－0019524　集 3.49/1298－6
曾文正公全集一百七十一卷　（清）曾國藩撰
　清光緒二年（1876）傳忠書局刻本　二十七冊　存二十九卷（書札四卷、雜著二卷、奏稿八至三十）

220000－0801－0019525　集 3.49/1299
鳴鶴堂文集二卷　（清）任源祥撰　清同治十二年（1873）刻本　一冊

220000－0801－0019526　集 3.49/1302
曾文正公詩藁四卷首一卷楹聯一卷挽聯一卷雜著一卷　（清）曾國藩著　清同治十二年至光緒二年（1873－1876）上海醉六堂刻本四冊

220000－0801－0019527　集 3.49/1303
曾文正公詩鈔四卷首一卷　（清）曾國藩撰
　清光緒二年（1876）上海醉六堂刻本　二冊

220000－0801－0019528　集 3.49/1304
曾文正公詩鈔四卷首一卷　（清）曾國藩撰
　清同治十二年（1873）刻本　二冊

220000－0801－0019529　集 3.49/1306
曾文正公雜著四卷楹聯一卷挽聯一卷　（清）曾國藩撰　清光緒四年（1878）上海醉六堂刻本　四冊

220000－0801－0019530　集 3.49/1307
曾文正公文鈔四卷　（清）曾國藩撰　清同治十一年（1872）刻本　四冊

220000－0801－0019531　集 3.49/1308
曾文正公文鈔四卷奏疏二卷　（清）曾國藩著
　清同治十二年（1873）金陵書局刻本　四冊

220000－0801－0019532　集 3.49/1308－1
曾文正公文鈔四卷奏疏二卷　（清）曾國藩著
　清同治十二年（1873）金陵書局刻本　三冊
　存四卷（文鈔四卷）

220000－0801－0019533　集 3.49/1312
瓶水齋詩集十六卷別集二卷　（清）舒位撰
清光緒十二年（1886）刻本　六冊

220000－0801－0019534　集 3.49/1313
瓶水齋詩集十六卷別集二卷　（清）舒位撰
清光緒十三年（1887）鉛印本　五冊

220000－0801－0019535　集 3.49/1314
瓶水齋詩集十七卷別集二卷詩話一卷　（清）舒位撰　清光緒十七年（1891）刻本　八冊

220000－0801－0019536　集 3.49/1314－1
瓶水齋詩集十七卷別集二卷詩話一卷　（清）舒位撰　清光緒十七年（1891）刻本　八冊

220000－0801－0019537　集 3.49/1315
求闕齋日記類鈔二卷　（清）曾國藩著　清光緒二年（1876）刻本　二冊

220000－0801－0019538　集 3.49/1315－1
求闕齋日記類鈔二卷　（清）曾國藩著　清光緒二年（1876）刻本　二冊

220000－0801－0019539　集 3.49/1316
炳燭室雜文不分卷　（清）江藩著　清光緒三年（1877）八喜齋刻本　一冊

220000－0801－0019540　集 3.49/1317
性存軒詩草四卷　（清）金鼎壽著　清道光十八年（1838）刻本　二冊

220000－0801－0019541　集 3.49/1319
愧訥集十二卷　（清）朱用純撰　清光緒八年（1882）津河廣仁堂刻本　四冊

220000－0801－0019542　集 3.49/1319－1
愧訥集十二卷　（清）朱用純撰　清光緒八年（1882）津河廣仁堂刻本　四冊

220000 - 0801 - 0019543　集 3.49/1322
悅親樓詩集三十卷外集二卷　（清）祝德麟撰
清嘉慶三年（1798）刻本　八冊

220000 - 0801 - 0019544　集 3.49/1324
錢牧齋全集初學集一百十卷　（清）錢謙益撰
（清）錢曾箋註　清宣統二年（1910）邃漢齋
鉛印本　二十四冊

220000 - 0801 - 0019545　集 3.49/1324 - 1
錢牧齋全集初學集一百十卷　（清）錢謙益撰
（清）錢曾箋註　清宣統二年（1910）邃漢齋
鉛印本　二十四冊

220000 - 0801 - 0019546　集 3.49/1324 - 2
錢牧齋全集初學集一百十卷　（清）錢謙益撰
（清）錢曾箋註　清宣統二年（1910）邃漢齋
鉛印本　二十四冊

220000 - 0801 - 0019547　集 3.49/1325
錢牧齋投筆集箋註二卷　（清）錢謙益撰
（清）錢曾箋註　清宣統二年（1910）風雨樓鉛
印本　一冊

220000 - 0801 - 0019548　集 3.49/1327
錢牧齋文鈔不分卷　（清）錢謙益撰　清宣統
元年（1909）國學扶輪社鉛印本　四冊

220000 - 0801 - 0019549　集 3.49/1327 - 1
錢牧齋文鈔不分卷　（清）錢謙益撰　清宣統
元年（1909）國學扶輪社鉛印本　四冊

220000 - 0801 - 0019550　集 3.49/1328
錢牧齋詩集初學集二十卷　（清）錢謙益撰
清宣統三年（1911）國學扶輪社石印本　十
二冊

220000 - 0801 - 0019551　集 3.49/1328 - 1
錢牧齋詩集初學集二十卷　（清）錢謙益撰
清宣統三年（1911）國學扶輪社石印本　十
二冊

220000 - 0801 - 0019552　集 3.49/1329
小琅嬛山館詩鈔十卷詩餘一卷　（清）嚴廷珏
撰　清同治十二年（1873）申江榷署刻本
二冊

220000 - 0801 - 0019553　集 3.49/1329 - 1
小琅嬛山館詩鈔十卷詩餘一卷　（清）嚴廷珏
撰　清同治十二年（1873）申江榷署刻本
二冊

220000 - 0801 - 0019554　集 3.49/1330
小謨觴館文集四卷　（清）彭兆蓀撰　清嘉慶
十一年（1806）存軒刻本　二冊

220000 - 0801 - 0019555　集 3.49/1331
**小謨觴館詩文集詩集八卷詩餘一卷詩續集二
卷文集四卷附錄一卷文續集二卷**　（清）彭兆
蓀撰　清嘉慶十一年（1806）刻本　十二冊

220000 - 0801 - 0019556　集 3.49/1331 - 1
**小謨觴館詩文集詩集八卷詩餘一卷詩續集二
卷文集四卷附錄一卷文續集二卷**　（清）彭兆
蓀撰　清嘉慶十一年（1806）刻本　四冊

220000 - 0801 - 0019557　集 3.49/1331 - 2
**小謨觴館詩文集詩集八卷詩餘一卷詩續集二
卷文集四卷附錄一卷文續集二卷**　（清）彭兆
蓀撰　清嘉慶十一年（1806）刻本　二冊　缺
五卷（詩續集二卷、附錄一卷、文續集二卷）

220000 - 0801 - 0019558　集 3.49/1332
**小萬卷齋詩藳三十二卷詩續藳四卷經進藳四
卷**　（清）朱珔撰　清道光九年（1829）刻本
十冊

220000 - 0801 - 0019559　集 3.49/1333
**小萬卷齋詩藳三十二卷詩續藳十二卷首一卷
末一卷文藳二十四卷首一卷末一卷經進藳四
卷**　（清）朱珔撰　清光緒十一年（1885）嘉樹
山房刻本　二十四冊

220000 - 0801 - 0019560　集 3.49/1334
小倉山房往還書劄全集十八卷　（清）袁枚著
清光緒十三年（1887）點石齋石印本　二冊

220000 - 0801 - 0019561　集 3.49/1335
增補小倉山房尺牘八卷牘外餘言一卷　（清）
袁枚撰　清末書業堂刻本　四冊

220000 - 0801 - 0019562　集 3.49/1336
音註小倉山房尺牘四卷　（清）袁枚著　清光

緒十二年(1886)刻本　一冊

220000－0801－0019563　集 3.49/1336－1
音註小倉山房尺牘四卷　（清）袁枚著　清光
緒十二年(1886)刻本　四冊

220000－0801－0019564　集 3.49/1337
音註小倉山房尺牘八卷　（清）袁枚著　清光
緒四年(1878)簡言書屋刻本　八冊

220000－0801－0019565　集 3.49/1341
小安樂窩文集四卷詩存一卷　（清）張海珊撰
清道光十一年(1831)刻本　四冊

220000－0801－0019566　集 3.49/1341－1
小安樂窩文集四卷詩存一卷　（清）張海珊撰
清道光十一年(1831)刻本　二冊

220000－0801－0019567　集 3.49/1342
小廬詩存十四卷　（清）李宗瀛撰　清末刻本
六冊

220000－0801－0019568　集 3.49/1343
小雲廬詩稿刪存　（清）朱壬林撰　清咸豐五
年(1855)刻本　一冊

220000－0801－0019569　集 3.49/1345
小羅浮山館詩鈔十五卷　（清）吳昇撰　清同
治四年(1865)刻本　七冊

220000－0801－0019570　集 3.49/1345－1
小羅浮山館詩鈔十五卷　（清）吳昇撰　清同
治四年(1865)刻本　四冊

220000－0801－0019571　集 3.49/1347
小倉山房文集不分卷　（清）袁枚撰　清末刻
本　六冊

220000－0801－0019572　集 3.49/1348
柏梘山房文集十六卷文續集一卷駢體文二卷
詩集十卷詩續集二卷　（清）梅曾亮撰　清光
緒二十七年(1901)鉛印本　六冊

220000－0801－0019573　集 3.49/1348－1
柏梘山房文集十六卷文續集一卷駢體文二卷
詩集十卷詩續集二卷　（清）梅曾亮撰　清光
緒二十七年(1901)鉛印本　六冊

220000－0801－0019574　集 3.49/1350
求闕齋讀書錄十卷　（清）曾國藩著　清光緒
二年(1876)傳忠書局刻本　四冊

220000－0801－0019575　集 3.49/1351
吳梅村詩集箋註十八卷目錄一卷　（清）吳偉
業撰　（清）吳翌鳳箋註　清光緒十年(1884)
湖北官書處刻本　十二冊

220000－0801－0019576　集 3.49/1351－1
吳梅村詩集箋註十八卷目錄一卷　（清）吳偉
業撰　（清）吳翌鳳箋註　清光緒十年(1884)
湖北官書處刻本　十二冊

220000－0801－0019577　集 3.49/1353
滄江紅雨樓詩集不分卷　（清）陶宗亮撰　清
光緒十二年(1886)刻本　一冊

220000－0801－0019578　集 3.49/1353－1
滄江紅雨樓詩集不分卷　（清）陶宗亮撰　清
光緒十二年(1886)刻本　一冊

220000－0801－0019579　集 3.49/1357
賞雨茅屋詩鈔四卷　（清）翁春著　清嘉慶四
年(1799)刻本　一冊

220000－0801－0019580　集 3.49/1358
求闕齋文鈔　（清）曾國藩著　清同治十二年
(1873)刻本　二冊

220000－0801－0019581　集 3.49/1358－1
求闕齋文鈔　（清）曾國藩著　清同治十二年
(1873)刻本　二冊

220000－0801－0019582　集 3.49/1361
鈍翁文錄十六卷　（清）汪琬著　清光緒十三
年(1887)活字印本　六冊

220000－0801－0019583　集 3.49/1361－1
鈍翁文錄十六卷　（清）汪琬著　清光緒十三
年(1887)活字印本　六冊

220000－0801－0019584　集 3.49/1362
鈍吟集三卷　（清）馮班撰　清光緒三十四年
(1908)問影樓鉛印本　一冊

220000－0801－0019585　集 3.49/1363
錫慶堂詩集八卷　（清）嵇璜撰　清咸豐九年

(1859)刻本　二冊

220000－0801－0019586　集 3.49/1363－1
錫慶堂詩集八卷　（清）嵇璜撰　清咸豐九年
(1859)刻本　一冊　存四卷(五至八)

220000－0801－0019587　集 3.49/1366
知恥齋文集二卷　（清）謝振定撰　清道光十
年(1830)刻本　二冊

220000－0801－0019588　集 3.49/1367
知止庵詩錄六卷附錄一卷　（清）黃宗起撰
清宣統二年(1910)刻本　二冊

220000－0801－0019589　集 3.49/1367－1
知止庵詩錄六卷附錄一卷　（清）黃宗起撰
清宣統二年(1910)刻本　二冊

220000－0801－0019590　集 3.49/1368
知足齋文集六卷進呈文稿二卷　（清）朱珪撰
清嘉慶刻本　四冊

220000－0801－0019591　集 3.49/1370
知足齋詩集二十卷續集四卷目錄一卷　（清）
朱珪撰　清嘉慶十年(1805)刻本　十冊

220000－0801－0019592　集 3.49/1371
邱邦士文集十八卷　（清）邱維屏撰　清光緒
元年(1875)刻本　八冊

220000－0801－0019593　集 3.49/1373
八松庵詩集九卷　（清）李御撰　清光緒二十
五年(1899)刻本　二冊

220000－0801－0019594　集 3.49/1373－1
八松庵詩集九卷　（清）李御撰　清光緒二十
五年(1899)刻本　二冊

220000－0801－0019595　集 3.49/1375
全謝山文鈔十六卷　（清）全祖望撰　清宣統
二年(1910)國學扶輪社鉛印本　八冊

220000－0801－0019596　集 3.49/1376
鄭東父遺書六卷　（清）鄭杲撰　清光緒二十
九年(1903)集虛草堂刻本　四冊

220000－0801－0019597　集 3.49/1381
飲水詩集一卷詞集一卷　（清）納蘭性德撰

清道光刻本　一冊

220000－0801－0019598　集 3.49/1382
飲水詩集一卷詞集一卷　（清）納蘭性德撰
清道光二十五年(1845)刻本　一冊

220000－0801－0019599　集 3.49/1384
瓶水齋詩集十六卷別集二卷　（清）舒位撰
清嘉慶二十一年(1816)刻本　三冊

220000－0801－0019600　集 3.49/1385
輪山草堂小薰四卷續薰二卷三薰二卷　（清）
何其偉撰　清嘉慶二十一年(1816)刻本
二冊

220000－0801－0019601　集 3.49/1385－1
輪山草堂小薰四卷續薰二卷三薰二卷　（清）
何其偉撰　清嘉慶二十一年(1816)刻本
二冊

220000－0801－0019602　集 3.49/1386
籀書文集外篇二卷　（清）曹金籀撰　清同治
八年(1869)刻本　一冊

220000－0801－0019603　集 3.49/1387
笛漁小稿十卷　（清）朱昆田撰　清光緒十五
年(1889)刻本　一冊

220000－0801－0019604　集 3.49/1388
笥河文集十六卷首一卷詩集二十卷　（清）朱
筠撰　清嘉慶二十二年(1817)刻本　十四冊

220000－0801－0019605　集 3.49/1389
笥河文集十六卷首一卷　（清）朱筠撰　清嘉
慶二十年(1815)刻本　六冊

220000－0801－0019606　集 3.49/1389－1
笥河文集十六卷首一卷　（清）朱筠撰　清嘉
慶二十年(1815)刻本　六冊

220000－0801－0019607　集 3.49/1393
簣山堂詩鈔二十一卷　（清）王賡言撰　清嘉
慶十六年(1811)刻本　八冊

220000－0801－0019608　集 3.49/1394
簣谷詩鈔二十卷文鈔十二卷　（清）查揆撰
清道光十五年(1835)刻本　十冊

220000－0801－0019609　集 3.49/1395

纂喜堂詩稿一卷青芙館詞鈔一卷二韭室詩餘
別集一卷　（清）陳壽祺撰　清同治八年
(1869)安順堂刻本　一冊

220000－0801－0019610　集 3.49/1396

繁露文集二卷　（清）董琪樹撰　清咸豐九年
(1859)遺安堂刻本　二冊

220000－0801－0019611　集 3.49/1397

竹山堂詩稿二卷詞稿一卷　（清）潘祖同撰
清咸豐八年(1858)刻本　一冊

220000－0801－0019612　集 3.49/1399

竹溪詩草四卷　（清）裴謙撰　清嘉慶二十五
年(1820)澹明堂刻本　四冊

220000－0801－0019613　集 3.49/1401

簡松草堂詩集二十卷　（清）張雲璈撰　清嘉
慶十二年(1807)刻本　七冊

220000－0801－0019614　集 3.49/1404

簡莊文鈔六卷續二卷詩鈔一卷土風一卷
（清）陳鱣撰　清光緒十四年(1888)刻本
二冊

220000－0801－0019615　集 3.49/1405

篤素堂文集十三卷　（清）張英撰　清光緒二
十三年(1897)刻本　七冊

220000－0801－0019616　集 3.49/1407

篤素堂文集十六卷詩集七卷　（清）張英撰
清光緒二十三年(1897)桐城張氏刻本　九冊

220000－0801－0019617　集 3.49/1407－1

篤素堂文集十六卷詩集七卷　（清）張英撰
清光緒二十三年(1897)桐城張氏刻本　二冊
　存七卷(詩集七卷)

220000－0801－0019618　集 3.49/1408

篤素堂集鈔三卷　（清）張英撰　清光緒十七
年(1891)江蘇書局刻本　一冊

220000－0801－0019619　集 3.49/1409

篤素堂文集四卷　（清）張英撰　清光緒十五
年(1889)鉛印本　一冊

220000－0801－0019620　集 3.49/1410

篤素堂文集四卷　（清）張英撰　清光緒六年
(1880)張紹文刻本　一冊

220000－0801－0019621　集 3.49/1410－1

篤素堂文集四卷　（清）張英撰　清光緒六年
(1880)張紹文刻本　一冊

220000－0801－0019622　集 3.49/1414

笠洲文集十卷詩草八卷儷體二卷　（清）瞿源
洙撰　清光緒六年(1880)刻本　六冊

220000－0801－0019623　集 3.49/1415

鑑止水齋集二十卷　（清）許宗彥撰　清咸豐
六年(1856)刻本　七冊

220000－0801－0019624　集 3.49/1416

筠軒文鈔八卷　（清）洪頤煊撰　清嘉慶十一
年(1806)刻本　四冊

220000－0801－0019625　集 3.49/1418

崋山徐健庵大司馬憺園全集三十六卷　（清）
徐乾學撰　清光緒九年(1883)刻本　十二冊

220000－0801－0019626　集 3.49/1418－1

崋山徐健庵大司馬憺園全集三十六卷　（清）
徐乾學撰　清光緒九年(1883)刻本　十二冊

220000－0801－0019627　集 3.49/1420

懶雲樓詩草四卷　（清）釋與宏撰　清道光七
年(1827)刻本　一冊

220000－0801－0019628　集 3.49/1423

悔庵學文八卷補遺一卷　（清）嚴元照撰　清
光緒五年(1879)刻本　二冊

220000－0801－0019629　集 3.49/1423－1

悔庵學文八卷補遺一卷　（清）嚴元照撰　清
光緒五年(1879)刻本　二冊

220000－0801－0019630　集 3.49/1424

煙霞萬古樓詩選二卷詩錄一卷　（清）王曇撰
　清咸豐元年(1851)刻本　一冊

220000－0801－0019631　集 3.49/1425

愧庵遺集七卷　（清）楊甲仁撰　清同治三年
(1864)刻本　七冊

220000－0801－0019632　集 3.49/1427

惜抱先生尺牘八卷　（清）姚鼐撰　清咸豐五年(1855)刻本　一冊

220000－0801－0019633　集 3.49/1428
惜抱軒文集十六卷文後集十卷　（清）姚鼐撰　清光緒九年(1883)桐城徐氏刻本　六冊

220000－0801－0019634　集 3.49/1428－1
惜抱軒文集十六卷文後集十卷　（清）姚鼐撰　清光緒九年(1883)桐城徐氏刻本　四冊

220000－0801－0019635　集 3.49/1429
惜抱軒文集十六卷文後集十卷詩集十卷詩後集一卷外集一卷跋三卷左傳補註一卷公羊補註一卷　（清）姚鼐撰　清同治五年(1866)省心閣刻本　十六冊

220000－0801－0019636　集 3.49/1429－1
惜抱軒文集十六卷文後集十卷詩集十卷詩後集一卷外集一卷跋三卷左傳補註一卷公羊補註一卷　（清）姚鼐撰　清同治五年(1866)省心閣刻本　二十冊

220000－0801－0019637　集 3.49/1429－2
惜抱軒文集十六卷文後集十卷詩集十卷詩後集一卷外集一卷跋三卷左傳補註一卷公羊補註一卷　（清）姚鼐撰　清同治五年(1866)省心閣刻本　二十四冊

220000－0801－0019638　集 3.49/1429－3
惜抱軒文集十六卷文後集十卷詩集十卷詩後集一卷外集一卷跋三卷左傳補註一卷公羊補註一卷　（清）姚鼐撰　清同治五年(1866)省心閣刻本　二十四冊

220000－0801－0019639　集 3.49/1429－4
惜抱軒文集十六卷文後集十卷詩集十卷詩後集一卷外集一卷跋三卷左傳補註一卷公羊補註一卷　（清）姚鼐撰　清同治五年(1866)省心閣刻本　十六冊

220000－0801－0019640　集 3.49/1429－5
惜抱軒文集十六卷文後集十卷詩集十卷詩後集一卷外集一卷跋三卷左傳補註一卷公羊補註一卷　（清）姚鼐撰　清同治五年(1866)省心閣刻本　十六冊

220000－0801－0019641　集 3.49/1430
懷泉書屋詩稿十六卷　（清）宋之睿著　清道光八年(1828)刻本　三冊

220000－0801－0019642　集 3.49/1431
懷古田舍詩節鈔六卷　（清）徐榮著　清同治三年(1864)刻本　六冊

220000－0801－0019643　集 3.49/1434
煙霞萬古樓詩選二卷文集六卷　（清）王曇撰　清光緒二十一年(1895)鴻文書局刻本　四冊

220000－0801－0019644　集 3.49/1434－1
煙霞萬古樓詩選二卷文集六卷　（清）王曇撰　清光緒二十一年(1895)鴻文書局刻本　四冊

220000－0801－0019645　集 3.49/1435
煙霞萬古樓詩殘藁一卷　（清）王曇撰　清光緒二十六年(1900)寒松閣刻本　一冊

220000－0801－0019646　集 3.49/1435－1
煙霞萬古樓詩殘藁一卷　（清）王曇撰　清光緒二十六年(1900)寒松閣刻本　一冊

220000－0801－0019647　集 3.49/1435－2
煙霞萬古樓詩殘藁一卷　（清）王曇撰　清光緒二十六年(1900)寒松閣刻本　一冊

220000－0801－0019648　集 3.49/1436
小萬卷齋文稿二十四卷　（清）朱琦撰　清光緒十一年(1885)嘉樹山房刻本　十二冊

220000－0801－0019649　集 3.49/1437
精刊惲子居文鈔四卷　（清）惲敬著　清宣統二年(1910)國學扶輪社石印本　四冊

220000－0801－0019650　集 3.49/1438
鐵簫庵詩文集六卷附錄一卷　（清）朱春生撰　清道光四年(1824)刻本　二冊

220000－0801－0019651　集 3.49/1440
鐵橋漫稿八卷　（清）嚴可均撰　清光緒十一年(1885)長洲蔣氏刻本　六冊

220000－0801－0019652　集 3.49/1440－1
鐵橋漫稿八卷　（清）嚴可均撰　清光緒十一

年(1885)長洲蔣氏刻本　四冊

220000－0801－0019653　集3.49/1440－2

鐵橋漫稿八卷　（清）嚴可均撰　清光緒十一年(1885)長洲蔣氏刻本　四冊

220000－0801－0019654　集3.49/1440－3

鐵橋漫稿八卷　（清）嚴可均撰　清光緒十一年(1885)長洲蔣氏刻本　四冊

220000－0801－0019655　集3.49/1440－4

鐵橋漫稿八卷　（清）嚴可均撰　清光緒十一年(1885)長洲蔣氏刻本　四冊

220000－0801－0019656　集3.49/1440－5

鐵橋漫稿八卷　（清）嚴可均撰　清光緒十一年(1885)長洲蔣氏刻本　四冊

220000－0801－0019657　集3.49/1441

鐵廬集三卷附錄一卷　（清）潘天成撰　清光緒十八年(1892)活字印本　一冊

220000－0801－0019658　集3.49/1443

鐵簫仙館宦游草六卷鐵笛仙館從戎草二卷鐵笛仙館後從戎草二卷　（清）柏春輯　清同治二年(1863)刻本　四冊

220000－0801－0019659　集3.49/1444

錢南園先生遺集八卷首一卷　（清）錢灃撰　清光緒二十六年(1900)刻本　四冊

220000－0801－0019660　集3.49/1445

錢南園先生遺集五卷　（清）錢灃撰　清光緒十九年(1893)浙江書局刻本　二冊

220000－0801－0019661　集3.49/1445－1

錢南園先生遺集五卷　（清）錢灃撰　清光緒十九年(1893)浙江書局刻本　四冊

220000－0801－0019662　集3.49/1445－2

錢南園先生遺集五卷　（清）錢灃撰　清光緒十九年(1893)浙江書局刻本　二冊

220000－0801－0019663　集3.49/1445－3

錢南園先生遺集五卷　（清）錢灃撰　清光緒十九年(1893)浙江書局刻本　一冊

220000－0801－0019664　集3.49/1446

小萬卷齋詩稿三十二卷續稿四卷經進稿四卷　（清）朱琦撰　清道光六年至九年(1826－1829)刻本　六冊　缺十六卷(詩稿十七至三十二)

220000－0801－0019665　集3.49/1447

小瓊海詩初集三卷二集六卷附二卷　（清）陳赫撰　清嘉慶十九年(1814)刻本　三冊

220000－0801－0019666　集3.49/1448

悼亡詩一百首　（清）陶亮采撰　清道光二十一年(1841)刻本　一冊

220000－0801－0019667　集3.49/1449

小山蔎桂書屋試帖　（清）張敏旋著　清咸豐元年(1851)刻本　一冊

220000－0801－0019668　集3.49/1450

小林墅詩鈔一卷　（清）鍾鼎著　清同治十三年(1874)刻本　一冊

220000－0801－0019669　集3.49/1451

小松石齋詩集五卷文集五卷　（清）趙允懷撰　清光緒十五年(1889)刻本　四冊

220000－0801－0019670　集3.49/1452

尚絅堂詩集五十二卷詞集二卷駢體文集二卷　（清）劉嗣綰撰　清同治九年(1870)刻本　九冊

220000－0801－0019671　集3.49/1452－1

尚絅堂詩集五十二卷詞集二卷駢體文集二卷　（清）劉嗣綰撰　清同治九年(1870)刻本　十冊

220000－0801－0019672　集3.49/1452－2

尚絅堂詩集五十二卷詞集二卷駢體文集二卷　（清）劉嗣綰撰　清同治九年(1870)刻本　十二冊

220000－0801－0019673　集3.49/1456

卷勺園集一卷　（清）劉茂榕著　清道光元年(1821)刻本　一冊

220000－0801－0019674　集3.49/1458

半帆居詩草二卷　（清）孫理著　清嘉慶二十五年(1820)刻本　一冊

220000－0801－0019675　集 3.49/1460

賞雨茅屋詩集十四卷外集一卷　（清）曾燠著
清嘉慶十五年(1810)刻本　六冊

220000－0801－0019676　集 3.49/1461

棠華書屋詩餘三卷　（清）管棆撰　清嘉慶十
二年(1807)刻本　一冊

220000－0801－0019677　集 3.49/1462

賞雨茅屋詩集二十二卷外集一卷　（清）曾燠
著　清嘉慶二十四年(1819)刻本　七冊

220000－0801－0019678　集 3.49/1462－1

賞雨茅屋詩集二十二卷外集一卷　（清）曾燠
著　清嘉慶二十四年(1819)刻本　六冊　缺
一卷(外集一卷)

220000－0801－0019679　集 3.49/1468

薀唐詩集十四卷　（清）王瑋慶撰　清嘉慶二
十五年(1820)刻本　五冊

220000－0801－0019680　集 3.49/1468－1

薀唐詩集十四卷　（清）王瑋慶撰　清嘉慶二
十五年(1820)刻本　四冊

220000－0801－0019681　集 3.49/1469

培遠堂手劄節存三卷　（清）陳宏謀撰　清同
治十一年(1872)江蘇書局刻本　一冊

220000－0801－0019682　集 3.49/1469－1

培遠堂手劄節存三卷　（清）陳宏謀撰　清同
治十一年(1872)江蘇書局刻本　一冊

220000－0801－0019683　集 3.49/1470

鑑止水齋集二十卷　（清）許宗彥撰　清咸豐
八年(1858)刻本　九冊

220000－0801－0019684　集 3.49/1470－1

鑑止水齋集二十卷　（清）許宗彥撰　清咸豐
八年(1858)刻本　六冊

220000－0801－0019685　集 3.49/1470－2

鑑止水齋集二十卷　（清）許宗彥撰　清咸豐
八年(1858)刻本　六冊

220000－0801－0019686　集 3.49/1471

攬青閣詩鈔二卷　（清）李貽德撰　清同治五
年(1866)刻本　一冊

220000－0801－0019687　集 3.49/1472

清娛閣詩鈔六卷　（清）鮑之蕙撰　清嘉慶十
六年(1811)刻本　二冊

220000－0801－0019688　集 3.49/1473

大雲山房文稿初集四卷二集四卷言事二卷
（清）惲敬撰　清同治二年(1863)刻本　八冊

220000－0801－0019689　集 3.49/1473－1

大雲山房文稿初集四卷二集四卷言事二卷
（清）惲敬撰　清同治二年(1863)刻本　六冊

220000－0801－0019690　集 3.49/1473－2

大雲山房文稿初集四卷二集四卷言事二卷
（清）惲敬撰　清同治二年(1863)刻本　八冊

220000－0801－0019691　集 3.49/1474

鹿跡山房文集一卷詩草一卷　（清）葉正陽撰
清光緒二十四年(1898)東甌樂成湖西林氏
刻本　二冊

220000－0801－0019692　集 3.49/1475

朱秋崖詩集四卷　（清）朱克生撰　清同治五
年(1866)刻本　二冊

220000－0801－0019693　集 3.49/1477

罷讀樓匯刻贈言十卷　（清）陳延恩輯　清道
光十八年(1838)來可閣刻本　十冊

220000－0801－0019694　集 3.49/1481

讀書堂綵衣全集四十六卷首一卷　（清）趙士
麟撰　清光緒十九年(1893)浙江書局刻本
十二冊

220000－0801－0019695　集 3.49/1482

茗柯文編四編五卷　（清）張惠言撰　清光緒
七年(1881)刻本　二冊

220000－0801－0019696　集 3.49/1485

壹齋集二十五卷附錄二卷　（清）黃鉞撰　清
嘉慶二十年(1815)刻本　十冊

220000－0801－0019697　集 3.49/1487

集李三百篇二卷　（清）戚學標撰　清嘉慶六
年(1801)刻本　二冊

220000－0801－0019698　集 3.49/1488

香草堂詩略八卷　（清）陳廷桂撰　清嘉慶十

六年(1811)刻本　四冊

220000－0801－0019699　集 3.49/1489

願學堂詩鈔二十八卷　(清)王宗耀撰　清咸
豐十年(1860)刻本　六冊

220000－0801－0019700　集 3.49/1489－1

願學堂詩鈔二十八卷　(清)王宗耀撰　清咸
豐十年(1860)刻本　六冊

220000－0801－0019701　集 3.49/1489－2

願學堂詩鈔二十八卷　(清)王宗耀撰　清咸
豐十年(1860)刻本　六冊

220000－0801－0019702　集 3.49/1490

春園吟稿十卷　(清)查有新撰　清嘉慶刻本
三冊

220000－0801－0019703　集 3.49/1493

綠雪館詩鈔三卷　(清)張鴻卓撰　清道光十
年(1830)刻本　一冊

220000－0801－0019704　集 3.49/1494

楚中文筆二卷附一卷　(清)阮元撰　清同治
四年(1865)刻本　一冊

220000－0801－0019705　集 3.49/1495

左文襄公全集　(清)左宗棠撰　清光緒十六
年(1890)刻本　一百二十八冊

220000－0801－0019706　集 3.49/1496

小重山房詩續錄十二種　(清)張祥河撰　**先
溫和公年譜一卷**　(清)張茂新等撰　清光緒
元年(1875)刻本　四冊

220000－0801－0019707　集 3.49/1499

惜抱尺牘八卷　(清)姚鼐撰　清宣統元年
(1909)小萬柳堂刻本　四冊

220000－0801－0019708　集 3.49/1499－1

惜抱尺牘八卷　(清)姚鼐撰　清宣統元年
(1909)小萬柳堂刻本　二冊

220000－0801－0019709　集 3.49/1499－2

惜抱尺牘八卷　(清)姚鼐撰　清宣統元年
(1909)小萬柳堂刻本　四冊

220000－0801－0019710　集 3.49/1499－3

惜抱尺牘八卷　(清)姚鼐撰　清宣統元年
(1909)小萬柳堂刻本　四冊

220000－0801－0019711　集 3.49/1500

天真閣外集六卷　(清)孫原湘撰　清嘉慶刻
本　二冊

220000－0801－0019712　集 3.49/1501

天真閣集五十四卷外集六卷　(清)孫原湘撰
長真閣詩集七卷　(清)席佩蘭撰　清嘉慶
五年(1800)刻本　十二冊

220000－0801－0019713　集 3.49/1501－1

天真閣集五十四卷外集六卷　(清)孫原湘撰
長真閣詩集七卷　(清)席佩蘭撰　清嘉慶
五年(1800)刻本　十二冊

220000－0801－0019714　集 3.49/1501－2

天真閣集五十四卷外集六卷　(清)孫原湘撰
長真閣詩集七卷　(清)席佩蘭撰　清嘉慶
五年(1800)刻本　十六冊

220000－0801－0019715　集 3.49/1502

讀書堂綵衣全集四十六卷　(清)趙士麟撰
清光緒十九年(1893)刻本　十二冊

220000－0801－0019716　集 3.49/1503

天真閣集五十四卷外集六卷　(清)孫原湘撰
長真閣詩集七卷　(清)席佩蘭撰　清嘉慶
五年(1800)刻本　十六冊

220000－0801－0019717　集 3.49/1503－1

天真閣集五十四卷外集六卷　(清)孫原湘撰
長真閣詩集七卷　(清)席佩蘭撰　清嘉慶
五年(1800)刻本　十六冊

220000－0801－0019718　集 3.49/1503－2

天真閣集五十四卷外集六卷　(清)孫原湘撰
長真閣詩集七卷　(清)席佩蘭撰　清嘉慶
五年(1800)刻本　十二冊　存五十四卷(天
真閣集五十四卷)

220000－0801－0019719　集 3.49/1503－3

天真閣集五十四卷外集六卷　(清)孫原湘撰
長真閣詩集七卷　(清)席佩蘭撰　清嘉慶
五年(1800)刻本　十六冊

220000－0801－0019720　集 3.49/1504

百柱堂全集五十三卷附彤雲閣遺稿二卷
(清)王柏心撰　清光緒二十四年(1898)刻本
　十六冊

220000－0801－0019721　集 3.49/1505

鮚埼亭集三十八卷首一卷經史問答十卷
(清)全祖望撰　清嘉慶九年(1804)姚氏刻本
　二十冊

220000－0801－0019722　集 3.49/1505－1

鮚埼亭集三十八卷首一卷經史問答十卷
(清)全祖望撰　清嘉慶九年(1804)姚氏刻本
　八冊

220000－0801－0019723　集 3.49/1505－2

鮚埼亭集三十八卷首一卷經史問答十卷
(清)全祖望撰　清嘉慶九年(1804)姚氏刻本
　二冊　存十卷(經史問答十卷)

220000－0801－0019724　集 3.49/1505－3

鮚埼亭集三十八卷首一卷經史問答十卷
(清)全祖望撰　清嘉慶九年(1804)姚氏刻本
　八冊　存三十九卷(鮚埼亭集三十八卷、首
一卷)

220000－0801－0019725　集 3.49/1505－4

鮚埼亭集三十八卷首一卷經史問答十卷
(清)全祖望撰　清嘉慶九年(1804)姚氏刻本
　九冊　存三十四卷(一至二十五、三十一至
三十八,首一卷)

220000－0801－0019726　集 3.49/1506

徐烈婦詩鈔二卷　(清)吳宗愛撰　清同治十
三年(1874)雲鶴館刻本　一冊

220000－0801－0019727　集 3.49/1507

長真閣集七卷　(清)席佩蘭撰　清嘉慶十七
年(1812)刻本　二冊

220000－0801－0019728　集 3.49/1509

經史百家雜鈔二十六卷　(清)曾國藩輯　清
光緒二年(1876)傳忠書局刻本　二十六冊

220000－0801－0019729　集 3.49/1510

左庵詩餘一卷　(清)李佳繼昌撰　清末刻本

四冊

220000－0801－0019730　集 3.49/1512

經雅堂遺稿七卷補幷跋　(清)孫慧良撰　清
光緒六年(1880)梁谿華氏刻本　一冊

220000－0801－0019731　集 3.49/1516

有正味齋駢文十六卷　(清)吳錫麒撰　清同
治七年(1868)刻本　四冊

220000－0801－0019732　集 3.49/1518

鑑止水齋集二十卷　(清)許宗彥撰　清咸豐
八年(1858)刻本　六冊

220000－0801－0019733　集 3.49/1521

瑞榴堂詩集四卷　(清)托渾布撰　清道光十
八年(1838)刻本　一冊

220000－0801－0019734　集 3.49/1522

金臺殘淚記三卷　(清)張際亮撰　清道光八
年(1828)刻本　一冊

220000－0801－0019735　集 3.49/1523

辟疆園遺集十卷　(清)顧敏恒撰　清光緒十
八年(1892)刻本　四冊

220000－0801－0019736　集 3.49/1523－1

辟疆園遺集十卷　(清)顧敏恒撰　清光緒十
八年(1892)刻本　四冊

220000－0801－0019737　集 3.49/1525

遊道堂集四卷　(清)朱彬撰　清同治七年
(1868)刻本　二冊

220000－0801－0019738　集 3.49/1526

茶香閣遺草一卷附錄一卷　(清)黃婉璩撰
清道光十年(1830)刻本　二冊

220000－0801－0019739　集 3.49/1528

尊聞居士集　(清)羅有高撰　清光緒七年
(1881)刻本　四冊

220000－0801－0019740　集 3.49/1529

左傳樂府一卷　(清)徐校撰　清嘉慶二十五
年(1820)刻本　一冊

220000－0801－0019741　集 3.49/1530

定峰樂府十卷　(清)沙張白撰　清光緒二十

四年(1898)刻本　四冊

220000－0801－0019742　集 3.49/1532
好雲樓初集二十八卷首一卷　（清）李聯琇撰
清咸豐十一年(1861)刻本　八冊

220000－0801－0019743　集 3.49/1533
篤素堂文集三卷　（清）張英撰　清末刻本
一冊

220000－0801－0019744　集 3.49/1535
易簡齋詩鈔四卷　（清）和瑛撰　清道光三年
(1823)刻本　四冊

220000－0801－0019745　集 3.49/1536
傅徵君霜紅龕詩鈔一卷附錄一卷冷雲齋冰燈
詩一卷　（清）傅山撰　清宣統三年(1911)鉛
印本　一冊

220000－0801－0019746　集 3.49/1537
自怡軒遺稿一卷　（清）朱清撰　清光緒二十
二年(1896)刻本　一冊

220000－0801－0019747　集 3.49/1538
船山詩草二十卷補遺六卷　（清）張問陶撰
清嘉慶十年(1805)刻本　十二冊

220000－0801－0019748　集 3.49/1539
船山詩草二十卷補遺六卷　（清）張問陶撰
清嘉慶二十年(1815)刻本　八冊

220000－0801－0019749　集 3.49/1539－1
船山詩草二十卷補遺六卷　（清）張問陶撰
清嘉慶二十年(1815)刻本　六冊

220000－0801－0019750　集 3.49/1539－2
船山詩草二十卷補遺六卷　（清）張問陶撰
清嘉慶二十年(1815)刻本　八冊

220000－0801－0019751　集 3.49/1541
味鐙聽葉廬詩草二卷　（清）李振鈞撰　清光
緒十五年(1889)刻本　二冊

220000－0801－0019752　集 3.49/1542
建安七子集不分卷　（清）楊逢辰輯　清光緒
十六年(1890)刻本　四冊

220000－0801－0019753　集 3.49/1545

潛研堂文集五十卷詩集十卷詩續集十卷
（清）錢大昕撰　清嘉慶六年(1801)刻本　十
二冊

220000－0801－0019754　集 3.49/1547
弢園尺牘十二卷　（清）王韜撰　清光緒六年
(1880)鉛印本　四冊

220000－0801－0019755　集 3.49/1548
菊坡精舍集二十卷　（清）陳澧撰　（清）廖廷
相編校　清光緒二十三年(1897)刻本　六冊

220000－0801－0019756　集 3.49/1549
擁書堂詩集四卷　（清）張璿華撰　清光緒二
十三年(1897)刻本　一冊

220000－0801－0019757　集 3.49/1549－1
擁書堂詩集四卷　（清）張璿華撰　清光緒二
十三年(1897)刻本　一冊

220000－0801－0019758　集 3.49/1550
扣舷集二卷題詞二卷　（清）徐楠撰　晴軒詩
鈔一卷　（清）徐兆奎撰　清道光二十九年
(1849)刻本　一冊

220000－0801－0019759　集 3.49/1551
聽松廬詩鈔十一卷　（清）張維屏撰　清道光
五年(1825)刻本　二冊

220000－0801－0019760　集 3.49/1552
寫韻樓詩集五卷首一卷末一卷　（清）吳瓊仙
撰　清道光十二年(1832)刻本　一冊　存二
卷(四至五)

220000－0801－0019761　集 3.49/1553
香禪精舍集四卷詩五卷　（清）潘鍾瑞撰　清
光緒八年(1882)刻本　三冊

220000－0801－0019762　集 3.49/1554
吟紅閣詩鈔五卷　（清）夏伊蘭撰　清道光九
年(1829)刻本　三冊

220000－0801－0019763　集 3.49/1554－1
吟紅閣詩鈔五卷　（清）夏伊蘭撰　清道光九
年(1829)刻本　二冊

220000－0801－0019764　集 3.49/1555
廉泉詩鈔四卷　（清）范仕義撰　清道光二十

二年(1842)刻本　四冊

220000－0801－0019765　集 3.49/1556

試律叢話八卷　（清）梁章鉅撰　清咸豐三年(1853)知不足齋刻本　一冊

220000－0801－0019766　集 3.49/1557

思辨錄輯要前集二十二卷後集十三卷桴亭先生集外文　（清）陸世儀撰　清宣統三年(1911)刻本　九冊

220000－0801－0019767　集 3.49/1558

百福山房詩鈔二卷詩餘一卷　（清）周煜撰　清道光十九年(1839)刻本　一冊

220000－0801－0019768　集 3.49/1560

枕善堂尺牘一隅二十卷　（清）陳大溶撰　清道光十六年(1836)刻本　八冊

220000－0801－0019769　集 3.49/1561

小萬卷齋文稿二十四卷　（清）朱珔撰　清光緒十一年(1885)刻本　二十四冊

220000－0801－0019770　集 3.49/1568

陶文毅公全集六十四卷首一卷末一卷　（清）陶澍撰　清道光二十年(1840)刻本　二十四冊

220000－0801－0019771　集 3.49/1568－1

陶文毅公全集六十四卷首一卷末一卷　（清）陶澍撰　清道光二十年(1840)刻本　二十四冊

220000－0801－0019772　集 3.49/1568－2

陶文毅公全集六十四卷首一卷末一卷　（清）陶澍撰　清道光二十年(1840)刻本　二十四冊

220000－0801－0019773　集 3.49/1571

二林居集二卷　（清）彭紹升撰　清光緒六年(1880)刻本　二冊

220000－0801－0019774　集 3.49/1572

二林居集二十四卷　（清）彭紹升撰　清光緒七年(1881)刻本　六冊

220000－0801－0019775　集 3.49/1572－1

二林居集二十四卷　（清）彭紹升撰　清光緒七年(1881)刻本　六冊

220000－0801－0019776　集 3.49/1572－2

二林居集二十四卷　（清）彭紹升撰　清光緒七年(1881)刻本　六冊

220000－0801－0019777　集 3.49/1572－3

二林居集二十四卷　（清）彭紹升撰　清光緒七年(1881)刻本　六冊

220000－0801－0019778　集 3.49/1573

小松石齋詩集五卷文集五卷　（清）趙允懷撰　清光緒十五年(1889)刻本　四冊

220000－0801－0019779　集 3.49/1574

小重山房集三十三卷　（清）張祥河撰　清光緒二十一年(1895)刻本　十二冊

220000－0801－0019780　集 3.49/1576

旅逸小稿二卷　（清）錢儀吉撰　清道光十三年(1833)刻本　一冊

220000－0801－0019781　集 3.49/1577

池北偶談二十六卷　（清）王士禎撰　清光緒七年(1881)金溪李氏自怡草堂刻本　六冊

220000－0801－0019782　集 3.49/1577－1

池北偶談二十六卷　（清）王士禎撰　清光緒七年(1881)金溪李氏自怡草堂刻本　八冊

220000－0801－0019783　集 3.49/1578

述學內篇三卷外篇一卷補遺一卷別錄一卷校勘記一卷　（清）汪中撰　清嘉慶二十年(1815)刻本　二冊

220000－0801－0019784　集 3.49/1578－1

述學內篇三卷外篇一卷補遺一卷別錄一卷校勘記一卷　（清）汪中撰　清嘉慶二十年(1815)刻本　二冊

220000－0801－0019785　集 3.49/1579

邱邦士文集十八卷　（清）邱維屏撰　清道光十七年(1837)刻本　一冊

220000－0801－0019786　集 3.49/1580

胡文忠公遺集八十六卷目錄一卷　（清）胡林翼撰　清光緒元年(1875)湖北崇文書局刻本　三十二冊

220000－0801－0019787　集 3.49/1581

存素堂詩稿十三卷　（清）錢寶琛撰　清同治
七年(1868)刻本　二冊

220000－0801－0019788　集 3.49/1581－1

存素堂詩稿十三卷　（清）錢寶琛撰　清同治
七年(1868)刻本　二冊

220000－0801－0019789　集 3.49/1582

存素堂詩稿十四卷　（清）錢寶琛撰　清光緒
十年(1884)刻本　二冊

220000－0801－0019790　集 3.49/1582－1

存素堂詩稿十四卷　（清）錢寶琛撰　清光緒
十年(1884)刻本　二冊

220000－0801－0019791　集 3.49/1583

存素堂文稿四卷補遺一卷　（清）錢寶琛撰
清同治九年(1870)刻本　二冊

220000－0801－0019792　集 3.49/1583－1

存素堂文稿四卷補遺一卷　（清）錢寶琛撰
清同治九年(1870)刻本　二冊

220000－0801－0019793　集 3.49/1584

八銘堂塾鈔二集　（清）吳懋政輯　清刻本
十二冊

220000－0801－0019794　集 3.49/1585

胡文忠公遺集三十四卷　（清）胡林翼撰　清
末刻本　十冊

220000－0801－0019795　集 3.49/1586

汪龍莊先生遺書八種　（清）汪輝祖撰　清同
治元年(1862)刻本　四冊

220000－0801－0019796　集 3.49/1587

庸庵海外文編四卷　（清）薛福成撰　清光緒
二十二年(1896)刻本　四冊

220000－0801－0019797　集 3.49/1587－1

庸庵海外文編四卷　（清）薛福成撰　清光緒
二十二年(1896)刻本　四冊

220000－0801－0019798　集 3.49/1588

更生齋集　（清）洪亮吉撰　清嘉慶七年
(1802)洋川書院刻本　五冊

220000－0801－0019799　集 3.49/1589

鹿洲全集七種　（清）藍鼎元撰　清刻本　十
六冊

220000－0801－0019800　集 3.49/1590

衎石齋記事稿十卷　（清）錢儀吉撰　清道光
十四年(1834)刻本　五冊

220000－0801－0019801　集 3.49/1591

鮚埼亭集外編五十卷　（清）全祖望撰　清嘉
慶十六年(1811)刻本　十六冊

220000－0801－0019802　集 3.49/1592

忠雅堂詩集二十七卷補遺二卷　（清）蔣士銓
撰　清刻本　十六冊

220000－0801－0019803　集 3.49/1592－1

忠雅堂詩集二十七卷補遺二卷　（清）蔣士銓
撰　清刻本　七冊

220000－0801－0019804　集 3.49/1593

卷施閣文甲集十卷續一卷乙集八卷詩二十卷
　（清）洪亮吉撰　清光緒三年(1877)授經堂
刻本　十二冊

220000－0801－0019805　集 3.49/1595

惜抱軒詩集十卷詩後集一卷外集一卷　（清）
姚鼐撰　清嘉慶三年(1798)刻本　二冊

220000－0801－0019806　集 3.49/1596

小倉山房詩集三十七卷續補一卷　（清）袁枚
撰　清刻本　十二冊

220000－0801－0019807　集 3.49/1597

小倉山房詩集三十一卷補遺一卷附錄一卷
（清）袁枚撰　清末刻本　八冊

220000－0801－0019808　集 3.49/1598

小謨觴館集註十六卷　（清）彭兆蓀撰　清光
緒十九年(1893)苕溪佟氏刻本　四冊

220000－0801－0019809　集 3.49/1598－1

小謨觴館集註十六卷　（清）彭兆蓀撰　清光
緒十九年(1893)苕溪佟氏刻本　四冊

220000－0801－0019810　集 3.49/1599

小謨觴館詩集八卷文集四卷詩續集二卷文續
集二卷詩餘附錄　（清）彭兆蓀撰　清同治十

三年(1874)刻本　五冊

220000－0801－0019811　集 3.49/1600

湖海樓文集十二卷　（清）陳維崧撰　清光緒
十七年(1891)刻本　四冊

220000－0801－0019812　集 3.49/1601

大雲山房文稿初集四卷二集四卷言事二卷
（清）惲敬撰　清嘉慶二十年(1815)武寧刻本
八冊

220000－0801－0019813　集 3.49/1601－1

大雲山房文稿初集四卷二集四卷言事二卷
（清）惲敬撰　清同治二年(1863)武寧刻本
八冊

220000－0801－0019814　集 3.49/1602

大雲山房文稿初集四卷　（清）惲敬撰　清末
刻本　二冊

220000－0801－0019815　集 3.49/1604

梅村詩集箋註十八卷　（清）吳偉業撰　清光
緒二十二年(1896)刻本　十二冊

220000－0801－0019816　集 3.49/1605

十八家詩鈔二十八卷　（清）曾國藩輯　清同
治十三年(1874)刻本　二十冊

220000－0801－0019817　集 3.49/1606

梨洲遺著彙刊　（清）黃宗羲撰　（清）薛鳳昌
輯　清宣統二年(1910)時中書局鉛印本　二
十冊

220000－0801－0019818　集 3.49/1606－1

梨洲遺著彙刊　（清）黃宗羲撰　（清）薛鳳昌
輯　清宣統二年(1910)時中書局鉛印本　十
冊　存二十九卷(首一卷、南雷文約四卷、南
雷文定前集十一卷、南雷文定後集四卷、南雷
文定三集三卷、南雷文定附錄一卷、南雷文案
四卷、南雷文案外卷一卷）

220000－0801－0019819　集 3.49/1607

**更生齋集文甲集四卷乙集四卷詩集八卷文續
集二卷詩續八卷**　（清）洪亮吉撰　清光緒三
年(1877)刻本　十二冊

220000－0801－0019820　集 3.49/1607－1

**更生齋集文甲集四卷乙集四卷詩集八卷文續
集二卷詩續八卷**　（清）洪亮吉撰　清光緒三
年(1877)刻本　一冊　存二卷(文續集二卷)

220000－0801－0019821　集 3.49/1610

問字堂集六卷贈言一卷　（清）孫星衍撰　清
光緒十年(1884)刻本　二冊

220000－0801－0019822　集 3.49/1611

石笥山房全集　（清）胡天游撰　清道光博平
縣衙刻本　八冊

220000－0801－0019823　集 3.49/1612

卷施閣詩二十卷　（清）洪亮吉撰　清刻本
六冊

220000－0801－0019824　集 3.49/1613

經史百家雜鈔二十六卷　（清）曾國藩輯　清
光緒二年(1876)傳忠書局刻本　二十六冊

220000－0801－0019825　集 3.49/1614

龔定庵全集文集三卷續集四卷文集補編四卷
（清）龔自珍撰　清光緒二十三年(1897)萬
本書堂刻本　四冊

220000－0801－0019826　集 3.49/1615

定庵文集補編四卷　（清）龔自珍撰　清光緒
十二年(1886)刻本　二冊

220000－0801－0019827　集 3.49/1616

定庵文集三卷續集四卷補編不分卷　（清）龔
自珍撰　清末刻本　三冊　缺二卷(上、中)

220000－0801－0019828　集 3.49/1617

定庵文集補編四卷　（清）龔自珍撰　清光緒
十二年(1886)刻本　二冊

220000－0801－0019829　集 3.49/1618

定庵文集補編四卷　（清）龔自珍撰　清光緒
十二年(1886)刻本　二冊

220000－0801－0019830　集 3.49/1619

切問齋文鈔三十卷　（清）陸燿輯　清光緒十
九年(1893)合肥李氏刻本　八冊

220000－0801－0019831　集 3.49/1619－1

切問齋文鈔三十卷　（清）陸燿輯　清光緒十
九年(1893)合肥李氏刻本　十二冊

220000－0801－0019832　集 3.49/1620

甌北詩鈔二十卷　（清）趙翼撰　清刻本
六冊

220000－0801－0019833　集 3.49/1620－1

甌北詩鈔二十卷　（清）趙翼撰　清刻本
六冊

220000－0801－0019834　集 3.49/1621

袁太史稿　（清）袁枚撰　清道光十三年
（1833）希樸齋刻本　二冊

220000－0801－0019835　集 3.49/1623

太倉孫子福先生遺草二卷　（清）孫壽祺撰
清光緒十九年（1893）刻本　二冊

220000－0801－0019836　集 3.49/1626

左文襄公書牘二十六卷家書二卷　（清）左宗
棠撰　清末刻本　二十八冊

220000－0801－0019837　集 3.49/1628

鮚埼亭集外編五十卷　（清）全祖望撰　清嘉
慶十六年（1811）刻本　十一冊

220000－0801－0019838　集 3.49/1629

石笥山房文集六卷補遺一卷詩集十一卷補遺
二卷續補遺二卷　（清）胡天游撰　清咸豐二
年（1852）刻本　十冊

220000－0801－0019839　集 3.49/1629－1

石笥山房文集六卷補遺一卷詩集十一卷補遺
二卷續補遺二卷　（清）胡天游撰　清咸豐二
年（1852）刻本　十冊

220000－0801－0019840　集 3.49/1629－2

石笥山房文集六卷補遺一卷詩集十一卷補遺
二卷續補遺二卷　（清）胡天游撰　清咸豐二
年（1852）刻本　十冊

220000－0801－0019841　集 3.49/1631

樊榭山房集十卷續集十卷文集八卷　（清）厲
鶚撰　清光緒七年（1881）嶺南述軒刻本
六冊

220000－0801－0019842　集 3.49/1631－1

樊榭山房集十卷續集十卷文集八卷　（清）厲
鶚撰　清光緒七年（1881）嶺南述軒刻本　一

冊　存五卷（續集一至五）

220000－0801－0019843　集 3.49/1632

樊榭山房集十卷續集十卷文集八卷　（清）厲
鶚撰　清光緒十年（1884）刻本　八冊

220000－0801－0019844　集 3.49/1633

惜抱軒文集十六卷　（清）姚鼐撰　清嘉慶刻
本　二冊

220000－0801－0019845　集 3.49/1634

御製詩餘集十二卷目錄二卷　（清）宣宗旻寧
撰　清咸豐內府刻本　五冊

220000－0801－0019846　集 3.49/1634－1

御製詩餘集十二卷目錄二卷　（清）宣宗旻寧
撰　清咸豐內府刻本　八冊

220000－0801－0019847　集 3.49/1635

御製文餘集六卷　（清）宣宗旻寧撰　清咸豐
刻本　四冊

220000－0801－0019848　集 3.49/1636

隨園續同人集　（清）袁枚輯　清末刻本
五冊

220000－0801－0019849　集 3.49/1637

碧腴齋詩存八卷　（清）胡德琳撰　清末刻本
一冊

220000－0801－0019850　集 3.49/1638

海峰詩集十一卷　（清）劉大櫆撰　清刻本
四冊

220000－0801－0019851　集 3.49/1639

御製全史詩六十四卷首二卷　（清）仁宗顒琰
撰　清嘉慶十六年（1811）武英殿刻本　八冊

220000－0801－0019852　集 3.49/1639－1

御製全史詩六十四卷首二卷　（清）仁宗顒琰
撰　清嘉慶十六年（1811）武英殿刻本　八冊

220000－0801－0019853　集 3.49/1640

有正味齋集十六卷　（清）吳錫麒撰　清末刻
本　四冊

220000－0801－0019854　集 3.49/1641

有正味齋詞集八卷續集二卷　（清）吳錫麒撰

清刻本　三冊

220000－0801－0019855　集 3.49/1642

有正味齋詩續集四卷駢體文續集四卷詞續集
二卷外集二卷　（清）吳錫麒撰　清末刻本
三冊

220000－0801－0019856　集 3.49/1643

御製巡幸盛京詩一卷　（清）宣宗旻寧撰　清
道光武英殿刻本　一冊

220000－0801－0019857　集 3.49/1645

思綺堂文集十卷　（清）章藻功撰註　清刻本
十冊

220000－0801－0019858　集 3.49/1649

西雲文鈔二卷　（清）李枝青撰　清同治刻本
一冊

220000－0801－0019859　集 3.49/1653

一鐙精舍甲部稿五卷　（清）何秋濤撰　清光
緒五年(1879)淮南書局刻本　一冊

220000－0801－0019860　集 3.49/1654

攜雪堂文集　（清）吳可讀撰　清光緒十九年
(1893)刻本　一冊

220000－0801－0019861　集 3.49/1655

靜厓試體詩四卷　（清）汪學金撰　清末刻本
一冊

220000－0801－0019862　集 3.49/1665

諸葛忠武侯故事五卷　（清）張澍輯　清末刻
本　一冊　存二卷(三至四)

220000－0801－0019863　集 3.49/1670

曾文正公雜著四卷　（清）曾國藩撰　清同治
十三年(1874)傳忠書局刻本　四冊

220000－0801－0019864　集 3.49/1670－1

曾文正公雜著四卷　（清）曾國藩撰　清同治
十三年(1874)傳忠書局刻本　一冊　存一卷
(二)

220000－0801－0019865　集 3.49/1671

鳴鶴堂文集十卷　（清）任源祥撰　清光緒十
六年(1890)刻本　四冊

220000－0801－0019866　集 3.49/1672

庸盦海外文編四卷　（清）薛福成撰　清光緒
二十二年(1896)上海醉六堂石印本　二冊

220000－0801－0019867　集 3.49/1675

壯悔堂文集十卷遺稿一卷首一卷　（清）侯方
域撰　清宣統元年(1909)掃葉山房石印本
四冊

220000－0801－0019868　集 3.49/1676

棣懷堂隨筆十一卷　（清）李象鵾撰　清道光
二十五年(1845)刻本　六冊　存十卷(二至
十一)

220000－0801－0019869　集 3.49/1677

陳學士文鈔一卷　（清）陳儀撰　清道光刻本
一冊

220000－0801－0019870　集 3.49/1680

有正味齋駢文箋註十六卷　（清）吳錫麒撰
清同治七年(1868)刻本　八冊

220000－0801－0019871　集 3.49/1681

忠簡公集七卷　（宋）宗澤撰　（清）胡鳳丹輯
清同治八年(1869)退補齋刻本　二冊

220000－0801－0019872　集 3.49/1683

松桂堂全集三十七卷　（清）彭孫遹撰　清宣
統三年(1911)掃葉山房石印本　十二冊

220000－0801－0019873　集 3.49/1684

尚志居集八卷補遺一卷讀書記四卷　（清）楊
德亨撰　清光緒九年(1883)刻本　三冊　缺
四卷(讀書記四卷)

220000－0801－0019874　集 3.49/1686

稻花齋詩鈔八卷續鈔六卷　（清）方于穀撰
清嘉慶二十二年(1817)刻本　一冊　存二卷
(詩鈔一至二)

220000－0801－0019875　集 3.49/1687

帶經堂集九十二卷　（清）王士禎撰　清康熙
刻本　十六冊　存五十四卷(漁洋文十四卷、
蠶尾詩二卷、蠶尾續詩十卷、蠶尾文八卷、蠶
尾續文二十卷)

220000－0801－0019876　集 3.49/1688

浥江詩鈔九卷　（清）劉碩輔撰　清咸豐八年（1858）刻本　三冊

220000－0801－0019877　集 3.49/1689

萬善花室文稿六卷　（清）方履籛撰　清光緒刻本　二冊

220000－0801－0019878　集 3.49/1692

薛敬軒先生文集十卷　（明）薛瑄撰　清同治五年（1866）福州正誼書局刻本　四冊

220000－0801－0019879　集 3.49/1693

御製詩初集四十四卷目錄四卷　（清）高宗弘曆撰　清末石印本　十六冊

220000－0801－0019880　集 3.49/1723

小謨觴館全集　（清）彭兆蓀撰　清光緒三十二年（1906）刻本　二十冊

220000－0801－0019881　集 3.49/1751

亭林餘集一卷亭林軼詩一卷顧亭林先生年譜一卷　（清）顧炎武撰　清光緒十一年（1885）吳縣孫溪槐廬家塾刻本　一冊

220000－0801－0019882　集 3.49/1752

齊詩翼氏學疏證二卷　（清）陳喬樅撰　清道光二十四年（1844）刻本　一冊

220000－0801－0019883　集 3.49/1759

御製詩初集四十八卷目錄六卷二集六十四卷目錄八卷　（清）仁宗顒琰撰　清嘉慶刻本　六十二冊

220000－0801－0019884　集 3.49/1763

曾文正公文集四卷　（清）曾國藩撰　清同治十三年（1874）傳忠書局刻本　四冊

220000－0801－0019885　集 3.49/1764

曾文正公全集二種八卷　（清）曾國藩撰　清同治十三年（1874）刻本　六冊

220000－0801－0019886　集 3.49/1765

曾文正公書劄二十二卷　（清）曾國藩撰　清光緒二年（1876）刻本　十三冊

220000－0801－0019887　集 3.49/1766

古今詩話選雋二卷　（清）盧衍仁輯　清刻朱絲欄套印本　二冊

220000－0801－0019888　集 3.49/1767

御製詩五集一百卷目錄十二卷餘集二十卷　（清）高宗弘曆撰　清嘉慶刻本　五十冊

220000－0801－0019889　集 3.49/1768

淮南雜著二卷　曹允源撰　清光緒十七年（1891）刻本　二冊

220000－0801－0019890　集 3.49/1769

寸草堂詩鈔十三卷　（清）胡式鈺撰　清道光四年（1824）刻本　六冊

220000－0801－0019891　集 3.49/1774

澹香齋試帖輯註不分卷　（清）王廷紹輯　清同治九年（1870）江左書林刻本　一冊

220000－0801－0019892　集 3.49/1778

乙齋詩鈔六卷　（清）蕭焯撰　清道光十一年（1831）刻本　二冊

220000－0801－0019893　集 3.49/1779

忠雅堂文集二十四卷　（清）蔣士銓撰　清末刻本　一冊　存五卷（十六至二十）

220000－0801－0019894　集 3.52/1

享帚齋詩鈔四卷詞鈔二卷　（清）周恩綬撰　清同治十三年（1874）刻本　一冊

220000－0801－0019895　集 3.52/2

塵遠齋賦腾一卷　（清）顧瓚撰　清光緒二十一年（1895）刻本　一冊

220000－0801－0019896　集 3.52/3

齊魯遊草不分卷　（清）李嘉樂撰　清末刻本　一冊

220000－0801－0019897　集 3.52/5

高辛硯齋初稿不分卷　（清）俞承德撰　清咸豐六年（1856）平江三德堂刻本　二冊

220000－0801－0019898　集 3.52/5－1

高辛硯齋初稿不分卷　（清）俞承德撰　清咸豐六年（1856）平江三德堂刻本　一冊

220000－0801－0019899　集 3.52/6

高陶堂遺集詩五卷文一卷恤誦一卷碑一卷　（清）高心夔撰　清光緒八年（1882）刻本　一冊

220000－0801－0019900　集 3.52/6－1

高陶堂遺集詩五卷文一卷恤誦一卷碑一卷
（清）高心夔撰　清光緒八年(1882)刻本
四冊

220000－0801－0019901　集 3.52/6－2

高陶堂遺集詩五卷文一卷恤誦一卷碑一卷
（清）高心夔撰　清光緒八年(1882)刻本
四冊

220000－0801－0019902　集 3.52/6－3

高陶堂遺集詩五卷文一卷恤誦一卷碑一卷
（清）高心夔撰　清光緒八年(1882)刻本
四冊

220000－0801－0019903　集 3.52/6－4

高陶堂遺集詩五卷文一卷恤誦一卷碑一卷
（清）高心夔撰　清光緒八年(1882)刻本
四冊

220000－0801－0019904　集 3.52/7

庸庵文別集六卷　（清）薛福成撰　清光緒二
十九年(1903)石印本　六冊

220000－0801－0019905　集 3.52/8

漸西村人初集十三卷　（清）袁昶撰　清光緒
二十七年(1901)避舍蓋公堂漸西村舍叢刻本
三冊

220000－0801－0019906　集 3.52/8－1

漸西村人初集十三卷　（清）袁昶撰　清光緒
二十七年(1901)避舍蓋公堂漸西村舍叢刻本
三冊

220000－0801－0019907　集 3.52/9

庸庵文編四卷　（清）薛福成著　清光緒十四
年(1888)刻本　四冊

220000－0801－0019908　集 3.52/10

庸庵文外編四卷續編二卷　（清）薛福成撰
清光緒十九年(1893)刻本　四冊

220000－0801－0019909　集 3.52/10－1

庸庵文外編四卷續編二卷　（清）薛福成撰
清光緒十九年(1893)刻本　二冊　存二卷
（續編二卷）

220000－0801－0019910　集 3.52/10－2

庸庵文外編四卷續編二卷　（清）薛福成撰
清光緒十九年(1893)刻本　一冊　存一卷
（續編二）

220000－0801－0019911　集 3.52/11

庸庵全集十種四十七卷　（清）薛福成撰　清
光緒刻本　四十八冊

220000－0801－0019912　集 3.52/11－1

庸庵全集十種四十七卷　（清）薛福成撰　清
光緒刻本　八冊　存八卷(文編四卷、文外編
四卷)

220000－0801－0019913　集 3.52/11－2

庸庵全集十種四十七卷　（清）薛福成撰　清
光緒刻本　六冊　存四卷(文外編四卷)

220000－0801－0019914　集 3.52/14

亥白詩草八卷　（清）張問安撰　清光緒七年
(1881)刻本　二冊

220000－0801－0019915　集 3.52/16

哀生閣初稿四卷續稿三卷　（清）王大經撰
清光緒十一年(1885)刻本　六冊

220000－0801－0019916　集 3.52/16－1

哀生閣初稿四卷續稿三卷　（清）王大經撰
清光緒十一年(1885)刻本　六冊

220000－0801－0019917　集 3.52/17

夜雪集一卷　王闓運撰　清光緒九年(1883)
成都刻本　一冊

220000－0801－0019918　集 3.52/18

讀我書齋詩草二十五卷　（清）唐李杜撰　清
咸豐十一年(1861)刻本　十二冊

220000－0801－0019919　集 3.52/19

廣雅碎金四卷附錄一卷　（清）張之洞撰　清
光緒二十三年(1897)水明樓刻本　二冊

220000－0801－0019920　集 3.52/19－1

廣雅碎金四卷附錄一卷　（清）張之洞撰　清
光緒二十三年(1897)水明樓刻本　二冊

220000－0801－0019921　集 3.52/19－2

廣雅碎金四卷附錄一卷　（清）張之洞撰　清

光緒二十三年(1897)水明樓刻本　二冊

220000－0801－0019922　集 3.52/19－3
廣雅碎金四卷附錄一卷　（清）張之洞撰　清
光緒二十三年(1897)水明樓刻本　二冊

220000－0801－0019923　集 3.52/21
廣雅堂詩集不分卷　（清）張之洞撰　清末影
印本　二冊

220000－0801－0019924　集 3.52/22
廣哀詩一卷　（清）張芾撰　清咸豐四年
(1854)活字印本　一冊

220000－0801－0019925　集 3.52/27
望三益齋詩文鈔三種九卷　（清）吳棠撰　清
同治十三年(1874)成都使署刻本　四冊

220000－0801－0019926　集 3.52/28
瘦藤花館詩存不分卷　（清）顧景濂撰　清光
緒七年(1881)刻本　一冊

220000－0801－0019927　集 3.52/31
文靖公遺集十二卷補遺一卷　（清）寶鋆撰
（清）景澧輯　清光緒三十四年(1908)刻本
六冊

220000－0801－0019928　集 3.52/32
文靖公詩鈔八種十二卷　（清）寶鋆撰　清光
緒三十四年(1908)羊城刻本　四冊

220000－0801－0019929　集 3.52/33
文靖公遺集十二卷補遺一卷　（清）寶鋆撰
（清）景澧輯　清光緒二十一年(1895)刻本
六冊

220000－0801－0019930　集 3.52/34
誰與庵文鈔二卷首一卷　（清）孫世均撰　清
光緒十五年(1889)刻本　一冊

220000－0801－0019931　集 3.52/35
誰園詩存不分卷　（清）鮑宗軾撰　清光緒八
年(1882)刻本　二冊

220000－0801－0019932　集 3.52/36
六一山房詩集十卷續集十卷　（清）董沛撰
清同治十一年(1872)刻本　四冊

220000－0801－0019933　集 3.52/36－1
六一山房詩集十卷續集十卷　（清）董沛撰
清同治十一年(1872)刻本　四冊

220000－0801－0019934　集 3.52/36－2
六一山房詩集十卷續集十卷　（清）董沛撰
清同治十一年(1872)刻本　四冊

220000－0801－0019935　集 3.52/36－3
六一山房詩集十卷續集十卷　（清）董沛撰
清同治十一年(1872)刻本　四冊

220000－0801－0019936　集 3.52/37
江忠烈公遺集二卷附錄一卷　（清）江忠源撰
清同治三年(1864)刻本　一冊

220000－0801－0019937　集 3.52/37－1
江忠烈公遺集二卷附錄一卷　（清）江忠源撰
清同治三年(1864)刻本　一冊

220000－0801－0019938　集 3.52/38
六友山房外集一卷　（清）闕鳳樓撰　清光緒
五年(1879)刻本　一冊

220000－0801－0019939　集 3.52/39
詒硯齋詩存一卷　（清）楊景仁撰　清末刻本
一冊

220000－0801－0019940　集 3.52/39－1
詒硯齋詩存一卷　（清）楊景仁撰　清末刻本
一冊

220000－0801－0019941　集 3.52/40
龍川先生詩鈔一卷　（清）李晴峯撰　清光緒
三十三年(1907)鉛印本　一冊

220000－0801－0019942　集 3.52/41
話雨樓詩草三卷　（清）言忠貞撰　清光緒十
年(1884)刻本　一冊

220000－0801－0019943　集 3.52/41－1
話雨樓詩草三卷　（清）言忠貞撰　清光緒十
年(1884)刻本　一冊

220000－0801－0019944　集 3.52/44
詒晉齋集八卷後集一卷隨筆一卷　（清）永瑆
撰　清道光刻本　十冊

220000 – 0801 – 0019945　集 3.52/44 – 1
詒晉齋集八卷後集一卷隨筆一卷　（清）永瑆
撰　清道光刻本　四冊

220000 – 0801 – 0019946　集 3.52/45
詠梅軒稿六卷　（清）謝蘭生撰　清同治八年
(1869)活字印本　二冊

220000 – 0801 – 0019947　集 3.52/45 – 1
詠梅軒稿六卷　（清）謝蘭生撰　清同治八年
(1869)活字印本　二冊

220000 – 0801 – 0019948　集 3.52/48
讀雪齋詩集九卷　（清）孫文川撰　清光緒八
年(1882)刻本　二冊

220000 – 0801 – 0019949　集 3.52/48 – 1
讀雪齋詩集九卷　（清）孫文川撰　清光緒八
年(1882)刻本　一冊

220000 – 0801 – 0019950　集 3.52/49
讀選樓詩稿十卷　（清）王采蘋撰　清光緒二
十年(1894)刻本　二冊

220000 – 0801 – 0019951　集 3.52/51
靖獻遺言八卷　（日本）淺見安正輯　清光緒
三十二年(1906)北洋武備研究所石印本
一冊

220000 – 0801 – 0019952　集 3.52/53
韻香閣詩草一卷　（清）孔祥淑撰　清光緒十
二年(1886)刻本　一冊

220000 – 0801 – 0019953　集 3.52/53 – 1
韻香閣詩草一卷　（清）孔祥淑撰　清光緒十
二年(1886)刻本　一冊

220000 – 0801 – 0019954　集 3.52/56
望益軒詩集三卷詞一卷　（清）蔣國楨撰　清
光緒二十六年(1900)章江刻本　一冊

220000 – 0801 – 0019955　集 3.52/57
詞苑珠塵一卷　何震彝撰　清光緒三十三年
(1907)鉛印本　一冊

220000 – 0801 – 0019956　集 3.52/59
**訒齋遺稿文鈔二卷詩鈔一卷手札四卷附家訓
一卷**　（清）褚維垕撰　清光緒二十七年
(1901)刻本　二冊

220000 – 0801 – 0019957　集 3.52/59 – 1
**訒齋遺稿文鈔二卷詩鈔一卷手札四卷附家訓
一卷**　（清）褚維垕撰　清光緒二十七年
(1901)刻本　二冊

220000 – 0801 – 0019958　集 3.52/62
敦艮吉齋詩文存六卷附劫餘小錄一卷　（清）
徐子苓撰　清光緒十二年(1886)刻本　六冊
存六卷(詩二卷、文四卷)

220000 – 0801 – 0019959　集 3.52/62 – 1
敦艮吉齋詩文存六卷附劫餘小錄一卷　（清）
徐子苓撰　清光緒十二年(1886)刻本　六冊

220000 – 0801 – 0019960　集 3.52/64
許松濱先生全集四十三卷首一卷末一卷
（清）許錫祺撰　清光緒十九年(1893)刻本
八冊

220000 – 0801 – 0019961　集 3.52/64 – 1
許松濱先生全集四十三卷首一卷末一卷
（清）許錫祺撰　清光緒十九年(1893)刻本
八冊

220000 – 0801 – 0019962　集 3.52/66
說劍堂集十三卷　潘飛聲撰　清光緒十五年
(1889)刻本　四冊

220000 – 0801 – 0019963　集 3.52/68
說劍堂集五卷　潘飛聲撰　清光緒十七年
(1891)羊城富文齋刻本　一冊

220000 – 0801 – 0019964　集 3.52/69
褒碧齋集七卷　（清）陳銳撰　清光緒三十一
年(1905)揚州刻本　二冊

220000 – 0801 – 0019965　集 3.52/69 – 1
褒碧齋集七卷　（清）陳銳撰　清光緒三十一
年(1905)揚州刻本　二冊

220000 – 0801 – 0019966　集 3.52/69 – 2
褒碧齋集七卷　（清）陳銳撰　清光緒三十一
年(1905)揚州刻本　二冊

220000 – 0801 – 0019967　集 3.52/71
讀秋水齋文六卷　（清）陸黻恩撰　清光緒十

369

六年(1890)活字印本　一冊

220000－0801－0019968　集 3.52/72

談風月齋詩鈔二卷　（清）程綏撰　清光緒二十四年(1898)刻本　一冊

220000－0801－0019969　集 3.52/74

一粟廬詩一稿四卷二稿四卷　（清）于源撰
清咸豐二年(1852)刻本　二冊

220000－0801－0019970　集 3.52/74－1

一粟廬詩一稿四卷二稿四卷　（清）于源撰
清咸豐二年(1852)刻本　二冊

220000－0801－0019971　集 3.52/75

一枝山館遺草不分卷　（清）梁貢撰　清光緒
十三年(1887)木活字印本　一冊

220000－0801－0019972　集 3.52/76

一漚吟館選集二卷　（清）陳焰撰　清宣統二
年(1910)懷荃室刻本　二冊

220000－0801－0019973　集 3.52/76－1

一漚吟館選集二卷　（清）陳焰撰　清宣統二
年(1910)懷荃室刻本　二冊

220000－0801－0019974　集 3.52/79

一山經說二卷雜文一卷　（清）章梫撰　清宣
統元年(1909)鉛印本　一冊

220000－0801－0019975　集 3.52/80

一山文存駢體一卷　（清）章梫撰　清末鉛印
本　一冊

220000－0801－0019976　集 3.52/82

一規八棱硯齋詩鈔六卷類鈔一卷詞鈔一卷時
文一卷文鈔一卷　（清）徐廷華撰　清光緒九
年(1883)武昌寓齋刻本　四冊

220000－0801－0019977　集 3.52/83

二瓦硯齋詩鈔十卷附引商集一卷　（清）金玉
麟撰　清末刻本　二冊

220000－0801－0019978　集 3.52/84

二知軒文存三十四卷　（清）方濬頤撰　清光
緒四年(1878)刻本　十四冊

220000－0801－0019979　集 3.52/85

二知軒詩鈔十四卷　（清）方濬頤撰　清同治
五年(1866)刻本　八冊

220000－0801－0019980　集 3.52/86

二知軒詩鈔五卷　（清）方濬頤撰　清同治五
年(1866)廣州刻本　六冊

220000－0801－0019981　集 3.52/87

宋浣花詩詞合刻不分卷　（清）宋志沂撰
（清）劉履芬輯　清同治十一年(1872)刻本
一冊

220000－0801－0019982　集 3.52/88

芙蓉池館詩草二卷　（清）羅辰撰　清道光十
一年(1831)刻本　一冊

220000－0801－0019983　集 3.52/89

二思齋詩鈔六卷　（清）何文明著　清咸豐二
年(1852)刻本　二冊

220000－0801－0019984　集 3.52/90

二思齋文存六卷　（清）何文明著　清光緒七
年(1881)閩南刻本　二冊

220000－0801－0019985　集 3.52/91

三省軒自記不分卷　（清）王世恩著　清光緒
十九年(1893)活字印本　一冊

220000－0801－0019986　集 3.52/93

三硯齋詩賸不分卷　（清）趙彥修撰　清光緒
八年(1882)刻本　一冊

220000－0801－0019987　集 3.52/93－1

三硯齋詩賸不分卷　（清）趙彥修撰　清光緒
八年(1882)刻本　一冊

220000－0801－0019988　集 3.52/94

三長物齋文略六卷詩略五卷附刻一卷　（清）
黃本驥著　清道光二十七年(1847)教澤堂刻
本　四冊

220000－0801－0019989　集 3.52/95

三恥齋初稿十二卷　（清）吳坤修撰　清同治
八年(1869)半畝園刻本　四冊

220000－0801－0019990　集 3.52/97

三十二蘭亭室詩存八卷　（清）劉淮年撰　清
同治十二年(1873)刻本　四冊

220000 – 0801 – 0019991　集 3.52/100

靈芝仙館詩鈔十二卷捲秋亭詞鈔二卷 （清）胡念修撰　清光緒二十七年（1901）刻本　四冊

220000 – 0801 – 0019992　集 3.52/100 – 1

靈芝仙館詩鈔十二卷捲秋亭詞鈔二卷 （清）胡念修撰　清光緒二十七年（1901）刻本　二冊

220000 – 0801 – 0019993　集 3.52/103

五瑞齋詩鈔六卷 （清）姚濬昌撰　清光緒十九年（1893）鉛印本　一冊

220000 – 0801 – 0019994　集 3.52/105

嗇庵先生歸籍記　張謇撰　清宣統元年（1909）鉛印本　一冊

220000 – 0801 – 0019995　集 3.52/108

玉鑑堂詩存一卷檅寄詩存一卷 （清）汪曰楨撰　清光緒十六年（1890）刻本　一冊

220000 – 0801 – 0019996　集 3.52/111

玉屏山館詩草四卷 （清）彭祖潤撰　清光緒十三年（1887）刻本　二冊

220000 – 0801 – 0019997　集 3.52/112

玉井山館詩十五卷詩餘一卷文略五卷文續二卷筆記一卷 （清）許宗衡撰　清同治九年（1870）刻本　八冊

220000 – 0801 – 0019998　集 3.52/112 – 1

玉井山館詩十五卷詩餘一卷文略五卷文續二卷筆記一卷 （清）許宗衡撰　清同治九年（1870）刻本　五冊　缺一卷（筆記一卷）

220000 – 0801 – 0019999　集 3.52/114

雪蕉齋詩鈔四卷附錄一卷補編一卷 （清）王德馨撰　清光緒三十年（1904）刻本　三冊

220000 – 0801 – 0020000　集 3.52/115

雪青閣詩集四卷 （清）謝維藩撰　清光緒九年（1883）刻本　四冊

220000 – 0801 – 0020001　集 3.52/116

雪門詩草十四卷 （清）許瑤光撰　清同治十三年（1874）刻本　六冊

220000 – 0801 – 0020002　集 3.52/116 – 1

雪門詩草十四卷 （清）許瑤光撰　清同治十三年（1874）刻本　六冊

220000 – 0801 – 0020003　集 3.52/118

元穆文鈔不分卷　杜俞撰　清光緒十四年（1888）成都刻本　一冊

220000 – 0801 – 0020004　集 3.52/119

元穆文鈔一卷日記二卷　杜俞撰　清光緒十四年（1888）成都刻本　二冊

220000 – 0801 – 0020005　集 3.52/120

元穆文鈔二卷　杜俞撰　清光緒二十六年（1900）鉛印本　一冊

220000 – 0801 – 0020006　集 3.52/121

元穆文鈔一卷日記三卷詩鈔一卷普法後事記一卷江口巡船章程一卷　杜俞撰　清光緒十五年（1889）刻本　五冊

220000 – 0801 – 0020007　集 3.52/123

疏快軒詩二卷附詩餘一卷 （清）陸楣撰　清光緒二十一年（1895）活字印本　一冊

220000 – 0801 – 0020008　集 3.52/123 – 1

疏快軒詩二卷附詩餘一卷 （清）陸楣撰　清光緒二十一年（1895）活字印本　一冊

220000 – 0801 – 0020009　集 3.52/124

疏蘭仙館詩集四卷詩續集六卷再續集四卷 （清）朱錫綬撰　清光緒三年（1877）刻本　四冊

220000 – 0801 – 0020010　集 3.52/125

雨香館詩草四卷 （清）駱崇禧撰　清同治九年（1870）刻本　四冊

220000 – 0801 – 0020011　集 3.52/126

雨花山莊題詠集四卷 （清）劉文陶輯　清光緒十八年（1892）刻本　四冊

220000 – 0801 – 0020012　集 3.52/127

誦芬詩略三卷附八旬自述百韻詩一卷 （清）黃炳垕撰　清光緒二十一年（1895）刻本　一冊

220000 – 0801 – 0020013　集 3.52/128

兩彊勉齋文存二卷　（清）倪文蔚撰　清光緒
十一年(1885)刻本　二冊

220000－0801－0020014　集 3.52/129
廣經室文鈔不分卷　（清）劉恭冕撰　清光緒
十五年(1889)廣雅書局刻本　一冊

220000－0801－0020015　集 3.52/132
平養堂文編十卷　（清）王龍文撰　清宣統三
年(1911)刻本　六冊

220000－0801－0020016　集 3.52/133
平養堂文編十卷　（清）王龍文撰　清宣統三
年(1911)刻本　三冊　存九卷(一至九)

220000－0801－0020017　集 3.52/134
天岳山館文鈔四十卷　（清）李元度撰　清光
緒六年(1880)刻本　十六冊

220000－0801－0020018　集 3.52/134－1
天岳山館文鈔四十卷　（清）李元度撰　清光
緒六年(1880)刻本　十六冊

220000－0801－0020019　集 3.52/136
謙齋遺集二十二卷　（清）蔡仲光撰　清咸豐
三年(1853)篤慶堂刻本　十冊

220000－0801－0020020　集 3.52/138
天弢閣詩鈔四卷　（清）李寶翰撰　清光緒十
四年(1888)活字印本　二冊

220000－0801－0020021　集 3.52/138－1
天弢閣詩鈔四卷　（清）李寶翰撰　清光緒十
四年(1888)活字印本　二冊

220000－0801－0020022　集 3.52/139
於湖小集六卷附金陵雜事詩一卷　（清）袁昶
撰　清光緒二十年(1894)刻本　三冊

220000－0801－0020023　集 3.52/139－1
於湖小集六卷附金陵雜事詩一卷　（清）袁昶
撰　清光緒二十年(1894)刻本　三冊

220000－0801－0020024　集 3.52/139－2
於湖小集六卷附金陵雜事詩一卷　（清）袁昶
撰　清光緒二十年(1894)刻本　二冊　存三
卷(一至三)

220000－0801－0020025　集 3.52/140
天影庵詩存一卷外集一卷附錄一卷　（清）李
壽蓉撰　清光緒十五年(1889)鉛印本　二冊

220000－0801－0020026　集 3.52/142
西圃集十卷續集四卷補遺一卷詞續一卷詞三
續一卷題畫詩一卷續一卷文集五卷　（清）潘
遵祁撰　清光緒二十三年(1897)刻本　六冊

220000－0801－0020027　集 3.52/143
西圃集十卷續集四卷詩集補遺一卷詞續一卷
題畫詩一卷文集四卷文集補遺一卷　（清）潘
遵祁撰　清光緒八年(1882)刻本　六冊

220000－0801－0020028　集 3.52/143－1
西圃集十卷續集四卷詩集補遺一卷詞續一卷
題畫詩一卷文集四卷文集補遺一卷　（清）潘
遵祁撰　清光緒八年(1882)刻本　六冊

220000－0801－0020029　集 3.52/144
西廬文集四卷　（清）張雋撰　清宣統二年
(1910)上海國學扶輪社鉛印本　二冊

220000－0801－0020030　集 3.52/144－1
西廬文集四卷　（清）張雋撰　清宣統二年
(1910)上海國學扶輪社鉛印本　二冊

220000－0801－0020031　集 3.52/145
西澗舊廬詩稿四卷　（清）劉樞撰　清同治十
一年(1872)刻本　一冊

220000－0801－0020032　集 3.52/147
西泠仙詠三卷　（清）釋圓嶠真逸撰　清光緒
八年(1882)刻本　二冊

220000－0801－0020033　集 3.52/148
西漚全集十卷　（清）李惺撰　清同治七年
(1868)刻本　八冊

220000－0801－0020034　集 3.52/148－1
西漚全集十卷　（清）李惺撰　清同治七年
(1868)刻本　十六冊

220000－0801－0020035　集 3.52/149
醉月居詩詞鈔二卷首一卷　（清）葉世熊撰
清光緒三十一年(1905)刻本　一冊

220000－0801－0020036　集 3.52/149－1

醉月居詩詞鈔二卷首一卷　（清）葉世熊撰
清光緒三十一年（1905）刻本　一冊

220000－0801－0020037　集 3.52/150

林嚴文鈔四卷　林紓　嚴復撰　清宣統元年
（1909）上海國學扶輪社鉛印本　四冊

220000－0801－0020038　集 3.52/151

醉園詩存二十六卷附錄一卷　（清）蔣萼撰
清光緒六年（1880）鉛印本　四冊

220000－0801－0020039　集 3.52/151－1

醉園詩存二十六卷附錄一卷　（清）蔣萼撰
清光緒六年（1880）鉛印本　四冊

220000－0801－0020040　集 3.52/153

醉吟草六卷　（清）劉大容撰　（清）孫鍾選
清咸豐元年（1851）刻本　一冊

220000－0801－0020041　集 3.52/153－1

醉吟草六卷　（清）劉大容撰　（清）孫鍾選
清咸豐元年（1851）刻本　一冊

220000－0801－0020042　集 3.52/154

面城精舍雜文甲編不分卷　羅振玉撰　清光
緒十八年（1892）刻本　一冊

220000－0801－0020043　集 3.52/155

吾意庵長短句二卷　（清）姚正鏞撰　清光緒
八年（1882）刻本　二冊

220000－0801－0020044　集 3.52/156

西亭文鈔十二卷首一卷　（清）王原撰　清光
緒十八年（1892）刻本　四冊

220000－0801－0020045　集 3.52/156－1

西亭文鈔十二卷首一卷　（清）王原撰　清光
緒十八年（1892）刻本　四冊

220000－0801－0020046　集 3.52/157

西征詩錄一卷文存一卷歸程紀略一卷　（清）
黃家鼎撰　清光緒六年（1880）刻本　一冊

220000－0801－0020047　集 3.52/157－1

西征詩錄一卷文存一卷歸程紀略一卷　（清）
黃家鼎撰　清光緒六年（1880）刻本　一冊

220000－0801－0020048　集 3.52/158

石菖蒲館詩鈔二卷　（清）黃文達撰　清光緒
二十一年（1895）鉛印本　二冊

220000－0801－0020049　集 3.52/160

丁戊之間行卷十卷　易順鼎撰　清光緒五年
（1879）貴陽刻本　三冊

220000－0801－0020050　集 3.52/160－1

丁戊之間行卷十卷　易順鼎撰　清光緒五年
（1879）貴陽刻本　二冊

220000－0801－0020051　集 3.52/161

可呂觀　（□）□□撰　清光緒二十九年
（1903）抄本　一冊

220000－0801－0020052　集 3.52/163

可園詩存二十八卷詞存四卷　陳作霖撰　清
宣統二年（1910）刻　六冊

220000－0801－0020053　集 3.52/163－1

可園詩存二十八卷詞存四卷　陳作霖撰　清
宣統二年（1910）刻本　六冊

220000－0801－0020054　集 3.52/164

可園文存十六卷　陳作霖撰　清宣統元年
（1909）刻本　四冊

220000－0801－0020055　集 3.52/165

石溪詩存二卷　（清）馮鉄撰　清光緒二十九
年（1903）刻本　一冊

220000－0801－0020056　集 3.52/167

石船居古今體詩剩稿三卷附一卷　（清）李超
瓊撰　清光緒二十年（1894）刻本　一冊

220000－0801－0020057　集 3.52/167－1

石船居古今體詩剩稿三卷附一卷　（清）李超
瓊撰　清光緒二十年（1894）刻本　一冊　存
一卷（附一卷）

220000－0801－0020058　集 3.52/168

石遺室詩集十卷補遺一卷朱絲詞二卷文集七
卷　陳衍撰　清光緒三十一年（1905）刻本
五冊

220000－0801－0020059　集 3.52/168－1

石遺室詩集十卷補遺一卷朱絲詞二卷文集七
卷　陳衍撰　清光緒三十一年（1905）刻本

五冊

220000－0801－0020060　集 3.52/169
石遺室文集十二卷詩集三卷補遺一卷　陳衍
撰　清光緒三十一年（1905）刻本　三冊

220000－0801－0020061　集 3.52/169－1
石遺室文集十二卷詩集三卷補遺一卷　陳衍
撰　清光緒三十一年（1905）刻本　三冊

220000－0801－0020062　集 3.52/171
雲石軒求是草七卷　（清）趙時桐撰　清光緒
十八年（1892）雲石軒刻本　二冊

220000－0801－0020063　集 3.52/172
雲臥山莊詩集八卷目錄一卷首一卷末一卷附
家訓一卷　（清）郭崑燾撰　清光緒十一年
（1885）刻本　六冊

220000－0801－0020064　集 3.52/172－1
雲臥山莊詩集八卷目錄一卷首一卷末一卷附
家訓一卷　（清）郭崑燾撰　清光緒十一年
（1885）刻本　三冊

220000－0801－0020065　集 3.52/172－2
雲臥山莊詩集八卷目錄一卷首一卷末一卷附
家訓一卷　（清）郭崑燾撰　清光緒十一年
（1885）刻本　四冊

220000－0801－0020066　集 3.52/174
賈比部遺集二卷　（清）賈樹誠撰　清光緒元
年（1875）刻本　一冊

220000－0801－0020067　集 3.52/175
夏雨軒雜文四卷　（清）陳鍾祥撰　清咸豐十
年（1860）刻本　二冊

220000－0801－0020068　集 3.52/176
不波山房詩草一卷聽秋山房賸稿一卷雲史日
記一卷　（清）王甲曾撰　清末刻本　一冊

220000－0801－0020069　集 3.52/177
微尚齋詩二卷　汪兆鏞撰　清宣統三年
（1911）刻本　一冊

220000－0801－0020070　集 3.52/178
霜傑齋詩二卷補遺一卷　（清）秦寶璣撰　清
光緒十二年（1886）刻本　一冊

220000－0801－0020071　集 3.52/178－1
霜傑齋詩二卷補遺一卷　（清）秦寶璣撰　清
光緒十二年（1886）刻本　一冊

220000－0801－0020072　集 3.52/178－2
霜傑齋詩二卷補遺一卷　（清）秦寶璣撰　清
光緒十二年（1886）刻本　一冊

220000－0801－0020073　集 3.52/179
粟香室文稿不分卷　金武祥撰　清光緒三十
年（1904）活字印本　一冊

220000－0801－0020074　集 3.52/181
示樸齋駢體文六卷　（清）錢振倫撰　清同治
六年（1867）刻本　一冊

220000－0801－0020075　集 3.52/181－1
示樸齋駢體文六卷　（清）錢振倫撰　清同治
六年（1867）刻本　二冊

220000－0801－0020076　集 3.52/181－2
示樸齋駢體文六卷　（清）錢振倫撰　清同治
六年（1867）刻本　二冊

220000－0801－0020077　集 3.52/182
不慊齋漫存七卷　（清）徐賡陛撰　清光緒八
年（1882）南海刻本　六冊

220000－0801－0020078　集 3.52/182－1
不慊齋漫存七卷　（清）徐賡陛撰　清光緒八
年（1882）南海刻本　六冊

220000－0801－0020079　集 3.52/183
北山樓集不分卷附錄一卷　（清）吳保初撰
清光緒二十七年（1901）上海商務印書館鉛印
本　一冊

220000－0801－0020080　集 3.52/184
北山樓集三卷　（清）吳保初撰　清光緒二十
七年（1901）上海商務印書館鉛印本　一冊

220000－0801－0020081　集 3.52/184－1
北山樓集三卷　（清）吳保初撰　清光緒二十
七年（1901）上海商務印書館鉛印本　一冊

220000－0801－0020082　集 3.52/184－2
北山樓集三卷　（清）吳保初撰　清光緒二十
七年（1901）上海商務印書館鉛印本　一冊

220000 – 0801 – 0020083　集 3.52/186

北江詩五卷　吳闓生撰　清末刻本　二冊

220000 – 0801 – 0020084　集 3.52/192

靈州山人詩錄六卷　（清）徐灝撰　清同治三年(1864)刻本　二冊

220000 – 0801 – 0020085　集 3.52/195

張廉卿先生文集八卷　（清）張裕釗撰　清宣統元年(1909)五色古文山房刻本　四冊

220000 – 0801 – 0020086　集 3.52/195 – 1

張廉卿先生文集八卷　（清）張裕釗撰　清宣統元年(1909)五色古文山房刻本　四冊

220000 – 0801 – 0020087　集 3.52/198

瑟廬居士遺詩一卷　（清）章永康撰　清宣統二年(1910)石印本　一冊

220000 – 0801 – 0020088　集 3.52/200

瑞芝山房詩鈔一卷竹溪詞草一卷　（清）錢令芬撰　清光緒六年(1880)刻本　一冊

220000 – 0801 – 0020089　集 3.52/202

璿璣碎錦二卷　（清）萬樹撰　清光緒九年(1883)刻本　二冊

220000 – 0801 – 0020090　集 3.52/203

弢園文錄外編五卷附錄一卷　（清）王韜撰　清光緒九年(1883)王氏香海鉛印本　二冊

220000 – 0801 – 0020091　集 3.52/203 – 1

弢園文錄外編五卷附錄一卷　（清）王韜撰　清光緒九年(1883)王氏香海鉛印本　六冊

220000 – 0801 – 0020092　集 3.52/203 – 2

弢園文錄外編五卷附錄一卷　（清）王韜撰　清光緒九年(1883)王氏香海鉛印本　六冊

220000 – 0801 – 0020093　集 3.52/204

意苕山館詩稿十六卷　（清）陸嵩撰　清光緒十八年(1892)刻本　四冊

220000 – 0801 – 0020094　集 3.52/205

延秋吟館詩鈔四卷續鈔四卷　（清）張聯桂撰　清光緒十一年(1885)刻本　二冊

220000 – 0801 – 0020095　集 3.52/205 – 1

延秋吟館詩鈔四卷續鈔四卷　（清）張聯桂撰　清光緒十一年(1885)刻本　二冊

220000 – 0801 – 0020096　集 3.52/206

延桂山房詩古文詞全集十一卷吟稿八卷詞草一卷文集一卷別集一卷　（清）王惟成撰　清光緒二十六年(1900)刻本　四冊

220000 – 0801 – 0020097　集 3.52/206 – 1

延桂山房詩古文詞全集十一卷吟稿八卷詞草一卷文集一卷別集一卷　（清）王惟成撰　清光緒二十六年(1900)刻本　四冊

220000 – 0801 – 0020098　集 3.52/206 – 2

延桂山房詩古文詞全集十一卷吟稿八卷詞草一卷文集一卷別集一卷　（清）王惟成撰　清光緒二十六年(1900)刻本　四冊

220000 – 0801 – 0020099　集 3.52/207

酌雅堂駢體文集二卷　（清）徐壽基撰　清光緒五年(1879)桓臺官舍刻本　二冊

220000 – 0801 – 0020100　集 3.52/207 – 1

酌雅堂駢體文集二卷　（清）徐壽基撰　清光緒五年(1879)桓臺官舍刻本　二冊

220000 – 0801 – 0020101　集 3.52/208

碧琅玕館詩鈔三卷　（清）朱炳清撰　清光緒十六年(1890)刻本　一冊

220000 – 0801 – 0020102　集 3.52/209

冬暄草堂遺詩二卷　（清）陳豪撰　（清）潘鴻輯　清宣統三年(1911)刻朱印本　二冊

220000 – 0801 – 0020103　集 3.52/211

水雲舫褧詩一卷嚴道紀程詩一卷　（清）徐長發撰　清末刻本　一冊

220000 – 0801 – 0020104　集 3.52/212

水流雲在館詩鈔六卷　（清）宋晉撰　清光緒十二年(1886)刻本　二冊

220000 – 0801 – 0020105　集 3.52/212 – 1

水流雲在館詩鈔六卷　（清）宋晉撰　清光緒十二年(1886)刻本　二冊

220000 – 0801 – 0020106　集 3.52/213

水流雲在館集杜詩存　（清）周天麟撰　清光

緒十七年(1891)石印本　一冊

220000－0801－0020107　集 3.52/214
恥不逮齋文集三卷附一卷補一卷首一卷
(清)熊其英撰　清光緒十六年(1890)江蘇五
畝園刻本　四冊

220000－0801－0020108　集 3.52/214－1
恥不逮齋文集三卷附一卷補一卷首一卷
(清)熊其英撰　清光緒十六年(1890)江蘇五
畝園刻本　四冊

220000－0801－0020109　集 3.52/215
璞齋集五卷　(清)諸可寶撰　清光緒十四年
(1888)鉛印本　二冊

220000－0801－0020110　集 3.52/216
聽秋山館詩鈔十卷　(清)林楓撰　清同治十
一年(1872)鉛印本　一冊

220000－0801－0020111　集 3.52/217
聽秋館吟稿四卷　(清)朱承�撰　清光緒十
六年(1890)刻本　一冊

220000－0801－0020112　集 3.52/219
聽香閣詩集八卷　(清)胡醇撰　清同治四年
(1865)刻本　二冊

220000－0801－0020113　集 3.52/220
耐庵文存六卷詩存三卷首一卷　(清)賀長齡
撰　清咸豐十一年(1861)刻本　四冊

220000－0801－0020114　集 3.52/220－1
耐庵文存六卷詩存三卷首一卷　(清)賀長齡
撰　清咸豐十一年(1861)刻本　三冊

220000－0801－0020115　集 3.52/221
退思軒詩集六卷補遺一卷　(清)張百熙撰
清宣統三年(1911)鉛印本　一冊

220000－0801－0020116　集 3.52/221－1
退思軒詩集六卷補遺一卷　(清)張百熙撰
清宣統三年(1911)鉛印本　一冊

220000－0801－0020117　集 3.52/223
孟亭詩集四卷　(清)王箴輿撰　清同治十二
年(1873)刻本　二冊

220000－0801－0020118　集 3.52/224
聊復軒詩存不分卷　(清)施贊唐撰　清宣統
三年(1911)活字印本　一冊

220000－0801－0020119　集 3.52/225
聊園詩詞存十卷附詞一卷詩存續六卷　(清)
王曾祺撰　清光緒十七年(1891)刻本　四冊

220000－0801－0020120　集 3.52/226
峰青館詩鈔七卷續鈔四卷　(清)錢國珍撰
清光緒二年(1876)刻本　三冊

220000－0801－0020121　集 3.52/227
鄧尉探梅詩四卷　(清)謝家福輯　清光緒二
十年(1894)刻本　一冊

220000－0801－0020122　集 3.52/228
思過齋雜體詩存十二卷思過齋試律四卷思過
齋制藝六卷補編一卷　(清)蕭培元撰　清末
刻本　二十三冊

220000－0801－0020123　集 3.52/230
環天室詩集五卷後集一卷　(清)曾廣鈞撰
清宣統二年(1910)刻本　一冊

220000－0801－0020124　集 3.52/230－1
環天室詩集五卷後集一卷　(清)曾廣鈞撰
清宣統二年(1910)刻本　一冊

220000－0801－0020125　集 3.52/231
鶚字齋詩略四卷續一卷　曹允源撰　清光緒
二十二年(1896)刻本　一冊

220000－0801－0020126　集 3.52/233
函雅堂集二十卷　(清)王詠霓撰　清光緒二
十二年(1896)刻本　五冊

220000－0801－0020127　集 3.52/233－1
函雅堂集二十卷　(清)王詠霓撰　清光緒二
十二年(1896)刻本　四冊

220000－0801－0020128　集 3.52/234
翠巖室詩鈔四卷文稿二卷　(清)韓弼元撰
清光緒二十六年(1900)刻本　四冊

220000－0801－0020129　集 3.52/234－1
翠巖室詩鈔四卷文稿二卷　(清)韓弼元撰
清光緒二十六年(1900)刻本　四冊

220000 – 0801 – 0020130　集 3.52/235

翠螺閣詩稿四卷詞一卷　（清）凌祉媛撰　**舞鏡集一卷**　（清）丁丙等撰　清咸豐五年(1855)刻本　二冊

220000 – 0801 – 0020131　集 3.52/235 – 1

翠螺閣詩稿四卷詞一卷　（清）凌祉媛撰　**舞鏡集一卷**　（清）丁丙等撰　清咸豐五年(1855)刻本　二冊

220000 – 0801 – 0020132　集 3.52/235 – 2

翠螺閣詩稿四卷詞一卷　（清）凌祉媛撰　**舞鏡集一卷**　（清）丁丙等撰　清咸豐五年(1855)刻本　二冊

220000 – 0801 – 0020133　集 3.52/236

翠筠館詩存二卷　（清）魁玉撰　清同治十年(1871)刻本　二冊

220000 – 0801 – 0020134　集 3.52/237

子良詩錄十卷　（清）馮詢撰　清同治十一年(1872)江西刻本　四冊

220000 – 0801 – 0020135　集 3.52/238

尹健餘先生全集　（清）尹會一撰　清光緒五年(1879)刻本　十冊

220000 – 0801 – 0020136　集 3.52/241

習靜軒詩集不分卷　（清）胡恩榮撰　清同治十一年(1872)刻本　一冊

220000 – 0801 – 0020137　集 3.52/242

習苦齋詩集八卷外集一卷雜著一卷　（清）戴熙著　清光緒二十一年(1895)鉛印本　四冊

220000 – 0801 – 0020138　集 3.52/242 – 1

習苦齋詩集八卷外集一卷雜著一卷　（清）戴熙著　清光緒二十一年(1895)鉛印本　四冊

220000 – 0801 – 0020139　集 3.52/242 – 2

習苦齋詩集八卷外集一卷雜著一卷　（清）戴熙著　清光緒二十一年(1895)鉛印本　四冊

220000 – 0801 – 0020140　集 3.52/244

璿璣碎錦二卷　（清）萬樹撰　清光緒十四年(1888)似靜齋刻本　二冊

220000 – 0801 – 0020141　集 3.52/245

廣雅堂詩集四卷　（清）張之洞撰　（清）紀鉅維輯　清光緒順德龍鳳鑣刻本　二冊

220000 – 0801 – 0020142　集 3.52/247

粵輶集四卷　徐琪撰　清光緒二十年(1894)刻本　四冊

220000 – 0801 – 0020143　集 3.52/250

重思齋遺著二卷詩草偶存一卷　（清）王家枚撰　清宣統元年(1909)鉛印本　四冊

220000 – 0801 – 0020144　集 3.52/251

重桂堂集十一卷　（清）許正綬撰　清光緒十年(1884)刻本　六冊

220000 – 0801 – 0020145　集 3.52/252

重桂堂集十卷附駢體一卷　（清）許正綬撰　清光緒十年(1884)刻本　二冊

220000 – 0801 – 0020146　集 3.52/253

乖庵文錄不分卷　秦樹聲撰　清光緒三十四年(1908)寫刻本　一冊

220000 – 0801 – 0020147　集 3.52/254

愛吾廬詩鈔六卷　（清）張洵佳撰　清宣統二年(1910)鉛印本　四冊

220000 – 0801 – 0020148　集 3.52/254 – 1

愛吾廬詩鈔六卷　（清）張洵佳撰　清宣統二年(1910)鉛印本　一冊　存一卷(五)

220000 – 0801 – 0020149　集 3.52/255

受恒受漸齋集十二卷　（清）沈曰富撰　清光緒十三年(1887)刻本　四冊

220000 – 0801 – 0020150　集 3.52/255 – 1

受恒受漸齋集十二卷　（清）沈曰富撰　清光緒十三年(1887)刻本　八冊

220000 – 0801 – 0020151　集 3.52/256

受恒受漸齋集六卷　（清）沈曰富撰　清光緒十三年(1887)刻本　四冊

220000 – 0801 – 0020152　集 3.52/257

受恒受漸齋集六卷　（清）沈曰富撰　清同治八年(1869)刻本　二冊

220000 – 0801 – 0020153　集 3.52/258

377

白下愚園集八卷 （清）胡光國輯 清光緒二
十二年（1896）刻本 六冊

220000－0801－0020154 集 3.52/259
香叠室詩集不分卷 （清）釋超源撰 清宣統
二年（1910）活字印本 一冊

220000－0801－0020155 集 3.52/260
香雪巢詩鈔十二卷 （清）徐兆豐撰 清光緒
二十四年（1898）江都徐氏家刻本 四冊

220000－0801－0020156 集 3.52/260－1
香雪巢詩鈔十二卷 （清）徐兆豐撰 清光緒
二十四年（1898）江都徐氏家刻本 四冊

220000－0801－0020157 集 3.52/261
維園詩鈔一卷 （清）楊建撰 縵華樓詩鈔
（清）袁華撰 清光緒十三年（1887）刻本
一冊

220000－0801－0020158 集 3.52/262
維周詩鈔十六卷 （清）程之楨撰 清同治十
一年（1872）刻本 四冊

220000－0801－0020159 集 3.52/262－1
維周詩鈔十六卷 （清）程之楨撰 清同治十
一年（1872）刻本 四冊

220000－0801－0020160 集 3.52/263
集翠軒詩稿二卷附錄一卷 （清）陳鷗撰 清
光緒二十一年（1895）刻本 二冊

220000－0801－0020161 集 3.52/264
賭棋山莊集一百三十二卷 （清）謝章鋌撰
清光緒十年（1884）刻本 三十三冊

220000－0801－0020162 集 3.52/264－1
賭棋山莊集一百三十二卷 （清）謝章鋌撰
清光緒十年（1884）刻本 二十四冊

220000－0801－0020163 集 3.52/265
舫廬文存內集四卷外集一卷首一卷 （清）張
壽榮撰 清光緒九年（1883）蛟川張氏秋樹根
齋刻本 四冊

220000－0801－0020164 集 3.52/269
雙梧山館文鈔二十四卷 （清）鄧瑤撰 清咸
豐十年（1860）南邨草堂刻本 六冊

220000－0801－0020165 集 3.52/270
雙桐書屋詩賸七卷 （清）李應莘撰 清光緒
十四年（1888）思過齋刻本 一冊

220000－0801－0020166 集 3.52/272
香雪齋詩鈔四卷 （清）嚴鈖撰 清光緒十九
年（1893）刻本 二冊

220000－0801－0020167 集 3.52/273
虛受堂文集十六卷 王先謙撰 清宣統二年
（1910）上海國學書社石印本 六冊

220000－0801－0020168 集 3.52/273－1
虛受堂文集十六卷 王先謙撰 清宣統二年
（1910）上海國學書社石印本 六冊

220000－0801－0020169 集 3.52/275
虛白齋古近體詩二卷 （清）劉蘊輝撰 清同
治十一年（1872）刻本 一冊

220000－0801－0020170 集 3.52/276
虛一齋集五卷 （清）莊培因撰 清光緒九年
（1883）刻本 二冊

220000－0801－0020171 集 3.52/277
虛白山房詩集四卷駢體文二卷 （清）朱鳳毛
撰 清光緒十五年（1889）刻本 二冊

220000－0801－0020172 集 3.52/278
虛白室詩鈔十卷 （清）方昌翰撰 清光緒十
三年（1887）刻本 二冊

220000－0801－0020173 集 3.52/279
虛白室文鈔二卷詩鈔十一卷 （清）方昌翰撰
清光緒十三年（1887）刻本 四冊

220000－0801－0020174 集 3.52/281
鷗館閒吟一卷 （清）翁道鎔撰 清末刻本
一冊

220000－0801－0020175 集 3.52/282
何子清先生遺文二卷附錄一卷 （清）何忠萬
撰 清光緒八年（1882）刻本 一冊

220000－0801－0020176 集 3.52/282－1
何子清先生遺文二卷附錄一卷 （清）何忠萬
撰 清光緒八年（1882）刻本 一冊

220000 – 0801 – 0020177　集 3.52/283

慧香室集四卷　（清）沈鎔經撰　清光緒二十五年(1899)刻本　四冊

220000 – 0801 – 0020178　集 3.52/283 – 1

慧香室集四卷　（清）沈鎔經撰　清光緒二十五年(1899)刻本　四冊

220000 – 0801 – 0020179　集 3.52/284

衡齋遺書九卷　（清）汪萊撰　清道光十四年(1834)刻本　一冊

220000 – 0801 – 0020180　集 3.52/285

止足齋詩存四卷　（清）銘安撰　清光緒三十一年(1905)刻本　一冊

220000 – 0801 – 0020181　集 3.52/286

經進文稿偶存不分卷　（清）許振礽撰　清咸豐十年(1860)刻本　一冊

220000 – 0801 – 0020182　集 3.52/289

師矩齋詩錄二卷　（清）彭翰孫撰　清光緒十七年(1891)刻本　二冊

220000 – 0801 – 0020183　集 3.52/290

師伏堂駢文四卷詠史一卷詞一卷詩草六卷　（清）皮錫瑞撰　清光緒三十年(1904)刻本　六冊

220000 – 0801 – 0020184　集 3.52/291

師鄭堂集六卷　孫雄撰　清光緒十七年(1891)活字印本　四冊

220000 – 0801 – 0020185　集 3.52/292

師鄭堂駢體文二卷　孫雄撰　清光緒二十一年(1895)刻本　一冊

220000 – 0801 – 0020186　集 3.52/293

師竹軒詩集四卷　（清）劉樹堂撰　清光緒十五年(1889)天津書局石印本　一冊

220000 – 0801 – 0020187　集 3.52/293 – 1

師竹軒詩集四卷　（清）劉樹堂撰　清光緒十五年(1889)天津書局石印本　一冊

220000 – 0801 – 0020188　集 3.52/294

比玉樓遺稿四卷補遺一卷　（清）黃振均撰　清光緒二十年(1894)刻本　二冊

220000 – 0801 – 0020189　集 3.52/295

紫蘋館詩鈔二卷　（清）王永年撰　清光緒三十二年(1906)鉛印本　二冊

220000 – 0801 – 0020190　集 3.52/298

誦芬詩略三卷附八旬自述百韻詩一卷　（清）黃炳垕撰　清同治九年(1870)刻本　一冊

220000 – 0801 – 0020191　集 3.52/299

紅樓夢賦一卷附竹枝詞一卷　（清）沈謙撰　清光緒二年(1876)刻本　一冊

220000 – 0801 – 0020192　集 3.52/299 – 1

紅樓夢賦一卷附竹枝詞一卷　（清）沈謙撰　清光緒二年(1876)刻本　二冊

220000 – 0801 – 0020193　集 3.52/300

紅韻閣遺稿一卷　（清）闞壽坤撰　清光緒五年(1879)刻本　一冊

220000 – 0801 – 0020194　集 3.52/300 – 1

紅韻閣遺稿一卷　（清）闞壽坤撰　清光緒五年(1879)刻本　一冊

220000 – 0801 – 0020195　集 3.52/301

紅杏山房文稿五卷　（清）趙承恩撰　清光緒十八年(1892)刻本　四冊

220000 – 0801 – 0020196　集 3.52/302

鮑太史詩集八卷　（清）鮑存曉撰　（清）鄭錫田輯　清光緒十二年(1886)刻本　四冊

220000 – 0801 – 0020197　集 3.52/304

紅粟山莊詩六卷續六卷詩餘一卷　（清）朱寶善撰　清同治九年(1870)刻本　四冊

220000 – 0801 – 0020198　集 3.52/304 – 1

紅粟山莊詩六卷續六卷詩餘一卷　（清）朱寶善撰　清同治九年(1870)刻本　二冊　缺七卷(續六卷、詩餘一卷)

220000 – 0801 – 0020199　集 3.52/305

紅樹山莊詩草四卷附黔遊草一卷　（清）劉家逵撰　清光緒十一年(1885)刻本　一冊

220000 – 0801 – 0020200　集 3.52/305 – 1

紅樹山莊詩草四卷附黔遊草一卷　（清）劉家逵撰　清光緒十一年(1885)刻本　二冊

220000－0801－0020201　集 3.52/306

巢經巢詩鈔九卷後集四卷　（清）鄭珍撰　清
咸豐四年(1854)刻本　四冊

220000－0801－0020202　集 3.52/306－1

巢經巢詩鈔九卷後集四卷　（清）鄭珍撰　清
咸豐四年(1854)刻本　四冊

220000－0801－0020203　集 3.52/310

巢經巢遺稿四卷　（清）鄭珍撰　清光緒三十
年(1904)貴陽文通書局鉛印本　二冊

220000－0801－0020204　集 3.52/313

仙心閣詩鈔四卷　（清）彭慰高撰　清光緒三
年(1877)刻本　二冊

220000－0801－0020205　集 3.52/313－1

仙心閣詩鈔四卷　（清）彭慰高撰　清光緒三
年(1877)刻本　一冊

220000－0801－0020206　集 3.52/314

松壽堂詩鈔十卷　（清）陳夔龍撰　清宣統三
年(1911)刻本　四冊

220000－0801－0020207　集 3.52/314－1

松壽堂詩鈔十卷　（清）陳夔龍撰　清宣統三
年(1911)刻本　四冊

220000－0801－0020208　集 3.52/315

嶺上白雲集十二集廲翁文鈔四卷　（清）陸懋
修撰　清光緒二十三年(1897)刻本　四冊

220000－0801－0020209　集 3.52/316

崇蘭堂詩初存十卷　（清）張預撰　清光緒二
十年(1894)刻本　二冊

220000－0801－0020210　集 3.52/317

崇雅堂駢體文鈔四卷首一卷　（清）胡敬撰
清光緒二十五年(1899)刻本　二冊

220000－0801－0020211　集 3.52/317－1

崇雅堂駢體文鈔四卷首一卷　（清）胡敬撰
清光緒二十五年(1899)刻本　二冊

220000－0801－0020212　集 3.52/318

種樹軒性理淺說一卷小學淺說一卷文集一卷
詩草一卷　（清）郭長清撰　清光緒十九年
(1893)刻本　二冊

220000－0801－0020213　集 3.52/318－1

種樹軒性理淺說一卷小學淺說一卷文集一卷
詩草一卷　（清）郭長清撰　清光緒十九年
(1893)刻本　二冊

220000－0801－0020214　集 3.52/321

種樹軒詩草一卷　（清）郭長清撰　清光緒二
十二年(1896)刻本　一冊

220000－0801－0020215　集 3.52/322

徯月軒十六卷　（清）惜陰主人撰　清同治十
二年(1873)刻本　四冊

220000－0801－0020216　集 3.52/323

樂餘靜廉齋詩稿二卷　（清）顧復初撰　清光
緒二年(1876)成都刻本　一冊

220000－0801－0020217　集 3.52/324

後永州集八卷　（清）黃文琛撰　清同治九年
(1870)刻本　三冊

220000－0801－0020218　集 3.52/325

集義軒詠史詩鈔六十卷　（清）羅惇衍撰　清
光緒三年(1877)刻本　十二冊

220000－0801－0020219　集 3.52/326

後洛中吟不分卷　（清）賈臻撰　清咸豐六年
(1856)躬自厚齋刻本　一冊

220000－0801－0020220　集 3.52/328

鰈硯廬詩鈔二卷附聯吟集一卷　（清）嚴永華
撰　清末刻本　一冊

220000－0801－0020221　集 3.52/329

伏鸞堂詩剩四卷　（清）秦雲撰　清光緒四年
(1878)刻本　一冊

220000－0801－0020222　集 3.52/330

樊山集二十四卷續集二十八卷批判九卷公牘
三卷二家詞抄五卷時文一卷　樊增祥撰　清
光緒十九年至二十八年(1893－1902)刻本
二十冊　缺二卷(二家詞抄一至二)

220000－0801－0020223　集 3.52/330－1

樊山集二十四卷續集二十八卷批判九卷公牘
三卷二家詞抄五卷時文一卷　樊增祥撰　清
光緒十九年至二十八年(1893－1902)刻本

十八冊　缺十七卷(批判九卷、公牘三卷、二家詞抄五卷)

220000－0801－0020224　集 3.52/330－2
樊山集二十四卷續集二十八卷批判九卷公牘三卷二家詞抄五卷時文一卷　樊增祥撰　清光緒十九年至二十八年(1893－1902)刻本　二十八冊

220000－0801－0020225　集 3.52/330－3
樊山集二十四卷續集二十八卷批判九卷公牘三卷二家詞抄五卷時文一卷　樊增祥撰　清光緒十九年至二十八年(1893－1902)刻本　二十五冊

220000－0801－0020226　集 3.52/330－4
樊山集二十四卷續集二十八卷批判九卷公牘三卷二家詞抄五卷時文一卷　樊增祥撰　清光緒十九年至二十八年(1893－1902)刻本　十二冊　缺十三卷(樊山文甲集一卷、乙集一卷、廣雅堂試帖一卷、畫妃亭試帖一卷、二家詞鈔五卷、公牘三卷、時文一卷)

220000－0801－0020227　集 3.52/331
後樂堂文鈔續編九卷　(清)陳玉樹撰　清光緒二十七年(1901)鉛印本　六冊

220000－0801－0020228　集 3.52/332
樂志簃文錄四卷　(清)沈祥龍撰　清光緒二十六年(1900)文墨齋寫刻本　一冊

220000－0801－0020229　集 3.52/333
樂志堂文略四卷詩略二卷　(清)譚瑩撰　清光緒元年(1875)刻本　三冊

220000－0801－0020230　集 3.52/333－1
樂志堂文略四卷詩略二卷　(清)譚瑩撰　清光緒元年(1875)刻本　二冊　存四卷(文略四卷)

220000－0801－0020231　集 3.52/334
樂志簃筆記四卷　(清)沈祥龍撰　清光緒二十七年(1901)雲間沈氏刻本　一冊

220000－0801－0020232　集 3.52/335
代農堂文稿八卷　(清)陳繼訓撰　清宣統元

年(1909)鉛印本　二冊

220000－0801－0020233　集 3.52/337
黛韻樓文集二卷詞集二卷遺集四卷　(清)薛紹徽撰　**小黛軒論詩詩二卷陳孝女遺集二卷**　(清)陳芸撰　清宣統三年(1911)刻本　六冊

220000－0801－0020234　集 3.52/337－1
黛韻樓文集二卷詞集二卷遺集四卷　(清)薛紹徽撰　**小黛軒論詩詩二卷陳孝女遺集二卷**　(清)陳芸撰　清宣統三年(1911)刻本　六冊

220000－0801－0020235　集 3.52/338
倚梅閣詩集四卷詞鈔一卷　(清)沈韻蘭撰　清光緒十六年(1890)活字印本　一冊

220000－0801－0020236　集 3.52/338－1
倚梅閣詩集四卷詞鈔一卷　(清)沈韻蘭撰　清光緒十六年(1890)活字印本　一冊

220000－0801－0020237　集 3.52/339
倚松閣詩鈔十五卷附錄一卷　(清)馮錫鏞撰　清同治九年(1870)刻本　四冊

220000－0801－0020238　集 3.52/340
劬書室遺集十六卷附理學庸言二卷　(清)金錫齡撰　清光緒二十一年(1895)刻本　六冊

220000－0801－0020239　集 3.52/340－1
劬書室遺集十六卷附理學庸言二卷　(清)金錫齡撰　清光緒二十一年(1895)刻本　六冊　缺二卷(理學庸言二卷)

220000－0801－0020240　集 3.52/341
綺雲樓雜著四卷　(清)竇士鏞撰　清宣統元年(1909)鉛印本　一冊

220000－0801－0020241　集 3.52/342
續東軒遺集不分卷　(清)高均儒撰　清光緒八年(1882)刻本　一冊

220000－0801－0020242　集 3.52/342－1
續東軒遺集不分卷　(清)高均儒撰　清光緒八年(1882)刻本　一冊

220000－0801－0020243　集 3.52/342－2

續東軒遺集不分卷 （清）高均儒撰 清光緒
八年（1882）刻本 一冊

220000－0801－0020244 集3.52/344

壯學齋文集十二卷 （清）周樹槐撰 清咸豐
二年（1852）刻本 六冊

220000－0801－0020245 集3.52/345

香禪精舍集 （清）潘鍾瑞撰 清光緒四年
（1878）刻本 一冊

220000－0801－0020246 集3.52/346

使黔草三卷東洲草堂詩鈔三卷 （清）何紹基
撰 清道光二十五年（1845）刻本 二冊

220000－0801－0020247 集3.52/349

朱文定公集詩十卷 （清）朱士彥撰 清末刻
本 二冊

220000－0801－0020248 集3.52/349－1

朱文定公集詩十卷 （清）朱士彥撰 清末刻
本 二冊

220000－0801－0020249 集3.52/351

朱九江先生集十卷首一卷 （清）朱次琦撰
清光緒二十三年（1897）刻本 四冊

220000－0801－0020250 集3.52/351－1

朱九江先生集十卷首一卷 （清）朱次琦撰
清光緒二十三年（1897）刻本 四冊

220000－0801－0020251 集3.52/351－2

朱九江先生集十卷首一卷 （清）朱次琦撰
清光緒二十三年（1897）刻本 四冊

220000－0801－0020252 集3.52/353

繡墨軒詩稿一卷 （清）俞慶曾撰 清光緒二
十三年（1897）刻本 一冊

220000－0801－0020253 集3.52/354

積風閣近作不分卷 （清）朱艫撰 清末貴州
刻本 一冊

220000－0801－0020254 集3.52/355

續語堂詩一卷 （清）魏錫曾撰 清光緒九年
（1883）刻本 一冊

220000－0801－0020255 集3.52/357

傳硯堂詩錄八卷 （清）張鴻基撰 清同治七
年（1868）葵青居刻本 二冊

220000－0801－0020256 集3.52/358

傳樸堂詩稿四卷 （清）葛金烺撰 清光緒二
十一年（1895）刻本 二冊

220000－0801－0020257 集3.52/361

躬恥齋文鈔二十卷首一卷文後編六卷詩鈔十
四卷首一卷詩後編七卷 （清）宗稷辰撰 清
咸豐元年（1851）都下刻本 二十六冊

220000－0801－0020258 集3.52/361－1

躬恥齋文鈔二十卷首一卷文後編六卷詩鈔十
四卷首一卷詩後編七卷 （清）宗稷辰撰 清
咸豐元年（1851）都下刻本 二十四冊

220000－0801－0020259 集3.52/361－2

躬恥齋文鈔二十卷首一卷文後編六卷詩鈔十
四卷首一卷詩後編七卷 （清）宗稷辰撰 清
咸豐元年（1851）都下刻本 二十四冊

220000－0801－0020260 集3.52/363

吳摯甫詩集不分卷 （清）吳汝綸撰 清宣統
二年（1910）國學扶輪社鉛印本 一冊

220000－0801－0020261 集3.52/364

吳摯甫文集四卷附一卷 （清）吳汝綸撰 清
宣統二年（1910）石印本 五冊

220000－0801－0020262 集3.52/364－1

吳摯甫文集四卷附一卷 （清）吳汝綸撰 清
宣統二年（1910）石印本 五冊

220000－0801－0020263 集3.52/365

偶存集不分卷 （清）董貽清撰 清同治十一
年（1872）刻本 一冊

220000－0801－0020264 集3.52/365－1

偶存集不分卷 （清）董貽清撰 清同治十一
年（1872）刻本 一冊

220000－0801－0020265 集3.52/366

偶齋詩草內集八卷內次集七卷外集四卷外次
集十卷 （清）寶廷撰 清末刻本 七冊 缺
四卷（內集一至四）

220000－0801－0020266 集3.52/367

阜湖山人詩鈔六卷　（清）宋杰撰　清同治八年(1869)刻本　一冊

220000－0801－0020267　集 3.52/368

息笠庵詩集六卷　（清）楊韻撰　**南湖草堂詩集六卷**　（清）楊伯潤撰　清光緒八年(1882)刻本　一冊

220000－0801－0020268　集 3.52/369

白華絳柎閣詩十卷　（清）李慈銘撰　清光緒十八年(1892)刻本　二冊

220000－0801－0020269　集 3.52/370

白下愚園題景七十詠一卷　（清）胡恩燮撰　清光緒刻本　一冊

220000－0801－0020270　集 3.52/371

白圭榭古文遺稿一卷　（清）張璐撰　清光緒二十五年(1899)刻本　一冊

220000－0801－0020271　集 3.52/373

自攜集不分卷　（清）楊陳復撰　清光緒十一年(1885)刻本　二冊

220000－0801－0020272　集 3.52/374

綠杉野屋詩集四卷　（清）蕭元吉撰　清光緒十八年(1892)石印本　二冊

220000－0801－0020273　集 3.52/377

釋園詩鈔七卷　（清）翁傳照撰　清光緒二十二年(1896)刻本　二冊

220000－0801－0020274　集 3.52/381

縵雅堂駢體文八卷　（清）王詒壽撰　清光緒六年(1880)刻本　一冊

220000－0801－0020275　集 3.52/381－1

縵雅堂駢體文八卷　（清）王詒壽撰　清光緒六年(1880)刻本　一冊

220000－0801－0020276　集 3.52/382

縵雅堂駢體文八卷附花影詞一卷笙月詞五卷　（清）王詒壽撰　清光緒十五年(1889)娛園刻本　二冊

220000－0801－0020277　集 3.52/383

冬榮室詩鈔不分卷　（清）莊慶椿撰　清光緒四年(1878)刻本　一冊

220000－0801－0020278　集 3.52/384

冬榮室詩鈔不分卷　（清）王煥崧撰　清光緒三十二年(1906)時中書局鉛印本　一冊

220000－0801－0020279　集 3.52/384－1

冬榮室詩鈔不分卷　（清）王煥崧撰　清光緒三十二年(1906)時中書局鉛印本　一冊

220000－0801－0020280　集 3.52/384－2

冬榮室詩鈔不分卷　（清）王煥崧撰　清光緒三十二年(1906)時中書局鉛印本　一冊

220000－0801－0020281　集 3.52/387

冬心草堂詩選二卷　（清）李恩綬撰　清宣統二年(1910)鉛印本　二冊

220000－0801－0020282　集 3.52/388

無益有益齋論畫詩二卷　（清）李葆恂撰　清宣統元年(1909)漢口維新印書館鉛印本　一冊

220000－0801－0020283　集 3.52/389

餐芍華館遺文三卷　（清）周騰虎撰　清光緒三十一年(1905)刻本　一冊

220000－0801－0020284　集 3.52/390

餐鞠軒詩草一卷　（清）伍淡如撰　清光緒十四年(1888)刻本　一冊

220000－0801－0020285　集 3.52/391

繡餘小草五卷　（清）扈斯哈里氏撰　清光緒二十二年(1896)刻本　五冊

220000－0801－0020286　集 3.52/392

屺雲樓文鈔十二卷　（清）劉存仁撰　清光緒五年(1879)鉛印本　六冊

220000－0801－0020287　集 3.52/393

欠泉庵文集二卷　（清）周煥樞撰　清末刻本　二冊

220000－0801－0020288　集 3.52/394

欠愁集不分卷　（清）史震林撰　清光緒二十七年(1901)拜鴛樓刻本　一冊

220000－0801－0020289　集 3.52/395

負圜詩存四卷　（清）李永鎮撰　清末刻本　一冊

383

220000－0801－0020290　集 3.52/395－1
負園詩存四卷　（清）李永鎮撰　清末刻本
一冊

220000－0801－0020291　集 3.52/396
久芬室詩集六卷　（清）鄭襄撰　清光緒二十
一年(1895)刻本　二冊

220000－0801－0020292　集 3.52/396－1
久芬室詩集六卷　（清）鄭襄撰　清光緒二十
一年(1895)刻本　二冊

220000－0801－0020293　集 3.52/397
嶼浮閣詩集十四卷　（清）溫日知撰　清咸豐
七年(1857)宏道書院刻本　二冊

220000－0801－0020294　集 3.52/397－1
嶼浮閣詩集十四卷　（清）溫日知撰　清咸豐
七年(1857)宏道書院刻本　二冊

220000－0801－0020295　集 3.52/397－2
嶼浮閣詩集十四卷　（清）溫日知撰　清咸豐
七年(1857)宏道書院刻本　二冊

220000－0801－0020296　集 3.52/397－3
嶼浮閣詩集十四卷　（清）溫日知撰　清咸豐
七年(1857)宏道書院刻本　二冊

220000－0801－0020297　集 3.52/399
躬厚堂詩錄十卷初錄四卷　（清）張金鏞撰
清同治三年(1864)刻本　四冊

220000－0801－0020298　集 3.52/400
躬厚堂雜文八卷　（清）張金鏞撰　清光緒四
年(1878)刻本　二冊

220000－0801－0020299　集 3.52/401
仰蕭樓文集不分卷　（清）張星鑒撰　清光緒
六年(1880)刻本　一冊

220000－0801－0020300　集 3.52/401－1
仰蕭樓文集不分卷　（清）張星鑒撰　清光緒
六年(1880)刻本　一冊

220000－0801－0020301　集 3.52/402
佩蘅詩鈔八卷　（清）寶鋆撰　清咸豐九年
(1859)刻本　四冊

220000－0801－0020302　集 3.52/402－1
佩蘅詩鈔八卷　（清）寶鋆撰　清咸豐九年
(1859)刻本　四冊

220000－0801－0020303　集 3.52/405
舒藝室全集隨筆六卷續筆一卷餘筆三卷雜著
賸稿一卷詩存七卷索笑詞二卷　（清）張文虎
撰　清同治十三年至光緒七年(1874－1881)
刻本　十四冊

220000－0801－0020304　集 3.52/407
歸省贈言錄不分卷　姚文棟撰　清光緒十四
年(1888)刻本　一冊

220000－0801－0020305　集 3.52/408
歸庵詩稿三卷　（清）葉裕仁撰　清光緒九年
(1883)刻本　一冊

220000－0801－0020306　集 3.52/409
歸庵文稿八卷　（清）葉裕仁撰　清光緒八年
(1882)刻本　四冊

220000－0801－0020307　集 3.52/409－1
歸庵文稿八卷　（清）葉裕仁撰　清光緒八年
(1882)刻本　四冊

220000－0801－0020308　集 3.52/409－2
歸庵文稿八卷　（清）葉裕仁撰　清光緒八年
(1882)刻本　四冊

220000－0801－0020309　集 3.52/409－3
歸庵文稿八卷　（清）葉裕仁撰　清光緒八年
(1882)刻本　四冊

220000－0801－0020310　集 3.52/410
角山樓詩鈔十五卷賦鈔二卷　（清）趙克宜撰
清道光二十六年(1846)刻本　八冊

220000－0801－0020311　集 3.52/412
向湖邨舍詩初集十二卷　趙藩撰　清光緒十
四年(1888)長沙刻本　二冊

220000－0801－0020312　集 3.52/412－1
向湖邨舍詩初集十二卷　趙藩撰　清光緒十
四年(1888)長沙刻本　三冊

220000－0801－0020313　集 3.52/412－2
向湖邨舍詩初集十二卷　趙藩撰　清光緒十

四年(1888)長沙刻本　一冊

220000－0801－0020314　集3.52/413
磐那室詩存不分卷　(清)張亨嘉撰　清宣統三年(1911)鉛印本　一冊

220000－0801－0020315　集3.52/414
槃薖文甲集三卷　(清)湯紀尚撰　清光緒十八年(1892)刻本　一冊

220000－0801－0020316　集3.52/417
紉蘭室詩鈔三卷　(清)嚴永華撰　清光緒十七年(1891)刻本　一冊

220000－0801－0020317　集3.52/418
紉蘭室詩鈔三卷鰈硯廬詩鈔二卷聯吟集一卷　(清)嚴永華撰　清光緒十七年(1891)刻本　二冊

220000－0801－0020318　集3.52/419
紉餘小草一卷　(清)鄒佩蘭撰　清光緒元年(1875)刻本　一冊

220000－0801－0020319　集3.52/422
綠槐書屋詩稿三卷　(清)張綸英撰　清同治七年(1868)刻本　一冊

220000－0801－0020320　集3.52/423
綠漪草堂文集三十卷外集二卷詩集二十卷別集二卷　(清)羅汝懷撰　清光緒九年(1883)長沙刻本　十五冊

220000－0801－0020321　集3.52/423－1
綠漪草堂文集三十卷外集二卷詩集二十卷別集二卷　(清)羅汝懷撰　清光緒九年(1883)長沙刻本　十冊

220000－0801－0020322　集3.52/424
徐琪文集九種九卷　徐琪撰　清光緒十八年(1892)刻本　一冊

220000－0801－0020323　集3.52/425
微居集經說四卷史說一卷讀通考二卷讀子集三卷褉箸四卷　(清)黃式三撰　清光緒二年(1876)刻本　四冊

220000－0801－0020324　集3.52/426
微尚齋詩集初編四卷續集一卷　(清)馮志沂

撰　清同治三年(1864)刻本　一冊

220000－0801－0020325　集3.52/426－1
微尚齋詩集初編四卷續集一卷　(清)馮志沂撰　清同治三年(1864)刻本　一冊

220000－0801－0020326　集3.52/427
微尚齋文集不分卷　(清)馮志沂撰　清同治十三年(1874)刻本　一冊

220000－0801－0020327　集3.52/429
嶻景留吟館贅草不分卷　(清)許巨楣撰　清光緒三十一年(1905)鉛印本　一冊

220000－0801－0020328　集3.52/430
儀孝堂詩一卷　(清)何承徽撰　清光緒五年(1879)刻本　一冊

220000－0801－0020329　集3.52/432
儀顧堂集二十卷　(清)陸心源撰　清光緒二十四年(1898)刻本　六冊

220000－0801－0020330　集3.52/432－1
儀顧堂集二十卷　(清)陸心源撰　清光緒二十四年(1898)刻本　六冊

220000－0801－0020331　集3.52/432－2
儀顧堂集二十卷　(清)陸心源撰　清光緒二十四年(1898)刻本　六冊

220000－0801－0020332　集3.52/432－3
儀顧堂集二十卷　(清)陸心源撰　清光緒二十四年(1898)刻本　六冊

220000－0801－0020333　集3.52/433
儀宋堂文二集十卷　(清)吳嘉洤撰　清光緒五年(1879)刻本　二冊

220000－0801－0020334　集3.52/433－1
儀宋堂文二集十卷　(清)吳嘉洤撰　清光緒五年(1879)刻本　二冊

220000－0801－0020335　集3.52/434
儀顧堂集十六卷　(清)陸心源撰　清同治十三年(1874)福州刻本　四冊

220000－0801－0020336　集3.52/434－1
儀顧堂集十六卷　(清)陸心源撰　清同治十

三年(1874)福州刻本　四冊

220000－0801－0020337　集3.52/434－2
儀顧堂集十六卷　（清）陸心源撰　清同治十三年(1874)福州刻本　五冊

220000－0801－0020338　集3.52/435
復堂文續五卷　（清）譚獻撰　清光緒二十七年(1901)刻鵠齋刻本　四冊

220000－0801－0020339　集3.52/436
復堂詩四卷詞一卷　（清）譚獻撰　清同治四年(1865)補刻本　二冊

220000－0801－0020340　集3.52/437
復堂類集文四卷詩九卷詞二卷日記六卷　（清）譚獻撰　清光緒十三年(1887)刻本　六冊

220000－0801－0020341　集3.52/438
復庵外稿二卷公牘四卷　曹允源撰　清光緒刻本　二冊

220000－0801－0020342　集3.52/439
復莊詩問三十四卷　（清）姚燮撰　清同治十一年(1872)刻本　八冊

220000－0801－0020343　集3.52/440
復莊駢儷文榷八卷　（清）姚燮撰　清咸豐四年(1854)刻本　二冊

220000－0801－0020344　集3.52/441
復莊詩問三十四卷　（清）姚燮撰　清道光二十六年(1846)刻本　十二冊

220000－0801－0020345　集3.52/441－1
復莊詩問三十四卷　（清）姚燮撰　清道光二十六年(1846)刻本　十二冊

220000－0801－0020346　集3.52/441－2
復莊詩問三十四卷　（清）姚燮撰　清道光二十六年(1846)刻本　八冊

220000－0801－0020347　集3.52/442
復莊駢儷文榷初編八卷二編八卷　（清）姚燮撰　清咸豐四年(1854)大梅山館刻本　八冊

220000－0801－0020348　集3.52/442－1

復莊駢儷文榷初編八卷二編八卷　（清）姚燮撰　清咸豐四年(1854)大梅山館刻本　八冊存八卷(復莊駢儷文榷初編八卷)

220000－0801－0020349　集3.52/442－2
復莊駢儷文榷初編八卷二編八卷　（清）姚燮撰　清咸豐四年(1854)大梅山館刻本　一冊存八卷(復莊駢儷文榷初編八卷)

220000－0801－0020350　集3.52/447
秋根書室詩文集十四卷　（清）孟傳鑄撰　清宣統二年(1910)鉛印本　六冊

220000－0801－0020351　集3.52/449
秋水堂遺詩一卷　（清）朱慶萼撰　清光緒元年(1875)山陰安越堂平氏刻本　一冊

220000－0801－0020352　集3.52/451
秋江集註六卷附補抄一卷　（清）黃任撰（清）王元麟註　清道光二十三年(1843)刻本　六冊

220000－0801－0020353　集3.52/451－1
秋江集註六卷附補抄一卷　（清）黃任撰（清）王元麟註　清道光二十三年(1843)刻本　六冊

220000－0801－0020354　集3.52/452
秋蠹吟館詩鈔七卷　（清）金和撰　清光緒二十一年(1895)刻本　五冊

220000－0801－0020355　集3.52/452－1
秋蠹吟館詩鈔七卷　（清）金和撰　清光緒二十一年(1895)刻本　五冊

220000－0801－0020356　集3.52/452－2
秋蠹吟館詩鈔七卷　（清）金和撰　清光緒二十一年(1895)刻本　五冊

220000－0801－0020357　集3.52/452－3
秋蠹吟館詩鈔七卷　（清）金和撰　清光緒二十一年(1895)刻本　五冊

220000－0801－0020358　集3.52/452－4
秋蠹吟館詩鈔七卷　（清）金和撰　清光緒二十一年(1895)刻本　五冊

220000－0801－0020359　集3.52/453

安般簃集詩續十卷　（清）袁昶撰　清光緒十
八年（1892）小漚巢刻本　四冊

220000－0801－0020360　集 3.52/453－1

安般簃集詩續十卷　（清）袁昶撰　清光緒十
八年（1892）小漚巢刻本　三冊

220000－0801－0020361　集 3.52/453－2

安般簃集詩續十卷　（清）袁昶著　清光緒十
八年（1892）小漚巢刻本　三冊

220000－0801－0020362　集 3.52/453－3

安般簃集詩續十卷　（清）袁昶撰　清光緒十
八年（1892）小漚巢刻本　三冊

220000－0801－0020363　集 3.52/454

守拙軒唫稿二卷　（清）馬錫康撰　清光緒三
十四年（1908）絳帷書舍刻本　二冊

220000－0801－0020364　集 3.52/455

寄影軒詩鈔四卷終一卷　（清）志潤撰　清光
緒三十年（1904）上海新昌書局鉛印本　四冊

220000－0801－0020365　集 3.52/456

寄生山館詩剩一卷附瘦玉詞鈔一卷　（清）徐
士怡撰　清光緒十二年（1886）刻本　一冊

220000－0801－0020366　集 3.52/456－1

寄生山館詩剩一卷附瘦玉詞鈔一卷　（清）徐
士怡撰　清光緒十二年（1886）刻本　一冊

220000－0801－0020367　集 3.52/457

舒藝室詩存七卷附索笑詞二卷　（清）張文虎
撰　清同治刻本　二冊

220000－0801－0020368　集 3.52/459

賓雲仙館詩集六卷　（清）周兆魚撰　清同治
五年（1866）刻本　二冊

220000－0801－0020369　集 3.52/460

寶鐵齋詩錄不分卷　（清）韓崇撰　清道光二
十九年（1849）潯江郡舍刻本　一冊

220000－0801－0020370　集 3.52/461

退補齋文存十二卷首一卷　（清）胡鳳丹撰
清同治十二年（1873）鄂州寓廬刻本　五冊

220000－0801－0020371　集 3.52/461－1

退補齋文存十二卷首一卷　（清）胡鳳丹撰
清同治十二年（1873）鄂州寓廬刻本　一冊

220000－0801－0020372　集 3.52/462

寶鐵齋詩錄續錄不分卷補一卷　（清）韓崇撰
清光緒七年（1881）補刻本　二冊

220000－0801－0020373　集 3.52/463

宜雅堂詩錄六卷　（清）顧翰撰　清光緒二十
八年（1902）刻本　一冊

220000－0801－0020374　集 3.52/463－1

宜雅堂詩錄六卷　（清）顧翰撰　清光緒二十
八年（1902）刻本　一冊

220000－0801－0020375　集 3.52/465

寒松閣詩八卷說文佚字考四卷疑年賡錄二卷
詞四卷駢體文一卷續一卷　（清）張鳴珂撰
清光緒十九年（1893）刻本　六冊

220000－0801－0020376　集 3.52/465－1

寒松閣詩八卷說文佚字考四卷疑年賡錄二卷
詞四卷駢體文一卷續一卷　（清）張鳴珂撰
清光緒十九年（1893）刻本　六冊

220000－0801－0020377　集 3.52/465－2

寒松閣詩八卷說文佚字考四卷疑年賡錄二卷
詞四卷駢體文一卷續一卷　（清）張鳴珂撰
清光緒十九年（1893）刻本　六冊

220000－0801－0020378　集 3.52/465－3

寒松閣詩八卷說文佚字考四卷疑年賡錄二卷
詞四卷駢體文一卷續一卷　（清）張鳴珂撰
清光緒十九年（1893）刻本　四冊

220000－0801－0020379　集 3.52/465－4

寒松閣詩八卷說文佚字考四卷疑年賡錄二卷
詞四卷駢體文一卷續一卷　（清）張鳴珂撰
清光緒十九年（1893）刻本　四冊

220000－0801－0020380　集 3.52/465－5

寒松閣詩八卷說文佚字考四卷疑年賡錄二卷
詞四卷駢體文一卷續一卷　（清）張鳴珂撰
清光緒十九年（1893）刻本　一冊　存四卷
（寒松閣詩一至四）

220000－0801－0020381　集 3.52/465－6

寒松閣詩八卷說文佚字考四卷疑年賡錄二卷詞四卷駢體文一卷續一卷 （清）張鳴珂撰
清光緒十九年（1893）刻本　一冊　存四卷（寒松閣詩一至四）

220000－0801－0020382　集 3.52/465－7

寒松閣詩八卷說文佚字考四卷疑年賡錄二卷詞四卷駢體文一卷續一卷 （清）張鳴珂撰
清光緒十九年（1893）刻本　二冊　缺四卷（說文佚字考四卷）

220000－0801－0020383　集 3.52/467

宜堂類編十七種二十一卷　丁立中撰　清光緒二十六年（1900）嘉惠堂刻本　十冊

220000－0801－0020384　集 3.52/468

寥山樵唱二卷南遊續草一卷詞一卷 （清）侯紹瀛撰　清光緒十二年（1886）刻本　三冊

220000－0801－0020385　集 3.52/471

寶笏樓詩集二卷 （清）徐敦穆撰　清宣統三年（1911）刻朱印本　一冊

220000－0801－0020386　集 3.52/471－1

寶笏樓詩集二卷 （清）徐敦穆撰　清宣統三年（1911）刻朱印本　一冊

220000－0801－0020387　集 3.52/471－2

寶笏樓詩集二卷 （清）徐敦穆撰　清宣統三年（1911）刻朱印本　一冊

220000－0801－0020388　集 3.52/472

寶章齋類稿八種一百卷 （清）李桓撰　清光緒六年（1880）武林趙寶墨齋刻本　三十八冊

220000－0801－0020389　集 3.52/473

窳翁文鈔四卷 （清）陸懋修撰　清刻本　一冊

220000－0801－0020390　集 3.52/474

夢湘樓稿四卷 （清）宗婉撰　清光緒九年（1883）刻本　一冊

220000－0801－0020391　集 3.52/476

窺豹集二卷 （清）蔣超伯撰　清同治三年（1864）刻本　一冊

220000－0801－0020392　集 3.52/477

窺生鐵齋詩存不分卷 （清）宗山撰　清光緒十六年（1890）刻本　一冊

220000－0801－0020393　集 3.52/479

適安廬詩鈔二卷詞鈔一卷 （清）王汝鼎撰　清光緒二十三年（1897）刻本　二冊

220000－0801－0020394　集 3.52/481

適園叢稿五卷 （清）袁學瀾撰　清同治十一年（1872）香溪草堂刻本　一冊

220000－0801－0020395　集 3.52/482

適園漫錄一卷 （清）徐大鏞撰　清光緒二年（1876）石印本　一冊

220000－0801－0020396　集 3.52/483

適園文錄一卷 （清）朱振鏞撰　清末刻本　一冊

220000－0801－0020397　集 3.52/484

適齋詩集四卷惕庵年譜一卷 （清）完顏崇實撰　清光緒刻本　二冊

220000－0801－0020398　集 3.52/485

容膝軒文稿七卷　王榮商撰　清光緒二十一年（1895）刻本　一冊

220000－0801－0020399　集 3.52/487

端虛勉一居文集三卷 （清）張成孫撰　清宣統三年（1911）影印本　一冊

220000－0801－0020400　集 3.52/488

容安軒初稿二卷 （清）歐陽蘇撰　清光緒二年（1876）活字印本　二冊

220000－0801－0020401　集 3.52/490

寫韻樓詩鈔不分卷 （清）韓璧如撰　清光緒九年（1883）刻本　一冊

220000－0801－0020402　集 3.52/491

魏稼孫全集不分卷 （清）魏錫曾撰　清光緒九年（1883）羊城刻本　十冊

220000－0801－0020403　集 3.52/491－1

魏稼孫全集不分卷 （清）魏錫曾撰　清光緒九年（1883）羊城刻本　十冊

220000－0801－0020404　集 3.52/492

宋浣花詩詞合刻不分卷　（清）宋志沂撰
（清）劉履芬輯　清同治六年（1867）刻本
一冊

220000－0801－0020405　集 3.52/493

濂亭文集八卷遺詩二卷遺文五卷　（清）張裕
釗撰　清光緒八年（1882）刻本　四冊

220000－0801－0020406　集 3.52/494

濂亭文集八卷　（清）張裕釗撰　清光緒八年
（1882）蘇州木漸齋刻本　四冊

220000－0801－0020407　集 3.52/494－1

濂亭文集八卷　（清）張裕釗撰　清光緒八年
（1882）蘇州木漸齋刻本　二冊

220000－0801－0020408　集 3.52/494－2

濂亭文集八卷　（清）張裕釗撰　清光緒八年
（1882）蘇州木漸齋刻本　二冊

220000－0801－0020409　集 3.52/494－3

濂亭文集八卷　（清）張裕釗撰　清光緒八年
（1882）蘇州木漸齋刻本　二冊

220000－0801－0020410　集 3.52/494－4

濂亭文集八卷　（清）張裕釗撰　清光緒八年
（1882）蘇州木漸齋刻本　二冊

220000－0801－0020411　集 3.52/494－5

濂亭文集八卷　（清）張裕釗撰　清光緒二十
四年（1898）刻本　二冊

220000－0801－0020412　集 3.52/496

濂亭文集八卷　（清）張裕釗撰　清光緒二十
四年（1898）刻本　二冊

220000－0801－0020413　集 3.52/496－1

濂亭文集八卷　（清）張裕釗撰　清光緒二十
四年（1898）刻本　二冊

220000－0801－0020414　集 3.52/497

淳則齋駢體文一卷　（清）洪德方撰　清光緒
五年（1879）授經堂刻本　一冊

220000－0801－0020415　集 3.52/498

寄簃文存八卷　沈家本撰　清光緒三十三年
（1907）修訂法律館鉛印本　二冊

220000－0801－0020416　集 3.52/498－1

寄簃文存八卷　沈家本撰　清光緒三十三年
（1907）修訂法律館鉛印本　二冊

220000－0801－0020417　集 3.52/498－2

寄簃文存八卷　沈家本撰　清光緒三十三年
（1907）修訂法律館鉛印本　一冊

220000－0801－0020418　集 3.52/499

濂墨軒文集不分卷　（清）崔炳炎撰　清光緒
三十四年（1908）廣東學務公所鉛印本　一冊

220000－0801－0020419　集 3.52/500

寄漚詩存二卷　（清）何延慶撰　挹翠樓詩存
二卷　（清）朱紹頤撰　清末刻本　一冊

220000－0801－0020420　集 3.52/501

寄漚詩鈔一卷　（清）劉繼增撰　清末抄本
一冊

220000－0801－0020421　集 3.52/502

寄青齋詩稿一卷詞稿一卷　（清）徐虔復撰
清光緒十四年（1888）留餘堂刻本　一冊

220000－0801－0020422　集 3.52/502－1

寄青齋詩稿一卷詞稿一卷　（清）徐虔復撰
清光緒十四年（1888）留餘堂刻本　二冊

220000－0801－0020423　集 3.52/503

賓月軒試律二卷　（清）宜振撰　清光緒二十
年（1894）刻本　一冊

220000－0801－0020424　集 3.52/504

客旋草不分卷　（清）王國均撰　清同治元年
（1862）刻本　一冊

220000－0801－0020425　集 3.52/505

扁善齋詩存一卷文存二卷　（清）鄧嘉緝撰
清光緒二十七年（1901）向陋居刻本　三冊

220000－0801－0020426　集 3.52/505－1

扁善齋詩存一卷文存二卷　（清）鄧嘉緝撰
清光緒二十七年（1901）向陋居刻本　二冊

220000－0801－0020427　集 3.52/506

扁善齋詩存二卷文存三卷　（清）鄧嘉緝撰
清光緒二十七年（1901）刻本　四冊

220000－0801－0020428　集 3.52/509

寓真軒詩鈔十二卷　（清）蔡希邠撰　清光緒
二十年(1894)刻本　六冊

220000－0801－0020429　集 3.52/511

倭文端公遺書十一卷首二卷　（清）倭仁撰
清光緒刻本　八冊

220000－0801－0020430　集 3.52/511－1

倭文端公遺書十一卷首二卷　（清）倭仁撰
清光緒刻本　八冊

220000－0801－0020431　集 3.52/512

倭文端公遺書十卷首二卷　（清）倭仁撰　清
光緒三年(1877)粵東翰元樓刻本　四冊

220000－0801－0020432　集 3.52/513

倭文端公遺書八卷首一卷末一卷續四卷
（清）倭仁撰　清光緒元年(1875)六安求我齋
刻本　六冊

220000－0801－0020433　集 3.52/513－1

倭文端公遺書八卷首一卷末一卷續四卷
（清）倭仁撰　清光緒元年(1875)六安求我齋
刻本　四冊

220000－0801－0020434　集 3.52/513－2

倭文端公遺書八卷首一卷末一卷續四卷
（清）倭仁撰　清光緒元年(1875)六安求我齋
刻本　四冊

220000－0801－0020435　集 3.52/514

晞髮遺集二卷　（宋）謝翱撰　清末石印本
一冊

220000－0801－0020436　集 3.52/515

桐華舸詩鈔四卷　（清）鮑瑞駿撰　清同治五
年(1866)刻本　二冊

220000－0801－0020437　集 3.52/517

漸西村人詩十三卷　（清）袁昶撰　清光緒十
六年(1890)鉛印本　三冊

220000－0801－0020438　集 3.52/520

浮漚集八卷　（清）夏家鏞撰　清宣統元年
(1909)刻本　二冊

220000－0801－0020439　集 3.52/521

浮漚集八卷　（清）夏家鏞撰　清末刻本
二冊

220000－0801－0020440　集 3.52/522

潘方伯公遺稿六卷　（清）潘駿文撰　清光緒
二十二年(1896)刻本　六冊

220000－0801－0020441　集 3.52/522－1

潘方伯公遺稿六卷　（清）潘駿文撰　清光緒
二十二年(1896)刻本　六冊

220000－0801－0020442　集 3.52/524

遜學齋文鈔十卷首一卷末一卷　（清）孫衣言
撰　清同治十二年(1873)刻本　三冊

220000－0801－0020443　集 3.52/524－1

遜學齋文鈔十卷首一卷末一卷　（清）孫衣言
撰　清同治十二年(1873)刻本　一冊　存三
卷(八至十)

220000－0801－0020444　集 3.52/525

遜學齋詩鈔十卷　（清）孫衣言撰　清同治三
年(1864)刻本　六冊

220000－0801－0020445　集 3.52/525－1

遜學齋詩鈔十卷　（清）孫衣言撰　清同治三
年(1864)刻本　二冊

220000－0801－0020446　集 3.52/526

遜學齋文鈔十二卷首一卷末一卷詩鈔十卷文
續鈔五卷詩續鈔五卷　（清）孫衣言撰　清同
治、光緒刻本　十二冊

220000－0801－0020447　集 3.52/526－1

遜學齋文鈔十二卷首一卷末一卷詩鈔十卷文
續鈔五卷詩續鈔五卷　（清）孫衣言撰　清同
治、光緒刻本　六冊

220000－0801－0020448　集 3.52/527

浣花居詩鈔十卷　（清）嚴昌鈺撰　清光緒三
十四年(1908)鉛印本　八冊

220000－0801－0020449　集 3.52/529

浣月山房詩集五卷漢南春柳詞鈔一卷　（清）
龍啓瑞撰　清光緒五年(1879)京師刻本
四冊

220000－0801－0020450　集 3.52/529－1

390

浣月山房詩集五卷漢南春柳詞鈔一卷　（清）
龍啓瑞撰　清光緒五年(1879)京師刻本
二冊

220000－0801－0020451　集 3.52/530

退庵詩稿三種不分卷　（清）聞福增撰　清光
緒三十二年(1906)刻本　二冊

220000－0801－0020452　集 3.52/531

漪香山館文集不分卷　吳曾祺撰　清宣統二
年(1910)商務印書館鉛印本　一冊

220000－0801－0020453　集 3.52/531－1

漪香山館文集不分卷　吳曾祺撰　清宣統二
年(1910)商務印書館鉛印本　一冊

220000－0801－0020454　集 3.52/533

補讀書齋遺稿十卷集外稿一卷　（清）沈維鐈
撰　清光緒二十五年(1899)補刻本　四冊

220000－0801－0020455　集 3.52/534

補籬遺稿八卷　（清）姚福均撰　清光緒三十
一年(1905)活字印本　二冊

220000－0801－0020456　集 3.52/534－1

補籬遺稿八卷　（清）姚福均撰　清光緒三十
一年(1905)活字印本　四冊

220000－0801－0020457　集 3.52/535

補讀齋詩集二卷　（清）許愛堂撰　清光緒三
十一年(1905)海陵宗蔚堂刻本　二冊

220000－0801－0020458　集 3.52/536

補讀書齋遺稿十卷　（清）沈維鐈撰　清光緒
元年(1875)廣州富文齋刻本　四冊

220000－0801－0020459　集 3.52/537

逭華廬詩存四卷　（清）李楨撰　清光緒十八
年(1892)刻本　二冊

220000－0801－0020460　集 3.52/538

述庵詩零不分卷　（清）林崧祁撰　清宣統元
年(1909)鉛印本　一冊

220000－0801－0020461　集 3.52/538－1

述庵詩零不分卷　（清）林崧祁撰　清宣統元
年(1909)鉛印本　一冊

220000－0801－0020462　集 3.52/538－2

述庵詩零不分卷　（清）林崧祁撰　清宣統元
年(1909)鉛印本　一冊

220000－0801－0020463　集 3.52/541

心庵詩存不分卷　（清）何兆瀛撰　清光緒五
年(1879)刻本　一冊

220000－0801－0020464　集 3.52/542

心安隱室詩集九卷詞集四卷　（清）詹肇堂撰
清光緒十年(1884)成德堂刻本　八冊

220000－0801－0020465　集 3.52/543

心嚮往齋壬癸詩錄一卷於南詩錄二卷　（清）
孔繼鑅撰　清咸豐四年至六年(1854－1856)
刻本　三冊

220000－0801－0020466　集 3.52/543－1

心嚮往齋壬癸詩錄一卷於南詩錄二卷　（清）
孔繼鑅撰　清咸豐四年至六年(1854－1856)
刻本　三冊

220000－0801－0020467　集 3.52/544

心檀吟稿不分卷　（□）□□撰　清末抄本
一冊

220000－0801－0020468　集 3.52/545

心嚮往齋用陶韻詩二卷　（清）孔繼鑅撰　清
道光二十九年(1849)刻本　一冊

220000－0801－0020469　集 3.52/545－1

心嚮往齋用陶韻詩二卷　（清）孔繼鑅撰　清
道光二十九年(1849)刻本　一冊

220000－0801－0020470　集 3.52/546

江南春雜體文三卷　（清）江璧撰　清末刻本
一冊

220000－0801－0020471　集 3.52/547

退補齋詩存十六卷首一卷　（清）胡鳳丹撰
清同治十二年(1873)刻本　三冊

220000－0801－0020472　集 3.52/548

漚羅庵詩稿八卷　（清）法良撰　清道光二十
七年(1847)刻本　二冊

220000－0801－0020473　集 3.52/548－1

漚羅庵詩稿八卷　（清）法良撰　清道光二十

七年(1847)刻本 二冊

220000－0801－0020474 集 3.52/552

潛園詩存四卷 （清）張天翔撰 清光緒二十五年(1899)刻本 二冊

220000－0801－0020475 集 3.52/554

潛廬文鈔不分卷 金蓉鏡撰 清光緒三十四年(1908)刻本 一冊

220000－0801－0020476 集 3.52/554－1

潛廬文鈔不分卷 金蓉鏡撰 清光緒三十四年(1908)刻本 一冊

220000－0801－0020477 集 3.52/555

潛莊文鈔六卷 （清）卜起元撰 清光緒五年(1879)刻本 二冊

220000－0801－0020478 集 3.52/555－1

潛莊文鈔六卷 （清）卜起元撰 清光緒五年(1879)刻本 一冊

220000－0801－0020479 集 3.52/556

潛廬詩集四卷文集二卷痰氣三卷雜文一卷衍微一卷訓俗常談一卷 金蓉鏡撰 清宣統二年(1910)長沙刻本 四冊

220000－0801－0020480 集 3.52/560

江西宦遊紀事二卷 （清）扈斯哈里氏撰 清末刻本 二冊

220000－0801－0020481 集 3.52/561

江忠烈公遺集二卷首一卷附錄一卷附行狀一卷 （清）江忠源撰 清同治十二年(1873)刻本 三冊

220000－0801－0020482 集 3.52/562

江右隨宦紀事二卷 （清）扈斯哈里氏撰 清末石印本 二冊

220000－0801－0020483 集 3.52/563

遼夢草不分卷 雷飛鵬撰 清宣統二年(1910)鉛印本 一冊

220000－0801－0020484 集 3.52/564

池上小集一卷 （清）譚廷獻輯 清光緒九年(1883)刻本 一冊

220000－0801－0020485 集 3.52/565

退補齋詩存二編十卷首一卷 （清）胡鳳丹撰 清光緒七年(1881)刻本 一冊

220000－0801－0020486 集 3.52/566

滇遊草三卷 （清）張曾亮撰 清光緒十一年(1885)太和縣署刻本 一冊

220000－0801－0020487 集 3.52/568

倪偉人集八種十四卷附錄五卷 （清）倪偉人撰 清光緒二十四年(1898)章安官舍刻本 七冊

220000－0801－0020488 集 3.52/569

蓮因室詩集二卷詞集一卷附記一卷 （清）鄭蘭孫撰 清光緒元年(1875)刻本 一冊

220000－0801－0020489 集 3.52/570

祛痾齋文集六卷續集一卷 （清）王會昌撰 清光緒元年(1875)怡怡堂刻本 四冊

220000－0801－0020490 集 3.52/573

灌香草堂初稿一卷 （清）吳蘭畹撰 清同治五年(1866)刻本 一冊

220000－0801－0020491 集 3.52/574

洗桐軒詩集六卷 （清）李周南撰 清嘉慶八年(1803)刻本 一冊

220000－0801－0020492 集 3.52/575

漢鐃歌釋文箋正一卷 王先謙撰 清同治十一年(1872)虛受堂刻本 一冊

220000－0801－0020493 集 3.52/576

蓮溪吟稿八卷續刻三卷 （清）沈濂撰 清咸豐四年(1854)始言堂刻本 六冊

220000－0801－0020494 集 3.52/577

沈文忠公集十卷附年譜一卷 （清）沈兆霖撰 清同治八年(1869)刻本 四冊

220000－0801－0020495 集 3.52/577－1

沈文忠公集十卷附年譜一卷 （清）沈兆霖撰 清同治八年(1869)刻本 四冊

220000－0801－0020496 集 3.52/577－2

沈文忠公集十卷附年譜一卷 （清）沈兆霖撰 清同治八年(1869)刻本 四冊

220000 – 0801 – 0020497　集 3.52/577 – 3

沈文忠公集十卷附年譜一卷　（清）沈兆霖撰
清同治八年（1869）刻本　四冊

220000 – 0801 – 0020498　集 3.52/577 – 4

沈文忠公集十卷附年譜一卷　（清）沈兆霖撰
清同治八年（1869）刻本　四冊

220000 – 0801 – 0020499　集 3.52/579

湘谷初稿八卷吟稿四卷　（清）謝庭蘭撰　清
光緒七年（1881）刻本　四冊

220000 – 0801 – 0020500　集 3.52/583

湘綺樓詩十四卷　王闓運撰　清光緒三十三
年（1907）刻本　四冊

220000 – 0801 – 0020501　集 3.52/584

湘綺樓文集八卷　王闓運撰　清光緒二十六
年（1900）刻本　四冊

220000 – 0801 – 0020502　集 3.52/584 – 1

湘綺樓文集八卷　王闓運撰　清光緒二十六
年（1900）刻本　八冊

220000 – 0801 – 0020503　集 3.52/584 – 2

湘綺樓文集八卷　王闓運撰　清光緒二十六
年（1900）刻本　八冊

220000 – 0801 – 0020504　集 3.52/585

顯志堂稿十二卷附夢奈詩稿一卷　（清）馮桂
芬撰　清光緒二年（1876）謝文翰齋刻本
十冊

220000 – 0801 – 0020505　集 3.52/585 – 1

顯志堂稿十二卷附夢奈詩稿一卷　（清）馮桂
芬撰　清光緒二年（1876）謝文翰齋刻本
七冊

220000 – 0801 – 0020506　集 3.52/585 – 2

顯志堂稿十二卷附夢奈詩稿一卷　（清）馮桂
芬撰　清光緒二年（1876）謝文翰齋刻本
六冊

220000 – 0801 – 0020507　集 3.52/585 – 3

顯志堂稿十二卷附夢奈詩稿一卷　（清）馮桂
芬撰　清光緒二年（1876）謝文翰齋刻本
六冊

220000 – 0801 – 0020508　集 3.52/585 – 4

顯志堂稿十二卷附夢奈詩稿一卷　（清）馮桂
芬撰　清光緒二年（1876）謝文翰齋刻本
四冊

220000 – 0801 – 0020509　集 3.52/585 – 5

顯志堂稿十二卷附夢奈詩稿一卷　（清）馮桂
芬撰　清光緒二年（1876）謝文翰齋刻本　十
三冊

220000 – 0801 – 0020510　集 3.52/586

還樂軒雜著五卷　（清）范鑄輯　清光緒三十
三年（1907）鉛印本　一冊

220000 – 0801 – 0020511　集 3.52/587

邊聲不分卷　（清）宋小濂撰　清宣統三年
（1911）黑龍江民政司署石印本　一冊

220000 – 0801 – 0020512　集 3.52/593

冠悔堂駢體文鈔六卷　（清）楊浚撰　清光緒
二十二年（1896）刻本　四冊

220000 – 0801 – 0020513　集 3.52/595

澄清堂詩存四卷　（清）范祝崧撰　清咸豐十
年（1860）刻本　二冊

220000 – 0801 – 0020514　集 3.52/596

次園詩存六卷　（清）蔣彬若撰　清光緒十一
年（1885）鉛印本　一冊

220000 – 0801 – 0020515　集 3.52/597

澄懷書屋詩鈔四卷　（清）穆彰阿撰　清道光
二十七年（1847）刻本　四冊

220000 – 0801 – 0020516　集 3.52/598

泖濱草堂詩存不分卷　（清）仲咸熙撰　清光
緒二十年（1894）刻本　一冊

220000 – 0801 – 0020517　集 3.52/599

鴻梧齋文集初刻不分卷　（清）李圖撰　清道
光二十七年（1847）刻本　一冊

220000 – 0801 – 0020518　集 3.52/599 – 1

鴻梧齋文集初刻不分卷　（清）李圖撰　清道
光二十七年（1847）刻本　一冊

220000 – 0801 – 0020519　集 3.52/600

湖唐林館駢體文二卷　（清）李慈銘撰　清光

393

緒十年（1884）刻本　二冊

220000－0801－0020520　集3.52/600－1

湖唐林館駢體文二卷　（清）李慈銘撰　清光
緒十年（1884）刻本　一冊

220000－0801－0020521　集3.52/600－2

湖唐林館駢體文二卷　（清）李慈銘撰　清光
緒十年（1884）刻本　一冊

220000－0801－0020522　集3.52/601

湖東第一山詩鈔五卷　（清）宋棠撰　清同治
十二年（1873）刻本　一冊

220000－0801－0020523　集3.52/602

湖上草堂詩一卷伊川草堂詩一卷　胡薇元撰
清宣統元年（1909）東湖刻本　一冊

220000－0801－0020524　集3.52/603

漁浦草堂詩集四卷補遺一卷附詞二卷　（清）
張道撰　清同治六年（1867）刻本　四冊

220000－0801－0020525　集3.52/604

運甓齋文稿六卷續編六卷詩稿續編六卷贈言
錄四卷　（清）陳勰撰　清光緒二十年（1894）
刻本　四冊

220000－0801－0020526　集3.52/605

資深堂據鞍吟草一卷　（清）王南鵬撰　清光
緒二十三年（1897）抄本　一冊

220000－0801－0020527　集3.52/607

桐華竹實之軒詩草二卷　（清）謙福撰　清同
治元年（1862）刻本　二冊

220000－0801－0020528　集3.52/608

澹遠軒文集二卷　（清）寶士鏞撰　清宣統二
年（1910）鉛印本　一冊

220000－0801－0020529　集3.52/614

清足居集一卷蕉窗詞一卷　（清）鄧瑜撰　清
光緒二十二年（1896）刻本　一冊

220000－0801－0020530　集3.52/614－1

清足居集一卷蕉窗詞一卷　（清）鄧瑜撰　清
光緒二十二年（1896）刻本　一冊

220000－0801－0020531　集3.52/617

清抱居詩稿一卷　（清）畢庭傑撰　清光緒二
十四年（1898）刻本　一冊

220000－0801－0020532　集3.52/619

清麓文集二十三卷日記五卷年譜一卷　（清）
賀瑞麟撰　清咸豐、光緒刻本　二十四冊

220000－0801－0020533　集3.52/620

漱芳齋詩四卷附帖體詩一卷　（清）葉湘管撰
清道光二十八年（1848）刻本　二冊

220000－0801－0020534　集3.52/621

湧翠山房文集四卷詩集四卷　（清）高延第撰
清光緒十三年（1887）刻本　四冊

220000－0801－0020535　集3.52/621－1

湧翠山房文集四卷詩集四卷　（清）高延第撰
清光緒十三年（1887）刻本　四冊

220000－0801－0020536　集3.52/623

越縵堂集十卷　（清）李慈銘撰　清光緒十六
年（1890）刻本　二冊

220000－0801－0020537　集3.52/623－1

越縵堂集十卷　（清）李慈銘撰　清光緒十六
年（1890）刻本　二冊

220000－0801－0020538　集3.52/624

水明樓集一卷朝隱卮衍二卷　（清）袁昶撰
清宣統元年（1909）上海時中書局鉛印本
一冊

220000－0801－0020539　集3.52/625

三十二蘭亭室詩存再續刻二卷　（清）劉澍年
撰　清光緒十七年（1891）刻本　一冊

220000－0801－0020540　集3.52/626

悔餘庵文稿九卷　（清）何栻撰　清同治四年
（1865）刻本　三冊

220000－0801－0020541　集3.52/626－1

悔餘庵文稿九卷　（清）何栻撰　清同治四年
（1865）刻本　二冊

220000－0801－0020542　集3.52/626－2

悔餘庵文稿九卷　（清）何栻撰　清同治四年
（1865）刻本　二冊　存五卷（五至九）

220000－0801－0020543　　集 3.52/627

悔翁筆記六卷　（清）汪士鐸撰　清末味古齋
刻本　一冊

220000－0801－0020544　　集 3.52/628

籀書續篇四卷　（清）曹金籀撰　清末刻本
二冊

220000－0801－0020545　　集 3.52/629

蝶庵詩鈔八卷賦鈔二卷　（清）楊榮撰　清同
治二年（1863）刻本　四冊

220000－0801－0020546　　集 3.52/630

榮性堂集十六卷　（清）吳俊撰　清刻本
四冊

220000－0801－0020547　　集 3.52/632

**蓉鏡軒吟草甲乙之間行卷上編不分卷下編三
卷**　（清）楊文勛撰　清光緒二十二年（1896）
刻本　二冊

220000－0801－0020548　　集 3.52/634

退一步齋詩集十六卷　（清）方濬師撰　（清）
呂景端輯　清光緒十七年（1891）刻本　六冊

220000－0801－0020549　　集 3.52/635

退一步齋詩集十六卷文集四卷　（清）方濬師
撰　（清）呂景端輯　清光緒十八年（1892）鉛
印本　十冊

220000－0801－0020550　　集 3.52/636

退復軒詩四卷隨筆二卷　（清）錫縝撰　清光
緒刻本　三冊

220000－0801－0020551　　集 3.52/637

退思軒詩集六卷補遺一卷　（清）張百熙撰
清宣統三年（1911）武昌刻本　二冊

220000－0801－0020552　　集 3.52/637－1

退思軒詩集六卷補遺一卷　（清）張百熙撰
清宣統三年（1911）武昌刻本　二冊

220000－0801－0020553　　集 3.52/637－2

退思軒詩集六卷補遺一卷　（清）張百熙撰
清宣統三年（1911）武昌刻本　二冊

220000－0801－0020554　　集 3.52/638

通義堂文集十六卷　（清）劉毓崧撰　清光緒

十四年（1888）青谿舊屋刻本　三冊

220000－0801－0020555　　集 3.52/639

通雅齋叢稿八種八卷　（清）成本璞撰　清宣
統元年（1909）武林刻本　四冊

220000－0801－0020556　　集 3.52/640

通雅堂詩鈔十卷續集二卷　（清）施山撰　清
光緒元年（1875）刻本　二冊

220000－0801－0020557　　集 3.52/640－1

通雅堂詩鈔十卷續集二卷　（清）施山撰　清
光緒元年（1875）刻本　二冊

220000－0801－0020558　　集 3.52/640－2

通雅堂詩鈔十卷續集二卷　（清）施山撰　清
光緒元年（1875）刻本　三冊

220000－0801－0020559　　集 3.52/641

**通甫類稿四卷續編二卷詩存四卷詩餘二卷右
軍年譜一卷仲實類稿一卷詩存二卷**　（清）魯
一同撰　清咸豐九年（1859）刻本　八冊

220000－0801－0020560　　集 3.52/641－1

**通甫類稿四卷續編二卷詩存四卷詩餘二卷右
軍年譜一卷仲實類稿一卷詩存二卷**　（清）魯
一同撰　清咸豐九年（1859）刻本　八冊

220000－0801－0020561　　集 3.52/641－2

**通甫類稿四卷續編二卷詩存四卷詩餘二卷右
軍年譜一卷仲實類稿一卷詩存二卷**　（清）魯
一同撰　清咸豐九年（1859）刻本　六冊　缺
三卷（仲實類稿一卷、詩存二卷）

220000－0801－0020562　　集 3.52/641－3

**通甫類稿四卷續編二卷詩存四卷詩餘二卷右
軍年譜一卷仲實類稿一卷詩存二卷**　（清）魯
一同撰　清咸豐九年（1859）刻本　三冊　缺
四卷（右軍年譜一卷、仲實類稿一卷、詩存二
卷）

220000－0801－0020563　　集 3.52/642

淡園文集一卷　（清）馬徵麐撰　清光緒十七
年（1891）思古書堂刻本　一冊

220000－0801－0020564　　集 3.52/643

劍芝閣詩鈔七卷　（清）李歡娛撰　清光緒十

五年（1889）刻本　二冊

220000－0801－0020565　集 3.52/644

海鷗廬詩鈔九卷首一卷　（清）張應雲撰　清
咸豐五年（1855）刻本　二冊

220000－0801－0020566　集 3.52/645

海秋詩集二十六卷評跋一卷後集一卷目錄一
卷　（清）湯鵬撰　清同治十二年（1873）刻本
十冊

220000－0801－0020567　集 3.52/646

海棠春曉樓吟草一卷續一卷　（清）武淑儀撰
清光緒十一年（1885）刻本　一冊

220000－0801－0020568　集 3.52/646－1

海棠春曉樓吟草一卷續一卷　（清）武淑儀撰
清光緒十一年（1885）刻本　一冊

220000－0801－0020569　集 3.52/648

觀古閣詩鈔四卷　（清）鮑康撰　清光緒二十
一年（1895）刻本　一冊

220000－0801－0020570　集 3.52/649

冷香閣詩草不分卷　（清）張慧撰　清同治七
年（1868）刻本　一冊

220000－0801－0020571　集 3.52/650

冷吟仙館詩稿八卷詩餘一卷文存一卷附錄一
卷　（清）左錫嘉撰　清光緒十七年（1891）刻
本　六冊

220000－0801－0020572　集 3.52/650－1

冷吟仙館詩稿八卷詩餘一卷文存一卷附錄一
卷　（清）左錫嘉撰　清光緒十七年（1891）刻
本　六冊

220000－0801－0020573　集 3.52/653

冷紅軒詩集二卷附詞一卷　（清）百保友蘭撰
清光緒八年（1882）刻本　一冊

220000－0801－0020574　集 3.52/654

冷紅軒詩集二卷附詞一卷　（清）百保友蘭撰
清光緒元年（1875）刻本　一冊

220000－0801－0020575　集 3.52/657

道安室雜文一卷遺詩一卷詞一卷雜記一卷
（清）蕭道管撰　清光緒三十一年（1905）刻本

一冊

220000－0801－0020576　集 3.52/658

滋蘭室遺稿不分卷　（清）王嗣暉撰　清宣統
元年（1909）鉛印本　一冊

220000－0801－0020577　集 3.52/659

漱芳閣集十卷　（清）徐士芬撰　清同治十一
年（1872）刻本　二冊

220000－0801－0020578　集 3.52/660

漱六山房詩集十三卷　（清）郝植恭撰　清光
緒六年（1880）刻本　四冊

220000－0801－0020579　集 3.52/661

漱六山房文集十二卷　（清）郝植恭撰　清光
緒四年（1878）刻本　六冊

220000－0801－0020580　集 3.52/662

漱芳潤室文存不分卷　（清）姚元滋撰　清光
緒二十四年（1898）刻本　一冊

220000－0801－0020581　集 3.52/664

十二梅花書屋詩六卷　（清）郭慶藩撰　清光
緒十五年（1889）刻本　二冊

220000－0801－0020582　集 3.52/665

十三峯書屋全集九卷　（清）李榕撰　清光緒
二十五年（1899）石印本　四冊

220000－0801－0020583　集 3.52/668

也儂詩草十卷　（清）王慶善撰　清光緒二十
七年（1901）金陵宜春閣活字印本　四冊

220000－0801－0020584　集 3.52/669

也是集不分卷　（清）英華撰　清光緒三十三
年（1907）大公報館鉛印本　一冊

220000－0801－0020585　集 3.52/670

也是園詩鈔五卷　（清）吳毓芬撰　清光緒二
十四年（1898）刻本　二冊

220000－0801－0020586　集 3.52/671

蘧盦詩文鈔十二卷　（清）柳商賢撰　清光緒
十五年（1889）閑存小舍刻本　四冊

220000－0801－0020587　集 3.52/672

來鷺草堂隨筆一卷　（清）吳滔撰　清末活字

印本　一冊

220000－0801－0020588　集 3.52/673

才茲文二卷　（清）王兆芳撰　清光緒二十四
年(1898)刻本　一冊

220000－0801－0020589　集 3.52/674

培桂山房詩鈔六卷　（清）汪上彩撰　清光緒
刻本　一冊

220000－0801－0020590　集 3.52/675

培風閣詩鈔四卷　（清）夏疇撰　清光緒十一
年(1885)刻本　一冊

220000－0801－0020591　集 3.52/678

寸心草堂詩鈔六卷外詩二卷　（清）李欣榮撰
清光緒十六年(1890)刻本　三冊

220000－0801－0020592　集 3.52/679

十五弗齋詩存一卷文存一卷　（清）丁寶楨撰
清光緒二十年(1894)刻本　一冊

220000－0801－0020593　集 3.52/680

友石齋詩集八卷　（清）高錫恩撰　**我庵遺稿**
二卷　（清）高炳麟撰　清光緒十五年(1889)
刻本　四冊

220000－0801－0020594　集 3.52/681

也儂遺稿四卷　（清）王慶善撰　清光緒二十
八年(1902)金陵宜春閣活字印本　四冊

220000－0801－0020595　集 3.52/684

舒嘯樓詩稿四卷　（清）李曾裕撰　清同治九
年(1870)刻本　二冊

220000－0801－0020596　集 3.52/687

古峯詩草十卷　（清）萬瑞旒撰　清光緒三十
一年(1905)刻本　四冊

220000－0801－0020597　集 3.52/688

古幹亭文集二卷　（清）黃桐孫撰　清光緒十
七年(1891)補不足齋刻本　一冊

220000－0801－0020598　集 3.52/689

古椿軒詩鈔二卷　（清）莊善孫撰　清光緒二
十六年(1900)活字印本　一冊

220000－0801－0020599　集 3.52/689－1

古椿軒詩鈔二卷　（清）莊善孫撰　清光緒二
十六年(1900)活字印本　一冊

220000－0801－0020600　集 3.52/690

古歡室詩集三卷詞集一卷文學篇一卷醫學篇
二卷女學篇一卷中饋錄一卷　（清）曾懿撰
清光緒三十三年(1907)刻本　六冊

220000－0801－0020601　集 3.52/693

吉羊鐙室詩集五卷　（清）瞿樹鎬撰　清同治
五年(1866)刻本　一冊

220000－0801－0020602　集 3.52/694

古紅梅閣集八卷附錄一卷　（清）劉履芬撰
紫藤華館詩餘一卷　（清）劉觀藻撰　清光緒
六年(1880)刻本　二冊

220000－0801－0020603　集 3.52/694－1

古紅梅閣集八卷附錄一卷　（清）劉履芬撰
紫藤華館詩餘一卷　（清）劉觀藻撰　清光緒
六年(1880)刻本　一冊

220000－0801－0020604　集 3.52/695

寸草軒詩存四卷　（清）徐盛持撰　清光緒十
九年(1893)刻本　二冊

220000－0801－0020605　集 3.52/696

七硯齋遺集文三卷詩三卷　（清）荊履吉撰
清光緒三年(1877)鳩拙居活字印本　二冊

220000－0801－0020606　集 3.52/699

南園廣社詩存不分卷　（清）錢溯耆輯　清宣
統元年(1909)聽邠館刻本　一冊

220000－0801－0020607　集 3.52/700

杏廬文鈔八卷　（清）諸福坤撰　清光緒二十
七年(1901)刻本　三冊

220000－0801－0020608　集 3.52/702

真意齋詩存一卷詩外一卷　（清）許楣撰　清
同治五年(1866)刻本　一冊

220000－0801－0020609　集 3.52/706

木庵居士詩四卷補遺一卷　（清）陳書撰　清
光緒三十二年(1906)刻本　一冊

220000－0801－0020610　集 3.52/706－1

木庵居士詩四卷補遺一卷　（清）陳書撰　清

光緒三十二年（1906）刻本　一冊

220000－0801－0020611　集3.52/707

棄劍草廬存稿四卷　（清）楊夢龍撰　清光緒六年（1880）刻本　二冊

220000－0801－0020612　集3.52/708

赤霞吟草二卷　（清）王鉅撰　清同治九年（1870）刻本　二冊

220000－0801－0020613　集3.52/710

南湖百詠不分卷　（清）吳萃恩撰　清同治五年（1866）刻本　一冊

220000－0801－0020614　集3.52/711

南湖草堂詩集六卷　（清）楊伯潤撰　清光緒八年（1882）語石齋刻本　二冊

220000－0801－0020615　集3.52/714

嘉樹山房詩集十八卷首一卷　（清）李中簡撰　清光緒九年（1883）刻本　八冊

220000－0801－0020616　集3.52/715

樵說續三卷　（清）王曾祺撰　清光緒二十七年（1901）刻本　一冊

220000－0801－0020617　集3.52/716

桐城吳先生全書五種十七卷　（清）吳汝綸撰　清光緒三十年（1904）刻本　二十冊

220000－0801－0020618　集3.52/717

大小雅堂詩集不分卷冰蠶詞一卷　（清）承齡撰　清光緒十八年（1892）刻本　二冊

220000－0801－0020619　集3.52/717－1

大小雅堂詩集不分卷冰蠶詞一卷　（清）承齡撰　清光緒十八年（1892）刻本　一冊　缺一卷（冰蠶詞一卷）

220000－0801－0020620　集3.52/718

憲庵集二十八卷　（清）楊承禧撰　清咸豐五年（1855）刻本　四冊

220000－0801－0020621　集3.52/719

大潛山房詩鈔不分卷　（清）劉銘傳撰　清同治五年（1866）刻本　一冊

220000－0801－0020622　集3.52/720

大瓠山房詩集二卷　（清）葉道源撰　清宣統三年（1911）鉛印本　一冊

220000－0801－0020623　集3.52/722

袁忠節公遺詩補刻三卷　（清）袁昶撰　清宣統元年（1909）上海時中書局鉛印本　一冊

220000－0801－0020624　集3.52/725

檉華館文集六卷詩集四卷雜錄一卷駢文一卷　（清）路德撰　清光緒七年（1881）刻本　十冊

220000－0801－0020625　集3.52/726

梧竹軒詩鈔十卷附丁酉後賸稿一卷　（清）徐兆英撰　清光緒二十七年（1901）愛虞堂刻本　四冊

220000－0801－0020626　集3.52/727

梧蔭軒詩稿一卷　（清）陸宗翰撰　清光緒十五年（1889）刻本　一冊

220000－0801－0020627　集3.52/729

帳墨居詩鈔不分卷　（清）范其駿撰　清光緒十六年（1890）刻本　一冊

220000－0801－0020628　集3.52/730

斯未信齋全集二十卷　（清）徐宗幹撰　清同治補刻本　十冊

220000－0801－0020629　集3.52/731

樸庵四稿五卷　（清）奕譞撰　清末刻本　五冊

220000－0801－0020630　集3.52/736

求闕齋文鈔八卷　（清）曾國藩撰　清同治十二年（1873）刻本　二冊

220000－0801－0020631　集3.52/736－1

求闕齋文鈔八卷　（清）曾國藩撰　清同治十二年（1873）刻本　二冊

220000－0801－0020632　集3.52/737

求志集四卷　（清）陳蕭輯　清光緒十二年（1886）刻本　二冊

220000－0801－0020633　集3.52/738

求真是齋詩草二卷　（清）恩華撰　清咸豐十一年（1861）刻本　二冊

220000－0801－0020634　集3.52/739

式古訓齋文集二卷外集一卷八指詩存二卷
(清)閔萃祥撰　清宣統元年(1909)刻本
五冊

220000－0801－0020635　集3.52/739－1

式古訓齋文集二卷外集一卷八指詩存二卷
(清)閔萃祥撰　清宣統元年(1909)刻本　三
冊　缺二卷(八指詩存二卷)

220000－0801－0020636　集3.52/740

求有益齋詩鈔八卷　(清)李道悠撰　清光緒
二十六年(1900)刻本　四冊

220000－0801－0020637　集3.52/740－1

求有益齋詩鈔八卷　(清)李道悠撰　清光緒
二十六年(1900)刻本　四冊

220000－0801－0020638　集3.52/741

求益齋全集五種二十卷　(清)強汝詢撰　清
光緒二十四年(1898)江蘇書局刻本　八冊

220000－0801－0020639　集3.52/741－1

求益齋全集五種二十卷　(清)強汝詢撰　清
光緒二十四年(1898)江蘇書局刻本　一冊
存八卷(讀書記六卷、隨筆二卷)

220000－0801－0020640　集3.52/742

獄鐙小稿三卷　(清)趙光祖撰　清光緒七年
(1881)刻本　一冊

220000－0801－0020641　集3.52/743

盋山文錄八卷詩錄二卷　(清)顧雲撰　清光
緒十五年(1889)刻本　四冊

220000－0801－0020642　集3.52/743－1

盋山文錄八卷詩錄二卷　(清)顧雲撰　清光
緒十五年(1889)刻本　四冊

220000－0801－0020643　集3.52/743－2

盋山文錄八卷詩錄二卷　(清)顧雲撰　清光
緒十五年(1889)刻本　三冊

220000－0801－0020644　集3.52/745

越縵堂駢體文四卷附散體文一卷　(清)李慈
銘撰　清光緒二十三年(1897)刻本　四冊

220000－0801－0020645　集3.52/745－1

越縵堂駢體文四卷附散體文一卷　(清)李慈
銘撰　清光緒二十三年(1897)刻本　四冊

220000－0801－0020646　集3.52/745－2

越縵堂駢體文四卷附散體文一卷　(清)李慈
銘撰　清光緒二十三年(1897)刻本　四冊

220000－0801－0020647　集3.52/747

慈雲閣詩鈔十二卷　(清)左孝威輯　清同治
十二年(1873)刻本　四冊

220000－0801－0020648　集3.52/749

黃海紀遊不分卷　(清)余鴻撰　清宣統元年
(1909)刻本　一冊

220000－0801－0020649　集3.52/750

桐華舸詩鈔八卷詩續鈔八卷明季詠史詩鈔一
卷　(清)鮑瑞駿撰　清光緒三年(1877)刻本
七冊

220000－0801－0020650　集3.52/752

蓮因室詩集二卷詞集一卷　(清)鄭蘭孫撰
清光緒元年(1875)刻本　一冊

220000－0801－0020651　集3.52/753

蓮潔詩翰釋文一卷蓮潔集一卷篋外錄一卷南
征日記一卷　(清)謝艙撰　清咸豐六年
(1856)刻本　四冊

220000－0801－0020652　集3.52/754

煮石山房遺稿一卷　(清)鮑繼培撰　清末古
歙棠樾鮑氏刻本　一冊

220000－0801－0020653　集3.52/756

藏齋詩鈔六卷　(清)何其超撰　清同治七年
(1868)刻本　二冊

220000－0801－0020654　集3.52/756－1

藏齋詩鈔六卷　(清)何其超撰　清同治七年
(1868)刻本　二冊

220000－0801－0020655　集3.52/756－2

藏齋詩鈔六卷　(清)何其超撰　清同治七年
(1868)刻本　二冊

220000－0801－0020656　集3.52/757

花宜館文略不分卷　(清)吳振棫撰　清光緒
二十六年(1900)刻本　一冊

220000 - 0801 - 0020657　集 3.52/758

花宜館詩鈔十六卷續存一卷無腔村笛二卷
（清）吳振棫撰　清同治四年（1865）刻本
六冊

220000 - 0801 - 0020658　集 3.52/760

花萼交輝閣集八卷　（清）曹福元撰　清光緒
三十四年（1908）刻本　四冊

220000 - 0801 - 0020659　集 3.52/760 - 1

花萼交輝閣集八卷　（清）曹福元撰　清光緒
三十四年（1908）刻本　四冊

220000 - 0801 - 0020660　集 3.52/760 - 2

花萼交輝閣集八卷　（清）曹福元撰　清光緒
三十四年（1908）刻本　四冊

220000 - 0801 - 0020661　集 3.52/761

萍蹤初印集不分卷　徐琪撰　清光緒二十九
年（1903）刻本　一冊

220000 - 0801 - 0020662　集 3.52/762

草心亭詩鈔六卷　（清）陸坊撰　清同治七年
（1868）刻本　一冊

220000 - 0801 - 0020663　集 3.52/764

藤蓋軒詩集二卷　（清）吉年撰　清咸豐二年
（1852）刻本　二冊

220000 - 0801 - 0020664　集 3.52/765

藤花吟館詩鈔十卷　（清）梁章鉅撰　清道光
五年（1825）蘇州青霞齋刻本　二冊

220000 - 0801 - 0020665　集 3.52/766

藤香館詩刪存四卷　（清）薛時雨撰　清光緒
五年（1879）刻本　四冊

220000 - 0801 - 0020666　集 3.52/766 - 1

藤香館詩刪存四卷　（清）薛時雨撰　清光緒
五年（1879）刻本　四冊

220000 - 0801 - 0020667　集 3.52/767

藤香館詩鈔四卷　（清）薛時雨撰　清同治七
年（1868）刻本　四冊

220000 - 0801 - 0020668　集 3.52/767 - 1

藤香館詩鈔四卷　（清）薛時雨撰　清同治七
年（1868）刻本　四冊

220000 - 0801 - 0020669　集 3.52/767 - 2

藤香館詩鈔四卷　（清）薛時雨撰　清同治七
年（1868）刻本　四冊

220000 - 0801 - 0020670　集 3.52/767 - 3

藤香館詩鈔四卷　（清）薛時雨撰　清同治七
年（1868）刻本　二冊　缺一卷（二）

220000 - 0801 - 0020671　集 3.52/768

蔚秀軒詩存不分卷　（清）張敦培撰　清光緒
十四年（1888）刻本　一冊

220000 - 0801 - 0020672　集 3.52/769

葆愚軒文集一卷　（清）英啓撰　清光緒十年
（1884）刻本　一冊

220000 - 0801 - 0020673　集 3.52/770

蘅華館詩錄六卷　（清）王韜撰　清光緒十六
年（1890）鉛印本　二冊

220000 - 0801 - 0020674　集 3.52/771

萍軒小草二卷詞草一卷律賦賸稿一卷試帖賸
稿一卷　（清）黃富民撰　清咸豐、同治刻本
一冊

220000 - 0801 - 0020675　集 3.52/771 - 1

萍軒小草二卷詞草一卷律賦賸稿一卷試帖賸
稿一卷　（清）黃富民撰　清咸豐、同治刻本
一冊

220000 - 0801 - 0020676　集 3.52/773

茹芝山館詩鈔不分卷　（清）徐鼎勳撰　長春
花館試帖一卷　（清）徐元璋撰　清光緒十四
年（1888）刻本　一冊

220000 - 0801 - 0020677　集 3.52/774

菊邊吟不分卷　（清）丁丙撰　清光緒二十五
年（1899）刻本　二冊

220000 - 0801 - 0020678　集 3.52/775

韓隱廬詩鈔五卷補遺一卷　（清）黃瑞蓮撰
清光緒三十四年（1908）刻本　二冊

220000 - 0801 - 0020679　集 3.52/776

苦心孤詣齋課士芻言一卷秋舫制藝一卷
（清）張元度撰　清光緒二十五年（1899）刻本
一冊

220000－0801－0020680　集 3.52/777

芝程試賦偶存草一卷　（清）孫緝撰　清同治元年(1862)刻本　一冊

220000－0801－0020681　集 3.52/778

鬱華閣遺集四卷　（清）盛昱撰　清光緒二十八年(1902)刻朱印本　一冊

220000－0801－0020682　集 3.52/779

鬱華閣遺集四卷　（清）盛昱撰　清光緒三十一年(1905)刻本　一冊

220000－0801－0020683　集 3.52/780

蘊仙詩草一卷貞孝錄一卷　（清）張玉貞撰　清光緒十年(1884)刻本　一冊

220000－0801－0020684　集 3.52/781

芸香館遺詩二卷　（清）那遜蘭保撰　清同治十三年(1874)刻本　一冊

220000－0801－0020685　集 3.52/782

柏堂集前編十四卷次編十三卷續編二十二卷後編二十二卷餘編八卷補存三卷外編十二卷坿存五卷　（清）方宗誠撰　清光緒刻本　二十四冊

220000－0801－0020686　集 3.52/782－1

柏堂集前編十四卷次編十三卷續編二十二卷後編二十二卷餘編八卷補存三卷外編十二卷坿存五卷　（清）方宗誠撰　清光緒刻本　十五冊　缺三十五卷(後編十六至二十二、餘編八卷、補存三卷、外編十二卷、坿存五卷)

220000－0801－0020687　集 3.52/783

蘿月軒詩集八卷　（清）史筠撰　清道光十五年(1835)刻本　二冊

220000－0801－0020688　集 3.52/784

葆愚軒詩集一卷　（清）英啓撰　清光緒十四年(1888)刻本　一冊

220000－0801－0020689　集 3.52/785

鬱華閣遺集四卷　（清）盛昱撰　清光緒二十八年(1902)武昌刻朱印本　一冊

220000－0801－0020690　集 3.52/786

藻香館詩鈔六卷詞鈔一卷　（清）鄧承宗撰

清道光二十七年(1847)刻本　二冊

220000－0801－0020691　集 3.52/789

夢琴山館詩鈔四卷尺牘二卷詩續選二卷詞鈔一卷　（清）鍾步崧撰　清道光二十七年(1847)刻本　四冊

220000－0801－0020692　集 3.52/790

夢痕仙館詩鈔四卷　（清）張其淦撰　清光緒三十二年(1906)刻本　二冊

220000－0801－0020693　集 3.52/792

夢硯齋遺稿八卷　（清）唐樹義撰　清同治四年(1865)刻本　四冊

220000－0801－0020694　集 3.52/794

夢影盦遺集四卷附錄一卷　（清）嚴以盛撰　清宣統元年(1909)鉛印本　一冊

220000－0801－0020695　集 3.52/795

芙蓉山館詩鈔八卷補鈔一卷詞鈔二卷文鈔八卷　（清）楊芳燦撰　清光緒十七年(1891)活字印本　八冊

220000－0801－0020696　集 3.52/795－1

芙蓉山館詩鈔八卷補鈔一卷詞鈔二卷文鈔八卷　（清）楊芳燦撰　清光緒十七年(1891)活字印本　八冊

220000－0801－0020697　集 3.52/796

芙蓉池館詩草不分卷　（清）羅辰撰　清道光十八年(1838)刻本　一冊

220000－0801－0020698　集 3.52/797

槿花邨吟存不分卷　（清）夏崑林撰　清道光十八年(1838)刻本　一冊

220000－0801－0020699　集 3.52/798

植庵集十卷　（清）李慎傳撰　清光緒十年(1884)刻本　五冊

220000－0801－0020700　集 3.52/799

艾廬遺稿六卷　（清）邵曾鑑撰　清光緒二十三年(1897)刻本　二冊

220000－0801－0020701　集 3.52/799－1

艾廬遺稿六卷　（清）邵曾鑑撰　清光緒二十三年(1897)刻本　二冊

220000－0801－0020702　集3.52/799－2

艾廬遺稿六卷　（清）邵曾鑑撰　清光緒二十三年(1897)刻本　二冊

220000－0801－0020703　集3.52/800

莽蒼蒼齋詩二卷　（清）譚嗣同撰　清末影印本　一冊

220000－0801－0020704　集3.52/802

孏餘詩稿不分卷　（清）周傳德撰　清抄本　一冊

220000－0801－0020705　集3.52/803

梵隱堂詩存十卷　（清）釋祖觀撰　清同治六年(1867)刻本　二冊

220000－0801－0020706　集3.52/804

焚餘草存一卷浣仙詩草一卷　（清）范薇撰　清光緒二十四年(1898)刻本　一冊

220000－0801－0020707　集3.52/805

梵隱堂詩存十卷　（清）釋祖觀撰　清同治六年(1867)刻本　二冊

220000－0801－0020708　集3.52/805－1

梵隱堂詩存十卷　（清）釋祖觀撰　清同治六年(1867)刻本　二冊

220000－0801－0020709　集3.52/806

慕陔堂乙稿二卷　（清）王麟書撰　清光緒十二年(1886)刻本　一冊

220000－0801－0020710　集3.52/807

塔影樓律賦一卷　（清）吳贊撰　清光緒十年(1884)刻本　一冊

220000－0801－0020711　集3.52/810

蒿庵文集八卷　（清）莊棫撰　清光緒十八年(1892)刻本　二冊

220000－0801－0020712　集3.52/811

菜根堂集詩集二卷文集二卷　（清）李以篤撰　清光緒九年(1883)刻本　四冊

220000－0801－0020713　集3.52/812

茶磨山人詩鈔八卷　（清）汪芑撰　清光緒十一年(1885)刻本　四冊

220000－0801－0020714　集3.52/812－1

茶磨山人詩鈔八卷　（清）汪芑撰　清光緒十一年(1885)刻本　四冊

220000－0801－0020715　集3.52/813

菜香書屋詩草不分卷　（清）陸以耕撰　清光緒二十二年(1896)鉛印本　一冊

220000－0801－0020716　集3.52/814

樹香閣遺草不分卷　（清）周曰蕙撰　清咸豐二年(1852)刻本　一冊

220000－0801－0020717　集3.52/815

茶夢庵劫後詩稿十二卷　（清）高望曾撰　清光緒十六年(1890)刻本　三冊

220000－0801－0020718　集3.52/816

圭庵詩錄不分卷　（清）吳觀禮撰　清光緒五年(1879)刻本　一冊

220000－0801－0020719　集3.52/816－1

圭庵詩錄不分卷　（清）吳觀禮撰　清光緒五年(1879)刻本　二冊

220000－0801－0020720　集3.52/818

芸香館遺詩二卷　（清）那遜蘭保撰　清同治十三年(1874)刻本　一冊

220000－0801－0020721　集3.52/820

藝風堂文集七卷外編一卷續集八卷文漫存四卷　繆荃孫撰　清光緒二十六年(1900)刻本　十冊

220000－0801－0020722　集3.52/820－1

藝風堂文集七卷外編一卷續集八卷文漫存四卷　繆荃孫撰　清光緒二十六年(1900)刻本　十冊

220000－0801－0020723　集3.52/820－2

藝風堂文集七卷外編一卷續集八卷文漫存四卷　繆荃孫撰　清光緒二十六年(1900)刻本　四冊

220000－0801－0020724　集3.52/820－3

藝風堂文集七卷外編一卷續集八卷文漫存四卷　繆荃孫撰　清光緒二十六年(1900)刻本　一冊

220000－0801－0020725　集 3.52/820－4

藝風堂文集七卷外編一卷續集八卷文漫存四卷　繆荃孫撰　清光緒二十六年(1900)刻本　二冊

220000－0801－0020726　集 3.52/821

華陽散稿二卷　(清)史震林撰　清光緒九年(1883)鉛印本　二冊

220000－0801－0020727　集 3.52/822

萃錦吟十八卷首一卷　(清)奕訢撰　清光緒十一年(1885)刻本　二十冊

220000－0801－0020728　集 3.52/822－1

萃錦吟十八卷首一卷　(清)奕訢撰　清光緒十一年(1885)刻本　二十冊

220000－0801－0020729　集 3.52/823

蕉聲館全集詩集二十卷補遺四卷文集八卷目錄一卷　(清)朱爲弼撰　清咸豐九年(1859)刻本　六冊

220000－0801－0020730　集 3.52/823－1

蕉聲館全集詩集二十卷補遺四卷文集八卷目錄一卷　(清)朱爲弼撰　清咸豐九年(1859)刻本　十二冊　缺一卷(目錄一卷)

220000－0801－0020731　集 3.52/823－2

蕉聲館全集詩集二十卷補遺四卷文集八卷目錄一卷　(清)朱爲弼撰　清咸豐九年(1859)刻本　十冊

220000－0801－0020732　集 3.52/824

蕉窗囈語二卷續刻一卷續集一卷　(清)汪荊川撰　清光緒九年(1883)刻本　五冊

220000－0801－0020733　集 3.52/825

蒿庵遺集十二卷　(清)莊械撰　清光緒十二年(1886)刻本　二冊

220000－0801－0020734　集 3.52/825－1

蒿庵遺集十二卷　(清)莊械撰　清光緒十二年(1886)刻本　二冊

220000－0801－0020735　集 3.52/825－2

蒿庵遺集十二卷　(清)莊械撰　清光緒十二年(1886)刻本　二冊

220000－0801－0020736　集 3.52/828

蒼筤初集二十一卷詩集十卷文集六卷附錄五卷　(清)孫鼎臣撰　清咸豐九年(1859)刻本　六冊

220000－0801－0020737　集 3.52/829

蒳耘文鈔四卷　(清)季錫疇撰　清光緒五年(1879)刻本　一冊

220000－0801－0020738　集 3.52/829－1

蒳耘文鈔四卷　(清)季錫疇撰　清光緒五年(1879)刻本　一冊

220000－0801－0020739　集 3.52/830

荔村草堂詩續鈔一卷　(清)譚宗浚撰　清宣統二年(1910)刻本　一冊

220000－0801－0020740　集 3.52/830－1

荔村草堂詩續鈔一卷　(清)譚宗浚撰　清宣統二年(1910)刻本　一冊

220000－0801－0020741　集 3.52/831

荔隱居日記偶存三卷衛生集語三卷　(清)涂慶瀾撰　清光緒三十三年(1907)刻本　一冊

220000－0801－0020742　集 3.52/832

荔隱山房詩草六卷文略一卷翰林院進奉文一卷擬古文姓名三字對一卷二字對一卷國朝耆老錄一卷荔隱居日記偶存三卷衛生集語三卷　(清)涂慶瀾撰　清光緒三十一年(1905)刻本　五冊

220000－0801－0020743　集 3.52/833

荔雨軒文集六卷　(清)華翼綸撰　清光緒九年(1883)刻本　二冊

220000－0801－0020744　集 3.52/833－1

荔雨軒文集六卷　(清)華翼綸撰　清光緒九年(1883)刻本　二冊

220000－0801－0020745　集 3.52/833－2

荔雨軒文集六卷　(清)華翼綸撰　清光緒九年(1883)刻本　二冊

220000－0801－0020746　集 3.52/833－3

荔雨軒文集六卷　(清)華翼綸撰　清光緒九年(1883)刻本　四冊

403

220000－0801－0020747　集3.52/839

絮香吟館小草一卷　(清)齡文撰　清光緒十三年(1887)刻本　一冊

220000－0801－0020748　集3.52/839－1

絮香吟館小草一卷　(清)齡文撰　清光緒十三年(1887)刻本　一冊

220000－0801－0020749　集3.52/840

蘿藦亭遺詩四卷附錄一卷　(清)喬松年撰　清光緒七年(1881)刻本　四冊

220000－0801－0020750　集3.52/840－1

蘿藦亭遺詩四卷附錄一卷　(清)喬松年撰　清光緒七年(1881)刻本　四冊

220000－0801－0020751　集3.52/841

萬物炊累室類稿十七卷　(清)沈同芳撰　清宣統三年(1911)鉛印本　五冊

220000－0801－0020752　集3.52/841－1

萬物炊累室類稿十七卷　(清)沈同芳撰　清宣統三年(1911)鉛印本　五冊

220000－0801－0020753　集3.52/844

繭屋詩草二卷　(清)范從律撰　清光緒十二年(1886)刻本　一冊

220000－0801－0020754　集3.52/845

蘭馨堂詩存二卷　(清)楊希鈺撰　清同治五年(1866)刻本　一冊

220000－0801－0020755　集3.52/846

蘭福堂詩集一卷　(清)胡延撰　清光緒二十七年(1901)刻本　一冊

220000－0801－0020756　集3.52/850

韜厂蹈海錄四卷　(清)徐良弼等著　清宣統二年(1910)鉛印本　二冊

220000－0801－0020757　集3.52/851

甘泉鄉人稿二十四卷餘稿二卷附年譜一卷　(清)錢泰吉撰　清光緒十一年(1885)刻本　七冊

220000－0801－0020758　集3.52/851－1

甘泉鄉人稿二十四卷餘稿二卷附年譜一卷　(清)錢泰吉撰　清光緒十一年(1885)刻本

十冊　缺二卷(四水子遺著一卷、邠農偶吟稿一卷)

220000－0801－0020759　集3.52/851－2

甘泉鄉人稿二十四卷餘稿二卷附年譜一卷　(清)錢泰吉撰　清光緒十一年(1885)刻本　十二冊

220000－0801－0020760　集3.52/854

甘泉鄉人稿二十四卷曝書雜記三卷　(清)錢泰吉撰　清光緒十一年(1885)刻本　五冊

220000－0801－0020761　集3.52/855

蘇鄰遺詩二卷　(清)李鴻裔撰　清光緒十四年(1888)刻本　一冊

220000－0801－0020762　集3.52/856

蘇盦文錄二卷駢文錄五卷詩錄八卷詞錄一卷　(清)楊葆光撰　清光緒九年(1883)刻本　五冊

220000－0801－0020763　集3.52/857

槐廬詩學　(清)龍繼棟撰　清光緒四年(1878)刻本　一冊

220000－0801－0020764　集3.52/858

蘇盦文錄二卷駢文錄五卷詩錄八卷詞錄一卷　(清)楊葆光撰　清光緒九年(1883)刻本　五冊

220000－0801－0020765　集3.52/858－1

蘇盦文錄二卷駢文錄五卷詩錄八卷詞錄一卷　(清)楊葆光撰　清光緒九年(1883)刻本　五冊

220000－0801－0020766　集3.52/858－2

蘇盦文錄二卷駢文錄五卷詩錄八卷詞錄一卷　(清)楊葆光撰　清光緒九年(1883)刻本　二冊

220000－0801－0020767　集3.52/861

藝槩六卷　(清)劉熙載撰　清同治十二年(1873)刻本　一冊

220000－0801－0020768　集3.52/861－1

藝槩六卷　(清)劉熙載撰　清同治十二年(1873)刻本　四冊

220000 - 0801 - 0020769　集 3.52/861 - 2

藝槩六卷　（清）劉熙載撰　清同治十二年
（1873）刻本　二冊

220000 - 0801 - 0020770　集 3.52/861 - 3

藝槩六卷　（清）劉熙載撰　清同治十二年
（1873）刻本　二冊

220000 - 0801 - 0020771　集 3.52/863

甘泉鄉人稿二十四卷　（清）錢泰吉撰　清光
緒十一年（1885）刻本　六冊

220000 - 0801 - 0020772　集 3.52/864

扶桑雜詠不分卷　（清）李世勳撰　清光緒三
十三年（1907）鉛印本　一冊

220000 - 0801 - 0020773　集 3.52/865

心白日齋集六卷　（清）尹耕雲撰　清光緒二
十一年（1895）刻本　四冊

220000 - 0801 - 0020774　集 3.52/865 - 1

心白日齋集六卷　（清）尹耕雲撰　清光緒二
十一年（1895）刻本　四冊

220000 - 0801 - 0020775　集 3.52/865 - 2

心白日齋集六卷　（清）尹耕雲撰　清光緒二
十一年（1895）刻本　四冊

220000 - 0801 - 0020776　集 3.52/866

李文忠公遺集八卷　（清）李鴻章撰　清光緒
三十一年（1905）刻本　四冊

220000 - 0801 - 0020777　集 3.52/866 - 1

李文忠公遺集八卷　（清）李鴻章撰　清光緒
三十一年（1905）刻本　四冊

220000 - 0801 - 0020778　集 3.52/866 - 2

李文忠公遺集八卷　（清）李鴻章撰　清光緒
三十一年（1905）刻本　四冊

220000 - 0801 - 0020779　集 3.52/867

李文清公遺書八卷首一卷附志節編二卷
（清）李棠階撰　清光緒八年（1882）刻本
四冊

220000 - 0801 - 0020780　集 3.52/869

槐軒雜著四卷　（清）劉沅撰　清宣統二年
（1910）刻本　四冊

220000 - 0801 - 0020781　集 3.52/869 - 1

槐軒雜著四卷　（清）劉沅撰　清宣統二年
（1910）刻本　四冊

220000 - 0801 - 0020782　集 3.52/870

槐軒雜著四卷　（清）劉沅撰　清光緒二十七
年（1901）刻本　四冊

220000 - 0801 - 0020783　集 3.52/871

坦園詩錄十四卷　（清）楊恩壽撰　清光緒三
年（1877）刻本　二冊

220000 - 0801 - 0020784　集 3.52/873

楊敬脩堂文稿不分卷敬脩堂重訂文稿不分卷
　（清）楊摛藻撰　清光緒十九年（1893）刻本
　二冊

220000 - 0801 - 0020785　集 3.52/875

獨慎齋詩鈔八卷　（清）梁承誥撰　清光緒九
年（1883）刻本　二冊

220000 - 0801 - 0020786　集 3.52/877

桐城吳先生詩集一卷附錄一卷　（清）吳汝綸
撰　清光緒三十年（1904）刻本　四冊

220000 - 0801 - 0020787　集 3.52/878

桐城吳先生文集四卷詩集一卷尚書故三卷
（清）吳汝綸撰　清光緒三十年（1904）刻本
八冊

220000 - 0801 - 0020788　集 3.52/879

桐華舸詩鈔八卷詩續鈔八卷遺詩一卷　（清）
鮑瑞駿撰　清光緒十年（1884）刻本　八冊

220000 - 0801 - 0020789　集 3.52/882

桂之華軒詩集四卷文集九卷　（清）朱銘盤著
　清光緒三十二年（1906）鉛印本　三冊

220000 - 0801 - 0020790　集 3.52/886

嫏嬛小築詩存三卷文存一卷　（清）龔汝霖撰
　清同治十一年（1872）刻本　一冊

220000 - 0801 - 0020791　集 3.52/887

楓南山館遺集七卷末一卷　（清）莊受祺撰
清光緒元年（1875）刻本　一冊

220000 - 0801 - 0020792　集 3.52/887 - 1

楓南山館遺集七卷末一卷　（清）莊受祺撰

清光緒元年(1875)刻本 一冊

220000－0801－0020793 集 3.52/887－2
楓南山館遺集七卷末一卷 （清）莊受祺撰
清光緒元年(1875)刻本 二冊

220000－0801－0020794 集 3.52/887－3
楓南山館遺集七卷末一卷 （清）莊受祺撰
清光緒元年(1875)刻本 二冊

220000－0801－0020795 集 3.52/888
鵲泉山館集八卷首一卷 （清）潘觀保撰 清
光緒十五年(1889)刻本 二冊

220000－0801－0020796 集 3.52/888－1
鵲泉山館集八卷首一卷 （清）潘觀保撰 清
光緒十五年(1889)刻本 二冊

220000－0801－0020797 集 3.52/889
椒生詩草六卷續草六卷 （清）王之春撰 清
光緒十年(1884)刻本 四冊

220000－0801－0020798 集 3.52/890
榴實山莊文稿一卷詩六卷 （清）吳存義撰
清同治九年(1870)刻本 四冊

220000－0801－0020799 集 3.52/890－1
榴實山莊文稿一卷詩六卷 （清）吳存義撰
清同治九年(1870)刻本 四冊

220000－0801－0020800 集 3.52/894
鞠隱山莊遺詩一卷 （清）吳寶三撰 清光緒
十八年(1892)鉛印本 一冊

220000－0801－0020801 集 3.52/894－1
鞠隱山莊遺詩一卷 （清）吳寶三撰 清光緒
十八年(1892)鉛印本 一冊

220000－0801－0020802 集 3.52/895
期不負齋文集五卷 （清）周家楣撰 清光緒
二十一年(1895)刻本 二冊

220000－0801－0020803 集 3.52/896
栩園藏稿文集十卷 （清）陳鼎熙撰 清光緒
三十四年(1908)鉛印本 二冊

220000－0801－0020804 集 3.52/897
聲調三譜四卷 （清）王祖源輯 清光緒八年

(1882)刻本 四冊

220000－0801－0020805 集 3.52/898
匏齋遺稿五卷 （清）李齡壽撰 清光緒二十
二年(1896)刻本 二冊

220000－0801－0020806 集 3.52/900
匏繫齋詩鈔四卷 （清）馮可鏞撰 清光緒二
十三年(1897)刻本 二冊

220000－0801－0020807 集 3.52/901
匏隱廬詩文合稿不分卷 （清）沈毓桂撰 清
光緒二十二年(1896)鉛印本 三冊

220000－0801－0020808 集 3.52/902
鶴磵詩龕集八卷蠻波詞一卷 （清）萬釗撰
清光緒十九年(1893)刻本 二冊

220000－0801－0020809 集 3.52/903
鶴窠村人初稿附賓紅閣艷體詩 （清）黃協塤
撰 清光緒三十四年(1908)鉛印本 一冊

220000－0801－0020810 集 3.52/904
都梁草二卷首一卷補遺一卷 （清）于養源撰
清光緒三十二年(1906)刻本 一冊

220000－0801－0020811 集 3.52/905
都是春齋韻語不分卷 （清）張佑撰 清道光
刻本 一冊

220000－0801－0020812 集 3.52/907
松石齋詩續二卷 （清）周懋泰撰 清光緒二
十五年(1899)刻本 一冊

220000－0801－0020813 集 3.52/908
松石齋詩草三卷 （清）周懋泰撰 清光緒二
十二年(1896)鉛印本 一冊

220000－0801－0020814 集 3.52/909
松陵贈言不分卷 （清）任道鎔等撰 清末刻
本 一冊

220000－0801－0020815 集 3.52/911
松坡吟草六卷 （清）李深源撰 清末刻本
二冊

220000－0801－0020816 集 3.52/912
松夢寮詩稿六卷 （清）丁丙撰 清光緒二十

五年(1899)刻本　二冊

220000－0801－0020817　集 3.52/914

榆園雜興詩不分卷　（清）袁振業撰　清光緒
十八年(1892)刻本　一冊

220000－0801－0020818　集 3.52/915

梅隱廬遺詩四卷憶梅詞存一卷　（清）陳錫祺
撰　清光緒十二年(1886)刻本　一冊

220000－0801－0020819　集 3.52/916

梅花山館詩鈔不分卷　（清）徐光發撰　清光
緒三十二年(1906)石印本　二冊

220000－0801－0020820　集 3.52/916－1

梅花山館詩鈔不分卷　（清）徐光發撰　清光
緒三十二年(1906)石印本　一冊　存上冊

220000－0801－0020821　集 3.52/917

梅花詩謎一卷　（清）吳熙載撰　清同治三年
(1864)影印本　一冊

220000－0801－0020822　集 3.52/918

梅窩詩鈔三卷詞鈔一卷遺稿一卷　（清）陳良
玉撰　清光緒十九年(1893)刻本　二冊

220000－0801－0020823　集 3.52/919

敬孚類稿十六卷　（清）蕭穆撰　清光緒三十
三年(1907)刻本　六冊

220000－0801－0020824　集 3.52/919－1

敬孚類稿十六卷　（清）蕭穆撰　清光緒三十
三年(1907)刻本　四冊

220000－0801－0020825　集 3.52/920

散樗書屋古今體詩摘鈔六卷附一卷　（清）李
臨馴撰　清光緒十五年(1889)刻本　六冊

220000－0801－0020826　集 3.52/922

趙忠節公遺墨一卷首一卷　（清）趙景賢撰
清光緒八年(1882)刻本　一冊

220000－0801－0020827　集 3.52/922－1

趙忠節公遺墨一卷首一卷　（清）趙景賢撰
清光緒八年(1882)刻本　一冊

220000－0801－0020828　集 3.52/922－2

趙忠節公遺墨一卷首一卷　（清）趙景賢撰

清光緒八年(1882)刻本　二冊

220000－0801－0020829　集 3.52/923

桝湖文錄八卷　（清）吳敏樹撰　清同治八年
(1869)刻本　四冊

220000－0801－0020830　集 3.52/923－1

桝湖文錄八卷　（清）吳敏樹撰　清同治八年
(1869)刻本　四冊

220000－0801－0020831　集 3.52/924

桝湖詩錄六卷首一卷　（清）吳敏樹撰　清同
治八年(1869)刻本　一冊

220000－0801－0020832　集 3.52/925

桝湖文集十二卷首一卷　（清）吳敏樹撰　清
光緒十九年(1893)刻本　四冊

220000－0801－0020833　集 3.52/925－1

桝湖文集十二卷首一卷　（清）吳敏樹撰　清
光緒十九年(1893)刻本　四冊

220000－0801－0020834　集 3.52/926

妙吉祥室詩鈔十三卷　（清）朱葵之撰　清光
緒十年(1884)刻本　四冊　缺三卷(六至八)

220000－0801－0020835　集 3.52/927

妙華仙館詩二卷　（清）喬載縣撰　清光緒二
十六年(1900)刻本　一冊

220000－0801－0020836　集 3.52/928

青芙山館詩鈔六卷　（清）謝甘盤撰　清宣統
元年(1909)刻本　一冊

220000－0801－0020837　集 3.52/929

青萍軒文錄二卷詩錄一卷　（清）薛福保撰
清光緒八年(1882)刻本　一冊

220000－0801－0020838　集 3.52/929－1

青萍軒文錄二卷詩錄一卷　（清）薛福保撰
清光緒八年(1882)刻本　一冊

220000－0801－0020839　集 3.52/929－2

青萍軒文錄二卷詩錄一卷　（清）薛福保撰
清光緒八年(1882)刻本　一冊

220000－0801－0020840　集 3.52/929－3

青萍軒文錄二卷詩錄一卷　（清）薛福保撰

清光緒八年（1882）刻本　一冊

220000－0801－0020841　集3.52/929－4

青萍軒文錄二卷詩錄一卷　（清）薛福保撰
清光緒八年（1882）刻本　一冊

220000－0801－0020842　集3.52/929－5

青萍軒文錄二卷詩錄一卷　（清）薛福保撰
清光緒八年（1882）刻本　一冊

220000－0801－0020843　集3.52/929－6

青萍軒文錄二卷詩錄一卷　（清）薛福保撰
清光緒八年（1882）刻本　一冊　存一卷（詩
錄一卷）

220000－0801－0020844　集3.52/929－7

青萍軒文錄二卷詩錄一卷　（清）薛福保撰
清光緒八年（1882）刻本　一冊　存一卷（詩
錄一卷）

220000－0801－0020845　集3.52/929－8

青萍軒文錄二卷詩錄一卷　（清）薛福保撰
清光緒八年（1882）刻本　二冊

220000－0801－0020846　集3.52/930

青芙蓉閣詩鈔六卷　（清）陸元鋐撰　清嘉慶
刻本　二冊

220000－0801－0020847　集3.52/933

**青琅玕館遺文一卷遺詩一卷竹椒草堂詞草一
卷**　（清）顧濟撰　清光緒二十一年（1895）刻
本　一冊

220000－0801－0020848　集3.52/933－1

**青琅玕館遺文一卷遺詩一卷竹椒草堂詞草一
卷**　（清）顧濟撰　清光緒二十一年（1895）刻
本　一冊

220000－0801－0020849　集3.52/934

青溪舊屋文集十一卷　（清）劉文淇撰　清光
緒九年（1883）刻本　四冊

220000－0801－0020850　集3.52/934－1

青溪舊屋文集十一卷　（清）劉文淇撰　清光
緒九年（1883）刻本　六冊

220000－0801－0020851　集3.52/934－2

青溪舊屋文集十一卷　（清）劉文淇撰　清光

緒九年（1883）刻本　一冊

220000－0801－0020852　集3.52/934－3

青溪舊屋文集十一卷　（清）劉文淇撰　清光
緒九年（1883）刻本　一冊

220000－0801－0020853　集3.52/934－4

青溪舊屋文集十一卷　（清）劉文淇撰　清光
緒九年（1883）刻本　二冊

220000－0801－0020854　集3.52/934－5

青溪舊屋文集十一卷　（清）劉文淇撰　清光
緒九年（1883）刻本　二冊

220000－0801－0020855　集3.52/934－6

青溪舊屋文集十一卷　（清）劉文淇撰　清光
緒九年（1883）刻本　二冊

220000－0801－0020856　集3.52/935

中隱堂詩八卷　（清）方炳奎撰　清同治五年
（1866）刻本　二冊

220000－0801－0020857　集3.52/939

畫梅雜詠不分卷　（清）雪江老人撰　清末刻
本　一冊

220000－0801－0020858　集3.52/940

夬齋詩集七卷　（清）張爾耆撰　清末刻本
一冊

220000－0801－0020859　集3.52/944

春在堂詩編二十三卷　（清）俞樾撰　清同治
七年（1868）刻本　八冊

220000－0801－0020860　集3.52/945

春暉雜稿十一種　（清）郭階撰　清光緒十五
年（1889）刻本　七冊

220000－0801－0020861　集3.52/946

東塾集六卷附申范一卷　（清）陳澧撰　清光
緒十八年（1892）刻本　三冊

220000－0801－0020862　集3.52/946－1

東塾集六卷附申范一卷　（清）陳澧撰　清光
緒十八年（1892）刻本　二冊

220000－0801－0020863　集3.52/946－2

東塾集六卷附申范一卷　（清）陳澧撰　清光

緒十八年(1892)刻本　四冊

220000－0801－0020864　集 3.52/946－3

東塾集六卷附申范一卷　(清)陳澧撰　清光
緒十八年(1892)刻本　二冊　存四卷(一至
四)

220000－0801－0020865　集 3.52/946－4

東塾集六卷附申范一卷　(清)陳澧撰　清光
緒十八年(1892)刻本　一冊　存二卷(五至
六)

220000－0801－0020866　集 3.52/948

續東軒遺集不分卷　(清)高均儒撰　清光緒
七年(1881)刻本　三冊

220000－0801－0020867　集 3.52/949

東望望閣詩鈔十六種　(清)查奕照撰　清末
刻本　二冊

220000－0801－0020868　集 3.52/951

東遊草二卷續一卷　(清)劉大紳等撰　清光
緒二十年(1894)刻本　三冊

220000－0801－0020869　集 3.52/952

未弱冠集八卷　(清)覺羅廷奭撰　清同治二
年(1863)刻本　八冊

220000－0801－0020870　集 3.52/952－1

未弱冠集八卷　(清)覺羅廷奭撰　清同治二
年(1863)刻本　八冊

220000－0801－0020871　集 3.52/954

未灰齋文集八卷外集一卷　(清)徐鼒撰　清
咸豐十一年(1861)刻本　四冊

220000－0801－0020872　集 3.52/954－1

未灰齋文集八卷外集一卷　(清)徐鼒撰　清
咸豐十一年(1861)刻本　三冊

220000－0801－0020873　集 3.52/955

素心閣詩草二卷　(清)鄭蕙撰　清光緒十二
年(1886)刻本　一冊

220000－0801－0020874　集 3.52/955－1

素心閣詩草二卷　(清)鄭蕙撰　清光緒十二
年(1886)刻本　一冊

220000－0801－0020875　集 3.52/957

**虹橋老屋遺稿文四卷詩五卷補遺文一卷詞賸
一卷詩存一卷**　(清)秦緗業撰　清光緒十五
年(1889)刻本　四冊

220000－0801－0020876　集 3.52/957－1

**虹橋老屋遺稿文四卷詩五卷補遺文一卷詞賸
一卷詩存一卷**　(清)秦緗業撰　清光緒十五
年(1889)刻本　三冊

220000－0801－0020877　集 3.52/957－2

**虹橋老屋遺稿文四卷詩五卷補遺文一卷詞賸
一卷詩存一卷**　(清)秦緗業撰　清光緒十五
年(1889)刻本　三冊

220000－0801－0020878　集 3.52/957－3

**虹橋老屋遺稿文四卷詩五卷補遺文一卷詞賸
一卷詩存一卷**　(清)秦緗業撰　清光緒十五
年(1889)刻本　三冊

220000－0801－0020879　集 3.52/957－4

**虹橋老屋遺稿文四卷詩五卷補遺文一卷詞賸
一卷詩存一卷**　(清)秦緗業撰　清光緒十五
年(1889)刻本　二冊

220000－0801－0020880　集 3.52/957－5

**虹橋老屋遺稿文四卷詩五卷補遺文一卷詞賸
一卷詩存一卷**　(清)秦緗業撰　清光緒十五
年(1889)刻本　四冊

220000－0801－0020881　集 3.52/958

振綺堂詩存一卷　(清)汪憲撰　清光緒十五
年(1889)刻本　一冊

220000－0801－0020882　集 3.52/958－1

振綺堂詩存一卷　(清)汪憲撰　清光緒十五
年(1889)刻本　一冊

220000－0801－0020883　集 3.52/959

拙尊園叢稿六卷　(清)黎庶昌撰　清光緒二
十三年(1897)石印本　六冊

220000－0801－0020884　集 3.52/960

拙盦叢稿二十卷　(清)朱一新撰　清光緒二
十二年(1896)刻本　四冊

220000－0801－0020885　集 3.52/962

409

拙尊園叢稿六卷 （清）黎庶昌撰 清光緒二
十一年（1895）刻本 一冊

220000 - 0801 - 0020886 集 3.52/962 - 1

拙尊園叢稿六卷 （清）黎庶昌撰 清光緒二
十一年（1895）刻本 四冊

220000 - 0801 - 0020887 集 3.52/962 - 2

拙尊園叢稿六卷 （清）黎庶昌撰 清光緒二
十一年（1895）刻本 四冊

220000 - 0801 - 0020888 集 3.52/962 - 3

拙尊園叢稿六卷 （清）黎庶昌撰 清光緒二
十一年（1895）金陵狀元閣刻本 二冊

220000 - 0801 - 0020889 集 3.52/963

拙尊園叢稿六卷 （清）黎庶昌撰 清光緒十
九年（1893）上海醉六堂石印本 二冊

220000 - 0801 - 0020890 集 3.52/963 - 1

拙尊園叢稿六卷 （清）黎庶昌撰 清光緒十
九年（1893）上海醉六堂石印本 二冊

220000 - 0801 - 0020891 集 3.52/964

插花窗賦草二卷補遺一卷 （清）楊昌光撰
清末刻本 二冊

220000 - 0801 - 0020892 集 3.52/965

播琴堂詩集十二卷 （清）金學詩撰 清刻本
三冊

220000 - 0801 - 0020893 集 3.52/966

靜妙山房遺集三卷補遺一卷 （清）錢鈞伯撰
清光緒十六年（1890）刻本 一冊

220000 - 0801 - 0020894 集 3.52/968

蓬萊閣詩錄四卷 （清）陳克家撰 清同治二
年（1863）刻本 二冊

220000 - 0801 - 0020895 集 3.52/969

靜怡軒詩鈔五卷附錄一卷 （宋）汪藻撰 清
光緒五年（1879）刻本 一冊

220000 - 0801 - 0020896 集 3.52/970

靜遠堂集三卷補二卷 （清）陳壽熊撰 清光
緒十九年（1893）刻本 四冊

220000 - 0801 - 0020897 集 3.52/970 - 1

靜遠堂集三卷補二卷 （清）陳壽熊撰 清光
緒十九年（1893）刻本 一冊

220000 - 0801 - 0020898 集 3.52/971

悔昨非齋仿陶詩集不分卷 （清）錢登熙撰
清光緒二十六年（1900）刻本 一冊

220000 - 0801 - 0020899 集 3.52/973

靜園詩分類續鈔九卷 （清）龔鎮湘撰 清宣
統三年（1911）鉛印本 一冊

220000 - 0801 - 0020900 集 3.52/973 - 1

靜園詩分類續鈔九卷 （清）龔鎮湘撰 清宣
統三年（1911）鉛印本 一冊

220000 - 0801 - 0020901 集 3.52/974

靜園詩鈔後集不分卷 （清）龔鎮湘撰 清宣
統二年（1910）鉛印本 一冊

220000 - 0801 - 0020902 集 3.52/974 - 1

靜園詩鈔後集不分卷 （清）龔鎮湘撰 清宣
統二年（1910）鉛印本 一冊

220000 - 0801 - 0020903 集 3.52/978

轉蕙軒詩存八卷 （清）謝質卿撰 清光緒元
年（1875）刻本 二冊

220000 - 0801 - 0020904 集 3.52/979

慧文閣詩集二卷 （清）畢熙曾撰 清宣統三
年（1911）活字印本 二冊

220000 - 0801 - 0020905 集 3.52/979 - 1

慧文閣詩集二卷 （清）畢熙曾撰 清宣統三
年（1911）活字印本 一冊

220000 - 0801 - 0020906 集 3.52/980

慧福樓幸草一卷附錄一卷 （清）俞繡孫撰
清光緒九年（1883）刻本 一冊

220000 - 0801 - 0020907 集 3.52/981

耕讀亭詩鈔七卷 （清）項傅梅撰 清同治十
三年（1874）刻本 二冊

220000 - 0801 - 0020908 集 3.52/982

耕綠草堂詩草一卷 （清）薛熙著 清光緒二
十三年（1897）刻本 一冊

220000 - 0801 - 0020909 集 3.52/983

耕煙草堂詩鈔二卷　（清）平疇撰　清同治十年（1871）刻本　一冊

220000－0801－0020910　集 3.52/985

怡廬詩鈔二卷　（清）吳炳祥撰　清光緒二十六年（1900）刻本　二冊

220000－0801－0020911　集 3.52/986

扶雅堂詩集十卷　（清）楊炳春撰　清末刻本　二冊

220000－0801－0020912　集 3.52/987

扶雅堂詩集十四卷　（清）楊炳春撰　清末刻本　四冊

220000－0801－0020913　集 3.52/987－1

扶雅堂詩集十四卷　（清）楊炳春撰　清末刻本　四冊

220000－0801－0020914　集 3.52/987－2

扶雅堂詩集十四卷　（清）楊炳春撰　清末刻本　四冊

220000－0801－0020915　集 3.52/988

蟬雪吟三卷　（清）高邑自修居士撰　清光緒二十四年（1898）刻本　一冊

220000－0801－0020916　集 3.52/989

挹翠樓詩話四卷　（清）潘清撰　清咸豐六年（1856）刻本　二冊

220000－0801－0020917　集 3.52/991

擇雅堂初集一卷二集八卷　（清）許惠撰　清光緒十三年（1887）刻本　三冊

220000－0801－0020918　集 3.52/993

蝸寄廬詩草六卷詩餘二卷　（清）沈鍠撰　清光緒五年（1879）刻本　二冊

220000－0801－0020919　集 3.52/994

蝸園詩鈔一卷附錄一卷　（清）吳光奇撰　清宣統二年（1910）石印本　一冊

220000－0801－0020920　集 3.52/1001

抱山草堂詩存一卷　（清）楊寶彝撰　清光緒二年（1876）刻本　一冊

220000－0801－0020921　集 3.52/1002

抱潤軒文集十卷　馬其昶撰　清宣統元年（1909）石印本　一冊

220000－0801－0020922　集 3.52/1002－1

抱潤軒文集十卷　馬其昶撰　清宣統元年（1909）石印本　一冊

220000－0801－0020923　集 3.52/1004

攬青閣詩鈔二卷　（清）李貽德撰　清同治六年（1867）刻本　一冊

220000－0801－0020924　集 3.52/1004－1

攬青閣詩鈔二卷　（清）李貽德撰　清同治六年（1867）刻本　一冊

220000－0801－0020925　集 3.52/1005

撫松軒詩稿一卷　（清）康秀書撰　清同治十年（1871）刻本　一冊

220000－0801－0020926　集 3.52/1006

固庵自定草四卷人天清籟集一卷養初子筆記一卷　（清）舒紹基撰　清宣統元年（1909）鉛印本　二冊

220000－0801－0020927　集 3.52/1008

日長山靜草堂詩存二卷　（清）汪達鈞撰　清光緒三十一年（1905）鉛印本　二冊

220000－0801－0020928　集 3.52/1012

四爲堂焚餘草二卷附一卷　（清）謝鵬飛撰　清宣統元年（1909）刻本　二冊

220000－0801－0020929　集 3.52/1013

田硯齋文集二卷　（清）褚榮槐撰　清光緒七年（1881）刻本　一冊

220000－0801－0020930　集 3.52/1014

曼志堂遺稿二卷　（清）曹壽銘撰　清同治九年（1870）刻本　一冊

220000－0801－0020931　集 3.52/1015

曼陀羅花室詩三卷詞一卷　（清）吳翊寅撰　清光緒二十年（1894）刻本　一冊

220000－0801－0020932　集 3.52/1015－1

曼陀羅花室詩三卷詞一卷　（清）吳翊寅撰　清光緒二十年（1894）刻本　一冊

220000－0801－0020933　集3.52/1016

愚荃敝帚二卷　（清）李文安撰　清光緒九年（1883）鉛印本　一冊

220000－0801－0020934　集3.52/1019

墨花香館詩存八卷附詩餘一卷　（清）慶康撰　清光緒二十一年（1895）刻本　二冊

220000－0801－0020935　集3.52/1019－1

墨花香館詩存八卷附詩餘一卷　（清）慶康撰　清光緒二十一年（1895）刻本　二冊

220000－0801－0020936　集3.52/1020

墨花吟館感舊懷人集不分卷　（清）嚴辰撰　清光緒十五年（1889）刻本　一冊

220000－0801－0020937　集3.52/1021

墨壽閣詩集四卷　（清）汪承慶撰　清光緒二十七年（1901）刻本　二冊

220000－0801－0020938　集3.52/1022

墨花吟館詩鈔十六卷試帖一卷　（清）嚴辰撰　清光緒八年（1882）刻本　四冊

220000－0801－0020939　集3.52/1023

星湖詩集十六卷　（清）曹龍樹撰　清嘉慶元年（1796）刻本　六冊

220000－0801－0020940　集3.52/1024

思兄樓文稿不分卷　（清）羅長裿撰　清光緒二十八年（1902）刻本　一冊

220000－0801－0020941　集3.52/1025

思過齋雜體詩存十二卷　（清）蕭培元撰　清同治十三年（1874）刻本　二冊

220000－0801－0020942　集3.52/1027

思貽堂詩集十二卷詩續存八卷思貽堂詩第三集四卷　（清）黃文琛撰　清同治七年（1868）刻本　六冊

220000－0801－0020943　集3.52/1028

思益堂詩鈔六卷文二卷詞鈔一卷日札十卷駢文一卷　（清）周壽昌撰　清光緒十四年（1888）刻本　六冊

220000－0801－0020944　集3.52/1028－1

思益堂詩鈔六卷文二卷詞鈔一卷日札十卷駢

文一卷　（清）周壽昌撰　清光緒十四年（1888）刻本　六冊

220000－0801－0020945　集3.52/1028－2

思益堂詩鈔六卷文二卷詞鈔一卷日札十卷駢文一卷　（清）周壽昌撰　清光緒十四年（1888）刻本　三冊　缺十卷（日札十卷）

220000－0801－0020946　集3.52/1030

曠觀樓詩存八卷　（清）朱霖撰　清光緒六年（1880）刻本　四冊

220000－0801－0020947　集3.52/1032

最新商務尺牘教科書二卷　周天鵬撰　清光緒三十三年（1907）石印本　二冊

220000－0801－0020948　集3.52/1033

見素抱樸之齋詩存六卷　（清）呂儁孫撰　清同治十一年（1872）刻本　四冊

220000－0801－0020949　集3.52/1036

羅文恪公遺集不分卷　（清）羅惇衍撰　清道光二十六年（1846）刻本　一冊

220000－0801－0020950　集3.52/1037

曠廬詩集十四卷　（清）白永修撰　清光緒二十九年（1903）刻本　三冊

220000－0801－0020951　集3.52/1038

賭棋山莊詩見錄二卷　（清）謝章鋌撰　清光緒七年（1881）抄本　二冊

220000－0801－0020952　集3.52/1040

題鳳館稿八卷文稿二卷　（清）朱鑑成撰　清同治十一年（1872）刻本　六冊

220000－0801－0020953　集3.52/1040－1

題鳳館稿八卷文稿二卷　（清）朱鑑成撰　清同治十一年（1872）刻本　六冊

220000－0801－0020954　集3.52/1044

哦月樓詩存三卷詩餘一卷　（清）儲慧撰　清光緒十一年（1885）鉛印本　一冊

220000－0801－0020955　集3.52/1046

惠安鄉農文集二卷詩稿二卷　（清）李澍撰　清光緒二十年（1894）抄本　四冊

220000－0801－0020956　集 3.52/1047

晞鑄堂文鈔十六卷青芙山館詩鈔十二卷
（清）謝甘盤撰　清宣統二年(1910)刻本
十冊

220000－0801－0020957　集 3.52/1049

畹蘭齋文集四卷　（清）李楨撰　清光緒十八
年(1892)刻本　二冊

220000－0801－0020958　集 3.52/1050

曉帆詩草不分卷　（清）張乃勳撰　清光緒十
五年(1889)刻本　一冊

220000－0801－0020959　集 3.52/1051

嘯古堂詩集八卷　（清）蔣敦復撰　清宣統三
年(1911)石印本　二冊

220000－0801－0020960　集 3.52/1052

嘯古堂文集八卷　（清）蔣敦復撰　清同治七
年(1868)刻本　四冊

220000－0801－0020961　集 3.52/1055

味義根齋詩錄六卷詞錄二卷文賸一卷　（清）
王友光撰　清光緒十二年(1886)刻本　一冊

220000－0801－0020962　集 3.52/1056

味諫果齋集六卷文集二卷別集二卷外集一卷
試帖二卷　（清）王汝金撰　清光緒十年
(1884)刻本　十二冊

220000－0801－0020963　集 3.52/1057

味某華館詩初集六卷　（清）陳鴻誥撰　清咸
豐元年(1851)刻本　一冊

220000－0801－0020964　集 3.52/1058

嘯古堂詩集八卷芬陀利室詞集五卷遺集一卷
嘯古堂詩遺集一卷　（清）蔣敦復撰　清光緒
十一年(1885)刻本　四冊

220000－0801－0020965　集 3.52/1059

味靈華館詩六卷　（清）商廷煥撰　清宣統二
年(1910)鉛印本　一冊

220000－0801－0020966　集 3.52/1059－1

味靈華館詩六卷　（清）商廷煥撰　清宣統二
年(1910)鉛印本　一冊

220000－0801－0020967　集 3.52/1060

味雪堂遺草不分卷　（清）林賀峒撰　清光緒
三十三年(1907)鉛印本　一冊

220000－0801－0020968　集 3.52/1061

味雪堂遺集不分卷　（清）林賀峒撰　清宣統
元年(1909)刻本　一冊

220000－0801－0020969　集 3.52/1062

味經山館詩鈔六卷文鈔四卷　（清）戴鈞衡撰
清道光三十年(1850)刻本　三冊

220000－0801－0020970　集 3.52/1063

味經堂詩錄二卷　（清）沈祥龍撰　清光緒十
八年(1892)刻本　一冊

220000－0801－0020971　集 3.52/1064

邵亭遺詩八卷　（清）莫友芝撰　清光緒元年
(1875)刻本　一冊

220000－0801－0020972　集 3.52/1065

邵亭遺文八卷　（清）莫友芝撰　清同治刻本
一冊

220000－0801－0020973　集 3.52/1066

邵亭詩鈔六卷　（清）莫友芝撰　清同治五年
(1866)刻本　六冊

220000－0801－0020974　集 3.52/1066－1

邵亭詩鈔六卷　（清）莫友芝撰　清同治五年
(1866)刻本　一冊

220000－0801－0020975　集 3.52/1066－2

邵亭詩鈔六卷　（清）莫友芝撰　清同治五年
(1866)刻本　一冊

220000－0801－0020976　集 3.52/1066－3

邵亭詩鈔六卷　（清）莫友芝撰　清同治五年
(1866)刻本　一冊

220000－0801－0020977　集 3.52/1066－4

邵亭詩鈔六卷　（清）莫友芝撰　清同治五年
(1866)刻本　六冊

220000－0801－0020978　集 3.52/1067

嚶鳴館百疊集不分卷　（清）孫點撰　清光緒
十六年(1890)鉛印本　一冊

220000－0801－0020979　集 3.52/1072

鄂匏集二卷　（清）張開霽撰　清同治二年（1863）刻本　一冊

220000－0801－0020980　集 3.52/1074
嗣雅堂詩存五卷　（清）王嘉祿撰　清道光二十六年（1846）刻本　一冊

220000－0801－0020981　集 3.52/1077
眠琴館詩鈔四卷　（清）胡斯鐏撰　清道光十四年（1834）刻本　二冊

220000－0801－0020982　集 3.52/1078
眠琴閣詩鈔七卷詞鈔一卷　（清）史悠咸撰　清光緒二十年（1894）刻本　二冊

220000－0801－0020983　集 3.52/1078－2
眠琴閣詩鈔七卷詞鈔一卷　（清）史悠咸撰　清光緒二十年（1894）刻本　二冊

220000－0801－0020984　集 3.52/1082
晚晴軒詩存五卷儷體文存二卷　（清）陳文田撰　清光緒七年（1881）刻本　二冊

220000－0801－0020985　集 3.52/1082－1
晚晴軒詩存五卷儷體文存二卷　（清）陳文田撰　清光緒七年（1881）刻本　一冊　存二卷（儷體文存二卷）

220000－0801－0020986　集 3.52/1083
晚香亭詩鈔不分卷　（清）蔡邦甸撰　清光緒十八年（1892）石印本　四冊

220000－0801－0020987　集 3.52/1083－1
晚香亭詩鈔不分卷　（清）蔡邦甸撰　清光緒十八年（1892）石印本　四冊

220000－0801－0020988　集 3.52/1085
晚香書屋詩存二卷　（清）蔡九齡撰　清光緒八年（1882）刻本　一冊

220000－0801－0020989　集 3.52/1086
吟雲仙館詩稿不分卷　（清）曾詠撰　清光緒十七年（1891）刻本　一冊

220000－0801－0020990　集 3.52/1089
吟秋館詩存四卷　（清）江澄撰　清光緒七年（1881）刻本　一冊

220000－0801－0020991　集 3.52/1090
吟秋館詩稿四卷續稿二卷　（清）朱葆元撰　清咸豐十年（1860）刻本　二冊

220000－0801－0020992　集 3.52/1091
昨非集四卷　（清）劉熙載撰　清光緒三年（1877）刻本　二冊

220000－0801－0020993　集 3.52/1092
陔南池館遺集二卷附雙樹生詩草一卷　（清）喬重禧撰　清咸豐元年（1851）刻本　一冊

220000－0801－0020994　集 3.52/1092－1
陔南池館遺集二卷附雙樹生詩草一卷　（清）喬重禧撰　清咸豐元年（1851）刻本　一冊　缺一卷（雙樹生詩草一卷）

220000－0801－0020995　集 3.52/1094
虋齋學古集不分卷　（清）張棣撰　清道光二十五年（1845）刻本　一冊

220000－0801－0020996　集 3.52/1095
欒陽詩存初集十二卷末一卷　王以敏撰　清光緒十七年（1891）刻本　四冊

220000－0801－0020997　集 3.52/1095－1
欒陽詩存初集十二卷末一卷　王以敏撰　清光緒十七年（1891）刻本　四冊

220000－0801－0020998　集 3.52/1099
悔過齋未定稿七卷　（清）顧廣譽撰　清咸豐七年（1857）刻本　二冊

220000－0801－0020999　集 3.52/1099－1
悔過齋未定稿七卷　（清）顧廣譽撰　清咸豐七年（1857）刻本　二冊

220000－0801－0021000　集 3.52/1103
頤園詩存二卷　（清）徐煥藻撰　清光緒二十五年（1899）刻本　一冊

220000－0801－0021001　集 3.52/1104
匡庵詩前集六卷詩集六卷　（清）馬世俊撰　清光緒二十一年（1895）鉛印本　二冊

220000－0801－0021002　集 3.52/1104－1
匡庵詩前集六卷詩集六卷　（清）馬世俊撰　清光緒二十一年（1895）鉛印本　一冊　存六

卷(詩集六卷)

220000－0801－0021003　　集 3.52/1105

髯仙詩舫遺稿二卷　（清）李鴻裔撰　清光緒
十四年(1888)刻本　一冊

220000－0801－0021004　　集 3.52/1108

刖足集內篇一卷外篇一卷鶴笙仙館詩詞雜著
一卷附錄一卷　（清）鍾天緯撰　清光緒二十
七年(1901)鉛印本　二冊

220000－0801－0021005　　集 3.52/1112

陸庵所著書三卷　羅振玉撰　清光緒十八年
(1892)刻本　一冊

220000－0801－0021006　　集 3.52/1114

隨山館詩簡編四卷　（清）汪瑔撰　清光緒十
八年(1892)刻本　二冊

220000－0801－0021007　　集 3.52/1114－1

隨山館詩簡編四卷　（清）汪瑔撰　清光緒十
八年(1892)刻本　一冊

220000－0801－0021008　　集 3.52/1114－2

隨山館詩簡編四卷　（清）汪瑔撰　清光緒十
八年(1892)刻本　一冊

220000－0801－0021009　　集 3.52/1115

隨山館叢稿四卷猥稿十卷續稿二卷詞稿松煙
小錄六卷旅譚五卷尺牘二卷　（清）汪瑔撰
清光緒十一年(1885)刻本　十二冊

220000－0801－0021010　　集 3.52/1116

隨園瑣記二卷　（清）袁祖志撰　清光緒五年
(1879)刻本　一冊

220000－0801－0021011　　集 3.52/1116－1

隨園瑣記二卷　（清）袁祖志撰　清光緒五年
(1879)刻本　一冊

220000－0801－0021012　　集 3.52/1116－2

隨園瑣記二卷　（清）袁祖志撰　清光緒五年
(1879)刻本　一冊

220000－0801－0021013　　集 3.52/1116－3

隨園瑣記二卷　（清）袁祖志撰　清光緒五年
(1879)刻本　一冊

220000－0801－0021014　　集 3.52/1117

隨安廬詩集六卷補遺一卷畫意百絕一卷畫意
續詠一卷　（清）亢樹滋撰　清光緒十五年
(1889)刻本　二冊

220000－0801－0021015　　集 3.52/1118

留讀齋詩集六卷末一卷　（清）宜昌緒撰　清
宣統元年(1909)鉛印本　二冊

220000－0801－0021016　　集 3.52/1119

陳比部遺集三卷　（清）陳壽祺撰　清同治八
年(1869)刻本　一冊

220000－0801－0021017　　集 3.52/1121

周武壯公遺書九卷外集三卷別集一卷附錄一
卷首一卷　（清）周盛傳撰　清光緒三十一年
(1905)刻本　十冊

220000－0801－0021018　　集 3.52/1121－1

周武壯公遺書九卷外集三卷別集一卷附錄一
卷首一卷　（清）周盛傳撰　清光緒三十一年
(1905)刻本　十冊

220000－0801－0021019　　集 3.52/1121－2

周武壯公遺書九卷外集三卷別集一卷附錄一
卷首一卷　（清）周盛傳撰　清光緒三十一年
(1905)刻本　十冊

220000－0801－0021020　　集 3.52/1122

閩歸集二卷　（清）曹文漢撰　清宣統二年
(1910)石印本　一冊

220000－0801－0021021　　集 3.52/1124

且甌集九卷　（清）項霦撰　清咸豐三年
(1853)刻本　二冊

220000－0801－0021022　　集 3.52/1125

聞妙香室詩稿五卷　（清）錢錫宷撰　清宣統
二年(1910)石印本　一冊

220000－0801－0021023　　集 3.52/1128

問琴閣文二卷　宋育仁撰　清末刻本　一冊

220000－0801－0021024　　集 3.52/1130

同人詩錄十卷　（清）王慶勳輯　清咸豐八年
(1858)刻本　二冊

220000－0801－0021025　　集 3.52/1131

同根草四卷 （清）屈莒纕 （清）屈蕙纕撰
清光緒二年（1876）刻本 二冊

220000－0801－0021026 集3.52/1133
鷗堂遺稿三卷鷗堂詩三卷 （清）馬廣良撰
清光緒十五年（1889）刻本 二冊

220000－0801－0021027 集3.52/1135
陶然詩勦不分卷 （清）姚濬撰 清宣統元年
（1909）鉛印本 一冊

220000－0801－0021028 集3.52/1136
陶廬續憶補詠不分卷 金武祥撰 清光緒三
十一年（1905）刻本 一冊

220000－0801－0021029 集3.52/1138
丹魁堂詩集七卷外集四卷感遇錄一卷年譜一
卷附茗韻軒遺詩一卷遺愛錄一卷 （清）季芝
昌撰 清同治四年（1865）刻本 八冊

220000－0801－0021030 集3.52/1138－1
丹魁堂詩集七卷外集四卷感遇錄一卷年譜一
卷附茗韻軒遺詩一卷遺愛錄一卷 （清）季芝
昌撰 清同治四年（1865）刻本 六冊 缺一
卷（遺愛錄一卷）

220000－0801－0021031 集3.52/1138－2
丹魁堂詩集七卷外集四卷感遇錄一卷年譜一
卷附茗韻軒遺詩一卷遺愛錄一卷 （清）季芝
昌撰 清同治四年（1865）刻本 三冊 缺七
卷（外集四卷、感遇錄一卷、年譜一卷、遺愛錄
一卷）

220000－0801－0021032 集3.52/1139
丹魁堂外集四卷 （清）季芝昌撰 清咸豐十
一年（1861）刻本 四冊

220000－0801－0021033 集3.52/1141
留硯山房遺草一卷 （清）王朝清撰 清光緒
二十八年（1902）刻本 一冊

220000－0801－0021034 集3.52/1142
雷爪集不分卷 （清）陳來泰撰 清光緒二十
一年（1895）刻本 一冊

220000－0801－0021035 集3.52/1143
知白齋詩鈔五卷附詩草一卷 （清）江人鏡撰

清光緒二十三年（1897）刻本 二冊

220000－0801－0021036 集3.52/1143－1
知白齋詩鈔五卷附詩草一卷 （清）江人鏡撰
清光緒二十三年（1897）刻本 二冊

220000－0801－0021037 集3.52/1144
堅白石齋詩集不分卷 （清）李鑾宣撰 清末
抄本 一冊

220000－0801－0021038 集3.52/1145
堅白齋集詩存三卷駢文存一卷雜稿存四卷
（清）龍汝霖撰 清光緒七年（1881）刻本
四冊

220000－0801－0021039 集3.52/1148
學詁齋文集二卷 （清）薛壽撰 清光緒十五
年（1889）刻本 一冊

220000－0801－0021040 集3.52/1148－1
學詁齋文集二卷 （清）薛壽撰 清光緒十五
年（1889）刻本 一冊

220000－0801－0021041 集3.52/1148－2
學詁齋文集二卷 （清）薛壽撰 清光緒十五
年（1889）刻本 一冊

220000－0801－0021042 集3.52/1152
犀禪山館集不分卷 （清）汪和撰 清光緒元
年（1875）刻本 一冊

220000－0801－0021043 集3.52/1154
居易齋遺稿一卷 （清）翟錦觀撰 清同治八
年（1869）刻本 一冊

220000－0801－0021044 集3.52/1156
人境結廬詩稿十二卷 （清）褚維塏撰 清同
治十一年（1872）刻本 六冊

220000－0801－0021045 集3.52/1159
人境廬詩草十一卷 （清）黃遵憲撰 清宣統
三年（1911）鉛印本 四冊

220000－0801－0021046 集3.52/1159－1
人境廬詩草十一卷 （清）黃遵憲撰 清宣統
三年（1911）鉛印本 四冊

220000－0801－0021047 集3.52/1161

金粟山房駢體文二卷 （清）張培仁撰 清同治八年(1869)刻本 二冊

220000－0801－0021048 集3.52/1161－1

金粟山房駢體文二卷 （清）張培仁撰 清同治八年(1869)刻本 二冊

220000－0801－0021049 集3.52/1162

金粟山房詩草六卷 （清）張培仁撰 清咸豐四年(1854)刻本 二冊

220000－0801－0021050 集3.52/1163

金粟山房詩集十二卷 （清）蔣一桂撰 清光緒二十二年(1896)刻本 一冊

220000－0801－0021051 集3.52/1165

益神智室詩二卷 （清）程秉格撰 清光緒七年(1881)刻本 一冊

220000－0801－0021052 集3.52/1166

尊瓠室詩不分卷 陳詩撰 清光緒二十八年(1902)鉛印本 一冊

220000－0801－0021053 集3.52/1166－1

尊瓠室詩不分卷 陳詩撰 清光緒二十八年(1902)鉛印本 一冊

220000－0801－0021054 集3.52/1167

尊小學齋文集六卷詩集一卷詩餘一卷 （清）余治撰 清光緒九年(1883)刻本 四冊

220000－0801－0021055 集3.52/1168

八指頭陀詩集十卷補遺一卷雜文一卷 （清）釋敬安撰 清光緒十四年(1888)刻本 二冊

220000－0801－0021056 集3.52/1169

介白堂詩集二卷 （清）劉光第撰 清光緒二十九年(1903)鉛印本 一冊

220000－0801－0021057 集3.52/1170

卅六芙蓉仙館詩存六卷 （清）張曾望撰 清光緒二十四年(1898)刻本 一冊

220000－0801－0021058 集3.52/1170－1

卅六芙蓉仙館詩存六卷 （清）張曾望撰 清光緒二十四年(1898)刻本 一冊

220000－0801－0021059 集3.52/1171

介石山房遺文二卷詩一卷 （清）朱培源撰 清宣統二年(1910)刻本 二冊

220000－0801－0021060 集3.52/1171－1

介石山房遺文二卷詩一卷 （清）朱培源撰 清宣統二年(1910)刻本 二冊

220000－0801－0021061 集3.52/1171－2

介石山房遺文二卷詩一卷 （清）朱培源撰 清宣統二年(1910)刻本 二冊

220000－0801－0021062 集3.52/1173

今雨樓詩存二卷 （清）于寶之撰 清光緒十二年(1886)刻本 二冊

220000－0801－0021063 集3.52/1174

今白華堂詩集十三卷首一卷 （清）童槐撰 清光緒刻本 四冊

220000－0801－0021064 集3.52/1176

翁同龢手札不分卷 （清）翁同龢撰 清宣統三年(1911)石印本 十冊

220000－0801－0021065 集3.52/1177

俞俞齋文稿四卷詩稿二卷 （清）史念祖撰 清光緒十六年(1890)鉛印本 六冊

220000－0801－0021066 集3.52/1177－1

俞俞齋文稿四卷詩稿二卷 （清）史念祖撰 清光緒十六年(1890)鉛印本 二冊 存二卷（文稿一至二）

220000－0801－0021067 集3.52/1178

俞樓襍詩一卷 （清）俞樾撰 （清）宋文蔚輯 清光緒十二年(1886)刻本 一冊

220000－0801－0021068 集3.52/1179

俞俞齋文稿初集四卷詩稿初集二卷 （清）史念祖撰 清光緒刻本 六冊

220000－0801－0021069 集3.52/1180

俞俞齋文稿初集四卷 （清）史念祖撰 清光緒二十二年(1896)刻本 四冊

220000－0801－0021070 集3.52/1181

會稽山齋全集二十九卷 （清）謝應芝撰 清光緒十四年(1888)刻本 六冊

220000－0801－0021071　集3.52/1181－1

會稽山齋全集二十九卷　（清）謝應芝撰　清光緒十四年(1888)刻本　六冊

220000－0801－0021072　集3.52/1181－2

會稽山齋全集二十九卷　（清）謝應芝撰　清光緒十四年(1888)刻本　二冊　存八卷（經義一卷、文續六卷、詩續一卷）

220000－0801－0021073　集3.52/1182

悔初廬詩稿二卷　（清）柴文傑撰　清光緒三年(1877)刻本　一冊

220000－0801－0021074　集3.52/1187

悔初廬詩稿十一卷別集一卷明史雜詠二卷　（清）柴文傑撰　清咸豐四年(1854)刻本　四冊

220000－0801－0021075　集3.52/1188

慈雲閣遺稿一卷飾性齋遺稿一卷靜一齋詩草一卷　（清）左孝威輯　清同治十二年(1873)刻本　一冊

220000－0801－0021076　集3.52/1192

食古齋文錄一卷詩錄四卷附詩餘一卷　（清）柳以蕃撰　清光緒十八年(1892)刻本　三冊

220000－0801－0021077　集3.52/1193

公餘集不分卷續編不分卷窗課存稿二卷　（清）旺都特那木濟勒撰　清光緒二十二年(1896)刻本　五冊

220000－0801－0021078　集3.52/1194

養素居詩稿初編一卷續編一卷　（清）董燿撰　清光緒十八年(1892)刻本　二冊

220000－0801－0021079　集3.52/1195

養餘室吟草不分卷　（清）王彥和撰　清咸豐七年(1857)刻本　一冊

220000－0801－0021080　集3.52/1198

養雲山莊詩集四卷文集一卷　（清）劉瑞芬撰　清光緒十九年(1893)刻本　三冊

220000－0801－0021081　集3.52/1200

養拙齋詩十四卷附錄一卷　（清）王必達撰　清光緒十九年(1893)刻本　四冊

220000－0801－0021082　集3.52/1202

養知書屋文集二十八卷詩集十五卷奏議十二卷　（清）郭嵩燾撰　清光緒十八年(1892)刻本　二十八冊

220000－0801－0021083　集3.52/1202－1

養知書屋文集二十八卷詩集十五卷奏議十二卷　（清）郭嵩燾撰　清光緒十八年(1892)刻本　十六冊　缺十二卷（奏議十二卷）

220000－0801－0021084　集3.52/1202－2

養知書屋文集二十八卷詩集十五卷奏議十二卷　（清）郭嵩燾撰　清光緒十八年(1892)刻本　八冊　缺三卷（文集四至六）

220000－0801－0021085　集3.52/1203

養心光室詩稿八卷城南樵唱一卷　（清）顧福仁撰　清光緒十四年(1888)刻本　二冊

220000－0801－0021086　集3.52/1204

養源山房詩鈔六卷　（清）徐士霖撰　清光緒三十四年(1908)刻本　二冊

220000－0801－0021087　集3.52/1204－1

養源山房詩鈔六卷　（清）徐士霖撰　清光緒三十四年(1908)刻本　二冊

220000－0801－0021088　集3.52/1205

養志書屋詩存二卷　（清）崇佑撰　清同治十二年(1873)刻本　一冊

220000－0801－0021089　集3.52/1206

養晦堂文集十卷詩集二卷　（清）劉蓉撰　清光緒三年(1877)刻本　六冊

220000－0801－0021090　集3.52/1206－1

養晦堂文集十卷詩集二卷　（清）劉蓉撰　清光緒三年(1877)刻本　六冊

220000－0801－0021091　集3.52/1206－2

養晦堂文集十卷詩集二卷　（清）劉蓉撰　清光緒三年(1877)刻本　五冊　缺二卷（詩集二卷）

220000－0801－0021092　集3.52/1207

飣餖吟十二卷　（清）石贊清撰　清咸豐十年(1860)刻本　四冊

220000－0801－0021093　集 3.52/1208

瓶山草堂集六卷　（清）姚光晉撰　清同治十年(1871)刻本　二冊

220000－0801－0021094　集 3.52/1212

劍虹居文集二卷詩集二卷　（清）秦煥撰　清光緒三十一年(1905)刻本　四冊

220000－0801－0021095　集 3.52/1212－1

劍虹居文集二卷詩集二卷　（清）秦煥撰　清光緒三十一年(1905)刻本　四冊

220000－0801－0021096　集 3.52/1213

劍懷堂詩草二卷燈昏鏡曉詞四卷附聚紅樹雅集詞一卷　（清）宋謙撰　清宣統二年(1910)鉛印本　四冊

220000－0801－0021097　集 3.52/1214

劍光樓詩鈔四卷詞一卷　（清）儀克中撰　清光緒八年(1882)刻本　二冊

220000－0801－0021098　集 3.52/1215

淮南劍客詩甲稿　（□）□□撰　清光緒二十一年(1895)抄本　一冊

220000－0801－0021099　集 3.52/1216

芙蓉池館詩草二卷　（清）羅辰撰　清道光十八年(1838)刻本　一冊

220000－0801－0021100　集 3.52/1217

劍霜龕吟稿四卷詩餘一卷附錄一卷補遺一卷　（清）秦寶鑒撰　清宣統元年(1909)鉛印本　一冊

220000－0801－0021101　集 3.52/1219

鐵莊文集八卷　（清）陸楣撰　清光緒二十一年(1895)活字印本　三冊

220000－0801－0021102　集 3.52/1219－1

鐵莊文集八卷　（清）陸楣撰　清光緒二十一年(1895)活字印本　三冊

220000－0801－0021103　集 3.52/1220

鐵珊小草二卷　（清）費文彪撰　清光緒六年(1880)刻本　一冊

220000－0801－0021104　集 3.52/1220－1

鐵珊小草二卷　（清）費文彪撰　清光緒六年(1880)刻本　一冊

220000－0801－0021105　集 3.52/1222

鐵畫樓詩續鈔二卷　（清）張蔭桓撰　清光緒二十八年(1902)刻本　一冊

220000－0801－0021106　集 3.52/1223

鐵盂居士詩稿五卷　（清）汪全泰撰　清光緒二十一年(1895)石印本　四冊

220000－0801－0021107　集 3.52/1224

鋤月山房文鈔二卷　（清）何仁山撰　清光緒十六年(1890)刻本　二冊

220000－0801－0021108　集 3.52/1226

鑄廬詩賸一卷　（清）裕貴撰　清光緒二十三年(1897)鉛印本　一冊

220000－0801－0021109　集 3.52/1227

鎮亭山房詩集十八卷　（清）陸廷黻撰　清光緒十七年(1891)刻本　六冊

220000－0801－0021110　集 3.52/1227－1

鎮亭山房詩集十八卷　（清）陸廷黻撰　清光緒十七年(1891)刻本　六冊

220000－0801－0021111　集 3.52/1229

錫山書屋詩鈔六卷　（清）談蓉舫撰　清光緒十七年(1891)刻本　一冊

220000－0801－0021112　集 3.52/1230

饅龕亭集三十二卷　（清）祁寯藻撰　清咸豐六年(1856)刻本　六冊

220000－0801－0021113　集 3.52/1230－1

饅龕亭集三十二卷　（清）祁寯藻撰　清咸豐六年(1856)刻本　六冊

220000－0801－0021114　集 3.52/1230－2

饅龕亭集三十二卷　（清）祁寯藻撰　清咸豐六年(1856)刻本　四冊

220000－0801－0021115　集 3.52/1231

知退齋稿七卷　（清）張瑛撰　清光緒二十四年(1898)刻本　三冊

220000－0801－0021116　集 3.52/1231－1

知退齋稿七卷　（清）張瑛撰　清光緒二十四

年（1898）刻本　三冊

220000－0801－0021117　集3.52/1231－2

知退齋稿七卷　（清）張瑛撰　清光緒二十四年（1898）刻本　三冊

220000－0801－0021118　集3.52/1232

知非齋詩鈔一卷　（清）陳鍾英撰　清同治十一年（1872）刻本　一冊

220000－0801－0021119　集3.52/1233

知退齋古文補刊一卷附乞師日記一卷　（清）張瑛撰　清光緒二十八年（1902）刻本　一冊

220000－0801－0021120　集3.52/1234

知非齋古文錄一卷　（清）沈湛鈞撰　清光緒活字印本　一冊

220000－0801－0021121　集3.52/1235

知止齋詩集十六卷　（清）翁心存撰　清光緒三年（1877）刻本　四冊

220000－0801－0021122　集3.52/1235－1

知止齋詩集十六卷　（清）翁心存撰　清光緒三年（1877）刻本　四冊

220000－0801－0021123　集3.52/1235－2

知止齋詩集十六卷　（清）翁心存撰　清光緒三年（1877）刻本　四冊

220000－0801－0021124　集3.52/1235－3

知止齋詩集十六卷　（清）翁心存撰　清光緒三年（1877）刻本　四冊

220000－0801－0021125　集3.52/1238

笛倚樓詩不分卷　（清）吳元鏡撰　清光緒十二年（1886）刻本　一冊

220000－0801－0021126　集3.52/1239

陽湖史氏家藏左文襄公手札　（清）左宗棠撰　清光緒三十三年（1907）影印本　二冊

220000－0801－0021127　集3.52/1240

舒藝室全集隨筆六卷續筆一卷餘筆三卷雜著二卷雜著賸稿一卷詩存七卷索笑詞二卷（清）張文虎撰　清光緒七年（1881）刻本八冊

220000－0801－0021128　集3.52/1241

知止齋遺編一卷　（清）任重光撰　清光緒十八年（1892）刻本　一冊

220000－0801－0021129　集3.52/1242

知白軒遺稿四卷末一卷　（清）楊景程撰　清光緒三十二年（1906）刻本　一冊

220000－0801－0021130　集3.52/1243

敍州集不分卷　（清）文煥撰　清光緒二十九年（1903）刻本　一冊

220000－0801－0021131　集3.52/1244

飲雪軒詩集四卷　（清）楊泰亨撰　清宣統二年（1910）刻本　一冊

220000－0801－0021132　集3.52/1244－1

飲雪軒詩集四卷　（清）楊泰亨撰　清宣統二年（1910）刻本　一冊

220000－0801－0021133　集3.52/1246

飲冰室文集十六卷補遺二卷　梁啓超撰　清光緒二十八年（1902）鉛印本　十八冊

220000－0801－0021134　集3.52/1249

餘辛集三卷　（清）何杕撰　清同治元年（1862）刻本　一冊

220000－0801－0021135　集3.52/1249－1

餘辛集三卷　（清）何杕撰　清同治元年（1862）刻本　一冊

220000－0801－0021136　集3.52/1249－2

餘辛集三卷　（清）何杕撰　清同治元年（1862）刻本　一冊

220000－0801－0021137　集3.52/1250

筆花書屋詩鈔二卷　（清）嵇文駿撰　清同治九年（1870）刻本　二冊

220000－0801－0021138　集3.52/1251

坐花書屋詩錄二卷　（清）諸鎮撰　清光緒十六年（1890）刻本　一冊

220000－0801－0021139　集3.52/1251－1

坐花書屋詩錄二卷　（清）諸鎮撰　清光緒十六年（1890）刻本　一冊

220000－0801－0021140　集 3.52/1252

笛倚樓詩草二卷　（清）吳元鏡撰　清咸豐四年(1854)刻本　一冊

220000－0801－0021141　集 3.52/1253

筠綠山房詩草四卷詞草一卷　（清）湯建中撰　清光緒十九年(1893)刻本　二冊

220000－0801－0021142　集 3.52/1253－1

筠綠山房詩草四卷詞草一卷　（清）湯建中撰　清光緒十九年(1893)刻本　二冊

220000－0801－0021143　集 3.52/1254

篁韻盦詩鈔六卷　（清）顧森書撰　清光緒三十二年(1906)刻本　二冊

220000－0801－0021144　集 3.52/1254－1

篁韻盦詩鈔六卷　（清）顧森書撰　清光緒三十二年(1906)刻本　二冊

220000－0801－0021145　集 3.52/1255

餘墨偶談八卷　（清）孫檉輯　清同治十年(1871)刻本　四冊

220000－0801－0021146　集 3.52/1256

銅竹齋雜體文四卷附外集一卷雜體詩四卷試帖三卷律賦一卷　（清）王驤衢撰　清同治十三年(1874)刻本　八冊

220000－0801－0021147　集 3.52/1257

笠東草堂文稿二卷補遺一卷　（清）俞岳撰　清光緒十七年(1891)刻本　二冊

220000－0801－0021148　集 3.52/1259

悔過齋文集七卷續七卷補遺一卷札記一卷（清）顧廣譽撰　清光緒三年(1877)刻本　四冊

220000－0801－0021149　集 3.52/1259－1

悔過齋文集七卷續七卷補遺一卷札記一卷（清）顧廣譽撰　清光緒三年(1877)刻本　四冊　缺一卷(補遺一卷)

220000－0801－0021150　集 3.52/1259－2

悔過齋文集七卷續七卷補遺一卷札記一卷（清）顧廣譽撰　清光緒三年(1877)刻本　二冊　存七卷(續七卷)

220000－0801－0021151　集 3.52/1260

敝帚集二卷　（清）恩孚撰　清同治五年(1866)刻本　二冊

220000－0801－0021152　集 3.52/1261

竹韻樓詩鈔二卷竹韻樓琴趣一卷　（清）王淑撰　清同治二年(1863)刻本　一冊

220000－0801－0021153　集 3.52/1262

竹亭詩鈔四卷　（清）吳壽民撰　清道光二十一年(1841)刻本　二冊

220000－0801－0021154　集 3.52/1264

策軒文編六卷　（清）蔣寶誠撰　清宣統元年(1909)活字印本　四冊

220000－0801－0021155　集 3.52/1266

三十二蘭亭室詩存續刻二卷　（清）劉淇年撰　清光緒五年(1879)刻本　一冊

220000－0801－0021156　集 3.52/1269

蜀遊草不分卷　（清）丁紹周撰　清同治十三年(1874)刻本　一冊

220000－0801－0021157　集 3.52/1272

懷白軒詩鈔八卷詞鈔二卷　（清）陸初望撰　清同治五年(1866)刻本　四冊

220000－0801－0021158　集 3.52/1273

懷芬館詩鈔四卷　（清）姚仁瑛撰　清光緒元年(1875)刻本　一冊

220000－0801－0021159　集 3.52/1275

尚絅廬詩存二卷求自得之室喪服會通說四卷　（清）吳嘉賓撰　清同治五年(1866)刻本　二冊

220000－0801－0021160　集 3.52/1277

尚簡堂詩稿十卷　（清）韓印撰　清同治十三年(1874)刻本　二冊

220000－0801－0021161　集 3.52/1279

半溪草堂詩稿四卷文稿二卷　（清）傅卓然撰　清光緒十三年(1887)刻本　四冊

220000－0801－0021162　集 3.52/1280

半螺盦詩存前編一卷後編一卷　（清）吳文錫撰　清咸豐九年(1859)刻本　一冊

220000 - 0801 - 0021163　集 3.52/1281

賞雨茅屋外集不分卷　（清）曾燠撰　清光緒
十六年（1890）刻本　一冊

220000 - 0801 - 0021164　集 3.52/1282

半巖廬遺詩二卷　（清）邵懿辰撰　清同治十
年（1871）刻本　一冊

220000 - 0801 - 0021165　集 3.52/1284

半巖廬遺集二卷遺詩不分卷　（清）邵懿辰撰
清光緒三十四年（1908）刻本　二冊

220000 - 0801 - 0021166　集 3.52/1284 - 1

半巖廬遺集二卷遺詩不分卷　（清）邵懿辰撰
清光緒三十四年（1908）刻本　二冊

220000 - 0801 - 0021167　集 3.52/1284 - 2

半巖廬遺集二卷遺詩不分卷　（清）邵懿辰撰
清光緒三十四年（1908）刻本　二冊

220000 - 0801 - 0021168　集 3.52/1285

江左三大家詩鈔九卷　（清）顧有孝　（清）趙
澐輯　清嘉慶、道光桐葉山房刻本　三冊

220000 - 0801 - 0021169　集 3.52/1286

小雅樓詩集八卷首一卷遺文二卷　（清）鄧方
撰　清光緒二十七年（1901）刻本　五冊

220000 - 0801 - 0021170　集 3.52/1287

小鷗波館詩鈔十二卷補錄二卷詞鈔一卷
（清）潘曾瑩撰　清道光二十五年（1845）刻本
二冊

220000 - 0801 - 0021171　集 3.52/1289

小蝸廬文存二卷詩鈔二卷　（清）吳其泰撰
清同治十二年（1873）刻本　四冊

220000 - 0801 - 0021172　集 3.52/1290

三盛詩鈔四卷附聽雪詩選　（清）盛大謨等撰
（清）劉繹輯　清同治五年（1866）武寧盛氏
磊忠巢刻本　四冊

220000 - 0801 - 0021173　集 3.52/1291

小匏庵詩存六卷末一卷　（清）吳仰賢撰　清
光緒四年（1878）刻本　三冊

220000 - 0801 - 0021174　集 3.52/1291 - 1

小匏庵詩存六卷末一卷　（清）吳仰賢撰　清

光緒四年（1878）刻本　三冊

220000 - 0801 - 0021175　集 3.52/1291 - 2

小匏庵詩存六卷末一卷　（清）吳仰賢撰　清
光緒四年（1878）刻本　一冊

220000 - 0801 - 0021176　集 3.52/1292

小林塾詩鈔八卷附錄一卷　（清）鍾鼎撰　清
光緒九年（1883）刻本　四冊

220000 - 0801 - 0021177　集 3.52/1293

小瑯環園詩錄七卷附集一卷詞錄一卷　（清）
張修府撰　清光緒七年（1881）刻本　二冊

220000 - 0801 - 0021178　集 3.52/1293 - 1

小瑯環園詩錄七卷附集一卷詞錄一卷　（清）
張修府撰　清光緒七年（1881）刻本　二冊

220000 - 0801 - 0021179　集 3.52/1295

小三吾亭文甲集不分卷詩二卷詞二卷　冒廣
生撰　清光緒二十七年（1901）刻本　二冊

220000 - 0801 - 0021180　集 3.52/1296

江左三大家詩鈔九卷　（清）顧有孝　（清）趙
澐輯　清嘉慶、道光刻本　九冊

220000 - 0801 - 0021181　集 3.52/1296 - 1

江左三大家詩鈔九卷　（清）顧有孝　（清）趙
澐輯　清嘉慶、道光刻本　一冊　存三卷（牧
齋詩鈔三卷）

220000 - 0801 - 0021182　集 3.52/1297

小石詩鈔六卷補編一卷附詩餘一卷鍼鷗山館
詩草一卷　（清）曾諧撰　清光緒七年（1881）
刻本　二冊

220000 - 0801 - 0021183　集 3.52/1298

小亭初集六卷　（清）程際雲撰　清同治七年
（1868）刻本　二冊

220000 - 0801 - 0021184　集 3.52/1301

小桃李園詩鈔十四卷　（清）李霖撰　清同治
九年（1870）刻本　二冊

220000 - 0801 - 0021185　集 3.52/1302

小芋香館遺集十二卷　（清）李杭撰　清咸豐
元年（1851）刻本　四冊

220000 – 0801 – 0021186　集 3.52/1303

小迦陵館文集不分卷　（清）陳寶撰　清宣統二年(1910)鉛印本　一冊

220000 – 0801 – 0021187　集 3.52/1306

煙嶼樓文集四十卷　（清）徐時棟撰　清光緒三年(1877)刻本　八冊

220000 – 0801 – 0021188　集 3.52/1306 – 1

煙嶼樓文集四十卷　（清）徐時棟撰　清光緒三年(1877)刻本　八冊

220000 – 0801 – 0021189　集 3.52/1306 – 2

煙嶼樓文集四十卷　（清）徐時棟撰　清光緒三年(1877)刻本　八冊

220000 – 0801 – 0021190　集 3.52/1307

怡志堂詩初編八卷　（清）朱琦撰　清咸豐七年(1857)刻本　二冊

220000 – 0801 – 0021191　集 3.52/1307 – 1

怡志堂詩初編八卷　（清）朱琦撰　清咸豐七年(1857)刻本　二冊

220000 – 0801 – 0021192　集 3.52/1308

怡志堂文初編六卷　（清）朱琦撰　清同治七年(1868)刻本　二冊

220000 – 0801 – 0021193　集 3.52/1310

懺庵詩鈔一卷詞鈔一卷　（清）沈澤棠撰　清光緒二十九年(1903)刻本　二冊

220000 – 0801 – 0021194　集 3.52/1311

怡雲閣詩草六卷　（清）趙齡撰　清光緒二十四年(1898)刻本　一冊

220000 – 0801 – 0021195　集 3.52/1312

怡雲堂全集七種七卷　（清）沈保靖撰　清宣統元年(1909)刻本　六冊

220000 – 0801 – 0021196　集 3.52/1314

怡秋軒初稿一卷　（清）李掌珠撰　清光緒三十年(1904)刻本　一冊

220000 – 0801 – 0021197　集 3.52/1317

惜餘軒簡言二卷古文鈔四卷詩鈔二卷　（清）董錦章撰　清光緒三十年(1904)刻本　四冊

220000 – 0801 – 0021198　集 3.52/1321

慎宜軒文五卷　（清）姚永概撰　清光緒三十四年(1908)鉛印本　一冊

220000 – 0801 – 0021199　集 3.52/1322

慎盦文鈔二卷　（清）左宗植撰　清光緒元年(1875)刻本　二冊

220000 – 0801 – 0021200　集 3.52/1322 – 1

慎盦文鈔二卷　（清）左宗植撰　清光緒元年(1875)刻本　二冊

220000 – 0801 – 0021201　集 3.52/1322 – 2

慎盦文鈔二卷　（清）左宗植撰　清光緒元年(1875)刻本　二冊

220000 – 0801 – 0021202　集 3.52/1323

慎盦文鈔二卷　（清）左宗植撰　清光緒元年(1875)刻本　二冊

220000 – 0801 – 0021203　集 3.52/1323 – 1

慎盦文鈔二卷　（清）左宗植撰　清光緒元年(1875)刻本　二冊

220000 – 0801 – 0021204　集 3.52/1324

慎庵先生古近體詩五卷賦存一卷試帖一卷　（清）高靜撰　清光緒十年(1884)刻本　四冊

220000 – 0801 – 0021205　集 3.52/1325

爐餘詩草四卷　（清）張景渠撰　清光緒十七年(1891)刻本　二冊

220000 – 0801 – 0021206　集 3.52/1326

朔風吟略九卷首一卷　（清）劉秉琳撰　清光緒二年(1876)刻本　三冊

220000 – 0801 – 0021207　集 3.52/1331

惺諟齋初稿十卷　（清）喻長霖撰　清宣統三年(1911)鉛印本　六冊

220000 – 0801 – 0021208　集 3.52/1331 – 1

惺諟齋初稿十卷　（清）喻長霖撰　清宣統三年(1911)鉛印本　六冊

220000 – 0801 – 0021209　集 3.52/1332

悔餘庵詩稿十三卷　（清）何杙撰　清同治四年(1865)刻本　四冊

220000－0801－0021210　集 3.52/1332－1

悔餘庵詩稿十三卷　（清）何栻撰　清同治四年(1865)刻本　四冊

220000－0801－0021211　集 3.52/1332－2

悔餘庵詩稿十三卷　（清）何栻撰　清同治四年(1865)刻本　四冊

220000－0801－0021212　集 3.52/1332－3

悔餘庵詩稿十三卷　（清）何栻撰　清同治四年(1865)刻本　四冊

220000－0801－0021213　集 3.52/1333

悍齋偶存詩集三卷附一卷　（清）徐琳撰　清光緒八年(1882)刻本　二冊

220000－0801－0021214　集 3.52/1334

悔餘庵樂府四卷　（清）何栻撰　清同治四年(1865)刻本　二冊

220000－0801－0021215　集 3.52/1334－1

悔餘庵樂府四卷　（清）何栻撰　清同治四年(1865)刻本　二冊

220000－0801－0021216　集 3.52/1334－2

悔餘庵樂府四卷　（清）何栻撰　清同治四年(1865)刻本　二冊

220000－0801－0021217　集 3.52/1334－3

悔餘庵樂府四卷　（清）何栻撰　清同治四年(1865)刻本　二冊

220000－0801－0021218　集 3.52/1336

思貽堂詩稿十二卷文稿一卷　（清）金衍宗撰　清同治五年(1866)刻本　五冊

220000－0801－0021219　集 3.52/1336－1

思貽堂詩稿十二卷文稿一卷　（清）金衍宗撰　清同治五年(1866)刻本　五冊

220000－0801－0021220　集 3.52/1337

勿憚改齋吟草四卷　（清）顧師軾撰　清光緒十三年(1887)刻本　一冊

220000－0801－0021221　集 3.52/1340

桐城吳先生文集四卷詩集一卷　（清）吳汝綸撰　清光緒三十年(1904)刻本　六冊

220000－0801－0021222　集 3.52/1340－1

桐城吳先生文集四卷詩集一卷　（清）吳汝綸撰　清光緒三十年(1904)刻本　六冊

220000－0801－0021223　集 3.52/1340－2

桐城吳先生文集四卷詩集一卷　（清）吳汝綸撰　清光緒三十年(1904)刻本　四冊

220000－0801－0021224　集 3.52/1340－3

桐城吳先生文集四卷詩集一卷　（清）吳汝綸撰　清光緒三十年(1904)刻本　三冊　缺一卷(詩集一卷)

220000－0801－0021225　集 3.52/1341

石城七子詩鈔十四卷　翁長森輯　清光緒十六年(1890)刻本　二冊　缺四卷(寄漚詩選二卷、挹翠樓詩存二卷)

220000－0801－0021226　集 3.52/1342

柿影樓詩稿不分卷　（清）顧錫汾撰　清光緒三十年(1904)鉛印本　一冊

220000－0801－0021227　集 3.52/1342－1

柿影樓詩稿不分卷　（清）顧錫汾撰　清光緒三十年(1904)鉛印本　一冊

220000－0801－0021228　集 3.52/1342－2

柿影樓詩稿不分卷　（清）顧錫汾撰　清光緒三十年(1904)鉛印本　一冊

220000－0801－0021229　集 3.52/1344

古歡室詩詞集　（清）曾懿撰　清光緒三十年(1904)刻本　二冊

220000－0801－0021230　集 3.52/1345

思亭詩鈔四卷　（清）顧塈撰　清光緒三十一年(1905)刻本　一冊

220000－0801－0021231　集 3.52/1346

椽筆樓初集二卷　（清）胡鉉撰　清宣統三年(1911)鉛印本　二冊

220000－0801－0021232　集 3.52/1346－1

椽筆樓初集二卷　（清）胡鉉撰　清宣統三年(1911)鉛印本　二冊

220000－0801－0021233　集 3.52/1350

遺園詩餘不分卷　（清）王尚辰撰　清光緒十

六年(1890)刻本　一冊

220000－0801－0021234　集 3.52/1351

荔隱山房集五種十六卷　（清）涂慶瀾撰　清光緒三十一年(1905)刻本　五冊

220000－0801－0021235　集 3.52/1352

吉光片羽集　（清）趙景賢撰　清光緒十六年(1890)刻本　一冊

220000－0801－0021236　集 3.52/1353

月齋文集八卷詩集四卷　（清）張穆撰　清咸豐八年(1858)刻本　四冊

220000－0801－0021237　集 3.52/1354

散原精舍詩二卷　陳三立撰　清宣統二年(1910)鉛印本　二冊

220000－0801－0021238　集 3.52/1356

澹庵自娛草二卷附錄一卷　（清）金應澍撰　清光緒十九年(1893)刻本　一冊

220000－0801－0021239　集 3.52/1357

意園文略二卷事略一卷　（清）盛昱撰　清宣統二年(1910)刻本　一冊

220000－0801－0021240　集 3.52/1358

拙盦叢稿五卷首一卷　（清）朱一新撰　清光緒二十二年(1896)刻本　五冊

220000－0801－0021241　集 3.52/1359

陶廬後憶一卷　金武祥撰　清宣統元年(1909)刻本　一冊

220000－0801－0021242　集 3.52/1360

陶廬五憶一卷　金武祥撰　清宣統三年(1911)刻本　一冊

220000－0801－0021243　集 3.52/1361

陶廬雜憶一卷續詠一卷補詠一卷　金武祥撰　清光緒二十五年(1899)刻本　一冊　缺一卷(補詠一卷)

220000－0801－0021244　集 3.52/1368

自怡園屏錦詩集二卷詞集二卷　（清）葉珪輯　清咸豐六年(1856)刻本　二冊

220000－0801－0021245　集 3.52/1368－1

自怡園屏錦詩集二卷詞集二卷　（清）葉珪輯　清咸豐六年(1856)刻本　二冊

220000－0801－0021246　集 3.52/1369

麻園遺集不分卷附覯廬初稿　（清）謝焜樞撰　清宣統元年(1909)鉛印本　一冊

220000－0801－0021247　集 3.52/1374

藝槩六卷　（清）劉熙載撰　清同治十二年(1873)影印本　二冊

220000－0801－0021248　集 3.52/1377

養知書屋文集二十八卷　（清）郭嵩燾撰　清光緒十八年(1892)刻本　十二冊

220000－0801－0021249　集 3.52/1378

綠槐書屋詩稿三卷　（清）張綸英撰　清同治七年(1868)刻本　一冊

220000－0801－0021250　集 3.52/1382

兩罍軒尺牘十二卷　（清）吳雲撰　清宣統二年(1910)石印本　四冊

220000－0801－0021251　集 3.52/1383

函牘舉隅十卷　（清）黃伯祿撰　清光緒八年(1882)鉛印本　十冊

220000－0801－0021252　集 3.52/1384

玉餘尺牘附編八卷　（清）莊士敏撰　清光緒六年(1880)刻本　四冊

220000－0801－0021253　集 3.52/1384－1

玉餘尺牘附編八卷　（清）莊士敏撰　清光緒六年(1880)刻本　四冊

220000－0801－0021254　集 3.52/1387

留仙閣詩存一卷　（清）鄭德玉撰　清光緒二十年(1894)刻本　一冊

220000－0801－0021255　集 3.52/1388

留爪集不分卷　（清）仲湘校選　清末刻本　一冊

220000－0801－0021256　集 3.52/1389

靜園八景圖題詠集不分卷　（清）龔鎮湘等輯　清宣統元年(1909)鉛印本　一冊

220000－0801－0021257　集 3.52/1389－1

425

靜園八景圖題詠集不分卷　（清）龔鎮湘等輯
清宣統元年（1909）鉛印本　一冊

220000－0801－0021258　集 3.52/1391

近光堂經進初稿十二卷　（清）繩武撰　清嘉
慶十四年（1809）刻本　六冊

220000－0801－0021259　集 3.52/1392

禮部遺集九卷　（清）黃富民撰　清同治九年
（1870）刻本　一冊

220000－0801－0021260　集 3.52/1394

韻芳閣詩鈔二卷　（清）潘煥榮撰　清同治二
年（1863）刻本　一冊

220000－0801－0021261　集 3.52/1395

缶廬詩四卷別存一卷　（清）吳俊卿撰　清光
緒十九年（1893）刻本　一冊

220000－0801－0021262　集 3.52/1395－1

缶廬詩四卷別存一卷　（清）吳俊卿撰　清光
緒十九年（1893）刻本　一冊

220000－0801－0021263　集 3.52/1395－2

缶廬詩四卷別存一卷　（清）吳俊卿撰　清光
緒十九年（1893）刻本　一冊

220000－0801－0021264　集 3.52/1400

補竹軒詩集三卷　（清）鮑源深撰　清光緒十
年（1884）刻本　一冊

220000－0801－0021265　集 3.52/1400－1

補竹軒詩集三卷　（清）鮑源深撰　清光緒十
年（1884）刻本　一冊

220000－0801－0021266　集 3.52/1401

詩畫巢遺稿一卷　（清）吳本履撰　清末刻本
　一冊

220000－0801－0021267　集 3.52/1402

佩秋閣詩稿二卷詞一卷文一卷　（清）吳茝撰
　清光緒十四年（1888）刻本　一冊

220000－0801－0021268　集 3.52/1402－1

佩秋閣詩稿二卷詞一卷文一卷　（清）吳茝撰
　清光緒十四年（1888）刻本　一冊

220000－0801－0021269　集 3.52/1403

澆愁集八卷　（清）鄒弢撰　清光緒四年
（1878）刻本　四冊

220000－0801－0021270　集 3.52/1403－1

澆愁集八卷　（清）鄒弢撰　清光緒四年
（1878）刻本　四冊

220000－0801－0021271　集 3.52/1405

吟香室詩草二卷續刻一卷附刻一卷　（清）楊
蘊輝撰　清光緒二十九年（1903）刻本　二冊

220000－0801－0021272　集 3.52/1406

天韻閣詩存一卷　（清）黃箴撰　清光緒三十
一年（1905）鉛印本　一冊

220000－0801－0021273　集 3.52/1408

蟲鳥吟十卷　（清）蕭德宣撰　清同治五年
（1866）刻本　四冊

220000－0801－0021274　集 3.52/1409

題詠集錄二卷　（清）恆保輯　清同治九年
（1870）刻本　二冊

220000－0801－0021275　集 3.52/1410

嘯雲軒詩集五卷　（清）程畹撰　清光緒刻本
　一冊

220000－0801－0021276　集 3.52/1411

曇花一現草一卷　（清）楊文蘭撰　清宣統三
年（1911）鉛印本　一冊

220000－0801－0021277　集 3.52/1413

補學軒詩集八卷文甲集四卷文乙集二卷
（清）鄭獻甫撰　清咸豐十一年（1861）刻本
十冊

220000－0801－0021278　集 3.52/1414

浣餘集詩鈔一卷詞鈔一卷　（清）周佩蓀撰
清咸豐十一年（1861）刻本　一冊

220000－0801－0021279　集 3.52/1414－1

浣餘集詩鈔一卷詞鈔一卷　（清）周佩蓀撰
清咸豐十一年（1861）刻本　一冊

220000－0801－0021280　集 3.52/1415

國朝閨秀正始集二十卷附錄一卷補遺續十卷
附錄一卷續補遺輓詞一卷　（清）惲珠輯　清
道光十一年（1831）刻本　十六冊

220000－0801－0021281　集3.52/1415－1

國朝閨秀正始集二十卷附錄一卷補遺續十卷
附錄一卷續補遺輓詞一卷　（清）惲珠輯　清
道光十一年(1831)刻本　八冊

220000－0801－0021282　集3.52/1416

檗隝詞存初集十二卷別集五卷　王以敏撰
清光緒九年(1883)刻本　四冊

220000－0801－0021283　集3.52/1419

天游閣集五卷　（清）顧春撰　清宣統二年
(1910)鉛印本　一冊

220000－0801－0021284　集3.52/1423

八旗文經五十六卷作者攷三卷敍錄一卷
（清）盛昱輯　清光緒二十七年(1901)刻本
十二冊

220000－0801－0021285　集3.52/1423－1

八旗文經五十六卷作者攷三卷敍錄一卷
（清）盛昱輯　清光緒二十七年(1901)刻本
十二冊

220000－0801－0021286　集3.52/1424

八旗文經五十六卷作者攷三卷　（清）盛昱撰
　清光緒二十七年(1901)刻本　十二冊

220000－0801－0021287　集3.52/1426

柳洲遺稿二卷　（清）魏之琇撰　清同治十一
年(1872)錢塘丁氏刻本　一冊

220000－0801－0021288　集3.52/1427

虛受堂文集十六卷詩集十八卷　王先謙撰
清光緒二十八年(1902)刻本　十冊

220000－0801－0021289　集3.52/1427－1

虛受堂文集十六卷詩集十八卷　王先謙撰
清光緒二十八年(1902)刻本　三冊　存十五
卷(詩集一至十五)

220000－0801－0021290　集3.52/1428

好雲樓二集十六卷首一卷附臨川問答一卷
（清）李聯琇撰　清光緒刻本　四冊

220000－0801－0021291　集3.52/1429

賓萌外集四卷　（清）俞樾撰　清同治五年
(1866)刻本　四冊

220000－0801－0021292　集3.52/1431

師竹軒詩集四卷首一卷　（清）劉樹堂撰　清
光緒十五年(1889)河南官書局刻本　一冊

220000－0801－0021293　集3.52/1432

樂道堂全集十六卷　（清）奕訢撰　清咸豐、
光緒刻本　八冊

220000－0801－0021294　集3.52/1436

禮堂經說二卷　（清）陳喬樅撰　清光緒八年
(1882)刻本　一冊

220000－0801－0021295　集3.52/1437

戊子重九宴集編一卷枕流館宴集編一卷
(清)孫點輯　清光緒鉛印本　一冊

220000－0801－0021296　集3.52/1438

庸庵文外編四卷　（清）薛福成撰　清光緒二
十三年(1897)上海醉六堂石印本　三冊

220000－0801－0021297　集3.52/1440

桂之華軒詩集四卷　（清）朱銘盤撰　清光緒
三十四年(1908)南通州翰墨林書局鉛印本
一冊

220000－0801－0021298　集3.52/1441

文靖公詩鈔八卷　（清）寶鋆撰　清末刻本
四冊

220000－0801－0021299　集3.52/1442

菁莪軒詩稿三卷　（清）匡飛儀撰　清光緒十
五年(1889)上海珍藝書局鉛印本　一冊

220000－0801－0021300　集3.52/1443

鷗跡集二十一卷　（清）蔡受撰　清刻本　三
冊　缺二卷(一至二)

220000－0801－0021301　集3.52/1444

馬徵君遺集六卷首一卷　（清）馬三俊撰　清
同治三年(1864)刻本　一冊　存二卷(五至
六)

220000－0801－0021302　集3.52/1445

樂志堂文略四卷附錄一卷　（清）譚瑩撰　清
光緒刻本　二冊　存二卷(二至三)

220000－0801－0021303　集3.52/1448

湘糜閣遺詩四卷　（清）陶方琦撰　清光緒十

六年(1890)刻本　一冊

220000－0801－0021304　集3.52/1449

千山詩集二十卷　（清）釋函可撰　清道光刻本　一冊　存四卷(十一至十四)

220000－0801－0021305　集3.52/1550

花話廎詩鈔　（□）□□撰　清末刻本　一冊

220000－0801－0021306　集3.6/203

鹽庵集十八卷續集八卷遺錄二卷　曾廉著　清宣統三年(1911)刻本　十七冊

220000－0801－0021307　集3.6/215

靜庵文集不分卷附靜庵詩稿　王國維著　清光緒三十一年(1905)鉛印本　一冊

220000－0801－0021308　集3.6/215－1

靜庵文集不分卷附靜庵詩稿　王國維著　清光緒三十一年(1905)鉛印本　一冊

220000－0801－0021309　集3.6/903

畏廬文集一卷　林紓撰　清宣統二年(1910)上海商務印書館鉛印本　一冊

220000－0801－0021310　集371/1

文心雕龍十卷　（南朝梁）劉勰撰　清光緒二十三年(1897)寶善書局石印本　四冊

220000－0801－0021311　集371/7

文心雕龍十卷　（南朝梁）劉勰撰　（清）張松孫輯註　清同治七年(1868)文光堂刻本　二冊

220000－0801－0021312　集371/8

文心雕龍十卷　（南朝梁）劉勰撰　清道光十三年(1833)兩廣節署刻本　四冊

220000－0801－0021313　集371/8－1

文心雕龍十卷　（南朝梁）劉勰撰　清道光十三年(1833)兩廣節署刻本　四冊

220000－0801－0021314　集371/8－2

文心雕龍十卷　（南朝梁）劉勰撰　清道光十三年(1833)兩廣節署刻本　四冊

220000－0801－0021315　集371/8－3

文心雕龍十卷　（南朝梁）劉勰撰　清道光十

三年(1833)兩廣節署刻本　四冊

220000－0801－0021316　集371/8－4

文心雕龍十卷　（南朝梁）劉勰撰　清道光十三年(1833)兩廣節署刻本　二冊

220000－0801－0021317　集371/9

文心雕龍十卷　（南朝梁）劉勰撰　清光緒十九年(1893)思賢講舍刻本　四冊

220000－0801－0021318　集371/12

談藝珠叢二十七種三十九卷　（清）王啓原輯　清光緒十一年(1885)玉尺山房刻本　十冊

220000－0801－0021319　集371/13

南野堂筆記十二卷　（清）吳文溥撰　清宣統三年(1911)石印本　四冊

220000－0801－0021320　集371/14

南野堂筆記十二卷　（清）吳文溥撰　清嘉慶元年(1796)詩洞天刻本　四冊

220000－0801－0021321　集371/14－1

南野堂筆記十二卷　（清）吳文溥撰　清嘉慶元年(1796)詩洞天刻本　四冊

220000－0801－0021322　集371/15

藝談錄二卷　（清）張維屏撰　清道光、咸豐刻本　四冊

220000－0801－0021323　集371/16

甲乙雜著一卷　（明）孫肩撰　遯翁隨筆二卷　（明）祁駿佳撰　清光緒刻本　一冊

220000－0801－0021324　集371/17

爨餘叢話六卷　（清）郭麐撰　清道光九年(1829)刻本　一冊

220000－0801－0021325　集371/18

省堂筆記一卷　（清）歐陽泉撰　清光緒四年(1878)寶硯齋鉛印本　一冊

220000－0801－0021326　集371/20

苕溪漁隱叢話前集六十卷後集四十卷　（宋）胡仔撰　清刻本　十冊

220000－0801－0021327　集371/28

文心雕龍十卷　（南朝梁）劉勰撰　清道光二

十二年(1842)刻本　四冊

220000－0801－0021328　集375/5
樗寮詩話三卷　（清）姚椿撰　清咸豐二年(1852)刻本　一冊

220000－0801－0021329　集375/5－1
樗寮詩話三卷　（清）姚椿撰　清咸豐二年(1852)刻本　一冊

220000－0801－0021330　集375/5－2
樗寮詩話三卷　（清）姚椿撰　清咸豐二年(1852)刻本　一冊

220000－0801－0021331　集375/7
菱溪詩話一卷　（清）余宣撰　清同治三年(1864)刻本　一冊

220000－0801－0021332　集375/9
蘇亭詩話六卷　（清）張道著　清光緒十九年(1893)刻本　二冊

220000－0801－0021333　集375/16
靜志居詩話二十四卷　（清）朱彝尊著　清嘉慶二十四年(1819)刻本　十四冊

220000－0801－0021334　集375/16－1
靜志居詩話二十四卷　（清）朱彝尊著　清嘉慶二十四年(1819)刻本　十二冊

220000－0801－0021335　集375/16－2
靜志居詩話二十四卷　（清）朱彝尊著　清嘉慶二十四年(1819)刻本　三十六冊

220000－0801－0021336　集375/17
帶經堂詩話三十卷首一卷　（清）王士禎撰　清同治十二年(1873)廣州藏修堂刻本　十冊

220000－0801－0021337　集375/17－1
帶經堂詩話三十卷首一卷　（清）王士禎撰　清同治十二年(1873)廣州藏修堂刻本　十二冊

220000－0801－0021338　集375/17－2
帶經堂詩話三十卷首一卷　（清）王士禎撰　清同治十二年(1873)廣州藏修堂刻本　十二冊

220000－0801－0021339　集375/17－3
帶經堂詩話三十卷首一卷　（清）王士禎撰　清同治十二年(1873)廣州藏修堂刻本　八冊　存二十一卷(一至二十、首一卷)

220000－0801－0021340　集375/19
星湄詩話二卷　（清）徐傳詩撰　清宣統三年(1911)峭帆樓刻本　一冊

220000－0801－0021341　集375/19－1
星湄詩話二卷　（清）徐傳詩撰　清宣統三年(1911)峭帆樓刻本　一冊

220000－0801－0021342　集375/24
明詩紀事甲籤三十卷乙籤二十二卷丙籤十二卷丁籤十七卷戊籤二十二卷己籤二十卷庚籤三十卷辛籤三十四卷　陳田撰　清光緒二十五年至宣統三年(1899－1911)刻本　三十八冊

220000－0801－0021343　集375/26
甌北詩話十二卷　（清）趙翼撰　清宣統元年(1909)掃葉山房石印本　四冊

220000－0801－0021344　集375/27
甌北詩話十二卷　（清）趙翼撰　清嘉慶七年(1802)刻本　四冊

220000－0801－0021345　集375/27－1
甌北詩話十二卷　（清）趙翼撰　清嘉慶七年(1802)刻本　二冊

220000－0801－0021346　集375/28
甌北詩話十二卷　（清）趙翼撰　清同治十三年(1874)刻本　二冊

220000－0801－0021347　集375/34
眉韻樓詩話續編四卷　孫雄輯　清宣統二年(1910)北洋官報局鉛印本　二冊

220000－0801－0021348　集375/35
閩川閨秀詩話四卷　（清）梁章鉅撰　清光緒十七年(1891)刻本　二冊

220000－0801－0021349　集375/36
閩川閨秀詩話四卷　（清）梁章鉅撰　清道光五年(1825)刻本　一冊

220000－0801－0021350　集375/36－1

閩川閨秀詩話四卷　（清）梁章鉅撰　清道光
五年(1825)刻本　一冊

220000－0801－0021351　集375/36－2

閩川閨秀詩話四卷　（清）梁章鉅撰　清道光
五年(1825)刻本　一冊

220000－0801－0021352　集375/36－3

閩川閨秀詩話四卷　（清）梁章鉅撰　清道光
五年(1825)刻本　一冊

220000－0801－0021353　集375/38

陶詩彙評四卷　（清）溫汝能纂訂　清宣統元
年(1909)掃葉山房石印本　二冊

220000－0801－0021354　集375/38－1

陶詩彙評四卷　（清）溫汝能纂訂　清宣統元
年(1909)掃葉山房石印本　二冊

220000－0801－0021355　集375/39

陶詩彙評四卷　（清）溫汝能纂訂　清嘉慶十
二年(1807)刻本　四冊

220000－0801－0021356　集375/39－1

陶詩彙評四卷　（清）溫汝能纂訂　清嘉慶十
二年(1807)刻本　二冊

220000－0801－0021357　集375/39－2

陶詩彙評四卷　（清）溫汝能纂訂　清嘉慶十
二年(1807)刻本　二冊

220000－0801－0021358　集375/39－3

陶詩彙評四卷　（清）溫汝能纂訂　清嘉慶十
二年(1807)刻本　四冊

220000－0801－0021359　集375/40

養一齋詩話十卷李杜詩話三卷　（清）潘德輿
撰　清道光十六年(1836)刻本　五冊

220000－0801－0021360　集375/40－1

養一齋詩話十卷李杜詩話三卷　（清）潘德輿
撰　清道光十六年(1836)刻本　五冊

220000－0801－0021361　集375/40－2

養一齋詩話十卷李杜詩話三卷　（清）潘德輿
撰　清道光十六年(1836)刻本　四冊

220000－0801－0021362　集375/41

養自然齋詩話十卷　（清）鍾駿聲輯　清同治
十三年(1874)刻本　十冊

220000－0801－0021363　集375/49

飲冰室詩話五卷　梁啓超著　清宣統二年
(1910)上海書局石印本　五冊

220000－0801－0021364　集375/50

節錄歸田詩話一卷　（明）瞿佑著　清末抄本
一冊

220000－0801－0021365　集375/52

筠石山房詩話鈔六卷　（清）楊霈輯　清道光
二十七年(1847)粵東糧道署刻本　六冊

220000－0801－0021366　集375/54

試律新話四卷　（清）倪鴻輯　清同治十二年
(1873)刻本　一冊

220000－0801－0021367　集375/56

詩藪內編六卷外編四卷雜編六卷　（明）胡應
麟撰　清末廣雅書局刻本　四冊

220000－0801－0021368　集375/58

二十四詩品一卷　（唐）司空圖著　清末刻本
一冊

220000－0801－0021369　集375/60

玉溪生詩說二卷　（清）紀昀編　清光緒十四
年(1888)鉛印本　二冊

220000－0801－0021370　集375/61

玉溪生詩意八卷　（清）屈復撰　清同治十二
年(1873)刻本　四冊

220000－0801－0021371　集375/61－1

玉溪生詩意八卷　（清）屈復撰　清同治十二
年(1873)刻本　四冊

220000－0801－0021372　集375/61－2

玉溪生詩意八卷　（清）屈復撰　清同治十二
年(1873)刻本　三冊

220000－0801－0021373　集375/61－3

玉溪生詩意八卷　（清）屈復撰　清同治十二
年(1873)刻本　四冊

220000－0801－0021374　集 375/62

靈芬館詩話十二卷續六卷　（清）郭麐撰　清嘉慶十一年(1806)刻本　一冊

220000－0801－0021375　集 375/62－1

靈芬館詩話十二卷續六卷　（清）郭麐撰　清嘉慶十一年(1806)刻本　二冊　缺六卷(續六卷)

220000－0801－0021376　集 375/71

石林詩話三卷　（宋）葉夢得撰　清光緒三十四年(1908)刻本　一冊

220000－0801－0021377　集 375/73

石林詩話三卷　（宋）葉夢得撰　清光緒三十四年(1908)葉氏觀古堂刻本　一冊

220000－0801－0021378　集 375/77

射鷹樓詩話二十四卷　（清）林昌彝輯　清咸豐元年(1851)福州刻本　六冊

220000－0801－0021379　集 375/78

律詩四辨四卷　（清）李宗文撰　清道光二年(1822)刻本　二冊

220000－0801－0021380　集 375/79

白岳庵詩話二卷　（清）余楙撰　清同治七年(1868)鉛印本　一冊

220000－0801－0021381　集 375/79－1

白岳庵詩話二卷　（清）余楙撰　清同治七年(1868)鉛印本　一冊

220000－0801－0021382　集 375/81

伯山詩話後集四卷續集二卷再續集二卷三續集二卷四續集二卷　（清）康發祥編　清道光二十九年(1849)刻本　六冊

220000－0801－0021383　集 375/81－1

伯山詩話後集四卷續集二卷再續集二卷三續集二卷四續集二卷　（清）康發祥編　清道光二十九年(1849)刻本　四冊　存四卷(後集四卷)

220000－0801－0021384　集 375/82

伯山詩話不分卷　（清）康發祥撰　清宣統三年(1911)抄本　三冊

220000－0801－0021385　集 375/84

吳興詩話十六卷　（清）戴璐輯　清嘉慶二年(1797)刻本　二冊

220000－0801－0021386　集 375/85

穆天子傳註疏六卷首一卷末一卷　（晉）郭璞註　（清）檀萃疏　清乾隆石渠閣刻本　四冊

220000－0801－0021387　集 375/86

緝雅堂詩話二卷　（清）潘衍桐撰　清光緒十七年(1891)杭州刻本　一冊

220000－0801－0021388　集 375/86－1

緝雅堂詩話二卷　（清）潘衍桐撰　清光緒十七年(1891)杭州刻本　一冊

220000－0801－0021389　集 375/86－2

緝雅堂詩話二卷　（清）潘衍桐撰　清光緒十七年(1891)杭州刻本　一冊

220000－0801－0021390　集 375/86－3

緝雅堂詩話二卷　（清）潘衍桐撰　清光緒十七年(1891)杭州刻本　一冊

220000－0801－0021391　集 375/86－4

緝雅堂詩話二卷　（清）潘衍桐撰　清光緒十七年(1891)杭州刻本　一冊

220000－0801－0021392　集 375/86－5

緝雅堂詩話二卷　（清）潘衍桐撰　清光緒十七年(1891)杭州刻本　一冊

220000－0801－0021393　集 375/86－6

緝雅堂詩話二卷　（清）潘衍桐撰　清光緒十七年(1891)杭州刻本　一冊

220000－0801－0021394　集 375/88

綠天香雪簃詩話七卷　（清）袁祖光撰　清宣統元年(1909)京師宛平英靜齋鉛印本　二冊

220000－0801－0021395　集 375/89

蠡園詩話一卷蠡園詩存一卷　（清）范啓璋撰　清宣統元年(1909)刻本　二冊

220000－0801－0021396　集 375/90

角山樓蘇詩評註彙鈔二十卷附錄三卷　（清）趙克宜輯　清咸豐二年(1852)刻本　八冊

220000－0801－0021397　集375/90－1

角山樓蘇詩評註彙鈔二十卷附錄三卷　（清）
趙克宜輯　清咸豐二年(1852)刻本　十二冊

220000－0801－0021398　集375/91

塞愚詩話二卷　（清）張翼廷撰　清宣統二年
(1910)鉛印本　二冊

220000－0801－0021399　集375/93

全浙詩話五十四卷　（清）陶元藻輯　清嘉慶
元年(1796)刻本　二十冊

220000－0801－0021400　集375/94

遼詩話二卷　（清）周春輯　清嘉慶二年
(1797)翠琅玕館刻本　一冊

220000－0801－0021401　集375/95

洪北江詩話六卷　（清）洪亮吉著　清光緒三
十四年(1908)掃葉山房鉛印本　二冊

220000－0801－0021402　集375/96

洪北江詩話六卷　（清）洪亮吉著　清宣統元
年(1909)掃葉山房石印本　二冊

220000－0801－0021403　集375/96－1

洪北江詩話六卷　（清）洪亮吉著　清宣統元
年(1909)掃葉山房石印本　一冊

220000－0801－0021404　集375/97

滇南草堂詩話十四卷　（清）檀萃撰　清嘉慶
五年(1800)刻本　四冊

220000－0801－0021405　集375/103

滄浪詩話註五卷　（宋）嚴羽撰　（清）胡鑑註
　清光緒十一年(1885)廣州刻本　二冊

220000－0801－0021406　集375/104

小滄浪詩話四卷　（清）張燮承撰　清咸豐九
年(1859)刻本　二冊

220000－0801－0021407　集375/104－1

小滄浪詩話四卷　（清）張燮承撰　清咸豐九
年(1859)刻本　四冊

220000－0801－0021408　集375/107

海天琴思錄八卷　（清）林昌彝輯　清同治三
年(1864)刻本　八冊

220000－0801－0021409　集375/107－1

海天琴思錄八卷　（清）林昌彝輯　清同治三
年(1864)刻本　四冊

220000－0801－0021410　集375/109

隨園詩話十六卷補遺十卷　（清）袁枚著　清
刻本　十二冊

220000－0801－0021411　集375/109－1

隨園詩話十六卷補遺十卷　（清）袁枚著　清
刻本　十冊

220000－0801－0021412　集375/111

讀雪山房唐詩例一卷附讀書偶得論文雜言
（清）管世銘著　清光緒十二年(1886)廣州江
陰金氏刻本　一冊

220000－0801－0021413　集375/113

廣陵詩事十卷　（清）阮元撰　清光緒十六年
(1890)刻本　二冊

220000－0801－0021414　集375/113－1

廣陵詩事十卷　（清）阮元撰　清光緒十六年
(1890)刻本　二冊

220000－0801－0021415　集375/114

詩法指南一卷　（清）□□撰　清咸豐三年
(1853)抄本　一冊

220000－0801－0021416　集375/115

詩法入門四卷首一卷　（清）遊藝輯　清金閶
巽記刻本　三冊

220000－0801－0021417　集375/118

詩倫二卷　（清）汪薇輯　清光緒二十年
(1894)活字印本　二冊

220000－0801－0021418　集375/120

詩倫二卷　（清）汪薇輯　清同治六年(1867)
呂氏柳塘書屋刻本　二冊

220000－0801－0021419　集375/122

詩品一卷　（唐）司空圖撰　**詩品詩課鈔一卷**
（清）鍾寶撰　清嘉慶二十一年(1816)刻本
一冊

220000－0801－0021420　集375/125

詩品唐律二卷　（清）福振選輯　清刻本

一冊

220000－0801－0021421　集375/129

詩學要言三卷　（清）鄔啓祚纂　清宣統三年
（1911）刻本　一冊

220000－0801－0021422　集375/129－1

詩學要言三卷　（清）鄔啓祚纂　清宣統三年
（1911）刻本　一冊

220000－0801－0021423　集375/135

司空詩品註釋一卷　（唐）司空圖撰　清光緒
十六年(1890)天津刻本　一冊

220000－0801－0021424　集375/136

司空詩品註釋一卷　（唐）司空圖撰　清光緒
十六年(1890)綠蔭堂刻本　一冊

220000－0801－0021425　集375/137

司空詩品註釋一卷　（唐）司空圖撰　清李光
明莊刻本　一冊

220000－0801－0021426　集375/145

宋詩紀事補遺一百卷　（清）陸心源輯　清光
緒十九年(1893)刻本　二十四冊

220000－0801－0021427　集375/147

漢詩評十卷　（清）李因篤音評　清石印本
四冊

220000－0801－0021428　集375/149

杜詩偶評四卷　（清）沈德潛纂　清賦閒草堂
刻本　二冊

220000－0801－0021429　集375/152

陶詩彙評四卷　（清）溫汝能纂訂　清光緒十
八年(1892)上海五彩公司石印本　二冊

220000－0801－0021430　集375/154

騷壇八略二卷　（清）王楷蘇撰　清嘉慶二年
(1797)釣黿山房刻本　二冊

220000－0801－0021431　集375/156

竹溪七子詩鈔不分卷　（清）袁景輅等撰　清
末抄本　二冊

220000－0801－0021432　集375/158

帶經堂詩話三十卷首一卷　（清）王士禎撰

清同治十二年（1873）廣州藏修堂刻本　十
二冊

220000－0801－0021433　集375/165

白鶴堂詩話三卷附詩戊戌草一卷國朝詩話補
一卷明人詩話補一卷　（明）彭端淑著　清嘉
慶五年(1800)刻本　一冊

220000－0801－0021434　集375/166

詩話五種　（南朝梁）鍾嶸等撰　清嘉慶十一
年(1806)虞山張氏照曠閣刻本　一冊

220000－0801－0021435　集375/168

詩觸十五種　（清）朱琰輯　清道光四年
(1824)刻本　三冊　存七卷(白石道人詩說
一卷、滄浪詩話一卷、藝圃擷餘一卷、談藝錄
一卷、古夫于亭詩問答一卷、樂府古題要解二
卷)

220000－0801－0021436　集375/172

閨秀詩評初集四卷　（清）棣華園主人編　清
咸豐二年(1852)棣華園刻本　二冊

220000－0801－0021437　集375/174

北江詩話四卷　（清）洪亮吉撰　清道光刻本
二冊

220000－0801－0021438　集375/176

分類詩腋八卷　（清）李楨編　清道光七年
(1827)刻本　二冊

220000－0801－0021439　集375/178

杜詩雙聲疊韻譜括略八卷　（清）周春撰　清
嘉慶二年(1797)刻本　三冊

220000－0801－0021440　集375/179

詩話不分卷　（清）□□輯　清末紅格抄本
一冊

220000－0801－0021441　集375/180

詩品三卷　（南朝梁）鍾嶸撰　劍俠傳四卷
（清）汪士漢校　清末刻本　一冊

220000－0801－0021442　集375/184

閨川閨秀詩話四卷　（清）梁章鉅撰　清甌郡
梅姓師古齋刻本　二冊

220000－0801－0021443　集375/185

三家詩話附聚星札記一卷 （清）尚鎔撰 清
同治七年(1868)刻本 一冊

220000－0801－0021444 集377/1

眉山詩案廣證六卷 （清）張鑒著 清光緒十
年(1884)江蘇書局刻本 四冊

220000－0801－0021445 集377/1－1

眉山詩案廣證六卷 （清）張鑒著 清光緒十
年(1884)江蘇書局刻本 二冊

220000－0801－0021446 集377/1－2

眉山詩案廣證六卷 （清）張鑒著 清光緒十
年(1884)江蘇書局刻本 一冊 存三卷(一
至三)

220000－0801－0021447 集377/3

文法心傳二卷初學一隅類編不分卷 （清）曹
宮纂 清咸豐二年(1852)石倉山館刻本
一冊

220000－0801－0021448 集377/12

石頭記論贊一百二十回 （清）沈鍠撰 清同
治十三年(1874)刻本 四冊

220000－0801－0021449 集377/13

石頭記論贊一百二十回附賦一卷竹枝詞一卷
（清）沈鍠撰 清光緒二年(1876)刻本
四冊

220000－0801－0021450 集377/13－1

石頭記論贊一百二十回附賦一卷竹枝詞一卷
（清）沈鍠撰 清光緒二年(1876)刻本
四冊

220000－0801－0021451 集377/18

矞社筆談三卷 （清）張時中輯 清光緒十七
年(1891)刻本 一冊

220000－0801－0021452 集377/24

東萊先生古文關鍵二卷 （宋）呂祖謙評 清
光緒二十四年(1898)江蘇書局刻本 二冊

220000－0801－0021453 集377/24－1

東萊先生古文關鍵二卷 （宋）呂祖謙評 清
光緒二十四年(1898)江蘇書局刻本 二冊

220000－0801－0021454 集377/25

點勘記二卷 （清）歐陽泉撰 清同治九年
(1870)皖城刻本 二冊

220000－0801－0021455 集377/25－1

點勘記二卷 （清）歐陽泉撰 清同治九年
(1870)皖城刻本 二冊

220000－0801－0021456 集377/26

點勘記二卷 （清）歐陽泉撰 清光緒四年
(1878)江蘇書局刻本 二冊

220000－0801－0021457 集377/26－1

點勘記二卷 （清）歐陽泉撰 清光緒四年
(1878)江蘇書局刻本 二冊

220000－0801－0021458 集377/27

點勘記二卷 （清）歐陽泉撰 清道光二十八
年(1848)寶硯齋刻本 二冊

220000－0801－0021459 集377/28

馬氏文通十卷 （清）馬建忠撰 清光緒二十
八年(1902)鉛印本 十冊

220000－0801－0021460 集377/36

全唐文紀事一百二十二卷首一卷 （清）陳鴻
墀撰 清同治十二年(1873)廣州刻本 三十
二冊

220000－0801－0021461 集377/37

中國歷代文派沿革錄不分卷 （清）池蚪撰
清光緒三十四年(1908)石印本 一冊

220000－0801－0021462 集377/44

涮嗳存愚二卷 （清）李清植著 清光緒十八
年(1892)浙江書局刻本 一冊

220000－0801－0021463 集379/4

制義叢話二十四卷 （清）梁章鉅撰 清咸豐
九年(1859)刻本 二冊

220000－0801－0021464 集379/5

增註東洋詩史三卷 （清）濯足扶桑客著 清
光緒二十九年(1903)江陰中外書報公社活字
印本 三冊

220000－0801－0021465 集379/6

四六叢話三十三卷選詩叢話一卷 （清）孫梅
輯 清光緒七年(1881)刻本 十二冊

220000－0801－0021466　集379/6－1

四六叢話三十三卷選詩叢話一卷　（清）孫梅
輯　清光緒七年(1881)刻本　十二冊

220000－0801－0021467　集379/6－2

四六叢話三十三卷選詩叢話一卷　（清）孫梅
輯　清光緒七年(1881)刻本　十二冊

220000－0801－0021468　集379/6－3

四六叢話三十三卷選詩叢話一卷　（清）孫梅
輯　清光緒七年(1881)刻本　六冊

220000－0801－0021469　集379/7

四六叢話三十三卷選詩叢話一卷　（清）孫梅
輯　清光緒七年(1881)吳門汪氏刻本　六冊

220000－0801－0021470　集41/2

自怡軒詞選八卷　（清）許寶善評選　清嘉慶
元年(1796)刻本　四冊

220000－0801－0021471　集41/13

閨秀詞鈔十六卷　徐乃昌輯　清宣統元年
(1909)小檀欒室刻本　一冊

220000－0801－0021472　集41/14

小檀欒室彙刻閨秀詞十集　徐乃昌輯　清光
緒二十一年至二十二年(1895－1896)南陵徐
氏刻本　二十冊

220000－0801－0021473　集41/14－1

小檀欒室彙刻閨秀詞十集　徐乃昌輯　清光
緒二十一年至二十二年(1895－1896)南陵徐
氏刻本　二十冊

220000－0801－0021474　集41/14－2

小檀欒室彙刻閨秀詞十集　徐乃昌輯　清光
緒二十一年至二十二年(1895－1896)南陵徐
氏刻本　二十八冊

220000－0801－0021475　集41/14－3

小檀欒室彙刻閨秀詞十集　徐乃昌輯　清光
緒二十一年至二十二年(1895－1896)南陵徐
氏刻本　十六冊

220000－0801－0021476　集41/14－4

小檀欒室彙刻閨秀詞十集　徐乃昌輯　清光
緒二十一年至二十二年(1895－1896)南陵徐

氏刻本　十六冊

220000－0801－0021477　集41/14－5

小檀欒室彙刻閨秀詞十集　徐乃昌輯　清光
緒二十一年至二十二年(1895－1896)南陵徐
氏刻本　四冊

220000－0801－0021478　集41/16

**[景明正德辛巳吳郡陸元大仿宋本]花間集十
卷**　（五代）趙崇祚輯　清刻本　二冊

220000－0801－0021479　集41/16－1

**[景明正德辛巳吳郡陸元大仿宋本]花間集十
卷**　（五代）趙崇祚輯　清刻本　二冊　存五
卷(一至五)

220000－0801－0021480　集41/22

微雲榭詞選五卷　樊增祥輯　清光緒三十四
年(1908)望江誦清閣鉛印本　二冊

220000－0801－0021481　集41/22－1

微雲榭詞選五卷　樊增祥輯　清光緒三十四
年(1908)望江誦清閣鉛印本　二冊

220000－0801－0021482　集41/26

花間集十卷　（五代）趙崇祚集　清光緒十四
年(1888)邵武徐氏刻本　二冊

220000－0801－0021483　集41/27

花間集十卷　（五代）趙崇祚集　清光緒十九
年(1893)京都琉璃廠炳文齋李景刻本　一冊

220000－0801－0021484　集41/31

絕妙好詞七卷　（宋）周密輯　清抄本　二冊

220000－0801－0021485　集41/32

絕妙好詞箋七卷續鈔二卷　（宋）周密輯
（清）查爲仁　（清）厲鶚箋　清同治十一年
(1872)會稽章氏刻本　四冊

220000－0801－0021486　集41/32－1

絕妙好詞箋七卷續鈔二卷　（宋）周密輯
（清）查爲仁　（清）厲鶚箋　清同治十一年
(1872)會稽章氏刻本　四冊

220000－0801－0021487　集41/35

絕妙好詞箋七卷續鈔二卷　（宋）周密輯
（清）查爲仁　（清）厲鶚箋　清末刻本　二冊

220000－0801－0021488　集41/35－1

絕妙好詞箋七卷續鈔二卷　（宋）周密輯
（清）查爲仁　（清）厲鶚箋　清末刻本　二冊

220000－0801－0021489　集41/35－2

絕妙好詞箋七卷續鈔二卷　（宋）周密輯
（清）查爲仁　（清）厲鶚箋　清末刻本　二冊

220000－0801－0021490　集41/36

絕妙好詞箋七卷續鈔二卷　（宋）周密輯
（清）查爲仁　（清）厲鶚箋　清道光八年
（1828）杭州愛日軒刻本　四冊

220000－0801－0021491　集41/38

精選名儒草堂詩餘三卷　（元）鳳林書院輯
清嘉慶十六年（1811）刻本　一冊

220000－0801－0021492　集41/39

小檀欒室彙刻閨秀詞十集　徐乃昌輯　清光
緒二十一年至二十四年（1895－1898）刻本
四冊　存二集（一至二）

220000－0801－0021493　集41/49

湘蘭合稿五卷　（清）□□撰　清光緒六年
（1880）常熟宗氏刻本　一冊

220000－0801－0021494　集41/49－1

湘蘭合稿五卷　（清）□□撰　清光緒六年
（1880）常熟宗氏刻本　一冊　存二卷（夢湘
樓詩稿二卷）

220000－0801－0021495　集42/4

詞選二卷附錄一卷續詞選二卷　（清）張惠言
錄　清同治六年（1867）刻本　二冊

220000－0801－0021496　集42/6

詞選二卷附錄一卷續詞選二卷　（清）張惠言
錄　清同治六年（1867）刻本　二冊

220000－0801－0021497　集42/17

詞潔六卷　（清）先著　（清）程洪輯　清嘉慶
十一年（1806）刻本　四冊

220000－0801－0021498　集42/21

宋元名家詞十五種　（清）江標輯　清光緒二
十一年（1895）湖南思賢書局刻本　四冊

220000－0801－0021499　集42/22

陽春集一卷　（五代）馮延巳撰　東山寓聲樂
府一卷補鈔一卷　（宋）賀鑄撰　清光緒十四
年（1888）臨桂王氏家塾刻本　三冊

220000－0801－0021500　集42/23

薇省詞鈔十卷附錄一卷　況周儀撰　清光緒
二十四年（1898）廣陵刻本　四冊

220000－0801－0021501　集42/23－1

薇省詞鈔十卷附錄一卷　況周儀撰　清光緒
二十四年（1898）廣陵刻本　四冊

220000－0801－0021502　集42/28

詞辨二卷附介存齋論詞雜著一卷　（清）周濟
撰　清光緒四年（1878）刻本　一冊

220000－0801－0021503　集42/28－1

詞辨二卷附介存齋論詞雜著一卷　（清）周濟
撰　清光緒四年（1878）刻本　一冊

220000－0801－0021504　集42/28－2

詞辨二卷附介存齋論詞雜著一卷　（清）周濟
撰　清光緒四年（1878）刻本　一冊

220000－0801－0021505　集42/29

詞辨二卷附介存齋論詞雜著一卷　（清）周濟
著　清道光二十七年（1847）刻本　一冊

220000－0801－0021506　集42/36

唐五代詞選三卷　（清）成肇麐編　清光緒十
三年（1887）刻本　一冊

220000－0801－0021507　集42/36－1

唐五代詞選三卷　（清）成肇麐編　清光緒十
三年（1887）刻本　一冊

220000－0801－0021508　集42/37

精選名儒草堂詩餘三卷　（元）鳳林書院輯
清末刻本　一冊

220000－0801－0021509　集42/39

清綺軒詞選十三卷　（清）夏秉衡選　清光緒
二十一年（1895）刻本　一冊　存四卷（一至
四）

220000－0801－0021510　集42/41

三家宮詞不分卷二家宮詞不分卷　（明）毛晉
輯　清同治淮南書局刻本　一冊

220000－0801－0021511　集42/42

明湖載酒集一卷　（清）陳琪輯　清光緒三十四年(1908)鉛印本　一冊

220000－0801－0021512　集42/44

古文詞略讀本二十四卷　（清）梅曾亮撰　清光緒三十一年(1905)商務印書館鉛印本　四冊

220000－0801－0021513　集42/46

清綺軒詞選十三卷　（清）夏秉衡選　清光緒二十一年(1895)刻本　四冊

220000－0801－0021514　集42/46－1

清綺軒詞選十三卷　（清）夏秉衡選　清光緒二十一年(1895)刻本　四冊

220000－0801－0021515　集42/46－2

清綺軒詞選十三卷　（清）夏秉衡選　清光緒二十一年(1895)刻本　四冊

220000－0801－0021516　集42/48

御選歷代詩餘一百二十卷　（清）王奕清等編　清末蟫隱廬影印本　四十八冊

220000－0801－0021517　集42/48－1

御選歷代詩餘一百二十卷　（清）王奕清等編　清末蟫隱廬影印本　四十七冊　缺二卷（四十至四十一）

220000－0801－0021518　集42/48－2

御選歷代詩餘一百二十卷　（清）王奕清等編　清末蟫隱廬影印本　四十八冊

220000－0801－0021519　集43.44/6

雙白詞八卷　（清）王鵬運輯　**詞旨一卷**（元）陸輔之述　**漱玉詞一卷**　（宋）李清照撰　清光緒七年(1881)王氏四印齋刻本　一冊

220000－0801－0021520　集43.44/6－1

雙白詞八卷　（清）王鵬運輯　**詞旨一卷**（元）陸輔之述　**漱玉詞一卷**　（宋）李清照撰　清光緒七年(1881)王氏四印齋刻本　四冊　缺一卷(漱玉詞一卷)

220000－0801－0021521　集43.44/8

宋詞三百首一卷　（清）朱孝臧編　清刻本　一冊

220000－0801－0021522　集43.44/8－1

宋詞三百首一卷　（清）朱孝臧編　清刻本　一冊

220000－0801－0021523　集43.44/13

宋六十名家詞八十七卷　（明）毛晉輯　清光緒十四年(1888)錢塘汪氏刻本　二十四冊

220000－0801－0021524　集43.44/13－1

宋六十名家詞八十七卷　（明）毛晉輯　清光緒十四年(1888)錢塘汪氏刻本　二十八冊

220000－0801－0021525　集43.44/13－2

宋六十名家詞八十七卷　（明）毛晉輯　清光緒十四年(1888)錢塘汪氏刻本　三十冊

220000－0801－0021526　集43.44/13－3

宋六十名家詞八十七卷　（明）毛晉輯　清光緒十四年(1888)錢塘汪氏刻本　三十二冊

220000－0801－0021527　集43.44/13－4

宋六十名家詞八十七卷　（明）毛晉輯　清光緒十四年(1888)錢塘汪氏刻本　二十四冊

220000－0801－0021528　集43.44/16

宋六十一家詞選十二卷　（清）馮煦撰　清光緒十三年(1887)刻本　四冊

220000－0801－0021529　集43.44/16－1

宋六十一家詞選十二卷　（清）馮煦撰　清光緒十三年(1887)刻本　四冊

220000－0801－0021530　集43.44/19

宋七家詞選七卷附一卷　（清）戈載輯　清宣統三年(1911)掃葉山房石印本　三冊

220000－0801－0021531　集43.44/20

宋七家詞選七卷附一卷　（清）戈載輯　清光緒十一年(1885)刻本　六冊

220000－0801－0021532　集43.44/20－1

宋七家詞選七卷附一卷　（清）戈載輯　清光緒十一年(1885)刻本　二冊

220000－0801－0021533　集43.44/20－2

宋七家詞選七卷附一卷　（清）戈載輯　清光

緒十一年(1885)刻本　三冊

220000－0801－0021534　集43.44/21

宋七家詞選七卷　(清)戈載輯　清道光十七年(1837)翠薇花館刻本　二冊

220000－0801－0021535　集43.44/22

宋七家詞選七卷　(清)戈載輯　(清)杜文瀾校註　清光緒十一年(1885)曼陀羅華閣刻本　四冊

220000－0801－0021536　集43.44/22－1

宋七家詞選七卷　(清)戈載輯　(清)杜文瀾校註　清光緒十一年(1885)曼陀羅華閣刻本　四冊

220000－0801－0021537　集43.44/22－2

宋七家詞選七卷　(清)戈載輯　(清)杜文瀾校註　清光緒十一年(1885)曼陀羅華閣刻本　四冊

220000－0801－0021538　集43.44/22－3

宋七家詞選七卷　(清)戈載輯　(清)杜文瀾校註　清光緒十一年(1885)曼陀羅華閣刻本　四冊

220000－0801－0021539　集43.44/25

[宋六家詞集]　(明)毛晉輯　清光緒十四年(1888)錢塘汪氏刻本　一冊

220000－0801－0021540　集43.44/26

竹坡詞三卷　(宋)周紫芝撰　聖求詞一卷
(宋)呂濱老撰　清光緒十四年(1888)汪氏刻本　一冊

220000－0801－0021541　集43.44/28

宋四家詞選　(清)周濟輯　(清)譚獻評　清光緒三十四年(1908)鉛印本　一冊

220000－0801－0021542　集43.44/29

樂府雅詞三卷拾遺二卷　(宋)曾慥輯　清嘉慶二十一年(1816)刻本　六冊

220000－0801－0021543　集43.44/29－1

樂府雅詞三卷拾遺二卷　(宋)曾慥輯　清嘉慶二十一年(1816)刻本　二冊

220000－0801－0021544　集43.44/30

宋七家詞集六卷　(清)王鵬運輯　清光緒十九年(1893)臨桂王氏家塾刻本　一冊

220000－0801－0021545　集43.44/32

樵歌三卷　(宋)朱敦儒撰　清光緒二十年(1894)刻本　一冊

220000－0801－0021546　集43.44/34

宋四家詞選一卷　(清)周濟選　清道光十二年(1832)刻本　一冊

220000－0801－0021547　集43.44/34－1

宋四家詞選一卷　(清)周濟選　清道光十二年(1832)刻本　一冊

220000－0801－0021548　集43.44/35

樵歌三卷　(宋)朱敦儒撰　清光緒二十六年(1900)刻本　一冊

220000－0801－0021549　集43.48/1

明詞綜十二卷　(清)王昶撰　清嘉慶七年(1802)刻本　二冊

220000－0801－0021550　集43.48/1－1

明詞綜十二卷　(清)王昶撰　清嘉慶七年(1802)刻本　二冊

220000－0801－0021551　集43.49/1

篋中詞六卷續二卷池上題襟小集一卷　(清)譚獻纂　清光緒八年(1882)刻本　四冊

220000－0801－0021552　集43.49/2

吟碧山館詞一卷　(清)王壽庭撰　香隱庵詞一卷　(清)潘遵琖撰　清光緒十年(1884)刻本　一冊

220000－0801－0021553　集43.49/4

國朝詞綜四十八卷二集八卷　(清)王昶撰　清嘉慶八年(1803)刻本　十二冊

220000－0801－0021554　集43.49/4－1

國朝詞綜四十八卷二集八卷　(清)王昶撰　清嘉慶八年(1803)刻本　十二冊

220000－0801－0021555　集43.49/5

曝書亭集詞註七卷　(清)李富孫註　清嘉慶十九年(1814)刻本　四冊

438

220000－0801－0021556　集43.49/5－1

曝書亭集詞註七卷　（清）李富孫註　清嘉慶
十九年(1814)刻本　四冊

220000－0801－0021557　集43.49/5－2

曝書亭集詞註七卷　（清）李富孫註　清嘉慶
十九年(1814)刻本　四冊

220000－0801－0021558　集43.49/5－3

曝書亭集詞註七卷　（清）李富孫註　清嘉慶
十九年(1814)刻本　四冊

220000－0801－0021559　集43.49/5－4

曝書亭集詞註七卷　（清）李富孫註　清嘉慶
十九年(1814)刻本　五冊

220000－0801－0021560　集43.49/5－5

曝書亭集詞註七卷　（清）李富孫註　清嘉慶
十九年(1814)刻本　八冊

220000－0801－0021561　集43.49/7

國朝詞綜續編二十四卷　（清）黃燮清輯　清
同治十二年(1873)鄂垣旅次刻本　六冊

220000－0801－0021562　集43.49/7－1

國朝詞綜續編二十四卷　（清）黃燮清輯　清
同治十二年(1873)鄂垣旅次刻本　六冊

220000－0801－0021563　集43.49/7－2

國朝詞綜續編二十四卷　（清）黃燮清輯　清
同治十二年(1873)鄂垣旅次刻本　八冊

220000－0801－0021564　集43.49/7－3

國朝詞綜續編二十四卷　（清）黃燮清輯　清
同治十二年(1873)鄂垣旅次刻本　八冊

220000－0801－0021565　集43.49/9

明湖四客詞鈔四卷　（清）趙國華輯　清同治
十三年(1874)刻本　一冊

220000－0801－0021566　集43.49/10

雲溪樂府二卷　（清）趙懷玉著　**玉塵集二卷**
（清）藕莊氏著　清光緒十六年(1890)江陰
金氏刻本　二冊

220000－0801－0021567　集43.49/14

[詞選五種]　（清）尤侗撰　清末刻本　一冊

220000－0801－0021568　集43.49/16

冬青館古宮詞三卷　（清）張鑒撰　清刻本
一冊

220000－0801－0021569　集43.49/17

篋中詞六卷續二卷　（清）譚獻纂　清光緒八
年(1882)刻本　三冊

220000－0801－0021570　集43.49/17－1

篋中詞六卷續二卷　（清）譚獻纂　清光緒八
年(1882)刻本　四冊

220000－0801－0021571　集43.49/18

養一齋詞三卷　（清）潘德輿撰　清咸豐三年
(1853)刻本　一冊

220000－0801－0021572　集43.49/28

拜石山房詞鈔四卷　（清）顧翰撰　清光緒二
年(1876)心禪室刻本　四冊

220000－0801－0021573　集43.49/28－1

拜石山房詞鈔四卷　（清）顧翰撰　清光緒二
年(1876)心禪室刻本　一冊

220000－0801－0021574　集43.49/29

醉園齋臼詞不分卷　（清）蔣尊撰　清光緒三
十一年(1905)鉛印本　一冊

220000－0801－0021575　集43.52/1

溫州竹枝詞不分卷　（清）方鼎銳輯　清同治
十一年(1872)刻本　一冊

220000－0801－0021576　集43.52/3

詩餘偶鈔六卷　王先謙輯　清光緒十六年
(1890)長沙王氏刻本　一冊

220000－0801－0021577　集43.52/3－1

詩餘偶鈔六卷　王先謙輯　清光緒十六年
(1890)長沙王氏刻本　一冊

220000－0801－0021578　集43.52/4

西泠詞萃六種九卷　（清）丁丙輯　清光緒丁
氏刻本　四冊

220000－0801－0021579　集43.52/4－1

西泠詞萃六種九卷　（清）丁丙輯　清光緒丁
氏刻本　四冊

220000－0801－0021580　集43.52/4－2

西泠詞萃六種九卷　（清）丁丙輯　清光緒丁
氏刻本　四冊

220000－0801－0021581　集43.52/7

樂府補題後集二卷　（清）徐致章輯　清同治
七年(1868)白雪詞社刻本　二冊

220000－0801－0021582　集43.52/8

粵東三家詞鈔三卷　（清）葉衍蘭輯　清光緒
二十一年(1895)刻本　一冊

220000－0801－0021583　集43.52/10

侯鯖詞五種五卷　（清）吳唐林編　清光緒十
一年(1885)刻本　二冊

220000－0801－0021584　集43.52/10－1

侯鯖詞五種五卷　（清）吳唐林編　清光緒十
一年(1885)刻本　二冊

220000－0801－0021585　集43.52/10－2

侯鯖詞五種五卷　（清）吳唐林編　清光緒十
一年(1885)刻本　二冊

220000－0801－0021586　集43.52/11

二家詞鈔五卷　（清）李慈銘　樊增祥撰　清
光緒二十八年(1902)刻本　二冊

220000－0801－0021587　集43.52/11－1

二家詞鈔五卷　（清）李慈銘　樊增祥撰　清
光緒二十八年(1902)刻本　二冊

220000－0801－0021588　集43.52/12

吹月填詞館剩稿三卷　（清）瞿紹堅著　鐵琴
銅劍樓詞草一卷　（清）瞿鏞著　清光緒三十
三年(1907)鉛印本　一冊

220000－0801－0021589　集43.52/14

題襟集八卷　（清）翁之潤輯　清光緒二十四
年(1898)宣南刻本　一冊

220000－0801－0021590　集43.52/15

烏斯竹枝詞不分卷　（□）□□撰　清末抄本
　一冊

220000－0801－0021591　集43.52/16

榕社課存不分卷　易順鼎等撰　清光緒刻本
　一冊

220000－0801－0021592　集43.52/22

心日齋詞集六卷年譜一卷　（清）周之琦撰
清道光刻本　三冊

220000－0801－0021593　集43.52/23

甌江竹枝詞一卷　（清）戴文儁撰　清光緒六
年(1880)刻本　一冊

220000－0801－0021594　集44/1

國朝常州詞錄三十一卷　繆荃孫輯　清光緒
二十二年(1896)刻本　十二冊

220000－0801－0021595　集44/1－1

國朝常州詞錄三十一卷　繆荃孫輯　清光緒
二十二年(1896)刻本　十二冊

220000－0801－0021596　集44/1－2

國朝常州詞錄三十一卷　繆荃孫輯　清光緒
二十二年(1896)刻本　十冊

220000－0801－0021597　集44/2

閩詞鈔四卷　（清）葉申薌輯　清道光十四年
(1834)葉氏刻本　四冊

220000－0801－0021598　集44/3

國朝金陵詞鈔八卷附一卷　陳作霖輯　清光
緒二十八年(1902)刻本　四冊

220000－0801－0021599　集44/3－1

國朝金陵詞鈔八卷附一卷　陳作霖輯　清光
緒二十八年(1902)刻本　四冊

220000－0801－0021600　集44/3－2

國朝金陵詞鈔八卷附一卷　陳作霖輯　清光
緒二十八年(1902)刻本　四冊

220000－0801－0021601　集44/3－3

國朝金陵詞鈔八卷附一卷　陳作霖輯　清光
緒二十八年(1902)刻本　四冊

220000－0801－0021602　集44/4

國朝常州詞錄三十一卷　繆荃孫輯　清光緒
二十二年(1896)刻本　十二冊

220000－0801－0021603　集44/6

粵西詞見二卷　況周儀輯　清光緒二十三年
(1897)金陵刻本　一冊

220000－0801－0021604　集44/7

粵西詞見二卷　況周儀輯　清光緒二十三年(1897)金陵刻本　一冊

220000－0801－0021605　集44/9

白山詞介五卷　楊鍾羲錄　清宣統二年(1910)刻朱印本　一冊

220000－0801－0021606　集44/9－1

白山詞介五卷　楊鍾羲錄　清宣統二年(1910)刻朱印本　二冊

220000－0801－0021607　集45/3

三程詞鈔八卷　(清)程霖壽等撰　清光緒二十七年(1901)鹿川閣鉛印本　一冊

220000－0801－0021608　集45/3－1

三程詞鈔八卷　(清)程霖壽等撰　清光緒二十七年(1901)鹿川閣鉛印本　一冊

220000－0801－0021609　集45/4

徐氏一家詞六卷　徐琪等撰　清光緒三十四年(1908)刻本　四冊

220000－0801－0021610　集46.44/1

夢窗詞甲藁一卷乙藁一卷丙藁一卷丁藁一卷補遺一卷續補遺一卷　(宋)吳文英撰　清咸豐十一年(1861)秀水杜氏曼陀羅華閣刻本　二冊

220000－0801－0021611　集46.44/1－1

夢窗詞甲藁一卷乙藁一卷丙藁一卷丁藁一卷補遺一卷續補遺一卷　(宋)吳文英撰　清咸豐十一年(1861)秀水杜氏曼陀羅華閣刻本　二冊

220000－0801－0021612　集46.44/2

夢窗詞甲稿一卷乙稿一卷丙稿一卷丁稿一卷補遺一卷　(宋)吳文英撰　校勘夢窗劄記一卷　(清)王鵬運撰　清光緒二十五年(1899)王氏四印齋刻本　一冊

220000－0801－0021613　集46.44/2－1

夢窗詞甲稿一卷乙稿一卷丙稿一卷丁稿一卷補遺一卷　(宋)吳文英撰　校勘夢窗劄記一卷　(清)王鵬運撰　清光緒二十五年(1899)

王氏四印齋刻本　一冊　缺二卷(甲稿一卷、乙稿一卷)

220000－0801－0021614　集46.44/3

夢窗詞甲稿一卷乙稿一卷丙稿一卷丁稿一卷補遺一卷　(宋)吳文英撰　清光緒三十四年(1908)歸安朱氏刻本　二冊

220000－0801－0021615　集46.44/3－1

夢窗詞甲稿一卷乙稿一卷丙稿一卷丁稿一卷補遺一卷　(宋)吳文英撰　清光緒三十四年(1908)歸安朱氏刻本　一冊

220000－0801－0021616　集46.44/3－2

夢窗詞甲稿一卷乙稿一卷丙稿一卷丁稿一卷補遺一卷　(宋)吳文英撰　清光緒三十四年(1908)歸安朱氏刻本　一冊

220000－0801－0021617　集46.44/4

夢窗詞甲稿一卷乙稿一卷丙稿一卷丁稿一卷補遺一卷　(宋)吳文英撰　清末王氏四印齋刻本　二冊

220000－0801－0021618　集46.44/11

山中白雲詞八卷　(宋)張炎撰　清宣統三年(1911)北京龍文閣書莊石印本　四冊

220000－0801－0021619　集46.44/11－1

山中白雲詞八卷　(宋)張炎撰　清宣統三年(1911)北京龍文閣書莊石印本　四冊

220000－0801－0021620　集46.44/13

山中白雲詞八卷　(宋)張炎撰　清刻本　二冊

220000－0801－0021621　集46.44/14

山中白雲詞八卷　(宋)張炎撰　清末抄本　二冊

220000－0801－0021622　集46.44/15

山中白雲詞八卷詞源二卷　(宋)張炎撰　清光緒八年(1882)娛園刻本　五冊

220000－0801－0021623　集46.44/15－1

山中白雲詞八卷詞源二卷　(宋)張炎撰　清光緒八年(1882)娛園刻本　二冊

220000－0801－0021624　集46.44/15－2

441

山中白雲詞八卷詞源二卷 （宋）張炎撰 清
光緒八年（1882）娛園刻本 二冊 缺二卷
（詞源二卷）

220000－0801－0021625 集46.44/23
草窗詞二卷補二卷 （宋）周密撰 清光緒二
十六年（1900）無著庵刻本 一冊

220000－0801－0021626 集46.44/23－1
草窗詞二卷補二卷 （宋）周密撰 清光緒二
十六年（1900）無著庵刻本 一冊

220000－0801－0021627 集46.44/24
草窗詞二卷補二卷 （宋）周密撰 清咸豐十
一年（1861）曼陀羅華閣刻本 一冊

220000－0801－0021628 集46.44/24－1
草窗詞二卷補二卷 （宋）周密撰 清咸豐十
一年（1861）曼陀羅華閣刻本 一冊

220000－0801－0021629 集46.44/24－2
草窗詞二卷補二卷 （宋）周密撰 清咸豐十
一年（1861）曼陀羅華閣刻本 一冊

220000－0801－0021630 集46.44/27
清真集二卷外詞一卷 （宋）周邦彥撰 清光
緒二十二年（1896）四印齋影印本 一冊

220000－0801－0021631 集46.44/33
景石齋詞略一卷 （清）姚詩雅撰 清光緒六
年（1880）刻本 一冊

220000－0801－0021632 集46.44/33－1
景石齋詞略一卷 （清）姚詩雅撰 清光緒六
年（1880）刻本 一冊

220000－0801－0021633 集46.44/33－2
景石齋詞略一卷 （清）姚詩雅撰 清光緒六
年（1880）刻本 一冊

220000－0801－0021634 集46.44/36
東山寓聲樂府一卷補鈔一卷 （宋）賀鑄撰
清光緒十四年（1888）刻本 二冊

220000－0801－0021635 集46.44/37
南宋四名臣詞集一卷 （清）王鵬運輯 清光
緒十八年（1892）刻本 一冊

220000－0801－0021636 集46.44/41
後村別調一卷 （宋）劉克莊撰 清刻本
一冊

220000－0801－0021637 集46.44/42
陽春白雪八卷外集一卷 （宋）趙聞禮撰 揅
經室詩錄五卷 （清）阮元撰 清道光、光緒
刻本 三冊

220000－0801－0021638 集46.44/43
陽春白雪八卷外集一卷 （宋）趙聞禮撰 清
末刻本 三冊

220000－0801－0021639 集46.44/44
石湖詞一卷附補遺 （宋）范成大撰 和石湖
詞 （宋）陳三聘撰 清味菜廬刻本 一冊

220000－0801－0021640 集46.44/47
東坡樂府三卷 （宋）蘇軾撰 朱祖謀編 清
宣統二年（1910）石印本 二冊

220000－0801－0021641 集46.44/50
東坡樂府三卷 （宋）蘇軾撰 清宣統刻本
二冊

220000－0801－0021642 集46.44/53
景宋本鶴山先生長短句三卷 （宋）魏了翁著
清影印本 一冊 存三卷（九十四至九十
六）

220000－0801－0021643 集46.44/59
白石道人歌曲四卷別集一卷詩詞評論一卷補
遺一卷逸事一卷補遺一卷 （宋）姜夔撰 清
光緒十年（1884）娛園刻本 二冊

220000－0801－0021644 集46.47/3
蟻術詞選四卷 （元）邵亨貞著 清光緒十七
年（1891）刻本 一冊

220000－0801－0021645 集46.47/3－1
蟻術詞選四卷 （元）邵亨貞著 清光緒十七
年（1891）刻本 一冊

220000－0801－0021646 集46.47/3－2
蟻術詞選四卷 （元）邵亨貞著 清光緒十七
年（1891）刻本 一冊

220000－0801－0021647 集46.48/4

陶情樂府四卷　（明）楊慎撰　清宣統三年(1911)岷陽精舍刻本　一冊

220000－0801－0021648　集46.48/4－1
陶情樂府四卷　（明）楊慎撰　清宣統三年(1911)岷陽精舍刻本　一冊

220000－0801－0021649　集46.49/1
玉淀詞一卷　（清）潘曾瑋撰　清咸豐四年(1854)刻本　一冊

220000－0801－0021650　集46.49/1－1
玉淀詞一卷　（清）潘曾瑋撰　清咸豐四年(1854)刻本　一冊

220000－0801－0021651　集46.49/2
問紅軒詞不分卷　（清）王鑒撰　清道光十八年(1838)刻本　二冊

220000－0801－0021652　集46.49/4
綠雪館詞鈔一卷　（清）張鴻卓撰　萬竹樓詞選一卷　（清）朱和羲撰　清同治五年(1866)刻本　一冊

220000－0801－0021653　集46.49/5
寄龕詞問六卷　（清）孫德祖撰　清光緒二十六年(1900)刻本　一冊

220000－0801－0021654　集46.49/6
曉寒詞一卷袚愁詞一卷　（清）鄧繹撰　清同治九年(1870)青垞刻本　一冊

220000－0801－0021655　集46.49/8
情田詞三卷　（清）邵璸撰　清光緒十四年(1888)石帆花屋刻本　三冊

220000－0801－0021656　集46.49/9
清濤詞二卷　（清）孔傳鉁著　清道光六年(1826)刻本　二冊

220000－0801－0021657　集46.49/10
秋錦山房詞一卷　（清）李良年撰　柘西精舍集一卷　（清）沈皞日撰　清刻本　一冊

220000－0801－0021658　集46.49/12
憶雲詞四卷　（清）項廷紀撰　清道光三年(1823)刻本　一冊

220000－0801－0021659　集46.49/13
憶雲詞甲乙丙丁藁四卷憶雲詞刪存補遺詩詞一卷　（清）項廷紀撰　清光緒十九年(1893)許氏榆園刻本　一冊

220000－0801－0021660　集46.49/13－1
憶雲詞甲乙丙丁藁四卷憶雲詞刪存補遺詩詞一卷　（清）項廷紀撰　清光緒十九年(1893)許氏榆園刻本　一冊

220000－0801－0021661　集46.49/14
綠雪館詞五卷百和詞一卷　（清）張鴻卓撰　清道光十四年(1834)書三昧樓刻本　一冊

220000－0801－0021662　集46.49/15
新蕍詞十卷新蕍詞外集一卷　（清）張景祁撰　清光緒九年(1883)百億梅花仙館刻本　二冊

220000－0801－0021663　集46.49/15－1
新蕍詞十卷新蕍詞外集一卷　（清）張景祁撰　清光緒九年(1883)百億梅花仙館刻本　二冊

220000－0801－0021664　集46.49/16
花影吹笙譜二卷　（清）張泰初撰　清光緒二年(1876)刻本　一冊

220000－0801－0021665　集46.49/17
詞壇妙品十卷　（清）張淵懿選　清宣統三年(1911)石印本　五冊

220000－0801－0021666　集46.49/18
寒松閣詞四卷　（清）張鳴珂撰　清光緒十年(1884)江西書局刻本　一冊

220000－0801－0021667　集46.49/18－1
寒松閣詞四卷　（清）張鳴珂撰　清光緒十年(1884)江西書局刻本　一冊

220000－0801－0021668　集46.49/18－2
寒松閣詞四卷　（清）張鳴珂撰　清光緒十年(1884)江西書局刻本　一冊　存二卷(一至二)

220000－0801－0021669　集46.49/19
陶園詩餘二卷　（清）張九鉞等撰　清嘉慶、

道光刻本　一册

220000－0801－0021670　集46.49/20

鞊芬室詞甲稿一卷　何震彝撰　櫻雲閣詞一卷　（清）李家璿撰　清光緒二十九年（1903）鉛印本　一册

220000－0801－0021671　集46.49/21

尚絅堂詞集二卷　（清）劉嗣綰撰　清刻本一册

220000－0801－0021672　集46.49/26

琴洲詞鈔二卷　（清）黎庶燾撰　清光緒十六年（1890）刻本　一册

220000－0801－0021673　集46.49/27

拜石山房詞鈔四卷　（清）顧翰撰　清光緒十五年（1889）榆園刻本　一册

220000－0801－0021674　集46.49/30

彈指詞三卷　（清）顧貞觀著　清光緒四年（1878）枕經葄史齋刻本　一册

220000－0801－0021675　集46.49/31

棲香閣詞二卷　（清）顧文婉著　清宣統二年（1910）活字印本　一册

220000－0801－0021676　集46.49/33

靈芬館詞四種七卷　（清）郭麐著　清光緒五年（1879）娛園刻本　四册

220000－0801－0021677　集46.49/34

靈芬館詞三種六卷　（清）郭麐撰　清嘉慶八年（1803）刻本　三册

220000－0801－0021678　集46.49/35

靈芬館詞三種六卷　（清）郭麐撰　清光緒五年（1879）娛園刻本　一册

220000－0801－0021679　集46.49/37

靈芬館詞三種六卷　（清）郭麐撰　清嘉慶十二年（1807）刻本　二册

220000－0801－0021680　集46.49/37－1

靈芬館詞三種六卷　（清）郭麐撰　清嘉慶十二年（1807）刻本　二册　缺二卷（浮眉樓詞二卷）

220000－0801－0021681　集46.49/38

靈芬館詞初集四卷靈芬館雜著續編四卷（清）郭麐撰　清嘉慶二十五年（1820）刻本二册

220000－0801－0021682　集46.49/39

雯窗瘦影詞一卷　（清）許誦珠撰　清光緒三十一年（1905）刻本　一册

220000－0801－0021683　集46.49/40

曼廬詞不分卷　（清）許頌鼎撰　清光緒三十三年（1907）刻本　一册

220000－0801－0021684　集46.49/40－1

曼廬詞不分卷　（清）許頌鼎撰　清光緒三十三年（1907）刻本　一册

220000－0801－0021685　集46.49/43

睡香花室詞一卷　（清）潘曾綬著　清同治七年（1868）刻本　一册

220000－0801－0021686　集46.49/44

詠花詞一卷　（清）潘曾瑋著　清光緒十三年（1887）刻本　一册

220000－0801－0021687　集46.49/46

滄江虹月詞三卷　（清）汪初撰　清光緒十五年（1889）刻本　一册

220000－0801－0021688　集46.49/47

黑蝶齋詞一卷　（清）沈岸登撰　紅藕莊詞三卷　（清）龔翔麟撰　清末刻本　一册

220000－0801－0021689　集46.49/48

話山草堂詞鈔一卷　（清）沈道寬著　清光緒三年（1877）刻本　二册

220000－0801－0021690　集46.49/49

潭影軒詞稿二卷　（清）沈宗約撰　清道光十九年（1839）刻本　一册

220000－0801－0021691　集46.49/50

清夢庵二白詞一卷　（清）沈傳桂撰　清道光十二年（1832）刻本　一册

220000－0801－0021692　集46.49/50－1

清夢庵二白詞一卷　（清）沈傳桂撰　清道光十二年（1832）刻本　一册

220000－0801－0021693　集46.49/51
留漚唫館詞存一卷　（清）沈鋆撰　清江氏師
鄦室刻本　一冊

220000－0801－0021694　集46.49/52
清淮詞二卷　（清）湯成烈著　清同治元年
（1862）刻本　一冊

220000－0801－0021695　集46.49/52－1
清淮詞二卷　（清）湯成烈著　清同治元年
（1862）刻本　一冊

220000－0801－0021696　集46.49/53
紅雪詞二卷詩餘一卷　（清）馮雲鵬填詞　清
嘉慶十二年（1807）金陵刻本　四冊

220000－0801－0021697　集46.49/55
轉蕙軒詞一卷　（清）謝蔚青撰　清光緒元年
（1875）刻本　一冊

220000－0801－0021698　集46.49/55－1
轉蕙軒詞一卷　（清）謝蔚青撰　清光緒元年
（1875）刻本　一冊

220000－0801－0021699　集46.49/56
紅藕莊詞三卷　（清）龔翔麟撰　清刻本
一冊

220000－0801－0021700　集46.49/57
紅藕莊詞三卷　（清）龔翔麟撰　秋錦山房詞
一卷　（清）李良年撰　柘西精舍集一卷
（清）沈皞日撰　清刻本　一冊

220000－0801－0021701　集46.49/58
茶夢庵爐餘詞二卷　（清）高望曾撰　寫麋樓
遺詞一卷　（清）陳嘉撰　清同治八年（1869）
刻本　一冊

220000－0801－0021702　集46.49/59
瓶隱山房詞八卷　（清）黃曾撰　清道光二十
七年（1847）刻本　四冊

220000－0801－0021703　集46.49/59－1
瓶隱山房詞八卷　（清）黃曾撰　清道光二十
七年（1847）刻本　二冊

220000－0801－0021704　集46.49/60
飛鴻閣琴意二卷　（清）趙函撰　清道光十六

年（1836）刻本　一冊

220000－0801－0021705　集46.49/60－1
飛鴻閣琴意二卷　（清）趙函撰　清道光十六
年（1836）刻本　一冊

220000－0801－0021706　集46.49/62
拙宜園集二卷　（清）黃憲清撰　清道光十五
年（1835）刻本　一冊

220000－0801－0021707　集46.49/63
小蘇潭詞六卷　（清）蕉南舊史撰　清道光十
八年（1838）刻本　二冊

220000－0801－0021708　集46.49/64
小蘇潭詞六卷　（清）蕉南舊史撰　清道光四
年（1824）刻本　二冊　存五卷（一至五）

220000－0801－0021709　集46.49/65
桐華閣詞鈔二卷詞附一卷　（清）杜貴墀撰
清光緒二十六年（1900）刻本　一冊

220000－0801－0021710　集46.49/66
捧月樓綺語八卷　（清）袁通撰　清嘉慶五年
（1800）刻本　二冊

220000－0801－0021711　集46.49/67
夢隱詞一卷　（清）倪稻孫撰　清嘉慶二十三
年（1818）抄本　一冊

220000－0801－0021712　集46.49/68
麔楥詞一卷　（清）劉恩黻撰　清光緒三十四
年（1908）雙照樓刻朱印本　一冊

220000－0801－0021713　集46.49/69
瘦鶴軒詞一卷　（清）趙彥俞撰　清同治十二
年（1873）刻本　一冊

220000－0801－0021714　集46.49/69－1
瘦鶴軒詞一卷　（清）趙彥俞撰　清同治十二
年（1873）刻本　一冊

220000－0801－0021715　集46.49/71
芙航先生詩餘鈔一卷　（清）楊士凝撰　清嘉
慶五年（1800）刻本　一冊

220000－0801－0021716　集46.49/72
真松閣詞六卷　（清）楊夑生撰　清光緒元年

(1875)刻本　二冊

220000－0801－0021717　集46.49/72－1

真松閣詞六卷　（清）楊夔生撰　清光緒元年
（1875）刻本　二冊

220000－0801－0021718　集46.49/72－2

真松閣詞六卷　（清）楊夔生撰　清光緒元年
（1875）刻本　二冊

220000－0801－0021719　集46.49/75

梅邊笛譜二卷篷窗剪燭集二卷　（清）李堂撰
　清道光五年（1825）冬榮草堂刻本　一冊

220000－0801－0021720　集46.49/76

夢春廬詞一卷　（清）李賠德撰　**早花集一卷**
　（清）吳筠撰　清同治六年（1867）刻本
一冊

220000－0801－0021721　集46.49/76－1

夢春廬詞一卷　（清）李賠德撰　**早花集一卷**
　（清）吳筠撰　清同治六年（1867）刻本
一冊

220000－0801－0021722　集46.49/76－2

夢春廬詞一卷　（清）李賠德撰　**早花集一卷**
　（清）吳筠撰　清同治六年（1867）刻本
一冊

220000－0801－0021723　集46.49/79

清寂詞錄五卷　（清）林思進撰　清光緒九年
（1883）成都刻本　一冊

220000－0801－0021724　集46.49/81

疎影樓詞五卷　（清）姚燮撰　清同治十一年
（1872）上湖草堂刻本　一冊

220000－0801－0021725　集46.49/81－1

疎影樓詞五卷　（清）姚燮撰　清同治十一年
（1872）上湖草堂刻本　二冊

220000－0801－0021726　集46.49/81－2

疎影樓詞五卷　（清）姚燮撰　清同治十一年
（1872）上湖草堂刻本　二冊

220000－0801－0021727　集46.49/81－3

疎影樓詞五卷　（清）姚燮撰　清同治十一年
（1872）上湖草堂刻本　二冊

220000－0801－0021728　集46.49/81－4

疎影樓詞五卷　（清）姚燮撰　清同治十一年
（1872）上湖草堂刻本　一冊　存三卷(畫邊
琴趣二卷、吳涇賡唱一卷)

220000－0801－0021729　集46.49/83

蓉渡詞三卷　（清）董以寧撰　清抄本　一冊

220000－0801－0021730　集46.49/85

珂雪詞二卷　（清）曹貞吉撰　清嘉慶、道光
刻本　二冊

220000－0801－0021731　集46.49/85－1

珂雪詞二卷　（清）曹貞吉撰　清嘉慶、道光
刻本　二冊

220000－0801－0021732　集46.49/86

翠薇花館詞二十九卷　（清）戈載撰　清嘉慶
二十三年（1818）刻本　六冊

220000－0801－0021733　集46.49/86－1

翠薇花館詞二十九卷　（清）戈載撰　清嘉慶
二十三年（1818）刻本　四冊　存十九卷(一
至十九)

220000－0801－0021734　集46.49/88

曝書亭詞拾遺三卷志異一卷　（清）朱彝尊撰
　（清）翁之潤纂錄　清光緒二十二年（1896）
翁氏刻本　二冊

220000－0801－0021735　集46.49/88－1

曝書亭詞拾遺三卷志異一卷　（清）朱彝尊撰
　（清）翁之潤纂錄　清光緒二十二年（1896）
翁氏刻本　一冊

220000－0801－0021736　集46.49/89

蓮漪詞二卷　（清）鄭由熙撰　清光緒十五年
（1889）刻本　一冊

220000－0801－0021737　集46.49/90

藥夢詞二卷　（清）金兆蕃撰　清光緒刻本
一冊

220000－0801－0021738　集46.49/90－1

藥夢詞二卷　（清）金兆蕃撰　清光緒刻本
一冊

220000－0801－0021739　集46.49/92

考功詞一卷 （清）鄭守廉撰 清光緒二十八年（1902）刻本 一冊

220000－0801－0021740 集46.49/97

納蘭詞五卷補遺一卷 （清）納蘭性德撰 清光緒六年（1880）娛園刻本 二冊

220000－0801－0021741 集46.49/98

桐花閣詞一卷附補遺一卷 （清）吳蘭修撰 清宣統二年（1910）刻本 一冊

220000－0801－0021742 集46.49/99

有正味齋詞集八卷 （清）吳錫麒撰 清宣統元年（1909）上海掃葉山房石印本 三冊

220000－0801－0021743 集46.49/100

香南雪北詞一卷 （清）吳藻撰 清道光二十四年（1844）刻本 一冊

220000－0801－0021744 集46.49/100－1

香南雪北詞一卷 （清）吳藻撰 清道光二十四年（1844）刻本 二冊

220000－0801－0021745 集46.49/101

秋林琴雅四卷 （清）厲鶚撰 清嘉慶、道光倚紅樓汪氏刻本 一冊

220000－0801－0021746 集46.49/101－1

秋林琴雅四卷 （清）厲鶚撰 清嘉慶、道光倚紅樓汪氏刻本 一冊

220000－0801－0021747 集46.49/101－2

秋林琴雅四卷 （清）厲鶚撰 清嘉慶、道光倚紅樓汪氏刻本 一冊

220000－0801－0021748 集46.49/102

花簾詞一卷 （清）吳藻撰 清道光十年（1830）刻本 一冊

220000－0801－0021749 集46.49/102－1

花簾詞一卷 （清）吳藻撰 清道光十年（1830）刻本 一冊

220000－0801－0021750 集46.49/103

花簾詞一卷 （清）吳藻撰 清末如皋刻本 一冊

220000－0801－0021751 集46.49/105

吳梅村詞一卷 （清）吳偉業撰 清光緒三十四年（1908）上海掃葉山房石印本 一冊

220000－0801－0021752 集46.49/106

研華館詞三卷首一卷 （清）羅汝懷撰 清光緒九年（1883）湖南刻本 一冊

220000－0801－0021753 集46.49/107

餐花吟館詞鈔六卷 （清）嚴駿生撰 清道光七年（1827）金陵顧晴崖刻本 四冊

220000－0801－0021754 集46.49/108

有正味齋詞集不分卷 （清）吳錫麒撰 心日齋詞集不分卷 （清）周之琦撰 桐月修簫譜不分卷 （清）王嘉祿撰 清末石竹齋紅格抄本 一冊

220000－0801－0021755 集46.49/111

存審軒詞一卷 （清）周濟撰 清道光柏華陛刻本 一冊

220000－0801－0021756 集46.49/112

柳下詞一卷 （清）周青撰 清道光三年（1823）刻本 一冊

220000－0801－0021757 集46.49/113

夢玉詞一卷 （清）陳裴之撰 清道光四年（1824）刻本 一冊

220000－0801－0021758 集46.49/116

紅豆樹館詞八卷 （清）陶樑撰 清道光二十三年（1843）刻本 二冊

220000－0801－0021759 集46.49/117

有正味齋文續集二卷 （清）吳錫麒撰 清刻本 一冊

220000－0801－0021760 集46.52/1

海風簫詞一卷 （清）顧復初撰 清同治四年（1865）刻本 一冊

220000－0801－0021761 集46.52/2

梅影庵詞集二卷 （清）顧復初撰 清光緒六年（1880）刻本 一冊

220000－0801－0021762 集46.52/3

蜀桐弦詞一卷 （清）顧復初撰 清咸豐六年（1856）刻本 一冊

220000－0801－0021763　集46.52/4
眉綠樓詞蝶板新聲一卷　（清）顧文彬撰　清光緒六年(1880)刻本　一冊

220000－0801－0021764　集46.52/6
眉綠樓詞跨鶴吹笙譜一卷　（清）顧文彬撰清光緒五年(1879)刻本　二冊

220000－0801－0021765　集46.52/6－1
眉綠樓詞跨鶴吹笙譜一卷　（清）顧文彬撰清光緒五年(1879)刻本　一冊

220000－0801－0021766　集46.52/6－2
眉綠樓詞跨鶴吹笙譜一卷　（清）顧文彬撰清光緒五年(1879)刻本　一冊

220000－0801－0021767　集46.52/7
雙橋小築詞存五卷集餘一卷　（清）江人鏡撰清光緒二十四年(1898)刻本　二冊

220000－0801－0021768　集46.52/8
眉綠樓詞八種八卷　（清）顧文彬撰　清光緒十年(1884)吳下刻本　四冊

220000－0801－0021769　集46.52/8－1
眉綠樓詞八種八卷　（清）顧文彬撰　清光緒十年(1884)吳下刻本　四冊

220000－0801－0021770　集46.52/8－2
眉綠樓詞八種八卷　（清）顧文彬撰　清光緒十年(1884)吳下刻本　四冊

220000－0801－0021771　集46.52/8－3
眉綠樓詞八種八卷　（清）顧文彬撰　清光緒十年(1884)吳下刻本　四冊

220000－0801－0021772　集46.52/8－4
眉綠樓詞八種八卷　（清）顧文彬撰　清光緒十年(1884)吳下刻本　三冊　缺蟬巢碎語、百衲琴言

220000－0801－0021773　集46.52/9
雨屋深鐙詞一卷續稿一卷三編一卷　汪兆鏞撰　清宣統三年(1911)鉛印本　一冊

220000－0801－0021774　集46.52/9－1
雨屋深鐙詞一卷續稿一卷三編一卷　汪兆鏞撰　清宣統三年(1911)鉛印本　一冊

220000－0801－0021775　集46.52/10
願爲明鏡室詞稿二卷　（清）江順詒撰　清同治十二年(1873)武林刻本　一冊

220000－0801－0021776　集46.52/11
墨壽閣詞鈔一卷墨壽閣詞續鈔一卷　（清）汪承慶撰　清光緒二十八年(1902)山陽刻本一冊

220000－0801－0021777　集46.52/11－1
墨壽閣詞鈔一卷墨壽閣詞續鈔一卷　（清）汪承慶撰　清光緒二十八年(1902)山陽刻本一冊

220000－0801－0021778　集46.52/12
雙橋小築詞存六卷集餘一卷　（清）江人鏡撰清光緒二十三年(1897)刻本　二冊

220000－0801－0021779　集46.52/12－1
雙橋小築詞存六卷集餘一卷　（清）江人鏡撰清光緒二十三年(1897)刻本　二冊

220000－0801－0021780　集46.52/14
漱芳齋詞一卷附錄一卷　（清）葉湘管撰　清道光二十八年(1848)刻本　一冊

220000－0801－0021781　集46.52/15
曉夢春紅詞一卷　（清）潘介繁撰　清同治八年(1869)刻本　一冊

220000－0801－0021782　集46.52/17
映庵詞一卷　（清）夏敬觀撰　清光緒三十三年(1907)刻本　一冊

220000－0801－0021783　集46.52/18
委宛詞一卷　（清）郭鍾岳撰　清光緒二十年(1894)和天倪齋刻本　一冊

220000－0801－0021784　集46.52/19
懊儂詞一卷屑玉詞一卷　（清）郭鍾岳撰　清光緒十三年(1887)刻本　一冊

220000－0801－0021785　集46.52/20
懺餘綺語二卷　（清）郭麐撰　清光緒五年(1879)刻本　一冊

220000－0801－0021786　集46.52/21
竹隝詞續稿一卷　（清）章樹福撰　清光緒八

448

年(1882)刻本　　一冊

220000－0801－0021787　　集 46.52/23
竹石居詞草一卷川雲集一卷　　（清）童華撰
清光緒十三年(1887)刻本　　一冊

220000－0801－0021788　　集 46.52/24
問琴閣詞一卷　　宋育仁撰　　清刻本　　一冊

220000－0801－0021789　　集 46.52/26
鷗夢詞一卷　　（清）劉履芬撰　　清光緒鉛印本
　　一冊

220000－0801－0021790　　集 46.52/27
琴隱園詞集四卷　　（清）湯貽汾撰　　清同治十
三年(1874)刻本　　一冊

220000－0801－0021791　　集 46.52/30
井華詞二卷　　（清）沈景修撰　　清光緒二十五
年(1899)刻本　　一冊

220000－0801－0021792　　集 46.52/30－1
井華詞二卷　　（清）沈景修撰　　清光緒二十五
年(1899)刻本　　一冊

220000－0801－0021793　　集 46.52/31
和漱玉詞一卷澗南詞一卷附闈友贈言　　（清）
許德蘋撰　　清同治三年(1864)刻本　　一冊

220000－0801－0021794　　集 46.52/32
璞齋詞一卷　　（清）諸可寶撰　　清光緒二十二
年(1896)五峰官舍刻本　　一冊

220000－0801－0021795　　集 46.52/33
雲起軒詞鈔一卷　　（清）文廷式撰　　清光緒三
十三年(1907)刻本　　一冊

220000－0801－0021796　　集 46.52/35
采香詞二卷　　（清）杜文瀾撰　　清咸豐十一年
(1861)曼陀羅華閣刻本　　一冊

220000－0801－0021797　　集 46.52/36
蘊蘭吟館詩餘三卷　　（清）恩錫撰　　清光緒元
年(1875)刻本　　一冊

220000－0801－0021798　　集 46.52/37
鶴緣詞一卷　　（清）呂耀斗撰　　清光緒二十六
年(1900)呂氏敬止堂刻本　　一冊

220000－0801－0021799　　集 46.52/38
栽雲閣詞鈔五卷　　（清）秦雲撰　　清同治七年
(1868)刻本　　一冊

220000－0801－0021800　　集 46.52/39
享帚詞四卷　　（清）秦恩復撰　　清道光二十五
年(1845)刻本　　一冊

220000－0801－0021801　　集 46.52/41
玉屑詞三卷　　（清）朱寯瀛著　　清光緒二十七
年(1901)刻本　　一冊

220000－0801－0021802　　集 46.52/42
彊邨詞四卷　　朱祖謀著　　清光緒三十一年
(1905)刻本　　一冊

220000－0801－0021803　　集 46.52/42－1
彊邨詞四卷　　朱祖謀著　　清光緒三十一年
(1905)刻本　　一冊

220000－0801－0021804　　集 46.52/42－2
彊邨詞四卷　　朱祖謀著　　清光緒三十一年
(1905)刻本　　四冊

220000－0801－0021805　　集 46.52/42－3
彊邨詞四卷　　朱祖謀著　　清光緒三十一年
(1905)刻本　　一冊　　存二卷(一至二)

220000－0801－0021806　　集 46.52/44
濯絳宧存稿一卷　　（清）劉毓盤撰　　清光緒二
十七年(1901)刻本　　一冊

220000－0801－0021807　　集 46.52/44－1
濯絳宧存稿一卷　　（清）劉毓盤撰　　清光緒二
十七年(1901)刻本　　一冊

220000－0801－0021808　　集 46.52/45
蒼葍花館詞一卷　　（清）徐鴻謨撰　　清光緒三
十三年(1907)刻本　　一冊

220000－0801－0021809　　集 46.52/46
玉可庵詞存一卷詞補一卷　　徐琪撰　　清光緒
十三年(1887)刻本　　一冊

220000－0801－0021810　　集 46.52/46－1
玉可庵詞存一卷詞補一卷　　徐琪撰　　清光緒
十三年(1887)刻本　　一冊

220000－0801－0021811　集46.52/47

長生籙詞一卷　徐琪撰　清光緒三十一年(1905)刻本　一冊

220000－0801－0021812　集46.52/49

庚子秋詞二卷　(清)王鵬運等撰　清光緒二十六年(1900)刻本　二冊

220000－0801－0021813　集46.52/50

補恨樓詞二卷　(清)徐佑成撰　清光緒二十二年(1896)刻本　一冊

220000－0801－0021814　集46.52/52

雪鴻詞二卷　(清)黎庶蕃撰　清光緒十五年(1889)刻本　一冊

220000－0801－0021815　集46.52/55

詒安堂詩餘三卷詒安堂試帖詩鈔一卷　(清)王慶勳撰　清咸豐五年(1855)刻本　一冊

220000－0801－0021816　集46.52/56

退一步草堂詞鈔一卷附小唱　(清)王玉驥著　清光緒十四年(1888)刻本　一冊

220000－0801－0021817　集46.52/58

茂陵秋雨詞四卷　(清)王錫振撰　清咸豐九年至同治三年(1859－1864)刻本　一冊

220000－0801－0021818　集46.52/59

竹簾館詞一卷　(清)王樹藩撰　清宣統元年(1909)刻本　一冊

220000－0801－0021819　集46.52/59－1

竹簾館詞一卷　(清)王樹藩撰　清宣統元年(1909)刻本　一冊

220000－0801－0021820　集46.52/60

半塘丙丁戊稿三卷　(清)王鵬運撰　清光緒二十一年(1895)刻本　二冊

220000－0801－0021821　集46.52/61

半塘定稿二卷　(清)王鵬運撰　清光緒三十二年(1906)刻本　一冊

220000－0801－0021822　集46.52/62

遺園詩餘一卷　(清)王尚辰撰　清光緒二十二年(1896)刻本　一冊

220000－0801－0021823　集46.52/63

莽綠詞三卷續編一卷　(清)丁至和撰　清咸豐十一年至同治七年(1861－1868)曼陀羅華閣刻本　一冊

220000－0801－0021824　集46.52/63－1

莽綠詞三卷續編一卷　(清)丁至和撰　清咸豐十一年至同治七年(1861－1868)曼陀羅華閣刻本　一冊　缺一卷(續編一卷)

220000－0801－0021825　集46.52/64

笙月詞五卷花影詞一卷　(清)王詒壽撰　清同治十一年(1872)刻本　二冊

220000－0801－0021826　集46.52/64－1

笙月詞五卷花影詞一卷　(清)王詒壽撰　清同治十一年(1872)刻本　一冊

220000－0801－0021827　集46.52/65

橫經堂詩餘二卷　(清)張泰初撰　清光緒二年(1876)影印本　一冊

220000－0801－0021828　集46.52/66

橫經堂詩餘二卷　(清)張泰初撰　清光緒二年(1876)刻本　一冊

220000－0801－0021829　集46.52/67

步姜詞二卷　(清)胡元儀撰　清光緒二十年(1894)始誦經室刻本　一冊

220000－0801－0021830　集46.52/68

苾芻館詞六卷　(清)胡延撰　清光緒二十九年(1903)金陵刻朱印本　四冊

220000－0801－0021831　集46.52/68－1

苾芻館詞六卷　(清)胡延撰　清光緒二十九年(1903)金陵刻朱印本　四冊

220000－0801－0021832　集46.52/68－2

苾芻館詞六卷　(清)胡延撰　清光緒二十九年(1903)金陵刻朱印本　四冊

220000－0801－0021833　集46.52/68－3

苾芻館詞六卷　(清)胡延撰　清光緒二十九年(1903)金陵刻朱印本　四冊

220000－0801－0021834　集46.52/68－4

苾芻館詞六卷　(清)胡延撰　清光緒二十九

年（1903）金陵刻朱印本　三冊　存四卷（三至六）

220000－0801－0021835　集46.52/69
語兒村笛一卷題紅閣詞鈔一卷　（清）于源撰　清咸豐四年（1854）刻本　一冊

220000－0801－0021836　集46.52/71
聞妙香室詞鈔四卷　（清）錢錫寀撰　清宣統二年（1910）天津醒華報館石印本　一冊

220000－0801－0021837　集46.52/71－1
聞妙香室詞鈔四卷　（清）錢錫寀撰　清宣統二年（1910）天津醒華報館石印本　一冊

220000－0801－0021838　集46.52/72
寄廬詞存二卷　（清）錢國珍撰　清咸豐十年（1860）古章安署刻本　一冊

220000－0801－0021839　集46.52/73
珍硯齋詞鈔四卷　（清）錢學懋撰　璞玉館詞鈔一卷　（清）丁崇基撰　清同治三年（1864）刻本　一冊

220000－0801－0021840　集46.52/75
瘦碧詞二卷　鄭文焯撰　清末大鶴山房刻本　一冊

220000－0801－0021841　集46.52/77
比竹餘音四卷　鄭文焯撰　清光緒二十八年（1902）刻本　一冊

220000－0801－0021842　集46.52/78
冷紅詞四卷　鄭文焯撰　清光緒二十二年（1896）耦園刻本　一冊

220000－0801－0021843　集46.52/78－1
冷紅詞四卷　鄭文焯撰　清光緒二十二年（1896）耦園刻本　一冊

220000－0801－0021844　集46.52/79
遯庵樂府二卷　（清）張爾田撰　清光緒七年（1881）刻本　一冊

220000－0801－0021845　集46.52/79－1
遯庵樂府二卷　（清）張爾田撰　清光緒七年（1881）刻本　一冊

220000－0801－0021846　集46.52/80
冰壺詞六卷　（清）張雲驤撰　清光緒十二年（1886）刻本　一冊

220000－0801－0021847　集46.52/81
時晴齋詞鈔不分卷　（清）張集馨著　清光緒二十一年（1895）鉛印本　二冊

220000－0801－0021848　集46.52/82
瞻園詞二卷　（清）張仲炘著　清光緒三十一年（1905）刻本　一冊

220000－0801－0021849　集46.52/82－1
瞻園詞二卷　（清）張仲炘著　清光緒三十一年（1905）刻本　一冊

220000－0801－0021850　集46.52/84
麝塵蓮寸集四卷末一卷　（清）汪淵撰　清光緒十七年（1891）刻本　一冊

220000－0801－0021851　集46.52/84－1
麝塵蓮寸集四卷末一卷　（清）汪淵撰　清光緒十七年（1891）刻本　二冊

220000－0801－0021852　集46.52/85
寄影軒詞稿六卷　（清）張觀美撰　清同治八年（1869）梅州陳集賢館刻本　一冊

220000－0801－0021853　集46.52/86
鶯喬集一卷　（清）孫楫著　清光緒元年（1875）刻本　一冊

220000－0801－0021854　集46.52/89
薇省同聲集敘錄五卷　（清）彭鑾輯　清光緒十六年（1890）刻本　一冊

220000－0801－0021855　集46.52/90
鴻雪詞二卷退菴詞一卷　（清）周之琦撰　清末刻本　二冊

220000－0801－0021856　集46.52/91
金梁夢月詞二卷懷夢詞一卷　（清）周之琦撰　清道光刻本　二冊

220000－0801－0021857　集46.52/91－1
金梁夢月詞二卷懷夢詞一卷　（清）周之琦撰　清道光刻本　二冊

220000－0801－0021858　集46.52/92

水流雲在館詞鈔八卷　（清）周天麟撰　清光緒二十一年(1895)刻本　二冊

220000－0801－0021859　集46.52/93

海棠香夢詞一卷　（清）陳壽嵩著　清光緒二十六年(1900)刻本　一冊

220000－0801－0021860　集46.52/94

倚月樓詞稿四卷水雲別調一卷　（清）周天麟撰　月樓琴語一卷　（清）蕭恒貞撰　清光緒七年(1881)刻本　一冊

220000－0801－0021861　集46.52/95

暗香疏影齋詞鈔一卷　（清）志潤撰　清光緒三十年(1904)上海新昌書局鉛印本　一冊

220000－0801－0021862　集46.52/97

日湖漁唱一卷　（元）陳允平撰　清末四川官印刷局刻本　一冊

220000－0801－0021863　集46.52/98

鴛鴦宜福館遺詞不分卷　（清）陳元鼎撰　清光緒十八年(1892)雙照樓刻本　一冊

220000－0801－0021864　集46.52/99

海棠香夢詞四卷和白香詞譜一卷　（清）陳壽嵩撰　清光緒二十六年(1900)刻本　二冊

220000－0801－0021865　集46.52/99－1

海棠香夢詞四卷和白香詞譜一卷　（清）陳壽嵩撰　清光緒二十六年(1900)刻本　一冊　缺二卷(海棠香夢詞一至二)

220000－0801－0021866　集46.52/100

洞仙詞六卷　（清）陳星涵撰　清光緒十四年(1888)永嘉沙氏刻本　二冊

220000－0801－0021867　集46.52/101

留雲借月庵詞八卷續一卷　（清）劉炳照撰　清光緒十九年(1893)刻本　三冊

220000－0801－0021868　集46.52/101－1

留雲借月庵詞八卷續一卷　（清）劉炳照撰　清光緒十九年(1893)刻本　二冊

220000－0801－0021869　集46.52/102

畫膚吟一卷縹煙詞一卷　（清）劉詒恂撰　清

光緒二十五年(1899)刻本　一冊

220000－0801－0021870　集46.52/103

裁雲閣詞鈔六卷附裁雲閣曲一卷　（清）秦雲撰　清同治七年(1868)刻本　一冊

220000－0801－0021871　集46.52/104

蘭當詞二卷　（清）陶方琦撰　清末刻本　一冊

220000－0801－0021872　集46.52/104－1

蘭當詞二卷　（清）陶方琦撰　清末刻本　一冊

220000－0801－0021873　集46.52/104－2

蘭當詞二卷　（清）陶方琦撰　清末刻本　一冊

220000－0801－0021874　集46.52/106

懷白軒詞鈔二卷懷白軒南北曲一卷懷白軒文鈔二卷懷白軒駢體一卷懷白軒賦鈔一卷　(清)陸初望撰　清同治五年(1866)刻本　一冊

220000－0801－0021875　集46.52/107

華鬘室詞一卷　（清）闊普通武撰　清末石印本　一冊

220000－0801－0021876　集46.52/107－1

華鬘室詞一卷　（清）闊普通武撰　清末石印本　一冊

220000－0801－0021877　集46.52/109

懷青庵詞一卷　（清）李祖廉撰　清光緒十九年(1893)刻本　一冊

220000－0801－0021878　集46.52/110

舒嘯樓詞稿一卷　（清）李曾裕撰　清同治十二年(1873)刻本　一冊

220000－0801－0021879　集46.52/112

雙辛夷樓詞二卷　（清）李格著　清光緒十三年(1887)建州刻本　一冊

220000－0801－0021880　集46.52/113

櫻海詞一卷桃渡詞一卷　（清）葉玉森撰　清宣統元年(1909)鉛印本　一冊

220000－0801－0021881　　集 46.52/114

花影吹笙詞鈔二卷　（清）葉英華撰　小遊仙詞一卷　（清）夢禪居士製　清光緒三年(1877)羊城刻本　一冊

220000－0801－0021882　　集 46.52/114－1

花影吹笙詞鈔二卷　（清）葉英華撰　小遊仙詞一卷　（清）夢禪居士製　清光緒三年(1877)羊城刻本　一冊

220000－0801－0021883　　集 46.52/115

秋夢盦詞鈔二卷秋夢盦詞續一卷　（清）葉衍蘭撰　清光緒二十年(1894)刻本　一冊

220000－0801－0021884　　集 46.52/116

玉龍詞一卷　（清）楊朝慶撰　清光緒二十四年(1898)刻本　一冊

220000－0801－0021885　　集 46.52/117

聽雨小樓詞稿二卷　（清）楊英燦撰　清光緒十七年(1891)西溪草堂鉛印本　一冊

220000－0801－0021886　　集 46.52/118

西湖秋柳詞一卷　（清）楊鳳苞撰　清光緒武林刻本　一冊

220000－0801－0021887　　集 46.52/119

花笑樓詞四種四卷　（清）楊其光撰　（清）陳步墀選　清宣統元年(1909)鉛印本　一冊

220000－0801－0021888　　集 46.52/120

樽洲詞二卷　（清）勒方錡填　清同治四年(1865)刻本　一冊

220000－0801－0021889　　集 46.52/121

太素齋詞鈔二卷　（清）勒方錡撰　清光緒十年(1884)刻本　一冊

220000－0801－0021890　　集 46.52/121－1

太素齋詞鈔二卷　（清）勒方錡撰　清光緒十年(1884)刻本　一冊

220000－0801－0021891　　集 46.52/121－2

太素齋詞鈔二卷　（清）勒方錡撰　清光緒十年(1884)刻本　一冊

220000－0801－0021892　　集 46.52/121－3

太素齋詞鈔二卷　（清）勒方錡撰　清光緒十年(1884)刻本　一冊

220000－0801－0021893　　集 46.52/122

雙柏詞一卷　（清）金鴻佺撰　清宣統元年(1909)鉛印本　一冊

220000－0801－0021894　　集 46.52/122－1

雙柏詞一卷　（清）金鴻佺撰　清宣統元年(1909)鉛印本　一冊

220000－0801－0021895　　集 46.52/123

水雲樓詞二卷續一卷　（清）蔣春霖撰　清光緒三十四年(1908)鉛印本　一冊

220000－0801－0021896　　集 46.52/123－1

水雲樓詞二卷續一卷　（清）蔣春霖撰　清光緒三十四年(1908)鉛印本　一冊

220000－0801－0021897　　集 46.52/125

水雲樓詞二卷續一卷　（清）蔣春霖撰　清末湖南思賢書局刻本　一冊

220000－0801－0021898　　集 46.52/128

春帖子詞一卷　（清）奕訢著　清光緒四年(1878)刻本　一冊

220000－0801－0021899　　集 46.52/130

一粟庵詞集二卷　（清）蔡寶善撰　清宣統元年(1909)西安圖書館鉛印本　一冊

220000－0801－0021900　　集 46.52/132

艮居詞選一卷　（清）蔡壽臻著　清光緒三十二年(1906)刻本　一冊

220000－0801－0021901　　集 46.52/134

念宛齋詞鈔一卷　（清）左輔撰　海漚漁唱一卷　（清）吳豐本撰　雲起軒詞鈔一卷　（清）文廷式撰　新聲譜一卷　（清）朱和羲撰　清宣統徐氏刻本　一冊

220000－0801－0021902　　集 46.52/135

春鸝詞二卷　（清）葛湘撰　清光緒五年(1879)刻本　一冊

220000－0801－0021903　　集 46.52/139

倫敦竹枝詞一卷　（清）張祖翼撰　清光緒十四年(1888)徐氏觀自得齋刻本　一冊

220000－0801－0021904　集46.52/139－1

倫敦竹枝詞一卷　（清）張祖翼撰　清光緒十四年(1888)徐氏觀自得齋刻本　一冊

220000－0801－0021905　集46.52/139－2

倫敦竹枝詞一卷　（清）張祖翼撰　清光緒十四年(1888)徐氏觀自得齋刻本　一冊

220000－0801－0021906　集46.52/140

冬榮室詩詞不分卷　（清）莊慶椿撰　吟秋館詩草不分卷　（清）周元圭撰　清光緒二年(1876)刻本　一冊

220000－0801－0021907　集46.52/143

香銷酒醒詞一卷曲一卷　（清）趙慶熺撰　清同治七年(1868)王氏刻本　二冊

220000－0801－0021908　集46.52/143－1

香銷酒醒詞一卷曲一卷　（清）趙慶熺撰　清同治七年(1868)王氏刻本　二冊

220000－0801－0021909　集46.52/143－2

香銷酒醒詞一卷曲一卷　（清）趙慶熺撰　清同治七年(1868)王氏刻本　二冊

220000－0801－0021910　集46.52/144

香銷酒醒詞一卷　（清）趙慶熺撰　清道光二十九年(1849)刻本　一冊

220000－0801－0021911　集46.52/145

我簫詞二卷　（清）趙崇慶撰　清光緒二十三年(1897)刻本　二冊

220000－0801－0021912　集46.52/146

約園詞稿十卷　（清）趙起撰　清光緒二十六年(1900)刻本　二冊

220000－0801－0021913　集46.52/146－1

約園詞稿十卷　（清）趙起撰　清光緒二十六年(1900)刻本　二冊

220000－0801－0021914　集46.52/146－2

約園詞稿十卷　（清）趙起撰　清光緒二十六年(1900)刻本　二冊

220000－0801－0021915　集46.52/146－3

約園詞稿十卷　（清）趙起撰　清光緒二十六年(1900)刻本　二冊

220000－0801－0021916　集46.52/146－4

約園詞稿十卷　（清）趙起撰　清光緒二十六年(1900)刻本　二冊

220000－0801－0021917　集46.52/147

藤香館詞一卷　（清）薛時雨撰　清同治五年(1866)刻本　一冊

220000－0801－0021918　集46.52/148

藤香館詞刪存二卷　（清）薛時雨撰　清光緒五年(1879)刻本　一冊

220000－0801－0021919　集46.52/149

新樂府詞一卷　（清）萬斯同撰　清刻本　一冊

220000－0801－0021920　集46.52/150

二十四孝弟詩輯註二卷　（清）蕭培元撰　清光緒十九年(1893)山東書局刻本　一冊

220000－0801－0021921　集46.52/151

靜園詞鈔二卷　（清）龔鎮湘撰　清宣統二年(1910)鉛印本　一冊

220000－0801－0021922　集46.52/155

裁雲閣詞鈔六卷附裁雲閣曲一卷　（清）秦雲著　清同治九年(1870)刻本　一冊

220000－0801－0021923　集46.52/156

心庵詞存四卷　（清）何兆瀛撰　清同治十二年(1873)武林刻本　二冊

220000－0801－0021924　集46.52/157

味閒堂課鈔五卷　（清）陶然撰　清同治八年(1869)刻本　一冊　存一卷(五)

220000－0801－0021925　集46.52/158

替竹庵詞五卷　（清）蔣彬若撰　清光緒三十一年(1905)鉛印本　一冊

220000－0801－0021926　集46.6/41

味菾詞六卷　汪曾武著　清宣統元年(1909)鉛印本　一冊

220000－0801－0021927　集46.6/41－1

味菾詞六卷　汪曾武著　清宣統元年(1909)鉛印本　一冊

220000－0801－0021928　集 46.6/55

燈昏鏡曉詞四卷附錄一卷　（清）宋謙撰　清宣統二年(1910)鉛印本　二冊

220000－0801－0021929　集 46.6/58

芬陀利室詞一卷　（清）蔣敦復撰　清光緒二十四年(1898)刻本　一冊

220000－0801－0021930　集 46.6/59

芬陀利室詞集五卷　（清）蔣敦復撰　清光緒十一年(1885)王氏隱廬刻本　二冊

220000－0801－0021931　集 46.6/59－1

芬陀利室詞集五卷　（清）蔣敦復撰　清光緒十一年(1885)王氏隱廬刻本　二冊

220000－0801－0021932　集 46.6/59－2

芬陀利室詞集五卷　（清）蔣敦復撰　清光緒十一年(1885)王氏隱廬刻本　二冊

220000－0801－0021933　集 47/3

御製詞譜四十卷　（清）陳邦彥撰　清末石印本　二十冊

220000－0801－0021934　集 47/4

白香詞譜箋四卷　（清）舒夢蘭輯　（清）謝朝徵箋　清光緒十一年(1885)刻本　四冊

220000－0801－0021935　集 47/4－1

白香詞譜箋四卷　（清）舒夢蘭輯　（清）謝朝徵箋　清光緒十一年(1885)刻本　四冊

220000－0801－0021936　集 48/1

詞律二十卷　（清）萬樹論次　**詞律拾遺六卷**　（清）徐本立纂　**詞律補遺一卷**　（清）杜文瀾編　清光緒二年(1876)刻本　十二冊

220000－0801－0021937　集 48/2

詞律二十卷　（清）萬樹論次　**詞律拾遺八卷**　（清）徐本立纂　**詞律補遺一卷**　（清）杜文瀾編　清光緒二年(1876)刻本　十六冊

220000－0801－0021938　集 48/2－1

詞律二十卷　（清）萬樹論次　**詞律拾遺八卷**　（清）徐本立纂　**詞律補遺一卷**　（清）杜文瀾編　清光緒二年(1876)刻本　十六冊

220000－0801－0021939　集 48/3

詞律拾遺八卷　（清）徐本立纂　清同治十二年(1873)刻本　四冊

220000－0801－0021940　集 48/3－1

詞律拾遺八卷　（清）徐本立纂　清同治十二年(1873)刻本　四冊

220000－0801－0021941　集 48/4

詞律拾遺八卷　（清）徐本立纂　**詞律補遺一卷**　（清）杜文瀾編　清同治刻本　五冊

220000－0801－0021942　集 48/5

詞律校勘記二卷　（清）杜文瀾撰　清末曼陀羅華閣刻本　二冊

220000－0801－0021943　集 48/6

詞律校勘記二卷　（清）杜文瀾撰　清末掃葉山房石印本　二冊

220000－0801－0021944　集 48/7

詞源二卷　（宋）張玉田編　**日湖漁唱一卷附補遺一卷續補遺一卷**　（元）陳允平撰　清道光八年(1828)刻本　一冊

220000－0801－0021945　集 48/7－1

詞源二卷　（宋）張玉田編　**日湖漁唱一卷附補遺一卷續補遺一卷**　（元）陳允平撰　清道光八年(1828)刻本　一冊

220000－0801－0021946　集 48/7－2

詞源二卷　（宋）張玉田編　**日湖漁唱一卷附補遺一卷續補遺一卷**　（元）陳允平撰　清道光八年(1828)刻本　一冊

220000－0801－0021947　集 48/8

詞源二卷　（宋）張玉田撰　清光緒八年(1882)娛園刻本　一冊

220000－0801－0021948　集 48/10

詞源斠律二卷　鄭文焯纂　清光緒刻本　一冊

220000－0801－0021949　集 48/10－1

詞源斠律二卷　鄭文焯纂　清光緒刻本　一冊

220000－0801－0021950　集 48/11

詞林正韻三卷發凡一卷　（清）戈載撰　清道

光景石齋刻本　一冊

220000－0801－0021951　集48/12
詞林正韻三卷發凡一卷　（清）戈載撰　清同治十三年(1874)刻本　一冊

220000－0801－0021952　集48/12－1
詞林正韻三卷發凡一卷　（清）戈載撰　清同治十三年(1874)刻本　一冊

220000－0801－0021953　集48/13
詞林正韻三卷發凡一卷　（清）戈載輯　清末抄本　一冊

220000－0801－0021954　集48/14
詞林正韻三卷發凡一卷　（清）戈載撰　清光緒三年(1877)刻本　二冊

220000－0801－0021955　集48/15
詞林正韻三卷發凡一卷　（清）戈載撰　清光緒七年(1881)四印齋刻本　三冊

220000－0801－0021956　集48/15－1
詞林正韻三卷發凡一卷　（清）戈載撰　清光緒七年(1881)四印齋刻本　一冊

220000－0801－0021957　集48/15－2
詞林正韻三卷發凡一卷　（清）戈載撰　清光緒七年(1881)四印齋刻本　一冊

220000－0801－0021958　集48/15－3
詞林正韻三卷發凡一卷　（清）戈載撰　清光緒七年(1881)四印齋刻本　一冊

220000－0801－0021959　集48/16
詞林正韻三卷發凡一卷　（清）戈載撰　清光緒十七年(1891)思賢講舍刻本　二冊

220000－0801－0021960　集48/18
詞林韻釋五卷　（□）□□撰　清嘉慶十五年(1810)享帚精舍刻本　一冊

220000－0801－0021961　集48/18－1
詞林韻釋五卷　（□）□□撰　清嘉慶十五年(1810)享帚精舍刻本　一冊

220000－0801－0021962　集48/20
菉斐軒詞韻一卷　（□）□□撰　清光緒二十

六年(1900)盛山官舍刻本　一冊

220000－0801－0021963　集48/23
詞律拾遺八卷　（清）徐本立纂　詞律補遺一卷　（清）杜文瀾編　清光緒二年(1876)石印本　四冊

220000－0801－0021964　集48/25
詞律二十卷　（清）萬樹撰　詞律拾遺八卷　（清）徐本立纂　詞律補遺一卷　（清）杜文瀾編　清同治十二年(1873)吳下刻本　十二冊　缺五卷(九至十、十七至十八、二十)

220000－0801－0021965　集49/1
香研居詞塵五卷　（清）方成培撰　清光緒二年(1876)上海日耕齋刻本　二冊

220000－0801－0021966　集49/1－1
香研居詞塵五卷　（清）方成培撰　清光緒二年(1876)上海日耕齋刻本　二冊

220000－0801－0021967　集49/2
賭棋山莊詞話十二卷續編五卷　（清）謝章鋌撰　清光緒十年(1884)刻本　三冊

220000－0801－0021968　集49/7
聽秋聲館詞話二十卷　（清）丁紹儀撰　清同治八年(1869)刻本　四冊

220000－0801－0021969　集49/11
小匏庵詩話十卷　（清）吳仰賢輯　清光緒八年(1882)刻本　三冊

220000－0801－0021970　集49/11－1
小匏庵詩話十卷　（清）吳仰賢輯　清光緒八年(1882)刻本　三冊

220000－0801－0021971　集49/12
蓮子居詞話四卷　（清）吳衡照輯　清同治六年(1867)刻本　四冊

220000－0801－0021972　集49/12－1
蓮子居詞話四卷　（清）吳衡照輯　清同治六年(1867)刻本　二冊

220000－0801－0021973　集49/12－2
蓮子居詞話四卷　（清）吳衡照輯　清同治六年(1867)刻本　二冊

220000－0801－0021974　集49/12－3

蓮子居詞話四卷　（清）吳衡照輯　清同治六年(1867)刻本　二冊

220000－0801－0021975　集49/12－4

蓮子居詞話四卷　（清）吳衡照輯　清同治六年(1867)刻本　一冊

220000－0801－0021976　集49/13

蓮子居詞話四卷　（清）吳衡照輯　清同治十年(1871)退補齋刻本　一冊

220000－0801－0021977　集49/13－1

蓮子居詞話四卷　（清）吳衡照輯　清同治十年(1871)退補齋刻本　一冊

220000－0801－0021978　集49/15

詞學集成八卷　（清）江順詒纂輯　清光緒七年(1881)刻本　四冊

220000－0801－0021979　集49/15－1

詞學集成八卷　（清）江順詒纂輯　清光緒七年(1881)刻本　二冊

220000－0801－0021980　集49/19

蓮子居詞話四卷　（清）吳衡照輯　清同治六年(1867)刻本　二冊

220000－0801－0021981　集49/21

詞餘叢話三卷續三卷　（清）楊恩壽撰　清光緒三年(1877)刻本　二冊

220000－0801－0021982　集49/21－1

詞餘叢話三卷續三卷　（清）楊恩壽撰　清光緒三年(1877)刻本　二冊

220000－0801－0021983　集49/21－2

詞餘叢話三卷續三卷　（清）楊恩壽撰　清光緒三年(1877)刻本　二冊

220000－0801－0021984　集49/22

白雨齋詞話八卷詞存一卷詩鈔一卷　（清）陳廷焯著　清光緒十九年(1893)刻本　四冊

220000－0801－0021985　集49/22－1

白雨齋詞話八卷詞存一卷詩鈔一卷　（清）陳廷焯著　清光緒十九年(1893)刻本　四冊

220000－0801－0021986　集49/22－2

白雨齋詞話八卷詞存一卷詩鈔一卷　（清）陳廷焯著　清光緒十九年(1893)刻本　四冊

220000－0801－0021987　集49/29

樂府指迷一卷　（宋）沈義父撰　清光緒八年(1882)晚翠樓刻本　一冊

220000－0801－0021988　集49/31

白雨齋詞話八卷詞存一卷詩鈔一卷　（清）陳廷焯撰　清光緒二十年(1894)刻本　四冊

220000－0801－0021989　集51/33

鞠部群英一卷附增補續集　（清）小遊仙客著　清同治十二年(1873)刻本　四冊

220000－0801－0021990　集51/37

曲錄六卷　王國維著　清宣統元年(1909)刻本　三冊

220000－0801－0021991　集52/5

瓶笙館修簫譜不分卷　（清）舒位撰　清道光十三年(1833)刻本　一冊

220000－0801－0021992　集52/18

瓶笙館修簫譜四種　（清）舒位撰　清道光十三年(1833)錢唐汪氏振綺堂刻本　一冊

220000－0801－0021993　集531/11

西廂記附錄八種　（元）王實甫撰　清暖紅室刻本　十冊

220000－0801－0021994　集531/11－1

西廂記附錄八種　（元）王實甫撰　清暖紅室刻本　十四冊

220000－0801－0021995　集531/12

董解元西廂記四卷　（金）董解元撰　清劉氏暖紅室刻本　二冊

220000－0801－0021996　集531/12－1

董解元西廂記四卷　（金）董解元撰　清劉氏暖紅室刻本　二冊

220000－0801－0021997　集531/22

第六才子書八卷　（元）王實甫撰　（清）金聖嘆評點　清嘉慶五年(1800)文盛堂刻本　六冊

220000－0801－0021998　集531/23

第六才子書八卷　（元）王實甫撰　（清）金聖
嘆評點　清丹山堂刻本　六冊

220000－0801－0021999　集531/24

第六才子書八卷　（元）王實甫撰　（清）金聖
嘆評點　清道光二十八年(1848)敦化堂刻本
六冊

220000－0801－0022000　集531/25

增像第六才子書五卷　（元）王實甫撰　（清）
金聖嘆評點　清光緒十五年(1889)石印本
二冊

220000－0801－0022001　集531/27

增像第六才子書六卷　（元）王實甫撰　（清）
金聖嘆評點　清光緒二十七年(1901)上海書
局石印本　四冊

220000－0801－0022002　集531/28

雲林別墅繪像妥註第六才子書五卷首一卷末
一卷　（元）王實甫撰　（明）李贄評點　清末
刻本　六冊

220000－0801－0022003　集531/29

貫華堂第六才子書八卷　（元）王實甫撰
（清）金人瑞評點　清光緒二十年(1894)奎光
閣石印本　八冊

220000－0801－0022004　集531/33

繪圖後西廂記四卷　（清）湯世瀠填詞　（清）
胡來照評點　清光緒二十年(1894)奎光閣石
印本　四冊

220000－0801－0022005　集531/35

繡像何必西廂三十七回　心鐵道人撰　清嘉
慶五年(1800)刻本　十六冊

220000－0801－0022006　集531/42

玉茗堂還魂記二卷　（明）湯顯祖編　清光緒
三十四年(1908)貴池劉氏暖紅室刻本　二冊

220000－0801－0022007　集531/48

牡丹亭還魂記二卷　（明）湯顯祖編　清光緒
十二年(1886)積山書局石印本　四冊

220000－0801－0022008　集531/51

牡丹亭一卷琵琶記一卷　（明）□□撰　清抄
本　二冊

220000－0801－0022009　集531/52

按對大元九宮詞譜格正全本還魂記詞調二卷
（明）湯顯祖編　清光緒三十三年(1907)暖
紅室刻本　二冊

220000－0801－0022010　集531/64

繪圖桃花扇傳奇四卷　（清）孔尚任撰　清光
緒二十年(1894)寶善書局石印本　四冊

220000－0801－0022011　集531/65

蘭雪堂重校刊桃花扇傳奇四卷首一卷　（清）
孔尚任編　清光緒三十三年(1907)蘭雪堂刻
本　五冊

220000－0801－0022012　集531/65－1

蘭雪堂重校刊桃花扇傳奇四卷首一卷　（清）
孔尚任編　清光緒三十三年(1907)蘭雪堂刻
本　五冊

220000－0801－0022013　集531/65－2

蘭雪堂重校刊桃花扇傳奇四卷首一卷　（清）
孔尚任編　清光緒三十三年(1907)蘭雪堂刻
本　五冊

220000－0801－0022014　集531/67

桃花扇傳奇二卷　（清）孔尚任編　清西園刻
本　六冊

220000－0801－0022015　集531/74

茯苓仙不分卷　（清）許善長撰　清光緒九年
(1883)碧聲吟舘刻本　一冊

220000－0801－0022016　集531/75

東郭記二卷　（明）孫鍾齡撰　清同治十一年
(1872)古邵州經綸堂刻本　二冊

220000－0801－0022017　集531/82

繡像百鳥圖十八回　（□）□□撰　清同治二
年(1863)刻本　四冊

220000－0801－0022018　集531/86

新增全圖珍珠塔後傳麒麟豹四卷六十回
（□）□□撰　清光緒二十一年(1895)石印本
四冊

220000－0801－0022019　集 533/1

玉獅堂十種曲　（清）陳烺填詞　清光緒十七年(1891)刻本　十冊

220000－0801－0022020　集 533/1－1

玉獅堂十種曲　（清）陳烺填詞　清光緒十七年(1891)刻本　十冊

220000－0801－0022021　集 533/1－2

玉獅堂十種曲　（清）陳烺填詞　清光緒十七年(1891)刻本　十冊

220000－0801－0022022　集 533/2

帝女花二卷　（清）黃燮清填詞　清同治四年(1865)刻本　二冊

220000－0801－0022023　集 533/2－1

帝女花二卷　（清）黃燮清填詞　清同治四年(1865)刻本　一冊

220000－0801－0022024　集 533/4

六如亭二卷　（清）張九鉞撰　清道光七年(1827)刻本　二冊

220000－0801－0022025　集 533/4－1

六如亭二卷　（清）張九鉞撰　清道光七年(1827)刻本　一冊

220000－0801－0022026　集 533/9

一片石一卷　（清）蔣士銓填詞　清乾隆刻本　一冊

220000－0801－0022027　集 533/10

再來人一卷　（清）楊恩壽填詞　清光緒元年(1875)長沙楊氏坦園刻本　一冊

220000－0801－0022028　集 533/14

鐫新編全相霞箋記二卷　（明）秦淮墨客校正　清末暖紅室刻本　二冊

220000－0801－0022029　集 533/15

繪圖百寶箱傳二卷　（清）梅窗主人譜　清光緒二十年(1894)袖海山房石印本　二冊

220000－0801－0022030　集 533/18

玉連環不分卷　（□）□□撰　清末抄本　二冊

220000－0801－0022031　集 533/19

繡像玉連環八卷　（清）朱素仙著　清道光三年(1823)刻本　八冊

220000－0801－0022032　集 533/19－1

繡像玉連環八卷　（清）朱素仙著　清道光三年(1823)刻本　八冊

220000－0801－0022033　集 533/20

繡像玉連環八卷　（清）朱素仙著　清嘉慶十年(1805)刻本　八冊

220000－0801－0022034　集 533/23

玉獅堂後五種傳奇　（清）陳烺填詞　清光緒十七年(1891)刻本　五冊

220000－0801－0022035　集 533/26

碧聲吟館傳奇六種　（清）玉泉樵子填詞　清光緒十一年(1885)仁和許氏碧聲吟館刻本　七冊

220000－0801－0022036　集 533/32

雙忽雷本事一卷　劉世珩輯　清宣統三年(1911)鉛印本　一冊

220000－0801－0022037　集 533/32－1

雙忽雷本事一卷　劉世珩輯　清宣統三年(1911)鉛印本　一冊

220000－0801－0022038　集 533/32－2

雙忽雷本事一卷　劉世珩輯　清宣統三年(1911)鉛印本　一冊

220000－0801－0022039　集 533/32－3

雙忽雷本事一卷　劉世珩輯　清宣統三年(1911)鉛印本　一冊

220000－0801－0022040　集 533/34

香雪亭新編耆英會記二卷　（清）畫川逸叟撰　清道光十年(1830)刻本　一冊

220000－0801－0022041　集 533/34－1

香雪亭新編耆英會記二卷　（清）畫川逸叟撰　清道光十年(1830)刻本　二冊

220000－0801－0022042　集 533/35

乘龍佳話一卷　（清）高昌寒食生著　清光緒十七年(1891)石印本　一冊

220000－0801－0022043　集533/36

紅樓夢傳奇八卷　（清）陳鍾麟填詞　清末羊城西湖街汗青齋刻本　八冊

220000－0801－0022044　集533/37

紅樓夢傳奇八卷　（清）陳鍾麟填詞　（清）俞思謙評點　清末刻本　四冊

220000－0801－0022045　集533/40

儒酸福傳奇二卷　（清）魏熙元填詞　汪繩武正譜　清光緒十年(1884)仁和魏氏玉玲瓏舘刻本　一冊

220000－0801－0022046　集533/40－1

儒酸福傳奇二卷　（清）魏熙元填詞　汪繩武正譜　清光緒十年(1884)仁和魏氏玉玲瓏舘刻本　一冊

220000－0801－0022047　集533/40－2

儒酸福傳奇二卷　（清）魏熙元填詞　汪繩武正譜　清光緒十年(1884)仁和魏氏玉玲瓏舘刻本　一冊

220000－0801－0022048　集533/40－3

儒酸福傳奇二卷　（清）魏熙元填詞　汪繩武正譜　清光緒十年(1884)仁和魏氏玉玲瓏舘刻本　一冊

220000－0801－0022049　集533/47

倚晴樓七種曲　（清）黃燮清填詞　清光緒三十三年(1907)開通新書局刻本　十冊

220000－0801－0022050　集533/47－1

倚晴樓七種曲　（清）黃燮清填詞　清光緒三十三年(1907)開通新書局刻本　十冊

220000－0801－0022051　集533/47－2

倚晴樓七種曲　（清）黃燮清填詞　清光緒三十三年(1907)開通新書局刻本　十冊

220000－0801－0022052　集533/47－3

倚晴樓七種曲　（清）黃燮清填詞　清光緒三十三年(1907)開通新書局刻本　六冊

220000－0801－0022053　集533/49

梨花雪一卷　（清）徐鄂填詞　清光緒十二年(1886)大同書局石印本　三冊

220000－0801－0022054　集533/50

繪圖梨花雪奇傳一卷　（清）徐鄂填詞　清光緒二十一年(1895)上海書局石印本　四冊

220000－0801－0022055　集533/52

白頭新一卷　（清）徐鄂填詞　清光緒十三年(1887)大同書局石印本　一冊

220000－0801－0022056　集533/53

白頭新一卷　（清）徐鄂填詞　清光緒十三年(1887)徐氏誦荻齋石印本　二冊

220000－0801－0022057　集533/56

後緹縈南曲一卷　（清）汪宗沂填曲　清光緒十一年(1885)泰州夏氏刻本　一冊

220000－0801－0022058　集533/57

繡襦記二卷　（清）徐霖撰　清太倉王氏環翠山房刻本　二冊

220000－0801－0022059　集533/61

重訂綴白裘全傳合編十二集　（清）玩花主人編　（清）錢德蒼增輯　清同治十年(1871)藻文堂刻本　二十四冊

220000－0801－0022060　集533/62

魚水緣傳奇二卷　（清）周書撰　清刻本　十冊

220000－0801－0022061　集533/66

返魂香傳奇四卷　（清）香雪道人填詞　清光緒三年(1877)上海申報舘鉛印本　四冊

220000－0801－0022062　集533/67

補天石傳奇八卷　（清）周文泉填詞　（清）吹鐵簫人正譜　清咸豐五年(1855)靜遠草堂刻本　八冊

220000－0801－0022063　集533/68

鶴歸來二卷　（清）瞿頡填詞　清湖北官書處刻本　二冊

220000－0801－0022064　集533/70

漁邨記二卷　（清）湘巖填詞　清光緒二十五年(1899)括郡照水堂刻本　二冊

220000－0801－0022065　集533/72

滄桑豔二卷　丁傳靖填詞　清光緒三十四年

（1908）丹徒丁氏豹隱廬刻本　一冊

220000－0801－0022066　集533/72－1

滄桑豔二卷　丁傳靖填詞　清光緒三十四年
（1908）丹徒丁氏豹隱廬刻本　一冊

220000－0801－0022067　集533/72－2

滄桑豔二卷　丁傳靖填詞　清光緒三十四年
（1908）丹徒丁氏豹隱廬刻本　一冊

220000－0801－0022068　集533/72－3

滄桑豔二卷　丁傳靖填詞　清光緒三十四年
（1908）丹徒丁氏豹隱廬刻本　一冊

220000－0801－0022069　集533/75

太守桑傳奇一卷　（清）吳寶鎔填詞　清光緒
二十二年（1896）澧陽刻本　一冊

220000－0801－0022070　集533/78

桃谿雪二卷　（清）黃燮清填詞　清光緒元年
（1875）刻本　一冊

220000－0801－0022071　集533/79

桃花源一卷姽嫿封一卷桂枝香一卷　（清）楊
恩壽填詞　清光緒元年（1875）刻本　一冊

220000－0801－0022072　集533/80

芝龕記六卷　（清）董榕填詞　清光緒十五年
（1889）資中刻本　六冊

220000－0801－0022073　集533/80－1

芝龕記六卷　（清）董榕填詞　清光緒十五年
（1889）資中刻本　六冊

220000－0801－0022074　集533/81

重刻芝龕記樂府六卷　（清）董榕填詞　清光
緒十五年（1889）江夏董氏刻本　六冊

220000－0801－0022075　集533/81－1

重刻芝龕記樂府六卷　（清）董榕填詞　清光
緒十五年（1889）江夏董氏刻本　六冊

220000－0801－0022076　集533/84

燕子箋記二卷　（清）阮大鋮撰　（清）雪韻堂
批點　清刻本　四冊

220000－0801－0022077　集533/85

燕子箋記二卷　（清）阮大鋮撰　清同治十三

年（1874）寄傲山房刻本　四冊

220000－0801－0022078　集533/90

夢中緣傳奇四卷　（清）邯鄲夢醒人撰　清光
緒十一年（1885）刻本　四冊

220000－0801－0022079　集533/91

荷花蕩二卷　（明）擷芳主人編　清末劉氏暖
紅室影印本　二冊

220000－0801－0022080　集533/91－1

荷花蕩二卷　（明）擷芳主人編　清末劉氏暖
紅室影印本　二冊

220000－0801－0022081　集533/91－2

荷花蕩二卷　（明）擷芳主人編　清末劉氏暖
紅室影印本　二冊

220000－0801－0022082　集533/92

坦園傳奇六種　（清）楊恩壽撰　清光緒元年
（1875）長沙楊氏坦園刻本　四冊

220000－0801－0022083　集533/92－1

坦園傳奇六種　（清）楊恩壽撰　清光緒元年
（1875）長沙楊氏坦園刻本　三冊

220000－0801－0022084　集533/92－2

坦園傳奇六種　（清）楊恩壽撰　清光緒元年
（1875）長沙楊氏坦園刻本　五冊

220000－0801－0022085　集533/95

想當然傳奇二卷　（明）盧枏撰　清末抄本
一冊

220000－0801－0022086　集533/96

極樂世界傳奇八卷　（清）觀劇道人撰　清光
緒七年（1881）聚珍堂鉛印本　八冊

220000－0801－0022087　集533/99

梅花夢傳奇二卷　（清）桃潭歌者填詞　清光
緒十年（1884）成都龔氏刻本　二冊

220000－0801－0022088　集533/100

梅花夢傳奇二卷　（清）張道填詞　清光緒二
十年（1894）刻本　二冊

220000－0801－0022089　集533/101

梅花夢傳奇二卷　（清）陳森製　清末影印本

二冊

220000－0801－0022090　集533/101－1
梅花夢傳奇二卷　（清）陳森製　清末影印本
　　二冊

220000－0801－0022091　集533/101－2
梅花夢傳奇二卷　（清）陳森製　清末影印本
　　二冊

220000－0801－0022092　集533/101－3
梅花夢傳奇二卷　（清）陳森製　清末影印本
　　二冊

220000－0801－0022093　集533/104
回春夢二卷　（清）顧森編　清道光三十年
（1850）刻本　二冊

220000－0801－0022094　集533/106
新刻出相音註勸善目蓮救母行孝戲文三卷
（明）鄭之珍編　清金陵富春堂刻本　六冊

220000－0801－0022095　集533/106－1
新刻出相音註勸善目蓮救母行孝戲文三卷
（明）鄭之珍編　清金陵富春堂刻本　六冊

220000－0801－0022096　集533/108
長生殿傳奇二卷　（清）洪昇填詞　清吳郡張
昱昭刻本　四冊

220000－0801－0022097　集533/110
長生殿二卷　（清）洪昇填詞　清暖紅室刻本
　　四冊

220000－0801－0022098　集533/112
長生殿傳奇四卷　（清）洪昇填詞　清光緒十
六年（1890）上海文瑞樓鉛印本　二冊

220000－0801－0022099　集533/113
長生殿傳奇二卷　（清）洪昇填詞　清光緒十
三年（1887）上海蜚英館石印本　四冊

220000－0801－0022100　集533/116
臨春閣一卷　（清）灌隱主人著　清劉氏暖紅
室刻本　一冊

220000－0801－0022101　集533/118
雁鳴霜一卷　（清）歠嵐道人填詞　清光緒十

六年（1890）海寧朱氏暗香樓刻本　一冊

220000－0801－0022102　集533/121
歸元鏡二卷　（清）釋智達撰　清光緒十一年
（1885）刻本　二冊

220000－0801－0022103　集533/121－1
歸元鏡二卷　（清）釋智達撰　清光緒十一年
（1885）刻本　一冊　存一卷（上）

220000－0801－0022104　集533/125
鈞天樂二卷　（清）尤侗填詞　清光緒十七年
（1891）石印本　二冊

220000－0801－0022105　集533/128
笠翁十種曲二十卷　（清）李漁撰　清末刻本
　　十六冊

220000－0801－0022106　集533/134
湯義仍先生紫釵記二卷　（明）湯顯祖撰　清
刻本　四冊

220000－0801－0022107　集533/138
慎鸞交二卷　（清）李漁撰　清刻本　四冊

220000－0801－0022108　集533/142
新造五虎平南十六卷四十二回　（□）□□撰
　　清末潮州李萬利刻本　一冊　存三回（四
十至四十二）

220000－0801－0022109　集535/9
六神寶卷　（清）馬煥章錄　清光緒三年
（1877）抄本　一冊

220000－0801－0022110　集535/10
六神寶卷　（□）□□撰　清光緒十五年
（1889）抄本　一冊

220000－0801－0022111　集535/12
庚申寶卷附莊子寶卷　（□）□□撰　清光緒
十年（1884）抄本　一冊

220000－0801－0022112　集535/13
立願寶卷　（□）□□撰　清光緒八年（1882）
常州培本堂善書局刻本　一冊

220000－0801－0022113　集535/13－1
立願寶卷　（□）□□撰　清光緒八年（1882）

常州培本堂善書局刻本　一冊

220000－0801－0022114　集535/14
唐僧寶卷　（□）□□撰　清抄本　一冊

220000－0801－0022115　集535/16
吝飯雷誅　（□）□□撰　清道光十一年
(1831)抄本　一冊

220000－0801－0022116　集535/19
佛說高仲舉寶卷二卷　（□）□□撰　清咸豐
元年(1851)抄本　二冊

220000－0801－0022117　集535/25
龍燈寶卷　（□）□□撰　清光緒三十二年
(1906)抄本　一冊

220000－0801－0022118　集535/26
龍圖寶卷　（□）□□撰　清光緒杭州昭慶寺
刻本　二冊

220000－0801－0022119　集535/27
龍圖寶卷全集　（□）□□撰　清刻本　一冊

220000－0801－0022120　集535/29
龍圖寶卷七回　（□）□□撰　清光緒十年
(1884)抄本　一冊

220000－0801－0022121　集535/44
佛說劉漢卿放生寶卷　（清）郭映西錄　清同
治六年(1867)抄本　二冊

220000－0801－0022122　集535/59
五子行孝　（□）□□撰　清光緒十年(1884)
刻本　一冊

220000－0801－0022123　集535/82
碧玉簪寶卷　（□）□□撰　清光緒三十二年
(1906)抄本　一冊

220000－0801－0022124　集535/87
彌勒佛寶卷　（清）陳鳳來編錄　清抄本
一冊

220000－0801－0022125　集535/91
張祥寶卷　（□）□□撰　清抄本　一冊

220000－0801－0022126　集535/95
琵琶寶卷　（□）□□撰　清光緒八年(1882)

抄本　一冊

220000－0801－0022127　集535/96
巧遇姻緣　（清）周蘭溪錄　清咸豐九年
(1859)抄本　一冊

220000－0801－0022128　集535/109
翠蓮寶卷　（□）□□撰　清光緒三十一年
(1905)抄本　一冊

220000－0801－0022129　集535/110
珠塔寶卷全集　（□）□□撰　清宣統元年
(1909)杭州聚元堂石印本　一冊

220000－0801－0022130　集535/114
珍珠塔寶卷全集　（□）□□撰　清瑪瑙經房
刻本　一冊

220000－0801－0022131　集535/115
珍珠寶卷　（□）□□撰　清道光二年(1822)
抄本　一冊

220000－0801－0022132　集535/119
玉簪寶卷　（□）□□撰　清抄本　一冊

220000－0801－0022133　集535/122
玉燕寶卷　（□）□□撰　清光緒三十四年
(1908)抄本　二冊

220000－0801－0022134　集535/131
西資大乘寶卷　（□）□□撰　清抄本　一冊

220000－0801－0022135　集535/135
一餐飯寶卷　（□）□□撰　清光緒二十七年
(1901)抄本　一冊

220000－0801－0022136　集535/162
王祥寶卷　（清）管金南錄　清咸豐八年
(1858)抄本　一冊

220000－0801－0022137　集535/163
王如山官唱　（□）□□撰　清光緒二十九年
(1903)抄本　一冊

220000－0801－0022138　集535/166
天曹寶卷　（□）□□撰　清抄本　一冊

220000－0801－0022139　集535/171
天仙寶卷　（□）□□撰　清光緒十年(1884)

抄本 一冊

220000－0801－0022140 集535/176

三陽縣大公案卷 （清）王硯卿錄 清光緒十年(1884)抄本 一冊

220000－0801－0022141 集535/179

三鼎甲寶卷 （□）□□撰 清宣統三年(1911)抄本 一冊

220000－0801－0022142 集535/184

三元寶卷 （清）袁良士錄 清光緒十六年(1890)抄本 一冊

220000－0801－0022143 集535/185

三祖行腳因由寶卷三卷 （□）□□撰 清光緒元年(1875)刻本 一冊

220000－0801－0022144 集535/185－1

三祖行腳因由寶卷三卷 （□）□□撰 清光緒元年(1875)刻本 一冊

220000－0801－0022145 集535/187

三寶證盟寶卷 （□）□□撰 清光緒十六年(1890)常郡培本堂善書局刻本 一冊

220000－0801－0022146 集535/188

三茅真君宣化度世寶卷二卷 （□）□□撰 清光緒三年(1877)蘇州得見齋刻本 一冊

220000－0801－0022147 集535/190

三茅應化真君寶卷二卷 （□）□□撰 清光緒二十一年(1895)常郡樂善堂善書局刻本 一冊

220000－0801－0022148 集535/199

新刻金生全本二卷 （□）□□撰 清丹梓堂刻本 一冊

220000－0801－0022149 集535/200

新刻增補說唱義俠復生記寶卷一卷 （□）□□撰 清光緒二年(1876)抄本 一冊

220000－0801－0022150 集535/201

增補雙熊入夢十五貫寶卷一卷 （□）□□撰 清抄本 一冊

220000－0801－0022151 集535/204

雙奇冤卷一卷 （清）范用麟錄 清道光二十六年(1846)抄本 一冊

220000－0801－0022152 集535/205

雙奇冤寶卷一卷 （□）□□撰 清抄本 一冊

220000－0801－0022153 集535/206

雙英寶卷一卷 （清）李辛保錄 清宣統元年(1909)抄本 一冊

220000－0801－0022154 集535/218

雙玉球卷一卷 （□）□□撰 清光緒三十二年(1906)抄本 一冊

220000－0801－0022155 集535/228

雙富貴寶卷一卷 （□）□□撰 清光緒二十九年(1903)抄本 一冊

220000－0801－0022156 集535/231

雙花寶卷一卷 （□）□□撰 清光緒十年(1884)抄本 一冊

220000－0801－0022157 集535/235

千里尋夫 （□）□□撰 清光緒二十三年(1897)刻本 一冊

220000－0801－0022158 集535/237

千金寶卷一卷 （□）□□撰 清光緒二十年(1894)抄本 一冊

220000－0801－0022159 集535/241

香球寶卷一卷 （清）許新茂錄 清光緒二十一年(1895)抄本 一冊

220000－0801－0022160 集535/244

售布怕妻一卷 （□）□□撰 清光緒三十二年(1906)抄本 一冊

220000－0801－0022161 集535/245

受生寶卷二卷 （□）□□撰 清光緒十七年(1891)抄本 二冊

220000－0801－0022162 集535/246

受生寶卷一卷 （□）□□撰 清光緒十七年(1891)抄本 一冊

220000－0801－0022163 集535/250

464

秀英寶卷一卷 （□）□□撰 清光緒十五年（1889）蘇城瑪瑙經房刻本 一冊

220000－0801－0022164 集535/251

山西平陽府平陽村秀女寶卷全集一卷 （□）□□撰 清光緒三十四年（1908）刻本 一冊

220000－0801－0022165 集535/251－1

山西平陽府平陽村秀女寶卷全集一卷 （□）□□撰 清光緒三十四年（1908）刻本 一冊

220000－0801－0022166 集535/255

貞節寶卷 （清）瞿松山錄 清光緒三十二年（1906）抄本 一冊

220000－0801－0022167 集535/258

仁義寶卷 （□）□□撰 清抄本 一冊

220000－0801－0022168 集535/270

紅羅寶卷一卷 （□）□□撰 清抄本 一冊

220000－0801－0022169 集535/271

佛說墓生寶卷 （□）□□撰 清抄本 一冊

220000－0801－0022170 集535/272

紅樓鏡寶卷二卷 （清）邊德榮錄 清光緒十七年（1891）抄本 一冊

220000－0801－0022171 集535/273

紅門寺寶卷 （□）□□撰 清光緒三十三年（1907）抄本 一冊

220000－0801－0022172 集535/274

紅袍寶卷一卷 （□）□□撰 清抄本 一冊

220000－0801－0022173 集535/276

何仙姑寶卷二卷 （□）□□撰 清光緒六年（1880）常州培本堂善書局刻本 一冊

220000－0801－0022174 集535/276－1

何仙姑寶卷二卷 （□）□□撰 清光緒六年（1880）常州培本堂善書局刻本 一冊

220000－0801－0022175 集535/276－2

何仙姑寶卷二卷 （□）□□撰 清光緒六年（1880）常州培本堂善書局刻本 一冊

220000－0801－0022176 集535/280

仙女寶卷 （□）□□撰 清光緒二十九年（1903）抄本 一冊

220000－0801－0022177 集535/282

仙修卷一卷 （□）□□撰 清抄本 一冊

220000－0801－0022178 集535/287

絲縧寶卷全集 （清）吳子蘭錄 清同治七年（1868）抄本 一冊

220000－0801－0022179 集535/288

絲縧寶卷二卷 （□）□□撰 清光緒二十九年（1903）抄本 二冊

220000－0801－0022180 集535/290

護國佑民伏魔寶卷二卷 （□）□□撰 清刻本 一冊 存一卷（下）

220000－0801－0022181 集535/291

護國佑民伏魔寶卷註解四卷 （□）□□撰 清光緒二十二年（1896）吉林北山關帝廟學善堂刻本 四冊

220000－0801－0022182 集535/292

狀元忍父寶卷一卷 （□）□□撰 清同治抄本 一冊

220000－0801－0022183 集535/294

魁星寶卷一卷 （□）□□撰 清末抄本 一冊

220000－0801－0022184 集535/295

魁星寶卷 （□）□□撰 清光緒二十六年（1900）抄本 一冊

220000－0801－0022185 集535/303

白玉燕卷一卷 （□）□□撰 清抄本 一冊

220000－0801－0022186 集535/310

白鶴圖寶卷二卷 （□）□□撰 清抄本 二冊

220000－0801－0022187 集535/314

白氏寶卷二卷 （□）□□撰 清光緒三十四年（1908）杭州文寶齋刻本 二冊

220000－0801－0022188 集535/317

白雲成真一卷 （清）徐蓮夫錄 清同治八年（1869）抄本 一冊

220000 – 0801 – 0022189　集 535/328

烏金記　（□）□□撰　清抄本　一冊

220000 – 0801 – 0022190　集 535/330

鮮神星寶卷一卷　（□）□□撰　清光緒十七年(1891)抄本　一冊

220000 – 0801 – 0022191　集 535/332

鮮辰星卷　（□）□□撰　清抄本　一冊

220000 – 0801 – 0022192　集 535/333

鼠瘟寶卷一卷　（□）□□撰　清宣統三年(1911)石印本　一冊

220000 – 0801 – 0022193　集 535/364

做客遊春寶卷　（□）□□撰　清抄本　一冊

220000 – 0801 – 0022194　集 535/367

雙羅衫寶卷一卷　（□）□□撰　清抄本　一冊

220000 – 0801 – 0022195　集 535/371

清源寶卷二卷　（□）□□撰　清光緒三十年(1904)瑪瑙經房刻本　一冊

220000 – 0801 – 0022196　集 535/374

福祿寶卷一卷財神寶卷一卷貧富寶卷一卷　（□）□□撰　清宣統元年(1909)抄本　一冊

220000 – 0801 – 0022197　集 535/377

盜金牌一卷　（□）□□撰　清抄本　一冊

220000 – 0801 – 0022198　集 535/379

潘公免災救難寶卷三卷　（□）□□撰　清咸豐八年(1858)姑蘇元廟觀得見齋刻本　一冊

220000 – 0801 – 0022199　集 535/380

梁祝寶卷二卷　（□）□□撰　清光緒二十五年(1899)董珍亭抄本　一冊

220000 – 0801 – 0022200　集 535/382

梁皇寶卷全集一卷附十骷髏　（□）□□撰　清光緒二年(1876)杭州刻本　一冊

220000 – 0801 – 0022201　集 535/383

蓮船懷胎寶卷　（□）□□撰　清光緒三十一年(1905)抄本　一冊

220000 – 0801 – 0022202　集 535/384

蓮船寶卷　（□）□□撰　清抄本　一冊

220000 – 0801 – 0022203　集 535/387

家堂寶卷一卷　（□）□□撰　清抄本　一冊

220000 – 0801 – 0022204　集 535/388

家堂寶卷一卷　（□）□□撰　清道光二十八年(1848)抄本　一冊

220000 – 0801 – 0022205　集 535/389

家堂寶卷一卷　（□）□□撰　清抄本　一冊

220000 – 0801 – 0022206　集 535/390

家堂寶卷一卷灶皇寶卷一卷財神寶卷一卷　（□）□□撰　清光緒三十二年(1906)抄本　一冊

220000 – 0801 – 0022207　集 535/391

還鄉寶卷一卷　（□）□□撰　清光緒二十五年(1899)蘇城瑪瑙經房刻本　一冊

220000 – 0801 – 0022208　集 535/396

遊龍寶卷一卷　（□）□□撰　清抄本　一冊

220000 – 0801 – 0022209　集 535/400

寶卷六種　（□）□□撰　清抄本　一冊

220000 – 0801 – 0022210　集 535/492

韓湘寶卷十八回　（□）□□撰　清光緒二十年(1894)上海翼化堂刻本　二冊

220000 – 0801 – 0022211　集 535/493

藍衫寶卷　（□）□□撰　清抄本　一冊

220000 – 0801 – 0022212　集 535/495

黃糠寶卷　（□）□□撰　清光緒二十三年(1897)抄本　一冊

220000 – 0801 – 0022213　集 535/498

五祖黃梅寶卷二卷　（□）□□撰　清光緒元年(1875)大酉山房刻本　一冊

220000 – 0801 – 0022214　集 535/498 – 1

五祖黃梅寶卷二卷　（□）□□撰　清光緒元年(1875)大酉山房刻本　一冊

220000 – 0801 – 0022215　集 535/499

三世修道黃氏寶卷二卷　（□）□□撰　清光緒五年(1879)刻本　一冊

220000－0801－0022216　集535/502
三世修行黃氏寶卷二卷　（□）□□撰　清刻本　一冊

220000－0801－0022217　集535/504
蘭香閣二卷　（□）□□撰　清抄本　一冊

220000－0801－0022218　集535/506
江南松江府上海縣太平邨蘭英寶卷二卷（□）□□撰　清光緒十年(1884)西湖瑪瑙經房刻本　一冊

220000－0801－0022219　集535/519
荷花寶卷二卷　（□）□□撰　清光緒二十四年(1898)蘇城瑪瑙經房刻本　二冊

220000－0801－0022220　集535/524
花台卷　（□）□□撰　清抄本　一冊

220000－0801－0022221　集535/530
湖廣荆州府永慶縣修行梅氏花網寶卷二卷（□）□□撰　清光緒八年(1882)陳春發武林瑪瑙經房刻本　二冊

220000－0801－0022222　集535/531
楊公寶卷　（□）□□撰　清光緒十七年(1891)葉崧生刻本　一冊

220000－0801－0022223　集535/535
地藏寶卷　（□）□□撰　清光緒三十三年(1907)抄本　一冊

220000－0801－0022224　集535/537
地藏寶卷　（□）□□撰　清道光十一年(1831)抄本　一冊

220000－0801－0022225　集535/539
賀因寶卷　（□）□□撰　清光緒二十五年(1899)刻本　一冊

220000－0801－0022226　集535/540
報應古典　（□）□□撰　清抄本　一冊

220000－0801－0022227　集535/542
猛將寶卷　（清）奚文蔚錄　清光緒二十四年(1898)抄本　一冊

220000－0801－0022228　集535/546

如意寶卷二卷　（□）□□撰　清抄本　一冊

220000－0801－0022229　集535/548
如如老祖化度眾生指往西方寶卷(如如寶卷)一卷　（□）□□撰　清武林瑪瑙寺經房刻本　一冊

220000－0801－0022230　集535/548－1
如如老祖化度眾生指往西方寶卷(如如寶卷)一卷　（□）□□撰　清武林瑪瑙寺經房刻本　一冊

220000－0801－0022231　集535/550
觀音十二圓覺寶卷　（□）□□撰　清宣統元年(1909)上洋翼化堂刻本　一冊

220000－0801－0022232　集535/553
重刻觀世音菩薩本行經簡集二卷　（宋）釋普明編集　清光緒十二年(1886)無錫萬松經房刻本　二冊

220000－0801－0022233　集535/554
觀世音菩薩本行經二卷　（宋）釋普明編集　清同治十一年(1872)翼化堂善書局刻本　二冊

220000－0801－0022234　集535/559
獻龍寶卷一卷　（□）□□撰　清光緒二十六年(1900)抄本　一冊

220000－0801－0022235　集535/562
桃花寶卷　（清）陳仲新錄　清同治七年(1868)抄本　一冊

220000－0801－0022236　集535/563
欺貧寶卷　（□）□□撰　清光緒抄本　一冊

220000－0801－0022237　集535/568
妙英寶卷　（□）□□撰　清光緒二十五年(1899)上洋翼化堂刻本　一冊

220000－0801－0022238　集535/570
妙英寶卷二卷　（□）□□撰　清光緒十年(1884)甯郡大酉山房刻本　一冊

220000－0801－0022239　集535/571
妙英寶卷一卷　（□）□□撰　清光緒二十二年(1896)常郡培本堂刻本　一冊

220000－0801－0022240　集535/572
妙英寶卷一卷　（□）□□撰　清抄本　一冊

220000－0801－0022241　集535/573
妙英寶卷一卷　（□）□□撰　清昭慶寺慧空
經房刻本　一冊

220000－0801－0022242　集535/574
韓湘寶卷十八回　（□）□□撰　清光緒十九
年(1893)刻本　二冊

220000－0801－0022243　集535/575
孝子寶卷　（□）□□撰　清抄本　一冊

220000－0801－0022244　集535/577
賣花妙典　（□）□□撰　清抄本　一冊

220000－0801－0022245　集535/581
張氏三娘賣花寶卷全集　（□）□□撰　清光
緒三十年(1904)祥興齋刻本　一冊

220000－0801－0022246　集535/582
張氏三娘賣花寶卷全集　（□）□□撰　清宣
統元年(1909)刻本　一冊

220000－0801－0022247　集535/585
大孝寶卷　（□）□□撰　清光緒二十一年
(1895)抄本　一冊

220000－0801－0022248　集535/586
大乘寶卷一卷　（□）□□撰　清抄本　一冊

220000－0801－0022249　集535/589
七真寶卷十回　（□）□□撰　清光緒三十三
年(1907)杭城文寶齋刻本　一冊

220000－0801－0022250　集535/590
杏花寶卷　（□）□□撰　清光緒五年(1879)
常郡樂善堂善書局刻本　一冊

220000－0801－0022251　集535/592
希奇寶卷　（□）□□撰　清同治五年(1866)
蘇城得見齋刻本　一冊

220000－0801－0022252　集535/597
女延壽卷　（清）薛梁園錄　清光緒三十一年
(1905)抄本　一冊

220000－0801－0022253　集535/599

220000－0801－0022254　集535/600
真修寶卷　（□）□□撰　清光緒二年(1876)
常郡培本堂刻本　一冊

220000－0801－0022254　集535/600
新編正易縣奇冤寶卷　（□）□□撰　清抄本
　一冊

220000－0801－0022255　集535/601
十二月花名景處寶卷　（清）□□撰　清光緒
三十二年(1906)抄本　一冊

220000－0801－0022256　集535/602
太平寶卷　（□）□□撰　清抄本　二冊

220000－0801－0022257　集535/606
太陽卷　（□）□□撰　清宣統三年(1911)抄
本　一冊

220000－0801－0022258　集535/608
悉達太子寶卷全集一卷　（□）□□撰　清刻
本　一冊

220000－0801－0022259　集535/612
忠良寶卷　（□）□□撰　清宣統元年(1909)
抄本　一冊

220000－0801－0022260　集535/615
東平寶卷　（□）□□撰　清抄本　一冊

220000－0801－0022261　集535/622
蟠桃慶壽　（□）□□撰　清抄本　一冊

220000－0801－0022262　集535/625
浙江嘉興府秀水縣刺心寶卷二卷　（□）□□
撰　清光緒五年(1879)杭州瑪瑙寺經房刻本
　一冊

220000－0801－0022263　集535/625－1
浙江嘉興府秀水縣刺心寶卷二卷　（□）□□
撰　清光緒五年(1879)杭州瑪瑙寺經房刻本
　一冊

220000－0801－0022264　集535/646
回郎寶卷　（□）□□撰　清光緒三十三年
(1907)刻本　一冊

220000－0801－0022265　集535/650
江南松江府華亭縣白沙邨孝修回郎寶卷一卷

七七寶卷一卷喫齋經一卷花名寶卷一卷
(□)□□撰　清光緒三十三年(1907)清瑞庵
刻本　一冊

220000－0801－0022266　集535/652

財神卷一卷　(清)謝彙堂録　清道光十七年
(1837)抄本　一冊

220000－0801－0022267　集535/653

財神寶卷　(□)□□撰　清抄本　一冊

220000－0801－0022268　集535/676

岳山寶卷　(□)□□撰　清光緒二十四年
(1898)刻本　一冊

220000－0801－0022269　集535/681

彫龍寶扇　(□)□□撰　清光緒抄本　一冊

220000－0801－0022270　集535/683

消災延壽閻王經一卷　(□)□□撰　清光緒
九年(1883)刻本　一冊

220000－0801－0022271　集535/686

閻羅寶卷　(□)□□撰　清光緒十五年
(1889)鎮江寶善堂刻本　一冊

220000－0801－0022272　集535/688

繡像龐公寶卷　(□)□□撰　清光緒二十一
年(1895)杭城文寶齋刻本　一冊

220000－0801－0022273　集535/689

開家寶卷　(□)□□撰　清末抄本　一冊

220000－0801－0022274　集535/698

劉神寶卷　(清)瞿松山録　清宣統元年
(1909)抄本　一冊

220000－0801－0022275　集535/699

劉玉郎探母　(□)□□撰　清光緒抄本
一冊

220000－0801－0022276　集535/702

太華山紫金鎮兩世修行劉香寶卷全集二卷
(□)□□撰　清光緒十六年(1890)金陵一得
齋善書坊刻本　二冊

220000－0801－0022277　集535/703

太華山紫金鎮兩世修行劉香寶卷全集二卷
(□)□□撰　清光緒四年(1878)常郡培本堂
刻本　二冊

220000－0801－0022278　集535/705

太華山紫金嶺兩世修行劉香寶卷全集二卷
(□)□□撰　清光緒二十三年(1897)刻本
二冊

220000－0801－0022279　集535/710

八仙願寶卷庚申寶卷　(□)□□撰　清光緒
二十九年(1903)抄本　一冊

220000－0801－0022280　集535/714

金元寶寶卷　(□)□□撰　清抄本　一冊

220000－0801－0022281　集535/715

金珠寶卷　(清)曹鳳階抄録　清光緒十五年
(1889)抄本　一冊

220000－0801－0022282　集535/717

金牛太子寶卷全集　(□)□□撰　清寧波美
大局鉛印本　一冊

220000－0801－0022283　集535/720

金牌寶卷　(□)□□撰　清光緒二十五年
(1899)抄本　一冊

220000－0801－0022284　集535/728

金印寶卷　(清)顧鳳儀録　清光緒十九年
(1893)抄本　一冊

220000－0801－0022285　集535/743

義虎寶卷　(□)□□撰　清光緒三十四年
(1908)抄本　一冊

220000－0801－0022286　集535/744

善才寶卷　(□)□□撰　清宣統三年(1911)
浙寧大酉山房刻本　一冊

220000－0801－0022287　集535/752

錢孝子寶卷　(□)□□撰　清光緒十三年
(1887)常州府廟樂善堂刻本　一冊

220000－0801－0022288　集535/756

饒頭卷附癡僧卷上壽卷懷胎卷　(□)□□撰
清抄本　一冊

220000－0801－0022289　集535/764

小十富寶卷　（清）陸雲榮錄　清光緒十八年
(1892)刻本　一冊

220000－0801－0022290　集535/781

佛說陳叔美寶卷　（□）□□撰　清抄本
一冊

220000－0801－0022291　集535/782

佛說陳光蕊寶卷　（□）□□撰　清光緒抄本
一冊

220000－0801－0022292　集535/786

太華山紫金嶺兩世修行劉香寶卷全集二卷
（□）□□撰　清光緒二十五年(1899)刻本
二冊

220000－0801－0022293　集535/787

石點頭不分卷　（□）□□撰　清末刻本
一冊

220000－0801－0022294　集535/790

頭本天香慶節　（□）□□撰　清末抄本
一冊

220000－0801－0022295　集537/3

五代興隆傳四卷　（清）天中生撰　清光緒二
十一年(1895)石印本　二冊

220000－0801－0022296　集537/14

納書楹曲譜全集正集四卷附牡丹亭二卷續集
四卷附紫釵記二卷外集二卷附邯鄲記二卷補
遺四卷　（□）□□撰　清道光二十八年
(1848)刻本　二十冊

220000－0801－0022297　集537/14－1

納書楹曲譜全集正集四卷附牡丹亭二卷續集
四卷附紫釵記二卷外集二卷附邯鄲記二卷補
遺四卷　（□）□□撰　清道光二十八年
(1848)刻本　二十四冊

220000－0801－0022298　集537/14－2

納書楹曲譜全集正集四卷附牡丹亭二卷續集
四卷附紫釵記二卷外集二卷附邯鄲記二卷補
遺四卷　（□）□□撰　清道光二十八年
(1848)刻本　二十四冊

220000－0801－0022299　集537/14－3

納書楹曲譜全集正集四卷附牡丹亭二卷續集
四卷附紫釵記二卷外集二卷附邯鄲記二卷補
遺四卷　（□）□□撰　清道光二十八年
(1848)刻本　二十冊

220000－0801－0022300　集537/14－4

納書楹曲譜全集正集四卷附牡丹亭二卷續集
四卷附紫釵記二卷外集二卷附邯鄲記二卷補
遺四卷　（□）□□撰　清道光二十八年
(1848)刻本　二十二冊

220000－0801－0022301　集537/23

樂府新編陽春白雪前集五卷後集五卷　（元）
楊朝英輯　清光緒三十一年(1905)刻本
二冊

220000－0801－0022302　集537/27

泂溪道情一卷　（清）徐靈胎撰　清道光四年
(1824)刻本　一冊

220000－0801－0022303　集537/28

幽冥傳　（□）□□撰　清同治五年(1866)刻
本　一冊

220000－0801－0022304　集537/32

新譜東調鐵胎弓傳四卷　（清）月湖居士撰
清光緒刻本　一冊

220000－0801－0022305　集537/33

迎鑾新曲二卷　（清）吳城　（清）厲鶚撰　清
光緒二十一年(1895)刻本　二冊

220000－0801－0022306　集541/36

烏夜啼思親曲不分卷　（清）徐廷珍撰　清刻
本　一冊

220000－0801－0022307　集541/37

三家曲不分卷　（清）陳壽嵩等撰　清光緒二
十六年(1900)刻本　一冊

220000－0801－0022308　集541/37－1

三家曲不分卷　（清）陳壽嵩等撰　清光緒二
十六年(1900)刻本　二冊

220000－0801－0022309　集543/1

古板潮州彈詞九十七種　（□）□□撰　清末
刻本　二百八十七冊

220000 – 0801 – 0022310　集 543/1 – 1
古板潮州彈詞九十七種 （□）□□撰　清末
刻本　六十三冊　存二百六卷（臨江樓全歌
上四卷、臨江樓全歌下六卷、雙玉魚珮全歌六
卷、崔鳴鳳全歌六卷、雙退婚全歌十二卷、竹
釵記全歌十二卷、鐵扇記全歌下五卷、白綾像
全歌四卷、萬花樓全歌十二卷、四美圖全歌九
卷、金狗精全歌八卷、香羅帕全歌四卷、曹翠
娥全歌五卷、粉粧樓全歌五十三卷、雌雄寶盞
全歌二十卷、白扇記全歌二卷、忠義節全歌七
卷、玉麒麟全歌五卷、雙白燕全歌二十二卷、
梅良玉下棚兩度星十一至十四）

220000 – 0801 – 0022311　集 543/2
繪圖一捧雪八卷三十二回 （□）□□撰　清
光緒二十一年（1895）石印本　四冊

220000 – 0801 – 0022312　集 543/3
繡像一箭緣全傳八卷三十二回 （清）環秀主
人撰　清嘉慶二十三年（1818）刻本　八冊

220000 – 0801 – 0022313　集 543/5
新刻二度梅玉蟹四卷 （□）□□撰　清咸豐
十一年（1861）刻本　一冊

220000 – 0801 – 0022314　集 543/9
新刻三開棺一卷 （□）□□撰　清末刻本
一冊

220000 – 0801 – 0022315　集 543/13
繡像三省莊說唱鼓詞一集四卷二十回二集四
卷三十六回三集四卷十七回四集四卷二十四
回五集四卷二十四回 （□）□□撰　清光緒
三十四年（1908）刻本　二十冊

220000 – 0801 – 0022316　集 543/15
三笑新編十二卷四十八回 （清）吳信天撰
清光緒四年（1878）刻本　十二冊

220000 – 0801 – 0022317　集 543/18
繪圖四香緣六卷三十二回 （清）朱鏡江撰
清光緒二十一年（1895）上海理文軒書莊石印
本　六冊

220000 – 0801 – 0022318　集 543/19
增廣繪像四香緣傳六卷 （清）朱鏡江撰　清

光緒二十六年（1900）寧波集成書局鉛印本
六冊

220000 – 0801 – 0022319　集 543/20
繡像四香緣四卷三十二回 （清）朱鏡江撰
清道光十三年（1833）刻本　八冊

220000 – 0801 – 0022320　集 543/22
新刻五毒傳十二卷 （□）□□撰　清光緒三
十一年（1905）上海江東茂記石印本　八冊

220000 – 0801 – 0022321　集 543/23
新刻五毒傳十二卷 （□）□□撰　清宣統元
年（1909）石印本　八冊

220000 – 0801 – 0022322　集 543/28
最新五虎平西全歌二十七卷 （□）□□撰
清刻本　二十七冊

220000 – 0801 – 0022323　集 543/29
五色神旗四集十六卷 （□）閑情居士編　清
末刻本　七冊　存十三卷（一集一、二集四
卷、三集四卷、四集四卷）

220000 – 0801 – 0022324　集 543/32
繡像九龍陣十六卷十六回 （□）□□撰　清
末刻本　四冊

220000 – 0801 – 0022325　集 543/33
繡像九美圖全傳十二卷七十五回 （清）曹春
江撰　清道光二十四年（1844）刻本　十二冊

220000 – 0801 – 0022326　集 543/35
繡像十美圖四十卷四十回 （□）□□撰　清
同治九年（1870）刻本　一冊

220000 – 0801 – 0022327　集 543/36
繡像十美圖傳四十卷四十回 （□）□□撰
清同治九年（1870）刻本　六冊

220000 – 0801 – 0022328　集 543/36 – 1
繡像十美圖傳四十卷四十回 （□）□□撰
清同治九年（1870）刻本　四冊

220000 – 0801 – 0022329　集 543/39
新刻十二寡婦征西全本六卷 （□）□□撰
清末刻本　一冊

220000 – 0801 – 0022330　集 543/40

繡像十五貫十六卷　（□）□□撰　清同治十
一年(1872)刻本　四冊

220000 – 0801 – 0022331　集 543/45

庚子國變彈詞四十回　（清）世界繁華報館編
清光緒二十八年(1902)鉛印本　六冊

220000 – 0801 – 0022332　集 543/45 – 1

庚子國變彈詞四十回　（清）世界繁華報館編
清光緒二十八年(1902)鉛印本　六冊

220000 – 0801 – 0022333　集 543/53

繡像文武香球十二卷七十二回　（清）申江逸
史撰　清同治二年(1863)刻本　十二冊

220000 – 0801 – 0022334　集 543/53 – 1

繡像文武香球十二卷七十二回　（清）申江逸
史撰　清同治二年(1863)刻本　十二冊

220000 – 0801 – 0022335　集 543/56

新鐫忠孝節義龍鳳報八卷八回　（□）□□撰
清同治十一年(1872)玉燭山房刻本　二冊

220000 – 0801 – 0022336　集 543/57

繡像詩髮緣四卷十二回　（清）潤齋氏撰　清
同治五年(1866)刻本　四冊

220000 – 0801 – 0022337　集 543/59

繡像說唱麒麟豹傳十卷六十回　（清）廢閒主
人撰　清光緒元年(1875)玉積山房刻本
五冊

220000 – 0801 – 0022338　集 543/63

新編玉鴛鴦全傳八卷三十六回　（□）□□撰
清道光二十一年(1841)刻本　八冊

220000 – 0801 – 0022339　集 543/64

新編玉鴛鴦全傳五集二十卷　（□）□□撰
清宣統元年(1909)益元書局刻本　十冊

220000 – 0801 – 0022340　集 543/65

新編玉鴛鴦全傳五集二十卷　（□）□□撰
清同治七年(1868)刻本　五冊

220000 – 0801 – 0022341　集 543/66

新編玉鴛鴦全傳八卷三十六回　（□）□□撰
清末文郁堂刻本　四冊

220000 – 0801 – 0022342　集 543/67

新編玉鴛鴦全傳五集二十卷　（□）□□撰
清末同盛堂刻本　十冊

220000 – 0801 – 0022343　集 543/70

玉如意十六回　（清）嚴太史編　清光緒二十
六年(1900)刻本　十冊

220000 – 0801 – 0022344　集 543/71

新增全圖蜻蜓奇緣十卷四十回　（□）□□撰
清光緒二十一年(1895)石印本　四冊

220000 – 0801 – 0022345　集 543/73

玉蜻蜓　（□）□□撰　清刻本　四冊

220000 – 0801 – 0022346　集 543/74

玉蜻蜓　（□）□□撰　清抄本　一冊

220000 – 0801 – 0022347　集 543/76

繪圖後玉蜻蜓四卷　（□）□□撰　清光緒二
十三年(1897)上海書局石印本　四冊

220000 – 0801 – 0022348　集 543/77

新刻玉釧緣全傳三十二卷　（□）□□撰　清
道光二十二年(1842)刻本　六十四冊

220000 – 0801 – 0022349　集 543/77 – 1

新刻玉釧緣全傳三十二卷　（□）□□撰　清
道光二十二年(1842)刻本　六十四冊

220000 – 0801 – 0022350　集 543/78

新刻瓦車蓬天賜雙生牙痕記四卷三十回
（□）□□撰　清光緒三十二年(1906)石印本
四冊

220000 – 0801 – 0022351　集 543/81

新刻瓦車蓬血書牙痕記三十卷　（□）□□撰
清忠信堂刻本　二冊

220000 – 0801 – 0022352　集 543/82

新刻雅調唱口平陽傳金臺全集十二卷六十回
（□）□□撰　清光緒七年(1881)墨海堂刻
本　十二冊

220000 – 0801 – 0022353　集 543/83

燈月緣二十回　（□）□□撰　清末刻本
二冊

220000 - 0801 - 0022354　集 543/84
增像校正全圖天雨花三十卷三十回　（清）陶貞懷撰　清光緒二十二年（1896）鉛印本　十二冊

220000 - 0801 - 0022355　集 543/86
新刻天賜花裙全本四卷　（清）程氏梅莊逸史編　清刻本　一冊

220000 - 0801 - 0022356　集 543/89
再生緣全傳二十卷　（□）□□撰　清咸豐二年（1852）刻本　四十冊

220000 - 0801 - 0022357　集 543/90
新選原本西番棋子初集四卷續集四卷　（□）守拙主人訂　清刻本　一冊

220000 - 0801 - 0022358　集 543/91
新選原本西番棋子初集四卷續集四卷　（□）守拙主人訂　清刻本　二冊

220000 - 0801 - 0022359　集 543/94
新刻琥珀鳳釵柳希雲全本南音六卷　（□）□□撰　清末刻本　二冊

220000 - 0801 - 0022360　集 543/95
新刻後續琥珀鳳釵柳希雲全本南音六卷　（□）□□撰　清末刻本　一冊

220000 - 0801 - 0022361　集 543/98
新刻巧連珠十二卷　（□）□□撰　清末抄本　二冊

220000 - 0801 - 0022362　集 543/100
新刻彌陀賣西方佛曲全本　（□）麗落居士編　清同治元年（1862）刻本　一冊

220000 - 0801 - 0022363　集 543/103
繡像延安府四卷　（□）□□撰　清光緒三十二年（1906）石印本　四冊

220000 - 0801 - 0022364　集 543/105
繪圖醒世善惡報八卷一百回　（□）□□撰　清光緒二十六年（1900）石印本　八冊

220000 - 0801 - 0022365　集 543/106
彈唱紅樓不分卷　（清）□□撰　清末刻本　四冊

220000 - 0801 - 0022366　集 543/107
新刻碧玉帶全本四卷　（□）□□撰　清刻本　一冊

220000 - 0801 - 0022367　集 543/110
孝義真跡珍珠塔二十四回　（□）□□撰　清道光二十七年（1847）刻本　四冊

220000 - 0801 - 0022368　集 543/111
孝義真跡珍珠塔二十四回　（□）□□撰　清道光二十九年（1849）維揚三槐堂刻本　六冊

220000 - 0801 - 0022369　集 543/112
繡像孝義真跡珍珠塔六卷二十四回　（清）□□撰　清方來堂刻本　六冊

220000 - 0801 - 0022370　集 543/113
繡像義妖傳六卷五十三回　（清）陳遇乾撰　清末石印本　六冊

220000 - 0801 - 0022371　集 543/114
新選群英傑全本南音四集十六卷　（□）半醒居士訂　清佛山進文堂刻本　七冊

220000 - 0801 - 0022372　集 543/114 - 1
新選群英傑全本南音四集十六卷　（□）半醒居士訂　清佛山進文堂刻本　二冊

220000 - 0801 - 0022373　集 543/115
雙鱷魚全歌十卷　（□）□□撰　清末刻本　二冊

220000 - 0801 - 0022374　集 543/116
新編雙玉杯全傳三十六卷三十六回　（□）□□撰　清刻本　八冊

220000 - 0801 - 0022375　集 543/116 - 1
新編雙玉杯全傳三十六卷三十六回　（□）□□撰　清刻本　六冊

220000 - 0801 - 0022376　集 543/117
新刻雙頭馬八卷　（□）□□撰　清刻本　二冊

220000 - 0801 - 0022377　集 543/118
繡像雙珠鳳全傳六卷八十回　（□）一葉道人撰　清末石印本　三冊

220000 – 0801 – 0022378　集 543/119

繡像雙珠鳳全傳十二卷八十回　（□）一葉道人撰　清末鉛印本　六冊

220000 – 0801 – 0022379　集 543/120

新刻真本唱口雙珠球全傳十二集四十九回（清）黃子貞撰　清光緒三年（1877）刻本　十三冊

220000 – 0801 – 0022380　集 543/121

繡像雙珠鳳全傳十二卷　（□）一葉道人撰　清同治二年（1863）刻本　十二冊

220000 – 0801 – 0022381　集 543/121 – 1

繡像雙珠鳳全傳十二卷　（□）一葉道人撰　清同治二年（1863）刻本　十二冊　缺八回（三十六至四十三）

220000 – 0801 – 0022382　集 543/122

繡像雙帥印十四卷十四回　（□）□□撰　清末刻本　三冊

220000 – 0801 – 0022383　集 543/123

雙退婚鸞鳳圖十一卷　（□）□□撰　清刻本　二冊

220000 – 0801 – 0022384　集 543/124

雙奇文洗衣記　（□）□□撰　清末抄本　一冊

220000 – 0801 – 0022385　集 543/125

雙太子全歌二十卷　（□）□□撰　清潮城萬利春記刻本　二十冊

220000 – 0801 – 0022386　集 543/127

雙蝴蝶一卷　（□）□□撰　清宣統元年（1909）抄本　一冊

220000 – 0801 – 0022387　集 543/128

雙鸚鵡全歌五十卷　（□）□□撰　清刻本　十冊

220000 – 0801 – 0022388　集 543/128 – 1

雙鸚鵡全歌五十卷　（□）□□撰　清刻本　十冊

220000 – 0801 – 0022389　集 543/128 – 2

雙鸚鵡全歌五十卷　（□）□□撰　清刻本

十冊

220000 – 0801 – 0022390　集 543/129

新譜東調雙剪髮傳四卷十八回　（清）月湖居士撰　清光緒五年（1879）刻本　三冊

220000 – 0801 – 0022391　集 543/130

新刻全本雙金錠東調六卷　（□）□□撰　清末刻本　二冊

220000 – 0801 – 0022392　集 543/141

新刻紫金鐲鼓詞二十四部　（□）□□撰　清末書本堂刻本　四冊

220000 – 0801 – 0022393　集 543/144

繡像倭袍傳（果報錄全傳）一百回　（清）□□撰　清末抄本　十二冊

220000 – 0801 – 0022394　集 543/149

新刻紅風傳二卷十五回　（□）□□撰　清光緒三十二年（1906）上海萃文齋石印本　二冊

220000 – 0801 – 0022395　集 543/152

繪像繡香囊二卷　（清）陸士珍撰　清光緒三十一年（1905）上海書局石印本　二冊

220000 – 0801 – 0022396　集 543/155

繪圖俠義醒世傳八卷　（□）□□撰　清光緒二十四年（1898）石印本　四冊

220000 – 0801 – 0022397　集 543/159

娛萱草彈詞三十二篇　（清）橘道人撰　清光緒二十年（1894）活字印本　六冊

220000 – 0801 – 0022398　集 543/161

繡像秘本白梅亭七卷　（□）□□撰　清末刻本　一冊

220000 – 0801 – 0022399　集 543/163

新編盤龍鐲全傳二十四卷　（□）□□撰　清末刻本　四冊

220000 – 0801 – 0022400　集 543/166

包公出世全歌十二卷　（□）□□撰　清潮州王生記刻本　三冊

220000 – 0801 – 0022401　集 543/167

繡像綠牡丹鼓詞六卷　（□）□□撰　清光緒

三十二年(1906)成文信記石印本　六冊

220000－0801－0022402　集 543/170
繪真記四十卷　（清）邀月樓主人編　清嘉慶
十七年(1812)刻本　八冊

220000－0801－0022403　集 543/174
新刻滾盤珠合義傳四卷　（□）□□撰　清刻
本　一冊

220000－0801－0022404　集 543/176
定國志二十卷　（□）□□撰　清末刻本　二
十冊

220000－0801－0022405　集 543/177
新刻忠孝節義寶韜記全本六卷　（□）□□撰
　清刻本　一冊

220000－0801－0022406　集 543/183
繪圖還金鐲全傳四卷五十四回　（□）□□撰
　清宣統元年(1909)文元書莊石印本　一冊

220000－0801－0022407　集 543/184
繡像還金鐲傳八卷五十四回　（□）吹竽先生
編　清道光十三年(1833)刻本　四冊

220000－0801－0022408　集 543/185
八美圖前集二十卷二十回後集（新刻說唱別
母訪師遇美緣）二十九卷二十九回　（□）
□□撰　清同治三年(1864)刻本　八冊

220000－0801－0022409　集 543/189
大宋三下南唐四卷　（□）□□撰　清抄本
一冊　存二卷(三至四)

220000－0801－0022410　集 543/190
大宋四下南唐四卷　（□）□□撰　清末抄本
　一冊

220000－0801－0022411　集 543/191
繡像天雨花演義三十回　（清）陶貞懷撰　清
刻本　三十冊

220000－0801－0022412　集 543/195
繪圖走馬春秋全傳六卷五十四回　（□）□□
撰　清宣統元年(1909)上海茂記書莊石印本
六冊

220000－0801－0022413　集 543/197
來生福彈詞三十六回　（清）橘中逸叟撰　清
同治九年(1870)刻本　三十二冊

220000－0801－0022414　集 543/199
木皮子詞　（清）賈鳧西著　清光緒十四年
(1888)刻本　一冊

220000－0801－0022415　集 543/202
繡像荊釵全傳六卷　（清）黃彥著　清光緒二
年(1876)刻本　六冊

220000－0801－0022416　集 543/203
繡像新刊荊釵奇緣全傳　（清）□□撰　清光
緒二十七年(1901)上海書局石印本　四冊

220000－0801－0022417　集 543/204
繡像荊釵全傳六卷二十回　（清）黃彥著　劉
曜純校　清光緒二年(1876)古虞喜雨山房刻
本　六冊

220000－0801－0022418　集 543/204－1
繡像荊釵全傳六卷二十回　（清）黃彥著　劉
曜純校　清光緒二年(1876)古虞喜雨山房刻
本　十二冊

220000－0801－0022419　集 543/208
薄命圖(白玉樓畫畫)三卷　（□）□□撰　清
末抄本　三冊

220000－0801－0022420　集 543/210
繡像落金扇四卷　（□）□□撰　清光緒二十
六年(1900)石印本　一冊

220000－0801－0022421　集 543/211
繡像落金扇全傳八卷五十回　（□）吹竽先生
撰　清同治十二年(1873)刻本　八冊

220000－0801－0022422　集 543/211－1
繡像落金扇全傳八卷五十回　（□）吹竽先生
撰　清同治十二年(1873)刻本　八冊

220000－0801－0022423　集 543/212
新刻葡萄架鼓詞四卷三十二回　（□）□□撰
　清光緒十九年(1893)京都琉璃廠刻本
一冊

220000－0801－0022424　集 543/214

繡像夢影緣四十八回　（清）鄭濟若撰　清光
緒二十一年（1895）石印本　十六冊

220000－0801－0022425　集543/214－1

繡像夢影緣四十八回　（清）鄭濟若撰　清光
緒二十一年（1895）石印本　十六冊

220000－0801－0022426　集543/217

初續新選慈雲走國六卷四續六卷　（□）□□
撰　清末刻本　十二冊

220000－0801－0022427　集543/218

繡像萬花樓全傳（雙連筆）六卷　（清）□□撰
清光緒二年（1876）刻本　六冊

220000－0801－0022428　集543/220

新編韓湘子九度文公道情全本三卷　（□）
□□撰　清大雅堂刻本　三冊

220000－0801－0022429　集543/222

繡像芙蓉洞全傳十卷四十回　（清）陳遇乾撰
清道光十六年（1836）刻本　十冊

220000－0801－0022430　集543/222－1

繡像芙蓉洞全傳十卷四十回　（清）陳遇乾撰
清道光十六年（1836）刻本　十冊

220000－0801－0022431　集543/222－2

繡像芙蓉洞全傳十卷四十回　（清）陳遇乾撰
清道光十六年（1836）刻本　十冊

220000－0801－0022432　集543/222－3

繡像芙蓉洞全傳十卷四十回　（清）陳遇乾撰
清道光十六年（1836）刻本　十冊

220000－0801－0022433　集543/224

繡像英雄大八義四卷五十六回續四卷四十四
回　（清）□□撰　清宣統元年（1909）大成書
局石印本　八冊

220000－0801－0022434　集543/225

新造薛仁貴征東全歌二十四卷　（□）□□撰
清刻本　四冊

220000－0801－0022435　集543/226

接續大唐薛征西二棄梨花記全本四卷　（□）
□□撰　清道光十九年（1839）刻本　一冊

220000－0801－0022436　集543/227

接續大唐薛征西二棄梨花記全本四卷　（□）
□□撰　清刻本　一冊

220000－0801－0022437　集543/229

繡像蘊香丸十卷二十回　（清）□□撰　清嘉
慶二十二年（1817）刻本　四冊

220000－0801－0022438　集543/232

繪圖新刊楊乃武供案全集四卷十二回後集四
卷十二回　（清）聽雨樓主人編　清光緒上洋
海左書局石印本　四冊

220000－0801－0022439　集543/235

娛萱草彈詞三十二篇　（清）橘道人撰　清光
緒二十年（1894）活字印本　六冊

220000－0801－0022440　集543/235－1

娛萱草彈詞三十二篇　（清）橘道人撰　清光
緒二十年（1894）活字印本　六冊

220000－0801－0022441　集543/239

最新潮州柳知府全歌十一卷　（□）□□撰
清刻本　二冊

220000－0801－0022442　集543/241

乾隆君遊江南全歌十卷　（□）□□撰　清刻
本　二冊

220000－0801－0022443　集543/242

梅花韻全傳十卷四十二回　（□）□□撰　清
道光元年（1821）刻本　十冊

220000－0801－0022444　集543/243

繡像中外緣四集七十六回　（清）□□撰　清
光緒二十一年（1895）上海書局石印本　十
二冊

220000－0801－0022445　集543/247

新鐫繡像描金鳳十二卷四十六回　（清）竹亭
居士撰　清光緒二年（1876）刻本　十二冊

220000－0801－0022446　集543/248

蟒蛇記一卷白龍傳一卷　（□）□□撰　清末
刻本　一冊

220000－0801－0022447　集543/250

重訂正字拗碎靈芝四卷　（□）□□撰　清末

476

五桂堂鉛印本　一冊

220000－0801－0022448　集 543/251
新刻清唱㧓碎靈芝記四卷　（□）□□撰　清
末刻本　一冊

220000－0801－0022449　集 543/252
新刻秘本唱口換玉蟾全傳七回美團圓全傳二
回　（□）□□撰　清末環春閣刻本　二冊

220000－0801－0022450　集 543/253
新刻繡像換空箱全傳二十一卷　（清）曹春江
撰　清咸豐七年(1857)刻本　八冊

220000－0801－0022451　集 543/253－1
新刻繡像換空箱全傳二十一卷　（清）曹春江
撰　清咸豐七年(1857)刻本　六冊

220000－0801－0022452　集 543/254
青龍傳新編四卷　（□）□□撰　清刻本
四冊

220000－0801－0022453　集 543/259
繡像貫串呼延慶打擂雙鞭記四卷　（□）□□
撰　清光緒三十四年(1908)上海書局石印本
四冊

220000－0801－0022454　集 543/264
明史彈詞一卷　（清）龍柏編　清道光七年
(1827)刻本　二冊

220000－0801－0022455　集 543/267
繡像馬潛龍走國全傳十二卷八十四回　（□）
□□撰　清宣統元年(1909)上海茂記書莊石
印本　十二冊

220000－0801－0022456　集 543/267－1
繡像馬潛龍走國全傳十二卷　（□）□□撰
清宣統元年(1909)上海茂記書莊石印本　十
二冊

220000－0801－0022457　集 543/268
新刻古本劉成美忠節全傳二十五卷　（□）
□□撰　清道光二十二年(1842)刻本　八冊

220000－0801－0022458　集 543/273
新刻鳳雙飛全傳五十二卷五十二回　（清）程
蕙英撰　清光緒二十六年(1900)上海江南書

局石印本　二十六冊

220000－0801－0022459　集 543/274
繡像鳳凰圖六卷三十六回　（□）□□撰　清
同治三年(1864)味蘭軒刻本　六冊

220000－0801－0022460　集 543/275
繡像鳳凰山七十二卷七十二回　（□）□□撰
清末海陵軒刻本　二十四冊

220000－0801－0022461　集 543/277
繡像鳳凰山傳七十二卷七十二回　（□）□□
撰　清同治十二年(1873)刻本　三十冊

220000－0801－0022462　集 543/279
繡像風箏誤八卷三十二回　（□）□□撰　清
嘉慶十五年(1810)刻本　八冊

220000－0801－0022463　集 543/281
繡像鬧廬莊十六卷十六回　（□）□□撰　清
末刻本　四冊

220000－0801－0022464　集 543/282
陰陽雙寶扇全歌十卷　（□）□□撰　清刻本
二冊

220000－0801－0022465　集 543/283
新刻陰陽寶扇三集全本十卷　（□）幽閒主人
訂　清刻本　一冊

220000－0801－0022466　集 543/284
陰陽雪恨三卷　（□）□□撰　清刻本　一冊

220000－0801－0022467　集 543/285
臨江樓下棚六卷　（□）□□撰　清刻本
二冊

220000－0801－0022468　集 543/286
繡像八美圖五卷二十二回　（□）□□撰　清
同治六年(1867)刻本　四冊

220000－0801－0022469　集 543/286－1
繡像八美圖五卷二十二回　（□）□□撰　清
同治六年(1867)刻本　四冊

220000－0801－0022470　集 543/290
繪圖金魚緣二十卷　（□）□□撰　清光緒二
十九年(1903)上海書局石印本　十冊

477

220000－0801－0022471　集543/291
金冠記六卷　（□）□□撰　清末抄本　六冊

220000－0801－0022472　集543/292
新造金燕媒全歌二十卷　（□）□□撰　清刻
本　五冊

220000－0801－0022473　集543/292－1
新造金燕媒全歌二十卷　（□）□□撰　清刻
本　五冊

220000－0801－0022474　集543/292－2
新造金燕媒全歌二十卷　（□）□□撰　清刻
本　三冊　存十二卷（新造金燕媒一至八、觀
花五至八）

220000－0801－0022475　集543/293
新刻秘本唱口金桂圖全傳七卷　（□）□□撰
清環春閣刻本　二冊

220000－0801－0022476　集543/299
翁萬達全歌十一卷　（□）□□撰　清刻本
一冊

220000－0801－0022477　集543/301
繡像義妖全傳二十八卷五十四回　（清）陳遇
乾撰　清光緒二年（1876）刻本　十二冊

220000－0801－0022478　集543/302
繡像義俠九絲縧全傳十二卷　（清）□□撰
清末石印本　六冊

220000－0801－0022479　集543/304
繡像錦上花八卷二十四回　（□）□□撰　清
宣統元年（1909）上海章福記石印本　八冊

220000－0801－0022480　集543/307
錦上花四十八回　（□）□□撰　清嘉慶十八
年（1813）刻本　十三冊

220000－0801－0022481　集543/307－1
錦上花四十八回　（□）□□撰　清嘉慶十八
年（1813）刻本　四冊　存三十四回（一至三
十四）

220000－0801－0022482　集543/309
鎮冤塔八卷　（□）□□撰　清末抄本　八冊

220000－0801－0022483　集543/311
笑中緣圖說十二卷七十五回　（□）□□撰
清末石印本　四冊

220000－0801－0022484　集543/313
繪圖前笑中緣金如意全傳四卷二十二回
（□）□□撰　清光緒十九年（1893）石印本
四冊

220000－0801－0022485　集543/316
竹箭悮全歌五卷　（□）□□撰　清刻本
二冊

220000－0801－0022486　集543/317
銀合太子走國全本二十卷　（□）□□撰　清
刻本　二十冊

220000－0801－0022487　集543/322
燈月緣二十回　（□）□□撰　清刻本　六
冊

220000－0801－0022488　集543/324
繡像黃金印六卷　（□）□□撰　清同治十二
年（1873）刻本　六冊

220000－0801－0022489　集543/326
木皮散人鼓詞一卷附萬古愁曲　（清）賈鳧西
撰　乾嘉詩壇點將錄　（清）舒位撰　東林點
將錄　（明）王紹徽撰　清光緒三十三年
（1907）長沙葉氏觀古堂刻本　一冊

220000－0801－0022490　集543/326－1
木皮散人鼓詞一卷附萬古愁曲　（清）賈鳧西
撰　乾嘉詩壇點將錄　（清）舒位撰　東林點
將錄　（明）王紹徽撰　清光緒三十三年
（1907）長沙葉氏觀古堂刻本　一冊

220000－0801－0022491　集543/327
天雨花三十回　（清）陶貞懷撰　清嘉慶九年
（1804）刻本　三十二冊

220000－0801－0022492　集543/328
石點頭六卷十四回　（明）天然癡叟撰　清道
光四年（1824）刻本　六冊

220000－0801－0022493　集543/330
增像蜻蜓奇緣四卷四十回　（□）□□撰　清

光緒十九年(1893)香港書局石印本　四冊

220000－0801－0022494　集543/331

新編鳳雙飛前傳四十二回　(清)程蕙英著
清光緒二十五年(1899)石印本　二十冊

220000－0801－0022495　集543/332

新刻韓祖成仙寶傳二十四回　(□)□□撰
清道光元年(1821)刻本　一冊

220000－0801－0022496　集543/333

繡像金鐲玉環記四卷三十回　(□)□□撰
清宣統二年(1910)茂記書莊石印本　四冊

220000－0801－0022497　集543/334

繡像錦上花四十八回　(□)□□撰　清同治
元年(1862)寶樹堂刻本　十一冊

220000－0801－0022498　集543/335

雙白燕全歌二十六卷　(□)□□撰　清刻本
七冊

220000－0801－0022499　集546/2

六也曲譜初集　(清)張芬編　清光緒三十四
年(1908)蘇州振新書社石印本　四冊

220000－0801－0022500　集546/8

一笠庵北詞廣正譜　(清)徐于室原稿　(清)
李玄玉更定　清初刻本　四冊

220000－0801－0022501　集546/8－1

一笠庵北詞廣正譜　(清)徐于室原稿　(清)
李玄玉更定　清初刻本　八冊

220000－0801－0022502　集546/29

曲譜二卷　(□)□□撰　清末抄本　二冊

220000－0801－0022503　集546/30

曲譜四種　(□)□□撰　清末抄本　四冊

220000－0801－0022504　集546/37

新編南詞定律十三卷　(清)呂士雄等編　清
末影印本　七冊

220000－0801－0022505　集547/1

韻學驪珠二卷　(清)沈乘麐輯　清光緒十八
年(1892)刻本　二冊

220000－0801－0022506　集547/8

中原音韻二卷　(元)周德清撰　清刻本
二冊

220000－0801－0022507　集547/11

太和正音譜二卷　(明)朱權撰　清末影印本
二冊

220000－0801－0022508　集549/8

曲話五卷　(清)梁廷枏撰　清道光四年
(1824)刻本　一冊

220000－0801－0022509　集61/4

庸閒齋筆記十二卷　(清)陳其元撰　清同治
十三年(1874)刻本　六冊

220000－0801－0022510　集61/5

庸庵筆記六卷　(清)薛福成撰　清光緒二十
三年(1897)刻本　六冊

220000－0801－0022511　集61/8

癡山隨筆二卷　(清)張之純撰　清宣統三年
(1911)刻本　一冊

220000－0801－0022512　集61/9

六合內外瑣言二十卷　(清)屠紳撰　清宣統
三年(1911)上海國學扶輪社石印本　一冊

220000－0801－0022513　集61/9－1

六合內外瑣言二十卷　(清)屠紳撰　清宣統
三年(1911)上海國學扶輪社石印本　六冊

220000－0801－0022514　集61/10

京塵雜錄四卷　(清)楊懋建撰　清光緒十二
年(1886)上海同文書局石印本　二冊

220000－0801－0022515　集61/12

諧鐸八卷　(清)沈起鳳撰　清末刻本　六冊

220000－0801－0022516　集61/14

諧鐸十二卷　(清)沈起鳳撰　清光緒二十一
年(1895)海上書局石印本　四冊

220000－0801－0022517　集61/14－1

諧鐸十二卷　(清)沈起鳳撰　清光緒二十一
年(1895)海上書局石印本　四冊

220000－0801－0022518　集61/15

雜錄四卷　(□)□□撰　清末抄本　四冊

220000－0801－0022519　集61/16

記事珠十卷　（清）張以謙等撰　清光緒八年(1882)掃葉山房刻本　十冊

220000－0801－0022520　集61/16－1

記事珠十卷　（清）張以謙等撰　清光緒八年(1882)掃葉山房刻本　十冊

220000－0801－0022521　集61/17

秦淮八豔圖詠不分卷　（清）葉衍蘭編　清光緒十八年(1892)羊城越華講院刻本　一冊

220000－0801－0022522　集61/17－1

秦淮八豔圖詠不分卷　（清）葉衍蘭編　清光緒十八年(1892)羊城越華講院刻本　一冊

220000－0801－0022523　集61/17－2

秦淮八豔圖詠不分卷　（清）葉衍蘭編　清光緒十八年(1892)羊城越華講院刻本　一冊

220000－0801－0022524　集61/31

雨窗消意錄四卷　（清）牛應之編　清末刻本　二冊

220000－0801－0022525　集61/31－1

雨窗消意錄四卷　（清）牛應之編　清末刻本　四冊

220000－0801－0022526　集61/31－2

雨窗消意錄四卷　（清）牛應之編　清末刻本　二冊

220000－0801－0022527　集61/32

耳食錄十二卷二編八卷　（清）樂鈞撰　清同治元年(1862)刻本　八冊

220000－0801－0022528　集61/33

雨牕寄所記四卷　（清）謝塈撰　清光緒六年(1880)刻本　四冊

220000－0801－0022529　集61/34

兩般秋雨盦隨筆八卷　（清）梁紹壬撰　清光緒十年(1884)石印本　四冊

220000－0801－0022530　集61/35

兩般秋雨盦隨筆八卷　（清）梁紹壬撰　清宣統元年(1909)掃葉山房石印本　四冊

220000－0801－0022531　集61/35－1

兩般秋雨盦隨筆八卷　（清）梁紹壬撰　清宣統元年(1909)掃葉山房石印本　四冊

220000－0801－0022532　集61/36

兩般秋雨盦隨筆八卷　（清）梁紹壬撰　清道光十七年(1837)錢塘振綺堂刻本　八冊

220000－0801－0022533　集61/37

天涯聞見錄四卷　（清）魏祝亭輯　清咸豐二年(1852)刻本　四冊

220000－0801－0022534　集61/37－1

天涯聞見錄四卷　（清）魏祝亭輯　清咸豐二年(1852)刻本　四冊

220000－0801－0022535　集61/41

石菊影廬筆識二卷　（清）譚嗣同撰　清光緒二十八年(1902)石印本　一冊

220000－0801－0022536　集61/42

更豈有此理四卷　（□）□□撰　清嘉慶五年(1800)絳雪草廬刻本　四冊

220000－0801－0022537　集61/42－1

更豈有此理四卷　（□）□□撰　清嘉慶五年(1800)絳雪草廬刻本　四冊

220000－0801－0022538　集61/44

醒睡錄初集十卷　（清）鄧文濱撰　清同治七年(1868)上海申報館刻本　六冊

220000－0801－0022539　集61/45

雲仙雜記十卷　（唐）馮贄編　清光緒四年(1878)萬氏嘯園刻本　二冊

220000－0801－0022540　集61/47

重訂西青散記八卷　（清）史震林撰　清嘉慶十年(1805)醉墨樓刻本　四冊

220000－0801－0022541　集61/47－1

重訂西青散記八卷　（清）史震林撰　清嘉慶十年(1805)醉墨樓刻本　四冊

220000－0801－0022542　集61/48

雲仙散錄不分卷　（唐）馮贄編　清光緒三十年(1904)刻本　一冊

220000－0801－0022543　　集 61/48－1

雲仙散錄不分卷　（唐）馮贄編　清光緒三十年(1904)刻本　二冊

220000－0801－0022544　　集 61/49

北東園筆錄初編六卷續編六卷三編六卷四編六卷　（清）梁恭辰撰　清同治五年(1866)刻本　八冊

220000－0801－0022545　　集 61/53

耐冷譚十六卷　（清）宋咸熙撰　清道光九年(1829)刻本　二冊

220000－0801－0022546　　集 61/53－1

耐冷譚十六卷　（清）宋咸熙撰　清道光九年(1829)刻本　四冊

220000－0801－0022547　　集 61/53－2

耐冷譚十六卷　（清）宋咸熙撰　清道光九年(1829)刻本　六冊

220000－0801－0022548　　集 61/53－3

耐冷譚十六卷　（清）宋咸熙撰　清道光九年(1829)刻本　八冊

220000－0801－0022549　　集 61/57

香豔叢書二十集　（清）蟲天子輯　清宣統二年(1910)鉛印本　八十冊

220000－0801－0022550　　集 61/59

覓燈因話二卷　（明）邵景詹撰　清末刻本　一冊

220000－0801－0022551　　集 61/60

豈有此理四卷　（□）□□撰　清嘉慶四年(1799)絳雪草廬刻本　四冊

220000－0801－0022552　　集 61/61

豈有此理四卷更豈有此理四卷　（□）□□撰　清嘉慶十九年(1814)刻本　八冊

220000－0801－0022553　　集 61/62

此中人語六卷　（清）程麟撰　清光緒十年(1884)申報館鉛印本　一冊

220000－0801－0022554　　集 61/64

燕山外史註釋八卷　（清）陳球撰　清光緒三十二年(1906)上海海左書局石印本　一冊

220000－0801－0022555　　集 61/67

佔畢叢談六卷勸學卮言一卷時文蠡測一卷　（清）袁守定撰　清光緒十二年(1886)刻本　四冊

220000－0801－0022556　　集 61/68

外史志異八卷　（明）薛朝選撰　（清）袁枚輯　清光緒二十六年(1900)德記書局石印本　二冊

220000－0801－0022557　　集 61/69

觚賸八卷續編四卷　（清）鈕琇輯　清宣統三年(1911)時中書局石印本　六冊

220000－0801－0022558　　集 61/69－1

觚賸八卷續編四卷　（清）鈕琇輯　清宣統三年(1911)時中書局石印本　六冊

220000－0801－0022559　　集 61/69－2

觚賸八卷續編四卷　（清）鈕琇輯　清宣統三年(1911)時中書局石印本　六冊

220000－0801－0022560　　集 61/72

牧庵雜紀六卷　（清）徐一麟撰　清同治七年(1868)居易山房刻本　四冊

220000－0801－0022561　　集 61/72－1

牧庵雜紀六卷　（清）徐一麟撰　清同治七年(1868)居易山房刻本　二冊

220000－0801－0022562　　集 61/74

幽夢影二卷　（清）張潮撰　清同治十三年(1874)刻本　二冊

220000－0801－0022563　　集 61/74－1

幽夢影二卷　（清）張潮撰　清同治十三年(1874)刻本　二冊

220000－0801－0022564　　集 61/75

燕山外史註釋二卷　（清）陳球撰　清光緒五年(1879)上海錦章圖書局石印本　二冊

220000－0801－0022565　　集 61/78

豔史叢鈔十二種三十卷　（清）王韜輯　清光緒四年(1878)鉛印本　十六冊

220000－0801－0022566　　集 61/81

雞肋編三卷　（宋）莊季裕撰　清咸豐三年

(1853)活字印本　一冊

220000－0801－0022567　集61/82
對山書屋墨餘錄十六卷　（清）毛祥麟編　清
同治九年(1870)刻本　一冊

220000－0801－0022568　集61/82－1
對山書屋墨餘錄十六卷　（清）毛祥麟編　清
同治九年(1870)刻本　八冊

220000－0801－0022569　集61/84
白門新柳記一卷白門衰柳記一卷　（清）許豫
撰　秦淮豔品一卷　（清）張曦照撰　清光緒
元年(1875)刻本　一冊

220000－0801－0022570　集61/85
息影偶錄八卷　（清）張埏輯　清嘉慶九年
(1804)南潯書屋刻本　八冊

220000－0801－0022571　集61/86
白門新柳記一卷白門新柳詞一卷　（清）許豫
撰　白門新柳補記一卷　（清）楊亨撰　秦淮
豔品一卷　（清）張曦照撰　清光緒元年
(1875)上海刻本　二冊

220000－0801－0022572　集61/87
象泉雜錄不分卷　（唐）司空圖撰　清咸豐元
年(1851)抄本　一冊

220000－0801－0022573　集61/88
歸田瑣記八卷　（清）梁章鉅撰　清道光二十
五年(1845)刻本　二冊

220000－0801－0022574　集61/90
御覽闕史二卷　（唐）高彥休撰　清光緒三年
(1877)湖北崇文書局刻本　一冊

220000－0801－0022575　集61/91
島居隨錄二卷　（清）盧若騰撰　清道光十四
年(1834)集古堂刻本　二冊

220000－0801－0022576　集61/93
寄蝸殘贅十六卷　（清）葵愚道人纂　清同治
八年(1869)刻本　八冊

220000－0801－0022577　集61/93－1
寄蝸殘贅十六卷　（清）葵愚道人纂　清同治
八年(1869)刻本　八冊

220000－0801－0022578　集61/94
客窗偶筆四卷　（清）金捧閭撰　清同治十二
年(1873)刻本　四冊

220000－0801－0022579　集61/94－1
客窗偶筆四卷　（清）金捧閭撰　清同治十二
年(1873)刻本　四冊

220000－0801－0022580　集61/94－2
客窗偶筆四卷　（清）金捧閭撰　清同治十二
年(1873)刻本　四冊

220000－0801－0022581　集61/94－3
客窗偶筆四卷　（清）金捧閭撰　清同治十二
年(1873)刻本　四冊

220000－0801－0022582　集61/95
客窗閒話八卷續八卷　（清）吳熾昌撰　清光
緒元年(1875)刻本　十六冊

220000－0801－0022583　集61/96
客窗閒話八卷　（清）吳熾昌撰　清道光十九
年(1839)刻本　八冊

220000－0801－0022584　集61/99
賨存四卷　（清）胡式鈺撰　清道光二十一年
(1841)刻本　一冊

220000－0801－0022585　集61/99－1
賨存四卷　（清）胡式鈺撰　清道光二十一年
(1841)刻本　二冊

220000－0801－0022586　集61/99－2
賨存四卷　（清）胡式鈺撰　清道光二十一年
(1841)刻本　二冊

220000－0801－0022587　集61/102
宋人小說類編四卷　（清）□□撰　清同治十
年(1871)刻本　四冊

220000－0801－0022588　集61/102－1
宋人小說類編四卷　（清）□□撰　清同治十
年(1871)刻本　四冊

220000－0801－0022589　集61/102－2
宋人小說類編四卷　（清）□□撰　清同治十
年(1871)刻本　四冊

220000－0801－0022590　集61/105

遯窟讕言十二卷　（清）王韜撰　清光緒六年(1880)鉛印本　四冊

220000－0801－0022591　集61/109

邇訓二十卷　（明）方學漸撰　清光緒九年(1883)鉛印本　三冊

220000－0801－0022592　集61/113

湘煙錄十六卷　（明）凌義渠等輯　清嘉慶六年(1801)刻本　一冊　存八卷(一至八)

220000－0801－0022593　集61/114

溫故錄不分卷　（清）長庚撰　清光緒三十三年(1907)刻本　一冊

220000－0801－0022594　集61/114－1

溫故錄不分卷　（清）長庚撰　清光緒三十三年(1907)刻本　一冊

220000－0801－0022595　集61/114－2

溫故錄不分卷　（清）長庚撰　清光緒三十三年(1907)刻本　一冊

220000－0801－0022596　集61/114－3

溫故錄不分卷　（清）長庚撰　清光緒三十三年(1907)刻本　一冊

220000－0801－0022597　集61/116

海上冶遊備覽二卷　（清）惜花主人編　清光緒二十年(1894)石印本　二冊

220000－0801－0022598　集61/117

海上冶遊備覽四卷　（清）指迷生輯　清光緒九年(1883)刻本　二冊

220000－0801－0022599　集61/118

海上群芳譜四卷　（清）懺情侍者撰　清光緒十年(1884)刻本　二冊

220000－0801－0022600　集61/119

海上群芳譜四卷　（清）懺情侍者撰　清光緒十年(1884)鉛印本　一冊

220000－0801－0022601　集61/120

太平廣記五百卷　（宋）李昉等撰　清嘉慶十一年(1806)刻本　四十八冊

220000－0801－0022602　集61/121

十洲春語三卷　（清）二石生撰　清光緒三年(1877)上海申報館鉛印本　一冊

220000－0801－0022603　集61/123

太平廣記五百卷目錄二卷　（宋）李昉等撰　清道光二十六年(1846)刻本　四十冊

220000－0801－0022604　集61/123－1

太平廣記五百卷目錄二卷　（宋）李昉等撰　清道光二十六年(1846)刻本　四十八冊

220000－0801－0022605　集61/126

有棠梨館筆記一卷　（清）何兆瀛撰　清光緒十五年(1889)刻本　一冊

220000－0801－0022606　集61/127

友會談叢三卷　（宋）上官融撰　清刻本　二冊

220000－0801－0022607　集61/130

吉祥花六卷　（清）紀棠氏輯　清同治九年(1870)刻本　二冊

220000－0801－0022608　集61/131

宋豔十二卷　（清）徐士鑾輯　清光緒十七年(1891)蝶園刻本　六冊

220000－0801－0022609　集61/131－1

宋豔十二卷　（清）徐士鑾輯　清光緒十七年(1891)蝶園刻本　五冊　缺二卷(一至二)

220000－0801－0022610　集61/132

古宦異述記四卷　（清）蘭興樵撰　清光緒三十三年(1907)石印本　一冊

220000－0801－0022611　集61/135

真真豈有此理二卷　（清）□□撰　清末石印本　一冊

220000－0801－0022612　集61/139

花間笑語五卷　（清）釀花使者撰　清咸豐九年(1859)樊川文成堂刻本　四冊

220000－0801－0022613　集61/140

里乘十卷　（清）許奉恩撰　清光緒五年(1879)常熟抱芳閣刻本　十冊

220000 – 0801 – 0022614　集 61/140 – 1
里乘十卷 （清）許奉恩撰　清光緒五年
(1879)常熟抱芳閣刻本　十冊

220000 – 0801 – 0022615　集 61/140 – 2
里乘十卷 （清）許奉恩撰　清光緒五年
(1879)常熟抱芳閣刻本　十冊

220000 – 0801 – 0022616　集 61/142
斯陶說林十二卷 （清）王用臣輯　清光緒十
八年(1892)深澤王氏刻本　十二冊

220000 – 0801 – 0022617　集 61/143
栖霞室隨筆四卷 （清）沈瑤撰　清光緒二十
五年(1899)刻本　一冊

220000 – 0801 – 0022618　集 61/144
蕉軒隨錄十二卷 （清）方濬師撰　清同治十
一年(1872)退一步齋刻本　二冊

220000 – 0801 – 0022619　集 61/144 – 1
蕉軒隨錄十二卷 （清）方濬師撰　清同治十
一年(1872)退一步齋刻本　十二冊

220000 – 0801 – 0022620　集 61/144 – 2
蕉軒隨錄十二卷 （清）方濬師撰　清同治十
一年(1872)退一步齋刻本　十二冊

220000 – 0801 – 0022621　集 61/145
夢談隨筆二卷 （清）厲秀芳撰　清咸豐刻本
　一冊

220000 – 0801 – 0022622　集 61/148
夢厂雜著十卷 （清）俞蛟撰　清同治九年
(1870)刻本　六冊

220000 – 0801 – 0022623　集 61/149
薈蕞編二十卷 （清）俞樾撰　清光緒七年
(1881)申報館鉛印本　八冊

220000 – 0801 – 0022624　集 61/149 – 1
薈蕞編二十卷 （清）俞樾撰　清光緒七年
(1881)申報館鉛印本　八冊

220000 – 0801 – 0022625　集 61/149 – 2
薈蕞編二十卷 （清）俞樾撰　清光緒七年
(1881)申報館鉛印本　八冊

220000 – 0801 – 0022626　集 61/158
世說新語六卷 （南朝宋）劉義慶撰　清光緒
十七年(1891)刻本　四冊

220000 – 0801 – 0022627　集 61/163
想當然耳八卷 （清）鄒鍾撰　清光緒四年
(1878)活字印本　四冊

220000 – 0801 – 0022628　集 61/164
想當然耳八卷 （清）鄒鍾撰　清同治十年
(1871)聚興堂刻本　四冊

220000 – 0801 – 0022629　集 61/165
埋憂集十卷續集二卷 （清）朱翊清撰　清同
治十三年(1874)刻本　六冊

220000 – 0801 – 0022630　集 61/165 – 1
埋憂集十卷續集二卷 （清）朱翊清撰　清同
治十三年(1874)刻本　六冊

220000 – 0801 – 0022631　集 61/165 – 2
埋憂集十卷續集二卷 （清）朱翊清撰　清同
治十三年(1874)刻本　四冊

220000 – 0801 – 0022632　集 61/165 – 3
埋憂集十卷續集二卷 （清）朱翊清撰　清同
治十三年(1874)刻本　六冊

220000 – 0801 – 0022633　集 61/169
蕉軒續錄二卷 （清）方濬師撰　清光緒十八
年(1892)鉛印本　二冊

220000 – 0801 – 0022634　集 61/171
巴黎茶花女遺事 （法國）小仲馬　（清）曉齋
主人撰　清光緒二十五年(1899)鉛印本
一冊

220000 – 0801 – 0022635　集 61/173
茶餘客話十二卷 （清）阮葵生撰　清光緒五
年(1879)千頃堂刻本　四冊

220000 – 0801 – 0022636　集 61/173 – 1
茶餘客話十二卷 （清）阮葵生撰　清光緒五
年(1879)千頃堂刻本　四冊

220000 – 0801 – 0022637　集 61/173 – 2
茶餘客話十二卷 （清）阮葵生撰　清光緒五
年(1879)千頃堂刻本　六冊

220000－0801－0022638　集 61/174

繪圖情史二十四卷　(明)馮夢龍編　清末石印本　六冊

220000－0801－0022639　集 61/176

常談叢錄九卷　(清)李元復撰　清道光二十八年(1848)味經堂刻本　八冊

220000－0801－0022640　集 61/179

青溪風雨錄二卷　(清)雪樵居士撰　清道光二十八年(1848)刻本　二冊

220000－0801－0022641　集 61/180

春泉聞見錄四卷　(清)劉壽眉撰　清嘉慶五年(1800)迎暉軒刻本　四冊

220000－0801－0022642　集 61/181

春渚紀聞十卷　(宋)何薳撰　清嘉慶十六年(1811)留香室刻本　四冊

220000－0801－0022643　集 61/181－1

春渚紀聞十卷　(宋)何薳撰　清嘉慶十六年(1811)留香室刻本　四冊

220000－0801－0022644　集 61/186

秦淮畫舫錄二卷　(清)捧花生撰　清嘉慶二十二年(1817)捧花樓刻本　二冊

220000－0801－0022645　集 61/186－1

秦淮畫舫錄二卷　(清)捧花生撰　清嘉慶二十二年(1817)捧花樓刻本　二冊

220000－0801－0022646　集 61/186－2

秦淮畫舫錄二卷　(清)捧花生撰　清嘉慶二十二年(1817)捧花樓刻本　一冊　存一卷(上)

220000－0801－0022647　集 61/189

井蛙錄二卷　(清)宋韻山撰　清末刻本　二冊

220000－0801－0022648　集 61/190

蝶階外史四卷　(清)高繼珩撰　清咸豐十年(1860)刻本　四冊

220000－0801－0022649　集 61/193

里乘四卷　(清)許奉恩撰　清光緒四年(1878)刻本　二冊

220000－0801－0022650　集 61/196

四奇合璧一卷　(清)花下解人撰　清光緒八年(1882)上海王氏鉛印本　一冊

220000－0801－0022651　集 61/197

四簣齋不分卷　(□)□□撰　清末刻本　一冊

220000－0801－0022652　集 61/198

快心醒睡錄十六卷首一卷　(清)毛祥麟輯　清光緒二十二年(1896)上海書局石印本　六冊

220000－0801－0022653　集 61/199

里乘十卷　(清)許奉恩撰　清光緒十九年(1893)海上凌雲閣石印本　四冊

220000－0801－0022654　集 61/202

因樹屋書影十卷　(清)周亮工撰　清嘉慶十九年(1814)因樹屋刻本　十冊

220000－0801－0022655　集 61/204

吹影編四卷　(清)垣赤道人編　清嘉慶二年(1797)刻本　四冊

220000－0801－0022656　集 61/205

明齋小識十二卷　(清)諸聯撰　清同治四年(1865)刻本　四冊

220000－0801－0022657　集 61/205－1

明齋小識十二卷　(清)諸聯撰　清同治四年(1865)刻本　六冊

220000－0801－0022658　集 61/205－2

明齋小識十二卷　(清)諸聯撰　清同治四年(1865)刻本　六冊

220000－0801－0022659　集 61/206

明齋小識十二卷　(清)諸聯撰　清嘉慶十九年(1814)刻本　四冊

220000－0801－0022660　集 61/208

味餘書室隨筆二卷　(清)仁宗顒琰撰　清嘉慶五年(1800)刻本　二冊

220000－0801－0022661　集 61/210

繪圖古今眼前報四卷　(□)□□撰　清光緒二十一年(1895)石印本　四冊

220000－0801－0022662　集61/211

質直談耳八卷　（清）錢肇鰲撰　清道光四年(1824)刻本　四冊

220000－0801－0022663　集61/213

屑玉叢譚初集六卷二集六卷三集六卷四集六卷　（清）錢徵　蔡爾康輯　清光緒四年(1878)申報館鉛印本　二十四冊

220000－0801－0022664　集61/218

情天寶鑑二十四卷首一卷　（明）馮夢龍輯　清光緒二十年(1894)上海石印本　六冊

220000－0801－0022665　集61/220

輿論時事報圖畫不分卷　（清）輿論時事報社編繪　清宣統二年(1910)輿論時事報社石印本　一冊

220000－0801－0022666　集61/222

新編分門古今類事二十卷　（宋）宋□撰　清末刻本　五冊

220000－0801－0022667　集61/225

鐵槎山房見聞錄八卷　（清）于克襄撰　清道光二十五年(1845)刻本　四冊

220000－0801－0022668　集61/228

笑史四卷　（清）陳庚撰　清末上海申報館鉛印本　二冊

220000－0801－0022669　集61/228－1

笑史四卷　（清）陳庚撰　清末上海申報館鉛印本　二冊

220000－0801－0022670　集61/230

談徵五卷　（□）外方山人輯　清嘉慶二十年(1815)柯古堂刻本　六冊

220000－0801－0022671　集61/231

記事珠選十卷　（清）張以謙纂輯　清嘉慶九年(1804)五瑞堂刻本　十冊

220000－0801－0022672　集61/232

三借廬贅談八卷　（清）鄒弢撰　清光緒十一年(1885)申報館鉛印本　四冊

220000－0801－0022673　集61/234

三借廬筆談十二卷　（清）鄒弢纂　清光緒十一年(1885)石印本　六冊

220000－0801－0022674　集61/235

靈臺小補不分卷　（清）金連凱撰　清道光十四年(1834)刻本　一冊

220000－0801－0022675　集61/239

吳門畫舫錄二卷　（清）西溪山人　續錄三卷附投贈三卷　（清）箇中生撰　清嘉慶十九年(1814)虎邱刻本　六冊

220000－0801－0022676　集61/239－1

吳門畫舫錄二卷　（清）西溪山人　續錄三卷附投贈三卷　（清）箇中生撰　清嘉慶十九年(1814)虎邱刻本　二冊　缺三卷(投贈三卷)

220000－0801－0022677　集61/244

世說新語三卷　（南朝宋）劉義慶撰　清道光八年(1828)浦江周氏紛欣閣刻本　六冊

220000－0801－0022678　集61/245

二十世紀奇書快睹十卷　（清）陳琰編　清宣統三年(1911)石印本　四冊

220000－0801－0022679　集61/245－1

二十世紀奇書快睹十卷　（清）陳琰編　清宣統三年(1911)石印本　四冊

220000－0801－0022680　集61/250

說鈴一卷　（清）汪琬撰　清光緒四年(1878)刻本　一冊

220000－0801－0022681　集61/252

漁洋說部精華十二卷　（清）王士禎撰　清刻本　三冊

220000－0801－0022682　集61/254

御覽闕史二卷　（唐）參寥子撰　清光緒三年(1877)湖北崇文書局刻本　一冊

220000－0801－0022683　集61/255

世說新語六卷　（南朝宋）劉義慶撰　清光緒元年至三年(1875－1877)湖北崇文書局刻本　三冊

220000－0801－0022684　集61/255－1

世說新語六卷　（南朝宋）劉義慶撰　清光緒元年至三年(1875－1877)湖北崇文書局刻本

四冊

220000－0801－0022685　集61/257
王子年拾遺記十卷　（晉）王嘉撰　（南朝梁）
蕭綺錄　明末刻本　一冊

220000－0801－0022686　集61/260
耳食錄十二卷二編八卷　（清）樂鈞撰　清道
光元年(1821)青芝山館刻本　十冊

220000－0801－0022687　集61/361
右台仙館筆記十六卷　（清）俞樾撰　清光緒
刻本　五冊

220000－0801－0022688　集62/1
廣新聞八卷　（清）無悶居士撰　清咸豐二年
(1852)刻本　四冊

220000－0801－0022689　集62/2
夜譚隨錄十二卷　（清）霽園主人撰　清光緒
三十三年(1907)育文書局石印本　四冊

220000－0801－0022690　集62/4
譚瀛八種初集四卷二集四卷　（清）吳文藻撰
　清光緒二十二年(1896)上海鴻寶齋石印本
　八冊

220000－0801－0022691　集62/5
談屑四卷　（清）馮晟撰　清同治九年(1870)
刻本　四冊

220000－0801－0022692　集62/6
翼駉稗編八卷　（清）湯用中撰　清道光二十
九年(1849)刻本　八冊

220000－0801－0022693　集62/6－1
翼駉稗編八卷　（清）湯用中撰　清道光二十
九年(1849)刻本　八冊

220000－0801－0022694　集62/7
醉茶志怪四卷　（清）李慶辰撰　清光緒十八
年(1892)刻本　四冊

220000－0801－0022695　集62/9
聊齋志異新評十六卷　（清）蒲松齡撰　（清）
但明倫新評　清道光二十二年(1842)廣順但
氏刻朱墨套印本　十六冊

220000－0801－0022696　集62/9－1
聊齋志異新評十六卷　（清）蒲松齡撰　（清）
但明倫新評　清道光二十二年(1842)廣順但
氏刻朱墨套印本　十六冊

220000－0801－0022697　集62/9－2
聊齋志異新評十六卷　（清）蒲松齡撰　（清）
但明倫新評　清道光二十二年(1842)廣順但
氏刻朱墨套印本　十六冊

220000－0801－0022698　集62/9－3
聊齋志異新評十六卷　（清）蒲松齡撰　（清）
但明倫新評　清道光二十二年(1842)廣順但
氏刻朱墨套印本　八冊　存八卷(一至八)

220000－0801－0022699　集62/10
聊齋志異新評十六卷　（清）蒲松齡撰　（清）
但明倫新評　清光緒十年(1884)上海著易堂
刻朱墨套印本　十六冊

220000－0801－0022700　集62/11
詳註聊齋志異圖詠十六卷　（清）蒲松齡撰
清光緒十二年(1886)上海同文書局石印本
八冊

220000－0801－0022701　集62/11－1
詳註聊齋志異圖詠十六卷　（清）蒲松齡撰
清光緒十二年(1886)上海同文書局石印本
八冊

220000－0801－0022702　集62/12
聊齋志異新評十六卷　（清）蒲松齡撰　（清）
但明倫新評　清光緒十五年(1889)刻朱墨套
印本　十六冊

220000－0801－0022703　集62/13
聊齋志異新評十六卷　（清）蒲松齡撰　（清）
但明倫新評　清光緒十八年(1892)上海古香
閣石印本　八冊

220000－0801－0022704　集62/21
山海經廣註十八卷　（清）吳任臣撰　清末刻
本　四冊

220000－0801－0022705　集62/22
山海經不分卷　（晉）郭璞傳　清嘉慶十四年

(1809)刻本　四冊

220000－0801－0022706　集62/23

山海經不分卷　（晉）郭璞傳　清光緒十二年
(1886)刻本　四冊

220000－0801－0022707　集62/26

山海經十八卷　（晉）郭璞傳　清光緒三年
(1877)鉛印本　三冊

220000－0801－0022708　集62/27

山海經圖讚二卷補遺一卷　（晉）郭璞撰　清
光緒二十一年(1895)刻本　一冊

220000－0801－0022709　集62/28

山海經補註一卷附圖讚一卷　（明）楊慎撰
清光緒元年(1875)刻本　一冊

220000－0801－0022710　集62/29

山海經存九卷首一卷　（清）汪紱釋　清光緒
二十一年(1895)石印本　四冊

220000－0801－0022711　集62/29－1

山海經存九卷首一卷　（清）汪紱釋　清光緒
二十一年(1895)石印本　四冊

220000－0801－0022712　集62/32

伊索寓言不分卷　（希臘）伊索原著　林紓譯
清光緒二十九年(1903)商務印書館鉛印本
一冊

220000－0801－0022713　集62/36

如是我聞六卷　（清）紀昀撰　清宣統三年
(1911)醒園刻本　四冊

220000－0801－0022714　集62/37

槐西雜志四卷　（清）紀昀撰　清咸豐四年
(1854)刻本　四冊

220000－0801－0022715　集62/41

異談可信錄二十三卷　（清）鄧旼撰　清嘉慶
元年(1796)樂真堂刻本　十二冊

220000－0801－0022716　集62/44

閱微草堂筆記二十四卷　（清）紀昀撰　清嘉
慶五年(1800)北平盛氏刻本　十二冊

220000－0801－0022717　集62/44－1

閱微草堂筆記二十四卷　（清）紀昀撰　清嘉
慶五年(1800)北平盛氏刻本　十冊

220000－0801－0022718　集62/45

閱微草堂筆記二十四卷　（清）紀昀撰　清道
光二十七年(1847)小蓬萊山館刻本　十二冊

220000－0801－0022719　集62/45－1

閱微草堂筆記二十四卷　（清）紀昀撰　清道
光二十七年(1847)小蓬萊山館刻本　三冊
存六卷（灤陽消夏錄六卷）

220000－0801－0022720　集62/49

閱微草堂筆記二十四卷　（清）紀昀撰　清光
緒五年(1879)刻本　十冊

220000－0801－0022721　集62/49－1

閱微草堂筆記二十四卷　（清）紀昀撰　清光
緒五年(1879)刻本　十冊

220000－0801－0022722　集62/50

繡像義妖傳四卷五十三回　（清）陳遇乾撰
清末石印本　四冊

220000－0801－0022723　集62/53

螢窗異草全編四編十六卷　（清）浩歌子著
清光緒三十年(1904)上海漢讀樓石印本
六冊

220000－0801－0022724　集62/55

秋燈叢話十八卷　（清）王椷撰　清同治十年
(1871)三星堂刻本　六冊

220000－0801－0022725　集62/58

新齊諧二十四卷續十卷　（清）袁枚撰　清光
緒十九年(1893)石印本　四冊

220000－0801－0022726　集62/58－1

新齊諧二十四卷續十卷　（清）袁枚撰　清光
緒十九年(1893)石印本　四冊

220000－0801－0022727　集62/60

新齊諧二十四卷　（清）袁枚撰　清同治刻本
四冊

220000－0801－0022728　集62/62

勸誡近錄十六卷　（清）梁恭辰撰　清同治六
年(1867)刻本　四冊

220000－0801－0022729　集62/63

音釋坐花誌果八卷　（清）汪道鼎撰　清光緒
十四年(1888)鉛印本　二冊

220000－0801－0022730　集62/64

音釋坐花誌果八卷　（清）汪道鼎撰　清光緒
四年(1878)刻本　四冊

220000－0801－0022731　集62/67

紀氏嘉言四卷　（清）紀昀著　清道光二十六
年(1846)刻本　四冊

220000－0801－0022732　集62/70

聊齋志異新評全註十卷　（清）蒲松齡撰
（清）王士禎　（清）但明倫評　（清）李璞山
纂　清光緒七年(1881)邵州經畬書屋刻本
十冊

220000－0801－0022733　集62/73

詳註聊齋志異圖詠十六卷　（清）蒲松齡撰
清末錦章書局石印本　七冊　存七卷(十至
十六)

220000－0801－0022734　集62/75

詳註聊齋志異圖詠十六卷　（清）蒲松齡撰
清末石印本　一冊　存二卷(三至四)

220000－0801－0022735　集63/1

古今說海一百四十二卷　（明）陸楫輯　清道
光元年(1821)刻本　二十冊

220000－0801－0022736　集63/1－1

古今說海一百四十二卷　（明）陸楫輯　清道
光元年(1821)刻本　二十冊

220000－0801－0022737　集63/3

劍俠傳四卷續四卷　鄭官應編　清末刻本
四冊

220000－0801－0022738　集63/6

西湖佳話古今遺跡十六卷　（清）墨浪子輯
清光緒十九年(1893)上海寶文書局石印本
四冊

220000－0801－0022739　集63/9

吳門百豔圖五卷　（清）花下解人纂　清光緒
六年(1880)雪祿軒刻本　一冊

220000－0801－0022740　集63/11

仙蹤記略三卷續錄三卷　（清）釋張鶴輯　清
光緒七年(1881)刻本　六冊

220000－0801－0022741　集63/13

劇談錄二卷　（唐）康駢撰　清嘉慶照曠閣刻
本　二冊

220000－0801－0022742　集63/14

新刻黃掌綸先生評訂神仙鑒二十二卷附圖一
卷　（清）徐衛輯　清刻本　二十四冊

220000－0801－0022743　集63/15

新刻黃掌綸先生評訂神仙鑒二十二卷附圖一
卷　（清）徐衛輯　清刻本　二十三冊

220000－0801－0022744　集63/15－1

新刻黃掌綸先生評訂神仙鑒二十二卷附圖一
卷　（清）徐衛輯　清刻本　二十四冊

220000－0801－0022745　集63/15－2

新刻黃掌綸先生評訂神仙鑒二十二卷附圖一
卷　（清）徐衛輯　清刻本　二十二冊

220000－0801－0022746　集63/16

繪圖歷代神仙傳二十四卷　（□）□□撰　清
宣統元年(1909)掃葉山房石印本　八冊

220000－0801－0022747　集63/16－1

繪圖歷代神仙傳二十四卷　（□）□□撰　清
宣統元年(1909)掃葉山房石印本　二冊　存
六卷(十九至二十四)

220000－0801－0022748　集63/17

歷代仙史八卷　（清）王建章輯　清光緒七年
(1881)刻本　六冊

220000－0801－0022749　集63/19

古今說海一百四十二卷　（明）陸楫輯　清道
光元年(1821)刻本　三十六冊

220000－0801－0022750　集63/21

剪燈叢話三種七卷　（明）瞿佑等著　清咸豐
元年(1851)刻本　五冊

220000－0801－0022751　集63/23

剪燈餘話五卷　（明）瞿祐撰　剪燈新話四卷
（明）李禎撰　清末鉛印本　二冊

220000 – 0801 – 0022752　集 63/24

剪燈新話二卷　（明）瞿佑撰　剪燈餘話三卷
（明）李禎撰　清同治十年(1871)鎮江三星
堂刻本　五冊

220000 – 0801 – 0022753　集 65/1

一夕話六卷　（清）咄咄夫撰　清光緒二十四
年(1898)刻本　四冊

220000 – 0801 – 0022754　集 65/1 – 1

一夕話六卷　（清）咄咄夫撰　清光緒二十四
年(1898)刻本　一冊

220000 – 0801 – 0022755　集 65/5

寄園寄所寄十二卷　（清）趙吉士撰　清末刻
本　二十四冊

220000 – 0801 – 0022756　集 65/5 – 1

寄園寄所寄十二卷　（清）趙吉士撰　清末刻
本　十二冊

220000 – 0801 – 0022757　集 65/10

笑得好二卷　（清）指迷道人撰　清光緒八年
(1882)刻本　二冊

220000 – 0801 – 0022758　集 65/11

笑林擇雅四卷　（清）漚醒道人輯　清光緒二
十二年(1896)上海鴻文書局石印本　四冊

220000 – 0801 – 0022759　集 65/12

新刻笑林廣記四卷　（清）遊戲主人輯　清咸
豐十一年(1861)刻本　二冊

220000 – 0801 – 0022760　集 65/13

風月笑談一卷　（清）□□輯　清光緒三十年
(1904)姑蘇堂刻本　一冊

220000 – 0801 – 0022761　集 66/6

刪訂二奇合傳四十回　（□）□□撰　清咸豐
十一年(1861)刻本　十冊

220000 – 0801 – 0022762　集 66/8

呂祖度何仙姑傳一卷　（□）炳炎氏撰　清光
緒二十八年(1902)樂善堂刻本　一冊

220000 – 0801 – 0022763　集 66/9

新鐫三分夢十六回　（清）張士登撰　清道光
三年(1823)刻本　八冊

220000 – 0801 – 0022764　集 66/12

英雲夢傳八卷　（清）松雲氏撰　清聚錦堂刻
本　八冊

220000 – 0801 – 0022765　集 66/13

新刻巧奇冤九十六卷　（□）□□撰　清末文
運堂刻本　六冊

220000 – 0801 – 0022766　集 66/14

新刻巧連珠四卷　（□）□□撰　清光緒十三
年(1887)琉璃廠刻本　四冊

220000 – 0801 – 0022767　集 66/15

繪圖巧奇冤傳十卷　（□）□□撰　清光緒二
十年(1894)錦章書局石印本　六冊

220000 – 0801 – 0022768　集 66/17

聖朝鼎盛十三回　（□）□□撰　清光緒十九
年(1893)上海英商五彩公司石印本　四冊

220000 – 0801 – 0022769　集 66/21

景宋殘本五代平話　（宋）□□撰　清宣統三
年(1911)董氏誦芬室刻本　二冊

220000 – 0801 – 0022770　集 66/22

繡像雲外飄香四卷十一回　（清）□□撰　清
光緒二十年(1894)上海書局石印本　一冊

220000 – 0801 – 0022771　集 66/24

雲鍾雁三鬧太平莊五十四回　（□）□□撰
清道光二十九年(1849)刻本　十二冊

220000 – 0801 – 0022772　集 66/25

西湖拾遺四十四卷附一卷　（清）陳樹基輯
清末上海申報館鉛印本　十冊　存四十二卷
(一至四十二)

220000 – 0801 – 0022773　集 66/27

新刻天花藏批評平山冷燕四卷二十回　（清）
荻岸散人編　清末刻本　四冊

220000 – 0801 – 0022774　集 66/27 – 1

新刻天花藏批評平山冷燕四卷二十回　（清）
荻岸散人編　清末刻本　四冊

220000 – 0801 – 0022775　集 66/29

雙鳳奇緣傳二十卷八十回　（清）雪樵主人編
清咸豐四年(1854)刻本　十冊

220000－0801－0022776　集66/30

雙鳳奇緣傳二十卷八十回　（清）雪樵主人編
清嘉慶十四年(1809)刻本　八冊

220000－0801－0022777　集66/33

繪圖續再生緣十六卷十六回　（□）□□撰
清末石印本　八冊

220000－0801－0022778　集66/36

繪圖俠義風月傳四卷十八回　（清）名教中人
編　清光緒十八年(1892)石印本　四冊

220000－0801－0022779　集66/40

繡像海國春秋演義四卷十一回　（□）□□撰
清光緒二十八年(1902)漱石軒石印本
四冊

220000－0801－0022780　集66/41

繡像滿漢鬥二十四回　（□）□□撰　清光緒
十八年(1892)煙台成文信記刻本　四冊

220000－0801－0022781　集66/43

迴文傳十六卷　（清）李漁撰　清道光六年
(1826)刻本　六冊

220000－0801－0022782　集66/47

七種才情傳十卷　（清）吳所敬編　清光緒二
十年(1894)上海晉記書莊鉛印本　四冊

220000－0801－0022783　集66/55

好逑傳四卷十八回　（清）名教中人編　清嘉
慶八年(1803)獨處軒刻本　一冊

220000－0801－0022784　集66/56

繡像夢遊上海名妓爭風四卷三十二回　（□）
□□撰　清光緒二十七年(1901)石印本
二冊

220000－0801－0022785　集66/59

新刻夢中緣四卷十五回　（清）李修行著　清
光緒十一年(1885)崇德堂刻本　四冊

220000－0801－0022786　集66/65

新刻林香保雙釵記四卷四十回　（□）□□撰
清光緒三十二年(1906)上海書局石印本
四冊

220000－0801－0022787　集66/67

韓湘子九度文公全傳三卷　（□）□□撰　清
末積經堂刻本　三冊

220000－0801－0022788　集66/68

新編韓湘子九度文公全本三卷　（□）□□撰
清澹雅堂刻本　一冊

220000－0801－0022789　集66/71

繡像英雄大八義四卷四十四回　（清）□□撰
清宣統二年(1910)石印本　一冊

220000－0801－0022790　集66/72

英雲夢傳八卷　（清）松雲氏撰　清聚秀堂刻
本　八冊

220000－0801－0022791　集66/73

英雲夢傳八卷　（清）松雲氏撰　清嘉慶十年
(1805)書業堂刻本　八冊

220000－0801－0022792　集66/76

繪圖歡喜奇觀四卷二十回　（□）□□撰　清
光緒二十二年(1896)上海書局石印本　六冊

220000－0801－0022793　集66/77

梅花金釵不分卷　（□）□□撰　清抄本
一冊

220000－0801－0022794　集66/79

指婬斷色一卷除欲究本五卷　（清）董清奇著
清嘉慶十八年(1813)刻本　六冊

220000－0801－0022795　集66/84

隋煬豔史傳四十回　（明）齊東野人編　清光
緒元年(1875)石印本　八冊

220000－0801－0022796　集66/85

新鐫全像通俗演義隋煬帝豔史六卷四十回
(明)齊東野人編　清光緒二十六年(1900)石
印本　四冊　缺二卷(五至六)

220000－0801－0022797　集66/87

繡像義勇四俠闈媛傳六卷五十回　（清）□□
撰　清光緒二十六年(1900)石印本　六冊

220000－0801－0022798　集66/90

筆生花十六卷三十二回　（清）邱心如撰　清
光緒二十年(1894)石印本　十六冊

220000－0801－0022799　集66/94

繡像今古奇觀四十卷　（明）抱甕老人輯　清末刻本　十二冊

220000－0801－0022800　集66/95

圖繪今古奇觀四十卷　（明）抱甕老人輯　清光緒十四年（1888）石印本　六冊

220000－0801－0022801　集66/96

今古奇觀四十卷　（明）抱甕老人輯　清末刻本　八冊　存二十二卷（九至十八、二十九至四十）

220000－0801－0022802　集66/101

今古奇觀四十卷　（明）抱甕老人輯　清末刻本　十二冊

220000－0801－0022803　集66/102

繪圖續今古奇觀六卷三十回　（□）□□撰　清光緒三十年（1904）石印本　六冊

220000－0801－0022804　集66/105

第九才子書平鬼傳四卷　（清）樵雲山人編　清末石印本　三冊　存三卷（二至四）

220000－0801－0022805　集68/2

繡像繪圖大明正德皇遊江南傳四卷四十五回　（清）何夢梅撰　清末石印本　四冊

220000－0801－0022806　集68/4

三元堂批點殘唐五代史演義六卷六十回　（明）羅貫中編　（明）湯顯祖評　清末刻本　六冊

220000－0801－0022807　集68/6

龍圖神斷公案十卷　（□）□□撰　清刻本　四冊

220000－0801－0022808　集68/9

龍圖公案十卷　（□）□□撰　清嘉慶十四年（1809）刻本　六冊

220000－0801－0022809　集68/11

繡像新世界飛跎子全傳三十二回　（清）□□撰　清宣統二年（1910）石印本　一冊

220000－0801－0022810　集68/12

繪圖新貪歡報二卷十四回　（清）潭溪漁隱著

清宣統二年（1910）上海萃英書局石印本　一冊

220000－0801－0022811　集68/14

新史奇觀演義全傳四卷二十二回　（清）蓬蒿子撰　清刻本　四冊

220000－0801－0022812　集68/14－1

新史奇觀演義全傳四卷二十二回　（清）蓬蒿子撰　清刻本　四冊

220000－0801－0022813　集68/15

繡像精忠演義說岳全傳二十卷八十回　（清）錢彩編　清同治十一年（1872）金沙劍光閣刻本　二十

220000－0801－0022814　集68/16

繪圖施公案十集四十二卷　（□）□□撰　清光緒二十九年（1903）石印本　二十四冊

220000－0801－0022815　集68/16－1

繪圖施公案十集四十二卷　（□）□□撰　清光緒二十九年（1903）石印本　十三冊

220000－0801－0022816　集68/17

施案奇聞八卷九十七回　（□）□□撰　清道光四年（1824）刻本　四冊

220000－0801－0022817　集68/19

繪圖施公案全集四十六卷五百三十八回　（□）□□撰　清光緒二十九年（1903）上海廣益書局石印本　二十

220000－0801－0022818　集68/23

繡像說唐前傳十卷六十八回　（清）如蓮居士編　清末刻本　十

220000－0801－0022819　集68/25

白圭志十六回　（清）崔象川撰　清末刻本　四冊

220000－0801－0022820　集68/29

繪圖三公奇案二十卷　（□）□□撰　清光緒十七年（1891）鉛印本　六冊

220000－0801－0022821　集68/29－1

繪圖三公奇案二十卷　（□）□□撰　清光緒十七年（1891）鉛印本　六冊

220000－0801－0022822　集68/32

繡像三國志五十一卷一百二十回　（明）羅貫
中撰　（清）毛宗崗評　清末京都文成堂刻本
二十冊

220000－0801－0022823　集68/35

**四大奇書第一種三國志十九卷一百二十回首
一卷**　（明）羅貫中撰　（清）毛宗崗評　清藜
照書屋刻本　二十冊

220000－0801－0022824　集68/36

**四大奇書第一種三國志十九卷一百二十回首
一卷**　（明）羅貫中撰　（清）毛宗崗評　清刻
本　二十冊

220000－0801－0022825　集68/38

圖像三國志演義六十卷一百二十回　（明）羅
貫中撰　清光緒十六年(1890)廣百宋齋鉛印
本　十二冊

220000－0801－0022826　集68/42

繡像三國演義續編東晉八卷西晉四卷　（清）
金人瑞編　清光緒十九年(1893)文玉山房鉛
印本　八冊

220000－0801－0022827　集68/43

繡像三國志演義六十卷　（明）羅貫中撰
（清）毛宗崗評　清咸豐三年(1853)小石山房
刻本　十六冊

220000－0801－0022828　集68/45

五美緣八十回　（清）寄生氏撰　清光緒六年
(1880)文奎堂刻本　二冊

220000－0801－0022829　集68/47

五美緣全傳八十回　（清）寄生氏撰　清道光
二十三年(1843)慎德堂刻本　八冊

220000－0801－0022830　集68/52

新刻天花藏批評玉嬌梨四卷二十回　（清）荻
岸散人編　清光緒二十二年(1896)石印本
四冊

220000－0801－0022831　集68/52－1

新刻天花藏批評玉嬌梨四卷二十回　（清）荻
岸散人編　清光緒二十二年(1896)石印本

四冊

220000－0801－0022832　集68/54

新刻天花藏批評玉嬌梨四卷二十回　（清）荻
岸散人編　清末刻本　四冊

220000－0801－0022833　集68/55

新刻天花藏批評玉嬌梨四卷二十回　（清）荻
岸散人編　清末刻本　四冊

220000－0801－0022834　集68/56

雪月梅傳奇五十回　（清）陳朗編　（清）董孟
汾評　清末聚錦堂刻本　十冊

220000－0801－0022835　集68/58

繪圖天緣巧配十二卷　（□）□□撰　清光緒
二十一年(1895)上海書局石印本　四冊

220000－0801－0022836　集68/59

天地開闢傳六卷八十回　（明）鍾伯敬評　清
同治八年(1869)三元堂刻本　六冊

220000－0801－0022837　集68/60

繪圖平金川四卷三十二回　（清）小山居士撰
清光緒二十五年(1899)石印本　三冊　缺
一卷(二)

220000－0801－0022838　集68/60－1

繪圖平金川四卷三十二回　（清）小山居士撰
清光緒二十五年(1899)石印本　四冊

220000－0801－0022839　集68/61

新刻北宋三遂平妖傳六卷四十回　（明）馮夢
龍撰　清道光十年(1830)刻本　六冊

220000－0801－0022840　集68/68

**異說後唐傳三集薛丁山征西樊梨花全傳十卷
八十八回**　（清）如蓮居士編　清末刻本
十冊

220000－0801－0022841　集68/70

飛龍傳二十卷六十回　（清）吳璿編　清嘉慶
二年(1797)廣蔭堂刻本　十二冊

220000－0801－0022842　集68/72

飛龍全傳六十回　（清）吳璿編　清末刻本
二十冊

220000－0801－0022843　集68/75

新刻聽月樓二十回　（□）□□撰　清嘉慶二十四年(1819)同文堂刻本　四冊

220000－0801－0022844　集68/75－1

新刻聽月樓二十回　（□）□□撰　清嘉慶二十四年(1819)同文堂刻本　四冊

220000－0801－0022845　集68/77

繡像京本雲合奇蹤玉茗英烈全傳十卷八十回　（明）徐渭編　清光緒十九年(1893)刻本　十冊

220000－0801－0022846　集68/79

西遊原旨一百回　（明）吳承恩撰　（清）劉一明解　清嘉慶二十四年(1819)常德同善分社刻本　十二冊

220000－0801－0022847　集68/82

繪圖增像西遊記一百回　（明）吳承恩撰（清）陳士斌解　清光緒十九年(1893)書業德刻本　十冊

220000－0801－0022848　集68/83

西遊記評註一百回　（明）吳承恩撰　（清）含晶子詮解　清光緒十八年(1892)刻本　二十冊

220000－0801－0022849　集68/84

西遊真詮八卷一百回　（明）吳承恩撰　清三益堂刻本　四冊

220000－0801－0022850　集68/85

新說西遊記一百回　（明）吳承恩撰　（清）張書紳註　清光緒十四年(1888)邗江味潛齋石印本　八冊

220000－0801－0022851　集68/86

新刻批評繡像後西遊記四十回　（清）天花才子評點　清末金閶書業堂刻本　四冊

220000－0801－0022852　集68/88

新刻劍嘯閣批評西漢演義八卷東漢演義十卷　（明）鍾惺評　清末刻本　十四冊

220000－0801－0022853　集68/88－1

新刻劍嘯閣批評西漢演義八卷東漢演義十卷　（明）鍾惺評　清末刻本　十四冊

220000－0801－0022854　集68/89

增像全圖西漢演義四卷一百回東漢演義四卷六十四回　（明）甄偉等撰　清光緒二十三年(1897)上海三元書局石印本　六冊

220000－0801－0022855　集68/90

繡像西漢演義八卷東漢演義十卷　（明）甄偉等撰　（明）鍾惺評　清末刻本　十四冊

220000－0801－0022856　集68/91

新刻劍嘯閣批評西漢演義八卷　（明）鍾惺評　清末刻本　八冊

220000－0801－0022857　集68/93

增像全圖西漢演義四卷一百回東漢演義四卷六十四回　（明）甄偉等撰　清光緒三十年(1904)上海福記石印本　六冊

220000－0801－0022858　集68/100

第五才子書水滸傳七十回　（元）施耐庵撰　清光緒十四年(1888)上海大同書局石印本　八冊

220000－0801－0022859　集68/102

繪圖增像第五才子書水滸全傳十卷七十回（元）施耐庵撰　（清）金人瑞評釋　清光緒二十年(1894)上海圖書集成局石印本　十冊

220000－0801－0022860　集68/103

評註圖像水滸傳七十五卷七十回　（元）施耐庵撰　清光緒十二年(1886)上海同文書局石印本　八冊

220000－0801－0022861　集68/105

水滸後傳八卷四十回　（明）陳忱撰　清紹裕堂新刻本　八冊

220000－0801－0022862　集68/106

水滸後傳八卷四十回　（明）陳忱撰　清末刻本　八冊

220000－0801－0022863　集68/108

結水滸全傳七十卷七十回末一卷　（清）俞萬春編　清咸豐七年(1857)文聚堂刻本　二十五冊

220000－0801－0022864　集68/109

繡像結水滸全傳七十卷七十回末一卷 （清）俞萬春編　清光緒二十二年(1896)慎記書莊石印本　八冊

220000－0801－0022865　集68/111

繡像結水滸全傳八卷七十回末一卷 （清）俞萬春編　清光緒二十二年(1896)煥文書局鉛印本　八冊

220000－0801－0022866　集68/119

醒世姻緣傳一百回 （清）西周生撰　清光緒十四年(1888)刻本　二十四冊

220000－0801－0022867　集68/119－1

醒世姻緣傳一百回 （清）西周生撰　清光緒十四年(1888)刻本　二十冊

220000－0801－0022868　集68/123

異說征西演義全傳六卷四十回 （清）恂莊主人編　清末刻本　四冊

220000－0801－0022869　集68/124

爭春園全傳六卷四十八回 （清）寄生氏撰　清光緒十五年(1889)刻本　六冊

220000－0801－0022870　集68/124－1

爭春園全傳六卷四十八回 （清）寄生氏撰　清光緒十五年(1889)刻本　六冊

220000－0801－0022871　集68/132

紅樓圓夢三十回 （□）□□撰　清嘉慶十九年(1814)紅薔閣刻本　八冊

220000－0801－0022872　集68/134

增評加批金玉緣圖說十二卷一百二十回 （清）曹雪芹撰　蝶薌仙史評　清光緒三十二年(1906)石印本　十六冊

220000－0801－0022873　集68/139

紅樓復夢一百卷一百回 （清）小和山樵南陽氏撰　清嘉慶十年(1805)刻本　二十四冊

220000－0801－0022874　集68/139－1

紅樓復夢一百卷一百回 （清）小和山樵南陽氏撰　清嘉慶十年(1805)刻本　二十四冊

220000－0801－0022875　集68/140

紅樓夢一百二十回 （清）曹雪芹撰　清道光十二年(1832)刻本　三十冊

220000－0801－0022876　集68/141

紅樓夢一百二十回 （清）曹雪芹撰　清道光十二年(1832)刻本　二十四冊

220000－0801－0022877　集68/143

繡像紅樓夢補四卷四十八回 （清）歸鋤子撰　清光緒二十五年(1899)鉛印本　二冊

220000－0801－0022878　集68/145

紅樓夢一百二十卷 （清）曹雪芹撰　清末刻本　二十四冊

220000－0801－0022879　集68/146

紅樓夢一百二十卷 （清）曹雪芹撰　清光緒三年(1877)刻本　二十二冊

220000－0801－0022880　集68/147

增刻紅樓夢圖詠一卷 （清）王墀繪　**紅樓夢廣義一卷** （清）青山山農撰　**紅樓夢論贊一卷** （清）讀花人編　清光緒十二年(1886)上海點石齋影印本　二冊

220000－0801－0022881　集68/148

紅樓夢一百二十回 （清）曹雪芹撰　清末刻本　二十四冊

220000－0801－0022882　集68/149

後紅樓夢三十二回 （□）□□撰　清末刻本　十二冊

220000－0801－0022883　集68/149－1

後紅樓夢三十二回 （□）□□撰　清末刻本　十二冊

220000－0801－0022884　集68/150

後紅樓夢三十二回 （□）□□撰　清光緒十四年(1888)刻本　八冊

220000－0801－0022885　集68/151

繪圖後紅樓夢六卷三十二回 （□）□□撰　清宣統二年(1910)上海章福記石印本　六冊

220000－0801－0022886　集68/152

後紅樓夢三十二回 （□）□□撰　清刻本　十二冊

220000－0801－0022887　集68/153

續紅樓夢三十卷　（清）秦子忱撰　清末石印本　六冊

220000－0801－0022888　集68/154

續紅樓夢三十卷　（清）秦子忱撰　清光緒八年(1882)經訓堂刻本　十冊

220000－0801－0022889　集68/156

增評補像全圖金玉緣一百二十回附評一卷贊一卷目錄一卷　（清）曹雪芹撰　清光緒三十四年(1908)石印本　十六冊

220000－0801－0022890　集68/161

繡像嶺南逸史十卷二十八回　（清）黃耐庵撰　清同治刻本　十冊

220000－0801－0022891　集68/161－1

繡像嶺南逸史十卷二十八回　（清）黃耐庵撰　清同治刻本　五冊

220000－0801－0022892　集68/166

兒女英雄傳八卷四十回　（清）文康撰　清末石印本　八冊

220000－0801－0022893　集68/167

繪圖評點兒女英雄傳四十回　（清）文康編　清光緒四年(1878)上海著易堂書局鉛印本　八冊

220000－0801－0022894　集68/168

支那兒女英雄遺事八卷六十八回　（清）□□撰　清光緒二十九年(1903)石印本　八冊

220000－0801－0022895　集68/170

續兒女英雄傳四卷三十二回　（清）□□撰　清光緒鉛印本　四冊

220000－0801－0022896　集68/171

繡像繪圖兒女英雄傳八卷四十回續八卷三十二回　（□）□□撰　清光緒三十二年(1906)上海進步書局石印本　十二冊

220000－0801－0022897　集68/174

第八才子書白圭志十六回首一卷　（清）崔象川輯　清末刻本　二冊

220000－0801－0022898　集68/175

第八才子書白圭志十六回首一卷　（清）崔象川輯　清末江左書林刻本　四冊

220000－0801－0022899　集68/180

綠牡丹全傳八卷六十四回　（□）□□撰　清道光十八年(1838)刻本　四冊

220000－0801－0022900　集68/181

繪芳錄八十回　（清）西泠野樵撰　清光緒四年(1878)申報館鉛印本　十六冊

220000－0801－0022901　集68/184

繪圖永慶昇平前傳四卷九十七回後傳四卷一百回　（清）郭廣瑞　貪夢道人編　清光緒十五年(1889)石印本　一冊

220000－0801－0022902　集68/184－1

繪圖永慶昇平前傳四卷九十七回後傳四卷一百回　（清）郭廣瑞　貪夢道人編　清光緒十五年(1889)石印本　八冊

220000－0801－0022903　集68/185

繪圖永慶昇平前傳十二卷九十七回　（清）郭廣瑞編　清光緒二十九年(1903)石印本　四冊

220000－0801－0022904　集68/187

繡像宋太祖三下五代八卷五十三回　（清）好古主人撰　清咸豐八年(1858)紫貴堂刻本　八冊

220000－0801－0022905　集68/190

繡像宋史奇書十二卷六十六回　（□）□□撰　清末刻本　六冊

220000－0801－0022906　集68/190－1

繡像宋史奇書十二卷六十六回　（□）□□撰　清末刻本　六冊

220000－0801－0022907　集68/193

濟顛全傳四卷二十回　（清）天花藏主人編　清光緒二十年(1894)刻本　四冊

220000－0801－0022908　集68/196

增註繪圖官場現形記三十六卷　（清）李寶嘉撰　清光緒二十九年(1903)石印本　九冊

220000－0801－0022909　集68/201

江南鐵淚圖新編一卷　（清）寄雲山人編　清刻本　一冊

220000－0801－0022910　集68/201－1
江南鐵淚圖新編一卷　（清）寄雲山人編　清刻本　一冊

220000－0801－0022911　集68/202
繡像洪秀全演義八卷五十四回　（清）黃小配撰　清末石印本　一冊　存十一回（四十四至五十四）

220000－0801－0022912　集68/207
金聖嘆先生評點繡像漢宋奇書　（明）羅貫中撰　（清）金人瑞批點　清刻本　十八冊

220000－0801－0022913　集68/207－1
金聖嘆先生評點繡像漢宋奇書　（明）羅貫中撰　（清）金人瑞批點　清刻本　二十冊

220000－0801－0022914　集68/207－2
金聖嘆先生評點繡像漢宋奇書　（明）羅貫中撰　（清）金人瑞批點　清刻本　二十冊

220000－0801－0022915　集68/207－3
金聖嘆先生評點繡像漢宋奇書　（明）羅貫中撰　（清）金人瑞批點　清刻本　二十四冊

220000－0801－0022916　集68/218
原本海公大紅袍傳六十回　（明）李春芳編　清道光二年（1822）刻本　八冊

220000－0801－0022917　集68/218－1
原本海公大紅袍傳六十回　（明）李春芳編　清道光二年（1822）刻本　十冊

220000－0801－0022918　集68/221
繡像海上繁華夢新書二集十二卷六十回　（清）警夢癡仙編　清光緒三十一年（1905）鉛印本　十冊

220000－0801－0022919　集68/222
繡像海上繁華夢二集十二卷六十回　（清）警夢癡仙編　清光緒二十九年（1903）鉛印本　十二冊

220000－0801－0022920　集68/224
新鐫批評出像通俗演義禪真後史五十三回　（明）方汝浩編　清末刻本　八冊

220000－0801－0022921　集68/225
新鐫批評出像通俗奇俠禪真逸史四十回　（明）方汝浩編　清末刻本　十二冊

220000－0801－0022922　集68/225－1
新鐫批評出像通俗奇俠禪真逸史四十回　（明）方汝浩編　清末刻本　二十冊

220000－0801－0022923　集68/226
新鐫繪圖十二美女玉蟾緣四卷五十三回　（□）□□撰　清光緒二十五年（1899）上海書局石印本　四冊

220000－0801－0022924　集68/227
覺世名言第一種十二卷　（清）李漁撰　清末刻本　六冊

220000－0801－0022925　集68/228
覺世名言第一種三十八回　（清）李漁撰　清嘉慶五年（1800）刻本　六冊

220000－0801－0022926　集68/231
新刻中興大唐演義傳十卷一百回　（清）如蓮居士編　清光緒十二年（1886）京都立盛堂刻本　六冊

220000－0801－0022927　集68/235
繡像七俠五義六卷一百二十回　（清）俞樾編　清光緒三十二年（1906）石印本　一冊

220000－0801－0022928　集68/239
七俠五義傳二十四卷一百二十回　（清）俞樾編　清光緒十五年（1889）鉛印本　六冊

220000－0801－0022929　集68/240
繡像七劍十三俠三集十二卷一百八十回　（清）唐芸洲撰　清宣統二年（1910）石印本　六冊

220000－0801－0022930　集68/244
新刻異說五代演義全傳十卷一百回　（清）如蓮居士編　清末似菊別墅刻本　十冊

220000－0801－0022931　集68/244－1
新刻異說五代演義全傳十卷一百回　（清）如蓮居士編　清末似菊別墅刻本　六冊

220000 - 0801 - 0022932　集68/247

新輯左公平西全傳四卷三十二回　（□）□□
撰　清光緒三十四年(1908)石印本　一冊

220000 - 0801 - 0022933　集68/248

希夷夢四十卷　（清）汪寄撰　清末刻本　十
六冊

220000 - 0801 - 0022934　集68/249

繪圖評點女仙外史一百回　（清）呂熊撰　清
光緒二十一年(1895)上海積山書局石印本
十六冊

220000 - 0801 - 0022935　集68/250

繪圖評點女仙外史八卷一百回　（清）呂熊編
　清宣統元年(1909)上海章福記石印本
八冊

220000 - 0801 - 0022936　集68/250 - 1

繪圖評點女仙外史八卷一百回　（清）呂熊編
　清宣統元年(1909)上海章福記石印本
八冊

220000 - 0801 - 0022937　集68/267

繪圖九尾龜十二集一百九十二回　（清）張春
帆撰　清咸豐二年(1852)刻本　八冊

220000 - 0801 - 0022938　集68/270

花月痕全書十六卷五十二回　（清）魏秀仁撰
　清光緒三十四年(1908)上海普新端記書局
石印本　二冊

220000 - 0801 - 0022939　集68/271

花月痕全書十六卷五十二回　（清）魏秀仁撰
　清光緒十四年(1888)刻本　十六冊

220000 - 0801 - 0022940　集68/272

繡像繪圖花月痕五十二回　（清）魏秀仁編
清末石印本　四冊

220000 - 0801 - 0022941　集68/274

花月姻緣十六卷五十二回　（清）魏秀仁撰
清光緒十九年(1893)鉛印本　六冊

220000 - 0801 - 0022942　集68/274 - 1

花月姻緣十六卷五十二回　（清）魏秀仁撰
清光緒十九年(1893)鉛印本　六冊

220000 - 0801 - 0022943　集68/275

花月痕全書十六卷五十二回　（清）魏秀仁撰
清光緒十八年(1892)鉛印本　四冊

220000 - 0801 - 0022944　集68/282

草木春秋演義五卷三十二回　（清）雲間子撰
　清末刻本　五冊

220000 - 0801 - 0022945　集68/282 - 1

草木春秋演義五卷三十二回　（清）雲間子撰
　清末刻本　五冊

220000 - 0801 - 0022946　集68/283

繪圖草木春秋演義三十二回　（清）雲間子撰
　清嘉慶二十三年(1818)博古堂刻本　六冊

220000 - 0801 - 0022947　集68/286

新刻封神演義八卷一百回　（明）許仲琳撰
清同治八年(1869)經國堂刻本　八冊

220000 - 0801 - 0022948　集68/288

繪圖秘本殺子報全傳四卷二十回　（□）□□
撰　清光緒二十一年(1895)上海書局石印本
四冊

220000 - 0801 - 0022949　集68/289

繪圖萬年清八集七十六回　（□）□□撰　清
末石印本　八冊

220000 - 0801 - 0022950　集68/290

萬花樓楊包狄演義十四卷六十八回　（清）李
雨堂撰　清咸豐九年(1859)禪山福文堂刻本
十四冊

220000 - 0801 - 0022951　集68/293

精訂綱鑑廿四史通俗衍義二十六卷四十四回
　（清）呂撫輯　清光緒十三年(1887)石印本
六冊

220000 - 0801 - 0022952　集68/294

精訂綱鑑廿四史通俗衍義六卷四十四回
（清）呂撫輯　清光緒二十一年(1895)鉛印本
六冊

220000 - 0801 - 0022953　集68/294 - 1

精訂綱鑑廿四史通俗衍義六卷四十四回
（清）呂撫輯　清光緒二十一年(1895)鉛印本

六冊

220000－0801－0022954　集68/294－2
精訂綱鑑廿四史通俗衍義六卷四十四回
（清）呂撫輯　清光緒二十一年(1895)鉛印本
六冊

220000－0801－0022955　集68/294－3
精訂綱鑑廿四史通俗衍義六卷四十四回
（清）呂撫輯　清光緒二十一年(1895)鉛印本
六冊

220000－0801－0022956　集68/296
繡像京本雲合奇蹤玉茗英烈全傳十卷八十回
　　（明）徐渭編　清嘉慶十三年(1808)刻本
五冊

220000－0801－0022957　集68/298
續英烈傳五卷三十四回　（明）空谷老人編
清末刻本　四冊

220000－0801－0022958　集68/300
林蘭香八卷六十四回　（清）隨緣下士編　清
光緒四年(1878)維新堂刻本　八冊

220000－0801－0022959　集68/300－1
林蘭香八卷六十四回　（清）隨緣下士編　清
光緒四年(1878)維新堂刻本　七冊　缺一卷
（一）

220000－0801－0022960　集68/304
新鐫玉茗堂批點按鑑參補楊家將傳十卷五十
回南宋志傳十卷五十回　（明）研石山樵訂正
　清同治十一年(1872)經綸堂刻本　十冊

220000－0801－0022961　集68/305
新鐫玉茗堂批點按鑑參補楊家將傳十卷五十
回南宋志傳十卷五十回　（明）研石山樵訂正
　清末刻本　八冊

220000－0801－0022962　集68/308
乾隆遊江南八集十卷七十六回　（□）□□撰
　清末石印本　八冊

220000－0801－0022963　集68/308－1
乾隆遊江南八集十卷七十六回　（□）□□撰
　清末石印本　八冊

220000－0801－0022964　集68/309
繡像繪圖乾隆巡幸江南記八卷七十六回
（□）□□撰　清末上海共和書局石印本
一冊

220000－0801－0022965　集68/313
繪圖中東大戰演義二卷二十回　（清）洪興全
撰　清末石印本　二冊

220000－0801－0022966　集68/314
繪像中東大戰演義四卷三十三回　（清）洪興
全撰　清光緒二十六年(1900)石印本　四冊

220000－0801－0022967　集68/319
青泥蓮花記十三卷　（明）梅鼎祚撰　清宣統
二年(1910)上海掃葉山房刻本　四冊

220000－0801－0022968　集68/319－1
青泥蓮花記十三卷　（明）梅鼎祚撰　清宣統
二年(1910)上海掃葉山房刻本　四冊

220000－0801－0022969　集68/319－2
青泥蓮花記十三卷　（明）梅鼎祚撰　清宣統
二年(1910)上海掃葉山房刻本　四冊

220000－0801－0022970　集68/320
青樓夢六十四回　（清）俞達撰　清光緒四年
(1878)申報館鉛印本　五冊

220000－0801－0022971　集68/320－1
青樓夢六十四回　（清）俞達撰　清光緒四年
(1878)申報館鉛印本　十冊

220000－0801－0022972　集68/325
繡像忠烈續小五義六卷一百二十四回　（清）
石玉崑編　清光緒二十九年(1903)石印本
六冊

220000－0801－0022973　集68/326
忠孝勇烈奇女傳四卷三十二回　（清）馬祖編
　清光緒四年(1878)常州樂善堂刻本　四冊

220000－0801－0022974　集68/327
忠孝勇烈奇女傳四卷三十二回　（清）馬祖編
　清宣統二年(1910)京都養真仙苑刻本
四冊

220000－0801－0022975　集68/329

蝸觸蠻三國爭地記十六回　（清）蟲天逸史撰
　　清光緒三十四年（1908）鉛印本　一冊

220000－0801－0022976　集68/330

費娥劍二十四章　（清）蔣景緘著繪　清末時
事報鉛印本　二冊

220000－0801－0022977　集68/331

繪圖東周列國志八卷一百八回　（清）蔡昇輯
　　清光緒二十五年（1899）石印本　八冊

220000－0801－0022978　集68/332

東周列國志二十三卷目錄一卷　（□）□□撰
　　清咸豐四年（1854）刻本　二十四冊

220000－0801－0022979　集68/334

繡像東周列國志二十七卷一百八回　（清）蔡
昇輯　清光緒三十一年（1905）鉛印本　十
二冊

220000－0801－0022980　集68/335

繡像東周列國志二十七卷一百八回　（清）蔡
昇輯　清光緒三十年（1904）鉛印本　十二冊

220000－0801－0022981　集68/336

繪圖東周列國志二十七卷一百八回　（清）蔡
昇編　清光緒三十一年（1905）石印本　八冊

220000－0801－0022982　集68/337

東西晉全傳八卷　（清）陳氏尺蠖齋評　清慎
德堂刻本　八冊　缺四卷（西晉志傳通俗演
義四卷）

220000－0801－0022983　集68/338

新鍥重訂出像通俗演義東晉志傳八卷西晉志
傳四卷　（清）陳氏尺蠖齋評　清慎德堂刻本
五冊　缺二卷（西晉志傳一至二）

220000－0801－0022984　集68/339

東周列國志八卷一百八回　（清）蔡昇輯　清
宣統元年（1909）石印本　八冊

220000－0801－0022985　集68/340

東周列國志一百八回　（清）蔡昇輯　清咸豐
二年（1852）刻本　二十四冊

220000－0801－0022986　集68/341

時事報圖畫雜俎不分卷　（清）時事報社編繪

清光緒三十四年（1908）鉛印本　三冊

220000－0801－0022987　集68/342

品花寶鑑六十回　（清）陳森撰　清末刻本
二十四冊

220000－0801－0022988　集68/343

品花寶鑑六十回　（清）陳森撰　清末刻本
二十四冊

220000－0801－0022989　集68/350

繡像野草閑花臭姻緣四卷四十回　（清）□□
撰　清光緒二年（1876）鑄記書局石印本
二冊

220000－0801－0022990　集68/351

繡像野草閑花臭姻緣四卷四十回　（清）□□
撰　清光緒二十七年（1901）石印本　四冊

220000－0801－0022991　集68/352

第一奇書野叟曝言二十卷一百五十四回
（清）夏敬渠撰　清光緒八年（1882）鉛印本
十冊

220000－0801－0022992　集68/352－1

第一奇書野叟曝言二十卷一百五十四回
（清）夏敬渠撰　清光緒八年（1882）鉛印本
十冊

220000－0801－0022993　集68/352－2

第一奇書野叟曝言二十卷一百五十四回
（清）夏敬渠撰　清光緒八年（1882）鉛印本
十冊

220000－0801－0022994　集68/352－3

第一奇書野叟曝言二十卷一百五十四回
（清）夏敬渠撰　清光緒八年（1882）鉛印本
九冊　缺二卷（一至二）

220000－0801－0022995　集68/354

新編野叟曝言二十卷一百五十四回　（清）夏
敬渠撰　清光緒石印本　二十冊

220000－0801－0022996　集68/354－1

新編野叟曝言二十卷一百五十四回　（清）夏
敬渠撰　清光緒石印本　二十冊

220000－0801－0022997　集68/354－2

新編野叟曝言二十卷一百五十四回　(清)夏敬渠撰　清光緒石印本　九冊　存九卷(一至八、十)

220000－0801－0022998　集68/355

繪圖昇仙傳演義八卷五十六回　(□)□□撰　清宣統二年(1910)上海廣益書局石印本　四冊

220000－0801－0022999　集68/357

繪圖昇仙傳演義八卷五十六回　(□)□□撰　清光緒十九年(1893)上海書局石印本　四冊

220000－0801－0023000　集68/359

新刊繡像昇仙傳八卷五十六回　(清)倚雲氏撰　清光緒二十五年(1899)刻本　八冊

220000－0801－0023001　集68/360

繡像昇仙傳八卷五十六回　(清)倚雲氏撰　清末上海廣益書局石印本　四冊

220000－0801－0023002　集68/361

黑奴籲天錄四卷四十四章　(美國)斯土活著　林紓　魏易譯　清光緒二十七年(1901)刻本　四冊

220000－0801－0023003　集68/362

新刻異說反唐演傳十卷一百回　(清)如蓮居士編　清嘉慶刻本　十冊

220000－0801－0023004　集68/363

蜃樓志二十四卷二十四回　(清)庾嶺勞人說　愚山老人編　清咸豐八年(1858)刻本　八冊

220000－0801－0023005　集68/364

新鐫古本批評繡像三世報隔簾花影四十八回　(清)四橋居士撰　清末刻本　十冊

220000－0801－0023006　集68/364－1

新鐫古本批評繡像三世報隔簾花影四十八回　(清)四橋居士撰　清末刻本　十二冊

220000－0801－0023007　集68/368

風月夢三十二回　(清)邗上蒙人撰　清光緒九年(1883)刻本　四冊

220000－0801－0023008　集68/369

風月夢三十二回　(清)邗上蒙人撰　清光緒十年(1884)上海江左書林刻本　四冊

220000－0801－0023009　集68/370

鳳凰池四卷十六回　(清)劉璋撰　清末鼎翰樓刻本　四冊

220000－0801－0023010　集68/372

閩都別記雙峰夢二十卷四百回　(清)何求編　清宣統三年(1911)藕根齋石印本　二十冊

220000－0801－0023011　集68/372－1

閩都別記雙峰夢二十卷四百回　(清)何求編　清宣統三年(1911)藕根齋石印本　十冊　存十卷(一至十)

220000－0801－0023012　集68/375

繡像開闢演義六卷八十回　(明)周遊集　清光緒二年(1876)刻本　六冊

220000－0801－0023013　集68/376

繡像開闢演義六卷八十回　(明)周遊集　(明)鍾伯敬評　清道光十年(1830)刻本　六冊

220000－0801－0023014　集68/376－1

繡像開闢演義六卷八十回　(明)周遊集　(明)鍾伯敬評　清道光十年(1830)刻本　六冊

220000－0801－0023015　集68/376－2

繡像開闢演義六卷八十回　(明)周遊集　(明)鍾伯敬評　清道光十年(1830)刻本　六冊

220000－0801－0023016　集68/380

閨門秘術四卷五十回　(□)□□撰　清光緒二十七年(1901)文宜書局石印本　四冊

220000－0801－0023017　集68/388

鏡花緣二十卷一百回　(清)李汝珍撰　清末刻本　二十冊

220000－0801－0023018　集68/389

繪圖鏡花緣一百回　(清)李汝珍撰　清光緒十四年(1888)石印本　八冊

220000－0801－0023019　集68/392

前七國志六卷二十回後七國志六卷十八回
（□）□□撰　清末古吳文裕堂刻本　四冊

220000－0801－0023020　集68/397

繡像鐵冠圖四卷五十回　（清）松滋山人編
清光緒三十三年(1907)石印本　四冊

220000－0801－0023021　集68/401

隋唐志傳四卷四十六回　（明）鍾惺編　清末
刻本　四冊

220000－0801－0023022　集68/403

繡像小五義十二卷一百二十四回　（清）石玉
崑編　清光緒二十五年(1899)簡青齋書局石
印本　六冊

220000－0801－0023023　集68/404

續小五義一百二十四回　（清）石玉崑撰　清
光緒十七年(1891)刻本　二十四冊

220000－0801－0023024　集68/406

繡像小五義十二卷一百二十四回　（清）石玉
崑編　清光緒二十五年(1899)上海掃葉山房
石印本　三冊

220000－0801－0023025　集68/407

繡像續小五義一百二十四回　（清）石玉崑編
清光緒十八年(1892)鉛印本　六冊

220000－0801－0023026　集68/408

繡像小五義六卷一百二十四回　（清）石玉崑
編　清光緒三十二年(1906)石印本　一冊

220000－0801－0023027　集68/408－1

繡像小五義六卷一百二十四回　（清）石玉崑
編　清光緒三十二年(1906)石印本　一冊

220000－0801－0023028　集68/409

增像小五義二十五卷一百二十四回　（清）石
玉崑編　清光緒十六年(1890)鉛印本　六冊

220000－0801－0023029　集68/412

增像續小五義六卷一百二十四回　（清）石玉
崑編　清光緒十六年(1890)久敬齋石印本
六冊

220000－0801－0023030　集68/415

新輯改良小說怡情佚史八卷六十回　（清）陳
森著　清末石印本　八冊

220000－0801－0023031　集68/416

常言道四卷十六回　（清）落魄道人編　清光
緒元年(1875)刻本　四冊

220000－0801－0023032　集68/417

新刻粉粧樓傳記十卷八十回　（清）竹溪山人
撰　清嘉慶二年(1797)刻本　十冊

220000－0801－0023033　集68/419

繪圖俠義風月傳四卷十八回　（清）名教中人
編　清光緒十八年(1892)石印本　四冊

220000－0801－0023034　集68/422

繪圖英雄奇緣傳十卷五十七回　（□）□□撰
清光緒二十二年(1896)文海書局石印本
一冊　缺四卷(一至二、五至六)

220000－0801－0023035　集68/425

新刻批評東漢演義八卷三十二回　（清）清遠
道人編　清同治十一年(1872)刻本　六冊

220000－0801－0023036　集68/438

增評補圖石頭記一百二十回　（清）曹雪芹撰
清光緒二十六年(1900)石印本　八冊

220000－0801－0023037　集68/441

繪圖花月姻緣十六卷五十二回　（清）魏秀仁
撰　清光緒二十二年(1896)石印本　六冊

220000－0801－0023038　集68/441－1

繪圖花月姻緣十六卷五十二回　（清）魏秀仁
撰　清光緒二十二年(1896)石印本　六冊

220000－0801－0023039　集68/441－2

繪圖花月姻緣十六卷五十二回　（清）魏秀仁
撰　清光緒二十二年(1896)石印本　六冊

220000－0801－0023040　集68/442

新鐫玉茗堂批點按鑑參補南宋志傳十卷五十
回　（明）熊大木撰　（明）研石山樵訂正　清
英德堂刻本　四冊

220000－0801－0023041　集68/443

新鐫玉茗堂批點按鑑參補南宋志傳十卷五十
回　（明）熊大木撰　（明）研石山樵訂正　清

啓元堂刻本　五冊

220000－0801－0023042　集68/444

新鐫玉茗堂批點按鑑參補南宋志傳十卷五十回　（明）熊大木撰　（明）研石山樵訂正　清五雲堂刻本　六冊

220000－0801－0023043　集68/445

紅樓夢圖詠四卷　（清）改琦繪　淮浦居士輯　清光緒五年（1879）刻本　四冊

220000－0801－0023044　集68/445－1

紅樓夢圖詠四卷　（清）改琦繪　淮浦居士輯　清光緒五年（1879）刻本　二冊

220000－0801－0023045　集68/449

新鐫玉茗堂批點按鑑參補楊家將傳十卷五十回　（明）熊大木撰　清刻本　四冊

220000－0801－0023046　集68/465

新刻繡像雲中落繡鞋全傳　（□）□□撰　清末石印本　一冊　存三卷（五至七）

220000－0801－0023047　集68/468

中東大戰演義四卷三十三回　（清）洪興全撰　清光緒二十六年（1900）香港中華印務總局鉛印本　三冊　存三卷（一至二、四）

220000－0801－0023048　集68/468－1

中東大戰演義四卷三十三回　（清）洪興全撰　清光緒二十六年（1900）香港中華印務總局鉛印本　一冊　存一卷（四）

220000－0801－0023049　集68/474

繪圖黑寶星二十四章　（清）蔣景緘譯　清末刻本　一冊

220000－0801－0023050　集68/475

野叟曝言二十卷一百五十四回　（清）夏敬渠撰　清光緒石印本　六冊　存六卷（四至九）

220000－0801－0023051　集69/12

台戰實紀六卷續集六卷再續二卷附台倭戰記二卷　（清）□□撰　清光緒石印本　六冊　缺六卷（台戰實紀六卷）

220000－0801－0023052　集69/12－1

台戰實紀六卷續集六卷再續二卷附台倭戰記

二卷　（清）□□撰　清光緒石印本　四冊　缺二卷（再續二卷）

220000－0801－0023053　集69/13

鬼谷四友志三卷　（清）楊景淐輯　清嘉慶八年（1803）刻本　三冊

220000－0801－0023054　集69/14

幼女遇難得救記三十三回　（英國）季理斐師母譯　清宣統二年（1910）鉛印本　一冊

220000－0801－0023055　集69/31

偵探小說墮溷花十二回　王靜庵譯　清光緒三十二年（1906）震東學社石印本　二冊

220000－0801－0023056　集69/32

尼羅河同舟記事　（英國）康安道逸路氏著　清光緒三十四年（1908）鉛印本　一冊

220000－0801－0023057　叢2/7

文林綺繡五種　（明）凌迪知輯　清光緒十一年（1885）融經館刻本　十八冊

220000－0801－0023058　叢2/10

章譚合鈔二種六卷　章炳麟　（清）譚嗣同著　清宣統二年（1910）上海國學扶輪社鉛印本　五冊

220000－0801－0023059　叢2/11

詒經堂藏書七種　（清）金長春輯　清嘉慶十八年（1813）當塗金氏刻本　六冊

220000－0801－0023060　叢2/15

讀畫齋叢書八集四十六種　（清）顧修輯　清嘉慶四年（1799）桐川顧刻本　四十八冊　缺一種十二卷（文瑞樓藏書目錄十二卷）

220000－0801－0023061　叢2/15－1

讀畫齋叢書八集四十六種　（清）顧修輯　清嘉慶四年（1799）桐川顧刻本　四十冊　缺二集（己集、庚集）

220000－0801－0023062　叢2/17

二酉堂叢書二十一種　（清）張澍輯　清道光元年（1821）武威張氏二酉堂刻本　十二冊

220000－0801－0023063　叢2/17－1

二酉堂叢書二十一種　（清）張澍輯　清道光

元年(1821)武威張氏二酉堂刻本　十二冊

220000－0801－0023064　叢2/17－2
二酉堂叢書二十一種　（清）張澍輯　清道光
元年(1821)武威張氏二酉堂刻本　十二冊

220000－0801－0023065　叢2/17－3
二酉堂叢書二十一種　（清）張澍輯　清道光
元年(1821)武威張氏二酉堂刻本　十冊

220000－0801－0023066　叢2/17－4
二酉堂叢書二十一種　（清）張澍輯　清道光
元年(1821)武威張氏二酉堂刻本　十二冊

220000－0801－0023067　叢2/18
三長物齋叢書二十六種　（清）黃本驥輯　清
道光湘陰蔣瓚刻光緒四年(1878)古香書閣印
本　八十冊

220000－0801－0023068　叢2/18－1
三長物齋叢書二十六種　（清）黃本驥輯　清
道光湘陰蔣瓚刻光緒四年(1878)古香書閣印
本　六十四冊

220000－0801－0023069　叢2/19
五經歲徧齋校書三種　（清）翟云升輯　清道
光東萊翟氏刻本　十冊

220000－0801－0023070　叢2/19－1
五經歲徧齋校書三種　（清）翟云升輯　清道
光東萊翟氏刻本　六冊

220000－0801－0023071　叢2/20
雙梅景闇叢書十三種　葉德輝輯　清光緒三
十三年(1907)長沙葉氏郎園刻本　五冊

220000－0801－0023072　叢2/20－1
雙梅景闇叢書十三種　葉德輝輯　清光緒三
十三年(1907)長沙葉氏郎園複印本　五冊

220000－0801－0023073　叢2/20－2
雙梅景闇叢書十三種　葉德輝輯　清光緒三
十三年(1907)長沙葉氏郎園複印本　五冊

220000－0801－0023074　叢2/20－3
雙梅景闇叢書十三種　葉德輝輯　清光緒三
十三年(1907)長沙葉氏郎園複印本　五冊

220000－0801－0023075　叢2/21
正誼堂全書六十八種　（清）張伯行輯　（清）
楊浚重輯　清同治五年(1866)福州正誼書院
刻本　二百冊

220000－0801－0023076　叢2/21－1
正誼堂全書六十八種　（清）張伯行輯　（清）
楊浚重輯　清同治五年(1866)福州正誼書院
刻本　一百五十一冊　缺二種四卷(楊大洪
先生文集二卷、海剛峰先生集二卷)

220000－0801－0023077　叢2/21－2
正誼堂全書六十八種　（清）張伯行輯　（清）
楊浚重輯　清同治五年(1866)福州正誼書院
刻本　一百六十冊　缺三十八卷(唐宋八大
家文鈔九至十九、范文正公文集九卷、楊大洪
先生文集二卷、海剛峰先生集二卷、續近思錄
十四卷)

220000－0801－0023078　叢2/21－3
正誼堂全書六十八種　（清）張伯行輯　（清）
楊浚重輯　清同治五年(1866)福州正誼書院
刻本　一百六十冊　缺七種八十三卷(小學
集解六卷、濂洛風雅九卷、學規類編二十七
卷、養正類編十三卷、居濟一得八卷、正誼堂
文集十二卷、正誼堂續集八卷)

220000－0801－0023079　叢2/23
玉函山房輯佚書五百九十四種　（清）馬國翰
輯　清光緒九年(1883)長沙嫏嬛館刻本　一
百冊

220000－0801－0023080　叢2/23－1
玉函山房輯佚書五百九十四種　（清）馬國翰
輯　清光緒九年(1883)長沙嫏嬛館刻本　一
百二十冊

220000－0801－0023081　叢2/23－2
玉函山房輯佚書五百九十四種　（清）馬國翰
輯　清光緒九年(1883)長沙嫏嬛館刻本　一
百冊

220000－0801－0023082　叢2/23－3
玉函山房輯佚書五百九十四種　（清）馬國翰
輯　清光緒九年(1883)長沙嫏嬛館刻本　一

百冊

220000－0801－0023083　叢 2/23－4

玉函山房輯佚書五百九十四種　（清）馬國翰
輯　清光緒九年（1883）長沙娜嬛館刻本　一
百十九冊　缺十九種十九卷（周易繫辭桓氏
注一卷、周易繫辭荀氏注一卷、周易繫辭明氏
注一卷、周易沈氏要略一卷、周易劉氏義疏一
卷、周易大義一卷、周易伏氏集解一卷、周易
褚氏講疏一卷、周易周氏義疏一卷、周易張氏
講疏一卷、周易何氏講疏一卷、周易姚氏注一
卷、周易崔氏注一卷、周易傅氏注一卷、周易
盧氏注一卷、周易王氏注一卷、周易王氏義一
卷、周易朱氏義一卷、周易莊氏義一卷）

220000－0801－0023084　叢 2/24

玉函山房輯佚書五百九十四種　（清）馬國翰
輯　清光緒十年（1884）楚南湘遠堂刻本　九
十七冊

220000－0801－0023085　叢 2/24－1

玉函山房輯佚書五百九十四種　（清）馬國
翰輯　清光緒十年（1884）楚南湘遠堂刻本　七
十九冊　缺二百二種（尚書馬氏傳四卷、尚書
王氏注一、周禮杜氏注二卷、周禮賈氏解詁六
卷、周官傳一卷、周禮鄭氏音一卷、周官禮干
氏注一卷、周禮徐氏音一卷、周禮李氏音一
卷、周禮聶氏音一卷、周官禮義疏一卷、周禮
劉氏音二卷、周禮戚氏音一卷、周官禮異同評
一卷、大戴喪服變除一卷、冠禮約制一卷、鄭
氏婚禮一卷、喪服經傳馬氏注一卷、鄭氏喪服
變除一卷、新定禮一卷、喪服經傳王氏注一
卷、喪服變除圖一卷、喪服要集一卷、喪服經
傳袁氏注一卷、集注喪服經傳一卷、喪服經傳
陳氏注一卷、喪服釋疑一卷、蔡氏喪服譜一
卷、賀氏喪服譜一卷、葬禮一卷、賀氏喪服要
記一卷、喪服要記注一卷、葛氏喪服變除一
卷、兇禮一卷、集注喪服經傳一卷、略注喪服
經傳一卷、喪服難問一卷、喪服古今集記一
卷、周氏喪服注一卷、喪服世行要記一卷、禮
記馬氏注一卷、禮記盧氏注一卷、禮傳一卷、
月令章句一卷、月令問答一卷、禮記王氏注二
卷、禮記孫氏注一卷、禮記音義隱一卷、禮記

范氏音一卷、禮記徐氏音三卷、禮記劉氏音一
卷、禮記略解一卷、禮記隱義一卷、禮記新義
疏一卷、禮記皇氏義疏四卷、禮記沈氏義疏一
卷、禮記義證一卷、禮記熊氏義疏四卷、禮記
外傳一卷、石渠禮論一卷、魯史禘祫志一卷、
三禮圖一卷、問禮俗一卷、雜祭法一卷、祭典
一卷、後養議一卷、禮雜問一卷、雜禮議一卷、
禮論答問一卷、禮論一卷、禮論條牒一卷、禮
義答問一卷、禮論鈔略一卷、禮統一卷、禮疑
義一卷、三禮義宗四卷、釋疑論一卷、禮論難
一卷、逆降義一卷、明堂制度論一卷、梁氏三
禮圖一卷、張氏三禮圖一卷、樂經一卷、樂記
一卷、樂元語一卷、琴清英一卷、樂社大義一
卷、鍾律緯一卷、古今樂錄一卷、樂書一卷、樂
部一卷、琴歷一卷、樂律義一卷、樂譜集解一
卷、琴書一卷、春秋大傳一卷、春秋決事一卷、
公羊嚴氏春秋一卷、春秋公羊顏氏記一卷、春
秋穀梁傳章句一卷、春秋穀梁傳說一卷、春秋
左氏傳章句一卷、春秋牒例章句一卷、春秋左
氏傳解詁二卷、春秋左氏長經章句一卷、春秋
三傳異同說一卷、解疑論一卷、春秋文謚例一
卷、春秋左氏傳解誼四卷、春秋成長說一卷、
春秋左氏膏肓釋痏一卷、春秋釋例一卷、左氏
奇說一卷、春秋左傳許氏注一卷、春秋左氏經
傳章句一卷、春秋左傳王氏注一卷、春秋左氏
傳嵇氏音一卷、春秋穀梁傳糜氏注一卷、春秋
公羊穀梁傳解詁一卷、春秋左氏傳義注一卷、
春秋公羊穀梁二傳評一卷、春秋穀梁傳徐氏
注一卷、春秋土地名一卷、春秋穀梁傳注義一
卷、春秋徐氏音一卷、春秋左氏函傳義一卷、
薄叔元問穀梁義一卷、春秋穀梁傳鄭氏說一
卷、春秋左氏經傳義略一卷、續春秋左氏傳義
略一卷、春秋傳駮一卷、春秋左傳義疏一卷、
春秋左氏傳述義二卷、春秋規過二卷、春秋攻
昧一卷、春秋井田記一卷、春秋集傳一卷、春
秋闡微纂類義統一卷、春秋通例一卷、春秋折
衷論一卷、春秋例統一卷、國語章句一卷、國
語解詁二卷、春秋外傳國語虞氏注一卷、春秋
外傳國語唐氏注一卷、春秋外傳國語孔氏注
一卷、國語音一卷、古今字詁一卷、雜字一卷、
雜字解詁一卷、聲類一卷、廣蒼一卷、辨釋名

505

一卷、異字一卷、始學篇一卷、草書狀一卷、發蒙記一卷、啓蒙記一卷、韻集一卷、字指一卷、四體書勢一卷、要用字苑一卷、演說文一卷、字統一卷、篆文一卷、庭誥一卷、纂要一卷、文字集略一卷、古今文字表一卷、韻略一卷、桂苑珠叢一卷、文字指歸一卷、四聲五音九弄反紐圖一卷、分毫字樣一卷、石經尚書一卷、石經魯詩一卷、石經儀禮一卷、石經公羊一卷、石經論語一卷、三字石經尚書一卷、三字石經春秋一卷、詁幼一卷、黿氏新書一卷、崔氏政論一卷、劉氏政論一卷、阮子政論一卷、世要論一卷、陳子要言一卷、惠子一卷、士緯一卷、史佚書一卷、田俅子一卷、隋巢子一卷、胡非子一卷、纏子一卷、蘇子一卷、闕子一卷、蒯子一卷、鄒陽書一卷、主父偃書一卷、徐樂書一卷、嚴安書一卷）

220000－0801－0023086　叢 2/24－2
玉函山房輯佚書五百九十四種　（清）馬國翰輯　清光緒十年(1884)楚南湘遠堂刻本　二十冊　存一百五十三種(漆雕子一卷、宓子一卷、景子一卷、世子一卷、魏文侯書一卷、李克書一卷、公孫尼子一卷、內業一卷、讕言一卷、甯子一卷、王孫子一卷、李氏春秋一卷、董子一卷、徐子一卷、魯連子一卷、虞氏春秋一卷、平原君書一卷、劉敬書一卷、至言一卷、河間獻王書一卷、兒寬書一卷、公孫弘書一卷、終軍書一卷、吾丘壽王書一卷、正部論一卷、仲長子昌言二卷、魏子一卷、周生子要論一卷、王子正論一卷、去伐論一卷、杜氏體論一卷、王氏新書一卷、周子一卷、顧子新言一卷、典語一卷、通語一卷、譙子法訓一卷、袁子正論二卷、袁子正書一卷、孫氏成敗志一卷、古今通論一卷、化清經一卷、夏侯子新論一卷、太元經一卷、華氏新論一卷、梅子新論一卷、志林新書一卷、廣林一卷、釋滯一卷、通疑一卷、干子一卷、顧子義訓一卷、讀書記一卷、嚴助書一卷、屬學一卷、神農書一卷、野老書一卷、范子計然三卷、養魚經一卷、尹都尉書一卷、氾勝之書二卷、蔡癸書一卷、養羊法一卷、家政法一卷、伊尹書一卷、辛甲書一卷、公子牟子一卷、田子一卷、老萊子一卷、黔婁子一卷、

鄭長者書一卷、任子道論一卷、洞極真經一卷、唐子一卷、蘇子一卷、陸子一卷、杜氏幽求新書一卷、孫子一卷、苻子一卷、少子一卷、夷夏論一卷、申子一卷、黿氏新書一卷、崔氏政論一卷、劉氏政論一卷、阮子政論一卷、世要論一卷、陳子要言一卷、惠子一卷、士緯一卷、史佚書一卷、田俅子一卷、隋巢子一卷、胡非子一卷、纏子一卷、蘇子一卷、闕子一卷、蒯子一卷、鄒陽書一卷、主父偃書一卷、徐樂書一卷、嚴安書一卷、由余書一卷、博物記一卷、伏侯古今注一卷、蔣子萬機論一卷、篤論一卷、鄒子一卷、諸葛子一卷、默記一卷、裴氏新言一卷、新義一卷、秦子一卷、析言論一卷附古今訓、時務論一卷、廣志二卷、陸氏要覽一卷、古今善言一卷、文釋一卷、要雅一卷、俗說一卷、青史子一卷、宋子一卷、裴子語林二卷、笑林一卷、郭子一卷、元中記一卷、齊諧記一卷、水飾一卷、泰階六符經一卷、五殘雜變星書一卷、靈憲一卷、渾儀一卷、昕天論一卷、安天論一卷、穿天論一卷、未央術一卷、宋司星子韋書一卷、鄒子一卷、陰陽書一卷、太史公素王妙論一卷、瑞應圖一卷、白澤圖一卷、天鏡一卷、地鏡一卷、地鏡圖一卷、夢雋一卷、雜五行書一卷、請雨止雨書一卷、易洞林三卷補遺一卷、藝經一卷、投壺變一卷、目耕帖二十八至三十一）

220000－0801－0023087　叢 2/25
正覺樓叢書二十九種　（清）李瀚章輯　清光緒崇文書局刻本　三十六冊

220000－0801－0023088　叢 2/25－1
正覺樓叢書二十九種　（清）李瀚章輯　清光緒崇文書局刻本　三十六冊　缺一種一卷(重訂擬瑟譜一卷)

220000－0801－0023089　叢 2/25－2
正覺樓叢書二十九種　（清）李瀚章輯　清光緒崇文書局刻本　二十二冊　存十八種五十二卷(括地志八卷、樂府傳聲二卷、兩京新記殘一卷、二林居集二卷、李嶠雜詠二卷、周官指掌五卷、樂書要錄殘三卷、化書六卷、紀事約言二卷、指南後錄三卷、舊唐書疑義四卷、

酌中志餘二卷、臨安旬制紀三卷、重訂擬瑟譜一卷、全浙詩話刊誤一卷、律呂新義四卷附錄一卷、禮記天算釋一卷、三國紀年表一卷）

220000－0801－0023090　叢2/27
玉簡齋叢書十四種二集八種　羅振玉輯　清宣統二年(1910)上虞羅氏刻本　二十冊

220000－0801－0023091　叢2/27－1
玉簡齋叢書十四種二集八種　羅振玉輯　清宣統二年(1910)上虞羅氏刻本　二十冊

220000－0801－0023092　叢2/27－2
玉簡齋叢書十四種二集八種　羅振玉輯　清宣統二年(1910)上虞羅氏刻本　二十冊

220000－0801－0023093　叢2/27－3
玉簡齋叢書十四種二集八種　羅振玉輯　清宣統二年(1910)上虞羅氏刻本　十九冊

220000－0801－0023094　叢2/28
靈鶼閣叢書六集五十六種　（清）江標輯　清光緒二十三年(1897)元和江氏湖南使院刻本　四十九冊

220000－0801－0023095　叢2/28－1
靈鶼閣叢書六集五十六種　（清）江標輯　清光緒二十三年(1897)元和江氏湖南使院刻本　二十九冊　缺二十一種四十一卷(新嘉坡風土記一卷、中西度量權衡表一卷、光論一卷、人參考一卷、文史通義補編一卷附鈔本目一卷刊本所有鈔本所無目一卷、和林金石錄一卷詩一卷附和林考一卷、前塵夢影錄二卷、西遊錄注一卷、澳大利亞洲新志一卷、張憶娘簪華圖卷題詠一卷、國語校文一卷、嘉蔭簃藏器目一卷、愛吾鼎齋藏器目一卷、石泉書屋藏器目一卷、雙虞壺齋藏器目一卷、簠齋藏器目第二本一卷、選青閣藏器目一卷、藏書紀事詩六卷、沅湘通藝錄八卷四書文二卷、日本華族女學校規則一卷、黃堯圃先生年譜二卷)

220000－0801－0023096　叢2/30
平津館叢書四十三種　（清）孫星衍輯　清光緒十一年(1885)吳縣朱氏槐廬家塾刻本　五十冊

220000－0801－0023097　叢2/30－1
平津館叢書四十三種　（清）孫星衍輯　清光緒十一年(1885)吳縣朱氏槐廬家塾刻本　五十冊

220000－0801－0023098　叢2/30－2
平津館叢書四十三種　（清）孫星衍輯　清光緒十一年(1885)吳縣朱氏槐廬家塾刻本　五十冊

220000－0801－0023099　叢2/30－3
平津館叢書四十三種　（清）孫星衍輯　清光緒十一年(1885)吳縣朱氏槐廬家塾刻本　四十冊　缺七卷(六韜六卷附逸文一卷)

220000－0801－0023100　叢2/30－4
平津館叢書四十三種　（清）孫星衍輯　清光緒十一年(1885)吳縣朱氏槐廬家塾刻本　四十三冊　存二十二種八十八卷(六韜六卷附逸文一卷、魏武帝註孫子三卷、吳子二卷、司馬灋三卷、漢禮器制度一卷、漢官一卷、漢官解詁一卷、漢舊儀二卷附補遺二卷、漢官儀二卷、漢官典職儀式選用一卷、漢儀一卷、魏三體石經遺字考一卷、琴操二卷附補遺一卷、穆天子傳附錄一卷、渚宮舊事五卷附補遺一卷、竹書紀年二卷、物理論一卷、譙周古史考一卷、說文解字十五卷、孔子集語十七卷、尚書考異六卷、尚書今古文註疏十二至三十)

220000－0801－0023101　叢2/31
琳琅秘室叢書四集三十種　（清）胡珽輯　清光緒十三年(1887)會稽董氏雲瑞樓活字印本　二十六冊

220000－0801－0023102　叢2/31－1
琳琅秘室叢書四集三十種　（清）胡珽輯　清光緒十三年(1887)會稽董氏雲瑞樓活字印本　三十二冊

220000－0801－0023103　叢2/32
功順堂叢書十八種　（清）潘祖蔭輯　清光緒吳縣潘氏刻本　二十四冊

220000－0801－0023104　叢2/32－1
功順堂叢書十八種　（清）潘祖蔭輯　清光緒

吳縣潘氏刻本　二十四冊

220000－0801－0023105　叢2/32－2

功順堂叢書十八種　（清）潘祖蔭輯　清光緒
吳縣潘氏刻本　二十四冊

220000－0801－0023106　叢2/32－3

功順堂叢書十八種　（清）潘祖蔭輯　清光緒
吳縣潘氏刻本　三十二冊

220000－0801－0023107　叢2/32－4

功順堂叢書十八種　（清）潘祖蔭輯　清光緒
吳縣潘氏刻本　二十二冊　缺三種七卷（無
事爲福齋隨筆二卷、南澗文集二卷、冬青館古
宮詞三卷）

220000－0801－0023108　叢2/38

瑯環獺祭十二種　（□）□□撰　清光緒二十
年（1894）石印本　六冊

220000－0801－0023109　叢2/38－1

瑯環獺祭十二種　（□）□□撰　清光緒二十
年（1894）石印本　六冊

220000－0801－0023110　叢2/42

雲自在龕叢書十九種　繆荃孫輯　清光緒中
江陰繆氏刻本　二十六冊

220000－0801－0023111　叢2/43

群書拾補初編三十七種　（清）盧文弨撰　清
光緒十三年（1887）上海蜚英館石印本　八冊

220000－0801－0023112　叢2/43－1

群書拾補初編三十七種　（清）盧文弨撰　清
光緒十三年（1887）上海蜚英館石印本　八冊

220000－0801－0023113　叢2/43－2

群書拾補初編三十七種　（清）盧文弨撰　清
光緒十三年（1887）上海蜚英館石印本　八冊

220000－0801－0023114　叢2/43－3

群書拾補初編三十七種　（清）盧文弨撰　清
光緒十三年（1887）上海蜚英館石印本　八冊

220000－0801－0023115　叢2/44

霄鵬先生遺著三種　（清）黃保康撰　清宣統
三年（1911）刻本　三冊

220000－0801－0023116　叢2/45

邵武徐氏叢書初集十四種　（清）徐幹輯　清
光緒七年（1881）刻本　二十冊

220000－0801－0023117　叢2/46

武英殿聚珍版書一百三十八種　清光緒二十
五年（1899）廣雅書局刻本　八百九冊　缺一
種三卷（尚書詳解三至五）

220000－0801－0023118　叢2/47

武英殿聚珍版書一百四十九種　清乾隆四十
二年（1777）福建刻道光、同治遞修光緒二十
一年（1895）增刻本　七百三十冊

220000－0801－0023119　叢2/48

武英殿聚珍版書一百四十九種　清同治十年
（1871）福建遞修本　七百三十冊

220000－0801－0023120　叢2/49

武英殿聚珍版書一百四十九種　清道光、同
治遞修光緒二十一年（1895）福建增刻本　八
百八冊

220000－0801－0023121　叢2/50

武英殿聚珍版書一百四十九種　清同治十三
年（1874）江西書局刻本　一百二十八冊

220000－0801－0023122　叢2/52

融經館叢書十種　（清）徐友蘭輯　清光緒會
稽徐氏八杉齋刻本　三十六冊

220000－0801－0023123　叢2/52－1

融經館叢書十種　（清）徐友蘭輯　清光緒會
稽徐氏八杉齋刻本　四十冊

220000－0801－0023124　叢2/53

翠瑯玕館叢書四集五十一種　（清）馮兆年輯
清光緒羊城馮氏刻本　四十冊

220000－0801－0023125　叢2/54

麗廔叢書九種　葉德輝輯　清光緒長沙葉氏
刻本　八冊

220000－0801－0023126　叢2/54－1

麗廔叢書九種　葉德輝輯　清光緒長沙葉氏
刻本　八冊

220000－0801－0023127　叢2/54－2

麗廔叢書九種　葉德輝輯　清光緒長沙葉氏刻本　七冊

220000－0801－0023128　叢2/55

邵武徐氏叢書初集十四種二集八種　（清）徐幹輯　清光緒刻本　四十冊

220000－0801－0023129　叢2/55－1

邵武徐氏叢書初集十四種二集八種　（清）徐幹輯　清光緒刻本　三十五冊　缺三種四十二卷(東南紀事十二卷、西南紀事十二卷、海東逸史十八卷)

220000－0801－0023130　叢2/56

聚學軒叢書五集六十種　劉世珩輯　清光緒貴池劉氏刻本　一百十冊

220000－0801－0023131　叢2/56－1

聚學軒叢書五集六十種　劉世珩輯　清光緒貴池劉氏刻本　一百冊

220000－0801－0023132　叢2/56－2

聚學軒叢書五集六十種　劉世珩輯　清光緒貴池劉氏刻本　九十九冊

220000－0801－0023133　叢2/56－3

聚學軒叢書五集六十種　劉世珩輯　清光緒貴池劉氏刻本　十八冊　存七種三十五卷(毛詩草木鳥獸蟲魚疏校正二卷、晉泰始笛律匡謬一卷、言經天象考十二卷圖說一卷緒說一卷、國志蒙拾二卷、金石文字辨異一至十一、歲星表一卷、清白士集校補四卷)

220000－0801－0023134　叢2/57

函海一百六十三種　（清）李調元輯　清道光五年(1825)李朝夔補刻本　一百三十七冊存一百四十三種

220000－0801－0023135　叢2/59

函海一百五十九種　（清）李調元輯　清光緒廣漢鍾登甲樂道齋刻本　一百六十冊

220000－0801－0023136　叢2/62

經訓堂叢書二十一種　（清）畢沅輯　清光緒十三年(1887)上海同文書局石印本　二十冊

220000－0801－0023137　叢2/67

重刊拜經樓叢書七種　（清）吳騫輯　清光緒十一年(1885)會稽章氏刻本　六冊

220000－0801－0023138　叢2/69

崇文書局彙刻書三十三種　（清）崇文書局輯　清光緒元年(1875)湖北崇文書局刻本　三十二冊

220000－0801－0023139　叢2/69－1

崇文書局彙刻書三十三種　（清）崇文書局輯　清光緒元年(1875)湖北崇文書局刻本　八十冊

220000－0801－0023140　叢2/69－2

崇文書局彙刻書三十三種　（清）崇文書局輯　清光緒元年(1875)湖北崇文書局刻本　八十冊

220000－0801－0023141　叢2/69－3

崇文書局彙刻書三十三種　（清）崇文書局輯　清光緒元年(1875)湖北崇文書局刻本　二冊　存一種十卷(鑑誡錄十卷)

220000－0801－0023142　叢2/69－4

崇文書局彙刻書三十三種　（清）崇文書局輯　清光緒元年(1875)湖北崇文書局刻本　六十七冊　存二十六種二百四十四卷(隋經籍志考證十三卷、淮南天文訓補注二卷、刊謬正俗八卷、御覽闕史二卷、鑑誡錄十卷、高士傳三卷、古列女傳七卷續一卷、黃帝宅經二卷、酉陽雜俎二十卷續集十卷、涑水記聞十六卷補遺一卷、世說新語六卷、老學庵筆記十卷、意林五卷補遺一卷、文心雕龍十卷、人譜正篇一卷續篇一卷三篇一卷、人譜類記增訂六卷、韓詩外傳十卷、春秋繁露十七卷、周書十卷逸文一卷、尚書大傳四卷補遺一卷考異一卷續補遺一卷、周易姚氏學十六卷首一卷、左傳舊疏考正八卷、儀禮古今文疏義十七卷、楚辭集注一至三、水經注二十四至四十、今水經一卷)

220000－0801－0023143　叢2/69－5

崇文書局彙刻書三十三種　（清）崇文書局輯　清光緒元年(1875)湖北崇文書局刻本　十冊　存七種五十卷(左傳舊疏考正八卷、春秋

繁露十七卷、相臺書塾刊正九經三傳沿革例一卷、刊謬正俗八卷、楚辭集注八卷辯證二卷、離騷草木疏四卷、離騷箋二卷)

220000－0801－0023144　叢 2/69－6
崇文書局彙刻書三十三種　（清）崇文書局輯　清光緒元年(1875)湖北崇文書局刻本　十三冊　存七種三十八卷(楚辭集注四至八、楚辭辯證二卷，離騷集傳一卷，離騷草木疏四卷，離騷箋二卷，相臺書塾刊正九經三傳沿革例一卷，水經注一至二十三)

220000－0801－0023145　叢 2/71
鴻雪軒紀艷四種　（清）藝蘭生輯　清光緒二年(1876)申報館鉛印本　二冊

220000－0801－0023146　叢 2/73
岱南閣叢書五種　（清）孫星衍輯　清嘉慶三年(1798)蘭陵孫氏沇洲刻本　十二冊

220000－0801－0023147　叢 2/74
岱南閣叢書十六種　（清）孫星衍輯　清乾隆、嘉慶蘭陵孫氏刻本　八十冊

220000－0801－0023148　叢 2/78
積學齋叢書二十種　徐乃昌輯　清光緒南陵徐氏刻本　二十冊

220000－0801－0023149　叢 2/78－1
積學齋叢書二十種　徐乃昌輯　清光緒南陵徐氏刻本　十六冊

220000－0801－0023150　叢 2/78－2
積學齋叢書二十種　徐乃昌輯　清光緒南陵徐氏刻本　十六冊

220000－0801－0023151　叢 2/78－3
積學齋叢書二十種　徐乃昌輯　清光緒南陵徐氏刻本　二十冊

220000－0801－0023152　叢 2/78－4
積學齋叢書二十種　徐乃昌輯　清光緒南陵徐氏刻本　十六冊

220000－0801－0023153　叢 2/79
佚存叢書十七種　（日本）林衡輯　清光緒八年(1882)滬上黃氏木活字印本　二十四冊

220000－0801－0023154　叢 2/79－1
佚存叢書十七種　（日本）林衡輯　清光緒八年(1882)滬上黃氏木活字印本　三十六冊

220000－0801－0023155　叢 2/82
粵雅堂叢書三十集一百八十七種　（清）伍崇曜輯　清南海伍氏刻本　四百冊

220000－0801－0023156　叢 2/82－1
粵雅堂叢書三十集一百八十七種　（清）伍崇曜輯　清南海伍氏刻本　二百四十冊　存二十集(一至二十)

220000－0801－0023157　叢 2/82－2
粵雅堂叢書三十集一百八十七種　（清）伍崇曜輯　清南海伍氏刻本　二百四十冊　存二十集(一至二十)

220000－0801－0023158　叢 2/82－3
粵雅堂叢書三十集一百八十七種　（清）伍崇曜輯　清南海伍氏刻本　二百三十七冊

220000－0801－0023159　叢 2/82－4
粵雅堂叢書三十集一百八十七種　（清）伍崇曜輯　清南海伍氏刻本　二百九十八冊　存二十二集(一至二十、二十七至二十八)

220000－0801－0023160　叢 2/82－5
粵雅堂叢書三十集一百八十七種　（清）伍崇曜輯　清南海伍氏刻本　一百十二冊　缺二種三卷(孝經今文音義一卷、蜀中名勝記一至二)

220000－0801－0023161　叢 2/83
仰視千七百二十九鶴齋叢書六集　（清）趙之謙輯　清光緒會稽趙氏刻本　十二冊　存二集(五至六)

220000－0801－0023162　叢 2/83－1
仰視千七百二十九鶴齋叢書六集　（清）趙之謙輯　清光緒會稽趙氏刻本　十二冊

220000－0801－0023163　叢 2/85
仰視千七百二十九鶴齋叢書六集　（清）趙之謙輯　清光緒會稽趙氏刻本　三十冊　存五集(一至五)

220000－0801－0023164　　叢2/86

仰視千七百二十九鶴齋叢書六集　（清）趙之謙輯　清光緒會稽趙氏刻本　二十七冊

220000－0801－0023165　　叢2/90

峭帆樓叢書十八種　趙詒琛輯　清末新陽趙氏刻本　二十冊

220000－0801－0023166　　叢2/90－1

峭帆樓叢書十八種　趙詒琛輯　清末新陽趙氏刻本　二十三冊

220000－0801－0023167　　叢2/90－2

峭帆樓叢書十八種　趙詒琛輯　清末新陽趙氏刻本　二十四冊

220000－0801－0023168　　叢2/90－3

峭帆樓叢書十八種　趙詒琛輯　清末新陽趙氏刻本　二十三冊

220000－0801－0023169　　叢2/92

房山山房叢書四種　陳洙輯　清宣統元年（1909）江浦陳氏刻本　一冊　存五種

220000－0801－0023170　　叢2/93

房山山房叢書十一種　陳洙輯　清末江浦陳氏刻本　三冊　缺一種八卷（嬭雅堂詩集八卷）

220000－0801－0023171　　叢2/95

宜稼堂叢書七種　（清）郁松年輯　清道光上海郁氏刻本　六十四冊

220000－0801－0023172　　叢2/95－1

宜稼堂叢書七種　（清）郁松年輯　清道光上海郁氏刻本　六十四冊

220000－0801－0023173　　叢2/95－2

宜稼堂叢書七種　（清）郁松年輯　清道光上海郁氏刻本　六十四冊

220000－0801－0023174　　叢2/95－3

宜稼堂叢書七種　（清）郁松年輯　清道光上海郁氏刻本　五十六冊　缺三種十一卷（續後漢書札記四卷、數書九章札記四卷、詳解九章算法一卷纂類一卷附札記一卷）

220000－0801－0023175　　叢2/95－4

宜稼堂叢書七種　（清）郁松年輯　清道光上海郁氏刻本　五十八冊　缺十九卷（數書九章四至十八、札記四卷）

220000－0801－0023176　　叢2/95－5

宜稼堂叢書七種　（清）郁松年輯　清道光上海郁氏刻本　六十五冊

220000－0801－0023177　　叢2/97

守山閣叢書一百二十一種　（清）錢熙祚撰　清光緒十五年（1889）上海鴻文書局石印本　一百冊

220000－0801－0023178　　叢2/97－1

守山閣叢書一百二十一種　（清）錢熙祚撰　清光緒十五年（1889）上海鴻文書局石印本　九十五冊　缺四種二十二卷（續世說六至十二,緯略十二卷,坦齋通編一卷,能改齋漫錄十一、十八）

220000－0801－0023179　　叢2/97－2

守山閣叢書一百二十一種　（清）錢熙祚撰　清光緒十五年（1889）上海鴻文書局石印本　八十三冊　缺十四種六十八卷（孫氏唐韻攷四至五、三國志辨誤三卷、宋季三朝政要六卷、脈經十卷、難經集註五卷、緯略十二卷、坦齋通編一卷、潁川語小二卷、愛日齋叢鈔五卷、日損齋筆記一卷、樵香小記二卷、日聞錄一卷、玉堂嘉話八卷、玉壺野史十卷）

220000－0801－0023180　　叢2/97－3

守山閣叢書一百二十一種　（清）錢熙祚撰　清光緒十五年（1889）上海鴻文書局石印本　一冊　存四種十二卷（明皇雜錄三卷附校勘記逸文一卷、大唐傳載一卷、賈氏譚錄一卷、東齋記事五卷補遺一卷）

220000－0801－0023181　　叢2/100

宋人百家小說一百四十三帙　（宋）錢世昭等撰　清嘉慶十七年（1812）刻本　十冊

220000－0801－0023182　　叢2/101

唐人百家小說一百四帙　（唐）李綽等撰　清嘉慶刻本　十冊

220000－0801－0023183　　叢2/102

滂喜齋叢書五十二種　（清）潘祖蔭輯　清同
治、光緒刻本　三十二冊

220000－0801－0023184　叢2/102－1

滂喜齋叢書五十二種　（清）潘祖蔭輯　清同
治、光緒刻本　三十二冊

220000－0801－0023185　叢2/102－2

滂喜齋叢書五十二種　（清）潘祖蔭輯　清同
治、光緒刻本　三十二冊

220000－0801－0023186　叢2/102－3

滂喜齋叢書五十二種　（清）潘祖蔭輯　清同
治、光緒刻本　三十二冊

220000－0801－0023187　叢2/102－4

滂喜齋叢書五十二種　（清）潘祖蔭輯　清同
治、光緒刻本　二十冊

220000－0801－0023188　叢2/102－5

滂喜齋叢書五十二種　（清）潘祖蔭輯　清同
治、光緒刻本　三十二冊

220000－0801－0023189　叢2/102－6

滂喜齋叢書五十二種　（清）潘祖蔭輯　清同
治、光緒刻本　三十二冊

220000－0801－0023190　叢2/106

述記三十五種　（清）任兆麟輯　清嘉慶十五
年(1810)忠敏家塾刻本　四冊　缺一種十二
卷（續述記十二卷）

220000－0801－0023191　叢2/108

連筠簃叢書十三種　（清）楊尚文輯　清道光
二十八年(1848)靈石楊氏刻本　三十冊　缺
二種一百十卷（說文解字義證五十卷、永樂大
典目錄六十卷）

220000－0801－0023192　叢2/110

心矩齋叢書六種　（清）蔣鳳藻輯　清光緒長
洲蔣氏刻本　八冊　缺二種二卷（南江札記
一卷、經傳釋詞補一卷）

220000－0801－0023193　叢2/113

對雨樓叢書五種　繆荃孫輯　清光緒江陰繆
氏刻本　十冊

220000－0801－0023194　叢2/115

漸學廬叢書十五種　（清）胡祥鑅輯　清光緒
元和胡氏石印本　十一冊

220000－0801－0023195　叢2/116

潘刻五種　（清）恩壽輯　清光緒二十九年
(1903)北京翰文齋刻本　六冊

220000－0801－0023196　叢2/117

淩氏傳經堂叢書三十種　（清）淩鎬　（清）淩
鏞輯　清道光八年(1828)吳興淩氏刻本　八
冊　存七種三十七卷（周易翼十卷、易林二
卷、學春秋理辨一卷、告蒙編不分卷、德輿子
七卷中篇一卷外篇四卷、相地指迷十卷、德輿
集不分卷）

220000－0801－0023197　叢2/118

述古叢鈔四集二十六種　（清）劉晚榮輯　清
同治、光緒藏修書屋刻本　四十冊

220000－0801－0023198　叢2/118－1

述古叢鈔四集二十六種　（清）劉晚榮輯　清
同治、光緒藏修書屋刻本　二十冊

220000－0801－0023199　叢2/118－2

述古叢鈔四集二十六種　（清）劉晚榮輯　清
同治、光緒藏修書屋刻本　十六冊

220000－0801－0023200　叢2/119

漢學堂叢書二百十五種　（清）黃奭輯　清道
光甘泉黃氏刻光緒印本　七十五冊　缺十種
十卷（河圖緯一卷、河圖括地象一卷、河圖帝
覽嬉一卷、國語解詁一卷、國語注一卷、國語
注一卷、國語章句一卷、國語注一卷、春秋後
語一卷、晉書地道記一卷）

220000－0801－0023201　叢2/121

增訂漢魏叢書九十六種　（清）王謨輯　清光
緒二十一年(1895)石印本　十六冊

220000－0801－0023202　叢2/121－1

增訂漢魏叢書九十六種　（清）王謨輯　清光
緒二十一年(1895)石印本　十六冊

220000－0801－0023203　叢2/121－2

增訂漢魏叢書九十六種　（清）王謨輯　清光
緒二十一年(1895)石印本　十六冊

220000－0801－0023204　　叢 2/122

增訂漢魏叢書九十六種　（清）王謨輯　清宣
統三年（1911）上海大通書局石印本　三十
二冊

220000－0801－0023205　　叢 2/122－1

增訂漢魏叢書九十六種　（清）王謨輯　清宣
統三年（1911）上海大通書局石印本　三十
二冊

220000－0801－0023206　　叢 2/124

漢魏遺書鈔一百四種　（清）王謨輯　清嘉慶
三年（1798）金溪王氏刻本　三十九冊　缺三
種三卷（月令章句一卷、明堂月令論一卷、四
民月令一卷）

220000－0801－0023207　　叢 2/126

蟄園叢刻五種　（清）吳丙湘輯　清光緒十一
年（1885）蟄園刻本　二冊

220000－0801－0023208　　叢 2/127

湖海樓叢書十二種　（清）陳春輯　清嘉慶蕭
山陳氏刻本　二十六冊

220000－0801－0023209　　叢 2/127－1

湖海樓叢書十二種　（清）陳春輯　清嘉慶蕭
山陳氏刻本　三十二冊

220000－0801－0023210　　叢 2/127－2

湖海樓叢書十二種　（清）陳春輯　清嘉慶蕭
山陳氏刻本　三十二冊

220000－0801－0023211　　叢 2/127－3

湖海樓叢書十二種　（清）陳春輯　清嘉慶蕭
山陳氏刻本　三十四冊

220000－0801－0023212　　叢 2/127－4

湖海樓叢書十二種　（清）陳春輯　清光緒八
年（1882）刻本　三十冊

220000－0801－0023213　　叢 2/127－5

湖海樓叢書十二種　（清）陳春輯　清嘉慶蕭
山陳氏刻本　三十二冊

220000－0801－0023214　　叢 2/127－6

湖海樓叢書十二種　（清）陳春輯　清嘉慶蕭
山陳氏刻本　三十冊

220000－0801－0023215　　叢 2/129

國朝名人著述叢編十四種　（清）□□撰　清
光緒九年（1883）斐然山房刻本　二冊

220000－0801－0023216　　叢 2/133

海山仙館叢書五十六種　（清）潘仕成輯　清
道光、咸豐潘氏刻光緒補刻本　一百二十
八冊

220000－0801－0023217　　叢 2/133－1

海山仙館叢書五十六種　（清）潘仕成輯　清
道光、咸豐潘氏刻光緒補刻本　一百二十
八冊

220000－0801－0023218　　叢 2/133－2

海山仙館叢書五十六種　（清）潘仕成輯　清
道光、咸豐潘氏刻光緒補刻本　一百二十冊

220000－0801－0023219　　叢 2/133－3

海山仙館叢書五十六種　（清）潘仕成輯　清
道光、咸豐潘氏刻光緒補刻本　一百二十
二冊

220000－0801－0023220　　叢 2/133－4

海山仙館叢書五十六種　（清）潘仕成輯　清
道光、咸豐潘氏刻光緒補刻本　一百二十冊

220000－0801－0023221　　叢 2/133－5

海山仙館叢書五十六種　（清）潘仕成輯　清
道光、咸豐潘氏刻光緒補刻本　一百二十
三冊

220000－0801－0023222　　叢 2/133－6

海山仙館叢書五十六種　（清）潘仕成輯　清
道光、咸豐潘氏刻光緒補刻本　一百十九冊

220000－0801－0023223　　叢 2/134

章譚合鈔二種　章炳麟（清）譚嗣同著　清
宣統二年（1910）國學扶輪社石印本　五冊

220000－0801－0023224　　叢 2/135

**十萬卷樓叢書初編十六種二編二十種三編
五種**　（清）陸心源輯　清光緒陸氏刻本　一
百十二冊

220000－0801－0023225　　叢 2/135－1

十萬卷樓叢書初編十六種二編二十種三編十

五種　（清）陸心源輯　清光緒陸氏刻本　一百二十二冊

220000－0801－0023226　叢2/135－2
十萬卷樓叢書初編十六種二編二十種三編十五種　（清）陸心源輯　清光緒陸氏刻本　四十八冊

220000－0801－0023227　叢2/137
士禮居黃氏叢書二十種　（清）黃丕烈輯　清光緒十三年（1887）上海蜚英館影印本　三十冊

220000－0801－0023228　叢2/137－1
士禮居黃氏叢書二十種　（清）黃丕烈輯　清光緒十三年（1887）上海蜚英館影印本　三十冊

220000－0801－0023229　叢2/141
吉林探源書舫叢書初編十二種二集九種（清）盛福輯　清光緒刻本　三十五冊

220000－0801－0023230　叢2/148
古逸叢書二十六種　（清）黎庶昌輯　清光緒遵義黎氏日本東京使署影印本　六十四冊

220000－0801－0023231　叢2/148－1
古逸叢書二十六種　（清）黎庶昌輯　清光緒遵義黎氏日本東京使署影印本　五十九冊

220000－0801－0023232　叢2/148－10
古逸叢書二十六種　（清）黎庶昌輯　清光緒遵義黎氏日本東京使署影印本　四冊　存三種十二卷（玉燭寶典一至五，文館詞林四百五十二至四百五十三、四百五十九、六百六十五，姓解三卷）

220000－0801－0023233　叢2/148－11
古逸叢書二十六種　（清）黎庶昌輯　清光緒遵義黎氏日本東京使署影印本　四冊　存二種十六卷（論語六至十，玉燭寶典一至八、十至十二）

220000－0801－0023234　叢2/148－2
古逸叢書二十六種　（清）黎庶昌輯　清光緒遵義黎氏日本東京使署影印本　五十九冊

220000－0801－0023235　叢2/148－3
古逸叢書二十六種　（清）黎庶昌輯　清光緒遵義黎氏日本東京使署影印本　四十九冊

220000－0801－0023236　叢2/148－4
古逸叢書二十六種　（清）黎庶昌輯　清光緒遵義黎氏日本東京使署影印本　四十九冊

220000－0801－0023237　叢2/148－5
古逸叢書二十六種　（清）黎庶昌輯　清光緒遵義黎氏日本東京使署影印本　四十九冊

220000－0801－0023238　叢2/148－6
古逸叢書二十六種　（清）黎庶昌輯　清光緒遵義黎氏日本東京使署影印本　四十九冊

220000－0801－0023239　叢2/148－7
古逸叢書二十六種　（清）黎庶昌輯　清光緒遵義黎氏日本東京使署影印本　四十三冊缺四卷（易程傳一至四）

220000－0801－0023240　叢2/148－8
古逸叢書二十六種　（清）黎庶昌輯　清光緒遵義黎氏日本東京使署影印本　四十九冊

220000－0801－0023241　叢2/148－9
古逸叢書二十六種　（清）黎庶昌輯　清光緒遵義黎氏日本東京使署影印本　二十九冊存十三種一百十九卷［春秋穀梁傳一至六、論語十卷、南華真經注疏十卷、廣韻五卷附校劄一卷、廣韻五卷、玉燭寶典十二卷（原缺卷九）、姓解三卷、史略六卷、漢書食貨志一卷（原缺卷下）、急就篇一卷、杜工部草堂詩箋四十卷外集一卷補遺十卷傳序碑銘一卷目錄二卷年譜二卷詩話二卷、碣石調幽蘭一卷、天台山記一卷］

220000－0801－0023242　叢2/153
南菁書院叢書四十一種　王先謙　繆荃孫輯　清光緒十四年（1888）江陰南菁書院刻本　三十一冊

220000－0801－0023243　叢2/153－1
南菁書院叢書四十一種　王先謙　繆荃孫輯　清光緒十四年（1888）江陰南菁書院刻本　三十二冊

220000－0801－0023244　　叢2/153－2

南菁書院叢書四十一種　王先謙　繆荃孫輯
　清光緒十四年(1888)江陰南菁書院刻本
二十冊　存二十三種五十九卷(吳疆域圖說
三卷、補水經注洛水涇水武陵五溪攷一卷、開
方用表簡術一卷、毛詩異文箋十卷、勾股演代
二卷、春秋世族譜拾遺一卷、鄭志考證一卷、
釋名補證一卷、三統術補衍一卷、推步迪蒙記
一卷、史漢駢枝一卷、宋州郡志校勘記一卷、
騁思室答問一卷、漢太初曆考一卷、心巢文錄
二卷、蔡氏月令五卷、律呂古誼六卷、陸氏草
木鳥獸蟲魚疏疏二卷、劉炫規杜持平六卷、周
易二閭記三卷、方氏易學五書五卷、易例輯略
一卷、安甫遺學三卷)

220000－0801－0023245　　叢2/154

南菁札記十四種　(清)溥良輯　清光緒二十
年(1894)江陰使署刻本　六冊

220000－0801－0023246　　叢2/154－1

南菁札記十四種　(清)溥良輯　清光緒二十
年(1894)江陰使署刻本　六冊

220000－0801－0023247　　叢2/154－2

南菁札記十四種　(清)溥良輯　清光緒二十
年(1894)江陰使署刻本　三冊　存六種十二
卷(纂要一卷、桂苑珠叢一卷補遺一卷、括地
志一卷、兩京新記二卷、前漢紀校釋三卷、後
漢紀校釋三卷)

220000－0801－0023248　　叢2/154－3

南菁札記十四種　(清)溥良輯　清光緒二十
年(1894)江陰使署刻本　一冊　存四種六卷
(纂要一卷、桂苑珠叢一卷補遺一卷、括地志
一卷、兩京新記二卷)

220000－0801－0023249　　叢2/154－4

南菁札記十四種　(清)溥良輯　清光緒二十
年(1894)江陰使署刻本　一冊　存四種六卷
(纂要一卷、桂苑珠叢一卷補遺一卷、括地志
一卷、兩京新記二卷)

220000－0801－0023250　　叢2/155

木犀軒叢書三十三種　李盛鐸輯　清光緒李
氏木犀軒刻本　四十冊

220000－0801－0023251　　叢2/155－1

木犀軒叢書三十三種　李盛鐸輯　清光緒李
氏木犀軒刻本　四十五冊

220000－0801－0023252　　叢2/155－2

木犀軒叢書三十三種　李盛鐸輯　清光緒李
氏木犀軒刻本　四冊　存五種三十八卷(卦
氣解一卷、儀禮禮服通釋六卷、車制攷一卷、
易餘籥錄二十卷、毛詩禮徵十卷)

220000－0801－0023253　　叢2/157

校經山房叢書二十七種附一種　(清)朱記榮
輯　清光緒三十年(1904)孫谿朱氏槐廬家塾
刻本　三十二冊

220000－0801－0023254　　叢2/157－1

校經山房叢書二十七種附一種　(清)朱記榮
輯　清光緒三十年(1904)孫谿朱氏槐廬家塾
刻本　五冊　存五種二十八卷(銅熨斗齋隨
筆八卷、癖談六卷、疑年表一卷太歲超辰表三
卷、後甲集二卷、晚學集八卷)

220000－0801－0023255　　叢2/159

式訓堂叢書二集二十八種　(清)章壽康輯
清光緒會稽章氏刻本　二十四冊

220000－0801－0023256　　叢2/159－1

式訓堂叢書二集二十八種　(清)章壽康輯
清光緒會稽章氏刻本　二十六冊

220000－0801－0023257　　叢2/159－2

式訓堂叢書二集二十八種　(清)章壽康輯
清光緒會稽章氏刻本　二十一冊　缺二種四
卷(誌銘廣例二卷、金石例補二卷)

220000－0801－0023258　　叢2/160

求實齋叢書十九種　蔣德鈞輯　清光緒湘鄉
蔣氏刻本　十六冊

220000－0801－0023259　　叢2/161

藝苑捃華四十八種　(清)顧之逵輯　清同治
七年(1868)刻本　十四冊

220000－0801－0023260　　叢2/161－1

藝苑捃華四十八種　(清)顧之逵輯　清同治
七年(1868)刻本　三十一冊

515

220000－0801－0023261　叢 2/162

藏修堂叢書六集三十六種　（清）劉晚榮輯
清光緒十六年(1890)劉氏藏修書屋刻本　六
十冊

220000－0801－0023262　叢 2/163

古香齋袖珍十種　（□）□□撰　清同治、光
緒間南海孔氏刻本　三百二十一冊

220000－0801－0023263　叢 2/164

王益吾所刻書十一種　王先謙輯　清光緒九
年(1883)長沙王氏刻本　六冊　存五種十二
卷(魏鄭公諫錄五卷、魏鄭公諫續錄二卷、魏
文貞公故事拾遺三卷、魏文貞公年譜一卷、新
舊唐書合注魏徵列傳一卷)

220000－0801－0023264　叢 2/165

花雨樓叢鈔二十二種　（清）張壽榮輯　清光
緒張氏花雨樓刻本　四十八冊

220000－0801－0023265　叢 2/165－1

花雨樓叢鈔二十二種　（清）張壽榮輯　清光
緒張氏花雨樓刻本　三十九冊　缺四種十一
卷(經典釋文敘錄一卷、傳經表二卷、仁在堂
論文各法六卷、詩答問二卷)

220000－0801－0023266　叢 2/166

藕香零拾三十九種　繆荃孫輯　清光緒、宣
統刻本　三十二冊

220000－0801－0023267　叢 2/166－1

藕香零拾三十九種　繆荃孫輯　清光緒、宣
統刻本　三十二冊

220000－0801－0023268　叢 2/166－2

藕香零拾三十九種　繆荃孫輯　清光緒、宣
統刻本　三十二冊

220000－0801－0023269　叢 2/166－3

藕香零拾三十九種　繆荃孫輯　清光緒、宣
統刻本　三十二冊

220000－0801－0023270　叢 2/167

藝海珠塵十集二百五種　（清）吳省蘭輯　清
道光三十年(1850)金山錢氏漱石軒補刻本
六十四冊

220000－0801－0023271　叢 2/167－1

藝海珠塵十集二百五種　（清）吳省蘭輯　清
道光三十年(1850)金山錢氏漱石軒補刻本
四十八冊　存八集(一至八)

220000－0801－0023272　叢 2/167－2

藝海珠塵十集二百五種　（清）吳省蘭輯　清
道光三十年(1850)金山錢氏漱石軒補刻本
二十三冊　存七十五種

220000－0801－0023273　叢 2/174

槐廬叢書四十六種　（清）朱記榮輯　清光緒
吳縣朱氏槐廬刻本　八十冊

220000－0801－0023274　叢 2/174－1

槐廬叢書四十六種　（清）朱記榮輯　清光緒
吳縣朱氏槐廬刻本　七十九冊

220000－0801－0023275　叢 2/174－2

槐廬叢書四十六種　（清）朱記榮輯　清光緒
吳縣朱氏槐廬刻本　三十九冊　缺二十二種

220000－0801－0023276　叢 2/174－3

槐廬叢書四十六種　（清）朱記榮輯　清光緒
吳縣朱氏槐廬刻本　三十二冊　存二十二種
(初編十二種、二編十種)

220000－0801－0023277　叢 2/174－4

槐廬叢書四十六種　（清）朱記榮輯　清光緒
吳縣朱氏槐廬刻本　二十八冊　缺四種

220000－0801－0023278　叢 2/174－5

槐廬叢書四十六種　（清）朱記榮輯　清光緒
吳縣朱氏槐廬刻本　十二冊　存十三種三十
八卷(李氏易解賸義三卷、古易音訓二卷、尚
書餘論一卷、詩辨說一卷、饗禮補亡一卷、公
羊逸禮考徵一卷、論語孔注辨偽二卷、讀孟質
疑二卷、孟子時事略一卷、弟子職集解一卷、
九經古義十六卷、十三經詁答問六卷、殹經筆
記一卷)

220000－0801－0023279　叢 2/174－6

槐廬叢書四十六種　（清）朱記榮輯　清光緒
吳縣朱氏槐廬刻本　四十冊　存二十三種

220000－0801－0023280　叢 2/174－7

槐廬叢書四十六種 （清）朱記榮輯 清光緒吳縣朱氏槐廬刻本 五冊 存三種十九卷（歷代帝王宅京記四至二十、明季實錄一卷、求古錄一卷）

220000－0801－0023281 叢2/176

如諫果室叢刻三種 （清）王廷鈖撰 清宣統二年（1910）鉛印本 一冊

220000－0801－0023282 叢2/176－1

如諫果室叢刻三種 （清）王廷鈖撰 清宣統二年（1910）鉛印本 一冊

220000－0801－0023283 叢2/177

觀古堂所著書第一集八種第二集八種 葉德輝編輯 清光緒二十一年至三十年（1895－1904）長沙葉氏刻本 十六冊

220000－0801－0023284 叢2/177－1

觀古堂所著書第一集八種第二集八種 葉德輝編輯 清光緒二十一年至三十年（1895－1904）長沙葉氏刻本 七冊

220000－0801－0023285 叢2/178

娛園叢刻十一種 （清）許增輯 清光緒十五年（1889）刻本 二冊

220000－0801－0023286 叢2/178－1

娛園叢刻十一種 （清）許增輯 清光緒十五年（1889）刻本 八冊

220000－0801－0023287 叢2/180

觀古堂彙刻書 葉德輝編輯 清光緒二十八年（1902）湘潭葉氏刻本 十二冊 缺十七卷（素女經一卷、玉房秘訣一卷、洞玄子一卷、沈下賢集十二卷、魚玄機集一卷、題跋記一卷）

220000－0801－0023288 叢2/182

觀自得齋叢書二十三種別集六種 （清）徐士愷輯 清光緒石埭徐氏刻本 二十四冊

220000－0801－0023289 叢2/182－1

觀自得齋叢書二十三種別集六種 （清）徐士愷輯 清光緒石埭徐氏刻本 二十四冊

220000－0801－0023290 叢2/182－2

觀自得齋叢書二十三種別集六種 （清）徐士愷輯 清光緒石埭徐氏刻本 二十一冊 缺三種十二卷（浙程備覽五卷、唐昭陵石蹟考略五卷附謁唐昭陵記一卷、清儀閣金石題識一）

220000－0801－0023291 叢2/183

觀象廬叢書二十種 （清）呂調陽撰 清光緒十四年（1888）葉長高刻本 六十冊

220000－0801－0023292 叢2/184

榆園叢刻十六種 （清）許增輯 清同治、光緒刻本 十六冊

220000－0801－0023293 叢2/184－1

榆園叢刻十六種 （清）許增輯 清同治、光緒刻本 十六冊

220000－0801－0023294 叢2/184－2

榆園叢刻十六種 （清）許增輯 清同治、光緒刻本 十一冊

220000－0801－0023295 叢2/184－3

榆園叢刻十六種 （清）許增輯 清同治、光緒刻本 十六冊

220000－0801－0023296 叢2/187

抗希堂十六種 （清）方苞撰 清光緒二十四年（1898）媬嬛園刻本 五十八冊 缺一種十二卷（春秋直解十二卷）

220000－0801－0023297 叢2/188

春暉堂叢書十二種 （清）徐渭仁輯 清道光二十一年（1841）上海徐氏刻本 十二冊

220000－0801－0023298 叢2/188－1

春暉堂叢書十二種 （清）徐渭仁輯 清道光二十一年（1841）上海徐氏刻本 十二冊

220000－0801－0023299 叢2/188－2

春暉堂叢書十二種 （清）徐渭仁輯 清道光二十一年（1841）上海徐氏刻本 六冊 缺四種二十二卷（思適齋集十八卷、儀鄭堂殘稿二卷、賜硯齋題畫偶錄一卷、易居堂殘稿一卷）

220000－0801－0023300 叢2/189

青照堂叢書三編四十四種 （清）李元春輯 清道光十五年（1835）刻本 九十六冊

220000－0801－0023301 叢2/191

振綺堂叢書初集十種二集十二種 （清）汪康年輯 清光緒、宣統汪氏鉛印本 十四冊

220000-0801-0023302 叢2/193

挹秀山房叢書十一種 （清）朱克敬輯 清同治、光緒刻本 十二冊 缺一種八卷（金軺籌筆四卷附和約二卷陸路通商章程一卷鄂商前往中國貿易過界卡倫單一卷）

220000-0801-0023303 叢2/193-1

挹秀山房叢書十一種 （清）朱克敬輯 清同治、光緒刻本 十七冊 缺一種二卷（晦鳴錄二卷）

220000-0801-0023304 叢2/199

曼陀羅華閣叢書十六種 （清）杜文瀾輯 清光緒十八年（1892）上海掃葉山房補刻本 三十六冊

220000-0801-0023305 叢2/200

晨風閣叢書二十二種 沈宗畸輯 清宣統元年（1909）沈氏刻本 十六冊

220000-0801-0023306 叢2/200-1

晨風閣叢書二十二種 沈宗畸輯 清宣統元年（1909）沈氏刻本 十六冊

220000-0801-0023307 叢2/200-2

晨風閣叢書二十二種 沈宗畸輯 清宣統元年（1909）沈氏刻本 十六冊

220000-0801-0023308 叢2/200-3

晨風閣叢書二十二種 沈宗畸輯 清宣統元年（1909）沈氏刻本 十六冊

220000-0801-0023309 叢2/200-4

晨風閣叢書二十二種 沈宗畸輯 清宣統元年（1909）沈氏刻本 十六冊

220000-0801-0023310 叢2/201

國朝名人著述叢編十三種 （清）□□輯 清光緒五年（1879）淞隱閣鉛印本 六冊

220000-0801-0023311 叢2/204

嘯園叢書五十七種 （清）葛元煦輯 清光緒九年（1883）葛氏刻本 七十二冊

220000-0801-0023312 叢2/205

昭代叢書五百六十種 （清）張潮等輯 清道光沈氏世楷堂刻本 一百六十四冊

220000-0801-0023313 叢2/205-1

昭代叢書五百六十種 （清）張潮等輯 清道光沈氏世楷堂刻本 一百七十二冊

220000-0801-0023314 叢2/205-2

昭代叢書五百六十種 （清）張潮等輯 清道光沈氏世楷堂刻本 一百七十二冊

220000-0801-0023315 叢2/205-3

昭代叢書五百六十種 （清）張潮等輯 清道光沈氏世楷堂刻本 一百七十二冊

220000-0801-0023316 叢2/205-4

昭代叢書五百六十種 （清）張潮等輯 清道光沈氏世楷堂刻本 一百四十九冊 缺五十二種五十二卷（讀易緒言一卷、饗禮補亡一卷、春秋五禮源流口號一卷、經書卮言一卷、史略一卷、擬更季漢書昭烈皇帝本紀一卷、平臺紀略一卷、征緬紀略一卷、蜀徼紀聞一卷、臨清寇略一卷、強恝錄一卷、旅書一卷、釋冰書一卷、雜言一卷、蕉窗日記一卷、鍾山書院規約一卷、天問校正一卷、說文義例一卷附小學字解、說鈴一卷、張氏卮言一卷、峽川志略一卷、出塞紀略一卷、從西紀略一卷、藏行紀程一卷、徵刻唐宋秘本書目一卷、藏書紀要一卷、金石史一卷、淳化閣帖跋一卷、漢詩總說一卷、秋窗隨筆一卷、詠物十詞一卷、鈍吟書要一卷、畫塵一卷、畫訣一卷、秋水園印說一卷、紀聽松庵竹鑪始末一卷、窰器說一卷、怪石錄一卷、岕茶牋一卷、茶史補一卷、人葠譜一卷、亳州牡丹述一卷、牡丹譜一卷、菊說一卷、唐述山房日錄一卷、忠文靖節編一卷、憩遊偶考一卷、燕都識餘一卷、山齋客譚一卷、外國紀一卷、史論五答一卷、淑艾錄一卷）

220000-0801-0023317 叢2/205-5

昭代叢書五百六十種 （清）張潮等輯 清道光沈氏世楷堂刻本 八冊 存五十種五十卷（毛朱詩說一卷、春秋三傳異同考一卷、讀禮問一卷、十六國年表一卷、江南星野辨一卷、廣祀典議一卷、師友行輩議一卷、國朝謚法考

一卷、旗軍志一卷、封長白山記一卷、琉球入太學始末一卷、人瑞錄一卷、迎駕紀恩錄一卷、恩賜御書記一卷、恭迎大駕記一卷、暢春苑御試恭記一卷、出山異數記一卷、塞程別記一卷、西北水利議一卷、廣州遊覽小志一卷、隴蜀餘聞一卷、東西二漢水辯一卷、日錄裏言一卷、偶書一卷、漫堂說詩一卷、然脂集例一卷、聲韻叢說一卷、伯子論文一卷、日錄論文一卷、韻問一卷、南曲入聲客問一卷、連文釋義一卷、畫訣一卷、焦山古鼎考一卷、瘞鶴銘辯一卷、昭陵六駿贊辯一卷、漢甘泉宮瓦記一卷、飯有十二合說一卷、醫津一筏一卷、江邨草堂記一卷、後觀石錄一卷、石友贊一卷、竹譜一卷、箋卉一卷、祫禘問答一卷、侯國職官表一卷、漢水發源考一卷、汴水說一卷、山樵書外記一卷、圖畫精意識一卷)

220000－0801－0023318　叢2/205－6

昭代叢書五百六十種　(清)張潮等輯　清道光沈氏世楷堂刻本　二十三冊　存六十一種(西河褉箋一卷、讀易緒言一卷、饗禮補亡一卷、春秋五禮源流口號一卷、經書卮言一卷、史略一卷、擬更季漢書昭烈皇帝本紀一卷、平臺紀略一卷、征緬紀略一卷、蜀徼紀聞一卷、臨清寇略一卷、強識錄一卷、旅書一卷、釋冰書一卷、雜言一卷、蕉窗日記一卷、鍾山書院規約一卷、天問校正一卷、說文義例一卷附小學字解、說鈴一卷、張氏卮言一卷、峽川志略一卷、出塞紀略一卷、從西紀略一卷、藏行紀程一卷、守汴日志一卷、隆平紀事一卷、東槎紀略一卷、鄭康成年譜一卷、水地記一卷、人海記一卷、柳邊紀略一卷、疏河心鏡一卷、三吳水利條議一卷、鶴徵前錄一卷、鶴徵後錄一卷、鐵函齋書跋一卷、義門題跋一卷、湛園題跋一卷、史論五答一卷、淑艾錄一卷、駢字分箋一卷、後漢三公年表一卷、三國志考證一卷、五代春秋志疑一卷、明季實錄一卷、秋鐙錄一卷、綱目志疑一卷、平海紀略一卷、閩中紀略一卷、西神叢語一卷、澳門記略一卷、廬山紀遊一卷、黔山紀遊一卷、桂鬱巖洞記一卷、淳化秘閣法帖源流考一卷、金石小箋一卷、農書一卷、漢氾勝之遺書一卷、恆星說一

卷、月滿樓甄藻錄一卷)

220000－0801－0023319　叢2/209

長恩書室叢書甲集十種乙集十種　(清)莊肇麟輯　清咸豐四年(1854)新昌莊氏過客軒刻本　十四冊

220000－0801－0023320　叢2/212

咫進齋叢書三集三十五種　(清)姚覲元輯　清光緒九年(1883)歸安姚氏刻本　二十四冊

220000－0801－0023321　叢2/212－1

咫進齋叢書三集三十五種　(清)姚覲元輯　清光緒九年(1883)歸安姚氏刻本　二十四冊

220000－0801－0023322　叢2/212－2

咫進齋叢書三集三十五種　(清)姚覲元輯　清光緒九年(1883)歸安姚氏刻本　二十四冊

220000－0801－0023323　叢2/212－3

咫進齋叢書三集三十五種　(清)姚覲元輯　清光緒九年(1883)歸安姚氏刻本　二十四冊

220000－0801－0023324　叢2/212－4

咫進齋叢書三集三十五種　(清)姚覲元輯　清光緒九年(1883)歸安姚氏刻本　二十四冊

220000－0801－0023325　叢2/212－5

咫進齋叢書三集三十五種　(清)姚覲元輯　清光緒九年(1883)歸安姚氏刻本　二十四冊

220000－0801－0023326　叢2/213

學海堂叢刻十三種　(清)□□輯　清光緒刻本　十八冊

220000－0801－0023327　叢2/217

風雨樓叢書二十三種　鄧實輯　清宣統順德鄧氏鉛印本　十五冊　存八種四十一卷(貫華堂才子書彙稿十四卷、日知錄之餘四卷、容甫先生遺詩五卷、信摭一卷、龔定盒別集二卷、定庵詩集定本二卷詞定本一卷集外未刻詩一卷集外未刻詞一卷、偈盒集二卷、秋笳集八卷)

220000－0801－0023328　叢2/219

皮氏經學叢書九種　(清)皮錫瑞撰　清光緒思賢書局刻本　七冊

220000 - 0801 - 0023329　叢 2/220

月河精舍叢鈔五種　（清）丁寶書輯　清光緒六年(1880)苕溪丁氏刻本　十八冊　缺二種三卷（安定言行錄二卷、風水祛惑一卷）

220000 - 0801 - 0023330　叢 2/220 - 1

月河精舍叢鈔五種　（清）丁寶書輯　清光緒六年(1880)苕溪丁氏刻本　十冊　存二種二十八卷（讀書雜識十二卷，唐尚書省郎官石柱題名考十二至二十六、附錄一卷）

220000 - 0801 - 0023331　叢 2/224

金峨山館叢書十一種　（清）郭傳璞撰　清光緒郭氏刻本　十冊

220000 - 0801 - 0023332　叢 2/228

知不足齋叢書二百七種　（清）鮑廷博輯　清光緒八年(1882)嶺南芸林仙館刻本　二百四十冊

220000 - 0801 - 0023333　叢 2/229

後知不足齋叢書二十五種　（清）鮑廷爵輯　清光緒常熟鮑氏刻本　三十二冊

220000 - 0801 - 0023334　叢 2/230

鐵華館叢書六種　（清）蔣鳳藻輯　清光緒十年(1884)蔣氏刻本　六冊

220000 - 0801 - 0023335　叢 2/230 - 1

鐵華館叢書六種　（清）蔣鳳藻輯　清光緒十年(1884)蔣氏刻本　十冊

220000 - 0801 - 0023336　叢 2/230 - 10

鐵華館叢書六種　（清）蔣鳳藻輯　清光緒十年(1884)蔣氏刻本　十冊

220000 - 0801 - 0023337　叢 2/230 - 2

鐵華館叢書六種　（清）蔣鳳藻輯　清光緒十年(1884)蔣氏刻本　六冊

220000 - 0801 - 0023338　叢 2/230 - 3

鐵華館叢書六種　（清）蔣鳳藻輯　清光緒十年(1884)蔣氏刻本　六冊

220000 - 0801 - 0023339　叢 2/230 - 4

鐵華館叢書六種　（清）蔣鳳藻輯　清光緒十年(1884)蔣氏刻本　六冊

220000 - 0801 - 0023340　叢 2/230 - 5

鐵華館叢書六種　（清）蔣鳳藻輯　清光緒十年(1884)蔣氏刻本　九冊

220000 - 0801 - 0023341　叢 2/230 - 6

鐵華館叢書六種　（清）蔣鳳藻輯　清光緒十年(1884)蔣氏刻本　五冊

220000 - 0801 - 0023342　叢 2/230 - 7

鐵華館叢書六種　（清）蔣鳳藻輯　清光緒十年(1884)蔣氏刻本　五冊　存三種二十一卷（沖虛至德真經八卷、新序十卷、佩觿三卷）

220000 - 0801 - 0023343　叢 2/230 - 8

鐵華館叢書六種　（清）蔣鳳藻輯　清光緒十年(1884)蔣氏刻本　六冊

220000 - 0801 - 0023344　叢 2/230 - 9

鐵華館叢書六種　（清）蔣鳳藻輯　清光緒十年(1884)蔣氏刻本　四冊　缺二種十卷（群經音辨七卷、佩觿三卷）

220000 - 0801 - 0023345　叢 2/231

鄦齋叢書二十種　徐乃昌輯　清光緒二十六年(1900)南陵徐氏刻本　十六冊

220000 - 0801 - 0023346　叢 2/231 - 1

鄦齋叢書二十種　徐乃昌輯　清光緒二十六年(1900)南陵徐氏刻本　二十冊

220000 - 0801 - 0023347　叢 2/231 - 2

鄦齋叢書二十種　徐乃昌輯　清光緒二十六年(1900)南陵徐氏刻本　二十四冊

220000 - 0801 - 0023348　叢 2/232

敏果齋叢書七種　（清）徐乃釗輯　清道光錢塘許氏刻本　十六冊

220000 - 0801 - 0023349　叢 2/232 - 1

敏果齋叢書七種　（清）徐乃釗輯　清道光錢塘許氏刻本　十五冊

220000 - 0801 - 0023350　叢 2/234

當歸草堂叢書八種　（清）丁丙輯　清同治二年(1863)丁氏刻本　八冊

220000 - 0801 - 0023351　叢 2/235

懷潞園叢刊十四種　（清）李嘉績輯　清光緒

李氏代耕堂刻本　八冊

220000－0801－0023352　叢2/236

省吾堂四種　（清）蔣光弼撰　清常熟蔣氏省吾堂刻本　九冊

220000－0801－0023353　叢2/237

小萬卷樓叢書十八種　（清）錢培名輯　清光緒四年（1878）錢氏刻本　十六冊

220000－0801－0023354　叢2/238

半厂叢書初編十種　（清）譚獻輯　清光緒十五年（1889）刻本　二十冊

220000－0801－0023355　叢2/238－1

半厂叢書初編十種　（清）譚獻輯　清光緒十五年（1889）刻本　十六冊

220000－0801－0023356　叢2/239

小石山房叢書三十八種　（清）顧湘輯　清同治十三年（1874）刻本　十六冊

220000－0801－0023357　叢2/239－1

小石山房叢書三十八種　（清）顧湘輯　清同治十三年（1874）刻本　十六冊

220000－0801－0023358　叢2/239－2

小石山房叢書三十八種　（清）顧湘輯　清同治十三年（1874）刻本　十六冊

220000－0801－0023359　叢2/239－3

小石山房叢書三十八種　（清）顧湘輯　清同治十三年（1874）刻本　二十冊

220000－0801－0023360　叢2/240

懷豳雜俎十二種　徐乃昌輯　清宣統元年（1909）黎氏刻本　八冊

220000－0801－0023361　叢2/240－1

懷豳雜俎十二種　徐乃昌輯　清宣統元年（1909）黎氏刻本　八冊

220000－0801－0023362　叢2/240－10

懷豳雜俎十二種　徐乃昌輯　清宣統元年（1909）黎氏刻本　十冊

220000－0801－0023363　叢2/240－2

懷豳雜俎十二種　徐乃昌輯　清宣統元年

（1909）黎氏刻本　八冊

220000－0801－0023364　叢2/240－3

懷豳雜俎十二種　徐乃昌輯　清宣統元年（1909）黎氏刻本　十冊

220000－0801－0023365　叢2/240－4

懷豳雜俎十二種　徐乃昌輯　清宣統元年（1909）黎氏刻本　十冊

220000－0801－0023366　叢2/240－5

懷豳雜俎十二種　徐乃昌輯　清宣統元年（1909）黎氏刻本　十冊

220000－0801－0023367　叢2/240－6

懷豳雜俎十二種　徐乃昌輯　清宣統元年（1909）黎氏刻本　十冊

220000－0801－0023368　叢2/240－7

懷豳雜俎十二種　徐乃昌輯　清宣統元年（1909）黎氏刻本　八冊

220000－0801－0023369　叢2/240－8

懷豳雜俎十二種　徐乃昌輯　清宣統元年（1909）黎氏刻本　十冊

220000－0801－0023370　叢2/240－9

懷豳雜俎十二種　徐乃昌輯　清宣統元年（1909）黎氏刻本　十冊

220000－0801－0023371　叢2/272

信古閣小叢書八種　黃任恒輯　清光緒二十九年（1903）活字印本　二冊

220000－0801－0023372　叢2/272－1

信古閣小叢書八種　黃任恒輯　清光緒二十九年（1903）活字印本　二冊

220000－0801－0023373　叢2/272－2

信古閣小叢書八種　黃任恒輯　清光緒二十九年（1903）活字印本　一冊　存四種五卷（周易黃氏注一卷、兩漢書舊本攷二卷、毛本梁書校議一卷、南海山水人物古蹟記一卷）

220000－0801－0023374　叢2/272－3

信古閣小叢書八種　黃任恒輯　清光緒二十九年（1903）活字印本　一冊　存四種五卷（周易黃氏注一卷、兩漢書舊本攷二卷、毛本

梁書校議一卷、南海山水人物古蹟記一卷）

220000－0801－0023375　叢2/273

紀載彙編十種　（明）沈節甫輯　清末都城琉璃廠活字印本　四冊

220000－0801－0023376　叢2/283

續知不足齋叢書二集十七種　（清）高承勳輯　清渤海高氏刻本　十六冊

220000－0801－0023377　叢2/284

昭代叢書五百六十種　（清）張潮輯　清刻本　十六冊　存九十卷（一集五十卷、二集四十卷）

220000－0801－0023378　叢2/285

二餘堂叢書十二種　（清）師範輯　清嘉慶九年（1804）小停雲館刻本　十冊

220000－0801－0023379　叢2/285－1

二餘堂叢書十二種　（清）師範輯　清嘉慶九年（1804）小停雲館刻本　八冊　缺二種八卷（滇海虞衡記七至十三、課餘隨錄一卷）

220000－0801－0023380　叢2/286

粟香室叢書六十四種　金武祥輯　清光緒江陽金氏刻本　二十三冊　存十五種（名家詞集十種、宜齋野乘一卷、陽羨茗壺系一卷、洞山岕茶系一卷、藏說小萃七種、讀書瑣記一卷、讀雪山房唐詩凡例一卷、讀雪山房雜著一卷、雲溪樂府二卷、篤慎堂燼餘詩稿二卷文稿一卷、存齋古文一卷、傳忠堂古文一卷、鷗堂賸藁一卷補遺一卷、東鷗草堂詞二卷附錄一卷、鷗堂日記三卷）

220000－0801－0023381　叢2/287

粟香室叢書六十四種　金武祥輯　清光緒江陽金氏刻本　十三冊　存十八種（名家詞集十種、宜齋野乘一卷、陽羨茗壺系一卷、洞山岕茶系一卷、江陰李氏得月樓書目摘錄一卷、藏說小萃七種、江上遺聞一卷、讀書瑣記一卷、讀雪山房唐詩凡例一卷、讀雪山房雜著一卷、雲溪樂府二卷、篤慎堂燼餘詩稿二卷文稿一卷、存齋古文一卷、傳忠堂古文一卷、鷗堂剩稿一卷補遺一卷、東鷗草堂詞二卷、鷗堂日

記三卷、水雲樓賸藁一卷）

220000－0801－0023382　叢2/289

秘書廿一種　（清）汪士漢輯　清嘉慶九年（1804）刻本　十六冊

220000－0801－0023383　叢2/289－1

秘書廿一種　（清）汪士漢輯　清嘉慶九年（1804）刻本　三冊　存十九卷（楚史檮杌一卷、晉史乘一卷、竹書紀年二卷、中華古今注三卷、古今注三卷、三墳一卷、風俗通義四卷、列仙傳二卷、集異記一卷、續齊諧記一卷）

220000－0801－0023384　叢2/291

西政叢書三十一種　梁啓超輯　清光緒二十三年（1897）慎記書莊石印本　三十冊

220000－0801－0023385　叢2/291－1

西政叢書三十一種　梁啓超輯　清光緒二十三年（1897）慎記書莊石印本　十六冊　存十五種（富國養民策、保富述要、生利分利之別論、法國海軍職要、德國軍制述要、自強軍洋操課程十卷、英法政概六卷、日本雜事詩二卷、日本新政攷二卷、適可齋記言四卷、南海先生四上書記四卷、庸書八卷、續富國策四卷、中外交涉類要表、光緒通商綜覈表）

220000－0801－0023386　叢2/292

津河廣仁堂所刻書六十二種　（清）廣仁堂編輯　清光緒九年（1883）刻本　二十二冊　存十三種五十卷（北溪先生字義二卷附補遺一卷、明賢蒙正錄二卷、呂子節錄四卷附一卷、小學六卷、程氏家塾讀書分年日程三卷、庭訓格言一卷、四禮翼一、柏廬外集四卷、恆產瑣言一卷、聰訓齋語一卷、愧訥集十二卷附一卷、培遠堂手札節存三卷首一卷附錄一卷、陸桴亭先生文集五卷）

220000－0801－0023387　叢2/293

政藝叢書　鄧實編　清光緒三十三年（1907）鉛印本　二十冊

220000－0801－0023388　叢2/295

昭代叢書甲集五十種乙集四十種　（清）張潮輯　清康熙刻本　十六冊

522

220000－0801－0023389　叢 2/296

文林綺繡五種　（明）淩迪知輯　清光緒十九年(1893)上海鴻寶齋石印本　二冊

220000－0801－0023390　叢 2/297

函海　（清）李調元輯　清刻本　八冊　存四種三十八卷（粵風四卷、誓林冗筆四卷、丹鉛雜錄十卷、秋林伐山二十卷）

220000－0801－0023391　叢 2/300

平津館叢書四十三種　（清）孫星衍輯　清嘉慶刻本　一冊　存二種七卷（三輔黃圖一卷、渚宮舊事五卷附補遺一卷）

220000－0801－0023392　叢 2/301

集虛草堂叢書甲集　李國松輯　清光緒三十年(1904)刻本　二十一冊

220000－0801－0023393　叢 2/302

玉函山房輯佚書五百九十四種　（清）馬國翰輯　清光緒十年(1884)章邱李氏重印本　七十九冊

220000－0801－0023394　叢 2/304

秘書廿八種　（清）汪士漢輯　清道光刻本　一冊　存二種三卷（古魯詩一卷、五月春秋一至二）

220000－0801－0023395　叢 2/308

石研齋四種　（清）秦恩復撰　清乾隆、道光江都秦氏刻本　六冊　存二種十三卷（列子八卷附盧注考證一卷、鬼谷子三卷附篇目考一卷）

220000－0801－0023396　叢 2/312

粵雅堂叢書三十集一百八十七種　（清）伍崇曜輯　清咸豐刻本　九十六冊

220000－0801－0023397　叢 4/2

武林掌故叢編二十六集一百八十七種　（清）丁丙輯　清光緒嘉惠堂刻本　二百三冊

220000－0801－0023398　叢 4/2－1

武林掌故叢編二十六集一百八十七種　（清）丁丙輯　清光緒嘉惠堂刻本　一百七十九冊

220000－0801－0023399　叢 4/2－2

武林掌故叢編二十六集一百八十七種　（清）丁丙輯　清光緒嘉惠堂刻本　七十一冊　缺十一種七十二卷（臨平記補遺續一卷、武林靈隱寺誌八卷、增修雲林寺志八卷、雪莊西湖漁唱七卷、夢粱錄二十卷、龍興祥符戒壇寺志五至十二、萬曆錢塘縣志不分卷、武林游記一卷、流芳亭記一卷、嘉靖仁和縣志十四卷、艮山雜志二卷附錄一卷）

220000－0801－0023400　叢 4/3

武林往哲遺著六十六種　（清）丁丙輯　清光緒嘉惠堂刻本　六十四冊

220000－0801－0023401　叢 4/5

嶺南遺書五十九種　（清）伍崇曜輯　清道光、同治粵雅堂文字歡娛室刻本　八十冊

220000－0801－0023402　叢 4/7

畿輔叢書一百二十六種　（清）王灝輯　清光緒五年(1879)定州王氏謙德堂刻本　四百四十二冊

220000－0801－0023403　叢 4/10

紹興先正遺書四集十五種　（清）徐友蘭輯　清光緒會稽徐氏鑄學齋刻本　四十八冊

220000－0801－0023404　叢 4/12

永嘉叢書十三種　（清）孫衣言輯　清同治、光緒瑞安孫氏詒善祠塾刻本　五十六冊

220000－0801－0023405　叢 4/12－1

永嘉叢書十三種　（清）孫衣言輯　清同治、光緒瑞安孫氏詒善祠塾刻本　三十六冊

220000－0801－0023406　叢 4/14

涇川叢書五十一種　（清）趙紹祖　（清）趙繩祖輯　清道光十二年(1832)古墨齋刻本　二十四冊

220000－0801－0023407　叢 4/14－1

涇川叢書五十一種　（清）趙紹祖　（清）趙繩祖輯　清道光十二年(1832)古墨齋刻本　二十四冊

220000－0801－0023408　叢 4/15

春在堂全書二十四種　（清）俞樾撰　清光緒

二十五年(1899)刻本　二十一冊

220000－0801－0023409　叢4/16

浙西六家詩鈔六卷　(清)吳應和　(清)馬洵
輯　清道光七年(1827)刻本　四冊

220000－0801－0023410　叢4/16－1

浙西六家詩鈔六卷　(清)吳應和　(清)馬洵
輯　清道光七年(1827)刻本　二冊

220000－0801－0023411　叢4/18

湖北叢書三十一種　(清)趙尚輔輯　清光緒
十七年(1891)三餘草堂刻本　一百冊

220000－0801－0023412　叢4/18－1

湖北叢書三十一種　(清)趙尚輔輯　清光緒
十七年(1891)三餘草堂刻本　一百冊

220000－0801－0023413　叢4/22

橋李遺書二十六種　(清)孫福清輯　清光緒
四年(1878)秀水孫氏望雲仙館刻本　二十
四冊

220000－0801－0023414　叢4/24

貴池二妙集四十七卷附錄四卷　劉世珩輯
清光緒二十六年(1900)刻本　十冊

220000－0801－0023415　叢4/24－1

貴池二妙集四十七卷附錄四卷　劉世珩輯
清光緒二十六年(1900)刻本　十二冊

220000－0801－0023416　叢4/24－2

貴池二妙集四十七卷附錄四卷　劉世珩輯
清光緒二十六年(1900)刻本　十二冊

220000－0801－0023417　叢4/33

金華文萃七十種　(清)胡鳳丹輯　清同治、
光緒永康胡氏退補齋刻本　一百十六冊

220000－0801－0023418　叢4/35

金陵叢刻十五種　(清)傅春官輯　清光緒江
寧傅氏晦齋刻本　十二冊

220000－0801－0023419　叢4/37

常州先哲遺書四十四種　盛宣懷輯　清光緒
武進盛氏刻本　六十四冊

220000－0801－0023420　叢4/40

京口掌故叢編初集　(清)陶駿保輯　清光緒
三十四年(1908)影印本　二冊

220000－0801－0023421　叢4/43

金華叢書六十九種附一種　(清)胡鳳丹輯
清同治、光緒永康胡氏退補齋刻本　六十三
冊　存十九種(東萊呂氏古易一卷、周易音訓
二卷、禹貢集解二卷、增修東萊書說三十五卷
首一卷、尚書表注二卷、詩疑二卷、詩集傳名
物鈔八卷、左氏傳說二十卷首一卷、洪武聖政
記二卷、明朝國初事蹟一卷、蜀碑記十卷首一
卷附辨譌考異二卷、華川邑辭一卷、泊宅編十
卷、螢雪叢說二卷、忠簡公集七卷、呂東萊先
生文集二十卷首一卷、九靈山房集三十卷補
編二卷、九靈山房遺藳詩四卷文一卷補編一
卷、王忠文公集二十卷)

220000－0801－0023422　叢4/46

豫章叢書三集二十六種　(清)陶福履輯　清
光緒十九年至二十一年(1893－1895)新建陶
福履刻本　十二冊　存二集(一至二)

220000－0801－0023423　叢6/2

富陽夏氏叢刻七種　夏震武　夏鼎武撰　清
光緒刻本　四冊

220000－0801－0023424　叢6/2－1

富陽夏氏叢刻七種　夏震武　夏鼎武撰　清
光緒刻本　四冊

220000－0801－0023425　叢6/3

海鹽張氏涉園叢刻正編七種續編六種　張元
濟輯　清宣統三年(1911)海鹽張氏鉛印本
十一冊　缺四種八卷(入告編三卷、篔谷詩選
一卷、涉園題詠一卷、涉園題詠續編二卷補遺
一卷)

220000－0801－0023426　叢6/3－1

海鹽張氏涉園叢刻正編七種續編六種　張元
濟輯　清宣統三年(1911)海鹽張氏鉛印本
七冊　存五種十卷(寄吾廬初稿選鈔四卷、竺
岙詩存一卷、西泠鴻爪一卷、張氏藝文一卷、
涉園題詠續編二卷補遺一卷)

220000－0801－0023427　叢6/4

儆季雜著七種 (清)黃以周撰 清光緒二十年(1894)江蘇南菁講舍刻本 十冊

220000－0801－0023428 叢6/9

董氏叢書十六種 (清)董金鑑輯 清光緒三十二年(1906)會稽董氏取斯家塾刻本 十冊 缺二種七卷(大易牀頭私錄三卷、唐李長吉詩集四卷)

220000－0801－0023429 叢6/10

如皋冒氏叢書三十四種 冒廣生輯 清光緒如皋冒氏刻本 二十四冊 缺十種五十七卷(冒伯麐先生集二十五卷、增定存笥小草四卷、馭交記十二卷、簡分堂文賸一卷、鹿樵茸一卷、婦人集補一卷、疚齋小品八卷、冒得庵參議年譜一卷、冒嵩少憲副年譜三卷、同人集補一卷)

220000－0801－0023430 叢6/11

寧都三魏全集三種附三種 (清)林時益輯清易堂刻本 十八冊

220000－0801－0023431 叢6/11－1

寧都三魏全集三種附三種 (清)林時益輯清易堂刻本 四十九冊

220000－0801－0023432 叢6/13

丹徒戴氏叢刻六種 (清)戴肇辰輯 清同治、光緒刻本 八冊 缺三種十九卷(東牟守城紀略一卷東牟守城詩一卷、瑞芝山房詩鈔八卷文鈔八卷、聽鸝山館文鈔一卷)

220000－0801－0023433 叢6/19

項城袁氏家集 丁振鐸輯 清宣統三年(1911)清芬閣鉛印本 五十六冊

220000－0801－0023434 叢6/19－1

項城袁氏家集 丁振鐸輯 清宣統三年(1911)清芬閣鉛印本 五十六冊

220000－0801－0023435 叢6/19－2

項城袁氏家集 丁振鐸輯 清宣統三年(1911)清芬閣鉛印本 五十六冊

220000－0801－0023436 叢6/19－3

項城袁氏家集 丁振鐸輯 清宣統三年(1911)清芬閣鉛印本 五十六冊

220000－0801－0023437 叢6/19－4

項城袁氏家集 丁振鐸輯 清宣統三年(1911)清芬閣鉛印本 五十一冊 缺四卷(端敏公函牘二,閣學公書札三至四、閣學公書札錄遺一卷)

220000－0801－0023438 叢6/20

合肥李氏三世遺集二十四卷 李國杰輯 清光緒三十年(1904)合肥李氏刻本 十冊 缺一種四卷(李文忠公遺集五至八)

220000－0801－0023439 叢6/20－1

合肥李氏三世遺集二十四卷 李國杰輯 清光緒三十年(1904)合肥李氏刻本 三冊 存二種六卷(李光錄公遺集一至二、李襲侯遺集三至六)

220000－0801－0023440 叢6/22

富陽夏氏叢刻七種 夏震武 夏鼎武撰 清光緒二十三年(1897)刻本 一冊 存一種一卷(寤言質疑一卷)

220000－0801－0023441 叢6/27

寧都三魏全集三種附三種 (清)林時益輯清道光二十五年(1845)刻本 六十四冊

220000－0801－0023442 叢6/27－1

寧都三魏全集三種附三種 (清)林時益輯清道光二十五年(1845)刻本 四十八冊

220000－0801－0023443 叢6/29

左海續集(小琅嬛館叢書)九種 (清)陳壽祺撰 清道光、同治刻本 二十五冊 存四種六十五卷(三家詩遺說考二十卷、詩經四家異文考五卷、今文尚書經說考三十二卷首一卷敘錄一卷、禮記鄭讀考六卷)

220000－0801－0023444 叢8/1

章氏五種 (清)章震福撰 清光緒二十四年(1898)鉛印本 二冊

220000－0801－0023445 叢8/5

章氏遺書二種 (清)章學誠撰 清道光十二年(1832)刻本 八冊

220000－0801－0023446　叢8/5－1

章氏遺書二種　（清）章學誠撰　清道光十二年(1832)刻本　五冊

220000－0801－0023447　叢8/5－2

章氏遺書二種　（清）章學誠撰　清道光十二年(1832)刻本　五冊

220000－0801－0023448　叢8/5－3

章氏遺書二種　（清）章學誠撰　清道光十二年(1832)刻本　五冊

220000－0801－0023449　叢8/9

高厚蒙求五集十卷　（清）徐朝俊撰　清光緒元年(1875)雲間徐氏刻本　四冊

220000－0801－0023450　叢8/9－1

高厚蒙求五集十卷　（清）徐朝俊撰　清光緒元年(1875)雲間徐氏刻本　四冊

220000－0801－0023451　叢8/10

庸庵全集六種　（清）薛福成撰　清光緒無錫薛氏刻本　二十八冊　缺二十卷(庸盒文編四卷續編二卷外編四卷、出使日記續刻十卷)

220000－0801－0023452　叢8/13

二思堂叢書六種　（清）梁章鉅撰　清光緒元年(1875)福州梁氏刻本　二十冊　缺十七卷(楹聯叢話十二卷、楹聯續話四卷、巧對錄一卷)

220000－0801－0023453　叢8/13－1

二思堂叢書六種　（清）梁章鉅撰　清光緒元年(1875)福州梁氏刻本　十六冊

220000－0801－0023454　叢8/14

王漁洋遺書三十八種　（清）王士禎撰　清刻本　一百一冊　缺五十卷(古懽錄八卷、古夫于亭雜錄五卷、漁洋詩話三卷、阮亭選古詩五言詩十七卷七言詩十五卷、徐詩二卷)

220000－0801－0023455　叢8/14－1

王漁洋遺書三十八種　（清）王士禎撰　清刻本　八十一冊

220000－0801－0023456　叢8/15

王菉友叢書九種　（清）王筠撰　清道光、光緒刻本　四十一冊

220000－0801－0023457　叢8/16

安吳四種　（清）包世臣撰　清同治十一年(1872)刻本　十六冊

220000－0801－0023458　叢8/16－1

安吳四種　（清）包世臣撰　清同治十一年(1872)刻本　十四冊

220000－0801－0023459　叢8/19

話山草堂遺集二種　（清）沈道寬撰　清光緒三年(1877)潤州権廨刻本　八冊

220000－0801－0023460　叢8/19－1

話山草堂遺集二種　（清）沈道寬撰　清光緒三年(1877)潤州権廨刻本　八冊

220000－0801－0023461　叢8/20

顨軒孔氏所著書七種　（清）孔廣森撰　清嘉慶二十二年(1817)孔氏儀鄭堂刻本　十冊

220000－0801－0023462　叢8/20－1

顨軒孔氏所著書七種　（清）孔廣森撰　清嘉慶二十二年(1817)孔氏儀鄭堂刻本　十冊

220000－0801－0023463　叢8/20－2

顨軒孔氏所著書七種　（清）孔廣森撰　清嘉慶二十二年(1817)孔氏儀鄭堂刻本　十二冊

220000－0801－0023464　叢8/21

西學啓蒙十六種　（英國）艾約瑟譯　清光緒二十二年(1896)上海著易堂書局鉛印本　十六冊

220000－0801－0023465　叢8/23

耐安類稿五種十卷　（清）陳偉撰　清光緒二十二年(1896)刻本　六冊

220000－0801－0023466　叢8/23－1

耐安類稿五種十卷　（清）陳偉撰　清光緒二十二年(1896)刻本　六冊

220000－0801－0023467　叢8/23－2

耐安類稿五種十卷　（清）陳偉撰　清光緒二十二年(1896)刻本　六冊

220000－0801－0023468　叢8/23－3

526

耐安類稿五種十卷　（清）陳偉撰　清光緒二十二年(1896)刻本　六冊

220000－0801－0023469　叢8/29

吳侍讀全集六種　（清）吳慈鶴撰　清嘉慶、道光刻本　八冊

220000－0801－0023470　叢8/30

亭林遺書十種二十七卷　（清）顧炎武撰　清光緒十四年(1888)掃葉山房刻本　八冊

220000－0801－0023471　叢8/30－1

亭林遺書十種二十七卷　（清）顧炎武撰　清光緒十四年(1888)掃葉山房刻本　十冊

220000－0801－0023472　叢8/30－2

亭林遺書十種二十七卷　（清）顧炎武撰　清光緒十四年(1888)掃葉山房刻本　八冊

220000－0801－0023473　叢8/32

潛研堂全書十七種　（清）錢大昕撰　清乾隆、嘉慶刻道光二十年(1840)印本　六十二冊

220000－0801－0023474　叢8/33

湘綺樓全書　王闓運撰　清末刻本　九十八冊

220000－0801－0023475　叢8/34

焦氏叢書二十一種　（清）焦循撰　清嘉慶、道光江都焦氏雕菰樓刻本　四十冊　缺四卷（易章句一至三、北湖小志六）

220000－0801－0023476　叢8/34－1

焦氏叢書二十一種　（清）焦循撰　清嘉慶、道光江都焦氏雕菰樓刻本　三十二冊

220000－0801－0023477　叢8/35

焦氏叢書二十一種　（清）焦循撰　清光緒二年(1876)衡陽魏氏刻本　四十冊

220000－0801－0023478　叢8/35－1

焦氏叢書二十一種　（清）焦循撰　清光緒二年(1876)衡陽魏氏刻本　三十五冊　缺六卷（北湖小志六卷）

220000－0801－0023479　叢8/35－2

焦氏叢書二十一種　（清）焦循撰　清光緒二

年(1876)衡陽魏氏刻本　一冊　存二卷（天下元一釋下、釋弧一）

220000－0801－0023480　叢8/37

番禺陳氏東塾叢書五種　（清）陳澧撰　清咸豐、光緒刻本　九冊　缺二十三卷（東塾集六卷、申苑一卷、東塾讀書記十六卷）

220000－0801－0023481　叢8/37－1

番禺陳氏東塾叢書五種　（清）陳澧撰　清咸豐、光緒刻本　九冊

220000－0801－0023482　叢8/37－2

番禺陳氏東塾叢書五種　（清）陳澧撰　清咸豐、光緒刻本　六冊

220000－0801－0023483　叢8/37－3

番禺陳氏東塾叢書五種　（清）陳澧撰　清咸豐、光緒刻本　十冊　存五十二卷（漢儒通義七卷，聲律通攷十卷，切韻攷六卷外篇三卷，漢書地理志水道圖說七卷，東塾讀書記一至十二、十五至二十一）

220000－0801－0023484　叢8/37－4

番禺陳氏東塾叢書五種　（清）陳澧撰　清咸豐、光緒刻本　十四冊　缺二卷（東塾讀書記十三至十四）

220000－0801－0023485　叢8/43

師伏堂叢書十五種　（清）皮錫瑞撰　清光緒善化皮氏刻本　四十冊

220000－0801－0023486　叢8/43－1

師伏堂叢書十五種　（清）皮錫瑞撰　清光緒善化皮氏刻本　四十冊

220000－0801－0023487　叢8/45

梨洲遺著匯刊二十三種　（清）黃宗羲撰　清宣統二年(1910)時中書局鉛印本　八冊

220000－0801－0023488　叢8/50

朱文端公藏書十三種　（清）朱軾輯　清光緒二十三年(1897)刻本　七十一冊　缺二種（張子全書、呂氏四禮翼）

220000－0801－0023489　叢8/50－1

朱文端公藏書十三種　（清）朱軾輯　清光緒

二十三年(1897)刻本　二十七册

220000－0801－0023490　叢 8/52
吳氏遺著三種五卷附錄一卷　(清)吳交雲撰
清光緒十七年(1891)廣雅書局刻本　二册

220000－0801－0023491　叢 8/52－1
吳氏遺著三種五卷附錄一卷　(清)吳交雲撰
清光緒十七年(1891)廣雅書局刻本　二册

220000－0801－0023492　叢 8/52－2
吳氏遺著三種五卷附錄一卷　(清)吳交雲撰
清光緒十七年(1891)廣雅書局刻本　四册

220000－0801－0023493　叢 8/53
魚鳧匯刻三種　(清)蔡壽祺撰　清咸豐十一
年(1861)刻本　四册

220000－0801－0023494　叢 8/54
船山遺書六十三種　(清)王夫之撰　清同治
四年(1865)湘鄉曾氏金陵刻本　一百二十
八册

220000－0801－0023495　叢 8/54－1
船山遺書六十三種　(清)王夫之撰　清同治
四年(1865)湘鄉曾氏金陵刻本　一百二十册

220000－0801－0023496　叢 8/54－2
船山遺書六十三種　(清)王夫之撰　清同治
四年(1865)湘鄉曾氏金陵刻本　一百册

220000－0801－0023497　叢 8/54－3
船山遺書六十三種　(清)王夫之撰　清同治
四年(1865)湘鄉曾氏金陵刻本　一百二十册

220000－0801－0023498　叢 8/54－4
船山遺書六十三種　(清)王夫之撰　清同治
四年(1865)湘鄉曾氏金陵刻本　九十九册
缺四卷(楚辭通釋一至四)

220000－0801－0023499　叢 8/55
脩本堂叢書十種　(清)林伯桐撰　清道光二
十四年(1844)林世懋刻本　十二册

220000－0801－0023500　叢 8/55－1
脩本堂叢書十種　(清)林伯桐撰　清道光二
十四年(1844)林世懋刻本　十四册

220000－0801－0023501　叢 8/58
安吳四種　(清)包世臣撰　清道光二十六年
(1846)刻本　十八册

220000－0801－0023502　叢 8/59
安吳四種　(清)包世臣撰　清同治十一年
(1872)刻本　十六册

220000－0801－0023503　叢 8/59－1
安吳四種　(清)包世臣撰　清同治十一年
(1872)刻本　十六册

220000－0801－0023504　叢 8/59－2
安吳四種　(清)包世臣撰　清同治十一年
(1872)刻本　十六册

220000－0801－0023505　叢 8/59－3
安吳四種　(清)包世臣撰　清同治十一年
(1872)刻本　十八册

220000－0801－0023506　叢 8/59－4
安吳四種　(清)包世臣撰　清同治十一年
(1872)刻本　十六册

220000－0801－0023507　叢 8/61
安溪四種書註續附一卷　(清)宋懋修輯　清
道光十九年(1839)刻本　二册

220000－0801－0023508　叢 8/61－1
安溪四種書註續附一卷　(清)宋懋修輯　清
道光十九年(1839)刻本　二册

220000－0801－0023509　叢 8/67
通藝錄二十一種四十八卷　(清)程瑤田撰
清嘉慶刻本　十册　缺五卷(論學小記三、論
學外篇二卷、樂器三事能言一卷補編一卷)

220000－0801－0023510　叢 8/68
游藝錄十六卷　(清)李沺撰　清光緒二十年
(1894)醉月山房刻本　九册

220000－0801－0023511　叢 8/69
海嶽軒叢刻九種　杜俞撰　清光緒三十三年
(1907)蘇省刷印總局鉛印本　八册

220000－0801－0023512　叢 8/69－1
海嶽軒叢刻九種　杜俞撰　清光緒三十三年
(1907)蘇省刷印總局鉛印本　六册　缺二種

（元穆文鈔二卷、采菽堂筆記二卷）

220000－0801－0023513　叢 8/70

李氏遺書十一種　（清）李銳撰　清道光三年
（1823）儀徵阮氏刻本　五冊

220000－0801－0023514　叢 8/71

志學齋七種　（清）徐壽基撰　清光緒十三年
（1887）刻本　八冊

220000－0801－0023515　叢 8/72

大鶴山房全書十種　鄭文焯撰　清光緒刻本
六冊

220000－0801－0023516　叢 8/72－1

大鶴山房全書十種　鄭文焯撰　清光緒刻本
十五冊

220000－0801－0023517　叢 8/75

真西山全集三種附年譜　（宋）真德秀撰　清
同治三年（1864）刻本　三十五冊

220000－0801－0023518　叢 8/79

檀園四種　（清）龔禮撰　清咸豐五年（1855）
刻本　八冊

220000－0801－0023519　叢 8/80

董方立遺書九種　（清）董祐誠撰　清同治八
年（1869）董貽清成都刻本　六冊

220000－0801－0023520　叢 8/80－1

董方立遺書九種　（清）董祐誠撰　清同治八
年（1869）董貽清成都刻本　四冊

220000－0801－0023521　叢 8/87

坦園全集二十二種　（清）楊恩壽撰　清光緒
長沙楊氏刻本　三十一冊

220000－0801－0023522　叢 8/88

槐軒全書三十種　（清）劉沅撰　清咸豐刻本
八十四冊　存十一種一百四十一卷（書經
恒解六卷書序辨正一卷、孝經直解一卷、易經
恒解五卷首一卷、詩經恒解六卷、周官恒解六
卷、儀禮恒解十六卷、禮記恒解四十九卷、春
秋恒解八卷附錄餘傳一卷、史存三十卷、四書
恒解十一卷）

220000－0801－0023523　叢 8/88－1

槐軒全書三十種　（清）劉沅撰　清咸豐刻本
二十一冊　存十種（明良志略一卷、下學梯
航一卷、槐軒蒙訓一卷、槐軒俗言一卷、拾餘
四種四卷、槐軒約言一卷、槐軒雜著不分卷、
正訛八卷、子問二卷又問一卷、壎箎集十卷）

220000－0801－0023524　叢 8/88－2

槐軒全書三十種　（清）劉沅撰　清咸豐刻本
五十八冊　存八種一百一十卷（四書恒解十
一卷、禮記恒解四十九卷、詩經恒解六卷、易
經恒解五卷首一卷、書經恒解六卷書序辨正
一卷、春秋恒解八卷附錄餘傳一卷、周官恒解
六卷、儀禮恒解十六卷）

220000－0801－0023525　叢 8/89

郝氏遺書二十四種　（清）郝懿行撰　清嘉
慶、光緒刻本　五十七冊　缺九種

220000－0801－0023526　叢 8/90

梅氏遺書四卷附錄三卷　（清）梅鍾澍撰　清
宣統三年（1911）莓田古屋刻本　三冊

220000－0801－0023527　叢 8/91

敬義堂叢刻九種　（清）王弘撰　清光緒刻本
十八冊

220000－0801－0023528　叢 8/93

春雨樓叢書六種　（清）朱士端撰　清同治刻
本　六冊

220000－0801－0023529　叢 8/94

春融堂集　（清）王昶撰　清嘉慶十三年
（1808）王氏塾南書舍刻本　十二冊

220000－0801－0023530　叢 8/94－1

春融堂集　（清）王昶撰　清嘉慶十三年
（1808）王氏塾南書舍刻本　二十冊

220000－0801－0023531　叢 8/95

春在堂全書三十四種　（清）俞樾撰　清光緒
十五年（1889）刻本　一百一冊

220000－0801－0023532　叢 8/95－1

春在堂全書三十四種　（清）俞樾撰　清光緒
十五年（1889）刻本　一百六十冊

220000－0801－0023533　叢 8/95－2

春在堂全書三十四種 （清）俞樾撰 清光緒
十五年（1889）刻本 一百十冊

220000－0801－0023534 叢8/95－3
春在堂全書三十四種 （清）俞樾撰 清光緒
十五年（1889）刻本 九十二冊 缺六十九卷
（春在堂詩編二十三卷詞錄三卷、春在堂隨筆
十卷、春在堂尺牘六卷、四書文一卷、經課續
編八卷、九九銷夏錄十四卷、東海投桃集一
卷、曲園自述詩一卷補一卷、曲園墨戲一卷）

220000－0801－0023535 叢8/95－4
春在堂全書三十四種 （清）俞樾撰 清光緒
十五年（1889）刻本 一百十冊 缺十六卷
（四書文一卷、經課續編八卷、東海投桃集一
卷、曲園墨戲一卷、曲園三要一卷、瓊英小錄
一卷、春在堂傳奇二種二卷、新定牙牌數一
卷）

220000－0801－0023536 叢8/95－5
春在堂全書三十四種 （清）俞樾撰 清光緒
十五年（1889）刻本 三十九冊 存一百四十
六卷（群經平議三十五卷，第一樓叢書三十
卷，俞樓雜纂五十卷，茶香室叢鈔二十三卷、
續鈔十六至二十一，太上感應篇纘義二卷）

220000－0801－0023537 叢8/101
呂子遺書七種 （明）呂坤撰 清道光七年
（1827）開封府刻本 二十四冊

220000－0801－0023538 叢8/101－1
呂子遺書七種 （明）呂坤撰 清道光七年
（1827）開封府刻本 二十四冊

220000－0801－0023539 叢8/102
鄂宰四稿 （清）王筠撰 清咸豐二年（1852）
刻本 二冊

220000－0801－0023540 叢8/102－1
鄂宰四稿 （清）王筠撰 清咸豐二年（1852）
刻本 二冊

220000－0801－0023541 叢8/102－2
鄂宰四稿 （清）王筠撰 清咸豐二年（1852）
刻本 二冊

220000－0801－0023542 叢8/102－3
鄂宰四稿 （清）王筠撰 清咸豐二年（1852）
刻本 一冊

220000－0801－0023543 叢8/102－4
鄂宰四稿 （清）王筠撰 清咸豐二年（1852）
刻本 二冊

220000－0801－0023544 叢8/103
阮盦筆記五種 況周頤撰 清光緒三十三年
（1907）白門刻本 二冊

220000－0801－0023545 叢8/105
頤志齋叢書二十一種 （清）丁晏撰 清咸
豐、同治六藝堂刻本 二十冊

220000－0801－0023546 叢8/105－1
頤志齋叢書二十一種 （清）丁晏撰 清咸
豐、同治六藝堂刻本 十四冊 缺八種十七
卷（禮記釋注二至四、孝經述注一卷、北宋汴
學二體石經記一卷、淮安北門城樓金天德年
大鐘款識一卷附一卷子史粹言二卷、頤志齋
四譜四卷、石亭記事一卷續編一卷、百家姓三
編一卷、讀經說一卷）

220000－0801－0023547 叢8/109
劉氏遺書八種 （清）劉台拱撰 清光緒十五
年（1889）廣雅書局刻本 二冊

220000－0801－0023548 叢8/109－1
劉氏遺書八種 （清）劉台拱撰 清光緒十五
年（1889）廣雅書局刻本 二冊

220000－0801－0023549 叢8/111
陸桴亭先生遺書二十二種 （清）陸世儀撰
清光緒二十五年（1899）京師刻本 二十冊

220000－0801－0023550 叢8/112
陸桴亭先生遺書二十二種 （清）陸世儀撰
清光緒二十五年（1899）太倉唐受祺京師刻本
二十八冊

220000－0801－0023551 叢8/112－1
陸桴亭先生遺書二十二種 （清）陸世儀撰
清光緒二十五年（1899）太倉唐受祺京師刻本
二十冊

220000 - 0801 - 0023552　叢 8/112 - 2

陸桴亭先生遺書二十二種　（清）陸世儀撰
清光緒二十五年(1899)太倉唐受祺京師刻本
　二十冊

220000 - 0801 - 0023553　叢 8/112 - 3

陸桴亭先生遺書二十二種　（清）陸世儀撰
清光緒二十五年(1899)太倉唐受祺京師刻本
　二十冊

220000 - 0801 - 0023554　叢 8/113

隨園三十種　（清）袁枚撰　清嘉慶隨園刻本
　八十冊

220000 - 0801 - 0023555　叢 8/113 - 1

隨園三十種　（清）袁枚撰　清嘉慶隨園刻本
　七十二冊

220000 - 0801 - 0023556　叢 8/113 - 2

隨園三十種　（清）袁枚撰　清嘉慶隨園刻本
　六十冊

220000 - 0801 - 0023557　叢 8/113 - 3

隨園三十種　（清）袁枚撰　清嘉慶隨園刻本
　四十六冊　存十四種

220000 - 0801 - 0023558　叢 8/113 - 4

隨園三十種　（清）袁枚撰　清嘉慶隨園刻本
　八十冊

220000 - 0801 - 0023559　叢 8/114

隨園三十八種　（清）袁枚撰　清光緒十八年
(1892)著易堂鉛印本　四十冊

220000 - 0801 - 0023560　叢 8/115

隨園三十六種　（清）袁枚撰　清光緒三十四
年(1908)上海集成圖書公司鉛印本　五十冊

220000 - 0801 - 0023561　叢 8/115 - 1

隨園三十六種　（清）袁枚撰　清光緒三十四
年(1908)上海集成圖書公司鉛印本　五十冊

220000 - 0801 - 0023562　叢 8/116

亭林遺書二十二種　（清）顧炎武撰　清光緒
十一年(1885)上海文瑞樓石印本　十二冊

220000 - 0801 - 0023563　叢 8/116 - 1

亭林遺書二十二種　（清）顧炎武撰　清光緒

十一年(1885)上海文瑞樓石印本　十二冊

220000 - 0801 - 0023564　叢 8/117

陶廬叢刻二十一種　王樹枏撰　清光緒十一
年(1885)刻本　六十二冊

220000 - 0801 - 0023565　叢 8/121

鄭少谷先生全集六種　（清）鄭獻甫撰　清光
緒五年至八年(1879 - 1882)文昌書局刻本
　三十二冊

220000 - 0801 - 0023566　叢 8/122

竹柏山房十五種附刻四種　（清）林春溥撰
清嘉慶、咸豐刻本　四十冊

220000 - 0801 - 0023567　叢 8/122 - 1

竹柏山房十五種附刻四種　（清）林春溥撰
清嘉慶、咸豐刻本　四十冊

220000 - 0801 - 0023568　叢 8/122 - 2

竹柏山房十五種附刻四種　（清）林春溥撰
清嘉慶、咸豐刻本　四十冊

220000 - 0801 - 0023569　叢 8/122 - 3

竹柏山房十五種附刻四種　（清）林春溥撰
清嘉慶、咸豐刻本　四十冊

220000 - 0801 - 0023570　叢 8/122 - 4

竹柏山房十五種附刻四種　（清）林春溥撰
清嘉慶、咸豐刻本　四十冊

220000 - 0801 - 0023571　叢 8/122 - 5

竹柏山房十五種附刻四種　（清）林春溥撰
清嘉慶、咸豐刻本　四十冊

220000 - 0801 - 0023572　叢 8/123

薆園叢書七種　張慎儀撰　清光緒刻本
十冊

220000 - 0801 - 0023573　叢 8/123 - 1

薆園叢書七種　張慎儀撰　清光緒刻本　十
五冊

220000 - 0801 - 0023574　叢 8/124

孫文恭公遺書七種　（明）孫應鼇撰　清宣統
二年(1910)上海國學扶輪社鉛印本　八冊

220000 - 0801 - 0023575　叢 8/127

陶樓雜著四種 （清）黃彭年撰 清光緒十五
年(1889)刻本 二冊

220000－0801－0023576 叢 8/128

顧端文公遺書十四種附一種 （明）顧憲成撰
清光緒三年至十二年(1877－1886)涇里宗
祠刻本 十八冊

220000－0801－0023577 叢 8/128－1

顧端文公遺書十四種附一種 （明）顧憲成撰
清光緒三年至十二年(1877－1886)涇里宗
祠刻本 十四冊

220000－0801－0023578 叢 8/128－2

顧端文公遺書十四種附一種 （明）顧憲成撰
清光緒三年至十二年(1877－1886)涇里宗
祠刻本 十八冊

220000－0801－0023579 叢 8/128－3

顧端文公遺書十四種附一種 （明）顧憲成撰
清光緒三年至十二年(1877－1886)涇里宗
祠刻本 十五冊 缺二種十卷(小辨齋偶存
八卷、顧端文公年譜一至二)

220000－0801－0023580 叢 8/128－4

顧端文公遺書十四種附一種 （明）顧憲成撰
清光緒三年至十二年(1877－1886)涇里宗
祠刻本 十八冊 缺十一種四十七卷(東林
會約一卷、南岳商語一卷、經正堂商語一卷、
志矩堂商語一卷、當下繹一卷、證性編八卷、
還經錄一卷、自反錄一卷、涇皋藏稿二十二
卷、顧端文公年譜一至二、小辨齋偶存八卷)

220000－0801－0023581 叢 8/129

味義根齋全書五種 （清）譚汸撰 清光緒刻
本 八冊

220000－0801－0023582 叢 8/130

曾惠敏公遺集四種 （清）曾紀澤撰 清光緒
十九年(1893)江南製造總局鉛印本 八冊

220000－0801－0023583 叢 8/130－1

曾惠敏公遺集四種 （清）曾紀澤撰 清光緒
十九年(1893)江南製造總局鉛印本 八冊

220000－0801－0023584 叢 8/130－2

曾惠敏公遺集四種 （清）曾紀澤撰 清光緒
十九年(1893)江南製造總局鉛印本 八冊

220000－0801－0023585 叢 8/132

厚庵鄧夫子遺書十九種 （清）鄧厚庵撰 清
道光二十七年(1847)刻本 三十六冊

220000－0801－0023586 叢 8/135

覆瓿集十八種 （清）張文虎著 清同治十三
年至光緒十九年(1874－1893)金陵冶城賓館
刻本 十二冊

220000－0801－0023587 叢 8/135－1

覆瓿集十八種 （清）張文虎著 清同治十三
年至光緒十九年(1874－1893)金陵冶城賓館
刻本 八冊

220000－0801－0023588 叢 8/135－2

覆瓿集十八種 （清）張文虎著 清同治十三
年至光緒十九年(1874－1893)金陵冶城賓館
刻本 二冊 存六種

220000－0801－0023589 叢 8/136

榕村全集三十八種 （清）李光地撰 清道光
九年(1829)刻本 一百二十冊

220000－0801－0023590 叢 8/137

大鶴山房全書十一種 鄭文焯撰 清光緒刻
本 八冊

220000－0801－0023591 叢 8/137－1

大鶴山房全書十一種 鄭文焯撰 清光緒刻
本 八冊

220000－0801－0023592 叢 8/137－2

大鶴山房全書十一種 鄭文焯撰 清光緒刻
本 八冊

220000－0801－0023593 叢 8/137－3

大鶴山房全書十一種 鄭文焯撰 清光緒刻
本 六冊

220000－0801－0023594 叢 8/138

春融堂集六十八卷年譜二卷雜記八種 （清）
王昶撰 清嘉慶十二年(1807)刻本 十六冊

220000－0801－0023595 叢 8/138－1

春融堂集六十八卷年譜二卷雜記八種 （清）

王昶撰　清嘉慶十二年(1807)刻本　十二冊

220000－0801－0023596　叢8/139

春融堂集六十八卷年譜二卷雜記八種　（清）
王昶撰　清光緒十八年(1892)刻本　二十冊

220000－0801－0023597　叢8/140

高厚蒙求五集十二種附一種　（清）徐朝俊撰
清嘉慶十二年至道光九年(1807－1829)刻
本　八冊

220000－0801－0023598　叢8/142

庸庵全集六種　（清）薛福成著　清光緒二十
三年(1897)上海醉六堂影印本　十冊

220000－0801－0023599　叢8/142－1

庸庵全集六種　（清）薛福成著　清光緒二十
三年(1897)上海醉六堂影印本　八冊　缺二
種七卷(籌洋芻議一卷、出使英法比義四國日
記六卷)

220000－0801－0023600　叢8/143

崔東壁遺書二十種　（清）崔述撰　清光緒五
年(1879)王氏謙德堂刻本　十六冊　缺二種
七卷(讀風偶識四卷、五服異同彙考三卷)

220000－0801－0023601　叢8/150

庸庵全集六種　（清）薛福成撰　清光緒十年
至二十四年(1884－1898)刻本　二十冊

220000－0801－0023602　叢8/150－1

庸庵全集六種　（清）薛福成撰　清光緒十年
至二十四年(1884－1898)刻本　十六冊　存
四種二十一卷(庸庵文編四卷文續編二卷文
外編四卷,籌洋芻議一卷,浙東籌防錄四卷,
出使英法義比四國日記六卷)

220000－0801－0023603　叢8/151

費氏遺書三種　（清）費密撰　清光緒三十四
年(1908)大關唐鴻學怡蘭堂刻本　三冊

220000－0801－0023604　叢8/152

章氏遺書二種　（清）章學誠撰　清光緒三年
(1877)刻本　四冊

220000－0801－0023605　叢8/152－1

章氏遺書二種　（清）章學誠撰　清光緒三年
(1877)刻本　五冊

220000－0801－0023606　叢8/154

竹柏山房十五種附刻四種　（清）林春溥撰
清咸豐五年(1855)刻本　四十冊

220000－0801－0023607　叢8/156

龍莊遺書四種　（清）汪輝祖撰　清光緒江蘇
書局刻本　六冊

220000－0801－0023608　叢8/157

槐軒全書二十一種附九種　（清）劉沅撰　清
刻本　八冊

220000－0801－0023609　叢8/158

西河合集一百二十種　（清）毛奇齡撰　清嘉
慶元年(1796)刻本　一百冊

220000－0801－0023610　叢8/158－1

西河合集一百二十種　（清）毛奇齡撰　清嘉
慶元年(1796)刻本　九十八冊　缺四十四卷
(河圖洛書原舛編一卷、太極圖說遺議一卷、
白鷺洲主客說詩一卷、昏禮辨正一卷、廟制折
衷二卷、大小宗通繹一卷、北郊配位尊西向議
一卷、辨定嘉靖大禮議二卷、辨定祭禮通俗譜
五卷、喪禮吾說篇十卷、曾子問講錄四卷、春
秋毛氏傳一至四、春秋條貫篇十一卷)

220000－0801－0023611　叢8/158－2

西河合集一百二十種　（清）毛奇齡撰　清嘉
慶元年(1796)刻本　七十一冊　缺一百七十
四卷(首一卷、仲氏易三十卷、推易始末四卷、
河圖洛書原舛編一卷、太極圖說遺議一卷、易
小帖五卷、易韻四卷、古文尚書冤詞八卷、尚
書廣聽錄五卷、舜典補亡一卷、辨定祭禮通俗
譜一至三、皇言定聲錄八卷、李氏學樂錄二
卷、孝經問一卷、周禮問二卷、大學問一卷、明
堂問一卷、學校問一卷、郊社禘祫問一卷、經
問一至四、序七至三十四、引弁首一卷、題題
詞題端一卷、跋一卷、書後緣起一卷、碑記一
一卷、傳十一卷、王文成傳本二卷、墓碑銘二
卷、墓表五卷、二韻詩三卷、五言律詩六卷、七
言律詩十卷、七言排律一卷、五言格詩五卷、
雜體詩一卷、徐都講詩一卷)

533

220000－0801－0023612　叢8/160

西郭草堂合刊八種附三種　（明）喬中和撰
清光緒五年(1879)刻本　十冊　存七種十五
卷(古大學注一卷,葩經旁意一卷,說疇一卷,
說易一至二、七至八,大易通變六卷,大九數
一卷,元音譜一卷)

220000－0801－0023613　叢8/161

亭林先生補遺十種　（清）顧炎武撰　清光緒
十一年(1885)掃葉山房刻本　三冊　存六種

220000－0801－0023614　叢8/161－1

亭林先生補遺十種　（清）顧炎武撰　清光緒
十一年(1885)掃葉山房刻本　三冊　存二種
四卷(同志贈言一卷、五經同異三卷)

220000－0801－0023615　叢8/162

亭林遺書十種補遺十種　（清）顧炎武撰　清

光緒十一年(1885)掃葉山房刻本　二冊　存
四種五卷(亭林餘集一卷、亭林雜錄一卷、聖
安紀事二卷、五經同異上)

220000－0801－0023616　叢8/163

亭林遺書十種補遺十種　（清）顧炎武撰　清
光緒十一年(1885)蓬瀛閣刻本　二十四冊
存七種二十四卷(石經考一卷、金石文字記六
卷、韻補正一卷、昌平山水記二卷、亭林文集
六卷、亭林詩集五卷、左傳杜解補正三卷)

220000－0801－0023617　叢8/164

杭大宗七種叢書　（清）杭世駿撰　清咸豐元
年(1851)長沙小嬛環山館刻本　四冊　存五
種十一卷(諸史然疑一卷、漢書蒙拾一卷、石
經考異二卷、續方言三卷、文選課虛四卷)

中華古籍保護計劃

ZHONG HUA GU JI BAO HU JI HUA CHENG GUO

·成 果·

吉林省圖書館
古籍普查登記目録
（上）

全國古籍普查登記目録

國家圖書館出版社
National Library of China Publishing House

圖書在版編目（CIP）數據

　　吉林省圖書館古籍普查登記目録：全三冊/趙瑞軍主編. --北京：國家圖書館出版社，
2017.12
　　（全國古籍普查登記目録）
　　ISBN 978 – 7 – 5013 – 6235 – 6

　　Ⅰ.①吉…　Ⅱ.①趙…　Ⅲ.①公共圖書館—古籍—圖書館目録—吉林　Ⅳ.①Z838

　　中國版本圖書館 CIP 數據核字（2017）第 218563 號

書　　名	吉林省圖書館古籍普查登記目録（全三冊）
著　　者	趙瑞軍　主編
責任編輯	趙　嬿

出　　版	國家圖書館出版社（100034　北京市西城區文津街 7 號）
	（原書目文獻出版社　北京圖書館出版社）
發　　行	010 – 66114536　66126153　66151313　66175620
	66121706（傳真）　66126156（門市部）
E-mail	nlcpress@ nlc. cn（郵購）
Website	www. nlcpress. com→投稿中心
經　　銷	新華書店
印　　裝	河北三河弘翰印務有限公司
版　　次	2017 年 12 月第 1 版　2017 年 12 月第 1 次印刷

開　　本	787 × 1092（毫米）　1/16
印　　張	90
字　　數	1700 千字

| 書　　號 | ISBN 978 – 7 – 5013 – 6235 – 6 |
| 定　　價 | 800.00 圓 |

《全國古籍普查登記目錄》

工作委員會

主　任：周和平

副主任：張永新　詹福瑞　劉小琴　李致忠　張志清

委　員（按姓氏筆畫排序）：

《全國古籍普查登記目録》

序　言

　　全國古籍普查登記工作是"中華古籍保護計劃"的首要任務,是全面開展古籍搶救、保護和利用工作的基礎,也是有史以來第一次由政府組織、參加收藏單位最多的全國性古籍普查登記工作。

　　2007年國務院辦公廳發佈《關於進一步加强古籍保護工作的意見》(國辦發[2007]6號),明確了古籍保護工作的首要任務是對全國公共圖書館、博物館和教育、宗教、民族、文物等系統的古籍收藏和保護狀況進行全面普查,建立中華古籍聯合目録和古籍數字資源庫。2011年12月,文化部下發《文化部辦公廳關於加快推進全國古籍普查登記工作的通知》(文辦發[2011]518號),進一步落實了全國古籍普查登記工作。根據文化部2011年518號文件精神,國家古籍保護中心擬訂了《全國古籍普查登記工作方案》,進一步規範了古籍普查登記工作的範圍、内容、原則、步驟、辦法、成果和經費。目前進行的全國古籍普查登記工作的中心任務是通過每部古籍的身份證——"古籍普查登記編號"和相關信息,建立古籍總臺賬,全面瞭解全國古籍存藏情況,開展全國古籍保護的基礎性工作,加强各級政府對古籍的管理、保護和利用。

　　《全國古籍普查登記工作方案》規定了全國古籍普查登記工作的三個主要步驟:一、開展古籍普查登記工作;二、在古籍普查登記基礎上,編纂出版館藏古籍普查登記目録,形成《全國古籍普查登記目録》;三、在古籍普查登記工作基本完成的前提下,由省級古籍保護中心負責編纂出版本省古籍分類聯合目録《中華古籍總目》分省卷,由國家古籍保護中心負責編纂出版《中華古籍總目》統編卷。

　　在黨和政府領導下,在各地區、各有關部門和全社會共同努力下,古籍普查登記工作得以扎實推進。古籍普查已在除臺、港、澳之外的全國各省級行政區域開展,普查内容除漢文古籍外,還包括各少數民族文字古籍,特別是於2010年分别啓動了新疆古籍保護和西藏古籍保護專項,因地制宜,開展古籍普查登記工作;國家古籍保護中心研製的"全國古籍普查登記平臺"已覆蓋到全國各省級古籍保護中心,並進一步研發了"中華古籍索引庫",爲及時展現古籍普查成果提供有力支持;截至目前,已有11375部古籍進入《國家珍貴古籍名録》,浙江、江蘇、山東、河北等省公佈了省級《珍

1

貴古籍名録》,古籍分級保護機制初步形成。

《全國古籍普查登記目録》是古籍普查工作的階段性成果,旨在摸清家底,揭示館藏,反映古籍的基本信息。原則上每申報單位獨立成冊,館藏量少不能獨立成冊者,則在本省範圍内幾個館目合併成冊。無論獨立成冊還是合併成冊,均編製獨立的書名筆畫索引附於書後。著録的必填基本項目有:古籍普查登記編號、索書號、題名卷數、著者(含著作方式)、版本、冊數及存缺卷數。其他擴展項目有:分類、批校題跋、版式、裝幀形式、叢書子目、書影、破損狀況等。有條件的收藏單位多著録的一些擴展項目,也反映在《全國古籍普查登記目録》上。目録編排按古籍普查登記編號排序,内在順序給予各古籍收藏單位較大自由度,可按分類排列古籍普查登記編號,也可按排架號、按同書名等排列古籍普查登記編號,以反映各館特色。

此次全國古籍普查登記工作,克服了古籍數量多、普查人員少、普查難度大等各種困難,也得到了全國古籍保護工作者的極大支持。在古籍普查登記過程中,國家古籍保護中心、各省古籍保護中心爲此舉辦了多期古籍普查、古籍鑒定、古籍普查目録審校等培訓班,全國共 1600 餘家單位參加了培訓,爲古籍普查登記工作培養了大量人才。同時在古籍普查登記工作中,也鍛煉了普查員的實踐能力,爲將來古籍保護事業發展奠定了良好的基礎。

《全國古籍普查登記目録》的出版,將摸清我國古籍家底,爲古籍保護和利用工作提供依據,也將是古籍保護長期工作的一個里程碑。

國家古籍保護中心
2013 年 10 月

《全國古籍普查登記目録》

編纂凡例

一、收録範圍爲我國境内各收藏機構或個人所藏，産生於 1912 年以前，具有文物價值、學術價值和藝術價值的文獻典籍，包括漢文古籍和少數民族文字古籍以及甲骨、簡帛、敦煌遺書、碑帖拓本、古地圖等文獻。其中，部分文獻的收録年限適當延伸。

二、以各收藏機構爲分册依據，篇幅較小者，適當合併出版。

三、一部古籍一條款目，複本亦單獨著録。

四、著録基本要求爲客觀登記、規範描述。

五、著録款目包括古籍普查登記編號、索書號、題名卷數、著者、版本、册數、存缺卷等。古籍普查登記編號的組成方式是：省級行政區劃代碼—單位代碼—古籍普查登記順序號。

六、以古籍普查登記編號順序排序。

七、編製各館藏目録書名筆畫索引附於書後，以便檢索。

1

《吉林省圖書館古籍普查登記目録》

前　言

吉林省立圖書館成立於清宣統元年（1909），館址設在當時的吉林省府所在地吉林市。中華人民共和國成立後，隨吉林省省會於 1954 年遷至長春新民大街，1958 年建成並更名爲吉林省圖書館，1960 年正式開館。

開館之初，由於原館藏都留在吉林市，因此經省文化局上報文化部，文化部批文從全國各省市圖書館、文管所等文獻收藏單位，劃撥一批各自館藏中所餘複本支援我館。同時，老一輩館員常年到全國各地的舊書店及民間大量收購古籍等文獻，並争取到部分社會捐贈。經過幾代人數十年的努力，逐漸收集了較爲豐富的古代典籍，現藏古籍計 23617 部，230000 多冊（件），其中善本古籍 4601 部，50000 多冊（件）。

我館珍藏的古籍善本中，唐宋元版本 38 部，國家一、二級藏品近千部。館藏珍品如唐人寫經《佛説無量壽觀經》、宋版《文選》和明刻《永樂南藏》，皆爲我館的鎮館之寶。

唐人寫經《佛説無量壽觀經》爲南朝宋釋畺良耶舍譯，卷軸裝，所用黄麻紙經過入潢處理，仿柳字體，存第十觀至第十六觀。經國家有關部門專家鑒定，該經約寫於唐代中期。此卷儘管是局部，由於抄寫於唐代，距離原譯時間較近，具有珍貴的文物價值和文獻價值。

南宋贛州州學版《文選》六十卷，全書六十四冊，完整無缺，基本保持宋刻原貌。根據《中國古籍善本書目》著録，我館與國家圖書館所藏爲全帙。該書曾經明唐寅、董其昌，清錢謙益等人收藏，鈐有"董氏玄宰""豫園主人""牧翁"等多枚鑒藏印章。

《永樂南藏》爲明成祖永樂年間敕刊，係佛教典籍叢書《大藏經》的一種重要版本，幾乎囊括了佛教經、律、論三藏及其相關的一切資料，爲佛教典籍中的瑰寶。所用爲開化紙，經折裝。趙體大字，清晰端秀。織錦封面，每二十部分裝一箱，箱以優質木料打造，兩端漆紅，標以千字文序號，始"天"終"索"。其版刻、裝幀風格很有藝術價值，流傳至今，彌足珍貴。

此外，如宋開慶元年（1259）福州官刻元明遞修本《西山先生真文忠公讀書記》、宋刻元明遞修公文紙本《國語補音》、元至正雙桂書堂刻本《書集傳音釋》等均爲館藏宋元善本。其他如明稿本《事類提要》,楷書工整端秀,一絲不苟,無一葉殘缺破損,書品甚佳;清光緒三十二年(1906)紅格抄本《民政部摺奏彙鈔》封面鈐滿漢兩種文字"民政部參議廳"之印,收光緒三十二年民政部涉事奏議八十餘件,係宮內流出,具有較高的史料價值;清乾隆刻本《古經解鉤沉》是清代吳派學者的重要著作,爲《四庫全書》底本;清刻五色套印本《勸善金科》代表了清代套印技術的高峰。這樣的珍貴版本不勝枚舉。

我館歷史文獻部幾代古籍工作者共同努力,先後完成了《吉林省古籍善本書目》(1989 年)、《東北地區古籍綫裝書聯合目錄》(吉林省部分,2003 年)等的出版工作,爲此後的編目工作奠定了基礎。2007 年,文化部正式啓動了國家重點文化工程——"中華古籍保護計劃",吉林省古籍普查工作全面展開,我館的古籍保護工作取得新的進展。2008 年 3 月,吉林省古籍保護中心成立。2009 年 5 月,我館獲批第二批"全國古籍重點保護單位"。2010 年,完成了我館古籍機讀目錄的編目工作。作爲古籍保護階段性成果,出版了《吉林省圖書館珍本圖錄》(2009 年)、《吉林省珍貴古籍名錄圖錄》(2012 年)、《第二批吉林省珍貴古籍名錄圖錄》(2014 年)。至 2016 年 5月,我館已先後有 214 部古籍入選第一至五批《國家珍貴古籍名錄》。

《吉林省圖書館古籍普查登記目錄》收錄我館 1912 年以前刊印、抄寫的古籍23617 部,230000 多冊(件)。按古籍普查登記編號由小到大順序編排,此號的排列順序基本遵循館藏古籍書庫的排架順序:先善本,後普通古籍。

編纂出版《吉林省圖書館古籍普查登記目錄》是我省"中華古籍保護計劃"的重點工作之一。我館於 2013 年開展此項工作,2017 年上半年,最終完成了全部古籍普查數據的編纂與審核工作。

本書的編纂是我館歷史文獻部所有工作人員共同努力的成果,是大家仔細核對、認真討論、反復修改的結果。編纂過程中,我們得到了吉林省文化廳、國家古籍保護中心及國家圖書館出版社的大力支持,在此一併致謝。

古籍普查登記工作難度大,參編人員對編目規則的理解存在差異,書中難免有疏漏之處,敬請專家批評指正,以便不斷改進。

吉林省圖書館
2017 年 8 月 15 日

目　　録

上冊

中冊

下冊

220000－0801－0000001　善/1

佛說無量壽觀經　（南朝宋）釋畺良耶舍譯　唐寫本　一軸　存七觀(十至十六)

220000－0801－0000002　善/2

大乘無量壽經一卷　（□）□□撰　唐寫本　一冊

220000－0801－0000003　善/3

文選六十卷　（南朝梁）蕭統輯　宋贛州州學刻宋元明遞修本　六十四冊

220000－0801－0000004　善/4

四經合卷　（南朝宋）釋求那跋陀羅等譯　宋刻本　一冊

220000－0801－0000005　善/5

迦葉結經一卷撰集三藏及雜藏傳一卷附東晉錄　（五代）釋安世高等譯　宋刻本　一冊

220000－0801－0000006　善/6

國朝諸臣奏議一百五十卷　（宋）趙汝愚輯　宋淳祐十年(1250)刻本　一冊　存二卷(三十四至三十五)

220000－0801－0000007　善/7

新刊補註釋文黃帝內經素問十二卷　（唐）王冰註　（宋）林億等校正　（宋）孫兆改誤　元後至元五年(1339)胡氏古林書堂刻本　三冊　存六卷(四至九)

220000－0801－0000008　善/7

新刊黃帝內經靈樞十二卷　（唐）王冰註　(宋)林億等校正　（宋）孫兆改誤　元後至元五年(1339)胡氏古林書堂刻本　一冊　存六卷(七至十二)

220000－0801－0000009　善/8

通鑑紀事本末四十二卷　（宋）袁樞撰　宋寶祐五年(1257)刻本　二冊　存一卷(七)

220000－0801－0000010　善/9

周易經傳集程朱解附錄纂註十四卷　（明）董真卿撰　元刻本　一冊　存一卷(四)

220000－0801－0000011　善/10

春秋左氏傳補註十卷　（明）趙汸撰　元至正二十四年(1364)休寧商山義塾刻明弘治六年(1493)高忠補刻本　二冊

220000－0801－0000012　善/11

孟子集註十四卷　（宋）朱熹註　元刻本　一冊　存一卷(七)

220000－0801－0000013　善/12

資治通鑑綱目五十九卷　（宋）朱熹撰　宋刻本　一冊　存一卷(十八)

220000－0801－0000014　善/13

資治通鑑二百九十四卷　（宋）司馬光撰　元刻本　三冊　存三卷(二百二十七至二百二十八、二百七十一)

220000－0801－0000015　善/14

資治通鑑綱目五十九卷　（宋）朱熹撰　宋刻元修本　二冊　存一卷(三十七)

220000－0801－0000016　善/15

新箋決科古今源流至論前集十卷後集十卷　(宋)林駉撰　**別集十卷**　（宋）黃履翁撰　元至正刻本　十二冊

220000－0801－0000017　善/16

書集傳音釋六卷首一卷末一卷　（宋）蔡沈撰　（元）鄒季友音釋　元至正雙桂書堂刻本　八冊

220000－0801－0000018　善/17

新增說文韻府群玉二十卷　（元）陰時夫編輯　（元）陰中夫註　元刻本　十二冊

220000－0801－0000019　善/18

分類補註李太白詩二十五卷　（唐）李白撰　(宋)楊齊賢集注　（元）蕭士贇補注　元建安余氏勤有堂刻明修本　十冊　存十八卷(一至十五、二十一至二十三)

220000－0801－0000020　善/19

曲譜十二卷首一卷末一卷　（清）王奕清等撰　清內府刻朱墨套印本　十二冊

220000－0801－0000021　善/20

朱文公校昌黎先生文集四十卷　（唐）韓愈撰　元刻本　十二冊

220000－0801－0000022　善/21
五經九十六卷　（宋）岳珂編纂　清乾隆四十
八年（1783）武英殿刻本　七十冊

220000－0801－0000023　善/22
九經五十五卷附三種　（明）秦鑨訂正　明崇
禎十三年（1640）刻本　十二冊

220000－0801－0000024　善/23
御製重刻十三經三百四十六卷　（清）張照等
輯　清乾隆十二年（1747）武英殿刻本　一百
十五冊

220000－0801－0000025　善/24
御製重刻十三經三百四十六卷　（清）張照等
輯　清乾隆十二年（1747）武英殿刻本　一百
五十七冊

220000－0801－0000026　善/25
閔刻三種六卷　（明）閔齊伋編　明萬曆四十
四年（1616）閔刻套印本　四冊

220000－0801－0000027　善/26
閔刻三種六卷　（明）閔齊伋編　明萬曆四十
四年（1616）閔刻朱墨套印本　四冊

220000－0801－0000028　善/27
閔刻三種六卷　（明）閔齊伋編　明萬曆四十
四年（1616）閔刻朱墨套印本　四冊

220000－0801－0000029　善/28
篆文九經九十一卷　清康熙刻本　三十六冊

220000－0801－0000030　善/29
誠齋易傳二十卷　（宋）楊萬里撰　清乾隆三
十九年（1774）武英殿木活字印本　十冊

220000－0801－0000031　善/30
蘇氏易解八卷　（宋）蘇氏撰　明萬曆刻本
四冊

220000－0801－0000032　善/31
易解露研二卷　（清）金大成彙參　清初抄本
四冊

220000－0801－0000033　善/32
易解大旨三卷　（明）張伯樞著　明末刻本
二冊

220000－0801－0000034　善/33
御纂周易折中二十二卷首一卷　（清）李光地
等纂　清康熙五十四年（1715）內府刻本
十冊

220000－0801－0000035　善/34
御纂周易折中二十二卷首一卷　（清）李光地
等纂　清康熙五十四年（1715）內府刻本　二
十冊

220000－0801－0000036　善/35
御纂周易折中二十二卷首一卷　（清）李光地
等纂　清康熙五十四年（1715）內府刻本
十冊

220000－0801－0000037　善/36
御纂周易折中二十二卷首一卷　（清）李光地
等纂　清康熙五十四年（1715）內府刻本
十冊

220000－0801－0000038　善/37
御纂周易折中二十二卷首一卷　（清）李光地
等纂　清康熙五十四年（1715）內府刻本
十冊

220000－0801－0000039　善/38
御纂周易折中二十二卷首一卷　（清）李光地
等纂　清康熙五十四年（1715）內府刻本　十
八冊

220000－0801－0000040　善/39
周會魁校正易經大全二十卷首一卷　（明）胡
廣等輯　明萬曆三十三年（1605）刻本　十
六冊

220000－0801－0000041　善/40
御製讀尚書詩不分卷　（清）高宗弘曆撰　清
乾隆刻本　一冊

220000－0801－0000042　善/41
融堂書解二十卷　（宋）錢時撰　清乾隆三十
九年（1774）武英殿木活字印本　六冊

220000－0801－0000043　善/42
禹貢指南四卷　（宋）毛晃撰　清乾隆三十九
年（1774）武英殿木活字印本　一冊

220000－0801－0000044　善/43

禹貢指南四卷　（宋）毛晃撰　清乾隆三十九年(1774)武英殿木活字印本　一册

220000－0801－0000045　善/44

書集傳六卷　（元）董鼎纂註　清康熙通志堂刻本　四册

220000－0801－0000046　善/45

書集傳六卷　（宋）蔡沈集傳　（元）鄒季友音釋　明正統十二年(1447)刻本　十二册

220000－0801－0000047　善/46

書集傳六卷　（宋）蔡沈註　明刻本　六册

220000－0801－0000048　善/48

書傳大全十卷綱領一卷圖一卷　（明）胡廣等輯　明初刻本　十一册

220000－0801－0000049　善/49

禹貢錐指二十卷略例一卷　（清）胡渭撰　清康熙四十四年(1705)漱六軒刻本　十二册

220000－0801－0000050　善/50

書經便蒙詳節二卷　（明）薛虞卿批校　明刻本　二册

220000－0801－0000051　善/51

欽定書經傳說匯纂二十一卷首二卷　（清）王頊齡等撰　清雍正八年(1730)刻本　十二册

220000－0801－0000052　善/52

尚書說七卷　（宋）黃度著　清康熙十五年(1676)通志堂刻本　一册

220000－0801－0000053　善/53

尚書集註音疏十二卷末一卷外編一卷　（清）江聲撰　清乾隆五十八年(1793)江氏近市居篆文刻本　十二册

220000－0801－0000054　善/54

尚書集註音疏十二卷末一卷外編一卷　（清）江聲撰　清乾隆五十八年(1793)江氏近市居篆文刻本　四册　存八卷(尚書集註音疏一至八)

220000－0801－0000055　善/55

尚書七篇解義二卷　（清）李光地撰　清康熙

刻本　一册

220000－0801－0000056　善/56

尚書古文疏證八卷　（清）閻若璩撰　朱子古文書疑一卷　（清）閻詠輯　清乾隆十年(1745)刻本　十册

220000－0801－0000057　善/57

讀詩識小錄十卷　（清）陳震輯　清抄本　十册

220000－0801－0000058　善/58

詩經集傳八卷　（宋）朱熹撰　明嘉靖刻本　八册

220000－0801－0000059　善/59

詩傳名物集覽十二卷　（清）陳大章撰　清康熙五十二年(1713)刻本　六册

220000－0801－0000060　善/60

詩經圖史合攷二十卷總目一卷　（明）鍾惺撰　明末刻本　二十册

220000－0801－0000061　善/61

詩經類考三十卷　（明）沈萬鈳撰　明萬曆刻本　九册

220000－0801－0000062　善/62

詩地理考六卷　（宋）王應麟撰　明崇禎刻本　三册

220000－0801－0000063　善/63

詩緝三十六卷　（宋）嚴粲撰　明味經堂刻本　十二册

220000－0801－0000064　善/64

詩攷一卷　（宋）王應麟撰　明崇禎毛氏汲古閣刻本　一册

220000－0801－0000065　善/65

詩經不分卷　（明）閔氏輯　明泰昌元年(1620)閔刻三色套印本　六册

220000－0801－0000066　善/66

詩總聞二十卷　（宋）王質撰　清道光十年(1830)抄本　十六册

220000－0801－0000067　善/67

詩總聞二十卷　（宋）王質撰　清乾隆四十六年(1781)活字印本　四冊

220000－0801－0000068　善/68

毛詩註疏二十卷　（唐）孔穎達撰　明嘉靖刻本　十七冊

220000－0801－0000069　善/69

毛詩名物圖說九卷　（清）徐鼎輯　清乾隆三十六年(1771)刻本　四冊

220000－0801－0000070　善/70

呂氏家塾讀詩記三十二卷　（宋）呂祖謙撰　明萬曆四十一年(1613)刻本　十冊

220000－0801－0000071　善/71

呂氏家塾讀詩記三十二卷　（宋）呂祖謙撰　明刻本　二十冊

220000－0801－0000072　善/72

呂氏家塾讀詩記三十二卷　（宋）呂祖謙撰　明刻本　二十冊

220000－0801－0000073　善/73

欽定詩經傳說彙纂二十一卷首二卷　（清）王鴻緒等撰　清雍正五年(1727)武英殿刻本　二十四冊

220000－0801－0000074　善/74

禮經會元四卷　（宋）葉時撰　明嘉靖刻本　四冊

220000－0801－0000075　善/75

禮經會元四卷　（宋）葉時撰　元至正二十六年(1366)刻本　四冊

220000－0801－0000076　善/76

太平經國之書十一卷首一卷　（宋）鄭伯謙撰　夏小正戴氏傳四卷　（宋）傅崧卿撰　清康熙通志堂刻本　二冊

220000－0801－0000077　善/77

東巖周禮訂義八十卷首一卷　（宋）王與之撰　清康熙十九年(1680)刻本　十五冊　缺六卷(三十六至四十一)

220000－0801－0000078　善/78

周禮註疏四十二卷　（漢）鄭玄撰　（唐）賈公彥註　（唐）陸德明釋　明嘉靖刻本　二十冊

220000－0801－0000079　善/79

周官精義十二卷　（清）連斗山撰　清乾隆四十一年(1776)雲暉閣刻本　三冊

220000－0801－0000080　善/80

周禮二十卷　（明）陳深批點　明淩氏刻朱墨套印本　六冊

220000－0801－0000081　善/81

周禮二十卷　（明）陳深批點　明刻本　六冊

220000－0801－0000082　善/82

周禮十二卷　（漢）鄭玄註　明嘉靖刻本　十二冊

220000－0801－0000083　善/83

周禮考記一卷　（明）□□撰　明嘉靖抄本　一冊

220000－0801－0000084　善/84

儀禮集說十七卷　（元）敖繼公撰　清康熙通志堂刻本　七冊

220000－0801－0000085　善/85

儀禮逸經傳二卷　（元）吳澄撰　經禮補逸九卷附錄一卷　（元）汪克寬撰　清康熙通志堂刻本　一冊

220000－0801－0000086　善/86

經禮補逸九卷附錄一卷　（元）汪克寬撰　清康熙通志堂刻本　二冊

220000－0801－0000087　善/87

欽定各項儀註便覽一卷　（明）吳遵撰　明刻本　一冊

220000－0801－0000088　善/88

儀禮圖十七卷旁通圖一卷儀禮十七卷　（宋）楊復撰　元刻明修本　八冊

220000－0801－0000089　善/89

謝疊山批點檀弓不分卷　（元）謝枋得撰　明末刻本　一冊

220000－0801－0000090　善/90

禮記集傳十卷　（元）陳澔撰　明刻本　二

十冊

220000－0801－0000091　善/91

禮記集註三十卷　（明）徐師曾集註　明萬曆刻清康熙五十八年（1719）補刻本　二十四冊

220000－0801－0000092　善/92

禮記集說大全三十卷　（明）胡廣等輯　明永樂內府刻本　十八冊

220000－0801－0000093　善/93

儀禮節略十七卷圖三卷　（清）朱軾撰　清康熙五十八年（1719）刻本　二十六冊

220000－0801－0000094　善/94

檀弓二卷　（清）孫濩孫評定　清康熙六十一年（1722）林居仁刻本　四冊

220000－0801－0000095　善/95

檀弓二卷　（清）孫濩孫評定　清康熙六十一年（1722）林居仁刻本　四冊

220000－0801－0000096　善/96

附釋音禮記註疏六十三卷　（漢）鄭玄註（唐）孔穎達疏　（唐）陸德明音義　清乾隆六十年（1795）刻本　二十四冊

220000－0801－0000097　善/97

新定三禮圖二十卷　（宋）聶崇義集註　清康熙十五年（1676）刻本　一冊

220000－0801－0000098　善/98

新定三禮圖二十卷　（宋）聶崇義集註　清康熙十五年（1676）刻本　一冊

220000－0801－0000099　善/99

新定三禮圖二十卷　（宋）聶崇義集註　清康熙十五年（1676）刻本　四冊

220000－0801－0000100　善/100

新定三禮圖二十卷　（宋）聶崇義集註　清康熙十五年（1676）刻本　二冊

220000－0801－0000101　善/101

新定三禮圖二十卷　（宋）聶崇義集註　清康熙十五年（1676）刻本　二冊

220000－0801－0000102　善/102

讀禮志疑六卷　（清）陸隴其輯　清康熙四十七年（1708）正誼堂刻本　二冊

220000－0801－0000103　善/103

參讀禮志疑二卷　（清）汪紱撰　清乾隆三十六年（1771）栖碧山房刻本　二冊

220000－0801－0000104　善/104

文公家禮儀節八卷　（宋）朱熹編　（明）楊慎輯　明末金陵蘊古堂刻本　四冊

220000－0801－0000105　善/105

文公家禮儀節八卷　（明）丘濬輯　（明）楊廷筠訂　明萬曆三十六年（1608）刻本　八冊

220000－0801－0000106　善/106

司馬氏書儀十卷　（宋）司馬光撰　清雍正元年（1723）刻本　四冊

220000－0801－0000107　善/107

司馬氏書儀十卷　（宋）司馬光撰　清雍正元年（1723）刻本　一冊

220000－0801－0000108　善/108

司馬氏書儀十卷　（宋）司馬光撰　清雍正元年（1723）刻本　四冊

220000－0801－0000109　善/109

春秋集註三十卷綱領一卷　（宋）張洽撰　清初刻本　十二冊

220000－0801－0000110　善/110

春秋屬辭十五卷　（明）趙汸撰　元至正二十四年（1364）休寧商山義塾刻明弘治六年（1493）高忠補刻本　八冊

220000－0801－0000111　善/111

麟經指月十二卷　（明）馮夢龍撰　明泰昌元年（1620）刻本　六冊

220000－0801－0000112　善/112

左傳評三卷　（清）李文淵撰　清乾隆四十年（1775）刻本　一冊

220000－0801－0000113　善/113

鐫侗初張先生評選左傳雋四卷　（明）張鼐選明萬曆刻本　四冊

220000－0801－0000114　善/114

左繡三十卷首一卷　（清）馮李驊　（清）陸浩
評輯　清康熙五十九年（1720）刻本　十六冊

220000－0801－0000115　善/115

左氏條貫十八卷　（清）曹基編　清康熙五十
一年（1712）刻本　四冊

220000－0801－0000116　善/116

左氏春秋內外傳類選八卷　（明）樊王家輯
明萬曆三十六年（1608）刻本　八冊

220000－0801－0000117　善/117

欽定春秋傳說匯纂三十八卷首二卷　（清）王
掞等纂　清康熙六十年（1721）刻本　三十
六冊

220000－0801－0000118　善/118

欽定春秋傳說匯纂三十八卷首二卷　（清）王
掞等纂　清康熙六十年（1721）刻本　二十
四冊

220000－0801－0000119　善/119

欽定春秋傳說匯纂三十八卷首二卷　（清）王
掞等纂　清康熙六十年（1721）刻本　十二冊

220000－0801－0000120　善/120

欽定春秋傳說匯纂三十八卷首二卷　（清）王
掞等纂　清康熙六十年（1721）刻本　二十
四冊

220000－0801－0000121　善/121

春秋經傳集解三十卷　（晉）杜預註　明嘉靖
刻本　十六冊

220000－0801－0000122　善/122

春秋經傳集解三十卷　（晉）杜預註　明嘉靖
刻本　三十二冊

220000－0801－0000123　善/123

春秋左傳十五卷　（春秋）左丘明撰　明萬曆
四十四年（1616）刻本　十二冊

220000－0801－0000124　善/124

春秋左傳十五卷　（春秋）左丘明撰　明萬曆
四十四年（1616）刻本　十二冊

220000－0801－0000125　善/125

春秋左傳十五卷　（春秋）左丘明撰　明萬曆
四十四年（1616）刻本　十二冊

220000－0801－0000126　善/126

春秋左傳三十卷　（晉）杜預註　（明）鄭希善
集解　明嘉靖二十四年（1545）刻本　二十
四冊

220000－0801－0000127　善/127

春秋左傳註評測義不分卷　（明）凌稚隆輯撰
明萬曆十六年（1588）刻本　二冊

220000－0801－0000128　善/128

春秋左傳十七卷　（春秋）左丘明撰　清雍正
十三年（1735）刻三色套印本　十四冊

220000－0801－0000129　善/129

春秋左傳註疏六十卷　（晉）杜預註　明末毛
氏汲古閣刻本　二十六冊

220000－0801－0000130　善/130

附釋音春秋左傳註疏六十卷　（唐）孔穎達撰
明正德十六年（1521）刻本　十二冊

220000－0801－0000131　善/131

春秋左傳不分卷　（春秋）左丘明撰　清抄本
五冊

220000－0801－0000132　善/132

御纂春秋直解十二卷　（清）傅恒等撰　清乾
隆二十三年（1758）武英殿刻本　十二冊

220000－0801－0000133　善/133

春秋胡傳三十卷　（宋）胡安國撰　明成化刻
本　十六冊

220000－0801－0000134　善/134

春秋左氏經傳集解三十卷　（晉）杜預撰
（唐）陸德明音義　春秋名號歸一圖二卷
（五代）馮繼先撰　明刻本　三十冊

220000－0801－0000135　善/135

春秋經傳集解三十卷　（晉）杜預撰　清初刻
本　十二冊

220000－0801－0000136　善/136

新刊春秋左氏選粹四卷　（□）□□撰　明晚
香堂刻本　四冊

220000 – 0801 – 0000137　善/137

春秋公羊傳不分卷附攷一卷　(漢)何休解詁
(明)閔齊伋裁註并撰攷　**春秋穀梁傳不分
卷附攷一卷**　(晉)范甯集解　(明)閔齊伋裁
註并撰攷　明天啓元年(1621)刻本　六冊

220000 – 0801 – 0000138　善/138

春秋取義測十二卷　(清)法坤宏撰　清乾隆
五十九年(1794)刻本　四冊

220000 – 0801 – 0000139　善/139

穀梁傳公羊傳不分卷　(□)□□撰　清康熙
俞長城抄本　二冊

220000 – 0801 – 0000140　善/140

春秋究遺十六卷　(清)葉酉撰　清乾隆刻本
四冊

220000 – 0801 – 0000141　善/141

春秋地名攷略十四卷　(清)高士奇撰　清康
熙二十七年(1688)刻本　五冊

220000 – 0801 – 0000142　善/142

半農先生春秋說　(清)惠士奇撰　清乾隆十
四年(1749)璜川書屋刻本　四冊

220000 – 0801 – 0000143　善/143

半農先生春秋說　(清)惠士奇撰　清乾隆十
四年(1749)璜川書屋刻本　四冊

220000 – 0801 – 0000144　善/144

春秋權衡十七卷　(宋)劉敞撰　清初刻本
六冊

220000 – 0801 – 0000145　善/145

春秋穀梁註疏二十卷　(晉)范甯撰　明萬曆
二十一年(1593)刻本　十冊

220000 – 0801 – 0000146　善/146

春秋大事表五十卷輿圖一卷附錄一卷　(清)
顧棟高撰　清乾隆十三年(1748)萬卷樓刻本
十六冊

220000 – 0801 – 0000147　善/147

春秋大事表五十卷輿圖一卷附錄一卷　(清)
顧棟高撰　清乾隆十三年(1748)萬卷樓刻本
二十冊

220000 – 0801 – 0000148　善/148

春秋大事表五十卷輿圖一卷附錄一卷　(清)
顧棟高撰　清乾隆十三年(1748)萬卷樓刻本
二十冊

220000 – 0801 – 0000149　善/149

春秋大事表五十卷輿圖一卷附錄一卷　(清)
顧棟高撰　清乾隆十三年(1748)萬卷樓刻本
三十一冊

220000 – 0801 – 0000150　善/150

春秋指掌三十卷首二卷附錄二卷　(清)儲欣
(清)蔣景祁撰輯　清康熙二十七年(1688)
天藜閣刻本　八冊

220000 – 0801 – 0000151　善/151

**春秋四家五傳平文四十一卷首一卷春秋五傳
綱領一卷春秋諸國興廢說一卷春秋筆削發微
圖一卷春秋名號歸一圖二卷春秋二十國年表
一卷**　(明)張岐然輯　明崇禎十四年(1641)
君山堂刻本　三十冊

220000 – 0801 – 0000152　善/152

春秋繁露十七卷附錄一卷　(漢)董仲舒撰
(明)孫鑛評　明天啓五年(1625)花齋刻本
二冊

220000 – 0801 – 0000153　善/153

欽定春秋傳說彙纂三十八卷首二卷　(清)王
掞等纂　清康熙刻本　十四冊

220000 – 0801 – 0000154　善/154

孝經集註一卷　(清)世宗胤禛撰　清雍正五
年(1727)刻本　一冊

220000 – 0801 – 0000155　善/155

孝經一卷　(唐)玄宗李隆基註　清初刻本
一冊

220000 – 0801 – 0000156　善/156

孝經衍義一百卷首二卷　(清)張英等撰　清
康熙二十九年(1690)刻本　三十冊

220000 – 0801 – 0000157　善/157

李太史參補古今大方四書大全十八卷　(明)
李廷機編纂　明末余氏刻本　十八冊

220000－0801－0000158　善/158

天蓋樓四書語録四十六卷　（清）呂留良撰
清康熙刻本　十六冊

220000－0801－0000159　善/159

朱子四書或問小註三十六卷　（宋）朱熹撰
清康熙六十一年(1722)刻本　十冊

220000－0801－0000160　善/160

論孟合刻二十四卷　（宋）朱熹集註　明初刻
本　二十四冊

220000－0801－0000161　善/161

四書解義八卷　（清）李光地撰　清康熙五十
九年(1720)居業堂刻本　二冊

220000－0801－0000162　善/162

四書解義八卷　（清）李光地撰　清康熙五十
九年(1720)居業堂刻本　二冊

220000－0801－0000163　善/163

圖書衍五卷　（明）喬中和撰　明崇禎八年
(1635)刻本　二冊

220000－0801－0000164　善/164

四書通二十六卷　（元）胡炳文撰　清康熙通
志堂刻本　八冊

220000－0801－0000165　善/165

四書考二十八卷四書考異一卷　（明）陳仁錫
撰　明末刻本　十冊

220000－0801－0000166　善/166

日講四書解義二十六卷　（清）喇沙里等輯纂
清康熙十六年(1677)武英殿刻本　二十
六冊

220000－0801－0000167　善/167

日講四書解義二十六卷　（清）喇沙里等輯纂
清康熙十六年(1677)武英殿刻本　十三冊

220000－0801－0000168　善/168

日講四書解義二十六卷　（清）喇沙里等輯纂
清康熙十六年(1677)武英殿刻本　十二冊

220000－0801－0000169　善/169

四書章句二十六卷　（宋）朱熹撰　清乾隆武
英殿刻本　九冊

220000－0801－0000170　善/170

四書章句二十六卷　（宋）朱熹撰　清乾隆刻
本　九冊

220000－0801－0000171　善/171

四書章句二十六卷　（宋）朱熹撰　清乾隆刻
本　二十冊

220000－0801－0000172　善/172

石鏡山房四書說統三十七卷　（明）張振淵輯
明天啓三年(1623)刻本　十二冊

220000－0801－0000173　善/173

四書集註大全四十二卷　（明）胡廣等纂修
明初內府刻本　二十冊

220000－0801－0000174　善/174

四書考輯要二十卷　（清）陳宏謀撰　清乾隆
三十五年(1770)培遠堂刻本　八冊

220000－0801－0000175　善/175

四書典制彙編八卷　（清）胡掄輯　清雍正十
年(1732)藜照軒刻本　四冊

220000－0801－0000176　善/176

四書闡註十九卷　（清）謝浦泰撰　清雍正六
年(1728)尚論堂刻本　四冊

220000－0801－0000177　善/177

四書合刻二十一卷　（宋）朱熹撰　明嘉靖刻
本　十二冊

220000－0801－0000178　善/178

四書合刻六卷　（□）□□撰　明初經廠刻本
六冊

220000－0801－0000179　善/179

四書人物考四十卷　（明）薛應旂輯　明嘉靖
三十七年(1558)刻本　六冊

220000－0801－0000180　善/180

新刻七十二朝四書人物考註釋四十卷　（明）
薛應旂輯　（明）焦竑註釋　明萬曆刻本　十
二冊

220000－0801－0000181　善/181

四書纂箋二十八卷　（元）詹道傳撰　清康熙
十九年(1680)通志堂刻本　十冊

220000－0801－0000182　善/182

駁呂留良四書講義八卷　（清）朱軾等撰　清雍正九年(1731)刻本　八冊

220000－0801－0000183　善/183

六經圖六卷　（宋）楊甲撰　明崇禎五年(1632)刻本　四冊

220000－0801－0000184　善/184

五經圖十二卷　（清）楊恢基訂正　清雍正二年(1724)盧雲英刻本　六冊

220000－0801－0000185　善/185

群經音辨七卷　（宋）賈昌朝撰　清康熙五十三年(1714)刻本　二冊

220000－0801－0000186　善/186

石渠意見四卷拾遺二卷拾遺補缺一卷　（明）王恕撰　明正德刻本　四冊

220000－0801－0000187　善/187

熊先生經說七卷　（元）熊朋來撰　清康熙通志堂刻本　四冊

220000－0801－0000188　善/188

白虎通德論四卷　（漢）班固撰　明天啓六年(1626)刻本　四冊

220000－0801－0000189　善/189

經典釋文三十卷　（唐）陸德明撰　清康熙通志堂刻本　八冊

220000－0801－0000190　善/190

古經解鈎沉三十卷　（清）余蕭客編　清乾隆刻本(四庫底本)　八冊

220000－0801－0000191　善/191

松源經說四卷　（清）孫之騄撰　清乾隆刻本　十二冊

220000－0801－0000192　善/192

鄭志三卷　（三國魏）鄭小同撰　清乾隆四十二年(1777)活字印本　三冊

220000－0801－0000193　善/193

五雅五種四十一卷　（明）郎奎金輯　明天啓刻本　八冊

220000－0801－0000194　善/194

學林十卷　（宋）王觀國撰　清乾隆四十七年(1782)武英殿刻本　十冊

220000－0801－0000195　善/195

方言疏證十三卷　（清）戴震撰　清乾隆刻本　四冊

220000－0801－0000196　善/196

新刊五雅七十三卷　（明）畢效欽編刊　明嘉靖刻本　十冊

220000－0801－0000197　善/197

新刻爾雅翼三十二卷　（宋）羅願撰　明刻本　八冊

220000－0801－0000198　善/198

爾雅三卷　（晉）郭璞註　**埤雅二十卷**　（宋）陸佃撰　明初刻本　十二冊

220000－0801－0000199　善/199

爾雅翼三十二卷　（宋）羅願撰　明末刻本　十冊

220000－0801－0000200　善/200

萬言肆雅不分卷　（清）屈曾發撰　清乾隆三十七年(1772)刻本　四冊

220000－0801－0000201　善/201

埤雅二十卷　（宋）陸佃撰　清初刻本　四冊

220000－0801－0000202　善/202

埤雅二十卷　（宋）陸佃撰　清初刻本　十冊

220000－0801－0000203　善/203

埤雅二十卷　（宋）陸佃撰　明嘉靖刻本　十冊

220000－0801－0000204　善/204

重刊許氏說文解字五音韻譜十二卷　（宋）李燾撰　明天啓七年(1627)刻本　十二冊

220000－0801－0000205　善/205

說文解字十五卷　（漢）許慎撰　清乾隆三十八年(1773)刻本　六冊

220000－0801－0000206　善/206

說文解字十五卷　（漢）許慎撰　明毛氏汲古

閣刻本　八冊

220000－0801－0000207　善/207

說文解字十五卷　（漢）許慎撰　明毛氏汲古閣刻本　八冊

220000－0801－0000208　善/208

說文解字十五卷　（漢）許慎撰　明毛氏汲古閣刻本　四冊

220000－0801－0000209　善/209

說文解字十五卷　（漢）許慎撰　清乾隆三十八年（1773）刻本　八冊

220000－0801－0000210　善/210

說文解字十五卷　（漢）許慎撰　（宋）徐鉉等校定　**五經文字三卷**　（唐）張參撰　**新加九經字樣一卷**　（唐）唐玄度撰　清初毛氏汲古閣刻本　七冊

220000－0801－0000211　善/211

說文解字十二卷首一卷　（漢）許慎撰　明萬曆二十六年（1598）汲古閣刻本　七冊　缺一卷（十二）

220000－0801－0000212　善/212

重刊許氏說文解字五音韻譜十二卷　（宋）李燾撰　明天啓汲古閣刻本　八冊

220000－0801－0000213　善/213

說文字原一卷六書正譌五卷　（元）周伯琦撰　（明）胡正言訂篆　明崇禎七年（1634）胡氏十竹齋刻本　七冊

220000－0801－0000214　善/214

說文字原集註十六卷說文字原表一卷原表說一卷　（清）蔣和撰　清乾隆五十三年（1788）刻本　八冊

220000－0801－0000215　善/215

六書通十卷　（明）閔齊伋撰　清康熙五十九年（1720）刻本　十二冊

220000－0801－0000216　善/216

六書故三十三卷六書通釋一卷　（宋）戴侗著　明萬曆三十六年（1608）懸黎齋刻本　十六冊

220000－0801－0000217　善/217

六書準四卷　（清）馮鼎調撰　清順治十七年（1660）刻本　二冊

220000－0801－0000218　善/218

六書正譌五卷　（元）周伯琦撰　明刻本　二冊

220000－0801－0000219　善/219

許氏說文解字五音韻譜一卷　（宋）李燾撰　明嘉靖十一年（1532）刻本　一冊

220000－0801－0000220　善/220

班馬字類五卷　（宋）婁機撰　明末刻本　五冊

220000－0801－0000221　善/221

五經文字三卷　（唐）張參撰　**新加九經字樣一卷**　（唐）唐玄度撰　清康熙五十四年（1715）刻本　四冊

220000－0801－0000222　善/222

急就篇四卷　（漢）史游撰　（唐）顏師古註　（宋）王應麟音釋　**姓氏急就篇二卷**　（宋）王應麟撰　明正德元年（1506）刻本　三冊

220000－0801－0000223　善/223

字彙十二卷首一卷末一卷　（明）梅膺祚撰　清康熙三十八年（1699）刻本　十四冊

220000－0801－0000224　善/224

清文補彙八卷　（清）宜興撰　清乾隆五十一年（1786）刻本　八冊

220000－0801－0000225　善/225

康熙字典四十二卷　（清）張玉書等纂　清康熙五十五年（1716）武英殿刻本　三十八冊

220000－0801－0000226　善/226

康熙字典四十二卷　（清）張玉書等纂　清康熙五十五年（1716）武英殿刻本　四十冊

220000－0801－0000227　善/227

康熙字典四十二卷　（清）張玉書等纂　清康熙五十五年（1716）武英殿刻本　四十冊

220000－0801－0000228　善/228

汗簡七卷　（宋）郭忠恕撰　清康熙一隅草堂

刻本 三冊

220000－0801－0000229 善/229
汗簡七卷 （宋）郭忠恕撰 清康熙刻本
一冊

220000－0801－0000230 善/230
汗簡七卷 （宋）郭忠恕撰 清康熙刻本
三冊

220000－0801－0000231 善/231
漢隸字源五卷碑目一卷附字一卷 （宋）婁機
輯 明末刻本 十二冊

220000－0801－0000232 善/232
漢隸字源五卷碑目一卷附字一卷 （宋）婁機
輯 明末刻本 六冊

220000－0801－0000233 善/233
字類標韻六卷補遺一卷 （清）華綱撰 清乾
隆刻本 二冊

220000－0801－0000234 善/234
大廣益會玉篇三十卷玉篇廣韻指南一卷
(南朝梁)顧野王撰 （唐）孫強增字 （宋）
陳彭年等重修 明刻本 四冊

220000－0801－0000235 善/235
大廣益會玉篇三卷 （南朝梁）顧野王撰
(唐)孫強增字 （宋）陳彭年等重修 清康熙
四十三年(1704)刻本 三冊

220000－0801－0000236 善/236
大廣益會玉篇三卷 （南朝梁）顧野王撰 清
康熙四十三年(1704)刻本 十冊

220000－0801－0000237 善/237
隸辨八卷 （清）顧藹吉撰 清康熙五十七年
(1718)項氏玉淵堂刻本 八冊

220000－0801－0000238 善/238
隸辨八卷 （清）顧藹吉撰 清康熙五十七年
(1718)項氏玉淵堂刻本 八冊

220000－0801－0000239 善/239
御製盛京賦不分卷 （清）允祿等編 清初刻
本 三十二冊

220000－0801－0000240 善/240
攈古遺文二卷 （明）李登撰 **再增攈古遺文
一卷** （明）姚履旋增 明萬曆三十一年
(1603)刻本 二冊

220000－0801－0000241 善/241
輶軒使者絕代語釋別國方言十三卷校正補遺
一卷 （漢）揚雄撰 （晉）郭璞註 清乾隆四
十九年(1784)抱經堂刻本 四冊

220000－0801－0000242 善/242
輶軒使者絕代語釋別國方言十三卷校正補遺
一卷 （漢）揚雄撰 清乾隆四十九年(1784)
抱經堂刻本 一冊

220000－0801－0000243 善/243
鐘鼎字源五卷 （清）汪立名撰 清康熙五十
五年(1716)一隅草堂刻本 二冊

220000－0801－0000244 善/244
新刻絕代語釋別國方言十三卷 （漢）揚雄撰
（晉）郭璞解 **新刻急就篇四卷** （漢）史游
撰 （唐）顏師古註 （宋）王應麟音釋 明末
刻本 三冊

220000－0801－0000245 善/245
篆林肆考十五卷 （明）鄭大郁輯 （明）徐廣
訂 明崇禎十五年(1642)刻本 四冊

220000－0801－0000246 善/246
廣韻五卷 （宋）陳彭年等撰 清康熙四十三
年(1704)刻本 五冊

220000－0801－0000247 善/247
小學集註六卷孝經集註一卷 （宋）朱熹撰
清雍正五年(1727)武英殿刻本 三冊

220000－0801－0000248 善/248
詩韻更定五卷 （清）吳國縉撰 清康熙綠蔭
堂刻本 六冊

220000－0801－0000249 善/249
讀書正音四卷 （清）吳震方撰 清康熙四十
四年(1705)刻本 一冊

220000－0801－0000250 善/250
六書賦音義二十卷六書賦一卷 （明）張士佩

撰　明萬曆三十三年(1605)刻本　十二冊

220000－0801－0000251　善/251

韻補五卷　(宋)吳棫撰　明嘉靖刻本　五冊

220000－0801－0000252　善/252

洪武正韻十六卷　(明)樂韶鳳等編　明刻本
八冊

220000－0801－0000253　善/253

重訂直音篇七卷　(明)章黼撰　明萬曆刻本
七冊

220000－0801－0000254　善/254

切韻指掌圖二卷　(宋)司馬光撰　附檢圖之
例一卷　(元)邵光祖撰　清初抄本　一冊

220000－0801－0000255　善/255

古今韻略五卷　(清)邵長蘅纂　清康熙三十
五年(1696)刻本　五冊

220000－0801－0000256　善/256

古今韻略五卷　(清)邵長蘅纂　清康熙三十
五年(1696)刻本　五冊

220000－0801－0000257　善/257

欽定同文韻統六卷　(清)允祿等撰　清乾隆
二十一年(1756)刻本　五冊

220000－0801－0000258　善/258

欽定同文韻統六卷　(清)允祿等撰　清乾隆
十五年(1750)刻本　六冊

220000－0801－0000259　善/259

通志畧五十二卷　(宋)鄭樵撰　明嘉靖二十
九年(1550)刻本　二十冊

220000－0801－0000260　善/260

通志畧五十二卷　(宋)鄭樵撰　明嘉靖二十
九年(1550)刻本　二十冊

220000－0801－0000261　善/261

二十一史二千五百七十五卷　明刻本　六百
二冊

220000－0801－0000262　善/262

欽定二十四史三千二百五十卷　(清)沈德潛
等編　清乾隆四年(1739)刻本　七百二十

二冊

220000－0801－0000263　善/263

經世要略四卷　(明)萬廷言編輯　明末刻本
四冊

220000－0801－0000264　善/264

藏書六十八卷續藏書二十七卷　(明)李贄撰
(明)陳仁錫評　明刻本　三十冊

220000－0801－0000265　善/265

藏書六十八卷　(明)李贄撰　明萬曆二十七
年(1599)刻本　二十九冊

220000－0801－0000266　善/266

史記評林一百三十卷　(明)凌稚隆輯　明萬
曆五年(1577)刻本　四十冊

220000－0801－0000267　善/267

史記評林一百三十卷　(明)凌稚隆輯　明萬
曆五年(1577)刻本　二十四冊

220000－0801－0000268　善/268

史記一百三十三卷附考證　(漢)司馬遷撰
(南朝宋)裴駰集解　(唐)司馬貞索隱
(唐)張守節正義　清乾隆四年(1739)武英殿
刻本　二十四冊

220000－0801－0000269　善/269

史記一百三十三卷　(漢)司馬遷撰　明嘉靖
二十九年(1550)刻本　二十冊

220000－0801－0000270　善/270

史記一百三十三卷附考證　(漢)司馬遷撰
清乾隆十二年(1747)刻本　二十六冊

220000－0801－0000271　善/271

史記一百三十卷　(明)凌稚隆輯　明萬曆七
年(1579)凌稚隆刻朱墨套印本　六十五冊

220000－0801－0000272　善/272

史記纂二十四卷　(明)凌稚隆輯　明萬曆七
年(1579)凌稚隆刻朱墨套印本　二十冊

220000－0801－0000273　善/273

史記自怡十卷　(明)蔣星煒選定　清初刻本
四冊

220000 - 0801 - 0000274　善/274

史記半解不分卷　（清）湯諧解　清康熙五十二年(1713)刻本　四冊

220000 - 0801 - 0000275　善/275

唐書二百卷　（五代）劉昫等撰　明嘉靖十八年(1539)刻本　四十冊

220000 - 0801 - 0000276　善/276

唐書二百二十五卷　（宋）歐陽修　（宋）宋祁撰　元大德九年(1305)刻明成化十八年(1482)補刻嘉靖十二年(1533)補刻本　五十六冊

220000 - 0801 - 0000277　善/277

五代史七十四卷　（宋）歐陽修撰　（明）楊慎評　明刻本　八冊

220000 - 0801 - 0000278　善/278

五代史七十四卷　（宋）歐陽修撰　（宋）徐無黨註　清乾隆四年(1739)武英殿刻本　八冊

220000 - 0801 - 0000279　善/279

晉書一百三十卷　（唐）房玄齡等撰　明萬曆二十四年(1596)刻本　三十冊

220000 - 0801 - 0000280　善/280

三國志六十五卷　（晉）陳壽撰　（南朝宋）裴松之註　明萬曆刻本　二十四冊

220000 - 0801 - 0000281　善/281

三國志六十五卷　（晉）陳壽撰　（南朝宋）裴松之註　清乾隆四年(1739)武英殿刻本　十四冊

220000 - 0801 - 0000282　善/282

三國志六十五卷　（晉）陳壽撰　明萬曆二十四年(1596)刻本　十二冊

220000 - 0801 - 0000283　善/283

北史一百卷　（唐）李延壽撰　清乾隆四年(1739)內府刻本　二十四冊

220000 - 0801 - 0000284　善/284

北史一百卷　（唐）李延壽撰　清康熙二十五年(1686)刻本　十六冊

220000 - 0801 - 0000285　善/285

東萊先生三國志詳節二十卷　（晉）陳壽撰（宋）呂祖謙詳節　明刻本　六冊

220000 - 0801 - 0000286　善/286

三國志旁證三十卷　（清）梁章鉅撰　清道光三十年(1850)致曲山館刻本　十冊

220000 - 0801 - 0000287　善/287

後漢書一百二十卷　（南朝宋）范曄撰　（唐）李賢註　明末刻本　三十冊

220000 - 0801 - 0000288　善/288

後漢書九十卷　（南朝宋）范曄撰　（唐）李賢註　志註補三十卷　（晉）司馬彪撰　（南朝梁）劉昭　（唐）李賢註　明嘉靖八年(1529)刻本　五十冊

220000 - 0801 - 0000289　善/289

後漢書九十卷　（南朝宋）范曄撰　（唐）李賢註　志註補三十卷　（晉）司馬彪撰　（南朝梁）劉昭　（唐）李賢註　明嘉靖八年(1529)刻本　二十八冊

220000 - 0801 - 0000290　善/290

後漢書九十卷　（南朝宋）范曄撰　（唐）李賢註　志註補三十卷　（晉）司馬彪撰　（南朝梁）劉昭　（唐）李賢註　元大德九年(1305)寧國路儒學刻明遞修本　六十冊

220000 - 0801 - 0000291　善/291

宋書一百卷　（南朝梁）沈約撰　明弘治四年(1491)刻嘉靖十年(1531)補刻本　四十八冊

220000 - 0801 - 0000292　善/292

宋書一百卷　（南朝梁）沈約撰　清乾隆四年(1739)武英殿刻本　二十四冊

220000 - 0801 - 0000293　善/293

宋書一百卷　（南朝梁）沈約撰　明萬曆二十二年(1594)刻本　二十四冊

220000 - 0801 - 0000294　善/294

宋史四百九十六卷目錄三卷　（元）脫脫等撰　明成化七年至十六年(1471 - 1480)刻本　一百冊

220000 - 0801 - 0000295　善/295

宋史四百九十六卷　（元）脱脱等撰　明萬曆二十七年(1599)方從哲刻本　一百冊

220000－0801－0000296　善/296

漢書七十卷　（漢）班固撰　（唐）顏師古註　明末刻本　二十冊

220000－0801－0000297　善/297

遼史一百十六卷附考證　（元）脱脱等撰　清乾隆四年(1739)武英殿刻本　八冊

220000－0801－0000298　善/298

遼史一百十六卷　（元）脱脱等撰　明嘉靖八年(1529)刻本　十二冊

220000－0801－0000299　善/299

漢書評林一百卷首一卷　（明）凌稚隆輯　明萬曆九年(1581)凌氏刻本　四十八冊

220000－0801－0000300　善/300

漢書評林一百卷　（明）凌稚隆輯　明萬曆九年(1581)凌氏刻本　十六冊

220000－0801－0000301　善/301

漢書評林一百卷　（明）凌稚隆輯　明萬曆九年(1581)凌氏刻本　六十冊

220000－0801－0000302　善/302

南唐書三十卷　（宋）馬令撰　明嘉靖二十九年(1550)顧汝達刻本　六冊

220000－0801－0000303　善/303

南史八十卷　（唐）李延壽撰　明崇禎張溥刻本　二十冊

220000－0801－0000304　善/304

前漢書一百卷　（漢）班固撰　明嘉靖八年(1529)南京國子監刻明萬曆、崇禎、清順治遞修本　四十八冊

220000－0801－0000305　善/305

前漢書一百卷　（漢）班固撰　（唐）顏師古註　後漢書九十卷　（南朝宋）范曄撰　（唐）李賢註　志註補三十卷　（晉）司馬彪撰　（南朝梁）劉昭　（唐）李賢註　明正統十年(1445)刻本　六十冊

220000－0801－0000306　善/306

隋書八十五卷　（唐）魏徵等撰　明萬曆二十二年(1594)刻本　二十冊

220000－0801－0000307　善/307

前漢書一百卷　（漢）班固撰　後漢書一百二十卷　（南朝宋）范曄撰　明吳勉學刻本　三十六冊

220000－0801－0000308　善/308

鼎鍥葉太史彙纂玉堂鑑綱七十二卷　（明）葉向高彙纂　明萬曆刻本　二十冊

220000－0801－0000309　善/309

續資治通鑑節要三十卷　（明）劉用章輯　明慎獨齋刻本　三十冊

220000－0801－0000310　善/310

續資治通鑑六十四卷　（明）王宗沐編　明隆慶元年(1567)刻本　二十四冊

220000－0801－0000311　善/311

新刻校證大字皇明資治通紀十卷續紀三卷　（明）陳建撰　明嘉靖刻本　十冊　缺二卷（一、續紀下）

220000－0801－0000312　善/312

宋元通鑑一百五十七卷　（明）薛應旂編　（明）陳仁錫評　明天啓六年(1626)刻本　二十四冊

220000－0801－0000313　善/313

司馬溫公稽古錄二十卷　（宋）司馬光撰　明末刻本　四冊

220000－0801－0000314　善/314

資治通鑑綱目五十九卷　（宋）朱熹撰　明成化十二年(1476)刻本　一百八冊

220000－0801－0000315　善/315

資治通鑑節要續編三十卷　（明）張光啓編　明正德九年(1514)刻本　二十冊

220000－0801－0000316　善/316

資治通鑑二百九十四卷　（宋）司馬光編　明嘉靖二十三年(1544)刻本　九十六冊

220000－0801－0000317　善/317

資治通鑑綱目五十九卷　（宋）朱熹撰　明成

化九年(1473)刻本　三十册

220000－0801－0000318　善/318

**御批資治通鑑綱目前編二十五卷舉要三卷首
一卷正編五十九卷續編二十七卷**　（明）陳仁
錫編　清康熙四十六年(1707)武英殿刻本
六十册　缺七卷(前編十九至二十五)

220000－0801－0000319　善/319

資治通鑑綱目發明五十九卷　（宋）尹起莘撰
明弘治十四年(1501)日新堂刻本　三十册

220000－0801－0000320　善/320

續資治通鑑綱目五十九卷　（明）商輅等撰
明弘治十七年(1504)獨慎齋刻本　十册

220000－0801－0000321　善/321

資治通鑑節要續編三十卷　（明）張光啓編
明正德九年(1514)刻本　二十册

220000－0801－0000322　善/322

通鑑地理通釋十四卷　（宋）王應麟撰　明崇
禎毛晉汲古閣刻本　四册

220000－0801－0000323　善/323

通鑑地理通釋十四卷　（宋）王應麟撰　明崇
禎毛晉汲古閣刻本　六册

220000－0801－0000324　善/324

御批歷代通鑑輯覽一百十六卷　（清）楊述曾
等撰　清乾隆三十三年(1768)刻本　三十
二册

220000－0801－0000325　善/325

御批歷代通鑑輯覽一百十六卷　（清）楊述曾
等撰　清乾隆三十三年(1768)刻本　三十
二册

220000－0801－0000326　善/326

隸辨八卷　（清）顧藹吉撰　清康熙五十七年
(1718)項氏玉淵堂刻本　二十四册

220000－0801－0000327　善/327

通鑑箋註七十二卷　（明）王世貞纂　明末刻
本　四十二册

220000－0801－0000328　善/328

通鑑箋註七十二卷　（明）王世貞撰　明崇禎

二年(1629)刻本　四十八册

220000－0801－0000329　善/329

**歷朝綱鑑會纂三十九卷首一卷附御撰資治通
鑑綱目三編二十卷**　（明）王世貞撰　清乾隆
五十六年(1791)晉祁書業德刻本　四十八册

220000－0801－0000330　善/330

竹書紀年二卷　（南朝梁）沈約附註　明刻本
二册

220000－0801－0000331　善/331

少微通鑑節要五十卷外紀四卷　（宋）江贄撰
明司禮監刻本　四十册

220000－0801－0000332　善/332

少微通鑑節要五十卷外紀四卷　（宋）江贄撰
明司禮監刻本　十九册　缺四卷(外紀四
卷)

220000－0801－0000333　善/333

南史八十卷　（唐）李延壽撰　清乾隆四年
(1739)內府刻本　二十册

220000－0801－0000334　善/334

大清世祖章皇帝實錄　（□）□□撰　清內府
抄本　六册　存六卷(五十八至六十三)

220000－0801－0000335　善/335

皇清開國方略三十二卷首一卷　（清）阿桂等
撰　清乾隆五十一年(1786)武英殿刻本　十
二册

220000－0801－0000336　善/336

皇清開國方略三十二卷首一卷　（清）阿桂等
撰　清乾隆五十一年(1786)武英殿刻本　十
六册

220000－0801－0000337　善/337

新鍥鍾伯敬訂正皇明紀要三卷　（明）陳建輯
明末刻本　二册

220000－0801－0000338　善/338

新刻陳眉公訂正通紀會纂四卷　（明）諸燮纂
輯　清初刻本　六册

220000－0801－0000339　善/339

明史三百三十二卷　（清）張廷玉等撰　清乾

隆四年(1739)內府刻本　九十四冊

220000－0801－0000340　善/340

明史三百三十二卷　(清)張廷玉等撰　清乾
隆四年(1739)內府刻本　八十冊　缺二十卷
(二百四十九至二百五十一、二百六十三至二
百六十六、二百七十一至二百七十三、二百九
十六至三百二、三百三十至三百三十二)

220000－0801－0000341　善/341

平定兩金川大功告成頌一卷　(清)戴震等撰
平定兩金川大功告成恭紀二卷　(清)五泰
(清)瑞保撰　清抄本　一冊

220000－0801－0000342　善/342

宋史紀事本末二十八卷　(明)馮琦編　(明)
陳邦瞻纂輯　明萬曆三十三年(1605)刻本
十二冊

220000－0801－0000343　善/343

通鑑紀事本末四十二卷　(宋)袁樞撰　元明
遞修本　四十二冊

220000－0801－0000344　善/344

蜀鑑十卷　(宋)郭允蹈撰　明嘉靖三十四年
(1555)刻本　四冊

220000－0801－0000345　善/345

貞觀政要十卷　(唐)吳兢撰　清內府刻本
四冊

220000－0801－0000346　善/346

鮑氏國策七卷　(宋)鮑彪校註　明嘉靖七年
(1528)刻本　四冊

220000－0801－0000347　善/347

貞觀政要十卷　(唐)吳兢撰　(元)戈直集論
明成化十二年(1476)崇府刻本　八冊

220000－0801－0000348　善/348

皇明異典述五卷附皇明異事述一卷　(明)王
世貞撰　明萬曆世經堂刻本　二冊

220000－0801－0000349　善/349

歸潛志十四卷　(元)劉祁撰　清乾隆三十九
年(1774)武英殿木活字印本　二冊

220000－0801－0000350　善/350

新刻陳先生選釋國語戰國策辯奇旁訓評林
(明)陳子龍選輯　明末刻本　十二冊

220000－0801－0000351　善/351

建文書法儗前編一卷正編二卷附編二卷
(明)朱鷺撰　明萬曆三十二年(1604)刻本
二冊

220000－0801－0000352　善/352

幸存錄二卷　(明)夏允彝撰　**續幸存錄二卷**
(明)夏完淳撰　清抄本　一冊

220000－0801－0000353　善/353

十六國春秋一百卷　(北魏)崔鴻撰　明萬曆
三十七年(1609)屠氏蘭暉堂刻本　二十四冊

220000－0801－0000354　善/354

越絕書十五卷　(漢)袁康撰　明吳琯刻本
二冊

220000－0801－0000355　善/355

七雄策纂八卷　(明)穆文熙撰　明萬曆十六
年(1588)陳禹謨刻本　八冊

220000－0801－0000356　善/356

東都事略一百三十卷　(宋)王稱撰　清康熙
眉山程振鷺堂刻本　六冊

220000－0801－0000357　善/357

國語解二十一卷　(三國吳)韋昭撰　明刻本
十冊

220000－0801－0000358　善/358

國語裁註九卷　(明)閔齊伋撰　明萬曆四十
七年(1619)刻套印本　五冊

220000－0801－0000359　善/359

國語裁註九卷　(明)閔齊伋撰　明萬曆四十
七年(1619)刻套印本　五冊

220000－0801－0000360　善/360

國語補音三卷　(宋)宋庠撰　宋刻元明遞修
公文紙本　三冊

220000－0801－0000361　善/361

見聞錄八卷　(明)陳繼儒撰　明萬曆刻本
四冊

220000－0801－0000362　善/362

鮑氏戰國策十卷　(宋)鮑彪校註　明嘉靖三
十一年(1552)刻本　八冊

220000－0801－0000363　善/363

鮑氏戰國策十卷　(宋)鮑彪校註　明嘉靖三
十一年(1552)刻本　八冊

220000－0801－0000364　善/364

國策膽四卷　(明)項祥纂　明末刻本　三冊
存三卷(二至四)

220000－0801－0000365　善/365

戰國策十二卷今本目錄一卷　(明)閔齊伋撰
明萬曆四十八年(1620)閔齊伋刻三色套印
本　八冊　缺一卷(今本目錄一卷)

220000－0801－0000366　善/366

戰國策十二卷今本目錄一卷　(明)閔齊伋撰
明萬曆四十八年(1620)刻三色套印本
八冊

220000－0801－0000367　善/367

尚史七十卷　(清)李鍇撰　清乾隆三十八年
(1773)刻本　二十八冊

220000－0801－0000368　善/368

戰國策十卷　(宋)鮑彪校註　明刻本　六冊

220000－0801－0000369　善/369

列女傳十六卷　(漢)劉向撰　(明)汪道昆輯
(明)仇英繪圖　清乾隆四十四年(1779)刻
本　八冊

220000－0801－0000370　善/370

列女傳十六卷　(漢)劉向撰　清乾隆四十四
年(1779)刻本　八冊

220000－0801－0000371　善/371

列女傳十六卷　(漢)劉向撰　清乾隆四十四
年(1779)刻本　八冊

220000－0801－0000372　善/372

列女傳十六卷　(漢)劉向撰　(明)汪道昆輯
(明)仇英繪圖　清乾隆四十四年(1779)刻
本　十四冊

220000－0801－0000373　善/373

函史上編一百三卷　(明)鄧元錫撰　明萬曆
刻本　六十冊

220000－0801－0000374　善/374

明名臣琬琰錄二十四卷續錄二十二卷　(明)
徐紘撰　清抄本　十二冊

220000－0801－0000375　善/375

伊洛淵源錄十四卷　(宋)朱熹撰　續錄六卷
(明)謝鐸撰　明嘉靖刻本　十冊

220000－0801－0000376　善/376

皇明開國臣傳十三卷　(明)朱國禎撰　明末
刻本　六冊

220000－0801－0000377　善/377

名臣碑傳琬琰集一百七卷　(宋)杜大珪編
清抄本　二十四冊

220000－0801－0000378　善/378

欽定宗室王公功績表傳十二卷首一卷　清乾
隆五十五年(1790)紅格抄本　十冊

220000－0801－0000379　善/379

刻漢唐宋名臣錄五卷　(明)李廷機撰編　明
萬曆三十四年(1606)刻本　五冊

220000－0801－0000380　善/380

濂溪志三卷　(明)胥從化撰　明萬曆二十一
年(1593)濂溪書院刻本　二冊

220000－0801－0000381　善/381

嘉靖以來內閣首輔傳八卷　(明)王世貞撰
明萬曆刻本　四冊

220000－0801－0000382　善/382

女鏡八卷　(明)夏樹芳撰輯　明萬曆三十八
年(1610)刻本　八冊

220000－0801－0000383　善/383

大成通志十八卷首二卷　(清)楊慶輯　清康
熙十一年(1672)理齋刻本　二十冊

220000－0801－0000384　善/384

曹文正公年譜不分卷　(清)曹振鏞自撰　清
道光元年(1821)抄本　四冊

220000－0801－0000385　善/385

陸子學譜二十卷 （清）李紱編 清雍正十年
(1732)京邸無怒軒刻本 十冊

220000－0801－0000386 善/386

圖繪寶鑑七卷 （元）夏文彥等撰 清康熙借
綠草堂刻本 六冊

220000－0801－0000387 善/387

闕里廣誌二十卷 （清）宋際 （清）宋慶長撰
清康熙十三年(1674)刻本 六冊

220000－0801－0000388 善/388

東林列傳二十四卷末二卷 （清）陳鼎撰 清
康熙刻本 八冊

220000－0801－0000389 善/389

歷代名人藝事雜鈔不分卷 （□）□□撰 明
末藍格抄本 二冊

220000－0801－0000390 善/390

八旗列傳檔案稿不分卷 （□）□□撰 清乾
隆、嘉慶抄本 十冊

220000－0801－0000391 善/391

學統五十六卷 （清）熊賜履撰 清康熙二十
四年(1685)刻本 十八冊

220000－0801－0000392 善/392

古今宗藩懿行考十卷 （□）□□撰 明崇禎
九年(1636)刻本 十冊

220000－0801－0000393 善/393

尚友錄二十二卷 （明）廖用賢編 明天啓元
年(1621)刻本 十冊

220000－0801－0000394 善/394

武侯集十六卷 （明）王士騏 （明）錢世垚輯
明萬曆四十五年(1617)刻本 六冊

220000－0801－0000395 善/395

蔡端明別紀十二卷 （明）徐𤊻編纂 明萬曆
刻本 二冊

220000－0801－0000396 善/396

蘇米志林三卷 （明）毛晉撰 明綠君亭刻本
三冊

220000－0801－0000397 善/397

鄂國金佗粹編二十八卷 （宋）岳珂輯 明嘉
靖二十一年(1542)洪富刻三十七年(1558)黃
日敬重修本 十二冊

220000－0801－0000398 善/398

米襄陽志林十七卷 （明）范明泰編輯 明萬
曆三十二年(1604)刻本 四冊

220000－0801－0000399 善/400

紫陽文公先生年譜二卷附錄三卷 （明）李默
撰 明嘉靖三十一年(1552)刻本 三冊 存
三卷(紫陽文公先生年譜二卷、附錄三)

220000－0801－0000400 善/401

欽定八旗氏族通譜輯要 （清）阿桂等輯 清
乾隆五十七年(1792)武英殿刻本 二冊

220000－0801－0000401 善/402

欽定八旗氏族通譜輯要 （清）阿桂等輯 清
乾隆五十七年(1792)武英殿刻本 二冊

220000－0801－0000402 善/403

曹振鏞行述不分卷 （清）曹恩澍 （清）曹紹
桐述 清道光抄本 一冊

220000－0801－0000403 善/404

八旗滿洲氏族通譜八十卷 （清）呂熾等撰
清乾隆九年(1744)刻本 十一冊 存四十五
卷(三十三至七十七)

220000－0801－0000404 善/405

八旗滿洲氏族通譜八十卷 （清）呂熾等撰
清乾隆九年(1744)刻本 二十冊 存六十二
卷(一至十五、三十四至八十)

220000－0801－0000405 善/406

八旗滿洲氏族通譜八十卷 （清）呂熾等撰
清乾隆九年(1744)刻本 十二冊 存四十八
卷(三十三至八十)

220000－0801－0000406 善/407

明狀元圖考六卷 （明）顧祖訓撰 清初刻本
六冊

220000－0801－0000407 善/408

兩晉南北合纂四十卷 （明）錢岱撰 明萬曆
三十六年(1608)刻本 二十冊

220000－0801－0000408　善/409

兩漢雋言十六卷　（宋）林鉞撰　（明）淩迪知輯　明萬曆刻本　十冊

220000－0801－0000409　善/410

漢雋十卷　（宋）林鉞輯　明刻本　四冊

220000－0801－0000410　善/411

漢雋十卷　（宋）林鉞輯　明萬曆十二年（1584）刻本　五冊

220000－0801－0000411　善/412

歐陽文忠公五代史抄二十卷　（明）茅坤輯　明萬曆七年（1579）刻本　十冊

220000－0801－0000412　善/413

通鑑總類二十卷　（宋）沈樞撰　元至正二十三年（1363）吳郡庠刻本　四十冊

220000－0801－0000413　善/414

太史華句八卷　（明）淩迪知輯　明萬曆五年（1577）雲翠閣刻本　四冊

220000－0801－0000414　善/415

太史華句八卷　（明）淩迪知輯　明萬曆五年（1577）雲翠閣刻本　三冊

220000－0801－0000415　善/416

左國腴詞八卷　（明）淩迪知輯　明萬曆四年（1576）刻本　四冊

220000－0801－0000416　善/417

右編補十卷　（明）姚文蔚編　明萬曆三十九年（1611）刻本　十冊

220000－0801－0000417　善/418

史記鈔九十一卷　（明）茅坤撰　明泰昌元年（1620）刻本　十二冊

220000－0801－0000418　善/419

史記鈔九十一卷　（明）茅坤撰　明泰昌元年（1620）刻本　二十四冊

220000－0801－0000419　善/420

東萊先生史記詳節二十卷首一卷　（宋）呂祖謙輯　明正德十一年（1516）刻本　六冊

220000－0801－0000420　善/421

張陸二先生批評戰國策抄四卷　（明）阮宗孔刪註　明萬曆六年（1578）王篆刻本　二冊

220000－0801－0000421　善/422

御定歷代紀事年表一百卷首一卷　清康熙五十四年（1715）刻本　一百冊

220000－0801－0000422　善/423

歷代史纂左編一百四十二卷目錄一卷　（明）唐順之編輯　明嘉靖四十年（1561）刻本　一百冊

220000－0801－0000423　善/424

鑒古錄十六卷　（清）沈廷芳纂　清乾隆抄本　八冊

220000－0801－0000424　善/425

隋書文鈔十二卷　（唐）魏徵撰　（明）戴熙輯　明天啓三年（1623）刻本　四冊

220000－0801－0000425　善/426

范氏後漢書批評一百卷　（明）顧起元閱　明萬曆二十三年（1595）刻本　二十四冊

220000－0801－0000426　善/427

東萊先生音註唐鑑二十四卷　（宋）范祖禹撰　清康熙刻本　八冊

220000－0801－0000427　善/428

東萊先生音註唐鑑二十四卷　（宋）范祖禹撰　清康熙天蓋樓刻本　八冊

220000－0801－0000428　善/429

五代史纂誤三卷　（宋）吳縝撰　清居俟齋抄本　一冊

220000－0801－0000429　善/430

西涯先生擬古樂府二卷　（明）李東陽撰　（明）何孟春註　清康熙三十八年（1699）懷古樓刻本　一冊

220000－0801－0000430　善/431

漢書四卷　（明）唐順之批選　明萬曆刻本　四冊

220000－0801－0000431　善/432

荆川先生批點精選漢書二卷　（明）唐順之批選　明嘉靖刻本　十冊

220000－0801－0000432　善/433

楊升庵史略詞話二卷　（明）楊慎撰　清初刻本　四冊

220000－0801－0000433　善/434

史懷二十卷　（明）鍾惺述　（明）陶珽評　明末刻本　六冊

220000－0801－0000434　善/435

史漢合編題評八十八卷　（明）茅一桂輯　明萬曆十四年(1586)刻本　四十九冊　缺一卷（三十三）

220000－0801－0000435　善/436

王聖俞評選國膅二卷　（明）王聖俞選　明末刻本　一冊

220000－0801－0000436　善/437

新鐫歷朝捷錄增定全編大成四卷　（明）鍾惺（明）顧充　（明）周昌平編　明刻本　八冊

220000－0801－0000437　善/438

歷代名媛雜詠三卷　（清）邵颿輯　清乾隆五十七年(1792)石印本　四冊

220000－0801－0000438　善/439

歷代名媛雜詠三卷　（清）邵颿輯　清乾隆五十七年(1792)石印本　八冊

220000－0801－0000439　善/440

小學史斷二卷續編一卷　（宋）南宮靖一撰（明）晏顏文續補　明嘉靖刻本　一冊　存二卷(二、續編一卷)

220000－0801－0000440　善/441

唐會要一百卷　（宋）王溥撰　清乾隆三十九年(1774)武英殿刻本　十二冊

220000－0801－0000441　善/442

文獻通考三百四十八卷　（元）馬端臨撰　清乾隆十三年(1748)刻本　八十八冊

220000－0801－0000442　善/443

西漢會要七十卷　（宋）徐天麟撰　清乾隆三十九年(1774)武英殿木活字印本　二十四冊

220000－0801－0000443　善/444

西漢會要七十卷　（宋）徐天麟撰　清乾隆三

十九年(1774)武英殿木活字印本　六冊

220000－0801－0000444　善/445

西漢會要七十卷　（宋）徐天麟撰　清乾隆三十九年(1774)武英殿木活字印本　八冊

220000－0801－0000445　善/446

通志二百卷　（宋）鄭樵撰　元大德三山郡庠刻元明遞修本　一百三十四冊

220000－0801－0000446　善/447

通志二百卷　（宋）鄭樵撰　清乾隆十二年(1747)武英殿刻本　三十八冊　存八十三卷（一至二十、四十二至一百四）

220000－0801－0000447　善/448

通典二百卷目錄一卷　（唐）杜佑撰　明嘉靖刻本　六十四冊

220000－0801－0000448　善/449

通典二百卷目錄一卷　（唐）杜佑撰　明嘉靖刻本　二十八冊

220000－0801－0000449　善/450

家禮五卷附錄一卷　（宋）朱熹撰　清初刻本　一冊

220000－0801－0000450　善/451

家禮辨定十卷　（清）王復禮撰　清康熙四十六年(1707)武夷山刻本　四冊

220000－0801－0000451　善/452

家禮辨定十卷　（清）王復禮撰　清康熙四十六年(1707)武夷山刻本　四冊

220000－0801－0000452　善/453

皇朝禮器圖式十八卷目錄一卷　（清）允祿等編　清乾隆三十四年(1769)武英殿刻本　十六冊

220000－0801－0000453　善/454

幸魯盛典四十卷　（清）孔毓圻等撰　清康熙二十八年(1689)刻本　二十四冊

220000－0801－0000454　善/455

南巡盛典一百二十卷　（清）高晉等纂修　清乾隆三十六年(1771)刻本　四十八冊

220000－0801－0000455　善/456

麟臺故事五卷首一卷末一卷　（宋）程俱撰
清乾隆三十九年(1774)武英殿木活字印本
三冊

220000－0801－0000456　善/457

國學禮樂錄二十卷　（清）李周望　（清）謝履
忠撰　清康熙五十八年(1719)刻本　六冊

220000－0801－0000457　善/458

戶部執照功牌監照　（清）戶部審發　清光緒
三十一年(1905)刻本　四幅

220000－0801－0000458　善/459

壇廟祀典三卷　（清）方觀承撰　清乾隆二十
三年(1758)刻本　三冊

220000－0801－0000459　善/460

欽定歷代職官表七十二卷　（清）紀昀等纂
清乾隆四十五年(1780)刻本　三十四冊

220000－0801－0000460　善/461

三台明律正宗　（宋）宋慈等撰　明刻本　一
冊　存二卷(十二至十三)

220000－0801－0000461　善/462

皇明世法錄九十二卷　（明）陳仁錫撰　明刻
本　十冊　存九卷(八十三至九十一)

220000－0801－0000462　善/463

籌海圖編十三卷　（明）胡宗憲輯議　明天啓
四年(1624)刻本　十六冊

220000－0801－0000463　善/464

籌海圖編十三卷　（明）胡宗憲輯議　明天啓
四年(1624)刻本　八冊

220000－0801－0000464　善/465

硃批諭旨不分卷　（清）世宗胤禛等撰　清雍
正十年(1732)內府刻朱墨套印本　一百十
二冊

220000－0801－0000465　善/466

大義覺迷錄四卷　（清）世宗胤禛撰　清雍正
內府刻本　四冊

220000－0801－0000466　善/467

大義覺迷錄四卷　（清）世宗胤禛撰　清雍正

刻本　四冊

220000－0801－0000467　善/468

兩漢書疏十六卷　（明）周瓚撰　明弘治十四
年(1501)刻嘉靖十四年(1535)補刻本　十
二冊

220000－0801－0000468　善/469

皇清奏議不分卷　（□）□□撰　清抄本
十冊

220000－0801－0000469　善/470

定帥接辦三省練兵奏稿不分卷　（清）定安撰
清末紅格抄本　八冊

220000－0801－0000470　善/471

河東從政錄十四卷　（清）王士俊撰　清雍正
十三年(1735)刻本　十冊

220000－0801－0000471　善/472

范文正公政府奏議二卷附錄不分卷　（宋）范
仲淹撰　明刻本　三冊　缺一卷(范文正公
政府奏議下)

220000－0801－0000472　善/473

荊川先生右編四十卷　（明）唐順之編纂　明
萬曆三十三年(1605)南京國子監刻本　三
十冊

220000－0801－0000473　善/474

宋丞相李忠定公奏議六十九卷附錄九卷
（宋）李綱撰　明正德十一年(1516)刻　二
十四冊

220000－0801－0000474　善/475

宋丞相李忠定公奏議六十九卷附錄九卷
（宋）李綱撰　明正德十一年(1516)刻本　二
十冊

220000－0801－0000475　善/476

新刊西沱吳先生蠢遇錄　（明）吳世忠撰　明
萬曆十九年(1591)刻本　四冊

220000－0801－0000476　善/477

秦漢書疏十八卷　（明）徐紳輯　明嘉靖三十
七年(1558)吳國倫刻本　十六冊

220000－0801－0000477　善/478

民政部摺奏彙鈔不分卷 （清）光緒民政部修
清光緒三十二年（1906）紅格抄本　二冊

220000－0801－0000478　善/479

歷代名臣奏議三百五十卷 （明）楊士奇等輯
明永樂內府刻本　一百二十冊

220000－0801－0000479　善/480

新刊唐陸宣公集二十二卷 （唐）陸贄撰　明
天順元年（1457）刻本　十冊

220000－0801－0000480　善/481

籌辦夷務始末八十卷 （清）文慶等撰　清咸
豐六年（1856）藍格抄本　十冊　存十卷（一
至十）

220000－0801－0000481　善/482

日涉編十二卷 （明）陳堦撰　清康熙二十七
年（1688）刻本　十二冊

220000－0801－0000482　善/483

月令廣義二十四卷首一卷 （明）馮應京撰
（明）戴任增釋　明萬曆三十年（1602）刻本
三十冊

220000－0801－0000483　善/484

月令輯要二十四卷首一卷 （清）李光地
（清）吳廷楨撰　清康熙五十四年（1715）武英
殿刻本　十二冊

220000－0801－0000484　善/485

月令輯要二十四卷首一卷 （清）李光地
（清）吳廷楨撰　清康熙五十四年（1715）武英
殿刻本　三十二冊

220000－0801－0000485　善/486

皇輿表十六卷 （清）喇沙里等撰修　清康熙
四十三年（1704）刻本　二十四冊

220000－0801－0000486　善/487

皇輿表十六卷 （清）喇沙里等撰修　清康熙
四十三年（1704）刻本　二十四冊

220000－0801－0000487　善/488

長白山靈跡全影　劉建封等修　王瑞祥攝影
清宣統三年（1911）鉛印本　一冊

220000－0801－0000488　善/489

至元齊乘六卷釋音一卷 （元）于欽纂　（元）
于潛釋音　明嘉靖四十三年（1564）刻本
六冊

220000－0801－0000489　善/490

會稽三賦四卷 （宋）王十朋撰　（明）南逢吉
註　明刻本　二冊

220000－0801－0000490　善/491

會稽三賦四卷 （宋）王十朋撰　明刻本
四冊

220000－0801－0000491　善/492

[光緒]志典全書六卷 （清）英喜等纂修　清
光緒十年（1884）稿本　三冊

220000－0801－0000492　善/493

[嘉靖]冀州志十卷 （明）張璽纂　明嘉靖二
十七年（1548）刻本　六冊

220000－0801－0000493　善/494

大清一統志五百卷 （清）和珅等纂修　清初
抄本　二冊　存二卷（八、三十）

220000－0801－0000494　善/495

皇明一統天下輿地總圖不分卷 　（□）□□撰
清初紅格抄本　四冊

220000－0801－0000495　善/496

[乾隆]西域聞見錄八卷 （清）七十一著　清
乾隆四十二年（1777）抄本　四冊

220000－0801－0000496　善/497

陵寢備考四卷 （清）錢大昕撰　清紅格抄本
四冊

220000－0801－0000497　善/498

南方草木狀三卷 （晉）嵇含撰　筍譜一卷
（宋）釋贊寧撰　明萬曆二十一年（1593）刻本
一冊

220000－0801－0000498　善/499

武夷山志不分卷 （明）徐表然撰　明萬曆三
十八年（1610）孫世昌刻本　六冊

220000－0801－0000499　善/500

水經註四十卷 （漢）桑欽撰　（北魏）酈道元
註　明嘉靖十三年（1534）刻本　十二冊

220000－0801－0000500　善/501

水經註四十卷　（漢）桑欽撰　（北魏）酈道元
註　清康熙刻本　十六冊

220000－0801－0000501　善/502

古今遊名山記十七卷　（明）何鏜撰　明萬曆
五年(1577)刻本　十六冊

220000－0801－0000502　善/503

皇清職貢圖九卷　（清）傅恒等撰　清武英殿
刻本　九冊

220000－0801－0000503　善/504

皇清職貢圖九卷　（清）傅恒等撰　清乾隆十
六年(1751)武英殿刻本　二冊

220000－0801－0000504　善/505

佛國記一卷　（宋）釋法顯撰　明刻本　一冊

220000－0801－0000505　善/506

海國聞見錄一卷　（清）陳倫炯撰　清乾隆抄
本　一冊

220000－0801－0000506　善/507

珍珠船印譜不分卷　（清）金一疇藏并編　清
乾隆四年(1739)鈐印本　四冊

220000－0801－0000507　善/508

吉金小影不分卷　（□）□□撰　清初繪本
八冊

220000－0801－0000508　善/509

集古印譜六卷　（明）王常編　明萬曆三年
(1575)顧氏芸閣刻朱印本　六冊

220000－0801－0000509　善/510

集古印譜六卷　（明）王常編　明萬曆三年
(1575)顧氏芸閣刻朱印本　六冊

220000－0801－0000510　善/511

集古印譜六卷　（明）王常編　明萬曆三年
(1575)顧氏芸閣刻朱印本　三冊

220000－0801－0000511　善/512

秦漢印統八卷　（明）羅王常編　明萬曆三十
四年(1606)吳氏樹滋堂刻宋印本　十四冊

220000－0801－0000512　善/513

集古印譜六卷　（明）王常編　明萬曆三年
(1575)顧氏芸閣刻朱印本　五冊

220000－0801－0000513　善/514

大明通行寶鈔　（明）戶部審定　明洪武刻本
一張

220000－0801－0000514　善/515

谷園印譜六卷　（清）許容篆刻　（清）胡介祉
輯　清康熙二十五年(1686)鈐印本　六冊

220000－0801－0000515　善/516

六子書六十卷　（明）顧春編　明嘉靖十二年
(1533)刻本　三十六冊

220000－0801－0000516　善/517

六子書六十卷　（明）顧春編　明嘉靖十二年
(1533)刻本　三十六冊

220000－0801－0000517　善/518

六子書六十卷　（明）顧春編　明嘉靖十二年
(1533)刻本　二十二冊

220000－0801－0000518　善/519

諸子玄言二十一卷首一卷　（明）陸可教選
明萬曆光裕堂鄭以厚刻本　二十冊

220000－0801－0000519　善/520

新刊舉業利用六子拔奇　（明）郭子章輯　明
萬曆十四年(1586)刻本　八冊

220000－0801－0000520　善/521

諸子品節五十卷　（明）陳深撰　明末刻本
十二冊　存四十八卷(一至九、十二至五十)

220000－0801－0000521　善/522

諸子品節五十卷　（明）陳深撰　明末刻本
二十四冊

220000－0801－0000522　善/523

諸子彙函二十六卷　（明）歸有光撰　明末刻
本　二十七冊

220000－0801－0000523　善/524

諸子彙函二十六卷　（明）歸有光撰　明末刻
本　十四冊

220000－0801－0000524　善/525

課子隨筆十卷 （清）張師載編輯 清乾隆十年(1745)刻本 八冊

220000－0801－0000525 善/526

課子隨筆十卷 （清）張師載編輯 清乾隆十年(1745)張氏改過齋刻本 五冊

220000－0801－0000526 善/527

諸子彙函二十六卷 （明）歸有光撰 明末刻本 二十四冊

220000－0801－0000527 善/528

百家類纂四十卷 （明）沈津纂輯 明隆慶四年(1570)刻本 四十冊

220000－0801－0000528 善/529

二十子全書一百六十九卷 （明）吳勉學編 明吳勉學刻本 四十一冊

220000－0801－0000529 善/530

子彙二十四種三十四卷 （明）周子義編 明萬曆五年(1577)南京國子監刻本 二十四冊

220000－0801－0000530 善/531

帝學八卷 （宋）范祖禹撰 明刻本 四冊

220000－0801－0000531 善/532

新書十卷 （漢）賈誼撰 清乾隆抱經堂刻本 四冊

220000－0801－0000532 善/533

新書十卷 （漢）賈誼撰 清乾隆抱經堂刻本 二冊

220000－0801－0000533 善/534

新書十卷 （漢）賈誼撰 清乾隆抱經堂刻本 二冊

220000－0801－0000534 善/535

真西山讀書記乙集上大學衍義四十三卷 （宋）真德秀撰 明初刻本 二十四冊 存三十六卷(一至三十六)

220000－0801－0000535 善/536

西山先生真文忠公讀書記甲集三十七卷乙集下二十二卷丁集二卷 （宋）真德秀撰 宋開慶元年(1259)福州官刻元明遞修本 六十四冊

220000－0801－0000536 善/537

正蒙二卷 （宋）張載撰 清初刻本 二冊

220000－0801－0000537 善/538

正蒙二卷 （宋）張載撰 （清）李光地註 清初刻本 一冊

220000－0801－0000538 善/539

孔子集語二卷 （宋）薛據撰 清乾隆二年(1737)刻本 二冊

220000－0801－0000539 善/540

孔子集語二卷 （宋）薛據撰 清乾隆二年(1737)孔廣棨刻本 二冊

220000－0801－0000540 善/541

邵子全書二十四卷 （宋）邵雍撰 明刻本 十三冊 缺七卷(一至二、十六至二十)

220000－0801－0000541 善/542

聖學心法四卷 （明）成祖朱棣撰 明永樂七年(1409)刻本 八冊

220000－0801－0000542 善/543

聖諭像解二十卷 （清）梁延年撰 清康熙二十年(1681)承宣堂刻本 十五冊

220000－0801－0000543 善/544

標題句解孔子家語三卷 （明）何孟春撰 明正德十六年(1521)刻本 三冊

220000－0801－0000544 善/545

張子全書十五卷 （宋）張載撰 明萬曆四十六年(1618)刻清順治十年(1653)、嘉慶十一年(1806)補刻本 八冊

220000－0801－0000545 善/546

孔叢子三卷 （漢）孔鮒著 明萬曆五年(1577)刻本 二冊

220000－0801－0000546 善/547

北溪字義二卷 （宋）陳淳撰 清乾隆抄本 四冊

220000－0801－0000547 善/548

朱子語類輯略八卷 （清）張伯行輯 清乾隆四十七年(1782)正誼堂刻本 三冊

220000 – 0801 – 0000548　　善/549

朱子遺書一百三卷　（宋）朱熹撰　清康熙刻本　十六冊

220000 – 0801 – 0000549　　善/550

朱子經濟文衡類編前集二十五卷後集二十五卷續集二十二卷　（宋）朱熹撰　清乾隆四年（1739）刻本　十二冊

220000 – 0801 – 0000550　　善/551

朱子學的二卷　（明）丘濬輯　清初刻本　二冊

220000 – 0801 – 0000551　　善/552

朱子成書十卷　（元）黃瑞節輯　元刻本　四冊　存三卷（皇極經世指要一卷、周易參同契一卷、陰符經一卷）

220000 – 0801 – 0000552　　善/553

先聖大訓八卷　（宋）楊簡編輯　明正德刻本　八冊

220000 – 0801 – 0000553　　善/554

先聖大訓六卷　（宋）楊簡撰并註　明萬曆四十三年（1615）刻本　十二冊

220000 – 0801 – 0000554　　善/555

御纂朱子全書六十六卷　（清）李光地等纂　清康熙五十三年（1714）內府刻本　二十四冊

220000 – 0801 – 0000555　　善/556

御纂朱子全書六十六卷　（清）李光地等纂　清康熙五十三年（1714）內府刻本　三十二冊

220000 – 0801 – 0000556　　善/557

御纂朱子全書六十六卷　（清）李光地等纂　清康熙五十三年（1714）內府刻本　二十四冊

220000 – 0801 – 0000557　　善/558

御纂朱子全書六十六卷　（清）李光地等纂　清康熙五十三年（1714）內府刻本　二十八冊

220000 – 0801 – 0000558　　善/559

御纂朱子全書六十六卷　（清）李光地等纂　清康熙五十三年（1714）內府刻本　二十八冊

220000 – 0801 – 0000559　　善/560

御製勸善要言不分卷　（清）世祖福臨製　清順治刻本　一冊

220000 – 0801 – 0000560　　善/561

定志編二卷　（明）孫石臺輯　清乾隆四十三年（1778）刻本　一冊

220000 – 0801 – 0000561　　善/562

宋司馬溫國文正公家範十卷　（宋）司馬光撰　清乾隆二十四年（1759）亦政堂刻本　一冊

220000 – 0801 – 0000562　　善/563

潛索錄四卷　（清）范宏禧撰　清乾隆十八年（1753）抄本　二冊

220000 – 0801 – 0000563　　善/564

潛夫論十卷　（漢）王符撰　清初刻本　二冊

220000 – 0801 – 0000564　　善/565

潛夫論十卷　（漢）王符撰　明萬曆刻本　四冊

220000 – 0801 – 0000565　　善/566

分類經進近思錄集解十四卷　（宋）朱熹（宋）呂祖謙同撰　明吳勉學刻本　四冊

220000 – 0801 – 0000566　　善/567

胡子知言六卷附錄一卷　（宋）胡宏撰　明弘治三年（1490）刻本　一冊

220000 – 0801 – 0000567　　善/568

近思錄十四卷　（宋）朱熹（宋）呂祖謙同撰（清）張伯行集解　清康熙五十一年（1712）正誼堂刻本　六冊

220000 – 0801 – 0000568　　善/569

薛文清公讀書全錄類編二十卷　（明）薛瑄撰　明萬曆二十七年（1599）大雅堂刻本　八冊

220000 – 0801 – 0000569　　善/570

新纂門目五臣音註揚子法言十卷　（唐）李軌（唐）柳宗元（宋）宋咸（宋）吳秘（宋）司馬光註　明刻本　四冊

220000 – 0801 – 0000570　　善/571

艾雲蒼先生希聖錄不分卷　（明）艾雲蒼撰　明萬曆二十六年（1598）刻本　一冊

220000 – 0801 – 0000571　　善/572

孝行庸言十四卷　（清）李雍熙撰　**警心錄四卷**　（清）李毓之撰　清康熙刻本　四冊

220000－0801－0000572　善/573

榕村講授三卷　（清）李光地撰　清乾隆刻本　六冊

220000－0801－0000573　善/574

榕村講授三卷　（清）李光地撰　清乾隆刻本　八冊

220000－0801－0000574　善/575

萬世玉衡錄四卷　（清）蔣伊編輯　清乾隆二年(1737)刻本　四冊

220000－0801－0000575　善/576

萬世玉衡錄四卷　（清）蔣伊編輯　清康熙刻本　四冊

220000－0801－0000576　善/577

荀子二十卷　（唐）楊倞註　明刻本　十冊

220000－0801－0000577　善/578

萬世玉衡錄四卷　（清）蔣伊編輯　清乾隆二年(1737)刻本　四冊

220000－0801－0000578　善/579

欽定執中成憲八卷　（清）世宗胤禛撰　清乾隆元年(1736)刻本　四冊

220000－0801－0000579　善/580

御纂內則衍義十六卷　（清）世祖福臨撰　清順治十三年(1656)刻本　八冊

220000－0801－0000580　善/581

穀詒彙十四卷　（北齊）顏之推等撰　明崇禎七年(1634)刻本　六冊

220000－0801－0000581　善/582

大學衍義補一百六十卷首一卷　（明）丘濬撰　明嘉靖三十八年(1559)刻本　四十冊

220000－0801－0000582　善/583

大學衍義四十三卷　（宋）真德秀撰　明初刻本　八冊

220000－0801－0000583　善/584

慈溪黃氏日抄分類三十一卷古今紀要十五卷　（宋）黃震撰　清乾隆活字印本　二十四冊

220000－0801－0000584　善/585

慈溪黃氏日抄分類九十七卷　（宋）黃震撰　元明遞修刻本　五十冊　缺二卷(八十五至八十六)

220000－0801－0000585　善/586

棉陽學準五卷　（清）藍鼎元撰　清雍正七年(1729)刻本　六冊

220000－0801－0000586　善/587

棉陽學準五卷　（清）藍鼎元撰　清雍正七年(1729)刻本　四冊

220000－0801－0000587　善/588

中說十卷　（隋）王通撰　明萬曆六年(1578)古藩崇德書院刻本　二冊

220000－0801－0000588　善/589

中說十卷　（隋）王通撰　（宋）阮逸註　明刻本　三冊

220000－0801－0000589　善/590

中說十卷　（隋）王通撰　（宋）阮逸註　明初刻本　二冊

220000－0801－0000590　善/591

中說十卷　（隋）王通撰　（宋）阮逸註　明刻本　六冊

220000－0801－0000591　善/592

東溪日談錄十三卷　（明）周琦撰　明嘉靖十六年(1537)刻本　四冊

220000－0801－0000592　善/593

晏子春秋七卷附音義二卷　（周）晏嬰撰　（清）孫星衍音義　清乾隆五十三年(1788)刻本　二冊

220000－0801－0000593　善/594

日知薈說四卷　（清）高宗弘曆編　清乾隆元年(1736)武英殿刻本　四冊

220000－0801－0000594　善/595

日知薈說四卷　（清）高宗弘曆編　清乾隆元年(1736)武英殿刻本　四冊

220000－0801－0000595　善/596

日知薈說四卷　（清）高宗弘曆編　清乾隆元年(1736)武英殿刻本　三冊

220000－0801－0000596　善/597

中論二卷　（漢）徐幹撰　明萬曆刻本　二冊

220000－0801－0000597　善/598

劉向新序十卷　（漢）劉向撰　明末刻本　四冊

220000－0801－0000598　善/599

劉向說苑二十卷　（漢）劉向撰　明嘉靖三十八年(1559)刻本　五冊

220000－0801－0000599　善/600

新刊劉向先生說苑二十卷　（漢）劉向撰　明永樂十四年(1416)刻本　六冊

220000－0801－0000600　善/601

陽明語錄三卷傳一卷　（明）胡嘉棟編　明萬曆三十一年(1603)刻本　四冊

220000－0801－0000601　善/602

閑家編八卷　（清）王士俊撰　清雍正十二年(1734)刻本　六冊

220000－0801－0000602　善/603

閑闢錄十卷　（明）程曈撰　清初刻本　六冊

220000－0801－0000603　善/604

鹽鐵論十二卷　（漢）桓寬撰　明刻本　十二冊

220000－0801－0000604　善/605

鹽鐵論十二卷　（漢）桓寬撰　（明）張之象註（明）鍾惺評　明嘉靖三十二年(1553)刻本　三冊

220000－0801－0000605　善/606

鹽鐵論十卷　（漢）桓寬撰　清嘉慶十二年(1807)刻本　四冊

220000－0801－0000606　善/607

人譜一卷人譜類記二卷　（明）劉宗周撰（清）洪正治編　清雍正四年(1726)教忠堂刻本　二冊

220000－0801－0000607　善/608

曾子註釋四卷敘錄一卷　（清）阮元撰　清嘉慶三年(1798)刻本　三冊

220000－0801－0000608　善/609

範身集略八卷　（清）秦坊輯　清初刻本　十二冊

220000－0801－0000609　善/610

性理標題彙要二十二卷　（明）詹淮纂輯（明）陳仁錫訂正　明崇禎五年(1632)翼聖堂刻本　二十冊

220000－0801－0000610　善/611

性理標題彙要二十二卷　（明）詹淮纂輯（明）陳仁錫訂正　明崇禎五年(1632)刻本　十二冊

220000－0801－0000611　善/612

性理大全書七十卷　（明）胡廣等撰　明萬曆二十五年(1597)刻本　二十四冊

220000－0801－0000612　善/613

御纂性理精義十二卷　（清）李光地等纂　清康熙五十六年(1717)刻本　五冊

220000－0801－0000613　善/614

御纂性理精義十二卷　（清）李光地等纂　清康熙五十六年(1717)刻本　五冊

220000－0801－0000614　善/615

列子沖虛真經八卷音義一卷　（戰國）列禦寇著　明刻朱墨套印本　二冊

220000－0801－0000615　善/616

列子沖虛真經八卷音義一卷　（戰國）列禦寇著　明刻朱墨套印本　二冊

220000－0801－0000616　善/617

列子沖虛真經八卷音義一卷　（戰國）列禦寇著　明刻朱墨套印本　二冊

220000－0801－0000617　善/618

列子沖虛真經八卷音義一卷　（戰國）列禦寇著　明刻朱墨套印本　二冊

220000－0801－0000618　善/619

鬳齋莊列子口義十九卷　（宋）林希逸撰　明

萬曆二年(1574)刻本　八冊

220000－0801－0000619　善/620
小學集解六卷　(清)張伯行纂輯　清雍正九年(1731)刻本　五冊

220000－0801－0000620　善/621
三子合刻十三卷　(明)閔齊伋輯　明刻朱墨套印本　八冊

220000－0801－0000621　善/622
三子合刻十三卷　(明)閔齊伋輯　明閔刻朱墨套印本　七冊

220000－0801－0000622　善/623
列子八卷附盧註考證一卷　(戰國)列禦寇撰　(唐)盧重元註　清嘉慶八年(1803)刻本　四冊

220000－0801－0000623　善/624
列子八卷附盧註考證一卷　(戰國)列禦寇著　清嘉慶八年(1803)江都秦氏刻本　二冊

220000－0801－0000624　善/625
解莊十二卷　(戰國)莊周撰　(明)郭明龍評　(明)陶石簣解　明刻朱墨套印本　六冊

220000－0801－0000625　善/626
沖虛至德真經八卷　(戰國)列禦寇撰　(晉)張湛註　(唐)殷敬順釋文　明桐陰書屋刻本　三冊

220000－0801－0000626　善/627
沖虛至德真經八卷　(戰國)列禦寇撰　(晉)張湛註　(唐)殷敬順釋文　明顧春世德堂刻本　四冊

220000－0801－0000627　善/628
南華經四卷　(清)徐廷槐鈔　清乾隆六年(1741)豹隱廬刻本　四冊

220000－0801－0000628　善/629
道德性命前集二卷　(明)朱權撰　明朱宸洪刻藍印本　二冊

220000－0801－0000629　善/630
道德經二卷附老子考異一卷　(宋)蘇轍註　明刻套印本　四冊

220000－0801－0000630　善/631
黃庭內景玉經註三卷　(唐)梁丘子註　太上黃庭外景經三卷　(唐)務成子註　明刻本　四冊

220000－0801－0000631　善/632
莊子郭註十卷　(唐)陸德明音義　明萬曆三十二年(1604)刻本　十冊

220000－0801－0000632　善/633
莊子旁註五卷　(清)吳承漸輯註　清乾隆二十四年(1759)思訓堂刻本　五冊

220000－0801－0000633　善/634
老子元翼二卷　(明)焦竑輯　清乾隆刻本　四冊

220000－0801－0000634　善/635
老子道德經二編　(三國魏)王弼註　莊子南華經內外編　(晉)郭象註　明末刻本　三冊

220000－0801－0000635　善/636
莊子南華真經十卷　(晉)郭象註　明末刻本　十二冊

220000－0801－0000636　善/637
莊子通義十卷　(明)朱得之傍註　明嘉靖三十九年(1560)潔然齋刻本　四冊

220000－0801－0000637　善/638
莊子南華真經三卷　(晉)郭象輯　(明)方虛名輯註　明刻本　三冊

220000－0801－0000638　善/639
莊子鬳齋口義十卷　(宋)林希逸註　明萬曆刻本　六冊　存六卷(一至六)

220000－0801－0000639　善/640
梓潼帝君化書六卷　(五代)譚峭撰　明刻本　二冊

220000－0801－0000640　善/641
莊子翼八卷闕誤一卷附錄一卷　(明)焦竑輯註　明萬曆十六年(1588)刻本　八冊

220000－0801－0000641　善/642
南華發覆八卷　(明)釋性通註　明末刻本

六冊

220000－0801－0000642　善/643

南華真經副墨八卷　(明)陸西星撰　明萬曆
十三年(1585)刻本　四冊

220000－0801－0000643　善/644

南華真經十卷　(戰國)莊周撰　明萬曆九年
(1581)慎德書院刻本　四冊

220000－0801－0000644　善/645

南華真經十卷　(晉)郭象註　(唐)陸德明音
義　明嘉靖刻本　十冊

220000－0801－0000645　善/646

南華真經副墨八卷　(明)陸西星撰　明萬曆
六年(1578)刻本　二十冊

220000－0801－0000646　善/647

纂圖互註南華真經十卷　(晉)郭象註　(唐)
陸德明音義　明初刻本　四冊

220000－0801－0000647　善/648

南華真經旁註五卷　(明)方虛名撰　明萬曆
二十二年(1594)刻本　五冊

220000－0801－0000648　善/649

鶡冠子三卷　(宋)陸佃解　清乾隆三十九年
(1774)武英殿木活字印本　二冊

220000－0801－0000649　善/650

韓非子纂二卷　(明)張榜輯　明末刻本
一冊

220000－0801－0000650　善/651

韓非子二十卷　(戰國)韓非撰　明末刻本
二冊

220000－0801－0000651　善/652

管韓合纂二種四卷　(明)張榜纂　明末刻本
二冊

220000－0801－0000652　善/653

詮敘管子成書十五卷首一卷　(明)梅士享撰
明天啓五年(1625)刻本　六冊

220000－0801－0000653　善/654

管子註二十四卷　(唐)房玄齡註　明萬曆刻

本　十二冊

220000－0801－0000654　善/655

管子榷二十四卷　(明)朱長春撰　明萬曆四
十年(1612)刻本　五冊

220000－0801－0000655　善/656

管子榷二十四卷　(明)朱長春撰　明萬曆四
十年(1612)張維樞刻本　十六冊

220000－0801－0000656　善/657

管子二十四卷　(唐)房玄齡註釋　明嘉靖刻
本　八冊

220000－0801－0000657　善/658

管子二十四卷　(春秋)管仲撰　明萬曆十年
(1582)刻朱墨套印本　六冊

220000－0801－0000658　善/659

管子註二十四卷　(唐)房玄齡註　(明)劉績
增註　(明)朱長春通演　明天啓六年(1626)
花齋刻本　六冊

220000－0801－0000659　善/660

管子註二十四卷　(唐)房玄齡註釋　明天啓
六年(1626)花齋刻本　四冊

220000－0801－0000660　善/661

管子二十四卷　(唐)房玄齡註　明萬曆刻本
十二冊

220000－0801－0000661　善/662

管子纂二卷　(明)張榜輯　明末刻本　二冊

220000－0801－0000662　善/663

草廬經略八卷　(明)□□撰　清乾隆抄本
四冊

220000－0801－0000663　善/664

三略直解三卷　(明)劉寅撰　明刻本　二冊

220000－0801－0000664　善/665

登壇必究四十卷　(明)王鳴鶴輯　明萬曆二
十七年(1599)刻本　三十二冊

220000－0801－0000665　善/666

太白兵備統宗寶鑒一百八十四卷　(清)福康
安纂　清乾隆藍格稿本　八十二冊　缺五卷

（一至四、一百二十一）

220000－0801－0000666　善/667
佩文齋廣群芳譜一百卷目錄一卷　（清）汪灝
等撰　清康熙四十七年(1708)刻本　三十
三冊

220000－0801－0000667　善/668
北墅抱甕錄一卷　（清）高士奇撰　清康熙二
十九年(1690)刻本　一冊

220000－0801－0000668　善/669
農圃便覽不分卷附經驗良方　（清）丁宜曾撰
清乾隆二十年(1755)刻本　四冊

220000－0801－0000669　善/670
農圃六書三卷　（明）周之璵撰　清順治十一
年(1654)刻本　二冊

220000－0801－0000670　善/671
致富全書十二卷　（明）周文華補次　明萬曆
四十八年(1620)刻本　四冊

220000－0801－0000671　善/672
辨證錄十四卷附洞垣全書脈訣闡微　（清）陳
士鐸撰　清雍正三年(1725)刻本　六冊

220000－0801－0000672　善/673
張氏醫通十六卷　（清）張璐撰　清康熙四十
八年(1709)寶翰樓刻本　二十二冊

220000－0801－0000673　善/674
石室秘錄六卷　（清）陳士鐸述　清雍正八年
(1730)萱永堂刻本　六冊

220000－0801－0000674　善/675
赤水玄珠三十卷醫案五卷醫旨緒餘二卷
（明）孫一奎撰　明末刻本　四十冊

220000－0801－0000675　善/676
古今名醫彙粹八卷　（清）羅美選輯　清初抄
本　八冊

220000－0801－0000676　善/677
華先生中藏經八卷　（漢）華佗撰　明刻本
二冊

220000－0801－0000677　善/678

王宇泰先生訂補古今醫鑑十六卷　（明）龔信
纂輯　（明）龔廷賢續編　明萬曆十七年
(1589)刻本　八冊

220000－0801－0000678　善/679
素靈微蘊四卷　（清）黃元御撰　清抄本
四冊

220000－0801－0000679　善/680
景岳全書二十四集六十四卷　（明）張介賓撰
清康熙四十九年(1710)刻本　二十四冊

220000－0801－0000680　善/681
景岳全書二十四集六十四卷　（明）張介賓撰
清康熙四十九年(1710)刻本　十八冊

220000－0801－0000681　善/682
醫宗必讀十卷　（明）李中梓撰　清康熙四十
九年(1710)敦古堂刻本　五冊

220000－0801－0000682　善/683
醫要集覽六種六卷　（□）□□撰　清康熙三
十八年(1699)立達堂刻本　六冊

220000－0801－0000683　善/684
質疑錄一卷　（明）張介賓撰　清乾隆三十二
年(1767)刻本　二冊

220000－0801－0000684　善/685
醫家心法一卷　（清）高鼓峰撰　清乾隆三十
一年(1766)刻本　一冊

220000－0801－0000685　善/686
醫家心法一卷　（清）高鼓峰撰　清乾隆三十
一年(1766)刻本　一冊

220000－0801－0000686　善/687
高士宗先生手授醫學真傳一卷　（清）高世栻
撰　清乾隆三十二年(1767)寶笏樓刻本
一冊

220000－0801－0000687　善/688
丹溪先生金匱鉤玄三卷　（元）朱震亨撰　明
末刻本　一冊

220000－0801－0000688　善/689
醫學啓蒙彙編六卷　（清）翟良纂　清康熙五
年(1666)刻本　十冊

220000 – 0801 – 0000689　善/690

讀素問鈔三卷補遺一卷　（明）滑壽撰　明嘉
靖四年(1525)刻本　四冊

220000 – 0801 – 0000690　善/691

黃帝內經靈樞註證發微九卷補遺一卷　（明）
馬蒔註證　清天寶堂刻本　十冊

220000 – 0801 – 0000691　善/692

重廣補註黃帝內經素問二十四卷　（唐）王冰
註　明嘉靖二十九年(1550)顧從德翻雕宋本
十冊

220000 – 0801 – 0000692　善/693

黃帝內經素問二十四卷　（明）吳崐註　明萬
曆二十二年(1594)刻本　十二冊

220000 – 0801 – 0000693　善/694

補註釋文黃帝內經素問十二卷遺篇一卷
（唐）王冰註　明趙府居敬堂刻本　十冊

220000 – 0801 – 0000694　善/695

補註釋文黃帝內經素問十二卷遺篇一卷
（唐）王冰註　明趙府居敬堂刻本　十冊

220000 – 0801 – 0000695　善/696

格致餘論一卷　（元）朱震亨撰　明刻本
二冊

220000 – 0801 – 0000696　善/697

增補內經拾遺方論四卷　（宋）駱龍吉著述
清乾隆四十一年(1776)武林大成齋刻本
四冊

220000 – 0801 – 0000697　善/698

類經三十二卷圖翼十一卷　（明）張介賓撰
明天啓四年(1624)刻本　十六冊

220000 – 0801 – 0000698　善/699

類經三十二卷圖翼十一卷　（明）張介賓撰
明天啓四年(1624)刻本　三十六冊

220000 – 0801 – 0000699　善/700

類經三十二卷圖翼十一卷　（明）張介賓撰
明天啓四年(1624)刻本　二十冊

220000 – 0801 – 0000700　善/701

素問玄機原病式一卷黃帝素問宣明論方十五

卷傷寒標本心法類萃二卷　（金）劉完素撰
明萬曆刻本　三冊

220000 – 0801 – 0000701　善/702

重修政和經史證類備用本草三十卷　（宋）唐
慎微撰　明嘉靖十六年(1537)刻本　二十冊

220000 – 0801 – 0000702　善/703

湯液本草三卷　（元）王好古撰　明萬曆刻本
三冊

220000 – 0801 – 0000703　善/704

神農本草經三卷　（清）孫星衍　（清）孫馮翼
輯　清嘉慶四年(1799)抄本　三冊

220000 – 0801 – 0000704　善/705

神農本草經疏三十卷　（明）繆希雍撰　明刻
本　三十二冊

220000 – 0801 – 0000705　善/706

神農本草經疏三十卷　（明）繆希雍著　明天
啓五年(1625)綠君亭刻本　十二冊

220000 – 0801 – 0000706　善/707

重刊經史證類大全本草三十二卷　（宋）唐慎
微撰　明萬曆五年(1577)刻本　十二冊

220000 – 0801 – 0000707　善/708

圖註王叔和脈訣四卷　（晉）王叔和撰　（明）
張世賢圖註　明刻本　一冊　缺一卷(四)

220000 – 0801 – 0000708　善/709

先醒齋筆記三卷　（明）繆希雍撰　明崇禎十
五年(1642)刻本　三冊

220000 – 0801 – 0000709　善/710

先醒齋筆記不分卷炮灸大法不分卷用藥凡例
不分卷　（明）繆希雍輯　明崇禎十五年
(1642)刻本　二冊

220000 – 0801 – 0000710　善/711

傷寒五法五卷　（明）陳養晦輯　明崇禎四年
(1631)刻本　三冊

220000 – 0801 – 0000711　善/712

奇經八脈攷二卷　（明）李時珍撰　明萬曆三
十一年(1603)刻本　二冊

本草綱目五十二卷圖三卷附奇經八脈攷一卷
（明）李時珍輯　清初刻本　二十六冊

220000－0801－0000736　善/737
醫方考六卷　（明）吳崑著　明萬曆十四年
（1586）刻本　六冊

220000－0801－0000737　善/738
醫方考六卷　（明）吳崑著　明萬曆十四年
（1586）刻本　八冊

220000－0801－0000738　善/739
醫說十卷　（宋）張杲撰　明嘉靖二十三年
（1544）刻本　十冊

220000－0801－0000739　善/740
醫學綱目四十一卷目錄四卷　（明）樓英撰
明嘉靖刻本　三十六冊

220000－0801－0000740　善/741
同壽錄四卷末一卷　（清）曹氏原本　清乾隆
二十七年（1762）刻本　四冊

220000－0801－0000741　善/742
醫無閭子醫貫六卷　（清）趙獻可撰　增補醫
貫奇方一卷　（清）陰有瀾編　清初刻本
六冊

220000－0801－0000742　善/743
絳雪園古方選註三卷　（清）王子接註　清雍
正十年（1732）介景樓刻本　四冊

220000－0801－0000743　善/744
續名醫類案六十卷　（清）魏之琇編輯　清抄
本　二十八冊

220000－0801－0000744　善/745
種福堂公選良方四卷　（清）葉桂撰　清乾隆
四十年（1775）刻本　二冊

220000－0801－0000745　善/746
名醫類案十二卷　（明）江瓘編輯　清乾隆三
十五年（1770）鮑氏知不足齋刻本　二十四冊

220000－0801－0000746　善/747
葛仙翁肘後備急方八卷　（晉）葛洪撰　清乾
隆刻本　四冊

220000－0801－0000747　善/748
名醫類案十二卷　（明）江瓘編輯　清乾隆三
十五年（1770）鮑氏知不足齋刻本　六冊　存
六卷（一至六）

220000－0801－0000748　善/749
名醫類案十二卷　（明）江瓘編輯　清乾隆三
十五年（1770）鮑氏知不足齋刻本　一百十
二冊

220000－0801－0000749　善/750
本草類方十卷　（清）年希堯撰　清乾隆十七
年（1752）黃氏刻本　十冊

220000－0801－0000750　善/751
折肱漫錄七卷　（明）黃承昊撰　清乾隆五十
九年（1794）修敬堂刻本　四冊

220000－0801－0000751　善/752
回生集二卷　（清）陳杰集　清乾隆刻本
五冊

220000－0801－0000752　善/753
醫學見淺十四卷　（□）□□撰　清抄本
八冊

220000－0801－0000753　善/754
醫學入門七卷首一卷　（明）李梴撰　明萬曆
三年（1575）古吳郁郁堂刻本　十七冊　缺一
卷（一）

220000－0801－0000754　善/755
醫旨緒餘二卷　（明）孫一奎撰　明末刻本
二冊

220000－0801－0000755　善/756
慎柔五書八卷　（明）胡慎柔輯　清順治刻本
四冊

220000－0801－0000756　善/757
傷寒證治準繩八卷　（明）王肯堂輯　明萬曆
三十二年（1604）刻本　八冊

220000－0801－0000757　善/758
傷寒瘟疫條辨六卷　（清）楊璿撰　清乾隆四
十九年（1784）刻本　六冊

220000－0801－0000758　善/759

033

傷寒大白四卷 （清）秦之楨纂 清康熙五十
三年(1714)博古堂刻本 四冊

220000－0801－0000759 善/760

傷寒大白四卷 （清）秦之楨纂 清康熙五十
三年(1714)博古堂陳氏刻本 八冊

220000－0801－0000760 善/761

劉河間傷寒直格論方三卷 （金）劉完素述
（元）葛雍編 明末刻本 一冊

220000－0801－0000761 善/762

新刊外科微義四卷 （明）陳實功撰 清康熙
三十八年(1699)刻本 四冊

220000－0801－0000762 善/763

瘍科選粹八卷 （明）陳文治輯 清康熙四十
六年(1707)刻本 八冊

220000－0801－0000763 善/764

瘍科選粹八卷 （明）陳文治輯 清康熙四十
六年(1707)潯溪達尊堂刻本 六冊 缺二卷
(七至八)

220000－0801－0000764 善/765

瘍科選粹八卷 （明）陳文治輯 明崇禎元年
(1628)刻本 八冊

220000－0801－0000765 善/766

瘍醫準繩六卷 （明）王肯堂輯 明萬曆三十
六年(1608)刻本 十一冊

220000－0801－0000766 善/767

外科理例七卷 （明）汪機輯 明嘉靖刻本
一冊

220000－0801－0000767 善/768

外科選要二卷 （清）唐黌輯 清乾隆四十一
年(1776)貽經堂刻本 二冊

220000－0801－0000768 善/769

眼科龍木論十卷保光道人秘傳眼科一卷
（明）保光道人撰 明萬曆刻清乾隆、嘉慶印
本 四冊

220000－0801－0000769 善/770

產育寶慶集二卷 （宋）李師聖 （宋）郭稽中
編 清紅格抄本 一冊

產寶百問五卷總論一卷 （元）朱震亨纂輯
明末刻本 一冊

220000－0801－0000771 善/772

濟陰綱目五卷 （明）武之望撰 明天啓元年
(1621)刻本 十冊

220000－0801－0000772 善/773

女科切要八卷 （清）吳道源纂輯 清乾隆三
十八年(1773)梅溪吳氏家刻本 二冊

220000－0801－0000773 善/774

疹科一卷 （明）呂坤撰 明萬曆三十二年
(1604)刻本 一冊

220000－0801－0000774 善/775

痘疹定論四卷 （清）朱純嘏編輯 清乾隆三
十二年(1767)姑蘇緝熙堂刻本 二冊

220000－0801－0000775 善/776

痘治理辨不分卷 （明）汪機撰 明嘉靖十三
年(1534)刻本 一冊

220000－0801－0000776 善/777

太醫院校註婦人良方大全二十四卷 （宋）陳
自明撰 （明）薛己註 明末刻本 十冊

220000－0801－0000777 善/778

痘疹活幼心法不分卷 （明）聶尚恒撰 明崇
禎刻本 二冊

220000－0801－0000778 善/779

痧痘集解六卷 （清）俞茂鯤集解 清乾隆五
十二年(1787)懷德堂刻本 六冊

220000－0801－0000779 善/780

痘疹會通五卷 （清）曾鼎纂述 清乾隆五十
一年(1786)刻本 四冊

220000－0801－0000780 善/781

痘疹會通五卷 （清）曾鼎纂述 清乾隆五十
一年(1786)刻本 四冊

220000－0801－0000781 善/782

痘疹會通五卷 （清）曾鼎纂述 清乾隆五十
一年(1786)刻本 二冊

220000－0801－0000782　善/783

增定痘疹寶鑑二卷　（明）吳勉學輯　明末刻本　一冊

220000－0801－0000783　善/784

誠書十六卷　（清）談金章撰　清雍正十一年(1733)傳經堂刻本　四冊

220000－0801－0000784　善/785

痘科類編釋意三卷　（清）翟良纂　幼兒雜症方論一卷　（明）聶尚恒撰　疹科纂要一卷　（明）馬之騏纂　清康熙五十九年(1720)刻本　四冊

220000－0801－0000785　善/786

幼科證治准繩九卷　（明）王肯堂輯　明萬曆三十五年(1607)刻本　十六冊

220000－0801－0000786　善/787

保嬰撮要續集二十卷　（明）薛己編輯　明嘉靖三十五年(1556)刻本　十冊　存九卷（十一、十三至二十）

220000－0801－0000787　善/788

保赤金鑑四卷　（清）穆氏編　清乾隆四十九年(1784)長白榮柱刻本　四冊

220000－0801－0000788　善/789

保嬰撮要二十卷　（明）薛鎧撰　明末刻本　八冊

220000－0801－0000789　善/790

保嬰撮要二十卷　（明）薛鎧撰　明末刻本　四冊

220000－0801－0000790　善/791

新刊經驗痘疹不求人方論不分卷　（明）朱棟隆撰　清康熙三十六年(1697)刻本　二冊

220000－0801－0000791　善/792

嬰童百問十卷　（明）許讚撰　明嘉靖十八年(1539)刻本　六冊

220000－0801－0000792　善/793

嬰童百問十卷　（明）許讚撰　明嘉靖十八年(1539)刻本　四冊

220000－0801－0000793　善/794

醫學發明一卷　（金）李杲撰　明萬曆刻本　一冊

220000－0801－0000794　善/795

長生秘訣四卷　（明）鐵峯居士等撰　明正德十年(1515)刻萬曆印本　一冊

220000－0801－0000795　善/796

類證註釋錢氏小兒方訣十卷　（宋）錢乙撰　（宋）閻孝忠輯　（明）熊宗立註　明萬曆吳勉學刻本　二冊

220000－0801－0000796　善/797

新編西方子明堂灸經八卷新刊銅人針灸經七卷　（□）□□撰　明刻本　四冊

220000－0801－0000797　善/798

新編西方子明堂灸經八卷新刊銅人針灸經七卷　（□）□□撰　明山西平陽府刻本　四冊

220000－0801－0000798　善/799

新編西方子明堂灸經八卷新刊銅人針灸經七卷　（□）□□撰　明山西平陽府刻本　二冊

220000－0801－0000799　善/800

養生圖說一卷　（明）周履靖等撰　清初抄本　一冊

220000－0801－0000800　善/801

馮氏錦囊秘錄痘疹全集十五卷雜症痘疹藥性主治合參十二卷首一卷　（清）馮兆張纂輯　清康熙四十一年(1702)刻本　十五冊

220000－0801－0000801　善/802

欽定儀象考成三十卷首二卷　（清）允祿等撰　清乾隆二十一年(1756)刻本　十一冊

220000－0801－0000802　善/803

幾何原本六卷　（希臘）歐幾里得撰　（意大利）利瑪竇譯　（明）徐光啓筆受　明萬曆三十五年(1607)刻本　三冊　存五卷（一至五）

220000－0801－0000803　善/804

儀象圖　（明）葉懷元集　清抄本　二冊

220000－0801－0000804　善/805

星影二卷　（清）姚大源撰　清乾隆二十六年(1761)刻本　二冊

220000－0801－0000805　善/806

算經十書十一種三十七卷　（清）孔繼涵輯
清乾隆刻本　八冊　缺三卷（周髀算經二卷
附音義一卷）

220000－0801－0000806　善/807

算經十書十一種三十七卷　（清）孔繼涵輯
清乾隆刻本　十二冊

220000－0801－0000807　善/808

天元曆理全書十二卷　（清）徐發撰　清康熙
二十一年（1682）刻本　八冊

220000－0801－0000808　善/809

萬年書十二卷　（清）□□撰　清乾隆內府刻
朱墨套印本　四冊

220000－0801－0000809　善/810

萬年書十二卷　（清）□□撰　清乾隆內府刻
朱墨套印本　四冊

220000－0801－0000810　善/811

畫禪室隨筆四卷　（明）董其昌撰　清乾隆三
十三年（1768）刻本　一冊

220000－0801－0000811　善/812

畫禪室隨筆四卷　（明）董其昌撰　清康熙五
十九年（1720）大魁堂刻本　二冊

220000－0801－0000812　善/813

畫禪室隨筆四卷　（明）董其昌撰　清康熙五
十九年（1720）大魁堂刻本　四冊

220000－0801－0000813　善/814

畫禪室隨筆四卷　（明）董其昌撰　清康熙五
十九年（1720）大魁堂刻本　四冊

220000－0801－0000814　善/815

董文敏公畫禪隨筆四卷　（清）汪汝祿編　清
乾隆十八年（1753）刻本　二冊

220000－0801－0000815　善/816

董文敏公畫禪隨筆四卷　（清）汪汝祿編　清
乾隆十八年（1753）刻本　二冊

220000－0801－0000816　善/817

鐵網珊瑚十六卷　（明）朱存理撰　清雍正六
年（1728）刻本　十二冊

220000－0801－0000817　善/818

鐵網珊瑚十六卷　（明）朱存理撰　清雍正六
年（1728）刻本　十二冊

220000－0801－0000818　善/819

鐵網珊瑚二十卷　（明）都穆撰　清乾隆二十
三年（1758）刻本　八冊

220000－0801－0000819　善/820

鐵網珊瑚二十卷　（明）都穆撰　清乾隆二十
三年（1758）刻本　六冊

220000－0801－0000820　善/821

鐵網珊瑚二十卷　（明）都穆撰　清乾隆二十
三年（1758）刻本　六冊

220000－0801－0000821　善/822

鐵網珊瑚二十卷　（明）都穆撰　清乾隆二十
三年（1758）刻本　二冊

220000－0801－0000822　善/823

廣川書跋十卷　（宋）董逌撰　明末汲古閣刻
本　二冊

220000－0801－0000823　善/824

新增格古要論十三卷　（明）曹昭撰　明刻本
八冊

220000－0801－0000824　善/825

唐詩畫譜三卷　（明）黃鳳池輯　**扇譜一卷**
（明）張白雲輯　明末集雅齋刻本　四冊

220000－0801－0000825　善/827

後邨題跋四卷　（宋）劉克莊撰　明崇禎毛氏
汲古閣刻本　四冊

220000－0801－0000826　善/828

自牧山房書　（清）王如玉書　清抄本　一冊

220000－0801－0000827　善/829

何太史臨石刻三十三種　（清）何紹基書　清
抄本　八冊

220000－0801－0000828　善/830

近代名人手札　（清）駱秉章等書　清末稿本
四冊

220000－0801－0000829　善/831

宣和畫譜二十卷　（宋）□□撰　明刻本
六冊

220000－0801－0000830　善/832

法書要錄十卷　（唐）張彥遠輯　宣和書譜二十卷　（明）毛晉訂　明末汲古閣刻本　四冊

220000－0801－0000831　善/833

汪氏墨藪不分卷　（清）汪近聖藏　清乾隆十三年(1748)刻本　四冊

220000－0801－0000832　善/834

芥子園畫傳二十一卷　（清）王概等摹輯　清嘉慶二十三年(1818)刻本　十七冊

220000－0801－0000833　善/835

芥子園畫傳初集五卷　（清）王概等輯　清康熙十八年(1679)錢塘李氏芥子園繪本　五冊

220000－0801－0000834　善/836

芥子園畫傳初集五卷　（清）王概等輯　清康熙十八年(1679)錢塘李氏芥子園繪本　五冊

220000－0801－0000835　善/837

袁杏邨先生墨蹟　（清）袁開第書　清末抄本　一冊

220000－0801－0000836　善/838

東觀餘論二卷附錄一卷　（宋）黃伯思撰　明末汲古閣刻津逮秘書本　二冊

220000－0801－0000837　善/839

墨池編二十卷　（宋）朱長文輯　清康熙十一年(1672)就閒堂刻本　四冊

220000－0801－0000838　善/840

墨池編二十卷　（宋）朱長文輯　清康熙十一年(1672)就閒堂刻本　十冊

220000－0801－0000839　善/841

墨池編二十卷　（宋）朱長文輯　明隆慶二年(1568)刻本　十六冊

220000－0801－0000840　善/842

翁方綱手札　（清）翁方綱書　清嘉慶稿本　一冊

220000－0801－0000841　善/843

劉雪湖梅譜二卷　（明）劉世儒撰　明萬曆二十三年(1595)王思任刻本　二冊

220000－0801－0000842　善/844

劉雪湖梅譜二卷　（明）劉世儒撰　明萬曆二十三年(1595)王思任刻本　四冊

220000－0801－0000843　善/845

苦筍賦　（清）何紹基書　清道光二十六年(1846)抄本　一冊

220000－0801－0000844　善/846

岳武穆墨寶真跡　（宋）岳飛撰　宋紹興十年(1140)裝裱清嘉慶補裝本　一冊

220000－0801－0000845　善/847

竹雲題跋四卷虛舟題跋十卷補原三卷　（清）王澍撰　清乾隆五十四年(1789)刻本　五冊

220000－0801－0000846　善/848

益公題跋十二卷　（宋）周必大撰　明汲古閣刻清初印本　六冊

220000－0801－0000847　善/850

五知齋琴譜八卷　（清）周魯封彙纂　清雍正二年(1724)刻本　八冊

220000－0801－0000848　善/851

晦庵題跋三卷　（宋）朱熹撰　明汲古閣刻清初印本　三冊

220000－0801－0000849　善/852

樂律全書四十八卷　（明）朱載堉撰　明萬曆鄭藩刻本　二十一冊

220000－0801－0000850　善/853

秋室印粹四卷　（清）汪啓淑輯　清乾隆二十一年(1756)鈐印本　四冊

220000－0801－0000851　善/854

樂律全書四十八卷　（明）朱載堉撰　明萬曆鄭藩刻本　十九冊

220000－0801－0000852　善/855

樂律全書四十八卷　（明）朱載堉撰　明萬曆鄭藩刻本　十四冊　缺十二卷(律學新說四卷、樂學新說一卷、算學新說一卷、律呂精義內編六卷)

220000－0801－0000853　善/856

御製律呂正義上編二卷下編二卷續編一卷
（清）聖祖玄燁撰　清初刻本　五冊

220000－0801－0000854　善/857

御製律呂正義上編二卷下編二卷續編一卷
（清）聖祖玄燁撰　清初刻本　三冊

220000－0801－0000855　善/858

琴史六卷　（宋）朱長文撰　清康熙四十五年
（1706）揚州使院重刻楝亭藏本　二冊

220000－0801－0000856　善/859

苑洛志樂二十卷　（明）韓邦奇撰　明嘉靖二
十八年（1549）刻本　八冊

220000－0801－0000857　善/860

松風閣琴譜不分卷　（清）程雄輯　清乾隆抄
本　六冊

220000－0801－0000858　善/861

鄉飲詩樂譜六卷　（明）朱載堉撰　明萬曆鄭
藩刻本　二冊

220000－0801－0000859　善/862

玄玄棋經十三篇　（宋）張擬撰　明萬曆翻刻
元至正九年（1349）刻本　六冊

220000－0801－0000860　善/863

玄玄棋經十三篇　（宋）張擬撰　明萬曆刻本
　三冊

220000－0801－0000861　善/864

仙機武庫八集附論棋名言一卷　（明）陸玄宇
輯　明崇禎二年（1629）刻本　八冊

220000－0801－0000862　善/865

適情雅趣十卷　（清）徐芝精選　清康熙刻本
　十冊

220000－0801－0000863　善/866

方氏墨譜六卷　（明）方于魯撰　明泰昌元年
（1620）方氏美蔭堂刻本　六冊

220000－0801－0000864　善/867

方氏墨譜六卷　（明）方于魯撰　明泰昌元年
（1620）方氏美蔭堂刻本　八冊

220000－0801－0000865　善/868

墨經一卷　（宋）晁說之撰　墨史三卷　（元）
陸友撰　明抄本　二冊

220000－0801－0000866　善/869

二如亭群芳譜二十八卷首一卷　（明）王象晉
纂輯　明汲古閣刻本　二十四冊

220000－0801－0000867　善/870

世說新語三卷　（南朝宋）劉義慶撰　（南朝
梁）劉峻註　（明）凌濛初訂　世說新語四卷
　（明）何良俊撰補　（明）王世貞刪定
（明）張文柱校註　（明）凌濛初考訂　明萬曆
刻本　十冊

220000－0801－0000868　善/871

世說新語八卷　（南朝宋）劉義慶撰　明萬曆
九年（1581）刻四色套印本　八冊

220000－0801－0000869　善/872

世說新語六卷　（南朝宋）劉義慶撰　明萬曆
九年（1581）刻四色套印本　六冊

220000－0801－0000870　善/873

世說新語八卷　（南朝宋）劉義慶撰　明凌瀛
初刻本　八冊

220000－0801－0000871　善/874

初潭集三十卷　（明）李贄撰　明末刻本
四冊

220000－0801－0000872　善/875

世說新語三卷　（南朝宋）劉義慶撰　明萬曆
三十七年（1609）周氏博古堂刻本　六冊

220000－0801－0000873　善/876

世說新語三卷　（南朝宋）劉義慶撰　明萬曆
三十七年（1609）周氏博古堂刻本　六冊

220000－0801－0000874　善/877

讀書雜述十卷　（清）李鎧撰　清康熙三十八
年（1699）恪素堂刻本　二冊

220000－0801－0000875　善/878

讀書雜述十卷　（清）李鎧撰　清康熙三十八
年（1699）恪素堂刻本　四冊

220000－0801－0000876　善/879

論衡三十卷　(漢)王充撰　明刻本　五冊

220000－0801－0000877　善/880

畜德錄二十卷　(清)席啓圖撰　清康熙二十三年(1684)繩武堂刻本　八冊

220000－0801－0000878　善/881

群談　(□)□□撰　明刻本　一冊　存一卷(五)

220000－0801－0000879　善/882

北窗炙輠錄二卷　(宋)施德操撰　清抄本二冊

220000－0801－0000880　善/883

天祿閣外史八卷　(漢)黃憲撰　明刻本四冊

220000－0801－0000881　善/884

子華子十卷　(晉)程本撰　明崇禎刻本二冊

220000－0801－0000882　善/885

子華子二卷　(晉)程本撰　明萬曆刻本二冊

220000－0801－0000883　善/886

山志六卷二集六卷　(清)王弘著　清乾隆五十三年(1788)紹衣堂刻本　六冊

220000－0801－0000884　善/887

香祖筆記十二卷　(清)王士禎著　清康熙四十四年(1705)刻本　六冊

220000－0801－0000885　善/888

香祖筆記十二卷　(清)王士禎著　清康熙四十四年(1705)刻本　四冊

220000－0801－0000886　善/889

香祖筆記十二卷　(清)王士禎著　清康熙四十四年(1705)刻本　四冊

220000－0801－0000887　善/890

焦氏筆乘六卷續八卷　(明)焦竑輯　明萬曆三十四年(1606)謝與棟刻本　八冊

220000－0801－0000888　善/891

程氏演繁露十六卷續演繁露六卷　(宋)程大昌撰　明萬曆三十四年(1606)刻本　六冊

220000－0801－0000889　善/892

賓退錄十卷　(宋)趙與時撰　清乾隆十七年(1752)存恕堂刻本　二冊

220000－0801－0000890　善/893

淮南子二十卷　(漢)劉安撰　明吳勉學刻二十子刻本　十二冊

220000－0801－0000891　善/894

淮南子二十卷　(漢)劉安撰　明刻本　十冊

220000－0801－0000892　善/895

容齋隨筆十六卷　(宋)洪邁　清康熙三十九年(1700)洪氏刻本　十四冊

220000－0801－0000893　善/896

容齋隨筆十六卷　(宋)洪邁撰　清乾隆五十九年(1794)掃葉山房刻本　十四冊

220000－0801－0000894　善/897

容齋隨筆十六卷　(宋)洪邁撰　明崇禎三年(1630)馬元調刻本　三十二冊

220000－0801－0000895　善/898

潛索錄四卷　(清)范宏禧撰　清乾隆刻本一冊

220000－0801－0000896　善/899

弦雪居重訂遵生八牋二十卷　(明)高濂撰明末刻本　二十冊

220000－0801－0000897　善/900

淮南鴻烈解二十一卷　(漢)劉安撰　明末刻本　四冊

220000－0801－0000898　善/901

淮南鴻烈解二十一卷　(漢)劉安撰　明萬曆二十八年(1600)刻本　十二冊

220000－0801－0000899　善/902

淮南鴻烈解二十一卷　(漢)劉安撰　明凌氏刻朱墨套印本　四冊

220000－0801－0000900　善/903

淮南鴻烈解二十一卷　(漢)劉安撰　明凌氏刻朱墨套印本　八冊

220000－0801－0000901　善/904

避暑錄話二卷　（宋）葉夢得撰　明崇禎毛氏汲古閣刻本　二冊

220000－0801－0000902　善/905

嘉言摘粹八卷　（明）姚光祚纂　明萬曆二十五年(1597)刻本　五冊

220000－0801－0000903　善/906

嘉言摘粹八卷　（明）姚光祚纂　明萬曆二十五年(1597)刻本　六冊

220000－0801－0000904　善/907

南村輟耕錄三十卷　（明）陶宗儀撰　明萬曆六年(1578)刻本　十二冊

220000－0801－0000905　善/908

鶴林玉露十六卷　（宋）羅大經撰　明刻本四冊

220000－0801－0000906　善/909

老學庵筆記十卷　（宋）陸游撰　明末毛氏汲古閣刻本　四冊

220000－0801－0000907　善/910

嬾真子五卷　（宋）馬永卿撰　明萬曆刻本二冊

220000－0801－0000908　善/911

古今釋疑十八卷　（清）方中履撰　清康熙汗青閣刻本　八冊

220000－0801－0000909　善/912

在園雜志二卷　（清）劉廷璣撰　清康熙五十四年(1715)刻本　一冊

220000－0801－0000910　善/913

古今釋疑十八卷首一卷　（清）方中履撰　清康熙汗青閣刻本　十六冊

220000－0801－0000911　善/914

輟耕錄三十卷　（明）陶宗儀撰　明萬曆刻本　四冊

220000－0801－0000912　善/915

輟耕錄三十卷　（明）陶宗儀撰　明崇禎毛氏刻本　八冊

220000－0801－0000913　善/916

輟耕錄三十卷　（明）陶宗儀撰　明崇禎毛氏刻本　六冊

220000－0801－0000914　善/917

因明子不分卷　（明）張恒撰　明末刻本二冊

220000－0801－0000915　善/918

困學紀聞二十卷　（宋）王應麟撰　明萬曆三十一年(1603)刻本　十二冊

220000－0801－0000916　善/919

呂氏春秋二十六卷　（漢）高誘註　明末刻本　八冊

220000－0801－0000917　善/920

呂氏春秋二十六卷　（漢）高誘註　明萬曆四十八年(1620)凌氏刻套印本　八冊

220000－0801－0000918　善/921

呂氏春秋二十六卷　（戰國）呂不韋撰　（漢）高誘註　（宋）陸游評　明萬曆四十八年(1620)刻套印本　八冊

220000－0801－0000919　善/922

丹鉛總錄二十七卷　（明）楊慎撰　明嘉靖三十三年(1554)刻藍印本　六冊

220000－0801－0000920　善/923

丹鉛總錄二十七卷　（明）楊慎撰　明萬曆刻本　十冊

220000－0801－0000921　善/924

人物志三卷　（三國魏）劉邵撰　明刻本二冊

220000－0801－0000922　善/925

餘冬序錄一卷　（明）何孟春撰　明嘉靖三十年(1551)刻本　五冊

220000－0801－0000923　善/926

金罍子四十四卷　（明）陳絳撰　明萬曆三十四年(1606)刻本　十冊

220000－0801－0000924　善/927

弇州山人讀書後四卷　（明）王世貞撰　明刻本　二冊

220000－0801－0000925　善/928

秋林伐山二十卷　（明）楊慎撰　明抄本
四冊

220000－0801－0000926　善/929

項氏家說十卷附錄二卷　（宋）項安世撰　清
乾隆四十四年（1779）武英殿木活字印本
四冊

220000－0801－0000927　善/930

徐氏筆精八卷　（明）徐𤊹撰　明崇禎五年
（1632）刻本　六冊

220000－0801－0000928　善/931

通雅五十二卷　（清）方以智撰　明刻本　十
八冊

220000－0801－0000929　善/932

新刻格古論要五卷　（明）曹昭撰　明萬曆二
十四年（1596）刻本　四冊

220000－0801－0000930　善/933

新刻芥隱筆記一卷　（宋）龔頤正撰　明萬曆
刻本　一冊

220000－0801－0000931　善/934

中華古今註三卷　（五代）馬縞撰　明刻本
一冊

220000－0801－0000932　善/935

東觀餘論二卷　（宋）黃伯思撰　明萬曆十二
年（1584）項氏萬卷堂仿宋刻本　四冊

220000－0801－0000933　善/936

學齋佔畢四卷　（宋）史繩祖撰　明刻本
二冊

220000－0801－0000934　善/937

甕牖閒評八卷　（宋）袁文撰　清乾隆四十年
（1775）武英殿木活字印本　四冊

220000－0801－0000935　善/938

雲谷雜記四卷首一卷末一卷　（宋）張淏撰
清乾隆三十九年（1774）武英殿木活字印本
一冊

220000－0801－0000936　善/939

雲谷雜記四卷首一卷末一卷　（宋）張淏撰

清乾隆三十九年（1774）武英殿木活字印本
二冊

220000－0801－0000937　善/940

涑水記聞十六卷　（宋）司馬光撰　清乾隆四
十二年（1777）武英殿木活字印本　八冊

220000－0801－0000938　善/941

何氏語林三十卷　（明）何良俊撰并註　明嘉
靖三十年（1551）刻本　十四冊

220000－0801－0000939　善/942

項氏家說十卷附錄二卷　（宋）項安世撰　清
乾隆四十四年（1779）武英殿聚珍本　三冊

220000－0801－0000940　善/943

宋人百家小說不分卷　（清）□□撰　明末刻
本　十冊

220000－0801－0000941　善/944

太上感應篇圖說八卷　（清）許鶴沙撰　清康
熙三十三年（1694）刻本　八冊

220000－0801－0000942　善/945

書原二十二卷　（清）紀昀等編　清乾隆武英
殿刻本　五冊

220000－0801－0000943　善/946

說郛一百二十卷　（明）陶宗儀撰　**說郛續四
十六卷**　（明）陶珽撰　清順治三年（1646）兩
浙督學李際期宛委山堂刻本　二百九十二冊

220000－0801－0000944　善/947

鼠璞一卷　（宋）戴埴撰　明刻本　二冊

220000－0801－0000945　善/948

風俗通義十卷　（漢）應劭撰　明正德刻本
二冊

220000－0801－0000946　善/949

博學匯書十二卷　（清）來集之輯　清康熙刻
本　十二冊

220000－0801－0000947　善/950

李竹嬾先生說部全書二十九卷　（明）李日華
撰　明天啓七年（1627）刻本　十四冊

220000－0801－0000948　善/951

春明夢餘錄七十卷　（清）孫承澤撰　清初抄本　二十冊

220000－0801－0000949　善/952

學圃蕙蘇六卷　（明）陳耀文撰　明萬曆刻本　六冊　存三卷（一至三）

220000－0801－0000950　善/953

智品十三卷　（明）樊玉衝纂　明萬曆四十二年（1614）刻本　二十冊

220000－0801－0000951　善/954

三水小牘二卷　（唐）皇甫枚撰　清乾隆五十七年（1792）刻本　一冊

220000－0801－0000952　善/955

野客叢書三十卷附錄一卷　（宋）王楙撰　明刻本　六冊

220000－0801－0000953　善/956

山海經十八卷　（晉）郭璞傳　清乾隆刻本　二冊

220000－0801－0000954　善/957

陳眉公珍珠船四卷　（明）陳繼儒撰　明末刻本　四冊

220000－0801－0000955　善/958

剪桐載筆一卷　（明）王象晉撰　明末刻本　二冊

220000－0801－0000956　善/959

五色線集二卷　（□）□□撰　清抄本　二冊

220000－0801－0000957　善/960

翻譯名義集二十卷　（宋）釋法雲編　明萬曆三十一年（1603）刻本　四冊

220000－0801－0000958　善/961

新鐫玉茗堂批選王弇州先生艷異編四十卷續編十九卷　（明）王世貞撰　明末刻本　二十二冊

220000－0801－0000959　善/962

新刻出像增補搜神記六卷　（晉）干寶撰　明金陵大盛堂刻本　四冊

220000－0801－0000960　善/963

稽神錄六卷　（宋）徐鉉著　明末汲古閣刻本　四冊

220000－0801－0000961　善/964

活閻君斷案記一卷　（□）□□撰　明崇禎刻本　一冊

220000－0801－0000962　善/965

四大奇書第一種三國志十九卷一百二十回讀三國志法一卷　（明）羅貫中撰　清康熙刻本　二十冊

220000－0801－0000963　善/966

五種秘竅全書十七卷　（明）甘霖撰　明末刻本　十六冊

220000－0801－0000964　善/967

山中一夕話七卷　（宋）文同增訂　明末刻本　七冊

220000－0801－0000965　善/968

陰陽五要奇書六種三十一卷　（明）江之棟輯　（清）顧鶴庭重輯　清乾隆五十五年（1790）刻本　十冊

220000－0801－0000966　善/969

三易洞璣十六卷　（明）黃道周撰　清康熙三十二年（1693）刻本　四冊

220000－0801－0000967　善/970

皇極玄玄集六卷　（宋）邵雍撰　明正德刻本　六冊

220000－0801－0000968　善/971

皇極經世書八卷首一卷　（清）王植輯　清初刻本　八冊

220000－0801－0000969　善/972

河洛精蘊九卷　（清）江永撰　清乾隆四十一年（1776）刻本　二冊

220000－0801－0000970　善/973

太玄經十卷　（漢）揚雄撰　清嘉慶陶氏刻本　六冊

220000－0801－0000971　善/974

集註太玄經六卷　（宋）司馬光撰　明初刻本　一冊　存三卷（一至三）

220000－0801－0000972　善/975

天元玉曆祥異賦一卷　（明）□□輯　明抄本
七冊　缺一冊（五）

220000－0801－0000973　善/976

欽定選擇曆書十卷　（清）安泰等撰　清康熙
二十四年(1685)內府刻本　十冊

220000－0801－0000974　善/977

大唐開元占經一百十卷　（唐）釋瞿曇悉達撰
明末抄本　二十四冊

220000－0801－0000975　善/978

觀象玩占五十卷　（唐）李淳風撰　明抄本
二十四冊

220000－0801－0000976　善/979

參籌秘書十卷　（明）汪三益撰　清抄本　二
十四冊

220000－0801－0000977　善/980

蠡海集一卷　（宋）王逵撰　明禪海刻本
一冊

220000－0801－0000978　善/981

焦氏易林四卷　（漢）焦贛撰　明萬曆刻本
六冊

220000－0801－0000979　善/982

秘藏大六壬大全十三卷　（清）郭載騄校訂
清康熙四十三年(1704)刻本　十三冊

220000－0801－0000980　善/983

秘藏大六壬大全十三卷　（清）郭載騄校訂
清康熙四十三年(1704)刻本　十三冊

220000－0801－0000981　善/984

乾元秘旨　（清）舒繼英撰　清乾隆抄本
四冊

220000－0801－0000982　善/985

欽定協紀辨方書三十六卷　（清）允祿等修
清乾隆六年(1741)刻本　十五冊

220000－0801－0000983　善/986

蘭臺妙選三卷　（明）萬民英撰　明隆慶二年
(1568)刻本　六冊

220000－0801－0000984　善/987

三命通會十二卷　（明）萬民英撰　清雍正十
三年(1735)刻本　十二冊

220000－0801－0000985　善/988

堪輿寶囊集二卷　（□）□□撰　明藍格抄本
四冊

220000－0801－0000986　善/989

新編秘傳堪輿類纂人天共寶十二卷　（明）黃
慎編纂　明崇禎六年(1633)刻本　三冊

220000－0801－0000987　善/990

新編秘傳堪輿類纂人天共寶十二卷　（明）黃
慎編纂　清乾隆二十七年(1762)刻本　十冊

220000－0801－0000988　善/991

新鐫徐氏家藏羅經頂門針二卷　（明）徐之鏌
著　明天啓三年(1623)刻本　二冊

220000－0801－0000989　善/992

羅經秘竅十卷　（明）甘霖著　明崇禎十五年
(1642)刻本　五冊

220000－0801－0000990　善/993

諸佛世尊如來菩薩尊者名稱歌曲不分卷
（□）□□撰　明永樂十八年(1420)刻本
一冊

220000－0801－0000991　善/994

法苑珠林一百二十卷目錄二卷　（唐）釋道世
撰　明萬曆十九年(1591)刻本　一百二十冊

220000－0801－0000992　善/995

宗鑑法林二十五卷　（清）集雲堂編　清抄本
十六冊

220000－0801－0000993　善/996

宗鑑法林不分卷　（明）□□撰　明刻本　十
六冊

220000－0801－0000994　善/997

神僧傳九卷　（明）成祖朱棣輯　明永樂刻本
四冊　缺一卷（六）

220000－0801－0000995　善/998

妙法蓮華經七卷　（宋）釋戒環撰　明正統六
年(1441)刻本　七冊

220000－0801－0000996　善/999

大方廣佛華嚴經疏序演義鈔八十卷　（唐）釋澄觀撰述　明天啓刻本　八冊　存八卷（一至八）

220000－0801－0000997　善/1000

大佛頂如來密因修證了義諸菩薩萬行首楞嚴經十卷　（唐）釋般刺密帝譯　明天啓元年（1621）刻朱墨套印本　十冊

220000－0801－0000998　善/1001

大佛頂如來密因修證了義諸菩薩萬行首楞嚴經十卷　（唐）釋般刺密帝譯　明天啓刻本　八冊

220000－0801－0000999　善/1002

大佛頂如來密因修證了義諸菩薩萬行首楞嚴經十卷　（唐）釋般刺密帝譯　明天啓刻本　五冊

220000－0801－0001000　善/1003

大佛頂如來密因修證了義諸菩薩萬行首楞嚴經十卷　（唐）釋般刺密帝譯　明天啓刻本　五冊

220000－0801－0001001　善/1004

人天眼目三卷　（宋）釋智昭著　明刻本　三冊

220000－0801－0001002　善/1005

金剛般若波羅密經集註一卷　（明）成祖朱棣撰　明永樂二十一年（1423）刻本　一冊

220000－0801－0001003　善/1007

金剛般若波羅蜜經一卷　（清）翁方綱正書　清嘉慶十七年（1812）寫本　一冊

220000－0801－0001004　善/1008

大佛頂心出相陀羅尼經三卷　（□）□□撰　明正統十二年（1447）刻本　一冊

220000－0801－0001005　善/1010

集道言內外六卷　（明）彭好古等撰　明萬曆二十五年（1597）吳勉學刻本　十冊

220000－0801－0001006　善/1011

上清靈寶濟度大成金書四十卷　（明）周思德

輯　明宣德刻本　八十冊

220000－0801－0001007　善/1012

文選類林十八卷　（宋）劉攽編　明萬曆四十四年（1616）刻本　五冊

220000－0801－0001008　善/1013

新鍥葛稚川外篇四卷　（晉）葛洪撰　明萬曆沈氏刻本　二冊

220000－0801－0001009　善/1014

詩詞語匯不分卷　（□）□□撰　清初抄本　八冊

220000－0801－0001010　善/1015

新增說文韻府群玉二十卷　（元）陰時夫編輯　明刻本　四十冊

220000－0801－0001011　善/1016

新增說文韻府群玉二十卷　（元）陰時夫編輯（元）陰中夫編註　清乾隆刻本　十冊

220000－0801－0001012　善/1017

唐類函二百卷　（明）俞安期匯纂　明萬曆三十一年（1603）刻本　四十二冊

220000－0801－0001013　善/1018

唐類函二百卷　（明）俞安期匯纂　明萬曆三十一年（1603）刻本　四十冊

220000－0801－0001014　善/1019

唐類函二百卷　（明）俞安期匯纂　明萬曆三十一年（1603）刻本　四十八冊

220000－0801－0001015　善/1020

詩雋類函一百五十卷　（明）俞安期纂　（明）梅鼎祚增定　明萬曆三十七年（1609）刻本　三十四冊　存一百卷（一至一百）

220000－0801－0001016　善/1021

唐宋白孔六帖一百卷目錄二卷　（唐）白居易（宋）孔傳輯　明嘉靖刻本　五十冊

220000－0801－0001017　善/1022

文選類林十八卷　（宋）劉攽編　明嘉靖三十七年（1558）刻本　八冊

220000－0801－0001018　善/1023

文選類林十八卷 （宋）劉攽編 明隆慶六年(1572)刻本 十二冊

220000－0801－0001019 善/1024

廣博物志五十卷 （明）董斯張纂 明萬曆五年(1577)高暉堂刻本 二十四冊

220000－0801－0001020 善/1025

聯新事備詩學大成三十卷 （元）林楨輯 明初內府刻本 十冊

220000－0801－0001021 善/1026

天中記六十卷 （明）陳耀文纂 明萬曆二十三年(1595)刻本 六十冊

220000－0801－0001022 善/1027

天中記六十卷 （明）陳耀文纂 明萬曆二十三年(1595)刻本 四十八冊

220000－0801－0001023 善/1028

天中記六十卷 （明）陳耀文纂 明萬曆二十三年(1595)刻本 三十二冊

220000－0801－0001024 善/1029

麗句集六卷 （明）許之吉選 明天啓五年(1625)刻本 六冊

220000－0801－0001025 善/1030

麗句集六卷 （明）許之吉選 明天啓五年(1625)刻本 二冊

220000－0801－0001026 善/1031

五車韻瑞一百六十卷 （明）凌稚隆編輯 明末刻本 十六冊

220000－0801－0001027 善/1032

群書考索前集六十六卷後集六十五卷續集五十六卷別集二十五卷 （宋）章後卿編輯 明正德十三年(1518)刻本 六十冊

220000－0801－0001028 善/1033

子史精華一百六十卷 （清）允祿等監修 清雍正五年(1727)刻本 六十四冊

220000－0801－0001029 善/1034

子史精華一百六十卷 （清）允祿等監修 清雍正五年(1727)刻本 六十四冊

220000－0801－0001030 善/1035

佩文韻府一百六卷拾遺一百六卷 （清）張玉書等輯 清康熙五十年(1711)刻本 一百二十七冊

220000－0801－0001031 善/1036

佩文韻府一百六卷拾遺一百六卷 （清）張玉書等輯 清康熙五十年(1711)刻本 一百十五冊

220000－0801－0001032 善/1037

經濟約考不分卷 （□）□□撰 清抄本 四冊

220000－0801－0001033 善/1038

修辭指南二十卷 （明）浦南金編 明嘉靖三十六年(1557)刻本 十冊

220000－0801－0001034 善/1039

修辭指南二十卷 （明）浦南金編 明嘉靖三十六年(1557)刻本 十冊

220000－0801－0001035 善/1040

修辭指南二十卷 （明）浦南金編 明嘉靖三十六年(1557)刻本 十冊

220000－0801－0001036 善/1041

經濟類編一百卷 （明）馮琦撰 明萬曆三十二年(1604)刻本 八十冊

220000－0801－0001037 善/1042

紺珠集十三卷 （宋）朱勝非撰 明天順刻本 十二冊

220000－0801－0001038 善/1043

國朝名世類苑四十六卷 （明）凌迪知輯 明萬曆三年(1575)刻本 三十冊

220000－0801－0001039 善/1044

卓氏藻林八卷 （明）卓明卿撰 明萬曆九年(1581)刻本 十六冊

220000－0801－0001040 善/1045

焦氏類林八卷 （明）焦竑輯 明萬曆十五年(1587)刻本 二冊

220000－0801－0001041 善/1046

記纂淵海一百卷 （宋）潘自牧輯 明萬曆七

年(1579)刻本　四十一冊

220000－0801－0001042　善/1047

山堂肆考二百四十卷　（明）彭大翼編著　明萬曆二十五年(1597)刻本　四十冊

220000－0801－0001043　善/1048

山堂肆考二百四十卷　（明）彭大翼編著　明萬曆二十五年(1597)刻本　八十冊

220000－0801－0001044　善/1049

山堂肆考二百四十卷　（明）彭大翼編著　明萬曆二十五年(1597)刻本　四十冊

220000－0801－0001045　善/1050

宋瑣碎錄二十卷　（宋）葉候撰　明抄本　十冊　存十卷(一至十)

220000－0801－0001046　善/1051

潛確居類書一百二十卷　（明）陳仁錫纂輯明崇禎三年(1630)刻本　六十六冊

220000－0801－0001047　善/1052

潛確居類書一百二十卷　（明）陳仁錫纂輯明崇禎三年(1630)刻本　六十六冊

220000－0801－0001048　善/1053

潛確居類書一百二十卷　（明）陳仁錫纂輯明崇禎三年(1630)刻本　四十冊

220000－0801－0001049　善/1054

潛確居類書一百二十卷　（明）陳仁錫纂輯明崇禎三年(1630)刻本　六十冊

220000－0801－0001050　善/1055

初學記三十卷　（唐）徐堅等撰　明萬曆二十六年(1598)刻本　十四冊

220000－0801－0001051　善/1056

海錄碎事二十二卷　（宋）葉廷珪撰　明萬曆二十六年(1598)刻本　二十二冊

220000－0801－0001052　善/1057

初學記三十卷　（唐）徐堅等撰　明嘉靖十年(1531)刻本　二十四冊

220000－0801－0001053　善/1058

淵鑑類函四百五十卷　（清）張英等編纂　清

康熙四十九年(1710)刻本　一百四十冊

220000－0801－0001054　善/1059

淵鑑類函四百五十卷　（清）張英　（清）徐秉義等編纂　清康熙四十九年(1710)刻本　一百四十冊

220000－0801－0001055　善/1060

藝文類聚一百卷　（唐）歐陽詢輯　明嘉靖二十八年(1549)平陽府張子松刻本　三十二冊

220000－0801－0001056　善/1061

藝文類聚一百卷　（唐）歐陽詢輯　明嘉靖二十八年(1549)刻本　二十四冊

220000－0801－0001057　善/1062

藝文類聚一百卷　（唐）歐陽詢輯　明嘉靖二十八年(1549)平陽府張子松刻本　十八冊

220000－0801－0001058　善/1063

太平廣記五百卷目錄十卷　（宋）李昉等輯明嘉靖四十五年(1566)刻本　四十八冊

220000－0801－0001059　善/1064

重訂博物典匯十六卷　（明）黃道周纂　清康熙二年(1663)刻本　八冊

220000－0801－0001060　善/1065

萬姓統譜一百四十卷氏族博考十四卷歷代帝王姓系統譜六卷　（明）凌迪知編纂　明萬曆七年(1579)刻本　二十冊

220000－0801－0001061　善/1066

萬姓統譜一百四十卷氏族博考十四卷歷代帝王姓系統譜六卷　（明）凌迪知編纂　明萬曆七年(1579)刻本　四十冊

220000－0801－0001062　善/1067

萬姓統譜一百四十卷氏族博考十四卷歷代帝王姓系統譜六卷　（明）凌迪知編纂　明萬曆七年(1579)刻本　三十二冊

220000－0801－0001063　善/1068

新選古今類史十八卷　（明）詹景鳳撰　明萬曆九年(1581)抄本　六冊

220000－0801－0001064　善/1069

新編古今事文類聚前集六十卷　（宋）祝穆編

元末刻明初印本　十二冊

220000－0801－0001065　善/1070

新編古今事文類聚二百二十一卷　（宋）祝穆
輯　明内府刻本　一百三十冊

220000－0801－0001066　善/1071

事類賦三十卷　（宋）吳淑撰註　明嘉靖十三
年(1534)刻本　十二冊

220000－0801－0001067　善/1072

事物紀原集類十卷　（宋）高承輯　明成化八
年(1472)刻本　十冊

220000－0801－0001068　善/1073

事物紀原集類十卷　（宋）高承輯　明成化八
年(1472)刻本　十冊

220000－0801－0001069　善/1074

古今合璧事類備要三百六十六卷　（宋）謝維
新　（宋）虞載輯　明嘉靖刻本　六十冊

220000－0801－0001070　善/1075

事類提要不分卷　（明）澡玄閣輯　明稿本
四冊

220000－0801－0001071　善/1076

喻林一百二十卷　（明）徐元太輯　明萬曆四
十三年(1615)刻本　二十五冊

220000－0801－0001072　善/1077

冊府元龜一千卷目錄十卷　（宋）王欽若等輯
明刻清乾隆十九年(1754)補刻本　二百四
十四冊

220000－0801－0001073　善/1078

冊府元龜一千卷目錄十卷　（宋）王欽若等輯
明崇禎十五年(1642)刻本　三百一冊

220000－0801－0001074　善/1079

增補願體廣類集四卷　（清）史典輯　清抄本
四冊

220000－0801－0001075　善/1080

劉氏鴻書一百八卷　（明）劉仲達纂輯　明萬
曆三十九年(1611)刻本　二十四冊

220000－0801－0001076　善/1081

錦繡萬花谷一百二十卷　（□）□□編　明嘉
靖十四年(1535)刻本　二十冊

220000－0801－0001077　善/1082

八編類纂二百八十五卷　（明）陳仁錫纂評
明天啓六年(1626)刻本　一百五冊

220000－0801－0001078　善/1083

全芳備祖五十八卷　（宋）陳景沂輯　清抄本
十二冊

220000－0801－0001079　善/1084

分類字錦六十四卷　（清）何焯等纂　清康熙
六十一年(1722)刻本　四十冊

220000－0801－0001080　善/1085

**西山先生真文忠公文章正宗二十四卷續文章
正宗二十卷**　（宋）真德秀編　明嘉靖刻本
二十冊

220000－0801－0001081　善/1086

集錄真西山文章正宗三十卷　（宋）真德秀輯
明刻本　二十冊

220000－0801－0001082　善/1087

**西山先生真文忠公文章正宗二十四卷目錄一
卷**　（宋）真德秀編　明嘉靖四十三年(1564)
刻本　二十六冊

220000－0801－0001083　善/1088

**西山先生真文忠公文章正宗二十四卷續集二
十卷**　（宋）真德秀編　明末刻本　三十冊

220000－0801－0001084　善/1089

文章正宗鈔四卷　（明）胡汝嘉輯　明萬曆三
年(1575)刻本　四冊

220000－0801－0001085　善/1090

**西山先生真文忠公文章正宗二十四卷續文章
正宗二十卷**　（宋）真德秀編　明嘉靖刻本
七冊　存二十卷(續文章正宗二十卷)

220000－0801－0001086　善/1091

翠娛閣評選行笈必攜十種二十一卷　（明）陸
雲龍輯　明刻本　十七冊　缺二卷(格言集
一卷、清信部一卷)

220000－0801－0001087　善/1092

賴古堂尺牘新鈔三選十五卷 （清）周亮工輯
清康熙九年(1670)刻本 五冊

220000－0801－0001088 善/1093

賴古堂尺牘新鈔二選藏弆集十六卷目錄一卷
（清）周在浚等編 清康熙六年(1667)刻本
十二冊

220000－0801－0001089 善/1094

賴古堂名賢尺牘新鈔十二卷目錄一卷 （清）
周在浚等編 清康熙元年(1662)刻本 十
二冊

220000－0801－0001090 善/1095

古今翰苑瓊琚十二卷 （明）楊慎撰 （明）孫
鑛評 明天啓元年(1621)刻本 十二冊

220000－0801－0001091 善/1096

買愁集不分卷 （清）錢尚濠輯抄 清抄本
八冊

220000－0801－0001092 善/1097

賴古堂尺牘新鈔三選結鄰集十六卷目錄一卷
（清）周在浚等編 清康熙九年(1670)賴古
堂刻本 十二冊

220000－0801－0001093 善/1098

尺牘雋言六卷 （明）陳臣忠輯 明末刻本
二冊

220000－0801－0001094 善/1099

尺牘雙魚十九卷 （明）陳繼儒評釋 明刻本
十二冊

220000－0801－0001095 善/1100

梁昭明文選十二卷 （南朝梁）蕭統輯 明萬
曆二十九年(1601)刻本 二十四冊

220000－0801－0001096 善/1101

廣文選八十二卷目錄二卷 （明）劉節撰 明
嘉靖刻本 三十二冊

220000－0801－0001097 善/1102

文章辨體五十卷外集五卷總論一卷 （明）吳
訥編 明嘉靖三十四年(1555)刻本 十二冊

220000－0801－0001098 善/1103

文章辨體五十卷外集五卷總論一卷目錄二卷

（明）吳訥編 明天順八年(1464)刻本 二
十四冊

220000－0801－0001099 善/1104

唐荊川先生文編六十四卷 （明）唐順之撰
明天啓元年(1621)刻本 二十冊

220000－0801－0001100 善/1105

御製唐宋詩醇四十七卷 （清）高宗弘曆編
清乾隆十五年(1750)刻四色套印本 二十冊

220000－0801－0001101 善/1106

御製唐宋詩醇四十七卷 （清）高宗弘曆編
清乾隆十五年(1750)刻四色套印本 二十冊

220000－0801－0001102 善/1107

文選六十卷 （南朝梁）蕭統輯 明嘉靖六年
(1527)刻本 三十六冊

220000－0801－0001103 善/1108

文選尤十四卷 （南朝梁）蕭統輯 （明）鄒思
明評 明刻三色套印本 十四冊

220000－0801－0001104 善/1109

文選六十卷 （南朝梁）蕭統輯 明成化二十
三年(1487)刻本 三十冊

220000－0801－0001105 善/1110

文府滑稽十二卷 （明）鄒迪光輯 明萬曆三
十七年(1609)刻本 六冊

220000－0801－0001106 善/1111

文選十四卷 （南朝梁）蕭統輯 明刻本 十
二冊

220000－0801－0001107 善/1112

六臣註文選六十卷 （南朝梁）蕭統輯 明嘉
靖刻本 三十冊

220000－0801－0001108 善/1113

六臣註文選六十卷 （南朝梁）蕭統輯 明嘉
靖刻本 六十冊

220000－0801－0001109 善/1114

文選六十卷 （南朝梁）蕭統輯 （唐）李善註
清乾隆三十七年(1772)刻本 二十四冊

220000－0801－0001110 善/1115

六臣註文選六十卷 （南朝梁）蕭統輯 明刻本 六十冊

220000－0801－0001111 善/1116

奇賞齋廣文苑英華二十六卷 （宋）李昉輯 明天啓四年（1624）刻本 十四冊

220000－0801－0001112 善/1117

歸震川文章指南五卷 （明）歸有光編 清初抄本 五冊

220000－0801－0001113 善/1118

文選章句二十八卷 （南朝梁）蕭統撰 （唐）李善註 清康熙刻本 二十冊

220000－0801－0001114 善/1119

唐宋十大家全集錄五十二卷前一卷 （清）儲欣輯 清康熙四十四年（1705）松鱗堂刻本 四十冊

220000－0801－0001115 善/1120

文選纂註評林十二卷 （南朝梁）蕭統輯 明萬曆刻本 十二冊

220000－0801－0001116 善/1121

唐宋八家文讀本三十卷 （清）沈德潛編 清乾隆十五年（1750）刻本 十冊

220000－0801－0001117 善/1122

唐宋八家文讀本三十卷 （清）沈德潛編 清乾隆十五年（1750）刻本 十冊

220000－0801－0001118 善/1123

唐宋八家文讀本三十卷 （清）沈德潛編 清乾隆十五年（1750）刻本 十冊

220000－0801－0001119 善/1124

詩紀一百三十卷 （明）馮惟訥編 明萬曆海寧吳琯刻本 三十六冊

220000－0801－0001120 善/1125

六朝文絜四卷 （清）許槤評選 清道光五年（1825）刻本 二冊

220000－0801－0001121 善/1126

會通館印正文苑英華纂要八十四卷 （宋）高似孫輯 會通館印正文苑英華辨證十卷 （宋）彭叔夏撰 明刻本 十二冊 存八十三卷(一至七十、七十二至八十四)

220000－0801－0001122 善/1127

文苑英華鈔十卷 （明）周詩雅輯 清順治十六年（1659）刻本 十冊

220000－0801－0001123 善/1128

文苑英華一千卷目錄一卷 （宋）李昉等輯 明隆慶元年（1567）刻本 一百一冊

220000－0801－0001124 善/1129

詩所五十五卷 （明）臧懋循輯 明萬曆三十一年（1603）金陵徐智刻本 二十四冊

220000－0801－0001125 善/1130

詩所五十五卷補遺一卷名氏爵里一卷目錄一卷 （明）臧懋循輯 明萬曆三十一年（1603）金陵徐智刻本 二十四冊

220000－0801－0001126 善/1131

批點分格類意句解論學繩尺十卷諸先輩論行文法一卷 （宋）魏天應選編 明成化五年（1469）刻本 十冊

220000－0801－0001127 善/1132

玉臺新詠十卷 （南朝陳）徐陵輯 清康熙五十三年（1714）刻本 二冊

220000－0801－0001128 善/1133

孫月峯先生評文選三十卷 （南朝梁）蕭統輯 （明）閔齊華註 （明）孫鑛評 明刻本 十二冊

220000－0801－0001129 善/1134

玉臺新詠十卷 （南朝陳）徐陵輯 清刻本 二冊

220000－0801－0001130 善/1135

玉臺新詠十卷 （五代）朱存孝輯錄 清康熙三十六年（1697）刻本 四冊

220000－0801－0001131 善/1136

玉臺新詠十卷 （南朝陳）徐陵輯 明刻本 四冊

220000－0801－0001132 善/1137

御製佩文齋詠物詩選四百八十六卷 （清）聖祖玄燁編 清康熙四十六年（1707）刻本 六

220000－0801－0001133　善/1138

御製佩文齋詠物詩選四百八十六卷　（清）聖
祖玄燁編　清康熙四十六年(1707)刻本　六
十四冊

220000－0801－0001134　善/1139

御製佩文齋詠物詩選四百八十六卷　（清）聖
祖玄燁編　清康熙四十六年(1707)刻本　六
十四冊

220000－0801－0001135　善/1140

新刊迂齋先生標註崇古文訣三十五卷　（宋）
樓昉輯　明嘉靖十二年(1533)刻本　六冊

220000－0801－0001136　善/1141

新刊迂齋先生標註崇古文訣三十五卷　（宋）
樓昉輯　明刻本　十冊

220000－0801－0001137　善/1142

樂府詩集一百卷目錄二卷　（宋）郭茂倩輯
明東吳毛晉汲古閣刻本　三十二冊

220000－0801－0001138　善/1143

樂府詩集一百卷目錄二卷　（宋）郭茂倩輯
明東吳毛晉汲古閣刻本　二十四冊

220000－0801－0001139　善/1144

御定歷代題畫詩類一百二十卷　（清）陳邦彥
編　清康熙四十六年(1707)刻本　二十四冊

220000－0801－0001140　善/1145

新刊名世文宗三十卷　（明）胡時化選輯　明
萬曆四年(1576)刻本　十二冊

220000－0801－0001141　善/1146

正續名世文宗三十卷　（明）王世貞編　明萬
曆四十五年(1617)刻本　八冊

220000－0801－0001142　善/1147

新刊名世文宗三十卷　（明）胡時化選輯　明
萬曆四年(1576)刻本　十六冊

220000－0801－0001143　善/1148

先秦兩漢文膽　（明）陳繼儒選　明萬曆刻本
五冊

220000－0801－0001144　善/1149

眾妙集一卷　（宋）趙師秀輯　明末汲古閣刻
本　一冊

220000－0801－0001145　善/1150

釋文紀四十五卷　（明）梅鼎祚輯　清乾隆抄
本　二冊

220000－0801－0001146　善/1151

侯鯖集十卷　（清）李友棠撰　清乾隆刻本
六冊

220000－0801－0001147　善/1152

漢魏六朝名家集　（明）張溥輯　明婁東張氏
刻本　四冊

220000－0801－0001148　善/1153

漢魏六朝百三家集　（明）張溥編　明末刻本
六十冊

220000－0801－0001149　善/1154

漢魏六朝百三家集　（明）張溥編　明末刻本
六十四冊

220000－0801－0001150　善/1155

漢魏六朝諸家文集二十二種一百二十九卷
（明）汪士賢輯　明萬曆、天啓刻本　四十冊

220000－0801－0001151　善/1156

漢魏別解十六卷　（明）黃澍　（明）葉紹泰選
明崇禎十一年(1638)香谷山房刻本　十
六冊

220000－0801－0001152　善/1157

漢魏別解十六卷　（明）黃澍　（明）葉紹泰選
明崇禎十一年(1638)香谷山房刻本　二十
四冊

220000－0801－0001153　善/1158

瀛奎律髓四十九卷　（元）方回輯　重刻紀言
一卷　（清）吳寶芝撰　清康熙五十二年
(1713)吳寶芝黃葉邨莊刻本　二十冊

220000－0801－0001154　善/1159

瀛奎律髓四十九卷　（元）方回輯　重刻紀言
一卷　（清）吳寶芝撰　清康熙五十二年
(1713)吳寶芝黃葉邨莊刻本　二十冊

220000 – 0801 – 0001155　善/1160

近光集二十八卷　（清）汪士鋐編纂　清康熙
五十八年(1719)刻本　八冊

220000 – 0801 – 0001156　善/1161

瀛奎律髓四十九卷　（元）方回輯　明成化三
年(1467)刻本　十二冊

220000 – 0801 – 0001157　善/1162

匯古菁華二十四卷　（明）張國璽　（明）劉一
相彙選　明萬曆二十四年(1596)刻本　三十
六冊

220000 – 0801 – 0001158　善/1163

御選宋金元明四朝詩三百二卷　（清）張豫章
等編　清康熙四十八年(1709)刻本　六十冊

220000 – 0801 – 0001159　善/1164

古詩源十四卷　（清）沈德潛選　清康熙五十
八年(1719)刻本　二冊

220000 – 0801 – 0001160　善/1165

古詩源十四卷　（清）沈德潛選　清康熙五十
八年(1719)刻本　二冊

220000 – 0801 – 0001161　善/1166

古詩源十四卷　（清）沈德潛選　清康熙五十
八年(1719)刻本　二冊

220000 – 0801 – 0001162　善/1167

古文苑二十一卷　（宋）章樵註　明刻本
四冊

220000 – 0801 – 0001163　善/1168

古文苑二十一卷　（宋）章樵註　明刻本
四冊

220000 – 0801 – 0001164　善/1169

古詩選三十二卷　（清）王士禛選　清乾隆元
年(1736)天藜閣刻本　十六冊

220000 – 0801 – 0001165　善/1170

古詩箋五言詩十七卷七言詩十五卷　（清）王
士禛選　清乾隆三十一年(1766)刻本　十
六冊

220000 – 0801 – 0001166　善/1171

古文約選不分卷　（清）允禮輯　清雍正十一

年(1733)刻本　十冊

220000 – 0801 – 0001167　善/1172

古文約選不分卷　（清）允禮輯　清雍正十一
年(1733)刻本　八冊

220000 – 0801 – 0001168　善/1173

古文約選不分卷　（清）允禮輯　清雍正十一
年(1733)刻本　十冊

220000 – 0801 – 0001169　善/1174

古唐選屑二十卷　（明）李本緯纂輯　明萬曆
四十一年(1613)刻本　四冊

220000 – 0801 – 0001170　善/1175

古文淵鑒六十四卷　（清）徐乾學等編註　清
康熙二十四年(1685)木活字印本　二十四冊

220000 – 0801 – 0001171　善/1176

古文淵鑒六十四卷　（清）徐乾學等編註　清
康熙二十四年(1685)活字印本　二十三冊

220000 – 0801 – 0001172　善/1177

古文淵鑒六十四卷　（清）徐乾學等編註　清
康熙二十四年(1685)活字印本　二十四冊

220000 – 0801 – 0001173　善/1178

古文淵鑒六十四卷　（清）徐乾學等編註　清
康熙二十四年(1685)活字印本　二十四冊

220000 – 0801 – 0001174　善/1179

古文淵鑒六十四卷　（清）徐乾學等編註　清
康熙二十四年(1685)刻本　二十四冊

220000 – 0801 – 0001175　善/1180

古文淵鑒六十四卷　（清）徐乾學等編註　清
康熙二十四年(1685)刻本　二十四冊

220000 – 0801 – 0001176　善/1181

古文淵鑒六十四卷　（清）徐乾學等編註　清
康熙二十四年(1685)刻本　二十四冊

220000 – 0801 – 0001177　善/1182

斯文精萃不分卷　（清）尹繼善選編　清乾隆
二十九年(1764)刻本　十二冊

220000 – 0801 – 0001178　善/1183

斯文精萃不分卷　（清）尹繼善選編　清乾隆

二十九年（1764）刻本　十二冊

220000－0801－0001179　善/1184

東萊先生古文關鍵　（宋）呂祖謙評註　清乾
隆刻本　四冊

220000－0801－0001180　善/1185

古文品外錄二十四卷　（明）陳繼儒評　明末
刻本　六冊

220000－0801－0001181　善/1186

古文雅正十四卷　（清）蔡世遠選評　清雍正
三年（1725）念修堂刻本　六冊

220000－0801－0001182　善/1187

古文眉詮七十九卷　（清）浦起龍輯　清乾隆
九年（1744）靜寄東軒刻本　十六冊

220000－0801－0001183　善/1188

古文眉詮七十九卷　（清）浦起龍輯　清乾隆
九年（1744）靜寄東軒刻本　十四冊

220000－0801－0001184　善/1189

榕村詩選九卷　（清）李光地編　清雍正八年
（1730）刻本　四冊

220000－0801－0001185　善/1190

妙絕古今不分卷　（宋）湯漢輯　明嘉靖刻本
四冊

220000－0801－0001186　善/1191

如面談十六卷　（明）鍾惺纂輯　明吳郡寶翰
樓刻本　六冊

220000－0801－0001187　善/1192

苑詩類選三十卷　（明）包節輯　明嘉靖二十
五年（1546）刻本　十六冊

220000－0801－0001188　善/1193

古學備體二十一卷後集十四卷外集五卷
（明）祝文彥訂　清康熙二十四年（1685）刻本
四冊

220000－0801－0001189　善/1194

精選古今詩餘醉十五卷　（明）潘游龍選　明
崇禎九年（1636）十竹齋刻本　八冊　存七卷
（一至七）

220000－0801－0001190　善/1195

刪補古今文致十卷　（明）劉士鏻選　（明）王
宇增刪　明天啓三年（1623）刻本　十冊

220000－0801－0001191　善/1196

古今麗賦十卷附音註難字十卷　（明）袁宏道
撰　明崇禎四年（1631）刻本　四冊

220000－0801－0001192　善/1197

奇賞齋古文彙編三百三十六卷　（明）陳仁錫
評選　明崇禎七年（1634）刻本　一百冊

220000－0801－0001193　善/1198

書記洞詮一百二十卷目錄十卷　（明）梅鼎祚
輯　明萬曆二十七年（1599）刻本　三十二冊

220000－0801－0001194　善/1199

晚邨先生八家古文精選八卷　（清）呂留良輯
清康熙四十三年（1704）刻本　四冊

220000－0801－0001195　善/1200

國老談苑二卷　（宋）王君玉編　文正王公遺
事一卷　（宋）王素撰　宋景文公筆記三卷
（宋）宋祁撰　明初刻本　四冊

220000－0801－0001196　善/1201

四家宮詞二卷　（明）楊慎批評　明刻本
一冊

220000－0801－0001197　善/1202

四六採腴二十卷　（明）陳鍾盛撰　明崇禎三
年（1630）刻本　十冊

220000－0801－0001198　善/1203

四大家文選二十二卷　（清）陳維崧選　清康
熙六年（1667）刻本　六冊

220000－0801－0001199　善/1204

御定歷代賦彙一百四十卷外集二十卷逸句二
卷補遺二十二卷目錄二卷　（清）陳元龍等編
清康熙四十五年（1706）活字印本　六十
六冊

220000－0801－0001200　善/1205

秦漢文鈔六卷　（明）閔日斯等裁定　明萬曆
四十八年（1620）刻本　六冊

220000－0801－0001201　善/1206

春秋戰國文選十三卷 （明）李國祥撰 明萬曆四十年(1612)刻本 十三冊

220000－0801－0001202 善/1207

歷代閨秀詩選十二卷 （清）汪淑坤輯 清同治抄本 四冊

220000－0801－0001203 善/1208

本事詩十二卷 （清）徐釚輯 清乾隆二十二年(1757)刻本 四冊

220000－0801－0001204 善/1209

圍爐詩話六卷 （清）吳喬撰 清抄本 二冊

220000－0801－0001205 善/1210

歷朝名媛詩詞十二卷 （清）陸昶評選 清乾隆三十八年(1773)刻本 四冊

220000－0801－0001206 善/1211

念心詩錄六十卷 （清）顏時普輯 清道光五年(1825)抄本 二十冊

220000－0801－0001207 善/1212

欽定四書文四十一卷 （清）方苞輯 清乾隆五年(1740)刻本 十八冊

220000－0801－0001208 善/1213

欽定四書文四十一卷 （清）方苞輯 清乾隆五年(1740)刻本 十六冊

220000－0801－0001209 善/1214

唐音十四卷 （元）楊士弘編 明建安葉氏廣勤堂刻本 八冊

220000－0801－0001210 善/1215

唐詩歸三十六卷目錄一卷 （明）鍾惺 （明）譚元春選定 清初刻本 十三冊

220000－0801－0001211 善/1216

唐詩歸三十六卷 （明）鍾惺 （明）譚元春選定 清初刻本 八冊

220000－0801－0001212 善/1217

唐詩歸三十六卷 （明）鍾惺 （明）譚元春選定 清初刻本 八冊

220000－0801－0001213 善/1218

唐詩紀一百七十卷目錄三十四卷 （明）吳琯

撰 明萬曆十三年(1585)吳氏刻本 三十六冊

220000－0801－0001214 善/1219

唐文粹一百卷 （宋）姚鉉纂 明嘉靖八年(1529)晉藩養德堂院刻本 二十冊

220000－0801－0001215 善/1220

唐文粹一百卷 （宋）姚鉉纂 明嘉靖八年(1529)刻本 二十冊

220000－0801－0001216 善/1221

唐詩解五十卷 （清）唐汝詢選釋 清順治十六年(1659)萬笈堂刻本 十冊

220000－0801－0001217 善/1222

唐文粹一百卷 （宋）姚鉉編 明末刻本 二十四冊

220000－0801－0001218 善/1223

讀詩紀錄二卷 （清）胡紹鼎輯 清抄本 二冊

220000－0801－0001219 善/1224

東嵒草堂評訂唐詩鼓吹十卷 （元）元好問編 清初抄本 四冊

220000－0801－0001220 善/1225

唐詩拾遺十卷 （明）高棅編輯 明刻本 三冊

220000－0801－0001221 善/1226

唐詩品彙九十卷 （明）高棅編 明刻本 二十四冊

220000－0801－0001222 善/1227

唐詩品彙九十卷拾遺十卷 （明）高棅編 明刻本 十四冊

220000－0801－0001223 善/1228

王荊公唐百家詩選二十卷 （宋）王安石輯 清康熙四十二年(1703)宋犖刻本 十二冊

220000－0801－0001224 善/1229

王荊公唐百家詩選二十卷 （宋）王安石輯 清康熙四十二年(1703)宋犖刻本 八冊

220000－0801－0001225 善/1230

唐詩逍遙唫三種二十一卷 （明）吳用先選
明萬曆二十五年(1597)刻本 四冊

220000－0801－0001226 善/1231
六朝詩集二十四種五十五卷 （明）薛應旂輯
明嘉靖刻本 六冊

220000－0801－0001227 善/1232
萬首唐人絕句一百一卷 （宋）洪邁輯 明嘉
靖刻本 三十四冊

220000－0801－0001228 善/1233
萬首唐人絕句一百一卷 （宋）洪邁輯 明嘉
靖刻本 六冊 存四十三卷(七言絕句一至
六、三十九至四十七、六十八至七十五,五言
絕句一至二十)

220000－0801－0001229 善/1234
唐十二家詩二十四卷 （明）張遜業編 明嘉
靖三十一年(1552)刻本 四冊

220000－0801－0001230 善/1235
唐十二家詩四十九卷 （明）張遜業編 明嘉
靖刻本 十六冊

220000－0801－0001231 善/1236
御選唐宋文醇五十八卷 （清）高宗弘曆選
清乾隆三年(1738)刻四色套印本 二十冊

220000－0801－0001232 善/1237
御選唐宋文醇五十八卷 （清）高宗弘曆選
清乾隆三年(1738)刻四色套印本 二十冊

220000－0801－0001233 善/1238
御選唐宋文醇五十八卷 （清）高宗弘曆選
清乾隆三年(1738)刻四色套印本 二十冊

220000－0801－0001234 善/1239
御選唐宋文醇五十八卷 （清）高宗弘曆選
清乾隆三年(1738)刻四色套印本 二十冊

220000－0801－0001235 善/1240
御選唐宋文醇五十八卷 （清）高宗弘曆撰
清乾隆三年(1738)刻四色套印本 二十冊

220000－0801－0001236 善/1241
唐人三家集三種二十八卷 （唐）駱賓王等撰
清道光十年(1830)刻本 八冊

220000－0801－0001237 善/1242
萬首唐人絕句一百一卷 （宋）洪邁編 明嘉
靖刻本 二十四冊 存七十五卷(七言絕句
七十五卷)

220000－0801－0001238 善/1243
萬首唐人絕句四十卷目錄四卷 （宋）洪邁輯
明萬曆三十五年(1607)刻本 二十四冊

220000－0801－0001239 善/1244
元文類七十卷 （元）蘇天爵輯 明嘉靖十六
年(1537)晉府刻本 四十八冊

220000－0801－0001240 善/1245
元詩選不分卷 （清）□□撰 清抄本 六冊

220000－0801－0001241 善/1246
元詩選十卷首一卷二集八卷三集八卷 （清）
顧嗣立編 清康熙三十三年(1694)刻本 五
十冊

220000－0801－0001242 善/1247
元詩選十卷首一卷二集八卷三集八卷 （清）
顧嗣立編 清康熙三十三年(1694)刻本 十
四冊

220000－0801－0001243 善/1248
元詩選十卷首一卷二集八卷三集八卷 （清）
顧嗣立編 清康熙三十三年(1694)刻本 二
十冊

220000－0801－0001244 善/1249
元詩選十卷首一卷二集八卷三集八卷 （清）
顧嗣立編 清康熙三十三年(1694)刻本 三
十六冊

220000－0801－0001245 善/1250
三唐人文集 （明）毛晉輯 明汲古閣刻本
八冊

220000－0801－0001246 善/1251
元白長慶集一百四十一卷 （唐）元稹 （唐）
白居易撰 明萬曆三十二年(1604)寶儉堂刻
本 十四冊

220000－0801－0001247 善/1252
元白長慶集一百四十一卷 （唐）元稹 （唐）

白居易撰　明萬曆三十二年(1604)寶儉堂刻本　十六冊

220000－0801－0001248　善/1253
元白長慶集一百四十一卷　(唐)元稹　(唐)白居易撰　明萬曆三十二年(1604)寶儉堂刻本　十六冊

220000－0801－0001249　善/1254
聖宋文選全集三十二卷　(宋)□□撰　明仿宋刻本　八冊

220000－0801－0001250　善/1255
兩漢文選四十卷　(明)張采輯　明崇禎六年(1633)刻本　十八冊

220000－0801－0001251　善/1256
兩漢文選四十卷　(明)張采輯　明崇禎六年(1633)刻本　十八冊

220000－0801－0001252　善/1257
唐文粹一百卷　(宋)姚鉉纂　明嘉靖六年(1527)刻本　二十冊

220000－0801－0001253　善/1258
二家詩抄二十卷　(清)邵長蘅輯　清康熙三十四年(1695)刻本　十冊

220000－0801－0001254　善/1259
西漢文粹八卷　(明)吳尚儉選輯　明末刻本　四冊

220000－0801－0001255　善/1260
兩漢鴻文二十卷　(明)顧瑞屏評選　明末刻本　八冊

220000－0801－0001256　善/1261
兩漢鴻文二十卷　(明)顧瑞屏評選　明崇禎六年(1633)刻本　十冊

220000－0801－0001257　善/1262
新刻批選三蘇文要三卷　(宋)蘇洵　(宋)蘇軾　(宋)蘇轍撰　明萬曆六年(1578)刻本　六冊

220000－0801－0001258　善/1263
列朝詩集八十一卷　(清)錢謙益輯　清順治絳雲樓刻本　四十冊

220000－0801－0001259　善/1264
三蘇文範十八卷　(明)楊慎輯　明末刻本　六冊

220000－0801－0001260　善/1265
三蘇文範十八卷　(明)楊慎輯　明末刻本　十冊

220000－0801－0001261　善/1266
西塘唱酬集不分卷　(清)王岡齡撰輯　清乾隆十八年(1753)刻本　二冊

220000－0801－0001262　善/1267
翠娛閣評選諸名家小品十卷　(明)陸雲龍等選評　明崇禎五年(1632)刻本　五冊

220000－0801－0001263　善/1268
王荊公唐百家詩選二十卷　(宋)王安石編　清康熙四十七年(1708)緯蕭草堂刻本　十冊

220000－0801－0001264　善/1269
王荊公唐百家詩選二十卷　(宋)王安石編　清康熙四十七年(1708)緯蕭草堂刻本　四冊

220000－0801－0001265　善/1270
王荊公唐百家詩選二十卷　(宋)王安石編　清康熙四十七年(1708)緯蕭草堂刻本　四冊

220000－0801－0001266　善/1271
王荊公唐百家詩選二十卷　(宋)王安石編　清康熙四十七年(1708)緯蕭草堂刻本　四冊

220000－0801－0001267　善/1272
御訂全金詩增補中州集七十四卷　(元)元好問輯　清康熙五十年(1711)刻乾隆三十年(1765)補刻本　十二冊

220000－0801－0001268　善/1273
元四大家詩集二十七卷　(明)毛晉編　明崇禎汲古閣刻本　十二冊

220000－0801－0001269　善/1274
元人集十種詩六十二卷　(明)毛晉訂　明崇禎十一年(1638)汲古閣刻本　十四冊

220000－0801－0001270　善/1275
御選唐詩三十二卷目錄三卷　(清)聖祖玄燁撰　清康熙五十二年(1713)武英殿刻本　十

五冊

220000－0801－0001271　善/1276
御選唐詩三十二卷目錄三卷　（清）聖祖玄燁撰　清康熙五十二年(1713)武英殿刻本　十五冊

220000－0801－0001272　善/1277
御選唐詩三十二卷目錄三卷　（清）聖祖玄燁撰　清康熙五十二年(1713)武英殿刻本　十五冊

220000－0801－0001273　善/1278
御選唐詩三十二卷目錄三卷　（清）聖祖玄燁撰　清康熙五十二年(1713)武英殿刻本　二十冊

220000－0801－0001274　善/1279
御選唐詩三十二卷目錄三卷　（清）聖祖玄燁撰　清康熙五十二年(1713)武英殿刻本　二十四冊

220000－0801－0001275　善/1280
御選唐詩三十二卷目錄三卷　（清）聖祖玄燁撰　清康熙五十二年(1713)武英殿刻本　十五冊

220000－0801－0001276　善/1281
御選唐詩三十二卷目錄三卷　（清）聖祖玄燁撰　清康熙五十二年(1713)武英殿刻本　十冊

220000－0801－0001277　善/1282
御選唐詩三十二卷目錄三卷　（清）聖祖玄燁撰　清康熙五十二年(1713)武英殿刻本　十五冊

220000－0801－0001278　善/1283
御選唐詩三十二卷目錄三卷　（清）聖祖玄燁撰　清康熙五十二年(1713)武英殿刻本　十五冊

220000－0801－0001279　善/1284
御選唐詩三十二卷目錄三卷　（清）聖祖玄燁撰　清康熙五十二年(1713)武英殿刻本　十五冊

220000－0801－0001280　善/1285
皇明文徵七十四卷目錄一卷　（明）何喬遠輯　明崇禎四年(1631)刻本　二十冊

220000－0801－0001281　善/1286
皇明論程文選四卷　（明）陳仁錫編　明崇禎六年(1633)刻本　八冊

220000－0801－0001282　善/1287
皇明四大家文選四卷　（明）孫慎行選　明萬曆刻本　六冊

220000－0801－0001283　善/1288
新鐫十翰林評選註釋名家程墨策纂　（明）焦竑等評選　明萬曆刻本　四冊

220000－0801－0001284　善/1289
千叟宴詩三十四卷首三卷　（清）允祁等述　清乾隆五十年(1785)內府刻本　三十六冊

220000－0801－0001285　善/1290
千叟宴詩三十四卷首三卷　（清）允祁等述　清乾隆五十年(1785)內府刻本　十二冊

220000－0801－0001286　善/1291
千叟宴詩三十四卷首二卷　（清）永恩等述　清嘉慶刻本　三十六冊

220000－0801－0001287　善/1292
新雕宋朝文鑑一百五十卷目錄三卷　（宋）呂祖謙輯　明刻本　四十冊

220000－0801－0001288　善/1293
宋十五家詩選　（清）陳訏輯　清康熙刻本　十六冊

220000－0801－0001289　善/1294
宋十五家詩選　（清）陳訏輯　清康熙刻本　二十冊

220000－0801－0001290　善/1295
初唐詩選抄不分卷　（□）□□撰　清初抄本　四冊

220000－0801－0001291　善/1296
古詩歸十五卷　（明）鍾惺　（明）譚元春選　清初刻本　二冊

220000－0801－0001292　善/1297

校註橘山四六二十卷　（宋）李廷忠撰　明萬曆三十五年(1607)刻本　六冊

220000－0801－0001293　善/1298

李杜詩集不分卷　（唐）李白　（唐）杜甫撰　清抄本　六冊

220000－0801－0001294　善/1299

蘇門六君子文粹七十卷　（宋）陳亮輯　明崇禎六年(1633)新安胡仲修刻本　二十四冊

220000－0801－0001295　善/1300

越臺輿頌一卷　（清）梁廷枏輯　清刻本　一冊

220000－0801－0001296　善/1301

蘇米志林　（明）毛晉輯　明萬曆刻本　二冊

220000－0801－0001297　善/1302

松陵集十卷目錄一卷　（唐）皮日休　（唐）陸龜蒙撰　明末汲古閣刻本　六冊

220000－0801－0001298　善/1303

張太史評選秦漢文範十三卷　（明）張溥評選　明末刻本　六冊

220000－0801－0001299　善/1304

秦漢文鈔不分卷　（明）馮有翼輯　明萬曆十一年(1583)清音館刻本　五冊

220000－0801－0001300　善/1305

感舊集十六卷　（清）王士禎撰　清乾隆十七年(1752)刻本　八冊

220000－0801－0001301　善/1306

感舊集十六卷　（清）王士禎撰　清乾隆十七年(1752)刻本　十六冊

220000－0801－0001302　善/1307

本朝應制和聲集賦六卷首二卷　（清）沈德潛　（清）王居正評定　清乾隆九年(1744)洪遠堂刻本　八冊

220000－0801－0001303　善/1308

本朝舘閣詩二十卷附錄一卷　（清）阮學浩　（清）阮學濬編次　清乾隆二十三年(1758)刻本　十二冊

220000－0801－0001304　善/1309

本朝舘閣詩二十卷附錄一卷　（清）阮學浩　（清）阮學濬編次　清乾隆二十三年(1758)刻本　十三冊

220000－0801－0001305　善/1310

中晚唐詩叩彈集十二卷叩彈續集三卷　（清）杜詔　（清）杜庭珠輯　清康熙四十三年(1704)刻本　四冊

220000－0801－0001306　善/1311

中興閒氣集二卷　（唐）高仲武輯　明崇禎元年(1628)毛晉汲古閣刻唐人選唐詩本　二冊

220000－0801－0001307　善/1312

明詩別裁集十二卷　（清）沈德潛　（清）周準輯　清乾隆四年(1739)刻本　四冊

220000－0801－0001308　善/1313

明詩別裁集十二卷　（清）沈德潛　（清）周準輯　清乾隆四年(1739)刻本　四冊

220000－0801－0001309　善/1314

明詩別裁集十二卷　（清）沈德潛　（清）周準輯　清乾隆四年(1739)刻本　四冊

220000－0801－0001310　善/1315

蜀遊詩鈔六卷　（清）陸炳輯　清乾隆三十九年(1774)且樸堂刻本　二冊

220000－0801－0001311　善/1316

杜韓詩句集韻三卷　（清）汪文柏輯　清康熙四十六年(1707)刻本　四冊

220000－0801－0001312　善/1317

岳石帆先生鑒定四六宙函三十卷目錄二卷　（明）李自榮輯　明天啓六年(1626)刻本　十六冊　存二十九卷(一至二十八、目錄一)

220000－0801－0001313　善/1318

國朝詩偶錄二卷　（清）胡大璋輯　清乾隆抄本　一冊

220000－0801－0001314　善/1319

國朝六家詩鈔八卷　（清）劉執玉選　清乾隆三十二年(1767)刻本　四冊

220000－0801－0001315　善/1320

國朝閨秀詩選八卷姓氏小傳一卷 （清）汪淑坤輯 清同治八年(1869)汪氏抄本 八冊

220000－0801－0001316 善/1321

國朝文類七十卷目錄三卷 （元）蘇天爵輯 元刻本 十四冊 存四十八卷(一至十、十四至三十、三十七至四十、四十五至四十八、五十二至六十四)

220000－0801－0001317 善/1322

國朝詩別裁集三十六卷 （清）沈德潛纂評 清乾隆二十四年(1759)刻本 十二冊

220000－0801－0001318 善/1323

國朝三家文鈔 （清）宋犖輯 清康熙三十三年(1694)宋氏刻本 三十二冊

220000－0801－0001319 善/1324

國朝三家文鈔 （清）宋犖輯 清康熙三十三年(1694)宋氏刻本 八冊

220000－0801－0001320 善/1325

國朝三家文鈔 （清）宋犖輯 清康熙三十三年(1694)宋氏刻本 五冊

220000－0801－0001321 善/1326

明詩綜一百卷 （清）朱彝尊輯 清康熙白蓮涇刻本 二十四冊

220000－0801－0001322 善/1327

明詩綜一百卷 （清）朱彝尊編 清乾隆刻本 二十四冊

220000－0801－0001323 善/1328

明詩綜一百卷 （清）朱彝尊編 清乾隆刻本 二十冊

220000－0801－0001324 善/1329

明詩綜一百卷 （清）朱彝尊編 清乾隆刻本 三十二冊

220000－0801－0001325 善/1330

欽定全唐文一千卷目錄三卷 （清）董誥等輯 清嘉慶十九年(1814)武英殿刻本 五百四冊

220000－0801－0001326 善/1331

明人詩鈔正集十四卷續集十四卷 （清）朱琰編 清乾隆二十五年(1760)刻本 八冊

220000－0801－0001327 善/1332

明詩綜一百卷 （清）朱彝尊編 清康熙四十四年(1705)刻本 三十六冊

220000－0801－0001328 善/1333

御定全唐詩錄一百卷 （清）徐倬 （清）徐元正校刊 清康熙四十五年(1706)刻本 二十四冊

220000－0801－0001329 善/1334

御定全唐詩錄一百卷 （清）徐倬 （清）徐元正校刊 清康熙四十五年(1706)刻本 二十四冊

220000－0801－0001330 善/1335

御定全唐詩九百卷目錄十二卷 （清）曹寅 （清）彭定求等輯 清康熙四十六年(1707)揚州詩局刻本 一百二十冊

220000－0801－0001331 善/1336

御定全唐詩九百卷目錄十二卷 （清）曹寅 （清）彭定求等輯 清康熙四十六年(1707)揚州詩局刻本 一百二十冊

220000－0801－0001332 善/1337

全唐詩選不分卷 （清）沈映鈐抄錄 清讀書堂抄本 七冊

220000－0801－0001333 善/1338

御選金詩二十四卷首一卷 （清）聖祖玄燁撰 清康熙刻本 四冊

220000－0801－0001334 善/1339

全唐詩鈔八十卷補遺十六卷 （清）吳成儀選 清乾隆二十四年(1759)刻本 三十二冊

220000－0801－0001335 善/1340

八大家文鈔一百四十四卷 （明）茅坤輯 明萬曆七年(1579)刻本 三十二冊

220000－0801－0001336 善/1341

篋衍集十二卷 （清）陳維崧輯 清乾隆二十六年(1761)保元堂刻本 六冊

220000－0801－0001337 善/1342

篋衍集十二卷 （清）陳維崧輯 清乾隆二十

六年(1761)保元堂刻本　六冊

220000－0801－0001338　善/1343

篋衍集十二卷　(清)陳維崧輯　清康熙三十一年(1692)刻本　四冊　存六卷(一至六)

220000－0801－0001339　善/1344

海虞詩苑十八卷　(清)王應奎輯　清乾隆二十四年(1759)刻本　六冊

220000－0801－0001340　善/1345

海虞詩苑十八卷　(清)王應奎輯　清乾隆二十四年(1759)刻本　六冊

220000－0801－0001341　善/1346

容城三賢集　(清)張斐然　(清)楊範輯　清康熙十八年(1679)刻本　十六冊

220000－0801－0001342　善/1347

河汾諸老詩集八卷　(元)房祺編　清乾隆四十三年(1778)敬翼堂刻本　二冊

220000－0801－0001343　善/1348

河汾諸老詩集八卷　(元)房祺編　明毛氏汲古閣刻本　二冊

220000－0801－0001344　善/1349

淮南王氏三賢全書心齋全集六卷奏疏類編二卷一庵先生遺集二卷東崖先生遺集二卷　(明)王元鼎等輯　明末刻本　十二冊

220000－0801－0001345　善/1350

江左十五子詩選十五卷　(清)宋犖選　清康熙四十二年(1703)刻本　四冊

220000－0801－0001346　善/1351

江左十五子詩選十五卷　(清)宋犖選　清康熙四十二年(1703)刻本　四冊

220000－0801－0001347　善/1352

江左十五子詩選十五卷　(清)宋犖選　清康熙四十二年(1703)刻本　四冊

220000－0801－0001348　善/1353

七子詩選十四卷　(清)沈德潛輯　清乾隆十八年(1753)刻本　四冊

220000－0801－0001349　善/1354

越風初編十五卷　(清)商盤評選　清乾隆三十七年(1772)王氏刻本　十五冊

220000－0801－0001350　善/1355

沈南疑先生檇李詩繫四十二卷　(清)沈季友編　清康熙四十九年(1710)刻本　十六冊

220000－0801－0001351　善/1356

國朝松陵詩徵二十卷　(清)袁景輅編次　清乾隆三十二年(1767)愛吟齋刻本　四冊

220000－0801－0001352　善/1357

國朝松陵詩徵二十卷　(清)袁景輅編次　清乾隆三十二年(1767)愛吟齋刻本　四冊

220000－0801－0001353　善/1358

松風餘韻五十卷末一卷　(清)姚弘緒編　清乾隆刻本　十二冊

220000－0801－0001354　善/1359

松風餘韻五十卷末一卷　(清)姚弘緒編　清乾隆刻本　十二冊

220000－0801－0001355　善/1360

東皋詩存四十八卷詩餘四卷　(清)汪之珩徵輯　清乾隆三十一年(1766)文園刻本　二十冊

220000－0801－0001356　善/1361

中州名賢文表三十卷　(明)劉昌編　清康熙刻本　十冊

220000－0801－0001357　善/1362

中州名賢文表三十卷　(明)劉昌編　清康熙刻本　八冊

220000－0801－0001358　善/1363

中州名賢文表三十卷　(明)劉昌編　清康熙刻本　六冊

220000－0801－0001359　善/1364

東甌詩存四十六卷　(清)曾唯錄　清乾隆五十五年(1790)刻本　十六冊

220000－0801－0001360　善/1365

國朝山左詩鈔六十卷　(清)盧見曾纂　清乾隆二十三年(1758)雅雨堂刻本　二十冊

220000－0801－0001361　善/1366
四明四友詩四種六卷　（清）鄭寒邨選　清康熙四十八年(1709)刻本　一冊

220000－0801－0001362　善/1367
國朝杭郡詩輯二十八卷　（清）吳振棫重編　清嘉慶五年(1800)刻本　十四冊

220000－0801－0001363　善/1368
黃氏詩鈔三卷　（清）黃簪世輯　清乾隆三十一年(1766)刻本　六冊

220000－0801－0001364　善/1369
毗陵六逸詩鈔六種二十三卷　（清）莊令輿（清）徐永宣輯　清康熙五十六年(1717)山陰孫讞刻道光十四年(1834)印本　四冊

220000－0801－0001365　善/1370
國朝松陵詩徵不分卷松陵文存不分卷　（清）袁景輅輯　清乾隆稿本　五冊

220000－0801－0001366　善/1371
宜興陳氏家言　（清）陳貞慧等撰　清康熙彊善堂刻本　二冊

220000－0801－0001367　善/1372
香山酒頌二卷　（唐）白居易撰　明萬曆刻本　一冊

220000－0801－0001368　善/1373
敬業堂壽言不分卷　（清）鄭尚忠等撰　清乾隆十九年(1754)刻本　一冊

220000－0801－0001369　善/1374
定性堂奠章三卷行述一卷挽詩一卷　（清）程蓮　（清）程攀編輯　清康熙五十四年(1715)刻本　四冊

220000－0801－0001370　善/1375
楚辭集註八卷　（宋）朱熹集註　明刻本　四冊

220000－0801－0001371　善/1376
楚辭集註八卷辯證二卷後語六卷　（宋）朱熹撰　明天啓六年(1626)刻本　四冊

220000－0801－0001372　善/1377
楚辭十卷　（漢）王逸章句　明末刻本　一冊

220000－0801－0001373　善/1378
離騷經正義　（清）方苞撰　清初刻本　一冊

220000－0801－0001374　善/1379
楚辭十九卷附錄一卷　（明）陸時雍疏　明刻本　六冊

220000－0801－0001375　善/1380
楚辭新註八卷　（清）屈復註　清嘉慶刻本　四冊

220000－0801－0001376　善/1381
楚辭集註八卷辯證二卷後語六卷　（宋）朱熹撰　明成化十一年(1475)刻本　六冊

220000－0801－0001377　善/1382
謝惠連集一卷　（南朝宋）謝惠連撰　顏延之集一卷　（南朝宋）顏延之撰　明萬曆汪氏刻本　一冊

220000－0801－0001378　善/1383
江文通集四卷　（南朝梁）江淹撰　清乾隆二十四年(1759)刻本　四冊

220000－0801－0001379　善/1384
醴陵集十卷　（南朝梁）江淹撰　清乾隆二十年(1755)刻本　二冊

220000－0801－0001380　善/1385
陳章侯繡像楚辭五卷　（漢）王逸章句　九歌圖一卷　（清）陳洪綬繪　明末刻本　四冊

220000－0801－0001381　善/1386
楚辭十卷　（漢）王逸章句　明末刻本　二冊

220000－0801－0001382　善/1387
楚辭十七卷　（漢）劉向集　明刻本　八冊

220000－0801－0001383　善/1388
庚子山集十六卷年譜一卷總釋一卷　（北周）庚信撰　清康熙二十六年(1687)崇岫堂刻本　八冊

220000－0801－0001384　善/1389
庚子山集十六卷　（北周）庚信撰　清康熙二十六年(1687)刻本　八冊

220000－0801－0001385　善/1390

晉二俊文集二十卷 （晉）陸機 （晉）陸雲撰
明刻本 五冊

220000－0801－0001386 善/1391
晉二俊文集二十卷 （晉）陸機 （晉）陸雲撰
明刻本 八冊

220000－0801－0001387 善/1392
司馬長卿集不分卷 （漢）司馬相如撰 明天
啓六年(1626)刻本 一冊

220000－0801－0001388 善/1393
晉人三家集 （晉）杜預等撰 明末刻本
一冊

220000－0801－0001389 善/1394
徐孝穆集十卷 （南朝陳）徐陵撰 徐陵本傳
一卷 （唐）姚思廉撰 明末刻本 四冊

220000－0801－0001390 善/1395
沈休文集四卷 （南朝梁）沈約撰 明萬曆四
十一年(1613)刻本 二冊

220000－0801－0001391 善/1396
漢蔡中郎集十一卷 （漢）蔡邕撰 清康熙三
十四年(1695)刻本 三冊

220000－0801－0001392 善/1397
漢蔡中郎集十一卷 （漢）蔡邕撰 清康熙三
十四年(1695)刻本 六冊

220000－0801－0001393 善/1398
漢蔡中郎集十一卷 （漢）蔡邕撰 明萬曆八
年(1580)文霞閣刻本 六冊

220000－0801－0001394 善/1399
董仲舒集一卷 （漢）董仲舒撰 明萬曆新安
汪氏刻本 一冊

220000－0801－0001395 善/1400
梁昭明太子集一卷 （南朝梁）蕭統撰 明婁
東張溥刻本 二冊

220000－0801－0001396 善/1401
潘黃門集六卷 （晉）潘岳撰 明刻本 一冊

220000－0801－0001397 善/1402
潘黃門集六卷 （晉）潘岳撰 明刻本 二冊

220000－0801－0001398 善/1403
曹子建集十卷 （三國魏）曹植撰 明天啓元
年(1621)刻朱墨套印本 四冊 存六卷(一
至六)

220000－0801－0001399 善/1404
沈隱侯集十六卷附錄一卷 （南朝梁）沈約撰
明末刻本 六冊

220000－0801－0001400 善/1405
唐李文公集 （唐）李翱撰 明末白菊齋刻本
四冊

220000－0801－0001401 善/1406
唐大家柳柳州文選八卷 （唐）柳宗元撰 明
末刻本 八冊

220000－0801－0001402 善/1407
陶潛全集四卷 （晉）陶潛撰 明末刻本
二冊

220000－0801－0001403 善/1408
唐三體詩六卷續八卷 （清）高士奇輯 清初
刻本 四冊

220000－0801－0001404 善/1409
顏魯公文集十五卷補遺一卷附錄一卷 （唐）
顏真卿撰 明萬曆劉思誠刻本 八冊

220000－0801－0001405 善/1410
漢魏六朝百家集一百十八卷 （明）張溥輯
清乾隆四年(1739)抄本 一冊 存二卷(四
十一至四十二)

220000－0801－0001406 善/1411
顏魯公文集十五卷補遺一卷附錄一卷 （唐）
顏真卿撰 年譜一卷 （宋）留元剛編 清嘉
慶七年(1802)江寧劉文奎刻本 四冊

220000－0801－0001407 善/1412
魯公文集十五卷 （唐）顏真卿撰 明萬曆二
十四年(1596)顏胤祚刻本 四冊

220000－0801－0001408 善/1413
讀杜心解六卷首二卷 （清）浦起龍講解 清
雍正三年(1725)寧我齋刻本 十二冊

220000－0801－0001409 善/1414

唐賢三昧集三卷 （清）王士禎編 清康熙二十七年（1688）南芝堂刻本 三冊

220000－0801－0001410 善/1415

唐李推官披沙集六卷 （唐）李咸用撰 清康熙刻本 二冊

220000－0801－0001411 善/1416

唐陸宣公集二十二卷 （唐）陸贄撰 清雍正元年（1723）刻本 十二冊

220000－0801－0001412 善/1417

唐陸宣公集二十二卷 （唐）陸贄撰 清雍正元年（1723）刻本 十冊

220000－0801－0001413 善/1418

唐陸宣公集二十二卷 （唐）陸贄撰 清初光裕堂刻本 十冊

220000－0801－0001414 善/1419

唐陸宣公集二十四卷 （唐）陸贄撰 明刻本 十冊

220000－0801－0001415 善/1420

王摩詰集六卷 （唐）王維撰 清項氏王堂仿宋刻本 三冊

220000－0801－0001416 善/1421

本事詩十二卷 （清）徐釚輯 清乾隆二十二年（1757）刻本 四冊

220000－0801－0001417 善/1422

本事詩十二卷 （清）徐釚輯 清乾隆二十二年（1757）刻本 四冊

220000－0801－0001418 善/1423

本事詩十二卷 （清）徐釚輯 清乾隆二十二年（1757）刻本 四冊

220000－0801－0001419 善/1424

唐王右丞文集六卷 （唐）王維撰 明萬曆十八年（1590）吳氏漱玉齋刻本 四冊

220000－0801－0001420 善/1425

唐王右丞詩集六卷 （唐）王維撰 明嘉靖三十九年（1560）刻本 六冊

220000－0801－0001421 善/1426

靈隱子六卷 （唐）駱賓王撰 明萬曆二十四年（1596）陳大科刻本 六冊

220000－0801－0001422 善/1427

王右丞集二十八卷首一卷末一卷 （唐）王維撰 清乾隆二年（1737）趙殿成目耕堂刻本 六冊

220000－0801－0001423 善/1428

王右丞集二十八卷首一卷末一卷 （唐）王維撰 清乾隆二年（1737）刻本 八冊

220000－0801－0001424 善/1429

孟東野詩集十卷 （唐）孟郊撰 （宋）國材評 明淩濛初刻朱墨套印本 四冊

220000－0801－0001425 善/1430

孟東野詩集十卷 （唐）孟郊撰 清康熙刻本 一冊

220000－0801－0001426 善/1431

元氏長慶集六十卷補遺六卷附錄一卷 （唐）元稹撰 （宋）宋祁撰 明萬曆三十二年（1604）刻本 八冊

220000－0801－0001427 善/1432

王勃集二卷 （唐）王勃撰 明嘉靖刻本 二冊

220000－0801－0001428 善/1433

王摩詰集十卷 （唐）王維撰 明嘉靖刻本 四冊

220000－0801－0001429 善/1434

王摩詰集十卷 （唐）王維撰 明嘉靖刻本 四冊

220000－0801－0001430 善/1435

孟浩然集四卷 （唐）孟浩然撰 明嘉靖刻本 一冊

220000－0801－0001431 善/1436

王右丞詩集六卷 （唐）王維撰 明嘉靖三十九年（1560）刻本 四冊

220000－0801－0001432 善/1437

王昌齡詩集三卷 （唐）王昌齡撰 明嘉靖刻本 一冊

220000－0801－0001433　善/1438

孟浩然詩集二卷 （唐)孟浩然撰　明刻本
二册

220000－0801－0001434　善/1439

**白香山詩長慶集二十卷後集十七卷別集一卷
補遺二卷** （唐)白居易撰　**年譜舊本一卷**
(宋)陳振孫撰　**年譜一卷** （清)汪立名撰
清康熙四十一年(1702)汪立名一隅草堂刻本
十四册

220000－0801－0001435　善/1440

**白香山詩長慶集二十卷後集十七卷別集一卷
補遺二卷** （唐)白居易撰　**年譜舊本一卷**
(宋)陳振孫撰　**年譜一卷** （清)汪立名撰
清康熙四十一年(1702)刻本　十册

220000－0801－0001436　善/1441

**白香山詩長慶集二十卷後集十七卷別集一卷
補遺二卷** （唐)白居易撰　**年譜舊本一卷**
(宋)陳振孫撰　**年譜一卷** （清)汪立名撰
清康熙四十一年(1702)刻本　十册

220000－0801－0001437　善/1442

**白香山詩長慶集二十卷後集十七卷別集一卷
補遺二卷** （唐)白居易撰　**年譜舊本一卷**
(宋)陳振孫撰　**年譜一卷** （清)汪立名撰
清康熙四十一年(1702)刻本　十册

220000－0801－0001438　善/1443

溫庭筠詩集七卷詩別集一卷集外詩一卷
(唐)溫庭筠撰　清康熙刻本　二册

220000－0801－0001439　善/1444

郎刺史詩集一卷 （唐)郎士元撰　**秦韜玉詩
集一卷** （唐)秦韜玉撰　**李昌符詩集一卷**
(唐)李昌符撰　**章碣詩集一卷** （唐)章碣撰
清康熙席啓寓刻本　一册

220000－0801－0001440　善/1445

渭南詩集二卷 （唐)趙嘏著　清初琴川書屋
刻本　二册

220000－0801－0001441　善/1446

盧戶部詩集四卷 （唐)盧綸撰　清康熙刻本
一册

220000－0801－0001442　善/1447

溫飛卿詩集九卷 （唐)溫庭筠撰　清康熙三
十六年(1697)刻本　二册

220000－0801－0001443　善/1448

溫飛卿詩集九卷 （唐)溫庭筠撰　清康熙三
十六年(1697)刻本　四册

220000－0801－0001444　善/1449

溫飛卿詩集九卷 （唐)溫庭筠撰　清康熙三
十六年(1697)刻本　四册

220000－0801－0001445　善/1450

**河東先生集四十五卷外集二卷龍成錄二卷附
錄二卷集傳二卷** （唐)柳宗元撰　明天啓三
年(1623)刻本　十二册

220000－0801－0001446　善/1451

**河東先生集四十五卷外集二卷龍成錄二卷附
錄二卷傳一卷** （唐)柳宗元撰　明郭雲鵬濟
美堂刻本　十八册

220000－0801－0001447　善/1452

選賦六卷 （南朝梁)蕭統撰　明凌氏刻朱墨
套印本　六册

220000－0801－0001448　善/1453

選賦六卷 （南朝梁)蕭統撰　明凌氏刻朱墨
套印本　六册

220000－0801－0001449　善/1454

才調集十卷 （五代)韋縠集　清康熙四十三
年(1704)垂雲堂刻本　十册

220000－0801－0001450　善/1455

才調集十卷 （五代)韋縠集　清康熙四十三
年(1704)垂雲堂刻本　四册

220000－0801－0001451　善/1456

才調集十卷 （五代)韋縠集　清康熙四十三
年(1704)垂雲堂刻本　四册

220000－0801－0001452　善/1457

才調集十卷 （五代)韋縠集　清康熙四十三
年(1704)垂雲堂刻本　三册

220000－0801－0001453　善/1458

杜詩提要十四卷 （清)吳瞻泰評選　清乾隆

二十六年（1761）隨月讀書樓刻本　四冊

220000－0801－0001454　善/1459

唐李白詩十二卷　（唐）李白撰　明嘉靖十八年（1539）刻本　八冊

220000－0801－0001455　善/1460

杜詩偶評四卷　（唐）杜甫撰　清乾隆十二年（1747）賦閒草堂刻本　一冊

220000－0801－0001456　善/1461

韓文公文抄十六卷　（唐）韓愈撰　明刻朱墨套印本　六冊

220000－0801－0001457　善/1462

韓文公文抄十六卷　（唐）韓愈撰　明刻朱墨套印本　十冊

220000－0801－0001458　善/1463

集千家註杜工部詩集二十卷附錄一卷目錄一卷　（唐）杜甫撰　明嘉靖十五年（1536）刻本　二十四冊

220000－0801－0001459　善/1464

杜詩會粹二十四卷世系本傳年譜墓志銘一卷　（清）張遠箋註　清康熙文蔚堂刻本　八冊

220000－0801－0001460　善/1465

杜工部詩集二十卷集外詩一卷文集二卷杜詩補註一卷　（唐）杜甫撰　（清）朱鶴齡輯注年譜一卷　（清）朱鶴齡撰　清初葉永茹刻本　二十四冊

220000－0801－0001461　善/1466

選詩七卷　（南朝梁）蕭統選　（明）凌濛初輯評　明凌氏刻朱墨套印本　六冊

220000－0801－0001462　善/1467

沈下賢文集十二卷　（唐）沈亞之撰　清抄本　六冊

220000－0801－0001463　善/1468

沈下賢文集十二卷　（唐）沈亞之撰　清抄本　四冊

220000－0801－0001464　善/1469

集千家註杜工部詩集二十卷附文集二卷　（唐）杜甫撰　清建安三峯書舍刻本　二十

四冊

220000－0801－0001465　善/1470

杜工部集二十卷　（唐）杜甫撰　清康熙六年（1667）季氏靜思堂刻本　十二冊

220000－0801－0001466　善/1471

杜工部集二十卷　（唐）杜甫撰　清康熙六年（1667）季氏靜思堂刻本　十二冊

220000－0801－0001467　善/1472

杜工部集二十卷　（唐）杜甫撰　清康熙六年（1667）季氏靜思堂刻本　十六冊

220000－0801－0001468　善/1473

集千家註杜工部詩集二十卷附文集二卷　（唐）杜甫撰　明萬曆許自昌刻本　十二冊

220000－0801－0001469　善/1474

集千家註杜工部詩集二十卷附文集二卷　（唐）杜甫撰　明萬曆許自昌刻本　十二冊

220000－0801－0001470　善/1475

集千家註杜工部詩集二十卷附文集二卷　（唐）杜甫撰　明萬曆許自昌刻本　二十四冊

220000－0801－0001471　善/1476

杜子美詩集二十卷　（唐）杜甫撰　明末刻本　四冊

220000－0801－0001472　善/1477

林寬詩集一卷　（唐）林寬撰　李丞相詩集二卷　（五代）李建勳撰　清康熙刻本　一冊

220000－0801－0001473　善/1479

韓子粹言不分卷　（唐）韓愈撰　清乾隆元年（1736）刻本　一冊

220000－0801－0001474　善/1480

韓子粹言不分卷　（唐）韓愈撰　清乾隆元年（1736）刻本　二冊

220000－0801－0001475　善/1481

杜工部集二十卷　（唐）杜甫撰　清康熙六年（1667）季氏靜思堂刻本　八冊

220000－0801－0001476　善/1482

杜工部七言律詩分類集註二卷　（唐）杜甫撰

明崇禎十四年(1641)五雲居刻本　二冊

220000－0801－0001477　善/1483

杜工部七言律詩二卷　(唐)杜甫撰　清康熙
四十八年(1709)吳源起刻本　六冊

220000－0801－0001478　善/1484

韓君平詩集一卷　(唐)韓翃撰　清康熙刻本
一冊

220000－0801－0001479　善/1485

樊川文集二十卷外集一卷別集一卷　(唐)杜
牧撰　明末刻本　十冊

220000－0801－0001480　善/1486

杜律五言註解三卷目錄一卷　(唐)杜甫撰
(明)趙汸選註　明嘉靖七年(1528)刻本
四冊

220000－0801－0001481　善/1487

京本校正音釋唐柳先生集四十三卷別集一卷
外集一卷附錄一卷　(唐)柳宗元撰　(唐)劉
禹錫編　(宋)童宗說音註　(宋)張敦頤音辯
(唐)潘緯音義　明初刻本　二十冊

220000－0801－0001482　善/1488

唐柳先生集四十五卷龍城錄二卷集傳一卷附
錄二卷外集二卷　(唐)柳宗元撰　明萬曆二
十九年(1601)刻本　十冊

220000－0801－0001483　善/1489

太白全集四卷　(唐)李白撰　清初抄本
四冊

220000－0801－0001484　善/1490

柳河東詩集二卷　(唐)柳宗元撰　清康熙刻
本　一冊

220000－0801－0001485　善/1491

韓文四十卷外集十卷集傳一卷遺集一卷
(唐)韓愈撰　(唐)李漢編　明嘉靖三十五年
(1556)刻本　十二冊

220000－0801－0001486　善/1492

韓文四十卷外集十卷集傳一卷遺集一卷
(唐)韓愈撰　(唐)李漢編　明嘉靖三十五年
(1556)刻本　十冊

220000－0801－0001487　善/1493

增廣註釋音辯唐柳先生集四十三卷別集二卷
外集二卷附錄一卷　(唐)柳宗元撰　(宋)童
宗說註釋　(宋)張敦頤音辯　(唐)潘緯音義
明初刻本　二十四冊

220000－0801－0001488　善/1494

唐柳河東集四十五卷外集五卷遺文一卷附錄
一卷　(唐)柳宗元撰　(明)蔣之翹輯註　明
末刻本　二十四冊

220000－0801－0001489　善/1495

邵二泉先生分類集註杜詩二十三卷　(明)邵
寶撰　清康熙刻本　二十四冊

220000－0801－0001490　善/1496

杜詩闡三十三卷　(唐)杜牧撰　清康熙二十
一年(1682)刻本　十六冊

220000－0801－0001491　善/1497

杜詩闡三十三卷　(唐)杜牧撰　(清)盧元昌
述　清康熙二十一年(1682)刻本　八冊

220000－0801－0001492　善/1498

李翰林詩選五卷　(唐)李白撰　(明)王寅選
明嘉靖二十四年(1545)刻本　四冊

220000－0801－0001493　善/1499

李太白詩集二十二卷　(唐)李白撰　清初刻
本　五冊

220000－0801－0001494　善/1500

分類補註李太白詩二十五卷　(唐)李白撰
明萬曆三十年(1602)許自昌刻本　二十冊

220000－0801－0001495　善/1501

分類補註李太白詩二十五卷　(唐)李白撰
明萬曆三十年(1602)許自昌刻本　八冊

220000－0801－0001496　善/1502

分類補註李太白詩二十五卷　(唐)李白撰
明萬曆三十年(1602)許自昌刻本　十冊

220000－0801－0001497　善/1503

分類補註李太白詩二十五卷　(唐)李白撰
明萬曆三十年(1602)許自昌刻本　十二冊

220000－0801－0001498　善/1504

分類補註李太白詩二十五卷　（唐）李白撰
明萬曆三十年(1602)許自昌刻本　六冊

220000－0801－0001499　善/1505

分類補註李太白詩二十五卷　（唐）李白撰
明萬曆三十年(1602)許自昌刻本　十冊

220000－0801－0001500　善/1506

李太白文集三十卷附錄六卷　（唐）李白撰
清乾隆刻本　十六冊

220000－0801－0001501　善/1507

李太白文集三十卷　（唐）李白撰　清康熙五
十六年(1717)繆曰芑刻本　十二冊

220000－0801－0001502　善/1508

樊川集六卷　（唐）杜牧撰　清康熙刻本
四冊

220000－0801－0001503　善/1509

杜樊川集十七卷　（唐）杜牧撰　明末刻本
八冊

220000－0801－0001504　善/1510

韋蘇州集十卷　（唐）韋應物撰　清乾隆刻本
五冊

220000－0801－0001505　善/1511

韋蘇州集十卷　（唐）韋應物撰　清乾隆刻本
四冊

220000－0801－0001506　善/1512

韋蘇州集十卷拾遺一卷　（唐）韋應物撰　明
閔氏刻朱墨套印本　六冊

220000－0801－0001507　善/1513

韋蘇州集十卷拾遺一卷　（唐）韋應物撰　明
閔氏刻朱墨套印本　四冊

220000－0801－0001508　善/1514

韋蘇州集十卷拾遺一卷　（唐）韋應物撰　影
宋寫本　三冊

220000－0801－0001509　善/1515

黃氏補千家註杜詩七卷　（唐）杜甫撰　清初
抄本　四冊　存四卷(一至四)

220000－0801－0001510　善/1516

韓翰林詩集十卷香奩集二卷　（唐）韓偓撰
清康熙刻本　一冊

220000－0801－0001511　善/1517

李翰林集三十卷　（唐）李白撰　明刻本　十
二冊

220000－0801－0001512　善/1518

唐韓昌黎集四十卷外集十卷遺文一卷附錄一
卷　（唐）韓愈撰　明崇禎六年(1633)蔣之翹
三徑草堂刻本　八冊

220000－0801－0001513　善/1519

柳文四十三卷別集二卷外集二卷附錄一卷
（唐）柳宗元撰　明嘉靖十六年(1537)刻本
十冊

220000－0801－0001514　善/1520

柳文四十三卷別集二卷外集二卷附錄一卷
（唐）柳宗元撰　明嘉靖刻本　六冊

220000－0801－0001515　善/1521

柳文四十三卷別集二卷外集二卷附錄一卷
（唐）柳宗元撰　（唐）劉禹錫編　明嘉靖刻本
十冊

220000－0801－0001516　善/1522

柳文七卷　（唐）柳宗元撰　明閔刻朱墨套印
本　六冊

220000－0801－0001517　善/1523

韓筆酌蠡三十卷目錄一卷　（唐）韓愈撰　清
雍正八年(1730)刻本　十二冊

220000－0801－0001518　善/1524

李義山文集箋註十卷　（唐）李商隱撰　清康
熙四十七年(1708)刻本　四冊

220000－0801－0001519　善/1525

李義山文集箋註十卷　（唐）李商隱撰　清康
熙四十七年(1708)刻本　四冊

220000－0801－0001520　善/1526

李義山文集箋註十卷　（唐）李商隱撰　清康
熙四十七年(1708)刻本　二冊

220000－0801－0001521　善/1527

李義山文集箋註十卷　（唐）李商隱撰　清康

熙四十七年(1708)刻本　四册

220000－0801－0001522　善/1528

李義山詩集三卷附詩譜一卷　（唐）李商隱撰
清初刻本　二册

220000－0801－0001523　善/1529

李義山詩集三卷附詩譜一卷　（唐）李商隱撰
清初刻本　二册

220000－0801－0001524　善/1530

李義山詩集三卷附詩譜詩評一卷　（唐）李商
隱撰　清初刻本　四册

220000－0801－0001525　善/1531

李義山詩集十六卷　（唐）李商隱撰　清乾隆
四年(1739)刻本　二册

220000－0801－0001526　善/1532

重訂李義山詩集箋註三卷集外詩箋註一卷
(唐)李商隱撰　（清）朱鶴齡註　（清）程夢
星刪補　**詩話一卷**　(清)程夢星編輯　清乾
隆刻本　八册

220000－0801－0001527　善/1533

**朱文公校昌黎先生集四十卷外集十卷集傳一
卷遺文一卷**　（唐）韓愈撰　明初刻本　二十
四册

220000－0801－0001528　善/1534

姚少監詩集十卷　（唐）姚合撰　清康熙刻本
四册

220000－0801－0001529　善/1535

昌黎先生詩集十卷外集一卷遺詩一卷　（唐）
韓愈撰　清康熙刻本　五册

220000－0801－0001530　善/1536

**昌黎先生詩集註十一卷本傳一卷年譜一卷目
錄一卷**　（唐）韓愈撰　清康熙三十八年
(1699)秀野草堂刻本　四册

220000－0801－0001531　善/1537

昌黎先生詩集註十一卷　（唐）韓愈撰　清康
熙三十八年(1699)秀野草堂刻本　四册

220000－0801－0001532　善/1538

昌黎先生詩集註十一卷　（唐）韓愈撰　清康

熙三十八年(1699)秀野草堂刻本　六册

220000－0801－0001533　善/1539

**朱文公校昌黎先生文集十卷外集一卷集傳二
卷遺文一卷**　（唐）韓愈撰　明初刻本　二十
四册

220000－0801－0001534　善/1540

**朱文公校昌黎先生文集十卷外集一卷集傳二
卷遺文一卷**　（唐）韓愈撰　明初刻本　十
六册

220000－0801－0001535　善/1541

**昌黎先生集四十卷外集一卷遺文一卷集傳一
卷**　（唐）韓愈撰　明徐時泰東雅堂刻本　十
六册

220000－0801－0001536　善/1542

**朱文公校昌黎先生文集四十卷外集一卷遺文
一卷集傳一卷**　（唐）韓愈撰　明東雅堂刻本
八册

220000－0801－0001537　善/1543

劉賓客詩集九卷　（唐）劉禹錫撰　清雍正元
年(1723)涵碧山房刻本　四册

220000－0801－0001538　善/1544

劉賓客詩集九卷　（唐）劉禹錫撰　清雍正元
年(1723)涵碧山房刻本　四册

220000－0801－0001539　善/1545

**朱文公校昌黎先生文集二十卷外集一卷遺文
一卷集傳一卷**　（唐）韓愈撰　明初刻本
十册

220000－0801－0001540　善/1546

誠齋詩集十六卷　（宋）楊萬里撰　清嘉慶三
年(1798)刻本　四册

220000－0801－0001541　善/1547

文定集二十四卷　（宋）汪應辰撰　清乾隆四
十五年(1780)刻本　八册

220000－0801－0001542　善/1548

重刊校正笠澤叢書四卷補遺一卷　（唐）陸龜
蒙撰　清碧筠草堂刻本　二册

220000－0801－0001543　善/1549

施註蘇詩四十二卷總目二卷　（宋）蘇軾撰
清康熙三十八年(1699)宋犖刻本　二十四冊

220000－0801－0001544　善/1550
施註蘇詩四十二卷總目二卷　（宋）蘇軾撰
清康熙三十八年(1699)宋犖刻本　十六冊

220000－0801－0001545　善/1551
施註蘇詩四十二卷總目二卷　（宋）蘇軾撰
清康熙三十八年(1699)宋犖刻本　十二冊

220000－0801－0001546　善/1552
文恭集四十卷　（宋）胡宿撰　清乾隆三十九
年(1774)刻本　六冊

220000－0801－0001547　善/1553
錦囊集四卷外集一卷　（唐）李賀撰　明弘治
十三年(1500)抄本　二冊

220000－0801－0001548　善/1554
欒城集五十卷欒城後集二十四卷欒城第三集
十卷欒城應詔集十二卷　（宋）蘇轍撰　明萬
曆顧氏寶翰樓吳郡刻本　二十四冊

220000－0801－0001549　善/1555
欒城集五十卷後集二十四卷三集十卷應詔集
十二卷目錄一卷　（宋）蘇轍撰　明嘉靖二十
年(1541)刻本　二十六冊

220000－0801－0001550　善/1556
龍川集三十卷　（宋）陳亮撰　明末刻本
六冊

220000－0801－0001551　善/1557
張文潛文集十三卷　（宋）張耒撰　明嘉靖三
年(1524)刻本　四冊

220000－0801－0001552　善/1558
謝幼槃文集十卷　（宋）謝薖撰　明萬曆三十
七年(1609)謝肇淛抄本　一冊

220000－0801－0001553　善/1559
宋丞相文山先生全集十六卷　（宋）文天祥撰
　明萬曆二十八年(1600)刻本　八冊

220000－0801－0001554　善/1560
合刻三先生潁濱文匯十卷　（宋）蘇轍撰　明
末刻本　二冊

220000－0801－0001555　善/1561
石湖居士詩集三十四卷　（宋）范成大撰　清
康熙二十七年(1688)顧氏依園刻本　四冊

220000－0801－0001556　善/1562
石湖居士詩集三十四卷　（宋）范成大撰　清
康熙二十七年(1688)顧氏依園刻本　八冊

220000－0801－0001557　善/1563
石湖居士詩集三十四卷　（宋）范成大撰　清
康熙二十七年(1688)顧氏依園刻本　十冊

220000－0801－0001558　善/1564
王荆文公詩五十卷目錄二卷　（宋）李壁註
清乾隆刻本　六冊

220000－0801－0001559　善/1565
王荆文公詩五十卷目錄二卷　（宋）李壁註
清乾隆刻本　十六冊

220000－0801－0001560　善/1566
王忠文公文集二十四卷　（宋）王十朋撰　明
嘉靖刻本　十二冊

220000－0801－0001561　善/1567
南豐先生元豐類藁五十三卷　（宋）曾鞏撰
清康熙五十六年(1717)長洲顧氏刻本　八冊

220000－0801－0001562　善/1568
司馬文正公集八十二卷目錄二卷　（宋）司馬
光撰　清乾隆刻本　二十冊

220000－0801－0001563　善/1569
司馬文正公傳家集八十卷目錄二卷　（宋）司
馬光撰　清乾隆六年(1741)培遠堂刻本　十
一冊

220000－0801－0001564　善/1570
司馬文正公傳家集八十卷目錄二卷　（宋）司
馬光撰　清乾隆七年(1742)培遠堂刻本　十
二冊

220000－0801－0001565　善/1571
司馬溫公文集八十二卷　（宋）司馬光撰　明
崇禎吳氏刻清康熙補葺本　二十四冊

220000－0801－0001566　善/1572
司馬溫公文集八十二卷　（宋）司馬光撰　明

崇禎吳氏刻本　二十四冊

220000－0801－0001567　善/1573

司馬溫公文集八十二卷　（宋）司馬光撰　明崇禎吳氏刻本　二十四冊

220000－0801－0001568　善/1574

司馬太師溫國文正公傳家集八十卷目錄二卷　（宋）司馬光撰　明萬曆十五年(1587)司馬祉刻本　十二冊

220000－0801－0001569　善/1575

勉齋先生黃文肅公文集四十卷　（宋）黃榦撰　元刻抄補本　二十五冊

220000－0801－0001570　善/1576

白石道人詩集二卷集外詩一卷附錄補遺詩詞一卷　（宋）姜夔撰　清乾隆三十六年(1771)刻本　三冊

220000－0801－0001571　善/1577

新刻臨川王介甫先生詩文集一百卷目錄二卷本傳一卷　（宋）王安石撰　明萬曆刻本　三十二冊

220000－0801－0001572　善/1578

岳武穆集一卷　（宋）岳飛撰　明萬曆二十二年(1594)刻本　一冊

220000－0801－0001573　善/1579

白玉蟾海瓊摘藁十卷　（宋）葛長庚撰　明嘉靖十二年(1533)刻本　四冊

220000－0801－0001574　善/1580

龜山先生集三十五卷附錄一卷　（宋）楊時撰　**龜山先生文靖楊公年譜一卷**　（宋）黃去疾撰　明正德十二年(1517)沈暉刻本　八冊

220000－0801－0001575　善/1581

象山先生文集二十八卷外集五卷　（宋）陸九淵撰　明刻本　十四冊

220000－0801－0001576　善/1582

象山先生全集三十六卷　（宋）陸九淵撰　明嘉靖四十年(1561)刻本　六冊　存二十三卷(一至二十三)

220000－0801－0001577　善/1583

秋崖先生小藁詩三十八卷文四十五卷　（宋）方岳撰　明嘉靖五年(1526)刻本　二十四冊

220000－0801－0001578　善/1584

伊川擊壤集二十卷　（宋）邵雍撰　明末刻本　八冊

220000－0801－0001579　善/1585

伊川擊壤集二十卷　（宋）邵雍撰　明末刻本　八冊

220000－0801－0001580　善/1586

伊川擊壤集二十卷　（宋）邵雍撰　明末刻本　六冊

220000－0801－0001581　善/1587

伊川擊壤集二十卷集外詩一卷　（宋）邵雍撰　明萬曆二十九年(1601)刻本　四冊

220000－0801－0001582　善/1588

程洺水先生集三十卷附錄一卷　（宋）程珌著　明崇禎二年(1629)程氏刻本　六冊

220000－0801－0001583　善/1589

斷腸詩集十卷附斷腸詞一卷　（宋）朱淑真撰　清抄本　二冊

220000－0801－0001584　善/1590

山谷內集詩註二十卷　（宋）黃庭堅撰　（宋）任淵註　**山谷別集詩註二卷**　（宋）黃庭堅撰　（宋）史季溫註　清乾隆武英殿木活字印本　四冊　存十二卷(一至十二)

220000－0801－0001585　善/1591

宋文忠烈先生文選八卷　（宋）文天祥撰　明萬曆三十九年(1611)曾氏刻本　六冊

220000－0801－0001586　善/1592

海瓊玉蟾先生文集六卷續集二卷　（宋）葛長庚撰　明刻本　十六冊

220000－0801－0001587　善/1593

宋孫仲益內簡尺牘十卷首一卷　（宋）孫覿撰　（宋）李祖堯編註　清乾隆十二年(1747)刻本　四冊

220000－0801－0001588　善/1594

山谷老人刀筆二十卷　（宋）黃庭堅撰　明弘

治刻本　六册

220000－0801－0001589　善/1595

山谷老人刀筆二十卷　（宋）黃庭堅撰　明弘
治刻本　六册

220000－0801－0001590　善/1596

浮溪文粹十五卷附錄一卷　（宋）汪藻撰　明
正德元年(1506)刻本　四册

220000－0801－0001591　善/1597

補註東坡先生編年詩五十卷目錄一卷　（清）
查慎行撰　清乾隆二十六年(1761)香雨齋刻
本　十六册

220000－0801－0001592　善/1598

寇忠愍公詩集三卷　（宋）寇準撰　清康熙辨
義堂刻本　一册

220000－0801－0001593　善/1599

浮沚集九卷　（宋）周行己撰　清乾隆四十四
年(1779)武英殿木活字印本　四册

220000－0801－0001594　善/1600

宗忠簡集八卷　（宋）宗澤撰　清康熙三十年
(1691)刻本　二册

220000－0801－0001595　善/1601

道鄉先生鄒忠公文集四十卷續集一卷　（宋）
鄒浩撰　明正德七年(1512)刻本　八册

220000－0801－0001596　善/1602

渭南文集五十卷　（宋）陸游撰　明末汲古閣
刻本　十二册

220000－0801－0001597　善/1603

范文正公集二十四卷年譜一卷補遺一卷附錄
一卷　（宋）范仲淹撰　明萬曆三十七年
(1609)康丕揚刻本　十册

220000－0801－0001598　善/1604

蘇文奇賞五十卷　（宋）蘇軾撰　明崇禎四年
(1631)刻本　十二册

220000－0801－0001599　善/1605

宋大家蘇文公文抄十卷　（宋）蘇洵撰　明萬
曆刻本　三册

220000－0801－0001600　善/1606

宋大家蘇文公文抄十卷　（宋）蘇洵撰　明末
刻本　三册

220000－0801－0001601　善/1607

宋大家蘇文公文抄十卷　（宋）蘇洵撰　明末
刻本　二册

220000－0801－0001602　善/1608

直講李先生文集三十七卷外集三卷　（宋）李
覯撰　（明）左贊編輯　年譜一卷門人錄一卷
　（宋）陳次公撰　（明）左贊編輯　明成化六
年(1470)刻本　十六册

220000－0801－0001603　善/1609

南陽集六卷　（宋）趙湘撰　清乾隆武英殿木
活字印本　二册

220000－0801－0001604　善/1610

韋齋集十二卷　（宋）朱松撰　玉瀾集一卷
（宋）朱槔撰　清雍正六年(1728)刻本　四册

220000－0801－0001605　善/1611

真西山文集五十五卷目錄二卷附錄三卷
（宋）真德秀撰　清雍正元年(1723)刻本　三
十册

220000－0801－0001606　善/1612

范石湖詩集二十卷　（宋）范成大撰　清康熙
二十七年(1688)藜照樓刻本　八册

220000－0801－0001607　善/1613

范石湖詩集二十卷　（宋）范成大撰　清康熙
二十七年(1688)藜照樓刻本　八册

220000－0801－0001608　善/1614

南豐先生元豐類藁五十一卷　（宋）曾鞏撰
明嘉靖十二年(1533)刻本　八册

220000－0801－0001609　善/1615

趙清獻公文集十卷　（宋）趙抃撰　明嘉靖四
十一年(1562)刻本　四册

220000－0801－0001610　善/1616

宋宗忠簡公集八卷　（宋）宗澤撰　清康熙三
十年(1691)刻本　二册

220000－0801－0001611　善/1617

南豐先生元豐類藁五十一卷　（宋）曾鞏撰
明崇禎三年(1630)刻本　二十四冊

220000－0801－0001612　善/1618

南豐先生元豐類藁五十一卷　（宋）曾鞏撰
明崇禎刻本　八冊

220000－0801－0001613　善/1619

心史七卷跋一卷　（宋）鄭思肖撰　明崇禎十
二年(1639)刻本　六冊

220000－0801－0001614　善/1620

胡澹庵先生文集三十二卷　（宋）胡銓撰　清
乾隆二十二年(1757)刻本　十冊

220000－0801－0001615　善/1621

梅溪先生廷試第一卷奏議四卷文集二十卷後
集二十九卷附錄一卷　（宋）王十朋撰　明天
順六年(1462)刻本　十二冊

220000－0801－0001616　善/1622

梅溪先生廷試第一卷奏議四卷文集二十卷後
集二十九卷附錄一卷　（宋）王十朋撰　明天
順六年(1462)刻本　二十四冊　缺四卷(奏
議四卷)

220000－0801－0001617　善/1623

慈湖先生遺書十八卷　（宋）楊簡撰　明嘉靖
四年(1525)刻本　十六冊

220000－0801－0001618　善/1624

蘇文六卷　（宋）蘇軾撰　明閔齊伋刻三色套
印本　六冊

220000－0801－0001619　善/1625

蘇老泉先生全集二十卷附錄二卷　（宋）蘇洵
撰　清康熙三十七年(1698)安樂居精刻本
四冊

220000－0801－0001620　善/1626

蘇老泉先生全集二十卷附錄二卷　（宋）蘇洵
撰　清康熙刻本　二冊

220000－0801－0001621　善/1627

蘇老泉先生全集二十卷附錄二卷　（宋）蘇洵
撰　清康熙刻本　八冊

220000－0801－0001622　善/1628

坡仙集十六卷　（宋）蘇軾撰　明萬曆二十八
年(1600)刻本　四冊

220000－0801－0001623　善/1629

茶山集八卷　（宋）曾幾撰　清乾隆活字印本
二冊

220000－0801－0001624　善/1630

茶山集八卷　（宋）曾幾撰　清乾隆活字印本
四冊

220000－0801－0001625　善/1631

茶山集八卷　（宋）曾幾撰　清乾隆活字印本
六冊

220000－0801－0001626　善/1632

茶山集八卷　（宋）曾幾撰　清乾隆活字印本
二冊

220000－0801－0001627　善/1633

宋黃太史公集選三十六卷　（宋）黃庭堅撰
明萬曆二十七年(1599)刻本　十冊

220000－0801－0001628　善/1634

宋李忠定公文集二十九卷首四卷奏議十五卷
　（宋）李綱撰　明崇禎十二年(1639)刻本
十六冊

220000－0801－0001629　善/1635

蘇長公文腴三十卷目錄一卷　（宋）蘇軾撰
明萬曆四十五年(1617)刻本　十二冊

220000－0801－0001630　善/1636

蘇學士文集十六卷　（宋）蘇舜欽著　清康熙
三十年(1691)刻本　二冊

220000－0801－0001631　善/1637

蘇學士文集十六卷　（宋）蘇舜欽著　清康熙
三十年(1691)刻本　一冊

220000－0801－0001632　善/1638

陶石簣精選蘇長公合作二卷　（宋）蘇軾撰
明萬曆二十八年(1600)刻本　一冊

220000－0801－0001633　善/1639

蘇長公小品四卷　（宋）蘇軾撰　（明）王聖
俞評選　明刻朱墨套印本　四冊

220000－0801－0001634　善/1640

蘇長公小品二卷　（宋）蘇軾撰　明萬曆三十
九年(1611)刻本　四冊

220000－0801－0001635　善/1641

蘇長公合作內外篇不分卷　（宋）蘇軾撰　明
萬曆三十年(1602)刻本　六冊

220000－0801－0001636　善/1642

蘇長公合作內外篇不分卷　（宋）蘇軾撰　明
萬曆三十年(1602)刻本　四冊

220000－0801－0001637　善/1643

梅苑十卷　（宋）黃大輿撰　清康熙四十五年
(1706)揚州使院刻本　四冊　存九卷(一至
九)

220000－0801－0001638　善/1644

合刻三先生東坡文匯四十卷　（宋）蘇軾撰
明末刻本　十冊

220000－0801－0001639　善/1645

東坡先生全集七十五卷目錄二卷　（宋）蘇軾
撰　東坡先生年譜二卷　（宋）王宗稷編　明
萬曆三十四年(1606)刻本　二十六冊

220000－0801－0001640　善/1646

東坡集選五十卷目錄二卷本傳一卷　（宋）蘇
軾撰　年譜一卷　（宋）王宗稷編　外紀二卷
　（明）王世貞編　明末刻本　十六冊　存二
十二卷(東坡集選一至二十二)

220000－0801－0001641　善/1647

精選東萊先生左氏博議二卷　（宋）呂本中撰
　明初刻本　一冊　存一卷(一)

220000－0801－0001642　善/1648

新刻東坡禪喜集九卷　（宋）蘇軾撰　明萬曆
十八年(1590)刻本　二冊

220000－0801－0001643　善/1649

絜齋集二十六卷後集十二卷　（宋）袁燮撰
清乾隆四十年(1775)武英殿木活字印本　九
冊　存二十二卷(絜齋集一至二十二)

220000－0801－0001644　善/1650

景文集六十二卷　（宋）宋祁撰　清乾隆四十

六年(1781)武英殿木活字印本　二十冊

220000－0801－0001645　善/1651

疊山集十六卷　（元）謝枋得撰　清抄本
四冊

220000－0801－0001646　善/1652

晞髮集十卷遺集二卷補錄一卷附天地間集一
卷西臺慟哭記註一卷冬青樹引註一卷　（宋）
謝翱撰　清康熙四十一年(1702)刻本　四冊

220000－0801－0001647　善/1653

羅鄂州小集六卷墓誌一卷遺文一卷　（宋）羅
願撰　清康熙七略書堂刻本　二冊

220000－0801－0001648　善/1654

羅鄂州小集六卷墓誌一卷遺文一卷　（宋）羅
願撰　清康熙七略書堂刻本　一冊

220000－0801－0001649　善/1655

羅鄂州小集五卷附錄一卷後序跋一卷　（宋）
羅願撰　明天啓六年(1626)刻本　四冊

220000－0801－0001650　善/1656

陸放翁全集一百五十八卷　（宋）陸游撰　明
汲古閣刻本　六十四冊

220000－0801－0001651　善/1657

歐陽文集五十卷年譜一卷　（宋）歐陽修撰
明嘉靖二十二年(1543)刻本　十六冊

220000－0801－0001652　善/1658

新刊歐陽文忠公集一百五十三卷　（宋）歐陽
修撰　明正德元年(1506)日新書堂刻本　四
十八冊　缺三卷(一百六至一百八)

220000－0801－0001653　善/1659

歐陽文忠公全集一百五十三卷附五卷　（宋）
歐陽修撰　清乾隆十二年(1747)刻本　三十
六冊

220000－0801－0001654　善/1660

歐陽文忠公集一百五十八卷附錄五卷　（宋）
歐陽修撰　年譜一卷　（宋）胡柯撰　明正德
七年(1512)劉喬刻本　四十八冊

220000－0801－0001655　善/1661

陶山集十六卷　（宋）陸佃撰　清乾隆武英殿

木活字印本　　八冊

220000－0801－0001656　　善/1662

歐陽先生遺粹十卷　(宋)歐陽修撰　歐陽文
忠公神道碑　(宋)蘇轍撰　歐陽文忠公墓誌
銘　(宋)韓琦撰　明嘉靖二十六年(1547)寶
善堂刻本　　六冊

220000－0801－0001657　　善/1663

歐陽先生遺粹十卷　(宋)歐陽修撰　明嘉靖
二十六年(1547)郭雲鵬寶善堂刻本　　四冊

220000－0801－0001658　　善/1664

歐陽文忠公集附錄五卷　(宋)歐陽修撰　明
正德七年(1512)劉喬刻本　　一冊

220000－0801－0001659　　善/1665

歐陽先生遺粹十卷　(宋)歐陽修撰　明嘉靖
二十六年(1547)郭雲鵬寶善堂刻本　　十冊

220000－0801－0001660　　善/1666

歐陽先生遺粹十卷　(宋)歐陽修撰　明嘉靖
二十六年(1547)郭雲鵬寶善堂刻本　　十二冊

220000－0801－0001661　　善/1667

歐陽先生遺粹十卷　(宋)歐陽修撰　明嘉靖
二十六年(1547)郭雲鵬寶善堂刻本　　四冊

220000－0801－0001662　　善/1668

歐陽先生遺粹十卷　(宋)歐陽修撰　明嘉靖
二十六年(1547)郭雲鵬寶善堂刻本　　十八冊

220000－0801－0001663　　善/1669

歐陽文忠公文抄十卷　(宋)歐陽修撰　明刻
本　　五冊

220000－0801－0001664　　善/1670

陳學士吟窗雜錄五十卷　(宋)陳應行編　明
刻本　　十冊

220000－0801－0001665　　善/1671

宋大家曾文定公文抄十卷　(宋)曾鞏撰　明
崇禎元年(1628)刻八大家文抄本　　二冊

220000－0801－0001666　　善/1672

斜川詩集十卷　(宋)蘇過撰　清刻本　　四冊

220000－0801－0001667　　善/1673

姜白石詩詞合集詩二卷集外詩一卷歌曲三卷
歌曲別集一卷　(宋)姜夔撰　清乾隆八年
(1743)水雲漁屋刻本　　四冊

220000－0801－0001668　　善/1674

公是集五十四卷　(宋)劉敞撰　清乾隆四十
六年(1781)武英殿聚珍本　　十二冊

220000－0801－0001669　　善/1675

遺山先生詩集二十卷　(元)元好問撰　明弘
治十一年(1498)刻本　　八冊

220000－0801－0001670　　善/1676

遺山先生詩集二十卷　(元)元好問撰　明末
汲古閣刻本　　八冊

220000－0801－0001671　　善/1677

遺山先生詩集二十卷　(元)元好問撰　明末
汲古閣刻本　　八冊

220000－0801－0001672　　善/1678

遺山先生文集四十卷附錄一卷　(元)元好問
撰　清康熙四十六年(1707)華氏刻本　　十
二冊

220000－0801－0001673　　善/1679

遺山先生文集四十卷附錄一卷　(元)元好問
撰　清康熙四十六年(1707)華氏刻本　　十
六冊

220000－0801－0001674　　善/1680

遺山先生文集四十卷附錄一卷　(元)元好問
撰　清康熙四十六年(1707)華氏刻本　　六冊

220000－0801－0001675　　善/1681

中州集十卷首一卷樂府一卷　(元)元好問撰
　明汲古閣刻本　　十冊

220000－0801－0001676　　善/1682

中州集十卷首一卷樂府一卷　(元)元好問撰
　明汲古閣刻本　　二十冊

220000－0801－0001677　　善/1683

中州集十卷首一卷樂府一卷　(元)元好問撰
　明汲古閣刻本　　二十一冊

220000－0801－0001678　　善/1684

中州集十卷首一卷樂府一卷　(元)元好問撰

明汲古閣刻本　二十四冊

220000－0801－0001679　善/1685

中州集十卷首一卷樂府一卷　（元)元好問撰
明汲古閣刻本　二冊

220000－0801－0001680　善/1686

許文正公遺書十二卷首一卷末二卷　（元)許
衡撰　清乾隆五十五年(1790)刻本　八冊

220000－0801－0001681　善/1687

白雲先生許文懿公傳集四卷　（元)許謙撰
清雍正十年(1732)刻本　二冊

220000－0801－0001682　善/1688

許文正公遺書十二卷首一卷末一卷　（元)許
衡撰　清乾隆五十三年(1788)刻清末印本
十二冊

220000－0801－0001683　善/1689

元鹿皮子集四卷　（元)陳樵撰　清乾隆董氏
刻本　二冊

220000－0801－0001684　善/1690

許魯齋先生集六卷　（元)許衡撰　（清)張伯
行輯　清康熙四十七年(1708)抄本　一冊

220000－0801－0001685　善/1691

霞外詩集十卷　（元)馬臻撰　明汲古閣刻本
二冊

220000－0801－0001686　善/1692

魯齋遺書十四卷　（元)許衡撰　明萬曆二十
四年(1596)刻本　六冊

220000－0801－0001687　善/1693

師山先生文集八卷遺文五卷遺文附錄一卷
(元)鄭玉撰　明嘉靖四年(1525)刻本　四冊

220000－0801－0001688　善/1694

仁山金先生文集四卷附錄一卷　（元)金履祥
撰　清雍正三年(1725)刻本　四冊

220000－0801－0001689　善/1695

仁山金先生文集四卷附錄一卷　（元)金履祥
撰　清雍正三年(1725)刻本　四冊

220000－0801－0001690　善/1696

清江碧嶂集一卷　（元)杜本撰　明末毛氏汲
古閣刻本　一冊

220000－0801－0001691　善/1697

道園學古錄不分卷　（元)虞集撰　清刻本
十冊

220000－0801－0001692　善/1698

黃文獻公集二十三卷　（元)黃溍撰　清抄本
十六冊

220000－0801－0001693　善/1699

趙文敏公松雪齋全集十卷續集一卷外集一卷
(元)趙孟頫撰　清康熙五十二年(1713)城
書室刻本　四冊

220000－0801－0001694　善/1700

趙文敏公松雪齋全集十卷續集一卷外集一卷
(元)趙孟頫撰　清康熙五十二年(1713)城
書室刻本　四冊

220000－0801－0001695　善/1701

趙文敏公松雪齋全集十卷續集一卷外集一卷
(元)趙孟頫撰　清康熙五十二年(1713)城
書室刻本　四冊

220000－0801－0001696　善/1702

圭齋文集十六卷　（元)歐陽玄撰　明成化七
年(1471)刻本　一冊　存六卷(一至六)

220000－0801－0001697　善/1703

松雪齋文集十六卷　（元)趙孟頫撰　清
初刻本　十冊

220000－0801－0001698　善/1704

松雪齋文集十卷　（元)趙孟頫撰　明初刻本
五冊

220000－0801－0001699　善/1705

松雪齋集十卷外集一卷　（元)趙孟頫撰　清
初刻本　六冊

220000－0801－0001700　善/1706

松雪齋集十卷外集一卷　（元)趙孟頫撰　清
初刻本　四冊

220000－0801－0001701　善/1707

松雪齋文集十卷外集二卷　（元)趙孟頫撰

明萬曆刻本　十二冊

220000－0801－0001702　善/1708

唐荆川先生文集十二卷　（明）唐順之撰　明
嘉靖二十八年(1549)刻本　六冊

220000－0801－0001703　善/1709

杜子美七言律不分卷　（唐）杜甫撰　明刻本
一冊

220000－0801－0001704　善/1710

九靈山房集三十卷補編不分卷　（元）戴良撰
清乾隆三十七年(1772)鮑廷博刻本　八冊

220000－0801－0001705　善/1711

九靈山房集三十卷補編不分卷　（元）戴良撰
清乾隆三十七年(1772)鮑廷博刻本　八冊

220000－0801－0001706　善/1712

九靈山房集三十卷補編不分卷　（元）戴良撰
清乾隆三十七年(1772)鮑廷博刻本　八冊

220000－0801－0001707　善/1713

雁門集六卷　（元）薩都剌撰　清乾隆五十年
(1785)刻本　二冊

220000－0801－0001708　善/1714

揭文安公詩集六卷補遺一卷文粹二卷　（元）
揭傒斯撰　清乾隆三十四年(1769)刻本
四冊

220000－0801－0001709　善/1715

楊鐵崖先生文集四卷　（明）楊維楨撰　清抄
本　四冊

220000－0801－0001710　善/1716

青陽先生文集六卷　（元）余闕撰　明刻本
一冊

220000－0801－0001711　善/1717

筠溪牧潛集六卷　（元）釋圓至撰　明汲古閣
刻本　一冊

220000－0801－0001712　善/1718

李卓吾評選方正學文集十一卷　（明）方孝孺
撰　明萬曆求古堂刻本　四冊

220000－0801－0001713　善/1719

新刻六言詩集一卷　（明）胡文煥選輯　明萬
曆二十四年(1596)刻本　一冊

220000－0801－0001714　善/1720

商文毅公集六卷　（明）商輅撰　清順治十四
年(1657)刻本　六冊

220000－0801－0001715　善/1721

一峯先生文集十一卷　（明）羅倫撰　明正德
十一年(1516)刻本　六冊

220000－0801－0001716　善/1722

太師誠意伯劉文成公集十八卷　（明）劉基撰
明嘉靖三十五年(1556)刻本　八冊

220000－0801－0001717　善/1723

余忠宣集六卷　（元）余闕撰　（明）郭奎輯
明嘉靖三十三年(1554)刻本　四冊

220000－0801－0001718　善/1724

龍谿王先生全集二十二卷　（明）王畿撰　明
萬曆四十三年(1615)刻本　十二冊

220000－0801－0001719　善/1725

唐伯虎先生集二卷外編五卷畫譜三卷　（明）
唐寅撰　明萬曆刻本　六冊

220000－0801－0001720　善/1726

高皇帝御製文集二十卷　（明）太祖朱元璋撰
明嘉靖十四年(1535)刻本　八冊

220000－0801－0001721　善/1727

**青邱高季迪先生詩集十八卷遺詩一卷扣舷集
一卷鳧藻集五卷附錄一卷**　（明）高啓撰
（清）金檀輯注　**年譜一卷**　（清）金檀撰　清
雍正六年(1728)金氏文瑞樓刻本　十六冊

220000－0801－0001722　善/1728

高季迪先生大全集十八卷　（明）高啓撰　清
康熙刻本　八冊

220000－0801－0001723　善/1729

康對山先生集四十五卷首一卷　（明）康海撰
清康熙五十一年(1712)古邠貽穀堂刻本
十二冊

220000－0801－0001724　善/1730

新刻天傭子全集十卷　（明）艾南英撰　清康

熙三十八年(1699)刻本　十冊

220000－0801－0001725　善/1731

震川先生集三十卷　（明）歸有光撰　清康熙
十四年(1675)刻本　六冊

220000－0801－0001726　善/1732

屠先生評釋謀野集四卷　（明）王穉登撰　明
末程德符刻本　四冊

220000－0801－0001727　善/1733

石臼集前集九卷後集七卷　（明）邢昉撰　清
康熙刻本　十六冊

220000－0801－0001728　善/1734

張龍湖先生文集十五卷　（明）張治撰　清雍
正四年(1726)刻本　四冊

220000－0801－0001729　善/1735

張龍湖先生文集十五卷　（明）張治撰　清雍
正四年(1726)刻本　四冊

220000－0801－0001730　善/1736

張龍湖先生文集十五卷　（明）張治撰　清雍
正四年(1726)刻本　四冊

220000－0801－0001731　善/1737

王文恪公集三十六卷　（明）王鏊撰　白社詩
草一卷　（明）王禹聲撰　明末王禹聲三槐堂
刻本　八冊

220000－0801－0001732　善/1738

王文恪公集三十六卷　（明）王鏊撰　白社詩
草一卷　（明）王禹聲撰　明末刻本　十六冊

220000－0801－0001733　善/1739

天傭子集二十卷首一卷末一卷　（明）艾南英
撰　清康熙二十七年(1688)淳如堂刻本　十
六冊

220000－0801－0001734　善/1740

震川先生文集二十卷　（明）歸有光撰　明萬
曆二年(1574)刻本　六冊

220000－0801－0001735　善/1741

王遵巖集十卷　（明）王慎中撰　明末刻本
六冊

220000－0801－0001736　善/1742

王徵士集四卷附錄一卷　（明）王彝撰　清康
熙三十九年(1700)刻本　四冊

220000－0801－0001737　善/1743

三峰藏禪師山居詩一卷三峰三十景詩一卷
（明）釋法藏著　明萬曆四十八年(1620)寂照
堂刻本　一冊

220000－0801－0001738　善/1744

王槐野先生存笥稿前集二十卷　（明）王維楨
撰　明萬曆七年(1579)尹應元刻本　八冊

220000－0801－0001739　善/1745

玉茗堂尺牘六卷絕句二卷　（明）湯顯祖撰
明刻本　八冊

220000－0801－0001740　善/1746

新刻張太岳先生文集四十七卷　（明）張居正
撰　明萬曆刻本　二十冊

220000－0801－0001741　善/1747

天目山齋歲編二十八卷　（明）吳維嶽撰　明
嘉靖四十三年(1564)刻本　四冊

220000－0801－0001742　善/1748

玉茗堂全集四十六卷　（明）湯顯祖撰　清康
熙三十三年(1694)竹林堂刻本　八冊

220000－0801－0001743　善/1749

天目先生集二十一卷　（明）徐中行撰　附錄
一卷　（明）郭造卿撰　明萬曆十二年(1584)
張佳胤刻本　二冊

220000－0801－0001744　善/1750

王陽明先生全集二十二卷　（明）王守仁撰
清康熙刻本　十四冊

220000－0801－0001745　善/1751

王陽明先生全集二十二卷　（明）王守仁撰
清康熙刻本　二十冊

220000－0801－0001746　善/1752

解文毅公集十六卷首一卷附錄一卷後集六卷
　（明）解縉撰　清乾隆三十三年(1768)敦仁
堂刻本　十冊

220000－0801－0001747　善/1753

解文毅公集十六卷首一卷附錄一卷後集六卷
　（明）解縉撰　清乾隆三十三年(1768)敦仁堂刻本　六冊

220000－0801－0001748　善/1754
牧齋初學集一百十卷目錄二卷　（清）錢謙益撰　明崇禎十六年(1643)刻本　二十四冊

220000－0801－0001749　善/1755
徐文長文集三十卷　（明）徐渭撰　明萬曆四十二年(1614)刻本　六冊

220000－0801－0001750　善/1756
徐文長文集三十卷　（明）徐渭撰　明萬曆四十二年(1614)刻本　十三冊

220000－0801－0001751　善/1757
白雪樓詩集十卷　（明）李攀龍撰　明嘉靖四十二年(1563)刻本　六冊

220000－0801－0001752　善/1758
何氏集二十六卷　（明）何景明撰　明嘉靖三年(1524)刻本　十冊

220000－0801－0001753　善/1759
崇相集二十卷　（明）董應舉撰　明天啓三年(1623)刻本　十五冊

220000－0801－0001754　善/1760
緱山先生集二十七卷　（明）王衡撰　明萬曆四十四年(1616)刻本　六冊

220000－0801－0001755　善/1761
程孟陽全集二十三卷　（明）程嘉燧撰　清康熙二十八年(1689)刻本　六冊

220000－0801－0001756　善/1762
甔甀洞藁五十四卷目錄二卷　（明）吳國倫著　明萬曆十二年(1584)刻本　十冊

220000－0801－0001757　善/1763
白沙子全集九卷附錄一卷　（明）陳獻章撰　明萬曆四十年(1612)刻本　二十四冊

220000－0801－0001758　善/1764
白沙子全集六卷首一卷　（明）陳獻章撰　清康熙四十九年(1710)刻本　六冊

220000－0801－0001759　善/1765
太史升庵文集八十一卷　（明）楊慎撰　明萬曆十年(1582)蔡汝賢刻本　二十六冊

220000－0801－0001760　善/1766
蠛蠓集五卷　（明）盧柟著　明萬曆二十二年(1594)刻本　五冊

220000－0801－0001761　善/1767
蠛蠓集五卷　（明）盧柟著　明萬曆三十年(1602)張其忠刻本　五冊

220000－0801－0001762　善/1768
太史升庵文集八十一卷目錄四卷　（明）楊慎撰　明萬曆十年(1582)刻本　十六冊

220000－0801－0001763　善/1769
何大復先生集三十八卷附錄一卷　（明）何景明撰　明萬曆五年(1577)刻本　十二冊

220000－0801－0001764　善/1770
何大復先生集三十八卷目錄一卷附錄一卷　（明）何景明撰　清乾隆十五年(1750)刻本　十六冊

220000－0801－0001765　善/1771
升庵外集一百卷　（明）楊慎著　清刻本　二十冊

220000－0801－0001766　善/1772
山帶閣集三十三卷附錄一卷　（明）朱曰藩撰　清道光刻本　六冊

220000－0801－0001767　善/1773
吳忠節公遺集四卷　（明）吳麟徵撰　清康熙五十五年(1716)刻本　二冊

220000－0801－0001768　善/1774
息園存稿詩集十四卷　（明）顧璘撰　清乾隆抄本　一冊　存二卷(二至三)

220000－0801－0001769　善/1775
息園存稿十四卷　（明）顧璘撰　明嘉靖十七年(1538)刻本　六冊

220000－0801－0001770　善/1776
儼山集一百五十卷　（明）陸深撰　明嘉靖二十五年(1546)刻本　二十冊　存一百四十卷

（儼山文集一百卷、外集四十卷）

220000－0801－0001771　善/1777
儼山集一百卷　（明）陸深撰　清乾隆抄本
二冊　存九卷（三十三至三十七、四十八至五
十一）

220000－0801－0001772　善/1778
白榆集十二卷　（明）屠隆撰　明萬曆二十二
年（1594）刻本　二冊

220000－0801－0001773　善/1779
鳥鼠山人小集四十四卷　（明）胡纘宗撰　明
嘉靖十八年（1539）刻清初印本　十四冊

220000－0801－0001774　善/1780
鳥鼠山人小集四十四卷　（明）胡纘宗撰　明
嘉靖十八年（1539）刻本　二十三冊

220000－0801－0001775　善/1781
牧庵集三十六卷　（元）姚燧撰　清乾隆三十
九年（1774）武英殿刻本　十四冊

220000－0801－0001776　善/1782
吳歈小草十卷　（明）婁堅著　清初嘉定三先
生集刻本　四冊

220000－0801－0001777　善/1783
解學士全集十卷首二卷目錄一卷　（明）解縉
著　明三吳晏少溪刻本　十二冊

220000－0801－0001778　善/1784
宗伯集八十一卷　（明）馮琦撰　明萬曆刻本
二十八冊

220000－0801－0001779　善/1785
瀟碧堂集二十卷續集十卷　（明）袁宏道撰
明萬曆三十六年（1608）袁氏書種堂刻本
九冊

220000－0801－0001780　善/1786
淵穎吳先生集十二卷附錄一卷　（元）吳萊撰
明嘉靖元年（1522）刻本　六冊

220000－0801－0001781　善/1787
滄溟先生集三十二卷　（明）李攀龍撰　明隆
慶六年（1572）刻本　十二冊

220000－0801－0001782　善/1788
滄溟先生集三十卷附錄一卷　（明）李攀龍撰
明隆慶六年（1572）刻本　六冊

220000－0801－0001783　善/1789
清江貝先生文集三十卷　（明）貝瓊撰　清康
熙五十八年（1719）金氏燕翼堂刻本　八冊

220000－0801－0001784　善/1790
容臺文集九卷　（明）董其昌撰　明崇禎三年
（1630）刻本　五冊

220000－0801－0001785　善/1791
海忠介公文集十卷　（明）海瑞撰　明萬曆四
十六年（1618）刻本　十冊

220000－0801－0001786　善/1792
空同子集六十六卷目錄三卷　（明）李夢陽撰
明萬曆三十年（1602）刻本　十六冊

220000－0801－0001787　善/1793
空同集六十三卷目錄二卷　（明）李夢陽撰
明嘉靖十一年（1532）刻本　二十四冊

220000－0801－0001788　善/1794
空同先生集六十三卷　（明）李夢陽撰　明萬
曆六年（1578）刻本　十六冊

220000－0801－0001789　善/1795
宋學士全集三十二卷附錄一卷　（明）宋濂撰
清康熙四十八年（1709）刻本　十六冊

220000－0801－0001790　善/1796
宋學士全集三十二卷附錄一卷　（明）宋濂撰
清康熙四十八年（1709）浙江刻本　十六冊

220000－0801－0001791　善/1797
李詩通三十卷附錄一卷　（明）胡震亨撰　明
萬曆刻本　四冊

220000－0801－0001792　善/1798
邊華泉集八卷　（明）邊貢撰　明嘉靖二十三
年（1544）刻本　四冊

220000－0801－0001793　善/1799
渼陂集十六卷　（明）王九思撰　明嘉靖十二
年（1533）刻本　四冊

220000－0801－0001794　善/1800

新刊宋學士全集三十三卷　（明）宋濂撰　明嘉靖三十二年(1553)刻本　十八冊

220000－0801－0001795　善/1801

太函集一百二十卷目錄六卷　（明）汪道昆撰　明萬曆十九年(1591)刻本　四十冊

220000－0801－0001796　善/1802

太函集一百二十卷目錄六卷　（明）汪道昆撰　明萬曆十九年(1591)刻本　三十冊

220000－0801－0001797　善/1803

大鄣山人集五十三卷　（明）吳子玉撰　明萬曆十五年(1587)刻本　十四冊

220000－0801－0001798　善/1804

茅鹿門先生文集三十六卷　（明）茅坤撰　明萬曆十六年(1588)刻本　八冊

220000－0801－0001799　善/1805

靳兩城先生集二十卷　（明）靳學顏撰　明萬曆十七年(1589)刻本　八冊

220000－0801－0001800　善/1806

薛西原五言詩鈔不分卷　（明）薛西原撰　清抄本　一冊

220000－0801－0001801　善/1807

萬二愚先生遺集六卷　（明）萬國欽著　明萬曆三十七年(1609)萬尚烈刻本　四冊

220000－0801－0001802　善/1808

楊椒山先生集四卷年譜一卷附錄一卷　（明）楊繼盛撰　清康熙三十七年(1698)五世堂刻本　六冊

220000－0801－0001803　善/1809

夢澤集十八卷附錄五卷　（明）王廷陳撰　明萬曆三十年(1602)刻本　六冊

220000－0801－0001804　善/1810

薛考功集十卷　（明）薛蕙撰　明嘉靖十四年(1535)刻本　四冊　存九卷（一至九）

220000－0801－0001805　善/1811

荊川文集十八卷　（明）唐順之撰　清康熙五十一年(1712)刻本　八冊

220000－0801－0001806　善/1812

荊川文集十八卷　（明）唐順之撰　清康熙五十一年(1712)刻本　九冊

220000－0801－0001807　善/1813

荊川文集十八卷　（明）唐順之撰　清康熙五十一年(1712)刻本　八冊

220000－0801－0001808　善/1814

荊川文集十八卷　（明）唐順之撰　清康熙五十一年(1712)刻本　八冊

220000－0801－0001809　善/1815

太史升庵全集八十一卷目錄二卷　（明）楊慎撰　明萬曆刻清印本　十二冊

220000－0801－0001810　善/1816

太史升庵全集八十一卷目錄二卷　（明）楊慎撰　清刻本　十六冊

220000－0801－0001811　善/1817

翠娛閣評選袁中郎先生小品二卷　（明）袁宏道著　明末刻本　二冊

220000－0801－0001812　善/1818

梨雲館類定袁中郎全集二十四卷　（明）袁宏道撰　明末刻本　十二冊

220000－0801－0001813　善/1819

重刻來瞿唐先生日錄十二卷　（明）來知德撰　明萬曆三十九年(1611)刻本　十二冊

220000－0801－0001814　善/1820

李氏焚書六卷　（明）李贄撰　明萬曆刻本　八冊

220000－0801－0001815　善/1821

李氏焚書六卷　（明）李贄撰　明萬曆刻本　五冊

220000－0801－0001816　善/1822

來禽館集二十九卷　（明）邢侗撰　明萬曆刻清道光補刻本　十二冊

220000－0801－0001817　善/1823

黃陶庵先生全集文集七卷補遺一卷語錄五卷詩集八卷末一卷　（明）黃淳耀撰　清乾隆二十六年(1761)刻本　十六冊

220000－0801－0001818　善/1824

黄陶庵先生全集文集七卷補遺一卷語錄五卷詩集八卷末一卷 （明）黄淳耀撰　清乾隆二十六年（1761）刻本　六册

220000－0801－0001819　善/1825

泰泉集六十卷 （明）黄佐撰　明萬曆元年（1573）刻本　七册　存三十一卷（三十至六十）

220000－0801－0001820　善/1826

由拳集二十三卷 （明）屠隆撰　明萬曆八年（1580）刻本　十二册

220000－0801－0001821　善/1827

東里文集二十五卷 （明）楊士奇撰　明萬曆四十六年（1618）刻本　十二册

220000－0801－0001822　善/1828

青邱高季迪先生詩集十八卷遺詩一卷扣舷集一卷鳧藻集五卷 （明）高啓撰　清雍正六年（1728）文瑞樓刻乾隆補刻本　八册

220000－0801－0001823　善/1829

青邱高季迪先生詩集十八卷遺詩一卷扣舷集一卷鳧藻集五卷 （明）高啓撰　清雍正六年（1728）文瑞樓刻乾隆補刻本　八册

220000－0801－0001824　善/1830

青邱高季迪先生詩集十八卷遺詩一卷扣舷集一卷鳧藻集五卷 （明）高啓撰　清雍正六年（1728）文瑞樓刻乾隆補刻本　八册

220000－0801－0001825　善/1831

青邱高季迪先生詩集十八卷遺詩一卷扣舷集一卷鳧藻集五卷 （明）高啓撰　清雍正六年（1728）文瑞樓刻乾隆補刻本　十册

220000－0801－0001826　善/1832

田叔禾小集十二卷 （明）田汝成撰　明嘉靖四十二年（1563）刻本　四册

220000－0801－0001827　善/1833

明月篇二卷 （明）王穉登撰　明萬曆八年（1580）刻本　一册

220000－0801－0001828　善/1834

隱秀軒詩集三十三卷 （明）鍾惺撰　明天啓二年（1622）海虞沈氏刻本　四册　存三卷（一至三）

220000－0801－0001829　善/1835

歇庵集二十卷附錄一卷 （明）陶望齡撰　明萬曆三十九年（1611）刻本　八册

220000－0801－0001830　善/1836

陶學士先生文集二十卷事蹟一卷 （明）陶安撰　明弘治十三年（1500）刻本　十二册

220000－0801－0001831　善/1837

陶庵文集七卷附錄一卷 （明）黄淳耀撰　清康熙十五年（1676）刻本　四册

220000－0801－0001832　善/1838

陽明先生文錄五卷外集九卷別錄十四卷 （明）王守仁撰　明嘉靖三十八年（1559）刻本　三十册

220000－0801－0001833　善/1839

屈翁山詩集八卷詞一卷 （清）屈大均撰　清初刻本　四册

220000－0801－0001834　善/1840

鏡山庵集二十八卷 （明）高出撰　明天啓六年（1626）刻本　四册　存八卷（一至八）

220000－0801－0001835　善/1841

鍾伯敬評秘書十八種初集六十六卷二集九十四卷 （晉）孔晁等註　明末刻本　四十八册

220000－0801－0001836　善/1842

瓶花齋集十卷 （明）袁宏道撰　明萬曆三十六年（1608）勾吳袁氏書種堂刻本　四册

220000－0801－0001837　善/1843

瓶花齋集十卷 （明）袁宏道撰　明萬曆三十六年（1608）刻本　二册

220000－0801－0001838　善/1844

鈐山堂集四十卷附錄一卷 （明）嚴嵩撰　明嘉靖三十八年（1559）刻本　八册

220000－0801－0001839　善/1845

篁墩程先生文粹二十五卷 （明）程敏政撰　明正德元年（1506）刻本　八册

220000－0801－0001840　善/1846

篁墩程先生文粹二十五卷　（明）程敏政撰
明正德元年(1506)刻本　十二冊

220000－0801－0001841　善/1847

小山類藁選二十卷　（明）張岳撰　明萬曆十
五年(1587)刻本　十六冊

220000－0801－0001842　善/1848

小窗豔紀十四卷小窗自紀二卷小窗清紀二卷
　（明）吳從先批選　明末刻本　十二冊

220000－0801－0001843　善/1849

懷麓堂全集一百卷　（明）李東陽撰　清末刻
本　四十冊

220000－0801－0001844　善/1850

御製文集四十卷總目五卷第二集五十卷總目
六卷第三集五十卷總目六卷　（清）聖祖玄燁
撰　清康熙五十三年(1714)武英殿刻本　七
十七冊

220000－0801－0001845　善/1851

講學述言絕句百首　（清）武承謨著　清雍正
元年(1723)刻本　一冊

220000－0801－0001846　善/1852

說詩晬語二卷黃山遊草一卷台山遊草一卷南
巡詩一卷　（清）沈德潛撰　清乾隆刻本
四冊

220000－0801－0001847　善/1853

亭林遺書二十七卷　（清）顧炎武撰　清吳江
潘氏遂初堂刻本　六冊

220000－0801－0001848　善/1854

亭林遺書二十七卷　（清）顧炎武撰　清刻本
　六冊

220000－0801－0001849　善/1855

文湖氏所見集六卷　（清）文湖氏輯　清乾隆
五十五年(1790)抄本　五冊

220000－0801－0001850　善/1856

託素齋文集六卷　（清）黎士弘撰　清雍正二
年(1724)刻本　六冊

220000－0801－0001851　善/1857

亦政堂詩集十二卷　（清）劉珊撰　清嘉慶二
十三年(1818)刻本　四冊

220000－0801－0001852　善/1858

施閏章先生全集九十六卷　（清）施閏章著
清乾隆刻本　三十二冊

220000－0801－0001853　善/1859

施閏章先生全集九十六卷　（清）施閏章著
清乾隆刻本　二十冊

220000－0801－0001854　善/1860

詠史偶稿一卷綠溪詞一卷　（清）靳榮藩著
清乾隆刻本　一冊

220000－0801－0001855　善/1861

西堂全集　（清）尤侗撰　清康熙刻本　十九
冊　存六十卷(西堂文集二十四卷、西堂詩集
二十五卷、西堂樂府五卷、湘中草六卷)

220000－0801－0001856　善/1862

邵子湘文集二十二卷　（清）邵長蘅撰　清康
熙刻本　六冊

220000－0801－0001857　善/1863

醉白堂文集不分卷　（清）謝良琦撰　清康熙
刻本　二冊

220000－0801－0001858　善/1864

邵子湘全集三十卷　（清）邵長蘅撰　清康熙
三十四年(1695)青門草堂刻本　六冊

220000－0801－0001859　善/1865

蠶尾集十卷續集二卷後集二卷　（清）王士禎
撰　清康熙四十二年(1703)刻本　六冊

220000－0801－0001860　善/1866

三魚堂文集十二卷外集六卷附錄一卷　（清）
陸隴其撰　清康熙四十年(1701)刻本　十
六冊

220000－0801－0001861　善/1867

雪莊西湖漁唱七卷末一卷　（清）許承祖著
清乾隆二十四年(1759)刻本　六冊

220000－0801－0001862　善/1868

琴鶴山房文鈔不分卷　（清）趙銘撰　清稿本
　四冊

220000－0801－0001863　善/1869
弢甫五嶽集十八卷　（清）桑調元撰　清乾隆
二十一年(1756)修汲堂刻本　十二冊

220000－0801－0001864　善/1870
王氏漁洋詩鈔十二卷宋氏綿津詩鈔八卷
（清）王士禎　（清）宋犖著　（清）邵長蘅選
清康熙三十四年(1695)刻本　五冊

220000－0801－0001865　善/1871
王氏漁洋詩鈔十二卷宋氏綿津詩鈔八卷
（清）王士禎　（清）宋犖著　清康熙三十四年
(1695)刻本　五冊

220000－0801－0001866　善/1872
王氏漁洋詩鈔十二卷宋氏綿津詩鈔八卷
（清）王士禎　（清）宋犖著　清康熙三十四年
(1695)刻本　五冊

220000－0801－0001867　善/1873
香屑集十八卷首一卷末一卷　（清）黃之雋輯
清雍正十二年(1734)刻本　四冊

220000－0801－0001868　善/1874
香屑集十八卷首一卷末一卷　（清）黃之雋輯
清雍正十二年(1734)刻本　二冊

220000－0801－0001869　善/1875
香屑集十八卷首一卷末一卷　（清）黃之雋輯
清雍正十二年(1734)刻本　十二冊

220000－0801－0001870　善/1876
西陂類稿五十卷　（清）宋犖撰　清康熙五十
年(1711)刻本　十六冊

220000－0801－0001871　善/1877
西陂類稿五十卷　（清）宋犖撰　清康熙五十
年(1711)刻本　十六冊

220000－0801－0001872　善/1878
西陂類稿五十卷　（清）宋犖撰　清康熙五十
年(1711)刻本　十六冊

220000－0801－0001873　善/1879
繡虎軒尺牘八卷　（清）曹煜著　清康熙刻本
二冊

220000－0801－0001874　善/1880

220000－0801－0001874　善/1880
改亭集十六卷　（清）計東撰　清康熙四十七
年(1708)刻本　四冊

220000－0801－0001875　善/1881
繩庵外集八卷　（清）劉綸撰　清乾隆三十七
年(1772)刻本　四冊

220000－0801－0001876　善/1882
繩庵外集八卷　（清）劉綸撰　清乾隆三十七
年(1772)刻本　一冊

220000－0801－0001877　善/1883
豐川全集二十八卷　（清）王心敬撰　清康熙
五十五年(1716)刻本　八冊

220000－0801－0001878　善/1884
御製詩集十卷二集十卷　（清）聖祖玄燁撰
清康熙四十二年(1703)刻本　四冊

220000－0801－0001879　善/1885
御製樂善堂集四卷　（清）高宗弘曆撰　清乾
隆五年(1740)刻本　二冊

220000－0801－0001880　善/1886
魏叔子文鈔十二卷　（清）魏禧撰　清康熙三
十三年(1694)刻木　三冊

220000－0801－0001881　善/1887
御製詩集十卷二集十卷　（清）聖祖玄燁撰
清康熙四十二年(1703)刻本　四冊

220000－0801－0001882　善/1888
綿津山人詩集二十九卷楓香詞一卷漫堂說詩
一卷筠廊偶筆二卷怪石贊一卷雪堂墨品一卷
緯蕭草堂詩三卷　（清）宋犖撰　清康熙刻本
六冊

220000－0801－0001883　善/1889
綿津山人詩集三十二卷　（清）宋犖撰　清康
熙二十七年(1688)刻本　八冊

220000－0801－0001884　善/1890
綿津山人詩集二十七卷楓香詞一卷漫堂說詩
一卷　（清）宋犖著　清康熙三十七年(1698)
刻本　四冊

220000－0801－0001885　善/1891
受祺堂詩三十五卷　（清）李因篤撰　清康熙

三十八年(1699)刻本 十二冊

220000－0801－0001886 善/1892

宋氏綿津詩鈔八卷 （清）宋犖撰 （清）邵長
蘅選 清康熙刻本 八冊

220000－0801－0001887 善/1893

山薑詩選十三卷 （清）田雯著 清初刻本
七冊

220000－0801－0001888 善/1894

息齋集八卷 （清）金之俊撰 清康熙八年
(1669)刻本 十冊

220000－0801－0001889 善/1895

舟車集十卷後集十卷集唐一卷 （清）陶季撰
清康熙三十八年(1699)刻本 四冊

220000－0801－0001890 善/1896

後知堂文集四十六卷 （清）蕭正模撰 清康
熙五十六年(1717)刻本 十冊

220000－0801－0001891 善/1897

穆堂初稿五十卷 （清）李紱撰 清乾隆五年
(1740)刻本 十五冊

220000－0801－0001892 善/1898

樂善堂全集定本三十卷首一卷目錄一卷
(清)高宗弘曆撰 清乾隆二十三年(1758)刻
本 十八冊

220000－0801－0001893 善/1899

樂善堂全集四十卷序一卷跋一卷目錄四卷
(清)高宗弘曆撰 清乾隆二年(1737)武英殿
刻本 二十四冊

220000－0801－0001894 善/1900

樂善堂全集四十卷序一卷跋一卷目錄四卷
(清)高宗弘曆撰 清乾隆二年(1737)武英殿
刻本 二十四冊

220000－0801－0001895 善/1901

樂善堂全集四十卷序一卷跋一卷目錄四卷
(清)高宗弘曆撰 清乾隆二年(1737)武英殿
刻本 二十四冊

220000－0801－0001896 善/1902

秋笳集八卷補遺一卷 （清）吳兆騫撰 清雍

正四年(1726)刻本 四冊

220000－0801－0001897 善/1903

遼西詩鈔一卷 （清）蘇成龍撰 清蘇成龍稿
本 一冊

220000－0801－0001898 善/1904

叢碧山房全集文集八卷雜著三卷詩集十卷詩
初集十四卷詩二集六卷詩三集十一卷 （清）
龐塏撰 清康熙刻本 九冊

220000－0801－0001899 善/1905

漁山詩草二卷 （清）邊汝元撰 清乾隆四十
年(1775)刻本 二冊

220000－0801－0001900 善/1906

漁洋說部精華十二卷 （清）王士禎撰 清乾
隆刻本 六冊

220000－0801－0001901 善/1907

漁洋山人精華錄箋註十二卷 （清）王士禎著
清雍正刻本 六冊

220000－0801－0001902 善/1908

漁洋山人精華錄十二卷 （清）王士禎著 清
康熙刻本 十二冊

220000－0801－0001903 善/1909

漁洋山人秋柳詩箋註析解 （清）鄭鴻撰 清
同治十一年(1872)稿本 一冊

220000－0801－0001904 善/1910

漁洋山人精華錄十卷 （清）王士禎著 清康
熙三十九年(1700)刻本 四冊

220000－0801－0001905 善/1911

漁洋山人精華錄十卷 （清）王士禎著 清康
熙三十九年(1700)刻本 十冊

220000－0801－0001906 善/1912

漁洋山人精華錄十卷 （清）王士禎著 清康
熙三十九年(1700)刻本 六冊

220000－0801－0001907 善/1913

漁洋山人精華錄箋註十二卷補一卷年譜一卷
（清）王士禎撰 清金氏鳳翽堂刻本 十
六冊

220000－0801－0001908　善/1914

漁洋山人精華錄十卷　（清）王士禎撰　清康熙三十九年（1700）林佶刻本　四冊

220000－0801－0001909　善/1915

湖海樓詩集八卷　（清）陳維崧撰　清康熙二十八年（1689）刻本　四冊

220000－0801－0001910　善/1916

遂初堂詩集十六卷文集二十卷別集四卷（清）潘耒著　清康熙四十九年（1710）刻雍正三年（1725）印本　十冊

220000－0801－0001911　善/1917

遂初堂集四十卷　（清）潘耒撰　清康熙四十九年（1710）刻本　十二冊

220000－0801－0001912　善/1918

遂初堂集四十卷　（清）潘耒撰　清康熙四十九年（1710）刻本　二十冊

220000－0801－0001913　善/1919

寒村詩文集十五種三十卷附雜錄補一卷（清）鄭梁撰　清康熙刻本　二十六冊

220000－0801－0001914　善/1920

冰庵詩鈔八卷　（清）王吉武著　清乾隆九年（1744）刻本　二冊

220000－0801－0001915　善/1921

道古堂文集四十六卷詩集二十六卷　（清）杭世駿著　清乾隆五十五年（1790）刻本　十六冊

220000－0801－0001916　善/1922

寒松堂全集十二卷　（清）魏象樞著　清康熙四十七年（1708）刻本　十二冊

220000－0801－0001917　善/1923

寒邨詩文集十八種三十六卷　（清）鄭梁撰　清康熙刻本　十六冊

220000－0801－0001918　善/1924

御製避暑山莊詩二卷　（清）聖祖玄燁撰　清乾隆六年（1741）刻朱墨套印本　四冊

220000－0801－0001919　善/1925

淵雅堂編年詩藁十六卷惕甫未定藁十六卷

（清）王芑孫著　清嘉慶九年（1804）刻本八冊

220000－0801－0001920　善/1926

芝庭文槀八卷　（清）彭啓豐撰　清乾隆三十五年（1770）刻本　四冊

220000－0801－0001921　善/1927

芝庭詩稿十卷　（清）彭啓豐撰　清乾隆刻本四冊

220000－0801－0001922　善/1928

御製古稀說一卷　（清）高宗弘曆撰　古稀頌一卷　（清）彭元瑞撰　清乾隆刻本　一冊

220000－0801－0001923　善/1929

嫗解集　（清）徐明浦撰　清嘉慶稿本　二冊

220000－0801－0001924　善/1930

板橋集六編　（清）鄭燮撰　清乾隆刻本六冊

220000－0801－0001925　善/1931

板橋集六編　（清）鄭燮撰　清乾隆刻本四冊

220000－0801－0001926　善/1932

板橋集六編　（清）鄭燮撰　清乾隆刻本四冊

220000－0801－0001927　善/1933

壺山自吟稿三卷　（清）朱休度撰　清嘉慶三年（1798）刻本　三冊

220000－0801－0001928　善/1934

壺山自吟稿三卷　（清）朱休度撰　清嘉慶三年（1798）刻本　二冊

220000－0801－0001929　善/1935

菱谿詩集四卷　（清）何彝光撰　清康熙三十三年（1694）刻本　四冊

220000－0801－0001930　善/1936

帶經堂集九十二卷　（清）王士禎撰　清康熙二十三年（1684）刻本　二十冊

220000－0801－0001931　善/1937

帶經堂全集七編九十二卷　（清）王士禎著

清乾隆三十七年(1772)刻本　二十四冊

220000－0801－0001932　善/1938

帶經堂全集七編九十二卷　（清）王士禎著
清乾隆三十七年(1772)刻本　二十四冊

220000－0801－0001933　善/1939

查浦詩鈔十二卷　（清）查嗣瑮撰　清康熙六
十一年(1722)刻本　三冊

220000－0801－0001934　善/1940

城北集八卷　（清）高士奇撰　清康熙二十九
年(1690)刻本　二冊

220000－0801－0001935　善/1941

蓮洋集選十二卷　（清）吳雯撰　清乾隆刻本
六冊

220000－0801－0001936　善/1942

志寧堂稿不分卷　（清）徐文靖撰　清雍正十
三年(1735)刻本　一冊

220000－0801－0001937　善/1943

敬業堂詩集五十卷　（清）查慎行撰　清康熙
刻本　十冊

220000－0801－0001938　善/1944

敬業堂詩集五十卷　（清）查慎行撰　清康熙
刻本　二十四冊

220000－0801－0001939　善/1945

蓼齋集四十七卷目錄一卷　（清）李雯撰　清
順治十四年(1657)刻本　二十冊

220000－0801－0001940　善/1946

敬業堂集五十卷詩續集四卷　（清）查慎行撰
清康熙五十八年(1719)刻本　十二冊

220000－0801－0001941　善/1947

敬業堂集五十卷詩續集四卷　（清）查慎行撰
清康熙五十八年(1719)刻本　六冊

220000－0801－0001942　善/1948

蕉林詩集十八卷　（清）梁清標撰　清康熙十
七年(1678)秋碧堂刻本　六冊

220000－0801－0001943　善/1949

蓮洋集十二卷補遺一卷附一卷　（清）吳雯撰

清乾隆十七年(1752)刻本　七冊

220000－0801－0001944　善/1950

**古歡堂集三十六卷長河志籍考十卷黔書二卷
年譜一卷**　（清）田雯撰　**有懷堂文集一卷詩
集一卷**　（清）田肇麗撰　清康熙、乾隆刻本
十冊

220000－0801－0001945　善/1951

**古歡堂集三十六卷長河志籍考十卷黔書二卷
年譜一卷**　（清）田雯撰　**有懷堂文集一卷詩
集一卷**　（清）田肇麗撰　清康熙、乾隆刻本
十二冊

220000－0801－0001946　善/1952

**松桂堂全集三十七卷南泲集三卷延露詞三卷
目錄一卷**　（清）彭孫遹撰　清乾隆八年
(1743)刻本　十二冊

220000－0801－0001947　善/1953

古歡堂集七種二十二卷　（清）田雯撰　清康
熙刻本　七冊

220000－0801－0001948　善/1954

葉忠節公遺稿十二卷　（清）葉映榴撰　清乾
隆十年(1745)刻本　四冊

220000－0801－0001949　善/1955

樓邨詩集二十五卷　（清）王式丹著　清雍正
三年(1725)刻本　十二冊

220000－0801－0001950　善/1956

南田翁詩文雜著一卷　（清）惲格撰　清抄本
一冊

220000－0801－0001951　善/1957

榕村全集四十卷別集五卷　（清）李光地撰
清乾隆元年(1736)教忠堂刻本　十二冊

220000－0801－0001952　善/1959

墨麟詩十二卷　（清）馬維翰撰　清初刻本
四冊

220000－0801－0001953　善/1960

**獨學廬初稿詩八卷文三卷讀左卮言一卷漢書
刊誤一卷**　（清）石韞玉撰　清乾隆六十年
(1795)長沙官舍刻本　四冊

220000－0801－0001954　善/1961

獨學廬初稿詩八卷文三卷讀左卮言一卷漢書刊訛一卷　（清）石韞玉撰　清乾隆六十年(1795)長沙官舍刻本　三冊

220000－0801－0001955　善/1962

有懷堂文稿二十二卷詩稿六卷　（清）韓菼撰　清康熙四十二年(1703)刻本　六冊

220000－0801－0001956　善/1963

有懷堂文稿二十二卷詩稿六卷　（清）韓菼撰　清康熙四十二年(1703)刻本　十冊

220000－0801－0001957　善/1964

東巡金石錄八卷　（清）崔應階　（清）梁翥鴻輯　清乾隆刻本　二冊

220000－0801－0001958　善/1965

抱犢山房集六卷　（清）嵇永仁撰　清雍正嵇曾筠刻本　三冊

220000－0801－0001959　善/1966

東江詩鈔十二卷　（清）唐孫華撰　清康熙五十六年(1717)刻本　四冊

220000－0801－0001960　善/1967

東江詩鈔十二卷　（清）唐孫華撰　清康熙五十六年(1717)刻本　四冊

220000－0801－0001961　善/1968

申慇公全集聰山文集三卷聰山集八卷年譜一卷墓誌銘一卷鄉賢錄一卷荆園小語一卷荆園進語一卷　（清）申涵光撰　清康熙十六年(1677)渾脫居刻本　八冊

220000－0801－0001962　善/1969

採益集錄一卷　劉炳祐手輯　清抄本　一冊

220000－0801－0001963　善/1970

味和堂詩集六卷　（清）高其倬撰　清乾隆三十二年(1767)刻本　二冊

220000－0801－0001964　善/1971

是程堂初集四卷　（清）屠倬撰　清嘉慶九年(1804)刻本　二冊

220000－0801－0001965　善/1972

是程堂初集四卷　（清）屠倬撰　清嘉慶十九

年(1814)刻本　四冊

220000－0801－0001966　善/1973

嚴太僕先生集十二卷墓表一卷　（清）嚴虞惇撰　清乾隆元年(1736)繩武堂刻本　四冊

220000－0801－0001967　善/1974

國朝山左詩鈔六十卷　（清）盧見曾輯　清乾隆二十三年(1758)刻本　三十二冊

220000－0801－0001968　善/1975

曝書亭集八十卷附錄一卷　（清）朱彝尊撰　清康熙五十三年(1714)刻本　二十四冊

220000－0801－0001969　善/1976

曝書亭集八十卷附錄一卷　（清）朱彝尊撰　清康熙刻本　十二冊

220000－0801－0001970　善/1977

曝書亭集八十卷附錄一卷　（清）朱彝尊撰　清康熙刻本　十五冊

220000－0801－0001971　善/1978

曝書亭集八十卷附錄一卷　（清）朱彝尊撰　清康熙刻本　十一冊

220000－0801－0001972　善/1979

嘯竹堂集十六卷　（清）王錫撰　清康熙三十五年(1696)刻本　八冊

220000－0801－0001973　善/1980

曝書亭集八十卷附錄一卷　（清）朱彝尊撰　清康熙刻本　十二冊

220000－0801－0001974　善/1981

賜書堂詩鈔八卷　（清）周長發撰　清乾隆八年(1743)刻本　八冊

220000－0801－0001975　善/1982

四照堂文集五卷　（清）王猷定撰　清康熙二十三年(1684)刻本　四冊

220000－0801－0001976　善/1983

恩餘堂經進初稿十二卷續稿二十二卷三稿十一卷　（清）彭元瑞撰　清乾隆刻本　十六冊

220000－0801－0001977　善/1984

臨江閣集十一卷　（清）譚書著　清嘉慶十年

（1805）稿本　四冊

220000－0801－0001978　善/1985

鳳池園文集八卷詩集八卷　（清）顧汧著　清
康熙五十一年（1712）刻本　八冊

220000－0801－0001979　善/1986

陳檢討集二十卷　（清）陳維崧撰　清康熙三
十三年（1694）刻本　四冊

220000－0801－0001980　善/1987

陳檢討集二十卷　（清）陳維崧撰　清康熙三
十三年（1694）刻本　四冊

220000－0801－0001981　善/1988

陳檢討集十二卷　（清）陳維崧撰　清康熙二
十二年（1683）刻本　二冊

220000－0801－0001982　善/1989

陳檢討集十二卷詩鈔十卷詞鈔十二卷　（清）
陳維崧撰　清康熙刻本　八冊

220000－0801－0001983　善/1990

貫華堂才子書彙稿　（清）金人瑞撰　清康熙
刻本　六冊

220000－0801－0001984　善/1991

午亭文編五十卷　（清）陳廷敬撰　清乾隆四
十三年（1778）刻本　八冊

220000－0801－0001985　善/1992

午亭文編五十卷　（清）陳廷敬撰　清乾隆四
十三年（1778）刻本　八冊

220000－0801－0001986　善/1993

午亭文編五十卷　（清）陳廷敬撰　（清）林佶
輯錄　清乾隆四十三年（1778）刻本　十六冊

220000－0801－0001987　善/1994

午亭文編五十卷　（清）陳廷敬撰　清康熙四
十七年（1708）刻本　十二冊

220000－0801－0001988　善/1995

陳學士文集十八卷　（清）陳儀撰　清乾隆十
八年（1753）刻本　十二冊

220000－0801－0001989　善/1996

居易堂集二十卷　（清）徐枋著　清抄本

六冊

220000－0801－0001990　善/1997

果堂集十二卷附周官祿田考三卷傳墓誌銘儀
禮鄭注監本刊誤儀禮小疏尚書小疏春秋左傳
小疏　（清）沈彤撰　清乾隆十四年（1749）刻
本　八冊

220000－0801－0001991　善/1998

果堂集十二卷附傳墓誌銘周官祿田考三卷儀
禮小疏不分卷附尚書小疏春秋左傳小疏
（清）沈彤撰　清乾隆十四年（1749）刻本
六冊

220000－0801－0001992　善/1999

筠廊二筆二卷　（清）宋犖著　清康熙四十五
年（1706）刻本　二冊

220000－0801－0001993　善/2000

錢牧齋尺牘三卷　（清）顧棫編　清康熙三十
八年（1699）刻本　二冊

220000－0801－0001994　善/2001

筠廊偶筆二卷　（清）宋犖著　清康熙九年
（1670）藕灣精舍刻本　二冊

220000－0801－0001995　善/2002

筠廊偶筆二卷　（清）宋犖著　清康熙九年
（1670）刻本　二冊

220000－0801－0001996　善/2003

筠廊偶筆二卷　（清）宋犖著　清康熙九年
（1670）刻本　二冊

220000－0801－0001997　善/2004

飴山文集十二卷附錄一卷　（清）趙執信撰
清乾隆三十八年（1773）近文齋刻本　四冊

220000－0801－0001998　善/2006

詞苑英華四十三卷附錄一卷　（明）毛晉編
明末毛氏汲古閣刻本　十一冊

220000－0801－0001999　善/2007

詞致錄十六卷　（明）李天麟輯　明萬曆十五
年（1587）刻本　八冊

220000－0801－0002000　善/2008

詞致錄十六卷　（明）李天麟輯　明萬曆十五

年(1587)刻本　十二冊

220000－0801－0002001　善/2009

詞致錄十六卷　（明）李天麟輯　明萬曆十五
年(1587)刻本　十六冊

220000－0801－0002002　善/2010

碎金詞譜六卷詞韻四卷碎金詞不分卷　（清）
謝元淮輯　清道光刻本　七冊

220000－0801－0002003　善/2011

碎金詞譜二十卷碎金續韻六卷養默山房詩餘
二卷　（清）謝元淮撰　清道光二十三年
(1843)刻本　十六冊

220000－0801－0002004　善/2012

養默山房詩餘不分卷　（清）謝元淮輯　清道
光二十八年(1848)刻本　四冊

220000－0801－0002005　善/2013

碎金詞譜十九卷詞韻四卷續譜六卷養默山房
詩餘二卷　（清）謝元淮撰　清道光二十七年
(1847)刻本　十冊

220000－0801－0002006　善/2014

詩詞雜俎十二種二十五卷　（明）毛晉等輯
明天啓、崇禎汲古閣刻本　十二冊　缺一卷
(元宮詞一卷)

220000－0801－0002007　善/2015

詩餘選十三卷　（明）顧從敬類選　明萬曆四
十二年(1614)刻本　十二冊

220000－0801－0002008　善/2016

詞綜三十六卷　（清）朱彝尊輯　清康熙十七
年(1678)裘杼樓刻本　四冊

220000－0801－0002009　善/2017

瑤華集二十二卷附錄二卷　（清）蔣景祁編
清康熙二十五年(1686)天藜閣刻本　六冊

220000－0801－0002010　善/2018

山中白雲詞八卷序跋一卷　（宋）張炎撰　清
乾隆刻本　四冊

220000－0801－0002011　善/2019

花間集四卷　（五代）趙崇祚輯　（明）湯顯祖
評　明萬曆四十三年(1615)刻本　四冊

220000－0801－0002012　善/2020

草堂詩餘五卷目錄五卷　（明）楊慎批點　明
刻本　五冊

220000－0801－0002013　善/2021

花草粹編十二卷　（明）陳耀文輯　清雲自在
龕藍格抄本　十二冊

220000－0801－0002014　善/2022

昭代詞選三十八卷　（清）蔣重光輯　清乾隆
三十二年(1767)刻本　二十冊

220000－0801－0002015　善/2023

國朝名家詩餘十二種二十七卷　（清）孫默輯
清康熙留松閣刻本　二十四冊

220000－0801－0002016　善/2024

御選歷代詩餘一百二十卷　（清）王奕清等編
纂　清刻本　一冊　存一卷(八)

220000－0801－0002017　善/2025

御選歷代詩餘一百二十卷　（清）王奕清編
清康熙四十六年(1707)刻本　四十冊

220000－0801－0002018　善/2026

御選歷代詩餘一百二十卷　（清）王奕清編
清康熙四十六年(1707)刻本　四十八冊

220000－0801－0002019　善/2027

御選歷代詩餘一百二十卷　（清）王奕清編
清康熙四十六年(1707)刻本　二十四冊

220000－0801－0002020　善/2028

御選歷代詩餘一百二十卷　（清）王奕清編
清康熙四十六年(1707)刻本　四十四冊

220000－0801－0002021　善/2029

迦陵詞全集三十卷　（清）陳維崧撰　清康熙
二十九年(1690)彊善堂刻本　六冊

220000－0801－0002022　善/2030

秋水庵花影集五卷　（明）施紹莘撰　明末刻
本　八冊

220000－0801－0002023　善/2031

秋水庵花影集五卷　（明）施紹莘撰　明末刻
本　四冊

220000－0801－0002024　善/2032
捧月樓綺語六卷　（清）袁通撰　清抄本
二冊

220000－0801－0002025　善/2033
楊升庵詞品四卷　（明）楊慎輯　**王弇州詞評
一卷曲藻一卷**　（明）王世貞撰　明刻本
四冊

220000－0801－0002026　善/2034
楊升庵詞品四卷　（明）楊慎輯　明刻本
四冊

220000－0801－0002027　善/2035
楊夢羽南宮小集　（明）楊儀編　明萬曆抄本
二冊

220000－0801－0002028　善/2036
詞譜四十卷　（清）陳廷敬等編　清康熙五十
四年(1715)刻朱墨套印本　四十冊

220000－0801－0002029　善/2037
詞譜四十卷　（清）陳廷敬等編　清康熙五十
四年(1715)刻朱墨套印本　四十冊

220000－0801－0002030　善/2038
詞譜四十卷　（清）陳廷敬等編　清康熙五十
四年(1715)刻朱墨套印本　二十冊

220000－0801－0002031　善/2039
碎金詞韻四卷首一卷　（清）謝元淮輯　清道
光二十八年(1848)刻本　二冊

220000－0801－0002032　善/2040
詞林逸響四卷　（清）許宇輯　明天啓三年
(1623)樂壽堂刻本　四冊

220000－0801－0002033　善/2041
六十種曲　（明）毛晉輯　明毛氏汲古閣刻本
七冊

220000－0801－0002034　善/2042
新鐫古今大雅南北宮詞紀十二卷　（明）陳所
聞輯　明萬曆三十三年(1605)刻本　六冊

220000－0801－0002035　善/2043
新鐫古今大雅南北宮詞紀十二卷　（明）陳所
聞輯　明萬曆三十三年(1605)刻本　八冊

存六卷(南宮詞紀六卷)

220000－0801－0002036　善/2044
謝金吾詐拆清風府雜劇　（元）□□撰　明萬
曆刻本　一冊

220000－0801－0002037　善/2045
西廂記五卷　（元）王實甫　（元）關漢卿撰
(明)凌濛初評　**解證五卷**　（明）凌濛初撰
會真記一卷　（唐）元稹撰　明凌濛初刻朱墨
套印本　四冊

220000－0801－0002038　善/2046
西廂記四卷　（清）舒宏度抄　清乾隆四十七
年(1782)抄本　三冊

220000－0801－0002039　善/2047
元曲選一百種一百卷附元曲論一卷　（明）臧
懋循編校　明萬曆四十四年(1616)刻本　一
百冊

220000－0801－0002040　善/2048
紅拂記　（明）張鳳翼撰　明末刻本　二冊

220000－0801－0002041　善/2049
新刻出像點板時尚昆腔雜曲醉怡情不分卷
(明)青溪菰蘆釣叟輯　清初刻本　五冊

220000－0801－0002042　善/2050
包龍圖智賺合同文字雜劇一卷　（明）臧懋循
校　明萬曆刻本　一冊

220000－0801－0002043　善/2051
雅趣藏書不分卷　（清）錢書撰　清康熙四十
二年(1703)崇文堂刻朱墨套印本　四冊

220000－0801－0002044　善/2052
雅趣藏書不分卷　（清）錢書撰　清康熙四十
二年(1703)崇文堂刻朱墨套印本　四冊

220000－0801－0002045　善/2053
廣寒香傳奇二卷　（清）蒼山子編　清初文治
堂刻本　四冊

220000－0801－0002046　善/2054
繁露樓居士集　（清）董榕撰輯　清乾隆刻本
八冊

220000 – 0801 – 0002047　善/2055

旗亭記二卷　（明）鄭之文撰　清乾隆二十四年(1759)刻本　四冊

220000 – 0801 – 0002048　善/2056

一笠庵新編占花魁傳奇二卷　（清）李玉撰　清刻本　二冊

220000 – 0801 – 0002049　善/2057

桃花扇傳奇二卷　（清）孔尚任編　清乾隆刻本　四冊

220000 – 0801 – 0002050　善/2058

勸善金科十本二十卷首一卷　（清）張照等撰　清刻五色套印本　二十一冊

220000 – 0801 – 0002051　善/2059

白雪齋選訂樂府吳騷合編四卷　（明）張楚叔（明）張旭初輯　明崇禎十年(1637)刻本　八冊

220000 – 0801 – 0002052　善/2060

碧山樂府四卷碧山詩餘一卷　（明）王九思撰　明崇禎十三年(1640)刻本　四冊

220000 – 0801 – 0002053　善/2061

倭袍傳十二卷一百回　（清）海蘭濤撰　清活字印本　十二冊

220000 – 0801 – 0002054　善/2062

倭袍傳十二卷一百回　（清）海蘭濤撰　清活字印本　十二冊

220000 – 0801 – 0002055　善/2063

萬壽衢歌樂章四卷　（清）彭元瑞輯　清乾隆五十五年(1790)刻本　二冊

220000 – 0801 – 0002056　善/2064

納書楹曲譜補遺四卷　（清）懷庭居士撰　清乾隆五十九年(1794)刻本　四冊

220000 – 0801 – 0002057　善/2065

納書楹曲譜補遺四卷　（清）懷庭居士撰　清乾隆五十九年(1794)刻本　四冊

220000 – 0801 – 0002058　善/2066

九宮譜定　（清）查繼佐　（清）鴛湖逸者輯　清金閶綠蔭堂刻本　十冊

220000 – 0801 – 0002059　善/2067

增定南九宮曲譜二十一卷目錄一卷附錄一卷　（明）沈景輯　明末刻本　六冊

220000 – 0801 – 0002060　善/2068

嘯餘譜十卷　（明）程明善輯　清康熙六十一年(1722)聖雨齋刻本　十四冊

220000 – 0801 – 0002061　善/2069

度曲須知二卷　（明）沈寵綏撰　明崇禎十二年(1639)刻本　四冊

220000 – 0801 – 0002062　善/2070

合璧聊齋志異二十六卷　（清）蒲松齡撰　清道光二十八年(1848)刻本　二十四冊

220000 – 0801 – 0002063　善/2071

柳南隨筆六卷　（清）王應奎撰　清嘉慶刻本　二冊

220000 – 0801 – 0002064　善/2072

新刻京臺公餘勝覽國色天香十卷　（明）吳敬所編輯　清益善堂刻本　八冊

220000 – 0801 – 0002065　善/2073

繡像龍圖公案八卷　（□）□□撰　清敬書堂刻本　六冊

220000 – 0801 – 0002066　善/2074

評論出像水滸傳二十卷七十二回　（元）施耐庵撰　清順治十四年(1657)同志堂刻本　二十四冊

220000 – 0801 – 0002067　善/2075

濟顛大師醉菩提全傳二十回　（清）西湖墨浪子撰　清刻本　六冊

220000 – 0801 – 0002068　善/2076

儒林外史五十六回　（清）吳敬梓撰　清同治八年(1869)群玉齋活字印本　二十冊

220000 – 0801 – 0002069　善/2077

魏忠賢軼事四卷四十八回　（明）樂舜日撰　明崇禎八年(1635)抄本　四冊

220000 – 0801 – 0002070　善/2078

西遊真詮一百回　（清）陳士斌撰　清康熙三十五年(1696)刻本　二十冊

220000－0801－0002071　善/2079

映旭齋增訂北宋三遂平妖全傳十八卷四十回
　（明）馮夢龍增補　清敬書堂刻本　六冊

220000－0801－0002072　善/2080

初刻封神演義八卷一百回　（明）許仲琳撰
清初刻本　八冊

220000－0801－0002073　善/2081

新鐫批評出相韓湘子三十回　（明）楊爾曾撰
　明天啓三年(1623)金陵九如堂刻本　八冊

220000－0801－0002074　善/2082

東周列國全志二十三卷一百八回　（清）蔡昪
評點　清乾隆十七年(1752)刻本　二十四冊

220000－0801－0002075　善/2083

唐音癸籤三十三卷　（明）胡震亨撰　清康熙
雙與堂刻本　八冊

220000－0801－0002076　善/2084

唐音癸籤三十三卷　（明）胡震亨撰　清康熙
雙與堂刻本　四冊

220000－0801－0002077　善/2085

唐詩紀事八十一卷　（宋）計敏夫輯　明崇禎
五年(1632)虞山毛晉汲古閣刻本　十二冊

220000－0801－0002078　善/2086

劉子文心雕龍二卷附註二卷　（南朝梁）劉勰
撰　明萬曆四十年(1612)刻套印本　五冊

220000－0801－0002079　善/2087

文心雕龍十卷　（南朝梁）劉勰撰　清乾隆三
年(1738)刻本　六冊

220000－0801－0002080　善/2088

貫華堂選批唐才子詩甲集七言律八卷　（清）
金人瑞撰　清順治十七年(1660)刻本　十
二冊

220000－0801－0002081　善/2089

詩人玉屑二十卷　（宋）魏慶之編　清嘉慶刻
本　四冊

220000－0801－0002082　善/2090

談藝錄一卷　（明）徐禎卿撰　**騷壇秘語三卷**
　（明）周履靖撰　明刻本　一冊

220000－0801－0002083　善/2091

五代詩話十卷　（清）王士禎撰　清乾隆十五
年(1750)杞菊軒刻本　五冊

220000－0801－0002084　善/2092

五代詩話十二卷　（清）王士禎撰　清乾隆十
三年(1748)刻本　六冊

220000－0801－0002085　善/2093

乳菴宋詩選二卷　（明）周候批選　明崇禎五
年(1632)刻本　二冊

220000－0801－0002086　善/2094

宋詩紀事一百卷　（清）厲鶚輯　清乾隆十一
年(1746)樊榭山房刻本　二十四冊

220000－0801－0002087　善/2095

浩然齋雅談三卷　（宋）周密撰　清乾隆三十
九年(1774)木活字印本　一冊

220000－0801－0002088　善/2096

初白庵詩評三卷附詞綜偶評一卷　（清）張載
華輯　清乾隆四十二年(1777)刻本　三冊

220000－0801－0002089　善/2097

初白庵詩評三卷附詞綜偶評一卷　（清）張載
華輯　清乾隆四十二年(1777)刻本　六冊

220000－0801－0002090　善/2098

滄浪嚴先生詩談一卷　（宋）嚴羽撰　明萬曆
刻本　一冊

220000－0801－0002091　善/2099

漁洋詩話三卷　（清）王士禎撰　清乾隆二十
三年(1758)竹西書屋刻本　一冊

220000－0801－0002092　善/2100

漁隱叢話前集六十卷後集四十卷　（宋）胡仔
輯　清初抄本　二十冊

220000－0801－0002093　善/2101

漁隱叢話　（宋）胡仔撰　清乾隆刻本　八冊

220000－0801－0002094　善/2102

杜詩論文五十六卷　（清）吳見思注　（清）潘
眉評　清康熙十一年(1672)刻本　十二冊

220000－0801－0002095　善/2103

杜詩論文五十六卷 （清）吳見思注 （清）潘眉評 清康熙十一年（1672）刻本 二十四冊

220000－0801－0002096 善/2104

杜韓詩句集韻三卷 （清）汪文柏輯 清康熙四十六年（1707）刻本 四冊

220000－0801－0002097 善/2105

春草堂詩話八卷 （清）謝堃撰 清道光刻本 四冊

220000－0801－0002098 善/2106

學詩津逮不分卷 （清）朱琰輯校 清乾隆二十五年（1760）抄本 八冊

220000－0801－0002099 善/2107

歷代詩話不分卷附考索一卷 （清）何文煥輯撰 清乾隆三十五年（1770）刻本 十六冊

220000－0801－0002100 善/2108

歷代詩話不分卷附考索一卷 （清）何文煥輯撰 清乾隆三十五年（1770）刻本 十六冊

220000－0801－0002101 善/2109

歷代詩話不分卷附考索一卷 （清）何文煥輯撰 清乾隆三十五年（1770）刻本 十六冊

220000－0801－0002102 善/2110

全唐詩話八卷 （宋）尤袤輯 清乾隆三十九年（1774）清芬堂刻本 八冊

220000－0801－0002103 善/2111

野叟曝言二十卷一百五十二回首一卷 （清）夏敬渠撰 清光緒七年（1881）活字印本 二十冊

220000－0801－0002104 善/2112

百川學海一百種一百七十九卷 （宋）左圭輯 明弘治十四年（1501）華珵刻本 六十冊

220000－0801－0002105 善/2113

百川學海一百種一百七十九卷 （宋）左圭輯 明弘治十四年（1501）華珵刻本 六十四冊

220000－0801－0002106 善/2114

水經註四十卷 （漢）桑欽撰 （北魏）酈道元註 山海經十八卷 （晉）郭璞撰 （明）吳琯校 明萬曆十三年（1585）吳琯刻本 十六冊

220000－0801－0002107 善/2115

稗海四十八種二百八十八卷續二十二種一百六十一卷 （明）商維浚編 明萬曆商濬刻清康熙振鷺堂重編補刻本 二百冊 缺七卷（東軒筆錄九至十五）

220000－0801－0002108 善/2116

說鈴六十二種八十三卷 （清）吳震方輯 清康熙四十四年（1705）刻本 四十一冊 缺五種七卷

220000－0801－0002109 善/2117

紀錄彙編二百十六卷 （明）沈節甫撰 明萬曆四十五年（1617）刻本 一百冊

220000－0801－0002110 善/2118

紀錄彙編二百十六卷 （明）沈節甫撰 明萬曆四十五年（1617）刻本 四十冊

220000－0801－0002111 善/2119

寶顏堂秘笈二百二十九種六百八十二卷 （明）陳繼儒輯 明刻本 四十八冊 存五十六種九十九卷

220000－0801－0002112 善/2120

寶顏堂秘笈二十一種四十九卷 （明）陳繼儒輯 明萬曆三十四年（1606）刻本 二十

220000－0801－0002113 善/2121

漢魏叢書三十八種二百五十一卷 （明）程榮編 明萬曆二十年（1592）程榮刻本 六十四冊

220000－0801－0002114 善/2122

津逮秘書一百四十一種七百四十八卷 （明）毛晉輯 明崇禎十一年（1638）毛氏汲古閣刻本 一百四十二冊

220000－0801－0002115 善/2123

古今逸史四十二種一百六十三卷 （明）吳琯輯 明吳琯刻本 十六冊

220000－0801－0002116 善/2124

棟亭十二種 （清）曹寅輯 清康熙四十五年（1706）揚州詩局刻本 六冊

220000－0801－0002117 善/2125

格致叢書　(明)胡文煥編　明萬曆胡氏文會堂刻本　五冊　存十六卷(壽親養老書一卷、食物本草二卷、食鑒本草上、養生類纂下、厚生訓纂六卷、山居四要五卷)

220000－0801－0002118　善/2126

學津討原一千四十三卷　(清)張海鵬輯　清嘉慶十年(1805)張氏照曠閣刻本　二百冊

220000－0801－0002119　善/2127

山草堂集二十二卷　(明)郝敬撰　明天啓五年(1625)郝洪範刻本　五冊

220000－0801－0002120　善/2128

德州田氏叢書　(清)田雯等輯　清初刻本十五冊　缺三十卷(水東草堂詩一卷、禹津草堂詩六卷、西圃叢辨十三至三十二、硯思集一至三)

220000－0801－0002121　善/2129

快閣藏書十種五十八卷　(明)唐琳輯　明天啓六年(1626)刻本　八冊

220000－0801－0002122　善/2130

翁氏蘇齋叢書二十種一百三十五卷　(清)翁方綱輯　清乾隆五十年(1785)刻本　二十四冊

220000－0801－0002123　善/2131

士禮居黃氏叢書二十三種二百一卷　(清)黃丕烈輯　清嘉慶、道光吳縣黃氏刻本　四十八冊　缺七卷(蕘言二卷、千手千眼觀世音菩薩廣大圓滿無礙大悲心陀羅尼經一卷、三經音義四卷)

220000－0801－0002124　善/2132

永樂南藏八千六百四十一卷目錄一卷　明永樂刻本　七百十六函　缺九九箱"詩"第十本一卷、一二四箱"醫"第九本一卷、一二五箱"孝"第一至十本十卷、一七一箱"奉"第十本一卷、二六零箱"輕"第五至九本五卷、二七一箱"旦"第一至十二本十二卷、三二三箱"嚴""岫"第一至二十本二十卷

220000－0801－0002125　善/2133

九經五十四卷附大學章句一卷中庸一卷小學

二卷　(明)秦鏷訂正　明崇禎十三年(1640)錫山秦氏求古齋刻本　二十四冊

220000－0801－0002126　善/2134

九經五十四卷附大學章句一卷中庸一卷小學二卷　(明)秦鏷訂正　明崇禎十三年(1640)刻本　三十二冊

220000－0801－0002127　善/2135

公羊穀梁春秋合編附註疏纂十二卷　(明)朱泰禎撰　明末刻本　四冊

220000－0801－0002128　善/2136

新刊校正增補圓機詩韻活法全書十四卷　(明)王世貞增校　明末刻本　四冊

220000－0801－0002129　善/2137

三國志六十五卷　(晉)陳壽撰　明崇禎毛氏汲古閣刻本　八冊

220000－0801－0002130　善/2138

史記一百三十卷　(漢)司馬遷撰　明崇禎十四年(1641)毛氏汲古閣刻本　十六冊

220000－0801－0002131　善/2139

後漢書一百二十卷　(南朝宋)范曄撰　明崇禎十六年(1643)毛氏汲古閣刻本　十四冊

220000－0801－0002132　善/2140

魏書一百三十卷　(北齊)魏收撰　明崇禎九年(1636)毛氏汲古閣刻本　十八冊

220000－0801－0002133　善/2141

陳書三十六卷　(唐)姚思廉撰　明崇禎四年(1631)毛氏汲古閣刻本　二冊

220000－0801－0002134　善/2142

隋書八十五卷　(唐)魏徵等撰　明崇禎毛氏汲古閣刻本　十二冊

220000－0801－0002135　善/2143

宋書一百卷　(南朝梁)沈約撰　明崇禎七年(1634)毛氏汲古閣刻本　十二冊

220000－0801－0002136　善/2144

南齊書五十九卷　(南朝梁)蕭子顯撰　明崇禎十年(1637)毛氏汲古閣刻本　八冊

220000－0801－0002137　善/2145

周書五十卷　(唐)令狐德棻撰　明崇禎毛氏汲古閣刻本　六冊

220000－0801－0002138　善/2146

北齊書五十卷　(唐)李百藥撰　明崇禎十一年(1638)毛氏汲古閣刻本　四冊

220000－0801－0002139　善/2147

南史八十卷　(唐)李延壽撰　明崇禎毛氏汲古閣原刻後印本　十八冊

220000－0801－0002140　善/2148

北史一百卷　(唐)李延壽撰　明崇禎十二年(1639)毛氏汲古閣刻本　十八冊

220000－0801－0002141　善/2149

北史一百卷　(唐)李延壽撰　明崇禎十二年(1639)毛氏汲古閣刻本　二十二冊

220000－0801－0002142　善/2150

五代史七十四卷　(宋)歐陽修撰　(宋)徐無黨註　(明)毛晉編　明崇禎三年(1630)毛氏汲古閣刻本　四冊

220000－0801－0002143　善/2151

唐書二百二十五卷　(宋)歐陽修撰　明崇禎毛氏汲古閣刻本　三十六冊

220000－0801－0002144　善/2152

通志略五十二卷　(宋)鄭樵撰　明嘉靖二十九年(1550)刻本　四十八冊

220000－0801－0002145　善/2153

晉書纂六十卷　(明)蘇文韓撰　明萬曆三十六年(1608)刻本　四十冊

220000－0801－0002146　善/2154

五代書十八卷音釋一卷　(宋)陸游撰　(元)戚光音釋　明末刻本　二冊

220000－0801－0002147　善/2155

王鳳洲先生綱鑑正史全編三十二卷　(明)張睿卿撰　明末刻清初補刻本　三十二冊

220000－0801－0002148　善/2156

通鑑釋文辯誤十二卷　(元)胡三省撰　明末刻本　三冊

220000－0801－0002149　善/2157

蘇黃門龍川別志二卷　(宋)蘇轍撰　明末刻本　一冊

220000－0801－0002150　善/2158

帝鑑圖說不分卷　(明)張居正輯　明萬曆元年(1573)江陵鄧氏刻本　四冊

220000－0801－0002151　善/2159

帝鑑圖說不分卷　(明)張居正輯　明萬曆元年(1573)江陵鄧氏刻本　四冊

220000－0801－0002152　善/2160

史懷十七卷　(明)鍾惺撰　明萬曆刻本　六冊

220000－0801－0002153　善/2161

瑞溪金氏族譜十八卷　(明)金瑤修　明末刻本　五冊

220000－0801－0002154　善/2162

宋朱晦庵先生名臣言行錄前集十卷後集十四卷　(宋)朱熹輯　**續集八卷別集二十六卷外集十七卷**　(宋)李幼武輯　明崇禎十一年(1638)刻本　二十冊

220000－0801－0002155　善/2164

闕里誌二十四卷　(明)陳鎬撰　明末刻本　十冊

220000－0801－0002156　善/2165

文獻通考三百四十八卷　(元)馬端臨撰　明嘉靖三年(1524)刻本　九十六冊

220000－0801－0002157　善/2166

文獻通考三百四十八卷　(元)馬端臨撰　明嘉靖三年(1524)刻本　一百二十冊

220000－0801－0002158　善/2167

新刻京板工師雕鏤正式魯班經匠家鏡二卷附秘訣仙機一卷　(明)午榮編　清刻本　一冊

220000－0801－0002159　善/2168

泊如齋重修宣和博古圖錄三十卷　(宋)王黼撰　明萬曆十六年(1588)刻本　十六冊

220000－0801－0002160　善/2169

孫石雲先生遺書　(明)孫楨撰　明萬曆三十

六年(1608)刻本　六冊

220000－0801－0002161　善/2170

印史五卷　(明)何通撰　明天啓三年(1623)
刻本　六冊

220000－0801－0002162　善/2171

廣輿記二十四卷　(明)陸應陽匯輯　明末刻
本　十冊

220000－0801－0002163　善/2172

廣皇輿考十八卷　(明)張元忭撰　明天啓六
年(1626)刻本　十冊

220000－0801－0002164　善/2173

[萬曆]華陰縣志九卷　(明)王九疇修
(明)張毓翰纂　明萬曆四十二年(1614)刻清
康熙補刻本　二冊

220000－0801－0002165　善/2174

[萬曆]華陰縣志九卷　(明)王九疇修　明萬
曆四十二年(1614)刻本　四冊

220000－0801－0002166　善/2175

文淵閣書目四卷　(明)楊士奇編　明末抄本
四冊

220000－0801－0002167　善/2176

石門題跋二卷　(宋)釋德洪撰　明末刻本
二冊

220000－0801－0002168　善/2177

諸子彙函二十六卷　(明)歸有光輯　明末刻
本　二十二冊

220000－0801－0002169　善/2178

新刻注釋孔子家語憲四卷　(清)陳際泰釋
清汲古閣刻本　二冊

220000－0801－0002170　善/2179

鹽鐵論十二卷　(漢)桓寬撰　明末刻本
一冊

220000－0801－0002171　善/2180

古今義論參五十五卷　(明)林德謀纂輯　明
崇禎刻本　三十二冊

220000－0801－0002172　善/2181

東垣十書十種附二種二十二卷　(金)李杲等
撰　明敦化堂刻本　十六冊

220000－0801－0002173　善/2182

商子五卷　(戰國)商鞅撰　明萬曆刻本
一冊

220000－0801－0002174　善/2183

六科證治準繩　(明)王肯堂撰　明末刻本
三十五冊

220000－0801－0002175　善/2184

王氏書苑十二卷畫苑十卷　(明)王世貞編
補益十四卷　(明)詹景鳳編　明萬曆十八年
至十九年(1590－1591)刻本　八冊

220000－0801－0002176　善/2185

奇經八脈考不分卷　(明)李時珍撰　脈訣附
方一卷　(明)張世賢撰　明萬曆五年(1577)
刻本　二冊

220000－0801－0002177　善/2186

圖注脈訣辨真四卷　(晉)王叔和著　(明)張
世賢註　脈訣附方一卷　(明)張世賢編　奇
經八脈考　(明)李時珍撰　明末清初刻本
一冊

220000－0801－0002178　善/2187

醫方選要十卷　(明)周文采編　明嘉靖刻本
二冊　存二卷(一至二)

220000－0801－0002179　善/2188

十竹齋書畫譜不分卷　(明)胡正言編　明崇
禎十六年(1643)刻套印本　十六冊

220000－0801－0002180　善/2189

增訂二三場群書備考四卷　(明)袁黃撰　明
崇禎十五年(1642)刻本　四冊

220000－0801－0002181　善/2190

傷寒論條辨八卷附錄二卷　(明)方有執撰
明萬曆刻本　二冊

220000－0801－0002182　善/2191

墨客揮犀十卷　(宋)彭乘撰　明萬曆刻本
一冊

220000－0801－0002183　善/2192

二如亭群芳譜二十八卷首一卷 （明）王象晉撰 明末刻本 二十四冊

220000－0801－0002184 善/2193
大方廣佛華嚴經八十卷 （唐）釋實叉難陀譯 明萬曆二十九年至三十年（1601－1602）刻本 四十冊

220000－0801－0002185 善/2194
百論二卷 （後秦）釋鳩摩羅什譯 廣百論一卷 （唐）釋玄奘譯 明萬曆三十九年（1611）刻本 一冊

220000－0801－0002186 善/2196
指月錄三十二卷 （明）瞿汝稷集 明萬曆刻本 十冊

220000－0801－0002187 善/2197
文苑彙雋二十四卷 （明）孫丕顯撰 明萬曆三十六年（1608）刻本 六冊

220000－0801－0002188 善/2198
文苑彙雋二十四卷 （明）孫丕顯撰 明萬曆三十六年（1608）刻本 十冊

220000－0801－0002189 善/2199
文苑彙雋二十四卷 （明）孫丕顯撰 明萬曆三十六年（1608）刻本 八冊

220000－0801－0002190 善/2200
新增韻府群玉二十卷 （元）陰時夫輯 （元）陰中夫註 明萬曆十八年（1590）刻本 八冊

220000－0801－0002191 善/2201
新增韻府群玉二十卷 （元）陰時夫輯 明萬曆十八年（1590）刻本 二十冊

220000－0801－0002192 善/2202
新增韻府群玉二十卷 （元）陰時夫輯 明萬曆十八年（1590）刻本 二十冊

220000－0801－0002193 善/2203
博物典彙十九卷 （明）黃道周撰 明崇禎八年（1635）刻本 十三冊

220000－0801－0002194 善/2204
鍥旁註事類捷錄十五卷 （明）鄧志謨撰 明萬曆刻本 四冊

220000－0801－0002195 善/2205
經史子集合纂類語三十二卷 （明）魯重民輯 明崇禎十七年（1644）刻本 二十四冊

220000－0801－0002196 善/2206
楚辭十七卷附疑字直音補一卷 （漢）劉向編集 （漢）王逸章句 明萬曆刻本 二冊

220000－0801－0002197 善/2207
孫月峯先生評文選三十卷 （南朝梁）蕭統輯 （明）閔齊華註 （明）孫鑛評 明崇禎七年（1634）刻本 十六冊

220000－0801－0002198 善/2208
梁昭明文選十二卷 （南朝梁）蕭統輯 （明）張鳳翼纂註 明萬曆刻本 十二冊

220000－0801－0002199 善/2209
梁昭明文選十二卷 （南朝梁）蕭統輯 （明）張鳳翼纂註 明萬曆刻清康熙十一年（1672）印本 二十四冊

220000－0801－0002200 善/2210
梁昭明文選十二卷 （南朝梁）蕭統輯 清康熙十一年（1672）刻本 十二冊

220000－0801－0002201 善/2211
合諸名家點評古文鴻藻十二卷 （明）黃士京輯 明末刻本 十二冊

220000－0801－0002202 善/2212
古文奇賞二十二卷 （明）陳仁錫選 明末刻本 十二冊

220000－0801－0002203 善/2213
張太史評選秦漢文範十三卷 （明）張溥評選 明末刻本 五冊 存八卷（一至八）

220000－0801－0002204 善/2214
名媛詩歸三十六卷 （明）鍾惺點次 明末刻本 二十冊

220000－0801－0002205 善/2215
名媛詩歸三十六卷 （明）鍾惺點次 明末刻本 八冊

220000－0801－0002206 善/2216
郭茂倩樂府解題一百卷目錄一卷 （宋）郭茂

倩編　明汲古閣刻本　十二冊

220000－0801－0002207　善/2217

唐宋八大家文選二十四卷附傳一卷　(明)鍾惺評選　明末刻本　八冊

220000－0801－0002208　善/2218

李蘭臺集一卷馬季長集一卷荀侍中集一卷　(明)張溥輯　明末刻本　一冊

220000－0801－0002209　善/2219

東漢文四十卷　(明)張采選輯　明崇禎六年(1633)金閶委宛齋刻本　十冊

220000－0801－0002210　善/2220

國秀集三卷　(唐)芮挺章集　明汲古閣刻本　二冊

220000－0801－0002211　善/2221

唐詩選集解七卷首一卷　(明)李攀龍選編　明末刻本　六冊　缺一卷(三)

220000－0801－0002212　善/2222

旁註四六類函十一卷　(明)朱錦輯　明末刻本　四冊

220000－0801－0002213　善/2223

四六新函十二卷　(明)鍾惺選註　明末刻本　十二冊

220000－0801－0002214　善/2224

翰海十二卷　(明)沈佳胤輯　明末清初刻本　十二冊

220000－0801－0002215　善/2225

繡梓尺牘雙魚四卷　(明)陳繼儒箋釋　明末清初玉夏齋刻本　一冊

220000－0801－0002216　善/2226

陳思王集二卷補遺一卷附錄一卷　(三國魏)曹植撰　(明)張溥評　明婁東張氏刻本　二冊

220000－0801－0002217　善/2227

晉王大令集不分卷　(晉)王獻之撰　(明)張溥閱　晉孫廷尉集不分卷　(晉)孫綽撰　(明)張溥閱　明婁東張溥刻本　一冊

220000－0801－0002218　善/2228

徐僕射集一卷　(南朝陳)徐陵撰　明婁東張溥刻本　二冊

220000－0801－0002219　善/2229

宛丘先生文粹二十二卷　(宋)張耒撰　明崇禎六年(1633)新安胡氏刻本　二冊

220000－0801－0002220　善/2230

黃御史集八卷附錄一卷　(唐)黃滔撰　明崇禎十一年(1638)刻本　八冊

220000－0801－0002221　善/2231

韓文考異四十卷外集十卷集傳一卷遺文一卷目錄一卷　(宋)朱熹撰　(宋)王伯大音釋　(明)朱吾弼重編　明萬曆三十三年(1605)刻本　十六冊

220000－0801－0002222　善/2232

歸田錄二卷　(宋)歐陽修撰　明末刻本　二冊

220000－0801－0002223　善/2233

文清公薛先生文集二十四卷目錄一卷　(明)薛瑄撰　明崇禎十六年(1643)薛繼巖刻本　十三冊

220000－0801－0002224　善/2234

韓邦靖詩文集九卷　(明)韓邦靖撰　明萬曆四十年(1612)刻本　三冊

220000－0801－0002225　善/2235

詩人玉屑二十卷　(宋)魏慶之編　明刻本　八冊

220000－0801－0002226　善/2236

重刊荊川先生文集十七卷附錄一卷　(明)唐順之撰　明萬曆元年(1573)純白齋刻本　八冊

220000－0801－0002227　善/2237

花庵絕妙詞選十卷　(宋)黃昇編　明毛氏汲古閣刻本　二冊

220000－0801－0002228　善/2238

古香岑草堂詩餘四集十七卷　(明)顧從敬輯　(明)沈陳飛輯評　明末刻本　八冊

220000－0801－0002229　善/2239

詞苑英華　（明）毛晉輯　明毛氏汲古閣刻清乾隆十七年（1752）曲溪洪振珂印本　二十冊　缺六卷（詞林萬選四卷、秦張兩先生詩餘合璧二卷）

220000－0801－0002230　善/2240

草堂詩餘新集五卷　（明）沈際飛等選　明萬曆四十二年（1614）刻本　一冊　存三卷（三至五）

220000－0801－0002231　善/2241

類編箋釋續選草堂詩餘二卷　（明）錢允治箋釋　明萬曆四十二年（1614）刻本　一冊

220000－0801－0002232　善/2242

草堂詩餘四卷　（宋）武陵逸史編　明毛氏汲古閣刻本　四冊

220000－0801－0002233　善/2243

草堂詩餘四卷　（宋）武陵逸史編　明毛氏汲古閣刻本　四冊

220000－0801－0002234　善/2244

草堂詩餘四卷　（宋）武陵逸史編　明毛氏汲古閣刻本　一冊

220000－0801－0002235　善/2245

草堂詩餘六卷　（明）顧從敬選　明刻本　二冊

220000－0801－0002236　善/2246

惜香樂府十卷　（宋）趙長卿撰　明刻本　四冊

220000－0801－0002237　善/2247

鐵崖先生古樂府十卷補六卷　（明）楊維楨撰　明毛氏汲古閣刻本　五冊

220000－0801－0002238　善/2248

詩餘圖譜三卷　（明）張綖輯　明毛氏汲古閣刻本　二冊

220000－0801－0002239　善/2249

六十種曲　（明）毛晉輯　明毛氏汲古閣刻本　一百二冊

220000－0801－0002240　善/2250

南柯夢記二卷　（明）湯顯祖撰　明末刻本　四冊

220000－0801－0002241　善/2251

綵毫記二卷　（明）屠隆撰　明末刻本　二冊

220000－0801－0002242　善/2252

北夢瑣言二十卷　（宋）孫光憲撰　明末刻本　三冊

220000－0801－0002243　善/2253

癸辛雜識前集續集　（宋）周密撰　明刻本　二冊

220000－0801－0002244　善/2254

清波雜志三卷　（宋）周輝撰　明萬曆刻本　一冊

220000－0801－0002245　善/2255

稗海七十種　（明）商濬輯　明萬曆刻本　八十冊

220000－0801－0002246　善/2256

續百川學海　（明）吳永輯　明刻本　一冊

220000－0801－0002247　善/2257

陸放翁全集六種一百五十七卷　（宋）陸游撰　明毛氏汲古閣刻本　四十八冊

220000－0801－0002248　善/2258

陸放翁全集六種一百五十七卷　（宋）陸游撰　明毛氏汲古閣刻本　六十冊

220000－0801－0002249　善/2259

陸放翁全集六種一百五十七卷　（宋）陸游撰　明毛氏汲古閣刻本　五十冊

220000－0801－0002250　善/2260

太平經國之書十一卷　（宋）鄭伯謙撰　清初刻本　一冊

220000－0801－0002251　善/2261

駁呂留良四書講義八卷　（清）朱軾等撰　清雍正九年（1731）刻本　八冊

220000－0801－0002252　善/2262

六書通十卷　（明）閔齊伋撰　清康熙五十九年（1720）刻本　四冊

220000－0801－0002253　善/2263

六書通十卷　（明）閔齊伋撰　清康熙五十九年(1720)刻本　八冊

220000－0801－0002254　善/2264

大宋重修廣韻五卷　（宋）陳彭年等撰　清康熙四十三年(1704)刻本　五冊

220000－0801－0002255　善/2265

越絕書十五卷　（漢）袁康撰　明嘉靖三十年(1551)刻本　一冊

220000－0801－0002256　善/2266

越絕書十五卷　（漢）袁康撰　明嘉靖三十年(1551)刻本　一冊

220000－0801－0002257　善/2267

通鑑地理通釋十四卷　（宋）王應麟撰　明末汲古閣刻本　六冊

220000－0801－0002258　善/2268

列女傳十六卷　（漢）劉向撰　（明）汪道昆輯　（明）仇英繪圖　清乾隆四十四年(1779)刻本　八冊

220000－0801－0002259　善/2269

唐會要一百卷　（宋）王溥撰　清乾隆武英殿木活字印本　三十八冊

220000－0801－0002260　善/2270

南巡盛典一百二十卷　（清）高晉等纂輯　清乾隆三十六年(1771)刻本　四十八冊

220000－0801－0002261　善/2271

南巡盛典一百二十卷　（清）高晉等纂輯　清乾隆三十六年(1771)刻本　四十八冊

220000－0801－0002262　善/2272

御纂性理精義十二卷　（清）李光地等纂　清康熙五十六年(1717)刻本　五冊

220000－0801－0002263　善/2273

御纂性理精義十二卷　（清）李光地等纂　清康熙五十六年(1717)刻本　五冊

220000－0801－0002264　善/2274

御纂性理精義十二卷　（清）李光地等纂　清康熙五十六年(1717)刻本　四冊

220000－0801－0002265　善/2275

河洛精蘊九卷　（清）江永撰　清乾隆五十年(1785)刻本　四冊

220000－0801－0002266　善/2276

河洛精蘊九卷　（清）江永撰　清乾隆五十年(1785)刻本　四冊

220000－0801－0002267　善/2277

淵鑑類函四百五十卷　（清）張英等編撰　清康熙四十九年(1710)刻本　一百四十冊

220000－0801－0002268　善/2278

淵鑑類函四百五十卷　（清）張英等編撰　清康熙四十九年(1710)刻本　一百四十冊

220000－0801－0002269　善/2279

淵鑑類函四百五十卷　（清）張英等編撰　清康熙四十九年(1710)刻本　一百三十三冊　缺二十七卷(四百至四百二十六)

220000－0801－0002270　善/2280

分類字錦六十四卷　（清）何焯等纂　清康熙六十一年(1722)內府刻本　四十冊

220000－0801－0002271　善/2281

文選六十卷　（南朝梁）蕭統輯　清乾隆三十七年(1772)刻本　二十四冊

220000－0801－0002272　善/2282

文選六十卷　（南朝梁）蕭統輯　清乾隆三十七年(1772)刻本　十二冊

220000－0801－0002273　善/2283

文選六十卷　（南朝梁）蕭統輯　清乾隆三十七年(1772)刻本　十二冊

220000－0801－0002274　善/2284

文選六十卷　（南朝梁）蕭統輯　清乾隆三十七年(1772)刻本　三十冊

220000－0801－0002275　善/2285

文選六十卷　（南朝梁）蕭統輯　清乾隆三十七年(1772)刻本　十三冊

220000－0801－0002276　善/2286

御定佩文齋詠物詩選四百八十六卷　（清）汪霦等編　清康熙四十六年(1707)刻本　十

六冊

220000 – 0801 – 0002277　善/2287
御定佩文齋詠物詩選四百八十六卷　（清）汪霦等編　清康熙四十六年(1707)刻本　五十二冊

220000 – 0801 – 0002278　善/2288
御定佩文齋詠物詩選四百八十六卷　（清）汪霦等編　清康熙四十六年(1707)刻本　三十二冊

220000 – 0801 – 0002279　善/2289
御定佩文齋詠物詩選四百八十六卷　（清）汪霦等編　清康熙四十六年(1707)刻本　三十二冊

220000 – 0801 – 0002280　善/2290
御製古文淵鑑六十四卷　（清）徐乾學等編註　清康熙二十四年(1685)刻本　三十二冊

220000 – 0801 – 0002281　善/2291
御製古文淵鑑六十四卷　（清）徐乾學等編註　清康熙二十四年(1685)刻本　三十六冊

220000 – 0801 – 0002282　善/2292
御定歷代賦匯一百四十卷外集二十卷逸句二卷補遺二十二卷　（清）陳元龍編　清康熙四十五年(1706)刻本　六十四冊

220000 – 0801 – 0002283　善/2293
御定歷代賦匯一百四十卷外集二十卷逸句二卷補遺二十二卷　（清）陳元龍編　清康熙四十五年(1706)刻本　五十冊

220000 – 0801 – 0002284　善/2294
御定歷代賦匯一百四十卷外集二十卷逸句二卷補遺二十二卷　（清）陳元龍編　清康熙四十五年(1706)刻本　三十二冊

220000 – 0801 – 0002285　善/2295
古詩源十四卷　（清）沈德潛選　清康熙五十八年(1719)竹嘯軒刻本　三冊

220000 – 0801 – 0002286　善/2296
刪補古今文致十卷　（明）劉士鏻選　（明）王宇增刪　明天啓三年(1623)刻本　四冊

220000 – 0801 – 0002287　善/2297
近光集二十八卷　（清）汪士鋐編纂　清乾隆、嘉慶刻本　十六冊

220000 – 0801 – 0002288　善/2298
歷朝名媛詩詞十二卷　（清）陸昶評選　清乾隆三十八年(1773)紅樹樓刻本　四冊

220000 – 0801 – 0002289　善/2299
歷朝名媛詩詞十二卷　（清）陸昶評選　清乾隆三十八年(1773)紅樹樓刻本　四冊

220000 – 0801 – 0002290　善/2300
全唐詩九百卷目錄一卷　（清）曹寅　（清）彭定求輯　清康熙刻本　一百二十冊

220000 – 0801 – 0002291　善/2301
全唐詩九百卷目錄一卷　（清）曹寅　（清）彭定求等輯　清康熙揚州詩局刻本　一百二十冊

220000 – 0801 – 0002292　善/2302
中晚唐詩叩彈集十二卷續集三卷　（清）杜詔　（清）杜庭珠集　清康熙四十三年(1704)采山亭刻本　五冊

220000 – 0801 – 0002293　善/2303
中晚唐詩叩彈集十二卷續集三卷　（清）杜詔　（清）杜庭珠集　清康熙四十三年(1704)采山亭刻本　四冊

220000 – 0801 – 0002294　善/2304
中晚唐詩叩彈集十二卷續集三卷　（清）杜詔　（清）杜庭珠集　清康熙四十三年(1704)采山亭刻本　五冊

220000 – 0801 – 0002295　善/2305
列朝詩集八十一卷　（清）錢謙益選　清康熙刻本　二十四冊

220000 – 0801 – 0002296　善/2306
列朝詩集八十一卷　（清）錢謙益選　清康熙刻本　二十冊

220000 – 0801 – 0002297　善/2307
列朝詩集八十一卷　（清）錢謙益選　清康熙刻本　四十八冊

220000 – 0801 – 0002298　善/2308

明詩別裁集十二卷　（清）沈德潛　（清）周準輯　清乾隆四年(1739)刻本　四冊

220000 – 0801 – 0002299　善/2309

明詩別裁集十二卷　（清）沈德潛　（清）周準輯　清乾隆四年(1739)刻本　四冊

220000 – 0801 – 0002300　善/2310

明詩別裁集十二卷　（清）沈德潛　（清）周準輯　清乾隆四年(1739)刻本　八冊

220000 – 0801 – 0002301　善/2311

國朝詩別裁集三十六卷　（清）沈德潛纂評　清乾隆二十四年(1759)刻本　十二冊

220000 – 0801 – 0002302　善/2312

明詩綜一百卷　（清）朱彝尊編　（清）汪森輯語　清康熙四十四年(1705)刻本　三十四冊

220000 – 0801 – 0002303　善/2313

白香山詩長慶集二十卷後集十七卷別集一卷補遺二卷　（唐）白居易撰　清康熙四十二年(1703)刻本　十冊

220000 – 0801 – 0002304　善/2314

石湖居士詩集三十四卷　（宋）范成大撰　清康熙二十七年(1688)刻本　四冊

220000 – 0801 – 0002305　善/2315

石湖居士詩集三十四卷　（宋）范成大撰　清康熙二十七年(1688)刻本　十冊

220000 – 0801 – 0002306　善/2316

石湖居士詩集三十四卷　（宋）范成大撰　清康熙二十七年(1688)刻本　十冊

220000 – 0801 – 0002307　善/2317

文恭集四十卷　（宋）胡宿撰　清乾隆四十年(1775)刻本　八冊

220000 – 0801 – 0002308　善/2318

高季迪先生大全集十八卷　（明）高啓撰　清康熙刻本　六冊

220000 – 0801 – 0002309　善/2319

解文毅公集十六卷　（明）解縉撰　清乾隆三十二年(1767)刻本　六冊

220000 – 0801 – 0002310　善/2320

宋學士全集三十二卷　（明）宋濂撰　清康熙四十八年(1709)刻本　十六冊

220000 – 0801 – 0002311　善/2321

黃陶庵先生全集文集七卷補遺一卷詩集八卷補遺一卷語錄五卷首一卷　（明）黃淳耀撰　清乾隆二十六年(1761)刻本　四冊

220000 – 0801 – 0002312　善/2322

黃陶庵先生全集文集七卷補遺一卷詩集八卷補遺一卷語錄五卷首一卷　（明）黃淳耀撰　清乾隆二十六年(1761)刻本　六冊

220000 – 0801 – 0002313　善/2323

黃陶庵先生全集文集七卷補遺一卷詩集八卷補遺一卷語錄五卷首一卷　（明）黃淳耀撰　清乾隆二十六年(1761)刻本　六冊

220000 – 0801 – 0002314　善/2324

邵子湘全集三十卷青門簏藁十六卷旅藁六卷賸藁八卷附邵氏家錄二卷　（清）邵長蘅撰　（清）顧景星批點　清康熙三十二年至三十八年(1693 – 1699)刻本　八冊

220000 – 0801 – 0002315　善/2325

漁洋山人精華錄十二卷附年譜　（清）王士禎著　清雍正十二年(1734)刻本　五冊

220000 – 0801 – 0002316　善/2326

有懷堂文稿二十二卷詩稿六卷　（清）韓菼撰　清康熙四十二年(1703)刻本　十二冊

220000 – 0801 – 0002317　善/2327

全唐詩話八卷　（宋）尤袤輯　（清）孫濤續輯　清乾隆三十九年(1774)刻本　八冊

220000 – 0801 – 0002318　善/2328

宋詩紀事一百卷　（清）厲鶚輯　清乾隆十一年(1746)刻本　二十四冊

220000 – 0801 – 0002319　善/2329

新鑴古今大雅南宮詞紀六卷　（明）陳所聞輯　明萬曆三十三年(1605)刻本　六冊

220000 – 0801 – 0002320　善/2330

五代詩話十二卷　（清）王士禎撰　清乾隆十

三年(1748)刻本　六冊

220000－0801－0002321　善/2331
讀書小記十四卷　（清）范爾梅著　清雍正七年(1729)刻本　六冊

220000－0801－0002322　善/2332
鄭氏周易三卷附鄭氏周易爻辰圖一卷　（宋）王應麟撰集　清乾隆二十一年(1756)刻本一冊

220000－0801－0002323　善/2333
鄭氏周易三卷附鄭氏周易爻辰圖一卷　（宋）王應麟撰集　清乾隆二十一年(1756)刻本一冊

220000－0801－0002324　善/2334
來瞿唐先生易注十五卷首一卷目錄圖像一卷末一卷　（明）來知德注　清雍正七年(1729)刻本　十二冊

220000－0801－0002325　善/2335
易經揆一十四卷易學啓蒙補二卷　（清）梁錫璵集傳　清乾隆十六年(1751)刻本　十冊

220000－0801－0002326　善/2336
易經揆一十四卷易學啓蒙補二卷　（清）梁錫璵集傳　清乾隆十六年(1751)刻本　十冊

220000－0801－0002327　善/2337
和序堂易經貫一二十卷首一卷　（清）金誠述撰　清乾隆刻本　二十二冊

220000－0801－0002328　善/2338
和序堂易經貫一二十卷首二卷　（清）金誠述撰　清乾隆十七年(1752)刻本　二十二冊

220000－0801－0002329　善/2339
周易函書別集二十三卷　（清）胡煦述　清雍正二年(1724)葆璞堂該本　八冊

220000－0801－0002330　善/2340
易象意言不分卷　（宋）蔡淵撰　清乾隆三十九年(1774)刻本　一冊

220000－0801－0002331　善/2341
子夏易傳十一卷　（春秋）卜商撰　清康熙十五年(1676)刻本　四冊

220000－0801－0002332　善/2342
紫巖居士易傳十卷　（宋）張浚撰　清康熙十九年(1680)刻本　五冊

220000－0801－0002333　善/2343
易翼述言十二卷　（清）王又樸撰　清乾隆十六年(1751)刻本　十二冊

220000－0801－0002334　善/2344
易憲四卷　（明）沈泓疏　清康熙三十八年(1699)刻本　三冊

220000－0801－0002335　善/2345
易憲四卷　（明）沈泓疏　清康熙三十八年(1699)刻本　二冊

220000－0801－0002336　善/2346
讀易大旨五卷　（清）孫奇逢撰　清康熙二十七年(1688)刻本　四冊

220000－0801－0002337　善/2347
茹氏經學十二種二十二卷　（清）茹敦和撰　清乾隆三十九年(1774)刻本　四冊

220000－0801－0002338　善/2348
周易經義審七卷首一卷　（清）盧浙輯注　清乾隆六十年(1795)刻本　四冊

220000－0801－0002339　善/2349
周易傳義合闡十二卷　（清）陳瑚著　清乾隆十七年(1752)刻本　四冊

220000－0801－0002340　善/2350
周易傳義合訂十二卷　（清）朱軾輯　清嘉慶刻本　六冊

220000－0801－0002341　善/2351
周易參義十二卷　（明）梁寅撰　清康熙刻本　四冊

220000－0801－0002342　善/2352
周易函書約存十五卷首三卷約注十八卷別集十六卷　（清）胡煦撰　清乾隆五十九年(1794)刻本　十一冊

220000－0801－0002343　善/2353
石鏡山房周易說統十二卷　（明）張振淵輯　明萬曆四十三年(1615)刻本　十二冊

220000 – 0801 – 0002344　善/2354

周易函書約注十八卷別集十六卷　（清）胡煦
著　清雍正二年(1724)刻本　十六冊

220000 – 0801 – 0002345　善/2355

卜法詳考四卷　（清）胡煦撰　清雍正六年
(1728)刻本　四冊

220000 – 0801 – 0002346　善/2356

顏氏匯鈔十二種十八卷　（清）顏崧峯輯　清
乾隆五十七年(1792)抄本　七冊

220000 – 0801 – 0002347　善/2357

尚書離句六卷　（清）錢在培輯解　清雍正八
年(1730)刻本　四冊

220000 – 0801 – 0002348　善/2358

尚書匯纂必讀十二卷　（清）陸士楷纂輯　清
康熙十三年(1674)刻本　四冊

220000 – 0801 – 0002349　善/2359

豐川今古文尚書質疑八卷　（清）王心敬編
清乾隆三年(1738)刻本　六冊

220000 – 0801 – 0002350　善/2360

書二十八卷　（元）吳澄纂　清康熙刻本
二冊

220000 – 0801 – 0002351　善/2361

新訂書經大全說約合參六卷　（宋）蔡沈集傳
清康熙六十一年(1722)刻本　二冊

220000 – 0801 – 0002352　善/2362

書經批六卷　（清）董懋極批　清乾隆三十一
年(1766)刻本　二冊

220000 – 0801 – 0002353　善/2363

書集傳或問二卷　（宋）陳大猷撰　清康熙十
五年(1676)刻本　一冊

220000 – 0801 – 0002354　善/2364

融堂書解二十卷　（宋）錢時撰　清乾隆三十
九年(1774)刻本　四冊

220000 – 0801 – 0002355　善/2365

書經近指六卷　（清）孫奇逢纂　清康熙十五
年(1676)刻本　四冊

220000 – 0801 – 0002356　善/2366

書經近指六卷　（清）孫奇逢纂　清康熙十五
年(1676)刻本　四冊

220000 – 0801 – 0002357　善/2367

書經衷論四卷　（清）張英撰　清康熙二十一
年(1682)刻本　二冊

220000 – 0801 – 0002358　善/2368

書經衷論四卷　（清）張英撰　清康熙二十一
年(1682)刻本　二冊

220000 – 0801 – 0002359　善/2369

書疑九卷　（宋）王栢著　清康熙十六年
(1677)刻本　一冊

220000 – 0801 – 0002360　善/2370

書考辯二卷　（清）劉九畹撰　清乾隆十六年
(1751)刻本　一冊

220000 – 0801 – 0002361　善/2371

尚書後案三十卷附尚書後辯一卷　（清）王鳴
盛撰　清乾隆四十五年(1780)刻本　八冊

220000 – 0801 – 0002362　善/2372

尚書後案三十卷附尚書後辯一卷　（清）王鳴
盛撰　清乾隆四十五年(1780)刻本　六冊

220000 – 0801 – 0002363　善/2373

尚書後案三十卷附尚書後辯一卷　（清）王鳴
盛撰　清乾隆四十五年(1780)刻本　八冊

220000 – 0801 – 0002364　善/2374

禹貢會箋十二卷首一卷　（清）徐文靖箋　清
乾隆十八年(1753)刻本　一冊

220000 – 0801 – 0002365　善/2375

禹貢會箋十二卷首一卷　（清）徐文靖箋　清
乾隆十八年(1753)刻本　四冊

220000 – 0801 – 0002366　善/2376

古文尚書撰異三十二卷　（清）段玉裁撰　清
乾隆刻本　十冊

220000 – 0801 – 0002367　善/2377

禹貢譜二卷　（清）王澍等編　清康熙四十六
年(1707)積書巖刻本　一冊

220000－0801－0002368　善/2378
禹貢正義三卷　（清）曹爾成述　清乾隆二十
七年（1762）刻本　三冊

220000－0801－0002369　善/2379
禹貢錐指二十卷略例一卷　（清）胡渭撰　清
康熙四十四年（1705）刻本　二十四冊

220000－0801－0002370　善/2380
禹貢錐指二十卷略例一卷　（清）胡渭撰　清
康熙四十四年（1705）刻本　六冊

220000－0801－0002371　善/2381
禹貢錐指二十卷略例一卷　（清）胡渭撰　清
康熙四十四年（1705）刻本　六冊

220000－0801－0002372　善/2382
禹貢錐指二十卷圖一卷　（清）胡渭撰　清康
熙刻本　十二冊

220000－0801－0002373　善/2383
詩經八卷　清順治十一年（1654）抄本　三冊
　存四卷（一至四）

220000－0801－0002374　善/2384
欽定詩經傳說匯纂二十卷首二卷詩序二卷
（清）王鴻緒等纂　清雍正五年（1727）刻本
九冊

220000－0801－0002375　善/2385
尚書大傳四卷補遺一卷附鄭司農集一卷
（漢）伏勝撰　清乾隆二十一年（1756）刻本
一冊

220000－0801－0002376　善/2386
詩總聞二十卷　（宋）王質撰　清武英殿聚珍
本　八冊

220000－0801－0002377　善/2387
詩所八卷　（清）李光地撰　清康熙五十七年
（1718）刻本　四冊

220000－0801－0002378　善/2388
御纂詩義折中二十卷　（清）傅恒等撰　清乾
隆二十年（1755）刻本　十二冊

220000－0801－0002379　善/2389
毛詩二十卷　（漢）毛亨傳　（漢）鄭玄箋　清

乾隆四十八年（1783）刻本　六冊

220000－0801－0002380　善/2390
毛詩二十卷　（漢）毛亨傳　（漢）鄭玄箋　清
乾隆四十八年（1783）刻本　七冊

220000－0801－0002381　善/2391
毛詩經筵講義四卷　（宋）袁燮撰　清乾隆四
十二年（1777）武英殿聚珍本　二冊

220000－0801－0002382　善/2392
毛詩草木鳥獸蟲魚疏廣要二卷　（三國吳）陸
璣撰　清照曠閣刻本　六冊

220000－0801－0002383　善/2393
詩經叶音辨訛八卷　（清）劉維謙撰　清乾隆
三年（1738）刻本　四冊

220000－0801－0002384　善/2394
詩外傳十卷　（漢）韓嬰撰　清乾隆十年
（1745）刻本　一冊

220000－0801－0002385　善/2395
詩外傳十卷　（漢）韓嬰撰　清乾隆十年
（1745）刻本　二冊

220000－0801－0002386　善/2396
詩外傳十卷　（漢）韓嬰撰　清乾隆十年
（1745）刻本　二冊

220000－0801－0002387　善/2397
韓詩外傳十卷補遺一卷　（漢）韓嬰撰　清乾
隆五十五年（1790）刻本　二冊

220000－0801－0002388　善/2398
禮說十四卷首一卷　（清）惠士奇撰　清刻本
　八冊

220000－0801－0002389　善/2399
宋葉文康公禮經會元四卷　（宋）葉時撰　清
乾隆五十年（1785）刻本　四冊

220000－0801－0002390　善/2400
宋葉文康公禮經會元四卷　（宋）葉時撰　清
乾隆五十二年（1787）刻本　四冊

220000－0801－0002391　善/2401
周官禮註十二卷　（漢）鄭玄註　清一得齋刻

本　八冊

220000－0801－0002392　善/2402
周官禮註十二卷　（漢）鄭玄註　清一得齋刻
本　六冊

220000－0801－0002393　善/2403
周禮註疏刪翼三十卷　（明）王志長撰　清乾
隆六十年（1795）刻本　十六冊

220000－0801－0002394　善/2404
周禮註疏刪翼三十卷　（明）王志長撰　清乾
隆六十年（1795）刻本　十六冊

220000－0801－0002395　善/2405
周禮注疏四十二卷　（漢）鄭玄注　清乾隆四
年（1739）刻本　十四冊

220000－0801－0002396　善/2406
周禮節訓六卷　（清）黃叔琳原本　清乾隆三
十二年（1767）刻本　二冊

220000－0801－0002397　善/2407
周禮節訓六卷　（清）黃叔琳原本　清乾隆三
十二年（1767）刻本　二冊

220000－0801－0002398　善/2408
周禮輯義十二卷　（清）姜兆錫撰　清雍正九
年（1731）寅清樓刻本　五冊

220000－0801－0002399　善/2409
聖門禮誌一卷樂誌一卷聖賢像贊四卷　（清）
孔傳鐸輯　清康熙五十五年（1716）刻本
六冊

220000－0801－0002400　善/2410
儀禮鄭注句讀十七卷附監本正誤一卷石經正
誤一卷　（清）張爾岐撰　清乾隆八年（1743）
刻本　六冊

220000－0801－0002401　善/2411
豐川禮記匯編八卷　（清）王心敬撰　清乾隆
三年（1738）刻本　四冊

220000－0801－0002402　善/2412
禮記省度四卷　（清）彭頤撰　清康熙十一年
（1672）刻二節版朱墨套印本　四冊

220000－0801－0002403　善/2413
檀弓論文二卷　（清）孫濩孫評訂　清天心閣
刻本　二冊

220000－0801－0002404　善/2414
檀弓論文二卷　（清）孫濩孫評訂　清刻本
二冊

220000－0801－0002405　善/2415
大戴禮記十三卷　（漢）戴德撰　清武英殿聚
珍本　四冊

220000－0801－0002406　善/2416
大戴禮記十三卷　（漢）戴德撰　清刻本
四冊

220000－0801－0002407　善/2417
大戴禮記十三卷　（漢）戴德撰　清刻本
二冊

220000－0801－0002408　善/2418
大戴禮記十三卷　（漢）戴德撰　清刻本
二冊

220000－0801－0002409　善/2419
吳文正公三禮考注六十四卷　（元）吳澄撰
清乾隆刻本　十六冊

220000－0801－0002410　善/2420
群經宮室圖二卷　（清）焦循撰　清乾隆刻本
二冊

220000－0801－0002411　善/2421
群經宮室圖二卷　（清）焦循撰　清乾隆刻本
二冊

220000－0801－0002412　善/2422
明堂大道錄八卷禘說二卷　（清）惠棟撰　清
經訓堂刻本　二冊

220000－0801－0002413　善/2423
新定三禮圖二十卷　（宋）聶崇義集注　清康
熙通志堂刻本　二冊

220000－0801－0002414　善/2424
五禮通考二百六十二卷首四卷　（清）秦蕙田
撰　讀禮通考一百二十卷　（清）徐乾學撰
清乾隆二十六年（1761）刻本　一百二十八冊

220000 - 0801 - 0002415　善/2425

五禮通考二百六十二卷首四卷　（清）秦蕙田撰　讀禮通考一百二十卷　（清）徐乾學撰清乾隆二十六年(1761)刻本　一百二十冊

220000 - 0801 - 0002416　善/2426

讀禮通考一百二十卷　（清）徐乾學撰　清康熙三十五年(1696)刻本　二十四冊

220000 - 0801 - 0002417　善/2427

讀左日鈔十二卷補二卷　（清）朱鶴齡撰　清康熙二十年(1681)刻本　四冊

220000 - 0801 - 0002418　善/2428

左傳經世鈔二十三卷　（清）魏禧評點　清乾隆十三年(1748)刻本　十二冊

220000 - 0801 - 0002419　善/2429

左傳分國纂畧十六卷　（清）盧元昌撰　清康熙二十八年(1689)思美盧刻本　八冊

220000 - 0801 - 0002420　善/2430

春秋左傳補注六卷　（清）惠棟撰　清乾隆三十九年(1774)刻本　二冊

220000 - 0801 - 0002421　善/2431

左繡三十卷首一卷　（清）馮李驊　（清）陸浩評輯　清康熙五十九年(1720)華川書屋刻本十六冊

220000 - 0801 - 0002422　善/2432

左繡三十卷首一卷　（清）馮李驊　（清）陸浩評輯　清康熙五十九年(1720)華川書屋刻本十二冊

220000 - 0801 - 0002423　善/2433

[止齋先生]春秋後傳　（宋）陳傅良撰　清初通志堂刻本　二冊

220000 - 0801 - 0002424　善/2434

春秋集傳釋義大成十二卷首一卷　（元）俞皋述　清初通志堂刻本　三冊

220000 - 0801 - 0002425　善/2435

春秋大事表五十卷輿圖一卷附錄一卷　（清）顧棟高撰　清乾隆十七年(1752)萬卷樓刻本十八冊

220000 - 0801 - 0002426　善/2436

春秋大事表五十卷輿圖一卷附錄一卷　（清）顧棟高撰　清乾隆十七年(1752)萬卷樓刻本二十冊

220000 - 0801 - 0002427　善/2437

龍學孫公春秋經解十五卷　（宋）孫覺撰　清初通志堂刻本　五冊

220000 - 0801 - 0002428　善/2438

春秋集傳纂例十卷春秋集傳辯疑十卷春秋集傳微旨三卷　（唐）陸淳撰　清康熙刻本四冊

220000 - 0801 - 0002429　善/2439

石林先生春秋傳二十卷　（宋）葉夢得撰　清初通志堂刻本　三冊

220000 - 0801 - 0002430　善/2440

欽定春秋傳說匯纂三十八卷首二卷　（清）王掞等撰　清康熙六十年(1721)刻本　三十二冊

220000 - 0801 - 0002431　善/2441

春秋題旨輯要二卷　（明）王文肅撰　清乾隆五十五年(1790)刻本　一冊

220000 - 0801 - 0002432　善/2442

春秋提綱十卷　（元）陳則通撰　清初通志堂刻本　一冊

220000 - 0801 - 0002433　善/2443

春秋屬辭十五卷　（明）趙汸撰　清康熙二十九年(1690)刻本　五冊

220000 - 0801 - 0002434　善/2444

公羊傳選不分卷穀梁傳選不分卷　（清）儲欣撰　清乾隆十年(1745)刻本　二冊

220000 - 0801 - 0002435　善/2445

春秋傳三十卷　（宋）胡安國撰　清康熙四十一年(1702)刻本　六冊

220000 - 0801 - 0002436　善/2446

春秋繁露十七卷附錄一卷　（漢）董仲舒撰清乾隆五十年(1785)刻本　二冊

220000 - 0801 - 0002437　善/2447

問辨錄十卷　（明）高拱撰　清康熙二十五年(1686)籠春堂刻本　五冊

220000－0801－0002438　善/2448

鄉黨圖考十卷　（清）江永撰　清乾隆三十八年(1773)刻本　二冊

220000－0801－0002439　善/2449

鄉黨圖考十卷　（清）江永撰　清乾隆三十八年(1773)刻本　二冊

220000－0801－0002440　善/2450

鄉黨圖考十卷　（清）江永撰　清乾隆三十八年(1773)刻本　四冊

220000－0801－0002441　善/2451

戴泳樓重鐫硃批孟子二卷　（宋）蘇洵評　清康熙三十三年(1694)刻朱墨套印本　一冊

220000－0801－0002442　善/2452

翼聖堂重訂蘇老泉硃批孟子二卷　（宋）蘇洵批點　清康熙三十三年(1694)刻朱墨套印本　三冊

220000－0801－0002443　善/2453

孟子四考四卷　（清）周廣業述　清乾隆六十年(1795)刻本　二冊

220000－0801－0002444　善/2454

標孟七卷　（清）汪有光撰　清康熙二十五年(1686)刻本　二冊

220000－0801－0002445　善/2455

大學竊補五卷　（清）陳孚撰　清刻本　五冊

220000－0801－0002446　善/2456

中庸述朱大全三卷　（□）□□撰　清刻本　三冊

220000－0801－0002447　善/2457

中庸輯略二卷　（宋）石憝輯　（宋）朱熹刪定　清康熙刻本　一冊

220000－0801－0002448　善/2458

大學中庸本義不分卷　（清）王澍撰　清乾隆二年(1737)刻本　二冊

220000－0801－0002449　善/2459

四書講義困勉錄三十七卷續錄六卷　（清）陸隴其撰　清康熙三十八年(1699)嘉會堂刻本　十二冊

220000－0801－0002450　善/2460

四書講義困勉錄三十七卷續錄六卷　（清）陸隴其撰　清康熙三十八年(1699)嘉會堂刻本　四冊　缺十四卷(孟子講義困勉錄十四卷)

220000－0801－0002451　善/2461

陸稼書先生四書講義遺編六卷　（清）陸隴其撰　（清）趙鳳翔編　清康熙四十四年(1705)三魚堂刻本　四冊

220000－0801－0002452　善/2462

四書副墨合粂(張閣老經筵四書直解)二十七卷　（清）汪希汲等撰　清順治元年(1644)春秀堂刻本　十四冊

220000－0801－0002453　善/2463

此木軒四書說九卷　（清）焦袁熹著　清乾隆九年(1744)刻本　一冊

220000－0801－0002454　善/2464

四書參解六卷　（清）趙龍詔著　清乾隆十三年(1748)孝友堂刻本　二冊

220000－0801－0002455　善/2465

四書朱子本義匯參四十七卷　（清）王步青輯　清乾隆十年(1745)敦復堂刻本　三十二冊

220000－0801－0002456　善/2466

四書朱子本義匯參四十七卷　（清）王步青輯　清乾隆十年(1745)敦復堂刻本　二十冊

220000－0801－0002457　善/2467

四書白課錄三十卷　（清）任時懋撰　清乾隆四年(1739)刻本　十四冊

220000－0801－0002458　善/2468

纂訂四書通解三十卷　（清）邢淳撰　清雍正三年(1725)古吳三樂齋三槐堂刻本　十冊

220000－0801－0002459　善/2469

四書大全摘要二十卷　（清）李武撰　清雍正九年(1731)晉耕堂刻本　十三冊　缺一卷(孟子六)

107

220000 – 0801 – 0002460　善/2470

四書或問三十九卷中庸輯畧二卷　（宋）朱熹撰　清乾隆墨潤齋刻本　五冊

220000 – 0801 – 0002461　善/2471

四書類典賦二十四卷　（清）甘紱撰　清乾隆三十五年(1770)刻本　十六冊

220000 – 0801 – 0002462　善/2472

四書左國彙纂四卷　（清）高其名　（清）鄭師成撰　清乾隆三十九年(1774)百尺樓刻本　四冊

220000 – 0801 – 0002463　善/2473

四書典故辯正二十卷附錄一卷　（清）周柄中著　清乾隆四十九年(1784)森寶堂刻本　六冊

220000 – 0801 – 0002464　善/2474

四書考異七十二卷　（清）翟灝撰　清乾隆三十四年(1769)無不宜齋刻本　十二冊

220000 – 0801 – 0002465　善/2475

四書考異七十二卷　（清）翟灝撰　清乾隆三十四年(1769)無不宜齋刻本　十四冊

220000 – 0801 – 0002466　善/2476

四書考異七十二卷　（清）翟灝撰　清乾隆三十四年(1769)無不宜齋刻本　十冊

220000 – 0801 – 0002467　善/2477

御製日講四書解義二十六卷　（清）庫納勒等撰　清康熙十六年(1677)刻本　十二冊

220000 – 0801 – 0002468　善/2478

經義考三百卷　（清）朱彝尊編　**經義考總目二卷**　（清）盧見曾編　清乾隆二十年(1755)刻本　五十冊　缺三卷(二百八十六、二百九十九至三百)

220000 – 0801 – 0002469　善/2479

經義考三百卷　（清）朱彝尊編　**總目二卷**（清）盧見曾編　清乾隆二十年(1755)刻本　四十八冊

220000 – 0801 – 0002470　善/2480

六經奧論六卷首一卷　（宋）鄭樵撰　清康熙

通志堂刻本　一冊

220000 – 0801 – 0002471　善/2481

六經奧論六卷首一卷　（宋）鄭樵撰　清康熙通志堂刻本　二冊

220000 – 0801 – 0002472　善/2482

經玩二十卷　（清）沈淑著　清雍正三年(1725)常熟沈氏孝德堂刻本　八冊

220000 – 0801 – 0002473　善/2483

經典釋文三十卷　（唐）陸德明撰　清乾隆五十六年(1791)抱經堂刻本　十冊

220000 – 0801 – 0002474　善/2484

六經圖二十四卷　（清）鄭之僑輯　清乾隆九年(1744)潮陽述堂刻本　十二冊

220000 – 0801 – 0002475　善/2485

六經圖二十四卷　（清）鄭之僑輯　清乾隆九年(1744)潮陽述堂刻本　十二冊

220000 – 0801 – 0002476　善/2486

五經類編二十八卷附錄一卷　（清）周世樟撰　清雍正二年(1724)刻本　十冊

220000 – 0801 – 0002477　善/2487

五經類編二十八卷附錄一卷　（清）周世樟撰　清雍正二年(1724)刻本　八冊

220000 – 0801 – 0002478　善/2488

五經類編二十八卷附錄一卷　（清）周世樟撰　清雍正二年(1724)刻本　十二冊

220000 – 0801 – 0002479　善/2489

五經典要註釋五卷目錄一卷　（清）袁壯行纂　清康熙二十九年(1690)維新五雲堂刻本　六冊

220000 – 0801 – 0002480　善/2490

六經正誤六卷　（宋）毛居正校勘　清康熙十九年(1680)通志堂刻本　二冊

220000 – 0801 – 0002481　善/2491

龍城札記三卷　（清）盧文弨撰　清乾隆六十年(1795)抱經堂刻本　一冊

220000 – 0801 – 0002482　善/2492

鍾山札記四卷　（清）盧文弨撰　清乾隆五十五年(1790)抱經堂刻本　二冊

220000－0801－0002483　善/2493

潛邱劄記六卷附錄一卷　（清）閻若璩撰　清乾隆十年(1745)眷西堂刻本　六冊

220000－0801－0002484　善/2494

潛邱劄記六卷附錄一卷　（清）閻若璩撰　清乾隆十年(1745)眷西堂刻本　六冊

220000－0801－0002485　善/2495

易堂問目四卷　（清）吳鼎輯　清乾隆三十七年(1772)刻本　四冊

220000－0801－0002486　善/2496

易堂問目四卷　（清）吳鼎輯　清乾隆三十七年(1772)刻本　二冊

220000－0801－0002487　善/2497

易堂問目四卷　（清）吳鼎輯　清乾隆三十七年(1772)刻本　四冊

220000－0801－0002488　善/2498

說文字原集註十六卷　（清）蔣和撰　清乾隆五十三年(1788)刻本　四冊

220000－0801－0002489　善/2499

澤存堂　（清）張士俊輯　清康熙刻本　十二冊

220000－0801－0002490　善/2500

正字通十二集三十六卷附字彙舊本首一卷音釋一卷　（明）張自烈原本　（清）廖文英輯　（明）梅膺祚音釋　清康熙十年(1671)刻本　十四冊

220000－0801－0002491　善/2501

廣金石韻府五卷　（清）林尚葵撰　清康熙九年(1670)大業堂刻朱墨套印本　三冊

220000－0801－0002492　善/2502

字彙十二卷首一卷末一卷　（明）梅膺祚撰　清康熙二十六年(1687)昭慶寺貝葉齋刻本　十四冊

220000－0801－0002493　善/2503

六書分類十二卷首一卷　（清）傅世垚輯

（清）傅世磊參訂　清乾隆聽松閣刻本　十四冊

220000－0801－0002494　善/2504

十三經紀字一卷疊字編不分卷　（清）汪汲撰　清乾隆五十九年(1794)古愚山房刻本　一冊

220000－0801－0002495　善/2505

佩觿三卷　（宋）郭忠恕撰　清康熙四十九年(1710)刻本　一冊

220000－0801－0002496　善/2506

佩觿三卷　（宋）郭忠恕撰　清康熙四十九年(1710)刻本　一冊

220000－0801－0002497　善/2507

字鑑五卷　（元）李文仲撰　清康熙四十八年(1709)張氏澤存堂刻本　一冊

220000－0801－0002498　善/2508

漢隸字源六卷　（宋）婁機撰　清初汲古閣刻本　一冊

220000－0801－0002499　善/2509

隸法彙纂十卷　（清）項懷述編錄　清乾隆四十五年(1780)刻本　四冊

220000－0801－0002500　善/2510

隸法彙纂十卷　（清）項懷述編錄　清乾隆五十四年(1789)刻本　二冊

220000－0801－0002501　善/2511

千文六書統要二卷首一卷　（明）胡正言輯　清康熙二年(1663)刻本　六冊

220000－0801－0002502　善/2512

隸法彙纂十卷　（清）項懷述撰　清乾隆四十五年(1780)小西山房刻本　二冊

220000－0801－0002503　善/2513

六書分類十二卷　（清）傅世垚撰　清乾隆五十四年(1789)刻本　十三冊

220000－0801－0002504　善/2514

唐韻正二十卷　（清）顧炎武撰　清初刻本　七冊

220000－0801－0002505　善/2515

學韻紀要二卷　（清）劉紹攽撰　清乾隆五年（1740）刻本　二冊

220000－0801－0002506　善/2516

爾雅正義二十卷　（清）邵晉涵撰　**爾雅釋文三卷**　（唐）陸德明撰　清乾隆五十三年（1788）面水層軒刻本　六冊

220000－0801－0002507　善/2517

釋名疏證八卷　（漢）劉熙撰　（清）畢沅疏證　**續名釋一卷釋名補遺一卷**　（清）畢沅撰　清乾隆五十五年（1790）經訓堂刻本　一冊

220000－0801－0002508　善/2518

廣字義二卷　（宋）陳普編　（清）孫函澤增刪　（清）黃叔璥續編　清乾隆四年（1739）刻本　一冊

220000－0801－0002509　善/2519

助字辨略五卷　（清）劉淇撰　清乾隆四十三年（1778）刻本　二冊

220000－0801－0002510　善/2520

通志略五十二卷　（宋）鄭樵撰　清乾隆十三年（1748）刻本　二十冊

220000－0801－0002511　善/2521

通志略五十二卷　（宋）鄭樵撰　清乾隆十三年（1748）刻本　二十四冊

220000－0801－0002512　善/2522

東觀漢記二十四卷　（漢）劉珍等撰　清乾隆四十二年（1777）刻本　四冊

220000－0801－0002513　善/2523

明史藁三百十卷　（清）王鴻緒撰　清康熙三十六年（1697）敬慎堂刻本　八十冊

220000－0801－0002514　善/2524

明史藁三百十卷　（清）王鴻緒撰　清康熙三十六年（1697）敬慎堂刻本　二十冊

220000－0801－0002515　善/2525

逸周書十卷　（晉）孔晁註　明刻本　四冊

220000－0801－0002516　善/2526

逸周書十卷校補一卷附錄一卷　（晉）孔晁註

清乾隆五十一年（1786）刻本　二冊

220000－0801－0002517　善/2527

逸周書十卷校補一卷附錄一卷　（晉）孔晁註　清乾隆五十一年（1786）刻本　六冊

220000－0801－0002518　善/2528

逸周書十卷校補一卷附錄一卷　（晉）孔晁註　清乾隆五十一年（1786）刻本　四冊

220000－0801－0002519　善/2529

逸周書十卷校補一卷附錄一卷　（晉）孔晁註　清乾隆五十一年（1786）刻本　二冊

220000－0801－0002520　善/2530

逸周書十卷校補一卷附錄一卷　（晉）孔晁註　清乾隆五十一年（1786）刻本　二冊

220000－0801－0002521　善/2531

西魏書二十四卷　（清）謝啓昆撰　清乾隆六十年（1795）刻本　六冊

220000－0801－0002522　善/2532

東都事略一百三十卷　（宋）王稱撰　清乾隆六十年（1795）刻本　十六冊

220000－0801－0002523　善/2533

契丹國志二十七卷　（宋）葉隆禮撰　清乾隆、嘉慶掃葉山房刻本　二冊

220000－0801－0002524　善/2534

隆平集二十卷　（宋）曾鞏撰　清康熙四十七年（1708）刻本　六冊

220000－0801－0002525　善/2535

隆平集二十卷　（宋）曾鞏撰　清康熙四十七年（1708）刻本　六冊

220000－0801－0002526　善/2536

續弘簡錄元史類編四十二卷　（清）邵遠平撰　清康熙四十五年（1706）刻本　十六冊

220000－0801－0002527　善/2537

續弘簡錄元史類編四十二卷　（清）邵遠平撰　清康熙四十五年（1706）刻本　十冊

220000－0801－0002528　善/2538

元史類編四十二卷　（清）邵遠平撰　清乾隆

六十年(1795)刻本　十八冊

220000－0801－0002529　善/2539
元史類編四十二卷　(清)邵遠平撰　清乾隆
六十年(1795)刻本　十四冊

220000－0801－0002530　善/2540
元史類編四十二卷　(清)邵遠平撰　清乾隆
六十年(1795)刻本　十六冊

220000－0801－0002531　善/2541
元史類編四十二卷　(清)邵遠平撰　清乾隆
六十年(1795)刻本　十二冊

220000－0801－0002532　善/2542
新鐫朱青巖擬編明紀輯略十卷　(清)朱璘編
清康熙刻本　十八冊

220000－0801－0002533　善/2543
吳越春秋六卷　(漢)趙曄撰　清康熙七年
(1668)刻本　二冊

220000－0801－0002534　善/2544
十六國春秋一百卷　(北魏)崔鴻撰　清乾隆
四十一年(1776)刻本　二十冊

220000－0801－0002535　善/2545
十國春秋一百十六卷　(清)吳任臣撰　清乾
隆五十八年(1793)刻本　十六冊

220000－0801－0002536　善/2546
十國春秋一百十六卷　(清)吳任臣撰　清乾
隆五十八年(1793)刻本　十六冊

220000－0801－0002537　善/2547
十國春秋一百十六卷　(清)吳任臣撰　清乾
隆五十八年(1793)刻本　二十四冊

220000－0801－0002538　善/2548
宗室王公章京世襲爵秩冊四卷　(清)□□撰
清光緒抄本　四冊

220000－0801－0002539　善/2549
宗室王公章京世襲爵秩冊四卷　(清)□□撰
清光緒抄本　三冊　缺一卷(一)

220000－0801－0002540　善/2550
補歷代史表五十三卷　(清)萬斯同輯　清康

熙三十一年(1692)刻本　四冊

220000－0801－0002541　善/2551
甲子會紀五卷附邵康節先生觀化詩　(明)薛
應旂編　明嘉靖三十八年(1559)刻本　四冊

220000－0801－0002542　善/2552
甲子會紀五卷附邵康節先生觀化詩　(明)薛
應旂編　明嘉靖三十八年(1559)刻本　四冊

220000－0801－0002543　善/2553
歷代史表　(清)萬季野撰　清乾隆五十一年
(1786)刻本　六冊

220000－0801－0002544　善/2554
御批續資治通鑑綱目二十七卷　(明)商輅等
撰　清康熙四十六年(1707)抄本　十二冊

220000－0801－0002545　善/2555
通鑑擥要前編二卷首一卷正編十九卷續編八
卷晚史擥要八卷　(清)姚培謙　(清)張景星
同錄　清乾隆二十五年(1760)刻本　十六冊

220000－0801－0002546　善/2556
綱鑑會編九十八卷　(清)劉德芳證正　(清)
葉澐輯錄　清康熙四十二年(1703)刻本　四
十冊

220000－0801－0002547　善/2557
竹書紀年統箋十二卷　(清)徐文靖撰　清乾
隆十五年(1750)刻本　二冊

220000－0801－0002548　善/2558
元經薛氏傳十卷　(隋)王通撰　(唐)薛收傳
(宋)阮逸註　清乾隆五十六年(1791)刻本
二冊

220000－0801－0002549　善/2559
前漢紀三十卷　(漢)荀悅撰　後漢紀三十卷
(晉)袁宏撰　清康熙三十五年(1696)刻本
八冊

220000－0801－0002550　善/2560
東華錄十六卷　(清)蔣良騏撰　清抄本
四冊

220000－0801－0002551　善/2561
通鑑註辯正二卷　(清)錢大昕撰　清乾隆五

十七年(1792)刻本　一冊

220000－0801－0002552　善/2562

繹史一百六十卷世系圖年表一卷　（清）馬驌
撰　清康熙九年(1670)刻本　二十四冊

220000－0801－0002553　善/2563

繹史一百六十卷世系圖年表一卷　（清）馬驌
撰　清康熙九年(1670)刻本　四十八冊

220000－0801－0002554　善/2564

明史紀事本末八十卷　（清）谷應泰編　清順
治十五年(1658)刻本　二十冊

220000－0801－0002555　善/2565

明史紀事本末八十卷　（清）谷應泰編　清刻
本　二十冊

220000－0801－0002556　善/2566

明史紀事本末八十卷　（清）谷應泰編　清順
治十五年(1658)刻本　十二冊

220000－0801－0002557　善/2567

三藩紀事本末四卷　（清）楊陸榮撰　清康熙
五十八年(1719)刻本　一冊

220000－0801－0002558　善/2568

平臺紀略一卷　（清）藍鼎元撰　清雍正十年
(1732)刻本　一冊

220000－0801－0002559　善/2569

皇清開國方略三十二卷首一卷　（清）阿桂等
撰　清乾隆五十一年(1786)武英殿刻本　十
六冊

220000－0801－0002560　善/2570

戰國策三十三卷　（漢）高誘註　清乾隆二十
一年(1756)刻本　四冊

220000－0801－0002561　善/2571

戰國策三十三卷　（漢）高誘註　清乾隆二十
一年(1756)刻本　四冊

220000－0801－0002562　善/2572

戰國策去毒二卷　（清）陸隴其撰　清康熙三
十三年(1694)刻本　四冊

220000－0801－0002563　善/2573

戰國策去毒二卷　（清）陸隴其撰　清康熙三
十三年(1694)刻本　二冊

220000－0801－0002564　善/2574

歷朝名公評論戰國策十八卷　（清）張星徽評
　清雍正刻本　八冊

220000－0801－0002565　善/2575

五代史補五卷　（宋）陶岳撰　清乾隆刻本
四冊

220000－0801－0002566　善/2576

新刻陳眉公訂正通紀會纂四卷　（明）諸燮纂
輯　（明）鍾惺謹定　清刻本　二冊

220000－0801－0002567　善/2577

蜀碧四卷附一卷　（清）彭遵泗撰　清乾隆十
年(1745)刻本　二冊

220000－0801－0002568　善/2578

弘光朝偽東宮偽后及黨禍紀略一卷　（清）戴
名世撰　清抄本　一冊

220000－0801－0002569　善/2579

平叛記二卷　（清）毛霦編　清康熙五十五年
(1716)刻本　二冊

220000－0801－0002570　善/2580

平叛記二卷　（清）毛霦編　清康熙五十五年
(1716)刻本　二冊

220000－0801－0002571　善/2581

御授攝政王洪大經略奏對日鈔筆記一卷
（清）洪承疇撰　清抄本　一冊

220000－0801－0002572　善/2582

四朝聞見錄五卷　（宋）葉紹翁撰　清乾隆四
十三年(1778)刻本　二冊

220000－0801－0002573　善/2583

焚椒錄一卷　（遼）王鼎撰　清末抄本　一冊

220000－0801－0002574　善/2584

元氏掖庭記一卷　（明）陶宗儀撰　北轅錄一
卷　（宋）周輝撰　西使記一卷　（元）劉郁撰
　清順治三年(1646)刻本　一冊

220000－0801－0002575　善/2585

萬曆野獲編三十卷　（明）沈德符撰　清康熙
三十九年(1700)刻本　十六冊

220000－0801－0002576　善/2586

武塘野史　（□）□□撰　清抄本　一冊

220000－0801－0002577　善/2587

史緯三百三十卷首一卷　（清）陳允錫撰　清
刻本　二十冊

220000－0801－0002578　善/2588

廿二史纂略六卷　（清）郭衷恒輯　清乾隆十
四年(1749)刻本　二冊

220000－0801－0002579　善/2589

廿一史約編八卷首一卷　（清）鄭元慶述　清
康熙三十六年(1697)刻本　八冊

220000－0801－0002580　善/2590

廿一史約編八卷首一卷　（清）鄭元慶述　清
康熙三十六年(1697)刻本　八冊

220000－0801－0002581　善/2591

廿二史紀事提要　（清）吳綏纂　清乾隆十二
年(1747)刻本　四冊

220000－0801－0002582　善/2592

古史輯要不分卷　（□）□□撰　清抄本
四冊

220000－0801－0002583　善/2593

南北史捃華八卷　（清）周嘉猷輯　清乾隆五
十年(1785)刻本　四冊

220000－0801－0002584　善/2594

戰國策選四卷　（清）儲欣評　清乾隆四十九
年(1784)刻本　四冊

220000－0801－0002585　善/2595

史記鈔四卷　（清）高嵣集評　清乾隆五十三
年(1788)刻本　四冊

220000－0801－0002586　善/2596

史記論文一百三十卷　（漢）司馬遷撰　（清）
吳見思評點　（清）吳興祚參訂　清乾隆四十
五年(1780)刻本　二十四冊

220000－0801－0002587　善/2597

空山堂史記評註十二卷　（清）牛運震撰　清
乾隆五十六年(1791)刻本　十冊

220000－0801－0002588　善/2598

空山堂史記評註十二卷　（清）牛運震撰　清
乾隆五十六年(1791)刻本　十冊

220000－0801－0002589　善/2599

唐書直筆四卷　（宋）呂夏卿撰　清乾隆武英
殿刻本　一冊

220000－0801－0002590　善/2600

史通通釋二十卷附錄一卷　（清）浦起龍撰
清乾隆十七年(1752)刻本　八冊

220000－0801－0002591　善/2601

史通通釋二十卷附錄一卷　（清）浦起龍撰
清乾隆十七年(1752)刻本　八冊

220000－0801－0002592　善/2602

史通通釋二十卷附錄一卷　（清）浦起龍撰
清乾隆十七年(1752)刻本　六冊

220000－0801－0002593　善/2603

讀史糾謬十五卷　（清）牛運震撰　清乾隆五
十八年(1793)刻本　七冊

220000－0801－0002594　善/2604

讀史提要錄十二卷　（清）夏之蓉編　清乾隆
三十七年(1772)刻本　二冊

220000－0801－0002595　善/2605

讀史提要錄十二卷　（清）夏之蓉編　清乾隆
三十七年(1772)刻本　四冊

220000－0801－0002596　善/2606

讀史論略一卷　（清）杜詔撰　清乾隆二十年
(1755)抄本　一冊

220000－0801－0002597　善/2607

讀史論略詳註一卷　（清）杜詔撰　（清）唐桂
註　清乾隆四十六年(1781)刻本　一冊

220000－0801－0002598　善/2608

聽籟山房史論匯選　陸嗣章輯　清末抄本
六冊

220000－0801－0002599　善/2609

讀史四集 （明）楊以任輯 清乾隆四十二年
(1777)刻本 三冊

220000－0801－0002600 善/2610

刪訂通鑑感應錄二卷 （清）秦鏡纂集 清康
熙五十四年(1715)刻本 四冊

220000－0801－0002601 善/2611

刪訂通鑑感應錄二卷 （清）秦鏡纂集 清康
熙五十四年(1715)刻本 一冊

220000－0801－0002602 善/2612

評鑑闡要十二卷 （清）高宗弘曆撰 清乾隆
三十六年(1771)刻本 六冊

220000－0801－0002603 善/2613

鑑語經世編二十七卷 （清）魏裔介撰 清康
熙十四年(1675)刻本 十二冊

220000－0801－0002604 善/2614

看鑑偶評四卷補評一卷 （清）尤侗撰 清康
熙二十九年(1690)刻本 四冊

220000－0801－0002605 善/2615

古今治統二十卷 （明）徐奮鵬撰 清雍正元
年(1723)刻本 六冊

220000－0801－0002606 善/2616

古今治統二十卷 （明）徐奮鵬撰 清雍正元
年(1723)刻本 六冊

220000－0801－0002607 善/2617

十七史商榷一百卷目錄一卷 （清）王鳴盛撰
清乾隆五十四年(1789)刻本 十六冊

220000－0801－0002608 善/2618

十七史商榷一百卷目錄一卷 （清）王鳴盛撰
清乾隆五十四年(1789)刻本 十二冊

220000－0801－0002609 善/2619

十七史商榷一百卷目錄一卷 （清）王鳴盛撰
清乾隆五十四年(1789)刻本 十四冊

220000－0801－0002610 善/2620

廿二史考異一百卷 （清）錢大昕撰 清乾隆
四十五年(1780)刻本 三十二冊

220000－0801－0002611 善/2621

廿二史考異一百卷 （清）錢大昕撰 清乾隆
四十五年(1780)刻本 十九冊

220000－0801－0002612 善/2622

史記評註十二卷 （清）牛運震撰 清乾隆五
十八年(1793)刻本 八冊

220000－0801－0002613 善/2623

國策註釋新編四卷 （清）丁序賢註釋 清乾
隆十九年(1754)刻本 四冊

220000－0801－0002614 善/2624

史記註補正不分卷 （清）方苞撰 清初刻本
一冊

220000－0801－0002615 善/2625

史記索隱三十卷 （唐）司馬貞撰 清初刻本
一冊

220000－0801－0002616 善/2626

史記索隱三十卷 （唐）司馬貞撰 清初刻本
二冊

220000－0801－0002617 善/2627

兩漢刊誤補遺十卷 （宋）吳仁傑撰 清武英
殿木活字印本 三冊

220000－0801－0002618 善/2628

御製擬白居易新樂府 （清）徐立綱輯 清刻
本 四冊

220000－0801－0002619 善/2629

御製擬白居易新樂府 （清）徐立綱輯 清刻
本 四冊

220000－0801－0002620 善/2630

十國宮詞一百首一卷 （清）吳省蘭撰 （清）
范重榮註 清乾隆五十八年(1793)刻本
一冊

220000－0801－0002621 善/2632

尚友錄二十二卷補遺一卷 （明）廖用賢編纂
清康熙五年(1666)刻本 二十二冊

220000－0801－0002622 善/2633

尚友錄二十二卷補遺一卷 （明）廖用賢編纂
清康熙五年(1666)刻本 十二冊

220000－0801－0002623　善/2634
歷代名賢齒譜九卷歷代名媛齒譜三卷 （清）
易宗涒輯　清乾隆六十年（1795）補刻本　二
十冊

220000－0801－0002624　善/2635
歷代名賢齒譜九卷歷代名媛齒譜三卷 （清）
易宗涒輯　清乾隆六十年（1795）刻本　二
十冊

220000－0801－0002625　善/2636
歷代名賢齒譜九卷歷代名媛齒譜三卷 （清）
易宗涒輯　清乾隆六十年（1795）刻本　十
二冊

220000－0801－0002626　善/2637
歷代名賢齒譜九卷歷代名媛齒譜三卷 （清）
易宗涒輯　清乾隆六十年（1795）刻本　八冊

220000－0801－0002627　善/2638
崑山人物傳十卷崑山雜志一卷 （清）朱應鯤
編輯　清順治十二年（1655）刻本　六冊　缺
二卷（四至五）

220000－0801－0002628　善/2639
安危註四卷 （明）吳甡輯　清初刻本　四冊

220000－0801－0002629　善/2640
安危註四卷 （明）吳甡輯　清初刻本　四冊

220000－0801－0002630　善/2641
義烏人物記二卷 （明）金江著　清抄本
二冊

220000－0801－0002631　善/2642
人壽金鑑二十二卷 （清）程得齡輯　清嘉慶
二十五年（1820）刻本　十二冊

220000－0801－0002632　善/2643
人壽金鑑二十二卷 （清）程得齡輯　清嘉慶
二十五年（1820）刻本　四冊

220000－0801－0002633　善/2644
古今長者錄八卷 （明）黃文焴撰　**筆疇一卷**
（明）王達撰　**讀書簡要一卷** （清）蔣永說
撰　清乾隆八年（1743）刻本　五冊

220000－0801－0002634　善/2645

姓史人物考十五卷 （清）章履仁撰　清乾隆
二十年（1755）刻本　十六冊

220000－0801－0002635　善/2646
商丘宋氏家乘十四卷 （清）宋犖撰　清康熙
四十四年（1705）刻本　五冊

220000－0801－0002636　善/2647
涇川朱氏宗譜十六卷附首一卷 （清）朱世潤
修　清乾隆刻本　十六冊

220000－0801－0002637　善/2648
親王宗譜不分卷 （清）□□撰　清末內府紅
格抄本　一冊

220000－0801－0002638　善/2649
寶祐四年丙辰科題名錄一卷附錄一卷 （□）
□□撰　清乾隆四十八年（1783）活字印本
三冊

220000－0801－0002639　善/2650
鹿忠節公年譜二卷 （清）陳鋐撰　清康熙六
年（1667）刻本　二冊

220000－0801－0002640　善/2651
鹿忠節公年譜二卷 （清）陳鋐撰　清康熙六
年（1667）刻本　二冊

220000－0801－0002641　善/2652
高陽太傅孫文正公年譜 （清）孫銓編輯　清
初儉堂刻本　三冊

220000－0801－0002642　善/2653
續表忠記八卷 （清）趙吉士撰　（清）盧宜輯
　清康熙三十七年（1698）壽園刻本　四冊

220000－0801－0002643　善/2654
漢名臣言行錄十二卷 （清）夏之芳輯　清乾
隆十七年（1752）刻本　六冊

220000－0801－0002644　善/2655
漢名臣言行錄十二卷 （清）夏之芳輯　清乾
隆十七年（1752）刻本　八冊

220000－0801－0002645　善/2656
顧端文公年譜四卷 （明）顧汝沐撰　（清）顧
樞編　清康熙三十三年（1694）刻本　一冊

220000－0801－0002646　善/2657

東林列傳二十四卷首一卷末二卷　（清）陳鼎
輯　清康熙五十年(1711)刻本　八冊　缺一
卷(首一卷)

220000－0801－0002647　善/2658

東林列傳二十四卷首一卷末二卷　（清）陳鼎
輯　清康熙五十年(1711)刻本　十冊　缺二
卷(末二卷)

220000－0801－0002648　善/2659

歷代循吏傳八卷　（清）朱軾　（清）蔡世遠訂
清刻本　四冊

220000－0801－0002649　善/2660

歷代循吏傳八卷　（清）朱軾　（清）蔡世遠訂
清刻本　四冊

220000－0801－0002650　善/2661

合刻延平四先生年譜四卷　（清）毛念恃撰
清乾隆刻本　二冊

220000－0801－0002651　善/2662

合刻延平四先生年譜四卷　（清）毛念恃撰
清乾隆刻本　二冊

220000－0801－0002652　善/2663

朱子年譜四卷考異四卷附錄二卷　（清）王懋
竑撰　清乾隆刻本　四冊

220000－0801－0002653　善/2664

蔡氏九儒書九卷首一卷　（明）蔡鸛編輯　清
乾隆八年(1743)刻本　六冊

220000－0801－0002654　善/2665

三遷志十二卷　（清）王特選增纂　清雍正元
年(1723)刻本　四冊

220000－0801－0002655　善/2666

明儒學案六十二卷　（清）黃宗羲輯著　清康
熙三十二年(1693)刻本　十六冊

220000－0801－0002656　善/2667

列朝詩集小傳　（清）錢謙益撰　清抄本　十
二冊

220000－0801－0002657　善/2668

列朝詩集小傳不分卷　（清）錢謙益撰　清康

熙誦芬堂刻本　六冊

220000－0801－0002658　善/2669

漁洋山人自撰年譜二卷　（清）王士禎撰
（清）惠棟註補　清康熙刻本　一冊

220000－0801－0002659　善/2670

國朝畫徵錄三卷續錄二卷　（清）張庚撰　清
乾隆四年(1739)刻本　四冊

220000－0801－0002660　善/2671

國朝畫徵錄三卷續錄二卷　（清）張庚撰　清
乾隆四年(1739)刻本　一冊

220000－0801－0002661　善/2672

國朝畫徵錄三卷續錄二卷　（清）張庚撰　清
乾隆四年(1739)刻本　二冊

220000－0801－0002662　善/2673

國朝畫徵錄三卷續錄二卷　（清）張庚撰　清
乾隆四年(1739)刻本　二冊

220000－0801－0002663　善/2674

國朝畫徵錄三卷續錄二卷　（清）張庚撰　清
乾隆四年(1739)刻本　二冊

220000－0801－0002664　善/2675

節錄諸說部女忠孝義唫草闡揚蘭閨錄忠孝節
義吟草　（清）孔彰氏集　清同治十三年
(1874)抄本　六冊

220000－0801－0002665　善/2676

古懽錄八卷　（清）王士禎撰　清康熙刻本
二冊

220000－0801－0002666　善/2677

無聲詩史七卷　（清）姜紹書輯　清初刻本
六冊

220000－0801－0002667　善/2678

閨姓類集儷語四卷　（清）張越英撰　清乾隆
二十年(1755)刻本　四冊

220000－0801－0002668　善/2680

水東日記四十卷　（明）葉盛著　清康熙十九
年(1680)刻本　四冊

220000－0801－0002669　善/2681

勅封天后志二卷 （清）孫清標輯 清乾隆四十三年(1778)刻本 二冊

220000－0801－0002670 善/2682

通志二百卷 （宋）鄭樵撰 清乾隆十二年(1747)武英殿刻本 三十二冊 存五十二卷（二十一至四十一、八十二至八十七、九十三至九十七、一百五至一百二十四）

220000－0801－0002671 善/2683

欽定大清會典一百卷 （清）允祹纂 清乾隆二十九年(1764)刻本 二十四冊

220000－0801－0002672 善/2684

欽定大清會典一百卷 （清）允祹纂 清乾隆二十九年(1764)刻本 十八冊 缺八卷（四至十一）

220000－0801－0002673 善/2685

建炎以來朝野雜記甲集二十卷 （宋）李心傳撰 清刻本 六冊

220000－0801－0002674 善/2686

宋朝事實二十卷 （宋）李攸撰 清乾隆四十一年(1776)刻本 六冊

220000－0801－0002675 善/2687

宋朝事實二十卷 （宋）李攸撰 清乾隆四十一年(1776)刻本 八冊

220000－0801－0002676 善/2688

欽定大清會典一百卷 （清）允祹纂 清乾隆二十九年(1764)刻本 二十冊

220000－0801－0002677 善/2689

文獻通考纂二十二卷 （元）馬端臨撰 （清）郎星等纂 續文獻通考纂二十二卷 （明）王圻撰 （清）郎星等纂 清康熙三年(1664)刻本 二十四冊

220000－0801－0002678 善/2690

文獻通考詳節二十四卷 （元）馬端臨撰 （清）嚴虞惇錄 清乾隆二十九年(1764)刻本 十冊

220000－0801－0002679 善/2691

文獻通考詳節二十四卷 （元）馬端臨撰

（清）嚴虞惇錄 清乾隆二十九年(1764)刻本 六冊

220000－0801－0002680 善/2692

續文獻通考鈔三十卷 （清）史以甲鈔 清康熙二年(1663)刻本 八冊

220000－0801－0002681 善/2693

禮制考二卷 （清）孫承志著 清抄本 一冊

220000－0801－0002682 善/2694

唐摭言十五卷 （五代）王定保撰 清乾隆二十一年(1756)雅雨堂刻本 三冊

220000－0801－0002683 善/2695

俎豆集三十卷 （清）潘承焯撰 清乾隆四十三年(1778)刻本 八冊

220000－0801－0002684 善/2696

[清道光間]殿試卷 （清）蔣培撰 清道光寫本 一冊

220000－0801－0002685 善/2697

[清道光間]殿試卷 （清）陳鍾芳撰 清道光寫本 一冊

220000－0801－0002686 善/2698

會文書院試卷 （清）高凌雯撰 清寫本 七冊

220000－0801－0002687 善/2699

國朝諡法考一卷 （清）王士禎編輯 清刻本 一冊

220000－0801－0002688 善/2700

治政集要不分卷 （清）王又槐輯 清乾隆五十九年(1794)刻本 七冊

220000－0801－0002689 善/2701

詞林典故八卷 （清）張廷玉等輯 清乾隆刻本 八冊

220000－0801－0002690 善/2702

從政遺規二卷 （清）陳宏謀編 清乾隆八年(1743)刻本 二冊

220000－0801－0002691 善/2703

欽定八旗則例十二卷 （清）鄂爾泰等纂修

清乾隆七年（1742）武英殿刻本　四冊

220000－0801－0002692　善/2704

律例圖說辨譌十卷　（清）萬維翰撰　清乾隆
三十六年（1771）刻本　七冊

220000－0801－0002693　善/2705

大清律輯註三十卷　（清）沈之奇撰　清康熙
五十四年（1715）刻本　八冊

220000－0801－0002694　善/2706

大清律集解附例三十卷附總類六卷　（清）朱
軾等纂　清雍正三年（1725）刻本　十六冊

220000－0801－0002695　善/2707

大清律例四十七卷　（清）三泰等撰　清乾隆
五年（1740）武英殿刻本　十六冊

220000－0801－0002696　善/2708

成案續編十二卷　（清）陳皋編　清乾隆二十
年（1755）刻本　十冊

220000－0801－0002697　善/2709

上諭旗務議覆十二卷諭行旗務奏議十三卷
（清）允祿等輯　清乾隆刻本　十冊

220000－0801－0002698　善/2710

**世宗憲皇帝上諭八旗十三卷上諭旗務議覆十
二卷諭行旗務奏議十三卷**　（清）允祿等輯
清乾隆刻本　三十八冊

220000－0801－0002699　善/2711

世宗憲皇帝上諭百五十九卷　（清）世宗胤禛
撰　清乾隆六年（1741）刻本　三十二冊

220000－0801－0002700　善/2712

三朝皇帝聖訓一百卷　（清）高宗弘曆撰　清
乾隆六年（1741）刻本　九十九冊

220000－0801－0002701　善/2713

硃批諭旨三百六十卷　（清）世宗胤禛等撰
清雍正十年至乾隆三年（1732－1738）刻朱墨
套印本　一百十二冊

220000－0801－0002702　善/2714

硃批諭旨三百六十卷　（清）世宗胤禛等撰
清雍正十年至乾隆三年（1732－1738）刻朱墨
套印本　一百十二冊

220000－0801－0002703　善/2715

御選明臣奏議四十卷　（清）蔡新等撰　清武
英殿刻本　十六冊

220000－0801－0002704　善/2716

宋李忠定公奏議選十五卷首一卷　（宋）李綱
撰　清朝宗書室活字印本　六冊

220000－0801－0002705　善/2717

宋李忠定公奏議選十五卷首一卷　（宋）李綱
撰　清朝宗書室活字印本　六冊

220000－0801－0002706　善/2718

孝肅包公奏議十卷　（宋）包拯撰　（清）張純
修輯　清康熙五十九年（1720）刻本　四冊

220000－0801－0002707　善/2719

**于清端公政書八卷首編一卷外集一卷續集一
卷**　（清）于成龍撰　清乾隆二十六年（1761）
刻本　三冊

220000－0801－0002708　善/2720

**于清端公政書八卷首編一卷外集一卷續集一
卷**　（清）于成龍撰　清乾隆二十六年（1761）
刻本　八冊

220000－0801－0002709　善/2721

思補齋摺稿一卷　（清）潘世恩撰　清末抄本
一冊

220000－0801－0002710　善/2722

滿洲咨稿不分卷　（清）□□撰　清末紅格抄
本　一冊

220000－0801－0002711　善/2723

**于清端公政書八卷首編一卷外集一卷續集一
卷**　（清）于成龍撰　清乾隆二十六年（1761）
刻本　十一冊

220000－0801－0002712　善/2724

工程做法則例七十四卷　（清）允禮等纂　清
雍正十二年（1734）刻本　十冊　存三十四卷
（一至三十四）

220000－0801－0002713　善/2725

建平存稿三卷　（清）貢震撰　清乾隆十七年
（1752）刻本　一冊

220000 – 0801 – 0002714 善/2726

文昌雜錄六卷 （宋）龐元英撰　清乾隆二十一年(1756)雅雨堂刻本　二冊

220000 – 0801 – 0002715 善/2727

兩漢策要十二卷 （宋）陶叔獻編　（清）張朝樂輯　清乾隆五十三年(1788)刻本　六冊

220000 – 0801 – 0002716 善/2728

兩漢策要十二卷 （宋）陶叔獻編　（清）張朝樂輯　清乾隆五十三年(1788)刻本　十二冊

220000 – 0801 – 0002717 善/2729

朝野數要五卷 （宋）趙升撰　清乾隆四十二年(1777)活字印本　一冊

220000 – 0801 – 0002718 善/2730

三古圖三種四十二卷 （清）黃晟輯　清乾隆十七年(1752)刻本　二十冊

220000 – 0801 – 0002719 善/2731

兩漢金石記二十二卷 （清）翁方綱撰　清乾隆五十四年(1789)刻本　八冊

220000 – 0801 – 0002720 善/2732

兩漢金石記二十二卷 （清）翁方綱撰　清乾隆五十四年(1789)刻本　六冊

220000 – 0801 – 0002721 善/2733

兩漢金石記二十二卷 （清）翁方綱撰　清乾隆五十四年(1789)刻本　六冊

220000 – 0801 – 0002722 善/2734

兩漢金石記二十二卷 （清）翁方綱撰　清乾隆五十四年(1789)刻本　六冊

220000 – 0801 – 0002723 善/2735

兩漢金石記二十二卷 （清）翁方綱撰　清乾隆五十四年(1789)刻本　八冊

220000 – 0801 – 0002724 善/2736

兩漢金石記二十二卷 （清）翁方綱撰　清乾隆五十四年(1789)刻本　八冊

220000 – 0801 – 0002725 善/2737

觀妙齋藏金石文考略十六卷 （清）李光暎撰　清雍正七年(1729)刻本　六冊

220000 – 0801 – 0002726 善/2738

觀妙齋藏金石文考略十六卷 （清）李光暎撰　清雍正七年(1729)刻本　六冊

220000 – 0801 – 0002727 善/2739

觀妙齋藏金石文考略十六卷 （清）李光暎撰　清雍正七年(1729)刻本　六冊

220000 – 0801 – 0002728 善/2740

關中金石記八卷 （清）畢沅撰　清乾隆四十六年(1781)刻本　三冊

220000 – 0801 – 0002729 善/2741

金石文字記六卷附石經考一卷 （清）顧炎武撰　清初刻本　三冊

220000 – 0801 – 0002730 善/2742

金石錄三十卷 （宋）趙明誠撰　清順治七年(1650)刻本　六冊

220000 – 0801 – 0002731 善/2743

金石圖不分卷 （清）褚峻摹　清乾隆八年(1743)刻并拓本　四冊

220000 – 0801 – 0002732 善/2744

金石圖不分卷 （清）褚峻摹　清乾隆八年(1743)刻并拓本　四冊

220000 – 0801 – 0002733 善/2745

集古錄十卷 （宋）歐陽修撰　清順治刻本　四冊

220000 – 0801 – 0002734 善/2746

亦政堂重修考古圖十卷 （宋）呂大臨撰　清乾隆十七年(1752)刻本　十冊

220000 – 0801 – 0002735 善/2747

亦政堂重修考古圖十卷 （宋）呂大臨撰　清乾隆十七年(1752)刻本　五冊

220000 – 0801 – 0002736 善/2748

石鼓文不分卷 （清）任兆麟釋　清乾隆五十三年(1788)刻本　一冊

220000 – 0801 – 0002737 善/2749

粵東金石略九卷首一卷附二卷 （清）翁方綱撰　清乾隆三十六年(1771)刻本　六冊

220000－0801－0002738　善/2750

潛研堂金石文跋尾序　(清)錢大昕撰　清初刻本　一冊

220000－0801－0002739　善/2751

墓銘舉例四卷金石要例一卷　(明)王行撰　清乾隆二十年(1755)刻本　二冊

220000－0801－0002740　善/2752

中州金石記五卷　(清)畢沅撰　清初刻本　四冊

220000－0801－0002741　善/2753

東巡金石錄八卷　(清)崔應階　(清)梁蠹鴻輯　清乾隆刻本　二冊

220000－0801－0002742　善/2754

淳化閣帖釋文二卷　(清)沈宗騫校正　清乾隆刻本　一冊

220000－0801－0002743　善/2755

鳳墅殘帖釋文二卷　(清)錢大昕撰　清乾隆三十四年(1769)刻本　二冊

220000－0801－0002744　善/2756

讀書樂篆譜一卷　(清)王純熙篆刻　清乾隆二十七年(1762)刻本　一冊

220000－0801－0002745　善/2757

讀書樂篆譜一卷　(清)王純熙篆刻　清乾隆二十七年(1762)刻本　一冊

220000－0801－0002746　善/2758

欽定重刻淳化閣帖十卷　(清)金簡校　清乾隆三十四年(1769)武英殿刻本　五冊

220000－0801－0002747　善/2759

淳化秘閣法帖考正十二卷　(清)王澍撰　清雍正八年(1730)刻本　二冊

220000－0801－0002748　善/2760

淳化秘閣法帖考正十二卷　(清)王澍撰　清雍正八年(1730)刻本　六冊

220000－0801－0002749　善/2761

淳化秘閣法帖考正十二卷　(清)王澍撰　清雍正八年(1730)刻本　六冊

220000－0801－0002750　善/2762

淳化秘閣法帖考正十二卷　(清)王澍撰　清雍正八年(1730)刻本　六冊

220000－0801－0002751　善/2763

飛鴻堂印譜初集八卷二集八卷三集八卷四集八卷五集八卷　(清)汪啓淑摹　清乾隆四十一年(1776)刻本　二十冊

220000－0801－0002752　善/2764

飛鴻堂印譜初集八卷二集八卷三集八卷四集八卷五集八卷　(清)汪啓淑摹　清乾隆四十一年(1776)刻本　二十冊

220000－0801－0002753　善/2765

退齋印類十卷　(清)汪啓淑輯　清乾隆三十二年(1767)刻本　四

220000－0801－0002754　善/2766

松園印譜二卷　(清)賈永摹　清乾隆四十八年(1783)鈐印本　二冊

220000－0801－0002755　善/2767

宋淳熙敕編古玉圖譜一百卷　(宋)龍大淵等編纂　清乾隆四十四年(1779)刻本　二十一冊　缺十一卷(五至九、四十至四十三、八十二至八十三)

220000－0801－0002756　善/2768

月日紀古十二卷　(清)蕭智漢撰　清乾隆五十九年(1794)刻本　十二冊

220000－0801－0002757　善/2769

天下山河兩戒考十四卷　(清)徐文靖撰　清雍正二年(1724)刻本　五冊

220000－0801－0002758　善/2770

增記廣輿記二十四卷　(明)陸應陽原纂　(清)蔡方炳增輯　清康熙四十六年(1707)刻本　十冊

220000－0801－0002759　善/2771

晉太康三年地記一卷　(晉)□□撰　(清)畢沅輯　晉書地道記一卷　(晉)王隱撰　(清)畢沅輯　清乾隆四十九年(1784)刻本　一冊

220000－0801－0002760　善/2772

晉太康三年地記一卷　（晉）□□撰　（清）畢
沅輯　晉書地道記一卷　（晉）王隱撰　（清）
畢沅輯　清乾隆四十九年(1784)刻本　一冊

220000－0801－0002761　善/2773

晉書地理志新補正五卷　（清）畢沅撰　清乾
隆四十八年(1783)刻本　一冊

220000－0801－0002762　善/2774

廣輿記二十四卷增訂廣輿記提要一卷　（明）
陸應陽原纂　（清）蔡方炳增輯　清康熙二十
五年(1686)刻本　八冊

220000－0801－0002763　善/2775

大清一統志志表　（清）徐午錄　清乾隆五十
九年(1794)刻本　八冊

220000－0801－0002764　善/2776

大清一統圖表三百五十二卷　（清）蔣廷錫等
修　（清）王安國等纂　清乾隆九年(1744)刻
本　十二冊

220000－0801－0002765　善/2777

大明一統志九十卷　（明）李賢等撰　明刻本
四十八冊

220000－0801－0002766　善/2778

東晉疆域志四卷　（清）洪亮吉撰　清乾隆五
十四年(1789)刻本　三冊

220000－0801－0002767　善/2779

帝京景物略八卷　（明）劉侗撰　清乾隆三十
一年(1766)刻本　四冊

220000－0801－0002768　善/2780

北京市街記不分卷　（清）□□撰　清末稿本
八冊

220000－0801－0002769　善/2781

嶺表錄異三卷　（唐）劉恂撰　海島算經一卷
（晉）劉徽撰　（唐）李淳風註　清乾隆四十
年(1775)刻本　一冊

220000－0801－0002770　善/2782

吳興合璧四卷　（清）陳文煜撰　清乾隆五十
二年(1787)刻本　二冊

220000－0801－0002771　善/2783

鄴中記一卷　（晉）陸翽撰　清乾隆刻本
一冊

220000－0801－0002772　善/2784

桃溪客語五卷　（清）吳騫撰　清刻本　二冊

220000－0801－0002773　善/2785

東野志四卷　（清）呂兆祥纂修　清康熙二十
五年(1686)刻本　二冊

220000－0801－0002774　善/2786

石柱記四卷　（唐）顏真卿撰　（清）鄭元慶箋
釋　清康熙四十一年(1702)刻本　二冊

220000－0801－0002775　善/2787

黔書二卷　（清）田雯編　清康熙二十九年
(1690)刻本　二冊

220000－0801－0002776　善/2788

日下舊聞四十二卷附補遺一卷　（清）朱彝尊
撰　清康熙二十七年(1688)刻本　十四冊

220000－0801－0002777　善/2789

日下舊聞四十二卷附補遺一卷　（清）朱彝尊
撰　清康熙二十七年(1688)刻本　十六冊

220000－0801－0002778　善/2790

欽定日下舊聞考一百六十卷　（清）潘曾起修
（清）竇光鼐總纂　清乾隆武英殿刻本　四
十冊

220000－0801－0002779　善/2791

欽定日下舊聞考一百六十卷　（清）潘曾起修
（清）竇光鼐總纂　清乾隆武英殿刻本　四
十冊

220000－0801－0002780　善/2792

欽定日下舊聞考一百六十卷　（清）潘曾起修
（清）竇光鼐總纂　清乾隆武英殿刻本　四
十八冊

220000－0801－0002781　善/2793

[康熙]懷柔縣新志八卷　（清）吳景果修
(清)潘其燦纂　清康熙六十年(1721)刻本
四冊

220000－0801－0002782　善/2794

[乾隆]天津縣志二十四卷　（清）朱奎揚等修

（清）吳廷華等纂　清乾隆四年（1739）刻本
八冊

220000－0801－0002783　善/2795

[乾隆]永清縣志二十五篇　（清）周震榮修
（清）章學誠纂　清乾隆四十四年（1779）刻本
四冊

220000－0801－0002784　善/2796

[乾隆]武清縣志十二卷首一卷末一卷　（清）
吳羽中修　（清）曹涵等纂　清乾隆七年
（1742）刻本　八冊

220000－0801－0002785　善/2797

[乾隆]寶坻縣志十八卷　（清）洪肇楙修
（清）蔡寅斗纂　清乾隆十年（1745）刻本
八冊

220000－0801－0002786　善/2798

[乾隆]三河縣志十六卷　（清）陳昶修　清乾
隆二十五年（1760）刻本　四冊

220000－0801－0002787　善/2799

[乾隆]獻縣志二十　（清）萬廷蘭修
（清）戈濤纂　清乾隆二十六年（1761）刻本
十二冊

220000－0801－0002788　善/2800

[乾隆]任邱縣志十二卷首一卷　（清）劉統修
（清）劉炳纂　清乾隆二十七年（1762）刻本
十冊

220000－0801－0002789　善/2801

[乾隆]肅寧縣志十卷　（清）尹侃等修　清乾
隆十九年（1754）刻本　五冊

220000－0801－0002790　善/2802

[康熙]臨城縣志八卷　（清）楊寬修　（清）
喬已百纂　清康熙三十年（1691）刻道光二年
（1822）補刻本　四冊

220000－0801－0002791　善/2803

[乾隆]沙河縣志六卷　（清）杜灝纂修　清乾
隆二十二年（1757）刻本　四冊

220000－0801－0002792　善/2804

[康熙]靈壽縣志十卷末一卷　（清）陸隴其修

（清）傅維櫺纂　清康熙二十五年（1686）刻
本　四冊

220000－0801－0002793　善/2805

[乾隆]景州志六卷　（清）屈成霖纂修　清乾
隆十年（1745）刻本　四冊

220000－0801－0002794　善/2806

[乾隆]冀州志二十卷續編一卷　（清）范清曠
纂修　清乾隆十二年（1747）刻本　十冊

220000－0801－0002795　善/2807

[乾隆]直隸易州志十八卷　（清）張登高纂修
清乾隆十二年（1747）刻本　八冊

220000－0801－0002796　善/2808

[乾隆]直隸易州志十八卷　（清）張登高纂修
清乾隆十二年（1747）刻本　七冊

220000－0801－0002797　善/2809

[乾隆]口北三廳志十六卷首一卷　（清）黃可
潤纂修　清乾隆二十三年（1758）刻本　六冊

220000－0801－0002798　善/2810

[乾隆]口北三廳志十六卷首一卷　（清）黃可
潤纂修　清乾隆二十三年（1758）刻本　六冊

220000－0801－0002799　善/2811

[乾隆]萬全縣志十卷首一卷　（清）左承業纂
修　清乾隆十年（1745）刻本　四冊

220000－0801－0002800　善/2812

[乾隆]臨榆縣志十四卷　（清）鍾和梅修　清
乾隆二十一年（1756）刻本　六冊

220000－0801－0002801　善/2813

[康熙]撫寧縣志十二卷　（清）趙端修
（清）徐廷琜纂　清康熙二十三年（1684）刻本
五冊

220000－0801－0002802　善/2814

[乾隆]直隸遵化州志二十卷　（清）劉埥纂修
（清）傅修續纂修　清乾隆五十九年（1794）
刻本　八冊

220000－0801－0002803　善/2815

[嘉靖]齊乘六卷　（元）于欽纂　清乾隆四十
六年（1781）刻本　六冊

220000－0801－0002804　善/2816

[嘉靖]齊乘六卷　（元）于欽纂　清乾隆四十六年(1781)刻本　四冊

220000－0801－0002805　善/2817

[乾隆]歷城縣志五十卷首一卷　（清）胡德林修　（清）李文藻纂　清乾隆三十八年(1773)刻本　十六冊

220000－0801－0002806　善/2818

[雍正]樂安縣志二十卷　（清）李方膺纂修　清雍正十一年(1733)刻本　四冊

220000－0801－0002807　善/2819

[康熙]新城縣志十四卷首一卷續志二卷　(清)崔懋修　（清）嚴濂曾纂　（清）孫元衡續撰　清康熙三十二年(1693)刻本　六冊

220000－0801－0002808　善/2820

[乾隆]高苑縣志十卷　（清）張耀璧纂修　清乾隆二十三年(1758)刻本　六冊

220000－0801－0002809　善/2821

[乾隆]濰縣志六卷　（清）張耀璧修　（清）王誦芬纂　清乾隆二十五年(1760)刻本　六冊

220000－0801－0002810　善/2822

[乾隆]昌邑縣志八卷　（清）周來邰纂修　清乾隆七年(1742)刻本　五冊

220000－0801－0002811　善/2823

[康熙]諸城縣志十二卷　（清）卞穎修　(清)王勸等纂　清康熙十二年(1673)刻本　六冊

220000－0801－0002812　善/2824

[乾隆]諸城縣志四十六卷　（清）宮懋讓修　(清)李文藻等纂　清乾隆二十九年(1764)刻本　八冊

220000－0801－0002813　善/2825

[乾隆]諸城縣志四十六卷　（清）宮懋讓修　(清)李文藻等纂　清乾隆二十九年(1764)刻本　八冊

220000－0801－0002814　善/2826

[康熙]益都縣志十四卷　（清）陳食花修　(清)鍾諤等纂　清康熙十一年(1672)刻本　六冊

220000－0801－0002815　善/2827

[康熙]益都縣志十四卷　（清）陳食花修　(清)鍾諤等纂　清康熙十一年(1672)刻本　六冊

220000－0801－0002816　善/2828

[乾隆]萊州府志十六卷　（清）嚴有禧纂修　(清)張桐增修　清乾隆五年(1740)刻本　八冊

220000－0801－0002817　善/2829

[乾隆]掖縣志八卷　（清）張思勉修　（清）于始瞻纂　清乾隆二十三年(1758)刻本　八冊

220000－0801－0002818　善/2830

[乾隆]掖縣志八卷　（清）張思勉修　清乾隆二十三年(1758)刻本　八冊

220000－0801－0002819　善/2831

[乾隆]沂州府志三十六卷　（清）李希賢修　(清)劉承謙纂　清乾隆二十五年(1760)刻本　十二冊

220000－0801－0002820　善/2832

[乾隆]泰安府志三十卷卷前六卷首二卷　(清)顏希深修　（清）成城纂　清乾隆二十五年(1760)刻本　二十冊

220000－0801－0002821　善/2833

[乾隆]泰安府志三十卷卷前六卷首二卷　(清)顏希深修　（清）成城纂　清乾隆二十五年(1760)刻本　二十冊

220000－0801－0002822　善/2834

[乾隆]章邱縣志十三卷　（清）張萬青纂修　清乾隆二十年(1755)刻本　六冊

220000－0801－0002823　善/2835

[康熙]新修萊蕪縣志十卷　（清）鍾國義等纂修　清康熙十二年(1673)刻本　五冊

220000－0801－0002824　善/2836

[萬曆]汶上縣志八卷 （明）栗可仕修 （明）王命新纂 清康熙五十六年（1717）刻本 二冊

220000－0801－0002825 善/2837

[乾隆]曲阜縣志一百卷 （清）潘相纂修 清乾隆三十九年（1774）刻本 十八冊

220000－0801－0002826 善/2838

[乾隆]曲阜縣志一百卷 （清）潘相纂修 清乾隆三十九年（1774）刻本 十二冊

220000－0801－0002827 善/2839

[乾隆]濟陽縣志十四卷 （清）胡德琳修 （清）何明禮纂 清乾隆三十年（1765）刻本 八冊

220000－0801－0002828 善/2840

[乾隆]祥符縣志二十二卷 （清）張淑載修 （清）魯曾煜纂 清乾隆四年（1739）刻本 六冊

220000－0801－0002829 善/2841

[乾隆]登封縣志三十二卷 （清）陸繼萼修 （清）洪亮吉纂 清乾隆五十二年（1787）刻本 八冊

220000－0801－0002830 善/2842

[乾隆]新鄉縣志三十四卷首一卷 （清）趙開元修 清乾隆十二年（1747）刻本 六冊

220000－0801－0002831 善/2843

[乾隆]汲縣志十四卷 （清）徐汝瓚修 （清）杜崐纂 清乾隆二十年（1755）刻本 六冊

220000－0801－0002832 善/2844

[康熙]延津縣志十卷 （清）余心孺纂修 清康熙四十一年（1702）刻本 四冊

220000－0801－0002833 善/2845

[順治]胙城縣志二卷 （清）劉純德修 （清）郭金鼎纂 清順治十六年（1659）刻本 二冊

220000－0801－0002834 善/2846

[康熙]封邱縣志 （清）王賜魁修 （清）李

會生纂 清康熙三十六年（1697）刻本 一冊

220000－0801－0002835 善/2847

[康熙]封邱縣續志五卷 （清）孟鏐修 （清）李承綬纂 清康熙三十六年（1697）刻本 二冊

220000－0801－0002836 善/2848

[順治]封邱縣志九卷 （清）余緒修 （清）李嵩陽纂 清康熙三十六年（1697）刻本 五冊

220000－0801－0002837 善/2849

[順治]封邱縣志九卷 （清）余緒修 （清）李嵩陽纂 清康熙三十六年（1697）刻本 五冊

220000－0801－0002838 善/2850

[乾隆]陽武縣志十二卷 （清）談諟曾修 （清）楊仲震纂 清乾隆十年（1745）刻本 六冊

220000－0801－0002839 善/2851

[乾隆]陽武縣志十二卷 （清）談諟曾修 清乾隆十年（1745）刻本 六冊

220000－0801－0002840 善/2852

[乾隆]彰德府志二十四卷 （清）黃邦寧修 （清）景鴻賓纂 清乾隆三十五年（1770）刻本 十二冊

220000－0801－0002841 善/2853

[乾隆]臨潁縣續志八卷 （清）劉沆纂修 清乾隆十二年（1747）刻本 二冊

220000－0801－0002842 善/2854

[乾隆]林縣志十卷 （清）楊潮觀纂修 清乾隆十七年（1752）刻本 四冊

220000－0801－0002843 善/2855

[乾隆]鄆城縣志十八卷 （清）傅豫修 清乾隆十九年（1754）刻本 六冊

220000－0801－0002844 善/2856

[乾隆]山西志輯要十卷 （清）雅德撰修 清乾隆四十五年（1780）刻本 十冊

220000－0801－0002845 善/2857

[乾隆]遂平縣志十六卷　（清）金忠濟修
（清）祝暘纂　清乾隆二十四年(1759)刻本
四冊

220000 – 0801 – 0002846　善／2858
[乾隆]偃師縣志三十卷　（清）湯毓倬修
（清）孫星衍纂　清乾隆五十四年(1789)刻本
　十六冊

220000 – 0801 – 0002847　善／2859
[乾隆]大同府志三十二卷　（清）吳輔宏修
（清）王飛藻纂　清乾隆四十七年(1782)刻本
　十六冊

220000 – 0801 – 0002848　善／2860
[康熙]靈邱縣志四卷　（清）宋起鳳編輯
（清）岳宏譽重訂　清康熙二十三年(1684)刻
本　四冊

220000 – 0801 – 0002849　善／2861
[乾隆]渾源州志十卷　（清）桂敬順纂修　清
乾隆二十八年(1763)刻本　五冊

220000 – 0801 – 0002850　善／2862
[乾隆]忻州志六卷　（清）竇容邃纂修　清乾
隆十二年(1747)刻本　六冊

220000 – 0801 – 0002851　善／2863
[乾隆]代州志六卷　（清）吳重光等纂修　清
乾隆五十年(1785)刻本　八冊

220000 – 0801 – 0002852　善／2864
[乾隆]五臺縣志八卷　（清）王秉韜編纂　清
乾隆四十五年(1780)刻本　四冊

220000 – 0801 – 0002853　善／2865
[乾隆]太谷縣志八卷　（清）郭晉修　（清）
管粵秀等纂　清乾隆六十年(1795)刻本　十
二冊

220000 – 0801 – 0002854　善／2866
[乾隆]祁縣志十六卷　（清）陳時纂修　清乾
隆四十五年(1780)刻本　八冊

220000 – 0801 – 0002855　善／2867
[乾隆]介休縣志十四卷　（清）王謀文纂修
清乾隆三十五年(1770)刻本　八冊

220000 – 0801 – 0002856　善／2868
[乾隆]汾州府志三十四卷　（清）孫和相修
（清）戴震撰　清乾隆三十六年(1771)刻本
十六冊

220000 – 0801 – 0002857　善／2869
[康熙]平遙縣志八卷　（清）王綏修　（清）
康乃心纂　清康熙四十五年(1706)刻本
四冊

220000 – 0801 – 0002858　善／2870
[乾隆]汾陽縣志十四卷　（清）李文起修
（清）戴震撰　清乾隆三十七年(1772)刻本
六冊

220000 – 0801 – 0002859　善／2871
[乾隆]聞喜縣志十二卷　（清）李遵唐修　清
乾隆三十年(1765)刻本　六冊

220000 – 0801 – 0002860　善／2872
[乾隆]聞喜縣志十二卷　（清）李遵唐修　清
乾隆三十年(1765)刻本　六冊

220000 – 0801 – 0002861　善／2873
[乾隆]安邑縣志十六卷　（清）言如泗
（清）呂瀛纂修　清乾隆二十九年(1764)刻本
四冊

220000 – 0801 – 0002862　善／2874
[乾隆]蒲州府志二十四卷　（清）周景桂纂修
清乾隆二十年(1755)刻本　十冊

220000 – 0801 – 0002863　善／2875
[雍正]陝西通志一百卷首一卷　（清）劉於義
等修　（清）沈青崖纂　清雍正十三年(1735)
刻本　一百冊

220000 – 0801 – 0002864　善／2876
[雍正]陝西通志一百卷首一卷　（清）劉於義
等修　（清）沈青崖纂　清雍正十三年(1735)
刻本　一百冊

220000 – 0801 – 0002865　善／2877
[熙寧]長安志二十卷圖三卷　（宋）宋敏求撰
　（元）李好文繪圖　（清）畢沅校　清乾隆四
十九年(1784)刻本　六冊

220000 – 0801 – 0002866　善/2878

[熙寧]長安志二十卷圖三卷　（宋）宋敏求撰
（元）李好文繪圖　（清）畢沅校　清乾隆四
十九年（1784）刻本　四冊

220000 – 0801 – 0002867　善/2879

[乾隆]淳化縣志三十卷　（清）萬廷樹修
（清）洪亮吉纂　清乾隆四十九年（1784）刻本
四冊

220000 – 0801 – 0002868　善/2880

[乾隆]涇陽縣志十卷　（清）葛晨纂修　清乾
隆四十三年（1778）刻本　六冊

220000 – 0801 – 0002869　善/2881

[乾隆]富平縣志八卷　（清）吳六鰲修
（清）胡文銓纂　清乾隆四十三年（1778）刻本
六冊

220000 – 0801 – 0002870　善/2882

[嘉靖]耀州志十一卷五臺山志一卷　（明）李
廷寶等修　（明）喬世寧纂　清乾隆二十七年
（1762）刻本　二冊

220000 – 0801 – 0002871　善/2883

[乾隆]澄城縣志二十卷　（清）戴治修
（清）洪亮吉等纂　清乾隆四十九年（1784）刻
本　四冊

220000 – 0801 – 0002872　善/2884

[乾隆]韓城縣志十六卷　（清）傅應奎修
（清）錢坫等纂　清乾隆四十九年（1784）刻本
六冊

220000 – 0801 – 0002873　善/2885

[嘉慶]韓城縣續志五卷　（清）冀蘭泰修　清
嘉慶二十三年（1818）刻本　一冊

220000 – 0801 – 0002874　善/2886

[乾隆]朝邑縣志十一卷　（清）金嘉琰
（清）朱廷模修　（清）錢坫纂　清乾隆四十五
年（1780）刻本　四冊

220000 – 0801 – 0002875　善/2887

[康熙]朝邑縣後志八卷　（清）王兆鰲修
（清）王鵬翼纂　清康熙五十一年（1712）刻本

三冊

220000 – 0801 – 0002876　善/2888

[萬曆]續朝邑縣志八卷　（明）郭寶修
（明）王學謨纂　清康熙五十一年（1712）刻本
二冊

220000 – 0801 – 0002877　善/2889

[正德]朝邑縣志二卷　（明）王道修　（明）
韓邦靖纂　清康熙五十一年（1712）刻本
一冊

220000 – 0801 – 0002878　善/2890

[正德]朝邑縣志二卷　（明）王道修　（明）
韓邦靖纂　清康熙五十一年（1712）刻本
一冊

220000 – 0801 – 0002879　善/2891

[雍正]宜君縣志一卷　（清）查遴撰　清雍正
十年（1732）刻本　一冊

220000 – 0801 – 0002880　善/2892

[乾隆]府谷縣志四卷　（清）鄭居中修
（清）麟書纂　清乾隆四十八年（1783）刻本
四冊

220000 – 0801 – 0002881　善/2893

[乾隆]懷遠縣志三卷　（清）蘇其炤纂修　清
乾隆十二年（1747）刻本　二冊

220000 – 0801 – 0002882　善/2894

[乾隆]直隸商州志十四卷首一卷　（清）王如
玖纂　清乾隆九年（1744）刻本　八冊

220000 – 0801 – 0002883　善/2895

[乾隆]續商州志十卷　（清）羅文思纂修　清
乾隆二十三年（1758）刻本　二冊

220000 – 0801 – 0002884　善/2896

[乾隆]續商州志十卷　（清）羅文思纂修　清
乾隆二十三年（1758）刻本　二冊

220000 – 0801 – 0002885　善/2897

[乾隆]寶雞縣志十六卷　（清）鄧夢琴纂修
清乾隆五十年（1785）刻本　四冊

220000 – 0801 – 0002886　善/2898

[乾隆]寶雞縣志十六卷　（清）鄧夢琴纂修

清乾隆五十年(1785)刻本　四冊

220000－0801－0002887　善/2899

[乾隆]鳳翔志略三卷　(清)劉組曾纂修　清末抄本　八冊

220000－0801－0002888　善/2900

[康熙]隴州志八卷　(清)羅彰彝修　[乾隆]隴州續志八卷　(清)吳炳纂修　清康熙五十二年(1713)刻乾隆三十一年(1766)續刻本　八冊

220000－0801－0002889　善/2901

[乾隆]隴州續志八卷　(清)吳炳纂修　清乾隆三十一年(1766)刻本　四冊

220000－0801－0002890　善/2902

[乾隆]郿縣志十八卷　(清)李帶雙修　(清)張若纂　清乾隆四十三年(1778)刻本　四冊

220000－0801－0002891　善/2903

[正德]武功縣志三卷　(明)康海纂修　清乾隆二十六年(1761)刻本　一冊

220000－0801－0002892　善/2904

[正德]武功縣志三卷　(明)康海纂　清雍正十二年(1734)刻本　二冊

220000－0801－0002893　善/2905

[乾隆]皋蘭縣志二十卷　(清)吳鼎新修　(清)黃建中纂　清乾隆四十三年(1778)刻本　四冊

220000－0801－0002894　善/2906

[乾隆]直隸秦州新志十二卷首一卷末一卷　(清)費廷珍修　(清)胡釴纂　清乾隆二十九年(1764)刻本　十六冊

220000－0801－0002895　善/2907

[乾隆]武威縣志一卷　(清)張珌美修　(清)曾鈞纂　清乾隆十四年(1749)刻本　一冊

220000－0801－0002896　善/2908

[乾隆]永昌縣志一卷　(清)張珌美修　(清)沈紹祖　(清)謝謹纂　清乾隆十四年(1749)刻本　一冊

220000－0801－0002897　善/2909

[乾隆]鎮番縣志一卷　(清)張珌美修　(清)曾鈞纂　清乾隆十四年(1749)刻本　一冊

220000－0801－0002898　善/2910

[乾隆]古浪縣志一卷　(清)張珌美修　(清)趙璘纂　清乾隆十四年(1749)刻本　一冊

220000－0801－0002899　善/2911

[乾隆]平番縣志一卷　(清)張珌美修　(清)曾鈞纂　清乾隆十四年(1749)刻本　一冊

220000－0801－0002900　善/2912

[乾隆]重修肅州新志三十卷　(清)黃文煒纂修　清乾隆十五年(1750)刻後印本　十六冊　缺四卷(河西總敘一卷、高台縣志四至六)

220000－0801－0002901　善/2913

[乾隆]西域聞見錄八卷　(清)七十一著　清乾隆四十二年(1777)刻本　一冊

220000－0801－0002902　善/2914

[乾隆]西域聞見錄八卷　(清)七十一著　清乾隆四十二年(1777)刻本　二冊

220000－0801－0002903　善/2916

[乾隆]婁縣志三十卷　(清)謝庭薰修　(清)陸錫熊纂　清乾隆五十三年(1788)刻本　六冊

220000－0801－0002904　善/2917

[雍正]揚州府志四十卷　(清)尹會一修　(清)程夢星纂　清雍正十一年(1733)刻本　十二冊

220000－0801－0002905　善/2918

[乾隆]淮安府志三十二卷　(清)衛哲治修　(清)顧棟高纂　清乾隆十三年(1748)刻本　十六冊

220000－0801－0002906　善/2919

[乾隆]直隸通州志二十二卷　(清)王繼祖修

（清）夏之蓉纂　清乾隆二十年（1755）刻本
十六冊

220000－0801－0002907　善/2920
[乾隆]吳江縣志五十八卷　（清）陳莫纏修
（清）倪師孟纂　清乾隆十二年（1747）刻本
十六冊

220000－0801－0002908　善/2922
[康熙]常熟縣志二十六卷　（清）楊振藻修
（清）錢陸燦纂　清康熙二十六年（1687）刻本
十二冊

220000－0801－0002909　善/2923
[乾隆]潁州府志十卷　（清）王斂福修　清乾
隆十七年（1752）刻本　十四冊

220000－0801－0002910　善/2924
[乾隆]碭山縣志十四卷　（清）劉王璱修　清
乾隆三十二年（1767）刻本　五冊

220000－0801－0002911　善/2925
[康熙]康熙徽州府志十八卷　（清）丁廷楗修
（清）趙吉士纂　清康熙三十八年（1699）萬
青閣刻本　三十冊

220000－0801－0002912　善/2926
[乾隆]望江縣志八卷　（清）鄭交泰修
（清）曹京纂　清乾隆三十三年（1768）刻本
十冊

220000－0801－0002913　善/2927
[康熙]浙江通志五十卷　（清）王國安修
（清）黃宗羲纂　清康熙二十三年（1684）刻本
三十二冊

220000－0801－0002914　善/2928
[乾隆]杭州府志一百十卷首六卷　（清）鄭沄
修　（清）邵晉涵纂　清乾隆四十九年（1784）
刻本　四十八冊

220000－0801－0002915　善/2929
[乾隆]遂安縣志十卷　（清）周世恩修　清乾
隆十八年（1753）刻本　六冊

220000－0801－0002916　善/2930
[乾隆]烏青鎮志十二卷　（清）董世寧纂修

清乾隆二十五年（1760）刻本　六冊

220000－0801－0002917　善/2931
[康熙]嘉興府志十六卷　（清）吳永芳修
（清）錢以塏纂　清康熙六十年（1721）刻本
二十冊

220000－0801－0002918　善/2932
[乾隆]平湖縣志十卷首一卷末一卷　（清）王
恒修　清乾隆五十五年（1790）刻本　八冊

220000－0801－0002919　善/2933
[乾隆]鎮海縣志八卷首一卷　（清）王夢弼纂
修　清乾隆十七年（1752）刻本　八冊

220000－0801－0002920　善/2934
[乾隆]紹興府志八十卷首一卷　（清）李亨特
修　清乾隆五十七年（1792）刻本　二十六冊

220000－0801－0002921　善/2935
[乾隆]紹興府志八十卷首一卷　（清）李亨特
修　清乾隆五十七年（1792）刻本　四十六冊

220000－0801－0002922　善/2936
[乾隆]象山縣志十二卷　（清）史鳴皋修
（清）姜炳璋纂　清乾隆二十三年（1758）刻本
六冊

220000－0801－0002923　善/2937
[雍正]慈谿縣志十六卷　（清）楊正荀修
（清）馮鴻模纂　清乾隆三年（1738）刻本
六冊

220000－0801－0002924　善/2938
[康熙]台州府志十八卷首一卷　（清）張聯元
修　（清）方景濂纂　清康熙六十一年（1722）
刻本　十八冊

220000－0801－0002925　善/2939
[康熙]台州府志十八卷首一卷　（清）張聯元
修　（清）方景濂纂　清康熙六十一年（1722）
刻本　十八冊

220000－0801－0002926　善/2940
[乾隆]龍泉縣志十二卷首一卷　（清）蘇遇龍
修　（清）沈光厚纂　清乾隆二十七年（1762）
刻本　四冊

220000－0801－0002927　善/2941

[康熙]臨海縣志十五卷首一卷　（清）洪若皋等纂修　清康熙二十二年(1683)刻本　八冊

220000－0801－0002928　善/2942

[康熙]臨海縣志十五卷首一卷　（清）洪若皋等纂修　清康熙二十二年(1683)刻本　八冊

220000－0801－0002929　善/2943

[乾隆]婺源縣志三十九卷首一卷　（清）俞雲耕修　（清）潘繼善纂　清乾隆二十二年(1757)刻本　十二冊

220000－0801－0002930　善/2944

[乾隆]貴州通志四十六卷首一卷　（清）張廣泗修　（清）靖道謨纂　清乾隆六年(1741)刻本　二十冊

220000－0801－0002931　善/2945

[乾隆]安寧州志二十卷　（清）楊若椿修（清）段昕纂　清乾隆四年(1739)抄本　八冊

220000－0801－0002932　善/2946

[光緒]西藏小識四卷　（清）單毓年著　清光緒三十四年(1908)抄本　四冊

220000－0801－0002933　善/2947

[乾隆]福寧府志四十四卷首一卷　（清）李拔纂修　清乾隆二十七年(1762)刻本　二十四冊

220000－0801－0002934　善/2948

[乾隆]將樂縣志十六卷首一卷　（清）李永錫修　（清）徐觀海纂　清乾隆三十年(1765)刻本　十冊

220000－0801－0002935　善/2949

[嘉慶]崇安縣志十卷　（清）魏大名修（清）章朝栻纂　清嘉慶十三年(1808)抄本十二冊

220000－0801－0002936　善/2950

[乾隆]南澳志十二卷附刊一卷　（清）齊翀撰　清乾隆四十八年(1783)刻道光二十一年(1841)補刻本　四冊

220000－0801－0002937　善/2951

廬山志十五卷　（清）毛德琦重訂　清乾隆五十八年(1793)順德堂刻本　十冊　缺二卷（十二、十四）

220000－0801－0002938　善/2952

說嵩三十二卷　（清）景日昣撰　清康熙六十年(1721)嶽生堂刻本　十冊

220000－0801－0002939　善/2953

說嵩三十二卷　（清）景日昣撰　清康熙六十年(1721)嶽生堂刻本　十冊

220000－0801－0002940　善/2954

衡岳志八卷　（清）袁奐編　清康熙刻本八冊

220000－0801－0002941　善/2955

鼎湖山志八卷圖一卷　（清）釋成鷲纂　清康熙刻本　四冊

220000－0801－0002942　善/2956

清涼山志八卷　（明）釋鎮澄編　清乾隆二十年(1755)刻光緒十三年(1887)印本　四冊

220000－0801－0002943　善/2957

清涼山志八卷　（明）釋鎮澄編　清乾隆二十年(1755)刻光緒十三年(1887)印本　二冊

220000－0801－0002944　善/2958

南嶽志八卷　（清）高自位重編　清乾隆十八年(1753)刻本　六冊

220000－0801－0002945　善/2959

南嶽志八卷　（清）高自位重編　清乾隆十八年(1753)刻本　四冊

220000－0801－0002946　善/2960

黃山志定本七卷首一卷　（清）閔麟嗣撰　清康熙十八年(1679)刻本　七冊

220000－0801－0002947　善/2961

攝山志八卷首一卷　（清）陳毅輯　清乾隆五十五年(1790)刻本　四冊

220000－0801－0002948　善/2962

四明山志九卷　（清）黃宗羲撰　清康熙刻本二冊

220000－0801－0002949　善/2963

羅浮山志會編二十一卷首一卷　（清）宋廣業
纂輯　清康熙五十五年(1716)刻本　十冊

220000－0801－0002950　善/2964

阿育王山志十六卷　（明）郭子章撰　清乾隆
刻本　六冊

220000－0801－0002951　善/2965

阿育王山志十六卷　（明）郭子章撰　清乾隆
刻本　六冊

220000－0801－0002952　善/2966

重修南海普陀山志二十卷首一卷　（清）許琰
編輯　清乾隆刻本　四冊

220000－0801－0002953　善/2967

重修南海普陀山志二十卷首一卷　（清）許琰
編輯　清刻本　四冊

220000－0801－0002954　善/2968

水道提綱二十八卷　（清）齊召南撰　清乾隆
四十一年(1776)刻本　八冊

220000－0801－0002955　善/2969

水經四十卷　（漢）桑欽撰　（北魏）酈道元註
清乾隆十八年(1753)槐蔭草堂刻本　十冊

220000－0801－0002956　善/2970

水經四十卷　（漢）桑欽撰　（北魏）酈道元註
清乾隆十八年(1753)槐蔭草堂刻本　十
四冊

220000－0801－0002957　善/2971

水經四十卷　（漢）桑欽撰　（北魏）酈道元註
清乾隆十八年(1753)槐蔭草堂刻本　十
三冊

220000－0801－0002958　善/2972

水經四十卷　（漢）桑欽撰　（北魏）酈道元註
清乾隆十八年(1753)槐蔭草堂刻本　八冊

220000－0801－0002959　善/2973

水經註四十卷　（漢）桑欽撰　（北魏）酈道元
註　清乾隆三十九年(1774)刻本　十六冊

220000－0801－0002960　善/2974

水經註四十卷　（漢）桑欽撰　（北魏）酈道元
註　清乾隆三十年(1765)刻本　十二冊

220000－0801－0002961　善/2975

水經註四十卷　（漢）桑欽撰　（北魏）酈道元
註　清乾隆三十年(1765)刻本　八冊

220000－0801－0002962　善/2976

水經註釋四十卷刊誤十二卷　（漢）桑欽撰
（北魏）酈道元註　（清）趙一清錄　清乾隆五
十一年(1786)刻本　二十冊

220000－0801－0002963　善/2977

行水金鑑一百七十五卷首五卷　（清）傅澤洪
撰　清雍正三年(1725)刻本　三十六冊

220000－0801－0002964　善/2978

河防述言不分卷　（清）張靄生編　清康熙三
十七年(1698)抄本　一冊

220000－0801－0002965　善/2979

山東運河備覽十二卷附圖　（清）陸燿纂　清
乾隆四十一年(1776)刻本　六冊

220000－0801－0002966　善/2980

敕修兩浙海塘通志二十卷首一卷　（清）方觀
承等修　清乾隆十六年(1751)刻本　八冊

220000－0801－0002967　善/2981

太湖備考十六卷首一卷　（清）金友理撰述
清乾隆刻本　八冊

220000－0801－0002968　善/2982

太湖備考十六卷首一卷　（清）金友理撰述
清乾隆刻本　八冊

220000－0801－0002969　善/2983

河防志十二卷　（清）張希良編　清雍正三年
(1725)刻本　十二冊

220000－0801－0002970　善/2984

居濟一得八卷　（清）張伯行著　清康熙四十
七年(1708)刻本　四冊

220000－0801－0002971　善/2985

敕建弘慈廣濟寺新志三卷　（清）釋湛祐撰
清康熙四十三年(1704)刻本　一冊

220000－0801－0002972　善/2986

吳山城隍廟志八卷　（清）盧崧重修　清乾隆
五十四年(1789)刻本　四冊

220000－0801－0002973　善/2987
靈石寺志八卷　（清）釋曇現纂　清乾隆十七
年(1752)刻本　二冊

220000－0801－0002974　善/2988
仙岩寺志十卷　（清）潘耒編　清康熙三十七
年(1698)刻本　四冊

220000－0801－0002975　善/2989
關聖陵廟紀略　（清）魏勷修　清康熙四十四
年(1705)刻本　四冊

220000－0801－0002976　善/2990
白鹿書院志十九卷　（清）毛德琦原訂　（清）
周兆蘭重修　清乾隆六十年(1795)刻本
八冊

220000－0801－0002977　善/2991
白鹿書院志十九卷　（清）毛德琦原訂　（清）
周兆蘭重修　清乾隆六十年(1795)刻本
八冊

220000－0801－0002978　善/2992
白鹿書院志十九卷　（清）毛德琦重訂　清康
熙五十九年(1720)刻本　八冊

220000－0801－0002979　善/2993
瀛山書院志十卷首一卷　（清）閔照堂鑒定
（清）方宏綏輯　清乾隆、道光刻本　五冊

220000－0801－0002980　善/2994
東林書院志二十二卷　（清）高廷珍等輯　清
雍正十一年(1733)刻本　八冊

220000－0801－0002981　善/2995
睢州洛學書院紀勝不分卷　（清）蔣泰撰　清
乾隆三年(1738)刻本　一冊

220000－0801－0002982　善/2996
湖山便覽十二卷　（清）翟灝撰　清乾隆二十
九年(1764)刻本　八冊

220000－0801－0002983　善/2997
蜀道驛程記二卷　（清）王士禎撰　清康熙三
十年(1691)刻本　一冊

220000－0801－0002984　善/2998
蜀道驛程記二卷後記二卷　（清）王士禎撰
清刻本　四冊

220000－0801－0002985　善/2999
臥龍崗志二卷　（清）羅景輯　清康熙五十一
年(1712)刻本　二冊

220000－0801－0002986　善/3000
臥龍崗志二卷　（清）羅景輯　清康熙五十一
年(1712)刻本　二冊

220000－0801－0002987　善/3001
臥龍崗志二卷　（清）羅景輯　清康熙五十一
年(1712)刻本　二冊

220000－0801－0002988　善/3002
秦蜀驛程後記二卷附隴蜀餘聞一卷　（清）王
士禎撰　清康熙刻本　一冊

220000－0801－0002989　善/3003
西湖志纂十五卷　（清）沈德潛　（清）傅王露
輯　清乾隆二十七年(1762)賜經堂刻本
五冊

220000－0801－0002990　善/3004
西湖志四十八卷　（清）李衛等纂修　清雍正
十二年(1734)刻本　二十四冊

220000－0801－0002991　善/3005
西藏記二卷　（清）□□輯　清乾隆五十九年
(1794)刻本　二冊

220000－0801－0002992　善/3006
琉球入學見聞錄四卷　（清）潘相撰　清乾隆
三十三年(1768)刻本　四冊

220000－0801－0002993　善/3007
中山傳信錄六卷　（清）徐葆光撰　清康熙六
十年(1721)刻本　三冊

220000－0801－0002994　善/3008
違礙書籍目錄一卷　（清）高宗弘曆敕編　清
乾隆四十三年(1778)刻本　一冊

220000－0801－0002995　善/3009
浙江採集遺書總錄十一卷　（清）沈初等編
清乾隆四十年(1775)刻本　八冊

220000－0801－0002996　善/3010

直齋書錄解題二十二卷　（宋）陳振孫撰　清
武英殿木活字印本　八冊

220000－0801－0002997　善/3012

文淵閣存貯書籍目錄　（清）文淵閣編　清抄
本　四冊

220000－0801－0002998　善/3013

東坡題跋二卷　（宋）蘇軾撰　**山谷題跋二卷**
（宋）黃庭堅撰　清乾隆五十一年（1786）又
賞齋刻本　五冊

220000－0801－0002999　善/3014

中州金石攷八卷　（清）黃叔璥輯　清乾隆六
年（1741）刻本　二冊

220000－0801－0003000　善/3015

金石錄三十卷　（宋）趙明誠撰　清乾隆二十
七年（1762）雅雨堂刻本　四冊

220000－0801－0003001　善/3017

孔氏家語十卷　（三國魏）王肅註　清乾隆八
年（1743）刻本　二冊

220000－0801－0003002　善/3018

孔氏家語十卷　（三國魏）王肅註　清乾隆五
十四年（1789）刻本　一冊

220000－0801－0003003　善/3019

孔氏家語十卷　（三國魏）王肅註　清初寶翰
樓刻本　二冊

220000－0801－0003004　善/3020

荀子二十卷校勘補遺一卷　（戰國）荀況撰
（唐）楊倞註　清乾隆五十一年（1786）刻本
六冊

220000－0801－0003005　善/3021

荀子二十卷校勘補遺一卷　（戰國）荀況撰
清乾隆五十一年（1786）嘉善謝氏刻本　四冊

220000－0801－0003006　善/3022

荀子二十卷校勘補遺一卷　（戰國）荀況撰
清乾隆五十一年（1786）嘉善謝氏刻本　六冊

220000－0801－0003007　善/3023

程氏家塾讀書分年日程三卷綱領一卷　（元）

程端禮撰　清抄本　一冊

220000－0801－0003008　善/3024

溯流史學鈔二十卷　（清）張沐撰　清康熙三
十三年（1694）敦臨堂刻本　十冊　缺一卷
（二十）

220000－0801－0003009　善/3025

大學衍義四十三卷　（宋）真德秀撰　清乾隆
二年（1737）刻本　十冊

220000－0801－0003010　善/3026

讀書錄十一卷續錄十二卷　（明）薛瑄撰　清
初刻本　六冊

220000－0801－0003011　善/3027

河南二程全書六十七卷　（宋）程顥　（宋）程
頤撰　（宋）朱熹輯　清康熙刻本　十二冊

220000－0801－0003012　善/3028

二程粹言二卷　（宋）程顥　（宋）程頤撰
（宋）朱熹輯　清康熙刻本　一冊

220000－0801－0003013　善/3029

**延平李先生師弟子答問一卷後錄一卷雜學辨
一卷附錄一卷**　（宋）朱熹輯　清康熙刻本
一冊

220000－0801－0003014　善/3030

理學唐甫公集二卷　（明）儲漅撰　清存著堂
木活字印本　一冊

220000－0801－0003015　善/3031

二程全書五十一卷拾遺一卷　（宋）程顥
（宋）程頤撰　（宋）楊時訂　清康熙二十五年
（1686）刻本　十二冊

220000－0801－0003016　善/3032

張子全書十五卷　（宋）張載撰　清乾隆四十
九年（1784）刻光緒九年（1883）補刻　八冊

220000－0801－0003017　善/3033

上蔡先生語錄三卷　（宋）謝良佐撰　（宋）朱
熹輯　清康熙刻本　一冊

220000－0801－0003018　善/3034

朱子晚年全論八卷　（清）李紱編　清雍正十
三年（1735）無怒軒刻本　四冊

220000－0801－0003019　善/3035

朱子遺書一百三卷　（宋）朱熹撰　清康熙刻本　二十冊

220000－0801－0003020　善/3036

朱子全書六十六卷　（宋）朱熹撰　清康熙刻本　三十二冊

220000－0801－0003021　善/3037

朱子全書六十六卷　（宋）朱熹撰　清康熙刻本　二十九冊　缺六卷（一至六）

220000－0801－0003022　善/3038

西山真文忠公心政二經二卷　（宋）真德秀撰　**西山真文忠公年譜一卷**　（清）真鼎元等輯　清康熙刻本　三冊

220000－0801－0003023　善/3039

近思錄十四卷　（宋）朱熹　（宋）呂祖謙撰　清康熙刻本　一冊

220000－0801－0003024　善/3040

近思續錄十四卷　（清）蔡模集編　清康熙二十八年（1689）刻本　一冊

220000－0801－0003025　善/3041

讀書錄十一卷續錄十二卷實錄五卷附五卷　（明）薛瑄著　清乾隆刻清末印本　十七冊

220000－0801－0003026　善/3042

榕村語錄三十卷　（清）李光地撰　清乾隆八年（1743）刻本　十冊

220000－0801－0003027　善/3043

明孫石臺先生質疑稿三卷　（明）孫揚撰　（清）雷鋐參訂　清乾隆二十年（1755）刻本　一冊

220000－0801－0003028　善/3044

明孫石臺先生質疑稿三卷　（明）孫揚撰　清乾隆二十年（1755）刻本　一冊

220000－0801－0003029　善/3045

明孫石臺先生質疑稿三卷　（明）孫揚撰　清乾隆二十年（1755）刻本　一冊

220000－0801－0003030　善/3046

呂子評語正編四十二卷首一卷餘編八卷首一卷　（清）車鼎豐編次　清康熙刻本　十冊

220000－0801－0003031　善/3047

性理三解七卷　（明）韓邦奇撰　清乾隆十六年（1751）刻本　四冊

220000－0801－0003032　善/3048

性理三解七卷　（明）韓邦奇撰　清乾隆十六年（1751）刻本　四冊

220000－0801－0003033　善/3049

答王冠山一卷　（清）徐潤第輯　清末稿本　一冊

220000－0801－0003034　善/3050

圖書秘典一卷　（□）□□撰　清康熙三十九年（1700）保學堂刻本　一冊

220000－0801－0003035　善/3051

延平答問補錄一卷　（宋）朱熹撰　清乾隆十三年（1748）刻本　一冊

220000－0801－0003036　善/3052

衛道編二卷　（清）劉紹攽編註　清乾隆二十八年（1763）劉傳經堂刻本　一冊

220000－0801－0003037　善/3053

性理字訓一卷　（宋）程若庸撰　清初刻本　一冊

220000－0801－0003038　善/3054

朱子語類五十二卷　（清）周在延輯　清康熙十七年（1678）刻本　六冊

220000－0801－0003039　善/3055

呻吟語六卷　（明）呂坤撰　清乾隆五十九年（1794）刻本　六冊

220000－0801－0003040　善/3056

帝範四卷　（唐）太宗李世民撰　清乾隆武英殿活字印本　一冊

220000－0801－0003041　善/3057

聰訓齋語一卷　（清）張英撰　清抄本　一冊

220000－0801－0003042　善/3058

張子全書十五卷　（宋）張載撰　（宋）朱熹註　清康熙五十八年（1719）刻本　十冊

220000－0801－0003043　善/3059

重刻徐氏三種三卷　（清）徐士業編　清康熙五年(1666)刻本　一冊

220000－0801－0003044　善/3060

小學纂註六卷　（清）高愈纂註　清乾隆刻本　一冊

220000－0801－0003045　善/3061

小學纂註六卷　（清）高愈纂註　清乾隆刻本　二冊

220000－0801－0003046　善/3062

小學纂註六卷　（清）高愈纂註　清乾隆十七年(1752)刻本　四冊

220000－0801－0003047　善/3063

傳家寶全集三十二卷　（清）石成金撰　清道光郝企莊抄本　三十二冊

220000－0801－0003048　善/3064

蕺山先生人譜一卷人譜類記一卷　（明）劉宗周撰　（清）洪正治校編　清雍正四年(1726)教忠堂刻本　四冊

220000－0801－0003049　善/3065

蕺山先生人譜一卷人譜類記一卷　（明）劉宗周撰　清雍正四年(1726)教忠堂刻本　二冊

220000－0801－0003050　善/3066

莊子十二卷　（清）吳世尚註評　清雍正四年(1726)易老莊書屋刻本　六冊

220000－0801－0003051　善/3067

莊子獨見三十三卷　（清）胡文英評釋　清乾隆十六年(1751)刻本　六冊

220000－0801－0003052　善/3068

莊子獨見三十三卷　（清）胡文英評釋　清乾隆十六年(1751)刻本　四冊

220000－0801－0003053　善/3069

增註莊子因六卷　（清）林雲銘評述　清康熙五十五年(1716)刻本　六冊

220000－0801－0003054　善/3070

增註莊子因六卷　（清）林雲銘評述　清康熙五十五年(1716)刻本　四冊

220000－0801－0003055　善/3071

登壇必究四十卷　（明）王鳴鶴輯　清活字印本　四十冊

220000－0801－0003056　善/3072

白猿兵法雜占象辭象星圖不分卷　（唐）李靖撰　清抄本　四冊

220000－0801－0003057　善/3073

治平勝算全書二十八卷　（清）年羹堯輯　清抄本　二十冊

220000－0801－0003058　善/3074

觀德譜一卷　（清）劉奇編　清同治三年(1864)抄本　一冊

220000－0801－0003059　善/3075

少林拳棍刀槍譜四卷末一卷　（□）□□撰　清抄本　三冊

220000－0801－0003060　善/3076

易筋經　（唐）釋般剌蜜諦譯　清抄本　一冊

220000－0801－0003061　善/3077

東醫寶鑑二十三卷　（朝鮮）許浚撰　清乾隆三十一年(1766)刻本　二十五冊

220000－0801－0003062　善/3078

醫宗必讀十卷　（明）李中梓撰　清末蘇州綠蔭堂刻本　六冊

220000－0801－0003063　善/3079

御纂醫宗金鑑九十卷首一卷　（清）吳謙等纂　清乾隆七年(1742)武英殿刻本　四十八冊

220000－0801－0003064　善/3080

醫林指月十二種二十三卷　（清）王琦輯　清乾隆三十二年(1767)寶笏樓刻本　十四冊

220000－0801－0003065　善/3081

喻氏醫書三種十五卷　（清）喻昌撰　清乾隆六十年(1795)刻本　十六冊

220000－0801－0003066　善/3082

醫門法律六卷　（清）喻昌撰　清乾隆三十年(1765)集思堂刻本　六冊

220000－0801－0003067　善/3083

纂修醫學入門六卷 （清）系屯子撰 清乾隆
四十年(1775)刻本 六冊

220000－0801－0003068 善/3084

羅氏會約醫鏡二十卷 （清）羅國綱撰 清乾
隆五十四年(1789)大成堂刻本 十二冊

220000－0801－0003069 善/3085

黃帝內經素問摘抄五卷黃帝內經靈樞摘抄一
卷 （□）□□撰 清抄本 一冊

220000－0801－0003070 善/3086

醫理元樞二卷 （清）朱音恬編輯 清乾隆十
八年(1753)刻本 一冊

220000－0801－0003071 善/3087

臟腑證治圖說人鏡經八卷附錄二卷 （明）錢
雷撰 續錄二卷 （明）張俊英撰 清雍正刻
本 四冊

220000－0801－0003072 善/3088

臟腑證治圖說人鏡經八卷附錄二卷 （明）錢
雷撰 續錄二卷 （明）張俊英撰 清雍正刻
本 六冊

220000－0801－0003073 善/3089

石頑老人診宗三昧一卷 （清）張璐撰 （清）
張登輯 清康熙二十八年(1689)刻本 一冊

220000－0801－0003074 善/3090

石頑老人診宗三昧一卷 （清）張璐撰 （清）
張登輯 清康熙二十八年(1689)刻本 一冊

220000－0801－0003075 善/3091

四診抉微八卷管窺附餘一卷 （清）林之翰著
述 清雍正四年(1726)玉映堂刻本 四冊

220000－0801－0003076 善/3092

四診抉微八卷管窺附餘一卷 （清）林之翰著
述 清雍正四年(1726)玉映堂刻後印本
四冊

220000－0801－0003077 善/3093

圖註脈訣辨真四卷 （晉）王叔和撰 （明）張
世賢註 脈訣附方一卷 （明）張世賢編 清
乾隆四十五年(1780)柳碧梧齋刻本 二冊

220000－0801－0003078 善/3094

侶山堂類辯二卷 （清）張志聰撰 清乾隆刻
本 一冊

220000－0801－0003079 善/3095

脈訣彙辨十卷 （清）李延是輯 清康熙元年
(1662)刻本 四冊

220000－0801－0003080 善/3096

本經逢原四卷 （清）張璐纂述 清康熙三十
四年(1695)金閶書業堂刻本 六冊

220000－0801－0003081 善/3097

本經逢原四卷 （清）張璐纂述 清康熙三十
四年(1695)金閶書業堂刻本 四冊

220000－0801－0003082 善/3098

本草詩箋十卷 （清）朱鑰撰 清乾隆二十一
年(1756)刻本 二冊

220000－0801－0003083 善/3099

本草詩箋十卷 （清）朱鑰撰 清乾隆二十一
年(1756)刻本 四冊

220000－0801－0003084 善/3100

本草崇原三卷 （清）張志聰輯 清乾隆刻本
二冊

220000－0801－0003085 善/3101

食物本草會纂十二卷 （清）沈李龍纂 清乾
隆四十八年(1783)金閶書業堂刻本 八冊

220000－0801－0003086 善/3102

食物本草會纂十二卷 （清）沈李龍纂 清乾
隆四十八年(1783)金閶書業堂刻本 八冊

220000－0801－0003087 善/3103

本草警心二卷 （清）韓錫旂集 清嘉慶七年
(1802)抄本 一冊

220000－0801－0003088 善/3104

解毒編不分卷 （清）汪汲輯 清乾隆五十九
年(1794)古愚山房刻本 一冊

220000－0801－0003089 善/3105

解毒編不分卷 （清）汪汲輯 清乾隆五十九
年(1794)古愚山房刻本 一冊

220000－0801－0003090 善/3106

彙集神方不分卷　（□）□□撰　清末抄本
八冊

220000－0801－0003091　善/3107

蘭臺軌範八卷　（清）徐大椿撰　清乾隆二十
九年(1764)刻本　六冊

220000－0801－0003092　善/3108

蘭臺軌範八卷　（清）徐大椿撰　清乾隆二十
九年(1764)刻本　四冊

220000－0801－0003093　善/3109

育寧堂頤世方書不分卷　（清）育寧堂主人輯
　清康熙二十八年(1689)刻本　一冊

220000－0801－0003094　善/3110

增補醫方一盤珠全集十卷　（清）洪金鼎纂
清乾隆十四年(1749)令德堂刻本　四冊

220000－0801－0003095　善/3111

痧脹玉衡書四卷　（清）郭志邃撰　清康熙十
七年(1678)刻本　四冊

220000－0801－0003096　善/3112

痧脹玉衡書四卷　（清）郭志邃撰　清康熙十
七年(1678)刻本　二冊

220000－0801－0003097　善/3113

芷園素社痎瘧論疏一卷附痎瘧疏方一卷
(明)盧之頤撰　清乾隆二十九年(1764)刻本
　一冊

220000－0801－0003098　善/3114

傳症彙編三種二十卷　（清）熊立品釋　清乾
隆四十二年(1777)刻本　六冊

220000－0801－0003099　善/3115

傳症彙編三種二十卷　（清）熊立品釋　清乾
隆四十二年(1777)刻本　七冊

220000－0801－0003100　善/3116

傷寒大成五種　（清）張璐等纂　清康熙六年
(1667)明德堂刻本　八冊　存四卷(傷寒緒
論二卷、傷寒纘論二卷)

220000－0801－0003101　善/3117

傷寒辨證四卷　（清）陳堯道編　清康熙十八
年(1679)大道堂刻本　四冊

220000－0801－0003102　善/3118

傷寒論註四卷　（漢）張機撰　（清）柯琴編註
　清乾隆刻本　四冊

220000－0801－0003103　善/3119

傷寒纘論二卷　（清）張璐詮次　清康熙六年
(1667)金閶書業堂刻本　三冊

220000－0801－0003104　善/3120

傷寒論後條辨十五卷　（清）程應旄撰　清康
熙十年(1671)刻本　八冊

220000－0801－0003105　善/3121

傷寒分經十卷　（清）吳儀洛訂　清乾隆三十
一年(1766)刻本　八冊

220000－0801－0003106　善/3122

傷寒分經十卷　（清）吳儀洛訂　清乾隆三十
一年(1766)刻本　十二冊

220000－0801－0003107　善/3123

瘡瘍經驗全書十三卷　（宋）竇漢卿撰　清康
熙五十六年(1717)浩然樓刻本　八冊

220000－0801－0003108　善/3124

女科證治準繩五卷　（明）王肯堂輯　清乾隆
修敬堂刻本　十一冊

220000－0801－0003109　善/3125

婦科玉尺六卷　（清）沈金鰲撰　清乾隆三十
九年(1774)刻本　一冊

220000－0801－0003110　善/3126

胎產輯萃四卷　（清）汪嘉謨纂輯　清乾隆十
七年(1752)刻本　四冊

220000－0801－0003111　善/3127

痘症精言四卷　（清）袁句撰　清乾隆十八年
(1753)刻本　二冊

220000－0801－0003112　善/3128

痘疹傳心錄十九卷　（明）朱惠明撰　清乾隆
修敬堂刻本　四冊

220000－0801－0003113　善/3129

痘科類編釋意三卷　（清）翟良纂　疹科纂要
一卷　（明）馬之騏纂　（清）翟良定　清乾隆
三十八年(1773)致和堂刻本　六冊

220000－0801－0003114　善/3130

幼科釋謎六卷　（清）沈金鰲輯　清乾隆三十九年(1774)刻本　二冊

220000－0801－0003115　善/3131

幼科釋謎六卷　（清）沈金鰲輯　清乾隆三十九年(1774)刻本　二冊

220000－0801－0003116　善/3132

保赤金鑑四卷　（清）榮柱輯　清乾隆四十九年(1784)刻本　一冊

220000－0801－0003117　善/3133

幼科證治准繩九卷目錄一卷　（明）王肯堂輯　清乾隆五十八年(1793)程永培校修敬堂刻本　十一冊　缺三卷(七下、八、九下)

220000－0801－0003118　善/3134

抱乙子幼科指掌遺藁五卷　（清）葉其蓁編輯　清乾隆八年(1743)刻本　六冊

220000－0801－0003119　善/3135

鍼灸大成十卷　（明）楊繼洲撰　（清）章廷珪重修　清乾隆五十九年(1794)書業成刻本　十冊

220000－0801－0003120　善/3136

壽世青編二卷附病後調理服食法　（清）尤乘輯　清康熙三十八年(1699)刻本　二冊

220000－0801－0003121　善/3137

推拿秘書五卷　（清）駱如龍著　清乾隆四十九年(1784)刻本　一冊

220000－0801－0003122　善/3138

易氏醫案一卷　（明）易大艮撰　清乾隆三十年(1765)刻本　一冊

220000－0801－0003123　善/3139

質疑錄一卷　（明）張介賓撰　清乾隆二十九年(1764)刻本　一冊

220000－0801－0003124　善/3140

侶山堂類辯二卷　（清）張志聰撰　清乾隆三十二年(1767)寶笏樓刻本　二冊

220000－0801－0003125　善/3141

名醫類案十二卷　（明）江瓘編輯　清乾隆三

十五年(1770)刻本　十二冊

220000－0801－0003126　善/3142

醫驗錄初集二卷二集二卷首一卷　（清）吳楚著　清乾隆十八年(1753)畹香草堂刻本　六冊

220000－0801－0003127　善/3143

管窺輯要八十卷　（清）黃鼎撰　清順治十年(1653)刻本　三十六冊

220000－0801－0003128　善/3144

管窺輯要八十卷　（清）黃鼎撰　清順治十年(1653)刻本　三十六冊

220000－0801－0003129　善/3145

[乾隆四十九年]時憲書一卷　（清）多羅質等撰　清乾隆四十九年(1784)欽天監刻本　一冊

220000－0801－0003130　善/3146

曆學疑問三卷　（清）梅文鼎撰　清康熙三十二年(1693)刻本　一冊

220000－0801－0003131　善/3147

[大清乾隆二十二年七政經緯躔度]時憲書　（清）高宗弘曆編　清乾隆刻本　一冊

220000－0801－0003132　善/3148

五經算術二卷　（北周）甄鸞撰　清武英殿木活字印本　一冊

220000－0801－0003133　善/3149

天元曆理全書十二卷　（清）徐發著輯　清康熙二十一年(1682)雙峰齋刻本　八冊

220000－0801－0003134　善/3150

庚子銷夏記八卷　（清）孫承澤撰　清乾隆二十六年(1761)刻本　二冊

220000－0801－0003135　善/3151

庚子銷夏記八卷　（清）孫承澤撰　清乾隆二十六年(1761)刻本　四冊

220000－0801－0003136　善/3152

庚子銷夏記八卷　（清）孫承澤撰　清乾隆二十六年(1761)刻本　二冊

220000－0801－0003137　善/3153

佩文齋書畫譜一百卷　（清）孫岳頒等撰　清康熙四十七年(1708)刻本　六十四冊

220000－0801－0003138　善/3154

佩文齋書畫譜一百卷　（清）孫岳頒等撰　清康熙四十七年(1708)刻本　六十冊

220000－0801－0003139　善/3155

佩文齋書畫譜一百卷　（清）孫岳頒等撰　清康熙四十七年(1708)刻本　五十六冊　存九十卷(一至九十)

220000－0801－0003140　善/3156

清河書畫舫十二卷　（明）張丑撰　清乾隆池北草堂刻本　二十四冊

220000－0801－0003141　善/3157

江邨銷夏錄三卷　（清）高士奇撰　清康熙朗潤堂刻本　二冊

220000－0801－0003142　善/3158

畫禪室隨筆四卷　（明）董其昌撰　清乾隆三十三年(1768)刻本　四冊

220000－0801－0003143　善/3159

漢溪書法通解八卷　（清）戈守智撰　清乾隆十五年(1750)刻本　四冊

220000－0801－0003144　善/3160

漢溪書法通解八卷　（清）戈守智撰　清乾隆十五年(1750)刻本　二冊

220000－0801－0003145　善/3161

漢溪書法通解八卷　（清）戈守智撰　清乾隆十五年(1750)刻本　二冊

220000－0801－0003146　善/3162

墨池編二十卷　（宋）朱長文撰　**印典八卷**（清）朱象賢撰　清雍正十一年(1733)刻本　十冊

220000－0801－0003147　善/3163

墨池編六卷　（宋）朱長文撰　清初刻本　十二冊

220000－0801－0003148　善/3164

康熙墨跡四卷　（清）聖祖玄燁撰　清抄本　四冊

220000－0801－0003149　善/3165

絳帖平六卷　（宋）姜夔撰　清乾隆四十七年(1782)武英殿活字印本　一冊

220000－0801－0003150　善/3166

寶真齋法書贊二十八卷　（宋）岳珂撰　清乾隆四十六年(1781)武英殿木活字印本　十冊

220000－0801－0003151　善/3167

芥子園畫傳五卷　（清）王概等摹輯　清乾隆十八年(1753)李漁刻本　六冊

220000－0801－0003152　善/3168

金剛般若波羅密經　（後秦）釋鳩摩羅什譯（清）唐允甲正書　清康熙二年(1663)唐允甲抄本　一冊

220000－0801－0003153　善/3169

芥子園畫傳　（清）王安節等摹輯　清乾隆四十七年(1782)金閶書業堂刻本　四冊

220000－0801－0003154　善/3170

芥子園畫傳　（清）王安節等摹輯　清乾隆四十七年(1782)刻本　二冊

220000－0801－0003155　善/3171

印典八卷　（清）朱象賢撰　清康熙六十年(1721)刻本　四冊

220000－0801－0003156　善/3172

德音堂琴譜十卷　（清）汪天榮輯　清康熙三十年(1691)刻本　四冊

220000－0801－0003157　善/3173

德音堂琴譜十卷　（清）汪天榮輯　清康熙三十年(1691)刻本　二冊

220000－0801－0003158　善/3174

誠一堂琴譜六卷　（清）程允基撰　清康熙四十四年(1705)聚錦堂刻本　六冊

220000－0801－0003159　善/3175

五知齋琴譜八卷　（清）周魯封彙纂　清雍正二年(1724)紅杏山房刻本　八冊

220000－0801－0003160　善/3176

五知齋琴譜八卷　（清）周魯封彙纂　清雍正
二年(1724)紅杏山房刻本　八冊

220000－0801－0003161　善/3177

樂律攷二卷　（清）孫承志著　清抄本　一冊

220000－0801－0003162　善/3178

太古遺音不分卷　（清）何焯選　清抄本
二冊

220000－0801－0003163　善/3179

苑洛志樂二十卷　（明）韓邦奇撰　清康熙二
十二年(1683)刻本　八冊

220000－0801－0003164　善/3180

重刻恭簡公志樂二十卷　（明）韓邦奇撰　清
乾隆十二年(1747)式古堂刻本　十二冊

220000－0801－0003165　善/3181

宋樂類編二卷南北詞名宮調彙錄二卷院本名
目一卷雜劇待考一卷琴曲萃覽一卷　（清）汪
汲撰　清乾隆、嘉慶古愚山房刻本　二冊

220000－0801－0003166　善/3182

奕理指歸圖三卷　（清）施紹闇著　（清）錢長
澤繪圖　清乾隆刻本　十冊

220000－0801－0003167　善/3183

殘局類選三卷　（清）錢長澤選　清乾隆三十
五年(1770)笙雅堂刻本　一冊

220000－0801－0003168　善/3184

居易堂圍棋新譜六卷首一卷　（清）沈賦輯
清康熙五十五年(1716)居易堂刻本　四冊

220000－0801－0003169　善/3185

圍棋近譜三集　（清）金楍志輯　清康熙五十
五年(1716)刻本　四冊

220000－0801－0003170　善/3186

玉荷隱語二卷群珠集二卷　（清）費源撰輯
清乾隆四十五年(1780)刻本　四冊

220000－0801－0003171　善/3187

文房肆攷圖說八卷　（清）唐秉鈞著　清乾隆
四十三年(1778)刻本　八冊

220000－0801－0003172　善/3188

文房肆攷圖說八卷　（清）唐秉鈞著　清乾隆
四十三年(1778)刻本　四冊

220000－0801－0003173　善/3189

墨法集要一卷　（明）沈繼孫撰　清乾隆四十
年(1775)武英殿木活字印本　一冊

220000－0801－0003174　善/3190

墨法集要一卷　（明）沈繼孫撰　清乾隆四十
年(1775)木活字印本　一冊

220000－0801－0003175　善/3191

白虎通四卷闕文一卷　（漢）班固撰　清乾隆
抱經堂刻本　二冊

220000－0801－0003176　善/3192

呂氏春秋二十六卷附考一卷　（戰國）呂不韋
撰　（漢）高誘註　（清）畢沅輯校　清乾隆五
十四年(1789)刻本　六冊

220000－0801－0003177　善/3193

呂氏春秋二十六卷附考一卷　（戰國）呂不韋
撰　（漢）高誘註　（清）畢沅輯校　清乾隆五
十四年(1789)刻本　六冊

220000－0801－0003178　善/3194

淮南子二十卷　（漢）高誘註　清乾隆五十三
年(1788)刻本　四冊

220000－0801－0003179　善/3195

菜根譚不分卷　（明）洪應明撰　清乾隆三十
三年(1768)刻本　一冊

220000－0801－0003180　善/3196

無罪草不分卷非庵雜著四卷　（清）吳莊撰
清康熙二十五年(1686)刻本　四冊

220000－0801－0003181　善/3197

雲谷雜記四卷末一卷　（宋）張淏撰　清乾隆
三十九年(1774)武英殿木活字印本　二冊

220000－0801－0003182　善/3198

灸硯瑣談三卷　（清）湯大奎撰　清乾隆五十
七年(1792)亦有生齋刻本　一冊

220000－0801－0003183　善/3199

密齋筆記五卷續一卷　（宋）謝采伯撰　清乾
隆五十一年(1786)刻本　一冊

220000－0801－0003184　善/3200

七修類藁五十一卷續七卷　（明）郎瑛撰　清乾隆四十年（1775）刻本　十六冊

220000－0801－0003185　善/3201

七修類藁五十一卷續七卷　（明）郎瑛撰　清乾隆四十年（1775）刻本　十二冊

220000－0801－0003186　善/3202

蒿庵閒話二卷　（清）張爾岐撰　清乾隆四十年（1775）刻本　一冊

220000－0801－0003187　善/3203

風俗通義十卷　（漢）應劭撰　（明）鍾惺評　清初刻本　四冊

220000－0801－0003188　善/3204

人海記二卷　（清）查慎行撰　清抄本　四冊

220000－0801－0003189　善/3205

欲海慈航不分卷　（清）黃正元纂輯　清乾隆二年（1737）刻本　二冊

220000－0801－0003190　善/3206

居易錄三十四卷　（清）王士禎著　清雍正刻本　八冊

220000－0801－0003191　善/3207

灸硯瑣談三卷　（清）湯大奎撰　清乾隆五十七年（1792）刻本　一冊

220000－0801－0003192　善/3208

賓退錄十卷　（宋）趙與時撰　清乾隆十七年（1752）存恕堂刻本　二冊

220000－0801－0003193　善/3209

賓退錄十卷　（宋）趙與時撰　清乾隆十七年（1752）存恕堂刻本　二冊

220000－0801－0003194　善/3210

賓退錄十卷　（宋）趙與時撰　清乾隆十七年（1752）存恕堂刻本　二冊

220000－0801－0003195　善/3211

智囊補二十八卷　（明）馮夢龍重輯　清乾隆四十九年（1784）斐齋刻本　十二冊

220000－0801－0003196　善/3212

古夫于亭雜錄六卷　（清）王士禎撰　清康熙刻本　二冊

220000－0801－0003197　善/3213

稗販八卷　（清）曹斯棟輯　清乾隆五十九年（1794）刻本　八冊

220000－0801－0003198　善/3214

考古略二卷　（清）王文清撰　清初刻本　二冊

220000－0801－0003199　善/3215

天祿識餘十卷　（清）高士奇撰　清康熙二十九年（1690）刻本　一冊

220000－0801－0003200　善/3216

黃氏日抄九十七卷附分類古今紀要十九卷　（宋）黃震輯　清乾隆三十二年（1767）刻本　二十四冊

220000－0801－0003201　善/3217

丹鉛總錄二十七卷　（明）楊慎撰　清乾隆三十年（1765）刻本　十冊

220000－0801－0003202　善/3218

困學紀聞二十卷　（宋）王應麟撰　清乾隆三年（1738）刻本　六冊

220000－0801－0003203　善/3219

困學紀聞二十卷　（宋）王應麟撰　清乾隆三年（1738）馬氏叢書樓刻本　六冊

220000－0801－0003204　善/3220

困學紀聞二十卷　（宋）王應麟撰　清乾隆三年（1738）馬氏叢書樓刻本　六冊

220000－0801－0003205　善/3221

義門讀書記五十八卷　（清）何焯撰　清乾隆石香齋刻本　八冊

220000－0801－0003206　善/3222

陔餘叢考四十三卷　（清）趙翼撰　清乾隆五十六年（1791）湛貽堂刻本　八冊

220000－0801－0003207　善/3223

陔餘叢考四十三卷　（清）趙翼撰　清乾隆五十六年（1791）壽考堂刻本　八冊

140

220000－0801－0003208　善/3224

管城碩記三十卷　（清）徐文靖撰　清乾隆九年(1744)志寧堂刻本　十冊

220000－0801－0003209　善/3225

管城碩記三十卷　（清）徐文靖撰　清乾隆九年(1744)志寧堂刻本　十冊

220000－0801－0003210　善/3226

管城碩記三十卷　（清）徐文靖撰　清乾隆九年(1744)志寧堂刻本　三冊

220000－0801－0003211　善/3227

管城碩記三十卷　（清）徐文靖撰　清乾隆九年(1744)徐氏刻本　六冊

220000－0801－0003212　善/3228

學林十卷　（宋）王觀國撰　清乾隆四十七年(1782)武英殿木活字印本　八冊

220000－0801－0003213　善/3229

甕牖閒評八卷　（宋）袁文撰　清乾隆四十年(1775)武英殿木活字印本　一冊

220000－0801－0003214　善/3230

訂訛雜錄十卷　（清）胡鳴玉撰　清康熙五十八年(1719)刻本　一冊

220000－0801－0003215　善/3231

雜抄　（□）□□撰　清抄本　一冊

220000－0801－0003216　善/3232

讀書樂趣八卷　（清）伍涵芬輯　清康熙三十七年(1698)華日堂刻本　六冊

220000－0801－0003217　善/3233

說鈴前集三十三種四十八卷後集十七種二十六卷　（清）吳震方輯　清康熙四十四年(1705)刻本　二十冊

220000－0801－0003218　善/3234

傅青主語言拾遺不分卷　（清）張靜生輯　（清）徐廣軒摘抄　清抄本　一冊

220000－0801－0003219　善/3235

淮陰脞錄四卷　（清）丁晏輯　清嘉慶二十二年(1817)抄本　四冊

220000－0801－0003220　善/3236

重訂解人頤廣集八卷　（清）胡澹庵編　清乾隆二十八年(1763)帶草堂刻本　四冊

220000－0801－0003221　善/3237

重訂解人頤廣集八卷　（清）胡澹庵編　清乾隆二十八年(1763)帶草堂刻本　四冊

220000－0801－0003222　善/3238

蕉窗必讀十卷　（清）陳宗泗輯　清康熙四十九年(1710)刻本　二冊

220000－0801－0003223　善/3239

閒情偶寄十六卷　（清）李漁撰　清康熙十年(1671)刻本　八冊

220000－0801－0003224　善/3240

閒情偶寄十六卷　（清）李漁撰　清康熙十年(1671)刻本　十六冊

220000－0801－0003225　善/3241

權衡一書四十一卷　（清）王植輯錄　清乾隆崇雅堂刻本　二十四冊

220000－0801－0003226　善/3242

說鈴五十四卷　（清）吳震方輯　清康熙四十四年(1705)刻本　十冊

220000－0801－0003227　善/3243

說鈴五十四卷　（清）吳震方輯　清康熙四十四年(1705)刻本　三十六冊

220000－0801－0003228　善/3244

倘湖樵書十二卷　（清）來集之撰　清乾隆五十三年(1788)慎儉堂刻本　十二冊

220000－0801－0003229　善/3245

倘湖樵書十二卷　（清）來集之撰　清乾隆五十三年(1788)慎儉堂刻本　十冊

220000－0801－0003230　善/3246

說郛一百二十卷目錄一卷續四十六卷目錄一卷　（明）陶宗儀撰　（明）陶珽輯　清順治四年(1647)刻本　一百四十三冊　缺十卷(一百一、續三至十一)

220000－0801－0003231　善/3247

巾經纂二十卷　（清）宋宗元著　清乾隆十六

年(1751)刻本　五冊

220000－0801－0003232　善/3248

六壬摘要不分卷　(清)樓煦抄　清光緒二十年(1894)抄本　一冊

220000－0801－0003233　善/3249

六壬直指二卷六壬直指析義六卷　(清)徐端著　清抄本　十四冊

220000－0801－0003234　善/3250

誠意伯心書三十六卷　(明)劉基撰　清抄本　八冊

220000－0801－0003235　善/3251

大六壬易簡不分卷　(清)金鎔述　清抄本　六冊

220000－0801－0003236　善/3252

平陽全書十五卷　(清)葉泰輯　清康熙二十六年(1687)刻本　六冊

220000－0801－0003237　善/3253

天玉經說七卷　(清)黃越著　清康熙六十年(1721)光裕堂刻本　三冊

220000－0801－0003238　善/3254

水龍經三卷圖三卷　(晉)郭璞著　清抄本　五冊

220000－0801－0003239　善/3255

地學二卷　(清)沈鎬著　清康熙五十二年(1713)刻本　二冊

220000－0801－0003240　善/3256

乾坤法竅三卷　(清)范宜賓集　清乾隆三十一年(1766)善成堂刻本　四冊

220000－0801－0003241　善/3257

陰陽二宅全書二種十二卷　(清)姚廷鑾纂輯　清乾隆十六年(1751)片山書樓刻本　十二冊

220000－0801－0003242　善/3258

八宅明鏡二卷　(清)箬冠道人撰　陰符玄解一卷　(清)范宜賓註釋　清乾隆五十五年(1790)刻本　二冊

220000－0801－0003243　善/3259

大清重刻龍藏彙記　(清)高宗弘曆敕撰　清乾隆三年(1738)刻本　一冊

220000－0801－0003244　善/3260

御錄經海一滴底本　(清)世宗胤禛錄　清初抄本　四冊

220000－0801－0003245　善/3261

御錄經海一滴六卷　(清)世宗胤禛錄　清雍正十三年(1735)刻本　六冊

220000－0801－0003246　善/3262

一切經音義二十五卷　(唐)釋玄應撰　清乾隆五十一年(1786)刻本　六冊

220000－0801－0003247　善/3263

文殊師利所說摩訶般若波羅密經一卷　(南朝梁)釋曼陀羅仙譯　仁王護國般若波羅密經二卷　(後秦)釋鳩摩羅什譯　佛說如來智印經一卷　(南朝梁)釋僧祐錄　清雍正十三年(1735)刻本　二冊

220000－0801－0003248　善/3264

金剛般若波羅蜜經　(後秦)釋鳩摩羅什譯　(清)王文治正書　清初刻本　一冊

220000－0801－0003249　善/3265

楞嚴經指掌疏十卷附懸示一卷事儀十卷　(清)釋通理述　清乾隆四十一年(1776)江寧刻本　十二冊

220000－0801－0003250　善/3266

大佛頂如來密因修證了義諸菩薩萬行首楞嚴經貫珠集十卷　(明)釋戒潤述　清順治元年(1644)常州天寧寺刻本　五冊

220000－0801－0003251　善/3267

宗鏡錄一百卷　(宋)釋延壽集　清雍正十三年(1735)武英殿刻本　二十冊

220000－0801－0003252　善/3268

御錄宗鏡大綱二十卷　(清)世宗胤禛錄　清雍正十二年(1734)內府刻本　四冊

220000－0801－0003253　善/3269

御製揀魔辨異錄八卷　(清)世宗胤禛撰　清

雍正十一年(1733)刻本　四冊

220000－0801－0003254　善/3270

娑羅園清話　(明)屠隆撰　清乾隆三十八年(1773)刻本　一冊

220000－0801－0003255　善/3271

太上黃庭經註三卷陰符經註一卷　(清)石和陽述　清乾隆五十八年(1793)白雲山房刻本　一冊

220000－0801－0003256　善/3272

金仙證論　(清)柳華陽撰　清乾隆五十八年至嘉慶四年(1793－1799)刻本　四冊

220000－0801－0003257　善/3273

讀書紀數略五十四卷　(清)宮夢仁輯　清康熙五十年(1711)刻本　十六冊

220000－0801－0003258　善/3274

讀書紀數略五十四卷　(清)宮夢仁輯　清康熙五十年(1711)刻本　十六冊

220000－0801－0003259　善/3275

讀書紀數略五十四卷　(清)宮夢仁輯　清康熙五十年(1711)刻本　十二冊

220000－0801－0003260　善/3276

韻府群玉二十卷　(元)陰時夫撰　(元)陰中夫註　清乾隆七年(1742)刻本　八冊

220000－0801－0003261　善/3277

增訂二三場群書備考四卷　(明)袁黃撰　清初同文堂刻本　四冊

220000－0801－0003262　善/3278

增訂二三場群書備考四卷　(明)袁黃撰　清初大觀堂刻本　十冊

220000－0801－0003263　善/3279

事類賦三十卷　(宋)吳淑撰　清乾隆三十年(1765)劍光閣刻本　四冊

220000－0801－0003264　善/3280

事類賦三十卷　(宋)吳淑撰　清乾隆三十年(1765)劍光閣刻本　四冊

220000－0801－0003265　善/3281

古事比五十二卷　(清)方中德輯　清康熙四十五年(1706)書種齋刻本　十六冊

220000－0801－0003266　善/3282

子史精華一百六十卷　(清)允祿等監修　清雍正五年(1727)刻本　四十八冊

220000－0801－0003267　善/3283

考古類編十二卷　(清)柴紹炳撰　清雍正四年(1726)澹成堂刻本　六冊

220000－0801－0003268　善/3284

考古類編十二卷　(清)柴紹炳撰　清雍正四年(1726)澹成堂刻本　四冊

220000－0801－0003269　善/3285

考古類編十二卷　(清)柴紹炳撰　清雍正四年(1726)澹成堂刻本　四冊

220000－0801－0003270　善/3286

格致鏡原九十四卷　(清)陳元龍撰　清雍正十三年(1735)刻本　三十二冊

220000－0801－0003271　善/3287

格致鏡原九十四卷　(清)陳元龍撰　清雍正十三年(1735)刻本　二十四冊

220000－0801－0003272　善/3288

類腋四部五十五卷補遺一卷　(清)姚培謙輯　(清)張翰純補　清乾隆三十年(1765)檢香齋刻本　十冊

220000－0801－0003273　善/3289

類腋四部五十五卷補遺一卷　(清)姚培謙輯　清乾隆三十年(1765)刻本　十二冊

220000－0801－0003274　善/3290

名句文身表異錄十四卷　(明)王志堅輯　清康熙四十七年(1708)刻本　一冊

220000－0801－0003275　善/3291

事物異名錄四十卷　(清)厲荃輯　清乾隆五十三年(1788)粵東刻本　十六冊

220000－0801－0003276　善/3292

新鐫羅順菴增集事文類聚四卷　(明)羅順菴撰　清雍正勅書閣刻本　四冊

220000 – 0801 – 0003277　善/3293

新編古今事文類聚七集二百三十六卷　（宋）
祝穆撰　清乾隆二十八年(1763)積秀堂刻本
　七十冊

220000 – 0801 – 0003278　善/3294

類腋四部五十五卷　（清）姚培謙輯　清乾隆
七年(1742)綠蔭堂刻本　二十四冊

220000 – 0801 – 0003279　善/3295

類林新咏三十六卷　（清）姚之駰撰　清康熙
四十六年(1707)刻本　十六冊

220000 – 0801 – 0003280　善/3296

古今類傳四卷　（清）董穀士　（清）董炳文輯
　清康熙三十一年(1692)未學齋刻本　四冊

220000 – 0801 – 0003281　善/3297

韻圃群芳八卷　（清）姚焜撰　清乾隆三十二
年(1767)刻本　四冊

220000 – 0801 – 0003282　善/3298

十七史蒙求十六卷　（宋）王令撰　清康熙四
十九年(1710)養志堂刻本　八冊

220000 – 0801 – 0003283　善/3299

廣事類賦四十卷　（清）華希閔撰　清乾隆二
十九年(1764)刻本　六冊

220000 – 0801 – 0003284　善/3300

通俗編三十八卷　（清）翟灝撰　清乾隆十六
年(1751)無不宜齋刻本　四冊

220000 – 0801 – 0003285　善/3301

通俗編三十八卷　（清）翟灝撰　清乾隆十六
年(1751)刻本　八冊

220000 – 0801 – 0003286　善/3302

通俗編三十八卷　（清）翟灝撰　清乾隆十六
年(1751)無不宜齋刻本　十二冊

220000 – 0801 – 0003287　善/3303

振綺類纂四卷　（清）翁天遊　（清）宗觀撰
清康熙三年(1664)刻本　二冊

220000 – 0801 – 0003288　善/3304

詩材類對纂要四卷　（清）任德裕等箋　清乾
隆二十四年(1759)刻本　一冊

220000 – 0801 – 0003289　善/3305

韻府約編二十四卷　（清）鄧愷輯　清乾隆二
十七年(1762)刻本　二十冊

220000 – 0801 – 0003290　善/3306

宋稗類鈔八卷　（清）潘永因撰　清康熙八年
(1669)刻本　八冊

220000 – 0801 – 0003291　善/3307

留青廣集十二卷　（清）陳枚選輯　清康熙刻
本　十二冊　卷端缺八頁

220000 – 0801 – 0003292　善/3308

憑山閣彙輯留青采珍集十二卷　（清）陳枚選
　清康熙憑山閣刻本　八冊

220000 – 0801 – 0003293　善/3309

離騷草木疏四卷　（宋）吳仁傑撰　清乾隆四
十五年(1780)知不足齋刻本　三冊

220000 – 0801 – 0003294　善/3310

楚辭章句十卷　（漢）王逸撰　清初汲古閣刻
本　二冊

220000 – 0801 – 0003295　善/3311

楚辭新註八卷末一卷　（清）屈復撰　清乾隆
三年(1738)居易堂刻本　四冊

220000 – 0801 – 0003296　善/3312

楚辭訂註四卷　（清）許清奇訂註　清初刻本
　四冊

220000 – 0801 – 0003297　善/3313

楚辭節註六卷　（清）姚培謙撰　清乾隆五十
七年(1792)博斯堂刻本　四冊

220000 – 0801 – 0003298　善/3314

楚辭節註六卷　（清）姚培謙撰　清乾隆五十
七年(1792)刻本　四冊

220000 – 0801 – 0003299　善/3315

楚辭燈四卷　（清）林雲銘撰　清康熙三十六
年(1697)刻本　二冊

220000 – 0801 – 0003300　善/3316

楚辭燈四卷　（清）林雲銘撰　清康熙三十六
年(1697)刻本　二冊

220000－0801－0003301　善/3317

楚辭燈四卷　（清）林雲銘撰　清康熙三十六年(1697)令德堂刻本　二冊

220000－0801－0003302　善/3318

屈騷心印五卷首一卷　（清）夏大霖撰　清乾隆三十九年(1774)刻本　四冊

220000－0801－0003303　善/3319

山曉閣重訂昭明文選十二卷　（清）孫琮（清）孫洙評撰　清康熙二十五年(1686)刻本　六冊

220000－0801－0003304　善/3320

文選音義八卷　（清）余蕭客輯　清乾隆二十三年(1758)刻本　八冊

220000－0801－0003305　善/3321

文選音義八卷　（清）余蕭客輯　清乾隆二十三年(1758)刻本　八冊

220000－0801－0003306　善/3322

文選音義八卷　（清）余蕭客輯　清乾隆二十三年(1758)刻本　六冊

220000－0801－0003307　善/3323

文選音義八卷　（清）余蕭客輯　清乾隆二十三年(1758)刻本　二冊

220000－0801－0003308　善/3324

文選音義八卷　（清）余蕭客輯　清乾隆二十三年(1758)刻本　二冊

220000－0801－0003309　善/3325

文選瀹註三十卷　（南朝梁）蕭統輯　（明）閔齊華註　（明）孫鑛評閱　清雍正十年(1732)刻本　十六冊

220000－0801－0003310　善/3326

重訂文選集評十五卷首一卷末一卷　（南朝梁）蕭統輯　（清）于光華集評　清乾隆五十四年(1789)刻本　十六冊

220000－0801－0003311　善/3327

重訂文選集評十五卷首一卷末一卷　（南朝梁）蕭統輯　（清）于光華集評　清乾隆四十五年(1780)刻本　十六冊

220000－0801－0003312　善/3328

重訂文選集評十五卷首一卷末一卷　（南朝梁）蕭統輯　（清）于光華集評　清乾隆四十七年(1782)刻本　八冊

220000－0801－0003313　善/3329

歷朝賦楷八卷　（清）王修玉選　清康熙二十五年(1686)刻本　四冊

220000－0801－0003314　善/3330

歷朝賦楷八卷　（清）王修玉選　清康熙二十五年(1686)刻本　六冊

220000－0801－0003315　善/3331

歷朝賦格十五卷　（清）陸葇評選　清康熙二十五年(1686)刻本　十二冊

220000－0801－0003316　善/3332

策學纂要十卷　（清）戴朋　（清）黃卷選　清乾隆四十七年(1782)刻本　五冊

220000－0801－0003317　善/3333

昭明選詩初學讀本四卷　（清）孫人龍輯評　清乾隆四年(1739)刻本　二冊

220000－0801－0003318　善/3334

深柳堂精選評註古文正解十卷　（清）吳荃評　清康熙二十三年(1684)刻本　十二冊

220000－0801－0003319　善/3335

天下才子必讀書十五卷末一卷　（清）金人瑞撰　清康熙刻本　四冊

220000－0801－0003320　善/3336

天下才子必讀書十五卷末一卷　（清）金人瑞撰　清康熙刻本　十六冊

220000－0801－0003321　善/3337

回文類聚原編四卷首一卷另編一卷　（宋）桑世昌纂　回文類聚續編十卷首一卷　（清）朱象賢輯　清初刻本　四冊

220000－0801－0003322　善/3338

回文類聚原編四卷首一卷另編十卷首一卷（宋）桑世昌纂　清初刻本　八冊

220000－0801－0003323　善/3339

回文類聚原編四卷首一卷另編十卷首一卷

（宋）桑世昌纂　清初刻本　一册

220000－0801－0003324　善/3340

歷代詩發四十二卷　（清）范大士評選　（清）
邵幹輯　（清）王仲儒評　清康熙三十八年
(1699)虛白山房刻本　十二册

220000－0801－0003325　善/3341

文苑英華辨證十卷　（宋）彭叔夏撰　清乾隆
四十二年(1777)武英殿木活字印本　二册

220000－0801－0003326　善/3342

文苑英華辨證十卷　（宋）彭叔夏撰　清乾隆
四十二年(1777)木活字印本　二册

220000－0801－0003327　善/3343

文苑英華辨證十卷　（宋）彭叔夏撰　清乾隆
四十二年(1777)木活字印本　一册

220000－0801－0003328　善/3344

文章軌範七卷　（元）謝枋得輯　（明）戴許光
訂　清康熙三十三年(1694)刻本　一册

220000－0801－0003329　善/3345

文章軌範七卷　（元）謝枋得輯　清康熙五十
七年(1718)刻本　三册

220000－0801－0003330　善/3346

文章軌範七卷　（元）謝枋得評選　清乾隆四
年(1739)刻本　二册

220000－0801－0003331　善/3347

文章軌範七卷　（元）謝枋得評選　清乾隆四
年(1739)刻本　四册

220000－0801－0003332　善/3348

詩刪十四卷　（清）孫嘉淦著　清初刻本
二册

220000－0801－0003333　善/3349

兩京文萃不分卷　（□）□□撰　清抄本
四册

220000－0801－0003334　善/3350

玉臺新詠箋註十卷　（南朝陳）徐陵編　清乾
隆三十九年(1774)刻本　十册

220000－0801－0003335　善/3351

玉臺新詠箋註十卷　（南朝陳）徐陵編　清乾
隆三十九年(1774)刻本　五册

220000－0801－0003336　善/3352

五朝詩善鳴集四卷附補遺一卷　（清）陸次雲
選　清康熙二十六年(1687)刻本　八册

220000－0801－0003337　善/3353

古詩箋三十二卷　（清）王士禎選　（清）聞人
倓箋　清乾隆三十一年(1766)芷蘭堂刻本
十二册

220000－0801－0003338　善/3354

古詩箋三十二卷　（清）王士禎選　（清）聞人
倓箋　清乾隆三十一年(1766)芷蘭堂刻本
五册

220000－0801－0003339　善/3355

古詩賦鈔不分卷　（漢）司馬相如等撰　清乾
隆二十三年(1758)抄本　一册

220000－0801－0003340　善/3356

采菽堂古詩選三十八卷補遺四卷　（清）陳祚
明評選　清乾隆十三年(1748)刻本　十二册

220000－0801－0003341　善/3357

賦鈔箋略十五卷　（清）雷琳　（清）張杏濱箋
清乾隆三十一年(1766)刻本　八册

220000－0801－0003342　善/3358

賦鈔箋略十五卷　（清）雷琳　（清）張杏濱箋
清乾隆三十一年(1766)刻本　八册

220000－0801－0003343　善/3359

增訂古詩摘鈔十卷　（清）朱之荊集註　清初
南屏草堂刻本　四册

220000－0801－0003344　善/3360

重訂五朝詩別裁八十卷　（清）沈德潛評選
清乾隆二十八年(1763)刻本　四十二册

220000－0801－0003345　善/3361

古文未曾有集八卷　（清）王甫白選　清康熙
十九年(1680)刻本　四册

220000－0801－0003346　善/3362

古文未曾有集八卷　（清）王甫白選　清康熙
十九年(1680)刻本　四册

146

220000－0801－0003347　善/3363

五言妙悟集二卷　（清）徐琰選輯　**會心集一卷**　（清）蘭亭居士選輯　清乾隆十五年(1750)刻本　一冊

220000－0801－0003348　善/3364

應試排律精選六卷　（清）周大樞選釋　清乾隆二十三年(1758)刻本　二冊

220000－0801－0003349　善/3365

詠物詩選八卷　（清）俞琰輯　清雍正三年(1725)刻本　四冊

220000－0801－0003350　善/3366

詠物詩選八卷　（清）俞琰輯　清雍正三年(1725)刻本　四冊

220000－0801－0003351　善/3367

詠物詩選八卷　（清）俞琰輯　清雍正三年(1725)刻本　四冊

220000－0801－0003352　善/3368

詠物詩選八卷　（清）俞琰輯　清雍正三年(1725)刻本　四冊

220000－0801－0003353　善/3369

御選唐宋詩醇四十七卷　（清）允祿等選　清乾隆二十五年(1760)紫陽書院刻本　十六冊

220000－0801－0003354　善/3370

唐宋八大家類選十四卷　（清）儲欣選評　清乾隆十年(1745)刻本　八冊

220000－0801－0003355　善/3371

四六法海十二卷　（明）王志堅編　清乾隆二十三年(1758)刻本　十二冊

220000－0801－0003356　善/3372

藝苑名言八卷　（清）蔣瀾纂輯　清乾隆四十年(1775)刻本　四冊

220000－0801－0003357　善/3373

藝苑名言八卷　（清）蔣瀾纂輯　清乾隆四十年(1775)刻本　四冊

220000－0801－0003358　善/3374

瀛奎律髓四十九卷　（元）方回選　清康熙四十九年(1710)刻本　十冊

220000－0801－0003359　善/3375

藝苑名言八卷　（清）蔣瀾纂輯　清乾隆五十六年(1791)懷谷軒刻本　四冊

220000－0801－0003360　善/3376

本事詩十二卷　（清）徐釚輯　清康熙刻本　六冊

220000－0801－0003361　善/3377

可儀堂一百二十名家制義四十八卷　（清）俞長城論次　清康熙十四年(1675)令德堂刻本　四十二冊　缺七卷(三十六至四十二)

220000－0801－0003362　善/3378

回文類聚四卷　（宋）桑世昌編　**回文類聚續編十卷圖一卷**　（清）朱象賢編　清康熙刻本　四冊

220000－0801－0003363　善/3379

重訂唐詩別裁集二十卷　（清）沈德潛選　清乾隆二十八年(1763)教忠堂刻本　四冊

220000－0801－0003364　善/3380

重訂唐詩別裁集二十卷　（清）沈德潛選　清乾隆二十八年(1763)教忠堂刻本　六冊

220000－0801－0003365　善/3381

重訂唐詩別裁集二十卷　（清）沈德潛選　清乾隆二十八年(1763)教忠堂刻本　六冊

220000－0801－0003366　善/3382

唐詩別裁集二十卷　（清）沈德潛　（清）陳培脈選　清康熙五十六年(1717)刻本　六冊　存十卷(一至十)

220000－0801－0003367　善/3383

唐四家詩四種八卷　（清）汪立名輯　清康熙三十四年(1695)刻本　六冊

220000－0801－0003368　善/3384

唐四家詩四種八卷　（清）汪立名輯　清康熙三十四年(1695)刻本　十二冊

220000－0801－0003369　善/3385

唐四家詩四種八卷　（清）汪立名輯　清康熙三十四年(1695)刻本　三冊

220000－0801－0003370　善/3386

十三唐人詩選十三種十五卷附八劉唐人詩選
八種八卷　（清）劉雲份輯　清康熙四十二年
(1703)金閶綠蔭堂刻本　六冊

220000－0801－0003371　善/3387

唐才子詩甲集八卷　（清）金人瑞選輯　清順
治刻本　六冊

220000－0801－0003372　善/3388

唐才子詩甲集八卷　（清）金人瑞選輯　清順
治刻本　二十四冊

220000－0801－0003373　善/3389

刪訂唐詩解二十四卷　（清）唐汝詢選釋　清
康熙四十年(1701)刻本　八冊

220000－0801－0003374　善/3390

刪訂唐詩解二十四卷　（清）唐汝詢選釋　清
康熙四十年(1701)刻本　八冊

220000－0801－0003375　善/3391

唐詩肆雅八卷　（清）鞠愷選訂　清乾隆二十
五年(1760)刻本　四冊

220000－0801－0003376　善/3392

唐詩觀瀾集二十四卷　（清）李因培選評　清
乾隆二十四年(1759)刻本　六冊

220000－0801－0003377　善/3393

唐詩觀瀾集二十四卷　（清）李因培選評　清
乾隆二十四年(1759)刻本　六冊　存十卷
(一至十)

220000－0801－0003378　善/3394

唐人五言長律清麗集六卷　（清）徐曰璉
（清）沈士駿輯　清乾隆二十二年(1757)刻本
　二冊

220000－0801－0003379　善/3395

唐人五言長律清麗集六卷　（清）徐曰璉
（清）沈士駿同輯　清乾隆二十二年(1757)書
業堂刻本　二冊

220000－0801－0003380　善/3396

應試唐詩類釋十九卷　（清）臧岳編次　清乾
隆元年(1736)古吳三樂齋刻本　四冊

220000－0801－0003381　善/3397

秀谷集唐詩鈔九卷　（清）李義賢匯集　清乾
隆二十五年(1760)益思堂刻本　四冊

220000－0801－0003382　善/3398

晚唐詩鈔二十六卷　（清）查克弘　（清）凌紹
乾同選　清康熙四十二年(1703)刻本　十
二冊

220000－0801－0003383　善/3399

唐詩貫珠箋六十卷　（清）胡以梅箋　清康熙
五十四年(1715)素心堂刻本　十二冊

220000－0801－0003384　善/3400

唐詩金粉十卷　（清）沈炳震纂輯　清雍正二
年(1724)刻本　四冊

220000－0801－0003385　善/3401

唐詩金粉十卷　（清）沈炳震纂輯　清雍正二
年(1724)冬讀書齋刻本　四冊

220000－0801－0003386　善/3402

唐詩定編十四卷　（清）金是瀛　（清）宋慶長
輯　清康熙刻本　四冊

220000－0801－0003387　善/3403

唐詩箋註十卷　（清）黃叔燦箋註　清乾隆三
十年(1765)松筠書屋刻本　十冊

220000－0801－0003388　善/3404

唐詩箋註十卷　（清）黃叔燦箋註　清乾隆三
十年(1765)松筠書屋刻本　十冊

220000－0801－0003389　善/3405

唐詩神韻集六卷　（清）王士禛選　清乾隆三
十二年(1767)刻本　二冊

220000－0801－0003390　善/3406

節錄唐音審體不分卷　（清）馬輝緒節錄　清
抄本　一冊

220000－0801－0003391　善/3407

網師園唐詩箋十八卷　（清）宋宗元輯　清乾
隆三十二年(1767)尚絅堂刻本　六冊

220000－0801－0003392　善/3408

唐人五言長律清麗集六卷　（清）徐曰璉
（清）沈士駿輯　清乾隆二十二年(1757)刻本
　二冊

220000－0801－0003393　善/3409

唐人五言長律清麗集六卷　（清）徐曰璉
（清）沈士駿輯　清乾隆二十二年(1757)刻本
　一冊

220000－0801－0003394　善/3410

唐賢三昧集三卷　（清）王士禎輯　清康熙二
十七年(1688)刻本　一冊

220000－0801－0003395　善/3411

華國編唐賦選二卷　（清）孫濩孫選評　清雍
正十一年(1733)刻本　二冊

220000－0801－0003396　善/3412

唐人萬首絕句選七卷　（宋）洪邁輯　清雍正
刻本　二冊

220000－0801－0003397　善/3413

唐人萬首絕句選七卷　（宋）洪邁輯　清初刻
本　二冊

220000－0801－0003398　善/3414

唐人萬首絕句選七卷　（宋）洪邁輯　清初刻
本　三冊

220000－0801－0003399　善/3415

唐人五言排律詩論三卷　（清）蔣鵬翮編釋
清康熙五十四年(1715)刻本　二冊　缺一卷
（三）

220000－0801－0003400　善/3416

唐詩筌蹄集六卷續集六卷末三卷　（清）黃六
鴻註釋　清乾隆二十三年(1758)刻本　六冊

220000－0801－0003401　善/3417

宋詩鈔初集　（清）吳之振等輯　清康熙十年
(1671)刻本　十四冊

220000－0801－0003402　善/3418

宋詩鈔初集　（清）吳之振等輯　清康熙十年
(1671)刻本　二十冊

220000－0801－0003403　善/3419

宋詩鈔初集　（清）吳之振等輯　清康熙十年
(1671)刻本　二十冊

220000－0801－0003404　善/3420

宋詩鈔初集　（清）吳之振等輯　清康熙十年
(1671)刻本　三十冊

220000－0801－0003405　善/3421

宋百家詩存二十卷　（清）曹庭棟撰　清乾隆
六年(1741)刻本　十九冊　缺一卷(十五)

220000－0801－0003406　善/3422

宋百家詩存二十卷　（清）曹庭棟撰　清乾隆
六年(1741)刻本　十九冊　缺一卷(十一)

220000－0801－0003407　善/3423

宋詩略十八卷　（清）汪景龍　（清）姚壎輯
清乾隆三十四年(1769)竹雨山房刻本　四冊

220000－0801－0003408　善/3424

宋詩畧十八卷　（清）汪景龍　（清）姚壎輯
清乾隆三十四年(1769)竹雨山房刻本　六冊

220000－0801－0003409　善/3425

宋詩畧十八卷　（清）汪景龍　（清）姚壎輯
清乾隆三十四年(1769)竹雨山房刻本　六冊

220000－0801－0003410　善/3426

辟疆園宋文選三十卷　（清）顧宸選輯　清順
治十八年(1661)刻本　三十冊

220000－0801－0003411　善/3427

辟疆園宋文選三十卷　（清）顧宸選輯　清康
熙二十八年(1689)補刻本　二十冊

220000－0801－0003412　善/3428

元詩選甲至壬集　（清）顧嗣立輯　清康熙三
十二年(1693)秀野草堂刻本　四十冊

220000－0801－0003413　善/3429

金詩選四卷　（清）顧奎光輯　清乾隆十六年
(1751)刻本　二冊

220000－0801－0003414　善/3430

金詩選四卷　（清）顧奎光輯　清乾隆十六年
(1751)刻本　二冊

220000－0801－0003415　善/3431

金詩選四卷　（清）顧奎光輯　清乾隆十六年
(1751)刻本　一冊

220000－0801－0003416　善/3432

元詩自攜十六卷　（清）姚培謙輯　清康熙六

十一年(1722)遂安堂刻本　四冊

220000－0801－0003417　善/3433

元詩選六卷補遺一卷　（清）顧奎光選輯　清
乾隆十六年(1751)刻本　二冊

220000－0801－0003418　善/3434

元詩選六卷補遺一卷　（清）顧奎光選輯　清
乾隆十六年(1751)刻本　二冊

220000－0801－0003419　善/3435

元詩選六卷補遺一卷　（清）顧奎光選輯　清
乾隆十六年(1751)刻本　四冊

220000－0801－0003420　善/3436

元詩選六卷補遺一卷　（清）顧奎光選輯　清
乾隆十六年(1751)刻本　四冊

220000－0801－0003421　善/3437

元詩選六卷補遺一卷　（清）顧奎光選輯　清
乾隆十六年(1751)刻本　四冊

220000－0801－0003422　善/3438

元詩選六卷補遺一卷　（清）顧奎光選輯　清
乾隆十六年(1751)刻本　四冊

220000－0801－0003423　善/3439

元詩選三集甲至壬集　（清）顧嗣立輯　清康
熙五十九年(1720)刻本　六冊

220000－0801－0003424　善/3440

元詩百一鈔八卷補遺一卷　（清）姚培謙等輯
清乾隆二十九年(1764)刻本　四冊

220000－0801－0003425　善/3441

元詩百一鈔八卷補遺一卷　（清）姚培謙等輯
清乾隆二十九年(1764)刻本　十二冊

220000－0801－0003426　善/3442

明詩別裁集十二卷　（清）沈德潛　（清）周準
輯　清乾隆四年(1739)刻本　六冊

220000－0801－0003427　善/3443

欽定國朝詩別裁集三十二卷　（清）沈德潛纂
評　清乾隆二十六年(1761)刻本　十六冊

220000－0801－0003428　善/3444

文章游戲不分卷　（清）張光斗輯　清光緒抄

本　二冊

220000－0801－0003429　善/3445

明詩七言律選不分卷　（清）呂松選　清抄本
　一冊

220000－0801－0003430　善/3446

明文英華十卷　（清）顧有孝纂輯　清康熙二
十六年(1687)刻本　八冊

220000－0801－0003431　善/3447

欽定國朝詩別裁集三十二卷　（清）沈德潛纂
評　清乾隆二十六年(1761)刻本　八冊

220000－0801－0003432　善/3448

欽定國朝詩別裁集三十二卷　（清）沈德潛纂
評　清乾隆二十六年(1761)刻本　八冊

220000－0801－0003433　善/3449

欽定國朝詩別裁集三十二卷　（清）沈德潛纂
評　清乾隆二十六年(1761)刻本　八冊

220000－0801－0003434　善/3450

欽定國朝詩別裁集三十二卷　（清）沈德潛纂
評　清乾隆二十六年(1761)刻本　十二冊

220000－0801－0003435　善/3451

皇清百名家詩八十九卷　（清）魏憲輯選　清
康熙二十一年(1682)刻本　二十冊

220000－0801－0003436　善/3452

國朝六家詩鈔八卷　（清）劉執玉選　清乾隆
三十二年(1767)刻本　十二冊

220000－0801－0003437　善/3453

國朝六家詩鈔八卷　（清）劉執玉選　清乾隆
三十二年(1767)詒燕樓刻本　六冊

220000－0801－0003438　善/3454

國朝六家詩鈔八卷　（清）劉執玉選　清乾隆
三十二年(1767)詒燕樓刻本　八冊

220000－0801－0003439　善/3455

八家詩選八卷　（清）吳之振輯　清康熙十一
年(1672)刻本　八冊

220000－0801－0003440　善/3456

本朝五言近體瓣香集十六卷目錄一卷　（清）

許英編註　清乾隆二十八年(1763)刻本　十二冊

220000－0801－0003441　善/3457

本朝五言近體瓣香集十六卷目錄一卷　（清）許英編註　清乾隆二十八年(1763)刻本　四冊

220000－0801－0003442　善/3458

本朝館閣詩二十卷附錄一卷續附錄一卷（清）阮學浩　（清）阮學濬編　清乾隆二十三年(1758)刻本　十三冊

220000－0801－0003443　善/3459

國朝四大家詩鈔二十四卷　（清）屠德修輯清乾隆三十一年(1766)刻本　十冊

220000－0801－0003444　善/3460

試賦秀華一卷　（清）曹希燕　（清）曹鈞輯選　清乾隆三十二年(1767)刻本　一冊

220000－0801－0003445　善/3461

蜀雅二十卷　（清）李調元選　清乾隆四十六年(1781)刻本　四冊

220000－0801－0003446　善/3462

竹罏圖詠四卷補一卷　（清）吳鉞輯　清乾隆四十七年(1782)刻本　一冊

220000－0801－0003447　善/3463

庚辰集五卷　（清）紀昀編　清乾隆二十七年(1762)刻本　二冊

220000－0801－0003448　善/3464

本朝館閣賦前集十二卷後集七卷補遺一卷稻香樓試帖二卷　（清）葉抱崧　（清）程洵選清乾隆二十九年(1764)刻本　十二冊

220000－0801－0003449　善/3465

本朝館閣賦前集十二卷後集七卷補遺一卷稻香樓試帖二卷　（清）葉抱崧　（清）程洵選清乾隆二十九年(1764)刻本　十冊

220000－0801－0003450　善/3466

四六纂組十卷　（清）胡吉豫輯述　清康熙十八年(1679)刻本　八冊

220000－0801－0003451　善/3467

洞庭遊草不分卷　（清）陳大謨等撰　清乾隆五十五年(1790)刻本　一冊

220000－0801－0003452　善/3468

同人集十二卷　（清）冒襄輯　清康熙十四年(1675)刻本　二十四冊

220000－0801－0003453　善/3469

東巡金石錄八卷　（清）崔應階　（清）梁翥鴻輯　清初刻本　三冊

220000－0801－0003454　善/3470

詞科掌錄十七卷詞科餘話七卷　（清）杭世駿編輯　清刻本　八冊

220000－0801－0003455　善/3471

詞科掌錄十七卷詞科餘話七卷　（清）杭世駿編輯　清刻本　六冊

220000－0801－0003456　善/3472

詞科掌錄十七卷詞科餘話七卷　（清）杭世駿編輯　清刻本　七冊

220000－0801－0003457　善/3473

本朝名媛詩鈔六卷　（清）胡孝思　（清）朱珖輯　清乾隆三十一年(1766)凌雲閣刻本二冊

220000－0801－0003458　善/3474

本朝名媛詩鈔六卷　（清）胡孝思　（清）朱珖輯　清乾隆三十一年(1766)凌雲閣刻本四冊

220000－0801－0003459　善/3475

本朝名媛詩鈔六卷　（清）胡孝思　（清）朱珖輯　清康熙五十五年(1716)凌雲閣刻本四冊

220000－0801－0003460　善/3476

鴛鴦湖櫂歌四卷　（清）朱彝尊編　（清）朱芳衡編校　清乾隆四十年(1775)刻本　二冊

220000－0801－0003461　善/3477

鴛鴦湖櫂歌四卷　（清）朱彝尊編　（清）朱芳衡編校　清乾隆四十年(1775)刻本　一冊

220000－0801－0003462　善/3478

鴛鴦湖櫂歌四卷　（清）朱彝尊編　（清）朱芳

衡編校　清乾隆四十年(1775)刻本　一冊

220000－0801－0003463　善/3479

抗希堂全書　(清)方苞撰　清乾隆十一年
(1746)刻本　六十四冊

220000－0801－0003464　善/3480

小南邨集　(清)徐昂發撰　清康熙四十九年
(1710)芳潤堂刻本　一冊

220000－0801－0003465　善/3481

凝香亭瑞蓮詩集一卷　(清)黃家遴輯　清康
熙三十七年(1698)刻本　一冊

220000－0801－0003466　善/3482

圓津庵墨乘　(清)喬中方　(清)喬鉢輯　清
乾隆元年(1736)刻本　一冊

220000－0801－0003467　善/3483

感舊集十六卷　(清)王士禎選　清乾隆十七
年(1752)雅雨堂刻本　八冊

220000－0801－0003468　善/3484

感舊集十六卷　(清)王士禎選　清乾隆十七
年(1752)雅雨堂刻本　十冊

220000－0801－0003469　善/3485

感舊集十六卷　(清)王士禎選　清乾隆十七
年(1752)刻本　八冊

220000－0801－0003470　善/3486

感舊集十六卷　(清)王士禎選　清乾隆十七
年(1752)刻本　十六冊

220000－0801－0003471　善/3487

晉兩微君詩鈔　(清)蘇爾詒輯　清乾隆三十
二年(1767)刻本　六冊

220000－0801－0003472　善/3488

敦素園七子詩鈔不分卷　(清)吳授鼎輯　清
乾隆三十四年(1769)刻本　四冊

220000－0801－0003473　善/3489

七子詩選十四卷　(清)沈德潛輯　清乾隆十
八年(1753)刻本　四冊

220000－0801－0003474　善/3490

七子詩選十四卷　(清)沈德潛輯　清乾隆十

八年(1753)刻本　六冊

220000－0801－0003475　善/3491

嶺南三大家詩選二十四卷　(清)王隼選　清
康熙刻本　四冊

220000－0801－0003476　善/3492

嶺南三大家詩選二十四卷　(清)王隼選　清
康熙刻本　四冊

220000－0801－0003477　善/3493

新喻三劉文集六卷首一卷　(宋)劉敞等撰
清乾隆十五年(1750)刻本　三冊

220000－0801－0003478　善/3494

歸錢尺牘二種五卷　(明)歸有光　(清)錢謙
益撰　清康熙三十八年(1699)刻本　六冊

220000－0801－0003479　善/3495

明人尺牘選　(清)王元勳　(清)程化騄編
清康熙四十四年(1705)碧雲樓刻本　六冊

220000－0801－0003480　善/3496

憑山閣新輯尺牘寫心集四卷　(清)陳枚選輯
　清康熙十八年(1679)刻本　五冊

220000－0801－0003481　善/3497

分類代言不分卷　(清)爾爾墊人輯　清乾隆
三十年(1765)抄本　四冊

220000－0801－0003482　善/3498

名家信札　(清)□□等撰　清末稿本　五冊

220000－0801－0003483　善/3500

西崑酬唱集二卷　(宋)楊億編　清刻本
四冊

220000－0801－0003484　善/3501

同林倡和集不分卷　(清)陸士衡輯　清乾隆
二十三年(1758)刻本　一冊

220000－0801－0003485　善/3502

陶靖節詩集四卷附刻一卷　(晉)陶潛撰　清
康熙三十九年(1700)刻本　二冊

220000－0801－0003486　善/3503

陶靖節詩集四卷附刻四種　(晉)陶潛撰　清
康熙二十九年(1690)同文山房刻本　四冊

220000 – 0801 – 0003487　善/3504

庾子山全集十卷　（北周）庾信撰　清康熙刻
本　四冊

220000 – 0801 – 0003488　善/3505

庾子山全集十卷　（北周）庾信撰　清康熙刻
本　四冊

220000 – 0801 – 0003489　善/3506

庾子山集十六卷年譜一卷總釋一卷　（北周）
庾信撰　清康熙刻本　八冊

220000 – 0801 – 0003490　善/3507

織綿回文詩七卷　（前秦）蘇惠撰　清初刻本
　一冊

220000 – 0801 – 0003491　善/3508

王右丞集二十八卷首一卷末一卷　（唐）王維
撰　清乾隆二年(1737)刻本　六冊

220000 – 0801 – 0003492　善/3509

王右丞集二十八卷首一卷末一卷　（唐）王維
撰　清乾隆二年(1737)刻本　八冊

220000 – 0801 – 0003493　善/3510

王右丞集二十八卷首一卷末一卷　（唐）王維
撰　清乾隆二年(1737)颺錦齋田翠含刻本
八冊

220000 – 0801 – 0003494　善/3511

香山詩選六卷　（唐）白居易撰　清刻本
二冊

220000 – 0801 – 0003495　善/3512

李太白文集三十卷附錄六卷　（唐）李白撰
清乾隆二十五年(1760)刻本　十六冊

220000 – 0801 – 0003496　善/3513

李太白文集三十卷附錄六卷　（唐）李白撰
清乾隆二十四年(1759)刻本　十冊

220000 – 0801 – 0003497　善/3514

李詩直解六卷　（唐）李白撰　清乾隆四十年
(1775)刻本　六冊

220000 – 0801 – 0003498　善/3515

李詩直解六卷　（唐）李白撰　清乾隆四十年
(1775)刻本　六冊

220000 – 0801 – 0003499　善/3516

李詩直解六卷　（唐）李白撰　清乾隆四十年
(1775)刻本　六冊

220000 – 0801 – 0003500　善/3517

杜工部集二十卷　（唐）杜甫撰　清乾隆四十
九年(1784)刻本　十冊

220000 – 0801 – 0003501　善/3518

讀書堂杜工部詩集註解二十卷文集二卷
（唐）杜甫撰　清康熙三十六年(1697)刻本
十二冊

220000 – 0801 – 0003502　善/3519

杜詩詳註二十五卷首一卷附編二卷　（清）仇
兆鰲輯註　清康熙三十二年(1693)刻本　十
五冊

220000 – 0801 – 0003503　善/3520

杜詩詳註二十五卷首一卷附編二卷　（清）仇
兆鰲輯註　清康熙三十二年(1693)刻本　十
八冊

220000 – 0801 – 0003504　善/3521

杜詩論文五十六卷　（清）吳見思注　（清）潘
眉評　清康熙十一年(1672)刻本　十六冊

220000 – 0801 – 0003505　善/3522

辟疆園杜詩註解五言律十二卷七言律五卷
（清）顧宸撰　清順治八年(1651)刻本　十冊

220000 – 0801 – 0003506　善/3523

杜律通解四卷　（唐）杜甫撰　清康熙六十年
(1721)刻本　四冊

220000 – 0801 – 0003507　善/3524

杜律啓蒙十二卷　（唐）杜甫撰　（清）邊連寶
集注　清乾隆四十二年(1777)刻本　四冊

220000 – 0801 – 0003508　善/3525

杜詩錄註二卷　（唐）杜甫撰　清乾隆刻本
一冊

220000 – 0801 – 0003509　善/3526

唱經堂杜詩解四卷　（清）金人瑞撰　清初刻
本　四冊

220000 – 0801 – 0003510　善/3527

杜詩直解六卷　（清）沈寅　（清）朱崐補輯
清乾隆四十年(1775)刻本　六冊

220000－0801－0003511　善/3528
杜詩直解六卷　（清）沈寅　（清）朱崐補輯
清乾隆四十年(1775)刻本　六冊

220000－0801－0003512　善/3529
韓昌黎詩集編年箋註十二卷　（唐）韓愈撰
（清）方世舉注　清乾隆二十三年(1758)雅雨
堂刻本　十二冊

220000－0801－0003513　善/3530
韓昌黎詩集編年箋註十二卷　（唐）韓愈撰
清乾隆二十三年(1758)雅雨堂刻本　六冊

220000－0801－0003514　善/3531
五百家註音辯昌黎先生文集四十卷　（宋）魏
仲舉輯　清乾隆四十九年(1784)刻本　十
六冊

220000－0801－0003515　善/3532
柳柳州文鈔十二卷　（唐）柳宗元著　清末刻
本　五冊

220000－0801－0003516　善/3533
陸宣公集二十二卷　（唐）陸贄撰　清道光二
十六年(1846)抄本　十二冊

220000－0801－0003517　善/3534
駱臨海集十卷　（唐）駱賓王撰　清康熙四十
六年(1707)刻本　二冊

220000－0801－0003518　善/3535
羅昭諫集八卷　（唐）羅隱撰　清康熙九年
(1670)刻本　二冊

220000－0801－0003519　善/3536
李長吉昌谷集句解定本四卷　（唐）李賀撰
（清）姚佺箋　清初刻本　二冊

220000－0801－0003520　善/3537
柳村律陶一卷譜陶一卷讀陶一卷　（清）顧易
撰　清雍正八年(1730)刻本　一冊

220000－0801－0003521　善/3538
樊南文集箋註八卷　（唐）李商隱撰　清乾隆
三十年(1765)刻本　四冊

220000－0801－0003522　善/3539
廬陵宋丞相信國公文忠烈先生全集十六卷目
錄一卷　（宋）文天祥撰　清雍正三年(1725)
刻本　十冊

220000－0801－0003523　善/3540
廬陵宋丞相信國公文忠烈先生全集十六卷目
錄一卷　（宋）文天祥撰　清雍正三年(1725)
刻本　十冊

220000－0801－0003524　善/3542
祠部集三十五卷　（宋）強至撰　清乾隆四十
二年(1777)活字印本　九冊

220000－0801－0003525　善/3543
朱文公問答全集三十五卷　（宋）朱熹撰　清
雍正刻本　十六冊

220000－0801－0003526　善/3544
文公朱先生感興詩一卷　（宋）朱熹撰　清末
刻本　一冊

220000－0801－0003527　善/3545
朱子文鈔二十卷詩鈔四卷　（宋）朱熹著　清
康熙五十一年(1712)刻本　六冊

220000－0801－0003528　善/3546
韋齋集十二卷附錄一卷　（宋）朱松撰　清初
刻本　三冊

220000－0801－0003529　善/3547
二程文集十二卷　（宋）程顥　（宋）程頤著
清康熙四十七年(1708)刻本　八冊

220000－0801－0003530　善/3548
宋李忠定公文集選首四卷奏議十五卷文集二
十九卷　（宋）李綱撰　清康熙八年(1669)刻
本　十六冊

220000－0801－0003531　善/3549
宋李忠定公文集選首四卷奏議十五卷文集二
十九卷　（宋）李綱撰　清康熙八年(1669)刻
本　十六冊

220000－0801－0003532　善/3550
木蘭陂集節要十卷　（明）李雄輯　續刻木蘭
陂集誌記二卷　（清）李嗣岱　（清）姚又崇編

重修木蘭陂集　（□）□□撰　清乾隆十九年(1754)刻本　四冊

220000－0801－0003533　善/3551

絜齋集二十四卷　（宋）袁燮撰　清乾隆四十五年(1780)活字印本　十冊

220000－0801－0003534　善/3552

絜齋集二十四卷　（宋）袁燮撰　清乾隆四十五年(1780)木活字印本　八冊

220000－0801－0003535　善/3553

蘇文忠公詩合註五十卷首一卷目錄一卷　（宋）蘇軾著　清乾隆五十八年(1793)刻本　十六冊

220000－0801－0003536　善/3554

蘇文忠公詩合註五十卷首一卷目錄一卷　（宋）蘇軾著　清乾隆五十八年(1793)刻本　十六冊

220000－0801－0003537　善/3555

蘇文忠公詩合註五十卷首一卷目錄一卷　（宋）蘇軾著　清乾隆五十八年(1793)刻本　三十二冊

220000－0801－0003538　善/3556

蘇文忠公詩合註五十卷首一卷目錄一卷　（宋）蘇軾著　清乾隆五十八年(1793)刻本　三十六冊

220000－0801－0003539　善/3557

施註蘇詩四十二卷補遺二卷　（宋）蘇軾撰　清康熙三十八年(1699)刻本　十冊

220000－0801－0003540　善/3558

施註蘇詩四十二卷目錄一卷補遺二卷　（宋）蘇軾撰　清康熙三十九年(1700)刻本　十六冊

220000－0801－0003541　善/3559

施註蘇詩四十二卷東坡年譜一卷王註正譌一卷蘇詩續補遺二卷總目二卷　（宋）蘇軾撰　清康熙三十八年(1699)刻本　十冊

220000－0801－0003542　善/3560

施註蘇詩四十二卷東坡年譜一卷王註正譌一卷蘇詩續補遺二卷總目二卷　（宋）蘇軾撰　清康熙三十八年(1699)刻本　九冊　缺二卷（續補遺二卷）

220000－0801－0003543　善/3561

東坡先生編年詩五十卷　（宋）蘇軾撰　清乾隆二十六年(1761)刻本　二十冊

220000－0801－0003544　善/3562

東坡先生編年詩五十卷　（宋）蘇軾撰　清乾隆二十六年(1761)刻本　八冊

220000－0801－0003545　善/3563

蘇東坡詩集註三十二卷首一卷　（宋）蘇軾撰　清乾隆四十七年(1782)刻本　十冊

220000－0801－0003546　善/3564

黃文節公全集正集三十二卷首一卷外集二十四卷首一卷別集十九卷首一卷伐檀集二卷　（宋）黃庭堅撰　清乾隆三十年(1765)刻本　十六冊

220000－0801－0003547　善/3565

黃詩全集內集二十卷外集十七卷別集二卷外集補四卷別集補一卷年譜十四卷目錄一卷　（宋）黃庭堅撰　清乾隆五十三年(1788)樹經堂刻本　二十冊

220000－0801－0003548　善/3566

文恭集四十卷　（宋）胡宿撰　清乾隆四十年(1775)刻本　十二冊

220000－0801－0003549　善/3567

黃勉齋先生文集八卷　（宋）黃幹撰　清康熙四十八年(1709)刻本　二冊

220000－0801－0003550　善/3568

韓魏公集二十卷　（宋）韓琦撰　清康熙四十八年(1709)正誼堂刻本　四冊

220000－0801－0003551　善/3569

安陽集五十卷別錄三卷遺事一卷家傳十卷　（宋）韓琦撰　清乾隆四年(1739)刻本　二十一冊

220000－0801－0003552　善/3570

史忠定王遺集五十卷　（宋）史浩撰　清乾隆

四十二年(1777)會稽繼錦堂刻本　八冊

220000－0801－0003553　善/3571
淮海集四十卷後集六卷長短句三卷　（宋）秦
觀撰　清乾隆三十二年(1767)刻本　六冊

220000－0801－0003554　善/3572
呂東萊先生文集二十卷首一卷　（宋）呂祖謙
撰　清雍正元年(1723)敬勝堂刻本　六冊

220000－0801－0003555　善/3573
岳忠武王文集八卷首一卷末一卷　（宋）岳飛
撰　清乾隆三十七年(1772)刻本　四冊

220000－0801－0003556　善/3574
放翁先生詩鈔不分卷　（宋）陸游撰　清乾
隆、嘉慶刻本　二冊

220000－0801－0003557　善/3575
陸放翁劍南詩選六卷　（宋）陸游撰　清康熙
二十五年(1686)刻本　二冊

220000－0801－0003558　善/3576
入蜀記六卷　（宋）陸游撰　清刻本　一冊

220000－0801－0003559　善/3577
渭南文集五十卷　（宋）陸游撰　清初汲古閣
刻本　三十冊

220000－0801－0003560　善/3578
劍南詩稿八十五卷　（宋）陸游撰　清初汲古
閣刻本　三十二冊

220000－0801－0003561　善/3579
江湖後集二十四卷　（宋）陳起編　清顧氏讀
畫齋刻本　七冊

220000－0801－0003562　善/3580
後山詩註十二卷　（宋）陳師道撰　清活字印
本　四冊

220000－0801－0003563　善/3581
後山詩註十二卷　（宋）陳師道撰　清活字印
本　四冊

220000－0801－0003564　善/3582
後山詩註十二卷　（宋）陳師道撰　清武英殿
活字印本　三冊

220000－0801－0003565　善/3583
元豐類稿五十卷　（宋）曾鞏撰　清刻本　十
二冊

220000－0801－0003566　善/3584
茶山集八卷　（宋）曾幾撰　清乾隆四十二年
(1777)刻本　二冊

220000－0801－0003567　善/3585
白石詞詩集　（宋）姜夔撰　清雍正五年
(1727)刻本　一冊

220000－0801－0003568　善/3586
姜白石集　（宋）姜夔撰　清乾隆八年(1743)
鮑氏知不足齋刻本　四冊

220000－0801－0003569　善/3587
姜白石集　（宋）姜夔撰　清乾隆八年(1743)
鮑氏知不足齋刻本　一冊

220000－0801－0003570　善/3588
白石詩詞　（宋）姜夔撰　清雍正五年(1727)
刻本　一冊

220000－0801－0003571　善/3589
棠湖詩稿一卷　（宋）岳珂撰　清抄本　一冊

220000－0801－0003572　善/3591
劍南詩鈔六卷　（宋）陸游撰　清康熙二十四
年(1685)刻本　八冊

220000－0801－0003573　善/3592
劍南詩鈔六卷　（宋）陸游撰　清康熙二十四
年(1685)刻本　四冊　存三卷(一、三至四)

220000－0801－0003574　善/3593
司馬文正公集八十二卷　（宋）司馬光撰　清
乾隆十年(1745)刻本　三十二冊

220000－0801－0003575　善/3594
遺山先生文集四十卷目錄一卷　（元）元好問
撰　清初刻本　十五冊　缺二卷(三十六、三
十八)

220000－0801－0003576　善/3595
道園學古錄不分卷　（元）虞集撰　清乾隆、
嘉慶刻本　十六冊

220000－0801－0003577　善/3596

金淵集六卷　（元）仇遠撰　清乾隆四十年
(1775)武英殿刻本　二冊

220000－0801－0003578　善/3597

吳文正公集四十九卷首一卷　（元）吳澄撰
清乾隆二十一年(1756)刻本　二十二冊

220000－0801－0003579　善/3598

鐵崖樂府註十卷鐵崖咏史註八卷鐵崖逸編八
卷　（明）楊維楨撰　清乾隆三十九年(1774)
聯桂堂刻本　六冊

220000－0801－0003580　善/3599

郝文忠公陵川文集三十九卷附一卷首一卷
（元）郝經撰　清乾隆三年(1738)刻本　十冊

220000－0801－0003581　善/3600

鐵崖詩集三種　（明）楊維楨撰　清乾隆三十
九年(1774)刻本　五冊

220000－0801－0003582　善/3601

郝文忠公陵川文集三十九卷附錄一卷　（元）
郝經撰　清乾隆三年(1738)刻嘉慶三年
(1798)印本　十冊

220000－0801－0003583　善/3602

郝文忠公陵川文集三十九卷附錄一卷　（元）
郝經撰　清乾隆三年(1738)刻嘉慶三年
(1798)印本　十冊

220000－0801－0003584　善/3603

郝文忠公陵川文集三十九卷附錄一卷　（元）
郝經撰　清乾隆三年(1738)刻嘉慶三年
(1798)印本　十冊

220000－0801－0003585　善/3604

康對山先生文集十卷　（明）康海撰　清乾隆
二十六年(1761)刻本　六冊

220000－0801－0003586　善/3605

康對山先生文集十卷　（明）康海撰　清乾隆
二十六年(1761)刻本　四冊

220000－0801－0003587　善/3606

歸田稿八卷　（明）謝遷撰　清康熙二十六年
(1687)刻本　二冊　存四卷(一至四)

220000－0801－0003588　善/3607

太子少保王忠銘先生文集天池草重編二十六
卷　（明）王弘誨撰　清康熙三十九年(1700)
刻本　十冊

220000－0801－0003589　善/3608

王陽明先生全集二十二卷首一卷　（明）王守
仁撰　清康熙十九年(1680)是政堂刻本　二
十四冊

220000－0801－0003590　善/3609

載書圖詩　（清）王士禛輯　清康熙四十年
(1701)刻本　一冊

220000－0801－0003591　善/3610

讀書後八卷　（明）王世貞撰　清乾隆二十七
年(1762)天隨堂刻本　二冊

220000－0801－0003592　善/3611

達觀樓集二十四卷　（明）鄒維璉撰　清乾隆
三十一年(1766)刻本　十冊

220000－0801－0003593　善/3612

左忠貞公剩稿四卷　（明）左懋第撰　清乾隆
五十八年(1793)刻本　四冊

220000－0801－0003594　善/3613

蘿石山房文鈔四卷　（明）左懋第撰　清乾隆
五年(1740)刻本　四冊

220000－0801－0003595　善/3614

梅花屋詩草不分卷　（明）左懋第撰　清乾隆
十八年(1753)刻本　一冊

220000－0801－0003596　善/3615

袁中郎全集四十卷目錄一卷　（明）袁宏道撰
清初刻本　十二冊

220000－0801－0003597　善/3616

天傭子集八卷　（明）艾南英撰　清乾隆十五
年(1750)刻本　八冊

220000－0801－0003598　善/3617

文清公薛先生文集二十四卷目錄一卷　（明）
薛瑄著　清雍正十二年(1734)刻本　十二冊

220000－0801－0003599　善/3618

泰泉集六十卷　（明）黃佐撰　清康熙二十一

年(1682)刻本　七册

220000－0801－0003600　善/3619
升庵全集八十一卷　（明）楊慎著　清乾隆六
十年(1795)刻本　二十四册

220000－0801－0003601　善/3620
升庵全集八十一卷　（明）楊慎著　清乾隆六
十年(1795)刻本　二十册

220000－0801－0003602　善/3621
胡敬齋先生文集三卷　（明）胡居仁撰　清刻
本　一册

220000－0801－0003603　善/3622
史忠正公集四卷首一卷末一卷　（明）史可法
撰　清乾隆五十三年(1788)活字印本　二册

220000－0801－0003604　善/3623
太師誠意伯劉文成公集二十卷　（明）劉基撰
清乾隆十一年(1746)刻本　十二册

220000－0801－0003605　善/3624
太師誠意伯劉文成公集二十卷　（明）劉基撰
清乾隆十一年(1746)刻本　十册

220000－0801－0003606　善/3625
梓溪文鈔内集八卷外集十卷　（明）舒芬撰
清乾隆四十年(1775)刻本　八册

220000－0801－0003607　善/3626
左忠毅公集三卷年譜二卷左侍御公集一卷
（明）左光斗　（明）左光先撰　清乾隆四年
(1739)刻本　六册

220000－0801－0003608　善/3627
左忠毅公集三卷年譜二卷左侍御公集一卷
（明）左光斗　（明）左光先撰　清乾隆四年
(1739)刻本　五册　缺一卷（左侍御公集一
卷）

220000－0801－0003609　善/3628
丘文莊公集十卷　（明）丘濬撰　海忠介公集
六卷　（明）海瑞撰　清康熙四十七年(1708)
刻本　八册

220000－0801－0003610　善/3629
白沙子全集十卷首一卷末一卷古詩教解二卷

（明）陳獻章撰　清乾隆三十六年(1771)刻
本　十册

220000－0801－0003611　善/3630
白沙子全集十卷首一卷末一卷古詩教解二卷
（明）陳獻章撰　清乾隆三十六年(1771)刻
本　十册

220000－0801－0003612　善/3631
白沙子全集十卷首一卷末一卷古詩教解二卷
（明）陳獻章撰　清乾隆三十六年(1771)刻
本　十册

220000－0801－0003613　善/3632
遵巖先生文集四十二卷　（明）王慎中撰　清
康熙五十年(1711)刻本　十四册

220000－0801－0003614　善/3633
蒼谷全集十二卷附錄一卷　（明）王尚絅撰
清乾隆二十三年(1758)刻本　六册

220000－0801－0003615　善/3634
亭林集二十七集　（清）顧炎武撰　清初刻本
六册

220000－0801－0003616　善/3635
高士奇集歸田集十四卷隨輦集十一卷苑西集
十二卷城北集八卷　（清）高士奇撰　清初刻
本　四册

220000－0801－0003617　善/3636
文貞公集十二卷　（清）張玉書撰　清乾隆五
十七年(1792)松蔭堂刻本　十二册

220000－0801－0003618　善/3637
計樹園詩存不分卷　（清）萬廷蘭撰　清乾隆
四十一年(1776)麗紫軒刻本　一册

220000－0801－0003619　善/3638
韻石齋詩稿不分卷　（清）姜藻著　清初刻本
一册

220000－0801－0003620　善/3639
施愚山文集二十八卷詩集五十卷　（清）施閏
章著　清康熙四十六年(1707)刻本　十册

220000－0801－0003621　善/3640
一詠軒詩草二卷　（清）吳進撰　清乾隆四十

八年(1783)刻本　二冊

220000－0801－0003622　善/3641

正誼堂文集十二卷　(清)張伯行撰　清乾隆
三年(1738)刻本　六冊

220000－0801－0003623　善/3642

玉芝堂文集六卷詩集三卷　(清)邵齊燾撰
清乾隆刻本　三冊

220000－0801－0003624　善/3643

玉芝堂文集六卷詩集三卷　(清)邵齊燾撰
清乾隆刻本　二冊

220000－0801－0003625　善/3644

夏小正考註一卷道德經考異二卷　(清)畢沅
撰　清乾隆四十八年(1783)刻本　一冊

220000－0801－0003626　善/3645

天鑒堂集八卷雜錄一卷　(清)沈近思撰　清
乾隆四年(1739)刻本　四冊

220000－0801－0003627　善/3646

石帆詩鈔五卷　(清)嚴光祿著　清初刻本
二冊

220000－0801－0003628　善/3647

石堂詩鈔二卷　(清)高書勳撰　清乾隆三十
七年(1772)刻本　二冊

220000－0801－0003629　善/3648

西澗草堂集四卷詩集四卷困勉齋私記四卷尚
書讀書一卷春秋一得一卷　(清)閻循觀撰
清乾隆三十八年(1773)刻本　四冊

220000－0801－0003630　善/3649

西湖小草不分卷　(清)張新標撰　清抄本
一冊

220000－0801－0003631　善/3650

西堂集鈔不分卷　(清)尤侗撰　清抄本
一冊

220000－0801－0003632　善/3651

雲溪詩草不分卷　(清)賈澤洛著　清乾隆五
十一年(1786)刻本　一冊

220000－0801－0003633　善/3652

碩園詩稿三十卷　(清)王昊撰　清乾隆十二
年(1747)刻本　四冊

220000－0801－0003634　善/3653

張文貞公集十二卷目錄一卷　(清)張玉書著
清乾隆五十七年(1792)刻本　二十四冊

220000－0801－0003635　善/3654

水明樓詩六卷　(清)顏光猷撰　清康熙三十
七年(1698)刻本　二冊

220000－0801－0003636　善/3655

耐寒堂詩集二卷　(清)馬天選撰　清康熙三
十一年(1692)刻本　一冊

220000－0801－0003637　善/3656

丁辛老屋集二十卷　(清)王又曾著　清乾隆
四十一年(1776)刻本　四冊

220000－0801－0003638　善/3657

硯堂四六二卷　(清)方學成撰　清乾隆刻本
二冊

220000－0801－0003639　善/3658

善卷堂四六十卷　(清)陸繁弨撰　清乾隆三
十五年(1770)刻本　五冊

220000－0801－0003640　善/3659

善卷堂四六十卷　(清)陸繁弨撰　清乾隆三
十五年(1770)刻本　四冊

220000－0801－0003641　善/3660

栖雲閣詩十六卷拾遺三卷　(清)高珩著　清
乾隆五十六年(1791)刻本　二冊

220000－0801－0003642　善/3661

栖雲閣詩十六卷拾遺三卷　(清)高珩著　清
乾隆五十六年(1791)刻本　四冊　缺三卷
(拾遺三卷)

220000－0801－0003643　善/3662

秀野山房初集詩草一卷雜著一卷　(清)張世
煒撰　清康熙刻本　二冊

220000－0801－0003644　善/3663

南華山人雙清閣詩鈔賜詩廎和集六卷首一卷
南華詩鈔十六卷　(清)張鵬翀撰　清乾隆十
年(1745)刻本　六冊

159

220000 – 0801 – 0003645　善/3664

奚囊寸錦三卷附詩詞鈔一卷　（清）張潮撰

清乾隆二十九年(1764)刻本　四冊

220000 – 0801 – 0003646　善/3665

奚囊寸錦三卷附詩詞鈔一卷　（清）張潮撰

清乾隆二十九年(1764)刻本　二冊　缺一卷
（詩詞鈔一卷）

220000 – 0801 – 0003647　善/3666

香樹齋文集二十八卷文集續鈔五卷詩集十八
卷詩續集三十六卷　（清）錢陳群撰　清乾隆
二十九年(1764)刻本　二十四冊

220000 – 0801 – 0003648　善/3667

香樹齋詩續集十四集　（清）錢陳群撰　清乾
隆六十年(1795)刻本　四冊

220000 – 0801 – 0003649　善/3668

看雲草堂集八卷　（清）尤侗撰　清康熙二十
三年(1684)刻本　一冊

220000 – 0801 – 0003650　善/3669

采山堂詩八卷　（清）周篔撰　清刻本　二冊

220000 – 0801 – 0003651　善/3670

集虛齋學古文十二卷附離騷經解略一卷
（清）方楘如撰　清乾隆十九年(1754)刻本
五冊

220000 – 0801 – 0003652　善/3671

紅豆村人詩稿十四卷　（清）袁樹撰　清乾隆
二十七年(1762)刻本　三冊

220000 – 0801 – 0003653　善/3672

御製詩初集四十四卷目錄四卷　（清）高宗弘
曆撰　清乾隆十四年(1749)刻本　八冊

220000 – 0801 – 0003654　善/3673

樂遊聯唱集二卷　（清）畢沅撰　清乾隆四十
七年(1782)刻本　一冊

220000 – 0801 – 0003655　善/3674

樂善堂全集定本三十卷首一卷　（清）高宗弘
曆撰　清乾隆二十四年(1759)刻本　八冊

220000 – 0801 – 0003656　善/3675

種墨亭尺牘二卷補遺一卷　（清）陳衍虞撰

清康熙二十四年(1685)刻本　二冊

220000 – 0801 – 0003657　善/3676

嶺南集八卷　（清）杭世駿撰　清乾隆刻本
四冊

220000 – 0801 – 0003658　善/3677

傅徵君霜紅龕詩鈔　（清）傅山撰　清乾隆三
十二年(1767)刻本　二冊

220000 – 0801 – 0003659　善/3678

勉廬詩鈔四卷試草一卷　（清）周孝學撰　清
康熙五十七年(1718)刻本　一冊

220000 – 0801 – 0003660　善/3679

德芬堂詩鈔六卷　（清）邱岡撰　清乾隆四十
四年(1779)刻本　二冊

220000 – 0801 – 0003661　善/3680

健松齋集不分卷續集十卷　（清）方象瑛著
清康熙十四年(1675)刻本　三冊

220000 – 0801 – 0003662　善/3681

朱文端公文集四卷　（清）朱軾著　清乾隆二
年(1737)刻本　四冊

220000 – 0801 – 0003663　善/3682

積翠軒詩集二卷　（清）高述明著　清乾隆四
年(1739)刻本　二冊

220000 – 0801 – 0003664　善/3683

白茅堂全集四十六卷附耳提錄八卷　（清）顧
景星撰　清乾隆五十四年(1789)刻本　二十
一冊

220000 – 0801 – 0003665　善/3684

白茅堂全集四十六卷附耳提錄八卷　（清）顧
景星撰　清乾隆五十四年(1789)刻本　二
十冊

220000 – 0801 – 0003666　善/3685

白華前稿六十卷後集四十卷附年譜　（清）吳
省欽撰　清乾隆四十八年至嘉慶十五年
(1783－1810)刻本　十六冊

220000 – 0801 – 0003667　善/3686

白華前稿六十卷後集四十卷附年譜　（清）吳
省欽撰　清乾隆、嘉慶刻本　六冊

220000－0801－0003668　善/3687

白田草堂存稿二十四卷末一卷　（清）王懋竑撰　清乾隆二十七年(1762)刻本　六冊

220000－0801－0003669　善/3688

白田草堂存稿二十四卷末一卷　（清）王懋竑撰　清乾隆二十七年(1762)刻本　六冊

220000－0801－0003670　善/3689

白田草堂存稿二十四卷末一卷　（清）王懋竑撰　清乾隆二十七年(1762)刻本　六冊

220000－0801－0003671　善/3690

吳徵君蓮洋詩鈔四卷　（清）吳雯撰　清乾隆三十二年(1767)刻本　四冊

220000－0801－0003672　善/3691

吳詩集覽二十卷談藪二卷　（清）吳偉業撰　清乾隆四十六年(1781)凌雪亭刻本　二十四冊

220000－0801－0003673　善/3692

御製文初集三十卷　（清）高宗弘曆撰　清乾隆二十八年(1763)刻本　八冊

220000－0801－0003674　善/3693

范忠貞公集五卷　（清）范承謨撰　清康熙二十年(1681)刻本　四冊

220000－0801－0003675　善/3694

御製文初集三十卷目錄二卷　（清）高宗弘曆撰　清乾隆二十八年(1763)武英殿刻本　六冊

220000－0801－0003676　善/3695

歸愚詩鈔二十卷矢音集四卷　（清）沈德潛撰　清乾隆十六年(1751)刻本　五冊

220000－0801－0003677　善/3696

歸愚詩鈔二十卷矢音集四卷　（清）沈德潛撰　清乾隆十六年(1751)刻本　四冊　缺一卷(矢音集四)

220000－0801－0003678　善/3697

御製文二集四十四卷　（清）高宗弘曆撰　清乾隆五十一年(1786)刻本　十二冊

220000－0801－0003679　善/3698

御製文二集四十四卷　（清）高宗弘曆撰　清乾隆五十一年(1786)刻本　十二冊

220000－0801－0003680　善/3699

御製文二集四十四卷目錄二卷　（清）高宗弘曆撰　清乾隆五十一年(1786)刻本　八冊

220000－0801－0003681　善/3700

御製避暑山莊詩二卷　（清）聖祖玄燁撰　清康熙五十年(1711)內府刻本　二冊

220000－0801－0003682　善/3701

御製避暑山莊詩二卷　（清）聖祖玄燁撰　清康熙五十年(1711)內府刻本　二冊

220000－0801－0003683　善/3702

御製避暑山莊詩二卷　（清）聖祖玄燁撰　清康熙五十年(1711)內府刻本　二冊

220000－0801－0003684　善/3703

響泉集十六卷續集二卷　（清）顧光旭著　清乾隆五十年(1785)刻本　八冊

220000－0801－0003685　善/3704

響泉集十六卷續集二卷　（清）顧光旭著　清乾隆五十年(1785)刻本　四冊　缺二卷(續集二卷)

220000－0801－0003686　善/3705

響泉集二十八卷　（清）顧光旭著　清乾隆四十一年(1776)刻本　六冊

220000－0801－0003687　善/3706

句餘土音三卷　（清）全祖望撰　清乾隆七年(1742)刻本　一冊

220000－0801－0003688　善/3707

紀遊草一卷唐律偶存一卷倡和集一卷軟紅小唱一卷剗餘草一卷　（清）杜群玉撰　清乾隆三十四年(1769)刻本　一冊

220000－0801－0003689　善/3708

綠筠軒詩草一卷　（清）梅芬撰　清乾隆十七年(1752)刻本　一冊

220000－0801－0003709　善/3709

娵隅集十卷　（清）趙文哲撰　清乾隆五十四年(1789)刻本　六冊

220000－0801－0003691　善/3710

儀鄭堂遺稿一卷　（清）孔廣森撰　清乾隆五十二年(1787)刻本　一冊

220000－0801－0003692　善/3711

復亭詩刪四卷　（清）吳翹撰　清乾隆二十六年(1761)刻本　二冊

220000－0801－0003693　善/3712

秋錦山房外集尺牘三卷　（清）李良年撰　清康熙刻本　一冊

220000－0801－0003694　善/3713

秋水集十六卷　（清）馮如京撰　清乾隆五年(1740)清暉堂刻本　五冊

220000－0801－0003695　善/3714

秋錦山房集十卷　（清）李良年撰　清康熙三十五年(1696)刻本　十冊

220000－0801－0003696　善/3715

秋錦山房集十卷　（清）李良年撰　清康熙三十五年(1696)刻本　六冊

220000－0801－0003697　善/3716

秋錦山房集十卷　（清）李良年撰　清康熙三十五年(1696)刻本　二冊

220000－0801－0003698　善/3717

我法集二卷　（清）紀昀撰　清乾隆六十年(1795)刻本　二冊

220000－0801－0003699　善/3719

寒村詩文選四種八卷　（清）鄭梁撰　清康熙刻本　四冊

220000－0801－0003700　善/3720

安序堂文鈔三十卷　（清）毛際可撰　清康熙二十七年(1688)刻本　四冊

220000－0801－0003701　善/3721

容安齋詩集八卷　（清）汪應銓撰　清乾隆刻本　二冊

220000－0801－0003702　善/3722

容安齋詩集八卷　（清）汪應銓撰　清乾隆刻民國補刻本　二冊

220000－0801－0003703　善/3723

安序堂文鈔二十卷　（清）毛際可撰　清康熙二十八年(1689)刻本　六冊

220000－0801－0003704　善/3724

安雅堂文集二卷書啓一卷重刻文集二卷祭臯陶一卷二鄉亭詞三卷　（清）宋琬著　清康熙三十八年(1699)刻本　五冊

220000－0801－0003705　善/3725

安雅堂文集二卷書啓一卷重刻文集二卷祭臯陶一卷二鄉亭詞三卷　（清）宋琬著　清康熙三十八年(1699)刻本　四冊　存四卷(安雅堂文集二卷、重刻文集二卷)

220000－0801－0003706　善/3726

容齋千首詩不分卷　（清）李天馥撰　清康熙三十六年(1697)刻本　四冊

220000－0801－0003707　善/3727

迂齋學古編四卷　（清）法坤宏撰　清乾隆三十九年(1774)海上廬刻本　四冊

220000－0801－0003708　善/3728

潛庵先生遺稿五卷詩餘一卷志得會約一卷疏薰一卷　（清）湯斌撰　清康熙二十九年(1690)刻本　五冊

220000－0801－0003709　善/3729

湖海樓全集五十卷補遺一卷　（清）陳維崧撰　清乾隆六十年(1795)刻本　十六冊

220000－0801－0003710　善/3730

湖海樓全集五十卷補遺一卷　（清）陳維崧撰　清乾隆六十年(1795)刻本　八冊

220000－0801－0003711　善/3731

述本堂詩集十八卷續五卷又續一卷　（清）方登嶧　（清）方觀承輯　清嘉慶十四年(1809)刻本　十冊

220000－0801－0003712　善/3732

綠蘿山莊文集二十四卷　（清）胡浚撰　清乾隆二十七年(1762)刻本　十冊

220000－0801－0003713　善/3733

述庵詩鈔十二卷　（清）王昶著　清乾隆五十

五年(1790)刻本　二册

220000－0801－0003714　善/3734

述庵詩鈔十二卷　（清）王昶著　清乾隆五十
五年(1790)刻本　六册

220000－0801－0003715　善/3735

沈歸愚全集歸愚詩鈔二十卷　（清）沈德潛撰
清乾隆二十四年(1759)刻本　十六册

220000－0801－0003716　善/3736

沈歸愚全集歸愚詩鈔二十卷　（清）沈德潛撰
清乾隆二十四年(1759)刻本　二十册

220000－0801－0003717　善/3737

湛園未定稿不分卷　（清）姜宸英撰　清康熙
二十年(1681)刻本　二册

220000－0801－0003718　善/3738

湛園未定稿不分卷　（清）姜宸英撰　清康熙
二十年(1681)刻本　八册

220000－0801－0003719　善/3739

湛園未定稿不分卷　（清）姜宸英撰　清康熙
二十年(1681)刻本　二册

220000－0801－0003720　善/3740

蓮洋集二十卷附譜一卷　（清）吳雯撰　清乾
隆三十九年(1774)刻本　八册

220000－0801－0003721　善/3741

蓮洋集二十卷附譜一卷　（清）吳雯撰　清乾
隆三十九年(1774)刻本　八册

220000－0801－0003722　善/3742

太虛齋存稿三卷　（清）蔡廷弼撰　清乾隆五
十七年(1792)刻本　二册

220000－0801－0003723　善/3743

湯潛庵先生文集節要八卷　（清）湯斌撰　清
康熙三十七年(1698)刻本　一册

220000－0801－0003724　善/3744

池北偶談二十六卷　（清）王士禛著　清康熙
三十九年(1700)刻本　十二册

220000－0801－0003725　善/3745

漁洋書籍跋尾二卷　（清）王士禛著　說鈴一

卷　（清）汪琬著　清乾隆十三年(1748)刻本
一册

220000－0801－0003726　善/3746

澹寧齋集十卷　（清）楊際昌撰　清乾隆十六
年(1751)刻本　一册

220000－0801－0003727　善/3747

逸德軒文集三卷　（清）田蘭芳著　清康熙二
十六年(1687)刻本　一册

220000－0801－0003728　善/3748

池北偶談二十六卷　（清）王士禛著　清康熙
四十年(1701)刻本　八册

220000－0801－0003729　善/3749

葛莊詩鈔不分卷　（清）劉廷璣撰　清康熙刻
本　四册

220000－0801－0003730　善/3750

漁洋山人精華錄一卷　（清）王士禛著　清康
熙三十九年(1700)刻本　四册

220000－0801－0003731　善/3751

漁洋山人精華錄一卷　（清）王士禛著　清康
熙三十九年(1700)刻本　四册

220000－0801－0003732　善/3752

漁洋山人文略十四卷　（清）王士禛著　清乾
隆三十四年(1769)刻本　八册

220000－0801－0003733　善/3753

漁洋山人詩集續集十六卷　（清）王士禛著
清康熙二十三年(1684)刻本　二册

220000－0801－0003734　善/3754

漁洋山人精華錄箋註十二卷補註一卷年譜一
卷　（清）王士禛著　清乾隆刻本　六册

220000－0801－0003735　善/3755

直廬集不分卷　（清）喬萊撰　清康熙刻本
一册

220000－0801－0003736　善/3756

海愚詩鈔十二卷　（清）朱孝純撰　清乾隆五
十九年(1794)刻本　二册

220000－0801－0003737　善/3757

163

海門詩鈔八卷外集四卷 （清）鮑皋撰 清乾隆刻本 四冊

220000－0801－0003738 善/3758

湖海樓詩集八卷 （清）陳維崧撰 清康熙二十八年（1689）忠立堂刻本 四冊

220000－0801－0003739 善/3759

道古堂詩集二十六卷 （清）杭世駿撰 清乾隆三十二年（1767）刻本 六冊

220000－0801－0003740 善/3760

堯峯文鈔四十卷古體詩今體詩十卷 （清）汪琬撰 清康熙三十三年（1694）刻本 十二冊

220000－0801－0003741 善/3761

堯峯文鈔四十卷古體詩今體詩十卷 （清）汪琬撰 清康熙三十三年（1694）刻本 四冊 存四十卷（堯峯文鈔四十卷）

220000－0801－0003742 善/3762

堯峯文鈔四十卷古體詩今體詩十卷 （清）汪琬撰 清康熙三十三年（1694）刻本 八冊

220000－0801－0003743 善/3763

堯峯文鈔四十卷古體詩今體詩十卷 （清）汪琬撰 清康熙三十三年（1694）刻本 五冊

220000－0801－0003744 善/3764

南坪詩鈔四卷 （清）張學舉撰 清乾隆五十八年（1793）刻本 二冊

220000－0801－0003745 善/3765

南華山房詩鈔進呈詩稿不分卷南華詩鈔十五卷首一卷 （清）張鵬翀撰 清乾隆刻本 六冊

220000－0801－0003746 善/3766

南華山房詩鈔御試卷一卷進呈卷一卷賡韻集一卷南華詩鈔十六卷 （清）張鵬翀撰 清乾隆刻本 五冊

220000－0801－0003747 善/3767

夢樓詩集二十四卷 （清）王文治著 清乾隆六十年（1795）刻本 六冊

220000－0801－0003748 善/3768

夢樓詩集二十四卷 （清）王文治著 清乾隆六十年（1795）刻本 六冊

220000－0801－0003749 善/3769

楊氏全書三十六卷 （清）楊名時撰 清乾隆五十九年（1794）刻本 八冊

220000－0801－0003750 善/3770

存硯樓文集十六卷二編二卷存硯樓二集二十五卷 （清）儲大文撰 清乾隆十九年（1754）刻本 十八冊

220000－0801－0003751 善/3771

真志堂詩集五卷 （清）仝軌撰 清乾隆十一年（1746）刻本 一冊

220000－0801－0003752 善/3772

真志堂詩集五卷 （清）仝軌撰 清乾隆十一年（1746）刻本 二冊

220000－0801－0003753 善/3773

蒿庵集三卷 （清）張爾岐撰 清乾隆五十二年（1787）刻本 一冊

220000－0801－0003754 善/3774

蘭韻堂詩集十二卷御覽集六卷文集五卷經進文稿二卷 （清）沈初著 清乾隆五十九年（1794）刻本 七冊

220000－0801－0003755 善/3775

蘭韻堂詩集十二卷御覽集六卷文集五卷經進文稿二卷 （清）沈初著 清乾隆五十九年（1794）刻本 三冊 存十二卷（蘭韻堂詩集十二卷）

220000－0801－0003756 善/3776

荷塘詩集十六卷 （清）張五典撰 清乾隆五十四年（1789）刻本 四冊

220000－0801－0003757 善/3777

吳詩集覽二十卷談藪二卷 （清）吳偉業撰 清乾隆四十年（1775）刻本 十五冊

220000－0801－0003758 善/3778

吳詩集覽二十卷談藪二卷 （清）吳偉業撰 清乾隆四十年（1775）刻本 十二冊

220000－0801－0003759 善/3779

蘆南集不分卷 （清）鄒頤賢撰 清乾隆四十

一年(1776)刻本　一冊

220000－0801－0003760　善/3780
考功集選四卷　(清)王士祿著　清雍正刻本
　一冊

220000－0801－0003761　善/3781
樊榭山房文集八卷　(清)厲鶚撰　清乾隆四
十三年(1778)刻本　四冊

220000－0801－0003762　善/3782
樊榭山房文集八卷　(清)厲鶚撰　清乾隆四
十三年(1778)刻本　二冊

220000－0801－0003763　善/3783
樊榭山房文集八卷　(清)厲鶚撰　清乾隆四
十三年(1778)刻本　二冊

220000－0801－0003764　善/3784
樊榭山房集十卷續集十卷文集八卷　(清)厲
鶚撰　清乾隆刻本　六冊

220000－0801－0003765　善/3785
樊榭山房集十卷續集十卷文集八卷　(清)厲
鶚撰　清乾隆刻本　二冊　存十卷(樊榭山
房集十卷)

220000－0801－0003766　善/3786
華海堂詩八卷　(清)張熙純著　清乾隆三十
七年(1772)刻本　二冊

220000－0801－0003767　善/3787
舊雨草堂詩八卷詩餘一卷　(清)董元度著
清乾隆四十三年(1778)刻本　二冊

220000－0801－0003768　善/3788
舊雨草堂詩八卷詩餘一卷　(清)董元度著
清乾隆四十三年(1778)刻本　一冊　存四卷
(舊雨草堂詩一至四)

220000－0801－0003769　善/3789
黃湄詩選十卷　(清)王又旦撰　清康熙二十
年(1681)刻本　二冊

220000－0801－0003770　善/3790
茶山詩鈔十一卷　(清)錢維城撰　清乾隆四
十一年(1776)刻本　四冊

220000－0801－0003771　善/3791
葉忠節公遺稿十二卷　(清)葉映榴撰　清乾
隆十年(1745)刻宣統元年(1909)印本　四冊

220000－0801－0003772　善/3792
牧齋有學集補遺　(清)錢謙益撰　清末抄本
　一冊

220000－0801－0003773　善/3793
林蕙堂文集十二卷續集六卷亭皋詩鈔四卷藝
香詞鈔四卷　(清)吳綺著　清乾隆四十一年
(1776)刻本　十二冊

220000－0801－0003774　善/3794
林蕙堂文集十二卷續集六卷亭皋詩鈔四卷藝
香詞鈔四卷　(清)吳綺著　清乾隆四十一年
(1776)刻本　十二冊

220000－0801－0003775　善/3795
林蕙堂文集十二卷續集六卷亭皋詩鈔四卷藝
香詞鈔四卷　(清)吳綺著　清乾隆四十一年
(1776)刻本　十二冊

220000－0801－0003776　善/3796
范忠貞公文集五卷　(清)范承謨撰　清康熙
四十七年(1708)刻本　四冊

220000－0801－0003777　善/3797
范忠貞公文集十二卷　(清)范承謨撰　清康
熙四十一年(1702)刻本　六冊

220000－0801－0003778　善/3798
柳南詩鈔十卷　(清)王應奎撰　清乾隆刻本
　二冊

220000－0801－0003779　善/3799
松花庵全集七種九卷　(清)吳鎮撰　清乾隆
五十六年(1791)刻本　六冊

220000－0801－0003780　善/3800
松花庵全集十卷　(清)吳鎮撰　清乾隆四十
二年(1777)刻本　十冊

220000－0801－0003781　善/3801
松厓詩錄二卷　(清)吳鎮撰　清乾隆五十七
年(1792)刻本　二冊

220000－0801－0003782　善/3802

車村遺稿二卷　（清）鄞嵩壽撰　清乾隆三十三年(1768)刻本　一冊

220000－0801－0003783　善/3803

青嶁遺稿二卷　（清）盛錦撰　清乾隆二十六年(1761)刻本　一冊

220000－0801－0003784　善/3804

青嶁遺稿二卷　（清）盛錦撰　清乾隆二十六年(1761)刻本　一冊

220000－0801－0003785　善/3805

三魚堂文集十二卷外集六卷附錄一卷　（清）陸隴其撰　清康熙四十年(1701)刻本　八冊

220000－0801－0003786　善/3806

三魚堂文集十二卷外集六卷附錄一卷　（清）陸隴其撰　清康熙四十年(1701)刻本　八冊

220000－0801－0003787　善/3807

畏壘山人詩集四卷　（清）徐昂發撰　清康熙刻本　一冊

220000－0801－0003788　善/3808

牧齋初學集詩注二十卷有學集詩注十四卷（清）錢謙益撰　（清）錢曾注　清乾隆刻本　八冊

220000－0801－0003789　善/3809

牧齋初學集詩註二十卷有學集詩註十四卷（清）錢謙益撰　清乾隆刻本　三冊　缺二十卷(牧齋初學集詩註二十卷)

220000－0801－0003790　善/3810

四憶堂詩集六卷遺稿一卷　（清）侯方域撰清康熙刻本　二冊

220000－0801－0003791　善/3811

四憶堂詩集六卷遺稿一卷　（清）侯方域撰清康熙刻本　一冊　存三卷(四憶堂詩集一至二、遺稿一卷)

220000－0801－0003792　善/3812

青門簏藁十六卷旅藁六卷賸藁八卷　（清）邵長蘅纂　清康熙三十二年(1693)刻本　八冊

220000－0801－0003793　善/3813

四馬齋文集八卷詩集六卷　（清）曹一士撰

清乾隆十五年(1750)刻本　八冊

220000－0801－0003794　善/3814

固哉草亭詩集四卷附一卷文集一卷補遺一卷　（清）高斌撰　清乾隆二十七年(1762)刻本四冊

220000－0801－0003795　善/3815

黑蝶齋詩鈔四卷　（清）沈岸登撰　清康熙六十一年(1722)刻本　一冊

220000－0801－0003796　善/3816

戢思堂詩鈔二卷　（清）李宏撰　清乾隆五十七年(1792)刻本　二冊

220000－0801－0003797　善/3817

嘯軒詩集六卷　（清）賈朝琮撰　清乾隆四十三年(1778)刻本　二冊

220000－0801－0003798　善/3818

曝書亭詩錄箋注十二卷　（清）江浩然撰　清乾隆三十年(1765)刻本　六冊

220000－0801－0003799　善/3819

思綺堂文集十卷　（清）章藻功撰注　清康熙六十一年(1722)刻本　十六冊

220000－0801－0003800　善/3820

思綺堂文集十卷　（清）章藻功撰註　清康熙六十一年(1722)刻本　十冊

220000－0801－0003801　善/3821

思綺堂文集十卷　（清）章藻功撰註　清康熙六十一年(1722)刻本　十冊

220000－0801－0003802　善/3822

曝書亭集八十卷附錄一卷笛漁小稿十卷（清）朱彝尊撰　清乾隆刻本　三十六冊

220000－0801－0003803　善/3823

曝書亭集八十卷附錄一卷笛漁小稿十卷（清）朱彝尊撰　清刻本　十六冊

220000－0801－0003804　善/3824

曝書亭詩錄箋注十二卷　（清）江浩然撰　清乾隆二十四年(1759)刻本　六冊

220000－0801－0003805　善/3825

曝書亭集八十卷附錄一卷 （清）朱彝尊撰
清康熙五十三年(1714)刻本 十二冊

220000－0801－0003806 善/3826
明史雜詠四卷海珊詩鈔十一卷補遺二卷
（清）嚴遂成著 清乾隆十九年(1754)刻本
四冊

220000－0801－0003807 善/3827
辟疆園遺集五卷 （清）顧敏恒撰 清乾隆六
十年(1795)刻本 四冊

220000－0801－0003808 善/3828
五言排律鳴盛集八卷 （清）張九鉞撰 清乾
隆四十五年(1780)刻本 三冊

220000－0801－0003809 善/3829
紫竹山房詩文集文集二十卷詩集十二卷
（清）陳兆崙撰 清乾隆刻本 十二冊

220000－0801－0003810 善/3830
紫竹山房詩文集文集二十卷詩集十二卷
（清）陳兆崙撰 清乾隆刻本 六冊

220000－0801－0003811 善/3831
紫竹山房詩文集文集二十卷詩集十二卷
（清）陳兆崙撰 清乾隆刻本 十二冊

220000－0801－0003812 善/3832
陋軒詩六卷 （清）吳嘉紀著 清抄本 六冊

220000－0801－0003813 善/3833
願學集詩鈔不分卷 （清）宋顧樂撰 清乾隆
十四年(1749)刻本 二冊

220000－0801－0003814 善/3834
歷山遺稿不分卷 （清）劉天立撰 清乾隆四
十年(1775)刻本 一冊

220000－0801－0003815 善/3835
甌北全集七種一百七十二卷 （清）趙翼撰
清乾隆、嘉慶刻本 五十六冊

220000－0801－0003816 善/3836
陳司業先生集經咫一卷掌錄二卷文集四卷詩
集四卷 （清）陳祖范撰 清乾隆二十九年
(1764)刻本 六冊

220000－0801－0003817 善/3837
閒亭詩稿四卷 （清）鮑淇撰 清乾隆二十五
年(1760)刻本 二冊

220000－0801－0003818 善/3838
學齋詩集四卷 （清）喬崇烈撰 清康熙刻本
二冊

220000－0801－0003819 善/3839
臨野堂文集十卷臨野堂詩集十三卷詩餘二卷
尺牘四卷 （清）鈕琇撰 清康熙三十八年
(1699)刻本 五冊

220000－0801－0003820 善/3840
居易錄三十四卷 （清）王士禛撰 清康熙四
十年(1701)刻本 十冊

220000－0801－0003821 善/3841
銅鼓書堂遺稿三十二卷 （清）查禮撰 清乾
隆五十七年(1792)刻本 四冊

220000－0801－0003822 善/3842
銅鼓書堂遺稿三十二卷 （清）查禮撰 清乾
隆五十七年(1792)刻本 四冊

220000－0801－0003823 善/3843
銅鼓書堂遺稿三十二卷 （清）查禮撰 清乾
隆五十七年(1792)刻本 四冊

220000－0801－0003824 善/3844
兼濟堂文集選二十卷 （清）魏裔介撰 清順
治刻本 二十冊

220000－0801－0003825 善/3845
己畦詩集十卷附殘餘一卷 （清）葉燮撰 清
康熙二十五年(1686)刻本 五冊

220000－0801－0003826 善/3846
御製全韻詩四卷 （清）高宗弘曆撰 清乾隆
內府刻本 五冊

220000－0801－0003827 善/3847
午亭文編五十卷 （清）林佶輯 清乾隆四十
二年(1777)刻本 十六冊

220000－0801－0003828 善/3848
午亭文編五十卷 （清）陳廷敬撰 清乾隆四
十三年(1778)刻本 十六冊

220000－0801－0003829　善/3849
隨輦集十卷續集一卷　（清）高士奇撰　清康
熙刻本　二冊

220000－0801－0003830　善/3850
陳文恭公手札節要三卷　（清）陳宏謀撰　清
乾隆刻本　一冊

220000－0801－0003831　善/3851
矢音集三卷　（清）沈德潛撰　清乾隆十六年
（1751）刻本　二冊

220000－0801－0003832　善/3852
秋笳集八卷　（清）吳兆騫撰　清雍正四年
（1726）刻本　四冊

220000－0801－0003833　善/3853
牧齋詩鈔三卷　（清）錢謙益撰　清康熙刻本
一冊

220000－0801－0003834　善/3854
小倉山房詩集三十五卷補遺二卷　（清）袁枚
撰　清乾隆刻本　十二冊

220000－0801－0003835　善/3855
小桐廬詩草十卷　（清）袁景輅撰　清乾隆三
十二年（1767）刻本　四冊

220000－0801－0003836　善/3856
宋氏綿津詩鈔八卷　（清）宋犖著　清初刻本
四冊

220000－0801－0003837　善/3857
塗鴉集書問二卷雜錄一卷啓部一卷　（清）釋
圓捷撰　清順治十八年（1661）刻本　三冊

220000－0801－0003838　善/3858
託素齋詩集四卷　（清）黎士弘著　清雍正刻
本　二冊

220000－0801－0003839　善/3859
尺牘蒙詁四卷　（清）秦嘉銓撰　清乾隆二十
五年（1760）刻本　二冊

220000－0801－0003840　善/3860
飴山詩集二十卷聲調譜三卷談龍錄一卷
（清）趙執信撰　清乾隆十七年（1752）刻本
十二冊

220000－0801－0003841　善/3861
飴山詩集二十卷聲調譜三卷談龍錄一卷
（清）趙執信撰　清乾隆十七年（1752）刻本
六冊

220000－0801－0003842　善/3862
飴山詩集二十卷聲調譜三卷談龍錄一卷
（清）趙執信撰　清乾隆十七年（1752）刻本
六冊

220000－0801－0003843　善/3863
膽餘軒集不分卷　（清）孫光祀著　清康熙三
十五年（1696）刻本　八冊

220000－0801－0003844　善/3864
鄭寒村詩文選十二種十九卷　（清）鄭梁撰
清康熙刻本　四冊

220000－0801－0003845　善/3865
飲石軒詩四卷　（清）戴綸撰　清乾隆五年
（1740）刻本　一冊

220000－0801－0003846　善/3866
餘園詩鈔六卷　（清）繆沅著　清乾隆十年
（1745）刻本　四冊

220000－0801－0003847　善/3867
竹葉庵文集三十三卷　（清）張塤撰　清乾隆
五十一年（1786）刻本　四冊

220000－0801－0003848　善/3868
笠翁一家言全集十六卷　（清）李漁著　清雍
正八年（1730）刻本　十六冊

220000－0801－0003849　善/3869
笠翁一家言全集文集四卷詩集三卷餘集一卷
別集二卷偶集六卷　（清）李漁著　清雍正八
年（1730）芥子園刻本　十六冊

220000－0801－0003850　善/3870
笠翁一家言全集文集四卷詩集三卷餘集一卷
別集二卷偶集六卷　（清）李漁著　清雍正八
年（1730）芥子園刻本　十六冊

220000－0801－0003851　善/3871
憺園文集三十六卷　（清）徐乾學撰　清康熙
三十六年（1697）刻本　十冊

220000－0801－0003852　善/3872

半舫齋古文八卷　（清）夏之蓉著　清乾隆三十六年(1771)刻本　四冊

220000－0801－0003853　善/3873

懷清堂集二十卷　（清）湯右曾撰　清乾隆十二年(1747)刻本　四冊

220000－0801－0003854　善/3874

懷清堂集二十卷　（清）湯右曾撰　清乾隆七年(1742)刻本　六冊

220000－0801－0003855　善/3875

葛莊分體詩鈔十二卷補遺一卷　（清）劉廷璣撰　清康熙六十年(1721)刻本　五冊

220000－0801－0003856　善/3876

施愚山先生全集文二十八卷詩五十卷附八卷　（清）施閏章著　清乾隆十年(1745)刻本　二十冊

220000－0801－0003857　善/3877

南廬詩集不分卷　（清）徐亮士撰　清乾隆五十九年(1794)刻本　一冊

220000－0801－0003858　善/3878

扣舷集二卷　（清）徐楠撰　清乾隆二十二年(1757)刻本　一冊

220000－0801－0003859　善/3879

抱經堂文集三十四卷　（清）盧文弨撰　清乾隆六十年(1795)刻本　十二冊

220000－0801－0003860　善/3880

蓮洋集十二卷　（清）吳雯撰　清乾隆五十五年(1790)刻本　六冊

220000－0801－0003861　善/3881

梅崖居士文集三十卷首一卷外集八卷　（清）朱仕琇撰　清乾隆四十七年(1782)刻本　十二冊

220000－0801－0003862　善/3882

投筆記二卷　（清）錢謙益撰　清乾隆十九年(1754)抄本　二冊

220000－0801－0003863　善/3883

茹古閣遺集不分卷　（清）李三才撰　清乾隆四十二年(1777)刻本　一冊

220000－0801－0003864　善/3884

紫藤花館詩存不分卷　（清）查日華撰　清末抄本　三冊

220000－0801－0003865　善/3885

解春集文鈔十二卷補遺二卷詩鈔三卷　（清）馮景撰　清乾隆五十七年(1792)刻本　九冊

220000－0801－0003866　善/3886

壯悔堂文集十卷遺稿一卷四憶堂詩集六卷遺稿一卷　（清）侯方域著　清乾隆刻本　八冊

220000－0801－0003867　善/3887

大小雅堂七言今體詩鈔　（清）承齡錄　清末藍格抄本　四冊

220000－0801－0003868　善/3888

稽山公詩稿　（清）□□撰　清抄本　一冊

220000－0801－0003869　善/3894

文心雕龍十卷　（南朝梁）劉勰撰　清乾隆三年(1738)養景堂刻本　二冊

220000－0801－0003870　善/3895

文心雕龍十卷　（南朝梁）劉勰撰　清乾隆三年(1738)養景堂刻本　二冊

220000－0801－0003871　善/3896

文心雕龍十卷　（南朝梁）劉勰撰　清乾隆三年(1738)養景堂刻本　二冊

220000－0801－0003872　善/3897

文心雕龍十卷　（南朝梁）劉勰撰　清乾隆三年(1738)養景堂刻本　二冊

220000－0801－0003873　善/3898

文心雕龍十卷　（南朝梁）劉勰撰　清乾隆三年(1738)養景堂刻本　二冊

220000－0801－0003874　善/3899

全閩詩話十二卷　（清）鄭方坤編輯　清乾隆十九年(1754)詩話軒刻本　十冊

220000－0801－0003875　善/3900

古今詩話雋二卷　（清）盧衍仁撰　清乾隆四十五年(1780)刻本　二冊

220000－0801－0003876　善/3901

古今詩話探奇二卷　（清）蔣鳴珂撰　清乾隆四十九年(1784)刻本　二冊

220000－0801－0003877　善/3902

四溟詩話四卷　（明）謝榛著　清乾隆十九年(1754)耘雅堂刻本　四冊

220000－0801－0003878　善/3903

小石帆亭著錄六卷附經解目錄一卷　（清）翁方綱撰　清乾隆五十七年(1792)刻本　四冊

220000－0801－0003879　善/3904

小石帆亭著錄六卷　（清）翁方綱撰　清乾隆五十七年(1792)刻本　一冊

220000－0801－0003880　善/3905

全唐詩話八卷　（宋）尤袤撰　清乾隆刻本　四冊

220000－0801－0003881　善/3906

杜詩偶評二卷　（清）沈德潛纂　清乾隆十二年(1747)賦閒草堂刻本　一冊

220000－0801－0003882　善/3907

雨村詩話十六卷　（清）李調元撰　清乾隆、嘉慶萬卷樓刻本　六冊

220000－0801－0003883　善/3908

而菴說唐詩九卷首一卷　（清）徐增撰　清乾隆二十四年(1759)文茂堂刻本　六冊

220000－0801－0003884　善/3909

碧溪詩話十卷　（宋）黃徹撰　清乾隆四十三年(1778)福建聚珍本　一冊

220000－0801－0003885　善/3910

碧溪詩話十卷　（宋）黃徹撰　清乾隆四十三年(1778)木活字印本　一冊

220000－0801－0003886　善/3911

歲寒堂詩話二卷　（宋）張戒撰　清乾隆福建聚珍本　一冊

220000－0801－0003887　善/3912

歲寒堂詩話二卷　（宋）張戒撰　清乾隆木活字印本　一冊

220000－0801－0003888　善/3913

歲寒堂詩話二卷　（宋）張戒撰　清乾隆木活字印本　一冊

220000－0801－0003889　善/3914

漁洋詩話三卷　（清）王士禎撰　清康熙刻本　一冊

220000－0801－0003890　善/3915

漁洋詩話三卷　（清）王士禎撰　清雍正三年(1725)蔣氏刻本　三冊

220000－0801－0003891　善/3916

漁洋詩話三卷　（清）王士禎撰　清雍正三年(1725)蔣氏刻本　二冊

220000－0801－0003892　善/3917

本朝名媛詩鈔六卷　（清）胡孝思　（清）朱珒輯　清乾隆三十一年(1766)刻本　四冊

220000－0801－0003893　善/3918

說詩樂趣類編二十卷偶咏草續集一卷　（清）伍涵芬編　清康熙四十一年(1702)華日堂刻本　七冊

220000－0801－0003894　善/3919

讀杜心解六卷首二卷　（清）浦起龍講解　清雍正三年(1725)靜寄東軒刻本　八冊

220000－0801－0003895　善/3920

讀杜心解六卷首二卷　（清）浦起龍講解　清雍正三年(1725)靜寄東軒刻本　十冊

220000－0801－0003896　善/3921

彙纂詩法度鍼三十三卷　（清）徐文弼編輯　清乾隆二十三年(1758)刻本　八冊

220000－0801－0003897　善/3922

詩倫二卷　（清）汪薇輯　清乾隆武英殿聚珍本　二冊

220000－0801－0003898　善/3923

朱飲山千金譜二十九卷三韻易知十卷　（清）楊廷茲編輯　清乾隆五十五年(1790)治恕齋刻本　二十四冊

220000－0801－0003899　善/3924

朱飲山千金譜二十九卷三韻易知十卷　（清）

楊廷茲編輯　清乾隆五十五年(1790)治恕齋刻本　十冊

220000－0801－0003900　善/3925

朱飲山三韻易知十卷　(清)楊廷茲編輯　清乾隆三十七年(1772)刻本　六冊

220000－0801－0003901　善/3926

諧聲別部六卷　(清)王士禎撰　清乾隆五十四年(1789)刻本　四冊

220000－0801－0003902　善/3927

榕城詩話不分卷　(清)杭世駿撰　清刻本一冊

220000－0801－0003903　善/3928

詞名集解續編二卷附宋樂類編一卷　(清)汪汲錄　清乾隆二十三年(1758)刻本　一冊

220000－0801－0003904　善/3929

詞學全書十七卷　(清)查培總輯　清乾隆十一年(1746)刻本　十六冊

220000－0801－0003905　善/3930

詞學全書十七卷　(清)查培總輯　清乾隆十一年(1746)刻本　八冊

220000－0801－0003906　善/3931

古今詞選十二卷　(清)沈時棟選　清康熙五十五年(1716)吳江沈氏瘦吟樓刻本　四冊

220000－0801－0003907　善/3932

詞綜三十六卷　(清)朱彝尊編　清康熙十七年(1678)裘杼樓刻本　六冊

220000－0801－0003908　善/3933

詞綜三十六卷　(清)朱彝尊編　清康熙十七年(1678)裘杼樓刻本　六冊

220000－0801－0003909　善/3934

十名家詞集　(清)侯文燦輯　清康熙二十八年(1689)刻本　四冊

220000－0801－0003910　善/3935

詞綜三十八卷明詞綜十二卷國朝詞綜四十八卷　(清)朱彝尊　(清)汪森輯　清嘉慶七年(1802)刻本　二十冊

220000－0801－0003911　善/3936

詞綜三十八卷　(清)朱彝尊　(清)汪森輯　清康熙十七年(1678)汪氏裘杼樓刻本　二十三冊

220000－0801－0003912　善/3936

明詞綜十二卷國朝詞綜四十八卷　(清)王昶輯　清嘉慶七年(1802)三泖漁莊刻本　與220000－0801－0003911 合冊

220000－0801－0003913　善/3937

飲水詞鈔二卷　(清)納蘭性德撰　筝船詞一卷　(清)劉嗣綰撰　清乾隆、嘉慶小倉山房刻本　二冊

220000－0801－0003914　善/3938

詞苑叢談十二卷　(清)徐釚撰　清康熙二十七年(1688)刻本　六冊

220000－0801－0003915　善/3939

詞苑叢談十二卷　(清)徐釚編輯　清康熙二十七年(1688)刻本　六冊

220000－0801－0003916　善/3940

晴雪雅詞四卷　(清)許昂霄選　清乾隆四十六年(1781)刻本　四冊

220000－0801－0003917　善/3941

浙西六家詞十二卷　(清)陳維崧編　清康熙寶書堂刻本　二冊

220000－0801－0003918　善/3942

浙西六家詞十二卷　(清)陳維崧編　清康熙錢塘龔氏玉玲瓏閣刻本　二冊

220000－0801－0003919　善/3943

山中白雲詞八卷　(宋)張炎撰　清乾隆寶書堂刻本　二冊

220000－0801－0003920　善/3944

尊前集二卷　(明)顧梧芳撰　清汲古閣朱印本　二冊

220000－0801－0003921　善/3945

雪莊西湖漁唱七卷　(清)許承祖著　清乾隆十一年(1746)刻本　五冊　缺一卷(一)

220000－0801－0003922　善/3946

浣雪詞鈔二卷　（清）毛際可撰　清康熙二十七年（1688）刻本　一冊

220000－0801－0003923　善/3947

玉雨詞二卷　（清）徐志鼎撰　寅谷詩鈔（清）蔣泰來撰　清乾隆五十年（1785）刻本　一冊

220000－0801－0003924　善/3948

此木軒直寄詞二卷　（清）焦袁熹著　清乾隆十七年（1752）刻本　一冊

220000－0801－0003925　善/3949

棠村詞一卷二刻一卷　（清）梁清標撰　清康熙十五年（1676）刻本　二冊

220000－0801－0003926　善/3950

松江竹枝詞一卷　（清）黃霆撰　清乾隆刻本　一冊

220000－0801－0003927　善/3951

蓼花詞一卷　（清）余光耿撰　清康熙三十二年（1693）刻本　二冊

220000－0801－0003928　善/3952

飲水詞鈔二卷　（清）納蘭性德撰　清乾隆、嘉慶刻本　一冊

220000－0801－0003929　善/3953

玲瓏簾詞不分卷　（清）吳焯撰　清雍正七年（1729）刻本　一冊

220000－0801－0003930　善/3954

墨字編一卷詞名集解續編二卷　（清）汪汲撰　清乾隆五十九年（1794）刻本　一冊

220000－0801－0003931　善/3955

迦陵詞全集三十卷　（清）陳維崧撰　清康熙二十七年（1688）陳氏忠立堂刻本　四冊

220000－0801－0003932　善/3956

詞律二十卷首一卷　（清）萬樹論次　清康熙二十六年（1687）堆絮園刻本　十二冊

220000－0801－0003933　善/3957

詞律二十卷首一卷　（清）萬樹論次　清康熙二十六年（1687）堆絮園刻本　十二冊

220000－0801－0003934　善/3958

詞律二十卷首一卷　（清）萬樹論次　清康熙二十六年（1687）堆絮園刻本　十二冊

220000－0801－0003935　善/3959

榕園詞韻　（清）吳寧編　清乾隆四十九年（1784）刻本　二冊

220000－0801－0003936　善/3960

詞名集解六卷續編二卷　（清）汪汲錄　清乾隆五十九年（1794）刻本　四冊

220000－0801－0003937　善/3961

藏園九種曲　（清）蔣士銓撰　清乾隆四十六年（1781）漁古堂刻本　十二冊

220000－0801－0003938　善/3962

藏園九種曲　（清）蔣士銓撰　清乾隆四十六年（1781）漁古堂刻本　八冊

220000－0801－0003939　善/3963

藏園九種曲　（清）蔣士銓撰　清乾隆四十六年（1781）漁古堂刻本　八冊

220000－0801－0003940　善/3964

霓裳續譜八卷　（清）王廷紹輯　清乾隆六十年（1795）集賢堂刻本　五冊

220000－0801－0003941　善/3965

此宜閣增訂金批西廂記四卷　（元）王實甫撰　清此宜閣刻朱墨套印本　四冊

220000－0801－0003942　善/3966

桃花扇傳奇二卷　（清）孔尚任編　清康熙刻本　二冊

220000－0801－0003943　善/3967

四絃秋　（清）蔣士銓填詞　清乾隆三十八年（1773）刻本　一冊

220000－0801－0003944　善/3968

桃花扇二卷　（清）孔尚任撰　清康熙二十三年（1684）鹵園刻本　四冊

220000－0801－0003945　善/3969

雷峰塔傳奇四卷　（清）方成培撰　清乾隆三十六年（1771）刻本　四冊

220000 – 0801 – 0003946　善/3970

玉燕堂四種曲　（清）張堅填詞　清乾隆張氏
玉燕堂刻本　四冊

220000 – 0801 – 0003947　善/3971

玉燕堂四種曲　（清）張堅填詞　清乾隆張氏
玉燕堂刻本　七冊

220000 – 0801 – 0003948　善/3972

玉搔頭二卷　（清）李漁編　清康熙五十七年
(1718)刻本　四冊

220000 – 0801 – 0003949　善/3973

鏡香園毛聲山評第七才子書十二卷首一卷
(元)高明撰　（清）毛宗崗譯　清乾隆金陵聚
錦堂刻本　十二冊

220000 – 0801 – 0003950　善/3974

笠翁十種曲二十卷　（清）李漁撰　清康熙六
十年(1721)刻本　十冊

220000 – 0801 – 0003951　善/3975

惺齋五種十卷續編一種二卷　（清）夏綸撰
清乾隆十八年(1753)世光堂刻本　十二冊

220000 – 0801 – 0003952　善/3976

惺齋五種十卷續編一種二卷　（清）夏綸撰
清乾隆十八年(1753)世光堂刻本　十冊　缺
一種二卷(廣寒梯傳奇二卷)

220000 – 0801 – 0003953　善/3977

紅雪樓九種曲　（清）蔣士銓撰　清乾隆四十
六年(1781)蔣氏紅雪樓刻本　十冊　缺一種
二卷(空谷香二卷)

220000 – 0801 – 0003954　善/3978

紅雪樓九種曲　（清）蔣士銓撰　清乾隆四十
六年(1781)蔣氏紅雪樓刻本　十冊　缺一種
一卷(四絃秋一卷)

220000 – 0801 – 0003955　善/3979

芝龕記六卷　（清）董榕填詞　清乾隆十六年
(1751)刻道光二年(1822)印本　八冊

220000 – 0801 – 0003956　善/3980

石榴記傳奇四卷　（清）黃振填詞　清乾隆三
十七年(1772)如皋黃氏柴灣村舍刻本　二冊

220000 – 0801 – 0003957　善/3981

石榴記傳奇四卷　（清）黃振填詞　清乾隆三
十七年(1772)如皋黃氏柴灣村舍刻本　四冊

220000 – 0801 – 0003958　善/3982

吳吳山三婦合評牡丹亭還魂記二卷　（明）湯
顯祖編　清乾隆懷德堂刻本　四冊

220000 – 0801 – 0003959　善/3983

詩文雜著　（清）施鴻撰　清稿本　二冊

220000 – 0801 – 0003960　善/3985

詩餘不分卷　清抄本　二冊

220000 – 0801 – 0003961　善/3986

二十一史彈詞注二卷　（明）楊慎纂　清乾隆
三年(1738)刻本　二冊

220000 – 0801 – 0003962　善/3987

二十一史彈詞注十一卷　（明）楊慎纂　清乾
隆五十一年(1786)刻本　八冊

220000 – 0801 – 0003963　善/3988

二十一史彈詞注十一卷　（明）楊慎撰　清乾
隆五十一年(1786)刻本　八冊

220000 – 0801 – 0003964　善/3989

新編玉鴛鴦傳六卷　清抄本　六冊

220000 – 0801 – 0003965　善/3990

玉蜻蜓　清抄本　八冊

220000 – 0801 – 0003966　善/3991

澹香軒曲譜八卷　清初抄本　八冊

220000 – 0801 – 0003967　善/3992

西青散記四卷　（清）史震林撰　清乾隆二年
(1737)三餘堂刻本　四冊

220000 – 0801 – 0003968　善/3993

舭膡續編四卷　（清）鈕琇輯　清康熙四十一
年(1702)臨野堂刻本　一冊

220000 – 0801 – 0003969　善/3994

情史類略二十四卷　（明）馮夢龍輯　清初刻
本　十一冊

220000 – 0801 – 0003970　善/3995

情史類略二十四卷　（明）馮夢龍輯　清初刻

本　八冊

220000－0801－0003971　善/3996
世說新語補二十卷　（南朝宋）劉義慶　（明）何良俊撰　（明）王世貞刪訂　（清）黃汝琳補訂　清乾隆二十七年(1762)黃氏茂清書屋刻本　十冊

220000－0801－0003972　善/3997
柳崖外編八卷　（清）徐昆撰　清乾隆五十八年(1793)貯書樓刻本　四冊

220000－0801－0003973　善/3998
堅瓠集四十集續集四卷廣集六卷補集四卷秘集六卷餘集四卷　（清）褚人穫撰　清康熙二十九年(1690)四雪草堂刻本　三十二冊

220000－0801－0003974　善/3999
隣幾雜誌一卷　（宋）江休復撰　清順治三年(1646)刻本　一冊

220000－0801－0003975　善/4000
因樹屋書影十卷　（清）周亮工撰　清雍正三年(1725)懷德堂刻本　六冊

220000－0801－0003976　善/4001
無稽讕語五卷　（清）王蘭沚撰　清乾隆六十年(1795)刻本　五冊

220000－0801－0003977　善/4002
筠廊偶筆二卷附錄一卷　（清）宋犖撰　清康熙二十三年(1684)刻本　二冊

220000－0801－0003978　善/4003
筠廊偶筆二卷附錄一卷　（清）宋犖撰　清康熙二十三年(1684)刻本　二冊

220000－0801－0003979　善/4004
山海經廣注十八卷附山海經圖五卷雜述一卷　（清）吳任臣撰　清乾隆五十一年(1786)刻本　六冊

220000－0801－0003980　善/4005
夷堅志二十卷　（宋）洪邁撰　清乾隆四十三年(1778)刻本　二十冊

220000－0801－0003981　善/4006
夷堅志二十卷　（宋）洪邁撰　清乾隆四十三

年(1778)刻本　二十冊

220000－0801－0003982　善/4007
芥子園繪像第七才子書琵琶記六卷　（元）高明撰　清雍正十三年(1735)刻本　六冊

220000－0801－0003983　善/4008
第九才子書平鬼傳四卷十回　（清）樵雲山人編　清康熙五十九年(1720)刻本　四冊

220000－0801－0003984　善/4009
第九才子書平鬼傳四卷十回　（清）樵雲山人編　清康熙五十九年(1720)刻本　二冊

220000－0801－0003985　善/4010
寄園寄所寄十二卷　（清）趙吉士撰　清康熙三十五年(1696)刻本　十冊

220000－0801－0003986　善/4011
寄園寄所寄十二卷　（清）趙吉士撰　清康熙三十五年(1696)刻本　十二冊

220000－0801－0003987　善/4012
劍俠傳四卷　（清）汪士漢校　清初刻本　二冊

220000－0801－0003988　善/4013
增補遣愁集十二卷　（清）張貴勝輯　清中期刻本　四冊

220000－0801－0003989　善/4014
增補遣愁集十二卷　（清）張貴勝輯　清雍正九年(1731)刻本　六冊

220000－0801－0003990　善/4015
增補遣愁集十二卷　（清）張貴勝輯　清雍正九年(1731)刻本　四冊

220000－0801－0003991　善/4016
增訂一夕話新集六卷　（清）咄咄夫撰　（清）嘻嘻子增訂　清乾隆四十七年(1782)刻本　四冊

220000－0801－0003992　善/4017
今古奇觀四十卷　（明）抱甕老人輯　清康熙、乾隆刻本　二十冊

220000－0801－0003993　善/4018

四大奇書第一種三國志十九卷一百二十回首一卷 （明）羅貫中撰 清刻本 二十冊

220000－0801－0003994 善/4019

雪月梅傳十卷五十回 （清）陳朗編 （清）董孟汾評 清乾隆四十年（1775）德華堂刻本 十冊

220000－0801－0003995 善/4020

雪月梅傳十卷五十回 （清）陳朗編 （清）董孟汾評 清乾隆四十年（1775）德華堂刻本 十冊

220000－0801－0003996 善/4021

雪月梅傳十卷五十回 （清）陳朗編 （清）董孟汾評 清乾隆四十年（1775）德華堂刻本 六冊 存六卷（一至六）

220000－0801－0003997 善/4022

評論出像水滸傳二十卷七十回 （元）施耐庵撰 清順治十四年（1657）刻本 二十冊

220000－0801－0003998 善/4023

評論出像水滸傳二十卷七十回 （元）施耐庵撰 清順治十四年（1657）刻本 二十冊

220000－0801－0003999 善/4024

第五才子書水滸傳七十五卷七十回 （元）施耐庵撰 清乾隆十二年（1747）刻本 二十四冊

220000－0801－0004000 善/4025

濟顛全傳二十回 （清）天花藏主人編 清刻本 八冊

220000－0801－0004001 善/4026

新鐫玉茗堂批評按鑑參補南宋志傳十卷五十回北宋志傳十卷五十回 （明）熊大木撰 清初鴻文堂刻本 十冊

220000－0801－0004002 善/4027

新刻楊家府世代忠勇演義六卷 （明）秦淮墨客編 清乾隆四十一年（1776）刻本 六冊

220000－0801－0004003 善/4028

新鐫玉茗堂批評按鑑參補楊家將傳十卷五十回南宋志傳十卷五十回 （明）熊大木撰 清

初刻本 八冊

220000－0801－0004004 善/4029

四雪草堂重訂通俗隋唐演義二十卷一百回首一卷 （清）褚人穫撰 清康熙四雪草堂刻本 三十二冊

220000－0801－0004005 善/4030

隋唐演義二十卷一百回 （清）褚人穫撰 清康熙三十四年（1695）四雪草堂刻本 二十冊

220000－0801－0004006 善/4031

唐人說薈二十卷 （清）陳世熙撰 清乾隆五十六年（1791）右文堂刻本 二十冊

220000－0801－0004007 善/4032

龍威秘書十集一百六十九種三百二十六卷 （清）馬俊良輯 清乾隆五十九年（1794）石門馬氏大酉山房刻本 八十冊

220000－0801－0004008 善/4033

龍威秘書一百六十九種三百二十六卷 （清）馬俊良輯 清乾隆五十九年（1794）石門馬氏大酉山房刻本 八十冊

220000－0801－0004009 善/4034

龍威秘書一百六十九種三百二十六卷 （清）馬俊良輯 清乾隆五十九年（1794）石門馬氏大酉山房刻本 八十冊

220000－0801－0004010 善/4035

龍威秘書一百六十九種三百二十六卷 （清）馬俊良輯 清乾隆五十九年（1794）石門馬氏大酉山房刻本 七十九冊 缺一卷（說文繫傳三十二）

220000－0801－0004011 善/4036

雅雨堂叢書十三種 （清）盧見曾輯 清乾隆二十一年（1756）德州盧氏刻本 二十八冊

220000－0801－0004012 善/4037

雅雨堂叢書十三種 （清）盧見曾輯 清乾隆二十一年（1756）德州盧氏刻本 三十二冊

220000－0801－0004013 善/4038

雅雨堂叢書十三種 （清）盧見曾輯 清乾隆二十一年（1756）德州盧氏刻本 二十八冊

220000－0801－0004014　善/4039

雅雨堂叢書十三種　（清）盧見曾輯　清乾隆二十一年(1756)德州盧氏刻本　二十三冊

220000－0801－0004015　善/4040

雅雨堂叢書十三種　（清）盧見曾輯　清乾隆二十一年(1756)德州盧氏刻本　二十八冊

220000－0801－0004016　善/4041

武英殿聚珍版書一百四十九種　清乾隆浙江刻本　一百二十四冊

220000－0801－0004017　善/4042

函海一百五十種　（清）李調元輯　清嘉慶十四年(1809)李氏萬春樓刻本　一百四十二冊

220000－0801－0004018　善/4043

經訓堂叢書二十一種　（清）畢沅輯　清乾隆四十八年(1783)刻本　三十二冊

220000－0801－0004019　善/4044

經訓堂叢書二十一種　（清）畢沅輯　清乾隆四十八年(1783)刻本　三十六冊

220000－0801－0004020　善/4045

經訓堂叢書二十一種　（清）畢沅輯　清乾隆四十八年(1783)刻本　三十一冊　缺三種二十二卷(晉書地道記一卷、太康三年地記一卷、長安志二十卷)

220000－0801－0004021　善/4046

拜經樓叢書　（清）吳騫輯　清乾隆、嘉慶海昌吳氏刻本　十六冊

220000－0801－0004022　善/4047

拜經樓叢書　（清）吳騫輯　清乾隆、嘉慶海昌吳氏刻本　二十四冊　存八種三十二卷(拜經樓詩集十二卷續編四卷、萬花漁唱一卷、拜經樓詩話四卷、西湖蘇文忠公祠從祀議一卷、南宋方爐題咏一卷、桃溪客語五卷、國山碑攷一卷、陽羨名陶錄二卷續一卷)

220000－0801－0004023　善/4048

拜經樓叢書　（清）吳騫輯　清乾隆、嘉慶海昌吳氏刻本　六冊　存四種十二卷(謝宣城詩集五卷、國山碑攷一卷、詩譜補亡後訂一卷、桃溪客語五卷)

220000－0801－0004024　善/4049

貸園叢書初集十二種　（清）周永年輯　清乾隆五十四年(1789)歷城周氏竹西書屋刻本　十六冊

220000－0801－0004025　善/4050

貸園叢書初集十二種　（清）周永年輯　清乾隆五十四年(1789)刻本　十六冊

220000－0801－0004026　善/4051

貸園叢書初集十二種　（清）周永年輯　清乾隆五十四年(1789)刻本　十六冊

220000－0801－0004027　善/4052

貸園叢書初集十二種　（清）周永年輯　清乾隆五十四年(1789)刻本　十四冊

220000－0801－0004028　善/4053

微波榭叢書十五種　（清）孔繼涵輯　清乾隆孔氏刻本　三十二冊　缺六種二十四卷(水經釋地八卷、雜體文稿七卷、同度記一卷、長行經一卷、紅櫚書屋詩集四卷、剟冰詞三卷)

220000－0801－0004029　善/4054

微波榭叢書十五種　（清）孔繼涵輯　清乾隆刻本　三十冊　缺六種二十四卷(水經釋地八卷、雜體文稿七卷、同度記一卷、長行經一卷、紅櫚書屋詩集四卷、剟冰詞三卷)

220000－0801－0004030　善/4055

微波榭叢書十五種　（清）孔繼涵輯　清乾隆刻本　二十冊　缺六種二十四卷(水經釋地八卷、雜體文稿七卷、同度記一卷、長行經一卷、紅櫚書屋詩集四卷、剟冰詞三卷)

220000－0801－0004031　善/4056

述記三十四種　（清）任兆麟輯　清乾隆五十三年(1788)映雪草堂刻本　六冊

220000－0801－0004032　善/4057

奇晉齋叢書十六種　（清）陸烜輯　清乾隆平湖陸氏刻本　六冊

220000－0801－0004033　善/4058

祕書廿一種　（清）汪士漢輯　清康熙七年

(1668)新安汪氏刻本　十冊

220000－0801－0004034　善/4059

漢魏叢書八十六種　（清）王謨輯　清乾隆五
十年(1785)金谿王氏刻本　一百一冊

220000－0801－0004035　善/4060

檀几叢書一百五十七種　（清）王晫　（清）張
潮輯　清康熙三十四年(1695)霞舉堂刻本
二十八冊

220000－0801－0004036　善/4061

檀几叢書一百五十七種　（清）王晫　（清）張
潮輯　清康熙三十四年(1695)刻本　十二冊

220000－0801－0004037　善/4062

抱經堂叢書十七種　（清）盧文弨輯　清乾隆
五十六年(1791)刻本　四十七冊

220000－0801－0004038　善/4063

雅雨堂藏書　（清）盧見曾輯　清乾隆二十一
年(1756)雅雨堂刻本　五冊

220000－0801－0004039　善/4064

文道十書四種十二卷　（清）陳景雲撰　清乾
隆十九年(1754)陳黃中樸茂齋刻本　六冊

220000－0801－0004040　善/4065

聰山集　（清）申涵光撰　清康熙二年至二十
五年(1663－1686)刻本　六冊

220000－0801－0004041　善/4066

尤太史西堂全集　（清）尤侗撰　清康熙三十
三年(1694)刻本　四十七冊

220000－0801－0004042　善/4067

尤太史西堂全集　（清）尤侗撰　清康熙三十
三年(1694)刻本　四十冊

220000－0801－0004043　善/4068

古愚老人消夏錄十七種　（清）汲汲撰　清乾
隆、嘉慶古愚山房刻本　二十四冊

220000－0801－0004044　善/4069

戴氏遺書十五種　（清）戴震撰　清乾隆微波
榭刻本　二十四冊

220000－0801－0004045　善/4070

戴氏遺書十五種　（清）戴震撰　清乾隆刻本
三十八冊

220000－0801－0004046　善/4071

戴氏遺書十五種　（清）戴震撰　清乾隆刻本
十四冊

220000－0801－0004047　善/4072

杭大宗叢書七種　（清）杭世駿撰　清乾隆杭
氏羊城刻本　三冊　缺二種五卷（續方言二
卷、榕城詩話三卷）

220000－0801－0004048　善/4073

安溪李文貞公解義三種　（清）李光地撰　清
康熙五十八年(1719)清謹軒刻本　二冊

220000－0801－0004049　善/4074

顧端文公遺書八種十一卷　（明）顧憲成撰
清康熙刻本　四冊

220000－0801－0004050　善/4075

古香堂叢書詩集六種詞集二種雜著五種
（清）王初桐撰　清乾隆、嘉慶刻本　四冊

220000－0801－0004051　善/4076

五經疑問六十卷　（明）姚舜牧撰　明萬曆四
十六年(1618)刻本　三十冊

220000－0801－0004052　善/4077

仿宋相臺五經　（宋）岳珂校　清乾隆四十八
年(1783)武英殿刻本　二十二冊

220000－0801－0004053　善/4078

十三經註疏　（□）□□撰　明末汲古閣刻本
一百七冊

220000－0801－0004054　善/4079

御纂周易折中二十二卷首一卷　（清）李光地
等撰　清康熙五十四年(1715)內府刻本
十冊

220000－0801－0004055　善/4080

周易尊翼五卷　（清）潘相撰　清乾隆四十一
年(1776)刻本　五冊

220000－0801－0004056　善/4081

周易廣義四卷　（宋）程頤著　清初刻本
四冊

220000－0801－0004057　善/4082

易經貫一二十卷首一卷　（清）金誠撰　清乾隆十七年(1752)刻本　二十二冊

220000－0801－0004058　善/4083

易緯稽覽圖二卷　（漢）鄭玄註　清乾隆三十八年(1773)刻本　一冊

220000－0801－0004059　善/4084

茹氏經學十二種二十二卷　（清）茹敦和撰　清乾隆三十九年(1774)刻本　一冊　存二種二卷(易講會籤一卷、兩孚益記一卷)

220000－0801－0004060　善/4085

周易乾鑿度二卷　（漢）鄭玄註　清乾隆二十一年(1756)德州盧見曾雅雨堂刻本　一冊

220000－0801－0004061　善/4086

周易口訣義六卷　（唐）史徵撰　清乾隆四十五年(1780)武英殿刻本　三冊

220000－0801－0004062　善/4087

御纂周易折中二十二卷首一卷　（清）李光地等纂　清康熙五十四年(1715)刻本　十二冊

220000－0801－0004063　善/4088

御纂周易折中二十二卷首一卷　（清）李光地等纂　清康熙五十四年(1715)刻本　十冊

220000－0801－0004064　善/4089

御纂周易折中二十二卷首一卷　（清）李光地等纂　清康熙五十四年(1715)刻本　十二冊

220000－0801－0004065　善/4090

尚書後案三十卷附尚書後辯一卷　（清）王鳴盛撰　清乾隆四十五年(1780)刻本　八冊

220000－0801－0004066　善/4091

尚書後案三十卷附尚書後辯一卷　（清）王鳴盛撰　清乾隆四十五年(1780)刻本　八冊

220000－0801－0004067　善/4092

欽定書經傳說匯纂二十一卷首二卷　（清）王頊齡撰　清雍正八年(1730)刻本　二十冊

220000－0801－0004068　善/4093

欽定書經傳說匯纂二十一卷首二卷　（清）王頊齡撰　清雍正八年(1730)刻本　八冊

220000－0801－0004069　善/4094

欽定書經傳說匯纂二十一卷首二卷　（清）王頊齡撰　清雍正八年(1730)刻本　十九冊

220000－0801－0004070　善/4095

禹貢錐指二十卷略例一卷　（清）胡渭撰　清康熙四十四年(1705)刻本　十二冊

220000－0801－0004071　善/4096

古文尚書攷二卷　（清）惠棟撰　清乾隆五十七年(1792)讀經樓刻本　一冊

220000－0801－0004072　善/4097

古文尚書攷二卷　（清）惠棟撰　清乾隆五十七年(1792)讀經樓刻本　一冊

220000－0801－0004073　善/4098

禹貢圖解　（清）沈大光撰　清乾隆四十四年(1779)亦盤居刻本　一冊

220000－0801－0004074　善/4099

書經體註大全合參六卷　（清）錢希祥纂輯　清雍正三年(1725)刻本　四冊

220000－0801－0004075　善/4100

詩經八卷　（宋）朱熹撰　清乾隆三十三年(1768)刻本　四冊

220000－0801－0004076　善/4101

禮記集說十卷　（元）陳澔撰　清康熙三十七年(1698)刻本　十冊

220000－0801－0004077　善/4102

四書釋地一卷四書釋地續一卷四書釋地又續一卷四書釋地三續一卷　（清）閻若璩撰　清乾隆五十二年(1787)東浯王氏刻本　四冊

220000－0801－0004078　善/4103

圖書衍五卷　（明）喬中和撰　明崇禎八年(1635)刻本　一冊

220000－0801－0004079　善/4104

儀禮註疏詳校十四卷附大學說一卷　（清）盧文弨輯　清乾隆六十年(1795)抱經堂刻本　四冊

220000－0801－0004080　善/4105

禮記二十卷　（漢）鄭玄註　清乾隆木活字印

本　十册

220000－0801－0004081　善/4106
禮記二十卷　（漢）鄭玄註　清武英殿刻本
十册

220000－0801－0004082　善/4107
天子肆獻祼饋食禮三卷　（清）任啓運撰　清
乾隆三十八年(1773)刻本　一册

220000－0801－0004083　善/4108
儀禮彙說十七卷　（清）焦以恕撰　清乾隆三
十七年(1772)刻本　四册

220000－0801－0004084　善/4109
太平經國之書十一卷　（宋）鄭伯謙撰　清抄
本　四册

220000－0801－0004085　善/4110
周官精義十二卷　（清）連斗山撰　清乾隆四
十一年(1776)啓元堂刻本　六册

220000－0801－0004086　善/4111
儀禮鄭註句讀十七卷附監本正誤一卷石經正
誤一卷　（清）張爾岐撰　清乾隆三十八年
(1773)刻本　四册

220000－0801－0004087　善/4112
儀禮識誤三卷　（宋）張淳撰　清乾隆三十九
年(1774)武英殿刻本　一册

220000－0801－0004088　善/4113
周禮輯義十二卷　（清）姜兆錫撰　清雍正九
年(1731)寅清樓刻本　一册

220000－0801－0004089　善/4114
畏齋周禮客難八卷附儀禮客難一卷　（清）龔
元玠撰　清乾隆刻本　二册

220000－0801－0004090　善/4115
儀禮鄭註句讀十七卷附監本正誤一卷石經正
誤一卷　（清）張爾岐撰　清刻本　四册

220000－0801－0004091　善/4116
五禮通考二百六十二卷首四卷　（清）秦蕙田
撰　清乾隆十八年(1753)味經窩刻本　八十
五册

220000－0801－0004092　善/4117
讀禮通考一百二十卷　（清）徐乾學撰　清康
熙三十五年(1696)刻本　十六册

220000－0801－0004093　善/4118
類林新咏三十六卷　（清）姚之駰撰　清康熙
四十六年(1707)刻本　十二册

220000－0801－0004094　善/4119
左傳事緯十二卷左傳字釋一卷　（清）馬驌撰
清初懷澄堂刻本　六册

220000－0801－0004095　善/4120
春秋公羊傳註疏二十八卷　（漢）何休註　明
崇禎七年(1634)毛氏汲古閣刻十三經注疏本
八册

220000－0801－0004096　善/4121
春秋繁露十七卷　（漢）董仲舒撰　清乾隆三
十八年(1773)武英殿刻本　二册

220000－0801－0004097　善/4122
公羊傳選穀梁傳選不分卷　（清）儲欣撰　清
初尺木堂刻本　一册

220000－0801－0004098　善/4123
春秋體註大全合粲四卷　（清）周熾撰　清康
熙五十年(1711)敦仁堂刻本　二册

220000－0801－0004099　善/4124
春秋左傳註疏六十卷　（晉）杜預註　明末汲
古閣刻本　十册　存二十九卷(一至二十九)

220000－0801－0004100　善/4125
公羊傳一卷穀梁傳一卷　（清）王源評訂　清
康熙五十五年(1716)柳衣園刻本　一册

220000－0801－0004101　善/4126
春秋傳說例一卷　（宋）劉敞撰　清乾隆四十
一年(1776)武英殿刻本　一册

220000－0801－0004102　善/4127
春秋地名攷略十四卷　（清）高士奇撰　清康
熙二十七年(1688)朗潤堂刻本　二册

220000－0801－0004103　善/4128
四書典制類聯三十三卷　（清）閻其淵著　清
乾隆五十九年(1794)刻本　八册

220000 – 0801 – 0004104　善/4129

欽定春秋傳說匯纂三十八卷首二卷　（清）王掞等撰　清康熙六十年（1721）刻本　二十四冊

220000 – 0801 – 0004105　善/4130

孟子四考四卷　（清）周廣業述　清乾隆六十年（1795）刻本　二冊

220000 – 0801 – 0004106　善/4131

四書釋地一卷　（清）閻若璩撰　清乾隆五十二年（1787）聽雨齋刻本　一冊

220000 – 0801 – 0004107　善/4132

四書襯十九卷　（清）駱培撰　清乾隆七年（1742）坦古堂刻本　三冊

220000 – 0801 – 0004108　善/4133

四書琳琅冰鑑五十四卷　（清）正誼堂輯　清乾隆三十九年（1774）刻本　十二冊

220000 – 0801 – 0004109　善/4134

集虛齋四書口義十卷　（清）方楘如撰　清乾隆五十三年（1788）刻本　八冊

220000 – 0801 – 0004110　善/4135

四書典制類聯音註三十三卷　（清）閻其淵輯　清乾隆六十年（1795）刻本　十二冊

220000 – 0801 – 0004111　善/4136

四書講義困勉錄三十七卷續錄六卷　（清）陸隴其撰　清康熙三十八年（1699）嘉會堂刻本　六冊

220000 – 0801 – 0004112　善/4137

四書講義困勉錄三十七卷續錄六卷　（清）陸隴其撰　清康熙三十八年（1699）嘉會堂刻本　十二冊

220000 – 0801 – 0004113　善/4138

四書朱子本義匯參四十七卷　（清）王步青輯　清乾隆十年（1745）敦復堂刻本　十三冊

220000 – 0801 – 0004114　善/4139

經義考三百卷目錄二卷　（清）朱彝尊編　清乾隆二十年（1755）刻本　四十八冊　缺三卷（二百八十六、二百九十九至三百）

220000 – 0801 – 0004115　善/4140

四書朱子本義匯參四十七卷　（清）王步青輯　清乾隆十年（1745）敦復堂刻本　二十四冊

220000 – 0801 – 0004116　善/4141

四書朱子本義匯參四十七卷　（清）王步青輯　清乾隆十年（1745）敦復堂刻本　二十四冊

220000 – 0801 – 0004117　善/4142

鄭志三卷　（三國魏）鄭小同撰　清乾隆四十二年（1777）武英殿刻本　一冊

220000 – 0801 – 0004118　善/4143

經義考三百卷目錄二卷　（清）朱彝尊錄　清乾隆四十二年（1777）刻本　二十四冊　存一百四十三卷（一百五十二至二百九十四）

220000 – 0801 – 0004119　善/4144

六經圖二十四卷　（清）鄭之僑輯　清乾隆九年（1744）潮陽述堂刻本　六冊

220000 – 0801 – 0004120　善/4145

五經類編二十八卷　（清）周世樟編　清雍正二年（1724）轂詒堂刻本　十二冊

220000 – 0801 – 0004121　善/4146

白虎通德論二卷　（漢）班固纂　明刻本　二冊

220000 – 0801 – 0004122　善/4147

經義考補正十二卷　（清）翁方綱撰　清乾隆五十七年（1792）刻本　四冊

220000 – 0801 – 0004123　善/4148

經義考三百卷目錄二卷　（清）盧見曾纂　清乾隆四十二年（1777）刻本　二十四冊　存一百五十三卷（一至一百五十一、目錄二卷）

220000 – 0801 – 0004124　善/4149

御製盛京賦不分卷　（清）允祿等編　清初刻本　二十八冊

220000 – 0801 – 0004125　善/4150

六書通十卷　（明）閔齊伋撰　清乾隆六十年（1795）刻本　五冊

220000 – 0801 – 0004126　善/4151

六書通十卷　（明）閔齊伋撰　清乾隆六十年

(1795)刻本　五册

220000－0801－0004127　善/4152

隸辨八卷　（清）顧藹吉撰　清乾隆刻本
八册

220000－0801－0004128　善/4153

字林考逸八卷　（清）任大椿撰　清乾隆四十
七年(1782)刻本　二册

220000－0801－0004129　善/4154

漢魏音四卷　（清）洪亮吉撰　清乾隆五十年
(1785)刻本　一册

220000－0801－0004130　善/4155

顧氏音學五書　（清）顧炎武撰　清康熙六年
(1667)符山堂刻本　十二册

220000－0801－0004131　善/4156

別雅五卷　（清）吳玉搢撰　清乾隆十年
(1745)新安程氏督經堂刻本　五册

220000－0801－0004132　善/4157

草韻彙編　（清）陶南望輯　清乾隆二十年
(1755)刻本　十册

220000－0801－0004133　善/4158

南唐書三十卷南唐近事三卷　（宋）馬令編
明刻本　四册

220000－0801－0004134　善/4159

史記評林一百三十卷　（明）凌稚隆輯校　明
萬曆刻本　十册

220000－0801－0004135　善/4160

十國春秋一百十四卷拾遺一卷備考一卷
（清）吳任臣撰　清乾隆五十八年(1793)刻本
　二十四册

220000－0801－0004136　善/4161

十國春秋一百十四卷拾遺一卷備考一卷
（清）吳任臣撰　清乾隆五十八年(1793)刻本
　二十一册　存一百二卷(二至六十一、七十
五至一百十六)

220000－0801－0004137　善/4162

金史一百三十五卷　（元）脫脫等撰　明嘉靖
八年(1529)南京國子監刻清順治、康熙遞修

本　四册　存十九卷(一至四、七十至七十
四、一百二十至一百二十三、一百三十至一百
三十五)

220000－0801－0004138　善/4163

明史稿三百十卷　（清）王鴻緒撰　清敬慎堂
刻本　八十册

220000－0801－0004139　善/4164

**資治通鑑綱目前編二十五卷正編五十九卷續
編二十七卷**　（宋）朱熹撰　明萬曆同文堂刻
本　一百十四册　缺九卷(資治通鑑綱目前
編一至五,正編二十一、四十,續編二十六至
二十七)

220000－0801－0004140　善/4165

續資治通鑑綱目二十七卷　（明）商輅等撰
明刻本　二十七册

220000－0801－0004141　善/4166

資治通鑑綱目前編二十七卷　（明）南軒等撰
　明刻本　七册

220000－0801－0004142　善/4167

**資治通鑑綱目五十九卷續資治通鑑綱目二十
七卷**　（宋）朱熹撰　清康熙四十年(1701)刻
本　四十八册　存四十九卷(資治通鑑綱目
六至十二、二十一至三十六、四十四至五十
九,續資治通鑑綱目十八至二十七)

220000－0801－0004143　善/4168

繹史一百六十卷世系圖年表一卷　（清）馬驌
撰　清康熙九年(1670)刻本　二十四册

220000－0801－0004144　善/4169

明史紀事本末八十卷　（清）谷應泰編　清順
治十五年(1658)刻本　十二册

220000－0801－0004145　善/4170

繹史一百六十卷世系圖年表一卷　（清）馬驌
撰　清康熙九年(1670)刻本　二十二册　缺
四十八卷(一至十九、二十三至三十六、一百
三十九至一百四十三、一百五十一至一百六
十)

220000－0801－0004146　善/4171

平定浙東紀略不分卷 （清）□自遠撰 清康
熙刻本 一冊

220000－0801－0004147 善/4172

繹史一百六十卷世系圖年表一卷 （清）馬驌
撰 清康熙九年(1670)刻本 六十冊

220000－0801－0004148 善/4173

義門讀書記五十八卷 （清）何焯撰 清乾隆
石香齋刻本 八冊

220000－0801－0004149 善/4174

義門讀書記五十八卷 （清）何焯撰 清乾隆
石香齋刻本 八冊

220000－0801－0004150 善/4175

子史精華一百六十卷 （清）允祿等監修 清
雍正五年(1727)刻本 四十八冊

220000－0801－0004151 善/4176

子史精華一百六十卷 （清）允祿等監修 清
雍正五年(1727)刻本 三十六冊

220000－0801－0004152 善/4177

佩文韻府一百六卷 （清）張玉書等輯 清康
熙五十年(1711)刻本 二百二十四冊

220000－0801－0004153 善/4178

格致鏡原一百卷 （清）陳元龍撰 清雍正刻
本 二十四冊

220000－0801－0004154 善/4179

類腋五十五卷 （清）姚培謙輯 清乾隆刻本
七冊 缺二十一卷(人部十一至十五、物部
一至十六)

220000－0801－0004155 善/4180

類林新咏三十六卷 （清）姚之駰撰 清康熙
四十七年(1708)刻本 十二冊

220000－0801－0004156 善/4181

御定駢字類編二百四十卷 （清）聖祖玄燁纂
清雍正四年(1726)刻本 一百二十冊

220000－0801－0004157 善/4182

御定駢字類編二百四十卷 （清）聖祖玄燁纂
清雍正四年(1726)刻本 一百二十冊

220000－0801－0004158 善/4183

斯文精萃不分卷 （清）尹繼善選編 清乾隆
二十九年(1764)刻本 八冊

220000－0801－0004159 善/4184

文選六十卷 （南朝梁)蕭統輯 清刻本
八冊

220000－0801－0004160 善/4185

斯文精萃不分卷 （清）尹繼善選編 清乾隆
二十九年(1764)刻本 十二冊

220000－0801－0004161 善/4186

國朝六家詩鈔八卷 （清）劉執玉選 清乾隆
三十二年(1767)刻本 六冊

220000－0801－0004162 善/4187

國朝山左詩鈔六十卷 （清）盧見曾纂 清乾
隆二十三年(1758)雅雨堂刻本 三十冊

220000－0801－0004163 善/4188

重訂文選集評十五卷首一卷末一卷 （南朝
梁)蕭統輯 清乾隆五十一年(1786)心簡齋
重校金閶書業堂刻本 十二冊

220000－0801－0004164 善/4189

文選六十卷 （南朝梁)蕭統輯 清乾隆二十
四年(1759)刻本 十冊

220000－0801－0004165 善/4190

西漢文苑十卷 （明)申用嘉輯 明萬曆二十
八年(1600)刻本 一冊 存一卷(四)

220000－0801－0004166 善/4191

唐宋八大家文鈔八種一百四十四卷 （明)茅
坤輯 清初刻本 二十冊

220000－0801－0004167 善/4192

古文眉詮七十九卷 （清）浦起龍輯 清乾隆
九年(1744)靜寄東軒刊刻本 二十一冊

220000－0801－0004168 善/4193

古文約選不分卷 （清）允禮輯 清雍正十一
年(1733)刻本 十八冊

220000－0801－0004169 善/4194

明詩綜一百卷 （清）朱彝尊編 清康熙四十
四年(1705)刻本 三十二冊

220000－0801－0004170　善/4195

新刻鍾陳二先生評選三蘇文選八卷　（宋）蘇
洵等撰　明刻本　五冊　缺三卷(一至三)

220000－0801－0004171　善/4196

唐詩解五十卷　（清）唐汝詢選釋　清順治十
六年(1659)刻本　五冊　存二十三卷(五至
七、十三至二十一、二十三至二十七、三十三
至三十八)

220000－0801－0004172　善/4197

唐詩解五十卷　（清）唐汝詢選釋　清順治十
六年(1659)刻本　十二冊　存二十三卷(一
至十三、二十二至三十一)

220000－0801－0004173　善/4198

御選唐宋文醇五十八卷　（清）高宗弘曆選
清乾隆三年(1738)刻四色套印本　四十冊

220000－0801－0004174　善/4199

詠物詩選八卷　（清）俞琰輯　清雍正三年
(1725)刻本　四冊

220000－0801－0004175　善/4200

賦鈔箋略十五卷　（清）雷琳　（清）張杏濱箋
清乾隆三十一年(1766)刻本　六冊

220000－0801－0004176　善/4201

**御定歷代賦匯一百四十卷外集二十卷逸句二
卷補遺二十二卷**　（清）陳元龍編　清康熙四
十五年(1706)刻本　四十八冊

220000－0801－0004177　善/4202

刪訂唐詩解二十四卷　（清）唐汝詢選釋　清
康熙四十年(1701)刻本　五冊

220000－0801－0004178　善/4203

文選六十卷　（南朝梁）蕭統輯　清乾隆三十
七年(1772)刻本　十二冊

220000－0801－0004179　善/4204

賦鈔箋略十五卷　（清）雷琳　（清）張杏濱箋
清乾隆三十一年(1766)刻本　六冊　存十
二卷(一至八、十一至十四)

220000－0801－0004180　善/4205

重訂文選集評十五卷首一卷末一卷　（南朝
梁）蕭統輯　清乾隆四十五年(1780)刻本
八冊

220000－0801－0004181　善/4206

文選六十卷　（南朝梁）蕭統輯　清乾隆三十
七年(1772)刻本　十六冊

220000－0801－0004182　善/4207

古文淵鑒六十四卷　（清）徐乾學等編註　清
康熙二十四年(1685)刻本　三十四冊　缺九
卷(五十六至六十四)

220000－0801－0004183　善/4208

詠物詩選八卷　（清）俞琰輯　清雍正三年
(1725)刻本　四冊

220000－0801－0004184　善/4209

唐四家詩四種八卷　（清）汪立名輯　清康熙
三十四年(1695)刻本　五冊

220000－0801－0004185　善/4210

唐四家詩四種八卷　（清）汪立名輯　清康熙
三十四年(1695)刻本　二冊　缺二卷(韋蘇
州集二卷)

220000－0801－0004186　善/4211

國朝詩別裁集三十二卷　（清）沈德潛纂評
清乾隆二十六年(1761)刻本　八冊　存十六
卷(一至十六)

220000－0801－0004187　善/4212

明詩別裁集十二卷　（清）沈德潛　（清）周準
輯　清乾隆四年(1739)刻本　四冊

220000－0801－0004188　善/4213

古文淵鑒六十四卷　（清）徐乾學等編註　清
康熙二十四年(1685)刻五色套印本　二十
八冊

220000－0801－0004189　善/4214

重訂唐詩別裁集二十卷　（清）沈德潛選　清
乾隆二十八年(1763)刻本　八冊

220000－0801－0004190　善/4215

詞科掌錄十七卷詞科餘話七卷　（清）杭世駿
編輯　清刻本　六冊

220000－0801－0004191　善/4216

本朝館閣詩二十卷附錄一卷續附錄一卷
(清)阮學浩 (清)阮學濬編 清乾隆二十三年(1758)刻本 八冊 存十一卷(十至二十)

220000－0801－0004192 善/4217
八家詩選八卷 (清)吳之振輯 清康熙十一年(1672)刻本 四冊

220000－0801－0004193 善/4218
國朝六家詩鈔八卷 (清)劉執玉選 清乾隆三十二年(1767)刻本 八冊

220000－0801－0004194 善/4219
刪訂唐詩解二十四卷 (清)唐汝詢選釋 清康熙四十年(1701)刻本 八冊 缺三卷(九至十一)

220000－0801－0004195 善/4220
本朝館閣詩二十卷附錄一卷續附錄一卷
(清)阮學浩 (清)阮學濬編 清乾隆二十三年(1758)刻本 十一冊 存十五卷(一至十五)

220000－0801－0004196 善/4221
國朝六家詩鈔八卷阮亭詩二卷 (清)劉執玉選 清乾隆刻本 一冊 存二卷(阮亭詩二卷)

220000－0801－0004197 善/4222
明詩綜一百卷 (清)朱彝尊編 清康熙四十四年(1705)刻本 二十六冊

220000－0801－0004198 善/4223
宋詩鈔初集 (清)吳之振輯 清康熙十年(1671)吳氏鑑古堂刻本 二十冊

220000－0801－0004199 善/4224
宋詩鈔初集二集三集四集 (清)吳之振輯 清康熙十年(1671)吳氏鑑古堂後印本 二十九冊 缺一卷(宛丘集)

220000－0801－0004200 善/4225
庾子山集十六卷 (北周)庾信撰 清康熙二十六年(1687)崇岫堂刻本 十冊

220000－0801－0004201 善/4226
唐詩別裁集二十卷 (清)沈德潛 (清)陳培

脈選 清康熙五十六年(1717)碧梧書屋刻本 四冊 存八卷(一至八)

220000－0801－0004202 善/4227
杜詩偶評四卷 (清)沈德潛纂 清乾隆十二年(1747)賦閒草堂刻本 一冊 存二卷(三至四)

220000－0801－0004203 善/4228
重訂唐詩別裁集二十卷 (清)沈德潛 (清)陳培脈選 清康熙五十六年(1717)碧梧書屋刻本 六冊 存十卷(一至十)

220000－0801－0004204 善/4229
唐詩別裁集二十卷 (清)沈德潛 (清)陳培脈選 清康熙五十六年(1717)碧梧書屋刻本 四冊 存八卷(一至二、五至十)

220000－0801－0004205 善/4230
唐陸宣公集二十二卷 (唐)陸贄撰 清雍正元年(1723)刻本 六冊

220000－0801－0004206 善/4231
白香山詩長慶集二十卷後集十七卷別集一卷補遺二卷 (唐)白居易撰 年譜舊本一卷
(宋)陳振孫撰 年譜一卷 (清)汪立名撰 清康熙四十二年(1703)刻本 十二冊

220000－0801－0004207 善/4232
白香山詩長慶集二十卷後集十七卷別集一卷補遺二卷 (唐)白居易撰 年譜舊本一卷
(宋)陳振孫撰 年譜一卷 (清)汪立名撰 清康熙四十二年(1703)刻本 十冊

220000－0801－0004208 善/4233
白香山詩長慶集二十卷後集十七卷別集一卷補遺二卷 (唐)白居易撰 年譜舊本一卷
(宋)陳振孫撰 年譜一卷 (清)汪立名撰 清康熙四十二年(1703)刻本 十二冊

220000－0801－0004209 善/4234
唐陸宣公集二十二卷 (唐)陸贄撰 清雍正元年(1723)刻本 八冊

220000－0801－0004210 善/4235
唐陸宣公集二十二卷 (唐)陸贄撰 清雍正

元年(1723)刻本　六冊

220000－0801－0004211　善/4236

坡仙集十六卷　（宋）蘇軾撰　明刻本　四冊
存七卷(三至四、六、九至十、十三至十四)

220000－0801－0004212　善/4237

宋邵康節先生伊川擊壤集十卷　（宋）邵雍撰
明萬曆三十四年(1606)刻本　四冊　存八
卷(一至八)

220000－0801－0004213　善/4238

重訂唐詩別裁集二十卷　（清）沈德潛選　清
乾隆二十八年(1763)教忠堂刻本　八冊

220000－0801－0004214　善/4239

重訂唐詩別裁集二十卷　（清）沈德潛選　清
乾隆二十八年(1763)教忠堂刻本　八冊

220000－0801－0004215　善/4240

溫飛卿詩集七卷外集一卷別集一卷　（唐）溫
庭筠撰　清康熙三十六年(1697)刻本　四冊

220000－0801－0004216　善/4241

唐陸宣公集二十二卷　（唐）陸贄撰　清雍正
元年(1723)刻本　四冊

220000－0801－0004217　善/4242

范石湖詩集二十卷　（宋）范成大撰　清康熙
二十七年(1688)黎照樓刻本　十冊

220000－0801－0004218　善/4243

揚子雲集三卷　（漢）揚雄著　明萬曆至天啓
刻本　二冊

220000－0801－0004219　善/4244

任彥升集六卷　（南朝梁）任昉撰　明萬曆刻
本　二冊

220000－0801－0004220　善/4245

司馬文正公傳家集目錄二卷　（宋）司馬光撰
清乾隆七年(1742)刻本　一冊　存一卷
(目錄上)

220000－0801－0004221　善/4246

西山先生真文忠公文集五十五卷真文忠公心
政經一卷西山真文忠公年譜一卷　（宋）真德
秀撰　清乾隆刻本　二十二冊　缺十二卷

(文集一至十二)

220000－0801－0004222　善/4247

謝宣城集五卷　（南朝齊）謝朓撰　明正德六
年(1511)刻本　三冊

220000－0801－0004223　善/4248

西山先生真文忠公文集五十五卷目錄二卷
（宋）真德秀撰　明萬曆二十六年(1598)景賢
堂刻本　十冊

220000－0801－0004224　善/4249

庾子山全集十六卷　（北周）庾信撰　（清）吳
兆宜箋註　清刻本　五冊　存十卷(一至十)

220000－0801－0004225　善/4250

合刻三先生老泉文滙十卷　（明）茅坤　（明）
錢穀　（明）鍾惺評定　明末刻本　二冊

220000－0801－0004226　善/4251

黃詩全集內集二十卷外集十七卷別集二卷外
集補四卷別集補一卷年譜十四卷目錄一卷
（宋）黃庭堅撰　清乾隆五十三年(1788)樹経
堂刻本　十六冊

220000－0801－0004227　善/4252

蘇文忠詩合註五十卷首一卷目錄一卷　（宋）
蘇軾著　清乾隆五十八年(1793)刻本　二十
四冊

220000－0801－0004228　善/4253

黃詩全集內集二十卷外集十七卷別集二卷外
集補四卷別集補一卷年譜十四卷目錄一卷
（宋）黃庭堅撰　清乾隆五十三年(1788)樹経
堂刻本　二十冊

220000－0801－0004229　善/4254

黃文節公全集正集三十二卷首一卷外集二十
四卷首一卷別集十九卷首一卷伐檀集二卷
（宋）黃庭堅撰　清乾隆三十年(1765)刻本
八冊　存二十五卷(外集二十四卷、首一卷)

220000－0801－0004230　善/4255

樂善堂全集定本三十卷　（清）高宗弘曆撰
清乾隆元年(1736)刻本　十一冊　缺三卷
(七至九)

220000－0801－0004231　善/4256
吳詩集覽二十卷談藪二卷　（清）吳偉業撰
清乾隆四十年(1775)刻本　十六冊

220000－0801－0004232　善/4257
遺山先生文集四十卷　（元）元好問撰　清初
刻本　二冊　存十四卷(一至十四)

220000－0801－0004233　善/4258
小桐廬詩草十卷　（清）袁景輅撰　清乾隆三
十二年(1767)刻本　二冊

220000－0801－0004234　善/4259
吳詩集覽二十卷談藪二卷吳詩補註二十卷
（清）吳偉業撰　清乾隆刻本　十六冊

220000－0801－0004235　善/4260
安雅堂文集二卷　（清）宋琬著　清乾隆三十
一年(1766)刻本　十六冊

220000－0801－0004236　善/4261
白田草堂存稿二十四卷末一卷　（清）王懋竑
撰　清乾隆二十七年(1762)刻本　六冊

220000－0801－0004237　善/4262
歸愚詩鈔餘集九卷　（清）沈德潛撰　清乾隆
二十四年(1759)刻本　二冊

220000－0801－0004238　善/4263
吳詩集覽二十卷談藪二卷　（清）吳偉業撰
清乾隆四十年(1775)刻本　十冊

220000－0801－0004239　善/4264
**漁洋山人精華錄箋註十二卷補註一卷年譜一
卷**　（清）王士禎撰　清乾隆金氏鳳翽堂刻本
十二冊

220000－0801－0004240　善/4265
太師誠意伯劉文成公集二十卷首一卷　（明）
劉基撰　清乾隆十一年(1746)刻本　十四冊

220000－0801－0004241　善/4266
葫頭集三卷　（清）鄭止源輯　清順治十八年
(1661)刻本　六冊

220000－0801－0004242　善/4267
午亭文編五十卷　（清）陳廷敬撰　（清）林佶
輯錄　清乾隆四十三年(1778)刻本　十四冊

220000－0801－0004243　善/4268
吳詩集覽二十卷談藪二卷　（清）吳偉業撰
清乾隆四十年(1775)刻本　十六冊

220000－0801－0004244　善/4269
南野堂詩集七卷首一卷　（清）吳文溥撰　清
乾隆五十九年(1794)刻本　二冊

220000－0801－0004245　善/4270
南野堂詩集七卷首一卷　（清）吳文溥撰　清
乾隆五十九年(1794)刻本　二冊

220000－0801－0004246　善/4271
道古堂文集四十六卷詩集二十六卷　（清）杭
世駿著　清乾隆五十五年(1790)刻本　十
二冊

220000－0801－0004247　善/4272
曝書亭集八十卷附錄一卷　（清）朱彝尊撰
清康熙五十三年(1714)刻本　十冊

220000－0801－0004248　善/4273
漁洋山人精華錄十卷　（清）王士禎著　清康
熙三十九年(1700)刻本　五冊

220000－0801－0004249　善/4274
附鮚軒詩八卷　（清）洪亮吉撰　清乾隆六十
年(1795)刻本　二冊

220000－0801－0004250　善/4275
道古堂文集四十六卷詩集二十六卷　（清）杭
世駿著　清乾隆五十五年(1790)刻本　十
二冊

220000－0801－0004251　善/4276
全唐詩話八卷　（宋）尤袤輯　（清）孫濤續輯
清乾隆三十九年(1774)刻本　二冊

220000－0801－0004252　善/4277
趙裘萼公剩稿三卷　（清）趙熊詔撰　（清）趙
侗敦編　清乾隆刻本　一冊

220000－0801－0004253　善/4278
道古堂文集四十六卷詩集二十六卷　（清）杭
世駿著　清乾隆五十五年(1790)刻本　十
四冊

220000－0801－0004254　善/4279

御選歷代詩餘一百二十卷 （清）王奕清等編纂 清康熙四十六年(1707)刻本 四十八冊

220000－0801－0004255 善/4280

蘭皋明詞彙選八卷 （清）胡胤瑗等選 清康熙六十一年(1722)刻本 二冊

220000－0801－0004256 善/4281

曝書亭集八十卷附錄一卷 （清）朱彝尊撰 清康熙五十三年(1714)刻本 十二冊

220000－0801－0004257 善/4282

樂府補題 （元）陳恕可輯 清乾隆二十五年(1760)刻本 一冊

220000－0801－0004258 善/4283

詞律二十卷首一卷 （清）萬樹論次 清康熙二十六年(1687)堆絮園刻本 四冊

220000－0801－0004259 善/4284

詞名集解六卷續編二卷 （清）汪汲錄 清乾隆五十九年(1794)刻本 四冊

220000－0801－0004260 善/4285

納書楹曲譜正集四卷續集四卷外集二卷補遺四卷四夢全譜六卷 （清）葉堂訂 清乾隆五十七年(1792)刻本 二十冊

220000－0801－0004261 善/4286

納書楹曲譜正集四卷續集四卷外集二卷 （清）葉堂訂 清乾隆五十七年(1792)刻本 二十二冊

220000－0801－0004262 善/4287

香祖樓二卷 （清）兩峰外史評文 清末重印本 二冊

220000－0801－0004263 善/4288

納書楹曲譜正集四卷續集四卷外集二卷補遺四卷四夢全譜八卷 （清）葉堂訂 清乾隆五十七年(1792)刻本 二十二冊

220000－0801－0004264 善/4289

納書楹曲譜正集四卷續集四卷外集二卷補遺四卷四夢全譜八卷 （清）葉堂訂 清乾隆五十七年(1792)刻本 二十二冊

220000－0801－0004265 善/4290

宋詩紀事一百卷 （清）厲鶚輯 清乾隆十一年(1746)刻本 二十六冊

220000－0801－0004266 善/4291

宋詩紀事一百卷 （清）厲鶚輯 清乾隆十一年(1746)刻本 三十二冊

220000－0801－0004267 善/4292

青邱高季迪先生詩集十八卷 （明）高啓撰 清雍正六年(1728)金氏文瑞樓刻本 十冊

220000－0801－0004268 善/4293

宋詩紀事一百卷 （清）厲鶚輯 清乾隆十一年(1746)刻本 二十四冊

220000－0801－0004269 善/4294

雅雨堂叢書 （清）盧見曾輯 清乾隆二十一年(1756)雅雨堂刻本 十八冊

220000－0801－0004270 善/4295

漢魏叢書八十六種 （清）王謨輯 清乾隆五十六年(1791)刻本 三十六冊 存二十六種

220000－0801－0004271 善/4296

漢魏叢書八十六種 （清）王謨輯 清乾隆五十六年(1791)刻本 三十六冊 存三十三種

220000－0801－0004272 善/4297

經典釋文三十卷 （唐）陸德明撰 清乾隆五十六年(1791)雅雨堂刻本 一冊 存二卷(一至二)

220000－0801－0004273 善/4298

雅雨堂叢書 （清）盧見曾輯 清乾隆二十一年(1756)雅雨堂刻本 十冊 存四種四十六卷(撫言一至八、戰國策一至十八、李氏易傳十七卷、鄭氏周易三卷)

220000－0801－0004274 善/4299

昭代叢書丙集五十卷 （清）張潮輯 清刻本 八冊

220000－0801－0004275 善/4300

武英殿聚珍版書 （清）內府輯 清乾隆木活字印本 二十四冊

220000－0801－0004276 善/4301

貸園叢書初集十二種 （清）周永年輯 清乾

隆五十四年(1789)刻本　十六冊

220000－0801－0004277　善/4302

貸園叢書初集十二種　（清）周永年輯　清乾
隆五十四年(1789)刻本　十六冊

220000－0801－0004278　善/4303

聰山集　（清）申涵光撰　清康熙刻本　五冊

220000－0801－0004279　善/4304

德州田氏叢書　（清）田雯等輯　清初刻本
十一冊

220000－0801－0004280　善/4305

繹史一百六十卷世系圖年表一卷　（清）馬驌
撰　清康熙九年(1670)刻本　四十冊

220000－0801－0004281　善/4306

十六國春秋一百卷　（北魏）崔鴻撰　清乾隆
四十一年(1776)刻本　二十四冊

220000－0801－0004282　善/4307

戰國策十卷　（宋）鮑彪校註　清初姑蘇書業
堂刻本　八冊

220000－0801－0004283　善/4308

尚史七十卷　（清）李鍇撰　清乾隆三十八年
(1773)刻本　二十三冊　缺二卷(一至二)

220000－0801－0004284　善/4309

忠武誌八卷　（清）張鵬翩輯　清康熙刻本
八冊

220000－0801－0004285　善/4310

國朝翰詹源流編年二卷附國朝館選爵里謚法
攷六卷　（清）吳鼎雯撰　清乾隆五十八年
(1793)刻本　四冊

220000－0801－0004286　善/4311

廿一史論贊輯要三十六卷　（明）彭以明撰
明萬曆三十七年(1609)刻本　八冊

220000－0801－0004287　善/4312

宋史文鈔三十八卷　（元）脫脫撰　明刻本
六冊　存二十一卷(一至二十一)

220000－0801－0004288　善/4313

十七史商榷一百卷目錄一卷　（清）王鳴盛撰

清乾隆五十四年(1789)刻本　十冊

220000－0801－0004289　善/4314

尚友錄二十二卷補遺一卷　（明）廖用賢編纂
清康熙五年(1666)刻本　二十二冊

220000－0801－0004290　善/4315

廿二史考異一百卷　（清）錢大昕撰　清乾隆
四十五年(1780)刻本　二十四冊

220000－0801－0004291　善/4316

尚友錄二十二卷補遺一卷　（明）廖用賢編纂
清康熙五年(1666)刻本　十六冊

220000－0801－0004292　善/4317

尚友錄二十二卷補遺一卷　（明）廖用賢編纂
清康熙五年(1666)刻本　二十二冊

220000－0801－0004293　善/4318

國朝典彙二百卷　（明）徐學聚撰　明天啓刻
本　十冊　存十九卷(九十六至一百十四)

220000－0801－0004294　善/4319

東林列傳二十四卷末二卷　（清）陳鼎撰　清
康熙刻本　三冊　存十卷(十一至十三、十七
至二十三)

220000－0801－0004295　善/4320

歷代名臣傳三十五卷　（清）朱軾輯　清雍正
七年(1729)刻本　十六冊

220000－0801－0004296　善/4321

文獻通考三百四十八卷　（元）馬端臨撰　清
乾隆十二年(1747)木活字印本　八十八冊

220000－0801－0004297　善/4322

硃批諭旨三百六十卷　（清）世宗胤禛等撰
清雍正刻朱墨套印本　一百十一冊

220000－0801－0004298　善/4323

十國春秋一百十六卷　（清）吳任臣撰　清乾
隆五十八年(1793)刻本　十六冊

220000－0801－0004299　善/4324

名法指掌增訂二卷　（清）沈辛田纂輯　清乾
隆刻本　四冊

220000－0801－0004300　善/4325

名法指掌增訂二卷 （清）沈辛田纂輯 清乾隆刻本 四冊

220000－0801－0004301 善/4326

欽定磨勘條例四卷 （清）高宗弘曆敕撰 清初刻本 一冊

220000－0801－0004302 善/4327

駁案新編三十二卷續編七卷 （清）全士潮纂 清乾隆四十六年(1781)刻本 三十二冊

220000－0801－0004303 善/4328

大清律例集解三十卷 （□）□□撰 清雍正三年(1725)刻本 二十冊

220000－0801－0004304 善/4329

唐會要一百卷 （宋）王溥編 清乾隆刻本 三十一冊

220000－0801－0004305 善/4330

通志二百卷 （宋）鄭樵撰 清乾隆十四年(1749)刻本 一百五十冊

220000－0801－0004306 善/4331

通志二百卷 （宋）鄭樵撰 清乾隆十四年(1749)刻本 一百五十一冊 存一百九十二卷(一至十、十六至七十八、八十至八十一、八十四至二百)

220000－0801－0004307 善/4332

文獻通考詳節二十四卷 （元）馬端臨撰 清乾隆二十九年(1764)刻本 八冊

220000－0801－0004308 善/4333

廣輿記二十四卷 （明）陸應陽纂 清康熙刻本 十四冊

220000－0801－0004309 善/4334

日涉編十二卷 （明）陳楷撰 清康熙二十七年(1688)刻本 十二冊

220000－0801－0004310 善/4335

世宗憲皇帝上諭一百五十九卷 （清）世宗胤禛撰 清乾隆六年(1741)刻本 二十一冊

220000－0801－0004311 善/4336

硃批諭旨三百六十卷 （清）世宗胤禛等撰 清雍正、乾隆刻本 四冊 存四冊(批程元章一冊、批高斌一冊、批查郎阿一冊、批史貽直一冊)

220000－0801－0004312 善/4337

澹餘筆記一卷 （清）曹申吉撰 山房隨筆一卷補遺一卷 （元）蔣子正撰 清乾隆五十三年(1788)刻本 一冊

220000－0801－0004313 善/4338

[嘉靖]秦安志九卷 （明）胡纘宗撰 清初抄本 四冊

220000－0801－0004314 善/4339

[康熙]重訂磁州志十八卷 （清）蔣擢修 清康熙四十二年(1703)刻本 六冊

220000－0801－0004315 善/4340

[乾隆]陽武縣志十二卷 （清）談諟曾修 （清）楊仲震纂 清乾隆十年(1745)刻本 六冊

220000－0801－0004316 善/4341

水經註四十卷 （北魏）酈道元註 清乾隆三十年(1765)刻本 十二冊

220000－0801－0004317 善/4342

南嶽志八卷 （清）高自位重編 清乾隆十八年(1753)刻本 六冊

220000－0801－0004318 善/4343

南嶽志八卷 （清）高自位重編 清乾隆十八年(1753)刻本 四冊

220000－0801－0004319 善/4344

中山傳信錄六卷 （清）徐葆光撰 清康熙六十年(1721)刻本 一冊

220000－0801－0004320 善/4345

西湖志四十八卷 （清）李衛等纂修 清雍正十二年(1734)兩浙鹽驛道庫刻本 十九冊 缺二卷(三至四)

220000－0801－0004321 善/4347

羅浮山志會編二十一卷首一卷 （清）宋廣業纂輯 清康熙五十五年(1716)刻本 一冊

220000－0801－0004322 善/4348

[乾隆]祥符縣志二十二卷 （清）張淑載修

（清）魯曾煜纂　清乾隆四年（1739）刻本　六冊　存九卷（十四至二十二）

220000-0801-0004323　善/4349

［康熙］內鄉縣志十一卷　（清）寶鼎望修　清康熙三十二年（1693）刻本　四冊

220000-0801-0004324　善/4350

［乾隆］光山縣志三十二卷首一卷　（清）楊殿梓修　清乾隆五十一年（1786）刻本　十一冊　缺三卷（一至二、首一卷）

220000-0801-0004325　善/4351

說嵩三十二卷　（清）景日昣撰　清康熙六十年（1721）嶽生堂刻本　五冊

220000-0801-0004326　善/4352

［乾隆］興平縣志二十五卷　（清）顧聲雷修　清乾隆四十四年（1779）刻本　四冊　存十六卷（一至十六）

220000-0801-0004327　善/4353

［同治］濮錄　（清）岳昭壋撰　清同治十二年（1873）稿本　二冊

220000-0801-0004328　善/4354

水經註釋四十卷附錄二卷刊誤十二卷　（清）趙一清撰　清乾隆五十一年（1786）刻本　十六冊　缺十二卷（刊誤十二卷）

220000-0801-0004329　善/4355

長河志籍攷十卷　（清）田雯編　清康熙三十七年（1698）刻本　一冊

220000-0801-0004330　善/4356

清涼山志十卷　（明）釋鎮澄編　清乾隆二十年（1755）刻本　四冊

220000-0801-0004331　善/4357

清涼山志十卷　（明）釋鎮澄編　清乾隆二十年（1755）刻本　四冊

220000-0801-0004332　善/4358

硃批諭旨三百六十卷　（清）世宗胤禛等撰　清雍正、乾隆刻本　九十四冊

220000-0801-0004333　善/4359

寶顏堂訂正鼎錄一卷　（南朝梁）虞荔撰　明萬曆刻本　一冊

220000-0801-0004334　善/4360

亦政堂重修宣和博古圖錄三十卷　（宋）王黼等撰　清乾隆刻本　一冊　存一卷（二十八）

220000-0801-0004335　善/4361

［乾隆］長興縣志十二卷首一卷　（清）譚肇基修　清乾隆十四年（1749）刻本　二冊　存四卷（一至三、首一卷）

220000-0801-0004336　善/4362

桃溪客語五卷　（清）吳騫撰　清乾隆五十三年（1788）刻本　二冊

220000-0801-0004337　善/4363

［乾隆］宣化府志二十一卷　（清）王者輔修　（清）吳廷華纂　清乾隆刻本　四冊　存十三卷（九至二十一）

220000-0801-0004338　善/4364

上虞志刊補　（清）沈奎輯　王根綱重輯　清道光二十八年（1848）稿本　八冊　存十一卷（六至七、十六至二十四）

220000-0801-0004339　善/4365

廣輿記二十四卷增訂廣輿記提要一卷　（明）陸應陽原纂　（清）蔡方炳增輯　清康熙二十五年（1686）刻本　十一冊

220000-0801-0004340　善/4366

［康熙］臨海縣志十五卷首一卷　（清）洪若皋等纂修　清康熙二十二年（1683）刻本　八冊

220000-0801-0004341　善/4367

宋孝宗論　（清）高宗弘曆撰并楷書　清乾隆四十八年（1783）刻石并拓本　一幅

220000-0801-0004342　善/4368

日下舊聞四十二卷附補遺一卷　（清）朱彝尊撰　清康熙二十七年（1688）刻本　十六冊

220000-0801-0004343　善/4369

日下舊聞四十二卷附補遺一卷　（清）朱彝尊撰　清康熙二十七年（1688）刻本　十二冊

220000-0801-0004344　善/4370

日下舊聞四十二卷附補遺一卷　（清）朱彝尊

撰　清康熙二十七年(1688)刻本　十六冊

220000－0801－0004345　善/4371

御纂朱子全書六十六卷　（清）李光地等纂
清刻本　十二冊　存二十五卷(一至二十五)

220000－0801－0004346　善/4372

讀書錄十一卷續錄十二卷　（明）薛瑄著　清
乾隆刻本　七冊

220000－0801－0004347　善/4373

澄懷園語四卷聰訓齋語二卷　（清）張廷玉輯
　清乾隆十一年(1746)刻本　一冊　存四卷
(澄懷園語四卷)

220000－0801－0004348　善/4374

唐荊川先生纂輯武前編六卷後編六卷　（明）
唐順之撰　明錢塘徐象橒曼山館刻本　二冊
　存二卷(後編三至四)

220000－0801－0004349　善/4375

袁氏世範三卷附集事詩鑒一卷　（宋）袁采撰
　清乾隆五十九年(1794)典善堂刻本　二冊

220000－0801－0004350　善/4376

御纂性理精義十二卷　（清）李光地等纂　清
康熙五十六年(1717)刻本　五冊

220000－0801－0004351　善/4377

呻吟語六卷　（明）呂坤撰　清乾隆五十九年
(1794)刻本　六冊

220000－0801－0004352　善/4378

朱子墨跡　（清）□□臨　清中期抄本　三冊

220000－0801－0004353　善/4385

容齋隨筆十六卷　（宋）洪邁撰　明崇禎三年
(1630)刻本　十八冊　存十卷(一至十)

220000－0801－0004354　善/4386

容齋隨筆十六卷　（宋）洪邁撰　清乾隆五十
九年(1794)掃葉山房刻本　十冊

220000－0801－0004355　善/4387

容齋隨筆十六卷　（宋）洪邁撰　清乾隆五十
九年(1794)掃葉山房刻本　二十四冊

220000－0801－0004356　善/4388

庚子銷夏記八卷　（清）孫承澤撰　清乾隆二
十六年(1761)刻本　二冊

220000－0801－0004357　善/4389

庚子銷夏記八卷　（清）孫承澤撰　清乾隆二
十六年(1761)刻本　二冊

220000－0801－0004358　善/4390

庚子銷夏記八卷　（清）孫承澤撰　清乾隆二
十六年(1761)刻本　四冊

220000－0801－0004359　善/4391

墨池編二十卷　（宋）朱長文撰　**印典八卷**
（清）朱象賢撰　清乾隆刻本　十四冊

220000－0801－0004360　善/4392

五知齋琴譜八卷　（清）周魯封彙纂　清雍正
二年(1724)刻本　六冊

220000－0801－0004361　善/4393

五知齋琴譜八卷　（清）周魯封彙纂　清雍正
二年(1724)刻本　六冊

220000－0801－0004362　善/4394

朱子全書六十六卷　（宋）朱熹撰　清康熙刻
本　四十八冊

220000－0801－0004363　善/4395

朱子全書六十六卷　（宋）朱熹撰　清康熙刻
本　四十冊

220000－0801－0004364　善/4396

雜病源流犀燭三十卷首二卷　（清）沈金鰲撰
　清乾隆五十七年(1792)刻本　十六冊

220000－0801－0004365　善/4397

黃帝內經素問直解九卷　（清）高世栻註解
清康熙三十四年(1695)侶山堂刻本　十冊

220000－0801－0004366　善/4398

本經逢原四卷　（清）張璐撰　清乾隆、嘉慶
刻本　八冊　缺一卷(一)

220000－0801－0004367　善/4399

申斗垣校正外科啓玄十二卷　（明）申拱宸撰
　明萬曆三十二年(1604)三樂齋刻本　六冊

220000－0801－0004368　善/4400

儒門事親十五卷 （金）張子和撰 明萬曆刻本 一冊 存一卷（十五）

220000－0801－0004369 善/4401

日知錄三十二卷 （清）顧炎武撰 清康熙三十四年（1695）刻本 十一冊 缺二卷（一至二）

220000－0801－0004370 善/4402

宗鏡錄一百卷 （宋）釋延壽集 清雍正十三年（1735）木活字印本 五冊 存二十五卷（二十六至五十）

220000－0801－0004371 善/4403

天祿識餘十卷 （清）高士奇撰 清康熙二十九年（1690）刻本 一冊 存五卷（六至十）

220000－0801－0004372 善/4404

初學行文語類四卷 （清）孫埏編輯 清刻本 四冊

220000－0801－0004373 善/4405

唐類函二百卷 （明）俞安期匯纂 明萬曆三十一年（1603）刻本 六冊 存三十一卷（九十六至一百五、一百五十至一百五十五、一百六十六至一百七十、一百八十六至一百九十、一百九十六至二百）

220000－0801－0004374 善/4406

宗鏡錄一百卷 （宋）釋延壽集 清雍正十三年（1735）木活字印本 五冊 存二十五卷（七十六至一百）

220000－0801－0004375 善/4407

事類賦三十卷 （宋）吳淑撰 清乾隆三十年（1765）劍光閣刻本 四冊

220000－0801－0004376 善/4408

廣事類賦四十卷 （清）華希閔撰 清乾隆二十九年（1764）刻本 十冊

220000－0801－0004377 善/4409

廣事類賦四十卷 （清）華希閔撰 清乾隆二十九年（1764）刻本 八冊

220000－0801－0004378 善/4412

文房肆攷圖說八卷 （清）唐秉鈞著 清乾隆

四十三年（1778）刻本 四冊

220000－0801－0004379 善/4413

初潭集三十卷 （明）李贄撰 明末刻本 一冊 存四卷（十六至十九）

220000－0801－0004380 善/4414

天祿閣外史八卷 （漢）黃憲撰 明刻本 二冊

220000－0801－0004381 善/4415

天祿閣外史八卷 （漢）黃憲撰 明刻本 二冊

220000－0801－0004382 善/4416

類林新咏三十六卷 （清）姚之駰撰 清康熙四十六年（1707）刻本 十六冊

220000－0801－0004383 善/4417

淵鑑類函四百五十卷 （清）張英等編纂 清康熙四十九年（1710）刻本 六十九冊 缺二百二十六卷（一百四十二至二百十九、三百三至四百五十）

220000－0801－0004384 善/4418

韻府約編二十四卷 （清）鄧愷輯 清乾隆二十七年（1762）刻本 二十四冊

220000－0801－0004385 善/4419

事類賦三十卷 （宋）吳淑撰 清乾隆三十年（1765）劍光閣刻本 四冊

220000－0801－0004386 善/4420

事類賦三十卷 （宋）吳淑撰 清乾隆三十年（1765）劍光閣刻本 六冊

220000－0801－0004387 善/4421

宋稗類鈔八卷 （清）潘永因編 清雍正五年（1727）刻本 十二冊

220000－0801－0004388 善/4422

憑山閣增輯留青新集三十卷 （清）陳枚選輯 清康熙刻本 八冊 存七卷（二十四至三十）

220000－0801－0004389 善/4423

廣事類賦四十卷 （清）華希閔撰 清乾隆二十九年（1764）刻本 六冊

220000 – 0801 – 0004390　善/4424

廣事類賦四十卷　（清）華希閔撰　清乾隆二十九年(1764)刻本　九冊

220000 – 0801 – 0004391　善/4425

王先生十七史蒙求十六卷　（宋）王令輯　清初刻本　二冊

220000 – 0801 – 0004392　善/4426

古事苑十二卷　（明）鄧志謨編輯　清康熙二十五年(1686)蘭雪堂活字印本　十冊

220000 – 0801 – 0004393　善/4427

淵鑑類函四百五十卷　（清）張英等編纂　清康熙四十九年(1710)刻本　二百冊

220000 – 0801 – 0004394　善/4428

歸愚詩鈔二十卷　（清）沈德潛撰　清乾隆十六年(1751)刻本　一冊　存五卷(六至十)

220000 – 0801 – 0004395　善/4430

續金瓶梅十二卷六十四回首一卷　（清）紫陽道人撰　清末刻本　二十四冊

220000 – 0801 – 0004396　善/4434

皋鶴堂批評第一奇書金瓶梅一百回　（明）笑笑生撰　清康熙三十四年(1695)刻本　三十冊

220000 – 0801 – 0004397　善/4435

金瓶梅一百回首一卷附圖二卷　（明）笑笑生撰　清乾隆十二年(1747)刻本　三十二冊

220000 – 0801 – 0004398　善/4438

唐宋八大家法書十二卷　（清）姚學經輯　清乾隆五十二年(1787)拓本　十二冊

220000 – 0801 – 0004399　善/4439

唐宋八大家法書十二卷　（清）姚學經輯　清乾隆五十二年(1787)刻并拓本　十二冊

220000 – 0801 – 0004400　善/4440

景雲鐘銘　（唐）李旦書　明拓本　一冊

220000 – 0801 – 0004401　善/4441

御賜三希堂法帖　（□）□□撰　清拓本　二十四冊

220000 – 0801 – 0004402　善/4442

御賜三希堂法帖橅本　（清）梁詩正等校　清拓本　六冊

220000 – 0801 – 0004403　善/4443

三希堂法帖　（□）□□撰　清乾隆十二年(1747)拓本　八冊　存八冊(一至八)

220000 – 0801 – 0004404　善/4444

停雲館法帖十二卷　（明）文徵明輯　明拓本　十二冊

220000 – 0801 – 0004405　善/4445

停雲館法帖十二卷　（明）文徵明輯　明拓本　十二冊

220000 – 0801 – 0004406　善/4446

紫竹山房臨法書　（清）陳兆崙摹　清乾隆二十八年(1763)拓本　四冊

220000 – 0801 – 0004407　善/4447

戲鴻堂帖十六卷　（明）董其昌輯　明萬曆三十一年(1603)拓本　十六冊

220000 – 0801 – 0004408　善/4448

戲鴻堂帖十六卷　（明）董其昌輯　清初拓本　十六冊

220000 – 0801 – 0004409　善/4449

戲魚堂帖十卷　（宋）劉次莊輯　明末拓本　十冊

220000 – 0801 – 0004410　善/4450

絳帖十二卷　（宋）潘師旦輯　明末拓本　十二冊

220000 – 0801 – 0004411　善/4451

絳帖十二卷　（宋）潘師旦輯　明末刻本　十二冊

220000 – 0801 – 0004412　善/4452

絳帖十二卷　（宋）潘師旦輯　明末刻本　二十冊

220000 – 0801 – 0004413　善/4453

淳化閣法帖　（宋）王著編摹　清乾隆拓本　十二冊

193

220000－0801－0004414　善/4454

淳化閣法帖十卷　（宋）王著編摹　明初拓本
　　十冊

220000－0801－0004415　善/4455

淳化閣法帖　（宋）王著編摹　明萬曆四十五
年(1617)拓本　十冊

220000－0801－0004416　善/4456

淳化閣法帖十卷　（宋）王著輯　清順治十一
年(1654)拓本　十冊

220000－0801－0004417　善/4457

祕閣帖十卷　（晉）王羲之　（晉）王獻之書
明末拓本　十冊

220000－0801－0004418　善/4458

渤海藏真帖八卷　（明）陳元瑞輯　明末拓本
　　六冊

220000－0801－0004419　善/4459

渤海藏真帖八卷　（明）陳元瑞輯　明末刻并
拓本　八冊

220000－0801－0004420　善/4460

渤海藏真帖八卷　（明）陳元瑞輯　明末刻并
拓本　八冊

220000－0801－0004421　善/4461

清鑑堂法帖四卷　（明）吳楨輯　明崇禎元年
至十年(1628－1637)吳氏清鑑堂刻初拓本
四冊

220000－0801－0004422　善/4462

鬱岡齋墨妙帖十卷　（明）王肯堂輯　清初拓
本　十冊

220000－0801－0004423　善/4463

翰香館法書十卷　（清）劉光暘輯　清康熙十
四年(1675)拓本　十二冊

220000－0801－0004424　善/4464

墨池堂選帖　（明）章藻輯　明萬曆三十八年
(1610)拓本　五冊

220000－0801－0004425　善/4465

墨池堂選帖　（明）章藻輯　明萬曆三十八年
(1610)刻并拓本　五冊

220000－0801－0004426　善/4466

快雪堂法帖五卷　（清）馮銓摹刻　清初涿州
馮氏拓本　五冊

220000－0801－0004427　善/4467

星鳳樓帖　（宋）曹彥約輯　明末拓本　十
二冊

220000－0801－0004428　善/4468

星鳳樓帖　（宋）曹彥約輯　明末拓本　十
二冊

220000－0801－0004429　善/4469

妙法蓮華經七卷　（明）董其昌書　明末拓本
　　十四冊

220000－0801－0004430　善/4470

因宜堂法帖八卷　（清）姚學經輯　清乾隆五
十年(1785)因宜堂拓本　八冊

220000－0801－0004431　善/4471

因宜堂法帖八卷　（清）姚學經輯　清乾隆五
十年(1785)刻并拓本　八冊

220000－0801－0004432　善/4472

石鼓文籀文　（□）□□撰　清初拓本
一冊

220000－0801－0004433　善/4473

孔宙碑　（□）□□撰　明拓本　一冊

220000－0801－0004434　善/4474

西狹頌　（□）□□撰　清乾隆朱拓本
一冊

220000－0801－0004435　善/4475

石門頌　（漢）王昇撰　清康熙拓本　一冊

220000－0801－0004436　善/4476

石門頌　（漢）王昇撰　清康熙拓本　一冊

220000－0801－0004437　善/4477

張壽碑　（□）□□撰　清乾隆拓本　一冊

220000－0801－0004438　善/4478

延光殘碑　（□）□□撰　清乾隆拓本

一冊

220000－0801－0004439　善/4479

武梁祠堂畫像題字　（□）□□撰　清乾隆五十二年(1787)拓本　四十幅

220000－0801－0004440　善/4480

尹宙碑　（□）□□撰　明拓本　一冊

220000－0801－0004441　善/4481

司隸校尉魯峻碑　（□）□□撰　清初拓本　一冊

220000－0801－0004442　善/4482

衡方碑　（□）□□撰　明末拓本　一冊

220000－0801－0004443　善/4483

白石神君碑　（□）□□撰　明末拓本　一冊

220000－0801－0004444　善/4484

李夫人畫像　（□）□□撰　清初拓本　一幅

220000－0801－0004445　善/4485

漢故博陵太守孔府君碑　（□）□□撰　宋拓本　一冊

220000－0801－0004446　善/4486

史晨碑　（□）□□撰　明拓本　一冊

220000－0801－0004447　善/4487

曹全碑　（□）□□撰　明萬曆拓本　一冊

220000－0801－0004448　善/4488

郙閣頌　（□）□□撰　清初拓本　一冊

220000－0801－0004449　善/4489

析里橋郙閣頌　（□）□□撰　明拓本　一冊

220000－0801－0004450　善/4490

孔羨碑　（□）□□撰　清乾隆拓本　一冊

220000－0801－0004451　善/4491

交龍碑　（□）□□撰　清初拓本　一冊

220000－0801－0004452　善/4492

孔羨碑　（□）□□撰　明拓本　一冊

220000－0801－0004453　善/4493

受禪表　（□）□□撰　清初拓本　一冊

220000－0801－0004454　善/4494

二王帖三卷　（晉）王羲之　（晉）王獻之行草書　清初拓本　六冊

220000－0801－0004455　善/4495

宋拓黃庭內景經　（晉）楊羲正書　南宋刻并拓本　一冊

220000－0801－0004456　善/4496

黃庭經蘭亭序　（晉）王羲之正書　清初拓本　一冊

220000－0801－0004457　善/4497

靖節先生書擬古雜詩　（晉）陶潛書　清乾隆刻并拓本　一冊

220000－0801－0004458　善/4498

齊太公呂望表　（□）□□撰　清初拓本　一冊

220000－0801－0004459　善/4499

石門銘并後摩崖　（北魏）王遠正書　清初拓本　一冊

220000－0801－0004460　善/4500

石門銘并後摩崖　（北魏）王遠正書　清初拓本　一冊

220000－0801－0004461　善/4501

李仲璇修孔子廟碑　（□）□□撰　清乾隆拓本　一冊

220000－0801－0004462　善/4502

魏皇甫驎墓誌銘　（□）□□撰　清初拓本　一冊

220000－0801－0004463　善/4503

中岳嵩高靈廟碑　（北魏）寇謙之撰　清初拓本　二冊

220000－0801－0004464　善/4504

195

端州石室記 （唐）李邕撰 清初拓本
一冊

220000－0801－0004465 善/4505
曹子建廟碑 （□）□□撰 清初拓本
一冊

220000－0801－0004466 善/4506
兗公之頌 （唐）張之宏撰 清初拓本
一冊

220000－0801－0004467 善/4507
高延福墓誌 （唐）孫翌撰 清拓本 一冊

220000－0801－0004468 善/4508
庾賁德政碑 （唐）李陽冰撰 清拓本 一冊

220000－0801－0004469 善/4509
宋拓玄秘塔碑 （唐）裴休撰 宋拓本 一冊

220000－0801－0004470 善/4510
顏勤禮碑 （唐）顏真卿撰 清初拓本
一冊

220000－0801－0004471 善/4511
顏氏家廟碑 （唐）顏真卿撰 明拓本 四冊

220000－0801－0004472 善/4512
顏氏家廟碑 （唐）顏真卿撰 明拓本 四冊

220000－0801－0004473 善/4513
顏氏家廟碑 （唐）顏真卿撰 明拓本 一冊
殘

220000－0801－0004474 善/4514
王徵君臨終口授銘 （唐）王徵君口述 清初
拓本 一冊

220000－0801－0004475 善/4515
三墳記 （唐）李季卿撰 （唐）李陽冰篆書
清拓本 一冊

220000－0801－0004476 善/4516
元結墓表 （唐）顏真卿撰并書 明拓本
一冊

220000－0801－0004477 善/4517
于志寧碑 （□）□□撰 清初拓本 一冊

220000－0801－0004478 善/4518
于知微碑 （唐）姚崇撰楷書 清初拓本
一冊

220000－0801－0004479 善/4519
不空和尚碑 （唐）嚴郢撰 清初拓本 一冊

220000－0801－0004480 善/4520
張琮碑 （唐）于志寧撰 清雍正拓本 一冊

220000－0801－0004481 善/4521
孔宣公碑隸書 （□）□□撰 明拓本 一冊

220000－0801－0004482 善/4522
虞恭公溫彥博碑 （唐）岑文本撰 清初拓本
一冊

220000－0801－0004483 善/4523
碧落碑(李訓等為亡母造大道天尊像) （□）
□□撰 清初拓本 一冊

220000－0801－0004484 善/4524
峿臺銘 （唐）元結撰 （唐）季康篆書 清初
拓本 二冊

220000－0801－0004485 善/4525
臧懷恪碑 （唐）顏真卿撰 唐廣德元年
(763)刻明拓本 一冊

220000－0801－0004486 善/4526
御史臺精舍碑 （唐）崔湜撰 清初拓本
一冊

220000－0801－0004487 善/4527
紀國先妃陸氏碑 （□）□□撰 明末拓本
一冊

220000－0801－0004488 善/4528
佛頂尊勝陁羅尼 （□）□□撰 明拓本
一冊

220000－0801－0004489 善/4529
白鶴觀碑 （唐）顏真卿正書 明拓本 一冊

220000－0801－0004490 善/4530
白鶴觀碑 （唐）顏真卿正書 明拓本 一冊

220000－0801－0004491 善/4531
皇甫君碑 （唐）于志寧撰 明拓本 一冊

220000－0801－0004492　善/4532

秋日宴石淙詩序　（唐）張易之撰　明拓本
一冊

220000－0801－0004493　善/4533

紀太山銘　（唐）玄宗李隆基撰并隸書　明拓
本　十二冊

220000－0801－0004494　善/4534

通濟橋寺碑　（清）蕭瑛撰正書　清初拓本
二冊

220000－0801－0004495　善/4535

道因法師碑　（唐）李儼撰　清初拓本　一冊

220000－0801－0004496　善/4536

九成宮醴泉銘　（唐）魏徵撰　明拓本　一冊

220000－0801－0004497　善/4537

大唐中興頌　（唐）元結撰　明拓本　二冊

220000－0801－0004498　善/4538

竇居士碑　（唐）李邕撰　清拓本　一冊

220000－0801－0004499　善/4539

馮宿碑　（唐）王起撰　清拓本　一冊

220000－0801－0004500　善/4540

法琬法師碑　（唐）釋承運撰　清拓本　一冊

220000－0801－0004501　善/4541

大證禪師碑　（唐）王縉撰　清初拓本　一冊

220000－0801－0004502　善/4542

大智禪師碑　（唐）嚴挺之撰　清初拓本
一冊

220000－0801－0004503　善/4543

圭峯定慧禪師碑　（唐）裴休撰并書　清初拓
本　一冊

220000－0801－0004504　善/4544

圭峯定慧禪師碑　（唐）裴休撰并書　清拓本
一冊

220000－0801－0004505　善/4545

姚懿碑　（唐）胡皓撰　清初拓本　一冊

220000－0801－0004506　善/4546

姚懿碑　（唐）胡皓撰　清初拓本　一冊

220000－0801－0004507　善/4547

栖先塋記　（唐）李季卿文　清初拓本　一冊

220000－0801－0004508　善/4548

萬年宮名　（唐）高宗李治撰并行書　清初拓
本　一冊

220000－0801－0004509　善/4549

李秀殘碑　（唐）李邕撰并正書　清初拓本
一冊

220000－0801－0004510　善/4550

李寶臣紀功碑　（唐）王佑撰　（唐）王士則正
書　清初拓本　一冊

220000－0801－0004511　善/4551

夢真容碑　（唐）蘇靈芝書　清初拓本　一冊

220000－0801－0004512　善/4552

華嶽精享昭應碑　（唐）咸廙撰　清初拓本
一冊

220000－0801－0004513　善/4553

葉有道碑　（唐）李邕撰并書　明末拓本
一冊

220000－0801－0004514　善/4554

李思訓碑并序　（唐）李邕撰并行書　清乾隆
拓本　一冊

220000－0801－0004515　善/4555

夫子廟堂之碑　（唐）虞世南撰并書　明拓本
一冊

220000－0801－0004516　善/4556

書譜　（唐）孫過庭撰并書　清康熙安岐刻并
拓本　一冊

220000－0801－0004517　善/4557

秦王告少林寺主教　（唐）裴漼正書　清初拓
本　一冊

220000－0801－0004518　善/4558

秦望山法華寺碑并序　（唐）李邕撰并行書
清初拓本　一冊

220000－0801－0004519　善/4559

197

田公德政之碑 （唐）蘇靈芝行書 清初拓本
一冊

220000－0801－0004520 善/4560

昭仁寺碑 （唐）朱子奢撰 清初拓本 一冊

220000－0801－0004521 善/4561

雁塔聖教序 （唐）太宗李世民撰 明拓本
一冊

220000－0801－0004522 善/4562

屏風帖 （唐）太宗李世民草書 清初拓本
一冊

220000－0801－0004523 善/4563

段志玄碑并額 （□）□□撰 清初拓本
一冊

220000－0801－0004524 善/4564

金天王題銘 （唐）顏真卿撰并正書 明拓本
一冊

220000－0801－0004525 善/4565

美原神泉詩碑 （唐）尹元凱篆書 清初拓本
一冊

220000－0801－0004526 善/4566

邠國公功德銘 （唐）强瓊摹勒并刻字 清初
拓本 二冊

220000－0801－0004527 善/4567

游師雄題六駿碑 （宋）游師雄撰并繪 清初
拓本 一冊

220000－0801－0004528 善/4568

天馬賦 （宋）米芾書 清初拓本 一冊

220000－0801－0004529 善/4569

新修嵩嶽中天王廟碑 （宋）盧多遜撰 清初
拓本 一冊

220000－0801－0004530 善/4570

大觀帖十卷 （宋）蔡京書 明初拓本 五冊

220000－0801－0004531 善/4571

黄中美神道碑 （宋）朱熹撰并行書 清初拓
本 一冊

220000－0801－0004532 善/4572

狄梁公碑 （宋）范仲淹撰 明末拓本 一冊

220000－0801－0004533 善/4573

中嶽中天崇聖帝碑 （宋）王曾撰 清初拓本
一冊

220000－0801－0004534 善/4574

中嶽中天崇聖帝碑 （宋）王曾撰 清初拓本
一冊

220000－0801－0004535 善/4575

夫子廟堂碑 （唐）虞世南撰并書 明拓本
一冊

220000－0801－0004536 善/4576

題中興頌 （宋）黄庭堅撰并正書 清初拓本
一冊

220000－0801－0004537 善/4577

歐陽永叔醉翁亭記 （宋）蘇軾草書 明末拓
本 一冊

220000－0801－0004538 善/4578

米南宮帖 （宋）米芾行書 明拓本 六冊

220000－0801－0004539 善/4579

玄武殿碑 （元）元明善撰 明拓本 一冊

220000－0801－0004540 善/4580

玄教宗傳碑 （元）盧集撰 清初拓本 一冊

220000－0801－0004541 善/4581

張留孫碑銘 （元）趙孟頫撰并正書篆額 清
初拓本 四冊

220000－0801－0004542 善/4582

張留孫碑銘 （元）趙孟頫撰并正書篆額 清
初拓本 四冊

220000－0801－0004543 善/4583

黄庭經 （元）趙孟頫書 清初拓本 一冊

220000－0801－0004544 善/4584

梁天翔神道碑 （元）李源道撰 清初拓本
一冊

220000－0801－0004545 善/4585

蕭山縣大成殿記 （元）張伯淳撰 清初拓本
一冊

220000－0801－0004546　善/4586

來益堂帖　（□）□□撰　清初拓本　四冊

220000－0801－0004547　善/4587

開經寶偈　（□）□□撰　清康熙十八年(1679)拓本　一冊

220000－0801－0004548　善/4588

大唐中興頌　（唐）元結撰　（清）張照正書　清乾隆刻并拓本　四冊

220000－0801－0004549　善/4589

會稽刻石　（秦）李斯篆書　清初拓本　一冊

220000－0801－0004550　善/4590

千字文　（南朝梁）周興嗣撰　清雍正六年(1728)拓本　一冊

220000－0801－0004551　善/4591

劉陳書詩　（明）劉餘祐　（明）陳其樂撰并行書　清初刻并拓本　一冊

220000－0801－0004552　善/4592

少林寺道公碑　（明）董其昌撰并行書　清初拓本　一冊

220000－0801－0004553　善/4593

欽定時晴齋法帖　（清）汪由敦書　清乾隆二十三年(1758)拓本　十冊

220000－0801－0004554　善/4594

寶賢堂帖(大寶賢堂帖)　（明）朱奇源輯　清康熙十九年(1680)戴夢熊拓本　十二冊

220000－0801－0004555　善/4595

寶賢堂帖(大寶賢堂帖)　（明）朱奇源輯　清康熙十九年(1680)拓本　十二冊

220000－0801－0004556　善/4596

寶賢堂帖(大寶賢堂帖)　（明）朱奇源輯　清康熙十九年(1680)拓本　十二冊

220000－0801－0004557　善/4598

乾隆御定石經不分卷　（清）蔣衡書　清乾隆十年(1745)拓本　二百六冊

220000－0801－0004558　善/4599

夏小正攷註一卷　（清）畢沅撰　清乾隆四十

八年(1783)經訓堂刻本　一冊

220000－0801－0004559　善/4600

史記志疑三十六卷　（清）梁玉繩撰　清乾隆五十二年(1787)刻本　十

220000－0801－0004560　善/4601

義門讀書記五十八卷　（清）何焯　（清）蔣維鈞編　清乾隆三十四年(1769)刻本　十六冊

220000－0801－0004561　經 11/1

仿宋相臺五經不分卷　（宋）岳珂撰　清同治三年(1864)刻本　四十六冊

220000－0801－0004562　經 11/1－1

仿宋相臺五經不分卷　（宋）岳珂撰　清同治三年(1864)刻本　四十四冊

220000－0801－0004563　經 11/1－2

仿宋相臺五經不分卷　（宋）岳珂撰　清同治三年(1864)刻本　四十四冊

220000－0801－0004564　經 11/2

仿宋相臺五經不分卷　（宋）岳珂輯　清光緒二年(1876)江南書局刻本　三十二冊

220000－0801－0004565　經 11/2－1

仿宋相臺五經不分卷　（宋）岳珂輯　清光緒二年(1876)江南書局刻本　二十八冊

220000－0801－0004566　經 11/3

欽定五經傳說彙纂不分卷　（清）李光地等纂　清末石印本　十二冊

220000－0801－0004567　經 11/11

重刊宋本十三經註疏附校勘記四百十六卷　(清)南昌府學輯　清同治十二年(1873)江西書局刻本　一百八十冊

220000－0801－0004568　經 11/11－1

重刊宋本十三經註疏附校勘記四百十六卷　(清)南昌府學輯　清同治十二年(1873)江西書局刻本　一百八十冊

220000－0801－0004569　經 11/11－2

重刊宋本十三經註疏附校勘記四百十六卷　(清)南昌府學輯　清同治十二年(1873)江西書局刻本　一百九十四冊

220000－0801－0004570　經 11/12

十三經註疏三百四十六卷　（清）張照等輯
清同治十二年(1873)廣東書局刻本　一百二
十冊

220000－0801－0004571　經 11/13

十三經古註二百八十九卷　（明）金蟠輯　清
同治八年(1869)浙江書局刻本　四十八冊

220000－0801－0004572　經 11/13－1

十三經古註二百八十九卷　（明）金蟠輯　清
同治八年(1869)浙江書局刻本　四十八冊

220000－0801－0004573　經 11/13－2

十三經古註二百八十九卷　（明）金蟠輯　清
同治八年(1869)浙江書局刻本　二冊　存十
一卷(孟子四至十四)

220000－0801－0004574　經 11/15

宋本十三經註疏附校勘記四百十六卷　（清）
阮元撰　清光緒十三年(1887)脈望仙館影印
本　三十二冊

220000－0801－0004575　經 11/15－1

宋本十三經註疏附校勘記四百十六卷　（清）
阮元撰　清光緒十三年(1887)脈望仙館影印
本　三十二冊

220000－0801－0004576　經 11/20

**古經解匯函十六種一百三十卷附小學匯函十
四種一百二十六卷**　（清）鍾謙鈞等輯　清同
治十二年(1873)粵東書局刻本　六十四冊

220000－0801－0004577　經 11/20－1

**古經解匯函十六種一百三十卷附小學匯函十
四種一百二十六卷**　（清）鍾謙鈞等輯　清同
治十二年(1873)粵東書局刻本　六十四冊

220000－0801－0004578　經 11/20－2

**古經解匯函十六種一百三十卷附小學匯函十
四種一百二十六卷**　（清）鍾謙鈞等輯　清同
治十二年(1873)粵東書局刻本　六十八冊

220000－0801－0004579　經 11/20－3

**古經解匯函十六種一百三十卷附小學匯函十
四種一百二十六卷**　（清）鍾謙鈞等輯　清同

治十二年(1873)粵東書局刻本　五十九冊
缺十八卷(急就篇二至四、說文解字一至十
五)

220000－0801－0004580　經 11/20－4

**古經解匯函十六種一百三十卷附小學匯函十
四種一百二十六卷**　（清）鍾謙鈞等輯　清同
治十二年(1873)粵東書局刻本　七十六冊

220000－0801－0004581　經 11/23

稽古日鈔八卷　（清）張方湛著　（清）彭芝庭
鑒定　清末刻本　四冊

220000－0801－0004582　經 11/32

五經衷要五種七十二卷　（清）李式穀輯　清
道光十年(1830)南海葉夢龍風滿樓刻本　三
十八冊

220000－0801－0004583　經 12/1

易經十二卷首一卷末一卷　（宋）朱熹本義
清同治四年(1865)金陵書局刻本　四冊

220000－0801－0004584　經 12/2

易經大全會解四卷　范紫登編　清宣統三年
(1911)刻本　四冊

220000－0801－0004585　經 12/3

易經八卷　（宋）程頤傳　**易經本義十二卷首
一卷末一卷**　（宋）朱熹本義　清同治元年
(1862)金陵書局刻本　五冊

220000－0801－0004586　經 12/7

監本易經四卷　（宋）朱熹集錄　清宣統三年
(1911)刻本　二冊

220000－0801－0004587　經 12/8

易經四卷　（宋）朱熹集錄　清光緒五年
(1879)上洋紫文閣刻本　二冊

220000－0801－0004588　經 12/10

周易介五卷　（清）單維輯　清嘉慶二十一年
(1816)半山亭刻本　五冊

220000－0801－0004589　經 12/12

周易四卷　（清）丁寶楨等撰　清同治十一年
(1872)山東書局刻本　二冊

220000－0801－0004590　經 12/13

周易十卷 （三國魏）王弼注 清光緒十年
(1884)刻本 四冊

220000－0801－0004591 經 12/18
周易恒解五卷首一卷 （清）劉沅注釋 清嘉
慶二十五年(1820)豫誠堂刻本 六冊

220000－0801－0004592 經 12/20
易經解注傳義辯正四十四卷首二卷末二卷
（清）彭申甫編輯 清光緒十二年(1886)刻本
十六冊

220000－0801－0004593 經 12/20－1
易經解注傳義辯正四十四卷首二卷末二卷
（清）彭申甫編輯 清光緒十二年(1886)刻本
十二冊

220000－0801－0004594 經 12/21
易經精義匯參四卷 （清）林長扶輯 清光緒
二年(1876)刻本 四冊

220000－0801－0004595 經 12/23
易經體註大全合參四卷 （清）李兆賢輯著
清刻本 四冊

220000－0801－0004596 經 12/24
來瞿唐先生易註十五卷首一卷目錄圖像一卷
末一卷 （明）來知德註 清刻本 十冊

220000－0801－0004597 經 12/24－1
來瞿唐先生易註十五卷首一卷目錄圖像一卷
末一卷 （明）來知德註 清刻本 一冊 存
一卷(末一卷)

220000－0801－0004598 經 12/25
河上易註八卷圖說二卷 （清）黎世序著 清
道光元年(1821)刻本 六冊

220000－0801－0004599 經 12/27
易經通註九卷 （清）傅以漸 （清）曹本榮撰
清光緒十二年(1886)刻本 八冊

220000－0801－0004600 經 12/30
大成易旨四卷 （清）崔師訓著 清光緒十六
年(1890)刻本 六冊

220000－0801－0004601 經 12/33
易經詳說五十卷 （清）冉覲祖輯 清同治九

年(1870)刻本 二十五冊

220000－0801－0004602 經 12/34
易經札記三卷 （清）朱亦棟著 清光緒四年
(1878)刻本 一冊

220000－0801－0004603 經 12/36
易經八卷 （宋）程頤傳 清光緒九年(1883)
江南書局刻本 三冊

220000－0801－0004604 經 12/38
易經如話十二卷首一卷 （清）汪紱著 清光
緒十年(1884)刻本 六冊

220000－0801－0004605 經 12/41
易象一說 （清）潘欲仁著 清光緒七年
(1881)刻本 二冊

220000－0801－0004606 經 12/45
易傳燈四卷 （宋）徐總幹撰 清初刻本
一冊

220000－0801－0004607 經 12/49
易說旁通十卷 （清）吳嶽輯 清同治十年
(1871)佑啓堂刻本 十冊

220000－0801－0004608 經 12/50
易說醒四卷首一卷 （明）洪守美撰 清同治
十一年(1872)新豐士族刻本 二冊

220000－0801－0004609 經 12/51
易說十二卷易說便錄一卷 （清）郝懿行學
清光緒八年(1882)刻本 四冊

220000－0801－0004610 經 12/52
退思易話八卷 （清）王玉樹著 清道光十年
(1830)刻本 二冊

220000－0801－0004611 經 12/54
易酌十四卷 （清）刁包撰 清道光二十三年
(1843)順積樓刻本 八冊

220000－0801－0004612 經 12/54－1
易酌十四卷 （清）刁包撰 清道光二十三年
(1843)順積樓刻本 十四冊

220000－0801－0004613 經 12/55
易漢學八卷 （清）惠棟撰 清初柏筍堂刻本

二册

220000－0801－0004614　經 12/55－1

易漢學八卷　（清）惠棟撰　清初柏筍堂刻本
二册

220000－0801－0004615　經 12/58

易確二十卷首一卷　（清）許桂林著　清道光
十五年(1835)刻本　四册

220000－0801－0004616　經 12/58－1

易確二十卷首一卷　（清）許桂林著　清道光
十五年(1835)刻本　四册

220000－0801－0004617　經 12/59

易義闡四卷　（清）吳古餘撰　清乾隆三十年
(1765)光復堂刻本　三册

220000－0801－0004618　經 12/60

易冒十卷　程良玉著　清光緒十二年(1886)
刻本　四册

220000－0801－0004619　經 12/60－1

易冒十卷　程良玉著　清光緒十二年(1886)
刻本　四册

220000－0801－0004620　經 12/62

易學濫觴一卷　（元）黃澤撰　清初刻本
一册

220000－0801－0004621　經 12/65

讀易傳心十二卷　（清）韓怡撰　清嘉慶十三
年(1808)木存堂刻本　五册

220000－0801－0004622　經 12/67

心易溯原二十四卷首一卷　（清）謝若潮撰
清光緒十九年(1893)夢蕉堂刻本　八册

220000－0801－0004623　經 12/69

**經筍質疑易義原則六卷首一卷經筍質疑易義
附篇四卷首一卷**　（清）張瓚珩撰　清道光九
年(1829)刻本　十一册

220000－0801－0004624　經 12/70

需時眇言十卷　（清）沈善登撰　清光緒二十
八年(1902)豫恕堂刻本　八册

220000－0801－0004625　經 12/72

槎溪學易三卷　（清）陳鼐撰　清同治十三年
(1874)刻本　三册

220000－0801－0004626　經 12/72－1

槎溪學易三卷　（清）陳鼐撰　清同治十三年
(1874)刻本　二册

220000－0801－0004627　經 12/73

讀易初稿八卷　（清）丁敘忠述　清同治二年
(1863)白芙堂鉛活字印本　八册

220000－0801－0004628　經 12/78

周易鄭氏義三卷　（清）張惠言撰　清道光元
年(1821)刻本　一册

220000－0801－0004629　經 12/79

周易虞氏義九卷周易虞氏義消息二卷　（清）
張惠言撰　清嘉慶八年(1803)揚州阮氏琅嬛
仙館刻本　四册

220000－0801－0004630　經 12/79－1

周易虞氏義九卷周易虞氏義消息二卷　（清）
張惠言撰　清嘉慶八年(1803)揚州阮氏琅嬛
仙館刻本　四册

220000－0801－0004631　經 12/81

周易審義四卷　（清）張惠言撰　清咸豐七年
(1857)刻本　四册

220000－0801－0004632　經 12/81－1

周易審義四卷　（清）張惠言撰　清咸豐七年
(1857)刻本　四册

220000－0801－0004633　經 12/82

周易孔義三卷　（明）高攀龍撰　清同治三年
(1864)思過齋刻本　一册

220000－0801－0004634　經 12/82－1

周易孔義三卷　（明）高攀龍撰　清同治三年
(1864)思過齋刻本　一册

220000－0801－0004635　經 12/83

御纂周易述義十卷　（清）傅恒等撰　清末刻
本　八册

220000－0801－0004636　經 12/84

御纂周易述義十卷　（清）傅恒等撰　清末抄
本　四册

220000－0801－0004637　　經 12/85

周易口訣義六卷末一卷　（唐）史徵撰　（清）孫星衍校　清同治元年(1862)孫星衍刻本　三冊

220000－0801－0004638　　經 12/88

周易集義六卷　（清）王肇鼎集義　清光緒十三年(1887)刻本　六冊

220000－0801－0004639　　經 12/89

周易傳義合訂十二卷　（清）朱軾輯　清光緒二十三年(1897)刻本　六冊

220000－0801－0004640　　經 12/92

周易本義四卷附圖說一卷　（宋）朱熹撰　清末刻本　二冊

220000－0801－0004641　　經 12/95

周易本義十二卷　（宋）朱熹本義　清宣統三年(1911)刻本　四冊

220000－0801－0004642　　經 12/96

周易通義十六卷　（清）邊廷英撰　清道光十六年(1836)刻本　十六冊

220000－0801－0004643　　經 12/97

周易通義二十二卷首一卷　（清）蘇秉國撰　清嘉慶二十三年(1818)刻本　十冊

220000－0801－0004644　　經 12/98

周易廓二十四卷　（清）陳世鎔撰　清咸豐元年(1851)獨秀山莊刻本　六冊

220000－0801－0004645　　經 12/100

周易正義十四卷　（唐）孔穎達撰　清光緒元年(1875)刻本　四冊

220000－0801－0004646　　經 12/100－1

周易正義十四卷　（唐）孔穎達撰　清光緒元年(1875)刻本　四冊

220000－0801－0004647　　經 12/105

周易從周述正不分卷　（清）郭籛齡撰　清末刻本　一冊

220000－0801－0004648　　經 12/106

周易理數貫四卷　（清）汪乙然撰　清同治六年(1867)刻本　四冊

220000－0801－0004649　　經 12/108

周易變通解六卷首一卷末一卷　（清）萬裕澐註　清光緒九年(1883)刻本　六冊

220000－0801－0004650　　經 12/109

周易臆解一卷附圖說二卷　（清）楊以迥釋　清光緒十年(1884)刻本　五冊

220000－0801－0004651　　經 12/109－1

周易臆解一卷附圖說二卷　（清）楊以迥釋　清光緒十年(1884)刻本　五冊

220000－0801－0004652　　經 12/111

周易集解十七卷　（唐）李鼎祚撰　清嘉慶二十三年(1818)木瀆周氏刻本　三冊

220000－0801－0004653　　經 12/112

周易通解二卷附圖說二卷　（清）楊以迥釋　清光緒二十年(1894)刻本　五冊

220000－0801－0004654　　經 12/113

周易變通解六卷首一卷末一卷　（清）萬裕澐註　清同治十二年(1873)刻本　六冊

220000－0801－0004655　　經 12/115

周易擇言六卷　（清）鮑作雨撰　清同治三年(1864)清慎堂刻本　六冊

220000－0801－0004656　　經 12/116

周易舉正三卷正易心法一卷　（唐）郭京撰　清末張海鵬照曠閣刻本　一冊

220000－0801－0004657　　經 12/118

周易洗心十卷　（清）任啓運傳　清光緒八年(1882)一本堂刻本　六冊

220000－0801－0004658　　經 12/120

周易實事十五卷首一卷　（清）文嗣述　清末明道堂刻本　十二冊

220000－0801－0004659　　經 12/121

御纂周易折中二十二卷首一卷　（清）李光地等纂　清同治六年(1867)刻本　十冊

220000－0801－0004660　　經 12/121－1

御纂周易折中二十二卷首一卷　（清）李光地等纂　清同治六年(1867)刻本　十冊

220000－0801－0004661　經12/121－2

御纂周易折中二十二卷首一卷　（清）李光地
等纂　清同治六年（1867）刻本　十冊

220000－0801－0004662　經12/122

周易大象傳解不分卷　（清）芮城撰　清光緒
十年（1884）刻本　一冊

220000－0801－0004663　經12/124

周易爻徵廣義六卷首一卷末一卷　（清）闔汝
弼編輯　清光緒元年（1875）刻本　八冊

220000－0801－0004664　經12/125

周易象傳消息升降大義述一卷　（清）吳翊寅
撰　清光緒二十一年（1895）廣雅書局刻本
一冊

220000－0801－0004665　經12/126

周易姚氏學十六卷首一卷　（清）姚配中撰
清光緒三年（1877）湖北崇文書局刻本　二冊

220000－0801－0004666　經12/127

周易故訓訂不分卷附周易註疏賸本不分卷
（清）黃以周撰　清咸豐五年（1855）刻本
二冊

220000－0801－0004667　經12/127－1

周易故訓訂不分卷附周易註疏賸本不分卷
（清）黃以周撰　清咸豐五年（1855）刻本
四冊

220000－0801－0004668　經12/133

易卦變圖說　（□）□□撰　清光緒八年
（1882）會稽徐氏刻本　一冊

220000－0801－0004669　經12/135

周易傳義音訓八卷首一卷末一卷　（宋）程頤
傳　（宋）朱熹本義　（宋）呂祖謙音訓　清光
緒十五年（1889）江南書局刻本　八冊

220000－0801－0004670　經12/136

周易傳義音訓八卷首一卷末一卷　（宋）程頤
傳　（宋）朱熹本義　（宋）呂祖謙音訓　清光
緒五年至六年（1879－1880）刻本　六冊

220000－0801－0004671　經12/137

易林釋文二卷　（清）丁晏撰　清光緒十六年

（1890）廣雅書局刻本　一冊

220000－0801－0004672　經12/137－1

易林釋文二卷　（清）丁晏撰　清光緒十六年
（1890）廣雅書局刻本　一冊

220000－0801－0004673　經12/137－2

易林釋文二卷　（清）丁晏撰　清光緒十六年
（1890）廣雅書局刻本　一冊

220000－0801－0004674　經12/138

易緯六種八卷　（漢）鄭玄撰　清末刻本
一冊

220000－0801－0004675　經12/139

費氏古易訂文十二卷　王樹枏撰　清光緒十
五年（1889）文莫室刻本　四冊

220000－0801－0004676　經12/141

周易訓義七卷首一卷　（清）喻遜纂輯　清嘉
慶十八年（1813）刻本　六冊

220000－0801－0004677　經12/142

易緯略義三卷　（清）張惠言撰　清嘉慶十九
年（1814）廣雅書局刻本　一冊

220000－0801－0004678　經12/142－1

易緯略義三卷　（清）張惠言撰　清嘉慶十九
年（1814）廣雅書局刻本　一冊

220000－0801－0004679　經12/144

漢魏二十一家易註二十一種三十三卷　（清）
孫堂輯　清嘉慶四年（1799）平湖孫氏映雪草
堂刻本　五冊

220000－0801－0004680　經12/145

古易音訓二卷　（宋）呂祖謙撰　（清）宋咸熙
輯　清光緒三年（1877）刻本　一冊

220000－0801－0004681　經12/148

大易床頭私錄三卷　（明）董懋策撰　清光緒
三十二年（1906）刻本　一冊

220000－0801－0004682　經12/149

周易三卷　（□）□□撰　清宣統元年（1909）
石印本　二冊

220000－0801－0004683　經12/150

周易精義二卷　楊鍾泂撰　清末石印本
二冊

220000－0801－0004684　經 12/152
周易解故一卷　（清）丁晏撰　清光緒十九年
(1893)廣雅書局刻本　一冊

220000－0801－0004685　經 12/153
忘筌書十卷　（宋）潘殖撰　清嘉慶十六年
(1811)浦城祝氏留香室刻浦城遺書本　一冊

220000－0801－0004686　經 12/153－1
忘筌書十卷　（宋）潘殖撰　清嘉慶十六年
(1811)浦城祝氏留香室刻浦城遺書本　二冊

220000－0801－0004687　經 12/159
易經衷論二卷書經衷論四卷　（清）張英撰
清光緒二十三年(1897)桐城張氏刻本　三冊

220000－0801－0004688　經 12/161
象數論六卷　（清）黃宗羲撰　清末廣雅書局
刻本　二冊

220000－0801－0004689　經 12/161－1
象數論六卷　（清）黃宗羲撰　清末廣雅書局
刻本　二冊

220000－0801－0004690　經 12/162
周易四卷　（□）□□撰　清光緒六年(1880)
掃葉山房刻本　二冊

220000－0801－0004691　經 12/166
周易本義四卷圖說一卷卦歌一卷筮儀一卷
（宋）朱熹撰　清光緒十三年(1887)刻本
三冊

220000－0801－0004692　經 12/168
周易兼義九卷校勘記九卷　（三國魏）王弼注
（唐）孔穎達正義　清同治十三年(1874)湖
南書局刻本　八冊

220000－0801－0004693　經 12/169
周易要義十卷　（宋）魏了翁撰　清光緒十二
年(1886)江蘇書局刻本　四冊

220000－0801－0004694　經 12/170
周易集解十卷　（清）孫星衍撰　清嘉慶三年
(1798)孫星衍刻本　三冊

220000－0801－0004695　經 12/172
周易本義四卷　（宋）朱熹撰　清刻本　二冊

220000－0801－0004696　經 12/175
仲氏易三十卷　（清）毛奇齡撰　清刻本
四冊

220000－0801－0004697　經 12/177
伊川易傳四卷　（宋）程頤撰　清末刻本　二
冊　存二卷(三至四)

220000－0801－0004698　經 13/3
寫定尚書不分卷　（清）吳汝綸輯　清光緒十
三年(1887)刻本　一冊

220000－0801－0004699　經 13/9
尚書十三卷　（漢）孔安國傳　清末刻本
四冊

220000－0801－0004700　經 13/12
書經六卷　（宋）蔡沈集傳　清光緒三十四年
(1908)學部圖書局影印本　六冊

220000－0801－0004701　經 13/14
書經六卷首一卷末一卷　（宋）蔡沈集傳　清
末刻本　六冊

220000－0801－0004702　經 13/15
書經六卷　（宋）蔡沈集傳　清末劍溪堂刻本
二冊

220000－0801－0004703　經 13/16
書六卷　（宋）蔡沈集傳　清末京都清秘閣刻
本　四冊

220000－0801－0004704　經 13/17
書六卷　（宋）蔡沈集傳　清光緒十九年
(1893)無錫周氏攟秀堂刻本　四冊

220000－0801－0004705　經 13/19
書經體註大全合參六卷　（清）錢希祥纂輯
清同治三年(1864)東昌文會堂刻本　四冊

220000－0801－0004706　經 13/21
書經體註大全合參六卷　（清）錢希祥纂輯
清末刻本　四冊

220000－0801－0004707　經 13/22

書經六卷首一卷　(宋)蔡沈集傳　清末刻本
四冊

220000－0801－0004708　經13/23

書經旁訓合璧六卷首一卷末一卷　(清)徐立
綱撰　清光緒六年(1880)刻本　三冊

220000－0801－0004709　經13/25

書經體註大全合參六卷　(清)錢希祥纂輯
清光緒六年(1880)掃葉山房刻本　四冊

220000－0801－0004710　經13/26

尚書彙纂十二卷　(清)陸士楷纂輯　清光緒
十二年(1886)陸氏善慶堂刻本　四冊

220000－0801－0004711　經13/28

蔡傳正訛六卷　(清)左眉撰　清末鉛印本
二冊

220000－0801－0004712　經13/29

書說二卷　(清)郝懿行撰　清光緒八年
(1882)東路廳署刻本　二冊

220000－0801－0004713　經13/31

書經恒解六卷　(清)劉沅輯註　清光緒三十
一年(1905)刻本　六冊

220000－0801－0004714　經13/32

尚書札記四卷　(清)許鴻磐撰　清同治九年
(1870)學海堂刻本　二冊

220000－0801－0004715　經13/34

書經體註六卷首一卷　(清)范翔參訂　清同
治元年(1862)慶雲樓刻本　四冊

220000－0801－0004716　經13/35

今文尚書經說考三十二卷　(清)陳喬樅撰
清刻本　十三冊　缺一卷(一上)

220000－0801－0004717　經13/36

書經稗疏四卷　(清)王夫之撰　清同治四年
(1865)湘鄉曾氏刻本　三冊

220000－0801－0004718　經13/38

書傳音釋六卷首一卷末一卷　(元)鄒季友撰
清光緒十五年(1889)江南書局刻本　六冊

220000－0801－0004719　經13/38－1

書傳音釋六卷首一卷末一卷　(元)鄒季友撰
清光緒十五年(1889)江南書局刻本　六冊

220000－0801－0004720　經13/39

書經述六卷　(清)許祖京撰　清同治十三年
(1874)杭州陸貞楚刻本　二冊

220000－0801－0004721　經13/39－1

書經述六卷　(清)許祖京撰　清同治十三年
(1874)杭州陸貞楚刻本　二冊

220000－0801－0004722　經13/40

書經翼七卷　(明)謝廷讚撰　清末刻本
四冊

220000－0801－0004723　經13/41

枕葄齋書經問答八卷　(清)胡嗣運撰　清光
緒三十四年(1908)鵬南書屋刻本　二冊

220000－0801－0004724　經13/42

揚子書繹六卷　(清)楊文彩撰　清光緒二年
(1876)仁和韓懿章刻本　十冊

220000－0801－0004725　經13/42－1

揚子書繹六卷　(清)楊文彩撰　清光緒二年
(1876)仁和韓懿章刻本　十冊

220000－0801－0004726　經13/44

書經傳說彙纂二十一卷首二卷　(清)王頊齡
等撰　清同治七年(1868)刻本　十二冊

220000－0801－0004727　經13/47

書經註十二卷　(元)金履祥撰　清光緒五年
(1879)刻本　八冊

220000－0801－0004728　經13/48

書經六卷　(宋)蔡沈集傳　清光緒元年
(1875)湖北崇文書局刻本　四冊

220000－0801－0004729　經13/50

書古微十二卷首一卷　(清)魏源撰　清光緒
四年(1878)淮南書局刻本　四冊

220000－0801－0004730　經13/56

古文尚書十卷逸文叙二卷　(漢)鄭玄註
(宋)王應麟撰集　(清)孫星衍補集　清末刻
本　二冊

220000－0801－0004731　經13/57

尚書正旨　(□)□□撰　清抄本　四冊

220000－0801－0004732　經13/60

尚書可解輯粹二卷　(清)潘相編　清嘉慶四年(1799)刻本　二冊

220000－0801－0004733　經13/63

尚書句解攷正合刻不分卷　(清)徐天璋撰　清光緒二十七年(1901)雲麓山館刻本　六冊

220000－0801－0004734　經13/66

尚書後案三十卷　(清)王鳴盛撰　清光緒十三年(1887)大同書局石印本　二冊

220000－0801－0004735　經13/67

尚書繹聞一卷讀左評餘一卷　(清)史致準撰　清光緒三年(1877)刻本　一冊

220000－0801－0004736　經13/68

尚書伸孔篇一卷　(清)焦廷琥撰　清光緒十四年(1888)廣雅書局刻本　一冊

220000－0801－0004737　經13/69

尚書考異六卷　(明)梅鷟撰　清嘉慶十九年(1814)金陵劉文奎刻本　四冊

220000－0801－0004738　經13/70

尚書考異六卷　(明)梅鷟撰　清光緒十八年(1892)浙江書局刻本　四冊

220000－0801－0004739　經13/76

尚書大傳四卷攷異一卷補遺一卷續補遺一卷　(漢)伏勝撰　(漢)鄭玄註　(清)盧見曾補遺　(清)盧文弨考異并續補遺　清光緒三年(1877)湖北崇文書局刻本　一冊

220000－0801－0004740　經13/77

尚書集註述疏三十五卷首一卷末一卷　(清)簡朝亮述　清光緒三十三年(1907)刻本　四冊

220000－0801－0004741　經13/78

尚書表註二卷　(元)金履祥註　清光緒十年(1884)掃葉山房影印本　二冊

220000－0801－0004742　經13/79

尚書古文疏證八卷　(清)閻若璩撰　清刻本

八冊

220000－0801－0004743　經13/81

尚書因文六卷首一卷末一卷　(清)武士選撰　清刻本　四冊

220000－0801－0004744　經13/82

尚書駢枝不分卷　(清)孫詒讓撰　清末燕京大學刻本　一冊

220000－0801－0004745　經13/82－1

尚書駢枝不分卷　(清)孫詒讓撰　清末燕京大學刻本　一冊

220000－0801－0004746　經13/84

尚書今文二十八篇解不分卷　(清)楊鍾泰撰　清道光十八年(1838)載德堂刻本　四冊

220000－0801－0004747　經13/86

尚書今古文註疏三十卷　(清)孫星衍撰　清嘉慶二十年(1815)冶城山館刻本　六冊

220000－0801－0004748　經13/86－1

尚書今古文註疏三十卷　(清)孫星衍撰　清嘉慶二十年(1815)冶城山館刻本　五冊

220000－0801－0004749　經13/87

古文尚書正辭三十三卷　(清)吳光耀撰　清光緒十九年(1893)刻本　十四冊

220000－0801－0004750　經13/88

尚書古文疏證八卷　(清)閻若璩撰　清乾隆眷西堂刻同治六年(1867)錢塘汪氏振綺堂補刻本　八冊

220000－0801－0004751　經13/89

朱子說書綱領一卷　(宋)朱熹撰　清末刻本　一冊

220000－0801－0004752　經13/91

書經圖說五十卷　(清)孫家鼐等編　清光緒三十一年(1905)大學堂編書局影印本　十六冊

220000－0801－0004753　經13/91－1

書經圖說五十卷　(清)孫家鼐等編　清光緒三十一年(1905)大學堂編書局影印本　十六冊

220000 - 0801 - 0004754　經 13/91 - 2

書經圖說五十卷　（清）孫家鼐等編　清光緒三十一年（1905）大學堂編書局影印本　十六冊

220000 - 0801 - 0004755　經 13/91 - 3

書經圖說五十卷　（清）孫家鼐等編　清光緒三十一年（1905）大學堂編書局影印本　十六冊

220000 - 0801 - 0004756　經 13/91 - 4

書經圖說五十卷　（清）孫家鼐等編　清光緒三十一年（1905）大學堂編書局影印本　十六冊

220000 - 0801 - 0004757　經 13/92

禹貢水道考異南條五卷北條五卷　（清）方坰撰　清道光三年(1823)刻本　二冊

220000 - 0801 - 0004758　經 13/93

禹貢易知編十二卷　（清）李慎儒撰　清光緒二十五年（1899）丹徒李氏刻本　四冊

220000 - 0801 - 0004759　經 13/93 - 1

禹貢易知編十二卷　（清）李慎儒撰　清光緒二十五年（1899）丹徒李氏刻本　四冊

220000 - 0801 - 0004760　經 13/95

禹貢鄭註釋二卷　（清）焦循撰　清道光八年(1828)半九書塾刻本　一冊

220000 - 0801 - 0004761　經 13/96

禹貢　（□）□□撰　清光緒七年(1881)錢應桂刻本　一冊

220000 - 0801 - 0004762　經 13/97

增訂夏書禹貢註讀不分卷　（清）徐鹿蘋輯　清光緒四年(1878)上洋集成堂刻本　一冊

220000 - 0801 - 0004763　經 13/98

禹貢　（清）吳鳳梧註　清宣統二年（1910）石印本　一冊

220000 - 0801 - 0004764　經 13/99

禹貢讀本二卷　（清）陳士魁撰　清末刻本　一冊

220000 - 0801 - 0004765　經 13/101

禹貢說二卷　（清）魏源撰　清同治六年(1867)粵東富文齋刻本　二冊

220000 - 0801 - 0004766　經 13/102

禹貢正解不分卷　（清）朱鎮撰　清宣統三年（1911）刻本　一冊

220000 - 0801 - 0004767　經 13/102 - 1

禹貢正解不分卷　（清）朱鎮撰　清宣統三年（1911）刻本　一冊

220000 - 0801 - 0004768　經 13/103

禹貢正詮四卷　（清）姚彥渠輯　清光緒十一年(1885)刻本　一冊

220000 - 0801 - 0004769　經 13/103 - 1

禹貢正詮四卷　（清）姚彥渠輯　清光緒十一年(1885)刻本　二冊

220000 - 0801 - 0004770　經 13/105

禹貢班義述三卷　（清）成蓉鏡撰　清光緒十四年(1888)廣雅書局刻本　一冊

220000 - 0801 - 0004771　經 13/105 - 1

禹貢班義述三卷　（清）成蓉鏡撰　清光緒十四年(1888)廣雅書局刻本　一冊

220000 - 0801 - 0004772　經 13/105 - 2

禹貢班義述三卷　（清）成蓉鏡撰　清光緒十四年(1888)廣雅書局刻本　一冊

220000 - 0801 - 0004773　經 13/106

禹貢會箋十二卷　（清）徐文靖箋　清同治十三年(1874)慈谿何氏刻本　四冊

220000 - 0801 - 0004774　經 13/106 - 1

禹貢會箋十二卷　（清）徐文靖箋　清同治十三年(1874)慈谿何氏刻本　四冊

220000 - 0801 - 0004775　經 13/106 - 2

禹貢會箋十二卷　（清）徐文靖箋　清同治十三年(1874)慈谿何氏刻本　四冊

220000 - 0801 - 0004776　經 13/107

禹貢川澤考二卷　（清）桂文燦撰　清光緒十二年(1886)利華印務局石印本　一冊

220000 - 0801 - 0004777　經 13/107 - 1

禹貢川澤考二卷　（清）桂文燦撰　清光緒十二年(1886)利華印務局石印本　一冊

220000－0801－0004778　經 13/107－2

禹貢川澤考二卷　（清）桂文燦撰　清光緒十二年(1886)利華印務局石印本　一冊

220000－0801－0004779　經 13/107－3

禹貢川澤考二卷　（清）桂文燦撰　清光緒十二年(1886)利華印務局石印本　一冊

220000－0801－0004780　經 13/107－4

禹貢川澤考二卷　（清）桂文燦撰　清光緒十二年(1886)利華印務局石印本　一冊

220000－0801－0004781　經 13/108

禹貢便讀二卷　（清）吳焯彙註　清道光七年(1827)刻本　一冊

220000－0801－0004782　經 13/109

禹貢便讀二卷　（清）顧觀光輯註　清光緒元年(1875)金山吉林書屋刻本　一冊

220000－0801－0004783　經 13/110

禹貢匯解六卷首一卷　（清）洪兆雲纂輯　清光緒二十八年(1902)刻本　四冊

220000－0801－0004784　經 13/111

禹貢揭要不分卷　（清）姜信撰　清嘉慶十八年(1813)知止山房刻本　二冊

220000－0801－0004785　經 13/111－1

禹貢揭要不分卷　（清）姜信撰　清嘉慶十八年(1813)知止山房刻本　一冊

220000－0801－0004786　經 13/113

禹貢因不分卷　（清）沈練撰　清光緒十八年(1892)歸安縣署刻本　一冊

220000－0801－0004787　經 13/116

禹貢錐指節要一卷　（清）汪獻玗輯　清同治九年(1870)群玉齋刻本　一冊

220000－0801－0004788　經 13/116－1

禹貢錐指節要一卷　（清）汪獻玗輯　清同治九年(1870)群玉齋刻本　一冊

220000－0801－0004789　經 13/117

洪範宗經三卷　（清）丁裕彥纂註　清道光十五年(1835)丁氏家塾刻本　三冊

220000－0801－0004790　經 13/118

洪範大義三卷　唐文治撰　清同治元年(1862)刻本　一冊

220000－0801－0004791　經 13/120

今文尚書經說攷三十二卷首一卷叙錄一卷補遺一卷　（清）陳喬樅撰　清同治元年(1862)刻本　十八冊

220000－0801－0004792　經 13/123

洪範五行傳三卷　（漢）劉向撰　（清）陳壽祺輯　清中期刻本　二冊

220000－0801－0004793　經 13/124

尚書故三卷附夏小正私箋一卷　（清）吳汝綸撰　清光緒三十年(1904)吳氏刻本　三冊

220000－0801－0004794　經 13/125

古文尚書冤詞平議二卷　（清）皮錫瑞撰　清光緒二十二年(1896)思賢書局刻本　一冊

220000－0801－0004795　經 13/129

尚書伸孔篇一卷　（清）焦廷琥撰　清光緒十四年(1888)廣雅書局刻本　一冊

220000－0801－0004796　經 13/131

尚書表註二卷　（元）金履祥撰　清同治八年(1869)退補齋刻本　一冊

220000－0801－0004797　經 13/132

晚書訂疑三卷　（清）程廷祚撰　清末刻本　一冊

220000－0801－0004798　經 13/133

讀書隨筆四卷　（清）吳大廷撰　清同治十二年(1873)刻本　二冊

220000－0801－0004799　經 13/134

讀書叢說六卷　（元）許謙撰　清同治十一年(1872)退補齋刻本　二冊

220000－0801－0004800　經 13/136

揚子書繹六卷　清光緒二年(1876)文起堂刻本　十冊

220000 – 0801 – 0004801　經 13/137

晚書訂疑三卷　（清）程廷祚撰　清末刻本
一冊

220000 – 0801 – 0004802　經 13/139

書經正文六卷　（□）□□撰　清光緒二十五
年(1899)重慶中西書屋刻本　四冊

220000 – 0801 – 0004803　經 13/140

書經六卷首一卷末一卷　（宋）蔡沈集傳　清
同治五年(1866)金陵書局刻本　四冊

220000 – 0801 – 0004804　經 13/142

煥文閣校刊殿本書經六卷　（宋）蔡沈集傳
清光緒二十三年(1897)刻本　六冊

220000 – 0801 – 0004805　經 13/143

書經旁訓四卷　（□）□□撰　清末狀元閣刻
本　一冊

220000 – 0801 – 0004806　經 13/143 – 1

書經旁訓四卷　（□）□□撰　清末狀元閣刻
本　一冊

220000 – 0801 – 0004807　經 13/144

書經旁訓四卷　（□）□□撰　清嘉慶十八年
(1813)刻本　一冊

220000 – 0801 – 0004808　經 13/145

尚書詳解五十卷　（宋）陳經撰　清末刻本
一冊　存三卷(三至五)

220000 – 0801 – 0004809　經 13/146

尚書札記四卷　（清）許鴻磐撰　清同治九年
(1870)濟寧李福泰刻本　二冊

220000 – 0801 – 0004810　經 13/147

附釋音尚書註疏二十卷校勘記二十卷　（漢）
孔安國傳　（唐）陸德明音義　（唐）孔穎達疏
清道光六年(1826)刻本　十冊

220000 – 0801 – 0004811　經 14/3

詩六卷　（宋）朱熹集傳　清末江南城狀元閣
刻本　六冊

220000 – 0801 – 0004812　經 14/4

詩八卷　（宋）朱熹集傳　清道光十四年
(1834)姑蘇聚文堂刻本　四冊

220000 – 0801 – 0004813　經 14/5

詩八卷　（宋）朱熹集傳　清末刻本　四冊

220000 – 0801 – 0004814　經 14/6

詩毛氏傳疏三十卷附錄七卷　（清）陳奐撰
清光緒十年(1884)刻本　十二冊

220000 – 0801 – 0004815　經 14/10

詩經八卷　（宋）朱熹集傳　清同治二年
(1863)經義齋刻本　四冊

220000 – 0801 – 0004816　經 14/11

詩經八卷　（宋）朱熹集傳　清光緒四年
(1878)李光明莊刻本　四冊

220000 – 0801 – 0004817　經 14/12

詩經　（宋）朱熹集傳　清光緒二十二年
(1896)金陵書局刻本　四冊

220000 – 0801 – 0004818　經 14/13

詩經八卷　（宋）朱熹集傳　清光緒七年
(1881)金陵書局刻本　四冊

220000 – 0801 – 0004819　經 14/14

詩經八卷　（宋）朱熹集傳　清末刻本　四冊

220000 – 0801 – 0004820　經 14/15

韓詩外傳十卷　（漢）韓嬰撰　清光緒三年
(1877)湖北崇文書局刻本　二冊

220000 – 0801 – 0004821　經 14/15 – 1

韓詩外傳十卷　（漢）韓嬰撰　清光緒三年
(1877)湖北崇文書局刻本　二冊

220000 – 0801 – 0004822　經 14/19

御案詩經備旨八卷　（清）鄒聖脈纂輯　清光
緒六年(1880)掃葉山房刻本　八冊

220000 – 0801 – 0004823　經 14/21

詩經繹參四卷　（清）鄧翔撰　清同治七年
(1868)刻朱墨套印本　四冊

220000 – 0801 – 0004824　經 14/23

詩經補箋二十卷　王闓運撰　清光緒十九年
(1893)刻本　十冊

220000 – 0801 – 0004825　經 14/23 – 1

詩經補箋二十卷　王闓運撰　清光緒十九年

(1893)刻本　四冊

220000－0801－0004826　經14/27

詩經世本古義二十八卷首一卷末一卷　（明）何楷撰　清嘉慶二十四年(1819)溪邑謝氏文林堂刻本　四十八冊

220000－0801－0004827　經14/28

詩經申義十卷　（清）吳士模撰　清光緒十七年(1891)澤古齋刻本　四冊

220000－0801－0004828　經14/29

詩經揭要四卷　（清）許寶善撰　清末刻本　一冊

220000－0801－0004829　經14/30

詩經貫解四卷　（清）徐壽基撰　清末酌雅堂刻本　六冊

220000－0801－0004830　經14/32

詩經體註大全合參八卷　（清）高朝瓔撰　清光緒三十二年(1906)刻本　四冊

220000－0801－0004831　經14/33

詩經精華十卷　（清）薛嘉穎撰　清道光五年(1825)福州集新堂刻本　六冊

220000－0801－0004832　經14/35

詩說二卷　（清）郝懿行撰　清光緒八年(1882)刻本　二冊

220000－0801－0004833　經14/37

詩說十二卷　（宋）劉克撰　清道光八年(1828)藝芸書舍刻本　四冊　缺三卷(九至十、十二)

220000－0801－0004834　經14/38

詩毛氏傳疏三十卷附錄七卷　（清）陳奐撰　清道光二十七年(1847)吳門南園陳氏掃葉山莊刻本　十二冊

220000－0801－0004835　經14/40

詩毛氏傳疏三十卷　（清）陳奐撰　清道光二十七年(1847)吳門南園陳氏掃葉山莊刻本　十冊

220000－0801－0004836　經14/41

詩緝三十六卷　（宋）嚴粲撰　清光緒十六年(1890)成都雛園刻本　十二冊

220000－0801－0004837　經14/43

詩總聞二十卷　（宋）王質撰　清道光二十六年(1846)刻本　六冊

220000－0801－0004838　經14/43－1

詩總聞二十卷　（宋）王質撰　清道光二十六年(1846)刻本　六冊

220000－0801－0004839　經14/46

御纂詩義折中二十卷　（清）傅恒等撰　清末京都打磨廠文成堂刻本　六冊

220000－0801－0004840　經14/48

朱子詩義補正八卷　（清）方苞撰　清光緒三年(1877)南海馮氏刻本　四冊

220000－0801－0004841　經14/51

呂氏家塾讀詩記三十二卷　（宋）呂祖謙撰　清末刻本　十二冊

220000－0801－0004842　經14/55

毛詩註二十卷　（漢）毛萇傳　（漢）鄭玄箋　清稽古樓刻本　十二冊

220000－0801－0004843　經14/57

毛詩訂詁八卷附錄二卷　（清）顧棟高撰　清光緒二十二年(1896)江蘇書局刻本　四冊

220000－0801－0004844　經14/58

毛詩讀三十卷　（漢）毛亨傳　（清）王劼讀　清咸豐九年(1859)刻本　十冊　缺二卷(二十九至三十)

220000－0801－0004845　經14/61

毛詩要義二十卷　（宋）魏了翁撰　清光緒八年(1882)上海刻本　十二冊

220000－0801－0004846　經14/63

毛詩後箋三十卷　（清）胡承珙撰　（清）陳奐補　清光緒十六年(1890)廣雅書局刻本　十五冊

220000－0801－0004847　經14/63－1

毛詩後箋三十卷　（清）胡承珙撰　（清）陳奐補　清光緒十六年(1890)廣雅書局刻本　十二冊

220000－0801－0004848　　經 14/63－2

毛詩後箋三十卷　（清）胡承珙撰　（清）陳奐補　清光緒十六年（1890）廣雅書局刻本　十一冊　缺二卷（二十至二十一）

220000－0801－0004849　　經 14/64

毛詩後箋三十卷　（清）胡承珙撰　（清）陳奐補　清光緒七年（1881）刻本　二十冊

220000－0801－0004850　　經 14/64－1

毛詩後箋三十卷　（清）胡承珙撰　（清）陳奐補　清光緒七年（1881）刻本　二十冊

220000－0801－0004851　　經 14/65

毛詩稽古編三十卷　（清）陳啓源述　（清）龐佑清校　清光緒九年（1883）上海同文書局影印本　八冊

220000－0801－0004852　　經 14/66

毛詩稽古編三十卷　（清）陳啓源述　（清）龐佑清校　清嘉慶十八年（1813）刻本　八冊

220000－0801－0004853　　經 14/67

毛詩傳箋通釋三十二卷　（清）馬瑞辰撰　清光緒十三年（1887）廣雅書局刻本　十二冊

220000－0801－0004854　　經 14/68

毛詩傳箋三十卷　（漢）毛亨傳　（漢）鄭玄箋　清嘉慶二十一年（1816）枕經樓刻本　四冊

220000－0801－0004855　　經 14/68－1

毛詩傳箋三十卷　（漢）毛亨傳　（漢）鄭玄箋　清嘉慶二十一年（1816）枕經樓刻本　四冊

220000－0801－0004856　　經 14/69

毛詩傳箋二十卷　（漢）毛亨傳　（漢）鄭玄箋　清末江南書局刻本　四冊

220000－0801－0004857　　經 14/70

毛詩傳箋三十卷　（漢）毛亨傳　（漢）鄭玄箋　清同治十一年（1872）淮南書局刻本　五冊

220000－0801－0004858　　經 14/71

毛詩傳箋二十卷毛詩音義三卷　（漢）毛亨傳　（漢）鄭玄箋　（唐）陸德明撰　清末江南書局刻本　六冊

220000－0801－0004859　　經 14/73

毛詩復古錄十二卷首一卷　（清）吳懋清撰　清光緒二十年（1894）廣州學使者署刻本　六冊

220000－0801－0004860　　經 14/74

毛詩復古錄十二卷首一卷　（清）吳懋清撰　清光緒二十年（1894）廣州學使者署刻本　六冊

220000－0801－0004861　　經 14/76

毛鄭詩斠議一卷　羅振玉撰　清光緒十六年（1890）鉛印本　一冊

220000－0801－0004862　　經 14/76－1

毛鄭詩斠議一卷　羅振玉撰　清光緒十六年（1890）鉛印本　一冊

220000－0801－0004863　　經 14/76－2

毛鄭詩斠議一卷　羅振玉撰　清光緒十六年（1890）鉛印本　一冊

220000－0801－0004864　　經 14/76－3

毛鄭詩斠議一卷　羅振玉撰　清光緒十六年（1890）鉛印本　一冊

220000－0801－0004865　　經 14/77

田間詩學不分卷　（清）錢澄之撰　清刻本　六冊

220000－0801－0004866　　經 14/78

學詩詳說三十卷學詩正詁五卷　（清）顧廣譽撰　清光緒三年（1877）刻本　十冊

220000－0801－0004867　　經 14/79

毛詩草木鳥獸蟲魚疏二卷　（三國吳）陸璣撰　羅振玉校　清光緒十二年（1886）上海聚珍仿宋印書局鉛印本　一冊

220000－0801－0004868　　經 14/79－1

毛詩草木鳥獸蟲魚疏二卷　（三國吳）陸璣撰　羅振玉校　清光緒十二年（1886）上海聚珍仿宋印書局鉛印本　一冊

220000－0801－0004869　　經 14/79－2

毛詩草木鳥獸蟲魚疏二卷　（三國吳）陸璣撰　羅振玉校　清光緒十二年（1886）上海聚珍仿宋印書局鉛印本　一冊

220000 – 0801 – 0004870　經 14/79 – 3

毛詩草木鳥獸蟲魚疏二卷　（三國吳）陸璣撰
羅振玉校　清光緒十二年(1886)上海聚珍
仿宋印書局鉛印本　一冊

220000 – 0801 – 0004871　經 14/82

毛詩草木鳥獸蟲魚疏校正二卷　（清）趙佑撰
清光緒二十年(1894)貴池劉氏刻本　一冊

220000 – 0801 – 0004872　經 14/86

毛詩昀訂十卷　（清）苗夔撰　清咸豐元年
(1851)刻本　二冊

220000 – 0801 – 0004873　經 14/87

詩集傳音釋二十卷附校勘劄記一卷　（宋）朱
熹集傳　（元）許謙音釋　（元）羅復纂輯　清
咸豐七年(1857)宜年堂刻本　六冊

220000 – 0801 – 0004874　經 14/88

詩序廣義二十四卷　（清）姜炳璋撰　清嘉慶
二十年(1815)刻本　十二冊

220000 – 0801 – 0004875　經 14/91

韓詩外傳十卷　（漢）韓嬰撰　清刻本　二冊

220000 – 0801 – 0004876　經 14/92

韓詩外傳十卷拾遺一卷補遺一卷　（漢）韓嬰
撰　（清）周廷寀校註　清光緒元年(1875)望
三益齋刻本　四冊

220000 – 0801 – 0004877　經 14/95

朱子詩義補正八卷　（清）方苞撰　（清）單作
哲編　清光緒三年(1877)南海馮氏刻本
二冊

220000 – 0801 – 0004878　經 14/96

詩緯集證四卷　（清）陳喬樅撰　清道光二十
六年(1846)小嫏嬛館刻本　一冊

220000 – 0801 – 0004879　經 14/97

毛詩傳箋三十卷　（漢）毛亨傳　（漢）鄭玄箋
清嘉慶二十一年(1816)枕經樓刻本　四冊

220000 – 0801 – 0004880　經 14/100

對類便讀六卷首一卷　（清）程錫類編輯　清
末刻本　二冊

220000 – 0801 – 0004881　經 14/100 – 1

對類便讀六卷首一卷　（清）程錫類編輯　清
末刻本　二冊

220000 – 0801 – 0004882　經 14/101

毛詩品物圖攷七卷　（日本）岡元鳳纂輯　清
光緒十二年(1886)上海積山書局石印本
二冊

220000 – 0801 – 0004883　經 14/103

續呂氏家塾讀詩記二卷　（宋）戴溪撰　清武
英殿刻本　二冊　缺一卷(一)

220000 – 0801 – 0004884　經 14/105

詩緯集證四卷　（清）陳喬樅撰　清光緒三十
二年(1906)刻本　二冊

220000 – 0801 – 0004885　經 14/106

三頌備說三卷　（清）張承華撰　清同治六年
(1867)刻本　一冊

220000 – 0801 – 0004886　經 14/107

詩經八卷　（宋）朱熹集傳　清同治五年
(1866)金陵書局刻本　四冊

220000 – 0801 – 0004887　經 14/108

詩經融註大全體要八卷　（清）高朝瓔纂　清
嘉慶二十年(1815)刻本　四冊

220000 – 0801 – 0004888　經 14/109

毛詩詁訓傳三十卷　（漢）鄭玄箋　清光緒四
年(1878)淮南書局刻本　一冊

220000 – 0801 – 0004889　經 14/110

毛詩鄭箋改字說四卷　（清）陳喬樅撰　清道
光九年(1829)刻本　一冊

220000 – 0801 – 0004890　經 14/112

附釋音毛詩註疏七十卷　（唐）孔穎達撰　清
末影印本　二冊　存五卷(四至八)

220000 – 0801 – 0004891　經 14/113

夢雪草堂讀詩錄八卷　（清）郭楷輯　清嘉慶
二十四年(1819)夢雪草堂刻本　七冊

220000 – 0801 – 0004892　經 14/114

詩序辨說一卷　（宋）朱熹撰　清刻本　一冊

220000 – 0801 – 0004893　經 14/114 – 1

213

詩序辨說一卷 （宋）朱熹撰　清刻本　一冊

220000－0801－0004894　經14/115

毛詩禮徵十卷 （清）包世榮撰　清末刻本
三冊　存八卷（三至十）

220000－0801－0004895　經151/2

禮說十四卷附大學說一卷 （清）惠士奇撰
清嘉慶三年（1798）蘭郊書屋刻本　六冊

220000－0801－0004896　經151/2－1

禮說十四卷附大學說一卷 （清）惠士奇撰
清嘉慶三年（1798）蘭郊書屋刻本　六冊

220000－0801－0004897　經151/2－2

禮說十四卷附大學說一卷 （清）惠士奇撰
清嘉慶三年（1798）蘭郊書屋刻本　四冊

220000－0801－0004898　經151/5

周官參證二卷 （清）王寶仁輯　清同治十三
年（1874）舊香居刻本　一冊

220000－0801－0004899　經151/8

周官故書攷四卷附論語魯讀攷一卷 （清）徐
養原撰　清道光二年（1822）刻本　二冊

220000－0801－0004900　經151/9

欽定周官義疏四十八卷首一卷 （清）鄂爾泰
等纂　清同治七年（1868）合肥李瀚章刻本
二十四冊

220000－0801－0004901　經151/10

周禮六卷 （漢）鄭玄註　（唐）陸德明音義
清宣統元年（1909）學部圖書局刻本　六冊

220000－0801－0004902　經151/12

周禮六卷 （漢）鄭玄註　（唐）陸德明音義
清嘉慶十一年（1806）清芬閣刻本　三冊

220000－0801－0004903　經151/14

周禮六卷 （漢）鄭玄註　（唐）陸德明音義
清同治十三年（1874）湖南書局刻本　六冊

220000－0801－0004904　經151/15

周禮旁訓六卷 （□）□□撰　清嘉慶五年
（1800）掃葉山房刻本　二冊

220000－0801－0004905　經151/18

周禮注疏小箋五卷 （清）曾釗撰　清同治十
年（1871）學海堂刻本　二冊

220000－0801－0004906　經151/20

周禮正義八十六卷 （清）孫詒讓撰　清光緒
三十一年（1905）鉛印本　四冊

220000－0801－0004907　經151/22

周禮政要二卷 （清）孫詒讓撰　清光緒二十
九年（1903）上海書局石印本　二冊

220000－0801－0004908　經151/23

周禮政要二卷 （清）孫詒讓撰　清光緒二十
八年（1902）瑞安普通學堂刻本　二冊

220000－0801－0004909　經151/23－1

周禮政要二卷 （清）孫詒讓撰　清光緒二十
八年（1902）瑞安普通學堂刻本　二冊

220000－0801－0004910　經151/23－2

周禮政要二卷 （清）孫詒讓撰　清光緒二十
八年（1902）瑞安普通學堂刻本　二冊

220000－0801－0004911　經151/24

周禮便讀六卷附儀禮便讀一卷 （清）王一清
撰　清末刻本　二冊

220000－0801－0004912　經151/25

周禮疑義舉要七卷 （清）江永撰　清刻本
一冊

220000－0801－0004913　經151/28

周禮古學攷十一卷 李滋然撰　清宣統元年
（1909）鉛印本　三冊

220000－0801－0004914　經151/29

周禮折衷六卷 （漢）鄭玄註　（唐）賈公彥疏
（清）胡興銓重訂　清經綸堂刻本　六冊

220000－0801－0004915　經151/31

周禮節訓六卷 （清）黃叔琳原定　（清）姚培
謙重訂　清光緒十二年（1886）蘇州集古山房
刻本　二冊

220000－0801－0004916　經151/34

周禮精華六卷 （清）陳龍標輯　清道光三年
（1823）芥子園刻本　六冊

220000－0801－0004917　經151/36

周官精義十二卷　（清）連斗山撰　清道光十六年(1836)刻本　六冊

220000－0801－0004918　經151/38

輪輿私箋二卷附圖一卷　（清）鄭珍撰　（清）鄭知同繪　清同治七年(1868)金陵獨山莫氏刻本　三冊

220000－0801－0004919　經151/38－1

輪輿私箋二卷附圖一卷　（清）鄭珍撰　（清）鄭知同繪　清同治七年(1868)金陵獨山莫氏刻本　一冊

220000－0801－0004920　經151/39

九旗古義述一卷　（清）孫詒讓撰　清光緒二十八年(1902)刻本　一冊

220000－0801－0004921　經151/40

井田圖攷二卷　（清）朱克己撰　清光緒十六年(1890)山東書局刻本　二冊

220000－0801－0004922　經151/43

輪輿私箋二卷　（清）鄭珍撰　清光緒十七年(1891)廣雅書局刻本　一冊

220000－0801－0004923　經151/47

周官精義十二卷　（清）連斗山撰　清英德堂刻本　四冊

220000－0801－0004924　經151/48

周官精義十二卷　（清）連斗山撰　清嘉慶十年(1805)刻本　六冊

220000－0801－0004925　經151/49

王制箋一卷　（清）皮錫瑞撰　清光緒三十四年(1908)思賢書局刻本　一冊

220000－0801－0004926　經152/1

讀禮叢鈔不分卷　（清）李輔燿輯　清光緒刻本　六冊

220000－0801－0004927　經152/1－1

讀禮叢鈔不分卷　（清）李輔燿輯　清光緒刻本　四冊

220000－0801－0004928　經152/3

儀禮十七卷　（清）吳廷華章句　清嘉慶三年(1798)同文堂刻本　六冊

220000－0801－0004929　經152/4

儀禮十七卷　（清）吳廷華章句　清嘉慶三年(1798)同人堂刻本　四冊

220000－0801－0004930　經152/5

儀禮十七卷　（漢）鄭玄註　（唐）陸德明音義　清同治七年(1868)湖北崇文書局刻本　四冊

220000－0801－0004931　經152/6

儀禮正義四十卷　（清）胡培翬撰　清咸豐二年(1852)刻本　二十四冊

220000－0801－0004932　經152/6－1

儀禮正義四十卷　（清）胡培翬撰　清咸豐二年(1852)刻本　二十冊

220000－0801－0004933　經152/6－2

儀禮正義四十卷　（清）胡培翬撰　清咸豐二年(1852)刻本　二十冊

220000－0801－0004934　經152/7

儀禮經傳通解三十七卷首一卷　（宋）朱熹撰　續二十九卷　（宋）黃幹續撰　清光緒十七年(1891)刻本　二十四冊

220000－0801－0004935　經152/8

儀禮經注一隅二卷　（清）朱駿聲撰　清道光二十九年(1849)朱氏家塾刻本　一冊

220000－0801－0004936　經152/9

儀禮私箋八卷　（清）鄭珍撰　清光緒十七年(1891)廣雅書局刻本　二冊

220000－0801－0004937　經152/9－1

儀禮私箋八卷　（清）鄭珍撰　清光緒十七年(1891)廣雅書局刻本　二冊

220000－0801－0004938　經152/12

儀禮觀畧不分卷　（清）邵嗣宗輯　清嘉慶二十一年(1816)養餘齋刻本　一冊

220000－0801－0004939　經152/13

儀禮古今文疏證二卷　（清）宋世犖撰　清光緒六年(1880)津門徐士鑾補刻本　一冊

220000－0801－0004940　經152/13－1

儀禮古今文疏證二卷　（清）宋世犖撰　清光緒六年(1880)津門徐士鑾補刻本　一冊

220000－0801－0004941　經152/14

儀禮易讀十七卷　（清）馬駉輯　清嘉慶二年(1797)潯溪大酉堂刻本　六冊

220000－0801－0004942　經152/15

儀禮疏五十卷　（唐）賈公彥等撰　清道光十年(1830)公善堂影宋刻本　八冊

220000－0801－0004943　經152/16

儀禮精義補編一卷　（清）黃淦撰　清嘉慶十二年(1807)尊德堂刻本　一冊

220000－0801－0004944　經152/17

儀禮精義補編一卷　（清）黃淦撰　清嘉慶十六年(1811)翼經堂刻本　二冊

220000－0801－0004945　經152/18

欽定儀禮義疏四十八卷首一卷　（清）允祿等撰　清末刻本　二十八冊

220000－0801－0004946　經152/18－1

欽定儀禮義疏四十八卷首一卷　（清）允祿等撰　清末刻本　二十八冊

220000－0801－0004947　經152/21

儀禮鄭註句讀十七卷附監本正誤一卷石經正誤一卷　（清）張爾岐撰　清同治七年(1868)金陵書局刻本　四冊

220000－0801－0004948　經152/21－1

儀禮鄭註句讀十七卷附監本正誤一卷石經正誤一卷　（清）張爾岐撰　清同治七年(1868)金陵書局刻本　四冊

220000－0801－0004949　經152/22

儀禮鄭註句讀十七卷附監本正誤一卷石經正誤一卷　（清）張爾岐撰　清同治十三年(1874)湖南書局刻本　六冊

220000－0801－0004950　經152/22－1

儀禮鄭註句讀十七卷附監本正誤一卷石經正誤一卷　（清）張爾岐撰　清同治十三年(1874)湖南書局刻本　八冊

220000－0801－0004951　經152/22－2

儀禮鄭註句讀十七卷附監本正誤一卷石經正誤一卷　（清）張爾岐撰　清同治十三年(1874)湖南書局刻本　三冊　存十三卷(一至十三)

220000－0801－0004952　經152/24

禮經校釋二十二卷　曹元弼撰　清光緒十八年(1892)刻本　十二冊

220000－0801－0004953　經152/25

五服釋例二十卷　（清）夏燮撰　清同治七年(1868)刻本　六冊

220000－0801－0004954　經152/26

儀禮釋官九卷　（清）胡匡衷撰　清同治八年(1869)刻本　八冊

220000－0801－0004955　經152/27

儀禮釋官九卷首一卷　（清）胡匡衷撰　清嘉慶二十一年(1816)研六閣刻本　二冊

220000－0801－0004956　經152/27－1

儀禮釋官九卷首一卷　（清）胡匡衷撰　清嘉慶二十一年(1816)研六閣刻本　四冊

220000－0801－0004957　經152/27－2

儀禮釋官九卷首一卷　（清）胡匡衷撰　清嘉慶二十一年(1816)研六閣刻本　三冊

220000－0801－0004958　經152/27－3

儀禮釋官九卷首一卷　（清）胡匡衷撰　清嘉慶二十一年(1816)研六閣刻本　二冊

220000－0801－0004959　經152/29

禮經釋例十三卷首一卷　（清）凌廷堪撰　清嘉慶十四年(1809)揚州阮氏文選樓刻本　六冊

220000－0801－0004960　經152/29－1

禮經釋例十三卷首一卷　（清）凌廷堪撰　清嘉慶十四年(1809)揚州阮氏文選樓刻本　五冊　存十一卷(一至十一)

220000－0801－0004961　經152/30

儀禮圖六卷　（清）張惠言撰　清同治九年(1870)楚北崇文書局刻本　三冊

220000－0801－0004962　　經152/30－1

儀禮圖六卷　（清）張惠言撰　清同治九年
(1870)楚北崇文書局刻本　三冊

220000－0801－0004963　　經152/30－2

儀禮圖六卷　（清）張惠言撰　清同治九年
(1870)楚北崇文書局刻本　三冊

220000－0801－0004964　　經152/30－3

儀禮圖六卷　（清）張惠言撰　清同治九年
(1870)楚北崇文書局刻本　三冊

220000－0801－0004965　　經152/30－4

儀禮圖六卷　（清）張惠言撰　清同治九年
(1870)楚北崇文書局刻本　三冊

220000－0801－0004966　　經152/32

儀禮韻言二卷　（清）檀萃纂　清光緒八年
(1882)掃葉山房刻本　四冊

220000－0801－0004967　　經152/33

檀氏儀禮韻言二卷　（清）檀萃纂　清中期刻
本　二冊

220000－0801－0004968　　經152/34

儀禮古今文異同五卷　（清）徐養原撰　清光
緒湖城義塾刻本　一冊

220000－0801－0004969　　經152/35

儀禮音訓不分卷　（清）楊國楨撰　清末刻本
　二冊

220000－0801－0004970　　經152/36

儀禮古今文疏義十七卷　（清）胡承珙撰　清
光緒三年(1877)湖北崇文書局刻本　一冊

220000－0801－0004971　　經152/37

儀禮古今文異同疏證五卷　（清）徐養原撰
清光緒十七年(1891)廣雅書局刻本　一冊

220000－0801－0004972　　經152/38

歷代服制考原二卷　（清）蔡子嘉纂　清光緒
十四年(1888)西山草堂富文閣石印本　四冊

220000－0801－0004973　　經152/39

儀禮疏五十卷　（唐）賈公彥等撰　清嘉慶十
一年(1806)吳興劉氏嘉業堂刻本　十冊

220000－0801－0004974　　經152/40

儀禮疏五十卷附校勘記五十卷　（漢）鄭玄註
　（唐）陸德明音義　（唐）賈公彥疏　（清）
阮元校勘　（清）盧宣旬摘錄　清嘉慶二十
年(1815)江西南昌府學刻本　十二冊

220000－0801－0004975　　經152/41

儀禮喪服經傳并記一卷　（漢）鄭玄註　（清）
張爾岐句讀　清宣統元年(1909)學部圖書局
刻本　一冊

220000－0801－0004976　　經153/2

禮記二十卷　（漢）鄭玄註　清刻本　九冊

220000－0801－0004977　　經153/5

禮記說八卷　（清）楊秉杷撰　清道光元年
(1821)刻本　二冊

220000－0801－0004978　　經153/8

禮記要義三十三卷　（宋）魏了翁撰　清光緒
十二年(1886)江蘇書局刻本　八冊　缺二卷
(一至二)

220000－0801－0004979　　經153/9

禮記註疏六十三卷　（唐）孔穎達撰　清嘉慶
刻本　十六冊

220000－0801－0004980　　經153/10

禮記訓纂四十九卷　（清）朱彬撰　清宣統元
年(1909)學部書局刻本　十冊

220000－0801－0004981　　經153/10－1

禮記訓纂四十九卷　（清）朱彬撰　清宣統元
年(1909)學部書局刻本　十冊

220000－0801－0004982　　經153/12

禮記訓纂四十九卷　（清）朱彬撰　清道光十
二年(1832)刻本　八冊

220000－0801－0004983　　經153/13

禮記集說十卷　（元）陳澔撰　清光緒十九年
(1893)浙江書局刻本　十冊

220000－0801－0004984　　經153/14

禮記集說十卷　（元）陳澔撰　清同治五年
(1866)金陵書局刻本　十冊

220000－0801－0004985　　經153/15

續禮記集說一百卷　（清）杭世駿撰　清光緒
二十一年至三十年（1895－1904）浙江書局刻
本　四十冊

220000－0801－0004986　經153/17
禮記集解六十一卷附尚書顧命解一卷　（清）
孫希旦集解　清同治七年（1868）刻本　十
六冊

220000－0801－0004987　經153/17－1
禮記集解六十一卷附尚書顧命解一卷　（清）
孫希旦集解　清同治七年（1868）刻本　十
六冊

220000－0801－0004988　經153/17－2
禮記集解六十一卷附尚書顧命解一卷　（清）
孫希旦集解　清同治七年（1868）刻本　十冊

220000－0801－0004989　經153/17－3
禮記集解六十一卷附尚書顧命解一卷　（清）
孫希旦集解　清同治七年（1868）刻本　十
九冊

220000－0801－0004990　經153/17－4
禮記集解六十一卷附尚書顧命解一卷　（清）
孫希旦集解　清同治七年（1868）刻本　八冊
缺七卷（一至七）

220000－0801－0004991　經153/17－5
禮記集解六十一卷附尚書顧命解一卷　（清）
孫希旦集解　清同治七年（1868）刻本　六冊
存二十六卷（一至八、二十二至二十五、三
十至四十三）

220000－0801－0004992　經153/17－6
禮記集解六十一卷附尚書顧命解一卷　（清）
孫希旦集解　清同治七年（1868）刻本　十冊
存二十八卷（一至二十八）

220000－0801－0004993　經153/18
禮記約編十卷　（清）汪基撰　清末兩儀堂刻
本　四冊

220000－0801－0004994　經153/20
宋撫州本禮記註十二卷　（漢）鄭玄註　禮記
釋文四卷　（唐）陸德明撰　撫本禮記鄭註考

異二卷　（清）張敦仁撰　清嘉慶十一年
（1806）陽城張氏刻本　十六冊

220000－0801－0004995　經153/20－1
宋撫州本禮記註十二卷　（漢）鄭玄註　禮記
釋文四卷　（唐）陸德明撰　撫本禮記鄭註考
異二卷　（清）張敦仁撰　清嘉慶十一年
（1806）陽城張氏刻本　六冊

220000－0801－0004996　經153/21
禮記心典傳本三卷　（清）胡瑤光撰　清光緒
六年（1880）掃葉山房刻本　四冊

220000－0801－0004997　經153/22
禮記增訂旁訓六卷　（清）徐立綱撰　清末刻
本　六冊

220000－0801－0004998　經153/26
禮記質疑四十九卷　（清）郭嵩燾撰　清光緒
十六年（1890）思賢講舍刻本　十冊

220000－0801－0004999　經153/27
全本禮記體註大全合參十卷　（清）徐旦撰
（清）徐瑄補輯　清末刻本　十冊

220000－0801－0005000　經153/28
禮記體註大全四卷　（清）徐旦撰　清末刻本
四冊

220000－0801－0005001　經153/29
禮記述註二十八卷　（清）李光坡述註　清光
緒八年（1882）刻本　十冊

220000－0801－0005002　經153/30
寄傲山房塾課纂輯禮記全文備旨十一卷
（清）鄒聖脈纂輯　清末刻五經備旨叢書本
六冊

220000－0801－0005003　經153/32
禮記纂言三十六卷　（元）吳澄撰　清末刻本
十四冊

220000－0801－0005004　經153/33
欽定禮記義疏八十二卷首一卷　（清）允祿等
撰　清末刻本　三十二冊

220000－0801－0005005　經153/34
繪圖禮記節本十卷　（清）汪基撰　清宣統二

年(1910)直隸官書局影印本　六冊

220000－0801－0005006　經153/35

禮記節本十卷　（清）汪基撰　清宣統三年
(1911)上海會文堂新記書局影印本　六冊

220000－0801－0005007　經153/37

禮記省度四卷　（清）彭頤撰　清光緒七年
(1881)刻本　四冊

220000－0801－0005008　經153/39

日省吾齋讀曲禮不分卷　（清）王德瑛撰　清
末刻本　一冊

220000－0801－0005009　經153/40

緇衣集傳四卷　（明）黃道周撰　清道光二十
八年(1848)刻本　四冊

220000－0801－0005010　經153/41

坊記集傳二卷坊記春秋問業一卷　（明）黃道
周撰　清末刻本　二冊

220000－0801－0005011　經153/41－1

坊記集傳二卷坊記春秋問業一卷　（明）黃道
周撰　清末刻本　二冊

220000－0801－0005012　經153/42

檀弓辨誣三卷　（清）夏炘撰　清同治三年
(1864)刻本　二冊

220000－0801－0005013　經153/44

檀弓論文二卷　（清）孫濩孫評訂　清光緒七
年(1881)常州狀元第莊刻本　一冊

220000－0801－0005014　經153/46

檀弓叢訓二卷　（明）楊慎撰　清光緒刻本
一冊

220000－0801－0005015　經153/48

批檀弓二卷　（清）汪有光評　清光緒十三年
(1887)刻本　一冊

220000－0801－0005016　經153/48－1

批檀弓二卷　（清）汪有光評　清光緒十三年
(1887)刻本　一冊

220000－0801－0005017　經153/48－2

批檀弓二卷　（清）汪有光評　清光緒十三年

(1887)刻本　一冊

220000－0801－0005018　經153/50

禮記天算釋一卷　（清）孔廣牧撰　清光緒十
五年(1889)廣雅書局刻本　一冊

220000－0801－0005019　經153/54

大戴禮記解詁十三卷　（清）王聘珍撰　清光
緒十三年(1887)刻廣雅書局叢書本　三冊

220000－0801－0005020　經153/55

校正孔氏大戴禮記補註十三卷　王樹柟撰
清光緒九年(1883)刻本　二冊

220000－0801－0005021　經153/56

大戴禮記補註十三卷序錄一卷　（清）孔廣森
撰　清光緒九年(1883)刻本　二冊

220000－0801－0005022　經153/57

大戴禮記補註十三卷序錄一卷　（清）孔廣森
撰　清同治十三年(1874)淮南書局刻本
四冊

220000－0801－0005023　經153/58

大戴禮記補註十三卷序錄一卷　（清）孔廣森
撰　清嘉慶五年(1800)刻本　一冊

220000－0801－0005024　經153/60

夏小正文法舉例一卷　（□）□□撰　清光緒
三十年(1904)鉛印本　一冊

220000－0801－0005025　經153/61

夏小正詩十二卷　（清）馬國翰撰　清道光二
十二年(1842)刻本　二冊

220000－0801－0005026　經153/63

夏小正傳箋一卷　（漢）戴德撰　（清）沈秉成
箋　清同治六年(1867)刻本　一冊

220000－0801－0005027　經153/64

夏小正通釋一卷　（清）梁章鉅撰　清光緒十
三年(1887)浙江書局刻本　一冊

220000－0801－0005028　經153/64－1

夏小正通釋一卷　（清）梁章鉅撰　清光緒十
三年(1887)浙江書局刻本　一冊

220000－0801－0005029　經153/65

夏小正戴氏傳四卷附考異一卷　（漢）戴德撰
（宋）傅崧卿註　清同治八年（1869）刻本
一冊

220000－0801－0005030　經 153/67
夏小正戴氏傳四卷　（漢）戴德撰　（宋）傅崧
卿註　校錄一卷　（清）黃丕烈撰　夏小正經
傳集解四卷　（清）顧鳳藻撰　清道光元年
（1821）士禮居刻本　二冊

220000－0801－0005031　經 153/68
夏小正戴氏傳訓解四卷附考異一卷通論一卷
（清）王寶仁撰　清同治十三年（1874）舊香
居刻本　一冊

220000－0801－0005032　經 153/69
夏小正箋疏四卷　（清）馬徵麐撰　清光緒思
古書堂刻本　一冊

220000－0801－0005033　經 153/70
明堂陰陽夏小正經傳攷釋四種十卷　（清）莊
述祖撰　清光緒九年（1883）刻本　四冊

220000－0801－0005034　經 153/70－1
明堂陰陽夏小正經傳攷釋四種十卷　（清）莊
述祖撰　清光緒九年（1883）刻本　四冊

220000－0801－0005035　經 153/70－2
明堂陰陽夏小正經傳攷釋四種十卷　（清）莊
述祖撰　清光緒九年（1883）刻本　四冊

220000－0801－0005036　經 153/70－3
明堂陰陽夏小正經傳攷釋四種十卷　（清）莊
述祖撰　清光緒九年（1883）刻本　一冊　存
三卷（夏時明堂陰陽經一卷、夏時說義二卷）

220000－0801－0005037　經 153/72
禮記纂言三十六卷　（元）吳澄撰　（清）朱軾
校補　清光緒二十三年（1897）刻本　十五冊

220000－0801－0005038　經 153/72－1
禮記纂言三十六卷　（元）吳澄撰　（清）朱軾
校補　清光緒二十三年（1897）刻本　十五冊

220000－0801－0005039　經 153/73
大戴禮記十三卷　（漢）戴德撰　（北周）盧辯
註　清光緒二十三年（1897）刻本　二冊

220000－0801－0005040　經 153/75
夏小正正義一卷　（清）王筠撰　清咸豐二年
（1852）刻本　二冊

220000－0801－0005041　經 153/78
儒行集傳二卷　（明）黃道周輯　清道光四年
（1824）刻本　一冊

220000－0801－0005042　經 153/79
禮記集說　（元）陳澔撰　清末刻本　十冊

220000－0801－0005043　經 153/80
禮記集說　（元）陳澔撰　清道光二十三年
（1843）申江文海堂刻本　十冊

220000－0801－0005044　經 153/81
禮記集解六十一卷　（清）孫希旦集解　清同
治刻本　二十四冊

220000－0801－0005045　經 153/82
禮記註疏六十三卷　（漢）鄭玄註　（唐）孔穎
達疏　清刻本　十八冊　存五十五卷（一至
五十五）

220000－0801－0005046　經 153/83
禮記集說十卷　（元）陳澔撰　清末刻本　九
冊　缺一卷（一）

220000－0801－0005047　經 154/2
三禮通釋二百八十卷目錄四卷　（清）林昌彝
撰　清同治三年（1864）刻本　四十八冊

220000－0801－0005048　經 154/3
三禮陳數求義三十卷　（清）林喬蔭撰　清嘉
慶八年（1803）誦芬堂刻本　十冊

220000－0801－0005049　經 154/4
求古錄禮說十六卷補遺一卷　（清）金鶚撰
校勘記三卷　（清）王士駿撰　清光緒二年
（1876）刻本　十冊

220000－0801－0005050　經 154/4－1
求古錄禮說十六卷補遺一卷　（清）金鶚撰
校勘記三卷　（清）王士駿撰　清光緒二年
（1876）刻本　十冊

220000－0801－0005051　經 154/5
求古錄禮說十六卷　（清）金鶚撰　清道光三

十年(1850)嘉平木犀香館刻本　八冊

220000－0801－0005052　經154/6

禮經通論一卷　(清)邵懿辰撰　清同治二年(1863)望三益齋刻本　二冊

220000－0801－0005053　經154/7

禮箋三卷　(清)金榜撰　清嘉慶三年(1798)刻本　二冊

220000－0801－0005054　經154/7－1

禮箋三卷　(清)金榜撰　清嘉慶三年(1798)刻本　一冊

220000－0801－0005055　經154/7－2

禮箋三卷　(清)金榜撰　清嘉慶三年(1798)刻本　六冊

220000－0801－0005056　經154/7－3

禮箋三卷　(清)金榜撰　清嘉慶三年(1798)刻本　二冊

220000－0801－0005057　經154/8

孔叢伯說經五稾三十八卷　(清)孔廣林撰　清光緒十六年(1890)山東書局刻本　七冊

220000－0801－0005058　經154/9

三禮從今三卷　(清)黃本驥編　清道光二十四年(1844)刻本　一冊

220000－0801－0005059　經154/12

弁服釋例八卷　(清)任大椿撰　清嘉慶元年(1796)望賢家塾刻本　二冊

220000－0801－0005060　經154/16

四禘通釋三卷　崔適撰　清光緒二十年(1894)石印本　一冊

220000－0801－0005061　經154/17

四禮初稿四卷　(明)宋纁撰　四禮約言四卷(明)呂維祺撰　清初刻本　一冊

220000－0801－0005062　經154/20

欽定儀禮義疏四十八卷　清刻本　二十冊

220000－0801－0005063　經155/2

讀禮通考一百二十卷　(清)徐乾學撰　清光緒七年(1881)江蘇書局刻本　三十二冊

220000－0801－0005064　經155/2－1

讀禮通考一百二十卷　(清)徐乾學撰　清光緒七年(1881)江蘇書局刻本　三十二冊

220000－0801－0005065　經155/2－2

讀禮通考一百二十卷　(清)徐乾學撰　清光緒七年(1881)江蘇書局刻本　一冊　存三卷(一至三)

220000－0801－0005066　經155/3

讀禮條考二十卷　(清)王曜南撰　清光緒二十三年(1897)武林尚友齋石印本　六冊

220000－0801－0005067　經155/3－1

讀禮條考二十卷　(清)王曜南撰　清光緒二十三年(1897)武林尚友齋石印本　六冊

220000－0801－0005068　經155/3－2

讀禮條考二十卷　(清)王曜南撰　清光緒二十三年(1897)武林尚友齋石印本　六冊

220000－0801－0005069　經155/4

禮書一百五十卷　(宋)陳祥道撰　清嘉慶九年(1804)福清郭氏校經堂刻本　三十二冊

220000－0801－0005070　經155/4－1

禮書一百五十卷　(宋)陳祥道撰　清嘉慶九年(1804)福清郭氏校經堂刻本　二十四冊

220000－0801－0005071　經155/4－2

禮書一百五十卷　(宋)陳祥道撰　清嘉慶九年(1804)福清郭氏校經堂刻本　二十四冊

220000－0801－0005072　經155/5

禮書綱目八十五卷首三卷　(清)江永撰　清嘉慶十五年(1810)鏤恩堂刻本　二十四冊

220000－0801－0005073　經155/6

禮書綱目八十五卷首三卷　(清)江永撰　清光緒二十一年(1895)廣雅書局刻本　二十冊

220000－0801－0005074　經155/7

禮書通故五十卷　(清)黃以周撰　清光緒十九年(1893)黃氏試館刻本　三十二冊

220000－0801－0005075　經155/7－1

禮書通故五十卷　(清)黃以周撰　清光緒十九年(1893)黃氏試館刻本　三十二冊

220000－0801－0005076　經 155/7－2

禮書通故五十卷　（清）黃以周撰　清光緒十九年(1893)黃氏試館刻本　三十二冊

220000－0801－0005077　經 155/7－3

禮書通故五十卷　（清）黃以周撰　清光緒十九年(1893)黃氏試館刻本　三十二冊

220000－0801－0005078　經 155/7－4

禮書通故五十卷　（清）黃以周撰　清光緒十九年(1893)黃氏試館刻本　三十二冊

220000－0801－0005079　經 155/10

五禮通考二百六十二卷首四卷　（清）秦蕙田撰　清光緒六年(1880)江蘇書局刻本　一百冊

220000－0801－0005080　經 155/10－1

五禮通考二百六十二卷首四卷　（清）秦蕙田撰　清光緒六年(1880)江蘇書局刻本　一百冊

220000－0801－0005081　經 155/12

五禮通考二百六十二卷總目二卷首四卷（清）秦蕙田撰　清刻本　九十冊

220000－0801－0005082　經 156/1

家禮五卷附錄一卷　（宋）朱熹撰　清光緒六年(1880)公善堂刻本　三冊

220000－0801－0005083　經 156/2

文公家禮儀節八卷　（明）丘濬輯　清咸豐五年(1855)刻本　六冊

220000－0801－0005084　經 156/3

典禮質疑六卷　（清）杜貴墀撰　清光緒二十六年(1900)桐華閣刻本　二冊

220000－0801－0005085　經 156/6

朱子家禮八卷首一卷　（明）丘濬輯　清紫陽書院刻本　五冊

220000－0801－0005086　經 156/7

親屬記二卷　（清）鄭珍撰　清光緒十八年(1892)廣雅書局刻本　一冊

220000－0801－0005087　經 161/5

讀左補義五十卷首一卷　（清）姜炳璋輯　清末三多堂刻本　八冊

220000－0801－0005088　經 161/5－1

讀左補義五十卷首一卷　（清）姜炳璋輯　清末三多堂刻本　十六冊

220000－0801－0005089　經 161/6

左傳文法讀本十二卷　劉培極　吳闓生撰　清宣統元年(1909)桐城吳辟疆鉛印本　六冊

220000－0801－0005090　經 161/8

方氏左傳評點二卷　（清）方苞撰　清光緒十九年(1893)丹陽洪竹亭刻本　二冊

220000－0801－0005091　經 161/8－1

方氏左傳評點二卷　（清）方苞撰　清光緒十九年(1893)丹陽洪竹亭刻本　二冊

220000－0801－0005092　經 161/14

左傳舊疏考正八卷　（清）劉文淇撰　清光緒三年(1877)湖北崇文書局刻本　四冊

220000－0801－0005093　經 161/15

左傳杜註辨證六卷　（清）張聰咸撰　劉世珩校　**春秋三家異文覈一卷**　（清）朱駿聲著　劉世珩斠　清光緒二十一年(1895)貴池劉氏刻本　五冊

220000－0801－0005094　經 161/16

左傳易讀六卷　（清）司徒修輯　清咸豐六年(1856)志遠堂刻本　六冊

220000－0801－0005095　經 161/18

曲江書屋新訂批註左傳快讀十八卷首一卷（清）李紹崧選　清同治七年(1868)緯文堂刻本　十六冊

220000－0801－0005096　經 161/19

左通補釋三十二卷　（清）梁履繩撰　清光緒元年(1875)刻本　十六冊

220000－0801－0005097　經 161/19－1

左通補釋三十二卷　（清）梁履繩撰　清光緒元年(1875)刻本　十冊

220000－0801－0005098　經 161/20

春秋詞命三卷　（明）王鏊編　清嘉慶九年(1804)刻本　三冊

220000－0801－0005099　　經 161/21

春秋說三十卷首一卷 (宋)洪咨夔撰　清光緒十年(1884)刻本　四冊

220000－0801－0005100　　經 161/22

春秋說略十二卷附春秋比二卷 (清)郝懿行撰　清光緒七年(1881)刻本　四冊

220000－0801－0005101　　經 161/26

春秋經傳集解三十卷 (晉)杜預撰 **春秋年表一卷** (□)□□撰 **春秋名號歸一圖二卷** (五代)馮繼先撰　清刻本　十六冊

220000－0801－0005102　　經 161/27

春秋繹義十四卷首一卷 (清)王曜南撰　清咸豐元年(1851)務本堂刻本　六冊

220000－0801－0005103　　經 161/29

評點春秋綱目左傳句解彙雋六卷 (清)韓菼撰　清末小酉山房刻本　六冊

220000－0801－0005104　　經 161/30

評點春秋綱目左傳句解彙雋六卷 (清)韓菼撰　清末文星堂刻本　六冊

220000－0801－0005105　　經 161/34

評點春秋綱目左傳句解彙雋六卷 (清)韓菼撰　清光緒十九年(1893)刻本　六冊

220000－0801－0005106　　經 161/34－1

評點春秋綱目左傳句解彙雋六卷 (清)韓菼撰　清光緒十九年(1893)刻本　二冊　存二卷(五至六)

220000－0801－0005107　　經 161/35

評點春秋綱目左傳句解彙雋六卷 (清)韓菼撰　清末上海文瑞樓石印本　六冊

220000－0801－0005108　　經 161/36

評點春秋綱目左傳句解彙雋六卷 (清)韓菼撰　清末掃葉山房刻本　六冊

220000－0801－0005109　　經 161/37

評點春秋綱目左傳句解彙雋六卷 (清)韓菼撰　清末掃葉山房石印本　六冊

220000－0801－0005110　　經 161/38

評點春秋綱目左傳句解彙雋六卷 (清)韓菼撰　清光緒七年(1881)紫文閣刻本　六冊

220000－0801－0005111　　經 161/39

春秋述義拾遺八卷首一卷末一卷 (清)陳熙晉撰　清光緒十七年(1891)廣雅書局刻本　二冊

220000－0801－0005112　　經 161/40

春秋左傳五十卷 (晉)杜預等撰　清光緒三十四年(1908)商務印書館石印本　十二冊

220000－0801－0005113　　經 161/40－1

春秋左傳五十卷 (晉)杜預等撰　清光緒三十四年(1908)商務印書館石印本　十二冊

220000－0801－0005114　　經 161/41

春秋左傳詁二十卷 (清)洪亮吉撰　清光緒四年(1878)授經堂刻本　十冊

220000－0801－0005115　　經 161/42

春秋左傳讀九卷 章炳麟撰　清末影印本　一冊

220000－0801－0005116　　經 161/44

欽定春秋左傳讀本三十卷 (清)英和等編輯　清光緒十二年(1886)居俟書屋刻本　十六冊

220000－0801－0005117　　經 161/45

欽定春秋左傳讀本三十卷 (清)英和等編輯　清道光二年(1822)武英殿刻本　二十八冊

220000－0801－0005118　　經 161/45－1

欽定春秋左傳讀本三十卷 (清)英和等編輯　清道光二年(1822)武英殿刻本　十六冊

220000－0801－0005119　　經 161/48

春秋左氏傳賈服註輯述二十卷 (清)李貽德撰　清同治五年(1866)刻本　六冊

220000－0801－0005120　　經 161/48－1

春秋左氏傳賈服註輯述二十卷 (清)李貽德撰　清同治五年(1866)刻本　六冊

220000－0801－0005121　　經 161/49

春秋左傳杜註三十卷 (清)姚培謙撰　清同治五年(1866)金陵書局刻本　十冊

220000－0801－0005122　經 161/49－1

春秋左傳杜註三十卷　（清）姚培謙撰　清同治五年(1866)金陵書局刻本　十冊

220000－0801－0005123　經 161/51

春秋左傳分類賦四卷　（清）夏大觀編　清末刻本　二冊

220000－0801－0005124　經 161/52

春秋左傳類纂六卷首一卷末一卷　（清）桂含章編輯　清光緒七年(1881)敦厚堂刻本　二冊

220000－0801－0005125　經 161/54

春秋左傳杜註三十卷　（清）姚培謙撰　清道光七年(1827)洪都漱經堂刻本　十二冊

220000－0801－0005126　經 161/56

春秋左傳杜林合注五十卷　（晉）杜預註（宋）林堯叟補註　清末五雲樓刻本　十二冊

220000－0801－0005127　經 161/57

左繡三十卷首一卷　（清）馮李驊　（清）陸浩評輯　清末李光明莊二截刻本　十六冊

220000－0801－0005128　經 161/61

春秋內外傳筮辭考證三卷　（清）章未撰　清光緒九年(1883)刻本　一冊

220000－0801－0005129　經 161/63

春秋世族譜二卷　（清）陳厚耀撰　清光緒二十五年(1899)兩湖書院正學堂刻本　一冊

220000－0801－0005130　經 161/63－1

春秋世族譜二卷　（清）陳厚耀撰　清光緒二十五年(1899)兩湖書院正學堂刻本　一冊

220000－0801－0005131　經 161/64

春秋公法比義發微六卷　（清）藍光策撰　清宣統三年(1911)南洋印刷官廠鉛印本　三冊

220000－0801－0005132　經 161/65

左傳義法舉要一卷　（清）方苞撰　清光緒十九年(1893)金匱廉氏刻本　一冊

220000－0801－0005133　經 161/66

續春秋左氏傳博議二卷　（清）王夫之撰　清末刻本　二冊

220000－0801－0005134　經 161/67

春秋釋地韻編五卷首一卷　（清）徐壽基撰　清光緒十二年(1886)傳經堂刻本　四冊

220000－0801－0005135　經 161/68

春秋規過考信三卷　（清）陳熙晉撰　清光緒十五年(1889)廣雅書局刻本　三冊

220000－0801－0005136　經 161/68－1

春秋規過考信三卷　（清）陳熙晉撰　清光緒十五年(1889)廣雅書局刻本　一冊

220000－0801－0005137　經 161/69

增訂春秋世族源流圖考六卷　（清）陳厚耀撰（清）常茂徠增訂　清道光三十年(1850)夷門怡古堂刻本　三冊

220000－0801－0005138　經 161/70

春秋大事表五十卷輿圖一卷附錄一卷　（清）顧棟高撰　清同治十二年(1873)尚志堂刻本　二十冊

220000－0801－0005139　經 161/70－1

春秋大事表五十卷輿圖一卷附錄一卷　（清）顧棟高撰　清同治十二年(1873)尚志堂刻本　二十冊

220000－0801－0005140　經 161/70－2

春秋大事表五十卷輿圖一卷附錄一卷　（清）顧棟高撰　清同治十二年(1873)尚志堂刻本　二十冊

220000－0801－0005141　經 161/70－3

春秋大事表五十卷輿圖一卷附錄一卷　（清）顧棟高撰　清同治十二年(1873)尚志堂刻本　二十冊

220000－0801－0005142　經 161/72

春秋經傳類聯三十三卷　（清）屈作梅撰　清嘉慶七年(1802)紉蘭堂刻本　四冊

220000－0801－0005143　經 161/74

左傳事緯十二卷左傳字釋一卷　（清）馬驌撰　清光緒四年(1878)敏德堂刻本　八冊

220000－0801－0005144　經 161/74－1

左傳事緯十二卷左傳字釋一卷　（清）馬驌撰

清光緒四年(1878)敏德堂刻本　十二冊

220000－0801－0005145　經161/74－2

左傳事緯十二卷左傳字釋一卷　（清）馬驌撰
　清光緒四年(1878)敏德堂刻本　八冊

220000－0801－0005146　經161/75

春秋地輿分韻考二卷　（□）□□撰　清活字
印本　二冊

220000－0801－0005147　經161/76

東萊左氏博議二十五卷附虛字註釋　（宋）呂
祖謙撰　清光緒二十四年(1898)掃葉山房刻
本　六冊

220000－0801－0005148　經161/80

左傳句解六卷　（清）韓葵重訂　清刻本
六冊

220000－0801－0005149　經161/83

左繡三十卷首一卷　（清）馮李驊　（清）陸浩
評輯　清光緒十四年(1888)上海文瑞樓刻本
十六冊

220000－0801－0005150　經161/83－1

左繡三十卷首一卷　（清）馮李驊　（清）陸浩
評輯　清光緒十四年(1888)上海文瑞樓刻本
十六冊

220000－0801－0005151　經161/84

左繡三十卷首一卷　（清）馮李驊　（清）陸浩
評輯　清刻本　八冊　存十五卷(一至十五)

220000－0801－0005152　經161/85

春秋左傳五十卷　（晉）杜預註　（宋）林堯叟
補註　清末刻本　十三冊

220000－0801－0005153　經161/85－1

春秋左傳五十卷　（晉）杜預註　（宋）林堯叟
補註　清末刻本　八冊　存二十四卷(二十
七至五十)

220000－0801－0005154　經161/88

東萊博議六卷　（宋）呂祖謙撰　清末粵東祥
雲山房刻本　六冊

220000－0801－0005155　經161/89

初選批註左氏博議二卷　（宋）呂祖謙撰　清

光緒二十四年(1898)志學館刻本　二冊

220000－0801－0005156　經161/90

東萊先生左氏博議集要八卷　（宋）呂祖謙撰
　清光緒十五年(1889)宗氏刻本　二冊

220000－0801－0005157　經161/91

東萊博議四卷　（宋）呂祖謙撰　清光緒二十
四年(1898)馮泰松刻本　四冊

220000－0801－0005158　經161/93

東萊博議四卷　（宋）呂祖謙撰　劉鍾英輯注
　清宣統三年(1911)上海會文堂石印本
四冊

220000－0801－0005159　經162/2

春秋公羊傳二十八卷　（漢）何休撰　清永懷
堂刻本　三冊

220000－0801－0005160　經162/3

**春秋公羊經傳解詁十二卷重刊紹熙公羊傳註
附音本校記一卷**　（漢）何休撰　（清）魏彥校
記　清同治二年(1863)刻本　二冊

220000－0801－0005161　經162/3－1

**春秋公羊經傳解詁十二卷重刊紹熙公羊傳註
附音本校記一卷**　（漢）何休撰　（清）魏彥校
記　清同治二年(1863)刻本　二冊　缺一卷
(音本校記一卷)

220000－0801－0005162　經162/4

公羊臆三卷讀公羊註記疑二卷　（清）張憲和
撰　清末刻本　四冊

220000－0801－0005163　經163/3

春秋穀梁傳十二卷　（晉）范甯撰　**考異一卷**
　楊守敬撰　清光緒九年(1883)黎氏刻本
六冊

220000－0801－0005164　經163/3－1

春秋穀梁傳十二卷　（晉）范甯撰　**考異一卷**
　楊守敬撰　清光緒九年(1883)黎氏刻本
二冊

220000－0801－0005165　經163/3－2

春秋穀梁傳十二卷　（晉）范甯撰　**考異一卷**
　楊守敬撰　清光緒九年(1883)黎氏刻本

二冊

220000－0801－0005166　經 163/6

穀梁大義述　（清）柳興恩撰　清光緒八年（1882）李氏木犀軒刻本　一冊

220000－0801－0005167　經 163/7

春秋穀梁傳音訓　（清）楊國楨撰　清末刻本　一冊

220000－0801－0005168　經 163/9

春秋穀梁傳十二卷　（晉）范甯撰　清光緒十年（1884）黎氏影印本　二冊

220000－0801－0005169　經 163/11

春秋穀梁傳十二卷　（晉）范甯撰　清同治七年（1868）金陵書局刻本　二冊

220000－0801－0005170　經 163/11－1

春秋穀梁傳十二卷　（晉）范甯撰　清同治七年（1868）金陵書局刻本　二冊

220000－0801－0005171　經 163/12

春秋穀梁傳十二卷　（晉）范甯撰　清光緒二十一年（1895）金陵書局刻本　二冊

220000－0801－0005172　經 164/1

春秋三傳十六卷首一卷　（唐）陸德明釋　清嘉慶十年（1805）刻本　十六冊

220000－0801－0005173　經 164/2

春秋三傳揭要六卷首一卷　（清）周蕙田輯　清中期刻本　二冊

220000－0801－0005174　經 164/11

春秋宗朱辨義十二卷首一卷　（清）張自超撰　清光緒七年（1881）刻本　八冊

220000－0801－0005175　經 164/11－1

春秋宗朱辨義十二卷首一卷　（清）張自超撰　清光緒七年（1881）刻本　八冊

220000－0801－0005176　經 164/11－2

春秋宗朱辨義十二卷首一卷　（清）張自超撰　清光緒七年（1881）刻本　八冊

220000－0801－0005177　經 164/12

春秋家說三卷　（清）王夫之撰　清道光二十

二年（1842）湘潭王氏遺經書屋刻本　二冊

220000－0801－0005178　經 164/17

春秋屬辭辨例編六十卷首二卷　（清）張應昌撰　清同治十二年（1873）江蘇書局刻本　三十二冊

220000－0801－0005179　經 164/17－1

春秋屬辭辨例編六十卷首二卷　（清）張應昌撰　清同治十二年（1873）江蘇書局刻本　十九冊　缺二十九卷（四至六、十四至三十、五十二至五十六、五十九至六十,首二卷）

220000－0801－0005180　經 164/18

春秋鑰四卷　（清）劉翰棻撰　清光緒三十二年（1906）刻本　二冊

220000－0801－0005181　經 164/25

弢園經學輯存三種五卷　（清）王韜撰　清光緒十五年（1889）鉛印本　四冊

220000－0801－0005182　經 164/25－1

弢園經學輯存三種五卷　（清）王韜撰　清光緒十五年（1889）鉛印本　二冊　存二卷（春秋朔閏日至考一至二）

220000－0801－0005183　經 164/26

春秋中國夷狄辨三卷　徐勤撰　清光緒二十三年（1897）上海大同譯書局影印本　一冊

220000－0801－0005184　經 164/29

半農先生春秋說十五卷　（清）惠士奇撰　清嘉慶十五年（1810）吳氏刻本　十二冊

220000－0801－0005185　經 164/31

董子春秋繁露十七卷　（漢）董仲舒撰　清光緒二十三年（1897）新化三味書局刻本　二冊

220000－0801－0005186　經 164/33

春秋董氏學八卷　康有為撰　清光緒二十四年（1898）刻本　六冊

220000－0801－0005187　經 164/33－1

春秋董氏學八卷　康有為撰　清光緒二十四年（1898）刻本　六冊

220000－0801－0005188　經 164/34

春秋繁露義證十七卷首一卷考證一卷　（清）

蘇輿撰　清宣統二年(1910)刻本　一冊

220000－0801－0005189　經164/37
欽定春秋傳說彙纂三十八卷首二卷　(清)王
掞等撰　清道光十八年(1838)刻本　十五冊
缺十四卷(二十五至三十八)

220000－0801－0005190　經164/39
監本附音春秋穀梁註疏十卷　(晉)范甯集解
清光緒十八年(1892)鉛印本　五冊

220000－0801－0005191　經164/39－1
監本附音春秋穀梁註疏十卷　(晉)范甯集解
清光緒十八年(1892)鉛印本　六冊

220000－0801－0005192　經17/4
御註孝經十八章　(清)世祖福臨撰　清宣統
二年(1910)上海久敬齋石印本　一冊

220000－0801－0005193　經17/8
孝經一卷　(唐)玄宗李隆基註　清道光二十
七年(1847)求是軒刻本　一冊

220000－0801－0005194　經17/8－1
孝經一卷　(唐)玄宗李隆基註　清道光二十
七年(1847)求是軒刻本　一冊

220000－0801－0005195　經17/8－2
孝經一卷　(唐)玄宗李隆基註　清道光二十
七年(1847)求是軒刻本　一冊

220000－0801－0005196　經17/8－3
孝經一卷　(唐)玄宗李隆基註　清道光二十
七年(1847)求是軒刻本　一冊

220000－0801－0005197　經17/8－4
孝經一卷　(唐)玄宗李隆基註　清道光二十
七年(1847)求是軒刻本　一冊

220000－0801－0005198　經17/9
孝經詳說六卷　(清)冉覲祖輯撰　清光緒七
年(1881)大梁書局刻本　四冊

220000－0801－0005199　經17/13
孝經一卷　(唐)玄宗李隆基註　清同治七年
(1868)湖北崇文書局刻本　一冊

220000－0801－0005200　經17/14

御註孝經一卷　(清)世祖福臨撰　清末刻本
一冊

220000－0801－0005201　經17/18
孝經述一卷　(清)賀長齡輯註　清光緒三年
(1877)刻本　一冊

220000－0801－0005202　經17/19
孝經古今文傳註輯論一卷　(清)吳大廷撰
清同治十二年(1873)刻本　一冊

220000－0801－0005203　經17/21
孝經易知不分卷　(清)耿介輯註　清同治十
一年(1872)邗江汪氏刻本　一冊

220000－0801－0005204　經17/22
孝經學七卷　曹元弼撰　清光緒三十四年
(1908)江蘇存古學堂刻本　一冊

220000－0801－0005205　經17/22－1
孝經學七卷　曹元弼撰　清光緒三十四年
(1908)江蘇存古學堂刻本　一冊

220000－0801－0005206　經17/24
孝經音訓一卷　(清)楊國楨撰　清同治九年
(1870)成都沈氏亦園刻本　一冊

220000－0801－0005207　經17/26
孝經音訓爾雅音訓不分卷　(清)楊國楨撰
清末刻本　一冊

220000－0801－0005208　經17/27
孝經九卷孟子十四卷　(漢)鄭玄　(漢)趙岐
註　清同治永懷堂刻本　一冊　存十二卷
(孝經一至九、孟子一至三)

220000－0801－0005209　經18/3
註釋校正華英四書不分卷　(英國)雷祈師譯
清光緒二十五年(1899)上海書局石印本
六冊

220000－0801－0005210　經18/5
四書白文不分卷　(清)學部編譯圖書局輯
清光緒三十三年(1907)學部圖書局石印本
十四冊

220000－0801－0005211　經181/3
論語十卷　(□)□□撰　清末刻本　一冊

220000 – 0801 – 0005212　經 181/5

論語二卷　（清）吳大澂書　清光緒十一年（1885）上海同文書局影印本　二冊

220000 – 0801 – 0005213　經 181/14

論語正義二十四卷　（清）劉寶楠等撰　清同治五年（1866）金陵存古書社刻本　六冊

220000 – 0801 – 0005214　經 181/16

論語孔註辨偽二卷　（清）沈濤撰　清道光元年（1821）刻本　一冊

220000 – 0801 – 0005215　經 181/17

論語發疑四卷　（清）顧成章撰　清光緒十八年（1892）刻本　一冊

220000 – 0801 – 0005216　經 181/18

論語集解義疏十卷　（三國魏）何晏集解　清刻本　四冊

220000 – 0801 – 0005217　經 181/19

論語集註旁證二十卷　（清）梁章鉅撰　清同治十二年（1873）刻本　四冊

220000 – 0801 – 0005218　經 181/19 – 1

論語集註旁證二十卷　（清）梁章鉅撰　清同治十二年（1873）刻本　四冊

220000 – 0801 – 0005219　經 181/22

論語經正錄二十卷　（清）王肇晉撰　（清）王用誥述　**年譜一卷**　（清）王孝箴等述　清光緒二十年（1894）刻本　十一冊

220000 – 0801 – 0005220　經 181/23

論語後案二十卷　（清）黃式三撰　清光緒九年（1883）浙江書局刻本　十冊

220000 – 0801 – 0005221　經 181/23 – 1

論語後案二十卷　（清）黃式三撰　清光緒九年（1883）浙江書局刻本　十冊

220000 – 0801 – 0005222　經 181/24

論語註二十卷　康有爲撰　清光緒二十八年（1902）刻本　六冊

220000 – 0801 – 0005223　經 181/26

論語補註三卷　（清）劉開撰　清同治七年（1868）刻本　一冊

220000 – 0801 – 0005224　經 181/26 – 1

論語補註三卷　（清）劉開撰　清同治七年（1868）刻本　一冊

220000 – 0801 – 0005225　經 181/27

論語註疏解經十卷附元本論語註疏札記一卷　（三國魏）何晏集解　（宋）邢昺疏　清光緒三十年（1904）貴池劉氏玉海堂刻本　二冊

220000 – 0801 – 0005226　經 181/28

論語古訓十卷　（清）陳鱣撰　清光緒九年（1883）浙江書局刻本　二冊

220000 – 0801 – 0005227　經 181/29

論語古註集箋十卷　（清）潘維城撰　清光緒七年（1881）江蘇書局刻本　六冊

220000 – 0801 – 0005228　經 181/29 – 1

論語古註集箋十卷　（清）潘維城撰　清光緒七年（1881）江蘇書局刻本　四冊

220000 – 0801 – 0005229　經 181/29 – 2

論語古註集箋十卷　（清）潘維城撰　清光緒七年（1881）江蘇書局刻本　六冊

220000 – 0801 – 0005230　經 181/31

論語戴氏注二十卷　（清）戴望撰　清末刻本　一冊

220000 – 0801 – 0005231　經 181/32

論語或問二十卷　（宋）朱熹撰　清初刻本　三冊

220000 – 0801 – 0005232　經 181/34

新刊唐昌黎先生論語筆解十卷　（唐）韓愈（唐）李翱撰　清末抄本　一冊

220000 – 0801 – 0005233　經 181/35

增訂二論詳解四卷　（清）劉忠輯　清光緒狀元閣刻本　四冊

220000 – 0801 – 0005234　經 181/36

增訂二論詳解四卷　（清）劉忠輯　清光緒狀元閣刻本　四冊

220000 – 0801 – 0005235　經 181/36 – 1

增訂二論詳解四卷　（清）劉忠輯　清光緒狀元閣刻本　四冊

220000－0801－0005236　經181/37

朱子論語集註訓詁考二卷　（清）潘衍桐撰
清光緒十七年(1891)浙江書局刻本　一冊

220000－0801－0005237　經181/37－1

朱子論語集註訓詁考二卷　（清）潘衍桐撰
清光緒十七年(1891)浙江書局刻本　一冊

220000－0801－0005238　經181/38

天文本單經論語校勘記一卷　葉德輝撰　清
光緒二十八年(1902)刻本　一冊

220000－0801－0005239　經181/41

鄉黨圖考十卷　（清）江永撰　清末刻本
六冊

220000－0801－0005240　經181/42

論語集註本義匯參二十卷　（清）王步青撰
清末刻本　十三冊

220000－0801－0005241　經182/1

孟子七卷　清光緒三十四年(1908)學部圖書
局影印本　七冊

220000－0801－0005242　經182/2

孟子七卷　（宋）朱熹集註　清光緒十六年
(1890)鮑氏抱芳閣刻本　十五冊

220000－0801－0005243　經182/7

增補蘇批孟子二卷附孟子年譜一卷　（宋）蘇
洵撰　（清）趙大浣增補　清嘉慶十七年
(1812)聚祐堂刻朱墨套印本　二冊

220000－0801－0005244　經182/8

增補蘇批孟子二卷附孟子年譜一卷　（宋）蘇
洵撰　（清）趙大浣增補　清咸豐六年(1856)
刻朱墨套印本　二冊

220000－0801－0005245　經182/10

孟子七卷　（宋）朱熹集註　清同治十一年
(1872)山東書局刻本　三冊

220000－0801－0005246　經182/10－1

孟子七卷　（宋）朱熹集註　清同治十一年
(1872)山東書局刻本　六冊　存六卷(二至
七)

220000－0801－0005247　經182/12

孟子文說七卷　（清）康濬撰　清嘉慶刻本
五冊

220000－0801－0005248　經182/15

孟子要略五卷　（宋）朱熹撰　清道光二十九
年(1849)漢陽劉氏刻本　一冊

220000－0801－0005249　經182/15－1

孟子要略五卷　（宋）朱熹撰　清道光二十九
年(1849)漢陽劉氏刻本　一冊

220000－0801－0005250　經182/15－2

孟子要略五卷　（宋）朱熹撰　清道光二十九
年(1849)漢陽劉氏刻本　一冊

220000－0801－0005251　經182/15－3

孟子要略五卷　（宋）朱熹撰　清道光二十九
年(1849)漢陽劉氏刻本　一冊

220000－0801－0005252　經182/15－4

孟子要略五卷　（宋）朱熹撰　清道光二十九
年(1849)漢陽劉氏刻本　一冊

220000－0801－0005253　經182/16

孟子正義三十卷　（清）焦循撰　清道光江都
翁氏刻本　十二冊

220000－0801－0005254　經182/17

孟子集註十四卷　（宋）朱熹集註　清嘉慶吳
真意堂刻本　三冊

220000－0801－0005255　經182/19

孟子師說七卷　（清）黃宗羲撰　清光緒八年
(1882)慈谿醉經閣馮氏刻本　四冊

220000－0801－0005256　經182/21

孟子外書補注四卷　（宋）劉攽撰　陳鉅補注
清光緒十七年(1891)刻本　一冊

220000－0801－0005257　經182/28

孟子趙註補正六卷附孟子劉註一卷　（清）宋
翔鳳撰　清光緒十七年(1891)廣雅書局刻本
一冊

220000－0801－0005258　經182/28－1

孟子趙註補正六卷附孟子劉註一卷　（清）宋
翔鳳撰　清光緒十七年(1891)廣雅書局刻本
二冊

220000 - 0801 - 0005259　經 182/29

孟子或問十四卷　（宋）朱熹撰　清初刻本
一冊

220000 - 0801 - 0005260　經 182/32

孟子音義二卷　（宋）孫奭撰　清末繆荃孫藝
風堂刻本　一冊

220000 - 0801 - 0005261　經 183/1

大學一卷　（宋）朱熹章句　清光緒三十三年
(1907)學部圖書局影印本　一冊

220000 - 0801 - 0005262　經 183/3

大學講義一卷　（清）芮城撰　清宣統三年
(1911)驚敘堂刻本　一冊

220000 - 0801 - 0005263　經 183/4

朱柏廬先生大學講義一卷　（清）朱用純撰
清光緒二年(1876)江蘇書局刻本　一冊

220000 - 0801 - 0005264　經 183/7

大學一卷大學章句一卷　（宋）朱熹撰　清光
緒二十九年(1903)湖南尚志齋刻本　一冊

220000 - 0801 - 0005265　經 183/15

大學祕解一卷　（□）□□撰　清光緒元年
(1875)徽州葉春圃刻本　一冊

220000 - 0801 - 0005266　經 183/22

大學古本薈參續編　（清）胡泉輯　清咸豐八
年(1858)刻本　一冊

220000 - 0801 - 0005267　經 183/24

大學或問一卷　（宋）朱熹撰　清末刻本
一冊

220000 - 0801 - 0005268　經 183/25

大學或問二卷　（宋）朱熹撰　清光緒二十九
年(1903)湖南尚志齋刻本　一冊

220000 - 0801 - 0005269　經 183/27

興儒行教圖考　（清）石浪子纂　清同治十二
年(1873)刻本　二冊

220000 - 0801 - 0005270　經 184/1

中庸不分卷　（宋）朱熹章句　清光緒三十三
年(1907)學部圖書局影印本　一冊

220000 - 0801 - 0005271　經 184/3

中庸一卷中庸章句一卷　（宋）朱熹撰　清光
緒二十九年(1903)湖南尚志齋刻本　一冊

220000 - 0801 - 0005272　經 184/3 - 1

中庸一卷中庸章句一卷　（宋）朱熹撰　清光
緒二十九年(1903)湖南尚志齋刻本　一冊

220000 - 0801 - 0005273　經 184/10

中庸直指不分卷　（明）釋德清撰　清光緒十
年(1884)金陵刻經處刻本　一冊

220000 - 0801 - 0005274　經 184/10 - 1

中庸直指不分卷　（明）釋德清撰　清光緒十
年(1884)金陵刻經處刻本　一冊

220000 - 0801 - 0005275　經 184/11

中庸或問三卷　（宋）朱熹撰　清光緒二十九
年(1903)湖南尚志齋刻本　一冊

220000 - 0801 - 0005276　經 184/11 - 1

中庸或問三卷　（宋）朱熹撰　清光緒二十九
年(1903)湖南尚志齋刻本　一冊

220000 - 0801 - 0005277　經 184/12

中庸輯略二卷　（宋）石𡉠輯　清光緒二十九
年(1903)湖南尚志齋刻本　二冊

220000 - 0801 - 0005278　經 184/12 - 1

中庸輯略二卷　（宋）石𡉠輯　清光緒二十九
年(1903)湖南尚志齋刻本　二冊

220000 - 0801 - 0005279　經 184/13

中庸篇義一卷　馬其昶撰　清光緒三十年
(1904)刻本　一冊

220000 - 0801 - 0005280　經 185/1

讀論孟筆記三卷補記二卷　（清）方宗誠撰
清光緒三年(1877)刻本　一冊

220000 - 0801 - 0005281　經 185/2

論語鄭氏注二卷　（漢）鄭玄撰　（清）宋翔鳳
輯　孟子漢劉熙注一卷　（漢）劉熙撰　（清）
宋翔鳳輯　清嘉慶七年(1802)樸學齋刻本
一冊

220000 - 0801 - 0005282　經 185/9

松陽講義十二卷　（清）陸隴其撰　清同治十

230

年(1871)公善堂刻本　四冊

220000－0801－0005283　經185/10

松陽講義十二卷　(清)陸隴其撰　清末刻本
五冊

220000－0801－0005284　經185/12

四書章句集註二十六卷　(宋)朱熹撰　四書
章句附考四卷　(清)吳志忠撰　清嘉慶十六
年(1811)璜川吳氏真意堂刻本　八冊

220000－0801－0005285　經185/13

四書章句集註十九卷　(宋)朱熹撰　清光緒
五年(1879)山東書局刻本　十冊

220000－0801－0005286　經185/14

重校字典四書十九卷　(宋)朱熹撰　清光緒
二十四年(1898)刻本　六冊

220000－0801－0005287　經185/15

四書章句本義匯參不分卷　(清)王步青輯
清光緒三十一年(1905)上海宏文閣鉛印本
十二冊

220000－0801－0005288　經185/16

四書章句集註附考四卷　(清)吳志忠撰　四
書家塾讀本句讀一卷四書章句集註定本辨一
卷　(清)吳英撰　清光緒七年(1881)淮南書
局刻本　一冊

220000－0801－0005289　經185/17

四書章句集註二十六卷　(宋)朱熹撰　四書
章句附考四卷　(清)吳志忠撰　清光緒七年
(1881)淮南書局刻本　七冊

220000－0801－0005290　經185/18

四書章句集註十九卷　(宋)朱熹撰　清同治
四年(1865)忠恕堂刻本　六冊

220000－0801－0005291　經185/19

三訂四書辨疑六種七十卷　(清)張江輯　清
光緒十三年(1887)上海大文書局鉛印本
八冊

220000－0801－0005292　經185/20

三訂四書辨疑六種七十卷　(清)張江輯　清
抄本　二十冊

220000－0801－0005293　經185/21

四書集註　(宋)朱熹撰　清末刻本　六冊

220000－0801－0005294　經185/24

四書說苑十一卷首一卷補遺一卷　(清)孫應
科輯　清道光二十八年(1848)刻本　四冊

220000－0801－0005295　經185/28

四書詮義三十八卷　(清)汪烜輯　清道光六
年(1826)一經堂刻本　十四冊

220000－0801－0005296　經185/29

纂序四書說約合參大全二十七卷　(清)顧夢
麟　(清)楊彝撰　四書集註闡微　(明)張居
正撰　清末八旗經正書院刻本　十二冊

220000－0801－0005297　經185/29－1

纂序四書說約合參大全二十七卷　(清)顧夢
麟　(清)楊彝撰　四書集註闡微　(明)張居
正撰　清末八旗經正書院刻本　十二冊

220000－0801－0005298　經185/31

四書翼註論文十二卷　(清)鄭獻甫撰　清光
緒五年(1879)刻本　十二冊

220000－0801－0005299　經185/33

四書經註集證十九卷　(清)吳昌宗撰　清嘉
慶三年(1798)江都汪廷機刻本　二十冊

220000－0801－0005300　經185/34

四書集疏附正二十二卷論語緒言一卷　(清)
張秉直撰　清道光十五年(1835)刻本　十冊

220000－0801－0005301　經185/35

四書集疏附正二十二卷論語緒言一卷　(清)
張秉直撰　清同治十二年(1873)刻本　十冊

220000－0801－0005302　經185/36

四書集編二十六卷　(宋)真德秀撰　清同治
鍾謙鈞刻通志堂本　六冊

220000－0801－0005303　經185/37

四書集註十九卷　(宋)朱熹集傳　清光緒八
年(1882)金陵書局刻本　六冊

220000－0801－0005304　經185/37－1

四書集註十九卷　(宋)朱熹集傳　清光緒八
年(1882)金陵書局刻本　六冊

231

220000－0801－0005305　經185/39

四書集註十九卷　（宋）朱熹撰　清末謝氏家塾刻本　六冊

220000－0801－0005306　經185/39－1

四書集註十九卷　（宋）朱熹撰　清末謝氏家塾刻本　六冊

220000－0801－0005307　經185/41

四書續談四卷　（清）戚學標撰　清嘉慶二十四年(1819)四明青照樓刻本　二冊

220000－0801－0005308　經185/47

四書條辨六卷　（清）袁秉亮撰　清初刻本　一冊

220000－0801－0005309　經185/48

新訂四書補註備旨十卷　（明）鄧林撰　清光緒十四年(1888)經義山房刻本　六冊

220000－0801－0005310　經185/49

新訂四書補註備旨十卷　（明）鄧林撰　清末善成堂刻本　八冊

220000－0801－0005311　經185/51

四書逸箋六卷　（清）程大中撰　清道光二十六年(1846)海山仙館刻本　一冊

220000－0801－0005312　經185/52

四書近指三十七卷　（清）孫奇逢纂　清同治三年(1864)中州學署刻本　六冊

220000－0801－0005313　經185/52－1

四書近指三十七卷　（清）孫奇逢纂　清同治三年(1864)中州學署刻本　八冊

220000－0801－0005314　經185/53

四書襯十九卷　（清）駱培撰　清末大成堂刻本　六冊

220000－0801－0005315　經185/55

四書凝道錄二十卷　（清）劉紹攽撰　清光緒二十年(1894)涇陽劉氏文在堂刻本　十八冊

220000－0801－0005316　經185/56

四書通二十六卷　（元）胡炳文撰　清中期靖江朱氏刻本　十四冊　缺一卷(中庸通一卷)

220000－0801－0005317　經185/58

四書古註群義彙解九種九十八卷　（三國魏）何晏等撰　清光緒十九年(1893)上海蜚英館影印本　十六冊

220000－0801－0005318　經185/59

四書古註群義彙解十種一百二十三卷　（三國魏）何晏等撰　清末影印本　十八冊

220000－0801－0005319　經185/60

四書古註群義彙解十種九十八卷　（三國魏）何晏等撰　清光緒十九年(1893)上海鴻寶齋影印本　十六冊

220000－0801－0005320　經185/61

四書古註群義彙解十種九十八卷　（三國魏）何晏等撰　清光緒三十年(1904)上海同文升記書局鉛印本　十冊

220000－0801－0005321　經185/63

四書勸學錄四十二卷　（清）謝廷龍撰　清道光四年(1824)富文堂刻本　三十六冊

220000－0801－0005322　經185/65

四書擴餘說七卷　（清）曹之升撰　清嘉慶十九年(1814)刻本　六冊

220000－0801－0005323　經185/66

四書擴餘說七卷　（清）曹之升撰　清嘉慶三年(1798)曹氏刻本　六冊

220000－0801－0005324　經185/66－1

四書擴餘說七卷　（清）曹之升撰　清嘉慶三年(1798)曹氏刻本　六冊

220000－0801－0005325　經185/66－2

四書擴餘說七卷　（清）曹之升撰　清嘉慶三年(1798)曹氏刻本　三冊

220000－0801－0005326　經185/69

四書題鏡三十六卷　（清）汪鯉翔撰　四書味根錄三十六卷　（清）金澄撰　四書宗旨(明)周汝登撰　清光緒十九年(1893)鴻寶齋石印本　八冊

220000－0801－0005327　經185/70

四書題鏡三十六卷　（清）汪鯉翔撰　四書味

232

根錄三十六卷 （清）金澄撰　**四書宗旨**
（明）周汝登撰　清光緒十四年(1888)上海點
石齋石印本　六冊

220000－0801－0005328　經185/71

四書題鏡三十六卷 （清）汪鯉翔撰　清道光
十三年(1833)文會堂刻本　十二冊

220000－0801－0005329　經185/72

四書異同商 （清）黃鶴撰　清咸豐十年
(1860)寧鄉學署東齋刻本　十冊

220000－0801－0005330　經185/73

涇野先生四書因問六卷 （清）魏廷萱集　清
光緒十四年(1888)楊浚刻本　四冊　缺一卷
(四)

220000－0801－0005331　經185/74

四書味根錄三十七卷 （清）金澄撰　清同治
二年(1863)刻本　八冊

220000－0801－0005332　經185/76

四書是訓十五卷 （清）劉逢祿撰　清嘉慶八
年(1803)文林堂刻本　四冊

220000－0801－0005333　經185/78

四書反身錄八卷首一卷 （清）李顒撰　清道
光四年(1824)紫陽書院刻本　二冊

220000－0801－0005334　經185/78－1

四書反身錄八卷首一卷 （清）李顒撰　清道
光四年(1824)紫陽書院刻本　二冊

220000－0801－0005335　經185/79

四書反身錄八卷首一卷 （清）李顒撰　清道
光十一年(1831)浙江書局刻本　四冊

220000－0801－0005336　經185/80

四書反身錄八卷首一卷 （清）李顒撰　清光
緒十三年(1887)萊州郡署刻本　四冊

220000－0801－0005337　經185/82

四書改錯二十二卷附錄一卷 （清）毛奇齡撰
清嘉慶十六年(1811)學圃刻本　六冊

220000－0801－0005338　經185/82－1

四書改錯二十二卷附錄一卷 （清）毛奇齡撰
清嘉慶十六年(1811)學圃刻本　四冊

220000－0801－0005339　經185/82－2

四書改錯二十二卷附錄一卷 （清）毛奇齡撰
清嘉慶十六年(1811)學圃刻本　八冊

220000－0801－0005340　經185/83

四書合講十九卷 （清）翁復撰　清末聚盛堂
刻本　六冊

220000－0801－0005341　經185/84

四書合講十九卷圖考一卷 （清）翁復撰　清
同治九年(1870)刻本　六冊

220000－0801－0005342　經185/85

四書合講十九卷圖考一卷 （清）翁復撰　清
末文富堂刻本　六冊

220000－0801－0005343　經185/86

四書合講十九卷圖考一卷 （清）翁復撰　清
光緒十四年(1888)掃葉山房刻本　六冊

220000－0801－0005344　經185/87

四書合講十九卷圖攷一卷 （清）翁復撰　清
末文光堂刻本　六冊

220000－0801－0005345　經185/88

四書益智錄二十卷 （清）桂含章輯　清光緒
八年(1882)務本堂刻本　二十冊

220000－0801－0005346　經185/89

四書義十二卷 （清）陸隴其撰　清末影印本
六冊

220000－0801－0005347　經185/90

四書義尸聖篇不分卷 （清）儀師室撰　清光
緒二十八年(1902)石印本　十二冊

220000－0801－0005348　經185/91

四書纂言四十卷 （清）宋翔鳳輯　清光緒八
年(1882)峚崿山房刻本　十六冊

220000－0801－0005349　經185/92

四書纂疏二十六卷 （宋）趙順孫撰　清聖風
書苑石印本　八冊

220000－0801－0005350　經185/93

四書恒解十四卷 （清）劉沅撰　清光緒三十
一年(1905)刻槐軒全書本　十冊

220000－0801－0005351　　經 185/95

四書類考三十卷　（清）陳愚穀纂　清嘉慶六年(1801)陳氏刻本　二十冊

220000－0801－0005352　　經 185/99

學庸家訓二卷　（清）金光旭輯　清道光二十六年(1846)聚文堂刻本　三冊

220000－0801－0005353　　經 185/101

四書經史摘證七卷　（清）宋繼種輯　（清）宋廷英校注　清道光二十四年(1844)雕龍書屋刻本　二冊

220000－0801－0005354　　經 185/102

四書釋地補一卷續補一卷又續補一卷三續補一卷　（清）閻若璩撰　（清）樊廷枚校補　清嘉慶二十一年(1816)梅陽海涵堂刻本　五冊

220000－0801－0005355　　經 185/102－1

四書釋地補一卷續補一卷又續補一卷三續補一卷　（清）閻若璩撰　（清）樊廷枚校補　清嘉慶二十一年(1816)梅陽海涵堂刻本　六冊

220000－0801－0005356　　經 185/103

四書釋地補一卷續補一卷又續補一卷三續補一卷　（清）閻若璩撰　（清）樊廷枚校補　清刻本　五冊

220000－0801－0005357　　經 185/104

四書古人典林十二卷　（清）江永撰　清光緒十四年(1888)石印本　一冊

220000－0801－0005358　　經 185/105

四書古人典林十二卷　（清）江永撰　清末崇德書院刻本　四冊

220000－0801－0005359　　經 185/107

四書姓氏考略一卷　（清）侯敞撰　清同治二年(1863)刻本　一冊

220000－0801－0005360　　經 185/109

四書典制新穎三十五卷　（清）黃濟川纂輯　清同治八年(1869)刻本　六冊

220000－0801－0005361　　經 185/110

四書典林三十卷　（清）江永撰　清末崇德書院刻本　十二冊

220000－0801－0005362　　經 185/111

四書典林三十卷　（清）江永撰　清末刻本　十二冊

220000－0801－0005363　　經 185/113

四書典類淵海五十二卷　陸潤庠輯　清光緒十四年(1888)上海鴻文書局影印本　十冊

220000－0801－0005364　　經 185/114

四書圖考十三卷　（清）杜炳撰　清光緒十三年(1887)鴻文書局影印本　四冊

220000－0801－0005365　　經 185/115

四書圖考十三卷　（清）杜炳撰　清道光七年(1827)刻本　十二冊

220000－0801－0005366　　經 185/116

四書人物類典串珠四十卷　（清）臧志仁輯　清光緒七年(1881)刻本　十二冊

220000－0801－0005367　　經 185/117

四書人物類典串珠四十卷　（清）臧志仁輯　清嘉慶六年(1801)正和堂刻本　八冊

220000－0801－0005368　　經 185/118

四書人物類典串珠四十卷　（清）臧志仁輯　清末刻本　八冊

220000－0801－0005369　　經 185/119

四書字詁七十八卷　（清）段諤廷撰　清咸豐七年(1857)刻本　二十冊

220000－0801－0005370　　經 185/122

四書典制類聯音註四卷　（清）閻其淵輯　清光緒十三年(1887)上海鴻文書局影印本　四冊

220000－0801－0005371　　經 185/123

四書典制類聯音註十卷　（清）閻其淵輯　清同治七年(1868)維經堂刻本　六冊

220000－0801－0005372　　經 185/124

四書典制類聯音註三十三卷　（清）閻其淵輯　清中期書業堂刻本　十二冊

220000－0801－0005373　　經 185/125

古今同聲字考釋義便蒙不分卷　（清）王士松撰　清末三槐堂刻本　一冊

220000 – 0801 – 0005374　　經 185/127

四書備旨十卷　（明）鄧林撰　清宣統元年
(1909)上海久敬齋書局石印本　六冊

220000 – 0801 – 0005375　　經 185/128

大學思辨錄五卷中庸思辨錄九卷　（清）朱鼎
謙撰　清中期玉山清堂刻本　六冊

220000 – 0801 – 0005376　　經 185/132

四書章句集註十九卷　（宋）朱熹撰　清光緒
十三年(1887)掃葉山房刻本　六冊

220000 – 0801 – 0005377　　經 185/133

四書釋地補一卷　（清）閻若璩撰　清嘉慶二
十一年(1816)敬藝堂刻本　八冊

220000 – 0801 – 0005378　　經 185/134

四書朱子本義匯參四十三卷首三卷　（清）王
步青輯　清末刻本　三十二冊

220000 – 0801 – 0005379　　經 185/135

論孟精義二十四卷　（宋）朱熹撰　清同治十
三年(1874)公善堂仿石門呂氏刻本　六冊

220000 – 0801 – 0005380　　經 185/136

孟子　清刻本　一冊

220000 – 0801 – 0005381　　經 185/137

四書便蒙　（宋）朱熹撰　清光緒七年(1881)
福州杞菊山房刻本　一冊　存一卷(大學章
句一卷)

220000 – 0801 – 0005382　　經 185/138

四書集註　（宋）朱熹註　清刻本　十三冊
存十三卷(大學章句一卷、中庸章句二卷、論
語集注十卷)

220000 – 0801 – 0005383　　經 185/138 – 1

四書集註　（宋）朱熹註　清刻本　三冊　存
十卷(孟子一至五、論語六至十)

220000 – 0801 – 0005384　　經 185/139

四書古註群義彙解九種　（三國魏）何晏等撰
　清光緒十九年(1893)上海積山書局石印本
十六冊

220000 – 0801 – 0005385　　經 185/140

四書集註　（宋）朱熹註　清同治十一年

(1872)山東書局刻本　七冊

220000 – 0801 – 0005386　　經 185/143

映雪四書　（宋）朱熹註　清末刻本　一冊
存大學中庸

220000 – 0801 – 0005387　　經 19/1

通志堂經解一百三十九種一千四百八十八卷
　（清）納蘭成德輯　清同治十二年(1873)粵
東書局刻本　四百八十冊

220000 – 0801 – 0005388　　經 19/1 – 1

通志堂經解一百三十九種一千四百八十八卷
　（清）納蘭成德輯　清同治十二年(1873)粵
東書局刻本　四百九十七冊　缺三禮圖

220000 – 0801 – 0005389　　經 19/2

皇清經解一千四百卷　（清）阮元輯　清道光
九年(1829)廣東學海堂刻本　三百二十二冊

220000 – 0801 – 0005390　　經 19/2 – 1

皇清經解一千四百卷　（清）阮元輯　清道光
九年(1829)廣東學海堂刻本　四百冊

220000 – 0801 – 0005391　　經 19/2 – 2

皇清經解一千四百卷　（清）阮元輯　清道光
九年(1829)廣東學海堂刻本　一冊　存十卷
(一千七十九至一千八十八)

220000 – 0801 – 0005392　　經 19/3

皇清經解一百八十六種一千四百八卷首一卷
　（清）阮元輯　清咸豐十一年(1861)學海堂
補刻本　三百五十三冊

220000 – 0801 – 0005393　　經 19/3 – 1

皇清經解一百八十六種一千四百八卷首一卷
　（清）阮元輯　清咸豐十一年(1861)學海堂
補刻本　三百六十冊

220000 – 0801 – 0005394　　經 19/3 – 2

皇清經解一百八十六種一千四百八卷首一卷
　（清）阮元輯　清咸豐十一年(1861)學海堂
補刻本　三百六十冊

220000 – 0801 – 0005395　　經 19/3 – 3

皇清經解一百八十六種一千四百八卷首一卷
　（清）阮元輯　清咸豐十一年(1861)學海堂

補刻本　三百六十冊

220000 - 0801 - 0005396　經 19/3 - 4

皇清經解一百八十六種一千四百八卷首一卷
（清）阮元輯　清咸豐十一年（1861）學海堂
補刻本　三百三十二冊

220000 - 0801 - 0005397　經 19/3 - 5

皇清經解一百八十六種一千四百八卷首一卷
（清）阮元輯　清咸豐十一年（1861）學海堂
補刻本　五冊　存七十五卷（一千一百九十
三至一千一百九十六、一千四百十至一千四
百八十）

220000 - 0801 - 0005398　經 19/4

皇清經解一百八十八種一百九十卷　（清）阮
元輯　清光緒十七年（1891）鴻寶齋石印本
二十四冊

220000 - 0801 - 0005399　經 19/4 - 1

皇清經解一百八十八種一百九十卷　（清）阮
元輯　清光緒十七年（1891）鴻寶齋石印本
二十六冊

220000 - 0801 - 0005400　經 19/5

皇清經解續編一百十一種一千四百三十卷
王先謙輯　清光緒十四年（1888）江陰南菁書
院刻本　三百二十八冊

220000 - 0801 - 0005401　經 19/5 - 1

皇清經解續編一百十一種一千四百三十卷
王先謙輯　清光緒十四年（1888）江陰南菁書
院刻本　三百二十八冊

220000 - 0801 - 0005402　經 19/5 - 2

皇清經解續編一百十一種一千四百三十卷
王先謙輯　清光緒十四年（1888）江陰南菁書
院刻本　三百二十冊

220000 - 0801 - 0005403　經 19/5 - 3

皇清經解續編一百十一種一千四百三十卷
王先謙輯　清光緒十四年（1888）江陰南菁書
院刻本　三百二十冊

220000 - 0801 - 0005404　經 19/5 - 4

皇清經解續編一百十一種一千四百三十卷

王先謙輯　清光緒十四年（1888）江陰南菁書
院刻本　三百二十冊

220000 - 0801 - 0005405　經 19/5 - 5

皇清經解續編一百十一種一千四百三十卷
王先謙輯　清光緒十四年（1888）江陰南菁書
院刻本　九冊

220000 - 0801 - 0005406　經 19/6

皇清經解續編一百十一種一千四百三十卷
王先謙輯　清光緒十五年（1889）上海蜚英館
石印本　三十二冊

220000 - 0801 - 0005407　經 19/6 - 1

皇清經解續編一百十一種一千四百三十卷
王先謙輯　清光緒十五年（1889）上海蜚英館
石印本　三十二冊

220000 - 0801 - 0005408　經 19/7

新鐫經苑二十五種二百四十六卷　（清）錢儀
吉輯　清道光二十五年至三十（1845 -
1850）刻本　七十七冊

220000 - 0801 - 0005409　經 19/7 - 1

新鐫經苑二十五種二百四十六卷　（清）錢儀
吉輯　清道光二十五年至三十（1845 -
1850）刻本　七十六冊

220000 - 0801 - 0005410　經 19/7 - 2

新鐫經苑二十五種二百四十六卷　（清）錢儀
吉輯　清道光二十五年至三十（1845 -
1850）刻本　七十九冊

220000 - 0801 - 0005411　經 19/7 - 3

新鐫經苑二十五種二百四十六卷　（清）錢儀
吉輯　清道光二十五年至三十（1845 -
1850）刻本　六十二冊　存二十三種一百七
十九卷（溫公易說六卷、吳園易解九卷、誠齋
易傳二十卷、易傳鐙四卷、易學濫觴一卷、敷
文書說一卷、尚書經義五十卷、洪範統一一
卷、詩總聞一至十七、呂氏家塾讀詩記二十五
至三十二、續呂氏家塾讀詩記三卷、周官新義
十六卷、儀禮集釋二十六至三十、儀禮釋宮一
卷、春秋集傳纂例十卷、春秋微旨三卷、孝經
刊誤一卷、孝經本義二卷、孝經或問三卷、論

語意原四卷、孟子外篇注一卷、讀四書叢說七卷、瑟譜六卷）

220000－0801－0005412　經 19/9

經學輯要二十四卷 （清）吳穎炎輯　清光緒十四年(1888)上海點石齋石印本　三十二冊

220000－0801－0005413　經 19/9－1

經學輯要二十四卷 （清）吳穎炎輯　清光緒十四年(1888)上海點石齋石印本　三十二冊

220000－0801－0005414　經 19/9－2

經學輯要二十四卷 （清）吳穎炎輯　清光緒十四年(1888)上海點石齋石印本　三十二冊

220000－0801－0005415　經 19/10

經義述聞三十二卷 （清）王引之撰　清嘉慶二十二年(1817)掃葉山房刻本　十六冊

220000－0801－0005416　經 19/10－1

經義述聞三十二卷 （清）王引之撰　清嘉慶二十二年(1817)掃葉山房刻本　十六冊

220000－0801－0005417　經 19/10－2

經義述聞三十二卷 （清）王引之撰　清嘉慶二十二年(1817)掃葉山房刻本　十六冊

220000－0801－0005418　經 19/10－3

經義述聞三十二卷 （清）王引之撰　清嘉慶二十二年(1817)掃葉山房刻本　二十冊

220000－0801－0005419　經 19/13

經義質疑八卷 （清）陳梓撰　清嘉慶二十年(1815)敬義堂刻本　一冊

220000－0801－0005420　經 19/14

經義雜記三十卷敘錄一卷 （清）臧琳撰　清嘉慶四年(1799)臧氏拜經堂刻本　六冊

220000－0801－0005421　經 19/14－1

經義雜記三十卷敘錄一卷 （清）臧琳撰　清嘉慶四年(1799)臧氏拜經堂刻本　六冊

220000－0801－0005422　經 19/15

經義懸解五卷 （清）徐壽基撰　清光緒十三年(1887)刻本　一冊

220000－0801－0005423　經 19/16

經義未詳說十二卷 （清）徐卓撰　清道光七年(1827)文富堂刻本　六冊

220000－0801－0005424　經 19/18

經義考三百卷目錄二卷 （清）朱彝尊撰　清光緒二十三年(1897)浙江書局刻本　十六冊

220000－0801－0005425　經 19/20

十三經策案二十二卷 （清）王謨輯　清光緒十一年(1885)上海同文書局石印本　二冊

220000－0801－0005426　經 19/21

十三經策案二十二卷首一卷 （清）王謨輯　清道光十七年(1837)刻本　十二冊

220000－0801－0005427　經 19/22

十三經劄記二十二卷 （清）朱亦棟撰　清光緒四年(1878)武林竹簡齋刻本　六冊

220000－0801－0005428　經 19/24

重訂七經精義三十卷 （清）黃淦撰　清嘉慶十三年(1808)令德堂刻本　十四冊

220000－0801－0005429　經 19/25

七經精義三十卷 （清）黃淦撰　清嘉慶十二年(1807)尊德堂刻本　十四冊

220000－0801－0005430　經 19/26

九經古義十六卷 （清）惠棟撰　清常熟蔣氏省吾堂刻本　四冊

220000－0801－0005431　經 19/27

九經古義十六卷 （清）惠棟撰　清末劉光德局刻本　四冊

220000－0801－0005432　經 19/28

相臺書塾刊正九經三傳沿革例一卷 （宋）岳珂撰　清光緒三年(1877)湖北崇文書局刻本　一冊

220000－0801－0005433　經 19/29

五經贊一卷 （清）陸榮和纂　（清）徐堂註　清光緒四年(1878)味默齋刻本　一冊

220000－0801－0005434　經 19/31

皇朝五經匯解五種二百七十卷 （清）抉經心室纂　清光緒十四年(1888)鴻文書局石印本　三十二冊

220000－0801－0005435　經19/31－1

皇朝五經匯解五種二百七十卷　（清）抉經心
室纂　清光緒十四年(1888)鴻文書局石印本
三十二冊

220000－0801－0005436　經19/32

皇朝五經匯解五種二百七十卷　（清）抉經心
室纂　清光緒十九年(1893)同文書局石印本
三十二冊

220000－0801－0005437　經19/32－1

皇朝五經匯解五種二百七十卷　（清）抉經心
室纂　清光緒十九年(1893)同文書局石印本
三十二冊

220000－0801－0005438　經19/33

素行室經說二卷校勘記一卷　（清）楊譽龍撰
清光緒二十三年(1897)刻本　二冊

220000－0801－0005439　經19/35

經窺十六卷　（清）蔡啓盛撰　清光緒十七年
(1891)刻本　四冊

220000－0801－0005440　經19/37

惠氏經說四種四十卷　（清）惠周惕　（清）惠
士奇撰　清嘉慶十五年(1810)璜川吳氏刻本
十二冊

220000－0801－0005441　經19/38

養志居僅存稿十八卷首一卷　（清）陳宗起撰
清光緒十一年(1885)刻本　八冊

220000－0801－0005442　經19/40

蔣紹宗著書五種不分卷　（清）蔣紹宗撰　清
道光六年(1826)刻本　十四冊

220000－0801－0005443　經19/41

鄭氏佚書二十三種七十八卷鄭君紀年一卷
(漢)鄭玄撰　（清）袁鈞輯　清光緒十四年
(1888)刻本　八冊

220000－0801－0005444　經19/43

**萬充宗先生經學五書十八卷墓志銘一卷志傳
一卷行狀一卷**　（清）萬斯大撰　清嘉慶元年
(1796)辨志堂刻本　三冊

220000－0801－0005445　經19/43－1

**萬充宗先生經學五書十八卷墓志銘一卷志傳
一卷行狀一卷**　（清）萬斯大撰　清嘉慶元年
(1796)辨志堂刻本　五冊

220000－0801－0005446　經19/44

皮氏經學叢書九種二十四卷　（清）皮錫瑞撰
清光緒三十二年(1906)思賢書局刻本　十
四冊

220000－0801－0005447　經19/44－1

皮氏經學叢書九種二十四卷　（清）皮錫瑞撰
清光緒三十二年(1906)思賢書局刻本　十
四冊

220000－0801－0005448　經19/45

古經解鈎沉三十卷　（清）余蕭客撰　清道光
二十年(1840)京江魯氏補刻本　十二冊

220000－0801－0005449　經19/46

經傳攷證八卷　（清）朱彬撰　清道光十六年
(1836)宜祿堂刻本　二冊

220000－0801－0005450　經19/47

聖證論補評二卷　（清）皮錫瑞撰　清光緒元
年(1875)刻本　一冊

220000－0801－0005451　經19/47－1

聖證論補評二卷　（清）皮錫瑞撰　清光緒元
年(1875)刻本　一冊

220000－0801－0005452　經19/48

經傳攷證八卷　（清）朱彬撰　清同治五年
(1866)刻本　二冊

220000－0801－0005453　經19/51

讀經遺法臆晷不分卷　（清）黃金山撰　清光
緒六年(1880)文林齋刻本　一冊

220000－0801－0005454　經19/53

經學不厭精五卷　（德國）花之安撰　清光緒
二十二年(1896)上海美華書館鉛印本　六冊
存二卷(一、三)

220000－0801－0005455　經19/54

林氏剳記四種二十二卷　（清）林昌彝　（清）
林慶炳撰　清光緒十六年(1890)小石渠閣刻
本　十二冊

220000 – 0801 – 0005456　經19/55

古微書三十六卷　(明)孫毅輯　清嘉慶二十一年(1816)對山問月樓刻本　四冊

220000 – 0801 – 0005457　經19/55 – 1

古微書三十六卷　(明)孫毅輯　清嘉慶二十一年(1816)對山問月樓刻本　十冊

220000 – 0801 – 0005458　經19/56

經學輯要　(清)吳澄夫撰　清光緒二十年(1894)同文書局石印本　三十二冊

220000 – 0801 – 0005459　經19/59

皇清經解一百九十卷　(清)阮元　(清)嚴杰重輯　清光緒十一年(1885)上海點石齋石印本　三十二冊

220000 – 0801 – 0005460　經19/60

經典釋文三十卷經典釋文考證不分卷　(唐)陸德明撰　清同治八年(1869)湖北崇文書局刻本　十二冊

220000 – 0801 – 0005461　經19/60 – 1

經典釋文三十卷經典釋文考證不分卷　(唐)陸德明撰　清同治八年(1869)湖北崇文書局刻本　十二冊

220000 – 0801 – 0005462　經19/60 – 2

經典釋文三十卷經典釋文考證不分卷　(唐)陸德明撰　清同治八年(1869)湖北崇文書局刻本　五冊

220000 – 0801 – 0005463　經19/64

經典釋文三十卷　(唐)陸德明撰　清同治十三年(1874)成都尊經書院刻本　十冊

220000 – 0801 – 0005464　經19/68

經傳繹義五十卷　(清)陳煒撰　清道光九年(1829)校字齋刻本　二十冊

220000 – 0801 – 0005465　經19/69

有竹石軒經句說二十四卷　(清)吳英撰　清嘉慶二十三年(1818)有竹石軒刻本　二十四冊

220000 – 0801 – 0005466　經19/69 – 1

有竹石軒經句說二十四卷　(清)吳英撰　清

嘉慶二十三年(1818)有竹石軒刻本　八冊存十四卷(一至十四)

220000 – 0801 – 0005467　經19/69 – 2

有竹石軒經句說二十四卷　(清)吳英撰　清嘉慶二十三年(1818)有竹石軒刻本　五冊存十卷(一至十)

220000 – 0801 – 0005468　經19/69 – 3

有竹石軒經句說二十四卷　(清)吳英撰　清嘉慶二十三年(1818)有竹石軒刻本　五冊存十卷(一至十)

220000 – 0801 – 0005469　經19/71

經傳釋詞補一卷　(清)孫經世撰　清光緒十四年(1888)心矩齋刻本　一冊

220000 – 0801 – 0005470　經19/72

五經小學述二卷　(清)莊述祖撰　**校勘記一卷**　(清)王銘西　(清)薛紹元撰　清光緒九年(1883)刻本　一冊

220000 – 0801 – 0005471　經19/73

五經同異三卷　(清)顧炎武撰　清常熟蔣氏省吾堂刻本　二冊

220000 – 0801 – 0005472　經19/75

五經類典囊括六十卷　(□)□□撰　清光緒十四年(1888)上海積山書局石印本　六冊

220000 – 0801 – 0005473　經19/76

御批五經備旨講義　清末影印本　六冊

220000 – 0801 – 0005474　經19/77

五經備旨四十五卷　(清)鄒聖脈纂　清中葉刻本　十六冊

220000 – 0801 – 0005475　經19/81

五經鴻寶不分卷　(□)□□撰　清光緒十三年(1887)上海積山書局影印本　十冊

220000 – 0801 – 0005476　經19/82

五經分類備典七十五卷　(清)吳家駿輯　清嘉慶二十三年(1818)刻本　四冊

220000 – 0801 – 0005477　經19/83

五經古人典林六卷　(清)何松編　清光緒元年(1875)慈谿何氏刻本　二冊

220000 - 0801 - 0005478　經 19/84

五經典林五十四卷五經古人典林六卷　（清）
何松編　清光緒元年(1875)慈谿何氏刻本
二十冊

220000 - 0801 - 0005479　經 19/85

全謝山先生經史問答十卷　（清）全祖望撰
清光緒八年(1882)上海王氏刻本　四冊

220000 - 0801 - 0005480　經 19/87

狀元閣十三經集字不分卷　（清）李光明輯
清末江南城聚寶門李光明莊刻朱墨套印本
一冊

220000 - 0801 - 0005481　經 19/88

重校十三經不貳字不分卷　（清）洪鈞等撰
清光緒二年(1876)刻本　一冊

220000 - 0801 - 0005482　經 19/89

五經音義辨疑不分卷　（清）杜鼎輯　清咸豐
四年(1854)浣花草堂刻本　一冊

220000 - 0801 - 0005483　經 19/90

鍾山劄記四卷龍城劄記三卷　（清）盧文弨撰
清嘉慶元年(1796)刻本　一冊

220000 - 0801 - 0005484　經 19/91

十三經集字不分卷　（清）楊泰亨等撰　清光
緒六年(1880)刻本　一冊

220000 - 0801 - 0005485　經 19/93

九經補韻不分卷　（宋）楊伯嵒撰　（清）錢侗
考證　清嘉慶四年(1799)汗筠齋刻本　一冊

220000 - 0801 - 0005486　經 19/96

十三經集字摹本不分卷　（清）彭玉雯纂　清
道光刻本　十二冊

220000 - 0801 - 0005487　經 19/96 - 1

十三經集字摹本不分卷　（清）彭玉雯纂　清
道光刻本　八冊

220000 - 0801 - 0005488　經 19/96 - 2

十三經集字摹本不分卷　（清）彭玉雯纂　清
道光刻本　七冊

220000 - 0801 - 0005489　經 19/97

沈氏經學六種二十九卷　（清）沈淑撰　清光

220000 - 0801 - 0005490　經 19/99

緒八年(1882)後知不足齋刻本　六冊

欽定七經綱領不分卷　（□）□□撰　清宣統
元年(1909)學部圖書局鉛印本　一冊

220000 - 0801 - 0005491　經 19/101

經學源流考八卷　甘鵬雲撰　清末崇雅堂鉛
印本　三冊

220000 - 0801 - 0005492　經 19/101 - 1

經學源流考八卷　甘鵬雲撰　清末崇雅堂鉛
印本　三冊

220000 - 0801 - 0005493　經 19/102

經學文鈔十五卷　梁鼎芬　曹元弼輯　清光
緒三十四年(1908)江蘇存古學堂活字印本
三十冊

220000 - 0801 - 0005494　經 19/102 - 1

經學文鈔十五卷　梁鼎芬　曹元弼輯　清光
緒三十四年(1908)江蘇存古學堂活字印本
八冊　存四卷(一至四)

220000 - 0801 - 0005495　經 19/102 - 2

經學文鈔十五卷　梁鼎芬　曹元弼輯　清光
緒三十四年(1908)江蘇存古學堂活字印本
八冊　存四卷(一至四)

220000 - 0801 - 0005496　經 19/102 - 3

經學文鈔十五卷　梁鼎芬　曹元弼輯　清光
緒三十四年(1908)江蘇存古學堂活字印本
六冊　存三卷(五至七)

220000 - 0801 - 0005497　經 19/103

石經彙函十種四十五卷　（清）王秉恩輯　清
光緒十六年(1890)四川尊經書局刻本　十
二冊

220000 - 0801 - 0005498　經 19/104

石經彙函十種四十五卷　（清）顧炎武撰　清
光緒十六年(1890)四川尊經書局刻本　八冊

220000 - 0801 - 0005499　經 19/104 - 1

石經彙函十種四十五卷　（清）顧炎武撰　清
光緒十六年(1890)四川尊經書局刻本　十冊

220000 - 0801 - 0005500　經 19/105

石經校勘記四卷　（清）阮元撰　清末刻本
一冊

220000－0801－0005501　經19/107

石經考二卷　（清）萬斯同撰　清光緒十一年
(1885)宋氏懺花盦刻本　一冊

220000－0801－0005502　經19/108

漢魏石經攷三卷　（清）劉傳瑩撰　清光緒十
二年(1886)沌城黃氏試館刻本　一冊

220000－0801－0005503　經19/109

石經攷　（清）萬斯同撰　清末省吾堂刻本
一冊

220000－0801－0005504　經19/110

歷代石經略二卷　（清）桂馥撰　清光緒九年
(1883)刻本　二冊

220000－0801－0005505　經19/110－1

歷代石經略二卷　（清）桂馥撰　清光緒九年
(1883)刻本　二冊

220000－0801－0005506　經19/111

石經考文提要十三卷　（清）彭元瑞撰　清嘉
慶四年(1799)刻本　二冊

220000－0801－0005507　經19/111－1

石經考文提要十三卷　（清）彭元瑞撰　清嘉
慶四年(1799)刻本　二冊

220000－0801－0005508　經19/118

魏三體石經遺字考一卷　（清）孫星衍撰　清
嘉慶十一年(1806)金陵五松書屋刻本　一冊

220000－0801－0005509　經19/122

漢石經攷異補正二卷　（清）瞿中溶撰　清光
緒五年(1879)鉛印本　一冊

220000－0801－0005510　經19/125

目耕帖三十卷　（清）馬國翰撰　清光緒十年
(1884)楚南湘遠堂刻本　十六冊

220000－0801－0005511　經19/127

愚一錄十二卷　（清）鄭獻甫撰　清光緒四年
(1878)刻本　六冊

220000－0801－0005512　經19/128

求志居經說八種二十四卷　（清）陳世鎔撰
清同治四年(1865)脈望齋刻本　六冊

220000－0801－0005513　經19/129

通德遺書所見錄十九種七十二卷　（漢）鄭玄
撰註　（清）孔廣林輯　清嘉慶十八年(1813)
刻本　四冊

220000－0801－0005514　經19/130

傳經表二卷通經表二卷　（清）洪亮吉撰　清
光緒五年(1879)授經堂刻本　二冊

220000－0801－0005515　經19/131

群經識小八卷　（清）李惇撰　清道光六年
(1826)安愚堂刻本　四冊

220000－0801－0005516　經19/132

重刊聖門禮誌一卷聖門樂誌一卷附像贊
（清）孔令貽輯　清光緒十三年(1887)刻本
六冊

220000－0801－0005517　經19/132－1

重刊聖門禮誌一卷聖門樂誌一卷附像贊
（清）孔令貽輯　清光緒十三年(1887)刻本
二冊　缺像贊

220000－0801－0005518　經19/133

六經全圖不分卷　（清）牟欽元編輯　清道光
十一年(1831)慕古堂刻本　一冊

220000－0801－0005519　經19/135

經典釋文序錄一卷　（唐）陸德明撰　傳經表
二卷　（清）畢沅撰　清光緒十年(1884)花雨
樓刻本　一冊

220000－0801－0005520　經19/137

七經孟子考文并補遺二百卷　（日本）山井鼎
撰　（日本）物觀補遺　清嘉慶二年(1797)阮
氏小琅嬛仙館刻本　十冊

220000－0801－0005521　經19/138

湛園劄記四卷　（清）姜宸英撰　清光緒刻本
四冊

220000－0801－0005522　經19/139

經義雜記三十卷敘錄一卷　（清）臧琳撰　清
嘉慶四年(1799)拜經堂刻本　四冊

241

220000－0801－0005523　　經 19/146

緯學原流興廢考三卷　（清）蔣清翊編　清光
緒二十三年(1897)吳縣蔣氏雙唐碑館刻本
一冊

220000－0801－0005524　　經 19/148

匏瓜錄十卷　（清）芮長恤撰　清光緒十三年
(1887)刻本　六冊

220000－0801－0005525　　經 19/150

通德遺書所見錄十九種七十二卷　（漢）鄭玄
撰　（清）孔廣林輯　清光緒十六年(1890)山
東書局刻本　四冊

220000－0801－0005526　　經 19/151

句溪雜著六卷　（清）陳立撰　清同治三年
(1864)刻本　二冊

220000－0801－0005527　　經 19/151－1

句溪雜著六卷　（清）陳立撰　清同治三年
(1864)刻本　二冊

220000－0801－0005528　　經 19/151－2

句溪雜著六卷　（清）陳立撰　清同治三年
(1864)刻本　一冊　存一卷(六)

220000－0801－0005529　　經 19/152

十三經集字音釋四卷首一卷　（清）黃蕙田撰
　清同治九年(1870)刻本　四冊

220000－0801－0005530　　經 19/153

雜鈔不分卷　（□）□□撰　清抄本　二冊

220000－0801－0005531　　經 19/154

傳經表一卷　（清）畢沅撰　清光緒九年
(1883)刻本　一冊

220000－0801－0005532　　經 19/156

七經孟子考文并補遺二百卷　（日本）山井鼎
輯　清嘉慶二年(1797)刻本　二十冊

220000－0801－0005533　　經 19/157

經咫一卷　（清）陳祖范撰　清光緒十七年
(1891)廣雅書局刻本　一冊

220000－0801－0005534　　經 19/158

群經音辨七卷　（宋）賈昌朝撰　清光緒十年
(1884)茂苑蔣氏刻本　一冊

220000－0801－0005535　　經 19/159

實事求是之齋經義二卷　（清）朱大韶撰　清
光緒九年(1883)刻本　二冊

220000－0801－0005536　　經 19/160

湛園劄記四卷　（清）姜宸英撰　清嘉慶刻本
　二冊

220000－0801－0005537　　經 19/161

匏瓜錄十卷　（清）芮長恤撰　清光緒十年
(1884)懷永堂刻本　六冊

220000－0801－0005538　　經 19/161－1

匏瓜錄十卷　（清）芮長恤撰　清光緒十年
(1884)懷永堂刻本　六冊

220000－0801－0005539　　經 19/162

愚一錄十二卷　（清）鄭獻甫撰　清光緒二年
(1876)刻本　六冊

220000－0801－0005540　　經 19/162－1

愚一錄十二卷　（清）鄭獻甫撰　清光緒二年
(1876)刻本　三冊

220000－0801－0005541　　經 19/165

六藝論疏證一卷　（清）皮錫瑞撰　清光緒二
十五年(1899)刻本　一冊

220000－0801－0005542　　經 19/167

今古學考二卷　　廖平撰　清光緒十二年
(1886)刻本　一冊

220000－0801－0005543　　經 19/168

戩經筆記一卷　（清）陳倬撰　清光緒刻本
一冊

220000－0801－0005544　　經 19/169

新學偽經考十四卷　　康有爲撰　清光緒十七
年(1891)廣州康氏萬木草堂刻本　六冊

220000－0801－0005545　　經 19/173

五經類編不分卷　（清）周世樟撰　清抄本
一冊

220000－0801－0005546　　經 19/175

經史問答十卷　（清）全祖望撰　清末刻本
二冊

220000－0801－0005547　經19/176

皇清經解一百八十種　（清）嚴杰編　清光緒
十三年(1887)上海書局石印本　六十四冊

220000－0801－0005548　經19/177

十三經集字摹本不分卷　（清）彭玉雯輯　清
道光二十九年(1849)刻本　八冊

220000－0801－0005549　經19/178

增廣五經備旨不分卷　（清）鄒聖脈輯　清光
緒十九年(1893)上海蜚英館石印本　十二冊

220000－0801－0005550　經19/179

茶香室經說十六卷　（清）俞樾撰　清光緒十
五年(1889)刻本　六冊

220000－0801－0005551　經19/179－1

茶香室經說十六卷　（清）俞樾撰　清光緒十
五年(1889)刻本　六冊

220000－0801－0005552　經19/180

句溪雜著六卷　（清）陳立撰　清光緒十四年
(1888)廣雅書局刻本　二冊

220000－0801－0005553　經19/180－1

句溪雜著六卷　（清）陳立撰　清光緒十四年
(1888)廣雅書局刻本　二冊

220000－0801－0005554　經19/180－2

句溪雜著六卷　（清）陳立撰　清光緒十四年
(1888)廣雅書局刻本　一冊

220000－0801－0005555　經19/182

經典釋文三十卷考證三十卷　（唐）陸德明撰
　清光緒二年(1876)刻本　十二冊

220000－0801－0005556　經19/183

七緯三十八卷　（清）趙在翰輯　清嘉慶十四
年(1809)侯官趙氏小積石山房刻本　六冊

220000－0801－0005557　經19/187

經義塾鈔　（清）俞樾撰　清光緒二十七年
(1901)刻本　一冊

220000－0801－0005558　經21/2

苗氏說文四種四十六卷　（清）苗夔撰　清咸
豐元年(1851)漢專亭刻本　八冊

220000－0801－0005559　經21/2－1

苗氏說文四種四十六卷　（清）苗夔撰　清咸
豐元年(1851)漢專亭刻本　八冊

220000－0801－0005560　經21/2－2

苗氏說文四種四十六卷　（清）苗夔撰　清咸
豐元年(1851)漢專亭刻本　八冊

220000－0801－0005561　經21/3

許學叢刊二集九卷　（清）許溎祥等輯　清光
緒十三年(1887)刻本　四冊

220000－0801－0005562　經21/3－1

許學叢刊二集九卷　（清）許溎祥等輯　清光
緒十三年(1887)刻本　四冊

220000－0801－0005563　經21/3－2

許學叢刊二集九卷　（清）許溎祥等輯　清光
緒十三年(1887)刻本　一冊　存一集（一）

220000－0801－0005564　經21/4

許學叢書三集五十七卷　（清）張炳翔輯　清
光緒十三年(1887)長洲張氏儀許廬刻本　二
十四冊

220000－0801－0005565　經21/4－1

許學叢書三集五十七卷　（清）張炳翔輯　清
光緒十三年(1887)長洲張氏儀許廬刻本　二
十四冊

220000－0801－0005566　經21/4－2

許學叢書三集五十七卷　（清）張炳翔輯　清
光緒十三年(1887)長洲張氏儀許廬刻本　二
十四冊

220000－0801－0005567　經21/8

雷刻四種二十一卷　（清）雷浚　（清）顧廣圻
等撰　清光緒十年(1884)雷氏本宅刻本
六冊

220000－0801－0005568　經21/8－1

雷刻四種二十一卷　（清）雷浚　（清）顧廣圻
等撰　清光緒十年(1884)雷氏本宅刻本
六冊

220000－0801－0005569　經21/9

澤存堂五種五十卷　（清）張士俊輯　清光緒

243

十四年(1888)上海蜚英館影印本　八冊

220000－0801－0005570　經 21/11

同文考證不分卷附錄一卷　（清）管受之輯
清光緒二十八年(1902)刻本　一冊

220000－0801－0005571　經 21/13

小學考五十卷　（清）謝啓昆撰　清咸豐二年
(1852)樹經堂刻本　十六冊

220000－0801－0005572　經 21/13－1

小學考五十卷　（清）謝啓昆撰　清咸豐二年
(1852)樹經堂刻本　十六冊

220000－0801－0005573　經 21/14

小學考五十卷　（清）謝啓昆撰　清光緒十五
年(1889)影印本　六冊

220000－0801－0005574　經 21/15

小學考五十卷　（清）謝啓昆撰　清光緒十四
年(1888)浙江書局刻本　二十冊

220000－0801－0005575　經 21/15－1

小學考五十卷　（清）謝啓昆撰　清光緒十四
年(1888)浙江書局刻本　二十冊

220000－0801－0005576　經 21/18

小學鉤沈十九卷附別傳　（清）任大椿撰　清
光緒十年(1884)李氏半畝園刻本　四冊

220000－0801－0005577　經 21/19

小學鉤沈十九卷　（清）任大椿撰　清光緒十
年(1884)龍氏刻本　四冊

220000－0801－0005578　經 21/20

小學鉤沈續編八卷　顧震福撰　清光緒十八
年(1892)刻本　四冊

220000－0801－0005579　經 21/21

小學類編六種三十六卷　（清）李祖望編　清
同治十年(1871)江都李氏半畝園刻本　八冊

220000－0801－0005580　經 21/21－1

小學類編六種三十六卷　（清）李祖望編　清
同治十年(1871)江都李氏半畝園刻本　四冊
　存二十三卷(惠氏讀說文記十五卷、說文校
議一至八)

220000－0801－0005581　經 21/23

小學匯函十四種　（清）鍾謙鈞等輯　清光緒
十五年(1889)湖南書局刻本　三十冊

220000－0801－0005582　經 211/1

文字蒙求四卷　（清）王筠撰　清道光十八年
(1838)刻本　一冊

220000－0801－0005583　經 211/2

文字蒙求四卷　（清）王筠撰　清光緒十三年
(1887)梁谿浦氏刻本　二冊

220000－0801－0005584　經 211/2－1

文字蒙求四卷　（清）王筠撰　清光緒十三年
(1887)梁谿浦氏刻本　四冊

220000－0801－0005585　經 211/3

讀說文雜識一卷　（清）許棫撰　清光緒七年
(1881)刻本　一冊

220000－0801－0005586　經 211/3－1

讀說文雜識一卷　（清）許棫撰　清光緒七年
(1881)刻本　一冊

220000－0801－0005587　經 211/3－2

讀說文雜識一卷　（清）許棫撰　清光緒七年
(1881)刻本　一冊

220000－0801－0005588　經 211/4

說文辨字正俗八卷　（清）李富孫撰　清同治
九年(1870)刻本　四冊

220000－0801－0005589　經 211/4－1

說文辨字正俗八卷　（清）李富孫撰　清同治
九年(1870)刻本　四冊

220000－0801－0005590　經 211/5

說文辨字正俗八卷　（清）李富孫撰　清嘉慶
二十三年(1818)校經堂刻本　四冊

220000－0801－0005591　經 211/5－1

說文辨字正俗八卷　（清）李富孫撰　清嘉慶
二十三年(1818)校經堂刻本　四冊

220000－0801－0005592　經 211/5－2

說文辨字正俗八卷　（清）李富孫撰　清嘉慶
二十三年(1818)校經堂刻本　四冊

220000 - 0801 - 0005593　　經 211/5 - 3

說文辨字正俗八卷　（清）李富孫撰　清嘉慶
二十三年(1818)校經堂刻本　一冊

220000 - 0801 - 0005594　　經 211/6

說文廣義校訂三卷末一卷　（清）吳善述撰
清同治十三年(1874)刻本　二冊

220000 - 0801 - 0005595　　經 211/7

汲古閣說文訂一卷　（清）段玉裁撰　清同治
十一年(1872)崇文書局刻本　一冊

220000 - 0801 - 0005596　　經 211/7 - 1

汲古閣說文訂一卷　（清）段玉裁撰　清同治
十一年(1872)崇文書局刻本　一冊

220000 - 0801 - 0005597　　經 211/9

說文二徐箋異十四卷　田吳炤撰　清宣統二
年(1910)荊州田氏影印本　二冊

220000 - 0801 - 0005598　　經 211/10

說文五翼八卷　（清）王煦撰　清光緒八年
(1882)上虞觀海樓刻本　二冊

220000 - 0801 - 0005599　　經 211/11

說文發疑六卷　（清）張行孚撰　清光緒十年
(1884)刻本　二冊

220000 - 0801 - 0005600　　經 211/11 - 1

說文發疑六卷　（清）張行孚撰　清光緒十年
(1884)刻本　六冊

220000 - 0801 - 0005601　　經 211/12

說文經字攷一卷　（清）陳壽祺撰　**說文答問
疏證六卷**　（清）薛傳均撰　清光緒十三年
(1887)鴻寶齋書局石印本　二冊

220000 - 0801 - 0005602　　經 211/12 - 1

說文經字攷一卷　（清）陳壽祺撰　**說文答問
疏證六卷**　（清）薛傳均撰　清光緒十三年
(1887)鴻寶齋書局石印本　二冊

220000 - 0801 - 0005603　　經 211/13

說文統釋自序一卷　（清）錢大昭撰　**音同義
異辨一卷**　（清）畢沅撰　清光緒八年(1882)
金峩山館刻本　一冊

220000 - 0801 - 0005604　　經 211/14

說文外篇十六卷　（清）雷浚撰　**劉氏碎金一
卷**　（清）劉禧延撰　清光緒二年(1876)刻本
四冊

220000 - 0801 - 0005605　　經 211/14 - 1

說文外篇十六卷　（清）雷浚撰　**劉氏碎金一
卷**　（清）劉禧延撰　清光緒二年(1876)刻本
四冊

220000 - 0801 - 0005606　　經 211/16

說文釋例二十卷附補正　（清）王筠撰　清光
緒九年(1883)刻本　二十冊

220000 - 0801 - 0005607　　經 211/17

**說文釋例二十卷補正一卷說文句讀三十卷補
正一卷說文繫傳校錄三十卷**　（清）王筠撰
清同治四年(1865)刻本　三十二冊

220000 - 0801 - 0005608　　經 211/17 - 1

**說文釋例二十卷補正一卷說文句讀三十卷補
正一卷說文繫傳校錄三十卷**　（清）王筠撰
清同治四年(1865)刻本　十冊　存二十卷
(說文釋例二十卷)

220000 - 0801 - 0005609　　經 211/19

說文疑疑二卷　（清）孔廣居撰　清嘉慶七年
(1802)詩禮堂刻本　二冊

220000 - 0801 - 0005610　　經 211/20

說文蠡箋十四卷　（清）潘奕雋撰　清同治十
三年(1874)三松堂刻本　二冊

220000 - 0801 - 0005611　　經 211/23

說文解字十五卷　（漢）許慎撰　清嘉慶十四
年(1809)五松書屋刻本　二冊

220000 - 0801 - 0005612　　經 211/24

重刊宋本說文解字十五卷　（漢）許慎撰　清
嘉慶十四年(1809)陽湖孫星衍刻本　八冊

220000 - 0801 - 0005613　　經 211/25

重刊宋本說文解字十五卷　（漢）許慎撰　清
同治十三年(1874)浦氏刻本　二冊

220000 - 0801 - 0005614　　經 211/26

說文解字十五卷　（漢）許慎撰　清嘉慶十三
年(1808)藤花榭刻本　六冊

220000－0801－0005615　經211/26－1

說文解字十五卷　（漢）許慎撰　清嘉慶十三年(1808)藤花榭刻本　四冊

220000－0801－0005616　經211/27

說文解字十五卷　（漢）許慎撰　清初毛氏汲古閣刻本　八冊　存十三卷(三至十五)

220000－0801－0005617　經211/28

說文解字十五卷　（漢）許慎撰　**說文通檢十四卷首一卷末一卷**　（清）黎永椿撰　清同治十二年(1873)番禺陳昌治刻本　十冊

220000－0801－0005618　經211/29

說文解字十五卷　（漢）許慎撰　**說文通檢十四卷首一卷末一卷**　（清）黎永椿撰　清光緒十四年(1888)掃葉山房刻本　八冊

220000－0801－0005619　經211/29－1

說文解字十五卷　（漢）許慎撰　**說文通檢十四卷首一卷末一卷**　（清）黎永椿撰　清光緒十四年(1888)掃葉山房刻本　十冊

220000－0801－0005620　經211/29－2

說文解字十五卷　（漢）許慎撰　**說文通檢十四卷首一卷末一卷**　（清）黎永椿撰　清光緒十四年(1888)掃葉山房刻本　八冊

220000－0801－0005621　經211/33

說文解字句讀補正三十卷　（清）王筠撰　清末刻本　一冊

220000－0801－0005622　經211/37

說文解字句讀三十卷附補正　（清）王筠撰清光緒八年(1882)四川尊經書局刻本　十五冊

220000－0801－0005623　經211/37－1

說文解字句讀三十卷附補正　（清）王筠撰清光緒八年(1882)四川尊經書局刻本　十四冊

220000－0801－0005624　經211/37－2

說文解字句讀三十卷附補正　（清）王筠撰清光緒八年(1882)四川尊經書局刻本　十四冊

220000－0801－0005625　經211/37－3

說文解字句讀三十卷附補正　（清）王筠撰清光緒八年(1882)四川尊經書局刻本　十七冊

220000－0801－0005626　經211/39

說文解字句讀三十卷附補正一卷　（清）王筠撰　清同治四年(1865)刻本　十六冊

220000－0801－0005627　經211/40

說文解字徐氏繫傳四十卷　（宋）徐鍇撰　**校勘記三卷**　（清）祁寯藻撰　清道光十九年(1839)刻本　七冊

220000－0801－0005628　經211/40－1

說文解字徐氏繫傳四十卷　（宋）徐鍇撰　**校勘記三卷**　（清）祁寯藻撰　清道光十九年(1839)刻本　八冊

220000－0801－0005629　經211/40－2

說文解字徐氏繫傳四十卷　（宋）徐鍇撰　**校勘記三卷**　（清）祁寯藻撰　清道光十九年(1839)刻本　八冊

220000－0801－0005630　經211/40－3

說文解字徐氏繫傳四十卷　（宋）徐鍇撰　**校勘記三卷**　（清）祁寯藻撰　清道光十九年(1839)刻本　八冊

220000－0801－0005631　經211/40－4

說文解字徐氏繫傳四十卷　（宋）徐鍇撰　**校勘記三卷**　（清）祁寯藻撰　清道光十九年(1839)刻本　八冊

220000－0801－0005632　經211/40－5

說文解字徐氏繫傳四十卷　（宋）徐鍇撰　**校勘記三卷**　（清）祁寯藻撰　清道光十九年(1839)刻本　十六冊

220000－0801－0005633　經211/40－6

說文解字徐氏繫傳四十卷　（宋）徐鍇撰　**校勘記三卷**　（清）祁寯藻撰　清道光十九年(1839)刻本　十二冊

220000－0801－0005634　經211/41

說文解字註三十二卷附汲古閣說文訂一卷

(清)段玉裁註　清光緒元年(1875)湖北崇文書局刻本　十八冊

220000－0801－0005635　經211/42

補刻段氏說文解字註三十二卷　(清)段玉裁撰　清同治六年(1867)蘇州保息局補刻本　十六冊

220000－0801－0005636　經211/42－1

補刻段氏說文解字註三十二卷　(清)段玉裁撰　清同治六年(1867)蘇州保息局補刻本　十六冊

220000－0801－0005637　經211/42－2

補刻段氏說文解字註三十二卷　(清)段玉裁撰　清同治六年(1867)蘇州保息局補刻本　一冊　存二卷(一至二)

220000－0801－0005638　經211/43

說文解字註三十二卷　(清)段玉裁撰　清嘉慶十九年(1814)經韻樓刻本　十六冊

220000－0801－0005639　經211/43－1

說文解字註三十二卷　(清)段玉裁撰　清嘉慶十九年(1814)經韻樓刻本　十四冊

220000－0801－0005640　經211/43－2

說文解字註三十二卷　(清)段玉裁撰　清嘉慶十九年(1814)經韻樓刻本　一冊　存今韻古分十七部表

220000－0801－0005641　經211/44

段註說文解字註三十二卷附六書音韻表汲古閣說文訂一卷　(清)段玉裁撰　清同治十一年(1872)湖北崇文書局刻本　十八冊

220000－0801－0005642　經211/44－1

段註說文解字註三十二卷附六書音韻表汲古閣說文訂一卷　(清)段玉裁撰　清同治十一年(1872)湖北崇文書局刻本　十八冊

220000－0801－0005643　經211/44－2

段註說文解字註三十二卷附六書音韻表汲古閣說文訂一卷　(清)段玉裁撰　清同治十一年(1872)湖北崇文書局刻本　二十二冊

220000－0801－0005644　經211/44－3

段註說文解字註三十二卷附六書音韻表汲古閣說文訂一卷　(清)段玉裁撰　清同治十一年(1872)湖北崇文書局刻本　十九冊

220000－0801－0005645　經211/45

說文解字註三十二卷　(清)段玉裁撰　說文解字註匡謬八卷　(清)徐承慶撰　清光緒十四年(1888)上海蜚英館影印本　七冊

220000－0801－0005646　經211/47

說文解字註三十二卷附汲古閣說文訂一卷　(清)段玉裁撰　說文通檢十四卷首一卷末一卷　(清)黎永椿編　說文段註撰要九卷　(清)馬壽齡撰　清光緒十九年(1893)上海同文書局影印本　十冊

220000－0801－0005647　經211/50

說文解字註匡謬八卷　(清)徐承慶撰　清光緒蘇州振新書社刻本　四冊

220000－0801－0005648　經211/51

說文解字述誼二卷　(清)毛際盛撰　清光緒二十七年(1901)貴池劉氏刻本　二冊

220000－0801－0005649　經211/52

唐寫本說文解字木部箋異一卷　(清)莫友芝撰　清同治二年(1863)刻本　一冊

220000－0801－0005650　經211/52－1

唐寫本說文解字木部箋異一卷　(清)莫友芝撰　清同治二年(1863)刻本　一冊

220000－0801－0005651　經211/52－2

唐寫本說文解字木部箋異一卷　(清)莫友芝撰　清同治二年(1863)刻本　一冊

220000－0801－0005652　經211/52－3

唐寫本說文解字木部箋異一卷　(清)莫友芝撰　清同治二年(1863)刻本　一冊

220000－0801－0005653　經211/53

說文解字校錄十五卷　(清)鈕樹玉撰　清光緒十一年(1885)江蘇書局刻本　十四冊

220000－0801－0005654　經211/54

說文解字斠詮十四卷　(清)錢坫撰　清光緒九年(1883)淮南書局刻本　六冊

220000 - 0801 - 0005655　經 211/54 - 1

說文解字斠詮十四卷　（清）錢坫撰　清光緒
九年(1883)淮南書局刻本　六冊

220000 - 0801 - 0005656　經 211/54 - 2

說文解字斠詮十四卷　（清）錢坫撰　清光緒
九年(1883)淮南書局刻本　六冊

220000 - 0801 - 0005657　經 211/54 - 3

說文解字斠詮十四卷　（清）錢坫撰　清光緒
九年(1883)淮南書局刻本　六冊

220000 - 0801 - 0005658　經 211/56

說文解字義證五十卷　（清）桂馥撰　清同治
九年(1870)湖北崇文書局刻本　三十二冊

220000 - 0801 - 0005659　經 211/56 - 1

說文解字義證五十卷　（清）桂馥撰　清同治
九年(1870)湖北崇文書局刻本　三十二冊

220000 - 0801 - 0005660　經 211/56 - 2

說文解字義證五十卷　（清）桂馥撰　清同治
九年(1870)湖北崇文書局刻本　三十二冊

220000 - 0801 - 0005661　經 211/56 - 3

說文解字義證五十卷　（清）桂馥撰　清同治
九年(1870)湖北崇文書局刻本　二十四冊
存四十一卷(十至五十)

220000 - 0801 - 0005662　經 211/56 - 4

說文解字義證五十卷　（清）桂馥撰　清同治
九年(1870)湖北崇文書局刻本　八冊　存九
卷(一至九)

220000 - 0801 - 0005663　經 211/57

說文字辨十四卷　（清）林慶炳撰　清同治四
年(1865)刻本　四冊

220000 - 0801 - 0005664　經 211/58

說文字通十四卷　（清）高翔麟撰　清道光十
八年(1838)刻本　五冊

220000 - 0801 - 0005665　經 211/59

段氏說文註訂八卷　（清）鈕樹玉撰　清同治
十三年(1874)湖北崇文書局刻本　二冊

220000 - 0801 - 0005666　經 211/60

段氏說文註訂八卷　（清）鈕樹玉撰　清道光

四年(1824)青霞齋吳學圃局刻本　二冊

220000 - 0801 - 0005667　經 211/61

段氏說文註訂八卷　（清）鈕樹玉撰　清同治
五年(1866)碧螺山館補刻本　二冊

220000 - 0801 - 0005668　經 211/61 - 1

段氏說文註訂八卷　（清）鈕樹玉撰　清同治
五年(1866)碧螺山館補刻本　二冊

220000 - 0801 - 0005669　經 211/61 - 2

段氏說文註訂八卷　（清）鈕樹玉撰　清同治
五年(1866)碧螺山館補刻本　二冊

220000 - 0801 - 0005670　經 211/62

汲古閣說文訂一卷　（清）段玉裁撰　清嘉慶
二年(1797)五硯樓刻本　一冊

220000 - 0801 - 0005671　經 211/64

**說文通訓定聲十八卷附柬韻一卷說雅十九篇
古今韻準一卷**　（清）朱駿聲撰　清咸豐元年
(1851)本衙刻本　二十四冊

220000 - 0801 - 0005672　經 211/65

**說文通訓定聲十八卷首一卷行狀一卷柬韻一
卷附說雅一卷古今韻準十九篇**　（清）朱駿聲
撰　清咸豐元年(1851)臨嘯閣刻本　二十
六冊

220000 - 0801 - 0005673　經 211/65 - 1

**說文通訓定聲十八卷首一卷行狀一卷柬韻一
卷附說雅一卷古今韻準十九篇**　（清）朱駿聲
撰　清咸豐元年(1851)臨嘯閣刻本　二十冊

220000 - 0801 - 0005674　經 211/65 - 2

**說文通訓定聲十八卷首一卷行狀一卷柬韻一
卷附說雅一卷古今韻準十九篇**　（清）朱駿聲
撰　清咸豐元年(1851)臨嘯閣刻本　二十
七冊

220000 - 0801 - 0005675　經 211/66

**說文通訓定聲十八卷附柬韻一卷說雅十九篇
古今韻準一卷**　（清）朱駿聲撰　清光緒十四
年(1888)上海鴻文書局石印本　十二冊

220000 - 0801 - 0005676　經 211/67

說文凝錦錄一卷　（清）萬光泰撰　清嘉慶刻

本　一冊

220000－0801－0005677　經211/69
說文楬原二卷　（清）張行孚撰　清光緒十一年(1885)維揚識川居刻本　一冊

220000－0801－0005678　經211/70
說文楬原二卷　（清）張行孚撰　清光緒十一年(1885)揚州刻本　一冊

220000－0801－0005679　經211/71
說文古本攷十四卷　（清）沈濤撰　清光緒十年(1884)吳縣潘氏滂喜齋刻本　八冊

220000－0801－0005680　經211/71－1
說文古本攷十四卷　（清）沈濤撰　清光緒十年(1884)吳縣潘氏滂喜齋刻本　八冊

220000－0801－0005681　經211/71－2
說文古本攷十四卷　（清）沈濤撰　清光緒十年(1884)吳縣潘氏滂喜齋刻本　八冊

220000－0801－0005682　經211/71－3
說文古本攷十四卷　（清）沈濤撰　清光緒十年(1884)吳縣潘氏滂喜齋刻本　八冊

220000－0801－0005683　經211/71－4
說文古本攷十四卷　（清）沈濤撰　清光緒十年(1884)吳縣潘氏滂喜齋刻本　七冊　缺一卷(三)

220000－0801－0005684　經211/72
說文校議十五卷　（清）嚴可均　（清）姚文田撰　清咸豐二年(1852)李氏半畝園刻本　四冊

220000－0801－0005685　經211/73
說文校議十五卷　（清）嚴可均　（清）姚文田撰　清同治十三年(1874)歸安姚氏刻本　五冊

220000－0801－0005686　經211/73－1
說文校議十五卷　（清）嚴可均　（清）姚文田撰　清同治十三年(1874)歸安姚氏刻本　六冊

220000－0801－0005687　經211/74
說文拈字七卷附補遺一卷　（清）王玉樹撰

清嘉慶六年(1801)刻本　四冊

220000－0801－0005688　經211/75
說文提要一卷　（清）陳建侯撰　清同治十二年(1873)湖北崇文書局刻本　一冊

220000－0801－0005689　經211/76
說文本經答問二卷　（清）鄭知同撰　清光緒十六年(1890)廣雅書局刻本　一冊

220000－0801－0005690　經211/78
說文繫傳考異四卷　（清）汪憲撰　附錄一卷　（清）朱文藻撰　清光緒八年(1882)徐氏八杉齋刻本　二冊

220000－0801－0005691　經211/79
說文繫傳校錄三十卷　（清）王筠撰　清咸豐七年(1857)刻本　四冊

220000－0801－0005692　經211/79－1
說文繫傳校錄三十卷　（清）王筠撰　清咸豐七年(1857)刻本　二冊

220000－0801－0005693　經211/79－2
說文繫傳校錄三十卷　（清）王筠撰　清咸豐七年(1857)刻本　四冊

220000－0801－0005694　經211/82
說文段註訂補十四卷　（清）王紹蘭撰　（清）胡燏棻編　清光緒十四年(1888)蕭山胡燏棻刻本　八冊

220000－0801－0005695　經211/84
說文段註撰要九卷　（清）馬壽齡撰　清光緒十六年(1890)影印本　二冊

220000－0801－0005696　經211/85
說文段註撰要九卷　（清）馬壽齡撰　清光緒九年(1883)金陵胡氏愚園刻本　四冊

220000－0801－0005697　經211/87
說文分韻易知錄十卷　（清）許巽行撰　清光緒五年(1879)武林任有容齋刻本　十冊

220000－0801－0005698　經211/87－1
說文分韻易知錄十卷　（清）許巽行撰　清光緒五年(1879)武林任有容齋刻本　十冊

220000－0801－0005699　經211/88

說文答問疏證六卷　（清）錢大昕撰　（清）薛傳均疏證　清道光十七年(1837)刻本　二冊

220000－0801－0005700　經211/89

說文答問疏證六卷　（清）錢大昕撰　（清）薛傳均疏證　清光緒八年(1882)紫薇山館刻本　二冊

220000－0801－0005701　經211/90

說文管見三卷　（清）胡秉虔撰　清光緒七年(1881)申江望益山房書局刻本　一冊

220000－0801－0005702　經211/91

說文管見三卷　（清）胡秉虔撰　清同治十二年(1873)世澤樓刻本　一冊

220000－0801－0005703　經211/96

六書說一卷　（清）江聲撰　**轉註古義考一卷**　（清）曹仁虎撰　清光緒十五年(1889)蔣氏求實齋刻本　一冊

220000－0801－0005704　經211/97

說文建首字讀一卷　（清）苗夔撰　清咸豐元年(1851)理董居刻本　一冊

220000－0801－0005705　經211/98

六書正譌五卷　（元）周伯琦撰　清光緒十二年(1886)恭壽堂刻本　四冊

220000－0801－0005706　經211/103

說文解字十五卷　（漢）許慎撰　清光緒七年(1881)淮南書局刻本　六冊

220000－0801－0005707　經211/107

六書舊義一卷　廖平撰　清光緒十三年(1887)刻本　一冊

220000－0801－0005708　經211/109

六書轉註錄十卷　（清）洪亮吉撰　清光緒四年(1878)授經堂刻本　四冊

220000－0801－0005709　經211/111

六書叚借經徵四卷　（清）朱駿聲撰　清光緒十八年(1892)金陵刻本　一冊

220000－0801－0005710　經211/112

六書管見二十卷　（清）沉祥麟撰　清光緒二

年(1876)登善堂刻本　十六冊

220000－0801－0005711　經211/114

諧聲補逸十四卷　（清）宋保撰　清光緒十三年(1887)李氏木犀軒刻本　二冊

220000－0801－0005712　經211/116

說文新附攷六卷續攷一卷　（清）鈕樹玉撰　清同治七年(1868)碧螺山館刻本　一冊

220000－0801－0005713　經211/116－1

說文新附攷六卷續攷一卷　（清）鈕樹玉撰　清同治七年(1868)碧螺山館刻本　二冊

220000－0801－0005714　經211/117

說文新附攷六卷續攷一卷　（清）鈕樹玉撰　清嘉慶六年(1801)非石居刻本　二冊

220000－0801－0005715　經211/117－1

說文新附攷六卷續攷一卷　（清）鈕樹玉撰　清嘉慶六年(1801)非石居刻本　一冊

220000－0801－0005716　經211/119

說文韻譜校五卷　（清）王筠撰　清光緒十七年(1891)濰縣劉氏刻本　五冊

220000－0801－0005717　經211/119－1

說文韻譜校五卷　（清）王筠撰　清光緒十七年(1891)濰縣劉氏刻本　二冊

220000－0801－0005718　經211/121

說文引經攷二卷補遺一卷　（清）吳玉搢撰　清光緒二年(1876)雙峰書屋刻本　二冊

220000－0801－0005719　經211/121－1

說文引經攷二卷補遺一卷　（清）吳玉搢撰　清光緒二年(1876)雙峰書屋刻本　二冊

220000－0801－0005720　經211/122

說文引經攷異十六卷　（清）柳榮宗撰　清同治六年(1867)刻本　二冊

220000－0801－0005721　經211/123

說文引經攷證七卷互異說一卷　（清）陳瑑撰　清同治十三年(1874)湖北崇文書局刻本　二冊

220000－0801－0005722　經211/123－1

說文引經攷證七卷互異說一卷　（清）陳瑑撰
清同治十三年(1874)湖北崇文書局刻本
二冊

220000－0801－0005723　經211/123－2

說文引經攷證七卷互異說一卷　（清）陳瑑撰
清同治十三年(1874)湖北崇文書局刻本
二冊

220000－0801－0005724　經211/123－3

說文引經攷證七卷互異說一卷　（清）陳瑑撰
清同治十三年(1874)湖北崇文書局刻本
二冊

220000－0801－0005725　經211/123－4

說文引經攷證七卷互異說一卷　（清）陳瑑撰
清同治十三年(1874)湖北崇文書局刻本
二冊

220000－0801－0005726　經211/127

許氏說文解字雙聲疊韻譜一卷　（清）鄧廷楨
撰　清光緒九年(1883)同文書局鉛印本
一冊

220000－0801－0005727　經211/130

說文佚字攷四卷　（清）張鳴珂撰　清光緒十
三年(1887)刻本　一冊

220000－0801－0005728　經211/131

說文解字韻譜十卷　（宋）徐鍇撰　清同治六
年(1867)吳縣馮桂芬刻本　四冊

220000－0801－0005729　經211/131－1

說文解字韻譜十卷　（宋）徐鍇撰　清同治六
年(1867)吳縣馮桂芬刻本　二冊

220000－0801－0005730　經211/131－2

說文解字韻譜十卷　（宋）徐鍇撰　清同治六
年(1867)吳縣馮桂芬刻本　一冊

220000－0801－0005731　經211/134

說文經斠十三卷補遺一卷說文正俗一卷
（清）楊廷瑞撰　清光緒十七年(1891)善化楊
氏澂園刻本　二冊

220000－0801－0005732　經211/135

說文經字考一卷　（清）陳壽祺撰　**說文新附**

考六卷　（清）鄭珍撰　清光緒七年(1881)刻
本　一冊

220000－0801－0005733　經211/136

說文審音十六卷　（清）張行孚撰　清光緒二
十四年(1898)漸西村舍刻本　四冊

220000－0801－0005734　經211/137

說文逸字二卷　（清）鄭珍撰　**附錄一卷**
(清)鄭知同撰　清咸豐八年(1858)刻本
一冊

220000－0801－0005735　經211/138

說文逸字二卷　（清）鄭珍撰　**附錄一卷**
(清)鄭知同撰　清咸豐八年(1858)望山堂刻
本　二冊

220000－0801－0005736　經211/139

說文逸字辨證二卷　（清）李楨撰　清光緒十
一年(1885)畹蘭室刻本　二冊

220000－0801－0005737　經211/139－1

說文逸字辨證二卷　（清）李楨撰　清光緒十
一年(1885)畹蘭室刻本　二冊

220000－0801－0005738　經211/140

說文通檢十四卷首一卷末一卷　（清）黎永椿
編　清光緒九年(1883)群玉山房刻本　二冊

220000－0801－0005739　經211/141

說文通檢十四卷首一卷末一卷　（清）黎永椿
編　清光緒十二年(1886)上海點石齋影印本
一冊

220000－0801－0005740　經211/143

說文通檢十四卷首一卷末一卷　（清）黎永椿
編　清光緒五年(1879)番禺陳氏刻本　二冊

220000－0801－0005741　經211/144

說文通檢十四卷首一卷末一卷　（清）黎永椿
撰　清光緒十四年(1888)掃葉山房刻本
二冊

220000－0801－0005742　經211/145

說文通檢十四卷首一卷末一卷　（清）黎永椿
編　清光緒元年(1875)湖北崇文書局刻本
二冊

220000－0801－0005743　經211/145－1

說文通檢十四卷首一卷末一卷　（清）黎永椿
編　清光緒元年（1875）湖北崇文書局刻本
二冊

220000－0801－0005744　經211/145－2

說文通檢十四卷首一卷末一卷　（清）黎永椿
編　清光緒元年（1875）湖北崇文書局刻本
二冊

220000－0801－0005745　經211/146

說文古語攷補正二卷　（清）程炎攷　（清）傅
雲龍補正　清光緒十一年（1885）紅餘籍室刻
本　二冊

220000－0801－0005746　經211/149

說文古籀補十四卷附錄一卷　（清）吳大澂編
清光緒七年（1881）刻本　二冊

220000－0801－0005747　經211/150

說文聲讀表七卷　（清）苗夔撰　清道光二十
二年（1842）山東福山王氏刻本　二冊　存三
卷（一至三）

220000－0801－0005748　經211/151

說文聲讀表七卷　（清）苗夔撰　清道光二十
二年（1842）山東福山王氏刻本　二冊

220000－0801－0005749　經211/152

說文聲類二篇　（清）嚴可均撰　清嘉慶七年
（1802）刻本　一冊

220000－0801－0005750　經211/154

重文二卷　（清）丁午輯　清光緒八年（1882）
刻朱印田園雜著本　一冊

220000－0801－0005751　經211/155

偏旁舉略一卷　（清）姚文田輯　清末杭州朱
氏抱經堂刻本　一冊

220000－0801－0005752　經211/156

名原二卷　（清）孫詒讓撰　清光緒三十一年
（1905）刻本　一冊

220000－0801－0005753　經211/157

漢學諧聲二十四卷附說文補攷一卷　（清）戚
學標撰　清嘉慶九年（1804）涉縣官署刻本

十冊

220000－0801－0005754　經211/157－1

漢學諧聲二十四卷附說文補攷一卷　（清）戚
學標撰　清嘉慶九年（1804）涉縣官署刻本
八冊

220000－0801－0005755　經211/165

說文解字通釋四十卷　（宋）徐鍇傳釋　清光
緒九年（1883）江蘇書局刻本　八冊

220000－0801－0005756　經211/166

說文解字通釋四十卷校勘記三卷　（宋）徐鍇
撰　（清）祁寯藻修　清光緒二年（1876）季川
東刻本　八冊

220000－0801－0005757　經211/167

說文解字通釋四十卷校勘記三卷　（宋）徐鍇
撰　（清）祁寯藻修　清光緒元年（1875）季川
東刻本　八冊

220000－0801－0005758　經211/167－1

說文解字通釋四十卷校勘記三卷　（宋）徐鍇
撰　（清）祁寯藻修　清光緒元年（1875）季川
東刻本　八冊

220000－0801－0005759　經211/168

說文解字十五卷　（漢）許慎撰　清末毛氏汲
古閣刻本　七冊

220000－0801－0005760　經211/168－1

說文解字十五卷　（漢）許慎撰　清末毛氏汲
古閣刻本　四冊

220000－0801－0005761　經211/168－2

說文解字十五卷　（漢）許慎撰　清末毛氏汲
古閣刻本　八冊

220000－0801－0005762　經211/169

說文解字十五卷　（漢）許慎撰　清同治十年
（1871）刻本　六冊

220000－0801－0005763　經211/170

說文解字十五卷　（漢）許慎撰　清末姑蘇萃
古齋刻本　八冊

220000－0801－0005764　經211/173

說文古籀補十四卷附錄一卷　（清）吳大澂編

清光緒二十四年(1898)刻本　四冊

220000 – 0801 – 0005765　經 211/176

說文通訓定聲十八卷　(清)朱駿聲撰　清光緒十三年(1887)上海積山書局石印本　四冊　存四卷(一至三、八)

220000 – 0801 – 0005766　經 211/177

說文通檢十四卷首一卷末一卷　(清)黎永椿編　清光緒十四年(1888)上海蜚英館鉛印本　一冊

220000 – 0801 – 0005767　經 211/178

說文解字　(清)段玉裁註　清末刻本　一冊

220000 – 0801 – 0005768　經 211/179

說文訂訂一卷　(清)嚴可均撰　清咸豐十年(1860)海寧許氏古均閣刻本　一冊

220000 – 0801 – 0005769　經 212/6

字林攷逸八卷　(清)任大椿撰　字林補逸一卷　(清)陶方琦撰　清光緒十六年(1890)江蘇書局刻本　四冊

220000 – 0801 – 0005770　經 212/6 – 1

字林攷逸八卷　(清)任大椿撰　字林補逸一卷　(清)陶方琦撰　清光緒十六年(1890)江蘇書局刻本　四冊

220000 – 0801 – 0005771　經 212/8

字林考逸八卷　(清)任大椿撰　清光緒七年(1881)章氏刻本　二冊

220000 – 0801 – 0005772　經 212/8 – 1

字林考逸八卷　(清)任大椿撰　清光緒七年(1881)章氏刻本　二冊

220000 – 0801 – 0005773　經 212/9

字典考證十二集　(清)王引之撰　清光緒二年(1876)崇文書局刻本　六冊

220000 – 0801 – 0005774　經 212/11

書法摘要善本三卷　(清)鄭虎文編　清嘉慶二十三年(1818)聚文齋刻本　一冊

220000 – 0801 – 0005775　經 212/17

小學答問一卷　章炳麟撰　清宣統元年(1909)刻本　一冊

220000 – 0801 – 0005776　經 212/18

六書通十卷　(明)閔齊伋撰　(清)畢弘述訂　清光緒十九年(1893)上海校經山房石印本　四冊

220000 – 0801 – 0005777　經 212/21

說文古籀疏證目一卷石鼓然疑一卷　(清)莊述祖撰　清道光十七年(1837)刻本　一冊

220000 – 0801 – 0005778　經 212/23

說文古籀疏證六卷　(清)莊述祖撰　清光緒二十年(1894)刻本　四冊

220000 – 0801 – 0005779　經 212/23 – 1

說文古籀疏證六卷　(清)莊述祖撰　清光緒二十年(1894)刻本　四冊

220000 – 0801 – 0005780　經 212/29

古籀餘論三卷　(清)孫詒讓撰　清光緒二十九年(1903)籀經樓刻本　二冊

220000 – 0801 – 0005781　經 212/29 – 1

古籀餘論三卷　(清)孫詒讓撰　清光緒二十九年(1903)籀經樓刻本　二冊

220000 – 0801 – 0005782　經 212/29 – 2

古籀餘論三卷　(清)孫詒讓撰　清光緒二十九年(1903)籀經樓刻本　二冊

220000 – 0801 – 0005783　經 212/30

古籀拾遺三卷附宋政和禮器文字考一卷　(清)孫詒讓撰　清光緒十七年(1891)永嘉戴鍾毓刻本　二冊

220000 – 0801 – 0005784　經 212/30 – 1

古籀拾遺三卷附宋政和禮器文字考一卷　(清)孫詒讓撰　清光緒十七年(1891)永嘉戴鍾毓刻本　二冊

220000 – 0801 – 0005785　經 212/31

鐘鼎字源五卷　(清)汪立名撰　清光緒二年(1876)洞庭秦氏麟慶堂刻本　二冊

220000 – 0801 – 0005786　經 212/31 – 1

鐘鼎字源五卷　(清)汪立名撰　清光緒二年(1876)洞庭秦氏麟慶堂刻本　二冊

220000 – 0801 – 0005787　經 212/32

康熙字典十卷備考一卷　（清）張玉書等編
清光緒元年（1875）湖北崇文書局刻本　四
十冊

220000 – 0801 – 0005788　經 212/32 – 1
康熙字典十卷備考一卷　（清）張玉書等編
清光緒元年（1875）湖北崇文書局刻本　四
十冊

220000 – 0801 – 0005789　經 212/34
康熙字典十卷補遺一卷　（清）張玉書等編
清光緒十年（1884）上海同文書局石印本
六冊

220000 – 0801 – 0005790　經 212/38
五經不二字音韻釋文不分卷　（清）莊繽澍撰
清光緒四年（1878）常州宏文堂刻本　二冊

220000 – 0801 – 0005791　經 212/43
新訂字彙便蒙六卷附古今通用一卷　（明）梅
膺祚輯　清末刻本　六冊

220000 – 0801 – 0005792　經 212/44
增補字彙十二卷首一卷末一卷　（明）梅膺祚
撰　清同治七年（1868）上洋江左書林刻本
十四冊

220000 – 0801 – 0005793　經 212/45
增註字類標韻六卷　（清）華綱撰　（清）范多
玨重訂　清光緒三十年（1904）書業德刻本
二冊

220000 – 0801 – 0005794　經 212/46
字類標韻六卷　（清）華綱撰　（清）王庭楨重
訂　清光緒八年（1882）刻本　二冊

220000 – 0801 – 0005795　經 212/51
書契原悎十四卷　（清）陳致煥撰　清咸豐五
年（1855）北涇草堂刻本　四冊

220000 – 0801 – 0005796　經 212/51 – 1
書契原悎十四卷　（清）陳致煥撰　清咸豐五
年（1855）北涇草堂刻本　四冊

220000 – 0801 – 0005797　經 212/52
四聲便覽四卷　（□）□□□撰　清末刻本
四冊

220000 – 0801 – 0005798　經 212/55
問奇典註六卷　（清）唐英增釋　清嘉慶二十
三年（1818）刻本　六冊

220000 – 0801 – 0005799　經 212/55 – 1
問奇典註六卷　（清）唐英增釋　清嘉慶二十
三年（1818）刻本　六冊

220000 – 0801 – 0005800　經 212/56
金壺精粹四卷　（清）郝在田編　清光緒元年
（1875）刻本　一冊

220000 – 0801 – 0005801　經 212/57
類篇十五卷　（宋）司馬光等撰　清光緒二年
（1876）川東官舍刻本　十四冊

220000 – 0801 – 0005802　經 212/63
芸香館重刊正字略不分卷　（清）王筠撰　清
道光二十九年（1849）刻本　一冊

220000 – 0801 – 0005803　經 212/64
正字略不分卷　（清）王筠撰　清光緒二年
（1876）松竹齋刻本　一冊

220000 – 0801 – 0005804　經 212/65
百孝圖一卷　（清）馬萬選撰　清光緒九年
（1883）碧珊瑚齋刻本　一冊

220000 – 0801 – 0005805　經 212/66
干祿字書一卷　（唐）顏元孫撰　清末刻本
一冊

220000 – 0801 – 0005806　經 212/70
續復古編四卷　（元）曹本撰　清光緒十二年
（1886）姚氏咫進齋刻朱印本　四冊

220000 – 0801 – 0005807　經 212/70 – 1
續復古編四卷　（元）曹本撰　清光緒十二年
（1886）姚氏咫進齋刻朱印本　四冊

220000 – 0801 – 0005808　經 212/73
佩觿三卷　（宋）郭忠恕撰　清光緒十年
（1884）蔣氏刻本　一冊

220000 – 0801 – 0005809　經 212/74
繆篆分韻五卷補一卷　（清）桂馥撰　清嘉慶
元年（1796）姚氏咫進齋刻本　二冊

220000－0801－0005810　經212/74－1

繆篆分韻五卷補一卷　（清）桂馥撰　清嘉慶元年(1796)姚氏咫進齋刻本　二冊

220000－0801－0005811　經212/74－2

繆篆分韻五卷補一卷　（清）桂馥撰　清嘉慶元年(1796)姚氏咫進齋刻本　三冊

220000－0801－0005812　經212/74－3

繆篆分韻五卷補一卷　（清）桂馥撰　清嘉慶元年(1796)姚氏咫進齋刻本　四冊

220000－0801－0005813　經212/74－4

繆篆分韻五卷補一卷　（清）桂馥撰　清嘉慶元年(1796)姚氏咫進齋刻本　二冊

220000－0801－0005814　經212/74－5

繆篆分韻五卷補一卷　（清）桂馥撰　清嘉慶元年(1796)姚氏咫進齋刻本　三冊

220000－0801－0005815　經212/76

重校字學舉隅不分卷　（清）龍啓瑞輯　清光緒十七年(1891)上海鴻寶齋石印本　一冊

220000－0801－0005816　經212/78

重校字學舉隅不分卷　（清）龍啓瑞輯　清同治十一年(1872)刻本　一冊

220000－0801－0005817　經212/79

字學舉隅不分卷　（清）龍啓瑞輯　清同治十年(1871)琉璃廠懿文齋刻本　一冊

220000－0801－0005818　經212/80

增補字學舉隅不分卷　（清）龍啓瑞輯　清光緒二年(1876)刻本　一冊

220000－0801－0005819　經212/81

重校字學舉隅不分卷　（清）龍啓瑞輯　清光緒六年(1880)琉璃廠懿文齋刻本　一冊

220000－0801－0005820　經212/82

重校字學舉隅不分卷　（清）龍啓瑞輯　清同治十年(1871)刻本　一冊

220000－0801－0005821　經212/83

重校字學舉隅不分卷　（清）龍啓瑞輯　清光緒六年(1880)松竺齋刻本　一冊

220000－0801－0005822　經212/84

字學舉隅不分卷　（清）龍啓瑞輯　清同治十年(1871)上海曙海樓刻本　一冊

220000－0801－0005823　經212/84－1

字學舉隅不分卷　（清）龍啓瑞輯　清同治十年(1871)上海曙海樓刻本　一冊

220000－0801－0005824　經212/84－2

字學舉隅不分卷　（清）龍啓瑞輯　清同治十年(1871)上海曙海樓刻本　一冊

220000－0801－0005825　經212/84－3

字學舉隅不分卷　（清）龍啓瑞輯　清同治十年(1871)上海曙海樓刻本　一冊

220000－0801－0005826　經212/85

重校字學舉隅不分卷　（清）龍啓瑞輯　清同治十三年(1874)湖北崇文書局刻本　一冊

220000－0801－0005827　經212/87

汗簡箋正七卷目錄一卷　（宋）郭忠恕撰（清）鄭珍箋正　清光緒十五年(1889)廣雅書局刻本　四冊

220000－0801－0005828　經212/87－1

汗簡箋正七卷目錄一卷　（宋）郭忠恕撰（清）鄭珍箋正　清光緒十五年(1889)廣雅書局刻本　四冊

220000－0801－0005829　經212/88

汗簡七卷　（宋）郭忠恕撰　清光緒十一年(1885)寧波蔣瑞堂刻本　二冊

220000－0801－0005830　經212/88－1

汗簡七卷　（宋）郭忠恕撰　清光緒十一年(1885)寧波蔣瑞堂刻本　二冊

220000－0801－0005831　經212/91

漢隸字源不分卷碑目一卷　（宋）婁機撰　清光緒三年(1877)川東官舍咫進齋刻本　六冊

220000－0801－0005832　經212/93

重校臨文便覽（字學舉隅）不分卷　（清）張仰山編　清同治十三年(1874)琉璃廠刻本　二冊

220000－0801－0005833　經212/93－1

255

重校臨文便覽(字學舉隅)不分卷　(清)張仰
山編　清同治十三年(1874)琉璃廠刻本
二冊

220000－0801－0005834　經212/93－2
重校臨文便覽(字學舉隅)不分卷　(清)張仰
山編　清同治十三年(1874)琉璃廠刻本
一冊

220000－0801－0005835　經212/94
古文審八卷首一卷　(清)劉心源撰　清光緒
十七年(1891)嘉魚劉氏龍江樓刻本　四冊

220000－0801－0005836　經212/94－1
古文審八卷首一卷　(清)劉心源撰　清光緒
十七年(1891)嘉魚劉氏龍江樓刻本　四冊

220000－0801－0005837　經212/97
古篆古義一卷附古篆筆勢論一卷　(清)蔣和
撰　清嘉慶二年(1797)刻本　一冊

220000－0801－0005838　經212/99
楷法溯源十四卷目錄一卷　(清)潘存輯　楊
守敬編　清光緒三年(1877)刻本　十四冊

220000－0801－0005839　經212/99－1
楷法溯源十四卷目錄一卷　(清)潘存輯　楊
守敬編　清光緒三年(1877)刻本　十五冊

220000－0801－0005840　經212/99－2
楷法溯源十四卷目錄一卷　(清)潘存輯　楊
守敬編　清光緒三年(1877)刻本　十五冊

220000－0801－0005841　經212/101
草說十五卷草書編類一卷　(清)李濱撰　清
宣統三年(1911)刻本　八冊

220000－0801－0005842　經212/102
草字便覽摘要不分卷　(清)梁民憲編輯　清
光緒八年(1882)刻本　二冊

220000－0801－0005843　經212/103
草字彙不分卷　(清)石梁集　清光緒元年
(1875)漁古山房刻本　六冊

220000－0801－0005844　經212/103－1
草字彙不分卷　(清)石梁集　清光緒元年
(1875)漁古山房刻本　六冊

220000－0801－0005845　經212/103－2
草字彙不分卷　(清)石梁集　清光緒元年
(1875)漁古山房刻本　六冊

220000－0801－0005846　經212/109
隸韻十卷碑目一卷考證一卷　(宋)劉球撰
清嘉慶十五年(1810)刻本　六冊

220000－0801－0005847　經212/111
隸篇十五卷續十五卷再續十五卷　(清)翟云
升撰　清光緒十七年(1891)刻本　十冊

220000－0801－0005848　經212/111－1
隸篇十五卷續十五卷再續十五卷　(清)翟云
升撰　清光緒十七年(1891)刻本　八冊

220000－0801－0005849　經212/113
書法正宗不分卷附學習雜論一卷　(清)寶培
編　清光緒二年(1876)刻本　一冊

220000－0801－0005850　經212/114
書法正傳十卷　(清)馮武編輯　清末世豸堂
刻本　八冊

220000－0801－0005851　經212/117
四庫全書字體辨正四卷　(清)何太清整理
(清)洪寅校　清嘉慶十七年(1812)洪寅刻本
　一冊

220000－0801－0005852　經212/118
同文千字文二卷　(明)汪以成撰　清道光三
十年(1850)琴川俞氏刻本　二冊

220000－0801－0005853　經212/126
急就探奇一卷　(清)陳本禮撰　清嘉慶裛露
軒刻本　一冊

220000－0801－0005854　經212/127
蒙學讀本漢字母音釋二卷　(清)楊敦頤撰
清光緒三十年(1904)影印本　二冊

220000－0801－0005855　經212/128
澄衷蒙學堂字課圖說四卷　(清)劉樹屏撰
清光緒二十七年(1901)澄衷蒙學堂石印本
八冊

220000－0801－0005856　經212/130
倉頡篇三卷續一卷補一卷　(清)孫星衍輯

清光緒十六年(1890)江蘇書局刻本　二冊

220000－0801－0005857　經212/131

倉頡篇輯補斠證三卷附說文解字引漢律令考二卷附錄二卷　王仁俊撰　清光緒十六年(1890)吳縣王氏刻本　一冊

220000－0801－0005858　經212/133

倉頡篇輯二卷續一卷補二卷　（清）孫星衍撰　清光緒十六年(1890)江蘇書局刻本　二冊

220000－0801－0005859　經212/133－1

倉頡篇輯二卷續一卷補二卷　（清）孫星衍撰　清光緒十六年(1890)江蘇書局刻本　一冊

220000－0801－0005860　經212/133－2

倉頡篇輯二卷續一卷補二卷　（清）孫星衍撰　清光緒十六年(1890)江蘇書局刻本　二冊

220000－0801－0005861　經212/134

急就章攷異一卷　（清）莊世驥撰　清光緒十七年(1891)廣雅書局刻本　一冊

220000－0801－0005862　經212/141

千字文釋義不分卷　（清）汪嘯尹纂輯　清李光明莊刻本　一冊

220000－0801－0005863　經212/142

千字文釋義一卷　（清）汪嘯尹纂輯　清末刻本　一冊

220000－0801－0005864　經212/143

千字文釋義一卷　（清）汪嘯尹纂輯　清末席氏掃葉山房刻本　一冊

220000－0801－0005865　經212/144

千字文釋義一卷　（清）汪嘯尹纂輯　清同治九年(1870)刻本　一冊

220000－0801－0005866　經212/145

篆書千字文不分卷　（清）□□撰　清光緒元年(1875)刻本　一冊

220000－0801－0005867　經212/146

康熙字典十二集　（清）張玉書等編　清光緒三十年(1904)上海文星書局石印本　六冊

220000－0801－0005868　經212/148

隸辨八卷　（清）顧藹吉撰　清同治十二年(1873)聚賢齋刻本　八冊

220000－0801－0005869　經212/148－1

隸辨八卷　（清）顧藹吉撰　清同治十二年(1873)聚賢齋刻本　八冊

220000－0801－0005870　經212/152

翰苑分書臨文便覽六種不分卷　（清）張仰山編　清光緒六年(1880)刻本　六冊

220000－0801－0005871　經212/153

增訂臨文便覽不分卷　（清）張仰山編　清光緒二年(1876)怡雲僊館刻本　四冊

220000－0801－0005872　經212/159

重刻千字文一卷　（宋）王應麟撰　清末刻本　一冊

220000－0801－0005873　經212/160

正草隸篆千字文一卷　（南朝梁）周興嗣撰　清張楷、徐大椿刻本　一冊

220000－0801－0005874　經212/161

千字文釋義一卷　（清）汪嘯尹纂輯　清末聚奎堂刻本　一冊

220000－0801－0005875　經212/162

千字文釋義不分卷　（清）汪嘯尹纂輯　清末刻本　一冊

220000－0801－0005876　經212/166

康熙字典十卷備考一卷補遺一卷　（清）張玉書等編　清光緒十三年(1887)上海積山書局石印本　七冊

220000－0801－0005877　經212/168

六書通十卷　（明）閔齊伋撰　（清）畢弘述訂　清光緒四年(1878)刻本　五冊

220000－0801－0005878　經212/171

康熙字典十卷補遺一卷備考一卷　（清）張玉書等撰　清刻本　三十二冊

220000－0801－0005879　經212/172

康熙字典十二集　（清）張玉書等編　清光緒三十二年(1906)上海澄衷學堂石印本　六冊

257

220000－0801－0005880　經212/174

字典考證十二集　（清）奕繪等輯　清道光十一年(1831)愛日堂刻本　八冊

220000－0801－0005881　經212/176

英字指南六卷　（清）楊勳輯　清光緒五年(1879)鉛印本　六冊

220000－0801－0005882　經212/178

臨文便覽不分卷字學舉隅不分卷　（清）張啓泰輯　清光緒刻本　一冊

220000－0801－0005883　經212/179

臨文便覽不分卷字學舉隅不分卷　（清）張啓泰輯　清光緒刻本　一冊

220000－0801－0005884　經212/182

佩觽三卷　（宋）郭忠恕撰　清光緒十年(1884)刻本　一冊

220000－0801－0005885　經213/2

廣韻五卷　（宋）陳彭年等撰　清末刻本　四冊

220000－0801－0005886　經213/2－1

廣韻五卷　（宋）陳彭年等撰　清末刻本　一冊　存一卷(三)

220000－0801－0005887　經213/6

六書韻微十六卷　（清）安吉纂輯　清道光十八年(1838)刻本　六冊

220000－0801－0005888　經213/7

音韻闡微十八卷　（清）李光地　（清）王蘭生纂輯　清光緒七年(1881)淮南書局刻本　五冊

220000－0801－0005889　經213/7－1

音韻闡微十八卷　（清）李光地　（清）王蘭生纂輯　清光緒七年(1881)淮南書局刻本　五冊

220000－0801－0005890　經213/7－2

音韻闡微十八卷　（清）李光地　（清）王蘭生纂輯　清光緒七年(1881)淮南書局刻本　五冊

220000－0801－0005891　經213/9

音學辨微一卷　（清）江永撰　清宣統元年(1909)國學保存會影印本　一冊

220000－0801－0005892　經213/10

音韻舉隅不分卷　（清）程繩武編　清同治十年(1871)刻本　一冊

220000－0801－0005893　經213/11

顧氏音學五書三十八卷　（清）顧炎武撰　清光緒十六年(1890)思賢講舍刻本　十二冊

220000－0801－0005894　經213/11－1

顧氏音學五書三十八卷　（清）顧炎武撰　清光緒十六年(1890)思賢講舍刻本　十二冊

220000－0801－0005895　經213/11－2

顧氏音學五書三十八卷　（清）顧炎武撰　清光緒十六年(1890)思賢講舍刻本　十二冊

220000－0801－0005896　經213/11－3

顧氏音學五書三十八卷　（清）顧炎武撰　清光緒十六年(1890)思賢講舍刻本　十二冊

220000－0801－0005897　經213/13

顧氏音學五書三十八卷　（清）顧炎武撰　清光緒十一年(1885)湘陰郭氏岵瞻堂刻本　十六冊

220000－0801－0005898　經213/15

六書繫韻二十四卷首一卷檢字二卷　（清）李貞撰　清光緒十六年(1890)刻本　二十二冊　缺四卷(四至五、檢字二卷)

220000－0801－0005899　經213/15－1

六書繫韻二十四卷首一卷檢字二卷　（清）李貞撰　清光緒十六年(1890)刻本　二十六冊

220000－0801－0005900　經213/16

新編詩韻大全五卷　（清）湯祥瑟原輯　（清）華錕重編　初學檢韻袖珍一卷　（清）姚文登輯　清光緒十四年(1888)同文書局石印本　五冊

220000－0801－0005901　經213/17

詩韻集成十卷　（清）余照輯　清光緒十九年(1893)成文堂石印本　四冊

220000－0801－0005902　經213/18

攷正增廣詩韻合璧五卷　（清）著易堂主人考訂　清光緒十九年(1893)上海著易堂鉛印本　五冊

220000－0801－0005903　經213/19

詩韻集成十卷　（清）余照輯　清末刻本　四冊

220000－0801－0005904　經213/19－1

詩韻集成十卷　（清）余照輯　清末刻本　一冊　存四卷(一至四)

220000－0801－0005905　經213/20

詩韻集成十卷　（清）余照輯　清光緒四年(1878)刻本　四冊

220000－0801－0005906　經213/21

詩韻合璧五卷　（清）湯文潞編　清咸豐七年(1857)三益齋刻本　五冊

220000－0801－0005907　經213/22

詩韻合璧五卷　（□）□□撰　清同治四年(1865)集古堂刻本　五冊

220000－0801－0005908　經213/26

增廣詩韻全璧五卷虛字韻藪一卷初學檢韻十卷　（清）姚文登輯　清光緒影印本　六冊

220000－0801－0005909　經213/26－1

增廣詩韻全璧五卷虛字韻藪一卷初學檢韻十卷　（清）姚文登輯　清光緒影印本　六冊

220000－0801－0005910　經213/26－2

增廣詩韻全璧五卷虛字韻藪一卷初學檢韻十卷　（清）姚文登輯　清光緒影印本　五冊

220000－0801－0005911　經213/27

詩韻珠璣五卷　（清）余照撰　清嘉慶五年(1800)五瑞堂刻本　十二冊

220000－0801－0005912　經213/28

詩韻辨字略五卷　（清）黃倬考定　清光緒四年(1878)刻本　一冊

220000－0801－0005913　經213/29

詩韻輯要五卷　（明）李攀龍撰　清末刻本　一冊

220000－0801－0005914　經213/32

韻詁不分卷　（清）方濬頤輯　清光緒四年(1878)淮南書局刻本　五冊

220000－0801－0005915　經213/32－1

韻詁不分卷　（清）方濬頤輯　清光緒四年(1878)淮南書局刻本　六冊

220000－0801－0005916　經213/33

韻府鈎沈五卷　（清）雷濬撰　清光緒十三年(1887)刻本　二冊

220000－0801－0005917　經213/34

韻目表一卷　（清）錢學嘉撰　清光緒七年(1881)歸安錢氏刻朱印本　一冊

220000－0801－0005918　經213/35

古今韻會舉要三十卷　（宋）黃公紹編輯（元）熊忠舉要　清光緒九年(1883)淮南書局刻本　十冊

220000－0801－0005919　經213/36

韻補五卷　（宋）吳棫撰　韻補正一卷　（清）顧炎武撰　清光緒九年(1883)邵武徐氏刻本　二冊

220000－0801－0005920　經213/36－1

韻補五卷　（宋）吳棫撰　韻補正一卷　（清）顧炎武撰　清光緒九年(1883)邵武徐氏刻本　二冊

220000－0801－0005921　經213/36－2

韻補五卷　（宋）吳棫撰　韻補正一卷　（清）顧炎武撰　清光緒九年(1883)邵武徐氏刻本　二冊

220000－0801－0005922　經213/37

韻歧五卷　（清）江昱輯　清光緒七年(1881)刻本　二冊

220000－0801－0005923　經213/38

韻字略十二卷　（清）毛謨撰　清光緒元年(1875)湖北崇文書局刻本　二冊

220000－0801－0005924　經213/39

韻字彙錦五卷　（清）顧掄輯　清道光二年(1822)蔡厚田刻本　五冊

220000 – 0801 – 0005925　經 213/41

五音集字不分卷附集字繫聲二卷　（清）汪朝恩撰　清光緒三十四年（1908）刻本　十二冊

220000 – 0801 – 0005926　經 213/42

集韻考正十卷　（清）方成珪撰　清光緒五年（1879）瑞安孫氏詒善祠塾刻本　五冊

220000 – 0801 – 0005927　經 213/42 – 1

集韻考正十卷　（清）方成珪撰　清光緒五年（1879）瑞安孫氏詒善祠塾刻本　五冊

220000 – 0801 – 0005928　經 213/42 – 2

集韻考正十卷　（清）方成珪撰　清光緒五年（1879）瑞安孫氏詒善祠塾刻本　五冊

220000 – 0801 – 0005929　經 213/45

經韻集字析解二卷　（清）彭良敞集註　清光緒三年（1877）來鹿堂刻本　四冊

220000 – 0801 – 0005930　經 213/46

集韻十卷　（宋）丁度等撰　清嘉慶十九年（1814）補刻本　十冊

220000 – 0801 – 0005931　經 213/47

佩文詩韻五卷　（□）□□撰　清同治九年（1870）刻本　一冊

220000 – 0801 – 0005932　經 213/48

佩文詩韻五卷　（□）□□撰　清末刻本　一冊

220000 – 0801 – 0005933　經 213/49

佩文詩韻釋要五卷　（清）周兆基撰　清光緒三年（1877）粵東使署刻本　二冊

220000 – 0801 – 0005934　經 213/49 – 1

佩文詩韻釋要五卷　（清）周兆基撰　清光緒三年（1877）粵東使署刻本　一冊

220000 – 0801 – 0005935　經 213/50

佩文詩韻釋要五卷　（清）周兆基撰　清光緒十二年（1886）刻本　二冊

220000 – 0801 – 0005936　經 213/51

佩文廣韻匯編五卷　（清）李元祺撰　清同治十一年（1872）金陵書局刻本　二冊

220000 – 0801 – 0005937　經 213/51 – 1

佩文廣韻匯編五卷　（清）李元祺撰　清同治十一年（1872）金陵書局刻本　二冊

220000 – 0801 – 0005938　經 213/53

初學檢韻袖珍十二卷附佩文詩韻一卷　（清）姚文登輯　（清）姚炳章校　清嘉慶四年（1799）慈谿養正堂刻本　四冊

220000 – 0801 – 0005939　經 213/54

初學檢韻袖珍十二卷附佩文詩韻一卷　（清）姚文登輯　（清）姚炳章校　清嘉慶四年（1799）刻本　四冊

220000 – 0801 – 0005940　經 213/56

空谷傳聲一卷　（清）汪鋆撰　清光緒八年（1882）李光明莊刻本　一冊

220000 – 0801 – 0005941　經 213/57

漢魏音四卷　（清）洪亮吉撰　清光緒三年（1877）授經堂刻本　一冊

220000 – 0801 – 0005942　經 213/58

古今文字通釋十四卷　（清）呂世宜撰　清光緒五年（1879）刻本　七冊

220000 – 0801 – 0005943　經 213/65

李氏音鑑六卷附李氏音鑑書目一卷　（清）李汝珍撰　清同治七年（1868）木樨山房刻本　四冊

220000 – 0801 – 0005944　經 213/65 – 1

李氏音鑑六卷附李氏音鑑書目一卷　（清）李汝珍撰　清同治七年（1868）木樨山房刻本　四冊

220000 – 0801 – 0005945　經 213/65 – 2

李氏音鑑六卷附李氏音鑑書目一卷　（清）李汝珍撰　清同治七年（1868）木樨山房刻本　三冊　存五卷（二至六）

220000 – 0801 – 0005946　經 213/66

李氏音鑑六卷附李氏音鑑書目一卷　（清）李汝珍撰　清光緒十四年（1888）掃葉山房刻本　四冊

220000 – 0801 – 0005947　經 213/66 – 1

李氏音鑑六卷附李氏音鑑書目一卷 （清）李汝珍撰　清光緒十四年(1888)掃葉山房刻本　四冊

220000－0801－0005948　經213/70

形聲類篇五卷 （清）丁履恒撰　清光緒十七年(1891)刻本　一冊

220000－0801－0005949　經213/70－1

形聲類篇五卷 （清）丁履恒撰　清光緒十七年(1891)刻本　一冊

220000－0801－0005950　經213/70－2

形聲類篇五卷 （清）丁履恒撰　清光緒十七年(1891)刻本　一冊

220000－0801－0005951　經213/73

毛詩古音參義五卷首一卷 （清）潘相撰　清嘉慶五年(1800)攝謙堂刻本　二冊

220000－0801－0005952　經213/76

古韻通說二十卷 （清）龍啓瑞編　清光緒九年(1883)四川尊經書局刻本　四冊

220000－0801－0005953　經213/76－1

古韻通說二十卷 （清）龍啓瑞編　清光緒九年(1883)四川尊經書局刻本　四冊

220000－0801－0005954　經213/77

古音類表九卷 （清）傅壽彤撰　清光緒二年(1876)刻本　四冊

220000－0801－0005955　經213/78

古今韻會舉要三十六卷 （元）熊忠撰　清光緒九年(1883)淮南書局刻本　三冊

220000－0801－0005956　經213/80

聲類四卷 （清）錢大昕撰　清道光二十年(1840)刻本　二冊

220000－0801－0005957　經213/81

書學彙編四種四卷 （清）王贈芳編　清道光十五年(1835)刻本　一冊

220000－0801－0005958　經213/82

四聲易知錄四卷 （清）姚文田撰　清嘉慶十七年(1812)刻本　一冊

220000－0801－0005959　經213/84

四聲易知錄四卷 （清）姚文田撰　清嘉慶十七年(1812)刻本　二冊

220000－0801－0005960　經213/87

藝文備覽一百二十卷 （清）沙木集註　清嘉慶十一年至十二年(1806－1807)刻本　七十二冊

220000－0801－0005961　經213/87－1

藝文備覽一百二十卷 （清）沙木集註　清嘉慶十一年至十二年(1806－1807)刻本　四十冊

220000－0801－0005962　經213/89

枕漁勻學二種二卷 （清）顧淳撰　清光緒二十五年(1899)木活字印本　一冊

220000－0801－0005963　經213/90

切音蒙引不分卷 （清）陳錦撰　清光緒九年(1883)八杉齋刻本　一冊

220000－0801－0005964　經213/91

切音捷訣不分卷 （清）酈珩輯　清光緒六年(1880)摭古堂刻本　一冊

220000－0801－0005965　經213/92

四音定切四卷首一卷 （清）劉熙載撰　清光緒四年(1878)刻本　二冊

220000－0801－0005966　經213/94

等韻輯畧三卷 （清）龐大堃撰　清末常熟龐氏影印本　一冊

220000－0801－0005967　經213/95

等韻一得二篇 勞乃宣撰　清光緒二十四年(1898)矩齋所學刻本　一冊

220000－0801－0005968　經213/95－1

等韻一得二篇 勞乃宣撰　清光緒二十四年(1898)矩齋所學刻本　一冊

220000－0801－0005969　經213/96

四聲切韻表一卷凡例一卷 （清）江永編　清應雲堂刻本　一冊

220000－0801－0005970　經213/99

音學辨微不分卷 （清）江永撰　清宣統元年

（1909）國學保存會影印本　一冊

220000－0801－0005971　經213/101
閩腔快字不分卷　盧戇章撰　清光緒二十二年（1896）武昌刻本　一冊

220000－0801－0005972　經213/103
簡字叢錄五種五卷　勞乃宣撰　清光緒三十二年至三十三年（1906－1907）矩齋所學刻本　五冊

220000－0801－0005973　經213/109
古韻標準不分卷　（清）趙希璜校　清末刻本　二冊

220000－0801－0005974　經213/110
戚林八音合訂八卷　（清）蔡士泮　（清）陳他輯　清光緒二年（1876）集新堂刻本　一冊

220000－0801－0005975　經213/117
詩韻萃珍十卷　（清）黃昌瑞輯　清同治九年（1870）經綸堂刻本　二冊　存五卷（一至二、八至十）

220000－0801－0005976　經213/118
詩韻不分卷　（□）□□撰　清抄本　一冊

220000－0801－0005977　經214/1
廣雅疏證十卷　（清）王念孫撰　博雅音十卷（隋）曹憲撰　清光緒五年（1879）淮南書局刻本　八冊

220000－0801－0005978　經214/1－1
廣雅疏證十卷　（清）王念孫撰　博雅音十卷（隋）曹憲撰　清光緒五年（1879）淮南書局刻本　八冊

220000－0801－0005979　經214/3
爾雅三卷　（晉）郭璞註　（唐）陸德明音釋
孝經一卷　（唐）玄宗李隆基註　（唐）陸德明音義　清刻本　二冊

220000－0801－0005980　經214/4
爾雅三卷　（晉）郭璞註　（唐）陸德明音義　清嘉慶二十二年（1817）清芬閣刻本　三冊

220000－0801－0005981　經214/6
爾雅音註不分卷　（□）□□撰　清同治十年

（1871）亦園刻本　一冊

220000－0801－0005982　經214/7
爾雅音圖三卷　（晉）郭璞註　清光緒十年（1884）上海同文書局石印本　二冊

220000－0801－0005983　經214/8
爾雅音圖三卷　（晉）郭璞註　清嘉慶六年（1801）藝學軒影宋刻本　三冊

220000－0801－0005984　經214/8－1
爾雅音圖三卷　（晉）郭璞註　清嘉慶六年（1801）藝學軒影宋刻本　三冊

220000－0801－0005985　經214/8－2
爾雅音圖三卷　（晉）郭璞註　清嘉慶六年（1801）藝學軒影宋刻本　三冊

220000－0801－0005986　經214/8－3
爾雅音圖三卷　（晉）郭璞註　清嘉慶六年（1801）藝學軒影宋刻本　三冊

220000－0801－0005987　經214/8－4
爾雅音圖三卷　（晉）郭璞註　清嘉慶六年（1801）藝學軒影宋刻本　五冊

220000－0801－0005988　經214/9
爾雅郭註五卷　（晉）郭璞註　清道光五年（1825）刻本　一冊

220000－0801－0005989　經214/10
爾雅郭註佚存補訂二十卷　王樹枬撰　清光緒十八年（1892）資陽文莫室刻本　六冊

220000－0801－0005990　經214/11
爾雅郭註補正三卷　（清）戴鋆撰　清光緒十一年（1885）海陽韓氏刻本　三冊

220000－0801－0005991　經214/12
爾雅郭註義疏三卷　（清）郝懿行撰　清光緒十三年（1887）湖北官書處刻本　八冊

220000－0801－0005992　經214/13
爾雅郭註義疏三卷　（清）郝懿行撰　清同治五年（1866）郝氏刻本　八冊

220000－0801－0005993　經214/13－1
爾雅郭註義疏三卷　（清）郝懿行撰　清同治

五年(1866)郝氏刻本　八冊

220000－0801－0005994　經214/15

爾雅正郭二卷　（清）潘衍桐撰　清光緒十七年(1891)刻本　一冊

220000－0801－0005995　經214/15－1

爾雅正郭二卷　（清）潘衍桐撰　清光緒十七年(1891)刻本　一冊

220000－0801－0005996　經214/16

爾雅疏十卷　（宋）邢昺等校定　清光緒四年(1878)吳興陸氏十萬卷樓刻本　二冊

220000－0801－0005997　經214/17

爾雅翼三十二卷首一卷　（宋）羅願撰　（元）洪焱祖音釋　清光緒十年(1884)刻本　六冊

220000－0801－0005998　經214/18

爾雅補郭二卷　（清）翟灝撰　清光緒八年(1882)刻本　一冊

220000－0801－0005999　經214/20

爾雅漢註三卷　（清）臧庸撰　（清）孫馮翼校訂　清嘉慶七年(1802)問經堂刻本　三冊

220000－0801－0006000　經214/21

爾雅補註殘本一卷　（清）劉玉麐撰　清光緒十四年(1888)廣雅書局刻本　一冊

220000－0801－0006001　經214/22

爾雅直音二卷　（清）孫侶撰　清末刻本　二冊

220000－0801－0006002　經214/23

爾雅直音二卷　（清）孫侶撰　清嘉慶四年(1799)天心閣刻本　一冊

220000－0801－0006003　經214/24

爾雅直音二卷　（清）孫侶撰　清嘉慶五年(1800)刻本　一冊

220000－0801－0006004　經214/26

爾雅易讀不分卷附夏小正　（清）路德撰　清光緒十七年(1891)李光明莊刻本　一冊

220000－0801－0006005　經214/27

爾雅匡名二十卷　（清）嚴元照撰　清光緒十

一年(1885)吳興陸氏守光閣刻本　五冊

220000－0801－0006006　經214/29

釋名疏證八卷　（漢）劉熙撰　（清）畢沅疏證　釋名補遺一卷　（清）畢沅撰　清光緒十一年(1885)融經館刻本　二冊

220000－0801－0006007　經214/30

釋名疏證補八卷　（清）畢沅疏證　王先謙補　續釋名疏證補遺一卷　（清）畢沅補　疏證補附一卷　（清）許克勤　胡玉縉校　清光緒二十二年(1896)刻本　三冊

220000－0801－0006008　經214/34

釋穀四卷　（清）劉寶楠撰　清光緒十四年(1888)廣雅書局刻本　一冊

220000－0801－0006009　經214/34－1

釋穀四卷　（清）劉寶楠撰　清光緒十四年(1888)廣雅書局刻本　一冊

220000－0801－0006010　經214/34－2

釋穀四卷　（清）劉寶楠撰　清光緒十四年(1888)廣雅書局刻本　一冊

220000－0801－0006011　經214/34－3

釋穀四卷　（清）劉寶楠撰　清光緒十四年(1888)廣雅書局刻本　一冊

220000－0801－0006012　經214/35

五方元音十二卷　（清）樊騰鳳撰　（清）年希堯補　清光緒三十四年(1908)石印本　四冊

220000－0801－0006013　經214/36

字林經策萃華八卷　（清）墨莊氏輯　清光緒七年(1881)藝林山房刻本　五冊

220000－0801－0006014　經214/37

選雅二十卷　程先甲述　清光緒二十八年(1902)千一齋刻本　八冊

220000－0801－0006015　經214/38

坤雅二十卷　（宋）陸佃撰　清初刻本　四冊

220000－0801－0006016　經214/39

拾雅六卷　（清）夏味堂撰　清嘉慶二十四年(1819)遂園刻本　二冊

220000－0801－0006017　經214/40

拾雅二十卷　（清）夏味堂撰　清嘉慶二十五年(1820)刻本　六冊

220000－0801－0006018　經214/40－1

拾雅二十卷　（清）夏味堂撰　清嘉慶二十五年(1820)刻本　二冊　存四卷(十一至十四)

220000－0801－0006019　經214/41

疊雅十三卷　（清）史夢蘭撰　清同治四年(1865)止園刻本　四冊

220000－0801－0006020　經214/44

經籍籑詁一百六卷首一卷　（清）阮元撰　清嘉慶四年(1799)揚州阮氏琅嬛仙館刻本　四十八冊

220000－0801－0006021　經214/45

駢雅七卷首一卷訓籑十六卷　（明）朱謀㙔撰　（清）魏茂林訓籑　清光緒七年(1881)成都渝雅齋刻本　十六冊

220000－0801－0006022　經214/45－1

駢雅七卷首一卷訓籑十六卷　（明）朱謀㙔撰　（清）魏茂林訓籑　清光緒七年(1881)成都渝雅齋刻本　八冊

220000－0801－0006023　經214/45－2

駢雅七卷首一卷訓籑十六卷　（明）朱謀㙔撰　（清）魏茂林訓籑　清光緒七年(1881)成都渝雅齋刻本　八冊

220000－0801－0006024　經214/46

駢雅訓籑七卷首一卷　（明）朱謀㙔撰　（清）魏茂林訓籑　清光緒二十年(1894)上海積山書局石印本　八冊

220000－0801－0006025　經214/48

駢雅訓籑七卷首一卷　（明）朱謀㙔撰　（清）魏茂林訓籑　清同治十一年(1872)經綸書室刻本　八冊

220000－0801－0006026　經214/48－1

駢雅訓籑七卷首一卷　（明）朱謀㙔撰　（清）魏茂林訓籑　清同治十一年(1872)經綸書室刻本　八冊

220000－0801－0006027　經214/50

小爾雅訓籑六卷　（清）宋翔鳳撰　清光緒十六年(1890)廣雅書局刻本　一冊

220000－0801－0006028　經214/53

兩漢韻珠十卷　（清）吳章灃撰　清光緒十八年(1892)刻本　十冊

220000－0801－0006029　經214/54

班馬字類二卷　（宋）婁機撰　清光緒九年(1883)後知不足齋刻本　二冊

220000－0801－0006030　經214/55

經籍籑詁一百六卷首一卷　（清）阮元撰　清光緒十四年(1888)上海鴻寶齋石印本　十二冊

220000－0801－0006031　經214/55－1

經籍籑詁一百六卷首一卷　（清）阮元撰　清光緒十四年(1888)上海鴻寶齋石印本　十二冊

220000－0801－0006032　經214/55－2

經籍籑詁一百六卷首一卷　（清）阮元撰　清光緒十四年(1888)上海鴻寶齋石印本　十二冊

220000－0801－0006033　經214/56

經籍籑詁一百六卷首一卷　（清）阮元撰　清嘉慶十七年(1812)揚州阮氏琅嬛仙館刻本　六十四冊

220000－0801－0006034　經214/57

經籍籑詁一百六卷首一卷　（清）阮元撰　清光緒六年(1880)淮南書局刻本　四十八冊

220000－0801－0006035　經214/57－1

經籍籑詁一百六卷首一卷　（清）阮元撰　清光緒六年(1880)淮南書局刻本　四十八冊

220000－0801－0006036　經214/57－2

經籍籑詁一百六卷首一卷　（清）阮元撰　清光緒六年(1880)淮南書局刻本　四十八冊

220000－0801－0006037　經214/60

字說一卷　（清）吳大澂撰　清末刻本　一冊

220000－0801－0006038　經214/61

增註字詁義府合按四卷 （清）黃承吉輯 清
光緒三年(1877)歙西黃氏刻本 四冊

220000 – 0801 – 0006039 經 214/64

助字辨略五卷 （清）劉淇撰 清咸豐六年
(1856)刻本 五冊

220000 – 0801 – 0006040 經 214/65

廣續方言四卷 程先甲撰 清光緒二十三年
(1897)鉛印本 二冊

220000 – 0801 – 0006041 經 214/65 – 1

廣續方言四卷 程先甲撰 清光緒二十三年
(1897)鉛印本 二冊

220000 – 0801 – 0006042 經 214/66

廣續方言拾遺一卷 程先甲撰 清宣統二年
(1910)刻本 一冊

220000 – 0801 – 0006043 經 214/67

方言疏證十三卷續方言二卷 （清）戴震
（清）杭世駿撰 清末刻本 二冊

220000 – 0801 – 0006044 經 214/70

續方言又補二卷 徐乃昌撰 清光緒二十一
年(1895)南陵徐氏刻本 一冊

220000 – 0801 – 0006045 經 214/76

輶軒使者絕代語釋別國方言十三卷首一卷
(漢)揚雄撰 （晉）郭璞註 續方言二卷
(清)杭世駿撰 續方言補一卷 （清）程際盛
撰 清光緒十七年(1891)思賢講舍刻本
三冊

220000 – 0801 – 0006046 經 214/76 – 1

輶軒使者絕代語釋別國方言十三卷首一卷
(漢)揚雄撰 （晉）郭璞註 續方言二卷
(清)杭世駿撰 續方言補一卷 （清）程際盛
撰 清光緒十七年(1891)思賢講舍刻本
三冊

220000 – 0801 – 0006047 經 214/76 – 2

輶軒使者絕代語釋別國方言十三卷首一卷
(漢)揚雄撰 （晉）郭璞註 續方言二卷
(清)杭世駿撰 續方言補一卷 （清）程際盛
撰 清光緒十七年(1891)思賢講舍刻本

二冊

220000 – 0801 – 0006048 經 214/78

經籍纂詁五卷 （清）阮元撰 清光緒九年
(1883)上海點石齋石印本 五冊

220000 – 0801 – 0006049 經 214/80

經籍纂詁一百六卷首一卷 （清）阮元撰 清
末上海石印本 十二冊

220000 – 0801 – 0006050 經 214/81

輶軒使者絕代語釋別國方言箋疏十三卷
(清)錢繹撰 清光緒十六年(1890)廣雅書局
刻本 四冊

220000 – 0801 – 0006051 經 214/81 – 1

輶軒使者絕代語釋別國方言箋疏十三卷
(清)錢繹撰 清光緒十六年(1890)廣雅書局
刻本 四冊

220000 – 0801 – 0006052 經 214/81 – 2

輶軒使者絕代語釋別國方言箋疏十三卷
(清)錢繹撰 清光緒十六年(1890)廣雅書局
刻本 四冊

220000 – 0801 – 0006053 經 214/82

輶軒使者絕代語釋別國方言箋疏十三卷
(清)錢繹撰 清光緒十六年(1890)紅蝠山房
刻本 六冊

220000 – 0801 – 0006054 經 214/82 – 1

輶軒使者絕代語釋別國方言箋疏十三卷
(清)錢繹撰 清光緒十六年(1890)紅蝠山房
刻本 二冊

220000 – 0801 – 0006055 經 214/84

音通二卷 （清）陳宗彝撰 清宣統三年
(1911)石印本 二冊

220000 – 0801 – 0006056 經 214/85

三體合璧文鑑 （□）□□撰 清末抄本
一冊

220000 – 0801 – 0006057 經 214/87

四體合璧文鑑三十二卷文鑑總綱八卷 （清）
□□撰 清刻本 十一冊

220000 – 0801 – 0006058 經 214/87 – 1

四體合璧文鑑三十二卷文鑑總綱八卷 （清）□□撰 清刻本 十一冊

220000－0801－0006059 經214/96

法學入門一卷 （清）龔渭琳撰 清光緒十三年(1887)上海美華書館鉛印本 一冊

220000－0801－0006060 經214/98

重刻清文虛字指南編二卷 （清）萬福撰 清光緒二十年(1894)北京隆福寺聚珍堂刻本 二冊

220000－0801－0006061 經214/100

清文補彙八卷 （清）宜興撰 清嘉慶七年(1802)刻本 八冊

220000－0801－0006062 經214/100－1

清文補彙八卷 （清）宜興撰 清嘉慶七年(1802)刻本 八冊

220000－0801－0006063 經214/101

滿漢字清文啓蒙四卷 （清）舞格撰 清刻本 四冊

220000－0801－0006064 經214/101－1

滿漢字清文啓蒙四卷 （清）舞格撰 清刻本 四冊

220000－0801－0006065 經214/113

辨名小記一卷 （清）錢保塘撰 清光緒二十一年(1895)清風室刻本 一冊

220000－0801－0006066 經214/115

爾雅郭註義疏十九卷 （清）郝懿行撰 清同治四年(1865)刻本 八冊

220000－0801－0006067 經214/115－1

爾雅郭註義疏十九卷 （清）郝懿行撰 清同治四年(1865)刻本 六冊

220000－0801－0006068 經214/116

蜀語不分卷 （明）李實撰 清末刻本 一冊

220000－0801－0006069 經214/117

恒言錄六卷 （清）錢大昕撰 清嘉慶十年(1805)刻本 二冊

220000－0801－0006070 經214/118

悉曇三書三種九卷 羅振玉譯著 清末影印本 五冊

220000－0801－0006071 經214/118－1

悉曇三書三種九卷 羅振玉譯著 清末影印本 六冊

220000－0801－0006072 經214/118－2

悉曇三書三種九卷 羅振玉譯著 清末影印本 五冊 缺一卷(悉曇字記一卷)

220000－0801－0006073 經214/118－3

悉曇三書三種九卷 羅振玉譯著 清末影印本 五冊 缺一卷(悉曇字記一卷)

220000－0801－0006074 經214/118－4

悉曇三書三種九卷 羅振玉譯著 清末影印本 四冊 存七卷(景祐天竺字源一至七)

220000－0801－0006075 經214/119

爾雅補註四卷 （清）周春撰 清光緒三十四年(1908)長沙葉氏刻本 二冊

220000－0801－0006076 經214/121

稱謂錄三十二卷 （清）梁章鉅撰 清光緒十年(1884)刻本 八冊

220000－0801－0006077 經214/122

刊謬正俗八卷 （唐）顏師古撰 清光緒元年(1875)湖北崇文書局刻本 一冊

220000－0801－0006078 經214/123

廣雅疏證六卷 （清）王念孫撰 清末上海文瑞樓石印本 八冊

220000－0801－0006079 經214/124

續方言新校補二卷 張慎儀撰 清光緒三十一年(1905)成都張氏刻本 一冊

220000－0801－0006080 經215/1

文字發凡四卷 （清）龍志澤撰 清光緒三十一年(1905)上海廣智書局刻本 二冊

220000－0801－0006081 史113/1

史記一百三十卷 （漢）司馬遷撰 （南朝宋）裴駰集解 （唐）司馬貞索隱 （唐）張守節正義 清同治五年至九年(1866－1870)金陵書局刻本 二十冊

220000－0801－0006082　史 113/1－1

史記一百三十卷　（漢）司馬遷撰　（南朝宋）裴駰集解　（唐）司馬貞索隱　（唐）張守節正義　清同治五年至九年(1866－1870)金陵書局刻本　二十冊

220000－0801－0006083　史 113/1－2

史記一百三十卷　（漢）司馬遷撰　（南朝宋）裴駰集解　（唐）司馬貞索隱　（唐）張守節正義　清同治五年至九年(1866－1870)金陵書局刻本　二十冊

220000－0801－0006084　史 113/1－3

史記一百三十卷　（漢）司馬遷撰　（南朝宋）裴駰集解　（唐）司馬貞索隱　（唐）張守節正義　清同治五年至九年(1866－1870)金陵書局刻本　二十冊

220000－0801－0006085　史 113/3

史記集解索隱正義合刻一百三十卷　（漢）司馬遷撰　（南朝宋）裴駰集解　（唐）司馬貞索隱　（唐）張守節正義　**劄記五卷**　（清）張文虎撰　清同治十一年(1872)刻本　二十二冊

220000－0801－0006086　史 113/8

史記一百三十卷　（漢）司馬遷撰　（南朝宋）裴駰集解　清光緒二十年(1894)上海點石齋石印本　六冊

220000－0801－0006087　史 113/9

史記一百三十卷附司馬貞補史記一卷　（漢）司馬遷撰　（南朝宋）裴駰集解　清光緒十二年(1886)森寶齋刻本　二十六冊

220000－0801－0006088　史 113/10

史記一百三十卷　（漢）司馬遷撰　（南朝宋）裴駰集解　（唐）司馬貞索隱　（唐）張守節正義　清光緒三十一年(1905)武林竹簡齋石印本　八冊

220000－0801－0006089　史 113/11

歸震川評點史記一百三十卷　（明）歸有光撰　**方望溪評點史記四卷**　（清）方苞撰　清光緒二年(1876)武昌張氏刻本　二十冊

220000－0801－0006090　史 113/11－1

歸震川評點史記一百三十卷　（明）歸有光撰　**方望溪評點史記四卷**　（清）方苞撰　清光緒二年(1876)武昌張氏刻本　二十八冊

220000－0801－0006091　史 113/11－2

歸震川評點史記一百三十卷　（明）歸有光撰　**方望溪評點史記四卷**　（清）方苞撰　清光緒二年(1876)武昌張氏刻本　四冊

220000－0801－0006092　史 113/11－3

歸震川評點史記一百三十卷　（明）歸有光撰　**方望溪評點史記四卷**　（清）方苞撰　清光緒二年(1876)武昌張氏刻本　二十冊

220000－0801－0006093　史 113/11－4

歸震川評點史記一百三十卷　（明）歸有光撰　**方望溪評點史記四卷**　（清）方苞撰　清光緒二年(1876)武昌張氏刻本　二十冊

220000－0801－0006094　史 113/11－5

歸震川評點史記一百三十卷　（明）歸有光撰　**方望溪評點史記四卷**　（清）方苞撰　清光緒二年(1876)武昌張氏刻本　二十冊

220000－0801－0006095　史 113/13

史記一百三十卷　（漢）司馬遷撰　（南朝宋）裴駰集解　（唐）司馬貞索隱　（唐）張守節正義　清同治九年(1870)崇文書局刻本　二十四冊

220000－0801－0006096　史 113/14

史記評林一百三十卷　（明）凌稚隆輯校　（清）劉鴻年校　清光緒十年(1884)刻本　三十六冊

220000－0801－0006097　史 113/14－1

史記評林一百三十卷　（明）凌稚隆輯校　（清）劉鴻年校　清光緒十年(1884)刻本　三十二冊

220000－0801－0006098　史 113/15

史記評林一百三十卷　（明）凌稚隆輯　清同治十三年(1874)長沙魏氏養翿書屋刻本　二十八冊

220000－0801－0006099　史 113/17

桐城吳先生點勘史記一百三十卷附錄一卷諸
家史記評語一卷史記初校本點識一卷　（清）
吳汝綸點勘　清宣統元年（1909）刻本　二
十冊

220000－0801－0006100　史 113/18

史記志疑三十六卷　（清）梁玉繩撰　清光緒
十四年（1888）餘姚朱氏刻本　十六冊

220000－0801－0006101　史 113/18－1

史記志疑三十六卷　（清）梁玉繩撰　清光緒
十四年（1888）餘姚朱氏刻本　十二冊

220000－0801－0006102　史 113/19

史記志疑三十六卷　（清）梁玉繩撰　清光緒
十三年（1887）廣雅書局刻本　十四冊

220000－0801－0006103　史 113/19－1

史記志疑三十六卷　（清）梁玉繩撰　清光緒
十三年（1887）廣雅書局刻本　十四冊

220000－0801－0006104　史 113/19－2

史記志疑三十六卷　（清）梁玉繩撰　清光緒
十三年（1887）廣雅書局刻本　十四冊

220000－0801－0006105　史 113/24

史表功比說不分卷　（清）張錫瑜撰　清光緒
十四年（1888）廣雅書局刻本　一冊

220000－0801－0006106　史 113/24－1

史表功比說不分卷　（清）張錫瑜撰　清光緒
十四年（1888）廣雅書局刻本　一冊

220000－0801－0006107　史 113/24－2

史表功比說不分卷　（清）張錫瑜撰　清光緒
十四年（1888）廣雅書局刻本　一冊

220000－0801－0006108　史 113/24－3

史表功比說不分卷　（清）張錫瑜撰　清光緒
十四年（1888）廣雅書局刻本　一冊

220000－0801－0006109　史 113/31

史記一百三十卷　（漢）司馬遷撰　（南朝宋）
裴駰集解　（唐）司馬貞索隱　（唐）張守節正
義　清同治五年至九年（1866－1870）金陵書
局刻本　二十冊

220000－0801－0006110　史 113/32

史記一百三十卷　（漢）司馬遷撰　（南朝宋）
裴駰集解　（唐）司馬貞索隱　（唐）張守節正
義　清光緒二十九年（1903）上海點石齋石印
本　六冊

220000－0801－0006111　史 113/35

二十四史　清光緒五年（1879）金陵書局刻本
五百八十冊

220000－0801－0006112　史 113/35－1

二十四史　清光緒五年（1879）金陵書局刻本
五百七十冊

220000－0801－0006113　史 113/35－2

二十四史　清光緒五年（1879）金陵書局刻本
五百三十七冊

220000－0801－0006114　史 113/35－3

二十四史　清光緒五年（1879）金陵書局刻本
五百四十冊

220000－0801－0006115　史 113/35－4

二十四史　清光緒五年（1879）金陵書局刻本
五百三十九冊

220000－0801－0006116　史 113/36

二十四史　清光緒五洲同文書局影印本　七
百十一冊

220000－0801－0006117　史 113/36－1

二十四史　清光緒五洲同文書局影印本　七
百十一冊

220000－0801－0006118　史 113/37

二十四史　清光緒十四年（1888）上海圖書集
成書局鉛印本　三百八十二冊

220000－0801－0006119　史 113/37－1

二十四史　清光緒十四年（1888）上海圖書集
成書局鉛印本　三百八十冊　缺二十八卷
（唐書一至二十八）

220000－0801－0006120　史 113/37－2

二十四史　清光緒十四年（1888）上海圖書集
成書局鉛印本　九十四冊　存八種六百九卷
（後漢書一至一百二十，三國志魏書一至三
十、蜀書一至十五，魏書一至一百十四，隋書

一至八十五,南史一至八十,北史一至一百,
舊五代史一至十五,周書一至五十)

220000－0801－0006121　史 113/40
二十四史　清光緒二十八年(1902)史學會社
石印本　二百冊

220000－0801－0006122　史 113/41
二十四史　清光緒十八年(1892)竹簡齋石印
本　二百冊

220000－0801－0006123　史 113/44
唐書二百二十五卷　(宋)歐陽修撰　清光緒
十四年(1888)上海圖書集成印書局鉛印本
四冊　存二十二卷(一至二十二)

220000－0801－0006124　史 113/46
史記一百三十卷附司馬貞補史記一卷　(漢)
司馬遷撰　(唐)司馬貞補　清同治十一年
(1872)成都書局刻本　二十六冊

220000－0801－0006125　史 114.25/1
周書斠補四卷　(清)孫詒讓撰　清光緒二十
六年(1900)刻本　一冊

220000－0801－0006126　史 114.34/2
前漢書一百卷　(漢)班固撰　(唐)顏師古註
　後漢書九十卷　(南朝宋)范曄撰　(唐)李
賢註　**續漢志三十卷**　(晉)司馬彪撰　清光
緒九年(1883)上海點石齋石印本　十冊

220000－0801－0006127　史 114.34/2－1
前漢書一百卷　(漢)班固撰　(唐)顏師古註
　後漢書九十卷　(南朝宋)范曄撰　(唐)李
賢註　**續漢志三十卷**　(晉)司馬彪撰　清光
緒九年(1883)上海點石齋石印本　四冊　缺
一百卷(前漢書一百卷)

220000－0801－0006128　史 114.34/3
漢書一百卷　(漢)班固撰　(唐)顏師古註
後漢書一百卷附續漢書三十卷　(南朝宋)范
曄撰　(南朝梁)劉昭註　清光緒十三年
(1887)金陵書局刻本　三十冊

220000－0801－0006129　史 114.34/4
前漢書一百卷　(漢)班固撰　(唐)顏師古註

清末金陵書局刻本　三十冊

220000－0801－0006130　史 114.34/6
前漢書一百卷　(漢)班固撰　(唐)顏師古註
　清同治十年(1871)成都書局刻本　三十
二冊

220000－0801－0006131　史 114.34/6－1
前漢書一百卷　(漢)班固撰　(唐)顏師古註
　清同治十年(1871)成都書局刻本　三十
二冊

220000－0801－0006132　史 114.34/8
漢書一百二十卷　(漢)班固撰　(唐)顏師古
註　清同治八年(1869)金陵書局刻本　十
六冊

220000－0801－0006133　史 114.34/9
後漢書一百二十卷　(南朝宋)范曄撰　清同
治十二年(1873)刻本　十六冊

220000－0801－0006134　史 114.34/10
後漢書一百二十卷　(南朝宋)范曄撰　清光
緒十三年(1887)金陵書局刻本　十六冊

220000－0801－0006135　史 114.34/10－1
後漢書一百二十卷　(南朝宋)范曄撰　清光
緒十三年(1887)金陵書局刻本　十四冊

220000－0801－0006136　史 114.34/10－2
後漢書一百二十卷　(南朝宋)范曄撰　清光
緒十三年(1887)金陵書局刻本　十六冊

220000－0801－0006137　史 114.34/10－3
後漢書一百二十卷　(南朝宋)范曄撰　清光
緒十三年(1887)金陵書局刻本　二十四冊

220000－0801－0006138　史 114.34/11
續後漢書四十二卷音義四卷義例一卷　(宋)
蕭常撰　清道光二十一年(1841)刻本　三十
二冊

220000－0801－0006139　史 114.34/11－1
續後漢書四十二卷音義四卷義例一卷　(宋)
蕭常撰　清道光二十一年(1841)刻本　五冊

220000－0801－0006140　史 114.34/11－2
續後漢書四十二卷音義四卷義例一卷　(宋)

蕭常撰　清道光二十一年（1841）刻本　一册
存五卷（音義四卷、義例一卷）

220000－0801－0006141　史114.34/12
前漢書補注一百二十卷　（漢）班固撰　（唐）
顏師古註　王先謙補註　清光緒二十六年
（1900）長沙王氏刻本　三十二册

220000－0801－0006142　史114.34/15
**漢書注校補五十六卷後漢書注補正八卷三國
志注證遺四卷補四卷五代史記纂誤補續**
（清）周壽昌撰　清光緒十年（1884）小對竹軒
刻本　十六册

220000－0801－0006143　史114.34/17
後漢書補註二十四卷　（清）惠棟撰　清嘉慶
九年（1804）刻本　五册

220000－0801－0006144　史114.34/17－1
後漢書補註二十四卷　（清）惠棟撰　清嘉慶
九年（1804）刻本　九册

220000－0801－0006145　史114.34/18
漢書疏證三十六卷　（清）沈欽韓撰　清光緒
二十六年（1900）浙江官書局刻本　三十六册

220000－0801－0006146　史114.34/19
漢書評林一百卷　（明）凌稚隆輯校　清光緒
十年（1884）佩蘭堂刻本　三十六册

220000－0801－0006147　史114.34/19－1
漢書評林一百卷　（明）凌稚隆輯校　清光緒
十年（1884）佩蘭堂刻本　二十四册

220000－0801－0006148　史114.34/22
前漢書一百二十卷　（漢）班固撰　（唐）顏師
古註　清光緒十三年（1887）金陵書局刻本
十六册

220000－0801－0006149　史114.34/22－1
前漢書一百二十卷　（漢）班固撰　（唐）顏師
古註　清光緒十三年（1887）金陵書局刻本
二十册

220000－0801－0006150　史114.34/22－2
前漢書一百二十卷　（漢）班固撰　（唐）顏師
古註　清光緒十三年（1887）金陵書局刻本

十六册

220000－0801－0006151　史114.34/22－3
前漢書一百二十卷　（漢）班固撰　（唐）顏師
古註　清光緒十三年（1887）金陵書局刻本
十六册

220000－0801－0006152　史114.34/23
後漢書一百二十卷　（南朝宋）范曄撰　（唐）
李賢註　**續漢志**　（晉）司馬彪撰　（南朝梁）
劉昭註　清光緒十三年（1887）金陵書局刻本
十六册

220000－0801－0006153　史114.34/24
後漢書補註續一卷　（清）侯康撰　清光緒十
七年（1891）廣雅書局刻本　一册

220000－0801－0006154　史114.34/25
東觀漢記二十四卷　（漢）劉珍等撰　清末掃
葉山房刻本　四册

220000－0801－0006155　史114.34/25－1
東觀漢記二十四卷　（漢）劉珍等撰　清末掃
葉山房刻本　二册

220000－0801－0006156　史114.34/27
後漢書一百二十卷考證一百二十卷　（南朝
宋）范曄撰　清同治十年（1871）成都書局刻
本　二十八册

220000－0801－0006157　史114.34/28
後漢書一百三十卷　（南朝宋）范曄撰　清同
治八年（1869）金陵書局刻本　十六册

220000－0801－0006158　史114.34/28－1
後漢書一百三十卷　（南朝宋）范曄撰　清同
治八年（1869）金陵書局刻本　十六册

220000－0801－0006159　史114.36/2
三國志六十五卷　（晉）陳壽撰　（南朝宋）裴
松之註　清光緒十三年（1887）江南書局刻本
八册

220000－0801－0006160　史114.36/2－1
三國志六十五卷　（晉）陳壽撰　（南朝宋）裴
松之註　清光緒十三年（1887）江南書局刻本
八册

220000 - 0801 - 0006161　史 114.36/2 - 2

三國志六十五卷　（晉）陳壽撰　（南朝宋）裴
松之註　清光緒十三年(1887)江南書局刻本
八冊

220000 - 0801 - 0006162　史 114.36/3

三國志六十五卷　（晉）陳壽撰　（南朝宋）裴
松之註　清同治十年(1871)成都書局刻本
十四冊

220000 - 0801 - 0006163　史 114.36/3 - 1

三國志六十五卷　（晉）陳壽撰　（南朝宋）裴
松之註　清同治十年(1871)成都書局刻本
十四冊

220000 - 0801 - 0006164　史 114.36/3 - 2

三國志六十五卷　（晉）陳壽撰　（南朝宋）裴
松之註　清同治十年(1871)成都書局刻本
十四冊

220000 - 0801 - 0006165　史 114.36/5

三國志六十五卷　（晉）陳壽撰　（南朝宋）裴
松之註　清同治六年(1867)金陵書局活字印
本　二十冊

220000 - 0801 - 0006166　史 114.36/6

三國志六十五卷　（晉）陳壽撰　（南朝宋）裴
松之註　清同治六年(1867)金陵書局活字印
本　二十冊

220000 - 0801 - 0006167　史 114.36/6 - 1

三國志六十五卷　（晉）陳壽撰　（南朝宋）裴
松之註　清同治六年(1867)金陵書局活字印
本　二十冊

220000 - 0801 - 0006168　史 114.36/7

三國志六十五卷　（晉）陳壽撰　（南朝宋）裴
松之註　清光緒十四年(1888)上海圖書集成
印書局鉛印本　八冊

220000 - 0801 - 0006169　史 114.36/9

三國志六十五卷　（晉）陳壽撰　（南朝宋）裴
松之註　清光緒三十一年(1905)武林竹簡齋
石印本　四冊

220000 - 0801 - 0006170　史 114.36/11

三國志六十五卷　（晉）陳壽撰　（南朝宋）裴
松之註　清光緒十三年(1887)江南書局刻本
八冊

220000 - 0801 - 0006171　史 114.36/11 - 1

三國志六十五卷　（晉）陳壽撰　（南朝宋）裴
松之註　清光緒十三年(1887)江南書局刻本
八冊

220000 - 0801 - 0006172　史 114.36/11 - 2

三國志六十五卷　（晉）陳壽撰　（南朝宋）裴
松之註　清光緒十三年(1887)江南書局刻本
八冊

220000 - 0801 - 0006173　史 114.36/12

三國志六十五卷　（晉）陳壽撰　清同治九年
(1870)金陵書局刻本　八冊

220000 - 0801 - 0006174　史 114.36/12 - 1

三國志六十五卷　（晉）陳壽撰　清同治九年
(1870)金陵書局刻本　八冊

220000 - 0801 - 0006175　史 114.36/12 - 2

三國志六十五卷　（晉）陳壽撰　清同治九年
(1870)金陵書局刻本　八冊

220000 - 0801 - 0006176　史 114.36/14

三國志六十五卷　（晉）陳壽撰　（南朝宋）裴
松之註　清光緒二十八年(1902)鉛印本
二冊

220000 - 0801 - 0006177　史 114.36/14 - 1

三國志六十五卷　（晉）陳壽撰　（南朝宋）裴
松之註　清光緒二十八年(1902)鉛印本　一
冊　缺三十卷(魏志一至三十)

220000 - 0801 - 0006178　史 114.37/2

晉書一百三十卷　（唐）房玄齡等撰　清同治
十年(1871)金陵書局刻本　二十冊

220000 - 0801 - 0006179　史 114.37/2 - 1

晉書一百三十卷　（唐）房玄齡等撰　清同治
十年(1871)金陵書局刻本　二十冊

220000 - 0801 - 0006180　史 114.39/1

南北史補志十四卷　（清）汪士鐸撰　清光緒
四年(1878)淮南書局刻本　八冊

220000 – 0801 – 0006181　史 114.39/1 – 1
南北史補志十四卷　（清）汪士鐸撰　清光緒
四年（1878）淮南書局刻本　六冊

220000 – 0801 – 0006182　史 114.39/1 – 2
南北史補志十四卷　（清）汪士鐸撰　清光緒
四年（1878）淮南書局刻本　六冊

220000 – 0801 – 0006183　史 114.39/2
魏書一百十四卷　（北齊）魏收撰　清光緒三
十三年（1907）上海集成圖書公司石印本　十
六冊

220000 – 0801 – 0006184　史 114.39/3
南史八十卷　（唐）李延壽撰　清光緒二十八
年（1902）武林竹簡齋石印本　六冊

220000 – 0801 – 0006185　史 114.39/4
南史八十卷　（唐）李延壽撰　清同治十一年
（1872）金陵書局刻本　十二冊

220000 – 0801 – 0006186　史 114.39/5
北史一百卷　（唐）李延壽撰　清同治十一年
（1872）金陵書局刻本　二十四冊

220000 – 0801 – 0006187　史 114.39/5 – 1
北史一百卷　（唐）李延壽撰　清同治十一年
（1872）金陵書局刻本　二十冊

220000 – 0801 – 0006188　史 114.39/8
宋書一百卷　（南朝梁）沈約撰　清同治十一
年（1872）金陵書局刻本　十六冊

220000 – 0801 – 0006189　史 114.39/8 – 1
宋書一百卷　（南朝梁）沈約撰　清同治十一
年（1872）金陵書局刻本　十六冊

220000 – 0801 – 0006190　史 114.39/9
南齊書五十九卷　（南朝梁）蕭子顯撰　清同
治十三年（1874）金陵書局刻本　六冊

220000 – 0801 – 0006191　史 114.39/9 – 1
南齊書五十九卷　（南朝梁）蕭子顯撰　清同
治十三年（1874）金陵書局刻本　六冊

220000 – 0801 – 0006192　史 114.39/11
梁書五十六卷　（唐）姚思廉撰　清同治十三
年（1874）金陵書局刻本　六冊

220000 – 0801 – 0006193　史 114.39/12
陳書三十六卷　（唐）姚思廉撰　清光緒十四
年（1888）上海圖書集成印書局鉛印本　四冊

220000 – 0801 – 0006194　史 114.39/13
陳書三十六卷　（唐）姚思廉撰　清同治十一
年（1872）金陵書局刻本　四冊

220000 – 0801 – 0006195　史 114.39/15
魏書一百十四卷　（北齊）魏收撰　清同治十
一年（1872）金陵書局刻本　五冊

220000 – 0801 – 0006196　史 114.39/16
魏書一百三十卷　（北齊）魏收撰　清同治十
一年（1872）金陵書局刻本　二十冊

220000 – 0801 – 0006197　史 114.39/20
北齊書五十卷　（唐）李百藥撰　清同治十三
年（1874）金陵書局刻本　四冊

220000 – 0801 – 0006198　史 114.39/20 – 1
北齊書五十卷　（唐）李百藥撰　清同治十三
年（1874）金陵書局刻本　四冊

220000 – 0801 – 0006199　史 114.39/20 – 2
北齊書五十卷　（唐）李百藥撰　清同治十三
年（1874）金陵書局刻本　四冊

220000 – 0801 – 0006200　史 114.39/23
周書五十卷　（唐）令狐德棻撰　清同治八年
（1869）嶺南葄古堂刻本　八冊

220000 – 0801 – 0006201　史 114.39/24
周書五十卷　（唐）令狐德棻撰　清同治十三
年（1874）金陵書局刻本　四冊

220000 – 0801 – 0006202　史 114.41/1
隋書八十五卷　（唐）魏徵等撰　清同治十年
（1871）淮南書局刻本　十六冊

220000 – 0801 – 0006203　史 114.41/3
隋書八十五卷　（唐）魏徵等撰　清光緒二十
八年（1902）武林竹簡齋石印本　六冊

220000 – 0801 – 0006204　史 114.42/2
續唐書七十卷　（清）陳鱣撰　清光緒二十一
年（1895）廣雅書局刻本　六冊

220000 – 0801 – 0006205　史 114.42/3

舊唐書二百十四卷　（五代）劉昫等撰　清同治十一年(1872)浙江書局刻本　四十八冊

220000 – 0801 – 0006206　史 114.42/3 – 1

舊唐書二百十四卷　（五代）劉昫等撰　清同治十一年(1872)浙江書局刻本　四十冊

220000 – 0801 – 0006207　史 114.42/4

舊唐書校勘記六十六卷附舊唐書逸文十二卷　（清）岑建功編校　清同治十一年(1872)刻本　三十二冊

220000 – 0801 – 0006208　史 114.42/5

新舊唐書合鈔二百六十卷首一卷　（清）沈炳震編　清同治十年(1871)武林吳氏清來堂補刻本　八十冊

220000 – 0801 – 0006209　史 114.43/1

五代史七十四卷附考證　（宋）歐陽修撰（宋）徐無黨註　清光緒元年(1875)成都書局刻本　八冊

220000 – 0801 – 0006210　史 114.43/2

五代史記七十四卷　（宋）歐陽修撰　（宋）徐無黨註　清道光八年(1828)刻本　三十二冊

220000 – 0801 – 0006211　史 114.43/4

五代史七十四卷　（宋）歐陽修撰　（宋）徐無黨註　清同治十一年(1872)湖北崇文書局刻本　二冊

220000 – 0801 – 0006212　史 114.43/6

舊五代史一百五十卷　（宋）薛居正等撰　清同治十一年(1872)湖北崇文書局刻本　十六冊

220000 – 0801 – 0006213　史 114.43/6 – 1

舊五代史一百五十卷　（宋）薛居正等撰　清同治十一年(1872)湖北崇文書局刻本　十冊

220000 – 0801 – 0006214　史 114.43/7

南漢書十八卷附南漢書文字略二卷南漢書考十六卷南漢書叢錄二卷　（清）梁廷枏輯　清道光九年(1829)刻本　八冊

220000 – 0801 – 0006215　史 114.44/1

宋史四百九十六卷　（元）脫脫撰　清光緒刻本　一百冊

220000 – 0801 – 0006216　史 114.44/2

南宋書六十八卷　（明）錢士升撰　清嘉慶二年(1797)掃葉山房刻本　十二冊

220000 – 0801 – 0006217　史 114.44/2 – 1

南宋書六十八卷　（明）錢士升撰　清嘉慶二年(1797)掃葉山房刻本　十冊

220000 – 0801 – 0006218　史 114.46/1

遼史一百五十卷　（元）脫脫等撰　清道光四年(1824)刻本　二十冊

220000 – 0801 – 0006219　史 114.46/1 – 1

遼史一百五十卷　（元）脫脫等撰　清道光四年(1824)刻本　三十二冊

220000 – 0801 – 0006220　史 114.46/2

遼史一百十五卷　（元）脫脫等撰　清刻本　十二冊

220000 – 0801 – 0006221　史 114.46/3

遼史一百十五卷　（元）脫脫等撰　清同治十二年(1873)江蘇書局刻本　十二冊

220000 – 0801 – 0006222　史 114.46/3 – 1

遼史一百十五卷　（元）脫脫等撰　清同治十二年(1873)江蘇書局刻本　十二冊

220000 – 0801 – 0006223　史 114.46/3 – 2

遼史一百十五卷　（元）脫脫等撰　清同治十二年(1873)江蘇書局刻本　十二冊

220000 – 0801 – 0006224　史 114.46/4

金史一百三十五卷　（元）脫脫等撰　清道光四年(1824)刻本　四十冊

220000 – 0801 – 0006225　史 114.46/4 – 1

金史一百三十五卷　（元）脫脫等撰　清道光四年(1824)刻本　五十二冊

220000 – 0801 – 0006226　史 114.46/5

金史一百三十五卷　（元）脫脫等撰　清同治十三年(1874)江蘇書局刻本　二十冊

220000 – 0801 – 0006227　史 114.46/6

金史詳校十卷史論五答一卷 （清）施國祁撰
清光緒六年(1880)會稽章氏刻本　六冊

220000－0801－0006228　史 114.46/6－1
金史詳校十卷史論五答一卷 （清）施國祁撰
清光緒六年(1880)會稽章氏刻本　十冊

220000－0801－0006229　史 114.46/6－2
金史詳校十卷史論五答一卷 （清）施國祁撰
清光緒六年(1880)會稽章氏刻本　十冊

220000－0801－0006230　史 114.46/6－3
金史詳校十卷史論五答一卷 （清）施國祁撰
清光緒六年(1880)會稽章氏刻本　十冊

220000－0801－0006231　史 114.46/7
金源劄記二卷又劄一卷史論五答一卷吉貝居
暇唱一卷 （清）施國祁撰　清嘉慶二十一年
(1816)吉貝居刻本　一冊

220000－0801－0006232　史 114.46/8
遼史拾遺二十四卷 （清）厲鶚撰　清光緒元
年(1875)江蘇書局刻本　八冊

220000－0801－0006233　史 114.46/8－1
遼史拾遺二十四卷 （清）厲鶚撰　清光緒元
年(1875)江蘇書局刻本　八冊

220000－0801－0006234　史 114.46/8－2
遼史拾遺二十四卷 （清）厲鶚撰　清光緒元
年(1875)江蘇書局刻本　八冊

220000－0801－0006235　史 114.46/8－3
遼史拾遺二十四卷 （清）厲鶚撰　清光緒元
年(1875)江蘇書局刻本　八冊

220000－0801－0006236　史 114.46/8－4
遼史拾遺二十四卷 （清）厲鶚撰　清光緒元
年(1875)江蘇書局刻本　二冊

220000－0801－0006237　史 114.46/8－5
遼史拾遺二十四卷 （清）厲鶚撰　清光緒元
年(1875)江蘇書局刻本　八冊

220000－0801－0006238　史 114.46/8－6
遼史拾遺二十四卷 （清）厲鶚撰　清光緒元
年(1875)江蘇書局刻本　八冊

220000－0801－0006239　史 114.46/8－7
遼史拾遺二十四卷 （清）厲鶚撰　清光緒元
年(1875)江蘇書局刻本　八冊

220000－0801－0006240　史 114.46/9
遼史拾遺補五卷 （清）楊復吉撰　清光緒三
年(1877)江蘇書局刻本　二冊

220000－0801－0006241　史 114.46/9－1
遼史拾遺補五卷 （清）楊復吉撰　清光緒三
年(1877)江蘇書局刻本　二冊

220000－0801－0006242　史 114.46/9－2
遼史拾遺補五卷 （清）楊復吉撰　清光緒三
年(1877)江蘇書局刻本　一冊

220000－0801－0006243　史 114.46/9－3
遼史拾遺補五卷 （清）楊復吉撰　清光緒三
年(1877)江蘇書局刻本　二冊

220000－0801－0006244　史 114.46/10
遼史拾遺補五卷 （清）楊復吉撰　清道光汪
氏刻本　二冊

220000－0801－0006245　史 114.47/1
元史二百十卷 （明）宋濂等撰　清道光四年
(1824)刻本　六十冊

220000－0801－0006246　史 114.47/2
元史二百十卷 （明）宋濂等撰　清同治十三
年(1874)江蘇書局刻本　四十冊

220000－0801－0006247　史 114.47/6
元史新編九十五卷 （清）魏源撰　清光緒三
十一年(1905)邵陽慎微堂刻本　三十二冊

220000－0801－0006248　史 114.47/7
元書一百二卷 曾廉撰　清宣統三年(1911)
刻本　二十冊

220000－0801－0006249　史 114.47/7－1
元書一百二卷 曾廉撰　清宣統三年(1911)
刻本　二十冊

220000－0801－0006250　史 114.48/3
紀載彙編十卷 （清）□□輯　清光緒四年
(1878)申報館刻本　二冊

220000－0801－0006251　史 114.48/4

明史稿三百十卷 （清）王鴻緒撰　清敬慎堂刻本　六十四冊

220000－0801－0006252　史 116/1

帝王世紀纂要四卷 （清）遊昌灼輯　清嘉慶十七年(1812)刻本　四冊

220000－0801－0006253　史 116/3

釣磯立談不分卷 （宋）史虛白撰　清宣統三年(1911)國學扶輪社鉛印本　一冊

220000－0801－0006254　史 116/3－1

釣磯立談不分卷 （宋）史虛白撰　清宣統三年(1911)國學扶輪社鉛印本　一冊

220000－0801－0006255　史 117.21/1

路史前紀九卷後紀十三卷餘論十卷發揮六卷國名紀八卷 （宋）羅泌撰　清光緒刻本　十二冊

220000－0801－0006256　史 117.21/2

路史前紀九卷後紀十三卷餘論十卷發揮六卷國名紀七卷 （宋）羅泌撰　清光緒二年(1876)紅杏山房刻本　十六冊　缺一卷(國名紀一、國名紀二殘)

220000－0801－0006257　史 117.21/2－1

路史前紀九卷後紀十三卷餘論十卷發揮六卷國名紀七卷 （宋）羅泌撰　清光緒二年(1876)紅杏山房刻本　十六冊

220000－0801－0006258　史 117.21/2－2

路史前紀九卷後紀十三卷餘論十卷發揮六卷國名紀七卷 （宋）羅泌撰　清光緒二年(1876)紅杏山房刻本　八冊　存十五卷(後紀五至八、發揮一至四、國名紀七卷)

220000－0801－0006259　史 117.21/3

路史前紀九卷後紀十四卷餘論十卷發揮六卷國名紀八卷 （宋）羅泌輯　清嘉慶六年(1801)酉山堂刻本　十六冊

220000－0801－0006260　史 117.21/3－1

路史前紀九卷後紀十四卷餘論十卷發揮六卷國名紀八卷 （宋）羅泌輯　清嘉慶六年(1801)酉山堂刻本　十六冊

220000－0801－0006261　史 117.21/3－2

路史前紀九卷後紀十四卷餘論十卷發揮六卷國名紀八卷 （宋）羅泌輯　清嘉慶六年(1801)酉山堂刻本　十八冊

220000－0801－0006262　史 117.21/4

路史前紀二卷後紀四卷國名紀四卷發揮三卷餘論三卷 （宋）羅泌撰　清光緒二十年(1894)石印本　六冊

220000－0801－0006263　史 117.21/4－1

路史前紀二卷後紀四卷國名紀四卷發揮三卷餘論三卷 （宋）羅泌撰　清光緒二十年(1894)石印本　五冊

220000－0801－0006264　史 117.21/4－2

路史前紀二卷後紀四卷國名紀四卷發揮三卷餘論三卷 （宋）羅泌撰　清光緒二十年(1894)石印本　一冊　存四卷(後紀四卷)

220000－0801－0006265　史 117.21/5

路史節讀十卷 （宋）羅泌撰　（清）廖文錦節訂　清光緒二十七年(1901)刻本　四冊

220000－0801－0006266　史 117.24/4

王會篇箋釋三卷 （清）何秋濤撰　清光緒十七年(1891)江蘇書局刻本　三冊

220000－0801－0006267　史 117.24/4－1

王會篇箋釋三卷 （清）何秋濤撰　清光緒十七年(1891)江蘇書局刻本　三冊

220000－0801－0006268　史 117.24/6

逸周書集訓校釋十一卷 （清）朱右曾撰　清光緒三年(1877)湖北崇文書局刻本　二冊

220000－0801－0006269　史 117.24/7

逸周書十卷 （晉）孔晁註　清刻本　二冊

220000－0801－0006270　史 117.24/8

汲冢周書十卷 （晉）孔晁註　清末刻本　一冊

220000－0801－0006271　史 117.34/1

後漢書補逸二十一卷 （清）姚之駰撰　清刻本　四冊

220000－0801－0006272　史117.39/2

西魏書二十四卷　（清）謝啓昆撰　清光緒九年(1883)樹經堂刻本　六冊

220000－0801－0006273　史117.39/3

晉略六十六卷　（清）周濟撰　清道光十九年(1839)刻本　十冊

220000－0801－0006274　史117.39/3－1

晉略六十六卷　（清）周濟撰　清道光十九年(1839)刻本　十冊

220000－0801－0006275　史117.39/4

晉略六十六卷　（清）周濟撰　清光緒二年(1876)刻本　十冊

220000－0801－0006276　史117.39/4－1

晉略六十六卷　（清）周濟撰　清光緒二年(1876)刻本　十冊

220000－0801－0006277　史117.39/4－2

晉略六十六卷　（清）周濟撰　清光緒二年(1876)刻本　十冊

220000－0801－0006278　史117.39/4－3

晉略六十六卷　（清）周濟撰　清光緒二年(1876)刻本　十冊

220000－0801－0006279　史117.43/1

南漢紀五卷　（清）吳蘭修撰　清道光三十年(1850)南海伍氏粵雅堂刻本　一冊

220000－0801－0006280　史117.44/1

宋史翼四十卷　（清）陸心源輯　清光緒三十二年(1906)刻朱印本　十冊

220000－0801－0006281　史117.44/4

東都事略一百三十卷　（宋）王偁撰　清嘉慶三年(1798)掃葉山房刻本　十四冊

220000－0801－0006282　史117.46/1

大金國志四十卷　（宋）宇文懋昭撰　清嘉慶二年(1797)掃葉山房刻本　六冊

220000－0801－0006283　史117.46/1－1

大金國志四十卷　（宋）宇文懋昭撰　清嘉慶二年(1797)掃葉山房刻本　四冊

220000－0801－0006284　史117.46/1－2

大金國志四十卷　（宋）宇文懋昭撰　清嘉慶二年(1797)掃葉山房刻本　四冊

220000－0801－0006285　史117.46/1－3

大金國志四十卷　（宋）宇文懋昭撰　清嘉慶二年(1797)掃葉山房刻本　四冊

220000－0801－0006286　史117.48/1

潛庵先生擬明史稿二十卷　（清）湯斌撰（清）田蘭芳評　清同治刻本　十四冊

220000－0801－0006287　史117.48/1－1

潛庵先生擬明史稿二十卷　（清）湯斌撰（清）田蘭芳評　清同治刻本　十六冊

220000－0801－0006288　史117.48/2

明書一百七十一卷　（清）傅維鱗撰　清光緒五年(1879)刻本　三十冊　缺五十二卷(一百二十至一百七十一)

220000－0801－0006289　史117.48/4

明史擬稿六卷　（清）尤侗撰　清刻本　二冊

220000－0801－0006290　史118/1

歷代紀年便覽一卷附錄一卷　（清）陳鍾珂輯　清道光元年(1821)觀生閣刻本　一冊

220000－0801－0006291　史118/2

歷代年號記略一卷附錄一卷　（清）□□撰　清初刻本　一冊

220000－0801－0006292　史118/3

歷代帝王世系圖一卷　（清）□□撰　清宣統二年(1910)陸軍部刷印處石印本　一冊

220000－0801－0006293　史118/4

紀元通考十二卷　（清）葉維庚撰　清道光八年(1828)刻本　八冊

220000－0801－0006294　史118/5

歷代政要表二卷　（清）胡子清編輯　清光緒二十九年(1903)長沙刻本　二冊

220000－0801－0006295　史118/6

歷代帝王年表一卷紀元同異考略一卷　黃大華編　清光緒二十七年(1901)刻本　一冊

220000 - 0801 - 0006296　史 118/8

歷代帝王年表十四卷　(清)齊召南編　(清)阮福續編　帝王廟謚年諱譜一卷　(清)陸費墀撰　清道光四年(1824)小琅嬛僊館刻本　一冊

220000 - 0801 - 0006297　史 118/8 - 1

歷代帝王年表十四卷　(清)齊召南編　(清)阮福續編　帝王廟謚年諱譜一卷　(清)陸費墀撰　清道光四年(1824)小琅嬛僊館刻本　二冊

220000 - 0801 - 0006298　史 118/8 - 2

歷代帝王年表十四卷　(清)齊召南編　(清)阮福續編　帝王廟謚年諱譜一卷　(清)陸費墀撰　清道光四年(1824)小琅嬛僊館刻本　四冊

220000 - 0801 - 0006299　史 118/8 - 3

歷代帝王年表十四卷　(清)齊召南編　(清)阮福續編　帝王廟謚年諱譜一卷　(清)陸費墀撰　清道光四年(1824)小琅嬛僊館刻本　三冊　缺一卷(帝王廟謚年諱譜一卷)

220000 - 0801 - 0006300　史 118/11

紀元通攷十二卷　(清)葉維庚撰　清同治十年(1871)刻本　四冊

220000 - 0801 - 0006301　史 118/15

逆臣傳四卷　(清)國史館編　清刻本　二冊　存二卷(三至四)

220000 - 0801 - 0006302　史 118.25/2

吳越春秋十卷　(漢)趙曄撰　清光緒三十二年(1906)影印本　一冊　存六卷(一至六)

220000 - 0801 - 0006303　史 118.37/1

晉五胡指掌二卷　(明)張玄羽撰　清末刻本　一冊

220000 - 0801 - 0006304　史 118.37/2

晉史乘一卷　(□)□□撰　清順治三年(1646)刻本　一冊

220000 - 0801 - 0006305　史 118.38/1

十六國春秋一百卷　(北魏)崔鴻撰　清光緒

十二年(1886)湖北官書處刻本　十二冊

220000 - 0801 - 0006306　史 118.38/1 - 1

十六國春秋一百卷　(北魏)崔鴻撰　清光緒十二年(1886)湖北官書處刻本　十二冊

220000 - 0801 - 0006307　史 118.38/1 - 2

十六國春秋一百卷　(北魏)崔鴻撰　清光緒十二年(1886)湖北官書處刻本　十二冊

220000 - 0801 - 0006308　史 118.42/3

蠻書十卷　(唐)樊綽撰　清光緒二十年(1894)刻本　一冊

220000 - 0801 - 0006309　史 118.42/3 - 1

蠻書十卷　(唐)樊綽撰　清光緒二十年(1894)刻本　一冊

220000 - 0801 - 0006310　史 118.43/1

南唐書三十卷　(宋)馬令編　清嘉慶十八年(1813)嘯園沈氏活字印本　二冊

220000 - 0801 - 0006311　史 118.43/6

南唐書十八卷音釋一卷　(宋)陸游撰　(元)戚光音釋　清嘉慶十五年(1810)種石山房刻本　二冊

220000 - 0801 - 0006312　史 118.43/9

吳越備史四卷補遺一卷雜考一卷　(宋)范坰　(宋)林禹撰　清光緒二十一年(1895)錢塘丁氏嘉惠堂刻本　四冊

220000 - 0801 - 0006313　史 118.43/9 - 1

吳越備史四卷補遺一卷雜考一卷　(宋)范坰　(宋)林禹撰　清光緒二十一年(1895)錢塘丁氏嘉惠堂刻本　二冊

220000 - 0801 - 0006314　史 118.43/9 - 2

吳越備史四卷補遺一卷雜考一卷　(宋)范坰　(宋)林禹撰　清光緒二十一年(1895)錢塘丁氏嘉惠堂刻本　二冊

220000 - 0801 - 0006315　史 118.43/10

九國志十二卷　(宋)路振撰　拾遺一卷(清)錢熙祚輯　清道光二十四年(1844)刻本　一冊

220000 - 0801 - 0006316　史 118.48/1

明朝國初事蹟一卷 （明）劉辰撰 （清）胡鳳丹校 清同治八年（1869）退補齋刻本 一冊

220000－0801－0006317 史119/5

庚辛之際月表 王延釗撰 清光緒三十三年（1907）京華印書局鉛印本 一冊

220000－0801－0006318 史119/8

三國紀年表一卷 （清）周嘉猷撰 清光緒十七年（1891）廣雅書局刻本 一冊

220000－0801－0006319 史119/9

後漢書補表八卷 （清）錢大昭撰 清末刻本 六冊

220000－0801－0006320 史119/9－1

後漢書補表八卷 （清）錢大昭撰 清末刻本 二冊 缺二卷（七至八）

220000－0801－0006321 史119/11

五代紀年表一卷 （清）周嘉猷撰 清光緒十七年（1891）廣雅書局刻本 一冊

220000－0801－0006322 史119/16

元史氏族表三卷 （清）錢大昕撰 清嘉慶十一年（1806）江蘇書局刻本 二冊

220000－0801－0006323 史119/16－1

元史氏族表三卷 （清）錢大昕撰 清嘉慶十一年（1806）江蘇書局刻本 二冊

220000－0801－0006324 史119/18

元史氏族表三卷 （清）錢大昕撰 清光緒二十年（1894）廣雅書局刻本 二冊

220000－0801－0006325 史119/20

唐書宰相世系表訂譌十二卷 （清）沈炳震撰 清刻本 六冊

220000－0801－0006326 史119/21

皇朝大事紀年二卷 黃壽袞等撰 清光緒二十八年（1902）石印本 一冊

220000－0801－0006327 史119/26

後漢郡國令長攷一卷 （清）錢大昭撰 清光緒十七年（1891）廣雅書局刻本 一冊

220000－0801－0006328 史119/27

後漢書補表八卷 （清）錢大昭撰 清光緒十七年（1891）廣雅書局刻本 三冊

220000－0801－0006329 史119/28

紀元編三卷 （清）李兆洛撰 （清）六承如集錄 清光緒十四年（1888）上海蜚英館石印本 三冊

220000－0801－0006330 史119/28－1

紀元編三卷 （清）李兆洛撰 （清）六承如集錄 清光緒十四年（1888）上海蜚英館石印本 一冊

220000－0801－0006331 史119/30

紀元編三卷 （清）李兆洛撰 清咸豐二年（1852）刻本 三冊

220000－0801－0006332 史119/31

後漢郡國令長攷一卷 （清）錢大昭撰 清光緒十七年（1891）刻本 一冊

220000－0801－0006333 史119/32

紀元編三卷 （清）李兆洛撰 （清）六承如集錄 清末刻本 三冊

220000－0801－0006334 史119/32－1

紀元編三卷 （清）李兆洛撰 （清）六承如集錄 清末刻本 三冊

220000－0801－0006335 史119/32－2

紀元編三卷 （清）李兆洛撰 （清）六承如集錄 清末刻本 一冊

220000－0801－0006336 史119/41

漢書人表攷九卷 （清）梁玉繩撰 清光緒十四年（1888）廣雅書局刻本 四冊

220000－0801－0006337 史119/41－1

漢書人表攷九卷 （清）梁玉繩撰 清光緒十四年（1888）廣雅書局刻本 四冊

220000－0801－0006338 史119/43

南北史表一卷南北史世系表五卷南北史帝王世系表一卷 （清）周嘉猷撰 清光緒十八年（1892）廣雅書局刻本 四冊

220000－0801－0006339 史119/43－1

南北史表一卷南北史世系表五卷南北史帝王

世系表一卷　（清）周嘉猷撰　清光緒十八年
(1892)廣雅書局刻本　三冊　缺一卷(南北
史帝王世系表一卷)

220000－0801－0006340　史119/43－2
南北史表一卷南北史世系表五卷南北史帝王
世系表一卷　（清）周嘉猷撰　清光緒十八年
(1892)廣雅書局刻本　四冊

220000－0801－0006341　史119/43－3
南北史表一卷南北史世系表五卷南北史帝王
世系表一卷　（清）周嘉猷撰　清光緒十八年
(1892)廣雅書局刻本　五冊

220000－0801－0006342　史119/45
廿一史四譜五十四卷　（清）沈炳震撰　清同
治十年(1871)武林吳氏清來堂刻本　十六冊

220000－0801－0006343　史119/45－1
廿一史四譜五十四卷　（清）沈炳震撰　清同
治十年(1871)武林吳氏清來堂刻本　十六冊

220000－0801－0006344　史119/45－2
廿一史四譜五十四卷　（清）沈炳震撰　清同
治十年(1871)武林吳氏清來堂刻本　十六冊

220000－0801－0006345　史119/45－3
廿一史四譜五十四卷　（清）沈炳震撰　清同
治十年(1871)武林吳氏清來堂刻本　十六冊

220000－0801－0006346　史119/45－4
廿一史四譜五十四卷　（清）沈炳震撰　清同
治十年(1871)武林吳氏清來堂刻本　十六冊

220000－0801－0006347　史119/48
史鑑年表彙編十四卷　（清）蕭承篛輯　清光
緒十年(1884)養雲書屋刻本　八冊

220000－0801－0006348　史119/49
四裔編年表四卷　（清）李鳳苞彙編　（美國）
林樂知　嚴良勳譯　清光緒二十三年(1897)
石印本　四冊

220000－0801－0006349　史119/49－1
四裔編年表四卷　（清）李鳳苞彙編　（美國）
林樂知　嚴良勳譯　清光緒二十三年(1897)
石印本　一冊

220000－0801－0006350　史119/49－2
四裔編年表四卷　（清）李鳳苞彙編　（美國）
林樂知　嚴良勳譯　清光緒二十三年(1897)
石印本　一冊

220000－0801－0006351　史119/50
四裔編年表四卷　（清）李鳳苞彙編　（美國）
林樂知　嚴良勳譯　清末刻本　四冊

220000－0801－0006352　史119/50－1
四裔編年表四卷　（清）李鳳苞彙編　（美國）
林樂知　嚴良勳譯　清末刻本　四冊

220000－0801－0006353　史119/50－2
四裔編年表四卷　（清）李鳳苞彙編　（美國）
林樂知　嚴良勳譯　清末刻本　四冊

220000－0801－0006354　史119/53
重建昭忠祠爵秩姓名錄六卷首一卷　（清）鹿
傳霖輯　清光緒三十四年(1908)刻本　六冊

220000－0801－0006355　史119/54
甲子紀元集成九卷　（清）吳晉德等編　清道
光十四年(1834)刻本　五冊

220000－0801－0006356　史119/55
甲子紀年表不分卷　（清）徐壽基編　清光緒
十二年(1886)刻本　一冊

220000－0801－0006357　史119/56
歷代甲子紀元表一卷　（清）董醇輯　清咸豐
五年(1855)東阜書堂刻本　二冊

220000－0801－0006358　史119/59
歷代統系錄六卷　（清）黃本驥編　清光緒二
十八年(1902)上海鴻寶齋石印本　二冊

220000－0801－0006359　史119/60
歷代統系錄六卷　（清）黃本驥編　清道光二
十八年(1848)穀詒堂刻本　二冊

220000－0801－0006360　史119/61
歷代治權分合系統表　（清）吳寶忠編　清光
緒三十四年(1908)上海石印本　一冊

220000－0801－0006361　史119/61－1
歷代治權分合系統表　（清）吳寶忠編　清光
緒三十四年(1908)上海石印本　一冊

220000－0801－0006362　史 119/61－2

歷代治權分合系統表　（清）吳寶忠編　清光緒三十四年(1908)上海石印本　一冊

220000－0801－0006363　史 119/63

中外紀年通表　（清）齊召南編　清光緒二十三年(1897)上海著易堂石印本　八冊

220000－0801－0006364　史 119/64

五洲事類匯表五十四卷　（清）趙士元　（清）孔昭緩編輯　清光緒二十九年(1903)上海仁記書局石印本　二十冊

220000－0801－0006365　史 119/66

紀元編三卷末一卷　（清）李兆洛撰　（清）六承如集錄　清同治十年(1871)合肥李氏刻本　三冊

220000－0801－0006366　史 119/66－1

紀元編三卷末一卷　（清）李兆洛撰　（清）六承如集錄　清同治十年(1871)合肥李氏刻本　二冊　存三卷(中至下、末一卷)

220000－0801－0006367　史 119/71

紀元編三卷末一卷　（清）李兆洛撰　清咸豐五年(1855)刻本　三冊

220000－0801－0006368　史 119/72

歷代帝王年表三卷　（清）齊召南撰　清光緒二十九年(1903)知不足齋刻本　三冊

220000－0801－0006369　史 119/75

廿一史四譜五十四卷　（清）沈炳震撰　清光緒二十二年(1896)廣雅書局刻本　十五冊

220000－0801－0006370　史 122/1

資治通鑑二百九十四卷　（宋）司馬光編集　**續資治通鑑二百二十卷**　（清）畢沅編集　清光緒十六年(1890)上海積山書局石印本　四十冊

220000－0801－0006371　史 122/1－1

資治通鑑二百九十四卷　（宋）司馬光編集　**續資治通鑑二百二十卷**　（清）畢沅編集　清光緒十六年(1890)上海積山書局石印本　五十二冊

220000－0801－0006372　史 122/4

資治通鑑二百九十四卷附通鑑釋文辯誤十二卷　（宋）司馬光編　（元）胡三省音註　清同治八年(1869)刻本　一百冊

220000－0801－0006373　史 122/4－1

資治通鑑二百九十四卷附通鑑釋文辯誤十二卷　（宋）司馬光編　（元）胡三省音註　清同治八年(1869)刻本　一百冊

220000－0801－0006374　史 122/4－2

資治通鑑二百九十四卷附通鑑釋文辯誤十二卷　（宋）司馬光編　（元）胡三省音註　清同治八年(1869)刻本　一百冊

220000－0801－0006375　史 122/4－3

資治通鑑二百九十四卷附通鑑釋文辯誤十二卷　（宋）司馬光編　（元）胡三省音註　清同治八年(1869)刻本　一百冊

220000－0801－0006376　史 122/5

資治通鑑二百九十四卷附通鑑釋文辯誤十二卷　（宋）司馬光撰　（元）胡三省音註　清同治十年(1871)湖北崇文書局刻本　一百四冊

220000－0801－0006377　史 122/6

資治通鑑二百九十四卷目錄三十卷附通鑑釋文辯誤十二卷外紀十卷外紀目錄五卷　（宋）司馬光編　（元）胡三省音註　清光緒十三年(1887)長沙刻本　一百二十冊

220000－0801－0006378　史 122/7

資治通鑑補二百九十四卷　（明）嚴衍撰　清光緒二年(1876)思補樓活字印本　八十冊

220000－0801－0006379　史 122/7－1

資治通鑑補二百九十四卷　（明）嚴衍撰　清光緒二年(1876)思補樓活字印本　八十冊

220000－0801－0006380　史 122/7－2

資治通鑑補二百九十四卷　（明）嚴衍撰　清光緒二年(1876)思補樓活字印本　八十冊

220000－0801－0006381　史 122/7－3

資治通鑑補二百九十四卷　（明）嚴衍撰　清光緒二年(1876)思補樓活字印本　八十冊

220000 - 0801 - 0006382　史 122/8

資治通鑑目錄三十卷　（宋）司馬光編集　清
同治八年(1869)江蘇書局刻本　十冊

220000 - 0801 - 0006383　史 122/8 - 1

資治通鑑目錄三十卷　（宋）司馬光編集　清
同治八年(1869)江蘇書局刻本　十冊

220000 - 0801 - 0006384　史 122/8 - 2

資治通鑑目錄三十卷　（宋）司馬光編集　清
同治八年(1869)江蘇書局刻本　十二冊

220000 - 0801 - 0006385　史 122/8 - 3

資治通鑑目錄三十卷　（宋）司馬光編集　清
同治八年(1869)江蘇書局刻本　十冊

220000 - 0801 - 0006386　史 122/9

資治通鑑綱目前編二十五卷　（明）南軒撰
（明）陳仁錫評　**正編五十九卷**　（宋）朱熹編
　（明）陳仁錫評　**續編二十七卷**　（明）商輅
等撰　（明）陳仁錫評　清光緒二十九年
(1903)善成堂刻本　一百六十冊

220000 - 0801 - 0006387　史 122/10

資治通鑑二百九十四卷　（宋）司馬光編集
清光緒十四年(1888)上海蜚英館石印本　四
十冊

220000 - 0801 - 0006388　史 122/11

**資治通鑑二百九十四卷附通鑑釋文辯誤十二
卷**　（宋）司馬光編　（元）胡三省音註　清末
鄱陽胡氏刻本　一百冊

220000 - 0801 - 0006389　史 122/15

續資治通鑑二百二十卷　（清）畢沅撰　清嘉
慶六年(1801)德裕堂刻本　六十四冊

220000 - 0801 - 0006390　史 122/15 - 1

續資治通鑑二百二十卷　（清）畢沅撰　清嘉
慶六年(1801)德裕堂刻本　七十二冊

220000 - 0801 - 0006391　史 122/16

續資治通鑑二百二十卷　（清）畢沅編集　清
同治八年(1869)江蘇書局刻本　六十冊

220000 - 0801 - 0006392　史 122/16 - 1

續資治通鑑二百二十卷　（清）畢沅編集　清

同治八年(1869)江蘇書局刻本　六十冊

220000 - 0801 - 0006393　史 122/16 - 2

續資治通鑑二百二十卷　（清）畢沅編集　清
同治八年(1869)江蘇書局刻本　六十冊

220000 - 0801 - 0006394　史 122/16 - 3

續資治通鑑二百二十卷　（清）畢沅編集　清
同治八年(1869)江蘇書局刻本　六十四冊

220000 - 0801 - 0006395　史 122/16 - 4

續資治通鑑二百二十卷　（清）畢沅編集　清
同治八年(1869)江蘇書局刻本　六十冊

220000 - 0801 - 0006396　史 122/17

續資治通鑑長編五百二十卷　（宋）李燾撰
清光緒七年(1881)浙江書局刻本　一百二
十冊

220000 - 0801 - 0006397　史 122/17 - 1

續資治通鑑長編五百二十卷　（宋）李燾撰
清光緒七年(1881)浙江書局刻本　二十四冊

220000 - 0801 - 0006398　史 122/18

歷代通鑑纂要九十二卷　（明）李東陽撰修
清光緒二十三年(1897)廣雅書局刻本　四
十冊

220000 - 0801 - 0006399　史 122/18 - 1

歷代通鑑纂要九十二卷　（明）李東陽撰修
清光緒二十三年(1897)廣雅書局刻本　四十
七冊

220000 - 0801 - 0006400　史 122/20

御批歷代通鑑輯覽一百二十卷　清同治十三
年(1874)兩儀堂刻本　五十六冊

220000 - 0801 - 0006401　史 122/20 - 1

御批歷代通鑑輯覽一百二十卷　清同治十三
年(1874)兩儀堂刻本　四十八冊

220000 - 0801 - 0006402　史 122/20 - 2

御批歷代通鑑輯覽一百二十卷　清同治十三
年(1874)兩儀堂刻本　五十八冊

220000 - 0801 - 0006403　史 122/20 - 3

御批歷代通鑑輯覽一百二十卷　清同治十三
年(1874)兩儀堂刻本　六十冊

220000－0801－0006404　史122/25
資治通鑑外紀十卷目錄五卷　（宋）劉恕撰
（清）胡克家補註　清同治十年（1871）江蘇書
局刻本　十冊

220000－0801－0006405　史122/25－1
資治通鑑外紀十卷目錄五卷　（宋）劉恕撰
（清）胡克家補註　清同治十年（1871）江蘇書
局刻本　十冊

220000－0801－0006406　史122/25－2
資治通鑑外紀十卷目錄五卷　（宋）劉恕撰
（清）胡克家補註　清同治十年（1871）江蘇書
局刻本　十冊

220000－0801－0006407　史122/25－3
資治通鑑外紀十卷目錄五卷　（宋）劉恕撰
（清）胡克家補註　清同治十年（1871）江蘇書
局刻本　十冊

220000－0801－0006408　史122/25－4
資治通鑑外紀十卷目錄五卷　（宋）劉恕撰
（清）胡克家補註　清同治十年（1871）江蘇書
局刻本　六冊　缺五卷（目錄五卷）

220000－0801－0006409　史122/25－5
資治通鑑外紀十卷目錄五卷　（宋）劉恕撰
（清）胡克家補註　清同治十年（1871）江蘇書
局刻本　二冊

220000－0801－0006410　史122/27
御撰資治通鑑綱目三編四十卷　（清）舒赫德
等撰　清光緒十三年（1887）上海點石齋石印
本　二冊　存四卷（一至四）

220000－0801－0006411　史122/28
讀通鑑綱目條記二十卷　（清）李述來撰　清
嘉慶七年（1802）刻本　六冊

220000－0801－0006412　史122/28－1
讀通鑑綱目條記二十卷　（清）李述來撰　清
嘉慶七年（1802）刻本　六冊

220000－0801－0006413　史122/28－2
讀通鑑綱目條記二十卷　（清）李述來撰　清
嘉慶七年（1802）刻本　四冊

220000－0801－0006414　史122/32
尺木堂綱鑑易知錄九十二卷明紀十五卷
（清）吳乘權等輯　清末學庫山房刻本　四十
八冊

220000－0801－0006415　史122/32－1
尺木堂綱鑑易知錄九十二卷明紀十五卷
（清）吳乘權等輯　清末學庫山房刻本　三十
六冊

220000－0801－0006416　史122/33
尺木堂綱鑑易知錄九十二卷明紀十五卷
（清）吳乘權等輯　清光緒二十四年（1898）上
海宏文閣鉛印本　十六冊

220000－0801－0006417　史122/36
尺木堂綱鑑易知錄二十卷明綱目四卷　（清）
吳乘權等輯　清光緒十三年（1887）上海點石
齋石印本　十二冊

220000－0801－0006418　史122/37
尺木堂綱鑑易知錄九十二卷明紀十五卷
（清）吳乘權等輯　清光緒二十九年（1903）商
務印書館鉛印本　十六冊

220000－0801－0006419　史122/39
通鑑綱目分註補遺四卷綱目書法存疑一卷
（清）芮長恤撰　清光緒十六年（1890）溧陽繆
氏小岯山館刻本　四冊

220000－0801－0006420　史122/40
資治通鑑綱目發明五十九卷　（宋）尹起莘撰
　清光緒二年（1876）刻本　六冊

220000－0801－0006421　史122/42
重訂王鳳洲先生綱鑑會纂四十六卷　（明）王
世貞纂　清光緒二十五年（1899）上海萃文齋
石印本　十二冊

220000－0801－0006422　史122/43
袁王加批綱鑑彙纂　（明）袁黃　（明）王世貞
編纂　清末上海掃葉山房石印本　二十四冊

220000－0801－0006423　史122/44
重訂王鳳洲先生綱鑑會纂四十六卷續二十二
卷綱目三編二十卷　（明）王世貞纂　清末金

玉樓刻本　四十八冊

220000－0801－0006424　史122/45
綱鑑正史約三十六卷　（明）顧錫疇撰　（清）陳宏謀增修　清道光十七年(1837)培遠堂刻本　八冊

220000－0801－0006425　史122/46
綱鑑正史約三十六卷　（明）顧錫疇撰　（清）陳宏謀增訂　清同治八年(1869)浙江書局刻本　十二冊

220000－0801－0006426　史122/46－1
綱鑑正史約三十六卷　（明）顧錫疇撰　（清）陳宏謀增訂　清同治八年(1869)浙江書局刻本　二十冊

220000－0801－0006427　史122/47
袁王綱鑑合編三十九卷明紀二十卷　（明）袁黃　（明）王世貞編　清光緒三十年(1904)上海商務印書館鉛印本　十六冊

220000－0801－0006428　史122/48
新刊瑯琊王鳳洲先生編纂古本歷史大方綱鑑補三十九卷明紀綱目三十卷末一卷　（明）王世貞編纂　（清）張廷玉編　清光緒二十八年(1902)刻本　四十冊

220000－0801－0006429　史122/49
袁先生編纂古本歷史大方綱鑑補三十九卷　（明）袁黃編纂　清道光七年(1827)同文堂刻本　二十八冊

220000－0801－0006430　史122/51
竹書紀年二卷　（清）張宗泰校補　清嘉慶二年(1797)石梁學署刻本　一冊

220000－0801－0006431　史122/51－1
竹書紀年二卷　（清）張宗泰校補　清嘉慶二年(1797)石梁學署刻本　一冊

220000－0801－0006432　史122/52
竹書紀年二卷　（清）洪頤煊撰　清嘉慶十一年(1806)平津館刻本　二冊

220000－0801－0006433　史122/53
竹書紀年校正十四卷通考一卷　（南朝梁）沈

約註　（清）郝懿行撰　清光緒五年(1879)東路廳署刻本　二冊

220000－0801－0006434　史122/53－1
竹書紀年校正十四卷通考一卷　（南朝梁）沈約註　（清）郝懿行撰　清光緒五年(1879)東路廳署刻本　二冊

220000－0801－0006435　史122/53－2
竹書紀年校正十四卷通考一卷　（南朝梁）沈約註　（清）郝懿行撰　清光緒五年(1879)東路廳署刻本　二冊

220000－0801－0006436　史122/54
竹書紀年二卷　（清）趙紹祖校補　清古墨齋刻本　二冊

220000－0801－0006437　史122/56
竹書紀年集證五十卷首一卷　（清）陳逢衡撰　清嘉慶十八年(1813)刻本　二十四冊

220000－0801－0006438　史122/56－1
竹書紀年集證五十卷首一卷　（清）陳逢衡撰　清嘉慶十八年(1813)刻本　二十冊

220000－0801－0006439　史122/58
竹書紀年統箋十二卷　（清）徐文靖撰　清光緒三年(1877)浙江書局刻本　四冊

220000－0801－0006440　史122/58－1
竹書紀年統箋十二卷　（清）徐文靖撰　清光緒三年(1877)浙江書局刻本　四冊

220000－0801－0006441　史122/58－2
竹書紀年統箋十二卷　（清）徐文靖撰　清光緒三年(1877)浙江書局刻本　四冊

220000－0801－0006442　史122/58－3
竹書紀年統箋十二卷　（清）徐文靖撰　清光緒三年(1877)浙江書局刻本　四冊

220000－0801－0006443　史122/58－4
竹書紀年統箋十二卷　（清）徐文靖撰　清光緒三年(1877)浙江書局刻本　四冊

220000－0801－0006444　史122/58－5
竹書紀年統箋十二卷　（清）徐文靖撰　清光緒三年(1877)浙江書局刻本　四冊

220000－0801－0006445　史 122/58－6

竹書紀年統箋十二卷　（清）徐文靖撰　清光緒三年(1877)浙江書局刻本　三冊　存九卷（四至十二）

220000－0801－0006446　史 122/59

稽古錄二十卷校勘一卷　（宋）司馬光撰　清光緒五年(1879)江蘇書局刻本　四冊

220000－0801－0006447　史 122/59－1

稽古錄二十卷校勘一卷　（宋）司馬光撰　清光緒五年(1879)江蘇書局刻本　三冊

220000－0801－0006448　史 122/60

稽古錄二十卷　（宋）司馬光撰　清同治十一年(1872)湖北崇文書局刻本　四冊

220000－0801－0006449　史 122/60－1

稽古錄二十卷　（宋）司馬光撰　清同治十一年(1872)湖北崇文書局刻本　四冊

220000－0801－0006450　史 122/60－2

稽古錄二十卷　（宋）司馬光撰　清同治十一年(1872)湖北崇文書局刻本　四冊

220000－0801－0006451　史 122/61

稽古錄二十卷　（宋）司馬光撰　（清）張海鵬校　清嘉慶十年(1805)照曠閣刻本　六冊

220000－0801－0006452　史 122/63

元經薛氏傳十卷　（隋）王通撰　（唐）薛收傳　（宋）阮逸註　清嘉慶元年(1796)掃葉山房刻本　四冊

220000－0801－0006453　史 122/64

最近支那史二卷　（日本）河野通之　（日本）石村貞一輯　清光緒上海振東室學社鉛印本　四冊

220000－0801－0006454　史 122/65

支那史七卷　（日本）藤田久道編　清光緒上海書局石印本　四冊

220000－0801－0006455　史 122/66

續支那通史二卷　（日本）山峰畯藏撰　清光緒二十九年(1903)崇實書局石印本　八冊

220000－0801－0006456　史 122/68

大事記十二卷通釋三卷解題十二卷　（宋）呂祖謙撰　清同治十二年(1873)刻本　十二冊

220000－0801－0006457　史 122/73

通鑑綱目釋地糾謬六卷附補註六卷　（清）張庚撰　清光緒十六年(1890)新會劉氏藏修書屋刻本　二冊

220000－0801－0006458　史 122/80

資治通鑑二百九十四卷附通鑑釋文辯誤十二卷　（宋）司馬光撰　（元）胡三省音註　清嘉慶二十一年(1816)刻本　一百冊

220000－0801－0006459　史 122/81

通鑑外紀十卷　（宋）劉恕撰　清光緒十六年(1890)上海積山書局石印本　一冊

220000－0801－0006460　史 122/82

通鑑釋文辯誤十二卷　（元）胡三省撰　清光緒十六年(1890)上海積山書局石印本　一冊

220000－0801－0006461　史 122/83

寶經堂綱鑑易知錄九十二卷　（清）吳乘權輯　清刻本　三十六冊

220000－0801－0006462　史 122/84

明史三百三十二卷　（清）張廷玉等撰　清光緒三年(1877)湖北崇文書局刻本　八十冊

220000－0801－0006463　史 122/85

大文堂綱鑑易知錄一百二十卷明紀十五卷　（清）吳乘權等輯　清光緒大文堂刻本　四十冊　存九十二卷（一至九十二）

220000－0801－0006464　史 122/86

綱鑑易知錄九十二卷明紀十五卷　（清）吳乘權等輯　清光緒二十九年(1903)濰陽順和堂刻本　四十冊　存八十六卷（一至八十六）

220000－0801－0006465　史 122/87

御批歷代通鑑輯覽一百二十卷　（清）傅恒撰　清光緒五年(1879)刻本　五十八冊

220000－0801－0006466　史 122/88

御批歷代通鑑輯覽一百二十卷　（清）傅恒撰　清同治十一年(1872)湖北崇文書局刻本　六十冊

220000 – 0801 – 0006467　史 122/89

御批歷代通鑑輯覽一百二十卷　（清）傅恒撰
清同治浙江書局刻本　四十八冊

220000 – 0801 – 0006468　史 122/89 – 1

御批歷代通鑑輯覽一百二十卷　（清）傅恒撰
清同治浙江書局刻本　四十八冊

220000 – 0801 – 0006469　史 122/90

校刊資治通鑑全書二百九十四卷　（宋）司馬
光編　（元）胡三省音註　清光緒十四年
（1888）長沙楊氏刻本　一百二十冊

220000 – 0801 – 0006470　史 122/91

**分類歷代通鑑輯覽六十四卷附歷代治亂興亡
鏡一卷**　（清）陳善撰　清光緒二十九年
（1903）文瀾書局石印本　二十四冊

220000 – 0801 – 0006471　史 122/92

御批歷代通鑑輯覽一百二十卷　（清）傅恒撰
清光緒三十年（1904）鉛印本　三十九冊

220000 – 0801 – 0006472　史 122/93

**資治通鑑綱目前編二十五卷首一卷正編五十
九卷續編二十七卷末一卷**　（明）南軒等撰
清道光九年（1829）聚文堂刻本　一百二十冊

220000 – 0801 – 0006473　史 122/94

兩朝御批歷代通鑑輯覽一百二十卷　（清）傅
恒撰　清宣統元年（1909）上海公記書局石印
本　二十四冊

220000 – 0801 – 0006474　史 122/96

資治通鑑綱目五十九卷　（宋）朱熹撰　清嘉
慶八年（1803）敬書堂刻本　六十七冊

220000 – 0801 – 0006475　史 122/99

資治通鑑二百九十四卷目錄三十卷　（宋）司
馬光撰　（明）陳仁錫評　**資治通鑑釋文辯誤
十二卷**　（元）胡三省撰　**甲子會紀五卷宋元
通鑑一百五十卷**　（明）薛應旂撰　**附資治通
鑑外紀十卷目錄五卷**　（宋）劉恕撰　明末刻
本　一百四十一冊

220000 – 0801 – 0006476　史 122/100

御批歷代通鑑輯覽一百二十卷　（清）傅恒等

撰　清末石印本　二十冊

220000 – 0801 – 0006477　史 122/101

**資治通鑑綱目前編二十五卷正編五十九卷續
編二十七卷**　（明）陳仁錫評　清嘉慶九年
（1804）刻本　一百十六冊　缺三卷（前編十
六至十八）

220000 – 0801 – 0006478　史 122/101 – 1

**資治通鑑綱目前編二十五卷正編五十九卷續
編二十七卷**　（明）陳仁錫評　清嘉慶九年
（1804）刻本　二十八冊　存二十八卷（綱目
正編四十四至五十五、綱目續編一至十六）

220000 – 0801 – 0006479　史 122/104

增批歷代通鑑輯覽一百二十卷　（清）傅恒等
撰　清光緒上海廣益書局石印本　八冊　存
三十三卷（一至三十三）

220000 – 0801 – 0006480　史 124.34/1

前漢紀三十卷　（漢）荀悅撰　清光緒二年
（1876）刻本　六冊

220000 – 0801 – 0006481　史 124.34/2

西漢年紀三十卷　（宋）王益之撰　清同治十
二年（1873）退補齋刻本　十冊

220000 – 0801 – 0006482　史 124.42/1

東萊先生音註唐鑑二十四卷附音註考異一卷
（宋）范祖禹撰　（宋）呂祖謙音註　（清）
楊鳳詔考異　清光緒十六年（1890）柏經正堂
刻本　四冊

220000 – 0801 – 0006483　史 124.42/2

大唐創業起居註三卷　（唐）溫大雅撰　清末
照曠閣刻本　一冊

220000 – 0801 – 0006484　史 124.44/5

靖康要錄十六卷　（宋）□□撰　清光緒十六
年（1890）刻本　六冊

220000 – 0801 – 0006485　史 124.44/6

建炎以來繫年要錄二百卷　（宋）李心傳撰
清光緒五年（1879）仁壽蕭氏刻本　六十冊

220000 – 0801 – 0006486　史 124.48/1

明通鑑一百卷首一卷　（清）夏燮編輯　清光

绪二十六年(1900)上海扫叶山房石印本　十
六册

220000－0801－0006487　史124.48/1－1
明通鉴一百卷首一卷　(清)夏燮编辑　清光
绪二十六年(1900)上海扫叶山房石印本　十
六册

220000－0801－0006488　史124.48/2
明通鉴九十卷前编四卷首一卷附记六卷
(清)夏燮辑　清同治刻本　四十五册

220000－0801－0006489　史124.48/2－1
明通鉴九十卷前编四卷首一卷附记六卷
(清)夏燮辑　清同治刻本　四十册

220000－0801－0006490　史124.48/3
钦定明鉴二十四卷首一卷　(清)胡敬等纂
清嘉庆二十三年(1818)精刻本　二十四册

220000－0801－0006491　史124.48/3－1
钦定明鉴二十四卷首一卷　(清)胡敬等纂
清嘉庆二十三年(1818)精刻本　二十四册

220000－0801－0006492　史124.48/3－2
钦定明鉴二十四卷首一卷　(清)胡敬等纂
清嘉庆二十三年(1818)精刻本　十二册

220000－0801－0006493　史124.48/3－3
钦定明鉴二十四卷首一卷　(清)胡敬等纂
清嘉庆二十三年(1818)精刻本　十二册

220000－0801－0006494　史124.48/3－4
钦定明鉴二十四卷首一卷　(清)胡敬等纂
清嘉庆二十三年(1818)精刻本　八册

220000－0801－0006495　史124.48/3－5
钦定明鉴二十四卷首一卷　(清)胡敬等纂
清嘉庆二十三年(1818)精刻本　十二册

220000－0801－0006496　史124.48/3－6
钦定明鉴二十四卷首一卷　(清)胡敬等纂
清嘉庆二十三年(1818)精刻本　二十四册

220000－0801－0006497　史124.48/4
明通鉴一百卷首一卷　(清)夏燮撰　清光绪
二十九年(1903)上海点石斋石印本　十六册

220000－0801－0006498　史124.48/5
钦定明鉴二十四卷首一卷　(清)胡敬等撰
清同治九年(1870)湖北崇文书局刻本　十册

220000－0801－0006499　史124.48/6
明大政纂要六十三卷　(明)谭希思编辑　清
光绪二十一年(1895)湖南思贤书局活字印本
二十八册

220000－0801－0006500　史124.48/7
明纪六十卷　(清)陈鹤撰　清同治十年
(1871)江苏书局刻本　二十册

220000－0801－0006501　史124.48/7－1
明纪六十卷　(清)陈鹤撰　清同治十年
(1871)江苏书局刻本　十二册

220000－0801－0006502　史124.48/7－2
明纪六十卷　(清)陈鹤撰　清同治十年
(1871)江苏书局刻本　二十册

220000－0801－0006503　史124.48/7－3
明纪六十卷　(清)陈鹤撰　清同治十年
(1871)江苏书局刻本　二十册

220000－0801－0006504　史124.48/7－4
明纪六十卷　(清)陈鹤撰　清同治十年
(1871)江苏书局刻本　一册　存三卷(一至
三)

220000－0801－0006505　史124.48/8
明纪六十卷　(清)陈鹤纂　清光绪十六年
(1890)上海积山书局石印本　六册

220000－0801－0006506　史124.48/8－1
明纪六十卷　(清)陈鹤纂　清光绪十六年
(1890)上海积山书局石印本　六册

220000－0801－0006507　史124.48/10
明鉴前纪二卷　(清)齐召南撰　清光绪十五
年(1889)金峨山馆刻本　一册

220000－0801－0006508　史124.48/10－1
明鉴前纪二卷　(清)齐召南撰　清光绪十五
年(1889)金峨山馆刻本　一册

220000－0801－0006509　史124.48/10－2
明鉴前纪二卷　(清)齐召南撰　清光绪十五

年(1889)金峩山館刻本　一冊

220000－0801－0006510　史124.48/10－3
明鑑前紀二卷　（清）齊召南撰　清光緒十五年(1889)金峩山館刻本　一冊

220000－0801－0006511　史124.48/11
明季稗史彙編二十七卷　（清）留雲居士輯清光緒十三年(1887)上海圖書集成印書局鉛印本　六冊

220000－0801－0006512　史124.48/11－1
明季稗史彙編二十七卷　（清）留雲居士輯清光緒十三年(1887)上海圖書集成印書局鉛印本　六冊

220000－0801－0006513　史124.48/11－2
明季稗史彙編二十七卷　（清）留雲居士輯清光緒十三年(1887)上海圖書集成印書局鉛印本　六冊

220000－0801－0006514　史124.48/12
明季稗史彙編　（清）留雲居士輯　清末北京琉璃廠活字印本　十六冊

220000－0801－0006515　史124.48/12－1
明季稗史彙編　（清）留雲居士輯　清末北京琉璃廠活字印本　十六冊

220000－0801－0006516　史124.48/12－2
明季稗史彙編　（清）留雲居士輯　清末北京琉璃廠活字印本　十六冊

220000－0801－0006517　史124.48/14
綱鑑會通明紀十五卷　（清）陳志襄撰　清末承文信刻本　六冊

220000－0801－0006518　史124.48/20
明史三百三十二卷　（清）張廷玉等撰　清光緒二十三年(1897)五洲同文局石印本　一百二十冊

220000－0801－0006519　史124.48/22
明紀六十卷　（清）陳鶴撰　清光緒二十八年(1902)新化三味書室刻本　三十二冊

220000－0801－0006520　史124.49/8
九朝東華錄續錄四百二十四卷　王先謙編

清光緒十年(1884)刻本　一百六十冊

220000－0801－0006521　史124.49/9
東華錄四十五卷東華續錄七十五卷　王先謙編　清光緒十年(1884)石印本　六十冊

220000－0801－0006522　史124.49/9－1
東華錄四十五卷東華續錄七十五卷　王先謙編　清光緒十年(1884)石印本　四十七冊存九十三卷(天命一卷、天聰崇德三卷、順治七卷、康熙二十一卷、雍正十三卷,續錄乾隆四十八卷)

220000－0801－0006523　史124.49/10
九朝東華錄一百九十四卷續東華錄二百三十卷　王先謙編　清光緒十七年(1891)上海廣百宋齋鉛印本　七十六冊

220000－0801－0006524　史124.49/10－1
九朝東華錄一百九十四卷續東華錄二百三十卷　王先謙編　清光緒十七年(1891)上海廣百宋齋鉛印本　十八冊　存四朝一百三十二卷(天命四卷、天聰十卷、崇德八卷、康熙一百十卷)

220000－0801－0006525　史124.49/11
十朝東華錄五百二十四卷　王先謙編　清光緒二十五年(1899)石印本　六十四冊

220000－0801－0006526　史124.49/11－1
十朝東華錄五百二十四卷　王先謙編　清光緒二十五年(1899)石印本　六十四冊

220000－0801－0006527　史124.49/11－2
十朝東華錄五百二十四卷　王先謙編　清光緒二十五年(1899)石印本　三十一冊

220000－0801－0006528　史124.49/11－3
十朝東華錄五百二十四卷　王先謙編　清光緒二十五年(1899)石印本　十八冊　存咸豐朝

220000－0801－0006529　史124.49/12
東華續錄二百二十卷(光緒朝)　（清）朱壽朋輯　清宣統元年(1909)上海集成圖書公司鉛印本　六十四冊

220000－0801－0006530　史124.49/12－1
東華續錄二百二十卷(光緒朝)　（清）朱壽朋
輯　清宣統元年(1909)上海集成圖書公司鉛
印本　六十四冊

220000－0801－0006531　史124.49/12－2
東華續錄二百二十卷(光緒朝)　（清）朱壽朋
輯　清宣統元年(1909)上海集成圖書公司鉛
印本　六十四冊

220000－0801－0006532　史124.49/12－3
東華續錄二百二十卷(光緒朝)　（清）朱壽朋
輯　清宣統元年(1909)上海集成圖書公司鉛
印本　六十四冊

220000－0801－0006533　史124.49/13
東華續錄一百卷(同治朝)　王先謙編　清光
緒二十四年(1898)文瀾書局石印本　二十
四冊

220000－0801－0006534　史124.49/13－1
東華續錄一百卷(同治朝)　王先謙編　清光
緒二十四年(1898)文瀾書局石印本　二十
四冊

220000－0801－0006535　史124.49/13－2
東華續錄一百卷(同治朝)　王先謙編　清光
緒二十四年(1898)文瀾書局石印本　二十
四冊

220000－0801－0006536　史124.49/13－3
東華續錄一百卷(同治朝)　王先謙編　清光
緒二十四年(1898)文瀾書局石印本　二十
四冊

220000－0801－0006537　史124.49/13－4
東華續錄一百卷(同治朝)　王先謙編　清光
緒二十四年(1898)文瀾書局石印本　二十
四冊

220000－0801－0006538　史124.49/13－5
東華續錄一百卷(同治朝)　王先謙編　清光
緒二十四年(1898)文瀾書局石印本　二十
四冊

220000－0801－0006539　史124.49/14

220000－0801－0006539　史124.49/14
東華續錄六十九卷(咸豐朝)　（清）潘頤福編
清光緒十八年(1892)上海集成圖書印書局
石印本　十六冊

220000－0801－0006540　史124.49/14－1
東華續錄六十九卷(咸豐朝)　（清）潘頤福編
清光緒十八年(1892)上海集成圖書印書局
石印本　十六冊

220000－0801－0006541　史124.49/17
皇清開國方略三十二卷　（清）阿桂等撰　清
光緒十五年(1889)上海廣百宋齋鉛印本
六冊

220000－0801－0006542　史124.49/22
東華錄三十二卷　（清）蔣良騏撰　清同治十
一年(1872)刻本　十二冊

220000－0801－0006543　史124.49/22－1
東華錄三十二卷　（清）蔣良騏撰　清同治十
一年(1872)刻本　十六冊

220000－0801－0006544　史124.49/23
皇朝政典挈要八卷　（日本）增田貢撰　（清）
毛淦補編　清光緒二十八年(1902)香港書局
石印本　四冊

220000－0801－0006545　史124.49/23－1
皇朝政典挈要八卷　（日本）增田貢撰　（清）
毛淦補編　清光緒二十八年(1902)香港書局
石印本　四冊

220000－0801－0006546　史124.49/24
清史攬要六卷　（日本）增田貢撰　清末鉛印
本　二冊

220000－0801－0006547　史124.49/24－1
清史攬要六卷　（日本）增田貢撰　清末鉛印
本　二冊

220000－0801－0006548　史124.49/25
東華錄三十二卷　（清）蔣良騏撰　清刻本
十一冊

220000－0801－0006549　史124.49/29
**東華續錄一百二十卷(乾隆朝)東華續錄五十
卷(嘉慶朝)**　王先謙編　清光緒五年(1879)

刻本 六十八册

220000－0801－0006550 史124.49/29－1

東華續錄一百二十卷(乾隆朝)東華續錄五十卷(嘉慶朝) 王先謙編 清光緒五年(1879)刻本 四十二册 缺二卷(六十七至六十八)

220000－0801－0006551 史124.49/31

東華續錄六十卷(道光朝) 王先謙編 清光緒刻本 二十册

220000－0801－0006552 史124.49/32

東華續錄一百卷(咸豐朝) 王先謙編 清光緒十五年至十六年(1889－1890)刻本 六十册

220000－0801－0006553 史124.49/33

東華續錄一百二十卷(乾隆朝) 王先謙編 清光緒十三年至十七年(1887－1891)廣百宋齋石印本 二十八册

220000－0801－0006554 史124.49/34

東華續錄五十卷(嘉慶朝) 王先謙編 清光緒十三年至十七年(1887－1891)石印本 八册

220000－0801－0006555 史124.49/36

東華續錄五十卷(嘉慶朝) 王先謙編 清光緒十七年(1891)石印本 八册

220000－0801－0006556 史124.49/37

東華續錄六十卷(道光朝) 王先謙編 清光緒十七年(1891)石印本 八册

220000－0801－0006557 史124.49/38

十一朝東華錄 王先謙編 清宣統三年(1911)存古齋石印本 八册 存四朝(天命、天聰、崇德、順治)

220000－0801－0006558 史124.49/41

九朝東華錄四百二十五卷 王先謙編 清光緒十七年(1891)鉛印本 三十八册

220000－0801－0006559 史124.49/42

東華錄(天命天聰崇德朝) 王先謙編 清光緒十年(1884)刻本 八册

220000－0801－0006560 史13/2

繹史一百六十卷世系圖年表一卷 (清)馬驌撰 清同治七年(1868)姑蘇亦西齋刻本 四十八册

220000－0801－0006561 史13/2－1

繹史一百六十卷世系圖年表一卷 (清)馬驌撰 清同治七年(1868)姑蘇亦西齋刻本 四十册

220000－0801－0006562 史13/3

通鑑紀事本末二百三十九卷 (宋)袁樞輯 (明)張溥論正 清同治十二年(1873)江西書局刻本 八十册

220000－0801－0006563 史13/3－1

通鑑紀事本末二百三十九卷 (宋)袁樞輯 (明)張溥論正 清同治十二年(1873)江西書局刻本 八十册

220000－0801－0006564 史13/4

通鑑紀事本末二百三十九卷 (宋)袁樞輯 (明)張溥論正 清光緒二十四年(1898)湖南思賢書局刻本 六十四册

220000－0801－0006565 史13/4－1

通鑑紀事本末二百三十九卷 (宋)袁樞輯 (明)張溥論正 清光緒二十四年(1898)湖南思賢書局刻本 五十四册 缺四十一卷(四十七至八十七)

220000－0801－0006566 史13/5

通鑑長編紀事本末一百五十卷 (宋)楊仲良撰 清光緒十九年(1893)廣雅書局刻本 二十册 缺二十八卷(一百二十三至一百五十)

220000－0801－0006567 史13/6

通鑑紀事本末二百三十九卷 (宋)袁樞編輯 (明)張溥論正 清光緒十三年(1887)廣雅書局刻本 四十八册

220000－0801－0006568 史13/6－1

通鑑紀事本末二百三十九卷 (宋)袁樞編輯 (明)張溥論正 清光緒十三年(1887)廣雅書局刻本 四十八册

220000－0801－0006569 史13/7

通鑑紀事本末二百三十九卷 （宋）袁樞撰
（明）張溥論正 清同治十二年（1873）江西書
局刻本 八十冊

220000－0801－0006570 史13/9
續通鑑紀事本末一百十卷 （清）李銘漢編輯
清光緒二十九年（1903）武威李氏刻本 三
十二冊

220000－0801－0006571 史13/10
歷朝紀事本末九種六百五十八卷 （清）朱記
榮編 清光緒二十五年（1899）慎記書莊石印
本 五十六冊

220000－0801－0006572 史13/10－1
歷朝紀事本末九種六百五十八卷 （清）朱記
榮編 清光緒二十五年（1899）慎記書莊石印
本 十冊 存一百十七卷（元史紀事本末十
三至二十七、明史紀事本末一至八十、三藩紀
事本末一至二十二）

220000－0801－0006573 史13/11
歷朝紀事本末七種五百六十六卷 （清）朱記
榮編 清光緒二十一年（1895）上海積山書局
石印本 六十二冊

220000－0801－0006574 史13/15
左傳紀事本末五十三卷 （清）高士奇編輯
清同治十二年（1873）江西書局刻本 十二冊

220000－0801－0006575 史13/15－1
左傳紀事本末五十三卷 （清）高士奇編輯
清同治十二年（1873）江西書局刻本 十二冊

220000－0801－0006576 史13/15－2
左傳紀事本末五十三卷 （清）高士奇編輯
清同治十二年（1873）江西書局刻本 十二冊

220000－0801－0006577 史13/16
左傳紀事本末五十三卷 （清）高士奇編輯
清同治十二年（1873）江西書局刻本 十二冊

220000－0801－0006578 史13/17
三朝北盟會編二百五十卷校勘記二卷補遺一
卷 （宋）徐夢莘編 清光緒四年（1878）鉛印
本 四十冊

220000－0801－0006579 史13/18
三朝北盟會編二百五十卷 （宋）徐夢莘編
（清）許涵度校 清光緒四年（1878）刻本 四
十冊 缺三卷（一至三）

220000－0801－0006580 史13/19
宋史紀事本末一百九卷 （明）馮琦原編
（明）陳邦瞻撰 （明）張溥論正 清同治十三
年（1874）江西書局刻本 二十冊

220000－0801－0006581 史13/19－1
宋史紀事本末一百九卷 （明）馮琦原編
（明）陳邦瞻撰 （明）張溥論正 清同治十三
年（1874）江西書局刻本 二十冊

220000－0801－0006582 史13/19－2
宋史紀事本末一百九卷 （明）馮琦原編
（明）陳邦瞻撰 （明）張溥論正 清同治十三
年（1874）江西書局刻本 二十冊

220000－0801－0006583 史13/19－3
宋史紀事本末一百九卷 （明）馮琦原編
（明）陳邦瞻撰 （明）張溥論正 清同治十三
年（1874）江西書局刻本 二十冊

220000－0801－0006584 史13/19－4
宋史紀事本末一百九卷 （明）馮琦原編
（明）陳邦瞻撰 （明）張溥論正 清同治十三
年（1874）江西書局刻本 二十冊

220000－0801－0006585 史13/20
宋史紀事本末一百九卷 （明）馮琦編 （明）
陳邦瞻訂 （明）張溥論正 清光緒十三年
（1887）廣雅書局刻本 十六冊

220000－0801－0006586 史13/21
宋史紀事本末一百九卷 （明）馮琦編 （明）
陳邦瞻增訂 （明）張溥論正 清光緒二十四
年（1898）湖南思賢書局刻本 二十冊

220000－0801－0006587 史13/22
宋史紀事本末一百九卷 （明）馮琦原編
（明）陳邦瞻編輯 （明）張溥論正 清光緒二
十八年（1902）上海書局石印本 八冊

220000－0801－0006588 史13/23

遼史紀事本末四十卷首一卷末一卷 （清）李有棠撰　清光緒二十九年（1903）李杼鄂樓刻本　八冊

220000－0801－0006589　史13/23－1
遼史紀事本末四十卷首一卷末一卷 （清）李有棠撰　清光緒二十九年（1903）李杼鄂樓刻本　八冊

220000－0801－0006590　史13/24
遼史紀事本末四十卷首一卷末一卷 （清）李有棠撰　清光緒二十六年（1900）廣雅書局刻本　四冊

220000－0801－0006591　史13/25
西夏紀事本末三十六卷首二卷 （清）張鑒撰　清光緒十四年（1888）上海書業公所崇德堂鉛印本　二冊

220000－0801－0006592　史13/26
西夏紀事本末三十六卷首二卷 （清）張鑒撰　清光緒十年（1884）江蘇書局刻本　四冊

220000－0801－0006593　史13/26－1
西夏紀事本末三十六卷首二卷 （清）張鑒撰　清光緒十年（1884）江蘇書局刻本　四冊

220000－0801－0006594　史13/26－2
西夏紀事本末三十六卷首二卷 （清）張鑒撰　清光緒十年（1884）江蘇書局刻本　四冊

220000－0801－0006595　史13/26－3
西夏紀事本末三十六卷首二卷 （清）張鑒撰　清光緒十年（1884）江蘇書局刻本　三冊

220000－0801－0006596　史13/28
遼史紀事本末四十卷 （清）李有棠撰　清光緒十九年（1893）同文書局石印本　四冊

220000－0801－0006597　史13/29
金史紀事本末五十二卷首一卷 （清）李有棠撰　清末同文書局石印本　六冊

220000－0801－0006598　史13/29－1
金史紀事本末五十二卷首一卷 （清）李有棠撰　清末同文書局石印本　六冊

220000－0801－0006599　史13/30

金史紀事本末五十二卷首一卷末一卷 （清）李有棠撰　清光緒二十九年（1903）李杼鄂樓刻本　八冊

220000－0801－0006600　史13/30－1
金史紀事本末五十二卷首一卷末一卷 （清）李有棠撰　清光緒二十九年（1903）李杼鄂樓刻本　十二冊

220000－0801－0006601　史13/30－2
金史紀事本末五十二卷首一卷末一卷 （清）李有棠撰　清光緒二十九年（1903）李杼鄂樓刻本　十二冊

220000－0801－0006602　史13/30－3
金史紀事本末五十二卷首一卷末一卷 （清）李有棠撰　清光緒二十九年（1903）李杼鄂樓刻本　十二冊

220000－0801－0006603　史13/31
元史紀事本末二十七卷 （明）陳邦瞻撰（明）張溥論正　清光緒二十四年（1898）湖南思賢書局刻本　四冊

220000－0801－0006604　史13/31－1
元史紀事本末二十七卷 （明）陳邦瞻撰（明）張溥論正　清光緒二十四年（1898）湖南思賢書局刻本　四冊

220000－0801－0006605　史13/32
元史紀事本末二十七卷 （明）陳邦瞻撰（明）張溥論正　清同治十三年（1874）江西書局刻本　四冊

220000－0801－0006606　史13/32－1
元史紀事本末二十七卷 （明）陳邦瞻撰（明）張溥論正　清同治十三年（1874）江西書局刻本　四冊

220000－0801－0006607　史13/32－2
元史紀事本末二十七卷 （明）陳邦瞻撰（明）張溥論正　清同治十三年（1874）江西書局刻本　四冊

220000－0801－0006608　史13/33
元史紀事本末二十七卷 （明）陳邦瞻輯　清

光緒十三年(1887)廣雅書局刻本　三冊

220000－0801－0006609　史13/34

明史紀事本末八十卷　(清)谷應泰編輯　清光緒二十四年(1898)湖南思賢書局刻本　二十冊

220000－0801－0006610　史13/35

明史紀事本末八十卷　(清)谷應泰編　清光緒十三年(1887)廣雅書局刻本　十六冊

220000－0801－0006611　史13/35－1

明史紀事本末八十卷　(清)谷應泰編　清光緒十三年(1887)廣雅書局刻本　十六冊

220000－0801－0006612　史13/36

明史紀事本末八十卷　(清)谷應泰編輯　清同治十三年(1874)江西書局刻本　二十冊

220000－0801－0006613　史13/40

明史紀事本末八十卷　(清)谷應泰編輯　清同治十三年(1874)江西書局刻本　二十冊

220000－0801－0006614　史13/41

續明紀事本末十八卷首一卷　(清)倪在田輯　清光緒二十九年(1903)育英學社鉛印本　六冊

220000－0801－0006615　史13/41－1

續明紀事本末十八卷首一卷　(清)倪在田輯　清光緒二十九年(1903)育英學社鉛印本　六冊

220000－0801－0006616　史13/41－2

續明紀事本末十八卷首一卷　(清)倪在田輯　清光緒二十九年(1903)育英學社鉛印本　二冊　存六卷(五至七、十六至十八)

220000－0801－0006617　史13/42

明末紀事補遺十卷　(清)三餘氏撰　清同治刻本　十二冊

220000－0801－0006618　史13/46

三藩紀事本末二十二卷　(清)楊陸榮撰　清光緒二十一年(1895)上海積山書局石印本　一冊

220000－0801－0006619　史13/47

三藩紀事本末二十二卷　(清)楊陸榮撰　清光緒十三年(1887)崇德堂鉛印本　一冊

220000－0801－0006620　史13/47－1

三藩紀事本末二十二卷　(清)楊陸榮撰　清光緒十三年(1887)崇德堂鉛印本　一冊

220000－0801－0006621　史13/48

三藩紀事本末二十二卷　(清)楊陸榮撰　清光緒二十八年(1902)上海書局石印本　一冊

220000－0801－0006622　史13/48－1

三藩紀事本末二十二卷　(清)楊陸榮撰　清光緒二十八年(1902)上海書局石印本　一冊

220000－0801－0006623　史13/51

聖武記十四卷　(清)魏源撰　清道光二十二年(1842)刻本　六冊

220000－0801－0006624　史13/52

聖武記十四卷　(清)魏源撰　清道光二十二年(1842)刻本　八冊

220000－0801－0006625　史13/52－1

聖武記十四卷　(清)魏源撰　清道光二十二年(1842)刻本　十冊

220000－0801－0006626　史13/53

聖武記十四卷　(清)魏源撰　清末刻本　六冊

220000－0801－0006627　史13/54

皇清開國方略三十二卷　(清)阿桂等撰　清光緒十三年(1887)廣百宋齋鉛印本　四冊

220000－0801－0006628　史13/54－1

皇清開國方略三十二卷　(清)阿桂等撰　清光緒十三年(1887)廣百宋齋鉛印本　六冊

220000－0801－0006629　史13/54－2

皇清開國方略三十二卷　(清)阿桂等撰　清光緒十三年(1887)廣百宋齋鉛印本　六冊

220000－0801－0006630　史13/55

靖逆記六卷　(清)盛大士撰　清嘉慶二十五年(1820)文盛堂刻本　二冊

220000－0801－0006631　史13/55－1

靖逆記六卷　（清）盛大士撰　清嘉慶二十五年(1820)文盛堂刻本　一冊

220000 - 0801 - 0006632　史 13/55 - 2
靖逆記六卷　（清）盛大士撰　清嘉慶二十五年(1820)文盛堂刻本　一冊　存三卷(一至三)

220000 - 0801 - 0006633　史 13/57
皇朝武功紀盛四卷　（清）趙翼撰　清末湛貽堂刻本　一冊

220000 - 0801 - 0006634　史 13/59
皇朝武功紀盛四卷簷曝雜記六卷　（清）趙翼撰　清嘉慶湛貽堂刻本　四冊

220000 - 0801 - 0006635　史 13/61
遼史紀事本末四十卷首一卷末一卷　（清）李有棠撰　清光緒二十九年(1903)李杙鄂樓刻本　八冊

220000 - 0801 - 0006636　史 13/62
秦隴回務紀略八卷　（清）余澍疇撰　清光緒六年(1880)鎮平縣署刻本　二冊

220000 - 0801 - 0006637　史 13/63
國朝柔遠記　（清）王之春撰　清光緒十一年(1885)粤東海墨樓石印本　二冊

220000 - 0801 - 0006638　史 13/64
國朝柔遠記二十卷　（清）王之春撰　清光緒十七年(1891)廣雅書局刻本　八冊

220000 - 0801 - 0006639　史 13/64 - 1
國朝柔遠記二十卷　（清）王之春撰　清光緒十七年(1891)廣雅書局刻本　六冊

220000 - 0801 - 0006640　史 13/70
中西紀事二十四卷　（清）夏燮撰　清同治四年(1865)刻本　八冊

220000 - 0801 - 0006641　史 13/76
平定猺匪紀略二卷　（清）周宜亭撰　清末抄本　二冊

220000 - 0801 - 0006642　史 13/77
國朝柔遠記十八卷附編二卷　（清）王之春輯　清光緒二十二年(1896)湖北書局刻本

六冊

220000 - 0801 - 0006643　史 13/78
聖武記十四卷　（清）魏源撰　清光緒二十九年(1903)蜚英石印本　六冊

220000 - 0801 - 0006644　史 13/79
九朝紀事本末七種五百七十三卷　（清）朱記榮編　清光緒二十九年(1903)上海文林書局石印本　二十冊

220000 - 0801 - 0006645　史 13/80
中西紀事二十四卷　（清）夏燮撰　清咸豐九年(1859)刻本　六冊

220000 - 0801 - 0006646　史 13/82
繹史一百六十卷　（清）馬驌撰　清光緒十五年(1889)金匱浦氏刻本　三十二冊

220000 - 0801 - 0006647　史 13/83
明史紀事本末八十卷　（清）谷應泰編輯　清同治十二年(1873)江西書局刻本　二十冊

220000 - 0801 - 0006648　史 13/84
宋史紀事本末一百九卷　（明）馮琦撰　（明）陳邦瞻輯　（明）張溥論正　清刻本　十二冊

220000 - 0801 - 0006649　史 13/84 - 1
宋史紀事本末一百九卷　（明）馮琦撰　（明）陳邦瞻輯　（明）張溥論正　清刻本　十六冊

220000 - 0801 - 0006650　史 13/85
聖武記十四卷　（清）魏源撰　清道光二十二年(1842)刻本　六冊

220000 - 0801 - 0006651　史 13/86
元史紀事本末二十七卷　（明）陳邦瞻撰　（明）臧懋循補　清光緒二十四年(1898)湖南思賢書局刻本　二冊

220000 - 0801 - 0006652　史 13/87
宋史紀事本末一百九卷　（明）馮琦撰　（明）陳邦瞻輯　（明）張溥論正　清木活字印本　十四冊

220000 - 0801 - 0006653　史 13/88
金史紀事本末五十二卷首一卷末一卷　（清）李有棠編纂　清光緒二十七年(1901)廣雅書

局刻本　二冊

220000－0801－0006654　史 14/3

北行日譜一卷　（明）朱祖文撰　清嘉慶二十三年(1818)刻本　一冊

220000－0801－0006655　史 14/9

東都事略一百三十卷　（宋）王稱撰　清寶華堂刻本　十六冊

220000－0801－0006656　史 14/9－1

東都事略一百三十卷　（宋）王稱撰　清寶華堂刻本　十一冊　缺十卷(六十七至七十六)

220000－0801－0006657　史 14/9－2

東都事略一百三十卷　（宋）王稱撰　清寶華堂刻本　二十七冊

220000－0801－0006658　史 144/1

譚史志奇八卷　（清）姚芝撰　清光緒十四年(1888)五知堂刻本　四冊

220000－0801－0006659　史 144/3

衡湘稽古五卷　（清）王萬澍撰　清光緒二十七年(1901)黃甲草廬刻本　二冊

220000－0801－0006660　史 144/6

中國文明發達史十二章　（日本）白河次郎（日本）國府種德著　（□）黑鳳氏譯　清光緒三十年(1904)石印本　一冊

220000－0801－0006661　史 144/8

爐餘錄二卷　（元）徐大焯撰　平江記事一卷　（元）高德基撰　吳中舊事一卷　（元）陸友仁撰　清光緒十七年(1891)刻本　一冊

220000－0801－0006662　史 144/8－1

爐餘錄二卷　（元）徐大焯撰　平江記事一卷　（元）高德基撰　吳中舊事一卷　（元）陸友仁撰　清光緒十七年(1891)刻本　一冊

220000－0801－0006663　史 144/8－2

爐餘錄二卷　（元）徐大焯撰　平江記事一卷　（元）高德基撰　吳中舊事一卷　（元）陸友仁撰　清光緒十七年(1891)刻本　一冊

220000－0801－0006664　史 144/8－3

爐餘錄二卷　（元）徐大焯撰　平江記事一卷

（元）高德基撰　吳中舊事一卷　（元）陸友仁撰　清光緒十七年(1891)刻本　二冊

220000－0801－0006665　史 144/9

中國歷史戰爭形勢全圖四十四幅附說論二卷　盧彤撰　清宣統二年(1910)亞新地學社石印本　一冊

220000－0801－0006666　史 144/9－1

中國歷史戰爭形勢全圖四十四幅附說論二卷　盧彤撰　清宣統二年(1910)亞新地學社石印本　一冊

220000－0801－0006667　史 144/9－2

中國歷史戰爭形勢全圖四十四幅附說論二卷　盧彤撰　清宣統二年(1910)亞新地學社石印本　一冊

220000－0801－0006668　史 144/9－3

中國歷史戰爭形勢全圖四十四幅附說論二卷　盧彤撰　清宣統二年(1910)亞新地學社石印本　一冊

220000－0801－0006669　史 144/12

蜀燹述略六卷　（清）余鴻觀撰　清光緒二十七年(1901)刻本　四冊

220000－0801－0006670　史 144/20

祝枝山九朝野記四卷　（明）祝允明撰　清宣統三年(1911)時中書局鉛印本　二冊

220000－0801－0006671　史 144/20－1

祝枝山九朝野記四卷　（明）祝允明撰　清宣統三年(1911)時中書局鉛印本　二冊

220000－0801－0006672　史 144/20－2

祝枝山九朝野記四卷　（明）祝允明撰　清宣統三年(1911)時中書局鉛印本　二冊

220000－0801－0006673　史 144/21

祝京兆野記四卷　（明）祝允明撰　清同治十三年(1874)元和祝氏刻本　一冊

220000－0801－0006674　史 144/21－1

祝京兆野記四卷　（明）祝允明撰　清同治十三年(1874)元和祝氏刻本　二冊

220000－0801－0006675　史 144/21－2

祝京兆野記四卷 （明）祝允明撰 清同治十三年（1874）元和祝氏刻本 二冊

220000－0801－0006676 史144/21－3

祝京兆野記四卷 （明）祝允明撰 清同治十三年（1874）元和祝氏刻本 二冊

220000－0801－0006677 史144/23

臺灣外記十卷 （清）江日昇撰 清末求無不獲齋刻本 五冊

220000－0801－0006678 史144/24

宋遼金元菁華錄十卷 （清）納蘭常安選評 清光緒二十六年（1900）上海書局石印本 四冊

220000－0801－0006679 史144/24－1

宋遼金元菁華錄十卷 （清）納蘭常安選評 清光緒二十六年（1900）上海書局石印本 二冊

220000－0801－0006680 史144/26

幼學歌五卷 （清）王用臣編 （清）張壽鎬校 清光緒二十八年（1902）四明張氏石印本 一冊

220000－0801－0006681 史144/27

學堂歌箋一卷 王仁俊箋 清光緒三十二年（1906）湖北黃州府勸學所刻本 一冊

220000－0801－0006682 史144/34

東方兵事紀略五卷 姚錫光撰 清光緒二十三年（1897）武昌刻本 五冊

220000－0801－0006683 史144/42

廿一史戰略玫三十三卷 （明）茅元儀輯 清光緒二十五年（1899）成都志古堂刻本 十冊

220000－0801－0006684 史144/43

漢族光復史不分卷 （清）三戶遺民編 清宣統三年（1911）鉛印本 一冊

220000－0801－0006685 史145.25/2

國語二十一卷 （三國吳）韋昭注 **校刊明道本韋氏解國語劄記一卷** （清）黃丕烈撰 清嘉慶五年（1800）刻本 六冊

220000－0801－0006686 史145.25/3

國語二十一卷 （三國吳）韋昭註 **劄記一卷** （清）黃丕烈撰 **玫異四卷** （清）汪遠孫撰 清嘉慶五年（1800）刻本 五冊

220000－0801－0006687 史145.25/4

國語二十一卷 （三國吳）韋昭註 **劄記一卷** （清）黃丕烈撰 **玫異四卷** （清）汪遠孫撰 清同治八年（1869）湖北崇文書局刻本 五冊

220000－0801－0006688 史145.25/4－1

國語二十一卷 （三國吳）韋昭註 **劄記一卷** （清）黃丕烈撰 **玫異四卷** （清）汪遠孫撰 清同治八年（1869）湖北崇文書局刻本 五冊

220000－0801－0006689 史145.25/4－2

國語二十一卷 （三國吳）韋昭註 **劄記一卷** （清）黃丕烈撰 **玫異四卷** （清）汪遠孫撰 清同治八年（1869）湖北崇文書局刻本 五冊

220000－0801－0006690 史145.25/5

國語二十一卷 （三國吳）韋昭註 **劄記一卷** （清）黃丕烈撰 清嘉慶五年（1800）讀未見書齋刻本 六冊

220000－0801－0006691 史145.25/6

國語二十一卷 （三國吳）韋昭註 **劄記一卷** （清）黃丕烈撰 清光緒二十三年（1897）成都書局刻本 四冊

220000－0801－0006692 史145.25/7

國語二十一卷 （三國吳）韋昭註 **劄記一卷** （清）黃丕烈撰 **戰國策三十三卷劄記三卷** （漢）高誘註 清光緒二十二年（1896）上海鴻寶齋石印本 八冊

220000－0801－0006693 史145.25/8

國語二十一卷 （三國吳）韋昭註 **劄記一卷** （清）黃丕烈撰 清光緒二十七年（1901）上海鴻寶齋石印本 三冊

220000－0801－0006694 史145.25/8－1

國語二十一卷 （三國吳）韋昭註 **劄記一卷** （清）黃丕烈撰 清光緒二十七年（1901）上

海鴻寶齋石印本　三冊

220000－0801－0006695　史145.25/10
國語韋解補正二十一卷　（三國吳）韋昭撰
吳曾祺補正　朱元善校訂　清宣統三年
（1911）上海商務印書館鉛印本　一冊

220000－0801－0006696　史145.25/10－1
國語韋解補正二十一卷　（三國吳）韋昭撰
吳曾祺補正　朱元善校訂　清宣統三年
（1911）上海商務印書館鉛印本　四冊

220000－0801－0006697　史145.25/13
國語補音三卷　（宋）宋庠撰　清光緒二年
（1876）成都尊經書院刻本　一冊

220000－0801－0006698　史145.25/14
國語校註三種　（清）汪遠孫撰　清道光二十
六年（1846）汪氏振綺堂刻本　五冊

220000－0801－0006699　史145.25/14－1
國語校註三種　（清）汪遠孫撰　清道光二十
六年（1846）汪氏振綺堂刻本　六冊

220000－0801－0006700　史145.25/14－2
國語校註三種　（清）汪遠孫撰　清道光二十
六年（1846）汪氏振綺堂刻本　五冊

220000－0801－0006701　史145.25/16
國語二十一卷　（三國吳）韋昭注　**附劄記一
卷**　（清）黃丕烈撰　**攷異四卷**　（清）汪遠孫
撰　清同治八年（1869）湖北崇文書局刻本
五冊

220000－0801－0006702　史145.25/17
國語二十一卷　（三國吳）韋昭註　**劄記一卷**
（清）黃丕烈撰　**攷異四卷**　（清）汪遠孫撰
清光緒三年（1877）永康退補齋刻本　五冊

220000－0801－0006703　史145.25/17－1
國語二十一卷　（三國吳）韋昭註　**劄記一卷**
（清）黃丕烈撰　**攷異四卷**　（清）汪遠孫撰
清光緒三年（1877）永康退補齋刻本　四冊

220000－0801－0006704　史145.31/3
戰國策三十三卷　（漢）高誘註　清嘉慶八年
（1803）讀未見書齋刻本　五冊

220000－0801－0006705　史145.31/3－1
戰國策三十三卷　（漢）高誘註　清嘉慶八年
（1803）讀未見書齋刻本　四冊

220000－0801－0006706　史145.31/4
戰國策三十三卷劄記三卷　（漢）高誘註　清
光緒二十二年（1896）上海鴻寶齋石印本
五冊

220000－0801－0006707　史145.31/5
戰國策三十三卷　（漢）高誘註　**劄記三卷**
（清）黃丕烈撰　清同治八年（1869）湖北崇文
書局刻本　六冊

220000－0801－0006708　史145.31/5－1
戰國策三十三卷　（漢）高誘註　**劄記三卷**
（清）黃丕烈撰　清同治八年（1869）湖北崇文
書局刻本　五冊

220000－0801－0006709　史145.31/5－2
戰國策三十三卷　（漢）高誘註　**劄記三卷**
（清）黃丕烈撰　清同治八年（1869）湖北崇文
書局刻本　五冊

220000－0801－0006710　史145.31/5－3
戰國策三十三卷　（漢）高誘註　**劄記三卷**
（清）黃丕烈撰　清同治八年（1869）湖北崇文
書局刻本　五冊

220000－0801－0006711　史145.31/5－4
戰國策三十三卷　（漢）高誘註　**劄記三卷**
（清）黃丕烈撰　清同治八年（1869）湖北崇文
書局刻本　五冊

220000－0801－0006712　史145.31/5－5
戰國策三十三卷　（漢）高誘註　**劄記三卷**
（清）黃丕烈撰　清同治八年（1869）湖北崇文
書局刻本　五冊

220000－0801－0006713　史145.31/5－6
戰國策三十三卷　（漢）高誘註　**劄記三卷**
（清）黃丕烈撰　清同治八年（1869）湖北崇文
書局刻本　五冊

220000－0801－0006714　史145.31/5－7
戰國策三十三卷　（漢）高誘註　**劄記三卷**

（清）黃丕烈撰　清同治八年(1869)湖北崇文
書局刻本　五冊

220000－0801－0006715　史 145.31/7

戰國策三十三卷劄記三卷　（漢）高誘註　清
光緒二十七年(1901)煥文書局石印本　五冊

220000－0801－0006716　史 145.31/12

戰國策去毒二卷　（清）陸隴其撰　清同治九
年(1870)求我齋刻本　二冊

220000－0801－0006717　史 145.31/12－1

戰國策去毒二卷　（清）陸隴其撰　清同治九
年(1870)求我齋刻本　二冊

220000－0801－0006718　史 145.31/12－2

戰國策去毒二卷　（清）陸隴其撰　清同治九
年(1870)求我齋刻本　二冊

220000－0801－0006719　史 145.31/13

戰國紀年五卷　（清）林春溥纂　清道光十八
年(1838)竹柏山房刻本　六冊

220000－0801－0006720　史 145.31/14

國策編年一卷　（清）顧觀光撰　清光緒刻本
　一冊

220000－0801－0006721　史 145.31/17

重刻剡川姚氏本戰國策劄記三卷　（清）黃丕
烈撰　清嘉慶八年(1803)黃氏讀未見書齋刻
本　三冊

220000－0801－0006722　史 145.31/18

戰國策三十三卷　（漢）高誘輯　清光緒二十
二年(1896)刻本　一冊　存一卷(三)

220000－0801－0006723　史 145.31/19

戰國策校註十卷　（元）吳師道撰　清光緒二
十二年(1896)惜陰軒刻本　七冊　缺一卷
(三)

220000－0801－0006724　史 145.42/2

唐國史補三卷　（唐）李肇撰　明刻本　一冊

220000－0801－0006725　史 145.42/4

貞觀政要十卷　（唐）吳兢撰　清嘉慶三年
(1798)掃葉山房刻本　三冊

220000－0801－0006726　史 145.42/5

貞觀政要十卷　（唐）吳兢撰　清光緒四年
(1878)刻本　四冊

220000－0801－0006727　史 145.44/1

靖康傳信錄三卷　（宋）李綱撰　清乾隆刻本
　一冊

220000－0801－0006728　史 145.44/1－1

靖康傳信錄三卷　（宋）李綱撰　清乾隆刻本
　一冊

220000－0801－0006729　史 145.44/4

南渡錄四卷　（宋）辛棄疾撰　清光緒六年
(1880)刻本　二冊

220000－0801－0006730　史 145.44/4－1

南渡錄四卷　（宋）辛棄疾撰　清光緒六年
(1880)刻本　二冊

220000－0801－0006731　史 145.44/5

歸潛志十四卷　（元）劉祁撰　清道光十年
(1830)刻本　四冊

220000－0801－0006732　史 145.44/6

欽徽二帝被難記一卷　（□）□□撰　清抄本
　一冊

220000－0801－0006733　史 145.47/1

校正元親征錄不分卷　（清）何秋濤撰　清光
緒二十三年(1897)蓮池書局刻本　一冊

220000－0801－0006734　史 145.47/2

校正元親征錄不分卷　（清）何秋濤撰　清光
緒二十年(1894)刻本　一冊

220000－0801－0006735　史 145.47/2－1

校正元親征錄不分卷　（清）何秋濤撰　清光
緒二十年(1894)刻本　一冊

220000－0801－0006736　史 145.47/2－2

校正元親征錄不分卷　（清）何秋濤撰　清光
緒二十年(1894)刻本　一冊

220000－0801－0006737　史 145.47/2－3

校正元親征錄不分卷　（清）何秋濤撰　清光
緒二十年(1894)刻本　一冊

220000 – 0801 – 0006738　史 145.47/3
元朝秘史十卷續集二卷　（元）忙豁侖紐察
（元）脫察安撰　清光緒三十四年(1908)觀古
堂影印本　六冊

220000 – 0801 – 0006739　史 145.47/5
元朝秘史十五卷　（清）李文田註　**元史譯文
證補三十卷**　（清）洪鈞撰　清光緒二十九年
(1903)上海文瑞樓石印本　八冊

220000 – 0801 – 0006740　史 145.47/5 – 1
元朝秘史十五卷　（清）李文田註　**元史譯文
證補三十卷**　（清）洪鈞撰　清光緒二十九年
(1903)上海文瑞樓石印本　八冊

220000 – 0801 – 0006741　史 145.47/5 – 2
元朝秘史十五卷　（清）李文田註　**元史譯文
證補三十卷**　（清）洪鈞撰　清光緒二十九年
(1903)上海文瑞樓石印本　四冊

220000 – 0801 – 0006742　史 145.47/6
元朝秘史註十五卷首一卷　（清）李文田註
元史譯文證補三十卷　（清）洪鈞撰　清光緒
二十九年(1903)史學齋編譯石印書局石印本
五冊

220000 – 0801 – 0006743　史 145.47/6 – 1
元朝秘史註十五卷首一卷　（清）李文田註
元史譯文證補三十卷　（清）洪鈞撰　清光緒
二十九年(1903)史學齋編譯石印書局石印本
四冊　存三十卷（元史譯文證補三十卷）

220000 – 0801 – 0006744　史 145.47/7
元朝秘史註十五卷　（清）李文田註　清光緒
二十九年(1903)石印本　四冊

220000 – 0801 – 0006745　史 145.47/9
元朝秘史註十五卷首一卷　（清）李文田註
清光緒二十二年(1896)通隱堂刻本　四冊

220000 – 0801 – 0006746　史 145.47/9 – 1
元朝秘史註十五卷首一卷　（清）李文田註
清光緒二十二年(1896)通隱堂刻本　四冊

220000 – 0801 – 0006747　史 145.47/10
元史譯文證補三十卷　（清）洪鈞撰　清末石

印本　四冊

220000 – 0801 – 0006748　史 145.47/11
元史譯文證補三十卷　（清）洪鈞撰　清光緒
二十三年(1897)刻本　四冊

220000 – 0801 – 0006749　史 145.47/11 – 1
元史譯文證補三十卷　（清）洪鈞撰　清光緒
二十三年(1897)刻本　四冊

220000 – 0801 – 0006750　史 145.47/11 – 2
元史譯文證補三十卷　（清）洪鈞撰　清光緒
二十三年(1897)刻本　四冊

220000 – 0801 – 0006751　史 145.47/11 – 3
元史譯文證補三十卷　（清）洪鈞撰　清光緒
二十三年(1897)刻本　四冊

220000 – 0801 – 0006752　史 145.47/11 – 4
元史譯文證補三十卷　（清）洪鈞撰　清光緒
二十三年(1897)刻本　四冊

220000 – 0801 – 0006753　史 145.47/14
元朝秘史十五卷　（元）□□撰　（清）李文田
註　清光緒二十二年(1896)通隱堂刻本
四冊

220000 – 0801 – 0006754　史 145.47/15
元史譯文證補三十卷　（清）洪鈞撰　清光緒
二十三年(1897)刻本　四冊

220000 – 0801 – 0006755　史 145.47/16
元秘史山川地名考十二卷　（清）施世傑撰
清光緒二十三年(1897)刻本　一冊

220000 – 0801 – 0006756　史 145.47/16 – 1
元秘史山川地名考十二卷　（清）施世傑撰
清光緒二十三年(1897)刻本　一冊

220000 – 0801 – 0006757　史 145.47/18
元朝秘史十五卷　（清）李文田注　清光緒二
十九年(1903)上海文瑞樓石印本　四冊

220000 – 0801 – 0006758　史 145.48/2
綏寇紀略十二卷補遺三卷　（清）吳偉業纂輯
清嘉慶九年(1804)照曠閣刻本　六冊

220000 – 0801 – 0006759　史 145.48/2 – 1

綏寇紀略十二卷補遺三卷　（清）吳偉業纂輯
清嘉慶九年(1804)照曠閣刻本　四冊

220000－0801－0006760　史145.48/2－2
綏寇紀略十二卷補遺三卷　（清）吳偉業纂輯
清嘉慶九年(1804)照曠閣刻本　十冊　缺
三卷(十至十二)

220000－0801－0006761　史145.48/2－3
綏寇紀略十二卷補遺三卷　（清）吳偉業纂輯
清嘉慶九年(1804)照曠閣刻本　六冊

220000－0801－0006762　史145.48/2－4
綏寇紀略十二卷補遺三卷　（清）吳偉業纂輯
清嘉慶九年(1804)照曠閣刻本　七冊

220000－0801－0006763　史145.48/2－5
綏寇紀略十二卷補遺三卷　（清）吳偉業纂輯
清嘉慶九年(1804)照曠閣刻本　六冊

220000－0801－0006764　史145.48/2－6
綏寇紀略十二卷補遺三卷　（清）吳偉業纂輯
清嘉慶九年(1804)照曠閣刻本　四冊

220000－0801－0006765　史145.48/3
先撥志始二卷　（清）文秉撰　（清）蕭國琛重
校　清道光二十七年(1847)刻本　二冊

220000－0801－0006766　史145.48/8
東塘日劄二卷　（清）朱子素撰　江變記略二
卷　（清）徐世溥撰　清末有正書局鉛印本
一冊

220000－0801－0006767　史145.48/8－1
東塘日劄二卷　（清）朱子素撰　江變記略二
卷　（清）徐世溥撰　清末有正書局鉛印本
一冊

220000－0801－0006768　史145.48/9
甲申傳信錄十卷　（清）錢𪩘撰　清道光二十
年(1840)刻本　四冊

220000－0801－0006769　史145.48/10
蜀碧四卷　（清）彭遵泗撰　清末肇經堂刻本
二冊

220000－0801－0006770　史145.48/11
蜀龜鑑七卷　（清）劉景伯撰　清宣統三年

(1911)刻本　四冊

220000－0801－0006771　史145.48/11－1
蜀龜鑑七卷　（清）劉景伯撰　清宣統三年
(1911)刻本　四冊

220000－0801－0006772　史145.48/17
東南紀事十二卷　（清）邵廷采撰　清光緒邵
武徐氏刻本　二冊

220000－0801－0006773　史145.48/17－1
東南紀事十二卷　（清）邵廷采撰　清光緒邵
武徐氏刻本　二冊

220000－0801－0006774　史145.48/17－2
東南紀事十二卷　（清）邵廷采撰　清光緒邵
武徐氏刻本　二冊

220000－0801－0006775　史145.48/20
荊駝逸史五十二種　（清）陳湖逸士輯　清道
光活字印本　三十二冊

220000－0801－0006776　史145.48/20－1
荊駝逸史五十二種　（清）陳湖逸士輯　清道
光活字印本　三十二冊

220000－0801－0006777　史145.48/24
守汴日志一卷　（清）李光壁編　清末抄本
一冊

220000－0801－0006778　史145.48/26
所知錄六卷　（清）錢澄之撰　清宣統三年
(1911)新學會社鉛印本　二冊

220000－0801－0006779　史145.48/26－1
所知錄六卷　（清）錢澄之撰　清宣統三年
(1911)新學會社鉛印本　二冊

220000－0801－0006780　史145.48/29
明季南略十八卷北略二十四卷　（清）計六奇
編輯　清光緒十三年(1887)上海圖書集成書
局鉛印本　十冊

220000－0801－0006781　史145.48/29－1
明季南略十八卷北略二十四卷　（清）計六奇
編輯　清光緒十三年(1887)上海圖書集成書
局鉛印本　十冊

220000－0801－0006782　史 145.48/30

明季南略十八卷北略二十四卷　（清）計六奇
編　清光緒十三年（1887）上海圖書集成書局
鉛印本　八冊

220000－0801－0006783　史 145.48/31

明季南略十八卷　（清）計六奇編輯　清道光
都城琉璃廠半松居士活字印本　十二冊

220000－0801－0006784　史 145.48/31－1

明季南略十八卷　（清）計六奇編輯　清道光
都城琉璃廠半松居士活字印本　十二冊

220000－0801－0006785　史 145.48/32

明季北略二十四卷　（清）計六奇編輯　清道
光都城琉璃廠半松居士活字印本　十冊

220000－0801－0006786　史 145.48/36

皇朝劄記述略四卷　（清）趙翼輯　清光緒二
十八年（1902）廣雅書局刻本　一冊

220000－0801－0006787　史 145.48/47

西南紀事十二卷　（清）邵廷采撰　清光緒十
年（1884）邵武徐氏刻本　二冊

220000－0801－0006788　史 145.48/47－1

西南紀事十二卷　（清）邵廷采撰　清光緒十
年（1884）邵武徐氏刻本　二冊

220000－0801－0006789　史 145.48/49

聖恩錄一卷　（□）□□撰　清末活字印本
一冊

220000－0801－0006790　史 145.48/49－1

聖恩錄一卷　（□）□□撰　清末活字印本
一冊

220000－0801－0006791　史 145.48/50

殘明紀事不分卷　（清）□□輯　清宣統三年
（1911）上海國學扶輪社鉛印本　一冊

220000－0801－0006792　史 145.48/50－1

殘明紀事不分卷　（清）□□輯　清宣統三年
（1911）上海國學扶輪社鉛印本　一冊

220000－0801－0006793　史 145.48/50－2

殘明紀事不分卷　（清）□□輯　清宣統三年
（1911）上海國學扶輪社鉛印本　一冊

220000－0801－0006794　史 145.48/51

酌中志餘二卷　（明）劉若愚輯　清光緒崇文
書局刻本　二冊

220000－0801－0006795　史 145.48/52

勝朝遺事初編六卷二編八卷　（清）吳彌光輯
清道光二十二年（1842）楚香書屋刻本　十
四冊

220000－0801－0006796　史 145.48/52－1

勝朝遺事初編六卷二編八卷　（清）吳彌光輯
清道光二十二年（1842）楚香書屋刻本　十
四冊

220000－0801－0006797　史 145.48/52－2

勝朝遺事初編六卷二編八卷　（清）吳彌光輯
清道光二十二年（1842）楚香書屋刻本　二
冊　存一卷（初編二：北平錄、平夏錄、平胡
錄、靖難功臣錄、備遺錄、平定交南錄）

220000－0801－0006798　史 145.48/56

建文年譜四卷　（清）趙士喆纂修　清道光二
十九年（1849）味塵軒木活字印本　四冊

220000－0801－0006799　史 145.48/57

勝朝遺事初編三卷　（清）吳彌光輯　清光緒
刻本　五冊

220000－0801－0006800　史 145.48/62

建文年譜四卷　（清）趙士喆纂　（清）趙濤
（清）趙瀚音註　清咸豐四年（1854）習勤堂刻
本　四冊

220000－0801－0006801　史 145.48/63

小腆紀年附攷二十卷　（清）徐鼒撰　清咸豐
十一年（1861）刻本　二十冊

220000－0801－0006802　史 145.48/63－1

小腆紀年附攷二十卷　（清）徐鼒撰　清咸豐
十一年（1861）刻本　十二冊

220000－0801－0006803　史 145.48/64

小腆紀年附攷二十卷　（清）徐鼒撰　清咸豐
十一年（1861）刻本　十二冊

220000－0801－0006804　史 145.48/64－1

小腆紀年附攷二十卷　（清）徐鼒撰　清咸豐

十一年(1861)刻本　十二冊

220000－0801－0006805　史145.48/64－2

小腆紀年附攷二十卷　(清)徐鼒撰　清咸豐
十一年(1861)刻本　十二冊

220000－0801－0006806　史145.48/64－3

小腆紀年附攷二十卷　(清)徐鼒撰　清咸豐
十一年(1861)刻本　十二冊

220000－0801－0006807　史145.48/64－4

小腆紀年附攷二十卷　(清)徐鼒撰　清咸豐
十一年(1861)刻本　十二冊

220000－0801－0006808　史145.48/66

綏寇紀略十二卷　(清)吳偉業纂輯　清刻本
十冊

220000－0801－0006809　史145.48/67

弇山堂別集一百卷　(明)王世貞撰　清光緒
廣雅書局刻本　二十冊

220000－0801－0006810　史145.48/68

荊駝逸史五十二種　(清)陳湖逸士輯　清宣
統三年(1911)中國圖書館石印本　十六冊

220000－0801－0006811　史145.48/70

荊駝逸史五十二種　(清)陳湖逸士編　清刻
本　二十四冊

220000－0801－0006812　史145.48/70－1

荊駝逸史五十二種　(清)陳湖逸士編　清刻
本　三十二冊

220000－0801－0006813　史145.48/71

繹史摭遺十八卷　(清)溫睿臨撰　清道光十
年(1830)刻本　五冊

220000－0801－0006814　史145.48/72

明季實錄　(清)顧炎武撰　清光緒十四年
(1888)刻本　一冊

220000－0801－0006815　史145.49/3

皇朝藩部要略十八卷附表四卷　(清)祁韻士
纂　清光緒十年(1884)浙江書局刻本　八冊

220000－0801－0006816　史145.49/9

大清史略十一卷　(日)佐藤楚材輯　清光

緒二十八年(1902)益元書局刻本　八冊

220000－0801－0006817　史145.49/11

征緬紀略一卷蜀徼紀聞一卷　(清)王昶撰
清嘉慶刻本　一冊

220000－0801－0006818　史145.49/14

瀨江紀事本末一卷　(明)周廷英撰　清末抄
本　一冊

220000－0801－0006819　史145.49/16

張公襄理軍務紀略六卷　(清)陳世勳等編
清宣統二年(1910)石印本　六冊

220000－0801－0006820　史145.49/18

王席門先生雜記不分卷　(清)王候撰　清宣
統二年(1910)南社鉛印本　一冊

220000－0801－0006821　史145.49/18－1

王席門先生雜記不分卷　(清)王候撰　清宣
統二年(1910)南社鉛印本　一冊

220000－0801－0006822　史145.49/21

見聞續筆二十四卷　(清)齊學裘撰　清光緒
二年(1876)刻本　八冊

220000－0801－0006823　史145.49/21－1

見聞續筆二十四卷　(清)齊學裘撰　清光緒
二年(1876)刻本　六冊

220000－0801－0006824　史145.49/22

浙東籌防錄四卷　(清)薛福成輯　清光緒十
四年(1888)刻本　四冊

220000－0801－0006825　史145.49/22－1

浙東籌防錄四卷　(清)薛福成輯　清光緒十
四年(1888)刻本　四冊

220000－0801－0006826　史145.49/22－2

浙東籌防錄四卷　(清)薛福成輯　清光緒十
四年(1888)刻本　四冊

220000－0801－0006827　史145.49/22－3

浙東籌防錄四卷　(清)薛福成輯　清光緒十
四年(1888)刻本　四冊

220000－0801－0006828　史145.49/24

平浙紀略十六卷　(清)秦緗業　(清)陳鍾英

纂輯　清光緒元年（1875）申報館鉛印本
四冊

220000－0801－0006829　史 145.49/25
平浙紀略十六卷　（清）秦緗業　（清）陳鍾英
纂輯　清同治十二年（1873）浙江書局刻本
四冊

220000－0801－0006830　史 145.49/25－1
平浙紀略十六卷　（清）秦緗業　（清）陳鍾英
纂輯　清同治十二年（1873）浙江書局刻本
四冊

220000－0801－0006831　史 145.49/26
平苗紀略　（清）方顯撰　清同治十二年
（1873）武昌郡廨刻本　一冊

220000－0801－0006832　史 145.49/27
平定粵匪紀略十八卷附記四卷　（清）杜文瀾
撰　清同治十年（1871）京都聚珍齋刻本
十冊

220000－0801－0006833　史 145.49/28
平定粵匪紀略十八卷附記四卷　（清）杜文瀾
撰　清同治八年（1869）群玉齋活字印本
八冊

220000－0801－0006834　史 145.49/28－1
平定粵匪紀略十八卷附記四卷　（清）杜文瀾
撰　清同治八年（1869）群玉齋活字印本
八冊

220000－0801－0006835　史 145.49/29
平定粵匪紀略十八卷附記四卷　（清）杜文瀾
撰　清同治四年（1865）鉛印本　六冊

220000－0801－0006836　史 145.49/30
平定粵匪紀略十八卷附記四卷　（清）杜文瀾
撰　清光緒元年（1875）詒穀堂刻本　十二冊

220000－0801－0006837　史 145.49/30－1
平定粵匪紀略十八卷附記四卷　（清）杜文瀾
撰　清光緒元年（1875）詒穀堂刻本　八冊

220000－0801－0006838　史 145.49/30－2
平定粵匪紀略十八卷附記四卷　（清）杜文瀾
撰　清光緒元年（1875）詒穀堂刻本　九冊

220000－0801－0006839　史 145.49/30－3
平定粵匪紀略十八卷附記四卷　（清）杜文瀾
撰　清光緒元年（1875）詒穀堂刻本　六冊

220000－0801－0006840　史 145.49/31
滇事總錄二卷　（清）莊士敏編纂　清光緒十
六年（1890）湖北崇文書局刻本　一冊

220000－0801－0006841　史 145.49/31－1
滇事總錄二卷　（清）莊士敏編纂　清光緒十
六年（1890）湖北崇文書局刻本　一冊

220000－0801－0006842　史 145.49/32
皇朝紀略一卷　（清）北鄉義塾編譯　清光緒
二十七年（1901）刻本　一冊

220000－0801－0006843　史 145.49/39
國朝事略六卷　（清）金陵江楚編譯官書局編
　清光緒三十二年（1906）金陵江楚編譯官書
局石印本　一冊

220000－0801－0006844　史 145.49/39－1
國朝事略六卷　（清）金陵江楚編譯官書局編
　清光緒三十二年（1906）金陵江楚編譯官書
局石印本　四冊

220000－0801－0006845　史 145.49/40
普法戰紀二十卷　（清）張宗良譯　清同治十
二年（1873）中華印務局活字印本　八冊

220000－0801－0006846　史 145.49/41
軒轅黃帝傳一卷　（清）孫星衍校　（清）顧廣
圻覆校　清嘉慶十二年（1807）江寧劉文楷刻
本　一冊

220000－0801－0006847　史 145.49/42
開禧德安守城錄一卷　（宋）王致遠撰　清同
治刻本　一冊

220000－0801－0006848　史 145.49/43
三才略不分卷　（□）□□撰　清光緒二十八
年（1902）上海古香閣石印本　一冊

220000－0801－0006849　史 145.49/43－1
三才略不分卷　（□）□□撰　清光緒二十八
年（1902）上海古香閣石印本　一冊

220000－0801－0006850　史 145.49/43－2

三才略不分卷 （□）□□撰 清光緒二十八年(1902)上海古香閣石印本 一冊

220000－0801－0006851 史 145.49/43－3
三才略不分卷 （□）□□撰 清光緒二十八年(1902)上海古香閣石印本 一冊

220000－0801－0006852 史 145.49/44
貞豐里庚申聞見錄二卷 （清）陶煦撰 清光緒八年(1882)陶氏儀一堂刻本 一冊

220000－0801－0006853 史 145.49/46
吳友如繪圖平長毛書一卷 （清）曾國藩等文 （清）吳友如繪 清光緒十九年(1893)上海石印本 一冊

220000－0801－0006854 史 145.49/47
中東戰紀本末三編四卷 （美國）林樂知撰 蔡爾康輯 清光緒二十六年(1900)上海圖書集成局鉛印本 四冊

220000－0801－0006855 史 145.49/47－1
中東戰紀本末三編四卷 （美國）林樂知撰 蔡爾康輯 清光緒二十六年(1900)上海圖書集成局鉛印本 四冊

220000－0801－0006856 史 145.49/48
中東戰紀本末八卷 （美國）林樂知撰 蔡爾康輯 清光緒二十二年(1896)上海圖書集成局鉛印本 八冊

220000－0801－0006857 史 145.49/48－1
中東戰紀本末八卷 （美國）林樂知撰 蔡爾康輯 清光緒二十二年(1896)上海圖書集成局鉛印本 十二冊

220000－0801－0006858 史 145.49/48－2
中東戰紀本末八卷 （美國）林樂知撰 蔡爾康輯 清光緒二十二年(1896)上海圖書集成局鉛印本 八冊

220000－0801－0006859 史 145.49/52
普法戰紀二十卷 （清）張宗良撰 （清）王韜輯 清光緒二十一年(1895)鉛印本 十冊

220000－0801－0006860 史 145.49/55
見聞隨筆二十卷 （清）齊學裘撰 清同治十一年(1872)刻本 八冊

220000－0801－0006861 史 145.49/55－1
見聞隨筆二十卷 （清）齊學裘撰 清同治十一年(1872)刻本 四冊

220000－0801－0006862 史 145.49/56
中東戰紀本末續編四卷 （美國）林樂知撰 蔡爾康輯 清光緒二十三年(1897)上海圖書集成局鉛印本 四冊

220000－0801－0006863 史 145.49/56－1
中東戰紀本末續編四卷 （美國）林樂知撰 蔡爾康輯 清光緒二十三年(1897)上海圖書集成局鉛印本 十二冊

220000－0801－0006864 史 145.49/56－2
中東戰紀本末續編四卷 （美國）林樂知撰 蔡爾康輯 清光緒二十三年(1897)上海圖書集成局鉛印本 四冊

220000－0801－0006865 史 145.49/58
能一編二卷首一卷 （清）金安清撰 清光緒二十年(1894)刻本 一冊

220000－0801－0006866 史 145.49/63
經略洪承疇奏對筆記二卷 （清）洪承疇撰 清光緒十三年(1887)鉛印本 一冊

220000－0801－0006867 史 145.49/63－1
經略洪承疇奏對筆記二卷 （清）洪承疇撰 清光緒十三年(1887)鉛印本 一冊

220000－0801－0006868 史 145.49/66
經略洪承疇奏對筆記二卷 （清）洪承疇撰 奏摺譜一卷 （清）饒旬宣撰 清光緒十九年(1893)京都榮錄堂鉛印本 二冊

220000－0801－0006869 史 145.49/66－1
經略洪承疇奏對筆記二卷 （清）洪承疇撰 奏摺譜一卷 （清）饒旬宣撰 清光緒十九年(1893)京都榮錄堂鉛印本 二冊

220000－0801－0006870 史 145.49/66－2
經略洪承疇奏對筆記二卷 （清）洪承疇撰 奏摺譜一卷 （清）饒旬宣撰 清光緒十九年(1893)京都榮錄堂鉛印本 二冊

220000－0801－0006871　史145.49/68

守蒙紀略一卷　（清）黃平賀撰　清末抄本
一冊

220000－0801－0006872　史145.49/71

經略洪承疇奏對筆記二卷　（清）洪承疇撰
清末刻本　二冊

220000－0801－0006873　史145.49/80

粵東勦匪紀略五卷　（清）陳坤編　清末油印
本　三冊

220000－0801－0006874　史145.49/82

國朝事略五卷　（清）金陵江楚編譯官書局編
清光緒木活字印本　二冊

220000－0801－0006875　史145.49/83

時事新編六卷　（清）陳耀卿編輯　清光緒二
十一年(1895)鉛印本　六冊

220000－0801－0006876　史145.49/83－1

時事新編六卷　（清）陳耀卿編輯　清光緒二
十一年(1895)鉛印本　六冊

220000－0801－0006877　史145.49/86

援守井研記略一卷　（清）董貽清撰　清同治
元年至光緒元年(1862－1875)刻本　一冊

220000－0801－0006878　史145.49/88

三才略不分卷　（清）□□撰　清光緒刻本
一冊

220000－0801－0006879　史145.5/2

從征圖記不分卷　（清）唐訓方撰　清同治六
年(1867)西山草堂刻本　一冊

220000－0801－0006880　史145.5/3

微信錄　（清）汪曰楨輯　清同治九年(1870)
刻本　一冊

220000－0801－0006881　史145.5/4

吳友如繪圖平長毛書一卷　（清）吳友如繪輯
清光緒十九年(1893)上海石印本　一冊

220000－0801－0006882　史145.5/5

吳中平寇記八卷　（清）錢勗撰　清光緒元年
(1875)申報館鉛印本　二冊

220000－0801－0006883　史145.5/6

南平捍寇日記一卷　（清）鍾範撰　清光緒二
十八年(1902)录艾室宜章學署刻本　一冊

220000－0801－0006884　史145.5/7

嘉應平寇紀略一卷　（清）謝國珍撰　清光緒
五年(1879)刻本　一冊

220000－0801－0006885　史145.5/8

平定關隴紀略十卷　（清）易孔昭纂輯　清光
緒十三年(1887)刻本　十冊

220000－0801－0006886　史145.5/9

征西紀略四卷　（清）曾毓瑜撰　清光緒二十
年(1894)京師官書局鉛印本　一冊

220000－0801－0006887　史145.5/9－1

征西紀略四卷　（清）曾毓瑜撰　清光緒二十
年(1894)京師官書局鉛印本　一冊

220000－0801－0006888　史145.5/11

戡靖教匪述編十二卷　（清）石香村居士編
附平猺述略二卷　（清）周存義撰　清道光京
都琉璃廠刻本　四冊

220000－0801－0006889　史145.5/12

戡靖教匪述編八卷　（清）石香村居士編輯
清末抄本　四冊

220000－0801－0006890　史145.5/13

蕩平髮逆圖記二十一卷首一卷　（清）唐蔭雲
輯　清光緒十四年(1888)上海漱六山莊石印
本　四冊

220000－0801－0006891　史145.5/13－1

蕩平髮逆圖記二十一卷首一卷　（清）唐蔭雲
輯　清光緒十四年(1888)上海漱六山莊石印
本　四冊

220000－0801－0006892　史145.5/13－2

蕩平髮逆圖記二十一卷首一卷　（清）唐蔭雲
輯　清光緒十四年(1888)上海漱六山莊石印
本　四冊

220000－0801－0006893　史145.5/13－3

蕩平髮逆圖記二十一卷首一卷　（清）唐蔭雲
輯　清光緒十四年(1888)上海漱六山莊石印

本　四册

220000－0801－0006894　史 145.5/14

庚辛泣杭錄十六卷　（清）丁丙輯　清光緒二
十一年(1895)錢塘丁氏刻本　五册

220000－0801－0006895　史 145.5/14－1

庚辛泣杭錄十六卷　（清）丁丙輯　清光緒二
十一年(1895)錢塘丁氏刻本　五册

220000－0801－0006896　史 145.5/15

拳匪紀事六卷　（日本）佐原篤介　（清）浙西
漚隱輯　清光緒鉛印本　五册

220000－0801－0006897　史 145.5/16

孤忠錄二卷　（清）袁祖志輯　清光緒十二年
(1886)上海還讀樓刻本　二册

220000－0801－0006898　史 145.5/17

孤忠錄二卷附誄文一卷　（清）袁祖志輯　清
光緒十二年(1886)上海還讀樓刻本　三册

220000－0801－0006899　史 145.5/18

豫軍紀略十二卷　（清）尹耕雲撰　清同治十
一年(1872)刻本　十二册

220000－0801－0006900　史 145.5/20

東洋之大波瀾日露戰爭未來記十四章　（英
國）木里司撰　（日本）大町桂月　（清）金開
華　（清）金鳳昌譯　清光緒二十九年(1903)
鴻文編譯圖書館鉛印本　二册

220000－0801－0006901　史 145.5/30

欽定英傑歸真一卷　（清）洪仁玕撰　清抄本
　二册

220000－0801－0006902　史 145.5/40

庚子海外紀事四卷　呂海寰編　清光緒二十
八年(1902)鉛印本　一册

220000－0801－0006903　史 145.5/44

庚子北京事變紀略一卷　鹿完天撰　清光緒
二十七年(1901)刻本　一册

220000－0801－0006904　史 145.5/44－1

庚子北京事變紀略一卷　鹿完天撰　清光緒
二十七年(1901)刻本　一册

220000－0801－0006905　史 145.5/47

山東軍興紀略二十二卷　（清）張曜撰　清光
緒十一年(1885)刻本　十册

220000－0801－0006906　史 145.5/47－1

山東軍興紀略二十二卷　（清）張曜撰　清光
緒十一年(1885)刻本　十册

220000－0801－0006907　史 145.5/50

湘軍志十六卷　王闓運撰　清光緒二十八年
(1902)富記書局刻本　四册

220000－0801－0006908　史 145.5/51

湘軍記二十卷　（清）王定安撰　清光緒十五
年(1889)江南書局刻本　八册

220000－0801－0006909　史 145.5/51－1

湘軍記二十卷　（清）王定安撰　清光緒十五
年(1889)江南書局刻本　八册

220000－0801－0006910　史 145.5/51－2

湘軍記二十卷　（清）王定安撰　清光緒十五
年(1889)江南書局刻本　九册

220000－0801－0006911　史 145.5/52

湘軍志十六卷　王闓運撰　清宣統元年
(1909)刻本　四册

220000－0801－0006912　史 145.5/52－1

湘軍志十六卷　王闓運撰　清宣統元年
(1909)刻本　四册

220000－0801－0006913　史 145.5/56

淮軍平捻記十二卷　（清）周世澄撰　清末刻
本　六册

220000－0801－0006914　史 145.5/56－1

淮軍平捻記十二卷　（清）周世澄撰　清末刻
本　六册

220000－0801－0006915　史 145.5/56－2

淮軍平捻記十二卷　（清）周世澄撰　清末刻
本　六册

220000－0801－0006916　史 145.5/56－3

淮軍平捻記十二卷　（清）周世澄撰　清末刻
本　六册

220000－0801－0006917　史145.5/56－4
淮軍平捻記十二卷　（清）周世澄撰　清末刻本　六冊

220000－0801－0006918　史145.5/64
拳匪紀略八卷前編二卷後編二卷　（清）僑析生編　清光緒二十九年（1903）上洋書局石印本　六冊

220000－0801－0006919　史145.5/64－1
拳匪紀略八卷前編二卷後編二卷　（清）僑析生編　清光緒二十九年（1903）上洋書局石印本　二冊

220000－0801－0006920　史145.5/64－2
拳匪紀略八卷前編二卷後編二卷　（清）僑析生編　清光緒二十九年（1903）上洋書局石印本　四冊

220000－0801－0006921　史145.5/64－3
拳匪紀略八卷前編二卷後編二卷　（清）僑析生編　清光緒二十九年（1903）上洋書局石印本　一冊　存四卷（前編二卷、後編二卷）

220000－0801－0006922　史145.5/66
盾墨拾餘十四卷　易順鼎撰　清光緒二十二年（1896）刻本　四冊

220000－0801－0006923　史145.5/66－1
盾墨拾餘十四卷　易順鼎撰　清光緒二十二年（1896）刻本　四冊

220000－0801－0006924　史145.5/67
險異圖略　（清）支恒榮錄　（清）錢寶書繪圖　清光緒十四年（1888）石印本　二冊

220000－0801－0006925　史145.5/70
皇朝政典舉要八卷　（日本）增田貢撰　（清）毛淦補編　清光緒三年（1877）鉛印本　一冊

220000－0801－0006926　史145.5/73
粵氛紀事十三卷　（清）夏燮輯　清同治八年（1869）刻本　八冊

220000－0801－0006927　史145.5/75
戰功紀略不分卷　（清）龍聲洋輯　清光緒三年（1877）刻本　八冊

220000－0801－0006928　史145.5/75－1
戰功紀略不分卷　（清）龍聲洋輯　清光緒三年（1877）刻本　八冊

220000－0801－0006929　史145.5/76
東方兵事紀略六卷　姚錫光撰　清光緒二十四年（1898）京都得古歡室石印本　五冊

220000－0801－0006930　史145.5/77
欽定英傑歸真一卷　（清）洪仁玕撰　清咸豐十一年（1861）抄本　二冊

220000－0801－0006931　史145.5/78
中東戰紀一卷　（清）洪棄父纂　清光緒三十二年（1906）鉛印本　一冊

220000－0801－0006932　史145.5/78－1
中東戰紀一卷　（清）洪棄父纂　清光緒三十二年（1906）鉛印本　一冊

220000－0801－0006933　史145.5/82
京津拳匪紀略八卷前編二卷後編二卷圖一卷　（清）僑析生　（清）縉雲氏編著　清光緒二十七年（1901）石印本　五冊

220000－0801－0006934　史145.5/85
中倭戰守始末四卷　（清）思恢復生輯　清光緒石印本　三冊

220000－0801－0006935　史145.5/86
庚子京津拳匪紀略八卷前編二卷後編二卷　（清）僑析生編　清光緒二十七年（1901）香港書局石印本　六冊

220000－0801－0006936　史145.5/86－1
庚子京津拳匪紀略八卷前編二卷後編二卷　（清）僑析生編　清光緒二十七年（1901）香港書局石印本　六冊

220000－0801－0006937　史145.5/88
思痛錄二卷附錄一卷　（清）鄒容編　清光緒石印本　一冊

220000－0801－0006938　史145.5/89
湘軍志十六卷　王闓運撰　清光緒七年（1881）刻本　四冊

220000－0801－0006939　史146/1

適可齋記言四卷記行六卷 （清）馬建忠撰
清光緒二十三年(1897)鉛印本 四冊

220000－0801－0006940 史146/2

江灣仁德所募捐徵信錄 （清）吳灯玉輯 清
光緒三十三年(1907)鉛印本 一冊

220000－0801－0006941 史146/5

海龍戰守事蹟六卷 （清）王在鎬編輯 清光
緒三十二年(1906)關東印書館鉛印本 二冊

220000－0801－0006942 史146/10

思痛記二卷 （清）李圭撰 清光緒六年
(1880)師一齋刻本 一冊

220000－0801－0006943 史147/1

讀史鏡古編三十二卷 （清）潘世恩輯 清道
光四年(1824)鳳池園刻本 八冊

220000－0801－0006944 史147/2

讀史鏡古編三十二卷 （清）潘世恩輯 清同
治十三年(1874)冶城飛霞閣刻本 六冊

220000－0801－0006945 史147/2－1

讀史鏡古編三十二卷 （清）潘世恩輯 清同
治十三年(1874)冶城飛霞閣刻本 六冊

220000－0801－0006946 史147/6

史記蠡測一卷供冀小言一卷 （清）林伯桐撰
清道光二十四年(1844)脩本堂刻本 一冊

220000－0801－0006947 史148.39/1

宋瑣語不分卷 （清）郝懿行撰 清末刻本
三冊

220000－0801－0006948 史148.39/1－1

宋瑣語不分卷 （清）郝懿行撰 清末刻本
三冊

220000－0801－0006949 史148.44/1

湘山野錄三卷續錄一卷 （宋）釋文瑩撰 清
嘉慶照曠閣刻本 一冊

220000－0801－0006950 史148.44/3

御覽曲洧舊聞十卷 （宋）朱弁撰 清光緒二
十二年(1896)儷峰書屋刻本 二冊

220000－0801－0006951 史148.44/4

錢塘遺事十卷 （元）劉一清撰 （清）席世臣
訂 清末掃葉山房刻本 二冊

220000－0801－0006952 史148.44/4－1

錢塘遺事十卷 （元）劉一清撰 （清）席世臣
訂 清末掃葉山房刻本 一冊

220000－0801－0006953 史148.44/4－2

錢塘遺事十卷 （元）劉一清撰 （清）席世臣
訂 清末掃葉山房刻本 二冊

220000－0801－0006954 史148.47/1

三河創業記五卷 （清）范壽金輯 清光緒三
十三年(1907)石印本 二冊

220000－0801－0006955 史148.48/2

野獲編三十卷首一卷補遺四卷 （明）沈德符
撰 清道光七年(1827)扶荔山房刻本 二
十冊

220000－0801－0006956 史148.48/2－1

野獲編三十卷首一卷補遺四卷 （明）沈德符
撰 清道光七年(1827)扶荔山房刻本 四冊

220000－0801－0006957 史148.48/3

萬曆野獲編三十卷補遺四卷 （明）沈德符撰
清同治八年(1869)羊城扶荔山房刻本 二
十冊

220000－0801－0006958 史148.48/6

九朝野記四卷 （明）祝允明撰 清宣統三年
(1911)時中書局鉛印本 二冊

220000－0801－0006959 史148.48/8

明季稗史彙編十六種二十七卷 （清）留雲居
士編 清末北京琉璃廠書肆鉛印本 十二冊

220000－0801－0006960 史148.48/8－1

明季稗史彙編十六種二十七卷 （清）留雲居
士編 清末北京琉璃廠書肆鉛印本 十二冊

220000－0801－0006961 史148.48/8－2

明季稗史彙編十六種二十七卷 （清）留雲居
士編 清末北京琉璃廠書肆鉛印本 十二冊

220000－0801－0006962 史148.48/9

明季稗史彙編二十七卷 （清）顧炎武等著
清光緒二十二年(1896)上海圖書集成印書局

鉛印本　六冊

220000－0801－0006963　史 148.48/12

明季三朝野史四卷　（清）顧炎武輯　清末抄本　二冊

220000－0801－0006964　史 148.48/13

孑遺錄一卷　（清）戴名世撰　清末刻本　一冊

220000－0801－0006965　史 148.48/13－1

孑遺錄一卷　（清）戴名世撰　清末刻本　一冊

220000－0801－0006966　史 148.48/18

野記四卷　（明）祝允明撰　清光緒四年（1878）申報館鉛印本　二冊

220000－0801－0006967　史 148.48/19

野記四卷　（明）祝允明撰　清同治十三年（1874）刻本　二冊

220000－0801－0006968　史 148.48/20

二申野錄八卷　（清）孫之騄撰　清同治六年（1867）吟香館刻本　四冊

220000－0801－0006969　史 148.48/20－1

二申野錄八卷　（清）孫之騄撰　清同治六年（1867）吟香館刻本　四冊

220000－0801－0006970　史 148.48/20－2

二申野錄八卷　（清）孫之騄撰　清同治六年（1867）吟香館刻本　四冊

220000－0801－0006971　史 148.48/21

東林本末三卷　（清）吳應箕撰　清同治五年（1866）刻本　一冊

220000－0801－0006972　史 148.49/5

熙朝新語十六卷　（清）余金輯　清道光四年（1824）鳴盛堂刻本　二冊

220000－0801－0006973　史 148.49/10

津西毖記不分卷　（□）□□撰　清光緒二十八年（1902）鉛印本　二冊

220000－0801－0006974　史 148.49/11

庚子都門紀事詩六卷　（清）延清撰　清光緒

二十八年（1902）刻本　二冊

220000－0801－0006975　史 148.49/11－1

庚子都門紀事詩六卷　（清）延清撰　清光緒二十八年（1902）刻本　二冊

220000－0801－0006976　史 148.49/15

張文襄幕府紀聞二卷　（清）辜鴻銘撰　清宣統二年（1910）鉛印本　二冊

220000－0801－0006977　史 148.49/15－1

張文襄幕府紀聞二卷　（清）辜鴻銘撰　清宣統二年（1910）鉛印本　二冊

220000－0801－0006978　史 148.49/15－2

張文襄幕府紀聞二卷　（清）辜鴻銘撰　清宣統二年（1910）鉛印本　一冊

220000－0801－0006979　史 148.49/16

嘯亭雜錄八卷續錄三卷　（清）昭槤撰　清光緒二十七年（1901）掃葉山房石印本　四冊

220000－0801－0006980　史 148.49/17

熙朝新語十六卷　（清）余金輯　清道光二年（1822）有金堂刻本　六冊

220000－0801－0006981　史 148.49/18

嘯亭雜錄十卷續錄三卷　（清）昭槤撰　清宣統元年（1909）中國圖書公司鉛印本　四冊

220000－0801－0006982　史 148.49/18－1

嘯亭雜錄十卷續錄三卷　（清）昭槤撰　清宣統元年（1909）中國圖書公司鉛印本　四冊

220000－0801－0006983　史 148.49/18－2

嘯亭雜錄十卷續錄三卷　（清）昭槤撰　清宣統元年（1909）中國圖書公司鉛印本　四冊

220000－0801－0006984　史 148.49/18－3

嘯亭雜錄十卷續錄三卷　（清）昭槤撰　清宣統元年（1909）中國圖書公司鉛印本　四冊

220000－0801－0006985　史 148.49/19

嘯亭雜錄十卷續錄三卷　（清）昭槤撰　清光緒申報館鉛印本　十冊

220000－0801－0006986　史 148.49/19－1

嘯亭雜錄十卷續錄三卷　（清）昭槤撰　清光

緒申報館鉛印本　十冊

220000－0801－0006987　史148.5/2
翼教叢編六卷　(清)蘇輿輯　清光緒二十四年(1898)石印本　四冊

220000－0801－0006988　史148.5/3
翼教叢編六卷附一卷　(清)蘇輿輯　清光緒二十四年(1898)刻本　三冊

220000－0801－0006989　史148.5/3－1
翼教叢編六卷附一卷　(清)蘇輿輯　清光緒二十四年(1898)刻本　三冊

220000－0801－0006990　史148.5/5
辟邪紀實三卷附一卷　(清)天下第一傷心人撰　清同治元年(1862)刻本　一冊

220000－0801－0006991　史148.5/7
沈觀察燕晉弭兵記二卷　(清)陳守謙撰　清光緒二十九年(1903)上海榮商順成書局石印本　一冊

220000－0801－0006992　史148.5/7－1
沈觀察燕晉弭兵記二卷　(清)陳守謙撰　清光緒二十九年(1903)上海榮商順成書局石印本　一冊

220000－0801－0006993　史148.6/1
西巡回鑾始末記六卷　(日本)吉田良太郎彙錄　(清)八詠樓主人刊正　清光緒二十八年(1902)石印本　六冊

220000－0801－0006994　史148.6/1－1
西巡回鑾始末記六卷　(日本)吉田良太郎彙錄　(清)八詠樓主人刊正　清光緒二十八年(1902)石印本　六冊

220000－0801－0006995　史148.6/1－2
西巡回鑾始末記六卷　(日本)吉田良太郎彙錄　(清)八詠樓主人刊正　清光緒二十八年(1902)石印本　六冊

220000－0801－0006996　史148.6/2
西石城風俗志五章　陳慶年撰　清光緒三十四年(1908)鉛印本　一冊

220000－0801－0006997　史148.6/2－1
西石城風俗志五章　陳慶年撰　清光緒三十四年(1908)鉛印本　一冊

220000－0801－0006998　史15/2
史緯三百三十卷明史緯六十八卷　(清)陳允錫輯　清光緒二十九年(1903)上海順成書局石印本　五十二冊

220000－0801－0006999　史15/3
續刻讀史快編七十五卷　(明)趙維寰節　(清)李承薰校并續節　清光緒七年(1881)刻本　四十八冊

220000－0801－0007000　史15/4
史略八十七卷　(清)朱壂輯　清光緒十九年(1893)上海宏文閣鉛印本　六冊

220000－0801－0007001　史15/5
史畧八十七卷　(清)朱壂輯　清同治六年(1867)皖南朱氏瓷麓山房刻本　二十冊

220000－0801－0007002　史15/5－1
史畧八十七卷　(清)朱壂輯　清同治六年(1867)皖南朱氏瓷麓山房刻本　二十冊

220000－0801－0007003　史15/5－2
史畧八十七卷　(清)朱壂輯　清同治六年(1867)皖南朱氏瓷麓山房刻本　二十冊

220000－0801－0007004　史15/6
史畧八十七卷　(清)朱壂輯　清光緒十二年(1886)上海積山書局石印本　六冊

220000－0801－0007005　史15/7
歷代史畧六卷　柳詒徵編　清光緒江楚書局刻本　八冊

220000－0801－0007006　史15/7－1
歷代史畧六卷　柳詒徵編　清光緒江楚書局刻本　八冊

220000－0801－0007007　史15/7－2
歷代史畧六卷　柳詒徵編　清光緒江楚書局刻本　七冊

220000－0801－0007008　史15/7－3
歷代史畧六卷　柳詒徵編　清光緒江楚書局刻本　七冊

220000－0801－0007009　史 15/10
廿二史發蒙二卷　（清）馬承昭撰　清光緒四
年(1878)刻本　一冊

220000－0801－0007010　史 15/12
廿四史約編八卷首一卷　（清）鄭元慶述　清
末石印本　八冊

220000－0801－0007011　史 15/14
廿一史提綱歌二卷　（清）李兆洛編　清同治
十年(1871)御香書屋刻本　二冊

220000－0801－0007012　史 15/14－1
廿一史提綱歌二卷　（清）李兆洛編　清同治
十年(1871)御香書屋刻本　二冊

220000－0801－0007013　史 15/16
二十四史論贊二十四卷　（清）張羅澄編輯
清光緒二十八年(1902)夢孔山房石印本
十冊

220000－0801－0007014　史 15/17
二十四史文鈔一百十卷　（清）納蘭常安選評
清光緒二十九年(1903)上海文書局石印本
十六冊

220000－0801－0007015　史 15/18
廿四史論贊七十八卷目錄一卷　（清）陳闡編
輯　清光緒二十八年(1902)文淵山房石印本
十二冊

220000－0801－0007016　史 15/18－1
廿四史論贊七十八卷目錄一卷　（清）陳闡編
輯　清光緒二十八年(1902)文淵山房石印本
五冊

220000－0801－0007017　史 15/19
十七史詳節　（宋）呂祖謙輯　清光緒二十八
年(1902)崇新書局石印本　三十二冊

220000－0801－0007018　史 15/19－1
十七史詳節　（宋）呂祖謙輯　清光緒二十八
年(1902)崇新書局石印本　十五冊

220000－0801－0007019　史 15/19－2
十七史詳節　（宋）呂祖謙輯　清光緒二十八
年(1902)崇新書局石印本　三十二冊

220000－0801－0007020　史 15/21
讀東華錄不分卷　（清）竇士鏞撰　清宣統三
年(1911)鉛印本　一冊

220000－0801－0007021　史 15/21－1
讀東華錄不分卷　（清）竇士鏞撰　清宣統三
年(1911)鉛印本　一冊

220000－0801－0007022　史 15/22
中國歷史三卷　陳慶年編　清光緒三十一年
(1905)北洋官報局鉛印本　一冊

220000－0801－0007023　史 15/27
皇朝事暑一卷　王金綬編　清光緒二十九年
(1903)石印本　一冊

220000－0801－0007024　史 15/27－1
皇朝事暑一卷　王金綬編　清光緒二十九年
(1903)石印本　一冊

220000－0801－0007025　史 15/27－2
皇朝事暑一卷　王金綬編　清光緒二十九年
(1903)石印本　一冊

220000－0801－0007026　史 15/29
中國歷史課本　（清）陸軍部陸軍學堂編　清
宣統元年(1909)陸軍速成學堂鉛印本　一冊

220000－0801－0007027　史 15/30
中國歷史六卷　陳慶年編　清光緒二十二年
(1896)益元局刻本　六冊

220000－0801－0007028　史 15/31
中國歷史問答　（清）邵義輯　清光緒二十八
年(1902)上海商務印書館鉛印本　一冊

220000－0801－0007029　史 15/36
古今紀要十九卷逸編一卷　（宋）黃震撰　清
刻本　一冊

220000－0801－0007030　史 15/37
史要二卷　（日本）桑原隲藏著　樊炳清譯
清光緒二十九年(1903)鉛印本　四冊

220000－0801－0007031　史 15/39
史學驪珠四卷首一卷　（清）周贇纂輯　清光
緒七年(1881)刻本　四冊

220000 – 0801 – 0007032　史 15/39 – 1

史學驪珠四卷首一卷　(清)周贇纂輯　清光緒七年(1881)刻本　四册

220000 – 0801 – 0007033　史 15/40

史畧便蒙不分卷　(清)顏永京　唐永熙選訂　清光緒二十三年(1897)鉛印本　一册

220000 – 0801 – 0007034　史 15/40 – 1

史畧便蒙不分卷　(清)顏永京　唐永熙選訂　清光緒二十三年(1897)鉛印本　一册

220000 – 0801 – 0007035　史 15/40 – 2

史畧便蒙不分卷　(清)顏永京　唐永熙選訂　清光緒二十三年(1897)鉛印本　一册

220000 – 0801 – 0007036　史 15/40 – 3

史畧便蒙不分卷　(清)顏永京　唐永熙選訂　清光緒二十三年(1897)鉛印本　一册

220000 – 0801 – 0007037　史 15/42

史鑑節要便讀六卷末一卷　(清)鮑東里撰　清同治七年(1868)刻本　二册

220000 – 0801 – 0007038　史 15/43

史鑑節要便讀六卷　(清)鮑東里撰　清同治十二年(1873)刻本　二册

220000 – 0801 – 0007039　史 15/44

史鑑節要便讀六卷　(清)鮑東里撰　清同治十二年(1873)崇文書局刻本　二册

220000 – 0801 – 0007040　史 15/44 – 1

史鑑節要便讀六卷　(清)鮑東里撰　清同治十二年(1873)崇文書局刻本　二册

220000 – 0801 – 0007041　史 15/45

歷代史要三卷　(清)蔣蔭椿編輯　清末鉛印本　一册

220000 – 0801 – 0007042　史 15/46

歷代畧不分卷　(清)李兆洛撰　清光緒三年(1877)江陰刻本　一册

220000 – 0801 – 0007043　史 15/48

歷代邊事彙鈔十二卷　(清)朱克敬撰　清光緒二十八年(1902)上海捷記書局石印本　四册

220000 – 0801 – 0007044　史 15/48 – 1

歷代邊事彙鈔十二卷　(清)朱克敬撰　清光緒二十八年(1902)上海捷記書局石印本　四册

220000 – 0801 – 0007045　史 15/49

邊事彙鈔十二卷　(清)朱克敬撰　清光緒六年(1880)長沙刻本　一册

220000 – 0801 – 0007046　史 15/50

新政策論講義淵海四十八卷　(清)顧少逸輯　清光緒二十八年(1902)石印本　二十四册

220000 – 0801 – 0007047　史 15/53

史要增註七卷　(清)任啓運輯　吳兆慶註　清光緒十四年(1888)上海鴻文書局石印本　四册

220000 – 0801 – 0007048　史 15/54

史要二卷　(日本)桑原隲藏著　樊炳清譯　清光緒二十九年(1903)鉛印本　四册

220000 – 0801 – 0007049　史 15/55

易知摘要類編十二卷　(清)富俊輯　清同治十三年(1874)紹衣堂刻本　十二册

220000 – 0801 – 0007050　史 15/56

同庵史彙十卷　(清)蔣善撰　清刻本　八册

220000 – 0801 – 0007051　史 15/59

史記菁華錄六卷　(清)姚祖恩撰　清光緒二十二年(1896)上海書局石印本　六册

220000 – 0801 – 0007052　史 15/59 – 1

史記菁華錄六卷　(清)姚祖恩撰　清光緒二十二年(1896)上海書局石印本　六册

220000 – 0801 – 0007053　史 15/62

史記菁華錄六卷　(清)姚祖恩摘錄　清光緒四年(1878)扶荔山房刻本　六册

220000 – 0801 – 0007054　史 15/62 – 1

史記菁華錄六卷　(清)姚祖恩摘錄　清光緒四年(1878)扶荔山房刻本　六册

220000 – 0801 – 0007055　史 15/62 – 2

史記菁華錄六卷　(清)姚祖恩摘錄　清光緒四年(1878)扶荔山房刻本　六册

220000 – 0801 – 0007056　史 15/62 – 3

史記菁華錄六卷　（清）姚祖恩摘錄　清光緒
四年(1878)扶荔山房刻本　六冊

220000 – 0801 – 0007057　史 15/64

古今史學萃珍不分卷　（清）黃本驥編　（清）
余肇鈞校　清同治七年(1868)永豐書局刻本
八冊

220000 – 0801 – 0007058　史 15/69

讀史節要十二卷　（清）汪承鑴輯　清同治六
年(1867)濟南刻本　六冊

220000 – 0801 – 0007059　史 15/70

史筌五卷首一卷　（清）楊銘柱纂輯　清道光
二十六年(1846)刻本　二冊　缺二卷(四至
五)

220000 – 0801 – 0007060　史 15/71

史筌五卷首一卷　（清）楊銘柱纂輯　清咸豐
元年(1851)刻本　二冊

220000 – 0801 – 0007061　史 15/72

全史吏鑑十卷　（清）張祥雲輯　清嘉慶八年
(1803)刻本　二冊

220000 – 0801 – 0007062　史 15/73

鑑撮四卷　（清）曠敏本編　附讀史論略一卷
（清）杜詔撰　清刻本　五冊

220000 – 0801 – 0007063　史 15/77

漢書蒙拾三卷後漢書蒙拾二卷　（清）杭世駿
撰　清光緒十年(1884)上海同文書局石印本
二冊

220000 – 0801 – 0007064　史 15/77 – 1

漢書蒙拾三卷後漢書蒙拾二卷　（清）杭世駿
撰　清光緒十年(1884)上海同文書局石印本
二冊

220000 – 0801 – 0007065　史 15/78

兩漢博聞十二卷　（宋）楊侃撰　清光緒鉛印
本　五冊

220000 – 0801 – 0007066　史 15/84

周季編略九卷　（清）黃式三纂　清同治十二
年(1873)浙江書局刻本　四冊

220000 – 0801 – 0007067　史 15/84 – 1

周季編略九卷　（清）黃式三纂　清同治十二
年(1873)浙江書局刻本　四冊

220000 – 0801 – 0007068　史 15/84 – 2

周季編略九卷　（清）黃式三纂　清同治十二
年(1873)浙江書局刻本　四冊

220000 – 0801 – 0007069　史 15/84 – 3

周季編略九卷　（清）黃式三纂　清同治十二
年(1873)浙江書局刻本　四冊

220000 – 0801 – 0007070　史 15/87

後漢書精華錄二卷　（□）□□撰　清光緒二
十五年(1899)石印本　二冊

220000 – 0801 – 0007071　史 15/88

前漢書精華錄四卷　（□）□□撰　清光緒二
十五年(1899)江左書林石印本　四冊

220000 – 0801 – 0007072　史 15/95

後漢紀三十卷　（晉）袁宏撰　清光緒二年
(1876)嶺南學海堂刻本　六冊

220000 – 0801 – 0007073　史 15/96

戰國策選四卷　（清）儲欣評選　清光緒九年
(1883)靜遠堂刻本　四冊

220000 – 0801 – 0007074　史 15/96 – 1

戰國策選四卷　（清）儲欣評選　清光緒九年
(1883)靜遠堂刻本　四冊

220000 – 0801 – 0007075　史 15/97

國語選四卷　（清）儲欣評　清光緒九年
(1883)靜遠堂刻本　二冊

220000 – 0801 – 0007076　史 15/104

南北史合鈔不分卷　（□）□□撰　清末抄本
十冊

220000 – 0801 – 0007077　史 15/105

歐陽文忠公五代史抄二十卷　（明）茅坤批評
清刻本　四冊

220000 – 0801 – 0007078　史 15/107

南史節鈔二十二卷　（清）李經羲撰　清末鉛
印本　四冊

220000－0801－0007079　　史 15/108

汲冢周書輯要一卷　（清）郝懿行撰　清光緒
八年(1882)東路廳署刻本　一冊

220000－0801－0007080　　史 15/108－1

汲冢周書輯要一卷　（清）郝懿行撰　清光緒
八年(1882)東路廳署刻本　一冊

220000－0801－0007081　　史 15/108－2

汲冢周書輯要一卷　（清）郝懿行撰　清光緒
八年(1882)東路廳署刻本　一冊

220000－0801－0007082　　史 15/108－3

汲冢周書輯要一卷　（清）郝懿行撰　清光緒
八年(1882)東路廳署刻本　一冊

220000－0801－0007083　　史 15/109

南史識小錄十四卷北史識小錄十四卷　（清）
沈名蓀　（清）朱昆田輯　（清）張應昌補正
清同治十年(1871)刻本　十二冊

220000－0801－0007084　　史 15/109－1

南史識小錄十四卷北史識小錄十四卷　（清）
沈名蓀　（清）朱昆田輯　（清）張應昌補正
清同治十年(1871)刻本　十冊

220000－0801－0007085　　史 15/109－2

南史識小錄十四卷北史識小錄十四卷　（清）
沈名蓀　（清）朱昆田輯　（清）張應昌補正
清同治十年(1871)刻本　八冊

220000－0801－0007086　　史 15/109－3

南史識小錄十四卷北史識小錄十四卷　（清）
沈名蓀　（清）朱昆田輯　（清）張應昌補正
清同治十年(1871)刻本　十二冊

220000－0801－0007087　　史 15/110

南北史捃華八卷　（清）周嘉猷輯　清光緒元
年(1875)退補齋刻本　四冊

220000－0801－0007088　　史 15/111

南北史捃華八卷　（清）周嘉猷輯　清同治十
一年(1872)南園寄社鉛印本　四冊

220000－0801－0007089　　史 15/115

明史春秋不分卷　（清）□□輯　清末抄本
七冊

220000－0801－0007090　　史 15/116

明鑑輂要二卷　（清）雲軒手抄　清光緒十二
年(1886)東華寓廬抄本　二冊

220000－0801－0007091　　史 15/119

支那通史七卷　（日本）那珂通世編　清光緒
二十五年(1899)東文學社石印本　五冊　缺
三卷(五至七)

220000－0801－0007092　　史 15/119－1

支那通史七卷　（日本）那珂通世編　清光緒
二十五年(1899)東文學社石印本　五冊　缺
三卷(五至七)

220000－0801－0007093　　史 15/120

支那史要六卷　（日本）市村瓚次郎撰　陳毅
譯　清末鉛印本　四冊

220000－0801－0007094　　史 15/121

廿一史約編八卷首一卷　（清）鄭元慶述　清
光緒六年(1880)得月樓刻本　八冊

220000－0801－0007095　　史 15/122

東亞史要七章　（日本）開成館編著　清直隸
學校司排印局鉛印本　二冊

220000－0801－0007096　　史 15/122－1

東亞史要七章　（日本）開成館編著　清直隸
學校司排印局鉛印本　二冊

220000－0801－0007097　　史 15/123

漢書蒙拾三卷後漢書蒙拾二卷　（清）杭世駿
撰　清末刻本　一冊

220000－0801－0007098　　史 15/123－1

漢書蒙拾三卷後漢書蒙拾二卷　（清）杭世駿
撰　清末刻本　一冊

220000－0801－0007099　　史 15/123－2

漢書蒙拾三卷後漢書蒙拾二卷　（清）杭世駿
撰　清末刻本　二冊

220000－0801－0007100　　史 15/124

新鐫歷朝捷錄四卷　（明）顧充編著　清刻本
　八冊

220000－0801－0007101　　史 15/125

通鑑總類二十卷　（宋）沈樞撰　清光緒二十

313

年(1894)京都申榮堂刻本　二十冊

220000－0801－0007102　史15/127

讀史探驪錄五卷　（清）姚芝生撰　清末常熟
開文社鉛印本　二冊

220000－0801－0007103　史15/135

十九世紀外交史十七章　（日本）平田久著
張相譯　清光緒二十八年（1902）史學齋刻本
四冊

220000－0801－0007104　史15/135－1

十九世紀外交史十七章　（日本）平田久著
張相譯　清光緒二十八年（1902）史學齋刻本
四冊

220000－0801－0007105　史15/135－2

十九世紀外交史十七章　（日本）平田久著
張相譯　清光緒二十八年（1902）史學齋刻本
四冊

220000－0801－0007106　史15/141

七家後漢書二十一卷　（清）汪文臺輯　清光
緒八年（1882）刻本　六冊

220000－0801－0007107　史15/147

廿一史約編八卷首一卷　（清）鄭元慶撰　清
同治七年（1868）刻本　八冊

220000－0801－0007108　史15/147－1

廿一史約編八卷首一卷　（清）鄭元慶撰　清
同治七年（1868）刻本　八冊

220000－0801－0007109　史15/149

綱鑑擇語十卷　（清）司徒修輯　清光緒二十
四年（1898）文華書局石印本　六冊

220000－0801－0007110　史15/150

伊洛淵源錄十四卷　（宋）朱熹撰　清末刻本
一冊　存七卷（八至十四）

220000－0801－0007111　史162/1

讀史糾謬十五卷　（清）牛運震撰　清嘉慶刻
本　六冊

220000－0801－0007112　史162/2

史目表二卷　（清）洪飴孫撰　清光緒四年
（1878）刻本　一冊

220000－0801－0007113　史162/3

史目表二卷　（清）洪飴孫撰　清光緒二十五
年（1899）京都書局石印本　一冊

220000－0801－0007114　史162/4

欽定古今儲貳金鑑六卷首一卷　（清）高宗弘
曆敕撰　清光緒二十一年（1895）浙江官書局
刻本　四冊

220000－0801－0007115　史162/4－1

欽定古今儲貳金鑑六卷首一卷　（清）高宗弘
曆敕撰　清光緒二十一年（1895）浙江官書局
刻本　四冊

220000－0801－0007116　史162/5

欽定古今儲貳金鑑六卷首一卷　（清）高宗弘
曆敕撰　清末刻本　四冊

220000－0801－0007117　史162/5－1

欽定古今儲貳金鑑六卷首一卷　（清）高宗弘
曆敕撰　清末刻本　四冊

220000－0801－0007118　史162/11

史漢發明彙鈔五卷　（清）傅澤鴻編輯　清光
緒十八年（1892）刻本　一冊

220000－0801－0007119　史162/15

姚惜抱先生前漢書評點一卷　（清）姚鼐評點
清光緒十六年（1890）天津李鴻章署檢石印
本　一冊

220000－0801－0007120　史162/17

唐書直筆四卷附錄一卷　（宋）呂夏卿撰　三
國雜事二卷　（宋）唐庚撰　涉史隨筆一卷
（宋）葛洪撰　清光緒二十六年（1900）江夏劉
氏刻本　二冊

220000－0801－0007121　史162/23

史通通釋二十卷　（清）浦起龍撰　清光緒二
十年（1894）上海積山書局石印本　八冊

220000－0801－0007122　史162/24

史通通釋二十卷　（清）浦起龍撰　清光緒十
一年（1885）刻本　四冊

220000－0801－0007123　史162/27

史通通釋二十卷　（清）浦起龍撰　清光緒十

九年(1893)石印本　八冊

220000－0801－0007124　史162/27－1

史通通釋二十卷　(清)浦起龍撰　清光緒十九年(1893)石印本　八冊

220000－0801－0007125　史162/28

史通通釋二十卷　(清)浦起龍撰　清光緒二十八年(1902)益友書局刻本　十冊

220000－0801－0007126　史162/29

史通通釋二十卷　(清)浦起龍撰　清光緒十九年(1893)上海文瑞樓石印本　四冊

220000－0801－0007127　史162/29－1

史通通釋二十卷　(清)浦起龍撰　清光緒十九年(1893)上海文瑞樓石印本　八冊

220000－0801－0007128　史162/29－2

史通通釋二十卷　(清)浦起龍撰　清光緒十九年(1893)上海文瑞樓石印本　八冊

220000－0801－0007129　史162/31

文史通義八卷　(清)章學誠撰　清光緒十九年(1893)粵東菁華閣刻本　七冊

220000－0801－0007130　史162/35

文史通義八卷附校讎通義三卷　(清)章學誠撰　清道光十二年(1832)刻本　五冊

220000－0801－0007131　史162/35－1

文史通義八卷附校讎通義三卷　(清)章學誠撰　清道光十二年(1832)刻本　五冊

220000－0801－0007132　史162/36

史學叢書四十三種　(清)□□撰　清光緒二十五年(1899)文瀾書局石印本　三十二冊

220000－0801－0007133　史162/37

考古續說二卷　(清)崔述撰　清光緒刻本　一冊

220000－0801－0007134　史162/41

史腴二卷　(清)周金壇輯　清末刻本　一冊

220000－0801－0007135　史164/1

古今史論大觀前編十五卷後編十七卷　雷瑨編輯　清光緒二十七年(1901)硯耕山莊石印本　十冊

220000－0801－0007136　史164/2

歷代史論十二卷附宋史論三卷元史論一卷　(明)張溥撰　**明史論四卷**　(清)谷應泰撰　**左傳史論二卷**　(清)高士奇撰　清光緒五年(1879)刻本　十二冊

220000－0801－0007137　史164/2－1

歷代史論十二卷附宋史論三卷元史論一卷　(明)張溥撰　**明史論四卷**　(清)谷應泰撰　**左傳史論二卷**　(清)高士奇撰　清光緒五年(1879)刻本　八冊

220000－0801－0007138　史164/2－2

歷代史論十二卷附宋史論三卷元史論一卷　(明)張溥撰　**明史論四卷**　(清)谷應泰撰　**左傳史論二卷**　(清)高士奇撰　清光緒五年(1879)刻本　八冊

220000－0801－0007139　史164/2－3

歷代史論十二卷附宋史論三卷元史論一卷　(明)張溥撰　**明史論四卷**　(清)谷應泰撰　**左傳史論二卷**　(清)高士奇撰　清光緒五年(1879)刻本　四冊

220000－0801－0007140　史164/3

歷代史論十二卷附宋史論三卷元史論一卷　(明)張溥撰　(清)孫琮評點　**明史論四卷**　(清)谷應泰撰　**左傳史論二卷**　(清)高士奇撰　清光緒九年(1883)都城蒼松山房刻朱墨套印本　八冊

220000－0801－0007141　史164/3－1

歷代史論十二卷附宋史論三卷元史論一卷　(明)張溥撰　(清)孫琮評點　**明史論四卷**　(清)谷應泰撰　**左傳史論二卷**　(清)高士奇撰　清光緒九年(1883)都城蒼松山房刻朱墨套印本　八冊

220000－0801－0007142　史164/4

歷代史案二十卷　(清)洪亮吉撰　(清)吳裕垂編　清末刻本　八冊

220000－0801－0007143　史164/7

讀史大略六十卷附小沙子史略一卷　(清)沙

張白撰　清光緒二十六年(1900)刻本　十二冊

220000－0801－0007144　史164/7－1
讀史大略六十卷附小沙子史略一卷　(清)沙張白撰　清光緒二十六年(1900)刻本　十二冊

220000－0801－0007145　史164/7－2
讀史大略六十卷附小沙子史略一卷　(清)沙張白撰　清光緒二十六年(1900)刻本　十二冊

220000－0801－0007146　史164/8
讀史提要錄評一卷　(清)郭階撰　清光緒十五年(1889)刻本　一冊

220000－0801－0007147　史164/10
史論五種附文略一卷　(清)李祖陶撰　清同治十年(1871)尚友樓刻本　五冊

220000－0801－0007148　史164/10－1
史論五種附文略一卷　(清)李祖陶撰　清同治十年(1871)尚友樓刻本　四冊

220000－0801－0007149　史164/11
史說六卷　(清)李調元撰　清末刻本　二冊

220000－0801－0007150　史164/12
讀史論略一卷　(清)杜詔撰　清嘉慶十三年(1808)刻本　二冊

220000－0801－0007151　史164/13
重刊讀史論略一卷　(清)杜詔撰　清末刻本　一冊

220000－0801－0007152　史164/14
讀史論略一卷　(清)杜詔撰　清末刻本　一冊

220000－0801－0007153　史164/15
讀史論畧一卷　(清)杜詔撰　清咸豐元年(1851)刻本　一冊

220000－0801－0007154　史164/16
重校讀史論略一卷　(清)杜詔撰　清光緒三年(1877)敬業堂寫刻本　一冊

220000－0801－0007155　史164/17
重刻讀史論略一卷　(清)杜詔撰　清光緒元年(1875)寫刻本　一冊

220000－0801－0007156　史164/21
閱史郤視四卷續一卷　(清)李塨撰　清光緒五年(1879)刻本　一冊

220000－0801－0007157　史164/23
史案二十卷首一卷　(清)吳裕垂撰　清光緒六年(1880)大成堂刻本　六冊

220000－0801－0007158　史164/25
史論引端不分卷　李殿林輯　清光緒二十八年(1902)上海書局石印本　一冊

220000－0801－0007159　史164/25－1
史論引端不分卷　李殿林輯　清光緒二十八年(1902)上海書局石印本　一冊

220000－0801－0007160　史164/26
史論彙選甲編八卷乙編八卷丙編八卷　(清)呂景端輯　清光緒刻本　十二冊

220000－0801－0007161　史164/27
讀史提要錄十二卷　(清)夏之蓉編　清光緒二十八年(1902)上海石印本　四冊

220000－0801－0007162　史164/29
讀史賸言四卷　(清)秦篤輝撰　清光緒十七年(1891)三餘草堂刻本　一冊

220000－0801－0007163　史164/31
史翼三十六卷　(清)王紹翰編輯　清光緒二十九年(1903)支那新書局石印本　七冊

220000－0801－0007164　史164/31－1
史翼三十六卷　(清)王紹翰編輯　清光緒二十九年(1903)支那新書局石印本　一冊　存四卷(三十至三十三)

220000－0801－0007165　史164/32
史論正鵠初編四卷二集四卷三集八卷　(清)王樹敏評點　清光緒二十七年(1901)上海久敬齋石印本　十六冊

220000－0801－0007166　史164/32－1
史論正鵠初編四卷二集四卷三集八卷　(清)

王樹敏評點　清光緒二十七年（1901）上海久敬齋石印本　四冊

220000－0801－0007167　史164/32－2
史論正鵠初編四卷二集四卷三集八卷　（清）王樹敏評點　清光緒二十七年（1901）上海久敬齋石印本　四冊

220000－0801－0007168　史164/32－3
史論正鵠初編四卷二集四卷三集八卷　（清）王樹敏評點　清光緒二十七年（1901）上海久敬齋石印本　十三冊　存十三卷（初編一至二、四，二集二至四，三集一至六、八）

220000－0801－0007169　史164/32－4
史論正鵠初編四卷二集四卷三集八卷　（清）王樹敏評點　清光緒二十七年（1901）上海久敬齋石印本　三冊　存三卷（初編一、二集二、三集七）

220000－0801－0007170　史164/33
寰宇分合志八卷增輯一卷　（明）徐樞輯　清光緒二十八年（1902）湘潭楊氏刻本　八冊

220000－0801－0007171　史164/34
史懷二十卷　（明）鍾惺撰　清光緒十七年（1891）三餘草堂刻本　六冊

220000－0801－0007172　史164/35
史餘二十卷　（清）陳堯松撰　清同治三年（1864）竹平安齋刻本　六冊

220000－0801－0007173　史164/41
志遠齋史話六卷止焚稿一卷　（清）楊以貞撰　清光緒刻本　二冊

220000－0801－0007174　史164/42
坡山小學史斷四卷　（宋）南宮靖一編　（明）晏彥文續編　附讀史論略一卷　（清）杜詔撰　清光緒十七年（1891）分寧周氏刻本　四冊

220000－0801－0007175　史164/43
浙江四大家史論合編四卷　（清）李蔭鑾編　清光緒二十八年（1902）刻本　一冊

220000－0801－0007176　史164/43－1
浙江四大家史論合編四卷　（清）李蔭鑾編　清光緒二十八年（1902）刻本　二冊

220000－0801－0007177　史164/43－2
浙江四大家史論合編四卷　（清）李蔭鑾編　清光緒二十八年（1902）刻本　二冊

220000－0801－0007178　史164/44
求己錄三卷　（清）蘆涇遯士編　清光緒二十六年（1900）杭州求是書院刻本　三冊

220000－0801－0007179　史164/49
政治史事論匯海二十卷首一卷　（清）褚成元輯　清光緒二十八年（1902）上海著易堂影印本　十冊

220000－0801－0007180　史164/50
增廣古今人物論三十六卷附續編十二卷　（明）鄭元直輯　清光緒二十五年（1899）杭州石印本　十冊

220000－0801－0007181　史164/51
增廣古今人物論三十六卷附續編十二卷　（明）鄭元直輯　清光緒二十八年（1902）富文書局石印本　十二冊

220000－0801－0007182　史164/52
太白劍二卷　（清）姚康撰　清光緒二十一年（1895）姚氏五桂堂活字印本　二冊

220000－0801－0007183　史164/53
新輯分類史論大成十九卷首一卷　（清）行素生編輯　清光緒二十八年（1902）上海醉六堂石印本　二十冊

220000－0801－0007184　史164/55
歸方評點史記合筆六卷　（清）王拯纂　清光緒元年（1875）刻本　四冊

220000－0801－0007185　史164/58
讀史漫錄二十卷　（明）于慎行撰　清道光二十六年（1846）刻本　十冊

220000－0801－0007186　史164/59
唐史論斷三卷　（宋）孫甫撰　清光緒二十六年（1900）江夏劉氏刻本　二冊

220000－0801－0007187　史164/60
唐史論斷三卷附錄一卷　（宋）孫甫撰　清刻

本 一冊

220000－0801－0007188　史 164/61

唐史論斷三卷附錄一卷　（宋）孫甫撰　清光緒二十年（1894）刻本　二冊

220000－0801－0007189　史 164/63

宋論十五卷　（清）王夫之撰　清末活字印本　四冊

220000－0801－0007190　史 164/68

通鑑論二卷　（宋）司馬光撰　清光緒二十七年（1901）活字印本　二冊

220000－0801－0007191　史 164/68－1

通鑑論二卷　（宋）司馬光撰　清光緒二十七年（1901）活字印本　二冊

220000－0801－0007192　史 164/71

讀通鑑論十卷附宋論五卷　（清）王夫之撰　清光緒二十六年（1900）山西書業昌書莊石印本　八冊

220000－0801－0007193　史 164/73

歷代史論十二卷附宋史論三卷元史論一卷（明）張溥撰　（清）孫琮評點　**明史論四卷**（清）谷應泰撰　**左傳史論二卷**　（清）高士奇撰　清光緒二十七年（1901）儒雅堂刻本七冊

220000－0801－0007194　史 164/75

讀通鑑綱目劄記二十卷附翰馨書屋賦餘二卷年譜一卷　（清）章邦元撰　清光緒十八年（1892）銅陵章氏刻本　十二冊

220000－0801－0007195　史 164/81

鑑古齋日記四卷　（清）陳紹箕撰　（清）皮錫瑞評　清光緒二十八年（1902）長沙刻本四冊

220000－0801－0007196　史 164/81－1

鑑古齋日記四卷　（清）陳紹箕撰　（清）皮錫瑞評　清光緒二十八年（1902）長沙刻本四冊

220000－0801－0007197　史 164/82

支那文明史論十章　（日本）中西牛郎撰　清

光緒二十七年（1901）普通學書室鉛印本一冊

220000－0801－0007198　史 164/86

新政論議二卷　（清）何啓撰　清光緒二十一年（1895）上海賜書堂書莊石印本　二冊

220000－0801－0007199　史 164/87

新政真詮初編六卷　（清）何啓撰　清光緒二十七年（1901）鉛印本　六冊

220000－0801－0007200　史 164/88

時事采新彙選六卷　（清）□□選　清光緒三十二年（1906）鉛印本　六冊

220000－0801－0007201　史 164/88－1

時事采新彙選六卷　（清）□□選　清光緒三十二年（1906）鉛印本　六冊

220000－0801－0007202　史 164/90

古今治統二十卷　（明）徐奮鵬撰　清道光十四年（1834）刻本　八冊

220000－0801－0007203　史 164/94

史闕十四卷　（明）張岱撰　清道光四年（1824）刻本　六冊

220000－0801－0007204　史 164/95

歷代史論十二卷附宋史論三卷元史論一卷（明）張溥撰　**明史論四卷**　（清）谷應泰撰**左傳史論二卷**　（清）高士奇撰　清光緒雙和堂刻本　十二冊

220000－0801－0007205　史 164/95－1

歷代史論十二卷附宋史論三卷元史論一卷（明）張溥撰　**明史論四卷**　（清）谷應泰撰**左傳史論二卷**　（清）高士奇撰　清光緒雙和堂刻本　十冊

220000－0801－0007206　史 164/96

中國魂二卷　梁啓超撰　清光緒二十九年（1903）上海廣智書局鉛印本　二冊

220000－0801－0007207　史 164/96－1

中國魂二卷　梁啓超撰　清光緒二十九年（1903）上海廣智書局鉛印本　二冊

220000－0801－0007208　史 164/96－2

中國魂二卷　梁啓超撰　清光緒二十九年
(1903)上海廣智書局鉛印本　一冊

220000－0801－0007209　史164/96－3
中國魂二卷　梁啓超撰　清光緒二十九年
(1903)上海廣智書局鉛印本　一冊

220000－0801－0007210　史164/97
史事論甲編十卷乙編六卷丙編四卷丁編四卷
　雷瑨撰　清光緒二十九年(1903)硯耕山莊
石印本　十六冊

220000－0801－0007211　史164/99
史案二十卷首一卷　（清）吳裕垂撰　清光緒
六年(1880)刻本　六冊

220000－0801－0007212　史164/100
明史論四卷　（清）谷應泰撰　清末刻本
二冊

220000－0801－0007213　史164/101
讀通鑑論十六卷附宋論十五卷　（清）王夫之
撰　清光緒三十一年(1905)上海商務印書館
鉛印本　八冊　存十六卷(讀通鑑論十六卷)

220000－0801－0007214　史166/1
三史拾遺五卷附諸史拾遺五卷　（清）錢大昕
撰　清嘉慶十二年(1807)刻本　四冊

220000－0801－0007215　史166/1－1
三史拾遺五卷附諸史拾遺五卷　（清）錢大昕
撰　清嘉慶十二年(1807)刻本　四冊

220000－0801－0007216　史166/1－2
三史拾遺五卷附諸史拾遺五卷　（清）錢大昕
撰　清嘉慶十二年(1807)刻本　四冊

220000－0801－0007217　史166/1－3
三史拾遺五卷附諸史拾遺五卷　（清）錢大昕
撰　清嘉慶十二年(1807)刻本　二冊

220000－0801－0007218　史166/1－4
三史拾遺五卷附諸史拾遺五卷　（清）錢大昕
撰　清嘉慶十二年(1807)刻本　二冊

220000－0801－0007219　史166/1－5
三史拾遺五卷附諸史拾遺五卷　（清）錢大昕
撰　清嘉慶十二年(1807)刻本　二冊

220000－0801－0007220　史166/2
四史發伏十卷　（清）洪亮吉撰　清光緒八年
(1882)小石山房刻本　二冊

220000－0801－0007221　史166/2－1
四史發伏十卷　（清）洪亮吉撰　清光緒八年
(1882)小石山房刻本　四冊

220000－0801－0007222　史166/2－2
四史發伏十卷　（清）洪亮吉撰　清光緒八年
(1882)小石山房刻本　四冊

220000－0801－0007223　史166/2－3
四史發伏十卷　（清）洪亮吉撰　清光緒八年
(1882)小石山房刻本　四冊

220000－0801－0007224　史166/3
讀史紀略四卷　（清）蕭濬撰　清道光二十年
(1840)澹靜齋刻本　一冊

220000－0801－0007225　史166/3－1
讀史紀略四卷　（清）蕭濬撰　清道光二十年
(1840)澹靜齋刻本　一冊

220000－0801－0007226　史166/4
沈惟賢讀史日記二卷　（清）沈惟賢撰　清刻
本　一冊

220000－0801－0007227　史166/7
十七史商榷一百卷目錄一卷　（清）王鳴盛撰
　清光緒十九年(1893)廣雅書局刻本　十
六冊

220000－0801－0007228　史166/7－1
十七史商榷一百卷目錄一卷　（清）王鳴盛撰
　清光緒十九年(1893)廣雅書局刻本　十
四冊

220000－0801－0007229　史166/8
廿二史劄記三十六卷補遺一卷　（清）趙翼撰
　清光緒二十五年(1899)上海千頃堂石印本
六冊

220000－0801－0007230　史166/9
廿二史劄記三十六卷補遺一卷　（清）趙翼撰
　清光緒二十八年(1902)文淵山房石印本
六冊

220000－0801－0007231　史166/10

廿二史劄記三十六卷補遺一卷附皇朝劄記述略四卷　（清）趙翼撰　清光緒二十八年（1902）廣雅書局刻本　十六冊

220000－0801－0007232　史166/11

廿二史劄記三十六卷補遺一卷　（清）趙翼撰　清光緒二十年（1894）廣雅書局刻本　十冊

220000－0801－0007233　史166/12

廿二史劄記三十六卷補遺一卷　（清）趙翼撰　清嘉慶五年（1800）湛貽堂刻本　十冊

220000－0801－0007234　史166/12－1

廿二史劄記三十六卷補遺一卷　（清）趙翼撰　清嘉慶五年（1800）湛貽堂刻本　八冊

220000－0801－0007235　史166/12－2

廿二史劄記三十六卷補遺一卷　（清）趙翼撰　清嘉慶五年（1800）湛貽堂刻本　十二冊

220000－0801－0007236　史166/12－3

廿二史劄記三十六卷補遺一卷　（清）趙翼撰　清嘉慶五年（1800）湛貽堂刻本　十二冊

220000－0801－0007237　史166/17

戰國策釋地二卷　（清）張琦撰　清光緒二十年（1894）廣雅書局刻本　一冊

220000－0801－0007238　史166/21

史記集解一百三十卷　（南朝宋）裴駰撰　清光緒八年（1882）上海點石齋影印本　四冊

220000－0801－0007239　史166/27

歸方評點史記合筆六卷附例意一卷劉海峰論文偶記一卷　（清）王拯撰　清光緒元年（1875）望三益齋錦城節署刻本　四冊

220000－0801－0007240　史166/29

史記索隱三十卷　（唐）司馬貞撰　清光緒十九年（1893）廣雅書局刻本　二冊

220000－0801－0007241　史166/30

校刊史記集解索隱正義劄記五卷　（清）張文虎撰　清同治十一年（1872）金陵書局刻本　二冊

220000－0801－0007242　史166/31

史記毛本正誤一卷　（清）丁晏撰　**史漢駢枝一卷**　（清）成蓉鏡撰　清光緒十八年（1892）廣雅書局刻本　一冊

220000－0801－0007243　史166/31－1

史記毛本正誤一卷　（清）丁晏撰　**史漢駢枝一卷**　（清）成蓉鏡撰　清光緒十八年（1892）廣雅書局刻本　一冊　缺一卷（史漢駢枝一卷）

220000－0801－0007244　史166/31－2

史記毛本正誤一卷　（清）丁晏撰　**史漢駢枝一卷**　（清）成蓉鏡撰　清光緒十八年（1892）廣雅書局刻本　一冊　缺一卷（史漢駢枝一卷）

220000－0801－0007245　史166/32

史記正譌三卷　（清）王元啓撰　清光緒十四年（1888）廣雅書局刻朱印本　一冊

220000－0801－0007246　史166/32－1

史記正譌三卷　（清）王元啓撰　清光緒十四年（1888）廣雅書局刻朱印本　一冊

220000－0801－0007247　史166/37

史記探源八卷　崔適撰　清宣統二年（1910）影印本　二冊

220000－0801－0007248　史166/39

史漢駢枝一卷　（清）成蓉鏡撰　清光緒十四年（1888）廣雅書局刻本　一冊

220000－0801－0007249　史166/39－1

史漢駢枝一卷　（清）成蓉鏡撰　清光緒十四年（1888）廣雅書局刻本　一冊

220000－0801－0007250　史166/39－2

史漢駢枝一卷　（清）成蓉鏡撰　清光緒十四年（1888）廣雅書局刻本　一冊

220000－0801－0007251　史166/39－3

史漢駢枝一卷　（清）成蓉鏡撰　清光緒十四年（1888）廣雅書局刻本　一冊

220000－0801－0007252　史166/39－4

史漢駢枝一卷　（清）成蓉鏡撰　清光緒十四年（1888）廣雅書局刻本　一冊

220000 – 0801 – 0007253　史 166/40

史記註補正一卷 （清）方苞撰　**兩漢書註攷證二卷** （清）何若瑤撰　清光緒二十年(1894)廣雅書局刻本　一冊

220000 – 0801 – 0007254　史 166/41

漢書引經異文錄證六卷 （清）繆祐孫撰　清光緒十一年(1885)刻本　二冊

220000 – 0801 – 0007255　史 166/41 – 1

漢書引經異文錄證六卷 （清）繆祐孫撰　清光緒十一年(1885)刻本　四冊

220000 – 0801 – 0007256　史 166/41 – 2

漢書引經異文錄證六卷 （清）繆祐孫撰　清光緒十一年(1885)刻本　二冊

220000 – 0801 – 0007257　史 166/41 – 3

漢書引經異文錄證六卷 （清）繆祐孫撰　清光緒十一年(1885)刻本　二冊

220000 – 0801 – 0007258　史 166/41 – 4

漢書引經異文錄證六卷 （清）繆祐孫撰　清光緒十一年(1885)刻本　二冊

220000 – 0801 – 0007259　史 166/43

兩漢刊誤補遺十卷 （宋）吳仁傑撰　清同治七年(1868)金陵書局活字印本　二冊

220000 – 0801 – 0007260　史 166/43 – 1

兩漢刊誤補遺十卷 （宋）吳仁傑撰　清同治七年(1868)金陵書局活字印本　二冊

220000 – 0801 – 0007261　史 166/45

漢書辨疑二十二卷後漢書辨疑十一卷 （清）錢大昭撰　清光緒刻本　六冊

220000 – 0801 – 0007262　史 166/46

漢書辨疑二十二卷 （清）錢大昭撰　清光緒十三年(1887)廣雅書局刻本　五冊

220000 – 0801 – 0007263　史 166/47

續漢書辨疑九卷 （清）錢大昭撰　清光緒十四年(1888)刻本　一冊

220000 – 0801 – 0007264　史 166/48

漢書管見四卷 （清）朱一新撰　清刻本　四冊

220000 – 0801 – 0007265　史 166/48 – 1

漢書管見四卷 （清）朱一新撰　清刻本　四冊

220000 – 0801 – 0007266　史 166/49

後漢書註又補一卷 （清）沈銘彝撰　清光緒十四年(1888)廣雅書局刻本　一冊

220000 – 0801 – 0007267　史 166/49 – 1

後漢書註又補一卷 （清）沈銘彝撰　清光緒十四年(1888)廣雅書局刻本　一冊

220000 – 0801 – 0007268　史 166/50

後漢書註補正八卷 （清）周壽昌撰　清光緒十七年(1891)廣雅書局刻本　一冊

220000 – 0801 – 0007269　史 166/52

後漢書辨疑十一卷 （清）錢大昭撰　清光緒十四年(1888)廣雅書局刻本　二冊

220000 – 0801 – 0007270　史 166/52 – 1

後漢書辨疑十一卷 （清）錢大昭撰　清光緒十四年(1888)廣雅書局刻本　二冊

220000 – 0801 – 0007271　史 166/53

後漢書疏證三十卷 （清）沈欽韓撰　清光緒二十六年(1900)浙江官書局刻本　十六冊

220000 – 0801 – 0007272　史 166/54

資治通鑑釋文三十卷 （宋）史炤撰　清光緒五年(1879)吳興陸氏十萬卷樓刻本　四冊

220000 – 0801 – 0007273　史 166/56

三國志證聞三卷 （清）錢儀吉撰　清光緒十一年(1885)江蘇書局刻本　二冊

220000 – 0801 – 0007274　史 166/56 – 1

三國志證聞三卷 （清）錢儀吉撰　清光緒十一年(1885)江蘇書局刻本　二冊

220000 – 0801 – 0007275　史 166/56 – 2

三國志證聞三卷 （清）錢儀吉撰　清光緒十一年(1885)江蘇書局刻本　二冊

220000 – 0801 – 0007276　史 166/57

三國志旁證三十卷 （清）梁章鉅撰　清光緒十五年(1889)廣雅書局刻本　六冊

220000－0801－0007277 史166/57－1
三國志旁證三十卷 （清）梁章鉅撰 清光緒
十五年(1889)廣雅書局刻本 六冊

220000－0801－0007278 史166/60
三國志補註續一卷 （清）侯康撰 清光緒十
七年(1891)廣雅書局刻本 一冊

220000－0801－0007279 史166/62
三國志辨疑三卷 （清）錢大昭撰 清刻本
一冊

220000－0801－0007280 史166/63
三國志辨疑三卷 （清）錢大昭撰 清光緒十
五年(1889)廣雅書局刻本 一冊

220000－0801－0007281 史166/63－1
三國志辨疑三卷 （清）錢大昭撰 清光緒十
五年(1889)廣雅書局刻本 一冊

220000－0801－0007282 史166/64
三國志辨誤三卷 （□）□□撰 清光緒二十
年(1894)增刻本 一冊

220000－0801－0007283 史166/65
三國志考證八卷 （清）潘眉撰 清光緒十五
年(1889)廣雅書局刻本 二冊

220000－0801－0007284 史166/66
三國志註證遺四卷 （清）周壽昌撰 清光緒
十七年(1891)廣雅書局刻本 二冊

220000－0801－0007285 史166/66－1
三國志註證遺四卷 （清）周壽昌撰 清光緒
十七年(1891)廣雅書局刻本 一冊

220000－0801－0007286 史166/67
魏書校勘記一卷 王先謙輯 清光緒九年
(1883)長沙王氏刻本 一冊

220000－0801－0007287 史166/68
晉書補傳贊一卷 （清）杭世駿撰 清刻本
一冊

220000－0801－0007288 史166/69
晉書校文五卷 丁國鈞撰 清光緒二十年
(1894)活字印本 二冊

220000－0801－0007289 史166/70
晉宋書故一卷 （清）郝懿行撰 清光緒十七
年(1891)廣雅書局刻本 二冊

220000－0801－0007290 史166/70－1
晉宋書故一卷 （清）郝懿行撰 清光緒十七
年(1891)廣雅書局刻本 一冊

220000－0801－0007291 史166/71
新唐書糾謬二十卷 （宋）吳縝撰 清知不足
齋叢書本 八冊

220000－0801－0007292 史166/72
新舊唐書互證十四卷 （清）趙紹祖撰 清嘉
慶十八年(1813)古墨齋刻本 二冊

220000－0801－0007293 史166/73
新舊唐書互證二十卷 （清）趙紹祖撰 清光
緒十七年(1891)廣雅書局刻本 四冊

220000－0801－0007294 史166/74
舊唐書疑義四卷 （清）張道撰 清光緒七年
(1881)刻本 二冊

220000－0801－0007295 史166/75
唐書釋音二卷 （宋）董衝撰 清刻本 一冊

220000－0801－0007296 史166/77
五代史記纂誤續補六卷 （清）吳光耀撰 清
光緒十四年(1888)江夏吳氏刻本 六冊

220000－0801－0007297 史166/77－1
五代史記纂誤續補六卷 （清）吳光耀撰 清
光緒十四年(1888)江夏吳氏刻本 六冊

220000－0801－0007298 史166/78
欽定遼史語解十卷欽定金史語解十二卷欽定
元史語解二十四卷 （清）高宗弘曆撰 清光
緒四年(1878)江蘇書局刻本 十冊

220000－0801－0007299 史166/78－1
欽定遼史語解十卷欽定金史語解十二卷欽定
元史語解二十四卷 （清）高宗弘曆撰 清光
緒四年(1878)江蘇書局刻本 十冊

220000－0801－0007300 史166/78－2
欽定遼史語解十卷欽定金史語解十二卷欽定
元史語解二十四卷 （清）高宗弘曆撰 清光

緒四年(1878)江蘇書局刻本　十冊

220000－0801－0007301　史 166/78－3

欽定遼史語解十卷欽定金史語解十二卷欽定
元史語解二十四卷　(清)高宗弘曆撰　清光
緒四年(1878)江蘇書局刻本　九冊

220000－0801－0007302　史 166/78－4

欽定遼史語解十卷欽定金史語解十二卷欽定
元史語解二十四卷　(清)高宗弘曆撰　清光
緒四年(1878)江蘇書局刻本　四冊　存二十
四卷(欽定元史語解二十四卷)

220000－0801－0007303　史 166/78－5

欽定遼史語解十卷欽定金史語解十二卷欽定
元史語解二十四卷　(清)高宗弘曆撰　清光
緒四年(1878)江蘇書局刻本　二冊　存二十
二卷(欽定遼史語解十卷、欽定金史語解十二
卷)

220000－0801－0007304　史 166/78－6

欽定遼史語解十卷欽定金史語解十二卷欽定
元史語解二十四卷　(清)高宗弘曆撰　清光
緒四年(1878)江蘇書局刻本　二冊　存十卷
(欽定遼史語解十卷)

220000－0801－0007305　史 166/80

金源劄記二卷又劄一卷史論五答一卷吉貝居
暇唱一卷　(清)施國祁撰　清嘉慶十七年
(1812)吉貝居刻本　二冊

220000－0801－0007306　史 166/86

廿二史考異一百卷　(清)錢大昕撰　清光緒
二十年(1894)刻本　二十四冊

220000－0801－0007307　史 166/90

史通削繁四卷　(清)紀昀撰　清光緒八年
(1882)善化章氏刻本　四冊

220000－0801－0007308　史 166/91

史通削繁四卷　(清)紀昀撰　清道光十三年
(1833)刻本　四冊

220000－0801－0007309　史 166/91－1

史通削繁四卷　(清)紀昀撰　清道光十三年
(1833)刻本　四冊

220000－0801－0007310　史 166/91－2

史通削繁四卷　(清)紀昀撰　清道光十三年
(1833)刻本　四冊

220000－0801－0007311　史 166/92

史通削繁四卷　(清)紀昀撰　清光緒六年
(1880)湖北崇文書局刻本　四冊

220000－0801－0007312　史 166/92－1

史通削繁四卷　(清)紀昀撰　清光緒六年
(1880)湖北崇文書局刻本　四冊

220000－0801－0007313　史 166/92－2

史通削繁四卷　(清)紀昀撰　清光緒六年
(1880)湖北崇文書局刻本　四冊

220000－0801－0007314　史 166/101

嚴永思先生通鑑補正略三卷資治通鑑刊本識
誤三卷　(明)嚴衍撰　(清)張敦仁彙錄　清
道光八年(1828)金陵顧晴崖刻本　七冊

220000－0801－0007315　史 166/103

資治通鑑地理今釋十六卷　(清)吳熙載撰
清光緒八年(1882)江蘇書局刻本　三冊

220000－0801－0007316　史 166/103－1

資治通鑑地理今釋十六卷　(清)吳熙載撰
清光緒八年(1882)江蘇書局刻本　三冊

220000－0801－0007317　史 166/107

資治通鑑釋文三十卷　(宋)史炤撰　清光緒
五年(1879)吳興陸氏十萬卷樓刻本　四冊

220000－0801－0007318　史 166/110

資治通鑑考異三十卷　(宋)司馬光撰　清光
緒十四年(1888)刻本　三冊　存十一卷(四
至十四)

220000－0801－0007319　史 166/110－1

資治通鑑考異三十卷　(宋)司馬光撰　清光
緒十四年(1888)刻本　五冊　存十九卷(一
至三、十五至三十)

220000－0801－0007320　史 166/111

讀史舉正八卷　(清)張熷撰　清光緒十七年
(1891)廣雅書局刻本　二冊

220000－0801－0007321　史 166/111－1

讀史舉正八卷　（清）張熷撰　清光緒十七年
(1891)廣雅書局刻本　二冊

220000－0801－0007322　史 166/111－2

讀史舉正八卷　（清）張熷撰　清光緒十七年
(1891)廣雅書局刻本　二冊

220000－0801－0007323　史 166/112

諸史拾遺五卷　（清）錢大昕撰　清光緒十七
年(1891)廣雅書局刻本　一冊

220000－0801－0007324　史 166/112－1

諸史拾遺五卷　（清）錢大昕撰　清光緒十七
年(1891)廣雅書局刻本　一冊

220000－0801－0007325　史 166/112－2

諸史拾遺五卷　（清）錢大昕撰　清光緒十七
年(1891)廣雅書局刻本　一冊

220000－0801－0007326　史 166/114

姚惜抱先生前漢書評點一卷　（清）姚鼐評點
清光緒十六年(1890)天津影印本　一冊

220000－0801－0007327　史 166/116

通鑑地理通釋十四卷　（宋）王應麟撰　清末
刻本　二冊

220000－0801－0007328　史 166/118

多識錄四卷　（清）練恕撰　清道光十八年
(1838)上海官舍刻本　二冊

220000－0801－0007329　史 166/126

讀史碎金註八十卷　（清）胡文炳編　清光緒
二年(1876)刻本　八十一冊

220000－0801－0007330　史 166/127

讀史考異十八卷　（清）洪頤煊撰　清光緒十
五年(1889)廣雅書局刻本　三冊

220000－0801－0007331　史 166/127－1

讀史考異十八卷　（清）洪頤煊撰　清光緒十
五年(1889)廣雅書局刻本　三冊

220000－0801－0007332　史 166/128

資治通鑑刊本識誤三卷　（清）張敦仁撰　清
光緒十二年(1886)新陽趙氏刻本　三冊

220000－0801－0007333　史 166/128－1

資治通鑑刊本識誤三卷　（清）張敦仁撰　清
光緒十二年(1886)新陽趙氏刻本　三冊

220000－0801－0007334　史 166/129

史記集解一百三十卷　（南朝宋）裴駰撰　清
光緒四年(1878)金陵書局刻本　十六冊

220000－0801－0007335　史 166/130

國史考異六卷　（清）潘檉章撰　（清）吳炎訂
清光緒刻本　三冊

220000－0801－0007336　史 166/134

史記索隱三十卷　（唐）司馬貞撰　清光緒刻
本　四冊

220000－0801－0007337　史 166/135

十七史商榷一百卷　（清）王鳴盛撰　清末刻
本　二十冊

220000－0801－0007338　史 166/136

戰國策釋地二卷　（清）張琦撰　清光緒十一
年(1885)新陽趙氏刻本　一冊

220000－0801－0007339　史 166/137

宋州郡志校勘記　（清）成蓉鏡撰　清光緒十
四年(1888)廣雅書局刻本　一冊

220000－0801－0007340　史 166/137－1

宋州郡志校勘記　（清）成蓉鏡撰　清光緒十
四年(1888)廣雅書局刻本　一冊

220000－0801－0007341　史 166/138

魏書校勘記一卷　王先謙編　清光緒十七年
(1891)廣雅書局刻本　一冊

220000－0801－0007342　史 166/139

史記正譌三卷　（清）王元啓撰　清光緒十六
年(1890)廣雅書局刻本　一冊

220000－0801－0007343　史 166/140

晉書校勘記五卷　（清）周家祿撰　清光緒十
四年(1888)廣雅書局刻本　一冊

220000－0801－0007344　史 166/141

晉書校勘記三卷　（清）勞格撰　清光緒十八
年(1892)廣雅書局刻本　一冊

220000－0801－0007345　史 166/142

東晉疆域志四卷 （清）洪亮吉撰 清光緒十七年(1891)廣雅書局刻本 二冊

220000 – 0801 – 0007346 史 166/144

後漢書註又補一卷 （清）沈銘彝撰 清同治八年(1869)刻本 一冊

220000 – 0801 – 0007347 史 168/2

提綱釋義一卷鑑略四字書一卷 （清）王仕雲撰 清光緒十五年(1889)姑蘇掃葉山房刻本 一冊

220000 – 0801 – 0007348 史 168/3

鑑綱詠略八卷 （清）張應鼎撰 （清）張師誠鑒定 （清）柯龍章輯註 清同治十二年(1873)刻本 八冊

220000 – 0801 – 0007349 史 168/3 – 1

鑑綱詠略八卷 （清）張應鼎撰 （清）張師誠鑒定 （清）柯龍章輯註 清同治十二年(1873)刻本 八冊

220000 – 0801 – 0007350 史 168/4

靜娛樓詠史詩一卷 （清）劉咸榮撰 清光緒三十年(1904)刻本 一冊

220000 – 0801 – 0007351 史 168/5

樹經堂詠史詩八卷目錄一卷 （清）謝啓昆撰 清嘉慶元年(1796)刻本 四冊

220000 – 0801 – 0007352 史 168/5 – 1

樹經堂詠史詩八卷目錄一卷 （清）謝啓昆撰 清嘉慶元年(1796)刻本 二冊

220000 – 0801 – 0007353 史 168/7

耕獵齋詠史樂府二卷 （清）周懷綏撰 （清）呂振騏輯註 清光緒七年(1881)刻本 二冊

220000 – 0801 – 0007354 史 168/9

啓禎宮詞合刻二卷 （清）秦蘭徵 （清）王譽昌撰 清嘉慶十六年(1811)鐵琴銅劍樓刻本 二冊

220000 – 0801 – 0007355 史 168/9 – 1

啓禎宮詞合刻二卷 （清）秦蘭徵 （清）王譽昌撰 清嘉慶十六年(1811)鐵琴銅劍樓刻本 四冊

220000 – 0801 – 0007356 史 168/10

廬山新樂府全集二卷 （清）張師右撰 清咸豐四年(1854)根香草堂刻本 二冊

220000 – 0801 – 0007357 史 168/11

掃葉亭詠史詩四卷 （清）來秀撰 清同治十二年(1873)刻本 四冊

220000 – 0801 – 0007358 史 168/12

榆图讀史草不分卷 （清）李壽蓉撰 （清）周益註 清光緒十年(1884)鉛印本 二冊

220000 – 0801 – 0007359 史 168/13

南宋樂府一卷 （清）章季英撰 （清）趙葆燧註 清光緒二年(1876)成都刻本 一冊

220000 – 0801 – 0007360 史 168/14

南宋雜事詩七卷 （清）沈嘉轍等撰 清同治刻本 四冊

220000 – 0801 – 0007361 史 168/15

詠史集八卷別集一卷 （清）汪元慎纂 清光緒五年(1879)刻本 四冊

220000 – 0801 – 0007362 史 168/17

三國志樂府一卷 （清）宋慈襃著 清咸豐七年(1857)刻本 一冊

220000 – 0801 – 0007363 史 168/17 – 1

三國志樂府一卷 （清）宋慈襃著 清咸豐七年(1857)刻本 一冊

220000 – 0801 – 0007364 史 168/18

詠史百律一卷 （清）朱宮桂撰 清嘉慶六年(1801)帶草堂刻本 一冊

220000 – 0801 – 0007365 史 168/19

十六國宮詞二卷 （清）周昇撰 清道光十九年(1839)刻本 二冊

220000 – 0801 – 0007366 史 168/20

十國宮詞一百首一卷 （清）吳省蘭撰 清同治十二年(1873)刻本 一冊

220000 – 0801 – 0007367 史 168/20 – 1

十國宮詞一百首一卷 （清）吳省蘭撰 清同治十二年(1873)刻本 一冊

220000－0801－0007368　史168/20－2
十國宮詞一百首一卷　（清）吳省蘭撰　清同
治十二年（1873）刻本　一冊

220000－0801－0007369　史168/22
詠史詩鈔一卷　（清）李辰垣撰　清道光二十
三年（1843）京都文采齋刻本　一冊

220000－0801－0007370　史168/23
長安宮詞一卷　（清）胡延撰　清光緒二十八
年（1902）刻本　一冊

220000－0801－0007371　史168/28
全史宮詞二十卷　（清）史夢蘭撰　清光緒十
九年（1893）刻本　四冊

220000－0801－0007372　史168/28－1
全史宮詞二十卷　（清）史夢蘭撰　清光緒十
九年（1893）刻本　八冊

220000－0801－0007373　史168/28－2
全史宮詞二十卷　（清）史夢蘭撰　清光緒十
九年（1893）刻本　八冊

220000－0801－0007374　史168/28－3
全史宮詞二十卷　（清）史夢蘭撰　清光緒十
九年（1893）刻本　六冊

220000－0801－0007375　史168/30
東周宮詞五卷　（清）吳養原撰　清光緒十年
（1884）刻本　一冊

220000－0801－0007376　史168/31
南宋雜事詩七卷　（清）沈嘉轍等撰　清武林
芹香齋刻本　四冊

220000－0801－0007377　史168/31－1
南宋雜事詩七卷　（清）沈嘉轍等撰　清武林
芹香齋刻本　七冊

220000－0801－0007378　史168/32
南宋雜事詩七卷　（清）沈嘉轍等撰　清同治
十一年（1872）淮南書局刻本　四冊

220000－0801－0007379　史168/33
南宋雜事詩七卷　（清）沈嘉轍等撰　清道光
九年（1829）扶荔山房刻本　四冊

220000－0801－0007380　史168/34
明宮雜詠四卷　（清）毛遇順撰　清道光十九
年（1839）龍潭老屋刻本　一冊

220000－0801－0007381　史168/37
定峰樂府十卷附刊一卷　（清）沙張白撰　清
光緒二十四年（1898）刻本　二冊

220000－0801－0007382　史168/37－1
定峰樂府十卷附刊一卷　（清）沙張白撰　清
光緒二十四年（1898）刻本　二冊

220000－0801－0007383　史168/37－2
定峰樂府十卷附刊一卷　（清）沙張白撰　清
光緒二十四年（1898）刻本　二冊

220000－0801－0007384　史168/38
金源紀事詩八卷　（清）湯運泰著　（清）湯顯
業　（清）湯顯幹註　清同治十二年（1873）淮
南書局刻本　四冊

220000－0801－0007385　史168/41
金源紀事詩八卷　（清）湯運泰撰　清嘉慶十
八年（1813）刻本　四冊

220000－0801－0007386　史172/1
世界豪傑談不分卷　（清）鴻文編譯圖書館編
清光緒二十九年（1903）鴻文印書局石印本
二冊

220000－0801－0007387　史172/3
幼幼集四卷　（清）胡文炳撰　清光緒十三年
（1887）申報館鉛印本　四冊

220000－0801－0007388　史172/8
尚友錄二十二卷　（明）廖用賢編纂　清光緒
十四年（1888）易堂鉛印本　六冊

220000－0801－0007389　史172/9
二十四史尚友錄八卷　（清）劉樹屏輯　清光
緒二十九年（1903）上海文記書莊石印本
一冊

220000－0801－0007390　史172/14
海岱史略一百四十卷　（清）王馭超編　清嘉
慶二十三年（1818）刻本　二十四冊

220000－0801－0007391　史172/14－1

海岱史略一百四十卷 （清）王馼超編 清嘉慶二十三年(1818)刻本 二十四冊

220000－0801－0007392 史172/16

楚寶四十五卷 （明）周聖楷纂 （清）鄧顯鶴增輯 清道光九年(1829)刻本 二十六冊

220000－0801－0007393 史172/17

兩浙名賢錄六十二卷 （明）徐象梅編 清光緒二十六年(1900)浙江書局刻本 六十二冊

220000－0801－0007394 史172/20

實學考四卷 （清）雲茂琦撰輯 清光緒二十一年(1895)刻本 四冊

220000－0801－0007395 史172/21

周列士傳一卷 （清）顧壽楨撰 清同治五年(1866)刻本 一冊

220000－0801－0007396 史172/22

西漢節義傳論二卷附竹林答問一卷 （清）李鄴嗣撰 清光緒十一年(1885)刻本 二冊

220000－0801－0007397 史172/22－1

西漢節義傳論二卷附竹林答問一卷 （清）李鄴嗣撰 清光緒十一年(1885)刻本 一冊

220000－0801－0007398 史172/28

史外八卷 （清）汪有典撰 清光緒三年(1877)刻本 八冊

220000－0801－0007399 史172/30

南天痕二十六卷附錄一卷 （清）凌雪撰 清宣統二年(1910)復古社鉛印本 六冊

220000－0801－0007400 史172/30－1

南天痕二十六卷附錄一卷 （清）凌雪撰 清宣統二年(1910)復古社鉛印本 六冊

220000－0801－0007401 史172/30－2

南天痕二十六卷附錄一卷 （清）凌雪撰 清宣統二年(1910)復古社鉛印本 六冊

220000－0801－0007402 史172/33

碑傳集一百六十卷首二卷末二卷 （清）錢儀吉纂錄 清光緒十九年(1893)江蘇書局刻本 六十冊

220000－0801－0007403 史172/33－1

碑傳集一百六十卷首二卷末二卷 （清）錢儀吉纂錄 清光緒十九年(1893)江蘇書局刻本 六十冊

220000－0801－0007404 史172/33－2

碑傳集一百六十卷首二卷末二卷 （清）錢儀吉纂錄 清光緒十九年(1893)江蘇書局刻本 六十冊

220000－0801－0007405 史172/33－3

碑傳集一百六十卷首二卷末二卷 （清）錢儀吉纂錄 清光緒十九年(1893)江蘇書局刻本 六十冊

220000－0801－0007406 史172/35

滇粹一卷 呂志伊 李根源輯 清光緒三十四年(1908)鉛印本 一冊

220000－0801－0007407 史172/36

昭代名人尺牘小傳二十四卷 （清）吳修撰 清末石印本 二冊

220000－0801－0007408 史172/38

史外八卷 （清）汪有典著 清同治九年(1870)刻本 八冊

220000－0801－0007409 史172/41

輶軒博紀四卷 邵松年編 清光緒二十年(1894)刻本 四冊

220000－0801－0007410 史172/41－1

輶軒博紀四卷 邵松年編 清光緒二十年(1894)刻本 四冊

220000－0801－0007411 史172/42

鶴徵錄八卷 （清）李集撰 鶴徵後錄四卷 (清)李富孫撰 清嘉慶十六年(1811)漾葭老屋刻本 三冊

220000－0801－0007412 史172/44

小腆紀傳六十五卷補遺六卷 （清）徐鼒撰 （清）徐承禮補 清光緒十三年(1887)金陵刻本 十六冊

220000－0801－0007413 史172/44－1

小腆紀傳六十五卷補遺六卷 （清）徐鼒撰

（清）徐承禮補　清光緒十三年（1887）金陵刻本　十六冊

220000－0801－0007414　史172/44－2

小腆紀傳六十五卷補遺六卷　（清）徐鼒撰（清）徐承禮補　清光緒十三年（1887）金陵刻本　十六冊

220000－0801－0007415　史172/44－3

小腆紀傳六十五卷補遺六卷　（清）徐鼒撰（清）徐承禮補　清光緒十三年（1887）金陵刻本　十八冊

220000－0801－0007416　史172/45

浙江忠義錄十卷附人表續編二卷附表　（清）浙江採訪忠義總局編　清光緒元年（1875）浙江採訪忠義總局刻本　三十二冊

220000－0801－0007417　史172/47

國朝漢學師承記八卷國朝經師經義一卷國朝宋學淵源記二卷附記一卷　（清）江藩撰　清咸豐四年（1854）粵雅堂刻本　四冊

220000－0801－0007418　史172/48

國朝漢學師承記八卷國朝經師經義一卷國朝宋學淵源記二卷　（清）江藩撰　清光緒十一年（1885）掃葉山房刻本　五冊　缺一卷（經師經義一卷）

220000－0801－0007419　史172/49

國朝宋學淵源記二卷附一卷　（清）江藩撰　清光緒十二年（1886）刻本　一冊

220000－0801－0007420　史172/50

國朝漢學師承記八卷國朝經師經義一卷國朝宋學淵源記二卷　（清）江藩撰　清光緒十三年（1887）萬卷書室刻本　四冊

220000－0801－0007421　史172/51

國朝漢學師承記八卷國朝經師經義一卷國朝宋學淵源記二卷　（清）江藩撰　清光緒二十二年（1896）成都志古堂刻本　四冊

220000－0801－0007422　史172/52

國朝漢學師承記八卷國朝經師經義一卷國朝宋學淵源記二卷附記一卷　（清）江藩撰　清

光緒二十二年（1896）寶慶勸學書社刻本三冊

220000－0801－0007423　史172/55

雜鈔列傳一卷　（□）□□撰　清末抄本一冊

220000－0801－0007424　史172/56

正定王氏家傳六卷　（清）王耕心撰　清光緒十九年（1893）刻本　一冊

220000－0801－0007425　史172/57

胡氏三烈合傳不分卷　（清）廉佺等編　清光緒二十八年（1902）刻本　一冊

220000－0801－0007426　史172/59

船山師友記十七卷　（清）羅正鈞撰　清光緒三十三年（1907）刻本　四冊

220000－0801－0007427　史172/68

京口耆舊傳九卷　（清）錢熙祚撰　清道光二十四年（1844）守山閣刻本　三冊

220000－0801－0007428　史172/73

崑山忠義錄十卷補一卷　（清）曹夢元著　清末刻本　二冊

220000－0801－0007429　史172/74

練川名人畫像三卷續編三卷　（清）程祖慶繪撰　清道光二十八年（1848）刻本　二冊

220000－0801－0007430　史172/74－1

練川名人畫像三卷續編三卷　（清）程祖慶繪撰　清道光二十八年（1848）刻本　一冊

220000－0801－0007431　史172/76

畿輔人物考八卷　（清）孫奇逢著　清同治八年（1869）兼山堂刻本　八冊

220000－0801－0007432　史172/76－1

畿輔人物考八卷　（清）孫奇逢著　清同治八年（1869）兼山堂刻本　八冊

220000－0801－0007433　史172/76－2

畿輔人物考八卷　（清）孫奇逢著　清同治八年（1869）兼山堂刻本　四冊　存三卷（一至三）

220000 – 0801 – 0007434　史 172/77

元朝名臣事略十五卷　（元）蘇天爵撰　附校勘記一卷　（清）傅以禮撰　鄴中記一卷（晉）陸翽撰　清光緒二十年(1894)刻本五冊

220000 – 0801 – 0007435　史 172/78

吳郡名賢圖傳贊二十卷　（清）顧沅輯　清道光九年(1829)刻本　八冊

220000 – 0801 – 0007436　史 172/78 – 1

吳郡名賢圖傳贊二十卷　（清）顧沅輯　清道光九年(1829)刻本　八冊

220000 – 0801 – 0007437　史 172/83

浙江忠義錄十卷　（清）浙江採訪忠義總局輯　清同治六年(1867)浙江採訪忠義總局刻本四冊

220000 – 0801 – 0007438　史 172/87

湖南褒忠錄初稿　（清）郭嵩燾等編　清同治十二年(1873)木活字印本　二十冊

220000 – 0801 – 0007439　史 172/88

古品節錄六卷　（清）松筠撰　清嘉慶四年(1799)關中書院刻本　六冊

220000 – 0801 – 0007440　史 172/91

史外八卷　（清）汪有典著　清同治三年(1864)吉安府刻本　八冊

220000 – 0801 – 0007441　史 172/92

古品節錄六卷　（清）松筠撰　清宣統二年(1910)守政書局活字印本　六冊

220000 – 0801 – 0007442　史 172/92 – 1

古品節錄六卷　（清）松筠撰　清宣統二年(1910)守政書局活字印本　六冊

220000 – 0801 – 0007443　史 172/94

桐城耆舊傳十二卷　馬其昶撰　清光緒十三年(1887)刻本　二冊

220000 – 0801 – 0007444　史 172/94 – 1

桐城耆舊傳十二卷　馬其昶撰　清光緒十三年(1887)刻本　六冊

220000 – 0801 – 0007445　史 172/94 – 2

桐城耆舊傳十二卷　馬其昶撰　清光緒十三年(1887)刻本　六冊

220000 – 0801 – 0007446　史 172/97

史傳三編初續　（清）天眉撰　清光緒二十九年(1903)鉛印本　六冊

220000 – 0801 – 0007447　史 172/98

史外八卷　（清）汪有典著　清同治四年(1865)刻本　八冊

220000 – 0801 – 0007448　史 172/98 – 1

史外八卷　（清）汪有典著　清同治四年(1865)刻本　八冊

220000 – 0801 – 0007449　史 172/101

有明於越三不朽名賢圖贊不分卷　（明）張岱撰　清光緒十四年(1888)刻本　二冊

220000 – 0801 – 0007450　史 172/102

於越先賢像傳贊二卷　（清）王錫齡撰　清同治九年(1870)刻本　四冊

220000 – 0801 – 0007451　史 172/103

中州人物考八卷　（清）孫奇逢撰　清道光二十四年(1844)刻本　八冊

220000 – 0801 – 0007452　史 172/103 – 1

中州人物考八卷　（清）孫奇逢撰　清道光二十四年(1844)刻本　八冊

220000 – 0801 – 0007453　史 172/108

歷代名人年譜十卷附存疑一卷　（清）吳榮光撰　清末京都琉璃廠正文齋刻本　十冊

220000 – 0801 – 0007454　史 172/109

歷代名人年譜十卷附存疑一卷　（清）吳榮光撰　譚錫慶校　清末北京琉璃廠晉華書局刻本　十冊

220000 – 0801 – 0007455　史 172/109 – 1

歷代名人年譜十卷附存疑一卷　（清）吳榮光撰　譚錫慶校　清末北京琉璃廠晉華書局刻本　十冊

220000 – 0801 – 0007456　史 172/110

歷代都江堰功小傳二卷　王人文編　清宣統三年(1911)成都刻本　一冊

220000－0801－0007457　史 172/110－1
歷代都江堰功小傳二卷　王人文編　清宣統
三年(1911)成都刻本　一冊

220000－0801－0007458　史 172/111
學宮譜不分卷　(清)孫錫疇輯著　(清)孫篤
之補著　清同治十一年(1872)刻本　一冊

220000－0801－0007459　史 172/114
歷代名人年譜十卷附存疑一卷　(清)吳榮光
撰　(清)張蔭桓校　清光緒元年(1875)樵山
草堂刻本　十冊

220000－0801－0007460　史 172/115
**金陵通傳四十五卷補遺四卷韻編一卷續通傳
一卷**　陳作霖撰　清光緒三十年(1904)瑞華
館刻本　二冊

220000－0801－0007461　史 172/119
留溪外傳十八卷　(清)陳鼎撰　清光緒二十
四年(1898)刻本　一冊

220000－0801－0007462　史 172/119－1
留溪外傳十八卷　(清)陳鼎撰　清光緒二十
四年(1898)刻本　四冊

220000－0801－0007463　史 172/122
續碑傳集八十六卷首二卷　繆荃孫纂　清宣
統二年(1910)江楚編譯書局刻本　二十四冊

220000－0801－0007464　史 172/124
桑梓潛德錄六卷　(清)劉芳等纂修　**桑梓潛
德錄續集四卷**　(清)畢應箕等纂修　**桑梓潛
德錄三集四卷**　(清)湯成烈等纂修　清光緒
六年(1880)刻本　六冊

220000－0801－0007465　史 172/126
泰西政治學者列傳　(日本)杉山藤次郎編纂
清光緒二十八年(1902)上海廣智書局鉛印
本　一冊

220000－0801－0007466　史 172/126－1
泰西政治學者列傳　(日本)杉山藤次郎編纂
清光緒二十八年(1902)上海廣智書局鉛印
本　一冊

220000－0801－0007467　史 172/128

史記傳不分卷　(清)子銘抄　清光緒二十七
年(1901)抄本　七冊

220000－0801－0007468　史 172/133
江陰忠義錄　(清)季念詒撰　清光緒四年
(1878)活字印本　十四冊

220000－0801－0007469　史 172/139
成仁譜二十六卷　(清)盛敬輯　清道光二十
五年(1845)揚州活字印本　六冊

220000－0801－0007470　史 172/142
海東逸史十八卷　(清)翁洲老民撰　清末刻
本　一冊

220000－0801－0007471　史 172/142－1
海東逸史十八卷　(清)翁洲老民撰　清末刻
本　一冊

220000－0801－0007472　史 172/142－2
海東逸史十八卷　(清)翁洲老民撰　清末刻
本　一冊

220000－0801－0007473　史 172/142－3
海東逸史十八卷　(清)翁洲老民撰　清末刻
本　二冊

220000－0801－0007474　史 172/143
蜀學編二卷　(清)方守道　高廣恩輯　清光
緒二十七年(1901)錦江書局刻本　二冊

220000－0801－0007475　史 172/150
道齊正軌十八卷　(清)鄒鳴鶴撰　清道光三
十年(1850)刻本　七冊

220000－0801－0007476　史 172/154
明太祖功臣圖　(清)上官周繪撰　清同治二
年(1863)刻本　一冊

220000－0801－0007477　史 172/155
國朝耆獻類徵初編七百二十卷總目二十卷
(清)李桓輯　清光緒十年至十六年(1884－
1890)刻本　三百冊

220000－0801－0007478　史 172/155－1
國朝耆獻類徵初編七百二十卷總目二十卷
(清)李桓輯　清光緒十年至十六年(1884－
1890)刻本　二百九十四冊

220000－0801－0007479　史172/155－2

國朝耆獻類徵初編七百二十卷總目二十卷
（清）李桓輯　清光緒十年至十六年(1884－
1890)刻本　六冊　存十二卷(四百六十一至
四百七十二)

220000－0801－0007480　史172/156

元朝名臣事略十五卷　（元）蘇天爵撰　清光
緒十三年(1887)謙德堂木活字印本　四冊

220000－0801－0007481　史172/156－1

元朝名臣事略十五卷　（元）蘇天爵撰　清光
緒十三年(1887)謙德堂木活字印本　四冊

220000－0801－0007482　史172/157

增廣尚友錄統編二十二卷　（明）應祖錫編輯
　清光緒二十八年(1902)鴻寶齋石印本　十
冊　缺九卷(一至九)

220000－0801－0007483　史172/158

校正尚友錄統編二十二卷　（明）廖用賢撰
清光緒二十八年(1902)通文書局石印本　十
六冊

220000－0801－0007484　史172/159

尚友錄二十二卷　（明）廖用賢編纂　清光緒
十四年(1888)上海點石齋石印本　八冊

220000－0801－0007485　史172/160

校正尚友錄二十二卷　（明）廖用賢編纂
（清）張伯琮補輯　清光緒二十九年(1903)年
上海茹古山房石印本　八冊

220000－0801－0007486　史172/161

校正尚友錄二十二卷　（明）廖用賢編纂　清
光緒十九年(1893)上海書局石印本　六冊

220000－0801－0007487　史172/164

程朱二先生行狀二卷　（清）賀瑞麟輯　清同
治六年(1867)刻本　一冊

220000－0801－0007488　史172/165

魏文靖公史傳攷略邛州八賢史傳　（清）甯緗
撰　清光緒三十四年(1908)觀遇樓刻本
一冊

220000－0801－0007489　史174/1

顏氏家乘一卷　（清）趙吉士等撰　清刻本
一冊

220000－0801－0007490　史174/4

誦芬詠烈編一百五卷　徐琪編　清光緒十六
年(1890)刻本　二十冊

220000－0801－0007491　史174/5

誦芬錄四卷附錄一卷　（清）鄭佶撰　清嘉慶
二十四年(1819)刻本　四冊

220000－0801－0007492　史174/9

定興鹿氏簡明世表一卷　（清）鹿瀛理輯　清
光緒二十三年(1897)鉛印本　一冊

220000－0801－0007493　史174/12

世篤忠貞錄不分卷　（清）華翼綸等撰　清光
緒三年(1877)刻本　二冊

220000－0801－0007494　史174/12－1

世篤忠貞錄不分卷　（清）華翼綸等撰　清光
緒三年(1877)刻本　一冊　殘

220000－0801－0007495　史174/19

韶山毛氏鑑公房譜六卷　（清）毛際膚等纂修
　清同治七年(1868)西湖堂木活字印本
七冊

220000－0801－0007496　史174/24

何季甄家傳一卷　（清）姚鼐撰　誥贈宜人何
母梁宜人家傳一卷　（清）史致光撰　清末抄
本　一冊

220000－0801－0007497　史174/26

**程玉才先生家傳三卷墓表一卷贈言一卷附傳
一卷**　（清）劉敏崧撰　清咸豐十一年(1861)
刻本　一冊

220000－0801－0007498　史174/27

息園舊德錄一卷　（清）胡念修輯　清光緒二
十六年(1900)刻鵠齋刻本　一冊

220000－0801－0007499　史174/29

官禮陳氏族譜十二卷首一卷　（清）陳樊桂修
　清光緒十年(1884)刻本　十二冊

220000－0801－0007500　史174/31

涇川張香都朱氏續修支譜三十六卷首一卷末

一卷 （清）朱彝纂修 清光緒刻本 十冊

220000－0801－0007501 史174/37

胡氏燕翼堂家乘四卷 （清）胡鼎元撰 清道光三年(1823)刻本 四冊

220000－0801－0007502 史174/38

墩頭曹氏宗譜八卷首一卷末一卷 （宋）曹彬撰 清光緒二十年(1894)刻本 三十四冊

220000－0801－0007503 史174/39

雲陽塘南史氏重修宗譜十二卷 （清）史秀義主修 （清）史浩仁纂修 清宣統三年(1911)思孝堂木活字印本 十二冊

220000－0801－0007504 史174/40

[分湖]柳氏家譜十卷 （清）柳樹芳修 （清）柳兆薰重修 清道光二十一年(1841)刻本 二冊

220000－0801－0007505 史174/43

燉煌洪氏支譜十二卷 （清）洪天鉞修 清嘉慶十三年(1808)刻本 四冊

220000－0801－0007506 史174/44

涇川張香都朱氏支譜三十二卷首一卷末一卷 （清）朱琦編輯 清道光五年(1825)刻本 八冊

220000－0801－0007507 史174/48

葉赫國貝勒家乘一卷 （清）徐乾學纂輯 清同治四年(1865)抄本 一冊

220000－0801－0007508 史174/51

紀事續編四卷末一卷 （清）尹景叔輯 清光緒二十六年(1900)木活字印本 二冊

220000－0801－0007509 史174/51－1

紀事續編四卷末一卷 （清）尹景叔輯 清光緒二十六年(1900)木活字印本 二冊

220000－0801－0007510 史174/53

[分湖]柳氏重修家譜十二卷 （清）柳樹芳修 （清）柳兆薰等重修 清光緒七年(1881)刻本 四冊

220000－0801－0007511 史174/59

謝氏源流不分卷附龜巢先生崇祀錄 （清）謝

蘭生纂修 清末木活字印本 一冊

220000－0801－0007512 史174/62

孔子世家考二卷 （清）鄭環編 清嘉慶八年(1803)刻本 一冊 存一卷(上)

220000－0801－0007513 史176/1

古今姓氏書辨證四十卷附校勘記三卷 （宋）鄧名世撰 清末刻本 八冊

220000－0801－0007514 史176/4

新纂氏族箋釋八卷 （清）熊峻運撰 清末刻本 六冊

220000－0801－0007515 史176/5

史姓韻編二十四卷 （清）汪輝祖撰 清光緒二十九年(1903)刻本 八冊

220000－0801－0007516 史176/5－1

史姓韻編二十四卷 （清）汪輝祖撰 清光緒二十九年(1903)刻本 四冊

220000－0801－0007517 史176/6

史姓韻編六十四卷 （清）汪輝祖撰 清光緒十年(1884)鉛印本 十六冊

220000－0801－0007518 史176/6－1

史姓韻編六十四卷 （清）汪輝祖撰 清光緒十年(1884)鉛印本 三冊 存十一卷(三十一至三十四、四十至四十六)

220000－0801－0007519 史176/8

名疑集四卷 （明）陳士元撰 清光緒十七年(1891)刻本 二冊

220000－0801－0007520 史176/9

歷代名人姓氏全編三十二卷 （□）□□撰 清末石印本 二十四冊

220000－0801－0007521 史176/9－1

歷代名人姓氏全編三十二卷 （□）□□撰 清末石印本 二十四冊

220000－0801－0007522 史176/13

歷代名賢列女氏姓譜一百五十七卷 （清）蕭智漢輯 清嘉慶二十年(1815)刻本 一百二十冊

220000－0801－0007523　史176/13－1

歷代名賢列女氏姓譜一百五十七卷　（清）蕭智漢輯　清嘉慶二十年(1815)刻本　一百十九冊　存一百四十六卷(一、三至四十、四十二至五十五、五十八至七十五、七十七至九十六、九十八、一百至一百五、一百七至一百十三、一百十五至一百十七、一百二十至一百五十七)

220000－0801－0007524　史176/15

百家姓考略一卷　（清）王相箋註　清同治九年(1870)掃葉山房刻本　一冊

220000－0801－0007525　史176/15－1

百家姓考略一卷　（清）王相箋註　清同治九年(1870)掃葉山房刻本　一冊

220000－0801－0007526　史176/15－2

百家姓考略一卷　（清）王相箋註　清同治九年(1870)掃葉山房刻本　一冊

220000－0801－0007527　史176/15－3

百家姓考略一卷　（清）王相箋註　清同治九年(1870)掃葉山房刻本　一冊

220000－0801－0007528　史176/16

元和姓纂十卷　（唐）林寶撰　（清）孫星衍校補　清光緒六年(1880)金陵書局刻本　四冊

220000－0801－0007529　史176/16－1

元和姓纂十卷　（唐）林寶撰　（清）孫星衍校補　清光緒六年(1880)金陵書局刻本　四冊

220000－0801－0007530　史176/16－2

元和姓纂十卷　（唐）林寶撰　（清）孫星衍校補　清光緒六年(1880)金陵書局刻本　四冊

220000－0801－0007531　史176/16－3

元和姓纂十卷　（唐）林寶撰　（清）孫星衍校補　清光緒六年(1880)金陵書局刻本　四冊

220000－0801－0007532　史176/16－4

元和姓纂十卷　（唐）林寶撰　（清）孫星衍校補　清光緒六年(1880)金陵書局刻本　四冊

220000－0801－0007533　史176/16－5

元和姓纂十卷　（唐）林寶撰　（清）孫星衍校補　清光緒六年(1880)金陵書局刻本　四冊

220000－0801－0007534　史176/17

稱謂錄三十二卷　（清）梁章鉅撰　清光緒十年(1884)刻本　八冊

220000－0801－0007535　史176/17－1

稱謂錄三十二卷　（清）梁章鉅撰　清光緒十年(1884)刻本　八冊

220000－0801－0007536　史176/20

姓觿十卷　（明）陳士元撰　清光緒十七年(1891)刻本　三冊

220000－0801－0007537　史176/21

姓氏通全書　（清）吳唐林纂　清光緒十三年(1887)抄本　二十二冊

220000－0801－0007538　史176/22

松陵文錄姓氏攷一卷　（清）柳兆薰編　清末刻本　一冊

220000－0801－0007539　史176/23

史姓韻編六十四卷　（清）汪輝祖撰　清嘉慶四年(1799)石印本　十二冊

220000－0801－0007540　史176/23－1

史姓韻編六十四卷　（清）汪輝祖撰　清嘉慶四年(1799)石印本　八冊　存十六卷(十五至三十)

220000－0801－0007541　史176/24

史姓韻編六十四卷　（清）汪輝祖撰　清同治九年(1870)金陵書局木活字印本　二十四冊

220000－0801－0007542　史176/24－1

史姓韻編六十四卷　（清）汪輝祖撰　清同治九年(1870)金陵書局木活字印本　二十四冊

220000－0801－0007543　史176/24－2

史姓韻編六十四卷　（清）汪輝祖撰　清同治九年(1870)金陵書局木活字印本　二十四冊

220000－0801－0007544　史176/24－3

史姓韻編六十四卷　（清）汪輝祖撰　清同治九年(1870)金陵書局木活字印本　二十四冊

220000－0801－0007545　史176/25

新纂氏族箋釋八卷　（清）熊峻運撰　清末經元堂刻本　四冊

220000－0801－0007546　史176/26
新纂氏族箋釋八卷　（清）熊峻運撰　清末經元堂刻本　四冊

220000－0801－0007547　史176/27
歷代同姓名錄二十三卷補遺一卷　（清）劉長華輯　清光緒五年(1879)蔡照軒刻本　六冊

220000－0801－0007548　史176/28
異號類編二十卷　（清）史夢蘭輯　清同治四年(1865)止園刻本　四冊

220000－0801－0007549　史178/1
大清搢紳全書四卷中樞備覽二卷　（□）□□撰　清同治十三年(1874)斌陞堂刻本　六冊

220000－0801－0007550　史178/1－1
大清搢紳全書四卷中樞備覽二卷　（□）□□撰　清同治十三年(1874)斌陞堂刻本　三冊

220000－0801－0007551　史178/2
大清搢紳全書四卷中樞備覽二卷　（清）□□輯　清光緒六年(1880)榮祿堂刻本　六冊

220000－0801－0007552　史178/3
大清搢紳全書四卷中樞備覽二卷　（清）京都寶名堂編　清光緒十八年(1892)松竹齋刻本　六冊

220000－0801－0007553　史178/4
大清搢紳全書四卷　（清）□□輯　清嘉慶二年(1797)刻本　四冊

220000－0801－0007554　史178/4－1
大清搢紳全書四卷　（清）□□輯　清嘉慶二年(1797)刻本　四冊

220000－0801－0007555　史178/4－2
大清搢紳全書四卷　（清）□□輯　清嘉慶二年(1797)刻本　一冊

220000－0801－0007556　史178/7
三續疑年錄十卷　（清）陸心源編　清光緒五年(1879)刻本　三冊

220000－0801－0007557　史178/8
疑年錄四卷　（清）錢大昕編　續疑年錄四卷（清）吳修編　清同治元年(1862)刻本　一冊

220000－0801－0007558　史178/9
疑年錄四卷　（清）錢大昕編　續疑年錄四卷（清）吳修編　清嘉慶二十三年(1818)刻本　二冊

220000－0801－0007559　史178/9－1
疑年錄四卷　（清）錢大昕編　續疑年錄四卷（清）吳修編　清嘉慶二十三年(1818)刻本　二冊

220000－0801－0007560　史178/9－2
疑年錄四卷　（清）錢大昕編　續疑年錄四卷（清）吳修編　清嘉慶二十三年(1818)刻本　二冊

220000－0801－0007561　史178/9－3
疑年錄四卷　（清）錢大昕編　續疑年錄四卷（清）吳修編　清嘉慶二十三年(1818)刻本　二冊

220000－0801－0007562　史178/12
年華錄四卷　（清）全祖望輯　清嘉慶二十年(1815)日新堂刻本　二冊

220000－0801－0007563　史178/12－1
年華錄四卷　（清）全祖望輯　清嘉慶二十年(1815)日新堂刻本　二冊

220000－0801－0007564　史178/13
人表考九卷附錄一卷　（清）梁玉繩撰　清光緒十四年(1888)廣雅書局刻本　六冊

220000－0801－0007565　史178/13－1
人表考九卷附錄一卷　（清）梁玉繩撰　清光緒十四年(1888)廣雅書局刻本　四冊

220000－0801－0007566　史178/22
明經通譜　（清）□□撰　清末刻本　一冊

220000－0801－0007567　史178/28
虞陽旌表姓氏錄五卷續錄十卷三錄三卷（清）王虞英等輯　清光緒二十一年(1895)刻

本　八冊

220000－0801－0007568　史178/28－1

虞陽旌表姓氏錄五卷續錄十卷三錄三卷
（清）王虞英等輯　清光緒二十一年(1895)刻
本　六冊

220000－0801－0007569　史178/31

兩浙鹽務同官錄一卷　（□）□□撰　清末刻
本　一冊

220000－0801－0007570　史178/34

道光癸卯科世誼錄二卷　（□）□□撰　清光
緒二十年(1894)刻本　二冊

220000－0801－0007571　史178/36

太鎮忠義姓氏錄六卷　（清）顧師軾輯　清同
治八年(1869)刻本　一冊

220000－0801－0007572　史178/37

甘肅鄉試題名錄一卷　陳寶琛撰　清光緒五
年(1879)刻本　一冊

220000－0801－0007573　史178/38

蕉溪揚芬錄二卷首一卷末一卷　（清）徐謙評
定　（清）沈知肅輯　清道光三十年(1850)樂
經堂刻本　四冊

220000－0801－0007574　史178/39

明清進士題名錄不分卷　（清）□□撰　清末
刻本　十冊

220000－0801－0007575　史178/41

各省選拔同年明經通譜不分卷　（清）許葉芬
等編　清光緒二十三年(1897)刻本　一冊

220000－0801－0007576　史178/42

明貢舉考略二卷　（清）黃崇蘭輯　清末刻本
一冊

220000－0801－0007577　史178/43

四川拔貢同年全錄　（清）□□撰　清光緒二
十六年(1900)刻本　一冊

220000－0801－0007578　史178/47

簡易明經通譜四卷附各行省優貢全錄一卷
（清）龍雲齋主人輯　清宣統元年(1909)刻本
五冊

220000－0801－0007579　史178/49

錫金忠節錄不分卷　（□）□□撰　清光緒抄
本　十六冊

220000－0801－0007580　史178/50

國朝歷科題名碑錄初集七卷附明朝題名碑錄
七卷　（清）李周望錄　清末德沛補刻本　十
四冊

220000－0801－0007581　史178/52

國朝貢舉攷略四卷　（清）黃崇蘭輯　清末刻
本　三冊

220000－0801－0007582　史178/52－1

國朝貢舉攷略四卷　（清）黃崇蘭輯　清末刻
本　三冊

220000－0801－0007583　史178/54

先聖生卒年月日考二卷　（清）孔廣牧編　清
光緒四年(1878)刻本　一冊

220000－0801－0007584　史178/54－1

先聖生卒年月日考二卷　（清）孔廣牧編　清
光緒四年(1878)刻本　一冊

220000－0801－0007585　史178/55

孔門師弟年表孟子時事年表　（清）林春溥編
清嘉慶二十一年(1816)刻本　一冊

220000－0801－0007586　史178/56

人物考九卷　（清）梁玉繩撰　清嘉慶五年
(1800)刻本　四冊

220000－0801－0007587　史178/61

內閣漢票簽中書舍人題名　（清）鮑康撰　清
咸豐十一年(1861)刻本　一冊

220000－0801－0007588　史178/62

內閣漢票簽中書舍人題名續編　（清）徐士鑾
撰　清光緒十一年(1885)刻本　一冊

220000－0801－0007589　史178/63

先聖生卒年月日考二卷　（清）孔廣牧撰　清
光緒十五年(1889)廣雅書局刻本　一冊

220000－0801－0007590　史181/11

文文忠公事略四卷　（清）文祥等撰　清光緒
八年(1882)刻本　四冊

220000 - 0801 - 0007591　史 181/12

文端公年譜三卷 （清）錢儀吉編　（清）錢志澄增訂　清光緒二十年(1894)刻本　三冊

220000 - 0801 - 0007592　史 181/12 - 1

文端公年譜三卷 （清）錢儀吉編　（清）錢志澄增訂　清光緒二十年(1894)刻本　三冊

220000 - 0801 - 0007593　史 181/12 - 2

文端公年譜三卷 （清）錢儀吉編　（清）錢志澄增訂　清光緒二十年(1894)刻本　三冊

220000 - 0801 - 0007594　史 181/14

旌孝錄 趙藩撰　清末刻本　一冊

220000 - 0801 - 0007595　史 181/15

誥授朝議大夫顯考介亭府君行狀 （清）鞏敬緒撰　清初藍刻本　一冊

220000 - 0801 - 0007596　史 181/17

文靖公年譜 （清）嚴炳等輯　清光緒九年(1883)西涇草堂活字印本　一冊

220000 - 0801 - 0007597　史 181/18

褒忠錄一卷 （清）郭一鶚編　清咸豐元年(1851)義烏環溪活字印本　一冊

220000 - 0801 - 0007598　史 181/20

一西自記年譜一卷 （清）張師誠撰　清同治八年(1869)刻本　一冊

220000 - 0801 - 0007599　史 181/20 - 1

一西自記年譜一卷 （清）張師誠撰　清同治八年(1869)刻本　一冊

220000 - 0801 - 0007600　史 181/25

貳臣傳十二卷 （清）國史館撰　清道光都城琉璃廠半松居士刻本　六冊

220000 - 0801 - 0007601　史 181/25 - 1

貳臣傳十二卷 （清）國史館撰　清道光都城琉璃廠半松居士刻本　六冊

220000 - 0801 - 0007602　史 181/31

元祐黨人傳十卷 （清）陸心源撰　清光緒十五年(1889)刻本　四冊

220000 - 0801 - 0007603　史 181/31 - 1

220000 - 0801 - 0007603　史 181/31 - 1

元祐黨人傳十卷 （清）陸心源撰　清光緒十五年(1889)刻本　三冊

220000 - 0801 - 0007604　史 181/33

百將圖傳二卷 （清）丁日昌撰　清同治八年(1869)江蘇書局刻本　一冊

220000 - 0801 - 0007605　史 181/33 - 1

百將圖傳二卷 （清）丁日昌撰　清同治八年(1869)江蘇書局刻本　二冊

220000 - 0801 - 0007606　史 181/33 - 2

百將圖傳二卷 （清）丁日昌撰　清同治八年(1869)江蘇書局刻本　二冊

220000 - 0801 - 0007607　史 181/33 - 3

百將圖傳二卷 （清）丁日昌撰　清同治八年(1869)江蘇書局刻本　四冊

220000 - 0801 - 0007608　史 181/35

宋名臣言行錄前集十卷後集十四卷續集八卷別集二十六卷外集十七卷 （宋）朱熹　（宋）李幼武撰　清同治七年(1868)刻本　十二冊

220000 - 0801 - 0007609　史 181/39

張中丞事實集錄三卷首一卷 （清）王德茂編　清光緒九年(1883)刻本　二冊

220000 - 0801 - 0007610　史 181/41

歷代名臣言行錄二十四卷 （清）朱桓編輯　清嘉慶十二年(1807)刻本　三十二冊

220000 - 0801 - 0007611　史 181/48

己未詞科錄十二卷首一卷 （清）秦瀛輯　清光緒十四年(1888)無錫藝文齋木活字印本　三冊

220000 - 0801 - 0007612　史 181/48 - 1

己未詞科錄十二卷首一卷 （清）秦瀛輯　清光緒十四年(1888)無錫藝文齋木活字印本　六冊

220000 - 0801 - 0007613　史 181/50

耿尚孔吳四王合傳一卷 （□）□□撰　清末刻本　一冊

220000 - 0801 - 0007614　史 181/51

碧血錄圖說五卷 （清）莊仲方輯　清光緒八

年(1882)上海同文書局石印本　五冊

220000 – 0801 – 0007615　史181/52
碧血錄五卷　（清）莊仲方輯　清咸豐二年
(1852)木活字印本　二冊

220000 – 0801 – 0007616　史181/52 – 1
碧血錄五卷　（清）莊仲方輯　清咸豐二年
(1852)木活字印本　五冊

220000 – 0801 – 0007617　史181/56
崇祀浙江名宦錄一卷　（清）梅啓照等撰　清
光緒三年(1877)刻本　一冊

220000 – 0801 – 0007618　史181/62
吳鍾駿行略不分卷　（清）吳清彦等撰　清末
刻本　一冊

220000 – 0801 – 0007619　史181/63
吳越錢氏傳芳錄一卷　（清）錢泳撰　清光緒
七年(1881)刻本　一冊

220000 – 0801 – 0007620　史181/63 – 1
吳越錢氏傳芳錄一卷　（清）錢泳撰　清光緒
七年(1881)刻本　一冊

220000 – 0801 – 0007621　史181/69
爵秩全覽不分卷　（□）□□撰　清宣統二年
(1910)刻本　六冊

220000 – 0801 – 0007622　史181/70
熙朝宰輔錄一卷　（清）潘世恩輯　（清）劉星
岑　（清）翁海珊續　（清）顧泮香　（清）陸
午莊再續　清光緒三十三年(1907)刻本
二冊

220000 – 0801 – 0007623　史181/71
吳竹如先生年譜一卷　（清）方宗誠撰　清光
緒四年(1878)刻本　一冊

220000 – 0801 – 0007624　史181/72
崇禎五十宰相傳不分卷　（清）曹溶撰　清宣
統三年(1911)上海國學扶輪社鉛印本　一冊

220000 – 0801 – 0007625　史181/72 – 1
崇禎五十宰相傳不分卷　（清）曹溶撰　清宣
統三年(1911)上海國學扶輪社鉛印本　一冊

220000 – 0801 – 0007626　史181/73
特詔嘉獎循良錄　（清）黃彭年等撰　清同治
五年(1866)刻本　一冊

220000 – 0801 – 0007627　史181/74
德化李大中丞行狀　李盛鐸撰　清末鉛印本
一冊

220000 – 0801 – 0007628　史181/75
先考仲雲公行略　（清）陳輅等撰　清末刻本
一冊

220000 – 0801 – 0007629　史181/76
紫光閣功臣小像并湘軍平定粵匪戰圖　（清）
吳友如等繪　（清）彭鴻年纂　清光緒二十七
年(1901)石印本　一冊

220000 – 0801 – 0007630　史181/76 – 1
紫光閣功臣小像并湘軍平定粵匪戰圖　（清）
吳友如等繪　（清）彭鴻年纂　清光緒二十七
年(1901)石印本　一冊

220000 – 0801 – 0007631　史181/79
宋名臣言行錄前集十卷後集十四卷續集八卷
別集二十六卷外集十七卷　（宋）朱熹　（宋）
李幼武撰　清刻本　三十六冊

220000 – 0801 – 0007632　史181/80
宋名臣言行錄前集十卷後集十四卷續集八卷
別集二十六卷外集十七卷附一卷　（宋）朱熹
（宋）李幼武撰　清光緒十三年(1887)刻本
十二冊

220000 – 0801 – 0007633　史181/80 – 1
宋名臣言行錄前集十卷後集十四卷續集八卷
別集二十六卷外集十七卷附一卷　（宋）朱熹
（宋）李幼武撰　清光緒十三年(1887)刻本
三冊　存二十四卷(前集十卷、後集十四
卷)

220000 – 0801 – 0007634　史181/83
重刻宦鄂江西同官錄　（清）□□撰　清光緒
三十四年(1908)刻本　四冊

220000 – 0801 – 0007635　史181/88
滿洲名臣傳四十八卷漢名臣傳三十二卷

（清）國史館編　清末京都榮錦書坊活字印本
　八十冊

220000－0801－0007636　史181/88－1
滿洲名臣傳四十八卷漢名臣傳三十二卷
（清）國史館編　清末京都榮錦書坊活字印本
　八十冊

220000－0801－0007637　史181/88－2
滿洲名臣傳四十八卷漢名臣傳三十二卷
（清）國史館編　清末京都榮錦書坊活字印本
　八十冊

220000－0801－0007638　史181/88－3
滿洲名臣傳四十八卷漢名臣傳三十二卷
（清）國史館編　清末京都榮錦書坊活字印本
　二十七冊　存二十七卷（漢名臣傳一至十
一、十三至二十八）

220000－0801－0007639　史181/91
漢關侯事蹟彙編八卷附錄四卷　（清）萬之藬
　（清）吳寶彝輯　清末刻本　四冊

220000－0801－0007640　史181/93
四洪年譜四卷　（清）錢大昕撰　（清）洪汝奎
編　清宣統三年（1911）晦木齋刻本　四冊

220000－0801－0007641　史181/96
潘文勤公年譜一卷　（清）潘祖年撰　清光緒
十七年（1891）刻本　一冊

220000－0801－0007642　史181/102
汪忠烈文行錄二卷　（清）洪錫光　（清）方夢
麟輯　清光緒十四年（1888）刻本　二冊

220000－0801－0007643　史181/107
澄懷主人自訂年譜六卷　（清）張廷玉撰　清
光緒六年（1880）刻本　二冊

220000－0801－0007644　史181/107－1
澄懷主人自訂年譜六卷　（清）張廷玉撰　清
光緒六年（1880）刻本　二冊

220000－0801－0007645　史181/108
清甲午中東之役戰歿李將軍傳誌彙編六卷
李寅賓等撰　清光緒二十年（1894）鉛印本
一冊

220000－0801－0007646　史181/108－1
清甲午中東之役戰歿李將軍傳誌彙編六卷
李寅賓等撰　清光緒二十年（1894）鉛印本
一冊

220000－0801－0007647　史181/109
遺愛錄一卷　（清）□□撰　清光緒五年
（1879）刻本　一冊

220000－0801－0007648　史181/111
湯文正公年譜定本一卷　（清）方苞撰　（清）
楊椿重輯　清同治、光緒刻本　一冊

220000－0801－0007649　史181/112
還讀我書室老人手訂年譜二卷　（清）董恂撰
　清光緒十八年（1892）刻本　二冊

220000－0801－0007650　史181/115
誥授中議大夫海甯許公入祀名宦鄉賢錄
（□）□□撰　清光緒二十二年（1896）刻本
一冊

220000－0801－0007651　史181/115－1
誥授中議大夫海甯許公入祀名宦鄉賢錄
（□）□□撰　清光緒二十二年（1896）刻本
一冊

220000－0801－0007652　史181/116
逆臣傳四卷　（清）國史館編　清末都城琉璃
廠半松居士鉛印本　四冊

220000－0801－0007653　史181/116－1
逆臣傳四卷　（清）國史館編　清末都城琉璃
廠半松居士鉛印本　二冊

220000－0801－0007654　史181/116－2
逆臣傳四卷　（清）國史館編　清末都城琉璃
廠半松居士鉛印本　二冊

220000－0801－0007655　史181/117
道咸朝殉臣傳　（清）那彥成等輯　清同治、
光緒刻本　一冊

220000－0801－0007656　史181/122
貳臣傳八卷　（清）國史館編　清末京都榮錦
書坊活字印本　六冊

220000－0801－0007657　史181/125

彭文敬公自訂年譜　（清）彭蘊章撰　清光緒
刻本　一冊

220000－0801－0007658　史181/125－1

彭文敬公自訂年譜　（清）彭蘊章撰　清光緒
刻本　一冊

220000－0801－0007659　史181/126

黃忠端公年譜一卷　（清）黃炳垕輯　清光緒
元年(1875)留書種閣刻本　二冊

220000－0801－0007660　史181/126－1

黃忠端公年譜一卷　（清）黃炳垕輯　清光緒
元年(1875)留書種閣刻本　一冊

220000－0801－0007661　史181/126－2

黃忠端公年譜一卷　（清）黃炳垕輯　清光緒
元年(1875)留書種閣刻本　一冊

220000－0801－0007662　史181/126－3

黃忠端公年譜一卷　（清）黃炳垕輯　清光緒
元年(1875)留書種閣刻本　一冊

220000－0801－0007663　史181/126－4

黃忠端公年譜一卷　（清）黃炳垕輯　清光緒
元年(1875)留書種閣刻本　一冊

220000－0801－0007664　史181/132

李文忠公事略劉忠誠公事略　周玉山等撰
清末石印本　一冊

220000－0801－0007665　史181/134

李文忠公榮哀錄　（清）孫家鼐等撰　清末刻
本　一冊

220000－0801－0007666　史181/139

左文襄公年譜十卷　（清）羅正鈞纂　清光緒
二十三年(1897)刻本　十冊

220000－0801－0007667　史181/141

李忠定公年譜一卷　（清）黃宅中輯　清道光
十五年(1835)刻本　一冊

220000－0801－0007668　史181/142

李鴻章十二章　梁啓超撰　清光緒二十七年
(1901)石印本　一冊

220000－0801－0007669　史181/142－1

李鴻章十二章　梁啓超撰　清光緒二十七年
(1901)石印本　一冊

220000－0801－0007670　史181/143

李鴻章十二章　梁啓超撰　清光緒二十七年
(1901)石印本　一冊

220000－0801－0007671　史181/144

李鴻章十二章　梁啓超撰　清光緒二十七年
(1901)鉛印本　一冊

220000－0801－0007672　史181/144－1

李鴻章十二章　梁啓超撰　清光緒二十七年
(1901)鉛印本　一冊

220000－0801－0007673　史181/144－2

李鴻章十二章　梁啓超撰　清光緒二十七年
(1901)鉛印本　一冊

220000－0801－0007674　史181/144－3

李鴻章十二章　梁啓超撰　清光緒二十七年
(1901)鉛印本　一冊

220000－0801－0007675　史181/145

李剛烈公碧血錄二卷　（清）李鎮衡輯　清同
治十二年(1873)刻本　一冊

220000－0801－0007676　史181/146

求闕齋弟子記三十二卷　（清）王定安撰　清
光緒二年(1876)刻本　十六冊

220000－0801－0007677　史181/146－1

求闕齋弟子記三十二卷　（清）王定安撰　清
光緒二年(1876)刻本　十六冊

220000－0801－0007678　史181/146－2

求闕齋弟子記三十二卷　（清）王定安撰　清
光緒二年(1876)刻本　八冊

220000－0801－0007679　史181/146－3

求闕齋弟子記三十二卷　（清）王定安撰　清
光緒二年(1876)刻本　十六冊　存十六卷
(一至十六)

220000－0801－0007680　史181/147

武威韓氏忠節錄一卷忠節詩錄二卷　（清）張
澍編　清道光二十年(1840)刻本　二冊

220000 – 0801 – 0007681　史 181/148

咸豐以來功臣別傳三十卷　朱孔彰撰　清光緒二十四年(1898)石印本　六冊

220000 – 0801 – 0007682　史 181/148 – 1

咸豐以來功臣別傳三十卷　朱孔彰撰　清光緒二十四年(1898)石印本　六冊

220000 – 0801 – 0007683　史 181/148 – 2

咸豐以來功臣別傳三十卷　朱孔彰撰　清光緒二十四年(1898)石印本　六冊

220000 – 0801 – 0007684　史 181/149

戚少保年譜耆編十二卷首一卷　(明)戚祚國撰　清光緒四年(1878)刻本　十二冊

220000 – 0801 – 0007685　史 181/149 – 1

戚少保年譜耆編十二卷首一卷　(明)戚祚國撰　清光緒四年(1878)刻本　六冊

220000 – 0801 – 0007686　史 181/150

堵文忠公年譜不分卷　(明)堵允錫自記(清)任源祥續編　清光緒十三年(1887)刻本　一冊

220000 – 0801 – 0007687　史 181/156

戚少保年譜節要六卷　(明)戚祚國撰　清光緒十七年(1891)山東書局刻本　四冊

220000 – 0801 – 0007688　史 181/159

華野郭公年譜不分卷　(清)孫若彝輯　清道光二十一年(1841)刻本　一冊

220000 – 0801 – 0007689　史 181/159 – 1

華野郭公年譜不分卷　(清)孫若彝輯　清道光二十一年(1841)刻本　一冊

220000 – 0801 – 0007690　史 181/161

黃文貞公忠節紀略四卷首一卷　(清)柯自遂輯　清光緒元年(1875)刻本　二冊

220000 – 0801 – 0007691　史 181/161 – 1

黃文貞公忠節紀略四卷首一卷　(清)柯自遂輯　清光緒元年(1875)刻本　二冊

220000 – 0801 – 0007692　史 181/162

黃子年譜　(清)洪思撰　清同治十年(1871)刻本　一冊

220000 – 0801 – 0007693　史 181/163

黃鉞年譜一卷　(清)黃富民編　清同治五年(1866)刻本　一冊

220000 – 0801 – 0007694　史 181/164

如山于公年譜二卷　(清)宋犖　(清)李樹德撰　清道光十八年(1838)刻本　二冊

220000 – 0801 – 0007695　史 181/167

中興名臣事略八卷　朱孔彰撰　清光緒二十四年(1898)石印本　二冊

220000 – 0801 – 0007696　史 181/167 – 1

中興名臣事略八卷　朱孔彰撰　清光緒二十四年(1898)石印本　四冊

220000 – 0801 – 0007697　史 181/168

中興名臣事略八卷　朱孔彰撰　清光緒二十七年(1901)上海書局石印本　四冊

220000 – 0801 – 0007698　史 181/169

中興將帥別傳三十卷　朱孔彰撰　清末上海中華書局鉛印本　四冊

220000 – 0801 – 0007699　史 181/170

中國名相傳二卷　潘博撰　清光緒三十四年(1908)上海廣智書局鉛印本　二冊

220000 – 0801 – 0007700　史 181/171

中興將帥別傳三十卷　朱孔彰撰　清光緒二十三年(1897)刻本　十一冊

220000 – 0801 – 0007701　史 181/171 – 1

中興將帥別傳三十卷　朱孔彰撰　清光緒二十三年(1897)刻本　十冊

220000 – 0801 – 0007702　史 181/171 – 2

中興將帥別傳三十卷　朱孔彰撰　清光緒二十三年(1897)刻本　十冊

220000 – 0801 – 0007703　史 181/172

忠義紀聞錄三十卷續錄十卷　(清)陳繼聰撰　清光緒八年(1882)刻本　八冊

220000 – 0801 – 0007704　史 181/172 – 1

忠義紀聞錄三十卷續錄十卷　(清)陳繼聰撰　清光緒八年(1882)刻本　八冊　缺十卷(續錄十卷)

220000 - 0801 - 0007705　史 181/173

忠孝錄一卷　（清）王庭槙編　清光緒三十四年(1908)鉛印本　一冊

220000 - 0801 - 0007706　史 181/174

忠武誌十卷　（清）張鵬翮輯　清末刻本　四冊

220000 - 0801 - 0007707　史 181/175

忠武誌八卷　（清）張鵬翮輯　清同治八年(1869)刻本　八冊

220000 - 0801 - 0007708　史 181/175 - 1

忠武誌八卷　（清）張鵬翮輯　清同治八年(1869)刻本　八冊

220000 - 0801 - 0007709　史 181/176

忠武公年譜一卷　（清）□□撰　清道光十九年(1839)刻本　一冊

220000 - 0801 - 0007710　史 181/177

拔貢朝考卷不分卷　（清）□□撰　清末刻本　二冊

220000 - 0801 - 0007711　史 181/180

敖公紀述二卷　（清）陳翼亮撰　清光緒二十年(1894)刻本　二冊

220000 - 0801 - 0007712　史 181/181

摘錄名臣列傳六卷　（清）□□撰　清嘉慶抄本　六冊

220000 - 0801 - 0007713　史 181/186

敕封河神大王將軍傳不分卷　（清）李鶴年撰　清光緒七年(1881)刻本　一冊

220000 - 0801 - 0007714　史 181/188

國史儒林傳二卷文苑傳二卷循吏傳一卷賢良傳二卷　（清）阮元撰　清同治刻本　四冊

220000 - 0801 - 0007715　史 181/189

國史館列傳不分卷　（清）呂耀斗等撰　清光緒二十六年(1900)石印本　一冊

220000 - 0801 - 0007716　史 181/190

國史館列傳不分卷　（□）□□撰　清光緒二十七年(1901)金陵刻本　一冊

220000 - 0801 - 00□

國朝先正事略六十卷
治五年(1866)循陔堂刻本

220000 - 0801 - 0007718　史 1□

國朝先正事略六十卷　（清）李元□
治五年(1866)循陔堂刻本　二十四冊

220000 - 0801 - 0007719　史 181/192 - 2

國朝先正事略六十卷　（清）李元度撰　清同治五年(1866)循陔堂刻本　六冊

220000 - 0801 - 0007720　史 181/192 - 3

國朝先正事略六十卷　（清）李元度撰　清同治五年(1866)循陔堂刻本　二十四冊

220000 - 0801 - 0007721　史 181/192 - 4

國朝先正事略六十卷　（清）李元度撰　清同治五年(1866)循陔堂刻本　二十四冊

220000 - 0801 - 0007722　史 181/192 - 5

國朝先正事略六十卷　（清）李元度撰　清同治五年(1866)循陔堂刻本　二十四冊

220000 - 0801 - 0007723　史 181/192 - 6

國朝先正事略六十卷　（清）李元度撰　清同治五年(1866)循陔堂刻本　二十四冊

220000 - 0801 - 0007724　史 181/192 - 7

國朝先正事略六十卷　（清）李元度撰　清同治五年(1866)循陔堂刻本　二十四冊

220000 - 0801 - 0007725　史 181/194

恩福堂年譜一卷　（清）英和編　清道光刻本　一冊

220000 - 0801 - 0007726　史 181/195

思忠錄不分卷　金武祥編　清光緒三十二年(1906)刻本　一冊

220000 - 0801 - 0007727　史 181/195 - 1

思忠錄不分卷　金武祥編　清光緒三十二年(1906)刻本　一冊

220000 - 0801 - 0007728　史 181/196

毗陵科第攷八卷　（清）趙充之編　清同治七年(1868)刻本　二冊

220000－0801－0007729　史181/196－1

毘陵科第攷八卷　（清）趙充之編　清同治七年(1868)刻本　二冊

220000－0801－0007730　史181/197

景陸稡編八卷首一卷末一卷　（清）許仁沐輯　清光緒二十四年(1898)石印本　六冊

220000－0801－0007731　史181/197－1

景陸稡編八卷首一卷末一卷　（清）許仁沐輯　清光緒二十四年(1898)年石印本　六冊

220000－0801－0007732　史181/199

國朝名臣言行錄三十卷　（清）董壽纂輯　清光緒二十九年(1903)上海順成書局石印本　八冊

220000－0801－0007733　史181/200

國朝名臣言行錄十六卷　（清）王炳燮撰　清光緒十一年(1885)津河廣仁堂刻本　六冊

220000－0801－0007734　史181/201

景小晴江口殉難題詞一卷　（清）周克堃輯　清光緒十四年(1888)羊城一帆江上刻本　一冊

220000－0801－0007735　史181/204

羅忠節公年譜二卷　（清）□□纂　清同治二年(1863)刻本　一冊

220000－0801－0007736　史181/205

羅長祐事跡一卷　（清）劉錦棠撰　清末活字印本　一冊

220000－0801－0007737　史181/210

鄂國金佗稡編二十八卷續編三十卷　（宋）岳珂撰　清光緒九年(1883)浙江書局刻本　十二冊

220000－0801－0007738　史181/210－1

鄂國金佗稡編二十八卷續編三十卷　（宋）岳珂撰　清光緒九年(1883)浙江書局刻本　十二冊

220000－0801－0007739　史181/210－2

鄂國金佗稡編二十八卷續編三十卷　（宋）岳珂撰　清光緒九年(1883)浙江書局刻本　六

冊　存三十卷(續編三十卷)

220000－0801－0007740　史181/210－3

鄂國金佗稡編二十八卷續編三十卷　（宋）岳珂撰　清光緒九年(1883)浙江書局刻本　十二冊

220000－0801－0007741　史181/210－4

鄂國金佗稡編二十八卷續編三十卷　（宋）岳珂撰　清光緒九年(1883)浙江書局刻本　十二冊

220000－0801－0007742　史181/213

歷代名將事略二卷　（清）陳光憲編　清光緒三十年(1904)北洋武備研究所活字印本　二冊

220000－0801－0007743　史181/214

歷代循良能吏列傳彙鈔不分卷　（清）喬用遷輯　清道光二十四年(1844)有恒齋刻本　四冊

220000－0801－0007744　史181/215

歷代名臣言行錄二十四卷　（清）朱桓編輯　清嘉慶二年(1797)蔚齋刻本　三十四冊　缺一卷(二上)

220000－0801－0007745　史181/215－1

歷代名臣言行錄二十四卷　（清）朱桓編輯　清嘉慶二年(1797)蔚齋刻本　三十六冊

220000－0801－0007746　史181/216

歷代名臣言行錄二十四卷　（清）朱桓編輯　清光緒十七年(1891)上海廣百宋齋鉛印本　十二冊

220000－0801－0007747　史181/216－1

歷代名臣言行錄二十四卷　（清）朱桓編輯　清光緒十七年(1891)上海廣百宋齋鉛印本　十二冊

220000－0801－0007748　史181/217

歷代名臣言行錄二十四卷　（清）朱桓編輯　清光緒二十六年(1900)湖南書局刻本　二十四冊

220000－0801－0007749　史181/219

歷代名臣傳三十五卷續編五卷　(清)朱軾
(清)蔡世遠輯　清同治三年(1864)刻本　十
二冊

220000－0801－0007750　史181/220
歷代名臣傳三十五卷續編五卷　(清)朱軾
(清)蔡世遠輯　清光緒二十三年(1897)刻本
十七冊

220000－0801－0007751　史181/221
歷代名臣傳三十五卷續編五卷　(清)朱軾
(清)蔡世遠輯　清刻本　十六冊

220000－0801－0007752　史181/222
頤壽老人年譜二卷　(清)錢寶琛撰　清刻本
一冊

220000－0801－0007753　史181/224
清芬錄二卷　(清)陳文騄輯　清光緒十六年
(1890)刻本　二冊

220000－0801－0007754　史181/226
風木圖一卷　(清)汪虹等撰　清刻本　一冊

220000－0801－0007755　史181/228
周漁潢先生年譜一卷　陳田編　清光緒二十
年(1894)刻本　一冊

220000－0801－0007756　史181/228－1
周漁潢先生年譜一卷　陳田編　清光緒二十
年(1894)刻本　一冊

220000－0801－0007757　史181/228－2
周漁潢先生年譜一卷　陳田編　清光緒二十
年(1894)刻本　一冊

220000－0801－0007758　史181/228－3
周漁潢先生年譜一卷　陳田編　清光緒二十
年(1894)刻本　一冊

220000－0801－0007759　史181/228－4
周漁潢先生年譜一卷　陳田編　清光緒二十
年(1894)刻本　一冊

220000－0801－0007760　史181/229
關帝事蹟徵信編三十卷首一卷末一卷　(清)
周廣業　(清)崔應榴輯　清光緒八年(1882)
刻本　六冊

220000－0801－0007761　史181/231
關聖帝君聖蹟圖誌全集五卷首一卷　(清)盧
湛輯　清光緒九年(1883)刻本　六冊

220000－0801－0007762　史181/232
阿文成公年譜三十四卷　(清)那彥成纂　清
嘉慶十八年(1813)刻本　三十二冊

220000－0801－0007763　史181/233
頤壽老人年譜二卷　(清)錢寶琛撰　清同治
八年(1869)刻本　一冊

220000－0801－0007764　史181/234
長沙賈太傅祠志四卷　(清)夏獻雲編　清光
緒四年(1878)刻本　二冊

220000－0801－0007765　史181/235
劉襄勤史傳稿一卷　何維樸撰　清宣統二年
(1910)石印本　一冊

220000－0801－0007766　史181/235－1
劉襄勤史傳稿一卷　何維樸撰　清宣統二年
(1910)石印本　一冊

220000－0801－0007767　史181/235－2
劉襄勤史傳稿一卷　何維樸撰　清宣統二年
(1910)石印本　一冊

220000－0801－0007768　史181/235－3
劉襄勤史傳稿一卷　何維樸撰　清宣統二年
(1910)石印本　一冊

220000－0801－0007769　史181/242
陳文肅公年譜一卷　(清)陳輝祖等輯　清光
緒十六年(1890)刻本　一冊

220000－0801－0007770　史181/244
熙朝宰輔錄不分卷　(清)潘世恩輯　清道光
十八年(1838)思補軒刻本　一冊

220000－0801－0007771　史181/245
熙朝宰輔錄不分卷　(清)潘世恩輯　(清)劉
星岑　(清)翁海珊續　(清)顧泮香　(清)
陸午莊再續　清光緒三十一年(1905)石印本
一冊

220000－0801－0007772　史181/247
勝朝殉揚錄三卷　(清)劉寶楠輯　清同治十

343

年(1871)淮南書局刻本　一冊

220000－0801－0007773　史181/247－1

勝朝殉揚錄三卷　（清）劉寶楠輯　清同治十年(1871)淮南書局刻本　二冊

220000－0801－0007774　史181/247－2

勝朝殉揚錄三卷　（清）劉寶楠輯　清同治十年(1871)淮南書局刻本　一冊

220000－0801－0007775　史181/248

金鶻山先生年譜一卷　（清）汪雙池著　清光緒二十二年(1896)刻本　一冊

220000－0801－0007776　史181/249

前任四川總督籲門宮保駱公年譜一卷　（清）駱秉章撰　清同治六年(1867)刻本　二冊

220000－0801－0007777　史181/251

拿破崙本紀四十二章　（英國）洛加德著　林紓　魏易譯　清光緒三十一年(1905)北京學務印書局鉛印本　四冊

220000－0801－0007778　史181/252

年譜　（清）吳光西編　清同治七年(1868)武林薇署刻本　一冊

220000－0801－0007779　史181/252－1

年譜　（清）吳光西編　清同治七年(1868)武林薇署刻本　一冊

220000－0801－0007780　史181/252－2

年譜　（清）吳光西編　清同治七年(1868)武林薇署刻本　一冊

220000－0801－0007781　史181/252－3

年譜　（清）吳光西編　清同治七年(1868)武林薇署刻本　一冊

220000－0801－0007782　史181/253

年譜一卷　（清）徐宗幹自訂　清同治五年(1866)刻本　一冊

220000－0801－0007783　史181/254

年譜不分卷　（清）思補老人手訂　清同治二年(1863)刻本　一冊

220000－0801－0007784　史181/256

曾文正公事畧四卷　（清）王定安撰　清光緒元年(1875)刻本　四冊

220000－0801－0007785　史181/256－1

曾文正公事畧四卷　（清）王定安撰　清光緒元年(1875)刻本　二冊

220000－0801－0007786　史181/257

曾文正公大事記四卷　（清）王定安撰　清光緒二年(1876)傳忠書局刻本　二冊

220000－0801－0007787　史181/258

曾文正公年譜十二卷　（清）黎庶昌撰　清光緒二年(1876)刻本　四冊

220000－0801－0007788　史181/258－1

曾文正公年譜十二卷　（清）黎庶昌撰　清光緒二年(1876)刻本　四冊

220000－0801－0007789　史181/258－2

曾文正公年譜十二卷　（清）黎庶昌撰　清光緒二年(1876)刻本　四冊

220000－0801－0007790　史181/258－3

曾文正公年譜十二卷　（清）黎庶昌撰　清光緒二年(1876)刻本　三冊　存九卷(四至十二)

220000－0801－0007791　史181/261

懷忠錄五卷首一卷　（清）湯成烈輯　清末刻本　一冊

220000－0801－0007792　史181/262

榮哀錄一卷　（清）黃翼升等撰　清同治十一年(1872)刻本　一冊

220000－0801－0007793　史181/262－1

榮哀錄一卷　（清）黃翼升等撰　清同治十一年(1872)刻本　一冊

220000－0801－0007794　史181/263

中興將帥別傳三十卷　朱孔彰撰　清光緒二十五年(1899)石印本　六冊

220000－0801－0007795　史181/265

紫光閣功臣畫像一卷　（清）德宗載湉敕繪　清光緒二十七年(1901)點石齋石印本　一冊

220000－0801－0007796　史181/265－1

紫光閣功臣畫像一卷 （清）德宗載湉敕繪
清光緒二十七年(1901)點石齋石印本　一冊

220000－0801－0007797　史181/267

鄭垚陽冤獄辨一卷 （清）湯修業撰　清光緒
十四年(1888)刻本　一冊

220000－0801－0007798　史181/268

石阡鄧將軍戰功紀畧一卷 （清）杜輝撰　清
光緒二十二年(1896)刻本　一冊

220000－0801－0007799　史181/271

病榻夢痕錄二卷 （清）汪輝祖撰　清嘉慶十
一年(1806)刻本　二冊

220000－0801－0007800　史181/272

病榻夢痕錄二卷餘錄一卷 （清）汪輝祖撰
清嘉慶元年(1796)刻本　三冊

220000－0801－0007801　史181/273

貳臣傳十二卷逆臣傳四卷 （清）國史館纂本
清末都城琉璃廠半松居士鉛印本　八冊

220000－0801－0007802　史181/273－1

貳臣傳十二卷逆臣傳四卷 （清）國史館纂本
清末都城琉璃廠半松居士鉛印本　八冊

220000－0801－0007803　史181/274

崇祀錄一卷 （□）□□撰　清末刻本　一冊

220000－0801－0007804　史181/276

畿輔同官錄不分卷 （□）□□撰　清光緒三
十年(1904)北洋官報局鉛印本　四冊

220000－0801－0007805　史181/278

歷代循吏傳八卷 （清）朱軾　（清）蔡世遠訂
清同治三年(1864)刻本　二冊

220000－0801－0007806　史181/279

蕺山先生年譜二卷貞孝先生傳一卷 （清）劉
汋編　清光緒二十三年(1897)刻本　二冊

220000－0801－0007807　史181/281

歷代循吏傳八卷 （清）朱軾　（清）蔡世遠訂
清光緒二十三年(1897)刻本　四冊

220000－0801－0007808　史181/282

崇祀鄉賢錄一卷 （□）□□撰　清初刻本
一冊

220000－0801－0007809　史181/283

崇祀名宦錄一卷 （□）□□撰　清末刻本
一冊

220000－0801－0007810　史181/287

明狀元圖考二卷 （明）顧祖訓撰　清雙峰書
屋刻本　四冊

220000－0801－0007811　史181/289

洪廬江祀典徵實二卷 （清）章世溶等輯　清
同治八年(1869)刻本　一冊

220000－0801－0007812　史181/291

弇山畢公年譜一卷 （清）史善長撰　清同治
刻本　一冊

220000－0801－0007813　史181/291－1

弇山畢公年譜一卷 （清）史善長撰　清同治
刻本　一冊

220000－0801－0007814　史181/293

泰西各國名人言行錄十六卷 張兆蓉編纂
清光緒二十九年(1903)石印本　六冊

220000－0801－0007815　史181/296

忠孝錄一卷續編一卷 （清）王庭楨撰　清光
緒元年(1875)續刻本　二冊

220000－0801－0007816　史181/297

崇祀鄉賢錄一卷 （□）□□撰　清同治三年
(1864)刻本　一冊

220000－0801－0007817　史181/298

省身錄六卷 （清）王恕撰　清宣統三年
(1911)金陵鉛印本　一冊

220000－0801－0007818　史181/299

左忠毅公年譜不分卷 （清）左宰撰　清末刻
本　一冊

220000－0801－0007819　史181/301

十五家年譜叢書 （清）楊希閔編　清光緒書
林陳履恒揚州補刻本　十六冊

220000－0801－0007820　史181/301－1

十五家年譜叢書 （清）楊希閔編 清光緒書
林陳履恒揚州補刻本 十六冊

220000－0801－0007821 史181/302

崇祀錄 （□）□□撰 清光緒三十四年
（1908）刻本 一冊

220000－0801－0007822 史181/303

金剛愍公表忠錄一卷 （清）金頤增輯 清光
緒二十一年（1895）刻本 一冊

220000－0801－0007823 史181/306

宗室王公世職章京爵秩襲次全表十卷 （清）
牟其汶編纂 清光緒三十三年（1907）刻本
十冊

220000－0801－0007824 史181/307

雷塘庵主弟子記八卷 （清）張鑒撰 清咸豐
瑯嬛仙館刻本 二冊

220000－0801－0007825 史181/307－1

雷塘庵主弟子記八卷 （清）張鑒撰 清咸豐
瑯嬛仙館刻本 二冊

220000－0801－0007826 史181/307－2

雷塘庵主弟子記八卷 （清）張鑒撰 清咸豐
瑯嬛仙館刻本 二冊

220000－0801－0007827 史181/308

滿漢名臣傳三集二十四卷 （清）□□編 清
抄本 十二冊

220000－0801－0007828 史181/310

十五家年譜 （清）楊希閔編 清光緒四年
（1878）刻本 十冊

220000－0801－0007829 史181/311

宋名臣言行錄前集十卷後集十四卷續集八卷
別集二十六卷外集十七卷 （宋）朱熹纂 清
同治七年（1868）臨川桂氏刻本 十二冊

220000－0801－0007830 史181/311－1

宋名臣言行錄前集十卷後集十四卷續集八卷
別集二十六卷外集十七卷 （宋）朱熹纂 清
同治七年（1868）臨川桂氏刻本 十二冊

220000－0801－0007831 史181/311－2

宋名臣言行錄前集十卷後集十四卷續集八卷

別集二十六卷外集十七卷 （宋）朱熹纂 清
同治七年（1868）臨川桂氏刻本 十二冊

220000－0801－0007832 史181/312

歷代名臣言行錄二十四卷 （清）朱桓編輯
清光緒十二年（1886）校印本 十二冊

220000－0801－0007833 史181/313

歷代名臣言行錄二十四卷 （清）朱桓編輯
清光緒二十八年（1902）上海寶善書局石印本
八冊

220000－0801－0007834 史181/314

歷代名臣言行錄二十四卷 （清）朱桓編輯
清光緒二十四年（1898）掃葉山房石印本
八冊

220000－0801－0007835 史181/315

歷代名臣言行錄二十四卷 （清）朱桓編輯
清同治四年（1865）刻本 三十四冊

220000－0801－0007836 史181/316

宋名臣言行錄前集十卷後集十四卷續集八卷
別集二十六卷外集十七卷 （宋）朱熹 （宋）
李幼武撰 清道光二十二年（1842）丹徒包氏
刻本 十二冊

220000－0801－0007837 史181/316－1

宋名臣言行錄前集十卷後集十四卷續集八卷
別集二十六卷外集十七卷 （宋）朱熹 （宋）
李幼武撰 清道光二十二年（1842）丹徒包氏
刻本 十二冊

220000－0801－0007838 史181/317

病榻夢痕錄二卷餘錄一卷 （清）汪輝祖撰
清同治刻本 六冊

220000－0801－0007839 史181/318

稊圭府君年譜不分卷 （清）周汝筠等編 清
同治刻本 一冊

220000－0801－0007840 史181/319

忠武誌十卷 （清）張鵬翮輯 清嘉慶刻本
六冊

220000－0801－0007841 史181/324

忠孝錄一卷 （清）王庭楨編 清同治七年

（1868）漢陽官廨刻本　二冊

220000－0801－0007842　史181/325

中興將帥別傳續編六卷　朱孔彰撰　清光緒
三十二年（1906）江甯刻本　一冊　存三卷
（一至三）

220000－0801－0007843　史181/326

褒忠錄四卷　（清）李繼彪等重編　清道光四
年（1824）刻本　二冊

220000－0801－0007844　史181/327

滿漢名臣續集八十卷　（清）□□編　清抄本
四十冊

220000－0801－0007845　史181/330

歷代名臣傳三十五卷　（清）朱軾著　清雍正
刻本　八冊　存十八卷（一至十八）

220000－0801－0007846　史182/1

文貞王先生行狀事略呈文　（清）唐文治等編
清末刻本　一冊

220000－0801－0007847　史182/4

三遷志十二卷　（清）王特選增纂　清刻本
四冊

220000－0801－0007848　史182/5

重纂三遷志十卷首一卷　（清）孟廣均原撰
（清）陳錦重撰　清光緒十三年（1887）山東書
局刻本　六冊

220000－0801－0007849　史182/7

聖域述聞二十八卷　（清）黃本驥輯　清道光
二十六年（1846）刻本　四冊

220000－0801－0007850　史182/8

聖蹟編年不分卷　（清）費崇朱撰　清同治五
年（1866）刻本　一冊

220000－0801－0007851　史182/9

聖門諸賢輯傳不分卷　（清）查光泰輯　清光
緒十四年（1888）刻本　一冊

220000－0801－0007852　史182/10

聖賢像贊不分卷　（明）李夢陽等撰　清光緒
四年（1878）曲阜會文堂刻本　四冊

220000－0801－0007853　史182/10－1

聖賢像贊不分卷　（明）李夢陽等撰　清光緒
四年（1878）曲阜會文堂刻本　四冊

220000－0801－0007854　史182/10－2

聖賢像贊不分卷　（明）李夢陽等撰　清光緒
四年（1878）曲阜會文堂刻本　一冊

220000－0801－0007855　史182/11

孟子編年四卷　（清）狄子奇撰　清光緒十一
年（1885）浙江書局刻本　一冊

220000－0801－0007856　史182/11－1

孟子編年四卷　（清）狄子奇撰　清光緒十一
年（1885）浙江書局刻本　一冊

220000－0801－0007857　史182/11－2

孟子編年四卷　（清）狄子奇撰　清光緒十一
年（1885）浙江書局刻本　一冊

220000－0801－0007858　史182/12

孟志編略六卷　（清）孫葆田撰　清光緒十六
年（1890）刻本　一冊

220000－0801－0007859　史182/15

儒林宗派十六卷　（清）萬斯同撰　清宣統三
年（1911）浙江圖書館刻本　一冊

220000－0801－0007860　史182/15－1

儒林宗派十六卷　（清）萬斯同撰　清宣統三
年（1911）浙江圖書館刻本　二冊

220000－0801－0007861　史182/15－2

儒林宗派十六卷　（清）萬斯同撰　清宣統三
年（1911）浙江圖書館刻本　二冊

220000－0801－0007862　史182/17

備遺錄　（明）張芹編　清同治七年（1868）新
淦楊氏刻本　一冊

220000－0801－0007863　史182/19

崇祀錄一卷附義莊規條一卷　（□）□□撰
清光緒二十三年（1897）刻本　一冊

220000－0801－0007864　史182/21

伊洛淵源錄新增十四卷　（宋）朱熹撰　清末
成都志古堂刻本　四冊

220000－0801－0007865　史182/21－1

伊洛淵源録新增十四卷　（宋）朱熹撰　清末
成都志古堂刻本　四冊

220000－0801－0007866　史182/23

聖蹟圖不分卷　（□）□□撰　清拓本　四冊

220000－0801－0007867　史182/24

宗聖志二十卷　（清）王定安撰　清光緒十六
年(1890)金陵刻本　八冊

220000－0801－0007868　史182/24－1

宗聖志二十卷　（清）王定安撰　清光緒十六
年(1890)金陵刻本　八冊

220000－0801－0007869　史182/24－2

宗聖志二十卷　（清）王定安撰　清光緒十六
年(1890)金陵刻本　八冊

220000－0801－0007870　史182/25

宗室貢舉備考　（清）瑞聯修　清末刻本
二冊

220000－0801－0007871　史182/25－1

宗室貢舉備考　（清）瑞聯修　清末刻本
二冊

220000－0801－0007872　史182/27

藩獻記四卷　（明）朱謀㙔撰　清末杭州抱經
堂鉛印本　一冊

220000－0801－0007873　史182/27－1

藩獻記四卷　（明）朱謀㙔撰　清末杭州抱經
堂鉛印本　一冊

220000－0801－0007874　史182/31

戴東原先生年譜一卷　（清）段玉裁編　清宣
統三年(1911)渭南嚴氏僑寓成都刻本　一冊

220000－0801－0007875　史182/32

梅嶺課子圖題辭四卷　（清）傅振海編　清光
緒十六年(1890)刻本　一冊

220000－0801－0007876　史182/34

國朝天台耆舊傳八卷　（清）金文田輯　清光
緒二十八年(1902)活字印本　二冊

220000－0801－0007877　史182/35

疇人傳四十六卷　（清）阮元撰　**疇人傳續六
卷**　（清）羅士琳撰　**疇人傳三編七卷著述記
一卷**　（清）諸可寶撰　清光緒二十二年
(1896)影印本　六冊

220000－0801－0007878　史182/35－1

疇人傳四十六卷　（清）阮元撰　**疇人傳續六
卷**　（清）羅士琳撰　**疇人傳三編七卷著述記
一卷**　（清）諸可寶撰　清光緒二十二年
(1896)影印本　六冊

220000－0801－0007879　史182/35－2

疇人傳四十六卷　（清）阮元撰　**疇人傳續六
卷**　（清）羅士琳撰　**疇人傳三編七卷著述記
一卷**　（清）諸可寶撰　清光緒二十二年
(1896)影印本　一冊　缺十四卷(續六卷、三
編七卷、著述記一卷)

220000－0801－0007880　史182/36

疇人傳四十六卷　（清）阮元撰　清嘉慶四年
(1799)刻本　八冊

220000－0801－0007881　史182/37

李恕谷先生年譜五卷　（清）馮辰撰　清道光
十六年(1836)刻本　四冊

220000－0801－0007882　史182/37－1

李恕谷先生年譜五卷　（清）馮辰撰　清道光
十六年(1836)刻本　四冊

220000－0801－0007883　史182/39

明賢蒙正錄二卷　（清）彭定求輯　清同治九
年(1870)刻本　一冊

220000－0801－0007884　史182/39－1

明賢蒙正錄二卷　（清）彭定求輯　清同治九
年(1870)刻本　一冊

220000－0801－0007885　史182/39－2

明賢蒙正錄二卷　（清）彭定求輯　清同治九
年(1870)刻本　一冊

220000－0801－0007886　史182/40

明賢蒙正錄二卷　（清）彭定求輯　清光緒八
年(1882)津河廣仁堂刻本　一冊

220000－0801－0007887　史182/41

歷代名儒傳八卷　（清）朱軾輯　清同治三年
(1864)刻本　二冊

220000－0801－0007888　史182/42

歷代名儒傳八卷　（清）朱軾輯　清光緒二十
三年(1897)刻本　四冊

220000－0801－0007889　史182/42－1

歷代名儒傳八卷　（清）朱軾輯　清光緒二十
三年(1897)刻本　五冊

220000－0801－0007890　史182/43

歷代名儒傳八卷　（清）朱軾　（清）蔡世遠輯
　清光緒二十一年(1895)江蘇書局刻本
四冊

220000－0801－0007891　史182/44

劉忠誠事略　（□）□□撰　清光緒石印本
一冊

220000－0801－0007892　史182/51

商隱公年譜一卷　（清）錢聚仁撰　清末刻本
　一冊

220000－0801－0007893　史182/54

許魯齋先生年譜一卷附心法約編一卷　（清）
鄭士範編　清光緒六年(1880)刻本　一冊

220000－0801－0007894　史182/56

王深寧先生年譜一卷　（清）張大昌輯　清光
緒十六年(1890)刻本　一冊

220000－0801－0007895　史182/59

聖蹟圖不分卷　（□）□□撰　清刻本　四冊

220000－0801－0007896　史182/61

孫淵如先生年譜二卷　（清）張紹南撰　清光
緒二十四年(1898)刻本　一冊

220000－0801－0007897　史182/63

孔子年譜綱目不分卷　（清）夏洪基編輯　清
道光十一年(1831)刻本　一冊

220000－0801－0007898　史182/65

孟子年譜二卷　（清）曹之升著　清道光九年
(1829)刻本　二冊

220000－0801－0007899　史182/67

瑯琊鳳麟兩公年譜合編一卷　（清）王瑞國輯
　清光緒二十七年(1901)東倉書庫刻朱印本
一冊

220000－0801－0007900　史182/70

雙池先生年譜四卷　（清）余龍光編　清同治
五年(1866)刻本　二冊

220000－0801－0007901　史182/70－1

雙池先生年譜四卷　（清）余龍光編　清同治
五年(1866)刻本　二冊

220000－0801－0007902　史182/70－2

雙池先生年譜四卷　（清）余龍光編　清同治
五年(1866)刻本　二冊

220000－0801－0007903　史182/70－3

雙池先生年譜四卷　（清）余龍光編　清同治
五年(1866)刻本　二冊

220000－0801－0007904　史182/71

微君孫先生年譜二卷　（清）湯斌等編　（清）
方苞訂正　清光緒十三年(1887)刻本　二冊

220000－0801－0007905　史182/71－1

微君孫先生年譜二卷　（清）湯斌等編　（清）
方苞訂正　清光緒十三年(1887)刻本　二冊

220000－0801－0007906　史182/71－2

微君孫先生年譜二卷　（清）湯斌等編　（清）
方苞訂正　清光緒十三年(1887)刻本　二冊

220000－0801－0007907　史182/73

朱子年譜四卷考異四卷附錄二卷　（清）王懋
竑纂　清末白田草堂刻本　四冊

220000－0801－0007908　史182/74

朱子年譜不分卷　（清）鄭士範編　清光緒六
年(1880)刻本　一冊

220000－0801－0007909　史182/75

朱子年譜四卷考異四卷附錄二卷校勘記三卷
　（清）王懋竑纂訂　清光緒九年(1883)武昌
書局刻本　四冊

220000－0801－0007910　史182/75－1

朱子年譜四卷考異四卷附錄二卷校勘記三卷
　（清）王懋竑纂訂　清光緒九年(1883)武昌

349

書局刻本　三冊

220000－0801－0007911　史182/81

顧亭林先生年譜不分卷　（清）吳映奎輯　清光緒四年(1878)刻本　一冊

220000－0801－0007912　史182/82

顧亭林先生年譜一卷　（清）張穆撰　清道光二十四年(1844)刻本　四冊

220000－0801－0007913　史182/85

武進李申耆先生年譜三卷　（清）蔣彤編　清光緒十三年(1887)嘉興金氏活字印本　二冊

220000－0801－0007914　史182/87

伊洛淵源錄新增十四卷　（宋）朱熹撰　**續錄六卷**　（明）謝鐸撰　清末求是齋刻本　四冊

220000－0801－0007915　史182/88

著菴先生年譜附傳記　（清）李惺等撰　清同治十三年(1874)真率堂刻本　一冊

220000－0801－0007916　史182/89

黃梨洲先生年譜三卷　（清）黃炳垕編輯　清同治十二年(1873)刻本　一冊

220000－0801－0007917　史182/89－1

黃梨洲先生年譜三卷　（清）黃炳垕編輯　清同治十二年(1873)刻本　一冊

220000－0801－0007918　史182/89－2

黃梨洲先生年譜三卷　（清）黃炳垕編輯　清同治十二年(1873)刻本　一冊

220000－0801－0007919　史182/89－3

黃梨洲先生年譜三卷　（清）黃炳垕編輯　清同治十二年(1873)刻本　一冊

220000－0801－0007920　史182/89－4

黃梨洲先生年譜三卷　（清）黃炳垕編輯　清同治十二年(1873)刻本　一冊

220000－0801－0007921　史182/92

明李文正公年譜七卷　（清）法式善纂輯　(清)唐仲冕補編　清嘉慶九年(1804)刻本　二冊

220000－0801－0007922　史182/96

頤志齋四譜不分卷　（清）丁晏編　清道光二十三年(1843)刻本　一冊

220000－0801－0007923　史182/100

陸清獻公年譜定本二卷附錄一卷　（清）吳光酉輯　清光緒八年(1882)廣仁堂刻本　三冊

220000－0801－0007924　史182/100－1

陸清獻公年譜定本二卷附錄一卷　（清）吳光酉輯　清光緒八年(1882)廣仁堂刻本　二冊

220000－0801－0007925　史182/103

閻潛丘先生年譜四卷　（清）張穆編　清道光二十七年(1847)壽陽祁氏刻本　四冊

220000－0801－0007926　史182/103－1

閻潛丘先生年譜四卷　（清）張穆編　清道光二十七年(1847)壽陽祁氏刻本　一冊

220000－0801－0007927　史182/103－2

閻潛丘先生年譜四卷　（清）張穆編　清道光二十七年(1847)壽陽祁氏刻本　一冊

220000－0801－0007928　史182/105

年譜　（清）韓尌訂　清道光刻本　一冊

220000－0801－0007929　史182/106

闕里廣誌二十卷　（清）宋際　（清）宋慶長撰　清同治九年(1870)刻本　七冊

220000－0801－0007930　史182/108

闕里文獻考一百卷首一卷末一卷　（清）孔繼汾撰　清光緒十七年(1891)湘陰李氏刻本　八冊

220000－0801－0007931　史182/108－1

闕里文獻考一百卷首一卷末一卷　（清）孔繼汾撰　清光緒十七年(1891)湘陰李氏刻本　八冊

220000－0801－0007932　史182/108－2

闕里文獻考一百卷首一卷末一卷　（清）孔繼汾撰　清光緒十七年(1891)湘陰李氏刻本　八冊

220000－0801－0007933　史182/109

闕里述聞十四卷補一卷　（清）鄭曉如撰　清同治七年(1868)廣州華文堂刻本　八冊

220000－0801－0007934　　史182/109－1

闕里述聞十四卷補一卷　（清）鄭曉如撰　清同治七年(1868)廣州華文堂刻本　八冊

220000－0801－0007935　　史182/109－2

闕里述聞十四卷補一卷　（清）鄭曉如撰　清同治七年(1868)廣州華文堂刻本　八冊

220000－0801－0007936　　史182/111

宋元學案一百卷首一卷考略一卷　（清）黃宗羲撰　清道光二十六年(1846)道州何氏刻本　二十四冊

220000－0801－0007937　　史182/111－1

宋元學案一百卷首一卷考略一卷　（清）黃宗羲撰　清道光二十六年(1846)道州何氏刻本　二十冊

220000－0801－0007938　　史182/112

宋元學案一百卷首一卷考略一卷　（清）黃宗羲撰　清光緒五年(1879)長沙寄廬刻本　三十二冊

220000－0801－0007939　　史182/112－1

宋元學案一百卷首一卷考略一卷　（清）黃宗羲撰　清光緒五年(1879)長沙寄廬刻本　四十八冊

220000－0801－0007940　　史182/112－2

宋元學案一百卷首一卷考略一卷　（清）黃宗羲撰　清光緒五年(1879)長沙寄廬刻本　四十冊

220000－0801－0007941　　史182/112－3

宋元學案一百卷首一卷考略一卷　（清）黃宗羲撰　清光緒五年(1879)長沙寄廬刻本　四十冊

220000－0801－0007942　　史182/112－4

宋元學案一百卷首一卷考略一卷　（清）黃宗羲撰　清光緒五年(1879)長沙寄廬刻本　四十冊

220000－0801－0007943　　史182/113

宋元學案一百卷首一卷考略一卷　（清）黃宗羲撰　（清）全祖望修定　清光緒五年(1879)上海文瑞樓鴻章書局石印本　三十二冊

220000－0801－0007944　　史182/113－1

宋元學案一百卷首一卷考略一卷　（清）黃宗羲撰　（清）全祖望修定　清光緒五年(1879)上海文瑞樓鴻章書局石印本　十六冊　存五十卷(五十一至一百)

220000－0801－0007945　　史182/114

明儒學案六十二卷　（清）黃宗羲撰　清光緒十四年(1888)南昌縣學刻本　三十二冊

220000－0801－0007946　　史182/116

明儒學案六十二卷　（清）黃宗羲撰　清光緒八年(1882)上海文瑞樓石印本　十六冊

220000－0801－0007947　　史182/116－1

明儒學案六十二卷　（清）黃宗羲撰　清光緒八年(1882)上海文瑞樓石印本　八冊　存二十八卷(三十五至六十二)

220000－0801－0007948　　史182/116－2

明儒學案六十二卷　（清）黃宗羲撰　清光緒八年(1882)上海文瑞樓石印本　八冊　存二十八卷(三十五至六十二)

220000－0801－0007949　　史182/119

宋儒學案約編二十二卷　曾學傳撰　清宣統三年(1911)鉛印本　四冊

220000－0801－0007950　　史182/120

學案小識十四卷首一卷末一卷　（清）唐鑑撰　清道光二十六年(1846)四砭齋刻本　八冊

220000－0801－0007951　　史182/121

國朝學案小識十四卷首一卷末一卷　（清）唐鑑撰　清光緒十年(1884)刻本　十二冊

220000－0801－0007952　　史182/121－1

國朝學案小識十四卷首一卷末一卷　（清）唐鑑撰　清光緒十年(1884)刻本　十二冊

220000－0801－0007953　　史182/121－2

國朝學案小識十四卷首一卷末一卷　（清）唐鑑撰　清光緒十年(1884)刻本　十冊

220000－0801－0007954　　史182/125

錫山游庠錄二卷首一卷　（清）邵涵初編　清

咸豐五年(1855)尚德書院刻本　一冊

220000－0801－0007955　史182/125－1

錫山游庠錄二卷首一卷　(清)邵涵初編　清
咸豐五年(1855)尚德書院刻本　一冊

220000－0801－0007956　史182/125－2

錫山游庠錄二卷首一卷　(清)邵涵初編　清
咸豐五年(1855)尚德書院刻本　一冊

220000－0801－0007957　史182/127

學宮景仰編八卷首一卷　(清)黃見三輯　清
同治十一年(1872)知足知不足齋刻本　四冊

220000－0801－0007958　史182/129

松江府屬歷科采芹錄四卷　(清)□□撰　清
宣統元年(1909)上海時中書局刻本　二冊

220000－0801－0007959　史182/130

先儒趙子言行錄二卷　(清)陳廷鈞纂　清同
治九年(1870)崇文書局刻本　二冊

220000－0801－0007960　史182/130－1

先儒趙子言行錄二卷　(清)陳廷鈞纂　清同
治九年(1870)崇文書局刻本　二冊

220000－0801－0007961　史182/135

北學編四卷　(清)魏一鰲輯　清道光二十四
年(1844)刻本　二冊

220000－0801－0007962　史182/136

北學編四卷　(清)魏一鰲輯　清同治七年
(1868)蓮池書院刻本　二冊

220000－0801－0007963　史182/137

關學原編四卷首一卷　(明)馮從吾撰　**關學
續編三卷**　(清)王心敬等撰　清光緒十九年
(1893)刻本　四冊

220000－0801－0007964　史182/138

國朝右文掌錄不分卷　(清)自有餘齋撰　清
光緒十四年(1888)刻本　一冊

220000－0801－0007965　史182/138－1

國朝右文掌錄不分卷　(清)自有餘齋撰　清
光緒十四年(1888)刻本　一冊

220000－0801－0007966　史182/139

聖學源流續編三卷附補遺　(清)謝蘭生輯
清光緒十六年(1890)活字印本　一冊

220000－0801－0007967　史182/141

養穌齋筆記　(清)霍樹清著　清光緒二十七
年(1901)刻本　四冊

220000－0801－0007968　史182/142

群賢畢集一卷　(清)汪繼照編　清道光九年
(1829)刻本　一冊

220000－0801－0007969　史182/143

道學淵源錄一百卷首一卷　(清)黃嗣東輯
清光緒三十四年(1908)鳳山學舍鉛印本　十
四冊

220000－0801－0007970　史182/144

奏定學堂章程　(清)張之洞等編　清光緒三
十年(1904)上海鴻寶齋鉛印本　五冊

220000－0801－0007971　史182/144－1

奏定學堂章程　(清)張之洞等編　清光緒三
十年(1904)上海鴻寶齋鉛印本　三冊　存三
冊(大學堂章程一冊、高等學堂章程一冊、優
極師範學堂章程一冊)

220000－0801－0007972　史182/145

奏定學堂章程　(清)張之洞等編　清光緒二
十九年(1903)刻本　五冊

220000－0801－0007973　史182/146

先聖生卒年月日考二卷　(清)孔廣牧撰　清
光緒四年(1878)旌陽湯明林寫刻本　一冊

220000－0801－0007974　史182/146－1

先聖生卒年月日考二卷　(清)孔廣牧撰　清
光緒四年(1878)旌陽湯明林寫刻本　一冊

220000－0801－0007975　史182/148

北學編四卷補遺一卷　(清)魏一鰲輯　清光
緒十四年(1888)刻本　一冊

220000－0801－0007976　史182/149

臺學源流七卷　(明)金賁亨撰　清光緒八年
(1882)刻本　一冊

220000－0801－0007977　史182/151

朱柏廬先生編年毋欺錄三卷補遺一卷附一卷

（清）朱用純撰　（清）金吳瀾輯　清光緒六年(1880)刻本　三冊

220000－0801－0007978　史182/153

磨盾餘談不分卷　（清）張炳撰　清咸豐四年(1854)刻本　一冊

220000－0801－0007979　史182/153－1

磨盾餘談不分卷　（清）張炳撰　清咸豐四年(1854)刻本　一冊

220000－0801－0007980　史182/154

聖廟祀典圖考三卷首一卷附錄一卷　（清）顧沅撰　清末上海同文書局縮印本　四冊

220000－0801－0007981　史182/157

孔子年譜輯註一卷　（清）江永撰　清道光二十七年(1847)刻本　一冊

220000－0801－0007982　史182/159

關學編原編四卷首一卷　（明）馮從吾撰　關學續編三卷　（清）王心敬等撰　清光緒十九年(1893)灃西草堂刻本　四冊

220000－0801－0007983　史182/160

文廟通考六卷　（清）牛樹梅摘抄　清同治十一年(1872)浙江書局刻本　二冊

220000－0801－0007984　史182/160－1

文廟通考六卷　（清）牛樹梅摘抄　清同治十一年(1872)浙江書局刻本　二冊

220000－0801－0007985　史182/160－2

文廟通考六卷　（清）牛樹梅摘抄　清同治十一年(1872)浙江書局刻本　二冊

220000－0801－0007986　史182/160－3

文廟通考六卷　（清）牛樹梅摘抄　清同治十一年(1872)浙江書局刻本　二冊

220000－0801－0007987　史182/161

文廟備考八卷　（清）趙映奎輯　清道光二十七年(1847)德聚堂刻本　四冊

220000－0801－0007988　史182/162

文廟通考六卷　（清）牛樹梅摘抄　清光緒十五年(1889)岐山學署刻本　四冊

220000－0801－0007989　史182/163

文廟思源錄考　（清）麻兆慶撰　清光緒二十一年(1895)燕平書院刻本　二冊

220000－0801－0007990　史182/165

文廟通錄七卷　（清）唐學全纂輯　清道光二年(1822)刻本　四冊

220000－0801－0007991　史182/166

文廟彙考十卷　（清）蔣乙經　（清）龔繩正輯　清道光七年(1827)刻本　一冊

220000－0801－0007992　史182/168

文廟祀典考五十卷首一卷　（清）龐鍾璐纂輯　清光緒四年(1878)刻本　八冊

220000－0801－0007993　史182/168－1

文廟祀典考五十卷首一卷　（清）龐鍾璐纂輯　清光緒四年(1878)刻本　八冊

220000－0801－0007994　史182/168－2

文廟祀典考五十卷首一卷　（清）龐鍾璐纂輯　清光緒四年(1878)刻本　八冊

220000－0801－0007995　史182/169

孔孟編年四卷　（清）狄子奇撰　清光緒十三年(1887)浙江書局刻本　二冊

220000－0801－0007996　史182/169－1

孔孟編年四卷　（清）狄子奇撰　清光緒十三年(1887)浙江書局刻本　一冊

220000－0801－0007997　史182/170

孔子編年五卷　（宋）胡仔撰　清嘉慶二十三年(1818)刻本　二冊

220000－0801－0007998　史182/170－1

孔子編年五卷　（宋）胡仔撰　清嘉慶二十三年(1818)刻本　二冊

220000－0801－0007999　史182/171

孔子編年五卷　（宋）胡仔撰　清同治九年(1870)刻本　一冊

220000－0801－0008000　史182/171－1

孔子編年五卷　（宋）胡仔撰　清同治九年(1870)刻本　一冊

220000－0801－0008001　史182/172

聖廟祀典圖考五卷首一卷附錄一卷　（清）顧
沅撰　清道光六年(1826)刻本　六冊

220000－0801－0008002　史182/172－1

聖廟祀典圖考五卷首一卷附錄一卷　（清）顧
沅撰　清道光六年(1826)刻本　六冊

220000－0801－0008003　史182/173

東越儒林後傳一卷　（清）陳壽祺撰　清刻本
　一冊

220000－0801－0008004　史182/175

青浦入泮錄一卷　徐公修編校　清光緒二十
五年(1899)求志居刻本　一冊

220000－0801－0008005　史182/176

洛學編六卷　（清）湯斌等輯　清光緒二年
(1876)有不爲齋刻本　二冊

220000－0801－0008006　史182/177

東家雜記二卷　（宋）孔傳撰　清活字印本
一冊

220000－0801－0008007　史182/180

理學宗傳二十六卷　（清）孫奇逢撰　清光緒
六年(1880)浙江書局刻本　十二冊

220000－0801－0008008　史182/180－1

理學宗傳二十六卷　（清）孫奇逢撰　清光緒
六年(1880)浙江書局刻本　十二冊

220000－0801－0008009　史182/180－2

理學宗傳二十六卷　（清）孫奇逢撰　清光緒
六年(1880)浙江書局刻本　十二冊

220000－0801－0008010　史182/180－3

理學宗傳二十六卷　（清）孫奇逢撰　清光緒
六年(1880)浙江書局刻本　四冊　存八卷
(十二至十五、二十一至二十四)

220000－0801－0008011　史182/183

聖蹟圖不分卷　（□）□□撰　清末刻本
一冊

220000－0801－0008012　史182/183－1

聖蹟圖不分卷　（□）□□撰　清末刻本
一冊

220000－0801－0008013　史182/185

聖蹟圖不分卷　（□）□□撰　清末刻本
一冊

220000－0801－0008014　史182/186

學案小識十四卷　（清）唐鑑撰　清光緒十四
年(1888)刻本　十二冊

220000－0801－0008015　史182/187

孫淵如先生年譜二卷　（清）張紹南撰　清刻
本　一冊

220000－0801－0008016　史182/188

歸顧朱三先生年譜合刻附觀復堂稿略　（清）
金吳瀾輯　清光緒六年(1880)金氏刻本　五
冊　缺顧亭林先生年譜

220000－0801－0008017　史182/190

明儒學案六十二卷　（清）黃宗羲撰　清末刻
本　一冊　存一卷(六十二)

220000－0801－0008018　史182/193

顧亭林先生年譜一卷神道表一卷　（清）吳映
奎輯　清光緒十一年(1885)上海掃葉山房刻
本　一冊

220000－0801－0008019　史182/194

歸震川先生年譜一卷世系一卷　（清）孫岱編
　清光緒六年(1880)嘉興金氏刻本　一冊

220000－0801－0008020　史182/195

希賢錄二卷　（清）彭玉麟輯　清光緒九年
(1883)刻本　一冊

220000－0801－0008021　史182/196

徵君孫先生年譜二卷　（清）湯斌等編　清光
緒刻本　一冊　存一卷(上)

220000－0801－0008022　史183/1

方望溪先生年譜一卷附錄一卷　（清）蘇惇元
撰　清道光二十七年(1847)刻本　一冊

220000－0801－0008023　史183/3

唐才子傳十卷攷異一卷　（元）辛文房撰　清
嘉慶十年(1805)三間草堂刻本　二冊

220000－0801－0008024　史183/4

文獻徵存錄十卷　（清）錢林輯　（清）王藻編

清咸豐八年(1858)有嘉樹軒刻本　十冊

220000－0801－0008025　史183/4－1

文獻徵存錄十卷　（清）錢林輯　（清）王藻編
清咸豐八年(1858)有嘉樹軒刻本　十二冊

220000－0801－0008026　史183/4－2

文獻徵存錄十卷　（清）錢林輯　（清）王藻編
清咸豐八年(1858)有嘉樹軒刻本　十冊

220000－0801－0008027　史183/5

靖節先生年譜攷異二卷　（清）陶澍撰　清末
刻本　一冊

220000－0801－0008028　史183/7

王文肅公年譜　王宗愈撰　清光緒二十五年
(1899)刻本　一冊

220000－0801－0008029　史183/18

焦南浦年譜一卷附錄一卷增附一卷　（清）焦
以敬等編　清光緒二十三年(1897)木活字印
本　一冊

220000－0801－0008030　史183/21

行年紀略一卷　（清）王寶仁撰　清光緒九年
(1883)刻本　一冊

220000－0801－0008031　史183/22

任學士功績錄不分卷　（清）黎庶昌等輯　清
光緒二十一年(1895)刻本　二冊

220000－0801－0008032　史183/22－1

任學士功績錄不分卷　（清）黎庶昌等輯　清
光緒二十一年(1895)刻本　二冊

220000－0801－0008033　史183/23

畿輔校士錄六卷　（清）周德潤輯　清光緒十
七年(1891)琉璃廠活字印本　六冊

220000－0801－0008034　史183/26

王船山先生年譜二卷　（清）劉毓崧編　清光
緒十五年(1889)江南書局刻本　二冊

220000－0801－0008035　史183/26－1

王船山先生年譜二卷　（清）劉毓崧編　清光
緒十五年(1889)江南書局刻本　二冊

220000－0801－0008036　史183/29

韓文類譜七卷柳文年譜不分卷　（宋）魏仲舉
等撰　清咸豐五年(1855)刻本　三冊

220000－0801－0008037　史183/31

漁洋感舊集小傳四卷補遺一卷　（清）盧見曾
撰　清光緒四年(1878)上海淞隱閣鉛印本
二冊

220000－0801－0008038　史183/32

湖海詩傳小傳六卷　（清）王昶撰　清光緒四
年(1878)上海淞隱閣鉛印本　二冊

220000－0801－0008039　史183/37

韓文類譜七卷柳文年譜不分卷　（宋）魏仲舉
等撰　清光緒元年(1875)小玲瓏山館刻本
一冊

220000－0801－0008040　史183/38

**葉天寮自撰年譜一卷續纂一卷年譜別記一卷
天寮年譜別記附錄一卷**　（明）葉紹袁著　清
光緒三十三年(1907)上海國學保存會鉛印本
一冊

220000－0801－0008041　史183/38－1

**葉天寮自撰年譜一卷續纂一卷年譜別記一卷
天寮年譜別記附錄一卷**　（明）葉紹袁著　清
光緒三十三年(1907)上海國學保存會鉛印本
一冊

220000－0801－0008042　史183/43

本朝名家詩鈔小傳四卷　（清）鄭方坤撰　清
末刻本　三冊

220000－0801－0008043　史183/44

舜山是仲明先生年譜一卷雜著一卷　（清）金
吳瀾編　清光緒十三年(1887)活字印本
二冊

220000－0801－0008044　史183/47

曾文定公年譜一卷　（清）楊希閔編　清光緒
四年(1878)刻本　一冊

220000－0801－0008045　史183/52

鄭學錄四卷　（清）鄭珍撰　清同治四年
(1865)刻本　二冊

220000－0801－0008046　史183/58

東越文苑後傳一卷　（清）陳壽祺撰　清刻本
　一冊

220000－0801－0008047　史183/59
國朝詩人徵略六十卷　（清）張維屏輯　清道
光十年(1830)刻本　十冊

220000－0801－0008048　史183/59－1
國朝詩人徵略六十卷　（清）張維屏輯　清道
光十年(1830)刻本　五冊

220000－0801－0008049　史183/59－2
國朝詩人徵略六十卷　（清）張維屏輯　清道
光十年(1830)刻本　二十四冊

220000－0801－0008050　史183/59－3
國朝詩人徵略六十卷　（清）張維屏輯　清道
光十年(1830)刻本　一冊　存五卷(三十五
至三十九)

220000－0801－0008051　史183/59－4
國朝詩人徵略六十卷　（清）張維屏輯　清道
光十年(1830)刻本　十二冊

220000－0801－0008052　史183/59－5
國朝詩人徵略六十卷　（清）張維屏輯　清道
光十年(1830)刻本　六冊

220000－0801－0008053　史185/1
廣印人傳十六卷補遺一卷　葉銘輯　清宣統
二年(1910)西泠印社刻本　四冊

220000－0801－0008054　史185/2
讀畫錄四卷　（清）周亮工撰　清末風雨樓鉛
印本　一冊

220000－0801－0008055　史185/3
玉臺書史一卷　（清）厲鶚撰　清刻本　一冊

220000－0801－0008056　史185/6
玉臺畫史五卷別錄一卷　（清）湯漱玉輯　清
道光十一年(1831)錢塘汪氏振綺堂刻本
三冊

220000－0801－0008057　史185/6－1
玉臺畫史五卷別錄一卷　（清）湯漱玉輯　清
道光十一年(1831)錢塘汪氏振綺堂刻本
一冊

220000－0801－0008058　史185/14
右軍年譜不分卷　（清）魯一同編　清咸豐五
年(1855)刻本　一冊

220000－0801－0008059　史185/14－1
右軍年譜不分卷　（清）魯一同編　清咸豐五
年(1855)刻本　一冊

220000－0801－0008060　史185/16
莆畫錄一卷　（清）劉尚文撰　清光緒十八年
(1892)刻本　一冊

220000－0801－0008061　史185/16－1
莆畫錄一卷　（清）劉尚文撰　清光緒十八年
(1892)刻本　一冊

220000－0801－0008062　史185/17
藝林悼友錄初集一卷二集一卷　（清）郭容光
撰　清光緒十八年(1892)刻本　二冊

220000－0801－0008063　史185/24
墨林今話十八卷續編一卷　（清）蔣寶齡撰
清宣統三年(1911)掃葉山房石印本　六冊

220000－0801－0008064　史185/26
墨林今話十八卷續編一卷　（清）蔣寶齡撰
清咸豐二年(1852)刻本　八冊

220000－0801－0008065　史185/29
國朝畫徵錄三卷續錄二卷　（清）張庚撰　清
光緒十九年(1893)上海積山書局石印本
二冊

220000－0801－0008066　史185/30
國朝書人輯略十二卷　震鈞輯　清光緒三十
四年(1908)刻本　六冊

220000－0801－0008067　史185/30－1
國朝書人輯略十二卷　震鈞輯　清光緒三十
四年(1908)刻本　八冊

220000－0801－0008068　史185/30－2
國朝書人輯略十二卷　震鈞輯　清光緒三十
四年(1908)刻本　八冊

220000－0801－0008069　史185/30－3
國朝書人輯略十二卷　震鈞輯　清光緒三十
四年(1908)刻本　五冊

220000－0801－0008070　史185/30－4

國朝書人輯略十二卷　震鈞輯　清光緒三十四年(1908)刻本　八冊

220000－0801－0008071　史185/30－5

國朝書人輯略十二卷　震鈞輯　清光緒三十四年(1908)刻本　八冊

220000－0801－0008072　史185/32

國朝書畫家筆錄四卷　竇鎮撰　清宣統三年(1911)蘇州文學書房刻本　八冊

220000－0801－0008073　史185/33

歷代畫史彙傳七十二卷首一卷目錄三卷附錄二卷　(清)彭蘊璨編　清光緒八年(1882)掃葉山房刻本　二十四冊

220000－0801－0008074　史185/33－1

歷代畫史彙傳七十二卷首一卷目錄三卷附錄二卷　(清)彭蘊璨編　清光緒八年(1882)掃葉山房刻本　三十二冊

220000－0801－0008075　史185/34

歷代畫史彙傳七十二卷首一卷目錄三卷附錄二卷　(清)彭蘊璨編　清宣統二年(1910)上海文瑞樓書局石印本　十二冊

220000－0801－0008076　史185/42

無聲詩史七卷　(清)姜紹書輯　清光緒藏修書屋刻本　二冊

220000－0801－0008077　史185/43

無聲詩史七卷　(清)姜紹書輯　清宣統二年(1910)上海瑞記書局景印本　六冊

220000－0801－0008078　史185/44

無聲詩史七卷　(清)姜紹書輯　清末影印本　四冊

220000－0801－0008079　史185/50

墨林今話十八卷續編一卷　(清)蔣寶齡撰　清咸豐二年(1852)刻本　四冊

220000－0801－0008080　史185/51

南宋院畫錄八卷　(清)厲鶚撰　清光緒十年(1884)錢唐丁氏竹書堂刻本　四冊

220000－0801－0008081　史185/51－1

南宋院畫錄八卷　(清)厲鶚撰　清光緒十年(1884)錢唐丁氏竹書堂刻本　四冊

220000－0801－0008082　史185/52

東軒吟社畫像　(清)費丹旭繪　(清)黃士珣記　(清)諸可寶傳　清光緒二年(1876)錢塘汪氏振綺堂刻本　一冊

220000－0801－0008083　史186/2

高僧傳初集十五卷　(南朝梁)釋慧皎撰　**二集四十卷**　(唐)釋道寅撰　**三集三十卷**　(宋)釋贊寧撰　**四集六卷**　(明)釋如惺撰　清光緒刻本　二十四冊

220000－0801－0008084　史186/2－1

高僧傳初集十五卷　(南朝梁)釋慧皎撰　**二集四十卷**　(唐)釋道寅撰　**三集三十卷**　(宋)釋贊寧撰　**四集六卷**　(明)釋如惺撰　清光緒刻本　十冊　存四十卷(二集四十卷)

220000－0801－0008085　史186/4

五燈會元五十卷　(宋)釋普濟撰　清光緒三十四年(1908)長沙刻本　二十冊

220000－0801－0008086　史186/5

列仙傳校正本二卷讚一卷　(漢)劉向撰　(清)王照圓校　**夢書一卷**　(清)王照圓輯　清嘉慶十七年(1812)刻本　一冊

220000－0801－0008087　史186/6

掃葉山房新鎸繡像列仙傳四卷　(明)洪應明輯　清光緒十三年(1887)掃葉山房刻本　四冊

220000－0801－0008088　史186/9

真福和德理傳略二卷　(清)郭棟臣譯述輯　(清)胡鴻來編　清光緒十五年(1889)湖北崇正書院刻本　一冊

220000－0801－0008089　史186/14

善女人傳二卷　(清)彭際清撰　清同治十一年(1872)常熟刻本　一冊

220000－0801－0008090　史186/18

憨山老人年譜自敘實錄二卷附錄二卷　(明)釋福善錄　(清)釋福微疏　清光緒十七年

（1891）刻本　二冊

220000－0801－0008091　史186/19
曾廟從祀議薈二卷　（清）洪恩波撰輯　清光緒二十七年（1901）金陵何陋居刻本　二冊

220000－0801－0008092　史186/21
定應大師布袋和尚傳一卷　（明）釋廣如撰　清同治十三年（1874）刻本　一冊

220000－0801－0008093　史186/22
居士傳五十六卷　（清）彭際清撰　清光緒四年（1878）錢塘許氏刻本　四冊

220000－0801－0008094　史186/22－1
居士傳五十六卷　（清）彭際清撰　清光緒四年（1878）錢塘許氏刻本　二冊

220000－0801－0008095　史186/26
五燈會元二十卷　（宋）釋普濟編　清光緒三十二年（1906）玉海堂刻本　十六冊

220000－0801－0008096　史186/26－1
五燈會元二十卷　（宋）釋普濟編　清光緒三十二年（1906）玉海堂刻本　十二冊

220000－0801－0008097　史186/26－2
五燈會元二十卷　（宋）釋普濟編　清光緒三十二年（1906）玉海堂刻本　十二冊

220000－0801－0008098　史186/27
福建高士傳五卷　（清）□□撰　清末刻本　一冊

220000－0801－0008099　史186/28
福建高僧傳七卷列仙傳一卷　（清）□□撰　清末刻本　二冊

220000－0801－0008100　史187/1
貞烈編一卷　（清）秦緗業等撰　清光緒十年（1884）香禪精舍刻本　一冊

220000－0801－0008101　史187/2
吳太夫人年譜三卷續一卷　（清）董金鑑編　清光緒三十一年（1905）刻本　一冊

220000－0801－0008102　史187/2－1
吳太夫人年譜三卷續一卷　（清）董金鑑編

清光緒三十一年（1905）刻本　一冊

220000－0801－0008103　史187/3
宛西三烈一卷　（清）周贇撰　清光緒三十年（1904）六聲草堂刻本　一冊

220000－0801－0008104　史187/5
尤貞女行　（清）黎承忠等撰　清光緒十一年（1885）刻本　一冊

220000－0801－0008105　史187/6
奇烈編　（清）吳履剛編　清光緒十五年（1889）刻本　一冊

220000－0801－0008106　史187/9
忠貞錄一卷　（清）□□編　清光緒二十二年（1896）刻本　一冊

220000－0801－0008107　史187/10
成仁錄一卷　（清）丁日昌撰　清末刻本　一冊

220000－0801－0008108　史187/12
列女傳補註八卷敍錄一卷校正一卷列仙傳校正本二卷仙錄一卷仙讚一卷夢書一卷　（清）王照圓撰　清嘉慶十七年（1812）刻本　五冊

220000－0801－0008109　史187/13
列女傳補註八卷敍錄一卷校正一卷　（漢）劉向撰　（清）王照圓註　清嘉慶十七年（1812）刻本　二冊

220000－0801－0008110　史187/13－1
列女傳補註八卷敍錄一卷校正一卷　（漢）劉向撰　（清）王照圓註　清嘉慶十七年（1812）刻本　四冊

220000－0801－0008111　史187/13－2
列女傳補註八卷敍錄一卷校正一卷　（漢）劉向撰　（清）王照圓註　清嘉慶十七年（1812）刻本　四冊

220000－0801－0008112　史187/14
新刊古列女傳八卷　（漢）劉向撰　（晉）顧愷之圖畫　清道光五年（1825）阮福刻本　二冊

220000－0801－0008113　史187/14－1
新刊古列女傳八卷　（漢）劉向撰　（晉）顧愷

之圖畫　清道光五年(1825)阮福刻本　四冊

220000－0801－0008114　史187/16
廣列女傳二十卷附存一卷　(清)劉開纂　清
光緒十年(1884)刻本　六冊

220000－0801－0008115　史187/16－1
廣列女傳二十卷附存一卷　(清)劉開纂　清
光緒十年(1884)刻本　八冊

220000－0801－0008116　史187/17
列女傳七卷續一卷　(漢)劉向撰　(清)梁端
校註　清道光四年(1824)汪氏振綺堂刻本
二冊

220000－0801－0008117　史187/17－1
列女傳七卷續一卷　(漢)劉向撰　(清)梁端
校註　清道光四年(1824)汪氏振綺堂刻本
二冊

220000－0801－0008118　史187/17－2
列女傳七卷續一卷　(漢)劉向撰　(清)梁端
校註　清道光四年(1824)汪氏振綺堂刻本
三冊

220000－0801－0008119　史187/17－3
列女傳七卷續一卷　(漢)劉向撰　(清)梁端
校註　清道光四年(1824)汪氏振綺堂刻本
二冊

220000－0801－0008120　史187/17－4
列女傳七卷續一卷　(漢)劉向撰　(清)梁端
校註　清道光四年(1824)汪氏振綺堂刻本
二冊

220000－0801－0008121　史187/18
古列女傳八卷　(漢)劉向撰　(明)黃魯曾贊
　清光緒三年(1877)湖北崇文書局刻本
四冊

220000－0801－0008122　史187/18－1
古列女傳八卷　(漢)劉向撰　(明)黃魯曾贊
　清光緒三年(1877)湖北崇文書局刻本
二冊

220000－0801－0008123　史187/18－2
古列女傳八卷　(漢)劉向撰　(明)黃魯曾贊

清光緒三年(1877)湖北崇文書局刻本
四冊

220000－0801－0008124　史187/22
揚芬集十卷　(清)陶欽等編　清嘉慶十四年
(1809)經鋤山堂刻本　四冊

220000－0801－0008125　史187/23
松筠閣貞孝錄不分卷附錄一卷　金武祥輯
清光緒十八年(1892)刻本　一冊

220000－0801－0008126　史187/24
歷代名媛圖說二卷　(明)汪氏輯　清光緒五
年(1879)上海點石齋石印本　二冊

220000－0801－0008127　史187/24－1
歷代名媛圖說二卷　(明)汪氏輯　清光緒五
年(1879)上海點石齋石印本　二冊

220000－0801－0008128　史187/25
彭孝女墜塔集三卷　(□)□□撰　清光緒三
年(1877)鉛印本　一冊

220000－0801－0008129　史187/30
杭女表微錄十六卷首一卷　(清)吳慶坻輯
清光緒三十二年(1906)刻本　八冊

220000－0801－0008130　史187/33
婦人集註一卷　(清)陳維崧撰　(清)冒褒註
　清光緒刻本　一冊

220000－0801－0008131　史187/34
重刻勁節樓圖記三卷首一卷末一卷　(清)徐
惠原編　清光緒十年(1884)楓江徐氏刻本
一冊

220000－0801－0008132　史187/36
典故列女全傳四卷　(清)□□撰　清刻本
四冊

220000－0801－0008133　史187/38
賢母錄四卷　(清)黃本騏述　清道光二十八
年(1848)刻本　二冊

220000－0801－0008134　史187/39
蘭閨寶錄六卷　(清)惲珠編　清道光十一年
(1831)紅香館刻本　六冊

220000 – 0801 – 0008135　史 187/39 – 1

蘭閨寶錄六卷　（清）惲珠編　清道光十一年
（1831）紅香館刻本　六冊

220000 – 0801 – 0008136　史 187/39 – 2

蘭閨寶錄六卷　（清）惲珠編　清道光十一年
（1831）紅香館刻本　六冊

220000 – 0801 – 0008137　史 187/39 – 3

蘭閨寶錄六卷　（清）惲珠編　清道光十一年
（1831）紅香館刻本　六冊

220000 – 0801 – 0008138　史 187/39 – 4

蘭閨寶錄六卷　（清）惲珠編　清道光十一年
（1831）紅香館刻本　六冊

220000 – 0801 – 0008139　史 187/40

毘陵丁女靜蘭貞孝錄一卷　（□）□□撰　清
同治刻本　一冊

220000 – 0801 – 0008140　史 187/70

列女傳集註八卷補遺一卷　（清）蕭道管撰
清光緒十八年（1892）刻本　四冊

220000 – 0801 – 0008141　史 187/70 – 1

列女傳集註八卷補遺一卷　（清）蕭道管撰
清光緒十八年（1892）刻本　一冊　存一卷
（一）

220000 – 0801 – 0008142　史 187/71

中國女史二十一卷　金炳麟　王以銓輯　清
宣統元年（1909）杭州中合公司鉛印本　六冊

220000 – 0801 – 0008143　史 187/72

典故列女傳四卷　（清）□□撰　清光緒九年
（1883）掃葉山房刻本　四冊

220000 – 0801 – 0008144　史 187/74

百美新詠圖傳一卷　（清）顏希源撰　清嘉慶
九年（1804）刻本　一冊

220000 – 0801 – 0008145　史 187/75

重刻勁節樓圖記三卷首一卷末一卷續刻勁節
樓圖記一卷　（清）徐憲原編　清末刻本
一冊

220000 – 0801 – 0008146　史 187/76

重刻勁節樓圖記三卷末一卷　（清）徐憲原編

（清）南卿氏校　清光緒十年（1884）刻本
一冊

220000 – 0801 – 0008147　史 188/4

高士傳三卷　（晉）皇甫謐撰　清光緒三年
（1877）湖北崇文書局刻本　一冊

220000 – 0801 – 0008148　史 188/7

高士傳三卷　（晉）皇甫謐撰　清光緒元年
（1875）湖北崇文書局刻本　一冊

220000 – 0801 – 0008149　史 188/8

高士傳三卷附圖一卷於越先賢像傳贊二卷附
圖二卷　（晉）皇甫謐　（清）王錫齡撰
（清）任熊繪　清光緒三年（1877）刻本　八冊

220000 – 0801 – 0008150　史 189/3

天后聖母聖蹟圖志全書　（□）□□撰　清同
治九年（1870）刻本　二冊

220000 – 0801 – 0008151　史 189/3 – 1

天后聖母聖蹟圖志全書　（□）□□撰　清同
治九年（1870）刻本　二冊

220000 – 0801 – 0008152　史 189/4

意大利興國俠士傳　梁啓超撰　清光緒二十
三年（1897）上海大同譯書局石印本　一冊

220000 – 0801 – 0008153　史 189/6

誦芬錄一卷　（清）陳錦撰　清光緒十年
（1884）刻本　一冊

220000 – 0801 – 0008154　史 189/7

哀感錄　唐宗愈　唐宗郭輯　清光緒三十四
年（1908）刻本　一冊

220000 – 0801 – 0008155　史 189/13

瑤池冰雪編一卷　（清）沈筠輯　清咸豐四年
（1854）刻本　一冊

220000 – 0801 – 0008156　史 189/20

繼忠錄　（清）程氏宗祠輯　清咸豐六年
（1856）刻本　二冊

220000 – 0801 – 0008157　史 189/21

外國尚友錄十卷　（清）張元輯　清光緒二十
八年（1902）刻本　四冊

220000－0801－0008158　史 189/28

純德彙編七卷首一卷續一卷　（清）董華鈞輯
清嘉慶二十三年（1818）春暉堂刻本　四冊

220000－0801－0008159　史 189/28－1

純德彙編七卷首一卷續一卷　（清）董華鈞輯
清嘉慶二十三年（1818）春暉堂刻本　四冊

220000－0801－0008160　史 189/28－2

純德彙編七卷首一卷續一卷　（清）董華鈞輯
清嘉慶二十三年（1818）春暉堂刻本　八冊

220000－0801－0008161　史 189/29

朱公遺蹟錄一卷　（清）朱沛霖撰　清光緒十
六年（1890）活字印本　一冊

220000－0801－0008162　史 189/30

白門新柳記一卷附白門衰柳附記一卷秦淮燈
舫曲一卷　（清）許豫撰　清同治十一年
（1872）金陵吳耀年刻本　一冊

220000－0801－0008163　史 189/31

似昇長生冊三卷　周嵩堯撰　清宣統三年
（1911）刻本　二冊

220000－0801－0008164　史 189/41

菊叟公行畧　（清）陳豪撰　清末刻本　一冊

220000－0801－0008165　史 189/41－1

菊叟公行畧　（清）陳豪撰　清末刻本　一冊

220000－0801－0008166　史 189/50

顯考藍洲府君事略　陳漢第撰　清末刻本
一冊

220000－0801－0008167　史 189/50－1

顯考藍洲府君事略　陳漢第撰　清末刻本
一冊

220000－0801－0008168　史 189/51

明僮合錄　（清）餘不釣徒　（清）殿春生撰
清同治六年（1867）擷芝館刻本　一冊

220000－0801－0008169　史 189/56

陳宜人家傳一卷　（清）方爾謙撰　清末刻本
一冊

220000－0801－0008170　史 189/58

憨孝錄　（清）王繼香輯　清光緒十年（1884）
刻本　一冊

220000－0801－0008171　史 189/61

年譜不分卷　（清）章家祚撰　清光緒刻本
一冊

220000－0801－0008172　史 189/61－1

年譜不分卷　（清）章家祚撰　清光緒刻本
一冊

220000－0801－0008173　史 189/62

賜卹綸言不分卷　（□）□□撰　清咸豐七年
（1857）刻本　一冊

220000－0801－0008174　史 189/67

李秀成供二卷　（清）李秀成撰　清末石印本
一冊

220000－0801－0008175　史 189/72

孝弟圖說二卷　（清）李文耕輯　（清）倭仁繪
清光緒五年（1879）刻本　二冊

220000－0801－0008176　史 192/1

請纓日記十卷　（清）唐景崧撰　**得一山房詩
集**二卷　（清）唐懋功撰　清光緒十九年
（1893）臺灣布政使署刻本　五冊

220000－0801－0008177　史 192/1－1

請纓日記十卷　（清）唐景崧撰　**得一山房詩
集**二卷　（清）唐懋功撰　清光緒十九年
（1893）臺灣布政使署刻本　四冊　缺二卷
（得一山房詩集二卷）

220000－0801－0008178　史 192/4

談瀛錄四卷　（清）王之春撰　清光緒六年
（1880）刻本　二冊

220000－0801－0008179　史 192/5

訟過齋日記六卷　（清）毛輝鳳著　清同治十
一年（1872）成都刻本　二冊

220000－0801－0008180　史 192/6

訟過齋日記六卷　（清）毛輝鳳著　清光緒九
年（1883）眉州署刻本　一冊

220000－0801－0008181　史 192/7

三魚堂日記十卷　（清）陸隴其撰　清同治九

年(1870)浙江書局刻本　四冊

220000－0801－0008182　史192/7－1

三魚堂日記十卷　（清）陸隴其撰　清同治九年(1870)浙江書局刻本　四冊

220000－0801－0008183　史192/7－2

三魚堂日記十卷　（清）陸隴其撰　清同治九年(1870)浙江書局刻本　四冊

220000－0801－0008184　史192/7－3

三魚堂日記十卷　（清）陸隴其撰　清同治九年(1870)浙江書局刻本　四冊

220000－0801－0008185　史192/8

三魚堂日記十卷　（清）陸隴其撰　清道光二十二年(1842)刻本　四冊

220000－0801－0008186　史192/9

三願堂日記　（清）趙彥偁撰　清同治九年(1870)石印本　一冊

220000－0801－0008187　史192/9－1

三願堂日記　（清）趙彥偁撰　清同治九年(1870)石印本　一冊

220000－0801－0008188　史192/10

精印曾文正公日記手蹟樣本　（清）曾國藩撰　清宣統元年(1909)上海中國圖書公司石印本　一冊

220000－0801－0008189　史192/12

元穆日記三卷　杜俞著　清光緒十二年(1886)成都刻本　一冊

220000－0801－0008190　史192/12－1

元穆日記三卷　杜俞著　清光緒十二年(1886)成都刻本　一冊

220000－0801－0008191　史192/13

北行日記一卷　（清）薛寶田著　清光緒八年(1882)刻本　一冊

220000－0801－0008192　史192/20

行年隨筆　（清）陸壽朋著　清光緒二十四年(1898)刻本　一冊

220000－0801－0008193　史192/22

傅湘游歷各國日記二卷　（清）李鴻章撰　清光緒二十三年(1897)石印本　二冊

220000－0801－0008194　史192/26

守己草廬日記五卷　（清）丁逢辰著　清宣統二年(1910)刻本　三冊

220000－0801－0008195　史192/26－1

守己草廬日記五卷　（清）丁逢辰著　清宣統二年(1910)刻本　三冊

220000－0801－0008196　史192/26－2

守己草廬日記五卷　（清）丁逢辰著　清宣統二年(1910)刻本　三冊

220000－0801－0008197　史192/27

復堂日記八卷　（清）譚獻撰　清光緒十三年(1887)刻本　四冊

220000－0801－0008198　史192/27－1

復堂日記八卷　（清）譚獻撰　清光緒十三年(1887)刻本　三冊

220000－0801－0008199　史192/29

澗于日記不分卷　（清）張佩綸撰　清末張氏澗于草堂石印本　十四冊

220000－0801－0008200　史192/29－1

澗于日記不分卷　（清）張佩綸撰　清末張氏澗于草堂石印本　十四冊

220000－0801－0008201　史192/29－2

澗于日記不分卷　（清）張佩綸撰　清末張氏澗于草堂石印本　十四冊

220000－0801－0008202　史192/38

春融堂雜記八種　（清）王昶撰　清光緒鉛印本　四冊

220000－0801－0008203　史192/39

扶桑兩月記　羅振玉著　清光緒二十八年(1902)教育世界社石印本　一冊

220000－0801－0008204　史192/39－1

扶桑兩月記　羅振玉著　清光緒二十八年(1902)教育世界社石印本　一冊

220000－0801－0008205　史192/40

春融堂雜記八種　（清）王昶撰　**述庵先生年譜二卷**　（清）嚴榮編　清光緒十八年(1892)塾南書舍刻本　四冊

220000－0801－0008206　史 192/42

東西陵日記二卷　（清）潘祖蔭撰　清末刻本　一冊

220000－0801－0008207　史 192/43

秦輶日記一卷　（清）潘祖蔭撰　清末刻本　一冊

220000－0801－0008208　史 192/45

味水軒日記八卷　（明）李日華著　清光緒五年(1879)刻本　二冊

220000－0801－0008209　史 192/49

曾文正公手書日記不分卷　（清）曾國藩撰　清宣統元年(1909)上海圖書公司影印本　四十冊

220000－0801－0008210　史 192/49－1

曾文正公手書日記不分卷　（清）曾國藩撰　清宣統元年(1909)上海圖書公司影印本　四十冊

220000－0801－0008211　史 192/49－2

曾文正公手書日記不分卷　（清）曾國藩撰　清宣統元年(1909)上海圖書公司影印本　四十冊

220000－0801－0008212　史 192/49－3

曾文正公手書日記不分卷　（清）曾國藩撰　清宣統元年(1909)上海圖書公司影印本　四十冊

220000－0801－0008213　史 192/49－4

曾文正公手書日記不分卷　（清）曾國藩撰　清宣統元年(1909)上海圖書公司影印本　四十冊

220000－0801－0008214　史 192/49－5

曾文正公手書日記不分卷　（清）曾國藩撰　清宣統元年(1909)上海圖書公司影印本　五冊　殘

220000－0801－0008215　史 192/52

螺江日記八卷　（清）張文虎撰　清光緒八年(1882)刻本　四冊

220000－0801－0008216　史 192/53

曾侯日記　（清）曾紀澤撰　清末鉛印本　一冊

220000－0801－0008217　史 192/55

談瀛錄三卷　（清）王之春撰　清光緒六年(1880)上洋文藝齋刻本　二冊

220000－0801－0008218　史 192/56

三洲日記八卷　（清）張蔭桓撰　清光緒三十二年(1906)上海石印本　八冊

220000－0801－0008219　史 192/59

簡園日記存鈔　（清）博平撰　清光緒二十年(1894)石印本　一冊

220000－0801－0008220　史 192/61

陸清獻公日記十卷　（清）陸隴其撰　清道光二十二年(1842)刻本　四冊

220000－0801－0008221　史 192/65

澄齋日記摘要甲至戊編　惲毓鼎撰　清末稿本　七冊

220000－0801－0008222　史 192/68

曾侯日記一卷　（清）曾紀澤撰　清光緒七年(1881)申報館鉛印本　一冊

220000－0801－0008223　史 192/71

出使英法義比四國日記六卷　（清）薛福成撰　清光緒二十年(1894)刻本　六冊

220000－0801－0008224　史 194/11

巡城瑣記　（清）陸毅著　清光緒三十一年(1905)刻本　一冊

220000－0801－0008225　史 194/16

蔡福州外紀十卷　（清）徐熥編　（清）陳甫仲訂補　清同治二年(1863)石經山房刻本　一冊　缺六卷(五至十)

220000－0801－0008226　史 194/19

陸清獻公莅嘉遺蹟三卷　（清）黃維玉編輯　清同治六年(1867)上海道署刻本　一冊

220000－0801－0008227　史194/19－1

陸清獻公菑嘉遺蹟三卷　（清）黃維玉編輯
清同治六年(1867)上海道署刻本　一冊

220000－0801－0008228　史194/20

陸清獻公菑嘉遺蹟三卷　（清）黃維玉編輯
清道光二十一年(1841)刻本　一冊

220000－0801－0008229　史194/27

曾文正聖哲畫像記一卷　（清）曾國藩撰　清
末鉛印本　一冊

220000－0801－0008230　史212/1

九通　清光緒浙江書局刻本　七百六十一冊

220000－0801－0008231　史212/1－1

九通　清光緒浙江書局刻本　二百四十冊
存一千四十卷(續通典一百五十卷、續通志六
百四十卷、續文獻通攷二百五十卷)

220000－0801－0008232　史212/1－2

九通　清光緒浙江書局刻本　三十七冊　存
五十九卷(欽定續文獻通攷十七至三十一、五
十三至六十四、一百九十八至二百十三、二百
三十五至二百五十)

220000－0801－0008233　史212/2

九通分類總纂二百四十卷　汪鍾霖編　清光
緒二十八年(1902)上海文瀾書局石印本　八
十冊

220000－0801－0008234　史212/2－1

九通分類總纂二百四十卷　汪鍾霖編　清光
緒二十八年(1902)上海文瀾書局石印本　八
十冊

220000－0801－0008235　史212/2－2

九通分類總纂二百四十卷　汪鍾霖編　清光
緒二十八年(1902)上海文瀾書局石印本　八
十冊

220000－0801－0008236　史212/2－3

九通分類總纂二百四十卷　汪鍾霖編　清光
緒二十八年(1902)上海文瀾書局石印本　三
十九冊　缺一百九卷(一百三十二至二百四
十)

220000－0801－0008237　史212/3

二十四史九通政典類要合編三百二十卷
（清）黃書霖編輯　清光緒二十八年(1902)石
印本　六十冊

220000－0801－0008238　史212/3－1

二十四史九通政典類要合編三百二十卷
（清）黃書霖編輯　清光緒二十八年(1902)石
印本　六十冊

220000－0801－0008239　史212/3－2

二十四史九通政典類要合編三百二十卷
（清）黃書霖編輯　清光緒二十八年(1902)石
印本　六十冊

220000－0801－0008240　史212/4

九通　清光緒二十八年(1902)上海鴻寶書局
石印本　二百四冊

220000－0801－0008241　史212/4－1

九通　清光緒二十八年(1902)上海鴻寶書局
石印本　六十四冊　存八百九十卷(續通志
六百四十卷、續文獻通考二百五十卷)

220000－0801－0008242　史212/5

九通附欽定三通考證　清光緒二十八年
(1902)貫吾齋石印本　一百二十八冊

220000－0801－0008243　史212/5－1

九通　清光緒二十八年(1902)貫吾齋石印本
　四十一冊　存通典、續通典、皇朝通典、文
獻通考、考證

220000－0801－0008244　史212/5－2

九通　清光緒二十八年(1902)貫吾齋石印本
　二十一冊　存三百四十八卷(文獻通考三
百四十八卷)

220000－0801－0008245　史212/6

九通　清光緒二十七年(1901)上海圖書集成
局鉛印本　三百二冊

220000－0801－0008246　史212/6－1

九通　清光緒二十七年(1901)上海圖書集成
局鉛印本　二百九十四冊

220000－0801－0008247　史212/6－2

九通 清光緒二十七年(1901)上海圖書集成局鉛印本 二百八十一冊

220000－0801－0008248 史212/6－3

九通 清光緒二十七年(1901)上海圖書集成局鉛印本 二百九十四冊

220000－0801－0008249 史212/6－4

九通 清光緒二十七年(1901)上海圖書集成局鉛印本 六十三冊 缺六卷(一百四十二至一百四十七)

220000－0801－0008250 史212/6－5

九通 清光緒二十七年(1901)上海圖書集成局鉛印本 六十冊

220000－0801－0008251 史212/7

皇朝三通 清光緒八年(1882)浙江書局刻本 二百四十冊

220000－0801－0008252 史212/7－1

皇朝三通 清光緒八年(1882)浙江書局刻本 一百九十二冊

220000－0801－0008253 史212/8

謝刻三通 (唐)杜佑等撰 清咸豐九年(1859)崇仁謝氏刻本 二百六十冊

220000－0801－0008254 史212/8－1

謝刻三通 (唐)杜佑等撰 清咸豐九年(1859)崇仁謝氏刻本 三百十九冊

220000－0801－0008255 史212/8－2

謝刻三通 (唐)杜佑等撰 清咸豐九年(1859)崇仁謝氏刻本 一百六十冊 缺通志

220000－0801－0008256 史212/8－3

謝刻三通 (唐)杜佑等撰 清咸豐九年(1859)崇仁謝氏刻本 四十冊 缺通志、通考

220000－0801－0008257 史212/8－4

謝刻三通 (唐)杜佑等撰 清咸豐九年(1859)崇仁謝氏刻本 四十冊 缺通志、通考

220000－0801－0008258 史212/9

三通考輯要七十六卷 湯壽潛編輯 清光緒二十五年(1899)圖書集成局鉛印本 三十冊

220000－0801－0008259 史212/9－1

三通考輯要七十六卷 湯壽潛編輯 清光緒二十五年(1899)圖書集成局鉛印本 三十冊

220000－0801－0008260 史212/9－2

三通考輯要七十六卷 湯壽潛編輯 清光緒二十五年(1899)圖書集成局鉛印本 三十冊

220000－0801－0008261 史212/9－3

三通考輯要七十六卷 湯壽潛編輯 清光緒二十五年(1899)圖書集成局鉛印本 六十冊

220000－0801－0008262 史212/9－4

三通考輯要七十六卷 湯壽潛編輯 清光緒二十五年(1899)圖書集成局鉛印本 二十冊 存二十六卷(欽定續文獻通考輯要二十六卷)

220000－0801－0008263 史212/9－5

三通考輯要七十六卷 湯壽潛編輯 清光緒二十五年(1899)圖書集成局鉛印本 二十冊 存五十二卷(欽定續文獻通考輯要二十六卷、皇朝文獻通考輯要二十六卷)

220000－0801－0008264 史212/10

通典二百卷附考証一卷 (唐)杜佑撰 清光緒二十七年(1901)上海圖書集成局鉛印本 十六冊

220000－0801－0008265 史212/10－1

通典二百卷附考証一卷 (唐)杜佑撰 清光緒二十七年(1901)上海圖書集成局鉛印本 十六冊

220000－0801－0008266 史212/10－2

通典二百卷附考証一卷 (唐)杜佑撰 清光緒二十七年(1901)上海圖書集成局鉛印本 十六冊

220000－0801－0008267 史212/11

皇朝通典一百卷 (清)嵇璜等編撰 清光緒八年(1882)浙江書局刻本 四十五冊 缺二卷(三十二至三十三)

220000－0801－0008268 史212/12

365

皇朝通典一百卷　（清）嵇璜等編撰　清光緒
八年(1882)浙江書局刻本　四十冊

220000－0801－0008269　史212/12－1
皇朝通典一百卷　（清）嵇璜等編撰　清光緒
八年(1882)浙江書局刻本　二十五冊　存四
十九卷(一至三、六至八、十三至十四、十八至
二十二、二十九、三十六至四十、六十三、七
十、七十三至一百)

220000－0801－0008270　史212/14
皇朝經世文新增時務續編四十卷附時務洋務
八卷　（清）李端棻等撰　清光緒二十三年
(1897)掃葉山房石印本　六冊

220000－0801－0008271　史212/14－1
皇朝經世文新增時務續編四十卷附時務洋務
八卷　（清）李端棻等撰　清光緒二十三年
(1897)掃葉山房石印本　六冊

220000－0801－0008272　史212/17
廣治平畧三十六卷附補篇八卷　（清）蔡方炳
編　清末刻本　十二冊

220000－0801－0008273　史212/17－1
廣治平畧三十六卷附補篇八卷　（清）蔡方炳
編　清末刻本　十二冊

220000－0801－0008274　史212/17－2
廣治平畧三十六卷附補篇八卷　（清）蔡方炳
編　清末刻本　八冊　缺八卷(附補篇八卷)

220000－0801－0008275　史212/18
皇朝通志一百二十六卷　（清）嵇璜等編撰
清光緒八年(1882)浙江書局刻本　四十冊

220000－0801－0008276　史212/18－1
皇朝通志一百二十六卷　（清）嵇璜等編撰
清光緒八年(1882)浙江書局刻本　四十冊

220000－0801－0008277　史212/18－2
皇朝通志一百二十六卷　（清）嵇璜等編撰
清光緒八年(1882)浙江書局刻本　三十九冊
缺二卷(五十八至五十九)

220000－0801－0008278　史212/19
欽定續通志六百四十卷　（清）曹仁虎等纂修

清光緒十二年（1886）浙江書局刻本　二
百冊

220000－0801－0008279　史212/19－1
欽定續通志六百四十卷　（清）曹仁虎等纂修
清光緒十二年(1886)浙江書局刻本　一百
五十五冊　存四百八十六卷(三十五至五十
八、九十五至四百十六、五百一至六百四十)

220000－0801－0008280　史212/21
文獻通考二十四卷　（元）馬端臨撰　清光緒
十一年(1885)上海點石齋石印本　二十冊

220000－0801－0008281　史212/21－1
文獻通考二十四卷　（元）馬端臨撰　清光緒
十一年(1885)上海點石齋石印本　二十冊

220000－0801－0008282　史212/22
皇朝文獻通考三百卷　（清）嵇璜等纂修　清
光緒八年(1882)刻本　一百六十冊

220000－0801－0008283　史212/22－1
皇朝文獻通考三百卷　（清）嵇璜等纂修　清
光緒八年(1882)刻本　一百六十冊

220000－0801－0008284　史212/22－2
皇朝文獻通考三百卷　（清）嵇璜等纂修　清
光緒八年(1882)刻本　一百五十九冊

220000－0801－0008285　史212/23
欽定大清會典一百卷欽定大清會典事例一千
二百二十卷首一卷　（清）吳樹梅等纂　清光
緒三十四年(1908)商務印書館石印本　一百
六十冊

220000－0801－0008286　史212/23－1
欽定大清會典一百卷欽定大清會典事例一千
二百二十卷首一卷　（清）吳樹梅等纂　清光
緒三十四年(1908)商務印書館石印本　二十
七冊　缺一百三十八卷(一百二十八至一百
三十五、一百五十二至一百五十八、一百六十
六至一百七十二、二百二十六至二百三十三、
二百四十一至二百五十五、四百二十九至四
百三十四、六百八十一至六百八十七、七百六
至七百十三、八百八十一至八百八十九、九百
至九百十九、一千一百六至一千一百十七、一

千一百七十至一千一百七十九、一千一百九十至一千二百、一千二百十二至一千二百二十,首一卷)

220000－0801－0008287　史212/25
欽定大清會典一百卷　(清)吳樹梅等纂　清光緒二十五年(1899)石印本　三十六冊

220000－0801－0008288　史212/26
欽定大清會典八十卷　(清)托津等重修　清嘉慶二十三年(1818)刻本　四十冊

220000－0801－0008289　史212/27
欽定大清會典八十卷　(清)托津等重修　清嘉慶二十三年(1818)刻本　三十二冊

220000－0801－0008290　史212/28
欽定大清會典事例一千二百二十卷　(清)吳樹梅等纂　清宣統元年(1909)商務印書館石印本　一百五十冊

220000－0801－0008291　史212/29
欽定大清會典事例九百二十卷　(清)托津等重修　清嘉慶二十三年(1818)刻本　三百六十冊

220000－0801－0008292　史212/29－1
欽定大清會典事例九百二十卷　(清)托津等重修　清嘉慶二十三年(1818)刻本　三百六十冊

220000－0801－0008293　史212/30
欽定大清會典事例一千二百二十卷目錄八卷　(清)吳樹梅等纂　清光緒二十五年(1899)外交部石印本　三百八十四冊

220000－0801－0008294　史212/30－1
欽定大清會典事例一千二百二十卷目錄八卷　(清)吳樹梅等纂　清光緒二十五年(1899)外交部石印本　三百八十四冊

220000－0801－0008295　史212/30－2
欽定大清會典事例一千二百二十卷目錄八卷　(清)吳樹梅等纂　清光緒二十五年(1899)外交部石印本　三百七十冊

220000－0801－0008296　史212/30－3

欽定大清會典事例一千二百二十卷目錄八卷　(清)吳樹梅等纂　清光緒二十五年(1899)外交部石印本　六十一冊　存一百七十七卷(二百八十五至二百八十六、二百九十至三百一、三百三至三百四十八、四百三十三至四百七十六、四百九十九至五百二十三、九百至九百二十三、一千八十八至一千一百十一)

220000－0801－0008297　史212/31
欽定大清會典事例一千二百二十卷　(清)吳樹梅等纂　清光緒三十四年(1908)商務印書局石印本　一百三十三冊　缺一百三十八卷(一百二十八至一百三十五、一百五十二至一百五十八、一百六十六至一百七十二、二百二十六至二百三十三、二百四十一至二百五十五、四百二十九至四百三十四、六百八十一至六百八十七、七百六至七百十三、八百八十一至八百八十九、九百至九百十九、一千一百六至一千一百十七、一千一百七十至一千一百七十九、一千一百九十至一千二百、一千二百十二至一千二百二十,首一卷)

220000－0801－0008298　史212/32
欽定大清會典圖一百三十二卷　(清)慶桂等撰　清嘉慶刻本　四十冊

220000－0801－0008299　史212/33
欽定大清會典圖二百七十卷　(清)吳樹梅等纂　清光緒二十五年(1899)外交部石印本　七十四冊

220000－0801－0008300　史212/33－1
欽定大清會典圖二百七十卷　(清)吳樹梅等纂　清光緒二十五年(1899)外交部石印本　七十四冊

220000－0801－0008301　史212/34
西漢會要七十卷　(宋)徐天麟撰　清光緒十年(1884)江蘇書局刻本　十冊

220000－0801－0008302　史212/34－1
西漢會要七十卷　(宋)徐天麟撰　清光緒十年(1884)江蘇書局刻本　十冊

220000－0801－0008303　史212/34－2

西漢會要七十卷 （宋）徐天麟撰 清光緒十年(1884)江蘇書局刻本 十冊

220000－0801－0008304 史 212/35

東漢會要四十卷 （宋）徐天麟撰 清光緒十四年(1888)木活字印本 八冊

220000－0801－0008305 史 212/36

東漢會要四十卷 （宋）徐天麟撰 清光緒十年(1884)江蘇書局刻本 八冊

220000－0801－0008306 史 212/36－1

東漢會要四十卷 （宋）徐天麟撰 清光緒十年(1884)江蘇書局刻本 八冊

220000－0801－0008307 史 212/39

唐會要一百卷 （宋）王溥撰 清光緒十年(1884)江蘇書局刻本 二十四冊

220000－0801－0008308 史 212/40

唐會要一百卷 （宋）王溥撰 清光緒二十年(1894)活字印本 三十冊

220000－0801－0008309 史 212/41

明會要八十卷 （清）龍文彬撰 清末廣雅書局刻本 二十冊

220000－0801－0008310 史 212/42

皇朝經世文三編八十卷 （清）陳忠倚輯 清光緒二十四年(1898)石印本 十六冊

220000－0801－0008311 史 212/42－1

皇朝經世文三編八十卷 （清）陳忠倚輯 清光緒二十四年(1898)石印本 十六冊

220000－0801－0008312 史 212/43

皇朝經世文編一百二十卷姓名總目二卷 （清）賀長齡輯 清道光七年(1827)刻本 八十一冊

220000－0801－0008313 史 212/43－1

皇朝經世文編一百二十卷姓名總目二卷 （清）賀長齡撰 清道光七年(1827)刻本 六十四冊

220000－0801－0008314 史 212/43－2

皇朝經世文編一百二十卷姓名總目二卷 （清）賀長齡撰 清道光七年(1827)刻本 八十冊

220000－0801－0008315 史 212/43－3

皇朝經世文編一百二十卷姓名總目二卷 （清）賀長齡撰 清道光七年(1827)刻本 八十一冊

220000－0801－0008316 史 212/44

皇朝經世文編一百二十卷姓名總目二卷 （清）賀長齡輯 清光緒九年(1883)翠筠山房刻本 一百冊

220000－0801－0008317 史 212/45

皇朝經世文編一百二十卷 （清）賀長齡輯 清光緒十二年(1886)思補樓石印本 六十冊

220000－0801－0008318 史 212/46

皇朝經世文續編一百二十卷 （清）葛士濬輯 清光緒十七年(1891)廣百宋齋石印本 二十四冊

220000－0801－0008319 史 212/47

皇朝經世文續編一百二十卷姓名總目三卷 （清）盛康輯 清光緒二十三年(1897)武進盛化思補樓刻本 八十冊

220000－0801－0008320 史 212/48

皇朝經世文編一百二十卷姓名總目二卷 （清）賀長齡輯 清光緒二十二年(1896)掃葉山房鉛印本 二十四冊

220000－0801－0008321 史 212/48－1

皇朝經世文編一百二十卷姓名總目二卷 （清）賀長齡輯 清光緒二十二年(1896)掃葉山房鉛印本 二十四冊

220000－0801－0008322 史 212/49

皇朝經世文續編一百二十卷時事四十卷洋務策論八卷 （清）葛士濬輯 清光緒二十三年(1897)掃葉山房石印本 三十冊

220000－0801－0008323 史 212/49－1

皇朝經世文續編一百二十卷時事四十卷洋務策論八卷 （清）葛士濬輯 清光緒二十三年(1897)掃葉山房石印本 三十冊

220000－0801－0008324 史 212/50

皇朝經世文續編一百二十卷　（清）葛士濬輯
清光緒二十四年(1898)上海宏文閣石印本
二十四冊

220000－0801－0008325　史212/51

皇朝經世文編一百二十卷姓名總目二卷
（清）賀長齡譔　清光緒二十四年(1898)上海
宏文閣石印本　二十四冊

220000－0801－0008326　史212/52

皇朝政典類纂五百卷　席裕福纂　清光緒二
十九年(1903)上海圖書集成局石印本　一百
二十冊

220000－0801－0008327　史212/52－1

皇朝政典類纂五百卷　席裕福纂　清光緒二
十九年(1903)上海圖書集成局石印本　十三
冊　存五十九卷(一百十三至一百七十一)

220000－0801－0008328　史212/53

三通序一卷　（唐）杜佑著　清光緒十九年
(1893)文英閣刻本　一冊

220000－0801－0008329　史212/54

三通序一卷　（唐）李翰等撰　清道光十三年
(1833)刻本　四冊

220000－0801－0008330　史212/54－1

三通序一卷　（唐）李翰等撰　清道光十三年
(1833)刻本　四冊

220000－0801－0008331　史212/55

吾學錄初編二十四卷　（清）吳榮光撰　清同
治九年(1870)江蘇書局刻本　六冊

220000－0801－0008332　史212/55－1

吾學錄初編二十四卷　（清）吳榮光撰　清同
治九年(1870)江蘇書局刻本　六冊

220000－0801－0008333　史212/55－2

吾學錄初編二十四卷　（清）吳榮光撰　清同
治九年(1870)江蘇書局刻本　六冊

220000－0801－0008334　史212/55－3

吾學錄初編二十四卷　（清）吳榮光撰　清同
治九年(1870)江蘇書局刻本　六冊

220000－0801－0008335　史212/56

吾學錄初編二十四卷　（清）吳榮光撰　清道
光十二年(1832)南海吳氏筠清館刻本　八冊

220000－0801－0008336　史212/61

政譜五卷　（清）藍煦撰　清同治九年(1870)
江西集文齋刻本　四冊

220000－0801－0008337　史212/62

晉政輯要四十卷首一卷末一卷　（清）安頤總
纂　清光緒十四年(1888)刻本　三十二冊

220000－0801－0008338　史212/64

經世博義二卷　（清）任源祥著　清光緒二十
八年(1902)經義史館石印本　四冊

220000－0801－0008339　史212/65

贊政實蹟續編不分卷　（清）方象瑛等撰　清
康熙二十年(1681)刻本　一冊

220000－0801－0008340　史212/66

皇朝政典挈要六卷　（日本）增田貢著　（清）
毛淦補編　清光緒二十八年(1902)石印本
四冊

220000－0801－0008341　史212/67

重校元典章六十卷附新集不分卷　（清）□□
撰　清光緒刻本　二十四冊

220000－0801－0008342　史212/67－1

重校元典章六十卷附新集不分卷　（清）□□
撰　清光緒刻本　二十冊

220000－0801－0008343　史212/68

危言四卷　湯壽潛撰　清光緒二十四年
(1898)三魚書屋石印本　二冊

220000－0801－0008344　史212/69

皇朝經世文三編八十卷　（清）陳忠倚輯　清
光緒二十七年(1901)上海書局石印本　十
六冊

220000－0801－0008345　史212/70

皇朝經世文三編八十卷　（清）陳忠倚輯　清
光緒二十四年(1898)石印本　十六冊

220000－0801－0008346　史212/71

皇朝政典挈要八卷　（日本）增田貢著　（清）
毛淦補編　清光緒二十八年(1902)刻朱墨套

369

印本　四册

220000 – 0801 – 0008347　史 212/72

皇朝政典撎要八卷　（日本）增田貢著　（清）
毛淦補編　清光緒二十八年（1902）上海書局
石印本　四册

220000 – 0801 – 0008348　史 212/73

皇朝政典撎要八卷　（日本）增田貢著　（清）
毛淦補編　清光緒二十八年（1902）鉛印本
四册

220000 – 0801 – 0008349　史 212/74

五代會要三十卷　（宋）王溥撰　清光緒十二
年（1886）江蘇書局刻本　四册

220000 – 0801 – 0008350　史 212/77

憲法精理二卷　（清）周逵編譯　清光緒二十
八年（1902）上海廣智書局鉛印本　一册

220000 – 0801 – 0008351　史 212/77 – 1

憲法精理二卷　（清）周逵編譯　清光緒二十
八年（1902）上海廣智書局鉛印本　一册

220000 – 0801 – 0008352　史 212/80

皇朝經世文續編一百二十卷　（清）葛士濬輯
　清光緒二十二年（1896）寶善書局石印本
二十册

220000 – 0801 – 0008353　史 212/83

漢唐事箋前集十二卷後集八卷　（元）朱禮著
　清道光二年（1822）山陰李槁刻本　六册

220000 – 0801 – 0008354　史 212/84

古今治平彙要十四卷　（清）楊潮觀纂　清光
緒五年（1879）石印本　一册

220000 – 0801 – 0008355　史 212/84 – 1

古今治平彙要十四卷　（清）楊潮觀纂　清光
緒五年（1879）石印本　二册

220000 – 0801 – 0008356　史 212/84 – 2

古今治平彙要十四卷　（清）楊潮觀纂　清光
緒五年（1879）石印本　二册

220000 – 0801 – 0008357　史 212/84 – 3

古今治平彙要十四卷　（清）楊潮觀纂　清光
緒五年（1879）石印本　二册

220000 – 0801 – 0008358　史 212/84 – 4

古今治平彙要十四卷　（清）楊潮觀纂　清光
緒五年（1879）石印本　二册

220000 – 0801 – 0008359　史 212/85

治平通議八卷報國錄四卷　（清）陳虬撰　清
光緒二十年（1894）甌雅堂刻本　六册

220000 – 0801 – 0008360　史 212/86

漢制攷四卷　（宋）王應麟著　清初汲古閣刻
本　三册

220000 – 0801 – 0008361　史 212/87

鄭氏通志二百卷　（宋）鄭樵撰　清光緒二十
二年（1896）刻本　七十七册　存七十七卷
（一至三十七、一百三十二至一百四十九、一
百七十一至一百七十九、一百八十八至二百）

220000 – 0801 – 0008362　史 212/89

[清同治五年至光緒二十九年]通行條例
（清）□□撰　清光緒十四年（1888）江蘇書局
刻本　六册

220000 – 0801 – 0008363　史 212/89 – 1

[清同治五年至光緒二十九年]通行條例
（清）□□撰　清光緒十四年（1888）江蘇書局
刻本　二册　存同治五年至十三年

220000 – 0801 – 0008364　史 212/90

[清光緒元年至十四年]通行條例　（清）□□
撰　清光緒十四年（1888）江蘇書局刻本
四册

220000 – 0801 – 0008365　史 212/91

中外經世策論合纂六十三卷　（清）□□輯
清光緒二十八年（1902）石印本　十二册

220000 – 0801 – 0008366　史 212/92

欽定中樞政考續纂四卷　（清）長齡等纂　清
道光十二年（1832）刻本　四册

220000 – 0801 – 0008367　史 212/93

欽定中樞政考四十卷　（清）保寧等纂　清嘉
慶八年（1803）刻本　四十册

220000 – 0801 – 0008368　史 212/94

大清會典四卷　（清）昆岡等撰　清同治十一

年(1872)湖北崇文書局刻本　四冊

220000－0801－0008369　史212/94－1
大清會典四卷　（清）昆岡等撰　清同治十一年(1872)湖北崇文書局刻本　四冊

220000－0801－0008370　史212/94－2
大清會典四卷　（清）昆岡等撰　清同治十一年(1872)湖北崇文書局刻本　四冊

220000－0801－0008371　史212/96
增選中外時務新策六卷　（清）夏玉之輯　清光緒二十四年(1898)上海書局石印本　八冊

220000－0801－0008372　史212/99
中國宜改革新政論議不分卷　（清）何啓　胡禮垣撰　清光緒二十一年(1895)香港文裕堂石印本　一冊

220000－0801－0008373　史212/99－1
中國宜改革新政論議不分卷　（清）何啓　胡禮垣撰　清光緒二十一年(1895)香港文裕堂石印本　一冊

220000－0801－0008374　史212/101
槐廳載筆二十卷　（清）法式善編　清嘉慶四年(1799)刻本　四冊

220000－0801－0008375　史212/105
東三省政略十二卷　徐世昌輯　清宣統三年(1911)鉛印本　四十冊

220000－0801－0008376　史212/105－1
東三省政略十二卷　徐世昌輯　清宣統三年(1911)鉛印本　七冊　存上部

220000－0801－0008377　史212/107
九通提要十二卷　（清）柴紹炳纂　清光緒二十八年(1902)貫吾齋鉛印本　四冊

220000－0801－0008378　史212/107－1
九通提要十二卷　（清）柴紹炳纂　清光緒二十八年(1902)貫吾齋鉛印本　八冊

220000－0801－0008379　史212/108
九通序一卷　（唐）杜佑等撰　清光緒二十八年(1902)景幡山房石印本　三冊

220000－0801－0008380　史212/108－1
九通序一卷　（唐）杜佑等撰　清光緒二十八年(1902)景幡山房石印本　三冊

220000－0801－0008381　史212/109
九通序錄四卷　（唐）杜佑等撰　清光緒二十八年(1902)石印本　四冊

220000－0801－0008382　史212/109－1
九通序錄四卷　（唐）杜佑等撰　清光緒二十八年(1902)石印本　四冊

220000－0801－0008383　史212/110
時務通考三十一卷續編三十一卷　（清）杞廬主人撰　清光緒二十三年(1897)點石齋石印本　四十冊

220000－0801－0008384　史212/110－1
時務通考三十一卷續編三十一卷　（清）杞廬主人撰　清光緒二十三年(1897)點石齋石印本　四十冊

220000－0801－0008385　史212/110－2
時務通考三十一卷續編三十一卷　（清）杞廬主人撰　清光緒二十三年(1897)點石齋石印本　二十四冊

220000－0801－0008386　史212/111
盛世危言六卷　鄭觀應著　清光緒二十二年(1896)上海書局石印本　六冊

220000－0801－0008387　史212/112
熙朝紀政八卷　（清）王慶雲撰　清光緒二十八年(1902)石印本　四冊

220000－0801－0008388　史212/113
盛世危言補五卷　鄭觀應著　清末石印本　五冊

220000－0801－0008389　史212/114
盛世危言十四卷　鄭觀應撰　清光緒二十一年(1895)石印本　八冊

220000－0801－0008390　史212/115
路索民約論四編　（法國）路索著　楊廷棟譯　清光緒二十九年(1903)開明書店石印本　二冊

220000－0801－0008391　史212/115－1

路索民約論四編　（法國）路索著　楊廷棟譯
清光緒二十九年（1903）開明書店石印本
二冊

220000－0801－0008392　史212/116

盛世危言五卷　鄭觀應著　清光緒二十年
（1894）石印本　五冊

220000－0801－0008393　史212/118

會典輯要二十四卷　（清）吳榮光撰　清光緒
二十八年（1902）鴻寶書局石印本　二冊

220000－0801－0008394　史212/119

欽定大清會典一百卷　（清）顧汝修纂修　清
光緒十九年（1893）上海圖書集成書局鉛印本
八冊

220000－0801－0008395　史212/120

會典簡明錄一卷　（清）張祥河輯　清末石印
本　一冊

220000－0801－0008396　史212/121

會典簡明錄一卷　（清）張祥河輯　清道光六
年（1826）刻本　一冊

220000－0801－0008397　史212/122

欽定宗人府則例三十一卷首一卷　（清）宜烈
等增修　清光緒刻本　十冊

220000－0801－0008398　史212/124

文獻通攷紀要四卷　（□）□□撰　清光緒二
十八年（1902）石印本　四冊

220000－0801－0008399　史212/125

文獻通考纂要二卷首一卷　（元）馬端臨著
續文獻通考纂要二卷　（明）王圻著　清嘉慶
二十四年（1819）耕硯田齋刻本　二冊

220000－0801－0008400　史212/126

文獻通考正續彙纂十二卷　（清）周宗濂輯
（清）楊守仁重訂　清道光二年（1822）研綠齋
刻本　二冊

220000－0801－0008401　史212/127

三通考輯要七十六卷　湯壽潛編輯　清光緒
二十八年（1902）善成堂刻本　三十冊

220000－0801－0008402　史212/128

三通典輯要七十六卷三通志輯要八十二卷
（清）蔣麟振輯　清光緒二十八年（1902）上海
編譯局石印本　二十冊

220000－0801－0008403　史212/128－1

三通典輯要七十六卷三通志輯要八十二卷
（清）蔣麟振輯　清光緒二十八年（1902）上海
編譯局石印本　六冊　存三十二卷（皇朝通
志輯要三十二卷）

220000－0801－0008404　史212/132

文獻通考詳節二十四卷　（元）馬端臨撰
（清）周鵬校訂　清末湽紹墨潤堂春莊石印本
六冊

220000－0801－0008405　史212/133

文獻通考詳節二十四卷　（元）馬端臨撰
（清）嚴虞惇錄　清光緒元年（1875）刻本　十
二冊

220000－0801－0008406　史212/138

新譯日本法規大全　劉崇傑等譯　清光緒三
十三年（1907）上海商務印書館鉛印本　八十
一冊

220000－0801－0008407　史212/138－1

新譯日本法規大全　劉崇傑等譯　清光緒三
十三年（1907）上海商務印書館鉛印本　八十
一冊

220000－0801－0008408　史212/138－2

新譯日本法規大全　劉崇傑等譯　清光緒三
十三年（1907）上海商務印書館鉛印本　八十
一冊

220000－0801－0008409　史212/138－3

新譯日本法規大全　劉崇傑等譯　清光緒三
十三年（1907）上海商務印書館鉛印本　八十
一冊

220000－0801－0008410　史212/138－4

新譯日本法規大全　劉崇傑等譯　清光緒三
十三年（1907）上海商務印書館鉛印本　八十
冊　缺卷首

220000 - 0801 - 0008411　史 212/138 - 5

新譯日本法規大全　劉崇傑等譯　清光緒三
十三年(1907)上海商務印書館鉛印本　二冊
存第十九類第二至四章、第二十二類第
一章

220000 - 0801 - 0008412　史 212/139

日本帝國憲法義解附皇室典範義解　(日本)
伊藤博文著　沈紘譯　清光緒二十八年
(1902)金粟齋鉛印本　一冊

220000 - 0801 - 0008413　史 212/140

會典簡明錄一卷　(清)張祥河輯　清道光六
年(1826)刻本　一冊

220000 - 0801 - 0008414　史 212/141

日本帝國憲法義解　(日本)伊藤博文撰　沈
紘譯　清光緒二十七年(1901)金粟齋鉛印本
一冊

220000 - 0801 - 0008415　史 212/141 - 1

日本帝國憲法義解　(日本)伊藤博文撰　沈
紘譯　清光緒二十七年(1901)金粟齋鉛印本
一冊

220000 - 0801 - 0008416　史 212/142

日本議院法　(□)□□輯　清末鉛印本
一冊

220000 - 0801 - 0008417　史 212/142 - 1

日本議院法　(□)□□輯　清末鉛印本
一冊

220000 - 0801 - 0008418　史 212/143

萬國憲法比較　(清)出洋學生編輯所編　清
光緒二十八年(1902)上海商務印書館鉛印本
一冊

220000 - 0801 - 0008419　史 212/144

潤經堂自治官書不分卷　(清)李彥章撰　清
道光九年(1829)刻本　四冊

220000 - 0801 - 0008420　史 212/147

益智編四十一卷　(明)孫能傳撰　清光緒十
七年(1891)鉛印本　十二冊

220000 - 0801 - 0008421　史 212/149

文獻通考二十四卷　(元)馬端臨著　清光緒
二十五年(1899)上海點石齋石印本　二十
四冊

220000 - 0801 - 0008422　史 212/152

欽定續通志六百四十卷　(清)嵇璜等纂　清
光緒二十八年(1902)石印本　二十四冊

220000 - 0801 - 0008423　史 212/153

六通訂誤　席裕福撰　清末上海圖書集成局
石印本　二冊

220000 - 0801 - 0008424　史 212/154

皇朝通典一百卷　(清)嵇璜等編撰　清光緒
影印本　六冊

220000 - 0801 - 0008425　史 212/155

皇朝通志一百二十六卷　(清)嵇璜等編撰
清光緒二十八年(1902)影印本　五冊

220000 - 0801 - 0008426　史 212/157

欽定大清會典一百卷　(清)允祹等纂修　清
末刻本　四十冊

220000 - 0801 - 0008427　史 212/158

通志二百卷　(宋)鄭樵撰　清光緒二十八年
(1902)上海鴻寶書局石印本　四十冊

220000 - 0801 - 0008428　史 212/159

欽定續通志六百四十卷　(清)紀昀等纂　清
光緒二十八年(1902)上海鴻寶書局石印本
四十冊

220000 - 0801 - 0008429　史 212/160

危言四卷　湯壽潛撰　清光緒二十四年
(1898)成都益智學會刻本　四冊

220000 - 0801 - 0008430　史 212/161

皇朝文獻通考三百卷　(清)嵇璜等撰　清光
緒二十八年(1902)上海鴻寶書局石印本　三
十二冊

220000 - 0801 - 0008431　史 212/161 - 1

皇朝文獻通考三百卷　(清)嵇璜等撰　清光
緒二十八年(1902)上海鴻寶書局石印本　二
十冊

220000 - 0801 - 0008432　史 212/162

皇朝通志一百二十六卷　（清）嵇璜等編撰
清光緒二十七年(1901)上海圖書集成局石印
本　十二冊

220000－0801－0008433　史212/163

欽定通考考證三卷　清光緒浙江書局刻本
三冊

220000－0801－0008434　史212/164

通典二百卷　（唐）杜佑撰　清光緒二十二年
(1896)浙江書局刻本　三十七冊　缺五十六
卷(四十七至一百二)

220000－0801－0008435　史212/165

文獻通考三百四十八卷　（元）馬端臨著　清
咸豐九年(1859)崇仁謝氏刻本　一百二十
一冊

220000－0801－0008436　史212/166

日本法規解字　董鴻褘　錢恂編　清宣統元
年(1909)商務印書館鉛印本　一冊

220000－0801－0008437　史212/167

三通序不分卷　蔣德鈞輯　清光緒十四年
(1888)蔣氏求實齋刻本　一冊　存通典序、
通志序

220000－0801－0008438　史212/168

會典簡明錄一卷　（清）張祥河輯　清光緒二
十三年(1897)刻本　一冊

220000－0801－0008439　史212/169

皇朝文獻通考輯要二十六卷　湯壽潛編輯
清末石印本　二十冊

220000－0801－0008440　史213/1

清光緒朝禮部工部內務府慶典章程　（清）內
府訂　清光緒刻本　五冊

220000－0801－0008441　史213/3

文廟丁祭譜一卷　（清）藍鍾瑞等編　清同治
七年(1868)江蘇書局刻本　一冊

220000－0801－0008442　史213/4

文廟丁祭譜十卷首一卷　（清）藍鍾瑞等編
清同治七年(1868)尊經閣刻本　八冊

220000－0801－0008443　史213/5

文廟祀位一卷　（清）倭什琿布等奏疏　清同
治八年(1869)崇文書局刻本　一冊

220000－0801－0008444　史213/5－1

文廟祀位一卷　（清）倭什琿布等奏疏　清同
治八年(1869)崇文書局刻本　一冊

220000－0801－0008445　史213/9

欽定禮部則例二百二卷　（清）特登額等纂修
清道光二十四年(1844)刻本　二十四冊

220000－0801－0008446　史213/9－1

欽定禮部則例二百二卷　（清）特登額等纂修
清道光二十四年(1844)刻本　二十四冊

220000－0801－0008447　史213/10

欽定科場條例六十卷　（清）詹鴻謨等纂修
清光緒十三年(1887)刻本　四十冊

220000－0801－0008448　史213/11

欽定科場條例六十卷續科場條例不分卷
（清）英滙等纂修　清咸豐刻本　十五冊

220000－0801－0008449　史213/13

兩宮大行記不分卷　（□）□□撰　清末石印
本　一冊

220000－0801－0008450　史213/14

四禮翼不分卷　（明）呂坤著　（清）朱軾評點
清光緒八年(1882)津河廣仁堂刻本　一冊

220000－0801－0008451　史213/15

丁祭禮樂備考三卷　（清）邱之稑編　清道光
二十年(1840)瀏陽右殿田書室刻本　一冊

220000－0801－0008452　史213/16

孔子升大祀考一卷　陶士櫺撰　清宣統三年
(1911)藝文齋木活字印本　一冊

220000－0801－0008453　史213/17

司馬氏書儀十卷　（宋）司馬光撰　清同治七
年(1868)江蘇書局刻本　一冊

220000－0801－0008454　史213/17－1

司馬氏書儀十卷　（宋）司馬光撰　清同治七
年(1868)江蘇書局刻本　二冊

220000－0801－0008455　史213/17－2

司馬氏書儀十卷　（宋）司馬光撰　清同治七年(1868)江蘇書局刻本　二冊

220000－0801－0008456　史 213/17－3

司馬氏書儀十卷　（宋）司馬光撰　清同治七年(1868)江蘇書局刻本　一冊

220000－0801－0008457　史 213/17－4

司馬氏書儀十卷　（宋）司馬光撰　清同治七年(1868)江蘇書局刻本　一冊

220000－0801－0008458　史 213/18

紫泥日記一卷　（清）黃彭年撰　清光緒十五年(1889)刻本　一冊

220000－0801－0008459　史 213/19

制服成誦篇一卷附制服表一卷喪服通釋一卷　（清）周保珪撰　清光緒十三年(1887)武林紅蝠山房刻本　一冊

220000－0801－0008460　史 213/19－1

制服成誦篇一卷附制服表一卷喪服通釋一卷　（清）周保珪撰　清光緒十三年(1887)武林紅蝠山房刻本　一冊

220000－0801－0008461　史 213/20

制服成誦篇一卷附制服表一卷喪服通釋一卷　（清）周保珪撰　清光緒十八年(1892)刻本　一冊

220000－0801－0008462　史 213/21

制服成誦篇一卷附制服表一卷喪服通釋一卷　（清）周保珪撰　清光緒二十一年(1895)武林王氏紅蝠山房石印本　一冊

220000－0801－0008463　史 213/21－1

制服成誦篇一卷附制服表一卷喪服通釋一卷　（清）周保珪撰　清光緒二十一年(1895)武林王氏紅蝠山房石印本　一冊

220000－0801－0008464　史 213/23

皇帝大婚不分卷　（□）□□撰　清末鉛印本　四冊

220000－0801－0008465　史 213/24

皇上大婚禮節一卷　（□）□□撰　清末刻本　一冊

220000－0801－0008466　史 213/25

皇朝謚法考五卷　（清）鮑康輯　皇朝謚法考續編三卷　（清）王鵬運輯　清光緒十七年(1891)刻本　一冊

220000－0801－0008467　史 213/25－1

皇朝謚法考五卷　（清）鮑康輯　皇朝謚法考續編三卷　（清）王鵬運輯　清光緒十七年(1891)刻本　一冊

220000－0801－0008468　史 213/26

皇朝謚法考五卷補編一卷續補編一卷續編一卷　（清）鮑康輯　清同治三年(1864)刻本　二冊

220000－0801－0008469　史 213/26－1

皇朝謚法考五卷補編一卷續補編一卷續編一卷　（清）鮑康輯　清同治三年(1864)刻本　一冊

220000－0801－0008470　史 213/27

得一錄十六卷　（清）余治撰　清同治八年(1869)刻本　八冊

220000－0801－0008471　史 213/28

鄉官私議不分卷　（清）蔣楷撰　清末刻本　一冊

220000－0801－0008472　史 213/30

清秘述聞十六卷　（清）法式善撰　補一卷（清）錢維福編輯　續十六卷　（清）王家相原編　清光緒十五年(1889)刻本　八冊

220000－0801－0008473　史 213/31

紀元要略二卷附補一卷　（清）陳景雲撰　(清)陳黃中撰補　清乾隆刻本　二冊

220000－0801－0008474　史 213/32

紀元通考十二卷　（清）葉維庚撰　清道光八年(1828)鍾秀山房刻本　四冊

220000－0801－0008475　史 213/33

制義叢話二十四卷　（清）梁章鉅撰　清道光二十三年(1843)刻本　八冊

220000－0801－0008476　史 213/34

制義叢話二十五卷　（清）梁章鉅撰　清咸豐

元年(1851)知足知不足齋刻本 八冊

220000－0801－0008477 史213/34－1

制義叢話二十五卷 （清）梁章鉅撰 清咸豐元年(1851)知足知不足齋刻本 八冊

220000－0801－0008478 史213/34－2

制義叢話二十五卷 （清）梁章鉅撰 清咸豐元年(1851)知足知不足齋刻本 八冊

220000－0801－0008479 史213/36

出山草譜四卷 （清）湯肇熙撰 清光緒十一年(1885)昆陽縣署刻本 四冊

220000－0801－0008480 史213/38

科場異聞錄五種二十二卷附錄一卷 （清）呂相變撰 清光緒二十四年(1898)石印本 一冊

220000－0801－0008481 史213/41

淡墨錄十六卷 （清）李調元撰 清光緒七年(1881)刻本 八冊

220000－0801－0008482 史213/42

大金集禮四十卷 （金）張瑋等撰 **校刊識語一卷** （清）廖廷相撰 **校刊記一卷** 繆荃孫撰 清光緒二十一年(1895)廣雅書局刻本 四冊

220000－0801－0008483 史213/42－1

大金集禮四十卷 （金）張瑋等撰 **校刊識語一卷** （清）廖廷相撰 **校刊記一卷** 繆荃孫撰 清光緒二十一年(1895)廣雅書局刻本 四冊

220000－0801－0008484 史213/43

大婚禮節一卷 （□）□□撰 清末刻本 一冊

220000－0801－0008485 史213/44

大婚禮節一卷 （□）□□撰 清末鉛印本 一冊

220000－0801－0008486 史213/45

紀元考一卷 （清）陳夔輯 清光緒十一年(1885)刻本 一冊

220000－0801－0008487 史213/50

欽定大清通禮五十四卷 （清）來保等撰 （清）穆克登額等續纂 清道光刻本 十二冊

220000－0801－0008488 史213/50－1

欽定大清通禮五十四卷 （清）來保等撰 （清）穆克登額等續纂 清道光刻本 十二冊

220000－0801－0008489 史213/50－2

欽定大清通禮五十四卷 （清）來保等撰 （清）穆克登額等續纂 清道光刻本 六冊 存二十一卷(一至二十一)

220000－0801－0008490 史213/50－3

欽定大清通禮五十四卷 （清）來保等撰 （清）穆克登額等續纂 清道光刻本 六冊 存二十一卷(一至二十一)

220000－0801－0008491 史213/55

蘇州府長元吳三邑諸生譜九卷首一卷 （清）錢國祥等輯 清光緒三十二年(1906)刻本 二冊

220000－0801－0008492 史213/57

太常因革禮一百卷校識一卷 （宋）歐陽修等撰 清光緒廣雅書局刻本 八冊

220000－0801－0008493 史213/58

直省釋奠禮樂記六卷首一卷 （清）應寶時輯 清同治十二年(1873)刻本 四冊

220000－0801－0008494 史213/58－1

直省釋奠禮樂記六卷首一卷 （清）應寶時輯 清同治十二年(1873)刻本 五冊

220000－0801－0008495 史213/58－2

直省釋奠禮樂記六卷首一卷 （清）應寶時輯 清同治十二年(1873)刻本 四冊

220000－0801－0008496 史213/59

直省釋奠禮樂記六卷首一卷 （清）應寶時輯 清光緒十七年(1891)廣東藩署刻本 四冊

220000－0801－0008497 史213/60

泰泉鄉禮七卷 （明）黃佐撰 清道光二十三年(1843)芸香堂刻本 二冊

220000－0801－0008498 史213/61

奏摺譜一卷 （清）饒旬宣撰 清光緒十六年

(1890)刻本　一冊

220000－0801－0008499　史213/63
摘錄科場事例二卷　（清）梅啓照輯　清同治
十二年(1873)刻本　二冊

220000－0801－0008500　史213/68
國朝蘇州府長元吳三邑科第譜四卷　（清）陸
懋修輯　陸潤庠補編　清光緒三十二年
(1906)刻本　二冊

220000－0801－0008501　史213/68－1
國朝蘇州府長元吳三邑科第譜四卷　（清）陸
懋修輯　陸潤庠補編　清光緒三十二年
(1906)刻本　二冊

220000－0801－0008502　史213/70
時事芻議　（清）鍾天緯撰　清光緒二十七年
(1901)刻本　一冊

220000－0801－0008503　史213/71
明宮史八卷　（明）劉若愚撰　清宣統二年
(1910)鉛印本　二冊

220000－0801－0008504　史213/71－1
明宮史八卷　（明）劉若愚撰　清宣統二年
(1910)鉛印本　二冊

220000－0801－0008505　史213/71－2
明宮史八卷　（明）劉若愚撰　清宣統二年
(1910)鉛印本　二冊

220000－0801－0008506　史213/71－3
明宮史八卷　（明）劉若愚撰　清宣統二年
(1910)鉛印本　二冊

220000－0801－0008507　史213/72
四禮從宜四卷　（清）蘇惇元述　清道光二十
九年(1849)儀宋堂刻本　一冊

220000－0801－0008508　史213/73
四禮翼四卷　（明）呂坤撰　清嘉慶十二年
(1807)刻本　一冊

220000－0801－0008509　史213/74
四禮翼不分卷　（明）呂坤撰　清光緒元年
(1875)刻本　一冊

220000－0801－0008510　史213/77
歷科朝元卷　（清）□□撰　清末刻本　八冊

220000－0801－0008511　史213/78
陸桴亭先生雜著不分卷　（清）陸世儀著　清
同治十二年(1873)尊道堂刻本　一冊

220000－0801－0008512　史213/80
欽定學政全書八十六卷　（清）童璜纂修　清
嘉慶十七年(1812)刻本　二十四冊

220000－0801－0008513　史213/80－1
欽定學政全書八十六卷　（清）童璜纂修　清
嘉慶十七年(1812)刻本　二十四冊

220000－0801－0008514　史213/80－2
欽定學政全書八十六卷　（清）童璜纂修　清
嘉慶十七年(1812)刻本　十六冊

220000－0801－0008515　史213/81
知府須知四卷　（清）師言撰　清光緒九年
(1883)抄本　一冊

220000－0801－0008516　史213/83
欽定國子監則例四十五卷　（清）汪廷珍等增
輯　瑞慶等纂　清末刻本　六冊

220000－0801－0008517　史213/84
欽定鼎甲策不分卷　清光緒刻本　十二冊

220000－0801－0008518　史213/86
欽定國子監則例四十四卷首一卷　（清）劉墉
等撰　清刻本　六冊

220000－0801－0008519　史213/87
進士館章程不分卷　（清）進士館訂　清末稿
本　一冊

220000－0801－0008520　史213/88
譯學館開辦章程不分卷　（清）譯學館訂　清
末稿本　一冊

220000－0801－0008521　史213/89
高等學堂章程不分卷　（清）高等學堂訂　清
末稿本　一冊

220000－0801－0008522　史213/90
高等農業學堂章程不分卷　（清）高等農業學

堂訂　清末稿本　一冊

220000－0801－0008523　史213/91
高等農業學堂章程不分卷　（清）高等農業學
堂訂　清末稿本　一冊

220000－0801－0008524　史213/92
初等師範學堂章程不分卷　（清）學部訂　清
末稿本　一冊

220000－0801－0008525　史213/93
初級師範學堂章程不分卷　（清）學部訂　清
末稿本　一冊

220000－0801－0008526　史213/94
初級師範學堂章程不分卷　（清）學部訂　清
末稿本　一冊

220000－0801－0008527　史213/95
高等商船學堂章程不分卷　（清）高等商船學
堂訂　清末稿本　一冊

220000－0801－0008528　史213/96
高等商船學堂章程不分卷　（清）高等商船學
堂訂　清末稿本　一冊

220000－0801－0008529　史213/97
高等商船學堂章程不分卷　（清）高等商船學
堂訂　清末稿本　一冊

220000－0801－0008530　史213/98
高等商船學堂章程不分卷　（清）高等商船學
堂訂　清末稿本　一冊

220000－0801－0008531　史213/99
高等商業學堂章程不分卷　（清）高等商業學
堂訂　清末稿本　一冊

220000－0801－0008532　史213/99－1
高等商業學堂章程不分卷　（清）高等商業學
堂訂　清末稿本　一冊

220000－0801－0008533　史213/100
高等商業學堂章程不分卷　（清）高等商業學
堂訂　清末稿本　一冊

220000－0801－0008534　史213/101
高等商業學堂章程不分卷　（清）高等商業學

堂訂　清末稿本　一冊

220000－0801－0008535　史213/102
高等商業學堂章程不分卷　（清）高等商業學
堂訂　清末稿本　一冊

220000－0801－0008536　史213/103
水產學堂章程不分卷　（清）水產學堂訂　清
末稿本　一冊

220000－0801－0008537　史213/104
水產學堂章程不分卷　（清）水產學堂訂　清
末稿本　一冊

220000－0801－0008538　史213/105
水產學堂章程不分卷　（清）水產學堂訂　清
末稿本　一冊

220000－0801－0008539　史213/106
高等師範學堂章程不分卷　（清）高等師範學
堂訂　清末稿本　一冊

220000－0801－0008540　史213/107
高等師範學堂章程不分卷　（清）高等師範學
堂訂　清末稿本　一冊

220000－0801－0008541　史213/108
高等工業學堂章程不分卷　（清）高等工業學
堂訂　清末稿本　一冊

220000－0801－0008542　史213/109
高等工業學堂章程不分卷　（清）高等工業學
堂訂　清末稿本　一冊

220000－0801－0008543　史213/110
高等工業學堂章程不分卷　（清）高等工業學
堂訂　清末稿本　一冊

220000－0801－0008544　史213/111
高等農業學堂章程不分卷　（清）高等農業學
堂訂　清末稿本　一冊

220000－0801－0008545　史213/113
南巡盛典一百二十卷　（清）高晉等纂修　清
光緒八年(1882)上海點石齋石印本　八冊

220000－0801－0008546　史213/113－1
南巡盛典一百二十卷　（清）高晉等纂修　清

光緒八年(1882)上海點石齋石印本　八冊

220000－0801－0008547　史213/113－2

南巡盛典一百二十卷　（清）高晉等纂修　清
光緒八年(1882)上海點石齋石印本　三冊
存五十一卷(三十四至八十四)

220000－0801－0008548　史213/116

日本各學校規則　姚錫光輯　清光緒二十八
年(1902)上海書局石印本　一冊

220000－0801－0008549　史213/117

鄉黨圖考十卷　（清）江永撰　清光緒十年
(1884)樂道齋刻本　六冊

220000－0801－0008550　史213/120

文廟上丁禮樂備考四卷　（清）吳祖昌輯　清
同治九年(1870)刻本　四冊

220000－0801－0008551　史213/121

日本文部省沿革略　（□）□□輯　清末刻本
一冊

220000－0801－0008552　史213/122

鄉黨圖考十卷　（清）江永著　清嘉慶二年
(1797)經業堂刻本　四冊

220000－0801－0008553　史213/125

呂氏四禮翼　（明）呂坤撰　（清）朱軾評點
清光緒二十三年(1897)刻本　一冊

220000－0801－0008554　史213/126

探杏譜一卷　（清）程恭壽輯　清光緒二年
(1876)刻本　一冊

220000－0801－0008555　史213/129

清秘述聞十六卷續十六卷補一卷　（清）法式
善撰　清光緒十三年(1887)刻本　八冊

220000－0801－0008556　史213/129－1

清秘述聞十六卷續十六卷補一卷　（清）法式
善撰　清光緒十三年(1887)刻本　八冊

220000－0801－0008557　史213/133

西學課程彙編　（清）出洋肄業局譯　清光緒
十一年(1885)自學廬刻本　一冊

220000－0801－0008558　史213/134

教育家言　蔣百里編譯　清光緒二十八年
(1902)上海廣益書局鉛印本　一冊

220000－0801－0008559　史213/135

慶典章程五卷　（清）内府訂　清光緒内府鉛
印本　四冊

220000－0801－0008560　史213/137

晉陽明備錄　（清）紹誠輯　清光緒八年
(1882)山西濬文書局刻本　三冊

220000－0801－0008561　史213/138

清秘述聞十六卷　（清）法式善編　清嘉慶刻
本　六冊

220000－0801－0008562　史213/139

清秘述聞十六卷　（清）法式善編　清刻本
四冊

220000－0801－0008563　史213/140

欽定高等學堂章程　（清）沈衛註　清光緒二
十九年(1903)陝西味經官書局鉛印本　一冊

220000－0801－0008564　史213/142

江蘇試牘十四卷　（清）溥良編　清末刻本
四冊

220000－0801－0008565　史213/145

三場程式附添註塗改款式　（清）衛榮光撰
清光緒刻本　一冊

220000－0801－0008566　史213/146

饗宮敬事錄　（清）桂良輯　清同治十年
(1871)刻本　三冊　存中穌韶樂、文舞圖譜、
禮器樂器全圖

220000－0801－0008567　史213/147

東吳大學堂例言　（清）孫樂文等編　清末刻
本　一冊

220000－0801－0008568　史214/1

宦游紀略二卷　（清）高廷瑤撰　清光緒二十
六年(1900)高氏刻本　一冊

220000－0801－0008569　史214/2

憲政編查館奏考核提法使官制并考用屬官章
程摺附清單　奕劻等撰　清宣統元年(1909)
鉛印本　一冊

220000－0801－0008570　史214/3
憲政編查館奏擬將官制提前官俸展後摺　奕劻等撰　清宣統二年(1910)鉛印本　一冊

220000－0801－0008571　史214/4
憲政編查館會奏酌擬切實考驗外官章程摺不分卷　奕劻等撰　清光緒三十三年(1907)鉛印本　一冊

220000－0801－0008572　史214/4－1
憲政編查館會奏酌擬切實考驗外官章程摺不分卷　奕劻等撰　清光緒三十三年(1907)鉛印本　一冊

220000－0801－0008573　史214/6
國朝御史題名不分卷滿洲蒙古御史題名一卷　(清)黃玉圃　(清)蘇芳阿等輯　清道光十七年(1837)京畿道刻本　三冊

220000－0801－0008574　史214/8
爲政忠告四卷　(元)張養浩撰　清光緒十四年(1888)刻本　一冊

220000－0801－0008575　史214/9
爲政忠告四卷　(元)張養浩撰　清道光十一年(1831)碧鮮齋刻本　二冊

220000－0801－0008576　史214/9－1
爲政忠告四卷　(元)張養浩撰　清道光十一年(1831)碧鮮齋刻本　二冊

220000－0801－0008577　史214/10
新編吏治懸鏡八卷　(清)徐文弼編輯　清末刻本　八冊

220000－0801－0008578　史214/11
唐御史臺精舍題名考三卷　(清)趙鉞　(清)勞格撰　清光緒六年(1880)刻月河精舍叢抄本　三冊

220000－0801－0008579　史214/12
論修改大總統選舉法之程序不分卷　(美國)古德諾著　清末鉛印本　一冊

220000－0801－0008580　史214/12－1
論修改大總統選舉法之程序不分卷　(美國)古德諾著　清末鉛印本　一冊

220000－0801－0008581　史214/14
牧令書二十三卷　(清)徐棟輯　清道光二十八年(1848)刻本　十七冊

220000－0801－0008582　史214/14－1
牧令書二十三卷　(清)徐棟輯　清道光二十八年(1848)刻本　十八冊

220000－0801－0008583　史214/15
兩浙令長考三卷　(清)董沛撰　清光緒六年(1880)刻本　一冊

220000－0801－0008584　史214/16
百官鐸例一卷　(明)倪元璐撰　清光緒九年(1883)刻本　一冊

220000－0801－0008585　史214/16－1
百官鐸例一卷　(明)倪元璐撰　清光緒九年(1883)刻本　一冊

220000－0801－0008586　史214/17
平平言四卷　(清)方大湜撰　清光緒十八年(1892)資州官廨刻本　四冊

220000－0801－0008587　史214/18
欽定吏部處分則例五十一卷首一卷　清末刻本　二十冊

220000－0801－0008588　史214/20
漢官七種十一卷　(清)孫通撰　(清)孫星衍校集　清光緒九年(1883)後知不足齋刻本　二冊

220000－0801－0008589　史214/21
漢官舊儀二卷補遺一卷　(漢)衛宏撰　鄴中記一卷　(晉)陸翽撰　清末刻本　一冊

220000－0801－0008590　史214/22
莅政摘要二卷　(清)陸隴其撰　清同治九年(1870)刻本　二冊

220000－0801－0008591　史214/23
漢官舊儀二卷補遺一卷　(漢)衛宏撰　清末刻本　一冊

220000－0801－0008592　史214/26
莅政摘要二卷　(清)陸隴其撰　清道光刻本　一冊

220000－0801－0008593　史214/27

苴政摘要二卷　(清)陸隴其撰　清光緒二十
六年(1900)蘭州官書局石印本　一冊

220000－0801－0008594　史214/28

樞垣題名四卷　(清)吳孝銘輯　清光緒十年
(1884)刻本　一冊

220000－0801－0008595　史214/29

宦游紀畧二卷　(清)高廷瑤撰　清同治十二
年(1873)刻本　一冊

220000－0801－0008596　史214/30

在官法戒錄摘鈔四卷　(清)陳宏謀編輯　清
同治七年(1868)崇文書局刻本　二冊

220000－0801－0008597　史214/30－1

在官法戒錄摘鈔四卷　(清)陳宏謀編輯　清
同治七年(1868)崇文書局刻本　二冊

220000－0801－0008598　史214/30－2

在官法戒錄摘鈔四卷　(清)陳宏謀編輯　清
同治七年(1868)崇文書局刻本　二冊

220000－0801－0008599　史214/30－3

在官法戒錄摘鈔四卷　(清)陳宏謀編輯　清
同治七年(1868)崇文書局刻本　二冊

220000－0801－0008600　史214/31

大清中樞備覽　(清)京都榮錄堂編　清光緒
二十二年(1896)榮錄堂刻本　四冊

220000－0801－0008601　史214/32

大八成選補班次章程外補大八成章程　(清)
戶部奏定　(清)□□撰　清同治八年(1869)
刻本　一冊

220000－0801－0008602　史214/33

求治管見一卷續增一卷　(清)戴肇辰著　清
咸豐元年(1851)刻本　一冊

220000－0801－0008603　史214/34

勤惰賞罰禁條規則　(清)浙江警察總局製
清光緒三十四年(1908)鉛印本　一冊

220000－0801－0008604　史214/35

欽定吏部稽勳司章程四卷　清末刻本　一冊

220000－0801－0008605　史214/36

欽定吏部稽勳司則例八卷　清末刻本　四冊

220000－0801－0008606　史214/37

欽定吏部則例六卷　清末刻本　六冊

220000－0801－0008607　史214/38

欽定吏部銓選則例五卷　(清)施人鏡等纂輯
　清末刻本　七冊

220000－0801－0008608　史214/39

欽定吏部處分章程三十三卷　清末刻本
四冊

220000－0801－0008609　史214/40

實政錄七卷　(明)呂坤撰　清同治十一年
(1872)江蘇書局刻本　六冊

220000－0801－0008610　史214/41

新吾呂先生實政錄七卷　(明)呂坤撰　清嘉
慶二年(1797)刻本　六冊

220000－0801－0008611　史214/42

學治臆說二卷學治續說一卷學治說贅一卷
(清)汪輝祖撰　清光緒十五年(1889)刻本
一冊

220000－0801－0008612　史214/42－1

學治臆說二卷學治續說一卷學治說贅一卷
(清)汪輝祖撰　清光緒十五年(1889)刻本
一冊

220000－0801－0008613　史214/43

學治臆說二卷學治續說一卷學治說贅一卷佐
治藥言一卷續佐治藥言一卷　(清)汪輝祖撰
　清道光二年(1822)刻本　一冊

220000－0801－0008614　史214/43－1

學治臆說二卷學治續說一卷學治說贅一卷佐
治藥言一卷續佐治藥言一卷　(清)汪輝祖撰
　清道光二年(1822)刻本　一冊

220000－0801－0008615　史214/44

居官鏡不分卷　(清)剛毅纂輯　清光緒十八
年(1892)刻本　一冊

220000－0801－0008616　史214/45

學治續說一卷說贅一卷　(清)汪輝祖纂　清

同治九年(1870)湖南藩署刻本　一冊

220000－0801－0008617　史214/46

學治臆說二卷學治續說一卷佐治藥言一卷續佐治藥言一卷　(清)汪輝祖纂　清同治七年(1868)湖北崇文書局刻本　三冊

220000－0801－0008618　史214/47

學治臆說二卷學治續說一卷學治說贅一卷　(清)汪輝祖撰　清同治十一年(1872)刻本　一冊

220000－0801－0008619　史214/48

中西政學問對三十六卷首三卷　王仁俊撰　清光緒二十三年(1897)實學報館石印本　六冊

220000－0801－0008620　史214/48－1

中西政學問對三十六卷首三卷　王仁俊撰　清光緒二十三年(1897)實學報館石印本　六冊

220000－0801－0008621　史214/49

佐治藥言二卷　(清)汪輝祖纂　清咸豐二年(1852)刻本　一冊

220000－0801－0008622　史214/50

佐治藥言二卷　(清)汪輝祖撰　清同治十一年(1872)長白馬佳氏紹誠刻本　一冊

220000－0801－0008623　史214/53

處分則例圖要六卷　(清)蔡逢年重修　清同治九年(1870)江蘇書局刻本　二冊

220000－0801－0008624　史214/54

處分則例圖要六卷　(清)蔡逢年重修　清同治十一年(1872)刻本　二冊

220000－0801－0008625　史214/55

處分則例圖要六卷　(清)蔡逢年重修　清光緒十四年(1888)江蘇書局刻本　二冊

220000－0801－0008626　史214/56

兵部武選司現行章程不分卷　(□)□□撰　清末鉛印本　六冊

220000－0801－0008627　史214/57

牧令書輯要十卷　(清)徐棟輯　(清)丁日昌

重編　清同治八年(1869)湖北崇文書局刻本　十冊

220000－0801－0008628　史214/58

牧令書輯要十卷　(清)徐棟原編　保甲書輯要　(清)徐棟原編　(清)丁日昌重校　牧民忠告二卷　(元)張養浩著　欽頒州縣事宜　(清)田文鏡等撰　清同治七年(1868)江蘇書局刻本　十三冊

220000－0801－0008629　史214/58－1

牧令書輯要十卷　(清)徐棟原編　保甲書輯要　(清)徐棟原編　(清)丁日昌重校　牧民忠告二卷　(元)張養浩著　欽頒州縣事宜　(清)田文鏡等撰　清同治七年(1868)江蘇書局刻本　十冊　存十卷(牧令書輯要十卷)

220000－0801－0008630　史214/59

出使須知一卷　(清)蔡鈞撰　清光緒十一年(1885)彀園王氏活字印本　一冊

220000－0801－0008631　史214/60

唐尚書省郎官石柱題名考二十六卷首一卷附錄一卷唐御史臺精舍題名考三卷　(清)勞格　(清)趙鉞著　清光緒十二年(1886)月河精舍刻本　十二冊

220000－0801－0008632　史214/61

牧民忠告二卷　(元)張養浩撰　清光緒三十二年(1906)颿山顧氏石印本　一冊

220000－0801－0008633　史214/62

牧民忠告二卷　(元)張養浩撰　清同治十二年(1873)羊城書局刻本　一冊

220000－0801－0008634　史214/64

牧令書二十三卷保甲書四卷　(清)徐棟輯　清道光二十八年(1848)刻本　二十一冊

220000－0801－0008635　史214/65

唐六典三十卷　(唐)李林甫等撰　清嘉慶五年(1800)埽葉山房刻本　六冊

220000－0801－0008636　史214/65－1

唐六典三十卷　(唐)李林甫等撰　清嘉慶五年(1800)埽葉山房刻本　六冊

220000 - 0801 - 0008637　史 214/65 - 2

唐六典三十卷　（唐）李林甫等撰　清嘉慶五年(1800)埽葉山房刻本　六冊

220000 - 0801 - 0008638　史 214/66

歷代職官表六卷　（□）□□撰　清光緒二十二年(1896)廣州新寧明善社刻本　三冊

220000 - 0801 - 0008639　史 214/67

歷代職官表六卷　（清）黃本驥撰　清光緒八年(1882)上海王氏刻本　三冊

220000 - 0801 - 0008640　史 214/67 - 1

歷代職官表六卷　（清）黃本驥撰　清光緒八年(1882)上海王氏刻本　三冊

220000 - 0801 - 0008641　史 214/67 - 2

歷代職官表六卷　（清）黃本驥撰　清光緒八年(1882)上海王氏刻本　三冊

220000 - 0801 - 0008642　史 214/67 - 3

歷代職官表六卷　（清）黃本驥撰　清光緒八年(1882)上海王氏刻本　四冊

220000 - 0801 - 0008643　史 214/68

欽頒州縣事宜一卷　（清）田文鏡等撰　清同治七年(1868)江蘇書局刻本　一冊

220000 - 0801 - 0008644　史 214/70

牧令須知六卷　（清）剛毅著　（清）葛士達編訂　清光緒十五年(1889)江蘇書局刻本　二冊

220000 - 0801 - 0008645　史 214/70 - 1

牧令須知六卷　（清）剛毅著　（清）葛士達編訂　清光緒十五年(1889)江蘇書局刻本　二冊

220000 - 0801 - 0008646　史 214/70 - 2

牧令須知六卷　（清）剛毅著　（清）葛士達編訂　清光緒十五年(1889)江蘇書局刻本　二冊

220000 - 0801 - 0008647　史 214/71

從公錄不分卷　（清）戴肇辰撰　清同治二年(1863)刻本　一冊

220000 - 0801 - 0008648　史 214/72

學仕遺規四卷補編四卷　（清）陳宏謀輯　（清）孫蘭同編校　清光緒十九年(1893)上海振華堂刻本　十冊

220000 - 0801 - 0008649　史 214/74

從政遺規摘鈔二卷　（清）陳宏謀編　清同治四年(1865)刻本　二冊

220000 - 0801 - 0008650　史 214/74 - 1

從政遺規摘鈔二卷　（清）陳宏謀編　清同治四年(1865)刻本　二冊

220000 - 0801 - 0008651　史 214/77

[清同治元年至六年]各部通行條例十卷　（清）同治朝內府訂　清同治浙江藩署刻本　八冊

220000 - 0801 - 0008652　史 214/78

佐治藥言二卷　（清）汪輝祖纂　清同治九年(1870)湖南藩署刻本　一冊

220000 - 0801 - 0008653　史 214/79

欽定吏部銓選漢官則例八卷欽定吏部銓選滿洲官員則例五卷欽定吏部銓選滿洲官員品級考三卷欽定吏部銓選蒙古官員品級考一卷欽定吏部銓選漢官品級考四卷　清道光刻本　二十一冊

220000 - 0801 - 0008654　史 214/81

察吏六條　（清）應寶時輯　清同治八年(1869)刻本　一冊

220000 - 0801 - 0008655　史 214/84

學仕遺規四卷補編四卷　（清）陳宏謀輯　清同治七年(1868)刻本　十冊

220000 - 0801 - 0008656　史 214/85

大清中樞備覽殘卷　（清）京都榮慶堂輯　清光緒三十一年(1905)京都榮慶堂石印本　一冊

220000 - 0801 - 0008657　史 214/86

欽定吏部處分則例五十二卷　清末刻本　二十冊

220000 - 0801 - 0008658　史 214/86 - 1

欽定吏部處分則例五十二卷　清末刻本　十

九冊　缺二卷(三至四)

220000－0801－0008659　史214/87
欽定吏部處分則例　清末刻本　二十四冊

220000－0801－0008660　史214/88
實政錄七卷　（明）呂坤著　清同治七年
(1868)湖北崇文書局刻本　二冊

220000－0801－0008661　史214/89
牧令書輯要十卷　（清）徐棟編　（清）丁日昌
評選　清同治十二年(1873)刻本　十冊

220000－0801－0008662　史214/90
實政錄七卷　（明）呂坤撰　清同治十一年
(1872)浙江書局刻本　六冊

220000－0801－0008663　史214/91
學治臆說二卷學治續說一卷摘錄學治說贅一
卷重刻附記一卷附增畿輔事宜一卷　（清）汪
輝祖撰　清道光十八年(1838)長白托渾布刻
本　一冊

220000－0801－0008664　史214/92
學治臆說二卷學治續說一卷學治說贅一卷
（清）汪輝祖纂　清道光二十四年(1844)刻本
　一冊

220000－0801－0008665　史214/93
佐治藥言一卷續佐治藥言一卷　（清）汪輝祖
纂　清刻本　一冊

220000－0801－0008666　史214/94
在官法戒錄摘鈔四卷　（清）陳宏謀編輯　清
光緒十八年(1892)桂垣書局刻本　二冊

220000－0801－0008667　史214/95
從政遺規摘鈔二卷　（清）陳宏謀編輯　清同
治七年(1868)崇文書局刻本　二冊

220000－0801－0008668　史214/95－1
從政遺規摘鈔二卷　（清）陳宏謀編輯　清同
治七年(1868)崇文書局刻本　二冊

220000－0801－0008669　史214/96
從政遺規二卷　（清）陳宏謀編輯　清末刻本
　二冊

220000－0801－0008670　史214/97
三事忠告三種四卷　（元）張養浩撰　清刻本
　一冊

220000－0801－0008671　史214/97－1
三事忠告三種四卷　（元）張養浩撰　清刻本
　一冊

220000－0801－0008672　史214/98
牧民忠告二卷　（元）張養浩撰　清末刻本
二冊

220000－0801－0008673　史214/99
風憲忠告一卷廟堂忠告一卷　（元）張養浩撰
　清末刻本　一冊

220000－0801－0008674　史214/100
在官法戒錄四卷　（清）陳宏謀編輯　清末刻
本　二冊

220000－0801－0008675　史216/2
[光緒]廣東海圖說不分卷　（清）張之洞撰
清光緒十五年(1889)廣雅書局刻本　一冊

220000－0801－0008676　史216/5
補晉兵志一卷　（清）錢儀吉撰　清光緒十七
年(1891)廣雅書局刻本　一冊

220000－0801－0008677　史216/7
三省邊防備覽十八卷　（清）嚴如熤輯　清道
光十年(1830)來鹿堂刻本　十一冊

220000－0801－0008678　史216/7－1
三省邊防備覽十八卷　（清）嚴如熤輯　清道
光十年(1830)來鹿堂刻本　十冊

220000－0801－0008679　史216/9
西寧軍務節略一卷附圖　（□）□□撰　清末
石印本　一冊

220000－0801－0008680　史216/10
雲南勘界籌邊記二卷　姚文棟撰　清光緒二
十一年(1895)刻本　二冊

220000－0801－0008681　史216/11
雲南勘界籌邊記二卷　姚文棟撰　清光緒二
十三年(1897)湖南新學書局刻本　二冊

220000－0801－0008682　史216/12

雲南初勘緬界記　姚文棟撰　清末刻本
一冊

220000－0801－0008683　史216/15

保甲書輯要四卷　（清）徐棟編　（清）丁日昌
重校　清同治八年（1869）江蘇書局刻本
一冊

220000－0801－0008684　史216/15－1

保甲書輯要四卷　（清）徐棟編　（清）丁日昌
重校　清同治八年（1869）江蘇書局刻本
二冊

220000－0801－0008685　史216/16

江蘇水師事宜不分卷　（清）曾國藩撰　清末
刻本　二冊

220000－0801－0008686　史216/20

列國陸軍制一卷　（美國）歐潑登著　（美國）
林樂知　（清）瞿昂來譯　清末刻本　一冊

220000－0801－0008687　史216/21

德國海軍條議二卷　（清）徐建寅譯　清光緒
十三年（1887）天津石印本　一冊

220000－0801－0008688　史216/22

德國陸軍紀署四卷　（清）許景澄撰　清光緒
三十一年（1905）刻本　二冊

220000－0801－0008689　史216/23

軍牘彙存四卷　（清）方德驥撰　清光緒九年
（1883）刻本　四冊

220000－0801－0008690　史216/25

苗防備覽二十二卷　（清）嚴如熤撰　清道光
二十三年（1843）刻本　五冊

220000－0801－0008691　史216/25－1

苗防備覽二十二卷　（清）嚴如熤撰　清道光
二十三年（1843）刻本　六冊

220000－0801－0008692　史216/28

法國水師考五章　（美國）杜默能撰　（美國）
羅亨利　（清）瞿昂來譯　清末鉛印本　一冊

220000－0801－0008693　史216/31

[光緒]浙江沿海圖說一卷附海島表一卷

（清）朱正元撰　清光緒二十五年（1899）上海
鉛印本　一冊

220000－0801－0008694　史216/31－1

[光緒]浙江沿海圖說一卷附海島表一卷
（清）朱正元撰　清光緒二十五年（1899）上海
鉛印本　一冊

220000－0801－0008695　史216/32

[光緒]江蘇沿海圖說一卷附海島表一卷
（清）朱正元撰　清光緒二十五年（1899）上海
鉛印本　一冊

220000－0801－0008696　史216/34

羅景山臺灣海防開山日記　（清）羅大春撰
清末刻本　一冊

220000－0801－0008697　史216/34－1

羅景山臺灣海防開山日記　（清）羅大春撰
清末刻本　一冊

220000－0801－0008698　史216/34－2

羅景山臺灣海防開山日記　（清）羅大春撰
清末刻本　一冊

220000－0801－0008699　史216/34－3

羅景山臺灣海防開山日記　（清）羅大春撰
清末刻本　一冊

220000－0801－0008700　史216/34－4

羅景山臺灣海防開山日記　（清）羅大春撰
清末刻本　一冊

220000－0801－0008701　史216/34－5

羅景山臺灣海防開山日記　（清）羅大春撰
清末刻本　一冊

220000－0801－0008702　史216/36

帕米爾圖說不分卷　（清）許景澄撰　清光緒
二十二年（1896）儲英館刻本　一冊

220000－0801－0008703　史216/36－1

帕米爾圖說不分卷　（清）許景澄撰　清光緒
二十二年（1896）儲英館刻本　一冊

220000－0801－0008704　史216/37

臺灣戰紀二卷　（清）洪棄父撰　清光緒三十
二年（1906）鉛印本　二冊

220000 - 0801 - 0008705　史 216/37 - 1

臺灣戰紀二卷　（清）洪棄父撰　清光緒三十二年（1906）鉛印本　二冊

220000 - 0801 - 0008706　史 216/37 - 2

臺灣戰紀二卷　（清）洪棄父撰　清光緒三十二年（1906）鉛印本　二冊

220000 - 0801 - 0008707　史 216/37 - 3

臺灣戰紀二卷　（清）洪棄父撰　清光緒三十二年（1906）鉛印本　二冊

220000 - 0801 - 0008708　史 216/37 - 4

臺灣戰紀二卷　（清）洪棄父撰　清光緒三十二年（1906）鉛印本　二冊

220000 - 0801 - 0008709　史 216/37 - 5

臺灣戰紀二卷　（清）洪棄父撰　清光緒三十二年（1906）鉛印本　一冊　存一卷（上）

220000 - 0801 - 0008710　史 216/38

洋防輯要二十四卷　（清）嚴如熤撰　清道光十八年（1838）來鹿堂刻本　十六冊

220000 - 0801 - 0008711　史 216/38 - 1

洋防輯要二十四卷　（清）嚴如熤撰　清道光十八年（1838）來鹿堂刻本　十一冊　缺二卷（十二至十三）

220000 - 0801 - 0008712　史 216/38 - 2

洋防輯要二十四卷　（清）嚴如熤撰　清道光十八年（1838）來鹿堂刻本　十二冊

220000 - 0801 - 0008713　史 216/38 - 3

洋防輯要二十四卷　（清）嚴如熤撰　清道光十八年（1838）來鹿堂刻本　十冊

220000 - 0801 - 0008714　史 216/38 - 4

洋防輯要二十四卷　（清）嚴如熤撰　清道光十八年（1838）來鹿堂刻本　十冊　存十一卷（一至十一）

220000 - 0801 - 0008715　史 216/40

新譯中國江海險要圖誌二十二卷補編五卷　（英國）英國海軍圖官局編　（清）陳壽彭譯　清光緒二十七年（1901）石印本　十冊

220000 - 0801 - 0008716　史 216/40 - 1

新譯中國江海險要圖誌二十二卷補編五卷　（英國）英國海軍圖官局編　（清）陳壽彭譯　清光緒二十七年（1901）石印本　十冊

220000 - 0801 - 0008717　史 216/40 - 2

新譯中國江海險要圖誌二十二卷補編五卷　（英國）英國海軍圖官局編　（清）陳壽彭譯　清光緒二十七年（1901）石印本　十冊

220000 - 0801 - 0008718　史 216/40 - 3

新譯中國江海險要圖誌二十二卷補編五卷　（英國）英國海軍圖官局編　（清）陳壽彭譯　清光緒二十七年（1901）石印本　十冊

220000 - 0801 - 0008719　史 216/41

新譯中國江海險要圖誌圖　（英國）英國海軍圖官局編　（清）陳壽彭撰　清光緒二十七年（1901）石印本　五冊

220000 - 0801 - 0008720　史 216/41 - 1

新譯中國江海險要圖誌圖　（英國）英國海軍圖官局編　（清）陳壽彭撰　清光緒二十七年（1901）石印本　五冊

220000 - 0801 - 0008721　史 216/41 - 2

新譯中國江海險要圖誌圖　（英國）英國海軍圖官局編　（清）陳壽彭撰　清光緒二十七年（1901）石印本　五冊

220000 - 0801 - 0008722　史 216/43

中俄界記二編　（清）鄒代鈞撰　清宣統三年（1911）湖北武昌亞新地學社鉛印本　一冊

220000 - 0801 - 0008723　史 216/44

中俄界務沿革記略　張斆輯　清末鉛印本　一冊

220000 - 0801 - 0008724　史 216/45

中俄界約斠註七卷首一卷　錢恂校註　清光緒二十年（1894）上海醉六堂刻本　二冊

220000 - 0801 - 0008725　史 216/45 - 1

中俄界約斠註七卷首一卷　錢恂校註　清光緒二十年（1894）上海醉六堂刻本　二冊

220000 - 0801 - 0008726　史 216/45 - 2

中俄界約斠註七卷首一卷　錢恂校註　清光

緒二十年(1894)上海醉六堂刻本　二冊

220000－0801－0008727　史216/46

東牟守城紀略一卷東牟守城詩一卷　(清)戴
燮元撰　清同治八年(1869)羊城刻本　一冊

220000－0801－0008728　史216/47

防海備覽十卷　(清)薛傳源撰　清嘉慶十六
年(1811)望山堂刻本　八冊

220000－0801－0008729　史216/48

朔方備乘六十八卷首十二卷　(清)何秋濤撰
清光緒七年(1881)石印本　八冊

220000－0801－0008730　史216/48－1

朔方備乘六十八卷首十二卷　(清)何秋濤撰
清光緒七年(1881)石印本　八冊

220000－0801－0008731　史216/48－2

朔方備乘六十八卷首十二卷　(清)何秋濤撰
清光緒七年(1881)石印本　八冊

220000－0801－0008732　史216/48－3

朔方備乘六十八卷首十二卷　(清)何秋濤撰
清光緒七年(1881)石印本　八冊

220000－0801－0008733　史216/49

長江炮臺芻議一卷　姚錫光撰　清光緒二十
六年(1900)皖城官舍刻本　一冊

220000－0801－0008734　史216/51

美國水師考不分卷　(英國)巴那比　(美國)
克理撰　(英國)傅蘭雅　(清)鍾天緯同譯
清末鉛印本　一冊

220000－0801－0008735　史216/52

防海紀略二卷　(清)芍唐居士編　清光緒六
年(1880)上洋文藝齋刻本　二冊

220000－0801－0008736　史216/52－1

防海紀略二卷　(清)芍唐居士編　清光緒六
年(1880)上洋文藝齋刻本　二冊

220000－0801－0008737　史216/53

防海節要不分卷　(德國)希理哈撰　清光緒
十年(1884)刻本　一冊

220000－0801－0008738　史216/55

歷代兵制八卷　(宋)陳傅良撰　清道光二十
九年(1849)靜觀堂刻本　二冊

220000－0801－0008739　史216/56

歷代兵制八卷　(宋)陳傅良撰　清刻本
二冊

220000－0801－0008740　史216/57

三省邊防備覽四卷　(清)嚴如熤輯　清道光
二年(1822)刻本　六冊

220000－0801－0008741　史216/57－1

三省邊防備覽四卷　(清)嚴如熤輯　清道光
二年(1822)刻本　五冊

220000－0801－0008742　史216/57－2

三省邊防備覽四卷　(清)嚴如熤輯　清道光
二年(1822)刻本　六冊

220000－0801－0008743　史216/58

朔方備乘六十八卷首十二卷末一卷　(清)何
秋濤纂輯　清光緒七年(1881)刻本　二十
四冊

220000－0801－0008744　史216/59

朔方備乘劄記一卷　(清)李文田撰　清光緒
二十三年(1897)刻本　五冊

220000－0801－0008745　史216/61

籌海初集四卷　(清)關天培撰　清道光十六
年(1836)刻本　八冊

220000－0801－0008746　史216/62

籌蒙芻議二卷　姚錫光撰　清光緒三十四年
(1908)刻本　二冊

220000－0801－0008747　史216/67

新疆兵事志　王樹枏撰　清末刻本　一冊

220000－0801－0008748　史216/68

東南防守利便三卷　(宋)陳克　(宋)吳若撰
清末刻本　一冊

220000－0801－0008749　史216/70

東省與韓俄交界道路表　(清)聶士成撰　清
末石印本　一冊

220000－0801－0008750　史216/72

387

秦邊紀略六卷　（□）□□撰　清同治十一年
(1872)刻本　一冊

220000－0801－0008751　史216/73

勘定新疆記八卷　（清）魏光燾撰　清光緒二
十五年(1899)鉛印本　四冊

220000－0801－0008752　史216/80

中俄界記首編二編　（清）鄒代鈞著　（清）曾
寅校訂并補圖　清宣統三年(1911)湖北武昌
亞新地學社鉛印本　二冊

220000－0801－0008753　史216/83

借箸籌防論略一卷附礮概淺說　（德國）來春
石泰撰　沈敦和譯　清光緒二十一年(1895)
金陵刻本　一冊

220000－0801－0008754　史216/84

防海新論十八卷　（德國）布理哈撰　（英國）
傅蘭雅口譯　（清）華蘅芳筆述　清末刻本
六冊

220000－0801－0008755　史216/84－1

防海新論十八卷　（德國）布理哈撰　（英國）
傅蘭雅口譯　（清）華蘅芳筆述　清末刻本
六冊

220000－0801－0008756　史216/87

東北邊防輯要二卷　（清）曹廷傑撰　清末著
易堂刻本　一冊

220000－0801－0008757　史216/88

中俄界約斠註七卷首一卷　錢恂撰　清光緒
十九年(1893)上海書局石印本　二冊

220000－0801－0008758　史216/89

保甲書四卷　（清）徐棟輯　清道光二十八年
(1848)刻本　三冊

220000－0801－0008759　史216/90

站崗巡邏規矩七十四條　（清）浙江警察總局
編　清光緒三十四年(1908)鉛印本　一冊

220000－0801－0008760　史216/92

廣西剿匪事宜　（清）□□編　清光緒二十八
年(1902)石印本　一冊

220000－0801－0008761　史218/1

唐律疏議三十卷　（唐）長孫無忌等撰　清光
緒十六年(1890)刻本　十二冊

220000－0801－0008762　史218/2

讀法圖存四卷　（清）邵繩清繪編　清咸豐十
年(1860)虞山邵氏刻本　四冊

220000－0801－0008763　史218/3

讀律心得三卷　（清）劉衡纂輯　清同治七年
(1868)楚北崇文書局刻本　一冊

220000－0801－0008764　史218/3－1

讀律心得三卷　（清）劉衡纂輯　清同治七年
(1868)楚北崇文書局刻本　一冊

220000－0801－0008765　史218/3－2

讀律心得三卷　（清）劉衡纂輯　清同治七年
(1868)楚北崇文書局刻本　一冊

220000－0801－0008766　史218/4

讀律心得三卷　（清）劉衡纂輯　清同治九年
(1870)湖南藩署刻本　一冊

220000－0801－0008767　史218/5

讀律一得歌四卷　（清）宗繼增重編　清光緒
十四年(1888)刻本　四冊

220000－0801－0008768　史218/6

讀例存疑五十四卷　（清）薛允升撰　清光緒
三十一年(1905)北京翰茂齋刻本　四十冊

220000－0801－0008769　史218/6－1

讀例存疑五十四卷　（清）薛允升撰　清光緒
三十一年(1905)北京翰茂齋刻本　四十冊

220000－0801－0008770　史218/6－2

讀例存疑五十四卷　（清）薛允升撰　清光緒
三十一年(1905)北京翰茂齋刻本　四十冊

220000－0801－0008771　史218/8

刑統賦疏一卷　（元）沈仲緯撰　清宣統三年
(1911)刻本　二冊

220000－0801－0008772　史218/10

刑部奏案　（清）刑部撰　清末抄本　一冊

220000－0801－0008773　史218/13

刑部說帖揭要二十八卷附續十七卷　（清）胡

爕卿輯　清道光十八年(1838)金匱樂全堂刻本　二十冊

220000－0801－0008774　史218/15

聽訟挈要一卷　（清）阮祖棠撰　清光緒十八年(1892)刻本　一冊

220000－0801－0008775　史218/16

現行刑律簡明圖說　（清）程繼元編輯　清宣統三年(1911)鉛印本　一冊

220000－0801－0008776　史218/17

五軍道里表十八卷　（清）常泰等纂修　清同治十二年(1873)江蘇書局刻本　十八冊

220000－0801－0008777　史218/17－1

五軍道里表十八卷　（清）常泰等纂修　清同治十二年(1873)江蘇書局刻本　十八冊

220000－0801－0008778　史218/22

續輯明刑圖說　（清）胡鴻澤輯　清光緒十二年(1886)刻本　一冊

220000－0801－0008779　史218/22－1

續輯明刑圖說　（清）胡鴻澤輯　清光緒十二年(1886)刻本　一冊

220000－0801－0008780　史218/23

律例便覽八卷　（清）蔡嵩年　（清）蔡逢年撰　清同治四年(1865)刻本　四冊

220000－0801－0008781　史218/24

律例便覽八卷處分則例圖要六卷　（清）蔡嵩年　（清）蔡逢年撰　清同治九年(1870)江蘇書局刻本　六冊

220000－0801－0008782　史218/24－1

律例便覽八卷處分則例圖要六卷　（清）蔡嵩年　（清）蔡逢年撰　清同治九年(1870)江蘇書局刻本　二冊　存八卷(律例便覽八卷)

220000－0801－0008783　史218/24－2

律例便覽八卷處分則例圖要六卷　（清）蔡嵩年　（清）蔡逢年撰　清同治九年(1870)江蘇書局刻本　六冊

220000－0801－0008784　史218/26

駁案彙編三十二卷續編七卷秋審比較彙案二

卷　（清）全士潮等纂　清光緒三十四年(1908)上海集成圖書公司鉛印本　十二冊

220000－0801－0008785　史218/27

吳中判牘一卷　（清）蒯德模撰　清光緒七年(1881)刻本　一冊

220000－0801－0008786　史218/30

名法指掌新例增訂四卷　（□）□□撰　清道光二十二年(1842)賦梅堂抄本　四冊

220000－0801－0008787　史218/31

重修名法指掌圖四卷　（清）徐灝重訂　清同治八年(1869)刻本　四冊

220000－0801－0008788　史218/32

重修名法指掌圖四卷　（清）徐灝重訂　清同治九年(1870)湖北崇文書局刻本　四冊

220000－0801－0008789　史218/32－1

重修名法指掌圖四卷　（清）徐灝重訂　清同治九年(1870)湖北崇文書局刻本　四冊

220000－0801－0008790　史218/33

憲政編查館奏核議順天府奏陳各級審判制度暨現行清訟辦法摺附片　奕劻等撰　清末鉛印本　一冊

220000－0801－0008791　史218/33－1

憲政編查館奏核議順天府奏陳各級審判制度暨現行清訟辦法摺附片　奕劻等撰　清末鉛印本　一冊

220000－0801－0008792　史218/34

鹿洲公案四卷　（清）藍鼎元著　清嘉慶十六年(1811)刻本　二冊

220000－0801－0008793　史218/35

徐雨峰中丞勘語四卷徐士林列傳徐雨峰中丞事略四卷　（清）徐士林撰　清光緒三十二年(1906)聖澤樓刻本　四冊

220000－0801－0008794　史218/35－1

徐雨峰中丞勘語四卷徐士林列傳徐雨峰中丞事略四卷　（清）徐士林撰　清光緒三十二年(1906)聖澤樓刻本　四冊

220000－0801－0008795　史218/39

故唐律疏議三十卷附律音義一卷宋提刑洗冤集錄五卷　（唐）長孫無忌等撰　清光緒十七年(1891)刻本　八冊

220000－0801－0008796　史218/39－1

故唐律疏議三十卷附律音義一卷宋提刑洗冤集錄五卷　（唐）長孫無忌等撰　清光緒十七年(1891)刻本　八冊

220000－0801－0008797　史218/39－2

故唐律疏議三十卷附律音義一卷宋提刑洗冤集錄五卷　（唐）長孫無忌等撰　清光緒十七年(1891)刻本　八冊

220000－0801－0008798　史218/43

修訂法律館奏催簽註新刑律原奏　（清）戴鴻慈等纂　清末鉛印本　一冊

220000－0801－0008799　史218/44

修訂法律館會奏國籍條例草案原奏附清單　奕劻等纂　清末鉛印本　一冊

220000－0801－0008800　史218/44－1

修訂法律館會奏國籍條例草案原奏附清單一件　奕劻等纂　清末鉛印本　一冊

220000－0801－0008801　史218/44－2

修訂法律館會奏國籍條例草案原奏附清單一件　奕劻等纂　清末鉛印本　一冊

220000－0801－0008802　史218/44－3

修訂法律館會奏國籍條例草案原奏附清單一件　奕劻等纂　清末鉛印本　一冊

220000－0801－0008803　史218/45

修訂法律館奏催簽註新刑律原奏不分卷　（清）戴鴻慈等撰　清末鉛印本　一冊

220000－0801－0008804　史218/45－1

修訂法律館奏催簽註新刑律原奏不分卷　（清）戴鴻慈等撰　清末鉛印本　一冊

220000－0801－0008805　史218/45－2

修訂法律館奏催簽註新刑律原奏不分卷　（清）戴鴻慈等撰　清末鉛印本　一冊

220000－0801－0008806　史218/45－3

修訂法律館奏催簽註新刑律原奏不分卷

（清）戴鴻慈等撰　清末鉛印本　一冊

220000－0801－0008807　史218/48

法官考試應用法律章程彙編　（□）□□撰　清末京師京華印書局鉛印本　一冊

220000－0801－0008808　史218/49

汝東判語六卷　（清）董沛撰　清光緒十三年(1887)刻本　一冊

220000－0801－0008809　史218/49－1

汝東判語六卷　（清）董沛撰　清光緒十三年(1887)刻本　二冊

220000－0801－0008810　史218/49－2

汝東判語六卷　（清）董沛撰　清光緒十三年(1887)刻本　二冊

220000－0801－0008811　史218/52

嘉慶元年說帖不分卷　（□）□□撰　清嘉慶元年(1796)紅格抄本　八冊

220000－0801－0008812　史218/55

法律學研究術不分卷　（日本）安西與四郎講述　清傳經樓刻本　一冊

220000－0801－0008813　史218/55－1

法律學研究術不分卷　（日本）安西與四郎講述　清傳經樓刻本　一冊

220000－0801－0008814　史218/55－2

法律學研究術不分卷　（日本）安西與四郎講述　清傳經樓刻本　一冊

220000－0801－0008815　史218/55－3

法律學研究術不分卷　（日本）安西與四郎講述　清傳經樓刻本　一冊

220000－0801－0008816　史218/55－4

法律學研究術不分卷　（日本）安西與四郎講述　清傳經樓刻本　一冊

220000－0801－0008817　史218/55－5

法律學研究術不分卷　（日本）安西與四郎講述　清傳經樓刻本　一冊

220000－0801－0008818　史218/55－6

法律學研究術不分卷　（日本）安西與四郎講

述　清傳經樓刻本　一冊

220000 － 0801 － 0008819　史 218/55 － 7
法律學研究術不分卷　（日本）安西與四郎講
述　清傳經樓刻本　一冊

220000 － 0801 － 0008820　史 218/59
法部第三次統計表　（清）法部編　清宣統鉛
印本　十二冊

220000 － 0801 － 0008821　史 218/60
漢律類纂　張鵬一撰　清光緒三十三年
(1907)奉天鉛印本　一冊

220000 － 0801 － 0008822　史 218/61
漢律輯證六卷　（清）杜貴墀撰　清光緒二十
五年(1899)湘水校經堂刻本　一冊

220000 － 0801 － 0008823　史 218/62
定例彙編臬例　（□）□□撰　清末抄本
二冊

220000 － 0801 － 0008824　史 218/64
洗冤錄詳義四卷首一卷　（宋）宋慈編輯
（清）許槤編校　**洗冤錄撫遺二卷**　（清）葛元
煦撰　清光緒四年(1878)刻本　五冊

220000 － 0801 － 0008825　史 218/65
鹿洲公案二卷　（清）藍鼎元著　清嘉慶十六
年(1811)刻本　一冊

220000 － 0801 － 0008826　史 218/66
庸吏庸言　（清）劉衡撰　清同治七年(1868)
楚北崇文書局刻本　二冊

220000 － 0801 － 0008827　史 218/67
審看擬式四卷首一卷末一卷　（清）剛毅撰
清光緒十八年(1892)浙江書局刻本　二冊

220000 － 0801 － 0008828　史 218/67 － 1
審看擬式四卷首一卷末一卷　（清）剛毅撰
清光緒十八年(1892)浙江書局刻本　二冊

220000 － 0801 － 0008829　史 218/69
補宋書刑法志一卷補宋書食貨志　（清）郝懿
行撰　清光緒十七年(1891)廣雅書局刻本
一冊

220000 － 0801 － 0008830　史 218/69 － 1
補宋書刑法志一卷補宋書食貨志　（清）郝懿
行撰　清光緒十七年(1891)廣雅書局刻本
一冊

220000 － 0801 － 0008831　史 218/70
律法須知二卷　（清）吳重憙輯　清光緒十二
年(1886)刻本　二冊

220000 － 0801 － 0008832　史 218/70 － 1
律法須知二卷　（清）吳重憙輯　清光緒十二
年(1886)刻本　二冊

220000 － 0801 － 0008833　史 218/72
秋審實緩五卷附錄一卷　（清）黃奭校　清末
刻本　一冊

220000 － 0801 － 0008834　史 218/74
大清律例按語一百四卷　（清）黃恩彤輯　清
道光二十七年(1847)海山仙館刻本　六十冊

220000 － 0801 － 0008835　史 218/75
核訂現行刑律　奕劻等編　清宣統元年
(1909)鉛印本　二冊

220000 － 0801 － 0008836　史 218/75 － 1
核訂現行刑律　奕劻等編　清宣統元年
(1909)鉛印本　一冊

220000 － 0801 － 0008837　史 218/76
大理院判決案之研究二編　（清）蜀東法律學
會述　清宣統鉛印本　一冊

220000 － 0801 － 0008838　史 218/77
大清新刑律三十四章　（日本）岡田朝大郎編
　清末法政學社石印本　六冊

220000 － 0801 － 0008839　史 218/78
大清刪除新律例二卷　（□）□□撰　清光緒
三十二年(1906)上海書局石印本　一冊

220000 － 0801 － 0008840　史 218/79
大清違警律罪目略釋十章　（□）□□撰　清
末鉛印本　一冊

220000 － 0801 － 0008841　史 218/80
大清教育新法令十三編　商務印書館編譯
清宣統二年(1910)上海商務印書館鉛印本

八冊

220000－0801－0008842　史218/81
大清律例通纂四十卷督捕則例附纂二卷末一卷　（清）沈之奇原註　（清）胡肇楷輯　清刻本　二十四冊

220000－0801－0008843　史218/82
大清律例全纂集成彙註三十二卷　（清）王又槐等撰　清嘉慶八年（1803）刻本　二十三冊

220000－0801－0008844　史218/84
大清現行刑律案語不分卷附修訂清單　沈家本　（清）俞廉三纂　清宣統元年（1909）鉛印本　十八冊

220000－0801－0008845　史218/84－1
大清現行刑律案語不分卷附修訂清單　沈家本　（清）俞廉三纂　清宣統元年（1909）鉛印本　七冊　存名例上下、斷獄上、人命、祭祀、禮制、宮衛、軍政、關津、鬪毆

220000－0801－0008846　史218/84－2
大清現行刑律案語不分卷附修訂清單　沈家本　（清）俞廉三纂　清宣統元年（1909）鉛印本　三冊　存名例上、斷獄上、人命

220000－0801－0008847　史218/86
大清律講義二十卷　吉同鈞撰　清宣統建元歸安修訂法律館鉛印本　四冊

220000－0801－0008848　史218/87
大清律講義十七卷　吉同鈞撰　清宣統二年（1910）上海朝記書莊石印本　八冊

220000－0801－0008849　史218/88
大清刑律草案二編三十六章　（□）□□撰　清光緒三十三年（1907）法律館鉛印本　二冊

220000－0801－0008850　史218/90
大清律例增修統纂集成四十卷督捕則例附纂二卷　（清）陶駿　（清）陶念霖等增修　清光緒三十二年（1906）鉛印本　二十四冊

220000－0801－0008851　史218/90－1
大清律例增修統纂集成四十卷督捕則例附纂二卷　（清）陶駿　（清）陶念霖等增修　清光緒三十二年（1906）鉛印本　二十四冊

220000－0801－0008852　史218/90－2
大清律例增修統纂集成四十卷督捕則例附纂二卷　（清）陶駿　（清）陶念霖等增修　清光緒三十二年（1906）鉛印本　二十四冊

220000－0801－0008853　史218/91
大清律例增修統纂集成四十卷督捕則例附纂二卷　（清）陶駿　（清）陶念霖增修　清光緒十七年（1891）浙江聚文堂刻本　二十四冊

220000－0801－0008854　史218/92
大清律例通考四十卷　（清）吳壇等纂　清光緒十二年（1886）刻本　三十冊

220000－0801－0008855　史218/92－1
大清律例通考四十卷　（清）吳壇等纂　清光緒十二年（1886）刻本　五冊　存十卷（一、二十至二十二、三十三至三十五、三十八至四十）

220000－0801－0008856　史218/93
大清律例增修統纂集成四十卷督捕則例附纂二卷　（清）姚雨薌纂輯　清道光二十二年（1842）刻本　二十冊

220000－0801－0008857　史218/95
大清律例彙輯便覽四十四卷附二卷　（清）三泰等輯　清光緒三年（1877）北京玻璃廠善成堂刻本　三十三冊

220000－0801－0008858　史218/96
大清現行刑律案語三十門　沈家本等編　清宣統元年（1909）法律館鉛印本　四十八冊

220000－0801－0008859　史218/98
大清律例總類不分卷　（□）□□撰　清光緒十五年（1889）江蘇書局刻本　四冊

220000－0801－0008860　史218/99
大清律例三十九卷奏疏一卷督捕則例二卷纂修條例一卷　（清）三泰等撰　清道光二十五年（1845）刻本　二十二冊

220000－0801－0008861　史218/100
欽定大清刑律二編奏議一卷　沈家本等輯

清宣統三年(1911)刻本　二冊

220000－0801－0008862　史218/101
大清律例四十七卷奏疏一卷　（清）三泰等纂
　清嘉慶七年(1802)刻本　二十二冊

220000－0801－0008863　史218/102
大明律集解附例三十卷附錄一卷附納贖例圖
一卷　（明）高舉等編　清光緒三十四年
(1908)刻本　十冊

220000－0801－0008864　史218/102－1
大明律集解附例三十卷附錄一卷附納贖例圖
一卷　（明）高舉等編　清光緒三十四年
(1908)刻本　九冊　缺一卷(附錄一卷)

220000－0801－0008865　史218/102－2
大明律集解附例三十卷附錄一卷附納贖例圖
一卷　（明）高舉等編　清光緒三十四年
(1908)刻本　十冊

220000－0801－0008866　史218/104
憲法古義三卷　石生撰　清光緒三十一年
(1905)鉛印本　一冊

220000－0801－0008867　史218/105
吉林提法司第一次報告書四編　（清）吳燾編
纂　清宣統元年(1909)鉛印本　一冊

220000－0801－0008868　史218/108
提牢備考四卷　（清）趙舒翹輯　清光緒十九
年(1893)東甌官刻本　二冊

220000－0801－0008869　史218/108－1
提牢備考四卷　（清）趙舒翹輯　清光緒十九
年(1893)東甌官刻本　二冊

220000－0801－0008870　史218/109
折獄龜鑑八卷首一卷　（宋）鄭克撰　清道光
十五年(1835)刻本　二冊

220000－0801－0008871　史218/109－1
折獄龜鑑八卷首一卷　（宋）鄭克撰　清道光
十五年(1835)刻本　二冊

220000－0801－0008872　史218/110
拙吏臆說　（清）符翕撰　清光緒十五年
(1889)影印本　二冊

220000－0801－0008873　史218/111
折獄龜鑑八卷　（清）楊紹祖　（清）華星燦校
刊　清同治十年(1871)保仁堂刻本　四冊

220000－0801－0008874　史218/111－1
折獄龜鑑八卷　（清）楊紹祖　（清）華星燦校
刊　清同治十年(1871)保仁堂刻本　四冊

220000－0801－0008875　史218/112
折獄龜鑑八卷　（宋）鄭克輯　清光緒四年
(1878)蘭石齋刻本　八冊

220000－0801－0008876　史218/117
明刑管見錄二十九篇　（清）穆翰著　清光緒
二十八年(1902)京都榮祿堂刻本　一冊

220000－0801－0008877　史218/122
明刑弼教錄三種六卷　（清）王祖源輯　清光
緒六年(1880)天壤閣刻本　一冊

220000－0801－0008878　史218/124
學治一得編一卷　（清）何耿繩輯　清光緒六
年(1880)刻本　一冊

220000－0801－0008879　史218/124－1
學治一得編一卷　（清）何耿繩輯　清光緒六
年(1880)刻本　一冊

220000－0801－0008880　史218/125
問心齋學治雜錄二卷　（清）張聯桂撰　清光
緒十一年(1885)刻本　二冊

220000－0801－0008881　史218/126
學治一得編一卷　（清）何耿繩輯　清同治十
三年(1874)刻本　一冊

220000－0801－0008882　史218/126－1
學治一得編一卷　（清）何耿繩輯　清同治十
三年(1874)刻本　一冊

220000－0801－0008883　史218/127
入幕須知六種　（清）汪輝祖撰　清光緒九年
(1883)刻本　六冊

220000－0801－0008884　史218/127－1
入幕須知六種　（清）汪輝祖撰　清光緒九年
(1883)刻本　六冊

220000－0801－0008885　史218/127－2

入幕須知六種 （清）汪輝祖撰　清光緒九年(1883)刻本　一冊

220000－0801－0008886　史218/128

欽頒御製新律 （清）弘晝等纂修　清末刻本　一冊

220000－0801－0008887　史218/129

棠陰比事一卷 （宋）桂萬榮撰　清光緒三十年(1904)刻本　一冊

220000－0801－0008888　史218/129－1

棠陰比事一卷 （宋）桂萬榮撰　清光緒三十年(1904)刻本　一冊

220000－0801－0008889　史218/129－2

棠陰比事一卷 （宋）桂萬榮撰　清光緒三十年(1904)刻本　一冊

220000－0801－0008890　史218/130

學治偶存八卷 （清）陸維祺撰　清光緒十九年(1893)刻本　四冊

220000－0801－0008891　史218/131

新增刑案匯覽六十卷首一卷末一卷附拾遺備考續增刑案匯覽十六卷首一卷 （清）鮑季涵撰　清光緒鉛印本　二十冊

220000－0801－0008892　史218/131－1

新增刑案匯覽六十卷首一卷末一卷附拾遺備考續增刑案匯覽十六卷首一卷 （清）鮑季涵撰　清光緒鉛印本　二十冊

220000－0801－0008893　史218/137

故唐律疏議三十卷宋提刑洗冤集錄五卷 （唐）長孫無忌等撰　清嘉慶十二年(1807)蘭陵孫氏刻本　八冊

220000－0801－0008894　史218/138

欽定大清現行刑律三十六卷附禁煙條例秋審條款 沈家本等編　清宣統二年(1910)仿聚珍版鉛印本　十八冊

220000－0801－0008895　史218/139

明刑管見錄一卷 （清）穆翰撰　清光緒六年(1880)刻本　一冊

220000－0801－0008896　史218/140

不礙軒讀律 （清）王有孚輯　清嘉慶十二年(1807)刻本　五冊

220000－0801－0008897　史218/142

刑部通行章程二卷新續刑部通行章程二卷 （清）王汝礪增輯　清光緒十三年(1887)京都欽文書局刻本　四冊

220000－0801－0008898　史218/143

祥刑古鑑二卷附編一卷 （清）宋邦儒撰　清同治三年(1864)刻本　二冊

220000－0801－0008899　史218/144

審看擬式四卷首一卷 （清）剛毅撰　清光緒十五年(1889)江蘇書局刻本　四冊

220000－0801－0008900　史218/145

讀律琯朗一卷 （清）梁他山著　清光緒五年(1879)刻本　一冊

220000－0801－0008901　史218/146

洗冤錄詳義四卷首一卷 （宋）宋慈編輯　清咸豐六年(1856)刻本　六冊

220000－0801－0008902　史218/146－1

洗冤錄詳義四卷首一卷 （宋）宋慈編輯　清咸豐六年(1856)刻本　四冊

220000－0801－0008903　史218/147

瑞士刑法典案 （□）□□撰　清光緒三十三年(1907)法律館鉛印本　一冊

220000－0801－0008904　史218/148

美國刑律 （□）□□撰　清光緒鉛印本　一冊

220000－0801－0008905　史218/150

大清刑律草案 沈家本編　清光緒三十三年(1907)農工商部印刷科鉛印本　一冊

220000－0801－0008906　史218/154

大清律例彙輯備覽四十卷附督捕則例二卷五軍道里表三流道里表 （清）三泰等輯　清同治十二年(1873)京都琉璃廠刻本　二十八冊

220000－0801－0008907　史218/155

大清律例彙輯備覽四十卷附督捕則例二卷五

軍道里表三流道里表　（清）□□輯　清同治
浙杭讀律山館刻本　三十八冊

220000－0801－0008908　史218/156

日本改正刑法草案　（日本）西田龍太譯　清
光緒三十二年（1906）鉛印本　一冊

220000－0801－0008909　史218/157

大清律例增修統纂集成四十卷督捕則例附纂
二卷　（清）姚雨薌輯　（清）陸翰仙增修　清
光緒十五年（1889）刻本　二十二冊　存三十
七卷（一至三十七）

220000－0801－0008910　史218/160

大清律例彙輯備覽四十卷附督捕則例二卷五
軍道里表三流道里表　（清）三泰等輯　清同
治十一年（1872）湖北讞局刻本　三十一冊

220000－0801－0008911　史218/160－1

大清律例彙輯備覽四十卷附督捕則例二卷五
軍道里表三流道里表　（清）三泰等輯　清同
治十一年（1872）湖北讞局刻本　二十七冊

220000－0801－0008912　史218/162

名法指掌新例增訂四卷　（清）鈕大煒增訂
清道光四年（1824）刻本　四冊

220000－0801－0008913　史218/163

欽定五軍道里表十八卷　（清）明亮等修
（清）常泰等纂　清嘉慶十四年（1809）刻本
十九冊

220000－0801－0008914　史218/164

大清律例增修統纂集成四十卷督捕則例附纂
二卷　（□）□□撰　清光緒二十八年（1902）
文淵山房鉛印本　二十四冊

220000－0801－0008915　史218/165

律例便覽八卷　（清）蔡嵩年編　清光緒十四
年（1888）刻本　四冊

220000－0801－0008916　史218/166

刑案匯覽六十卷首一卷拾遺備考新增刑案匯
覽十六卷續增刑案匯覽十六卷首一卷　（清）
鮑季涵撰　清光緒十九年（1893）上海鴻文書
局影印本　二十冊

220000－0801－0008917　史218/167

大清律例增修統纂集成四十卷督捕則例附纂
二卷　（清）姚雨薌纂　（清）胡仰山增修　清
同治四年（1865）京都琉璃廠刻本　二十四冊
缺二卷（十一至十二）

220000－0801－0008918　史218/168

刺字集四卷　沈家本編　清光緒十二年
（1886）刻本　一冊

220000－0801－0008919　史218/169

審看擬式四卷首一卷　（清）剛毅撰　清光緒
十三年（1887）刻本　四冊

220000－0801－0008920　史218/170

審看擬式四卷首一卷　（清）剛毅撰　清光緒
十八年（1892）浙江書局刻本　二冊

220000－0801－0008921　史218/171

律法須知二卷　（清）呂芝田撰　清光緒十九
年（1893）刻本　二冊

220000－0801－0008922　史218/172

三流道里表不分卷　（清）刑部修訂　清末刻
本　二冊

220000－0801－0008923　史218/172－1

三流道里表不分卷　（清）刑部修訂　清末刻
本　二冊

220000－0801－0008924　史218/172－2

三流道里表不分卷　（清）刑部修訂　清末刻
本　二冊

220000－0801－0008925　史218/174

督捕則例附纂二卷　（清）刑部訂　清同治十
一年（1872）湖北讞局刻本　一冊

220000－0801－0008926　史218/177

大清律例增修統纂集成四十卷督捕則例附纂
二卷　（清）陶駿　（清）陶念霖等增修　清宣
統元年（1909）鉛印本　二十四冊

220000－0801－0008927　史219/1

萬國公法四卷　（美國）丁韙良譯　清同治三
年（1864）刻本　四冊

220000－0801－0008928　史219/2

萬國公法四卷　（美國）丁韙良譯　清同治三年(1864)京都崇實館刻本　四冊

220000－0801－0008929　史219/2－1

萬國公法四卷　（美國）丁韙良譯　清同治三年(1864)京都崇實館刻本　四冊

220000－0801－0008930　史219/3

萬國公法釋義四卷　（美國）惠頓撰　（美國）丁韙良譯　清光緒二十七年(1901)抄本　六冊

220000－0801－0008931　史219/4

國際公法　（日本）平岡定太郎著　清末刻本　一冊

220000－0801－0008932　史219/5

萬國憲法比較一卷　（日本）辰巳小二郎著　（清）戢翼翬譯　清光緒二十八年(1902)上海商務印書館鉛印本　一冊

220000－0801－0008933　史219/6

英國憲法史十編　（日本）松平康國編著　清光緒二十九年(1903)上海廣智書局鉛印本　三冊

220000－0801－0008934　史219/7

萬國憲法志三卷　（清）周逵編著　清光緒二十八年(1902)上海廣智書局鉛印本　一冊

220000－0801－0008935　史219/7－1

萬國憲法志三卷　（清）周逵編著　清光緒二十八年(1902)上海廣智書局鉛印本　一冊

220000－0801－0008936　史219/7－2

萬國憲法志三卷　（清）周逵編著　清光緒二十八年(1902)上海廣智書局鉛印本　一冊

220000－0801－0008937　史219/8

萬國公法四卷　（美國）丁韙良譯　清同治三年(1864)刻本　四冊

220000－0801－0008938　史221/12

兩淮裁提銀錢各款清冊　（□）□□撰　清光緒二十五年(1899)朱刻本　一冊

220000－0801－0008939　史221/13

天台治略十卷　（清）戴兆佳撰　清光緒二十

五年(1899)聚星堂活字印本　四冊

220000－0801－0008940　史221/14

天津南北段四鄉海河工程捐務探訪各局現行規則　（清）吳籛孫撰　清宣統元年(1909)石印本　二冊

220000－0801－0008941　史221/26

石船居公牘賸稿　（清）李超瓊撰　清光緒二十二年(1896)木活字印本　四冊

220000－0801－0008942　史221/28

疆恕齋　（清）惲祖翼撰　清光緒二十年(1894)刻本　一冊

220000－0801－0008943　史221/31

盾墨留芬八卷　（清）胡傳釗撰　清光緒二十四年(1898)廣西梧州西稅總局刻本　四冊

220000－0801－0008944　史221/43

儒寡局徵信錄一卷　（□）□□撰　清光緒十六年(1890)刻本　一冊

220000－0801－0008945　史221/45

練西黃氏義田存案一卷　（□）□□撰　清光緒二十七年(1901)刻本　一冊

220000－0801－0008946　史221/48

吳門從政錄一卷　（清）陳根儒撰　清宣統三年(1911)江寧印刷廠鉛印本　一冊

220000－0801－0008947　史221/55

德國議院章程德國合盟紀事本末二卷　（清）徐建寅譯述　清光緒十六年(1890)石印本　一冊

220000－0801－0008948　史221/55－1

德國議院章程德國合盟紀事本末二卷　（清）徐建寅譯述　清光緒十六年(1890)石印本　一冊

220000－0801－0008949　史221/58

重濬太倉州七鴉浦記　（清）蘇品仁撰　清光緒三十二年(1906)刻本　一冊

220000－0801－0008950　史221/65

憲政編查館奏請通飭京外各衙門設立憲政籌備處并將十月十三日上諭恭書懸掛摺　奕劻

等纂　清末鉛印本　一冊

220000－0801－0008951　史221/65－1
憲政編查館奏請通飭京外各衙門設立憲政籌
備處并將十月十三日上諭恭書懸掛摺　奕劻
等纂　清末鉛印本　一冊

220000－0801－0008952　史221/66
憲政編查館會奏各省咨議局章程及案語并議
員選舉章程摺單　奕劻等纂　清末鉛印本
一冊

220000－0801－0008953　史221/66－1
憲政編查館會奏各省咨議局章程及案語并議
員選舉章程摺單　奕劻等纂　清末鉛印本
一冊

220000－0801－0008954　史221/67
憲政編查館奏核訂京師地方自治章程暨選舉
章程摺併單　奕劻等纂　清末鉛印本　一冊

220000－0801－0008955　史221/68
憲政編查館通咨各省諮議局議案等項辦法文
（清）憲政編查館纂　清末鉛印本　一冊

220000－0801－0008956　史221/68－1
憲政編查館通咨各省諮議局議案等項辦法文
（清）憲政編查館纂　清末鉛印本　一冊

220000－0801－0008957　史221/68－2
憲政編查館通咨各省諮議局議案等項辦法文
（清）憲政編查館纂　清末鉛印本　一冊

220000－0801－0008958　史221/68－3
憲政編查館通咨各省諮議局議案等項辦法文
（清）憲政編查館纂　清末鉛印本　一冊

220000－0801－0008959　史221/68－4
憲政編查館通咨各省諮議局議案等項辦法文
（清）憲政編查館纂　清末鉛印本　一冊

220000－0801－0008960　史221/69
憲政編查館奏補行考核第三年第二次續報各
省籌備憲政成績摺　奕劻等纂　清末鉛印本
一冊

220000－0801－0008961　史221/70
憲政編查館奏遵限考核京外各衙門第三年第

二次籌備憲政成績摺　奕劻等纂　清末鉛印
本　一冊

220000－0801－0008962　史221/71
憲政編查館奏爲派員考察各省籌備憲政情形
據實臚陳摺　奕劻等纂　清末鉛印本　一冊

220000－0801－0008963　史221/71－1
憲政編查館奏爲派員考察各省籌備憲政情形
據實臚陳摺　奕劻等纂　清末鉛印本　一冊

220000－0801－0008964　史221/72
憲政編查館奏核訂京師地方自治章程暨選舉
章程摺併單　奕劻等纂　清末鉛印本　一冊

220000－0801－0008965　史221/73
憲政編查館會奏遵議憲法大綱暨議院選舉各
法并籌備事宜摺附清單　奕劻等纂　清末鉛
印本　一冊

220000－0801－0008966　史221/74
憲政編查館奏議覆桂撫奏籌辦審判期限區域
擬請酌量變通摺不分卷　奕劻等纂　清末鉛
印本　一冊

220000－0801－0008967　史221/77
江蘇省例不分卷　（清）江蘇書局輯　清同治
八年(1869)江蘇書局刻本　三冊

220000－0801－0008968　史221/77－1
江蘇省例不分卷　（清）江蘇書局輯　清同治
八年(1869)江蘇書局刻本　三冊

220000－0801－0008969　史221/87
浙鴻爪印二卷　（清）程穌撰　清光緒鉛印本
一冊

220000－0801－0008970　史221/92
法律館二科三處辦事細則　（清）法律館編纂
清末鉛印本　一冊

220000－0801－0008971　史221/96
通州興辦實業章程　（清）翰林院修撰　清光
緒三十一年(1905)鉛印本　二冊

220000－0801－0008972　史221/102
大清奉天全省清賦章程　（清）曹廷杰等纂
清光緒三十二年(1906)鉛印本　一冊

220000 - 0801 - 0008973　史 221/103
南屏贅語八卷　（清）董沛撰　清光緒十二年
（1886）刻本　二冊

220000 - 0801 - 0008974　史 221/106
孝行錄一卷　（□）□□撰　清末刻本　一冊

220000 - 0801 - 0008975　史 221/110
吉林諮議局第一年度報告書　（清）吉林諮議
局撰　清宣統元年（1909）吉林印書館鉛印本
　一冊

220000 - 0801 - 0008976　史 221/115
吉林全省地方自治籌辦處第一次報告書三卷
　（□）□□撰　清宣統二年（1910）鉛印本
三冊

220000 - 0801 - 0008977　史 221/117
吉林諮議局籌辦處第三次報告書一卷　（清）
吉林諮議局撰　清宣統二年（1910）吉林印書
館鉛印本　一冊

220000 - 0801 - 0008978　史 221/119
吉林諮議局籌辦處第二次報告書　（清）吉林
諮議局撰　清宣統二年（1910）吉林印書館鉛
印本　一冊

220000 - 0801 - 0008979　史 221/120
樊山批判十四卷　樊增祥撰　清光緒二十三
年（1897）刻本　六冊

220000 - 0801 - 0008980　史 221/120 - 1
樊山批判十四卷　樊增祥撰　清光緒二十三
年（1897）刻本　六冊

220000 - 0801 - 0008981　史 221/120 - 2
樊山批判十四卷　樊增祥撰　清光緒二十三
年（1897）刻本　一冊　存二卷（十至十一）

220000 - 0801 - 0008982　史 221/120 - 3
樊山批判十四卷　樊增祥撰　清光緒二十三
年（1897）刻本　二冊　存四卷（十一至十四）

220000 - 0801 - 0008983　史 221/127
求牧芻言八卷　（清）阮本焱撰　清光緒十三
年（1887）刻本　二冊

220000 - 0801 - 0008984　史 221/130

220000 - 0801 - 0008984　史 221/130

220000 - 0801 - 0008984　史 221/130

220000 - 0801 - 0008984　史 221/130

樊山公牘三卷　樊增祥撰　清光緒二十
年（1894）刻本　二冊

220000 - 0801 - 0008985　史 221/130 - 1
樊山公牘三卷　樊增祥撰　清光緒二十
年（1894）刻本　三冊

220000 - 0801 - 0008986　史 221/131
芳園居等處陳設鋪墊等項清檔一卷　（清）管
理熱河等處都統編　清宣統元年（1909）稿本
　一冊

220000 - 0801 - 0008987　史 221/133
普天忠憤集十二卷　（清）魯陽生撰　清光緒
二十一年（1895）刻本　六冊

220000 - 0801 - 0008988　史 221/151
晦闇齋筆語六卷　（清）董沛撰　清光緒十年
（1884）刻本　二冊

220000 - 0801 - 0008989　史 221/151 - 1
晦闇齋筆語六卷　（清）董沛撰　清光緒十年
（1884）刻本　二冊

220000 - 0801 - 0008990　史 221/151 - 2
晦闇齋筆語六卷　（清）董沛撰　清光緒十年
（1884）刻本　二冊

220000 - 0801 - 0008991　史 221/152
長興縣臨民錄不分卷　（清）龐立忠輯　清同
治三年（1864）湖城文光齋刻本　一冊

220000 - 0801 - 0008992　史 221/153
頤情館聞過集十二卷　（清）宗源瀚撰　清光
緒三年（1877）刻本　八冊

220000 - 0801 - 0008993　史 221/162
四此堂稿十卷　（清）魏際瑞撰　清光緒三十
三年（1907）成都文倫書局鉛印本　四冊

220000 - 0801 - 0008994　史 221/175
增修現行常例　（清）□□撰　清末刻本
一冊

220000 - 0801 - 0008995　史 221/176
默齋公牘二卷　（清）俞德淵撰　清同治九年
（1870）平羅留餘堂刻本　二冊

220000－0801－0008996　史221/177

默齋公牘二卷　(清)俞德淵撰　清道光二十年(1840)刻本　二冊

220000－0801－0008997　史221/181

星軺指掌三卷續一卷　(清)聯芳　(清)慶常譯　清光緒二年(1876)鉛印本　四冊

220000－0801－0008998　史221/181－1

星軺指掌三卷續一卷　(清)聯芳　(清)慶常譯　清光緒二年(1876)鉛印本　四冊

220000－0801－0008999　史221/193

省例四十卷　(□)□□撰　清末刻本　二十四冊

220000－0801－0009000　史221/195

開平鑛務切要票據　(□)□□撰　清宣統二年(1910)鉛印本　一冊

220000－0801－0009001　史221/198

學治識端　(清)徐壽茲撰　清光緒二十七年(1901)大梁刻本　一冊

220000－0801－0009002　史221/200

民抄董氏事實一卷　(明)□□撰　清末趙氏又滿樓刻本　一冊

220000－0801－0009003　史221/209

養正義塾章程不分卷　(清)□□撰　清末刻本　一冊

220000－0801－0009004　史221/209－1

養正義塾章程不分卷　(清)□□撰　清末刻本　一冊

220000－0801－0009005　史221/211

八旗奉直會館續議章程不分卷　(□)□□撰　清末刻本　一冊

220000－0801－0009006　史221/212

金吾事例十一卷目錄一卷　(清)瑞禧等撰　清咸豐元年(1851)刻本　十二冊

220000－0801－0009007　史221/212－1

金吾事例十一卷目錄一卷　(清)瑞禧等撰　清咸豐元年(1851)刻本　十二冊

220000－0801－0009008　史221/213

普天忠憤集十四卷　(清)魯陽生撰　清光緒二十一年(1895)石印本　十二冊

220000－0801－0009009　史221/213－1

普天忠憤集十四卷　(清)魯陽生撰　清光緒二十一年(1895)石印本　十二冊

220000－0801－0009010　史221/213－2

普天忠憤集十四卷　(清)魯陽生撰　清光緒二十一年(1895)石印本　十二冊

220000－0801－0009011　史221/213－3

普天忠憤集十四卷　(清)魯陽生撰　清光緒二十一年(1895)石印本　十二冊

220000－0801－0009012　史221/216

光緒政要三十四卷　沈桐生輯　清宣統元年(1909)石印本　三十冊

220000－0801－0009013　史221/216－1

光緒政要三十四卷　沈桐生輯　清宣統元年(1909)石印本　二十冊　缺六卷(二十九至三十四)

220000－0801－0009014　史221/218

大清光緒新法令不分卷　商務印書館編　清宣統二年(1910)商務印書館鉛印本　二十冊

220000－0801－0009015　史221/221

欽定重修六部處分則例五十二卷　(清)清平等纂修　清光緒十三年(1887)刻本　三十二冊

220000－0801－0009016　史221/223

大清宣統新法令不分卷　商務印書館編　清宣統三年(1911)商務印書館鉛印本　二十五冊

220000－0801－0009017　史221/223－1

大清宣統新法令不分卷　商務印書館編　清宣統三年(1911)商務印書館鉛印本　十八冊　缺七冊(十五、二十至二十五)

220000－0801－0009018　史221/223－2

大清宣統新法令不分卷　商務印書館編　清宣統三年(1911)商務印書館鉛印本　七冊

存七冊（一至七）

220000－0801－0009019　史221/224
公言集三卷　（清）沈同芳編　清光緒三十四年(1908)鉛印本　一冊

220000－0801－0009020　史221/224－1
公言集三卷　（清）沈同芳編　清光緒三十四年(1908)鉛印本　一冊　缺三十三頁（一至二十、二十八至四十）

220000－0801－0009021　史221/231
比較國法學　（日本）末岡精一撰　清光緒三十二年(1906)商務印書館鉛印本　一冊

220000－0801－0009022　史221/232
德國議院章程　（清）徐建寅譯　清光緒八年(1882)刻本　一冊

220000－0801－0009023　史221/235
歐美各國憲法　薛瑩中校　清光緒二十八年(1902)刻本　一冊

220000－0801－0009024　史221/235－1
歐美各國憲法　薛瑩中校　清光緒二十八年(1902)刻本　一冊

220000－0801－0009025　史221/236
勤餘文牘六卷　（清）陳錦撰　清光緒五年(1879)刻本　六冊

220000－0801－0009026　史221/241
國憲泛論三卷　（日本）小野梓撰　清光緒二十九年(1903)上海廣智書局鉛印本　三冊

220000－0801－0009027　史221/245
美國憲法十五章　（清）章宗元譯　清光緒二十八年(1902)上海文明書局鉛印本　一冊

220000－0801－0009028　史221/248
新章大八程一卷　（清）吏部編　清同治八年(1869)刻本　一冊

220000－0801－0009029　史221/253
日本統計類表要論十二卷　（清）楊道霖撰　清宣統元年(1909)鉛印本　六冊

220000－0801－0009030　史221/254

220000－0801－0009031　史221/255
左文襄公書牘節要二十六卷　（清）左宗棠撰　清光緒二十八年(1902)刻本　十二冊

220000－0801－0009032　史221/255－1
文學興國策二卷　（美國）林樂知譯　清光緒二十二年(1896)圖書集成局鉛印本　二冊

220000－0801－0009033　史221/255－2
文學興國策二卷　（美國）林樂知譯　清光緒二十二年(1896)圖書集成局鉛印本　一冊

220000－0801－0009034　史221/258
史料不分卷　（清）□□撰　清末抄本　二冊

220000－0801－0009035　史221/266
李文忠公外部函稿二十八卷　（清）吳汝綸編輯　清光緒二十八年(1902)蓮池書社鉛印本　二十八冊

220000－0801－0009036　史221/268
周中丞撫江函稿三卷　（清）周□□撰　清宣統三年(1911)鉛印本　一冊

220000－0801－0009037　史221/272
北京新聞彙報　（□）□□撰　清末刻本　三冊

220000－0801－0009038　史221/275
清節堂徵信錄不分卷　（□）□□撰　清末刻本　一冊

220000－0801－0009039　史221/278
北京新聞彙報　（□）□□撰　清末刻本　六冊

220000－0801－0009040　史221/280
籌辦萍鄉鐵路公牘四卷　顧家相撰　清光緒二十六年(1900)萍鄉縣署木活字印本　二冊

220000－0801－0009041　史221/282
時務摭言四卷　（清）蔡鈞撰　清光緒二十年(1894)羧園鉛印本　二冊

220000－0801－0009042　史221/283

日本議會詁法六卷 （清）考察政治大臣編
清光緒三十三年(1907)政治官報局鉛印本
一冊

220000－0801－0009043　　史221/287

谿州官牘四集 （清）張修府撰　清同治刻本
　一冊　存一集(丙)

220000－0801－0009044　　史222/2

大清十朝聖訓九百二十二卷 　（□）□□撰
清末石印本　八十冊

220000－0801－0009045　　史222/7

世宗憲皇帝上諭內閣一百五十九卷 （清）世
宗胤禛撰　清末粵東藩庫刻本　三十二冊

220000－0801－0009046　　史222/10

諭對錄重鐫十卷 （明）張孚敬編　清咸豐三
年(1853)刻本　六冊

220000－0801－0009047　　史222/12

皇朝文典七十四卷 （清）李兆洛編　清嘉慶
二十年(1815)刻本　十六冊

220000－0801－0009048　　史222/13

硃批諭旨三百六十卷 （清）世宗胤禛等撰
清光緒十三年(1887)上海點石齋縮印本　六
十

220000－0801－0009049　　史222/13－1

硃批諭旨三百六十卷 （清）世宗胤禛等撰
清光緒十三年(1887)上海點石齋縮印本　六
十

220000－0801－0009050　　史222/13－2

硃批諭旨三百六十卷 （清）世宗胤禛等撰
清光緒十三年(1887)上海點石齋縮印本　六
十

220000－0801－0009051　　史222/13－3

硃批諭旨三百六十卷 （清）世宗胤禛等撰
清光緒十三年(1887)上海點石齋縮印本　六
十

220000－0801－0009052　　史222/13－4

硃批諭旨三百六十卷 （清）世宗胤禛等撰
清光緒十三年(1887)上海點石齋縮印本　六

十冊

220000－0801－0009053　　史222/42

上諭 （清）□□編　清刻本　一冊

220000－0801－0009054　　史222/43

上諭 （清）□□編　清刻本　二十四冊　存
康熙十一年十一月至十二月、雍正元年正月、
雍正七年十二月

220000－0801－0009055　　史222/44

雍正上諭 （清）允祿等編　清刻本　三冊
存清康熙六十一年十一月至雍正元年十二月

220000－0801－0009056　　史223/3

慶元黨禁 （宋）樵川樵叟撰　葉德輝輯　清
宣統二年(1910)葉氏觀古堂刻本　一冊　存
五卷(四至八)

220000－0801－0009057　　史223/4

卞制軍奏議十二卷 （清）卞寶第撰　清光緒
二十年(1894)刻本　十二冊

220000－0801－0009058　　史223/5

庸盦奏議十六卷 （清）陳夔龍撰　清宣統三
年(1911)鉛印本　八冊

220000－0801－0009059　　史223/5－1

庸盦奏議十六卷 （清）陳夔龍撰　清宣統三
年(1911)鉛印本　八冊

220000－0801－0009060　　史223/7

龔端毅公奏議八卷附一卷浠川政譜二卷
(清)龔鼎孳撰　清光緒九年(1883)聖彝書屋
刻本　五冊

220000－0801－0009061　　史223/9

諭摺彙存二十二卷 清光緒二十九年(1903)
上海慎記書莊石印本　二十四冊

220000－0801－0009062　　史223/9－1

諭摺彙存二十二卷 清光緒二十九年(1903)
上海慎記書莊石印本　二十四冊

220000－0801－0009063　　史223/10

郭侍郎奏疏十二卷 （清）郭嵩燾撰　清光緒
十八年(1892)刻本　十二冊

401

220000 – 0801 – 0009064　史 223/10 – 1

郭侍郎奏疏十二卷　（清）郭嵩燾撰　清光緒
十八年（1892）刻本　十二冊

220000 – 0801 – 0009065　史 223/10 – 2

郭侍郎奏疏十二卷　（清）郭嵩燾撰　清光緒
十八年（1892）刻本　三冊

220000 – 0801 – 0009066　史 223/11

許國公奏議四卷　（宋）吳潛撰　清光緒刻本
四冊

220000 – 0801 – 0009067　史 223/13

許尚書文御史奏摺　（清）許應騤等撰　清末
刻本　一冊

220000 – 0801 – 0009068　史 223/14

王文敏公奏疏　（清）王懿榮撰　清宣統三年
（1911）江寧印刷廠鉛印本　一冊

220000 – 0801 – 0009069　史 223/14 – 1

王文敏公奏疏　（清）王懿榮撰　清宣統三年
（1911）江寧印刷廠鉛印本　一冊

220000 – 0801 – 0009070　史 223/15

王侍郎奏議十卷　（清）王茂蔭撰　清光緒二
十五年（1899）刻本　四冊

220000 – 0801 – 0009071　史 223/17

丁文誠公奏稿二十六卷　（清）丁寶楨撰　清
光緒十九年（1893）刻本　二十六冊

220000 – 0801 – 0009072　史 223/18

兩漢策要十二卷　（漢）董仲舒等撰　（宋）陶
叔獻輯　清光緒十三年（1887）上海同文書局
石印本　八冊

220000 – 0801 – 0009073　史 223/19

平番奏議四卷　（□）□□撰　清咸豐三年
（1853）刻本　四冊

220000 – 0801 – 0009074　史 223/20

石林奏議十五卷　（宋）葉夢得撰　清光緒十
一年（1885）吳興陸心源皕宋樓刻本　二冊

220000 – 0801 – 0009075　史 223/21

張公奏議二十四卷　（清）張鵬翮撰　清嘉慶
五年（1800）江南河庫道刻本　二十四冊

220000 – 0801 – 0009076　史 223/22

聖朝名公奏議八卷　（清）祁寯藻等編　清光
緒二十年（1894）上海中西書局石印本　六冊

220000 – 0801 – 0009077　史 223/23

水流雲在館奏議二卷　（清）宋晉撰　清光緒
十三年（1887）刻本　二冊

220000 – 0801 – 0009078　史 223/23 – 1

水流雲在館奏議二卷　（清）宋晉撰　清光緒
十三年（1887）刻本　二冊

220000 – 0801 – 0009079　史 223/28

出使奏疏二卷　（清）薛福成撰　清光緒二十
年（1894）刻本　二冊

220000 – 0801 – 0009080　史 223/28 – 1

出使奏疏二卷　（清）薛福成撰　清光緒二十
年（1894）刻本　二冊

220000 – 0801 – 0009081　史 223/28 – 2

出使奏疏二卷　（清）薛福成撰　清光緒二十
年（1894）刻本　二冊

220000 – 0801 – 0009082　史 223/29

變法奏議叢鈔　（清）劉坤一等撰　清光緒二
十七年（1901）上海書局石印本　四冊

220000 – 0801 – 0009083　史 223/29 – 1

變法奏議叢鈔　（清）劉坤一等撰　清光緒二
十七年（1901）上海書局石印本　四冊

220000 – 0801 – 0009084　史 223/29 – 2

變法奏議叢鈔　（清）劉坤一等撰　清光緒二
十七年（1901）上海書局石印本　四冊

220000 – 0801 – 0009085　史 223/29 – 3

變法奏議叢鈔　（清）劉坤一等撰　清光緒二
十七年（1901）上海書局石印本　一冊

220000 – 0801 – 0009086　史 223/29 – 4

變法奏議叢鈔　（清）劉坤一等撰　清光緒二
十七年（1901）上海書局石印本　三冊

220000 – 0801 – 0009087　史 223/30

變法自強奏議彙編二十卷　（清）毛佩之編
清光緒二十七年（1901）上海書局石印本
十冊

220000－0801－0009088　史 223/30－1

變法自強奏議彙編二十卷　（清）毛佩之編
清光緒二十七年（1901）上海書局石印本
十冊

220000－0801－0009089　史 223/33

皇清奏議六十八卷首一卷　（清）琴川居士輯
　清光緒二十八年（1902）麗澤學會石印本
八冊

220000－0801－0009090　史 223/34

皇朝道咸同光奏議六十四卷　（清）王廷熙撰
　清光緒二十八年（1902）上海久敬齋石印本
二十八冊

220000－0801－0009091　史 223/34－1

皇朝道咸同光奏議六十四卷　（清）王廷熙撰
清光緒二十八年（1902）上海久敬齋石印本
二十八冊

220000－0801－0009092　史 223/34－2

皇朝道咸同光奏議六十四卷　（清）王廷熙撰
清光緒二十八年（1902）上海久敬齋石印本
二十八冊

220000－0801－0009093　史 223/35

李文忠公奏議二十卷　（清）吳汝綸　（清）章
洪鈞編輯　清光緒二十一年（1895）石印本
二十冊

220000－0801－0009094　史 223/36

蠡測臆言　（清）盧董撰　清光緒三十四年
（1908）稿本　一冊

220000－0801－0009095　史 223/39

宋二孫先生奏議事略　（宋）孫覺撰　**孫傳師
先生奏議事略一卷事略一卷墓志銘一卷**
（宋）孫升撰　清道光二十五年（1845）高郵刻
本　二冊

220000－0801－0009096　史 223/41

江楚會奏變法全摺不分卷　（清）張之洞
（清）劉坤一編　清光緒二十七年（1901）富強
齋石印本　三冊

220000－0801－0009097　史 223/42

江楚會奏變法摺三摺　（清）劉坤一　（清）張
之洞撰　清末鉛印本　一冊

220000－0801－0009098　史 223/42－1

江楚會奏變法摺三摺　（清）劉坤一　（清）張
之洞撰　清末鉛印本　一冊

220000－0801－0009099　史 223/42－2

江楚會奏變法摺三摺　（清）劉坤一　（清）張
之洞撰　清末鉛印本　一冊

220000－0801－0009100　史 223/43

江楚會奏變法摺三摺　（清）劉坤一　（清）張
之洞撰　清光緒二十七年（1901）兩湖書院刻
本　一冊

220000－0801－0009101　史 223/44

治平六策一卷　（清）薛福成撰　清光緒元年
（1875）刻本　一冊

220000－0801－0009102　史 223/44－1

治平六策一卷　（清）薛福成撰　清光緒元年
（1875）刻本　一冊

220000－0801－0009103　史 223/45

淩忠介公奏疏六卷　（明）淩義渠撰　清光緒
四年（1878）刻本　二冊

220000－0801－0009104　史 223/46

淩忠介公奏疏六卷　（明）淩義渠撰　清同治
七年（1868）刻本　二冊

220000－0801－0009105　史 223/46－1

淩忠介公奏疏六卷　（明）淩義渠撰　清同治
七年（1868）刻本　二冊

220000－0801－0009106　史 223/47

祝大宗伯公疏稿一卷　（清）祝慶蕃撰　清光
緒五年（1879）刻本　一冊

220000－0801－0009107　史 223/49

**左文襄公奏稿初編三十八卷續編七十六卷三
編六卷**　（清）左宗棠撰　清光緒十六年
（1890）上海圖書集成局石印本　二十冊

220000－0801－0009108　史 223/49－1

**左文襄公奏稿初編三十八卷續編七十六卷三
編六卷**　（清）左宗棠撰　清光緒十六年

（1890）上海圖書集成局石印本　二十冊

220000－0801－0009109　史223/50
左恪靖伯奏稿三十八卷　（清）左宗棠撰　清同治刻本　三十八冊

220000－0801－0009110　史223/51
左恪靖侯奏稿初編三十八卷續編七十六卷（清）左宗棠撰　清光緒刻本　七十冊

220000－0801－0009111　史223/51－1
左恪靖侯奏稿初編三十八卷續編七十六卷（清）左宗棠撰　清光緒刻本　五十冊　存七十六卷（續編七十六卷）

220000－0801－0009112　史223/52
南海先生戊戌奏稿　康有爲撰　清宣統三年（1911）鉛印本　一冊

220000－0801－0009113　史223/52－1
南海先生戊戌奏稿　康有爲撰　清宣統三年（1911）鉛印本　一冊

220000－0801－0009114　史223/52－2
南海先生戊戌奏稿　康有爲撰　清宣統三年（1911）鉛印本　一冊

220000－0801－0009115　史223/53
李文恭公奏議二十二卷　（清）李星沅編　清同治五年（1866）刻本　二十四冊

220000－0801－0009116　史223/54
南海先生五上書記一卷　康有爲撰　清光緒二十三年（1897）上海大同譯書局石印本　一冊

220000－0801－0009117　史223/55
存素堂集續編奏疏四卷　（清）錢寶琛撰　清光緒六年（1880）刻本　四冊

220000－0801－0009118　史223/55－1
存素堂集續編奏疏四卷　（清）錢寶琛撰　清光緒六年（1880）刻本　四冊

220000－0801－0009119　史223/55－2
存素堂集續編奏疏四卷　（清）錢寶琛撰　清光緒六年（1880）刻本　四冊

220000－0801－0009120　史223/58
曾文正公奏稿七卷　（清）曾國藩撰　清光緒二年（1876）傳忠書局刻本　七冊

220000－0801－0009121　史223/60
李勤恪公政書十卷首一卷　（清）李瀚章撰　清光緒三十二年（1906）石印本　十冊

220000－0801－0009122　史223/60－1
李勤恪公政書十卷首一卷　（清）李瀚章撰　清光緒三十二年（1906）石印本　十冊

220000－0801－0009123　史223/61
李肅毅伯奏議十三卷　（清）李鴻章撰　清光緒石印本　十三冊

220000－0801－0009124　史223/61－1
李肅毅伯奏議十三卷　（清）李鴻章撰　清光緒石印本　六冊　缺七卷（二、四至七、十至十一）

220000－0801－0009125　史223/62
李忠武公奏疏二卷　（□）□□撰　清光緒十七年（1891）活字印本　三冊

220000－0801－0009126　史223/65
文節公奏疏二卷　（清）呂賢基撰　清末刻本　一冊

220000－0801－0009127　史223/66
皇清奏議六十八卷首一卷　（清）琴川居士編輯　清末活字印本　四十八冊

220000－0801－0009128　史223/67
奏疏分類便覽　（清）擷華書局輯　清光緒四年（1878）鉛印本　七冊

220000－0801－0009129　史223/68
奏議初編十二卷　（清）張之洞撰　清光緒二十七年（1901）上海圖書集成印書局鉛印本　六冊

220000－0801－0009130　史223/68－1
奏議初編十二卷　（清）張之洞撰　清光緒二十七年（1901）上海圖書集成印書局鉛印本　一冊　存二卷（十一至十二）

220000－0801－0009131　史223/69

奏略二卷　（明）馬孟貞撰　清嘉慶十七年(1812)刻本　二冊

220000－0801－0009132　史223/70

東三省遷旗實邊書初編　（清）東省旗務處編撰　清宣統三年(1911)鉛印本　一冊

220000－0801－0009133　史223/71

趙文毅公奏疏五卷附遼事疏一卷　（明）趙國賢撰　清光緒二十二年(1896)常熟趙氏承啓堂刻本　一冊

220000－0801－0009134　史223/71－1

趙文毅公奏疏五卷附遼事疏一卷　（明）趙國賢撰　清光緒二十二年(1896)常熟趙氏承啓堂刻本　一冊

220000－0801－0009135　史223/71－2

趙文毅公奏疏五卷附遼事疏一卷　（明）趙國賢撰　清光緒二十二年(1896)常熟趙氏承啓堂刻本　一冊

220000－0801－0009136　史223/72

趙忠定奏議四卷　（宋）趙汝愚撰　清宣統二年(1910)葉氏觀古堂刻本　二冊

220000－0801－0009137　史223/73

彭剛直公奏稿八卷附詩集八卷　（清）彭玉麟撰　清光緒十七年(1891)刻本　八冊

220000－0801－0009138　史223/73－1

彭剛直公奏稿八卷附詩集八卷　（清）彭玉麟撰　清光緒十七年(1891)刻本　四冊

220000－0801－0009139　史223/73－2

彭剛直公奏稿八卷附詩集八卷　（清）彭玉麟撰　清光緒十七年(1891)刻本　一冊　缺八卷(詩集八卷)

220000－0801－0009140　史223/73－3

彭剛直公奏稿八卷附詩集八卷　（清）彭玉麟撰　清光緒十七年(1891)刻本　八冊

220000－0801－0009141　史223/73－4

彭剛直公奏稿八卷附詩集八卷　（清）彭玉麟撰　清光緒十七年(1891)刻本　八冊

220000－0801－0009142　史223/74

靳文襄公奏疏八卷　（清）靳輔撰　清末刻本　八冊

220000－0801－0009143　史223/74－1

靳文襄公奏疏八卷　（清）靳輔撰　清末刻本　八冊

220000－0801－0009144　史223/76

彭剛直公奏稿八卷　（清）彭玉麟撰　清光緒十七年(1891)石印本　四冊

220000－0801－0009145　史223/76－1

彭剛直公奏稿八卷　（清）彭玉麟撰　清光緒十七年(1891)石印本　四冊

220000－0801－0009146　史223/77

歷代名臣奏議三百五十卷　（明）黃淮　（明）楊士奇等撰　清光緒十二年(1886)刻本　一百冊

220000－0801－0009147　史223/79

劉中丞奏議二十卷　（清）劉蓉編　清光緒十一年(1885)思賢講舍刻本　二冊

220000－0801－0009148　史223/79－1

劉中丞奏議二十卷　（清）劉蓉編　清光緒十一年(1885)思賢講舍刻本　十冊

220000－0801－0009149　史223/79－2

劉中丞奏議二十卷　（清）劉蓉編　清光緒十一年(1885)思賢講舍刻本　十冊

220000－0801－0009150　史223/85

馬端敏公奏議八卷　（清）馬新貽撰　清光緒二十年(1894)閩浙督署刻本　八冊

220000－0801－0009151　史223/86

左文襄公奏稿初編三十八卷續編七十六卷三編六卷　（清）左宗棠撰　清光緒二十八年(1902)上海古香閣石印本　十二冊

220000－0801－0009152　史223/88

憲政編查館奏遵限考核京外各衙門第一屆籌辦憲政成績并臚陳第二屆籌辦情形摺　奕劻等纂　清末鉛印本　一冊

220000－0801－0009153　史223/88－1

憲政編查館奏遵限考核京外各衙門第一屆籌

辦憲政成績并臚陳第二屆籌辦情形摺　奕劻
等纂　清末鉛印本　一冊

220000－0801－0009154　史223/89
憲政編查館會奏遵議憲法大綱暨議院選舉各
法并逐年應行籌備事宜摺附清單二件　奕劻
等纂　清末鉛印本　一冊

220000－0801－0009155　史223/89－1
憲政編查館會奏遵議憲法大綱暨議院選舉各
法并逐年應行籌備事宜摺附清單二件　奕劻
等纂　清末鉛印本　一冊

220000－0801－0009156　史223/90
憲政編查館奏京旗選舉請歸併順屬辦理并請
飭府尹充復選監督摺　奕劻等纂　清末鉛印
本　一冊

220000－0801－0009157　史223/90－1
憲政編查館奏京旗選舉請歸併順屬辦理并請
飭府尹充復選監督摺　奕劻等纂　清末鉛印
本　一冊

220000－0801－0009158　史223/91
憲政編查館奏議覆吳士鑑奏請申明議案權限
摺附片　奕劻等纂　清末鉛印本　一冊

220000－0801－0009159　史223/91－1
憲政編查館奏議覆吳士鑑奏請申明議案權限
摺附片　奕劻等纂　清末鉛印本　一冊

220000－0801－0009160　史223/91－2
憲政編查館奏議覆吳士鑑奏請申明議案權限
摺附片　奕劻等纂　清末鉛印本　一冊

220000－0801－0009161　史223/91－3
憲政編查館奏議覆吳士鑑奏請申明議案權限
摺附片　奕劻等纂　清末鉛印本　一冊

220000－0801－0009162　史223/92
憲政編查館奏酌擬各省具奏事件改咨各衙門
分別彙奏專奏摺附清單　奕劻等纂　清末鉛
印本　一冊

220000－0801－0009163　史223/92－1
憲政編查館奏酌擬各省具奏事件改咨各衙門
分別彙奏專奏摺附清單　奕劻等纂　清末鉛

印本　一冊

220000－0801－0009164　史223/93
憲政編查館會奏覆核各部院九年籌備未盡事
宜摺附清單　奕劻等纂　清末鉛印本　一冊

220000－0801－0009165　史223/93－1
憲政編查館會奏覆核各部院九年籌備未盡事
宜摺附清單　奕劻等纂　清末鉛印本　一冊

220000－0801－0009166　史223/94
憲政編查館奏變通各省調查辦法以節經費而
裨統計摺　奕劻等纂　清末鉛印本　一冊

220000－0801－0009167　史223/94－1
憲政編查館奏變通各省調查辦法以節經費而
裨統計摺　奕劻等纂　清末鉛印本　一冊

220000－0801－0009168　史223/95
憲政編查館奏行政事務宜明定權限酌擬辦法
摺外行政綱目　奕劻等纂　清末鉛印本
一冊

220000－0801－0009169　史223/95－1
憲政編查館奏行政事務宜明定權限酌擬辦法
摺外行政綱目　奕劻等纂　清末鉛印本
一冊

220000－0801－0009170　史223/96
憲政編查館會奏覆核各衙門簽註行政綱目摺
　奕劻等纂　清末鉛印本　一冊

220000－0801－0009171　史223/96－1
憲政編查館會奏覆核各衙門簽註行政綱目摺
　奕劻等纂　清末鉛印本　一冊

220000－0801－0009172　史223/97
憲政編查館會奏遵設專科考核議院未開以前
逐年應行籌備事宜酌擬章程摺附清單一件
　奕劻等纂　清末鉛印本　一冊

220000－0801－0009173　史223/97－1
憲政編查館會奏遵設專科考核議院未開以前
逐年應行籌備事宜酌擬章程摺附清單一件
　奕劻等纂　清末鉛印本　一冊

220000－0801－0009174　史223/98
憲政編查館奏彙案會議禁革買賣人口舊習酌

擬辦法摺并單　奕劻等纂　清末鉛印本
一冊

220000－0801－0009175　史223/98－1
憲政編查館奏彙案會議禁革買賣人口舊習酌
擬辦法摺并單　奕劻等纂　清末鉛印本
一冊

220000－0801－0009176　史223/99
憲政編查館會奏議覆山東巡撫奏地方自治擬
請變通章程摺　奕劻等纂　清末鉛印本
一冊

220000－0801－0009177　史223/99－1
憲政編查館會奏議覆山東巡撫奏地方自治擬
請變通章程摺　奕劻等纂　清末鉛印本
一冊

220000－0801－0009178　史223/100
憲政編查館奏調員分任館務摺附單片各一件
　奕劻等纂　清末鉛印本　一冊

220000－0801－0009179　史223/100－1
憲政編查館奏調員分任館務摺附單片各一件
　奕劻等纂　清末鉛印本　一冊

220000－0801－0009180　史223/101
入告編三卷遺編一卷　（清）張惟赤撰　清宣
統三年(1911)上海商務印書館鉛印本　三冊

220000－0801－0009181　史223/101－1
入告編三卷遺編一卷　（清）張惟赤撰　清宣
統三年(1911)上海商務印書館鉛印本　三冊

220000－0801－0009182　史223/102
南皮張宮保政書十二卷　（清）張之洞撰　清
光緒二十七年(1901)上海圖書集成印書局刻
本　六冊

220000－0801－0009183　史223/104
怡賢親王疏鈔一卷　（清）允祥撰　清道光三
年(1823)刻本　一冊

220000－0801－0009184　史223/104－1
怡賢親王疏鈔一卷　（清）允祥撰　清道光三
年(1823)刻本　一冊

220000－0801－0009185　史223/105

曾文正公奏議十卷首一卷末一卷　（清）曾國
藩撰　清同治十二年(1873)蘇郡刻本　六冊

220000－0801－0009186　史223/106
曾文正公奏議補編四卷　（清）曾國藩撰　清
同治十三年(1874)刻本　四冊

220000－0801－0009187　史223/108
尺園佐治摘存　韓第昌輯　清光緒三十四年
(1908)石印本　一冊

220000－0801－0009188　史223/111
少保于公奏議十卷　（明）于謙撰　清光緒錢
塘丁氏重刊明杭州府刻本　六冊

220000－0801－0009189　史223/112
同治中興京外奏議約編八卷　（清）陳弢輯
清光緒元年(1875)刻本　八冊

220000－0801－0009190　史223/112－1
同治中興京外奏議約編八卷　（清）陳弢輯
清光緒元年(1875)刻本　八冊

220000－0801－0009191　史223/112－2
同治中興京外奏議約編八卷　（清）陳弢輯
清光緒元年(1875)刻本　八冊

220000－0801－0009192　史223/112－3
同治中興京外奏議約編八卷　（清）陳弢輯
清光緒元年(1875)刻本　八冊

220000－0801－0009193　史223/112－4
同治中興京外奏議約編八卷　（清）陳弢輯
清光緒元年(1875)刻本　七冊　缺一卷(一)

220000－0801－0009194　史223/112－5
同治中興京外奏議約編八卷　（清）陳弢輯
清光緒元年(1875)刻本　八冊

220000－0801－0009195　史223/113
歷代名臣奏議選三十卷　（清）趙承恩輯　清
光緒五年(1879)刻本　二十二冊　缺二卷
(漢代名臣奏議三、宋代名臣奏議五)

220000－0801－0009196　史223/114
范文正公政府奏議二卷補一卷　（宋）范仲淹
撰　清光緒二十三年(1897)東粵經韻廔鉛印
本　二冊

220000 – 0801 – 0009197　史 223/115

邸鈔擇要不分卷　（□）□□撰　清光緒二十三年(1897)鉛印本　十二冊

220000 – 0801 – 0009198　史 223/118

沈文肅公政書七卷首一卷　（清）沈葆禎撰　清光緒六年(1880)吳門節署木活字印本　十二冊

220000 – 0801 – 0009199　史 223/118 – 1

沈文肅公政書七卷首一卷　（清）沈葆禎撰　清光緒六年(1880)吳門節署木活字印本　十二冊

220000 – 0801 – 0009200　史 223/118 – 2

沈文肅公政書七卷首一卷　（清）沈葆禎撰　清光緒六年(1880)吳門節署木活字印本　八冊

220000 – 0801 – 0009201　史 223/118 – 3

沈文肅公政書七卷首一卷　（清）沈葆禎撰　清光緒六年(1880)吳門節署木活字印本　八冊

220000 – 0801 – 0009202　史 223/119

林文忠公政書三十七卷　（清）林則徐撰　清宣統二年(1910)刻本　十六冊

220000 – 0801 – 0009203　史 223/119 – 1

林文忠公政書三十七卷　（清）林則徐撰　清宣統二年(1910)刻本　二十冊

220000 – 0801 – 0009204　史 223/119 – 2

林文忠公政書三十七卷　（清）林則徐撰　清宣統二年(1910)刻本　十冊

220000 – 0801 – 0009205　史 223/119 – 3

林文忠公政書三十七卷　（清）林則徐撰　清宣統二年(1910)刻本　十九冊　缺目錄、甲集東河奏稿

220000 – 0801 – 0009206　史 223/120

期不負齋政書九卷　（清）周家楣撰　清光緒二十一年(1895)刻本　六冊

220000 – 0801 – 0009207　史 223/121

樊山政書二十卷　樊增祥撰　清宣統二年

(1910)金陵鉛印本　十冊

220000 – 0801 – 0009208　史 223/122

林文忠公政書三十七卷　（清）林則徐撰　清光緒二年(1876)鉛印本　八冊

220000 – 0801 – 0009209　史 223/122 – 1

林文忠公政書三十七卷　（清）林則徐撰　清光緒二年(1876)鉛印本　六冊　缺九卷(使粵奏稿五至八、雲貴奏稿六至十)

220000 – 0801 – 0009210　史 223/123

林文忠公政書三十七卷滇軺紀程一卷政書蒐遺一卷畿輔水利議一卷　（清）林則徐撰　清光緒二年至五年(1876 – 1879)刻本　十四冊

220000 – 0801 – 0009211　史 223/123 – 1

林文忠公政書三十七卷滇軺紀程一卷政書蒐遺一卷畿輔水利議一卷　（清）林則徐撰　清光緒二年至五年(1876 – 1879)刻本　十六冊　存三十七卷(林文忠公政書三十七卷)

220000 – 0801 – 0009212　史 223/123 – 2

林文忠公政書三十七卷滇軺紀程一卷政書蒐遺一卷畿輔水利議一卷　（清）林則徐撰　清光緒二年至五年(1876 – 1879)刻本　十六冊　存三十七卷(林文忠公政書三十七卷)

220000 – 0801 – 0009213　史 223/125

李文忠公全集一百六十五卷首一卷　（清）李鴻章撰　清光緒三十一年(1905)金陵刻本　一百冊

220000 – 0801 – 0009214　史 223/125 – 1

李文忠公全集一百六十五卷首一卷　（清）李鴻章撰　清光緒三十一年(1905)金陵刻本　一百冊

220000 – 0801 – 0009215　史 223/125 – 2

李文忠公全集一百六十五卷首一卷　（清）李鴻章撰　清光緒三十一年(1905)金陵刻本　一百冊

220000 – 0801 – 0009216　史 223/125 – 3

李文忠公全集一百六十五卷首一卷　（清）李鴻章撰　清光緒三十一年(1905)金陵刻本

一百册

220000－0801－0009217　史 223/125－4

李文忠公全集一百六十五卷首一卷　（清）李
鴻章撰　清光緒三十一年（1905）金陵刻本
五十七册　缺四十六卷（奏稿八至十五、電稿
十一至四十、譯署函稿十三至二十）

220000－0801－0009218　史 223/126

歷代名臣奏議策論二十卷二集十四卷　（清）
惲彥彬編　清光緒二十七年（1901）上海詳記
書局石印本　十二册

220000－0801－0009219　史 223/127

包孝肅公奏議十卷首一卷　（宋）包拯撰　清
同治三年（1864）省心閣刻本　四册

220000－0801－0009220　史 223/127－1

包孝肅公奏議十卷首一卷　（宋）包拯撰　清
同治三年（1864）省心閣刻本　四册

220000－0801－0009221　史 223/129

唐陸宣公奏議讀本四卷附制誥　（唐）陸贄撰
清宣統元年（1909）石印本　二册

220000－0801－0009222　史 223/129－1

唐陸宣公奏議讀本四卷附制誥　（唐）陸贄撰
清宣統元年（1909）石印本　二册

220000－0801－0009223　史 223/129－2

唐陸宣公奏議讀本四卷附制誥　（唐）陸贄撰
清宣統元年（1909）石印本　二册

220000－0801－0009224　史 223/130

明大司馬盧公奏議十二卷首一卷附詩餘
（明）盧象昇著　清光緒元年（1875）刻本
八册

220000－0801－0009225　史 223/130－1

明大司馬盧公奏議十二卷首一卷附詩餘
（明）盧象昇著　清光緒元年（1875）刻本
八册

220000－0801－0009226　史 223/130－2

明大司馬盧公奏議十二卷首一卷附詩餘
（明）盧象昇著　清光緒元年（1875）刻本
八册

220000－0801－0009227　史 223/130－3

明大司馬盧公奏議十二卷首一卷附詩餘
（明）盧象昇著　清光緒元年（1875）刻本
七册

220000－0801－0009228　史 223/130－4

明大司馬盧公奏議十二卷首一卷附詩餘
（明）盧象昇著　清光緒元年（1875）刻本
八册

220000－0801－0009229　史 223/130－5

明大司馬盧公奏議十二卷首一卷附詩餘
（明）盧象昇著　清光緒元年（1875）刻本　一
册　存二卷（九至十）

220000－0801－0009230　史 223/131

錢敏肅公奏議七卷　（清）錢鼎銘撰　清光緒
六年（1880）存素堂刻本　四册

220000－0801－0009231　史 223/131－1

錢敏肅公奏議七卷　（清）錢鼎銘撰　清光緒
六年（1880）存素堂刻本　四册

220000－0801－0009232　史 223/131－2

錢敏肅公奏議七卷　（清）錢鼎銘撰　清光緒
六年（1880）存素堂刻本　二册

220000－0801－0009233　史 223/133

胡文忠公奏議六卷　（清）胡林翼撰　清咸豐
十一年（1861）刻本　六册

220000－0801－0009234　史 223/134

明胡端敏公奏議十卷　（明）胡世寧撰　**校勘
記十卷**　（清）孫樹禮等撰　清光緒十九年
（1893）浙江書局刻本　四册

220000－0801－0009235　史 223/135

督河奏疏四卷　（清）許振禕撰　清光緒二十
五年（1899）廣州刻本　四册

220000－0801－0009236　史 223/137

唐陸宣公奏議全集四卷首一卷續十卷　（唐）
陸贄撰　清同治五年（1866）楊文盛刻本
六册

220000－0801－0009237　史 223/138

四家奏議合鈔　（清）汪琇輯　清光緒九年

（1883）隨山館刻本　六冊

220000 - 0801 - 0009238　史 223/140
張大司馬奏稿四卷　（清）張亮基撰　清光緒
十七年（1891）刻本　四冊

220000 - 0801 - 0009239　史 223/142
包孝肅奏議十卷附錄一卷　（宋）包拯撰　清
光緒元年（1875）合肥張毓秀堂刻本　二冊

220000 - 0801 - 0009240　史 223/143
註陸宣公奏議十五卷首一卷　（唐）陸贄撰
（宋）郎曄註　清光緒七年（1881）歸安姚氏咫
進齋重刊蘇州振新書社印本　四冊

220000 - 0801 - 0009241　史 223/145
萬年保泰鴻謨　（清）趙永孝撰　清光緒二十
四年（1898）刻本　一冊

220000 - 0801 - 0009242　史 223/150
移孝軒疏稿二卷　（清）李灼華撰　清宣統三
年（1911）石印本　二冊

220000 - 0801 - 0009243　史 223/152
張香濤洗馬疏稿一卷　（清）張之洞撰　清末
稿本　一冊

220000 - 0801 - 0009244　史 223/153
劉文莊公奏議八卷　（清）劉秉璋撰　朱孔彰
編　清末鉛印本　八冊

220000 - 0801 - 0009245　史 223/153 - 1
劉文莊公奏議八卷　（清）劉秉璋撰　朱孔彰
編　清末鉛印本　八冊

220000 - 0801 - 0009246　史 223/153 - 2
劉文莊公奏議八卷　（清）劉秉璋撰　朱孔彰
編　清末鉛印本　八冊

220000 - 0801 - 0009247　史 223/153 - 3
劉文莊公奏議八卷　（清）劉秉璋撰　朱孔彰
編　清末鉛印本　八冊

220000 - 0801 - 0009248　史 223/153 - 4
劉文莊公奏議八卷　（清）劉秉璋撰　朱孔彰
編　清末鉛印本　八冊

220000 - 0801 - 0009249　史 223/153 - 5

劉文莊公奏議八卷　（清）劉秉璋撰　朱孔彰
編　清末鉛印本　八冊

220000 - 0801 - 0009250　史 223/154
欽定嚴禁鴉片章程不分卷　清末刻本　一冊

220000 - 0801 - 0009251　史 223/155
劉文清公手書謝摺　（清）劉墉等撰　清末石
印本　一冊

220000 - 0801 - 0009252　史 223/155 - 1
劉文清公手書謝摺　（清）劉墉等撰　清末石
印本　一冊

220000 - 0801 - 0009253　史 223/155 - 2
劉文清公手書謝摺　（清）劉墉等撰　清末石
印本　一冊

220000 - 0801 - 0009254　史 223/155 - 3
劉文清公手書謝摺　（清）劉墉等撰　清末石
印本　一冊

220000 - 0801 - 0009255　史 223/157
諫垣七疏一卷　（明）周洪謨撰　清光緒二十
年（1894）刻本　一冊

220000 - 0801 - 0009256　史 223/158
劉壯肅公奏議十卷首一卷　（清）劉銘傳編
清光緒三十二年（1906）鉛印本　六冊

220000 - 0801 - 0009257　史 223/159
兵垣奏議不分卷　（明）陳子龍撰　清光緒二
十三年（1897）刻本　二冊

220000 - 0801 - 0009258　史 223/159 - 1
兵垣奏議不分卷　（明）陳子龍撰　清光緒二
十三年（1897）刻本　二冊

220000 - 0801 - 0009259　史 223/160
林文忠公奏摺一卷　（清）林則徐撰　清末刻
本　一冊

220000 - 0801 - 0009260　史 223/161
怡賢親王奏議一卷附一卷　（清）允祥撰　清
光緒十年（1884）廣仁堂刻本　一冊

220000 - 0801 - 0009261　史 223/166
陸文慎公奏議一卷　（清）陸寶忠撰　清宣統

三年(1911)鉛印本　一冊

220000－0801－0009262　史 223/166－1

陸文慎公奏議一卷　(清)陸寶忠撰　清宣統
三年(1911)鉛印本　一冊

220000－0801－0009263　史 223/166－2

陸文慎公奏議一卷　(清)陸寶忠撰　清宣統
三年(1911)鉛印本　一冊

220000－0801－0009264　史 223/175

陶雲汀先生奏疏五十二卷附題本八卷　(清)
陶澍撰　清道光八年(1828)刻本　三十四冊

220000－0801－0009265　史 223/176

駱文忠公奏議　(清)駱秉章撰　清光緒四年
(1878)刻本　二十九冊

220000－0801－0009266　史 223/176－1

駱文忠公奏議　(清)駱秉章撰　清光緒四年
(1878)刻本　二十六冊

220000－0801－0009267　史 223/176－2

駱文忠公奏議　(清)駱秉章撰　清光緒四年
(1878)刻本　三冊　存十一卷(四川奏稿十
一卷)

220000－0801－0009268　史 223/176－3

駱文忠公奏議　(清)駱秉章撰　清光緒四年
(1878)刻本　二十六冊

220000－0801－0009269　史 223/180

奏稿　(清)□□撰　清同治抄本　一冊

220000－0801－0009270　史 223/181

官書局彙報　(清)京都官書局編　清末京都
官書局鉛印本　二十八冊

220000－0801－0009271　史 223/196

駱文忠公奏稿十卷　(清)駱秉章撰　清光緒
十七年(1891)刻本　十冊

220000－0801－0009272　史 223/199

**商部奏擬訂商律先將公司一門繕冊呈覽恭候
欽定折**　載振　(清)伍廷芳纂　清末鉛印本
一冊

220000－0801－0009273　史 223/200

奏議摘要　(清)□□編　清末刻本　三冊
存十六卷(二至十七)

220000－0801－0009274　史 223/205

李肅毅伯奏議十六卷　(清)李鴻章撰　清光
緒石印本　十六冊

220000－0801－0009275　史 224/1

欽定康濟錄四卷　(清)倪國璉撰　清末刻本
六冊

220000－0801－0009276　史 224/2

欽定康濟錄四卷　(清)倪國璉撰　清道光刻
本　六冊

220000－0801－0009277　史 224/2－1

欽定康濟錄四卷　(清)倪國璉撰　清道光刻
本　六冊

220000－0801－0009278　史 224/2－2

欽定康濟錄四卷　(清)倪國璉撰　清道光刻
本　三冊

220000－0801－0009279　史 224/3

度支部試辦宣統三年預算案總表　(□)□□
撰　清宣統三年(1911)石印本　五冊

220000－0801－0009280　史 224/4

長蘆鹽法志二十卷首一卷附編援證十一卷
(清)珠隆阿等重修　清嘉慶十年(1805)刻本
二十四冊

220000－0801－0009281　史 224/8

兩淮鹽法紀略十卷　(清)方濬頤輯　清同治
十二年(1873)淮南書局刻本　四冊

220000－0801－0009282　史 224/9

兩淮鹽法志五十六卷首一卷　(清)佶山等奉
敕重修　清同治九年(1870)揚州書局刻本
二十四冊

220000－0801－0009283　史 224/9－1

兩淮鹽法志五十六卷首一卷　(清)佶山等奉
敕重修　清同治九年(1870)揚州書局刻本
二十

220000－0801－0009284　史 224/11

覆陳妥酌清理財政章程摺　(清)度支部纂

清末鉛印本　一冊

220000 - 0801 - 0009285　史 224/14

續富國策四卷　(清)陳熾撰　清光緒二十四年(1898)刻本　四冊

220000 - 0801 - 0009286　史 224/15

經濟類考二卷　(清)顧九錫輯　清光緒十五年(1889)上海鴻文書局石印本　二冊

220000 - 0801 - 0009287　史 224/17

統計表總例一卷　(清)□□撰　清末鉛印本　一冊

220000 - 0801 - 0009288　史 224/17 - 1

統計表總例一卷　(清)□□撰　清末鉛印本　一冊

220000 - 0801 - 0009289　史 224/17 - 2

統計表總例一卷　(清)□□撰　清末鉛印本　一冊

220000 - 0801 - 0009290　史 224/17 - 3

統計表總例一卷　(清)□□撰　清末鉛印本　一冊

220000 - 0801 - 0009291　史 224/19

山東黃河南岸十三州縣遷民圖說一卷　(清)黃璣撰　清光緒二十二年(1896)點石齋石印本　一冊

220000 - 0801 - 0009292　史 224/27

重建豐濟倉圖案　(清)徐澤醇等撰　清光緒八年(1882)刻本　一冊

220000 - 0801 - 0009293　史 224/28

重建豐濟倉圖案　(清)徐澤醇等撰　清光緒二十六年(1900)刻本　一冊

220000 - 0801 - 0009294　史 224/31

山東鹽法志二十二卷首一卷　(清)李如枚等續修　清嘉慶十四年(1809)刻本　二十四冊

220000 - 0801 - 0009295　史 224/31 - 1

山東鹽法志二十二卷首一卷　(清)李如枚等續修　清嘉慶十四年(1809)刻本　二十四冊

220000 - 0801 - 0009296　史 224/32

理財攷鏡十卷　(清)孫德全撰　清宣統三年(1911)鉛印本　一冊

220000 - 0801 - 0009297　史 224/33

兩淮鹽法撮要二卷　陳慶年撰　清光緒十八年(1892)金陵湯明林聚珍書局活字印本　一冊

220000 - 0801 - 0009298　史 224/34

兩淮鹽法撮要二卷　陳慶年撰　清光緒十八年(1892)活字印本　一冊

220000 - 0801 - 0009299　史 224/35

水運一卷　(清)楊志洵譯　清宣統二年(1910)郵傳部圖書通譯局鉛印本　一冊

220000 - 0801 - 0009300　史 224/39

王梅舫條陳三卷　(清)王憲祖撰　清光緒刻本　一冊

220000 - 0801 - 0009301　史 224/41

江北運程四十卷首一卷　(清)董恂輯　清同治六年(1867)刻本　四十一冊

220000 - 0801 - 0009302　史 224/41 - 1

江北運程四十卷首一卷　(清)董恂輯　清同治六年(1867)刻本　四十一冊

220000 - 0801 - 0009303　史 224/42

各國鐵路圖考四卷　(清)劉啓彤撰　清光緒二十二年(1896)倉山書局石印本　八冊

220000 - 0801 - 0009304　史 224/43

鄉守外編輯要十卷　(清)許乃釗編輯　清咸豐十年(1860)四川刻本　二冊

220000 - 0801 - 0009305　史 224/44

醝政備覽六種　(清)方濬師輯　清光緒二年(1876)兩廣運使署刻本　二冊

220000 - 0801 - 0009306　史 224/47

富國養民策十六章　(□)□□撰　清光緒十二年(1886)刻本　一冊

220000 - 0801 - 0009307　史 224/49

皇朝經濟文編一百二十八卷　(清)求自疆齋主人編輯　清光緒二十七年(1901)慎記書莊石印本　三十冊

220000－0801－0009308　史224/50

救荒六十策不分卷　（清）寄湘漁父輯　清光緒十一年(1885)上海目耕齋刻本　一冊

220000－0801－0009309　史224/52

直隸推廣賑捐奏案　（清）戶部纂　清末刻本　一冊

220000－0801－0009310　史224/58

大清礦務章程一卷　（清）張之洞撰　清光緒三十三年(1907)鉛印本　一冊

220000－0801－0009311　史224/59

撫豫宣化錄四卷　（清）田文鏡撰　清道光十一年(1831)點易山房刻本　十冊

220000－0801－0009312　史224/64

分類洋務經濟時事新論六卷　（英國）李提摩太著　（清）仲英採輯　清光緒二十三年(1897)仿泰西法石印本　六冊

220000－0801－0009313　史224/66

軍機大臣奏摺不分卷　（□）□□撰　清末石印本　一冊

220000－0801－0009314　史224/67

清咸豐朝戶部推行官票鑄幣奏章　（清）戶部撰　清咸豐三年(1853)刻本　一冊

220000－0801－0009315　史224/68

江陰積穀徵信錄　（清）林達泉撰　清同治十二年(1873)刻本　一冊

220000－0801－0009316　史224/69

補宋書食貨志　（清）郝懿行撰　清光緒十七年(1891)廣雅書局刻本　一冊

220000－0801－0009317　史224/77

楚漕江程十六卷首一卷末一卷　（清）董恂撰　清光緒三年(1877)刻本　十六冊

220000－0801－0009318　史224/78

中國財政紀略　（日本）東邦協會纂　（清）吳銘譯　清光緒二十八年(1902)上海廣智書局鉛印本　一冊

220000－0801－0009319　史224/78－1

中國財政紀略　（日本）東邦協會纂　（清）吳銘譯　清光緒二十八年(1902)上海廣智書局鉛印本　一冊

220000－0801－0009320　史224/79

中國之金融　潘承鍔編譯　清光緒三十四年(1908)上海中國圖書公司鉛印本　二冊

220000－0801－0009321　史224/81

中外政學五種　錢恂撰　清光緒二十九年(1903)石印本　七冊

220000－0801－0009322　史224/82

朝邑縣清丈地糧定數條規總冊　（清）霍勤勳等編　清光緒十九年(1893)刻本　一冊

220000－0801－0009323　史224/83

增修河東鹽法備覽八卷　（清）張元鼎撰　清光緒八年(1882)刻本　十冊

220000－0801－0009324　史224/84

荒政輯要九卷　（清）汪志伊輯　清道光五年(1825)聞妙香室刻本　二冊

220000－0801－0009325　史224/86

蘇松財賦考圖說　（清）周夢顏輯　清道光九年(1829)刻本　一冊

220000－0801－0009326　史224/87

荒政輯要九卷首一卷　（清）汪志伊撰　清道光二十一年(1841)刻本　三冊

220000－0801－0009327　史224/89

荒政輯要九卷　（清）汪志伊輯　清嘉慶、道光屏山堂刻本　二冊

220000－0801－0009328　史224/94

農曹案彙不分卷　（清）劉嶽雲編　清光緒刻本　一冊

220000－0801－0009329　史224/96

軌政紀要八卷　（□）□□撰　清光緒三十三年(1907)通譯局鉛印本　四冊

220000－0801－0009330　史224/97

甘肅秦州直隸州禮縣光緒十六年民欠未定糧石徵信錄一卷　（□）□□撰　清光緒十七年(1891)活字印本　一冊

220000－0801－0009331　史224/98

奉天全省農業調查書五編　（清）陳振先等編
清宣統元年（1909）奉天農事試驗場鉛印本
四冊

220000－0801－0009332　史224/99

四川官運鹽案類編二十七卷首一卷續十五卷
又續四卷　（清）唐炯撰　清光緒七年（1881）
成都總局刻本　十四冊

220000－0801－0009333　史224/101

助理一得不分卷　（清）樂知生撰　清咸豐三
年（1853）刻本　一冊

220000－0801－0009334　史224/102

路政輯要　（清）胡惟賢輯　清宣統元年
（1909）鉛印本　一冊

220000－0801－0009335　史224/105

圜法芻議　劉世珩撰　清光緒三十年（1904）
南洋官報總局鉛印本　一冊

220000－0801－0009336　史224/107

四川鹽法志四十卷首一卷　（清）丁寶楨等纂
清光緒八年（1882）刻本　二十冊

220000－0801－0009337　史224/108

財政叢書二十一種三十一卷　（清）昌言報館
編輯　清光緒二十九年（1903）上海會文學社
石印本　十二冊

220000－0801－0009338　史224/108－1

財政叢書二十一種三十一卷　（清）昌言報館
編輯　清光緒二十九年（1903）上海會文學社
石印本　十二冊

220000－0801－0009339　史224/108－2

財政叢書二十一種三十一卷　（清）昌言報館
編輯　清光緒二十九年（1903）上海會文學社
石印本　十二冊

220000－0801－0009340　史224/108－3

財政叢書二十一種三十一卷　（清）昌言報館
編輯　清光緒二十九年（1903）上海會文學社
石印本　十二冊

220000－0801－0009341　史224/117

黑龍江財政沿革利弊說明書三卷劃分國家地
方兩稅意見書一卷　（清）黑龍江清理財政局
編　清宣統二年（1910）鉛印本　四冊

220000－0801－0009342　史224/117－1

黑龍江財政沿革利弊說明書三卷劃分國家地
方兩稅意見書一卷　（清）黑龍江清理財政局
編　清宣統二年（1910）鉛印本　一冊　存一
卷（說明書上）

220000－0801－0009343　史224/118

美國會議銀價大臣精琪上海會議問答　（美
國）精琪等撰　清末鉛印本　二冊

220000－0801－0009344　史224/121

陝西境內漢江流域貿易稽核比較冊二卷
（清）仇繼恒撰　清光緒三十二年（1906）鉛印
本　一冊

220000－0801－0009345　史224/123

陝西朝邑縣錢糧徵信冊　（清）劉恩溥編纂
清光緒十三年（1887）活字印本　二冊

220000－0801－0009346　史224/126

美國鐵路彙考十二卷　（美國）柯理輯　清光
緒二十五年（1899）江南製造總局刻本　二冊

220000－0801－0009347　史224/127

銀礦指南一卷　（美國）亞倫著　（英國）傅蘭
雅譯　清光緒十七年（1891）刻本　一冊

220000－0801－0009348　史224/129

欽定戶部漕運全書九十六卷　（清）夏之芳纂
清光緒元年（1875）刻本　四十八冊

220000－0801－0009349　史224/130

增修籌餉事例條款　（清）□□撰　清光緒刻
本　三冊

220000－0801－0009350　史224/133

欽定重修兩浙鹽法志二十卷首二卷　（清）馮
培等纂　清嘉慶六年（1801）刻本　二十四冊

220000－0801－0009351　史224/135

欽定戶部則例九十九卷　（清）承慶等纂修
清道光十一年（1831）刻本　五十冊

220000－0801－0009352　史224/136

欽定戶部則例一百卷　（清）惠祥等纂修　清同治十三年(1874)刻本　六十冊　缺十二卷（九至十八、衍卷八十八至八十九）

220000－0801－0009353　史224/136－1

欽定戶部則例一百卷　（清）惠祥等纂修　清同治十三年(1874)刻本　四十六冊　存九十六卷(一至九十六)

220000－0801－0009354　史224/137

欽定戶部續纂則例十四卷　（清）順德等纂修　清嘉慶十一年(1806)刻本　六冊

220000－0801－0009355　史224/141

錢穀備要十卷　（清）王又槐編輯　清光緒十九年(1893)上海古香閣石印本　二冊

220000－0801－0009356　史224/145

重刊救荒補遺二卷　（宋）董煟編　（明）朱熊補遺　清同治八年(1869)楚北崇文書局刻本　二冊

220000－0801－0009357　史224/145－1

重刊救荒補遺二卷　（宋）董煟編　（明）朱熊補遺　清同治八年(1869)楚北崇文書局刻本　二冊

220000－0801－0009358　史224/146

增修籌餉事例　（□）□□撰　清同治刻本　四冊

220000－0801－0009359　史224/148

晉飢編二卷　（□）□□撰　清末刻本　二冊

220000－0801－0009360　史224/150

歐洲財政史　（清）出洋學生編輯所譯　清光緒三十年(1904)上海商務印書館鉛印本　一冊

220000－0801－0009361　史224/151

歐洲財政史　（日本）小林丑三郎撰　清光緒二十八年(1902)上海廣智書局鉛印本　一冊

220000－0801－0009362　史224/152

蘇藩政要　（清）華君撰　清道光七年(1827)清稿本　二冊

220000－0801－0009363　史224/154

光緒會計錄三卷　（清）李希聖撰　清末上海時務報館石印本　二冊

220000－0801－0009364　史224/154－1

光緒會計錄三卷　（清）李希聖撰　清末上海時務報館石印本　二冊

220000－0801－0009365　史224/156

精大臣續送銀價條議　（美國）精琪撰　清末上海商務印書館鉛印本　一冊

220000－0801－0009366　史224/158

光緒二十六年通商各關華洋貿易總冊　（清）戴樂爾等輯　清光緒二十七年(1901)上海通商海關造冊處鉛印本　一冊

220000－0801－0009367　史224/161

原富五部　（英國）斯密亞丹撰　嚴復譯　清光緒二十八年(1902)南洋公學譯書院鉛印本　八冊

220000－0801－0009368　史224/161－1

原富五部　（英國）斯密亞丹撰　嚴復譯　清光緒二十八年(1902)南洋公學譯書院鉛印本　八冊

220000－0801－0009369　史224/161－2

原富五部　（英國）斯密亞丹撰　嚴復譯　清光緒二十八年(1902)南洋公學譯書院鉛印本　七冊　缺丙部

220000－0801－0009370　史224/170

南洋勸業會視察農業報告書三編　（清）湖北農務總會編輯科編　清宣統二年(1910)湖北農務總會鉛印本　一冊

220000－0801－0009371　史224/171

航海章程　（美國）弗蘭克林撰　（清）徐家寶筆述　清光緒刻本　一冊

220000－0801－0009372　史224/173

河南蠶桑織務紀要不分卷　（清）河南蠶桑織務局編　清光緒七年(1881)刻本　一冊

220000－0801－0009373　史224/175

寄報章程　（清）□□撰　清末鉛印本　一冊

220000－0801－0009374　史224/176

荒政輯要九卷首一卷 （清）汪志伊撰 清道光二十九年（1849）尚義堂刻本 三冊

220000－0801－0009375 史224/177

荒政輯要九卷首一卷 （清）汪志伊撰 清同治八年（1869）楚北崇文書局刻本 二冊

220000－0801－0009376 史224/178

荒政輯要九卷首一卷 （清）汪志伊撰 清嘉慶十一年（1806）刻本 二冊

220000－0801－0009377 史224/179

欽定康濟錄四卷 （清）陸曾禹撰 清同治三年（1864）浙江撫署刻本 三冊

220000－0801－0009378 史224/179－1

欽定康濟錄四卷 （清）陸曾禹撰 清同治三年（1864）浙江撫署刻本 三冊

220000－0801－0009379 史224/179－2

欽定康濟錄四卷 （清）陸曾禹撰 清同治三年（1864）浙江撫署刻本 三冊

220000－0801－0009380 史224/180

重刻籌濟編三十二卷 （清）楊景仁撰 清道光九年（1829）刻本 七冊 缺五卷（十六至二十）

220000－0801－0009381 史224/181

地方自治財政論 （日本）石塚剛毅著 （清）友古齋主譯 清光緒二十九年（1903）上海商務印書館鉛印本 一冊

220000－0801－0009382 史224/183

貿易須知 （清）王秉元著 清光緒十八年（1892）刻本 一冊

220000－0801－0009383 史224/187

山東鹽法續增備考 （清）王定柱纂 清同治三年（1864）刻本 十冊

220000－0801－0009384 史224/197

光緒通商列表 （清）楊楷撰 清光緒十二年（1886）刻本 一冊

220000－0801－0009385 史224/198

航海通書 （清）賈步緯編譯 清光緒三十年（1904）鉛印本 一冊

220000－0801－0009386 史224/199

常昭徵信清冊 （清）俞鍾穎撰 清光緒三十四年（1908）鉛印本 一冊

220000－0801－0009387 史225/1

辛丑各國和約一卷 （清）□□撰 清末刻本 一冊

220000－0801－0009388 史225/1－1

辛丑各國和約一卷 （清）□□撰 清末刻本 一冊

220000－0801－0009389 史225/2

許竹篔先生出使函稿四卷 （清）許景澄撰 清光緒十七年（1891）鉛印本 一冊

220000－0801－0009390 史225/13

五次問答節略 （清）李鴻章等撰 清末鉛印本 一冊

220000－0801－0009391 史225/15

亞東各國稅則商埠章程一卷 （清）何爾詵譯 清光緒二十九年（1903）湖北洋務譯書局刻朱印本 一冊

220000－0801－0009392 史225/16

亞東各國約章不分卷 （清）陳肇章譯 清光緒二十九年（1903）湖北洋務譯書局刻朱印本 一冊

220000－0801－0009393 史225/18

各國約章纂要六卷首一卷附錄一卷 （清）孔慶霱輯 清光緒二十三年（1897）湖南善後局刻本 四冊

220000－0801－0009394 史225/19

各國交涉公法論十六卷 （英國）費利摩羅巴德著 清光緒二十年（1894）鉛印本 十六冊

220000－0801－0009395 史225/21

各國交涉便法論六卷 （英國）費利摩羅巴德著 清光緒二十三年（1897）上海書局石印本 六冊

220000－0801－0009396 史225/22

使俄草八卷 （清）王之春撰 清光緒二十一年（1895）上海文藝齋石印本 六冊

220000 - 0801 - 0009397　史 225/23

外國人催搭華船事宜 （□）□□撰　清光緒
七年(1881)刻本　一冊

220000 - 0801 - 0009398　史 225/24

德國合盟紀事本末不分卷 （清)徐建寅編
清末刻本　一冊

220000 - 0801 - 0009399　史 225/25

各國約章纂要六卷首一卷附錄一卷 （清)孔
慶霽輯　清光緒十七年(1891)吳橋官廨刻本
四冊

220000 - 0801 - 0009400　史 225/26

秘國條約 （清)□□撰　清末刻本　一冊

220000 - 0801 - 0009401　史 225/28

使義叢稿二卷 翟青松等譯　清光緒三十一
年(1905)駐義使署鉛印本　二冊

220000 - 0801 - 0009402　史 225/29

各國約章纂要六卷首一卷附錄一卷 （清)孔
慶霽輯　清光緒十八年(1892)上海圖書集成
印書局鉛印本　四冊

220000 - 0801 - 0009403　史 225/30

觸藩始末三卷 （□)琴閣主人記　清光緒十
一年(1885)石印本　一冊

220000 - 0801 - 0009404　史 225/31

總理衙門議訂山東曹州府教案條約 （清)總
理衙門訂　清光緒刻本　一冊

220000 - 0801 - 0009405　史 225/32

使俄草八卷 （清)王之春撰　清光緒二十一
年(1895)上海文藝齋石印本　四冊

220000 - 0801 - 0009406　史 225/32 - 1

使俄草八卷 （清)王之春撰　清光緒二十一
年(1895)上海文藝齋石印本　四冊

220000 - 0801 - 0009407　史 225/33

出使公牘十卷 （清)薛福成撰　清光緒二十
三年(1897)傳經樓刻本　三冊

220000 - 0801 - 0009408　史 225/33 - 1

出使公牘十卷 （清)薛福成撰　清光緒二十
三年(1897)傳經樓刻本　八冊

220000 - 0801 - 0009409　史 225/33 - 2

出使公牘十卷 （清)薛福成撰　清光緒二十
三年(1897)傳經樓刻本　九冊

220000 - 0801 - 0009410　史 225/33 - 3

出使公牘十卷 （清)薛福成撰　清光緒二十
三年(1897)傳經樓刻本　一冊　存一卷(一)

220000 - 0801 - 0009411　史 225/35

**浙江海運全案重編初編八卷續編四卷新編八
卷** （清)蔣益灃等纂　清同治六年(1867)刻
本　十二冊

220000 - 0801 - 0009412　史 225/35 - 1

**浙江海運全案重編初編八卷續編四卷新編八
卷** （清)蔣益灃等纂　清同治六年(1867)刻
本　九冊　缺六卷(初編一至五、新編二)

220000 - 0801 - 0009413　史 225/36

津門奉使紀聞不分卷 （清)曹和濟撰　清末
刻本　一冊

220000 - 0801 - 0009414　史 225/38

**通商各國條約類編十八卷首一卷末一卷附錄
一卷** （清)□□撰　清光緒三年(1877)畿輔
通志局刻本　六冊

220000 - 0801 - 0009415　史 225/38 - 1

**通商各國條約類編十八卷首一卷末一卷附錄
一卷** （清)□□撰　清光緒三年(1877)畿輔
通志局刻本　六冊

220000 - 0801 - 0009416　史 225/39

大清國大巴西國會訂和好通商條約 （清)
□□撰　清光緒七年(1881)刻本　一冊

220000 - 0801 - 0009417　史 225/43

中外交涉類要表光緒通商綜覈表 （清)錢學
嘉編　清光緒二十年(1894)上海醉六堂刻本
五冊

220000 - 0801 - 0009418　史 225/44

中俄約章會要三卷續編一卷 （清)□□撰
清光緒八年(1882)同文館鉛印本　四冊

220000 - 0801 - 0009419　史 225/44 - 1

中俄約章會要三卷續編一卷 （清)□□撰

清光緒八年(1882)同文館鉛印本　四冊

220000－0801－0009420　　史225/44－2

中俄約章會要三卷續編一卷　（清）□□撰
清光緒八年(1882)同文館鉛印本　四冊

220000－0801－0009421　　史225/45

中日議訂東三省條約　（清）□□撰　清光緒
三十一年(1905)鉛印本　一冊

220000－0801－0009422　　史225/46

中法合訂滇南鐵路章程一卷　（清）□□撰
清末鉛印本　一冊

220000－0801－0009423　　史225/46－1

中法合訂滇南鐵路章程一卷　（清）□□撰
清末鉛印本　一冊

220000－0801－0009424　　史225/54

中法會議越南邊界通商章程一卷　（清）□□
撰　清末刻本　一冊

220000－0801－0009425　　史225/55

中法俄英歷年交涉事宜章程條約一卷　（清）
□□撰　清末鉛印本　一冊

220000－0801－0009426　　史225/56

東三省交涉輯要十二卷　（清）劉瑞霖擬訂
清宣統二年(1910)鉛印本　六冊

220000－0801－0009427　　史225/60

美國華工禁約記　（□）□□撰　清末活字印
本　一冊

220000－0801－0009428　　史225/60－1

美國華工禁約記　（□）□□撰　清末活字印
本　一冊

220000－0801－0009429　　史225/62

**金軺籌筆四卷附和約二卷通商一卷卡倫單一
卷**　（清）朱克敬輯　清光緒十三年(1887)刻
本　四冊

220000－0801－0009430　　史225/62－1

**金軺籌筆四卷附和約二卷通商一卷卡倫單一
卷**　（清）朱克敬輯　清光緒十三年(1887)刻
本　四冊

220000－0801－0009431　　史225/62－2

**金軺籌筆四卷附和約二卷通商一卷卡倫單一
卷**　（清）朱克敬輯　清光緒十三年(1887)刻
本　四冊

220000－0801－0009432　　史225/65

交涉約案摘要七卷附編一卷　（□）□□撰
清光緒二十四年(1898)刻本　四冊

220000－0801－0009433　　史225/66

中西關係史四卷附前編一卷　（美國）林樂知
撰　清光緒十八年(1892)鉛印本　一冊

220000－0801－0009434　　史225/66－1

中西關係史四卷附前編一卷　（美國）林樂知
撰　清光緒十八年(1892)鉛印本　一冊

220000－0801－0009435　　史225/67

中俄中法交涉二卷　（清）張香清輯　清光緒
二十一年(1895)上海書局石印本　一冊

220000－0801－0009436　　史225/67－1

中俄中法交涉二卷　（清）張香清輯　清光緒
二十一年(1895)上海書局石印本　一冊

220000－0801－0009437　　史225/72

通商條約章程成案彙編三十卷　（清）李筱荃
等輯　清光緒鉛印本　十二冊

220000－0801－0009438　　史225/84

洋務時事彙編八卷　（清）葛子源輯　清光緒
二十四年(1898)上海書局石印本　十二冊

220000－0801－0009439　　史225/85

五千年中外交涉史九十七卷　（清）屯廬主人
輯　清光緒二十九年(1903)上海蜚英書局鉛
印本　十六冊

220000－0801－0009440　　史225/86

琿牘偶存　（清）李金鏞著　清光緒十一年
(1885)常熟王氏懷古山莊刻本　一冊

220000－0801－0009441　　史225/93

一九一零年禁止販賣白奴公約　（清）□□撰
清宣統二年(1910)鉛印本　一冊

220000－0801－0009442　　史225/97

護送越南貢使日記不分卷　（清）馬先登編

清同治八年(1869)敦倫堂刻本　一冊

220000－0801－0009443　史225/100
各國交涉公法論　(英國)費利摩羅巴德著
清光緒二十二年(1896)石印本　八冊

220000－0801－0009444　史225/100－1
各國交涉公法論　(英國)費利摩羅巴德著
清光緒二十二年(1896)石印本　八冊

220000－0801－0009445　史225/103
英美要例輯覽四種　(清)陳肇章譯　清光緒
二十九年(1903)湖北洋務譯書局刻本　一冊

220000－0801－0009446　史225/106
通商約章類纂三十五卷　(清)徐宗亮輯　清
光緒二十五年(1899)刻本　二十冊

220000－0801－0009447　史225/107
通商約章類纂三十五卷　(清)徐宗亮輯　清
光緒十二年(1886)天津官書局刻本　二十冊

220000－0801－0009448　史225/112
葡萄牙國條款　(清)□□編　清光緒十三年
(1887)刻本　一冊

220000－0801－0009449　史225/113
華英通商事略　(英國)偉烈亞力口譯　(清)
王韜筆錄　清光緒鉛印本　一冊

220000－0801－0009450　史225/115
外交報　(清)□□編　清末鉛印本　一冊

220000－0801－0009451　史225/216
道光條約　(清)許同華等編　清光緒鉛印本
四冊

220000－0801－0009452　史227/5
山東機器製造局章程　(□)□□撰　清光緒
刻本　一冊

220000－0801－0009453　史227/7
**工師雕斫正式魯班木經匠家鏡三卷附秘訣仙
機**　(明)午榮編　清同治九年(1870)刻本
二冊

220000－0801－0009454　史227/8
工師雕斫正式魯班木經匠家鏡三卷附圖

(明)午榮編　清刻本　二冊

220000－0801－0009455　史227/13
**工師雕斫正式魯班木經匠家鏡三卷附秘訣仙
機一卷**　(明)午榮編　清咸豐十年(1860)刻
本　二冊

220000－0801－0009456　史227/17
海塘新志六卷　(清)琅玕等纂　清末刻本
四冊

220000－0801－0009457　史227/18
海塘新志六卷　(清)琅玕等纂　清嘉慶刻本
四冊

220000－0801－0009458　史227/19
井礦工程三卷　(英國)白爾捺輯　(英國)傅
蘭雅口譯　(清)趙元益筆述　清末江南製造
總局刻本　二冊

220000－0801－0009459　史227/20
開煤要法十二卷　(英國)士密德輯　(英國)
傅蘭雅口譯　(清)王德均筆述　清末江南製
造總局刻本　二冊

220000－0801－0009460　史228/2
石林燕語辨十卷　(宋)汪應辰撰　清光緒三
十四年(1908)觀古堂刻本　一冊

220000－0801－0009461　史228/2－1
石林燕語辨十卷　(宋)汪應辰撰　清光緒三
十四年(1908)觀古堂刻本　一冊

220000－0801－0009462　史228/3
石渠餘記六卷　(清)王慶雲撰　清宣統元年
(1909)刻本　六冊

220000－0801－0009463　史228/3－1
石渠餘記六卷　(清)王慶雲撰　清宣統元年
(1909)刻本　六冊

220000－0801－0009464　史228/4
石渠餘記六卷　(清)王慶雲撰　清光緒十六
年(1890)刻本　六冊

220000－0801－0009465　史228/5
石渠餘記六卷　(清)王慶雲撰　清末刻本
六冊

220000－0801－0009466　史 228/5－1
石渠餘記六卷　（清）王慶雲撰　清末刻本
六冊

220000－0801－0009467　史 228/5－2
石渠餘記六卷　（清）王慶雲撰　清末刻本
六冊

220000－0801－0009468　史 228/5－3
石渠餘記六卷　（清）王慶雲撰　清末刻本
六冊

220000－0801－0009469　史 228/7
吳平贅言八卷　（清）董沛撰　清光緒七年
（1881）刻本　二冊

220000－0801－0009470　史 228/7－1
吳平贅言八卷　（清）董沛撰　清光緒七年
（1881）刻本　二冊

220000－0801－0009471　史 228/7－2
吳平贅言八卷　（清）董沛撰　清光緒七年
（1881）刻本　二冊

220000－0801－0009472　史 228/11
行素齋雜記二卷　（清）李佳繼昌撰　清光緒
二十七年（1901）刻本　二冊

220000－0801－0009473　史 228/11－1
行素齋雜記二卷　（清）李佳繼昌撰　清光緒
二十七年（1901）刻本　二冊

220000－0801－0009474　史 228/12
直隸清訟事宜　（清）□□撰　清同治刻本
一冊

220000－0801－0009475　史 228/14
燕翼貽謀錄五卷　（宋）王栐撰　清嘉慶刻本
二冊

220000－0801－0009476　史 228/15
書生初見不分卷　（清）翁傳照撰　清光緒二
十年（1894）刻本　一冊

220000－0801－0009477　史 228/16
中俄國際約註五卷　（清）施紹常撰　清光緒
三十一年（1905）鉛印本　二冊

220000－0801－0009478　史 228/16－1
中俄國際約註五卷　（清）施紹常撰　清光緒
三十一年（1905）鉛印本　一冊　存三卷（三
至五）

220000－0801－0009479　史 228/17
石林燕語考異十卷　（宋）葉夢得撰　清光緒
三十三年（1907）長沙葉氏刻本　二冊

220000－0801－0009480　史 228/19
資治新書初集十四卷二集二十卷首一卷
（清）李漁編　清光緒二十年（1894）上海圖書
集成印書局鉛印本　十二冊

220000－0801－0009481　史 228/20
養吉齋叢錄二十六卷餘錄十卷　（清）吳振棫
撰　清光緒二十二年（1896）刻本　八冊

220000－0801－0009482　史 228/20－1
養吉齋叢錄二十六卷餘錄十卷　（清）吳振棫
撰　清光緒二十二年（1896）刻本　八冊

220000－0801－0009483　史 228/20－2
養吉齋叢錄二十六卷餘錄十卷　（清）吳振棫
撰　清光緒二十二年（1896）刻本　八冊

220000－0801－0009484　史 228/20－3
養吉齋叢錄二十六卷餘錄十卷　（清）吳振棫
撰　清光緒二十二年（1896）刻本　八冊

220000－0801－0009485　史 228/21
掌錄二卷　（清）陳祖范撰　清光緒十七年
（1891）廣雅書局刻本　一冊

220000－0801－0009486　史 228/23
新增資治新書初集十四卷二集二十卷首一卷
（清）李漁輯　清末尚德堂刻本　二十四冊

220000－0801－0009487　史 228/24
皇朝掌故彙編外編四十卷首一卷　（□）□□
撰　清末求實書社鉛印本　二十四冊

220000－0801－0009488　史 228/24－1
皇朝掌故彙編外編四十卷首一卷　（□）□□
撰　清末求實書社鉛印本　二十三冊　缺一
卷（十八）

220000－0801－0009489　史 241/1

望堂金石不分卷　楊守敬撰　清宣統二年(1910)刻本　六冊

220000－0801－0009490　史241/2
望堂金石文字不分卷　楊守敬撰　清光緒三年(1877)刻本　六冊

220000－0801－0009491　史241/8
兩浙金石志十八卷補遺一卷　(清)阮元編録　清光緒十六年(1890)浙江書局刻本　十二冊

220000－0801－0009492　史241/8－1
兩浙金石志十八卷補遺一卷　(清)阮元編録　清光緒十六年(1890)浙江書局刻本　十一冊　缺一卷(十八)

220000－0801－0009493　史241/8－2
兩浙金石志十八卷補遺一卷　(清)阮元編録　清光緒十六年(1890)浙江書局刻本　十二冊

220000－0801－0009494　史241/8－3
兩浙金石志十八卷補遺一卷　(清)阮元編録　清光緒十六年(1890)浙江書局刻本　十三冊

220000－0801－0009495　史241/8－4
兩浙金石志十八卷補遺一卷　(清)阮元編録　清光緒十六年(1890)浙江書局刻本　十二冊

220000－0801－0009496　史241/10
兩罍軒彝器圖釋十二卷　(清)吳雲編　清末影印本　六冊

220000－0801－0009497　史241/10－1
兩罍軒彝器圖釋十二卷　(清)吳雲編　清末影印本　六冊

220000－0801－0009498　史241/11
兩罍軒彝器圖釋十二卷　(清)吳雲編　清末影印本　六冊

220000－0801－0009499　史241/11－1
兩罍軒彝器圖釋十二卷　(清)吳雲編　清末影印本　六冊

220000－0801－0009500　史241/11－2
兩罍軒彝器圖釋十二卷　(清)吳雲編　清末影印本　六冊

220000－0801－0009501　史241/11－3
兩罍軒彝器圖釋十二卷　(清)吳雲編　清末影印本　六冊

220000－0801－0009502　史241/11－4
兩罍軒彝器圖釋十二卷　(清)吳雲編　清末影印本　六冊

220000－0801－0009503　史241/13
孫谿朱氏金石叢書一百五十二卷　(清)朱記榮輯訂　清光緒十四年(1888)刻本　四十冊

220000－0801－0009504　史241/13－1
孫谿朱氏金石叢書一百五十二卷　(清)朱記榮輯訂　清光緒十四年(1888)刻本　四十冊

220000－0801－0009505　史241/15
函青閣金石記四卷　(清)楊鐸撰　清道光二十年(1840)刻本　二冊

220000－0801－0009506　史241/17
香南精舍金石契　(清)崇恩撰　清光緒二十六年(1900)影印本　二冊

220000－0801－0009507　史241/17－1
香南精舍金石契　(清)崇恩撰　清光緒二十六年(1900)影印本　二冊

220000－0801－0009508　史241/18
集古録十卷　(宋)歐陽修撰　清抄本　二冊

220000－0801－0009509　史241/21
山左金石志二十四卷　(清)畢沅　(清)阮元撰　清嘉慶二年(1797)刻本　十一冊

220000－0801－0009510　史241/24
吳興金石記十六卷　(清)陸心源撰　清光緒十六年(1890)刻本　六冊

220000－0801－0009511　史241/24－1
吳興金石記十六卷　(清)陸心源撰　清光緒十六年(1890)刻本　六冊

220000－0801－0009512　史241/25

粵東金石略九卷首一卷附二卷　（清）翁方綱撰　清光緒十七年(1891)影印本　四冊

220000－0801－0009513　史241/29
金石錄三十卷　（宋）趙明誠撰　清光緒十三年(1887)刻本　四冊

220000－0801－0009514　史241/31
安陽縣金石錄十二卷　（清）武億著　清末刻本　四冊

220000－0801－0009515　史241/31－1
安陽縣金石錄十二卷　（清）武億著　清末刻本　四冊

220000－0801－0009516　史241/35
濟州金石志八卷　（清）徐宗幹輯　清道光二十五年(1845)刻本　八冊

220000－0801－0009517　史241/36
江甯金石記八卷待訪目二卷　（清）嚴觀輯　清宣統二年(1910)刻本　二冊

220000－0801－0009518　史241/36－1
江甯金石記八卷待訪目二卷　（清）嚴觀輯　清宣統二年(1910)刻本　二冊

220000－0801－0009519　史241/36－2
江甯金石記八卷待訪目二卷　（清）嚴觀輯　清宣統二年(1910)刻本　二冊

220000－0801－0009520　史241/36－3
江甯金石記八卷待訪目二卷　（清）嚴觀輯　清宣統二年(1910)刻本　二冊

220000－0801－0009521　史241/36－4
江甯金石記八卷待訪目二卷　（清）嚴觀輯　清宣統二年(1910)刻本　二冊

220000－0801－0009522　史241/39
潛研堂金石文跋尾二十卷附潛研堂金石文字目錄八卷　（清）錢大昕撰　清光緒十年(1884)長沙龍氏家塾刻本　十冊

220000－0801－0009523　史241/43
湖南金石志二十卷　（清）瞿中溶撰　清嘉慶二十五年(1820)刻本　四冊

220000－0801－0009524　史241/49
十二硯齋金石過眼錄十八卷續錄六卷　（清）汪鋆撰　清光緒元年(1875)刻本　十冊

220000－0801－0009525　史241/49－1
十二硯齋金石過眼錄十八卷續錄六卷　（清）汪鋆撰　清光緒元年(1875)刻本　四冊　缺六卷(續錄六卷)

220000－0801－0009526　史241/56
吉金志存四卷　（清）李光庭輯　清咸豐九年(1859)刻本　四冊

220000－0801－0009527　史241/56－1
吉金志存四卷　（清）李光庭輯　清咸豐九年(1859)刻本　四冊

220000－0801－0009528　史241/56－2
吉金志存四卷　（清）李光庭輯　清咸豐九年(1859)刻本　四冊

220000－0801－0009529　史241/58
求古精舍金石圖四卷　（清）陳經輯　清嘉慶二十三年(1818)刻本　四冊

220000－0801－0009530　史241/58－1
求古精舍金石圖四卷　（清）陳經輯　清嘉慶二十三年(1818)刻本　二冊

220000－0801－0009531　史241/58－2
求古精舍金石圖四卷　（清）陳經輯　清嘉慶二十三年(1818)刻本　四冊

220000－0801－0009532　史241/58－3
求古精舍金石圖四卷　（清）陳經輯　清嘉慶二十三年(1818)刻本　四冊

220000－0801－0009533　史241/58－4
求古精舍金石圖四卷　（清）陳經輯　清嘉慶二十三年(1818)刻本　八冊

220000－0801－0009534　史241/61
萬邑西南山石刻記二卷附錄一卷　況周儀撰　清光緒二十九年(1903)刻本　一冊

220000－0801－0009535　史241/62
荊南萃古編　（清）周懋琦輯　清光緒二十年(1894)刻本　二冊

220000－0801－0009536　　史 241/66
九鐘精舍金石跋尾甲編　吳士鑑撰　清宣統
二年(1910)刻本　一冊

220000－0801－0009537　　史 241/66－1
九鐘精舍金石跋尾甲編　吳士鑑撰　清宣統
二年(1910)刻本　一冊

220000－0801－0009538　　史 241/71
來齋金石刻攷畧三卷　（清）林侗纂輯　清道
光二十一年(1841)刻本　三冊

220000－0801－0009539　　史 241/73
東甌金石志十卷　（清）戴咸弼輯　清光緒二
年(1876)浙江溫州郡庠活字印本　四冊

220000－0801－0009540　　史 241/74
東甌金石志十二卷　（清）戴咸弼輯　清光緒
九年(1883)瑞安刻本　四冊

220000－0801－0009541　　史 241/75
東甌金石志十二卷　（清）戴咸弼撰　清光緒
八年(1882)刻本　四冊

220000－0801－0009542　　史 241/77
結一廬朱氏賸餘叢書　（清）朱澂輯　清光緒
三十一年(1905)仁和朱氏刻本　十四冊

220000－0801－0009543　　史 241/82
長安獲古編二卷　（清）劉喜海撰　清光緒三
十一年(1905)刻本　二冊

220000－0801－0009544　　史 241/82－1
長安獲古編二卷　（清）劉喜海撰　清光緒三
十一年(1905)刻本　二冊

220000－0801－0009545　　史 241/82－2
長安獲古編二卷　（清）劉喜海撰　清光緒三
十一年(1905)刻本　二冊

220000－0801－0009546　　史 241/84
關中金石記八卷　（清）畢沅纂修　清光緒三
十四年(1908)刻本　四冊

220000－0801－0009547　　史 241/88
學古齋金石叢書　（清）葛元煦輯　清光緒三
十年(1904)會稽取斯堂董氏刻本　二十四冊

220000－0801－0009548　　史 241/88－1
學古齋金石叢書　（清）葛元煦輯　清光緒三
十年(1904)會稽取斯堂董氏刻本　二十四冊

220000－0801－0009549　　史 241/89
陶齋藏石記四十四卷藏塼記二卷　（清）端方
撰　清宣統元年(1909)石印本　十二冊

220000－0801－0009550　　史 241/89－1
陶齋藏石記四十四卷藏塼記二卷　（清）端方
撰　清宣統元年(1909)石印本　十二冊

220000－0801－0009551　　史 241/89－2
陶齋藏石記四十四卷藏塼記二卷　（清）端方
撰　清宣統元年(1909)石印本　十二冊

220000－0801－0009552　　史 241/89－3
陶齋藏石記四十四卷藏塼記二卷　（清）端方
撰　清宣統元年(1909)石印本　十二冊

220000－0801－0009553　　史 241/93
金石記十卷　（清）王軒等纂　清光緒十八年
(1892)刻本　五冊

220000－0801－0009554　　史 241/94
金石三例　（清）盧見曾輯　清光緒四年
(1878)刻本　四冊

220000－0801－0009555　　史 241/94－1
金石三例　（清）盧見曾輯　清光緒四年
(1878)刻本　四冊

220000－0801－0009556　　史 241/94－2
金石三例　（清）盧見曾輯　清光緒四年
(1878)刻本　四冊

220000－0801－0009557　　史 241/95
金石三例　（清）盧見曾輯　清嘉慶十六年
(1811)雙峯閣刻本　六冊

220000－0801－0009558　　史 241/96
金石存十五卷　（清）吳玉搢撰　清嘉慶二十
四年(1819)刻本　六冊

220000－0801－0009559　　史 241/97
金石索十二卷　（清）馮雲鵬輯　清光緒十九
年(1893)上海積山書局石印本　二十四冊

220000－0801－0009560　史 241/97－1

金石索十二卷　（清）馮雲鵬輯　清光緒十九年(1893)上海積山書局石印本　三冊　存三卷(一、五至六)

220000－0801－0009561　史 241/98

金石索十二卷　（清）馮雲鵬輯　清光緒三十三年(1907)上海文新局石印本　二十四冊

220000－0801－0009562　史 241/99

金石索十二卷　（清）馮雲鵬輯　清道光元年(1821)滋陽縣署刻本　十二冊

220000－0801－0009563　史 241/99－1

金石索十二卷　（清）馮雲鵬輯　清道光元年(1821)滋陽縣署刻本　十二冊

220000－0801－0009564　史 241/99－2

金石索十二卷　（清）馮雲鵬輯　清道光元年(1821)滋陽縣署刻本　十二冊

220000－0801－0009565　史 241/99－3

金石索十二卷　（清）馮雲鵬輯　清道光元年(1821)滋陽縣署刻本　十二冊

220000－0801－0009566　史 241/101

金石苑不分卷　（清）劉喜海撰　清道光二十八年(1848)刻本　十六冊

220000－0801－0009567　史 241/103

金石萃編一百六十卷　（清）王昶撰　**金石續編二十一卷**　（清）陸耀通纂　清光緒十九年(1893)上海醉六堂石印本　二十四冊

220000－0801－0009568　史 241/103－1

金石萃編一百六十卷　（清）王昶撰　**金石續編二十一卷**　（清）陸耀通纂　清光緒十九年(1893)上海醉六堂石印本　二十三冊

220000－0801－0009569　史 241/105

金石萃編一百六十卷　（清）王昶撰　清嘉慶十年(1805)刻本　六十四冊

220000－0801－0009570　史 241/105－1

金石萃編一百六十卷　（清）王昶撰　清嘉慶十年(1805)刻本　六十四冊

220000－0801－0009571　史 241/105－2

金石萃編一百六十卷　（清）王昶撰　清嘉慶十年(1805)刻本　六十四冊

220000－0801－0009572　史 241/106

金石續編二十一卷　（清）陸耀通撰　清同治十三年(1874)雙白燕堂刻本　十六冊

220000－0801－0009573　史 241/106－1

金石續編二十一卷　（清）陸耀通撰　清同治十三年(1874)雙白燕堂刻本　十六冊

220000－0801－0009574　史 241/107

金石萃編補略二卷　（清）王言撰　清光緒八年(1882)刻本　四冊

220000－0801－0009575　史 241/107－1

金石萃編補略二卷　（清）王言撰　清光緒八年(1882)刻本　四冊

220000－0801－0009576　史 241/108

重定金石契不分卷　（清）張燕昌輯　清光緒二十二年(1896)刻套印本　四冊

220000－0801－0009577　史 241/108－1

重定金石契不分卷　（清）張燕昌輯　清光緒二十二年(1896)刻套印本　四冊

220000－0801－0009578　史 241/110

金石圖說不分卷　（清）牛運震集說　（清）褚峻圖　清光緒二十一年(1895)聚學軒刻本　四冊

220000－0801－0009579　史 241/111

金石屑不分卷　（清）鮑昌熙撰　清光緒二年(1876)刻本　四冊

220000－0801－0009580　史 241/120

關中金石文字存逸考十二卷　（清）毛鳳枝撰　清光緒二十七年(1901)顧氏刻本　八冊

220000－0801－0009581　史 241/121

金石文字記六卷　（清）顧炎武撰　清中葉刻本　六冊

220000－0801－0009582　史 241/122

寶刻叢編二十卷　（宋）陳思撰　清中葉刻本　八冊

220000－0801－0009583　　史241/127

鐵函齋書跋四卷　（清）楊賓撰　清道光二十七年(1847)粵東糧道署刻本　一冊

220000－0801－0009584　　史241/130

金石索十二卷　（清）馮雲鵬等輯　清末上海校經山房影印本　十二冊

220000－0801－0009585　　史241/133

九鐘精舍金石跋尾甲編　吳士鑑撰　清宣統二年(1910)刻本　一冊

220000－0801－0009586　　史241/139

行素草堂金石叢書十六種　（清）朱記榮輯　清光緒十二年(1886)吳縣朱氏家塾刻本　十五冊

220000－0801－0009587　　史242/6

殷商貞卜文字考　羅振玉撰　清宣統二年(1910)油印本　一冊

220000－0801－0009588　　史242/8

殷商貞卜文字考不分卷　羅振玉撰　清宣統二年(1910)石印本　一冊

220000－0801－0009589　　史242/8－1

殷商貞卜文字考不分卷　羅振玉撰　清宣統二年(1910)石印本　一冊

220000－0801－0009590　　史242/8－2

殷商貞卜文字考不分卷　羅振玉撰　清宣統二年(1910)石印本　一冊

220000－0801－0009591　　史242/8－3

殷商貞卜文字考不分卷　羅振玉撰　清宣統二年(1910)石印本　一冊

220000－0801－0009592　　史242/8－4

殷商貞卜文字考不分卷　羅振玉撰　清宣統二年(1910)石印本　一冊

220000－0801－0009593　　史242/39

契文舉例二卷　（清）孫詒讓撰　清光緒三十年(1904)影印本　二冊

220000－0801－0009594　　史242/39－1

契文舉例二卷　（清）孫詒讓撰　清光緒三十年(1904)影印本　二冊

220000－0801－0009595　　史242/39－2

契文舉例二卷　（清）孫詒讓撰　清光緒三十年(1904)影印本　二冊

220000－0801－0009596　　史242/39－3

契文舉例二卷　（清）孫詒讓撰　清光緒三十年(1904)影印本　二冊

220000－0801－0009597　　史242/48

國學叢刊十三卷　羅振玉編撰　清宣統三年(1911)影印本　二冊

220000－0801－0009598　　史242/48－1

國學叢刊十三卷　羅振玉編撰　清宣統三年(1911)影印本　二冊

220000－0801－0009599　　史242/48－2

國學叢刊十三卷　羅振玉編撰　清宣統三年(1911)影印本　二冊

220000－0801－0009600　　史242/48－3

國學叢刊十三卷　羅振玉編撰　清宣統三年(1911)影印本　二冊

220000－0801－0009601　　史242/48－4

國學叢刊十三卷　羅振玉編撰　清宣統三年(1911)影印本　二冊

220000－0801－0009602　　史242/48－5

國學叢刊十三卷　羅振玉編撰　清宣統三年(1911)影印本　三冊

220000－0801－0009603　　史243/6

二百蘭亭齋金石記三卷　（清）吳雲撰　清咸豐六年(1856)吳氏刻本　四冊

220000－0801－0009604　　史243/8

御製西清古鑑四十卷附錢錄十六卷　（清）梁詩正等編　清光緒十四年(1888)邁宋書館刻本　二十四冊

220000－0801－0009605　　史243/9

西清古鑑四十卷附錢錄十六卷　（清）梁詩正等編　清光緒十四年(1888)邁宋書館刻本　二十四冊

220000－0801－0009606　　史243/9－1

西清古鑑四十卷附錢錄十六卷　（清）梁詩正

等編　清光緒十四年（1888）邁宋書館刻本
二十四冊

220000－0801－0009607　史 243/9－2
西清古鑑四十卷附錢錄十六卷　（清）梁詩正
等編　清光緒十四年（1888）邁宋書館刻本
二十四冊

220000－0801－0009608　史 243/9－3
西清古鑑四十卷附錢錄十六卷　（清）梁詩正
等編　清光緒十四年（1888）邁宋書館刻本
十六冊

220000－0801－0009609　史 243/10
西清古鑑四十卷附錢錄十六卷　（清）梁詩正
等編　清光緒十四年（1888）上海鴻文書局石
印本　二十四冊

220000－0801－0009610　史 243/10－1
西清古鑑四十卷附錢錄十六卷　（清）梁詩正
等編　清光緒十四年（1888）上海鴻文書局石
印本　二十四冊

220000－0801－0009611　史 243/11
西清古鑑四十卷附錢錄十六卷　（清）梁詩正
等編　清光緒三十四年（1908）刻本　二十
四冊

220000－0801－0009612　史 243/12
西清續鑑甲編二十卷附錄一卷　（清）梁詩正
等編　清宣統三年（1911）影印本　四十二冊

220000－0801－0009613　史 243/12－1
西清續鑑甲編二十卷附錄一卷　（清）梁詩正
等編　清宣統三年（1911）影印本　四十二冊

220000－0801－0009614　史 243/17
從古堂欵識學十六卷　（清）徐同柏撰　清光
緒三十二年（1906）石印本　八冊

220000－0801－0009615　史 243/22
焦山鼎銘攷　（清）翁方綱編　清咸豐二年
（1852）石印本　一冊

220000－0801－0009616　史 243/23
精拓毛公鼎一卷　（□）□□書　清王石經拓
本　一冊

426

220000－0801－0009617　史 243/29
虞夏贖金釋文一卷　（清）劉師陸述　清同治
十二年（1873）石印本　一冊

220000－0801－0009618　史 243/34
積古齋鐘鼎款識稿本四卷附一卷　（清）阮元
編　清光緒三十二年（1906）影印本　三冊

220000－0801－0009619　史 243/35
積古齋鐘鼎彝器款識十卷　（清）阮元編　清
光緒二十三年（1897）上海醉六堂石印本
五冊

220000－0801－0009620　史 243/36
積古齋鐘鼎彝器款識十卷　（清）阮元編錄
清咸豐五年（1855）刻本　四冊

220000－0801－0009621　史 243/37
積古齋鐘鼎彝器款識十卷　（清）阮元編　清
光緒八年（1882）抱芳閣刻本　四冊

220000－0801－0009622　史 243/38
積古齋鐘鼎彝器款識十卷　（清）阮元編　清
光緒九年（1883）鮑氏刻本　六冊

220000－0801－0009623　史 243/38－1
積古齋鐘鼎彝器款識十卷　（清）阮元編　清
光緒九年（1883）鮑氏刻本　四冊

220000－0801－0009624　史 243/39
積古齋鐘鼎彝器款識十卷　（清）阮元編錄
清光緒五年（1879）武昌刻本　六冊

220000－0801－0009625　史 243/39－1
積古齋鐘鼎彝器款識十卷　（清）阮元編錄
清光緒五年（1879）武昌刻本　六冊

220000－0801－0009626　史 243/60
奇觚室吉金文述二十卷　（清）劉心源撰　清
光緒二十八年（1902）刻本　十冊

220000－0801－0009627　史 243/63
攀古廎彝器款識二卷　（清）潘祖蔭撰　清同
治十一年（1872）滂喜齋刻本　二冊

220000－0801－0009628　史 243/63－1
攀古廎彝器款識二卷　（清）潘祖蔭撰　清同
治十一年（1872）滂喜齋刻本　二冊

220000－0801－0009629　史 243/63－2

攀古廎彝器款識二卷　（清）潘祖蔭撰　清同
治十一年（1872）滂喜齋刻本　二冊

220000－0801－0009630　史 243/65

敬吾心室彝器款識　（清）李宗昉輯　清光緒
三十四年（1908）影印本　二冊

220000－0801－0009631　史 243/65－1

敬吾心室彝器款識　（清）李宗昉輯　清光緒
三十四年（1908）影印本　二冊

220000－0801－0009632　史 243/65－2

敬吾心室彝器款識　（清）李宗昉輯　清光緒
三十四年（1908）影印本　二冊

220000－0801－0009633　史 243/66

攈古錄金文三卷　（清）吳式芬撰　清光緒二
十一年（1895）刻本　九冊

220000－0801－0009634　史 243/66－1

攈古錄金文三卷　（清）吳式芬撰　清光緒二
十一年（1895）刻本　九冊

220000－0801－0009635　史 243/66－2

攈古錄金文三卷　（清）吳式芬撰　清光緒二
十一年（1895）刻本　九冊

220000－0801－0009636　史 243/75

歷代鐘鼎彝器款識法帖二十卷　（清）阮元撰
　清嘉慶二年（1797）刻本　四冊

220000－0801－0009637　史 243/75－1

歷代鐘鼎彝器款識法帖二十卷　（清）阮元撰
　清嘉慶二年（1797）刻本　四冊

220000－0801－0009638　史 243/75－2

歷代鐘鼎彝器款識法帖二十卷　（清）阮元撰
　清嘉慶二年（1797）刻本　一冊

220000－0801－0009639　史 243/80

周遂鼎圖款識　（清）葉志詵等撰　清道光二
十九年（1849）刻本　一冊

220000－0801－0009640　史 243/81

陶齋吉金錄八卷續錄二卷　（清）端方撰　清
光緒、宣統石印本　十冊

220000－0801－0009641　史 243/81－1

陶齋吉金錄八卷續錄二卷　（清）端方撰　清
光緒、宣統石印本　八冊　缺二卷（續錄二
卷）

220000－0801－0009642　史 243/81－2

陶齋吉金錄八卷續錄二卷　（清）端方撰　清
光緒、宣統石印本　十冊

220000－0801－0009643　史 243/81－3

陶齋吉金錄八卷續錄二卷　（清）端方撰　清
光緒、宣統石印本　十冊

220000－0801－0009644　史 243/90

鐘鼎款識　（清）王順伯編　清嘉慶七年
（1802）石印本　一冊

220000－0801－0009645　史 243/95

筠清館金石文字五卷　（清）吳榮光撰　清道
光二十二年（1842）吳氏筠清館刻本　五冊

220000－0801－0009646　史 243/96

懷米山房吉金圖　（清）曹載奎摹　清道光十
九年（1839）刻并拓本　二冊

220000－0801－0009647　史 243/98

恒軒所見所藏吉金錄不分卷　（清）吳大澂編
　清光緒十一年（1885）刻本　四冊

220000－0801－0009648　史 243/98－1

恒軒所見所藏吉金錄不分卷　（清）吳大澂編
　清光緒十一年（1885）刻本　二冊

220000－0801－0009649　史 243/98－2

恒軒所見所藏吉金錄不分卷　（清）吳大澂編
　清光緒十一年（1885）刻本　二冊

220000－0801－0009650　史 243/99

商戉起鐘拓片　（□）□□書　清光緒拓本
一幅

220000－0801－0009651　史 243/100

新莽衡拓片　（□）□□撰　清光緒拓本
一幅

220000－0801－0009652　史 243/101

旅寶鼎拓片　（□）□□書　清末拓本　一幅

427

220000－0801－0009653　史243/103
焦山鼎拓片　（□）□□書　清光緒三十二年
(1906)拓本　一幅

220000－0801－0009654　史243/110
漢銅器屏拓片　（□）□□書　清末拓本
八幅

220000－0801－0009655　史243/113
唯叔匜拓片　（□）□□書　清末拓本　一幅

220000－0801－0009656　史243/116
周旅敦拓片　（□）□□書　清末拓本　一幅

220000－0801－0009657　史243/117
周盂鼎銘拓片　（□）□□書　清末拓本
一幅

220000－0801－0009658　史243/118
周毛公鼎拓片　（□）□□書　清末拓本
一幅

220000－0801－0009659　史243/119
周師寰敦拓片　（□）□□書　清末拓本　一
幅

220000－0801－0009660　史243/121
周其奠句鑃拓片　（□）□□書　清宣統二年
(1910)拓本　一幅

220000－0801－0009661　史243/123
周成王鼎拓片　（□）□□書　清末拓本
一幅

220000－0801－0009662　史243/124
周父辛鹵拓片　（□）□□書　清末拓本
一幅

220000－0801－0009663　史243/125
周父乙彝拓片　（□）□□書　清末拓本
一幅

220000－0801－0009664　史243/126
周父乙尊拓片　（□）□□書　清末拓本
一幅

220000－0801－0009665　史243/127
周光敦拓片　（□）□□書　清末拓本　一幅

220000－0801－0009666　史243/128
周曾伯霥簠拓片　（□）□□書　清光緒三十
二年(1906)拓本　一幅

220000－0801－0009667　史243/135
古鏡譜　（□）□□書　清末拓本　一冊　存
三十四幅圖(三十二至六十五)

220000－0801－0009668　史243/137
積古齋鐘鼎彝器款識十卷　（清）阮元編輯
清光緒三十三年(1907)上海醉六堂石印本
四冊

220000－0801－0009669　史243/138
鐘鼎籀篆大觀不分卷　（清）吳大澂釋文　清
光緒十三年(1887)上海碧梧山莊石印本
十冊

220000－0801－0009670　史244/2
褒沖齋石刻三十七種十二卷　（清）斌良輯
清末拓本　十二冊

220000－0801－0009671　史244/2－1
褒沖齋石刻三十七種十二卷　（清）斌良輯
清末拓本　六冊　存十種

220000－0801－0009672　史244/4
三希堂法帖　（清）梁詩正等校　清同治四年
(1865)拓本　三十二冊

220000－0801－0009673　史244/4－1
三希堂法帖　（清）梁詩正等校　清同治四年
(1865)拓本　三十二冊

220000－0801－0009674　史244/9
平遠山房法帖四卷　（清）李延敬輯　清嘉慶
七年(1802)拓本　四冊

220000－0801－0009675　史244/10
太原段帖　（清）傅山書　清段氏刻并拓本
四冊

220000－0801－0009676　史244/11
天香樓藏帖八卷續二卷附刻二卷　（清）王望
霖摹　清嘉慶、道光王望霖摹刻本　十二冊

220000－0801－0009677　史244/11－1
天香樓藏帖八卷續二卷附刻二卷　（清）王望

霖摹　清嘉慶、道光王望霖摹刻本　十冊
缺二卷(附刻二卷)

220000－0801－0009678　　史244/12
殘石八種　(清)趙之謙校　清末拓本　一冊

220000－0801－0009679　　史244/13
聽雨樓法帖　(清)周於禮輯　清拓本　六冊

220000－0801－0009680　　史244/15
瑯琊臺刻石　(秦)李斯書　清拓本　一冊

220000－0801－0009681　　史244/17
經訓堂法帖十二卷　(清)畢沅輯　清拓本
十二冊

220000－0801－0009682　　史244/18
貞隱園法帖十卷　(清)李威輯　清嘉慶十八
年(1813)謝表岩刻并拓本　十冊

220000－0801－0009683　　史244/20
嶽雪樓鑑真法帖十二卷　(清)孔廣陶輯　清
光緒六年(1880)孔氏嶽雪樓刻并拓本　十
二冊

220000－0801－0009684　　史244/20－1
嶽雪樓鑑真法帖十二卷　(清)孔廣陶輯　清
光緒六年(1880)孔氏嶽雪樓刻并拓本　十
二冊

220000－0801－0009685　　史244/25
壯陶閣帖拓本　裴景福摹　清末拓本　三十
六冊

220000－0801－0009686　　史244/26
響堂山刻石　(□)□□撰　清拓本　二十冊

220000－0801－0009687　　史244/28
倦舫法帖　(清)洪瞻墉輯　清道光六年
(1826)拓本　八冊

220000－0801－0009688　　史244/29
秋碧堂書八卷　(清)梁清標輯　清尤永福刻
嘉慶、道光拓本　八冊

220000－0801－0009689　　史244/29－1
秋碧堂書八卷　(清)梁清標輯　清尤永福刻
嘉慶、道光拓本　八冊

220000－0801－0009690　　史244/33
淳化閣法帖　(宋)王著編摹　清道光拓本
十冊

220000－0801－0009691　　史244/35
淳化閣法帖　(宋)王著編摹　清末拓本
十冊

220000－0801－0009692　　史244/38
寄暢園法帖六卷　(清)秦震鈞輯　清嘉慶六
年(1801)秦氏寄暢園刻并拓本　六冊

220000－0801－0009693　　史244/40
澄鑑堂石刻　(清)錢泳摹書并序　清道光八
年(1828)刻并拓本　四冊

220000－0801－0009694　　史244/43
汝帖十二卷　(宋)王寀輯　清拓本　六冊

220000－0801－0009695　　史244/43－1
汝帖十二卷　(宋)王寀輯　清拓本　四冊

220000－0801－0009696　　史244/44
漢魏隸書十三種　(□)□□撰　清拓本
七冊

220000－0801－0009697　　史244/45
過雪樓藏帖八卷　(清)顧廣圻輯　清光緒拓
本　八冊

220000－0801－0009698　　史244/47
望雲樓集帖　(清)謝恭銘輯　清嘉慶、道光
拓本　六冊

220000－0801－0009699　　史244/48
初拓四種　(宋)黃庭堅等書　清末拓本
五冊

220000－0801－0009700　　史244/49
湖海閣藏帖八卷　(清)葉元封輯　清光緒十
九年(1893)石拓本　八冊

220000－0801－0009701　　史244/50
澹盧堂墨刻八卷　(清)汪鳴珂輯　清拓本
四冊

220000－0801－0009702　　史244/51
滋蕙堂墨寶八卷　(清)曾恒德輯　清拓本

八冊

220000 – 0801 – 0009703　史 244/51 – 1
滋蕙堂墨寶八卷　（清）曾恒德輯　清拓本
八冊

220000 – 0801 – 0009704　史 244/52
海山仙館藏真帖初刻十六卷續刻十六卷三刻
十六卷海山仙館藏摹古帖十二卷　（清）潘仕
成輯　清拓本　六十冊

220000 – 0801 – 0009705　史 244/53
古寶賢堂帖　（明）朱奇源輯　清光緒元年
（1875）拓本　四冊

220000 – 0801 – 0009706　史 244/55
古今楹聯彙刻十二卷首一卷　（清）吳隱輯
清光緒二十八年（1902）拓本　六冊

220000 – 0801 – 0009707　史 244/56
樸園藏帖　（清）錢泳輯　清末拓本　八冊

220000 – 0801 – 0009708　史 244/57
楷帖七十種　（□）□□輯　清宣統元年
（1909）影印拓本　八冊

220000 – 0801 – 0009709　史 244/59
蘭言室藏帖四卷　（清）王壽康輯　清末拓本
四冊

220000 – 0801 – 0009710　史 244/60
重刻草書要領　（清）李雲麟輯　清光緒十四
年（1888）李氏拓本　五冊

220000 – 0801 – 0009711　史 244/63
松雪齋法書墨刻　（清）英和摹刻　清嘉慶二
十年（1815）拓本　六冊

220000 – 0801 – 0009712　史 244/64
王虛舟先生撫應朝法帖十六卷　（清）王澍臨
清拓本　十六冊

220000 – 0801 – 0009713　史 244/66
秦郵帖　（清）錢泳輯　清嘉慶二十年（1815）
拓本　六冊

220000 – 0801 – 0009714　史 244/67
環香堂法帖　（□）□□輯　清拓本　一冊

220000 – 0801 – 0009715　史 244/69
畊霞溪館叢帖九卷　（清）葉應暘輯　清道光
二十年（1840）葉氏拓本　四冊

220000 – 0801 – 0009716　史 244/72
盼雲軒鑒定真跡四卷　（清）李若昌輯　清光
緒元年（1875）李氏拓本　二冊

220000 – 0801 – 0009717　史 244/73
隱墨齋帖　（清）孔繼涑書　清嘉慶二十三年
（1818）拓本　八冊

220000 – 0801 – 0009718　史 244/74
風滿樓集帖六卷　（清）葉夢龍編　清道光十
年（1830）刻本　六冊

220000 – 0801 – 0009719　史 244/75
谷園摹古法帖　（清）孔繼涑輯　清刻本　二
十冊

220000 – 0801 – 0009720　史 244/75 – 1
谷園摹古法帖　（清）孔繼涑輯　清刻本　二
十冊

220000 – 0801 – 0009721　史 244/76
人帖四卷附續一卷　（清）鐵保輯　清咸豐八
年（1858）拓本　五冊

220000 – 0801 – 0009722　史 244/78
筠清館法帖六卷　（清）吳榮光輯　清道光十
年（1830）吳氏拓本　六冊

220000 – 0801 – 0009723　史 244/80
小長蘆館集帖　（清）嚴信厚輯　清光緒二十
六年（1900）拓本　五冊

220000 – 0801 – 0009724　史 244/82
惟清齋法帖八卷　（清）鐵保臨　清嘉慶二十
一年（1816）拓本　八冊

220000 – 0801 – 0009725　史 244/82 – 1
惟清齋法帖八卷　（清）鐵保臨　清嘉慶二十
一年（1816）拓本　四冊　存四卷（一至四）

220000 – 0801 – 0009726　史 244/84
玉虹鑑真帖十三卷續十三卷　（清）孔繼涑輯
清末拓本　二十六冊

220000 – 0801 – 0009727　　史 244/84 – 1

玉虹鑑真帖十三卷續十三卷　　(清)孔繼涑輯
清末拓本　二十六冊

220000 – 0801 – 0009728　　史 244/103

瘞鶴銘考補一卷　(清)翁方綱撰　**山樵書外
紀一卷**　(清)張開福撰　清末刻本　一冊

220000 – 0801 – 0009729　　史 244/103 – 1

瘞鶴銘考補一卷　(清)翁方綱撰　**山樵書外
紀一卷**　(清)張開福撰　清末刻本　一冊

220000 – 0801 – 0009730　　史 244/106

高句麗永樂太王古碑歌攷一卷　(清)王志修
撰　清光緒二十一年(1895)奉天軍糧署刻本
一冊

220000 – 0801 – 0009731　　史 244/107

高麗國永樂好太王碑釋文纂考一卷　鄭文焯
撰　清光緒二十六年(1900)平湖朱氏經注齋
刻本　一冊

220000 – 0801 – 0009732　　史 244/108

高麗好大王碑六卷　楊守敬撰　清宣統元年
(1909)刻本　六冊

220000 – 0801 – 0009733　　史 244/108 – 1

高麗好大王碑六卷　楊守敬撰　清宣統元年
(1909)刻本　六冊

220000 – 0801 – 0009734　　史 244/108 – 2

高麗好大王碑六卷　楊守敬撰　清宣統元年
(1909)刻本　六冊

220000 – 0801 – 0009735　　史 244/110

語石十卷　葉昌熾撰　清宣統元年(1909)刻
朱印本　四冊

220000 – 0801 – 0009736　　史 244/110 – 1

語石十卷　葉昌熾撰　清宣統元年(1909)刻
朱印本　四冊

220000 – 0801 – 0009737　　史 244/110 – 2

語石十卷　葉昌熾撰　清宣統元年(1909)刻
朱印本　四冊

220000 – 0801 – 0009738　　史 244/110 – 3

語石十卷　葉昌熾撰　清宣統元年(1909)刻
朱印本　四冊

220000 – 0801 – 0009739　　史 244/110 – 4

語石十卷　葉昌熾撰　清宣統元年(1909)刻
朱印本　四冊

220000 – 0801 – 0009740　　史 244/110 – 5

語石十卷　葉昌熾撰　清宣統元年(1909)刻
朱印本　四冊

220000 – 0801 – 0009741　　史 244/110 – 6

語石十卷　葉昌熾撰　清宣統元年(1909)刻
朱印本　十冊

220000 – 0801 – 0009742　　史 244/113

誌銘廣例二卷金石例補二卷　(清)梁玉繩撰
清光緒四年(1878)刻本　一冊

220000 – 0801 – 0009743　　史 244/117

二銘草堂金石聚十六卷　(清)張德容著　清
同治十一年(1872)二銘草堂刻本　十六冊

220000 – 0801 – 0009744　　史 244/117 – 1

二銘草堂金石聚十六卷　(清)張德容著　清
同治十一年(1872)二銘草堂刻本　十六冊

220000 – 0801 – 0009745　　史 244/117 – 2

二銘草堂金石聚十六卷　(清)張德容著　清
同治十一年(1872)二銘草堂刻本　十六冊

220000 – 0801 – 0009746　　史 244/117 – 3

二銘草堂金石聚十六卷　(清)張德容著　清
同治十一年(1872)二銘草堂刻本　十六冊

220000 – 0801 – 0009747　　史 244/117 – 4

二銘草堂金石聚十六卷　(清)張德容著　清
同治十一年(1872)二銘草堂刻本　十六冊

220000 – 0801 – 0009748　　史 244/117 – 5

二銘草堂金石聚十六卷　(清)張德容著　清
同治十一年(1872)二銘草堂刻本　十六冊

220000 – 0801 – 0009749　　史 244/117 – 6

二銘草堂金石聚十六卷　(清)張德容著　清
同治十一年(1872)二銘草堂刻本　十六冊

220000 – 0801 – 0009750　　史 244/119

石鼓文音訓攷正不分卷　(清)潘迪音訓

（清）馮承輝攷正　清光緒十九年(1893)石印本　一冊

220000－0801－0009751　史244/119－1
石鼓文音訓攷正不分卷　（清）潘迪音訓
（清）馮承輝攷正　清光緒十九年(1893)石印本　一冊

220000－0801－0009752　史244/120
石鼓文音訓集證　（清）尹彭壽纂　清光緒十九年(1893)刻本　一冊

220000－0801－0009753　史244/125
石鼓文釋存不分卷　（清）張燕昌述　清末石印本　一冊

220000－0801－0009754　史244/127
石鼓文釋存　（清）張燕昌述　清光緒二十八年(1902)刻本　一冊

220000－0801－0009755　史244/127－1
石鼓文釋存　（清）張燕昌述　清光緒二十八年(1902)刻本　一冊

220000－0801－0009756　史244/127－2
石鼓文釋存　（清）張燕昌述　清光緒二十八年(1902)刻本　一冊

220000－0801－0009757　史244/127－3
石鼓文釋存　（清）張燕昌述　清光緒二十八年(1902)刻本　一冊

220000－0801－0009758　史244/128
石鼓文釋存補註十卷　（清）張燕昌撰　清光緒二十八年(1902)刻本　一冊

220000－0801－0009759　史244/129
石鼓文定本不分卷　（清）沈梧撰　清光緒十六年(1890)古華山館刻本　四冊

220000－0801－0009760　史244/129－1
石鼓文定本不分卷　（清）沈梧撰　清光緒十六年(1890)古華山館刻本　三冊

220000－0801－0009761　史244/130
石鼓文纂釋不分卷　（清）趙烈文纂　清光緒鉛印本　一冊

220000－0801－0009762　史244/131
石鼓文纂釋　（清）趙烈文纂釋　清光緒十一年(1885)刻本　一冊

220000－0801－0009763　史244/135
石墨鐫華八卷　（明）趙崡撰　清刻本　五冊

220000－0801－0009764　史244/136
石屋洞造象題名一百五十二種龍泓洞造象題名五十七種　（□）□□編　清光緒拓本　三冊

220000－0801－0009765　史244/139
碑版文廣例　（清）王芑孫輯　清道光二十一年(1841)刻本　六冊

220000－0801－0009766　史244/141
山右石刻叢編四十卷　（清）胡聘之撰　清光緒二十四年(1898)刻本　二十四冊

220000－0801－0009767　史244/145
隨軒金石文字不分卷　（清）徐渭仁鉤摹　清末石印本　八冊

220000－0801－0009768　史244/147
粵西金石略十五卷　（清）謝啓昆撰　清嘉慶六年(1801)銅鼓亭刻本　四冊

220000－0801－0009769　史244/152
宋徐鼎臣臨秦碣石頌不分卷　（宋）徐鉉臨　清同治六年(1867)刻本　一冊

220000－0801－0009770　史244/153
宋韓蘄王碑釋文二卷　（清）顧沅輯　清末瑞安陳氏澦齋刻本　一冊

220000－0801－0009771　史244/156
潛江貞石記八卷　甘鵬雲纂　清光緒元年(1875)甘氏崇雅堂刻本　四冊

220000－0801－0009772　史244/158
益都金石記四卷　（清）段松苓著　清光緒九年(1883)刻本　四冊

220000－0801－0009773　史244/158－1
益都金石記四卷　（清）段松苓著　清光緒九年(1883)刻本　四冊

220000 – 0801 – 0009774   史 244/160

漢石例六卷   (清)吳鎬撰   清同治八年
(1869)刻本   二冊

220000 – 0801 – 0009775   史 244/160 – 1

漢石例六卷   (清)吳鎬撰   清同治八年
(1869)刻本   二冊

220000 – 0801 – 0009776   史 244/161

漢石存目二卷   (清)王懿榮撰   清刻本
一冊

220000 – 0801 – 0009777   史 244/162

漢魏六朝志墓金石例   (清)吳鎬撰   清嘉慶
十七年(1812)太倉張浩刻本   一冊

220000 – 0801 – 0009778   史 244/170

海東金石苑一卷   (清)劉喜海撰   清同治十
二年(1873)鮑氏觀古閣刻本   一冊

220000 – 0801 – 0009779   史 244/171

海東金石苑四卷   (清)劉喜海撰   清光緒七
年(1881)刻本   四冊

220000 – 0801 – 0009780   史 244/171 – 1

海東金石苑四卷   (清)劉喜海撰   清光緒七
年(1881)刻本   四冊

220000 – 0801 – 0009781   史 244/183

括蒼金石志十二卷續括蒼金石志四卷   (清)
李遇孫輯   清同治十三年(1874)刻本   六冊

220000 – 0801 – 0009782   史 244/183 – 1

括蒼金石志十二卷續括蒼金石志四卷   (清)
李遇孫輯   清同治十三年(1874)刻本   六冊

220000 – 0801 – 0009783   史 244/183 – 2

括蒼金石志十二卷續括蒼金石志四卷   (清)
李遇孫輯   清同治十三年(1874)刻本   六冊

220000 – 0801 – 0009784   史 244/183 – 3

括蒼金石志十二卷續括蒼金石志四卷   (清)
李遇孫輯   清同治十三年(1874)刻本   八冊

220000 – 0801 – 0009785   史 244/184

越中金石記十卷目錄二卷   (清)杜春生編
清道光十年(1830)刻本   十六冊

220000 – 0801 – 0009786   史 244/186

墓銘舉例四卷   (明)王行撰   清光緒三年
(1877)刻本   二冊

220000 – 0801 – 0009787   史 244/188

蘇米齋蘭亭考八卷   (清)翁方綱著   清光緒
十五年(1889)刻本   四冊

220000 – 0801 – 0009788   史 244/188 – 1

蘇米齋蘭亭考八卷   (清)翁方綱著   清光緒
十五年(1889)刻本   二冊

220000 – 0801 – 0009789   史 244/188 – 2

蘇米齋蘭亭考八卷   (清)翁方綱著   清光緒
十五年(1889)刻本   四冊

220000 – 0801 – 0009790   史 244/189

舊館壇碑考一卷   (清)翁大年撰   清道光二
十年(1840)刻本   一冊

220000 – 0801 – 0009791   史 244/192

縮摹泰山石經峪字六卷   楊守敬摹   清宣統
元年(1909)刻本   六冊

220000 – 0801 – 0009792   史 244/195

國山碑考   (清)吳騫撰   清末刻本   一冊

220000 – 0801 – 0009793   史 244/196

墨妙亭碑目攷四卷附攷一卷   (清)張鑒撰
清光緒十年(1884)刻本   四冊

220000 – 0801 – 0009794   史 244/196 – 1

墨妙亭碑目攷四卷附攷一卷   (清)張鑒撰
清光緒十年(1884)刻本   四冊

220000 – 0801 – 0009795   史 244/196 – 2

墨妙亭碑目攷四卷附攷一卷   (清)張鑒撰
清光緒十年(1884)刻本   四冊

220000 – 0801 – 0009796   史 244/196 – 3

墨妙亭碑目攷四卷附攷一卷   (清)張鑒撰
清光緒十年(1884)刻本   二冊

220000 – 0801 – 0009797   史 244/199

思畏堂集古附公餘消夏錄   (清)鄂庚垣錄
清光緒三十一年(1905)抄本   八冊

220000 – 0801 – 0009798   史 244/200

433

思古齋雙句漢碑篆額不分卷　（清）何澂撰
清光緒九年(1883)影印本　三冊

220000－0801－0009799　史244/200－1
思古齋雙句漢碑篆額不分卷　（清）何澂撰
清光緒九年(1883)影印本　三冊

220000－0801－0009800　史244/201
蜀石經殘字不分卷　（清）陳雪峰輯　清道光
六年(1826)刻本　一冊

220000－0801－0009801　史244/201－1
蜀石經殘字不分卷　（清）陳雪峰輯　清道光
六年(1826)刻本　一冊

220000－0801－0009802　史244/201－2
蜀石經殘字不分卷　（清）陳雪峰輯　清道光
六年(1826)刻本　一冊

220000－0801－0009803　史244/201－3
蜀石經殘字不分卷　（清）陳雪峰輯　清道光
六年(1826)刻本　一冊

220000－0801－0009804　史244/202
景教碑文紀事考正三卷　（清）楊榮鋕撰　清
光緒二十一年(1895)刻本　三冊

220000－0801－0009805　史244/203
匡喆刻經頌不分卷　（北周）匡喆撰　清光緒
三十三年(1907)石印本　六冊

220000－0801－0009806　史244/207
周秦刻石釋音不分卷　（元）吾丘衍撰　清末
刻本　一冊

220000－0801－0009807　史244/210
輿地碑記目四卷　（宋）王象之撰　清同治九
年(1870)滂喜齋刻本　一冊

220000－0801－0009808　史244/214
金石文鈔八卷　（清）趙紹祖撰　清嘉慶七年
(1802)刻本　八冊

220000－0801－0009809　史244/215
金石史二卷　（明）郭昌宗撰　清光緒八年
(1882)知不足齋刻本　二冊

220000－0801－0009810　史244/219

小蓬萊閣金石文字　（清）黃易撰　清道光十
四年(1834)刻本　四冊

220000－0801－0009811　史244/219－1
小蓬萊閣金石文字　（清）黃易撰　清道光十
四年(1834)刻本　五冊

220000－0801－0009812　史244/219－2
小蓬萊閣金石文字　（清）黃易撰　清道光十
四年(1834)刻本　八冊

220000－0801－0009813　史244/220
常山真石志二十四卷　（清）沈濤撰　清光緒
二十年(1894)刻本　十冊

220000－0801－0009814　史244/224
魏三體石經尚書殘字拓片　（□）□□撰　清
末拓本　一幅

220000－0801－0009815　史244/225
後魏造像拓片　（北魏）賈智淵刻　清末拓本
　一幅

220000－0801－0009816　史244/226
永初畫像戴父母奉日記　（□）□□書　清末
拓片　一幅

220000－0801－0009817　史244/229
漢劉平國作孔記　（□）□□書　清末拓本
一幅

220000－0801－0009818　史244/232
前後出師表　（宋）岳飛書　清光緒六年
(1880)拓本　四幅

220000－0801－0009819　史244/233
御刻三希堂石渠寶笈法帖釋文十六卷　（清）
梁詩正等編　清光緒二十三年(1897)上海鴻
寶齋石印本　四冊

220000－0801－0009820　史244/234
御刻三希堂石渠寶笈法帖釋文十六卷　（清）
梁詩正等編　清乾隆六十年(1795)刻清末印
本　四冊

220000－0801－0009821　史244/237
淳化秘閣法帖考正十卷附正二卷釋文二卷
（清）王澍撰　清嘉慶十四年(1809)亦政堂刻

本　八冊

220000－0801－0009822　史 244/237－1
淳化秘閣法帖考正十卷附正二卷釋文二卷
（清）王澍撰　清嘉慶十四年(1809)亦政堂刻
本　十二冊

220000－0801－0009823　史 244/237－2
淳化秘閣法帖考正十卷附正二卷釋文二卷
（清）王澍撰　清嘉慶十四年(1809)亦政堂刻
本　十六冊

220000－0801－0009824　史 244/242
欽定重刻淳化閣帖十卷　（清）于敏中編　清
刻本　二冊

220000－0801－0009825　史 244/243
淳化秘閣法帖考正十卷附正二卷釋文二卷
（清）王澍撰　清道光二十八年(1848)蘊玉山
房刻本　六冊

220000－0801－0009826　史 244/243－1
淳化秘閣法帖考正十卷附正二卷釋文二卷
（清）王澍撰　清道光二十八年(1848)蘊玉山
房刻本　六冊

220000－0801－0009827　史 244/245
歷代帝王法帖十卷　（清）英和編　清道光十
五年(1835)刻本　五冊

220000－0801－0009828　史 244/245－1
歷代帝王法帖十卷　（清）英和編　清道光十
五年(1835)刻本　五冊

220000－0801－0009829　史 244/245－2
歷代帝王法帖十卷　（清）英和編　清道光十
五年(1835)刻本　五冊

220000－0801－0009830　史 244/247
蘇米齋蘭亭考八卷　（清）翁方綱撰　清嘉慶
八年(1803)羊城六書齋刻本　四冊

220000－0801－0009831　史 244/247－1
蘇米齋蘭亭考八卷　（清）翁方綱撰　清嘉慶
八年(1803)羊城六書齋刻本　二冊

220000－0801－0009832　史 244/247－2
蘇米齋蘭亭考八卷　（清）翁方綱撰　清嘉慶

八年(1803)羊城六書齋刻本　一冊

220000－0801－0009833　史 244/249
汪本隸釋刊誤一卷　（清）黃丕烈撰　清嘉慶
三年(1798)士禮居刻本　二冊

220000－0801－0009834　史 244/251
莆陽金石初編二卷　（清）劉尚文編　清光緒
二十六年(1900)福州刻本　一冊

220000－0801－0009835　史 244/252
漢碑徵經一卷　（清）朱百度撰　清咸豐十一
年(1861)刻本　一冊

220000－0801－0009836　史 244/253
褒谷古蹟輯略不分卷　（清）羅秀書輯註　清
同治十三年(1874)刻本　一冊

220000－0801－0009837　史 244/256
碑版文廣例十卷　（清）王芑孫撰　清道光二
十一年(1841)刻本　四冊

220000－0801－0009838　史 244/259
碑別字五卷　（清）羅振鋆輯　清光緒二十年
(1894)刻本　二冊

220000－0801－0009839　史 244/271
古金石刻　（清）李文田輯　清同治十二年
(1873)石印本　一冊　存一冊(五)

220000－0801－0009840　史 244/273
鄭板橋畫竹　（清）鄭燮繪　清拓本　二幅

220000－0801－0009841　史 244/274
記岱廟二律拓片　（清）高宗弘曆撰并書　清
拓本　一幅

220000－0801－0009842　史 244/275
題漢柏作　（清）高宗弘曆撰　清末拓本
一幅

220000－0801－0009843　史 244/276
謁岱廟作　（清）高宗弘曆撰并書　清拓本
一幅

220000－0801－0009844　史 244/278
鄧石如楹聯　（清）鄧石如撰并書　清末拓本
四幅

220000－0801－0009845　史244/279

琅邪贊記　（唐）柳公權書　清末拓本　一幅

220000－0801－0009846　史244/280

沙人麟草書　沙人麟書　清末拓本　六幅

220000－0801－0009847　史244/282

登泰山之作　（清）洪梧撰并書　清拓片
一幅

220000－0801－0009848　史244/282－1

登泰山之作　（清）洪梧撰并書　清拓片
一幅

220000－0801－0009849　史244/287

求古錄一卷　（清）顧炎武撰　清光緒十四年
(1888)刻本　一冊

220000－0801－0009850　史244.33/2

嶧山刻石　（秦）李斯書　清末拓本　一冊

220000－0801－0009851　史244.34/1

郭有道碑　（□）□□撰　清拓本　一冊

220000－0801－0009852　史244.34/2

三公山碑　（漢）劉元存鐫　清拓本　一冊

220000－0801－0009853　史244.34/3

夏承碑　（漢）蔡邕書　清拓本　一本

220000－0801－0009854　史244.34/6

石人胸前題字畫像　（□）□□撰　清朱拓本
四幅

220000－0801－0009855　史244.34/12

孔廟漢碑十卷　（□）□□撰　清末拓本
十冊

220000－0801－0009856　史244.34/14

武梁祠堂畫像題字　（□）□□撰　清宣統二
年(1910)拓本　十張

220000－0801－0009857　史244.34/15

武梁祠堂畫像題字　（□）□□撰　清拓本
一冊

220000－0801－0009858　史244.34/17

子遊殘碑　（□）□□撰　清拓本　一冊

220000－0801－0009859　史244.34/19

君車畫像　（□）□□撰　清朱拓本　一張

220000－0801－0009860　史244.34/21

耿勳碑　（□）□□撰　清拓本　一冊

220000－0801－0009861　史244.34/24

仙人唐公房碑　（□）□□撰　清末拓本
一冊

220000－0801－0009862　史244.34/25

朱博頌　（□）□□撰　清光緒元年(1875)拓
本　一冊

220000－0801－0009863　史244.34/28

鄒縣漢畫像　（清）□□拓　清末拓本　六張

220000－0801－0009864　史244.34/33

沈君神道　（□）□□撰　清乾隆、嘉慶拓本
一冊

220000－0801－0009865　史244.34/34

祝其卿墳壇刻石　（□）□□撰　清中葉拓本
一冊

220000－0801－0009866　史244.34/35

祀三公山碑　（□）□□撰　清拓本　一冊

220000－0801－0009867　史244.34/36

太室石闕銘　（□）□□撰　清拓本　一冊

220000－0801－0009868　史244.34/37

南武陽畫像　（□）□□撰　清拓本　十張

220000－0801－0009869　史244.34/40

校官潘乾碑　（□）□□撰　清嘉慶、道光拓
本　一冊

220000－0801－0009870　史244.34/43

封龍山碑　（□）□□撰　清末拓本　一冊

220000－0801－0009871　史244.34/44

樊敏碑　（□）□□撰　清末拓本　一冊

220000－0801－0009872　史244.34/45

韓仁銘　（□）□□撰　清乾隆、嘉慶拓本
一冊

220000－0801－0009873　史244.34/46
孝堂山石室畫像　（□）□□撰　清拓本
七張

220000－0801－0009874　史244.34/47
楊叔恭殘碑　（□）□□撰　清拓本　一冊

220000－0801－0009875　史244.34/48
楊淮表記　（□）□□撰　清嘉慶、道光拓本
一冊

220000－0801－0009876　史244.34/55
泰安畫像　（□）□□撰　清拓本　三張

220000－0801－0009877　史244.34/56
春秋石經　（□）□□撰　清末拓本　二張

220000－0801－0009878　史244.34/57
曲阜漢畫　（□）□□撰　清中拓本　十三張

220000－0801－0009879　史244.34/62
景君銘　（□）□□撰　清拓本　一冊

220000－0801－0009880　史244.34/63
昭通郡碑　（□）□□撰　清光緒二十七年
（1901）拓本　一張

220000－0801－0009881　史244.34/64
劉熊碑　（□）□□撰　清光緒三十二年
（1906）有正書局石印本　一冊

220000－0801－0009882　史244.34/67
陽嘉殘碑　（□）□□撰　清光緒刻朱印拓本
一冊

220000－0801－0009883　史244.34/69
開通褒斜道石刻　（□）□□撰　清拓本
一張

220000－0801－0009884　史244.34/70
周易石經　（□）□□撰　清拓本　二張

220000－0801－0009885　史244.34/71
鄭固碑　（□）□□撰　清拓本　一冊

220000－0801－0009886　史244.34/72
鄭季宣碑　（□）□□撰　清道光拓本

一冊

220000－0801－0009887　史244.34/73
敦煌太守裴岑紀功碑　（□）□□撰　清拓本
一冊

220000－0801－0009888　史244.36/1
三體石經　（□）□□撰　清光緒拓本
六張

220000－0801－0009889　史244.36/2
王基斷碑　（□）□□撰　清末拓本　一冊

220000－0801－0009890　史244.36/3
膠東令王君斷碑　（□）□□撰　清拓本
一冊

220000－0801－0009891　史244.36/9
谷朗碑　（□）□□撰　清末拓本　一冊

220000－0801－0009892　史244.36/10
上尊號碑　（□）□□撰　清末拓本　一冊

220000－0801－0009893　史244.36/11
征羌侯張君殘碑　（□）□□撰　清末拓本
一冊

220000－0801－0009894　史244.36/12
受禪表　（□）□□撰　清末拓本　一冊

220000－0801－0009895　史244.36/14
禪國山碑　（□）□□撰　清同治拓本
二冊

220000－0801－0009896　史244.36/15
范式碑　（□）□□撰　清拓本　一冊

220000－0801－0009897　史244.36/16
曹真殘碑　（□）□□撰　清末拓本　一冊

220000－0801－0009898　史244.37/2
齊太公呂望表　（□）□□撰　清拓本
一冊

220000－0801－0009899　史244.37/10
任城太守孫夫人碑　（□）□□撰　清拓本
一冊

220000－0801－0009900　史244.37/15

大唐三藏聖教序　（唐）釋懷仁輯　清拓本
一冊

220000－0801－0009901　史244.37/19

初拓爨寶子碑　（□）□□撰　清拓本　一冊

220000－0801－0009902　史244.37/20

眉壽堂二王法帖四卷　（晉）王羲之　（晉）王
獻之書　（清）瑛榮輯　清咸豐十一年(1861)
拓本　四冊

220000－0801－0009903　史244.37/21

馬鳴寺根法師碑　（□）□□撰　清末拓本
一冊

220000－0801－0009904　史244.37/22

馬鳴寺根法師碑　（□）□□撰　清拓本
一冊

220000－0801－0009905　史244.39/1

瘞鶴銘　（南朝梁）華陽真逸撰　清拓本
一冊

220000－0801－0009906　史244.39/2

高貞碑　（□）□□撰　清道光拓本　一冊

220000－0801－0009907　史244.39/3

高慶碑　（□）□□撰　清拓本　一冊

220000－0801－0009908　史244.39/4

高孝宣公碑　（□）□□撰　清拓本　一冊

220000－0801－0009909　史244.39/5

高伏德造像碑　（□）□□撰　清拓本　一冊

220000－0801－0009910　史244.39/6

高歸彥造佛像銘　（□）□□撰　清拓本
一冊

220000－0801－0009911　史244.39/7

高盛碑　（□）□□撰　清拓本　一冊

220000－0801－0009912　史244.39/8

高湙碑　（□）□□撰　清拓本　一冊

220000－0801－0009913　史244.39/9

高肅碑(蘭陵忠武王高肅碑)　（□）□□撰
清末拓本　一冊

220000－0801－0009914　史244.39/10

唐邕寫經碑　（南朝齊）唐邕書　清拓本
一冊

220000－0801－0009915　史244.39/11

廣武將軍口產碑　（□）□□撰　清光緒拓本
一冊

220000－0801－0009916　史244.39/12

文殊般若　（□）□□撰　清末拓本　一冊

220000－0801－0009917　史244.39/15

龍門山佛像銘（龍門二十品）二十種　（□）
□□撰　清拓本　二冊

220000－0801－0009918　史244.39/15－1

龍門山佛像銘（龍門二十品）二十種　（□）
□□撰　清拓本　二冊

220000－0801－0009919　史244.39/15－2

龍門山佛像銘（龍門二十品）二十種　（□）
□□撰　清拓本　一冊　存一卷(下)

220000－0801－0009920　史244.39/23

賈思伯碑　（□）□□撰　清拓本　一冊

220000－0801－0009921　史244.39/24

隴東王感孝頌　（南朝齊）申嗣邕撰　清拓本
一冊

220000－0801－0009922　史244.39/27

張猛龍碑并額　（□）□□撰　清拓本　一冊

220000－0801－0009923　史244.39/29

霍楊碑　（□）□□撰　清拓本　一冊

220000－0801－0009924　史244.39/30

西門豹祠堂碑　（漢）□□撰　清道光拓本
一冊

220000－0801－0009925　史244.39/32

三十人造像　（□）□□撰　清拓本　一冊

220000－0801－0009926　史244.39/33

張僧妙碑　（□）□□撰　清拓本　一冊

220000－0801－0009927　史244.39/35

張猛龍清頌碑　（□）□□撰　清拓本　一冊

220000－0801－0009928　史 244.39/35－1
張猛龍清頌碑　（□）□□撰　清拓本　一冊

220000－0801－0009929　史 244.39/36
北周文王之碑　（北周）強獨樂書　清拓本
一冊

220000－0801－0009930　史 244.39/36－1
北周文王之碑　（北周）強獨樂書　清拓本
一冊

220000－0801－0009931　史 244.39/38
大定國寺碑　（□）□□撰　清拓本　一冊

220000－0801－0009932　史 244.39/39
南石窟寺碑　（□）□□撰　清末拓本　一冊

220000－0801－0009933　史 244.39/42
始興忠武王碑　（南朝梁）貝義淵正書　清拓
本　二冊

220000－0801－0009934　史 244.39/45
蕭梁石闕六種　（□）□□撰　清拓本　二冊

220000－0801－0009935　史 244.39/46
孝文帝吊比干文　（□）□□撰　清拓本
一冊

220000－0801－0009936　史 244.39/47
報德像碑　（南朝齊）釋仙正書　清拓本
一冊

220000－0801－0009937　史 244.39/49
敬使君碑　（□）□□撰　清拓本　一冊

220000－0801－0009938　史 244.39/50
程哲碑　（□）□□撰　清光緒拓本　一冊

220000－0801－0009939　史 244.39/52
皇帝東巡碑　（□）□□撰　清拓本　一冊

220000－0801－0009940　史 244.39/55
嵩顯寺碑　（□）□□撰　清末拓本　一冊

220000－0801－0009941　史 244.39/56
任屏盜碑　（宋）李昉撰　（五代）張光振行書
（五代）張穆篆額　清拓本　一冊

220000－0801－0009942　史 244.39/57

雋修羅碑　（□）□□撰　清末拓本　一冊

220000－0801－0009943　史 244.39/58
宕昌公暉福寺碑　（□）□□撰　清拓本
一冊

220000－0801－0009944　史 244.39/59
定國寺碑　（□）□□撰　清拓本　一冊

220000－0801－0009945　史 244.39/60
馮翌王平等寺碑　（□）□□撰　清拓本
一冊

220000－0801－0009946　史 244.39/61
溫泉頌并額　（□）□□撰　清拓本　一冊

220000－0801－0009947　史 244.39/62
凝禪寺三級浮圖之碑頌　（□）□□撰　清拓
本　一冊

220000－0801－0009948　史 244.39/64
中嶽嵩高靈廟碑　（□）□□撰　清末拓本
一冊

220000－0801－0009949　史 244.39/65
夫子廟碑　（□）□□撰　清末拓本　一冊

220000－0801－0009950　史 244.39/66
曹恪碑　（□）□□撰　清拓本　一冊

220000－0801－0009951　史 244.39/67
劉碑造像　（□）□□撰　清拓本　一冊

220000－0801－0009952　史 244.39/69
爨龍顏碑　（□）□□撰　清道光拓本　一冊

220000－0801－0009953　史 244.39/70
臨淮王像碑　（□）□□撰　清拓本　一冊

220000－0801－0009954　史 244.39/72
鄭文公碑　（□）□□撰　清拓本　一冊

220000－0801－0009955　史 244.39/74
雲峰山刻石　（北魏）鄭道昭書　清拓本
十冊

220000－0801－0009956　史 244.39/74－1
雲峰山刻石　（北魏）鄭道昭書　清拓本
十冊

220000－0801－0009957　史 244.39/75

劉根造像　（□）□□撰　清朱拓本　一冊

220000－0801－0009958　史 244.39/76

門眉畫像　（□）□□撰　清拓本　一冊

220000－0801－0009959　史 244.39/78

蔣伯仙造彌勒像　（□）□□撰　清末拓本
一冊

220000－0801－0009960　史 244.39/86

薛鳳頑造像　（□）□□撰　清拓本　五張

220000－0801－0009961　史 244.39/87

五百人造像　（□）□□撰　清拓本　三張

220000－0801－0009962　史 244.39/90

巨始光刻石　（□）□□撰　清拓本　四張

220000－0801－0009963　史 244.39/91

六朝畫像　（□）□□撰　清拓本　一冊

220000－0801－0009964　史 244.39/92

六朝造像座　（□）□□撰　清拓本　三張

220000－0801－0009965　史 244.39/93

六朝造像　（□）□□撰　清拓本　十張

220000－0801－0009966　史 244.39/94

石經峪金剛經　（□）□□撰　清拓本　八冊

220000－0801－0009967　史 244.39/96

石經峪金剛經　（□）□□撰　清道光山東張
氏拓本　十冊

220000－0801－0009968　史 244.41/1

詔立僧尼二寺記　（□）□□撰　清拓本
一冊

220000－0801－0009969　史 244.41/2

龍藏寺碑　（□）□□撰　清拓本　一冊

220000－0801－0009970　史 244.41/5

石經殘石　（□）□□書　隋刻清初拓本
一冊

220000－0801－0009971　史 244.41/6

陳叔毅修孔子廟碑　（隋）仲孝俊撰　清拓本
一冊

220000－0801－0009972　史 244.41/8

孟顯達碑　（□）□□撰　清拓本　一冊

220000－0801－0009973　史 244.41/9

魚子舍利塔碑　（□）□□撰　清拓本　一冊

220000－0801－0009974　史 244.41/10

寧贙碑　（□）□□撰　清拓本　一冊

220000－0801－0009975　史 244.41/12

賀若誼碑　（□）□□撰　清拓本　一冊

220000－0801－0009976　史 244.42/2

離堆記　（唐）顏真卿書　清拓本　一冊

220000－0801－0009977　史 244.42/12

麻姑山仙壇記　（唐）顏真卿撰　清末石印本
一冊

220000－0801－0009978　史 244.42/15

文宣王廟門記　（唐）裴孝智撰書　清道光十
八年(1838)拓本　一冊

220000－0801－0009979　史 244.42/16

文殊經碑　（□）□□撰　清拓本　八冊

220000－0801－0009980　史 244.42/18

諸葛武侯祠堂碑　（唐）裴度撰　（唐）柳公綽
正書　清末拓本　一冊

220000－0801－0009981　史 244.42/20

玄祕塔碑　（唐）裴休撰　（唐）柳公權正書
清末拓本　一冊

220000－0801－0009982　史 244.42/26

王居士磚塔銘　（唐）上官靈芝撰　（唐）敬客
書　清拓本　一冊

220000－0801－0009983　史 244.42/27

王修福墓誌　（□）□□撰　清拓本　一冊

220000－0801－0009984　史 244.42/29

王行滿書聖教序　（唐）王行滿書　清拓本
一冊

220000－0801－0009985　史 244.42/30

靈運禪師塔銘　（唐）崔琪撰　清拓本　一冊

220000－0801－0009986　史 244.42/31

靈泉寺玄林禪師碑　（唐）陸長源撰并行書
清拓本　一冊

220000－0801－0009987　史244.42/32

靈巖寺碑　（唐）李邕撰并行書　清拓本
一冊

220000－0801－0009988　史244.42/33

三門銘碑　（唐）□□正書　清拓本　一冊

220000－0801－0009989　史244.42/37

于孝顯碑　（□）□□撰　清拓本　一冊

220000－0801－0009990　史244.42/40

晉祠銘　（唐）太宗李世民撰并行書　清拓本
一冊

220000－0801－0009991　史244.42/41

石臺孝經并序　（唐）玄宗李隆基撰并隸書
唐天寶四年(745)刻清拓本　六冊

220000－0801－0009992　史244.42/42

石壁寺鐵彌勒像頌　（唐）林諤撰　（唐）高氏
楷書　唐開元二十九年(741)刻清拓本
一冊

220000－0801－0009993　史244.42/44

張文珪碑并銘　（□）□□撰　唐垂拱三年
(687)刻清拓本　一冊

220000－0801－0009994　史244.42/47

裴鏡民碑　（唐）李百藥撰　唐貞觀十一年
(637)刻清拓本　一冊

220000－0801－0009995　史244.42/53

千字文　（唐）釋懷素草書　清拓本　一冊

220000－0801－0009996　史244.42/54

信法寺真容像之碑　（□）□□撰　清拓本
一冊

220000－0801－0009997　史244.42/55

順陵殘碑　（唐）武三思撰　清拓本　一冊

220000－0801－0009998　史244.42/60

虞恭公溫公碑　（唐）岑文本撰　清拓本
一冊

220000－0801－0009999　史244.42/63

代國長公主碑　（唐）鄭萬鈞撰　清拓本
一冊

220000－0801－0010000　史244.42/64

岱岳觀石刻九種　（□）□□撰　唐聖曆元
年至貞元十四年(698－798)刻清拓本
一冊

220000－0801－0010001　史244.42/68

佛說尊勝陁羅尼經　（唐）□□正書　清拓本
一冊

220000－0801－0010002　史244.42/69

佛說六門陁羅尼經幢　（唐）□□正書　清拓
本　一冊

220000－0801－0010003　史244.42/70

佛說觀無量壽佛經　（三國魏）釋康僧鎧譯
唐上元元年(674)刻清拓本　二冊

220000－0801－0010004　史244.42/70－1

佛說觀無量壽佛經　（三國魏）釋康僧鎧譯
唐上元元年(674)刻清拓本　二冊

220000－0801－0010005　史244.42/72

佛頂尊勝陁羅尼經并額　（唐）□□正書　唐
開元十六年(728)刻清拓本　一冊

220000－0801－0010006　史244.42/73

佛頂尊勝陁羅尼經序　（唐）劉鏞正書　清拓
本　一冊

220000－0801－0010007　史244.42/74

朱孝誠碑　（唐）蘇遇撰　唐長慶元年(821)
刻清拓本　一冊

220000－0801－0010008　史244.42/75

伊闕佛龕碑并額　（唐）岑文本撰　唐貞觀十
五年(641)刻清道光拓本　二冊

220000－0801－0010009　史244.42/77

自敍帖石　（唐）釋懷素撰并草書　清拓本
一冊

220000－0801－0010010　史244.42/82

泉男生墓誌　（唐）王德真撰　清拓本　一冊

220000－0801－0010011　史244.42/83

魏公先廟碑　（唐）崔璵撰　清末拓本　一冊

220000－0801－0010012　史 244.42/84
多寶塔感應碑　（唐）岑勛撰　清拓本　一冊

220000－0801－0010013　史 244.42/88
改修吳季子廟碑　（唐）蕭定撰　唐大曆十四
年(779)刻清拓本　一冊

220000－0801－0010014　史 244.42/90
爭坐位稿　（唐）顏真卿行書　清拓本　一冊

220000－0801－0010015　史 244.42/92
徐浩碑　（唐）張式撰　唐貞元十五年(799)
刻清道光拓本　一冊

220000－0801－0010016　史 244.42/94
秋興八首　（唐）釋懷素草書　清拓本　一冊

220000－0801－0010017　史 244.42/96
永泰寺碑頌并序　（唐）苟望書　清拓本
一冊

220000－0801－0010018　史 244.42/98
實際寺隆禪法師　（唐）懷惲書　唐天寶二年
(743)刻清拓本　一冊

220000－0801－0010019　史 244.42/99
宋璟碑　（唐）顏真卿撰正書　唐大曆七年
(772)刻清拓本　四冊

220000－0801－0010020　史 244.42/100
寂照和上碑　（唐）段成式撰　清拓本　一冊

220000－0801－0010021　史 244.42/102
梁師亮墓誌銘　（唐）歐陽詢書　唐萬歲通天
二年(697)刻清拓本　一冊

220000－0801－0010022　史 244.42/104
法玩禪師塔銘　（唐）李充撰　清拓本　一冊

220000－0801－0010023　史 244.42/106
宋搨褚河南自臨本蘭亭序　（唐）褚遂良摹
清拓本　一冊

220000－0801－0010024　史 244.42/107
漢太中大夫東方先生畫贊并序并側并陰
（晉）夏侯湛撰　清拓本　二冊

220000－0801－0010025　史 244.42/111
洛州鄉城老人佛碑　（□）□□撰　唐刻清拓
本　一冊

220000－0801－0010026　史 244.42/115
娑羅樹碑　（唐）李邕撰并行書　明隆慶六年
(1572)淮安令陳文燭重刻清拓本　一冊

220000－0801－0010027　史 244.42/123
太上老君碑　（□）□□撰　唐刻清拓本
一冊

220000－0801－0010028　史 244.42/124
大泉寺新三門記　（唐）姚暮撰　唐開成三年
(838)刻清拓本　一冊

220000－0801－0010029　史 244.42/125
大遍覺法師玄奘塔銘　（唐）劉軻撰　唐開成
四年(839)刻清拓本　一冊

220000－0801－0010030　史 244.42/130
南詔德化碑　（唐）鄭回撰　清拓本　一冊

220000－0801－0010031　史 244.42/132
妬神頌　（唐）李諲撰行書　清拓本　一冊

220000－0801－0010032　史 244.42/134
城隍廟碑　（唐）李陽冰記篆書　唐乾元二年
(759)刻宋宣和五年(1123)吳延年重刻清拓
本　一冊

220000－0801－0010033　史 244.42/136
韓仲良碑　（唐）于志寧撰　清拓本　一冊

220000－0801－0010034　史 244.42/137
李文墓誌　（唐）□□楷書　唐麟德元年
(664)刻清拓本　一冊

220000－0801－0010035　史 244.42/138
李廣業神道碑　（唐）鄭雲逵撰行書　清拓本
一冊

220000－0801－0010036　史 244.42/140
李玄靖碑　（唐）顏真卿正書　唐大曆十二年
(777)刻清末拓本　一冊

220000－0801－0010037　史 244.42/141
李靖碑　（唐）許敬宗撰　清拓本　一冊

220000 – 0801 – 0010038　史 244.42/148

封祀壇　（唐）武三思撰　唐萬歲登封元年(696)刻清拓本　一冊

220000 – 0801 – 0010039　史 244.42/151

符璘碑　（唐）李宗閔撰　唐開元三年(715)刻清拓本　一冊

220000 – 0801 – 0010040　史 244.42/154

樊興碑　（□）□□撰　唐永徽元年(650)刻清拓本　一冊

220000 – 0801 – 0010041　史 244.42/161

狄知遜碑　（□）□□撰　唐載初元年(689)刻清拓本　一冊

220000 – 0801 – 0010042　史 244.42/162

李晟碑　（唐）裴度撰　唐大和三年(829)刻清拓本　一冊

220000 – 0801 – 0010043　史 244.42/165

李公碑　（唐）李尚一篆　清拓本　一冊

220000 – 0801 – 0010044　史 244.42/170

東方朔畫贊碑　（晉）夏侯湛文　清拓本　一冊

220000 – 0801 – 0010045　史 244.42/174

契苾明碑　（唐）婁師德撰　唐先天元年(712)刻清拓本　一冊

220000 – 0801 – 0010046　史 244.42/175

易州鐵像碑頌并序　（唐）王端撰　唐開元二十七年(739)刻清拓本　二冊

220000 – 0801 – 0010047　史 244.42/177

圓覺大師墓塔誌　（唐）陳寬撰　（唐）崔倬正書　清拓本　一冊

220000 – 0801 – 0010048　史 244.42/178

景賢大師身塔記　（唐）羊愉撰　清拓本　一冊

220000 – 0801 – 0010049　史 244.42/180

明徵君碑　（唐）李治撰　清拓本　一冊

220000 – 0801 – 0010050　史 244.42/181

昭陵六駿　（唐）歐陽詢書　清拓本　一冊

220000 – 0801 – 0010051　史 244.42/182

昭陵陪葬碑　（唐）許敬宗等撰　清拓本　八冊

220000 – 0801 – 0010052　史 244.42/186

阿史那忠碑　（□）□□撰　唐上元二年(675)刻清末拓本　一冊

220000 – 0801 – 0010053　史 244.42/187

馬君起浮圖記　（唐）馬利徵文　清拓本　一冊

220000 – 0801 – 0010054　史 244.42/188

劉沔碑　（唐）韋博撰　清拓本　一冊

220000 – 0801 – 0010055　史 244.42/189

陀羅尼幢記碑　（唐）王鉉撰　唐大中三年(849)刻清拓本　一冊

220000 – 0801 – 0010056　史 244.42/190

周公祠碑并序　（唐）賈□義撰并正書　唐開元二年(714)刻清拓本　一冊

220000 – 0801 – 0010057　史 244.42/192

同州聖教序　（唐）褚遂良書　唐龍朔三年(663)刻清拓本　一冊

220000 – 0801 – 0010058　史 244.42/193

闕特勤碑并額陰　（唐）玄宗李隆基撰并隸書　唐開元二十年(732)刻清拓本　二張

220000 – 0801 – 0010059　史 244.42/195

巴州佛龕記　（唐）□□正書　唐乾元三年(760)刻清末拓本　一冊

220000 – 0801 – 0010060　史 244.42/196

關聖碑　（三國魏）□□正書　清拓本　一冊

220000 – 0801 – 0010061　史 244.42/197

興聖寺尼法澄塔銘　（唐）李志暕撰并正書　唐開元十七年(729)刻清拓本　一冊

220000 – 0801 – 0010062　史 244.42/199

興福寺半截碑　（唐）釋大雅輯　唐開元九年(721)刻清拓本　一冊

220000 – 0801 – 0010063　史 244.42/201

美原神泉詩碑　（唐）尹元凱篆書　唐垂拱四

年(688)刻清拓本　一冊

220000－0801－0010064　史244.42/204

無憂王寺寶塔銘　(唐)張或撰　唐大曆十三年(778)刻清拓本　一冊

220000－0801－0010065　史244.42/205

八都壇神君之寶錄　(唐)□□楷書　清拓本　一冊

220000－0801－0010066　史244.42/207

近拓八關齋會報德記附篆額　(唐)顏真卿撰并正書　唐大曆七年(772)刻大中三年(849)崔倬補刻清末拓本　二冊

220000－0801－0010067　史244.42/207－1

近拓八關齋會報德記附篆額　(唐)顏真卿撰并正書　唐大曆七年(772)刻大中三年(849)崔倬補刻清末拓本　二冊

220000－0801－0010068　史244.42/210

鄭忠碑　(唐)□□隸書　唐永泰元年(765)碣立清道光拓本　一冊

220000－0801－0010069　史244.42/211

等慈寺碑　(唐)顏師古撰　唐貞觀二年(628)刻清拓本　一冊

220000－0801－0010070　史244.42/212

憫忠寺寶塔頌　(唐)張不矜撰　清拓本　一冊

220000－0801－0010071　史244.42/213

石刻十二經附五經文字九經字樣　(唐)艾居晦等正書　唐開成二年(837)刻清拓本　二百五十一幅　存書經十扇

220000－0801－0010072　史244.42/214

李陽冰書謙卦　(唐)李陽冰篆書　清拓本　一冊

220000－0801－0010073　史244.42/215

宋拓郎官廳壁記　(唐)陳九言撰　清宣統三年(1911)拓本　一冊

220000－0801－0010074　史244.42/215－1

宋拓郎官廳壁記　(唐)陳九言撰　清宣統三年(1911)拓本　一冊

220000－0801－0010075　史244.42/215－2

宋拓郎官廳壁記　(唐)陳九言撰　清宣統三年(1911)拓本　一冊

220000－0801－0010076　史244.42/215－3

宋拓郎官廳壁記　(唐)陳九言撰　清宣統三年(1911)拓本　一冊

220000－0801－0010077　史244.44/2

新譯三藏聖教序　(宋)太宗趙匡義撰　宋端拱元年(988)刻清拓本　一冊

220000－0801－0010078　史244.44/3

玄聖文宣王贊并序　(宋)真宗趙恒撰并行書　清拓本　一冊

220000－0801－0010079　史244.44/5

三體陰符經　(宋)郭忠恕書　清拓本　一冊

220000－0801－0010080　史244.44/6

三十六峯賦　(宋)樓異撰　清拓本　一冊

220000－0801－0010081　史244.44/7

元祐黨籍碑　(宋)梁律刊正書　宋慶元四年(1198)刻清拓本　一張

220000－0801－0010082　史244.44/7－1

元祐黨籍碑　(宋)梁律刊正書　宋慶元四年(1198)刻清拓本　一張

220000－0801－0010083　史244.44/9

西夏碑　(□)□□撰　清末拓本　一張

220000－0801－0010084　史244.44/10

醉翁亭記　(宋)蘇軾正書　清拓本　四冊

220000－0801－0010085　史244.44/10－1

醉翁亭記　(宋)蘇軾正書　清拓本　四冊

220000－0801－0010086　史244.44/11

白雲居米帖十二卷　(宋)米芾書　清拓本　十二冊

220000－0801－0010087　史244.44/11－1

白雲居米帖十二卷　(宋)米芾書　清拓本　十二冊

220000－0801－0010088　史244.44/11－2

白雲居米帖十二卷　(宋)米芾書　清拓本

六冊

220000－0801－0010089　史 244.44/12

張仲荀抄高僧傳序　（宋)陶穀撰　清拓本
一冊

220000－0801－0010090　史 244.44/13

司馬公神道碑　（宋)蘇軾撰并正書　清拓本
一冊

220000－0801－0010091　史 244.44/14

清芬閣米帖　（宋)米芾行書　清嘉慶王宣望
刻清拓本　二十冊

220000－0801－0010092　史 244.44/16

偏旁字源碑　（宋)釋夢英篆書　宋咸平二年
(999)刻清拓本　一冊

220000－0801－0010093　史 244.44/18

宋河南穆府君墓誌銘　（宋)王壽卿撰并篆書
宋政和三年(1113)刻清拓本　二冊

220000－0801－0010094　史 244.44/19

魯公仙跡記　（宋)米芾撰并正書　宋元祐七
年(1092)刻清拓本　一冊

220000－0801－0010095　史 244.44/20

豐樂亭記　（宋)蘇軾正書　清拓本　一冊

220000－0801－0010096　史 244.44/23

淡山巖詩　（宋)黃庭堅撰并正書　宋刻清末
拓本　一冊

220000－0801－0010097　史 244.44/24

大宋勃興頌　（宋)虛儀先生撰　宋刻清拓本
一冊

220000－0801－0010098　史 244.44/25

大觀帖十卷　（宋)蔡京書　宋刻明拓本
十冊

220000－0801－0010099　史 244.44/26

古香齋寶藏蔡帖四卷　（宋)蔡襄撰并書
(明)陳比玉輯　清拓本　四冊

220000－0801－0010100　史 244.44/28

勸慎刑文　（宋)晁迥述　清拓本　一冊

220000－0801－0010101　史 244.44/28－1

勸慎刑文　（宋)晁迥述　清拓本　一冊

220000－0801－0010102　史 244.44/29

蕪湖縣學記　（宋)黃裳撰　清拓本　一冊

220000－0801－0010103　史 244.44/30

蘇文忠公書宮詞　（宋)蘇軾撰并正書　清道
光二十八年(1848)拓本　一冊

220000－0801－0010104　史 244.44/31

荔子丹詩　（宋)蘇軾正書　清拓本　一冊

220000－0801－0010105　史 244.44/32

姑孰帖　（宋)蘇軾　（宋)陸游書　宋洪文敏
刻清嘉慶拓本　一冊

220000－0801－0010106　史 244.44/34

宋黃文節公法書四卷　（宋)黃庭堅書　清萬
承風重刻拓本　四冊

220000－0801－0010107　史 244.44/39

夫子廟堂記　（唐)程浩撰　宋太平興國七年
(982)刻清拓本　一冊

220000－0801－0010108　史 244.44/40

表忠觀碑　（宋)蘇軾撰并正書　清道光十年
(1830)拓本　二冊

220000－0801－0010109　史 244.44/40－1

表忠觀碑　（宋)蘇軾撰并正書　清道光十年
(1830)拓本　一冊

220000－0801－0010110　史 244.44/41

景蘇園帖　（宋)蘇軾書　清光緒十九年
(1893)楊壽昌刻拓本　六冊

220000－0801－0010111　史 244.44/43

晚香堂蘇帖　（宋)蘇軾書　清拓本　十二冊

220000－0801－0010112　史 244.44/44

晚香堂蘇帖　（宋)蘇軾書　清嘉慶姚學經刻
并拓本　十二冊

220000－0801－0010113　史 244.44/44－1

晚香堂蘇帖　（宋)蘇軾書　清嘉慶姚學經刻
并拓本　九冊

220000－0801－0010114　史 244.44/45

贈夢英詩碑　（□)□□撰　宋咸平元年(998)

445

刻清拓本　一冊

220000－0801－0010115　史244.44/46

劉子羽神道碑　（宋）朱熹撰并正書　清末拓本　一冊

220000－0801－0010116　史244.44/48

金剛般若波羅密經　（宋）張郎之正書　清康熙四年（1665）刻清拓本　二冊

220000－0801－0010117　史244.44/49

米題藥洲石　（宋）米芾正書　宋元祐元年（1086）刻清嘉慶十一年（1806）拓本　一冊

220000－0801－0010118　史244.44/52

前出師表後出師表　（三國蜀）諸葛亮撰　清光緒二年（1876）拓本　二冊

220000－0801－0010119　史244.44/53

隸釋二十七卷隸續二十一卷汪本隸釋刊誤一卷　（宋）洪适撰　清同治十年（1871）刻本　八冊

220000－0801－0010120　史244.46/1

京兆府重修府學記　（金）李栗撰　金正隆二年（1157）刻清拓本　一冊

220000－0801－0010121　史244.46/2

大金重修至聖文宣王廟碑　（金）黨懷英撰并隸書　清拓本　一冊

220000－0801－0010122　史244.46/3

山東瑯琊集柳碑　（金）□□尚撰　清拓本　一冊

220000－0801－0010123　史244.46/4

故駙馬贈衛國王墓誌銘　（遼）焦習撰并正書　遼大安三年（1087）張實刻清拓本　一冊

220000－0801－0010124　史244.46/5

古柏行　（金）任詢書　金刻清道光八年（1828）拓本　一冊

220000－0801－0010125　史244.46/6

古篆詩碑　（金）黨懷英篆書　金刻清拓本　一冊

220000－0801－0010126　史244.46/7

貞憲王完顏公神道碑　（金）□□正楷　清末拓本　一冊

220000－0801－0010127　史244.46/8

女貞碑　（□）□□撰　清末拓本　一幅

220000－0801－0010128　史244.47/3

帝舜廟碑并額　（元）劉傑撰并隸書篆額　清拓本　一冊

220000－0801－0010129　史244.47/5

長興州東嶽行宮記　（元）孟淳撰　清拓本　一冊

220000－0801－0010130　史244.47/7

崇福寺碑　（元）趙孟頫撰并正書　清拓本　一冊

220000－0801－0010131　史244.47/8

御服碑　（元）趙孟頫正書　清拓本　一冊

220000－0801－0010132　史244.47/9

徐公神道碑　（元）歐陽玄撰　清拓本　二冊

220000－0801－0010133　史244.47/10

寧禪寺虛照禪師明公塔　（元）趙孟頫書　元延祐六年（1319）刻清道光十八年（1838）拓本　一冊

220000－0801－0010134　史244.47/13

湖州路重修府治記　（元）文諒記　清拓本　一冊

220000－0801－0010135　史244.47/14

海雲大禪師碑并額　（元）王萬慶正書并篆額　元初刻清拓本　一冊

220000－0801－0010136　史244.47/15

大報國圓通寺記　（元）趙孟頫撰并正書　清拓本　一冊

220000－0801－0010137　史244.47/20

敬元長碑　（元）盧摯撰　（元）趙孟頫行書　清拓本　一冊

220000－0801－0010138　史244.47/21

重修儒學記　（元）楊載撰　元至治元年（1321）刻清拓本　一冊

220000 – 0801 – 0010139　史 244.47/22

重修宣聖廟記　（元）董立撰　清拓本　一冊

220000 – 0801 – 0010140　史 244.47/23

收糧記并額　（□）□□撰　元刻清拓本
一冊

220000 – 0801 – 0010141　史 244.47/25

金仙寺裕公道行碑　（元）趙孟頫撰　元刻清
拓本　一冊

220000 – 0801 – 0010142　史 244.48/1

誥命帖　（明）神宗朱翊鈞　（明）熹宗朱由校
撰　清拓本　四冊

220000 – 0801 – 0010143　史 244.48/2

玉煙堂董帖四卷　（明）董其昌輯并臨　清拓
本　一冊

220000 – 0801 – 0010144　史 244.48/2 – 1

玉煙堂董帖四卷　（明）董其昌輯并臨　清拓
本　四冊

220000 – 0801 – 0010145　史 244.48/3

壯繆廟碑　（明）焦竑撰　清拓本　一冊

220000 – 0801 – 0010146　史 244.48/4

傳經堂法帖　（明）董其昌輯并書　清拓本
四冊

220000 – 0801 – 0010147　史 244.48/5

釋迦如來成道記　（唐）王勃撰　清拓本
一冊

220000 – 0801 – 0010148　史 244.48/6

徐翼所公家訓　（明）徐翼所撰　清拓本
一冊

220000 – 0801 – 0010149　史 244.48/7

旌忠祠碑并額　（明）周天球行書并篆額　清
拓本　一冊

220000 – 0801 – 0010150　史 244.48/9

清暉閣藏帖十卷　（明）董其昌輯并書　清拓
本　十冊

220000 – 0801 – 0010151　史 244.48/9 – 1

清暉閣藏帖十卷　（明）董其昌輯并書　清拓

本　十冊

220000 – 0801 – 0010152　史 244.48/10

存介堂集帖　（清）張崇孟輯　清拓本　八冊

220000 – 0801 – 0010153　史 244.48/12

來禽館帖　（明）邢侗撰并書　清拓本　六冊

220000 – 0801 – 0010154　史 244.48/13

式好堂藏帖　（明）董其昌書　清拓本　四冊

220000 – 0801 – 0010155　史 244.48/13 – 1

式好堂藏帖　（明）董其昌書　清拓本　四冊

220000 – 0801 – 0010156　史 244.48/14

明人尺牘　（清）馮瑜輯　清拓本　四冊

220000 – 0801 – 0010157　史 244.48/18

敬和堂藏帖八卷　（清）李鶴年等書　清同治
十年(1871)刻并拓本　八冊

220000 – 0801 – 0010158　史 244.49/1

唐碑四十種　（清）錢梅谿縮臨　清拓本
八冊

220000 – 0801 – 0010159　史 244.49/3

詒晉齋法書五十七種十六卷　（清）永瑆書
清嘉慶九年(1804)刻嘉慶拓本　十六冊

220000 – 0801 – 0010160　史 244.49/5

詒晉齋法書　（清）永瑆書　清拓本　八冊

220000 – 0801 – 0010161　史 244.49/6

玉虹樓帖十六卷　（清）張照書　清拓本　十
六冊

220000 – 0801 – 0010162　史 244.49/7

五百名賢像贊　（清）顧沅繪　清同治十二年
(1873)拓本　十冊

220000 – 0801 – 0010163　史 244.49/7 – 1

五百名賢像贊　（清）顧沅繪　清同治十二年
(1873)拓本　十冊

220000 – 0801 – 0010164　史 244.49/9

五百羅漢　（□）□□撰　清末拓本　十冊

220000 – 0801 – 0010165　史 244.49/10

子寧堂法帖　（清）于準輯　清康熙四十七年

447

（1708）拓本　四冊

220000－0801－0010166　史244.49/11

平定苗疆聯句　（清）高宗弘曆撰　清乾隆、嘉慶拓本　一冊

220000－0801－0010167　史244.49/12

聖賢圖贊　（清）宋三異繪刻　清道光二十八年（1848）拓本　四冊

220000－0801－0010168　史244.49/13

杜篤祐致祭于北鎮醫巫閭山碑十一種　（清）聖祖玄燁等撰并正書　清康熙七年（1668）刻清末拓本　十二幅

220000－0801－0010169　史244.49/13－1

杜篤祐致祭于北鎮醫巫閭山碑十一種　（清）聖祖玄燁等撰并正書　清康熙七年（1668）刻清末拓本　十二幅

220000－0801－0010170　史244.49/16

集聖教字詩　（清）趙玉藻撰并書　清道光十三年（1833）拓本　一冊

220000－0801－0010171　史244.49/17

紫藤花館藏帖四卷　（清）徐山民輯　清拓本　四冊

220000－0801－0010172　史244.49/18

硯史　（清）高鳳翰輯　清咸豐元年（1851）拓本　二冊

220000－0801－0010173　史244.49/20

瀛海仙班帖　（清）張照正書　清乾隆刻嘉慶、道光拓本　十冊

220000－0801－0010174　史244.49/21

話雨樓法書　（清）永瑆輯并書　清拓本八冊

220000－0801－0010175　史244.49/21－1

話雨樓法書　（清）永瑆輯并書　清拓本八冊

220000－0801－0010176　史244.49/22

清愛堂石刻　（清）劉墉書　清嘉慶十年（1805）拓本　六冊

220000－0801－0010177　史244.49/22－1

清愛堂石刻　（清）劉墉書　清嘉慶十年（1805）拓本　六冊

220000－0801－0010178　史244.49/23

鴻濛室墨刻四卷　（清）方玉潤書　清末拓本　一冊

220000－0801－0010179　史244.49/24

海山仙館尺素遺芬四卷　（清）潘仕成輯　清同治四年（1865）拓本　四冊

220000－0801－0010180　史244.49/24－1

海山仙館尺素遺芬四卷　（清）潘仕成輯　清同治四年（1865）拓本　四冊

220000－0801－0010181　史244.49/25

壽石齋藏帖四卷　（清）孫銓輯　清嘉慶十三年（1808）拓本　四冊

220000－0801－0010182　史244.49/27

擬山園帖十卷　（清）王鐸書　清拓本　十冊

220000－0801－0010183　史244.49/27－1

擬山園帖十卷　（清）王鐸書　清拓本　十冊

220000－0801－0010184　史244.49/28

國朝名人法帖　（清）孔繼涑輯　清拓本　十二冊

220000－0801－0010185　史244.49/29

攀雲閣臨漢碑　（清）錢泳臨　清拓本　十六冊

220000－0801－0010186　史244.49/29－1

攀雲閣臨漢碑　（清）錢泳臨　清拓本　十六冊

220000－0801－0010187　史244.49/32

曙海樓帖　（清）劉墉正書　清咸豐八年（1858）拓本　四冊

220000－0801－0010188　史244.49/32－1

曙海樓帖　（清）劉墉正書　清咸豐八年（1858）拓本　四冊

220000－0801－0010189　史244.49/33

昭代名人尺牘　（清）吳修輯　清拓本　十

四冊

220000－0801－0010190　史244.49/34
劉梁合璧四卷　（清）劉墉　（清）梁同書撰
（清）王昶輯　清嘉慶五年(1800)刻拓本
四冊

220000－0801－0010191　史244.49/35
金人銘帖　（清）孔毓圻書　清拓本　二冊

220000－0801－0010192　史244.49/39
小倦游閣法帖　（清）包世臣撰　清拓本
四冊

220000－0801－0010193　史244.49/39－1
小倦游閣法帖　（清）包世臣撰　清拓本
四冊

220000－0801－0010194　史244.49/40
拓印佛造像　（清）賈智潤拓　清拓本　二幅

220000－0801－0010195　史244.5/3
金剛經　（元）趙孟頫正書　清宣統三年
(1911)拓本　一冊

220000－0801－0010196　史245/3
晉磚不分卷　（□）□□撰　清拓本　一冊
缺十四頁(一至十四)

220000－0801－0010197　史245/5
千甓亭磚錄六卷續錄四卷　（清）陸心源撰
清光緒七年(1881)拓本　三冊

220000－0801－0010198　史245/5－1
千甓亭磚錄六卷續錄四卷　（清）陸心源撰
清光緒七年(1881)拓本　二冊

220000－0801－0010199　史245/6
千甓亭古磚圖釋二十卷　（清）陸心源輯　清
光緒十七年(1891)石印本　四冊

220000－0801－0010200　史245/7
千甓亭古磚圖釋二十卷　（清）陸心源輯　清
光緒十八年(1892)拓本　四冊

220000－0801－0010201　史245/17
遯盦古磚八卷　（清）吳隱編輯　清宣統三年
(1911)影印本　八冊

220000－0801－0010202　史245/28
秦漢瓦當文字二卷續一卷　（清）程敦輯　清
拓本　三冊

220000－0801－0010203　史245/28－1
秦漢瓦當文字二卷續一卷　（清）程敦輯　清
拓本　三冊

220000－0801－0010204　史245/29
秦漢瓦當文字二卷續一卷　（清）程敦輯　清
石印本　二冊

220000－0801－0010205　史245/32
景德鎮陶錄十卷　（清）藍浦原著　清拓本
二冊

220000－0801－0010206　史245/35
景德鎮陶錄十卷　（清）藍浦原著　清拓本
二冊

220000－0801－0010207　史245/36
陽羨名陶錄二卷續一卷　（清）吳騫撰　清拓
本　一冊

220000－0801－0010208　史245/36－1
陽羨名陶錄二卷續一卷　（清）吳騫撰　清拓
本　一冊

220000－0801－0010209　史245/37
陸厚好古冊　陸厚等輯　清拓本　二冊

220000－0801－0010210　史245/41
磚瓦　（清）陸增祥拓　清末拓本　一冊

220000－0801－0010211　史245/43
漢瓦　（□）□□撰　清末拓本　四幅

220000－0801－0010212　史245/45
魏張君墓磚　（□）□□書　清末拓本　一幅

220000－0801－0010213　史245/47
秦十二字磚　（□）□□書　清末拓本　一冊

220000－0801－0010214　史245/48
周益公琴　（□）□□書　清拓本　一冊

220000－0801－0010215　史245/51
陸厚邘古冊　（清）伯俌手拓　清末拓本
一冊

220000－0801－0010216　史246/1

癖談六卷　（清）蔡雲撰　清拓本　一冊

220000－0801－0010217　史246/1－1

癖談六卷　（清）蔡雲撰　清拓本　一冊

220000－0801－0010218　史246/2

癖泉臆說六卷　（清）高蔚如撰　清拓本
一冊

220000－0801－0010219　史246/2－1

癖泉臆說六卷　（清）高蔚如撰　清拓本
一冊

220000－0801－0010220　史246/3

嘉蔭簃論泉截句二卷　（清）劉喜海撰　清拓
本　一冊

220000－0801－0010221　史246/6

紅藕花軒泉品九卷　（清）馬國翰撰　清拓本
四冊

220000－0801－0010222　史246/11

泉布統志九卷附一卷　（清）孟麟撰　清拓本
十六冊

220000－0801－0010223　史246/12

泉志十五卷譜雙五卷　（宋）洪遵撰　清拓本
二冊

220000－0801－0010224　史246/12－1

泉志十五卷譜雙五卷　（宋）洪遵撰　清拓本
二冊

220000－0801－0010225　史246/12－2

泉志十五卷譜雙五卷　（宋）洪遵撰　清拓本
二冊

220000－0801－0010226　史246/18

選青小箋十卷　（清）許元愷撰　清道光二十
四年(1844)拓本　四冊

220000－0801－0010227　史246/19

古泉雜詠四卷　葉德輝撰　清拓本　二冊

220000－0801－0010228　史246/21

古泉叢話三卷　（清）戴熙撰　清拓本　一冊

220000－0801－0010229　史246/21－1

古泉叢話三卷　（清）戴熙撰　清拓本　一冊

220000－0801－0010230　史246/23

古泉匯四集六十卷首四卷續四集十四卷補遺
三卷　（清）鮑康撰　清同治三年(1864)拓本
二十冊

220000－0801－0010231　史246/23－1

古泉匯四集六十卷首四卷續四集十四卷補遺
三卷　（清）鮑康撰　清同治三年(1864)拓本
二十冊

220000－0801－0010232　史246/23－2

古泉匯四集六十卷首四卷續四集十四卷補遺
三卷　（清）鮑康撰　清同治三年(1864)拓本
二十冊

220000－0801－0010233　史246/23－3

古泉匯四集六十卷首四卷續四集十四卷補遺
三卷　（清）鮑康撰　清同治三年(1864)拓本
二十冊

220000－0801－0010234　史246/23－4

古泉匯四集六十卷首四卷續四集十四卷補遺
三卷　（清）鮑康撰　清同治三年(1864)拓本
十冊

220000－0801－0010235　史246/24

古金待問錄四卷錄餘一卷補遺一卷　（清）朱
楓輯　清光緒十六年(1890)拓本　二冊

220000－0801－0010236　史246/24－1

古金待問錄四卷錄餘一卷補遺一卷　（清）朱
楓輯　清光緒十六年(1890)拓本　二冊

220000－0801－0010237　史246/24－2

古金待問錄四卷錄餘一卷補遺一卷　（清）朱
楓輯　清光緒十六年(1890)拓本　二冊

220000－0801－0010238　史246/24－3

古金待問錄四卷錄餘一卷補遺一卷　（清）朱
楓輯　清光緒十六年(1890)拓本　二冊

220000－0801－0010239　史246/26

古今錢略三十二卷首一卷末一卷　（清）倪模
撰　清光緒三年(1877)刻本　十六冊

220000－0801－0010240　史246/26－1

古今錢略三十二卷首一卷末一卷　（清）倪模
撰　清光緒三年(1877)刻本　十六冊

220000－0801－0010241　史246/26－2

古今錢略三十二卷首一卷末一卷　（清）倪模
撰　清光緒三年(1877)刻本　十六冊

220000－0801－0010242　史246/31

吉金所見錄十六卷首一卷末一卷　（清）初尚
齡纂輯　清嘉慶二十四年(1819)拓本　四冊

220000－0801－0010243　史246/31－1

吉金所見錄十六卷首一卷末一卷　（清）初尚
齡纂輯　清嘉慶二十四年(1819)拓本　四冊

220000－0801－0010244　史246/31－2

吉金所見錄十六卷首一卷末一卷　（清）初尚
齡纂輯　清嘉慶二十四年(1819)拓本　四冊

220000－0801－0010245　史246/32

吉金所見錄十六卷首一卷末一卷　（清）初尚
齡纂輯　清嘉慶二十四年(1819)拓本　四冊

220000－0801－0010246　史246/35

樹德堂錢錄　（清）黃有齡撰　清嘉慶十五年
(1810)拓本　二冊

220000－0801－0010247　史246/37

觀古閣泉說不分卷　（清）鮑康撰　清同治十
二年(1873)刻本　一冊

220000－0801－0010248　史246/44

巽齋所藏錢錄十二卷　（清）費錫申編　清光
緒十六年(1890)拓本　四冊

220000－0801－0010249　史246/44－1

巽齋所藏錢錄十二卷　（清）費錫申編　清光
緒十六年(1890)拓本　四冊

220000－0801－0010250　史246/46

錢譜不分卷　（清）尹湘編　清道光十年
(1830)稿本　四冊

220000－0801－0010251　史246/47

錢志新編二十卷　（清）張崇懿輯　清道光十
年(1830)刻本　六冊

220000－0801－0010252　史246/47－1

錢志新編二十卷　（清）張崇懿輯　清道光十
年(1830)刻本　四冊

220000－0801－0010253　史246/48

選青小箋十卷　（清）許元愷撰　清道光二十
四年(1844)刻本　二冊

220000－0801－0010254　史246/49

觀古閣叢稿二卷　（清）鮑康撰　清拓本
六冊

220000－0801－0010255　史246/49－1

觀古閣叢稿二卷　（清）鮑康撰　清拓本
六冊

220000－0801－0010256　史246/50

欽定錢錄十六卷　（清）紀昀等纂　清拓本
八冊

220000－0801－0010257　史246/50－1

欽定錢錄十六卷　（清）紀昀等纂　清拓本
二冊

220000－0801－0010258　史246/50－2

欽定錢錄十六卷　（清）紀昀等纂　清拓本
二冊

220000－0801－0010259　史246/51

天瓶齋書畫題跋二卷　（清）張照著　清末拓
本　一冊

220000－0801－0010260　史247/2

齊魯古印攗不分卷　（清）高慶齡撰　清光緒
九年(1883)鈐印拓本　四冊

220000－0801－0010261　史247/4

文選樓藏印不分卷　（清）阮元輯　清鈐印拓
本　四冊

220000－0801－0010262　史247/9

二百蘭亭齋古印玫藏六卷　（清）吳雲撰　清
同治三年(1864)鈐印拓本　二冊

220000－0801－0010263　史247/9－1

二百蘭亭齋古印玫藏六卷　（清）吳雲撰　清
同治三年(1864)鈐印拓本　二冊

220000－0801－0010264　史247/10

451

五種曲句不分卷 （清）葉荔薌輯 清道光二
十三年(1843)拓本 二冊

220000－0801－0010265 史247/14
丁黃印存合冊不分卷 （清）丁敬 （清）黃易
刻 清拓本 四冊

220000－0801－0010266 史247/15
丁龍泓印譜不分卷 （清）丁敬刻 清道光二
十二年(1842)刻本 五冊

220000－0801－0010267 史247/16
兩罍軒印考漫存九卷 （清）吳雲輯 清光緒
七年(1881)鈐印拓本 四冊

220000－0801－0010268 史247/20
百花印譜不分卷 （□）天魚閣刻 清末鈐印
本 一冊

220000－0801－0010269 史247/21
百將百美合璧印譜不分卷 （清）趙仲穆篆
清光緒二十三年(1897)朱鈐印本 八冊

220000－0801－0010270 史247/21－1
百將百美合璧印譜不分卷 （清）趙仲穆篆
清光緒二十三年(1897)朱鈐印本 十二冊

220000－0801－0010271 史247/24
琴鶴堂印譜不分卷 （清）繼良輯 清光緒二
十七年(1901)鈐印本 一冊

220000－0801－0010272 史247/27
仿古萃編 （清）徐桂蟾編 清宣統二年
(1910)鈐印本 四冊

220000－0801－0010273 史247/28
受齋印存二卷 （清）白采篆 清嘉慶二十三
年(1818)鈐印拓本 二冊

220000－0801－0010274 史247/29
飛鴻堂印選不分卷 （清）汪啓淑摹 清鈐印
本 二十四冊

220000－0801－0010275 史247/33
種榆仙館印譜不分卷 （清）陳鴻壽刻 清道
光元年(1821)印本 四冊

220000－0801－0010276 史247/45

適園印譜不分卷 （清）吳咨集 清宣統三年
(1911)石印本 二冊

220000－0801－0010277 史247/46
守硯生印存二卷續四卷 （清）王祖光篆 清
光緒九年(1883)鈐印本 六冊

220000－0801－0010278 史247/50
補羅迦室印譜不分卷 （清）趙之琛篆刻 清
末鈐印本 四冊

220000－0801－0010279 史247/51
述古堂印譜三種十二卷 （□）□□書 清道
光鈐印本 六冊

220000－0801－0010280 史247/52
漢銅印叢六卷 （清）汪啓淑輯 清拓本
六冊

220000－0801－0010281 史247/53
漢銅印叢不分卷 （清）汪啓淑輯 清光緒二
十四年(1898)鈐印本 四冊

220000－0801－0010282 史247/59
漱石軒印存四卷印集四卷 （清）鍾權篆 清
光緒二年(1876)影印本 八冊

220000－0801－0010283 史247/66
求是齋印存 （清）陳豫鍾刻 清光緒三十四
年(1908)鈐印本 四冊

220000－0801－0010284 史247/68
封泥攷略十卷 （清）吳式芬 （清）陳介祺輯
清光緒三十年(1904)石印本 十冊

220000－0801－0010285 史247/68－1
封泥攷略十卷 （清）吳式芬 （清）陳介祺輯
清光緒三十年(1904)石印本 十冊

220000－0801－0010286 史247/68－2
封泥攷略十卷 （清）吳式芬 （清）陳介祺輯
清光緒三十年(1904)石印本 十冊

220000－0801－0010287 史247/68－3
封泥攷略十卷 （清）吳式芬 （清）陳介祺輯
清光緒三十年(1904)石印本 十冊

220000－0801－0010288 史247/71

吉金齋古銅印譜三卷 （清）何昆玉輯 清末
拓本 二冊

220000－0801－0010289 史247/72

吉金齋古銅印譜六卷 （清）何昆玉輯 清同
治八年(1869)拓本 六冊

220000－0801－0010290 史247/78

觀自得齋秦漢官私銅印譜 （□）□□書 清
末鈐印本 六冊

220000－0801－0010291 史247/79

楊嘯邨印集 （□）□□撰 清宣統元年
(1909)西泠印社拓本 二冊

220000－0801－0010292 史247/84

春暉堂印始八卷 （清）吳蒼雷摹 清末影印
本 八冊

220000－0801－0010293 史247/87

秦漢古銅印譜不分卷 （清）嚴信厚拓 清末
鈐印本 二冊

220000－0801－0010294 史247/97

陳鼻生印存不分卷 （清）陳鴻壽刻 西泠印
社輯 清光緒三十四年(1908)拓本 四冊

220000－0801－0010295 史247/98

陳簠齋手拓古印集 （清）陳介祺輯 清光緒
七年(1881)鉛印本 四冊

220000－0801－0010296 史247/99

學山堂印存四卷 （清）顧湘編 清光緒三十
年(1904)鈐印本 四冊

220000－0801－0010297 史247/102

印文詳解 （清）劉維坊纂鐫 清道光二十八
年(1848)墨印本 四冊

220000－0801－0010298 史247/103

印彙不分卷 西泠印社輯 清宣統二年
(1910)拓本 一百冊

220000－0801－0010299 史247/104

企文仙館印書 （□）□□撰 清末鈐印本
四冊

220000－0801－0010300 史247/105

金橄山人印存不分卷 （清）吳隱輯 清末鈐
印本 二冊

220000－0801－0010301 史247/106

介如盦摹印存 （清）張忠亮輯 清光緒三十
四年(1908)鉛印本 四冊

220000－0801－0010302 史247/109

缶廬印集不分卷 （清）吳昌碩刻 清光緒二
十六年(1900)鈐印本 四冊

220000－0801－0010303 史247/111

小石山房印譜四卷集名刻一卷集金玉晶石銅
牙瓷竹木類印一卷歸去來辭一卷 （清）顧湘
編 清道光十二年(1832)鈐印本 六冊

220000－0801－0010304 史247/111－1

小石山房印譜四卷集名刻一卷集金玉晶石銅
牙瓷竹木類印一卷歸去來辭一卷 （清）顧湘
編 清道光十二年(1832)鈐印本 六冊

220000－0801－0010305 史247/111－2

小石山房印譜四卷集名刻一卷集金玉晶石銅
牙瓷竹木類印一卷歸去來辭一卷 （清）顧湘
編 清道光十二年(1832)鈐印本 六冊

220000－0801－0010306 史247/115

小石山房印苑十二卷 （清）顧湘纂 清光緒
三十年(1904)鈐印本 十二冊

220000－0801－0010307 史247/116

雲香館印譜不分卷 （清）蘭保鐫 清末鈐印
本 四冊

220000－0801－0010308 史247/120

選集漢印分韻二卷續集二卷 （清）袁日省編
（清）謝景卿纂摹 清嘉慶二年(1797)拓本
四冊

220000－0801－0010309 史247/123

選集漢印分韻二卷續集二卷 （清）袁日省編
（清）謝景卿纂摹 清嘉慶二年(1797)拓本
六冊

220000－0801－0010310 史247/125

秦漢官私印鉢 淳菁閣輯拓 清拓本 八冊

220000－0801－0010311 史248/1

玉譜類編四卷 （清）徐壽基編輯 清光緒十
五年(1889)刻本 四冊

220000－0801－0010312 史248/1－1

玉譜類編四卷 （清）徐壽基編輯 清光緒十
五年(1889)刻本 四冊

220000－0801－0010313 史248/2

瓊琚譜三卷 （清）姜紹書撰 清宣統元年
(1909)刻本 一冊

220000－0801－0010314 史248/5

古玉圖攷不分卷 （清）吳大澂著 清光緒十
五年(1889)拓本 四冊

220000－0801－0010315 史248/5－1

古玉圖攷不分卷 （清）吳大澂著 清光緒十
五年(1889)拓本 四冊

220000－0801－0010316 史248/5－2

古玉圖攷不分卷 （清）吳大澂著 清光緒十
五年(1889)拓本 四冊

220000－0801－0010317 史248/5－3

古玉圖攷不分卷 （清）吳大澂著 清光緒十
五年(1889)拓本 四冊

220000－0801－0010318 史248/5－4

古玉圖攷不分卷 （清）吳大澂著 清光緒十
五年(1889)拓本 四冊

220000－0801－0010319 史248/5－5

古玉圖攷不分卷 （清）吳大澂著 清光緒十
五年(1889)拓本 四冊

220000－0801－0010320 史248/5－6

古玉圖攷不分卷 （清）吳大澂著 清光緒十
五年(1889)拓本 四冊

220000－0801－0010321 史248/5－7

古玉圖攷不分卷 （清）吳大澂著 清光緒十
五年(1889)拓本 四冊

220000－0801－0010322 史248/5－8

古玉圖攷不分卷 （清）吳大澂著 清光緒十
五年(1889)拓本 四冊

220000－0801－0010323 史248/5－9

古玉圖攷不分卷 （清）吳大澂著 清光緒十
五年(1889)拓本 四冊

220000－0801－0010324 史248/6

古玉圖攷不分卷 （清）吳大澂著 清光緒十
五年(1889)石印本 四冊

220000－0801－0010325 史248/7

古玉圖攷不分卷 （清）吳大澂著 清光緒十
五年(1889)刻本 二冊

220000－0801－0010326 史248/7－1

古玉圖攷不分卷 （清）吳大澂著 清光緒十
五年(1889)刻本 二冊

220000－0801－0010327 史25/1

月令粹編二十四卷圖說一卷 （清）秦嘉謨撰
清光緒九年(1883)刻本 八冊

220000－0801－0010328 史25/2

歲華紀麗四卷 （唐）韓鄂撰 清刻本 二冊

220000－0801－0010329 史25/3

月令廣義二十四卷附首一卷圖說一卷 （明）
馮應京輯 清刻本 六冊 缺七卷(十八至
二十四)

220000－0801－0010330 史25/5

月令粹編二十四卷圖說一卷 （清）秦嘉謨撰
清嘉慶十七年(1812)刻本 六冊

220000－0801－0010331 史25/5－1

月令粹編二十四卷圖說一卷 （清）秦嘉謨撰
清嘉慶十七年(1812)刻本 六冊

220000－0801－0010332 史25/5－2

月令粹編二十四卷圖說一卷 （清）秦嘉謨撰
清嘉慶十七年(1812)刻本 六冊

220000－0801－0010333 史25/5－3

月令粹編二十四卷圖說一卷 （清）秦嘉謨撰
清嘉慶十七年(1812)刻本 六冊

220000－0801－0010334 史25/5－4

月令粹編二十四卷圖說一卷 （清）秦嘉謨撰
清嘉慶十七年(1812)刻本 六冊

220000－0801－0010335 史25/5－5

月令粹編二十四卷圖說一卷　（清）秦嘉謨撰
清嘉慶十七年（1812）刻本　八冊

220000－0801－0010336　史 25/6

月令七十二候詩四卷　（清）馬國翰編　清光
緒十五年（1889）玉函山房刻本　二冊

220000－0801－0010337　史 26.464/8

［光緒］全滇紀要　（清）雲南課吏館編輯　清
光緒三十二年（1906）鉛印本　十冊

220000－0801－0010338　史 26.464/8－1

［光緒］全滇紀要　（清）雲南課吏館編輯　清
光緒三十二年（1906）鉛印本　十冊

220000－0801－0010339　史 26.464/8－2

［光緒］全滇紀要　（清）雲南課吏館編輯　清
光緒三十二年（1906）鉛印本　十冊

220000－0801－0010340　史 26.467/1

［光緒］西藏圖考八卷首一卷　（清）黃沛翹撰
清光緒二十三年（1897）刻本　四冊

220000－0801－0010341　史 262/3

大興徐氏三種八卷　（清）徐松撰　清刻本
八冊　存二卷（漢書西域傳補注二卷）

220000－0801－0010342　史 262/4

括地志八卷　（唐）李泰等撰　清光緒七年
（1881）刻本　二冊

220000－0801－0010343　史 262/5

五洲圖考不分卷　（清）徐勘編輯　清末鉛印
本　一冊

220000－0801－0010344　史 262/10

圖史提綱三卷　（清）胡宣慶編纂　清光緒十
七年（1891）刻本　一冊

220000－0801－0010345　史 262/13

晉太康三年地記一卷王隱晉書地道記一卷
（晉）□□撰　清末拓本　一冊

220000－0801－0010346　史 262/14

續纂淮關統志十四卷　（清）元成纂　清光緒
七年（1881）刻本　六冊

220000－0801－0010347　史 262/14－1

續纂淮關統志十四卷　（清）元成纂　清光緒
七年（1881）刻本　六冊

220000－0801－0010348　史 262/17

皇朝直省府廳州縣歌括一卷　（清）蔣升撰
清光緒二十三年（1897）刻本　一冊

220000－0801－0010349　史 262/18

東三省沿革表六卷　徐世昌撰　清宣統元年
（1909）刻本　六冊

220000－0801－0010350　史 262/20

方輿類纂二十八卷首一卷　（清）顧祖禹撰
（清）溫汝能編　清嘉慶十二年（1807）影印本
二十四冊

220000－0801－0010351　史 262/28

大清分省圖不分卷　（清）□□撰　清末影印
本　二十二冊

220000－0801－0010352　史 262/31

廣輿記二十四卷增訂廣輿記提要一卷　（明）
陸應陽原纂　（清）蔡方炳增輯　清光緒四年
（1878）刻本　十二冊

220000－0801－0010353　史 262/31－1

廣輿記二十四卷增訂廣輿記提要一卷　（明）
陸應陽原纂　（清）蔡方炳增輯　清光緒四年
（1878）刻本　十二冊

220000－0801－0010354　史 262/31－2

廣輿記二十四卷增訂廣輿記提要一卷　（明）
陸應陽原纂　（清）蔡方炳增輯　清光緒四年
（1878）刻本　十二冊

220000－0801－0010355　史 262/31－3

廣輿記二十四卷增訂廣輿記提要一卷　（明）
陸應陽原纂　（清）蔡方炳增輯　清光緒四年
（1878）刻本　二十冊

220000－0801－0010356　史 262/32

方輿紀要簡覽三十四卷　（清）顧祖禹原本
（清）潘鐸輯錄　清咸豐八年（1858）刻本　十
六冊

220000－0801－0010357　史 262/33

方輿全圖五卷　（清）顧祖禹輯　清光緒二十

七年(1901)石印本　四册

220000－0801－0010358　史262/34
方輿類聚十六卷　（清）福申輯　清道光十二年(1832)刻本　二册

220000－0801－0010359　史262/35
帝輿合覽二卷　（清）何炳撰　清道光二年(1822)刻本　八册

220000－0801－0010360　史262/37
讀史方輿紀要一百三十卷輿圖要覽四卷（清）顧祖禹著　清道光十一年(1831)刻本六十四册

220000－0801－0010361　史262/37－1
讀史方輿紀要一百三十卷輿圖要覽四卷（清）顧祖禹著　清道光十一年(1831)刻本六十四册

220000－0801－0010362　史262/37－2
讀史方輿紀要一百三十卷輿圖要覽四卷（清）顧祖禹著　清道光十一年(1831)刻本六十四册

220000－0801－0010363　史262/37－3
讀史方輿紀要一百三十卷輿圖要覽四卷（清）顧祖禹著　清道光十一年(1831)刻本六十四册

220000－0801－0010364　史262/37－4
讀史方輿紀要一百三十卷輿圖要覽四卷（清）顧祖禹著　清道光十一年(1831)刻本八十七册

220000－0801－0010365　史262/38
讀史方輿紀要一百三十卷輿圖要覽四卷（清）顧祖禹著　清道光十一年(1831)刻本六十四册

220000－0801－0010366　史262/38－1
讀史方輿紀要一百三十卷輿圖要覽四卷（清）顧祖禹著　清道光十一年(1831)刻本六十册

220000－0801－0010367　史262/40
讀史方輿紀要一百三十卷輿圖要覽四卷

（清）顧祖禹著　清光緒二十五年(1899)石印本　三十二册

220000－0801－0010368　史262/40－1
讀史方輿紀要一百三十卷輿圖要覽四卷（清）顧祖禹著　清光緒二十五年(1899)石印本　三十二册

220000－0801－0010369　史262/41
註釋讀史方輿紀要序二卷　（清）顧祖禹撰清光緒二十八年(1902)刻本　二册

220000－0801－0010370　史262/42
讀史方輿紀要輿圖要覽四卷　（清）顧祖禹撰　清末刻本　四册

220000－0801－0010371　史262/42－1
讀史方輿紀要輿圖要覽四卷　（清）顧祖禹撰　清末刻本　四册

220000－0801－0010372　史262/43
讀史方輿紀要歷代州域形勢論九卷讀史方輿紀要序二卷　（清）顧祖禹著　清末抄本一册

220000－0801－0010373　史262/45
三國疆域志補註十九卷首一卷　（清）洪亮吉撰　清光緒二十四年(1898)刻本　八册

220000－0801－0010374　史262/45－1
三國疆域志補註十九卷首一卷　（清）洪亮吉撰　清光緒二十四年(1898)刻本　八册

220000－0801－0010375　史262/46
三國郡縣表八卷　（清）吳增僅撰　清光緒二十一年(1895)刻本　四册

220000－0801－0010376　史262/46－1
三國郡縣表八卷　（清）吳增僅撰　清光緒二十一年(1895)刻本　四册

220000－0801－0010377　史262/46－2
三國郡縣表八卷　（清）吳增僅撰　清光緒二十一年(1895)刻本　一册　存二卷(七至八)

220000－0801－0010378　史262/47
三國郡縣表補正八卷　（清）吳增僅撰　清光緒三十三年(1907)刻本　四册

220000－0801－0010379　史262/48

元和郡縣志四十卷　（唐）李吉甫撰　清光緒
二十一年(1895)增修本　十六冊

220000－0801－0010380　史262/49

元和郡縣圖志四十卷　（唐）李吉甫撰　清光
緒六年(1880)刻本　六冊

220000－0801－0010381　史262/49－1

元和郡縣圖志四十卷　（唐）李吉甫撰　清光
緒六年(1880)刻本　六冊

220000－0801－0010382　史262/49－2

元和郡縣圖志四十卷　（唐）李吉甫撰　清光
緒六年(1880)刻本　八冊

220000－0801－0010383　史262/49－3

元和郡縣圖志四十卷　（唐）李吉甫撰　清光
緒六年(1880)刻本　八冊

220000－0801－0010384　史262/49－4

元和郡縣圖志四十卷　（唐）李吉甫撰　清光
緒六年(1880)刻本　八冊

220000－0801－0010385　史262/49－5

元和郡縣圖志四十卷　（唐）李吉甫撰　清光
緒六年(1880)刻本　八冊

220000－0801－0010386　史262/49－6

元和郡縣圖志四十卷　（唐）李吉甫撰　清光
緒六年(1880)刻本　六冊

220000－0801－0010387　史262/50

元和郡縣補志九卷　（清）嚴觀補　清光緒八
年(1882)刻本　二冊

220000－0801－0010388　史262/50－1

元和郡縣補志九卷　（清）嚴觀補　清光緒八
年(1882)刻本　二冊

220000－0801－0010389　史262/50－2

元和郡縣補志九卷　（清）嚴觀補　清光緒八
年(1882)刻本　二冊

220000－0801－0010390　史262/50－3

元和郡縣補志九卷　（清）嚴觀補　清光緒八
年(1882)刻本　二冊

220000－0801－0010391　史262/51

元和郡縣圖志闕卷逸文三卷　（唐）李吉甫撰
（清）嚴觀輯　清光緒七年(1881)江陰繆荃
孫刻朱印本　一冊

220000－0801－0010392　史262/51－1

元和郡縣圖志闕卷逸文三卷　（唐）李吉甫撰
（清）嚴觀輯　清刻本　一冊

220000－0801－0010393　史262/52

[元豐]九域志十卷　（宋）王存撰　清光緒八
年(1882)刻本　四冊

220000－0801－0010394　史262/52－1

[元豐]九域志十卷　（宋）王存撰　清光緒八
年(1882)刻本　四冊

220000－0801－0010395　史262/53

[元豐]九域志十卷　（宋）王存撰　清光緒二
十五年(1899)刻本　六冊

220000－0801－0010396　史262/53－1

[元豐]九域志十卷　（宋）王存撰　清光緒二
十五年(1899)刻本　八冊

220000－0801－0010397　史262/53－2

[元豐]九域志十卷　（宋）王存撰　清光緒二
十五年(1899)刻本　七冊

220000－0801－0010398　史262/54

天下郡國利病書一百二十卷　（清）顧炎武撰
清道光十四年(1834)活字印本　六十四冊

220000－0801－0010399　史262/55

天下郡國利病書一百二十卷　（清）顧炎武撰
清光緒五年(1879)活字印本　六十冊

220000－0801－0010400　史262/55－1

天下郡國利病書一百二十卷　（清）顧炎武撰
清光緒五年(1879)活字印本　四十八冊

220000－0801－0010401　史262/55－2

天下郡國利病書一百二十卷　（清）顧炎武撰
清光緒五年(1879)活字印本　六十四冊

220000－0801－0010402　史262/55－3

天下郡國利病書一百二十卷　（清）顧炎武撰
清光緒五年(1879)活字印本　五十四冊

220000－0801－0010403　史262/55－4

天下郡國利病書一百二十卷　（清）顧炎武撰
　清光緒五年(1879)活字印本　五十冊

220000－0801－0010404　史262/56

天下郡國利病書一百二十卷　（清）顧炎武撰
　清光緒二十七年(1901)鉛印本　二十八冊

220000－0801－0010405　史262/56－1

天下郡國利病書一百二十卷　（清）顧炎武撰
　清光緒二十七年(1901)鉛印本　二十八冊

220000－0801－0010406　史262/56－2

天下郡國利病書一百二十卷　（清）顧炎武撰
　清光緒二十七年(1901)鉛印本　二十八冊

220000－0801－0010407　史262/56－3

天下郡國利病書一百二十卷　（清）顧炎武撰
　清光緒二十七年(1901)鉛印本　二十八冊

220000－0801－0010408　史262/56－4

天下郡國利病書一百二十卷　（清）顧炎武撰
　清光緒二十七年(1901)鉛印本　二十八冊

220000－0801－0010409　史262/56－5

天下郡國利病書一百二十卷　（清）顧炎武撰
　清光緒二十七年(1901)鉛印本　二十八冊

220000－0801－0010410　史262/57

[晉太康三年]地記一卷王隱晉書地道記一卷
　（晉）□□撰　清光緒十七年(1891)刻本
一冊

220000－0801－0010411　史262/59

新校晉書地理志一卷　（清）方愷撰　清光緒
二十一年(1895)刻本　一冊

220000－0801－0010412　史262/60

晉書地理志新補正五卷　（清）畢沅撰　清刻
本　一冊

220000－0801－0010413　史262/62

晉書地理志新補正五卷　（清）畢沅撰　清光
緒二十年(1894)刻本　一冊

220000－0801－0010414　史262/62－1

晉書地理志新補正五卷　（清）畢沅撰　清光
緒二十年(1894)刻本　一冊

220000－0801－0010415　史262/63

皇朝一統直省府廳州縣全圖四卷　（清）□□
撰　清末刻本　四冊

220000－0801－0010416　史262/64

皇朝一統輿地全圖不分卷　（清）欽乃軒主人
增輯　清末石印本　二冊

220000－0801－0010417　史262/65

皇朝一統輿地全圖不分卷　（清）欽乃軒主人
增輯　清末石印本　二冊

220000－0801－0010418　史262/66

皇朝一統輿地全圖　（清）董祐誠繪撰　清道
光十二年(1832)刻本　八冊

220000－0801－0010419　史262/66－1

皇朝一統輿地全圖一幅　（清）董祐誠繪撰
清道光十二年(1832)刻本　八冊

220000－0801－0010420　史262/67

皇朝直省地輿全圖一卷　（清）漢鎮輿圖局創
印　清光緒五年(1879)石印本　一冊

220000－0801－0010421　史262/68

皇朝直省地輿全圖一卷　（□）□□撰　清光
緒十五年(1889)石印本　一冊　存十八幅

220000－0801－0010422　史262/69

皇朝直省府廳州縣歌括一卷　（清）蔣升撰
清光緒二十三年(1897)石印本　一冊

220000－0801－0010423　史262/70

皇朝直省府廳州縣歌括一卷　（清）蔣升撰
清光緒二十九年(1903)鉛印本　一冊

220000－0801－0010424　史262/70－1

皇朝直省府廳州縣歌括一卷　（清）蔣升撰
清光緒二十九年(1903)鉛印本　一冊

220000－0801－0010425　史262/71

皇朝直省府廳州縣歌括一卷　（清）蔣升撰
清光緒二十四年(1898)鉛印本　一冊

220000－0801－0010426　史262/72

地學啓蒙八卷　（清）總稅務司編　清光緒十
二年(1886)刻本　一冊

220000－0801－0010427　史262/73

皇朝輿地沿革考一卷　（清）遁天著　清光緒
二十八年（1902）鉛印本　一冊

220000－0801－0010428　史262/73－1

皇朝輿地沿革考一卷　（清）遁天著　清光緒
二十八年（1902）鉛印本　一冊

220000－0801－0010429　史262/74

皇朝輿地略不分卷　（清）六承如編　清同治
二年（1863）刻本　四冊

220000－0801－0010430　史262/74－1

皇朝輿地略不分卷　（清）六承如編　清同治
二年（1863）刻本　四冊

220000－0801－0010431　史262/75

皇朝輿地略皇朝輿地韻編不分卷　（清）六承
如編　清光緒五年（1879）刻本　四冊

220000－0801－0010432　史262/75－1

皇朝輿地略皇朝輿地韻編不分卷　（清）六承
如編　清光緒五年（1879）刻本　一冊　存皇
朝輿地總圖至貴州

220000－0801－0010433　史262/76

皇朝輿地韻編二卷　（清）李兆洛輯　清刻本
一冊

220000－0801－0010434　史262/78

補梁疆域志四卷　（清）洪齮孫撰　清光緒十
七年（1891）刻本　四冊

220000－0801－0010435　史262/78－1

補梁疆域志四卷　（清）洪齮孫撰　清光緒十
七年（1891）刻本　四冊

220000－0801－0010436　史262/78－2

補梁疆域志四卷　（清）洪齮孫撰　清光緒十
七年（1891）刻本　二冊

220000－0801－0010437　史262/79

補三國疆域志二卷　（清）洪亮吉撰　清光緒
四年（1878）刻本　一冊

220000－0801－0010438　史262/79－1

補三國疆域志二卷　（清）洪亮吉撰　清光緒
四年（1878）刻本　一冊

220000－0801－0010439　史262/80

補元和郡縣志四十七鎮圖說　（清）龐鴻書訂
清光緒三十一年（1905）鉛印本　一冊

220000－0801－0010440　史262/82

校本漢書地理志二卷　（清）汪遠孫校　清光
緒三十四年（1908）刻本　一冊

220000－0801－0010441　史262/83

校本漢書地理志二卷　（清）汪遠孫校　清同
治十年（1871）刻本　一冊

220000－0801－0010442　史262/84

校本漢書地理志二卷　（清）汪遠孫校　清同
治七年（1868）刻本　二冊

220000－0801－0010443　史262/85

漢書地理志校註二卷　（清）王紹蘭撰　清光
緒二十二年（1896）刻本　二冊

220000－0801－0010444　史262/85－1

漢書地理志校註二卷　（清）王紹蘭撰　清光
緒二十二年（1896）刻本　二冊

220000－0801－0010445　史262/86

校本漢書地理志二卷　（清）汪遠孫校　清道
光二十八年（1848）刻本　四冊

220000－0801－0010446　史262/86－1

校本漢書地理志二卷　（清）汪遠孫校　清道
光二十八年（1848）刻本　二冊

220000－0801－0010447　史262/87

**浙江圖書館叢書十一種（蓬萊軒地理學叢書）
二十七卷**　（清）丁謙撰　清光緒二十八年
（1902）石印本　四冊

220000－0801－0010448　史262/88

十六國疆域志十六卷　（清）洪亮吉撰　清光
緒四年（1878）刻本　四冊

220000－0801－0010449　史262/88－1

十六國疆域志十六卷　（清）洪亮吉撰　清光
緒四年（1878）刻本　四冊

220000－0801－0010450　史262/89

十三州志一卷　（北魏）闞駰撰　（清）張澍輯
三秦記一卷　（漢）辛氏撰　（清）張澍輯

清光緒刻本　一冊

220000－0801－0010451　史262/91

太平寰宇記二百卷目錄二卷　（宋）樂史撰
清嘉慶六年（1801）刻本　三十冊

220000－0801－0010452　史262/92

太平寰宇記二百卷目錄二卷　（宋）樂史撰
清嘉慶八年（1803）刻本　四十冊　缺一卷
（七）

220000－0801－0010453　史262/93

太平寰宇記二百卷目錄二卷　（宋）樂史撰
清嘉慶八年（1803）刻本　三十四冊

220000－0801－0010454　史262/94

大清一統志五百卷　（清）蔣廷錫　（清）王安
國等纂修　清光緒二十三年（1897）石印本
五十九冊

220000－0801－0010455　史262/95

大清一統志五百卷　（清）蔣廷錫　（清）王安
國等纂修　清光緒二十七年（1901）石印本
六十冊

220000－0801－0010456　史262/96

大清一統輿圖三十一卷首一卷　（清）嚴樹森
撰　清光緒二十七年（1901）石印本　六冊

220000－0801－0010457　史262/97

大清一統輿圖三十一卷首一卷　（清）嚴樹森
撰　清同治二年（1863）刻本　十二冊

220000－0801－0010458　史262/97－1

大清一統輿圖三十一卷首一卷　（清）嚴樹森
撰　清同治二年（1863）刻本　十二冊

220000－0801－0010459　史262/97－2

大清一統輿圖三十一卷首一卷　（清）嚴樹森
撰　清同治二年（1863）刻本　十二冊

220000－0801－0010460　史262/97－3

大清一統輿圖三十一卷首一卷　（清）嚴樹森
撰　清同治二年（1863）刻本　十二冊

220000－0801－0010461　史262/97－4

大清一統輿圖三十一卷首一卷　（清）嚴樹森
撰　清同治二年（1863）刻本　十二冊

220000－0801－0010462　史262/97－5

大清一統輿圖三十一卷首一卷　（清）嚴樹森
撰　清同治二年（1863）刻本　二十七冊

220000－0801－0010463　史262/97－6

大清一統輿圖三十一卷首一卷　（清）嚴樹森
撰　清同治二年（1863）刻本　十六冊

220000－0801－0010464　史262/97－7

大清一統輿圖三十一卷首一卷　（清）嚴樹森
撰　清同治二年（1863）刻本　十二冊

220000－0801－0010465　史262/97－8

大清一統輿圖三十一卷首一卷　（清）嚴樹森
撰　清同治二年（1863）刻本　十二冊

220000－0801－0010466　史262/97－9

大清一統輿圖三十一卷首一卷　（清）嚴樹森
撰　清同治二年（1863）刻本　四冊　存十卷
（南一至十）

220000－0801－0010467　史262/100

大清一統志五百卷　（清）蔣廷錫　（清）王安
國等纂修　清光緒二十七年（1901）石印本
六十冊

220000－0801－0010468　史262/101

大清一統志輯要五十卷　（清）洪亮吉撰　清
光緒二十八年（1902）石印本　十二冊

220000－0801－0010469　史262/106

李氏五種二十八卷　（清）李兆洛撰　清光緒
十四年（1888）刻本　十二冊

220000－0801－0010470　史262/106－1

李氏五種二十八卷　（清）李兆洛撰　清光緒
十四年（1888）刻本　十二冊

220000－0801－0010471　史262/106－2

李氏五種二十八卷　（清）李兆洛撰　清光緒
十四年（1888）刻本　十六冊

220000－0801－0010472　史262/106－3

李氏五種二十八卷　（清）李兆洛撰　清光緒
十四年（1888）刻本　十二冊

220000－0801－0010473　史262/107

李氏五種合刊二十八卷　（清）李兆洛撰　清

光緒三十四年(1908)石印本　八冊

220000－0801－0010474　史262/107－1
李氏五種合刊二十八卷　（清）李兆洛撰　清
光緒三十四年(1908)石印本　八冊

220000－0801－0010475　史262/109
七國地理考七卷國策編年一卷　（清）顧觀光
撰　清光緒二十八年(1902)刻本　四冊

220000－0801－0010476　史262/109－1
七國地理考七卷國策編年一卷　（清）顧觀光
撰　清光緒二十八年(1902)刻本　四冊

220000－0801－0010477　史262/109－2
七國地理考七卷國策編年一卷　（清）顧觀光
撰　清光緒二十八年(1902)刻本　四冊

220000－0801－0010478　史262/109－3
七國地理考七卷國策編年一卷　（清）顧觀光
撰　清光緒二十八年(1902)刻本　四冊

220000－0801－0010479　史262/109－4
七國地理考七卷國策編年一卷　（清）顧觀光
撰　清光緒二十八年(1902)刻本　二冊　存
七卷(七國地理考七卷)

220000－0801－0010480　史262/110
新斠註地理志十六卷　（清）錢坫著　清同治
十三年(1874)刻本　十二冊

220000－0801－0010481　史262/110－1
新斠註地理志十六卷　（清）錢坫著　清同治
十三年(1874)刻本　八冊

220000－0801－0010482　史262/110－2
新斠註地理志十六卷　（清）錢坫著　清同治
十三年(1874)刻本　八冊

220000－0801－0010483　史262/111
地理質學啓蒙七卷　（清）□□撰　清光緒十
二年(1886)刻本　一冊

220000－0801－0010484　史262/111－1
地理質學啓蒙七卷　（清）□□撰　清光緒十
二年(1886)刻本　一冊

220000－0801－0010485　史262/112

楚漢諸侯疆域志三卷　（清）劉文淇撰　清光
緒十五年(1889)鉛印本　一冊

220000－0801－0010486　史262/112－1
楚漢諸侯疆域志三卷　（清）劉文淇撰　清光
緒十五年(1889)鉛印本　一冊

220000－0801－0010487　史262/113
楚漢諸侯疆域志三卷　（清）劉文淇撰　清光
緒二年(1876)鉛印本　一冊

220000－0801－0010488　史262/113－1
楚漢諸侯疆域志三卷　（清）劉文淇撰　清光
緒二年(1876)鉛印本　一冊

220000－0801－0010489　史262/114
乾隆府廳州縣圖志五十卷　（清）洪亮吉撰
清刻本　十二冊

220000－0801－0010490　史262/114－1
乾隆府廳州縣圖志五十卷　（清）洪亮吉撰
清刻本　三冊

220000－0801－0010491　史262/114－2
乾隆府廳州縣圖志五十卷　（清）洪亮吉撰
清刻本　十四冊

220000－0801－0010492　史262/114－3
乾隆府廳州縣圖志五十卷　（清）洪亮吉撰
清刻本　十九冊

220000－0801－0010493　史262/114－4
乾隆府廳州縣圖志五十卷　（清）洪亮吉撰
清刻本　二十冊

220000－0801－0010494　史262/114－5
乾隆府廳州縣圖志五十卷　（清）洪亮吉撰
清刻本　十六冊

220000－0801－0010495　史262/114－6
乾隆府廳州縣圖志五十卷　（清）洪亮吉撰
清刻本　十四冊

220000－0801－0010496　史262/114－7
乾隆府廳州縣圖志五十卷　（清）洪亮吉撰
清刻本　八冊

220000－0801－0010497　史262/115

461

中外輿地匯鈔十四卷 （清）馮冠群輯 清光
緒二十年（1894）石印本 四冊

220000－0801－0010498 史 262/122
中國近世輿地圖說二十三卷 （清）羅汝楠纂
清宣統元年（1909）石印本 八冊

220000－0801－0010499 史 262/122－1
中國近世輿地圖說二十三卷 （清）羅汝楠纂
清宣統元年（1909）石印本 八冊

220000－0801－0010500 史 262/123
中國地理講義一卷 （清）馬晉義撰 清光緒
三十年（1904）鉛印本 一冊

220000－0801－0010501 史 262/125
中國地理教科書二卷 （清）馬晉義撰 清光
緒三十年（1904）鉛印本 二冊

220000－0801－0010502 史 262/126
訂正增補中國地理教科書四卷 （清）王達撰
清光緒三十二年（1906）刻本 四冊

220000－0801－0010503 史 262/127
中國地圖彩繪本 （清）□□繪 清末彩繪本
一冊

220000－0801－0010504 史 262/129
中國歷代疆域沿革考不分卷 （日本）重野安
繹 （日本）河田羆同著 清光緒二十八年
（1902）鉛印本 一冊

220000－0801－0010505 史 262/132
東晉疆域志四卷 （清）洪亮吉撰 清光緒四
年（1878）刻本 二冊

220000－0801－0010506 史 262/132－1
東晉疆域志四卷 （清）洪亮吉撰 清光緒四
年（1878）刻本 二冊

220000－0801－0010507 史 262/133
東晉疆域志四卷 （清）洪亮吉撰 清光緒十
七年（1891）刻本 二冊

220000－0801－0010508 史 262/133－1
東晉疆域志四卷 （清）洪亮吉撰 清光緒十
七年（1891）刻本 二冊 存二卷（三至四）

220000－0801－0010509 史 262/134
東晉南北朝輿地表二十八卷 （清）徐文範撰
清光緒二十四年（1898）刻本 十冊

220000－0801－0010510 史 262/136
括地志八卷 （唐）李泰等撰 清嘉慶三年
（1798）刻本 一冊

220000－0801－0010511 史 262/137
括地志八卷補遺一卷 （唐）李泰等撰 清光
緒十二年（1886）刻本 一冊

220000－0801－0010512 史 262/138
歷代帝王政治史一卷大清一統志節要一卷
（清）何炳纂撰 清光緒二十八年（1902）刻本
八冊

220000－0801－0010513 史 262/139
歷代沿革表三卷 （清）段長基輯 清嘉慶二
十二年（1817）刻本 五冊

220000－0801－0010514 史 262/140
歷代地理志韻編今釋二十卷皇朝輿地韻編二
卷 （清）李兆洛撰 清末石印本 四冊

220000－0801－0010515 史 262/141
歷代地理志韻編今釋二十卷皇朝輿地韻編二
卷 （清）李兆洛撰 清同治九年（1870）刻本
八冊

220000－0801－0010516 史 262/141－1
歷代地理志韻編今釋二十卷皇朝輿地韻編二
卷 （清）李兆洛撰 清同治九年（1870）刻本
九冊

220000－0801－0010517 史 262/141－2
歷代地理志韻編今釋二十卷皇朝輿地韻編二
卷 （清）李兆洛撰 清同治九年（1870）刻本
八冊

220000－0801－0010518 史 262/142
歷代地理志韻編今釋二十卷皇朝輿地韻編二
卷 （清）李兆洛撰 清光緒元年（1875）刻本
十三冊

220000－0801－0010519 史 262/143
[光緒]歷代輿地沿革表二十卷 （清）龍學泰

462

撰　清光緒三十三年(1907)刻本　二十冊

220000 - 0801 - 0010520　史 262/143 - 1
[光緒]歷代輿地沿革表二十卷　(清)龍學泰
撰　清光緒三十三年(1907)刻本　二十冊

220000 - 0801 - 0010521　史 262/144
歷代輿地沿革險要圖說　楊守敬　饒敦秩撰
清光緒二十四年(1898)石印本　一冊

220000 - 0801 - 0010522　史 262/144 - 1
歷代輿地沿革險要圖說　楊守敬　饒敦秩撰
清光緒二十四年(1898)石印本　一冊

220000 - 0801 - 0010523　史 262/145
歷代輿地沿革險要圖說不分卷　饒敦秩撰
清光緒十一年(1885)刻朱墨套印本　一冊

220000 - 0801 - 0010524　史 262/146
歷代輿地沿革險要圖說　楊守敬撰　清光緒
刻朱墨套印本　三十四冊

220000 - 0801 - 0010525　史 262/147
歷代輿圖考略一卷　(清)李兆洛撰　清同治
稿本　一冊

220000 - 0801 - 0010526　史 262/148
隋書地理志考證九卷　楊守敬撰　清光緒二
十二年(1896)刻本　六冊

220000 - 0801 - 0010527　史 262/149
問影樓輿地叢書第一集十五種　胡思敬輯
清光緒三十四年(1908)鉛印本　十冊　存一
卷(黑韃事略一卷)

220000 - 0801 - 0010528　史 262/149 - 1
問影樓輿地叢書第一集十五種　胡思敬輯
清光緒三十四年(1908)鉛印本　十冊　存一
卷(黑韃事略一卷)

220000 - 0801 - 0010529　史 262/150
輿地紀勝二百卷　(宋)王象之撰　**補闕十卷**
　(清)岑建功輯　**校勘記五十二卷**　(清)劉
文淇校　清道光二十九年(1849)刻本　六十
四冊

220000 - 0801 - 0010530　史 262/150 - 1
輿地紀勝二百卷　(宋)王象之撰　**補闕十卷**

（清)岑建功輯　**校勘記五十二卷**　(清)劉
文淇校　清道光二十九年(1849)刻本　五
十冊

220000 - 0801 - 0010531　史 262/151
輿地廣記三十八卷　(宋)歐陽忞撰　清光緒
六年(1880)刻本　四冊

220000 - 0801 - 0010532　史 262/151 - 1
輿地廣記三十八卷　(宋)歐陽忞撰　清光緒
六年(1880)刻本　四冊

220000 - 0801 - 0010533　史 262/152
輿地廣記三十八卷　(宋)歐陽忞撰　**校勘輿
地廣記札記二卷**　(清)黃丕烈撰　清嘉慶十
七年(1812)刻本　八冊　缺二卷(校勘輿地
廣記札記二卷)

220000 - 0801 - 0010534　史 262/152 - 1
輿地廣記三十八卷　(宋)歐陽忞撰　**校勘輿
地廣記札記二卷**　(清)黃丕烈撰　清嘉慶十
七年(1812)刻本　四冊

220000 - 0801 - 0010535　史 262/152 - 2
輿地廣記三十八卷　(宋)歐陽忞撰　**校勘輿
地廣記札記二卷**　(清)黃丕烈撰　清嘉慶十
七年(1812)刻本　四冊

220000 - 0801 - 0010536　史 262/181
小方壺齋輿地叢鈔　王錫祺輯　清光緒十七
年(1891)鉛印本　六十四冊

220000 - 0801 - 0010537　史 262/181 - 1
小方壺齋輿地叢鈔　王錫祺輯　清光緒十七
年(1891)鉛印本　五十七冊

220000 - 0801 - 0010538　史 262/181 - 2
小方壺齋輿地叢鈔　王錫祺輯　清光緒十七
年(1891)鉛印本　六十四冊

220000 - 0801 - 0010539　史 262/181 - 3
小方壺齋輿地叢鈔　王錫祺輯　清光緒十七
年(1891)鉛印本　六十四冊

220000 - 0801 - 0010540　史 262/182
皇朝藩屬輿地叢書六集二十八種　(清)浦
□□輯　清光緒二十三年(1897)石印本　四

463

十八冊

220000－0801－0010541　史262/182－1
皇朝藩屬輿地叢書六集二十八種　（清）浦
□□輯　清光緒二十三年（1897）石印本　四
十七冊　缺三卷（第三集蒙古游牧記九至十
一）

220000－0801－0010542　史262/184
中俄交界全圖三十五幅　（清）内府輯　清光
緒十六年（1890）影印本　五軸

220000－0801－0010543　史262/185
天下郡國利病書一百二十卷　（清）顧炎武著
清光緒二十九年（1903）上海益吾齋石印本
二十二冊

220000－0801－0010544　史262/186
讀史方輿紀要一百三十卷方輿全圖總說五卷
（清）顧祖禹著　清光緒二十七年（1901）刻
本　三十二冊

220000－0801－0010545　史262/186－1
讀史方輿紀要一百三十卷方輿全圖總說五卷
（清）顧祖禹著　清光緒二十七年（1901）刻
本　二十一冊

220000－0801－0010546　史262/186－2
讀史方輿紀要一百三十卷方輿全圖總說五卷
（清）顧祖禹著　清光緒二十七年（1901）刻
本　三十二冊

220000－0801－0010547　史262/188
歷代地理沿革圖　（清）六嚴撰并繪　清同治
十一年（1872）刻本　一冊

220000－0801－0010548　史262/188－1
歷代地理沿革圖　（清）六嚴撰并繪　清同治
十一年（1872）刻本　一冊

220000－0801－0010549　史262/189
歷代地理志韻編二十卷皇朝輿地韻編二卷
（清）李兆洛撰　清咸豐十一年（1861）刻本
八冊

220000－0801－0010550　史262/190
增訂廣輿記二十四卷　（明）陸應陽纂　（清）

蔡方炳增輯　清末刻本　十二冊

220000－0801－0010551　史262/191
天下郡國利病書一百二十卷　（清）顧炎武撰
清光緒二十五年（1899）慎記書莊石印本
二十四冊

220000－0801－0010552　史262/194
十六國疆域志十六卷　（清）洪亮吉撰　清光
緒十七年（1891）廣雅書局刻本　四冊

220000－0801－0010553　史262/195
圖史通義　（清）林傳甲撰　清光緒二十九年
（1903）長沙督學使署刻本　一冊

220000－0801－0010554　史262/197
天下郡國利病書一百二十卷　（清）顧炎武撰
清光緒五年（1879）桐華書屋薛氏家塾刻本
六十冊

220000－0801－0010555　史262/198
小方壺齋輿地叢鈔十二帙　王錫祺輯　清光
緒十七年至二十三年（1891－1897）上海著易
堂鉛印本　六十四冊

220000－0801－0010556　史262/198－1
小方壺齋輿地叢鈔十二帙　王錫祺輯　清光
緒十七年至二十三年（1891－1897）上海著易
堂鉛印本　六十四冊

220000－0801－0010557　史262/198－2
小方壺齋輿地叢鈔十二帙　王錫祺輯　清光
緒十七年至二十三年（1891－1897）上海著易
堂鉛印本　六十四冊

220000－0801－0010558　史262/199
歷代帝王宅京記二十卷　（清）顧炎武撰　清
光緒十四年（1888）朱氏槐廬刻本　四冊

220000－0801－0010559　史262/199－1
歷代帝王宅京記二十卷　（清）顧炎武撰　清
光緒十四年（1888）朱氏槐廬刻本　一冊　存
三卷（一至三）

220000－0801－0010560　史262/200
天下郡國利病書一百二十卷　（清）顧炎武輯
清道光十一年（1831）龍萬育敷文閣刻本

五十六冊

220000－0801－0010561　史262/200－1

天下郡國利病書一百二十卷　（清）顧炎武輯
清道光十一年(1831)龍萬育敷文閣刻本
五十三冊　缺二卷(一至二)

220000－0801－0010562　史262/201

方輿全圖總說五卷　（清）顧祖禹撰　清末石
印本　四冊

220000－0801－0010563　史262/202

讀史方輿紀要一百三十卷方輿全圖總說五卷
（清）顧祖禹撰　清光緒二十七年(1901)圖
書集成局鉛印本　三十二冊

220000－0801－0010564　史262/203

乾隆府廳州縣圖志五十卷　（清）洪亮吉撰
清光緒五年(1879)授經堂刻本　十三冊　存
二十二卷(一至二、十四至二十、二十四至二
十八、二十九至三十四、四十九至五十)

220000－0801－0010565　史262/204

輿地廣記三十八卷附校勘記二卷　（宋）歐陽
忞撰　清光緒刻本　六冊　存二十四卷(七
至二十七、三十六至三十八)

220000－0801－0010566　史262/205

皇朝內府輿地圖縮摹本附皇朝輿地韻編
(清)六嚴繪　清光緒十年(1884)武昌湖北省
官書處刻本　一冊

220000－0801－0010567　史262/206

**皇朝輿地略附皇朝內府輿地圖縮摹本皇朝輿
地韻編**　（清）馮焌光撰　（清）六嚴繪　清同
治七年(1868)惇敘堂刻本　二冊

220000－0801－0010568　史262/207

沿海圖　（清）□□繪　清末繪本　一軸

220000－0801－0010569　史263/2

南詔野史二卷　（明）楊慎編輯　清道光八年
(1828)刻本　四冊

220000－0801－0010570　史263/3

廣東新語二十八卷　（清）屈大均撰　清末刻
本　十冊

220000－0801－0010571　史263/4

[光緒]六朝事蹟編類十四卷　（宋）張敦頤撰
清光緒十三年(1887)寶章閣刻本　四冊

220000－0801－0010572　史263/4－1

[光緒]六朝事蹟編類十四卷　（宋）張敦頤撰
清光緒十三年(1887)寶章閣刻本　四冊

220000－0801－0010573　史263/4－2

[光緒]六朝事蹟編類十四卷　（宋）張敦頤撰
清光緒十三年(1887)寶章閣刻本　二冊

220000－0801－0010574　史263/4－3

[光緒]六朝事蹟編類十四卷　（宋）張敦頤撰
清光緒十三年(1887)寶章閣刻本　二冊

220000－0801－0010575　史263/4－4

[光緒]六朝事蹟編類十四卷　（宋）張敦頤撰
清光緒十三年(1887)寶章閣刻本　四冊

220000－0801－0010576　史263/4－5

[光緒]六朝事蹟編類十四卷　（宋）張敦頤撰
清光緒十三年(1887)寶章閣刻本　一冊
存四卷(二至五)

220000－0801－0010577　史263/5

江寧府重修普育四堂志六卷　（清）涂宗瀛
(清)孫雲錦重輯　清光緒十二年(1886)刻本
六冊

220000－0801－0010578　史263/7

京師地名對二卷　（清）巴哩克杏芬輯　清光
緒二十六年(1900)刻本　二冊

220000－0801－0010579　史263/9

京師坊巷志稿二卷　（清）朱一新撰　清光緒
二十三年(1897)葆真堂刻本　二冊

220000－0801－0010580　史263/10

六合紀事四卷　（清）慕平園撰　清同治十一
年(1872)刻本　一冊

220000－0801－0010581　史263/11

新門散記不分卷　（清）羅以智撰　清光緒三
十年(1904)刻本　一冊

220000－0801－0010582　史263/13

雲南風土紀事詩一卷　（清）彭崧毓撰　清同

治二年(1863)刻本　一冊

220000－0801－0010583　史263/13－1

雲南風土紀事詩一卷　（清）彭崧毓撰　清同
治二年(1863)刻本　一冊

220000－0801－0010584　史263/15

雲間據目抄五卷　（明）范濂撰　清末影印本
二冊

220000－0801－0010585　史263/16

龍井見聞錄十卷附宋僧元淨外傳二卷　（清）
汪孟鋗撰　清光緒十年(1884)嘉惠堂丁氏刻
本　四冊

220000－0801－0010586　史263/16－1

龍井見聞錄十卷附宋僧元淨外傳二卷　（清）
汪孟鋗撰　清光緒十年(1884)嘉惠堂丁氏刻
本　四冊

220000－0801－0010587　史263/17

新湖南六篇　（清）湖南之湖南人著　清光緒
二十九年(1903)鉛印本　一冊

220000－0801－0010588　史263/18

新疆要略四卷　（清）祁韻士撰　清光緒二十
一年(1895)鴻寶書局石印本　二冊

220000－0801－0010589　史263/19

新疆賦一卷　（清）徐松撰　清光緒七年
(1881)刻本　一冊

220000－0801－0010590　史263/20

新疆賦一卷　（清）徐松撰　清道光四年
(1824)刻本　一冊

220000－0801－0010591　史263/23

啓東錄六卷　（清）林壽圖輯　清光緒五年
(1879)刻本　二冊

220000－0801－0010592　史263/23－1

啓東錄六卷　（清）林壽圖輯　清光緒五年
(1879)刻本　二冊

220000－0801－0010593　史263/23－2

啓東錄六卷　（清）林壽圖輯　清光緒五年
(1879)刻本　二冊

220000－0801－0010594　史263/23－3

啓東錄六卷　（清）林壽圖輯　清光緒五年
(1879)刻本　二冊

220000－0801－0010595　史263/23－4

啓東錄六卷　（清）林壽圖輯　清光緒五年
(1879)刻本　二冊

220000－0801－0010596　史263/23－5

啓東錄六卷　（清）林壽圖輯　清光緒五年
(1879)刻本　二冊

220000－0801－0010597　史263/25

兩京新記一卷　（唐）韋述撰　李嶠雜詠二卷
（唐）李嶠撰　清光緒七年(1881)刻本
一冊

220000－0801－0010598　史263/26

天咫偶聞十卷　震鈞撰　清光緒三十三年
(1907)甘棠轉舍刻本　八冊

220000－0801－0010599　史263/26－1

天咫偶聞十卷　震鈞撰　清光緒三十三年
(1907)甘棠轉舍刻本　八冊

220000－0801－0010600　史263/26－2

天咫偶聞十卷　震鈞撰　清光緒三十三年
(1907)甘棠轉舍刻本　八冊

220000－0801－0010601　史263/28

西北邊界圖地名譯漢考證二卷　（清）許景澄
撰　清光緒二十二年(1896)刻本　二冊

220000－0801－0010602　史263/28－1

西北邊界圖地名譯漢考證二卷　（清）許景澄
撰　清光緒二十二年(1896)刻本　二冊

220000－0801－0010603　史263/29

西域釋地一卷　（清）祁韻士撰　清道光十六
年(1836)筠淥山房刻本　一冊

220000－0801－0010604　史263/31

金陵待徵錄十卷　（清）金鰲輯　清光緒二年
(1876)刻本　一冊

220000－0801－0010605　史263/31－1

金陵待徵錄十卷　（清）金鰲輯　清光緒二年
(1876)刻本　一冊

220000－0801－0010606　史263/40

瓊州雜事詩一卷　（清）程秉釗輯　清光緒十
四年(1888)刻本　一冊

220000－0801－0010607　史263/46

上海　（清）劍村遊客輯　清光緒二十九年
(1903)鉛印本　一冊

220000－0801－0010608　史263/48

嶺海輿圖一卷　（明）姚虞撰　清末影印本
一冊

220000－0801－0010609　史263/51

山東考古錄一卷京東考古錄一卷　（清）顧炎
武著　清光緒十一年(1885)上海埽葉山房刻
本　一冊

220000－0801－0010610　史263/52

山東考古錄一卷　（清）顧炎武著　續山東考
古錄三十二卷首一卷　（清）葉圭綬述　清光
緒八年(1882)山東書局刻本　七冊

220000－0801－0010611　史263/52－1

山東考古錄一卷　（清）顧炎武著　續山東考
古錄三十二卷首一卷　（清）葉圭綬述　清光
緒八年(1882)山東書局刻本　七冊　存一卷
(山東考古錄一卷)

220000－0801－0010612　史263/54

[嘉慶]續黔書八卷　（清）張澍撰　清光緒二
十三年(1897)貴陽書局刻本　二冊

220000－0801－0010613　史263/55

吳中舊事一卷平江記事一卷爐餘錄二卷
(元)陸友仁等撰　清光緒十七年(1891)刻本
二冊

220000－0801－0010614　史263/55－1

吳中舊事一卷平江記事一卷爐餘錄二卷
(元)陸友仁等撰　清光緒十七年(1891)刻本
二冊

220000－0801－0010615　史263/55－2

吳中舊事一卷平江記事一卷爐餘錄二卷
(元)陸友仁等撰　清光緒十七年(1891)刻本
二冊

220000－0801－0010616　史263/60

約園志　（清）徐樹銘輯　清光緒二十三年
(1897)刻本　一冊

220000－0801－0010617　史263/62

客座贅語十卷　（明）顧起元輯　清光緒刻朱
印本　六冊

220000－0801－0010618　史263/63

瀛壖雜志六卷　（清）王韜撰　清光緒元年
(1875)刻本　二冊

220000－0801－0010619　史263/63－1

瀛壖雜志六卷　（清）王韜撰　清光緒元年
(1875)刻本　二冊

220000－0801－0010620　史263/66

附鈔深州風土記四篇　（□）□□撰　清末國
學扶輪社石印本　一冊

220000－0801－0010621　史263/69

滇南雜志二十四卷　（清）曹樹翹撰　清光緒
鉛印本　八冊

220000－0801－0010622　史263/70

滇考二卷　（清）馮甦撰　清道光元年(1821)
臨海宋氏刻本　二冊

220000－0801－0010623　史263/70－1

滇考二卷　（清）馮甦撰　清道光元年(1821)
臨海宋氏刻本　二冊

220000－0801－0010624　史263/73

滬城備攷六卷　（清）褚華撰　清光緒四年
(1878)上海申報館鉛印本　一冊

220000－0801－0010625　史263/76

寧古塔記略一卷　（清）吳桭臣撰　清漸西村
舍刻本　一冊

220000－0801－0010626　史263/76－1

寧古塔記略一卷　（清）吳桭臣撰　清漸西村
舍刻本　一冊

220000－0801－0010627　史263/76－2

寧古塔記略一卷　（清）吳桭臣撰　清漸西村
舍刻本　一冊

220000 – 0801 – 0010628　史 263/76 – 3

寧古塔記略一卷　（清）吳桭臣撰　清漸西村舍刻本　一冊

220000 – 0801 – 0010629　史 263/76 – 4

寧古塔記略一卷　（清）吳桭臣撰　清漸西村舍刻本　一冊

220000 – 0801 – 0010630　史 263/78

浙東課士錄四卷　（清）薛福成編　清光緒二十年(1894)無錫薛氏刻本　四冊

220000 – 0801 – 0010631　史 263/79

浙程備覽不分卷　（清）于敏中編　清光緒十四年(1888)刻本　二冊

220000 – 0801 – 0010632　史 263/79 – 1

浙程備覽不分卷　（清）于敏中編　清光緒十四年(1888)刻本　二冊

220000 – 0801 – 0010633　史 263/79 – 2

浙程備覽不分卷　（清）于敏中編　清光緒十四年(1888)刻本　一冊

220000 – 0801 – 0010634　史 263/82

洪武京城圖志　（明）洪武禮部纂修　清同治七年(1868)刻本　一冊

220000 – 0801 – 0010635　史 263/83

漢書西域傳補註二卷　（清）徐松撰　清光緒十九年(1893)石印本　二冊

220000 – 0801 – 0010636　史 263/84

欽定滿洲源流考二十卷首一卷　（清）阿桂等撰　清光緒三十年(1904)中西書局石印本　四冊

220000 – 0801 – 0010637　史 263/84 – 1

欽定滿洲源流考二十卷首一卷　（清）阿桂等撰　清光緒三十年(1904)中西書局石印本　二冊

220000 – 0801 – 0010638　史 263/84 – 2

欽定滿洲源流考二十卷首一卷　（清）阿桂等撰　清光緒三十年(1904)中西書局石印本　四冊

220000 – 0801 – 0010639　史 263/85

欽定滿洲源流考二十卷首一卷　（清）阿桂等撰　清光緒十九年(1893)杭州便益書局石印本　四冊

220000 – 0801 – 0010640　史 263/87

遣戍伊犁日記天山客話外家紀聞三卷　（清）洪亮吉撰　清光緒三年(1877)鄂垣刻本　一冊

220000 – 0801 – 0010641　史 263/88

澳門記略二卷首一卷末一卷　（清）印光任（清）張汝霖纂　清嘉慶五年(1800)刻本　二冊

220000 – 0801 – 0010642　史 263/89

湖南方物志八卷　（清）黃本驥編輯　清道光二十六年(1846)知敬學齋刻本　四冊

220000 – 0801 – 0010643　史 263/90

[道光]黔記四卷　（清）李宗昉撰　清道光十四年(1834)刻本　一冊

220000 – 0801 – 0010644　史 263/91

滄浪小志二卷　（清）宋犖編　清光緒十年(1884)江蘇書局刻本　一冊

220000 – 0801 – 0010645　史 263/93

臺灣雜詠不分卷　（清）王凱泰等撰　清光緒八年(1882)刻本　一冊

220000 – 0801 – 0010646　史 263/94

臺灣雜記不分卷　（清）黃逢昶輯　清光緒十年(1884)稿本　一冊

220000 – 0801 – 0010647　史 263/97

南宋古蹟攷二卷　（清）朱彭輯　清光緒七年(1881)武林丁氏刻本　二冊

220000 – 0801 – 0010648　史 263/98

南湖事略一卷　（□）□□撰　清末刻本　一冊

220000 – 0801 – 0010649　史 263/100

南越筆記十六卷　（清）李調元撰　清光緒七年(1881)刻本　四冊

220000 – 0801 – 0010650　史 263/101

南沙輿頌不分卷　（□）□□撰　清末刻本

一冊

220000－0801－0010651　史263/103

杭俗遺風不分卷　（清）范祖述述撰　清同治二
年(1863)刻本　一冊

220000－0801－0010652　史263/104

南嶽總勝集三卷　（宋）陳田夫撰　葉德輝輯
　清光緒三十二年(1906)刻本　三冊

220000－0801－0010653　史263/104－1

南嶽總勝集三卷　（宋）陳田夫撰　葉德輝輯
　清光緒三十二年(1906)刻本　三冊

220000－0801－0010654　史263/106

荆州記三卷　（南朝宋）盛弘之撰　清光緒二
十七年(1901)荆州田氏移山堂刻本　一冊

220000－0801－0010655　史263/111

藤陰雜記十二卷　（清）戴璐撰　清光緒三年
(1877)吳興會館刻本　二冊

220000－0801－0010656　史263/113

茅亭客話十卷　（宋）黃休復著　清末刻本
二冊

220000－0801－0010657　史263/116

華陽國志十二卷　（晉）常璩撰　**補華陽國志
三州郡縣目錄一卷**　（清）廖寅撰　清嘉慶十
九年(1814)題襟館刻本　八冊

220000－0801－0010658　史263/116－1

華陽國志十二卷　（晉）常璩撰　**補華陽國志
三州郡縣目錄一卷**　（清）廖寅撰　清嘉慶十
九年(1814)題襟館刻本　八冊

220000－0801－0010659　史263/116－2

華陽國志十二卷　（晉）常璩撰　**補華陽國志
三州郡縣目錄一卷**　（清）廖寅撰　清嘉慶十
九年(1814)題襟館刻本　四冊

220000－0801－0010660　史263/116－3

華陽國志十二卷　（晉）常璩撰　**補華陽國志
三州郡縣目錄一卷**　（清）廖寅撰　清嘉慶十
九年(1814)題襟館刻本　四冊

220000－0801－0010661　史263/117

蒙古遊牧記十六卷　（清）張穆撰　（清）何秋
濤校　**元朝秘史十五卷**　（元）□□撰　（清）
李文田註　**長春真人西遊記二卷**　（元）李志
常撰　清末上海掃葉山房石印本　九冊

220000－0801－0010662　史263/117－1

蒙古遊牧記十六卷　（清）張穆撰　（清）何秋
濤校　**元朝秘史十五卷**　（元）□□撰　（清）
李文田註　**長春真人西遊記二卷**　（元）李志
常撰　清末上海掃葉山房石印本　九冊　缺
一卷(長春真人西遊記上)

220000－0801－0010663　史263/118

漢書西域傳補註二卷　（清）徐松撰　清道光
九年(1829)刻本　二冊

220000－0801－0010664　史263/119

蒙古遊牧記十六卷　（清）張穆撰　清同治六
年(1867)刻本　四冊

220000－0801－0010665　史263/119－1

蒙古遊牧記十六卷　（清）張穆撰　清同治六
年(1867)刻本　四冊

220000－0801－0010666　史263/119－2

蒙古遊牧記十六卷　（清）張穆撰　清同治六
年(1867)刻本　四冊

220000－0801－0010667　史263/119－3

蒙古遊牧記十六卷　（清）張穆撰　清同治六
年(1867)刻本　四冊

220000－0801－0010668　史263/119－4

蒙古遊牧記十六卷　（清）張穆撰　清同治六
年(1867)刻本　四冊

220000－0801－0010669　史263/120

朝市叢載八卷　（清）李虹若輯　清光緒十七
年(1891)京都榮祿堂刻本　四冊

220000－0801－0010670　史263/121

都門彙纂十種十二卷　（清）楊靜亭等纂輯
清光緒五年(1879)刻本　十冊

220000－0801－0010671　史263/130

東槎紀略五卷　（清）姚瑩撰　清光緒四年
(1878)申報館鉛印本　一冊

220000－0801－0010672　史263/130－1

東槎紀略五卷 （清）姚瑩撰 清光緒四年(1878)申報館鉛印本 二冊

220000－0801－0010673 史263/131

東城雜記二卷 （清）厲鶚撰 清光緒七年(1881)刻本 二冊

220000－0801－0010674 史263/133

曹谿通志八卷 （清）馬元等重修 清道光十六年(1836)懷善堂刻本 四冊

220000－0801－0010675 史263/134

揚州畫舫錄十八卷 （清）李斗撰 清道光十九年(1839)刻本 四冊

220000－0801－0010676 史263/135

揚州畫舫錄十八卷 （清）李斗撰 清同治十一年(1872)刻本 四冊

220000－0801－0010677 史263/135－1

揚州畫舫錄十八卷 （清）李斗撰 清同治十一年(1872)刻本 六冊

220000－0801－0010678 史263/136

古香齋鑒賞袖珍春明夢餘錄七十卷 （清）孫承澤撰 清光緒八年(1882)刻本 二十四冊

220000－0801－0010679 史263/136－1

古香齋鑒賞袖珍春明夢餘錄七十卷 （清）孫承澤撰 清光緒八年(1882)刻本 二十冊

220000－0801－0010680 史263/139

日下尊聞錄五卷 （□）□□撰 清咸豐二年(1852)刻本 二冊

220000－0801－0010681 史263/140

[道光]黔記四卷 （清）李宗昉撰 清光緒十二年(1886)刻本 一冊

220000－0801－0010682 史263/141

蜀檮杌二卷 （宋）張唐英撰 清末四川存古書局刻本 一冊

220000－0801－0010683 史263/142

蜀中名勝記三十卷 曹學佺著 清宣統二年(1910)刻本 十冊

220000－0801－0010684 史263/142－1

蜀中名勝記三十卷 曹學佺著 清宣統二年(1910)刻本 八冊

220000－0801－0010685 史263/142－2

蜀中名勝記三十卷 曹學佺著 清宣統二年(1910)刻本 十冊

220000－0801－0010686 史263/143

鄂省州縣驛傳全圖 （□）□□撰 清末刻本 四冊

220000－0801－0010687 史263/146

黔語二卷 （清）吳振棫撰 清咸豐四年(1854)刻本 一冊

220000－0801－0010688 史263/146－1

黔語二卷 （清）吳振棫撰 清咸豐四年(1854)刻本 一冊

220000－0801－0010689 史263/146－2

黔語二卷 （清）吳振棫撰 清咸豐四年(1854)刻本 一冊

220000－0801－0010690 史263/147

歷代宅京記二十卷 （□）□□撰 清末刻本 四冊

220000－0801－0010691 史263/149

暨陽輿頌一卷 （清）薛葆楹輯 清光緒二十四年(1898)刻本 一冊

220000－0801－0010692 史263/149－1

暨陽輿頌一卷 （清）薛葆楹輯 清光緒二十四年(1898)刻本 一冊

220000－0801－0010693 史263/150

甌江小記不分卷 （清）郭鍾岳撰 清光緒四年(1878)刻本 一冊

220000－0801－0010694 史263/150－1

甌江小記不分卷 （清）郭鍾岳撰 清光緒四年(1878)刻本 一冊

220000－0801－0010695 史263/151

盛京典制備攷八卷首一卷 （清）崇厚輯 清光緒四年(1878)盛京軍督署刻本 六冊

220000－0801－0010696 史263/151－1

盛京典制備攷八卷首一卷 （清）崇厚輯 清光緒四年(1878)盛京軍督署刻本 六冊

220000－0801－0010697 史263/151－2

盛京典制備攷八卷首一卷 （清）崇厚輯 清光緒四年(1878)盛京軍督署刻本 六冊

220000－0801－0010698 史263/151－3

盛京典制備攷八卷首一卷 （清）崇厚輯 清光緒四年(1878)盛京軍督署刻本 六冊

220000－0801－0010699 史263/152

閩雜記十二卷 （清）施鴻保輯 清光緒四年(1878)申報館鉛印本 四冊

220000－0801－0010700 史263/153

關中古蹟攷二卷 （清）喬履信編 清刻本 一冊

220000－0801－0010701 史263/155

鸚鵡洲小志四卷首一卷 （清）胡鳳丹撰 清同治十三年(1874)退補齋刻本 二冊

220000－0801－0010702 史263/160

金陵賦一卷 程先甲著 清光緒二十三年(1897)刻本 一冊

220000－0801－0010703 史263/160－1

金陵賦一卷 程先甲著 清光緒二十三年(1897)刻本 一冊

220000－0801－0010704 史263/161

王梅溪先生會稽三賦四卷 （宋）王十朋撰 （明）南逢吉註 清末刻本 一冊

220000－0801－0010705 史263/162

重雕宋本會稽三賦一卷 （宋）王十朋撰 （宋）周世則註 （宋）史鑄增註 清嘉慶十七年(1812)湖海樓刻本 一冊

220000－0801－0010706 史263/163

會稽三賦四卷 （宋）王十朋撰 （明）南逢吉等注 清光緒二十二年(1896)會稽章氏刻本 二冊

220000－0801－0010707 史263/163－1

會稽三賦四卷 （宋）王十朋撰 （明）南逢吉等注 清光緒二十二年(1896)會稽章氏刻本 二冊

220000－0801－0010708 史263/165

錢塘湖山勝槩詩文 （明）夏時撰 清光緒七年(1881)錢唐丁氏刻本 一冊

220000－0801－0010709 史263/166

錫山景物略 （清）王永積輯 清光緒二十四年(1898)刻本 五冊

220000－0801－0010710 史263/166－1

錫山景物略 （清）王永積輯 清光緒二十四年(1898)刻本 五冊

220000－0801－0010711 史263/166－2

錫山景物略 （清）王永積輯 清光緒二十四年(1898)刻本 五冊

220000－0801－0010712 史263/167

常州賦不分卷 （清）褚邦慶編註 清光緒四年(1878)刻本 一冊

220000－0801－0010713 史263/171

柳邊紀略五卷 （清）楊賓撰 清末刻本 二冊

220000－0801－0010714 史263/178

華陽國志十二卷補華陽國志三州郡縣目錄一卷 （晉）常璩 （清）廖寅撰 清嘉慶十九年(1814)題襟館刻本 二冊

220000－0801－0010715 史263/179

臺灣小志一卷 （清）龔柴撰 清光緒十年(1884)管可壽齋刻本 一冊

220000－0801－0010716 史263/183

赤溪雜志二卷 金武祥撰 清光緒十七年(1891)刻本 一冊

220000－0801－0010717 史263/186

會稽三賦四卷 （宋）王十朋撰 清同治十二年(1873)會稽章氏刻本 一冊

220000－0801－0010718 史263/187

金陵歷代建置表一卷 （清）傅春官編 清光緒二十三年(1897)刻本 一冊

220000－0801－0010719 史263/192

燕京歲時記一卷　（清）富察敦崇撰　清光緒
三十二年(1906)刻本　一冊

220000－0801－0010720　史263/192－1
燕京歲時記一卷　（清）富察敦崇撰　清光緒
三十二年(1906)刻本　一冊

220000－0801－0010721　史263/195
苗防備覽二十二卷　（清）嚴如熤撰　清道光
二十三年(1843)紹義堂刻本　十二冊

220000－0801－0010722　史263/196
苗防備覽二十二卷　（清）嚴如熤撰　清嘉慶
二十五年(1820)刻本　八冊

220000－0801－0010723　史263/197
東北邊防輯要二卷　（清）曹廷傑撰　清光緒
十一年(1885)抄本　二冊

220000－0801－0010724　史263/207
廣湖南攷古略三十卷　（清）同德齋主人輯
清光緒十四年(1888)鴻寶齋石印本　四冊
缺四卷(二十四至二十七)

220000－0801－0010725　史263/208
嶺南雜事詩鈔八卷　（清）陳坤著　清光緒三
年(1877)刻本　六冊

220000－0801－0010726　史263/209
中國江海港口實測詳圖　（清）□□撰　清末
石印本　七十四幅

220000－0801－0010727　史263/210
圖說不分卷　（清）王師道編　清道光二十七
年(1847)刻本　一冊

220000－0801－0010728　史263/213
朔方備乘六十八卷首十二卷　（清）何秋濤撰
清光緒七年(1881)鉛印本　八冊

220000－0801－0010729　史263/214
甌海軼聞五十八卷　（清）孫衣言撰　清光緒
十二年(1886)刻本　二十冊

220000－0801－0010730　史263/218
夢粱錄二十卷　（宋）吳自牧撰　清光緒十六
年(1890)丁氏嘉惠堂刻本　四冊

220000－0801－0010731　史263/221
津門雜記三卷　（清）張燾輯　清光緒十年
(1884)刻本　三冊

220000－0801－0010732　史263/222
繪地法原一卷　（美國）金楷理口譯　（清）王
德均筆述　清末江南機器製造總局刻本
一冊

220000－0801－0010733　史264.1/2
[光緒]順天府志一百三十卷附錄一卷　（清）
周家楣等修　清光緒十二年(1886)刻本　六
十四冊

220000－0801－0010734　史264.1/2－1
[光緒]順天府志一百三十卷附錄一卷　（清）
周家楣等修　清光緒十二年(1886)刻本　六
十四冊

220000－0801－0010735　史264.1/2－2
[光緒]順天府志一百三十卷附錄一卷　（清）
周家楣等修　清光緒十二年(1886)刻本　六
十四冊

220000－0801－0010736　史264.111/1
[光緒]昌平州志十八卷　（清）吳履福修　繆
荃孫纂　清光緒十二年(1886)刻本　八冊

220000－0801－0010737　史264.111/1－1
[光緒]昌平州志十八卷　（清）吳履福修　繆
荃孫纂　清光緒十二年(1886)刻本　八冊

220000－0801－0010738　史264.111/2
[光緒]通州志十卷　（清）高建勳修　（清）
王維珍纂　清光緒五年(1879)刻本　十二冊

220000－0801－0010739　史264.111/8
[光緒]延慶州志十二卷首一卷末一卷　（清）
何道增修　（清）張惇德纂　清光緒六年
(1880)刻本　十冊

220000－0801－0010740　史264.21/1
[光緒]畿輔通志三百卷　（清）李鴻章等修
（清）黃彭年等纂　清光緒十年(1884)刻本
二百四十冊

220000－0801－0010741　史264.21/2

[光緒]畿輔通志三百卷 （清）李鴻章等修
（清）黃彭年等纂 清宣統二年(1910)北洋官
報兼印刷局石印本 二百四十冊

220000－0801－0010742 史 264.21/9
直隸全省輿圖 （清）□□撰 清光緒三十三
年(1907)刻本 十九冊

220000－0801－0010743 史 264.210/1
[光緒]重修天津府志五十四卷 沈家本等修
（清）徐宗亮等纂 清光緒二十五年(1899)
刻本 二十八冊

220000－0801－0010744 史 264.210/6
[同治]續天津縣志二十卷 （清）吳惠元修
（清）蔣玉虹等纂 清同治九年(1870)刻本
八冊

220000－0801－0010745 史 264.211/1
[同治]重輯靜海縣志八卷 （清）鄭士蕙纂修
清同治十二年(1873)刻本 四冊

220000－0801－0010746 史 264.211/17
[道光]薊州志十卷首一卷 （清）沈銳修
（清）章過等纂 清咸豐二年(1852)刻本
七冊

220000－0801－0010747 史 264.212/5
[光緒]寧津縣志十二卷 （清）祝嘉庸修
（清）吳濤源纂 清光緒二十六年(1900)刻本
八冊

220000－0801－0010748 史 264.212/5－1
[光緒]寧津縣志十二卷 （清）祝嘉庸修
（清）吳濤源纂 清光緒二十六年(1900)刻本
八冊

220000－0801－0010749 史 264.212/5－2
[光緒]寧津縣志十二卷 （清）祝嘉庸修
（清）吳濤源纂 清光緒二十六年(1900)刻本
八冊

220000－0801－0010750 史 264.212/6
[光緒]南皮縣志十五卷首一卷末一卷 （清）
殷樹森修註 （清）汪寶樹等纂 清光緒十四
年(1888)刻本 八冊

220000－0801－0010751 史 264.212/8
[光緒]東光縣志十二卷 （清）周植瀛修
（清）吳潯源纂 清光緒十四年(1888)刻本
八冊

220000－0801－0010752 史 264.212/11
[咸豐]初續獻縣志四卷 （清）李昌祺纂輯
清咸豐七年(1857)刻本 二冊

220000－0801－0010753 史 264.213/4
[光緒]廣平府志六十三卷 （清）吳中彥修
（清）胡景桂纂 清光緒二十年(1894)刻本
二十二冊 缺三卷(一、五十七至五十八)

220000－0801－0010754 史 264.213/5
[光緒]永年縣志四十卷 （清）夏詒鈺纂修
清光緒三年(1877)刻本 八冊

220000－0801－0010755 史 264.213/8
[嘉慶]涉縣志八卷 （清）戚學標纂修 清嘉
慶四年(1799)刻本 四冊

220000－0801－0010756 史 264.214/1
[道光]邢臺縣志十卷 （清）寶景燕修 清道
光七年(1827)刻本 四冊

220000－0801－0010757 史 264.214/5
[光緒]鉅鹿縣志十二卷 （清）凌燮修
（清）夏應麟等纂 清光緒十二年(1886)刻本
六冊

220000－0801－0010758 史 264.214/7
[道光]南宮縣志十六卷 （清）周栻修 清道
光十一年(1831)刻本 八冊

220000－0801－0010759 史 264.215/2
[同治]欒城縣志十四卷 （清）陳詠修 清同
治十二年(1873)刻本 六冊

220000－0801－0010760 史 264.215/2－1
[同治]欒城縣志十四卷 （清）陳詠修 清同
治十二年(1873)刻本 六冊

220000－0801－0010761 史 264.215/4
[嘉慶]束鹿縣志十卷 （清）李符清修 清嘉
慶四年(1799)刻本 四冊

220000－0801－0010762 史 264.215/7

[光緒]趙州志十六卷 （清）孫傳栻修
（清）王景美等纂 清光緒二十三年(1897)刻
本 六冊

220000－0801－0010763 史 264.215/8
[光緒]趙州屬邑志八卷 （清）孫傳栻修 清
光緒二十三年(1897)刻本 四冊

220000－0801－0010764 史 264.215/12
[嘉慶]棗強縣志二十卷 （清）任衡蕙修
（清）楊元錫纂 清嘉慶九年(1804)刻本
六冊

220000－0801－0010765 史 264.215/13
[同治]棗強縣志補正五卷 （清）方宗誠纂修
清光緒二年(1876)刻本 二冊

220000－0801－0010766 史 264.215/17
[光緒]深州風土記二十二卷附表五卷 （清）
吳汝綸纂修 清光緒二十六年(1900)文瑞書
院刻本 八冊

220000－0801－0010767 史 264.215/17－1
[光緒]深州風土記二十二卷附表五卷 （清）
吳汝綸纂修 清光緒二十六年(1900)文瑞書
院刻本 八冊

220000－0801－0010768 史 264.215/17－2
[光緒]深州風土記二十二卷附表五卷 （清）
吳汝綸纂修 清光緒二十六年(1900)文瑞書
院刻本 八冊

220000－0801－0010769 史 264.215/17－3
[光緒]深州風土記二十二卷附表五卷 （清）
吳汝綸纂修 清光緒二十六年(1900)文瑞書
院刻本 八冊

220000－0801－0010770 史 264.215/17－4
[光緒]深州風土記二十二卷附表五卷 （清）
吳汝綸纂修 清光緒二十六年(1900)文瑞書
院刻本 六冊

220000－0801－0010771 史 264.215/19
[同治]重修靈壽縣志十卷末一卷 （清）劉廣
年修 清同治十二年(1873)刻本 六冊

220000－0801－0010772 史 264.216/7

[光緒]雄縣鄉土志十五卷 （清）劉崇本編輯
清光緒三十一年(1905)鉛印本 一冊

220000－0801－0010773 史 264.216/7－1
[光緒]雄縣鄉土志十五卷 （清）劉崇本編輯
清光緒三十一年(1905)鉛印本 一冊

220000－0801－0010774 史 264.216/10
[道光]定州志二十二卷 （清）寶琳纂修 清
道光三十年(1850)刻本 十二冊

220000－0801－0010775 史 264.216/12
[光緒]唐縣志十二卷 （清）陳詠修 （清）
張惇德纂 清光緒四年(1878)刻本 八冊

220000－0801－0010776 史 264.216/13
[光緒]望都縣鄉土圖說一卷 （清）陸保善纂
修 清光緒三十一年(1905)鉛印本 一冊

220000－0801－0010777 史 264.216/18
[同治]涿州志二十二卷 （清）吳山鳳纂修
清光緒元年(1875)刻本 十二冊

220000－0801－0010778 史 264.217/5
[光緒]懷來縣志十八卷 （清）朱乃恭修 席
之瓚纂 清光緒八年(1882)刻本 六冊

220000－0801－0010779 史 264.217/6
[光緒]蔚州志二十卷 （清）慶之金修 清光
緒三年(1877)刻本 八冊

220000－0801－0010780 史 264.217/6－1
[光緒]蔚州志二十卷 （清）慶之金修 清光
緒三年(1877)刻本 八冊

220000－0801－0010781 史 264.217/8
[同治]西寧縣新志十卷首一卷 （清）寅康等
修 （清）楊篤纂 清同治十二年(1873)刻本
四冊

220000－0801－0010782 史 264.217/9
[光緒]懷安縣志八卷首一卷末一卷 （清）蔭
祿修 （清）程燮奎纂 清光緒二年(1876)刻
本 四冊

220000－0801－0010783 史 264.218/1
[道光]承德府志六十卷 （清）成格等修
（清）海忠等纂 清光緒十三年(1887)刻本

二十四冊

220000－0801－0010784　史264.218/1－1
[道光]承德府志六十卷　（清）成格等修
（清）海忠等纂　清光緒十三年(1887)刻本
二十四冊

220000－0801－0010785　史264.218/1－2
[道光]承德府志六十卷　（清）成格等修
（清）海忠等纂　清光緒十三年(1887)刻本
二十四冊

220000－0801－0010786　史264.219/2
[光緒]臨榆縣志二十四卷首一卷　（清）趙允
祐修　（清）高錫疇纂　清光緒四年(1878)刻
本　十冊

220000－0801－0010787　史264.219/6
[嘉慶]灤州志八卷　（清）吳士鴻修　（清）
孫學恒纂　清嘉慶十五年(1810)刻本　八冊

220000－0801－0010788　史264.219/7
[光緒]灤州志十八卷圖一卷　（清）楊文鼎修
　（清）王大本等纂　清光緒二十四年(1898)
刻本　十四冊

220000－0801－0010789　史264.219/9
[光緒]永平府志七十二卷　（清）游智開修
（清）史夢蘭纂　清光緒五年(1879)刻本　三
十冊　存七十一卷(二至七十二)

220000－0801－0010790　史264.219/12
[光緒]樂亭縣志十五卷　（清）游智開等修
（清）史夢蘭纂　清光緒三年(1877)刻本
六冊

220000－0801－0010791　史264.219/12－1
[光緒]樂亭縣志十五卷　（清）游智開等修
（清）史夢蘭纂　清光緒三年(1877)刻本
六冊

220000－0801－0010792　史264.220/1
[道光]濟南府志七十二卷首一卷　（清）王贈
芳等修　（清）成瓘等纂　清道光二十一年
(1841)刻本　四十冊

220000－0801－0010793　史264.221/1

[咸豐]武定府志三十八卷首一卷　（清）李熙
齡修　（清）鄒恒纂　清咸豐九年(1859)刻本
　二十四冊

220000－0801－0010794　史264.221/3
[光緒]惠民縣志三十卷首一卷末一卷　（清）
沈世銓修　（清）李勗纂　清光緒十二年
(1886)刻本　六冊

220000－0801－0010795　史264.221/5
[光緒]利津縣志十卷附文徵五卷　（清）盛贊
熙修　（清）余朝菜等纂　清光緒九年(1883)
刻本　四冊

220000－0801－0010796　史264.221/14
[嘉慶]長山縣志十六卷首一卷　（清）倪企望
修　（清）鍾廷瑛等纂　清嘉慶六年(1801)刻
本　十冊

220000－0801－0010797　史264.221/15
[道光]鄒平縣志十八卷　（清）羅宗瀛修
（清）成瓘纂　清道光十六年(1836)刻本
八冊

220000－0801－0010798　史264.221/18
[乾隆]青城縣志十二卷　（清）方鳳修
（清）戴文熾等纂　清道光二十六年(1846)補
刻本　四冊

220000－0801－0010799　史264.222/2
[光緒]濰縣鄉土志一卷　（清）宋朝楨總纂
清光緒三十三年(1907)石印本　一冊

220000－0801－0010800　史264.222/2－1
[光緒]濰縣鄉土志一卷　（清）宋朝楨總纂
清光緒三十三年(1907)石印本　一冊

220000－0801－0010801　史264.222/5
[道光]重修平度州志二十七卷　（清）保忠
（清）吳慈修　（清）李圖　（清）王大鏞纂
清道光二十九年(1849)刻本　八冊

220000－0801－0010802　史264.222/5－1
[道光]重修平度州志二十七卷　（清）保忠
（清）吳慈修　（清）李圖　（清）王大鏞纂
清道光二十九年(1849)刻本　八冊

475

220000－0801－0010803　史264.222/5－2
[道光]重修平度州志二十七卷　（清）保忠
（清）吳慈修　（清）李圖　（清）王大鑰纂
清道光二十九年(1849)刻本　八冊

220000－0801－0010804　史264.222/8
[道光]膠州志四十卷　（清）張同聲修
（清）李圖等纂　清道光二十五年(1845)刻本
　八冊

220000－0801－0010805　史264.222/16
[道光]諸城縣志二十二卷　（清）劉光斗修
（清）朱學海纂　清道光十四年(1834)刻本
四冊

220000－0801－0010806　史264.222/17
[光緒]增修諸城縣續志二十二卷　（清）劉嘉
樹修　（清）苑萊池　丘潛恪纂　清光緒十八
年(1892)刻本　六冊

220000－0801－0010807　史264.222/19
[光緒]臨朐縣志十六卷　（清）姚延福修
（清）鄧嘉緝等纂　清光緒十年(1884)刻本
六冊

220000－0801－0010808　史264.222/21
[嘉慶]昌樂縣志三十二卷　（清）魏禮焯
（清）時銘修　（清）閻學夏　（清）黃方遠纂
　清嘉慶十四年(1809)刻本　六冊

220000－0801－0010809　史264.222/25
[咸豐]青州府志六十四卷　（清）毛永柏修
（清）李圖　（清）劉耀椿纂　清咸豐九年
(1859)刻本　十六冊

220000－0801－0010810　史264.222/27
[光緒]益都縣圖志五十四卷首一卷　（清）張
承燮修　（清）法偉堂等纂　清光緒三十三年
(1907)刻本　十六冊

220000－0801－0010811　史264.222/27－1
[光緒]益都縣圖志五十四卷首一卷　（清）張
承燮修　（清）法偉堂等纂　清光緒三十三年
(1907)刻本　十六冊

220000－0801－0010812　史264.222/30

[嘉慶]壽光縣志二十卷　（清）劉翰周纂修
清嘉慶五年(1800)刻本　七冊

220000－0801－0010813　史264.223/4
[同治]寧海州志二十六卷　（清）舒孔安修
（清）王厚階纂　清同治三年(1864)刻本
六冊

220000－0801－0010814　史264.223/5
[光緒]增修登州府志六十九卷首一卷　（清）
方汝翼　（清）賈瑚修　（清）周悅讓　（清）
慕榮榦纂　清光緒七年(1881)刻本　二十
四冊

220000－0801－0010815　史264.223/7
[道光]文登縣志十卷　（清）蔡培　（清）歐
文修　（清）林汝譔纂　清道光十九年(1839)
刻本　四冊

220000－0801－0010816　史264.223/9
[道光]榮城縣志十卷　（清）李天驚修　清道
光二十年(1840)刻本　四冊

220000－0801－0010817　史264.223/10
[同治]即墨縣志十二卷　（清）林溥纂修
（清）周翕鑌纂　清同治十二年(1873)刻本
八冊

220000－0801－0010818　史264.223/10－1
[同治]即墨縣志十二卷　（清）林溥纂修
（清）周翕鑌纂　清同治十二年(1873)刻本
八冊

220000－0801－0010819　史264.223/15
[光緒]三續掖縣志四卷　（清）魏起鵬修
（清）王續藩纂　清光緒十九年(1893)刻本
四冊

220000－0801－0010820　史264.223/17
[同治]黃縣志十四卷　（清）尹繼美纂修　清
同治十年(1871)刻本　四冊

220000－0801－0010821　史264.223/17－1
[同治]黃縣志十四卷　（清）尹繼美纂修　清
同治十年(1871)刻本　四冊

220000－0801－0010822　史264.223/18

[道光]重修蓬萊縣志十四卷　（清）王文燾修
　（清）張本等纂　清道光十九年(1839)刻本
　八冊

220000－0801－0010823　史 264.223/19
[光緒]蓬萊縣續志十四卷　（清）鄭錫鴻
（清）江瑞采修　（清）王爾植等纂　清光緒八
年(1882)刻本　四冊

220000－0801－0010824　史 264.223/19－1
[光緒]蓬萊縣續志十四卷　（清）鄭錫鴻
（清）江瑞采修　（清）王爾植等纂　清光緒八
年(1882)刻本　四冊

220000－0801－0010825　史 264.224/4
[道光]沂水縣志十卷　（清）張燮修　（清）
劉承謙纂　清道光七年(1827)刻本　六冊

220000－0801－0010826　史 264.224/5
[嘉慶]莒州志十六卷首一卷　（清）許紹錦纂
修　清嘉慶元年(1796)刻本　六冊

220000－0801－0010827　史 264.225/2
[道光]泰安縣志十二卷　（清）徐宗幹修
（清）蔣大慶等纂　清道光八年(1828)刻本
十五冊

220000－0801－0010828　史 264.225/5
[道光]章邱縣志十六卷　（清）吳璋修
（清）曹楙堅纂　清道光十三年(1833)刻本
八冊

220000－0801－0010829　史 264.225/6
[光緒]章邱縣鄉土志二卷　（清）楊學淵修
（清）高鍾璐纂　清光緒三十三年(1907)石印
本　二冊

220000－0801－0010830　史 264.225/9
[光緒]寧陽續志二十四卷　（清）高升榮修
（清）黃恩彤纂　清光緒五年(1879)刻本　十
二冊

220000－0801－0010831　史 264.225/10
[道光]東平州志三十卷首四卷　（清）周雲鳳
修　（清）唐鑑等纂　清道光五年(1825)刻本
十六冊

220000－0801－0010832　史 264.225/11
[光緒]東平州志二十七卷首四卷　（清）左宜
似修　（清）盧崟纂　清光緒七年(1881)刻本
二十冊

220000－0801－0010833　史 264.225/13
[道光]長清縣志十六卷　（清）舒化民修
（清）徐德城纂　清道光十五年(1835)刻本
六冊

220000－0801－0010834　史 264.225/13－1
[道光]長清縣志十六卷　（清）舒化民修
（清）徐德城纂　清道光十五年(1835)刻本
七冊

220000－0801－0010835　史 264.225/13－2
[道光]長清縣志十六卷　（清）舒化民修
（清）徐德城纂　清道光十五年(1835)刻本
一冊　存三卷(九至十一)

220000－0801－0010836　史 264.226/1
[咸豐]濟寧直隸州志十卷　（清）盧朝安纂修
清咸豐九年(1859)補刻本　二十五冊

220000－0801－0010837　史 264.226/8
[道光]滕縣志十四卷　（清）王政修　（清）
王庸立等纂　清道光二十六年(1846)刻本
八冊

220000－0801－0010838　史 264.226/10
[同治]金鄉縣志四卷　（清）宗稷辰修
（清）李疃纂　清同治元年(1862)刻本　四冊

220000－0801－0010839　史 264.226/10－1
[同治]金鄉縣志四卷　（清）宗稷辰修
（清）李疃纂　清同治元年(1862)刻本　四冊

220000－0801－0010840　史 264.226/71
[光緒]滋陽縣志十四卷　（清）李兆霖修
（清）黃師誾纂　清光緒十四年(1888)刻本
十冊

220000－0801－0010841　史 264.227/1
[乾隆]定陶縣志十卷　（清）雷宏宇修
（清）劉珠等纂　清光緒二年(1876)刻本
五冊

477

220000 – 0801 – 0010842　史 264.228/1
[嘉慶]清平縣志十七卷　（清）萬承紹修
（清）周以勳纂　清嘉慶三年(1798)刻本
五冊

220000 – 0801 – 0010843　史 264.228/3
[道光]博平縣志六卷　（清）楊祖憲修
（清）烏竹芳纂　清道光十一年(1831)活字印
本　六冊

220000 – 0801 – 0010844　史 264.228/5
[光緒]高唐州志八卷　（清）周家齊修
（清）鞠建章纂　清光緒三十三年(1907)刻本
六冊

220000 – 0801 – 0010845　史 264.228/6
[道光]東阿縣志二十四卷　（清）李賢書修
（清）吳怡纂　清道光九年(1829)刻本　十
二冊

220000 – 0801 – 0010846　史 264.228/9
[光緒]壽張縣志十卷　（清）劉文燀修
（清）王守謙纂　清光緒二十六年(1900)刻本
六冊

220000 – 0801 – 0010847　史 264.228/9 – 1
[光緒]壽張縣志十卷　（清）劉文燀修
（清）王守謙纂　清光緒二十六年(1900)刻本
六冊

220000 – 0801 – 0010848　史 264.228/12
[光緒]莘縣志十卷　（清）張朝瑋修　（清）
孔廣海纂　清光緒十三年(1887)刻本　六冊

220000 – 0801 – 0010849　史 264.228/15
[乾隆]館陶縣志十二卷　（清）趙知希修
（清）耿賢舉等纂　（清）張興宗增修　清光緒
十九年(1893)刻本　四冊

220000 – 0801 – 0010850　史 264.229/1
[光緒]德平縣志十二卷　（清）凌錫祺修
（清）李敬熙纂　清光緒十九年(1893)刻本
六冊

220000 – 0801 – 0010851　史 264.229/5
[乾隆]樂陵縣志八卷　（清）王謙益修

（清）莊肇奎纂　清末石印本　八冊

220000 – 0801 – 0010852　史 264.229/6
[道光]商河縣志八卷首一卷　（清）龔廷煌纂
修　清道光十六年(1836)刻本　八冊

220000 – 0801 – 0010853　史 264.229/8
[同治]臨邑縣志十六卷　（清）陳鴻翽修
（清）翟振慶纂　清同治十三年(1874)刻本
八冊

220000 – 0801 – 0010854　史 264.229/12
[光緒]齊河縣鄉土志一卷　（清）□□撰　清
光緒石印本　一冊

220000 – 0801 – 0010855　史 264.229/12 – 1
[光緒]齊河縣鄉土志一卷　（清）□□撰　清
光緒石印本　一冊

220000 – 0801 – 0010856　史 264.23/1
[嘉慶]豫乘識小錄二卷　（清）朱雲錦撰　清
同治十二年(1873)刻本　二冊

220000 – 0801 – 0010857　史 264.230/4
[光緒]祥符縣志二十四卷首一卷　（清）沈傳
義修　（清）黃舒昺纂　清光緒二十四年
(1898)刻本　十一冊　缺三卷(一至二、首一
卷)

220000 – 0801 – 0010858　史 264.231/3
[道光]尉氏縣志二十卷　（清）劉厚滋
（清）沈湔修　（清）王觀潮纂　清道光十一年
(1831)刻本　八冊

220000 – 0801 – 0010859　史 264.231/3 – 1
[道光]尉氏縣志二十卷　（清）劉厚滋
（清）沈湔修　（清）王觀潮纂　清道光十一年
(1831)刻本　八冊

220000 – 0801 – 0010860　史 264.231/3 – 2
[道光]尉氏縣志二十卷　（清）劉厚滋
（清）沈湔修　（清）王觀潮纂　清道光十一年
(1831)刻本　八冊

220000 – 0801 – 0010861　史 264.232/6
[道光]輝縣志二十卷　（清）周際華修
（清）戴銘纂　清光緒二十一年(1895)刻本

十冊

220000－0801－0010862　史264.232/20

[道光]河內縣志三十六卷　（清）袁通修
（清）方履籛纂　清道光五年(1825)刻本
十冊

220000－0801－0010863　史264.232/21

[道光]修武縣志十卷　（清）馮繼照修
（清）金皋纂　清道光十九年(1839)刻本
十冊

220000－0801－0010864　史264.232/23

[道光]武陟縣志三十六卷　（清）王榮陛修
清道光九年(1829)刻本　八冊

220000－0801－0010865　史264.232/23－1

[道光]武陟縣志三十六卷　（清）王榮陛修
清道光九年(1829)刻本　八冊

220000－0801－0010866　史264.233/4

[嘉慶]安陽縣志二十八卷　（清）貴泰修
（清）武穆淳纂　清嘉慶二十四年(1819)刻本
十冊

220000－0801－0010867　史264.233/4－1

[嘉慶]安陽縣志二十八卷　（清）貴泰修
（清）武穆淳纂　清嘉慶二十四年(1819)刻本
十冊

220000－0801－0010868　史264.233/4－2

[嘉慶]安陽縣志二十八卷　（清）貴泰修
（清）武穆淳纂　清嘉慶二十四年(1819)刻本
十冊

220000－0801－0010869　史264.233/7

[光緒]開州志八卷　（清）陳金式修　（清）
陳兆麟纂　清光緒八年(1882)刻本　八冊

220000－0801－0010870　史264.233/7－1

[光緒]開州志八卷　（清）陳金式修　（清）
陳兆麟纂　清光緒八年(1882)刻本　八冊

220000－0801－0010871　史264.233/10

[同治]滑縣志十二卷　（清）姚鋆修　（清）
徐光第纂　清同治六年(1867)刻本　八冊

220000－0801－0010872　史264.233/11

[嘉慶]濬縣志二十二卷附金石錄二卷　（清）
熊象階修　（清）武穆淳纂　清嘉慶七年
(1802)刻本　六冊

220000－0801－0010873　史264.234/2

[光緒]永城縣志三十八卷　（清）岳廷楷修
（清）胡贊采纂　清光緒二十七年(1901)刻本
八冊

220000－0801－0010874　史264.234/3

[光緒]鹿邑縣志十六卷　（清）于滄海修
（清）蔣師轍纂　清光緒二十二年(1896)刻本
六冊

220000－0801－0010875　史264.234/4

[乾隆]沈丘縣志十二卷　（清）何源洙修
（清）魯之璠纂　清末刻本　四冊

220000－0801－0010876　史264.234/4－1

[乾隆]沈丘縣志十二卷　（清）何源洙修
（清）魯之璠纂　清末刻本　四冊

220000－0801－0010877　史264.234/5

[道光]太康縣志八卷　（清）戴鳳翔修
（清）高崧纂　清道光八年(1828)刻本　八冊

220000－0801－0010878　史264.235/3

[光緒]洧川縣鄉土志二卷　（清）恩麟編輯
清光緒石印本　二冊

220000－0801－0010879　史264.235/6

[道光]扶溝縣志十三卷　（清）王德瑛纂修
清道光十三年(1833)刻本　四冊

220000－0801－0010880　史264.235/10

[嘉慶]魯山縣志二十六卷　（清）董作棟修
（清）武億纂　清嘉慶元年(1796)刻本　六冊

220000－0801－0010881　史264.237/1

[光緒]南陽縣志十二卷　（清）潘守廉修
（清）張嘉謀纂　清光緒三十年(1904)刻本
七冊

220000－0801－0010882　史264.238/6

[道光]汝州全志十卷　（清）白明義修
（清）趙林成纂　清道光二十年(1840)刻本
十冊

220000 - 0801 - 0010883　史 264.24/2

[光緒]山西通志一百八十四卷　（清）曾國荃等修　（清）王軒等纂　清光緒十八年（1892）刻本　九十六冊

220000 - 0801 - 0010884　史 264.24/2 - 1

[光緒]山西通志一百八十四卷　（清）曾國荃等修　（清）王軒等纂　清光緒十八年（1892）刻本　九十六冊

220000 - 0801 - 0010885　史 264.240/3

[道光]太原縣志十八卷　（清）員佩蘭修（清）楊國泰纂　清道光六年（1826）刻本　八冊

220000 - 0801 - 0010886　史 264.240/4

[道光]陽曲縣志十六卷　（清）李培謙修（清）閭士驤等纂　清道光二十三年（1843）刻本　十冊

220000 - 0801 - 0010887　史 264.240/5

[光緒]補修徐溝縣志六卷　（清）王勳祥修（清）秦憲纂　清光緒八年（1882）朱刻本　六冊

220000 - 0801 - 0010888　史 264.241/1

[乾隆]廣靈縣志十卷首一卷末一卷　（清）郭磊纂　[光緒]廣靈縣補志十卷首一卷末一卷　（清）楊亦銘等纂修　清光緒七年（1881）刻本　六冊

220000 - 0801 - 0010889　史 264.241/1 - 1

[乾隆]廣靈縣志十卷首一卷末一卷　（清）郭磊纂　[光緒]廣靈縣補志十卷首一卷末一卷　（清）楊亦銘等纂修　清光緒七年（1881）刻本　六冊

220000 - 0801 - 0010890　史 264.241/5

[乾隆]渾源州志十卷　（清）桂敬順纂（清）孔廣培增補　清同治九年（1870）補刻本　五冊

220000 - 0801 - 0010891　史 264.241/6

[光緒]渾源州續志十卷　（清）賀澍恩修（清）程續等纂　清光緒七年（1881）刻本　五冊　存八卷（一至八）

220000 - 0801 - 0010892　史 264.242/2

[光緒]忻州直隸州志四十二卷　（清）方戊昌修　（清）方淵如纂　清光緒六年（1880）刻本　八冊

220000 - 0801 - 0010893　史 264.242/4

[光緒]代州志十二卷　（清）俞廉三修（清）楊篤纂　清光緒八年（1882）刻本　十二冊

220000 - 0801 - 0010894　史 264.242/5

[光緒]繁峙縣志四卷　（清）何才價修（清）楊篤纂　清光緒七年（1881）刻本　四冊

220000 - 0801 - 0010895　史 264.242/6

[道光]繁峙縣志六卷　（清）吳其均纂修　清道光十六年（1836）刻本　六冊

220000 - 0801 - 0010896　史 264.243/1

[同治]榆次縣志十六卷　（清）俞世銓修（清）王平格纂　清同治二年（1863）刻本　八冊

220000 - 0801 - 0010897　史 264.243/2

[光緒]壽陽縣志十三卷　（清）馬家鼎等修（清）張嘉言等纂　清光緒八年（1882）刻本　六冊

220000 - 0801 - 0010898　史 264.243/6

[光緒]祁縣志十六卷　（清）劉發岭等修（清）李芬纂　清光緒八年（1882）刻本　十冊

220000 - 0801 - 0010899　史 264.243/8

[光緒]平遙縣志十二卷　（清）恩端修（清）武達材　（清）王舒尊纂　清光緒八年（1882）續刻本　八冊

220000 - 0801 - 0010900　史 264.243/10

[嘉慶]介休縣志十四卷　（清）徐品山（清）陸元鏸纂修　清嘉慶二十四年（1819）刻本　八冊

220000 - 0801 - 0010901　史 264.243/10 - 1

[嘉慶]介休縣志十四卷　（清）徐品山（清）陸元鏸纂修　清嘉慶二十四年（1819）刻本　八冊

220000－0801－0010902　史 264.243/14
[咸豐]汾陽縣志十四卷　(清)周貽纓等修　(清)曹樹穀纂　清咸豐元年(1851)刻本　八冊

220000－0801－0010903　史 264.243/15
[光緒]汾陽縣志十四卷　(清)方家駒等修　(清)王文員纂　清光緒十年(1884)刻本　十冊

220000－0801－0010904　史 264.243/15－1
[光緒]汾陽縣志十四卷　(清)方家駒等修　(清)王文員纂　清光緒十年(1884)刻本　十冊

220000－0801－0010905　史 264.243/16
[康熙]臨縣志八卷　(清)楊飛熊修　(清)崔鶴齡纂　清道光二十年(1840)刻本　四冊

220000－0801－0010906　史 264.244/1
[乾隆]襄垣縣志十卷　(清)李廷芳修　(清)徐玨等撰　清光緒六年(1880)續刻本　十冊

220000－0801－0010907　史 264.244/2
[道光]壺關縣志十卷　(清)茹金纂修　(清)呂鳴岐等纂　清道光十四年(1834)刻本　六冊

220000－0801－0010908　史 264.245/2
[道光]趙城縣志三十七卷　(清)楊延亮纂修　清道光七年(1827)刻本　八冊

220000－0801－0010909　史 264.245/3
[光緒]續修曲沃縣志三十二卷　(清)張鴻達　(清)茅丕熙修　(清)韓子泰纂　清光緒六年(1880)刻本　六冊

220000－0801－0010910　史 264.245/4
[道光]太平縣志十六卷　(清)李炳彥修　(清)梁棲鸞纂　清道光五年(1825)刻本　八冊

220000－0801－0010911　史 264.245/4－1
[道光]太平縣志十六卷　(清)李炳彥修　(清)梁棲鸞纂　清道光五年(1825)刻本　八冊

220000－0801－0010912　史 264.245/4－2
[道光]太平縣志十六卷　(清)李炳彥修　(清)梁棲鸞纂　清道光五年(1825)刻本　八冊

220000－0801－0010913　史 264.245/5
[光緒]太平縣志十四卷　(清)勞文慶　(清)朱光綬修　(清)婁道南纂　清光緒八年(1882)刻本　十冊

220000－0801－0010914　史 264.245/6
[光緒]絳縣志十四卷　(清)劉斌修　(清)張于鑄纂　清光緒六年(1880)刻本　六冊

220000－0801－0010915　史 264.245/7
[光緒]夏縣志十卷　(清)黃縉榮修　(清)張承熊纂　清光緒六年(1880)刻本　四冊

220000－0801－0010916　史 264.245/9
[乾隆]解州全志十八卷圖一卷　(清)言如泗纂修　清乾隆二十九年(1764)刻嘉慶六年(1801)續刻本　四冊

220000－0801－0010917　史 264.245/11
[同治]稷山縣志十卷　(清)沈鳳翔纂修　清同治四年(1865)刻本　八冊

220000－0801－0010918　史 264.245/13
[光緒]直隸絳州志二十卷　(清)李煥揚修　(清)張于鑄纂　清光緒五年(1879)刻本　十冊

220000－0801－0010919　史 264.31/2
[道光]陝西志輯要六卷　(清)王志沂纂修　清道光七年(1827)賜書堂刻本　九冊

220000－0801－0010920　史 264.31/2－1
[道光]陝西志輯要六卷　(清)王志沂纂修　清道光七年(1827)賜書堂刻本　九冊

220000－0801－0010921　史 264.31/2－2
[道光]陝西志輯要六卷　(清)王志沂纂修　清道光七年(1827)賜書堂刻本　九冊

220000－0801－0010922　史 264.310/3
[嘉慶]長安縣志三十六卷　(清)張聰賢修

（清）董曾臣纂　清嘉慶二十四年(1819)刻本
六冊

220000－0801－0010923　史264.310/5
[嘉慶]咸寧縣志二十六卷　（清）高廷法修
（清）陸燿通等纂　清嘉慶二十四年(1819)刻
本　八冊

220000－0801－0010924　史264.311/5
[光緒]興平縣鄉土志四卷　（清）張元際纂
清光緒三十三年(1907)活字印本　四冊

220000－0801－0010925　史264.311/7
[光緒]興平縣士女續志三卷　（清）王權撰
清光緒二年(1876)刻本　一冊

220000－0801－0010926　史264.311/9
[光緒]乾州志稿十四卷　（清）周銘旂纂修
清光緒十一年(1885)刻本　六冊

220000－0801－0010927　史264.311/14
[宣統]涇陽縣志十六卷首一卷末一卷　劉懋
官修　宋伯魯　周斯億纂　清宣統三年
(1911)天津六吉里內華新印刷局鉛印本
四冊

220000－0801－0010928　史264.311/14－1
[宣統]涇陽縣志十六卷首一卷末一卷　劉懋
官修　宋伯魯　周斯億纂　清宣統三年
(1911)天津六吉里內華新印刷局鉛印本
四冊

220000－0801－0010929　史264.311/16
[光緒]三原縣新志八卷　（清）焦雲龍修
（清）賀瑞麟纂　清光緒六年(1880)刻本
四冊

220000－0801－0010930　史264.311/16－1
[光緒]三原縣新志八卷　（清）焦雲龍修
（清）賀瑞麟纂　清光緒六年(1880)刻本
四冊

220000－0801－0010931　史264.311/16－2
[光緒]三原縣新志八卷　（清）焦雲龍修
（清）賀瑞麟纂　清光緒六年(1880)刻本
四冊

220000－0801－0010932　史264.311/17
[嘉靖]高陵縣志七卷　（明）呂柟撰　清光緒
十年(1884)刻本　二冊

220000－0801－0010933　史264.311/18
[光緒]高陵縣續志八卷　（清）程維雍修　清
光緒十年(1884)刻本　二冊

220000－0801－0010934　史264.312/4
[乾隆]續耀州志十一卷　（清）汪灝修　清光
緒六年(1880)刻本　二冊

220000－0801－0010935　史264.312/5
[光緒]蒲城縣志十三卷　（清）李體仁修　清
光緒三十一年(1905)刻本　六冊

220000－0801－0010936　史264.312/11
[光緒]大荔縣續志十二卷　（清）周銘旂修
清光緒十一年(1885)刻本　八冊

220000－0801－0010937　史264.312/15
[正德]朝邑志二卷　（明）王道修　清抄本
一冊

220000－0801－0010938　史264.312/16
[咸豐初]朝邑縣志三卷　（清）李元春纂修
清咸豐元年(1851)刻本　一冊

220000－0801－0010939　史264.312/16－1
[咸豐初]朝邑縣志三卷　（清）李元春纂修
清咸豐元年(1851)刻本　一冊

220000－0801－0010940　史264.312/26
[道光]藍田縣志十六卷附文徵錄四卷　（清）
胡元煥修　（清）蔣湘南纂　清道光二十二年
(1842)刻本　六冊

220000－0801－0010941　史264.312/27
[道光]輞川志六卷　（清）胡元煥纂　清道光
十七年(1837)刻本　一冊

220000－0801－0010942　史264.314/2
[光緒]米脂縣志十二卷　（清）潘松修　清光
緒三十三年(1907)鉛印本　四冊

220000－0801－0010943　史264.316/1
[道光]石泉縣志四卷　（清）舒鈞纂修　清道
光二十九年(1849)刻本　二冊

220000－0801－0010944　史264.317/2
[康熙]城固縣志十卷　（清）王穆纂修　清光緒四年(1878)刻本　四冊

220000－0801－0010945　史264.317/4
[光緒]定遠廳志二十六卷首一卷末一卷（清）余修鳳纂修　清光緒五年(1879)刻本　六冊

220000－0801－0010946　史264.317/5
[光緒]寧羌州志五卷　（清）馬毓華修　清光緒十四年(1888)刻本　五冊

220000－0801－0010947　史264.318/6
[光緒]岐山縣志八卷　（清）胡昇猷修　清光緒十一年(1885)刻本　四冊

220000－0801－0010948　史264.318/6－1
[光緒]岐山縣志八卷　（清）胡昇猷修　清光緒十一年(1885)刻本　四冊

220000－0801－0010949　史264.318/8
[光緒]麟遊縣新志草十卷　（清）彭洵纂修　清光緒九年(1883)刻本　四冊

220000－0801－0010950　史264.318/9
[嘉慶]扶風縣志十八卷首一卷　（清）宋世犖修　清嘉慶二十四年(1819)刻本　四冊

220000－0801－0010951　史264.318/12
[正德]武功縣志三卷　（明）康海纂　清道光十一年(1831)刻本　一冊

220000－0801－0010952　史264.318/13
[正德]武功縣志三卷　（明）康海纂　清同治十二年(1873)湖北崇文書局刻本　一冊

220000－0801－0010953　史264.318/13－1
[正德]武功縣志三卷　（明）康海纂　清同治十二年(1873)湖北崇文書局刻本　一冊

220000－0801－0010954　史264.318/13－2
[正德]武功縣志三卷　（明）康海纂　清同治十二年(1873)湖北崇文書局刻本　一冊

220000－0801－0010955　史264.318/13－3
[正德]武功縣志三卷　（明）康海纂　清同治十二年(1873)湖北崇文書局刻本　一冊

220000－0801－0010956　史264.318/14
[正德]武功縣志四卷首一卷　（明）康海纂　清光緒二十年(1894)刻本　一冊

220000－0801－0010957　史264.318/15
[正德]武功縣志三卷　（明）康海纂　[正德]朝邑縣志二卷　（明）韓邦靖撰　清同治十三年(1874)刻本　一冊

220000－0801－0010958　史264.318/15－1
[正德]武功縣志三卷　（明）康海纂　[正德]朝邑縣志二卷　（明）韓邦靖撰　清同治十三年(1874)刻本　一冊

220000－0801－0010959　史264.318/17
[光緒]鳳縣志十卷　（清）朱子春修　清光緒十八年(1892)刻本　四冊

220000－0801－0010960　史264.320/1
[道光]蘭州府志十二卷　（清）陳士楨修　清道光十三年(1833)刻本　八冊

220000－0801－0010961　史264.324/2
[光緒]秦州直隸州新志二十四卷首一卷（清）余澤春等修　（清）王權　（清）任其昌纂　清光緒十五年(1889)刻本　二十冊

220000－0801－0010962　史264.324/5
[乾隆]伏羌縣志十四卷　（清）周銑修（清）葉芝纂　清乾隆三十五年(1770)刻本　二冊　存九卷(一至四、九至十三)

220000－0801－0010963　史264.324/6
[同治]續伏羌縣志六卷　（清）侯新嚴修　清同治十一年(1872)刻本　一冊　存二卷(三至四)

220000－0801－0010964　史264.325/1
[同治]武階備志二十二卷　（清）吳鵬翔纂修　清同治十二年(1873)刻本　十四冊

220000－0801－0010965　史264.325/2
[光緒]階州直隸州續志三十三卷　（清）葉恩沛修　清光緒十二年(1886)刻本　十冊

220000－0801－0010966　史264.328/2
[道光]敦煌縣志七卷　（清）蘇履吉等修　清

道光十一年(1831)刻本　四冊

220000－0801－0010967　史264.329/2

[光緒]洮州廳志十八卷　(清)張彦篤修　清光緒三十三年(1907)刻本　四冊

220000－0801－0010968　史264.332/2

[宣統]固原州志十二卷　(清)王學伊纂修　清宣統元年(1909)官報書局鉛印本　十二冊

220000－0801－0010969　史264.35/1

[道光]欽定新疆識略十二卷首一卷　(清)松筠纂修　清道光元年(1821)刻本　十冊

220000－0801－0010970　史264.35/1－1

[道光]欽定新疆識略十二卷首一卷　(清)松筠纂修　清道光元年(1821)刻本　十冊

220000－0801－0010971　史264.35/2

[道光]欽定新疆識略十二卷首一卷　(清)松筠纂修　清光緒二十年(1894)上海積山書局石印本　十六冊

220000－0801－0010972　史264.35/10

[宣統]新疆圖志山脈志六卷　王樹枏撰　袁大化修　清宣統三年(1911)刻本　七冊　缺一卷(六)

220000－0801－0010973　史264.35/11

[宣統]新疆圖志道路志八卷　王樹枏撰　袁大化修　清宣統三年(1911)刻本　八冊

220000－0801－0010974　史264.35/12

[乾隆]西域圖志四十八卷首四卷　(清)傅恒修　清活字印本　二十四冊

220000－0801－0010975　史264.35/13

[光緒]西域圖志四十八卷首四卷　(清)傅恒修　清光緒十九年(1893)杭州便益書局石印本　十二冊

220000－0801－0010976　史264.35/13－1

[光緒]西域圖志四十八卷首四卷　(清)傅恒修　清光緒十九年(1893)杭州便益書局石印本　十二冊

220000－0801－0010977　史264.35/17

西陲要略四卷　(清)祁韻士輯　清道光十七

年(1837)刻本　二冊

220000－0801－0010978　史264.35/17－1

西陲要略四卷　(清)祁韻士輯　清道光十七年(1837)刻本　二冊

220000－0801－0010979　史264.4/1

東三省沿革表六卷　(清)吳廷燮撰　清宣統元年(1909)刻本　六冊

220000－0801－0010980　史264.4/2

東三省沿革表六卷　(清)吳廷燮撰　清宣統元年(1909)稿本　三冊　缺三卷(奉天沿革表一至三)

220000－0801－0010981　史264.4/4

東三省籌蒙大勢圖　(清)東三省蒙務局製　清宣統元年(1909)北洋官報總局影印本　九冊

220000－0801－0010982　史264.4/4－1

東三省籌蒙大勢圖　(清)東三省蒙務局製　清宣統元年(1909)北洋官報總局影印本　九冊

220000－0801－0010983　史264.4/5

東三省地理志一卷　(清)曹廷傑撰　清光緒二十八年(1902)鉛印本　一冊

220000－0801－0010984　史264.4/6

[乾隆]盛京通志四十八卷　(清)宋筠修　(清)魏樞纂　清咸豐二年(1852)補刻本　二十冊

220000－0801－0010985　史264.4/6－1

[乾隆]盛京通志四十八卷　(清)宋筠修　(清)魏樞纂　清咸豐二年(1852)補刻本　二十冊

220000－0801－0010986　史264.4/6－2

[乾隆]盛京通志四十八卷　(清)宋筠修　(清)魏樞纂　清咸豐二年(1852)補刻本　二十冊

220000－0801－0010987　史264.4/6－3

[乾隆]盛京通志四十八卷　(清)宋筠修　(清)魏樞纂　清咸豐二年(1852)補刻本　二

十冊

220000－0801－0010988　史264.4/6－4
[乾隆]盛京通志四十八卷　（清）宋筠修
（清）魏樞纂　清咸豐二年(1852)補刻本　二
十冊

220000－0801－0010989　史264.4/11
[光緒]滿洲地志　（日本）參謀本部原著　清
光緒三十三年(1907)上海商務印書館鉛印本
一冊

220000－0801－0010990　史264.4/11－1
[光緒]滿洲地志　（日本）參謀本部原著　清
光緒三十三年(1907)上海商務印書館鉛印本
一冊

220000－0801－0010991　史264.41/4
奉天全省地輿圖說　（清）王志修撰　清光緒
二十年(1894)刻本　一冊

220000－0801－0010992　史264.411/3
[宣統]承德縣志二卷　（清）金正元修
（清）張子瀛纂　清宣統二年(1910)奉天作新
石印局影印本　二冊

220000－0801－0010993　史264.411/13
[宣統]新民府志　管鳳龢編纂　清宣統元年
(1909)鉛印本　一冊

220000－0801－0010994　史264.414/4
[宣統]懷仁縣志十四卷　（清）馬俊顯修
（清）劉熙春纂　清宣統二年(1910)鉛印本
四冊

220000－0801－0010995　史264.42/2
[光緒]吉林通志圖一百二十二卷圖一卷
（清）長順修　（清）李桂林纂　清光緒十七年
(1891)刻本　四十九冊

220000－0801－0010996　史264.42/2－1
[光緒]吉林通志圖一百二十二卷圖一卷
（清）長順修　（清）李桂林纂　清光緒十七年
(1891)刻本　四十九冊

220000－0801－0010997　史264.42/2－2
[光緒]吉林通志圖一百二十二卷圖一卷

（清）長順修　（清）李桂林纂　清光緒十七年
(1891)刻本　四十九冊

220000－0801－0010998　史264.42/2－3
[光緒]吉林通志圖一百二十二卷圖一卷
（清）長順修　（清）李桂林纂　清光緒十七年
(1891)刻本　四十九冊

220000－0801－0010999　史264.42/5
[道光]吉林外記十卷　（清）薩英額撰　附寧
古塔記略一卷　（清）吳桭臣著　清光緒二十
一年(1895)漸西村舍刻本　二冊

220000－0801－0011000　史264.42/5－1
[道光]吉林外記十卷　（清）薩英額撰　附寧
古塔記略一卷　（清）吳桭臣著　清光緒二十
一年(1895)漸西村舍刻本　二冊

220000－0801－0011001　史264.42/5－10
[道光]吉林外記十卷　（清）薩英額撰　附寧
古塔記略一卷　（清）吳桭臣著　清光緒二十
一年(1895)漸西村舍刻本　四冊

220000－0801－0011002　史264.42/5－11
[道光]吉林外記十卷　（清）薩英額撰　附寧
古塔記略一卷　（清）吳桭臣著　清光緒二十
一年(1895)漸西村舍刻本　四冊

220000－0801－0011003　史264.42/5－12
[道光]吉林外記十卷　（清）薩英額撰　附寧
古塔記略一卷　（清）吳桭臣著　清光緒二十
一年(1895)漸西村舍刻本　四冊

220000－0801－0011004　史264.42/5－13
[道光]吉林外記十卷　（清）薩英額撰　附寧
古塔記略一卷　（清）吳桭臣著　清光緒二十
一年(1895)漸西村舍刻本　四冊

220000－0801－0011005　史264.42/5－2
[道光]吉林外記十卷　（清）薩英額撰　附寧
古塔記略一卷　（清）吳桭臣著　清光緒二十
一年(1895)漸西村舍刻本　二冊

220000－0801－0011006　史264.42/5－3
[道光]吉林外記十卷　（清）薩英額撰　附寧
古塔記略一卷　（清）吳桭臣著　清光緒二十

一年(1895)漸西村舍刻本　二冊

220000 – 0801 – 0011007　史264.42/5 – 4
[道光]吉林外記十卷　(清)薩英額撰　**附寧古塔記略一卷**　(清)吳桭臣著　清光緒二十一年(1895)漸西村舍刻本　二冊

220000 – 0801 – 0011008　史264.42/5 – 5
[道光]吉林外記十卷　(清)薩英額撰　**附寧古塔記略一卷**　(清)吳桭臣著　清光緒二十一年(1895)漸西村舍刻本　二冊

220000 – 0801 ·· 0011009　史264.42/5 – 6
[道光]吉林外記十卷　(清)薩英額撰　**附寧古塔記略一卷**　(清)吳桭臣著　清光緒二十一年(1895)漸西村舍刻本　二冊

220000 – 0801 – 0011010　史264.42/5 – 7
[道光]吉林外記十卷　(清)薩英額撰　**附寧古塔記略一卷**　(清)吳桭臣著　清光緒二十一年(1895)漸西村舍刻本　二冊

220000 – 0801 – 0011011　史264.42/5 – 8
[道光]吉林外記十卷　(清)薩英額撰　**附寧古塔記略一卷**　(清)吳桭臣著　清光緒二十一年(1895)漸西村舍刻本　二冊

220000 – 0801 – 0011012　史264.42/5 – 9
[道光]吉林外記十卷　(清)薩英額撰　**附寧古塔記略一卷**　(清)吳桭臣著　清光緒二十一年(1895)漸西村舍刻本　二冊　存五卷(一至五)

220000 – 0801 – 0011013　史264.42/6
[道光]吉林外記十卷　(清)薩英額纂　清光緒二十六年(1900)廣雅書局刻本　二冊

220000 – 0801 – 0011014　史264.42/6 – 1
[道光]吉林外記十卷　(清)薩英額纂　清光緒二十六年(1900)廣雅書局刻本　二冊

220000 – 0801 – 0011015　史264.42/6 – 2
[道光]吉林外記十卷　(清)薩英額纂　清光緒二十六年(1900)廣雅書局刻本　四冊

220000 – 0801 – 0011016　史264.42/11
[光緒]吉林輿地圖說附全省輿圖　(清)楊同

桂繪　(清)李子丹編修　清光緒二十四年(1898)影印本　十四幅

220000 – 0801 – 0011017　史264.42/16
[光緒]吉林分巡道造送會典國史館清冊　(清)吉林分巡道造送　清光緒十八年(1892)刻本　二十六冊

220000 – 0801 – 0011018　史264.42/23
[光緒]吉林輿地略二卷　(清)楊伯馨撰　清光緒二十四年(1898)石印本　二冊

220000 – 0801 – 0011019　史264.423/1
[光緒]遼源州全境圖　(清)□□撰　清光緒石印本　一幅

220000 – 0801 – 0011020　史264.423/1 – 1
[光緒]遼源州全境圖　(清)□□撰　清光緒石印本　一幅

220000 – 0801 – 0011021　史264.423/1 – 2
[光緒]遼源州全境圖　(清)□□撰　清光緒石印本　一幅

220000 – 0801 – 0011022　史264.423/1 – 3
[光緒]遼源州全境圖　(清)□□撰　清光緒石印本　一幅

220000 – 0801 – 0011023　史264.423/1 – 4
[光緒]遼源州全境圖　(清)□□撰　清光緒石印本　一幅

220000 – 0801 – 0011024　史264.423/1 – 5
[光緒]遼源州全境圖　(清)□□撰　清光緒石印本　一幅

220000 – 0801 – 0011025　史264.423/1 – 6
[光緒]遼源州全境圖　(清)□□撰　清光緒石印本　一幅

220000 – 0801 – 0011026　史264.423/4
[宣統]西安縣志略十三卷　雷飛鵬修　段盛梓纂　清宣統三年(1911)石印本　二冊

220000 – 0801 – 0011027　史264.424/33
[宣統]長白彙徵錄八卷　張鳳臺修　劉龍光纂　清宣統二年(1910)鉛印本　四冊

220000－0801－0011028　史264.424/33－1
[宣統]長白彙徵錄八卷　張鳳臺修　劉龍光纂　清宣統二年(1910)鉛印本　四冊

220000－0801－0011029　史264.424/33－2
[宣統]長白彙徵錄八卷　張鳳臺修　劉龍光纂　清宣統二年(1910)鉛印本　四冊

220000－0801－0011030　史264.424/33－3
[宣統]長白彙徵錄八卷　張鳳臺修　劉龍光纂　清宣統二年(1910)鉛印本　四冊

220000－0801－0011031　史264.43/8
[光緒]黑龍江述略六卷　(清)徐宗亮撰　清光緒十七年(1891)觀自得齋刻本　二冊

220000－0801－0011032　史264.43/8－1
[光緒]黑龍江述略六卷　(清)徐宗亮撰　清光緒十七年(1891)觀自得齋刻本　二冊

220000－0801－0011033　史264.43/13
[嘉慶]黑龍江外紀八卷　(清)西清撰　清光緒二十六年(1900)上海廣雅書局刻本　二冊

220000－0801－0011034　史264.43/13－1
[嘉慶]黑龍江外紀八卷　(清)西清撰　清光緒二十六年(1900)上海廣雅書局刻本　一冊　存四卷(五至八)

220000－0801－0011035　史264.43/14
[嘉慶]黑龍江外紀八卷　(清)西清撰　清光緒二十年(1894)漸西村舍刻本　二冊

220000－0801－0011036　史264.43/14－1
[嘉慶]黑龍江外紀八卷　(清)西清撰　清光緒二十年(1894)漸西村舍刻本　二冊

220000－0801－0011037　史264.43/14－2
[嘉慶]黑龍江外紀八卷　(清)西清撰　清光緒二十年(1894)漸西村舍刻本　二冊

220000－0801－0011038　史264.43/14－3
[嘉慶]黑龍江外紀八卷　(清)西清撰　清光緒二十年(1894)漸西村舍刻本　二冊

220000－0801－0011039　史264.43/16
[光緒]黑龍江述略六卷　(清)徐宗亮撰　清光緒十七年(1891)徐氏觀自得齋刻本　二冊

220000－0801－0011040　史264.43/16－1
[光緒]黑龍江述略六卷　(清)徐宗亮撰　清光緒十七年(1891)徐氏觀自得齋刻本　二冊

220000－0801－0011041　史264.43/16－2
[光緒]黑龍江述略六卷　(清)徐宗亮撰　清光緒十七年(1891)徐氏觀自得齋刻本　二冊

220000－0801－0011042　史264.43/16－3
[光緒]黑龍江述略六卷　(清)徐宗亮撰　清光緒十七年(1891)徐氏觀自得齋刻本　二冊

220000－0801－0011043　史264.51/6
[宣統]上海指南八卷附各省旅行須知一卷　(清)商務印書館編譯所編輯　清宣統三年(1911)上海商務印書館鉛印本　一冊

220000－0801－0011044　史264.511/1
[同治]上海縣志三十二卷首一卷補遺一卷敘錄一卷　(清)葉廷眷修　(清)俞樾　(清)方宗誠纂　清同治十一年(1872)上海南園志局刻本　十六冊

220000－0801－0011045　史264.511/1－1
[同治]上海縣志三十二卷首一卷補遺一卷敘錄一卷　(清)葉廷眷修　(清)俞樾　(清)方宗誠纂　清同治十一年(1872)上海南園志局刻本　十六冊

220000－0801－0011046　史264.511/3
[嘉慶]松江府志八十四卷首二卷　(清)宋如林修　(清)孫星衍纂　清嘉慶二十二年(1817)刻本　四十冊

220000－0801－0011047　史264.511/3－1
[嘉慶]松江府志八十四卷首二卷　(清)宋如林修　(清)孫星衍纂　清嘉慶二十二年(1817)刻本　四十冊

220000－0801－0011048　史264.511/3－2
[嘉慶]松江府志八十四卷首二卷　(清)宋如林修　(清)孫星衍纂　清嘉慶二十二年(1817)刻本　三十冊　缺三十八卷(一至四、八至九、十五至二十二、二十六至三十二、三十九至四十、四十四至四十五、五十二至五十七、六十七至六十八、七十七至八十一)

220000－0801－0011049　史264.511/4

[光緒]松江府續志四十卷　（清）博潤修
（清）姚光發纂　清光緒十年(1884)郡齋刻本
二十四冊

220000－0801－0011050　史264.511/4－1

[光緒]松江府續志四十卷　（清）博潤修
（清）姚光發纂　清光緒十年(1884)郡齋刻本
二十四冊

220000－0801－0011051　史264.511/4－2

[光緒]松江府續志四十卷　（清）博潤修
（清）姚光發纂　清光緒十年(1884)郡齋刻本
十七冊　存二十八卷(三至四、七至十五、
十九至二十一、二十四至三十四、三十六至三
十八)

220000－0801－0011052　史264.511/5

[紹熙]雲間志三卷　（宋）楊潛纂　清光緒二
十年(1894)觀自得齋徐氏刻本　二冊

220000－0801－0011053　史264.511/6

[光緒]重修華亭縣志二十四卷　（清）楊開第
修　（清）姚光發纂　清光緒五年(1879)刻本
十冊

220000－0801－0011054　史264.511/6－1

[光緒]重修華亭縣志二十四卷　（清）楊開第
修　（清）姚光發纂　清光緒五年(1879)刻本
十冊

220000－0801－0011055　史264.511/8

[光緒]婁縣續志二十卷　（清）汪坤厚修
（清）張雲望纂　清光緒五年(1879)刻本
六冊

220000－0801－0011056　史264.511/8－1

[光緒]婁縣續志二十卷　（清）汪坤厚修
（清）張雲望纂　清光緒五年(1879)刻本
六冊

220000－0801－0011057　史264.511/8－2

[光緒]婁縣續志二十卷　（清）汪坤厚修
（清）張雲望纂　清光緒五年(1879)刻本
六冊

220000－0801－0011058　史264.511/9

[宣統]楓涇小志十卷　（清）程兼善纂　清宣
統三年(1911)鉛印本　四冊

220000－0801－0011059　史264.511/9－1

[宣統]楓涇小志十卷　（清）程兼善纂　清宣
統三年(1911)鉛印本　四冊

220000－0801－0011060　史264.511/10

[光緒]南匯縣志二十二卷　（清）金福曾修
（清）張文虎等纂　清光緒五年(1879)刻本
十二冊

220000－0801－0011061　史264.511/10－1

[光緒]南匯縣志二十二卷　（清）金福曾修
（清）張文虎等纂　清光緒五年(1879)刻本
十二冊

220000－0801－0011062　史264.511/10－2

[光緒]南匯縣志二十二卷　（清）金福曾修
（清）張文虎等纂　清光緒五年(1879)刻本
十二冊

220000－0801－0011063　史264.511/10－3

[光緒]南匯縣志二十二卷　（清）金福曾修
（清）張文虎等纂　清光緒五年(1879)刻本
十二冊

220000－0801－0011064　史264.511/12

[道光]川沙撫民廳誌十二卷首一卷附錄一卷
（清）何士祁修　（清）姚椿等纂　清道光十
七年(1837)刻本　四冊

220000－0801－0011065　史264.511/13

[光緒]川沙廳志十四卷　（清）陳方瀛修
（清）俞樾等纂　清光緒五年(1879)刻本
六冊

220000－0801－0011066　史264.511/16

[光緒]金山縣志三十卷　（清）崔廷鏞修
（清）黃厚本等纂　清光緒四年(1878)刻本
八冊

220000－0801－0011067　史264.511/16－1

[光緒]金山縣志三十卷　（清）崔廷鏞修
（清）黃厚本等纂　清光緒四年(1878)刻本

八冊

220000－0801－0011068　史264.511/16－2
[光緒]金山縣志三十卷　（清）崔廷鏞修
（清）黃厚本等纂　清光緒四年(1878)刻本
八冊

220000－0801－0011069　史264.511/19
[光緒]重修奉賢縣志二十卷　（清）韓佩金修
（清）張文虎等纂　清光緒四年(1878)刻本
六冊

220000－0801－0011070　史264.511/20
[光緒]嘉定縣志三十三卷　（清）程其珏修
（清）楊震福等纂　清光緒八年(1882)刻本
十六冊

220000－0801－0011071　史264.511/20－1
[光緒]嘉定縣志三十三卷　（清）程其珏修
（清）楊震福等纂　清光緒八年(1882)刻本
十六冊

220000－0801－0011072　史264.511/25
[光緒]青浦縣誌三十卷首二卷　（清）汪祖綏
修　清光緒五年(1879)尊經閣刻本　十二冊

220000－0801－0011073　史264.511/28
[光緒]崇明縣志十八卷　（清）林達泉等修
（清）李聯琇等纂　清光緒七年(1881)刻本
十二冊

220000－0801－0011074　史264.511/28－1
[光緒]崇明縣志十八卷　（清）林達泉等修
（清）李聯琇等纂　清光緒七年(1881)刻本
十二冊

220000－0801－0011075　史264.511/30
[宣統]蒸里志略十二卷　（清）葉世熊纂　清
宣統二年(1910)鉛印本　二冊

220000－0801－0011076　史264.511/31
[光緒]寶山縣志十四卷　（清）梁蒲貴
（清）吳康壽修　（清）朱延射　（清）潘履祥
纂　清光緒八年(1882)刻本　八冊

220000－0801－0011077　史264.511/31－1
[光緒]寶山縣志十四卷　（清）梁蒲貴

（清）吳康壽修　（清）朱延射　（清）潘履祥
纂　清光緒八年(1882)刻本　八冊

220000－0801－0011078　史264.511/35
[光緒]羅店鎮志八卷附羅溪文徵一卷　（清）
王樹棻修　（清）潘履祥纂　清光緒十五年
(1889)刻本　五冊

220000－0801－0011079　史264.52/1
[光緒]江蘇全省輿圖不分卷　（清）諸可寶撰
清光緒二十一年(1895)刻本　三冊

220000－0801－0011080　史264.52/1－1
[光緒]江蘇全省輿圖不分卷　（清）諸可寶撰
清光緒二十一年(1895)刻本　三冊

220000－0801－0011081　史264.52/2
[同治]江蘇全省輿地圖說不分卷　（清）曾國
藩　（清）丁日昌纂修　清同治七年(1868)刻
本　二十七冊

220000－0801－0011082　史264.520/4
[光緒]金陵歷代建置表一卷　（清）傅春官纂
清光緒二十三年(1897)朱晦齋刻朱印本
一冊

220000－0801－0011083　史264.521/2
[嘉定]鎮江志二十二卷首二卷校勘記二卷
（宋）盧憲撰　（清）劉文淇校勘　清宣統二年
(1910)丹徒陳氏刻本　八冊

220000－0801－0011084　史264.521/5
[康熙]開沙志二卷　（清）王錫極纂　丁時需
增修　清宣統三年(1911)鉛印本　二冊

220000－0801－0011085　史264.521/6
[光緒]京口八旗志二卷　（清）鍾瑞等纂修
清光緒五年(1879)刻本　二冊

220000－0801－0011086　史264.521/7
[光緒]丹徒縣志六十卷首四卷　（清）何紹章
修　（清）呂耀斗纂　清光緒五年(1879)刻本
三十二冊

220000－0801－0011087　史264.521/7－1
[光緒]丹徒縣志六十卷首四卷　（清）何紹章
修　（清）呂耀斗纂　清光緒五年(1879)刻本

二十八冊

220000－0801－0011088　史264.521/7－2
[光緒]丹徒縣志六十卷首四卷　(清)何紹章修　(清)呂耀斗纂　清光緒五年(1879)刻本　三十二冊

220000－0801－0011089　史264.521/9
[嘉慶]江寧府志五十六卷　(清)呂燕昭修　(清)姚鼐纂　清光緒六年(1880)刻本　十二冊

220000－0801－0011090　史264.521/9－1
[嘉慶]江寧府志五十六卷　(清)呂燕昭修　(清)姚鼐纂　清光緒六年(1880)刻本　十二冊

220000－0801－0011091　史264.521/9－2
[嘉慶]江寧府志五十六卷　(清)呂燕昭修　(清)姚鼐纂　清光緒六年(1880)刻本　十冊　存十四卷(一至十四)

220000－0801－0011092　史264.521/10
[光緒]續纂江寧府志十五卷附勘誤一卷　(清)蔣啓勳修　(清)汪士鐸纂　清光緒七年(1881)刻本　十二冊

220000－0801－0011093　史264.521/10－1
[光緒]續纂江寧府志十五卷附勘誤一卷　(清)蔣啓勳修　(清)汪士鐸纂　清光緒七年(1881)刻本　十二冊

220000－0801－0011094　史264.521/12
[同治]上江兩縣志二十九卷首一卷　(清)莫祥芝修　(清)汪士鐸纂　清光緒二年(1876)刻本　十二冊

220000－0801－0011095　史264.521/12－1
[同治]上江兩縣志二十九卷首一卷　(清)莫祥芝修　(清)汪士鐸纂　清光緒二年(1876)刻本　十二冊

220000－0801－0011096　史264.521/12－2
[同治]上江兩縣志二十九卷首一卷　(清)莫祥芝修　(清)汪士鐸纂　清光緒二年(1876)刻本　七冊　存八卷(十一至十二、二十至二

十四,首一卷)

220000－0801－0011097　史264.521/14
武陽城鄉全境圖一卷　(清)□□繪　清末刻本　一冊

220000－0801－0011098　史264.521/15
[康熙]常州府志三十八卷首一卷附府志校勘記一卷　(清)丁琨修　清光緒十二年(1886)活字印本　二十一冊

220000－0801－0011099　史264.521/15－1
[康熙]常州府志三十八卷首一卷附府志校勘記一卷　(清)丁琨修　清光緒十二年(1886)活字印本　十冊

220000－0801－0011100　史264.521/16
[道光]武進陽湖縣合志三十六卷　(清)孫琬修　清光緒十二年(1886)活字印本　三十冊

220000－0801－0011101　史264.521/16－1
[道光]武進陽湖縣合志三十六卷　(清)孫琬修　清光緒十二年(1886)活字印本　三十冊

220000－0801－0011102　史264.521/17
[光緒]武進陽湖縣志三十卷　(清)張球修　清光緒五年(1879)刻本　二十冊

220000－0801－0011103　史264.521/17－1
[光緒]武進陽湖縣志三十卷　(清)張球修　清光緒五年(1879)刻本　二十冊

220000－0801－0011104　史264.521/17－2
[光緒]武進陽湖縣志三十卷　(清)張球修　清光緒五年(1879)刻本　二十冊

220000－0801－0011105　史264.521/17－3
[光緒]武進陽湖縣志三十卷　(清)張球修　清光緒五年(1879)刻本　十七冊　缺二卷(九至十)

220000－0801－0011106　史264.521/18
[光緒]武陽志餘十二卷首一卷　(清)莊毓鋐　(清)陸鼎翰纂修　附團練紀實二卷　(清)金吳瀾修　(清)莊毓鋐　(清)薛紹元纂　清光緒十四年(1888)活字印本　十六冊

220000－0801－0011107　史264.521/19

[嘉慶]新修宜興縣志四卷 (清)阮升基修
清同治八年(1869)活字印本 二冊

220000－0801－0011108 史264.521/20
[嘉慶]增修宜興縣舊志十卷首一卷末一卷
(清)李先榮纂修 (清)阮升基增修 清同治
八年(1869)活字印本 十冊

220000－0801－0011109 史264.521/21
[嘉慶]宜興縣志四卷 (清)阮升基修 清光
緒八年(1882)刻本 二冊

220000－0801－0011110 史264.521/21－1
[嘉慶]宜興縣志四卷 (清)阮升基修 清光
緒八年(1882)刻本 二冊

220000－0801－0011111 史264.521/21－2
[嘉慶]宜興縣志四卷 (清)阮升基修 清光
緒八年(1882)刻本 二冊

220000－0801－0011112 史264.521/22
[嘉慶]宜興縣舊志十卷 (清)李先榮纂修
(清)阮升基增修 清光緒八年(1882)刻本
八冊

220000－0801－0011113 史264.521/23
[道光]續纂宜興荊溪縣志十四卷首一卷
(清)顧名修 清同治八年(1869)活字印本
四冊

220000－0801－0011114 史264.521/24
[道光]續纂宜荊縣志十四卷首一卷 (清)龔
潤森修 清光緒八年(1882)刻本 四冊

220000－0801－0011115 史264.521/24－1
[道光]續纂宜荊縣志十四卷首一卷 (清)龔
潤森修 清光緒八年(1882)刻本 四冊

220000－0801－0011116 史264.521/25
[光緒]宜興荊溪縣新志十四卷首一卷末一卷
(清)施惠修 清光緒八年(1882)刻本
八冊

220000－0801－0011117 史264.521/25－1
[光緒]宜興荊溪縣新志十四卷首一卷末一卷
(清)施惠修 清光緒八年(1882)刻本
八冊

220000－0801－0011118 史264.521/25－2
[光緒]宜興荊溪縣新志十四卷首一卷末一卷
(清)施惠修 清光緒八年(1882)刻本 五
冊 存九卷(一至三、五至十)

220000－0801－0011119 史264.521/26
[嘉慶]新修荊溪縣志四卷 (清)唐仲冕修
清嘉慶二年(1797)刻本 二冊

220000－0801－0011120 史264.521/27
[嘉慶]新修荊溪縣志四卷首一卷 (清)唐仲
冕修 清同治八年(1869)活字印本 二冊

220000－0801－0011121 史264.521/27－1
[嘉慶]新修荊溪縣志四卷首一卷 (清)唐仲
冕修 清同治八年(1869)活字印本 二冊

220000－0801－0011122 史264.521/30
[光緒]高淳縣志二十八卷 (明)陳嘉謀撰
(清)楊福鼎修 清光緒七年(1881)刻本
十冊

220000－0801－0011123 史264.521/32
[光緒]丹陽縣志三十六卷 (清)劉誥修 清
光緒十一年(1885)刻本 十六冊

220000－0801－0011124 史264.521/39
[乾隆]句容縣志十卷首一卷末一卷附斠勘記
略 (清)曹襲先等纂修 清光緒二十六年
(1900)刻本 八冊

220000－0801－0011125 史264.521/39－1
[乾隆]句容縣志十卷首一卷末一卷附斠勘記
略 (清)曹襲先等纂修 清光緒二十六年
(1900)刻本 八冊

220000－0801－0011126 史264.521/41
[嘉慶]溧陽縣志十六卷 (清)陳鴻壽修 清
光緒二十二年(1896)活字印本 十冊

220000－0801－0011127 史264.521/41－1
[嘉慶]溧陽縣志十六卷 (清)陳鴻壽修 清
光緒二十二年(1896)活字印本 十冊

220000－0801－0011128 史264.521/42
[光緒]溧陽縣續志十六卷續補一卷 (清)朱
峻修 清光緒二十五年(1899)活字印本

491

八冊

220000－0801－0011129　史 264.521/42－1

[光緒]溧陽縣續志十六卷續補一卷　（清）朱
畯修　清光緒二十五年(1899)活字印本
八冊

220000－0801－0011130　史 264.522/4

[嘉慶]揚州府志七十二卷　（清）張世浣修
清嘉慶十五年(1810)刻本　四十八冊

220000－0801－0011131　史 264.522/4－1

[嘉慶]揚州府志七十二卷　（清）張世浣修
清嘉慶十五年(1810)刻本　四十八冊

220000－0801－0011132　史 264.522/5

[同治]續纂揚州府志二十四卷　（清）英傑修
（清）晏端書纂　清同治十三年(1874)刻本
八冊

220000－0801－0011133　史 264.522/5－1

[同治]續纂揚州府志二十四卷　（清）英傑修
（清）晏端書纂　清同治十三年(1874)刻本
八冊

220000－0801－0011134　史 264.522/9

[道光]泰州志三十六卷　（清）王有慶修　清
道光七年(1827)刻本　十冊

220000－0801－0011135　史 264.522/9－1

[道光]泰州志三十六卷　（清）王有慶修　清
道光七年(1827)刻本　十二冊

220000－0801－0011136　史 264.522/9－2

[道光]泰州志三十六卷　（清）王有慶修　清
道光七年(1827)刻本　十二冊

220000－0801－0011137　史 264.522/10

[道光]泰州新志刊謬二卷　（清）任鈺等撰
清道光十年(1830)刻本　二冊

220000－0801－0011138　史 264.522/10－1

[道光]泰州新志刊謬二卷　（清）任鈺等撰
清道光十年(1830)刻本　二冊

220000－0801－0011139　史 264.522/11

[嘉慶]廣陵事略七卷　（清）姚文田輯　清嘉
慶十七年(1812)開封節院刻本　四冊

220000－0801－0011140　史 264.522/12

[同治]廣陵通典三十卷　（清）汪中撰　清同
治八年(1869)揚州書局刻本　二冊

220000－0801－0011141　史 264.522/12－1

[同治]廣陵通典三十卷　（清）汪中撰　清同
治八年(1869)揚州書局刻本　二冊

220000－0801－0011142　史 264.522/13

[乾隆]江都縣志三十二卷　（清）五格等纂修
清光緒七年(1881)刻本　十三冊

220000－0801－0011143　史 264.522/14

[嘉慶]江都縣續志十二卷首一卷　（清）王逢
源修　清光緒七年(1881)刻本　三冊

220000－0801－0011144　史 264.522/15

[光緒]江都縣續志三十卷　（清）謝延庚修
清光緒十年(1884)刻本　八冊

220000－0801－0011145　史 264.522/15－1

[光緒]江都縣續志三十卷　（清）謝延庚修
清光緒十年(1884)刻本　八冊

220000－0801－0011146　史 264.522/19

[光緒]增修甘泉縣志二十四卷首一卷　（清）
徐成敥修　清光緒十一年(1885)刻本　二
十冊

220000－0801－0011147　史 264.522/19－1

[光緒]增修甘泉縣志二十四卷首一卷　（清）
徐成敥修　清光緒十一年(1885)刻本　十
四冊

220000－0801－0011148　史 264.522/22

[咸豐]甘棠小志四卷首一卷末一卷　（清）董
醇撰　清咸豐五年(1855)刻本　四冊

220000－0801－0011149　史 264.522/24

[嘉慶]高郵州志十二卷　（清）馮馨增修　清
道光二十五年(1845)刻本　十八冊

220000－0801－0011150　史 264.522/25

[道光]續增高郵州志　（清）左輝春修　清道
光二十二年(1842)刻本　六冊

220000－0801－0011151　史 264.522/26

[光緒]再續高郵州志八卷　（清）龔定瀛修

清光緒九年(1883)刻本　六冊

220000－0801－0011152　史264.522/29
[光緒]靖江縣志十六卷　(清)葉滋森修　清光緒五年(1879)刻本　八冊

220000－0801－0011153　史264.522/29－1
[光緒]靖江縣志十六卷　(清)葉滋森修　清光緒五年(1879)刻本　八冊

220000－0801－0011154　史264.522/32
[道光]重修寶應縣志二十八卷　(清)孟毓蘭纂　清道光二十一年(1841)湯氏沐華堂刻本　十冊

220000－0801－0011155　史264.522/32－1
[道光]重修寶應縣志二十八卷　(清)孟毓蘭纂　清道光二十一年(1841)湯氏沐華堂刻本　十冊

220000－0801－0011156　史264.522/32－2
[道光]重修寶應縣志二十八卷　(清)孟毓蘭纂　清道光二十一年(1841)湯氏沐華堂刻本　十冊

220000－0801－0011157　史264.522/32－3
[道光]重修寶應縣志二十八卷　(清)孟毓蘭纂　清道光二十一年(1841)湯氏沐華堂刻本　十冊

220000－0801－0011158　史264.522/34
[道光]寶應圖經六卷　(清)劉寶楠撰　清光緒九年(1883)淮南書局刻本　四冊

220000－0801－0011159　史264.522/36
[光緒]泰興縣志二十六卷　(清)楊激雲修　清光緒十二年(1886)刻本　十冊

220000－0801－0011160　史264.522/37
[咸豐]興化縣志十卷　(清)梁園棣修　清咸豐二年(1852)刻本　八冊

220000－0801－0011161　史264.522/37－1
[咸豐]興化縣志十卷　(清)梁園棣修　清咸豐二年(1852)刻本　八冊

220000－0801－0011162　史264.522/37－2
[咸豐]興化縣志十卷　(清)梁園棣修　清咸

豐二年(1852)刻本　八冊

220000－0801－0011163　史264.522/37－3
[咸豐]興化縣志十卷　(清)梁園棣修　清咸豐二年(1852)刻本　八冊

220000－0801－0011164　史264.522/40
[光緒]六合縣志八卷　(清)謝延庚修　清光緒九年(1883)刻本　十冊

220000－0801－0011165　史264.522/42
[光緒]江浦埤乘四十卷首一卷　(清)侯宗海　(清)夏錫寶纂輯　清光緒十七年(1891)刻本　二十冊　缺九卷(一至七、三十七,首一卷)

220000－0801－0011166　史264.522/43
泰州鄉土地理不分卷　(清)馬錫純編輯　清光緒三十四年(1908)石印本　一冊

220000－0801－0011167　史264.523/3
[光緒]淮安府志四十卷首一卷　(清)孫雲錦修　清光緒十年(1884)刻本　十六冊

220000－0801－0011168　史264.523/4
[咸豐]清河縣志二十四卷　(清)吳棠修　清同治元年(1862)刻本　五冊

220000－0801－0011169　史264.523/4－1
[咸豐]清河縣志二十四卷　(清)吳棠修　清同治元年(1862)刻本　五冊

220000－0801－0011170　史264.523/5
[同治]清河縣志附編二卷　(清)吳棠修　清同治四年(1865)刻本　一冊

220000－0801－0011171　史264.523/5－1
[同治]清河縣志附編二卷　(清)吳棠修　清同治四年(1865)刻本　一冊

220000－0801－0011172　史264.523/6
[同治]清河縣志再續編二卷　(清)吳昆田纂修　清同治十二年(1873)刻本　一冊

220000－0801－0011173　史264.523/7
[光緒丙子]清河縣志二十六卷　(清)胡裕燕修　清光緒二年(1876)刻本　六冊

220000－0801－0011174　史 264.523/7－1

[光緒丙子]清河縣志二十六卷　（清）胡裕燕
修　清光緒二年(1876)刻本　六冊

220000－0801－0011175　史 264.523/7－2

[光緒丙子]清河縣志二十六卷　（清）胡裕燕
修　清光緒二年(1876)刻本　六冊

220000－0801－0011176　史 264.523/10

[光緒]盱眙縣志稿十七卷首一卷　（清）王錫
元纂修　清光緒二十九年(1903)刻本　八冊

220000－0801－0011177　史 264.523/10－1

[光緒]盱眙縣志稿十七卷首一卷　（清）王錫
元纂修　清光緒二十九年(1903)刻本　八冊

220000－0801－0011178　史 264.523/10－2

[光緒]盱眙縣志稿十七卷首一卷　（清）王錫
元纂修　清光緒二十九年(1903)刻本　八冊

220000－0801－0011179　史 264.523/11

[光緒]安東縣志十五卷　（清）金元烺修　清
光緒元年(1875)刻本　四冊

220000－0801－0011180　史 264.523/11－1

[光緒]安東縣志十五卷　（清）金元烺修　清
光緒元年(1875)刻本　四冊

220000－0801－0011181　史 264.523/12

[同治]宿遷縣志十九卷　（清）李德溥修　清
同治十三年(1874)刻本　六冊

220000－0801－0011182　史 264.523/14

[同治]山陽縣志二十一卷　（清）張兆棟修
清同治十二年(1873)刻本　八冊

220000－0801－0011183　史 264.523/14－1

[同治]山陽縣志二十一卷　（清）張兆棟修
清同治十二年(1873)刻本　八冊

220000－0801－0011184　史 264.524/1

[同治]徐州府志二十五卷　（清）朱忻修　清
同治十三年(1874)刻本　十二冊

220000－0801－0011185　史 264.524/2

[道光]銅山縣志二十四卷　（清）崔志元修
清道光十一年(1831)刻本　十二冊

220000－0801－0011186　史 264.524/5

[嘉慶]海州直隸州志三十二卷　（清）唐仲冕
修　清嘉慶十六年(1811)刻本　十冊

220000－0801－0011187　史 264.524/5－1

[嘉慶]海州直隸州志三十二卷　（清）唐仲冕
修　清嘉慶十六年(1811)刻本　十冊

220000－0801－0011188　史 264.524/6

[咸豐]邳州志二十卷　（清）魯一同撰　清咸
豐元年(1851)刻本　八冊

220000－0801－0011189　史 264.524/6－1

[咸豐]邳州志二十卷　（清）魯一同撰　清咸
豐元年(1851)刻本　四冊

220000－0801－0011190　史 264.524/6－2

[咸豐]邳州志二十卷　（清）魯一同撰　清咸
豐元年(1851)刻本　四冊

220000－0801－0011191　史 264.524/6－3

[咸豐]邳州志二十卷　（清）魯一同撰　清咸
豐元年(1851)刻本　四冊

220000－0801－0011192　史 264.524/6－4

[咸豐]邳州志二十卷　（清）魯一同撰　清咸
豐元年(1851)刻本　四冊

220000－0801－0011193　史 264.524/6－5

[咸豐]邳州志二十卷　（清）魯一同撰　清咸
豐元年(1851)刻本　四冊

220000－0801－0011194　史 264.524/9

[光緒]睢寧縣志十八卷　（清）侯紹瀛修　清
光緒十二年(1886)刻本　六冊

220000－0801－0011195　史 264.524/10

[光緒]贛榆縣志十八卷　（清）王豫熙修　清
光緒十四年(1888)刻本　六冊

220000－0801－0011196　史 264.524/10－1

[光緒]贛榆縣志十八卷　（清）王豫熙修　清
光緒十四年(1888)刻本　四冊

220000－0801－0011197　史 264.525/2

[光緒]鹽城縣志十七卷首一卷　（清）劉崇熙
修　清光緒二十一年(1895)刻本　八冊

220000－0801－0011198　　史 264.525/2－1

[光緒]鹽城縣志十七卷首一卷　（清）劉崇熙修　清光緒二十一年(1895)刻本　八冊

220000－0801－0011199　　史 264.525/5

[嘉慶]東臺縣志四十卷　（清）周右修　清嘉慶二十二年(1817)刻本　十冊

220000－0801－0011200　　史 264.525/5－1

[嘉慶]東臺縣志四十卷　（清）周右修　清嘉慶二十二年(1817)刻本　十冊

220000－0801－0011201　　史 264.526/6

[光緒]通州直隸州志十六卷首一卷末一卷附訂譌一卷　（清）梁悅馨等修　清光緒元年(1875)刻本　十六冊

220000－0801－0011202　　史 264.526/6－1

[光緒]通州直隸州志十六卷首一卷末一卷附訂譌一卷　（清）梁悅馨等修　清光緒元年(1875)刻本　十六冊

220000－0801－0011203　　史 264.526/6－2

[光緒]通州直隸州志十六卷首一卷末一卷附訂譌一卷　（清）梁悅馨等修　清光緒元年(1875)刻本　十六冊

220000－0801－0011204　　史 264.526/10

[光緒]海門廳圖志二十卷　（清）俞麟年修　清光緒二十六年(1900)刻本　四冊

220000－0801－0011205　　史 264.526/11

[嘉慶]如皋縣志二十四卷附錄一卷　（清）楊受廷修　清嘉慶十三年(1808)刻本　三十冊

220000－0801－0011206　　史 264.526/11－1

[嘉慶]如皋縣志二十四卷附錄一卷　（清）楊受廷修　清嘉慶十三年(1808)刻本　十冊

220000－0801－0011207　　史 264.526/12

[道光]如皋縣續志十二卷　（清）范仕義修　清道光十七年(1837)刻本　二冊

220000－0801－0011208　　史 264.526/12－1

[道光]如皋縣續志十二卷　（清）范仕義修　清道光十七年(1837)刻本　二冊

220000－0801－0011209　　史 264.526/13

[同治]如皋縣續志十六卷　（清）周際霖修　清同治十二年(1873)刻本　六冊

220000－0801－0011210　　史 264.527/1

[道光]蘇州府志一百五十卷首二卷　（清）宋如林修　清道光四年(1824)刻本　六十四冊

220000－0801－0011211　　史 264.527/2

[同治]蘇州府志一百五十卷首三卷　（清）李銘皖修　清光緒九年(1883)刻本　八十冊

220000－0801－0011212　　史 264.527/2－1

[同治]蘇州府志一百五十卷首三卷　（清）李銘皖修　清光緒九年(1883)刻本　八十冊

220000－0801－0011213　　史 264.527/2－2

[同治]蘇州府志一百五十卷首三卷　（清）李銘皖修　清光緒九年(1883)刻本　八十冊

220000－0801－0011214　　史 264.527/3

婁地全圖　（清）顧思義撰　清道光十四年(1834)棣香齋刻本　一冊

220000－0801－0011215　　史 264.527/5

吳地記一卷附後集一卷　（唐）陸廣微撰　清同治十二年(1873)江蘇書局刻本　一冊

220000－0801－0011216　　史 264.527/5－1

吳地記一卷附後集一卷　（唐）陸廣微撰　清同治十二年(1873)江蘇書局刻本　一冊

220000－0801－0011217　　史 264.527/5－2

吳地記一卷附後集一卷　（唐）陸廣微撰　清同治十二年(1873)江蘇書局刻本　一冊

220000－0801－0011218　　史 264.527/6

[元豐]吳郡圖經續記三卷附校勘記一卷　(宋)朱長文撰　清同治十二年(1873)江蘇書局刻本　一冊

220000－0801－0011219　　史 264.527/6－1

[元豐]吳郡圖經續記三卷附校勘記一卷　(宋)朱長文撰　清同治十二年(1873)江蘇書局刻本　一冊

220000－0801－0011220　　史 264.527/6－2

[元豐]吳郡圖經續記三卷附校勘記一卷　(宋)朱長文撰　清同治十二年(1873)江蘇書

局刻本　一冊

220000－0801－0011221　史264.527/7
[紹定]吳郡志五十卷　（宋）范成大撰　清刻本　十二冊

220000－0801－0011222　史264.527/9
[乾隆]震澤縣志三十八卷　（清）陳和志修　清光緒十九年(1893)刻本　八冊

220000－0801－0011223　史264.527/9－1
[乾隆]震澤縣志三十八卷　（清）陳和志修　清光緒十九年(1893)刻本　八冊

220000－0801－0011224　史264.527/13
[光緒]周莊鎮志六卷首一卷附錄二卷　（清）陶煦輯　清光緒八年(1882)元和陶氏儀一堂刻本　六冊

220000－0801－0011225　史264.527/13－1
[光緒]周莊鎮志六卷首一卷附錄二卷　（清）陶煦輯　清光緒八年(1882)元和陶氏儀一堂刻本　五冊　缺二卷(附錄二卷)

220000－0801－0011226　史264.527/17
[光緒]吳江縣續志四十卷首一卷　（清）金福曾修　清光緒五年(1879)刻本　八冊

220000－0801－0011227　史264.527/17－1
[光緒]吳江縣續志四十卷首一卷　（清）金福曾修　清光緒五年(1879)刻本　八冊

220000－0801－0011228　史264.527/18
[道光]平望志十八卷　（清）翁廣平纂　清光緒十三年(1887)蘇城刻本　六冊

220000－0801－0011229　史264.527/19
[光緒]平望續志十二卷首一卷　（清）黃兆樫纂　清光緒十四年(1888)蘇城刻本　二冊

220000－0801－0011230　史264.527/20
[嘉慶]黎里志十六卷首一卷　（清）徐達源纂輯　清嘉慶十年(1805)襟湖書院刻本　四冊

220000－0801－0011231　史264.527/20－1
[嘉慶]黎里志十六卷首一卷　（清）徐達源纂輯　清嘉慶十年(1805)襟湖書院刻本　四冊

220000－0801－0011232　史264.527/20－2
[嘉慶]黎里志十六卷首一卷　（清）徐達源纂輯　清嘉慶十年(1805)襟湖書院刻本　四冊

220000－0801－0011233　史264.527/21
[光緒]黎里續志十六卷　（清）蔡丙圻纂輯　清光緒二十五年(1899)襟湖書院刻本　六冊

220000－0801－0011234　史264.527/21－1
[光緒]黎里續志十六卷　（清）蔡丙圻纂輯　清光緒二十五年(1899)襟湖書院刻本　六冊

220000－0801－0011235　史264.527/22
[嘉慶]同里志二十四卷首一卷　（清）周之楨纂　（清）閻登雲鑒閱　清嘉慶十七年(1812)刻本　四冊

220000－0801－0011236　史264.527/26
[道光]分湖小識六卷　（清）柳樹芳輯錄　清道光二十七年(1847)勝谿草堂柳氏刻本　二冊

220000－0801－0011237　史264.527/26－1
[道光]分湖小識六卷　（清）柳樹芳輯錄　清道光二十七年(1847)勝谿草堂柳氏刻本　二冊

220000－0801－0011238　史264.527/26－2
[道光]分湖小識六卷　（清）柳樹芳輯錄　清道光二十七年(1847)勝谿草堂柳氏刻本　二冊

220000－0801－0011239　史264.527/27
[光緒]常昭合志稿四十八卷首一卷末一卷　（清）鄭鍾祥修　清光緒三十年(1904)活字印本　十六冊

220000－0801－0011240　史264.527/27－1
[光緒]常昭合志稿四十八卷首一卷末一卷　（清）鄭鍾祥修　清光緒三十年(1904)活字印本　十六冊

220000－0801－0011241　史264.527/31
[道光]琴川三志補記十卷　（清）黃廷鑑編　清光緒二十四年(1898)活字印本　一冊

220000－0801－0011242　史264.527/32

[道光]琴川三志補記續八卷　（清）黃廷鑑編
清光緒二十四年（1898）活字印本　三冊

220000－0801－0011243　史264.527/34
唐市小志三卷附補遺一卷　（清）倪賜編　清
末抄本　五冊

220000－0801－0011244　史264.527/35
[嘉慶]常昭合志十二卷校勘記一卷　（清）王
錦修　清光緒二十四年（1898）活字印本　十
四冊

220000－0801－0011245　史264.527/36
[嘉慶]常昭合志十二卷首一卷　（清）王錦修
清嘉慶二年（1797）刻本　十冊　缺三卷
（一、十二,首一卷）

220000－0801－0011246　史264.527/38
[光緒]壬癸志稿二十八卷　（清）錢寶琛撰
清光緒六年（1880）錢氏武昌刻本　四冊

220000－0801－0011247　史264.527/38－1
[光緒]壬癸志稿二十八卷　（清）錢寶琛撰
清光緒六年（1880）錢氏武昌刻本　四冊

220000－0801－0011248　史264.527/38－2
[光緒]壬癸志稿二十八卷　（清）錢寶琛撰
清光緒六年（1880）錢氏武昌刻本　四冊

220000－0801－0011249　史264.527/38－3
[光緒]壬癸志稿二十八卷　（清）錢寶琛撰
清光緒六年（1880）錢氏武昌刻本　四冊

220000－0801－0011250　史264.527/38－4
[光緒]壬癸志稿二十八卷　（清）錢寶琛撰
清光緒六年（1880）錢氏武昌刻本　四冊

220000－0801－0011251　史264.527/44
[光緒]江陰縣志三十卷　（清）盧思誠修　清
光緒四年（1878）刻本　二十冊

220000－0801－0011252　史264.527/44－1
[光緒]江陰縣志三十卷　（清）盧思誠修　清
光緒四年（1878）刻本　二十冊

220000－0801－0011253　史264.527/47
[乾隆]錫金識小錄十二卷　（清）黃印輯　清
光緒二十二年（1896）活字印本　六冊

220000－0801－0011254　史264.527/49
[道光]金匱縣輿地全圖不分卷金匱縣斗則簡
明冊二卷　（清）華湛恩纂　清光緒三十四年
（1908）石印本　六冊

220000－0801－0011255　史264.527/49－1
[道光]金匱縣輿地全圖不分卷金匱縣斗則簡
明冊二卷　（清）華湛恩纂　清光緒三十四年
（1908）石印本　二冊　存二卷（金匱縣斗則
簡明冊二卷）

220000－0801－0011256　史264.527/52
[光緒]無錫金匱縣志四十卷首一卷附編一卷
（清）裴大中修　清光緒七年（1881）刻本
二十冊

220000－0801－0011257　史264.527/52－1
[光緒]無錫金匱縣志四十卷首一卷附編一卷
（清）裴大中修　清光緒七年（1881）刻本
十八冊

220000－0801－0011258　史264.527/52－2
[光緒]無錫金匱縣志四十卷首一卷附編一卷
（清）裴大中修　清光緒七年（1881）刻本
二十冊

220000－0801－0011259　史264.527/52－3
[光緒]無錫金匱縣志四十卷首一卷附編一卷
（清）裴大中修　清光緒七年（1881）刻本
二十冊

220000－0801－0011260　史264.527/53
[光緒]無錫金匱縣志四十卷首一卷附編一卷
（清）裴大中修　清光緒二十九年（1903）刻
本　二十冊

220000－0801－0011261　史264.527/55
[雍正]梅里志四卷首一卷　（清）吳存禮編
清道光四年（1824）刻本　四冊

220000－0801－0011262　史264.527/57
[光緒]泰伯梅里志八卷　吳熙編輯　清光緒
二十三年（1897）刻本　四冊

220000－0801－0011263　史264.527/57－1
[光緒]泰伯梅里志八卷　吳熙編輯　清光緒

二十三年(1897)刻本　四冊

220000－0801－0011264　史 264.527/58
[宣統]錫金鄉土地理二卷　(清)侯鴻鑑撰
清宣統無錫文苑閣活字印本　一冊

220000－0801－0011265　史 264.527/58－1
[宣統]錫金鄉土地理二卷　(清)侯鴻鑑撰
清宣統無錫文苑閣活字印本　一冊

220000－0801－0011266　史 264.527/58－2
[宣統]錫金鄉土地理二卷　(清)侯鴻鑑撰
清宣統無錫文苑閣活字印本　一冊

220000－0801－0011267　史 264.527/61
[光緒]崑新兩縣續修合志五十二卷　(清)金
吳瀾修　清光緒七年(1881)刻本　二十四冊

220000－0801－0011268　史 264.527/61－1
[光緒]崑新兩縣續修合志五十二卷　(清)金
吳瀾修　清光緒七年(1881)刻本　二十四冊

220000－0801－0011269　史 264.527/61－2
[光緒]崑新兩縣續修合志五十二卷　(清)金
吳瀾修　清光緒七年(1881)刻本　二十四冊

220000－0801－0011270　史 264.53/1
安徽輿圖表說十卷　(清)□□撰　清光緒二
十二年(1896)石印本　三冊

220000－0801－0011271　史 264.53/3
[光緒]皖志便覽六卷　(清)李應玨著　清光
緒二十八年(1902)鏤雲閣刻本　二冊

220000－0801－0011272　史 264.53/4
[道光]皖省志略四卷附錄一卷　(清)朱雲錦
撰　清道光元年(1821)刻本　四冊

220000－0801－0011273　史 264.53/5
[光緒]重修安徽通志三百五十卷補遺十卷
(清)沈葆禎修　清光緒七年(1881)刻本　一
百二十冊

220000－0801－0011274　史 264.53/5－1
[光緒]重修安徽通志三百五十卷補遺十卷
(清)沈葆禎修　清光緒七年(1881)刻本　一
百二十冊

220000－0801－0011275　史 264.53/5－2
[光緒]重修安徽通志三百五十卷補遺十卷
(清)沈葆禎修　清光緒七年(1881)刻本　一
百二十冊

220000－0801－0011276　史 264.53/5－3
[光緒]重修安徽通志三百五十卷補遺十卷
(清)沈葆禎修　清光緒七年(1881)刻本　二
十七冊　存九十二卷(十七至二十、四十二至
四十四、六十六至六十八、七十二至七十五、
九十四至九十六、一百七至一百八、一百三十
至一百三十一、一百三十五至一百四十、一百
六十三至一百六十六、一百七十至一百七十
一、一百八十一至一百八十六、一百九十三至
一百九十五、二百十二至二百十七、二百三十
至二百三十六、二百五十至二百五十二、二百
六十三至二百八十七、三百二十四至三百二
十五、三百三十二至三百三十四、三百四十三
至三百四十六)

220000－0801－0011277　史 264.530/1
[光緒]續修廬州府志一百卷首一卷末一卷
(清)黃雲修　清光緒十一年(1885)刻本　四
十八冊

220000－0801－0011278　史 264.530/1－1
[光緒]續修廬州府志一百卷首一卷末一卷
(清)黃雲修　清光緒十一年(1885)刻本　四
十八冊

220000－0801－0011279　史 264.530/1－2
[光緒]續修廬州府志一百卷首一卷末一卷
(清)黃雲修　清光緒十一年(1885)刻本　四
十八冊

220000－0801－0011280　史 264.530/1－3
[光緒]續修廬州府志一百卷首一卷末一卷
(清)黃雲修　清光緒十一年(1885)刻本　四
十八冊

220000－0801－0011281　史 264.530/1－4
[光緒]續修廬州府志一百卷首一卷末一卷
(清)黃雲修　清光緒十一年(1885)刻本　四
十八冊

220000 – 0801 – 0011282　史 264.530/1 – 5

[光緒]續修廬州府志一百卷首一卷末一卷
（清）黃雲修　清光緒十一年（1885）刻本　一
冊　存一卷（七十五）

220000 – 0801 – 0011283　史 264.531/2

[光緒]壽州志三十六卷首一卷末一卷　（清）
曾道唯修　清光緒十六年（1890）活字印本
十六冊

220000 – 0801 – 0011284　史 264.532/5

鳳臺袛䙟筆記　（清）董恂撰　清同治九年
（1870）江都趙氏刻本　一冊

220000 – 0801 – 0011285　史 264.533/3

[光緒]泗虹合志十九卷　（清）方瑞蘭修　清
光緒十四年（1888）刻本　八冊

220000 – 0801 – 0011286　史 264.534/4

[光緒]鳳陽府志二十一卷　（清）馮煦修　清
光緒三十四年（1908）活字印本　二十四冊

220000 – 0801 – 0011287　史 264.535/2

[嘉慶]歷陽典錄三十四卷　（清）陳廷桂纂輯
清光緒十二年（1886）刻本　十冊

220000 – 0801 – 0011288　史 264.535/2 – 1

[嘉慶]歷陽典錄三十四卷　（清）陳廷桂纂輯
清光緒十二年（1886）刻本　十冊

220000 – 0801 – 0011289　史 264.535/2 – 2

[嘉慶]歷陽典錄三十四卷　（清）陳廷桂纂輯
清光緒十二年（1886）刻本　十冊

220000 – 0801 – 0011290　史 264.535/3

[道光]歷陽典錄補六卷附一卷　（清）陳廷桂
續輯　清光緒十二年（1886）刻本　二冊

220000 – 0801 – 0011291　史 264.535/3 – 1

[道光]歷陽典錄補六卷附一卷　（清）陳廷桂
續輯　清光緒十二年（1886）刻本　二冊

220000 – 0801 – 0011292　史 264.535/3 – 2

[道光]歷陽典錄補六卷附一卷　（清）陳廷桂
續輯　清光緒十二年（1886）刻本　二冊

220000 – 0801 – 0011293　史 264.535/6

[光緒]宣城縣志四十卷　（清）李應泰修　清

光緒十四年（1888）刻本　二十四冊

220000 – 0801 – 0011294　史 264.535/11

[光緒]南陵小志四卷　宗能徵纂修　清光緒
二十五年（1899）活字印本　六冊

220000 – 0801 – 0011295　史 264.535/17

[光緒]廣德州志六十卷　（清）胡有誠修　清
光緒七年（1881）刻本　二十冊

220000 – 0801 – 0011296　史 264.536/5

[淳熙]新安志十卷　（宋）羅願撰　清光緒十
四年（1888）刻本　四冊

220000 – 0801 – 0011297　史 264.536/5 – 1

[淳熙]新安志十卷　（宋）羅願撰　清光緒十
四年（1888）刻本　四冊

220000 – 0801 – 0011298　史 264.536/5 – 2

[淳熙]新安志十卷　（宋）羅願撰　清光緒十
四年（1888）刻本　四冊

220000 – 0801 – 0011299　史 264.536/5 – 3

[淳熙]新安志十卷　（宋）羅願撰　清光緒十
四年（1888）刻本　四冊

220000 – 0801 – 0011300　史 264.536/5 – 4

[淳熙]新安志十卷　（宋）羅願撰　清光緒十
四年（1888）刻本　六冊

220000 – 0801 – 0011301　史 264.536/5 – 5

[淳熙]新安志十卷　（宋）羅願撰　清光緒十
四年（1888）刻本　四冊

220000 – 0801 – 0011302　史 264.536/7

[道光]徽州府志十六卷　（清）馬步蟾修　清
道光七年（1827）刻本　三十冊

220000 – 0801 – 0011303　史 264.536/9

徽州府志辯證拾遺二卷　（清）黃崇惺撰　清
末抄本　二冊

220000 – 0801 – 0011304　史 264.536/12

[道光]祁門縣志三十六卷　（清）王讓修　清
道光七年（1827）刻本　八冊

220000 – 0801 – 0011305　史 264.536/13

[同治]祁門縣志三十六卷　（清）周溶修　清

同治十二年(1873)刻本　十二冊

220000－0801－0011306　史264.536/15

[同治]黟縣三志十六卷　(清)謝永泰修　清同治十年(1871)刻本　十六冊　缺四卷(一至四)

220000－0801－0011307　史264.536/16

[嘉慶]黟縣志十六卷續志五卷　(清)吳甸華修　清同治十年(1871)刻本　十六冊

220000－0801－0011308　史264.536/16－1

[嘉慶]黟縣志十六卷續志五卷　(清)吳甸華修　清同治十年(1871)刻本　十六冊

220000－0801－0011309　史264.536/22

旌德縣續志十卷　(清)王椿林修　清末刻本　一冊　存三卷(八至十)

220000－0801－0011310　史264.537/5

[光緒]青陽縣志十二卷　(清)華椿修　清光緒十七年(1891)活字印本　十二冊

220000－0801－0011311　史264.537/5－1

[光緒]青陽縣志十二卷　(清)華椿修　清光緒十七年(1891)活字印本　十二冊

220000－0801－0011312　史264.537/8

[宣統]建德縣志二十卷　(清)張翊六修　清宣統二年(1910)湖北官刷印局鉛印本　十冊

220000－0801－0011313　史264.537/12

[同治]太湖縣志四十六卷　(清)符兆鵬修　清同治十一年(1872)熙湖書院刻本　十二冊

220000－0801－0011314　史264.54/1

[光緒]浙志便覽七卷　(清)李應珏著　清光緒十七年(1891)杭城吏隱齋刻本　四冊

220000－0801－0011315　史264.54/2

[光緒]浙志便覽十卷　(清)李應珏著　清光緒二十二年(1896)杭城吏隱齋刻本　四冊

220000－0801－0011316　史264.54/4

[乾隆]浙江通志二百八十卷首三卷　(清)李衛修　清光緒二十五年(1899)浙江書局刻本　一百二十冊

220000－0801－0011317　史264.541/1

[乾道]臨安志三卷　(宋)周淙撰　清抄本　一冊

220000－0801－0011318　史264.541/2

[乾道]臨安志三卷　(宋)周淙撰　清光緒二十年(1894)孫氏壽松堂刻本　一冊

220000－0801－0011319　史264.541/3

[咸淳]臨安志一百卷　(宋)潛說友撰　校勘記三卷　(清)黃士珣校刊　清道光十一年(1831)振綺堂汪氏刻本　二十四冊　缺四卷(九十、九十八至一百)

220000－0801－0011320　史264.541/3－1

[咸淳]臨安志一百卷　(宋)潛說友撰　校勘記三卷　(清)黃士珣校刊　清道光十一年(1831)振綺堂汪氏刻本　二十四冊　缺四卷(九十、九十八至一百)

220000－0801－0011321　史264.541/4

[咸淳]臨安志一百卷　(宋)潛說友撰　校勘記三卷　(清)黃士珣校刊　清同治六年(1867)補刻本　二十四冊　缺七卷(九十、九十八至一百,校勘記三卷)

220000－0801－0011322　史264.541/6

[乾隆]唐棲志略二卷　(清)何琪輯　清嘉慶七年(1802)刻本　一冊

220000－0801－0011323　史264.541/7

[光緒]唐棲志略二十卷　(清)王同輯　清光緒十六年(1890)刻本　八冊

220000－0801－0011324　史264.541/7－1

[光緒]唐棲志略二十卷　(清)王同輯　清光緒十六年(1890)刻本　八冊

220000－0801－0011325　史264.541/7－2

[光緒]唐棲志略二十卷　(清)王同輯　清光緒十六年(1890)刻本　八冊

220000－0801－0011326　史264.541/8

[道光]北隅掌錄二卷　(清)黃士珣撰　清道光二十五年(1845)錢塘汪氏振綺堂刻本　一冊

220000－0801－0011327　史 264.541/9

[光緒]北隅綴錄二卷續錄二卷　（清）丁丙撰
　　清光緒二十五年(1899)刻本　四冊

220000－0801－0011328　史 264.541/9－1

[光緒]北隅綴錄二卷續錄二卷　（清）丁丙撰
　　清光緒二十五年(1899)刻本　一冊　存一
　　卷(北隅綴錄下)

220000－0801－0011329　史 264.541/10

[嘉靖]仁和縣志十四卷　（明）沈朝宣撰　清
光緒十九年(1893)錢塘丁氏刻本　五冊

220000－0801－0011330　史 264.541/11

[萬曆]錢塘縣志　（明）聶心湯修　清光緒十
九年(1893)錢塘丁氏刻本　六冊

220000－0801－0011331　史 264.541/11－1

[萬曆]錢塘縣志　（明）聶心湯修　清光緒十
九年(1893)錢塘丁氏刻本　六冊

220000－0801－0011332　史 264.541/15

[光緒]富陽縣志二十四卷首一卷　（清）汪文
炳修　清光緒三十二年(1906)刻本　十六冊

220000－0801－0011333　史 264.541/15－1

[光緒]富陽縣志二十四卷首一卷　（清）汪文
炳修　清光緒三十二年(1906)刻本　十六冊
　　缺二卷(三、八)

220000－0801－0011334　史 264.541/16

[光緒]富陽縣輿地小志　（清）徐澹仙撰　清
光緒三十年(1904)石印本　一冊

220000－0801－0011335　史 264.541/17

[光緒]分水縣志十卷首一卷末一卷　（清）陳
常鏵修　清光緒三十二年(1906)刻本　六冊

220000－0801－0011336　史 264.541/21

嚴州圖經三卷附校勘記一卷　（宋）陳公亮修
　（宋）董棻纂　清光緒二十二年(1896)桐廬
袁氏漸西村舍刻本　二冊

220000－0801－0011337　史 264.541/21－1

嚴州圖經三卷附校勘記一卷　（宋）陳公亮修
　（宋）董棻纂　清光緒二十二年(1896)桐廬
袁氏漸西村舍刻本　二冊

220000－0801－0011338　史 264.541/21－2

嚴州圖經三卷附校勘記一卷　（宋）陳公亮修
　（宋）董棻纂　清光緒二十二年(1896)桐廬
袁氏漸西村舍刻本　二冊

220000－0801－0011339　史 264.541/22

[景定]嚴州續志十卷　（宋）鄭瑤　（宋）方
仁榮撰　清光緒二十二年(1896)桐廬袁氏漸
西村舍刻本　二冊

220000－0801－0011340　史 264.541/22－1

[景定]嚴州續志十卷　（宋）鄭瑤　（宋）方
仁榮撰　清光緒二十二年(1896)桐廬袁氏漸
西村舍刻本　二冊

220000－0801－0011341　史 264.541/22－2

[景定]嚴州續志十卷　（宋）鄭瑤　（宋）方
仁榮撰　清光緒二十二年(1896)桐廬袁氏漸
西村舍刻本　二冊

220000－0801－0011342　史 264.541/23

[乾隆]嚴州府志三十五卷　（清）吳士進修
清光緒二十三年(1897)刻本　二十六冊

220000－0801－0011343　史 264.541/25

[光緒]建德縣志二十一卷首一卷　（清）謝仁
澍修　清光緒十八年(1892)刻本　十冊

220000－0801－0011344　史 264.541/29

[光緒]淳安縣志十六卷首一卷　（清）李詩修
　　清光緒十年(1884)刻本　八冊

220000－0801－0011345　史 264.542/2

[同治]湖州府志九十六卷首一卷　（清）宗源
瀚修　清同治十三年(1874)愛山書院刻本
四十冊

220000－0801－0011346　史 264.542/2－1

[同治]湖州府志九十六卷首一卷　（清）宗源
瀚修　清同治十三年(1874)愛山書院刻本
四十冊

220000－0801－0011347　史 264.542/6

[光緒]烏程縣志三十六卷　（清）潘玉璿修
清光緒七年(1881)刻本　十七冊

220000－0801－0011348　史 264.542/7

[光緒]歸安縣志五十二卷首一卷　（清）李昱修　清光緒八年(1882)刻本　十六冊

220000－0801－0011349　史 264.542/11
[咸豐]南潯鎮志四十卷首一卷　（清）汪曰楨纂　清同治二年(1863)烏程汪氏刻本　十冊

220000－0801－0011350　史 264.542/11－1
[咸豐]南潯鎮志四十卷首一卷　（清）汪曰楨纂　清同治二年(1863)烏程汪氏刻本　八冊

220000－0801－0011351　史 264.542/17
[光緒]嘉興府新志八十八卷首二卷　（清）許瑤光修　清光緒四年(1878)鴛湖書院刻本　四十八冊

220000－0801－0011352　史 264.542/17－1
[光緒]嘉興府新志八十八卷首二卷　（清）許瑤光修　清光緒四年(1878)鴛湖書院刻本　四十八冊

220000－0801－0011353　史 264.542/20
[光緒]梅里志十八卷　（清）楊謙纂　（清）李富孫補輯　（清）余戀續補　清光緒三年(1877)仁濟堂刻本　六冊

220000－0801－0011354　史 264.542/22
[宣統]聞川志稿二十卷　（清）唐佩金輯　清宣統三年(1911)鉛印本　一冊　存四卷(一至四)

220000－0801－0011355　史 264.542/25
[嘉慶]嘉善縣志二十卷首一卷　（清）萬相賓修　清嘉慶五年(1800)刻本　十二冊

220000－0801－0011356　史 264.542/26
[光緒]嘉善縣志三十六卷首一卷　（清）江峰青修　清光緒二十年(1894)刻本　十六冊

220000－0801－0011357　史 264.542/26－1
[光緒]嘉善縣志三十六卷首一卷　（清）江峰青修　清光緒二十年(1894)刻本　十六冊

220000－0801－0011358　史 264.542/29
[光緒]平湖縣志二十五卷首一卷末一卷附平湖殉難錄一卷　（清）彭潤章修　清光緒十二年(1886)刻本　十三冊

220000－0801－0011359　史 264.542/29－1
[光緒]平湖縣志二十五卷首一卷末一卷附平湖殉難錄一卷　（清）彭潤章修　清光緒十二年(1886)刻本　十三冊

220000－0801－0011360　史 264.542/29－2
[光緒]平湖縣志二十五卷首一卷末一卷附平湖殉難錄一卷　（清）彭潤章修　清光緒十二年(1886)刻本　十三冊

220000－0801－0011361　史 264.542/30
[嘉慶]平湖縣續志十卷補遺四卷舊志圖一卷　（清）路鐠修　清嘉慶十年(1805)刻本　五冊

220000－0801－0011362　史 264.542/31
澉水志二卷嘉禾志二卷　（宋）常棠撰　清末刻本　一冊

220000－0801－0011363　史 264.542/32
[光緒]海鹽縣志二十二卷首一卷末一卷　（清）王彬修　清光緒二年(1876)刻本　十六冊

220000－0801－0011364　史 264.542/37
[道光]海昌備志五十二卷附錄二卷　（清）錢泰昌纂修　清道光二十七年(1847)刻本　十四冊

220000－0801－0011365　史 264.542/38
[乾隆]海寧州志十六卷首一卷　（清）戰效曾修　清道光二十八年(1848)刻本　十二冊

220000－0801－0011366　史 264.542/40
[嘉靖]海寧縣志九卷附錄一卷　（明）蔡完修　清光緒二十四年(1898)刻本　二冊

220000－0801－0011367　史 264.542/41
[順治]海寧縣志略　（清）范驤纂修　清光緒八年(1882)清風室刻本　一冊

220000－0801－0011368　史 264.542/41－1
[順治]海寧縣志略　（清）范驤纂修　清光緒八年(1882)清風室刻本　一冊

220000－0801－0011369　史 264.542/43
[光緒]桐鄉縣志二十四卷首四卷附楊園淵源

錄四卷 （清）嚴辰撰 清光緒十三年(1887)蘇州陶漱藝齋刻本 二十四冊

220000－0801－0011370 史264.542/43－1
[光緒]桐鄉縣志二十四卷首四卷附楊園淵源錄四卷 （清）嚴辰撰 清光緒十三年(1887)蘇州陶漱藝齋刻本 二十四冊

220000－0801－0011371 史264.542/43－2
[光緒]桐鄉縣志二十四卷首四卷附楊園淵源錄四卷 （清）嚴辰撰 清光緒十三年(1887)蘇州陶漱藝齋刻本 十六冊 存十七卷(一至二、四至十五、十七至十八、二十)

220000－0801－0011372 史264.542/48
[光緒]孝豐縣志十卷首一卷 （清）劉濬修 清光緒五年(1879)刻本 十冊

220000－0801－0011373 史264.542/50
[光緒]長興縣志拾遺二卷 （清）朱鎮撰 清光緒二十二年(1896)刻本 一冊

220000－0801－0011374 史264.542/51
[光緒]長興縣志三十二卷 （清）趙定邦修 清光緒十八年(1892)補刻本 十六冊

220000－0801－0011375 史264.542/51－1
[光緒]長興縣志三十二卷 （清）趙定邦修 清光緒十八年(1892)補刻本 十六冊

220000－0801－0011376 史264.542/51－2
[光緒]長興縣志三十二卷 （清）趙定邦修 清光緒十八年(1892)補刻本 十六冊

220000－0801－0011377 史264.542/52
[同治]湖州府志九十六卷 （清）宗源瀚修 清光緒九年(1883)刻本 三十九冊

220000－0801－0011378 史264.543/1
[同治]明州繫年錄七卷 （清）董沛撰 清光緒四年(1878)刻本 三冊

220000－0801－0011379 史264.543/2
[乾道]四明圖經十二卷 （宋）張津等撰 清光緒五年(1879)刻本 四冊

220000－0801－0011380 史264.543/3
[延祐]四明志二十卷目錄二卷 （元）馬澤修

清咸豐四年(1854)徐氏煙嶼樓刻本 十二冊

220000－0801－0011381 史264.543/4
[咸豐]四明六志校勘記九卷 （清）徐時棟撰 清咸豐四年(1854)徐氏煙嶼樓刻本 三冊

220000－0801－0011382 史264.543/5
[寶慶]四明志二十一卷 （宋）胡榘修 清咸豐四年(1854)徐氏煙嶼樓刻本 九冊

220000－0801－0011383 史264.543/6
[開慶]四明續志十二卷 （宋）吳潛修 清咸豐四年(1854)徐氏煙嶼樓刻本 四冊

220000－0801－0011384 史264.543/7
[至正]四明續志十二卷 （元）王元恭撰 清咸豐四年(1854)徐氏煙嶼樓刻本 六冊

220000－0801－0011385 史264.543/8
[淳祐]四明它山水利備覽二卷 （宋）魏峴撰 清咸豐四年(1854)徐氏煙嶼樓刻本 一冊

220000－0801－0011386 史264.543/9
[嘉靖]寧波府志四十二卷 （明）周希哲修 清抄本 七冊

220000－0801－0011387 史264.543/10
[雍正]寧波府志三十六卷首一卷 （清）曹秉仁修 清道光二十六年(1846)慈谿沈氏介祉堂刻本 十六冊

220000－0801－0011388 史264.543/12
[道光]四明談助四十六卷首一卷 （清）徐兆昺撰 清道光八年(1828)浣江敩學半齋活字印本 二十冊

220000－0801－0011389 史264.543/12－1
[道光]四明談助四十六卷首一卷 （清）徐兆昺撰 清道光八年(1828)浣江敩學半齋活字印本 二十冊

220000－0801－0011390 史264.543/12－2
[道光]四明談助四十六卷首一卷 （清）徐兆昺撰 清道光八年(1828)浣江敩學半齋活字印本 二十冊

220000－0801－0011391 史264.543/14

[光緒]鄞縣志七十五卷 （清）戴枚修 清光緒三年(1877)刻本 三十四冊

220000－0801－0011392 史 264.543/15

[乾隆]鄞縣志三十卷首一卷 （清）錢維喬修 清道光二十六年(1846)刻本 十六冊

220000－0801－0011393 史 264.543/19

[光緒]鎮海縣志四十卷 （清）于萬川修 清光緒五年(1879)刻本 十六冊

220000－0801－0011394 史 264.543/26

[嘉慶]山陰縣志三十卷首一卷 （清）徐元梅修 清嘉慶八年(1803)刻本 八冊

220000－0801－0011395 史 264.543/33

[光緒]奉化縣志四十卷首一卷 （清）李前泮修 清光緒三十四年(1908)刻本 十二冊

220000－0801－0011396 史 264.543/33－1

[光緒]奉化縣志四十卷首一卷 （清）李前泮修 清光緒三十四年(1908)刻本 十一冊

220000－0801－0011397 史 264.543/41

[光緒]寧海縣志二十四卷首一卷 （清）王瑞成修 清光緒刻本 十二冊

220000－0801－0011398 史 264.543/42

[同治]嵊縣志二十六卷首一卷末一卷 （清）嚴思忠修 清同治刻本 十二冊

220000－0801－0011399 史 264.543/43

[嘉定]剡錄十卷 （宋）史安之修 （宋）高似孫纂 清道光八年(1828)刻本 二冊

220000－0801－0011400 史 264.543/44

[嘉定]剡錄十卷 （宋）史安之修 （宋）高似孫纂 清同治九年(1870)刻本 二冊

220000－0801－0011401 史 264.543/48

[光緒]上虞縣志四十八卷 （清）唐煦春修 清光緒十七年(1891)刻本 二十冊

220000－0801－0011402 史 264.543/48－1

[光緒]上虞縣志四十八卷 （清）唐煦春修 清光緒十七年(1891)刻本 二十冊

220000－0801－0011403 史 264.543/48－2

[光緒]上虞縣志四十八卷 （清）唐煦春修 清光緒十七年(1891)刻本 二十冊

220000－0801－0011404 史 264.543/48－3

[光緒]上虞縣志四十八卷 （清）唐煦春修 清光緒十七年(1891)刻本 二十冊

220000－0801－0011405 史 264.543/49

[嘉慶]上虞縣志十四卷 （清）崔鳴玉修 （清）李方湛纂 清嘉慶十六年(1811)刻本 十二冊

220000－0801－0011406 史 264.543/50

[光緒]上虞縣志校續五十卷 （清）儲家藻修 徐致靖纂 清光緒二十四年(1898)刻本 二十冊

220000－0801－0011407 史 264.543/50－1

[光緒]上虞縣志校續五十卷 （清）儲家藻修 徐致靖纂 清光緒二十四年(1898)刻本 二十冊

220000－0801－0011408 史 264.543/50－2

[光緒]上虞縣志校續五十卷 （清）儲家藻修 徐致靖纂 清光緒二十四年(1898)刻本 二十冊

220000－0801－0011409 史 264.543/50－3

[光緒]上虞縣志校續五十卷 （清）儲家藻修 徐致靖纂 清光緒二十四年(1898)刻本 二十冊

220000－0801－0011410 史 264.543/53

[光緒]諸暨縣志六十一卷 陳遹聲修 蔣鴻藻纂 清宣統三年(1911)刻本 十八冊

220000－0801－0011411 史 264.543/53－1

[光緒]諸暨縣志六十一卷 陳遹聲修 蔣鴻藻纂 清宣統三年(1911)刻本 十八冊

220000－0801－0011412 史 264.543/53－2

[光緒]諸暨縣志六十一卷 陳遹聲修 蔣鴻藻纂 清宣統三年(1911)刻本 十八冊

220000－0801－0011413 史 264.543/53－3

[光緒]諸暨縣志六十一卷 陳遹聲修 蔣鴻藻纂 清宣統三年(1911)刻本 十八冊

220000－0801－0011414　　史 264.544/1

[大德]昌國州圖志七卷　（元）馮福京撰　清咸豐四年(1854)煙嶼樓徐氏刻本　一冊

220000－0801－0011415　　史 264.544/2

[光緒]定海廳志三十卷首一卷　（清）史致馴修　（清）陳重威纂　清光緒十一年(1885)黃樹藩刻本　十冊

220000－0801－0011416　　史 264.545/2

[乾隆]台州外書二十卷　（清）戚學標撰　清嘉慶四年(1799)刻本　六冊

220000－0801－0011417　　史 264.545/5

[嘉定]赤城志四十卷　（宋）齊碩修　（宋）陳耆卿纂　清嘉慶二十三年(1818)臨海宋氏刻本　六冊

220000－0801－0011418　　史 264.545/9

[光緒]太平縣續志十八卷首一卷　（清）陳汝霖修　（清）王棻纂　清光緒二十二年(1896)刻本　八冊

220000－0801－0011419　　史 264.545/10

[嘉慶]太平縣志十八卷首一卷　（清）慶霖修　（清）戚學標纂　清光緒二十二年(1896)刻本　十冊

220000－0801－0011420　　史 264.545/11

[光緒]玉環廳志十四卷首一卷　（清）杜冠英修　（清）呂鴻燾纂　清光緒七年(1881)刻本　八冊

220000－0801－0011421　　史 264.545/11－1

[光緒]玉環廳志十四卷首一卷　（清）杜冠英修　（清）呂鴻燾纂　清光緒七年(1881)刻本　八冊

220000－0801－0011422　　史 264.545/12

[光緒]仙居縣志二十四卷首一卷　（清）王壽頤修　（清）王棻纂　清光緒二十年(1894)活字印本　十八冊

220000－0801－0011423　　史 264.545/15

[光緒]黃巖縣志四十卷首一卷　（清）陳鍾英修　（清）王詠霓纂　清光緒五年(1879)刻本　十六冊

220000－0801－0011424　　史 264.545/15－1

[光緒]黃巖縣志四十卷首一卷　（清）陳鍾英修　（清）王詠霓纂　清光緒五年(1879)刻本　十六冊

220000－0801－0011425　　史 264.545/15－2

[光緒]黃巖縣志四十卷首一卷　（清）陳鍾英修　（清）王詠霓纂　清光緒五年(1879)刻本　十六冊

220000－0801－0011426　　史 264.545/15－3

[光緒]黃巖縣志四十卷首一卷　（清）陳鍾英修　（清）王詠霓纂　清光緒五年(1879)刻本　十六冊

220000－0801－0011427　　史 264.545/15－4

[光緒]黃巖縣志四十卷首一卷　（清）陳鍾英修　（清）王詠霓纂　清光緒五年(1879)刻本　十六冊

220000－0801－0011428　　史 264.545/17

[光緒]玉環廳志十六卷首一卷　（清）杜冠英修　（清）呂鴻燾纂　清光緒六年(1880)刻十四年(1888)胡鍾增刻本　八冊

220000－0801－0011429　　史 264.545/18

[康熙]臨海縣志十五卷首一卷　（清）洪若皋等纂　清刻本　八冊

220000－0801－0011430　　史 264.546/2

[乾隆]溫州府志三十卷首一卷　（清）李琬修　（清）齊召南纂　清同治四年(1865)補刻本　二十冊

220000－0801－0011431　　史 264.546/2－1

[乾隆]溫州府志三十卷首一卷　（清）李琬修　（清）齊召南纂　清同治四年(1865)補刻本　十八冊

220000－0801－0011432　　史 264.546/13

[光緒]泰順分疆錄十二卷　（清）林鶚纂輯（清）林用霖續纂　清光緒五年(1879)望山堂刻本　六冊

220000－0801－0011433　　史 264.546/13－1

[光緒]泰順分疆錄十二卷 （清）林鶚纂輯
（清）林用霖續纂 清光緒五年(1879)望山堂
刻本 六冊

220000－0801－0011434 史 264.547/1

[光緒]處州府志三十卷首一卷末一卷 （清）
潘紹詒修 （清）周榮椿纂 清光緒三年
(1877)刻本 二十八冊

220000－0801－0011435 史 264.547/2

[同治]麗水縣志十五卷首一卷 （清）彭潤章
等纂修 清同治十三年(1874)刻本 八冊

220000－0801－0011436 史 264.547/2－1

[同治]麗水縣志十五卷首一卷 （清）彭潤章
等纂修 清同治十三年(1874)刻本 八冊

220000－0801－0011437 史 264.547/3

[同治]景寧縣志十四卷首一卷末一卷 （清）
周傑修 （清）嚴用光纂 清同治十二年
(1873)刻本 八冊

220000－0801－0011438 史 264.547/6

[光緒]龍泉縣志十二卷 （清）顧國詔修 程
炳藻纂 清光緒四年(1878)刻本 六冊

220000－0801－0011439 史 264.547/7

[光緒]慶元縣志十二卷首一卷 （清）林步瀛
修 （清）史恩緒纂 清光緒三年(1877)刻本
十冊

220000－0801－0011440 史 264.547/8

[光緒]青田縣志十八卷首一卷 （清）雷銑修
（清）王棻纂 清光緒二年(1876)刻本 十
四冊

220000－0801－0011441 史 264.547/9

[光緒]松陽縣志十二卷 （清）支恒椿修
（清）丁鳳章等纂 清光緒元年(1875)刻本
六冊

220000－0801－0011442 史 264.547/10

[光緒]遂昌縣志十二卷首一卷附外編四卷
（清）胡壽海修 （清）褚成允纂 清光緒二十
二年(1896)尊經閣刻本 十二冊

220000－0801－0011443 史 264.547/12

[光緒]縉雲縣志十六卷首一卷末一卷 （清）
何乃容修 （清）潘樹棠纂 清光緒七年
(1881)刻本 十二冊

220000－0801－0011444 史 264.547/12－1

[光緒]縉雲縣志十六卷首一卷末一卷 （清）
何乃容修 （清）潘樹棠纂 清光緒七年
(1881)刻本 十二冊

220000－0801－0011445 史 264.548/1

[道光]婺志粹十四卷附婺詩補三卷 （清）盧
標纂 清道光二十年(1840)刻本 十一冊

220000－0801－0011446 史 264.548/2

[康熙]金華府志三十卷 （清）張藎修
（清）沈麟趾纂 清宣統元年(1909)石印本
十二冊

220000－0801－0011447 史 264.548/7

[嘉慶]義烏縣志二十二卷首一卷 （清）諸自
穀修 （清）程瑜纂 清嘉慶七年(1802)刻本
十冊

220000－0801－0011448 史 264.548/7－1

[嘉慶]義烏縣志二十二卷首一卷 （清）諸自
穀修 （清）程瑜纂 清嘉慶七年(1802)刻本
十二冊

220000－0801－0011449 史 264.548/9

[乾隆]浦江縣志二十卷首一卷 （清）薛鼎銘
修 （清）張可樗纂 清道光二十三年(1843)
刻本 十二冊

220000－0801－0011450 史 264.548/10

[光緒]浦江縣志十五卷附殉難錄二卷 （清）
黃志璠等纂修 清光緒三十一年(1905)刻本
十四冊

220000－0801－0011451 史 264.548/10－1

[光緒]浦江縣志十五卷附殉難錄二卷 （清）
黃志璠等纂修 清光緒三十一年(1905)刻本
十四冊

220000－0801－0011452 史 264.548/12

[光緒]蘭谿縣志八卷首一卷 （清）秦簧修
（清）唐壬森纂 清光緒十五年(1889)刻本

十冊

220000－0801－0011453　史264.548/12－1
[光緒]蘭谿縣志八卷首一卷　（清）秦簧修
（清）唐壬森纂　清光緒十五年(1889)刻本
十冊

220000－0801－0011454　史264.548/12－2
[光緒]蘭谿縣志八卷首一卷　（清）秦簧修
（清）唐壬森纂　清光緒十五年(1889)刻本
十冊

220000－0801－0011455　史264.548/12－3
[光緒]蘭谿縣志八卷首一卷　（清）秦簧修
（清）唐壬森纂　清光緒十五年(1889)刻本
十冊

220000－0801－0011456　史264.548/13
[光緒]永康縣志十六卷首一卷　（清）李汝為
修　（清）潘樹棠纂　清光緒十八年(1892)刻
本　十二冊

220000－0801－0011457　史264.548/13－1
[光緒]永康縣志十六卷首一卷　（清）李汝為
修　（清）潘樹棠纂　清光緒十八年(1892)刻
本　十二冊

220000－0801－0011458　史264.548/16
[光緒]宣平縣志二十卷　（清）皮樹棠修　清
光緒四年(1878)刻本　八冊

220000－0801－0011459　史264.548/16－1
[光緒]宣平縣志二十卷　（清）皮樹棠修　清
光緒四年(1878)刻本　八冊

220000－0801－0011460　史264.548/17
[嘉慶]武義縣志十二卷　（清）張營壋修　清
宣統二年(1910)石印本　六冊

220000－0801－0011461　史264.548/19
[同治]江山縣志十二卷首一卷末一卷　（清）
王彬修　（清）朱寶慈纂　清同治十二年
(1873)文溪書院刻本　八冊

220000－0801－0011462　史264.548/19－1
[同治]江山縣志十二卷首一卷末一卷　（清）
王彬修　（清）朱寶慈纂　清同治十二年

(1873)文溪書院刻本　八冊

220000－0801－0011463　史264.548/19－2
[同治]江山縣志十二卷首一卷末一卷　（清）
王彬修　（清）朱寶慈纂　清同治十二年
(1873)文溪書院刻本　八冊

220000－0801－0011464　史264.548/19－3
[同治]江山縣志十二卷首一卷末一卷　（清）
王彬修　（清）朱寶慈纂　清同治十二年
(1873)文溪書院刻本　七冊　缺一卷(十一
上、中)

220000－0801－0011465　史264.548/20
[康熙]衢州府志四十卷首一卷　（清）楊廷望
等纂修　清光緒八年(1882)刻本　十二冊

220000－0801－0011466　史264.548/20－1
[康熙]衢州府志四十卷首一卷　（清）楊廷望
等纂修　清光緒八年(1882)刻本　十二冊

220000－0801－0011467　史264.548/23
[光緒]常山縣志六十八卷首一卷末一卷
（清）李瑞鍾修　（清）徐鳴盛纂　清光緒十二
年(1886)刻本　十二冊

220000－0801－0011468　史264.55/1
[同治]江西全省輿圖十四卷首一卷　（清）劉
坤一等繪　清同治七年(1868)刻本　十五冊

220000－0801－0011469　史264.55/1－1
[同治]江西全省輿圖十四卷首一卷　（清）劉
坤一等繪　清同治七年(1868)刻本　十五冊

220000－0801－0011470　史264.55/2
[光緒]江西通志一百八十卷首五卷　（清）劉
坤一修　（清）趙之謙纂　清光緒七年(1881)
刻本　十九冊

220000－0801－0011471　史264.55/3
[宣統]江西全省輿圖十四卷　（清）□□撰
清宣統元年(1909)官紙印刷所石印本　十
四冊

220000－0801－0011472　史264.55/4
武陽德政錄　（清）溫鳳樓編　清光緒刻本
一冊

507

220000 – 0801 – 0011473　史 264.552/1

[同治]萍鄉縣志十卷首一卷　(清)錫榮等纂修　清同治十一年(1872)刻本　八冊

220000 – 0801 – 0011474　史 264.552/5

[同治]臨江府志三十二卷首一卷　(清)德馨等修　(清)朱孫詒等纂　清同治十年(1871)刻本　六冊

220000 – 0801 – 0011475　史 264.552/6

[同治]清江縣志十卷首一卷　(清)潘懿等修　(清)朱孫詒等纂　清同治九年(1870)刻本　十冊

220000 – 0801 – 0011476　史 264.552/7

[道光]奉新縣志十二卷　(清)鄒山立修　(清)趙敬襄纂　清道光四年(1824)刻本　十冊

220000 – 0801 – 0011477　史 264.552/10

[同治]新喻縣志十六卷首一卷　(清)祥安修　(清)吳增逵纂　清同治十二年(1873)刻本　十二冊

220000 – 0801 – 0011478　史 264.553/1

[同治]九江府志五十四卷首一卷末一卷　(清)達春布修　(清)黃鳳樓纂　清同治十二年(1873)刻本　四十四冊

220000 – 0801 – 0011479　史 264.554/2

[同治]玉山縣志十卷首一卷　(清)黃壽祺修　(清)吳華辰纂　清同治十二年(1873)刻本　十一冊

220000 – 0801 – 0011480　史 264.554/3

[同治]貴溪縣志十卷首一卷　(清)楊長傑等修　(清)黃聯珏等纂　清同治十年(1871)刻本　十四冊

220000 – 0801 – 0011481　史 264.554/4

[同治]樂平縣志十卷首一卷　(清)梅毓翰修　(清)汪元祥纂　清同治九年(1870)刻本　十二冊

220000 – 0801 – 0011482　史 264.554/7

[嘉慶]婺源縣志三十九卷首一卷　(清)趙汝為纂修　清嘉慶十二年(1807)刻本　十四冊

220000 – 0801 – 0011483　史 264.554/8

[光緒]婺源縣志六十卷首一卷　(清)吳鶚修　(清)汪正元纂　清光緒九年(1883)刻本　二十四冊

220000 – 0801 – 0011484　史 264.554/8 – 1

[光緒]婺源縣志六十卷首一卷　(清)吳鶚修　(清)汪正元纂　清光緒九年(1883)刻本　二十四冊

220000 – 0801 – 0011485　史 264.555/1

[同治]臨川縣志五十四卷首一卷末一卷　(清)童範儼修　(清)陳慶齡等纂　清同治九年(1870)刻本　十二冊

220000 – 0801 – 0011486　史 264.555/2

[同治]樂安縣志十一卷首一卷附兵難錄二卷　(清)朱奎章修　(清)胡芳杏纂　清同治十年(1871)刻本　八冊

220000 – 0801 – 0011487　史 264.556/1

[同治]廬陵縣志五十六卷首一卷　(清)陳汝楨修　(清)匡汝諧纂　清同治十二年(1873)刻本　三十二冊

220000 – 0801 – 0011488　史 264.556/4

[同治]萬安縣志二十卷首一卷末一卷　(清)歐陽駿修　(清)周之鏞纂　清光緒三年(1877)刻本　十冊

220000 – 0801 – 0011489　史 264.556/6

[同治]新淦縣志十卷首一卷　(清)王肇賜修　(清)陳錫麟纂　清同治十二年(1873)活字印本　十六冊

220000 – 0801 – 0011490　史 264.557/1

[同治]贛州府志七十八卷首一卷　(清)魏瀛修　(清)鍾音鴻纂　清同治十二年(1873)刻本　四十八冊

220000 – 0801 – 0011491　史 264.557/1 – 1

[同治]贛州府志七十八卷首一卷　(清)魏瀛修　(清)鍾音鴻纂　清同治十二年(1873)刻本　二十一冊　缺十九卷(十八至二十二、二

十六至三十三、五十二至五十四、七十六至七十八)

220000－0801－0011492　史264.557/7

[光緒]南安府志補正十二卷首一卷　(清)楊錞纂修　清光緒刻本　六冊

220000－0801－0011493　史264.56/1

[光緒]湖北輿地記二十四卷　(清)湖北輿圖局纂　清光緒二十年(1894)湖北輿圖局刻本　二十四冊

220000－0801－0011494　史264.561/1

[光緒]孝感縣志二十四卷　(清)朱希白修　(清)沈用增纂　清光緒九年(1883)刻本　十二冊

220000－0801－0011495　史264.561/4

[同治]續輯漢陽縣志二十八卷　(清)黃式度修　(清)王柏心纂　清同治七年(1868)刻本　二十冊

220000－0801－0011496　史264.561/6

[同治]江夏縣志八卷首一卷　(清)王庭楨修　(清)彭崧毓纂　清同治八年(1869)刻本　八冊

220000－0801－0011497　史264.561/7

[光緒]應城志十四卷首一卷　(清)陳豪等修　(清)王承禧等纂　清光緒八年(1882)刻本　八冊

220000－0801－0011498　史264.561/8

[光緒]德安府志二十卷首一卷末一卷　(清)廣音布修　(清)劉國光等纂　清光緒十四年(1888)刻本　二十冊

220000－0801－0011499　史264.562/1

[光緒]黃州府志四十卷首一卷　(清)英啓修　(清)鄧琛等纂　清光緒十年(1884)刻本　四十冊

220000－0801－0011500　史264.562/1－1

[光緒]黃州府志四十卷首一卷　(清)英啓修　(清)鄧琛等纂　清光緒十年(1884)刻本　三十四冊

220000－0801－0011501　史264.562/3

[光緒]黃岡縣志二十四卷首一卷　(清)戴昌言修　(清)劉恭冕纂　清光緒八年(1882)刻本　二十四冊

220000－0801－0011502　史264.562/5

[光緒]黃梅縣志四十卷首一卷　(清)覃瀚元修　(清)宛名昌等纂　清光緒二年(1876)刻本　十二冊

220000－0801－0011503　史264.563/1

[光緒]荊州府志八十卷首一卷　(清)倪文蔚等修　(清)顧嘉蘅等纂　清光緒六年(1880)刻本　三十六冊

220000－0801－0011504　史264.563/2

[光緒]江陵縣志六十五卷首一卷　(清)蒯正昌修　(清)劉長謙纂　清光緒二年(1876)刻本　二十四冊

220000－0801－0011505　史264.563/4

[同治]鍾祥縣志二十卷餘編二卷　(清)許光曙修　(清)張廉卿纂　清同治六年(1867)刻本　十四冊

220000－0801－0011506　史264.564/1

[同治]施南府志三十卷首一卷　(清)松林修　(清)何遠鑒纂　清同治十年(1871)刻本　十二冊

220000－0801－0011507　史264.564/2

[光緒]施南府志續編十卷　(清)王庭楨等修　(清)雷春沼等纂　清光緒十一年(1885)刻本　四冊

220000－0801－0011508　史264.564/3

[同治]宣恩縣志二十卷首一卷　(清)張金瀾修　(清)張金圻纂　清同治二年(1863)刻本　六冊

220000－0801－0011509　史264.565/1

[光緒]襄陽府志二十六卷附志餘一卷忠義錄一卷　(清)恩聯等修　(清)王萬芳纂　清光緒十一年(1885)刻本　十六冊

220000－0801－0011510　史264.565/3

[光緒]襄陽四略二十五卷　（清）吳慶燾撰
清光緒二十六年(1900)刻本　九冊

220000－0801－0011511　史264.565/4
[同治]襄陽縣志七卷首一卷　（清）楊宗時修
（清）崔淦等纂　清同治十三年(1874)刻本
八冊

220000－0801－0011512　史264.565/6
[同治]宜城縣志十卷　（清）程啓安修
(清)張炳鍾等纂　清同治五年(1866)刻本
八冊

220000－0801－0011513　史264.565/7
[光緒]宜城縣續志二卷　（清）李連騎修
(清)姚德華纂　清光緒九年(1883)刻本
一冊

220000－0801－0011514　史264.565/8
[同治]鄖陽志八卷首一卷　（清）吳葆儀修
(清)王嚴恭纂　清同治九年(1870)刻本
十冊

220000－0801－0011515　史264.565/8－1
[同治]鄖陽志八卷首一卷　（清）吳葆儀修
(清)王嚴恭纂　清同治九年(1870)刻本
十冊

220000－0801－0011516　史264.565/9
[同治]鄖縣志十卷首一卷　（清）周瑞等修
(清)余灃廷等纂　清同治五年(1866)刻本
八冊

220000－0801－0011517　史264.565/12
[光緒]續輯均州志十六卷首一卷　（清）馬雲
龍修　(清)賈洪詔纂　清光緒十年(1884)均
州志局刻本　八冊

220000－0801－0011518　史264.565/12－1
[光緒]續輯均州志十六卷首一卷　（清）馬雲
龍修　(清)賈洪詔纂　清光緒十年(1884)均
州志局刻本　八冊

220000－0801－0011519　史264.565/13
襄陽沿革略一卷　（清）吳慶燾纂　清光緒二
十六年(1900)刻本　一冊

220000－0801－0011520　史264.566/1
[同治]宜昌府志十六卷首一卷　（清）聶光鑾
修　(清)王柏心　(清)雷春沼纂　清同治五
年(1866)刻本　十六冊

220000－0801－0011521　史264.566/2
[同治]東湖縣志三十卷首一卷　（清）金大鏞
修　(清)王柏心纂　清同治三年(1864)刻本
十冊

220000－0801－0011522　史264.566/4
[同治]遠安縣志八卷首一卷　（清）鄭烽林修
(清)周保思纂　清同治五年(1866)刻本
八冊

220000－0801－0011523　史264.57/1
[光緒]湖南通志二百八十八卷首八卷末十九
卷　(清)李瀚章修　(清)曾國荃纂　清光緒
十一年(1885)刻本　一百六十冊

220000－0801－0011524　史264.57/2
湖南全省輿地圖表　(清)陳寶箴編　清光緒
二十二年(1896)石印本　十六冊

220000－0801－0011525　史264.570/1
[同治]長沙縣志三十六卷　(清)劉采邦修
(清)張延珂等纂　清同治十年(1871)刻本
二十冊

220000－0801－0011526　史264.570/2
[光緒]善化縣志三十四卷首一卷末一卷
(清)吳兆熙修　(清)張先掄纂　清光緒三年
(1877)刻本　二十冊

220000－0801－0011527　史264.571/2
[嘉慶]湘潭縣志四十卷　（清）張雲璈修
(清)周系英纂　清嘉慶二十三年(1818)刻本
十六冊

220000－0801－0011528　史264.571/4
[光緒]巴陵縣志六十三卷首一卷附洞庭君山
岳陽樓詩文集十八卷　(清)姚詩德　(清)鄭
桂星修　(清)杜貴墀等纂　清光緒十七年
(1891)刻本　十六冊

220000－0801－0011529　史264.571/5

[光緒]湘陰縣圖志三十四卷首一卷末一卷
(清)郭嵩燾纂修　清光緒七年(1881)湘陰縣
志局刻本　十六冊

220000－0801－0011530　史264.571/6
[同治]醴陵縣志十四卷首一卷末一卷　(清)
徐淦修　(清)江普光纂　清同治十年(1871)
刻本　六冊

220000－0801－0011531　史264.571/6－1
[同治]醴陵縣志十四卷首一卷末一卷　(清)
徐淦修　(清)江普光纂　清同治十年(1871)
刻本　六冊

220000－0801－0011532　史264.571/9
[同治]瀏陽縣志二十四卷　(清)王汝惺修
(清)鄒焌傑等纂　清同治十二年(1873)刻本
十二冊

220000－0801－0011533　史264.572/2
[乾隆]衡州府志三十三卷首一卷　(清)饒佺
修　(清)曠敏本纂　清光緒元年(1875)刻本
二十冊

220000－0801－0011534　史264.572/3
[同治]衡陽縣志十二卷　(清)羅慶薌修
(清)彭玉麟等纂　清同治十三年(1874)刻本
七冊

220000－0801－0011535　史264.572/3－1
[同治]衡陽縣志十二卷　(清)羅慶薌修
(清)彭玉麟等纂　清同治十三年(1874)刻本
七冊

220000－0801－0011536　史264.572/5
[同治]清泉縣志十卷首一卷末一卷　王闓運
修　(清)張修府纂　清同治八年(1869)刻本
二冊

220000－0801－0011537　史264.572/6
[光緒]衡山縣志四十五卷首一卷　(清)李惟
丙等修　(清)文岳英等纂　清光緒元年
(1875)刻本　二十冊

220000－0801－0011538　史264.572/7
[同治]常寧縣志十六卷首一卷　(清)玉山修

(清)李孝經等纂　清同治九年(1870)右文
書局刻本　四冊

220000－0801－0011539　史264.574/2
[光緒]耒陽縣志八卷首一卷　(清)于學琴等
修　(清)宋世煦纂　清光緒十二年(1886)耒
陽縣志局刻本　十冊

220000－0801－0011540　史264.574/3
[同治]桂東縣志二十卷首一卷　(清)劉華邦
修　(清)郭岐勳纂　清同治五年(1866)刻本
八冊

220000－0801－0011541　史264.574/4
[同治]桂陽直隸州志二十七卷　(清)汪敦灝
修　王闓運纂　清同治七年(1868)刻本　十
四冊

220000－0801－0011542　史264.575/2
[光緒]邵陽縣鄉土志四卷　(清)上官廉等修
(清)姚炳奎纂　清光緒三十三年(1907)刻
本　四冊

220000－0801－0011543　史264.575/4
[同治]湘鄉縣志二十三卷首一卷末一卷
(清)齊德五修　(清)黃楷盛纂　清同治十三
年(1874)刻本　二十四冊

220000－0801－0011544　史264.576/1
[同治]黔陽縣志六十卷首一卷　(清)陳鴻作
等修　(清)易燮堯纂　清同治十三年(1874)
刻本　十二冊

220000－0801－0011545　史264.576/2
[光緒]靖州鄉土志四卷　金蓉鏡輯　清光緒
三十四年(1908)刻本　二冊

220000－0801－0011546　史264.577/2
[光緒]桃源縣志十七卷首一卷　(清)余良棟
修　(清)劉鳳苞纂　清光緒十八年(1892)刻
本　十二冊

220000－0801－0011547　史264.577/5
[光緒]石門縣志十一卷首一卷　(清)余麗元
修　(清)譚逢仕等纂　清光緒五年(1879)刻
本　十二冊

220000－0801－0011548　史264.578/1
[同治]寧鄉縣志四十四卷首一卷　（清）郭慶颺修　（清）童秀春纂　清同治六年(1867)刻本　十八冊

220000－0801－0011549　史264.61/1
[嘉慶]四川通志二百四卷首二十二卷　（清）常明等修　（清）楊芳燦等纂　清嘉慶二十一年(1816)刻本　一百六十冊

220000－0801－0011550　史264.61/1－1
[嘉慶]四川通志二百四卷首二十二卷　（清）常明等修　（清）楊芳燦等纂　清嘉慶二十一年(1816)刻本　一百六十冊

220000－0801－0011551　史264.61/1－2
[嘉慶]四川通志二百四卷首二十二卷　（清）常明等修　（清）楊芳燦等纂　清嘉慶二十一年(1816)刻本　一百六十一冊

220000－0801－0011552　史264.61/1－3
[嘉慶]四川通志二百四卷首二十二卷　（清）常明等修　（清）楊芳燦等纂　清嘉慶二十一年(1816)刻本　一冊　存一卷(一百五十八)

220000－0801－0011553　史264.61/5
[嘉慶]蜀典十二卷　（清）張澍撰　清道光十四年(1834)刻本　六冊

220000－0801－0011554　史264.61/6
[嘉慶]蜀典十二卷　（清）張澍撰　清光緒二年(1876)刻本　四冊

220000－0801－0011555　史264.61/6－1
[嘉慶]蜀典十二卷　（清）張澍撰　清光緒二年(1876)刻本　四冊

220000－0801－0011556　史264.61/6－2
[嘉慶]蜀典十二卷　（清）張澍撰　清光緒二年(1876)刻本　四冊

220000－0801－0011557　史264.61/6－3
[嘉慶]蜀典十二卷　（清）張澍撰　清光緒二年(1876)刻本　四冊

220000－0801－0011558　史264.610/1
[嘉慶]成都縣志六卷首一卷　（清）王泰雲等修　（清）衷以壎纂　（清）楊芳燦續纂　清嘉慶二十一年(1816)刻本　六冊

220000－0801－0011559　史264.610/2
[同治]成都縣志十六卷首一卷　（清）李玉宣修　（清）衷興鑒等纂　清同治十二年(1873)刻本　十六冊

220000－0801－0011560　史264.610/3
[宣統]成都通覽　傅崇榘撰　清宣統元年(1909)成都通俗報社石印本　一冊

220000－0801－0011561　史264.611/4
[光緒]雙流縣志二卷　（清）彭琬修　（清）吳特仁增訂　清光緒二十年(1894)刻本　四冊

220000－0801－0011562　史264.611/4－1
[光緒]雙流縣志二卷　（清）彭琬修　（清）吳特仁增訂　清光緒二十年(1894)刻本　四冊

220000－0801－0011563　史264.611/10
[光緒]郫縣鄉土志二卷　（清）姜士諤撰　清光緒三十四年(1908)鉛印本　一冊

220000－0801－0011564　史264.611/11
[光緒]彭縣志十三卷首一卷末一卷補遺一卷　（清）張龍甲修　（清）呂調陽等纂　清光緒四年(1878)刻本　十冊

220000－0801－0011565　史264.611/11－1
[光緒]彭縣志十三卷首一卷末一卷補遺一卷　（清）張龍甲修　（清）呂調陽等纂　清光緒四年(1878)刻本　八冊

220000－0801－0011566　史264.611/11－2
[光緒]彭縣志十三卷首一卷末一卷補遺一卷　（清）張龍甲修　（清）呂調陽等纂　清光緒四年(1878)刻本　八冊

220000－0801－0011567　史264.611/11－3
[光緒]彭縣志十三卷首一卷末一卷補遺一卷　（清）張龍甲修　（清）呂調陽等纂　清光緒四年(1878)刻本　十冊

220000－0801－0011568　史264.611/11－4

[光緒]彭縣志十三卷首一卷末一卷補遺一卷
（清）張龍甲修　（清）呂調陽等纂　清光緒
四年(1878)刻本　八冊

220000－0801－0011569　史 264.611/11－5
[光緒]彭縣志十三卷首一卷末一卷補遺一卷
（清）張龍甲修　（清）呂調陽等纂　清光緒
四年(1878)刻本　一冊　存一卷(一)

220000－0801－0011570　史 264.611/13
[嘉慶]漢州志四十卷首一卷　（清）劉長庚修
（清）侯肇元等纂　清嘉慶二十二年(1817)
刻本　十二冊

220000－0801－0011571　史 264.611/13－1
[嘉慶]漢州志四十卷首一卷　（清）劉長庚修
（清）侯肇元等纂　清嘉慶二十二年(1817)
刻本　十二冊

220000－0801－0011572　史 264.611/14
[同治]續漢州志二十四卷首一卷　（清）張超
等修　（清）曾履中等纂　清同治八年(1869)
刻本　八冊

220000－0801－0011573　史 264.611/15
[光緒]增修崇慶州志十二卷首一卷　（清）李
承保修　（清）胡麟纂　清光緒三年(1877)刻
本　八冊

220000－0801－0011574　史 264.611/17
[同治]續金堂縣志八卷首一卷末一卷　（清）
王樹桐　（清）徐璞玉修　（清）米繪裳等纂
清同治六年(1867)刻本　二冊

220000－0801－0011575　史 264.611/17－1
[同治]續金堂縣志八卷首一卷末一卷　（清）
王樹桐　（清）徐璞玉修　（清）米繪裳等纂
清同治六年(1867)刻本　二冊

220000－0801－0011576　史 264.611/17－2
[同治]續金堂縣志八卷首一卷末一卷　（清）
王樹桐　（清）徐璞玉修　（清）米繪裳等纂
清同治六年(1867)刻本　二冊

220000－0801－0011577　史 264.611/18
[嘉慶]金堂縣志九卷首一卷末一卷附續編二
卷　（清）謝惟傑修　（清）陳一津等纂　清道
光二十四年(1844)刻本　八冊

220000－0801－0011578　史 264.611/18－1
[嘉慶]金堂縣志九卷首一卷末一卷附續編二
卷　（清）謝惟傑修　（清）陳一津等纂　清道
光二十四年(1844)刻本　八冊

220000－0801－0011579　史 264.611/18－2
[嘉慶]金堂縣志九卷首一卷末一卷附續編二
卷　（清）謝惟傑修　（清）陳一津等纂　清道
光二十四年(1844)刻本　八冊

220000－0801－0011580　史 264.611/20
[光緒]灌記初稿四卷　（清）彭洵編　清光緒
二十年(1894)彭氏種書堂刻本　四冊

220000－0801－0011581　史 264.611/21
[光緒]增修灌縣志十四卷首一卷　（清）莊思
恒修　（清）鄭珶山纂　清光緒十二年(1886)
刻本　九冊

220000－0801－0011582　史 264.611/22
[光緒]灌縣鄉土志二卷　（清）鍾文虎修
（清）徐昱等纂　清光緒三十三年(1907)刻本
二冊

220000－0801－0011583　史 264.611/24
[同治]新繁縣志十六卷首一卷　（清）李應觀
修　清同治十二年(1873)刻本　八冊

220000－0801－0011584　史 264.611/25
[光緒]新繁縣志鄉土志十卷　（清）余慎修
清光緒三十三年(1907)鉛印本　二冊

220000－0801－0011585　史 264.611/28
[同治]直隸綿州志五十五卷　（清）文棨修
清同治十二年(1873)刻本　二十冊

220000－0801－0011586　史 264.611/28－1
[同治]直隸綿州志五十五卷　（清）文棨修
清同治十二年(1873)刻本　二十冊

220000－0801－0011587　史 264.611/30
[光緒]江油縣志二十四卷　（清）武丕文修
（清）歐培槐纂　清光緒二十九年(1903)刻本
六冊

513

220000－0801－0011588　史264.611/32

[道光]德陽縣新志十三卷　（清）裴顯忠修
清光緒三十一年（1905）刻本　五冊

220000－0801－0011589　史264.611/33

[光緒]德陽縣志續編十卷首一卷末一卷
（清）鈕傳善修　（清）李炳靈纂　清光緒三十
一年（1905）德陽宏道閣公書局刻本　三冊

220000－0801－0011590　史264.611/35

[嘉慶]羅江縣志三十六卷　（清）李桂林修
清嘉慶二十年（1815）刻本　四冊

220000－0801－0011591　史264.611/36

[嘉慶]羅江縣志三十六卷　（清）李桂林修
清同治四年（1865）刻本　四冊

220000－0801－0011592　史264.611/36－1

[嘉慶]羅江縣志三十六卷　（清）李桂林修
清同治四年（1865）刻本　四冊

220000－0801－0011593　史264.611/36－2

[嘉慶]羅江縣志三十六卷　（清）李桂林修
清同治四年（1865）刻本　三冊　缺一卷（三
十六）

220000－0801－0011594　史264.611/37

[同治]續修羅江縣志二十四卷　（清）馬傳業
修　（清）劉正英纂　清同治四年（1865）刻本
二冊

220000－0801－0011595　史264.611/37－1

[同治]續修羅江縣志二十四卷　（清）馬傳業
修　（清）劉正英纂　清同治四年（1865）刻本
二冊

220000－0801－0011596　史264.611/37－2

[同治]續修羅江縣志二十四卷　（清）馬傳業
修　（清）劉正英纂　清同治四年（1865）刻本
二冊

220000－0801－0011597　史264.611/42

[道光]石泉縣志十卷　（清）趙德林修　清道
光十四年（1834）刻本　六冊

220000－0801－0011598　史264.611/43

[同治]劍州志十卷　（清）李溶纂修　清同治

十二年（1873）刻本　四冊

220000－0801－0011599　史264.611/46

[道光]蓬溪縣志十六卷首一卷　（清）吳章祁
修　清道光二十五年（1845）刻本　八冊

220000－0801－0011600　史264.611/46－1

[道光]蓬溪縣志十六卷首一卷　（清）吳章祁
修　清道光二十五年（1845）刻本　八冊

220000－0801－0011601　史264.611/47

[光緒]蓬溪縣續志十四卷首一卷　（清）周學
銘修　清光緒二十五年（1899）刻本　四冊

220000－0801－0011602　史264.611/48

[光緒]射洪縣志十八卷首一卷　（清）謝廷鈞
修　清光緒十年（1884）刻本　十冊

220000－0801－0011603　史264.611/49

[道光]中江縣新志八卷首一卷　（清）李福源
纂　清道光十九年（1839）刻本　六冊

220000－0801－0011604　史264.612/2

[道光]保寧府志六十二卷　（清）黎學錦修
清道光元年（1821）刻本　十六冊

220000－0801－0011605　史264.612/3

[咸豐]閬中縣志八卷　（清）徐繼鏞修　清咸
豐元年（1851）刻本　八冊

220000－0801－0011606　史264.612/4

[光緒]蓬州志十五卷　（清）方旭修　清光緒
二十三年（1897）刻本　三冊

220000－0801－0011607　史264.612/8

[同治]新寧縣志八卷　（清）復成修　清同治
八年（1869）刻本　八冊

220000－0801－0011608　史264.612/9

[道光]鄰水縣志六卷首一卷　（清）曾燦奎修
清道光十四年（1834）刻本　六冊

220000－0801－0011609　史264.613/1

[咸豐]開縣志二十七卷首一卷　（清）李肇奎
修　清咸豐三年（1853）刻本　六冊

220000－0801－0011610　史264.613/3

[光緒]奉節縣志三十六卷首一卷　（清）曾秀

魁修　清光緒十九年(1893)文明書局刻本
八冊

220000－0801－0011611　史264.613/3－1
[光緒]奉節縣志三十六卷首一卷　(清)曾秀
魁修　清光緒十九年(1893)文明書局刻本
八冊

220000－0801－0011612　史264.613/7
[光緒]黔江縣志五卷首一卷　(清)張九章修
　清光緒二十年(1894)刻本　五冊

220000－0801－0011613　史264.613/7－1
[光緒]黔江縣志五卷首一卷　(清)張九章修
　清光緒二十年(1894)刻本　五冊

220000－0801－0011614　史264.613/10
[光緒]秀山縣志十四卷首一卷　(清)王壽松
修　清光緒十七年(1891)刻本　四冊

220000－0801－0011615　史264.614/1
[光緒]永川縣志十卷首一卷　(清)許曾蔭修
　清光緒二十年(1894)刻本　十冊

220000－0801－0011616　史264.614/4
[同治]璧山縣志十卷首一卷末一卷　(清)寇
用平修　清同治四年(1865)刻本　六冊

220000－0801－0011617　史264.614/6
[光緒]榮昌縣志二十二卷　(清)施學煌修
清光緒十年(1884)刻本　八冊

220000－0801－0011618　史264.615/1
[光緒]內江縣志十六卷　(清)彭泰士修
(清)曾慶昌纂　清光緒三十一年(1905)刻本
十二冊

220000－0801－0011619　史264.615/7
[道光]安岳縣志十六卷首一卷　(清)濮瑗修
(清)周國頤纂　清道光二十一年(1841)刻
本　八冊

220000－0801－0011620　史264.615/7－1
[道光]安岳縣志十六卷首一卷　(清)濮瑗修
(清)周國頤纂　清道光二十一年(1841)刻
本　八冊

220000－0801－0011621　史264.615/7－2

[道光]安岳縣志十六卷首一卷　(清)濮瑗修
(清)周國頤纂　清道光二十一年(1841)刻
本　八冊

220000－0801－0011622　史264.615/7－3
[道光]安岳縣志十六卷首一卷　(清)濮瑗修
(清)周國頤纂　清道光二十一年(1841)刻
本　八冊

220000－0801－0011623　史264.615/8
[道光]樂至縣志十六卷首一卷　(清)裴顯忠
修　清道光二十年(1840)刻本　四冊

220000－0801－0011624　史264.615/8－1
[道光]樂至縣志十六卷首一卷　(清)裴顯忠
修　清道光二十年(1840)刻本　四冊

220000－0801－0011625　史264.615/8－2
[道光]樂至縣志十六卷首一卷　(清)裴顯忠
修　清道光二十年(1840)刻本　四冊

220000－0801－0011626　史264.615/9
[光緒]續增樂至縣志四卷首一卷　(清)胡書
雲修　清光緒九年(1883)刻本　四冊

220000－0801－0011627　史264.615/9－1
[光緒]續增樂至縣志四卷首一卷　(清)胡書
雲修　清光緒九年(1883)刻本　四冊

220000－0801－0011628　史264.615/9－2
[光緒]續增樂至縣志四卷首一卷　(清)胡書
雲修　清光緒九年(1883)刻本　三冊

220000－0801－0011629　史264.615/11
[同治]合江縣志五十四卷首一卷　(清)羅增
垣纂　(清)瞿樹蔭修　清同治十年(1871)刻
本　十二冊

220000－0801－0011630　史264.615/13
[光續]續修安丘縣志四卷　(清)陳其寬修
清光緒二十三年(1897)刻本　四冊

220000－0801－0011631　史264.615/13－1
[光續]續修安丘縣志四卷　(清)陳其寬修
清光緒二十三年(1897)刻本　四冊

220000－0801－0011632　史264.615/13－2
[光續]續修安丘縣志四卷　(清)陳其寬修

清光緒二十三年(1897)刻本　　四冊

220000－0801－0011633　史264.616/1

[光緒]敘州府志四十三卷首一卷末一卷
(清)王麟祥修　清光緒二十一年(1895)刻本
四十冊

220000－0801－0011634　史264.616/11

[乾隆]富順縣志五卷首一卷　(清)段玉裁等
纂修　清光緒八年(1882)刻本　五冊

220000－0801－0011635　史264.616/11－1

[乾隆]富順縣志五卷首一卷　(清)段玉裁等
纂修　清光緒八年(1882)刻本　五冊

220000－0801－0011636　史264.616/15

[嘉慶]眉州屬志十九卷　(清)涂長發等纂修
清嘉慶四年(1799)刻本　十四冊

220000－0801－0011637　史264.616/17

[嘉慶]峨眉縣志三卷　(清)王燮修　清嘉慶
十八年(1813)刻本　四冊

220000－0801－0011638　史264.616/18

[宣統]峨郿縣續志十卷　(清)李錦成修　清
宣統三年(1911)刻本　五冊

220000－0801－0011639　史264.616/20

[光緒]井研志四十二卷首一卷　(清)葉桂年
修　清光緒二十六年(1900)刻本　十二冊

220000－0801－0011640　史264.616/20－1

[光緒]井研志四十二卷首一卷　(清)葉桂年
修　清光緒二十六年(1900)刻本　十二冊

220000－0801－0011641　史264.616/23

[嘉慶]洪雅縣志二十五卷　(清)王好音修
清嘉慶十八年(1813)刻本　六冊

220000－0801－0011642　史264.616/24

[光緒]洪雅縣志十二卷　(清)郭世棻修　清
光緒十年(1884)刻本　五冊

220000－0801－0011643　史264.616/25

[嘉慶]夾江縣志十二卷　(清)王佐修　清光
緒十四年(1888)刻本　四冊

220000－0801－0011644　史264.618/4

[光緒]越嶲廳全志十二卷　孫鏘纂修　清光
緒三十二年(1906)鉛印本　六冊

220000－0801－0011645　史264.618/4－1

[光緒]越嶲廳全志十二卷　孫鏘纂修　清
緒三十二年(1906)鉛印本　六冊

220000－0801－0011646　史264.619/12

[光緒]打箭廳志　(清)劉廷恕纂　清光緒青
閣抄本　二冊

220000－0801－0011647　史264.619/14

[同治]章谷屯志略一卷　(清)吳德煦撰　清
光緒二十年(1894)泉唐汪氏刻本　一冊

220000－0801－0011648　史264.63/7

[乾隆]黔南識略三十二卷　(清)愛必達撰
清道光二十七年(1847)安化羅繞典刻本
四冊

220000－0801－0011649　史264.63/7－1

[乾隆]黔南識略三十二卷　(清)愛必達撰
清道光二十七年(1847)安化羅繞典刻本
四冊

220000－0801－0011650　史264.631/2

[道光]遵義府志四十八卷　(清)平翰修　清
道光二十一年(1841)刻本　二十冊

220000－0801－0011651　史264.631/2－1

[道光]遵義府志四十八卷　(清)平翰修　清
道光二十一年(1841)刻本　二十冊

220000－0801－0011652　史264.631/2－2

[道光]遵義府志四十八卷　(清)平翰修　清
道光二十一年(1841)刻本　二十冊

220000－0801－0011653　史264.633/10

[咸豐]安順府志五十四卷首一卷　(清)常恩
修　清光緒十七年(1891)刻本　十六冊

220000－0801－0011654　史264.634/4

[光緒]平遠州志續八卷首一卷　(清)黃紹先
修　清光緒十六年(1890)刻本　六冊

220000－0801－0011655　史264.64/3

[道光]雲南備徵志二十一卷　(清)王崧編纂
清道光十一年(1831)刻本　十六冊

220000 – 0801 – 0011656　史 264.64/4

[道光]雲南備徵志二十一卷　(清)王崧編纂
清宣統二年(1910)雲南官報局鉛印本　十
六冊

220000 – 0801 – 0011657　史 264.64/5

[嘉慶]滇繫十二卷　(清)師範纂輯　清光緒
十三年(1887)雲南通志局刻本　四十冊

220000 – 0801 – 0011658　史 264.64/5 – 1

[嘉慶]滇繫十二卷　(清)師範纂輯　清光緒
十三年(1887)雲南通志局刻本　四十冊

220000 – 0801 – 0011659　史 264.64/5 – 2

[嘉慶]滇繫十二卷　(清)師範纂輯　清光緒
十三年(1887)雲南通志局刻本　四十冊

220000 – 0801 – 0011660　史 264.64/8

光緒全滇紀要　(清)雲南課吏館編輯　清光
緒三十二年(1906)鉛印本　十冊

220000 – 0801 – 0011661　史 264.64/8 – 1

光緒全滇紀要　(清)雲南課吏館編輯　清光
緒三十二年(1906)鉛印本　十冊

220000 – 0801 – 0011662　史 264.64/8 – 2

光緒全滇紀要　(清)雲南課吏館編輯　清光
緒三十二年(1906)鉛印本　十冊

220000 – 0801 – 0011663　史 264.640/1

[道光]昆明縣志十卷　(清)戴絅孫纂　清光
緒三十年(1904)刻本　六冊

220000 – 0801 – 0011664　史 264.643/2

[雍正]師宗州志二卷　(清)夏治源撰　清抄
本　二冊

220000 – 0801 – 0011665　史 264.645/2

[光緒]騰越廳志二十卷首一卷　(清)陳宗海
修　清光緒十三年(1887)刻本　十二冊

220000 – 0801 – 0011666　史 264.649/3

[光緒]鶴慶州志三十二卷　(清)王寶儀修
清光緒二十年(1894)刻本　十冊

220000 – 0801 – 0011667　史 264.649/4

[咸豐]鄧川州志十六卷首一卷　(清)侯允欽
纂修　清咸豐三年(1853)刻本　八冊

220000 – 0801 – 0011668　史 264.67/1

[光緒]西藏圖考八卷首一卷　(清)黃沛翹撰
清光緒二十三年(1897)刻本　四冊

220000 – 0801 – 0011669　史 264.67/3

[宣統]西藏通覽　(日本)山縣初男著
(清)四川西藏研究會編譯　清宣統元年
(1909)鉛印本　四冊

220000 – 0801 – 0011670　史 264.67/3 – 1

[宣統]西藏通覽　(日本)山縣初男著
(清)四川西藏研究會編譯　清宣統元年
(1909)鉛印本　四冊

220000 – 0801 – 0011671　史 264.67/10

[光緒]衛藏通志十六卷首一卷　(清)和琳撰
清光緒二十二年(1896)漸西村舍刻本
八冊

220000 – 0801 – 0011672　史 264.67/10 – 1

[光緒]衛藏通志十六卷首一卷　(清)和琳撰
清光緒二十二年(1896)漸西村舍刻本
八冊

220000 – 0801 – 0011673　史 264.67/10 – 2

[光緒]衛藏通志十六卷首一卷　(清)和琳撰
清光緒二十二年(1896)漸西村舍刻本
八冊

220000 – 0801 – 0011674　史 264.710/1

[萬曆]閩都記三十三卷　(明)王應山纂　清
道光十一年(1831)求放心齋刻本　六冊

220000 – 0801 – 0011675　史 264.710/1 – 1

[萬曆]閩都記三十三卷　(明)王應山纂　清
道光十一年(1831)求放心齋刻本　六冊

220000 – 0801 – 0011676　史 264.710/1 – 2

[萬曆]閩都記三十三卷　(明)王應山纂　清
道光十一年(1831)求放心齋刻本　六冊

220000 – 0801 – 0011677　史 264.710/2

[道光]廈門志十六卷　(清)周凱纂修　清道
光十九年(1839)刻本　十冊

220000 – 0801 – 0011678　史 264.711/3

[乾隆]福清縣志二十卷　(清)饒安鼎修　清

光緒二十四年(1898)刻本　十二冊

220000－0801－0011679　史264.713/8
[弘治]興化府志五十四卷　(明)周瑛等撰
清同治十年(1871)刻本　二十四冊

220000－0801－0011680　史264.714/2
[光緒]新增補龍溪縣志　(清)吳聯薰增纂
清光緒五年(1879)刻本　一冊

220000－0801－0011681　史264.714/3
[乾隆]龍溪縣志二十四卷　(清)吳宜燮修
清光緒五年(1879)刻本　十一冊

220000－0801－0011682　史264.715/2
[乾隆]汀州府志四十五卷首一卷　(清)曾日
瑛修　清同治六年(1867)刻本　二十冊

220000－0801－0011683　史264.716/2
[康熙]寧化縣志七卷　(清)李世熊撰　清同
治八年(1869)刻本　八冊

220000－0801－0011684　史264.716/2－1
[康熙]寧化縣志七卷　(清)李世熊撰　清同
治八年(1869)刻本　八冊

220000－0801－0011685　史264.716/2－2
[康熙]寧化縣志七卷　(清)李世熊撰　清同
治八年(1869)刻本　八冊

220000－0801－0011686　史264.716/2－3
[康熙]寧化縣志七卷　(清)李世熊撰　清同
治八年(1869)刻本　八冊

220000－0801－0011687　史264.716/2－4
[康熙]寧化縣志七卷　(清)李世熊撰　清同
治八年(1869)刻本　八冊

220000－0801－0011688　史264.717/7
[光緒]續修浦城縣志四十二卷首一卷　(清)
翁天祐修　清光緒二十六年(1900)刻本　二
十冊

220000－0801－0011689　史264.717/7－1
[光緒]續修浦城縣志四十二卷首一卷　(清)
翁天祐修　清光緒二十六年(1900)刻本　二
十冊

220000－0801－0011690　史264.717/11
[光緒]邵武府志三十卷首一卷　(清)王琛修
清光緒二十四年(1898)刻本　二十冊

220000－0801－0011691　史264.72/8
[乾隆]續修臺灣府志二十六卷　(清)余文儀
修　(清)覺羅四明纂　清同治八年(1869)刻
本　八冊

220000－0801－0011692　史264.72/12
[同治]淡水廳志十六卷　(清)陳培桂修　清
同治十年(1871)刻本　八冊

220000－0801－0011693　史264.73/1
[光緒]廣西通志輯要十五卷首一卷續刻二卷
　(清)沈秉成修　(清)蘇宗經纂　(清)羊
復禮續纂　清光緒十六年(1890)桂林唐九如
堂刻本　二十一冊

220000－0801－0011694　史264.73/1－1
[光緒]廣西通志輯要十五卷首一卷續刻二卷
　(清)沈秉成修　(清)蘇宗經纂　(清)羊
復禮續纂　清光緒十六年(1890)桂林唐九如
堂刻本　十三冊

220000－0801－0011695　史264.73/2
[同治]廣西全省輿圖道里備覽　(清)嚴正圻
纂輯　清同治三年(1864)桂林廣文堂刻本
一冊

220000－0801－0011696　史264.73/6
[光緒]廣西輿地全圖一卷　(清)張聯桂等纂
　清光緒二十一年(1895)石印本　二冊

220000－0801－0011697　史264.734/1
[嘉慶]臨桂縣志三十二卷　(清)蔡呈韶修
清光緒十八年(1892)桂垣書局補刻本　十
五冊

220000－0801－0011698　史264.74/1
[光緒]廣東圖說十四卷首一卷　(清)李瀚章
修　清宣統元年(1909)鉛印本　四冊

220000－0801－0011699　史264.74/2
[同治]廣東圖二十三卷廣東圖說九十二卷首
一卷　(清)毛鴻賓修　清同治五年(1866)刻

本　二十一冊

220000－0801－0011700　史 264.74/2－1

[同治]廣東圖二十三卷廣東圖說九十二卷首
一卷　（清）毛鴻賓修　清同治五年(1866)刻
本　二十一冊

220000－0801－0011701　史 264.74/2－2

[同治]廣東圖二十三卷廣東圖說九十二卷首
一卷　（清）毛鴻賓修　清同治五年(1866)刻
本　三冊　存二十三卷(廣東圖二十三卷)

220000－0801－0011702　史 264.74/3

[光緒]廣東輿地全圖二卷　（清）張人駿修
清光緒二十二年(1896)石印本　二冊

220000－0801－0011703　史 264.74/5

廣東全省洋名冊一卷　（□）□□撰　清末刻
本　一冊

220000－0801－0011704　史 264.74/6

[道光]廣東通志三百三十四卷首一卷　（清）
阮元修　（清）陳昌齊纂　清同治三年(1864)
刻本　一百二十冊

220000－0801－0011705　史 264.740/1

[嘉慶]羊城古鈔八卷首一卷　（清）仇池石輯
清嘉慶十一年(1806)刻本　五冊

220000－0801－0011706　史 264.740/1－1

[嘉慶]羊城古鈔八卷首一卷　（清）仇池石輯
清嘉慶十一年(1806)刻本　五冊

220000－0801－0011707　史 264.740/1－2

[嘉慶]羊城古鈔八卷首一卷　（清）仇池石輯
清嘉慶十一年(1806)刻本　五冊

220000－0801－0011708　史 264.740/1－3

[嘉慶]羊城古鈔八卷首一卷　（清）仇池石輯
清嘉慶十一年(1806)刻本　五冊

220000－0801－0011709　史 264.741/3

[咸豐]順德縣志三十二卷　（清）郭汝誠修
清咸豐三年(1853)刻本　十六冊

220000－0801－0011710　史 264.741/5

[同治]番禺縣志五十四卷首一卷末一卷附錄
二卷　（清）李福泰修　清同治十年(1871)刻

本　十六冊

220000－0801－0011711　史 264.741/5－1

[同治]番禺縣志五十四卷首一卷末一卷附錄
二卷　（清）李福泰修　清同治十年(1871)刻
本　十六冊

220000－0801－0011712　史 264.741/6

[道光]香山縣志八卷首一卷附錄一卷　（清）
祝準修　清道光八年(1828)刻本　九冊

220000－0801－0011713　史 264.741/10

[道光]新寧縣志十卷　（清）張深修　清道光
十九年(1839)刻本　五冊

220000－0801－0011714　史 264.742/4

[光緒]始興縣鄉土志　（清）張報和總纂　清
光緒三十三年(1907)始興文茂印局鉛印本
一冊

220000－0801－0011715　史 264.743/2

[嘉慶]澄海縣志二十六卷首一卷　（清）李書
吉修　清嘉慶二十年(1815)刻本　八冊

220000－0801－0011716　史 264.743/4

[乾隆]潮州府志四十二卷首一卷　（清）周碩
勳纂修　清光緒十九年(1893)珠蘭書屋刻本
二十五冊

220000－0801－0011717　史 264.743/7

[光緒]海陽縣志四十六卷首一卷　（清）盧蔚
猷修　清光緒二十六年(1900)潮城謝存文館
刻本　十二冊

220000－0801－0011718　史 264.743/7－1

[光緒]海陽縣志四十六卷首一卷　（清）盧蔚
猷修　清光緒二十六年(1900)潮城謝存文館
刻本　十二冊

220000－0801－0011719　史 264.743/17

[咸豐]興寧縣志十二卷首一卷　（清）張鶴齡
纂修　清咸豐六年(1856)刻本　八冊

220000－0801－0011720　史 264.743/19

[光緒]嘉應州志三十二卷　（清）吳宗焯修
（清）溫仲和纂　清光緒二十七年(1901)刻本
十四冊

220000－0801－0011721　史264.743/20

[宣統]嘉應新體鄉土地理教科書　（清）張國堯等編輯　清宣統二年(1910)嘉應啓新書局刻本　一冊

220000－0801－0011722　史264.743/20－1

[宣統]嘉應新體鄉土地理教科書　（清）張國堯等編輯　清宣統二年(1910)嘉應啓新書局刻本　一冊

220000－0801－0011723　史266/1

京口山水志十九卷首一卷末一卷　（清）楊棨撰　清宣統三年(1911)鉛印本　四冊

220000－0801－0011724　史266/2

京口山水志十八卷圖一卷首一卷末一卷　（清）楊棨撰　清道光二十七年(1847)枕溪書屋刻本　六冊

220000－0801－0011725　史266/2－1

京口山水志十八卷圖一卷首一卷末一卷　（清）楊棨撰　清道光二十七年(1847)枕溪書屋刻本　四冊

220000－0801－0011726　史267/4

齊山巖洞志二十六卷首一卷　（清）陳蔚纂輯　清光緒二十七年(1901)刻本　八冊

220000－0801－0011727　史267/5

齊山巖洞志二十六卷首一卷　（清）陳蔚輯　清嘉慶十年(1805)刻朱印本　八冊

220000－0801－0011728　史267/6

廣雁蕩山志二十八卷首一卷末一卷　（清）曾唯纂　清末刻本　十冊

220000－0801－0011729　史267/6－1

廣雁蕩山志二十八卷首一卷末一卷　（清）曾唯纂　清末刻本　八冊　缺范鍆跋

220000－0801－0011730　史267/6－2

廣雁蕩山志二十八卷首一卷末一卷　（清）曾唯纂　清末刻本　十四冊　缺二卷(二十八、末一卷)

220000－0801－0011731　史267/7

重刊麻姑山志十二卷　（清）黃家駒編訂　清同治五年(1866)洞天書屋刻本　六冊

220000－0801－0011732　史267/8

京口三山志十卷　（明）張萊撰　清宣統三年(1911)刻本　一冊

220000－0801－0011733　史267/9

龍潭山志七卷首一卷末一卷　（清）康阜撰輯　清光緒六年(1880)刻本　一冊

220000－0801－0011734　史267/10

龍虎山志十六卷　（清）婁近垣輯　清道光十二年(1832)刻本　六冊

220000－0801－0011735　史267/11

新疆山脈志六卷　王樹枏撰　清末鉛印本　六冊

220000－0801－0011736　史267/17

天台山方外志三十卷　（清）釋傳燈撰　清光緒二十年(1894)刻本　一冊

220000－0801－0011737　史267/18

天下名山記不分卷　（清）吳秋士選　清刻本　六冊

220000－0801－0011738　史267/19

天竺山志十二卷首一卷　（清）管庭芬原輯（清）曹籀刪訂　清光緒元年(1875)法喜寺白雲堂刻本　六冊

220000－0801－0011739　史267/20

石鐘山志十六卷首一卷　（清）李成謀（清）丁義方輯　清光緒九年(1883)聽濤眺雨軒刻本　八冊

220000－0801－0011740　史267/20－1

石鐘山志十六卷首一卷　（清）李成謀（清）丁義方輯　清光緒九年(1883)聽濤眺雨軒刻本　八冊

220000－0801－0011741　史267/20－2

石鐘山志十六卷首一卷　（清）李成謀（清）丁義方輯　清光緒九年(1883)聽濤眺雨軒刻本　八冊

220000－0801－0011742　史267/20－3

石鐘山志十六卷首一卷　（清）李成謀（清）丁義方輯　清光緒九年(1883)聽濤眺雨軒刻本　八冊

220000－0801－0011743　史267/20－4

石鐘山志十六卷首一卷　（清）李成謀　（清）丁義方輯　清光緒九年(1883)聽濤眺雨軒刻本　八冊

220000－0801－0011744　史267/20－5

石鐘山志十六卷首一卷　（清）李成謀　（清）丁義方輯　清光緒九年(1883)聽濤眺雨軒刻本　七冊　缺二卷(十三至十四)

220000－0801－0011745　史267/21

天下名山圖詠四卷　（清）沈錫齡輯　清光緒二十一年(1895)石印本　四冊

220000－0801－0011746　史267/24

武夷山志二十四卷首一卷　（清）董天工編　清道光二十六年(1846)刻本　八冊

220000－0801－0011747　史267/24－1

武夷山志二十四卷首一卷　（清）董天工編　清道光二十六年(1846)刻本　八冊

220000－0801－0011748　史267/24－2

武夷山志二十四卷首一卷　（清）董天工編　清道光二十六年(1846)刻本　八冊

220000－0801－0011749　史267/24－3

武夷山志二十四卷首一卷　（清）董天工編　清道光二十六年(1846)刻本　八冊

220000－0801－0011750　史267/24－4

武夷山志二十四卷首一卷　（清）董天工編　清道光二十六年(1846)刻本　八冊

220000－0801－0011751　史267/26

委羽山志六卷委羽山續志六卷　（清）胡昌賢撰　清同治九年(1870)刻本　三冊

220000－0801－0011752　史267/26－1

委羽山志六卷委羽山續志六卷　（清）胡昌賢撰　清同治九年(1870)刻本　三冊

220000－0801－0011753　史267/27

焦山志二十六卷　（清）吳雲輯　清光緒三十二年(1906)石肯堂刻本　十四冊

220000－0801－0011754　史267/28

焦山志二十六卷首一卷　（清）吳雲輯　**焦山續志八卷**　（清）陳任暘輯　清光緒三十一年(1905)刻本　十冊

220000－0801－0011755　史267/28－1

焦山志二十六卷首一卷　（清）吳雲輯　**焦山續志八卷**　（清）陳任暘輯　清光緒三十一年(1905)刻本　十冊

220000－0801－0011756　史267/28－2

焦山志二十六卷首一卷　（清）吳雲輯　**焦山續志八卷**　（清）陳任暘輯　清光緒三十一年(1905)刻本　八冊

220000－0801－0011757　史267/34

紫柏山誌圖不分卷　（清）景邦憲編輯　清同治十年(1871)刻本　一冊

220000－0801－0011758　史267/40

崆峒山志二卷　（清）張伯魁纂修　清同治十一年(1872)刻本　一冊

220000－0801－0011759　史267/41

重鐫鵝湖峰頂志五卷　（明）王祚昌撰　清同治六年(1867)刻本　二冊

220000－0801－0011760　史267/45

岱覽三十二卷長編一卷附錄一卷　（清）唐仲冕撰　清嘉慶十二年(1807)果克山房刻本　十二冊

220000－0801－0011761　史267/46

西樵白雲洞志五卷　（清）黃亨纂　清光緒十三年(1887)刻本　一冊

220000－0801－0011762　史267/47

白石山志六卷首一卷末一卷　（清）陳珒重輯　清光緒九年(1883)刻本　二冊

220000－0801－0011763　史267/49

盤山志十卷補遺四卷　（清）釋智樸纂輯　清同治十一年(1872)刻本　四冊

220000－0801－0011764　史267/49－1

盤山志十卷補遺四卷　（清）釋智樸纂輯　清同治十一年(1872)刻本　四冊

220000－0801－0011765　史267/49－2

盤山志十卷補遺四卷　（清）釋智樸纂輯　清同治十一年(1872)刻本　四冊